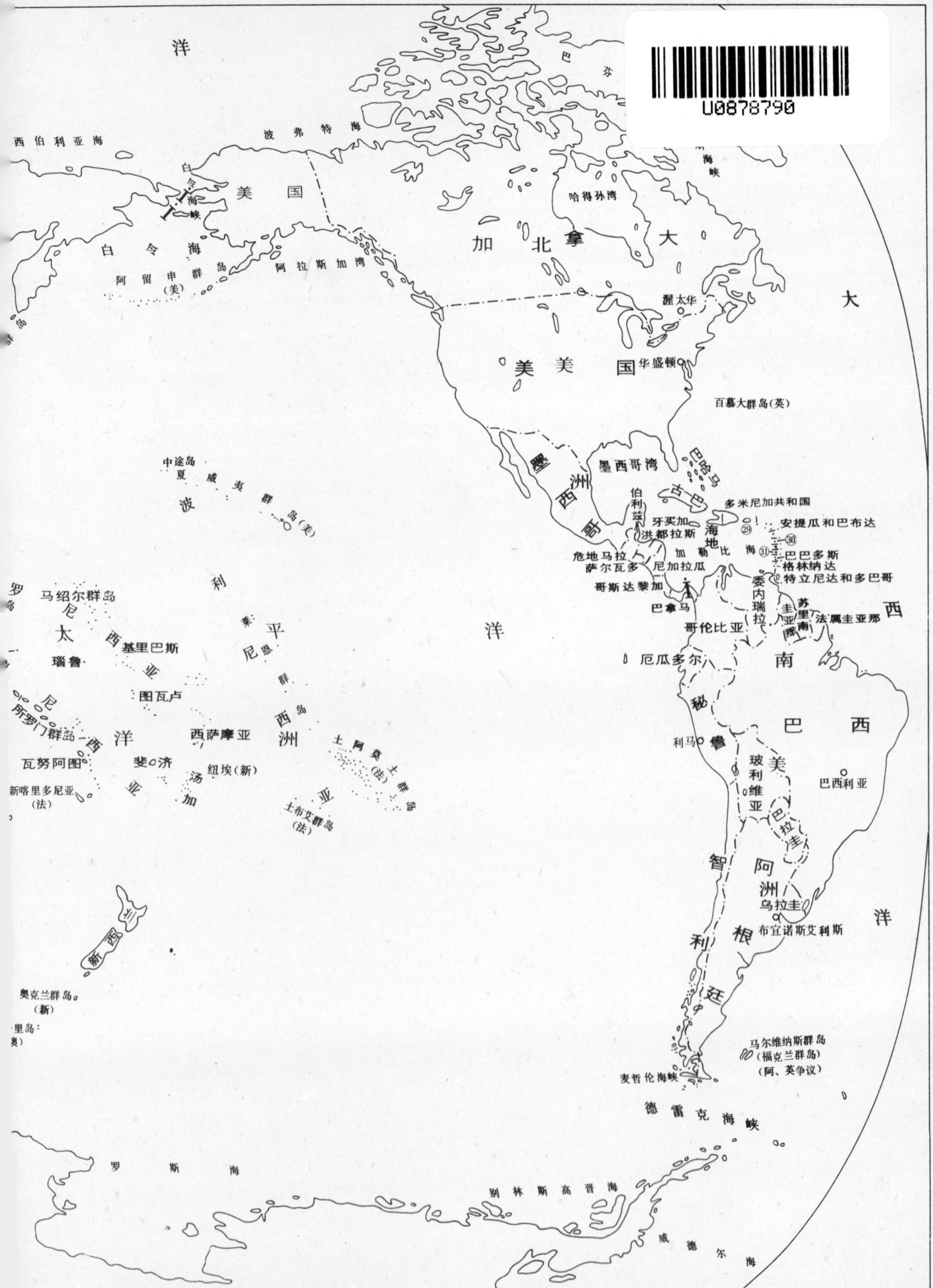

洋
巴
芬
西伯利亚海
波弗特海
白令海峡
美国
哈得孙湾
海
峡
加北拿
大
白令海
阿留申群岛
(美)
阿拉斯加湾
渥太华
大
美美国
华盛顿
百慕大群岛(英)
中途岛
夏威夷群岛(美)
波
墨西哥湾
墨
西
哥
洲
巴哈马
古巴
伯利兹
多米尼加共和国
牙买加
海地
安提瓜和巴布达
洪都拉斯
加勒比海
巴巴多斯
危地马拉
萨尔瓦多
尼加拉瓜
格林纳达
特立尼达和多巴哥
哥斯达黎加
委内瑞拉
苏里南
圭亚那
法属圭亚那
西
巴拿马
马绍尔群岛
利
罗
尼
太
西
基里巴斯
莱
平
洋
瑙鲁
尼恩
哥伦比亚
厄瓜多尔
南
亚
群
图瓦卢
岛
秘
鲁
巴
西
尼
所罗门群岛
西
洋
西萨摩亚
西
洲
土阿莫土群岛
(法)
利马
玻利维亚
美
瓦努阿图
斐济
汤加
纽埃(新)
巴西利亚
新喀里多尼亚
(法)
亚
亚
土布艾群岛
(法)
巴拉圭
智
阿
洲
利
根
乌拉圭
布宜诺斯艾利斯
洋
新西兰
廷
奥克兰群岛
(新)
里岛
马尔维纳斯群岛
(福克兰群岛)
(阿、英争议)
麦哲伦海峡
德雷克海峡
罗斯海
别林斯高晋海
威德尔海

世界军事年鉴2000

WORLD MILITARY YEARBOOK

军事科学院《世界军事年鉴》编辑部

解 放 军 出 版 社

图书在版编目(CIP)数据

版式设计　杜超英
封面设计　张禹宾

世界军事年鉴　2000/《世界军事年鉴》编辑部编.
北京:解放军出版社
ISBN 7-5065-3940-3

Ⅰ.世…　Ⅱ.世…　Ⅲ.军事-世界-2000-年鉴　Ⅳ.E1-54

中国版本图书馆 CIP 数据核字(2000)第 54560 号

世 界 军 事 年 鉴
2000
军事科学院《世界军事年鉴》编辑部

解放军出版社出版发行
(北京地安门西大街 40 号)
(邮政编码 100035)
新华书店经销
北京国防印刷厂印刷

787×1092 毫米 16 开本　47 印张　4 插页　1548 千字
2000 年 11 月第 1 版　2000 年 11 月(北京)第 1 次印刷
印数 1～2000
ISBN 7-5065-3940-3/E·1835
定　价:150 元

《世界军事年鉴2000》主要撰稿人名单

（以姓氏笔划为序）

刁望钦	于　庭	万　伟	习　钟	王　丹	王　卉	王文昌	王书勤
王世华	王世银	王达伦	王成刚	王连奎	王明志	王珍捍	王保存
王艳芳	王通信	韦秀文	木　工	历　山	毛子成	长　生	卞荣宣
方　宁	方友庚	邓彦舫	尹承魁	孔国生	孔繁金	巨文新	石　慧
石之英	田小文	白　雁	冬　生	乐　兵	永　斌	达　志	朱瑞臣
任　杰	任　明	伊贵玺	刘　琼	刘　颖	刘万军	刘文力	刘克俭
刘效兰	刘温国	江　英	江新凤	全寿文	关爱兵	孙叔林	孙新明
孙金城	纪　皓	严维义	杏　花	来　斌	苏　强	李　英	李　杰
李　鑫	李先喜	李庆功	李荣怀	李彦路	杨立明	肖　斫	肖石忠
吴　炯	吴　鹏	吴永业	吴良全	何在涛	闵振范	沈汉忠	宋鲁成
张　冬	张　林	张　南	张　亮	张力群	张连国	张若涵	张昌泰
张国斌	张洲军	陈　莉	陈　群	陈有荣	陈建民	陈献其	武新颜
林丽斌	林海霞	尚　泽	尚左琳	金　鲍	周　洁	周璞芬	孟　华
孟　丽	绍　林	荒　原	赵彦华	钟学良	洪　光	洪锦珠	姜　华
姜　蓓	扁蹟啸	神　赴	耿文正	素　洁	袁　扬	袁　林	袁右军
袁孝华	贾咏梅	夏礼伯	夏征难	徐剑光	高　嵘	高桂秀	郭　庆
郭韦嫦	海　明	黄　磊	黄远模	黄金鹏	符成礼	康洪林	商景洲
韩生民	彭训厚	崴钧埔	喻　江	程　辉	程洪涛	傅　怡	储晓洁
湘　溪	曾　江	曾文勇	谢永亮	督　学	詹玉才	熊万奎	滕建群
潘海澜	潘新毛	薛　丰	薛　军	魏　鸿	魏守正		

中国恢复对澳门行使主权

①1999年12月19日午夜至20日凌晨，中葡两国政府澳门政权交接仪式在澳门文化中心花园馆隆重举行。

②1999年12月20日凌晨1时45分，中国澳门特别行政区成立暨特区政府宣誓就职仪式在澳门综艺馆隆重举行。

③1999年12月20日上午，欢送驻澳门部队大会在珠海举行。

④澳门沿途民众热烈欢迎驻澳门部队官兵。

⑤澳门同胞向部队赠匾。

⑥1999年12月20日13时，驻澳门部队全部抵达营区。图为驻澳门部队在临时营地举行升国旗仪式。

⑦普天同庆，欢迎澳门回归。

①

②

③

④

⑤

⑥

⑦

新中国50华诞
大阅兵巡礼

①1999年10月1日，新中国迎来50华诞，在首都天安门广场举行盛大的阅兵仪式。

②江泽民主席检阅受阅部队。

③步兵方队。

④水兵方队。

⑤空降兵方队。

⑥武警特警方队。

⑦女民兵方队。

⑧坦克方队。

⑨步兵战车方队。

①

②

③

④

⑤

⑥

⑦

⑧

⑨

⑩ 自行加榴炮方队。
⑪ 自行高炮方队。
⑫ 海军舰舰导弹方队。
⑬ 反坦克导弹方队。
⑭ 野战防空导弹方队。
⑮ 武装直升机梯队。
⑯ 轰炸机梯队。
⑰ 歼击机梯队。
⑱ 地地核导弹方队。

以美国为首的北约空袭南联盟

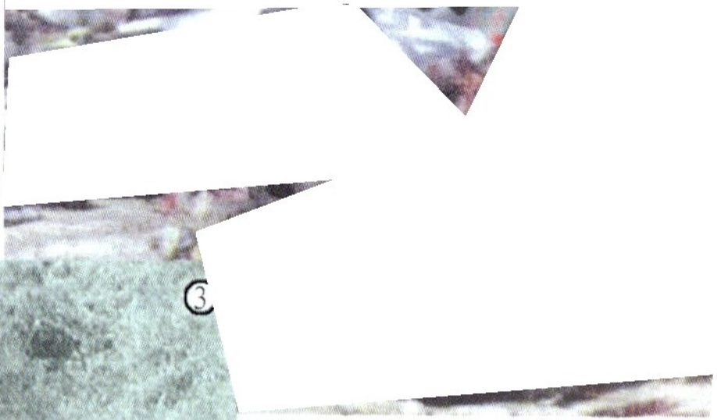

1999年3月24日～6月10日，以美国为首的北约对南斯拉夫联盟共和国实施了78天的狂轰烂炸，开创了以维护人权为借口，绕开联合国，对主权国家进行武力干涉的危险先例。

①② 空袭给南联盟人民造成巨大灾难。

③ 空袭发生后，数十万科索沃难民纷纷逃亡。

④ 惨遭空袭的居民穿起军装，准备上前线。

⑤ 南联盟奋起反击，先后击落美国F-117A隐形轰炸机和北约F-16战斗机，大大激发了南联盟人民的斗志。

⑥ 3名美国士兵被南联盟擒获。

⑦ 爱好和平的人们在世界各地举行反对北约的游行示威。

③

④

⑦

⑥

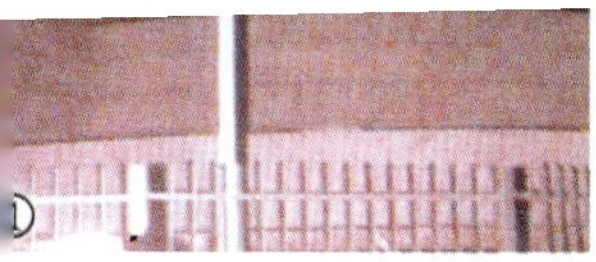

中国驻南联盟使馆遭北约轰炸引起强烈反响

①② 1999年5月8日凌晨，以美国为首的北约公然违反国际法基本准则，悍然使用导弹轰炸中国驻南联盟使馆。①遭导弹袭击前的中国驻南联盟使馆，② 遭导弹袭击后的中国驻南联盟使馆。

③④⑤ 北约轰炸中国驻南联盟使馆，造成20多人伤亡。这是壮烈牺牲的3位烈士：③ 新华社记者邵云环，④ 光明日报记者许杏虎，⑤ 光明日报记者朱颖。

⑥⑦⑧ 中国广大军民和海外侨胞坚决拥护中国政府的严正声明，强烈谴责以美国为首的北约的野蛮暴行。

⑨世界各国人民强烈抗议北约轰炸中国驻南联盟使馆。

⑩ 1999年5月14日，联合国安理会通过了谴责以美国为首的北约空袭中国驻南联盟使馆的主席声明。

1999年国际军事要闻剪集

①9月上旬，中国人民解放军在浙东、粤南沿海成功地举行了大规模的诸军兵种渡海登陆作战实兵演习。

②10月下旬～11月中旬，美国、埃及、英国、法国、德国、意大利、荷兰、希腊、约旦、阿联酋、科威特等11个国家派兵在埃及举行了历时3个星期的“明星99”大演习，参加的人员7.3万名、舰艇56艘、飞机386架。

③ 在6月21～26日俄罗斯举行的“西方99”演习期间，美俄战机在冰岛附近空域遭遇。

④ 为维护国家统一，俄罗斯军队于9月开始清剿车臣境内的恐怖分子和武装匪徒。

⑤ 10月12日，巴基斯坦发生军事政变。

⑥ 12月14日，巴拿马收回运河主权。图为巴拿马总统莫斯科索（左）和美国政府代表、美国前总统卡特在巴拿马运河管辖权移交仪式上交换有关运河回归的换文。

⑦ 8月25日，中国、吉尔吉斯斯坦、俄罗斯、哈萨克斯坦和塔吉克斯坦5国元首在吉尔吉斯斯坦首都比什凯克举行会晤，签署了具有历史意义的《比什凯克声明》。

①

②

③

④

⑤

⑥

⑦

⑧ 9月5日，巴勒斯坦和以色列在埃及的沙姆沙伊赫签署执行怀伊协议备忘录，中东和平重见曙光。

⑨ 9月30日上午，日本东海镇发生严重的核泄漏事故，数十人受到不同程度的核辐射。

⑩ 日本国会众、参两院分别于4月27日和5月24日通过了新日美防卫合作指针相关的3个法案，引起周边国家的严重关注，也遭到日本民众的强烈反对。

⑪ 东帝汶在走向独立的道路上暴力事件频发，以澳大利亚为首的联合国维和部队首批人员于9月20日进驻东帝汶维持社会秩序。

⑫ 7月27日午夜，阿富汗塔利班武装向反塔利班联盟发动夏季攻势。图为塔利班武装的坦克开赴前线。

⑬ 4月23～25日，北约在美国华盛顿举行首脑会议，庆祝北约成立50周年，通过北约新战略概念。

⑭ 5月上旬，印度和巴基斯坦在克什米尔发生激战，南亚局势再趋紧张。

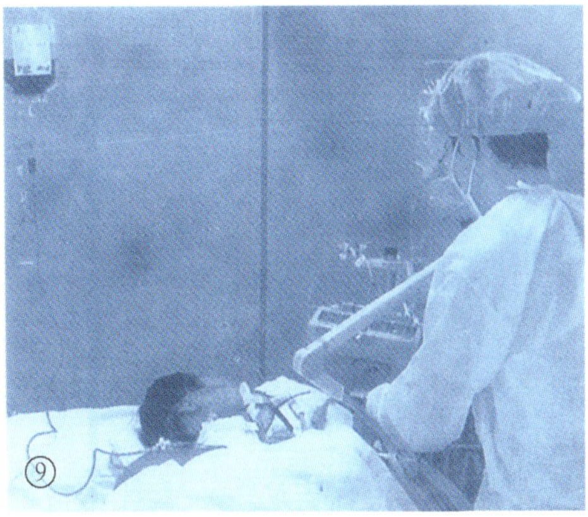

部分新列装的武器装备

①

②

③

④

⑤

⑥

① 1999年3月4日，俄罗斯米－24武装直升机的第8种改进型——米－24BM问世，2000年开始装备部队。战斗载荷2860千克，最大平飞速度312千米/小时，巡航速度260千米/小时，机组人员2名。

② 1999年10月23日，美国海军“奥凯恩”号驱逐舰服役，编入太平洋舰队。它是“阿利·伯克”级的第27艘舰，以防空为主，同时具备很强的对海、对岸攻击能力。

③ 1999年1月28日，俄罗斯新一代大型反潜驱逐舰“恰巴年科海军上将”号正式服役。满载排水量8320吨，最大航速30节；装备2架反潜直升机、2座四联装反潜导弹发射装置和1座双联装全自动火炮；舰员387人。

④ 1999年12月，韩国军队开始装备其自行研制的“天马”自行防空导弹系统。它具有高度机动能力和先进导航系统，射程10千米，最大飞行速度2.6马赫。

⑤ 1998年3月，日本海上自卫队“浦贺”级扫雷支援舰的第2艘舰“丰后”号建成服役。最大航速22节，标准排水量5650吨，编制人数170名，装备有声扫雷系统、电磁扫雷具、旁视猎雷声纳和“海龙”式扫雷直升机。

⑥ 日本计划2000年装备部队的96型装甲输送车，战斗全重14.7吨，最大时速100千米，乘载员10~12人。

编 辑 说 明

（一）《世界军事年鉴》是一部连续编纂出版、以记述年度内世界各国军事新情况、新进展为主要内容的信息密集型学术性资料性工具书。其任务是，以马列主义、毛泽东思想、邓小平理论为指针，坚持四项基本原则，面向现代化、面向世界、面向未来，有选择有重点地系统介绍世界各国的军事基本情况和动态。主要服务对象是各总部机关、军事科学研究单位、院校和部队的官兵，同时也顾及对军事问题感兴趣的军外广大读者。

（二）本卷《年鉴》同上卷一样，设9个栏目：军事要事；各国军事概况；军事理论研究；军事技术；军事建设；国际组织、条约；世界军事大事记；特辑；彩色图片。

（三）本卷《年鉴》所收资料的时限：一般是从1999年1月至12月；少数截至2000年6月底；某些专题资料和某些首次设立的类（项、条）目，为了给读者以较系统较全面的信息，收载了1999年以前的少量资料。

（四）“各国军事概况”栏共收入170多个有军队或军事组织的国家和地区。各个国家和地区分洲排列，次序是亚洲、非洲、欧洲、美洲、大洋洲；洲内各个国家和地区一般按其名称的汉语拼音字母顺序排列。本栏选用的资料和数据，主要是作者对该国情况进行研究的成果，有些直接引自各国官方公布的1998～1999年度的材料，同时还参考了下述资料：《中华人民共和国1999年国民经济和社会发展的统计公报》，中国《世界知识年鉴（1999～2000）》，英国伦敦国际战略研究所《军事力量对比（1999～2000）》，美国《不列颠年鉴（1999）》等。

（五）本卷《年鉴》所用资料来源不尽相同，一些专业术语也因国家不同而异，某些专名的译名亦不尽统一，在编辑过程中虽注意订正和统一，但前后不一致之处尚未能完全避免。为便于读者进行对比研究，有个别条目特地收录了不同来源的资料。为增强条目内容的可信度，并便于读者进一步查考，编纂者尽量注明资料来源：“综述”条目的“主要资料来源”附在文后，而信息条目的资料出处则见于文内。

（六）本卷《年鉴》在编辑过程中，曾得到总参谋部、总政治部、总后勤部、总装备部有关单位和各军区、军兵种、军事院校以及中国社会科学院等单位的支持和帮助；全书完稿后还约请尹承魁教授、赵刚箴研究员、王小健教授、孙华民副研究员、高洪山副研究员等专家学者审阅了本书。在此谨表谢意。

（七）本《年鉴》涉及军事科学的方方面面，我们水平有限、经验不足，缺点和错误难免存在，欢迎广大读者批评指正。

军事科学院外国军事研究部
《世界军事年鉴》编辑部
2000年6月

《世界军事年鉴 2000》目录

军 事 要 事

军事形势综述

亚洲军事要事

非洲军事要事

欧洲军事要事

美洲军事要事

各国军事概况

亚洲国家军事概况

非洲国家军事概况

欧洲国家军事概况

美洲和大洋洲国家军事概况

军事理论研究

军事思想与军事论著研究

战争和战略问题研究

局部战争和军事冲突研究

作战问题研究

军队建设问题研究

军事历史研究

其他军事学科问题研究

简 讯

军 事 技 术

轻 武 器

装甲兵武器装备

炮兵武器装备

工程兵技术装备

海军武器装备

航空武器装备

战 略 导 弹

弹道导弹防御武器系统

军用航天技术

核 武 器

化学战装备

指挥控制通信情报(C⁴I)系统

电子对抗装备

后 勤 装 备

其他军事技术问题

军 事 建 设

建军计划与措施

军队体制编制

军 事 训 练

军 事 后 勤

军 事 法 制

其他军事建设问题

国际组织、条约

国 际 组 织

国　际　条　约

1999 年世界军事大事记

特　辑

专　题　综　述

军 控 与 裁 军

1999 年部分新上任军界要人简介

中外军事交往

其　他　信　息

彩　色　图　片

军事要事

军事形势综述

1999年世界军事形势述评 1999年，世界军事形势动荡不已、复杂多变。从以美国为首的北约空袭南斯拉夫联盟共和国（以下简称南联盟）并悍然轰炸中国驻南使馆、到美英持续不断地对伊拉克进行空中打击，从美国国会拒绝批准《全面禁止核试验条约》、到美国政府扬言要退出《反弹道导弹条约》，处处可以看到，霸权主义、强权政治、干涉主义在肆虐。但与此同时，从南联盟和伊拉克坚决抗击美国等西方国家的侵略和干涉、到第54届联合国大会通过反对美国发展"导弹防御系统"的决议，从中俄法发表推动多极化进程的联合声明、到广大第三世界国家强调任何一个国家主宰世界都是不允许的种种事实中，可以看出，主张多极、谋求和平、反霸抗强的力量在壮大。世界军事形势表明，尽管当今世界仍不时受到霸权、强权等各种不稳定因素的搅扰和破坏，天下很不太平，但和平与发展的时代主题不会改变，世界继续走向缓和的势头不可逆转，多极化趋势的潮流不可阻挡，形势的发展仍是机遇大于挑战，希望多于困难。

一、美国穷兵黩武，欲霸全球，是世纪之交国际安全形势中最大的不稳定因素；但美国的霸权行径遭到了坚决的抗击，显示了和平力量的声威和实力；称霸与反霸、单极与多极的斗争正在成为当今世界的主要矛盾

1999年是美国对外动武十分突出的一年，凸显其穷兵黩武、欲霸全球野心的急剧膨胀，已成为世界军事安全形势中的最大的不稳定因素。年内，美国将北约的12个盟国拉上自己的战车，对南联盟发动了侵略战争，动用了各种类型的高技术武器装备，出动了3.5万架次飞机，投掷了包括贫铀炸弹在内的2.3万多枚各式导弹和炸弹，进行了持续78天的狂轰滥炸，对南联盟造成严重的生命、财产和心理毁伤，直接经济损失高达2000亿美元。这是继海湾战争之后，美国进行的强度最高、时间最长、规模最大、范围最广、影响最深的一场高技术局部战争，其中某些战争指数远高于海湾战争。美国不仅在巴尔干地区开辟了一个新的战场，而且对海湾地区的老战场也毫不放松。美国在1998年"沙漠之狐"军事行动之后，一直未间断对伊拉克的军事压力，并对伊拉克进行了持续一年的军事打击，迄1999年底这场战争仍在继续。据伊拉克方面统计，一年来，美国约出动飞机2万架次，造成200多人死亡，上千人受伤，经济损失更为严重。对南、对伊的两场高技术局部战争，进一步暴露了美国妄图用武力征服天下的野心，是美国21世纪全球称霸战略的尝试和预演。凡此种种，充分表明了美国霸权主义和强权政治急剧抬头，对世界军事形势造成了严重的负面影响，是影响国际安全与稳定的最大的不稳定因素。

但是，美国穷兵黩武的行径遭到了世界大多数国家的谴责和反对。美国对南、对伊的战争，遇到了南、伊两国人民的坚决抗击，就连美国的盟国也不是都愿意充当美国的"帮凶"和"炮灰"。中国、俄罗斯、法国等国积极主张多极化，坚决反对美国"一极独霸世界"的企图，对美国称霸野心形成了有力的制约。美国的一些盟国，如德国、意大利等，也都不愿任由美国为所欲为，并已明显拉开与美国的距离，而加强了与中、俄的联系。日本虽然与美国保持着密切的同盟关系，但控制与反控制的斗争却始终未停。英国是美国的"铁杆盟友"，但近年来英国也开始在某些问题上与美国唱反调，英国与伊朗、苏丹、利比亚等国恢复外交关系，与古巴举行了40年来的首次会晤，对此美国极为恼火。特别是第54届联合国大会以80对4票的压倒多数通过决议，强调维护和遵守《反弹道导弹条约》，反对美国建立导弹防御系统，而美国的西方盟国都投了弃权票，没有一个国家加入美

国的行列。此外，联合国秘书长安南，以及印度、巴西、叙利亚等一些有影响的地区国家也都主张建立多极世界。即使美国国内也存在着主张“多极”的势力，反对美国充当“世界宪兵”的呼声正日益高涨。这一切突出反映了世界反霸抗强的力量在迅速增强，维护和平的力量在不断扩大。综观世界军事形势中的各种矛盾，称霸与反霸、单极与多极的斗争日渐凸显，正在成为当今世界的主要矛盾。

二、西方新思潮急剧泛起，“军事干涉主义”不断泛滥，严重冲击着“新安全观”；但建立国际安全新秩序的进程不可抗拒，在维护主权、抗衡强权的斗争中，广大第三世界国家正发挥越来越重要的作用

1999年是西方新思潮急剧泛起的一年。年内，“布莱尔主义”、“克林顿主义”、“霍华德主义”相继出笼，推出了以“新干涉主义”、“新国际主义”为核心内容的西方新思潮。这些思潮逆时代潮流而动，竭力鼓吹“主权过时”、“有限主权”、“人权高于主权”等种种滥调，叫嚣要“为人权而战”，企图给新“军事干涉主义”披上“正义”的外衣，为武力慑服、压服、征服他国制造借口，其实质是图谋建立以美国为首的西方国家为主导、以西方价值观为支撑、以武力为后盾的强权秩序，严重冲击“主权不容侵犯、内政不容干涉”的国际关系基本准则。为推行这种理念，以美国为首的西方世界顽固坚持“冷战思维”，不断扩大和强化军事集团，不仅将波兰、匈牙利、捷克正式纳入北约，迈出了北约东扩具有实质意义的第1步，并推出了北约“新战略概念”，而且完成了新的《日美防卫合作指针》各项配套法案，并积极策划构筑美日韩“军事小三角”，加强在东亚地区的战略立足点；美国还加紧推行“新炮舰政策”，肆意对外动武，特别是纠集北约其他国家以“人道”和“人权”为借口，绕开联合国，对主权国家南联盟大打出手，不仅对地区安全与稳定造成严重破坏，对联合国地位和作用形成严峻挑战，而且对“新安全观”造成严重冲击，给建立国际安全新秩序的进程设置新的障碍，给世界和平与发展带来新的阴影。

但是，无论是“新干涉主义”还是“新国际主义”，逆时代潮流而动必不得人心。大多数国家，特别是广大第三世界国家，坚持一系列公认的国际关系准则，坚决维护国家主权和人民的生存权、发展权，主张加强联合国的权威，反对任何国家或国家集团凌驾于联合国之上，要求建立国际安全新秩序，对美国等西方国家的强权干涉行为进行着有力的制约。在第54届联合国大会上，马来西亚总理马哈蒂尔等第三世界国家领导人，站出来痛斥西方的“新思潮”，坚决批驳了“人权高于主权”的论调，坚定维护了“主权不容侵犯”的原则。中国关于“主权观念”的主张也受到广大第三世界国家赞同和支持。这充分反映了广大第三世界国家的人心所向，不仅对新老殖民主义已深恶痛绝，而且对西方的“民主”、“人权”、“人道”等价值观已憎恶厌弃，因为正是西方安排的“民主选举”、“民选政权”，使得第三世界国家政局动荡、社会动乱、经济衰退。目前，广大第三世界国家已痛定思痛，决心选择适合本国国情的政治、经济、社会发展道路。这无疑是对西方“新干涉主义”、“新国际主义”的沉重的打击，广大第三世界国家无疑是推动以“新安全观”建立国际安全新秩序的主力军。

三、地区武装冲突和局部战争呈增多、趋强之势，虽然不致引发新的世界大战，但却致使某些地区局势紧张动荡、战乱频仍；特别是年内发生的两场高技术局部战争，展现出未来战争的新形态、新样式和新特点

在世界和平力量有力的制约下，在各大国更注重安全协调与合作的趋势下，爆发新的世界大战的因素在逐步下降，保持较长时期全球总体和平的希望在增大。虽然大战打不起来，但是，小战却不断，而且呈“时多时少、时起时伏、时隐时现、时高时低”的态势。1999年则是冲突和战争增多、趋强、走高的一年。据统计，1999年世界各地的冲突和战争总数多达40起，是冷战后仅次于1995年的第2个冲突高峰年；其中新发生的为9起。除美国等对南、对伊战争外，俄罗斯境内的达吉斯坦和车臣战争、印巴之间的在克什米尔地区的克吉尔冲突等，不仅强度高，而且高技术形态较为明显。年内，非洲仍是热点集中地区，共发生14起冲突和战争，其他地区分别为：亚洲10起，拉美5起，中东4起，原苏联地区4起，欧洲3起。1999年冲突和战争有所增多的一个重要原因是，危机因失控而升级为冲突和战争的比率增大。年内，世界各地各种重大危机不断，据不完全统计，共有近40起，如俄罗斯恐怖危机、波黑危机、塞浦路斯危机等；其中车臣危机、东帝汶危机等最终升级为冲突或战争。这些危机和冲突直接导致地区局势紧张动荡，直接影响到政治稳定和经济发展。

美国等西方国家年内对南联盟和伊拉克发动了两场高技术局部战争，其显著的特点是：均依托西方强

大的海空力量，进行大规模、高强度、长时间的空中打击，显露出未来战争的一些新形态、新样式和新特点。这两场战争所带来的启示是：第一，交战双方力量对比悬殊，是拥有高技术战力的西方发达国家对战力、技术落后的发展中国家的战争，是大国对小国的战争，是有核国家对无核国家的战争。这表明，美国等西方大国对作战对象是有选择的，对小国、弱国、无核国家发动战争更具随意性。第二，精心选择动武的时机和地域。这两场战争都是在美国总统克林顿第2任期的后半期发动的，旨在总统下台后仍可“留名传世”；选择的地域都是在战略要点，即巴尔干地区和海湾地区，都对美国乃至西方世界利益攸关，且中俄等其他大国在这些地区或利益较少，或鞭长莫及。第三，战争威慑与实战准备逐步升级，相辅相成，即通过战争威慑迫使对手退让，并通过实战准备增大战争威慑，一旦威慑失灵，便诉诸武力，进行实战。第四，美国等西方国家对发动战争存在着严重的后顾之忧，即是否能做到“零死亡”或“少伤亡”，这一制约因素使美国等西方国家在采取军事行动时瞻前顾后，力避闪失。第五，战争具有较强的政治性。美国等对南、对伊发动战争的政治性较强，直接目的是迫使对手退让，形成对己方有利的态势，深层目的是推翻现政权，建立亲西方政府。但在这两场战争中，美国等西方国家的深层目的均未兑现，不得不退而求其次，谋求以政治谈判来结束战争。因此，战争的结局难以用单一标准判定孰胜孰负。

四、科索沃战争的“后效应”迅速凸显，各国开始从不同角度吸取这场战争的经验和教训，并将战备的重心集中在发展高新技术武器上，致使军备发展势头直线上涨，引发了新一轮以争夺高技术特别是信息技术优势为主要特征的军备竞赛

科索沃战争虽只进行了78天，但其影响却是深远的。目前，科索沃战争的“后效应”正迅速显现，直接反映在：世界军事发展的轨迹被扭曲，出现了冷战后常规军备发展的新高峰，新一轮军备竞赛正在各个层面上、各个领域里疾速展开，竞赛的焦点是争夺军事高技术、特别是军用信息技术的优势地位，谋取赢得以信息战为龙头的空地海天电一体化战场的战略、战役、战术主动权。

美国利用南联盟战场作为高、新武器的试验场，从中发现了现有高技术武器装备的诸多弱点，并针对这些弱点进行大规模军备发展，从而进一步巩固美国的军事优势地位。年内，美国国会通过了建立“国家导弹防御系统”（NMD）的议案，与日本就研发“战区导弹防御系统”（TMD）达成协议，并不断进行高空反导系统的试验。为实现其“武力称霸”的目的，美国还依据《21世纪联合作战优势》等文件，加紧研究亚轨道空间作战飞行器、存储式水下打击平台、空基激光武器等“新概念武器”系统。美国陆军还出台了一项“未来作战体系”新计划。为确保其军备发展有充足的资金，美国准备在未来6年里增加军费开支1200亿美元，到2005年，美国年军费开支将可能高达3200亿美元。

西欧大国已明显感到与美国的军备差距和对外动武的力不从心，因此加快了军事力量一体化、地区防务欧洲化、军备发展联合化的进程，对军事的投入正趋增大。继英法在圣马洛商定加强军事合作之后，德法两国又在图卢兹会晤中决定加强欧洲多国部队军的作用。法国、英国和意大利决定联合研制新型防空导弹系统，计划投资约23亿美元。欧盟还正式决定纳入西欧联盟，将其作为欧盟的军事工具，用以处置欧洲地区的危机和冲突，这是西欧国家在地区防务欧洲化进程上迈出的实际步伐。此外，为应对未来信息战的挑战，德国、法国、英国等都相继提出了加强信息基础建设，并首先从更新观念、增强意识上入手。

俄罗斯已充分认识到，保持和发展军事力量，是维系其大国地位和影响力的主要支柱。为此，俄罗斯尽管仍受诸多政治和经济难题的困扰，但发展军备的决心并未动摇，进程并未放慢，潜力并未减弱，成效并非暗淡。年内，俄罗斯试射了新一代“白杨”系列洲际弹道导弹，并接连推出了一些新型高技术武器装备，如C－400防空导弹、射程5000千米的新型巡航导弹、反隐形飞机雷达、新型战术导弹、新型多用途战斗机等。俄罗斯代总统普京还提出，将2000年军事科研、改进装备和购买高新技术兵器的费用由240亿卢布（约8.6亿美元）增加到480亿卢布（约17.2亿美元）。

不少发展中国家已开始领悟到，国防落后极易被动挨打，因此，增加军费开支、制定军备计划、加大发展力度，已成为这些国家的普遍做法，一些国家还不惜耗费巨资对外采购高新技术武器装备。

五、军备发展“攀高”，势必导致军备控制“走低”，国际军控与裁军进程受到冷战后罕见的严重挑战，不仅未见进展，而且出现倒退，特别是核武器、导弹以及高、新技术

武器的大规模、大范围扩散呈现出上升趋势

1999 年是国际军控与裁军走下坡路、回头路非常明显的一年。年内，美、俄等大国在核裁军问题上的争斗异常激烈。美国从年初开始就叫嚷要重新修订《反弹道导弹条约》，美国国会两院还分别通过了“修约”的决议案，甚至扬言如果达不到“修约”的目的，就将退出《反弹道导弹条约》。美国国会还拒绝批准《全面禁止核试验条约》，不仅在美国引起大哗，而且对整个世界造成震动，就连美国的盟国都纷纷指责美国。美国一方面在极力阻碍核裁军进程的顺利发展，另一方面却竭力压促俄罗斯国家杜马批准《第 2 阶段削减战略武器条约》，并以中断经援相要挟。俄罗斯在美国的压力下并未屈服，继 1998 年俄国家杜马因美国轰炸伊拉克而中止审议该条约之后，1999 年又针对北约发动侵南战争宣布再度推迟批准该条约。由于美国在《反弹道导弹条约》和《全面禁止核试验条约》上的倒行逆施，美俄原计划在年内启动的《第 3 阶段削减战略武器条约》谈判流产，国际裁军进程遭受重创。

在军控问题上，核、导以及先进高技术武器的扩散正愈演愈烈，军控领域面临着前所未有的严峻挑战。应该说，美国是当今世界最大的武器及其技术“扩散源”，既是诱发扩散的“根源”，又是进行扩散的“来源”。美国穷兵黩武，迫使各国不得不采取措施加强军备，不得不对外采购装备和引进技术，特别是导弹及其技术；美国发展高新武器系统，拉上一些国家参与，并不断向对世界各地热点地区投放或转让高技术武器装备；美国是当今世界头号军火出口国。90 年代以来，美国对外军售呈每年递增之势，约占全球军火贸易的 50%。这一切都表明，美国尽管反扩散的调门最高，但搞扩散的劲头最足，而且是在明目张胆地搞扩散。应该说，是美国一手导致了新一轮武器扩散出现愈演愈烈的局面。由此可见，美国一方面限制别国发展军备，另一方面自己却在大搞扩散，两面手法、双重标准是导致军控与裁军领域将难有明显进展的主要原因。上述这些问题使国际军控与裁军形势非常严峻，也使军事安全领域的不稳定和不安全因素增多。

针对美国三番五次阻挠国际军控和裁军进程，特别是拒绝批准《全面禁止核试验条约》，世界各国均对美国的行径进行谴责，就连西方国家也都指责美国“犯了一个大错误”。更值得注意的是，为了反对美国破坏《反弹道导弹条约》，中国、俄罗斯和白俄罗斯 3 国向联合国大会提交了关于维护和遵守《反弹道导弹条约》的决议案，联大裁军和国际安全委员会以 54 对 4 票的表决结果通过了该决议案，接着第 54 届联合国大会又以 80 对 4 票的压倒多数通过了该决议案，沉重打击了美国的嚣张气焰。

六、国际恐怖活动迭起，恶性恐怖事件不断，社会安全中的危险因素有所增多；针对这一人类社会的公害，各主要国家和国家集团已取得广泛共识，拟定有效措施，加强了联合行动、特别是联手打击恐怖主义的力度

1999 年的国际恐怖活动异常猖獗，一些恶性暗杀、爆炸、绑架事件接连不断。与往年相比，1999 年，国际恐怖活动出现了“三多”的特点：一是针对高层人士的恐怖活动增多。如：尼日尔总统迈纳萨拉、巴拉圭副总统阿加尼亚、亚美尼亚总理瓦兹根·萨尔基相和议长杰米尔强、伊朗武装部队副总参谋长希拉兹、津巴布韦驻约翰内斯堡领事馆副领事梅基、南非联合民主运动全国总书记恩卡宾德、南非祖鲁族王子西罗尔·祖鲁等遭暗杀；俄罗斯联邦印古什共和国总统顾问法捷耶夫遭绑架；斯里兰卡总统库马拉通加、波黑穆克联邦内务部副部长莱乌塔尔遇刺受重伤；乌兹别克斯坦总统卡里莫夫、埃及总统穆巴拉克遭恐怖袭击，但幸免于难。二是连续进行的恐怖活动增多。年内，俄罗斯曾连续发生 7 起恐怖爆炸事件，其中仅莫斯科就有 5 起，造成近 300 人死亡，200 多人受伤，爆炸的地点多为公寓、居民楼、购物中心等地，也有安全局、内政部等政府部门。三是恐怖事件的受害者增多。在乌兹别克斯坦首都塔什干发生的爆炸事件中，15 人死亡，130 多人受伤；巴基斯坦旁遮普省一起枪杀事件造成 16 人死亡，20 人受伤；南非夸祖鲁纳塔尔省一起枪击事件导致 11 人死亡，8 人受伤；美国丹佛的枪击事件造成 16 人死亡，18 人受伤，在美国亚特兰大市的枪击事件中，9 人死亡，12 人受伤。

国际恐怖活动是社会安全中最令人担心和头痛的问题。针对这一危及社会安全的公害，联合国安理会于 1999 年 10 月一致通过决议，“谴责一切形式的恐怖主义”，认为联合国在加强反恐怖主义国际合作等方面发挥了重要的作用。呼吁所有国家采取适当步骤加大打击国际恐怖主义的力度，并强调在各国、各国际组织和区域组织之间继续加强反恐怖协调。独联体国家外长理事会也举行会议，强烈谴责恐怖主义活动，重申将继续同联合国、欧安组织、欧洲委员会等国际组织和其他国家相互协调行动，共同打击恐怖主义活动。第16届阿拉伯国家内政部长会议也发表公报，强烈谴责各种形式的恐怖主义。受恐怖主义危害深重的俄罗斯，通过了打击恐怖主义的两个决议，决定成立由内务部长鲁沙伊洛领导的政府和部门间行动指挥部，协调国防、司法、安全、边防、保卫、海关等部门，加强对国际恐怖主义组织的监控，"最大限度地坚决打击恐怖主义"。在俄罗斯总统和政府的部署下，俄军展开了对车臣、达吉斯坦等高加索地区恐怖武装集团的军事打击，并取得明显成果。

七、在科索沃战争的影响下，各地的民族和宗教问题凸显，民族分裂主义和宗教极端主义盛行，不仅严重危害有关国家的社会稳定，而且随着西靠、暴力、勾联3大趋势的增强，对国际安全也将产生日趋严重的影响

1999年爆发的科索沃战争，给国际社会带来诸多新的问题，其中对国家稳定和社会安全影响最大的则是民族和宗教问题，这场战争是首例因民族和宗教问题而引发的高技术局部战争，也是首例美国等西方国家打着"消除种族清洗"、"维护民族权利"的旗号，对一个主权国家发动的侵略战争。这场战争所产生的一个严重后果，就是刺激了民族分裂活动和宗教极端活动，使各地区民族和宗教问题日趋突出，使民族分裂主义和宗教极端主义的活动出现了3大发展趋势：

一是"西靠"趋势。以美国为首的北约对南动武，使世界各地的民族分裂势力和宗教极端势力得到昭示，即只有向美国等西方国家靠拢，才能得到庇护、支持和资助，才能使自身势力得以"大发展"；与此同时，美国等西方国家也正需要借助这些势力，"西化"、"分化"、"弱化"那些被其视为现实和潜在对手的国家。因此，民族分裂势力和宗教极端势力将会加紧靠向美国等西方国家，为得到庇护、支持和资助，为达成分裂的目的，甚至不惜充当美国等西方国家颠覆和破坏阴谋的"马前卒"和"急先锋"。如：俄罗斯打击车臣民族分裂势力，却受到了美国等西方国家的指责，致使叶利钦在欧安组织会议上予以坚决的驳斥，并拂袖而去。

二是"暴力"趋势。美国等西方国家以"种族清洗"为借口大打出手，"科索沃解放军"以"民族独立"为目标进行武装斗争，进一步刺激了民族分裂势力和宗教极端势力的"暴力"趋向，使这些势力极欲走上武装分裂、暴力夺权的道路。各种民族和宗教暴力组织的建立及活动，将对各国的社会稳定与安全构成严重威胁。如：俄罗斯的7起恐怖爆炸事件均是在北约对南发动战争后发生的，其中6起是在科索沃战争结束后发生的，俄罗斯政府已确认，这些恐怖爆炸事件均为车臣等民族分裂势力所为。

三是"勾联"趋势。此次科索沃危机中的一个值得注意的现象是，各种民族和宗教势力已开始走出世袭领地，超越传统的规范，以更明显、更强烈的政治目的，对支持谁、反对谁作出了超常规的新的选择。这表明，各种民族分裂势力为壮大自身实力和影响力，不仅将进行跨民族的联合，还将与宗教极端势力合流，以形成新的合力，遥相呼应，互相配合，达到分裂国家或夺取政权的最终目的。

八、亚太地区安全环境仍处于相对稳定的局面，在首脑外交的推动下，亚太地区睦邻友好关系和相互协作关系不断得到加强；但是，亚太地区仍存在一些不稳定、不安全因素，而且有些因素还在发展，新的因素还会出现

世纪之交，亚太地区的安全形势总体上是好的。中国领导人先后与美、俄、日、马、巴、哈、吉、塔等国元首或首脑举行了会晤，并出访蒙、泰、澳、新等国，对增进亚太地区的睦邻友好关系、发展不同层次的伙伴关系、加强相互间的合作与协调，具有重大意义，起了积极推动的作用。年内，亚太地区的经济形势发展看好，不仅已摆脱了金融危机的阴影，而且已开始从危机走向复兴，经济安全环境已得到明显改善。与此同时，一些国家的政局，如印度、印度尼西亚、马来西亚等国，经过几番动荡反复后，已开始趋于相对稳定；一些国家的冲突和战争，如柬埔寨、朝韩、印巴等，已经或正在得到解决，虽然这些冲突或战争仍存在复发的可能，但短期内可望维持相对缓解的局面；其他一些冲突和战争，虽然还在继续，但都能得到较为有效的控制，尚不致出现大幅度升级或大规模扩展的趋势。特别是亚太地区的两大多边安全机制，即中俄哈吉塔5国安全磋商机制和东盟地区论坛安全对话机制，正在发挥越来越重要的维护地区安全的作用，其他一些双边安全对话机制也在不断得以加强。

但同时也应看到，亚太地区确实还存在诸多不稳定因素，有些还有新的发展，而且新的不安全因素还可能出现。1999年亚太安全形势中主要有3大问题较为突出，对地区安全与稳定产生着不利的影响。

一是美国强化军事集团、加强军事渗透的势头有所增长。1999年4月和5月，日本众、参两院相继通过了与新的《日美防卫合作指针》相关的3项法案，这是日本在冷战后通过的首例“战争法案”，同时也是美日进一步加强军事同盟的“新契约”。这些法案的通过，使美国在北约东扩取得实际进展的同时，在亚太地区得以巩固其立足地。与此同时，美国还与菲律宾签订了《来访部队协定》，确保了美国在东南亚地区的军事存在；美国还加强了与澳大利亚、泰国的军事同盟关系，并不断通过联合军事演习强化双边和多边军事协作。此外，美国还不断向中亚地区进行军事渗透，不仅向中亚国家提供军事援助，而且还在中亚地区进行联合军事演习。美国的这些行动，明显带有在亚太地区推行“新干涉主义”的企图。

二是亚太地区正在出现新一轮军备竞赛。亚太新一轮军备竞赛主要集中在南亚、东北亚和东南亚3个地区。印度和巴基斯坦继1998年先后进行核试验后，1999年将扩充军备的重点转到发展战略导弹上，先后试射了“烈火”、“大地”、“高里”、“沙欣”等中远程弹道导弹，“核武导弹化”或“导弹核武化”的发展趋势日益明显。日本以朝鲜“试射导弹”为由，宣布要自主研制和发展4颗侦察卫星，并正筹划要引进空中加油机、远程运输机和大型补给舰，以提高日本海外军事干预的远程投送能力。特别是日本在年内与美国签订了联合研发“战区导弹防御系统”的协议，使该地区军备竞赛一发而不可收拾。东南亚国家随着1999年经济的迅速回升，竞相恢复了既定军备发展计划，其步幅在加大、步速在加快。如：菲律宾计划今后耗资约16亿美元购买先进武器装备；新加坡计划建造“隐形”战舰，并拟于2004～2005年服役；泰国也准备从德国、日本等国购买战斗机。

三是亚太地区潜在热点升温。1999年亚太地区共发生10起冲突和战争，其中阿富汗、斯里兰卡、菲律宾等国的冲突或战争久拖不决；泰国和缅甸年内两度发生战事；印巴克什米尔克吉尔危机、朝韩海上危机、东帝汶危机都升级为冲突。与此同时，亚太地区的潜在热点也呈升温之势，以致形成了危机，如：印度和孟加拉边境危机、巴基斯坦政变危机、印度尼西亚亚齐危机、马来西亚“安瓦尔事件”等。南海局势年内几度紧张，马来西亚新占了南沙的榆亚暗沙和簸箕礁，菲律宾新占了仁爱礁，直接导致该地区相对稳定的局面受到严重冲击。特别是李登辉抛出了“两国论”，使台湾海峡局势骤然紧张，加之美国连续向台湾出售了总共价值约17亿美元的先进武器装备，更使该地区局势雪上加霜。

总之，在新千年、新世纪到来之际，世界军事形势呈现出“总体稳定、局部麻烦、机遇增多、挑战不断”的特点，即在世界继续走向缓和的进程中仍存在热点和危机，在世界大战越来越打不起来的态势下地区冲突和局部战争仍时有起伏，在维护和平的有利因素不断增多的情况下还会出现新的挑战。因此，在把握机遇、利用机遇、争取有所作为的同时，更应正视挑战、应对挑战、争取化不利因素为有利因素，使这个世界更加安全。

（李庆功）

亚 洲 军 事 要 事

新中国50华诞举行盛大阅兵仪式　1999年10月1日，走过半个世纪光辉历程的新中国，迎来了她50周年的庆典。首都各界庆祝中华人民共和国成立50周年大会，上午在北京天安门广场隆重举行。50万各族军民以盛大的阅兵仪式和群众游行，欢庆伟大祖国的这一盛大节日。

上午9时58分，在欢快的迎宾乐曲声中，党和国家领导人江泽民、李鹏、朱镕基、李瑞环、胡锦涛、尉健行、李岚清来到天安门城楼主席台。

10时，中共中央政委局委员、中共北京市委书记贾庆林宣布庆典开始。在50响的隆隆礼炮声中，200名国旗护卫队官兵组成的方队，以铿锵的脚步从人民英雄纪念碑前沿红色地毯向广场北端的旗杆行进。随后，由1000多人组成的中国人民解放军联合军乐团奏响中华人民共和国国歌的旋律，全场肃立高唱国歌，鲜艳的五星红旗冉冉升起，高高飘扬在广场上空。

10时7分，50响礼炮的回声还在广场上空激荡，一辆红旗检阅车驶出天安门，越过金水桥。中共中央总书记、国家主席、中央军委主席江泽民站立在敞篷车的正中央。

阅兵总指挥、北京军区司令员李新良上将驱车迎上前去，向江主席报告："主席同志，受阅部队列队完毕，请您检阅！"

"开始"。随着一声令下，军乐团高奏激昂的阅兵曲。在李新良的陪同下，江泽民主席乘检阅车徐徐向东驶去。

"同志们好——""首长好！"

"同志们辛苦了——""为人民服务！"

伴着气势磅礴的军乐，军委主席的亲切问候和受阅官兵的响亮回答，汇成一股股巨大的声浪，响彻十里长安街。

江泽民主席检阅完三军受阅部队后，登上天安门城楼发表了激动人心的讲话。随后，10 时 36 分，阅兵分列式开始。由中国人民解放军仪仗大队组成的仪仗方队护卫着中国人民解放军军旗走在最前面。仪仗方队的身后是以国防大学将校方队为首的 4 个院校方队。随后，是北京军区组成的陆军步兵方队。一支是曾涌现过"济南第 1 团"等 34 个英模单位和魏来国等 209 名战斗英雄，素以敢打硬仗、恶仗、大仗而驰名的部队。另一支是曾在抗日战争中击毙日军"名将之花"阿部规秀，解放战争中参与过攻打石门、解放太原、血战兰州等重大战役的英雄劲旅。

由海军潜艇学院组成的水兵方队，是徒步方队中最年轻的队伍，平均年龄只有 18 岁。跟在水兵方队后面的海军陆战队方队是一支由多兵种合成，具有陆地、海上、空中、水下多种作战能力的快速反应部队，被誉为"陆地猛虎、海上蛟龙、空中雄鹰"。

银白色的头盔，深蓝色的连体飞行服，脚登黑色飞行靴，空军飞行员方队第 1 次出现在天安门广场，接受祖国和人民的检阅。

在飞行员方队之后，空降兵方队开进了广场。此次参加阅兵的伞兵由"黄继光连"和"上甘岭特功八连"组成。东南沿海他们踏海平波，雪域高原他们神兵天降，十万大山他们出神入化，天山脚下他们冰地演兵，快速反应、到处能降、降之能战、战之能胜的应急机动作战能力和顽强的战斗作风，使他们成为党和人民值得信赖的一支"拳头"力量。

三军过后，武警内卫方队、特警方队，预备役方队和男民兵方队、女民兵方队依次开过天安门。

徒步方队迈着整齐而刚健的步伐一一走过。那铿锵有力的足音，像长征的脚步声；那勇往直前的英姿，使人想起百万雄师过大江的身影。

随后，车辆方队开过，长安街响起隆隆的马达声。只见坦克、步兵战车、装甲车、各式榴弹炮、滑膛炮、加榴炮、火箭炮、自行高炮滚滚而来。紧跟其后的导弹方队中有骑鲸蹈海的反舰导弹，有直刺苍穹的地空导弹，还有倚天长啸的近程、中程、远程导弹。

注视着各型装备，注视着强大的机械化、现代化武装力量，每个人的心中都涌起一股热流：天安门城楼上、观礼台上，爆发出一阵又一阵热烈的掌声。

11 时 5 分，当压阵的最后 3 辆导弹发射车载着中国最新型远程导弹驶向天安门广场时，由轰炸机、歼轰机、强击机、歼击机和直升机组成的强大机群从空中呼啸而来。

穿云破雾，各式战鹰如银色的闪电，涂着迷彩的直升机如绿色的雁阵——这是陆海空三军航空兵首次联合编队飞越天安门上空。

从最初的马拉飞机开始，人民空军在半个世纪的发展征程中日益强大，今天由数量规模型、人力密集型向质量效能型、科技密集型转变，形成了由歼击航空兵、轰炸航空兵、强击航空兵、侦察航空兵、运输航空兵、地空导弹兵、空降兵等多种专业兵种组成的高技术合成军种，具备了快速机动、远程作战和猛烈突击的能力。

11 时 13 分，激昂的军乐声戛然而止，历时近一个小时的世纪大阅兵落下帷幕——作为浓墨重彩的华章，这一瞬间，她被载入人民共和国不平凡的史册。

11000 多名将士参加了这次气势恢弘的大检阅。地面方队包括 17 个徒步方队，25 个车辆方队。空中梯队包括陆、海、空三军共 10 个空中梯队 132 架飞机。409 台（辆）重型装备参加了检阅。受阅 42 种大型装备中，只有两种参加过 35 周年国庆阅兵，其余都是首次亮相，新装备占 95%。最引人注目的是，在威武雄壮的方队中，陆军航空兵、海军航空兵、海军陆战队、特警和预备役部队等首次参加受阅的兵种。

这次大阅兵，是一个生动的展示。它充分展示了中国人民解放军革命化、现代化、正规化建设的伟大成就，展示了质量建设、科技强军的丰硕成果，展示了威武之师、文明之师、胜利之师的崭新风貌。

这次大阅兵，是一个神圣的宣示。它充分宣示了人民武装力量的全体将士对党、对祖国、对人民、对社会主义的无比忠诚。

这次大阅兵，是一个庄严的昭告。它向全世界表明了中国人民解放军维护祖国安全与统一、促进世界和平与发展的坚强决心和强大力量。

阅兵仪式结束后，在庄严的《歌唱祖国》乐曲声中，群众游行队伍紧随受阅部队精神抖擞地向广场进发。在"国旗"，"国庆、年号"，"国徽"3 个仪仗队方阵后，欢乐的游行队伍依次展示了"开国·创业"、

“改革·辉煌”、“世纪·腾飞”3个主题，生动地反映了新中国成立50年特别是改革开放20年来，在毛泽东、邓小平、江泽民为核心的党的3代中央领导集体的领导下发生的翻天覆地的变化，体现了中国政治稳定、经济发展、民族团结、社会进步和国际地位日益提高的大好形势，表现了全国各族人民奋发努力、满怀豪情迈向新世纪的精神风貌。

12时5分，国庆50周年庆典活动结束。在全场热烈的掌声和欢呼声中，江泽民等中央领导同志频频向广场和观礼台上的人们挥手致意。

（郭韦婧）

中国恢复对澳门行使主权　1999年12月20日零点，在雄壮的《义勇军进行曲》乐曲声中，中华人民共和国国旗和中华人民共和国澳门特别行政区区旗在澳门庄严升起。从此，澳门回到祖国的怀抱，中国人民在完成祖国统一大业中又迈出重要的一步。

一、中葡澳门政权交接仪式在澳门隆重举行

1999年12月19日深夜，位于澳门新口岸刚刚建成的澳门文化中心花园馆灯火通明，举世瞩目的中葡两国政府澳门政权交接仪式在这里隆重举行。

23时42分，澳门政权交接仪式开始。在礼号手的号乐声中，中华人民共和国主席江泽民、国务院总理朱镕基、国务院副总理钱其琛、外交部长唐家璇、澳门特别行政区首任行政长官何厚铧步入会场，登上主席台主礼台。葡萄牙总统桑帕约、总理古特雷斯、国务部长兼外交部长伽马、共和国议会副议长科伊索罗、澳门总督韦奇立同时登上主席台主礼台。随后，中葡双方仪仗队举行敬礼仪式，双方乐队奏致敬曲。

桑帕约总统首先讲话。他说，我们今天聚首一堂参加这个仪式，这是澳门历史上独一无二的重要时刻。“两国就澳门地位协议的最终达成，充分体现了双方在此问题上的实事求是态度及以和平方式解决问题的智慧，将我们两国因应新实况而需改变的改变过来，也同时确保了澳门原有特色的延续，使两国之间数世纪的悠久关系步入一个新时期。”

桑帕约说：“葡中两国在履行联合声明的同时，关系得到了加强，使澳门享有自治的保证更为清晰。我要向为其成功作出贡献的所有人士，表示赞赏和感谢。”

23时55分，降旗、升旗仪式开始，中葡双方护旗手入场。23时58分，在葡萄牙国歌声中，葡萄牙国旗和澳门市政厅旗开始缓缓降下。

此时，距离12月20日零时只有短短几秒钟。会场内的气氛凝重而肃穆，人们在静静地等待着中华民族又一个重要时刻的到来。

零时整，中国人民解放军军乐团奏响雄壮激昂的中华人民共和国国歌，中华人民共和国国旗和中华人民共和国澳门特别行政区区旗冉冉升起。46秒后，两面旗帜同时升到旗杆顶端，猎猎飘扬。至此，中葡两国政府完成了澳门政权的交接。

交接仪式大厅里掌声如潮，经久不息。无数的照相机、摄像机的镜头记录下这一历史性的时刻；无数的电波将这一重大消息传遍大江南北，传遍世界各地。

零时4分，江泽民主席稳步走到镶有中华人民共和国国徽的讲台前发表讲话。他代表中国政府和全国各族人民向回到祖国怀抱的澳门同胞表示亲切的问候和良好的祝愿，向所有为解决澳门问题作出贡献的人士，向世界上一切关心和支持澳门回归的人们，表示衷心的感谢。

江泽民说，中国政府按照邓小平提出的“一国两制”的伟大构想，成功地解决了香港、澳门问题，这是中国人民在完成祖国统一的大业中取得的重大进展。“一国两制”在香港、澳门的实践，已经并将继续为我们最终解决台湾问题发挥重要的示范作用。中国政府和人民有信心有能力早日解决台湾问题，实现中国的完全统一。

江泽民说，澳门回归后，中国政府将坚定不移地贯彻执行“一国两制”、“澳人治澳”、高度自治的方针，将依法保护所有国家和地区在澳门的经济利益。他表示坚信，在中央政府和全国各族人民的支持下，澳门特别行政区政府和澳门同胞一定能够把澳门管理好、建设好、发展好。

江泽民主席的讲话，被全场热烈的掌声一次次打断。

最后，江泽民主席以坚定的语气说：“回到祖国怀抱的澳门，必将迎来更加美好的未来！”这时，全场再次响起长时间的热烈掌声。

随后，江泽民主席与桑帕约总统等中葡两国的主要代表走到主席台前，握手合影。

零时10分，澳门政权交接仪式结束。

二、中华人民共和国澳门特别行政区成立

中华人民共和国主席江泽民于20日凌晨在澳门向全世界郑重宣告，中华人民共和国澳门特别行政区政府成立。随后，全部由澳门人组成的澳门特别行政区政府宣誓就职。

以此为标志，“一国两制”、“澳人治澳”、高度自治的基本方针在澳门正式实施，澳门进入发展的新纪元。

20日凌晨，中华人民共和国澳门特别行政区成立暨特区政府宣誓就职仪式在澳门综艺馆隆重举行。为迎接这一盛事，综艺馆装修得焕然一新。会场主席台中央，悬挂着中华人民共和国国旗和澳门特别行政区区旗，馆内洋溢着热烈喜庆的气氛。

仪式由国务院副总理、全国人民代表大会澳门特别行政区筹备委员会主任委员钱其琛主持。

1时45分，军乐队奏起雄壮的中华人民共和国国歌。随后，江泽民主席宣布：中华人民共和国澳门特别行政区政府现在成立。顿时，会场内响起雷鸣般的掌声。

1时47分，澳门特别行政区政府开始宣誓就职。

首先，由澳门特别行政区行政长官何厚铧宣誓。在朱镕基总理监誓下，44岁的何厚铧庄严地举起右手，郑重宣誓：本人就任中华人民共和国澳门特别行政区行政长官，必当拥护并负责执行中华人民共和国澳门特别行政区基本法，效忠中华人民共和国及其澳门特别行政区，尽忠职守，遵守法律，廉洁奉公，致力于维护澳门的稳定和发展，对中央人民政府和澳门特别行政区负责。

何厚铧宣誓完毕，朱镕基总理同他亲切握手。热烈的掌声在会场内响起。

1时49分，澳门特别行政区政府主要官员、立法会主席、终审法院院长、检察院检察长走上主席台宣誓就职。受朱镕基总理委托，澳门特别行政区行政长官何厚铧监誓。行政法务司司长陈丽敏领誓。

随后，澳门特别行政区行政会10名委员、立法会23名议员、各级法院23名法官、检察院23名检察官分批走上主席台宣誓。行政长官何厚铧监誓。行政会委员唐志坚、立法会主席曹其真、终审法院院长岑浩辉和检察院检察长何超明分别领誓。

宣誓结束后，朱镕基总理致辞。他代表中华人民共和国中央人民政府，对澳门特别行政区政府的成立表示热烈的祝贺，向一切关心和支持澳门回归并为此作出贡献的澳门各界人士致以深切的谢意。他说，从今天起，《中华人民共和国澳门特别行政区基本法》开始实施，澳门特别行政区政府开始行使职权。中央人民政府将全力支持行政长官何厚铧先生和他领导的澳门特别行政区政府的工作。他希望特区官员继续发扬澳门同胞爱国爱澳的光荣传统，全面贯彻落实澳门特别行政区基本法，恪尽职守，为保持澳门的长期稳定和发展作出自己的贡献。他表示相信，在祖国的大家庭中，真正当家作主、掌握了自己命运的澳门同胞一定能以自己的勤劳和智慧，创造出辉煌的成就。澳门的未来一定会更加美好。

澳门特别行政区行政长官何厚铧接着发表讲话。他说，澳门回归祖国，揭开了历史新的一页。我们在欢乐和自豪之余，对美好的明天充满希望，也由此焕发崇高的使命感和神圣的责任感。在未来的岁月里，我必将义无反顾，以无比坚毅的意志，本着基本法赋予的权力，贯彻“一国两制”，带领40多万市民建设自己的家园，这是我最大的光荣和责任。澳门必定会建设成为一个繁荣、稳定和进步的社会。

仪式结束后，江泽民、朱镕基等国家领导人会见了澳门特区主要官员，并和他们合影留念。

以陈滋英为团长的观礼团出席了20日的仪式。

出席仪式的约3000人。其中包括53个国家和29个国际组织的代表，一些国际友好人士；40多个国家驻澳门总领事、名誉领事和国际组织驻澳门的代表。

澳门各界人士，香港特别行政区的代表，台湾同胞，以及来自30多个国家的华侨、华人代表，也见证了中华民族的这一盛事。

三、中国人民解放军驻澳门部队奉命进驻澳门，全面展开防务

遵照中央军委主席江泽民的命令，由500名官兵组成的中国人民解放军驻澳门部队于20日上午11时20分，分两个梯队，从珠海市的正岭营地出发。在从珠海营区到拱北海关近10千米的道路两旁，珠海市近20万各界群众敲锣打鼓，载歌载舞，热烈、隆重地为驻澳门部队送行。

中午12时整，驻澳门部队一辆编号为“000”的军用吉普车，率先通过珠海拱北海关管理线，驶入澳门土地。

驻澳门部队分乘10辆装甲车和60多辆其他车辆，沿着澳门马场北大马路、东北大马路、劳动节大马路、友谊大马路向营区开进，沿途受到成千上万名澳门群众的热烈欢迎。人们挥舞着鲜艳的五星红旗和绿色的莲花区旗，向解放军热情致意。在友谊圆形地，澳门庆委会主席团主席马万祺代表澳门同胞向驻澳门部队赠送了写有“威武文明之师”的金匾和写有“威武之师 文明之师”的锦旗。

12时28分，驻澳门部队先头部队抵达龙成大厦营区。13时，驻澳门部队最后一辆编号为“233”的吉普车抵达龙成大厦。至此，中国人民解放军驻澳门部队自珠海营区出发，历时1小时40分钟，行程约16千米，全部到达营区。下午1时30分，进驻澳门的部队全部到达指定位置，开始担负澳门特别行政区的防务。

正在澳门参加澳门政权交接仪式及庆祝活动的中共中央总书记、国家主席、中央军委主席江泽民，20日下午来到驻澳门部队驻地龙成大厦，看望刚刚进驻澳门的部队全体官兵，对他们顺利进驻澳门表示祝贺。

下午2时27分，江泽民驱车来到龙成大厦军营，神采奕奕地走下汽车。驻澳门部队司令员刘粤军向江泽民主席报告："主席同志，中国人民解放军驻澳门部队列队完毕，请您指示。"江泽民主席与驻澳门部队领导一一握手，关切地询问了部队部署和住房等情况，江泽民主席要求官兵不负祖国和人民的重托，不辱使命，忠实履行好澳门特别行政区的防务职责。

江泽民主席检阅了在龙成大厦东侧广场整齐列队的驻澳门部队，亲切地问候大家："同志们好！"、"同志们辛苦了！"官兵们响亮地回答："首长好！""为人民服务！"

驻澳门部队政治委员贺贤书代表全体官兵表示：驻澳门部队坚决按照江泽民主席签署的部队进驻命令，按照政治合格、军事过硬、作风优良、纪律严明、保障有力的总要求，高标准建设一流部队，严格依法治军、依法驻军，展示威武文明之师的良好形象。

中央军委副主席、国务委员兼国防部长迟浩田陪同看望。

12月21日早上8时整，中国人民解放军驻澳门部队，在临时驻地龙成大厦东侧广场隆重举行升国旗仪式。当驻澳门部队政委贺贤书少将宣布升旗仪式开始时，中国人民解放军军乐团奏响中华人民共和国国歌，五星红旗在部队临时营地冉冉升起。400名驻澳门部队官兵和中国人民解放军仪仗队参加了升旗仪式。升旗仪式后，驻澳门部队司令员刘粤军少将致词。他说，中国人民解放军驻澳门部队在这里隆重举行升国旗仪式，把鲜艳的五星红旗高高升起在澳门上空，用以表达驻澳门部队全体官兵对党的忠诚，对伟大祖国的热爱，对捍卫国家主权、领土完整的坚强决心。

全国政协副主席马万祺，澳门特别行政区行政长官何厚铧，新华社澳门分社社长王启人，外交部驻澳门特派员公署特派员原泰，以及澳门特区政府主要官员，澳门各界人士、群众代表参加了升旗仪式。

四、同喜同庆澳门回归

欢声动神州，激情满河山。历经沧桑，澳门终于重回祖国母亲怀抱，全国各地纷纷举行丰富多彩的活动，共庆中华民族历史上的这一盛事。

20日晚上，北京星光灿烂，首都体育馆披红挂彩，99盏大红灯笼映红了冬日的夜空。中共中央、全国人大常委会、国务院、全国政协、中央军委在首都体育馆隆重举行"首都各界庆祝澳门回归祖国大会"，共庆澳门回归祖国这一中华民族的盛大节日。

19时58分，军乐团高奏迎宾曲，江泽民、李鹏、朱镕基、李瑞环、胡锦涛、尉健行、李岚清等党和国家领导人登上主席台，这时全场响起热烈的掌声。

20时，北京市市长刘淇宣布庆祝大会开始。伴着《义勇军进行曲》雄壮的旋律，全场1万多人齐声高唱中华人民共和国国歌。在国旗班礼兵的护卫下，五星红旗在会场冉冉升起。

江泽民发表讲话指出，澳门与祖国的分离和团聚，是近代以来中华民族发展历史的一个缩影。昔日的澳门，是在旧中国积贫积弱、备受欺凌的情况下被葡萄牙逐步占领的。今天的澳门，是在新中国昂首阔步走向繁荣富强的进程中胜利回归的。这一历史性的变化，充分显示了当代中国和中国人民的强大力量。

江泽民说，海内外一切爱国的同胞和世界上的有识之士，都已从香港、澳门顺利回归的事实中，看到了"一国两制"的科学性和正确性，看到了"一国两制"是解决台湾问题的最好方式。遵循一个中国的原则，实现中国的完全统一，是包括台湾同胞在内的全中国人民的共同意愿，是历史发展的必然趋势，任何势力都无法阻挡。

20日下午，上海市举行各界庆祝澳门回归祖国大会。中共中央政治局委员、中共上海市委书记黄菊在会上讲话。他说，中葡两国政府顺利完成了澳门政权交接，上海1300万人民与全国人民一样，沉浸在无比的激动和喜悦中。我们一定要在以江泽民同志为核心的党中央的坚强领导下，坚定不移地走建设有中国特色的社会主义道路，实现祖国的完全统一和中华民族的伟大复兴。黄菊强调，澳门回归为上海与澳门两地间的交流合作，开辟了新的广阔前景，两地的交流与合作将进入一个新的阶段。

20日上午，广州天河体育馆彩旗猎猎，鼓乐喧天，醒狮起舞，广东省委、省政府在这里举行广州地区各界庆祝澳门回归祖国大会。中共中央政治局委员、广东省委书记李长春代表中共广东省委、省人民政府，代表广东人民向刚刚诞生的澳门特别行政区政府表示热烈祝贺。李长春说，改革开放20年，粤澳两地已初步形成优势互补、共生共荣的经济合作格局。澳门回归后，两地的交往与合作将更加充分、直接和深入。我们一定要把握好这一历史机遇，积极发展两地新的优势互补关系，推进两地合作走向更高层次。

20日上午，石家庄市北国商城广场上，各界群众高唱歌曲，跳起集体舞，庆祝澳门回到祖国怀抱。

一位名叫李新广的老同志对记者说:“澳门终于回来了,这说明我们国家富强了,在国际上的影响越来越大了,咱老百姓打心眼里高兴。”

尽管南昌出现了入冬以来少有的低温,但英雄城内欢庆澳门回归的热潮却涌动不息。19日晚,华灯初上,八一广场西侧的回归倒计时牌下早已人山人海。人们随着倒计时牌上跳跃的数字大声读秒,当数字停止时,广场沸腾了。众人齐声高唱国歌,纷纷放飞气球。八一大道上几百辆出租车也不约而同按响了喇叭,庆贺澳门回到祖国怀抱。

20日,贵阳沉浸在一片喜庆气氛中。市中心人民广场、紫林庵、喷水池等主要路口升起了五彩气球,“庆澳门回归、盼祖国统一”的巨幅标语在阳光下鲜艳夺目,街头到处摆满由喜庆字样组成的花坛。公共汽车上挂了彩旗,在全市形成了一道道流动的风景。数百名出租汽车司机在汽车后车窗贴上了“祖国的明天更美好”的透视贴。这种透视贴不影响车内人员外视,从车外看却是五彩斑斓。公交公司为庆祝澳门回归这一盛事,把37辆新客车打扮得漂漂亮亮。

19日晚至20日凌晨,从陇东高原到陇西戈壁,甘肃各地群众守候在电视机前观看了澳门回归现场直播。兰州市东方红广场张灯结彩,喜气洋洋,数千市民欢聚在回归倒计时牌前读秒,等候激动人心的一刻。皋兰县5000多名群众在县城灯光球场参加庆祝澳门回归祖国大会。嘉峪关市举办了大型庆祝澳门回归联欢晚会和演讲比赛。张掖地区万名妇女举着五星红旗和澳门区旗长跑;万名青少年在回归纪念条幅上踊跃签名。金昌市黄埔同学会、民革金昌市委会召开了热烈的座谈会。

宁波市民沉浸在喜悦之中。在天一阁宁波史迹陈列馆中,不少家长带着孩子逗留其间。一位年轻的母亲指着铁炮告诉记者说,我带儿子到这里来,是要告诉他,只有国家强大,才能使澳门和平回到祖国大家庭。在宁波北仑港20万吨级矿砂码头上,500余名海港职工三班连轴转抢卸铁矿石。宁波成路文体旅游日用品公司是宁波北仑区最大的私营企业,澳门回归使这家企业的业主和员工看到了祖国在21世纪的光辉前景,连日来他们先后举办了迎澳门回归知识竞赛、演讲比赛等活动。20日凌晨,这家企家200余名职工集体观看了澳门回归的电视转播,并立即进行了座谈。

20日上午,吉林省辽源市的群众不顾零下20多摄氏度的严寒,在街上扭起秧歌,欢庆澳门回归。长春市的网吧非常繁忙,学生、市民通过因特网阅读有关澳门的消息。两天来,在长春信息港网上登录的网民达30万人次。铁道部长春客车厂的全体职工为完成春运列车的生产任务没有休息。总装分厂的干部职工利用午休时间和厂文工团的演员一起在临时搭起的舞台上引吭高歌,表达喜悦之情。

为庆祝澳门回归,长沙市披上了节日盛装,巨幅大红标语、精心摆设的花坛遍布全城,主要路口彩旗招展。20日上午8时,记者在长沙市采访时,市民们还在谈论着澳门回归的盛典。

在南京,68位就读于南京航空航天大学的澳门学生与内地同学欢聚一堂,共庆澳门回归。校长姜澄宇送来了十几盒写有祝词的蛋糕。一位澳门学生说:“今天不仅是澳门人的节日,更是全体华夏儿女的节日。我一定要好好读书,学成后为建设澳门出力!”

“海南岛、台湾岛,好比珍珠加玛瑙……”谈到澳门回归、祖国统一,海南群众自然想起这首歌,想起生活在祖国另一个宝岛上的台湾同胞。20日,海南的干部群众接受记者采访时纷纷表示,香港、澳门顺利回归表明邓小平提出的“一国两制”伟大构想是指导我们完成祖国统一大业的正确方针。海南大学学生李静激动地说:“我们曾为香港的回归热泪盈眶,我们正为澳门的回归欢欣鼓舞,我们期盼早一天握着台湾同胞的手,互相感受血浓于水的亲情。我们深信这一天一定会到来。”

举国喜庆时,战士未下鞍。在普天同庆澳门回归祖国的时候,全军和武警部队官兵时刻不忘肩负的责任。被誉为“东方第1哨”的黑龙江省军区某边防连官兵,迎着今天的第1缕阳光,把亲手绣好的五星红旗升起在祖国的最东端,他们将把这面沐浴了12月20日洒在祖国境内第1缕阳光的红旗赠送给澳门人民。担负着粤港澳边境第1线打击走私、偷渡和维护边境安定任务的武警广东边防总队某支队官兵们增强了执勤力度,边防巡逻艇、摩托艇在夜色笼罩的大海上往来穿梭,形成一个严密的防护网,全天候全方位地守护着澳门周边海区。在1999年国庆阅兵中圆满完成空中加受油表演的广州军区空军某部官兵宣誓:坚决按照江泽民主席“为建设一支强大的现代化的攻防兼备的人民空军而奋斗”的要求,长空练铁翼,捍卫祖国的神圣领空,做祖国的空中长城。

与此同时,海外华人华侨也举行了形式多样的庆祝活动,欢庆澳门回归祖国。世界各国报纸纷纷发表社论或文章,盛赞中国恢复对澳门行使主权。许多国家的政界要人发表谈话或贺词,对澳门回归中国这一历史盛事表示祝贺。

(郭韦婷)

中国公布《中华人民共和国澳门特别行政区驻军法》 中华人民共和国主席江泽民于1999年6月28日发布第18号主席令：《中华人民共和国澳门特别行政区驻军法》已由中华人民共和国第9届全国人民代表大会常务委员会第10次会议于1999年6月28日通过，现予公布，自1999年12月20日起施行。

《中华人民共和国澳门特别行政区驻军法》全文如下：

第1章 总 则

第1条 为了保障中央人民政府派驻澳门特别行政区负责防务的军队依法履行职责，维护国家的主权、统一、领土完整和澳门的安全，根据宪法和澳门特别行政区基本法，制定本法。

第2条 中央人民政府派驻澳门特别行政区负责防务的军队，称中国人民解放军驻澳门部队（以下称澳门驻军）。

澳门驻军由中华人民共和国中央军事委员会领导，其部队组成、员额根据澳门特别行政区防务的需要确定。

澳门驻军实行人员轮换制度。

第3条 澳门驻军不干预澳门特别行政区的地方事务。澳门特别行政区政府在必要时，可以向中央人民政府请求澳门驻军协助维持社会治安和救助灾害。

第4条 澳门驻军人员除须遵守全国性的法律外，还须遵守澳门特别行政区的法律。

第5条 澳门驻军费用由中央人民政府负担。

第2章 澳门驻军的职责

第6条 澳门驻军履行下列防务职责：

（一）防备和抵抗侵略，保卫澳门特别行政区的安全；

（二）担负防卫勤务；

（三）管理军事设施；

（四）承办有关的涉外军事事宜。

第7条 在全国人民代表大会常务委员会决定宣布战争状态或者因澳门特别行政区内发生澳门特别行政区政府不能控制的危及国家统一或者安全的动乱而决定澳门特别行政区进入紧急状态时，澳门驻军根据中央人民政府决定在澳门特别行政区实施的全国性法律的规定履行职责。

第8条 澳门驻军的飞行器、舰船等武器装备和物资以及持有澳门驻军制发的证件或者证明文件的执行职务的人员和车辆，不受澳门特别行政区执法人员检查、搜查和扣押。

澳门驻军和澳门驻军人员并享有在澳门特别行政区实施的法律规定的其他权利和豁免。

第9条 澳门驻军人员对妨碍其执行职务的行为，可以依照在澳门特别行政区实施的法律的规定采取措施予以制止。

第3章 澳门驻军与澳门特别行政区政府的关系

第10条 澳门特别行政区政府应当支持澳门驻军履行防务职责，保障澳门驻军和澳门驻军人员的合法权益。

澳门特别行政区以法律保障澳门驻军和澳门驻军人员履行职责时应当享有的权利和豁免。

澳门特别行政区制定政策、拟定法案、草拟行政法规，涉及澳门驻军的，应当征求澳门驻军的意见。

第11条 澳门驻军进行训练、演习等军事活动，涉及澳门特别行政区公共利益的，应当事先通报澳门特别行政区政府。

第12条 澳门驻军和澳门特别行政区政府共同保护澳门特别行政区内的军事设施。

澳门驻军会同澳门特别行政区政府划定军事禁区。军事禁区的位置、范围由澳门特别行政区政府宣布。

澳门特别行政区政府应当协助澳门驻军维护军事禁区的安全，禁止任何组织或者个人破坏、危害军事设施。

澳门驻军以外的人员、车辆、船舶和飞行器未经澳门驻军最高指挥官或者其授权的军官批准，不得进入军事禁区。军事禁区的警卫人员有权依法制止擅自进入军事禁区和破坏、危害军事设施的行为。

澳门驻军对军事禁区内的自然资源、文物古迹以及非军事权益，应当依照澳门特别行政区的法律予以保护。

第13条 澳门驻军的军事用地由澳门特别行政区政府无偿提供。

澳门驻军的军事用地，经中央人民政府批准不再用于防务目的的，无偿移交澳门特别行政区政府。

澳门特别行政区政府如需将澳门驻军的部分军事用地用于公共用途，必须经中央人民政府批准；经批准的，澳门特别行政区政府应当在中央人民政府同意的地点，为澳门驻军重新提供军事用地和军事设施，并负担所有费用。

第14条 澳门特别行政区政府向中央人民政府请求澳门驻军协助维持社会治安和救助灾害并经中央

人民政府批准后，澳门驻军根据中央军事委员会的命令派出部队执行协助维持社会治安和救助灾害的任务，任务完成后即返回驻地。

澳门驻军协助维持社会治安和救助灾害时，在澳门特别行政区政府的安排下，由澳门驻军最高指挥官或者其授权的军官实施指挥。

澳门驻军人员在协助维持社会治安和救助灾害时，行使与其执行任务相适应的澳门特别行政区法律规定的相关执法人员的权力。

第15条　澳门驻军和澳门特别行政区政府应当建立必要的联系，协商处理与驻军有关的事宜。

第4章　澳门驻军人员的义务与纪律

第16条　澳门驻军人员应当履行下列义务：

（一）忠于祖国，履行职责，维护祖国的安全、荣誉和利益，维护澳门的安全；

（二）遵守全国性的法律和澳门特别行政区的法律，遵守军队的纪律；

（三）尊重澳门特别行政区政权机构，尊重澳门特别行政区的社会制度和生活方式；

（四）爱护澳门特别行政区的公共财产和澳门居民及其他人的私有财产；

（五）遵守社会公德，讲究文明礼貌。

第17条　澳门驻军人员不得参加澳门的政治组织、宗教组织和社会团体。

第18条　澳门驻军和澳门驻军人员不得以任何形式从事营利性经营活动。澳门驻军人员并不得从事与军人职责不相称的其他任何活动。

第19条　澳门驻军人员违反全国性的法律和澳门特别行政区的法律的，依法追究法律责任。

澳门驻军人员违反军队纪律的，给予纪律处分。

第5章　澳门驻军人员的司法管辖

第20条　澳门驻军人员犯罪的案件由军事司法机关管辖；但是，澳门驻军人员非执行职务的行为，侵犯澳门居民、澳门驻军以外的其他人的人身权、财产权以及其他违反澳门特别行政区法律构成犯罪的案件，由澳门特别行政区司法机关管辖。

军事司法机关和澳门特别行政区司法机关对各自管辖的澳门驻军人员犯罪的案件，如果认为由对方管辖更为适宜，经双方协商一致后，可以移交对方管辖。

军事司法机关管辖的澳门驻军人员犯罪的案件中，涉及的被告人中的澳门居民、澳门驻军以外的其他人，由澳门特别行政区法院审判。

第21条　澳门特别行政区执法人员依法拘捕的涉嫌犯罪的人员，查明是澳门驻军人员的，应当移交澳门驻军羁押。被羁押的人员所涉及的案件，依照本法第20条的规定确定管辖。

第22条　澳门驻军人员被澳门特别行政区法院判处剥夺或者限制人身自由的刑罚或者保安处分的，依照澳门特别行政区的法律规定送交执行；但是，澳门特别行政区有关执法机关与军事司法机关对执行的地点另行协商确定的除外。

第23条　澳门驻军人员违反澳门特别行政区的法律，侵害澳门居民、澳门驻军以外的其他人的民事权利的，当事人可以通过协商、调解解决；不愿通过协商、调解解决或者协商、调解不成的，被侵权人可以向法院提起诉讼。澳门驻军人员非执行职务的行为引起的民事侵权案件，由澳门特别行政区法院管辖；执行职务的行为引起的民事侵权案件，由中华人民共和国最高人民法院管辖，侵权行为的损害赔偿适用澳门特别行政区法律。

第24条　澳门驻军的机关或者单位在澳门特别行政区与澳门居民、澳门驻军以外的其他人发生合同纠纷时，当事人可以通过协商、调解解决。当事人不愿通过协商、调解解决或者协商、调解不成的，可以依据合同中的仲裁条款或者事后达成的书面仲裁协议，向仲裁机构申请仲裁。当事人没有在合同中订立仲裁条款，事后又没有达成书面仲裁协议的，可以向澳门特别行政区法院提起诉讼；但是，当事人对提起诉讼的法院另有约定的除外。

第25条　在澳门特别行政区法院的诉讼活动中，澳门驻军对澳门驻军人员身份、执行职务的行为等事实发出的证明文件为有效证据。但是，相反证据成立的除外。

第26条　澳门驻军的国防等国家行为不受澳门特别行政区法院管辖。

第27条　澳门特别行政区法院作出的判决、裁定涉及澳门驻军的机关或者单位的财产执行的，澳门驻军的机关或者单位必须履行；但是，澳门特别行政区法院不得对澳门驻军的武器装备、物资和其他财产实施强制执行。

第28条　军事司法机关可以与澳门特别行政区司法机关和有关执法机关通过协商进行司法方面的联系和相互提供协助。

第6章　附　则

第29条　本法的解释权属于全国人民代表大会常务委员会。

第30条　本法自1999年12月20日起施行。

中国国务院发布第 275 号令 公布澳门特别行政区区域图 1999 年 12 月 20 日，中国国务院发布第 275 号令，公布澳门特别行政区区域图。该令全文如下：

中华人民共和国国务院令

第 275 号

根据 1993 年 3 月 31 日第 8 届全国人民代表大会第 1 次会议通过的《全国人民代表大会关于设立中华人民共和国澳门特别行政区的决定》，《中华人民共和国澳门特别行政区行政区域图》已经 1999 年 12 月 7 日国务院第 23 次常务会议通过，现予公布。

附：中华人民共和国澳门特别行政区行政区域范围文字表述

总理 朱镕基

1999 年 12 月 20 日

中华人民共和国澳门特别行政区行政区域范围文字表述 中华人民共和国澳门特别行政区包括澳门半岛、氹仔岛和路环岛。

澳门特别行政区北部与广东省珠海市的拱北陆路相连。关闸拱门以南由澳门特别行政区管辖。关闸拱门以北至珠海边防检查站原旗楼之间的地段维持原有管理办法不变。

澳门特别行政区维持澳门原有的习惯水域管理范围不变。

国务院有关部门关于澳门特别行政区行政区域图的说明 就国务院第 275 号令公布的《中华人民共和国澳门特别行政区行政区域图》一事，记者于 20 日采访了国务院港澳事务办公室和国家测绘局有关负责人。

问：国务院公布的澳门特别行政区行政区域图的种类和作用是什么？

答：国务院公布的澳门特别行政区行政区域图是由国家测绘局负责编制的，共有 3 种比例尺，分中、英文版 6 个图种。1∶2 万比例尺澳门特别行政区行政区域图是澳门特别行政区行政区域范围及地名的标准样图，今后各级使用单位和出版部门在编制和出版澳门特别行政区地图时，必须以 1∶2 万比例尺澳门特别行政区行政区域图作为标准样图。1∶10 万、1∶15 万比例尺澳门特别行政区行政区域图作为报载示意用，供新闻宣传报道中使用。

问：如何获取澳门特别行政区行政区域图？

答：1∶2 万、1∶10 万、1∶15 万比例尺澳门特别行政区行政区域图，使用部门可以向国家测绘局资料管理部门索取。

问：澳门特别行政区行政区域图公布后，原有澳门地图如何处理？

答：国务院公布澳门特别行政区行政区域图后，凡与此图相抵触的地图，均应停止出版和使用。

（金 鲍）

中国驻澳门特别行政区部队组建完成

中华人民共和国国务院、中华人民共和国中央军事委员会公告

（1999 年 11 月 10 日）

根据《中华人民共和国宪法》赋予中国人民解放军的使命，依照《中华人民共和国澳门特别行政区基本法》关于中央人民政府负责管理澳门特别行政区的防务的规定和《中华人民共和国澳门特别行政区驻军法》的有关规定，为维护国家的主权、统一和领土完整，保持澳门特别行政区的稳定和发展，中华人民共和国中央人民政府派驻澳门特别行政区的部队，现已组建完成。中国人民解放军驻澳门部队隶属中华人民共和国中央军事委员会领导，将于 1999 年 12 月 20 日起正式担负澳门特别行政区防务。中国人民解放军驻澳门部队不干预澳门特别行政区的地方事务。澳门特别行政区政府在必要时，可以向中央人民政府请求驻澳门部队协助维持社会治安和救助灾害。驻军人员除须遵守全国性的法律外，还须遵守澳门特别行政区的法律。驻军费用由中央人民政府担负。

江泽民主席发布《中国人民解放军驻澳门部队进驻澳门特别行政区的命令》 中华人民共和国中央军事委员会主席江泽民于 1999 年 12 月 19 日发布《中国人民解放军驻澳门部队进驻澳门特别行政区的命令》。全文如下：

中国人民解放军驻澳门部队全体官兵：

根据《中华人民共和国宪法》赋予中国人民解放军的使命，依照《中华人民共和国澳门特别行政区基本法》、《中华人民共和国澳门特别行政区驻军法》有关规定，命令你们进驻中华人民共和国澳门特别行政区，于 1999 年 12 月 20 日开始履行防务职责。

我国政府对澳门恢复行使主权，是继香港回归祖国后中华民族的又一盛事，标志着中国人民按照“一国两制”的方针，在实现祖国统一大业的道路上又迈出了坚实的一步。中国人民解放军驻澳门部队担负澳门特别行政区的防务，是中国政府对澳门恢复行使主权的重要象征，使命神圣，责任重大。你们进驻澳门特别行政区以后，要坚持人民解放军全心全意为人民

服务的宗旨，发扬优良传统，忠实履行职责，遵纪守法，依法治军，把部队建设成“政治合格，军事过硬，作风优良，纪律严明，保障有力”的威武文明之师，为维护祖国统一，捍卫国家主权和领土完整，保持澳门的稳定和发展做出积极的贡献。

中华人民共和国中央军事委员会主席　江泽民

1999年12月19日

中国表彰为研制“两弹一星”作出突出贡献的科技专家并授予“两弹一星功勋奖章”

《人民日报》1999年9月19日报道，中共中央、国务院、中央军委于9月18日作出了关于表彰为研制“两弹一星”作出突出贡献的科技专家并授予其“两弹一星功勋奖章”的决定。该决定全文如下：

中共中央 国务院 中央军委关于表彰为研制“两弹一星”作出突出贡献的科技专家并授予“两弹一星功勋奖章”的决定

（1999年9月18日）

在新中国50年的光辉历程中，“两弹一星”的研制成功，是中华民族为之自豪的伟大成就。50年代中期，以毛泽东同志为核心的第1代党中央领导集体，根据当时的国际形势，为了保卫国家安全、维护世界和平，高瞻远瞩，果断地作出了独立自主研制“两弹一星”的战略决策。大批优秀的科技工作者，包括许多在国外已经有杰出成就的科学家，怀着对新中国的满腔热爱，响应党和国家的召唤，义无反顾地投身到这一神圣而伟大的事业中来。他们和参与“两弹一星”研制工作的广大干部、工人、解放军指战员一起，在当时国家经济、技术基础薄弱和工作条件十分艰苦的情况下，自力更生，发愤图强，大力协同，无私奉献，勇于攀登，完全依靠自己的力量，用较少的投入和较短的时间，突破了原子弹、导弹和人造地球卫星等尖端技术，取得了举世瞩目的辉煌成就。

“两弹一星”的研制成功，成为新中国社会主义建设伟大成就的重要标志，充分显示了中华民族的创造能力，在国内外产生了巨大而深远的影响。它有力地推动了国家经济建设，大大增强了国防实力，促进了我国科学技术的发展。它打破了超级大国的核讹诈和核垄断，奠定了我国在国际事务中的重要地位，振奋了国威、军威，极大地鼓舞了中国人民的志气，增强了中华民族的凝聚力。“两弹一星”的研制成功，培养和造就了一大批能吃苦、能攻关、能创新、能奉献的科技骨干队伍，为我国高新技术及相关产业的发展打下了坚实的基础。在“两弹一星”研制过程中积累的丰富经验和科学管理方法，已广泛应用于我国社会、经济和科技发展等各个领域；在“两弹一星”研制者身上体现出来的“热爱祖国、无私奉献，自力更生、艰苦奋斗，大力协同、勇于登攀”精神，已经成为全国各族人民宝贵的精神财富和不竭的力量源泉。40多年特别是改革开放以来，在一代又一代科技工作者的不懈努力下，从研制“两弹一星”开始创立起来的我国高科技事业取得了长足的进步。

当前，我们面临着新的形势和任务。世界局势总体上趋向缓和，但天下仍不太平，维护世界和平、促进共同发展依然任重道远。特别是新的科技革命以及由此引发的社会经济变革方兴未艾，这既给我们提供了难得的历史机遇，又带来了空前的严峻挑战。我国改革进入攻坚阶段，发展处于关键时期，任务十分艰巨。为了在新的形势下大力弘扬研制“两弹一星”的革命精神和优良传统，动员广大科技工作者和全党、全军、全国各族人民，抓住机遇，迎接挑战，加快实施科教兴国和科技强军战略，在庆祝中华人民共和国成立50周年之际，党中央、国务院、中央军委决定，对当年为研制“两弹一星”作出突出贡献的23位科技专家予以表彰，并授予于敏、王大珩、王希季、朱光亚、孙家栋、任新民、吴自良、陈芳允、陈能宽、杨嘉墀、周光召、钱学森、屠守锷、黄纬禄、程开甲、彭桓武“两弹一星功勋奖章”，追授王淦昌、邓稼先、赵九章、姚桐斌、钱骥、钱三强、郭永怀“两弹一星功勋奖章”（以上排名按姓氏笔画为序）。这23位科技专家是人民共和国的功臣，是老一辈科技工作者的杰出代表，是新一代科技工作者的光辉榜样。

党中央、国务院、中央军委号召，全党、全军和全国各族人民向为研制“两弹一星”作出突出贡献的科技专家学习，大力弘扬研制“两弹一星”的伟大精神，在以江泽民同志为核心的党中央领导下，高举邓小平理论伟大旗帜，万众一心，艰苦奋斗，顽强拼搏，开拓创新，为夺取我国改革开放和社会主义现代化建设新的伟大胜利而努力奋斗。

中国举行诸军兵种联合渡海登陆作战演习　1999年9月上旬，中国人民解放军南京、广州战区陆海空三军、第二炮兵和民兵预备役部队，在浙东、粤南沿海举行了大规模的诸军兵种联合渡海登陆作战实兵演习。演习的成功表明，中国人民解放军现代化建设水平和联合作战能力又有新的提高。三军将士正严阵以待，时刻准备捍卫国家主权和领土完整，坚决粉碎任何分裂祖国的图谋。

中共中央政治局委员、书记处书记、中央军委副主席张万年观看和指导了演习，并代表江主席和中央军委向参加演习的三军指战员表示亲切慰问。

东海某海区　风紧云急，怒涛汹涌。在百年前鸦片战争的古战场，中国人民解放军三军将士和民兵展示了一幅高技术条件下渡海登陆人民战争的雄壮画面。由先进的登陆舰艇和近千艘民船运送的数万精兵，在强大的海军舰艇编队、空军作战机群的火力掩护下，向“守敌”发起了排山倒海的攻击。指战员们利用多种方式，把大批重装备快速装载上船，迅速完成了海上集结和战斗编组；依靠先进的指挥方法和手段，由登陆舰艇和民船组成的联合编队，与战斗机群和作战舰艇密切协同，并肩作战，夺取制空权、制海权和制电磁权，有力抗击了“敌”对我航渡编队的远程打击和海空攻击；面对坚固设防之“敌”，航空兵、海军舰炮、船载炮兵立体打击“敌”海岸防御前沿及纵深重要目标；登陆部队采用多种方式快速卸载火炮战车，同泛水上陆的两栖装甲作战群、机降部队汇成强大的突击力量，实现了对“守敌”的立体突破，分割围歼。南京战区司令员陈炳德、政委方祖岐告诉记者，近年来，战区以中央军委新时期军事战略方针为指导，发扬人民战争的光荣传统，对使用民船配合军队主力，进行大规模渡海登陆作战这一战略课题开展了深入的研究探索，成功解决了一系列难题，使战区内的数十万艘民船可随时动员征用，形成“万船齐发”之势，保障大兵团渡海登陆作战需要。

南海某海区　硝烟弥海，炮声裂空。广州战区陆海空三军数万精兵渡海登陆联合作战同时在两个方向打响。由陆军和海军陆战部队组成的左翼登陆集团，在第二炮兵战役战术导弹、空军战斗机群、陆军武装直升机、海军舰载火力支援下，向“敌”滩头阵地发起一波又一波勇猛攻击；电子干扰飞机和船载电子干扰群密切配合，对“敌”实施电磁压制；扫雷舰艇和登陆兵运用多种手段破障，开辟水际滩头通路，迅速打开突破口，建立登陆场。由陆军和特种作战部队组成的右翼登陆集团，则以迅雷不及掩耳之势展开夺占港口战斗。海空火力对“敌”港区指挥所、通信枢纽、高技术兵器阵地实施精确打击；登陆部队多路展开，并肩攻击，搭乘气垫船的攻击分队快如利剑劈开“敌”防线，操纵翼伞和动力伞的特种部队神兵天降夺控要点，机降部队出“敌”不意分割夹击，一举歼灭港口“守敌”。随后进行的快速歼灭局部反击之“敌”、巩固登陆场战斗同样惊心动魄。面对疯狂反扑之“敌”，登陆作战指挥部快速部署兵力、火力，航空兵和地面炮兵猛烈突击“敌”有生力量，装甲快速突击群迅猛穿插，垂直攻击群超越攻击，彻底粉碎了“敌”反击企图。这场演习充分展示了高技术条件下渡海登陆作战的壮观场面。大批新装备使陆海空三军在作战中如虎添翼。先进的作战舰艇、飞机和电子干扰设备使中国人民解放军能够有效地夺取制海、制空和制电磁权。登陆舰艇、气垫船和直升机等现代登陆输送工具使进攻更加势不可挡。数字化炮兵作战系统使“战争之神”反应更加灵敏。覆盖各军兵种、各指挥层次的自动化指挥网络与无人侦察机、战场侦察系统相配合，大大提高了作战指挥效能。广州战区司令员陶伯钧、政委刘书田在接受记者采访时表示：为坚决捍卫祖国统一，近年来战区三军部队大力加强联合作战研究，深化训练改革，开展科技大练兵，指战员综合素质迅速提高。强有力的思想政治工作，为“打得赢”提供了强大精神动力。部队的新装备迅速形成战斗力。高技术条件下反空袭、反侦察、电子对抗和渡海登陆联合作战各种新战法，经过反复检验日臻完善，完全有能力履行党和人民赋予的神圣使命。

地处改革开放前沿的广东、浙江两省各级党委、政府和广大人民群众，踊跃参加民船动员征集演练，积极为演习提供各种物资保障，充分展示了军民万众一心、共同捍卫国家主权和领土完整的坚定意志。

演习结束后，张万年检阅参演部队并作了重要讲话。他指出，最近，李登辉公然背离一个中国的根本原则，大肆鼓吹所谓“两国论”，彻底暴露了他企图把台湾从中国领土分裂出去的狂妄野心，是对祖国和平统一的蓄意破坏，是对全体中国人民的严重挑衅。这次渡海登陆作战实兵演习，充分显示了中国人民解放军捍卫国家主权和领土完整的坚定立场和坚强决心，展示了中国人民解放军维护祖国统一的强大实力。严正警告李登辉，玩火者必自焚！祖国统一是大势所趋，人心所向。任何分裂势力想要逆历史潮流而动，都不过是螳臂当车，不自量力，必将碰得头破血流，自取灭亡。

张万年强调指出，解决台湾问题的基本方针仍然是“和平统一，一国两制”，但绝不承诺放弃使用武力。中国人民解放军将坚定不移地以国家意志为最高意志，以民族利益为最高利益，有决心、有信心、有能力、有办法捍卫国家主权和领土完整，绝不容忍分裂祖国的图谋得逞，绝不坐视任何一寸土地从中国的版图上分裂出去。中国人民解放军正密切注视着事态的发展，随时准备粉碎任何分裂祖国的罪恶行径！

张万年要求全军部队更加紧密地团结在以江泽民同志为核心的党中央、中央军委周围，牢记神圣使命，按照“政治合格、军事过硬、作风优良、纪律严明、保障有力”的总要求，严格训练，加强战备，为完成祖国统一，实现中华民族的伟大振兴作出更大的贡献。

中共中央政治局委员、广东省委书记李长春，中央军委委员、总装备部部长曹刚川也观看了渡海登陆作战演习。观看演习的还有解放军各总部和有关大单位及当地省的领导隗福临、袁守芳、周友良、石云生、刘顺尧、杨国梁、王祖训、邢世忠、张德江、柴松岳、卢瑞华等。

（尚左琳）

中国驻南使馆遭北约野蛮袭击引起强烈反应　当地时间1999年5月7日午夜（北京时间8日晨5时45分），以美国为首的北约使用5枚导弹悍然袭击中国驻南斯拉夫大使馆，其中4枚导弹当场爆炸，3人不幸遇难，20多人受伤，造成馆舍严重毁坏。以美国为首的北约的这一野蛮暴行激起了中国政府和人民的无比愤慨，受到国际社会和世界舆论的强烈谴责。

一、中国政府和人民愤怒声讨北约野蛮暴行

事发后，中华人民共和国政府于5月8日发表严正声明，最强烈抗议北约轰炸中国驻南斯拉夫大使馆。声明指出，以美国为首的北约对南斯拉夫40多天的狂轰滥炸，已经造成无辜平民大量伤亡，现在又居然轰炸中国大使馆。北约的这一行径是对中国主权的粗暴侵犯，也是对维也纳外交关系公约和国际关系基本准则的肆意践踏。这在外交史上是罕见的。中国政府和人民对这一野蛮暴行表示极大愤慨和严厉谴责，并提出最强烈抗议。以美国为首的北约必须对此承担全部责任。中国政府保留采取进一步措施的权利。

5月8日下午，中华人民共和国外交部副部长王英凡紧急召见美国驻中国大使尚慕杰，奉命就中国驻南斯拉夫联盟共和国大使馆遭北约导弹袭击一事向以美国为首的北约提出最强烈抗议。他指出，以美国为首的北约违背《联合国宪章》、践踏《维也纳外交关系公约》、《关于防止和惩处侵害应受国际保护人员包括外交代表的罪行的公约》以及国际关系的基本准则，居然对中国大使馆进行导弹袭击，粗暴侵犯中国主权，这在外交史上是罕见的。中国政府和人民对这一野蛮暴行表示极大愤慨和强烈谴责。以美国为首的北约必须对此承担全部责任。他强调，以美国为首的北约无视《联合国宪章》和包括中国在内的国际社会的警告，公然对主权国家南斯拉夫进行军事侵略，中国政府对此从一开始就予以谴责，要求北约立即停止对南斯拉夫的军事行动，使科索沃问题尽快回到政治解决的轨道上来。但是，以美国为首的北约一个多月来对南斯拉夫联盟共和国的轰炸步步升级，现在竟然对外交机构进行袭击，使该地区的局势进一步恶化，使科索沃危机进一步扩大。他最后表示，中国政府保留采取进一步措施的权利。

8~9日，中国各地各界纷纷以集会、游行、座谈、接受记者采访等多种形式，愤怒声讨以美国为首的北约对中国人民犯下的滔天罪行，表示要发奋学习，努力工作，为建设强大的社会主义祖国贡献力量。全国人大外事委员会、全国政协外事委员会、各民主党派、全国工商联、中华全国总工会、全国青联、全国学联、全国妇联、全国记协、中国人权发展基金会、中国5大宗教组织等单位和团体，以发表声明、抗议信和举行集会、座谈会等方式，强烈谴责以美国为首的北约对中国犯下的野蛮暴行。

广东、浙江、甘肃省委分别召开常委扩大会议，坚决拥护中国政府严正声明，强烈谴责以美国为首的北约的野蛮行径。黑龙江省人大常委会召开机关大会，省人大民族侨务外事委员会召集在哈尔滨的各族各界代表座谈，愤怒声讨北约暴行。山西召开各界人士大会，省委、省人大、省政府、省政协、省纪检委的主要领导人及人民团体、民主党派、企业、高校代表相继发言，表示要把对北约侵略行径的抗议化作搞好当前工作的动力。

重庆、新疆、吉林、青岛、珠海等省区市的工会、共青团、妇联也纷纷举行座谈会，表示要化悲愤为力量，坚守岗位，做好本职工作，把祖国建设得更加强大。

在一汽集团召开的座谈会上，新老劳模们表示，面对北约的暴行和挑衅，汽车工人要同仇敌忾，多出车，出好车，为增强祖国的综合国力多做贡献。兰州炼油厂、宁波镇海炼化公司职工说，我们一定要坚守岗位，以实际行动维护社会稳定，声援中国政府的正义立场和世界人民的和平正义事业。

浙江日报全体职工分别致电新华社和光明日报社，对女记者邵云环和许杏虎、朱颖夫妇的牺牲表示沉痛哀悼。在甘肃，兰州日报等多家报纸增印数千份，在街头向广大市民散发、赠送。

北京数十所高校的学生通过合法途径继续有秩序

地在美国大使馆前示威游行，表达中国青年反对霸权、捍卫和平的决心。北京大学、清华大学、北京外国语大学、中国政法大学、北京理工大学、中国新闻学院、中央工艺美术学院等一队队游行队伍，高举“坚决支持中国政府严正声明”的横幅，来到大使馆区抗议示威。在北京外国语大学的游行方队中，1000多名学生身穿白色T恤衫，举着在南斯拉夫遇难的记者邵云环、许杏虎的画像，高呼“还我校友”的口号。这两位记者都是从北京外国语大学毕业的，学生们为他们的学校涌现出两位优秀的记者感到骄傲，更为以美国为首的北约的暴行感到气愤。清华大学2000多名学生胸戴白花，高唱国歌，高呼“反对战争，还我使馆，还我同胞”，“严惩凶手”的口号。

上海1.5万多名大学生到美国驻上海总领事馆，强烈抗议以美国为首的北约部队悍然使用导弹袭击中国驻南斯拉夫大使馆、杀害中国驻外人员的野蛮暴行。复旦大学、上海交通大学、同济大学、华东师范大学、华东理工大学、中国纺织大学、上海医科大学、上海师范大学、上海财经大学、上海师范大学、上海中医药大学等10所高校的同学们拉着“强烈谴责美国霸权主义行径”、“坚决拥护中国政府严正声明!”、“反对强权，还我同胞”等横幅，并不断高唱中华人民共和国国歌。

天津各高校师生纷纷以院系为单位召开声讨会，光明日报记者朱颖系天津轻工学院92届优秀毕业生，校友的以身殉职引起了学院广大师生对北约暴行的极度愤慨，他们召开了追悼大会，设立灵堂，深切哀悼朱颖同志。

具有光荣反帝传统的广州各界近10万民众，冒雨走上街头，强烈抗议以美国为首的北约悍然袭击中国驻南使馆。工、青、妇各群众团体特别是广州造船厂、广州钢铁厂、广州重型机械厂、广州造纸厂的产业工人组成的抗议队伍格外引人注目，广州新闻界的干部职工也走上街头，他们高举死难记者遗像，愤怒声讨北约对中国人民犯下的滔天罪行。

在哈尔滨、长春、重庆、太原、乌鲁木齐、杭州、合肥、武汉、昆明、南宁、银川、青岛、厦门、汕头等地，大学生们及各界群众纷纷示威游行，声讨北约的罪恶行径。大学生们纷纷表示，我们青年学生要把满腔的爱国热情化作勤奋学习、强我国力、壮我国威的动力。

东北大学、辽宁大学等20多所高校的10多万名师生，怀着万分愤怒的心情来到美国驻沈阳领事馆，举行游行示威活动，强烈谴责以美国为首的北约轰炸中国驻南联盟大使馆的暴行。他们高举巨大的横幅标语，上边写道：“坚决拥护中国政府的严正声明”、“强烈抗议北约的野蛮行径”、“以美国为首的北约必须对轰炸中国驻南斯拉夫大使馆的野蛮行径承担全部责任”等等。他们还慷慨激昂地振臂高呼：“坚决捍卫国家主权”、“反对霸权、不要强权”……

港澳各界同声谴责北约暴行。香港各界人士接连不断冒雨游行。香港新界社团联会、香港学友社等社团和机构的游行队伍，来到美国驻香港总领事馆，他们打着“抗议美国侵犯人权”、“坚决支持中国政府的严正声明”、“我们要和平不要战争”、“保卫主权捍卫尊严”等横幅，举着邵云环、许杏虎、朱颖3位死难同胞的遗像，高呼“捍卫祖国主权”、“还我使馆”、“还我同胞”、“反对霸权主义”等口号，并向美国总领事馆递交了抗议书。北约悍然发射导弹袭击中国驻南斯拉夫大使馆，激起了澳门各界人士和广大居民的强烈愤怒。他们纷纷发表声明和谈话，严厉谴责以美国为首的北约的野蛮暴行，强烈要求北约停止对南斯拉夫的侵略和狂轰滥炸。全国政协副主席、澳门中华总商会会长马万祺惊悉北约新暴行，感到强烈的震惊和愤怒。他说，我们完全拥护中国政府的严正声明，也向美国为首的北约提出强烈的抗议。

5月9日，中共中央政治局常委、国家副主席胡锦涛发表电视讲话，指出：中国人民对以美国为首的北约袭击中国驻南斯拉夫大使馆暴行表现出极大愤慨和强烈的爱国热情；中国政府坚决支持、依法保护一切符合法律规定的抗议活动；我们相信广大人民群众一定会从国家的根本利益出发，自觉维护大局，使这些活动依法有序地进行；中国政府坚定不移地奉行独立、自主、和平的外交政策，坚定不移地维护国家主权和民族尊严，坚决反对霸权主义和强权政治；我们要坚持改革开放，依据有关国际法和国际关系准则，依据中国的有关法律，保护外国驻中国的外交机构和人员，保护外国侨民和来中国从事经贸、教育、文化等活动的人员，充分体现中华民族的优良文明传统。

同日凌晨，由中国外交部领导成员王国章率领的专门小组，乘专机离开北京，前往贝尔格莱德，处理中国驻南斯拉夫大使馆遭北约轰炸事宜。

5月10日，中国外交部长唐家璇代表中国政府再次就以美国为首的北约用导弹袭击中国驻南斯拉夫联盟共和国大使馆事件向美国驻中国大使尚慕杰提出严正交涉。唐家璇说，以美国为首的北约悍然用导弹袭击了中华人民共和国驻南斯拉夫联盟共和国大使馆，造成重大人员伤亡和馆舍的损坏，这是对《联合国宪章》和国际关系基本准则的公然蔑视和严重破坏，是对中国主权的粗暴侵犯。中国政府已就此发表了严正声明，对这一野蛮行径表示了极大愤慨，予以强烈谴责，并向以美国为首的北约提出了最强烈抗议，要求以美国为首的北约必须对这一事件承担全部责任。中方将继续密切关注情况的发展。他代表中国政府，向以美国为首的北约提出以下严正要求：(1)公开、正式向中国政府、中国人民和中国受害者家属道歉。(2) 对北约导弹袭击中国驻南斯拉夫联盟共和国大使馆事件进行全面、彻底的调查。(3) 迅速公布调查的详细结果。(4) 严惩肇事者。他说，必须指出，以美国为首的北约对南斯拉夫联盟共和国的军事行动给这一地区人民造成了深重灾难。以美国为首的北约应立即停止对南斯拉夫联盟共和国的军事行动，使科索沃问题早日回到政治解决的轨道上来。

中方还就此向美方递交了正式照会。

5月10日，中国外交部发言人朱邦造在北京宣布：根据中华人民共和国政府声明的精神，考虑到目前的情况，中方决定：推迟中美两军高层交往；推迟中美防扩散、军控和国际安全问题磋商；中止中美在人权领域的对话。中午，江泽民主席在与叶利钦总统通电话时指出：北约袭击中国大使馆这件事是一种极其野蛮的行为，是对中国主权的粗暴侵犯，在外交史上是罕见的；以美国为首的北约必须对这一事件承担全部责任，否则中国人民不会答应；以美国为首的北约绕开联合国，对主权国家南斯拉夫进行军事打击，这是彻头彻尾的炮舰政策，是一种十分危险的倾向，不能不引起各国政治家的警惕；中俄作为安理会常任理事国和在世界上有重要影响的大国，对主持正义、维护和平负有重要责任。

5月11日，江泽民主席在钓鱼台国宾馆会见俄罗斯总统特使切尔诺梅尔金时强调指出，以美国为首的北约对中国驻南斯拉夫大使馆进行导弹袭击，是对中国主权的严重侵犯，必须按照中国政府的严正要求对中国人民作出交待。几天来，中国人民以游行、集会、声明、座谈等各种形式表达他们的强烈愤慨，表明了中国人民伟大的爱国主义的热情、意志和力量。举国上下决心更加勤奋学习、努力工作，不断发展经济、增强国力，以实际行动回击以美国为首的北约的暴行。伟大的中华人民共和国是不可欺的，伟大的中华民族是不可侮的，伟大的中国人民是永远不可战胜的！朱镕基总理在会见俄总统特使时强调指出，对以美国为首的北约的暴行必须进行彻底调查，严厉惩处策划者和肇事者。美国及北约必须向中国人民和政府正式公开道歉。

5月12日，中国国家主席江泽民在会见德国总理施罗德时指出，今天的新中国，已经不是积贫积弱的旧中国了。谁想重演欺侮我们的历史，必将再次搬起石头砸自己的脚。朱镕基总理在会见施罗德总理时就科索沃问题和中国驻南斯拉夫大使馆遭北约导弹袭击事件全面阐述了中方的立场。他指出：北约的轰炸不仅步步升级，而且公然对中国驻南斯拉夫大使馆进行导弹袭击，造成人员伤亡和馆舍被毁，严重侵犯中国主权。中国政府和人民对这一野蛮暴行表示极大愤慨。所谓“误炸”，不但不能使中国人民信服，而且外国舆论也不相信。我们要求对导弹袭击事件进行彻底调查，公布调查结果，严惩策划者和肇事者。下午，党和国家领导人江泽民、李鹏、朱镕基、胡锦涛、尉健行、李岚清先后前往新华社和光明日报社，沉痛悼念在以美国为首的北约袭击中国驻南斯拉夫大使馆中光荣牺牲的邵云环、许杏虎、朱颖3位烈士，亲切看望并慰问烈士的亲属。江泽民等称赞3位烈士是中华民族的英雄和骄傲，勉励烈士的亲属化悲痛为力量，继承遗志，好好学习，努力工作。正在韩国访问的中共中央政治局常委、全国政协主席李瑞环专门从汉城打回电话，对3位烈士表示沉痛哀悼，向他们的亲属表示亲切慰问。3位烈士的骨灰是当天上午从南斯拉夫在亲人的护送下回到祖国的。

连日来，全国社会各界纷纷通过召开座谈会、发表谈话、递交抗议信和抗议电等形式，对以美国为首的北约袭击中国驻南斯拉夫大使馆造成人员伤亡和馆舍严重毁坏这一粗暴侵犯中国主权的野蛮行径，表示最强烈的抗议和最严厉的谴责，表示坚决拥护中国政府发表的严正声明和完全支持对此采取的一切行动，坚决拥护胡锦涛同志代表党中央、中国政府发表的重要讲话。他们表示，要以做好本职工作的实际行动，回击侵略者的野蛮行径。

5月13日，中共中央、国务院在人民大会堂隆重召开大会，热烈欢迎中国驻南斯拉夫联盟共和国工作人员，对中国驻南斯拉夫大使馆工作人员和驻南斯拉夫新闻工作者进行表彰。中共中央总书记、国家主席、中央军委主席江泽民，中共中央政治局常委、全国人大常委会委员长李鹏，中共中央政治局常委、国务院总理朱镕基，中共中央政治局常委、国家副主席胡锦涛，中共中央政治局常委、书记处书记尉健行，中共中央政治局常委、国务院副总理李岚清出席大会。大会由李鹏主持。下午3时45分，大会在雄壮的国歌声中开始。中共中央政治局常委、国务院总理朱镕基代表党中央、国务院宣读《中共中央、国务院关于对我国驻南斯拉夫联盟共和国大使馆工作人员和驻南新闻工作者给予表彰的决定》。《决定》说，在以美国为首的北约对南斯拉夫轰炸的 50 多个日日夜夜里，中国驻南斯拉夫大使馆全体工作人员在使馆的坚强领导下，忠实执行中央的外交方针和政策，不顾个人安危，坚守工作岗位，认真履行职责，积极开展工作，不辱使命，不负重托，圆满地完成了任务。中国驻南斯拉夫新闻工作者，不怕困难，不怕牺牲，及时、客观、公正地报道了科索沃危机的最新动态和事实真相。邵云环、许杏虎、朱颖同志在以美国为首的北约对中国驻南斯拉夫大使馆的轰炸中不幸以身殉职，20 多位同志受伤，许多同志受伤后仍坚持工作。他们以自己的实际行动，展现了新时期外交、新闻工作者良好的精神面貌。党中央、国务院决定，对中国驻南斯拉夫联盟共和国大使馆工作人员和驻南斯拉夫新闻工作者给予表彰。

《决定》号召全国人民学习他们热爱祖国、尽职尽责、英勇无畏、无私奉献的优秀品质和高尚情操，更加紧密地团结在以江泽民同志为核心的党中央周围，高举邓小平理论伟大旗帜，立足本职，努力工作，艰苦奋斗，不断进取，维护国家社会稳定的大局，搞好改革开放和现代化建设，为把建设有中国特色社会主义伟大事业全面推向 21 世纪而努力奋斗。

宣读完党中央、国务院的《决定》后，朱镕基郑重宣布：根据《革命烈士褒扬条例》的决定，国务院有关部门已批准新华社记者邵云环、光明日报记者许杏虎、朱颖同志为革命烈士。全场响起了长时间的热烈掌声。

中国驻南斯拉夫使馆代表在会上发言，介绍了在以美国为首的北约空袭南斯拉夫联盟共和国期间中国南斯拉夫大使馆工作人员和新闻工作者的工作情况和感人事迹。

他在发言中表示：历史的经验和战争的洗礼使我们更加深刻地体会到祖国的利益高于一切，人民的权益高于一切。一个国家只有强大起来，才能免遭欺辱；一个国家只有加强综合国力，才能更加有效地保卫和平。我们要化悲痛为力量，倍加珍惜祖国稳定与发展的大好局面，紧密团结在以江泽民同志为核心的党中央周围，高举邓小平理论伟大旗帜，振奋精神，刻苦学习，立足本职，努力工作，为开创世纪之交的外交工作新局面，为振兴中华而再立新功。

随后，江泽民发表了重要讲话。江泽民说，以美国为首的北约悍然对中国驻南斯拉夫大使馆进行导弹袭击的暴行发生后，中国政府当即发表了严正声明，提出了最强烈的抗议。以美国为首的北约必须对这一事件承担全部责任，必须对中国政府提出的要求作出全面交待。否则，中国人民决不答应！中国政府正密切关注事态的发展，并继续保留采取进一步措施的权利。指出人类正处在维护世界和平、促进共同发展的关键时刻，一切爱好和平、维护正义的国家和人民，应该团结起来，为反对霸权主义和强权政治、推动建立公正合理的国际新秩序而共同奋斗！号召中国人民始终不渝地坚持邓小平理论和党的基本路线，按照党的 15 大提出的跨世纪发展的战略目标，把建设有中国特色社会主义的伟大事业全面推向 21 世纪。

5 月 14 日，中国人民解放军总参谋部在京隆重集会，热烈欢迎中国驻南斯拉夫联盟共和国大使馆武官处工作人员，并表彰他们为维护世界和平、捍卫国家主权所作出的突出贡献。中央军委委员、总参谋长傅全有在讲话中强调，江主席在热烈欢迎中国驻南斯拉夫联盟共和国工作人员大会上发表的重要讲话，高屋建瓴，义正辞严，集中反映了全党、全军和全国各族人民的共同心声，有力表明了中国人民维护国家主权、主持正义、反对侵略的坚强决心，具有极为重要的指导意义。我们一定要认真学习，深刻领会，坚决贯彻。我们要坚决落实江主席的一系列重要指示，向驻南斯拉夫大使馆武官处的同志学习，努力做好军事工作，有效履行中国人民解放军肩负的神圣使命，坚决捍卫国家主权，确保改革开放和社会主义现代化建设顺利进行。

会上宣读了总参谋部关于表彰驻南斯拉夫大使馆武官处的通令。《通令》指出，中国驻南斯拉夫大使馆武官处全体同志，面对异常残酷的战火考验，不顾个人安全，坚守工作岗位，忠实履行职责，出色完成了各项任务，做出了突出贡献。武官任宝凯同志在关键时刻发挥了领导干部的表率作用，以身作则，临危不惧，英勇负伤。中国驻南斯拉夫大使馆武官处副武官王树工在会上发言，介绍了在以美国为首的北约空袭南斯拉夫期间，中国武官处的工作情况和感人事迹。

傅全有在讲话中代表总参党委和全体官兵，对驻南斯拉夫大使馆武官处全体同志表示崇高敬意，对他们胜利归来表示热烈欢迎。他说，中国驻南斯拉夫大使馆武官处工作人员，用自己可歌可泣的英雄事迹，谱写了一首爱国主义的壮丽诗篇，充分展现了中华民族不屈不挠的英雄气概，充分展现了当代中国军人英勇顽强的高尚品格，充分展现了中国武官队伍忠诚无畏的精神风貌。他要求广大官兵向驻南斯拉夫大使馆武官处的同志学习，以高度的政治责任感和使命感，高标准、高质量地完成党中央、中央军委赋予的各项任务。

副总参谋长隗福临、吴铨叙、钱树根、熊光楷，总参谋长助理张黎和驻南斯拉夫大使馆武官处同志的家属及部队官兵代表出席了会议。

江泽民总书记5月13日在欢迎中国驻南斯拉夫联盟共和国工作人员大会上的重要讲话发表后，全国各地干部群众以讨论、座谈等形式认真学习、深刻领会讲话精神。人们纷纷表示，坚决反对强权政治和霸权主义，化悲愤为力量，坚持以经济建设为中心，坚持改革开放，发展经济，增强国力，用实际行动回击以美国为首的北约侵略行径。全军和武警官兵认真学习江主席的重要讲话，一致表示，要把对以美国为首的北约的野蛮行径的巨大义愤和伟大爱国热情化作强大动力，更加紧密地团结在以江泽民同志为核心的党中央、中央军委周围，始终不渝地坚持邓小平理论和党的基本路线，按照党的15大提出的跨世纪发展的战略目标，同心同德，艰苦奋斗，加强我军现代化建设，为把建设有中国特色社会主义的伟大事业全面推向21世纪做出积极的贡献。

二、世界各地华人华侨留学生强烈谴责北约罪行

以美国为首的北约袭击中国驻南斯拉夫大使馆、炸毁馆舍和造成人员伤亡的暴行，激起了世界各地华人华侨和留学生的极大愤慨。他们以各种方式强烈抗议这一暴行，并表示坚决支持中国政府对这一事件的严正立场。

全**日本**中国留学生联谊会9日发表声明指出，“以美国为首的北约打着‘人权’的旗号，绕过联合国安理会，对南斯拉夫进行狂轰滥炸，粗暴地违反了国际法理，以世界最强大的军事力量和先进武器恃强凌弱，违背了人类道义。北约的行为是以‘维护人道主义’为理由进行的反人道主义行为，是以调解民族冲突为借口进行的干涉内政，是侵犯一个国家的主权的侵略行为，是霸权主义和强权政治的集中体现，是新的‘炮舰政策’”。5月10日，东京都中心地带的赤坂一丁目，100多名中国留学生聚集在美国驻日本大使馆门前，声讨以美国为首的北约袭击中国驻南斯拉夫大使馆的野蛮行径。

在**朝鲜**的中国留学生和进修生9日举行抗议集会，强烈抗议以美国为首的北约导弹袭击中国驻南斯拉夫大使馆的野蛮暴行，对以美国为首的北约袭击中国驻南斯拉夫大使馆表示极大愤慨和强烈谴责并提出最强烈抗议，坚决支持中国政府的严正声明，强烈要求美国立即停止轰炸，并对这一野蛮暴行承担全部责任。

旅**韩**华侨9日对以美国为首的北约用导弹袭击中国驻南斯拉夫大使馆，造成严重人员伤亡表示极大的愤慨，并对北约的这种罪恶行径表示强烈谴责。

菲律宾华人联谊会秘书长庄文成说，以美国为首的北约袭击中国使馆，犯下了不可饶恕的罪行。这不仅是对全体中国人民的挑衅，也是对所有华人的侮辱。面对美国为首的北约的挑衅，中国人民决不会屈服。

泰国中华总商会主席郑明如9日向中国新闻单位驻泰记者发表谈话说，北约袭击中国大使馆的野蛮暴行是霸权主义行径，是对中国主权的侵犯。他说，泰国华人华侨对此表示极大的愤慨和抗议。泰国华人华侨纷纷打电话给中国驻泰国大使馆，询问北约袭击中国驻南斯拉夫大使馆的情况，强烈谴责北约的暴行，并对死难者表示哀悼，对受伤人员表示慰问。

印度尼西亚华人政党和团体10日纷纷谴责以美国为首的北约袭击中国驻南斯拉夫大使馆的野蛮行径。印尼大同党总主席吴能彬和主席余麦风对北约的行径表示愤慨和震惊，对死难者表示哀悼并对死难者家属表示慰问。印尼新兄弟协会秘书长杨金山对北约袭击中国大使馆提出强烈抗议。他指责美国扮演不光彩的角色，并呼吁北约和美国立即停止轰炸南斯拉夫联盟共和国。

缅甸华商会理事长江清亮10日说，以美国为首的北约违背《联合国宪章》，践踏《维也纳外交关系公约》和国际关系的基本准则，对中国驻南斯拉夫大使馆进行导弹袭击，粗暴地侵犯了中国主权，犯下了不可饶恕的罪行，缅甸华人华侨对此表示极大的愤慨，并对北约的这种罪行表示强烈谴责。

中国在**以色列**的留学生组织“以色列中国学人联谊会”9日抗议以美国为首的北约轰炸中国驻南斯拉夫大使馆并造成人员伤亡的恶劣行径。

坦桑尼亚华人和华侨代表11日向美国驻坦桑尼亚使馆递交了一封抗议信，强烈谴责以美国为首的北约野蛮袭击中国驻南斯拉夫大使馆的暴行。

马达加斯加东部城市塔马塔夫的华侨9日和10日连续两天在中国驻该市领事馆集合，对死难者表示沉痛悼念。一些华侨代表认为，轰炸中国使馆不但是对12亿中国人民的公然挑衅，而且是向世界上一切爱好和平的人民的公然挑战。

南非华人华侨5月9日召开座谈会，强烈抗议以美国为首的北约悍然袭击中国驻南斯拉夫大使馆，杀

害中国同胞的野蛮暴行。座谈会通过了致美国驻南非大使馆的抗议书。

欧洲华侨华人社团联合会 5 月 10 日，代表 200 万旅欧华侨华人分别致函给中国国家主席江泽民、联合国秘书长安南以及联合国安理会，对北约野蛮袭击中国驻南斯拉夫大使馆表示最强烈的愤慨。欧华联会还向美国驻欧洲国家的使馆递交了抗议书。

法国的华人华侨代表 50 余人 10 日在巴黎举行了座谈会。法国华侨华人会、旅法寮国素旺崇德校友会、四川同乡会和法国北京协会的代表和旅法华人企业家纷纷发言，对以美国为首的北约袭击中国驻南斯拉夫大使馆并造成人员伤亡的野蛮行径给予最强烈的抗议。

英国华侨组织伦敦华埠同乡会 9 日分别致信联合国秘书长安南，对北约袭击中国使馆的残暴行径表示强烈谴责，并表示他们将和英国其他组织一起坚决要求北约停止对南斯拉夫的军事行动。

德国柏林华侨联合会主席林一器 9 日说，在柏林的华人华侨强烈谴责以美国为首的北约袭击中国驻南斯拉夫大使馆的强盗行为。柏林侨联副主席陈一华说，以美国为首的北约的野蛮行径令人发指，北约应该承担袭击造成的一切后果。

比利时的上海籍华侨华人约 30 名代表 10 日下午也在布鲁塞尔举行座谈会并发表了致北约的抗议书，声讨北约轰炸中国驻南斯拉夫大使馆的暴行。

在**波兰**经商的 200 多名中国人 8 日自发来到中国驻波大使馆内举行座谈。对以美国为首的北约轰炸中国使馆馆舍，杀害中国人员的暴行表示无比愤慨，纷纷揭露北约践踏人类最基本人权的"人权卫道士"的丑恶嘴脸。9 日下午，在波兰留学进修的中国学生冒雨来到使馆会议室，集体收看了胡锦涛副主席的电视讲话，表示衷心拥护和支持中国政府的严正声明和在科索沃问题上的原则立场。

美国华盛顿市中国和平统一促进会会长黄企之代表该会 9 日发表声明，对美国为首的北约轰炸中国驻南斯拉夫大使馆表示强烈愤慨。美国《侨报》总编郑衣德说，中国使馆遭到袭击，北约不仅应当负责，而且应当公布对这一事件的调查结果，不能老是躲躲闪闪。休斯敦的华人团体也于 9 日下午举行会议，对北约轰炸中国使馆表示愤慨。当地华人、华侨决定联合各界华裔人士组织抗议活动。

加拿大多伦多 3000 多名华裔居民和 2000 多名塞尔维亚裔人士，9 日下午在安大略省政府前集会，抗议北约野蛮袭击中国驻南斯拉夫大使馆。参加抗议的人士后来又到美国驻多伦多总领事馆前示威，并前往中国驻多伦多总领事馆献花，悼念在这次轰炸中遇难的 3 名中国工作人员。另外，温哥华、渥太华、蒙特利尔等各地的华人社团，也组织声势浩大的示威抗议活动，谴责以美国为首的北约明目张胆袭击中国驻南斯拉夫大使馆的残暴行为。

秘鲁华侨组织"中华通惠总局"10 日发表声明，强烈抗议北约袭击中国驻南斯拉夫大使馆的暴行。秘鲁华侨文艺团体"爱华文艺社"也发表声明强烈谴责北约的暴行，认为这一野蛮行径将在外交史上留下丑陋史迹。

智利中华会馆主席张伟廉 10 日表示，中华会馆全体官员对北约袭击中国驻南斯拉夫大使馆、明目张胆侵犯中国主权的野蛮行径提出强烈抗议，并支持中国政府在这一问题上的立场。

墨西哥华侨组织墨华社团主席赵崇禧 9 日说，当听到北约袭击中国使馆并造成人员严重伤亡的消息后，墨城华人华侨感到无比愤慨和悲伤。墨华社团和墨其他城市的华侨组织一样，对北约这一罪恶行径表示最强烈的谴责。

旅居**拉美**的华侨和华人 8 日就北约袭击中国驻南斯拉夫大使馆、炸毁馆舍并造成人员伤亡的暴行提出强烈抗议，并坚决支持中国政府对这一事件的立场。

古巴中华总会馆主席周一飞指出，以美国为首的北约袭击南斯拉夫以来，对民用设施狂轰滥炸，造成大量人员伤亡，现在居然轰炸外国使馆，完全是为所欲为，是一次蓄意的侵犯，全体旅古华侨和华人强烈抗议这一野蛮的暴行。

澳大利亚澳华协会所属 50 多个社团 10 日连夜召开理事会议，与会的成员首先全体起立，向死难的烈士默哀，然后于深夜拟定并通过了给北约的抗议信。以大陆新移民为主体的北京会 11 日发表了题为《多行不义必自毙》的抗议声明，对北约狂轰滥炸，伤害无辜表示无比愤慨。悉尼华人作家协会则致函中国驻悉尼总领馆，对遇难者家属表示深切慰问与哀悼。

新西兰职业华人协会、新西兰福建同乡会、新西兰中国学生学者联谊会、新西兰华商协会、新西兰中华联合会以及艺妍会（新西兰华人妇女会）11 日发表联合声明，强烈谴责以美国为首的北约袭击中国驻南斯拉夫大使馆，造成中国人员的严重伤亡和财产的重大损失。

三、国际社会严厉谴责北约袭击中国驻南使馆的罪行

以美国为首的北约悍然用导弹袭击中国驻南斯拉夫大使馆引起天怨人怒。国际社会普遍对北约的暴行感到“震惊和愤慨”，对中国政府和人民表示“同情和支持”。霸权主义、强权政治的狰狞面目在世人面前进一步暴露，“人权高于主权”的新炮舰政策不得人心，正义之声席卷全球。

（一）法理不容，世人谴责。以美国为首的北约肆意践踏维也纳外交公约和国际关系基本准则，公然用导弹袭击中国驻南斯拉夫大使馆的野蛮行径，激起全世界一切热爱和平和主持正义的政府和人民的强烈谴责。据不完全统计，世界有120多个国家和地区政府发表声明表示震惊和愤慨，数十个国家元首和政府首脑发表讲话谴责野蛮行径，对中国遇难者表示深切哀悼，世界五大洲数十个国家和地区的许多政党、组织和各界人士纷纷举行示威集会，抗议北约暴行，其范围之广，声势之大，为历来所罕见。

俄罗斯总统叶利钦强烈谴责北约袭击中国驻南斯拉夫大使馆是“一种公开的恣意妄为”，“不仅是野蛮行径，还是对国际法的粗暴践踏”。希腊共产党指出，“美国和北约袭击中国驻南斯拉夫大使馆是‘预谋行动’，表明帝国主义的侵略性、野蛮性及其粗暴践踏国际法的行径达到了登峰造极的地步”。塞浦路斯劳动人民进步党总书记季米特里斯·赫里斯托菲亚斯愤慨地表示，这是当代国际关系史上又一次罕见的战争罪行。

尽管西方一些舆论在所谓“新闻自由”的幌子下误导民众，掩盖事实真相，但不少伸张正义的舆论仍敢于面对现实发表评论。英国《观察家报》评论说，轰炸中国使馆并非仅仅如北约所说是个“令人遗憾的意外”，而是一种外交灾难。北约杀害无辜的中国人是对一个非交战国的危险的挑衅。日本《每日新闻》发表社论说，北约对医院和大使馆的轰炸甚至给过去支持空袭的人也造成了一种印象：空袭的“大义”崩溃了。

（二）霸权主义，失道寡助。北约袭击中国驻南斯拉夫联盟共和国大使馆后，西方舆论一夜之间“统一了口径”，“误炸”之说不胫而走。然而，国际社会的揭露却使“世界霸主”乱了阵脚。俄罗斯政府机关报《俄罗斯报》和议会机关报《议会报》在评论中说，“华盛顿想充当国际宪兵”，北约轰炸中国驻南斯拉夫大使馆不是误炸，而是“蓄意行动”，目的是伤害中国的尊严，这是北约犯下的“又一罪行”。美国7月2日出版的《政企首要情报评论》周刊明确指出：“轰炸中国驻贝尔格莱德使馆绝非是意外事件。”美国国际行动中心华盛顿办事处负责人坎依认为，袭击中国使馆是一个大阴谋，美国要建立“只有一个超级大国的世界秩序”。

就连北约内部也掀起了不愿再由美国“保护”的呼声。英国《独立报》在一篇题为《北约存在的意义何在?》的文章中说，北约的荒唐行为造成的灾难令人难以忍受，它正在失去这场战争，它是在摧毁它自己，已经把我们带入这场灾难的大西洋联盟应该结束了。法国《世界报》说，最近的一项民意调查表明，芬兰支持加入北约的人数已降至25%，反对者升至51%。瑞典赞成加入北约的人数已从1999年1月份的32%，降至6月份的26%。美国《基督教科学箴言报》也不得不承认，美国随心所欲支配世界的神话受到挑战，现在不是罗马帝国时代，美国不能独自解决全球的难题。

（三）维护主权，富国强民。世界舆论认为，中国作为联合国安理会常任理事国，对维护世界和平与发展举足轻重。如何处理北约导弹袭击中国使馆事件，不仅关系到维护国家主权，而且也关系到如何建立国际新秩序。

美洲法律工作者学会主席拉米雷斯说，中国政府在南斯拉夫问题上所采取的立场有利于和平解决冲突。

江泽民主席在会见德国总理施罗德时强调：“今天的新中国，已经不是积贫积弱的旧中国了。谁想重演欺侮我们的历史，必将再次搬起石头砸自己的脚。”这句话道出了中国人民的心声。法新社报道说，中国青年学生的抗议行动继承了“五四”爱国精神。法国《费加罗报》指出，中国政府在“支持中国人民的正义行动”的同时，呼吁“继续执行改革开放的政策”，并将“继续发展同世界所有国家之间的友好合作关系”。世界舆论认为，中国对北约导弹袭击中国驻南斯拉夫大使馆的处理，分寸掌握得很准确，“中国人民必须更加奋发图强”，这一流行的新口号，表明中国要把愤怒变成“把祖国建设得更加强盛的决心和力量”。

（郭韦嫦）

中美就美国轰炸中国驻南使馆赔偿问题达成协议　中国外交部发言人朱邦造于1999年12月16日在北京发表谈话，宣布中华人民共和国政府和美利坚合众国政府就美国轰炸中国驻南斯拉夫联盟共和国大使馆的赔偿问题于12月16日达成协议。根据协议，美国政府将向中国政府支付2800万美元，作为对1999年5月美国轰炸中国驻南斯拉夫联盟共和国大使馆所造成的中方财产损失的赔偿。此前，双方已于7月30日就美国轰炸中国驻南斯拉夫大使馆所造成的中方人员伤亡的赔偿问题达成协议（美国向中国支付450万美元的人员伤亡赔偿金）。

朱邦造指出，1999年5月8日，以美国为首的北约轰炸中国驻南斯拉夫大使馆，造成中方人员重大伤亡和使馆馆舍严重毁坏，严重破坏公认的国际法和国际关系基本准则。中国政府当即发表严正声明，对这一野蛮行径表示了极大愤慨，予以强烈谴责，并提出了最强烈抗议，要求以美国为首的北约对此承担全部责任，公开向中国政府、人民和中国受害者家属表示道歉，对事件进行全面、彻底的调查，公布调查的详细结果，并严惩肇事者。在中国政府的严正交涉下，美国及北约其他国家的领导人就轰炸事件已向中国政府、人民和受害者家属作出了公开道歉。

朱邦造强调，美国轰炸中国驻南斯拉夫大使馆构成美国的严重国际不法行为，美国政府必须为此承担国家责任，包括对中方所遭受的一切损害作出迅速、充分和有效的赔偿。美国政府应对轰炸事件作全面和彻底的调查，并严惩肇事者，以尽快给中国政府和人民一个满意的交代。

（任　明）

中国国务院新闻办公室发表文章批驳美国《考克斯报告》　1999年7月15日，中华人民共和国国务院新闻办公室发表了题为《事实胜于雄辩，谎言不攻自破——再驳〈考克斯报告〉》的长篇文章，彻底地批驳了美国众议院由共和党议员考克斯牵头的调查委员会于5月25日抛出的反华报告。该文共分8个部分，全文如下：

5月31日，国务院新闻办公室负责人对美国众议院特别调查委员会公布的《关于美国国家安全以及对华军事及商业关系的报告》（简称《考克斯报告》）发表谈话，指出炮制《考克斯报告》是煽动反华情绪、破坏中美关系的一出闹剧。为澄清事实、说明真相，国务院新闻办公室随后又进一步就该报告涉及的内容作了调查了解。大量事实表明，这份报告的实质是煽动反华情绪、破坏中美关系。为达到这一政治目的，报告不惜采用歪曲事实、移花接木、主观臆断、捕风捉影、蛊惑人心等种种卑劣手法。因此，报告的结论是十分荒谬的，是站不住脚的，甚至在许多方面违反了基本的科技常识。报告出笼后，不仅引起了中国人民的极大愤慨，也遭到了国际社会包括美国在内的有识之士的严厉批评。

一、危言耸听的谎言

《考克斯报告》危言耸听地攻击中国“偷窃”美国所有最先进的热核弹头机密情报，包括W－88、W－87、W－78、W－76、W－70、W－62、W－56等7种热核弹头，并称“中国在70年代末从劳伦斯·利弗莫尔国家实验室‘窃取’了美国核弹头W－70（增强辐射弹，又名中子弹）的设计机密，于是才在1988年试验了它的中子弹”。这是毫无根据的恶意中伤，是对中国人民和中国科学家的极大诬蔑。

众所周知，50年代以来，中国依靠自己的力量，依靠一大批才华横溢和富有创造精神的科学家，依靠全国人民的大力支持，在不太长的时间内，就成功地突破了一系列技术难关，掌握了核武器技术。1964年10月16日，中国成功地进行了第1次原子弹试验，1966年12月28日中国突破了氢弹原理技术，并于1967年6月17日成功地进行了首次氢弹爆炸试验。在此期间，中国还进行了导弹核武器试验，初步形成了自己的自卫核反击力量。70年代和80年代，面临着愈演愈烈的美国、苏联两国空前的核军备竞赛，数万枚核弹头的阴云笼罩在世界人民头上，也直接威胁到中国的安全，中国不得不继续研究发展核武器技术和改善自己的核武器系统，并先后掌握了中子弹设计技术和核武器小型化技术。

中子弹在一般人看起来似乎很神秘，实际上它是一种特殊的氢弹。中国作为掌握了原子弹、氢弹技术的国家，经过不太长时间的努力就掌握中子弹技术，是顺理成章、水到渠成的事。

《考克斯报告》所列举的包括W－88在内的美国7种核弹头的结构、尺寸、重量、形状、威力、圆概率偏差以及服役时间等数据，在许多公开文献中和因特网上都可以查到，根本不是什么机密情报。仅在因特网上查到的关于中子弹的原理与结构的文章就有上百篇。稍有科学常识的人都知道，仅仅依赖这些数据也不可能设计出核武器。据报道，美国核武器专家洛斯·阿拉莫斯国家实验室原负责人阿格纽和劳伦斯·利弗莫尔国家实验室原负责人佛斯特在最近接受《华盛顿邮报》采访时就说过，“即使有核弹头大小、重量、形状和当量等方面密级很高的数据，也并不代表任何真正意义上的核弹头设计。”佛斯特还认为，中国人所知道的是美国多年前所公开的数据，也就是说，是我们告诉了他们。这些数据既然不属于核武器的设计机密，《考克斯报告》指责中国“窃取”这些资料发展了核武器就是不折不扣的谎言，是精心炮制但手法拙劣的骗局。

《考克斯报告》还说美国做了1000多次核试验，

中国只做了45次就能掌握先进弹头技术，因此“猜测”中国一定“窃取”了美国的核技术机密。这充分表明考克斯等人过低估计了中国人民和中国科学家的创造能力，时至今日，还死抱着种族歧视的观点不放。

《考克斯报告》十分武断地臆测“中国非常迫切需要从美国得到设计热核弹头的计算机软件，以便在从美国‘窃取’的核武器设计技术的基础上，来发展新的核武器”；又称“中国实际上已经得到美国的计算机软件程序，所包括的程序是 MCNPT、DOT3·5 和 NJOYC”。事实上，这3个程序是国际上近几十年来在核反应堆工程设计、核反应堆辐射屏蔽安全分析等核能研究领域中广泛应用的标准程序，已在国际原子能机构成员国的许多研究机构、大学和核能工程研究设计单位广泛应用，与热核武器弹头的设计毫无关系。

为了促进中国核电建设的发展，中国早在80年代初期就从国际原子能机构无偿获得用于计算反应堆安全的计算机软件程序 DOT3·5，在80年代中后期又得到解决相同问题的计算机软件程序 MCNPT 和用于核数据研究的计算机软件程序 NJOYC。多年来，中国科学家不断把使用过程中发现的问题和计算结果及时地反馈给国际原子能机构和程序的编制单位。显然，中国科学家为这些程序功能的改进和完善作出了自己的贡献。中国作为国际原子能机构负责任的成员，长期以来组织国内几十个大学和科研所投入这一国际性的合作研究中。中国科学家的科研成果和计算机软件，也经常提供给国际原子能机构，供各成员国分享。《考克斯报告》的炮制者把中国在世界和平利用原子能的事业中作出的积极贡献诬蔑为中国为了发展核武器“非法”获得计算机软件程序，这只能暴露他们对科学技术常识的无知，实在令人啼笑皆非。

还应指出，《考克斯报告》诬蔑中国“窃取”美国微聚变核爆炸试验和反潜艇微波技术之机密，这纯粹是无稽之谈。稍有科技知识的人都知道，中国著名核物理学家王淦昌院士早在中国第1颗原子弹爆炸成功的1964年就提出激光核聚变的初步概念，这在国际上也是属于最早的独立提出者之一。此后，中国就开始系统研究激光核聚变问题。1973年采用一路激光驱动氘冰，在实验上观察到中子；1974年采用一路激光驱动聚氘乙烯靶发生核反应，并在实验上观察氘氚反应产生的中子；1986年中国采用直接驱动方式使氘氚玻璃靶球（CAPSULE）出中子；接着在1990～1992年间通过实验，用间接驱动方式实现热核聚变反应，观察到了热核中子。中国著名理论物理学家于敏院士和他领导的一批中国科学家在70年代中期就提出了激光通过入射口，打进重金属外壳包围的空腔，以X光辐射驱动方式实现激光聚变的概念，并提出了在柱形黑腔中心放置靶丸的结构设计。接着，在70年代末到80年代，中国建造了自己的用于激光核聚变研究的激光器——神光装置。后来，从美国解密的资料中发现，中美科学家几乎同时在各自的研究工作中提出了类似概念。这充分说明，科学规律是客观存在，人类不管用什么方法迟早都会掌握。如果考克斯等人能够认真请教专家，学一点科学知识，就不会闹出这种缺乏科学常识的笑话了。

随着世界经济、科技交流与合作的日益密切，中国同世界各国的经济、科技交流与合作有了很大发展。在这种大背景下，中美核科学家在许多领域开展了正常的学术交流活动。应美方的邀请，中国有关研究机构与美国国家实验室从90年代开始开展了交流与合作，合作领域包括防止核扩散、军备控制和环境保护研究，并于1998年7月在北京共同举办了“材料保护控制和衡算的联合演示”（INTEGRATED DEMONSTRATION OF MATERIAL PROTECTION, CONTROL, AND ACCOUNTABILITY）活动。美方在演示会上散发的宣传材料上指出，在80年代和90年代初，美国能源部实验室和中国有关研究机构经过接触后认为，中美两国有关部门有许多共同的兴趣，促进双方在这些领域的技术交流与合作，有助于增进中美两国的理解和信任。

但是考克斯等人肆无忌惮地造谣说，“中国科学家借中美实验室交流与合作之机，广泛接触美国科学家，从中获得解决核武器物理和工程问题的情报。”还无中生有地说，“美国科学家也利用这种机会曾经向中国泄露情报，有利于中国的核武器发展计划”。事实上，两国实验室间的交流与合作计划是得到中美两国政府的认可的，所涉及的领域也是严格限制在防止核扩散、军备控制和环境问题范围内的。参与中美实验室合作计划的两国科学家和官员都是十分认真和负责任的，他们非常清楚各自国家的安全和利益之所在，以及他们各自对自己国家的安全应尽的职责，他们绝不会在这种场合涉及各自国家的核武器机密。美国一部分反华政客对中美实验室间合作计划的无端指责，不仅玷污了中国科学家的尊严，也伤害了美国科学家的尊严。

在这里还需特别指出的是，美国的国家实验室对执行实验室间合作计划的访问学者有着十分严格的保密和反情报管理制度。洛斯·阿拉莫斯国家实验室负责人约翰 C·布劳恩（JOHN C·BROWNE）博士曾在美国国会特别委员会关于中美实验室间合作计划的听证会上作证说，“对实验室的所有访问学者一律按美国能源部的保密条例来管理，实验室根据能源部的条例制定了若干保密措施和管理程序。保密措施包括行政和实物控制等多种保护。”访问学者不得进入保密区，只能在美方人员陪伴下进入非保密区工作，访问学者也不得使用机密计算机网络。必须指出，所有中国的访问学者都是严格遵守美方保密规定的。《考克斯报告》无法举出哪怕是一个中方人员在美国武器实验室工作时违反保密规定的例子。由此可见，中国访问者根本不可能获得所谓的“核武器机密情报”。对于到中国来执行实验室合作计划的美方科学家和管理人员，美国也有严格的管理措施。布劳恩博士在同一次听证会上作证说，“我们的措施是访问者在访华前，对所有出访人员进行严格的反情报教育，并向访问者介绍中国的最新背景材料。回国后所有访问者必须汇报在华活动，并向所有有关的政府机构提供情况。我们还有一条措施，要求代表团人数每次不得少于 2 人，以减少被对方策反的风险”。实际上，美国对代表团来华访问的管理比布劳恩博士所说的措施更严格。代表团的学术论文必须经过严格审查；代表团访问结束前必须到美国驻华大使馆汇报代表团在华活动；代表团在华居住的宾馆，原则上由美方在美国本土预定；在华期间代表团一律集体行动。

考克斯等人在捏造中国“窃取”美国最先进核武器的设计机密，并在此基础上发展了中国新一代核武器谎言的同时，还十分耸人听闻地说，“中国的现代化战略核弹道导弹力量将对美国构成现实的直接威胁。”

众所周知，全面禁止和彻底销毁核武器，是中国政府的一贯主张。中国是一个发展中国家，需要一个和平的国际环境，以集中精力发展经济。几十年来，中国政府和中国人民一贯站在争取禁止核武器斗争的前列。但是，面临着霸权主义对中国国家安全和主权的直接威胁，在世界上还存在着核讹诈、核垄断的时候，中国人民别无选择，只能进行自卫。中国研制和发展核武器，正是在超级大国核威胁和核讹诈的情况下被迫而为的。中国是个爱好和平的国家，早在 1964 年 10 月 16 日中国第 1 颗原子弹爆炸成功的当天，中国政府就庄严向全世界宣告，中国在任何时候，任何情况下，都不会首先使用核武器。几十年来，中国政府这一立场没有改变。中国被迫研制和发展起来的核武器，力量十分有限，完全是为了自卫，过去、现在和将来都不会对任何爱好和平的国家和人民构成威胁。

二、缺乏基本科技常识的编造

《考克斯报告》蓄意歪曲中国航天发展史，称中国从美国“获取”的技术知识，帮助了中国的导弹和航天计划。事实上，中国航天事业从起步到成长，到跻身世界先进行列，都完全是依靠自己的科技力量独立自主、自力更生地完成的。在美国等西方国家对中国实行全面封锁和禁运的情况下，1964 年中国就已经研制成功了中近程导弹，1970 年中国成功地发射了第 1 颗人造地球卫星，1975 年，中国又成功地发射了返回式卫星。70 年代末 80 年代初，中国航天事业得到了进一步发展。1980 年，中国向太平洋海域发射远程火箭获得成功；1982 年，中国潜艇水下发射固体燃料火箭获得成功；1984 年，中国成功发射地球静止轨道通信卫星。这些都是在中国进入国际商业发射市场之前完成的，同样，也是在没有任何外国帮助下完成的。

《考克斯报告》称，“中国首先于 70 年代初在西方技术的基础上开始研制自己的通信卫星”。事实上，从新中国成立起，美国和西方国家就对中国实行全面封锁和禁运，而且还成立了所谓的“巴黎统筹委员会”，严格限制向中国出口高技术。在这样的历史背景下，中国怎么可能依赖美国和西方国家来发展自己的卫星技术呢？该报告还称中国不择手段地“窃取”美国卫星技术，这更是荒谬的主观臆断。众所周知，中国真正发射美国制造的卫星是在 1990 年，而从 1970 年至今，中国已成功发射 40 多颗不同种类卫星，拥有研制科学实验卫星、返回式卫星、地球静止轨道通信卫星、气象卫星、资源卫星等设计和制造的成熟技术。《考克斯报告》还把中国东方红 3 号卫星使用的由中国空间技术研究院自行研制的控制处理器，说成是玛特拉—玛可尼公司制造的。这样明显的张冠李戴，恐怕不能算是报告炮制者的大意吧！

《考克斯报告》还谈到中国科学家钱学森回国之事，并以此为例污蔑中国导弹技术是从美国“窃取”的。对此，中国科学家感到极大愤慨。1935 年，钱学森博士以清华大学公费留学身份到美国学习，后留美工作。1949 年中华人民共和国成立后，年轻有为、具有高度民族自尊心、民族自信心和民族气节的钱学森博士向往祖国。但当时，美国麦卡锡主义盛行，美国政府以种种“莫须有”的罪名对他进行迫害。经中国政府多次交涉，钱学森博士于 1955 年回到祖国。由于受到美国政府的限制，钱学森回国时不仅没有带回任何研究资料，甚至连一些私人生活物品都未带回。《考克斯报告》称，由于钱学森曾参与美国“大力神”洲际导弹计划，从而将美国的导弹和相关技术非法带到中国。这是无中生有的诽谤。根据美国科学家协会（FAS）编写的“美国核力量的早期发展”资料，美国“大力神”导弹计划是根据1953年10月成立的美国空军“战略导弹评审委员会”（后称VON-NEUMAN委员会）的建议确定的。1955年美国有关部门才正式签订研制合同。而在这之前，1950年7月，钱学森就被美国政府取消了参加机密研究的资格和自由，并被拘留。后虽被保释，但直到1955年离开美国前始终受到美国移民局的限制和联邦调查局的监视。考克斯等人数万言的报告似乎做得很细，实际上连时间的先后都没有弄清楚，这恐怕不会是一时的疏漏吧！

1985年，中国进入国际商业发射市场，这本来是和平利用空间技术的一个方面，是正常的、规范的国际服务贸易。但《考克斯报告》却称中国通过商业发射“窃取”或非法“获得”美国导弹技术，用于提高中国的导弹能力，这不仅违背了事实，而且也缺乏基本的科技常识。

稍有科技常识的人都知道，运载火箭是在弹道导弹的基础上发展起来的。运载火箭和导弹对制导精度的要求是不同的。火箭制导主要是控制卫星的入轨精度，而导弹制导需要控制动力飞行段、自由飞行段及再入段这3大段的偏差，最终满足弹头落点的命中精度。显而易见，导弹制导精度高于运载火箭的要求。商业卫星发射精度越高，成本越大。一般情况下，出于经济合理的考虑，商业发射不需要采用过高的制导技术。怎么会用火箭的制导技术来提高导弹的制导精度呢？

《考克斯报告》还称，中国通过商业卫星发射得到了美国运载火箭整流罩技术，这“也许有助于中国设计和改进未来的多弹头再入大气层导弹和潜艇发射弹道导弹及其可靠性”。事实上，中国有成熟的整流罩设计经验。早在1992年前，中国已研制成功两种整流罩，多次在冬季高空风条件下发射成功。中国在商业发射中所采用的长征2号捆绑式火箭的整流罩，是在长征系列火箭卫星整流罩10次成功飞行的基础上设计和生产的。中国不需要通过商业发射服务获取美国的火箭整流罩技术，中国在整流罩技术上的任何改进和发展都是依靠自己力量完成的。

更需要指出的是，运载火箭整流罩的设计技术与导弹多弹头整流罩设计技术存在显著的不同。多弹头导弹整流罩要求全天候、全方向的工作环境，一般采用整体式设计技术，而运载火箭通常采用横向分离式设计技术。因此，不存在利用火箭整流罩设计技术来改进多弹头整流罩的设计技术的问题。

《考克斯报告》称，中国通过铱星发射“获得”了智能分配器技术（SMART DISPENSER），用于多弹头分导再入式飞行器（MIRV）的分配技术。事实上，中国在发射铱星前，就多次成功地进行了多星发射。1990年7月，中国长征2号丙首次发射，搭载了一颗巴基斯坦卫星，进行了双星发射，两颗卫星分别进入近地轨道和地球同步转移轨道；1990年9月，中国用长征4号成功地一箭发射3颗卫星，进入太阳同步轨道；1992年10月，长征2号丙一箭双星发射了瑞典弗利亚卫星和中国的返回式卫星，两颗卫星进入两种不同的近地轨道；1994年2月，长征3号甲一箭双星发射了实践4号卫星及一颗模拟星。因此，中国早已掌握并不断发展分配器设计技术，不存在任何难以突破的关键技术，更谈不上利用发射铱星来提高中国多弹头的分配器技术。

三、对事实真相的拙劣歪曲

《考克斯报告》用两章的篇幅谈论1995年1月26日长征2号捆绑式火箭发射亚太2号卫星和1996年2月15日长征3号乙火箭发射国际708卫星的两次故障调查过程，并借此大做文章，认为中国通过故障调查，“窃取”或“非法获得”了美国的航天技术。报告称，“美国卫星制造商在未获得法定许可证的情况下，向中国转让了导弹设计方面的资料和技术技能。这类资料提高了中国民用和军用火箭的可靠性。同时，非法转让的资料也可被中国用于设计未来的弹道导弹和改善其可靠性”。事实表明，这一结论是完全站不住脚的。

《考克斯报告》称，在故障调查中，美方卫星制造商向中国提供了分析故障的“诊断程序”、“转让了导弹设计方面的资料和技术技能”。事实上，中国自行研制火箭、导弹40多年，自有一整套的可靠性设计方法、故障诊断处理规范，还有严格的质量保证体系。历经上百次飞行的考验，足以保证中国研制高质量、高可靠性的导弹和运载火箭，并且完全有能力处理发射过程中的疑难问题及排除故障。与美国同类的一次性使用运载火箭相比，中国运载火箭的可靠性毫不逊色（见下表）。在1995年中、美两国公司共同分析长征2号捆绑式发射亚太2号卫星故障之前，中国的长征2号丙火箭已经有14次连续发射成功的记录。以后，又连续6次发射摩托罗拉公司的铱星，至今一直保持100%的成功率。而美国“大力神4”火箭，在1998年8月2日、1999年4月9日和4月30日连续 3 次发射失败。这些数字已经能够说明很多问题。

序号	火箭名称	发射时间	发射总数	失败次数	发射成功率
1	美国				
	宇宙神系列	1960.02～1998.10	304	41	86.5%
	大力神系列	1964.04～1999.04	202	22	89.1%
	中国				
	长征系列	1970.04～1999.05	57	6	89.5%
2	美国				
	大力神 4	1989.06～1999.04	27	4	85.2%
	中国				
	长 2 丙（含长 2 丙/SD)	1975.11～1998.12	20	0	100%

1995 年 1 月 26 日，长征 2 号捆绑式火箭发射亚太 2 号卫星故障发生后，中方立即成立了故障调查领导小组和故障调查委员会，该委员会下设火箭残骸分析、整流罩分析、动力学耦合分析、录像分析、遥测数据分析等 6 个调查小组，对包括整流罩结构在内的几个重要方面进行深入细致的研究和故障分析，并对卫星与运载火箭的联结方式提出了疑问。美方也对运载火箭和卫星进行了故障分析。1995 年 7 月 23 日，中国长城工业总公司和美国休斯公司在北京发表联合公报，最终确定两种可能的故障模式：

(1) 在冬季高空切变风条件下，卫星、上面级与运载火箭的特殊联结方式出现谐振，造成卫星局部结构破坏；

(2) 在冬季高空切变风条件下，运载火箭整流罩局部结构破坏。

中方认定是第一种模式，认为是卫星、上面级与火箭产生共振，导致失败；休斯认定是第 2 种模式，认为失败是整流罩强度不够造成的。双方没有得出彼此都能接受的明确的结论。为了支持各自的观点，公布分析成果是正常的，根本不存在谁向谁泄露技术的问题。中方坚持认为，中国有成熟的整流罩设计经验，长征 2 号捆绑式火箭的整流罩是在装有整流罩的长征系列火箭 10 次成功飞行的基础上设计和生产的。实际上，中国直到现在仍在使用的长征 2 号丙和长征 3 号火箭的整流罩与亚太 2 号卫星的整流罩是同类的，没有采取加强措施，发射都是成功的。1999 年 6 月 12 日成功发射两颗铱星的长征 2 号丙/SD 火箭整流罩，使用的也是同类产品。

《考克斯报告》称，中国通过故障调查非法从美国“获取”了卫星力学模型技术。这也是不符合事实的。为了进行火箭与卫星的载荷耦合计算工作，卫星方要提供卫星的力学模型。所谓的力学模型，是指通过数学手段把卫星的结构减缩成力学上完全等价的一组数据。中国在火箭研制初期，已建立起火箭的力学模型，此外也早已确定了飞行过程中的各种外力（如发动机推力、空气动力)。这种模型减缩方法也早在 1980 年出版的中国专业刊物《强度与环境》上有过专门介绍，1984 年后被编进了复旦大学《结构振动与动态子结构分析方法》教科书中。这种方法也是全世界通用的一种可描述卫星结构的有效方法。对此，前苏联和美国也都公开发表过。用这种方法缩减之后的卫星结构和火箭模型结合后，可以进行载荷耦合计算工作。在国际商业发射服务中通用这种方法，进行星箭载荷耦合计算，还因为利用力学模型不可能还原出卫星的真实结构，利于卫星方保守卫星的技术秘密。

对 1996 年 2 月 15 日长征 3 号乙火箭发射国际 708 卫星的故障调查，《考克斯报告》攻击说，由于独立评审委员会（IRC）中美国专家的指点，中国才找到此次故障的最终原因，美国卫星公司在故障排查过程中向中国演示了如何改进长征火箭制导系统的设计和可靠性，这一技术也能用于弹道导弹。事实上，故障的原因完全是由中国专家独立查找出的。确定的最终故障是火箭惯性平台随动环回路中电子器件的焊接质量问题，这种低层次的问题根本不涉及火箭的设计改进问题。

这次故障发生后，中国国际商业发射的主承包商中国长城工业总公司于 1996 年 2 月 18 日对外公布了由中国航天专家组成的故障分析小组、故障调查委员会和故障审查委员会主要成员名单，并随后公布了调查步骤和进展情况。2 月底，中方将故障定位于平台；3 月底确定为 4 种可能的故障模式，即内环力矩马达断线、平台内框卡死、随动环电路故障和环境应力故障模式。此后，中方通过对这 4 种可能的故障模式进行逐一、深入、细致的调查分析和试验验证，陆续排除了其中 3 种故障模式的怀疑，5 月中旬通过闭合回路半实物仿真实验得出随动环电路故障为最大可能的故障模式的结论。6 月 17 日～7 月 6 日，经延伸分析、试验和元器件解剖检查，最终将故障点定位到元器件上，即随动环伺服回路功率输出模块中的金铝键合点焊接质量退化失效，造成随动环伺服回路没有电流输出，从而导致随动环故障，致使惯性平台倾倒，引起发射失败。在这次故障的调查中，中国在特定的背景和条件下，接受了由美国、德国、英国6位专家组成的独立评审委员会。当时长征3号乙火箭失败已经严重影响了后续合同，特别是紧接着要发射的亚太1A卫星合同的执行。按照国际惯例，商业卫星发射只有在星箭得到保险之后才能进行。国际保险界当时多次强烈要求中方必须成立独立评审委员会，对中方的故障调查作出评议，这是承保亚太1A卫星的前提条件。

独立评审委员会4月15日宣布成立，5月13日停止工作，总共只有20多天。在此期间，独立评审委员会的工作实际上只是召开了两次会议，即4月22～23日在美国的会议和4月30日～5月1日在北京的会议，实际工作时间只有4天。由于发射亚太1A卫星使用的火箭是长征3号，而不是“2·15”事故的长征3号乙火箭，因此，中方向保险商和独立评审委员会宣讲的重点是长征3号乙火箭平台与长征3号火箭平台的区别，目的是说明长征3号乙火箭的故障不会影响用来发射亚太1A卫星的长征3号火箭平台的可靠性。同时，为重建保险商对火箭的信心，中方也向保险界和独立评审委员会公布了已通过试验验证的“2·15”事故故障的阶段性调查结果。面对激烈的市场竞争，中国的火箭制造机密也不会轻易向别人泄漏，在独立评审委员会存在的整个过程中，中方从未打算让其帮助全面分析调查“2·15”事故故障。因此，中方并未将全部故障调查情况告知独立评审委员会，在此情况下，独立评审委员会怎么可能向中国演示“改进”长征火箭的制导系统设计呢？这种“改进”从何谈起呢？事实上该委员会的评议意见也仅仅是指出“未发现与中方不符的理由”，根本未向中方输出任何技术。事实上，即使在独立评审委员会存在期间，中方也始终按照自己的计划，积极地继续进行故障分析工作。可以说，中方完全是依靠自身力量，查出最终原因，采取纠正措施，进而获得了长征3号乙后续发射的连续成功。

《考克斯报告》花费大量篇幅反复说明，中方虽然在3月底确定了4种故障模式，但到4月份就排除了包括随动环在内的两种模式，将焦点集中在内环模式上。独立评审委员会介入后，经其“指点”，中方“立即放弃了内环模式”，“热衷地分析随动环”，进行了“独立评审委员会建议进行的仿真试验”，并最终将故障定位在随动环。事实上，随动环一直是中方的调查重点。4月初，中国专家通过一系列理论分析，认定其故障性；4月9日，决定进行随动环闭合回路半实物仿真试验；4月16日起，中方着手编制仿真试验大纲，对试验方法及实现条件进行了一系列准备。中国专家设计了箭体、伺服机构、速率陀螺数学模型，编制了试验用飞行软件，准备试验用平台、仿真转台、箭载计算机等硬件，并安排生产了试验必需的附加设备，如平台支架、接口电路、电缆等，周期一个月。这些工作都是在独立评审委员会介入之前完成的。由于独立评审委员会的评审只是从亚太1A保险中派生出来的，而亚太1A保险也仅是中国长征3号乙故障调查中期的短暂插曲，按照仅提供试验验证的结果这一原则，中方只向独立评审委员会提供了有限资料，因此独立评审委员会了解的也只能是中方故障调查阶段性的结果。《考克斯报告》称中方在独立评审委员会指导后“立即放弃”内环模式，这与事实根本不符。中方是在5月中旬，通过仿真试验，慎重排除内环模式，同时最终确定随动环模式的。中方的故障调查一直凭借自身力量，按照科学的程序进行。中国的故障诊断程序是经过几十年实践检验而被证明是完全正确的。

《考克斯报告》称，“中国长城工业总公司确定失败的根本原因，是惯性测量装置中，随动架转矩电动机功率放大器内部金铝合金线路连接处破损。这正是独立评审委员会与中方官员开会时及在初步报告中指出的问题”。这既与事实不符，也违背科学调查的基本规律。中方的故障调查过程持续了5个月，做了大量试验验证。实际上，如此具体的故障原因的确定，不经一定数量的试验，仅凭查阅调查初期阶段的一些资料，是不可能得出的。独立评审委员会实际工作的4天，“2·15”故障调查尚处于故障模式分析验证阶段，大量分系统、部件和元器件的试验尚未进行，怎么能预知细化到元器件的最终故障点呢？

《考克斯报告》认为，“2·15”事故故障排查过程使中方改进了制导系统设计方案，而实际上，长征3号乙的这次失利故障虽然出在惯性平台上，但其故障性质仅属于元器件的质量问题，根本不涉及平台的设计方案，更不涉及所谓对制导系统的改进。不知《考克斯报告》所说的故障排查“改进了该火箭的制导系统设计”的结论从何而来？进而这种改进“可能被中国用在未来公路机动发射型洲际导弹的系统上”的推论又如何得出？按照这种逻辑罗列耸人听闻结论的《考克斯报告》，何人敢于相信？

四、有头无尾的“故事”

《考克斯报告》中最荒唐的莫过于第7章即“关

于中国的发射场安全问题”。按照考克斯等人的逻辑，中国通过商业发射“窃取”美国卫星技术最大的可能是在美国卫星和相关资料运到中国发射场的时候。为此，考克斯等人在发射场安全的描述上煞费苦心，收集、罗列了大量鸡毛蒜皮的材料和细节，试图证明中国“偷”了美国技术，但最终又找不到任何证据，所以《考克斯报告》也不得不多次承认，“还没有证据来证实由于发射场安全措施无效而出现向中国转让受控信息的事件”。但考克斯等人又不甘心放弃他们预先假想的中国“偷窃”美国卫星技术的结论，只好用了大量“如果”、“可能”等推测性语言来误导视听。

1990年以来，中国在西昌、太原和酒泉卫星发射中心共进行了20余次商业卫星发射，其中除在酒泉、西昌搭载发射的瑞典卫星、巴基斯坦卫星和在西昌发射的鑫诺1号卫星外，其余均为美制卫星。中国为确保美制卫星的安全，早在1988年12月就与美国政府签订了《关于卫星技术安全的协议备忘录》。《协议备忘录》对保护美制卫星在中国发射时的技术安全，做了严格得近乎苛刻的规定。譬如：

——美国政府须监督技术控制计划的执行情况。对所有设备和技术资料的接触须由经过美国政府安全规程训练的美方人员进行24小时控制。在发射准备、卫星发射及设备返回美国的整个过程中的接触，均应由此类人员控制；

——运送航天器、设备和技术资料的飞机及其货物通过中国海关时可予免检，且在中国境内不受检查；

——非美方人员未经美国政府授权人员特许，不得以任何目的进入卫星准备区。如果非美方人员被允许进入卫星准备区，任何时候都必须有美方人员陪同；

——对需接触美方设施的非美方人员须持颜色不同的临时身份证件，注明“访问者”。这些证件的颁发由美方人员控制。

自从承揽商业卫星发射服务以来，中方严格遵守两国政府间的《协议备忘录》。中美双方在10余年间进行过上百次技术协调会，其间，美方从未提出过中方有违反中美卫星发射安全协议的行为。为确保政府间协议的执行，中美政府授权的代表团每年都要进行一次年度磋商，检查协议执行情况，10余年来美方也从未就美制卫星在中国的技术安全提出过问题。历次美制卫星发射前的技术协调会、卫星进场后每天的调度会、双方技术人员的接触、卫星入境以及美制卫星在发射场测试和星箭对接的全过程都受到美政府指派的安全官员的监控。每次美制卫星发射时，美国来华的卫星工作队中，安全人员大致都占总人数的1/3左右。

仅举几例说明美方对美制卫星控制之严：

——美方运送卫星的飞机抵达发射场后，立即由美方的安全人员负责看守，卫星的卸机、装车均由美方人员操作，从机场到发射中心的运输途中，装载美方设备的车辆均由美方人员押车。甚至每次发射后销毁剩余的卫星推进剂，也必须由美方安全人员在场。

——美方卫星进入发射中心的卫星测试厂房之前，美方安全人员已对厂房进行过多次安全检查，连所有的窗户都按美方要求，换成较厚较重、不易被风刮起的窗帘。在整个发射任务期间，凡有美方卫星和设备的厂房，都交由美方安全人员负责警卫，中方人员绝对不得接近，若因工作需要必须入内，也是严格按照两国政府间的《协议备忘录》，事先获准，出入登记在册，佩带美方颁发的证件，由美方安全人员陪同方可进入。

——在卫星测试厂房、卫星加注厂房、卫星控制室和发射塔架上的卫星操作平台，配置了18台由美方控制的摄像机，对卫星及其测试设备进行24小时监视。仅卫星测试厂房的卫星工作区，就配有4台摄影机，从不同角度对准卫星。

——在每次会议中，美方人员提出或回答任何问题，均须经美方安全官员的同意。例如，为了准确校准西昌卫星发射中心电子秤，须由发射中心配备校准砝码。当中方询问需要何种精度的校准砝码时，美方安全官员示意美方技术人员不可回答。

来而无往非礼也。由于美方对美制卫星加强监控，会涉及到中国运载火箭的技术安全，中方不得不采取措施，对中国火箭实行每天24小时监控。

《考克斯报告》还列举了100多项“在中国的多次发射中心的安全失误”，毫无根据地猜测中国“很可能”利用这些失误“窃取”美国卫星机密。例如，“卫星加注厂房外的淋浴不工作”也被列为“安全失误”。实际上，卫星加注厂房外的淋浴，是为防止万一在卫星燃料加注发生泄漏时供加注人员冲淋身体使用的，与卫星“技术机密”根本没有任何关系。

更为可笑的是，《考克斯报告》称，“如果给他们两个小时的时间，中国人甚至能够探索卫星内部的情况而不留任何痕迹”，“（如果）中国人不受限制地接触美国卫星24小时，那么几乎没有什么学不到的东西”。众所周知，卫星是一个极其庞大、极其复杂、极其精密的高科技产品，它是由成千上万个元器件、成百上千个单元和几十个分系统构成的，涉及到多种学科的知识，怎么可能几小时就掌握呢？这真是“欲加之罪，何患无辞”！

曾在多次美制卫星发射中担任美国政府安全官员的柯茨（A. D. COATES）先生，于 1992 年 3 月 22 日澳星 - B1 发射受挫后，亲自对中方人员表示，“作为美国政府的安全官员，我可以负责任地说，中方完全遵守了中美两国政府关于在中国境内发射美制卫星的技术安全协议。在澳星签订合同后 3 年多来的历次技术协调会以及这次双方的联合操作中，均未出现未经许可的技术转让。我对中美双方的合作极为满意，并对你们的协助表示感谢”。美国国防保密局局长塔贝尔也承认，他“还没有任何证据证实这种接触导致了对美国国家安全有严重影响的技术转让”。

五、对正常的科技和经贸交流活动进行蓄意歪曲

中美两国之间发展平等互利的科技交流和经贸合作，符合中美两国人民的利益，也符合历史发展的潮流。在当今世界上，国与国之间进行这种科技交流和经贸合作都是正常的。《考克斯报告》甚至对这种交流和合作也花了大量的篇幅进行蓄意歪曲。

中美两国在 1979 年 1 月 31 日签署了中美政府间科学技术合作协定。经过 20 年的发展，中美科技合作具备了相当的规模。目前两国政府的对口部门已在教育、农业、空间、大气、海洋渔业、医药卫生、地震、环境保护、水资源、能源效率和可再生能源等 33 个领域签署了合作议定书。在农业领域，双方交换了大量的种子资源，中方向美方提供了 2000 多份农作物品种资源，包括许多非常珍贵的野生资源。在卫生领域，双方交换了许多重要的医疗统计数字和资料，中方向美国提供的全国 2. 4 亿人次的癌症分布调查资料和根据发病率、死亡率和地区分布汇编成的“中国癌症分布图谱”，对于美国进行对比研究和癌症的防治有重大意义。中美联合建立的地震台网，使美国每年从中方得到 15 万张地震台网的缩微胶片记录和其他记录资料，对于研究地震发生原因、形成机制和提高预报水平都有重要的价值。《考克斯报告》毫无根据的谎言不仅严重伤害了中美两国科学家的感情，也将影响两国正常的科技交流与合作活动。

《考克斯报告》最为恶毒的是，把中国发展科学技术的国家政策和方针，在中美两国间从事正常科技交流活动的科研机构和科研人员，从事两国经贸往来正常活动的商务机构和商务人员，在美从事正常工作的官方的、民间的驻外机构和驻外人员，在美华裔人士，留美中国学生等，都与所谓的间谍活动联系起来。这是一种典型的种族偏见，是对中华民族的极大污蔑。这是美国 50 年代麦卡锡主义幽灵的重现，是美国一些反华政客仇视中国发展和强大的变态心理的表现。

“863 计划”是 1986 年中国政府所实施的一项公开正常的科技研究与开发的中长期计划，是中国用自己的智力、财力和物力资源独立自主地开发科学技术，缩小同国外先进科技水平的差距，从而加快中国国民经济发展的战略决策。但在《考克斯报告》中，中国的“863 计划”也被毫无根据地与“窃取”美国技术特别是军事敏感技术联系起来。中国过去没有、现在没有、将来也不会将研制和开发科学技术建立在所谓的“窃取”基础上。

与国际上其他国家高技术发展计划相比，中国的“863 计划”的特点：一是作为发展中国家的高技术计划，确定了相当有限的领域和目标，主要是围绕经济发展和提高人民生活水平进行部署；二是在高技术基础比较落后的情况下，通过正常的、符合国际惯例的方法，虚心学习国际上的有效经验和先进技术。中国“863 计划”涉及的主要是关系国民经济和综合国力发展的科学技术。如“863 计划”在“八五”计划（1991～1995 年）期间的 13 项重大关键技术项目及其 8 项重大成果转化项目是：（1）重大关键技术项目：两系法杂交水稻技术、抗虫棉花等转基因植物、恶性肿瘤等疾病的基因治疗技术、大规模并行计算、光纤放大器及泵源、2.16 米高分辨率自适应光学望远镜、2.48GB/S SDH 高速光纤传输系统、航空遥感实时成像传输处理系统、基于 STEP 的 CAD/CAPP/CAM 系统、6000 米水下自治机器人、高温气冷堆、双层辉光离子渗金属技术、金刚石膜制备技术；（2）重大成果转化项目：基因工程多肽药物、两系法杂交水稻的示种示范、曙光计算机、大功率激光器及其应用、企业的 CIMS 推广计划、机器人自动化示范工程、高性能低温烧结多层陶瓷电容器、氢镍电池及其相关材料。

《考克斯报告》对中国“863 计划”中的研究项目进行有意曲解，如“863 计划”中的基因研究计划明明是为了新的药品开发，却被考克斯等人说成是“这项研究可能具有生物战用途”。清华大学发展高温气冷堆计划是一种民用核能开发试验，是核能开发的基础性研究，却被说成是“有助于发展核武器”。这不能不使人感到考克斯等人编造谎言的能力实在太强了。

《考克斯报告》还称，中国“对于信息和技术的欲望似乎是贪得无厌的，而且从事这项工作干劲十

足”。这完全是恶意中伤。不但近 900 页的《考克斯报告》没有证据来支持这种结论，恰恰相反，倒说明《考克斯报告》的炮制者们对盗取中国的军事技术和信息是贪得无厌、干劲十足的。凡阅读过《考克斯报告》的人都会有这样一种认识，报告从头至尾罗列了那么多所谓的材料，但是没有一个足以说明其结论的确凿证据和具体事实，报告反倒是对中国的核武器、多种导弹、卫星、军用飞机和军用船舶等作了系统描绘，有的列举了性能指标和结构示意图，有的还描述了开发研究的细节过程。在《考克斯报告》中，提到具体型号的“中国军事装备”有：增强辐射武器（中子弹），CSS－2、3、4、5、6、7、8 和 CSS－52 8 种弹道导弹，DF－31 洲际导弹，JL－1、2 两种潜射弹道导弹，C801、802 两种反舰巡航导弹，YH－4 巡航导弹；K－8 军用飞机，F－10 战斗机，直－11 军用直升机，空载预警飞机；FSW、FSW－1、FSW－2 等 3 种照像侦察卫星；094 潜艇，“夏”级弹道导弹核潜艇等。而且该报告还对中国未来导弹、核武器、载人航天发展计划说三道四。在这里，我们不想对《考克斯报告》所列举的上述所谓“军事装备”以及发展计划予以评论，但这却足以说明，考克斯等人对于窃取别人的军事机密却非常热衷，很有兴趣。这完全是在“贼喊捉贼”！

六、荒谬可笑的逻辑

中国是个发展中国家，因财力有限，在国际市场上购买一些虽然技术不先进，但价格低廉、在商业上是合算的二手设备。但考克斯等人却把这种正常的商业活动看成是中国“盗窃”美国技术的行为。《考克斯报告》用了很大的篇幅，在第 10 章中详细描述 1994 年中国航天技术进出口总公司从美国麦道公司购买二手设备事，并进行大肆渲染。《考克斯报告》把这种纯粹的商业活动肆意同美国的国家安全联系在一起，是毫无道理的。

事实是，1994 年 2 月，中国航空技术进出口总公司与美国麦道公司签订了购买二手设备的合同，共进口机械加工设备和仪器 200 多台（件）。中国购买这些二手设备，完全是出于商业考虑。实际上，这些设备都已使用多年，并非先进设备。这 200 多台设备和仪器中，有 19 台需要美国政府的出口许可证。设备进口前，应美方要求，中国政府有关部门为其中的 18 台办理了《最终用户和最终用途说明》，另有 1 台由中国用户在现场填写了企业担保。下表详细说明了这 19 台设备的制造年份和技术状况。

19 台需办理出口许可证的二手设备情况表

序号	设备编号	设备名称	制造/改造年份	设备实际情况
1	04000192	五坐标卧式加工中心	1983 年	404000192 设备的数控、伺服系统，主轴电机已经更新，可以运行。
2	04000214	五坐标卧式加工中心	1983 年	04000214 设备除上述更新外，运动、传动部件需修复，机械电气零部件需更新换代。
3	04000241	五坐标卧式加工中心	1967 年制造，1985 年改造	状况很差，主要运动、传动部件需修复，控制部件需更新，机械、电气零部件需更新换代。
4	04000239	四坐标卧式加工中心	1966 年制造，1985 年改造	04000243 经改造后可试运行。其余两台状况差，控制部件、机械、电气零部件需更新，运动部件需修复。
5	04000243			
6	04000245			
7	04002324	四坐标龙门铣床	1968 年制造，1988 年改造	设备正在改造中，更新了数控、伺服系统和主轴电源；对整个系统进行了修复。在改造中发现有缺件问题。
8	040002045	三坐标卧式铣床	1968 年制造，1985 年改造	04002048 设备正在改造中，更新数控、伺服系统，发现滚珠、丝杆损伤，主轴电机已损坏，液压系统故障较多；另一台设备如若改造，需要翻新。
9	04002048			
10	04001862	三坐标立	1967 年制造，	04001864 和
11	04001864			

续表

12	04001866	式铣床	1984年改造	04001866 这两台设备已改造，主轴磨损严重，已更新了数控、伺服系统。04001862 设备需要更新数控、伺服系统，其他系统也需修复。
13	04002044	三坐标测量机	1985年制造	除花岗岩工作台可以利用外，其余均更新，已投入使用。
14	04002046	三坐标测量机	1983年制造	已改造，可以使用，精度等级低。
15	04000132	4.1万吨橡皮囊压力机	1983年制造	尚未拆箱，现已完成安装、改造的准备工作，因缺乏资金，无法实施。
16	G11.12	5A3P	1983年制造	目前租给美国莫尼托工厂。
17	G9.1A	5A3P	1983年制造	目前租给美国莫尼托工厂。
18	G9.1	5A3P	1983年制造	目前租给美国莫尼托工厂。
19	G11.12A	5A3P	1983年制造	目前租给美国莫尼托工厂。

上表说明，即使这19台需要美国政府出口许可证的设备，也已经运转多年，许多零部件都已损坏，精度下降，必须大量更换零部件，才能投入运转。但由于是二手设备，这19台设备约为新设备价格的25～30%。

《考克斯报告》认为，中国购买这些机床的目的是用于军事装备的制造，这更是十分荒唐。事实上，中国购买这些设备是为了用于与美国麦道公司商谈的生产干线飞机项目，以及用于与麦道公司、波音公司商谈的转包生产飞机零部件项目。为此，中航技公司准备与美国莫尼托工厂成立合资的机械加工厂。后因商业原因，合资厂停办。上述已获美国政府出口许可证的19台设备中，有4台性能最先进的5A3P（五坐标三主轴）机床，未运回中国，在美国就地租给了莫尼托工厂。如果中方有意将这批设备挪作军用，应该最先考虑的是将这4台性能最先进的设备运回国内，而不会就地转租。这也说明，中国用户进口这批设备的目的，纯粹是为了商业利润。

《考克斯报告》抓住南昌飞机制造公司将19台设备中的橡皮囊压力机提前开箱这件事大做文章，试图证明中国进口这批设备用于军工产品。而实际上，这种橡皮囊压力机是1983年制造的，已是二手设备，技术并不先进，中国完全可以而且已经从国际市场上购买到新的、性能更先进的类似机床。

七、与历史潮流背道而驰的思维

计算机的发展和应用，是当今世界科技发展最显著的成就之一，对世界经济的发展和人类文明的进步起到了重要的推动作用。现在，计算机与人们日常生活的关系越来越密切，并被广泛应用于经济和社会生活的各个领域，无论是在教学科研活动、商务活动、外出旅行、日常起居、医疗卫生、金融和财务管理，还是在气象预报、交通通信等方面，都能见到计算机应用的踪影。但考克斯等人有意过分强调计算机在军事方面的用途，他们不是把计算机的开发和应用看作造福于人类的一个因素，而是把它看成威胁甚至毁灭人类的工具，并在这方面大肆渲染。考克斯等人提出要加强对其他国家计算机出口的控制，这完全是与历史潮流背道而驰的做法。

《考克斯报告》认为，中国发展和应用计算机的主要目的是应用于军事领域，并采取非法手段“获取”美国的计算机技术，这完全是不符合事实的。

与世界其他国家一样，中国发展和应用计算机是为了促进国民经济的发展，提高人民的生活水平，方便人们的日常生活。中国也从美国引进了许多计算机整机和各种配件，其中包括高性能计算机。1995年，中国气象中心就从美国克雷公司引进了一台高性能计算机CRAY/C－92，用于气象资料的分析和处理，进行天气预报。这种有益于全人类的工作，何以危及美国国家安全？

中国从美国进口计算机是通过正常的商业渠道和国际通行的商业规则进行的，也给美国带来了巨大的商业利益，给美国创造了大量的就业机会。中国一贯认为，在计算机方面，美国的出口管制政策是不符合历史潮流的，给两国经贸关系的健康发展设置了人为障碍，不利于两国贸易平衡。《考克斯报告》中所谓高性能计算机的标准是运算速度达到每秒20亿次理论运算值的计算机。中国早已能生产比这个标准高得多的计算机。目前中国生产的计算机运算速度已远远高于每秒20亿次理论运算值。

尽管美国对计算机出口加以种种限制，中国也从来没有通过非正常渠道“获取”美国的计算机技术。为申请美国计算机出口许可证，应美方要求，中国政府出具《最终用户和最终用途说明》，为最终用户和最终用途作出承诺。为了维护中国政府的信誉，切实做好对出具《最终用户和最终用途说明》工作的管理，中国政府有关部门颁布了一系列具体有效的规章制度，规定凡经办理《最终用户和最终用途说明》后进口的商品，只能由该最终用户用于指定的最终用途，未经原出口国的同意，决不允许其转口到第3国。多年来的实践证明，中国政府的管理是严肃的，行之有效的。

对计算机进行最终用户核查并不是国际上通行的做法，但是为促进中美经贸关系的发展，中方尽了最大努力，于1998年6月与美方就此问题达成谅解。在双方达成谅解后仅半年时间内，美方就向中方提出7项访问要求，中方在尽可能的条件下，给予安排了6项。这体现了中方的合作诚意，美方对此也不持异议。然而，《考克斯报告》却对此视而不见，反诬中国不遵守承诺，这是不符合事实的。

八、国际传媒和专家对《考克斯报告》的批驳

《考克斯报告》出笼后，由于它过于离奇、荒谬，遭到了包括美国在内的一些国家传媒和专家、学者的抨击。

——美国《纽约时报》1999年5月25日说，《考克斯报告》所强调的一些事实太离奇复杂，该报告的结论是武断的，没有确实的答案，没有被逮捕的嫌疑犯，这个案子就像一部缺少最后几页的惊险小说一样，有头无尾。

——德国《南德报》5月25日说，《考克斯报告》问题多，答案少，指控多，解释少。

——日本《每日新闻》5月28日说，《考克斯报告》并没有提及有关中国“窃取”技术的确凿证据，而大多使用的是“大概”或是“似乎”这样暧昧的措辞。

——美国《执行策略评论》杂志创刊人林登·拉罗什6月2日发表声明说，《考克斯报告》是一个骗局，其中对中国的所谓“窃取核机密”的指控完全是不顾事实凭空捏造的，报告中的内容足以证明报告作者“对科学的无知”；所谓的“核机密”能从互联网上轻易地调出来，而考克斯委员会却耗费巨资调查这些子虚乌有的指控，真是“太荒唐”了；考克斯委员会的目的很清楚，就是想破坏美中关系。

——美国广播公司（ABC）新闻网在题为《考克斯报告漏洞百出》的文章中说，《考克斯报告》存在大量令人吃惊的事实错误。错误之处大到对中国航天技术的误述，小到一些日期和计算机硬件名称的错误。这让人不得不怀疑，《考克斯报告》的可信度到底有多大？难道报告中的结论就是依据这些错误事实得出的吗？

——美国卡内基国际和平基金会专家约瑟夫·西里内森认为，《考克斯报告》“缺乏事实根据”，是“纯粹的宣传品”，是他见过的“最缺乏依据的调查报告”。他还认为，报告要求美国政府加强对中国出口诸如卫星和超级电脑之类的敏感技术设备的监管，实际操作起来很困难，因为这将招致商业利益集团的不满。

——德国《法兰克福评论报》5月25日说，目前美国很多政客热衷于寻找一个新的“邪恶帝国”。公布这份报告并不在于查明真相，而在于打击美国现行的对华政策。

——香港《虎报》5月30日说，“美国人在叫嚷和猛击的是他们自己对中国人的阴影所产生的幻觉。西方几乎没有多少人，东方甚至更少有人会认真看待所谓的《考克斯报告》”。该文认为，《考克斯报告》一方面打击美国政府的对华政策，一方面将目标指向中国。

——《洛杉矶时报》5月30日报道说，美国军事问题专家罗伯特·诺里斯对《考克斯报告》提出了尖锐的批评。他认为《考克斯报告》给人的印象是中国在武器上的每一项发展都是通过间谍活动得到的，而不是从科技杂志或是学术会议中得到的。事实上，技术方面的大量信息在公开的出版物上都能够得到，这些信息不仅中国能够得到，任何国家都能够得到。科学上的秘密并不是绝对的，也不是任何国家的财产。

《考克斯报告》“洋洋洒洒”近900页，罗列了不少材料，但这些材料或是蓄意编造的，或是经过极力歪曲的，尽管一时可以起到制造舆论、蒙骗视听的作用，但毕竟不可能骗人于长久。一段时间以来，美国一些政客抱着过时的冷战思维不放，在国内政治斗争中借中美关系大做文章，煽动反华情绪，试图以此捞取政治资本。多年的实践证明，中美两国关系的健康发展符合中美两国人民的根本利益。美国一些政客采取编造谎言的手法试图破坏中美关系，实在是不光彩。这种企图也是不可能得逞的。

《澳门日报》载文揭露美国对华窃密活动

《澳门日报》1999年8月15日刊载澳门国际军事学会成员黄东的题为“美国在华窃密活动一角”的文

章，揭露了美国多年来对中国进行的窃密活动。

一、军事窃密

军事窃密历来是美国对华情报工作的重点。朝鲜战争是窃密活动的第1个高潮，之后一直未有放松。50年代主要是利用台湾情报单位从事陆空侦察活动，其活动以沿海为重点，偏重人力密集型工作。60年代开始减少利用二手情报，大幅强化航空航天及电子侦察，尤其注重窃取中国战略核武器及援助越南的机密情报，这一时期台湾仍担当重要角色。70年代初随着中美关系改善，利用台湾窃密减少了。尼克松访华后，基本停止航空侦察，依重航天及电子侦察。80年代中美建交后，美国恢复派遣除外交官外的美籍间谍赴华。90年代冷战结束后，美国大力强化对华窃密，重新恢复空中侦察，加强与周边国家及台湾情报交流，把中国列为在军事上“最具潜在威胁国家”，拼命全方位窃取中国国防机密。

二、窃取核武器情报

美国《考克斯报告》指责中国窃取美国所有核弹技术，却只字不提美国数十年来对华窃核行动。1955年毛泽东下令研制原子弹，美国情报界立即不择手段全力窃取有关机密，1956年服役的U-2间谍机及1960年服役的第1颗间谍卫星，都负有这一任务。U-2是当时最先进的侦察机，有8台自动高倍相机和电子、辐射测向机，可携带3.5千米长胶卷，能把宽200千米、长5000千米景物摄下，冲印成4000张照片，只要飞12次就能摄取全美国，清晰度可辨认地上报纸名称，故虽然飞行可靠性差，却深受中情局喜爱。1959年9月，美国人驾驶的U-2首次窜入兰州铀浓缩厂偷拍，之后除1966年外，1962年～1967年都有由中情局训练，由台湾飞行员驾驶的U-2共5架被击落。

为继续安全地窃取中国核机密，美国在60年代中期启用世界上第1种超音速3倍的黑鸟侦察机飞往中国，它是80年代末以前全球飞得最快、最高的飞机，机上有更先进的间谍仪器，服役至今从未被击落。飞行一小时即能把26万平方千米景物摄下，面积相当于山西省，飞3次可摄取全美国，其立体图像能分辨出邮箱号码，胶卷在机上能自动冲洗。飞行员是空军的尖子，要求飞行时穿太空衣并接受宇航员的训练，以适应其超高性能。1967年中国首次东风2号核导弹试爆后8分钟，美国总统约翰逊的桌上已有了黑鸟窃取的机密，这情况与1964年原子弹试爆不久U-2就窃取了其数据类似，可惜到目前为止，美国对中国核力量准确评估仍十分差劲。

美国为了掌握中国原子弹研制进展，曾一气发射6颗串联式间谍卫星，它们以一个多小时的周期绕地球运行。每颗卫星保持10分钟的间距，使卫星每10分钟经过中国上空一次，若发现蛛丝马迹马上出动在日本的黑鸟和在台湾的U-2飞机详细查明其变化。此外，美国还调动国家地震局及国外的地震研究设施收集核试数据。几乎中国每次进行核试美国都事先知道，还曾公开预报。1964年9月底，中国首次核试成功前半个月，前国务卿腊斯克在记者会上发表：“共产党中国已完成首次原子弹试爆前的准备工作，估计最近即将试验……。”1991年底美国又发射一颗国防支援计划卫星，卫星上有一台6000多个元器件的大型红外望远镜，用于窥窃中国、独联体及中东地区弹道导弹发射和核试情况。历年美国通过各种渠道共窃取了多少中国核机密，至今仍是美国国家机密。

除了空中窃密外，中情局也曾派遣间谍从地面窃取更详尽的核情报，但因保安严密成效不彰。1965年中情局重金招募几名登山运动员，冒着风雪严寒及缺氧，从印度登上喜马拉雅山，把一台核发电电子侦察设备拖上楠达-德维山窃取中国核试数据，直至核发电机的钚238元素掉进冰川而发生故障，窃核活动才暂告终。

而对中国战略导弹及航天中心的侦察，也以类似方式进行。中国不但不可能从代射美国卫星中窃密，且美国曾在80年代开始多次以交流为名，试图窃取航天基地的机密未果。1999年8月2日试射成功的东风31远程战略导弹，其在山西五寨的导弹试验中心自90年代初以来，即受到美国间谍卫星持续监视，美军“观察岛”号导弹观测舰在7月底已为此秘密开往黄海水域部署。

三、窃取激光防护技术

中国对越南自卫反击战是1979年2月17日晨打响的，前一天下午中央军委发出《关于对越南进行自卫反击、保卫边疆战斗的通知》，要求17日传达到司局级，下午传达到处级，晚上通知全体党员。但日本记者边见秀逸16日收买到这机密，并于当晚发回日本共同社，除向日方报告外（日本又通知了美国），辗转给了越南，17日仗未打响消息已被报道。

在反击战中，越军首次秘密投入当时最先进的苏制激光致盲武器。激光研究所与山东光学系合制成功世界首创的激光防护眼镜，正当眼镜研制生产有大突破时，前美国国防部长温伯格率领美军代表团访华，洽谈武器生产合作，当场提出联合开发防护眼镜。中方代表请示后回复美方只卖产品，不卖技术。美方遭拒后一面拖延时间，一面指使在华间谍找到防护眼镜工厂贿赂门卫，利用星期日工厂休息进行“参观”，一批人拍照、录像及复印了秘方，再以 1500 美元的低价私下买走 48 副激光防护眼镜。

美方得到激光防护眼镜全部技术资料及产品后，临回国时说两国草签的合同待国会批准始能正式签发生效，结果草签的合同从此石沉大海。不久美国生产出与中国完全一样的激光防护眼镜，并申请了国际专利。而中国不仅未能取得专利权，更使解放军在防御激光致盲武器的能力上受到严重威胁，花了更长时间才扭转了这一被动局面。

四、窃取新型战机秘密

1995 年另外有一名美国空军军官伙同一名日本航空自卫队军官在进行类似上述的间谍活动时，在广东湛江附近被发现逮捕。当时两人正窃取中国空军少量最先进的俄制苏－27SK 重型歼击机部署和服役状况情报，其时也是海峡两岸关系最紧张的时刻。

中国国产最新型的歼－10 多用途战机，已于 1998 年 3 月底在成都开始试飞，目前进展非常顺利，可望于 2000 年底结束试飞正式定型投产，成为可与欧洲先进战斗机平起平坐的第 3 代战斗机。

美国从 90 年代初开始，即不放过任何获得该情报的机会，并于 1995 年首次以卫星拍得歼－10 照片，同时派人通过出席例如珠海航展等技术场合交流套取有关该机内部情报。由于歼－10 某些技术源于以色列，美国又向以色列软硬兼施刺探这一方面的情报，显得异常积极，可见歼－10 并不容易对付。

另外，为窃取有“中国 F－22”之称的下一代（第 4 代）隐形先进战斗机“12 号工程”的机密，美国又指使人混入成都飞机集团，收买有关科研人员，但得到的只是已放弃的方案草图而已。

其实，美国对华窃密行动是全方位的，囊括每一方面，例如中国加入世贸组织的底线就是一例。对谁是真正值得谴责的窃密者，读者们已心里有数。

五、窃取军队情报

美国驻华外交官，在 1994 年一年间就外出达 30 余人次，到过 16 个省、市、自治区，对 20 多个大中城市军事设施及东南沿海港口的机构、雷达站等重要军事基地实地进行“勘察”拍照。

同年 10 月 27 日，当中国海空军在舟山群岛附近进行 20 年来最大规模、代号“神圣 94”的海空演习期间，美国“小鹰”号航空母舰在山东半岛以东 210 海里的公海游弋，意图搜集中国海军执勤和演习的情报。不料该舰与中国一艘 091 型攻击核潜艇遭遇，美军认为这是侦察此型艇性能、窃取其声纳数据和人员素质的千载难逢之机，派出随行 3 艘驱逐舰及舰载海盗式反潜机，从左、右、上方包抄，一直闯入中国领海，双方对峙近 70 小时，美军共进行 7 次模拟攻击挑衅行动，期间曾多次失去潜艇踪迹。此事惊动中央军委连夜召开紧急会议商讨对策，下令其他同型艇和青岛潜艇舰队、海军航空兵部队进入一级战备，并曾打算组成水面舰艇编队去解围，而济南军区战斗、强击机部队也随时待命。29 日下午海军派出由特级飞行员张军生率另一架歼－71V 歼击机驱逐美机，指出若再无理纠缠将往死里打，并摄下犯罪证据用于国际交涉。美军始悻悻然离去，这是冷战后中美最严重的军事对峙，即著名的“黄海事件”。

1995 年 7 月 11～26 日，解放军在东南沿海进行导弹训练，美国国防部军事情报局立即派出约瑟夫·陈和德韦纳·弗罗伦斯潜入前线窃密。前者是驻香港总领事馆空军上校联络官，祖籍广东，生于香港。自小赴美后毕业于印第安纳大学，后加入美国空军达 28 年之久，服役时接受过各种战斗机训练，对此颇有研究。之后再接受特工训练，掌握窃密必需的摄影、录像技能，被派往驻香港总领事馆任空军联络官。后者毕业于宾夕法尼亚州利哈伊大学，在空军服役了 11 年。

两个人于 7 月 23 日入境，公开目的是和驻广州总领事馆及驻北京美国使馆磋商外交事务，实际上是搜集广东、福建空军基地情报。根据指示确定从广州、汕头到福建漳州、厦门等地的窃密路线、时间及联络方法，潜入军事禁区拍照。首先他们对汕头军民两用机场的地形及军用飞机下手；翌日对漳州军用机场的位置、内部人员配置、战机装备进行刺探；25 日到连城乘出租车侦察军用设施，晚上将情报进行标示，注明获取时间、地点、方位、名称等；28 日从连城折回漳州，补充侦察军用机场军事设施并拍摄，正当他们得意忘形之时终被哨兵发现扣留。

当时两人身上带有详细标明广东、福建两省军事基地的英文军用地图、红外线望远镜、军用电筒、摄影机、照相机等侦察工具，还有已拍摄了汕头、漳州、连城一批军事基地及设施的影像。从两人对军用设施拍摄的背景、远景、近景、拼接拍照技巧来看，肯定是训练有素的间谍，两人对窃密行为亦供认不讳。8 月 3 日，国家安全部将两名美国间谍从厦门驱逐出境。事后美国国防部发言人培根在记者会上，不得不承认两名空军军官是在“观察中国的军事行动并发回报告……”。

1995年10月美国“小鹰”号航空母舰起飞了4架EA-6B电子战机，借中国进行军事演习之机大肆窃取电子信号情报，之后竟发出强烈阻塞式干扰。另外，美军故意以电子信号伪造一中队F-16战斗机正飞向内陆，企图诱使导弹火控雷达开机而盗取信号情报，但数十秒内即被中国电子战部队识破，并向美发出“这里是中国，不是伊拉克”的警告，精心策划的行动又失败。

1996年3月台海演习期间，美国派出“独立”号和“尼米兹”号两大航空母舰战斗群到台湾海峡附近。“独立”号战斗群的“邦克山”号巡洋舰，以其相控阵雷达窥窃中国东风15弹道导弹飞行数据；从航空母舰起飞的“黑骑士”中队两架“雄猫”战斗机飞进中国领空，意图挑衅及侦察，及时被芜湖起飞的空1军歼击第3师两架苏-27战机拦截，美机赖死不去遂被强行驱逐，由于飞机性能及态势都非常不利，“雄猫”战斗机只能落荒而逃。这是数十年来中国首次以性能优于对方的战机捍卫领空，也是“雄猫”战机服役以来初尝败绩，无线电中的救命之声反映出美军的震惊与无奈。

1999年5月9日，即美国炸毁驻南斯拉夫中国大使馆翌日，美军飞机又进入中国领空示威、挑衅和侦察，上述的海航部队特级飞行员张军生再度驾机紧急升空，终于在对方有继续犯境的企图前成功将其拦截，迫使其离开中国领空。

中国坚决反对将台湾纳入美“战区导弹防御系统” 中国外交部发言人朱邦造于1999年5月6日在北京举行的例行记者招待会上表示，中国对美国防部向国会最近提交的含有将台湾纳入“战区导弹防御系统”的报告表示强烈不满和坚决反对。

朱邦造说，台湾是中国领土不可分割的一部分。台湾问题纯属中国内政，任何外国无权干涉。美国防部向国会提交《亚太地区战区导弹防御结构方案》报告，再次散布所谓中国大陆对台湾的导弹威胁，并提出了将台纳入“战区导弹防御系统”的所谓选择方案，企图进一步为美向台湾出售先进武器制造舆论和借口。美方的这一做法违反了中美“八·一七”公报的原则，是对中国内政的严重干涉，不利于台湾海峡局势的稳定。中方对此表示强烈不满和坚决反对。

他指出，中国要求美方恪守中美3个联合公报的原则和美方的有关承诺，停止向台出售先进武器，明确承诺不向台转让“战区导弹防御系统”及其相关技术、设备，不从事任何阻碍中国统一大业的活动。

中俄草签两项勘界议定书及其附件 1999年4月8日，中俄联合勘界委员会第8次会议在莫斯科结束。双方草签了《中华人民共和国政府和俄罗斯联邦政府关于中俄国界线东段的叙述议定书》、《中华人民共和国政府和俄罗斯联邦政府关于中俄国界线西段的叙述议定书》及其附件。

本次会议于1999年3月25日正式开始，历时14天于4月8日举行文件草签仪式后闭幕。中国驻俄罗斯大使武韬，俄罗斯外交部副部长卡拉辛出席了草签仪式。双方对圆满完成中俄国界东、西两段的勘界工作表示满意，对双方在勘界过程中表现出的合作精神给予高度评价。

中越边境历时7年的大扫雷工作圆满结束 经过2000多名扫雷官兵数千个日日夜夜的艰苦奋战，历时7年多的中越边境大扫雷，于1999年8月9日宣告结束，中国军人用实际行动为动荡不安的世界放飞了一只举世瞩目的“和平鸽”。扫雷勇士们提前4个多月完成中越边境大面积扫雷使命，将全部清除雷障的400多平方千米的安全土地移交给边疆各族人民。

在中越边境，由于过去长达10年之久的边境局部战争，在东起广西北仑河口，西至云南江城县十层大山的2000多千米边境线上，分布大小雷区560多处，雷区总面积达400多平方千米。随着战争硝烟的散去，中越关系也得到了改善，但地雷给边民带来的痛苦和损失与日俱增、触目惊心。据统计，在第1次大扫雷前，中越边境边民因触雷伤亡已达数千人。而边境上的数百条民间过道、隘口、口岸，由于被雷场封锁，边民探亲互访只能绕道而行。边境贸易、胶林收割、耕地播种、矿藏开采、部队巡逻受到了严重阻碍。为了表示中国政府和人民维护世界和平的决心和义务，1992年，中国向全世界郑重宣布：中国政府主动排除中越边境的所有地雷。于是，中国乃至世界军事史上规模最大、持续时间最长的大面积扫雷行动正式拉开了序幕。

中越边境雷区主要分布在中国云南、广西与越南交界处，其中主要在云南省境内。中越边境大扫雷历时7年多，分两次完成。第1次大扫雷于1992年4月～1994年11月在云南省境内进行，在东起富宁24号界碑、西至江城县十层大山的1353千米边境线上展开。第1次扫雷工作由云南省军区具体组织实施，

6支扫雷队的626名官兵来自云南省军区和成都军区工程兵部队，共动用各种车辆机械72台、各种扫雷工具及探雷器材3412套（件），完成扫雷面积102.8平方千米，封围雷区159.46平方千米；扫除各种地雷28万余枚，炮弹、手榴弹等12万余枚（发）；回收爆炸物2400箱；销毁废旧弹药及各种爆炸物品187.5吨。第2次大扫雷于1997年12月1日分别在云南、广西两省同时进行。第2次大扫雷云南段由云南省军区组织实施，参加人员510人，在文山、红河两地、州所辖的富宁、麻栗坡、马关、河口、金平和绿春等6个边境县的1280多千米边境线的117片雷场进行，于1999年3月26日结束，扫雷面积109.67平方千米，永久性封围雷区59.16平方千米，排除各种地雷55万余枚、爆炸物20万余枚（发），为边民恢复耕地和经济林区13.8万多亩，开通边境公路27千米、边境通道52条。第2次大扫雷广西段由广西省军区组织实施，于1999年8月9日排完广西友谊关——姜女山一线雷场而彻底结束，排除雷场100多个，排除地雷等各种爆炸物20万余枚，排雷种类29种，征服"死亡地带"37处，向地方政府移交耕地、山林4万余亩。

扫雷，被人们称之为"死亡耕耘和平"的事业。中国扫雷官兵每天都是上战场，每天都要面对死神。为了放飞这只"和平鸽"，先后有3名扫雷官兵献出了年轻的生命，有20多名官兵受伤致残，在和平的硝烟中展示了中国边防官兵血染的风采。

（肖 研）

中越两国签署《中国和越南陆地边界条约》 中国外交部长唐家璇于1999年12月30日在越南首都河内与越南副总理兼外长阮孟琴分别代表两国签署了《中国和越南陆地边界条约》。至此，中越两国陆地边界存在的问题已全部解决。越南政府总理潘文凯和中越边界谈判中国政府代表团团长、外交部部长助理王毅出席了签字仪式。

签字仪式前，潘文凯总理会见了唐家璇外长。唐家璇表示，今天，我和阮孟琴同志正式签署中越两国陆地边界条约，这意味着我们如期完成了两国领导人交给的光荣任务。回顾两国陆地边界谈判的历程，双方之所以能够克服重重困难，解决全部争议并如期正式签约，首先应归功于两党两国领导人的亲自关心和指导，同时也是两国边界谈判代表团及工作组不懈努力的结果。他说，中越两国是近邻。把一条和平、友好、合作、稳定的陆地边界带入21世纪是两国人民的共同愿望，符合两国的根本利益，同时也是对地区和平与稳定的一大贡献。

潘文凯表示，今天是个可喜可庆的日子，越中双方正式签署两国陆地边界条约，完成了越中两党总书记交给我们的任务，这是越中两国关系史上的大事，具有深远的历史意义。必将进一步推动两国的友好合作关系在21世纪取得更大的发展。

当日上午，中方代表团团长、外交部部长助理王毅同越方代表团团长、外交部常务副部长武宽对双方陆地边界谈判做了总结，并草签了中越陆地边界条约。

（达 志）

中日签署关于销毁日本遗弃在华化学武器备忘录 中国外交部部长助理王毅和日本驻华大使谷野作太郎于1999年7月30日分别代表两国政府在北京签署了《中华人民共和国政府和日本国政府关于销毁中国境内日本遗弃化学武器的备忘录》。

王毅部长助理就日本遗弃在华化学武器问题阐述了中方原则立场。王毅强调，日本遗弃在华化武问题是日本军国主义侵华期间犯下的严重罪行之一，也是中日间重大历史遗留问题，时至今日仍在对中国人民的生命财产和生态环境造成严重危害。中方一直强烈要求日方全部承担责任，尽快妥善解决。但日方的有关工作进展缓慢，中方对此是不满意的。王毅指出，日方在刚刚签署的备忘录中明确承认了遗弃事实，承诺认真履行销毁责任和义务。中方要求日方切实按照备忘录的有关原则和规定，以对历史和现实高度负责的态度，立即启动销毁进程，早日全面、彻底地解决这一重大历史悬案。

备忘录规定，日本政府将本着中日联合声明和中日和平友好条约的精神，根据《禁止化学武器公约》，诚实履行遗弃国义务，销毁日本遗弃在中国境内的化学武器，并为销毁日本遗弃化武提供一切必要的资金、技术、专家、设施及其他资源。在进行销毁作业时，日本政府将遵守中国法律，确保人员安全，不对中国领土的生态环境造成污染。销毁日本遗弃化武的工作自备忘录签署之日起实施。有关具体事宜将通过双方联合工作组协商解决。

（任 明）

日本继续加紧落实新《日美防卫合作指针》 继1998年之后，日本在1999年继续采取措施加紧落实新的《日美防卫合作指针》（简称《指针》）。短短一年内，日本通过了与新《指针》相关的3项新法案和《国旗、国歌法》，确定正式与美联合研制战区导弹防御系统，并在国会设立宪法调查会，就修改现行宪法进行商讨。特别值得一提的是，日本在其 1999 年《防卫白皮书》中公开提出“先发制人的攻击不违宪”的怪论。通过这些新举措，日本为新《指针》的落实进一步从法律、政治、军事等方面铺平了道路，特别是其军事作用的增大，将给亚洲和世界形势带来深刻的影响，同时也损害了与周边国家的友好关系，造成了新的不稳定。

一、采取的新举措

（一）对新《指针》相关法案作了进一步修正。新《指针》相关法案包括《周边事态法》、《自卫队法修订法》以及《日美相互提供物资与劳务修订协定》等 3 项法案。1999 年 4 月 27 日，上述法案被日本众议院通过，5 月 24 日在参议院也获得通过，并从当年 9 月份开始生效。与 1998 年 4 月 28 日日本内阁会议通过的相同的 3 项相关法案相比，此次通过的法案在文字表达和内容上均有重要变化，一是增加了“国会的批准”条款；二是删去了“有关船舶检查活动事项”的全文；三是将“后方地区支援”改为“后方保障”，将“后方地区”改为“后方”。相关法案是日本政府为落实新《指针》而制定的配套法律，它的生效为日本今后的军事行动提供了法律保障。在 3 项相关的法案中，最核心的当属《周边事态法》。该法案首先对“周边事态”的定义作了新的解释，即“周边事态”是指“如置之不理，日本就有可能遭受直接武力攻击的事态”。为避免招致周边国家的直接反对，日本政府官员就“周边事态”的概念进行了说明，说“周边事态”不具地理性质，而是着眼于事态的性质。这同日本政府以前对“周边事态”的解释一样，仍是一个暧昧的说法，其定义和范围仍旧模糊不清，日本仍可根据需要随意作出解释。日外务省高级官员认为，用“周边事态”这个暧昧的说法可达到这样一个目的：以不提朝鲜半岛和台湾海峡的方式，采取对象地区不明确的“暧昧战略”来“提高日本的遏制力”。该法案还对“周边事态”的认定类型作了规定，共有以下 6 种：一是日本周边地区武力纷争迫近；二是武力纷争发生；三是武力纷争虽暂停，但尚无法恢复正常秩序；四是某国发生的内乱、内战等扩大成为国际问题；五是某国由于政治体制混乱升级，大量难民涌进日本的可能性增大；六是某国行动被联合国安理会裁定为破坏和平的侵略行为而成为经济制裁对象。与此同时，日本还以此为背景，举行了“周边事态”图上作业演习和实兵演习。《自卫队法修订法》规定，为救助在海外的日本人和外国人，日本可动用飞机、自卫队舰艇以及舰载直升机。《日美相互提供物资与劳务修订协定》规定，如日本周边发生不测事态，日军应向美军提供后方保障，包括提供石油和其他物资，帮助美军运送军需品、提供民用机场，在后方地区搜索和救助受伤的美军人员等。上述法案的通过和生效，使日美安全保障体制从根本上得到了加强，其实质：一是日美防卫合作的地理范围扩大，从“日本本土”扩大到“周边地区”，这个“边”在哪里，只有美日两国能够说清楚，这种模糊战略直接影响亚太地区的和平与稳定；二是合作内容增加，从提供军事基地变为实战配合，日本自卫队从保卫国土的“专守防卫”扩展到参与美军在海外的军事行动，这样日本自卫队实际上就具有了正规军队的性质；三是日美防卫合作将突破现行宪法的禁区，从重振军备发展到向海外派兵和行使集体自卫权。

相关法案通过和生效后，日本各地纷纷举行示威游行，强烈抗议政府无视民意的做法，认为“这是践踏宪法的暴行”，要求“废除战争法”。日本共产党发表声明，坚决反对日本国会通过新《指针》相关法案。声明说，法案对地理范围不加限定，尤其严重的问题是政府并未明确“周边”不包括台湾，这违反了迄今日本政府公开声明的“一个中国”的方针，将严重损害日中友好关系，并将给整个亚太地区带来军事紧张。《赤旗报》发表社论指出：“相关法案的目的是建立一种框架：即使日本没有受到攻击，日本也要参加美国无视国际法而单方面发动的战争。新《日美防卫合作指针》是一本战争手册，它抛弃了日本宪法发誓不再发动战争的最重要部分，公然迈上了自卫队向海外派兵和参加美国发动的战争的轨道，不仅把日本国民，而且将把亚洲和世界人民拉入严重的危机中。”《朝日新闻》指出：“对美军提供合作，有的领域可能与禁止在海外行使武力和集体自卫权的宪法相抵触。在运用方面，有可能加剧东亚政治和军事的紧张，与和平发展的趋势背道而驰”。亚太其他国家对日本通过相关法案表示了强烈的反对。中国外交部发言人孙玉玺发表谈话说：“日本不顾包括中国在内的周边邻国的严重关切，在亚太地区形势趋向缓和的形势下执意制定旨在强化日美军事合作的相关法案，不符合时代潮流，也将给本地区的安全形势带来新的不稳定因素和消极影响。中方重申，任何直接或间接把中国台湾纳入所谓‘周边事态’范畴的作法，都是中方坚决反对的。希望日本政府恪守在台湾问题上所作的郑重承诺，妥善处理相关法案的涉台问题，不要做侵犯中国主权、干涉中国内政的事”。朝鲜外交部发表谈话指出："以支援美军的名义让自卫队在所谓发生紧急情况时参加军事行动，这清楚地表明，日本的海外侵略矛头是指向朝鲜民主主义人民共和国的。"朝中社发表评论指出："这些法案是日本当局借助美国的对外侵略战争阴谋，为实现其自身再次侵略海外的野心而准备的战争法案"。越南总理潘文凯明确表示："任何军事合作、军事同盟，如果对其他国家产生影响都是不受欢迎的，因为越南饱受了战争的创伤。希望日本不要采取与各国期望和平的愿望背道而驰的政策"。

（二）与美正式开始联合研制战区导弹防御系统。1999年8月16日，日本就联合研制战区导弹防御系统与美签署了双边协定。今后日美将在以下4个领域进行共同技术研究，即：弹道导弹识别和跟踪装置；识别和跟踪装置的保护罩；拦截弹道导弹的导弹弹头；3级火箭中的第2级火箭发动机。日本防卫厅表示，日本将在今后五六年内投资200亿～300亿日元对战区导弹防御系统进行研制。与美联合研制战区导弹防御系统，对日本而言，有利于其发展中长期战略和加强与美关系，有利于日本掌握卫星情报，有利于日本的技术革新。日本军事研究家、原海上自卫队高级军官川村纯彦认为："从日本的战略来考虑，在核遏制力量因大规模杀伤性武器的扩散而不起作用的情况下，研制战区导弹防御体系是唯一最好的选择。联合研制和联合部署将使得美国对日本承担更多的防卫责任，同时日本也将对驻日美军承担更多的责任。这将进一步强化日美同盟"。日本此举在亚太地区产生了非常不好的影响，遭到了亚太国家的一致反对。中国对此提出了强烈批评，认为这将加剧新的军备竞争。俄罗斯认为战区导弹防御系统会引发地区局势的不稳定，对此表示强烈反对。

（三）国会通过《国旗、国歌法》。（内容详见"日本国会通过《国旗、国歌法》"条目）

（四）国会设立宪法调查会准备讨论修宪问题。新《指针》相关法案通过后，日本政界要求修宪的呼声抬头，把它作为21世纪日本的最大政治课题迅速提上了议事日程。以朝鲜导弹事件和可疑船只事件为契机，目前日本支持修宪的比率已过半数。但对如何进行修改，各党派意见不一。对修宪持最积极态度的自民党认为，"宪法已与现实脱节，应将国际贡献、安全保障和全球环境等新问题体现在宪法中"。甚至还有人公开要求首先应对宪法第9条作出修改，取消"放弃战争"和"不允许拥有军队和交战权"等项规定，使自卫队拥有陆海空三军，承认日本有交战权。为配合修宪，日本于2000年1月在众参两院设立宪法调查会，计划用大约5年的时间进行讨论，这是日本的一个危险动向。

（五）日将建立日本本土"有事立法"体制。日本政府提出，目前国内还没有建立"日本出现战事"时自卫队等能够迅速、机动地采取行动的相关法律。为了对付此类事件，日本可以发动先发制人的攻击，因此日本必须建立本土"有事立法"体制。1999年日本《防卫白皮书》提出，为加强海保厅和自卫队的应变能力，主张要有法律上的保证，甚至对"有事立法"也"有必要引起全体国民的注意"。同时，小渊惠三政府首次正式表明将促进"有事立法"体制的建立。小渊惠三在对自卫队干部的讲话中强调："要具有高度的政治判断力，在重视舆论的同时促进其立法化"。主要执政党自民党在7月召开的"危机管理小组"定期会议上，提出将推进"有事立法"体制的建立，并号召自由党、公明党等予以支持。

（六）积极扩充与周边事态相适应的武器装备。为了配合新《指针》相关法案的实施，日本防卫厅决定在下一期防卫力量整备计划中扩充与周边事态相适应的武器装备。为此，日防卫厅提出2000年的军费预算总额高达450亿美元，较上年度增加1.6%。目前，日本开始着手和充实以下装备：引进新型空中加油机，以延长战机滞空时间，扩大作战半径；独立开发反潜巡逻机；计划建造标准排水量为13500吨的大型补给舰，该舰远远超过现役的8900吨级的"大隅"号补给舰，将成为日本海上自卫队最大的舰只，以提高自卫队自身及向美军的补给能力；2003年前建造6艘高速导弹艇，部署在日本西海岸，加强近海控制能力，用以对付"可疑船"；2015年前建造2艘轻型航空母舰。由于装备了新型的飞机和舰只，日本自卫队的活动范围和性质都将发生变化。由于在对付"周边事态"时将以海空自卫队为主体，因此，海空自卫队的活动性质将首先发生实质性变化。据日本海上自卫队负责人说："今后海上自卫队的活动重心将向作战行动方向转变，要重视介于平时与战时的中间状态。"

二、新举措产生的影响

近年来，日本加快了向其"政治大国"、"军事大国"目标迈进的步伐，其欲称霸亚洲的野心也尽显无遗。尽管周边国家反对的呼声高涨，但日本政府对此却置若罔闻，这对今后东亚乃至整个亚洲太平洋地区的局势产生了非常不利的影响。

（一）新《指针》及相关法案使日美军事同盟成为亚洲版的北约。1999年，在欧洲，以美国为核心的北约通过了新战略概念，使北约变成了可介入区域外纠纷的军事同盟。而在亚洲，新《日美防卫合作指针》及其相关法案通过及生效后，日美军事同盟变成了可介入日本周边及亚太地区纠纷的军事同盟，日本成了新的支撑美国军事战略的国际支柱。目前日美军事同盟的状况，就其目的和方针来看同北约的新战略学说十分相似。这里有建立联合军事计划的机构，有广泛的联盟行动领域，有旨在解决“地区冲突”中日美的联合干预方案，还有绕过联合国安理会就对某个国家动用武力计划等等。最令人警觉的是，一旦“周边事态”发生，日本自卫队将为美军提供诸如物资、劳务、补给等的“后方保障”以及救助遇险美军的“后方搜索救助活动”。尽管日本频繁强调它的作用在于“后方保障”，但就现代战争而言，区分前方与后方是毫无意义的。后方保障本身就是战争的重要环节之一。所谓的“后方保障”，在国际上历来被认为是战争行为。日本政府应该清醒地认识到，如果新《指针》相关法案付诸实施，那么不论是冲锋陷阵在前方，还是运送物资、补给在后方，都是战争的制造和发动者，都将作为千古罪人被铭刻在史册上。

（二）新《指针》及相关法案将不可避免地引起亚洲地区军备竞赛。 新指针相关法案通过后，朝鲜外交部就一针见血地指出：“日本的海外侵略矛头是指向朝鲜民主主义人民共和国的”。中国一直强烈要求新指针“应该把台湾排除在外”，但日本政府迄今仍不准备考虑这个要求。日益严峻的形势将迫使周边国家不得不采取措施，发展自己的军事力量。对此日本《每日新闻》发表文章进行了预测：针对日美的战区导弹防御计划，朝鲜会进一步抓紧研制新的导弹。如果由此造成资金短缺，朝鲜将会向巴基斯坦等国出售导弹。如果大规模杀伤性武器以西南亚地区为中心进一步扩散，将会对印度和巴基斯坦等国的形势产生不良影响，加剧世界紧张局势。另一方面，如果美国同意台湾加入战区导弹防御系统，那么美中关系无疑将会恶化，从而对整个亚洲地区产生影响。英国国际战略研究所指出，战区导弹防御系统会促使东亚地区的安全保障形势越来越不稳定，并可能会导致新的扩军。

一年来日本的种种行为，表明日本在各个方面正发生着实质性变化。日本的上述做法违背了中日两国长期友好下去的心愿，给亚洲及世界安全与稳定带来了新的不稳定因素。日美两国与北约东扩遥相呼应，紧锣密鼓地进行与战争有关的准备，其动向值得高度重视。

（刘文力）

日本国会通过《国旗、国歌法》 1999 年

6 月 11 日，日本政府将“日之丸”旗、“君之代”歌定为国旗、国歌的法案送交国会审议。7 月 22 日，众议院全体会议以 403 票赞成、86 票反对的结果获得通过。8 月 9 日，参议院全体会议又以 166 票赞成、71 票反对的结果也获得通过。从此，日本结束了长期以来历届政府都未能完成对国旗、国歌法立法的历史。

一、旗与歌的历史

“日之丸”最早用在军扇、令旗上，德川幕府在 1633 年将“日之丸”旗悬挂在与中国明朝进行贸易的日本朱印船上。1854 年幕府正式将其作为日本船只的总标志，其后逐渐成为日本的标志。1870 年，在明治政府的太政官布告《商船规则》中，作为船舶应当悬挂的国旗，规定了“日之丸”旗的式样。1871 年，出访欧美的伊藤博文在旧金山的一次演说中将“日之丸”旗解释为表示初升的太阳，象征着此后日本将与世界文明各国为伍。同年日本驻美公馆首次悬挂“日之丸”旗，翌年在通商口岸所在的县政府也开始悬挂“日之丸”旗。

“君之代”最早出自公元 10 世纪的《古今和歌集》，其歌词大意是“君主的朝代，一千代，八千代，无尽期，直等到小石变成巨岩，岩石上长满藓苔衣”。1869 年，由后来成为陆军元帅的大山岩将“君之代”选作国歌，并于 1880 年天长节（明治天皇诞生日）首次演奏。1893 年，文部省选定并公布小学节日典礼歌曲，“君之代”被列为第 1 首。

1900 年，日本颁布《小学校令实施规则》，规定在纪元节（建国纪念日）、天长节、元旦，政府职员与少年儿童应举行仪式，齐唱“君之代”歌。1924 年，内阁次官会议决定在节假日悬挂“日之丸”旗，1931 年国会议员提出《大日本帝国国旗法案》，但因审议未了成为废案。

在第二次世界大战中，日本军国主义疯狂侵略亚洲各国，“日之丸”和“君之代”在煽动民族排外主义和鼓吹“忠君爱国精神”上，发挥了极不光彩的作用，因此，1945 年日本战败后，占领军总司令部曾严格限制“日之丸”和“君之代”的使用。然而到了 1950 年，这个限制被解除了，当时的文部大臣天野贞佑发表谈话，希望学校和家庭在节日悬挂“日之丸”旗，齐唱“君之代”歌。1958 年文部省发布的《小学校等学习指导要领》中，也希望国民在节假日及其他场合举行仪式时悬挂“日之丸”旗，齐唱“君之代”歌。1962 年内阁政务次官会议商定，各省厅须每日悬挂“日之丸”旗。1974 年田中角荣首相首

次表明将国旗、国歌法制化，尽管未进行实质性的动作，但此举仍引起日本教职员工会的强烈反对，因为它总让人想起那个军国主义时代。

二、法制化的经过

1989年文部省在《新学习指导要领》中明文规定，“在入学典礼、毕业典礼等场合，指导悬挂国旗，齐唱国歌”，并从第2年开始在全国中小学调查悬挂国旗、齐唱国歌的实际状况，但调查的结果不尽如人意。

1993年自民党国会议员中山正晖曾提出过《国旗法案》，除规定国旗的式样外，还要求国民在节假日、国家庆典时悬挂国旗，并不得损害国旗的尊严等。但其时正值自民党下野时期，该法案不了了之。1998年文部省再次在中小学进行悬挂“日之丸”、齐唱“君之代”的实地调查，并对那些不进行国旗、国歌教育的学校以及教师给予处分。至此，是否将国旗、国歌法制化成为政界、学术界乃至社会各界争论的焦点。

在1999年初开幕的例行的国会会议上，尽管小渊内阁竭力欲使“日之丸”国旗以及“君之代”国歌法制化（其理由是旗与歌虽已被国民认可，但文部省的《学习指导要领》没有足够的法律效力），但各政党的态度并不积极。大体上，自民党与自由党主张尽快法制化；民主党和公明党则认为需要时间加以充分的讨论；日本共产党承认国旗、国歌应当法制化，但反对“日之丸”、“君之代”的法制化，因为它们会使人联想起那场过去的噩梦；社民党则认为“日之丸”、“君之代”已经为广大国民认同，所以无需法制化。即使在执政的自民党内部，意见也不统一，一位任过文部大臣的自民党国会议员就认为没有必要匆忙法制化，否则会引起意想不到的副作用。迫于这种形势，小渊首相在1999年2月25日的国会答辩中表示不会将“日之丸”、“君之代”法制化。

然而时隔不到半年，日本国会就匆匆通过了《国旗、国歌法》。风向发生逆转的起因是2月28日广岛县世罗高中校长石川敏浩的自杀。尽管文部省一再要求在中小学校入学典礼以及毕业典礼上悬挂“日之丸”旗，齐唱“君之代”歌，但在曾遭受过原子弹轰炸的广岛县，教职员工会的抵触情绪仍然很大，认为“君之代”是军国主义的象征，凝结着天皇制，渗透着效忠心，与当今主权在民的思想格格不入，从而反对自上而下的强制性教育，使文部省的要求难以得到贯彻。石川校长既说服不了本校教师，又招致文部省不满，左右为难，故在毕业典礼的前一天自杀。

石川校长的自杀给社会带来较大冲击，3月2日，小渊首相指示政府有关部门研究国旗、国歌法制化的可行性，6月11日将《国旗、国歌法》提交国会审议，并陆续在全国举行听证会。7月22日众议院全体会议以403票赞成、86票反对的结果，通过了《国旗、国歌法》。8月9日参议院全体会议以166票赞成、71票反对的结果也通过了该法。

三、法制化的原因

日本政府急于将国旗、国歌法制化的原因大致有以下几点。

第一，世纪末“政治决算”的需要。小渊惠三内阁将“复兴经济”作为其主要努力目标的同时，还将“战后日本的总决算”作为重要课题。1998年10月，他到母校早稻田大学演讲时就强调，“本世纪发生的事要在本世纪解决”，并表示“要全力以赴”地完成战后日本的“政治处理”。官房长官野中广务在国会答辩中也一再强调“本世纪的课题要在本世纪内解决”。其目的就是通过制定一系列重要法律，“重新认同”日本的历史和传统，明确日本的“应有姿态”，创造强盛的日本。通观1999年日本国会的所作所为正是如此，其通过的与《日美防卫合作指针》相关的3个法案、《国旗、国歌法》等重要法案均涉及国家的根本性制度。

第二，协调国民道德意识及其价值观念的需要。战前日本绝大多数国民在天皇绝对权威主义的教育下，盲目追随军国主义法西斯政权的对外侵略扩张政策，付出了极大的个人牺牲。战后出于对侵略战争的反省，实施自由化的教育制度。虽然个性得到较大的发展，但过分追求私利导致国家利益以及集体观念逐渐淡薄，因此，日本执政者希望寻找新的民族凝聚点，《国旗、国歌法》的制定正是其措施之一。

第三，向“政治大国”和“军事大国”发展的需要。日本国会虽然通过了《国旗、国歌法》，但《国旗、国歌法》的实施仍然存在着问题，正如一部分日本传媒所担心的那样，这是“当局利用新法进行强制性”教育。舆论调查也显示，接近半数的人不赞成将国旗、国歌法制化，这反映了国民对象征当年侵略战争的国旗、国歌所持有的抵触心理。共产党、社民党强烈反对该法案，他们认为，强制国民挂这样的国旗、唱这样的国歌，侵害了宪法关于思想、言论自由以及主权在民的基本原理，同时，“日之丸”、“君之代”曾是日本对亚太邻国发动侵略战争的象征，将其作为国旗、国歌是不适当的。法案通过后，不仅日本国内举行了大规模的游行示威，亚洲邻国也对此纷纷表示忧虑，担心日本的右倾化会愈演愈烈。韩国表示要对日本通过国旗国歌法等一系列动向予以警惕。朝鲜对此进行了猛烈抨击，认为“日之丸”和“君之代”合法化再次说明，在日本，军国主义亡灵怀着复仇主义及向海外扩张的野心，从失败的坟墓中复活了。

（历　山、陈　莉）

日本发生严重的核泄漏事故　1999 年 9 月 30 日，位于日本首都东京东北 160 千米的茨城县东海村的日本 JCO 核燃料制造厂发生了严重的核泄漏事故。在事故中，核分裂反应持续了 13 个小时以上。这是日本国内发生的首次核临界事故，也是自 1986 年前苏联切尔诺贝利核电站发生灾难性事故以来世界上最严重的核事故，被日本科学技术厅称为“日本原子能史上最严重的事故”。

一、事故发生的经过

日本 JCO 核燃料制造厂包括核电站、核能研究机构以及核燃料加工制造设施，是日本的核能技术研究中心。事故发生在 30 日上午 10 时 35 分，当时该厂的转换试验场正在用硝酸溶化氧化铀。由于操作人员错误地向被称为“沉淀槽”的容器内放入了 16 千克铀溶液，超过了防止发生临界的限定量 2.4 千克规定值，因而引起了核分裂反应，而且无法控制。正在作业的 3 名操作人员当场遭受严重核辐射，另有 23 名公司职工和 7 名在附近高尔夫球场劳动的工人以及 3 名消防队员也遭到不同程度的核辐射。这些人被送到医院进行抢救和检查，其中 2 人先后死亡。据测量，当时事故现场周围的放射线能量很高，而且一直到当日晚上也没有减少的迹象。据茨城县有关方面称，至少有 49 人在这起泄漏事故中受到辐射，事故现场周围 10 千米以内的大约 31 万居民有可能受到放射能的危害。国际原子能机构认为，东海村的事故程度属于 4 级，是自切尔诺贝利核电站事故以来程度最严重的事故（核电站事故的严重程度共分为 7 级，切尔诺贝利核电站事故被定为 7 级）。

在此十分危急的情况下，日本政府立即成立了以小渊惠三首相为首的“政府对策本部”，紧急研究对策，小渊还因此停止了预定于 10 月 1 日进行的组阁活动。10 月 1 日黎明，日本科学技术厅采取制止核分裂反应的措施，使事故得以控制。10 月 1 日下午 3 时许，日本政府官房长官野中广务就核泄漏事故问题举行记者招待会，并在会上宣布，“现已确认，临界状态已经消失，放射线能量也已恢复到正常值”，因此，“政府对策本部”已决定撤消事故现场 10 千米半径内的居民在“室内躲避”的要求，“居民们可以像往常一样生活了”。但是，事故现场半径 350 米范围内的人们仍需继续进行避难。10 月 21 日，JCO 核燃料制造厂又对外宣称：该厂一台未经检查的通风机过去 12 天一直在喷射放射性物质，致使受辐射影响的地区可能比预计的要大。

二、事故发生的原因

事故发生后，日本各界和国外一些人士对事故发生的原因十分关注，进行了各种分析。作为当事者的日本 JCO 核燃料制造厂在事故发生后最初的解释是：工作人员改变操作程序，把溶解槽中的核物质溶液用不锈钢容器未经贮液塔而直接倒入沉淀槽，使沉淀槽中过量的核物质“发生核裂变”而引起的。10 月 12 日，该厂又称，事故的原因是“在制造核燃料的过程中，重量超标 6.4 倍的铀流入容器，致使核物质发生反应后达到临界状态。日本政府对外宣布，核泄漏事故是由于该厂的“一系列错误行为”造成的。主要原因有四：一是 3 名工人在匆忙之中使用不锈钢容器向沉淀槽中注入铀溶液。正确的操作方法应当是把铀溶液注入贮液塔，让溶液同氮气混合并慢慢过滤。二是 3 名工人（其中两人以前从没有这方面的操作经验）违反“每次向沉淀槽中注入铀溶液不得超过 2.4 千克”的规定，一次注入了 16 千克铀溶液，超标 6.4 倍，致使核物质发生反应后达到临界状态，导致了灾难的发生。三是该厂 1997 年 10 月在未经法律允许的情况下，修改了该厂的操作手册，允许在危险的操作过程中使用钢容器，为事故的发生留下了隐患。四是该厂对发生事故的可能性没有引起充分重视，也未采取任何预防措施。该厂一直对外宣称说没有必要“为可能发生的临界事故作准备”，理由是该厂可以通过对注入的核材料过磅而防止这种事故发生。

然而，日本国内外的一些核专家对日本 JOC 核燃料制造厂事故的发生原因提出了不同看法。日本的核能专家们对造成这起核泄漏事故的无知行为感到震惊。东京工业大学放射物理学荣誉教授太田认为，日本 JOC 核燃料制造厂有关设施发生的事故“肯定是由非专业人员来操作的”。经调查，按专业标准来衡量，造成这起核泄漏事故的操作人员“只有小学生的水平”。这起事故暴露出该厂工人的“专业知识极其贫乏，工作精神不振。”该厂既缺乏管理核设施的基本知识，也缺乏必要的安全措施。日本 JCO 核燃料制造厂和日本政府能允许这种现象存在，实在令人难以想象。法国核燃料处理专家皮埃尔·古蒙迪则认为，该厂领导人把事故原因仅解释为“人为失误”是不够的。“人为失误”是一个操作性的概念问题，将一切责任都归咎到操作人员的头上还为时过早。在核能领域，许多因素都可导致这类事故，如工作安排不当、使用没有能力或没有接受良好培训的人员和规定不明确等等。在东海村，浓缩铀的方法可在3种容器中进行。如果操作人员使用的是两种较小的容器，就会使放射性材料无法达到临界量，也就不可能发生核泄露事故。看起来，操作人员是直接在第3种大容器中操作的。他们一下子处理了16千克的铀，大大超出了2．4千克的规定值，因而导致了核分裂反应。

三、事故所产生的影响

日本核泄漏事故引起了国际社会的极大关注。在事故发生的当天，美国总统克林顿就对这一事件表示“深为忧虑”，并提出美国“将尽一切力量向日本提供可能的帮助”。美能源部长理查森也在同一天表示，只要日本提出要求，美国还有俄罗斯都愿意派遣一个核专家小组去处理事故的善后工作。此外，法国核安全与保护研究所在事故发生后专门召开了有关“临界”事故的国际研讨会。该研究所的研究人员还积极与日本同行联系，想弄明白东海村发生的核事故的原因。

在关注这一事故本身的同时，专家们还十分关注这起核泄漏事故所产生的长远影响。法国核燃料处理专家皮埃尔·古蒙迪认为，尽管事故的连锁反应会导致从核设施中分裂出一些气体（氪、氙、碘的同位素），但这些放射性气体在放射出来之后寿命很短，而且它们的放射性也是很有限的。因此，事故对环境的影响并不是很严重。不过，事故对公众对核能安全的信心的影响却很大。与日本人采用加湿的方法浓缩铀不同，法国人采用气体方法浓缩铀，铀的临界量在进出时都受到了控制，同时还实行了一系列“让人觉得是多余的安全制度”。但就是这样也无法排除发生此类事故的可能性。从本质上来说，临界危险与对放射性分裂材料的操作有关。自开发核能以来已出现了60来起“临界”事故。其中2/3的事故发生在研究反应堆中。日本早稻田大学核工程学教授藤本认为，东海村的泄漏事故“动摇”了人们对日本核电行业的信心。在目前核电已占日本总发电量的1/3的情况下，尽管日本没有核能已经“无法生存下去”，但是日本政府和核电行业今后要想使日本公众对核安全建立信心将越来越困难。从这个意义上说，这起事故对日本的核电发展计划显然是个重大的打击。

（王 卉、扁踏峬）

朝鲜半岛形势出现进一步缓和的势头

1999年，朝鲜、韩国、中国、美国连续举行了3次“4方会谈”，对建立朝鲜半岛和平机制问题进行了积极的磋商，达成了程序性协议；朝美间通过多次接触，特别是朝美柏林会谈以及美宣布部分解除对朝长达50年的经济制裁，朝美关系得到进一步的发展；朝韩间对话意愿增强，南北交流与合作更趋频繁。随着朝韩第2届“统一篮球赛”的正常举行、美国总统克林顿的弟弟罗杰·克林顿应邀访朝、日本前首相村山富士所率的日本超党派代表团的访朝，朝与美、日、韩的关系取得了实质性进展，使朝鲜半岛总体形势进一步趋向缓和，但是仍存在诸多不稳定因素。

一、“4方会谈”开始进入实质性问题讨论

1999年1月19～22日，朝鲜半岛问题“4方会谈”第4次会议在日内瓦国际会议中心开幕。中国代表团团长钱永年大使，美国代表团团长卡特曼大使，朝鲜代表团团长、副外相金桂冠以及韩国代表团团长朴健雨大使分别率团出席了会议。朝鲜为此次会议轮值主席国。与会各方以务实的态度就“缓和朝鲜半岛紧张局势”和“建立朝鲜半岛和平机制”的两个工作小组开始实质性工作进行了讨论。中方针对两个工作小组应讨论的具体问题分别提出了5项原则主张和4点基本内容的建议。关于“缓和朝鲜半岛紧张局势”的5项原则是：（1）应当推进广义的建立信任措施合作，包括建立和发展政治、外交、军事、经济和社会领域的交往与互利合作，全面增进信任；（2）支持有关国家之间进一步改善关系，欢迎朝美以及朝与其他国家的关系逐步走向正常化；（3）有关各方之间开展多层次和多形式的军事信任措施合作；（4）针对朝鲜半岛现实，各方采取切实可行的措施，防止发生可能的军事冲突；（5）不对其他方采取故意和挑衅性军事行动。关于“建立朝鲜半岛和平机制”的4点基本内容是：（1）有关各方结束对抗，改善关系，和平共处，使朝鲜半岛最终实现自主和平统一；（2）各方以和平手段解决一切争端，不诉诸武力或以武力相威胁；（3）有关各方在平等互利原则基础上发展经贸、科技、文化和体育等领域的交流与合作；（4）有关各方在朝鲜半岛建立军事信任措施，分阶段裁减军备。随后，4方经过磋商，决定正式启动“缓和朝鲜半岛紧张局势”工作组和“建立朝鲜半岛和平机制”工作组，并制定了详细的运作程序，这为推动“4方会谈”取得实质性进展奠定了基础。

4月24～27日，朝鲜半岛“4方会谈”第5次会议在日内瓦举行，美国为此次会议的轮值主席国。第4次会议所建立的“缓和朝鲜半岛紧张局势”和“建立朝鲜半岛和平机制”两个工作小组分别于25日和

26日举行了小组会议，各方就缓和朝鲜半岛紧张局势、建立和平机制等实质问题交换了具体意见。韩国提出建立一条跨越非军事区的人道主义走廊等建议，朝鲜则坚持美国从韩国撤军。虽然各方立场分歧进一步表面化，也未能提出任何保障朝鲜半岛永久性和平与安全的对策，但这是两个工作小组的首次正式进行实质性问题的讨论，为朝鲜半岛和平机制的正常运转进行了一次良好的尝试。

8月5～9日，朝鲜半岛问题"4方会谈"第6次会议在日内瓦举行，中国为此次会议轮值主席国。4方代表团就"缓和朝鲜半岛紧张局势"的措施交换了意见，探讨了"建立朝鲜半岛和平机制"的轮廓。各方同意在未来的工作小组会议上确定第7次会议的日期。在会议期间，中方再次向工作小组提出了有关具体实施的工作方案。在"缓和朝鲜半岛紧张局势"工作中，中方认为，朝鲜停战协定签署近半个世纪以来，朝鲜半岛形势总体上保持了相对稳定，但始终存在着不稳定因素，军事冲突和突发事件时有发生，对朝鲜半岛以及本地区的安全与稳定构成威胁。因此建立信任措施，防止发生新的军事磨擦和冲突，已成为当前缓和朝鲜半岛紧张局势的迫切需要解决课题之一。在朝鲜半岛建立一种切实有效的信任措施机制上，中方建议该机制可分为两个部分：一是有关方面建立自我约束机制，即每一方针对各自的实际情况，制定应对突发事件时保持冷静、克制的行为规则并严格遵守；二是各方之间就共同遵守的规则或制度达成共识，并认真履行。

以上3次会谈虽然没有在朝鲜半岛和平发展问题上达成具体意见，但各方积极参与，经过协商在朝鲜半岛和平发展的机制上提出了理论框架，从而表达各方希望通过和平方式解决争端的愿望，这成为朝鲜半岛总体形势趋缓的主导因素之一。

二、朝美就核查和核框架协议达成谅解

1999年以来，美就朝金仓里地下设施核查问题、朝进行新一轮的导弹发射试验问题以及核框架协议进一步落实问题进行了一系列会谈，最终达成谅解，双边关系有了进一步改善。1月16日，朝美双方在日内瓦举行了关于核查地下设施的第3次会谈。朝方向美提出若美支付3亿美元的补偿费或用其他相当的方式的补偿，朝将特许美对金仓里地下设施进行核查，并督促美履行1994年所达成的核框架协议。美方则称，"地下核设施"和核框架协议是两个不同的问题，并保证将加快向朝鲜提供重油，加快轻水反应堆的工程进度，并对朝鲜要求补偿费的提议表示理解。这为朝美双方进行下一轮会谈奠定了基础。2月27日～3月16日，朝美双方在日内瓦就地下设施问题举行第4次会谈，双方通过相互让步达成妥协。朝允许美核查其金仓里地下设施，美方表示将向朝方提供20万吨粮食援助、1000吨土豆种子及其栽培技术，从而打破了朝美自1998年8月以来在金仓里地下设施"核疑惑"而出现的僵局，进一步缓和了朝美紧张关系。5月20～22日，由美国国务院、国防部等15名核问题专家组成的核查小组对朝鲜金仓里地下设施进行了核查。随后，美国务院发言人鲁宾发表声明称，核查小组在核查的地下设施时只发现一条空荡荡的隧道，没有发现朝鲜有违反朝美两国在1994年达成的有关朝鲜核问题的框架协议的证据。5月26～28日，美国总统特使佩里访问朝鲜，与朝鲜最高人民会议常任委员长金永南、外务省第一副相姜锡柱等领导人进行了广泛接触，并转交了克林顿致金正日的亲笔信，实现了40多年来美高级官员的首次访朝。在佩里访问期间，朝鲜外务省第一副相姜锡柱与佩里举行了会谈，讨论了朝美关系中悬而未决的问题以及保障亚太地区和平与安全中出现的问题。朝鲜强调，要使朝美关系得以改善，美国就必须根据与朝达成的协议，承认朝的国家制度和自主权，彻底排除对朝的敌视政策。5月29日，佩里结束访朝后与韩、日就访朝结果进行了分析，并为美对朝政策定出了将"保持接触"的基调。作为对美国积极态度的响应，7月26日朝鲜政府发表声明，"朝鲜不愿把美国视为百年宿敌，如果美国承认朝鲜主权和选择的自由并以诚相待，朝将本着平等互惠的原则同美国发展关系"。该声明强调指出，朝鲜无论从领土上还是人口上，都绝不可能对美国构成威胁。相反，由于美国对朝实施孤立扼杀政策，朝鲜经常受到美国的威胁，所以不得不建设自己的自卫国防力量，手段之一就是"开发导弹"。因此要求美国放弃对朝敌视政策，全面取消对朝经济制裁，停止反朝活动和对朝军事威胁，撤出驻韩美军，同朝鲜签订和平协定。9月3日，美国正式推出佩里的美对朝政策报告，公布了美将对朝采用"以对话为主、遏制为辅"的新政策，开始推行美朝关系正常化政策。9月7～12日，朝美在柏林举行会谈，对美对朝经济制裁和朝进行导弹发射试验等问题进行了深入探讨，双方就此达成共识，朝宣布暂时停止导弹发射试验。9月17日，美国克林顿总统宣布部分取消对朝鲜长达近50年的经济制裁，允许在贸易、交通和金融等领域与朝合作。按照新规定，美商可以向朝鲜出售大部分消费用品，从朝鲜进口大部分

原料；允许个人和企业向朝鲜汇钱和投资；两国的飞机和轮船可以进出对方的机场和海港。同时，美还将继续禁止对朝鲜出口军用产品和敏感的军民两用产品，包括先进的个人电脑；对朝鲜实施制裁的多边协定还将继续有效，如世界银行和国际货币基金组织仍不能向朝鲜贷款。美国这一举动，使美朝间的关系有了一定的实质性发展，为关系正常化提供了可能。12月2～8日，克林顿总统的弟弟罗杰·克林顿应邀以美国流行歌手的身份访朝，得到朝方的高度重视和破格接待，将朝美关系的发展推向一个新天地。12月15日，根据美朝核框架协议，韩国电力公社与“朝鲜半岛能源开发组织”在汉城就承建朝鲜咸境南道琴湖地区两座核发电站主体工程建设签署了合同。按照这项合同，韩国电力公社将以一揽子方式承建两座各为100万千瓦的加压轻水反应堆，负责综合工程的管理、发电站的设计和发电机组的试运行并担任对朝鲜人员的培训，从而为落实核框架协议又迈进了一步。

三、朝韩交流与合作日趋增多

在美朝寻找缓和关系途径的同时，朝韩间也加强了全面接触的力度。2月3日，朝鲜召开政府和政党团体联合会议。会上通过了致韩国当局和海内外政党、团体及各界人士的一封公开信，向韩国提出了3点建议：一是将1999年定为“民族自主和大团结年”；二是诚实地履行金正日提出的祖国统一3大原则；三是在1999年下半年举行北南高级政治会谈。但同时，朝鲜也向韩国提出了举行北南高级会谈的3个先决条件，即驻韩美军撤出韩国、废除“保安法”、保障“韩总联”等民主团体的活动自由。韩国总统金大中当日随即表示，愿意接受朝方的提议，但希望能促成举行无条件的高层会谈。2月24日，韩国总统金大中提出实施包括军事、外交和经济方面在内的“一揽子交易”计划，以达到消除对朝鲜的经济制裁、加强对朝援助、用朝与美日实现关系正常化来换取停止核扩散的目的，这是金大中继对朝“阳光政策”后的又一新举措，即“包容”政策。5月27日，韩总统金大中宣布韩不参加美日拟部署的战区导弹防御系统，弱化了朝鲜半岛南北方因此而在军备上的竞赛。特别是在“6·15”朝韩海上交火事件及“闵永美间谍案”发生后，朝韩双方都克制自己，要求低调处理冲突，保持积极的接触。6月22日，朝韩双方在北京举行了首轮副部长级会谈之后，6月26日，双方在北京举行了第2轮副部长级会谈。在会谈中，朝方代表仍强调西海事件是急需解决的重要问题，只有解决了该事件，才能促使会谈取得进展。而韩方则坚持不讨论该事件，仍要求解决离散家庭问题，因此，朝韩副部长级会谈未能取得进展，但朝韩双方表示还将继续保持高层接触。在此期间，韩国现代集团与朝鲜亚太和平委员会则经过多次协商，最终将韩国游客闵永美接回了韩国，冲淡了副部长级会谈留下的不愉快阴影。此外，韩还通过民间商贸发展，来进一步推动朝韩双边关系的实质性发展。2月4～6日、3月9～11日、9月28日～10月2日，韩国现代集团名誉会长郑周永3次前往朝鲜访问，与朝方就开发金刚山观光项目第2阶段计划及建设西海工业园区的投资计划等进行了磋商，并于10月2日就在朝西海岸建立一个工业园区问题签署合作协定。这个工业园区将以“经济特区”的形式进行开发，待工业园区完全建成后，年出口额将达到200亿美元。与此同时，朝又向韩提出了共同开发白头山和七宝山旅游观光事业。在郑周永访朝期间，受到金正日接见等高规格待遇，这为双边贸易合作创造了积极氛围。韩国大韩红十字会也决定从3月15日～6月15日在韩社会各阶层进行广泛募捐来支援朝鲜肥料的计划，这推进了韩朝民间交流与合作。9月和12月，朝韩连续举行了两届“统一篮球赛”，增进了双方文化体育方面的交流。截止到12月底，韩有130个企业在朝投资或委托加工厂生产170余种产品，南北民间经济合作已由个别企业发展到集团规模。可以说，南北政治上的主动对话、经济上的深入交流，为双方进一步缓和军事对抗创造了有利气氛。

四、朝日就双边关系达成3项协议

在朝与美、韩发展关系的同时，日本加快了与朝改善关系的步伐。1999年1月19日，日本首相小渊惠三在日本众议院发表演讲时称，如果朝鲜在它的导弹研制和可疑的核计划问题上显示出“建设性态度”，那么日本愿意缓和与朝鲜之间的冷冰冰的关系。2月4日，日本政府制定了对朝鲜外交工作的“软硬兼施”方针，即一面继续做与朝恢复对话的工作，一面完善战区导弹防御计划和新的日美防卫合作指针相关法案。3月上旬，日本众议院议员中山正晖访问朝鲜，在此期间向朝提议在平壤设立一个日本联络处。虽然朝方以“目前两国关系非常紧张设立这样一个机构是不可能的”为由予以拒绝，但这为恢复日朝间关系正常化拉开序幕。此后，日本与朝鲜高级官员又在新加坡举行了关系正常化的会谈，日方在会谈中就平壤被怀疑准备再次发射导弹向朝发出警告，但也再次表示，如果平壤能采取“合适的”立场，日本将恢复同平壤的谈判。伴随朝鲜半岛局势趋向缓和，朝日关系也发生了积极变化。8月朝鲜政府发表声明，阐明对日本关系3原则，要求日本放弃对朝扼杀政策，就过去对朝鲜人民所犯下的所有罪行进行诚恳的道歉和彻底的赔偿。日本认为，这是向日本发出的改善朝日关系的信号。为打破朝日关系滞后于朝美、朝韩关系的被动局面，12月初以日本前首相村山富市为团长的日本超党派代表团应朝鲜劳动党的邀请抵达平壤进行访问。双方就改善和发展朝日关系达成3项协议：一是敦促各自政府早日重开实现邦交正常化的会谈；二是决定建议红十字会就解决两国所关心的人道主义问题求得各自政府的帮助，并为此开展合作；三是双方决定消除两国之间存在的不信任，加强交流与来往以发展互利友好。12月14日，日本宣布全面解除对朝鲜的制裁，并于21日举行了朝日邦交正常化预备会谈。朝日关系的这一积极进展，有助于为朝日实现邦交正常化打下基础，符合朝鲜半岛和东北亚地区需要和平与稳定的大局。

此外，中俄积极支持朝鲜半岛和平事业的发展。从1999年初开始，俄罗斯及时调整了朝鲜半岛政策，谋求与朝韩关系的平衡发展，积极修复了与朝关系。3月17日，俄副外长卡拉辛访朝，双方草签了新的俄朝友好睦邻合作条约，并签署航空、运输和渔业合作等方面的多项协定。中国作为唯一与朝、韩、美3方都保持正常外交关系的国家，平衡发展与韩朝关系，积极推动“4方会谈”。6月初，朝鲜最高人民会议常务委员长金永南访华，密切了朝中关系。这些都为提高朝鲜国际地位、进一步缓解朝鲜半岛战略失衡态势，为朝鲜半岛走向缓和，提供了好的外部环境。

但是，朝鲜半岛局势仍存在不稳定因素，主要表现在：

（1）美、日、韩3方联手向朝施压。自1999年初以来，围绕着朝鲜金仓里地下设施的核查、再次进行导弹发射试验问题，美、日、韩3方联手向朝施压，并经过多次磋商，步调一致地制定出了共同对付朝鲜的外交政策。2月9日，美、韩、日3国国防部长在汉城召开对朝政策协调会，集中讨论了核查朝鲜金仓里地下设施、控制朝导弹开发与出口、援助朝鲜修建轻水反应堆等问题，3国一致认为核查朝鲜地下设施的必要性和控制导弹的开发是其共同目标：希望朝鲜与美国关于核查金仓里地下设施的谈判早日达成协议，并再次声称朝鲜若继续试射“大浦洞”2号导弹将妨害东北亚地区的安定，对此3国决定在对朝政策上维持“紧密协商”的体制。2月27日，韩、美、日3国又在汉城举行国防部次官助理级安保研讨会，研究了加强韩、美、日间情报交流体制等遏制朝鲜发射导弹的合作方案，讨论了对付朝鲜地下设施问题的各种方案。5月下旬，日、美、韩3国外长再次举行会谈，围绕阻止朝鲜再次发射导弹而建立“共助体制”等问题进行磋商，使3国在对朝政策上步调保持一致，共同向朝施压。6月25～27日，韩、美、日3国在华盛顿召开3方调停监督小组协调会议，交换了有关朝鲜发射导弹可能性的情报，并就朝韩西海交火事件、遏制朝鲜发射导弹动向等问题进一步协调了双方的立场。7月，美、日、韩3国外长再次会晤，正式建立了阻止朝鲜发射导弹的“共助体制”，使日、美、韩3国军事关系进一步加强。针对上述情况，朝鲜政府多次宣布，朝导弹的研制、生产和部署是其主权范围内的事情，不允许任何一方对此进行指责。这无疑将使和平势头发展受到一定影响。

（2）突发事件时有发生。1999年1月13日，朝鲜驻德国柏林代表部秘书金京弼夫妇在德国失踪。朝指责这是韩国安企部的一次精密策划的绑架事件，朝韩关系一度趋紧。6月上旬，朝鲜派出巡逻艇护送渔船多次进入韩朝双方有争议的水域进行捕捞作业，韩方也随即派了40艘舰艇前往进行驱赶，双方多次发生军事对峙。6月15日，朝韩海军在黄海道南道康翎郡双桥里东南海面发生海上武装冲突，经过短暂交火，朝方1艘鱼雷艇被击沉、4艘警备艇受重创，数十人伤亡；韩方1艘警备艇受损伤，7人受伤。事件发生后，朝韩两军与驻韩美军都进入了全面戒备状态。这是自朝鲜半岛停战以来，朝韩双方在海上发生的首次较大规模的武装冲突。与此同时，朝韩双方互相指责对方入侵本国领海，朝鲜海军司令部连续发表了5份公报，强烈谴责韩海军的侵犯行为。6月16日，朝鲜祖国和平统一委员会发言人发表声明称，鉴于此事态的严重性，暂限制或中止韩国人员到平壤访问与接触。朝鲜劳动党中央机关报《劳动新闻》和党中央理论刊物《勤劳者》也于当日发表联合社论强调，朝鲜将在党、国家和社会生活的所有领域继续坚持重视军事优先政治路线。朝鲜认为，只有在军事上强大才不会受制于人，而朝鲜最近5年来一直坚持军事优先的政治路线，并因此在外交斗争中取得了巨大成果，所以今后无论局势紧张与否，朝鲜都将坚定不移地执行这一路线。6月21日，朝鲜以涉嫌从事间谍活动为名扣押了在朝鲜金刚山观光的韩国游客闵永美。韩国当即中断了金刚山旅游，并以将中断金刚山旅游事业和中断西海岸合作项目作为要挟，要求朝鲜放人，朝韩关系顿时陷入泥淖之中。9月2日，朝鲜人民军总参谋部发布《关于划定朝鲜西海海上军事分界线》特别公告，重申朝鲜人民军在划定西海海上军事分界线的立场，并发表3点声明：一是宣布朝方划定的西海海上军事分界线，二是宣布美韩单方面划定的“北方限界线”无效，三是宣布朝鲜人民军将以多种手段和方式捍卫朝鲜西海海上军事分界线的自卫权。朝韩双方再度在朝鲜西海进行军事对峙，朝鲜半岛形势再度趋紧。这些事件，无疑阻碍着和谈顺利进行。

(3) *各有关方面继续扩军备战*。1999年4月，韩国进行了射程达300千米的导弹试验，同时又从美、法等国购进新式武器装备，增强了其作战能力。为与此对抗，朝鲜也被迫从哈萨克斯坦购进30架米格－21型和米格－23型歼击机。这无疑是一个新军备竞赛的宣言，加剧了朝鲜半岛军事形势的紧张。此外，韩军独自实施演习的次数增加，美韩联合进行的“阿尔索伊”演习、“乙支·焦点透镜”演习等的规模进一步增大，日韩间也开始举行联合海上演习，这些行动无疑影响双方关系，影响和谈深入进行。

（黄　磊）

韩美导弹风波再起　1999年9月，韩国国防部官员透露，韩国国防科学研究所已与现代集团、LG、DACOM等6家民间企业联合，推进军事通信卫星发展计划，总投资为2000亿韩元（约1.68亿美元)，发射时间定在2005年。1999年12月16日，韩国政府正式宣布，将在2005年前用自制的火箭发射一枚低轨道卫星。韩国总统金大中还向国内一批知名科学家透露了点风声，表示韩国正准备兴建一个卫星发射中心，发射台设备将全部由韩国自制。另据韩国总统府官员证实，第1个卫星发射中心将坐落在南部海岸的南海或高兴市。众所周知，运载火箭与弹道导弹在技术上只有一纸之隔，韩国公开运载火箭发展计划，自然引起人们的普遍关注。

韩国发展弹道导弹的历史始于70年代中期。当时，韩国以美制“奈基－大力神”1型地空导弹为基础试射成功“白熊”地地导弹，射程180千米。1979年，美韩达成《导弹谅解备忘录》，规定韩国不得发展射程超过180千米、弹头超过300千克的弹道导弹。80年代初，韩国又发展了性能更先进的“玄武”导弹，并计划在“玄武”导弹基础上开发射程400千米的地地导弹，不料风声走露，引起美国的关注。1990年10月，美韩修订了原来的协议，美国要求把射程限制扩展到民用和科研火箭上，韩国被迫让步并接受限制。

然而，韩国实际上并没有停止秘密研制弹道导弹的行动，并且力避美国的监视。1999年4月19日，韩国国防科学研究所在西海岸地区成功试射了“玄武”地地导弹，实际飞行距离50千米。但据美国卫星资料分析，“玄武”导弹射程至少可达296千米，只是试射时没装满燃料。另外，1998年12月，韩国国防部曾宣布正在试验200千米射程的反舰巡航导弹，预计可在2003年完成。

韩国执意自行发展中远程导弹，美国深感不安，美韩关系甚至因此趋于紧张。美国在朝鲜问题上早有自己的如意算盘，为阻止朝鲜发展中远程弹道导弹，美国软硬兼施使尽了浑身解数。不料，摁倒葫芦瓢起来，韩国发展导弹的要求又给山姆大叔提出了一道难题。当初，朝鲜导弹危机曾令美国疲于应付，于是，美国把战区导弹防御系统（TMD）的发展重点首选为东北亚。然而，令美国人始料不及的是，美国向东北亚两个老盟友积极推销战区导弹防御系统计划却得到了迥异的回应：日本上了美国的战区导弹防御系统战车，而美国觉得最需要战区导弹防御系统的韩国却于1999年5月明确表示不参与。尽管美国把自己的战区导弹防御系统吹嘘成“天衣无缝”，但韩国对此自有主见。许多韩国官员公开表示，美国的“爱国者”PAC－3和海基“战区高空区域防御系统”技术尚不过关，而且价格昂贵。莫说美国的战区导弹防御系统还停留在“画饼充饥”阶段，即使将来研制成功，耗费巨资引进战区导弹防御系统面对近在咫尺的朝鲜导弹攻击也是瞎子点灯白费蜡，廉价高效的办法莫过于拥有自己的中程导弹。

然而，韩国要发展自己的中程导弹，首先必须解除美国的束缚。另外，韩国也一直明确希望能够不受限制地发展自己的商业航天技术。1999年7月16日，美韩初步达成妥协，美国已原则上同意将韩国导弹射程放宽到300千米，但坚持韩国导弹发展计划必须置于美国的监督之下。但韩国根本无法接受这一条件，认为这是对其主权的侵犯。同时，韩国的目标也并不仅仅局限于300千米。1999年7月，韩国总统金大中访美期间，曾要求克林顿同意韩国研制500千米射程的弹道导弹，但克林顿却不置可否。不过，在金大中到访前夕，美国一再放风说朝鲜已经取消导弹试验，言外之意，你韩国再也没有必要去发展中远程导弹了。1999年11月20日，美韩双方为期3天的谈判无果而终，未能就放松射程限制问题达成协议，虽然双方表示还会进一步磋商，但具体日期未定。80年代，由美国牵头领着几个西方盟国搞出了《导弹技术控制制度》，该条约限制缔约国向外出口射程超过

300千米、弹头超过500千克的导弹和技术。看来，韩国提出研制500千米射程导弹的要求很难获得美国的首肯，美国继续让步的可能性也不大。

为了维护在朝鲜半岛的既得利益，美国可谓“用心良苦”：既需要让韩国军队具备一定的现代化作战能力，以便在应付突发事件时能够提供协助，分担美国的重负；又不希望看到韩军强大得令人感到美国在韩驻军实属多余。说穿了就是一句话，美国不愿意放弃在韩国的军事主导权和在朝鲜半岛的军事存在。

但是，毫无疑问，韩国并不甘心永远当美国的“小兄弟”种种迹象表明，韩国发展导弹的步伐绝不会轻易停顿。

（督　学）

韩日独岛问题再起纷争　1999年年底，位于朝鲜半岛东部海域的一座小岛独岛的归属问题又一次成为韩日两国外交纷争的焦点。韩外交通商部于1999年12月就日本一些居民以独岛作为户籍登记地一事指出，日本政府允许日本居民将独岛作为户籍登记地是对韩国主权的侵犯。尔后，韩国外交通商部长官洪淳瑛又强烈表示，韩国绝不会容忍侵犯韩国主权的行为。

韩国所称的独岛位于东经131度52分，北纬37度14分，距韩国郁陵岛东南87千米，它由东、西两个小岛组成，面积约0.18平方千米。该岛在日本被称为竹岛。目前，独岛由30多名韩国军人把守，并居住着一对韩国渔民夫妇，岛上还建有船只靠岸设施、直升机场、哨所、灯塔和渔民宿舍。1999年11月底，韩国驻日大使馆经了解后确认，日本岛根县一些居民近年来将独岛作为他们的户籍登记地。韩国政府遂于12月初就此向日本政府发出抗议信。12月中旬日方作出回复说，竹岛为日本固有领土，岛根县居民在竹岛登记户籍不存在问题，韩方对此无权进行干涉。

韩日独岛之争由来已久。韩国认为，独岛早在公元6世纪初就是韩国的领土，在19世纪前日本的有关史料中也有明确记载。1905年，日本将竹岛正式纳入日本版图，归入岛根县，二战结束后又将竹岛划归大藏省管辖。1952年，韩国发表海洋主权宣言，将独岛划入韩国领海，日本对此提出抗议。此后，双方都声称各自对独岛拥有主权。1953年，韩国渔民登上独岛并控制了该岛，韩国正式将独岛划归庆尚北道郁陵郡管辖。

几十年来，韩日双方在独岛的领土主权问题上各持己见，两国关系也不时受到独岛主权归属问题的影响。1998年9月，韩日签订《韩日渔业协定》时，双方将独岛周围水域定为“中间水域”（又称“暂定水域”），实施共同管理。由于这一协定没有明确独岛的归属权，因而受到韩国一些海洋学家的批评。他们认为，这给日方就独岛问题挑起事端留下“借口”。据悉，日本近来在离独岛25千米的海底铺设了海底光缆，并在硫黄岛进行过针对独岛的假想登陆训练。

日前，韩国朝野各政党、社会团体和媒体纷纷要求韩国政府对日方的“挑衅”行为采取强硬措施。据韩国郁陵郡政府日前透露，在独岛登记户籍的韩国人目前有28人，而且越来越多的韩国人自愿要求将户籍登记到独岛。韩国反对党大国家党更是要求政府设立特别预算，在独岛建造防波堤、停泊设施和游客住宿设施等，将其变成永久性的居住地。而就日本方面来说，从最近对韩方抗议信的回复中可以看出，日方在独岛归属问题上也不甘示弱。由此看出，韩日独岛之争短时间内得到解决是不太可能的。

（肖　研）

柬埔寨局势日趋稳定　自1998年11月成立第2届柬埔寨王国政府以来，柬埔寨在西哈努克国王和王国政府领导下，彻底摆脱了多年的战乱与动荡，进入了和平建国新时期。两大执政党人民党和奉辛比克党能够捐弃前嫌，以国家和民族利益为重，合作共事，促进了国家的建设和发展，在许多领域取得了可喜的进展，军队改革稳步实施，国内局势日趋稳定。主要原因是：

一、两党联合执政合作良好

由人民党和奉辛比克党组成的联合政府，根据两党达成的协议，于1999年3月成立了参议院，任期5年，共设61个席位，其中人民党占31席，奉辛比克党占21席，桑兰西党占7席，余下2席由国王任命，其名额分配较为合理，各党都能接受。人民党是柬执政时间最长的大党，在柬政坛实力最雄厚，该党在政府、议会、参议院和军队中均处于主导地位，在柬政治生活中发挥着支配和决定性作用。奉辛比克党是柬君主制的忠实捍卫者，该党掌管联合政府近1/2的部门，在议会和参议院中占据1/3的议席，是柬国内维持稳定的一支主要力量，在柬政坛起着不可缺少的作用。人民党同奉辛比克党在经历了上届政府联合执政的风风雨雨较量后，人民党意识到自己虽掌握国家重要军政大权，但由于国内外压力不可能独家掌权，必须同奉辛比克党组成联合政府，合作共事，才能维护政局稳定，实现真正和平与民族和解。而奉辛比克党则意识到本党实力不比当年，要实现与人民党的权力绝对平衡是行不通的，必须抛弃过去的恩恩怨怨，同人民党重归于好，密切合作，才能把国家经济搞上去，清除贫穷。两党在对内对外政策上立场基本一致，都主张：对内实行自由民主多党制和市场经济；对外奉行和平、中立和独立的外交政策，积极争取外援。人民党领导人洪森和奉辛比克党领导人拉那烈都十分珍惜来之不易的国内和平、民族和解，多次强调应进一步稳定国内局势，集中精力发展经济，消除贫困，提高人民生活水平。尽管在野党桑兰西党在审判红色高棉等问题上不断向政府发难，但因其影响力较弱，无力左右政府的重大政策和行动。

二、军队保持稳定

现正按预定计划对军队进行改革。一是调整高层人事。为适应军队改革的需要，做到军政分开，使国家武装力量保持中立，1999 年 1 月 25 日，西哈努克国王批准柬首相、人民党副主席洪森辞去柬武装力量总司令职务，任命现年 44 岁的总参谋长盖金扬上将为柬皇家军队总司令。同时还任命巴沙伦上将为副总司令兼总参谋长、米索皮上将为副总司令兼陆军司令、翁桑坎海军中将为海军司令、萨姆南中将为空军司令。1999 年 2、3 月又调整近百名中高级军官职务，将一些年富力强、亲人民党的军官选拔到重要岗位，确保了军队内部的稳定。二是制定裁军计划。1999年 1 月，柬国防部公布了 5 年裁军计划，从1999年开始，计划到 2003 年年底，将军队总兵力由 14.8 万人减至 9.3 万人，共裁减 5.5 万人；将警察部队由 6 万人，减至 3.6 万人，共裁减 2.4 万人，其中裁减重点是陆军和警察部队。预计该计划将耗资 1 亿多美元。为落实该计划，柬军努力克服精简任务重、经费不足等困难，及时制定了有关政策和措施。先后收编 3500 名红色高棉士兵；裁减大量非编、素质较差军人，其中复员 2000 名红色高棉士兵，并对其生活和再就业进行安排，消除了动乱因素。三是减少国防开支。新政府成立后，为适应国际形势变化和国内经济建设的需要，决定减少国防经费，1999 年的国防经费开支，由 1998 年占国内生产总值的 4.16%减至 3%，将节省下来的国防经费用于发展国家的医疗卫生和文化教育事业。

三、对红色高棉问题处理妥当

1998 年 12 月红色高棉主要领导人乔森潘、农谢投向政府，1999 年 3 月柬政府抓获红色高棉总参谋长切春，收编最后一批红色高棉士兵，标志着红色高棉组织已彻底瓦解。1999 年，在审判红色高棉领导人问题上柬政府与联合国法律专家小组存在严重分歧，斗争错综复杂。由于中国、柬埔寨等国家反对，以美国为首的一些西方国家要求通过联合国成立国际法庭审判红色高棉领导人的企图未能得逞。但是，美国等仍然谋求打着联合国的招牌，利用审判红色高棉来达到其向柬政府施压和诋毁中国的目的。1999 年 8 月 25 日，负责法律事务的秘书长助理扎克林（美国人）率领的联合国 5 人法律专家小组抵达金边，就柬埔寨和外国法官组成混合法庭审判红色高棉领导人问题与柬政府进行磋商。双方在审判红色高棉法庭的性质、成员构成、审判对象等关键问题上分歧严重，谈判未达成任何协议。联合国法律专家小组提出，“所有对 1975～1979 年所犯严重种族灭绝和反人类罪行负主要责任的红色高棉领导人都应接受法庭审判，英萨利也不例外”。如果柬政府拒绝联合国的要求，不按照国际标准审判红色高棉领导人，联合国将不为审判提供资助，并拒绝承认柬法庭审判红色高棉领导人的合法性。对此，柬政府坚持审判红色高棉领导人是柬内政问题，应由柬埔寨法庭主持审判。主张进行有限制的审判，主要审判被关押的切春和红色高棉时期金边监狱监狱长杜奇。对于已经投向政府的乔森潘、农谢将根据法庭调查情况而定。不再起诉红色高棉领导人英萨利，因为他 1996 年率大批红色高棉成员投向政府，对“实现民族和解作出了重大贡献”，他的罪行已获西哈努克国王赦免。不起诉红色高棉中下层军官，以团结大多数，巩固来之不易的和平，避免国内“战火”重燃。柬政府的以上立场有利于柬局势的进一步稳定，避免了柬政府和友好国家受牵连。但为医治战争创伤，振兴经济，争取国际社会的更多援助，柬政府采取了有理有节的斗争策略，从大局出发，积极做有关国家和国际组织的工作，争取与联合国就审判红色高棉问题达成共识。

四、社会治安明显好转

由于柬埔寨连年战乱，社会治安形势非常恶劣，武装抢劫、绑票、走私、贩毒、吸毒、贩卖妇女、非法伐木等刑事案件经常发生。新政府一成立，即把维护国内社会治安稳定当作重要任务来抓，颁布了森林保护法等法规，紧急制定了 17 项制止滥伐森林的措施。军队、警察和有关部门密切合作，加大了打击违法犯罪力度，在全国范围内收缴非法武器，先后收缴非法武器约 6 万件，当众销毁 2 万多件；严禁种植和生产毒品，查获并烧毁毒品 4 吨。此举威慑了犯罪分子，提高了政府在人民心目中的威信，增强了人民同犯罪分子斗争的信心，使破案率明显提高，各种违法行为得到有效遏制，刑事犯罪率减少 18%，向国际社会表明，柬社会治安已明显好转。

（孙新明）

印巴在克什米尔地区发生大规模武装冲突 1999 年 5～7 月间，印度和巴基斯坦在印占克什米尔的克吉尔地区发生大规模武装冲突，险些酿成“第 4 次印巴战争”。这是继 1971 年第 3 次印巴战争以来两国发生的规模最大的一次武装冲突，引起国际社会普遍关注。

一、武装冲突经过

自 4 月份起，巴基斯坦克什米尔地区武装人员陆续越过实际控制线进入印占克什米尔地区，相继占领了克吉尔、巴塔列克和德拉斯一线地区的战略要地，不断袭击印军哨所、基地、弹药库等军事目标，并控制了印由该地区通往列城、拉达克等地的唯一战备公路，切断了印军向星峡冰川地区补给的生命线。印发现巴方武装人员活动后，自 5 月 9 日起在上述地区对巴武装人员实施了代号为“胜利行动”的清剿作战，并由此导致与巴军发生了长时间的大规模武装冲突。此次冲突大体可分为 3 个阶段：

第 1 阶段（5 月 9 日～5 月 25 日）：印军实施地面清剿。自 5 月 9 日起，印军首先以 2 个步兵旅约 1 万人的兵力在炮火掩护下，分别对克吉尔、巴塔列克和德拉斯一线地区的巴武装人员连续实施清剿作战。由于巴武装人员占据有利地形，且擅长山地游击战，结果印军经过十余天的作战不但未取得任何战果，反而损失惨重，阵亡达 60 余人。巴边防部队为支援潜入印占克什米尔地区的武装人员，动用各种轻重武器对实际控制线地区印军的哨所和营地实施牵制作战，使印军陷入既要对巴边防部队进行反击，又要对巴武装人员进行清剿的两面作战的局面。自 5 月 19 日起，印军在继续进行反击和清剿作战的同时，开始向冲突地区大量调集地面部队。至 5 月 23 日，印投入到克吉尔地区作战的陆军部队已达 3.5 万人。同时，印度在印巴边境地区的所有空军基地也已进入高度戒备状态，米格－21、米格－23、米格－27、米格－29 等型歼击机，“幻影”2000 等型战斗机和米－17、米－8 等型武装直升机作好了参战准备。5 月 24 日，印度看守政府总理瓦杰帕伊打电话给巴基斯坦总理谢里夫，指责巴向克吉尔地区派遣武装人员违反了《拉合尔宣言》，并警告说，印度将采取一切行动“清除入侵者”。

第 2 阶段（5 月 26 日～7 月 8 日）：印军实施陆空联合清剿作战。由于地面清剿失利，印军自 5 月 26 日凌晨起出动米格－21、23、27、29 等型歼击机及“幻影”2000 等型战斗机和米－17 等型武装直升机，对隐藏在克吉尔、巴塔列克、德拉斯等地的巴武装人员及其据点、后勤仓库等实施猛烈空袭。为配合空袭行动，印度陆军出动地面部队进行清剿。与此同时，印陆军每天还动用大炮和火箭等重武器对巴占克什米尔地区的巴军实施火力压制，阻止巴对克吉尔地区巴武装人员进行增援。巴武装人员面对印军的强大攻势，巧妙利用山地的有利地形，采取游击战术，坚持抵抗印军的进攻，与印军形成僵持局面。自 6 月下旬起，巴武装人员由于后备力量增援和后勤供应中断，战斗力大大减弱。至 7 月上旬，印军的陆空联合清剿作战取得明显战果，先后摧毁了巴武装人员在克吉尔、巴塔列克和德拉斯地区的大部分据点，毙伤巴武装人员数百人，并将剩余小部分人员赶至距实际控制线 2～3 千米的范围之内。同时，印军也受到一定损失，先后死伤 300 余人，损失米格－21、米格－27 型歼击机和米－17 型武装直升机各 1 架。

第 3 阶段（7 月 9 日～7 月 17 日）：双方进行和谈结束冲突。经过近 2 个月的武装冲突，印巴双方由于各自人力、物力损失较大，加之国际社会的促和，均感到难以继续打下去，因而开始酝酿结束冲突。7 月 9 日，巴总理谢里夫主持召开了内阁防务委员会会议，决定采取主动行动结束印巴两国间的武装冲突。会后，谢里夫先后接见了一些克什米尔“自由战士”组织领导人，正式呼吁他们尽快从印占克什米尔地区撤出，以协助解决当前在克吉尔地区出现的危机。7 月 11 日下午，印巴两国军事联络官在位于巴基斯坦拉合尔东南的瓦加边界举行会晤，达成 2 点协议：(1) 印军自 7 月 12 日起停止空袭行动；(2) 巴方在 7 月 16 日上午前从克吉尔等地区撤走所有武装人员。当日晚，巴外长阿齐兹在记者招待会上宣布，近 2 个月来在克吉尔地区同印度军队作战的“自由战士”已开始撤出这一地区。7 月 12 日，巴总理谢里夫在向全国发表的电视讲话中对政府为何要呼吁克什米尔“自由战士”撤出印占克什米尔地区作了解释。他表示，“自由战士”通过近年来的战斗已使国际社会进一步认识到克什米尔问题是本地区潜在的战争爆发点，而战争不能解决印巴两国间的问题，也不符合两国人民的根本利益。同日，印度外交部发言人宣布，印已停止空袭行动，但这并不意味着印方的军事行动已经停止。只有巴实施印提出的 3 个“实质性步骤”，即 7 月 16 日前从克吉尔等地区撤走所有武装人员、重新确认克什米尔实际控制线的不可侵犯性和神圣性、停止策动越界恐怖活动，印才能停止军事行动。7月17日晚，印国防部长费尔南德斯宣布，持续2个多月的印巴克什米尔武装冲突已经结束，印度军队已开始清理战场。至此，印巴大规模武装冲突暂告结束。

二、外交斗争情况

印巴两国在进行军事较量的同时，在外交上也开展了激烈争斗，主要表现在3个方面：

（一）*在发生冲突责任问题上相互进行指责*。5月21日，印度外交部发表1份措辞强硬的声明，指责巴基斯坦策划了对印占克什米尔地区的武装渗透。声明称，在印占克什米尔地区挑起事端的武装人员来自巴占克什米尔地区的训练营地，这些营地虽然是以克什米尔各种激进组织的名义建立的，但实际上是由巴基斯坦3军联合情报局幕后操纵的。巴此次派武装人员潜入印占克什米尔地区的目的是为了夺占领土，然后加以控制。巴基斯坦极力否认印度的指责，称进入印占克什米尔地区的武装人员是穆斯林游击队成员，与巴方无关。5月26日，巴外交部长阿齐兹就印空军实施空袭发表讲话，指责印度军队的大规模行动使克什米尔地区的冲突升级，违背了2月份两国总理签署的《拉合尔宣言》精神，巴将采取一切必要的行动保卫自己的阵地。6月11日，印公布了有关巴军方的谈话录音，以证明巴基斯坦军队确实参与了入侵印占克什米尔地区的活动。巴就此发表声明，称录音带是印度方面伪造的。

（二）*在政治谈判上互不相让*。5月28日，巴总理谢里夫打电话给印看守总理瓦杰帕伊，提出两点建议：(1) 举行政治会谈，巴将派外长阿齐兹前往新德里，就缓和克什米尔地区紧张局势、维护南亚地区的和平与稳定等问题与印度外长进行会谈，以推动印巴对话进程；(2) 建议印度停止轰炸克吉尔地区，为双方举行政治会谈奠定基础。印总理瓦杰帕伊当即表示，印度愿与巴进行和谈，但印拒绝停止空袭，直至将所有“入侵者”赶出境内为止。6月12日，巴外长阿齐兹对印度进行为期一天的访问，同印总理瓦杰帕伊和外长辛格就解决边境地区危机进行了会谈。印方坚持要求巴从克吉尔地区撤出武装人员，而巴方则一再重申，“穆斯林自由战士”在克吉尔地区进行的武装斗争完全是“自发的”，巴方军队没有越过实际控制线。巴方要求印度立即停止对克吉尔地区空中打击和地面炮击。由于双方分歧严重，会谈没有取得结果。谈判破裂后，印总理瓦杰帕伊于6月13日发表措辞强硬的讲话，发誓“不将渗透者赶出去绝不罢休”。

（三）*在国际上各自寻求同情和支持者*。印巴在克什米尔发生冲突后，巴自6月份开始展开了全面的外交攻势。巴总理谢里夫、外长阿齐兹以及巴特使先后访问了中国、美国、俄罗斯、日本、法国、德国以及部分伊斯兰国家，通报印巴克什米尔地区冲突形势，寻求各国对巴的支持。巴外交部也多次发表声明，呼吁国际社会关注克什米尔局势。巴开展外交活动的主要目的是：(1) 争取在道义上占上风，促使国际社会向印度施加压力，迫使印停止军事行动；(2) 谋求国际社会在克什米尔问题上发挥作用；(3) 避免冲突进一步升级，导致一场两败俱伤的全面战争。印度在5月26日发动首次空袭后向各国驻印外交使团通报了克吉尔地区局势和印度进行空袭的原因及其立场，要求各国对印的军事行动给予理解和支持。

三、此次冲突特点

（一）*持续时间长*。印巴此次冲突自5月9日开始，至7月17日结束，长达69天，是第3次印巴战争以来两国冲突时间最长的一次。此次冲突之所以持续如此长的时间，主要有两个原因：一是受地理因素的影响。印军原以为在短时间内即可将巴武装人员赶出境内，但由于克吉尔地区多为山地，巴武装人员充分利用地理优势，与印军展开游击战，因而使印军的清剿作战难以很快奏效。二是受两国对冲突态度的影响。印度虽然清剿作战效果不佳，但其决心很大，发誓不达目的绝不罢休。巴基斯坦依仗地理优势，坚持与印抗衡，以引起国际社会的干预。

（二）*冲突规模大*。在此次冲突中，双方动用兵力和武器均较多，规模大。从兵力上看，印军先后投入了3～4万名部队，属陆空军正规部队，巴方投入近千人，属非正规部队。从武器装备上看，印方动用了其目前最先进的武器装备，如陆军的“米兰”反坦克导弹、“针”式空地导弹，空军的米格－27、米格－29等型歼击机及“幻影”2000战斗机等。巴方武装人员除动用了轻武器外，还动用了少量的火箭炮、“毒刺”导弹等重型武器。但印巴两军相比印占有绝对优势，力量较为悬殊。

（三）*双方均有意识进行限制*。印巴此次武装冲突是自1971年第3次印巴战争以来规模最大的一次武装冲突，由于双方都比较克制，未能酿成第4次印巴战争。在冲突期间，印度虽然一再表示必要时将越过实际控制线作战，但最终将作战范围限制在自己境内。巴基斯坦一方面坚持与印作战，一方面则在外交上主动提出与印对话，希望通过谈判解决问题。最终，巴在国际社会的促和下宣布从克吉尔等地撤走武装人员。

四、发生冲突的原因

印巴此次武装冲突既有历史原因，也有现实原因，概括起来主要有以下几点：

（一）*悬而未决的克什米尔领土争端是印巴发生冲突的历史原因*。克什米尔位于南亚次大陆北端，地处印度、巴基斯坦、中国和阿富汗之间，战略地位十分重要。1947 年印巴分治时，按照英国提出的“蒙巴顿方案”，克什米尔可以自由选择加入印度或巴基斯坦，或宣布独立。巴基斯坦认为，克什米尔居民大多数是伊斯兰教徒，因此应当加入巴基斯坦。印度则认为，克什米尔的伊斯兰教徒并不反对印度，因此宗教问题并不妨碍克什米尔加入印度。英国则企图唆使克什米尔王公宣布该邦独立，以便继续控制该地。当时的克什米尔王公是印度教徒，比较倾向印度。于是，英国便在 1947 年 10 月 21 日支持巴基斯坦进攻克什米尔。在此情况下，克什米尔王公宣布克什米尔邦加入印度，并要求印度派兵援助。10 月 27 日，印度宣布接受克什米尔加入印度的要求，并派遣军队进入克什米尔与巴军作战。在此期间，克什米尔巴占区成立了“自由克什米尔政府”，印占区也成立了“非常时期政府”。从此克什米尔形成了分裂的局面，印巴两国也开始了在克什米尔问题上的纷争。半个多世纪以来，印巴两国曾 3 次兵戎相见，其中 2 次是因克什米尔的归属问题引起。目前印巴两国在克什米尔问题上立场尖锐对立，主要分歧有 3 点：一是巴方坚持按照联合国有关决议精神，通过举行公民投票解决其前途问题。印方则认为克什米尔当属印度问题早已解决，反对与巴讨论克什米尔归属问题。二是巴基斯坦努力促使克什米尔问题国际化，希望国际社会在印巴之间进行调停。印度则坚持克什米尔问题只能在双边范围内解决，反对任何第 3 方介入。三是印方主张搁置克什米尔问题，在其他领域改善和发展关系。巴方认为克什米尔问题是印巴关系中的核心问题，这个问题不解决，两国不可能实现关系正常化。由于双方立场难以调和，两国军队在实际控制线地区的武装冲突和军事摩擦时有发生。

（二）*各自国内政治斗争的需要是印巴发生冲突的现实原因*。克什米尔问题历来是印巴国内政治斗争的焦点问题之一，执政党如果在该问题上作出妥协或让步，都将遭到在野党的猛烈攻击，甚至危及统治地位。相反，执政党也可以利用克什米尔问题巧作一些文章，为自己捞取政治资本。从印度方面看，瓦杰帕伊 1999 年 2 月份开展“巴士外交”同巴总理谢里夫签署《拉合尔宣言》后，引起国内反对党和联合政府内其他党派的强烈不满。4 月，执政仅 13 个月的印度人民党联合政府内部矛盾激化，以国大党为首的反对党趁机开展倒阁行动，使瓦杰帕伊政府未能通过信任投票而下台，成为看守政府。为了在 9、10 月份举行的大选中再次获胜，瓦杰帕伊看守政府试图利用执政的有利条件，加剧印巴紧张关系，转移国内视线。从巴基斯坦方面看，巴总理谢里夫在国内面临着多重压力：丧失了友党的支持；同军方矛盾加剧；经济危机加重；宗教矛盾突出。因此，谢里夫不得不利用克什米尔问题来缓和国内各种压力。

（三）*科索沃危机的发展是印巴发生冲突的外部诱因*。1999 年 3 月 24 日，以美国为首的北约部队开始轰炸南斯拉夫联盟，以武力干预科索沃危机，从客观上诱导了印巴之间的武装冲突。从巴基斯坦方面看，巴认为克什米尔问题与科索沃问题同属民族自治问题，具有相似之处。如果将克什米尔问题闹大，也可以引得外部势力的干预，从而促使克什米尔国际化。因此，巴自 4 月份起开始向印占克什米尔地区派遣武装人员。从印度方面看，印度采取军事行动是在以美国为首的北约部队对南斯拉夫联盟进行空袭 1 个多月后实施的。据新闻媒体称，印度之所以采取军事行动是以美国为首的北约误导的结果。

（王　丹、刘温国）

印度修改核政策　在 1998 年 3 月之前，印度历届政府一直奉行“保留核武器选择”的近核政策（又称“最后一根导线战略”），即在是否研制核武器问题上，对外采取模棱两可的态度，而内部则秘密开发核的军事用途，悄悄制造和贮存核武器坯件，一旦需要即可组装成核武器。1998 年 3 月印度人民党上台执政后，印度立即改变了这一政策。3 月 18 日，印度人民党政府在公布的施政纲领中明确提出：“为了确保印度的安全和领土完整，印新政府将进行所有可能的选择，将重新审议印度的核政策，并行使引进核武器的选择权。”3 月 20 日，印新任国防部长费尔南德斯在记者招待会上进一步指出：“我们将通过战略性的防卫调查研究来讨论我们面临的威胁程度，然后再决定是否引入核武器。如果引入核武器是必要的话，那么就不应该对此敬而远之。”关于核运载工具“烈火”式导弹的试验，他表态说：“如果进行试验的目的还是试验，那么它的必要性不大，但如果有必要的话，印将进行多次试验。”5 月 11 日和 13 日，印度在拉贾斯坦邦塔尔沙漠距印巴边境约 100 千米的博克兰地区连续进行了代号为“强力 98”的 5 次地下核试验。5月27日，印度总理瓦杰帕伊在向议会提交的报告《印度核政策的演进》中宣布："印度所进行的有限的5次核试验达到了预期的目标，这些试验使印度的科学家和工程师有能力在将来认为必要的时候进行关键的试验。从技术能力上看，印度已具备必要的能力来确保印度拥有有效的核威慑力。"这些核试验表明，印度的核发展已由以往的秘密研制转为公开发展，加快了核武器化进程。为确保其发展核武器的自主权，印度政府重申坚持"四不"原则：一是不签署《不扩散核武器条约》和《全面禁止核试验条约》；二是不接受国际社会的核检查；三是不屈服国际社会的压力；四是不放弃核武器选择权。

一、调整后的核政策

1999年8月17日，印度国家安全顾问委员会公布了《印度的核政策草案》。这一草案全面、系统、详细地介绍了印度调整后的核武器政策，主要内容如下：

（一）基本原则。（1）印度认为，核武器与其他大规模杀伤性武器一样，对人类以及国际社会的和平与稳定造成极大威胁，但与国际条约禁止使用的生物武器和化学武器不同，核武器仍然是保证国家与集体安全的工具。1995年5月通过的《不扩散核武器条约》使某些国家拥有核武器合法化。核武器国家声称，它们将继续依赖核武器，其中一些国家采取了甚至在非核情况下也使用核武器的政策。这些事态的发展实际上等于放弃了核裁军，这对于国际社会致力于消除大规模杀伤性武器的努力是一个严重打击。（2）印度的首要目标是在一个和平与民主的框架内实现经济、政治、社会、科学与技术的发展。为实现这一目标，需要一个持久的和平环境，保证和平与稳定不会受到潜在的威胁。（3）核武器研制的自主决定权是印度人民不可剥夺的民主权利。面对世界上极少数国家努力寻求核武器合法化而导致未来局势的变幻莫测，以及出于政治目的而频繁对其他国家使用武力的日益复杂的局势，印度人民将坚决捍卫这一民主权利。

（二）核战略目标。（1）印度将奉行一种可信的、最低限度的核威慑战略，在"只进行报复"的原则下，旨在让潜在的任何敌人相信：任何对印度威胁使用核武器的举动将导致反击这种威胁的措施；向印度及其武装力量发动任何核攻击都将导致印度使用核武器进行惩罚性报复，并使敌人遭受无法承受的损失。（2）印度发展核武器的根本目的在于，对存有向印度及其武装力量使用和威胁使用核武器的企图的任何国家或地区进行核威慑。印度将不首先进行核打击，只有当遭到核攻击时才进行惩罚性报复。（3）印度将对无核国家或者没有同有核国家结盟的国家不使用或者威胁使用核武器。（4）核威慑要求印度保持：足够的、可生存的和做好战斗准备的核力量；强大的指挥与控制系统；有效的情报与早期预警能力；与核战略相一致的综合计划和操作训练；使用核力量和核武器的意志。（5）印将保持强大的、高效的常规军事力量，使其具有应付常规军事冲突和威胁使用核武器两种情况同时发生的能力。

（三）核力量建设。（1）根据最低限度核威慑战略的要求，印度的核力量应做到高效、持久、多样和反应灵活。这些武装力量应按照上述目的将战略飞机、陆地机动导弹和海上发射设施进行三维部署，通过多套系统、机动、分散和伪装提高这些武装力量的生存能力。（2）应确保核武装力量在最短时间内从和平时期部署向完全遂行作战转变的能力，以及即使在遭到敌人打击、作战能力大幅度下降的情况下采取有效报复行动的能力。

（四）核威慑的原则。（1）可信性原则。必须使任何敌人明白，对印度及其武装力量使用核武器将遭受无法承受的惩罚和打击，印度有可能而且将使用其足够的核武器进行核报复。（2）有效性原则。通过核攻击的可信性、及时性、精确性和当量等所有因素的协同作用，最大限度地体现印度核威慑的有效性。（3）可生存性原则。印度的核力量应本着对突然袭击作出快速惩罚性反应的原则进行建设，保持其高度的可生存性。其规划和部署应确保在遭受首次核攻击后的生存能力，在持续重复消耗的情况下具有足够的惩罚性报复能力，使敌人遭受无法承受的打击；印度的核指挥与控制机构应确保有效使用核武器的连续能力。

（五）对核武器的指挥与控制原则。（1）印度的核武器由最高政治层严格控制和使用，宣布使用核武器的权力将掌握在印度总理或其法定继承人手里。（2）核指挥与控制系统应具有必不可少的灵活反应能力。应基于战略目的和核攻击原则制定一个一体化行动计划或一系列连续计划，作为整个指挥与控制系统的一部分。（3）确保包括双重信息传递系统在内的整个核武器指挥与控制系统的有效使用。（4）确保核武器库和有效的指挥、控制、通信、计算机、情报和信息（C^4I^2）系统的生存能力。（5）印度武装力量应保持在核生化条件下遂行作战任务的状态。（6）建立空间设施和其他设施，用于提供早期预警和通信损失或爆炸评估。

（六）核武器的安全与保险措施。（1）应采取特别预警措施，确保核武器、核武器生产、运输、和储存完全受到保护，使其免遭可能的盗窃、丢失、蓄意破坏、损坏、擅自接触或非法使用。(2) 应建立防范程序与系统，确保不会发生未经授权或因疏忽而导致使用核武器的事件，避免发生意外的事故。应建立一个相应的核灾难控制系统，用来处理有关核武器及核材料可能发生的潜在事故。

(七) 核武器的研制与开发。(1) 印度应加强核武器的研制与开发，在此领域赶超世界先进水平。(2) 因印度承诺保持最低限度的核威慑和可信的核武器部署，印度在研制和开发核能力方面不会接受任何约束。

(八) 对核裁军与军备控制的政策。(1) 印度将尽一切努力尽早实现全球无核化的目标。(2) 印度应尽一切努力促使其他拥有核武器国家加入国际条约，做到不首先使用核武器。(3) 鉴于目前存在着消极的安全保障体系，印度应与其他核国家和非核国家一道致力于消除这种不合理的国际安全保障体系。(4) 作为国家安全政策的一部分，印度应寻求核武器控制措施，降低其潜在威胁，保护我们的核能力及其有效性。(5) 鉴于核武器具有极大的杀伤力，应通过谈判来寻求建立相互信任措施，适当降低核冒险的威胁。

二、调整核政策的原因

印度人民党政府调整核政策的原因是多方面的，其中主要的原因有3个：

(一) 争当世界大国的需要。印度独立以后，历届政府都将争当世界大国作为国家战略目标。冷战结束以后，随着世界格局向多极化发展，印度争当世界大国的欲望更加强烈。为此，印一方面积极谋求成为联合国安理会常任理事国，另一方面则把发展核武器作为争当世界大国的“敲门砖”，认为拥有核武器有助于提高印度的国家地位，可以使印度在国际战略格局中发挥其应有的作用。1998年5月27日，印度总理瓦杰帕伊在议会就印进行核试验发表讲话时指出：“印政府做出抉择的依据是基于指导了我们50年的一贯政策原则，它符合我们民族的根本利益，让我们朝着共同的目标一起努力，以保证印度迈向新世纪时在国际社会中占据它应有的位置。”

(二) 对付周边“核威胁”的需要。近年来，印度在分析其国家安全环境时都将核武器的发展和核扩散作为影响印度国家安全的一个重要因素，认为印面临着来自周边中、巴两国的核威胁。1998年5月11日，印度总理瓦杰帕伊在致函美国总统克林顿说明印进行核试验的理由时明确阐明了这一点。他说：“我一直对印度过去一些年来所面临的不断恶化的安全环境，特别是不断恶化的核环境深感不安。我们有一个公开的核国家和我们接壤。这个国家1962年对印度发动了武装侵略。虽然我们同这个国家的关系最近10年来已经改善，但是，主要由于边界问题没有得到解决，一种不信任的气氛仍然存在。这个国家还从物质上帮助了我们另一个邻国，使其成为一个秘密的核武器国家，从而加剧了这种不信任。近50年来，我们遭受了这个对我们深怀仇恨的邻国的3次侵略。而且，最近10年来，我们国家好多地区，特别是在旁遮普邦和查谟·克什米尔一直在发生的得到这个邻国支持的持续不断的恐怖活动。”此外，印度还认为，印度洋的安全与印度的国家安全息息相关，外国海军核动力航空母舰和核潜艇经常出入印度洋既妨碍印对印度洋的控制，也对印度的国家安全构成威胁。鉴于上述威胁，印度防务专家们竭力主张，印必须走核武器化道路，以对付所谓来自中国、巴基斯坦和其他大国的核威胁。

(三) 巩固印度人民党执政地位的需要。在印度独立后的历史上，印度大多数时间处于国大党的统治之下。1998年3月，印度人民党作为新发展起来的党在大选中首次获胜，但在545个席位中只占179席，仅获得组阁权。该党在同其他十几个小党联合的情况下才勉强组成联合政府。由于内部矛盾错综复杂，执政地位非常脆弱。为了达到其长期执政的目的，印度人民党只好打“国家安全”这张牌，通过调整核政策，公开发展核武器来取得国民的支持。1999年4月，由于联合政府中的全印德拉维达进步联盟退出联合政府，印度人民党被迫解散议会，组成看守政府。为了在9月份的大选中再次获胜，该党在大选前抛出了《印度的核政策草案》，进一步显示其发展核武器的决心，并以此赢得了民心，再次上台执政。

(刘温国)

巴基斯坦发生军事政变 巴基斯坦参谋长联席会议主席兼陆军参谋长穆沙拉夫于1999年10月12日发动军事政变、宣布解散谢里夫政府后，于13日凌晨向全国发表电视讲话，要求全国保持镇静，并称军队已控制了局面。巴国家电视台报道说，谢里夫和他的兄弟以及一些政府高级官员已被“拘留”。

一、政变经过

1999年10月12日下午14时许，巴基斯坦参谋长联席会议主席兼陆军参谋长佩尔维兹·穆沙拉夫正在斯里兰卡参加斯建军50周年庆祝活动，突然接到国内1名陆军高级军官的电话称，巴总理谢里夫正试图逼迫他辞职，准备让三军情报局局长齐亚乌丁接替。穆沙拉夫当即决定中断访问，于 15 时 15 分搭乘 1 架巴基斯坦国际航空公司的班机回国。

就在穆沙拉夫返回国内的同时，谢里夫总理正在伊斯兰堡的官邸同齐亚乌丁商讨如何使军队接受他任命问题。齐亚乌丁说，如果能够拖延穆沙拉夫回国的时间，就可对军队造成既成事实。谢里夫表示同意，当即决定立即采取行动，制定了一项绝密的紧急计划：（一）通过国家电视台播放一个特别快讯节目，宣布解除穆沙拉夫职务，由齐亚乌丁接任；（二）命令警察控制卡拉奇机场，不让穆沙拉夫乘坐的飞机降落，迫使其飞往印度，造成穆沙拉夫向印度叛逃的事实。如果飞机不听指挥，则迫其在距卡拉奇 100 英里以外的一个废弃的小机场降落，并部署情报人员当场将穆沙拉夫拘捕。

驻卡拉奇的巴陆军第 5 军军长乌斯马尼中将在截获了谢里夫的绝密计划之后，迅速通知了驻伊斯兰堡附近的陆军第 10 军军长，要其立即采取措施帮助穆沙拉夫。17 时 30 分，第 10 军军长在听到国家电视台播放有关解除穆沙拉夫职务的节目后，立即命令部队开始行动，分别占领国家电视台和电台，包围首都主要政府机关、机场和总理、外长、内政部长和情报部长等主要政府官员的官邸。至 18 时 10 分，军队已控制首都局势，巴国家电视台和电台中断了对全国的正常广播，只播送军队行进的画面和爱国主义歌曲。18 时 20 分，穆沙拉夫乘坐的飞机抵达卡拉奇机场上空。在机场的空中交通控制室里，卡拉奇市警察局长用枪胁迫指挥人员命令飞机改变航向。穆沙拉夫则命令驾驶员在机场上空盘旋，同时通过无线电台与驻卡拉奇的陆军第 5 军军长乌斯马尼取得联系，令其调动部队迅速占领机场。至 19 时 47 分，由乌斯马尼派出的部队强行占领机场，飞机安全降落。10 月 12 日夜，穆沙拉夫通过电台和电视台发表讲话，宣布推翻谢里夫政权，阐明军队发动政变的原因，并向全国人民保证"军队不会让人民失望"。他还说："为了尽快恢复稳定的秩序，为巴基斯坦创造一个繁荣的未来，我请求你们保持冷静并支持你们的武装部队。"至 10 月 13 日，巴国内局势恢复平静，政府机关、学校、商店和城市交通恢复正常。巴国内群众普遍支持此次政变，谢里夫政府的反对党和一些宗教界人士也对军事政变表示欢迎。

二、新政府采取的措施

穆沙拉夫上台后，立即采取一系列措施巩固其统治地位，主要包括：

（一）实行紧急状态和颁布临时宪法令。10 月 13 日，穆沙拉夫宣布担任巴基斯坦伊斯兰共和国首席执行官，并在巴基斯坦全境实施《紧急状态法》：（1）暂时中止实施巴基斯坦伊斯兰共和国宪法；（2）巴基斯坦总统继续在职；（3）中止国民议会、省议会和参议院；（4）参议院主席和副主席，国民议会以及省议会议长和副议长暂时停职；（5）总理、联邦部长、省长、省部长停止其职务；（6）巴基斯坦全国将置于巴基斯坦武装部队的控制之下。10 月 14 日，穆沙拉夫又颁布第 1 号临时宪法令，其内容是：（1）从即日起，中止巴宪法，本法令及最高行政长官的其他命令将成为执行准则。（2）所有在此法令公布之前存在的法院继续存在并履行其相关权力和义务；最高法院和高级法院不得做出任何不利于最高行政长官的判决。（3）宪法中原存在的、同现行紧急公告没有冲突的联邦权利条款将继续有效。（4）在最高行政长官的建议下，总统留任现职。（5）任何法院、法庭或其他行政机关不得对紧急公告或其他任何由最高行政长官发布的命令及有关程序进行不利于最高行政长官的质询。（6）原宪法中那些同最高行政长官法令一致的条款仍将有效，直到它们由最高行政长官或其指定的机构修改、补充或取代。（7）1998 年 3 月 28 日公布的紧急状态将继续有效，但首先应执行 1999 年 10 月 13 日公布的紧急状态法令及本临时宪法令。（8）所有在本法令实施前担任巴基斯坦公职的人员及担任最高法院、高级法院领导的人员都将留任，并享受原有待遇。

（二）对前政府官员进行清洗。10 月 12 日晚，穆沙拉夫拘留了总理谢里夫、旁遮普省省长萨巴兹·谢里夫、三军情报局局长齐亚乌丁等一些高级军政官员。10 月 13 日，穆沙拉夫下令解散了 4 个省的省政府。10 月 14 日，穆沙拉夫通过巴外交部指示其驻外使馆，根据规定，凡是由谢里夫政府任命的驻外使节，在谢里夫倒台后均应提出辞呈，除非新政府表示愿意让其完成其任期。10 月 16 日，巴军政府发布通告，解除总理谢里夫和 14 名联邦部长、5 名国务部长、4 名总理顾问、8 名特别顾问的职务。

（三）任命新政府官员。10 月 21 日，穆沙拉夫重新任命了全国 4 个省的省长，除俾路支省省长由退休法官阿米鲁尔·穆尔克·门加尔担任外，其余 3 省省长均由退休军官担任，他们是：旁遮普省省长穆罕默德·沙夫达尔；信德省省长阿齐兹·达乌德波塔；西北边境省省长默罕默德。10 月 25 日，穆沙拉夫成立由 7 人组成的国家安全委员会，其成员是：陆军参谋长穆沙拉夫、空军参谋长、海军参谋长、宪政专家谢里夫丁·皮尔扎达、中央银行行长穆罕默德·雅各布、前人口事务部副部长阿提亚·伊纳亚图拉和退休公务员伊姆蒂亚兹·萨希布扎达，并任命了 3 名内阁成员，他们是：外交部长阿卜杜勒·萨塔尔、财政部长肖卡特·阿齐兹和总检察长阿齐兹·孟希。

（四）颁布施政纲领。10 月 17 日，巴首席执行官穆沙拉夫向全国发表电视讲话，颁布新政府的施政纲领，主要内容包括：

1、国家的主要目标：重新树立国家的信心和信念；加强联邦团结，消除省与省之间的不和，增强国家的凝聚力；恢复经济，增强外部在巴投资的信心；确保法律的实施公正、迅速、有效；使国家体制非政治化；将权力下放到基层；确保全面迅速地恢复政府的信誉。

2、经济政策：新政府当务之急的任务是恢复经济，为此将采取以下政策：以稳定、连贯的经济政策恢复投资者信心；增加国内储蓄；实行切合实际的税务改革；改革国有企业；促进工业和农业的发展；采取紧缩金融政策。

3、新闻政策：支持新闻自由，允许成立私人电台和电视台。

4、外交政策：巴基斯坦对外政策保持不变，将继续承担国际义务并履行作出的承诺，将一如既往地为地区和平与稳定作出贡献，维护和保持同各国的友好关系；巴对外政策的核心是加强同伊斯兰兄弟国家的关系，将继续致力于阿富汗问题的和平解决；继续发展同中国久经考验的友谊和合作关系；高度重视同世界大国，特别是美国的关系；将继续对核武器和导弹发展方向保持克制态度，支持全球核不扩散和裁军。

5、对印政策：巴基斯坦希望同印度进行无条件的、平等的、有效的对话，以解决克什米尔问题。巴将继续从道义上、政治上支持克什米尔人民争取自治的斗争，印度必须停止向克什米尔人民施加压力，尊重克什米尔人民的权利。巴武装部队时刻准备保卫国家的主权和领土完整。

三、政变的原因

（一）政府同军队之间的矛盾激化是政变的根本原因。巴政府同军方的矛盾由来已久。自 1997 年谢里夫上台执政后，便采取一系列措施巩固扩大政府的权力，削弱和限制军方的职能。1998 年 10 月，当时的陆军参谋长卡马拉特上将因对政府的现行政策不满，要求成立由专家组成的国家安全委员会，要求使军方获得更大的权力，直接参与国家事务。谢里夫便设法迫使卡马拉特上将辞职。为加强对军队的控制，谢里夫任命自己的心腹、同乡齐亚乌丁中将担任三军情报局局长，以便随时掌握军内动向。同时，将握有实权的第 4 军军长阿拉卡姆中将和第 10 军军长拉尔米兹中将分别调任陆军局局长和国防学院院长。1999 年 5 月，印巴克什米尔冲突发生之前，陆军参谋长穆沙拉夫未经谢里夫同意即对军队中的几个关键职务进行了新的任命，从而导致政府和军队之间的关系出现裂痕。克什米尔冲突期间，穆沙拉夫主张与印对抗到底，并向所有部队下达了全力进攻的命令。而谢里夫总理则主张请求美国政府参与调解，并在访美期间答应了克林顿的要求，宣布从印占克什米尔地区撤军，双方矛盾由此激化。克什米尔冲突之后，谢里夫即同三军情报局局长齐亚乌丁中将密谋伺机搞掉穆沙拉夫，但为了稳住穆沙拉夫，表面上又决定将穆沙拉夫担任的参谋长联席会议主席一职的任期延长至 2001 年 10 月。但穆沙拉夫对此早有戒心，并同军队中的部分亲信做好了应付各种事态的准备。

（二）国内局势日趋恶化是此次发生政变的现实原因。谢里夫上台以后，虽然制定了一系列复兴经济的计划，但由于政局长期动荡不稳和产业结构存在着诸多不合理因素，经济一直十分困难，外债总额高达 400 多亿美元，外汇储备不足 14 亿美元。1998 年 5 月印度核试验后，谢里夫政府同印展开了一场耗资巨大的军备竞赛，再加上支持阿富汗激进的“塔利班”，结果在国际上遭受孤立，并受到国际制裁，导致国民经济状况更加恶化，人民对此怨声载道。政变前夕，巴国内工人、学生的反政府示威游行此起彼伏。以人民党为首的反对党借机向谢里夫发难，一致要求谢里夫辞职，成立看守政府，举行自由、公正的选举。在此形势下，巴军方发动军事政变得到了国内民众、各政党和教派的同情和认可。

（刘温国）

斯里兰卡内战仍在继续 1999 年，斯里兰卡内战进入第 17 个年头。年内，斯政府军继续对泰米尔猛虎组织（简称“猛虎组织”）进行军事清剿，但未取得明显效果；猛虎组织采取灵活方式进行抵抗；斯内战短期内仍难以结束。

一、清剿猛虎组织情况

年内，斯里兰卡政府继续奉行“以战迫和”的方针，分别以陆军清剿、海军清剿和海空军联合清剿的 3 种方式对猛虎组织频繁进行军事打击。

（一）陆军清剿。1999 年 1 月 1 日，斯陆军在斯东北部的拜蒂克洛地区对猛虎组织进行清剿。斯陆军炮兵部队首先动用各种火炮对猛虎组织在该地区营地进行炮击，尔后步兵在炮火的掩护下发起攻击。据斯军方发言人宣布，此次清剿共打死猛虎组织人员58人，打伤18人。政府军亡4人，伤8人。1月30日和31日，斯陆军分别对斯北部和东北部地区的猛虎组织进行清剿，共打死猛虎组织人员54人。9月15日，斯陆军在东北部地区对猛虎组织一营地发起攻击，打死猛虎组织21人，打伤35人。9月下旬，斯陆军在斯北部地区连续对猛虎组织进行清剿活动，先后摧毁猛虎组织营地10余个，打死猛虎组织成员数百人。12月15日，斯国防部宣布，斯陆军在新一轮清剿活动中，至少打死200名猛虎组织成员。

（二）海军清剿。1月8日，斯海军在斯东部海域向猛虎组织一支运送武器弹药的船队发动攻击，经过近4个小时的激战，共打死猛虎组织人员30余人，击沉船只2艘，重创4艘。斯海军官兵无一人伤亡。8月14日，斯猛虎组织一支船队从印度泰米尔纳杜邦向斯偷运武器，当该船队进入斯领海时，斯海军即出动军舰对其进行攻击，经过4小时激战，击沉其中2艘运输船，其余船只混入印度渔船队内逃走。10月中旬，斯海军出动快艇在东部海域同猛虎组织交火，先后打死猛虎组织成员25人，击沉3艘快艇。

（三）海、空军联合清剿。1月31日，斯空军和海军在贾夫纳半岛沿海对猛虎组织采取联合行动，打死猛虎组织人员12人，其中包括3名猛虎组织高级领导人，共击沉船只7艘，重创3艘。5月1日，斯空军执行侦察任务的飞机在贾夫纳半岛皮德洛海岸发现猛虎组织2艘大型供应船只和3艘攻击艇偷运武器弹药后，立即同海军发起联合攻击，空军先后出动KFR型战斗机和武装直升机8架从空中实施攻击，海军共出动各型军舰5艘实施海上攻击。猛虎组织1艘大型供应船被击毁，其余受伤后逃跑。

二、猛虎组织活动情况

年内，斯里兰卡猛虎组织拒不屈服于政府的压力，以灵活方式坚持与政府抗衡，其主要做法是：

（一）对政府军组织大规模进攻。1999年10月中旬~11月上旬，斯猛虎组织针对斯将举行总统选举，分别在斯东北部和北部地区对政府军防线发起进攻，经过20多天激战，占领了政府军控制的4个战略要地，打死政府军1000余人。猛虎组织宣称，这是该组织在1999年取得的最大一次胜利。斯总统库马拉通加也不得不承认，政府军在同反政府组织的战斗中严重失利。12月中旬，猛虎组织在斯北部的贾夫纳半岛向政府军发起新的进攻，先后攻占政府军10多个营地和据点，打死政府军100余人。政府军紧急调部队予以增援，至12月下旬将猛虎组织人员击退。

（二）开展游击战。4月19日晚，斯猛虎组织出动10艘攻击艇袭击斯海军驻基拉利的特遣舰队，双方交火持续4小时。斯海军在该地陆军部队的帮助下，击退了猛虎组织袭击。同日，猛虎组织在斯北部地区的乌利延库拉姆镇袭击一警察营地，打死5名警察；在东部地区的安帕莱县，猛虎组织还袭击了一陆军营地。8月11日，猛虎组织在科伦坡以东大约250千米的代第克洛镇用炸弹袭击警车车队，造成至少9人死亡，22人受伤。9月24日，猛虎组织在北部地区袭击斯陆军一车队，打死陆军人员16人，打伤30人。12月11日，猛虎组织袭击政府军驻贾夫纳半岛的一个军营。据斯军方宣布，有8名政府军士兵被打死，41名士兵受伤，其中11人受重伤。

（三）开展恐怖活动。9月18日，猛虎组织在斯东部地区袭击了3个村庄，造成至少52名平民死亡，其中包括妇女和儿童。9月26日，猛虎组织出动12艘攻击艇向位于斯东北外海的1艘中国大陆货船发射了迫击炮，导致船身严重受损。10月28日，猛虎组织用手榴弹袭击了斯内阁办公大楼，造成3人死亡，8人受伤。11月22日，猛虎组织炮击一座有450年历史的天主教堂，造成至少35名难民丧生，60人受伤。12月28日，猛虎组织炸毁了1列从北部瓦武尼亚开往中北部的阿努拉德普勒的火车，造成数千名平民伤亡。

三、内战不止的原因

斯里兰卡自1983年开始发生内战，至今已有17个年头，已造成6万多人死亡，数10万难民流离失所。斯政府每年用于战争的直接拨款达8亿多美元，占国家财政预算的1/4，严重阻碍了国家经济的发展。17年的内战表明：打，两败俱伤；谈，难有结果。斯内战之所以长期不止，主要有以下两个原因：

（一）民族矛盾根深蒂固，难以调和。泰米尔猛虎组织是斯国内长期存在民族矛盾的产物。早在19世纪30年代，当时占领锡兰（斯里兰卡的旧称）的英国殖民主义者大量开辟种植园，将印度南部的大批泰米尔人移民到锡兰当劳工。由于英国殖民主义者的扶持，泰米尔人很快在锡兰的政治、经济、军事和文化等各个领域占据主导地位，而锡兰的主要民族僧伽罗人则处于被支配地位，因此两个民族之间结下了怨恨。1948年斯独立后，以僧伽罗人为主的历届政府奉行“大僧伽罗主义”，采取一系列歧视泰米尔人的政策，严重损害了泰米尔人的利益，民族矛盾进一步加深。从70年代起，泰米尔人因不甘心做“二等公民”，成立了“泰米尔联合解放阵线”，要求在其居住的北方省和东方省建立独立的泰米尔国。该阵线中的青年成立了“泰米尔猛虎组织”。1983年7月，该组织在首都科伦坡挑起大规模种族骚乱，斯政府动用军队对猛虎组织进行清剿，由此斯陷入内战之中。1987年印军出兵斯里兰卡，帮助斯政府军与猛虎组织作战，并迫使其签定了停火协议。1990年印从斯撤军后，斯国内战火又起，猛虎组织控制了北部广大地区，并在贾夫纳半岛建立起自己的政权，继续同政府军作战。1994年库马拉通加夫人上台后，一改前任政府对猛虎组织以军事镇压为主的政策，积极谋求与猛虎组织进行和平谈判，试图以和平方式结束内战。双方经过3轮谈判，于1995年1月达成停火协议。然而，由于双方在泰米尔人独立这一实质性问题上分歧严重，猛虎组织于4月份单独撕毁停火协议，再次与政府军开战。在此形势下，库马拉通加夫人不得不命令军队对猛虎组织发动代号为“阳光”的军事进攻，于1995年12月捣毁了猛虎组织的老巢，将猛虎组织赶出了贾夫纳半岛。猛虎组织被迫将其精锐部队化整为零，转移到北方省和东方省的丛林地区，坚持与政府军展开游击战。贾夫纳半岛收复后，库马拉通加夫人再次发出和平倡议，提出一揽子“分权方案”，拟将全国划分为9个行政区，北方和东方两省合并成东北地区，以满足泰米尔人的要求。斯政府希望猛虎组织改弦易辙，放下武器，重新回到谈判桌前同中央政府对话。但该倡议仍然被猛虎组织拒绝。猛虎组织表示：“要谈就谈独立，否则不如不谈，放弃武器等于自杀”。目前，猛虎组织既不放弃独立要求，也不降低和谈要价，其领导人普拉巴卡兰公开表示：“猛虎组织誓与政府军战斗到最后一个人，流尽最后一滴血。”

（二）猛虎组织拥有足以与政府抗衡的力量。猛虎组织是斯里兰卡最大的一支反政府武装。在部队数量上，90年代初曾发展至1.2万人，既有陆上作战部队，又有海上作战部队。经过斯政府多年的清剿，目前仍有8000余人。据反映，该组织为了扩充实力，正在征召12岁以上少年。在武器装备上，猛虎组织除装备轻武器外，还装备大量的火炮、地空导弹、遥控炸弹、作战舰艇等。在作战能力上，猛虎组织既能同政府军进行大规模作战，又擅长山地、丛林游击战，同时辅以开展各种恐怖活动，时常使斯政府顾此失彼，难以应付。在后备支援上，猛虎组织可以畅通无阻地获得海外7000万泰米尔人的固定资助。据新闻媒体披露，斯猛虎组织每月的海外收入至少达200万美元，同时还能得到诸如苏制萨姆导弹之类的先进武器装备。猛虎组织设在北美、西欧、中东、南亚、南非及大洋洲的秘密联络点担负着搜集情报、筹备钱财、中转物资、技能培训等任务。猛虎组织最大的海外办事处设在伦敦，每月可募捐到125万英镑。据猛虎组织领导人普拉巴卡兰1999年5月宣称：“猛虎组织并没有被击败，而是壮大了力量，获得了广泛的现代战争经验，已成为一支不可战胜的力量。”

（刘温国）

阿富汗内战形成时打时谈的格局 1999年，阿富汗内战进入第10个年头。这一年国内两大派别“塔利班”与反“塔利班”联盟在政治上互不让步，军事上继续较量。“塔利班”在军事上占据优势，仍控制全国90%以上地区。国际社会为促进阿富汗问题和平解决继续进行努力，但仍未取得明显进展。美国和联合国继续压“塔利班”交出恐怖分子头目拉丹，“塔利班”予以拒绝。

一、敌对双方较量情况

一年来，阿富汗“塔利班”与反“塔利班”联盟围绕着政权问题打打谈谈，谈谈打打，大体经历了以下5个阶段：

第1阶段（1999年1月中下旬），反“塔利班”联盟发动冬季攻势。1月中旬，反“塔利班”联盟中的马苏德派改变往年冬季休战的做法，在首都喀布尔以北地区向“塔利班”发动进攻。反“塔利班”联盟动用大炮、火箭炮等重型武器连续重创“塔利班”武装，并攻占了喀布尔北部的夏克达拉地区。随后，反“塔利班”联盟又分别在阿西北部地区的法里亚布省和中部地区的巴米安省向“塔利班”发进起攻，先后攻占了希林塔格伯和约克兰镇两大战略要地，切断了“塔利班”与其驻北部地区部队之间的陆路联系。为保持对“塔利班”的军事压力，扭转不利局面，反“塔利班”联盟于1月24日在塔哈尔省首府塔洛坎召开军事会议，决定春季在阿北部和东部地区向“塔利班”发起新的大规模军事进攻，将“塔利班”赶出北部地区。会议还决定成立以马苏德为首的“最高军事委员会”，统一协调联盟各派之间的军事行动。

第2阶段（1999年2月中旬至3月中旬），“塔利班”与反“塔利班”联盟连续举行两轮谈判。2月中旬，在联合国和土库曼斯坦的斡旋下，“塔利班”与反“塔利班”联盟代表在土库曼斯坦首都阿什哈巴德举行第1轮谈判，双方就交换战俘、实现停火和继续对话达成了一致。3 月 11～14 日，在联合国阿富汗问题特使卜拉希米的斡旋下在阿什哈巴德举行第 2 轮谈判。双方商定：通过国际红十字会双方各交换 20 名战俘；组成联合政府、联合立法机构和联合司法机构；4 月份在阿富汗境内继续进行会谈，讨论双方之间的其他问题以及如何落实已达成的协议问题。

第 3 阶段（1999 年 4 月中下旬）“塔利班”发动春季攻势。4 月 11 日，“塔利班”宣布取消原定 4 月在阿境内举行的谈判，并自 4 月 16 日起在阿北部地区的巴格兰省向反“塔利班”联盟中的马苏德派武装发起大规模进攻。“塔利班”武装首先出动飞机对马苏德武装的阵地进行了轰炸，尔后发起地面进攻。马苏德武装组织力量进行还击，与“塔利班”武装展开了激烈的阵地战。经过 5 天的激战，“塔利班”突破了马苏德武装的防线，占领了部分地区。4 月 21 日，反“塔利班”联盟为了缓解巴格兰省地区的压力，向“塔利班”占领的阿中部战略要地巴米安市发起进攻，并成功地突破了“塔利班”的防线，占领了整个城市，俘虏“塔利班”士兵 100 余人。

第 4 阶段（1999 年 7 月中旬），“塔利班”与反“塔利班”联盟再次举行谈判。7 月 19 日，联合国阿富汗问题“6+2”会议在乌兹别克斯坦首都塔什干举行，发表《塔什干宣言》。“塔利班”与反“塔利班”联盟分别派代表参加了会议并在宣言上签字。7 月 20 日，双方代表在塔什干就停火和交换战俘问题举行会谈。双方虽未达成任何具体协议，但一致认为此次会谈为双方提供了寻求和平的机会，并表示将就寻求和平的具体措施进一步磋商。

第 5 阶段（1999 年 7 月下旬至 8 月上旬），“塔利班”发动夏季攻势。7 月 28 日，“塔利班”武装首先动用飞机对喀布尔北部的反“塔利班”联盟控制区进行轰炸，尔后兵分 3 路发起大规模地面进攻。经过 4 天的激战，先后攻占了反“塔利班”联盟控制的古尔巴哈、贾贝尔萨拉吉、查里卡尔、巴格拉姆空军基地和纳杰布拉等地区，并向马苏德派武装的大本营潘杰希尔山谷推进。自 8 月 5 日起，反“塔利班”联盟向“塔利班”发动大规模反攻，相继夺回了被“塔利班”攻占的数个战略要地。

二、国际社会促和情况

1999 年，联合国、伊斯兰会议组织以及俄罗斯、中国、巴基斯坦等国继续为促进阿富汗问题政治解决积极开展活动。

（一）联合国通过多种途径进行调解。

1. 安理会呼吁阿各派停止武装冲突，尽快恢复谈判。1 月 20 日，联合国安理会主席、巴西驻联合国大使阿莫里姆针对反“塔利班”联盟发动冬季攻势发表声明，要求阿富汗各派武装立即停止流血冲突，尽早在联合国主持下恢复政治谈判。声明说，阿富汗境内的武装冲突对国际和地区和平安全构成了严重威胁，给本国人民带来了深重的灾难。声明要求阿富汗各武装派别，特别是“塔利班”武装立即停止流血冲突，无条件实现停火，为建立一个基础广泛的、有充分代表性的政府而开始谈判；立即取消对妇女的一切歧视，停止违反人权的一切行为；停止种植、生产和走私毒品；停止为国际恐怖主义分子及其组织提供庇护和训练；采取有效措施保障在阿境内所有联合国工作人员的人身安全。4 月 19 日，联合国安理会发表主席声明，对阿富汗“塔利班”武装取消计划中的和谈深表遗憾，呼吁“塔利班”改变立场并尽快恢复和谈。声明说，安理会对阿富汗武装派别间爆发新的军事冲突表示关切，军事行动无助于阿富汗各派解决分歧，只有安理会和联合国大会有关决议才是阿富汗实现和平的基础。声明再次呼吁“塔利班”武装全面履行有关义务，保证返回阿富汗的国际人道主义工作者的人身安全和活动自由。

2. 联合国阿富汗问题特使进行穿梭活动。2 月下旬～3 月下旬，联合国阿富汗问题特使卜拉希米先后访问了沙特阿拉伯、巴基斯坦、伊朗和中亚诸国，同这些国家的领导人就政治解决阿富汗问题举行了广泛的会谈。期间，他还前往阿富汗，同“塔利班”和反“塔利班”联盟就恢复和谈问题进行了磋商。在卜拉希米的斡旋下，“塔利班”与反“塔利班”联盟于 3 月 11～14 日在土库曼斯坦首都阿什哈巴德举行和平谈判，并就交换战俘、组成联合政府等问题达成了原则性协议。

3. 联合国秘书长安南敦促阿各派进行和谈。联合国秘书长发言人埃克哈德 3 月 12 日宣布，由于阿富汗国内的安全形势已经得到改善，阿最大的武装派别“塔利班”承诺将严格遵守有关协议，确保国际人道主义工作人员的人身安全和活动自由，联合国决定逐步恢复在阿富汗的人道主义救援工作。埃克哈德还说，联合国将继续密切注视阿富汗国内局势的发展，并以此作为是否全面恢复在阿人道主义救援工作的依据。8 月 6 日，联合国秘书长安南通过发言人发表声明，敦促阿富汗交战各派停止战斗，恢复政治谈判。安南说，阿富汗冲突只能通过和平谈判解决，冲突各派争夺地盘的行动是不可能带来和平的，只有和平对话才能结束冲突，实现民族和解和成立为所有阿富汗人所接受的具有代表性的政府。

4. 联合国阿富汗问题小组举行会议。7月29日，联合国阿富汗问题“6+2”小组在乌兹别克斯坦首都塔什干举行副部长级会议。中国、巴基斯坦、伊朗、乌兹别克斯坦、塔吉克斯坦和土库曼斯坦、美国、俄罗斯的代表，联合国秘书长阿富汗问题特使卜拉希米以及阿富汗“塔利班”和反“塔利班”联盟的代表出席了会议。会议讨论了阿富汗局势和如何推动阿富汗和平进程等问题，并发表了《塔什干宣言》，重申军事手段解决不了阿富汗冲突，呼吁阿富汗各派尽快结束战争，实现民族和解。阿富汗“塔利班”与反“塔利班”联盟代表在宣言上签了字。

(二) 伊斯兰会议组织呼吁阿各方停止武装冲突。

8月8日，伊斯兰会议组织发表声明，呼吁阿富汗交战各方停止军事行动，恢复谈判。声明说，伊斯兰会议组织对于阿富汗局势的发展和阿人民生命财产继续遭到损害表示严重的不安和痛心，暴力活动的最终结果只能使国家进一步遭到破坏。阿富汗问题不能通过军事手段解决，阿富汗伊斯兰兄弟之间的自相残杀和流血冲突必须立即停止，冲突各方应该回到联合国主持下的谈判桌上来。声明表示，伊斯兰会议组织愿意同各方合作，共同寻求阿富汗问题的最终解决，确保阿全体人民的合法权利和国家的安全与稳定。

(三) 俄、中等5国积极开展斡旋活动。

1. 俄罗斯　4月29日，俄罗斯国家杜马主席谢列兹尼奥夫访问巴基斯坦时呼吁，要以政治手段来解决旷日持久的阿富汗问题。他在同巴基斯坦外长阿齐兹会谈时强调，巴俄两国应为在阿富汗建立一个基础广泛、代表各民族利益的政府而加强合作。

7月19日，俄罗斯外长伊万诺夫在莫斯科举行的记者招待会上说，在塔什干召开的联合国阿富汗问题“6+2”小组会议对于政治解决阿富汗问题具有重大意义。实践证明，战争解决不了阿富汗问题，唯一的出路是对话与政治调解，国际社会今后应更加重视解决阿富汗冲突。

2. 中国　4月19日，中国常驻联合国代表秦华孙在安理会上发言说，中国认为，军事手段无助于阿富汗问题的解决，只有成立一个基础广泛、具有代表性的政府，才能实现阿富汗的持久和平。中国真诚希望阿富汗各派能以国家和人民利益为重，摒弃种族、宗教和政见的不同，尽快停止武装冲突，恢复和平谈判。中国支持联合国在解决阿富汗问题上继续发挥作用，并愿同联合国“6+2”小组一道参与和配合在阿问题上的促和行动。

6月11日，中国政府在伊斯兰堡向联合国难民事务高级专员公署赠送价值300万元人民币的药品、食品、衣物等物资，用于援助阿富汗难民。中国驻巴基斯坦大使陆树林出席签字仪式并发表讲话说，中国是阿富汗的近邻，中国政府一向关注阿富汗局势，希望阿富汗各派能在国际社会的帮助下，尽快通过政治协商的方式实现和平与稳定。据联合国难民事务高级专员公署官员羽生勇作说，自1997年以来，中国政府每年都通过该机构向阿富汗难民提供援助，这是中国对世界和平所作的重要贡献之一。

7月19日，中国外交部副部长杨文昌在塔什干出席联合国阿富汗问题“6+2”小组会议时发表讲话说，为使阿富汗问题尽快获得公正持久的解决，中国政府鼓励和支持阿富汗冲突双方以民族和国家利益为重，摒弃各族、宗教和政见分歧，相互尊重，充分协商，尽快停止冲突，早日建立一个基础广泛、能为各方接受的稳定政府。杨文昌指出，阿富汗国内冲突已持续了十多年，如何有效地推动阿富汗和平进程，尽快结束战争是一个迫切的课题，是时代所需，人心所盼。国际社会应努力为和平解决阿富汗问题创造一个建设性的、良好的、宽松的外部环境。具体而言，第一，积极劝说阿富汗各派坐下来，心平气和地对话和谈判；第二，各国应严格对阿执行武器禁运，如有必要，联合国可制定具体的监督措施；第三，应尊重阿富汗人民对自己未来前途所作出的最终选择。杨文昌最后说，由于历史和现实的原因，不能通过指望一、两次会议就把数十年积累下来的所有问题全部解决。中国真诚希望各方在已取得进展的基础上，本着“求同存异、共同协商；保持合作、逐步推进”的精神，为争取早日实现《塔什干宣言》确定的目标而共同努力。

8月27日，中国常驻联合国代表沈国放在安理会就阿富汗问题进行辩论时说，国际社会，特别是对阿冲突各方有重大影响的国家应积极劝说和推动冲突各方坐下来谈判；各国，特别是阿富汗邻国应立即停止向冲突各派提供军援；联合国可考虑对阿富汗实行武器禁运，并制定出具体的监督措施。

3. 巴基斯坦　8月18～21日，巴基斯坦促进阿富汗和平高级代表团在阿富汗敌对双方之间开展和平斡旋活动。18日，巴代表团首先在塔吉克斯坦首都杜尚别同阿富汗反“塔利班”联盟代表团进行会谈。21日，巴代表团又在阿富汗南部城市坎大哈同“塔利班”领导人进行会谈。两次会谈主要讨论了如何在阿富汗建立一个具有广泛代表性的政府，从而结束旷日持久的内战问题。阿敌对双方对巴基斯坦的促和努力反应大相径庭，“塔利班”领导人表示支持巴基斯坦的促和努力，但反“塔利班”联盟领导人则指责巴基斯坦偏袒“塔利班”。

4. 乌兹别克斯坦　5月31日～6月1日，乌兹别克斯坦外长卡米洛夫访问巴基斯坦，协调两国在阿富汗问题上的立场。双方一致认为，阿富汗问题已持续多年，各有关邻国应充分认识到这一问题的复杂性，协调立场，共同努力，乌、巴两国为政治解决阿富汗危机加强合作对于推动阿的和平进程具有十分重要的意义。访问期间，卡米洛夫还访问了阿主要武装派别“塔利班”的大本营坎大哈，同“塔利班”最高领导人奥马尔举行了会谈。

5. 土库曼斯坦　1月25～26日，土库曼斯坦外长希赫穆拉多夫访问巴基斯坦，协调两国在阿富汗问题上的立场。双方发表的联合声明称，尽快恢复阿富汗的持久和平与稳定具有极其重要的意义。为此，阿国内交战各派应开展富有意义的对话；外来势力应完全停止对阿富汗事务的干预，停止向阿各派提供武器；国际社会应为阿人民创造必要条件，以使他们自己决定实现持久和平的方式。

三、美国、联合国同阿在拉丹问题上的斗争

美国于1998年8月向拉丹所在阿富汗训练基地发射多枚“战斧”式巡航导弹之后，1999年初又将拉丹列入“十大要犯”名单，一方面悬赏500万美元捉拿其归案，另一方面则向“塔利班”施加压力，要求其交出拉丹。7月6日，美国政府宣布，克林顿总统已签发了一项行政令，决定对“塔利班”实施经济制裁，以报复其对恐怖分子头目拉丹的支持。根据该行政令，美国政府将冻结“塔利班”在美国的全部财产，并禁止同“塔利班”控制的阿富汗地区进行一切贸易活动，美国公司不得在“塔利班”控制的地区投资。7月7日，“塔利班”最高领导人奥马尔针对克林顿总统签署对“塔利班”进行经济制裁的行政令发表声明说，美国的制裁是对穆斯林世界人民的攻击，其所以这样做是因为美国同“塔利班”在一些问题上存有严重分歧，“塔利班”是美国在阿富汗实现其险恶野心的障碍。美国对“塔利班”和拉丹的指责不但没有理由，也没有根据。10月15日，联合国安理会一致通过决议，要求“塔利班”交出恐怖分子头目拉丹。决议说，安理会成员注意到美已经以炸毁美国驻肯尼亚和坦桑尼亚大使馆为由对拉丹及其同伙提出起诉，要求“塔利班”将这些人交出受审。否则，联合国成员将拒绝对“塔利班”提供空中交通方便并将冻结其在海外拥有的资金，制裁措施将在30天后生效。10月16日，“塔利班”最高领导人奥马尔的发言人宣布，“塔利班”拒绝联合国安理会关于要求交出拉丹的决议，这一决议是“压制性的”和“不公正的”，因为有关国家至今仍未能提供拉丹参与恐怖主义活动的确凿证据。除非美国就其指控提供确凿证据，否则“塔利班”将不会交出拉丹。11月14日，由于“塔利班”拒绝交出拉丹，该协议自动生效。

（刘温国）

东帝汶挣脱印尼占领获得独立　1999年8月30日，东帝汶在联合国主持下举行全民公决，参加投票的绝大多数东帝汶人选择了独立，并得到印尼最高权力机构人民协商会议的批准和国际社会的广泛支持。

一、东帝汶问题的由来

东帝汶位于太平洋和印度洋之间的努沙登加拉群岛最东端，战略地位重要。它由帝汶岛东部、欧库西地区以及附近的阿陶罗岛组成，西部与印尼西帝汶相接，面积约1.9万平方千米，人口80余万。1566年，葡萄牙殖民者入侵帝汶岛。1613年，荷兰势力侵入，把葡萄牙排挤到东部地区。1859年荷、葡两国签订条约，重新瓜分帝汶岛：东部和西北部的欧库西归葡；西部并入荷属东印度（即现在的印尼）。1942年，日本占领东帝汶。二战后，葡萄牙恢复对东帝汶的殖民统治。1951年，东帝汶名义上改为葡萄牙的“海外省”。1960年，联合国大会通过决议，宣布东帝汶岛及附属地为葡萄牙管理的领土。1975年葡萄牙宣布东帝汶实行民族自决并撤出东帝汶后，东帝汶陷入内战，各派政治势力相继成立了3大政党：东帝汶独立革命阵线（主张社会主义）、帝汶民主联盟和帝汶人民民主协会。同年8月，帝汶民主联盟发动政变，成立“独立”政府，并大肆逮捕东帝汶独立革命阵线成员；11月东帝汶独立革命阵线击败帝汶民主联盟，并宣布东帝汶独立。为防止东帝汶成为印度洋上的“古巴”，在美国、澳大利亚的默许下，苏哈托领导的印尼于1975年12月7日出兵占领东帝汶，东帝汶独立革命阵线被迫撤至山区开展游击战。1976年7月，苏哈托签署“特别法案”，宣布东帝汶“归并”印尼，成为其第27个省。当时，联合国安理会即通过决议，反对印尼占领东帝汶，要求印尼立即撤军，并尊重东帝汶的领土完整和人民的自决权。东帝汶问题由此而生。

二、东帝汶独立的经过

东帝汶独立来之不易。印尼占领东帝汶后，东帝汶为获得独立，进行了漫长而曲折的斗争。国际社会也付出了艰苦的努力。在东帝汶获得独立的整个过程中，有关各方主要做了以下几个方面的工作：

（一）开展争取独立的斗争。东帝汶独立革命阵线自 1976 年起不断开展反抗印尼统治的武装斗争，苏哈托政府虽采取了一系列军事围剿行动，不但没有消灭独立革命阵线，反而使一些原赞成合并的人慢慢转而支持独立。1982 年联合国大会通过支持东帝汶人民自决的决议后，东帝汶独立革命阵线改变斗争策略，从游击战转向重点在城市搞示威游行活动，并致力于将东帝汶问题国际化，使国际社会进一步介入东帝汶问题，以加快实现东帝汶独立的步伐。1989 年东帝汶首府帝力和其他城镇先后出现反抗印尼统治的示威活动，特别是 10 月份有近 100 名东帝汶青年在教皇保罗二世访问东帝汶期间打出了“独立”标语。1990 年 1 月，美驻印尼大使访问帝力，一些东帝汶青年在其下塌的饭店外举行示威。1991 年 11 月，200 多名示威学生在帝力被印尼军队射杀，许多国家作出强烈反应，联合国也通过决议谴责印尼对东帝汶学生采取武力镇压行动。在示威活动的压力下，1993～1994 年，印尼、葡萄牙外长举行一系列没有东帝汶代表参加的有关东帝汶问题会谈。1994 年 11 月亚太经合组织在雅加达开会，29 名东帝汶学生占领美驻印尼使馆一隅，进一步招致国际社会关注东帝汶问题。这年印尼外长阿拉塔斯与独立运动领导人霍塔在纽约会面，默认东帝汶独立运动代表参与今后所有谈判。1995 年 6 月，联合国在奥地利主持召开“东帝汶所有各方对话会”，30 名东帝汶代表与会，虽然会议中搁置了东帝汶的地位、主权问题，但就人权、安全、减少军方作用、宗教自由等问题进行了广泛讨论。1996 年 10 月 11 日东帝汶大主教贝罗及独立运动领导人霍塔获得“诺贝尔和平奖”。

（二）组织全民公决。1976 年印尼占领东帝汶后，联合国安理会和联合国大会分别通过决议，支持东帝汶人民进行自决；澳大利亚多次敦促印尼就东帝汶独立还是自治问题举行全民公决，并表示：如果东帝汶拒绝自治，澳将支持东帝汶独立。在国际社会压力下，印尼政府 1999 年 1 月 27 日宣布，如果东帝汶拒绝“广泛自治”，印尼将允许东帝汶独立。随后，印尼与葡萄牙在联合国主持下多次就东帝汶前途问题举行谈判，并于 5 月 5 日达成协议，决定在东帝汶举行全民公决。6 月 11 日，联合国成立了由 600 名文官组成的联合国驻东帝汶特派团，负责在东帝汶筹备全民公决。8 月 30 日，举世瞩目的东帝汶全民公决拉开帷幕，东帝汶境内主动登记的 43 万名公民参加了投票，住在境外的 2 万名东帝汶人亦同时投票。这次全民公决由联合国组织和主持，旨在决定东帝汶是在印尼统治下广泛自治还是独立。为保证公决顺利进行，联合国派出 460 名民事警察和 300 名军事联络人员，印尼政府派出约 2 万名武装警察和治安人员维持秩序；印尼、葡萄牙等国的数十个机构派出 1700 名观察员监督投票工作。9 月 4 日，投票结果在东帝汶首府和联合国总部同时公布，78．5％的投票者支持东帝汶独立，印尼总统哈比比当即表示尊重东帝汶人民的选择，接受投票结果；联合国和美国、澳大利亚、葡萄牙、新西兰等许多国家也表示支持东帝汶独立。10 月 18 日，印尼人民协商会议正式通过法令，承认公决结果，并决定在年底前把东帝汶移交给联合国。

（三）联合国派出维和部队，并设立“联合国东帝汶过渡行政当局”。1999 年 9 月 4 日全民公决结果公布后，亲印尼的民兵组织不断开展大规模暴力活动，造成部分国际组织和国家驻东帝汶机构的房屋被烧毁，大批商店、银行被洗劫，数百人被打死，20 多万人逃离家园，东帝汶大主教贝罗和联合国东帝汶特派团部分人员也被迫撤至澳大利亚避难。鉴于东帝汶局势急剧恶化，印尼军队紧急在东帝汶实行戒严，哈比比总统不得不取消赴新西兰出席亚太经合组织会议的计划。国际社会对东帝汶局势再次表示严重关注。美国、澳大利亚、英国、法国、葡萄牙、新西兰、加拿大等国要求印尼设法解决东帝汶暴乱问题，否则国际社会将对东帝汶进行干预，同时这些国家紧急磋商了向东帝汶派遣多国维和部队问题；美、英等国还认为“印尼军方精心策划并直接参与了暴乱”，因此宣布断绝与印尼的军事关系。联合国秘书长安南要求印尼当局采取“坚决措施”控制东帝汶的民兵组织，并紧急向东帝汶派遣一个外交使团，讨论东帝汶安全问题，敦促印尼接受外国干预。亚太经合组织在新西兰就东帝汶局势举行紧急会议，商讨解决办法，要求印尼同意多国维和部队进驻东帝汶。欧盟委员会谴责东帝汶的暴力事件并对部署维和部队表示欢迎。国际货币基金组织和世界银行也对东帝汶局势表示关切，要求印尼按照国际准则行事。在国际社会的强烈要求下，联合国安理会 9 月 15 日通过在东帝汶部署多国维和部队的决议，印尼政府随即表示同意。多国维和部队总兵力 8000 人，主要来自澳大利亚、新西兰、泰国、菲律宾、马来西亚、新加坡、韩国、中国、葡萄牙、英国、法国、意大利、瑞典、挪威、美国、加拿大、巴西、阿根廷等 20 多个国家，由澳大利亚武装部队第 1 师师长科斯格罗夫少将担任维和部队总司令。9 月 20 日，以澳大利亚为首的多国维和部队开始陆续进驻东帝汶，履行恢复和平与安全的使命；27 日印尼军方正式向维和部队移交东帝汶治安管辖权。10 月 31 日，印尼军队全部撤出东帝汶，从而结束了对东帝汶长达 23 年的军事占领。

根据东帝汶独立革命阵线领导人古斯芒提出的“在联合国主持下建立一个过渡政府以指导东帝汶走向独立”的请求，联合国安理会于 1999 年 10 月 25 日一致通过决议，决定设立“联合国东帝汶过渡行政当局”，由联合国负责人道主义事务的副秘书长、51 岁的巴西人德梅洛担任“联合国东帝汶过渡行政当局”行政长官，全权监管东帝汶事务，并领导东帝汶在今后 2 至 3 年（每年耗资 7 亿～10 亿美元）内成为独立的共和国。“联合国东帝汶过渡行政当局”主要履行以下职责：保障东帝汶的安全，制定新的法律或法规，修正、暂停或废除一些现行的法律或法规；帮助建立一个新的主权国家和有效的行政管理体制；帮助东帝汶人获得“自治”的能力和“持续发展”的条件；协调提供人道主义及发展援助。“联合国东帝汶过渡行政当局”拥有一支由 8950 名官兵和 200 名军事观察员组成的联合国维和部队和 1640 名国际警察部队。联合国维和部队计划 2000 年 2 月取代目前在东帝汶的多国维和部队。一些国家的分析家称，“安理会的这项决议标志着东帝汶独立进程的正式启动。”

三、印尼允许东帝汶独立的原因

印尼在统治东帝汶 23 年后允许其独立完全是形势所迫，既有国际压力，又有内部考虑。

（一）缓解国际上的强大压力。印尼对东帝汶的占领始终没有得到联合国和绝大多数国家的认可。近几年来，联合国和许多国家多次要求印尼撤军并尊重东帝汶的领土完整和人民的自决权。原来承认或默认印尼对东帝汶拥有主权的澳大利亚和美国也先后改变立场，主张东帝汶自决。一些西方国家尤其是债权国在印尼要求贷款时，也常提出让东帝汶自决的条件。因此，印尼政府欲通过解决东帝汶问题来缓解国际社会的强大压力，摆脱外交被动局面，争取得到更多的外国贷款。印尼经济、财政和工业统筹部长吉南亚尔称：“印尼目前正在进行改革，希望成为世界第 3 大民主国家。但印尼发生的政治动荡严重影响了国际投资者的信心，特别是东帝汶问题的代价十分昂贵，这不仅表现在财政方面，而且还表现在政治方面，它使印尼的国际威望受到严重影响。因此，印尼政府希望迅速解决东帝汶问题，真心实意想翻开新的篇章。”

（二）甩掉沉重的经济包袱。东帝汶面积小、人口多，全“省”3/4 是山地和丘陵。虽拥有较丰富的石油、铜、钨和锰等矿物资源，但由于资金短缺，难以进行开发利用。在葡萄牙统治时期，东帝汶经济落后，人民生活贫困，一些地区的居民基本上处在自然经济状态。印尼占领东帝汶后，为了争取民心，促进经济发展，每年都要向东帝汶提供多达 5000 万～7000 万美元的财政补贴。印尼人形容东帝汶是印尼“鞋中裹着的石头”，让印尼吃够了苦头。1997 年 7 月爆发的亚洲金融危机使印尼经济蒙受了近 30 年来最严重的打击，因此政府很难继续向东帝汶提供大量财政支持。为尽快恢复国民经济，印尼政府不得不“以失望的心情”甩掉东帝汶这个沉重的经济包袱。

（三）巩固哈比比在国内的政治地位。哈比比 1998 年 5 月接替苏哈托出任印尼总统后，政绩不佳，民众视他为过渡性人物，其政治地位虚弱。哈比比提出让东帝汶独立旨在获得国际声望和支持，从而巩固其在国内的政治地位，以图在 1999 年 10 月 20 日总统选举中争取更多选票，结果事与愿违。

东帝汶虽然走向独立，但其道路不会平坦。首先，古斯芒对联合国官员在东帝汶重新安置行动中排斥东帝汶独立革命阵线有怨言。他表示，联合国东帝汶过渡行政当局作出的每一项决定，都应与东帝汶独立革命阵线磋商；不希望由不了解东帝汶情况的外国人组成过渡行政当局，应任命东帝汶人为过渡行政当局的官员，其余的职位再由外国人担任。其次，在东帝汶仍有许多人反对独立，特别是亲印尼的民兵组织仍得到印尼军方的支持，将继续伺机开展暴力活动。这些因素无疑将影响东帝汶建国的进程。

（钟学良）

印尼亚齐省闹独立 1999 年 8 月 30 日东帝汶通过全民公决获得独立后，印尼国内分离主义风潮迭起，一些分离主义组织纷纷提出独立或自治的要求，特别是亚齐省的分离主义分子闹得更厉害，先后策划组织了大规模的集会和武装暴动，企图迫使中央政府允许其独立。

一、分离主义活动由来已久

亚齐人世代居住在苏门答腊岛西北部地区，13 世纪建立了苏丹国。亚齐面积 55390 平方千米，占印尼全部领土的 3%左右。它西接印度洋，北临安达曼海，东北即是世界著名的“黄金水道”马六甲海峡，战略地位十分重要，历来为各海上强国所垂涎。1945年，在印尼开展摆脱荷兰殖民统治的武装斗争中，亚齐人民不仅通过电台广播声援苏加诺在爪哇岛领导的独立运动，而且还捐钱为即将诞生的共和国购买了2架飞机，为独立斗争作出了特殊的贡献。1949年印尼实行联邦制时，亚齐成为一个自治省。1950年被并入北苏门答腊省后，亚齐人对此强烈不满，分离主义运动萌动。1953年，穆斯林长老发动叛乱。1956年，印尼政府作出让步，给予亚齐特别自治地位。1961年，亚齐再次提升为印尼的一个省。1976年，分离主义分子发起要求独立的“自由运动”，印尼政府出动大批军队进行镇压，但未能彻底消灭分离主义势力；同年12月4日，“亚齐独立运动”正式宣告成立。1988～1998年，虽然齐亚一直在实行戒严，但“亚齐独立运动”仍在1989年发动了大规模武装暴动。1998年5月苏哈托下台后，当地发现了军方制造的万人坑，亚齐再次掀起独立浪潮。特别是1999年8月底东帝汶通过联合国主持的全民公决获得独立后，亚齐地区的离心倾向越来越强烈。亚齐群众不断开展各种游行示威活动，要求政府准许该省举行全民公决以获得独立；“亚齐独立运动”分离分子则不断开展武装暴动，袭击军警，并向当地政府官员施加压力，要求他们敦促印尼政府允许亚齐独立。9月29日“亚齐独立运动”散发“请愿书”，要求中央政府10月1日关闭在亚齐的所有办事机构。11月4日，亚齐省举行百万群众大集会，要求就自治还是独立举行公民投票。11月8日，亚齐省首府班达亚齐市也举行大规模集会，要求举行公民投票。据报道，亚齐省政府和议会领导人以及来自全省各地的青年学生、农民和妇女约150万人（占亚齐省总人口的35%）参加了集会，他们不断高呼“自由”和“公民投票”的口号，挥舞亚齐独立旗帜。集会组织者穆罕默德·纳扎尔说：“我们要求印尼政府给我们机会，就独立还是特别自治这两种选择进行一次公民投票”。有的示威者说，公民投票就是独立。而有的示威者则认为，如果中央政府能够把亚齐天然资源收入的大部分还给亚齐，他们就同意实行特别自治。据印尼官方统计，1999年亚齐分离分子与印尼军警发生的冲突共造成300多人死亡、200人受伤、66人失踪。

针对亚齐闹独立，印尼政府在1999年9～12月主要采取了以下措施：（一）与亚齐各界对话寻求解决办法。瓦希德称他秘密会晤了“亚齐独立运动”领导人和当地政界人物，并打算尽快前往亚齐，会见更多的亚齐人士，他相信多数亚齐人愿意留在印尼共和国大家庭内。人权国务部长哈斯巴拉（亚齐人）和另外3名部长先后赴亚齐视察，了解实情。（二）同意举行全民公决。瓦希德总统多次表示同意在2000年6月就亚齐的未来举行全民投票，作出选择：完全自治，实行联邦制或实行半联邦制（即收入的75%归地方，25%归中央）。（三）准备审判侵犯人权的军队将领。为缓解亚齐人民的不满情绪，印尼政府同意对苏哈托统治时期侵犯人权的军队高级将领和士兵进行审判，为此司法部和最高检察院已成立一个由军事和民事法庭组成的联合特别法庭；国会也成立了亚齐问题特别委员会，并计划传讯担任过武装部队司令的4名将军，要求他们对在亚齐采取的军事行动作出解释。（四）争取国际社会的支持。瓦希德总统先后出访了美国、日本、东盟和中东国家，争取到了这些国家支持印尼领土完整的许诺。

二、闹独立是多种原因造成的

导致亚齐闹独立的原因是多方面的，既有内在原因，也有外在原因。

（一）亚齐分离主义分子作祟。亚齐分离主义从1950年萌生到1999年已存在50年，其势力不断发展壮大。为使亚齐从印尼统治中获得“独立”，以“亚齐独立运动”为首的分离主义组织同印尼政府进行了长达数十年的“争斗”。特别是近年来，亚齐分离主义分子在频繁发动武装暴动、制造流血事件的同时，还不断在群众中煽风点火，伺机挑起事端。一是借“万人坑”事件，宣传印尼政府武力镇压亚齐“独立”运动造成了大量人员伤亡；二是利用印尼政府对亚齐的经济政策大作文章，极力宣传印尼政府大量“掠夺”亚齐天然资源造成了亚齐人民生活严重困难。分离主义分子的这些举动，旨在煽动亚齐民众对印尼政府的不满情绪，唆使他们举行示威游行和集会，把亚齐局势搅乱，以此向印尼政府施加压力，迫使其最终同意亚齐独立。在印尼的外国观察家称，“亚齐1999年11月上旬发生的大规模集会运动，完全是由一些分离主义骨干分子在幕后策划、操纵的”。一些国家的舆论也指出，正是由于分离主义分子的挑动，才使亚齐闹“独立”的活动持续不断，愈演愈烈。

（二）亚齐人民对印尼军警长期在亚齐采取强压政策不服。苏哈托执政时期对亚齐采取强压政策，在亚齐连续实行了长达10年的军事管制，多次动用大批军警镇压亚齐人争取自治和独立的活动。据联合国人权组织调查显示，这期间亚齐总共发生7000多件侵犯人权事件，先后有8817名亚齐人被杀害，3430人受迫害导致终身残疾，209名妇女被强奸，680间房屋被烧毁。印尼军警的野蛮行径，导致亚齐同印尼政府的矛盾日趋尖锐，当地人民的分离情绪日趋高涨。

（三）亚齐省对中央政府过多占有其天然资源收入不满。亚齐是印尼天然资源蕴藏量最丰富的省份之一，有石油、天然气、橡胶、金矿、银矿和木材。但天然资源的大部分收入被中央收走，仅 1997～1998 财政年度，亚齐天然资源为中央财政贡献就高达 45 亿美元，而同年亚齐省地方财政收入只有 2140 万美元。亚齐地区长期处在贫困之中，人民生活得不到改善。据称，亚齐共有 5560 个乡村，其中 2200 个是贫困村。这种状况引起亚齐省对中央政府的强烈不满。哈比比接替苏哈托担任总统后曾许诺要更加关心亚齐人民的命运，答应给予亚齐更多财政分配份额，表示要帮助亚齐修建铁路并把那些侵犯人权的人绳之于法。但这些诺言并没有兑现，再次使亚齐省对中央政府感到失望。

三、亚齐独立难以成真

亚齐分离势力虽然近年来不断掀起独立风潮，今后仍将伺机大造独立声势，但从印尼政府和国际社会对此事的态度看，亚齐要求独立只不过是一个梦想，很难变成现实。

（一）印尼政府不允许亚齐独立。从政治上看，印尼由 1．7万个大小岛屿和 300 多个民族组成。东帝汶独立已引起连锁反应，伊里安查亚、廖内、马鲁古、西加里曼丹、南苏拉威西等省的分离势力纷纷抬头，如果亚齐再获得独立，就有可能最终导致印尼解体。从经济上看，亚齐自然资源丰富，其石油和天然气的出口占印尼外汇收入的 1/5，目前印尼经济正处在艰难时期，失去这一重要财源，日子更不好过。从地理上看，亚齐位于马六甲海峡出口处，具有重要的战略地位。若其独立，不仅将打破该地区的军事战略平衡，而且还会波及四邻。因此，印尼政府一再声称，不会在国家的统一问题上作出妥协。国会议长丹戎表示，国会不支持亚齐就独立问题举行全民公决，任何有关解决亚齐问题的公民投票决定，都必须事先交由国会和人民协商会议批准。大部分国会代表也已明确表示反对亚齐独立，以免印尼陷入分裂。人民协商会议主席赖斯表示反对在亚齐举行公民投票，因为这可能助长全国的分离主义情绪，他还特别强调“亚齐从前和今后都应当是印尼共和国的组成部分”。军方坚决反对亚齐独立，担心这将导致印尼步巴尔干半岛的后尘而解体。军方发言人苏特拉查少将警告说，“军队不会容忍损害国家完整的行动，如果‘亚齐独立运动’胆敢降下印尼国旗而升起‘亚齐独立运动’旗帜，军队将立即进行干预。”印尼陆军和警察将领还力主再次对亚齐实行军事管制。瓦希德总统已表示不会允许亚齐脱离印尼，他同意亚齐举行全民公决实际上是采取的“缓兵之计”，目的是安抚亚齐人的不满情绪，以防止亚齐局势进一步动荡而影响印尼整体局势的稳定，妨碍新政府恢复经济的中心工作。同时，瓦希德对自己作为印尼最大穆斯林组织领袖的身份颇为自信，相信多数亚齐人不会脱离印尼，因为 98％的亚齐人是穆斯林教徒，亚齐被誉为“印尼的麦加走廊”。1999 年 12 月 20 日瓦希德还对日本记者谈称，“印尼将在 2000 年内完成实行联邦制的各项工作，希望亚齐从本质上和制度上都成为联邦的一员”。

（二）联合国不支持亚齐独立。由于“亚齐独立运动”要建立的是政教合一的国家，伊斯兰色彩相当浓厚，因此其分离主义运动多年来一直未得到联合国的支持。今后二三年内，联合国要全力帮助东帝汶建立一个主权国家，而现在万事才开头，百废待举。在东帝汶的维和将成为联合国维和史上费用最高（每年达 7 亿～10 亿美元）的行动之一。因此，联合国无暇顾及也无力帮助亚齐独立。

（三）部分国家反对亚齐独立。亚齐不仅是事关印尼的问题，还牵扯到东南亚的地区安全。目前，东盟国家最担心的：一是亚齐独立将使印尼四分五裂，不利于地区稳定与安全；二是如果亚齐暴力活动不断升级，有朝一日马六甲海峡就可能被军火走私者和难民阻塞；三是若亚齐独立，建立的是伊斯兰国家，这将进一步鼓舞菲律宾、泰国境内长期搞分裂的穆斯林分离主义组织。同亚齐有着复杂的历史和文化渊源的马来西亚曾在 80 年代末和 90 年代初收容过不少逃避印尼军管的亚齐流亡分子，但 1998 年初开始驱逐他们。如今，马来西亚既担心亚齐动乱导致大量难民涌入马境内，又害怕亚齐独立而使马国内的伊斯兰反对党士气大振。因此，东盟国家尤其是菲律宾、马来西亚和泰国都明确表示反对亚齐独立。1999 年 11 月 28 日，东盟发表声明重申“完全尊重”印尼的主权和领土完整。菲外长西亚松还建议在“东盟＋3（中、日、韩）”首脑会议上表明“印尼亚齐公决可能助长本地区分离主义”的立场，但囿于长期以来东盟一直奉行“不干涉成员国内部事务原则”，对亚齐问题难以作出抉择。欧盟国家强调，希望看到一个“强大的统一的民主的印尼”。美国虽反对印尼在亚齐实行戒严，但因印尼现在是“世界上第 3 大民主国家”，对美十分重要，所以克林顿总统在 1999 年 11 月中旬会晤瓦希德总统时表示，美国不希望亚齐脱离印尼，不支持任何分裂印尼的活动。他还提议，美愿派遣由那些对解决科索沃、波黑和非洲纷争有经验的专家组成的“化解纠纷”小组，赴印尼协助解决亚齐要求公决而引起的“纠纷”。卡塔尔、科威特等中东国家表示不支持亚齐独立。卡塔尔还表示要游说伊斯兰会议组织成员，就反对亚齐独立问题达成统一立场。科威特也表示愿意向印尼提供贷款，帮助亚齐发展经济。舆论认为，国际社会特别是西方国家反对亚齐独立，主要是从它们在亚齐的利益出发：一是经济利益，美、日控制着亚齐大部分石油和天然气的开采；二是政治利益，不希望看到亚齐成为激进的穆斯林国家以及在邻国引起闹独立的连锁反应；三是军事利益，控制马六甲海峡，打破军事战略平衡。此外，澳大利亚也不会贸然支持亚齐独立。澳大利亚因主导在东帝汶的多国维和行动已使其经济负担沉重，为此 2000 年不得不在国内增加税收 10 亿澳元。更重要的是，澳大利亚在整个东帝汶危机中偏袒东帝汶独立派势力，使印尼自上而下产生了强烈的反澳情绪，澳大利亚与印尼关系急剧恶化，降到几十年来的最低点。1999 年 9 月 16 日，印尼废除了 1995 年与澳大利亚签订的安全协议。澳大利亚在东帝汶的所作所为也遭到东盟的敌视，马来西亚和泰国曾对澳大利亚主导多国维和部队进行猛烈抨击，要求澳大利亚减少在东帝汶的澳大利亚维和部队。因此，今后澳大利亚若想在亚太地区发挥重要作用，在亚齐问题上必须三思而后行。

亚齐问题已成为东帝汶独立后印尼国内一个突出问题，它关系到印尼的民族团结、领土完整和国家统一。舆论认为，要使亚齐问题得到圆满解决，印尼政府还有许多棘手工作要做。瓦希德总统必须采取切实可行的措施，一方面重新树立中央的权威，另一方面确实履行政府对亚齐的承诺，这样才能赢得人心，确保亚齐留在印尼共和国的版图之内。

（钟学良）

印尼马鲁古省首府安汶市发生严重宗教冲突　1999 年，印尼马鲁古省首府安汶市多次发生基督教徒与穆斯林教徒之间的冲突，导致该市局势持续动荡不安，特别是一些分离主义分子趁机开展“独立”运动，引起印尼政府的高度重视和国际社会的广泛关注。

全年在安汶市发生的数次宗教冲突中，规模较大、持续时间较长、损失较严重的有以下两次：

（一）1 月中旬发生的宗教冲突。1999 年 1 月 19 日，安汶市发生了印尼 15 年来最大规模的宗教冲突。其起因很简单，一位基督教徒司机与穆斯林教徒村民在下巴图梅拉村发生口角，两个小时后就演变成为两大宗教之间的直接冲突，并迅速蔓延到周围地区，持续了近 2 个月。据印尼官方统计，此次冲突造成至少 200 人死亡、400 多人受伤、3 万多人外出避难，281 所房屋、银行、清真寺、教堂和 247 辆汽车、摩托车被烧毁。安汶市陷入瘫痪，市场和商店关闭，职员无法上班，报纸停刊，电台无法正常广播，当地人民生活十分困难。此前安汶市从未发生过严重冲突，这次冲突自然引起印尼政府和社会各方面严重关注。哈比比总统呼吁加强民族团结，并要求人们不要轻信谣言，以免导致种族、宗教冲突。武装部队司令维兰托等军政官员到安汶市视察，并下令逮捕和审讯肇事者。仅 1 月 23 日一天就逮捕 50 人，其中 2 人被确认为嫌疑犯。空军出动飞机空投传单，呼吁重建和平。陆军采取各种措施仍不能控制局势的发展，不得不于 3 月 11 日在安汶市实行军事管制，并向该地区增兵 5000 余人维持治安，才使局势得以缓和。马鲁古省长萨利赫呼吁安汶市民保持克制，不要轻率采取暴力行为。安汶市警察下令收缴闹事者手持的凶器，拒不缴械者格杀勿论。安汶市宗教领导人要求各方进行反省。当地社会各界要求执法部门严惩罪犯。印尼媒体称，居住在安汶市的穆斯林、基督教徒和天主教徒一向和睦相处，相互帮助。许多人对安汶市爆发这样大规模的冲突感到意外，普遍认为这是某些人煽动的结果。马鲁古军区司令森比林少将说，挑唆者分成几个小组在一些地方煽动群众，最后导致安汶市发生冲突。苏拉威西军区司令苏阿迪少将说，安汶市冲突策划者是位来自雅加达的平民，他曾企图暗杀武装部队成员，行动失败后逃跑。印尼最大的穆斯林组织伊斯兰教师联合会主席瓦希德（1999 年 10 月当选印尼总统）说，煽动者有 160 人，他们是在穆斯林开斋节前从雅加达返回安汶市的。

（二）12 月份发生的宗教冲突。12 月上旬开始，安汶市穆斯林与基督教徒再次发生大规模暴力冲突，相互使用自制手榴弹和弓箭进行攻击，至当月底冲突已蔓延到附近的其他 5 个岛屿，造成 161 人死亡，数十人受伤，大量房屋被烧毁。此次宗教暴力冲突事件引起印尼政府和军方的高度重视。冲突发生后，印尼军队紧急从邻近的东加里曼丹省三马林达市抽调 400 多名官兵赶赴安汶市，帮助当地警察维持社会治安秩序，制止冲突，逮捕挑起冲突的骨干分子。同时，军方建议对安汶市实行军事管制，但未得到政府的批准。瓦希德总统要求政府采取坚决措施对付在安汶破坏社会秩序和制造冲突的人，同时委派副总统梅加瓦蒂负责处理安汶冲突事件。鉴于安汶市局势日趋紧张，瓦希德和梅加瓦蒂不得不于12月底亲临安汶市，与冲突双方对话，希望停止冲突。武装部队司令维多多上将（1999年10月接替维兰托）认为，目前最重要的是通过调解和开展重建工作来解决安汶地区的宗教冲突问题。内政部长苏亚迪·苏迪查表示，政府希望安汶问题能够尽快得到解决，但现在尚无法制订一个解决该地区问题的时间表，政府将同军队一起把处理安汶和亚齐地区问题作为“优先考虑”的事情。同时，这次宗教暴力冲突也在印尼全国引起强烈反响，一些激进穆斯林组织在首都雅加达聚会，号召进行“圣战”，并以各种形式向政府施压。瓦希德总统对此表示坚决反对，并明确指出“那样做只能使局势更加恶化，破坏国家统一和民族团结”。

据印尼官方统计，1999年安汶市发生的各种冲突和骚乱至少造成1143人丧生，2300多人受伤，10万多人沦为难民，8500多座建筑物被毁坏。印尼马鲁古社会团体总主席巴尔坎·卡普拉勒认为，安汶市的宗教冲突事件是由于社会长期存在贫富悬殊和金钱政治所造成的。他说，当马鲁古省200万人民挨饿的时候，很容易引发各种社会问题。印尼大学社会政治学院认为，安汶市冲突策划者的用意是在社会各界散布仇恨情绪，最终使该地区脱离中央政府的领导。印尼伊斯兰教学者理事会主席阿里耶·雅菲说，安汶市冲突事件证明，现在有人想利用宗教来达到某种目的，印尼将面临国家分裂。《雅加达邮报》援引安汶市居民的消息说，冲突期间有人升起“南马鲁古共和国”旗帜。

据称，早在50年代，以罗伯特·史蒂文·苏莫基尔为首的分离主义分子就不断在安汶制造分裂活动，并提出了建立“南马鲁古共和国”的口号。由于印尼政府采取了坚决的制止措施，安汶地区的分裂活动在70年代后“销声匿迹”，分离主义骨干分子多数流亡荷兰。现在，一些分离主义分子又利用安汶市发生宗教冲突之机，挑起分裂活动，企图建立“南马鲁古共和国”。印尼政府对此高度警惕，严厉打击分离主义分子，坚决制止分裂活动，确保安汶不从印尼分离出去。印尼政府的举措，不仅得到国内人民的普遍支持，而且也得到国际社会的广泛赞同。因此，分离主义分子企图使安汶“独立”的阴谋不可能得逞。

（钟学良）

吉尔吉斯斯坦发生劫持人质事件 1999年8月下旬，吉尔吉斯斯坦南部地区发生一起武装劫持人质事件。这一事件，在中亚地区及有关国家引起极大震动。

一、事件经过

1999年8月下旬，一伙装备精良、训练有素的武装分子，从塔吉克斯坦潜入吉尔吉斯斯坦南部奥什州的巴特肯区和琼阿拉区，占据了5个村庄，安营扎寨，构筑工事，试图与吉政府军长期对抗。8月22日夜，这伙武装分子劫持了包括吉内务部队司令沙姆克耶夫少将和4名日本地质考察专家在内的约10名人质。吉南部局势骤然紧张。8月23日晚，又有一批武装分子企图进攻吉政府军营地，有10人被击毙，政府军1人阵亡，6人受伤。随后，吉当局在琼阿拉区部署了9名警察，观察武装分子的动向；8月25日，这9名警察也被扣为人质。

事件发生后，吉尔吉斯斯坦政府立即宣布在武装分子占据的巴特肯区实行紧急状态，迅速调动部队前往出事地区，采取措施，截堵、打击武装分子。8月25日，吉总统阿卡耶夫宣布，潜入吉南部的“国际恐怖主义分子”大约有600～1000人；吉国防部长苏巴诺夫上将因对此事处理不当已被解职。8月26日，吉政府军开始对武装分子的阵地实施空中打击；武装分子遭受重创，约50人被击毙。8月27日，阿卡耶夫总统签署命令，号召有山地作战经验的退伍军人集中起来准备参战。据吉总统新闻官员披露，截止到8月30日，已有千余名参加过阿富汗战争的吉退伍军人准备应召入伍。至8月31日，先后已有11名人质获释。但是，沙姆克耶夫少将和4名日本地质考察专家，还在武装分子手中。巴特肯区等地因武装分子入侵而逃离家园的难民达4000余人。

二、事件发生的背景

当地舆论认为，这次发生在吉南部的劫持人质事件不是孤立的，它同整个中亚地区动荡复杂的形势密切相关。吉尔吉斯斯坦、塔吉克斯坦、乌兹别克斯坦实行的都是政教分离的世俗政体。但是，中亚地区伊斯兰势力的根基相当强大。近几年有些伊斯兰组织已逐渐发展成为以建立伊斯兰宗教国家为宗旨、与合法政府争夺政权的极端武装组织。塔吉克斯坦长期陷于内战，民族和解尚未最终实现；乌兹别克斯坦政府同伊斯兰原教旨主义分子之间的关系一直也很紧张。同时，这里与长期处于战乱状态并与存在着原教旨主义政权的阿富汗为邻，极易从境外得到援助和庇护。

8月27日，吉总统阿卡耶夫在回答记者提问时强调指出，发生在吉南部的武装劫持人质事件，是有组织的国际恐怖活动。据媒体披露，这些来势凶猛的武装分子曾在阿富汗拉丹的恐怖分子训练基地接受过武装训练。他们所持有的先进武器也是由拉丹提供的。

有报道说，这次潜入吉南部的武装分子属于一个名为“解放党”的伊斯兰原教旨主义激进组织。他们由乌兹别克人、塔吉克人、吉尔吉斯人和普什图人组成，相互之间用英语交流。他们可在海拔3000～4000米的高山地区作战并快速转移。这些武装分子携带前苏联或其他外国制造的自动步枪、机枪和火箭筒等轻武器，配备有包括卫星电话在内的通信工具和夜视仪，同位于塔吉克斯坦和阿富汗的中央基地保持着密切的无线电联系。

塔吉克斯坦有关负责人指出，在这批武装分子中有的属于塔联合反对派战地指挥官纳曼加尼残部。根据塔民族和解协议，塔联合反对派本应在1999年8月底解除武装。但是，纳曼加尼一伙不愿放下武器，遂分批来到吉尔吉斯斯坦南部的琼阿拉区山上，准备隐藏在和平居民中并建立根据地，进而向乌兹别克南部的费尔干纳谷地发展，建立伊斯兰国家。有的还说，这批武装分子来自乌兹别克斯坦。1999年2月16日，乌首都塔什干发生一起针对乌总统卡里莫夫的爆炸事件之后，乌当局认为这一事件与乌境内的伊斯兰极端势力有关，于是在全国范围开展了一场围剿伊斯兰极端分子的大规模武装行动。一些伊斯兰极端势力走投无路，逃到塔吉克斯坦，与那里的联合反对派武装结合在一起进行恐怖活动，并在阿富汗建立了自己的训练基地。前乌兹别克斯坦公民阿齐兹汗是这次吉南部恐怖事件的直接领导者。阿齐兹汗1992年因刑事犯罪被判入狱，当年出狱后前往塔吉克斯坦。他在阿富汗的一个营地接受战斗训练后，返回塔吉克斯坦领导一个反对派组织。这次渗透到吉尔吉斯斯坦南部企图挑起塔、乌、吉之间的相互冲突，在3国边境地区从事恐怖和颠覆活动。

三、有关国家的反应

事件发生后，吉当局一方面在国内采取紧急措施，一方面向独联体国家首脑发出救援请求，希望各有关国家在独联体集体安全条约框架内向吉提供必要的军事援助。塔吉克斯坦政府承诺，将动用一切武装力量封锁通向吉的交通要道，阻止武装分子继续向吉增兵。哈萨克斯坦政府明确表示，准备向吉提供军事援助，并将满足吉方的一切要求。应吉方要求，乌兹别克斯坦空军8月26日开始连续出动飞机轰炸了武装分子聚集的地区，并对企图进入乌境内的武装分子进行了狙击。8月28日，吉、哈、塔、乌4国外交部长、国防部长以及国家安全部门的负责人在吉南部的奥什举行会议，协调立场，部署联合对付非法武装的行动。

俄罗斯对发生在独联体南部的这起恐怖事件十分关切，但行动较为谨慎。8月25日，俄有关部门负责人表示，一旦吉领导人提出请求，俄准备向吉提供援助，帮助吉消灭入侵的武装分子。8月27日，吉政府正式向俄发出援助请求后，俄国防部长谢尔盖耶夫当即表示，俄已开始研究帮助吉军队清剿武装匪徒的可行性方案，并准备向吉提供必要的军事技术设备和武器装备。但他同时强调，“现在还不到向吉增派地面部队的时候。”吉第一副总理西拉耶夫、吉国防部长托波耶夫8月30日前往莫斯科同俄总理普京、国防部长谢尔盖耶夫会晤，讨论了清剿武装分子以及俄向吉提供军事技术援助问题。9月1日，俄国防部长与乌兹别克斯坦总统卡里莫夫会晤，双方就俄与中亚4国合作剿匪和向吉提供军援问题达成协议。

吉人质事件在日本引起强烈反应。事发后，日媒体均在显著地位报道这一事件。据反映，被劫持的4名日本人是受“国际合作事业团”委托，由“金属矿业事业团”派遣，进行资源开发调查的。他们于1999年6月抵达吉尔吉斯斯坦，预定滞留到11月，被劫持时正住在当地居民家中。日本首相小渊惠三8月24日与吉总统阿卡耶夫通电话，表示日本政府希望尽快解决人质问题，并优先考虑确保人质的生命安全。阿卡耶夫总统表示，日本是吉经济的主要输血者，保持日本对吉的信任非常重要。吉政府在对武装分子采取坚决措施时将充分考虑日本人质的安全。日本副外相武见敬三8月26日专程赴比什凯克同阿卡耶夫总统会谈。他表示，日方不排除在解救人质时使用自己的特种部队的可能。他同时表示，恐怖事件不会影响日吉双边关系的进一步发展。

四、处理结果

据反映，由于武装分子盘踞的地区是吉南部的高山地区，地形条件复杂，加上武装分子采取了游击战术，吉军队难以对其采取“任何积极的行动”，而武装分子却不时伺机袭击吉政府军。如9月18日，武装分子向吉国防军驻军一阵地发起进攻，战斗持续了5个小时。武装分子有15人被打死，吉国防军6人阵亡，7人受伤。但是，10月初，形势发生了变化。10月2日，吉强力部门透露，吉政府军已夺取了吉南部地区所有的战略高地，已控制了当地的局势。武装分子所有可能的转移方向，都已被封锁。据报道，此前，吉尔吉斯斯坦政府、日本政府即已通过当地居民和外交途径，就释放人质等问题，同武装分子进行谈判，最后双方达成了妥协。10 月 10 日前后，被扣人质全部获释；武装分子开始撤离吉尔吉斯斯坦，返回塔吉克斯坦营地。10 月 13 日，吉军方宣布，潜入吉南部的武装分子已被“驱逐出境”。历时近 50 天的人质事件宣告结束。

（张力群）

塔吉克斯坦民族和解取得新进展 1999 年，在有关协议的基础上，经过各方的努力，排除干扰，化解分歧，塔吉克斯坦的民族和解取得了新的进展。塔国内初步呈现出和平稳定的好势头，但是也还存在着某些不利于民族和解的因素。

一、民族和解取得新进展

根据塔总统拉赫莫诺夫与联合反对派领导人努里 1997 年 6 月签署的“和平与民族和解总协定”，1999 年取得的主要进展是：

（一）联合反对派武装力量的改编工作已基本完成。联合反对派的武装共有 7000～8000 人，根据总协定，其中一半编入政府军，另一半遣散或转入预备役。迄 1999 年 8 月底，这一工作已基本完成。

（二）权力分配问题继续有所突破。根据总协定，联合反对派可在联合政府中占有 14 个部长级席位，迄 1998 年底已落实 9 个席位；1999 年，经过协商，政府又任命两名联合反对派人士分别出任紧急状态和民防部长、国防部第一副部长。但政府原答应给联合反对派国防部长一职迄今未兑现。

（三）就宪法修改案进行了全民公决。宪法修正案内容包括延长总统任期（由 5 年延长至 7 年）、议会实行两院制、所有政党合法化并可参加大选等。“公决”于 1999 年 9 月 26 日举行，77% 的选民同意上述修宪内容。

（四）举行总统大选。总统选举于 11 月 6 日举行。现任总统拉赫莫诺夫以 96.99% 的选票再次当选。选举结果于 11 月 9 日公布后，联合反对派领导人努里在记者招待会上说，尽管联合反对派对总统大选持保留意见，但他“为大选过程中没有发生任何过火行为而感到高兴。”他表示，联合反对派“承认塔吉克斯坦人民的意志，尊重塔吉克斯坦人民的选择。”同日，塔民族和解委员会中的联合反对派成员返回单位工作，一度中断的民族和解机制又重新恢复运转。

分析家认为，拉赫莫诺夫之所以能以压倒多数的绝对优势顺利连任，得益于他推行的一系列内外政策：他顺应民意，大力推进塔民族和解进程，这一政策得到包括塔联合反对派在内的各方人士的认可；以稳定国内政治局势为中心，促进经济的恢复性增长，1999 年国民生产总值预计将增长 5%，增幅在独联体国家中居第 2 位；推行有重点的全方位外交政策，积极发展与周边国家的睦邻友好合作关系，获得了国际社会的支持与承认。

塔大选的顺利进行，表明了塔各族人民对和平与稳定生活的期盼。这在一定程度上又促进了塔国内局势的进一步稳定，有利于塔经济的恢复和增长。

二、民族和解的新进展是在排除干扰、寻求妥协中取得的

塔民族和解进程在 1999 年也曾遇到干扰，出现反复。5 月 24 日，联合反对派领导人努里致函拉赫莫诺夫总统，宣布联合反对派暂停与政府合作并提出如下几项条件：获得中央与地方政府及驻外代表机构各 30% 的职位；联合反对派武装力量总司令齐约耶夫出任国防部长；总统大选之前举行议会选举。议会选举原定 1998 年举行，由于种种原因一拖再拖。拉赫莫诺夫总统曾宣布，议会选举不晚于 2000 年 2 月举行。联合反对派则坚持议会选举必须在总统大选前举行。

联合反对派的上述要求无疑是给政府出了一道难题，同时也给民族和解进程蒙上了一层新的阴影。但在塔人民迫切希望和平与稳定的大环境的影响下，经各方共同努力，各自作出了一些让步，使问题得到解决。在权力分配方面，联合反对派的齐约耶夫最终被授予少将军衔并出任紧急状态和民防部长，另一名高级军官被任命为国防部第一副部长。7 月 27 日，拉赫莫诺夫与努里举行秘密会谈，就联合反对派出任地方政府领导的人选问题进行磋商。双方还就全民公决和议会选举的时间达成了妥协。公决于 9 月底举行；议会选举定于 2000 年 2 月举行。至此，联合反对派提出的条件在相当程度上得到满足，民族和解进程出现加速发展的势头。

三、民族和解进程中仍然存在某些潜在的危机

塔民族和解虽然取得了新的进展，但是也还存在某些潜在的危机。一是联合反对派武装的改编工作虽已基本完成，但是还有一小部分不服从改编或者虽然形式上接受了改编，实际上并不服从政府的统一领导，继续保持武装割据的局面，甚至跨越国境，制造事端，威胁地区安全。如 1999 年 8 月底联合反对派战地指挥官纳曼加尼残部，抵制政府的改编，伙同国

际恐怖主义势力，窜入吉尔吉斯斯坦南部制造了一起震惊一时的人质事件。后来，这些武装分子又返回塔境内，对塔的安全留下隐患。二是以前总理阿卜杜拉贾诺夫等为代表的“第三势力”和联合反对派以外的某些战地指挥官及其所属部队，还在时时威胁着塔的和平与稳定。三是在中央和地方政府的权力分配问题上，塔当局和联合反对派之间还会继续讨价还价，特别是所有政党合法化、议会选举以后，各派政治力量间的斗争将会出现一些新的更为复杂的情况。这些问题一旦凸现或处理失当都可能干扰民族和解进程。当地分析家认为，只有实现各种政治力量的“横向联合”和中央与地方利益的“纵向结合”，塔才能实现真正的民族和解与政治稳定，而实现这一目标，还有很长的路要走，还要经过许多艰苦的工作和斗争。

（张力群）

阿、亚两国总统多次会晤寻求解决纳卡争端的途径 1999 年 10 月 11 日，阿塞拜疆总统阿利耶夫和亚美尼亚总统科恰良在两国边境地区的阿方一侧会晤，就困扰两国多年而未能解决的纳卡地区的最终地位和归属问题举行会谈。这是 1999 年阿、亚两国元首举行的第 4 次一对一的会晤。值得注意的是，会晤地点从最初的大西洋彼岸的华盛顿而后转移到欧洲谈判中心的日内瓦，最后干脆回到自己的家门口——两国边境地区。

在会晤结束后举行的简短记者吹风会上，双方严守事先达成的保密协议，没有向外界透露会晤的具体内容。但是，两国总统都重申，长达 12 年之久的纳卡问题对阿、亚来说都是一个十分棘手的问题，绝非一天两天就能彻底解决，重要的是双方都要作出让步。

纳卡冲突始于苏联解体前的 1988 年。阿、亚分歧的焦点是纳卡地区的最终地位和归属问题。双方虽然在 1994 年 5 月达成停火协议，但是这个原则问题始终未能解决，两国从此处于一种“非战非和”的特殊状态。1996 年，欧安组织成立的明斯克小组提出了一个分阶段解决的“里斯本方案”，阿塞拜疆对此很感兴趣，但是亚美尼亚持否定态度。明斯克小组在 1998 年 10 月又提出一个名为“共同国家”的建议，亚美尼亚基本接受，但是阿塞拜疆认为这实际上等于同意纳卡独立，拒绝接受。此后有人曾希望联合国或者北约能出面干预，只是由于欧安组织已承担使命，谁也不愿介入。

1999 年两国关系仍处于僵持状态，且不时发生冲突和争执。据阿塞拜疆国防部称，6 月 14 日，约 300 名亚美尼亚军人进攻了阿西部捷尔捷尔地区的阿军阵地，双方均有伤亡。9 月 14 日，阿总统阿利耶夫拒绝了美国政府请他参加定于 10 月间在格鲁吉亚首都第比利斯举行的高加索地区领导人论坛的邀请。阿利耶夫说，他不能参加这次会议，“因为阿塞拜疆与邻国亚美尼亚之间存在着悬而未决的争端。”

但是，实际上，为了缓和关系，寻求解决纳卡争端的途径，1999 年，两国领导人不断进行接触。4 月下旬，应邀出席北约成立 50 周年庆典期间，在美国总统克林顿的撮合下，阿、亚两国总统首次举行了没有第 3 者参加的首脑会晤。8 月 22 日，两国总统又在日内瓦举行非正式会谈。此外，11 月 19 日，两国总统在欧安组织伊斯坦布尔首脑会议上倡议建立高加索安全体系，以帮助解决纳卡争端，并“设法防止再次发生冲突。”

从 4 月至 11 月，阿、亚两国总统接连 4 次会晤。会晤的时间、地点，由最初第 3 者来协调，改为现在完全由自己商定。会晤的地点先是在第 3 国，后来改在两国边境地区。为了防止外界干扰，在第 1 次会晤中双方就达成对所有会谈内容保密的协议。舆论认为，所有这些都表明，阿、亚两国领导人都意识到，只有通过谈判和相互让步，才能解决争端；争端发生在两国之间，要解决它不能指望任何中间人，主要靠自己；谈判需要耐心和时间。看来，双方已开始向这些方面作出努力。

（张力群）

中东和平进程重新启动 1999 年 5 月 17 日，以色列工党领袖巴拉克击败内塔尼亚胡当选为新一届总理后，僵持已久的中东和平进程陆续开始重新启动。巴以重开谈判并取得进展，最终地位谈判也开始启动；叙以和谈于年底恢复；黎以和谈吹响“前奏曲”。中东和平进程虽再现生机，但和平之路依然艰难，谈判易，达成协议难，落实协议更是难上加难。

一、巴以、叙以和谈取得重大进展

在历经愁云惨雾之后中东上空终于再现曙光。1999 年 7 月，巴以开始恢复和谈；9 月双方成功签署《沙姆沙伊赫备忘录》，对继续实施《怀伊协议》作出了具体规定，并要求双方于 2000 年 9 月达成永久性和平协议。巴以最终地位谈判于 11 月开始，这标志着巴以和谈进入最后阶段。叙以双方则于 12 月举行了“半个世纪以来两国之间最高级别会谈”，为恢复中断将近 4 年的叙以和谈确定了基本框架。

（一）巴、以率先打开僵局。巴勒斯坦问题是中东问题的核心。1999年前几个月，巴以双方为巴单方面宣布建国一事闹得沸沸扬扬，直到4月29日巴方决定推迟宣布建国之后，此事才暂时平息。以总理巴拉克上台后，面临的首要问题是如何落实前任政府签署的《怀伊协议》。作为推动中东和谈的第1步，1999年7月6日，巴拉克正式就任总理后当即宣布，他将出访埃及，随后会晤巴勒斯坦民族权力机构主席阿拉法特及约旦国王阿卜杜拉。7月11日，巴拉克总理与阿拉法特在以色列与巴勒斯坦自治区交界处的埃雷兹检查站举行了首次直接会谈，巴拉克第1次作出以将执行《怀伊协议》的具体承诺。这次“友好而融洽”的会谈，表明巴以在经历3年多关系紧张之后终于再次为和平进程走到了一起，同时也勾勒出双方关系的现状和前景：和平谈判的战略再次被双方确定，巴以紧张关系开始缓解，相互信任和谈判气氛得到了重建和改善，分歧虽明显存在，但双方都有求同存异、面向未来的和平愿望。在美国、欧盟、埃及与约旦等多方积极斡旋下，巴、以通过“内整”、“外联”，经过30多轮艰苦谈判，终于走出困境。9月5日，巴以双方在埃及的沙姆沙伊赫市就执行被冻结的《怀伊协议》问题终于达成了一份备忘录。根据备忘录的规定，以色列随后向巴方移交了约旦河西岸7%地区的民事管辖权；分两批释放了350名被关押的巴勒斯坦人；开通了连接加沙和西岸安全通道的南方路线，使巴勒斯坦人第1次能在分隔的自治领土上自由来往；同时在加沙开始修建港口。备忘录还规定在过渡期间以军将分3阶段撤出18.1%的约旦河西岸地区，其中第1阶段撤军于1999年9月完成；第2阶段原定11月完成，实际延迟至2000年1月完成；对存有争议的第3阶段撤军，以军将撤出6.1%的约旦河西岸地区，并于2000年1月20日前完成；同时要求巴以启动最终地位谈判，在2000年2月中旬就耶路撒冷地位、巴以边界划分、犹太人定居点及巴难民回归等问题达成框架协议，并于2000年9月签订永久性和平协议。1999年9月13日，在《奥斯陆协议》签署6周年之际，巴以双方在埃雷兹检查站就象征性“启动”最终地位谈判举行了仪式。《沙姆沙伊赫备忘录》的签署，不仅是巴以和谈的重要突破，也是整个中东和平进程的新起点。1999年11月2日，巴拉克总理、阿拉法特主席和克林顿总统在挪威首都奥斯陆实现了3方首脑会晤。虽然会晤的象征意义远远大于实际成果，但为巴以双方最终地位谈判的顺利进行铺平了道路。11月8日，最终地位谈判在约旦河西岸的拉马拉城正式开始。巴以和谈再次进入了关键阶段。

（二）叙以和谈重现生机。巴拉克上任后，叙以和谈形势出现转机。叙利亚对巴拉克的和平呼吁作出积极反应，双方关于复谈的立场开始松动。在国际社会特别是美国、埃及和约旦的积极斡旋下，1999年12月15日，巴拉克总理和叙利亚外长沙雷在华盛顿重新开始了中断近4年的叙以和谈，同时这也是“半个世纪以来两国之间最高级别的会谈”。在为期两天的会谈中，双方围绕撤军、水资源、安全安排、两国邦交正常化、叙在黎驻军以及国际维和等重大问题交换了意见。在此之前，以、叙均已承认，在1996年以前的谈判中双方已经解决了80%的问题，剩余的分歧主要是从戈兰高地撤军问题。双方对此次谈判能够取得成果均表示乐观。这次叙、以两国能够重新回到谈判桌前，是继巴以和谈进入最终地位谈判之后对中东和平进程的又一次推动，也是中东和谈全面恢复的一个重要信号。因为叙以和谈是中东和平进程中关键一环，一旦叙以关于戈兰高地问题的谈判取得重大进展，与叙关系十分密切的黎巴嫩与以色列的和谈有望重新开始，巴以和谈无疑也会随之获得进一步突破。2000年元旦刚过，叙以在美国西弗吉尼亚州的谢泼兹敦镇举行了第2次和谈，叙以美3国专家成立了“和平条件委员会”、“安全委员会”、“边界委员会”和“水资源委员会”，开始了具体问题的讨论。

随着巴以、叙以和谈僵局的打开，黎以和谈也有望恢复。巴拉克在上台后曾多次承诺将于2000年7月自黎巴嫩南部撤军，而能否兑现这一承诺关系到巴拉克的政治信誉及其前途。在美国和以色列的策划与安排下，1999年6月3日，亲以色列的南黎巴嫩军队全部从杰津地区撤往以在黎南部设立的“安全区”，从而结束了南黎军对杰津地区长达14年的控制。此次撤军也成为了叙以、黎以和谈的“前奏曲”。12月叙以复谈之后，以方成立了一个专门负责与黎巴嫩恢复和谈的5人委员会；随后于12月24日，巴拉克总理又批准了以军方提交的关于2000年7月从黎南部撤军的计划。黎巴嫩也为黎以和谈的随时启动作了充分准备，不仅组建了由外交部高级官员组成的谈判工作小组，同时继续加强与叙利亚的热线联系，共同协调立场。

总之，中东和平进程已经重新启动，以色列与其他阿拉伯国家的关系也有新的改善。阿尔及利亚总统布特弗利卡1999年7月底在摩洛哥前国王哈桑二世的葬礼上与以总理巴拉克举行了首次会晤，一些阿记者还专程赴以进行了采访。埃及除继续为推进各方的和谈进行斡旋外，也对开展和扩大阿拉伯国家与以色列之间的经贸合作采取了更为灵活的立场。埃及外长穆萨 1999 年 11 月底明确表示，埃及不反对在现阶段推进阿以之间的经济合作。卡塔尔外交大臣哈马德 12 月初指出，卡以关系现已出现好转迹象。其他阿拉伯国家也大都放弃了对以仇视政策。越来越多的人对中东形势看好，甚至有人认为 2000 年有可能成为“中东全面和平年”。

二、和谈启动众望所归

1999 年中东和平进程重新启动，是一系列内外因素综合作用的结果。巴拉克当选以总理后积极推动和谈进程及巴、叙、黎 3 方的积极响应是和谈启动的首要因素；美国、欧盟和埃及、约旦等阿拉伯国家的积极斡旋，大力促和有目共睹。

（一）以政策调整为和谈重新启动打下坚实基础，巴、叙从自身利益出发积极参与和平进程。以色列　巴拉克自就任总理开始，为重新开启和谈大门，采取积极的和谈姿态。首先调整了外交政策，他主张通过与阿拉伯人缔结和约来保卫以色列的国家利益，谋求通过重启中东和谈改善以孤立处境，构筑以长远安全战略；随即展开了一连串外交活动，先后访问了埃及、约旦、美国和英国，与巴勒斯坦民族自治机构主席阿拉法特、埃及总统穆巴拉克、约旦国王阿卜杜拉、土耳其总统德米雷尔及西班牙首相阿斯纳尔举行会谈。会谈中他承诺遵循“土地换和平”原则，同时推动巴以、叙以和黎以和谈，尽快全面解决中东问题，实现“勇敢者的和平”。巴拉克十分注意借助各方力量，他曾多次会晤埃及总统穆巴拉克及约旦国王阿卜杜拉，商讨如何加快和谈进程，并请求埃、约借助其在中东地区的特殊地位加大与有关各方斡旋力度。巴拉克的这些举动起到了修补关系、重建信任和相互了解的作用。巴拉克的和平言论和举动得到了阿拉伯国家的认可。

以色列在与巴恢复和谈之后，也急于同叙利亚达成和解。首先，叙总统阿萨德的健康状况每况愈下，以方如不在阿退出政坛前与叙达成和平协议，未来谈判的难度将会更大。其次，以方急于从黎巴嫩撤军，恢复与黎和谈，摆脱陷入 15 年之久的困境，而选择单方面撤军还是以和平方式撤出黎巴嫩、黎以问题如何更好解决，叙利亚起着关键性作用。第三，由于巴方不满以方在撤军范围和定居点问题上的做法，巴以和谈受阻，这使得巴拉克认识到只有通过与叙利亚重开和谈，才能保持中东和平进程势头不减。只有恢复以叙谈判，才能启动以黎和谈并全面启动中东和平进程。也只有这样，才能加速以同阿拉伯国家的关系正常化。

巴勒斯坦　巴认为本国经济与军事实力与以色列相差太远，只有通过和平谈判才能实现巴重建家园的梦想。阿拉法特对巴拉克的和平姿态积极作出回应，公开称他是“可依赖的和平伙伴”，并承诺控制恐怖活动，逮捕了约 2000 名哈马斯分子，以避免在巴拉克执政期间在以境内发生恐怖事件。

叙利亚　叙对恢复与以谈判有着更强的紧迫感。首先，叙总统阿萨德年事已高，健康状况日益恶化，他比任何人都更希望把从自己手中失去的戈兰高地再亲手收回，将一个稳定的政权交给他的儿子巴沙尔。其次，叙经济状况不佳，希望能通过与以达成和约减轻沉重军费负担，吸引外来投资和援助，从而振兴叙利亚经济，保持社会稳定。第三，在巴拉克宣布以将在 2000 年 7 月从黎巴嫩撤军后，叙也十分希望改变叙在中东和平进程中的滞后状态。叙认为一旦巴以率先达成协议，它将承受更大压力，这也使得阿萨德感到若再不抓住机遇就会错失良机。

（二）美国、欧盟及一些阿拉伯国家的积极支持推动了和平进程的顺利展开。美国　克林顿总统将推动中东和谈作为其最后任期的外交重点。“西促和谈，东遏两伊”，推动阿以和谈、保持中东相对稳定、维持美在该地区的主导地位和长远利益，是克林顿政府构筑跨世纪中东乃至欧亚战略的重要组成部分。克林顿总统也希望在卸任之前在外交上能有所建树，使中东成为他“青史留名的地方”。因此，美积极加大操纵和谈力度，前国务卿贝克、现国务卿奥尔布赖特、中东特使罗斯等纷纷前往中东穿梭访问，在和谈各方之间积极斡旋。对以色列，美国自巴拉克上台伊始就给予其大力支持，除承诺提供 12 亿美元援助、并在今后 10 年内逐步增加对以军援外，在以撤军后，继续负责更新以军事装备，确保其军事优势；美还决定与以联合组成一个“战略政策计划小组”，强化以方对远程导弹和大规模杀伤性武器的安全保障；为确保和谈能够持续进行下去，美还决定暂缓将美驻以使馆从特拉维夫迁往耶路撒冷。对巴勒斯坦，美调整了在和平进程中一味偏袒以色列的立场，与巴方加强关系，并许诺向其提供经济援助。在 1999 年 9 月阿拉法特访美期间，克林顿保证，他本人和美国政府将尽力协助巴、以完成最终地位谈判，并在预定时间内签署永久性和平协议。对叙利亚，由于促成叙以和平、消除阿以争端的最后一个症结，有利于拆毁叙同伊朗的战略联盟及切断叙同伊拉克的潜在关系，为其“遏制两伊”战略服务，因此，出于自身利益考虑，美频繁在以叙之间牵线搭桥，不断向叙作出承诺，最终将叙以双方拉回谈判桌前。对黎巴嫩，美继续加大调解力度，减缓黎以间因军事冲突带来的敌对情绪，尽力营造黎以谈判气氛。

欧盟　欧盟对中东和平进程一直十分重视。巴拉克上台后，欧盟即表示将关注以新政府的组成，以便采取必要措施促进和平进程的重新启动。1999 年 7 月，欧盟中东和平特使莫拉蒂诺斯率团出访中东，就欧盟为推动和平进程发挥作用问题同各国交换意见；8 月，欧盟轮值主席国芬兰外长哈洛宁在访问中东时重申，欧盟将不遗余力地支持推动和平进程；2000 年 1 月，欧盟代表团团长葡萄牙外长伽马在访问中东时表示，希望有关各方尽快克服当前困难，把和谈推向前进；英国、法国、德国、西班牙和意大利等欧盟成员国在与中东各国的互访中也都表示全力支持中东和平进程，同意欧盟在未来 3 年内向巴勒斯坦投资 15 亿欧元。此外，俄罗斯也不甘寂寞，虽然它因车臣战事等国内问题无暇更多顾及中东事务，但仍不忘“大国”身份，积极对有关各方施加影响。

埃及　以埃及为首的阿拉伯国家为促进中东和平进程不遗余力，也是和谈重新启动的一个不可或缺的因素。1999 年 5 月，在以大选结束后仅 5 天，埃及、约旦和巴勒斯坦就开始了密切磋商，以协调阿拉伯国家立场、统一谈判战略。埃及作为中东地区政治大国和第 1 个同以建交的阿拉伯国家，一直在阿以之间发挥着重要的调停作用。以大选后，穆巴拉克抓住以工党重新执政的契机，频繁开展外交活动。1999 年 7 月，他又出访美国，同克林顿总统等官员商讨如何重新启动陷入僵局的中东和平进程。穆巴拉克总统作为本届阿拉伯首脑会议主席国主席，代表阿拉伯国家向美阐明了对恢复和谈的立场，重申中东和平进程应遵循“土地换和平”的原则，遵守联合国安理会有关解决中东问题的决议，并呼吁美国尽快采取行动，使中东和谈早日恢复。与此同时，埃及还与约旦、巴勒斯坦等协商，极力倡导举行埃、约、巴、叙、黎 5 方首脑会议，进一步协调谈判立场。

约旦　约旦国王阿卜杜拉自 1999 年 2 月登基以来，十分重视改善和发展与阿拉伯国家尤其是叙利亚的关系。巴拉克上台发出和谈信号后，约旦更是加紧了促和行动。除了与埃及一道与巴、叙、黎共同磋商、协调立场外，阿卜杜拉还数次穿梭于以叙之间，为双方传递口信，并表示愿意为叙以会谈提供场所，积极为启动叙以和谈出谋划策。此外，约还派出特使前往黎巴嫩进行协调，促使黎以和谈尽快启动。

三、和平尚存阻力，前景尚待观察

中东和平进程重新启动并取得进展，巴拉克总理甚至提出将在 15 个月内全面解决中东问题，人们开始对和谈前景充满信心。但是，随着局势的一步步发展，整个中东和平进程出现了令人担忧的境况，人们发现巴以最终地位谈判所面临的 6 大难题以及叙以双方对戈兰高地问题的寸步不让，使中东和平进程变得荆棘密布，步履艰难。

（一）和谈山重水复。巴勒斯坦国最终地位、耶路撒冷归属、巴以边界划分、巴难民回归、犹太人定居点及水资源控制，这是巴以最终地位谈判需要解决的 6 大难题，它与阿拉伯世界与以色列之间的宗教、历史、民族、生存条件、安全环境等问题密切相关，既复杂又敏感，牵一发而动全身，双方都会紧守自己的底牌，谈判难度极大。巴方希望能够一次性解决所有问题，而以方则提出先达成原则协议再达成最终地位协议的“两步走”方案。自巴以最终地位谈判及其相关的过渡阶段谈判开始进行起，以方始终坚持“四不政策”：不同意放弃对耶路撒冷拥有“主权”，不同意按 1967 年战争前的边界划分以巴边界，不放弃对在被占领土上的犹太人定居点拥有主权，不放弃对约旦河谷等水资源的占领以及反对巴难民拥有“回归权”。与此同时，以政府在耶路撒冷附近的巴被占领土上又前前后后新建了约 4000 套犹太人定居点住房。由于巴以双方无论在原则问题还是有关的具体问题上分歧严重，1999 年 12 月 6 日巴在第 8 次最终地位谈判失败后一度宣布暂时终止与以谈判。自巴以最终地位谈判和过渡阶段谈判开始以来，如何处置犹太人定居点和实施以军的重新部署，成为能否遵循“土地换和平”原则的两个关键，也成为能否使谈判顺利进行下去的两个最为棘手的难题。为加速和谈进程和按规定于 2000 年 2 月 13 日拿出框架协议，2000 年 1 月 30 日，以、巴又开始一轮封闭式的“马拉松谈判”，但由于双方在有关第 3 阶段西岸撤军地域及边界划分等问题上互不让步，会议只进行 3 天便草草收场。2 月 3 日，巴民族自治机构主席阿拉法特与以总理巴拉克在巴以交界处的埃雷兹检查站再次举行会谈，结果仍不欢而散。2 月 7 日，巴勒斯坦宣布冻结与以谈判，最终地位谈判陷入僵局。在此期间，美国国务卿奥尔布赖特与中东问题特使罗斯分别前往中东进行斡旋，但收效甚微。2 月中、下旬，罗斯两次前往中东居间斡旋，旨在将巴以谈判带出死胡同，但都铩羽而归。针对和谈陷入僵局的状况，阿拉法特呼吁召开阿拉伯国家首脑紧急会议筹划政策，并宣布无论巴以和平进程如何发展，巴都将在2000年9月13日之前宣布建国。有舆论认为，以方似乎已将谈判重点放在先解决北线的戈兰高地和黎巴嫩问题上，然后再同巴讨价还价。令人高兴的是，通过美国和埃及的不懈努力，2000年3月8日和9日，阿拉法特和巴拉克在连续两次举行秘密会谈之后出人意料地宣布，双方同意3月底在华盛顿恢复和谈，同意在5月份达成最终地位框架协议，9月达成永久性和平协议，同时确定了今后的谈判进程。

与巴以谈判相比，叙以谈判的问题虽比较集中也相对较为简单，即以色列归还戈兰高地及解决与此相关的问题。但和谈情况并不如意，双方差距仍很大。关于撤军与实现和平的顺序，叙提出要先收回戈兰高地，再签订和平协议，而以坚持将实现两国间的全面和平，包括开放边界、开展经贸往来、发展旅游等作为归还戈兰高地的前提；关于撤军范围，叙要求以军撤回至1967年战争前的边界，以则准备撤到“国际边界线”，即1923年英法委任“统治线”，这直接关系到太巴列湖水资源的划分；关于安全安排，叙只同意以方实行空中预警，以则要求在撤出戈兰高地时保留预警站。围绕这些问题，双方唇枪舌剑，明争暗斗，谈判甚为艰难。虽然美国、欧盟及埃及领导人积极在叙、以之间来往穿梭，克林顿总统2000年1月份曾5次前往谢泼兹敦镇进行斡旋，美国务卿奥尔布赖特与中东特使罗斯自始至终坐镇现场，但谈判仍无起色。继2000年1月初叙以第2轮和谈失败后，原定于1月19日在美国举行的第3轮和谈也被迫无限期推延。叙以谈判的核心是戈兰高地问题，它牵涉到双方政治、经济、军事等诸多方面；叙以之间长期对抗，积怨甚深，也难以在短时间内化解。为打破叙以僵局，2000年2月27日，巴拉克一改其一贯立场，首次承认以前两届政府在和谈中都曾同意的从戈兰高地全面撤军。这意味着他有可能同意叙方要求，从而消除叙以复谈的一大障碍。有媒体认为，叙以和谈的暂时停滞并不是和平进程的搁浅或倒退，而是双方正为签约作最后抉择的准备。

进入2000年以来，由于巴以、叙以和谈相继陷入僵局，黎以和谈也一直未能恢复。2月初，黎巴嫩真主党游击队乘巴以、叙以和谈停顿之机，接连袭击以在黎“安全区”，炸死炸伤多名以军士兵，以随即对黎实施了8个月来最猛烈的报复性空袭，造成黎首都贝鲁特及全国大部分地区供电中断，数十名平民受伤。黎以武装对峙升级，黎南部紧张局势不断加剧，这更使本已全面受阻的中东和平进程雪上加霜。以军的这次空袭不仅遭到阿拉伯世界的抗议和谴责，在以国内也引起强烈反响，要求从黎南部撤军的呼声日益高涨。在整个中东和谈进程中，黎以问题本应很好解决，但由于黎巴嫩坚持黎以问题和叙以问题必须一揽子解决的原则立场，黎以和谈实际上成为了最扭曲的一环。为打破僵局，缓解国内外舆论压力，3月5日，以色列内阁一致决定，不管以叙、以黎和谈进展如何，以都将于2000年7月完成从黎南部撤军。这是以方20年来首次同意无条件从黎南部撤军。以色列盼望此举能成功发挥“一石三鸟”之功效，即通过从黎南部撤军分化叙黎同盟，从而促进以叙和谈，带动以巴和谈并启动以黎和谈。

（二）期待柳暗花明。未来中东和谈能否尽早恢复，一要看谈判双方的互信程度，二要看阿拉伯世界能否齐心合力，三要看对阿以双方都具影响力的美、欧方面尤其是美国如何动作。

首先，以色列内部对和谈政策存有分歧。巴拉克政府的地位并不牢固，以参政党派和政界分歧日渐增多。巴拉克执政仅半年，就已经历了两次危机：1999年9月底圣经联合阵线因反对与巴签署《沙姆沙伊赫备忘录》而退出政府，12月底右翼沙斯党因宗教学校预算问题威胁退出政府。本届以政府共由9个党派组成，巴必须确保它们在以内外政策上的一致性，否则地位难保。同时巴拉克的和谈基调没有本质变化，他一上台就公布了和谈“四不政策”，他所能作出的让步十分有限。此外，以右翼反和势力仍很活跃。以利库德集团为首的右翼反对派在本届议会中虽仅占26席，但他们反对向巴、叙出让土地的立场在国内仍有市场。就在2000年1月叙以第2轮会谈刚刚结束，以色列特拉维夫市20万人冒雨举行了大规模抗议示威活动，反对归还戈兰高地。在定居点问题上，右翼势力及众多犹太移民的态度也极为坚决。2000年1月13日在以议会对巴拉克提出的以叙和谈计划进行表决时，虽然以47票赞成、31票反对、24票弃权获得通过，但显示出议会中甚至连工党内部仍存有较大分歧，巴拉克陷入进退两难的窘境。其次，中东和谈全面进入攻坚阶段，面对众多关系主权和安全问题的棘手难题，谈判双方回旋余地极小，激烈交锋在所难免。同时，阿拉伯国家与以色列力量对比失衡也是以在和谈问题上持强硬态度的重要原因之一。第三，地区反和势力仍很强大，巴勒斯坦极端势力也不会甘于寂寞。虽然中东反和势力迫于形势发展开始调整其“拒和”立场，但以强阿弱的谈判态势决定了反以、反和暴力恐怖活动必将伴随和谈的全过程。第四，美国的影响力受到一定程度的限制。巴拉克一上台就公开拒绝美继续充当中东和谈“警察”，希望美从台前退到幕后；而美方由于2000年是其大选年将逐步进入准备阶段，精力会更多转向国内，同时迫于院外集团压力不敢对以施加太大影响，因此应以方要求两次推迟了国务卿奥尔布赖特中东之行的行期。

渴望和平、结束半个世纪以来阿拉伯国家与以色列之间的对立状态一直是中东地区的主流，中东和平进程已重新启动，在经过一段时间的僵持以后将会走出低谷，大势不可逆转。但和平路途荆棘密布，跌宕起伏，近期能否达成全面和平协议尚待观察。即使有关各方最终能达成妥协，但协议的落实也绝不会一帆风顺。

（高　嵘、赵彦华）

土耳其库尔德工人党宣布“放弃武装斗争”　1999年8月5日，土耳其库尔德工人党在党的领导人阿卜杜拉·厄贾兰被土耳其政府判处死刑、呼吁该党“结束武装斗争”的情况下，宣布放弃武装斗争，并宣布将于9月1日起撤离土耳其东南部地区。这是15年来该党第1次宣布放弃武装斗争并撤离土东南部地区转至伊朗和伊拉克境内。它将对土耳其库尔德问题的解决产生较为有利的影响。

一、库尔德工人党领导人厄贾兰被捕并被判处死刑，迫使该党宣布放弃武装斗争

库尔德工人党成立于1979年，其宗旨是在地处土耳其、伊朗和叙利亚交界处的库尔德人居住区建立一个独立的“库尔德斯坦共和国”。自1984年以来，土耳其库尔德工人党一直在土东南部地区从事着反对土耳其政府的武装斗争。针对库尔德武装分子频繁暴力活动，土耳其政府自1987年以来一直对东南部的11个省实行军事管制，土军不断在土东南部以及伊拉克北部地区对库尔德工人党进行大规模的清剿行动，但一直未能将该党彻底消灭。十多年来，在冲突中库尔德工人党成员、土政府军士兵和平民至少有3.7万人丧生。

1998年11月12日，被土政府通缉而长期流亡国外的库尔德工人党领导人厄贾兰，在由莫斯科飞抵罗马机场时，因使用假护照而被捕。但意大利政府以不能将嫌疑犯引渡到仍在执行死刑的国家为由，拒绝将厄贾兰引渡到土耳其。随后意大利政府宣布厄贾兰已获自由。1999年1月16日，厄贾兰在意大利警察的保护下离开罗马，藏身于希腊驻肯尼亚大使馆。2月15日，肯尼亚安全保卫人员在他前往机场途中将他抓获。2月16日，土耳其特种部队将厄贾兰秘密押回土耳其，关押在土耳其马尔马拉海上的伊姆拉勒岛监狱里，并于5月31日开始安排土耳其司法当局对其进行审讯。6月29日，土耳其安卡拉国家安全法院以从事叛国、屠杀和分裂活动罪为由，判处厄贾兰死刑。根据土耳其法律，在厄贾兰被判处死刑后，该案将自动移交到上诉法庭，如果上诉法庭维持原判，还须得到大国民议会的核准并由总统德米雷尔签字方可生效。这一程序大约需要几个月的时间。

在审讯厄贾兰的同时，土政府趁库尔德工人党在其领导人被捕、人心浮动之机，对其进行了大规模的军事打击。4月6日，土耳其动用1.5万名政府军和2000名民兵对驻扎在土耳其东南部通杰利省、宾格尔省和希尔纳克省以及伊拉克北部地区的库尔德工人党游击队进行了清剿，同时还出动战斗机和直升机对库尔德工人党武装分子的营地进行了轰炸，共消灭了108名库尔德工人党武装分子，抓获20人。4月16日，土耳其政府军在通杰利省围剿并击毙了约30名库尔德工人党武装分子。6月6日，土政府军又分别在迪亚尔巴克尔省、凡省山区和宾格尔省地区清剿库尔德工人党武装分子，共打死20名库尔德工人党武装分子。

在库尔德工人党群龙无首、受政府军沉重打击的不利情况下，厄贾兰作出了一项重大决定。他向土政府表示，如果他被免处死刑的话，愿意呼吁库尔德工人党武装“从东南部撤出。”8月3日，厄贾兰通过其律师在土耳其伊斯坦布尔的一次记者招待会上正式宣布一项声明，呼吁库尔德工人党放弃在土耳其东南部为争取库尔德族自治而进行的武装斗争。该声明称，“我呼吁库尔德工人党结束武装斗争，并且为了和平，从1999年9月1日起将军队撤到土耳其边界以外。”外界普遍认为，这项呼吁“是对厄贾兰对库尔德工人党具有多大影响力的一次重大考验。”

然而，作为库尔德工人党的创建人，厄贾兰对该党的影响毕竟是决定性的，早在1999年7月23～29日，库尔德工人党中央委员会就召开会议，作出了该党由武装斗争转变为政治斗争的决定。该党在会后发表的声明中称：“虽然武装斗争的方式有时还可以作为一种必要的手段加以采用，但它已经为政治斗争所取代。党的各级组织倘若不能作出上述改变，其斗争将会变得毫无意义。”在厄贾兰发表声明后，库尔德工人党又立即于8月5日响应其声明，表示该党将完全遵从厄贾兰的命令，从9月1日起撤离土耳其东南

部地区。8月9日，库尔德工人党又对外宣称，该党计划举行一次特别会议，准备通过一项“依靠政治途径进行斗争”的行动纲领。在土耳其大地震后，8月25日，库尔德工人党发表声明宣布，由于土耳其发生强烈地震给国家和人民造成了巨大灾难，该组织决定提前从土境内撤出其武装力量。声明说：“库尔德工人党在地震期间实行单方面停火是对土国家和人民的最大支持。”9月2日，库尔德工人党武装力量总司令、厄贾兰的弟弟奥斯曼·厄贾兰宣布，库尔德工人党已于8月25日开始从土耳其境内撤出其武装人员，并将于1999年年底之前全部撤出。该党决定“放下武器，永远不再进行武装斗争，但还将继续进行政治斗争。”他宣称，库尔德工人党正处在转变为合法政治组织的过程之中，该党将在年底之前把武装力量撤出土耳其，召开一次特殊的党代会，修订党的纲领，以使其武装人员能够转变为正常的公民。

二、库尔德工人党与土耳其政府在放弃武装斗争和执行对厄贾兰死刑问题上各有所图，土国内最终实现和平仍需时日

库尔德工人党宣布放弃武装斗争为土耳其库尔德问题的解决，最终实现国内和平带来了一丝希望。然而，双方在放弃武装斗争和执行对厄贾兰死刑问题上各有所图，并继续进行斗争，局势依然相当复杂。

从库尔德工人党方面讲，在进行了15年武装斗争之后突然宣布放弃武装斗争，除了营救该党领导人厄贾兰这个主要目的外，也是因为该党在军事上屡屡失败，继续进行武装斗争前途渺茫，因此迫不得已转变战略，打算以政治斗争为主，以改变该党“恐怖集团”的形象，转变为在外交上得到承认的与土政府进行会谈的团体，以利用欧盟等外部力量向土政府施加外交压力，从而达到其目标。但这也表明，该党又一次降低了其斗争目标，从公开要求建立独立的“库尔德斯坦共和国”下降到谋求自治，再下降到仅要求保证库尔德人的文化权利。这导致了该党部分武装势力的不满，他们不愿完全执行该党作出的放弃武装斗争的决定，继续在土境内袭击土军警。如9月28日深夜，一伙库尔德工人党武装分子就在土东南部比特利斯省袭击了一辆警车，打伤一名警察，并与土政府军发生交火。这更增加了问题的复杂性。

从土耳其政府方面讲，最终目标就是要彻底解决其境内的库尔德问题，维护国家的统一与和平。在抓获厄贾兰、库尔德工人党群龙无首、且宣布放弃武装斗争的有利形势下，土政府自然不会放弃这个以对自己最有利的方式彻底解决库尔德问题的大好时机，因此采取了对库尔德工人党继续进行打击的方针。在这一方针的指导下，一方面，土政府不愿作出撤销对厄贾兰死刑判决的承诺。8月5日，土耳其首席检察官武拉尔·萨瓦什在递交了他对厄贾兰一案的评估报告后，建议土耳其上诉法院维持对厄贾兰的死刑判决。11月25日，土耳其上诉法院维持对这位库尔德工人党领导人的死刑判决。另一方面，土政府军仍保持对库尔德工人党武装的清剿态势，以期彻底解决这个困扰其10多年的大难题。土耳其总参谋部在库尔德工人党宣布放弃武装斗争后，于9月10日发表声明，否认土军方在库尔德问题上已“软化立场”，并强调土军方不可能接受库尔德工人党这个恐怖组织为谈判对手。8月12日，土政府在经过长达3天的艰难会谈后，与伊朗在“携手合作打击库尔德工人党武装”的问题上达成协议，协议称“土耳其和伊朗的武装力量同时在各自的领土上采取协调一致的行动，这将抑制可能的恐怖活动。”9月5日，土政府军队在东部巴特曼省以及克罗姆谷山区围剿库尔德工人党武装，以损失7人的代价，消灭了23名库尔德工人党武装分子。9月29日，5000名土耳其政府军进入伊拉克北部地区围剿躲藏在那里的库尔德工人党武装分子。11月30日，约1万名土耳其士兵又在坦克、装甲车、直升机和重型火炮的掩护下，进入伊拉克北部地区追剿库尔德工人党武装。

然而，土耳其政府继续打击库尔德工人党的方针也受到了来自国内外一系列因素的制约。从国内因素讲，近年来土国内经济状况不佳，特别是1999年发生了一场毁灭性的地震，造成至少1.5万人丧生，更使其经济捉襟见肘，因此无法支付每年同库尔德工人党反政府武装作战所需的巨额费用。从国外因素讲，首先，土耳其在加入欧盟这一对其至关重要的问题上有求于欧盟，因此不得不考虑欧盟在处死厄贾兰及库尔德问题上对其施加的压力。其次，目前一些库尔德工人党反政府武装已撤出土耳其进入伊朗和伊拉克境内，土政府频频越境围剿，势必将其与伊拉克、伊朗的关系更加紧张。由此可见，土国内和平进程能否最后得以实现，取决于众多内、外因素的影响，仍需拭目以待。 （湘 溪）

非洲军事要事

埃厄两国边境爆发激烈冲突 1999 年 2 月 6 日，埃塞俄比亚与厄立特里亚在保持了 7 个多月的军事对峙后，再度引燃边境领土纷争的战火。随后双方的地面部队在各自空军的火力支援下多次发生大规模交战，战火不断升级。国际社会虽然进行积极调解，埃厄冲突双方也同意接受 1998 年 12 月中旬由非洲统一组织（简称“非统”）首脑会议提出的《瓦加杜古框架协议》，但双方仍在巴德梅地区归属等实质性问题上互不让步，并不断以武力方式相互施压，使武装冲突绵延至今。

一、边境领土纷争重燃战火

1998 年 12 月 17～18 日，非统在瓦加杜古召开非统冲突机制中央机构首脑会议，会上通过了由津巴布韦、布基纳法索和吉布提组成的高级代表团所提出的和平解决埃厄冲突的框架协议（简称“瓦加杜古框架协议”）。协议规定：厄军撤回至 1998 年 5 月冲突前的位置，有争议的巴德梅地区恢复埃民政机构；由非统派军事观察员监督厄撤军，两国重新划分边界。埃塞俄比亚随即表示接受《瓦加杜古框架协议》，而厄立特里亚则以巴德梅是厄领土为由对《瓦加杜古框架协议》某些条款向非统提出质疑，要求“澄清”。1999 年 1 月 29 日联合国安理会通过决议支持非统提出的《瓦加杜古框架协议》。2 月 2 日非统对厄方提出的 29 个问题作出了解释，并要求厄方尽快履行《瓦加杜古框架协议》。同时，联合国秘书长的非洲特使萨努恩也先后走访厄、塞两国进行调解，但并未促成厄方接受《瓦加杜古框架协议》。在国际社会调解无果情况下，2 月 6 日，埃厄两军地面部队在空军火力支援下在西部的巴德梅—谢拉罗前线进行了全面交战。8 日，战火向东扩展到索罗纳前线。14 日，战火蔓延至靠近阿萨布港的布雷前线。在战斗中，厄军虽然击落埃军 1 架米－24 型武装直升机，打死埃军 250 人，俘虏 18 人；但埃军攻占了厄军的吉扎格拉塞、科宁和科尼托 3 个据点，击毁厄境内阿迪夸拉城东南 5 千米处的 1 座雷达站，重创厄军在阿萨布港以西约 20 千米处的哈塞勒后勤支援中心，在战场上占了上风。

二、厄方被迫接受和平协议

埃厄交火引起国际社会普遍关注。联合国、非统、欧盟等国际组织和阿尔及利亚、也门等国纷纷发表声明呼吁双方停止敌对行动。1999 年 2 月 10 日，联合国安理会一致通过决议，强烈谴责埃、厄两国使用武力解决领土争端的行为，呼吁立即停止敌对行动，争取通过外交手段和平解决冲突，并强调《瓦加杜古框架协议》“仍然是和平解决冲突的可行而又妥善的基础”。非统秘书长萨利姆在 2 月 8 日的声明中强调，《瓦加杜古框架协议》是得到了国际社会的广泛支持的，是“可行的和正确的”，因此埃、厄双方应同非统代表团合作，以创造条件加快该协议的实施，从而和平解决两国争端。2 月 17～20 日，非统负责调解埃厄冲突的高级代表团先后走访了埃、厄两国，斡旋双方尽快结束敌对行动，在非统框架协议基础上和平解决领土争端。欧盟也发表声明指出，争端双方应立即停止使用武力，避免造成更大的人员伤亡和物质损失；并强调欧盟 15 个成员国坚决支持非统的一切努力，随时准备提供帮助以便尽快在非统的停火协议框架内解决争端；同时还呼吁所有国家遵守联合国安理会 1227 号决议，立即停止向埃、厄提供武器和其他军事装备，采取一致行动促成冲突双方实现立即和无条件停火。此外还通过决议，要求欧盟委员会和欧盟部长理事会采取行动，以中止对两国的所有发展项目的援助为条件要求埃厄双方停止武装冲突。2 月 19～20 日，欧盟组成代表团前往埃厄两国进行调解，再次向双方重申立场。阿尔及利亚发表声明表示，阿支持非统的和平计划，并要求冲突双方立即停止武装冲突。也门副总理兼外交部长巴贾迈勒于 2 月 14 日，分别会见埃驻也门大使和厄驻也门临时代办，呼吁双方立即停止军事行动，通过对话和外交途径解决领土争端，邀请两国代表到也门首都萨那进行谈判。

埃塞俄比亚也不断向厄立特里亚施压要求其接受《瓦加杜古框架协议》。在外交上争取国际社会的支持。2 月 9 日，埃政府发表公报，要求厄驻埃大使吉尔马·阿斯梅罗姆在 24 小时之内离境，以表明战火引燃的过失应由厄军来承担。2 月 10 日，埃外长塞尤姆召开新闻发布会呼吁国际社会向厄施加政治和经济压力，迫使其接受非统提出的和平方案。在军事上，用武力压制厄军。2月21日，埃空军轰炸了厄的阿萨布机场，并给厄这一战略军事目标造成了严重破坏。22日，埃空军和重炮部队对索罗纳、巴德梅和布雷3个地区的厄军阵地进行了攻击。23～26日，埃军在巴德梅前线发起代号为“落日”攻击行动，攻克了厄军修筑的100多千米长的战壕，夺回了1998年5月被厄军占领的巴德梅及邻近地区。厄立特里亚面对军事上的失利和国际社会的压力，于2月28日被迫宣布接受《瓦加杜古框架协议》。

三、和平协议未能熄灭战火的燃烧

埃厄双方虽然同意接受《瓦加杜古框架协议》，但并不放弃战场上的军事较量。1999年3月1日，厄外长对外界媒体发表声明称，厄军从巴德梅撤军是新战略的一部分，厄军将会更加有力地保卫阵地而发起一个凌厉的攻势。对此，埃政府3月6日发表声明称，巴德梅并不是厄入侵埃塞俄比亚领土的唯一证据，厄军还占领着扎拉姆贝萨－艾加地区、巴达－布雷地区和伊加拉地区，埃军将一鼓作气夺回全部地方。面对上述局势，国际社会加大了外交斡旋的力度。3月4日、18日、5月19日，联合国安理会连续3次发表声明，呼吁埃、厄两国立即全面执行安理会的有关决议，并停止使用具有煽动性的言辞相互攻击，争取通过谈判解决双方冲突；同时肯定了联合国秘书长安南所进行的和平努力，希望安南加倍努力争取在与非统加强合作的基础上使冲突双方坐到谈判桌上来。3月22日，非统秘书长萨利姆在第69届非统部长理事会会议上发表讲话称，《瓦加杜古框架协议》是“公正和平衡的”，它为埃厄双方提供了一个和平解决冲突的基础，因此交战双方应立即停火并执行和平协议。7月中旬在阿尔及尔召开的第35届非统首脑会议就《瓦加杜古框架协议》执行方式作出了安排。非统随即派特使先后访问埃厄两国进行调解，两国领导人表示接受第35届非统首脑会议的有关安排。7月27日，非统发表公报，对埃、厄接受非统的安排表示欢迎，并表示非统将与联合国等国际组织相配合，为全面履行旨在结束埃厄冲突的《瓦加杜古框架协议》尽快作出必要的技术安排。

在国际社会强烈要求和平的呼声下，埃厄交战双方也相继表示了和平解决冲突的愿望。3月8日，厄执政党人民民主和正义阵线书记阿拉明表示，厄接受非统提出的《瓦加杜古框架协议》和联合国的1227号决议，愿意无条件地与埃进行谈判，以和平解决两国领土争端。11日，厄总统办公室主任兼总统顾问耶马内又强调，和平是解决厄、埃冲突的唯一选择，并称“军事手段是解决不了问题的，战争对谁都没有好处。”12月15日，出访阿尔及利亚的厄外长海尔表示，厄愿意在任何时间、任何地点与埃举行任何级别的直接谈判，以寻求解决两国冲突的途径。12月17日，厄总统伊萨亚斯·阿费沃尔基访问瑞典，要瑞典为促进和平解决厄、埃冲突发挥积极的调解作用。针对厄方积极的态度，埃外长塞尤姆在7月15日举行的记者招待会上声称，埃政府将继续寻求和平解决与厄的边界冲突途径，同时呼吁国际社会积极敦促厄方早日从埃领土撤军。10月25日，埃总理梅莱斯在会见联合国常务副秘书长弗雷谢特和阿尔及利亚总统特使乌叶海亚时表示，埃方仍相信与厄边界冲突可以得到和平解决，愿意就各种问题同非统进行建设性对话。

虽然埃厄双方都表示愿意以和平方式解决争端，但在谈判过程中，却仍不放弃武力较量，以争得有利谈判地位。1999年3月13～16日，埃军向厄中部前线索罗纳侧面发动大规模进攻。厄军在受重创同时，也击落了埃塞俄比亚军米格－23型歼击机1架、击毁坦克45辆、缴获坦克2辆。3月17～26日，埃、厄又在巴德梅地区进行了10天的战斗。3月29日，双方再次在巴德梅前线激烈交火。交战中，埃军打死、打伤和俘虏了厄军3400多人。5月15～16日，埃空军又对扎拉姆贝萨前线和马萨瓦港的厄军事目标进行了战略性袭击，重创了厄军1个后勤中心和1支机械化部队，同时使厄海军基地、油库和货运码头遭到大面积的严重破坏。6月26日，埃空军轰炸了厄的阿萨布机场。9月1～2日，厄军对埃的边境城镇扎拉姆贝萨发动进攻，以报复埃军的数次袭击。2000年2月23日，厄军又向驻守在布雷地区的埃军发动进攻。

（黄　磊）

苏丹和平初露曙光　1999年，苏丹政府与南北反政府组织在国际社会的斡旋下，围绕全面实现停火多次举行会谈，最终在11月下旬，政府与反政府组织最大党派达成和解，正式签署《吉布提协议》，使苏丹南北反政府组织趋于分裂，国内局势向有利于政府方面发展。苏丹的和平虽初露曙光，但还有一段漫长的道路要走。

一、双方重开和谈

苏丹全国民主联盟（简称“全民联”）是苏丹南北反政府组织的联合体，主要由苏丹南方的反政府武装苏丹人民解放军和苏丹北方穆斯林反对党组成。苏丹人民解放军自 1983 年以来，一直试图通过武力在基督教徒聚居的南部各州实行自决。苏丹政府已与其进行了多轮谈判，但都未取得进展。有近 200 万人在内战及由此而引起的饥荒中丧生。苏丹北方的穆斯林反对党则要求与苏丹政府分享权力。

1999 年 7 月 19～27 日，由非洲政府间发展组织主持的旨在结束苏丹内战的第 4 轮和谈在肯尼亚内毕毕举行。以苏丹外交部长穆斯塔法·伊斯梅尔为首的 35 人政府代表团和以苏丹南部反政府武装苏丹人民解放军参谋长萨尔瓦·基尔为首的 25 人全民联代表团参加了为期一周的秘密会谈。在会谈中，苏丹人民解放军和苏丹人民解放运动联合宣布，在部分地区将立即开始实行为期 3 个月的单方面停火，并要求苏丹政府也宣布停火。此外，苏丹交战双方同意非洲政府间发展组织提出的在内罗毕设立一个秘书处，作为调停苏丹内战的常设机构。非洲政府间发展组织首脑委员会主席肯尼亚总统莫伊还任命一位特使，在交战双方之间进行斡旋。非洲政府间发展组织部长级委员会成员国乌干达、厄立特里亚、埃塞俄比亚也分别任命一位外交官至苏丹，专门进行推动和平进程的工作。但由于内战双方态度强硬，导致此次和谈在南部苏丹民族自决、南北方边界划分、宗教信仰和全面停火等实质性问题上毫无进展。

二、主要派别接受和谈建议

1999 年 7 月 28 日～8 月 1 日，利比亚总统卡扎非召集苏丹民联党、乌玛党、全民联和统一联盟等苏丹主要反政府派别的领导人在利比亚首都的黎波里举行会议，讨论了由利比亚方面提出的有关实现苏丹民族和解和结束苏丹内战的建议。8 月 2 日，苏丹主要反政府派别发表了《的黎波里宣言》，宣布接受利比亚提出的建议，并达成了原则协议：同意所有各方立即停止一切军事行动，成立停火监督机制；立即停止各派间一切敌对的宣传活动；进行政府与反对派之间的直接对话，早日达成全面解决苏丹问题的政治解决方案；在利比亚领导人卡扎非主持下，举行由苏丹政府和苏丹全民联代表参加的全国对话筹备委会会议。为了同反对派保持同一步调，赢得国际社会的支持，8 月 5 日，苏丹政府宣布自当地时间当日午夜至 10 月 15 日在全国单方面实行停火，以便使国际人道救援物资能够顺利运送到全国各个地区。8 月 8 日，苏丹外交部长穆斯塔法·伊斯梅尔宣布，苏丹政府接受苏丹反对派在利比亚首都的黎波里提出的实现民族和解的 5 点倡议，并表示苏丹政府在同反对派进行对话方面不附带也不接受任何先决条件。鉴此，联合国秘书长安南发表声明，对苏丹政府宣布单方面在全国实行停火表示欢迎，认为这一决定对国际社会向几十万苏丹平民提供人道援助非常必要，并呼吁苏丹反政府武装响应政府的停火决定，为联合国等国际组织在苏丹全国顺利开展人道救援活动创造良好的环境。8 月 9 日，也门副总理兼外长巴贾迈勒也亲赴苏丹与苏丹签署了也苏合作协议，并发表了也门政府支持苏丹政府最近宣布的单方面停火、实现全国和解的行动的宣言。8 月 12 日，阿拉伯国家联盟（阿盟）发表声明，全面支持苏丹政府提出的在苏丹南方各战场实现全面停火的决定，认为苏丹政府的停火决定是其为减少苏丹人民的内部流血，实现国家的统一与稳定，争取民族和解而采取的实际行动，也是苏丹政府对联合国及有关救济组织呼吁有关各方向南方战乱地区运送救济物资工作提供方便的响应。同时阿拉伯国家联盟呼吁联合国、地区性组织和苏丹周边国家支持苏丹政府的停火决定，支持埃及和利比亚为实现苏丹民族和解所做出的努力。8 月 19 日，欧盟轮值主席国芬兰在赫尔辛基发表欧盟主席国声明，对苏丹政府作出的停火 70 天的决定表示欢迎，并呼吁苏丹政府和反政府武装充分履行各自在停火问题上所做的承诺，并为达成一项持久和全面停火的协议而努力。

在国际社会积极斡旋下，9 月 5～6 日，苏丹 30 多个主要的政党和政治组织在喀土穆举行苏丹全国和平研讨会。与会者一致呼吁苏丹冲突各方以维护苏丹统一和民族最高利益为重，停止一切军事行动，恢复相互信任，实现全国和解；反对外部势力干涉苏丹内政，但对友好国家为实现苏丹政府和反政府派别间的和谈而提出的良好建议表示欢迎，并提出全国和解的目标是把伊斯兰教教法和基督教教规作为共同的立法依据，对国家机构进行全面改革，实行多党制。同时，政府应重新调整经济结构，实行经济对外开放政策，推行私有化经济，鼓励投资，向贫穷宣战；主张苏丹加强与世界各国和国际组织的合作，尤其是加强与周边国家的和解与交流，在平等互利的原则基础上，发展国与国之间的友好合作关系。与会者会后发表了《喀土穆政治宣言》，主张通过和平方式实现政府与反政府派别之间的和解，反对外国势力干涉苏丹内部事务，呼吁避免苏丹问题国际化。11 月中旬，苏丹和解与和平委员会作出了关于归还被没收的反对派领导人的个人财产、对因政治原因判刑的人员进行大赦并取消对他们出国旅行的限制等决定，进一步推进和平进程，稳定了苏丹国内局势，为最终实现民族和解打下良好基础。

三、签署《吉布提协议》

1999年11月26日，在吉布提前总统哈桑·古莱德·阿普蒂敦的斡旋下，苏丹总统巴希尔同苏丹最大的反对党乌玛党领袖萨迪克·迈赫迪在吉布提就如何通过政治解决苏丹问题举行会谈，并签署了《吉布提协议》。该协议共分和平协议、政权体制、地区和国际关系以及政治解决机制等4大部分，共21条款。该协议规定：必须在苏丹建立一个以联邦制为基础的、多党派的、能保障人权和基本自由、实现社会公正的民主政府；所有民众团体不分宗教信仰和文化归属都有权参政；合理分配国家资源和加快不发达地区的经济建设；南北之间建立信任关系，消除战争影响；在为期4年的过渡期后，苏丹南方可在1956年所划定的边界内就是否自愿与联邦政府统一举行全民公决。该协议还要求与关心苏丹切身利益的周边国家建立友好关系，以实现国家的安全稳定和经济发展，并在加强国际合作的基础上发展国际关系，支持国际安全与合作，遵守国际法。协议提出要坚持以非洲政府间发展组织的倡议以及埃及、利比亚联合提出的倡议为基础实现苏丹问题的全面政治解决。

协议发表后，在由苏丹民联党、乌玛党、苏丹共产党和加朗领导的苏丹南方反政府武装组成的全民联内引起强烈的不同反响。11月28日，在开罗的全民联的一些领导人（除乌玛党外）召开紧急会议商讨对策，表示坚决拒绝这个完全违背全民联1995年6月在阿斯马拉签署的全民联宪章和大会文件宗旨的协议。会后发表声明称，该协议在战争与和平、宗教与政治、打破一党专权、清算苏丹现政权的战争罪行和侵犯人权罪行等方面同全民联的立场大相径庭，全民联不承认此协议，同时冻结代表乌玛党在告同胞书上签字的萨迪克·迈赫迪的全民联秘书长职务。全民联成员之一、苏丹共产党的领导人迪加尼·塔伊布随后发表声明说，萨迪克同巴希尔的吉布提会晤是令人无法理解的行为，它不符合全民联的利益，萨迪克签署《吉布提协议》的行为破坏了全民联的团结，这是苏丹政府梦寐以求的，萨迪克是在帮苏丹政府的忙。南方反政府武装力量领导人加朗的政治顾问曼苏尔·哈利德也说，全民联事先不知道萨迪克同巴希尔的会晤和签署协议，萨迪克的行动只代表乌玛党立场，同全民联没有任何关系。苏丹民联党负责宣传工作的官员也强调指出，萨迪克的会晤是乌玛党的事，民联党不承认他签署的协议。

埃及外长穆萨也先后两次发表讲话称，《吉布提协议》的很多内容同他跟萨迪克、苏丹外长会谈时的口径不一致，疑点颇多，它引起包括喀土穆在内的很多人士的忧虑和不安。他要求萨迪克对此给予更多解释，否则是难以接受的。作为一位苏丹领导人，不管他的名气有多大，也不应签署这样的协议。苏丹问题错综复杂，南北方的利益犬牙交错，只有实现全面的民族和解才能解决苏丹问题。苏丹需要的是建立在坚实基础上的真正和平而不要形式上的或被扭曲的和平。

面对全民联的指责和埃及的不满，乌玛党领导人也相继发表讲话予以辩解。乌玛党的主要领导人之一，易卜拉欣·阿明说，乌玛党坚持全面政治解决苏丹问题的立场，坚持维护全民联的团结并反对达成任何部分的或双边的解决办法。他说，《吉布提协议》并非真正意义上的协议，而是一个“原则声明”，其目的是为其他政治力量参与全面政治解决苏丹问题开辟一个入口。全民联是一个多党组织，只要这些政党遵守全民联的宪章，保证不同喀土穆政权达成单方面解决方案，就应当允许它们采取一些行动，或进行对话。《吉布提协议》得到了苏丹国内政治力量的响应，也受到了埃塞俄比亚等国的欢迎。萨迪克也认为，他签署的《吉布提协议》并没有违背全民联关于通过政治手段解决苏丹问题的宗旨，呼吁全民联其他领导人要客观地、不带感情色彩和党派偏见地评价这个协议。

至12月上旬，《吉布提协议》虽未能进一步推动苏丹和平进程的发展，但却使反政府组织各方内部出现了不可调和的矛盾，全民联这一本来就松散的反政府组织趋向瓦解的形势更加明朗，这无形中使苏丹政府获得了在和平进程中的主导权，并使整个政局向有利于政府方向发展。

（黄　磊、张若涵）

科摩罗发生军事政变　1999年4月30日，以科摩罗军队参谋长阿扎利为首的科军方发动军事政变，推翻了由塔杰丁总统领导的现政府，并组成新的军政府“国家委员会”。这是科摩罗自1975年独立以来发生的第18次政变。

一、军事政变发生的背景

科摩罗是位于西南印度洋上的岛国，由大科摩罗、昂儒昂、莫埃利和马约特4个岛屿组成。1975年大科摩罗等3岛摆脱法国的殖民统治宣布独立，但马约特岛仍在法国的控制之下。独立以来，由于科经济落后、国内矛盾十分复杂，加上外国势力的插手干预，已发生了17次政变，军方在国家政治生活中发挥着重要作用。此次军事政变的发生除了上述背景外，更为直接的背景则是科摩罗塔杰丁政府不能妥善处理和解决1997年以来昂儒昂岛独立而引发的分裂危机，引起了国内政局的动荡和军方的不满。

1997年8月昂儒昂岛的分裂势力因对科中央政府的政策不满而自行宣布独立，成立“昂儒昂国”，并选举分裂运动的领导人阿卜杜拉·易卜拉辛出任“总统”。危机发生后，尽管没有任何一个国家承认昂儒昂岛的独立，但是科摩罗政府平息分裂势力的努力也屡遭挫败，使其威信大为下降。1998年12月，易卜拉辛与主张昂儒昂岛并入法国版图的昂儒昂岛“总理”奥马尔政见不一，导致昂儒昂岛的分裂主义分子形成两派，并发生武装冲突，大批难民逃离该岛。

科摩罗分裂危机引起了国际社会的广泛关注。非统组织曾于1997年12月召开解决科摩罗危机的国际会议，明确表示应当维护科摩罗的主权和领土完整，并派出一名联络员常驻科摩罗。1999年2月，非统组织派出由马达加斯加、毛里求斯、南非、莫桑比克、坦桑尼亚、肯尼亚等8国组成的外交军事观察团前往昂儒昂岛了解情况，为解决危机进行了斡旋。在国际社会的斡旋下，1999年4月19～23日，科各派代表在马达加斯加首都塔那那利佛举行“科摩罗岛际会议”，讨论解决目前科摩罗危机的途径、昂儒昂岛未来的宪法地位以及各岛的自治权问题。马达加斯加总统拉齐拉卡以及印度洋地区国家、非统组织、联合国、阿拉伯国家联盟和欧盟的代表也出席了这次为期5天的会议。非统组织秘书长萨利姆在会上呼吁科摩罗各派本着相互理解的精神，尽快解决科摩罗目前所面临的危机。萨利姆指出，现在是科摩罗历史上的关键时刻，各方代表应珍惜这一机会，诚心诚意地通过对话寻求解决分歧和目前危机的办法。他指出，只有通过协商才能解决分歧，互不信任只能使危机进一步加深，使3岛之间的关系更加紧张。萨利姆还呼吁科摩罗各方为3岛的团结和领土完整作出努力。他表示，非统组织将积极进行斡旋，以帮助科摩罗以和平方式解决危机。在非统组织的积极推动下，会议形成了解决科摩罗问题的“塔那那利佛协定”，决定组建一个过渡政府。该协定规定，科摩罗伊斯兰联邦共和国改名为科摩罗岛联盟，联盟主席由国民议会选举产生，国民议会的议员一半由各岛指定，一半由直接选举产生。会后由科摩罗中央政府立即着手组建过渡政府，在为期一年的过渡期间，3岛现政府机关继续行使权力。但昂儒昂岛代表在会上提出，联盟主席应由大科摩罗岛、莫埃利和昂儒昂3岛各指定一名人选轮流担任，每人任期一年，同时，昂儒昂岛代表对国民议会一半议员由直接选举产生也持保留意见。

在与会其他各派代表均在协定上签字后，由分裂势力控制的昂儒昂岛代表却以“需要向本岛人民解释”为借口，拒绝在协定上签字。由于没有昂儒昂岛代表的签字，“塔那那利佛协定”实际上无法实施，宣告流产，国际社会解决科摩罗分裂危机的努力也就此搁浅。在此情况下，科摩罗政治局势更加动荡，科摩罗岛际会议的结果传到科国内后，科摩罗连续3天发生暴力抗议事件，国内各界特别是军方对塔杰丁政府的不满情绪达到了极点。这直接导致了军事政变的发生。

二、军事政变的经过

1999年4月30日晨，科摩罗军队在参谋长阿扎利上校的领导下，在科首都莫罗尼发动政变，宣布解散因“墨守成规”而使科摩罗国家处于崩溃边缘的“无能政府”，接管政权，并软禁了总统塔杰丁及其政府的一些高级官员。当天，发动政变的科摩罗军队发言人在科国家电台宣布了4点命令：第一，从现在起终止宪法；一切国家机关停止工作；第二，国家各部门负责人一律在家待命；第三，禁止一切游行；第四，政府各机关将于5月4日恢复办公。据报道，这次政变没有发生流血事件，4月30日当天首都莫罗尼局势平静，许多商店均保持开门营业，街道上也很平静。

5月1日，军事政变领导人阿扎利上校在首都莫罗尼正式发表声明，宣布解除塔杰丁总统的职务、废除宪法，并解散现有的一切国家机构，特别是共和国总统府、政府、共和国最高委员会、联邦议会和伊斯兰教学者委员会等。阿扎利在声明中指出，在未来的几天里，科军队将与有关各方磋商组织新政府，以处理国家日常事务，保证在科摩罗全境恢复和平与安全。他同时强调，科军方将坚决执行在科摩罗岛际会议上达成的“塔那那利佛协定”，该协定签字各方将指定一名总理组建过渡政府，并将吸收昂儒昂岛人参加这个过渡政府。科军方也将继续执行科摩罗前政府与国际社会签订的双边和多边协定，并呼吁国际合作伙伴继续支持科摩罗人民渡过难关。

同一天，阿扎利上校在向莫罗尼报界发表的谈话中解释了其发动军事政变的原因。他说，原总统塔杰丁领导的政府“无能”、“墨守成规”。特别是在科摩罗岛际会议后，科摩罗政界领导人对如何落实“塔那那利佛协定”无法取得一致意见，国家面临空前的社会和经济危机，科摩罗社会处于崩溃的边缘。鉴于国家面临的危急局势，考虑到科军队“始终在发挥着使民族和国家继续生存下去的最后堡垒作用”，科军队

"决定介入"国家政治生活。他领导军队推翻塔杰丁政府的唯一目的就是"为了恢复科摩罗的秩序"。

5月6日，阿扎利上校正式就任国家元首，同时宣布组成以他为首的科摩罗新政府——国家委员会。国家委员会具有较强的代表性，包括12名委员（部长），其中军人1名，文职人员1名。从3岛的分布来看，大科摩罗岛占6人，昂儒昂岛占2人，莫埃利岛占4人。国家委员会设国务协调委员（总理），由比安利菲·塔米迪担任，阿扎利本人则兼任国防委员。阿扎利同时还宣布组成国务理事会，负责对国家委员会的工作和国有企业的活动监督，并提出有关建议。新政府还颁布了过渡时期"宪章"，作为科摩罗临时宪法，并宣布不久将颁布科摩罗宪法。阿扎利在就职演说中表示，目前科摩罗首都局势已恢复正常，政府机关已开始正常办公；并再次表示，新政府将认真贯彻执行4月23日由科摩罗有关各方签订的"塔那那利佛协定"，尽早结束因昂儒昂岛分裂所造成的科摩罗危机，同时保证遵守国际条约和科摩罗过去所签订的双边和多边协定。

阿扎利就任国家元首以及国家委员会的成立标志着科摩罗政变以军方夺取政权而宣告结束。

三、国际社会的主要反应

科摩罗军事政变发生初期，联合国、非统组织等国际组织以及法国等国分别作出了程度不同的反应，总的态度是对这次军事政变持谴责立场。新政府成立后，对科摩罗反应有所改变，但科仍存在着不稳定因素。

联合国发言人席尔瓦在政变发生的4月30日举行了记者招待会。他在会上表示，联合国秘书长安南对在科摩罗发生的军事政变表示"强烈谴责"，并呼吁尽快在该国实现和平与稳定。席尔瓦说，安南"谴责任何企图通过武力或其他违宪方式改变国家政府的行为"，并呼吁科摩罗"所有的政治、军事和社会团体领导人尽一切努力避免在该国发生暴力活动，并努力在该国实现和平、稳定和宪法秩序"。

同一天，非统组织发表新闻公报，强烈谴责科摩罗军方发动的军事政变，要求立即恢复这个印度洋岛国的制宪秩序。公报称，科摩罗的这次政变是在这个国家昂儒昂分裂组织制造的危机有望得到解决的时候发生的，因此非统组织中央机构对科摩罗局势表示极大的关切。公报说，非统组织中央机构全力支持4月19～23日在塔那那利佛召开的科摩罗3岛会议所达成的协定，并呼吁昂儒昂岛尽早签署这个协定。非统组织中央机构还要求科摩罗各党派共同努力，为全面执行"塔那那利佛协定"创造条件。公报最后表示，非统组织中央机构密切关注科摩罗局势，并将对此采取相应措施。

法语国家首脑会议秘书长加利4月30日也对科摩罗发生军事政变表示强烈谴责，他在就此发表的新闻公报中指出，军事政变破坏了由非统组织和国际社会在科摩罗倡导并予以支持的和解进程。

作为科摩罗的前宗主国，法国在科摩罗有较多的切身利益，因此对科摩罗危机及军事政变采取了较为谨慎的立场。法国政府4月30日谴责科摩罗军人发动政变，但同时呼吁科摩罗人民保持镇静，以"维护国家的和平、团结和稳定"。法国驻马达加斯加大使卡米尔·罗胡则表示，法国主张维护科摩罗的主权和领土完整，不过他认为科摩罗出现的事件是由于经济问题造成的，法国将在经济上继续支持科摩罗。

尽管国际社会对科摩罗军事政变进行了谴责，但科摩罗政变当局还是逐步巩固了其所取得的国家政权。9月3日，科政府成功地粉碎了一起"企图使国家动荡不安的"武装行动，进一步巩固了其地位，并着手组织新的民族团结政府。11月27日，科摩罗国家元首阿扎利同科各政党经过协商后发表声明，决定成立一个民族团结政府，以便让各政党切实参与国家事务的管理。12月8日，阿扎利签署一项法令，宣布组成以比安利菲·塔尔米迪为总理的科摩罗新政府。新政府由总理和12名部长组成，并保留了上届政府（国家委员会）中的8位成员。5名新成员分别来自不同的党派和团体，上述动向表明科政局正逐渐趋于稳定。不过，科独立以来局势动荡不安的根本原因是法国长期占领马约特岛，以及法国右翼势力支持昂儒昂岛分裂势力的活动，因此可以说迄今为止科摩罗国家分裂危机仍未得到根本解决，利摩罗中央政府与昂儒昂岛发生内战的可能性也无法排除。同时，科摩罗经济仍未摆脱落后状态。这些因素都将影响着科政局的长期稳定以及阿扎利政府的前途。

（湘　溪）

刚果（金）在和平道路上举步维艰 1999年，刚果（金）政府军是在与反政府组织以及各自的支持国就停火问题谈谈打打、打打谈谈中度过的。双方在和平道路上虽也取得了一定进展，于7月10日达成了刚果（金）停火协议，8月反政府组织各派也补签了此协议，但双方仍旧秣马厉兵，不断发生武力冲突，离实现和平相差甚远。

一、刚果（金）冲突不断升级

自1998年8月初刚果（金）政府军与反政府武

装发生军事冲突以来，刚果（金）一直被陷入到一场多国军事力量相互对抗的冲突之中。乌干达和卢旺达以维护自己边境稳定为由出兵支持了刚果（金）反政府武装，并于1999年初进入至刚果（金）纵深700多千米的地方。与此同时，安哥拉、纳米比亚、津巴布韦和乍得等国则以帮助刚果（金）政府军平息反政府武装为由派兵参战，与乌、卢等军进行对抗。在1999年年初，双方虽立足于谈，并不断地讨价还价，但在谈不拢难以达成协议的情况下，双方各自都不断增兵布防，准备在战场上一决胜负。3月上旬，刚果（金）新招募的2.5万名士兵在津巴布韦、安哥拉及刚果（金）军事基地受训后，被派到前线作战。乌、卢也宣布将动员3万兵力支援刚果（金）反政府武装力量。至3月中旬，乌、卢及反政府武装控制了南、北基伍两省全部、东方省和马尼耶马省的大部分地区。而刚果（金）政府军与盟军则驻守一些大的城市和战略要地，抵抗乌、卢的进攻。目前双方在战场上投入的兵力各有8万多人，基本形成了乍得军队与乌干达军队在北部对阵、安哥拉军队与卢旺达军队在中部对垒、津巴布韦和纳米比亚军队与卢旺达和布隆迪军队在南部对峙的局面。为增强在谈判桌上的有利地位，即使在谈判期间，双方也是小规模冲突不断，谁都想在战场上取得一些优势。在安哥拉、纳米比亚、津巴布韦和刚果（金）4国首脑举行会议的同时，刚果（金）政府军与盟军向北部城市利萨拉和东部马尼耶马省省会金杜发起进攻。而反政府武装会同一些原逃亡刚果（布）的前扎伊尔军向距金沙萨350千米的博洛博城发动进攻，并一度拿下该城。此外，乌、卢向俄罗斯和东欧一些国家购买了歼击机等一批作战武器，并请以色列军事专家协助训练飞行员，准备在5月旱季开始后在战场上发起新的攻势。尽管刚果（金）的国库已相当空虚，银行几乎没有外汇兑换，政府工作人员已几个月发不出工资，但刚果（金）政府还是尽力使每天的军费开支高达100多万美元，以用于培训士兵、购买武器及战略物资，积极投入到旱季备战中。

二、刚果（金）冲突出现转机

为了争取国际社会对自己的支持，交战双方加强对外宣传。刚果（金）政府利用各种机会在各种场合宣传自己是被侵略的受害者，寻求国际社会的同情和支持。1999年初，在刚果（金）东部南基伍省的马科博拉镇发生600多名平民被屠杀的惨案，刚果（金）政府发动强大的舆论攻势，谴责“乌干达和卢旺达军队在刚果（金）一些省份不择手段地实施屠杀和奴役刚果人的计划”，要求国际社会采取严厉措施，制裁大屠杀的制造者。还主动邀请曾被它拒绝入境的联合国人权委员会特别调查员加尔东前来调查屠杀事件，并向相关的国际组织提交报告。刚果人权部发表了自叛乱爆发以来的《人权状况白皮书》，罗列了导致7000多人丧生的多起屠杀暴行，以期引起国际社会的广泛关注，唤起国际舆论来谴责入侵者严重违反人权的行径，起到打击和孤立敌人的作用。而乌干达则利用3月1日发生在乌西南部布温迪国家森林公园的8名西方游客被杀事件，指责卢旺达反政府的胡图族民兵制造事端，从刚果（金）进入乌干达，肇事后已逃到刚果（金）。乌方欲以清剿杀人凶手为借口，紧急向刚果（金）境内派遣600多名乌士兵，以加强其在刚果（金）的军事力量。

为尽快平息刚果（金）内战，实现大湖地区的和平与安全，国际社会特别是非洲国家积极进行外交斡旋，联合国秘书长安南、南部非洲发展共同体主席曼德拉、赞比亚总统奇卢巴等多次主持召开或出席有关的国际会议，呼吁交战双方放下武器和平解决危机。在这些会议上，各方均不放弃和谈，也不回避停火，但在原则问题上则坚持自己的立场不让步，几次会议都因分歧过大而没能达成停火和撤军协议。与此同时，各路调解人也纷至沓来，到金沙萨进行外交斡旋。赞比亚、莫桑比克总统，美国特使、欧盟特使及英国外交国务大臣分别与刚果（金）政府就停火问题交换过意见，并提出两个调解方案。一是“美国方案”，即双方首先停火，然后在前线设立隔离部队，再谈判撤军问题。由于前线已深入刚果（金）腹地，包括钻石和黄金在内的许多矿区已被乌、卢占领，这一方案实际是欲将刚果（金）目前的分裂状况合法化，对乌、卢方面有利，但不为刚果（金）和盟军所接受。另一个是“欧洲方案”，建议停火后双方撤军，在边界地区设立维和部队，然后由刚果（金）自己内部商谈解决政府军与反政府武装的问题。刚果（金）政府的态度则很鲜明，表示同意停火，可以和反政府武装在任何时候、任何地方谈判，但坚持停火协议签字后立即撤军并部署维和部队；且乌、卢军队必须首先撤出，然后再撤盟军。4月14日，利比亚领导人卡扎菲召集刚果（金）总统卡比拉、乌干达总统穆塞韦尼和乍得总统代比在利比亚港口城市苏尔特举行协商会议。此次会议，虽然反政府组织没有派人参加，但与会各方于18日签署了《和平协议》，同意执行有关冲突双方停火、外国军队撤离、派遣维和部队和确保地区安全等原则条款。4月30日乍得政府宣布，乍得军队将尽快从刚果（金）撤出，以使该国冲突各方早日实现停火，从而使刚果（金）冲突出现和平的转机。

三、各方就刚果（金）全面停火达成协议

5月8日，利比亚领导人卡扎菲、刚果（金）总统卡比拉和中非共和国总统帕塔塞在的黎波里举行3国小型首脑会议，专门就刚果（金）冲突的和平协议进行了协商。5月15日，非洲6国领导人即利比亚领导人卡扎菲、非统组织执行主席孔波雷（布基纳法索总统）、刚果（金）总统卡比拉、乍得总统代比、厄立特里亚总统伊萨亚斯、中非共和国总统帕塔塞以及负责解决大湖地区冲突的联合国特使穆斯塔法，在利比亚东部海滨城市苏尔特举行了解决刚果（金）冲突问题的6国小型首脑会议。在此次会议中，刚果（金）政府同意"与反政府武装进行对话"。与会各方还决定举行一次卷入刚果（金）冲突各国的外长会议和首脑会议，以达成一项解决冲突的办法。5月28日，卢旺达决定从午夜起在刚果（金）实行单方面停火，这表明了卢政府推进刚果（金）和平进程的愿望。5月29日，乌干达总统兼武装力量总司令穆塞韦尼签署命令，指示本国军队从刚果（金）东南部地区撤出，这为最终和平解决刚果（金）危机和大湖地区武装冲突创造了良好开端。6月17日，赞比亚、纳米比亚、津巴布韦、莫桑比克、坦桑尼亚、乌干达、卢旺达和南非等8国总统在比勒陀利亚进行会晤，为签署刚果（金）停火协议和停火实施细则进行最后磋商。

6月27日，卷入刚果（金）问题的有关国家的国防、外交和内政部长们在赞比亚首都卢萨卡经磋商后制定了一项停火协议草案，简称《卢萨卡停火协议》。7月7日，上述国家的部长与刚果（金）反政府武装的代表经过一个多星期的谈判，终于通过了停火协议的草案。7月10日，安哥拉、刚果民主共和国政府、纳米比亚、卢旺达、乌干达、津巴布韦等6国如约在协议上签字。而反政府武装刚果民主联盟和刚果人民解放运动两派领导人由于难以推选出签字代表，而未在停火协议上签字。随后，反政府武装领导人声称，他们不承认由6个国家签署的停火协议。7月20日，赞比亚、安哥拉、纳米比亚、津巴布韦、刚果（金）、乌干达和卢旺达6国的国防部长和外交部长举行会议，成立一个联合军事委员会，以监督实施10天前签署的《卢萨卡停火协议》。7月21日非统组织秘书长萨利姆任命一名阿尔及利亚高级将军担任刚果（金）停火监督机构主席。7月26日，3000多名反政府武装的士兵在加丹加省北部向政府方面投诚，对反政府武装各派未能在停火协议上签字以示抗议。8月1日，刚果（金）反政府武装刚果解放运动领导人班巴在赞比亚首都卢萨卡补签了停火协议。8月6日，联合国安理会一致通过决议，决定向签署《卢萨卡停火协议》的有关国家派遣90名联合国军事联络人员，任期为3个月，其主要任务是：与由冲突各方组成的联合军事委员会和停火协议各签署方建立联系；协助联合军事委员会和各签署方制定执行这一停火协议的计划；向联合国秘书长汇报当地执行停火协议的有关情况，以进一步发挥联合国在推动刚果（金）和平进程中的作用，并为在这些国家部署军事观察员做准备工作。

8月7日，分别受到卢旺达和乌干达支持的刚果（金）反政府武装主要组织"刚果民主联盟"内部两派，以伊龙加为首的戈马派和以万巴为首的基桑加尼派在东方省首府基桑加尼发生火并，战斗中双方动用了重武器。8月15日，乌干达和卢旺达两国驻刚果（金）部队在为争夺刚果（金）第3大城市基桑加尼附近的一个机场的控制权时发生武装冲突，双方各有士兵受伤，造成50多人死亡。18日，乌、卢两国领导人达成一项协议，决定两国驻刚果（金）部队立即停止冲突，实现停火。8月31日，刚果（金）反政府武装主要派别之一的"刚果民主联盟"两派一同前往赞比亚首都卢萨卡，在《卢萨卡停火协议》上签字，至此，冲突各方都在停火协议上签了字。联合国秘书长安南就此发表声明称，对刚果（金）主要反政府武装——"刚果民主联盟"签署停火协议表示欢迎，认为这有利于有关各方及时实施停火协议、促进地区和平与安全，为国际社会继续帮助刚果（金）恢复经济创造了条件。9月3日，欧盟轮值主席国芬兰发表主席国声明，欢迎刚果（金）反政府武装"刚果民主联盟"最近签署旨在结束该国冲突的停火协议。

四、各方在全面落实协议上举步维艰

9月7日，南非国防部长莱科塔宣布，南非准备参加联合国在刚果（金）的维和行动。9月14日，乌干达总统穆塞韦尼宣称，如果有关各方能执行刚果（金）停火协议，乌干达军队将于2000年1月从刚果（金）撤军。9月24日，津巴布韦国防部长马哈奇称，津巴布韦派驻刚果（金）的部队从现在起随时准备撤离回国。10月11～12日，实施《卢萨卡停火协议》联合军事委员会召开首次会议，讨论在刚果（金）实施停火的具体步骤和停火过程中可能遇到的问题。刚果（金）政府、反政府武装的3个派别以及

卷入刚果（金）冲突的乌干达、卢旺达、津巴布韦、安哥拉和纳米比亚派代表出席，联合国秘书长安南和非统组织秘书长萨利姆也派代表与会，并就实现刚果（金）停火的有关问题进行了协商并达成共识，制定了今后4个月的工作计划，交战各方提供了他们各自阵地的位置图，为实施停火监督提供了方便。会后还发表了保证联合国人员生命财产安全的书面声明，并分别递交给联合国秘书长的代表和驻刚果（金）联合国军事观察团团长，从而拉开了实施停火协议的序幕。10月16日，乌干达和卢旺达在卢首都基加利发表一项联合公报表示，乌、卢两国要采取措施，消除两国在刚果（金）问题上产生的分歧，恢复相互信任与合作，确保《卢萨卡停火协议》得以实施。

但就在11月初，刚果（金）政府军与反政府武装在距首都金沙萨东北1000千米的博孔古地区和与中非共和国接壤的栋戈地区发生激战，造成大量平民伤亡，这无疑对十分脆弱的刚果（金）和平进程构成了新的威胁。冲突发生后，双方相互指责对方违反卢萨卡停火协议，刚果（金）司法部长孔戈罗9日在接受乌干达《新景报》记者电话采访时强调，政府军是自卫反击，目的在于击退反政府武装的进攻。一直在帮助刚果（金）政府军作战的津巴布韦、安哥拉和纳米比亚盟军司令部发表声明表示，如果刚果（金）反政府武装继续攻击政府军阵地，他们将予以还击。然而，反政府武装刚果解放运动领导人班巴则指责说，政府军袭击了他们在栋戈的阵地。他们在博孔古地区的阵地也遭到政府军的炮火轰击，大量平民被炸死。他说，政府军的所作所为违反了卢萨卡停火协议，刚果解放运动将保留继续战斗并彻底解放全国的权利。与此同时，另一个反政府武装组织“刚果民主联盟”戈马派也表示，如果国际社会不谴责刚果（金）政府军违反停火协议的行为，他们将不再承诺执行《卢萨卡停火协议》。停火协议并未奏效，冲击各方一直未能真正履行协议条款，冲突不断发生。11月6日，监督《卢萨卡停火协议》实施的联合军事委员会决定，在刚果（金）部署由非统组织派出的中立调查和核查人员，以调查违犯停火事件和监督停火协议的实施。同时决定建立地方联合军事委员会和工作小组。工作小组除处理人道援助和交换战俘等问题外，还负责建立解除非法武装机制、脱离军事接触机制和外国军队有序撤出刚果（金）机制。11月13日，刚果（金）政府发言人、新闻部长迪迪埃·穆门吉在刚果（金）国家电视台宣布，出于安全考虑，首都金沙萨自当天起实行宵禁。因为，一方面，国家受到战争的威胁，另一方面，邻国安哥拉被击溃的反政府武装争取安哥拉彻底独立全国联盟（安盟）的散兵游勇已经流窜到刚果（金）境内。同时，刚果（金）反政府武装“解放刚果运动”的小股部队继续在国内部分地区活动，对金沙萨的安全构成威胁。

11月16日，由17人组成的非统组织首批调查人员前往刚果（金）监督《卢萨卡停火协议》的实施情况。11月18日，联合国任命突尼斯驻联合国日内瓦办事处代表卡迈尔·米尔詹为联合国刚果（金）问题特使。12月4日，负责监督《卢萨卡停火协议》的联合军事委员会第3次全体会议在哈拉雷结束。会议通过了包括外国军队撤出刚果（金）等内容在内的行动计划，使刚果（金）和平进程向前迈出了重要一步。12月15日，非统组织秘书长萨利姆宣布，刚果（金）政府和反政府武装3个派别已同意接受博茨瓦纳前总统马西雷作为刚果（金）各方政治谈判的调解人，帮助刚果（金）各方开展和平谈判。这为在刚果（金）各方之间开展和平对话创造了重要条件，而且将有助于他们履行卢萨卡停火协议。12月29日，负责监督《卢萨卡停火协议》实施的联合军事委员会临时主席卡赞比宣布，刚果（金）冲突各方已一致同意停止敌对行动，停止战斗。但在2000年1月，刚果（金）政府军与反对派武装力量又爆发了大规模的军事对抗，致使和平进程再度陷入战火之中。

（黄　磊）

安哥拉和平进程在遭受重大挫折中前进

1998年11月中旬，安哥拉政府军与反对派“争取安哥拉彻底独立全国联盟”（简称“安盟”）武装在中部地区爆发大规模冲突，此后战火迅速向全国各地蔓延，18个省份中的大多数均发生过激战。1999年3月28日，随着联合国旗帜从联合国驻安哥拉观察团的驻地上空落下，国际社会在安哥拉的“并不成功的”维和行动正式宣告结束。后虽经国际社会多方斡旋，联合国安理会也于10月15日一致同意在安哥拉设立联合国办事处，可安哥拉政府仍强调不同安盟反政府武装进行任何条件的谈判，致使战火再次不断升级，使安哥拉和平进程遭受了自1994年《卢萨卡协议》签订以来的最大挫折。但是，由于安哥拉政府及时积极调整了对内对外政策，使其掌握了整个战场的主导权，为最终安哥拉实现和平奠定了基础。

一、安战火重燃，联合国维和行动受阻

至1998年年中，安哥拉反政府武装安盟拒绝交出其所控制的区域，致使安哥拉和平进程步入停滞阶

段。安政府认为安盟在联合国监督下，已经交出了大量武器和解散了多数部队，而政府军拥兵6万，且装备有T－62型坦克和米格－23歼击机等精锐武器，安盟反政府武装将会不堪一击，于是下决心用武力解决问题。安政府军遂在1998年11月中旬向安盟控制的核心地区拜伦多（万博省北部）和安杜洛（比耶省北部）发动大规模进攻，但遭到了安盟反政府武装的猛烈反击。在战斗中，安政府军发现安盟保留了一支多达4万人的秘密精锐部队，并且装备有60多辆T－62、T－55型坦克、БМП－2型步兵战车，以及大量俄制地空导弹、反坦克导弹、БМ－21火箭炮和100毫米以上的远程火炮。1998年11月中旬到12月初，安政府军以士兵损失约1500人的惨重代价，被迫退守万博市（万博省首府）和奎托市（比耶省首府）。

安盟反政府武装在获得首战全胜后，开始制定并实施其武装夺取政权的反攻计划，即首先攻占万博省和比耶省的首府，然后分兵进入本格拉省和马兰热省，最后会师于首都罗安达城下。因为，万博省和比耶省是安盟传统的根据地，又素有安哥拉粮仓之称，所以夺取首府城市对安盟来说是获得立足点的必然的选择。尽管安盟每天向万博市和奎托市区倾泻数百发炮弹，并且昼夜不停地进攻，但在政府军和当地居民的顽强抵抗下，经过1个多月的围攻非但没有取得什么进展，反而使其部队遭受了巨大损失。据担任进攻万博市主力的第2机械化旅的一名逃兵说，该部队不仅损失了多数的装甲车辆，人数也由原来5000人减少到不足3000人。部队士气受到了极大的打击。安盟反政府武装在攻城无望的情况下，主力部队在1999年1月初从中部地区挥师北上开辟出第3战场，迅速攻陷马兰热省和威热省的大部，直抵扎伊尔省首府姆班扎刚果城下，目的是夺取位于刚果河河口处的石油重镇索萨。安政府每年从索萨港输出的石油占安哥拉石油出口量的40%，它是政府获得外汇的主要来源。而拿下索萨港，不仅切断了政府部分收入的来源，还可在军事上取得进攻的主动权，即从右翼威胁首都罗安达，贯通中部地区同北部地区之间的联系。但对姆班扎刚果城半个多月的围攻，安盟反政府武装在前进的道路上仍是一筹莫展。1月20日，安政府军在巩固了万博和奎托周围的防线后，出兵增援马兰热市，迫使安盟反政府武装撤离那里的阵地。随后，双方在中部和北部地区进行着拉据战，战事无任何进展。

1998年12月26日和1999年1月2日，联合国两架维和人员乘坐的飞机在安哥拉中部的万博市附近连续坠毁，机上人员全部遇难。据说，这是有人故意制造的，它严重影响了联合国观察人员在此工作的安全，同时也阻止了联合国工作人员维和工作的继续。1999年1月17日，联合国秘书长安南向安理会提交报告称，1994年《卢萨卡协议》开启的安哥拉和平进程“已经崩溃”，建议该组织驻安哥拉观察团在3月20日前撤离这个非洲国家。1月21日，安哥拉常驻联合国代表姆宾达宣称，安哥拉政府希望联合国安理会不再延长联合国驻安哥拉观察团的任期。2月22日，安哥拉外长米兰发表声明指出，由于联合国观察团在安哥拉和平进程中有一系列失误，安盟反政府武装重新挑起内战，联合国观察团已经丧失了留在安哥拉的“客观条件”。2月26日，联合国安理会决定从当日起终止联合国驻安哥拉观察团的维和使命。1999年3月28日，联合国维和人员及其物资全部从安哥拉撤出，宣告安哥拉和平进程受到严重阻碍。

二、安政府调整策略，营造有利环境

安哥拉政府用武力解决问题的计划受阻后，对外加大外交斡旋力度，积极争取国际社会的支持。一是公开地谴责布基纳法索、多哥、乌干达、卢旺达、赞比亚、南非等支持安盟的国家，要求它们停止对安盟反政府武装的武器供应。二是于1999年4月8日在罗安达召集津巴布韦、纳米比亚、刚果（金）等国总统举行了4国首脑会谈之后，安哥拉政府改变其对刚果（金）局势的一贯强硬的立场，表示愿望看到卡比拉政府与安盟反政府武装之间实现停火。三是安总统多斯桑托斯在5月10日会见利比亚外交部高级官员阿里·特内基时向外界公开称，安哥拉政府全力支持在利比亚苏尔特签署的关于解决刚果（金）问题的和平协议。四是积极改善同国际组织的关系。5月5～6日，安哥拉政府邀请非统组织秘书长萨利姆访问安哥拉，并同非统组织就刚果（金）问题达成共识。6月19日，又邀请前联合国驻安哥拉特使迪亚洛访问罗安达，并答应允许联合国在安哥拉设立一个常设机构来了解安哥拉局势的发展。通过上述措施。安哥拉政府取得了外交上的胜利，扩大了其外交生存空间，孤立了安盟反政府武装。6月18日在非统组织和南部非洲发展共同体的帮助下，赞比亚和安哥拉达成的和解协议，使两国朝着关系正常化发展。6月22日，莫桑比克总统发表声明，呼吁国际社会认真执行安哥拉问题有关决议，扶持卡比拉政府排除和平障碍、实现民族和解。7月13日，第2届葡萄牙语国家共同体议会论坛在会议结束时发表公告称，国际社会应帮助安哥拉尽快解决冲突，使安哥拉人民能在和平的环境中生活并重建家园。10月15日，联合国决定在安哥拉设立联合国办事处，以便在推进和平进程、进行人道主义援助和保护人权等方面向安哥拉人民提供有效的帮助。

三、安政府采取两手，取得明显效果

安哥拉在争取到国际社会的支持后，对内则采取打拉并用手段对安盟进行压制。在军事上调整力量歼灭安盟反政府武装的有生力量。1999 年 3 月中旬，安哥拉政府军对安盟总部所在地安杜洛发起围攻。与此同时，又于 4 月 25 日成功地击退了安盟反政府武装对中部比耶省城市古宁加的反攻，于 5 月 2 日击退了安盟反政府武装对万博市的进攻。随后，在 5 月中旬，安政府军向万博市运送了大批士兵和武器弹药。5 月 29 日，一举夺回了离万博市以南 73 千米的重镇奎马市，摧毁了万博东南 60 千米处的军事基地。7 月 20 日，政府军又成功地打垮了安盟反政府武装对首都附近的卡特特市的进攻。从此，政府军获得了战场上的主动权。安政府军经过一个多月的休整，在 9 月 14 日开始向安盟反政府武装进行大规模的反攻。至 10 月 21 日，一举攻克安盟总部所在地拜伦多市及其军事大本营安杜洛市，从而结束了中部地区的战事。随即，安政府军开始集中力量进攻北部和东部地区安盟反政府武装力量所在地。11 月 2 日安政府军收复了北部重镇威热省的马科科拉市，消灭了安盟反政府武装的有生力量，并缴获大批武器弹药，迫使安盟反政府武装撤至北部的丛林之中。截止到 12 月 18 日，安政府军称已消灭安盟 80% 的正规部队，缴获各种武器弹药约 1.5 万吨，其中包括坦克 27 辆、远程火炮 45 门、导弹 30 枚和上百辆军车。在政治上采取了离间手段瓦解安盟组织。凭借着军事上的优势，安哥拉政府多次拒绝与安盟进行谈判。8 月 27 日，安政府发表声明，承认卢萨卡和平协议仍然有效，但要求在执行该协议时必须将反对派安盟主席萨文比排除在外，因为他拒不按协议规定解除安盟反政府武装，而认定从安盟分裂出来的“安盟改革委员会”为执行卢萨卡协议的唯一合法的对话者，并宣布萨文比为“战犯”。同时，在 9 月中旬的反攻战中，安政府军加强了对安盟反政府武装的攻心宣传。安哥拉国防部长帕亚马在 10 月 27 日召开的南部非洲发展共同体安全和防备委员会会议上发表声明，安政府军最近接连攻占了安盟总部所在地和军事大本营，使安盟反政府武装遭到了沉重打击，政府军不会给反政府武装安盟以任何喘息之机，将加强对丛林地带的清剿，同时呼吁安盟残余反政府武装分子同其领导人萨文比决裂，尽快向政府军缴械投降，政府将保障所有在战场上自愿投降的安盟官兵。截止到 2000 年 1 月 26 日，安盟反政府武装已有 6387 名成员从丛林中走出向政府军投降。1 月 26 日，安政府军在中部的比耶省的 2 个城市分别为新投降的 700 名安盟反政府武装人员举行了大型受降仪式。至此，安政府军已完成了对南部边界的控制，并对北部威热省发动攻势，收复了该省 16 座城市中的 14 座。整个形势的发展完全掌握在政府军的手中。

（黄　磊）

塞拉利昂交战双方达成和平协议　1999 年年初，塞拉利昂反政府武装与政府的民兵和西非维和部队展开激战，一度占领了首都弗里敦；西非维和部队在不断增兵下，不但帮助塞政府于 1 月下旬收复了首都弗里敦，而且促使反政府武装革命联合阵线（简称“联阵”）坐下来与政府进行和谈。经过数月磋商，塞政府与反政府武装于 7 月 7 日在多哥首都洛美正式签署和平协议宣告结束内战。10 月 21 日新政府组成，西非维和部队开始陆续撤出塞拉利昂，联合国维和部队进驻塞拉利昂，监督各方落实洛美和平协议。

一、塞反政府武装占领首都弗里敦

1999 年 1 月 6 日，塞反政府武装从弗里敦东郊的惠灵顿和卡拉巴同时向市中心发起进攻，占领了总统府，放火焚烧了总统府附近的尼日利亚大使馆和警察局总部，释放了关押在弗里敦 2 个主要监狱的犯人，控制了弗里敦的东部和中心地区，将西非维和部队赶至西部地区。7 日，反政府武装“联阵”第 2 号人物博卡利发表声明，要求释放联阵领导人桑科，并要求塞政府在 24 小时内投降。塞总统卡巴随即表示，他已与桑科达成停火协议，如果反政府武装在 7 天之内满足政府方面的有关条件，将释放桑科。8 日，博卡利拒绝了卡巴提出的停火协议，并强调停火的唯一条件是立即释放仍被监禁的桑科，并允许他与桑科在中立国进行直接会晤。随后，塞反政府武装向驻扎在弗里敦西部的西非维和部队的最后两个主要据点发起猛攻，力图攻占弗里敦隆吉机场。

塞拉利昂形势发生突变后，引起国际社会普遍关注。联合国发表声明，强烈谴责塞反政府武装攻占弗里敦以及外国对塞反政府武装的援助，并表示联合国支持塞总统卡巴的政权，全力支持西非国家经济共同体（简称“西共体”）以及西非维和部队正在进行的恢复塞和平与安全的努力。非洲统一组织（简称“非统组织”）秘书长萨利姆表示，非统组织支持塞总统卡巴领导的政府，并希望各派实现停火走和平道路，为推动对话进程和实现民族和解铺平道路。英国呼吁美国和欧盟向西非维和部队提供资金和后勤援助，1月9日又紧急派"诺福克号"驱逐舰前往塞拉利昂附近的水域，以便在当地局势恶化时作出应急支援。多哥外长科菲戈与科特迪瓦外长埃西作为西共体的特使启程前往弗里敦斡旋塞拉利昂危机。利比里亚副总统多格雷阿也率领1个代表团访问布基纳法索、加纳、尼日利亚和多哥，以便组织一次有关塞拉利昂危机的地区性首脑会议。

二、西非维和部队增兵塞拉利昂扭转了局势

1999年1月9日，西非维和部队增派的数百名尼日利亚士兵抵达塞首都弗里敦的隆吉机场，随后进入阵地，向塞反政府武装发起进攻，收复了部分失地。11日，又收回了总统府和弗里敦港口等重要设施，并将反政府武装从弗里敦市中心驱赶至东部。13日，又将反政府武装赶到弗里敦附近的山区，塞反政府武装在军事上连连失利的情况下，1月14日、16日，其联阵2号领导人博卡利连续两次宣布，鉴于利比里亚总统泰勒的调停，反政府武装将单方面停火1周，为人道主义救援工作创造条件，以争取联阵头号领导人桑科获释；如果在停火结束时，桑科仍未获释，他将再次向弗里敦发动进攻。凭借着西非维和部队在军事上所处优势，塞总统卡巴拒绝了反政府武装提出的释放桑科和将他转移到中立国的停战要求。15日，西非维和部队在得到增援后增强了对反政府武装的攻势。20日，打掉了反政府武装在首都的最后两个据点，完全掌握了弗里敦的局势。2月3日，又解放了距首都80千米的伦萨以及弗里敦东北250千米的卡巴拉。4日，塞政府的民兵武装在西非维和部队空中增援下，在北部地区向反政府军发起了决战总攻。

与此同时，各方力量加强寻找和平途径的斡旋力度。1月11日，西共体秘书长库亚特拒绝了塞反政府武装所提出的谈判条件，并强调在塞拉利昂问题上，西共体将坚持军事和外交两种手段并用政策。西共体两位特使多哥外长科菲戈与科特迪瓦外长埃西分别会见了卡巴总统和被监禁的塞反政府武装联阵首领桑科，在未寻找到解决问题的情况下，同桑科一起飞往邻国几内亚，参加由多哥、科特迪瓦和联合国参与调停的谈判。英联邦秘书长阿尼奥库1月12日发表声明，主张和平解决塞拉利昂危机，将动员英联邦53个成员国对西非维和部队提供更多的援助。西共体两名特使科特迪瓦外长埃西和多哥外长科菲戈以及联合国特使欧凯洛在几内亚首都科纳克里与桑科进行谈判，桑科同意签订一项为期1个月的停火协议，其条件是卡巴总统同意释放他本人并承认联阵的合法地位。1月16日，英海军装备有舰载直升机的"诺福克号"驱逐舰抵达塞拉利昂首都弗里敦港，英国政府表示，将采取积极行动支持西非维和部队，同时再向塞拉利昂提供价值100万英镑（约160万美元）的紧急援助，帮助塞总统卡巴恢复对该国局势的控制。至此，塞政府在军事上和外交上都处于有利地位。

三、塞政府与反政府武装达成和平协议

在各方积极斡旋下，塞总统卡巴于1999年2月7日宣布同意与反政府武装谈判，允许被监禁的桑科会见反政府武装其他领导人磋商和平谈判问题。但强调，谈判必须以1996年阿比让和平协议为基础，不能有任何其他先决条件。根据此协议，反政府武装必须承认卡巴政府的合法地位，卡巴政府则必须承认联阵为合法政党。2月10日，塞反政府武装攻打东部的钻石产地凯内马镇，为即将与政府举行的和谈增加筹码，但遭到西非维和部队和支持总统卡巴的民兵猛烈还击。交火中，40名反政府武装人员被打死。西非维和部队顺势又连连收复了卡巴拉、邦博拉、洛克港和坎比亚等数座城市及弗里敦东部重镇滑铁卢。11日，马里向塞拉利昂派出了488名士兵以增援西非维和部队。2月22日，利比里亚政府发表公报称，利政府不支持任何企图颠覆塞拉利昂民选政府的行动，要求在塞为反政府武装作战的本国雇佣兵必须在公报发布后45天之内返回利比里亚，在此期间返回的士兵可以获得利政府的特赦。此举动摇了塞反政府武装的军心，避免了塞拉利昂局势进一步恶化。2月25日，塞反政府武装表示，联阵已经与联合国特使商榷起草了一份旨在寻求和平解决塞拉利昂危机的草案，并已提交给塞拉利昂总统卡巴，联阵愿意随时与政府开始和谈，希望通过和平方式解决双方冲突。塞总统卡巴2月28日发表电视讲话，同意桑科前往多哥首都洛美或马里首都巴马科会晤其部下，但在和谈结束后桑科必须立即返塞。3月8日，塞反政府武装再次发表声明称，如果塞政府不尽快采取措施推动和平谈判早日举行，塞反政府武装将再次发动全面进攻。3月8日、15～16日，西非维和部队中的几内亚军队与塞反政府武装连续在塞几两国边境城市坎比亚发生激战，几内亚军队动用了飞机发起反攻，将塞反政府武装从坎比亚地区赶出。

塞政府在军事上取得胜利的同时，积极争取国际社会支援。3月8～12日，塞总统卡巴先后访问了多

哥、尼日利亚、加纳和科特迪瓦，向各国阐述了不能释放桑科的原因，同时指出多哥总统埃亚德马是斡旋塞危机的理想人选。3 月 11 日，联合国安理会一致通过决议，决定将联合国驻塞拉利昂的观察团的任期再延长 3 个月，到 1999 年 6 月 13 日为止。决议要求所有国家遵守安理会在 1998 年 6 月通过的第 1171 号决议，停止向塞反政府军提供或出售军火等物资，并呼吁向西非维和部队提供财政和后勤方面的支援。在联合国的号召下，各方采取积极的态度。3 月 19 日，联合国世界粮食计划署紧急援助塞的 1100 多吨粮食运抵弗里敦港。3 月 26 日，非统组织向塞拉利昂政府捐款 30 万美元。

5 月 4 日，塞反政府武装代表团内部就实现停火达成共识，并将停火意向书通过联合国和西共体代表转交给塞政府，要求立即无条件释放桑科，在国际社会监督下双方就地停火进行和平对话，成立为期 4 年的过渡政府，一切外国军队和外国雇佣兵撤离塞拉利昂。5 月 18 日，卡巴和桑科在西共体执行主席、多哥总统埃亚德马与美国总统特使、黑人民权运动领袖杰西·杰克逊的协助下在洛美经过磋商签署协议，决定从 5 月 24 日开始双方停火，维持阵地现状，终止敌对行动，立即释放所有战俘及非战斗人员，并敦促联合国尽快派遣军事观察员监督停火协议执行情况；同时决定于 5 月 25 日在洛美开始和平谈判。5 月 24 日，塞政府与反政府双方正式停火后，5 月 25 日～6 月 2 日，双方进行了 10 天的谈判，6 月 2 日就重建塞国内和平达成协议，同意在联合国负责监督塞拉利昂停火委员会的主持和监督下，立即释放战俘和非武装人员，并就双方部队布防、解除联阵武装和重建国家军队等原则性问题达成了协议。7 月 7 日，双方在多哥首都洛美签署结束冲突、实现和平的停火协议（简称“洛美和平协议”）。非统组织执行主席、布基纳法索总统孔波雷、西共体执行主席、多哥总统埃亚德马以及尼日利亚总统奥巴桑乔和利比里亚总统泰勒等出席了签字仪式。协议规定：各方应遵守和巩固停火；塞政府立即释放桑科，并对联阵中参与冲突的战士和流亡者实行大赦；联阵将变成一个政党，其成员可以参加政府并担任公共职务：成立巩固和平委员会、宪法修改委员会和全国独立选举委员会。7 月 15 日，塞拉利昂议会批准了《洛美和平协议》。

四、各方积极支持执行和平协议

1999 年 7 月 21 日，尼日利亚政府声明，尼将从 8 月 26 日开始从塞分阶段撤兵。8 月 1 日驻塞西非维和部队的 500 名马里士兵撤回马里。8 月 20 日，联合国安理会通过决议，决定将联合国驻塞拉利昂军事观察员的人数从 70 人增加到 210 人，以帮助塞拉利昂实施《洛美和平协议》。10 月 3 日，塞拉利昂原反政府武装联阵领导人桑科乘飞机由利比里亚回国，准备参加塞联合政府的组建工作。塞反政府武装 10 月 20 日开始解除武装，从而正式启动了几经推迟的各派武装非军事化计划。非军事化计划开始实施标志着塞和平进程已进入关键阶段。10 月 21 日，塞总统卡巴公布了前反政府武装成员加入即将成立的全国民族团结政府的人选和职位。桑科将出任副总统级的国家战略资源委员会主席，前反政府武装组织联阵主要成员拉明、万迪等 4 人将分别担任政府部长职务，另有 4 名前反政府武装成员将担任其他部门的副部长职务。10 月 22 日，联合国安理会一致通过决议，决定向塞拉利昂派遣由 6000 人组成的联合国驻塞拉利昂维和部队以添补因西非维和部队撤出而造成的武力真空，进一步推动塞拉利昂和平进程。该部队任务期限为 6 个月，主要任务是同塞各方进行合作，确保洛美和平协议得到顺利执行，协助塞政府解除前反政府武装，妥善安置 4.5 万名前反政府武装人员等。11 月 29 日，联合国派驻塞拉利昂维和部队的 1 支先遣小组抵达塞首都弗里敦，从而拉开了联合国在这个西非国家执行大规模维和行动的序幕。11 月 30 日，由 6000 人组成的联合国维和部队开始进驻塞拉利昂。12 月 2 日，联合国驻塞拉利昂维和部队进驻前反政府武装控制的地区。其中 1 支由印度士兵组成的维和部队被派往塞盛产钻石的东部地区，该地区曾是前反政府武装的重要财源据点。另外 1 支以肯尼亚军人为主的维和部队将被派往前反政府武装控制的塞北部重镇梅凯内。从此，塞结束了长达 8 年之久的内战，但和平协议能否全面得到落实尚需时间考验。

（黄　磊）

科特迪瓦发生不流血的军事政变　1999 年 12 月 23 日，科特迪瓦经济首都阿比让发生军事政变。政变领导人、科武装力量前总参谋长罗伯特·盖依率领士兵推翻了贝迪埃政府，解散了议会、最高法院。国际社会对科政变纷纷予以谴责，要求政变当局尽快恢复科社会秩序。

一、政变经过

1999 年 12 月 23 日，一些前驻中非共和国维和部队士兵因对政府拖欠军饷不满而策动哗变。23 日下午，哗变军人开车进入阿比让市区，手持自动步枪和轻机枪在主要街道上鸣枪示威，并很快占领了国家电台和电视台，控制了博瓦尼国际机场。兵变发生后，军人代表先同总理敦坎进行了接触，然后又与从外地紧急返回的总统贝迪埃进行了谈判。由于总统拒绝释放在押的政治犯等要求，谈判宣告失败，兵变军人决定把哗变转为推翻贝迪埃的军事政变。

24日上午10时30分，兵变领导人、前科特迪瓦武装力量总参谋长盖依举行新闻发布会，宣布解除贝迪埃的总统职务，解散国民议会、政府、最高法院和其他权力机构。盖依表示，解除贝迪埃总统的职务是为了避免引发军事冲突和流血事件，对话是寻求解决一切问题的途径。他要求科特迪瓦人民保持冷静，并希望参加兵变的士兵维护国家的和平和人民的安全。他还特别指出，此次兵变中无一人死亡。

在盖依召开新闻发布会前，贝迪埃从其住所给一家外国通讯社打电话，表明自己仍在位，并准备满足军人提出的要求，同他们达成解决危机的协议。在得知他的总统职务已被解除之后，贝迪埃又通过一家外国电台呼吁全国的警察局长、各省区的行政长官和科各阶层人民起来反抗，防止兵变军人将兵变转为政变。贝迪埃总统的呼吁未得到其支持者的积极响应。

24日下午5时20分，盖依发表电视讲话，呼吁首都市民协助他控制局势，要求兵变军人停止鸣枪，并阻止不断发生的抢劫行为。他保证履行科特迪瓦同其他国家和组织签订的条约和协定，维护驻科外交使团、外国居民和侨民的安全，并承诺在近期内派出代表团到邻国和友好国家解释事件发生的缘由。当天下午，兵变军人宣布释放所有在押政治犯，并在阿比让实行从晚上18时到次日凌晨5时的宵禁。

25日，盖依宣布成立以他为首的由10名成员组成的"共和国公共救国委员会"，并表示要尽快恢复首都和国家的正常秩序，保证阿比让市民的安全。他承诺26日重新开放博瓦尼国际机场，从27日起人们可以恢复正常工作。

26日，阿比让局势开始恢复平静。公共汽车、出租车和私人汽车开始在市区行驶。27日，科特迪瓦局势基本恢复正常。

贝迪埃在得知其政权被推翻后，躲进法国大使馆，后转到一个法国兵营，受到法国海军陆战队的保护。政变当局同法使馆协商后，允许贝迪埃到第3国居住。贝迪埃遂于26日中午在法国军队的保护下，乘坐法国提供的飞机与家人一起逃往多哥，后离开多哥前往巴黎避难。在此之前，科前政府的一些部长已被政变军人逮捕和监禁。

二、发生政变的原因

在中非执行任务的维和士兵因不满政府克扣军饷起来闹事是发生这次军事政变的直接原因，而政变的深层原因是由多方面原因造成的，主要是贝迪埃政府近年来实行独裁统治、管理经济不力并且忽视了对军队的控制。

在政治方面　随着2000年10月总统大选的临近，执政党和反对党都加强了攻势。贝迪埃为了保持连任，千方百计要把他的主要竞争对手、前总理瓦塔拉打下去。他采取修改宪法和动用政治司法等高压手段，借口对方的国籍问题取消瓦塔拉的竞选资格。因此，朝野两派之间的矛盾不断激化。当反对党组织示威游行时，贝迪埃政府发布命令禁止，并将瓦塔拉领导的政党"共和人士联盟"的10多名主要领导人逮捕判刑，对瓦塔拉本人也下达了逮捕令。贝迪埃的高压政策和独裁手段不仅激起反对党的强烈愤怒，也引起了中层官员和军界人士的不满。此外，贝迪埃在家乡达乌克罗大兴土木以及政府官员的贪污腐败行为，不仅让国民深恶痛绝，就连其国外的支持者法国和美国也对其失去了信心。

在经济方面　科特迪瓦经济在1995～1998年的4年当中，连续3年国内生产总值平均增长6%以上，被称为"西非地区经济发展的火车头"。但由于受亚洲和其他地区金融危机的冲击，从1998年下半年起，科经济增长开始下降。作为世界上最大的可可生产和出口国以及咖啡、棉花和棕榈油等经济作物的重要生产国，科国民经济对这些农产品的出口依赖过重。与此同时，在西方国家的压力下，科过早实行了可可和咖啡行业的私营化，使国家失去了对这些产品出口份额和价格的限制。在连续遭到国际市场初级产品价格不断下跌的打击后，科经济和财政收入受到严重影响。1999年上半年，世界银行、国际货币基金组织等国际金融机构，以科政府执行结构调整方案不符合要求为由，中断了对其承诺的贷款。欧盟也因科政府官员贪污腐败和对公共资金管理不善为由宣布冻结对科的财政和经济援助，这些对资金严重短缺的科特迪瓦来说无疑是雪上加霜。加之欧元启动后长期疲软，与之息息相关的非洲法郎也不断贬值，导致当地物价上涨，人民生活水平下降，由此引发社会治安恶化，偷盗、抢劫不断发生。政府官员工资和普通士兵军饷经常被拖欠，医疗、卫生保险更是得不到保证，百姓怨声载道，希望改变现状的呼声越来越高。

在军事方面　贝迪埃政权被推翻是由于他把主要精力放在与瓦塔拉的权力争斗上，忽视了对军队的控制。科军队同当局的矛盾虽未表面化，但不稳定因素早已存在。贝迪埃本人作为三军统帅在军中并没有太深的影响，而且长期以来他与部分高级将领一直是面和心不和。盖依在1993年在贝迪埃同瓦塔拉争夺博瓦尼继承权的斗争中就不偏向任何一方。贝上台执政后，盖依仍然与其保持一定距离。1995年大选之前，盖依因强调“部队应在政治斗争中保持中立”和不同意帮助贝迪埃用武力镇压学生和反对党，被贝撤去了总参谋长的职务。1996年11月，贝迪埃借口军队内有人要谋反，逮捕了6名军官。据悉，盖依也涉嫌参与了这一阴谋活动。1998年3月，他们在特赦中获释。此外，贝迪埃重用的高级军官长期高高在上，养尊处优，与下层军官和士兵形成隔阂。因此，在关键时刻，他不仅指挥不动真正具有战斗力的下级士兵，而且很快这些人也倒向政变一方。这样，随着军队内部不满情绪的增长，一场哗变早就在悄悄酝酿之中。

这次政变前后仅3天多时间，在无一人伤亡的情况下，军方就控制了局势。贝迪埃呼吁他的支持者起来反抗军事政变时无一人响应，这也说明贝迪埃失去人心，没有任何号召力。

三、国际社会的反应

科特迪瓦发生军事政变的消息传出后，在国际上引起了比较强烈的反响。一些国际组织和国家纷纷发表声明，谴责这次军事政变，要求政变当局尽快恢复国家的社会秩序。

联合国秘书长安南1999年12月24日通过其发言人发表声明，对科部分军人使用武力推翻合法政府的军事政变表示谴责，并要求“立即恢复科特迪瓦的宪法秩序”。安南在声明中强调，“使用暴力破坏一个国家的政治面目进程的行为是令人无法接受的”。

非统组织秘书长萨利姆24日发表讲话，希望兵变军人遵守宪法，尽早回到宪法秩序上来。

西非国家经济共同体和南非、尼日利亚、贝宁、布基纳法索、多哥、加蓬、塞内加尔等国先后发表声明，谴责这次军事政变，要求尽快在这个国家恢复正常的社会秩序。

法国作为与科特迪瓦保持着特殊伙伴关系的前宗主国，在科发生政变后，从法国的整体利益和长期战略出发，对科实行了“军事不干预”政策。法国在科驻有一个由550名官兵组成的步兵营。23日晚，科特迪瓦军方发生政变后，法国派直升飞机将40名军人从加蓬首都利伯维尔调到科特迪瓦的一个法国军营，又从塞内加尔首都达卡尔的法国基地调去300名军人。对此，法方的解释是，这些调动不是要进行军事干预，而是“预防发生意外”，要保护法国在科的侨民。贝迪埃出走后第2天，法国宣布由于阿比让局势开始恢复正常，把调来的部队送回原驻扎地。法驻科大使对军事政变予以谴责，强调法国反对使用武力，主张通过对话来解决问题。法国外交部长韦德里纳也在政变后提议，欧盟成员国应同科政变当局就关于在发生政变的情况下停止援助的洛美协定条款进行商讨。此外，法国政府决定部分中断与科的军事合作，并将重新确定继续开展双边民事合作的条件。

阿比让局势恢复平静后，一直滞留国外的科前主要反对党“共和人士联盟”领导人瓦塔拉于1999年12月29日回国。12月31日，盖依将军表示，“共和国公共救国委员会”将推出过渡性基本法作为临时宪法，直到新宪法制定出来。2000年1月5日，政变当局宣布组成特科迪瓦过渡政府。政变领导人、“共和国公共救国委员会”主席盖依将军任共和国总统兼国防部长。两个主要反对党科“人民阵线”和科“共和人士联盟”分别得到4个和3个部长席位，科“非洲复兴党”等其他政党和团体得到8个部长席位。科“人民阵线”由于对该党得到的部长名额不满，已表示拒绝参加组阁。1月25日，科过渡政府宣布将在2000年10月31日前举行全民选举，从而结束过渡阶段，恢复和平民主的共和政体。1月31日，科过渡政府成立宪法和选举法咨询委员会，其职责是在两个月内完成对宪法和选举法的修改。过渡政府部长会议将随后对新宪法和选举法进行审议，并定于4月就此组织全民公决。2月16日，科过渡政府发表公告表示，它将立即开始大选准备工作，以确保全民公决和全民选举能够如期举行。鉴于科过渡政府在政变之后采取了一些恢复社会秩序的措施，局势已有所好转，联合国秘书长安南特使法尔于2000年1月表示，联合国准备在必要的时候对科提供帮助，以便使该国尽早恢复宪法体制。非统组织秘书长萨利姆也于2月再次呼吁科过渡政府采取措施，尽快恢复国家原有的宪法和法律制度。

发生在科特迪瓦的不流血军事政变成功之后，由于政变当局采取了一系列维护护社会治安、恢复正常工作和生活秩序的措施，局势已有所缓和。但盖依领导的过渡政府面临着依然严峻的政治、经济形势，能否稳定住局面，保障2000年总统大选的顺利进行，都将对这个国家的前途和命运产生重要的影响。

（*赵彦华*）

纳米比亚武装叛乱被迅速平息 1999年8月2日，纳米比亚卡普里维地区的“卡普里维解放军”发动武装叛乱，袭击了该地区主要城镇卡蒂马穆利洛镇的警察局和机场，并占领了该镇一家政府电台。事件发生后纳米比亚政府迅即组织国防军进行反击，有效地控制了局势。叛乱分子一部分被歼，另一部分逃往安哥拉和赞比亚。这起叛乱迅速被政府平息。

一、叛乱发生的背景

卡普里维地区位于纳米比亚偏远的东北部，是介于博茨瓦纳、安哥拉和赞比亚之间的一个东西向狭长地带，被称为“卡普里维走廊”。该地区主要居住着数万洛兹族居民，他们在纳米比亚属少数种族，但与东北面毗邻的赞比亚西方省的主要居民同属一个种族。历史上洛兹族曾于 18 世纪后期建立过强大的巴兰策王国，但 20 世纪 60 年代赞比亚独立时，当时已沦为英国“保护国”的巴兰策王国并入了赞比亚。90 年代后半期以来，受赞比亚境内洛兹人鼓吹的“巴兰策独立运动”不断高涨的影响，纳米比亚卡普里维地区的洛兹族人也开始要求脱离纳米比亚而独立。他们建立了一支反政府武装“卡普里维解放军”，在纳米比亚议会第 1 大反对党特恩哈尔民主联盟主席米谢克·穆荣戈领导下，企图通过武装斗争从纳米比亚分离出去。特别是 1998 年下半年以来，卡普里维地区的洛兹族分离分子开始与赞比亚的巴兰策分离分子频繁接触，企图联合起来，共同建立一个纯粹由洛兹族人组成的“巴兰策共和国”，并得到了巴兰策分离分子的积极响应。1998 年 11 月，赞比亚巴兰策分离分子的政党“赞比亚议事日程”领导人利瓦尼卡公开表示，他的党支持卡普里维独立运动，并公然宣称，纳米比亚的洛兹人在历史上与巴兰策洛兹人同属一个民族，他们有权决定是“重新加入”一个“自由”的巴兰策国家，实行自治还是继续留在纳米比亚。

面对卡普里维地区日益猖獗的分离活动，纳米比亚政府为维护国家的统一，断然作出了强烈反应。1998 年 11 月，纳米比亚总统努乔马宣布，卡普里维分离分子都是叛乱分子，并调动纳米比亚国防军围剿“卡普里维解放军”，一度迫使上千名“卡普里维解放军”成员携带武器进入纳东部邻国博茨瓦纳寻求政治避难。但纳政府的这一行动并未彻底打垮“卡普里维解放军”，后者一直在寻找机会进行报复。1999 年以来，“卡普里维解放军”数次袭击卡普里维地区的纳政府机构。

二、叛乱及平叛经过

1999 年 8 月 2 日，“卡普里维解放军”在精心策划后，发动武装叛乱，突然袭击了卡普里维地区的主要城镇——卡蒂马穆利洛镇的警察局和机场，并占领了该镇的一家政府电台。同一天，纳米比亚政府组织国防军进行了反击，并有效地控制了局势。据纳米比亚国防军参谋长马丁·沙利少将 8 月 2 日在纳国家电台发表谈话时称，纳米比亚国防军 2 日经过激战，从反政府武装手中重新夺回了国家电台的大楼，并俘获了至少 23 名反政府武装分子。此次冲突造成 14 人死亡，其中包括 5 名反政府武装分子、5 名警察、3 名政府军士兵和 1 名平民，多人受伤。在遭受沉重打击后，一部分“卡普里维解放军”成员开始逃往邻国安哥拉和赞比亚。

当日晚，纳米比亚总统努乔马向全国发表电视讲话，宣布鉴于卡普里维地区发生激烈的武装冲突，纳政府决定在该地区实行紧急状态法。同时，为防止叛乱分子继续逃往邻国造成后患，纳政府断然决定封闭卡普里维地区通往博茨瓦纳、安哥拉和赞比亚的所有通道。经过纳政府的外交努力，安哥拉和赞比亚政府也都表示，愿意帮助纳米比亚政府军追击逃窜到这两国境内的“卡普里维解放军”。

由于纳米比亚政府采取了坚决的平叛措施，这起武装叛乱被迅速平息。到 8 月 6 日，卡普里维地区局势已基本趋于平静，该地区居民的日常生活已开始恢复正常。据纳米比亚通讯社报道，纳政府军已牢牢控制了卡普里维地区的局势，当地一些银行、商店、药店和超级市场已重新开始营业，学生也陆续返校上课，一些旅游景点又重新迎来了外国游客。

为巩固平叛成果，纳米比亚总统努乔马 8 月 8 日亲自视察卡普里维地区，并在卡蒂马穆利洛镇举行了大规模的群众集会。努乔马在会上发表讲话说，纳米比亚政府决不允许任何企图分裂祖国的阴谋得逞，因此对分裂分子决不会心慈手软。纳米比亚政府将采取必要的措施，严厉打击企图分裂祖国的敌对分子。

8 月 25 日，纳米比亚总统努乔马宣布，由于北部的卡普里维地区局势已恢复平静，在该地区实行的紧急状态法从当日午夜起取消。这表明纳政府已经彻底平息这起武装叛乱。努乔马当日又在卡蒂马穆利洛镇举行的群众集会上发言，他表示，紧急状态法取消后，纳政府将向卡普里维地区派驻更多的军队，以维持当地的秩序。同时，政府军将继续追击逃窜的分裂主义分子，坚决不让分裂祖国的阴谋得逞。

三、国际社会的反应

纳米比亚发生武装叛乱后，非统组织和一些非洲国家立即作出反应，强烈谴责分裂主义分子的行径。但以美国为首的一些西方国家却利用这一事件大作文章。

非统组织秘书长萨利姆 8 月 6 日在该组织总部所

在地亚的斯亚贝巴会见纳米比亚驻埃塞俄比亚和非统组织大使安姆康戈时，谴责了“卡普里维解放军”的恐怖活动。萨利姆指出，暴力手段解决不了非洲国家的经济和社会问题，纳米比亚分裂分子的暴力活动是“完全不能接受的”。他强调，非统组织完全支持纳米比亚政府为维护国家主权和领土完整所做的努力，并希望纳米比亚局势尽快恢复正常。同时，萨利姆代表非统组织对在武装冲突中遇难的纳米比亚政府军士兵和平民的家属表示哀悼。

南非外长德拉米尼—祖马在8月3日晚强烈谴责了纳米比亚分裂主义分子的行径。他表示，南非政府完全支持纳米比亚政府为维护国家主权和领土完整所作的努力。

在洛兹族人独立问题上与纳米比亚有同样切身感受的赞比亚除谴责武装叛乱外，还积极采取行动配合纳政府的平叛。赞总统奇卢巴8月6日在南方省检阅空军部队并发表讲话，强烈谴责纳米比亚反政府武装袭击政府机构，并造成无辜平民伤亡的武装叛乱行径，并指出，赞比亚遵循非统组织的原则，不支持任何旨在颠覆一个国家合法政府的恐怖主义行动。与此同时，赞比亚内政部对纳米比亚的局势发展进行了跟踪研究，并在纳政府关闭纳米比亚一侧的纳赞边界后，关闭了赞比亚与卡普里维地区交界的西方省塞谢凯边界。赞比亚政府内政部长马春古瓦还劝告赞比亚国民不要到靠近冲突的地区去，以免受到伤害，并称赞比亚政府正在采取必要措施，以确保边境地区居民的安全。

然而，美国等西方国家却利用这一事件，指责纳米比亚政府“侵犯人权”。8月23日，美国驻纳使馆指责纳政府“在镇压卡普里维解放军时违反了人权”。对此，纳外交部发表声明指出，纳米比亚政府坚决反对以美国为首的西方国家企图干涉纳米比亚内政的行为，并认为这是对维也纳外交公约的严重践踏。声明强调，纳米比亚国防军对企图分裂祖国的敌对分子进行严厉打击的行动纯属纳米比亚内政，西方国家无权干涉。纳米比亚总理根哥布在向外国驻纳外交使团介绍纳北部局势时也表示，他对美国的指责感到震惊。他指出，以“民主卫士”自居的某些西方国家不去谴责分裂国家和制造恐怖主义活动的叛乱分子，却反过来对纳米比亚指手画脚，“这是令人不能接受的”。

（湘　溪）

欧洲军事要事

北约大规模空袭南斯拉夫联盟共和国

1999年3月24日~6月10日，以美国为首的北约不顾国际社会的强烈反对，公然违背联合国宪章，在未经联合国授权的情况下，打着“人权高于主权”的旗号，对主权国家南斯拉夫联盟共和国（以下简称“南联盟”）实施大规模空袭。在持续78天的空袭中，北约13个成员国共投入4艘航母、50多艘其他舰只、1200余架战机，出动战机约3.5万架次，发射各型导弹和炸弹2.3万余枚，对南联盟全境40多个城市的1000多个军事和民用目标实施了大规模空袭，南联盟的军事和民用设施包括电厂和医院等遭到严重损坏。空袭造成2000多名平民丧生、6000多人受伤、近100万人沦为难民，造成直接经济损失约2000亿美元。大量难民的涌入也给阿尔巴尼亚、马其顿等南联盟周边国家和地区带来巨大负担和不稳定的因素。

一、北约空袭作战分3个阶段进行

3月24日~4月12日为第1阶段。北约的主要作战意图是“以炸迫降”。3月25、26日两天，北约以其绝对的空中优势，利用先进的作战飞机及高精度的巡航导弹实施夜间空袭，重点攻击南联盟首都贝尔格莱德、科索沃首府普里什蒂纳和其他主要城市附近的指挥中心、机场、防空设施。目的是摧毁南联盟防空系统，夺取制空权。从27日起，北约投入了更多数量的作战飞机和巡航导弹，空袭规模逐渐扩大，空袭时间也由夜间进行改为昼夜结合，在继续攻击上述目标的同时，重点打击南联盟驻科索沃的地面部队。4月1日开始，空袭由间歇式改为全天时，规模和强度进一步升级，打击目标扩大到南联盟政府机关以及能源、交通等影响国计民生的民用和工业设施，力图最大限度地削弱南战争潜力。在此阶段，南联盟则采取抗击与谋和并举的方针。全国上下同仇敌忾，采用灵活多变的战法积极抗击北约的空袭。特别是在战争伊始，便成功击落1架美F-117A“夜鹰”隐形战斗机，这也是此类战机首次被击落，大大激发了南联盟军队的斗志。与此同时，南联盟武装警察部队在科索沃地区也迅速地完成了对阿族非法武装“科索沃解放军”（简称“科解”）的清剿。4月7日，南联盟声明为纪念东正教复活节开始单方面停火，停止一切针对“科解”的军事行动，并提出了政治解决危机的3点建议。南联盟还积极与阿族温和派领导人鲁戈瓦进行直接对话并达成了共识。但是，南联盟单方面停火的声明遭到北约的拒绝，北约的空袭仍在继续。

4月12日～4月25日为第2阶段。北约被迫由“以炸迫降”转向“炸谈并举”。由于第1阶段空袭未达迫南联盟投降的目的，而地面部队的部署仍未完全到位，发动地面进攻的时机还不成熟，加之北约内部对派地面部队参战分歧较大，使得北约陷入进退两难的境地。北约一方面加大了空袭力度，同时不断向波黑、阿尔巴尼亚和马其顿增派地面部队，加紧地面行动准备。为摆脱政治上的被动局面，北约开始摆出考虑政治解决的姿态，4月12日和14日北约外长会议和欧盟首脑会议分别提出了政治解决科索沃危机的5点要求和6点方案，并对联合国秘书长安南和俄总统特使切尔诺梅尔金的外交斡旋表示支持，美俄两国外长还多次举行会晤，双方同意政治解决科索沃危机。由于南联盟军事实力与以美国为首的北约相差甚远，经济损失与日俱增，南联盟在继续抗击北约空袭的同时，立场亦有所松动。4月22日，南联盟表示接受俄总统特使切尔诺梅尔金的建议，在北约停止轰炸的情况下，准许在联合国监督下的国际维和力量进驻科索沃。双方在原则立场上的微妙变化，给谋求外交努力来解决科索沃危机带来一线希望。

4月25日～6月10日为第3阶段。北约由“炸谈并举”改为“多种手段并用”。政治上，力求在国际上对南联盟进行最大限度的孤立，并利用南联盟内部不同声音对南联盟现政权进行分化，迫米洛舍维奇下台；经济上，对南联盟实施包括石油禁运、冻结境外资产等制裁措施；军事上，对南联盟实施开战以来规模和强度最大的空袭，对各种军事和民用目标进行狂轰滥炸；外交上，对南联盟软硬兼施，拒不接受南联盟先后提出的两个和平方案，同时又在停炸条件和向科索沃派国际维和部队等问题上降低对南联盟的要价，并高度评价俄罗斯、联合国的外交斡旋。但即便如此，北约仍未能迫南联盟就范。在外交努力中，美紧紧拉住并充分利用俄罗斯向南联盟施压。俄罗斯也逐步在停火条件、国际维和部队的组成等关键问题上放弃了原有立场，成为代北约向南联盟施压的调解人。5月6日，西方7国和俄罗斯达成政治解决危机的原则框架，同意芬兰总统阿赫蒂萨里代表欧盟与俄特使切尔诺梅尔金一起同南联盟谈判。5月7日北约野蛮轰炸中国驻南使馆后，政治上陷入更加被动的境地，不得不加大政治解决的力度。南联盟由于损失惨重，处境孤立，也主动采取一些示和举措：释放了3名美军被俘人员，允许人道主义组织返回南斯拉夫；5月19日，表示同意在联合国框架内就落实8国集团外长5点声明的细节进行谈判；28日，米洛舍维奇再次表示接受8国集团提出的关于政治解决科索沃问题的基本原则框架协议。国际社会的外交斡旋力度也明显加大。俄罗斯总统特使切尔诺梅尔金对美、英、法、德等北约核心国家和中国进行穿梭访问后，又先后3次赴南联盟斡旋，促使南联盟原则上接受了8国外长声明，并最终于6月3日完全接受了俄、美、欧提出的“和平计划”。6月10日，北约和南联盟双方军事代表签署撤军协定，南联盟当天开始从科索沃撤军，北约随后宣布暂停对南联盟空袭，至此，持续了78天的科索沃战争暂告结束。

二、科索沃问题潜伏着新的危机

科索沃战争虽已结束，但该地区局势一直动荡不定，和平进程仍面临诸多难题，新的危机还有可能爆发。⑴科索沃塞、阿两族在此次危机中所结下的恩怨难以化解。南联盟军队撤出科索沃后，阿族非法武装“科解”随即返回科索沃，针对塞族居民的恐怖暴力事件不断，迄今为止已造成100多名非阿族平民惨遭杀害，200多人遭绑架挟持，5000多辆汽车被抢或被盗，600多幢房屋和40余座东正教教堂被毁。科索沃20多万非阿族人中已有近18万人被迫逃离科索沃。国际维和部队的进入并没有达到预期的效果，科索沃局势仍动荡不安。⑵阿族非法武装“科解”名亡实存且活动频繁，全面解除其武装困难重重。北约接管科索沃后并没有按“和平协议”上所要求的解散“科解”并收缴所有武器，而是将“科解”的5000人改编为“护卫团”，且仅缴械了部分武器，这样“科解”的大量骨干分子和精良装备得以保留，给再次爆发危机埋下了隐患。⑶由于家园被毁，恐怖事件不断，给难民返乡的安置工作造成困难。尽管滞留在境外的阿族难民陆续返科，但由于国际社会提供的人道主义物资数量有限，无法满足实际需要，致使约50万返科难民的住房、电力供应和医疗服务难以保障。同时，“科解”不断制造恐怖事件，造成大批塞族人背井离乡，形成新的难民潮。⑷联合国临时行政特派团工作虽取得一些进展但仍面临诸多问题。由于组建仓促、警力不足、派驻人员到位率低，加之“科解”的干扰，特派团工作进展十分缓慢。目前仅有10个国家不足500名警察维护治安，联合国决议所要求的其他2600余名警察至今仍未到位。⑸空袭造成的科索沃地区经济损失巨大，重建工作步履维艰。受战争的影响，科索沃1999年农业产量同比下降65%，小麦产量只能满足30%居民的需要，电力供应仅能保障2/3居民的日常生活。据估计，科索沃仅首批重建费用就需300多亿美元，这是任何一个国家或集团都难以支撑的。7月，国际金融机构所确定的科索沃重建急需的5.6亿美元，仍未能完全到位，致使许多重建项目停滞不前。科索沃经济全面复兴则需一个漫长而艰难的过程。

（苏　强）

俄军清剿车臣非法武装取得决定性胜利

在清剿进入达吉斯坦的车臣武装分子和在莫斯科以及全俄开展大规模的反恐怖行动取得重大战果之后，1999年9月中旬，俄罗斯联邦当局决定，乘胜追击，将反恐怖行动延伸到车臣境内，以彻底清剿车臣非法武装，消除恐怖主义在俄境内的祸根。经过3个多月的艰苦作战，迄1999年12月底，俄联邦军队已控制90%以上的车臣领土，并正在围攻车臣首府格罗兹尼，取得了剿匪作战的决定性胜利。俄对车臣非法武装的清剿行动在国际国内引起了强烈反应。

一、清剿作战的进展情况

俄军清剿车臣非法武装的军事行动经过了3个阶段。

（一）第1阶段（1999年9月16日～10月15日）：这一阶段的主要任务是，摧毁车臣境内的军事设施和重要工业设施，最终在车臣北部建立安全区。

9月16日，俄空军和炮兵开始对车臣境内的军事目标进行密集轰炸和炮击，并用导弹袭击了车臣首府格罗兹尼，拉开了清剿车臣境内非法武装军事行动的序幕。

在军事行动开始之际，俄当局公开宣布，1996年8月签署的“哈萨维尤尔特和平协议”无效。俄总理普京1999年9月17日在俄联邦委员会会议上说，3年前俄联邦中央与车臣当局签订的这一协议是错误的。普京说，这个协议不是国际公法，充其量是一份双方承担道义责任的文件。几年来俄联邦中央一直执行这个协议，而车臣当局从未信守协议。俄联邦委员会当天通过的有关决定说：哈萨维尤尔特协议的签署严重损害了俄国家安全保障，为在外国直接支持下的车臣强化军事训练、建立非法武装创造了条件。俄联邦政府还宣布，按照车臣法律而不是按照俄联邦法律建立的车臣马斯哈多夫政权为非法政权，只有1996年选出的车臣议会是合法的。

清剿车臣非法武装的军事行动由普京总理亲自指挥。俄军陆续投入的兵力近10万人。除空军和陆军外，还动用了精锐的空降部队和特种部队等，形成诸军兵种合同作战。军事行动的目标十分明确：维护国家主权和领土完整、铲除车臣非法武装和分裂主义，以最小的代价换取最大的胜利。

为了避免重蹈覆辙，俄军在吸取上次车臣武装冲突惨痛教训的基础上，借鉴北约空袭南联盟的经验，制定了全新的战术。俄军一改以地面强攻为主的传统作战方式，充分发挥空中优势，以空袭和炮击开路，扫清障碍后再出动地面部队稳步向前推进。

在第1阶段的作战中，俄空军出动苏－24歼击轰炸机和苏－25强击机，并专门组建一支使用精确制导武器的特种分队，对车臣境内的军事基地、弹药库、公路、桥梁、机场等进行了昼夜不停的猛烈轰炸，同时炸毁了车臣电视台和通信设施，切断了车臣与外界的通信联系。俄军还把车臣的工业设施列为重点轰炸目标，摧毁了车臣非法武装控制的炼油厂、油井和输油管道。石油工业是车臣经济的主要支柱，此项收入占车臣全部收入的1/4。石油工业设施被摧毁后，车臣经济立即陷入瘫痪。

10月1日，俄军装甲坦克部队在炮火掩护下，兵分3路，从与车臣毗邻的达吉斯坦、印古什和斯塔夫罗波尔突入车臣境内，对车臣非法武装形成三面夹击的态势。

车臣当局早在8月16日就宣布车臣进入“紧急状态”。9月底又进一步宣布在车臣全境进行总动员。并宣称，车臣非法武装已建立了梯次的多层次防御。车臣非法武装有两万多人，且训练有素，装备精良。但是，在俄军猛烈的轰炸和炮击下，在边境地区的非法武装未进行顽强抵抗即向车臣腹地败退。俄军突破车臣边界的防线后，长驱直入，在短短的五六天内便解放了30多个居民点，控制了车臣1/3的领土。10月7日，在俄联邦政府的支持下，在莫斯科的车臣前议会开始组建车臣共和国最高行政机关——国务委员会，车臣著名反对派人士赛杜拉耶夫出任委员会主席。

10月15日，俄联邦驻高加索部队联合集群司令卡赞采夫宣布，清剿车臣非法武装军事行动的第1阶段已经结束。俄军已按计划在车臣境内建成安全区。

沿车臣边界建立的安全区宽 5～10 千米，长约 450 千米，共设 3 道防线。第 1 道防线由俄内卫部队防守，负责检查出入车臣边境的人员和物资。第 2 道和第 3 道防线由俄正规军防守，负责打击突破第 1 道防线的车臣非法武装。安全区的建立，使车臣非法武装占领区与俄罗斯毗邻地区隔离开来，车臣非法武装大部分处于俄军包围之中。在第 1 阶段作战中，俄军共歼灭非法武装 2000 余人；非法武装的武器装备有半数被摧毁。

俄军初战告捷，士气大振。随着剿匪行动的节节胜利，力主剿匪的俄总理普京的支持率直线上升，成为头号反恐怖勇士和民族英雄。

（二）第 2 阶段（1999 年 10 月 16 日～12 月 2 日）：这一阶段的主要任务是，全面封锁非法武装聚集地，继续扩大战果。

俄军在车臣北部地区站稳脚跟后，一鼓作气，于 10 月 21 日渡过具有战略意义的捷列克河，向河右岸纵深地区推进。

在第 2 阶段作战中，俄空军继续出动苏－24 歼击轰炸机、苏－25 歼击轰炸机和攻击直升机，对格罗兹尼、古杰尔梅斯、阿尔贡等城市进行持续轰炸。由于使用了先进的激光制导炸弹和导弹，并动用了卫星侦察等手段，俄空军轰炸的准确性大大提高，平民伤亡人员明显减少。11 月初，俄军用导弹摧毁了设在格罗兹尼的车臣非法武装司令部，并击中了马斯哈多夫和巴萨耶夫的住宅，两人均因当时在外而侥幸逃生。据俄空军司令科尔努科夫披露，自清剿车臣非法武装的军事行动开始以来，空军承担了 70% 的作战任务，在完成各项战斗任务中发挥了重要作用。

面对俄军的强大攻势，车臣非法武装方面多次呼吁停火和进行和谈，均遭俄联邦当局拒绝。俄总理普京表示，车臣方面不交出巴萨耶夫、哈塔卜等恐怖分子，不停止分裂活动，俄军决不收兵。

经过十多天的围攻，俄军于 11 月 12 日解放了车臣第 2 大城市古杰尔梅斯。由于俄军施加了强大的军事压力，加之守城的部分非法武装阵前倒戈，大部顽敌被迫弃城南逃。里应外合，俄军顺利占领该城。普京总理 11 月 13 日强调指出，古杰尔梅斯人民和联邦军队一起赶走了非法武装分子，解放了该市。车臣人民开始和联邦军队一起参加解放车臣的战斗，这标志着车臣局势发生了重大变化。

在第 2 阶段的作战行动中，俄军采用了稳扎稳打、步步为营的战术，在尽量避免人员伤亡的前提下，不急不躁，逐步推进。每解放一个地区，立即建立地方临时政权，安顿居民，巩固战果，防止解放区重新陷落。通过这种办法，迄 11 月 17 日，俄军已控制车臣 1/2 的领土，解放了 100 多个居民点。12 月 3 日，俄总统叶利钦宣布，车臣反恐怖行动第 2 阶段作战已经胜利结束，剿匪行动转入第 3 阶段。

（三）第 3 阶段（1999 年 12 月 3 日～2000 年上半年）：这一阶段的主要任务是，歼灭车臣山区的非法武装，当务之急是解放格罗兹尼；重建地方政权，恢复保障车臣居民生活的社会经济体系，创造条件使难民返回家园。

为了尽快消灭车臣非法武装，避免更多的人员伤亡，这一阶段一开始，俄当局就加强了对敌人的瓦解工作。国家杜马 12 月 3 日通过大赦令，宣布对所有放下武器停止抵抗的非法武装分子实行大赦，但血债累累的匪首除外。

解放格罗兹尼是第 3 阶段作战中的一项重要任务，也是整个剿匪行动中持续时间最长、交战最激烈、伤亡人数最多的一役。俄军 10 月 20 日前后即已推进到距格罗兹尼 20 千米左右的地带，占领了附近的战略高地，控制了通向格罗兹尼的所有道路。俄军的一些侦察分队已抵达距格罗兹尼五六千米的地方。此后，俄空军继续对格罗兹尼的敌阵地实施轰炸；陆军在炮火掩护下向前推进，逐步缩小包围圈，并于 12 月 4 日完成对格罗兹尼的合围。

在围困格罗兹尼的同时，俄军结束了对邻近几座城市的围攻。12 月 5 日，俄军率先攻占位于格罗兹尼以南的阿奇霍伊—马尔坦区；6 日晚，解放了距格罗兹尼仅 5 千米的车臣第 3 大城市阿尔贡；8 日，攻占军事重镇乌鲁斯—马尔坦，该镇位于格罗兹尼西南 6 千米处，是出入格罗兹尼的交通要道，又是恐怖集团哈塔卜派的总部所在地；12 月 14 日，俄军解放了车臣第 4 大城市沙利。至此，除格罗兹尼外，车臣所有城市均被俄军解放。格罗兹尼四面被围，孤立无援。

据报道，阿尔贡、乌鲁斯—马尔坦、沙利等城市，同古杰尔梅斯一样，都是经过一段时间的围困，由当地居民协助俄联邦军队通过不流血的方式解放的。对格罗兹尼，俄军本来也想采用这种方式，即通过围困迫使守敌弃城外逃。但踞守格罗兹尼的非法武装分子困兽犹斗，不肯屈服。城郊失守后，他们退守城区，在通向城区的公路上遍布地雷，把民房改成工事，并将城内万余名平民当作“人体盾牌”，继续负隅顽抗。

12 月 25 日，俄联邦军队开始对盘踞在格罗兹尼市区的非法武装进行分割清剿，打响了解放格罗兹尼的战斗。25 日凌晨，在经过地面和空中侦察并确定打击目标后，俄军出动飞机、使用重炮对城内非法武装分子的集结地、工事等进行了猛烈轰击。随后，由格罗兹尼前市长甘塔米洛夫率领的600多名车臣民兵从3个方向向格罗兹尼市中心挺进。俄联邦军队的特种分队和装甲分队配合民兵的分割清剿行动。他们把格罗兹尼市区分割成15部分，准备逐块地“清理”。进攻战斗进行得相当艰苦。俄军有时一天只能推进一二百米。双方不时短兵相接，展开激烈的巷战。12月31日，非法武装分子在市内引爆了两枚化学地雷，为了避免重大伤亡，特别是减少平民的损失，俄军不得不放慢进攻速度，在有些地段暂停进攻。但俄军方宣布，解放格罗兹尼的行动仍在按计划进行。迄12月31日，俄军已控制格罗兹尼的大部分地区，退守市中心顽抗的非法武装分子还有3000余人。

与此同时，俄军加强了对山区非法武装基地的空袭和轰炸。在12月27日的一次空袭中，炸毁了马斯哈多夫设在山区的司令部、非法武装的18个据点、3个火力点和部分武器装备。

据媒体报道，从9月16日至12月底，在3个阶段的清剿作战中，俄军共消灭车臣非法武装6000余人；俄军有347人牺牲，1093人受伤。

俄总理普京12月23日在俄政府讨论恢复车臣政权机构问题的专门会议上表示，目前车臣的几乎全部区域都已置于俄军控制之下，解决那里的社会经济问题已成为俄政府当前的首要任务。普京说：90%以上的车臣居民现已处在联邦部队控制的区域，已开始转向俄联邦政权并反对恐怖主义分子。俄联邦部队已直接面对恐怖分子的“老巢”。

俄政府副总理、政府驻车臣全权代表科什曼12月24日宣布，车臣新政府将于8至10个月后组成。

二、清剿行动在俄国内得到广泛支持

俄联邦当局对车臣采取强硬军事行动的决策，在俄国内得到广泛的支持。9月14日和17日，俄国家杜马和联邦委员会先后通过了关于北高加索局势和国家安全保障措施的决定，支持政府为维护国家主权和领土完整所采取的行动。10月19日，国家杜马再次通过决议，完全支持政府“为使车臣共和国摆脱深重的政治和社会经济危机而采取的一切措施”，并呼吁全国各地“积极协助政府恢复北高加索的和平和安宁。”

在舆论方面，与上次车臣武装冲突期间许多媒体大肆反对出兵车臣，使俄军军心涣散、士气低落的情况相反，这次，多数媒体都大量揭露车臣恐怖分子的种种罪行，宣传俄当局采取果断军事行动的必要性和在车臣实行的人道主义措施，宣传俄军的英勇事迹和辉煌战果，以鼓舞民心士气，激励战斗和支前热情。

国际舆论普遍反映，在此次车臣危机中，俄全国上下、义无反顾，同仇敌忾，表现出近几年来少有的团结一致，迄今没有哪个有影响的政党或社会团体公开表示反对政府对车臣非法武装的清剿行动。

这种形势的出现，首先是因为面对这几年车臣当局的分裂主义行径，尤其是1999年8、9月份车臣非法武装悍然入侵达吉斯坦和在莫斯科等地制造多起骇人听闻的恐怖事件，使俄各派政治力量和社会各界对消灭恐怖势力、铲除恐怖活动的祸根，结束“国中之国”的局面有了共识。其次是上次车臣武装冲突给俄罗斯、特别是给俄军造成的屈辱感，1999年春西方国家对南斯拉夫的无理干涉极大地激发了俄罗斯人民的民族情绪。他们认为政府采取的坚决措施，符合公众希望俄政府有力、军队能战、国家强盛的心愿，有利于重塑俄罗斯的国家形象，提高俄罗斯的国际威望。

三、顶住西方压力，反对外来干涉

在俄罗斯清剿车臣非法武装初期，由于恐怖分子罪恶昭彰，招致世人同声谴责，加之俄方宣传得当，把车臣匪徒定性为国际恐怖主义分子，并将他们与美国通缉的头号国际恐怖分子拉丹列为同类，迫使西方不得不在车臣问题上暂时采取了克制的态度。但是，随着俄军清剿行动的不断深入，特别是轰炸造成少数平民伤亡和出现难民潮以后，西方便借机向俄发难，先是指责俄军“滥杀无辜、制造人道主义灾难”，搞“种族灭绝”，后又公然宣称“车臣问题不再是俄罗斯的内政”，为其干涉俄内政大造舆论。车臣非法武装方面则遥相呼应。马斯哈多夫公然请求北约出兵干涉，并呼吁美国总统克林顿出面调停，企图迫使俄军停火。

舆论围攻未能奏效，西方转而企图在政治上，外交上孤立俄罗斯。在1999年11月18日召开的欧安组织伊斯坦布尔会议上，美国纠集其他西方国家，对俄罗斯群起而攻之，要求俄“立即停火撤军，接受西方调停”，掀起了一场空前的反俄浪潮。俄总统叶利钦毫不示弱，对西方的围攻进行了有力反击。俄舆论说，叶利钦没有用外交辞令，而是以斗士的口气向西方领导人宣布：“你们无权因车臣问题批评俄罗斯。不了解情况的批评，俄罗斯不会接受。你们应当明白，我们必须制止恐怖主义的毒瘤渗透到俄罗斯”。盛怒之下，叶利钦未等会议结束便提前回国。双方关系骤然紧张。

伊斯坦布尔会议之后，西方对俄的孤立和威胁进一步升级。12月7日，国际货币基金组织正式宣布，推迟原定向俄提供的6.4亿美元贷款。美国随后也取消了对俄的5亿美元的贷款。12月6日，克林顿宣称："俄罗斯如不停止在车臣的军事行动，它将为此付出沉重的代价。"12月9日，叶利钦反唇相讥，严正警告说："克林顿先生忘记了俄罗斯是一个拥有完整核武库的大国。我们不惧怕克林顿的反俄立场。"至此，俄与西方的关系降到冷战结束以来的最低点。

舆论认为，西方竭力阻挠俄罗斯在车臣的剿匪行动，看似关心车臣的"人权"，实际上是另有所图。车臣所在的高加索地区是俄传统的势力范围，也是北约东扩的必经之路。苏联解体后，美国看好高加索的战略地位和丰富的石油资源，视该地区为自己的"利益区"，加紧扩张和渗透，极力排挤俄罗斯。美国认为，只要车臣非法武装存在，俄罗斯就永无宁日，整个高加索地区也将长期动荡不安，这符合西方削弱俄罗斯、阻止其东山再起的战略目的。同时，美国还可以趁火打劫，拉拢与车臣相邻的格鲁吉亚和阿塞拜疆，控制高加索和里海的石油管道。西方热心于插手车臣事务的另一企图是使车臣问题国际化，为北约推行"人权高于主权"的新干涉主义创造条件。车臣这个突破口一旦打开，西方就可以在俄罗斯乃至独联体其他国家如法炮制，随心所欲地干涉独联体各国的内政，扩大其影响。

俄罗斯对于西方的意图十分清楚。在西方的围攻和压力面前，俄方虽然也做出一些小的妥协，如在欧安组织文件中同意写进政治解决的必要性，同意邀请现任欧安组织主席访问车臣等，但在关系到国家主权和领土完整这一原则问题上始终不肯让步。叶利钦总统多次指出，俄是在自己的领土上与恐怖主义作斗争，这是它的内部事务，绝不允许任何人干涉。普京总理一再表示，绝不同恐怖分子谈判。伊凡诺夫外长说，西方领导人的各种"建议"都是脱离现实、没有生命力的；北高加索各共和国领导人都是俄联邦委员会的成员，所有有关北高加索的问题都完全可以在联邦委员会讨论，无需跑到外国去讨论。俄方不仅断然拒绝了西方企图干涉和出面调停的要求，而且以更加猛烈的炮火回击了西方的威胁。西方的压力非但没有达到目的，反而在俄罗斯激起了更加强烈的民族主义和反西方情绪，促使俄举国上下在铲除恐怖主义、反对分裂主义问题上达到空前团结。

迄1999年12月底，俄军解放格罗兹尼的战斗仍在进行。在车臣全境彻底消灭非法武装的任务并不轻松。车臣地位问题的解决也不会一帆风顺。战后车臣的重建工作更为艰巨。因此，舆论认为，车臣问题的最终解决，还需要一个相当长的时间，还需要经过许多艰苦的工作和斗争。

（张力群）

俄联邦军队歼灭进入达吉斯坦的车臣非法武装 1999年8月初，大批车臣非法武装分子潜入达吉斯坦共和国的博特利赫和楚马达地区，当地局势一度十分紧张。俄联邦当局决定采取果断措施，清剿车臣非法武装分子，使当地局势迅速恢复正常。

一、大批车臣非法武装分子进入达吉斯坦

8月7日凌晨，以车臣"战地司令"巴萨耶夫和来自沙特阿拉伯的原教旨主义分子哈塔卜为首的1000多名车臣非法武装分子潜入毗邻的达吉斯坦共和国的博特利赫和楚马达地区。他们携带各种轻武器，在坦克、防空武器等重装备的掩护下，数十人或百余人一伙，分乘装甲车和卡车，先后占领了安萨尔塔、罗霍塔、肖德罗达、阿什罗等村庄。非法武装分子在所到之处，袭击民警，抢占民宅，搜劫财物，构筑工事。青年男子被扣作人质，妇孺老幼被强行赶走。当地形势十分紧张。几天之内，流入达吉斯坦首府马哈奇卡拉的难民达1万多人。

非法武装分子以"达吉斯坦伊斯兰舒拉"（"舒拉"是伊斯兰国家最高权力机构的称呼）的名义宣布恢复"独立的达吉斯坦伊斯兰国家"，并声称以后还要成立统一的车臣—达吉斯坦伊斯兰国家。"舒拉"宣布，达吉斯坦全境进入"战争状态"，建立军事指挥机构，并任命巴萨耶夫为"圣战"军事领导人。

达吉斯坦位于北高加索的东部，东临里海，面积5.03万平方千米，人口210万，其中达吉斯坦族占68%，信奉伊斯兰教；俄罗斯族占11%。首府马哈奇卡拉，是俄罗斯里海西岸的主要港口。达吉斯坦地势南高北低，全境3/4属大高加索山区，最高处巴扎尔—久齐山海拔4480米。达吉斯坦虽属俄联邦经济比较落后的地区，但水资源丰富，有石油、天然气和煤矿，农业以园艺和葡萄种植业为主。这里本是有名的旅游胜地，但是自1994年车臣武装冲突以来，经济受到严重影响，人民生活水平急剧下降，成为俄联邦最为动荡的地区之一，经常发生劫持人质、爆炸等恐怖事件。在车臣分裂主义政权及国际伊斯兰极端主义势力的影响下，达吉斯坦也有少数人企图搞民族分裂，主张脱离俄联邦成立伊斯兰共和国。1999年5月，一伙伊斯兰极端分子曾占领达吉斯坦首府马哈奇卡拉的政府大厦，企图颠覆合法政权。由于得不到人民的支持，这些人被迫撤离政府大厦，转移到山区，等待时机。据反映，这次潜入达吉斯坦的车臣非法武装分子中就有一小部分是达吉斯坦人，他们曾在车臣接受过武装训练。

俄军事专家认为，此次车臣非法武装分子潜入达吉斯坦不是简单地骚扰该共和国的几个偏远村庄，也不是单纯地“输入伊斯兰革命”，他们的主要目的在于扩大北高加索地区的分裂主义势力，并为车臣夺取出海口。据报道，宣布“独立”的“达吉斯坦伊斯兰舒拉”致函格鲁吉亚当局和阿拉伯世界，要求伊斯兰支持他们的“圣战”，呼吁北约组织干预达吉斯坦的军事冲突。这一切表明，非法武装分子妄图利用北约空袭科索沃后的国际局势，制造事端，以此引起国际社会的关注，有计划地把高加索问题国际化，“科索沃化”，并希望西方按照“科索沃模式”解决高加索问题。

二、俄军采取果断措施开展清剿活动

车臣非法武装分子进入达吉斯坦的当天，当时的俄总理斯捷帕申即授权俄军总参谋长克瓦什宁和内卫部队司令奥夫钦尼科夫采取“最有效的措施”，以使达吉斯坦的局势正常化。他还亲赴达吉斯坦部署有关的军事行动。8 月 10 日，代总理普京表示俄联邦当局将采取一整套措施来整顿达吉斯坦境内的秩序。8 月 17 日，叶利钦总统和新总理普京讨论了达吉斯坦局势。叶利钦强调俄永远不会放弃北高加索，并将为整顿那里的秩序而采取“强硬措施”。次日，奉叶利钦总统之命，国防部长谢尔盖耶夫、内务部长鲁沙伊洛以及国防部、总参谋部和内务部的高级代表小组从莫斯科飞抵达吉斯坦，出席达吉斯坦国务委员会和安全会议联席会议，研究、制定清剿非法武装分子的作战方案。8 月 22 日，俄总理普京主持召开强力部门负责人会议，再次研究北高加索和达吉斯坦的局势。讨论清剿非法武装分子中的协作、战略战术以及后勤补给等问题。

在外交方面，8 月 14 日，俄外交部长伊万诺夫在给联合国秘书长、“8 团集团”、独联体国家、欧盟及伊斯兰国家的信中说，俄罗斯认为发生在达吉斯坦的事件是“恐怖分子”试图在俄联邦的一个主体内建立反宪法的制度。“事实表明，恐怖分子得到境外的金钱、物资及其他形式的援助，匪徒中有外国雇佣兵。”伊万诺夫在信中还说，对“恐怖分子”的任何形式的帮助，俄政府都看成是对俄内政的最严重干涉，相信国际社会对俄当局在达吉斯坦采取的行动会予以完全理解。此前，8 月 13 日，欧盟曾照会俄外交部“对该地区武装冲突升级表示担心”，希望俄在恢复该地区的秩序时，要“合理地”使用武力。

与此同时，俄军对潜入达吉斯坦的车臣非法武装分子迅速采取行动。8 月 7 日，即车臣非法武装分子进入达吉斯坦的当天，俄联邦部队即出动武装直升机对其进行了导弹攻击。随后，俄联邦当局又从俄各地抽调部队，准备实施更大规模的军事行动。在短短的几天内，在博特利赫和楚马达地区就集结了俄国防部高加索部队、俄联邦内务部队和达吉斯坦警察部队约 5000 人。这些部队以特种部队和空降兵为主，装备齐全，粮弹充足，并配备有坦克 40 辆、装甲车等军用车 250 辆、火炮 80 门、歼击机数十架。在来自乌拉尔地区的特种部队中，许多官兵曾参加过 1994～1996 年的第 1 次车臣武装冲突，具有丰富的作战经验。

俄当局确定的作战方针是，尽量利用装备优势和特种部队打击非法武装分子，以最小的人员伤亡完成剿匪作战任务。

利用空军和炮兵进行空中和远距离打击是俄军采用的主要作战方式。从 8 月 8 日开始，俄联邦部队即连续出动飞机、动用远程火炮对非法武装分子的阵地进行导弹袭击和炮轰。如 8 月 10 日，出动飞机 78 架次；8 月 15 日，仅苏－24 歼击轰炸机和苏－25 歼击轰炸机即出动 18 架次。此外，俄空军还派出飞机遂行空中侦察、低空布雷等任务。

在轰炸和炮击取得一定效果后，俄军开始对非法武装分子盘踞的战略要地和村庄发动地面进攻。由于博特利赫和楚马达地区大都是崇山峻岭，地势险要，非法武装分子占领的多为制高点，地面战斗进行得极为艰苦。有的高地几度易手，最后才被俄军占领。距博特利赫 6 千米的哈密尔—恩山隘口，是连接车臣和达吉斯坦的重要通道。在经过一周的密集轰炸后，俄军派出空降部队，向隘口突击，战斗持续了 12 个小时，未能攻下。两天后，当地老乡带领部队，利用夜暗，绕到山后，通过荆棘丛生的小道，接近敌阵，黎明发起进攻，经过 6 个小时的激战，才最后攻下该山口。在这次战斗中，俄军有 9 人牺牲（包括 1 名营长）50 人受伤。哈密尔—恩山隘口的战斗是这次达吉斯坦战事的转折点。俄军占领这一制高点后，切断了非法武装分子同车臣后方的联系，巴萨耶夫不得不命令非法武装分子撤出达吉斯坦。

经过 18 天的激烈战斗，俄军于 8 月 24 日晚，全部控制了被车臣非法武装分子占据的几个村庄，潜入达吉斯坦的车臣非法武装分子终于被赶回车臣。

8 月 29 日，俄军对达吉斯坦布伊纳克斯基区的卡拉马希村和恰班马希村的达吉斯坦叛乱分子进行围剿，收缴了他们的武器。据报道，这两个村庄早在一年前就已宣布“独立”，并且成立了非法武装，抗拒地方当局的领导。8月初，车臣非法武装分子潜入达吉斯坦时，这两个村庄的许多人充当了非法武装分子的帮凶。

9月5日，大约又有数百名车臣非法武装分子潜入达吉斯坦共和国，占领了新拉克斯科耶区的几个村庄，在当地俄军警以及增援的联邦部队的坚决打击下，这些非法武装分子很快即被迫撤回车臣。迄9月中旬，达吉斯坦局势已趋于正常。俄联邦部队重新进行了部署，目的在于封锁达吉斯坦与车臣的边界。

据俄国防部驻达吉斯坦联合部队临时新闻中心公布的数字，8月初进入达吉斯坦的车臣非法武装分子最后达2000人，其中有700多人被击毙，300多人受伤。俄联邦部队有60名官兵在战斗中牺牲，其中包括俄空军第487直升机团副团长、俄罗斯英雄纳乌莫夫；217人受伤，6人失踪。伤员中有3名将军：侦察队长库兹涅佐夫、空军副指挥亚库诺夫和国防部某局副局长拉基金。

三、俄剿匪行动取得成功的原因

俄军事报刊认为，从俄在此次达吉斯坦的剿匪行动中可以看出，俄当局“在有效制定联邦军队战斗行动计划方面，以及动用军队完成政治任务方面都能体现出新的素质。”“联邦军队现在已不是三五年前的军队了；联邦军队能够捍卫国家的领土完整。”他们分析俄军在这次军事行动中取得成功的原因有如下几点：（一）俄当局对高加索地区的形势有统一的认识，“始终明确地准备动用军事力量对付非法武装分子。国防部没有分散力量，主要目标就是打退车臣非法武装分子对达吉斯坦的武装进攻。”（二）联邦军队和内务部队进行了有计划的目标明确的准备，注意了相互协调。在危险地段，及时加强了对边境哨卡的控制；及时抽调特种部队和空降部队前往增援，其他部队也立即进入战斗准备。（三）指挥部和各部队都有为达到军事目的所必需的坚强决心和信心，改变了第1次车臣武装冲突中那种“即使遇到武装挑衅也不得还击的假民主假人道的形象”。（四）高级指挥员表现出对士兵命运、对自己的“有生力量”的负责态度，做到了装备齐全，后勤到位，并及时给参战人员增加了军饷。政府下达指示，采取措施，使阵亡人员和失踪军人的家属得到应有的社会保障，并制定了对受伤官兵及其家属的优惠政策。

舆论指出，当地政府和人民的广泛支持，也是这次军事行动取得成功的一个重要原因。事发之后，达吉斯坦当局谴责武装分子的非法行动，痛斥“达吉斯坦伊斯兰舒拉”是“侵略者”、“宗教投机者”。达吉斯坦首府1万多人集会要求政府发放武器，抗击非法武装分子。达吉斯坦当局作出决定，允许当地居民自行武装起来，抗击入侵者，并向他们提供武器。几天之内就有几百名志愿人员配合联邦部队投入军事行动。当地居民还为联邦部队通风报信，充当向导，使部队减少伤亡，顺利完成战斗任务。

（张力群）

俄罗斯接连发生多起恐怖主义爆炸事件

1999年8月31日～9月16日，俄罗斯境内接连发生5起严重爆炸事件，造成近300人死亡，在俄当局、政界以及人民群众中引起强烈震撼，一时间，恐怖阴云笼罩莫斯科等地的上空。为此，俄当局在全国范围开展了大规模的反恐怖行动，收效明显。

一、爆炸事件的简要情况

8月31日晚20时许，莫斯科市中心的马涅什商城发生爆炸事件，造成41人受伤，其中包括6名儿童。据报道，爆炸发生在商城的游戏厅，炸弹爆炸后的强大气浪使天花板塌陷，并将所有的游戏机等设备炸毁。

9月4日晚，俄达吉斯坦共和国第2大城布伊纳克斯克市一座5层楼的军人公寓爆炸，造成64人死亡，120人受伤，其中既有军人及其家属，也有平民。爆炸是由停放在公寓附近的一辆装有爆炸物的汽车引起的。爆炸现场留下一个深10英尺、宽40英尺的大坑。爆炸还严重毁坏了附近的两栋大楼。

9月9日凌晨，莫斯科东南区古里亚诺夫街一栋9层居民楼爆炸，造成95人死亡，150余人受伤，遇难者均为平民，直接经济损失达5亿卢布。据现场勘察认定，爆炸装置放置在大楼一层的一个房间内，这个房间是被租赁用于经商的。

9月13日凌晨，莫斯科南区交通要道卡什尔大街的一栋8层居民楼发生爆炸，造成118人死亡，整个楼房被炸塌，冲击波殃及附近的8栋楼房。这次爆炸与9月9日发生的爆炸案在目标和时间的选择以及采用的手段等方面都极其相似，而造成的损失则更大。

9月16日清晨，俄南部伏尔加顿斯克市一栋9层居民楼发生爆炸，造成17人死亡，310人受伤。

二、对爆炸事件的反应

8月31日爆炸事件发生后，俄总统新闻发言人立即发表声明称，叶利钦总统对此事感到震惊，并表示将密切关注对事件的调查。俄总理普京立即下令，要求在最短的时间内查明爆炸原因。接连发生的爆炸事件使莫斯科等地的居民人心惶惶，提心吊胆。一名在顿斯克爆炸事件中幸存下来的男子事后心有余悸地说，连他自己也不知道是怎么活下来的。他发誓说："我要离开这个城市，永远不再搬回来了。"许多政界人士、政党领袖纷纷发表谈话，对恐怖事件表示强烈的愤慨，要求政府拿出有效手段确保公民的人身安全。

关于这几起爆炸案的性质，开始时，不论是俄有关当局还是舆论界都存在不同认识和猜测，但是随着爆炸事件的一再发生，俄上下一致认为这是一起与车臣非法武装分子有关的有计划的恐怖活动。9月9日爆炸案发生后，莫斯科市长卢日科夫称，这是一起恐怖案件，这一观点"已被专家证实"。9月13日，俄政府第一副总理阿克肖年科说："我们有相当可靠的理由断定，"莫斯科发生的这几起恐怖活动都是"车臣人所为"。俄内务部长鲁沙伊洛强调，"莫斯科所发生的事是哈塔卜和巴萨耶夫这些人干的。"他认为，这一系列爆炸事件是对联邦部队在达吉斯坦所采取的清剿非法武装分子行动的报复。

9月15日，莫斯科市警察局长维尔德耶夫宣布，俄警方和情报机构已经查明恐怖分子制造爆炸事件的来龙去脉。他说："恐怖分子将19吨炸药伪装成食糖运进了莫斯科，其中大部分炸药已被警方缴获；现已查明，爆炸事件是车臣非法武装分子制造的。自9月9日以来，已逮捕了27名嫌疑犯。"

三、当局采取坚决的反恐怖措施

9月13日上午，叶利钦总统亲自主持召开了有政府第一副总理阿克肖年科、内务部长鲁沙伊洛、联邦安全局局长波特鲁舍夫、总统办公厅主任沃洛申和莫斯科市长卢日科夫参加的紧急会议。会议决定成立以内务部长鲁沙伊洛为首的反恐怖行动指挥部，负责恐怖案件的调查和恐怖事件的预防工作。第一副总理阿克肖年科负责联邦各机关的总体协调。会议还决定，加强对莫斯科、圣彼得堡等一些大城市的安全保卫，对核电站、储油库、油气管道等重要战略目标加强警卫。叶利钦总统要求莫斯科警方在一天之内完成对首都民用住宅楼地下室、仓库、无主住房等一些社会死角的检查。当天，叶利钦发表电视讲话，呼吁俄人民对恐怖活动提高警惕，保持冷静，团结起来，给恐怖分子以有力的回击。他表示，政府将严厉、迅速、坚决地反击匪徒们的挑衅。同一天，出席奥克兰亚太经合组织非正式首脑会议的俄总理普京中断对新西兰的访问，紧急从奥克兰返回莫斯科。

莫斯科从9月13日起，实行"特别安全制度"：严格身份证的检查与管理，所有滞留在莫斯科的外地人必须在3天内重新登记；加强对全市燃料、电力中心、石油加工厂、生活供应体系等重要目标的保护；监护所有进入莫斯科的外地车辆，防止爆炸物品的流入；加强对居民楼的控制，特别是加强对一楼和地下室出租房间的检查，居民自愿成立纠查队守卫楼房；加强对地铁、火车站、旅馆和群众聚集的街道、商场、广场的巡逻；各主要建筑物均由从外地增调的警察和特种部队昼夜巡逻守卫。

9月9日开始在事件发生地实施的代号为"旋风"的反恐怖行动，9月15日起，其范围扩大到全国各地。部分内务部队直接参与这一行动。各强力部门所有人员均实行12小时工作制。

9月16日，俄联邦政府颁布《关于反恐怖主义措施的决定》。"决定"要求联邦执行机关必须在3天内采取一切措施，确保各生产领域的设施和公共设施的安全；各强力部门和护法部门采取一系列的侦查和防卫措施，"以查清和粉碎恐怖团伙的活动，包括同国外有联系的那些恐怖团伙的活动。"

据俄内务部和国家道路安全检查署发表的通告称，从9月15日开始的一周内，在莫斯科共检查了近30万栋楼房、140万辆汽车，破获2000多个案件；9月15～19日，共收缴武器624件，子弹3700发，炸药143千克，爆炸装置23个。据莫斯科内务总局负责人称，9月14～20日，在莫斯科对外来人员进行的重新登记中，发现1.5万人有问题，并已将他们遣返。另据俄警方透露，仅9月16～18日3天，全俄警方在"旋风"行动中共逮捕在逃犯2200人，嫌疑犯9000人，没收武器2000件，查获炸药61吨，其他爆炸物300千克、爆炸装置774个。俄内务部宣布说，"旋风"行动收效明显。

（张力群）

俄罗斯推出新国家安全构想和军事学说

反映俄国家最高当局在国家安全方面的一整套观点、规定俄联邦国家政策最重要方针的基本文件——新的《俄联邦国家安全构想》，经俄联邦国家安全会议1999年10月5日通过，俄当时的代总统普京2000年1月10日签发总统令批准，开始生效。与该构想有着密切联系的、决定俄军事建设和军事斗争准备基本方针的另一个重要文件——新的《俄联邦军事学说》，经长期酝酿后，也于1999年10月8日公开发表，俄联邦国家安全会议于2000年4月21日通过，俄罗斯当选总统普京于4月22日签发总统令批准，开始生效。

一、新"构想"和新"学说"出台的背景

俄新的国家安全构想和军事学说是在北约东扩和爆发科索沃战争、俄战略空间被一步步挤压的背景下出台的。俄联邦建立之初，曾奉行亲西方的政策，放弃与美国等西方国家的对抗，解散军事联盟，削减武装力量，企图以此来保持国际社会的和平，获得西方的经济援助，为俄罗斯的政治经济转轨和复兴创造良好的外部条件。在上述政策的指导下，俄于 1993 年出台了首部军事学说，提出要通过促进核裁军谈判和加入集体安全机构等途径，来消除与西方国家的军事对抗并建立合作伙伴关系。但这只是俄罗斯的一厢情愿，美国和西欧诸国对俄的戒心并未因其社会制度的更迭和所做出的友好姿态而消除。一方面，美国及西方其他国家以提供俄急需的经济援助为诱饵，竭力将俄罗斯全面纳入西方体系；另一方面，又始终不放弃对俄罗斯的遏制政策和战争准备。就在俄首部军事学说被批准后不久，北约就开始了东扩进程。1997 年 7 月，北约不顾俄罗斯的强烈反对而公布首批东扩国家名单。1999 年初，又借口解决南斯拉夫联盟国内的人道主义危机而发动了科索沃战争，意在扫除东进障碍。同时，美国和西方诸国还觊觎俄罗斯的后院中亚地区，并对俄的车臣事务指手画脚。严酷的事实使俄罗斯越来越看清了美国企图削弱俄罗斯，建立以美国为领导的单极世界的图谋。在俄国内，面对美国及北约咄咄逼人的进攻态势，反美势力逐渐占了上风。尤其是科索沃战争，更使国人反美反西方情绪高涨。在此背景下，俄罗斯不得不对以前的国际军事政治形势判断、国家安全战略和军事斗争准备的指导方针作出重大调整。

二、新旧文件的主要变化

（一）对国际形势的看法发生重大变化，明确提出当今国际政治的主要矛盾是建立多极世界和单极世界两种倾向相互对抗。俄联邦建立之初，国内政治、经济和社会正处于转型时期，人们对各种重大的国内和国际问题还没有形成统一的认识，当权的亲西方领导正热衷于同美国和西方其他国家建立合作伙伴关系。因此，1993 年的俄军事学说在国际形势的判断上，主观愿望多于客观实际的正确分析，强调与西方的共同利益，忽视或有意回避在战略利益方面的矛盾和冲突。随着北约东扩，1997 年的俄国家安全构想在国际形势的判断上开始出现明显的变化，指出国际形势的“首要特点是世界多极化趋势正在加强”，但“仍有人企图建立单方面的，包括倚仗军事力量解决重大国际政治问题的国际关系体系”。两种趋势相比，多极化趋势仍是主要的，因此“当前国际关系的发展为俄联邦保障自身安全提供了机遇”。但北约东扩对俄罗斯的国家安全构成了巨大威胁，“是俄所不能接受的”。1997 年的构想对西方的评价开始明晰，措辞趋于强硬，但仍有所克制。科索沃战争和西方对俄车臣事务的指手画脚，使俄罗斯对西方的幻想几近破灭。新的国家安全构想和军事学说将“多极”和“单极”两种倾向相提并论，认为，决定当今世界军事政治形势及其未来发展的主要因素在于两种相互对抗的倾向：一种是确立由一个超级大国主宰下的单极世界，企图以军事强权解决重大的国际政治问题；另一种是形成以各民族的国家平等为基础的多极世界，力求保障各国利益的平衡，贯彻国际法基本准则。两种倾向的斗争已成为当今世界的主要矛盾。俄的立场是努力推进世界的多极化进程。

（二）改变了对军事威胁的基本判断，提出了“外部威胁是俄的主要威胁”“国内动乱威胁的源头在国外”的观点。1993 年的军事学说指出，俄罗斯没有敌人，它把世界所有国家都视为平等的伙伴。认为，世界大战的直接威胁已经消除，对俄罗斯发动直接入侵的可能性很小，俄罗斯的最大威胁已不再是以美国为首的北约军事集团，而是来自俄内部和周边地区的地区性武装冲突。1997 年的俄国家安全构想和 1998 年的军事学说草案开始关注与大国集团的矛盾与利益冲突，但仍认为“在当前和可预见的未来，俄罗斯面临的主要威胁不具有军事性质，而主要是内部性的”。北约东扩进程、科索沃战争、美国违反 1972 年反弹道导弹条约而建立战区和国家导弹防御系统以谋求对俄的全面军事优势，以及西方要借机插手俄车臣事务等，越来越赤裸裸地暴露了西方遏制俄罗斯的企图。这迫使俄改变了过去在外部威胁判断上一向模糊不清的态度。因此新的军事学说在对外部军事威胁的判断上开始明朗和具体化，明确提出，“无视俄在解决国际安全问题上的利益，阻止俄成为多极世界中的一个有影响的中心；损害俄联邦及其盟国军事安全的军事集团和军事联盟的扩大；增加在俄及其盟国边境地区的军事力量；未经联合国安理会批准就向与俄接壤的国家和友好国家派驻军队；对俄实施信息战”等，是俄主要的外部威胁。同时，俄对内部威胁的表述也突出了国际背景。1999 年 10 月，负责起草军事学说的俄军第一副总参谋长马尼洛夫上将就达吉斯坦和车臣问题答记者问时指出：“俄目前的紧急局势是由内部威胁造成的，但威胁的源头在国外”。

（三）强调军队要做好应付各种战争的准备，重点是应付大规模战争。1993 年的军事学说认为，俄可能面临的战争在规模上主要是局部战争和武装冲突，俄军的主要任务是应付针对俄罗斯及其盟国的这类战争和武装冲突。新的军事学说改变了上述观点，认为放弃应付大规模战争的准备是十分危险的。要求俄武装力量做好应付包括常规世界大战、地区战争、核战争、局部战争和武装冲突在内的各种战争的准备，并明确规定了俄武装力量和其他军队在各种战争中的任务；在常规世界大战和地区战争中，保卫俄罗斯及其盟国的独立、主权和领土完整，反击和制止侵略，打击侵略者，迫使其在符合俄联邦及其盟国利益的条件下停止军事行动；在核战争中，对侵略者实施可靠的打击，使其遭受预定的损失；在局部战争和武装冲突中，遏制紧张局势策源地，尽早制止侵略者，防止军事行动升级，为制止战争创造条件，在符合俄罗斯及其盟国利益的前提下和平解决冲突；在内部武装冲突中，击溃和消灭非法武装，恢复法律秩序，保卫社会的安全与稳定，为按照俄宪法和有关法律全面解决冲突创造条件。

（四）重新重视军事力量包括核力量在保障国家安全方面的重要作用，强调核力量的遏制作用。旧版军事学说强调政治、外交和其他和平手段在保障俄国家安全方面的作用。在出现军事威胁时，俄将优先使用上述和平手段解决问题。只有在使用上述手段无法消除军事威胁时，才使用其他一切手段。北约东扩和科索沃战争使俄认识到，在当前情况下，军事力量并没有失去其保障国家安全的传统作用，只有以足够的军事力量作后盾，和平手段才能有效地发挥作用。基于这种认识，新的军事学说虽没有改变各种手段在消除军事威胁方面的先后顺序，但强调了军事手段的特殊作用，指出在必要时俄将采取适当的军事性措施和实施军事行动来保障俄联邦在维护国家安全方面所做的政治努力。俄武装力量和其他军队及安全机构共同担负保卫国家安全的任务，平时还可用于维护国内社会稳定，捍卫俄联邦宪法制度，以及参加国际维持和平行动。

新文件特别重视核力量的遏制作用。新国家安全构想提出，“在必须还击武装侵略的情况下，如果所有其他解决危机的手段都已用尽或无效，可使用俄拥有的一切兵力兵器，包括核武器”。新军事学说则进一步明确了核遏制的方法。首先，申明保留首先使用核武器的权利，即使在遭到非核进攻的情况下，俄也有权首先使用核武器。其次，扩大了核遏制的范围和对象，从有核国家扩大到核大国的某些盟国，即使这些盟国自身不拥有核武器，但只要这些盟国向俄及其盟国发动进攻，或者参加和支持向俄及其盟国的进攻，使俄及其盟国的安全受到重大威胁，俄都将对其使用核武器。第三，不指明使用什么样的核武器，是战略核武器还是战术核武器。这实际上是扩大了核武器的使用种类。就此，俄军一些高级将领指出，非战略核武器的使用目前已成为俄军事学说的重要组成部分，仅使用战略核武器不足以对所有军事入侵都产生威慑作用，而使用非战略核武器则可提高威慑的可靠性和灵活性，即使投入使用也可以控制核大战门坎，在不使战争升级的情况下迫使侵略者停止战争。此外，非战略核武器还可改变俄与北约常规力量的失衡。

（五）提出不再大量裁减军队员额，相反要发展具有遏制能力的核力量和常规力量。旧的军事学说提出要削减军队数量，使其保持在合理够用的水平上。根据这一思想，1993～1998 年俄武装力量进行了大规模裁减，总员额已减至 120 万。面对科索沃战争后的世界军事政治形势，俄国防部长强调，为保障国家安全，军队应至少保持在目前的规模上，下世纪初将不再进行进一步裁减。新的国家安全构想和军事学说都不再提及削减军事力量，相反却提出要“提高国家军事潜力并使之保持在相当高的水平上”。要根据国际军事政治形势、俄联邦军事安全的任务和条件的根本性变化，发展具有遏制能力的核力量和常规力量，为常规力量中的常备兵团和部队补充人员、配齐武器装备，并提供全面的保障，使其能在局部战争和武装冲突中遂行遏制和作战任务。新的国家安全构想还提出，俄在某些具有战略意义的重要地区必须保持军事存在，根据条约和国际法准则履行自己的义务，协助该地区建立稳固的力量平衡并使俄在危机初期就能作出反应，促进国家对外政策目标的实现。

（六）强调要发展军事经济和技术，以满足战争对武器装备和各种军用物资的需求。俄制定第 1 部军事学说时，其国防科工部门在各种因素的共同作用下正处于极端困境之中，因此当时的军事学说专注于使之摆脱困境，提出要在保障国防需要的前提下完成向市场经济的过渡。国防企业致力于改革体制、收缩摊子、军转民、增加出口等。如今，国防科工部门的状况已经有了较大改善，同时国际军事政治形势也发生了很大变化。根据国防科工部门改革的经验教训和当前军事斗争的需要，新的军事学说提出要增加对国防科研院所和工业企业的投入，努力开发新技术，国家要对重点军工企业给予扶持。特别强调要建立和完善经济动员体制，提高国防工业的动员准备程度，完善有关法律法规，以保障其战时能顺利转轨，满足战争对武器装备和各种军用物资的需求。

（七）加强国际军事与军事技术合作，重点是发展与独联体国家特别是独联体安全条约国家的合作。国际军事与军事技术合作是新版军事学说根据北约东扩和科索沃战争的情况新增加的内容。科索沃战争以前，俄军贸因过分看重经济利益而忽视政治利益，未向南斯拉夫联盟及时出售急需的先进防空武器装备，致使南斯拉夫联盟在战争中蒙受了巨大损失。新军事学说汲取这一教训，指出俄发展国际军事与军事技术合作的出发点是保障国家的军事安全。其原则是平等互利和睦邻友好，考虑国际稳定，民族、地区和全球的安全。重点是发展与独联体国家特别是独联体安全条约签约国的合作。基本方针是巩固俄在世界各地的影响，增加外汇收入，保持俄武器出口潜力。俄总参谋部军事合作总局局长伊瓦绍夫上将就此指出："发展军事与军事技术合作是消除威胁、保卫国家安全的新形式，它可巩固俄联邦在世界上的地位，捍卫国家的利益，防止出现对俄不利的政治、经济和军事形势"，"发展军事技术合作还可以提高俄罗斯以和平手段解决国际问题和化解危机的能力，它有利于保持世界特别是冲突地区的力量平衡。"

（陈建民、来　斌）

俄罗斯与白俄罗斯建立联盟国家　俄罗斯与白俄罗斯于1996年4月20日签订《俄罗斯和白俄罗斯共同体条约》。1997年1月，俄罗斯总统叶利钦致信白俄罗斯总统卢卡申科，建议加快两国统一的步伐。同年4月20日，两国总统签订《俄罗斯与白俄罗斯联盟条约》。1998年12月25日两国总统又签署了《俄罗斯和白俄罗斯关于进一步统一的宣言》。1999年12月8日，叶利钦与卢卡申科签署了《俄白两国建立联盟国家的条约》。2000年1月26日，俄代总统普京和白俄罗斯总统卢卡申科在莫斯科交换了俄白两国建立联盟国家条约批准文本。至此，俄白联盟国家正式组成。

根据俄白建立联盟国家条约，两国将在保持各自主权、独立和国家体制的同时，建立邦联型国家结构。在政治上，两国的宪法高于一切，联盟不设统一的国旗。联盟的最高领导机构是最高国务委员会，其成员包括两国国家元首和政府首脑、议会两院议长，主席由俄白两国总统轮流担任。在最高国务委员会领导下，建立联盟部长会议，联盟部长会议主席由两国总理轮流担任。联盟的立法机构是两院制议会，联盟议院由72名代表组成，两国各占36名代表，众议院由103名代表组成，俄罗斯和白俄罗斯分别占75名和28名代表。在经济上，两国将逐渐形成统一的经济空间和共同市场，制定统一信贷、货币、税收、价格、外汇、投资和关税的政策，统一使用交通和能源系统，建立统一的海关机构。在外交上，将协调各自的外交政策，对主要的国际问题采取共同立场，在两国主权受到威胁的情况下采取共同措施。在军事上，两国将建立统一的边防，组建联合军队集团。该军队集团将包括俄莫斯科军区和白俄罗斯所有军队。两国将在保卫边界、进行军队建设等方面进行协调，共同使用军事基础设施。

2000年1月26日，即在普京和卢卡申科举行联盟国家条约批准文本交换仪式的当天，俄白联盟国家最高国务委员会在莫斯科举行首次会议，选出了首届联盟国家机构的主要领导人。白俄罗斯总统卢卡申科被任命为联盟国家最高国务委员会主席；俄罗斯第一副总理卡西亚诺夫被任命为联盟国家部长会议主席；俄前总统事务局局长博罗金任联盟国家国务秘书。联盟国家常务委员会设在莫斯科。这次会议还决定2000年秋天举行联盟国家议会选举。

俄白建立统一的联盟国家符合两国的根本利益。在政治和安全方面，俄白两国互有需要，白俄罗斯欲寻求安全依托，俄罗斯则可通过此举扩大俄的战略空间，减缓北约东扩给俄造成的压力。在经济方面，两国具有较强的互补性，互有需求。俄罗斯资源丰富，经济基础雄厚，而白俄罗斯以加工制造业为主，资源匮乏，需要俄提供能源。俄代总统普京说，建立俄白联盟国家是具有时代意义的事件，符合两国的利益。白俄罗斯总统卢卡申科也表示，建立两国联盟为俄白两国关系开辟了新纪元，两国联盟有利于加强两国在防御和安全领域以及在国际舞台上的合作。

对于俄白国家联盟，独联体其他国家反应不尽相同。哈萨克斯坦和吉尔吉斯斯坦给予积极评价。哈外长表示，哈尊重俄白关于建立联盟国家的选择，认为这种联合不针对任何国家。他表示，哈将继续关注俄白联盟的发展进程。吉总统新闻发言人说，俄白一体化进程为独联体其他国家的合作树立了榜样，将对两国及独联体其他国家的经济发展产生积极影响。乌克兰表示赞同这种联合，但乌总统库奇马多次表示乌不会加入俄白国家联盟，他认为建立联盟国家"缺乏足够的经济基础"。摩尔多瓦总统卢钦斯基对俄白国家联盟表示欢迎，认为应进一步发展这种合作。阿塞拜疆第一副总理称，俄白有权建立任何联盟，但阿不打算加入这样的联盟，因为"所获得的独立对阿是难以忘怀的"。美国和西方其他国家对俄白国家联盟普遍持消极观望态度，尽力贬低其影响。美称这“并不是一个真正的联盟”，仅仅说明两国在进一步加强合作，表示希望这个联盟“不会在欧洲制造新的分界线”。

（刘效兰）

北爱尔兰和平进程受到挫折 1998 年 4 月 10 日，英国、爱尔兰两国政府和北爱尔兰 8 大党派经过长期谈判，终于就结束长达 30 年的冲突，达成了一项和平协议。该协议在 5 月 22 日举行的北爱尔兰全民公决中以 71% 的多数票通过。从此，北爱尔兰和平进程进入一个新阶段。但是，和平协议全部得到落实还有一段漫长的道路要走。

一、和平进程取得一定进展

1999 年，北爱尔兰和平进程取得了一定的进展，如：英国政府不断削减在北爱尔兰的驻军，并停止在北爱尔兰首府贝尔法斯特的军事巡逻；北爱尔兰政治对立的两大政党联合党和新芬党结束了多年的武装冲突之后，两党领袖举行了历史性的直接会谈；30 多年来，新芬党领导人第 1 次来到唐宁街 10 号英国首相府与有关各方共商和平大计；因卷入北爱尔兰冲突而遭监禁的 400 多名囚犯有多一半走出了牢狱；联合党和新芬党两大政党还就地方联合政府机构的设立和爱尔兰岛南北合作问题达成框架性协议，为地方管理权力从国家议会转到北爱尔兰地方议会铺平了道路等。

二、和平进程遭受严重挫折

北爱尔兰和平进程一直进展不够顺利，北爱尔兰问题也没有因和平协议的达成而从此踏上太平之路，而是始终在山穷水复疑无路的困境中徘徊，究其原因有三：

一是暴力事件持续不断。1998 年 8 月 15 日，在距北爱尔兰首府贝尔法斯特 80 千米的奥马小镇的商业中心发生了北爱尔兰历史上最惨重的一起爆炸事件，当场炸死 28 人，另有 200 多人受伤。这次爆炸是对北爱尔兰和平进程的直接恶意挑战，也使北爱尔兰和平协议受到严峻考验。事后，没有参加和平进程的武装组织“真正的爱尔兰共和军”声称对此事负责。就在这一爆炸事件发生的前一个月，北爱尔兰波塔当市的 5000 名新教徒在游行中受到警察阻拦，于是在警戒线旁安营扎寨，与之对抗。随后的几天里，因游行危机而引发的骚乱多达 430 余起，局势进一步恶化。在这些骚乱中，有 12 起枪击事件和 25 起爆炸事件，警察局 2 次遭到袭击，40 多名警察受伤。另外有数十辆汽车被劫持和烧毁，十余所教堂和民宅被烧毁，北爱尔兰首府贝尔法斯特交通一度中断，成了难见人影的“鬼城”，人们仿佛又回到恐怖年代。1999 年，恐怖活动并未销声匿迹。年初，对立双方的恐怖分子组成大棒队，他们声称要替无能的“警察”执法，戴着面具，用布满铁钉的木棒伏击对方的平民，两个月里有数千人受到毒打，有的人还被活活打死，使北爱尔兰一度笼罩在人人自危的恐怖之中。3 月 15 日，北爱尔兰天主教著名律师纳尔逊女士在自己的汽车中被恐怖分子安放的炸弹炸死，引起全北爱尔兰的震惊和愤怒。事发后，北爱尔兰新教派组织“红色力量保卫者”声称对此次爆炸行动负责。两天后，另一名新教派的领导人也遭暗杀。4 月 10 日，恰逢和平协议签署一周年，北爱尔兰安特里姆城又有一枚炸弹爆炸。一直到 1999 年底，各种大小暴力事件仍是持续不断。因而，严重影响了和平协议的贯彻和落实。

二是各派没有按期缴械。北爱尔兰和平进程的最大障碍是新教派和天主教派围绕缴械而产生的分歧和争执。据负责监督解除北爱尔兰准军事组织武装的国际中立机构主席德沙特兰 2000 年 1 月 31 日分别向英国和爱尔兰政府提交的一份关于爱尔兰共和军缴械情况的评估报告说，爱尔兰共和军并没有开始缴械，甚至没有缴械的迹象。该报告立即引发了北爱尔兰冲突各方在解除准军事组织武装问题上的又一次激烈争执。亲英的新教派最大政党联合党对德沙特兰的报告首先作出强烈反应。北爱尔兰地方联合政府第一部长、联合党领导人特林布尔指责爱尔兰共和军的政治组织新芬党背信弃义，没有遵守在谈判时所作出的承诺。他说，中止地方联合政府的运作已“不可避免”，他将考虑辞去地方联合政府职务。新芬党领袖亚当斯则当即反驳，否认曾作出在 1999 年底前让爱尔兰共和军着手解除武装的保证。他说，如果北爱尔兰地方联合政府被解散，爱尔兰共和军与国际中立机构就缴械问题所进行的谈判也会随之破裂。看来，要让各派武装组织按时交出武器并非易事。根据协议，北爱尔兰冲突各方必须在 2000 年 5 月之前交出全部武器，以确保饱受流血冲突之苦的北爱尔兰人民能在和平的环境中生活，使动荡不安的日子一去不复返。但是，在过去 30 年的武装冲突中，要求北爱尔兰脱离英国统治的天主教徒和亲英国的新教徒分别成立了许多武装派别，进行武装袭击、暗杀和爆炸等暴力行动，导致 3600 多人丧生，3 万多人受伤，经济损失难以估量。这些武装组织都拥有不少的武器库，其中天主教派最大的军事组织爱尔兰共和军有近 3 吨炸弹、2～3 枚地空导弹以及数百支冲锋枪和其他枪支弹药；新教派中的北爱尔兰防卫协会也有2000多支步枪、冲锋枪以及相同数量的手枪和不少炸弹。其他各武装派别拥有的武器数量也是相当可观的。新教派中最大的政党北爱尔兰联合党从1998年6月就开始呼吁爱尔兰共和军交出武器，并说只有这样其政治组织新芬党才可以参加北爱尔兰地方联合政府，因为联合党无法同依然拥有庞大武器库的政党坐在同一张桌上共商国事和管理地方事务。按照新芬党在议会中的席位比例，他们可以有2人参加由12人组成的北爱尔兰内阁担任部长职务。和平协议达成后，要求各派武装组织解除武装本属正常之举，这也为履行和平协议创造条件。但爱尔兰共和军虽已宣布停火，刀枪入库，却执意不肯化剑为犁，转军为民，严重困扰北爱尔兰和平进程的僵局由此产生。爱尔兰共和军不肯在交出武器上作丝毫让步，其原因有二：首先是新教徒和天主教徒之间长期血腥仇杀导致的根深蒂固的互不信任难以在短期内消除。由于北爱尔兰警察队伍中多数是新教徒，加上担心今后遭到新教派极端武装组织的袭击，不少天主教居民也不希望爱兰共和军贸然缴械，从而失去“安全屏障”。许多天主教徒对北爱尔兰和平依然持怀疑态度，要求爱尔兰共和军等待观望。他们普遍认为，在局势不十分明朗的情况下贸然交出武器，等于把自己在今后与对方较量和谈判的砝码拱手相让，今后自然难以在北爱尔兰事务中发挥作用和影响。其次，爱尔兰共和军认为签署协议并不意味着他们在军事上被打败，现在新教派迫使他们解除武装，乃是企图用和平手段获得在武装冲突中没能获得的胜利，意味着爱尔兰共和军自动投降，这是他们无法接受的事实。爱尔兰共和军的一些强硬派曾公开说，如果新芬党领袖亚当斯贸然答应缴械，就让他死无葬身之地，随后将重新开展武装斗争。爱尔兰共和军领导层也担心现在交出武器，会使自己陷入被动境地。新芬党拒交武器的公开理由是，虽然各派武装都应在2年内交出武器，但和平协议并没有规定爱尔兰共和军交武器是新芬党加入地方联合政府的先决条件，因此他们没有必要在别的武装派别都保留武器库的时候率先缴械。新芬党还指责联合党以缴械为由，拒绝按计划组建地方联合执行机构是违反和平协议的表现。

*三是新成立的地方联合政府难以开展工作。*1999年11月29日，在北爱尔兰首府贝尔法斯特，英国北爱尔兰地方议会终于推举出了组成北爱尔兰议会内阁（地方行政委员会）的12名成员，曾经长期“不共戴天”的新教徒和天主教徒将在同一个地方联合政府中共事，这标志着北爱尔兰在朝着结束英国统治的道路上迈出了具有历史意义的一步。在选出的内阁成员中，新教派的最大政党联合党获得4个席位，同属新教派的民主统一党获2个席位，天主教派的最大政党社会民主工党获得4个席位，同属天主教派的新芬党获得2个席位。联合党领导人特林布尔将担任北爱尔兰内阁第一部长，社会民主工党副主席马伦被选为第二部长。令人瞩目的是，70年代担任过爱尔兰共和军司令的现任新芬党首席谈判代表马丁·麦吉尼斯将代表该党担任内阁教育部长。就在新芬党领导人亚当斯宣布提名麦吉尼斯为候选人时，会场内响起了一阵故意发出的大声咳嗽。的确，一些新教徒还很难接受这个当年战场上最大的敌人今后居然要管理整个北爱尔兰的教育。这必将成为今后地方联合政府开展工作的障碍。北爱尔兰内阁的成员选出后，英国议会将通过向北爱尔兰移交地方管理权力的法令，英国女王伊丽莎白二世将签署权力移交法令，北爱尔兰地方联合政府将正式成立并召开首次会议，爱尔兰共和军也将派出代表同负责解除武装的国际中立机构讨论缴械问题，爱尔兰政府也将很快修改宪法，放弃对北爱尔兰的领土要求。经过长达30多年的流血冲突和耐心等待，北爱尔兰的老百姓终于看到了和平的曙光。北爱尔兰地方联合政府的组成本该在一年多前和平协议达成后就着手进行，但由于在解除武装等问题上的分歧，这一工作一直拖到现在。虽然联合党1999年11月27日以58%的多数票，通过了特林布尔与新芬党在北爱尔兰和谈主席米切尔调停下达成的妥协方案，但这两大对立党派在解除武装的时间表上仍然存在分歧，已经重新启动的和平进程依然笼罩着一层阴云。各派组成共同管理的地方联合政府还只是千里之行的第1步。今后，新教和天主教两派官员在维护各自民族利益等诸多问题上还可能发生争执和矛盾，北爱尔兰地方联合政府有效开展工作尚需时日。

三、和平进程道路依然漫长

双方在缴械问题上各不相让的主要原因是新芬党和联合党内部各有相当一部分激进人士施加压力。例如，联合党相当一部分激进人士坚持要求特林布尔在缴械问题上不能让步，否则就是出卖民族利益。他们认为，同意根据和平协议提前释放被关押的大批沾满无辜者鲜血的爱尔兰共和军囚犯，已经是做了巨大让步，而新芬党没做过任何让步，这是不公平的。特林布尔不想激化联合党内部矛盾，只好一再推迟组建地方联合政府的日期，期望能慢慢找到化解危机的出路。到目前为止，争执双方都没有松动和让步的迹象，看来缴械问题还将继续困扰北爱尔兰和平进程。

那么，北爱尔兰和平进程是否就此走入死胡同？从整体上分析，虽然今后的和平道路依然会崎岖坎坷，但重新回到血雨腥风的年代已无可能。因为1999年北爱尔兰在和平的道路上已经走了相当长的路程，协议中一部分条款已经得到或正在逐步落实，和平进程取得了一定的进展。这一切都为民族和解创造了有利的条件。2000年伊始，北爱尔兰和平进程联合发起人英国首相布莱尔和爱尔兰总理埃亨便举行了电话磋商，为重新推动陷入僵局的北爱尔兰和平进程制订了新的谈判时间表。根据双方商定的时间表，英国北爱尔兰事务大臣曼德尔森和爱尔兰外长考恩特将同北爱尔兰冲突各方举行会谈，广泛听取他们的意见，以寻求解决危机的途径。随后，会谈地点将移到美国，因为大多数北爱尔兰政党领导人于2000年2月17日前往美国与那里的爱尔兰人后裔共同庆祝爱尔兰传统节日圣帕特里克节。身为爱尔兰人后裔的美国总统克林顿也对谈判施加了影响。舆论认为，英爱两国领导人制订新的时间表旨在使北爱尔兰冲突各方能够有更多时间考虑如何摆脱目前的困境，重新推动和平进程。北爱尔兰问题的实质是民族和宗教纠纷，是两大教派围绕北爱尔兰与英国是分还是合的问题所引发的冲突。无论是新芬党坚持在地方联合政府成立和运作前不缴械，还是联合党在爱尔兰共和军交枪前不许新芬党入阁，或是持续不断的暴力和流血，都说明不同民族和宗教派别，在数百年中形成的积怨与仇恨不可能在短时间内冰消雪化，民族和解是个漫长而曲折的过程，需要巨大的耐心、勇气、毅力与谅解。今后两派官员在维护各自民族利益上还会发生许多争执和矛盾，还需要相当长的磨合期。

（李先喜）

北约正式通过新战略概念 1999年4月24日，北约华盛顿首脑会议正式通过了指导北约21世纪行动的新《北大西洋联盟战略概念》（简称，北约新战略概念）这标志着冷战后酝酿了8年之久的北约新战略正式出台，尽管新战略文件在北约未来动用武力的范围和联合国授权等关键问题上使用了模糊字眼，但其真实意图却无法掩人耳目，即由“集体防御”向“对外干预”转变，使北约充当美国称霸世界的军事工具。此战略的出台，引起了世界许多国家的关注，各国纷纷发表评论，指责“新战略”不合时宜，它的转变昭示着危险。

一、北约新战略概念出台的背景

（一）满足美国安全战略调整的需要。北约自成立后，其战略一直由美国操纵。此次北约出台新战略，同样离不开美国战略调整的幕后背景。冷战结束后，美国成为世界上无人与之抗衡的唯一超级大国，突兀的战略地位使美国看到了在世界走向多极化的进程中独霸世界的绝好机会。为此，美国积极调整其安全战略，在冷战结束后短短8年间其安全战略进行了3次较大幅度的调整、逐步完成了由冷战时期以对付苏联和华约为目标的“遏制战略”向冷战后干预世界各地冲突、塑造称霸条件的“塑造、反应、准备”战略的转变。随着战略调整逐步到位，美国开始频繁、无所顾忌地干预世界各地的事务，期待以此建立由美国主导的“世界新秩序”。

但美国同时也清楚地认识到，在其战略目标与战略能力之间存在着无法克服的矛盾。要称霸世界，必须借助盟国的力量。在这种大背景下，作为冷战“遗物”的北约，不仅在冷战后继续生存了下来，而且被美国赋予了新的使命。自1991年北约罗马首脑会议提出“战略概念”以来，北约的性质一步步发生了质的变化。1991年11月，在美国的主导下，北约战略重点由“主要对付苏联”转向“预防冲突和处理危机”的“全方位防御”；1997年，美国不顾俄罗斯强烈反对，执意接收波兰、匈牙利和捷克3国入盟，在战略转变的道路上迈出了又一关键步骤；1997年夏季，北约在马德里首脑会议上修改了战略概念，主张对防区外的“威胁”作出反应，在危险的道路上迈出了第3步。1999年3月24日，以美国为首的北约绕开联合国，悍然对主权国家—南斯拉夫联盟发动一轮又一轮的空袭，以血腥的战争试验了新战略。至此，北约已演变成了一个具有侵略性质的军事集团。

（二）绕开联合国的需要。冷战结束后，联合国在处理国际事务中的作用不断增强，它成为捍卫世界正义、维护国际和平、抵制霸权主义的一个重要场所。这与美国企图使联合国成为其推行霸权主义、强权政治的工具的愿望相去甚远，美国多次以拖欠会费为手段，企图迫使联合国服从它的意志，但种种图谋均未得逞。相反，美国的所作所为使越来越多的国家看清了美国的真实面目，这使得美国对国际事务的干预越来越难以得到安理会的批准，尤其是对于欧洲事务的干预，由于俄罗斯行使否决权而中途受阻。美国越来越感到联合国已成为其称霸世界的障碍。克林顿曾多次对安理会不能在对伊拉克和南斯拉夫采取行动的问题上达成一致表示不满。为摆脱联合国的束缚，美国决意绕开安理会，将北约作为其推行主导欧洲事务的最高机构，这样美国就不用再怕俄罗斯和中国行使否决权了。尤其是俄罗斯已衰落成二流国家，美国更不愿让其来束缚自己的手脚。

（三）遏制欧洲崛起的需要。美国主导北约出台“新战略”，有其更深层次的考虑。美国在冷战中击败了苏联，消除了全球争夺的对手；又通过长期的经济和科技竞争，在1997年东亚金融危机中一举瓦解了日本在亚洲和全球经济中对美国的挑战。但在此过程中，西欧大陆却克服了重重困难，先是实现了统一大市场，然后又签订了马斯特里赫特条约，到1999年初正式统一了欧洲货币，一个人口、领土、经济实力都超过美国的经济实体呼之欲出。欧洲经济一体化的顺利实施，必将进一步加强欧盟内部在政治和军事上的联合，况且欧洲在防务上已经表现出了明显的独立倾向，历史和文化传统上的接近，无疑会使欧洲在美国之外形成另一个世界中心，挑战美国在击溃苏联和日本之后取得的霸权地位。因此，美国极不情愿看到其面前出现一个统一、强大而且自主的欧洲。这次美国积极主导空袭南斯拉夫联盟共和国，一个更深层次的考虑，就是打击欧洲的经济，通过在欧洲制造动荡和战争恐慌，瓦解欧元，遏制欧洲的崛起。

二、北约新战略概念的主要内容

此次北约通过的“新战略概念”，是美国与其欧洲盟国在共同价值观基础上，照顾各自的战略利益，协调内部矛盾和相互妥协的产物，是北约今后干涉别国内政、入侵其他国家的行动纲领。北约“新战略概念”共65条，主要包括4项内容：北约的目标和任务，战略前景，维护21世纪安全的途径，北约军事力量指导原则。其中特别引人注目的有以下几点：

（一）炮制新“威胁”。从“新战略概念”的内容看，北约竭力宣扬面临的“威胁”和“挑战”，为其在冷战后继续存在和扩张寻找依据。文件认为，冷战时期的危险已不复存在，北约遭受大规模常规武器入侵的可能性很小，从现实来看，北约安全面临着各种“难以预测”的军事和非军事性危机，这些危机包括欧洲—大西洋地区内及其周围地区的“不确定和不稳定因素”，如一些国家面临严重的政治经济困难、种族和宗教矛盾以及领土争端，北约以外的国家拥有的核武器以及大规模杀伤性武器扩散、恐怖主义活动及有组织的国际犯罪活动等。这些危机如不及时解决，将会直接威胁到北约成员国的“共同价值和利益”。

（二）扩大军事行动范围。“新战略概念”在争论已久的北约“全球化”问题上采取模糊化处理，一方面声称北约“不认为自己是任何国家的对手”，另一方面又表示北约应“在全球安全的范围内考虑跨大西洋地区的安全问题”，暂时先将其军事行动范围扩展至“成员国的周边地区”。这种“模糊性”措辞与《美日防卫合作指针》修订版的“周边事态”概念在本质上是一致的，“事态”在哪里出现，“危机”在哪里发生，就在哪里“应付”。美国国防部长科恩在解释北约“新战略概念”时强调：“在21世纪要把北约改造成一个能够对付来自成员国领土以外的挑战、在需要时能随时迅速派遣部队的联盟。”国务卿奥尔布赖特更是直言不讳地表示：下世纪北约的行动不受地域限制。这表明，北约正在从一个防御性组织变为一个军事干预性的同盟。只要北约认为有必要，就可实施对外干预，即使需要大动干戈也在所不惜。

（三）绕开联合国，坚持“自愿合作”原则。“新战略概念”承认联合国在解决国际安全问题上的“主导作用”，这是北约迫于国际社会的压力作出的一种姿态。但在“新战略概念”的“预防冲突与处理危机”的章节中，却没有明确规定必须经过联合国授权才能采取军事行动。“新战略概念”提出，在对危机进行干预时，可以“个案处理”或根据“共识”采取行动，这显然是为绕开联合国、粗暴干涉别国内政打开了方便之门。同时，“新战略概念”还强调，北约今后将实行“自愿合作”原则，即不再坚持所有国家作为一个整体去实施行动，而可以根据利益需要组成临时同盟实施军事行动。这样，北约决定对外采取军事行动时，无需取得联合国的授权，就可通过“自愿合作”，更加“自由”地实现其战略利益。

（四）继续奉行“门户开放”政策。“新战略概念”重申了北约东扩的决心及其“门户开放”的政策。北约承诺将继续敞开大门，接纳新成员，并制定了相应的行动计划，要求申请入盟的中、东欧9国加强与北约的军事合作，为最终入盟创造条件。“新战略概念”决定在2002年前对北约扩大进程进行评估。北约妄图通过继续扩展疆域，把中、东欧全部纳入西方势力范围，妄图建立以北约为主导的欧洲安全体系。

三、为适应新战略进行内部整改

冷战后，北约一直在根据形势的新变化进行组织体制、军事指挥系统、军队编组方式、武器发展方针等方面的调整。这次在华盛顿会议上又进一步确定了如下整改方针：

（一）落实新的军事指挥体制。冷战结束后，为了适应欧洲安全形势的变化和提高作战指挥效能，1997年北约马德里首脑会议决定对其军事指挥体制再次进行大幅度调整。1998年12月，北约部长理事会正式通过了北约军事指挥机构改革方案。这次华盛顿会议明确了该方案要尽快落实。根据新的改革方案，北约指挥机构的层次由原来的 4 级减为 3 级，即：战略司令部、地区司令部和次地区司令部。各级司令部的总数也由 65 个压缩到 20 个。第 2 级和第 3 级司令部直接与作战部队衔接，加快了决策过程，更符合现代战争作战要求。

北约组织机构表

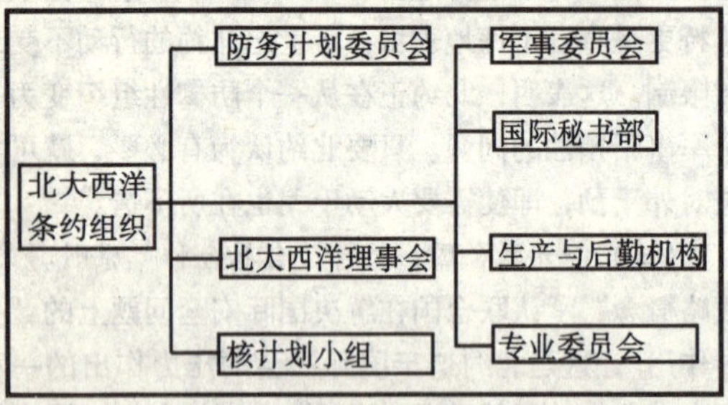

北约新军事指挥体制表

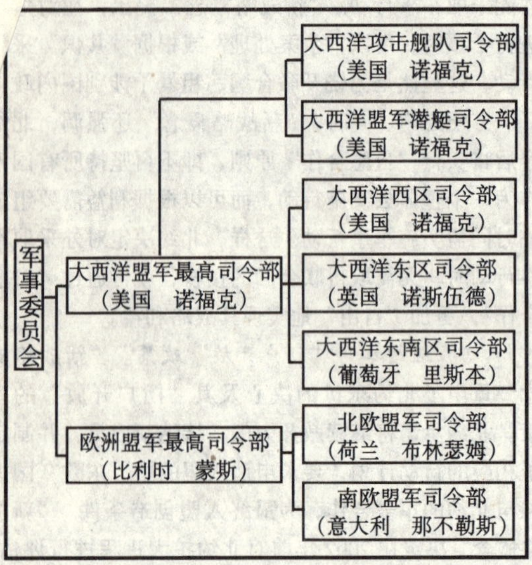

新指挥体制具体的隶属关系是：北约最高军事指挥机构军事委员会直接指挥欧洲盟军最高司令部和大西洋盟军最高司令部。欧洲盟军最高司令部的辖区范围北起挪威角，南至地中海南岸，东至土耳其东部边界，西至直布罗陀、英国和北海。欧洲盟军最高司令部在担负欧洲地区的防务方面扮演主要角色，并可根据授权，在其防区外采取军事行动，1999 年，北约对南斯拉夫联盟进行的空袭就是由欧洲盟军最高司令部具体组织实施的。大西洋盟军最高司令部的辖区范围为西起北美洲东海岸，东至非洲西海岸，南起北回归线，北至北极的大西洋水域，包括美国、加拿大、冰岛和葡萄牙。

新体制的这种隶属关系比较概略、松散和灵活，各次地区司令部平时没有固定的直属部队，战时根据任务需求进行作战编组、明确隶属指挥关系，划归相关地区司令部指挥。新指挥体制具有全能、灵活、高效的特点，它有利于对防区外各种突发事件作出灵活反应，及时作出军事部署，有利于“军事一体化部队”担负防区外从和平支援行动到高强度局部战争的各种形式的军事行动和任务，因而将满足 21 世纪北约新使命的需要。

（二）*发展适应新环境的作战能力*。这次首脑会议还正式通过了旨在提高北约总体作战能力的“防务能力计划”（Defense Capabilities Initiative），为落实计划设立了高级指导小组。该计划由美国防部长科恩 1998 年 6 月首次提出，曾提交 1998 年 9 月的北约非正式会议讨论。计划的目的是发展新战略概念所要求的、而以往的国土防卫战略又不包括的军事作战能力：如对付恐怖活动、民族冲突、跨国犯罪、大规模武器扩散等非传统威胁的精确打击能力、快速灵活机动能力、联合海空运输能力、强有力的联合后勤保障能力和北约各国通用的指挥与控制能力等。该计划的主要意图是让北约所有成员国都能按照美国的标准，发展互相通用、互相兼容的一体化作战能力，而不是仅仅依靠美国来提供这样的能力。这就要求盟国增大国防投入，通过采购或租赁等方式，从美国获得更多的远程精确打击、早期预警、快速反应、电子对抗、战场监视等能力。北约已经决定从美国采购“联合监视目标攻击雷达系统”飞机，批准了对战区导弹防御系统的早期总体设计。北约成员国也制定了从美国采购和租赁武器的计划，如英国决定租赁 4 架 C-17 运输机。按照美国的设想，各成员国都要具备“打”的能力，而由北约提供政治决策和军事指挥控制能力。换言之，就是让成员分担由美国决定的武力干涉的开支，更多地使用成员国的资源打美国主导的战争。

（三）*逐步增强“欧洲安全与防务特性”*。波黑战争使欧洲充分认识到自己在防务上对美国的依赖程度有多大，1999 年的科索沃战争仍然如此。在建立“欧洲安全与防务特性”的问题上，充分体现了美国与欧洲国家“控制与反控制”的斗争。所谓“欧洲安全与防务特性”的关键，是要不要有欧洲国家自己的作战指挥系统与不依靠美国的军事力量，使欧洲国家可以在没有美国参加的情况下独立采取行动。在这一问题上，美国表现出复杂的矛盾心理。它既想继续主导欧洲防务，遏制盟国的离心倾向；又想让盟国多出钱多出力，减轻美国的防务负担。1996 年，北约最高政治决策部门“北大西洋理事会”在柏林开会确定了要在北约内部建立两套彼此“分工不分离”的军事指挥系统。其中一套由欧洲军官和部队负责，在西欧联盟的领导下完成纯欧洲性质的任务。但这一决定后来遭到美国的反对，没有实现。目前，美国对“欧洲安全与防务特性”原则上表示同意，但是反复强调要在北约框架内实现，不能以西欧联盟或欧盟的名义搞，以保证美国的主导地位不会丧失。这样欧洲既能管好自己后院的事情，又能在北约行动中继续与美国合作。

四、北约新战略的影响

北约新战略的出台对联合国宪章和国际法准则提出了严峻挑战，其“侵略性质”将对国际安全和世界和平造成一系列消极的影响。

（一）会给世界带来新的不稳定因素。北约不受联合国约束，以各种理由随意在防区外使用武力，会给世界带来新的不稳定因素，有可能加剧一些地区的紧张局势，并制造新的热点。新战略的出台，已引起巴尔干、中东、北非和东欧一些国家的警觉，就连远在东南亚的一些国家也对新干涉主义的未来发展表示担忧。法国的一位国际问题专家悲观地预言，在今后相当长的时间内，欧洲“可能持续地处于混乱、多变和不稳定的局势之中。”他指出，北约新战略是对未来国家主权的挑战，是对联合国权威的蔑视，是对 21 世纪世界和平与稳定的威胁。

（二）可能会延缓多极化格局的形成。冷战结束以来，世界多极化格局得到了一定的发展，但美国不会坐视多极世界的形成，它会利用其超强的地位建立和巩固其“单极”世界。当前，美国的战略已逐步调整到位，在力量格局严重失衡的条件下，美国将更加肆无忌惮地使用武力或以其他手段干涉世界各国的内部事务，挤占真空地带。北约新战略的实行，会严重打击世界多极化的发展势头，延缓多极格局形成的进程。

（三）使联合国的作用受到削弱。随着美国在世界推行霸权主义，它的对外干预行动会受到越来越多的抵制，在联合国获得授权的可能性也就越来越小。在这种情况下，美国就越有可能抛开联合国，通过北约实施其对外政策。在空袭南斯拉夫联盟的战争中，南斯拉夫政府的最终让步，会进一步刺激美国和北约的这种倾向，这将大大削弱冷战以来逐步建立起来的联合国维护世界和平机制的作用。

（四）可能会引起新的军备竞赛。在 1999 年的科索沃战争中，外交努力的脆弱性和俄罗斯调解的多次失败，再一次表明和平手段的有效性是以实力为后盾的，世界人民爱好和平的良好愿望无法改变强权政治的国际政治现实。随着北约新战略的实施和对外干涉的加剧，感受到北约威胁的国家会加紧扩充自己的实力，特别是军事实力，以增加威慑和抵抗外来侵略的能力。这有可能引发新的军备竞赛，并对军备控制进程产生消极影响。俄罗斯议会已批准对隐形战斗机、高精度武器等先进武器装备的研制追加投资，并无限期推迟审议美俄《第 2 阶段削减战略武器条约》。自 1998 年印度挑起核军备竞赛以来，俄不仅反对国际社会对印进行制裁，而且在各种场合为印度开脱，这也是一个有力的明证。

（五）可能影响欧洲安全的融合进程。冷战结束以来，俄罗斯改善了与法德等西欧国家的关系，欧洲安全形势得到了很大改善、欧安组织在保障欧洲安全方面发挥着越来越重要的作用，冷战壁垒正在欧洲消失。但北约的战略转变有可能使这一进程发生逆转。面对北约一波又一波的东扩攻势，俄开始作出本能的反应：强化俄白联盟、改善与独联体国家的关系，加快了与其他独联体国家的一体化进程；修改军事学说和欧洲常规裁军条约，在西线组建俄白统一的地区性军事集团，增加侧翼的军事部署，由此有可能引发北约与俄罗斯新的对立，这会导致欧洲在地缘政治和民众心理两方面出现新的分界线。

（崴钧埔）

欧盟在欧洲防务一体化上取得重大突破

1999 年 12 月 10 日，赫尔辛基欧盟首脑会议通过了《欧盟作战行动的军事机制、计划及运作》的决议，决定在未来 3～4 年时间里建立一支独立于北约的快速反应部队。这标志着欧洲防务一体化正式进入实施阶段，是继建立欧元区实现经济一体化之后，在防务一体化进程中取得的重大突破。

一、欧洲防务一体化正式起步

欧洲防务一体化并不是一个新话题。在二战结束之初，有远见的欧洲政治家就提出，实现欧洲一体化是避免再次由欧洲国家引发世界大战的最好途径。从那时起，欧洲人一直致力于建设一个强大统一的欧洲，并在世界上发挥自己应有的作用。冷战的出现使欧洲国家分为两大军事集团，这迫使西欧国家不得不寻求美国的保护，以对抗拥有强大军事力量的东方集团。就在这种情况下，欧洲人依然追求着实现全欧的防务一体化，建立了横跨两大陆的欧洲安全组织。但是，在军事力量严重对峙的时代，建立没有外部国家参加的、独立的欧洲军事力量只是欧洲人的一个梦想。90年代初，冷战的结束，为欧洲实现包括军事和防务在内的一体化提供了良好的契机。

1991年6月，在南斯拉夫发生分裂并引发冲突时，卢森堡外交大臣雅克·普斯说："这是欧洲的紧要关头，而非美国的紧要关头。"表明了欧洲人自己解决本地区战争与和平问题的态度。在欧洲国家大肆干预之后，它们发现，它们的干预不仅没有解决南斯拉夫的问题，反而使问题日益复杂，并在巴尔干地区引发了持续8年的武装冲突和危机。没有统一军事力量的欧洲人，不得不从大洋彼岸请回美国人，在美国主导下，先后采用军事手段解决波黑和科索沃问题。解决南斯拉夫问题的尝试，使欧洲人认识到，没有自主采取行动的"相应军事手段"，欧洲仍将生活在美国的阴影之下，特别是科索沃战争使欧洲国家认识到建立欧洲军团的重要，并促使欧洲防务一体化进程驶上快车道。

1999年4月，法国前国防部长针对科索沃战争由美国主导的事实提出，统一的欧洲只有在没有外援的情况下也能维护本地区安全时，才能存在下去。英国本是欧洲国家中建立独立防务主张的反对者，但科索沃战争导致其立场发生重大转变。英国转而支持欧洲防务一体化积极倡导者法、德的主张，力图共同充当欧洲防务一体化的"发动机"，并分享防务一体化的主导权。5月，英、意两国率先提出建立欧洲快速反应部队的设想。科索沃战局正酣的1999年6月，在科隆召开的欧盟首脑会议通过了《加强欧洲安全和防务政策的声明》，并同意把西欧联盟在2000年底前并入欧盟，以此作为欧洲统一军事力量的基础。此后，法英德意西等欧盟大国多次举行双边或多边会晤，拟定具体的欧洲独立防务和军事方案。1999年10月，前北约秘书长索拉纳就任欧盟外交和安全政策高级代表，这是该组织首次设立协调成员国防务和安全政策的高级职位。同月，西欧联盟国家开始酝酿建立欧洲快速反应部队，作为欧洲统一的军事力量。1999年11月，在分别召开的西欧联盟和欧盟国防和外交部长会议上，决定尽快建立一支能够独立于美国的欧洲快速反应部队，并制定了具体的实施计划。1999年11月底，法、德发表首脑会晤联合声明，强调强化北约组织内的"欧洲防务支柱"。1999年12月10日，欧盟首脑会议最后敲定了这一计划。欧洲防务一体化正式起步运行。

二、欧洲防务一体化的基本设想

1999年12月首脑会议中通过的欧洲防务一体化文件，具体规定了防务一体化的基本内容。首脑会议决定，欧盟将在布鲁塞尔设立一个常设政治和安全委员会，一个由各成员国参谋长代表组成的军事委员会和军事参谋部，这些机构是欧盟常设的最高防务安全机构。在欧洲地区出现安全危机时，这些机构将负责作出军事方面的决定。首脑会议决定，在常设机构建立前，将在2000年3月1日首先建立一个临时的政治和安全常设委员会及临时军事参谋部，负责常设委员会和参谋部建立前这段时间内的类似工作。这说明欧洲防务一体化将在2000年进入实质运行阶段。

首脑会议还规定了欧洲快速反应部队规模、目的、任务及执行任务能力。会议通过的决议指出，欧洲快速反应部队的规模大约为5万～6万人，其目的是使欧盟能够独立地作出防务决策并拥有在北约不参加的情况下独自组织军事行动的能力。欧洲快速反应部队的主要任务是负责危机控制与调停行动、维和行动、救援和人道主义行动。在执行这些任务时，该部队要能在60天内完成部署任务，并具有至少维持一年行动的能力。一些军事专家认为，欧洲必须维持一支比该部队人数多2～3倍兵力的部队，才能满足这样的要求。

欧盟首脑会议关于防务一体化的决定在俄罗斯和美国引起不同的反响。俄罗斯外交部发言人对欧盟决定建立独立于北约的军事力量表示欢迎。美国担心欧洲防务一体化的建立会滋长欧洲的离心倾向，因此对此表达了自己的不快。早在欧盟酝酿建立快速反应部队时，美国就警告说，欧洲不要把自己的防务发展到同北约竞争的地步。在欧盟首脑会议通过其决议后，美国《华盛顿邮报》在社论中向美国政府建议说，要欧洲坚守它所表明的宗旨，即把它新建立的军事能力作为北约的一部分，并只有在北约决定不采取行动的情况下，才在北约保护伞之下的事态发展中使用这一力量。

三、欧盟急于实现欧洲防务一体化的缘由

自冷战结束后，欧洲共同防务建设问题已谈判多年，但一直是虚多实少，进展缓慢。1999年欧盟在这一问题上取得重要进展，原因是多方面的，但主要有4点。

（一）欧盟争当世界一极的战略是决定推动欧洲共同防务建设的根本原因。冷战时期，美国通过与西欧建立军事联盟，控制了欧洲事务主导权。冷战后，通过强化北约组织，美国继续得以在欧洲发号施令。面对世纪之交世界多极化加快发展的新形势，欧盟竭力谋求在国际新格局中成为世界一极，但欧盟争当世界一极是以立足欧洲、加速推进欧洲一体化为基础的。没有欧盟内部的经济、政治的高度统一，欧盟在

防务上很难有所作为。欧元启动后，欧盟在经济上已经具备了相当实力，与美国、日本在国际经济舞台上成三足鼎立之势，政治一体化上也取得了进展，但在安全与防务领域，欧洲国家仍过于强调各自主权和“民族特性”，没有建立共同防务，始终未能摆脱对美国的军事依赖，成为欧洲人自已形容的“跛足巨人。”然而，欧洲主要国家并不甘心受制于人，希望摆脱对美国的军事依赖，加快改革步伐，逐步实现欧洲共同防务。这已经成为欧盟争夺欧洲主导权的当务之急。

（二）北约对南斯拉夫联盟采取的空袭行动是促使欧盟加快欧洲共同防务建设步伐的直接原因。科索沃战争是欧盟加快防务建设的“催化剂”。在科索沃战争期间，欧洲十几个国家的总兵力远远超过美国，作战飞机也有数千架。但美国投入的兵力占全部参战兵力的80%，欧洲盟国只承担了约20%的空袭任务。在准备向科索沃派驻地面部队时，欧洲盟国也仅答应派出几万人的部队，尚不足这些国家地面部队总人数的2%。整个情报、通信和作战指挥系统也基本上由美国人一手操纵，欧洲盟国只不过是一个小小的配角。可以说，科索沃战争无情地凸显了欧洲国家的“无能”和在军事方面依赖美国的现实。西欧媒体在评论这场战争时说，这表明了欧洲在处理内部危机时的无能，只能任凭美国为所欲为。科索沃战争后，欧洲人一直在“反思”：欧盟一直致力于建立一个强大统一的欧洲，并使其成为世界一极和“发挥全球作用”，倘若在政治和军事上继续听任摆布，这一战略目标何时实现？这种过分依赖美国的倾向如果长期发展下去，不仅有损欧盟作为国际关系中一极的形象，而且将影响今后欧洲地区的稳定和发展。正是在这一背景下，欧盟国家领导人对建立欧洲共同防务问题的紧迫性取得了共识。他们认为，如果没有采取自主行动的“相应军事手段”，欧盟就难以在国际舞台上发挥有效的政治作用。正如欧盟外交和安全政策高级代表索拉纳所说，“在缺乏军事能力的情况下，欧洲永远是只纸老虎”。由此，欧洲国家得出结论：欧洲今后应当能够单独采取像科索沃行动之类的行动，不一定求助于美国人。

（三）英国态度发生转变是欧洲共同防务建设加速的重要原因。英国一直想以“英美特殊关系”凌驾于西欧国家之上，不愿屈居以德法为轴心的欧洲共同防务进程之内，故对此问题经常持冷淡甚至“拆台”的态度。但自1998年秋天以来，英国转变了态度，从游离于欧洲共同防务建设进程之外进入了其“内层”，并一度起了带头作用。英国之所以这样做，是因为英国认为自己在科索沃战争中起了较德法两国更重要的作用，想以英法德“三驾马车”取代“德法轴心”，以提高其在欧洲的政治军事地位，为将来争夺欧洲共同防务主导权创造条件，从而重整英国大国形象。英国的做法在客观上有力地推动了欧洲共同防务建设进程。

（四）美国有条件的“默许”是欧洲共同防务建设得以推进的外部原因。应该说，欧洲共同防务建设在某种程度上体现了美国现阶段对欧洲的防务要求，因此得到了美国有条件的“默许”。从美国的意图来看，美国之所以让欧洲共同防务有所发展，除了是为减轻美国的防务负担外，主要是认为如果欧洲缺乏政治上的凝聚力和军事上的联合行动能力，不便于美国控制和利用，更难以按美国的政策行事。美国的目的是要让欧洲在大西洋联盟范围内加强其军事力量，以便将来能更好地控制北约，以实现美国在欧洲的战略意图。换言之，美国要在未来实行“欧洲出人，美国出装备”的对欧军事干预战略，以达到以欧洲人换取美国人利益的目的。

建立欧洲共同防务是大势所趋，这将使欧盟在今后欧洲安全格局中扮演更为重要的角色。1999年欧洲共同防务建设虽然迈出了重要步伐，但它目前还没有完全脱离在北约范围内加强其“欧洲支柱”的旧巢，无论在加强军事实力方面还是在运用军事力量方面都受到美国和北约的约束。欧盟领导人就曾明确表示，“欧洲独立防务不会取代北约”，而是与北约“共同担负责任”。即便是如此，欧盟建立欧洲共同防务的努力已引起美国的担心和不满。美国一再警告欧盟“不要走得太远”，欧洲防务建设必须在北约框架内进行，“自主防务”方案不能在北约内部制造“对手”。因此，由于受各种因素的制约，建立欧洲共同防务的过程还将是漫长的和艰难的。

（绍 松 湘 溪）

《东南欧稳定公约》出台 1999年7月30日，40多个国家的国家元首、政府首脑以及一些国际机构的代表在波斯尼亚和黑塞哥维那共和国首都萨拉热窝通过了《东南欧稳定公约》（简称《公约》）。克林顿总统把该《公约》比作二战后美国为恢复西欧经济而实行的“马歇尔计划”。

一、《公约》的主要内容

《公约》的内容可以用“许诺”加“承诺”来概括。⑴西方许诺以一个“小型马歇尔计划”帮助巴尔干地区重建。重建工作包括：为难民和无家可归者提供基本的食物、药品、衣服和住处；为当地居民供水供电，以使他们恢复正常生活；建立新的法律和商业体系，同时制定旨在促进经济增长和稳定的宏观经济政策；帮助这些国家加入全球和地区组织，加快一体化进程。⑵巴尔干国家要相互承诺尊重边界和主权，建立民主法制国家，同时要承诺加强自身间的相互合作，特别是政治改革、经济往来和地区安全3方面的合作。

就《公约》所明确的东南欧概念而言，包括了阿尔巴尼亚、波黑、保加利亚、克罗地亚、匈牙利、罗马尼亚、斯洛文尼亚、马其顿和南斯拉夫9个国家，但南斯拉夫被暂时排除在援助国家之外。

二、《公约》的实质

《公约》的实质是西方国家企图制定新的游戏规则，把整个巴尔干地区最终纳入西方体系。用西方舆论的话说，就是“阻止巴尔干人进一步巴尔干化”。

首先，建立起在西方控制下的和平，以求彻底解决巴尔干“火药桶”的问题。巴尔干地处欧、亚、非3洲的交汇处，独特的地理位置使其历来成为大国角逐的场所，大国间角逐的结果，成为该地区战火连绵的主要原因之一，同时，也给西方各国带来了极大的动荡和不安。为了防止后院起火，以美国为首的西方诸国在巴尔干问题上谋求建立在其控制下的和平，以达到稳定整个欧洲的目的。基于这个原因，西方各国利用科索沃战争结束、该地区各国急需资金恢复经济之机，在《公约》中用各项条件对巴尔干各国加以约束，加快东南欧各国西方式的民主政治和市场经济的进程，以求彻底解决巴尔干的“火药桶”问题。

其次，在南斯拉夫内部制造混乱，逼迫米洛舍维奇下台。逼迫米洛舍维奇下台是科索沃战争爆发前北约既定的战略目标，北约78天的狂轰滥炸虽然迫使南斯拉夫联盟从科索沃撤出了军队，但以米洛舍维奇为首的南斯拉夫政府却未被推翻。为此，在这次东南欧稳定公约首次首脑会议上，除俄罗斯与希腊外，与会者均表示，只要米洛舍维奇执政，贝尔格莱德就不能享受到《公约》的好处。为了强调这一立场，会议特地请来了南斯拉夫联盟反对派的代表，还接受南斯拉夫联盟黑山共和国作为公约的先期参加国。显然，这是北约在借重建问题向南斯拉夫联盟施压，意在用和平手段颠覆贝尔格莱德政府。

再次，推行“南方战略”，将巴尔干纳入自己的战略版图，进一步削弱俄罗斯。在西方人眼中，巴尔干地区一直是俄罗斯打入欧洲大陆的一个楔子。北约完成第1次东扩任务后，其边界向东推进了750～850千米，打破了美国同前苏联达成的欧洲常规军事力量平衡。这次，北约更是想利用科索沃战争这一千载难逢的机会将巴尔干纳入自己的势力范围，以进一步削弱俄罗斯在欧洲的影响。已有不少人预测，几个巴尔干国家很可能会成为下一批加入北约的国家。

三、巴尔干的重建问题

《公约》通过后，虽然西方诸国及巴尔干各国都表现出了强烈的合作愿望，但重建计划要想真正得以实现，还需要处理以下问题。

（一）重建资金问题。重建计划的实施，须有庞大资金作保证。以波黑的重建为例，波黑战后仅51亿美元的经援资金到目前仍未完全到位，而欧盟匡算今后10年需向巴尔干地区投入300亿美元。在1999年7月30日首脑会议上，只有美国拿出了一个7亿美元的援助方案，欧盟方面只有英国提出了一个援助塞尔维亚反对派电台的建议。国际货币基金组织的预测表明，今后数年内，西方国家每年向巴尔干地区输送的“血液”至少需要12.5亿～22.5亿美元。因此在会议期间，美方要求欧盟应承担更大的份额，而欧盟则认为300亿美元不足美国国内生产总值的0.4%，应有能力提供。美与欧盟在援助资金上的争执必将影响到“新马歇尔计划”的实施。

（二）南联盟地位问题。《公约》的援助计划将南斯拉夫联盟排除在外是西方国家自己给自己制造难题。以美国为首的一些西方国家呼吁南斯拉夫联盟人民起来进行民主变革，否则将被永久排除在欧洲一体化进程之外。克林顿表示将向南斯拉夫联盟反对派、独立工会和媒体提供1000万美元的资助，英国紧随其后也表示出资300万英镑。

南斯拉夫地处东南欧的中心，地理位置十分重要，没有南斯拉夫联盟的参与，整个地区的道路及其他基础设施项目的建设必将出现很大困难，整个地区的安全与稳定也无从谈起。在科索沃战争期间，由于北约的轰炸，罗马尼亚和保加利亚的出口商只有用另外的运输路线取代塞尔维亚的高速公路（或多瑙河水运航线），这就增加许多运输费用。因此不少人指出，西方各国在巴尔干地区启动“新马歇尔计划”将重要国家南斯拉夫排除在外，是不合逻辑的。德国总理施罗德也不得不承认：“只有当南斯拉夫成为一个伙伴时，《东南欧稳定公约》才能成功。”

（三）巴尔干各国间民族、宗教等历史遗留问题。《公约》要求东南欧各国应加强自身间的相互合作，各国只有作为一个整体才能融入欧洲的一体化进程。而实际上，巴尔干地区复杂的民族成份和宗教背景使得各国间的怨恨不可能在短期内化解。就在此次会议召开前，科索沃还发生了14名塞族平民被枪杀的事件。正如人们所言，巴尔干的问题有着沉重的历史包袱。要想用一种固定的模式将这些“面和心不和”的国家拢在一起，必定经历一个复杂、曲折的过程。

（四）巴尔干诸国的国内问题。在巴尔干诸国中，不少国家在经济上处于转轨阶段，资金极为短缺，贪污腐败严重；安全上存在着有组织的犯罪行为；政治上民族矛盾突出，冲突不断。所以目前形成的“枪杆子监视下的和平”极不稳定。再加上西方在科索沃与黑山独立问题上的态度模棱两可，所有这些都将对“新马歇尔计划”的顺利实施产生不良影响。

（永　斌、陈　莉）

瑞典声讨新纳粹暴行　1999年10月23日，瑞典全国20多个城市举行反暴力、反新纳粹和反种族主义群众集会，全国各地共有近3万人参加了这一活动。瑞典政府司法大臣、主管民族事务的内阁大臣，在野的保守党和左翼党主席等政界人士也和市民们一起参加集会。瑞典主管民族事务的内阁大臣乌里卡·梅辛在接受记者采访时说，“一个开放的民主社会绝不能接受种族主义者的暴力行为”。瑞典最大的在野党保守党主席隆格伦说，瑞典社会迄今为止对新纳粹运动的反应还不够强烈，应采取进一步的措施才行。

10月18日，41岁的反纳粹组织成员比昂·松德贝里在斯德哥尔摩的家中被新纳粹分子枪杀，这一骇人听闻的事件立即在瑞典各地引起强烈反响，瑞典工会等组织于是倡议10月23日这一天在全国各地举行反纳粹群众集会。

首都斯德哥尔摩南城的集会规模最大，至少有6000名群众参加。倡议集会的各个组织的代表们纷纷发表演讲，组织者之一亚历山大·帕卡立多在演讲中说：“由工会组织出面来倡议组织反暴力、反新纳粹和反种族主义群众集会还是第1次。这是一个历史性的开端，相信反对新纳粹运动将会深入社会，得到更多民众的支持。”集会的人们打着反对极右组织的各种标语，喊着口号，群情激昂。哥德堡、马尔默、吕勒奥等城市参加集会的人数也都在千人以上。

近年来，瑞典的新纳粹组织和反移民极右组织日益猖獗。1995年8月，一位14岁的少年被3名新纳粹分子毒打致死；1996年3月，1名来自埃塞俄比亚的青年被种族主义分子用刀捅死；1999年6月，一位专门揭露新纳粹运动的记者被人在汽车里放了炸弹，使他和他8岁的儿子都身受重伤；10月22日，耶夫勒市的一个反纳粹组织所在地遭到炸弹袭击，所幸未造成人员伤亡。来自瑞典秘密警察组织的林德罗斯说，“我们对近年来新纳粹的暴行非常担忧，比起欧洲其他地方来，瑞典新纳粹分子采取的手段更加残暴。尽管这几年来我们已经花费许多人力物力来跟踪调查极右翼分子，但还不够，还得加倍努力才行”。

瑞典舆论说，新纳粹组织等极右翼组织已成为一股严重威胁瑞典社会稳定的势力，应立法禁止这些组织。最新的民意测验结果表明，近70%的市民要求立法禁止极右翼组织。（任　明）

美洲军事要事

美俄军事合作在困境中发展　1999年是冷战结束后美俄军事关系最冷的一年。由于双方在北约东扩、科索沃战争、车臣冲突等一系列重大问题上的矛盾和激烈斗争，使美俄军事关系陷入十年来的最低点。全年美俄合作明显减少，磨擦、对抗、顶撞明显增多，裁军进程出现了停滞不前甚至倒退的局面。科索沃战争结束以后，美俄虽然开始修复关系，但要恢复到从前的“亲密伙伴”关系仍然困难重重。

一、从合作方面看，全年美俄维持了合作关系，即使在两国关系最困难的时候也不例外。具体体现在以下4点：

（一）继续举行首脑会晤。1999年，美俄举行了两次首脑会晤。第1次会晤，于6月20日举行。美国总统克林顿和俄罗斯总统叶利钦在德国科隆召开的西方8国集团首脑会议期间举行了历时1小时的会晤，这是自北约空袭南斯拉夫以来美俄首次举行的首脑会晤。这次会晤标志着两国关系走出了最低谷，开始了美俄关系的新阶段。两国总统在会晤期间就南斯拉夫问题、核裁军及限制核武器扩散等问题进行了会谈，会后发表了《关于进攻性战略武器和反导弹防御系统以及进一步加强稳定的联合声明》。克林顿高度评价了这次会晤。他说：美俄关系经受住了考验，两国“已消除了一系列分歧并承担了继续前进的责任。”俄罗斯新闻媒体对科隆会晤持肯定态度，认为这次会晤为美俄长达3个月的紧张关系画了一个句号，标志着美俄关系开始好转。第2次会晤，于11月18日举行。美国总统克林顿和俄罗斯总统叶利钦在欧洲安全与合作组织伊斯坦布尔首脑会议期间举行了会晤。但是由于俄罗斯与西方在车臣问题上存在着重大矛盾和分歧，这次会晤不欢而散，没有取得任何成果。

（二）继续进行核安全合作。第一，美俄成立联合核培训中心。1999年11月1日，美俄两国国防部在莫斯科郊外设立了一个联合核训练中心，为俄罗斯的核武器贮存设施进行设备试验并培训安全官员。两国公司为建设该中心签订了价值1740万美元的合同。该核培训中心是美俄一项合作计划的主要部分，旨在保证俄罗斯核武器和可裂变物质的具体防卫。第二，美俄联手预防“千年虫”问题。9月，美国国防部长科恩访问莫斯科时，美俄两国就共同预防计算机2000问题（即“千年虫”问题）达成一项协议。根据该协议，美俄在美国科罗拉多州空军基地建立了一个临时性协作机构—“战略稳定中心”，从1999年12月底到2000年1月中旬，两国军事人员进行为期3周的值班，昼夜监视导弹和航天发射情况。美国防部长科恩称，两国建立协作机构“将减少计算机系统在世纪之交发生错误、从而排除安全事故发生的可能性”。第三，俄罗斯同意考虑允许美国发展国家导弹防御系统。1999年6月，在德国科隆举行的美俄首脑会晤期间，美俄达成了一项武器协议，俄罗斯同意考虑允许美国发展国家导弹防御系统，美国则表示愿意起草《第3阶段削减战略武器条约》。而此前，美国拒绝在俄罗斯国家杜马正式批准《第2阶段削减战略武器条约》之前开始起草《第3阶段削减战略武器条约》的工作。两国对这项协议给予了很高的评价。俄罗斯外长伊万诺夫称，该协议是“一项非常重要的宣言”。美国国家安全事务助理伯杰说，这项协议“很有意义”，因为“俄罗斯首次同意讨论由于部署国家导弹防御系统（NMD）而必须对《反弹道导弹条约》作出的修改”。第四，美俄就和平利用铀达成一项协议。在北约开始对南斯拉夫实施空袭后的当日晚，俄罗斯原子能部长叶夫根尼·阿达莫夫与美国能源部长比尔·理查森在美国华盛顿悄悄签署了一项协定。根据协定，美国政府将在今后20年陆续得到因分解俄罗斯核武器而产生的大约500吨铀，供给美国的电力公司用于原子能发电。俄罗斯将获得120多亿美元的补偿。

（三）美俄就俄罗斯参与科索沃维和行动达成协议。1999年6月16～18日，美俄围绕俄罗斯200名空降兵抢占和控制普里什蒂纳机场使用权、俄罗斯在科索沃国际维和部队指挥体系中的地位和俄罗斯维和部队设立独立控制区等3大问题在芬兰赫尔辛基举行会谈，最后终于达成了“关于俄罗斯参加科索沃维和部队协议”的一揽子解决方案。美俄两国国防部长科恩和谢尔盖耶夫分别代表北约和俄罗斯联邦在协议上签字。根据协议，普里什蒂纳机场继续由俄罗斯维和部队控制，但是向各国维和部队开放；进驻科索沃的俄罗斯维和部队总数为3600人，他们没有独立控制区，被部署在美、德、法管辖的控制区内；国际维和部队由北约统一指挥，对俄罗斯维和部队拥有战术控制权；俄罗斯代表进入国际维和部队各级指挥机构，俄维和部队完全在俄方政治、军事控制之下。在美俄首脑会晤前夕，美俄协议的成功签署，成为因科索沃危机进入低谷的美俄关系、北约和俄罗斯关系解冻的转折点。

（四）美俄等缔约国签署《欧洲常规武装力量条约修改协议》。《欧洲常规武装力量条约》于1990年由北约与华约正式签署，条约规定了两个大军事集团在边界部署的5大类常规武器（坦克、火炮、装甲输送车、战斗机与攻击型直升机）的数量。鉴于欧洲安全格局已经发生重大变化，欧安组织从1997年开始主持修改条约工作。1999年，有关这一条约的修改工作取得了进展。11月18～19日，在土耳其伊斯坦布尔召开的欧安组织首脑会议上，包括美俄在内的30多个国家的领导人签署了《欧洲常规武装力量条约修改协议》。此次首脑会议通过的修改协议有两个大的变化。一是由于华约早已解散，此项协议将由欧安组织成员国签署；二是修改协议要求签约国在原定常规武装力量上限的基础上再平均减少10%，同时提出了减少在紧张地区驻军的要求。此外，美国对《欧洲常规武装力量条约修改协议》有些内容持保留态度，美总统克林顿在签署协议后立即表示，只有俄罗斯军队减少在北高加索地区的数额，使之达到协议所规定的限度时，他才会把这一协议提交国会审批。

二、从相互抗争来看，美俄在一些重大问题上矛盾和分歧时有激化，抗争相当激烈。针对美国继续奉行挤压俄生存空间的作法，俄罗斯进行了针锋相对的斗争，主要表现在：

（一）反对建立单极世界，主张多极化格局。俄罗斯对美国建立单极世界、充当统治全球领袖的企图和作法进行了针锋相对的斗争，俄罗斯领导人多次重申反对单极世界格局的主张。1999 年 3 月，在以美国为首的北约公然绕开联合国对南斯拉夫实施空中打击后不久，俄罗斯总统叶利钦发表了题为《世纪之交的俄罗斯》的国情咨文，明确提出了世界格局的多极化的主张，并声称俄罗斯为多极世界中的重要一极。8 月，叶利钦总统出席在比什凯克举行的中国、俄罗斯、吉尔吉斯斯坦、哈萨克斯坦、塔吉克斯坦 5 国首脑会议期间，对“一些国家打算建立只有利于自己的单极世界的企图”进行了公开批评。11 月，叶利钦总统访问中国时公开表示：“俄罗斯坚决主张建立多极化世界，世界事务不能由一国决定。”俄罗斯外长伊万诺夫在发表的一篇文章中系统阐述了俄罗斯建立多极世界体系的主张。文章说，“巴尔干危机再次以事实表明，只有在多极原则基础上才能保证国际安全稳定并不断推进民主的发展。”俄罗斯关于世界格局的主张在新军事学说中也有明确的表述。它开宗明义地指出，俄罗斯“反对建立一个超级大国主宰下的单极世界，俄罗斯联邦将竭力推动多极世界的建立”。

（二）*反对美国修改核战略，重新确立核威慑在俄罗斯国家安全中的中心地位。*冷战结束后，美国政府对美核战争指导原则进行了修订，放弃了美国“打赢一场旷日持久的全面核战争”的战略，把重点放在遏制核战争上。但是，美国继续把核武器当作国家安全的基石，并保留使用核武器袭击俄罗斯军方和非军方领导机构及核部队的选择。美国国防部 1999 财年《国防报告》中明确指出：“尽管核武器在今天的美国安全态势中所发挥的作用比 20 世纪后半期的任何时候要小，但是，美国仍然需要以核武器作为不确定未来的屏障，对盟国安全承诺的保证，以及对那些企图发展或获得属于自己核武器国家的遏制力量。因此，美国将保留足够规模、不同种类、抗毁力强的战略核部队以阻遏任何敌对国家的领导人使用核武器。”俄罗斯反对美国新的核战略，并宣称俄罗斯将被迫全面修改国家军事学说，被迫修改核战略。美国等北约国家明目张胆地对南斯拉夫联盟动武，更加坚定了俄罗斯加强战略火箭部队的建设思想，更加注意提高核威慑能力。1999 年 3 月 31 日，俄罗斯国家杜马国防委员会负责人表示，“俄有可能实施以防卫为目的的先发制人的核打击，因为我们没有其他手段可以抵制北约推行的政策”。4 月 29 日，俄罗斯联邦安全会议举行了有关战略核力量建设和发展的秘密会议。会上，叶利钦总统指出，核威慑力量在任何时候都是保障国家安全及其军事实力战略的关键因素，保持核武器始终处于高度战备状态也就成为最重要的国家利益所在。会后，叶利钦总统签署了两项命令，要求开发核武器，研制“非战略核武器”，计划生产 1 万枚微型和超微型原子弹，同时迅速、快捷地把目前核武库中战略核弹头改装成微型弹头，并研究在计算机上进行模拟核试验的方法。10 月，俄罗斯出台了新军事学说，强调“保持核大国的地位，遏制对俄罗斯联邦及其盟国的侵略”，当俄罗斯自身及盟国遭到侵略，以及使用常规武器不能制止旨在消灭俄罗斯的战争时，俄罗斯有权使用核武器。俄罗斯联邦武装力量总参谋长克瓦什宁宣布：“如果俄罗斯面临生死攸关的选择，它将会使用包括核武器在内的一切手段。”俄罗斯国防部第一副部长米哈伊洛夫撰文称，核遏制是俄罗斯抵御外来军事威胁、保障国家安全的基础，任何针对俄罗斯的侵略都将受到俄罗斯核武器的威胁。2000 年 1 月，俄罗斯代总统兼政府总理普京签署了批准《俄罗斯联邦国家安全构想》的命令。普京在这份俄罗斯新的国家安全构想中明确表示反对单极世界，重申应建立多极世界，并声称，为了确保对 21 世纪可能出现的威胁作出相应的反应，俄罗斯应拥有足够的防御能力，必要时可动用各种力量和手段，包括核武器。

（三）*反对北约东扩，积极构筑新的防线。*1999 年 3 月 12 日，北约正式接纳波兰、匈牙利和捷克为新成员，这是冷战结束以来北约的首次扩大疆域，将北约的防线向东推进了大约 750 千米，更加接近俄罗斯边界。对此，俄罗斯激烈反对。在北约正式接纳新成员的当天，俄罗斯再次重申，俄罗斯反对北约东扩的立场未变，认为东扩是个历史性错误，并称东扩“无助于加强信任和巩固国际关系的稳定局面，反而会导致出现新的分界线”。继续东扩是北约新战略的既定方针之一，今后东扩的候选对象，一类是原东欧国家，另一类是原苏联的加盟共和国，共 9 个国家。为此，俄罗斯积极构筑新的防线，防止北约把战车推到家门口。俄迄今采取的重大举措有：首先，推进俄白一体化进程。1999 年 12 月 8 日，俄罗斯总统叶利钦和白俄罗斯总统卢卡申科在莫斯科签署了《俄白两国建立联盟国家的条约》，迈出了俄白联盟关键性的一步。12 月 13 日，俄罗斯国家杜马批准了这一条约。2000 年 1 月 26 日，俄白联盟国家最高国务委员会在莫斯科举行了首次会议，产生了组织机构和首届领导人。白俄罗斯总统卢卡申科出任俄白联盟国家最高国务委员会主席，俄罗斯第一副总理卡西亚诺夫和前俄罗斯总统事务局局长帕维尔·博罗金分别出任部长会议主席和国务秘书。俄罗斯代总统普京宣布，俄白联盟敞开大门，欢迎独联体其他国家入盟。其次，加快独联体一体化进程。在推进俄白一体化进程的基础上，俄罗斯加快了与独联体其他国家的合作进程，实现独联体国家的共同防御。1999 年 4 月 2 日，独联体国家召开了条约成员国首脑理事会，讨论了军事一体化和共同防御问题。5 月 24 日，独联体国家国防部长理事会防空问题协调委员会在莫斯科召开会议，研究加强建立独联体统一防空体系。俄空军总司令科尔努科夫说，独联体国家每个成员国在当前的条件下都无法对来自外部的空中打击作出有力的还击，而只有统一的防空体系才能够对任何侵略形成威慑。2000 年 1 月 25～26 日，独联体 12 个成员国在莫斯科举行首脑会晤，俄罗斯代总统普京在会上被一致推选为独联体国家首脑理事会主席，通过了成立统一的独联体国家反恐怖中心的决定，计划于 2000 年春在乌兹别克斯坦和吉尔吉斯斯坦境内举行有 5 国参加的联合军事演习。俄新闻媒体称，此次首脑会晤具有重大意义，实际上意味着独联体新阶段的开始。第三，竭力阻止波罗的海 3 国加入北约。1999 年 2 月，波罗的海拉脱维亚、立陶宛、爱沙尼亚 3 国总统联合发表了一个希望第 2 批加入北约的声明，对此，俄罗斯表示坚决反对。俄罗斯国防部长谢尔盖耶夫强调指出，俄罗斯在“任何时候”都不能同意波罗的海 3 国加入北约，因为这将对俄罗斯构成严重威胁，俄罗斯将采取相应的措施，把可能出现的威胁减少到最低限度。最后，俄罗斯已明确表示将独联体国家边界划为“红线”。俄罗斯再三表示，如果“红线”被突破，俄罗斯是无法接受的，俄将从根本上重新考虑其与北约的合作关系，摆出与北约决不妥协的姿态。

（四）反对发动科索沃战争，反对肢解南斯拉夫联盟共和国。俄罗斯一直视南斯拉夫为自己传统势力范围，把南斯拉夫作为阻止北约东扩的一个重要屏障，因此，俄罗斯历来主张在联合国框架内，以和平而不是战争的手段解决科索沃问题。1999 年 3 月 24 日，以美国为首的北约绕开了联合国向南斯拉夫的科索沃发动了空中战争，对此，俄罗斯感到极度愤怒并作出了强烈的反应。俄罗斯总理普里马科夫在大西洋上空掉转机头，中止了原计划对美国的访问；俄罗斯国家杜马决定推迟讨论批准《第 2 阶段削减战略武器条约》；冻结与北约的关系，暂停参与“和平伙伴关系”的计划，召回俄罗斯驻北约首席军事代表，推迟关于在莫斯科开设北约联络代表处的谈判。与此同时，在军事上也作出了一定反应，派俄海军侦察船赴地中海进行“监视”活动，并举行有针对性的、大规模的军事演习。如，3 月 29 日，俄海军北方舰队开始在巴伦支海进行海上演习，包括核动力巡洋舰彼得大帝号和航空母舰库兹涅佐夫元帅号在内的几十艘舰船参加了演习。4 月 1 日，北方舰队卡尔马尔号战略导弹核潜艇成功地从巴伦支海水下向堪察加发射了 1 枚导弹，并准确命中目标。6 月 10 日，历时 78 天的科索沃战争结束，北约和南斯拉夫签订了撤军和停战协定。该协议完全无视俄罗斯在战争期间进行和平斡旋的作用，在科索沃维和行动中也没有给俄罗斯留下应有的位置。在北约军队进驻科索沃前夕，俄罗斯作出了一个出人意料的举动，俄罗斯 200 名空降兵从驻地波黑共和国出发，抢先占领和控制了南斯拉夫科索沃普里什蒂纳机场，打乱了国际维和部队的整个计划。事后，俄提出了要拥有自己独立的维和区的要求。俄罗斯在南斯拉夫问题上反对战争、反对肢解南斯拉夫联盟共和国，其实质在于参与欧洲事务，进而参与世界事务，力振大国雄风。

（五）顶住西方压力，反对将车臣问题国际化。1999 年 9 月，俄军在歼灭入侵达吉斯坦的车臣非法武装之后乘胜追击，将反恐怖行动延伸到车臣境内。随着俄剿匪行动的不断深入，以美国为首的西方国家借机跳出来，向俄罗斯发难。首先以舆论进行围攻。西方国家指责俄罗斯过度使用武力，制造人道主义灾难，公开宣称“车臣问题不再是俄罗斯的内政”，为其干涉俄罗斯内政大造舆论。车臣方面则遥相呼应，马斯哈多夫公然要求北约出兵干预，并呼吁美国总统克林顿出面调停，迫使俄停火。接着，又从政治上进行孤立。在 1999 年 11 月欧安组织召开的首脑会议上，美国纠集其他西方国家对俄罗斯群起而攻之，要求俄罗斯“立即停火撤军，接受西方出面调停”，掀起了一场空前的反俄浪潮。最后，以经济手段相威逼。1999 年 12 月，国际货币基金组织宣布推迟原定向俄罗斯提供的 6.4 亿美元贷款，之后，美国也取消了对俄罗斯的 5 亿美元贷款。对于西方企图将车臣问题国际化的作法，俄罗斯进行了针锋相对的斗争。在欧安组织召开的峰会上，面对美、英、法等西方大国领导人的批评，俄罗斯总统叶利钦严厉指出，他们没有权利在车臣问题上批评俄，西方不应以人权和自由为借口干涉别国事务。叶利钦总统还一怒之下提前回国，这种举动在俄与西方关系中是绝无仅有的。12 月 6 日，西方向俄罗斯发出最严厉的威胁，美国总统克林顿宣称，“俄罗斯如不停止在车臣的军事行动，它将为此付出沉重的代价”。对此，俄总统叶利钦作出了异乎寻常的严厉反应，他提醒美总统克林顿别忘了俄罗斯是个拥有完备核武库的国家。直接向美国领导人发出威胁在俄美关系中还是头一次。美俄在车臣问题上的激烈交锋，其实质是两大国安全利益的斗争。车臣所处的高加索地区属俄罗斯传统势力范围，也是北约东扩的必经之地。苏联解体后，美国看好高加索的战略利益和里海丰富的石油、天然气资源，擅自将该地区划为自己的利益区，加紧扩张和渗透，毫无顾忌地挤压俄罗斯，只要车臣非法武装存在，车臣战火不熄，俄罗斯就永无宁日，整个高加索地区也将陷入长期动荡，美国就可以趁火打劫，拉拢与车臣相邻的格鲁吉亚和阿塞拜疆等国，控制高加索和里海的石油，将俄罗斯彻底挤出这一地区。以美国为首的北约还有一个企图，那就是为北约推行“人权高于主权”的新干涉主义创造条件。车臣这个突破口一旦打开，西方可以在俄罗斯乃至独联体其他地区如法炮制，随心所欲地干涉独联体国家内政。俄罗斯对西方的意图心知肚明，在关系到国家主权和领土完整这一原则问题上始终不肯让步。俄罗斯不仅断然拒绝了西方出面调停的要求，而且以更加猛烈的火力回击了西方的停火要求。

三、从美俄关系的现状和趋势看，美国和俄罗斯目前正在修复双边关系，双方力图寻求互利合作的契合点，极力避免直接对抗。双边关系有一定程度的改善，但改善的幅度不大，美俄关系既不会恢复 90 年代初期那种亲密程度，也不会倒退到“冷战”状态。其主要理由是：

（一）美俄双方领导层已经为两国修复关系定了“基调”。1999 年，以美国为首的北约所作的两大举措深深的刺激了俄罗斯，一是冷战后北约首次东扩接纳新成员；二是发动科索沃战争。俄罗斯高级将领甚至提出了出兵援助南斯拉夫、对抗北约侵略的要求。针对俄罗斯人民痛恨和反对北约的情绪，俄罗斯总统叶利钦在 1999 年 7 月接见俄高级将领时明确表述了俄与美关系、俄同北约关系的立场和态度。他说：“我们与北约和美国的相互关系仍很敏感、微妙和艰难，我们将不直接同北约对抗，也不向他们献媚。”“我们不会不顾利害关系同北约反目，但也不打算逢迎讨好。”俄罗斯代总统普京上台后，俄罗斯对西方政策可能趋于强硬，但叶利钦定下的基调不会发生大变化。1999 年 12 月 31 日，普京任俄罗斯代总统的当天即宣布，俄罗斯对外政策不会发生变化。另一方面，美国对俄罗斯的政策定位为“既是对手又是伙伴”，认为稳定的俄罗斯符合美国安全利益，避免挑起俄罗斯仇恨西方的情绪。针对美国 2000 年共和党总统候选人对外政策纲领中声称的将对俄罗斯采取强硬政策，克林顿总统说，对俄罗斯采取“敌对态度”将是错误的，美俄“既是竞争对手，又是合作伙伴”。美国国务卿奥尔布赖特于 1999 年 11 月表示，“美国必须避免与俄罗斯对抗，必须避免重新挑起冷战情绪”。

（二）美俄双方仍有难以调和的重大矛盾和难以弥合的重大分歧，除反对美建立单极世界格局外，集中反映在 3 个问题上。第一，北约东扩问题。北约扩大是北约的既定方针，北约在冷战后首次扩大得逞后必将按既定的方针继续向前走。美国总统克林顿在美国旧金山发表讲话阐述美国 21 世纪外交政策时称，波兰、匈牙利、捷克正式加入北约是北约东扩的第 1 步，北约将继续敞开大门，吸纳更多的国家。美国国务卿奥尔布赖特在 1999 年 11 月接受波兰记者采访时透露了北约下一次东扩的时间表。她说，北约首次东扩后，“北约成员国最迟到 2002 年将着手解决东扩问题”。而对北约东扩，俄罗斯的态度是鲜明的、强烈的，那就是“过去是、现在依然是持反对态度”。俄罗斯联邦国防部国际军事合作总局局长伊瓦绍夫上将说，北约扩大是一个“危险的历史性错误，它可能带来严重的后果”，俄罗斯不能允许“北约进一步扩大”。由于双方在北约扩大问题上不可调和，在北约下一步东扩时，美俄之间新一轮争斗将在所难免。第二，巴尔干地区争夺问题。巴尔干地区位于欧亚非 3 大洲交界处，地理位置险要，一向是美俄争夺的焦点。美国认为，如果美国能控制这一地区不仅能保证北约南翼的安全，而且从侧翼为保护美国在中东的利益提供了保障。巴尔干北接刚刚加入北约的波兰、匈牙利、捷克 3 国，东南侧为北约成员国希腊和土耳其，只要美国能控制巴尔干，则对俄罗斯形成半月形包围圈。不仅如此，美国还可以把这一地区作为后方基地，继续向石油储量极为丰富的里海沿岸国家扩张。而俄罗斯一向将巴尔干地区视为其势力范围，俄罗斯民族同巴尔干地区信奉东正教的斯拉夫民族拥有历史悠久的亲缘关系。巴尔干的地理位置距离俄罗斯较近，并且扼守俄从黑海进入地中海的出口，由于该地区对俄罗斯具有特殊战略利益，俄罗斯坚决不容许把南斯拉夫联盟变为美国的保护国。科索沃战争进一步表明，在巴尔干地区，美俄的利益是根本对立的，两国在该地区的争夺将是长期和激烈的。第三，核裁军问题。《反弹道导弹条约》的修约问题成为美俄裁军的焦点，也是国际军控与裁军领域的焦点问题。1972 年签订的《反弹道导弹条约》一直被视为维持全球战略平衡与稳定的一个基石性文件。美国为了部署国家导弹防御系统，提出了修改《反弹道导弹条约》。美国修改《反弹道导弹条约》最直接的意图是清除其部署国家导弹防御系统的障碍，因为《反弹道导弹条约》禁止缔约方建立覆盖全国的反弹道导弹系统。1999 年 5 月，美国国会以法律的形式将开发、部署国家导弹防御系统确定下来，随后得到克林顿总统批准。美国 2000 年国防预算为这项工作拨款 45 亿美元。美国的这一做法遭到俄罗斯的坚决反对。俄罗斯认为，修改条约将破坏俄美战略平衡，并可能引发新的军备竞赛，任何修改都会使该条约失去意义。由于美国国会拒绝批准《全面禁止核试验条约》，俄罗斯在修约问题上采取了更为明确、强硬的立场，并争取了国际舆论声援。俄总统叶利钦在给美总统克林顿的信中警告说，美建立国家导弹防御系统的计划对于军备控制进程是极端危险的。俄罗斯军方领导人已明确表示，如果美国一意孤行，俄将加强其核进攻能力，俄能够让美国的国家导弹防御系统失灵。此外，俄军方还采取了一些应对措施。1999 年 10 月，俄战略火箭军成功地试射了 1 枚可携带 6 枚弹头的 SS-19 洲际弹道导弹，还发射了 1 枚反弹道导弹，取得了自 1993 年以来的首次成功。俄宣布，2000 年国防定货额增加 50%，军工的重点是高精度武器系统、航天侦察手段和战略导弹等。迄今为止，俄罗斯在反对修约的同时，并没有放弃与美合作，美俄在解决这一问题上斗争将是非常激烈的。

（方友庚）

美国参议院拒绝批准《全面禁止核试验条约》 1999 年 10 月 13 日，美国参议院以 51 票反对、48 票赞成的表决结果否决了批准《全面禁止核试验条约》（简称《核禁试条约》）的决议案。美参议院此举使经过 30 多年努力才建立起来的脆弱的全球核不扩散机制受到严重损害，使核禁试条约的生效和执行变得遥遥无期，因而在国际社会引起了强烈反应。

一、否决条约的经过

美国总统克林顿 1996 年 9 月在《核禁试条约》上签字，1997 年初将条约提交国会审批。国会参议院不理会克林顿的要求，将条约一放就是两年多。美参议院多数议员对条约一直持反对态度，并为否决该条约进行了大量的院外活动。由于《核禁试条约》事关世界安全，而作为第 1 核大国的美国在其中起着至关重要的作用，美国国会能否批准该条约理所当然就成了世界各国包括克林顿政府在内所关注的焦点。1999 年 10 月 6～8 日，92 个签署《核禁试条约》的国家在维也纳召开会议并发表共同宣言，呼吁美国为其他国家作出榜样，早日批准《核禁试条约》。宣言同时也敦促印度、巴基斯坦和韩国签署并批准该条约。此外，英国首相布莱尔、法国总统希拉克和德国总理施罗德还联名致信美参议院并投书《纽约时报》，要求美参议院为了后代子孙生存环境的安全，尽快批准《核禁试条约》。3 国领导人还驳斥了不进行核试验就无法持续保持核武器安全与可靠的论点，指出只要有适当的投资加上现代科技，毋需进一步核试验即可确保核武器的可靠性。克林顿本人一向将《核禁试条约》视为其防止核武器扩散外交政策的首要执行工具。美国务卿奥尔布赖特 10 月 7 日在向参议院外交关系委员会陈述克林顿政府的立场时表示，虽然没有任何条约能完全保证禁止核武器的扩散，但全球各地将依照《核禁试条约》建设 320 个地震感应器等监察中心，足以侦查出在世界任何地点的核试验。但是在美参议院占多数的共和党议员则认为，《核禁试条约》不能确保其他国家不会秘密进行小规模的核试验。美中央情报局的一份关于美侦测能力的评估报告更为共和党议员们提供了证据。报告称美专家无法根据地震感应器等侦测装备能精确地研判俄罗斯是否进行过小当量的核试验，因此也难以确保条约的各缔约国会遵守条约规范。10 月 8 日，美参议院开始就批准《核禁试条约》展开辩论，反对的声音压倒了支持的声音。鉴此，正在加拿大访问的克林顿总统致信参议院两党领袖，呼吁推迟对条约的表决。克林顿在信中明确警告："如果参议院否决这一条约，将会鼓励核试验，增加核武器扩散的可能，为其他国家树立坏榜样，严重损害美国国家安全利益，损害美国同盟国的关系，破坏过去 40 年美国在减少核威胁方面建立的历史性领导地位"。克林顿还派国务卿奥尔布赖特、国防部长科恩、能源部长理查森和参谋长联席会议主席谢尔顿等军政要员给国会议员施加压力，向他们反复陈述批准条约的利害关系。但克林顿的要求和努力遭到了参议院共和党领袖洛特的坚决拒绝。10 月 13 日，美参议院如期进行正式表决，表决结果是 51 票反对，48 票赞成，1 票弃权，尽管有 4 名共和党议员也投了赞成票，但终因赞成票离所需票数的 2/3（即 67 票）相差太远而致使条约被否决。条约被否决后，克林顿表示对参议院的表决结果感到失望，并称还要继续努力争取条约获得批准。克林顿称："我保证有关批准条约的斗争远远还未结束。我要传达不同的消息，我们要抑制核威胁，把《核禁试条约》付诸实施。”国务卿奥尔布赖特也曾在表决前表示，即使参议院否决了《核禁试条约》，美国仍会遵守停止核试验的约定。

二、否决条约的原因

美参议院否决批准《核禁试条约》的原因是多方面的，主要有4点。

（一）从近期和现实的目标看，美国是为了对付某些所谓“胡作非为国家”的威胁。近年来，美国有关国家安全的报告提出了“非对称威胁”的概念，意指某些组织或个人以所需费用不高、容易获取和操作不难的大规模杀伤性武器或电脑网络等为手段对美国进行打击。以这种思想为指导，1998年7月美国前国防部长拉姆斯菲尔德领导的一个专家小组搞出一份研究报告认为：伊朗、伊拉克、朝鲜等国家正通过多种渠道获取导弹技术。报告预测在未来的5年内美国本土有可能面临这些“胡作非为国家”的导弹袭击。同年8月，朝鲜利用大浦洞1号火箭发射卫星后，美国一些军政要人借机进行夸大性宣传。在美国各种势力的推动下，美国国会终于通过了部署国家导弹防御系统的议案。而美国参议院拒绝批准《核禁试条约》的原因之一，就是条约的条款难以进行充分核查，其矛头所向也包括上述这些国家。

（二）从远期和潜在的目标看，美国是为了对付俄罗斯和中国这样的大国。美国有关国家安全报告认为，从现在起到2015年左右，不存在一个像冷战时期的苏联那样在全球对美国构成挑战的对手，也没有一个地区大国或国家联盟能积聚起足够的常规军事力量击败美国的军队。但之后，俄罗斯和中国有可能在军事上成为与美国相匹敌的潜在对手。美国应利用从现在到2015年这段战略间歇期，建立起一支独一无二的强大军队，以保护美国的近期利益，并对付未来挑战。美国参议院否决《核禁试条约》显然是与美国这一战略目标相吻合的，那就是通过确立美国的军事优势来确保美国在21世纪占据“不可挑战”的世界主导地位。

（三）为美国一旦需要恢复核试验进行法律准备。美参议院共和党议员提出否决《核禁试条约》的理由主要有两条：一是随着时间的推移，美国的核武器在老化，其安全可靠性能没有保障，一旦执行该条约，美国进行核试爆和更新核武器的能力就会永远受到限制，因此条约只会束缚美国的手脚。二是该条约有关地区核试验、核武器扩散和军备储存等规定实际上很难核查，对限制核扩散并无益处，只会任由美国的对手和潜在对手如伊拉克等国作弊，以低当量试爆发展粗糙的原子弹。为了证明他们的理由正确，共和党议员们还鼓动美国核武器专家四处游说，甚至让负责维护美国核武器安全和可靠性能的3名核武器实验室主管到国会作证。3名主管在国会声称，如果美国遵照《核禁试条约》取消一切核试爆，维护核武器安全和可靠性能的工作就无法进行。美国的核安全利益将无法得到保证。

美参议院所陈述的上述理由，实际上是站不住脚的。美国核武器的状况并非共和党议员所说的那样。经过几十年的不断发展和完善，美国无论在数质量上还是在安全可靠性方面，都堪称世界第一。从1945年开始，至1992年，美国先后进行了1030次核试验，使核武器的性能达到了几近完美的程度。1992年以后，美国开始在核武器的安全可靠性上下功夫，每年从现役弹头中抽出11个弹头进行性能检验：其中10个做目视检验，检查其老化迹象，然后重新安装组合；另1个进行彻底销毁试验，以检验其核材料的衰变情况。为了在不进行核爆炸的情况下掌握其物理过程，美国核专家还进行了不少亚临界试验，并在新墨西哥州洛斯阿拉摩斯国家实验室加装了全世界最强的电脑进行三维空间核武器模拟爆炸试验。再加之美国正在加速发展国家弹道导弹防御系统，这样不管从攻和防的角度看，美国都仍占据着核领域的制高点，《核禁试条约》丝毫不会损害美国的安全利益。因此，美参议院否决该条约的理由是站不住脚的。

（四）借此诋毁以克林顿为首的民主党政府。这也是共和党议员们否决《核禁试条约》的目的之一。美国民主、共和两党围绕《核禁试条约》展开的争论，实质都是在假国家安全之名，行党派斗争之实。对待同一问题，民主、共和两党各执一词，立场大相径庭，这已是见怪不怪的常事。以往在处理一些重大问题上都是如此，一方说好，另一方必会说坏；一方表示赞成，另一方必要表示反对，这就是美国两党政治和党派斗争的现实。克林顿政府把反对核扩散和对付恐怖活动列为其外交政策的重点和优先考虑的问题。克林顿签署和力争国会批准《核禁试条约》，是想增加美国对外国指手画脚的筹码，树立自己在内政外交方面均有建树的强势总统形象，为个人名留青史和争取民主党在2000年大选中获胜增添政治资本。共和党反对并最终否决该条约则是想让克林顿处境尴尬，在国际上丢丑，不给他和民主党以政治资本。因此，尽管民主党把条约说得对美国有百利而无一害，共和党照样予以否决。对此，参议院共和党领袖洛特作了再明白不过的解释。他说，要让参议院不反对《核禁试条约》，除非克林顿把它撤回或在他 2001 年下台之前不再将条约提交国会。克林顿指责共和党领导层纯因党派斗争的政治原因而反对《核禁试条约》。他说，“整个事件都和政治有关”，并强烈要求参议院撇开政治，以正当的程序来处理这项议案。出于党派斗争的需要，可以肯定，共和党在入主白宫前不会改变其对《核禁试条约》的立场，但如果它能在 2000 年大选中获胜，其态度就可能另当别论了。

三、否决条约产生的影响

美参议院否决《核禁试条约》造成了严重影响，主要有 3：

（一）影响了《核禁试条约》的落实。1996 年 9 月 10 日，第 50 届联合国大会以 158 票赞成、3 票反对、5 票弃权的绝对压倒多数通过了《核禁试条约》。条约规定禁止在大气层、太空和地下进行任何核试验，并在世界各地设立 320 个监测中心对此进行严密监控。这一条约虽然还不够完善，但它在一定程度上反映了世界人民希望减少核威胁、实现世界持久和平的愿望，是防止核扩散、推动核裁军进程的一个重要环节。包括美国在内的 154 个国家已经在条约上签字，51 个国家的国会已经批准该条约。按规定，只有经 44 个日内瓦裁军谈判会议国，即具有研制核武器能力的国家的立法机构批准，条约才能正式生效。至 1999 年 10 月，只有 26 个相关国家完成了立法审批程序，还有 17 个国家在等待观望世界第 1 核大国美国的行动，其余那些准备在条约上签字或准备将条约提交国会审批的国家也都在视美国的行动而行动。在此关键的时刻，美国参议院却作出了否决《核禁试条约》的决定，把条约打入冷宫，其后果是十分严重的。它不仅给条约签署国树立了坏的榜样，使一些国家有可能效仿美国，推迟或拒绝批准条约，有的甚至可能退出条约，而且对那些核门槛国家和准核门槛国家将起到鼓励的作用，认为以后美国再也没有资格劝说它们加入核条约或阻止它们发展核技术。在获悉美国的立场后，俄罗斯军方明确表示，既然美国可以不批准该条约，那么，任何国家都有权利不签署或不遵守该条约。印度总理瓦杰帕伊不无高兴地说，既然美国不批准《核禁试条约》，印度人民也不会要求政府签署什么核裁军协议。巴基斯坦战略问题研究所分析员贾斯帕尔也指出，由于美国国会拒绝确认《核禁试条约》，巴基斯坦在签署该条约问题上的处境已彻底改变，如释重负，假如美国确认了这一条约，那将对巴基斯坦构成巨大压力。

（二）严重危及美、俄间削减战略武器的谈判和美俄之间的相互信任。美、俄间的战略武器平衡，尤其是核力量平衡，是构成国际安全的重要条件，也是国际核裁军努力的主要目标之一。美国参议院否决批准《核禁试条约》和坚持进行核试验的态度，从根本上削弱了美、俄第 2 阶段削减战略武器条约的落实，并将给第 3 阶段的削减战略武器谈判带来严重危害。

（三）有可能导致核扩散，引发新的军备竞赛。自 1992 年以来，美国对伊拉克、伊朗等国家发展核研制计划不断施加政治、经济甚至军事压力，这是因为美国自身于 1992 年停止了核武器试验。美国参议院对《核禁试条约》的表决结果是对自身道义责任的根本否定。这必然导致美国在说服其他无核国家不要成为有核国家时缺乏说服力。美国一方面致力于说服其他无核国家不要成为有核国家，不要进行核试验；另一方面自己却继续致力于发展本国已相当先进的核武器，这种言行不一的做法，将使美国的说教很难令人信服。这种行动，将引发新的核军备竞赛，不利国际社会安全和稳定，是对世界和平和发展的严重冲击，是对当今世界的严峻挑战。

四、国际社会对否决的反应

美参议院否决《核禁试条约》在国际社会引起了强烈反应。从国际组织到单个国家、从核大国到无核国家都对此感到遗憾和失望，并进行了强烈的抨击。联合国秘书长安南的发言人说，安南对美参议院未能批准条约感到遗憾。安南认为，批准这一旨在防止核扩散的条约非常重要，并再次呼吁未批准该条约的国家采取行动，使这一条约生效，并使其成为国际法的一个组成部分。北约秘书长罗伯逊说，他对美参议院的表决结果感到担忧，希望美国人重新考虑这个问题。欧盟对美国参议院拒绝批准条约表示失望。欧盟轮值主席国芬兰发表声明说，欧盟将敦促所有还没有批准该条约的国家尽快批准它，尤其是包括美国在内的批准对该条约生效十分必要的那些国家。中国外交部发言人章启月表示说，虽然美国参议院未批准条约，但中国对该条约的立场没有改变，在核试验问题上的立场也没有改变。俄罗斯外交部发言人拉赫马宁说，俄罗斯对美参议院此举感到“非常失望和严重关注”，并认为美参议院的这一投票结果是在破坏国际关系的稳定，是“对所有核裁军和核不扩散协议的重大打击”。这位发言人指出，这不是一个孤立的偶发事件，“在美国最近的行动中可见到一个明确的趋势，它引起人们的警觉。除了未批准《核禁试条约》以外，美国还采取了其他一些动摇国际关系基础的举措：通过了有关全国反导弹防御系统的法律并威胁在出口管制领域要采取新的制裁措施等”。法国总统希拉克在会见前北约秘书长索拉纳时说，他对美国参议院的投票表决结果感到“沮丧”，“这个决定是对核不扩散和裁军的一个打击”。希拉克的一名助手说“总统感到失望。”他认为“这个决定对核不扩散和裁军进程来说是一次倒退。”法国外交部发言人里瓦索进一步指出：“这个决定将影响美国在该领域所发挥作用的可信度。”这位发言人还说，法国“敦促所有尚未签署或尚未批准条约的国家不要因此而动摇。”德国外长菲舍尔发表声明说：“我们对美国参议院的决定深感失望。这个决定对核不扩散和裁军来说是一次严重的倒退。”英国政府发言人说，英国对美国参议院的决定感到失望。日本政府的反应最为强烈，日本外相河野洋平在一份书面声明中警告说，美国参议院的决定严重破坏了国际社会的裁军努力，“这给全球核裁军和核不扩散所造成的不利影响是无法估量的”、“日本视美国为全球核裁军与核不扩散的领导，因此对这种情形感到遗憾。我们强烈敦促美国立刻采取措施，不要破坏条约的可信度及其意义”。韩国外交部官员也发表讲话敦促美国尽快批准该条约，发挥它的带头作用，以便鼓励其他未在条约上签字的国家加入到核禁试的行列中来。新西兰外长唐·麦金农说，他希望美国参议院会再度考虑它的决定。

（张　宁）

美英对伊拉克“禁飞区”空袭升级　1998年底，美英两国以伊拉克阻挠武器核查为借口，对伊拉克发动了“沙漠之狐”空袭行动。随即伊拉克政府宣布拒绝承认美英在伊拉克所设定的南、北“禁飞区”，并命令伊军驱逐入侵的美英战斗机。此后，双方在“禁飞区”内不断发生交火，至今伊拉克局势难以恢复平静。

一、伊拉克宣布不承认美英在伊设置的“禁飞区”

1991年海湾战争结束后，美英声称为保护伊拉克北部的库尔德人和南部的什叶派穆斯林，在伊设立了北、南两个“禁飞区”，禁止伊军在该区域使用直升飞机及其他所有飞机。北部“禁飞区”是指北纬36度以北的地区，即伊拉克北部地区，面积为19000平方英里；南部“禁飞区”是指北纬33度以南的地区，即伊拉克南部的1/3领土。美英空军F－15型、F－16型和“旋风”式等战斗机分别从土耳其因吉尔利克空军基地和沙特的苏丹王子空军基地起飞，美海军的F－14型、F－18型战斗机分别从波斯湾航母上起飞，承担了对伊“禁飞区”的日常巡逻任务。1998年12月17～19日，美英空军联合对伊拉克进行了代号为“沙漠之狐”空袭行动。12月26日，伊拉克总统萨达姆宣布拒绝承认美英设置的北、南“禁飞区”，并命令伊军全部进入战斗状态，准备随时打击来犯之敌。从此，伊与美英形成军事对峙局面，伊拉克防空部队和空军对美英海空军的飞机进行了顽强抗击。

二、美英对伊拉克“禁飞区”空袭升级

1998年12月28日，伊拉克防空部队向飞入“禁飞区”巡逻的美空军F－16型战斗机发射了3枚防空导弹。美机则向伊军阵地还击了“哈姆”反雷达导弹，造成伊军4死7伤。1999年1月5日，伊与美英军战斗机在“禁飞区”内进行了首次空战，美英对伊“禁飞区”空袭升级。这一天，伊军首次派出米格－21、米格－23、米格－25歼击机和幻影F1等型战斗机14架，组成5个飞行编队进入“禁飞区”巡逻。美军随即出动4架F－14型、F－15型战斗机进行空中拦截。在空战中，美机向伊米格－25型歼击机发射了空空导弹，但被伊机高速摆脱。双方在没有损失的情况下结束了空战。针对伊空军的参战，美英空军在以后“巡逻”行动中，不但动用了F－16型和“旋风”式等性能先进的战斗机，而且增派出预警机做向导，从而基本上夺得了制空权。美英战斗机在没有伊军飞机的威胁下，开始从远距离向伊军事目标发射精确制导炸弹予以摧毁。从1999年年初起，只要气候条件允许，美英战斗机几乎每天飞赴“禁飞区”，并对区内所有伊军事设施进行打击。一年来，美英战斗机约出动2万架次共向伊军数百个军事目标发射了上千枚精确制导炸弹。为抗击美英的空中打击，伊拉克总统萨达姆多次召开高级军事会议商讨对策，并增加了“禁飞区”内的防空导弹和高炮部队。与此同时，还通过各种渠道，大力改进其导弹、高炮和截击机等防空火力系统。据新闻媒体称，至1999年年底，美英空军与伊军交火达数百次，伊军防空部队人员装备损失惨重，约200名平民死亡，上千人受伤，装备损失过半，而美英空军则未损失1架战斗机。

三、国际社会强烈要求美英停止对伊拉克的空袭

联合国伊拉克“石油换食品”计划协调员汉斯1999年3月1日向新闻界称，美英对伊拉克目标的不断袭击，严重妨碍了联合国在伊拉克北部分发食

品、药品等人道主义工作。如果美英继续不断对伊拉克进行军事袭击，联合国将不得不重新考虑在伊拉克的人道主义救援工作。3 月 3 日，中国、俄罗斯、法国、马来西亚和巴林等国驻联合国大使纷纷在安理会会议上谴责美英袭击伊拉克输油管道等军事行动，并敦促两国尽快停止对伊拉克的军事打击。阿拉伯国家联盟连续在 1999 年 2、5 月和 10 月发表声明，呼吁美英立即停止对伊拉克的空袭行动，并强调这不仅是对伊国家安全和领土完整的公然侵犯，而且也严重违反国际法准则和联合国安理会的有关决议，阻碍联合国为恢复同伊拉克的合作所作出的一切努力。俄罗斯分别于 1999 年 1、3 月和 7 月连续发表声明强烈谴责美英这一军事行动。俄国家杜马副主席古齐里耶夫称，空袭造成了大量包括妇孺在内的平民伤亡，这是对通过和平途径解决问题的方式的践踏。俄外交部发言人称，美英的军事行动没有得到联合国安理会的授权，是违反联合国宪章和国际法的，并要求美英应通过政治手段解决此问题。1 月 31 日，俄罗斯向伊拉克派遣了由 10 人组成的技术小组，帮助修理被美英空袭所毁坏的纳西里亚发电站。法国于 1999 年 2、3 月和 8 月连续发表声明，认为美英的军事行动将无助于联合国与伊拉克恢复全面关系的努力。轰炸还造成伊拉克石油出口的中止，阻碍了“石油换食品”计划的实施。尽管寻求全面政治解决还面临着多重困难，但法国政府将不遗余力地在联合国安理会的范围内作出努力，使伊拉克危机最终摆脱僵局。土耳其外长杰姆也于 1999 年 1 月 27 日，谴责美军未经土同意就利用其驻土耳其基地对伊拉克发动进攻。埃及、巴林、卡塔尔、约旦、阿尔及利亚、巴勒斯坦等中东地区各国也发表声明，强烈呼吁美英两国停止对伊拉克空袭。

（张若涵、尚　泽）

巴政府收回了被美国占领的巴拿马运河

美国根据 1977 年 9 月 7 日巴美两国在华盛顿共同签署的新的《巴拿马运河条约》，于 1999 年 12 月 31 日将运河和运河区主权及管理权如期完全交还给了巴拿马政府。鉴于各国都在忙于迎接新世纪和新千年的活动，运河交接仪式提前到 12 月 14 日举行，巴拿马总统莫斯科索和美国前总统卡特分别代表本国政府在移交运河的联合声明上签字，西班牙国王卡洛斯等一批外国政要应邀出席了交接仪式。巴拿马运河的胜利回归，结束了美国长达 96 年的占领，使巴拿马人民终于拥有了完整的领土主权，这也是巴拿马人民不畏强权、长期坚持不懈斗争的结果。

一、巴拿马运河的开凿

最早想到开凿巴拿马运河的是西班牙航海家麦哲伦的助手巴尔博亚。公元 1513 年，他从大西洋西岸登上这块土地，站在山头上竟然望见了太平洋。他惊讶不已，回国后立即禀告国王。后来经过测量，巴拿马与太平洋和大西洋连接的陆地最窄处只有 70 千米。西班牙国王立即下令研究开凿一条人工运河的可能性，结论是难度太大，只好作罢。300 多年后，到 1826 年，拉美独立运动领袖玻利瓦尔在第 1 届美洲国家代表会议上建议由美洲各国合作开凿巴拿马运河，但未得到响应。1880 年法国空想社会主义者圣西门的学生雷赛布，来到巴拿马开办“运河公司”，并开始对运河进行勘探、测量和施工，但因未能搞清楚巴拿马运河与苏伊士运河的海拔水位的差别（一条为海拔 26.52 米的运河，而另一条则是海平面运河）和没有充分估计到巴拿马运河开凿的难度而白白花费了 10 年时间和 3 亿美元的巨资，结果只开凿了不到计划长度的 1/4，因计划受挫而被迫停工。美国前总统罗斯福是巴拿马运河的最终开凿者。他是美国历史上最年轻、也是最富扩张性的总统。他在上台前就已经为开凿这条运河规划了蓝图。西班牙国王开凿运河的目的是为寻找运送黄金的近路，法国空想社会主义者开凿运河是想完成连接世界海洋的伟业，而以罗斯福为代表的美国人则有极其现实的考虑。从美国东海岸的纽约到西海岸的旧金山，海路遥远。如果巴拿马运河开通，这条航线将比绕行南美麦哲伦海峡要近许多。巴拿马运河的开通，不但可以成为掌握整个美洲的一把钥匙，而且可以沟通大西洋与太平洋的联系，美国拥有了这条运河必能成为海上的巨无霸。这就是巴拿马运河对美国巨大的吸引力所在。1901 年罗斯福上台不久，立即启动法国人撤出后停工已久的巴拿马运河开凿计划。当时巴拿马属于哥伦比亚领土，哥伦比亚议会拒绝了美国提出的开凿要求。罗斯福狂怒之至，立即策动巴拿马与哥伦比亚闹“独立”。1903 年 11 月 3 日，巴拿马政府在美国支持下宣告独立，罗斯福立即宣布予以承认，并派出美国军舰阻止哥伦比亚入侵。11 月 18 日，美巴两国政府签署《巴运河开凿条约》。1904 年美国参议院通过永久控制运河区协议。从此，美国不但拿到了运河的单独开凿权，还获得一项特权：运河两侧各 16 千米区域为美国永久租用。经过 50 多个国家的劳工辛勤劳动巴拿马运河于 1914 年 8 月开通，1920 年正式启用。

巴拿马运河是沟通太平洋和大西洋的著名的国际水道。它位于巴拿马共和国中部的蜂腰地带，横穿巴拿马地峡。运河呈东南——西北走向，宽 152～304

米，水深 13.5～26.5 米，连同两端人港引航道全长 81.3 千米。由于巴拿马地峡与太平洋、大西洋的洋面存在着较大的高差，加之过往船只要借用比两大洋水面平均高出 26 米的加通湖作航道，故把巴拿马运河建为船闸式运河。3 座船闸分别是位于太平洋一端的米格尔闸、米拉弗洛雷斯闸和位于大西洋一边的加通闸，皆为双向对开闸门结构，入闸船只最长不得超过 289.6 米，最宽不得超过 32.3 米，吃水深度不得超过 10.8 米。巴拿马运河可供 6. 5 万吨级以下舰船通过，日通航能力为 48 艘。过往船只在两岸电气机车的牵引下，在 3 座水闸间爬上爬下，翻越巴拿马地峡，全程大约需要 8～9 个小时。即使加上船队等候时间，也可在一天之内漫步两大洋。巴拿马运河与中东的苏伊士运河并称为"世界上最重要的捷径"。运河建成前，往来于太平洋和大西洋的船只必须绕行风急浪高的南美洲麦哲伦海峡；运河建成后，航程一下子缩短了 5000～13800 千米。

二、巴拿马运河被美国占领

巴拿马运河近百年的被人占领历史，也是巴拿马共和国备受屈辱的历史。1903 年 11 月 18 日，美国利用巴拿马建国初期的混乱局面，强迫巴方在华盛顿签署了美巴《巴运河开凿条约》。条约规定，巴拿马将运河两岸约 16 千米宽的狭长地带划作"运河区"，并由美国永久控制；美国享有"永久使用、占领、控制"运河及运河区的权利，美国政府可在运河区行使主权，并可在任何时候动用军事力量保护运河安全。而巴拿马仅得到了美国一次性支付的款项 1000 万美元，以及在条约生效 9 年后即从 1913 年起每年收取 25 万美元租金的权利。

美国通过占领巴拿马运河区，取得了巨大的经济与军事利益。在经济方面，自运河通航至 1977 年美巴签订新条约的 70 多年里，美国从运河通行费与相关劳务中共获利 500 多亿美元，而巴拿马仅收到了 11 亿美元的租金。美国垄断资本更是长驱直入巴拿马，圈占土地，抢夺市场，严重地阻碍了巴拿马民族经济的发展。在军事方面，1903 年美巴签署的《巴运河开凿条约》刚一生效，美国即开始派兵进驻巴拿马，在巴拿马国土上建立起总面积达 1423 平方千米的"国中之国"，并逐步将运河区军事基地化。美国在巴拿马运河区陆续建起了 14 座军事基地或要塞，并成立了美军"加勒比海司令部"，后来又扩大为"南方司令部"（驻巴拿马夸里海茨）。运河区内的美军基地包括太平洋沿岸的克莱顿堡陆军基地（美军南方司令部陆军司令部所在地）、阿马多堡（美军南方司令部海军司令部所在地）、罗德曼海军基地、霍华德空军基地和阿尔布鲁克空军基地，以及大西洋沿岸的加莱塔岛海军基地（电子通信中心）、谢尔曼堡陆军基地（丛林作战训练中心）和科科索洛空军基地，运河中段则建有各种后勤设施。美军基地的总价值高达 60 亿美元，约占运河总财产的 1/6。冷战时期，美军在巴拿马驻军人数最高达 6.5 万多人，还有数千名文职人员。巴拿马运河在军事上极大地方便了美国太平洋舰队和大西洋舰队的联系与调动，成为美国输送大批兵员、军火及物资的主要通道，被美国视为"国防生命线"和西半球防务的重要环节，巴拿马运河区成了美国控制西半球的战略平台。

三、巴拿马人民收回运河主权

长期以来，巴拿马人民为收回运河，与美国政府进行了坚决的斗争，1936 年，巴拿马政府在群众斗争的推动下，与美国政府重新缔约，取消了 1903 年美巴《巴运河开凿条约》中美国武装干涉巴拿马内政的特权，将运河的年租金由 25 万美元提高到 43 万美元。1955 年，巴美两国政府再次修订 1903 年条约，巴政府获得在运河区行使部分主权的权利，运河的年租金也增加到 193 万美元。受埃及收回苏伊士运河主权的影响，1958 年 5 月，一批巴拿马大学生冲人运河区，挂起巴拿马国旗，并与美国军警发生流血冲突。1964 年 1 月，巴拿马再次爆发反美风暴，巴拿马大学生第 2 次冲进运河区进行抗议示威，要求收回运河和运河区主权，遭到美军残酷镇压，21 人死亡，300 多人受伤。在世界舆论的强大压力下，美国被迫同意与巴拿马政府就缔结平等的运河条约举行谈判。经过长达 12 年的艰苦谈判，1977 年 9 月 7 日，巴拿马领导人奥马尔·托里霍斯与美国总统卡特在华盛顿签署了新的《巴拿马运河条约》，彻底废除了 1903 年的不平等条约。新条约规定，美国必须在 1999 年 12 月 31 日正午条约期满前，将运河和运河区主权及管理权完全交还巴方。在新条约生效前，美方可在巴方授权下通过有巴拿马人参加的运河委员会经营管理运河，并每年支付 1000 万美元租金，通过运河船只每吨需要付给巴方 30 美分过往费；美巴共同承担运河防务；在新条约生效后，驻巴美军必须全部撤出。新条约生效之日，运河区的安孔山第 1 次升起了巴拿马共和国国旗。而这一天的到来，完全是巴拿马人民不懈斗争的结果。正如奥马尔·托里霍斯所说的那样，没有人民的参与，"任何政府，任何领袖，都无法实现如此伟大的历史进程"。

实际上美国对把巴拿马运河交还巴政府并不心甘

情愿。新条约签署后它仍千方百计地想继续控制运河。就在新条约签署后不久，美国国会便通过了一系列与新条约精神相违背的修正案，想在巴拿马运河主权归还之后仍保留驻军权。80 年代以来，美国政府多次粗暴干涉巴拿马内政，对其进行政治孤立、经济制裁、军事威胁乃至直接入侵。1989 年，美国由于对巴拿马大选不满，于 12 月 20 日凌晨出动陆海空军，从美本土和巴拿马运河区对巴政治、经济、军事设施实施突然袭击，推翻了巴拿马政府，将巴政府首脑诺列加将军抓到美国受审。美军这一入侵行动，旨在建立亲美政府确保美国在巴拿马的战略利益。美国借口“打击中美洲地区的毒品走私活动”，以及“在必要时进行人道主义援助”，企图胁迫巴亲美政府签订保留美在运河区驻军的协议。然而，美国的图谋遭到巴拿马人民的强烈反对。巴拿马议员里科德指出，允许美国在 2000 年以后继续在巴拿马驻军，“就如同是在祖国的心脏上捅了一刀”，“不应当同意外国的军靴永远践踏我国的领土”。就连由美国亲手扶持上台的巴拿马总统恩达拉也认为，巴政府如果谋求同华盛顿谈判达成一项保留美国军事存在的协议，“那将铸成大错”！1996 年，美国政府又以国际联合反毒为借口，向巴拿马政府提出在运河区内的霍华德空军基地共建地区扫毒中心，以便能够继续在巴保留军事力量。但由于巴国内各派政治力量和民众对此坚决反对，两国的有关谈判在 1998 年中止。1999 年，运河回归进入倒计时后，美国一些政府官员、国会议员和军界人士又在制造舆论，说“巴拿马警察部队（1990 年巴国防军被解散后就没有正规军队）没有足够的装备和力量对付哥伦比亚反政府军的侵犯，无法保障运河的安全”，又想为美国 2000 年后重返巴拿马运河区寻找借口。甚至当中国香港和记黄埔集团公司在巴拿马运河港口私有化投标中标后，他们又胡诌什么美军撤出后“巴拿马运河将落入中国人的手中”，“中国在需要时甚至会封锁运河”。针对美国人的鼓噪，巴拿马总统莫斯科索给了明确而有力的回答，他说“运河在巴拿马人手中，不是中国人手中，香港公司经营运河的两个港口不构成任何威胁”。

巴拿马运河经过斗争虽然胜利回归了，但回归后的运河并不会风平浪静。美国参谋长联席会议前主席穆勒的一席话给回归后的运河投下了阴影。穆勒公然宣称，“美国海军仍然需要巴拿马运河，以便将军舰从一个大洋开往另一个大洋。如果我们投入战争时没有控制它，那么我们首先要做的一件事就是派军队去占领它”。

（张　宁）

哥伦比亚国内和平进程仍处于停顿状态

哥伦比亚政府军与反政府军的武装冲突已持续了 30 多年，期间，双方也曾多次举行和平谈判，但都以失败告终。1999 年年初哥伦比亚政府军与反政府军重开和谈，受到了国际社会的欢迎和支持，然而由于种种因素的制约，这次长达一年的和谈还是未能取得任何有意义的成果，却接连不断地爆发了新的冲突。哥伦比亚和平进程再度陷入停顿状态。

一、和谈与冲突经过

所谓哥伦比亚反政府军主要是指“哥伦比亚革命武装力量”和“哥伦比亚民族解放军”这两支游击队。它们自本世纪六七十年代成立始，一直与哥伦比亚政府进行武装斗争。1978 年图尔瓦伊总统时期，哥伦比亚政府开始了与反政府军的接触和此后断断续续的谈判。1989 年，“四·一九运动”等部分反政府武装向政府投诚，交出武器，成为合法的政治组织。但“哥伦比亚革命武装力量”和“哥伦比亚民族解放军”这两支最大的反政府武装却一直拒绝放弃武装。1998 年 8 月，哥伦比亚帕斯特拉纳总统上台后，帕政府希望通过和谈让直接威胁到国家的安危和经济发展、用军事力量难以消灭却日益强大的反政府军能够就范，同时为广揽民心，为政府树立威信，积极开展和谈宣传，而反政府军方面也有意借新老政府换届之机，通过和谈来扩大政治影响和巩固军事、经济实力。在此情况下，1999 年新年伊始，双方即开始谈判。但由于双方积怨深、分歧大，目的不同，谈判在谈谈打打中进行。1 月 7 日，政府接受反政府军的要求，从南部 5 个市 4.2 万平方千米的地区撤出政府军，建立非军事区作为和谈地点。在两周的时间里，双方讨论了和平对话的内容、日程等问题，但没有达成协议。1 月 25 日，反政府军以政府打击准军事集团为由，单方面宣布停止对话。之后，政府军和反政府军多次发生冲突。4 月 20 日，双方再次恢复对话，讨论与制定和谈日程，包括将被关押的反政府军人员与被扣留的政府军士兵进行交换，解散准军事集团等，但也未能达成协议。在 5 月份的谈判中，双方克服了许多障碍，确定了包括 12 点内容在内的共同谈判日程，各方承诺进行变革，走向新的哥伦比亚。主要内容有政治、经济和社会改革、军队现代化、反毒斗争、人权、准军事主义和国际关系等。6 月初，哥政府宣布“哥伦比亚民族解放军”为恐怖组织之后，7 月 7 日，“哥伦比亚革命武装力量”在全国 13 个省发动大规模攻势，300 多人遭绑架，260 多人死于非命，政府不得不在10个省份宣布戒严，预定于当年7月份举行的会谈一推再推。后来会谈虽恢复，但又因反政府军拒绝政府建立一个国际检查委员会的建议而中止。10月下旬，反政府军突然改变态度，同意成立上述委员会，双方的谈判得以继续。11月8日，帕斯特拉纳总统向反政府军提出，希望在1999年12月15日～2000年1月15日圣诞节和新年期间全面无条件停火。11月16日，“哥伦比亚革命武装力量”出动1500多人，在全国6个省的13个城镇攻打警察机构，以炮火拒绝了总统的停火要求。自此，1999年初开始的和平谈判多次以发生新的冲突而告终。

二、对国家发展的影响

30多年来，哥伦比亚政府军与反政府军之间围绕争夺政权问题，冲突连接不断，并随着反政府军力量的壮大而日趋激烈。冲突已使哥伦比亚满目疮痍，国家发展和人民生活受到了严重影响：一是给国家造成了巨大的经济损失。哥伦比亚国土辽阔、自然资源丰富，有良好的经济发展基础。然而连年的武装冲突严重阻碍了哥伦比亚的经济发展。一方面大量本该用于经济建设的人力、财力都被迫用在了武装冲突上，另一方面武装冲突造成了人们流离失所，甚至逃往国外充当难民，无法进行正常的生产活动。据统计，近十年来，冲突共造成170多亿美元的损失。1999年，哥伦比亚经济出现了严重危机，失业率居拉美国家首位，通货膨胀率达17%。这虽然有国际金融大环境的影响，但深层的原因却不能不说是武装冲突所致。二是给人民生活带来了巨大的痛苦。武装冲突使人们失去了赖以生存的土地和住房，颠沛流离，生活水平长期得不到提高。全国3700万人口中有57%处在贫困线上，贫富悬殊程度在拉美仅次于巴西。同时，人民的生命安全也无法得到保障，许多人死于非命，绑架等暴力事件更是层出不穷。最近10年，有120多万人无家可归，每年约有3万人被害，绑架事件仅1998年上半年就发生800多起。

导致哥伦比亚发展缓慢、人民生活贫困的重要原因是旷日持久的武装冲突。而冲突之所以久拖不决根本原因在于哥伦比亚政府军无法消灭反政府军。从作战能力上看，反政府军经过几十年的发展，已成为一支控制着全国1/3地区、具有相当经济实力、装备精良、富有经验的战斗力量。这支反政府军在成立之初只有不到3000人，力量非常薄弱。为了发展壮大，反政府军采取了集军事、经济、政治于一体的武装斗争策略，实力大大增强。特别是80年代以来，反政府军不顾国际社会的谴责，大力保护哥伦比亚的毒品生产和贩卖活动，从中收取相当数额的“保护钱”来购买大批武器装备，人数迅速增加到2万多人。相比之下，哥伦比亚政府虽拥有12万人的正规军，但无论是士兵素质还是装备质量都不占优势，而且相当部分人员还要担负油井、输油管道、重要公路、通信设施等警戒任务，只有3万士兵可与反政府军作战，其中的许多士兵又对游击区作战既无经验又不熟悉地形，在战场上根本无法与反政府军相抗衡。美国《世界新闻报》1993年7月15日断言说：在哥伦比亚的地理条件下，反政府军能够永久地生存下去。美国中央情报局在1999年的一份报告中也指出：反政府军可能在5年之内从军事上打败政府军。从社会基础上看，反政府军得到了一些基层群众的同情和支持。哥伦比亚是一个贫富分化严重的国家，贫困人口占全国总人口的1/2以上，让人民摆脱贫困是哥伦比亚的首要问题。但哥伦比亚政府无法保障公共秩序，也不能提供医疗服务或保证农民在大庄园主家里干活应得到的最低工资。而反政府军有相当的经济实力，还不时地绑架大庄园主索取赎金，这在一定程度上使辖区内群众的生活水平有所改善，自然得到了一些群众的拥护。正因为反政府军实力和社会基础的强大，大有与政府分庭抗礼之势，想通过几次谈判就让反政府军放下武器是不可能的，而要消灭反政府军，政府又明显地力不从心，这就导致了冲突的长期难以解决。

三、周边国家的反应

对于哥伦比亚政府军与反政府军的和谈屡遭失败、冲突不时迭起，美国以及巴西等哥伦比亚周边国家普遍表示担忧，认为这对哥伦比亚本已十分艰难的和平进程来说无疑是雪上加霜，非常不利于哥伦比亚的发展，并对周边地区的安全构成了威胁。同时发表声明不承认哥伦比亚反政府军，敦促反政府军与政府进行和谈，争取和平解决。

美国对哥伦比亚国内的冲突表示了极大的关注。由于哥伦比亚反政府军保护本国的毒品生产、加工和贩卖，美国80%的可卡因和50%的海洛因都来自哥伦比亚，因此，美国政府对哥伦比亚反政府军表示强烈不满，长期以来，一直致力于暗地里帮助哥伦比亚政府打击反政府军。除每年给予上亿美元的反毒资金援助外，还派出几百名美国军人在哥国内从事军事顾问、人员训练、监视反政府军等活动。1999年哥伦比亚反政府军拒绝政府的停火要求，摆出一副对抗到底的架势，无疑是对美国反毒行动的一大挑战。因此，美国政府表现出了前所未有的关注，多次表示：哥伦比亚局势十分严峻，很让人担忧。美国支持哥伦比亚冲突双方和谈，希望通过政治途径解决哥伦比亚冲突。同时呼吁各国对哥伦比亚毒品活动采取联合行动。巴西等拉美国家对哥伦比亚的冲突威胁到了本地区安全更是反应强烈。巴西政府称，不承认哥伦比亚最大的反政府武装“哥伦比亚革命武装力量”在巴西境内以任何形式设立的代表机构，也反对外国对哥伦比亚国内冲突进行任何形式的军事干涉，主张由哥伦比亚冲突双方通过谈判实现国内和平。阿根廷总统梅内姆在接受采访时说，只要哥伦比亚政府提出要求，阿根廷将不遗余力地帮助哥伦比亚政府阻止反政府军的进攻；同时声明对到阿根廷寻求政治认可的哥伦比亚反政府代表不予理睬。秘鲁总统藤森多次指出哥伦比亚反政府军已对地区稳定和安全构成威胁。为此，他已下令将秘、哥边境的兵力增加5倍以加强边界防守，同时制定了针对在边境与哥伦比亚反政府军发生武装冲突的应急行动计划。厄瓜多尔也将原来厄、秘边境的兵力大部分调至与哥伦比亚接壤的地区，以防哥伦比亚反政府军进入。委内瑞拉政府表示，哥伦比亚反政府军常常越过边界，袭击委内瑞拉边界驻军并绑架委内瑞拉的庄园主和富翁，对委内瑞拉是一种威胁。他提议在委首都加拉加斯召集“哥伦比亚和平首脑会议”，邀请国际社会代表共商如何解决哥伦比亚的问题。巴拿马尽管已与哥伦比亚签定了边境安全协议，但仍对哥伦比亚国内冲突深表忧虑，因为哥伦比亚反政府军多次进入过该国境内，这对于没有军队的巴拿马来说，威胁是不言而喻的。

（刘　琼）

皮诺切特归故里　2000年3月3日上午，一架携带着“移动医院”的波音707军用专机载着智利前总统皮诺切特降落在圣地亚哥国际机场。被英国警方软禁了503天的皮诺切特终于回到了故里。

长期遭到拘留的皮诺切特是以“病情严重”为由获得释放的。3月2日清晨，英国内政大臣斯特劳在伦敦宣布，皮诺切特由于身体不佳，已不宜再接受审判，也不宜被引渡到第3国受审。因此，英国政府决定不再接受西班牙等国关于引渡皮诺切特的要求，也不再继续进行有关引渡皮诺切特的法律程序。

英国的上述决定，等于宣布皮诺切特已获自由。当日下午，他很快从英国东部的沃丁顿机场登上智利空军在那里等候了一个多月的波音707专机离开英国。至此，一场旷日持久的“皮诺切特引渡案”才算画上了一个沉重的句号。

“皮诺切特引渡案”被称为“世纪悬案”。1998年10月，皮诺切特到伦敦治病，西班牙法官加尔松根据本国公民的起诉请求，指控他在1973～1990年执政期间犯有虐待、屠杀等多项反人道罪，对当时近3000名西班牙裔公民的死亡和失踪负有责任，要求英国引渡他到西班牙受审。英方随即将他软禁。接着，法国、比利时和瑞士等多国司法部门也依据同样的理由对这位智利前总统提出了法律诉讼要求。

在过去一年多时间内，英国、西班牙、智利等国政府及有关司法部门，围绕皮诺切特作为智利前总统和终身参议员是否享有司法豁免权、外国司法机构有无权利对他进行引渡和审判等问题展开了激烈争论和外交斡旋，并经历了一场又一场“马拉松”式的调查和司法程序，而案子却始终无法了结。

智利政府从维护国家司法主权的立场出发，多次要求英国释放皮诺切特，由智利本国司法机构作出处理。许多拉美国家都支持智利这一立场。可是，这样做又遭到要求审判皮诺切特的国家以及一些人权组织的反对，弄得英国政府和司法部门左右为难，皮诺切特案成了英国人手上的“烫手山芋”。英国为这桩案子已花费2500万美元。

2000年以来，84岁的皮诺切特的身体状况实际上成了他是否被引渡的关键。1月11日斯特劳就已公开宣布：一个由英国政府指定的医疗专家小组对皮诺切特进行检查后提出了报告，认为他因患有多种疾病，身体状况已不宜再被引渡到西班牙受审，因而准备放他回国。这个“试探气球”放出后，遭到了一直要求审判皮诺切特的国家和人权组织的强烈反对。迫于多方面的舆论压力，英国政府不得不通过外交途径向西班牙等国公布了皮诺切特的的健康报告，并一再推迟对他的最终裁决。在获得西班牙等国表示“尊重”英国决定的承诺后，英国政府才作出了最后决定。

对皮诺切特被释放回国，各方反应不一。在智利国内，皮诺切特一直就是一个有争议的人物，支持者和反对者阵线分明。在3月2日晚上，首都圣地亚哥许多人通宵未眠，他们坐在广场上，等待着斯特劳裁决的最后消息。当皮诺切特可以返回智利的消息从大西洋彼岸传来时，广场上顿时响起了一片欢呼声，支持者们兴高采烈地说：“噩梦终于结束了。”而反对者们则连声抗议，有的人说：“随着皮诺切特回国，在智利的另一场斗争即将开始。”智利总统弗雷在英国政府宣布允许皮诺切特回国的决定后发表讲话重申，应由智利法院裁定他在其执政期间所犯的“罪行”。即将在3月11日上任的智利新总统拉科斯也表示，将由司法部门对皮诺切特进行裁决。　（海　明）

（本栏责任编辑　温味几）

各国军事概况

亚洲国家军事概况

中　国

国　　名　中华人民共和国。

主要统计　面积约 960 万平方千米。人口 12.5909 亿人（1999 年底）。国内生产总值 82054 亿元（1999 年）。国防费 1046.5 亿元（1999 年国防开支），1205 亿元（2000 年国防预算）。钢 12426 万吨（1999 年）。原煤 10.45 亿吨（1999 年）。原油 1.6 亿吨（1999 年）。发电量 12393 亿度（1999 年）。粮食 5.08 亿吨（1999 年）。货物运输周转量 41170 亿吨千米（其中，铁路 12841 亿吨千米、公路 5793 亿吨千米、水运 21857 亿吨千米、民航 42.3 亿吨千米，管道 636.7 亿吨千米，1999 年）。旅客运输周转量 11250 亿人千米（其中，铁路 4131 亿人千米、公路 6145 亿人千米、水运 117.2 亿人千米、民航 857 亿人千米，1999 年）。

国防政策　中华人民共和国是发展中的社会主义国家。从建国起就为维护世界和平、促进人类进步事业而努力，坚持永远不称霸、不做超级大国、不侵略别国。国防政策是巩固国防抵御外敌侵略，捍卫国家领土、领空、领海主权和海洋权益，维护国家统一和安全。强调国防建设要服从和服务于国家经济建设，增加国家的综合国力，逐步提高军队的防卫作战能力，加强质量建设，走有中国特色的精兵之路。重点是发展国防科学技术，加强军队现代化建设，加强后备力量建设，逐步增强国防实力和潜力。坚持平战结合、军民结合的方针，在独立自主、自力更生的原则下，有重点有选择地引进国外一些先进技术。努力发展与各国军队的友好关系，通过加强国防科学技术和军事学术等方面的交流，不断增强彼此之间的了解和友谊。

军事战略　中华人民共和国为抵御外敌侵略，保卫国家独立和安全，维护世界和平，始终奉行积极防御的战略。其基本点是坚持自卫立场，坚持后发制人，坚持人民战争。这个战略要求军队在长期和平环境中始终保持良好的战备状态，遏制战争的爆发。在遭到敌人的局部入侵时，要本着有理、有利、有节的方针，予以有力的还击。一旦国家遭到大规模侵略，迅速动员人民群众和国家战争潜力，采取灵活的作战样式，逐步改变战争形势，适时转入战略反攻和进攻，最后战胜敌人。

国防体制　**领导机关**　中央军事委员会是中国共产党中央委员会的军事机关，又是中华人民共和国国家机构的组成部分。

中国共产党中央军事委员会　是中国武装力量的最高统率机构，负责党和国家的最高军事决策和军事指挥，根据党的路线、方针、政策和国家的安全与发展需要，确定军事战略，领导军事建设。《中国共产党章程》规定，党的中央军事委员会组成人员由中央委员会决定。1997 年 9 月召开的中国共产党第 15 届中央委员会第 1 次全体会议决定，中央军事委员会组成如下：中共中央军事委员会主席江泽民，中共中央军事委员会副主席张万年上将、迟浩田上将，中共中央军事委员会委员傅全有上将、于永波上将、王克上将、王瑞林上将。1998 年 10 月召开的中国共产党第 15 届 3 中全会决定，增补曹刚川上将为中央军事委员会委员。1999 年 9 月召开的中国共产党第 15 届 4 中全会决定，增补胡锦涛为中国共产党中央军事委员会副主席，郭伯雄上将、徐才厚上将为中央军事委员会委员。

中华人民共和国中央军事委员会 中华人民共和国中央军事委员会领导全国武装力量。其职权是：统一指挥全国武装力量；决定军事战略和武装力量的作战方针；领导和管理中国人民解放军的建设，制定规划、计划并组织实施；向全国人民代表大会或者全国人民代表大会常务委员会提出议案；根据宪法和法律，制定军事法规，发布决定和命令；决定中国人民解放军的体制和编制，规定总部以及军区、军兵种和其他军区级单位的任务和职责；依照法律、军事法规的规定，任免、培训、考核和奖惩武装力量成员；批准武装力量的武器装备体制和武器装备发展规划、计划，协同国务院领导管理国防科研生产；会同国务院管理国防经费和国防资产。《中华人民共和国宪法》规定，中央军事委员会由主席、副主席若干人、委员若干人组成，实行主席负责制。主席由全国人民代表大会选举产生，对全国人民代表大会及其常务委员会负责。其他组成人员由全国人民代表大会或其常务委员会根据中央军委主席的提名决定。任期与每届全国人民代表大会任期相同。1998 年 3 月召开的第 9 届全国人民代表大会第 1 次会议，选举江泽民为中华人民共和国中央军事委员会主席。会议根据江泽民主席的提名，决定：张万年上将、迟浩田上将为中华人民共和国中央军事委员会副主席；傅全有上将、于永波上将、王克上将、王瑞林上将为中华人民共和国中央军事委员会委员。1998 年 11 月 4 日第 9 届全国人民代表大会常务委员会第 5 次会议通过任命曹刚川上将为中华人民共和国中央军事委员会委员。1999 年 10 月 31 日第 9 届全国人民代表大会常务委员会第 12 次会议通过任命胡锦涛为中华人民共和国中央军事委员会副主席，郭伯雄上将、徐才厚上将为中华人民共和国中央军事委员会委员。

人民武装委员会 从中央到县各级建立的群众武装建设的专门机构。主要任务是：研究贯彻党中央、国务院、中央军委有关民兵建设的各项方针、政策和指示；根据上级地方党委和军事机构的有关指示，结合本地区情况，研究解决民兵工作中的重大问题；研究贯彻有关兵员动员和转业、复员、退伍战士安置工作的方针、政策。中央军委人民武装委员会由中央军委、国家机关有关部门、人民解放军各总部和有关人民团体的负责人组成。办事机构设在中国人民解放军总参谋部动员部。省（直辖市、自治区）、地、县（市）党委人民武装委员会，由各级党委吸收有关部门的负责同志组成，主任由同级党委指定一名书记担任。办事机关分别为省军区、军分区、县（市）人民武装部。

中华人民共和国国防部 中华人民共和国国务院的军事部门。根据中华人民共和国宪法规定，国务院领导和管理国防建设事业。国务院设立国防部，一切需要由政府负责的军事工作，则经国务院作出相应决定，通过国防部或以国防部的名义组织实施。国防部在接受国务院领导的同时也接受中央军事委员会的领导。需要国防部办理的事宜，由总参谋部、总政治部、总后勤部、总装备部分别办理。1998 年 3 月，第 9 届全国人大 1 次会议决定，迟浩田上将为国务院国务委员兼国防部长。

中国人民解放军总参谋部 中央军委领导下负责组织武装力量建设和作战指挥的军事领导机关。设有作战、情报、通信、训练、军务、动员、兵种、电子对抗、陆航、外事等部门。现任总参谋长傅全有上将（1995 年 9 月上任），常务副总参谋长郭伯雄上将（1999 年 9 月上任），副总参谋长隗福临上将（1995 年 7 月上任）、吴铨叙上将（1995 年 7 月上任）、钱树根上将（1995 年 7 月上任）、熊光楷上将（1996 年 1 月上任）、张黎中将（2000 年 6 月上任）。

中国人民解放军总政治部 中央军委领导下负责全军政治工作的领导机关。设有组织、干部、宣传、保卫、纪律检查、联络等部门。现任总政治部主任于永波上将（1992 年 10 月上任），常务副主任徐才厚上将（1999 年 9 月上任），副主任王瑞林上将（1992 年 10 月上任）、副主任兼中央军事委员会纪律检查委员会书记周子玉上将（1993 年 12 月上任）、副主任唐天标上将（1995 年 7 月上任）、袁守芳上将（1996 年 11 月上任）、张树田上将（1998 年 12 月上任）。

中国人民解放军总后勤部 中央军委领导下负责全军后勤工作的领导机关。设有财务、军需、卫生、军事交通、油料物资、基建营房、审计等专业勤务部门。现任总后勤部部长王克上将（1995 年 9 月上任），政治委员周坤仁上将（1995 年 7 月上任），副部长王太岚中将（1992 年 11 月上任）、周友良中将（1993 年 12 月上任）、温光春中将（1996 年 7 月上任）、孙志强少将（1999 年 12 月上任）、苏书岩少将（1999 年 12 月上任）、副政治委员董宜胜中将（1999 年 5 月上任），总后勤部部长助理梁洪少将（1995 年 1 月上任）、路增祺少将（1995 年 1 月上任）。

中国人民解放军总装备部 中央军委领导下负责全军武器装备工作的领导机关。1998 年 4 月 3 日组建，设有计划、军兵种、陆军装备科研订购、通用装备保障、电子信息、装备技术合作等部门。现任总装备部部长曹刚川上将（1998 年 4 月上任）、政治委员李继耐上将（1998 年 4 月上任），副部长李元正中将（1998 年 8 月上任）、陈达植中将（1998 年 8 月上任）、胡世祥中将（1998 年 8 月上任）、肖贞堂中将（1998 年 8 月上任），副政治委员朱增泉中将（1998 年 8 月上任），总装备部部长助理李安东少将（1998 年 8 月上任）。

中国人民解放军军区领导机关 是根据国家的行政区域、地理位置和战略战役方向、作战任务等设置的一级军队组织，是战略区域内合成部队的军事领导指挥机关，直属中央军委领导。其主要任务是贯彻执行中共中央、国务院和中央军委确定的建军原则、作战方针，领导辖区部队的革命化、正规化、现代化建设，负责辖区内诸军兵种部队合同作战的统一指挥，领导管理辖区内的民兵、兵役、动员工作和战场建设。军区机关设有司令部、政治部、联勤部、装备部等机构。现有 7 个军区。

沈阳军区 司令员钱国梁中将（1999 年 12 月上任），政治委员姜福堂中将（1995 年 9 月上任）。

北京军区 司令员李新良上将（1997 年 11 月上任），政治委员杜铁环上将（1996 年 11 月上任）。

兰州军区 司令员李乾元中将（1999 年 9 月上任），政治委员刘冬冬中将（2000 年 6 月上任）。

济南军区 司令员陈炳德中将（1999 年 12 月上任），政治委员张文台中将（1999 年 9 月上任）。

南京军区 司令员梁光烈中将（1999 年 12 月上任），政治委员方祖歧上将（1993 年 12 月上任）。

广州军区 司令员陶伯钧上将（1996 年 1 月上任），政治委员刘书田中将（1998 年 8 月上任）。

成都军区 司令员廖锡龙上将（1995 年 7 月上任），政治委员杨德清中将（1999 年 5 月上任）。

中国人民解放军海军领导机关 设有司令部、政治部、后勤部、装备部。现任海军司令员石云生海军上将（1996 年 11 月上任），政治委员杨怀庆海军上将（1995 年 7 月上任）。

中国人民解放军空军领导机关 设有司令部、政治部、后勤部、装备部。现任空军司令员刘顺尧空军上将（1996 年 11 月上任），政治委员乔清晨空军中将（1999 年 1 月上任）。

中国人民解放军第二炮兵领导机关 设有司令部、政治部、后勤部、装备部。现任第二炮兵司令员杨国梁上将（1992 年 11 月上任），政治委员隋明太中将（1997 年 11 月上任）。

最高军事学术研究机关和学府 **中国人民解放军军事科学院** 中央军委领导下的军事学术研究机关，是全军军事科学的研究中心，是协调全军军事科学研究工作的机构，是中央军委和总部从军事理论高度指导国防和军队建设的助手。基本任务是：进行军事基础理论和国防建设、军队建设重大问题的研究；为军委和总部决策提供战略性建议和咨询，提供军事学术研究方面的信息；组织协调全军的军事学术研究工作等。设有战略、战役战术、军制、军事历史、外国军事、军事百科全书、军事运筹分析等研究部门。拥有一支具有相应水平和实践经验的研究队伍。编写出版了大量军事研究论著和各种条令、条例、教令，译注了大量中外军事名著、军事工具书，并编辑出版《中国军事科学》、《军事学术》、《外国军事学术》、《军事历史》、《国防》等多种学术刊物。军事科学院被国务院学位委员会批准在军事学领域开展硕士和博士生教育。军事科学院注重同国内外学术界的交流。现任军事科学院院长王祖训上将（1999 年 1 月上任），政治委员温宗仁中将（2000 年 6 月上任）。

中国人民解放军国防大学 中央军委领导下的最高军事学府，是一所具有综合性、研究性、开放性特点的合成指挥大学。基本任务是招收经过中级指挥院校培训的优秀师、旅职军官，实施高层次的综合教育，同时培训高级参谋、高级理论研究人员和国家有关部门的领导干部，并从事有关战略和国防现代化建设问题的研究，为军委和总部决策起咨询作用。教学指导思想是：以培养政治上合格的适应国防现代化建设和未来战争要求的高级人才为目标；坚持培训“通才”；坚持“高、新、宽、深”的教学内容；坚持自学为主，实行研究式、启发式的教学方法。设有国防研究系、进修系、基本系、留学生系、师资培训班和研究生院，还设有科学研究部和下属的战略研究所、马克思主义研究所、军队建设研究所等科研机构。国防大学已被国务院学位委员会批准在军事学领域开展博士生教育。国防大学坚持对国内外开放，积极开展学术交流，力求用世界最新科技和军事信息、成果，充实和丰富教学内容。现任国防大学校长邢世忠上将（1995 年 7 月上任），政治委员王茂润上将（1995 年 7 月上任）。

作战指挥系统 中央军委通过中国人民解放军总参谋部对各军区、海军、空军、第二炮兵实施作战指挥。驻各军区的陆军集团军和兵种部队归所在军区建制领导和指挥。部署在各军区的海军、空军部队，建制归海、空军，受军区和军委海、空军的双层领导。军区内三军联合作战行动由军区统一指挥。第二炮兵在军委集中领导下，实施垂直指挥。省军区、军分区、县（市）人民武装部隶属军队系统，归所在军区建制领导，同时又是所在省、地、县（市）党委的军事工作部门和政府的兵役机关。

武装力量　中华人民共和国武装力量属于人民，受中国共产党领导，武装力量中的中国共产党组织依照中国共产党章程进行活动。中华人民共和国武装力量的任务是巩固国防，抵抗侵略，保卫祖国，保卫人民的和平劳动，参加国家建设事业，全心全意为人民服务。中华人民共和国武装力量由中国人民解放军现役部队和预备役部队、中国人民武装警察部队及民兵组成。中国人民解放军现役部队是国家的常备军，主要担负防卫作战任务，必要时可以依照法律规定协助维护社会秩序；预备役部队平时按照规定进行训练，必要时可以依照法律规定协助维护社会秩序，战时根据国家发布的动员令转为现役部队。中国人民武装警察部队在国务院、中央军事委员会的领导指挥下，担负国家赋予的安全保卫任务，维护社会秩序。民兵在军事机关的指挥下，担负战备勤务、防卫作战任务，协助维护社会秩序。中华人民共和国武装力量以毛泽东军事思想和邓小平新时期军队建设思想为指导，按照江泽民主席提出的“政治合格、军事过硬、作风优良、纪律严明、保障有力”的总要求，正向革命化、现代化、正规化目标迈进。

江泽民主席 1997 年 9 月 12 日在中国共产党第 15 次全国代表大会上的报告中指出，加强国防和军队建设，是国家安全和现代化建设的基本保证。在新的历史条件下，军队必须始终不渝地坚持党的绝对领导，坚持人民军队的性质和宗旨。贯彻积极防御的军事战略方针，加强质量建设，走有中国特色的精兵之路。要加强教育训练，提高现代技术特别是高技术条件下的防卫作战能力。在 80 年代裁减军队员额 100 万的基础上，将在今后 3 年内再裁减员额 50 万。要重视科技强军，加强国防科技研究，建立和完善与社会主义市场经济体制相适应的国防工业运行机制，逐步更新武器装备。

中国人民解放军　由陆军、海军、空军、第二炮兵部队组成。

陆军　中国人民解放军陆军经过 70 多年的建设，现已发展成为一支具有强大火力、突击力和高度机动能力的诸兵种合成军种。编有步兵、炮兵、装甲兵、工程兵、通信兵、防化兵等专业兵种，还编有电子对抗、测绘和航空兵部队。步兵有山地步兵、摩托化步兵、机械化步兵；炮兵包括地面炮兵、高射炮兵和地空导弹部队；装甲兵部队在编制上以坦克部队和装甲步兵部队为主体，还编有炮兵、反坦克导弹、防空、防化学、工程及其他勤务保障部（分）队，装备除主战坦克外，还有水陆坦克、轻型坦克、扫雷坦克、反坦克导弹发射车等；工程兵由工兵、舟桥、建筑、工程维护、伪装、野战给水工程等专业部（分）队组成；通信兵由野战通信、固定台站通信、通信工程和军邮勤务等专业部（分）队组成；防化兵由防化、喷火、发烟等部（分）队组成。陆军的编制序列一般是：集团军、师（旅）、团、营、连、排、班。

海军　中国人民解放军海军是 1949 年 4 月 23 日正式成立的。主要任务是独立地或协同陆军、空军防御敌人从海上入侵，保卫领海主权，维护海洋权益。主要由水面舰艇部队、潜艇部队、航空兵、岸防兵和陆战队等兵种以及各种保障部队组成，编有北海、东海、南海 3 个舰队和海军航空兵部，以及各类院校、科研、试验机构、预备役部队和军民联防单位。编制序列是：海军，舰队、航空兵部，基地，水警区，舰艇支队，舰艇大队，舰艇中队。人民解放军海军部队现已成为一支兵种齐全、常规和尖端武器兼备，具有立体攻防能力，能有效地保卫国家领海的战斗力量。

空军　中国人民解放军空军是 1949 年 11 月 11 日正式成立的。主要任务是担负国土防空，支援陆、海军作战，对敌后方实施空袭，进行空运和航空侦察。编制序列是：空军、军区空军、空军军、师（旅）、团、飞行大队（营）、飞行中队（连）。经过半个世纪的建设，人民解放军空军已经发展成为一支由航空兵、高射炮兵、地空导弹兵、雷达兵、空降兵等多兵种合成，由歼击机、强击机、轰炸机、运输机等多机种组成的现代化的高技术军种。

第二炮兵　中国人民解放军装备地地战略导弹武器系统、遂行战略核反击任务的部队，组建于 1966 年 7 月 1 日。主要任务是遏制敌人对中国使用核武器，在敌人对中国发动核袭击时，遵照统帅部的命令，独立地或联合其他军种的战略核部队对敌人实施有限而有效的自卫反击，打击敌人的重要战略目标。第二炮兵部队由近程、中程、远程和洲际导弹部队，工程部队，作战保障、装备技术保障和后勤保障部队组成，是一支具有一定规模和实战能力的主要核威慑和战略核反击力量。目前，建成了一批不同型号和不同发射方式的作战阵地，初步形成了多种型号导弹武器装备系统，快速机动作战能力和准确打击目标能力进一步提高，在保卫国家安全、维护世界和平中发挥着重要作用。中国发展核武器，组建战略核部队，是为了防御，是为了打破核垄断，反对核讹诈，遏制核战争。核反击是被迫的，最终目的是消灭核武器和核战争，维护中国的独立和安全。中国政府一再郑重声明，中国在任何时候、任何情况下，都不会首先使用核武器，不对无核武器国家和无核武器地区使用核武器。但是，如果遭到核袭击，将毫不犹豫地实施核反击，进行有限而有效的核报复。

驻香港特别行政区部队　1997 年 7 月 1 日，中华人民共和国恢复了对香港行使主权。根据《中华人民共和国宪法》赋予中国人民解放军的使命和《中华人民共和国香港特别行政区基本法》关于中央人民政府负责管理香港特别行政区的防务的规定，为维护国家的主权、统一和领土完整，保持香港特别行政区的繁荣和稳定，驻香港特别行政区部队于 1993 年初开始组建，1994 年 10 月 25 日正式成立，1996 年 1 月 28 日组建完毕，1997 年 7 月 1 日正式进驻香港执行防务任务。香港驻军由陆、海、空军部队组成，是一支合成部队，下辖 1 个陆军步兵旅、1 个海军舰艇大队、1 个空军航空兵团。驻香港特别行政区部队隶属中华人民共和国中央军事委员会，费用由中央人民政府负担。驻军的防务职责是：防备和抵抗侵略，保护香港特别行政区的安全；担负防卫勤务；管理军事设施；承办有关的涉外军事事宜。香港特别行政区政府在必要时，可向中央人民政府请求驻军协助维护社会治安和救助灾害。驻军法规定香港驻军人员的义务是：（一）忠于祖国，履行职责，维护祖国的安全、荣誉和利益，维护香港的安全；（二）遵守全国性的法律，遵守军队的纪律；（三）尊重香港特别行政区政权机构，尊重香港特别行政区的社会制度和生活方式；（四）爱护香港特别行政区的公共财产和香港居民的私有财产；（五）遵守社会公德，讲究文明礼貌。同时明确规定禁止驻军干预特区的地方事务，禁止军人参加香港的政治组织、宗教组织和社会团体，禁止驻军和军人从事营利性的经营活动和其他与驻军职责不相称的活动。这支部队按照中央军委的要求，进驻香港后展现出了中国人民解放军“威武之师、文明之师”的风貌。

驻澳门特别行政区部队　1999 年 12 月 20 日，中华人民共和国恢复了对澳门行使主权。根据《中华人民共和国宪法》赋予中国人民解放军的使命，依照《中华人民共和国澳门特别行政区基本法》关于中央人民政府负责管理澳门特别行政区的防务的规定和《中华人民共和国澳门特别行政区驻军法》的有关规定，为维护国家的主权、统一和领土完整，保持澳门特别行政区的稳定和发展，中华人民共和国中央人民政府派驻澳门特别行政区的部队于 1999 年 11 月 10 日组建完毕，于 1999 年 12 月 20 日进驻澳门正式担负防务。这支部队集摩托化步兵、装甲步兵、通信兵、侦察兵等多兵种于一体，主要由陆军组成，官兵人数近千名。指挥机关编有海、空军人员，并设有专门的训练和保障机构。武器装备如轻武器、通信设备、装甲车等，都是 90 年代的最新装备。机关人手一部电脑，实现了指挥、办公、管理等自动化。中国人民解放军驻澳门部队隶属于中华人民共和国中央军事委员会领导，驻军费用由中央人民政府担负。驻澳门部队不干预澳门的特别行政区的地方事务。澳门特别行政区政府在必要时，可以向中央人民政府请求驻澳门部队协助维持社会治安和救助灾害。驻军人员除须遵守全国性的法律外，还须遵守澳门特别行政区的法律。

预备役部队　是中国人民解放军的组成部分，是建设祖国保卫祖国的一支重要力量。预备役部队以少数现役军人为骨干，以预备役军官和士兵为基础，按照中国人民解放军的统一编制组建，属于人民解放军序列。平时按照总参谋部的计划进行军事训练，努力提高军事素质和快速动员能力，必要时可按照法律规定协助维护社会秩序，战时根据国家发布的动员令转为现役部队。从 1983 年开始，各军区及军兵种普遍组建预备役部队。经过 16 年的建设，现已成为一支具有数十个师兵力的，包括步兵、炮兵、工程兵、通信兵、防化兵和舟桥部队以及海、空军等专业技术兵种在内的诸军兵种合成的新型预备部队。各预备役师、团在加强基本建设的同时，建立健全了一整套教育、训练、管理生活制度，狠抓军事训练，不断增强了在现代高技术条件下的快速动员能力和遂行作战任务能力。《中华人民共和国预备役军官法》规定，预备役军官授予预备役军官军衔，军衔等级基本与现役军官相同，最高编制军衔为预备役少将。从 1997 年 1 月 1 日起，预备役军官在参加军事训练、执行军事勤务期间和参加国庆节、建军节或者重大庆典活动时，着预备役军官制式服装，佩带军衔肩章、符号标志，平时不得佩带。

中国人民武装警察部队　是中华人民共和国武装力量的组成部分，担负国内安全保卫任务。其职能是捍卫中国共产党的领导，捍卫社会主义制度。基本使命是维护国家主权和尊严，维护社会稳定，保卫重要目标和人民生命财产安全。1982 年 6 月，党中央决定组建中国人民武装警察部队。1983 年 4 月，中国人民武装警察部队总部在北京成立，属于国务院编制序列，受国务院、中央军委双重领导，实行统一领导管理与分级指挥相结合的体制。武警部队执行中华人民共和国兵役法和中国人民解放军的条令、条例和有关规章制度，享受中国人民解放军的同等待遇。军衔等级同中国人民解放军军衔等级，军衔前冠以“武警”名称。

中国人民武装警察部队设有总部；各省、自治区、直辖市设有武装警察部队总队（副军或师级）；各地、市、州、盟设有支队（团级）或大队（营级）；县（市、旗）设有中队（连级）。中国人民武装警察部队以内卫部队为主体，包括列入武装警察部队序列的公安边防部队、公安消防部队、公安警卫部队，担负生产建设任务的水电部队、交通部队、黄金部队，担负护林防火灭火任务的森林警察部队。内卫部队的基本任务是：警卫党政机关和外国使（领）馆，守卫重要机场、电台、电视台、通信枢纽、工厂、仓库、科研机构等重要目标；守护重要桥梁、隧道；担负看守所、监狱、劳改场所的外围武装看押任务和押解罪犯；对大城市和特定地区实施治安巡查警戒；参与处置各种突发事件。边防部队的主要任务是：担负边境地区的治安管理；在对外开放的港口、机场、国境车站和孔道以及特许的口岸，对出入境人员和交通工具实施边防检查；对国际国内航班乘客及携带物品实施安全检查；在领海线内实施巡逻。消防部队的主要任务是：向人民群众宣传安全防火常识，协助有关单位建立防火措施，搞好消防监督和检查，扑救火灾，保卫国家经济建设和人民生命财产的安全。中国人民武装警察部队总部设有武警部队指挥学院、技术学院和专科学校，总队一级设有初级指挥学校和有关专业技术学校。武警部队经过十几年的建设已进入了新的发展阶段，正在建设成为一支政治可靠、训练有素、装备改善、出色履行维护国家安全和稳定的神圣职责的部队。现任武警部队司令员吴双战武警中将（1999年12月上任），第一政治委员贾春旺（公安部长兼，1998年3月上任），政治委员徐永清武警上将（1996年2月上任）。

民兵　是中国共产党领导下的不脱离生产的群众武装，是中华人民共和国武装力量的组成部分，是中国人民解放军的助手和后备力量。民兵的任务是：（一）积极参加社会主义现代化建设，带头完成生产和各项任务；（二）担负战备勤务，保卫边疆，维护社会治安；（三）随时准备参军参战，抵抗侵略，保卫祖国。《民兵工作条例》规定，民兵工作的任务是：（一）建立和巩固民兵组织，提高民兵军政素质，配备和管理民兵武器装备，储备战时所需的后备兵员；（二）发动民兵参加社会主义现代化建设，组织民兵担负战备执勤，维护社会治安；（三）组织民兵参战，支援前线，抵抗侵略，保卫祖国。民兵工作应当贯彻人民战争的思想，坚持劳武结合，坚持民兵制度与预备役制度、民兵工作与战时兵员动员准备工作相结合。全国的民兵工作在国务院、中央军委领导下，由中国人民解放军总参谋部主管。军区按照上级赋予的任务，负责本区域的民兵工作。省军区（卫戍区、警备区）、军分区、县（市）人民武装部负责本区域的民兵工作。《中华人民共和国兵役法》规定，乡、民族乡、镇和企业事业单位建立民兵组织，凡18至35岁符合服兵役条件的男性公民，除应征服现役以外，均应编入民兵组织服预备役。民兵分基干民兵和普通民兵。28岁以下的退出现役的士兵和经过军事训练的人员，以及选定参加军事训练的人员编为基干民兵；其余18至35岁符合服兵役条件的男性公民编为普通民兵。根据需要吸收女性公民参加基干民兵。陆海边疆、少数民族地区和城市有特殊情况的单位，基干民兵的年龄可适当放宽。随着国防现代化建设的发展，民兵组织已由单一的步兵发展成为包括高炮、地炮、通信、工兵、防化、侦察以及海军、空军等专业技术分队在内的基干民兵队伍。民兵的武器装备实现了国产制式化。为加强国防后备力量建设，1987年全国边海防民兵工作会议之后，开始组建民兵应急分队。民兵应急分队是一支应付突发事件、维护社会稳定的“拳头”力量。经过10多年的建设，在大中城市和边海防等重点地区组建的民兵应急分队已步入正规化建设轨道，基本实现了武器装备现代化、通信工具现代化，成为一支素质优良、动员快速、战斗力强的队伍。在加强民兵应急分队建设的同时，加强了民兵专业技术分队的建设。目前，全国共组建对口专业分队近万个，编组民兵数万人，在平时的生产建设、抢险救灾和军事活动中充分发挥了后备军的作用。

兵役制度　中华人民共和国宪法规定：“保卫祖国、抵抗侵略是中华人民共和国每一个公民的神圣职责。依照法律服兵役和参加民兵组织是中华人民共和国公民的光荣义务。”凡中华人民共和国公民，不分民族、种族、职业、家庭出身、宗教信仰和教育程度，都有依法服兵役的义务。参加中国人民解放军的服现役，没有服现役的公民进行兵役登记服预备役，以及学生接受军事训练等都是履行兵役义务。1998年12月29日第9届全国人民代表大会常务委员会第

6次会议通过了关于修改《中华人民共和国兵役法》的决定，修改后的兵役法规定："中华人民共和国实行义务兵与志愿兵相结合、民兵与预备役相结合的兵役制度。"

士兵服役制度　根据1998年12月29日新颁发的《中华人民共和国兵役法》和1999年6月30日国务院、中央军委修订发布的新的《中国人民解放军现役士兵服役条例》，现役士兵按兵役性质分为义务兵役制士兵和志愿兵役制士兵。义务兵役制士兵称义务兵，义务兵服现役的期限为2年。志愿兵役制士兵称士官。士官从服现役期满的义务兵中选取，根据军队的需要，也可以从非军事部门具有专业技能的公民中招收。士官实行分期服现役制度。士官服役的年限为：第1期、第2期各3年，第3期、第4期各4年，第5期5年，第6期9年以上。士官服现役的期限，从改为士官之日起，至少3年，一般不超过30年，年龄不超过55岁。

军官服役制度　中国人民解放军现役军官是被任命为排级以上职务或者初级以上专业技术职务，并被授予相应军衔的现役军人。军官按职务性质分为军事军官、政治军官、后勤军官和专业技术军官。军官的选拔和使用，坚持任人唯贤、德才兼备、注重实绩、适时交流的原则，实行民主监督。坚持院校培训提拔军官的制度。优秀士兵经过院校培训也可以提拔为军官。经军队院校培训提拔军官不能满足需要时，平时可以挑选优秀士兵经过总部指定的其他训练机构培训合格后提拔为军官，也可以招收军队以外的高等学校毕业生和专业技术人员入伍，任命为军官；战时可以从士兵、征召的预备役军官和非军事部门的人员中直接任命军官。军官服役最高年龄：排级30岁，连级35岁，营级40岁，团级45岁，师级50岁，军级55岁，大军区副职63岁，大军区正职65岁。作战部队的少数师、军职军官因工作需要可以适当延长，但师、正军职最多不得超过5岁，副军职最多不得超过3岁；在舰艇上服役的营、团级军官，任职的最高年龄分别为45岁和50岁；总部机关，大军区机关，省军区（卫戍区、警备区）系统、后勤基地和分部、院校、科研单位的师职军官任职的最高年龄为55岁，副军职军官任职最高年龄为58岁，正军职军官最高任职年龄为60岁；总部机关的团职军官因工作需要可以延长5岁，大军区机关的团级军官任职的最高年龄为45岁，少数因工作需要可延长3岁；专业技术军官平时任职的最高年龄，担任初级专业技术职务的43岁、中级专业技术职务的48岁、高级专业技术职务的60岁，少数担任中、高级专业技术职务的军官，因工作需要按任免权限批准可放宽5岁。军官达到服现役的最高年龄的、因伤病残不能坚持正常工作或因受军队编制员额限制不能调整使用的，应当退出现役作转业、退休、离休安置。军官服现役（或参加工作）满30年以上或者年龄满50周岁以上，本人提出申请，组织批准，可作退休安置。

现役军人及其家属的优待　中国人民解放军军官实行职务军衔等级工资制度和定期增资制度，并按照国家和军队的有关规定享受津贴和补贴。军官享受公费医疗待遇，每年休假一次。军官具备家属随军条件的经师以上单位政治机关批准，其配偶和未成年子女、无独立生活能力的子女可以随军，是农村户口的转为城镇户口。部队移防或者军官工作调动，随军家属可以随调。军官退出现役后由国家妥善安置。士官实行工资制和定期增资制度，工资由基础工资、军衔等级工资、军龄工资组成，并按照国家和军队的有关规定享受津贴和补贴。高级士官经师（旅）级以上单位的政治机关批准，其配偶和未成年的子女、无独立生活能力的子女可以随军，是农村户口的转为城镇户口。士官每年均有探亲假期。义务兵服现役期间享受供给制生活待遇，并按军衔和服现役年限发给津贴，享受国家和军队规定的保险待遇，享有公费医疗待遇。兵役法规定，现役军人，革命残废军人，退出现役的军人，革命烈士家属，牺牲、病故军人家属，现役军人家属，应当受到社会的尊重，受到国家和人民群众的优待。革命伤残军人乘坐火车、轮船、飞机、长途公共汽车，凭《革命伤残军人证》准予优先购票和享受减价优待。现役军人牺牲、病故，由国家发给其家属一次性抚恤金和定期抚恤金。

退伍军人的安置　义务兵服现役期满未被选取为士官的，以及士官服役满本期规定年限未被批准进入下一期继续服现役的和符合退休条件的，一律退出现役。退出现役的义务兵，按照国家有关规定妥善安置。家居农村的义务兵退出现役后，由乡、民族乡、镇的人民政府妥善安排他们的生产和生活。招收员工时，在同等条件下，应当优先录用。家居城镇的义务兵退出现役后，由县、自治县、市、市辖区的人民政府安排工作，也可以由上一级或者省、自治区、直辖市的人民政府在本地区内统筹安排。机关、团体、企业事业单位，不分所有制性质和组织形式，都有按国家有关规定安置退伍军人的义务。入伍前是机关、团体、企业事业单位职工的允许复工、复职。城镇退伍军人待安置期间，由当地人民政府按照不低于当地最低生活水平的原则发给生活补助费。城镇退伍军人自谋职业的，由当地人民政府给予一次性经济补助，并给予政策上的优惠。士兵退出现役后，初级士官按复员安置，满10年的中级士官、高级士官作转业安置，本人要求复员的经批准也可以作复员安置，入伍前是农村户口的，可以转为城镇户口；服现役满30年或者满55岁的高级士官作退休安置，根据地方需要和本人自愿也可以作转业安置。丧失工作能力的士官作退休安置。退出现役的特等、一级革命残废军人，由国家供养终身，其余的由政府安排力所能及的工作，或转业地方工作，或作退休处理。军官退出现役后，由国家妥善安置。担任师级以上职务和高级专业技术职务的军官，退出现役后主要作退休安置；担任团级以下职务和初、中级专业技术职务的军官退出现役后主要作转业安置，不宜作转业或其他安置的团职军官可以由组织批准作退休安置。自愿复员的干部，可回原籍县（市、区）或入伍时户口所在地，也可到配偶所在地。国家机关和企业事业单位在招聘工作人员时，应对具备条件的复员干部优先聘任和录用。复员干部从事个体经营或开办私营企业的，应依法优先发给营业执照，在有限期内给予低息贷款，经税务部门批准可适当减免营业税和所得税。复员干部就业后的待遇按照“享受所在单位同工龄、同工种、同岗位人员待遇”的原则确定。

军衔　中国人民解放军军官军衔分为3等10级：将官3级（上将、中将、少将），校官4级（大校、上校、中校、少校），尉官3级（上尉、中尉、少尉）。根据军官所属军种和技术特点，在海军、空军和专业技术军官军衔前分别冠以“海军”、“空军”、“专业技术”名称。现行军官职务等级编制军衔：中央军事委员会主席不授予军衔，中央军事委员会副主席和委员为上将，总参谋长、总政治部主任为上将，正大军区职为上将、中将，副大军区职为中将、少将，正军职为少将、中将，副军职为少将、大校，正师职为大校、少将，副师职为上校、大校，正团职为上校、中校，副团职为中校、少校，正营职为少校、中校，副营职为上尉、少校，正连职为上尉、中尉，副连职为中尉、上尉，排职为少尉、中尉。专业技术军官，高级专业技术职务为中将至少校，中级专业技术职务为大校至上尉，初级专业技术职务为中校至少尉。志愿兵役制士兵按军衔等级分为：高级士官（六级士官、五级士官）；中级士官（四级士官、三级士官）；初级士官（二级士官、一级士官）。义务兵役制士兵分为上等兵、列兵。士兵军衔中，列兵为最低军衔，六级士官为最高军衔。海军、空军士兵在军衔前分别冠以“海军”、“空军”二字。

文职制度　中国人民解放军中的文职干部是被任命为初级以上专业技术职务或者办事员级以上职务、不授予军衔的现役军人，是国家干部队伍的组成部分。文职干部按照工作性质分为专业技术文职干部和非专业技术文职干部。文职干部编制范围：军队中科学研究、工程技术、医疗卫生、教学、新闻、出版、图书、档案、文化艺术、体育等单位的部分专业技术干部职务，以及机关、院校、医院等单位部分从事行政事务、服务保障的干部职务。文职干部的职务等级：专业技术文职干部的专业技术职务分为高级、中级、初级，专业技术等级分为1级至14级，1级为最高级；非专业技术文职干部的职务分为正局级、副局级、正处级、副处级、正科级、副科级、一级科员、二级科员、办事员。文职干部的级别设置为特级、1级至9级，特级为最高级。文职干部的待遇基本与现役军官的待遇相同。文职干部着制式服装，佩带帽徽、肩章、军种符号、领花。根据工作需要，文职干部可以改任军官，并按照有关规定评定授予军衔。

国防科技与武器装备　国防科技和武器装备发展是衡量国防实力的重要标志。中共中央和中央军委要求国防科技和武器装备战线上的全体同志，要发扬研制“两弹一星”时的那种顽强拼搏、艰苦奋斗和协同一致的精神，推动科技创新、装备创新，努力探索和走出一条投入较少、效益较高的发展路子，开创国防科技和武器装备建设的新局面。

卫星发射取得三战三胜的好成绩　1999年5月10日，在太原卫星发射中心用“长征”4号乙运载火箭，托举双星顺利升空。火箭飞行749秒后，“风云”1号卫星与火箭分离；814秒后，“实践”5号卫星与火箭分离。两颗卫星相继进入预定轨道。“风云”1号卫星是中国研制的第1代太阳同步轨道应用气象卫星，可向中国和世界上具有接收能力的国家和地区实时发送多光谱可见光、红外气象遥感信息，提供全球气象和空间环境监测资料。这次发射的是该类卫星的改进型。“实践”5号卫星是采用公用平台思想设计研制的第1颗小型科学实验卫星。卫星主要用于空间单粒子效应及对策研究，并进行空间流体科学实验和S波段高速数传发射机以及大容量固态存储器在轨试验。这是该类卫星的首次试验。此次发射首次使用的“长征”4号乙运载火箭，是一种常规液体推进剂三级运载火箭，全长45.775米，起飞推力为300吨。

它是在“长征”4号运载火箭的基础上，采用新技术进行了改进，可以满足发射多种卫星的需要。这两颗卫星发射成功，对于加速发展中国气象预报手段现代化、提高灾害性天气预报能力，对于推动小卫星公共平台的研制和空间科学研究、促进国民经济发展和国防建设，都具有重大意义。1999年6月12日，在太原卫星发射中心用“长征”2号丙改进型运载火箭将美国摩托罗拉公司制造的两颗“铱星”送入预定轨道。这次发射的两颗铱星，是铱系统的补网星。中国航天界在参加这种世界多个国家和地区合作的全球卫星个人通信系统的“铱星”发射中，已连续获取3次组网、3次补网发射的成功。这次发射成功再次表明，中国与世界各国在航天领域开展国际合作符合有关各方的利益。中国发展航天事业，完全是为了和平开发利用空间资源，为人类造福。1999年10月14日，在太原卫星发射中心用“长征”4号乙运载火箭成功地将中国和巴西联合研制的“资源”1号地球资源遥感卫星送入预定轨道。一颗巴西小型科学应用卫星也同时搭载升空。由中国空间技术研究院和巴西国家空间研究院联合研制的“资源”1号卫星，总质量为1540千克，轨道高度为778千米的太阳同步轨道，工作寿命2年。卫星上装有CCD相机、红外多光谱扫描仪、宽视场成像仪、空间环境监测仪和数据采集传输系统，主要用于监测国土资源的变化，评估森林储量、农作物长势和产量，监测灾害及评估灾害损失，勘测地下资源、监督资源的合理开发，监测空间环境、为空间科学研究提供资料等。“资源”1号卫星投入使用后，将向中国、巴西和有接收能力的国家地区实时发送可见光、多光谱、短波红外和热红外遥感图像信息。中巴合作研制地球资源遥感卫星，受到两国政府领导人的高度重视。两国航天工程技术人员密切协作，联合攻关，开创了发展中国家在航天高技术领域成功合作的先例，对于打破西方发达国家在遥感卫星市场的垄断，加快两国航天技术的发展都具有重大意义。双方还决定成立一家合资公司，以便向第3国出售中巴遥感卫星提供的数据和图像服务，参与国际卫星服务市场的竞争。

国防科技工业10大集团公司于1999年7月1日在北京宣告成立 中共中央总书记、国家主席、中央军委主席江泽民致信祝贺。中共中央政治局常委、国务院总理朱镕基出席成立大会并作重要讲话。党中央、国务院、中央军委根据国际国内形势发展和国防科技工业的现状，反复听取各方面意见后，作出了这次国防科技工业体制改革的重要决策。核工业、航空工业、兵器工业、船舶工业、航天工业等5个军工总公司，改组成立中国核工业集团公司、中国核工业建设集团公司、中国航空工业第1集团公司、中国航空工业第2集团公司、中国兵器工业集团公司、中国兵器装备集团公司、中国船舶工业集团公司、中国船舶重工集团公司、中国航天科技集团公司、中国航天机电集团公司等10个集团公司。其目的是建立起适应社会主义市场经济发展要求的政企分开、产研结合、供需分离、精干高效的管理体制，为跨世纪长远发展打好基础。国防科工委和各集团公司都要牢固树立为国防现代化服务的思想，坚决完成武器装备研制、生产、保障任务。要不断提高武器装备科研水平，增强国防科技工业发展后劲。要广泛采用先进技术，加强技术改造。坚持军民结合方针，大力发展军民两用技术，推动军用技术向民用的转移。各军工集团公司要在这次体制改革的基础上，按照社会主义市场经济发展的要求，继续深化管理体制和运行机制的改革，加快结构调整和军工企事业单位的战略性重组，加大科技创新的力度。弘扬“自力更生、艰苦奋斗、大力协同、无私奉献”的精神，力争尽快地在国防科技的一些关键领域上赶上国际先进水平，为国防建设和经济建设作出新的更大的贡献。

载人航天工程第1次飞行试验获得圆满成功 1999年11月20日，在酒泉卫星发射中心用新型运载火箭将中国第1艘太空试验飞船“神舟”号发射升空。飞船在轨道上正常运行，进行了一系列相关科学试验。在运行过程中，陆上测控站和分布于太平洋、印度洋、大西洋的4艘远望号测量船，对飞船进行了跟踪测控，把各种参数迅速传到北京航天指挥控制中心，在航天指挥控制中心的统一指挥下，当飞船在太空中运行到最后一圈飞临南太平洋海域上空时，远望3号测量船及时准确向飞船发出了返回指令，飞船随即建立返回姿态，制动发动机点火，返回舱从太空开始返回。在距地面10千米时打开降落伞，开始缓速下降，着陆前在缓冲发动机喷出火焰的托举下，返回舱于11月21日凌晨在内蒙古中部地区平稳着陆。返回舱落地后结构完好，舱体密封良好，舱内仪器设备安装状态没有发现变化，舱壁防热结构完好无开裂。返回舱实际落点与理论落点的偏差仅在12千米左右。11月23日，返回舱运抵北京。11月24日，在中国空间技术研究院北京空间技术研制试验中心进行开舱检查。舱内的“宇航员模拟人”栩栩如生，生活设施齐全完好，各种仪器设备完整如新，线路崭新光亮，搭载的57件物品没有任何损坏。工程技术人员将对返回舱带回的数据资料进行分析研究，今后还要进行若干次无人飞行试验，争取早日把中国的宇航员送上太空。“神舟”号飞船的成功发射，标志着中国航天事业的发展跨上了一个新的台阶。江泽民为试验飞船题名，中共中央、国务院、中央军委致电祝贺，江泽民、胡锦涛、张万年、迟浩田等视察了返回舱，亲切会见了部分工程研制和试验人员，勉励大家发扬“两弹一星”精神，大力推进中国高科技事业的发展，为增强中国的综合国力、科技实力、国防实力作出更大的贡献。　（孔繁金、黄远模）

阿拉伯联合酋长国

国　　名　阿拉伯联合酋长国。

主要统计　面积8.36万平方千米。人口265万人（其中，13～17岁男8.6万人，女8.4万人；18～22岁男8.2万人，女7.7万人；23～32岁男14.2万人，女10.4万人）。国内生产总值1700亿迪尔汗，约合460亿美元（1998年）。国防费140亿迪尔汗，合38亿美元（1999年国防预算）。原油8.09亿桶（1996年）。天然气254.29亿立方米（1995年）。发电量194亿度（1995年）。粮食0.7万吨（1997年）。海运能力，商船（载重100吨以上）276艘，总吨位149.2万吨（1998年）。民航能力，固定航班机场6处，客运量27.6亿人千米、货运量1.06亿吨千米（1998年）。

国防体制　联邦总统兼任武装力量统帅。最高军事决策机构是“武装力量总司令部”。最高军事行政机关是国防部。武装力量由正规军和准军事部队组成。正规军分陆、海、空三个军种。联邦总统通过武装力量总司令部、国防部和陆、海、空三军司令部领导和指挥全军。

领导人物　联邦总统兼武装力量总司令扎耶德·本·苏尔坦·阿勒纳哈扬（1996年连任）。武装力量副总司令、王储哈利法·本·扎耶德（1976年上任）。国防部长穆罕默德·本·拉希德·阿勒马克图姆上将（1997年3月连任）。武装力量参谋长哈穆德·本·阿里少将（1993年上任）。

武装力量　**兵力**　现役部队6.45万人（外籍军人约占30%）。

陆军　5.9万人（包括迪拜1.5万人）。编有1个王室警卫旅、1个装甲旅、2个机械化步兵旅、2个步兵旅、1个炮兵旅，迪拜驻有2个独立步兵旅。

主战坦克：共216辆，其中AMX－30型45辆、OF－40MK2“狮”式36辆、“勒克莱尔”式156辆。轻型坦克：“蝎”式76辆。装甲侦察车：共69辆，其中AML－90型49辆、“萨拉丁”式20辆（储备）。步兵战车：共433辆，其中AMX－10P型18辆、БМП－3型415辆。装甲人员输送车：570辆，其中VCR式80辆、“潘哈德”M－3型370辆、EE－11“褐斑洞蛇”式120辆。牵引炮：105毫米26门，130毫米20门。自行炮：155毫米177门。火箭炮：共66门，其中70毫米18门、122毫米48门（只有24门具有作战能力）。迫击炮：81毫米114门，120毫米21门。地地导弹：“飞毛腿”B型6部（在迪拜）。反坦克导弹：共255具，包括“米兰”式、“警惕”、“陶”式、“霍特”式。无后坐力炮：84毫米、106毫米若干门。高炮：20毫米自行高炮42辆，30毫米高炮20门。防空导弹：“吹管”、“西北风”20余部。

海军　约1500人。

护卫舰：“阿布扎比”级2艘。巡逻/近海战斗舰艇：共19艘，其中轻型护卫舰2艘。导弹艇：8艘，装备MM－40“飞鱼”舰舰导弹。巡逻艇：9艘。两栖登陆舰：共5艘，其中3艘为坦克登陆舰。后勤支援舰：2艘。

空军　约4000人。编有3个对地攻击战斗机中队，1个战斗机中队，1个防暴机中队。战斗机99架，武装直升机49架。

对地攻击战斗机：43架，其中“幻影”2000E型9架、“霍克”102型17架、“霍克”MK－63/－63A/－63C（兼教练机）型共17架。战斗机：“幻影”2000EAD型22架。防暴机：MB－326型8架，MB－339A型5架。改装训练机：“霍克”MK－61型5架，MB－339A型2架，“幻影”2000DAD型6架。侦察机：“幻影”2000RAD型8架。运输机：BN－2型1架，C－130H型4架，L－100－30型2架，C－212型4架，CN－235M－100型7架，伊尔－76

型4架。武装直升机：49架，其中AS－332F型5架、SA－342K型10架、SA－316/－319型7架、AH－64A型20架、AS－565“豹”式7架。运输直升机：41架，其中AS－332型（要人运输机）2架、AS－350型1架、“贝尔”205型8架、“贝尔”206型9架、“贝尔”206L型5架、“贝尔”214型4架、SA－330型10架、“空中大王”350型（要人运输机）2架。搜索、救援直升机：6架，其中BO－105型3架、“奥古斯塔”109K2型3架。教练机：47架，其中PC－7型30架、SF－260型5架、“GROB”G－115TA型12架。空地导弹：“霍特”式、AS－11/－12型、AS－15“飞鱼”AM－39型、“海尔法”式、PGM－1/－2型若干枚。空空导弹：“魔术”式、“响尾蛇”式若干枚。

防空部队　属空军，编有1个防空旅（3个营），5个改进型“霍克”导弹连。装备地空导弹：“轻剑”式12部，“眼镜蛇”9部，RBS－70型13部，“西北风”式100部。

准军事部队　海岸警卫队（属内务部管辖）若干人，拥有约40艘巡逻快艇。

兵役制度　实行志愿兵役制。

军队节日　建军节12月10日。

（孙金城）

阿　曼

国　　名　阿曼苏丹国。

主要统计　面积30.95万平方千米。人口约221.3万人（其中，13～17岁男12.6万人，女12.2万人；18～22岁男10.1万人，女9.9万人；23～32岁男14.9万人，女13.8万人）。国内生产总值55亿里亚尔，合142亿美元（1998年）。国防预算16亿美元（1999年预算）。原油年产量3.22亿桶（1996年）。天然气43.61亿立方米（1995年）。发电量82.58亿度（1995年）。粮食6000吨（1997年）。海运能力，商船（载重100吨以上）26艘，总吨位1.17万吨（1998年）。民航能力，有固定航班机场6个，客运量27.6亿人千米、货运量1.06亿吨千米（1998年）。

国防体制　最高军事决策机构为国防委员会，由国家元首卡布斯苏丹兼国防委员会主席。国防部是最高军事行政机关。武装力量由正规军、预备役和准军事部队组成。正规军分陆、海、空三个军种。国家元首通过国防部指挥陆、海、空三军。

领导人物　苏丹兼首相、国防委员会主席、外交、国防和财政大臣卡布斯·本·赛义德（1970年7月23日即位）。负责国防事务的大臣巴德尔·本·沙乌德·本·哈里卜·布赛义迪（1997年12月连任）。武装部队总参谋长哈米斯·本·哈米德·卡勒巴尼中将（1997年12月上任）。

武装力量　**兵力**　现役部队约4.35万人（其中3700人为外籍人，包括王室卫队）。

陆军　约2.5万人。编有3个旅部，2个装甲团，1个装甲侦察车团，4个炮兵中队，1个防空团，8个步兵团，1个步兵侦察团，2个独立侦察连，1个野战工兵团，1个空降团，“穆桑达姆安全部队”（独立步枪连）。

主战坦克：M－60A1型6辆，M－60A3型93辆，“酋长”24辆（储备），“挑战者”2型18辆。轻型坦克：“蝎”式37辆。装甲人员运输车：“斯巴达人”式6辆，“苏丹”式13辆，“突击队员”式4辆，“剪刀鱼”式80辆。侦察车：VBL式41辆。牵引炮：105毫米42门，122毫米25门，130毫米24门。自行炮：155毫米18辆。迫击炮：81毫米69门，107毫米20门。反坦克导弹：“陶”式18具，“米兰”式50具。高炮：23毫米4门，35毫米10门，40毫米12门。地空导弹：“标枪”式28部，SA－7型34部，“吹管”式若干部。

海军　约4200人。

轻型护卫舰：2艘。海岸巡逻舰艇：11艘。两栖舰艇：5艘。后勤支援舰：5艘。

空军　约4100人。编有2个对地攻击战斗机中队，1个防暴机中队，3个运输机中队，2个运输直升机中队，2个防空导弹中队。装备作战飞机40架。

对地攻击战斗机：“美洲虎”8架，T－2型4架。对地攻击/侦察机：“霍克”203型12架。防暴机：BAC－167MK82型12架，“霍克”103型4架。

运输机：BAC－111 型 3 架，“空中货车”3M 型 15 架（其中 7 架配备雷达，可用于海上侦察），C－130H 型 3 架。直升机：AB－205 型 20 架，AB－206 型 3 架，AB－212 型 3 架，AB－214 型 5 架。教练机：AS－202－18 型 4 架，MFI－17B 型 7 架。防空导弹：“轻剑”式 28 部。空空导弹：“响尾蛇”式若干枚。

王室卫队　约 6500 人。编有王室警卫旅、2 个特种部队团、王室游艇中队、王室飞行中队。

准军事部队　约 4400 人。其中部族国土卫队约 4000 人、海岸警察卫队约 400 人。警察航空联队装备飞机 13 架。

兵役制度　实行志愿兵役制。

（张若涵）

阿　塞　拜　疆

国　　名　阿塞拜疆共和国。

主要统计　面积 8.66 万平方千米。人口 728.4 万人（其中，13～17 岁男 40 万人，女 37.8 万人；18～22 岁男 35.7 万人，女 33.6 万人；23～32 岁男 61.3 万人，女 63.1 万人）。国内生产总值 42 亿美元（1998 年）。国防费 1.2 亿美元（1999 年国防预算）。原油 1.9 亿桶（1996 年）。天然气 38.96 亿立方米（1995 年）。发电量 170 亿度（1995 年）。粮食 105.9 万吨（1997 年）。铁路货运量 15.4 亿吨千米（1998 年）。公路货运量 17.4 亿吨千米（1998 年）。航空货运量 4900 万吨千米（1998 年）。

国防体制　总统为武装力量统帅。最高国防决策机构为国家安全委员会，成员有总统、全体内阁部长、武装力量参谋长，由总统任主席。国防部为政府中的一个部，是最高军事行政机关。武装力量由正规军和准军事部队组成。正规军分为陆、海、空三个军种。最高指挥机构为武装力量参谋部。总统通过国防部和武装力量参谋部对全国武装力量实施领导和指挥。

领导人物　总统兼武装力量统帅盖达尔·阿利耶夫（1998 年连任）。国防部长萨法尔·阿比耶夫上将（1998 年上任）。武装力量总参谋长涅季梅金·古谢因·奥格雷·萨德科夫中将（1999 年上任）。

武装力量　**兵力**　现役部队 6.99 万人。

陆军　5.56 万人。编有 3 个军司令部，1 个摩步师，18 个摩步旅，2 个炮兵旅，1 个反坦克团。

主战坦克：259 辆（其中 T－72 型坦克 136 辆、T－55 型坦克 123 辆）。步兵战车：254 辆。装甲输送车：74 辆。火炮：303 门。地空导弹：SA－4/－8/－13 型共 60 余部。

海军　2200 人。

护卫舰：1 艘。导弹快艇：2 艘。巡逻艇：7 艘。扫雷艇：5 艘。登陆艇：4 艘。辅助舰船：2 艘。

空军（包括防空兵）　8100 人。作战飞机 49 架（另库存 33 架）。

飞机：苏－17 型 4 架，苏－24 型 4 架，苏－25 型 2 架，米格－21 型 5 架，米格－25 型 33 架。直升机：35 架，其中武装直升机 15 架。地空导弹：SA－2/－3/－5 型 100 部。

准军事部队　1.5 万余人。其中民兵 1 万人，边防军 5000 人。

兵役制度　实行自愿制与合同制相结合的兵役制度，服役期 18 个月。

（李　英）

巴　基　斯　坦

国　　名　巴基斯坦伊斯兰共和国。

主要统计　面积 79.6095 万平方千米。人口 1.44350 亿人（其中，13～17 岁男 852 万人，女 805.1 万人；18～22 岁男 731.7 万人，女 662.2 万

人；23～32岁男1181.4万人，女1048.5万人）。国内生产总值2.8万亿卢比，合610亿美元（1998年）。国防费1420亿卢比，合27亿美元（1999年国防预算）。原煤304. 3万吨（1995年）。原油2000万桶（1996年）。天然气178.4亿立方米（1995年）。发电量601.55亿度（1995年）。粮食2504.1万吨（1997年）。海运能力，商船（载重100吨以上）73艘，总载重量51.38万吨（1998年）。民航能力，固定航班机场34处，客运量111.23亿人千米、货运量4.23亿吨千米（1998年）。

国防政策 维护国家独立、主权和领土完整；反对印度称霸南亚，加强同南亚各小国的军事合作，共同抗衡印度；主张建立“南亚无核区”，同印度签订互不侵犯条约；适当增加军费，努力建设一支与巴的“安全环境”相适应的武装力量，重点提高武器装备现代化水平；武器来源贯彻多方引进与自产相结合的方针，强调发展国防工业，努力提高自力更生能力；面对印度的核威慑，积极发展核武器；在加强正规军建设的同时，积极发展准军事部队，保持充足的预备役兵源。

军事战略 冷战结束后，巴基斯坦对其军事战略作了相应调整。巴将80年代形成的东抗印度、西堵苏联通过阿富汗南下扩张的战略调整为集中主要力量对付印度。巴将80%的兵力部署在东部边境，将20%的兵力部署在西部边境。在作战指导思想上，巴鉴于本身国土狭长、纵深浅的特点，强调“先发制人”、“速战速决”，避免久拖不决的消耗战。在武装力量建设上，实行稳步扩军的方针，并力争实现武器装备现代化，要求在兵力数量上与当面对手保持均势，在武器装备上力争胜对手一筹。在发展核武器问题上，采取“以牙还牙”的政策，积极发展核武器，谋求对印进行核威慑。

国防体制 总统为武装部队统帅。内阁防务委员会为最高决策机关，主席由总统兼任，成员包括国防、外交、财政、内政等部长，参谋长联席会议主席、三军参谋长、国防部秘书长一般均出席内阁防务委员会会议。国防部是贯彻执行内阁防务委员会决议的最高军事行政领导机构，主要负责三军的财务管理、武器生产与采购。国防部首脑为国防部长，国防部秘书长负责主持日常工作。国防部下设防务局、生产局和国防情报局。参谋长联席会议在行政上受国防部领导，但在军事指挥上直属总统，主要负责拟定三军联合战略计划、研究武装力量的兵力与编成、向内阁防务委员会提供国防咨询，其成员有三军参谋长和国防部秘书长，主席由三军参谋长轮流担任，任期3年。武装力量由正规军、准军事部队和预备役部队组成。正规军分为陆、海、空三个军种。总统通过国防部和参谋长联席会议领导和指挥全军。

领导人物 总统兼武装部队统帅穆罕默德·拉菲克·塔拉尔（1998年1月1日上任）。首席执行官佩尔韦兹·穆沙拉夫上将（1999年10月上任）。国防部长沙希德·哈米德（1996年11月上任）。陆军参谋长佩尔韦兹·穆沙拉夫上将（1998年10月7日上任）。海军参谋长赛义德·穆哈默德·克汗中将（1991年1月上任）。空军参谋长帕尔维兹·迈赫迪·库雷斯上将（2000年7月上任）。

武装力量 **兵力** 现役部队58.7万人。

陆军 52万人。编成9个军部，2个装甲师，9个军属炮兵旅，19个步兵师，1个地区司令部（师级），7个独立装甲旅，9个独立步兵旅，1个防空司令部（下辖8个旅），7个工程兵旅，3个装甲侦察团，1个特种部队群（3个营），17个航空兵中队。

主战坦克：2320余辆，其中M－47型15辆、M－48A5型250辆、T－54/55型50辆、T－59型1200辆、T－69型250辆、T－85型200辆、T－80UD型约300辆。装甲输送车：M－113型850辆。牵引炮：1590门，其中85毫米200门、105毫米350门、122毫米600门、130毫米200门、155毫米214门、203毫米26门。自行炮：240门，其中105毫米50门、155毫米150门、203毫米40门。火箭炮：122毫米45门。迫击炮：81毫米500门、120毫米225门。地地导弹：“哈塔夫－1”、“哈塔夫－2”和“沙辛－1”型18部。反坦克导弹：“眼镜蛇”、“陶”式等800具。火箭筒：89毫米若干具。无坐力炮：75、106毫米若干门。高炮（高射机枪）：2000余门（挺），其中14.5毫米和35毫米200门（挺）、40和57毫米若干门。地空导弹：“毒刺”、“红眼睛”和RBS－70型350部，“安扎”500部。飞机：航测机1架，联络机84架，观测机90架。直升机：攻击直升机20架，运输直升机114架。

海军 2.2万人（含海军航空兵、海军陆战队和海上保安部队）。基地设在卡拉奇（舰队司令部）。

潜艇：10艘，其中“哈利德”导弹潜艇1艘、“初日”级2艘、“汉格尔”级4艘、小型潜艇3艘。驱逐舰：“征服者”级2艘。护卫舰：8艘，其中导弹护卫舰6艘、常规护卫舰2艘。导弹快艇：5艘。

巡逻艇：5 艘。扫雷艇：3 艘。支援舰：10 艘。

海军航空兵　装备作战飞机 7 架，武装直升机 12 架。

海军陆战队　约 1200 人。

空军　4.5 万人。编成 7 个攻击战斗机中队，10 个战斗机中队，1 个侦察机中队，1 个海上反潜侦察机中队，2 个运输机中队，1 个救援直升机中队，1 个运输直升机中队，7 个地空导弹连。作战飞机 389 架。

攻击战斗机："幻影"122 架，Q－5 型 42 架。战斗机：F－16 型 25 架，其他型 178 架。武装侦察机："幻影"3RP 型 11 架。反潜巡逻机："大西洋"4 架，P－3C 型 3 架（均具有作战能力）。运输机：C－130 型 12 架，波音－707 型 2 架，波音－737 型 1 架，其他型号 4 架。救援直升机：SA－319 型 6 架。运输直升机：SA－316 型 15 架，SA－321 型 4 架，SA－315B 型 12 架。教练机：170 架，其中 40 架 MFI－17B 型具有作战能力。地空导弹："响尾蛇"144 部，SA－2 型 6 部。空地导弹："飞鱼"、"小牛"若干枚。空空导弹："麻雀"、"响尾蛇"等若干枚。

预备役部队　51.3 万人，其中陆军 50 万人、海军 5000 人、空军 8000 人。

准军事部队　国民警卫队 18.5 万人。边防部队 3.5 万人，装备装甲输送车 45 辆。巴基斯坦别动队（属内务部）2.5 万人。海上保安厅约 2000 人，装备驱逐舰 1 艘、快艇 8 艘。海岸警卫队，装备快艇 33 艘。

军衔　军官军衔分 3 等 11 级：将官 4 级（上将、中将、少将、准将），校官 3 级（上校、中校、少校），尉官 4 级（上尉、中尉、少尉、准尉）。

兵役制度　实行志愿兵役制。新兵招募的年龄，陆军 17～21 岁，海军 15～20 岁，空军 16～28 岁。士兵服役年限，陆军 7 年，海、空军 7～8 年。士兵服役期满后转为预备役。预备役服役年限，陆军 8 年，海、空军 5 年。军官最高服役年龄，将官 59 岁，校官 52 岁，尉官 48 岁。

驻外兵力　1999 年巴基斯坦共有 77 人在克罗地亚、格鲁吉亚、伊拉克和科威特、西撒哈拉等国和地区参加联合国维和行动。

军队节日　国防节 9 月 6 日。　（刘温国）

朝　鲜

国　名　朝鲜民主主义人民共和国。

主要统计　面积 12.2762 万平方千米。人口 2150 万人（其中，13～17 岁男 103.5 万人，女 106.6 万人；18～22 岁男 99.4 万人，女 106.2 万人；23～32 岁男 251.5 万人，女 222.1 万人）。国内生产总值 140 亿美元（1998 年）。国防费 13 亿美元（1999 年国防预算）。粗钢 810 万吨（1998 年）。原煤 7150 万吨（1998 年）。原油 283.5 万桶（1998 年）。天然气 860 亿立方米（1998 年）。发电量 3700 亿度（1998 年）。粮食 347.9 万吨（1997 年）。海运能力，商船（载重 100 吨以上）100 艘，总载重量 95.12 万吨（1998 年）。民航能力，国际航班机场 1 处，客运量 8400 万人千米、货运量 200 万吨千米（1998 年）。

国防体制　朝鲜劳动党中央委员会总书记、党中央军事委员会委员长、共和国主席兼国防委员会委员长为武装力量最高统帅。朝鲜新宪法赋予国防委员会宣布战争和发布动员令、负责国家武装力量和国防建设、设立或取消国防部门所属中央机关、对重要军事干部的任命罢免、颁布军事称号等权力。劳动党中央设有军事部。共和国政府设有人民武装力量省。常备武装力量为朝鲜人民军，分陆、海、空三个军种，常设领导机关为总参谋部和总政治局。

领导人物　国防委员会委员长（1998 年 9 月）、人民军最高司令官金正日元帅（1993 年就任）。国防委员会副委员长赵明禄、金一哲、李勇武，国防委员金永、延亨默、李乙雪、白鹤林、全炳浩、金铁万。国防委员会副委员长金一哲兼任人民武装力量相（1998 年 9 月上任）。总参谋长金永春次帅（1995 年 10 月上任）。总政治局长赵明禄次帅（1995 年 10 月上任）。

武装力量　**兵力**　现役部队 108.2 万人。

陆军　95 万人。编有 20 个军（其中 1 个装甲军、4 个机械化军、12 个步兵军、2 个炮兵军、1 个首都防御军），27 个机械化步兵师，15 个装甲旅，24 个机械化步兵旅，3 个独立步兵旅；1 个特种作战军（8.8 万人），10 个狙击旅，14 个步兵旅，17 个侦察团，1个炮兵旅；6个直属炮兵旅，1个“飞毛腿”地地导弹旅，1个“蛙”式地地导弹旅，14个特种火箭炮旅。

主战坦克：约3500辆，主要有T－34型、T－54/55型、T－62型、Type－59型。轻型坦克：500辆，主要有PT－76型、M－1985型。装甲输送车：2500辆，主要有БТР－40/－50/－60/－152型、Type－531型、M－1973型。牵引炮：122毫米、130毫米、152毫米3500门。自行炮：122毫米、130毫米、152毫米、170毫米4700门。火箭炮：107毫米、122毫米、240毫米2300门。迫击炮：82毫米、120毫米、160毫米7500门。地地导弹：蛙－3/－5/－7型24枚、“飞毛腿”C型约30部。地空导弹：SA－7/－16型10000余部。反坦克导弹：AT－1型、AT－3型、AT－4型、AT－5型若干枚。无坐力炮：82毫米1700门。高炮（高射机枪）：14.5毫米、23毫米、37毫米、57毫米、85毫米、100毫米总共11000门（挺）。

海军　4.6万人，编有2个舰队司令部。

潜艇：苏制R级22艘，W级4艘，小型潜艇45艘，海岸潜艇13艘。护卫舰：“罗津”级2艘，“苏湖”级1艘。轻型护卫舰：“沙里院”级5艘。导弹快艇：“西州”级15艘，“黄蜂”级12艘，“蚊子”级10艘，“瑞兴”级6艘。鱼雷艇：共198艘，其中“新兴”级3艘、“P－6”级155艘、“新浦”级40艘。巡逻艇：共158艘，其中“海南”级大型巡逻艇6艘、“大青”级大型巡逻艇13艘、“索曼”级大型巡逻艇6艘、“索”1级近海巡逻艇18艘、“上海”2级高速攻击艇12艘、“椒岛”级高速攻击炮艇3艘。扫雷艇：“陆岛”系列23艘。水陆两栖登陆艇：10艘。水面支援船：共7艘，其中海上拖船2艘、侦察船1艘、气象测量船1艘、潜艇救护船3艘。

岸防部队　地舰导弹团2个“蚕”式导弹基地6处，122毫米、130毫米、152毫米岸炮若干门。

空军　8.6万人。编为6个航空师。作战飞机593架。

战斗机：米格－17型机107架，米格－19型机159架，米格－21型机130架，米格－23型机46架，米格－29型机16架，苏－7型机18架，苏－25型机35架（订购米格－21型机34架取代米格－17/19型机）。轰炸机：H－5型机82架。运输机：安－2/雅－5型机300架，安－24型机6架，伊尔－18型2架，伊尔－62M型4架，图－134型2架，图－154型4架。直升机：“休斯”500D型80架，米－2型139架，米－8/－17型15架，佐－5型48架。教练机：米格－21型6架，米格－19型机7架，米格－17型机10架，雅克－18型170架，FT－2型35架。空空导弹：AA－2架、AA－7型若干枚。地空导弹：SA－2型45枚，SA－3型7枚，SA－5型2枚，SA－7/14/16型有几千枚。

准军事部队　工农赤卫队189万人，最大年龄为60岁。其中陆军60万人、海军6.5万人，其指挥序列为旅、营、连、排，装备有轻武器、迫击炮和高炮。

兵役制度　实行义务兵役制。服役期：陆军6～8年，海军5～10年，空军3～4年。义务兵可服役至40岁。

军衔　分5等21级：将官以上7级（大元帅、元帅、次帅、大将、上将、中将、少将），校官4级（大校、上校、中校、少校），尉官4级（大尉、上尉、中尉、少尉），士官4级（特务上士、上士、中士、下士），兵2级（上等兵、下等兵）。

驻外兵力　在12个非洲国家派有军事顾问。

军队节日　建军节4月25日。　（黄　磊）

菲律宾

国　名　菲律宾共和国。

主要统计　面积29.97万平方千米。人口7565.6万人（其中，13～17岁男419.1万人，女404.7万人；18～22岁男371.7万人，女358.5万人；23～32岁男617.6万人，女597.7万人）。国内生产总值650亿美元（1998年）。国防费14亿美元（1999年国防预算）。原煤132.1万吨（1995年）。原油40万桶（1998年）。发电量334.26亿度（1995年）。粮食1560.1万吨（1997年）。海运能力，商船（载重100吨以上）1499艘，总载重量1380.71万吨（1998年）。民航能力，固定航班机场21处，客运量128.54亿人千米、货运量3.288亿吨千米（1998

年)。

国防政策 菲律宾在1998年6月首次发表的《国防战略》白皮书中指出，菲国防战略目标是保护国家安全利益，维护国家政治稳定和促进经济发展，确保菲在地区和国际上发挥更加积极的作用。为此，菲奉行以下国防政策：(一) 大力加强海空军建设，着重提高快速反应能力、海上作战能力和三军协同作战能力。(二) 密切与亚太地区各国尤其是东盟国家在防务方面的合作，支持把东南亚建成一个“和平、自由和中立区”，全面推进东南亚无核化进程。(三) 维系菲美军事同盟，拓宽防务合作范围，向美提供军队部署、给养和武器装备维修方面的支持，争取美向菲提供物资、技术援助并帮助菲训练部队。(四) 积极参与联合国维持和平行动，为全球及地区安全作出贡献。(五) 坚持对所占南沙岛礁拥有“主权”的立场。

军事战略 菲实行总体积极防御战略。所谓总体防御，即在面临重大威胁时，将动员包括军事力量在内的一切国家力量进行防御；积极防御，即指尽可能早地发现各种现实的和潜在的威胁，并作出及时反应。首先争取通过政治或外交途径解决，若不能奏效，随时准备诉诸武力。在作战指导思想上奉行“纵深防御”，重点加强菲西、北、南3个方向的防御部署。具体方法包括：(一) 外围侦察监视。利用飞机、水面舰艇和固定侦察系统实施不间断的侦察监视。平时，侦察监视对象为各种渔船、贩毒、走私和海盗船，商业货轮以及各种飞机；战时，扩大至敌机、舰艇，并与盟国及时交换情报。(二) 海上防御。平时，舰艇在侦察机的支援下对捕鱼作业区和专属经济区进行巡逻；战时，海空力量进行有效协调，快速在各防区对敌海空目标实施打击。(三) 空中防御。军、民用机场监视系统密切配合，加强预警，有效控制和指挥防空力量，保护国家重要战略中心和设施。(四) 本土防御。在联合作战思想的指导下，组织各地区的地面部队和海、空军部队，实施三军协同作战。

国防体制 总统为武装力量统帅。国家安全委员会是国防安全最高决策机构，由总统担任主席，主要职责是研究有关国防的重大问题，协助总统作出国防安全的重大决策。国防部是最高军事行政机关，负责制定和实施国防计划和政策。武装部队司令部为最高军事指挥机构，总参谋长是总统之下的最高指挥官。总统通过国防部和武装部队司令部对全国武装力量实施领导和指挥。武装力量由正规军和准军事部队组成。正规军分陆、海、空三个军种。准军事部队由警察部队、国民防卫军组成。

领导人物 总统兼武装力量统帅约瑟夫·埃斯特拉达（1998年6月30日就任）。国防部长圣·奥兰多·梅尔卡多（1998年6月上任）。武装部队总参谋长安基洛·雷耶斯上将（1999年7月上任）。陆军司令里奥·阿尔瓦兹少将（1998年1月上任）。海军司令路易西托·F·费尔南德兹中将（1999年10月上任）。空军司令威利·弗洛伦多中将（1999年1月上任）。

武装力量 **兵力** 现役部队11万人。

陆军 7.3万人。编有5个军区，8个步兵师（各辖3个步兵旅、1个炮兵营），1个轻装甲旅（团），1个骑兵侦察团，1个特战团，5个工程兵营，1个炮兵团，1个总统保安队。

轻型坦克：“蝎子”65辆。步兵战车：YPR－765PRI型85辆。装甲输送车：M－113型100辆，“突击队员”20辆，V－150型100辆，“狮子”约128辆。牵引炮：共242门，其中105毫米230门、155毫米12门。迫击炮：81毫米若干门，107毫米40门。无坐力炮：75毫米、90毫米、106毫米各若干门。

海军 约2.05万余人（含陆战队）。编有6个海军区。

护卫舰：“拉贾·胡马邦”级1艘。巡逻舰艇：67艘（其中近海巡逻舰艇14艘、近岸巡逻舰艇53艘）。两栖舰艇：9艘。后勤支援舰船：11艘。

陆战队 8500人。编有3个旅共10个营（将减为2个旅6个营）。装甲输送车109辆，150毫米火炮150门，107毫米迫击炮若干门。

海军航空兵 装备飞机7架，其中2架具有作战能力，4架为直升机。

空军 1.65万人。编有1个战斗机中队，3个武装直升机中队，3个运输机中队，2个直升机中队，4个教练机中队。作战飞机42架，武装直升机约97架。

战斗机：F－5A/B型6架。武装直升机：贝尔UH－1H/M型60架，AUH－76型16架，休斯500/520MD型21架。海上侦察机：F－27M型1架。侦察机：RT－33A型4架，OV－10型21架（具有作战能力）。救援机：HU－16型4架，Bo－105C型直升机10架。总统专机：F－27型1架，F－28型1架，贝尔212型直升机2架，贝尔412型直升机4

架，S－70A型直升机2架，SA－330型直升机2架。运输机：C－130B型2架，C－130H型3架，L－100－20型3架，C－47型5架，F－27型7架，BN－2型2架，N－22B型14架。直升机：贝尔205型55架，UH－1H型16架。联络机：色斯纳180型7架，色斯纳210型2架，色斯纳310型1架，DHC－2型5架，U－17A/B型12架。教练机：T－33A型4架，T－41D型14架，SF－260TP型15架，S－211型15架（具有作战能力）。空空导弹："响尾蛇"若干枚。

预备役部队　13.1万人。其中陆军10万人，海军1.5万人，空军1.6万人。

准军事部队　菲律宾国民警察4.05万人，编有15个地区司令部、73个省级司令部。海岸警卫队3500人，装备有巡逻艇42艘、轻型飞机3架。国民防卫军6万人，编有56个营。

部署　重点加强首都及西部南沙海区的防卫。有半数以上的舰艇和陆战队部署在西部海区。全国海空军基地主要有5处，其中空军基地3处（克拉克、库比岬、马尼拉）、海军3处（三格莱/卡维持、三宝颜、宿务）。

兵役制度　实行志愿兵役制，服役年限最少不得低于3年，最多30年。

军衔　分5等17级：将官4级（上将、中将、少将、准将），校官3级（上校、中校、少校），尉官3级（上尉、中尉、少尉），军士4级（军士长、上士、中士、下士），兵3级（上等兵、一等兵、二等兵）。

军队节日　武装部队节12月22日。（孟　丽）

哈萨克斯坦

国　　名　哈萨克斯坦共和国。

主要统计　面积272.49万平方千米。人口1495.2万人（其中，13～17岁男89万人，女86.9万人；18～22岁男79.9万人，女78.7万人；23～32岁男133.7万人，女130.9万人）。国内生产总值220亿美元（1998年）。国防费1.32亿美元（1999年国防预算）。原煤7660万吨（1996年）。原油1.69亿桶（1996）。天然气55亿立方米（1995年）。发电量586.57亿度（1996年）。粮食1237.9万吨（1997年）。铁路货运量9.65亿吨千米（1998年）。公路货运量1300万吨千米（1998年）。航空货运量1亿吨千米（1998年）。

国防体制　总统为武装力量统帅。国家安全会议负责制定国家防务及安全政策。国防部为武装力量最高行政机关。总参谋部为最高军事指挥机构。总统通过国防部和总参谋部对武装力量实施领导和指挥。准军事力量包括内务部队、近卫军及若干民防部队。

领导人物　总统兼武装力量统帅努比苏丹·阿比舍维奇·纳扎尔巴耶夫（1999年1月连任）。国防部长托克帕克巴耶夫中将（2000年4月上任）。总参谋长巴赫特让·叶尔塔耶夫中将（1997年11月上任）。

武装力量　**兵力**　现役部队6.58万人。

陆军　约4.68万人。编有2个军司令部，1个坦克师，2个摩步师，1个摩步旅，1个空降旅，1个炮兵旅，1个地地导弹旅，1个独立摩步团，2个炮兵团。

坦克：T－72型630辆（另库存300辆）。装甲战车：1000辆（另库存1000辆）。牵引炮：122、152毫米550门。自行炮：122、152毫米150门。火箭炮：122、220毫米170门。迫击炮：120毫米130门。地地导弹：10部。反坦克炮：100毫米125门。

空军　1.9万人（包括防空军）。编有1个空军师，1个战斗机团，3个攻击战斗机团，1个侦察机团，1个防空战斗机团。作战飞机131架（另库存75架）。

作战飞机：苏－24型28架，苏－25型14架，苏－27型14架，米格－29型40架，米格－31型32架，米格－25型3架。教练机：16架。地空导弹：SA－2、SA－3、SA－5型100部。

准军事部队　3.45万人。其中边防军1.2万人，内务部队2万人，近卫军0.25万人。

驻外兵力　驻塔吉克斯坦1个加强营。（李　英）

韩　国

国　　名　大韩民国。

主要统计　面积 9.9262 万平方千米。人口 4700 万人（其中，13～17 岁男 184.9 万人，女 173 万人；18～22 岁男 201 万人，女 187.3 万人；23～32 岁男 437.1 万人，女 409.7 万人）。国内生产总值 426 亿美元（1998 年）。国防费 12.8 亿美元（2000 年国防预算）。粗钢 2234.4 万吨（1998 年）。原煤 743.8 万吨（1998 年）。发电量 1632.7 亿度（1998 年）。粮食 948.4 万吨。海运能力，商船（载重 100 吨以上）2138 艘，总载重量 1172.49 万吨（1998 年）。民航能力，固定航班机场 14 处，客运量 485.04 亿人千米、货运量 57.29 亿吨千米（1998 年）。

国防政策　1998 年 2 月 25 日，金大中就任韩国新一届总统，同时出任国家武装力量统帅，对韩国国防政策进行了的调整。他主张，坚持自主防御政策、提高独立防卫能力是韩国的基本国策。在军事防务上，主张奉行"民主主义综合安保主义"国防观念，实现"人民防务"；在战争准备上随时准备应付和处置各种危机；在作战指导上坚持"对敌威慑"的同时，强调"多方位防御"，扩大军事行动范围；在军队建设上，通过精简军队员额、理顺编制体制、改革兵役制度等途径，以达建设一支人员精干、装备精良、训练有素及机动力强的现代化军队的目的。与此同时，加强韩美联合防御体系，密切韩美军事合作，以维护韩美在该地区的共同利益。此外，积极与中、俄、日等国发展多边军事合作，以弥补由美军在全球范围内战略收缩而造成的地区力量失衡，以构筑地区联合防务机制。

国防体制　总统为全国武装力量统帅，总统通过国防部对军队实施领导和指挥。国家安全保障会议为最高国防决策机构，由总统任主席，其成员包括总理、国防部长官、国家情报院院长、参谋长联席会议主席等。国防部是总统统率武装力量的最高行政机构，主要负责制定国防政策和军队建设计划。国防部下辖参谋长联席会议，国防部长官的军令权通过参谋长联席会议主席实施。参谋长联席会议统帅三军本部（陆军本部、海军本部和空军本部），是全军作战最高指挥机构，参谋长联席会议主席在国防部长的直接领导下指挥三军作战部队。参谋长联席会议主席不仅在战时或遇有紧急情况时有权直接下达作战指令，参与国家安全保障会议，向总统汇报情况和提出决策性意见，而且能决定三军种参谋总长推荐的军级以上指挥人选。参谋长联席会议设 1 名上将级主席和 1 名中将级副主席。

领导人物　总统兼国家安全保障会议主席金大中（1998 年 2 月 25 日上任）。国防部长官赵成台（1999 年 5 月 24 日上任）。参谋长联席会议主席曹永吉上将（1999 年 10 月 26 日上任）。陆军参谋总长吉亨宝上将（1999 年 10 月 26 日上任）。海军参谋总长李秀勇上将（1999 年 3 月 30 日上任）。空军参谋总长朴春泽上将（1998 年 2 月上任）。

武装力量　**兵力**　现役部队 67.2 万人。

陆军　56 万人。编有 3 个集团军，11 个军，50 个师，21 个旅。

主战坦克：2130 辆，其中 T－88 型 800 辆、T－80U 型 80 辆、M－47 型 400 辆、M－48 型 850 辆。步兵战车：БМП－3 型 40 辆。装甲输送车：2460 辆，其中 KIFV 式 1700 辆、M－113 型 420 辆、M－577 型 140 辆、FIAT－6614/KM－900/－901 型 200 辆。牵引炮：105 毫米、155 毫米、203 毫米共 3500 门。自行炮：155 毫米、175 毫米、203 毫米共 1040 辆。无坐力炮：57 毫米、75 毫米、90 毫米、106 毫米若干门。迫击炮：81 毫米、107 毫米 6000 门。反坦克炮：76 毫米、90 毫米共 58 门。地地导弹：NHK－1/－2 型 12 部。反坦克导弹："陶"式若干枚。高射炮：20 毫米、30 毫米、35 毫米、40 毫米共 600 门。空空导弹：1020 枚，其中"轻标枪"350 枚、"红眼睛"60 枚、"毒刺"130 枚、"西北风"170 枚、"霍克"110 枚、"奈基"200 枚。

陆军航空兵　装备 O－1A 型飞机 5 架，攻击直升飞机 AH－1F/－J 型 75 架、休斯 500MD 型 68 架，运输直升机 CH－47D 型 15 架，通用直升机休斯 500 型 170 架、UH－1H 型 130 架、UH－60 型 98 架。

海军　6 万人（含陆战队 2.5 万人，雇佣兵 1.9

万人)。编有 3 个舰队司令部。

潜艇:"张保皋"级 8 艘。驱逐舰:"忠北"级 5 艘。护卫舰:"蔚山"级 9 艘,"浦项"级 24 艘。轻型护卫舰:"东海"级 4 艘。导弹快艇:"白鸥"51 型 8 艘,"白鸥"52 型 1 艘,"野猫"式 2 艘。近海巡逻艇:"海豚"90 艘,"海鹰"15 艘。扫雷艇 14 艘,其中"江津"级猎雷艇 6 艘、"金山"级扫雷艇 8 艘。登陆舰艇:16 艘,其中"短吻鳄"级大型坦克登陆舰 2 艘、美制 LST－511 型坦克登陆舰 7 艘、美制 LSM－1 型中型登陆舰 7 艘。海上支援舰船:13 艘。

海军航空兵　编有 3 个反潜中队,装备有 23 架作战飞机、47 架直升机。其中,S－2E 型反潜侦察机 15 架,P－3C 型反潜巡逻机 8 架,黑鹰反潜直升机 25 架,SA－316 型直升机 8 架,"大山猫"反潜直升机 12 架。

海军陆战队　2.5 万人,编有 2 个师、1 个旅。主战坦克:M－47 型 60 辆。装甲突击车:LVTP－7 型 60 辆。牵引炮:105 毫米、155 毫米若干门。地舰导弹:"鱼叉"式若干枚。

空军　5.2 万人。编有 10 个飞行团,1 个战术飞行团,1 个防空管制团,1 个侦察飞行团,1 个训练飞行团,1 个防空司令部。作战飞机 488 架。

战斗机:F－16C/D 型 88 架,F－5E/F 型 195 架,F－4D/E 型 130 架。轰炸机:A－37B 型 22 架。空中预警机:O－2A 型 10 架。侦察机:RF－4C 型 18 架,RF－5A 型 10 架。救难搜索机:UH－60 型 15 架。运输机:BAE－748 型(要员专机)2 架,波音 737－300 型(要员专机)1 架,C－118 型 1 架,C－130 型 10 架。直升机:CN－235M 型 15 架,UH－1H/N 型 16 架,CH－47 型 6 架,BELL－412 型 3 架,AS－332 型 3 架,VH－60 型 60 架。改装训练机:F－5B 型 25 架,T－37 型 50 架,T－38 型 30 架,T－41B 型 25 架,"隼"式 MK－67 型 18 架。空地导弹:"小牛"式、"哈姆"、AGM－130、"恰夫纳普"等若干枚。空空导弹:"麻雀"、"阿姆拉姆"等若干枚。地空导弹:奈基、霍克等若干部。

准军事部队　民防部队 350 万人(50 岁以下)。海岸警卫队约 4500 人,装备有大型巡逻艇 10 艘、海岸巡逻艇 33 艘、近海巡逻艇 38 艘。

兵役制度　实行义务兵与志愿兵相结合的兵役制度。陆军服役期 26 个月,空军和海军为 30 个月。

军衔　分 5 等 15 级:将官 4 级(上将、中将、少将、准将),校官 3 级(上校、中校、少校),尉官 4 级(上尉、中尉、少尉、准尉),军士 3 级(上士、中士、下士),兵 1 级。

外国驻军　美国驻军 36530 人。其中陆军 27500 人,编有 1 个陆军司令部、1 个步兵师。海军 300 人。空军 8600 人,编有 1 个空军司令部,装备 90 架作战飞机。

军队节日　建军节 10 月 1 日。　(黄　磊)

柬埔寨

国　　名　柬埔寨王国。

主要统计　面积 18.1035 万平方千米。人口 1065.4 万人(其中 13～17 岁男 59.7 万人,女 58.4 万人;18～22 岁男 47.8 万人,女 47 万人;23～32 岁男 87.6 万人,女 86.8 万人)。国内生产总值约 36 亿美元(1998 年)。国防费 1.29 亿美元(1999 年国防预算)。发电量 1.94 亿度(1995 年)。粮食 347.9 万吨(1997 年)。海运能力,总载货物量 3.8 万吨(1998 年)。空运能力,固定航班机场 7 处(1997 年)。

国防体制　最高军事决策机构为柬王国武装部队(又称"柬埔寨国民军")总司令部。柬宪法规定:"国王是国家军队最高司令,但不指挥军队。"国防部既是总司令部的办事机构,又是军队的最高行政机关,下辖总参谋部。总参谋部负责全军的作战指挥、后勤供应和技术保障。国防部直属单位有新闻局、通信局、对外联络局、军事法院和军事检察院等。武装力量由正规军、地方部队和准军事部队组成,正规军分为陆军、海军和空军三个军种。总司令通过国防部对所有武装力量实施领导和指挥。

领导人物　柬埔寨武装部队最高司令诺罗敦·西哈努克国王。总司令部总司令盖金扬上将(1999 年 1 月上任),国防部联合大臣迪班上将、西索瓦·施里武(1998 年 11 月上任),总参谋部总参谋长巴沙伦上将(1999 年 1 月上任),陆军司令米索皮上将(1999 年 1 月上任),海军司令翁桑坎海军中将

(1999 年 1 月上任)，空军司令森桑南空军中将(1999 年 1 月上任)。

武装力量 **兵力** 现役部队约 14.9 万人（包括地方部队）。

陆军 约 9.9 万人。划分为 6 个军区（包括 1 个首都特别军区)，编有 12 个步兵师、3 个独立旅、1 个警戒旅（辖 4 个营)、9 个独立步兵团、3 个装甲团、1 个特种作战团、4 个工程兵团（其中 3 个野战工程兵团、1 个建筑工程兵团)、若干个独立侦察营、炮兵营和防空营。

坦克：T－54/－55 型 100 辆，T－59 型若干辆，PT－76 型 10 辆。装甲输送车：БТР－60/－152 型 210 辆，M－133 型若干辆，OT－64 型 30 辆。牵引炮：76 毫米、122 毫米、130 毫米约 400 门。火箭炮：122 毫米 8 门，140 毫米 20 门，107 毫米、132 毫米若干门。迫击炮：82 毫米、120 毫米、160 毫米若干门。无坐力炮：82 毫米、107 毫米若干门。高炮（高射机枪)：14.5 毫米、37 毫米、57 毫米若干门（挺)。地空导弹：SA－7 型若干部。

海军 约 3000 人，其中：陆战队 1500 人，编成 7 个步兵团、1 个炮兵团；舰艇部队编有内河巡逻和沿海防御部队。

巡逻艇：共 10 艘，即原苏制“斯坚卡”级近海巡逻艇 4 艘，近岸巡逻艇 2 艘，快速巡逻艇 2 艘，其他江河巡逻艇 2 艘。登陆艇：原苏制车辆人员登陆艇 8 艘。

空军 2000 人，其中飞行员 80 人。编有 1 个飞行团、1 个防空团、1 个营。

战斗机：米格－21 型 19 架（其中只有 8 架能使用)。运输机：安－24 型 2 架，安－26 型 1 架，运－12 型 2 架，BN－2 型 1 架，图－134 型若干架。直升机：米－8 型 1 架，米－17 型 7 架，米－26 型 2 架。教练机：L－39 型 5 架，P－92 型 5 架。

地方部队 4.5 万人。每个省有数个独立营至数个独立团，每个县有数个独立连或独立营。

准军事部队（又称民兵游击队） 约 10 万人，以连为单位编成，每村 10 至 20 人。

兵役制度 实行义务兵役制。服役年龄 18～35 岁。服役期，陆军 5 年，海军 18 个月。民兵每年与正规军一起服役 3 至 6 个月。

军衔 军官军衔分为将、校、尉 3 等。

军队节日 建设军节 6 月 23 日。 （钟学良）

老挝

国　　名 老挝人民民主共和国。

主要统计 面积 23.68 万平方千米。人口 535.5 万人（其中，13～17 岁男 30．1 万人，女 29．6 万人；18～22 岁男 24 万人，女 23.7 万人；23～32 岁男 37.2 万人，女 37.1 万人)。国内生产总值 19 亿美元（1998 年)。国防费 0.7 亿美元（1999 年国防预算)。原油 90 万吨（1994 年)。发电量 12.49 亿度(1996 年)。粮食 200 万吨（1996 年)。原煤 5.5 万吨(1996 年)。民航能力，固定航班机场 11 处，客运量 4600 万人千米、货运量 500 万吨千米（1998 年)。

国防体制 最高军事决策机构是人民革命党中央国防安保委员会。中央国防安保委员会由人民革命党主席、政府总理、国防部长、内务部长和老军各总部最高长官组成，党的主席兼任中央国防安保委员会主席。国防部既是中央国防安保委员会的办事机构，又是军队的最高行政管理机构，下辖总参谋局、总政治局、总后勤局 3 大机关。3 大机关分别负责全军的作战训练、政治思想教育、后勤技术保障。国防部直属单位有外事局、监察局、军法局、保卫局和开发总公司等。武装力量由正规军、地方部队、预备役部队和民兵自卫队组成，正规军又称主力部队，分陆军和空军两个军种。中央国防安保委员会主席通过国防部对全国武装力量实施领导和指挥。

领导人物 人民革命党主席兼中央国防安保委员会主席坎代·西潘敦上将（1996 年 3 月连任)，国防部长朱马里·赛雅逊上将（1998 年 2 月连任)，总参谋局总参谋长皮吉·杜昂斋少将，总政治局主任坎庞·占塔蓬少将，总后勤局局长苏培·派维西上校，空军局局长占平·潘拉冯上校，内河艇队指挥部指挥长乔奕赛上校。

武装力量 **兵力** 现役部队 2.91 万人。

陆军 2.5 万人，划分为 4 个军区，编有 5 个步兵师、7 个独立步兵团、3 个工程兵团（其中 2 个建筑团)、5 个炮兵营、9 个高炮营、65 个独立步兵连、

1个轻型联络飞机小队。

坦克：T－54/－55型30辆，T－34/－85型若干辆，PT－76型25辆。装甲输送车：БТР－40/－60/－152型共70辆。牵引炮：105毫米25门，122毫米40门，130毫米10门，75毫米、155毫米若干门。迫击炮：81毫米、82毫米、107毫米、120毫米若干门。无坐力炮：57毫米、75毫米、106毫米、107毫米若干门。高炮：14.5毫米、23毫米、37毫米、57毫米若干门。地空导弹：SA－3、SA－7型若干部。

内河水兵部队　约600人，以连为单位编成，每连辖若干艇队，配属陆军指挥。装备有江河巡逻艇12艘、登陆艇4艘、小艇（船）约40艘。

空军　3500人，编有2个攻击战斗机大队，1个运输机大队，1个直升机大队，10余个机场地勤部队，1支女子伞兵部队。

攻击战斗机：米格－21型20架。运输机：共19架，即安－2型4架、安－24型5架、安－26型4架、雅克－12型4架、雅克－40型2架。直升机：共27架，即米－6型2架、米－8型10架、米－17型12架、SA－360型3架。教练机：共14架，即米格－21UB型6架（具有作战能力）、雅克－18型8架。空空导弹：AA－2“环礁”若干枚。

地方部队　近2万人，由省、市、县军事指挥部指挥，每省编有1～5个独立营和若干个独立连，有的省还编有防空连、通信连和侦察排等。

预备役部队　老挝各省建有预备役部队，每个县编有1个预备役连，每个连70～170人。迄1999年底，预备役部队约1万人。

民兵自卫队　分普通、机动和防空民兵3种。普通民兵每村编有1～2个班，每班7～9人；机动民兵编成排或连，每连75～85人，辖2～3个排，每排23～29人；防空民兵每个县城编有1个连，由县军事指挥部直接指挥。民兵自卫队的任务是：平时协同当地驻军维护国防治安，惩治犯罪和参与社会经济建设；战时参加战地运输或直接投入战斗。截止到1999年底，民兵自卫队共8万余人。

兵役制度　实行义务兵役制，战士服役期至少18个月；民兵服役年龄男14～45岁，女16～35岁。

军衔　分5等16级：将官4级（上将、中将、少将、准将），校官3级（上校、中校、少校），尉官4级（上尉、中尉、少尉、准尉），军士3级（上士、中士、下士），兵2级（一等兵、二等兵）。

军队节日　建军节1月20日，空军节4月4日，水兵节8月23日。

（钟学良）

黎巴嫩

国　名　黎巴嫩共和国。

主要统计　面积1.0452万平方千米。人口427.7万人（其中13～17岁男21万人，女21.4万人；18～22岁男19.6万人，女20.1万人；23～32岁男38.5万人，女39.8万人）。国内生产总值160亿美元（1998年）。国防费5.60亿美元（1999年国防预算）。发电量55.73亿度（1995年）。粮食9.6万吨（1997年）。海运能力，商船（载重100吨以上）163艘，总载重量43.82万吨（1998年）。民航能力，固定航班机场1处，客运量18.89亿人千米、货运量4600万吨千米（1998年）。

国防体制　总统为武装力量统帅。最高国防决策机构为最高国防委员会，其成员有总统、内阁部长、军队司令、参谋长等，由总统任主席。国防部为最高军事行政机关，负责军队与地方部门的协调，提供防务咨询和建议，进行国际军事交往等工作。武装力量由正规军和准军事部队组成。正规军分陆、海、空三个军种。最高军事指挥机构为军队司令部。总统通过国防部和军队司令部对全国武装力量实施领导和指挥。

领导人物　总统兼武装力量统帅埃米勒·拉胡德（1998年10月上任）。国防部长加奇·扎伊塔尔（1998年12月上任）。军队司令米歇尔·苏莱曼中将（1998年12月上任）。参谋长萨米尔·卡迪少将（1998年上任）。海军司令萨米尔·哈迪准将（1997年上任）。空军司令约瑟夫·格桑准将（1997年上任）。

武装力量　**兵力**　现役部队6.79万人。

陆军　约6.5万人。编有11个步兵旅，1个总统警卫旅，1个突击团，5个特种兵团，2个炮兵团，1个空中突击团。

坦克：M－48A1/A5型92辆，T－54/－55型212辆。装甲侦察车：AML式67辆。装甲输送车：M－113A1/A2型164辆，VAB－VCI型80辆，“庞阿尔”M3/VTT型37辆。牵引炮：105毫米13门，122毫米62门，130毫米11门，155毫米65门。火箭炮：122毫米23门。迫击炮：81毫米93门，120毫米108门。反坦克导弹：“安塔克”和“米兰”式若干具，“陶”式20具。火箭筒：85毫米和89毫米若干具。无坐力炮：106毫米若干门。高炮：20毫米、23毫米若干门，40毫米10门。

海军　1200人。

巡逻艇：14艘，另有武装小艇27艘。两栖登陆艇：2艘。

空军　1700人。作战飞机3架，武装直升机4架。

作战飞机：“猎人”式3架。教练机：“大斗犬”式3架，CM－170式3架。攻击直升机：SA－342型4架。运输直升机：UH－1H型16架，AB－212型5架，SA－303型3架，SA－319型4架。

准军事部队　内部治安部队：约1.3万人，装备有“突击队”式装甲输送车30辆。海关：装备有巡逻艇7艘。

教派民兵武装　除“真主党”和“黎巴嫩南方军”外，大多数民兵实际上已经解散，并把重武器移交给了政府军。

“真主党”　穆斯林什叶派原教旨主义组织，亲伊朗。约有现役武装300～500人，另有支援人员约3000人。装备有火炮、火箭炮、火箭筒、无坐力炮、反坦克导弹和高炮。精神领袖是穆罕默德·侯赛因·法德拉拉。

“黎巴嫩南方军”（简称“南黎军”）　以色列在黎巴嫩南部边境地区扶植的傀儡武装，现役兵力约2000～3000人，主要是基督教徒，但穆斯林什叶派人员逐渐增多，还有一些德鲁兹派成员，由以色列提供训练、装备和援助，占据着以色列边境和联合国驻黎巴嫩临时部队控制地区之间的安全区。装备有30辆T－54/－55型坦克；若干辆M－113、БТР－50型坦克；122毫米、130毫米、155毫米牵引炮和若干门160毫米迫击炮。

兵役制度　实行义务兵役制，并招募部分志愿兵，士兵服役期1年。

军衔　军官分3等9级：将官3级（中将、少将、准将），校官3级（上校、中校、少校），尉官3级（上尉、中尉、少尉）。

外国驻军　联合国驻黎巴嫩临时部队约4496人，编成6个步兵营，由斐济、芬兰、加纳、爱尔兰、尼泊尔和挪威各组成1个营。此外，还有由法国、意大利、挪威和波兰组成的支援部队。伊朗驻有约150人的革命卫队。叙利亚驻有3万人：在贝鲁特驻有1个机械化步兵旅，5个特种兵团；在迈特恩驻有1个机械化步兵旅；在贝卡驻有1个机械化步兵师部，2个机械化步兵旅和1个装甲旅；在特利波立驻有1个特种兵团；在拜特龙驻有1个特种兵团；在克帕尔·法卢斯驻有3个特种兵团。

军队节日　建军节为8月1日。

（武新颜）

马　来　西　亚

国　　名　马来西亚。

主要统计　面积32.9733万平方千米。人口2209.4万人（其中，13～17岁男120.9万人，女115.1万人；18～22岁男101.1万人，女96.6万人；23～32岁男174.3万人，女169.3万人）。国内生产总值880亿美元（1998年）。国防费16亿美元（1999年国防预算）。原煤11.2万吨（1995年）。天然气261.93亿立方米（1995年）。原油2.37亿桶（1996年）。发电量466.32亿度（1995年）。粮食201.8万吨（1997年）。海运能力，商船（载重100吨以上）552艘，总载重量291.63万吨（1998年）。民航能力，固定航班机场39处，客运量225.58亿人千米、货运量11.6亿吨千米（1998年）。

国防体制　国家元首为武装力量统帅，最高国防决策机构为国家安全委员会，总理兼任主席。内阁设国防部，为最高军事行政机关。武装力量由正规军和准军事部队两部分组成。正规军分陆、海、空三个军种，各军种均设参谋部。最高军事指挥机构为武装力量司令部。

领导人物　国家元首兼武装力量统帅萨拉赫

丁·阿卜杜勒·阿齐兹（1999年4月26日上任，任期5年）。总理兼国家安全委员会主席达图·斯里·马哈蒂尔（1999年连任）。国防部长纳吉布·敦·拉扎克（1999年12月上任）。武装部队总司令达图·斯里·穆罕默德·扎希迪·扎伊努丁（1999年1月上任）。陆军司令达图·哈辛·侯赛因上将（1999年1月上任）。海军司令达约斯·阿布巴卡尔·宾·阿卜杜尔·加马尔上将（1998年10月上任）。空军司令萨鲁基·罗斯中将（1996年8月上任）。

武装力量 **兵力** 现役部队10.5万人。

陆军 8万人。编有2个军区，1个军，4个师，1个机步旅，10个步兵旅，1个空降旅（包括3个空降营、1个轻型炮兵团、1个轻型坦克中队），1个特战团（3个营），1个陆航直升机中队。

轻型坦克："蝎子"26辆。装甲侦察车：SIB-MAS式162辆，AML－60/－90型140辆，"白鼬"92辆。装甲输送车：KIFV式111辆，"突击队员"184辆，"攻击者"25辆，"神鹰"459辆，M－3型37辆。牵引炮：105毫米115门，155毫米12门。迫击炮：81毫米300门。反坦克导弹：SS－11型若干具。火箭炮：89和92毫米若干门。无坐力炮：84毫米若干门，106毫米150门。高炮：35毫米24门，40毫米36门。地空导弹："标枪"等48部，"轻剑"12部。直升机：SA－316B型10架。

海军 1.25万人（含海军航空兵）。编有关丹、拉布安2个海军区。

导弹护卫舰："莱库"级2艘。护卫舰："汉都亚"级1艘，"拉玛"级1艘，"阿萨德"级4艘，"卡斯图里"级2艘。导弹快艇："汉达兰"级4艘，"柏达那"级4艘。巡逻艇：27艘。扫雷艇：5艘。两栖舰艇：3艘。后勤支援舰船：3艘。

海军航空兵 160人，装备有HAS－1型武装直升机17架。

空军 1.25万人。编有4个攻击战斗机中队，3个战斗机中队，1个侦察机中队，4个运输机中队，1个地空导弹中队。作战飞机87架。

攻击战斗机："鹰"式25架，MB－339型10架，F/A－18D型8架。战斗机：F－5型15架，米格－29型17架。武装侦察机：B－200T型4架。加油机：2架。运输机：43架。运输直升机：42架。教练机：共72架，其中12架为直升机、12架PC－7型具有作战能力。空空导弹：若干枚。

预备役部队 约4.06万人。其中陆军约3.78万人，海军2200人，空军600人。

准军事部队 约26万余人。其中警察1.8万人（编成5个旅），海上警察约2100人，地区治安警察3500人，边境侦察部队1200人，人民志愿团24万人。

部署 马来西亚以东经109度线为界把其本土和所属海域分为东、西两部分，划成两个海军区。全国主要海、空军基地7处，其中海军基地4处（关丹、拉布安/山打根、卢木、双溪安图）、空军基地3处（吉隆坡、亚罗士打、吉打）。

兵役制度 实行志愿兵役制，服役期10年。

军衔 军官分3等9级：将官3级（上将、中将、少将），校官3级（上校、中校、少校），尉官3级（上尉、中尉、少尉）。

驻外兵力 1999年共有19人在国外参加联合国维和行动。

外国驻军 澳大利亚148人，其中陆军115人、空军33人，装备有2架P－3C型飞机。

军队节日 陆军节3月1日，海军节7月2日，空军节6月1日。

（孟 丽）

蒙 古

国 名 蒙古国。

主要统计 面积156.65万平方千米。人口243.8万人（其中，13～17岁男15.5万人，女14.8万人；18～22岁男13.7万人，女13.1万人；23～32岁男22.5万人，女21.7万人）。国内生产总值9.65亿美元（1998年）。国防费2331万美元（2000年国防预算）。原煤487.1万吨（1998年）。发电量20.8亿度（1997年）。粮食20.4万吨（1997年）。民航能力，固定航班机场1处，客运量4.91亿人千米、货运量为4500万吨千米（1998年）。

国防体制 总统为武装力量总司令，总统通过国防部长会议对军队实施指挥。国防部长会议是国防部的最高决策机构，国防部长任主席，其他成员有：国防部国务秘书、武装力量总参谋长、边防局局长、民防局局长、国防部所属战略指导与计划局长、国防部行政管理协调局局长、国防部外事与情报信息研究局局长、国防部干部处处长、国防部财务处处长等人。国防部长会议负责制定和实施国防政策，完善军队的体制编制，管理国防经费，配备领导干部以及负责军队对外关系。国防部是最高军事行政机关，统管武装力量，下辖外事与情报信息研究局、战略指导与计划局、行政管理局、政策执行协调局及信息、监督－分析与评估局等。武装力量由现役部队、预备役部队和准军事部队组成。现役部队包括陆军（即一般任务部队）、国土防空军、民防部队、建筑工程部队等。总参谋部是武装力量的最高军事指挥机构，下辖武装力量后勤部、国土防空军司令部、建筑工程兵管理局等。

领导人物　总统兼武装力量总司令巴嘎班迪（1997 年上任）。国防部长图布登道尔吉（1999 年上任）。总参谋长达希哲博格中将（1998 年上任）。武装力量后勤部部长马格萨尔扎布少将（1996 年上任）。国土防空军司令宾巴扎布少将（1996 年上任）。边防军管理局局长松德布少将（2000 年上任），民防局局长巴桑呼少将（2000 年上任）。

武装力量　**兵力**　现役部队 1.98 万人（含建筑工程部队和民防部队）。

陆军　1.4 万人。编有 7 个摩步旅，1 个炮兵旅，1 个物质保障旅，7 个独立团等。

坦克：T－54/－55/－62 型 580 辆。装甲侦察车：БРДМ－2 型 120 辆。步兵战车：БМП－1 型 400 辆。装甲输送车：БТР－60 型 250 辆。牵引炮：300 门。火箭炮：130 门。迫击炮：140 门。反坦克炮：200 门。

国土防空军　1800 人。编有 1 个歼击机中队。作战飞机 9 架，武装直升机 12 架。

歼击机：米格－21 型 8 架，米格－21U 型 1 架。武装直升机：米－24 型 11 架。运输机；34 架。高炮 150 门。地空导弹：SA－7 型 250 部。

总部单位　2000 人。

预备役部队　陆军 13.7 万人。

准军事部队　边防部队 10000 人，内卫部队 1600 人，建筑工程部队 1500 人，民防部队 500 人。

兵役制度　实行义务兵役制、合同兵役制为主，等同兵役制、税代兵役制为辅的混合兵役制。义务兵役制：18～28 周岁男性公民，服役期为 12 个月。士兵服役期：士兵服现役到 27 岁，服预备役到 45 岁。军官服役期：女军官、男尉官和男女准尉服现役到 45 岁，服预备役到 50 岁；校官服现役到 50 岁，服预备役到 55 岁；将官服现役到 55 岁（元帅不在其内），服预备役到 60 岁。

军衔　分 6 等 17 级：将官 3 级（上将、中将、少将），校官 3 级（上校、中校、少校），尉官 3 级（大尉、上尉、中尉），准尉 3 级（一级准尉、二级准尉、三级准尉），军士 3 级（上士、中士、下士），兵 2 级（上等兵、列兵）。　（刘　颖）

孟　加　拉　国

国　　名　孟加拉人民共和国。

主要统计　面积 14.3998 万平方千米。人口 1.30156 亿人（其中，13～17 岁男 796.9 万人，女 760.7 万人；18～22 岁男 739 万人，女 695 万人；23～32 岁男 1163.6 万人，女 1101.8 万人）。国内生产总值 15000 亿塔卡，合 330 亿美元（1998 年）。国防费 300 亿塔卡，合 6.18 亿美元（1999 年国防预算）。原油 50 万桶（1996 年）。天然气 73.65 亿立方米（1995 年）。发电量 116.89 亿度（1995 年）。粮食 2970.3 万吨（1997 年）。海运能力，商船（载重 100 吨以上）301 艘，总载重量 56.68 万吨（1998 年）。民航能力，固定航班机场 8 处，客运量 28.38 亿人千米、货运量 1.21 亿吨千米（1998 年）。

国防体制　总统为武装力量统帅。陆、海、空三军分立，三军参谋长分别是三军的最高首长。国防部由文官掌管，仅负责军事预算、军工生产和装备采购等行政事务，对军队无指挥权。准军事部队属内政部管辖，平时负责边、海防和内卫治安，战时配合正规军作战。

领导人物　总统兼武装部队总司令沙哈布丁·

艾哈曼德（1996年10月就任）。总理兼国防部长谢赫·哈西娜·瓦吉德（女，1996年6月上任）。陆军参谋长穆斯塔费兹中将（2000年7月上任）。海军参谋长阿布·塔赫尔准将（1999年6月上任）。空军参谋长马歇尔·贾马尔·乌汀少将（2000年7月上任）。

武装力量 **兵力** 现役部队13.7万人。

陆军 12万人。编有7个步兵师，17个步兵旅（26个营），1个装甲旅（2个装甲团），2个装甲团，1个炮兵师（6个炮兵团），1个工兵旅，1个防空旅。

主战坦克：T-54/-55型100辆，T-59/-69型约100辆。轻型坦克：T-62型约40辆。装甲输送车：БТР-80型20辆，БТР-70型60辆，MT-LB型若干辆。牵引炮：105毫米80门，122毫米20门，130毫米40门。迫击炮：81毫米、82毫米若干门，120毫米50门。无坐力炮：106毫米30门。反坦克炮：57毫米18门，76毫米50门。高炮：37毫米16门，57毫米若干门。地空导弹：HN-5A型若干部。

海军 约1.05万人。基地：吉大港（司令部）、达卡、库尔纳。

护卫舰：4艘。导弹快艇：10艘。鱼雷快艇8艘。近海巡逻艇：1艘。海岸巡逻艇：3艘。近岸巡逻艇：18艘。江河船艇：5艘。扫雷艇：4艘。登陆艇：14艘。支援舰船：8艘。

空军 6500人。编有4个攻击/战斗机中队，3个直升机中队。作战飞机65架。

攻击/战斗机：A-5型18架，F-6型16架，F-7M型16架，FT-7B型7架。运输机：安-32型3架。直升机："贝尔"212型11架，米-8型7架，米-17型11架。教练机：50架（其中8架L-39ZA型具有作战能力）。空空导弹：AA-2型若干枚。

准军事部队 5.52万人，其中孟加拉步枪队3万人（边防部队，编成41个营），武装警察5000人，保安部队2万人，海岸警卫队200人。

兵役制度 实行志愿兵役制。陆军士兵一般要服役20年。

军衔 分5等14级：将官2级（少将、准将），校官3级（上校、中校、少校），尉官3级（上尉、中尉、少尉），军士3级（上士、中士、下士），兵3级（一等兵、二等兵、新兵）。

驻外兵力 1999年共有826人在克罗地亚、格鲁吉亚、伊拉克与科威特边境、塔吉克斯坦、西撒哈拉等国和地区参加联合国维和行动。

军队节日 建军节11月21日 （刘温国）

缅 甸

国 名 缅甸联邦。

主要统计 面积67.6581万平方千米。人口5088.7万人（其中，13～17岁男265.4万人，女258.7万人；18～22岁男239.3万人，女234.3万人；23～32岁男422.8万人，女420.6万人）。国内生产总值约310亿美元（1998年）。国防费17亿美元（1999年度国防预算）。原煤7.9万吨（1995年）。原油500万桶（1996年）。天然气14.30亿立方米（1995年）。发电量37.8亿度（1995年）。粮食1820.8万吨（1997年）。海运能力，商船（载重100吨以上）144艘，总载重量135.4万吨（1998年）。民航能力，固定航班机场19处，客运量4.39亿人千米、货运量320万吨千米（1998年）。

国防体制 "国家和平与发展委员会"主席（相当于总统）为国防军总司令。国防部为国防军最高统帅机关，统管作战、训练和军工等工作。武装力量由正规军和准军事部队组成。正规军分陆、海、空三个军种。最高军事指挥机构为总参谋部。"国家和平与发展委员会"通过国防部和总参谋部对全国武装力量实施领导和指挥。

领导人物 "国家和平与发展委员会"主席兼政府总理、国防部长和三军总司令丹瑞大将（1997年11月上任）。"国家和平与发展委员会"副主席、三军副总司令兼陆军司令貌埃上将（1997年11月上任）。"国家和平与发展委员会"第一秘书长、国防部军情局局长兼军事战略研究署署长钦纽中将（1997年11月上任）。"国家和平与发展委员会"第二秘书长兼陆军参谋长丁昊中将（1997年11月上任）。海军司令季敏少将（2000年8月上任）。空军司令觉丹中将（1997年12月上任）。

武装力量 **兵力** 现役部队约42.9万人。

陆军 32.5万人。编有10个轻装步兵师师部，

12个军区司令部，32个战术指挥部，245个步兵营，7个炮兵营，4个装甲营和2个高炮营。

主战坦克："彗星"26辆，其他型100辆。轻型坦克：63型105辆。装甲侦察车："白鼬"45辆，"亨伯"40辆，"马自达"30辆。装甲输送车："日野"20辆，85型250辆。牵引炮：76毫米100门，88毫米50门，105毫米96门，140毫米若干门。火箭炮：107毫米30门。迫击炮：120毫米80门，81和82毫米若干门。无坐力炮：84毫米500门，106毫米若干门。反坦克炮：57毫米和76.6毫米60门。高炮：37毫米24门，40毫米10门，57毫米12门。

海军　1万余人（含陆战队）。设有6个海军基地。

轻型护卫舰："羊岱昂"号和"羊基昂"号各1艘。导弹艇：6艘。巡逻艇：60艘。两栖船只：11艘。支援船只：9艘。

陆战队：800人（1个营）。

空军　9000人。编有3个战斗机中队，2个攻击战斗机中队，2个防暴机中队和4个直升机中队。作战飞机83架，武装直升机29架。

战斗机：F-7型25架，FT-7型5架。攻击/战斗机：A-5M型22架。防暴机：PC-7型12架，PC-9型9架，"超海鸥"10架。运输机：F-27型3架，FH-227型4架，PC-6A/B型5架，Y-8D型2架。联络机："色斯纳"5架，K-8型4架。直升机：共66架，其中米-2型18架和米-17型11架为武装直升机。

准军事部队　约8.525万人，其中人民警察5万人、民兵3.5万人、渔业部门250人及11艘船只。

兵役制度　实行志愿兵役制。

军衔　军官分3等11级：将官5级（大将、上将、中将、少将、准将）、校官3级（上校、中校、少校）、尉官3级（上尉、中尉、少尉）。

军队节日　建军节3月27日。　（孟　丽）

日　本

国　　名　日本国。

主要统计　面积37.78万平方千米。人口1.2649亿人（其中，13～17岁男386.2万人，女367.6万人；18～22岁男440.2万人，女418.9万人；23～32岁男936.3万人，女895.3万人［1997年10月］）。国民生产总值501.8万亿日元（1998年度预算）。国防费4.94万亿日元（1998年度预算），占国民生产总值的0.98%，占政府财政支出的6.4%。粗钢9354.8万吨（1998年）。原煤397.4万吨（1997年）。原油84.2万千公升（1997年）。天然气22.79亿立方米（1997年）。发电量10379亿度（1997年）。主要农作物总产量（稻、麦、豆类）1300万吨（1998年）。海运能力，商船（载重100吨以上）6535艘，总吨位1685.3万吨（1998年）。民航能力，固定航班机场91处，客运量，国内航线732.4亿人千米、国际航线810.2亿人千米，货运量，国内航线8.21亿吨千米、国际航线63.77亿吨千米（1997年度）。

国防体制　日本的国防政策主要是不断强化日美军事同盟，建立高效的防卫力量，谋求实现政治大国的战略目标。其基本点是：

（一）注重利用和加强日美军事同盟。日美军事同盟是日本国防政策的支柱。日本认为，日美军事同盟不仅对日本的安全保障，而且对日本周边地区的和平与稳定都是必不可少的。为此，日本通过《日美安全保障联合宣言》、新的"日美防卫合作指针"以及与"新指针"相配套的"相关法案"等步骤，大大拓展了与美国在军事领域合作的深度和广度，采取了一系列措施以提高日美军事同盟的有效性和可靠性。如：加强政策协商和情报交换；加强日美联合训练；正式决定参加美国战区导弹防御系统（TMD）的研究开发计划；加强日美双方装备技术上的交流；采取有效措施，确保美军顺利驻扎等等。

（二）主动开展活跃的军事交流以及安全保障对话。除了美、韩两国外，日本在亚太地区也积极与俄罗斯、中国以及东盟多数成员国开展军事交流和安全对话与合作。日本通过这些交流与合作，充分展示其作为亚洲大国的形象，扩大在亚太地区安全保障方面的发言权。主要措施有：①积极参加联合国的维持和平行动，通过在国际社会发挥军事作用来扩大政治影响，为自己争当联合国安理会常任理事国席位捞取政治资本；②积极参与亚太地区的安全事务，增大在亚太裁军、军控及核不扩散问题上的发言权；③以欧洲和联合国为重点推行全球性合作，通过加强日欧关系，提高其在西方国家中的地位；④重视同北约的对话，强调通过密切的对话与合作来共同为世界的稳定作出贡献。

（三）进一步突破专守防卫方针。日本早在80年代初期实际上就已经突破了专守防卫的方针，进入90年代以来，日本更加强调要由立足于“本土防卫”转向“御敌于国门之外”、“歼敌于海上”。尤其是日美新的“防卫合作指针”更把两国军事合作的重点从针对“日本有事”变为针对“周边有事”，其内容涉及国际军控与裁军、地区安全对话、国际维和及人道主义救援等方方面面。而“新指针”及其“相关法案”的制定，使日本的军事活动地区由“远东”扩大到范围模糊的“周边地区”；日本武装力量的职能由“专守防卫”作战扩大到发生“周边事态”时可支援美军作战；而且，日美在武力应付“周边事态”时，可不必经过联合国授权，只由日美两国确定即可。此外，日本1999年新的《防卫白皮书》所宣称的“先发制人”的权利等，都已使日本逐步突破了其一直标榜的“专守防卫”的基本方针。

（四）以高质量的军事力量为坚强后盾。日本认为，只有在雄厚的经济实力基础上，拥有一支强有力的、与政治经济大国地位相称的军事力量，才能在真正意义上确保日本成为与美欧共同主宰世界的大国。为此，冷战结束后，日本采取了一系列的重大举措加速军事力量外向型发展的步伐，加强军事力量的质量建设，使自卫队具备遂行保卫国家综合利益的能力。其具体措施包括：①强调冷战后国际形势的不稳定因素和日本面临的所谓各种威胁，为军事力量的发展寻找合理的借口；②逐步排除对军事力量发展的各种制约因素，为进一步发展军事力量创造条件；③以海空力量为发展重点，不断充实必要机能和提高质量，以适应军事力量的外向型使命；④进一步加大对国内军工生产与技术开发的扶植，以适应发展军事力量的长期需求和增强主动性。

军事战略 日本正在摆脱“和平宪法”的束缚，把军事战略的目标定位在谋求军事大国的地位上。

（一）强调对付“多元威胁”，建立全方位防御体系。日本政府认为，冷战结束后，对日本安全的威胁，其性质、形态和对象均发生了很大变化。目前，对日构成的主要威胁，已由过去的苏联单一威胁，转变为各种性质的“多元威胁”。另外，大规模自然灾害、人为的“特种灾害”等等，都是威胁日本安全的根源。为有效地对付这些威胁，日本强调增强防卫力量的反导弹能力、快速反应能力和机动作战能力。

（二）强调积极主动的战略方针。日本正以积极主动的战略方针逐步改变“专守防卫”的性质和内涵。其具体措施包括：①在防卫力量的基本任务和职能上，强调军事力量的职能范围由内向型向“内外结合型”过渡；防卫任务以周边为重点，逐步向全球发展。日本军事力量已经由过去单一的“对付有限的小规模侵略事态”扩大为“保卫日本安全”、“应付大规模自然灾害等各种事态”、“为建立更稳定的安全保障环境作贡献”等3大职能。②在作战指导思想上，扩大解释行使自卫权的地理范围，提出“海上歼敌”、“洋上防空”的原则，强调在距日本本土尽量远的地方歼灭敌人，摈弃了在日本领土、领海、领空抗击武力进攻的原则。新《日美防卫合作指针》把日美防卫的区域由以日本为中心的200海里的“小范围”，扩大至整个亚太地区的“大范围”，使日美共同防卫和联合作战的范围进一步扩大。③在武器装备的发展上，向大型化、远程化、大威力化、高技术化的方向发展。陆上自卫队将逐步更新火炮、坦克、直升机和防空导弹；海上自卫队将更新驱逐舰、潜艇、反潜直升机等；航空自卫队将装备新型F－2支援战斗机，对F－15歼击机进行了现代化改装，并大量购买了“爱国者”防空导弹等。此外，日本还积极与美国共同研制开发战区导弹防御系统、引进空中加油机、扩充多用途直升机等，从而大大超出了“自卫所需最小限度”。

（三）以“合理、高效、精干”为军队建设的目标。在新的安全环境下，日本强调“合理、高效、精干”的自卫队建设目标，并为此采取了一些重大措施：①进行较为彻底的体制编制改革，根据配置的地域、任务，编成各种不同类型的师和旅；②实行“快速反应预备役”制度，使其部队的编成真正多样化，并增强兵力运用的灵活性，提高对各类突发事件和紧急事态作出快速反应的能力；③凭借领先的科技水平，利用各种方法，大力发展高技术武器装备；④重视加强三军协同作战能力，提高情报、指挥、通信以及运输等后勤保障能力；⑤调整兵力部署，改变过去以北部地区为重点的部署格局，注重增强西部地区的兵力和武器配备，到2000年前后，将部署在北海道的4个师中的2个改编为旅。

（四）增强与美军的协同作战能力。随着日美军事同盟的加强以及日本在同盟中自主地位的提高，在必要时同美军实施联合作战，密切双方在作战中的协调和协同，已成为日本军事战略的重要组成部分。今后日美在必要时的联合作战中，将强调和重视以下几点：①日本以自己的力量为主，顽强抗击武装入侵，为美军支援创造条件。②加强在作战、情报活动、后勤支援等方面的协调，明确任务分工，合理灵活编组。

国防体制 **统帅机构** 日本国防组织的最高领导人、自卫队的最高统帅是内阁总理大臣，他代表内阁对自卫队行使最高指挥监督权。内阁会议是国防问题的最高决策机构，负责对提交国会审议的有关国防问题的法律草案、预算草案作出决定，制定有关政令，决定有关国防的重大方针和计划。安全保障会议是国防问题的最高审议机构，它由以下人员组成：根据《内阁法》第9条的规定预先指定的国务大臣、外务大臣、大藏大臣、内阁官房长官、国家公安委员会委员长、防卫厅长官、经济计划厅长官，由内阁总理大臣任主席。当主席认为必要时，可让有关国务大臣、参谋长联席会议主席及其他有关人员列席会议，陈述意见。安全保障会议的职责是：审议有关国防的重要事项及处置重大紧急事态的重要问题。防卫厅是在内阁总理大臣领导下处理国防事务的行政机关，其任务是"管理、指挥陆上、海上、航空自卫队，处理与此有关的事务。"防卫厅直属总理府，防卫厅长官由内阁总理大臣任命的国务大臣担任，在内阁总理大臣的指挥与监督下领导防卫厅的工作，统管防卫厅的业务，并通过陆海空自卫队参谋长指挥自卫队。参谋长联席会议是辅佐防卫厅长官的合议体参谋机构，主要任务是统一和协调陆海空自卫队的运用。职责是：制定合同作战计划、合同后勤计划和合同训练计划，统一、协调自卫队军事行动的指挥命令，协助防卫厅长官指挥两个以上军种的合成部队的作战行动，搜集情报、调查研究，以及完成防卫厅长官交办的其他事项。参谋长联席会议由自卫队现役军人中资历最深、军衔最高者任主席，主持和领导参谋长联席会议的工作。日本的武装力量由现役部队、在军事部门服务的文职人员和预备役部队组成。正规部队分为陆上自卫队、海上自卫队、航空自卫队。

作战指挥系统 内阁总理大臣是陆、海、空自卫队的最高指挥官。防卫厅是内阁总理大臣对陆、海、空自卫队实施指挥的职能机关。防卫厅长官在内阁总理大臣的指导监督下，统一领导和指挥陆、海、空自卫队。陆、海、空自卫队分别设有参谋部，作为防卫厅长官的参谋机构和各自卫队的指挥管理机构，负责制定各自的作战计划、教育训练计划及编制、装备、后勤保障、情报收集、卫生保健、人事等计划。它既是防卫厅长官的参谋机构，又是管理和运用各自卫队的执行机构。防卫厅长官通过各自卫队参谋长对陆、海、空自卫队实施领导和指挥。参谋长联席会议主席协助防卫厅长官对自卫队的运用进行统一和协调。

领导人物 内阁总理大臣兼自卫队最高统帅森喜朗（2000年4月5日当选）。国务大臣、防卫厅长官虎岛和夫（2000年7月上任）。参谋长联席会议主席藤绳佑尔上将（1999年3月23日上任）。陆上自卫队参谋长矶岛恒夫上将（1999年3月31日上任）。海上自卫队参谋长藤田幸生上将（1999年3月31日上任）。航空自卫队参谋长竹河内捷次上将（1999年7月9日上任）。

武装力量 **兵力** 截至2000年3月底，现役部队编制定员26.2105万人（含参谋长联席会议1638人），实有兵员24.2640万人（含参谋长联席会议1356人）。

陆上自卫队　编制定员16.7383万人，实有兵员15.1836万人。编成5个军区，11个步兵师，1个装甲师，1个步兵旅，2个混成旅，1个空降旅，1个炮兵旅，5个工兵旅，8个防空导弹群。共装备坦克1100辆（90型、74型、61型），装甲车（含自行火炮）710辆，各型火炮6280门，各型飞机493架。

海上自卫队　编制定员4.5816万人，实有兵员4.3842万人。编成1个自卫舰队，1个护卫舰队，1个航空集团，1个潜艇舰队，5个地方队。共装备各型作战舰艇152艘，总吨位约36.4万吨：其中驱逐舰、护卫舰57艘18.5万吨，潜艇16艘3.8万吨，扫（布）雷舰艇32艘2.7万吨。各型作战飞机208架。

航空自卫队　编制定员4.7268万人，实有兵员4.5606万人。编有1个航空总队，3个航空方面队，1个航空混成团，6个战斗航空团，6个防空导弹群，1个航空支援集团，1个航空教育集团，2个训练航空团，3个飞行教育团，1个航空开发实验团。共装备各型作战飞机464架，其中歼击机304架、歼击轰炸机59架、预警机13架、运输机59架。

文职人员　2.4602万人。

预备役部队　一般预备役4.79万人，其中陆上自卫队4.6万人、海上自卫队1100人、航空自卫队800人；快速反应预备役4889人（陆上自卫队）。

部署 陆上自卫队参谋部驻东京都。北部军区所辖防区为北海道地区，司令部驻札幌市，辖3个步兵师、1个装甲师、1个炮兵旅、1个防空导弹旅、1个工兵旅。

东北部军区所辖防区在本州地区东北部，司令部驻仙台市，辖2个步兵师、1个炮兵群、1个防空导弹群、1个工兵旅。

东部军区所辖防区在本州地区中部，司令部驻东京都，辖2个步兵师、1个空降旅、1个防空导弹群、1个工兵旅。

中部军区所辖防区在本州地区西南部，司令部驻伊丹市，辖2个步兵师、1个步兵旅、1个混成旅、1个防空导弹群、1个工兵旅。

西部军区所辖防区在九州和冲绳地区，司令部驻熊本市，辖2个步兵师、1个混成旅、1个防空导弹旅、1个炮兵群、1个工兵旅。

防卫厅长官直辖的第1直升机旅驻木更津。

海上自卫队参谋部驻东京都，分为横须贺、吴、佐世保、舞鹤、大凑5个警备区。在横须贺警备区的横须贺基地部署有自卫舰队、护卫舰队、潜艇舰队的司令部、第1护卫队群、第2潜艇队群、第2扫雷队群及横须贺地方队。航空集团司令部驻厚木。教育航空集团司令部驻下关。在吴警备区的吴基地驻有第4护卫队群、第1潜艇队群、第1扫雷队群、练习舰队司令部及吴地方队。在佐世保警备区的佐世保基地驻有第2护卫队群和佐世保地方队。在舞鹤警备区的舞鹤基地驻有第3护卫队群和舞鹤地方队。在大凑警备区的大凑基地驻有大凑地方队。

航空自卫队参谋部驻东京都。北部防空区：千岁部署有第2航空团、第3防空导弹群、第1基地防空群；三泽部署有北部航空方面队司令部、第3航空团、北部航空警戒管制团、第6防空导弹群。中部防空区：浜松、小松、百里分别部署有第1、第6和第7航空团；岐阜部署有第4防空导弹群；入间部署有第1防空导弹群、中部航空警戒管制团、航空开发实验集团司令部、航空救护团；航空总队、中部航空方面队；航空教育集团的司令部分别设在府中、入间、浜松。西部防空区：新田原、筑城分别部署有第5、第8航空团；春日部署有第2防空导弹群、西部航空警戒管制团，西部航空方面队司令部也设在春日。西南防空区：冲绳岛那霸市设有西南航空混成团司令部，并部署有第83航空队、第5航空导弹群、西南航空警戒管制队。

兵役制度 日本实行志愿兵役制，又称募兵制。上等兵（含）以下实行任期制：陆上自卫队为2年（专业技术兵为3年），海上和航空自卫队为3年。任期届满后，根据本人志愿并经审查合格后可继续延长2年任期。军士和军官为职业军人，实行退休制。各级退休年龄分别为：将官60岁，上校55岁，中校至上士54岁，中士以下53岁。对从事医务和音乐等职业的上校以下军人，其退休年龄适当延长，最长可到60岁。

军衔 分6等18级：将官3级（上将、中将、少将），校官3级（上校、中校、少校），尉官3级（上尉、中尉、少尉），准尉1级，军士4级（军士长、上士、中士、下士），兵4级（上等兵、一等兵、二等兵、三等兵）。

外国驻军 目前，美国在日本的驻军约3.91万人，其中陆军约1800人、海军约6700人、海军陆战队约1.66万人、空军约1.4万人。

军队节日 自卫队节11月1日。（于 庭）

沙 特 阿 拉 伯

国　　名 沙特阿拉伯王国。

主要统计 面积224万平方千米。人口1800万人（其中，13～17岁男130.4万人，女116.7万人；18～22岁男108.8万人，女96.8万人；23～32岁男161.5万人，女137.6万人）。国内生产总值4980亿里亚尔，合1330亿美元（1998年）。国防费690亿里亚尔，合184亿美元（1999年国防预算）。原油30.39亿桶（1997年）。天然气377.18亿立方米（1995年）。发电量998.33亿度（1995年）。粮食244万吨（1997年）。海运能力，商船（载重100吨以上）301艘，总载重量136.17万吨（1998年）。民航能力，固定航班机场25处，客运量185.01亿人千米、货运量8.95亿吨千米（1998年）。

国防体制 国王为皇家军队统帅。最高国防决策机构为高级防务委员会，成员有国王、国防与航空大臣、财政与经济大臣、通信与外交大臣和武装力量总参谋长，由国王任主席。国防部为最高军事行政机构。武装力量由正规军和准军事部队组成。正规军分陆、海、空和防空军四个军种。最高军事指挥机构为总参谋部。国王通过国防部和总参谋部对全国武装力量实施领导和指挥。

领导人物　国王兼武装力量统帅法赫德·本·阿卜杜勒·阿齐兹（1982年即位）。国防与航空大臣苏尔坦·本·阿卜杜勒·阿齐兹亲王（1995年连任）。总参谋长萨利赫·本·阿里·穆海亚（1996年上任）。陆军司令苏尔坦·本·阿迪·穆塔伊尔中将（1996年9月上任）。海军司令塔拉勒·穆夫迪中将（1994年1月上任）。空军司令阿卜杜·阿齐兹·胡纳迪中将（1994年1月上任）。防空军司令马吉德·本·塔勒哈比·本·哈马德·奥塔比中将（1994年1月上任）。

武装力量　**兵力**　现役部队10.55万人。

陆军　7万人。编有3个装甲旅，5个机械化旅，1个空降旅，1个王室警卫团，8个炮兵营，1个陆军航空司令部。

主战坦克：M－1A2“艾布拉姆斯”315辆，AMX－30型290辆（50%库存），M－60A3型450辆。装甲侦察车：AML－60和AML－90型235辆。步兵战车：AMX－10P型570余辆，M－2“布雷德利”400辆。装甲输送车：M－113型1750辆，M－3“庞阿尔”150辆。牵引炮：105毫米100门，155毫米140门，203毫米8门。自行炮：155毫米200门。火箭炮：“阿斯特罗斯”2型60门。迫击炮：107毫米、120毫米400门。反坦克导弹：“陶”式、“龙”式和“霍特”式若干具。无坐力炮：84毫米300门，90毫米和106毫米若干门。直升机：55架。地空导弹：“红眼睛”500部，“响尾蛇”和“毒刺”若干部。

海军　1.35万人（包括陆战队3000人）。编有2个舰队。

护卫舰：8艘。导弹快艇：9艘。巡逻艇：17艘。反水雷舰艇：7艘。登陆艇：8艘。辅助舰船：7艘。

陆战队　3000人。编有1个海军步兵团，装备步兵战车140辆。

海军航空兵　装备有武装直升机31架，其中AS－565型19架、AS－332B和AS－332F型12架。

空军　1.8万人。编有7个攻击战斗机中队，若干个战斗机中队，1个侦察机中队，1个预警机中队，2个训练机中队，3个运输机中队，2个直升机中队。作战飞机432架。

攻击战斗机：F－5E型56架，F－5F型14架，“旋风”IDS型90架。战斗机：“旋风”ADV型24架，F－15C型70架，F－15D型25架，F－15S型72架。侦察机：RF－5E型10架。预警机：E－3A型5架。加油机：KE－3A型8架，KC－130H型7架。改装训练机（具有作战能力）：F－5B型14架，F－5F型7架。运输机：C－130E型7架，C－130H型34架，L－100－30HS型8架。直升机：AB－205型22架，AB－206B型25架，AB－212型27架，AS－332B和AS－332F型12架，AS－532A2型12架。教练机：105架（其中50架具有作战能力）。皇家专机：飞机23架，直升机4架。

防空军　0.4万人。编有33个地空导弹连。

高炮：20毫米92门，30毫米50门，35毫米128门，40毫米150门。地空导弹：“夏安”141部，MIM－23BI“霍克”改进型128部，“响尾蛇”40部。

准军事部队　9.25万人。其中：国民警卫队7.7万人（现役5.7万人、部族部队2万人），编有3个机械化步兵旅、5个步兵旅、1个骑兵仪仗队，装备轻型装甲车450辆、装甲输送车730辆（另有库存810辆）、牵引炮70门、迫击炮和无坐力炮若干门、“陶”式反坦克导弹若干具；边防部队1.05万人；海岸警卫队4500人，装备巡逻艇34艘、气垫船16艘、教练船1艘、王室游艇1艘、小型武装巡逻艇350艘；特种安全部队500人，装备装甲输送车若干辆。民防部门装备直升机10架。

兵役制度　平时实行志愿兵役制，战时实行义务兵役制。18～35岁男子经批准参军，服役期限一般为3年。

外国驻军　“半岛之盾”部队约7000人，1个步兵旅（由海湾合作委员会成员国派出）。法国驻有170人，装备飞机11架（“幻影”2000C型5架、F－1CR型3架、C－135FR型3架）。英国驻有约200人，装备“旋风”GR－1A型飞机6架。美国驻有5720人，其中：常驻陆军650人，编有1支“爱国者”防空导弹部队和1支通信部队；常驻空军4800人，装备的飞机包括F－15、F－16、F－117、C－130、KC－135、U－2和E－3等；常驻海军270人（其中陆战队250人）。

（张连国）

斯　里　兰　卡

国　　名　斯里兰卡民主社会主义共和国。

主要统计　面积 6.561 万平方千米。人口 1884.4 万人（其中，13～17 岁男 92.7 万人，女 89 万人；18～22 岁男 90.1 万人，女 86.7 万人；23～32 岁男 157.8 万人，女 154.8 万人）。国内生产总值 10290 亿卢比，合 159 亿美元（1998 年）。国防费 570 亿卢比，合 8.07 亿美元（1999 年国防预算）。发电量 48 亿度（1995 年）。粮食 227.7 万吨（1997 年）。海运能力，商船（载重 100 吨以上）66 艘，总载重量 47.26 万吨（1998 年）。民航能力，固定航班机场 1 处，客运量 38.68 亿人千米、货运量 1.59 亿吨千米（1998 年）。

国防体制　总统为武装部队总司令。最高国防决策机构为国家安全委员会，成员有国防部长、国家安全部长、陆、海、空三军司令，警察总监等，主席由总统兼任。国防部为最高军事行政机构。武装力量由正规军、预备役部队和警察组成。正规军分陆、海、空三个军种。总统通过国家安全委员会、国防部和陆、海、空三军司令部对全军实施领导和指挥。

领导人物　总统兼武装部队总司令和国防部长钱德里卡·班达拉奈克·库马拉通加夫人（1997 年 6 月连任）。陆军司令利奥内尔·P·巴拉加尔（2000 年 8 月上任）。海军司令蒂塞拉中将。空军司令拉纳辛哈少将。

武装力量　**兵力**　现役部队约 11 万～11.5 万人（含应召再服现役者）。

陆军　约 9 万～9.5 万人（含 4.2 万名应召再服现役者）。编有 10 个师部，1 个机械化步兵旅，1 个空中机动旅，23 个步兵旅，1 个独立特遣旅（下辖 1 个突击队和 1 个独立特遣团），1 个装甲团，3 个装甲侦察团，4 个野战炮兵团（含 1 个后备团），4 个野战工程兵团（含 1 个后备团）。

主战坦克：T－55 型 25 辆。装甲侦察车："萨拉丁" 26 辆，"白鼬" 15 辆，"野狗" 12 辆。装甲输送车：T－85 型 35 辆，БТР－152 型 10 辆，其他型号 107 辆。牵引炮：76 毫米 12 门，85 毫米 12 门，88 毫米 12 门，130 毫米 12 门。火箭炮：107 毫米 1 门。迫击炮：81 毫米 276 门，82 毫米 19 门。107 毫米 12 门，120 毫米 36 门。无坐力炮：105 毫米 15 门，106 毫米 34 门。高炮：40 毫米 24 门，94 毫米 3 门。

海军　1 万人（含 1100 名应召再服现役者）。基地设在科伦坡（司令部）、亭可马里（主要基地）、卡赖纳加、唐加拉、卡南皮提亚。

海岸巡逻作战舰艇：54 艘（其中海上巡逻艇 1 艘、近海巡逻艇 53 艘）。登陆艇：8 艘。

空军　1 万人。作战飞机 22 架，武装直升机 15 架。

对地攻击战斗机：F－7M 型 4 架，FT－7 型 1 架，FT－5 型 2 架，"幼狮" 5 架，SF－260TP 型反辐射导弹运载机 8 架，"卡普拉" 2 架。攻击直升机："贝尔" 212 型 11 架，米－24 型 2 架，米－35 型 2 架。运输机：各型飞机 25 架。直升机："贝尔" 206 型 9 架，米－17 型 5 架。教练机：11 架。

预备役部队　约 4200 人。其中陆军 1100 人，海军 1100 人，空军 2000 人。

准军事部队　10.03 万人。其中警察部队 7.01 万人，国民志愿军 1.5 万人，国民卫队 1.52 万人。

兵役制度　实行志愿兵役制。　　（刘温国）

泰　国

国　　名　泰王国。

主要统计　面积 51.3115 万平方千米。人口 6372.6 万人（其中，13～17 岁男 315.8 万人，女 305.2 万人；18～22 岁男 317.1 万人，女 307.8 万

人；23～32 岁男 608.4 万人，女 592.2 万人）。国内生产总值 1370 亿美元（1998 年）。国防费 20 亿美元（2000 年国防预算）。原煤 1842.1 万吨（1995 年）。发电量 836.6 亿度（1995 年）。原油 2200 万桶（1996 年）。天然气 104.77 亿立方米（1995 年）。粮食 2654.1 万吨（1997 年）。海运能力，商船（载重 100 吨以上）351 艘，总载重量 119.45 万吨（1998 年）。民航能力，固定航班机场 25 处，客运量 292.26 亿人千米、货运量 13.20 亿吨千米（1998 年）。

国防政策　为适应冷战后安全环境的变化和现代战争的需要，泰对其国防政策作了新的调整，主要包括以下内容：加强军队建设，保持一支规模适当、有进攻能力和机动性的、有高效率指挥系统的武装力量，以应付来自国内外的威胁；建立一个高水准的、现代化的军事训练和教育体系，提高军人素质；发展国防工业，依靠自身的力量促进国防生产，使之接近于国际水平；调整后备兵员系统，朝着面向公众的方向发展，获得人民的合作与支援；保卫国家经济利益和自然资源，维护边境地区安全；加强福利保障，提高军人及其家属的生活水平；开展与友好国家的军事合作，积极支援联合国维持和平行动。

军事战略　泰国武装部队实行“总体防御战略”。冷战结束后，泰军适时地对其军事战略进行了调整。在战略目标上，完成由本土防御向海洋和本土综合防御转变，将保卫经济建设和维护海洋权益作为重要目标；在防御重点上，从东北部泰柬、泰老边境地区向东南部沿海新兴工业区和能源基地转变，将防御纵深从陆地向海洋扩展，由沿海向近海延伸；在作战对象上，将“来自陆地的对手”改为“来自海上的潜在对手”；在防御体制上，由依赖美国保护逐渐向增强本国防御力量与加强联盟军事合作相结合的“总体防御”转变。

国防体制　国王为武装力量统帅。最高国防决策机构为国家安全委员会，隶属于国务院，总理兼任主席。最高咨询机构为国防委员会，隶属于国防部。国防部是最高军事行政机关，负责制定、实施国防政策和计划。武装力量由正规军和准军事部队两部分组成。正规军分陆、海、空三个军种。最高军事指挥机构为最高司令部。国王名义上是三军统帅，实际上是国务院通过国防部和最高司令部对全国武装力量实施领导和指挥。

领导人物　国王兼武装力量统帅普密蓬·阿杜德（1946 年继位）。总理兼国家安全委员会主席和国防部长川·立派（1997 年 11 月上任）。最高司令三炮·初西上将（2000 年 10 月上任）。陆军司令素拉育·朱拉暖上将（1998 年 10 月上任）。海军司令巴实·汶颂上将（2000 年 10 月上任）。空军司令邦·玛尼信上将（2000 年 10 月上任）。

武装力量　**兵力**　现役部队 30.6 万人。

陆军　19 万人。编有 4 个部域军，3 个小军，2 个骑兵师，3 个装甲师，2 个机械化师，1 个轻型步兵师，2 个特种作战师，1 个炮兵师，1 个高炮师，1 个工程兵师，4 个经济开发师，1 个独立骑兵团，8 个独立步兵营，4 个侦察连，3 个空中机动连和 1 支正在组建的快速反应部队。

主战坦克：PRC－69 型 12 辆，M－48A5 型 150 余辆，M－60 型 127 辆。轻型坦克：“蝎子”154 辆，M－41 型 250 辆，“虹”106 辆。装甲侦察车：“肖兰”MK－3 型 32 辆。装甲输送车：M－113 型 340 辆，“突击队员”162 辆，“秃鹰”18 辆，85 型 450 辆。牵引炮：105 毫米 353 门，130 毫米 15 门，155 毫米 192 门。自行火炮：155 毫米 20 门。迫击炮：81 毫米、107 毫米若干门，120 毫米 12 门。反坦克导弹：“龙”式 300 具。无坐力炮：75 毫米若干门，160 毫米 150 门。高炮：20 毫米 48 门，37 毫米 122 门，40 毫米 128 门，57 毫米 24 门。地空导弹：“红眼睛”若干部。运输机：24 架。联络机：70 架。教练机：37 架。直升机：167 架，其中 AH－1F 型武装直升机 4 架。

海军　7.3 万人（含陆战队、海军航空兵和岸防部队）。编有 2 个作战舰队和 1 个海军航空兵联队。

直升机航母：“差克里·纳吕贝特”号 1 艘。导弹护卫舰：8 艘，其中“纳黎萱”级、“昭帕耶”级、“格腊武里”级、“佛陀约华”级各 2 艘。护卫舰：6 艘，其中“玛古·拉差古曼”级 1 艘、“达比”级 2 艘、“达津”级 2 艘、“宾格老”级 1 艘。小型护卫舰：“拉坦纳凯辛”级 2 艘，“哈姆罗辛”级 3 艘。导弹快艇：“拉差立”级 3 艘，“布拉巴拉巴”级 3 艘。巡逻艇：77 艘。扫雷舰艇：7 艘。两栖舰艇：9 艘。后勤支援舰船：16 艘。

海军航空兵　1700 人，装备作战飞机 67 架、武装直升机 5 架。

陆战队　2 万人。编有 1 个师，2 个步兵团，1 个炮兵团，1 个两栖攻击营，1 个侦察营。装备装甲输送车 33 辆，155 毫米牵引炮 12 门及“龙”式反坦克导弹若干具。

空军　4.3 万人。编有 3 个攻击战斗机中队，2

个战斗机中队，5个防暴机中队，1个电子侦察机中队，2个武装侦察机中队，3个运输机中队，2个直升机中队，1个高炮连。作战飞机162架。

攻击战斗机：F－5A/B型14架，F－16型36架。战斗机：F－5E型33架，F－5F型6架。防暴机：AC－47型4架，AU－23A型22架，N－22B型19架。电子侦察机：IAI－201型3架。武装侦察机：OV－10C型25架，RF－5A型3架。航测机：8架。运输机：C－130H型等共28架。教练机：共165架，其中L－39ZA/MP型34架具有作战能力。联络机：11架。直升机：42架。空空导弹："响尾蛇"、"大蟒"、AIM－120式若干枚。地空导弹："吹管"、"蝮蛇"若干枚。

准军事部队　约13.95万人。其中"猎勇"部队1.85万人。保卫国土志愿队5万人，海上警察2500人，航空警察500人，边境巡逻警察1.8万人，地方警察约5万人。

预备役部队　20万人，编有4个陆军预备役师。

部署　陆军按4个部域军部署，重点部署在中部和东南部地区。海军部署在各海军基地，陆战队驻梭桃邑海军基地。空军各飞行大队分别驻各空军基地。主要军事基地18处，其中海军基地5处（曼谷、宋卡、攀牙、梭桃邑、达叻）、空军基地13处（廊曼、柯叻、打卡里、华富里等）。

兵役制度　实行义务兵役制，服役期2年。

军衔　军官分4等10级：元帅，将官3级（上将、中将、少将），校官3级（上校、中校、少校），尉官3级（上尉、中尉、少尉）。

驻外兵力　参加联合国驻伊拉克和科威特军事观察团观察员5人。

外国驻军　新加坡驻有1个训练营地。美国120人（陆军40人、空军30人、海军10人、陆战队40人）。

军队节日　建军节4月8日。（孟　丽）

土　耳　其

国　　名　土耳其共和国。

主要统计　面积77.945万平方千米。人口6516.1万人（其中，13～17岁男326.7万人，女316.4万人；18～22岁男325.7万人，女308.2万人；23～32岁男595.3万人，女564.4万人）。国内生产总值49079万亿土耳其里拉，合1880亿美元（1998年）。国防费3818万亿土耳其里拉，合89亿美元（1998年国防预算）。粗钢1498万吨（1996年）。原煤5507.3万吨（1995年）。原油2500万桶（1996年）。天然气2.01亿立方米（1995年）。发电量817.34亿度（1995年）。粮食2967.7万吨（1997年）。海运能力，商船（载重100吨以上）880艘，总载重量711.43万吨（1998年）。民航能力，固定航班机场26处，客运量123.05亿人千米、货运量2.142亿吨千米（1998年）。

国防体制　总统为武装力量统帅。最高国防决策机构为国家安全委员会，成员有总统、总理、总参谋长、国防部长、内政部长、外交部长和宪兵司令，由总统任主席，基本任务是制订战争动员计划、议决国家军事政策和其他有关国家安全的重大问题。武装力量的最高决策机构为最高军事委员会，由总理、总参谋长和陆、海、空军司令以及宪兵司令组成，任务是讨论和决定武装部队各级军官任免和调动、晋升和退休、国防费的使用计划和分配、军队编制和军法军纪等问题。国防部为政府中一个部，是最高军事行政机构，设部长、副部长等，部长由总理任命的文职官员担任，任务是负责武装部队的征兵、武器装备、后勤补给、军工生产等工作。武装力量由正规军和准军事部队组成。正规军分陆、海、空三个军种。最高军事指挥机构为总参谋部，总参谋长由总统根据总理提名在担任过陆、海、空军司令的上将中任命，任期4年。总统通过国防部和总参谋部对全国武装力量实施领导和指挥。

领导人物　总统兼武装力量统帅阿赫迈特·内季代特·塞泽尔（2000年5月上任）。国防部长萨巴哈廷·恰克玛克奥卢（1999年8月上任）。总参谋长侯塞因·科夫勒克奥卢上将（1998年8月上任）。陆军司令阿提拉·阿泰什上将（1998年8月上任）。海军司令伊尔哈米·埃尔迪尔上将（1999年8月上任）。空军司令埃尔金·杰拉辛上将（1999年8月上任）。

武装力量　**兵力**　现役部队63.9万人。

陆军　52.5万人。编有4个集团军司令部，9个军司令部，1个机械化师，1个步兵师，14个装甲旅，17个机械化旅，9个步兵旅，4个突击旅，1个步兵团，1个总统警卫团，5个边防团，26个边防营。

主战坦克：4205辆（M－48A5T1型和M－48A5T2型2876辆，M－60A3型658辆，M－60A1型274辆，“豹”式1A1型170辆，“豹”式1A3型227辆）。装甲侦察车：若干辆。步兵战车：450辆。装甲输送车：3643辆（AAPC型830辆，M－113型2813辆）。牵引炮：1552门（其中150毫米62门，155毫米688门，203毫米162门）。自行炮：820门（105毫米388门，155毫米168门，175毫米36门，203毫米228门）。火箭炮：60门（107毫米48门，227毫米12门）。迫击炮：2021门（107毫米1264门，120毫米757门），另有81毫米3792门。反坦克导弹：943具（“眼镜蛇”186具，“陶”式365具，“米兰”392具）。无坐力炮：57毫米923门，75毫米617门，106毫米2329门。高炮：1664门（20毫米439门，35毫米120门，40毫1105门）。地空导弹：“毒刺”108部，“红眼睛”789部。此外，还装备各型飞机168架，武装直升机37架，运输直升机253架。

海军　5.1万人（含海军陆战队3100人）。

常规潜艇：15艘。护卫舰：21艘。导弹快艇：19艘。巡逻艇：31艘。布雷舰艇：3艘。反水雷舰艇：26艘。登陆舰：8艘。登陆艇：59舰。辅助舰船：27艘。

海军航空兵　装备有用于反潜作战的直升机16架（其中13架为AB－212型武装直升机），教练机7架。

海军陆战队　1个团，3100人。

空军　6.3万人。编有2个战术空军司令部，1个运输司令部，1个训练司令部，1个后勤司令部，1个攻击战斗机中队，7个战斗机中队，2个侦察机中队，5个运输机中队，3个教练机中队，6个地空导弹中队。作战飞机440架。

战斗机和攻击战斗机：F－16C型149架，F－16D型26架，F－5A和F－5B型87架，F－4E型139架。侦察机：RF－4E型39架。空中加油机：KC－135R型2架。运输机：C－130型13架，KC－135R型7架，C－160D型19架，CN－235型44架。要员专机：2架。教练机：SF－260D型38架，T－33型34架，T－37型60架，T－38型70架，T－41型28架。直升机：UH－1H型20架。地空导弹：“奈基”92部，“轻剑”86部。

预备役部队　37.87万人（41岁以下），其中陆军25.87万人、海军5.5万人、空军6.5万人。

准军事部队　20.22万人。宪兵和国民警卫队20万人（其中预备役5万人），装备装甲输送车560辆、飞机2～3架、直升机56架。海岸警卫队0.22万人，装备近岸巡逻艇64艘、运输机2架。

兵役制度　实行义务兵役制，士兵服役期18个月。

军衔　军官分3等11级，即将官4级（上将、中将、少将、准将），校官3级（上校、中校、少校），尉官4级（上尉、中尉、少尉、准尉）。

驻外兵力　驻塞浦路斯1个军，约3.3万人，装备坦克282辆、装甲输送车250辆、牵引炮170门、自行炮26门、迫击炮307门、高炮84门、飞机3架、直升机4架、近岸巡逻艇1艘。参加联合国维持和平行动的兵力：驻阿尔巴尼亚若干人，驻波斯尼亚约1300人，驻格鲁吉亚5人（军事观察员），驻伊拉克和科威特边境6人（军事观察员），驻意大利有18架F－16C型战斗机，驻南斯拉夫约500人。

外国驻军　驻有北约盟军东南欧陆军司令部和第6战术空军司令部。英国空军约160人，飞机6架（“美洲虎”GR－3A和GR－3B型4架、VC－10型2架）。美国2430人，其中陆军290人、海军240人（包括陆战队220人）、空军1900人；空军驻有1个飞行联队，装备的机型包括F－16、F－15C、KC－135、E－3B和E－3C、C－12、HC－130和HH－60。

军队节日　建军节8月30日。　　（张连国）

乌兹别克斯坦

国　　名　乌兹别克斯坦共和国。

主要统计　面积44.74万平方千米。人口

2350万人（其中，13～17岁男146.2万人，女143.2万人；18～22岁男121.9万人，女120.3万人；23～32岁男188.1万人，女188万人）。国内生产总值122亿美元（1998年）。国防费3.3亿美元（1999年国防预算）。原煤295万吨（1997年）。原油6300亿桶（1996年）。天然气521亿立方米（1997年）。发电量472亿度（1995年）。粮食337万吨（1997年）。铁路货运量706亿吨千米（1998年）。公路货运量219.54亿吨千米（1998年）。航空货运量4.47亿吨千米（1998年）。

国防体制　总统为武装力量统帅。国防部是最高军事行政机关，负责管理国防预算、军工生产、后勤、动员和民防等事务。武装力量由陆军、空军及准军事部队组成。总参谋部为最高军事指挥机构。总统通过国防部和总参谋部对全国武装力量实施领导和指挥。

领导人物　总统兼武装力量统帅伊斯拉姆·阿卡杜加尼耶维奇·卡里莫夫（1990年3月就任）。国防部长尤里·阿格扎莫夫中将（2000年2月上任）。武装力量总参谋长图·尤·卡西莫夫中将。

武装力量　**兵力**　现役部队7.4万人。

陆军　5万人。编有3个军司令部，2个坦克旅，4个摩步旅，1个山地旅，1个机械化炮兵旅，2个空降突击旅，1个空中机动旅，4个炮兵旅，1个火箭炮旅，1个国民卫队旅。

坦克：T－54/－62/－64/－72型坦克370辆。步兵战车：273辆。装甲输送车：471辆。牵引炮：122、152毫米199门。自行炮：122、152、203毫米83门。火箭炮：122、220毫米81门。迫击炮：120毫米111门。反坦克炮：100毫米39门。

空军　4000人。编有4个战斗机团，1个直升机团，1个运输直升机团，2个运输机团，3个防空火箭团。作战飞机150架。

作战飞机：苏－17型26架，苏－24型34架，苏－25型20架，苏－27型31架，米格－29型39架。运输机：37架。教练机：14架。武装直升机：42架。运输直升机：26架。突击直升机：58架。地空导弹：SA－2/－3/－5型45部。

准军事部队　约1.8万～2万人。内卫部队约1.7万～1.9万人。国民卫队1000人（1个旅）。

（李　英）

新　加　坡

国　　名　新加坡共和国。

主要统计　面积647.5平方千米。人口320万人（其中，13～17岁男11.6万人，女11万人；18～22岁男10.8万人，女10.3万人；23～32岁男24.8万人，女24.1万人）。国内生产总值960亿美元（1998年）。国防费42亿美元（1999年国防预算）。发电量220.57亿度（1995年）。海运能力，商船（载重100吨以上）946艘，总载重量1492.92万吨（1998年）。民航能力，固定航班机场1处，客运量536.4亿人千米、货运量41.91亿吨千米（1998年）。

国防体制　总统为武装力量统帅。国防部为政府中的一个部，对武装部队拥有领导和管理权。武装力量由正规军和准军事部队两部分组成。正规军分陆、海、空三个军种。最高军事指挥机构为总参谋部。

领导人物　总统兼武装部队统帅纳丹（1999年9月上任）。国防部长陈庆炎（1995年上任）。

武装力量　**兵力**　现役部队约7.3万人。

陆军　5万人。编有3个混合师（各辖2个步兵旅、1个机械化旅、1个侦察营、2个炮兵营、1个高炮营、1个工程兵营），1个快速反应师（辖3个步兵旅），1个机械化旅。

坦克：“百人队长”式约60辆，AMX－13SM1型约350辆。装甲侦察车：AMX－10PAC90型22辆。步兵战车：AMX－10P型22辆，IFV－25型若干辆。装甲输送车：M－113型750余辆，V－100型30辆，“突击队员”250辆，IFV－40/50型若干辆。牵引炮：105毫米60门，155毫米169门。迫击炮：81毫米若干门，120毫米50门，160毫米12门。反坦克导弹：“米兰”30余具。无坐力炮：84毫米约200门，106毫米90门。高炮：20毫米30门。地空导弹：RBS－70 型、“西北风”60 部。

海军　约 9500 人。编有 3 个指挥部：舰队指挥部（辖 2 个小舰队），海岸指挥部，海军后勤指挥部。

潜艇：“挑战者”号 3 艘。小型护卫舰：“胜利”级 6 艘。导弹快艇：“海狼”级 6 艘，“无畏”级 12 艘。扫雷舰艇：4 艘。两栖舰艇：3 艘。后勤支援舰船：2 艘。

空军　1.35 万人。编有 6 个攻击战斗机中队，2 个战斗机中队，1 个侦察机中队，1 个空中预警中队，1 个海上巡逻机中队，2 个武装直升机中队，5 个运输机中队（其中 4 个直升机中队），2 个教练机中队，1 个无人侦察机中队，4 个机场防卫中队。作战飞机 174 架，武装直升机 20 架。

攻击战斗机：A－4SU 型 51 架，TA－4SU 型 24 架，F－16 型 31 架。战斗机：F－5S 型 28 架，F－5F 型 9 架。武装侦察机：RF－5S 型 8 架。空中预警机：E－2C 型 4 架。海上巡逻机：F－50“加强者”5 架。武装直升机：AS－550A2/C2 型 20 架。运输机：KC－130 型等共 10 架。运输直升机：AS－332M 型等共 50 架。教练机：53 架。无人侦察机：64 架。空空/空地导弹：若干枚。

预备役部队　约 27.5 万人。其中陆军约 26.12 万人，海军约 6300 人，空军约 7500 人。

准军事部队　警察 1.16 万人（包括廓尔喀警卫营 750 人）。民兵 10.8 万人。

部署　全国共有军事基地 4 处，其中海军基地 2 处（三巴旺、裕廊）、空军基地 2 处（丁加和巴耶黎巴）。

兵役制度　实行义务兵役制，服役期限 2～3 年。

军衔　军官分 3 等 10 级：将官 3 级（中将、少将、准将），校官 3 级（上校、中校、少校），尉官 4 级（上尉、中尉、少尉、准尉）。

驻外兵力　驻澳大利亚 230 人（建有 1 所飞行训练学校，配有 S－211 型飞机 27 架）。驻文莱 500 人（建有 1 所飞行学校，配有 5 架 UH－1H 型直升机）。驻法国 200 人。驻台湾 3 个训练营地。驻泰国 1 个训练营地。驻美国 250 人，租用 CH－47D 型飞机 3 架、F－16C/D 型飞机 24 架。参加联合国驻伊拉克和科威特军事观察团观察员 6 人。

外国驻军　新西兰 11 人，编有 1 个支援单位。美国 150 人（海军 90 人、空军 40 人、陆战队 20 人）。

军队节日　建军节 7 月 1 日。

（孟　丽）

叙　利　亚

国　　名　阿拉伯叙利亚共和国。

主要统计　面积 18.518 万平方千米。人口 1640.4 万人（其中，13～17 岁男 100.7 万人，女 97 万人；18～22 岁男 82.3 万人，女 79.8 万人；23～32 岁男 120.8 万人，女 117.3 万人）。国内生产总值 7550 亿叙镑，合 370 亿美元（1998 年）。国防费 670 亿叙镑，合 29 亿美元（1999 年国防预算）。原油 2.2 亿桶（1997 年）。粮食 432.4 万吨（1997 年）。天然气 20.5 亿立方米（1995 年）。发电量 153 亿度（1994 年）。粮食 432.4 万吨（1997 年）。海运能力，商船（载重 100 吨以上）94 艘，总载重量 21.04 万吨（1998 年）。民航能力，有固定航班机场 5 处，客运量 11.14 亿人千米、货运量 1.18 亿吨千米（1998 年）。

国防体制　总统为武装力量总司令。最高军事统帅机关是武装力量总司令部，下辖国防部和总参谋部。国防部是政府中的一个部，是最高军事行政机关，主管军队的行政、训练和军工生产等项工作。武装力量由正规军和准军事部队组成。正规军分陆、海、空三个军种。总参谋部在总司令部和国防部领导下，平时主要负责陆军工作，临战或战时则根据总司令的命令协调陆、海、空三军的作战行动。叙军政治局负责全军政治宣传工作，受总司令部和叙复兴党总部领导。总统通过国防部、总参谋部和三军司令部对全军实施领导和指挥。

领导人物　总统兼武装力量总司令巴沙尔·阿萨德（2000 年 7 月就任）。副总理兼国防部长和武装力量副总司令穆斯塔法·塔拉斯中将（1992 年 6 月连任）。总参谋长阿里·阿斯兰中将（1998 年 7 月上任）。

武装力量　**兵力**　现役部队 31.6 万人。

陆军　21.5 万人。编有 3 个军司令部，7 个装甲师（每师编2个装甲旅、1个机械化旅、1个炮兵团），3个机械化师（每师编2个装甲旅、2个机械化旅、1个炮兵团），1个共和国卫队师（包括3个装甲旅、1个机械化旅、1个炮兵团），1个特种部队师（3个特种部队团），4个独立步兵旅，1个边防旅，2个独立炮兵旅，2个独立反坦克旅，9个独立特种部队团，1个独立坦克团，3个地地导弹旅（每旅3个营，分别装备"蛙"式、"飞毛腿"式、SS－21型导弹），1个岸防导弹旅（装备SS－C－1B"萼片"式和SS－C－3"冥河"式反舰导弹）。

主战坦克：4650辆坦克，其中T－54/－55型2150辆、T－62M/K型1000辆、T－72/－72M型1500辆。装甲侦察车：БРДМ－2型935辆。步兵战车：БМП－1型2250辆，БМП－2型100辆，БМП－3型若干辆。装甲人员运输车：БТР－40/－50/－60/－152型1500辆。牵引炮：约1480门，其中122毫米700门、130毫米700门、152毫米70门、180毫米10门。自行炮：450辆，其中122毫米400辆、152毫米50辆。火箭炮：480门，其中107毫米200门、122毫米280门。迫击炮：908门，其中82毫米200门、120毫米600门、160毫米100门、240毫米8门。地地导弹："蛙"7型18部，SS－21型18部，"飞毛腿"B/C型26部，SS－C－1B型4部和SS－C－3型6部。反坦克导弹：AT－3"耐火箱"式3000具，AT－4"塞子"式150具，AT－5"拱肩"式40具，"米兰"式200具，AT－14"彗星"式若干。高炮：2060门，其中23毫米1050门、37毫米300门、57毫米685门、100毫米25门。地空导弹：SA－7型4000部，SA－9型20部，SA－13型35部。

海军　约6000人。

潜艇：苏制"罗密欧"级3艘（均无作战能力）。护卫舰："别佳"2级2艘。海岸巡逻艇：20艘。扫雷舰：5艘。两栖舰艇：3艘。后勤支援舰：4艘。

海军航空兵　反潜直升机24架，其中米－14型20架、卡－28型4架。

空军　约4万人。编有9个对地攻击/战斗机中队，17个战斗机中队。作战飞机589架，武装直升机72架。

对地攻击/战斗机：154架，其中苏－22型90架、米格－23BN型44架、苏－24型20架。战斗机：310架，其中米格－21型170架、米格－23型90架、米格－25型30架、米格－29型20架。侦察机：14架，其中米格－25R型6架、米格－21Ⅱ/Л型8架。运输机：139架，其中安－24型4架、安－26型5架、"隼"20型2架、伊尔－76型4架、雅克－40型7架、"隼"900型1架、图－134型6架、米－2型直升机10架、米－8/－17型100架。武装直升机：72架，其中米－25型49架、SA－342L型23架。教练机：137架，其中L－39型80架、MBB－223型20架、米格－21U型20架、米格－23UM型6架、米格－25U型5架、"马沙克"式6架。空地导弹：AT－2、AS－7、AS－12型及"霍特"式若干枚。空空导弹："环礁"式、"辛辣"式、"顶点"式、"蚜虫"式、"阿拉莫"式各若干枚。

防空部队　约5.5万人。编有25个防空旅（约130个地空导弹火力单元，包括480部SA－2/－3型、200部SA－6型地空导弹，400门高炮），2个地空导弹团（每团2个营，每营2个导弹火力单元，共48部SA－5型、60部SA－8型地空导弹）。

预备役部队　39.6万人，其中陆军30万人、海军0.4万人、空军9.2万人。

准军事部队　宪兵部队0.8万人；工人民兵（人民军）10万人。

兵役制度　实行义务兵役制，服役期30个月。预备役最高服役年限为45岁。

驻外兵力　驻黎巴嫩2.2万人。

外国驻军　联合国维持和平部队1029人；约150名俄罗斯顾问，主要在防空部队。

军队节日　建军节8月1日。　　（张若涵）

也　门

国　　名　也门共和国。

主要统计　面积53.1869万平方千米。人口1800万人（北也门占79%，南也门占21%。其中，13～17岁男93.9万人，女91.3万人；18～22岁男77.2万人，女73.9万人；23～32岁男125.9万人，女114.6万人）。国内生产总值约60亿美元（1998

年)。国防费约3.74亿美元(1999年国防预算)。原油1.23亿桶(1996年)。发电量19.80亿度(1995年)。粮食64.6万吨(1997年)。海运能力，商船(载重100吨以上)40艘，总载重量1.37万吨(1998年)。民航能力，有固定航班机场11处(1997年)，客运量11.83亿人千米、货运量1.19亿吨千米(1998年)。

领导人物　总统委员会主席、共和国总统阿里·阿卜杜拉·萨利赫元帅(1994年10月上任)。国防部长穆罕默德·迪夫·拉·穆罕默德(1998年5月上任)。总参谋长阿卜杜拉·阿里·欧瓦拉少将。

武装力量　**兵力**　现役部队6.63万人。

陆军　6.1万人。编有9个装甲旅，1个特种部队旅，18个步兵旅，5个炮兵旅，7个机械化旅，3个地地导弹旅，2个空降突击旅，1个政府卫队，3个高炮营，2个地空导弹营(其中1个装备SA-2型地空导弹)。

主战坦克：1320辆，其中T-34型290辆、T-54/-55型720辆、T-62型250辆、M-60A1型60辆。装甲侦察车：350辆，其中AML-245型60辆、AML-90型130辆、БРДМ-2型160辆。步兵战车：БМП-1/-2型300辆。装甲人员输送车：640辆，其中M-113型60辆、БТР-40/-60/-152型580辆。牵引炮：452门，其中100毫米95门、105毫米35门、122毫米210门、130毫米90门、152毫米10门、155毫米12门。自行炮：100毫米30门。海岸炮：130毫米36门。火箭炮：122毫米185门，140毫米若干门。迫击炮：81毫米、82毫米、120毫米、160毫米共约600门。地地导弹：30部，其中"蛙"7型12部、SS-21型12部、"飞毛腿"B式6部。反坦克导弹：71具，其中"陶"式12具、"龙"式24具、AT-3"耐火箱"式35具。火箭发射器：66毫米"劳"式若干具。无坐力炮：75毫米、82毫米、107毫米若干门。反坦克炮：85毫米、100毫米若干门。高炮：20毫米72门，23毫米100门，37毫米150门，57毫米120门，85毫米若干门。地空导弹：SA-7/-9/-13/-14型若干部。

海军　约1800人。近海巡逻/战斗舰艇：13艘，其中导弹艇5艘、近海巡逻艇8艘。扫雷舰艇：6艘。两栖舰艇：1艘。后勤支援舰艇：2艘。

空军　约3500人。战斗机49架(另有约40架储备)，武装直升机8架。

战斗/对地攻击机：F-5E型10架，苏-20/-22型17架。战斗机：米格-21型11架，米格-29型5架。运输机：安-12型2架，安-26型4架，C-130H型3架，伊尔-14型4架，伊尔-76型3架。直升机：AB-212型2架，米-8型14架，AB-47型1架，米-35型武装直升机8架。教练机：20架，其中F-5B型2架、米格-21U型4架、雅克-11型14架。地空导弹：SA-2/-3/-6型各若干部。空空导弹：AA-2型"环礁"式、AIM-9型"响尾蛇"式各若干枚。

预备役部队　陆军约4万人。

准军事部队　共约7万人，其中内务部队约5万人、部落武装约2万人。海岸警卫队现正在组建中，配备"拦截者"级巡逻艇(法国制造)5艘。

兵役制度　实行义务兵役制。士兵服役期3年。

(张若涵)

伊拉克

国　　名　伊拉克共和国。

主要统计　面积44.1839万平方千米。人口2384.6万人(其中，13～17岁男145.7万人，女139.3万人；18～22岁男123.7万人，女118.7万人；23～32岁男182.8万人，女176.8万人)。国内生产总值190亿美元(1998年)。国防费14亿美元(1999年国防开支)。原油2.56亿桶(1996年)。天然气34.26亿立方米(1995年)。发电量290亿度(1995年)。粮食221.3万吨(1996年)。海运能力，商船(载重100吨以上)131艘，总载重量157.88万吨(1998年)。民航能力，自1992年6月起没有固定航班，客运量15.7亿人千米、货运量5460万吨千米(1998年)。

国防体制　伊拉克革命指挥委员会主席为共和国总统和武装力量总司令。伊拉克复兴社会党地区领导机构军事局是国家最高军事决策机关，它在武装力量总司令的领导下工作，负责制定国防政策、战略方针等重大事宜。国防部是最高军事行政机关。总参谋部是最高军事指挥机构。国防部和总参谋部在武装力量总司令和军事局的领导下各负其责。武装力量由正规军、预备役部队和准军事部队组成。正规军分陆、海、空三个军种。全国分 3 个军区：第 1、第 2、第 3 军区，也称北部、中部、南部军区。

领导人物 革命指挥委员会主席、总统兼武装力量总司令萨达姆·侯赛因（1995 年 10 月连任）。国防部长苏尔坦·哈希姆·艾哈迈德上将（1994 年 5 月上任）。武装部队总参谋长阿卜杜拉·谢南上将（1995 年 7 月上任）。

武装力量 **兵力** 现役部队 42.9 万人。

陆军 37.5 万人。编有 7 个军司令部，3 个装甲师，3 个机械化师，12 个步兵师，6 个共和国卫队师（2 个装甲师、3 个机械化师、1 个步兵师），4 个特种共和国卫队旅，7 个突击旅，2 个特种部队旅（除共和国卫队外，所有部队只有其正常实力之一半，且 50% 的装备缺乏零备件）。

主战坦克：T－55/－62 型、59 型共约 1500 辆，T－72 型 700 辆。装甲侦察车：БРДМ－2 型、AML－60/－90 型、EE－9 "响尾蛇" 式、EE－3 "蛙蛇" 式各若干辆。步兵战车：БМП－1/－2 型约 900 辆。装甲输送车：约 2000 辆，包括 БТР－50/－60/－152 型，OT－62/－64 型、MTLB 式、YW－701 型、M－113A1/A2 型、"潘哈德" M－3 型、EE－11 "褐斑洞蛇" 式各若干辆。牵引炮：约 1800 门，包括 105 毫米、122 毫米、130 毫米、155 毫米各若干门。自行炮：约 150 门，包括 122 毫米、152 毫米、155 毫米各若干门。火箭炮：约 150 门，包括 107 毫米、122 毫米、127 毫米、132 毫米、262 毫米各若干门。迫击炮：81 毫米、120 毫米、160 毫米、240 毫米各若干门。地地导弹："飞毛腿" 式 6 部，约 27 枚导弹。反坦克导弹：AT－3 "耐火箱" 式、AT－4 "塞子" 式、"米兰" 式、SS－11 型、"霍特" 式各若干具。无坐力炮：73 毫米、82 毫米、107 毫米各若干门。反坦克炮：85、100 毫米各若干门。直升机：约 500 架，其中武装直升机约 120 架。

海军 约 2000 人。

护卫舰：2 艘。近海巡逻/战斗舰艇：6 艘。巡逻舰：5 艘。扫雷舰：4 艘。后勤支援舰：3 艘。

空军 约 3.5 万人。

轰炸机：6 架。战斗/对地攻击机：约 130 架，其中米格－23BN 型、"幻影" F－1EQ5 型、苏－7 型、苏－20 型、苏－25 型各若干架。战斗机：约 180 架，其中歼－7 型、米格－21 型、米格－23 型、米格－25 型、"幻影" F－1EQ 型、米格－29 型各若干架。侦察机：米格－25 型若干架。预警机：伊尔－76 型 2 架。运输机：安－2/－12/－24/－26 型、伊尔－76 型各若干架。教练机：AS－202 型、EMB－312 型、L－39 型、"幻影" F－1BQ 型、PC－7 型、PC－9 型若干架。地空导弹：AM－39 型、AS－4/－5/－9/－11/－12/－30L 型、C－601 型各若干枚。空空导弹：AA－2/－6/－7/－8/－10 型、R－530/－550 型各若干枚。

防空部队 约 1.7 万人。高炮：约 6000 门，包括 23 毫米、37 毫米、57 毫米、85 毫米、100 毫米、130 毫米炮各若干门。地空导弹：SA－2/－3/－6/－7/－8/－9/－13/－14/－16 型、"罗兰" 式和 "阿斯派德" 式各若干枚。

预备役部队 约 65 万人。

准军事部队 约 4.5 万～5 万人，包括安全部队 1.5 万人，边境警卫队 2 万人，"萨达姆敢死队" 1 万～1.5 万人。

兵役制度 实行义务兵役制，服役期为 18～24 个月。

（张若涵）

伊　朗

国　名 伊朗伊斯兰共和国。

主要统计 面积 164.5 万平方千米。人口 7266.4 万人（其中，13～17 岁男 443.8 万人，女 425.9 万人；18～22 岁男 369.4 万人，女 355.5 万人；23～32 岁男 558.2 万人，女 527.6 万人）。国内生产总值约 890 亿美（1998 年）。国防费约 57 亿美元（1999 年国防预算）。原煤 100 万吨（1995 年）。原油 13.41 亿桶（1997 年）。天然气 318.57 亿立方米（1995 年）。发电量 813.3 亿度（1995 年）。粮食 1710 万吨（1996 年）。海运能力，商船（载重 100 吨以上）403 艘，总载重量 834.53 万吨（1998 年）。民航能力，固定航班机场 19 处，客运量 61.28 亿人千米、货运量 1.096 亿吨千米（1998 年）。

国防体制　伊朗宪法规定政教统一，宗教领袖为武装力量总司令。最高国防委员会是领袖领导下的军事决策机构，成员有总统、国防部长、总参谋长、革命卫队司令以及领袖的两名代表。武装力量由正规军、革命卫队和准军事部队组成。正规军分陆、海、空三个军种。革命卫队由地面部队、海上部队、陆战队和航空部队组成。1989 年 7 月正规军和革命卫队合并，组成松散的联合。

领导人物　宗教领袖、武装力量总司令兼最高国防委员会主席阿亚图拉·赛义德·阿里·哈梅内伊（1989 年 6 月上任）。总统兼武装力量代总司令赛义德·穆罕默德·哈塔米（1997 年 8 月上任）。国防部长阿里·沙姆哈尼（1997 年 8 月上任）。武装力量总参谋长阿里·沙赫巴齐（1993 年 9 月上任）。革命卫队司令叶海亚·拉希姆·萨法维少将（1997 年 9 月上任）。

武装力量　**兵力**　现役部队 54.56 万人。

陆军　约 35 万人。编有 4 个军司令部，4 个装甲师（每师辖 3 个装甲旅、1 个机械化旅、4～5 个炮兵营），6 个步兵师（每师辖 4 个步兵旅，4～5 个炮兵营），1 个空降旅，1 个突击师，1 个特种部队师，5 个炮兵群，若干独立装甲、步兵、突击旅。

主战坦克：1345 辆，其中 T－54/－55 型和 59 型共约 40 辆、T－62 型 75 辆、T－72 型 480 辆、“酋长” MK－3/－5 型 140 辆、M－47/－48 型 150 辆、M－60A1 型 100 辆。轻型坦克：“蝎”式 80 辆。装甲侦察车：EE－9 “响尾蛇” 式 35 辆。步兵战车：БМП－1 型 300 辆，БМП－2 型 140 辆。装甲人员输送车：БТР－50/－60 型 300 辆，M－113 型 250 辆。牵引炮：2170 门，其中 105 毫米 130 门、122 毫米 700 门、130 毫米 1100 门、152 毫米 30 门、155 毫米 190 门、203 毫米 20 门。自行炮：共 290 门，其中 122 毫米 60 门、155 毫米 160 门、170 毫米 10 门、175 毫米 30 门、203 毫米 30 门。火箭炮：107 毫米 600 门，122 毫米 155 门，240 毫米 9 门，另有 320 毫米、333 毫米、355 毫米各若干门。迫击炮：共 6500 门，其中 60、81、82、107、120 毫米炮各若干门。地地导弹：“飞毛腿” B/C 式 10 部，约 210 枚导弹；CSS－8 型 25 部，约 200 枚导弹。反坦克导弹：“陶”式、AT－3 “耐火箱” 式若干具。火箭发射器：73 毫米 RPG－7 型若干具。无坐力炮：75 毫米、82 毫米、106 毫米、107 毫米各若干门。高炮：约 1700 门（挺），23 毫米、35 毫米、37 毫米、57 毫米各若干门。地空导弹：“萨姆”－7 型若干部。飞机：共约 77 架，其中 “色斯纳” 150/180/185/310 型约 50 架、F－27 型 19 架、“隼” 20 型 8 架。直升机：共 556 架，其中 AH－1J 型武装直升机 100 架、CH－47C 型重型运输直升机 40 架、“贝尔” 214A 型 130 架、AB－214C 型 35 架、AB－205A 型 40 架、AB－206 型 90 架、AB－212 型 12 架、“贝尔” 204 型 30 架、“休斯” 300C 型 5 架、RH－53D 型 9 架、SH－53D 型 10 架、SA－319 型 10 架、UH－1H 型 45 架。

海军　约 2.06 万人，包括海军航空兵和海军陆战队。

潜艇：“基洛” 级 3 艘。护卫舰：3 艘。轻型护卫舰：2 艘。导弹快艇：20 艘。巡逻艇：42 艘。水雷战舰艇：14 艘。两栖舰艇：9 艘。后勤支援舰艇：25 艘。

海军航空兵　2000 人。装备战斗机 8 架，武装直升机 9 架，海上侦察机共 8 架（其中 P－3F 型 3 架、DO－228 型 5 架），反潜机 9 架（其中 SH－3D 型 3 架、AB－212 型 6 架），水雷战直升机 1 个中队（RH－53D 型 2 架），运输机 1 个中队（“司令官” 式 4 架、F－27 型 4 架、“隼” 式 1 架，AB－205、AB－206 型直升机若干架）。

海军陆战队　2 个旅，共 2600 人。

空军　约 5 万人（其中包括 2.5 万名防空部队）。编有 9 个攻击/战斗机中队，1 个侦察机中队，1 个加油/运输机中队，5 个运输机中队，5 个地空导弹中队和 16 个地空导弹营。

战斗/对地攻击机：F－4D/E 型 50 架，F－5E/F 型 60 架，苏－24 型 30 架。战斗机：F－14 型 60 架，F－7 型 24 架，米格－29 型 30 架。海上侦察机：C－130H－MP 型 5 架。侦察机：RF－4E 型 15 架。加油机/运输机：波音 707 型 3 架，波音 747 型 1 架。运输机：波音 747F 型 6 架，波音 727 型 1 架，C－130E/H 型 18 架，“司令官” 690 型 3 架，F－27 型 15 架，“隼” 20 型 4 架，“喷气星” 式 1 架，PC－6B 型 10 架，Y－7 型 2 架。直升机：AB－206A 型 2 架，“贝尔” 214C 型 39 架，CH－47 型 5 架。教练机：“比奇” F－33A/C 型 26 架，EMB－312 型 15 架，PC－7 型 40 架，T－33 型 7 架，米格－29B 型 5 架，FT－7 型 5 架，F－5B 型 20 架，TB－21 型 8 架，TB－200 型 4 架。空地导弹：AGM－65A “小牛” 式、

AS-10/-11/-14 型、C-801 各若干枚。空空导弹：AIM-7“麻雀”式、AIM-9“响尾蛇”式、AIM-54“不死鸟”式各若干枚，另可能拥有 PL-7 型、AA-8/-10/-11 型若干枚。地空导弹：“霍克”式 100 部，“轻剑”式 30 部、“虎猫”式 15 部、“红旗”2J 型 45 部，SA-5 型 10 部，另有 SA-7 型、FM-80 型和“毒刺”式若干枚。

革命卫队　约 12.5 万人。

地面卫队　约 10 万人。编有 16～20 个师，包括 2 个装甲师、5 个机械化师、10 个步兵师、1 个特种部队师和 15～20 个独立旅。配备 470 辆坦克、620 辆装甲输送车、360 门火炮、40 门无坐力炮和 140 门高射炮。革命卫队独立作战或与陆军协同作战，如国内发生暴乱则与“民众动员军”配合行动。

海上卫队　约 2 万人。拥有约 40 艘快艇，配备反坦克导弹、无坐力炮、机枪；“沪东”级导弹快艇 5 艘，配备 C-802 型舰舰导弹；岸防炮及 CSSC-3 (HY2) 型舰舰导弹。

海上陆战卫队　1 个旅（约 5000 人）。

准军事部队　“民众动员军”约 20 万人，多为青年志愿者，仅装备轻武器。宪兵 4 万人（包括边境警察），配备“色斯纳”185/310 型飞机、AB-205/206 型直升机，另有约 90 艘巡逻艇、40 艘其他小型船只。

兵役制度　实行义务兵役制，士兵服役期 24 个月。

驻外兵力　革命卫队驻黎巴嫩约 150 人；在苏丹派有军事顾问。

军队节日　军队节 3 月 15 日。

（张若涵）

以　色　列

国　　名　以色列国。

主要统计　面积 2.07 万平方千米（此系 1948 年巴勒斯坦战争后以色列实际控制的面积。1947 年联合国分治决议规定以色列的面积为 14000 平方千米。1967 年“六·五”战争后，以色列又侵占了约旦河西岸、加沙地区、戈兰高地和耶路撒冷阿拉伯区约 7000 余平方千米的土地，使其实际控制面积达 2.8 万平方千米）。人口 600.7 万人（其中，13～17 岁男 27.8 万人，女 26.3 万人；18～22 岁男 26.9 万人，女 25.8 万人；23～32 岁男 51.6 万人，女 50.8 万人）。国内生产总值 970 亿美元（1998 年）。国防费 67 亿美元（1999 年国防预算）。原煤 603 万吨（1994 年）。原油 4 万桶（1996 年）。天然气 0.23 亿立方米（1995 年）。发电量 291 亿度（1995 年）。粮食 15.83 万吨（1997 年）。海运能力，商船（载重 100 吨以上）58 艘，总载重量 72.34 万吨（1998 年）。民航能力，固定航班机场 7 处，客运量 119.57 亿人千米、货运量 11.9 亿吨千米（1998 年）。

国防体制　总理为武装力量统帅。最高军事决策机构为国防委员会，成员有总统、总理以及国防、外交、内政、财政、交通、邮电部部长和总参谋长等，由总理兼任主席。战时，则成立以总理为首的战时内阁，成员有国防、外交、财政、交通和邮电等部部长。国防部为政府中的一个部，是最高军事行政机关，部长由文官担任，平时负责兵力的动员、国防预算、国防科研与军工生产、军队规章制度的颁布等军事行政和技术业务；战时可行使总司令职权。武装力量由正规部队、预备役部队和准军事部队组成。正规部队分陆、海、空三个军种。最高军事指挥机构为总参谋部，总参谋长为最高军事指挥官，在总理领导下通过 3 个军区司令部、2 个军种司令部及其所属的 14 个兵种司令部对全军实施指挥。

领导人物　总理兼国防委员会主席、武装力量统帅埃胡德·巴拉克（1999 年 5 月上任）。国防部长埃胡德·巴拉克（1999 年 5 月上任）。总参谋长沙乌尔·穆法兹中将（1998 年 7 月 9 日上任）。副总参谋长乌齐·达扬少将（1998 年 6 月 11 日上任）。陆军司令摩西·爱夫瑞·苏科尼克少将（1998 年 5 月上任）。海军司令亚里阿斯少将（1999 年 10 月 10 日上任）。空军司令海埃坦·本·埃里亚胡少将（1996 年 7 月上任）。

武装力量　**兵力**　现役部队 17.35 万人。

陆军　13 万人（动员后可达 53 万人）。编有 3 个地区司令部，1 个后方司令部，3 个装甲师，2 个师部，3 个地区师部，4 个机械化步兵旅（包括 1 个伞兵训练旅），3 个炮兵营。

主战坦克："百人队长"式 800 辆，M－48A5 型 300 辆，M－60 型 300 辆，M－60A1 型 300 辆，M－60A3 型 600 辆，T－62 型 100 辆，"战车" 1/2/3 型 1100 辆。装甲车："凶残"式约 200 辆。装甲输送车：M－113A1/A2 型 5500 余辆，M－2/－3 半履带式约 4000 辆，"纳格马肖特"式约 200 辆。牵引炮：105 毫米 70 门，122 毫米牵 100 门，130 毫米 100 门，155 毫米 150 门。自行炮：105 毫米 34 门，155 毫米榴弹炮 800 门，175 毫米 140 门，203 毫米 36 门。多管火箭炮：122 毫米、140 毫米、227 毫米、240 毫米、290 毫米共 200 门。迫击炮：120 毫米 900 门，160 毫米 300 门。地地导弹："杰里科" 1/2 型 200 枚、"杰里科" 3 型若干枚。反坦克导弹："陶"式 300部，"龙"式 900 部，"马帕茨"式 25 部，苏制"萨格尔"式和以制 NIMROD 各若干部。无坐力炮：84 毫米若干门，106 毫米 250 门。高炮：20 毫米 850 门，23 毫米 160 门，37 毫米和 40 毫米若干门。地空导弹："毒刺"式若干部，"瞪眼"式 1000 部，"小槲树"式 48 部。监视雷达：EL/M－2140 型飞行器监视雷达若干部，AN/TPQ－37 型、AN/PPS－15 型火炮监视雷达若干部。

海军　约 6500 人（动员后可达 1.95 万人）。

潜艇："海豚"级 1 艘，"盖尔"级 3 艘。小型护卫舰："埃拉特"级 3 艘。导弹攻击快艇："海兹"级 6 艘，"阿利亚"级 2 艘，"雷谢夫"级 4 艘，"米夫塔"级 2 艘。巡逻艇：德沃拉级 13 艘。登陆艇：拔示巴级等 6 艘。支援舰：1 艘。

陆战队：海军突击队 300 人。

空军　3.70 万人（动员后可达 9.05 万人）。编有 11 个空军基地，57 个飞行中队，20 个防空营。作战飞机 459 架（另储存 250 架），武装直升机 133 架。

攻击战斗机兼战斗机：F－4E－2000 型 50 架，F－4E 型 20 架，RF－4E 架型 20 架，F－15 型 73 架，F－15I 型 25 架，F－16A 型 237 架，"幼狮" C－2/C－7/TC－2/TC－7 型 145 架。攻击战斗机：A－4N 型 25 架（另储备有 130 架）。预警机：E－2C 型 4 架，"波音" 707 型电子战飞机 6 架，RC－21 型电子战/巡逻机 6 架，RC－12 电子战/巡逻机 4 架。海上侦察机：IAI－1124N "海上扫描"式 3 架。加油机：KC－130H 型 3 架。联络机：32 架。教练机：128 架。运输机："波音" 707 型 5 架，C－47 型 12 架，C－130H 型 22 架。攻击直升机：AH－1E 型 14 架，AH－1F 型 36 架，"休斯" 500MD 型 30 架，AH－64 "阿帕奇" A 式 42 架。搜索与救援直升机：HH－65A 型 1 架，AS－565 型 8 架。运输直升机：160 架。无人驾驶飞行器："侦察兵"、"先锋"、"搜索者"、"火蜂"、"壮士"、"迪莱拉"、"猎人"式、"银"式、"箭"式若干架。空地导弹：AGM－45 "百舌鸟"式、AGM－62A "白星眼"式、AGM－65 "小牛"式、AGM－78D "标准"式、"加布里埃尔" Ⅲ 改进型、"狱火"式、"陶"式和"瞪眼"式若干枚。空空导弹：AIM－7 "麻雀"式、AIM－9 "响尾蛇"式、AIM－120B 型、R－530 型、"蜻蜓"式、"大蟒" 3、4 型若干枚。防空导弹：MIM－23 "霍克"改进型 17个连，"爱国者" 3 个连，"小槲树"和"毒刺" 3 个连。

预备役部队　42.5 万人。其中：陆军 40 万人，编有 9 个装甲师、1 个空运机动/机械化步兵师、10 个边防步兵旅、4 个炮兵旅；海军 5000 人；空军 2 万人。

准军事部队　边防警察 0.6 万人，装备"瓦利德" 1 型装甲输送车若干辆，БТР－152 型装甲输送车 600 辆；海岸警卫队约 50 人，装备巡逻艇 3 艘。

军事基地　海军基地 3 处：海法、阿什杜德、埃拉特。空军基地 11 处。

兵役制度　实行义务兵役制，军官服役期 4 年；士兵服役期男性 3 年，女性 2 年。此后作为预备役人员每年进行训练，男性直至 42 岁（一些专业人员至 54 岁），女性至 24 岁。

军衔　军官分 3 等 9 级：将官 3 级（中将、少将、准将），校官 3 级（上校、中校　少校），尉官 3 级（上尉、中尉、少尉）。

驻外兵力　定期向土耳其空军基地派遣空军 F－16 型飞机分遣队。

外国驻军　联合国军事观察员 153 人。

（关爱兵）

印 度

国　　名　印度共和国。

主要统计　面积 297.47 万平方千米。人口 9.99839 亿人（其中 13～17 岁男 5298.5 万人，女 4957.2 万人；18～22 岁男 4859.2 万人，女 4501 万人）；23～32 岁男 8558.7 万人，女 7818.7 万人）。国内生产总值 19 万亿卢比，合 4690 亿美元（1998 年）。外汇储备 274 亿美元（1999 年）。国防费 4570 亿卢比，合 107 亿美元（1999 年国防预算）。粗钢 1340 万吨（1998 年）。原煤 2.877 亿吨（1995 年）。原油 4.33 亿桶（1998 年）。天然气 203.8 亿立方米（1996 年）。发电量 4206 亿度（1998 年）。粮食 2.25 亿吨（1997 年）。海运能力，商船（载重 100 吨以上）888 艘，总载重量 1036.59 万吨（1998 年）。民航能力，固定航班机场 66 处，客运量 202.19 亿人千米、货运量 6.393 亿吨千米（1998 年）。铁路客运量 26.87 亿人千米、货运量 2.68 亿吨千米（1998 年）。

国防政策　印度国防政策的基本目标是保障实现印度“称霸南亚，控制印度洋，争当世界‘一流军事强国’”。1999 年 4 月，印度政府下台；在同年 9～10 月举行的大选中，人民党再次获胜，瓦杰帕依于 10 月 13 日再次当选总理。因此，世纪之交的印度基本延续了上届政府推行的国防政策，其主要内容是：（一）抓住冷战结束、世界和亚太战略格局向多极化发展这一“契机”，以经济建设为中心，全面增强综合国力，继续积极开展多方位防务外交，为其争当地区军事大国创造条件。（二）继 1998 年 5 月连续进行 5 次核试验之后，又于 1999 年 8 月通过了核政策构想草案，实行最低限度可靠核威慑政策，主张建立可靠和有效的核威慑能力，其目的在于：对中国形成所谓“核对称”，与中国进行军事抗衡；保持对巴的核威慑优势，以加强和巩固对南亚次大陆的控制权；将核打击范围扩大到印度洋海域，制约外部势力特别是美国海军在印度洋的军事存在，从而达到向印度洋扩张的战略目的。（三）以发展高技术武器装备为核心，建设一支技术密集型的军队：①裁减兵员，计划在 2005 年前，裁减 7 万人；②军费向技术密集型的海、空军倾斜；③继续执行军队建设的“自主国防 10 年规划”；④全方位拓展对外军事合作，从多国获得军事技术、引进先进装备和进行人员培训。（五）有效“遏制”巴基斯坦支持的民兵对印占克什米尔地区的渗透和进攻，将 50% 的陆军、54% 的空军和 60% 的海军兵力部署在印巴边境一线和毗连巴的海域，形成对巴的绝对军事优势；在印中边境地区保持较大规模的兵力部署，形成对华局部军事优势。（六）加紧修建海军基地，组建海上特种部队；扩大海上疆界，逐步实现对印度洋的控制。

军事战略　印度一直奉行“地区威慑”的军事战略。其主要内容如下：（一）战略目标：称霸南亚，遏制中国，控制印度洋，争当世界军事大国。（二）战略方针：①在战争威胁判断上，强调局部战争（低强度战争）的威胁，战争准备从打一场全面战争转向打多场局部战争；②拥有对巴进行一场全面战争的能力，迫使其撤出所占领土；③将中国视为潜在的威胁，对中国不放弃“既得利益”，伺机进行新的扩张和蚕食；④对南亚诸国通过外交、军事和经济特别是核威慑手段，谋取和维护对它们的威慑与控制；⑤向印度洋扩张，坚持不允许外国干涉南亚和印度洋的政策，特别是阻止中国同印度邻国发展军事关系；⑥加速与东盟建立经济上的战略联盟和“军事合作”关系。（三）作战思想：①强调攻势作战，先发制人，力求把战火引向敌方领土；②在进攻和防御中全纵深立体作战；③注重机动作战，力求掌握战场主动权；④强调诸军兵种联合作战，突出空军的作用，重视陆空军协同联合作战；⑤强调在主要方向上集中绝对优势兵力，达成速战速决的效果；⑥重视发挥电子战的作用，实施电子欺骗，压制电子干扰，隐蔽作战意图，电子杀伤与火力杀伤相结合；⑦强调实行高效的作战指挥。

国防体制　总统为武装力量最高统帅，总统通过内阁总理对全国的武装部队实施领导。最高国防决策机构为内阁政治事务委员会，成员有国防、外交、内政和财务等主要内阁部长，由总理任主席。国防咨询机构有国家安全委员会、国防部长委员会、国防生产与供应委员会、国防研究与发展委员会、国防计划委员会和最高情报委员会等。国家安全委员会的职能是为政府制定长期军事战略和国家安全战略以及处理有关国家安全事务提供咨询。内阁总理任该委员会主席，成员包括内政部长、国防部长、财政部长、外交部长和计划委员会副主席。该委员会通过1名国家安全顾问对下辖的战略政策小组、联合情报委员会和国家安全顾问处进行协调与领导。国家安全顾问由总理首席秘书担任。其他委员会中，除国防计划委员会和最高情报委员会由内阁秘书任主席外，均由国防部长任主席，吸收国务部长、三军参谋长、国防秘书、国防财政顾问和有关单位负责人参加，分别负责制定和提出有关三军建设和民防、空防、边防和海防方面的有关政策，提出有关作战、情报和国家安全等方面的咨询意见。国防部长委员会下设国防电子、首席人事官、首席供应军官和参谋长等4个委员会。它由其中任职时间最长的军种参谋长任主席，负责在职权范围内就国防政策、国防生产和其他有关军事问题向国防部长委员会提出建议，并就需要由内阁研究决定的重大问题向内阁政治事务委员会提出建议。参谋长委员会下设10个分委员会，由三军参谋军官组成，轮流担任主席，分别处理有关三军联合作战、计划、训练、通信、情报、电子战、装备政策和国防计划等方面的统一与协调事务。国防部长是最高军事行政长官，直接向内阁总理负责，并由两名负责国防事务的国务部长协助工作。国防部为国防职能机构，全部由文职人员组成，下设国防局、国防生产与供应局和国防科研局等3个常设办事机构（均由国防秘书任局长），以及财政顾问处（由财政部派出的国防财政顾问任领导）和国防计划协调执行委员会（由国防秘书任主席）。

武装力量由正规军、准军事部队和后备力量组成。正规军分陆、海、空三个军种。三军平时无统一的作战指挥机构。平时由内阁总理通过内阁秘书处协同国防部对三军实行统一指挥；战时通常授权主要军种参谋长实施统一指挥。军种司令部为各军种最高作战指挥与行政管理机构，最高领导人为军种参谋长。陆军参谋长配有3名副参谋长协助工作。其中两名分别负责第1和第2参谋局的作战指挥和兵种业务领导，另一名负责军兵种作战协同等工作。海、空军除参谋长外设两名副参谋长。军种参谋长通过所属军区司令部对部队实施作战与控制。

领导人物 总统兼武装力量最高统帅纳拉亚南（1997年7月25日上任）。总理阿塔尔·比哈尔·瓦杰帕伊（1999年10月连任）。国防部长乔治·费尔南德斯（1999年10月连任）。陆军参谋长维德·普拉卡希·马利克上将（1997年8月1日上任）。海军参谋长苏西尔·库马尔上将（1998年12月30日上任）。空军参谋长A·Y·提普尼斯上将（1998年12月28日上任）。

武装力量 **兵力** 现役部队117.3万人。

陆军 98万人。编有5个军区，12个军部，36个师（3个装甲师、4个平原整编师、18个步兵师、10个山地师和1个炮兵师），15个独立旅（7个装甲旅、5个步兵旅、2个山地旅和1个空降/突击旅），1个“普里特维”地地导弹团，6个防空旅和6个工兵旅。上述部队包括59个坦克团（营），355个步兵营（其中包括25个机械化步兵营、8个空降营、3个突击营），190个炮兵团（营）（其中包括1个重炮团、2个火箭炮团、50个中型炮团〔内含11个自行炮团〕、69个野战炮团〔内含3个自行炮团〕、39个山地炮团、29个高炮团），2个地空导弹大队（每个大队含3～5个导弹连），15个地空导弹团。陆军航空兵编有14个直升机中队（其中6个反坦克直升机中队、8个观察直升机中队）。

主战坦克：3414辆（估计有1100辆库存），其中T－55型约700辆、T－72型约1500辆、“常胜者”1200辆、PT－90型90辆、“阿琼”式约14辆。步兵战车：БМП－1型350辆，БМП－2型1000辆。装甲输送车：OT－62/64型157辆。牵引炮：4175门（估计有600门库存），其中75毫米1115门、105毫米约1350门、122毫米550门、130毫米750门、155毫米410门。自行炮：105毫米80门（估计有30门库存），130毫米100门（估计有70门库存）。多管火箭炮：122毫米150门，212毫米40门。迫击炮：81毫米5000门，120毫米1500门，160毫米700门（其中有150门库存）。地地导弹：“普里特维”15部。无坐力炮：57毫米500门，106毫米3000门。高炮：23毫米400门，30毫米20门，40毫米3200门。地空导弹：萨姆－6型160部，萨姆－7型620部，萨姆－8B型50部，萨姆－9型400部，萨姆－13型45部，萨姆－16型2000部。直升机：300架。车辆人员登陆艇：2艘。反坦克导弹：“米兰”等若干具。

海军 5.3万人（含海军航空兵、海军陆战队）。编有东部、西部、南部和远东4个地区司令部，东、西2支舰队。另编有潜艇司令部（驻维沙卡帕特南）和海军航空兵司令部（驻果阿）。装备各种舰艇135艘。

航空母舰：1艘。潜艇：16艘。驱逐舰：7艘。护卫舰：13艘。巡逻与海岸舰艇：40艘。扫雷艇：

18艘。两栖登陆舰艇：9艘。各种支援舰船：31艘。

海军航空兵　5000余人（含舰载海军航空兵2000人），装备79架作战飞机，83架武装直升机，空空导弹和空地导弹若干枚。编有2个攻击机中队、6个反潜直升机中队、3个海上侦察机中队、1个通信机中队、1个搜索与救援直升机中队和2个训练机中队。

海军陆战队　编有1个团（包括3个大队），约1200人。

空军　14万人。编有18个攻击机中队，20个战斗机中队，3个攻击直升机中队，2个侦察机中队，12个运输机中队，11个运输直升机中队和1个要员专机中队，38个地空导弹中队。装备各型飞机约1400架（其中作战飞机774架），直升机170余架（其中武装直升机34架）。

攻击战斗机：苏－30K型8架，米格－23BN型53架，“美洲虎”88架，米格－27型147架，米格－21MF型69架。战斗机：米格－21FL型66架，米格－21BIS型69架，米格－23MF型26架，米格－29型64架，“幻影”2000型35架，苏－30MK型8架。攻击直升机：米－25型32架。侦察机：“堪培拉”式电子侦察飞机8架，米－25R型侦察机6架，米－25U型战斗侦察机2架。运输机：安－32型105架，DO－228型45架，BAE－748型28架，伊尔－76型25架。运输直升机：米－8型73架，米－17型50架，米－26型10架。要员专机：波音－737型2架，BAE－748型7架，米－8型6架。海上攻击机：“美洲虎”6架。电子战飞机：HS－748型4架。加油机：伊尔－78型6架。电子侦察机：4架。海上侦察与测量机：4架。另外，约有400架各型教练机和22架教练直升机。地空导弹：萨姆－2、萨姆－3、萨姆－5和萨姆－10型若干枚。

准军事部队　印度的准军事部队种类繁多，驻地分散，并隶属不同的部门。准军事部队是正规部队的辅助力量，平时执行边防、海防巡逻、情报搜集和内卫治安任务；战时配属正规部队执行作战任务。其编制单位通常为部队、营、中队（连）、排、班（哨）5级。部队最高领导为总监，一般为现役中将级军官，以下各级军官为现役或退役军官。营或中队（连）为基本作战单位，各营根据辖区的范围下辖数目不等的中队（连），中队（连）以下为三三制，编组到班。印度准军事部队装备轻便，编制精干，可担负快速突击和独立机动作战任务。目前，印度准军事部队兵力约109万人。其中：海岸警卫队5500人，隶属国防部，装备有36艘各类舰艇和30余架飞机，平时负责近海防卫与治安，战时归海军指挥，协助海军作战；国家安全卫队7400人，隶属内阁秘书处，负责反恐怖活动，成员来自印度陆海空三军；特别保安部队3000人，负责要员安全；中央后备警察部队16.5万人，约137个营（其中有10个快速反应营），隶属内政部；邦武装警察40万人（包括24个营的印度后备警察），主要负责本邦的治安任务，但也可调往其他邦执行任务；边境保安部队18.5万人，约有150个营；阿萨姆步枪队5.25万人，隶属内政部，编有31个营，主要负责东北各邦的治安任务，各级军官均为陆军军官，训练较好；特种边境部队9000人，隶属内阁秘书处；中央工业保安部队8.86万人，隶属内政部；国防安全警卫队3.1万人，隶属国防部，主要负责国防部驻地的安全和警卫工作；铁路保安部队7万人。

后备力量　印度的后备力量指不脱产的民间武装，印度称为第1线预备役和第2线防务力量，共约306万人。第1线预备役和第2线防务力量的组织较为松散，每年只须参加短期的军事集训。这支后备力量平时协助警察维持社会治安和参加抢险救灾，战时担负民防任务，补充正规军。其经费开支一般由中央邦政府和邦（中央直辖区）按比例分摊。

第1线预备役由印度陆海空三军退役官兵组成。服预备役的最高年限为50岁，必要时，预备役人员可再次服役。第1线预备役现有兵力约100万人，包括陆军和空军预备役以及海军志愿预备役人员。空军预备役又分为防空预备役和辅助空军预备役两种。陆军预备役现有80万人，海军预备役5.5万人，空军预备役14万人。

第2线防务力量主要是民间军事组织，现有实力约206.6万人，包括地方军4万人、国民学兵团116余万人、家乡卫队47.2万人、民防组织39.4万人。

部署　陆军分5个军区：北部军区司令部设在印占克什米尔的乌达姆普尔，辖2个军（含6个步兵师、2个山地师和2个独立旅），负责克什米尔地区印巴边境北段和印中边境西段的防务；西部军区司令部设在昌迪加尔，辖3个军（含1个装甲师、1个炮兵师、8个步兵师和4个独立防空旅），负责印巴边境中段平原地区防务；东部军区司令部设在加尔各答，辖3个军（含7个山地师），负责印孟边境地区、印缅边境地区和印中边境东段（含中锡边境）地区的防务；中部军区司令部设在勒克瑙，辖1个军（含2个步兵师、1个装甲师、1个山地师和3个独立旅），负责中央各邦和中部喜马拉雅山边境地区的防务，并担任东、西两个战区的预备队；南部军区司令部设在浦那，辖2个军（含3个步兵师、1个炮兵师和6个独立旅），负责印巴边境南段的防务。

海军按印度半岛东、西、南部和安达曼·尼科巴群岛及附近海域分别划分为东部、西部、南部和远东4个地区海军司令部。西部海军司令部设在孟买，下辖西部舰队，编有印度半数以上的驱逐舰、护卫舰和潜艇，负责阿拉伯海的防务，其基地有孟买、马哈拉施特拉、卡蒂亚瓦尔、瓦杰拉巴胡。东部海军司令部设在维沙卡帕特南，下辖东部舰队，其基地有加尔各答、维沙卡帕特南及马德拉斯海军站和维尔巴胡潜艇基地，辖区为东部沿海及孟加拉湾。南部海军司令部设在科钦，下设海军航空兵司令部，并同时负责海军院校训练。远东海军司令部设在安达曼群岛的布莱尔港，隶属东部海军司令部。

空军划分为西部、西南部、中部、东部、南部5个地区司令部。西部司令部设在巴兰，辖5个战术空军中心，9个米格－21战斗机中队、1个米格－29战斗机中队和1个米格－23战斗机中队以及部分对地攻击部队，主管佐德普尔以北（含首都新德里）及从印占克什米尔南部到拉贾斯坦地区的防务。西南空军司令部设在佐德普尔，下辖1个战术空军中心，主管拉贾斯坦以南至古吉拉特和索拉什特拉及库奇地区的防务。中部空军司令部设在在阿拉哈巴德，下辖2个战术空军中心、8个运输机中队、3个战斗机中队，主管整个印度中部的空防作战和军事空运。东部空军司令部设在西隆，下辖3个战术空军中心，负责印中、印孟和印缅边境地区的防务。南部空军司令部设在特里凡特琅，下辖1个战术空军中心，主管印度半岛南端及安达曼·尼科巴群岛和拉克沙德韦群岛的防务。

兵役制度　实行募兵制。服役年限：兵17年，军士21～28年，低级委任军官（海、空军准尉）26～33年。各级军官的最高服役年龄：将官60岁，校官55岁，尉官50岁，低级委任军官（海、空军准尉）50岁。

军衔　分7等20级：元帅1级（只在战时授予有特殊功勋的军种参谋长），将官4级（上将、中将、少将、准将），校官3级（上校、中校、少校），尉官3级（上尉、中尉、少尉），低级委任军官（海、空军准尉）3级（一级、二级、三级准尉），军士3级（上士、中士、下士），兵3级（一等兵、二等兵、三等兵）。低级委任军官以下军衔，三军之间略有不同。

驻外兵力　多年来，印度积极参加联合国的维持和平行动，1998～1999年度在伊拉克与科威特边境派驻5名军事观察员，在非洲塞拉利昂派驻6名军事观察员，在西撒哈拉派驻10名军事观察员。

军工生产　印度国防工业主要包括约36家兵工厂、8个大型国营军工企业以及航空航天工业。1997～1998年度印度兵工厂产值为304.2亿卢比。1996～1997年度国营军工企业产值为555.9亿卢比。

军队节日　武装部队节12月7日，陆军节1月15日，海军节12月4日，空军节10月8日。

（万　伟）

印　度　尼　西　亚

国　名　印度尼西亚共和国。

主要统计　面积188.9569万平方千米（陆地面积）。人口2.03479亿人（其中，13～17岁男1106.9万人，女1058.6万人；18～22岁男1078万人，女1035.6万人；23～32岁男1735.3万人，女1777.2万人）。国内生产总值1890亿美元（1998年）。国防费14.98亿美元（1999年国防预算）。原煤3610.4万吨（1995年）。天然气618.64亿立方米（1995年）。原油5.53亿桶（1996年）。发电量688.04亿度（1995年）。粮食5857.9万吨（1997年）。海运能力，商船（载重100吨以上）2014艘，总载重量313.02万吨（1998年）。民航能力，固定航班机场81处，客运量143.3亿人千米、货运量6.068亿吨千米（1998年）。

国防政策　印尼武装部队的职能是保卫国家的主权和领土完整，保卫国家的海岸线和连接各岛屿的领空。其建军方针是：建设一支兵力精干，机构合理，具有高度机动和威慑力，拥有先进武器装备和专业人员的现代化军队。同时，印尼不断加强同东盟国家及美、澳等国的军事合作，提高整体防御能力，共同维护地区安全。

军事战略 印尼实行积极的“逐岛防御”战略，即建立以大岛为核心、以群岛为基地、内外兼顾、独立防卫与机动作战相结合的防御体系，独立保卫本岛领土、领海和维护社会治安。鉴于未来国防安全的主要威胁将来自海上，印尼重点加强濒临马六甲海峡、南海及印度洋等具有战略意义的前沿、边境、重要海峡及偏远地区的防卫力量，形成以爪哇岛为中心、东西兼顾的战略布局。

国防体制 总统为武装力量统帅。实行国防与内卫合一的武装体制。国防安全部负责制定国防政策，武装部队总司令部负责作战指挥。武装力量由正规军和准军事部队两部分组成。正规军分陆、海、空三个军种。总统通过国防安全部和武装部队总司令部对全国武装力量实施领导和指挥。

领导人物 总统兼武装力量统帅阿卜杜勒-拉赫曼·瓦希德（1999年10月20日上任）。国防部长马赫福德（2000年8月26日上任）。武装部队总司令维多多·阿迪·苏吉普托上将（1999年10月29日上任）。武装部队总参谋长查马里·扎尼亚戈中将（2000年3月1日上任）。陆军参谋长泰斯诺·苏达尔托中将（1999年12月2日上任）。海军参谋长阿扎迈德·苏季普托上将（1999年7月上任）。空军参谋长哈纳菲·亚南斯中将（1998年6月29日上任）。陆军战略后备部队司令里雅米扎德少将（2000年7月31日上任）。

武装力量 **兵力** 现役部队29.8万人。

陆军 约23万人。编有1个战略后备部队司令部，11个军区司令部和1支特种部队。战略后备部队编有2个步兵师，3个步兵旅，3个空降旅，2个野战炮兵团，1个高炮团，2个装甲营，2个工程兵营。11个军区共编有2个步兵旅，67个步兵营，8个骑兵营，11个野战炮兵营，10个高炮营，8个工程兵营，1个混合航空兵中队，1个直升机中队。特种部队编有5个特种大队。

轻型坦克：AMX-13型约275辆，PT-76型30辆，“蝎子”60辆。装甲侦察车：“萨拉丁”69辆，“白鼬”55辆，VBL式18辆。装甲输送车：AMX-VCI型、“萨拉逊”、“突击队员”等共461辆。牵引炮：76毫米100门，105毫米180门，155毫米5门。迫击炮：81毫米800门，120毫米75门。无坐力炮：90毫米90门，106毫米45门。火箭炮：89毫米700门。高炮：20毫米125门，40毫米90门，57毫米200门。地空导弹：“轻剑”51部，RBS-70型42部。飞机：“岛人”式1架，C-47型2架，NC-212型4架，“色斯纳”310型2架，“指挥官”680型2架，“吉拉提克”18架，DHC-5型3架。直升机：“贝尔”205型9架，BO-105型14架，NB-412型7架，“休斯”300C型10架。

海军 4.7万人（含陆战队和航空兵）。编有东西2个舰队司令部和1个军事海运司令部。

潜艇：“卡克赖”级2艘。护卫舰：“艾哈迈德雅尼”级6艘，“法塔希拉”级3艘，“提亚哈胡”级3艘，“哈加尔达温塔拉”级1艘，“沙玛迪昆”级4艘。巡逻舰艇：共58艘，其中导弹艇4艘、鱼雷艇4艘。扫雷舰艇：13艘。两栖舰艇：28艘。后勤支援舰船：15艘。

海军航空兵 约1000人。装备飞机110架（其中作战飞机49架、武装直升机21架），主要用于海上侦察和反潜。

陆战队 1.2万人。编有2个步兵旅，1个特种作战营，1个战斗支援团。装备有轻型坦克100辆，装甲侦察车14辆，步兵战车10辆，装甲输送车84辆，牵引炮48门，火箭炮15门，高炮若干门。

空军 2.1万人。编有2个空军作战司令部，5个攻击战斗机中队，1个战斗机中队，1个海上侦察机中队，1个侦察机中队，3个教练机中队。作战飞机91架。

攻击战斗机：A-4型19架，F-16型10架，“霍克”MK-53型14架，“霍克”MK-109型8架，“霍克”MK-209型16架。战斗机：F-5型12架。武装侦察机：OV-10F型12架。海上侦察机：3架。空中加油机：2架。运输机：C-130型等共77架。直升机：S-58T型等共39架。教练机：AS-202型等共69架。

预备役部队 40万人。

准军事部队 国家警察约19.4万人。海上警察1.2万人。民兵150万人。

部署 印尼海军东部舰队司令部驻泗水，西部舰队司令部驻雅加达。空军2个作战司令部分别负责东、西部空防任务。全国共有军事基地42处，其中空军基地26处（主要有雅加达、朱安达、乌绒潘当等），海军基地16处（主要有雅加达、丹绒槟榔、腊太港、乌绒潘当、勿老湾等）。

兵役制度 实行义务兵和志愿兵相结合的兵役制。义务兵服役期2年。军官最高服役年龄55岁。

军衔 分5等19级：将官4级（上将、中将、少将、准将），校官 3 级（上校、中校、少校），尉官 3 级（上尉、中尉、少尉），士官 7 级（预备军官、一级准尉、二级准尉、军士长、上士、中士、下士），兵 2 级（一等兵、二等兵）。

驻外兵力 1999 年参加联合国维和部队人员共 14 人。

军队节日 武装部队节 9 月 5 日。

（孟 丽）

约 旦

国　　名 约旦哈希姆王国。

主要统计 面积 9.6188 万平方千米。人口约 502 万人（其中，13～17 岁男 26.9 万人，女 26.1 万人；18～22 岁男 24.2 万人，女 23.5 万人；23～32 岁男 43.9 万人，女 42.3 万人）。国内生产总值 60 亿第纳尔，合 71 亿美元（1998 年）。国防费 3.47 亿第纳尔，合 4.88 亿美元（1999 年国防预算）。原油 4 万桶（1996 年）。天然气 2.94 亿立方米（1995 年）。发电量 56.16 亿度（1995 年）。粮食 10.1 万吨（1997 年）。海运能力，商船（载重 100 吨以上）5 艘，总载重量 11.36 万吨（1998 年）。民航能力，固定航班机场 2 处，客运量 43.95 亿人千米、货运量 2.65 亿吨千米（1998 年）。

国防体制 国王兼任陆、海、空三军统帅，拥有宣布战争、任免军官、缔结和约的权力。下设“最高国防委员会”，由国防、外交、财政、内政大臣和军队总司令等人组成，通常由国防大臣召集会议，负责制定国防政策和监督国防计划的实施。国防部是内阁中的一个部，主要负责制定国防预算、后勤保障计划，并与军队总司令部共同发布有关军队的行政命令，但对军队无调动和指挥权。军队总司令部是国王统帅军队的办事机构，其成员有总司令、总司令助理和武装部队总监各 1 人。总司令代表国王处理军队日常事务。总司令部下设总参谋部，其成员有总参谋长及主管作战计划、情报、人力、行政管理等的副总长。此外，还设有“国防委员会”和“军官委员会”。前者负责对军队的编制、装备、征兵等具体计划提出建议；后者负责对军官的考察、提升和调动提出建议。武装力量由正规军和准军事部队组成。正规军分陆、海、空三个军种。

领导人物 国王兼武装力量统帅阿卜杜拉·本·侯赛因（1999 年 2 月 7 日即位）。首相阿里·阿布·拉吉卜（2000 年 6 月 18 日上任）。军队总司令法塔西·阿布·塔列布少将（1989 年 9 月上任）。军队总参谋长穆罕默德·优素福·马勒卡维中将（1999 年 7 月上任）。

武装力量 **兵力** 现役部队约 10.4 万人。

陆军　约 9 万人。编有 2 个装甲师（每师辖 2 个坦克旅、1 个机械化步兵旅、1 个炮兵旅、1 个防空旅），2 个机械化步兵师（每师辖 2 个机械化旅、1 个坦克旅、1 个炮兵旅、1 个防空旅），1 个独立王室警卫旅，1 个特种部队旅（2 个特种部队营，2 个空降营，1 个炮兵营），1 个野战炮兵旅（4 个炮兵营），3 个步兵营，1 个侦察营。

主战坦克：1204 辆，包括 M－47/－48A5 型 300 辆（储备），M－60A1/A3 型 354 辆，“哈利德”/“酋长”式 270 辆，“塔里克”（“百人队长”）式 280 辆。轻型坦克：“蝎”式 19 辆。步兵战车：БМП－2 型 35 辆。装甲输送车：M－113 型 1400 辆。牵引炮：共 115 门，其中 105 毫米 50 门、155 毫米 40 门、203 毫米 25 门（储备）。自行炮：共 406 辆，其中 105 毫米 30 辆、155 毫米 240 辆、203 毫米 136 辆。迫击炮：81 毫米 450 门，107 毫米 50 门，120 毫米 300 门。反坦克导弹：“陶”式 330 具，“龙”式 310 具。火箭筒：94 毫米 2500 具，112 毫米 2300 具。无坐力炮：106 毫米 330 门。自行高炮：共 368 辆，其中 20 毫米 100 辆、23 毫米 52 辆、40 毫米 216 辆。地空导弹：SA－7B2 型若干部，SA－8 型 50 部，SA－13 型 50 部，SA－14 型 300 部，SA－16 型 240 部，“红眼”式 250 部。

海军　约 480 人。基地设在阿克巴港。近海巡逻舰共 6 艘。

空军　约 1.35 万人（包括防空部队 3400 人）。编有 3 个对地攻击/战斗机中队，3 个战斗机中队，1 个运输机中队，3 个直升机中队，1 个王室专机中队，4 个教练机中队，2 个防空旅。作战飞机 93 架，武装直升机 16 架。

战斗/对地攻击机：F－5E/F 型 50 架。战斗机："幻影" F－1 型 25 架，F－16A/B 型 16 架。运输机：C－130 型 8 架，C－212A 型 4 架。王室专机："湾流" 2 架，伊尔－1011 型若干架，S－70 型直升机 3 架，SA－319 型直升机若干架。直升机：AH－1S 型 16 架，AS－332M 型 9 架，BO－105 型 3 架，"休斯" 500D 型 8 架，UH－1H 型 18 架，UH－60 "黑鹰" 式 8 架。教练机："大斗犬" 式 16 架，C－101 型 15 架，PA－28－161 型 12 架，PA－34－200 型 6 架，"幻影" F－1B 型 2 架。空地导弹：若干枚。空空导弹：若干枚。

预备役部队　约 3.5 万人，其中陆军 3 万人。

准军事部队　治安部队约 1 万人，民兵约 2 万人。

兵役制度　实行志愿兵役制。

驻外兵力　在克罗地亚、格鲁吉亚、塔吉克斯坦等国派驻 12 名联合国观察员。

军队节日　陆军节 6 月 10 日。（张若涵）

越　南

国　　名　越南社会主义共和国。

主要统计　面积 32.9566 万平方千米。人口 8043.3 万人（其中 13～17 岁男 440.1 万人，女 425 万人；18～22 岁男 398.8 万人，女 386.1 万人；23～32 岁男 690.6 万人，女 676.3 万人）。国内生产总值 270 亿美元（1998 年）。国防费 8.91 亿美元（1999 年国防预算）。粗钢 130 万吨（1997 年）。原油 6200 万桶（1996 年）。原煤 1500 万吨（1998 年）。发电量 148.67 亿度（1997 年）。粮食 3380 万吨（1999 年）。海运能力，商船（载重 100 吨以上）230 艘，总载重量 872.8 万吨（1998 年）。民航能力，固定航班机场 12 处，客运量约 2.09 亿人千米，货运量 1900 万吨千米（1998 年）。

国防政策　1999 年，越南继续奉行"全民国防"政策，其主要内容是：（一）巩固和加强以人民武装力量为骨干的全民国防和安全事业，将国防与安全相结合，不断完善军事法规体系，把党关于建设全民国防、人民安宁的主张和政策体制化；加强党对军队、公安和国防安全事业的领导，加强国家对国防和安全系统的管理；充分发挥全民和政治系统的综合力量，逐步增强国防和安全潜力，建立稳固的全民国防基础。（二）坚持国防与经济紧密结合，强调巩固国防和发展经济是越南的两大战略任务。在目前和平状态下，要优先发展经济，提高综合国力。同时要在经济建设发展过程中，逐步加大对国防建设的投资比重，建设和巩固必要的国防工业基础设施，并利用民用经济基础设施为国防建设服务；明确国防工业的发展方向，合理调整国防工业的战略布局，带动当地经济的发展，使之成为新的经济发展中心；根据工业化、现代化的发展进程，逐步提高军队的现代化水平，提高武装力量的战斗力和综合质量。（三）坚持争取外援与积极发展本国国防工业相结合，不断提高部队武器装备的现代化水平。强调在从国外购进大量先进装备的同时，积极发展本国的国防工业，自行研制各种武器装备。（四）坚持国防与外交相结合。强调奉行"多交友、少树敌"的和平、务实外交路线，主张通过和平协商解决争端，坚持与世界上所有国家特别是周边国家发展友好合作关系，为经济和国防建设创造安全的外部环境。（五）坚持建设由常备军、预备役部队、民兵自卫队和公安力量组成的武装力量。重点建设一支数量适中、编制合理、高质量、现代化的常备军；同时建设强大的预备役部队，以便在发生战事时能及时为常备军补充兵员。（六）强化军队的对外、对内双重职能。对外，抵御侵略，捍卫国家独立、安全、主权和领土完整。对内，防暴乱、反颠覆，保卫党和社会主义制度，维护政局稳定；挫败各种旨在损害国家建设事业的阴谋破坏活动，有效地制止和严惩各类犯罪，确保社会秩序稳定与安全。

军事战略　1999 年，越南在继续实行"积极防御"军事战略的同时，针对以美国为首的北约轰炸南联盟科索沃，重新分析了越面临的安全形势，并多次研究调整军事战略问题，其主要考虑是：（一）将确保民众安全作为重要目标。越军认为，美国轰炸南联盟，实际上是一场心理战，只有成功地保卫民众的生命安全，才能在战争中占据心理优势，并最终取得胜利。为此，越军提出将保卫本国民众的生命安全作为"重要目标"，强调要"对空间、时间要素、战争方式等进行研究，最大限度地保证民众的生命财产安全。”（二）立足于“以劣制优”。越军认为，由于条件限制，越无力打赢一场高科技战争，但可以抓住敌军高科技装备的弱点，以己之长，攻敌之短，达到“以劣制优”的目的，与敌人打一场反高科技战争。如提高电子战攻击能力，尤其是提高对敌计算机指挥系统的渗透力和攻击能力，从而赢得“制电子权”和“制网络权”。（三）重新调整战略部署，建立强大防空体系。针对北约空袭南联盟特点和南联盟防空作战系统暴露出来的弱点，以及未来国际形势可能发生的变化，越军打算重新调整军兵种、军区、军的力量部署和作战任务，加紧研究陆、海、空协同作战方法，提高协同作战能力。特别是要尽快制订新的防空作战计划，改进防空作战系统，加强防空设施尤其是地下防空设施建设，建立强大的防空体系，不断提高反空袭作战能力，确保战时重要政治、军事和经济目标安全。（四）有意于军事结盟。越军认为，为了保卫国家安全，越“有必要根据需要采取某种形式与某个或某些友好国家结成军事联盟，并满足联盟的有关要求”。

国防体制 国家主席统率各人民武装力量，并兼任国防与安宁会议主席。但实际上越共中央军事党委是最高军事决策机构，越共中央总书记兼任军委书记，通过国防部对全国武装力量实行统一领导和指挥。国会设有国防与安宁委员会负责审查和监督国防安全政策的执行；国家机关设有国防与安宁会议协助国家主席统帅武装力量。国防部既是越共中央军事党委的办事机构，又是越军的最高军事行政机关，下辖总参谋部、总政治局、总后勤局、总技术局、国防工业经济总局和情报总局。6大总部（局）分别负责全军的军事指挥、政治思想教育、后勤供应、技术保障、军工及生产经营、情报搜集与服务。国防部机关设有办公厅、政策局、物资局、财政局、外事局、刑事调查局、科技与环境管理局、经济局、计划投资局、车辆局、武器弹药局、计量局、科学工艺环境通讯中心、监察委员会、越俄热带合作委员会，直属单位有军事战略研究院、军事历史研究院等。武装力量由正规军、地方部队、预备役部队和民兵自卫队组成。正规军又称主力部队，分陆军、海军、防空－空军三个军种。

领导人物 越共中央总书记兼中央军事党委书记黎可漂上将（1997 年 12 月上任）。国防部长范文茶上将（1997 年 7 月 29 日上任）。总参谋长黎文勇中将（1998 年 9 月 10 日上任）。总政治局主任范青银中将（1998 年 1 月 3 日上任）。总后勤局主任阮文沱少将（1998 年 1 月 3 日上任）。总技术局主任阮花盛少将（1998 年 1 月 3 日上任）。国防工业经济总局主任陈德越少将。海军司令杜春公（2000 年 2 月上任）。防空－空军司令阮德察中将（1999 年 7 月 14 日上任）。

武装力量 **兵力** 现役部队 48.4 万人。

陆军 41.2 万人。划分为 8 个军区、2 个特区，编有 14 个军部、58 个步兵师、3 个机械化步兵师、10 个装甲旅、15 个独立步兵团、若干个特种作战部队（含空降旅和爆破工兵团）、约 10 个野战炮兵旅、8 个工程兵师、10～16 个经济建设师、20 个独立工程兵旅。

主战坦克：共 1315 辆，其中 T－34 型 45 辆、T－54/－55 型 850 辆、T－62 型 70 辆、PT－59 型 350 辆。轻型坦克：PT－76 型 300 辆，PT－62/－63 型 320 辆。侦察车：БРДМ－1/－2 型 100 辆。步兵战车：БМП 式 300 辆。装甲输送车：БТР－40/－50/－60/－152 型 1100 辆，YW－531、M－113 型若干辆。牵引炮：76 毫米、85 毫米、100 毫米、105 毫米、122 毫米、130 毫米、152 毫米、155 毫米共 2300 门。自行炮：152 毫米 30 门，100 毫米、120 毫米、122 毫米、175 毫米若干门。火箭炮：107 毫米 360 门，122 毫米 350 门，140 毫米若干门。迫击炮：82 毫米、120 毫米和 160 毫米若干门。反坦克导弹：AT－3“耐火箱”式若干具。无坐力炮：75 毫米、82 毫米、87 毫米若干门。高炮：14.5 毫米、23 毫米、30 毫米、37 毫米、57 毫米、85 毫米、100 毫米共 12000 门。地空导弹：SA－7/－16 型若干部。

海军 4.2 万人（含海军陆战队 2.7 万人），划分为 4 个沿海区。

潜艇：朝鲜制小型潜艇 2 艘。护卫舰：共 7 艘，即原苏制“别佳”2 级 3 艘、原苏制“别佳”3 级 2 艘、“巴奈加特”（美制“卡特尔”）1 艘、124A 型 1 艘。巡逻艇和导弹、鱼雷快艇：共 39 艘，其中原苏制“黄蜂”2 级导弹快艇 8 艘、原苏制“蝗虫”级导弹快艇 2 艘、原苏制“图利亚”级水翼鱼雷快艇 5 艘、“大胡蜂”级鱼雷快艇 5 艘、原苏制 SO－1 级巡逻艇 4 艘、美制 PGM－59/－71 级 3 艘、小于 100 吨的近海巡逻艇 10 艘、原苏制“图利亚”级巡逻艇 2 艘。扫雷舰：共 16 艘，即“尤尔卡”级 2 艘、“索尼亚”级沿海扫雷舰 4 艘、“连云”级扫雷舰 2 艘、“瓦尼亚”级扫雷艇 1 艘、“叶夫根尼亚”级近海猎雷艇 2 艘、小扫雷艇 5 艘。登陆舰：共 6 艘，即美制 LST

－510/－511 坦克登陆舰 3 艘、原苏制“北方”级中型登陆舰 3 艘。小型登陆艇：共 30 艘，包括机械化登陆艇 12 艘、通用登陆艇 18 艘。

防空－空军　3 万人。编成 3 个航空师，2 个攻击机团，5 个歼击机团，3 个运输机团，3 个教练机团；14 个防空师，4 个高炮旅，6 个雷达旅；有雷达阵地 100 处，地空导弹发射阵地 66 处。

攻击战斗机：共 65 架，即苏－22 型 53 架、苏－27 型 12 架。战斗机：米格－21“比斯”124 架。武装直升机：米－24 型 26 架。海上侦察机：贝－12 型 4 架。反潜直升机：共 19 架，即卡－25 型 8 架、卡－28 型 5 架、卡－32 型 6 架。航测机：安－30 型 2 架。运输机：共 67 架，包括安－2 型 12 架、安－24 型 4 架、安－26 型 30 架、图－134 型 8 架、雅克－40 型 13 架。直升机：米－6、米－8、米－17 型约 70 架。教练机：L－39 型、米格－21U、雅克－18 型等共 52 架。空空导弹：AA－2、AA－8、AA－10 型若干枚。空地导弹：AS－9 型若干枚。地空导弹：SA－2/－3/－6/－7/－16 型地空导弹若干枚。高炮：37 毫米、57 毫米、85 毫米、100 毫米、130 毫米高炮若干门。对空警戒雷达：约 1000 部。

地方部队　编有省、市、县军事指挥部；每个省、市军事指挥部下辖若干个独立团，每个县军事指挥部下辖若干个独立营。省军事指挥部、中央直辖市军事指挥部由所在军区指挥，省辖市、县军事指挥部由省军事指挥部指挥。

预备役部队　越南《军事义务条例》规定，男 18～45 岁、女 18～40 岁的退伍军人和依照法律应服兵役而未入伍的公民，都要编入预备役部队。预备役军官一般由军队转业军官、士官和具有大专以上学历并受过专门培训的地方人员担任。预备役军人根据其服役经历和受训程度分为两类。凡服满现役 1 年以上或打过仗的士官和士兵，以及预备役期间参加集训累计达 1 年者，均为第 1 类预备役人员，其余为第 2 类。两类预备役人员又根据年龄分为两等：A 等为 35 岁以内，B 等为 36～45 岁。预备役士官和士兵在服满预备役年限后或身体不宜继续服预备役，可由省辖市、镇、县军事指挥长决定解除预备役。

民兵自卫队　一般编成连、排、营（战时可扩充到团、师），沿海、岛屿编制为海团、海队、分队；由步兵、工兵、防化兵、通信兵和侦察兵等诸兵种组成。迄 1999 年底，越民兵自卫队约 163 万人。民兵自卫队平时不脱产，定期参加军事训练，受当地驻军统一指挥；战时担负警戒、侦察、巡逻、运输、救护、防空、消防和组织疏散等项任务，也可配合军队行动，增强军队的作战力量，开展敌后游击战。

部署　越陆军采取区域部署和机动部署相结合方式，全国由北向南划分为 8 个区域，每个区域即为 1 个军区；担负战略机动作战任务的野战部队部署是北部、南部地区各占一半；总兵力的 50% 部署在北部地区、40% 部署在西南部地区、10% 部署在中部地区。海军由北向南沿海岸线划分为 4 个区域，每个区域即为 1 个沿海区；主要作战舰艇部署在岘港、金兰湾和胡志明市等中南沿海地区。防空－空军将全国划分为北、中、南 3 个防空作战区，重点保卫主要城市和地域；总兵力的 45% 部署在北部作战区、32% 部署在南部作战区、27% 部署在中部作战区。越拥有海军基地 11 处（万华、锦普、鸿基、河修、海防、岘港、芽庄、头顿、金兰湾、胡志明市和归仁等）；空军基地 15 处（内排、安沛、克夫、和乐、建安、寿春、岘港、富吉、藩朗、边和、新山一、波莱古、绥和、金兰湾、朱莱等）。

兵役制度　实行义务兵役制度。服役年龄 18～27 岁。服役年限，士官和兵 2 年，士官指挥员、军队培训的专业技术士官和士兵、海军舰艇士官和士兵均为 3 年，需要时可延长半年。军官服役年限，尉官 38 岁、少校 43 岁、中校 48 岁、上校 52 岁、大校 55 岁、少将 60 岁，中将以上军官不规定服役年限。

军衔　根据越南《人民军军官法》规定，越南军官军衔分为 3 等 12 级，即将官 4 级（大将、上将、中将、少将），校官 4 级（大校、上校、中校、少校），尉官 4 级（大尉、上尉、中尉、少尉）。军官晋衔年限：少尉升中尉 2 年，中尉升上尉 3 年，上尉升大尉 3 年，大尉升少校 4 年，少校升中校 4 年，中校升上校 4 年，上校升大校 4 年，将官晋升不规定时限。士官军衔分 3 级：上士、中士、下士。士兵军衔分 2 级：上等兵、列兵。士兵晋升年限：列兵升上等兵 9 个月，上等兵升下士 1 年，下士升中士 1 年半，中士升上士 1 年半。

外国驻军　俄罗斯在越南金兰湾基地驻有少量守备部队，主要担负金兰湾机场和码头的防务，并负有收集情报任务。据越南报纸报道，根据越俄达成的协议，俄海军将从 2000 年开始把金兰湾基地作为物资技术保障站，并将陆续在该基地安装雷达及其他设备。

军队节日　建军节 12 月 22 日，海军节 5 月 7 日，防空－空军节 7 月 14 日。

军工生产能力 1999年，越海军建造了10余艘武装渔船和数艘1000吨级“长沙”型运输船，并在部分舰船上安装了GPS卫星定位设备、深水测量仪、地形测绘仪等；防空－空军为数架米格－21型机换装了新型空空导弹，对部分苏－22型机、苏－27型机、地空导弹和防空雷达系统进行了技术改造；陆军对M－113型装甲输送车进行了改装。

（钟学良）

非洲国家军事概况

阿尔及利亚

国　名 阿尔及利亚民主人民共和国。

主要统计 面积238.1741万平方千米。人口2960万人（其中，13～17岁男192.3万人，女179万人；18～22岁男174万人，女162.6万人；23～32岁男278万人，女261万人）。国内生产总值490亿美元（1998年）。国防费18亿美元（1999年国防预算）。原煤2.2万吨（1995年）。原油2.98亿桶（1996年）。天然气518.17亿立方米（1995年）。发电量197.14亿度（1995年）。粮食87万吨（1997年）。海运能力，商船（载重100吨以上）149艘，总载重量109.34万吨（1998年）。民航能力，固定航班机场28处，客运量26.44亿人千米、货运量1480万吨千米（1998年）。

国防体制 总统为武装力量统帅。最高国防决策机构为国家最高安全委员会，由总统任主席。国防部为政府中的一个部，是最高军事行政机关。武装力量由正规军和准军事部队组成。正规军分陆、海、空三个军种。最高军事指挥机构为国家人民军参谋部。总统通过国防部和国家人民军参谋部对武装力量实施领导和指挥。

领导人物 总统兼武装力量统帅、最高国务委员会主席、国家最高安全委员会主席、国防部长阿卜杜勒·阿齐兹·布特弗利卡（1999年4月上任）。国家人民军参谋长拉马利中将。总监察长阿里·布哈贾准将。

武装力量 **兵力** 现役部队12.2万人。

陆军 10.5万人。编有6个军区，2个装甲师，2个机械化师，1个空降师，1个独立装甲旅，4～5个独立机械/摩托化步兵旅，6个炮兵营，1个反坦克营，5个防空营。

主战坦克：951辆，其中T－54/－55型324辆、T－62型332辆、T－72型295辆。装甲侦察车：БРДМ－2型75辆。步兵战车：БМП－1型700辆，БМП－2型225辆。装甲输送车：БТР－50/－60型530辆，OT－64型150辆，БТР－80型若干辆。牵引炮：122毫米386门，130毫米10门，152毫米20门。自行炮：122毫米150门，152毫米35门。火箭炮：122毫米48门，140毫米48门，240毫米30门。迫击炮：82毫米150门，120毫米120门，160毫米60门。反坦克导弹：“蝇拍”式、“耐火箱”式若干具。无坐力炮：82毫米120具，107毫米58具。反坦克炮：57毫米156门，85毫米80门，100毫米62门。高炮（高射机枪）：14.5毫米80挺，20毫米100门，23毫米310门，37毫米150门，57毫米75门，85毫米20门，100毫米150门，130毫米10门。地空导弹：SA－7、SA－8、SA－9型若干枚。

海军 约7000人（包括海岸警卫队500人）。基地设在：梅尔斯艾尔凯比尔、阿尔及尔、安纳巴、吉杰勒。

潜艇：苏制“基洛”级2艘。护卫舰：苏制“科尼”级3艘。轻型护卫舰：5艘。导弹攻击快艇：“黄蜂”级11艘。巡逻艇：8艘。登陆艇：3艘。扫雷艇：11艘。两栖登陆艇：3艘。支援舰：3艘。

海岸警卫队 约500人。装备巡逻艇29艘，支援舰1艘。

空军 1万人。编有3个攻击战斗机中队，5个战斗机中队，1个侦察机中队，2个海上侦察机中队，2个运输机中队。作战飞机1181架，武装直升机15架。

攻击战斗机：米格－23BN 型 40 架，苏－24 型 10 架。战斗机：米格－21MF 型 70 架（将有 36 架米格－29 型战机取代部分米格－21 型），米格－23B/E 型 30 架，米格－25 型 10 架。侦察机：米格－25R 型 4 架，米格－21 型 6 架。海上侦察机："超级空中大王"B－200T 型 15 架。运输机：C－130H 型 10 架，C－130H－30 型 6 架，伊尔－76 型 5 架。要人专机："猎鹰"900 型 2 架，"湾流"式 3 架，F－27 型 2 架。攻击直升机：米－24 型 35 架，米－8/－17 型 30 架。运输直升机：米－4 型 2 架，米－6 型 5 架，米－8/－17 型 46 架，AS－355 型 10 架。教练机：米格－21U 型 3 架，米格－23U 型 5 架，米格－25U 型 3 架，T－34C 型 6 架，L－39 型 30 架，ZLIN－142 型 30 架。无人驾驶飞行器："搜寻者"型若干架。空空导弹：AA－2、AA－6 型若干枚。

防空部队　编有 3 个高炮旅和 3 个地空导弹团，装备高炮 725 门（85 毫米、100 毫米和 130 毫米）、地空导弹 100 枚（SA－3、SA－6、SA－8 型）。

预备役部队　陆军预备役部队约 15 万人。

准军事部队　18.12 万人，其中宪兵 6 万人、治安警察 2 万人、共和国卫队 1200 人、民兵 10 万人。

兵役制度　实行义务兵和志愿兵相结合的兵役制度。士兵服役期 18 个月。

军衔　分 6 等 17 级：将官 2 级（少将、准将），校官 3 级（上校、中校、少校），尉官 3 级（上尉、中尉、少尉），准尉 2 级（一级准尉、二级准尉），军士 5 级（一级军士长、二级军士长、上士、中士、下士），兵工级（上等兵、列兵）。　　（姜　蓓）

埃　　及

国　　名　阿拉伯埃及共和国。

主要统计　面积 100.2 万平方千米。人口 6170.3 万人（其中，13～17 岁男 356 万人，女 336.4 万人；18～22 岁男 312.2 万人，女 294.3 万人；23～32 岁男 498.4 万人，女 468.3 万人）。国内生产总值 2800 亿埃镑，合 690 亿美元（1998 年）。国防费 76 亿埃镑，合 22 亿美元（1999 年国防预算）。原油 3.37 亿桶（1996 年）。天然气 122.33 亿立方米（1995 年）。发电量 488.64 亿度（1995 年）。粮食 1749.2 万吨（1997 年）。海运能力，商船（载重 100 吨以上）444 艘，总载重量 168.52 万吨（1998 年）。民航能力，固定航班机场 11 处，客运量 87.42 亿人千米、货运量 1.98 亿吨千米（1998 年）。

国防体制　总统为武装部队统帅。最高军事决策机构为国防委员会，由总统任主席。总统下设武装部队总司令，由国防部长兼任。武装部队由正规军和准军事部队组成。正规军分陆、海、空和防空军四个军种。最高军事指挥机构为总参谋部，统辖各军种、军团和军区。统帅和总司令通过总参谋部指挥全军。

领导人物　总统兼武装部队统帅穆罕默德·胡斯尼·穆巴拉克（1999 年 10 月连任）。武装部队总司令兼国防和军工生产部长穆罕默德·侯赛因·坦塔维元帅（1997 年 7 月连任）。总参谋长马吉迪·安瓦尔·拉德旺·哈塔塔中将（1995 年 10 月上任）。海军司令艾哈迈德·阿里·法迪勒中将（1990 年 10 月 13 日上任）。空军司令艾哈迈德·穆罕默德·沙菲格·扎基少将（1996 年 4 月上任）。防空军司令艾哈迈德·阿布·塔列卜中将。

武装力量　**兵力**　现役部队 45 万人。

陆军　32 万人。编有 4 个军区，2 个军司令部，4 个装甲师，8 个机械化步兵师，1 个共和国警卫装甲旅，4 个独立装甲旅，1 个空运旅，2 个独立步兵旅，1 个伞兵旅，4 个独立机械化旅，15 个独立炮兵旅，2 个地地导弹旅，6 个突击大队。

主战坦克：T－54/－55 型 840 辆，"朗塞"2 型 260 辆，T－62 型 500 辆，M－60A1 型 400 辆，M－60A3 型 1300 辆，M－1A1"艾布拉姆斯"式 555 辆。装甲侦察车：БРДМ－2 型 300 辆，"突击侦察"式 112 辆。步兵战车：БМП－1 型 220 辆，BMR－600P 型 260 辆，YPR－765 型 310 辆。装甲输送车："瓦利德"式 650 辆，"法赫德"30 型 165 辆，БТР－50/OT－62 型 1075 辆，M－113A2 型 2320 辆，YPR－765 型 70 辆。牵引炮：122 毫米 551 门，130 毫米 420 门。自行炮：122 毫米 76 门，155 毫米 175 门。无坐力炮：122 毫米 156 门。迫击炮：82 毫米 540 门（其中 50 门为自行），120 毫米 1800 门，160 毫米 60

门。地地导弹："蛙"7型12部，"天鹰"80型若干部，"飞毛腿"B式9部。反坦克导弹：AT－3"耐火箱"式1400枚，"米兰"式220枚，"旋火"式200枚，"陶"式530枚。火箭筒：107毫米若干具。高炮（高射机枪）：14.5毫米200挺，23毫米434门，37毫米200门，57毫米240门。地空导弹：SA－7型2100部，SA－9型20部，M－54"小槲树"（自行）26部。监视雷达：AN/TPQ－37型炮位测定雷达若干部，"拉西特"式飞行器、火炮监视雷达若干部，"辛伯林"炮位侦察雷达若干部。无人驾驶飞机：R4E－50"天眼"若干架。

海军　约2万人（包括2000名海岸警卫队）。

潜艇："R"级4艘。驱逐舰："法塔赫"级1艘。护卫舰："穆巴拉克"级3艘，"苏伊士"级2艘，"胜利者"级2艘，"达米亚特"（美式"诺克斯"）级2艘，"塔里格"（英式"黑天鹅"）级1艘。导弹艇："拉马丹"级5艘，"黄蜂"Ⅰ级5艘，"十月"级4艘，"蚊子"级4艘，其他型6艘。巡逻艇：15艘。反水雷舰：14艘。两栖舰：3艘。支援与勤务船：20艘。

海军航空兵　装备武装直升机24架，其中"海王"式反潜直升机5架、SA－342型反潜直升机9架、SH－2G型10架。

岸防部队　装备130毫米火炮若干门，"奥托马特"式岸舰导弹若干具。

空军　3万人。编有34个飞行中队。作战飞机583架，武装直升机129架。

攻击战斗机："阿尔法喷气"式41架，F－4E型28架，"幻影"5E2型20架，其他型44架。战斗机：F－16A型25架，F－16C型114架，米格－21型74架，"幻影"5D/E型53架，"幻影"2000C型18架，其他型53架。侦察机："幻影"5SDR型6架，米格－21型14架。电子战机：C－130H型2架，"山毛榉"1900型4架，"突击队员"2E型（直升机）4架。空中预警机：E－2C型5架。反潜机：SA－342L型9架，"海王"47型5架。海上侦察机："山毛榉"1900C型2架。教练机：DHC－5型4架，EMB－312型54架，F－16B型10架，F－16D型29架，"共和国"式36架，JJ－6型16架，L－29型40架，L－39型48架，L－59E型30架，米格－21U型若干架，"幻影"5SDD型5架，"幻影"2000B型3架。运输机：C－130H型19架，DHC－5D型5架，"超级空中大王"式1架，"湾流"3型3架，"湾流"5型1架，"猎鹰"20型3架。攻击直升机：SA－342K型69架，AH－64A型36架。直升机：CH－47C型15架，CH－47D型14架，米－8型66架，"突击队员"式25架，S－70型2架，米－4型12架，UH－12E型17架，UH－60A型2架，UH－60L型2架，AS－61型3架。无人驾驶飞机："塔拉丁－瑞安"式29架，"圣甲虫"式324架。空地（舰）导弹：AGM－65"小牛"式、"飞鱼"AM－39型、AS－12型、AS－30型、AS－30L"霍特"式若干枚。反雷达导弹："阿玛特"式若干枚。空空导弹：AA－2"环礁"式、ATM－7E/F/M"麻雀"式、AIM－9F/L/P"响尾蛇"式、"玛特拉"R－530型、"玛特拉"R－550若干枚。

防空军　8万人。编有4个师，100个高炮营，107个导弹营，38个导弹连。

高炮：20毫米、23毫米、37毫米、57毫米、85毫米、100毫米等共2000余门。地空导弹：SA－2型282部，SA－3型212部，SA－6型56部，"霍克"改进型78部，"响尾蛇"式36部。防空系统："太阳神"式18套，"西奈"23型（短程）若干套。

预备役部队　25.4万人。其中陆军15万人，海军1.4万人，空军2万人，防空军7万人。

准军事部队　23万人。其中海岸警卫队约2000人，装备巡逻艇40艘，另有小艇60艘；中央公安部队15万人，装备"霍斯普尔·胡萨"式装甲输送车110辆，"瓦利德"式装甲输送车若干辆；国民警卫队6万人，编有8个旅；边防警卫队2万人，编有19个边防警卫团。

军事基地　海军基地6处：亚历山大、塞得港、马特鲁赫港、萨法卡、陶菲克港和胡尔加答。

兵役制度　实行义务兵和志愿兵相结合的兵役制度。义务兵服役期3年。

军衔　军官分4等11级：元帅1级，将官4级（上将、中将、少将、准将），校官3级（上校、中校、少校），尉官3级（上尉、中尉、少尉）。

驻外兵力　向阿曼、沙特阿拉伯和扎伊尔派有军事顾问；派往联合国安哥拉核查团观察员3人、联合国驻波斯尼亚维持和平部队300人、联合国驻中非共和国部队125人、联合国驻克罗地亚观察员1人、联合国驻乔治亚观察员1人、联合国驻前南斯拉夫观察员1人、联合国西撒哈拉全民投票特派团观察员19人。

外国驻军　联合国多国和平部队与观察员1896人。

（武新颜）

埃塞俄比亚

国　　名　埃塞俄比亚联邦民主共和国。

主要统计　面积110.36万平方千米。人口5700万人（其中，13～17岁男370.6万人，女358万人；18～22岁男299.3万人，女285.6万人；23～32岁男451.3万人，女434.6万人）。国内生产总值64亿美元（1998年）。国防费4.67亿美元（1999年国防预算）。发电量13.28亿度（1995年）。粮食1066万吨（1997年）。海运能力，商船（载重100吨以上）27艘，总载重量8.43万吨（1998年）。民航能力，固定航班机场31个，客运量18.38亿人千米、货运量1.12亿吨千米（1998年）。

国防体制　总理为政府首脑兼武装部队总司令。国防安全委员会是负责国家安全和防务的最高军事决策机构，由总理、国防部长、内政部长以及国家安全部长等人组成。国防部为全军最高军事行政机关，国防部长是文职官员，负责军事预算、计划、财政、法律和武器采购等事宜。参谋长负责全军的作战、情报、通信、人事、训练、后勤、工程和维和等事宜。国防军由陆军和空军组成。总理通过国防部和总参谋部对全国武装部队实施领导和指挥。

领导人物　总理兼全国武装部队总司令梅莱斯·泽纳维（1995年8月上任）。国防部长塔费拉·瓦卢瓦（1995年8月上任）。国防军参谋长泽德甘·坦塞少将。空军司令阿贝贝·海玛诺特准将。

武装力量　**兵力**　现役部队35.25万人（因埃厄边界争端埃军人数大幅增加）。

陆军　约35万人。全国共分3个军区（每个军区编有1个军司令部、2个师和1个加强机械化旅）。

主战坦克：T－54/－55/－62型坦克约500辆。装甲侦察/步兵战车/装甲输送车：共约200辆。牵引炮：76毫米、85毫米、122毫米、130毫米各若干门。火箭炮：БМ－21型若干门。迫击炮：81毫米、82毫米、120毫米各若干门。反坦克导弹：AT－3“耐火箱”式若干具。无坐力炮：82毫米、107毫米各若干门。高炮：23毫米、37毫米、57毫米若干门。地空导弹：SA－2、SA－3、SA－7型共65枚。

空军　约2500人。共有作战飞机71架，武装直升机24架。

战斗机：米格－21型40架，米格－23型18架，米格－27型5架，苏－27型8架。运输机：C－130型4架，安－12型6架，DH－6型2架，雅克－40型（专机）1架，Y－12型2架。教练机：L－39型10架，SF－260型10架。武装直升机：米－24型24架。运输直升机：米－8型22架。　　（姜　蓓）

安哥拉

国　　名　安哥拉共和国。

主要统计　面积124.67万平方千米。人口1205.5万人（其中，13～17岁男65.4万人，女65.6万人；18～22岁男55.3万人，女55.7万人；23～32岁男84万人，女85.7万人）。国内生产总值81亿美元（1998年）。国防费5.74亿美元（1999年国防预算）。原油2.58亿桶（1996年）。天然气5.61亿立方米（1995年）。发电量18.7亿度（1995年）。粮食46.1万吨（1997年）。海运能力，商船（载重100吨以上）113艘，总载重量12.35万吨（1998年）。民航能力，固定航班机场17处，客运量9.48亿人千米、货运量1.13亿吨千米（1998年）。

国防体制　总统为武装力量统帅。最高国防决策机构为政治和军事协调委员会，由总统任主席。国防部是最高军事行政机关，负责部队的人事、军费、武器采购等事务。总参谋部为最高军事指挥机构，负责军队的作战和训练等事宜。总统通过国防部和总参谋部对全国武装力量实施领导和指挥。武装力量由正规军和准军事部队组成。正规军分陆、海、空三个军种。

领导人物　总统兼武装力量统帅若泽·爱德华多·多斯桑托斯（1990年12月连任）。国防部长昆迪·帕亚马（1999年1月上任）。

武装力量　**兵力**　正规军约11.25万人。

陆军　10万人，编有35个团。

主战坦克：T－54/－55型100辆，T－62型约230辆，T－72型约30辆。步兵战车：БМП式约350辆。装甲侦察车：БРДМ－2型40余辆。装甲输送车：БТР－60/－152型100辆。牵引炮：300门（包括76毫米、85毫米、122毫米和130毫米等型号）。火箭炮：122毫米90门，240毫米若干门。迫击炮：82毫米250门，120毫米40余门。反坦克导弹：AT－3“耐火箱”式若干具。无坐力炮：500门（包括82毫米和107毫米）。高炮：200余门（包括23毫米、37毫米和57毫米等）。地空导弹：SA－7、SA－14型各若干部。

海军　约1500人。基地设在罗安达。

巡逻艇：约7艘。扫雷艇：“叶夫根尼亚”级1艘。两栖舰艇：“北方”级登陆舰1艘。

空军及防空部队　1.1万人。作战飞机85架，武装直升机28架。

攻击战斗机：米格－23型30架，苏－22型9架，苏－25型16架。战斗机：米格－21型21架。防暴兼侦察机：PC－7/－9型10架。海上侦察机：EMB－111型2架，F－27MPA型1架，“空中大王”B－200B型1架。攻击直升机：米－25/－35型15架，SA－365M型5架，SA－342型6架，米－24B型2架。运输机：安－2型2架，安－26型9架，BN－2型6架，C－212型2架，L－100－20型2架，PC－6B型4架，C－130型2架。直升机：AS－565型8架，IAR－316型30架，米－8/－17型6架。教练机：“色斯纳”172型3架，雅克－11型6架。地空导弹：SA－2型40部，SA－3型12部，SA－6型25部，SA－8型15部，SA－9型20部，SA－13型10部。空地导弹：“霍特”、“蝇拍”式各若干枚。空空导弹：AA－2“环礁”式若干枚。

准军事部队　快速反应警察1.5万人。

兵役制度　实行征兵制，服役期2年。

反对派武装　争取安哥拉彻底独立全国联盟（安盟）　全副武装人员约2.5万～3.5万人，另有民兵3万人。

卡宾达解放阵线　声称有5000人，实有约600人，仅装备轻武器。

驻外兵力　驻刚果民主共和国约600人；驻刚果共和国800～1000人。

（姜　蓓）

刚　果（金）

国　　名　刚果民主共和国（原名“扎伊尔共和国”，1997年5月17日改为现名）。

主要统计　面积234.4885万平方千米。人口约4800万人（其中，13～17岁男293.2万人，女290.1万人；18～22岁男234.4万人，女233.8万人；23～32岁男341.1万人，女344.2万人）。国内生产总值55亿美元（1998年）。国防费约4亿美元（1999年国防预算）。原煤9.5万吨（1995年）。原油1100万桶（1996年）。发电量59.20亿度（1995年）。粮食144.3万吨（1997年）。海运能力，商船（载重100吨以上）27艘，总载重量3.07万吨（1998年）。民航能力，固定航班机场12处，客运量2.18亿人千米、货运量4200万吨千米（1998年）。

国防体制　根据卡比拉总统颁布的总统令（具有宪法性质），共和国总统为武装力量统帅。国防部直属总统府，由总统兼任国防部长。总参谋长等军队高级领导人由总统任命，重大军事问题均由总统一人决定。国家安全委员会是国家安全事务的最高决策机构。目前刚果的国防体制尚不完善。

领导人物　总统兼武装力量统帅和国防部长洛朗·德西雷·卡比拉（1997年5月上任）。国防部副部长迪约多内·加因贝准将（1999年3月上任）。武装力量总参谋长西尔维斯特·卢维查中将（1999年9月上任）。

武装力量　**兵力**　约5.59万人。

陆军　5.5万人。编成10个步兵旅，1个总统警卫旅，1个机械化步兵旅。

主战坦克：T－59/－62型共约60辆。装甲侦察车：AML－60/－90型共60辆。装甲输送车：M－113型12辆，YW－531型12辆，M－3型60辆。牵引炮：75毫米30门，85毫米20门，122毫米35门，130毫米8门。火箭炮：107毫米20门，122毫米16门。迫击炮：81毫米和107毫米若干门。120毫米50门。无坐力炮：57毫米、75毫米、106毫米各若干门。高炮：37毫米40门，40毫米若干门。地空导弹：SA－7型若干部。

海军 约900人。基地设在巴纳纳（海港）、博马、马塔迪、金沙萨和卡莱米（坦噶尼喀湖）。

海岸巡逻艇：7艘。其他小型武装船只：7艘。

反对派武装 "刚果民主联盟"戈马派 领导人为伊隆加，总部设在戈马。

"刚果民主联盟"基桑加尼派 领导人为万巴，总部设在基桑加尼。

"刚果解放运动" 领导人为奔巴，总部设在巴多利特。

兵役制度 尚未建立，目前对新兵的征召基本采取直接招募的方式。

军衔 分5等18级：将官6级（五星上将、四星上将、三星上将、中将、少将、准将），校官3级（上校、中校、少校），尉官3级（上尉、中尉、少尉），士官4级（上士、中士长、中士、下士），兵2级（上等兵、列兵）。

外国驻军 支援政府军一方：纳米比亚约2000人，苏丹约1500人，津巴布韦1万余人。支援反政府武装一方：卢旺达4000余人，乌干达约5000人。 （姜 蓓）

津巴布韦

国　名 津巴布韦共和国。

主要统计 面积39.0759万平方千米。人口1205万人（其中，13～17岁男78.1万人，女77.3万人；18～22岁男63.4万人，女63.1万人；23～32岁男97.4万人，女97.4万人）。国内生产总值66亿美元（1998年）。国防费1.68亿美元（1999年国防预算）。原煤212万吨（1995年）。发电量82.75亿度（1995年）。粮食267.3万吨（1997年）。民航能力，固定航班机场7处，客运量8.4亿人千米、货运量3900万吨千米（1998年）。

国防体制 总统为武装力量统帅。最高国防决策机构为国防委员会。国防部为政府中一个部，是最高军事行政机关，负责国防预算、军事行政和对外军事关系等工作。武装力量由正规军和准军事部队组成。正规军分陆、空两个军种；准军事部队有警察部队、警察支援部队和全国民兵。总统通过国防部长、国防军司令和陆、空军司令对全国武装力量实施领导和指挥。

领导人物 总统兼武装力量统帅罗伯特·穆加贝（1996年3月连任）。国防部长莫文·马哈奇（1997年7月连任）。国防军司令穆顺哥·加瓦·兹维纳瓦希上将（1994年7月上任）。陆军司令奇温加中将（1994年7月上任）。空军司令佩伦斯·希里空军中将（1992年8月上任）。

武装力量 兵力 现役部队约3.9万人。

陆军 约3.5万人。编有5个旅部（含1个总统卫队、1个机械化旅、1个炮兵旅），1个装甲团，15个步兵营（含2个警卫营、1个机械化营、1个突击营、1个伞兵营），1个炮兵团，1个高炮团、1个工兵团。

主战坦克：T－59/－69型共32辆。装甲侦察车："响尾蛇"EE－9型80辆。装甲输送车：YW－531型、UR－416型约30辆，"鳄鱼"40辆。牵引炮：122毫米16门。火箭炮：107毫米18门，122毫米52门。迫击炮：81、82毫米502门，120毫米14门。高炮（高射机枪）：14.5毫米、23毫米、37毫米共215门（挺）。地空导弹：SA－7型17部。

空军 4000人。编有2个攻击战斗机兼防暴机中队，1个战斗机中队，1个防暴兼侦察机中队，1个教练兼侦察和联络机中队，1个运输机中队，2个直升机中队。作战飞机58架，武装直升机24架。

攻击战斗机和防暴机："猎人"FGA－90/－F80/－T81型共11架，"隼"MK－60型8架。战斗机：米格－21型12架。侦察机：色斯纳337型14架。教练/侦察/联络机：SF－260型22架。运输机：BN－2型6架，C－212－200型8架。直升机：SA－319型24架，AB－412型8架，SA－532型专机2架。

准军事部队 2.18万人。其中警察1.95万人，警察支援部队2300人。

兵役制度 实行征兵制。

驻外兵力 派驻刚果（金）部队1万余人。

（姜 蓓）

利 比 亚

国 名 大阿拉伯利比亚人民社会主义民众国。

主要统计 面积175.954万平方千米。人口620.3万人（其中，13～17岁男36.2万人，女34.8万人；18～22岁男30.1万人，女29万人；23～32岁男45.8万人，女43.8万人）。国内生产总值260亿美元（1998年）。国防费13亿美元（1999年国防预算）。原油5.12亿桶（1996年）。天然气62.98亿立方米（1995年）。发电量180亿度（1995年）。粮食32.2万吨（1997年）。海运能力，商船（载重100吨以上）150艘，总载重量122.36万吨（1998年）。民航能力，固定航班机场12处，客运量3.985亿人千米、货运量40万吨千米（1998年）。

国防体制 利比亚"九·一"革命领导人为武装力量统帅。最高国防决策机构为革命指挥委员会。防御总委员会是最高军事行政和指挥机关。武装力量由正规军和准军事部队组成。正规军分陆、海、空三个军种。总参谋部隶属防御总委员会，负责作战、训练、情报和侦察工作。武装力量统帅通过防御总委员会对全国武装力量实施领导和指挥。

领导人物 "九·一"革命领导人兼武装力量统帅奥马尔·穆阿迈尔·卡扎菲上校（1969年9月1日上任）。防御总委员会秘书尤尼斯·贾比尔（1989年9月上任）。

武装力量 **兵力** 现役部队6.5万人。

陆军 3.5万人。编有7个军区，5个精锐旅，10个坦克营，22个炮兵营，21个步兵营，8个高炮营，8个机械化步兵营，15个伞兵突击营，5个地地导弹旅。

主战坦克：T－54/－55型1600辆，T－62型350辆，T－72型260辆。装甲侦察车：БРДМ－2型250辆，EE－9型380辆。步兵战车：БМП－1型1000辆。装甲输送车：БТР－50/－60型750辆，OT－62/－64型100辆，M－113型40辆，EE－11型100辆，BMD式若干辆。牵引炮：约720门，其中105毫米60门、122毫米330门、130毫米330门、152毫米M－1937型若干门。自行炮：450门，其中122毫米130门、152毫米140门、155毫米180门。火箭炮：107毫米若干门，122毫米约650门。迫击炮：82毫米、120毫米、160毫米各若干门。地地导弹："蛙"7型40部、"飞毛腿"B型80部。反坦克导弹："塞子"、"米兰"、"耐火箱"式共3000具。无坐力炮：106毫米220门。高炮：23毫米、30毫米共600门。地空导弹：SA－7、SA－9、SA－13型各若干部、"响尾蛇"24部。

海军 8000人（含海岸警卫队）。

主要基地：的黎波里、本加基、托布鲁克、库姆斯。

潜艇："巴德尔"级4艘。护卫舰：苏制"科尼"级2艘。小型护卫舰：苏制"纳奴契卡"级3艘。导弹快艇：21艘，其中"战士"级9艘、"黄蜂"级12艘。巡逻艇：8艘。扫雷艇：8艘。两栖登陆舰艇：5艘。支援和勤务舰船：10艘。

海军航空兵 编有2个直升机中队，装备有米－14型武装直升机25架、SA－321型武装直升机7架。

空军 2.2万人（包括防空军）。编有1个轰炸机中队，13个攻击战斗机中队，9个战斗机中队，2个侦察机中队，9个运输机中队。作战飞机420架，武装直升机52架。

轰炸机：图－22型6架。攻击战斗机："幻影"5D/DE型30架，"幻影"5DD型14架，"幻影"F－1AD型14架，米格－23型55架，苏－20/22型45架，苏－24型6架，"隼"J－1型30架。战斗机："幻影"F－1ED型15架，"幻影"F－1BD型6架，米格－21型50架，米格－23型75架，米格－25型63架。侦察机："幻影"5DR型4架，米格－25型7架。运输机：安－26型15架，C－130H型7架，L－110－20型2架，L－100－30型3架，G－222型

16架，伊尔－76型20架，L－410型15架。攻击直升机：米－25型40架，米－35型12架。运输直升机：CH－47C型18架，米－8/17型34架，米－2型30架，S－316型11架，AB－206型5架。教练机："海鸥"G－2型80架，米－2型20架，图－22型1架，L－39型150架，SF－260型20架。空地导弹：AT－2"蝇拍"式、AS－7、AS－9、AS－11型若干枚。空空导弹：AA－2型、AA－6型、AA－7型、AA－8型、R－530型、R－550型若干枚。

防空军（隶属空军） 编成1个指挥控制系统和5个防空区，下辖4个SA－5A导弹旅、5～6个SA－2导弹旅、2～3个SA－3导弹旅、3个SA－6/－8导弹旅。

预备役部队 民兵4万人。

准军事部队 海关、海岸警卫队（属海军建制）若干人。

兵役制度 实行选征兵役制，士兵服役期限2年。

军衔 军官军衔分为3等9级：将官3级（中将、少将、准将），校官3级（上校、中校、少校），尉官3级（上尉、中尉、少尉）。

军队节日 建军节8月9日。 （姜　蓓）

摩　洛　哥

国　　名 摩洛哥王国。

主要统计 面积45.9万平方千米（未包括西撒哈拉26.6万平方千米）。人口2982.9万人（其中，13～17岁男172万人，女166.3万人；18～22岁男155.5万人，女150.2万人；23～32岁男258.9万人，女251.2万人）。国内生产总值360亿美元（1998年）。国防费17亿美元（1999年国防预算）。原煤64.9万吨（1995年）。原油4万桶（1996年）。天然气1700万立方米（1995年）。发电量117.24亿度（1995年）。粮食410.2万吨（1997年）。海运能力，商船（载重100吨以上）492艘，总载重量58.62万吨（1998年）。民航能力，固定航班机场12处，客运量48.15亿人千米、货运量3.91亿吨千米（1998年）。

国防体制 国王为武装力量统帅。不设国防部，只设一个国防行政机构，负责军队的行政管理事务。武装力量由正规军和准军事部队组成。正规军分陆、海、空三个军种。国王在军队总协调员（由王储兼任）和国防行政机构秘书长的协助下，直接领导和指挥全国武装力量。

领导人物 国王兼武装力量统帅西迪·穆罕默德六世（1999年7月23日即位）。

武装力量 **兵力** 现役部队19.63万人。

陆军 17.5万人。编有2个军区（南部军区、北部军区），3个机械化步兵旅，2个伞兵旅，1个轻型警卫旅，8个机械化步兵团，12个独立炮兵营，1个独立高炮群，3个独立骆驼营，2个独立骑兵营，10个独立装甲营，1个独立山地营，37个独立步兵营，7个独立工程兵营，4个突击队，2个空降营。另皇家卫队有1500人，编成1个营、1个骑兵中队。

主战坦克：M－48A5型224辆，M－60A1型60辆，M－60A3型240辆。轻型坦克：SK－105型100辆。装甲侦察车：EBR－75型16辆，AMX－10RC型80辆，AML－90型190辆，AML－60－7型38辆，M－113型20辆。步兵战车："非洲獾"式60辆，VAB－VCI型45辆，AMX－10P型10辆。装甲输送车：M－113型420辆，VAB－VTT型320辆，OT－62/－64型约45辆。牵引炮：105毫米91门，130毫米18门，155毫米81门。自行炮：105毫米5门，155毫米190门，203毫米60门。迫击炮：81毫米1100门，120毫米600门。火箭炮：122毫米39门。火箭筒：89毫米150门。反坦克导弹："米兰"式80具，"龙"式440具，"陶"式150具，"耐火箱"式50具。无坐力炮：106毫米350门。反坦克炮：90毫米28门，100毫米8门。高炮（高射机枪）：14.5毫米220挺，20毫米100门，23毫米90门，100毫米15门。地空导弹："小槲树"37部，SA－7型70部。

海军 7800人（含陆战队1500人）。

护卫舰："侦察"级1艘。导弹快艇："拉萨加"级4艘。巡逻艇：23艘。两栖登陆艇：4艘。支援船：4艘。

陆战队 1500人。编有1个陆战营。

空军　1.35 万人。编有 2 个攻击战斗机中队，1 个战斗机中队，2 个防暴机中队，1 个侦察机中队。作战飞机 89 架，武装直升机 24 架。

攻击战斗机："幻影" F－1EH 型 14 架，F－5A 型 10 架，F－5B 型 3 架，F－5E 型 16 架，F－5F 型 4 架。战斗机："幻影" F－1CH 型 15 架。侦察机：C－130H 型 2 架，OV－10 型 4 架。电子战机：C－130H 型 2 架，"猎鹰" 20 型 1 架。运输机：C－130H 型 11 架，"猎鹰" 4 架，"湾流" 2 架，"空中大王" 8 架，CN－235 型 7 架，DO－28 型 3 架。加油机：波音 707 型 1 架，KC－130H 型 2 架。攻击直升机：SA－342 型 24 架。运输直升机：CH－47 型 7 架，SA－330 型 27 架，AB－205A 型 27 架，AB－206 型 20 架，AB－212 型 3 架，SA－319 型 4 架。教练机：AS－202 型 10 架，CAP－10 型 2 架，CAP－230 型 4 架，T－34C 型 12 架，"阿尔法喷气" 式 23 架。联络机："空中大王" 200 型 2 架，"黑鹰" UH－60 型 2 架。空空导弹："响尾蛇" 和 "魔术" 若干枚。空地导弹："小牛" 和 "霍特" 若干枚。

准军事部队　4.2 万人，其中宪兵 1.2 万人、辅助部队 3 万人。

兵役制度　实行义务兵和志愿兵相结合的兵役制度，服役期为 18 个月，入伍者多为志愿兵。

军衔　军官军衔分 4 等 13 级：将官 4 级（上将、中将、少将、准将），校官 4 级（大校、上校、中校、少校），尉官 3 级（上尉、中尉、少尉），准尉 2 级（一级准尉、二级准尉）。

驻外兵力　驻波黑维和部队约 800 人。

外国驻军　联合国驻西撒军事观察员 204 人，分别来自 27 个国家。（姜　蓓）

南　非

国　名　南非共和国。

主要统计　面积 122.1037 万平方千米。人口 3970 万人（其中，13～17 岁男 248.4 万人，女 245.1 万人；18～22 岁男 224.1 万人，女 222.4 万人；23～32 岁男 367.4 万人，女 367.9 万人）。国内生产总值 1310 亿美元（1998 年）。国防费 18 亿美元（2000 年国防预算）。粗钢 797 吨（1996 年）。原煤 1.97 亿吨（1995 年）。原油 400 万桶（1996 年）。发电量 1905.15 亿度（1995 年）。粮食 1307.6 万吨（1997 年）。海运能力，商船（载重 100 吨以上）219 艘，总载重量 28.25 万吨（1998 年）。民航能力，固定航班机场 24 处，客运量 138.33 亿人千米、货运量 5.4 亿吨千米（1998 年）。

国防体制　总统为武装力量统帅。最高国防决策机构为国家安全委员会，由总统任主席，副总统任副主席，成员包括国防、司法、外交、安全、财政、运输等部长及国防军司令、三军司令等。国防部为政府中的一个部，是最高军事统帅机构。国防军司令部隶属国防部，负责全军的作战指挥、训练等。武装力量由正规军、预备役部队和准军事部队组成。正规军分陆、海、空三个军种和卫生部队。总统通过国防部和国防军司令部对全国武装力量实施领导和指挥。

领导人物　总统兼武装力量统帅塔博·姆贝基（1999 年 7 月上任）。国防部长帕特里克·勒科塔（1999 年 6 月上任）。国防秘书尼兹杨达（1998 年 12 月上任）。国防军司令希弗尔·尼杨达上将（1998 年 6 月上任）。陆军司令罗曼罗中将（1998 年 1 月上任）。海军司令辛普森·安德森中将（1994 年上任）。空军司令赫克特中将（1996 年 5 月上任）。卫生部队司令马苏库中将（1997 年 12 月上任）。

武装力量　**兵力**　现役部队 6.995 万人。

陆军　3.797 万人。编有 9 个军区司令部，1 个机步旅，1 个空降旅，1 个特种旅，18 个步兵营（包括 1 个机械化步兵营、4 个摩托化步兵营），1 个高炮团。

主战坦克："号角" 式 224 辆。装甲侦察车："大羚羊" 90 型 235 辆，"大山猫" 188 辆。步兵战车："非洲貛" 20 型 1240 辆。装甲输送车："卡斯皮尔" 429辆，"马姆巴" 545 辆。牵引炮：147 门（包括 140 毫米和 155 毫米）。自行炮：155 毫米 43 门。火箭炮：127 毫米 97 门。迫击炮：1226 门（包括 81 毫米和 120 毫米）。反坦克导弹："斯威夫特"、"米兰" 各若干具。无坐力炮：106 毫米 100 门。高炮：267 门（包括 20 毫米、23 毫米和 35 毫米）。

海军　约 5150 人。海军司令部设在比勒陀利亚。

编有潜艇、攻击、扫雷3支舰队。基地设在西蒙斯敦、德班。

潜艇：“桂树神”级3艘。导弹攻击快艇：“雷谢夫”级6艘。海岸巡逻艇：3艘。扫雷艇：8艘。支援及勤务舰船：36艘。

空军　9400人。编成2个攻击机/战斗机中队、1个空中加油机/电子战飞机中队、5个运输机中队、5个直升机中队和5所航校。作战飞机116架，武装直升机若干架。

攻击/战斗机：“英帕拉”30架，“猎豹”33架。加油/电子战飞机：波音707－302型5架。运输机：C－130型、C－47型、“超级空中大王”等共59架。联络机：“色斯纳”185A/D/E型14架，PC－12型1架。直升机：SA－316/－319型等共109架。教练机：共105架，其中“猎豹”D型12架、“英帕拉”MK－1型35架、PC－7型58架。空地导弹：AS－11/－20－30型各若干部。空空导弹：“魔术”R－530/－550型、“响尾蛇”、“库克利刀”、“大蟒”等各若干部。

医务部队　5500人。作为南非国防军的一支独立部队，部署在全国各地，为南非国防军服务。

预备役部队　8.8045万人，其中陆军8.5338人、海军834人、空军377人、医务部队402人。

兵役制度　南非国防军实行柔性服役制，分为4种服役期：长期，10年期，6年期和1年期。

（姜　蓓）

尼　日　利　亚

国　　名　尼日利亚联邦共和国。

主要统计　面积92.3768万平方千米。人口1.13亿（其中，13～17岁男730.6万人，女730.5万人；18～22岁男629万人，女636.9万人；23～32岁男941万人，女978.3万人）。国内生产总值490亿美元（1998年）。国防费10.8亿美元（1999年国防预算）。原煤5万吨（1995年）。原油7.35亿桶（1997年）。天然气41.31亿立方米（1995年）。发电量148.1亿度（1995年）。粮食2194.5万吨（1997年）。海运能力，商船（载重100吨以上）271艘，总载重量73.33万吨（1998年）。民航能力，固定航班机场12处，客运量9.85亿人千米、货运量1150万吨千米（1998年）。

国防体制　总统兼武装部队总司令。国防司令部是全军的最高作战指挥机构，负责制订作战、训练计划，并监督实施及协调三军的军事行动。国防部是全军的最高行政机关，负责军队建设和军费管理，并向总统提出建议。武装力量由陆军、海军和空军组成。总统通过国防司令部和国防部对全国武装力量实施领导和指挥。

领导人物　总统兼武装部队总司令奥巴桑乔（1999年5月上任）。国防部长西奥菲勒斯·丹珠马（1999年6月上任）。国防参谋长伊布拉希姆·奥戈希海军少将（1999年5月上任）。陆军参谋长萨缪尔·马鲁少将（1999年5月上任）。海军参谋长维克多·奥姆布少将（1999年5月上任）。空军参谋长伊萨克·阿尔法少将（1999年5月上任）。

武装力量　**兵力**　现役部队9.4万人。

陆军　7.9万人。编有1个装甲师（辖2个装甲旅），1个合成师（辖1个摩步旅、1个两栖旅和1个空降营），2个机械化师（各辖1个机械化旅、1个摩步旅），1个总统警卫旅，1个防空旅。上述各师均编有1个炮兵旅、1个工程兵旅和1个侦察营。

主战坦克：T－55型50辆，“维克斯”MK－3型150辆。轻型坦克：“蝎子”140辆。装甲侦察车：AML－60/－90型约180辆，“狐狸”55辆，“响尾蛇”75辆，VBL式72辆。装甲输送车：“萨拉逊”10辆，“施泰尔”4K－7FA型300辆，“莫瓦格·皮兰哈”式70辆。牵引炮：105毫米200门，122毫米200门，130毫米7门，155毫米24门。自行炮：155毫米27门。火箭炮：122毫米11门。迫击炮：81毫米200门，82毫米100门，120毫米30余门。无坐力炮：84毫米和106毫米各若干门。高炮：20毫米约60门，23毫米30余门，40毫米若干门。地空导弹：“吹管”48部，“罗兰”16部。

海军　5500人（包括海岸警卫队）。编有2个司令部。基地设在拉各斯、阿帕帕、卡拉巴、沃瑞、哈科特港。

护卫舰：“阿拉杜”（德制“梅科”）级1艘。小型护卫舰：1艘。导弹攻击快艇："埃克佩"级2艘，"阿亚姆"级3艘。巡逻艇：20艘。扫雷艇：2艘。坦克登陆舰：1艘（可载220人，5辆坦克）。支援及勤务舰船：5艘。

海军航空兵　装备"大山猫"直升机2架。

空军　9500人。编有3个攻击/战斗机中队，2个运输机中队。作战飞机91架，武装直升机15架。

攻击/战斗机："阿尔法喷气"19架，米格-21型22架，"美洲虎"15架。武装直升机：BO-105D型15架。运输机：32架。教练机：L-39MS型23架，MB-339AN型12架，"空中甲虫"59架。直升机："休斯"300型等共20架。总统专机："波音"727型1架，"湾流"2架，"猎鹰"900型2架，"布埃"125-1000型1架。空空导弹："环礁"若干部。

准军事部队　海岸警卫队，隶属海军。港口治安警察约2000人，装备60艘小艇和5艘气垫船。治安和民防部队，隶属内务部，装备有装甲车辆、飞机、直升机等。

兵役制度　实行志愿兵役制。

军衔　分7等18级：元帅1级，将官4级（上将、中将、少将、准将），校官3级（上校、中校、少校），尉官3级（上尉、中尉、少尉），准尉3级（一级准尉、二级准尉、三级准尉），军士3级（上士、中士、下士），兵1级（一等兵）。

驻外兵力　驻克罗地亚联合国维和部队观察员1名；驻伊科边境联合国维和部队观察员5名；驻塞拉利昂维和部队1万～1.2万人；驻塔吉克斯坦联合国维和部队观察员8名；驻西撒哈拉联合国维和部队观察员5名。

军队节日　武装部队节1月15日，陆军节7月1日，海军节6月1日，空军节11月18日。

（姜　蓓）

苏　丹

国　　名　苏丹共和国。

主要统计　面积250.5813万平方千米。人口约3219.4万人（其中，13～17岁男188.8万人，女180.5万人；18～22岁男159.6万人，女152.6万人；23～32岁男239.9万人，女230.6万人）。国内生产总值79亿美元（1998年）。国防费3.85亿美元（1998年国防开支）；4.3亿美元（1999年国防预算）。原油50万桶（1996年）。发电量13.31亿度（1995年）。粮食470.6万吨（1997年）。海运能力，商船（载重100吨以上）16艘，总载重量6.22万吨（1998年）。民航能力，固定航班机场3处，客运量6.5亿人千米、货运量3100万吨千米（1998年）。

国防体制　总统为武装部队总司令。国防部为政府的一个部。武装部队由正规军和准军事部队组成。正规军分陆、海、空三个军种。全国划分为6个军区。最高军事指挥机构为武装部队总司令部。参谋长负责军队日常工作。

领导人物　总统兼武装部队总司令奥马尔·哈桑·艾哈迈德·巴希尔中将（1996年3月连任）。国防部长哈特姆中将（1999年2月上任）。总参谋长阿巴斯·阿拉比中将（1999年2月上任）。海军司令阿巴斯·赛义德·奥斯曼准将。

武装力量　**兵力**　现役部队9.47万人。

陆军　9万人。编有1个装甲师，6个步兵师，1个空降师，1个边防警卫师，1个工程兵师，1个机械化步兵旅，24个步兵旅，1个侦察旅，10个炮兵旅，3个炮兵团。

坦克：T-54/-55型200辆，M-60A3型20辆，其他型30余辆。装甲侦察车：AML-90型6辆，"萨拉丁"式30辆，"白鼬"式80辆，БРДМ-1/-2型60辆。步兵战车：БМП-2型6辆。装甲输送车：БТР-50/-152型90辆，OT-62/-64型80辆，M-113型36辆，V-100/-150型100辆，"瓦利德"式120辆。牵引炮：85毫米、105毫米、122毫米、130毫米600门。自行炮：155毫米6门。火箭炮：107毫米200门，122毫米50门。迫击炮：81毫米120门，82毫米若干门，120毫米36门。反坦克导弹："旋火"式4具。无坐力炮：106毫米40门。反坦克炮：76毫米和100毫米共40门。高射机枪和高炮：14.5毫米、20毫米、23毫米、37毫米、57毫米425门（挺）。地空导弹：SA-7型若干部。监视雷达："拉西特"式飞行器、火炮监视雷达若干部。

海军　约1700人。基地设在苏丹港、弗莱明哥湾和喀土穆。

巡逻艇：6艘。登陆艇：7艘。武装小艇：12艘。

空军　3000人（包括防空部队）。编有5个防空导弹连。作战飞机51架，武装直升机9架。

攻击战斗机：F－5E型7架，F－5F型2架，其他型24架。战斗机：米格－23型6架，米格－19型若干架。教练机：米格－15UTI型4架，米格－21U型4架，JJ－5型2架，JJ－6型2架，PT－6A型10架。运输机：安－24型4架，C－130H型4架，C－212型4架，DHC－5D型3架，EMB－110P型6架，F－27型1架，“猎鹰”20/50型2架。直升机：AB－412型11架，IAR/SA－330型8架，米－4型4架，米－8型8架，米－24B型4架，米－35型（武装直升机）5架。地空导弹：SA－2型（发射架）18部。空空导弹：AA－2“环礁”式若干枚。

准军事部队　民防部队：现役1.5万人，预备役8.5万人。伊斯兰民族阵线军事联队若干人。

抵抗组织　苏丹人民解放军2～3万人，分成4派，各以营为基本单位，主要在苏丹南方作战；装备小型武器，包括60毫米和120毫米迫击炮、14.5毫米高射机枪、SA－7地空导弹，另有T－54/－55型坦克、БМ－21型火箭炮和火炮等。苏丹联盟部队约500人，基地在厄立特里亚，主要在边境地区作战。贝加部队约500人，在厄立特里亚边境作战。新苏丹旅约2000人，在埃塞俄比亚和厄立特里亚边境作战。

兵役制度　实行志愿兵役制，服役期3年。

军衔　军官分4等11级：元帅1级，将官4级（上将、中将、少将、准将），校官3级（上校、中校、少校），尉官3级（上尉、中尉、少尉）。

外国驻军　伊朗军事顾问若干人。（武新颜）

坦桑尼亚

国　名　坦桑尼亚联合共和国。

主要统计　面积94.5087万平方千米（其中桑给巴尔2657平方千米）。人口3197.7万人（其中，13～17岁男185.9万人，女191.8万人；18～22岁男149.9万人，女158.1万人；23～32岁男223.7万人，女238.9万人）。国内生产总值38亿美元（1998年）。国防费1.48亿美元（1999年国防预算）。原煤0.5万吨（1995年）。发电量17.38亿度（1995年）。粮食353.3万吨（1997年）。海运能力，商船（载重100吨以上）43艘，总载重量4.85万吨（1998年）。民航能力，固定航班机场11处，客运量1.84亿人千米、货运量290万吨千米（1998年）。

国防体制　总统为武装力量统帅。最高国防决策机构为革命党中央国防安全委员会，由革命党主席任主席，政府总理任书记。国防部为政府中一个部，是最高军事行政机关，全称为国防和国民服务部。武装力量由正规军、预备役部队和准军事部队组成。正规军分陆、海、空三个军种；预备役部队为全国武装民兵；准军事部队有警察、国民服务队和普通民兵。最高军事指挥机构为人民国防军司令部。总统通过国防部和国防军司令部对全国武装力量实施领导和指挥。

领导人物　总统兼武装力量统帅本杰明·威廉·姆卡帕（1995年10月上任）。国防部长埃德加·毛科拉—马乔戈（1998年9月连任）。国防军司令姆博马上将。

武装力量　**兵力**　现役部队3.4万人。

陆军　约3万余人。编成5个步兵旅，1个坦克旅，2个野炮营，2个高炮营，2个迫击炮营，2个反坦克营，1个工兵营。

主战坦克：T－54型35辆，T－59型30辆。轻型坦克：“蝎子”40辆，T－62型30辆。装甲侦察车：БРДМ－2型40辆。装甲输送车：БТР－40/－152型66辆、T－56型30辆。牵引炮：76毫米45门，85毫米80门，122毫米120门，130毫米40门。火箭炮：122毫米58门。迫击炮：82毫米350门，120毫米50门。无坐力炮：75毫米540门。

海军　1000余人。基地设在达累斯萨拉姆，桑给巴尔，姆万扎（维多利亚湖）。

鱼雷快艇：2艘。巡逻艇：7艘。

空军　3000人（含防空部队2000人）。编有3个战斗机中队，1个运输机中队。作战飞机19架。

战斗机：米格－17型3架，米格－19型10架，米格－21型6架。运输机：DHC－5D型3架，HS－

748 型 3 架，福克 28 型 2 架，HS－125 型 1 架，其他型 3 架。直升机：AB－205 型 4 架。联络机："色斯纳" 310/404/206 型共 8 架，"贝尔" 206B 型直升机 6 架。教练机：米格－15 型 2 架，PA－28 型 5 架。高炮（高射机枪）：14.5 毫米 40 挺，23 毫米 40 门，37 毫米 120 门。地空导弹：SA－3 型 20 枚，SA－6 型 20 枚，SA－7 型 120 枚。

准军事部队　警察野战部队 1400 人，其中警察海上分队 100 人。装备飞机"色斯纳" U－206 型 1 架、直升机 AB－206A 型 2 架、贝尔－47G/206L 型 4 架。

兵役制度　实行征兵制，服役期 2 年。

军衔　军官军衔分 4 等 11 级：将官 4 级（上将、中将、少将、准将），校官 3 级（上校、中校、少校），尉官 3 级（上尉、中尉、少尉），准尉。

（姜　蓓）

乌　干　达

国　　名　乌干达共和国。

主要统计　面积 23.604 万平方千米。人口 2164 万人（其中，13～17 岁男 120.3 万人，女 121.8 万人；18～22 岁男 104.6 万人，女 103.9 万人；23～32 岁男 149.9 万人，女 163.3 万人）。国内生产总值 73 亿美元（1998 年）。国防费 1.2 亿美元（1999 年国防预算）。发电量 7.92 亿度（1995 年）。粮食 162.5 万吨（1997 年）。海运能力，商船（载重 100 吨以上）2 艘，总载重量 8600 吨（1998 年）。民航能力，固定航班机场 1 处，客运量 5210 万人千米、货运量 500 万吨千米（1998 年）。

国防体制　总统为武装力量统帅。国防部为政府中一个部，是最高军事行政机关。总统通过国防部和军队司令对全国武装力量实施领导和指挥。

领导人物　总统兼武装力量统帅和国防部长约韦里·穆塞维尼（1996 年 5 月 9 日连任）。军队司令奥登戈少将。军队参谋长卡齐尼。

武装力量　**兵力**　国民抵抗军约 3 万～4 万人，编有 4 个师。

主战坦克：T－54/－55 型约 140 辆。轻型坦克：PT－76 型约 20 辆。装甲输送车：БТР－60 型 20 辆，OT－64 型 4 辆，"马姆巴"式 10 辆。装甲侦察车："大羚羊" 40 辆，"白鼬" 60 辆。牵引炮：76 毫米 60 门，122 毫米 20 门，130 毫米 12 门。火箭炮：122 毫米若干门。迫击炮：81 毫米和 82 毫米各若干门，120 毫米 60 门。反坦克导弹："萨格尔" 40 具。高炮（高射机枪）：14.5 毫米若干挺，23 毫米 20 门，37 毫米 20 门。地空导弹：SA－7 型若干部。教练机：L－39 型 3 架，SF－260 型 1 架。运输直升机：贝尔 706/412 型 2 架，米－17 型 4 架，米－24 型 2 架。联络直升机：AS－202B 型 1 架，"湾流" 3 型 1 架。

准军事部队　边防部队约 600 人。警察飞行队，装备直升机 4 架。陆战队约 400 人，装备江河巡逻艇 8 艘。

兵役制度　实行志愿兵役制。

（姜　蓓）

欧洲国家军事概况

阿 尔 巴 尼 亚

国　　名　阿尔巴尼亚共和国。

主要统计　面积 2.8748 万平方千米。人口 374.1 万人（其中，13～17 岁男 18.6 万人，女 17 万人；18～22 岁男 17.4 万人，女 16 万人；23～32 岁

男32.5万人，女30.1万人)。国内生产总值15亿美元（1998年）。国防费4300万美元（1999年国防预算)。原煤13万吨（1995年)。原油300万桶（1995年)。天然气1.36亿立方米（1995年)。发电量44.14亿度（1995年)。粮食62.8万吨（1995年)。海运能力，商船（载重100吨以上）24艘，总载重量8.1万吨（1998年)。民航能力，固定航班机场1处（1998年)。

国防体制 总统为武装力量统帅。最高国防决策机构为国防委员会，成员有议长、总理、外交部长、国防部长、财政部长、内务部长、国家情报局长和军队总参谋长等，由总统任主席。国防部全面负责军队工作，总参谋部隶属国防部。武装力量由正规军和准军事部队组成。正规军分为陆、海、空三个军种。总统通过国防部对全国武装力量实施领导和指挥。

领导人物 总统兼武装力量统帅雷捷普·迈达尼（1997年6月上任)。国防部长卢安·哈伊达拉加(1998年4月上任)。总参谋长阿列克斯·安东尼准将(1997年8月上任)。

武装力量 阿尔巴尼亚军队在1997年初的国内动乱中瓦解后，现处于整顿和重建阶段。以下所列内容均为动乱前的数据。

陆军 人数不详。

坦克：T-34型138辆、T-59型721辆、62型35辆。装甲侦察车：БРДМ-1型15辆。装甲输送车：531型103辆。牵引炮：122毫米425门，130毫米100门，152毫米90门。火箭炮：107毫米270门。迫击炮：82毫米259门，120毫米550门，160毫米100门。反坦克导弹：若干部。高炮：23毫米12门，37毫米100门，57毫米82门，85毫米30门，100毫米56门。

海军 2500人。

潜艇："威士忌"级2艘。巡逻和岸防舰艇：21艘。反水雷舰艇：6艘。支援船：3艘。

空军 4500人。作战飞机约98架。

攻击战斗机：J-2（米格-15）型10架，J-6（米格-17）型14架，J-6（米格-19）型23架。歼击机：J-6（米格-19）型41架，J-7（米格-21）型10架。运输机：C-5（安-2）型10架，伊尔-14M型3架，里-2（C-47）型6架。直升机：Z-5（米-4）型20架。教练机：CJ-5型8架，米格-15UTI型15架，雅克-11型6架。地空导弹：SA-2型导弹发射架22部。

准军事部队 内卫部队若干人，边防警察（隶属公共秩序部）约500人。

兵役制度 实行义务兵役制，士兵服役期12个月。

驻外兵力 派驻波黑多国稳定部队100人，派驻格鲁吉亚联合国军事观察员1名。

外国驻军 北约及非北约成员国驻阿尔巴尼亚部队约5500人。

军队节日 建军节12月4日。

（潘海澜）

奥 地 利

国　　名 奥地利共和国。

主要统计 面积8.3858万平方千米。人口810.7万人（其中，13～17岁男24.2万人，女23.1万人；18～22岁男24.5万人，女23.5万人；23～32岁男60.8万人，女58.6万人)。国内生产总值2.6万亿先令，约合2120亿美元（1998年)。国防费225亿先令，约合18亿美元（2000年国防预算)。粗钢443万吨（1996年)。原煤268.51万吨（1998年)。原油800万桶（1996年)。天然气14.95亿立方米（1998年)。发电量57.391万亿度（1998年)。粮食463.3万吨（1998年)。海运能力，商船（载重100吨以上）26艘，总载重量208.5万吨（1998年)。民航能力，固定航班机场6处，客运量75.66亿人千米、货运量1.76亿吨千米（1998年)。

国防体制 总统为武装力量名义统帅，对军队无指挥权。最高国防决策机构为联邦政府内阁，成员有总理和联邦政府各部部长，由总理任主席。最高国防咨询机构为联邦政府军事委员会。国防部为政府中的一个部，是最高军事行政机关，负责军队的战备、训练、行政管理、作战指挥、武器装备和后勤保障等工作。国防部大体分为军事、装备和行管3大系统，下辖总监部、法律条令部、人事动员部、作战训练部和装备后勤部。武装力量由正规军和动员部队（即民兵预备役部队）组成。正规军分陆、空两个军种，空军部队归陆军所辖。平时，由联邦政府授权国防部长对武装力量实施领导和指挥。最高军事指挥机构为总监部，部队总监是国防部长的最高军事顾问，也称“第一军人”，其地位相当于总参谋长。

领导人物　总统兼武装力量名义统帅托马斯·克莱斯蒂尔（1992年7月上任）。总理沃尔夫冈·许塞尔（2000年2月上任）。国防部长赫伯特·沙伊布纳（2000年2月上任）。总监霍尔斯特·普莱纳上将（1999年12月上任）。

武装力量　**兵力**　现役部队4.05万人。

陆军　4.05万人（含空军4250人）。编有2个军部，1个独立军区司令部，8个州军区，3个指挥团，3个装甲步兵团，2个轻装步兵团，11个步兵团，3个炮兵团，2个侦察团，1个通信团。

坦克：M－60A3型169辆，“豹”2A4型114辆。装甲输送车：“绍雷尔”4K4E/F型465辆，“劫掠者”式269辆。牵引炮：105毫米108门。自行炮：155毫米178门。要塞炮：155毫米178门。火箭炮：128毫米18门。迫击炮：81毫米498门，120毫米242门。反坦克导弹：“比尔”RBS－56型226具，“美洲虎”87具。无坐力炮：74毫米和84毫米1751门，106毫米445门。反坦克炮：85毫米205门，105毫米约511门。高炮：20毫米426门。

空军　4250人。编有1个航空兵师部，3个航空兵团，3个防空团。作战飞机53架。

攻击战斗机：“萨伯”J－350e型24架。联络直升机：OH－58B型11架，AB－206A型11架。运输直升机：AB－212型22架，AB－204型8架（另储存9架）。搜索救援直升机：“云雀Ⅲ”SA－319型24架。运输机：“空中货车”3M型2架。联络机：0－1型14架，PC－6B型12架。教练机：PC－7型16架，“萨伯”1050e型29架。防空导弹系统：“西北风”式76套。

文职人员　1.89万人。

预备役部队　72小时可动员预备役10.07万人；参加训练的非义务性预备役99万人。

部署　陆军作战部队原实行区域作战方针，计划一旦出现战事，主要在本国进行防御。根据新的安全形势，防务思想开始转向边境附近的机动防御，将兵力分散的部署调整为相应集中部署，后勤补给的配置也作了必要调整。取消对意大利和德国方向的任务。将西部兵力调整部署到东南部，重点是加强边防建设，保障边境安全。陆军作战部队部署在重点城市和边境地区，航空兵部队主要部署在内地。

兵役制度　实行普遍义务兵役和民兵预备役相结合的兵役制度。宪法规定，凡年满17周岁且未满50周岁的男性公民都有服兵役的义务。军官最高服役年限为65岁。士兵服役期共8个月，分为3种类型。第1种是“6+2”型，即完成6个月的兵役期后即可退役，但须在之后的10年间回部队参加2个月的复训和演习；第2种是“7+1”型，即连续服役7个月后退役，在之后10年内只参加1个月的复训；第3种是连续服役8个月后退役，之后就无须再回部队参加复训。服满现役的军人退出现役后一律转入民兵预备役，轮流编入现役部队参加复训，并在需要时归队执行作战任务或其他勤务。未满35周岁并承担复训义务的民兵军人通常每两年自动应招与现役军人一起参加一次共同军事演习。士兵退出现役10年后和各级军官退出现役15～20年后均转入预备役。拒服兵役者必须服11个月的民役。

军衔　分5等21级：将官4级（上将、中将、少将、准将），校官3级（上校、中校、少校），尉官4级（上尉、中尉、少尉、准尉），军士6级（军士长、上士、一级中士、二级中士、一级下士、二级下士），兵4级（一等兵、二等兵、三等兵、列兵）。

驻外兵力　驻波黑北约稳定部队200人，驻塞浦路斯联合国维持和平部队241人，驻格鲁吉亚联合国观察团军事观察员4人，驻中东联合国停战监督组织军事观察员6人，驻叙利亚联合国脱离接触观察员部队1个步兵营428人，驻塔吉克斯坦联合国观察团军事观察员2人，驻西撒哈拉联合国公民投票特派团军事观察员6人。

（王珍捍）

白 俄 罗 斯

国　　名　白俄罗斯共和国。

主要统计　面积 20.76 万平方千米。人口 1047 万人（其中，13～17 岁男 40.4 万人，女 39 万人；18～22 岁男 38.9 万人，女 38 万人；23～32 岁男 70.6 万人，女 70.5 万人）。国内生产总值 140 亿美元（1998 年）。国防费 0.46 亿美元（1999 年国防预算）。

领导人物　总统兼武装力量总司令亚·格·卢卡申科（1994 年 7 月上任）。国防部长亚历山大·彼得洛维·丘马科夫（1997 年 1 月上任）。总参谋长米·费·科兹洛夫中将。

武装力量　**兵力**　现役部队 8.09 万人（包括国防部及其直属部队 1.51 万人）。

陆军　4.335 万人。国防部直属部队下辖 2 个摩步师，1 个炮兵师，2 个战役战术导弹旅，1 个反坦克旅，1 个特种部队旅。编有 3 个军：1 个军下辖 3 个独立机械化旅，1 个防空导弹旅，1 个炮兵团，1 个火箭炮团，1 个反坦克团；1 个军下辖 1 个防空导弹旅，1 个炮兵团，1 个火箭炮团；1 个军下辖 1 个防空导弹旅，1 个炮兵团，1 个反坦克团，1 个火箭炮团。

主战坦克：1778 辆（储存 295 辆），其中 T－55 型 62 辆、T－72 型 1621 辆、T－80 型 95 辆。步兵战车：1583 辆（储存 94 辆），其中 БМП－1 型 75 辆、БМП－2 型 1228 辆、БРМ 式 161 辆、БМД－1 型 119 辆。装甲输送车：930 辆（储存 254 辆），其中 БТР－60 型 188 辆、БТР－70 型 449 辆、БТР－80 型 193 辆、БТР－Д 型 30 辆、МТ－ЛБ 型 70 辆。牵引炮：440 门，其中 122 毫米 190 门、152 毫米 250 门。自行炮：586 门，其中 122 毫米 239 门、152 毫米 299 门、203 毫米 48 门。曲射直射两用炮：120 毫米 54 门。火箭炮：358 门，其中 122 毫米 233 门、130 毫米 1 门、220 毫米 84 门、300 毫米 40 门。迫击炮：120 毫米 77 门。反坦克导弹：AT－4、AT－5、AT－6、AT－7 型 480 具。战役战术导弹："飞毛腿" 60 部，SS－21 型 36 部。防空导弹：SA－8、SA－11、SA－12、SA－13 型共 350 部。

空军　约 2.245 万人（包括防空部队 1.02 万人）。作战飞机 152 架，战斗直升机 44 架。

歼击轰炸机：62 架，其中苏－24 型 20 架、苏－25 型 42 架。歼击机：84 架，其中米格－29 型 61 架、苏－27 型 23 架。侦察机：苏－24 型 6 架。电子战直升机：米－8 型 3 架。战斗直升机：米－24 型 44 架（储存 30 架）。运输机：28 架。运输直升机：15 架（储存 4 架）。

防空部队　约 1 万人。装备 SA－3/－5/－10 型防空导弹 175 部。

准军事部队　10 万人，其中内卫部队 1.1 万人、边防部队 1.2 万人、民兵 8.7 万人。

预备役部队　近 5 年服过现役的军人约 28.95 万人。

兵役制度　实行义务兵役制，士兵服役期 18 个月。

军队节日　1994 年白俄罗斯最高苏维埃确定每年 2 月 23 日（原苏联建军节）为白俄罗斯祖国保卫和武装力量日。（闵振范）

保 加 利 亚

国　　名　保加利亚共和国。

主要统计　面积 11.09936 万平方千米。人口 840 万人（其中，13～17 岁男 28.9 万人，女 27.4 万人；18～22 岁男 30.8 万人，女 29.2 万人；23～32 岁男 59 万人，女 56.5 万人）。国内生产总值 107 亿美元（1998 年）。国防费 3.51 亿美元（2000 年国防预算)。粗钢 263 万吨(1997 年)。原煤 3083.3(1995年)。原油 40 万桶(1996年)。天然气 1100 万立方米(1995年)。发电量 417.89 亿度(1995年)。粮食 628.9 万吨(1997年)。海运能力,商船(载重100 吨以上)222 艘,总载重量 193.82 万吨(1998年)。民航能力,固定航班机场 3 处,客运量 28.4 亿人千米、货运量 3520 万吨千米(1998年)。

国防体制 国防和武装力量由国民议会、总统、部长会议领导。部长会议通过国防部对武装力量实行全面领导。国防部长对部长会议负责,直接领导国防和武装力量的工作,对军队实行文职监督。总统是武装力量的总司令,领导国防部和武装力量。和平时期,总统由其国家安全和国防事务秘书协助处理安全和国防事务;在军事状态下或战时,总统将组建总司令部,成员包括:总理、国防、内务、外交、交通、国土发展和建设部长,邮电和远程通信委员会主席,总参谋长,总司令指定的其他人员。其任务是协助总统领导国防和武装力量。国民议会为立法机关,审批有关国防和武装力量的重大问题,对武装力量实行监督。

领导人物 总统兼武装力量总司令佩特尔·斯托扬诺夫(1997 年 1 月上任)。国防部长博伊科·诺埃夫(1999 年 12 月上任)。总参谋长米·米霍夫上将(1997 年 6 月上任)。

武装力量 **兵力** 现役部队 8.076 万人。

陆军 4.34 万人。编有 3 个军区/军司令部,下辖 4 个摩步师、3 个机械化旅、4 个坦克旅、1 个地区训练中心。

坦克:T-55 型 1042 辆,T-72 型 433 辆。自行突击炮:苏-100 型 68 部。步兵战车:БМП-1 型 100 辆,БМП-23 型和 БМП-30 型 114 辆。装甲侦察车:БРДМ-1/-2 型 58 辆。装甲输送车:БРТ-60 型 759 辆,MT-LB 型 1013 辆。牵引炮:100 毫米若干门,122 毫米 195 门,130 毫米 72 门,152 毫米 206 门。自行炮:122 毫米 686 门。火箭炮:122 毫米 222 门。迫击炮:120 毫米 359 门。反坦克导弹:AT-3"耐火箱"200 具。高炮:400 门。地空导弹:SA-3 型 20 部,SA-4 型 27 部,SA-6 型 20 部。

海军 5260 人。

潜艇:"胜利"级 1 艘。护卫舰:"大胆"级 1 艘。小型护卫舰:7 艘。导弹快艇:6 艘。巡逻艇:10 艘。布雷艇:20 艘。反水雷舰艇:20 艘。两栖战舰:2 艘。支援和勤务舰船:16 艘。

海军航空兵:武装直升机 9 架。

海军警备队:3 个连。

空军 1.83 万人。编有 1 个战术航空兵军,1 个防空兵军。作战飞机 227 架,武装直升机 43 架。

对地攻击战斗机:苏-25 型 39 架,米格-21 型 41 架,米格-23 型 32 架。歼击机:米格-23 型约 40 架,米格-21 型 23 架,米格-29 型 21 架。侦察机:苏-22 型 21 架,米-21 型 10 架。运输机:图-134 型 2 架,安-24 型 3 架,安-26 型 4 架,拉-410 型 5 架,雅克-40 型 3 架(专机)。航测机:安-30 型 1 架。直升机:米-2 型 32 架,米-8 型 9 架,米-17 型 31 架,米-24 型 43 架(武装直升机),贝尔 206 型 2 架。教练机:雅克-18 型 6 架,拉-29 型 73 架,拉-39 型 35 架。空地导弹 AS-7"乳牛"若干枚。空空导弹:AA-2 型"环礁"、AA-8 型"顶尖"、AA-8 型"蚜虫"若干枚。地空导弹:SA-2/-3/-5/-10 型约 110 部。

预备役部队 30.3 万人,其中陆军 25.05 万人、海军 0.75 万人、空军 4.5 万人。

准军事部队 内务部边防部队 1.2 万人,警察 0.4 万人,铁道和建设部队 1.8 万人。

兵役制度 实行义务兵役制,士兵服役期 12 个月。

驻外兵力 驻波黑多国稳定部队 1 个排,驻塔吉克斯坦军事观察员 3 名。

(潘海澜)

比 利 时

国　　名 比利时王国。

主要统计 面积 3.0528 万平方千米(包括荷兰境内飞地巴勒—埃尔东)。人口 1011.5 万人(其中,13~17 岁男 30.8 万人,女 29.4 万人;18~22

岁男31.7万人，女30.5万人；23～32岁男71万人，女68.8万人）。国内生产总值91000亿比利时法郎，约合2500亿美元（1998年）。国防费1023亿比利时法郎，约合26亿美元（2000年国防预算）。粗钢1071.8万吨（1997年）。原煤63.7万吨（1995年）。天然气140万立方米（1995年）。发电量750.8亿度（1997年）。粮食252.7万吨（1997年）。海运能力，商船（载重100吨以上）232艘，总载重量21.85万吨（1998年）。民航能力，固定航班机场2处，客运量90.11亿人千米、货运量3.239亿吨千米（1998年）。

国防体制 国王为武装力量统帅。平时国王授权国防大臣领导全国武装力量。内阁防务委员会是最高军事决策机构，同时也是国王的最高防务咨询机构，成员包括首相、国防大臣、外交大臣、内务大臣等，由首相任主席。"国内防务问题委员会"是协调内阁各部防务事宜的机构，由军人、外交官和公职人员专家组成，直接对首相负责，平时为内阁防务委员会会议做准备工作，战时改名为"防务技术秘书处"，协助内阁对防务问题作出决策。国防部是政府中的一个部，是武装力量最高行政领导机关。国防大臣在首相的领导下，负责制定和执行防务政策，领导国防和军队建设。武装力量由正规军和准军事部队组成。正规军分陆、海、空三个军种。总参谋部是最高军事指挥机构，下辖陆、海、空军和卫生勤务参谋部。国王通过国防部和总参谋部对全国武装力量实施领导和指挥（比军平时大部分兵力已经编入北约中欧司令部序列，战时实际上归北约盟军最高司令部指挥）。

领导人物 国王兼武装力量统帅阿尔贝二世（1993年8月9日即位）。首相居伊·韦尔霍夫斯达特（1999年7月上任）。国防大臣安德烈·弗拉奥（文职，1999年7月12日上任）。总参谋长维利·赫尔特雷中将（1995年9月上任）。陆军参谋长居伊·巴斯蒂安中将（1999年7月1日上任），海军参谋长米歇尔·韦尔于尔斯特少将（1995年10月1日上任）。空军参谋长吉多·范埃克中将（1991年4月1日上任）。

武装力量 **兵力** 现役部队4.175万人（含卫生兵1250人）。

陆军 2.64万人。编有1个干预司令部，1个作战司令部，1个后勤司令部，1个机械化步兵师（辖3个机械化步兵旅），1个作战支援师，1个伞兵突击旅，1个轻型陆航大队。

坦克：155辆，其中"豹"1A5型132辆，"豹"1A1型23辆。装甲侦察车："大湾刀"式141辆。步兵战车：YPR－765型220辆（另有派生型52辆）。装甲输送车：M－113型187辆（另有派生型112辆），"斯巴达人"115辆（另有派生型79辆），YPR－765型4辆。牵引炮：105毫米5门。自行炮：105毫米19门，155毫米113门。迫击炮：107毫米90门，120毫米2门，81毫米100门。反坦克导弹："米兰"420具，M－113型56具。高炮：35毫米自行式51门。地空导弹："西北风"118部。飞机："岛民"BN－2A型10架。无人驾驶机："食雀鹰"式28架。直升机：78架。

海军 2600人。编有奥斯坦德、泽布吕赫等2个基地，1个作战司令部，1个后勤司令部，1个训练司令部，1个小型舰队，2个分舰队和1所比荷水雷战学校。比利时海军和荷兰海军由设在荷兰登赫尔德的司令部统一指挥。

护卫舰："维林根"级3艘。猎雷舰："紫苑"级7艘。扫雷舰："范·哈韦比克"级4艘。指挥与后勤支援舰：2艘。勤务舰：8艘。直升机："云雀"Ⅲ型3架。

空军 1.15万人。编有2个攻击战斗机中队，1个攻击/侦察机中队，3个战斗机中队，2个运输机中队，4个教练机中队，1个搜索救援中队。

攻击/战斗机：F－16型90架，"幻影"5BA型12架，"幻影"5BR型12架，"幻影"5BD型3架。运输机："大力神"C－130型11架，"空中客车"A310－200型2架，HS－748型3架，"猎鹰"20型2架，"猎鹰"900B型1架，SW－111"默林"5架。教练机：SF－260型33架，"阿尔法喷气"式31架，CM－170型11架。直升机："海王"SAR式5架。地空导弹："西北风"24部。

预备役部队 15.205万人，其中陆军10.52万人、海军0.625万人、空军2.07万人、卫生勤务部队1.99万人。

兵役制度 比利时于1996年3月1日取消了义务兵役制，现实行志愿兵役制。志愿兵服役期为：驻国内部队服役期为12个月，驻国外部队服役期为10个月。志愿兵服役期满后可继续延长服役期。各级军官最高服役年限：将官为61岁（其中中将61岁、少将59岁），校官为56岁（其中上校56岁、中校55岁、少校55岁），尉官为51岁（其中大尉51岁、上尉51岁、中尉50岁、少尉50岁）。

军衔 分5等17级：将官2级（中将、少将），校官3级（上校、中校、少校），尉官4级（大尉、上尉、中尉、少尉），军士 6 级（军士长、军士、一级上士、上士、中士、下士），兵 2 级（一等兵，二等兵）。

驻外兵力 驻德国部队 2100 人。参加联合国维持和平部队：驻波黑/克罗地亚边境维和部队 550 人；驻印度/巴基斯坦边境军事观察员 2 人；驻中东军事观察员 6 人；驻南斯拉夫维和部队 1100 人。

外国驻军 北约总部（驻布鲁塞尔）；北约欧洲盟军最高司令部（驻蒙斯市）；西欧联盟军事计划小组（驻布鲁塞尔）；美国驻军 1570 人（其中陆军 970 人，海军 100 人，空军 500 人）。

（商景洲）

波 兰

国　　名 波兰共和国。

主要统计 31.2685 万平方千米。人口 3885.4 万人（其中，13～17 岁男 165.3 万人，女 157.0 万人；18～22 岁男 162.8 万人，女 155.1 万人；23～32 岁男 273.6 万人，女 261.9 万人）。国内生产总值 1590 亿美元（1998 年）。国防费 36 亿美元（2000 年国防预算）。粗钢 1159 万吨（1997 年）。原煤 1.99 亿吨（1995 年）。原油 200 万桶（1995 年）。天然气 45.93 亿立方米（1995 年）。发电量 1390 亿度（1995 年）。粮食 2539.9 万吨（1997 年）。海运能力，商船（载重 100 吨以上）644 艘，总载重量 431.43 万吨（1998 年）。民航能力，固定航班机场 8 处，客运量 46.33 亿人千米、货运量 7400 万吨千米（1998 年）。

国防体制 最高国防决策机构为国防委员会，由总统任主席，并设有若干副主席（部长会议主席任第一副主席，内务部长任国内安全事务副主席，财政部长任经济事务副主席，国防部长任武装力量及国防战略规划事务副主席），成员还有议会议长、参议院议长、外交部长、运输和海洋经济部长、总统办公厅主任、国务部长、国防部常务副部长、总参谋长、内务部第一副部长以及民防司令（兼任国防委员会秘书）。国防委员会直接隶属于议会和参议院组成的国民大会，其职责是制定国家安全与防务方针，为国民大会决定国家实施战时状态、紧急状态或发布动员令提出建议。国防部为政府中的一个部，是最高军事行政机关。国防部设有军事委员会和政治磋商委员会。军事委员会成员包括各总部及军、兵种负责人，由国防部长任主席。政治磋商委员会是国防部的咨询机构。国防部负责制定并实施国防和军事建设计划，完善军队体制，领导军队训练与教育，保障武装力量的技术和物资供应，确定职业军官的服役原则，制定武装力量科研工作计划，参与民防建设的规划和实施。各地兵役部门也受国防部领导。武装力量由正规军和准军事部队组成。正规军分陆军、海军、空军防空军三个军种。最高军事指挥机构为总参谋部，主要负责制定战略计划和组织战略指挥，协调国防部各部局与军兵种司令部的工作。总统（国防委员会主席）通过国防部和总参谋部对全国武装力量实施领导和指挥。

领导人物 共和国总统、国防委员会主席兼武装力量统帅亚历山大·克瓦希涅夫斯基（2000 年 10 月连任）。国防部长雅努什·奥内什凯维奇（1997 年 10 月上任）。总参谋长亨利克·舒姆斯基上将（1997 年 3 月上任）。

武装力量 **兵力** 现役部队 24.065 万人。

陆军 14.25 万人。自 1999 年 1 月 1 日起编成沿海和西里西亚 2 个军区和 1 个航空机械化军，共编有 8 个摩步师、1 个装甲骑兵师、1 个防空骑兵师、1 个岸防旅、4 个炮兵旅、4 个工程兵旅、5 个反恐怖旅、2 个维修旅、1 个防空高炮旅、1 个装甲旅、1 个摩步旅、1 个空中突击旅、1 个摩步团、2 个作战直升机团、2 个高射炮团、3 个地地导弹团、1 个地空导弹团。

坦克：T－55 型/T－72 型/PT－91 型共计 1675 辆。装甲侦察车：БРДМ－2 型 510 辆。步兵战车：БМП－1 型 1367 辆、BRM－1 型 38 辆。装甲输送车：OT－64 型 35 辆。牵引炮：122 毫米 280 门，152 毫米 160 门。自行炮：122 毫米 533 门，152 毫米 111 门，203 毫米 8 门。火箭炮：122 毫米 228 门。迫击炮：120 毫米 230 门。反坦克导弹：AT－3 型 263 具，AT－4 型 115 具，AT－5 型 18 具，AT－6 型 7 具。地地导弹：35 部。反坦克炮：85 毫米 711 门。高炮：23 毫米和 57 毫米共 1116 门。地空导弹：SA－6/－7/－8/－9/－13 型共 1290 部。武装直升机：米－24 型 38 架，米－2URP 型 34 架，PZL－W3 型 22 架。直升机：米－2URN 型 18 架，米－8 型 36

架，米－17型3架，米－2型31架。

海军　1.71万人。其中，海军航空兵2460人，服基本役士兵0.95万人。

潜艇：3艘。驱逐舰：1艘。护卫舰：1艘。小型护卫舰：4艘。导弹快艇：7艘。近岸巡逻艇：29艘。扫雷舰：24艘。两栖舰：5艘。支援和其他舰艇：18艘。

海军航空兵　2460人。编有7个中队，作战飞机28架，武装直升机11架。

空军防空军　5.53万人。编成2个军，下辖7个战斗机团、4个对地攻击战斗机团、2个运输机团、5个防空导弹旅及1个独立团。作战飞机297架，武装直升机32架。

对地攻击战斗机：苏－22型99架。战斗机：米格－21/U型133架，米格－23型27架，米格－29U型22架。侦察机：米格－21R/U型16架。运输机：安－2型32架，安－26型10架，安－28型5架，雅克－40型13架，图－154型2架。武装直升机：PZL－W3型17架。直升机：PZL－W3型32架，米－2型35架，米－8型5架。教练机：TS－11型183架，PZLI－22型11架，PZL－130型25架，另有米格－17型13架和米格－21型1架。空空导弹：AA－2“环礁”、AA－8“蚜虫”若干枚。空地导弹：AS－7“克雷牛”若干枚。地空导弹：SA－2/－3/－4/－5型200部。

准军事部队　2.34万人。其中内务部队所属边防部队1.35万人，警察预备队0.7万人，岸防部队0.29万人。

预备役部队　40.6万人。其中陆军34.3万人，海军1.4万人（服役年限为50岁），空军4.9万人（服役年限为60岁）。

兵役制度　实行义务兵役制。士兵服役期12个月。

军衔　分7等26级：元帅1级（只在战时授予），将官3级（上将、中将、少将），校官3级（上校、中校、少校），尉官3级（大尉、上尉、中尉），准尉6级（一级准尉、二级准尉、三级准尉、四级准尉、五级准尉、六级准尉），军士8级（一级上士、二级上士、三级上士、四级上士、一级下士、二级下士、三级下士、四级下士），兵2级（上等兵、列兵）。

驻外兵力　驻阿尔巴尼亚执行维和人员若干人；驻波黑多国执行部队450人；驻克罗地亚军事观察员1人；驻格鲁吉亚4人；驻伊拉克/科威特观察员5人；驻黎巴嫩部队636人；驻叙利亚观察员353人；驻塔吉克斯坦观察员3人；驻西撒哈拉观察员3人；驻南斯拉夫维和部队750人，1个空降营。

军队节日　建军节8月15日。　（程　辉）

波斯尼亚和黑塞哥维那

国　　名　波斯尼亚和黑塞哥维那，简称波黑。

主要统计　面积5.1129万平方千米。人口400万人（其中13～17岁男19.3万人，女18.3万人；18～22岁男18.3万人，女17.3万人；23～32岁男34.2万人，女32.2万人）。国防费6亿美元

（不含波黑塞尔维亚共和国，2000年）。

波黑3方武装力量情况

穆斯林武装　现役部队约4万人。编有1个集团军司令部，3个军司令部，10个师司令部，1个装甲旅，4个炮兵旅，28个步兵旅，1个特种兵旅，1个侦察旅，10个摩托化步兵旅，4个本土防御旅等。

坦克：T－34、T－55型、AMX－30、M－60A3型共约150辆。装甲侦察车：44辆。装甲输送车：150辆。各种火炮（包括重型迫击炮）：约2000门。反坦克导弹：“耐火箱”等100部。直升机：25架。飞机：“乌特瓦”75型3架。

预备役部队　约15万人。

克罗地亚族武装　约1.6万人。编有4个军区（莫斯塔尔、托米斯拉夫格勒、维特斯、奥拉什），4个警卫旅，2个炮兵旅，1个步兵营，1个宪兵营等。

坦克：T－34、T－55、M－84、T－72、M－47型共75辆。步兵战车：约80辆。各种火炮：约400门。火箭炮：约30门。迫击炮：约700门。反坦克导弹：AT－3“耐火箱”、AT－4“法戈特”若干部。地空导弹：SA－7、SA－9、SA－14、SA－16型若干部。直升机：米－8、米－24、MD－500型若干架。

预备役部队　共3万人，编成12个国土防御团、6个国土防御营等。

塞尔维亚族武装　约3万人。编有4个军司令部，38个步兵/装甲/摩步旅，1个特种兵旅，12个炮兵团/反坦克团/防空团。

坦克：T－34、T－55、M－84、T－72型共约300辆。装甲输送车：360辆。各种火炮：约1000门。迫击炮：2100门。地地导弹：蛙－7型若干部。高炮：20、23、30、57、90毫米975门。地空导弹：SA－2、SA－6、SA－7B、SA－9、SA－16型若干部。飞机：约20架。直升机：米－8型10架，“小羚羊”SA－341型20架。

预备役部队　8万人。

外国驻军　多国稳定部队3.1万人。

（郭　庆）

丹　麦

国　　名　丹麦王国。

主要统计　面积4.3094万平方千米。人口525.6万人（其中，13～17岁男14.5万人，女14万人；18～22岁男15.9万人，女15.4万人；23～32岁男38.5万人，女37.2万人）。国内生产总值11670亿丹麦克郎，约合1740亿美元（1998年）。国防费185亿丹麦克郎，约合25亿美元（2000年国防预算）。粗钢78.7万吨（1997年）。原油7500万桶（1996年）。天然气49.36亿立方米（1995年）。发电量367.9亿度（1995年）。粮食947.5万吨（1997年）。海运能力，商船（载重100吨以上）456艘，总载重量758.9万吨（1998年）。民航能力，固定航班机场13处，客运量53.76亿人千米、货运量1.71亿吨千米（1998年）。

国防体制　国王为名义上的武装力量统帅，对军队无指挥权。最高国防决策机构为内阁，负责制定国防政策。国防部是军队最高行政机关，国防大臣向议会和首相负责，对武装力量实施行政领导。武装力量由陆、海、空军和国民卫队组成。三军统帅机构是国防司令部，由国防司令统一指挥三军，国防参谋长为其授权代表。三军的最高决策机构是共同管理委员会，其成员包括国防司令、国防参谋长、陆军作战司令、陆军物资司令、海军舰队司令、海军物资司令、战术空军司令、空军物资司令。丹麦为北约成员国，战时主力归北约东北欧盟军联合次地区司令部指挥，届时国防司令将把指挥权移交给丹麦作战部队司令（兼任北约东北欧盟军联合次地区司令部司令），国防司令只负责后勤及兵员保障。

领导人物　国王兼武装力量统帅女王玛格丽特二世（1972年1月即位）。国防大臣汉斯·海格俄普（1993年1月上任）。国防司令克里斯琴·维特空军上将（1996年8月上任）。国防参谋长汉斯·杰斯珀·海尔旭中将（2000年2月上任）。作战部队司令古德·博克海军中将（1995年5月上任）。陆军作战司令汉斯·格鲁纳少将（1996年4月上任）。海军司令克里斯·温特海军少将（1995年5月上任）。空军司令库尔特·罗斯高德空军少将（1997年10月上任）。

武装力量　**兵力**　现役部队2.43万人。

陆军　1.53万人。编有1个师（丹麦师），1个司令部（东北地面司令部，师级），4个战斗群（旅级），7个军区（团级），15个团，1个陆军航空兵中队。

坦克：“豹”ⅠA5型220辆，“豹”Ⅱ型10辆，“百人队长”式54辆，M－41DK－1型53辆。步兵战车：M－113A2型50辆。装甲输送车：263辆。牵引炮：105毫米134门，155毫米121门，203毫米8门。自行炮：155毫米76门。火箭炮：227毫米4门。迫击炮：120毫米160门，81毫米338门。反坦克导弹：陶式140具。无坐力炮：84毫米1131门，106毫米20门。地空导弹：“毒刺”若干部。攻击直升机：12架。支援直升机：13架。

海军　0.43万人。编成水面舰艇部队和岸防部队。水面舰艇部队下辖1个远洋护卫舰中队，1个小型护卫舰中队，1个扫布雷艇中队，1个导弹快艇中队，1个潜艇中队和1个海军航空兵中队。岸防部队在本土编成3个海区，即卡特加特海区、松德海区和博恩霍尔姆海区。

潜艇：“图姆勒伦”级3艘，“诺瓦伦”级2艘。

护卫舰："尼尔斯·尤尔"级3艘。导弹攻击艇：10艘。巡逻艇：31艘。扫雷和布雷艇：10艘。支援舰船：15艘。

空军　0.47万人。编有6个航空兵中队（其中4个战斗机中队、1个运输机中队、1个直升机中队），1个防空导弹群（辖8个中队），1个控制与预警群（辖6个雷达站）。

战斗机：F-16A/B型69架。运输机：C-130型3架，Challenger-604型2架、"湾流"G-Ⅲ型1架。教练机："萨伯"T-17型28架。直升机：8架。地空导弹发射架："霍克"36部。

文职人员　0.9万人。

预备役部队　8.12万人，其中陆军5.8万人、海军0.84万人、空军1.48万人。另有国民警卫队：陆军4.97万人、海军0.43万人、空军0.75万人。

部署　陆军主要部署在日德兰半岛和西兰岛。海军基地2个（腓特烈港和科瑟），要塞2个（斯泰温斯和朗厄兰）；此外还在格陵兰和法罗群岛设有守备司令部。空军基地4处（奥尔堡、卡鲁普、斯克吕斯楚普和韦勒瑟）。

兵役制度　实行义务兵与志愿兵相结合的兵役制度。义务兵服役期一般为4至12个月，最高可达24个月；志愿兵服役期为54至72个月。服役期满后转入动员部队或预备役部队。

军衔　分5等18级：将官3级（上将、中将、少将），校官3级（上校、中校、少校），尉官4级（上尉、中尉、少尉、准尉），军士5级（一级军士长、二级军士长、上士、中士、下士），兵3级（一等兵、二等兵、新兵）。

驻外兵力　驻波斯尼亚630人、克罗地亚观察员1人、格鲁吉亚观察员5人、印巴边境观察员7人、伊拉克/科威特观察员7人、中东观察员9人、塔吉克斯坦观察员3人、南联盟850人。

（徐剑光）

德　国

国　名　德意志联邦共和国。

主要统计　面积35.697万平方千米。人口8205.7万人（其中，13～17岁男233.8万人，女221.3万人；18～22岁男226.3万人，女216.2万人；23～32岁男566.2万人，女546.3万人）。国内生产总值38000亿马克，约合21000亿美元（1998年）。国防费499亿马克，约合260亿美元（2000年国防预算）。粗钢4500.7万吨（1997年）。原煤2.3836亿吨（1997年）。原油2900万桶（1997年）。天然气209亿立方米（1998年）。发电量5460.63亿度（1997年）。粮食4548.7万吨（1998年）。海运能力，商船（载重100吨以上）1375艘，总载重量683.2万吨（1998年）。民航能力，固定航班机场40处，客运量634.2亿人千米、货运量125.72亿吨千米（1998年）。

国防政策　冷战结束和德国统一后，德国的安全环境得到了明显改善，已从原来欧洲两大军事集团对峙的"前线国家"变成了安全系数大为增加的"欧洲的中心"。但德国认为，目前欧洲形势动荡不定，不确定因素仍然很多。整个欧洲民族矛盾、领土纠纷接连发生，局部冲突呈上升势头；原苏联地区的动乱以及俄罗斯的军事实力仍对德国构成"不可忽视的潜在威胁"；南欧地区将成为影响德国和欧洲安全的主要方向；大规模杀伤武器及技术的扩散将危及德国和西欧的稳定和安全；一些第三世界国家和地区爆发局部战争和冲突的可能性有增无减，使德国面临着难以预测的"危险"。面对新的历史条件，德国对国防政策进行了全面调整，其谋求目标已开始跨越"国界"，从过去的谋求生存和实现德国统一创造条件，转为着眼于承担未来欧洲和世界和平与安全的责任。总的看来，德国国防政策主要是为实现世界政治大国的总目标服务。其核心内容是：在坚持北约联盟的前提下，以西欧为主体，融合东欧和独联体，逐步建立起以德国为主导、以欧盟为核心的欧洲集体安全结构。在此基础上，以其强大的经济实力，跻身于世界政治大国的行列，并担负起维护欧洲和世界安全与稳定的责任。因此，德国的国防政策要点是：(1) 改造欧洲现有的各种安全机制，力图建立以德国为主导、以欧盟为核心的全欧安全秩序。(2) 利用在地缘政治和历史渊源上的优势，扩大在东欧和独联体国家的影响，谋求与之建立"共同安全利益网"。(3) 跻身大国行列，力图在维护欧洲和世界的安全与稳定方面发挥重要作用。

军事战略　德国统一后，根据欧洲战略形势的变化，对军事战略进行了具有转折意义的重大调整，从原来依赖北约核武器为主来对付欧洲的大规模战争，逐步转变为当前依靠常规力量为主来“处理”欧洲的局部危机和对付局部战争，特别重视通过控制局部性冲突达到确保本国安全和欧洲稳定的目的。其要点是：(1) 在军事战略思想方面，从过去主要针对苏联、华约集团的“前沿防御”转为准备以对付各种危机为主的“多方位防御”。(2) 在军事部署方面，由过去的“前沿部署体系”改为“均衡兵力部署”。(3) 在战争冲突样式上，由过去认为欧洲将发生大规模战争转而认为在欧洲主要将是局部冲突。(4) 在作战方针上，根据“多方位防御”的思想制定了“威慑”和“危机处理”相结合的方针。

国防体制　德国《基本法》规定，联邦总理为战时军队的最高统帅。最高国防决策机构为联邦安全委员会，成员有联邦总理、联邦国防部长、外交部长、内政部长、经济部长、财政部长和总理府特别任务部长等，由联邦总理任主席。国防部为政府中的一个部，是最高军事行政机关。国防部长在和平时期是军队的最高首长，根据联邦总理提出的政策方针，负责领导和管理陆、海、空三军，并通过军种监察长对部队实施指挥。武装力量由正规军和准军事部队组成。正规军分陆、海、空三个军种。联邦国防军总监察长是全军第一军人和政府的首席军事顾问，主要负责制定国防总体方案、建军规划等工作。武装力量指挥参谋部为总监察长的办事机构，总监察长通过武装力量指挥参谋部对全军实施业务领导。陆、海、空军军种监察长是本军种的最高指挥官，负责本军种部队的战备训练和行政管理，参与制定和实施国防总体方案。平时，国防部长在军队勤务方面通过军种监察长实施对部队的指挥，在行政和专业事务方面则通过国防部各职能部门和总监察长对部队实施领导。战时，全军指挥权由国防部长移交联邦总理。

领导人物　联邦总理兼武装力量最高统帅格哈德·施罗德（1998 年 10 月上任）。联邦国防部长鲁道夫·沙尔平（1998 年 10 月上任）。联邦国防军总监察长哈拉尔德·库雅特上将（2000 年 6 月上任）。陆军监察长赫尔穆特·维尔曼中将（1996 年 2 月上任）。海军监察长汉斯·吕佐夫海军中将（1998 年 9 月上任）。空军监察长罗尔夫·波尔茨中将（1998 年 4 月上任）。

武装力量　**兵力**　现役部队 33.28 万人。

陆军　22.83 万人。编有 3 个军部，1 个空中机动部队司令部（师级），7 个作战师，1 个独立军区司令部（师级），22 个现役旅，4 个架子旅，1 个特种部队司令部（旅级），27 个防区（旅级）。

主战坦克：“豹”1 型 1315 辆，“豹”2 型 1821 辆。步兵战车：“貂”A2/A3 型 2118 辆，“黄鼬”式 343 辆。装甲侦察车：“山猫”SP_Z-2 型 409 辆，“狐”TP_Z-1 型 114 辆。装甲输送车：“狐”TP_Z-1 型 814 辆，M－113 型 2492 辆。牵引炮：105 毫米 161 门，155 毫米 192 门。自行炮：155 毫米 575 门。火箭炮：110 毫米 78 门，227 毫米 154 门。迫击炮：120 毫米 908 门。反坦克导弹：“米兰”1648 具，“霍特”225 具，“陶”87 具。高炮：20 毫米 1150 门，35 毫米 379 门。地空导弹：“罗兰”SP 式 143 部。反坦克直升机：PAH－1 型 204 架。运输直升机：UH－1D 型 151 架，CH－53G 型 108 架。联络直升机：BO－105M 型 95 架，“云雀”Ⅱ型 42 架。

海军　2.81 万人。编有 1 个舰队司令部，5 个分舰队和 1 个海军航空兵师。

潜艇：206/206A SSC 级 12 艘，205 SSC 级 2 艘。驱逐舰：“吕特晏斯”级 2 艘。护卫舰：“不来梅”级 8 艘，“布兰登堡”级 4 艘。导弹攻击快艇：“信天翁”（143）级 10 艘，“猎豹”（143A）级 10 艘，“虎”（148）级 8 艘。水雷舰艇：“哈默尔恩”（343）级 10 艘，“林道三驾马车”级 4 艘，“林道”改装（331）级 3 艘，“弗兰肯塔尔”（332）级 11 艘，“弗劳恩洛布”级 12 艘，无人反水雷艇 1 艘。登陆艇：13 艘。供应补给舰：42 艘。

海军航空兵　4200 人，装备作战飞机 52 架、武装直升机 39 架。

空军　7.64 万人。编有 10 个战斗机联队，6 个防空导弹联队，3 个空中运输联队，2 个通信团，2 个雷达指挥团和 6 个供应团。作战飞机 451 架。

攻击/战斗机：F－4 型 154 架，“旋风”式 274 架，米格－29 型 23 架。运输机：C－160 型 84 架，波音 707 型 2 架，A－310 型 5 架，图－154 型 1 架，CL－601 型 7 架，L－410－S 型 4 架，T－37B 型 35 架，T－38A 型 40 架，VFW 式 2 架。运输直升机：UH－1D 型 99 架，AS－532U2 型 3 架。地空导弹：“霍克”式 72 部、“罗兰”式 84 部、“爱国者”式 36 部。

文职人员　13.7 万人。

预备役部队　34.47 万人，其中陆军 27.6 万人、海军 0.87 万人、空军 6 万人。

准军事部队 2.465万人，其中联邦边防警察2.41万人、海岸警卫队550人。

部署 陆军主要部署在北德平原和中部地区。海军部署在北海和波罗的海沿岸区域。空军重点部署在中部和南部地区。全国共有军事基地734处。

兵役制度 实行义务兵役制，士兵服役期为10个月。各级军官最高服役年限，将官为60岁，上校为58岁，中校为56岁，少校为54岁，尉官为52岁。

军衔 分5等24级：将官4级（上将、中将、少将、准将），校官3级（上校、中校、少校），尉官4级（大尉、上尉、中尉、少尉），士官7级（三级军士长、二级军士长、一级军士长、上士、中士、二级下士、一级下士），兵6级（五等兵、四等兵、三等兵、二等兵、一等兵、列兵）。

驻外兵力 驻波黑北约稳定部队2738人，驻格鲁吉亚联合国观察团军事观察员1人，驻伊拉克/科威特联合国观察团军事观察员15人，驻科索沃北约维和部队5400人。

外国驻军 比利时驻军2100人，法国驻军3300人，荷兰驻军3000人，英国驻军2.08万人，美国驻军6.882万人。

军队节日 建军节11月12日，一般不举行大型的庆祝活动。各军种均无自己单独的节日。

军工生产能力 德国拥有现代化的富有竞争能力的军事工业，具有自行研制和生产各种常规兵器的能力，其生产能力在欧洲乃至世界都是比较强的。今后德国在总体上仍将继续保持较高的军事技术水平和生产潜力，在个别项目上将维持世界一流水平。德国军事工业的研究和发展重点已放在系统技术和尖端技术上，特别是在指挥系统和武器使用系统方面强调应用传感技术和电子技术。德国统一后，军事工业订货日趋减少，从事军工生产的人数下降，整个军事工业处于新的调整之中。军工生产的从业人员由原来的20万人减少到现在的10万人。军工生产总值约占国民生产总值的0.6%，在工业总产值中所占的比例不到1%，在加工工业总产值中平均约占3.4%，在车辆工业产值中占1～2%，在造船工业中占10%，但在航天工业中却占50%以上，而在其他大多数工业部门产值中所占比例均不到1%。

军火贸易 由于历史和外交政策等方面的原因，德国对军火输出历来持比较审慎的态度。军工产品的80%以上销于国内市场，即主要为本国国防建设服务。军工产品的出口在德国出口总额中仅占1%。德国历届政府均坚持“不向局势紧张地区输出军火”这一原则。目前根据形势变化在表述上虽作了修改，但总的看，仍比北约其他国家严格。德国军工生产较发达，技术比较先进，军火贸易额居世界各国前列。据美国国会研究服务局1999年8月5日公布的年度武器销售报告，在1998年全球签署的230亿美元的军火销售合同总额中，德国签署的对外军火销售合同额占55亿美元，仅次于美国，居世界第2位。1998年德完成军火出口约20亿马克，居世界第4位。

（王珍捍）

俄罗斯

国　　名 俄罗斯联邦。

主要统计 面积1707.54万平方千米。人口1.463亿人（其中，13～17岁男586.8万人，女564.7万人；18～22岁男555.1万人，女539.8万人；23～32岁男1017万人，女993.3万人）。国内生产总值11000亿美元（1998年）。国防费300亿美元（2000年国防预算）。粗钢3410万吨（1998年）。原煤2.32亿吨（1998年）。天然气5640亿立方米（1998年）。发电量8260亿度（1998年）。粮食4780万吨（1998年）。铁路运输能力，总长15.2万千米，货运量10.28亿吨千米、客运量2638亿人千米（1998年）。海运能力，商船（载重100吨以上）4543艘，总载重量1659.23万吨（1998年）。空运能力，固定航班机场58处，客运量717亿人千米、货运量18亿吨千米（1998年）。

国防政策 2000年1月10日，俄联邦总统批准了第2版《俄联邦国家安全构想》。2000年4月21日，俄联邦总统又批准了第2版《俄联邦军事学说》。从这两个官方文件的内容看，俄罗斯的国防政策和军事战略均发生了重大变化。

(一) 俄罗斯对世界军事政治形势和国家安全形势的判断及其基本结论

俄罗斯认为，当前和今后一个时期世界军事政治形势的发展变化，集中体现在建立单极世界与多极世界的斗争上。以美国为首的西方发达国家极力主张建立美国主宰下的单极世界，以武力解决重大国际政治问题。俄罗斯等国家则主张建立各国平等、利益平衡、以国际法准则为基础的多极世界。

俄罗斯认为，当前国际军事政治形势的基本特点是：①爆发大规模战争包括核大战的威胁在减少；②维护世界和平与安全的机制在发展；③多个地区力量中心正在形成；④民族、种族和宗教极端主义在发展；⑤分立主义盛行；⑥局部战争和武装冲突不断升级；⑦地区军备竞赛在加剧；⑧大规模毁伤性武器在扩散；⑨信息对抗在加剧；⑩有组织犯罪、恐怖主义、非法倒卖武器和毒品活动的规模在扩大。

俄罗斯认为，目前，俄联邦及其盟国的军事安全面临一系列潜在的外部威胁，归纳起来，主要有以下10个：①以美国为首的西方国家加紧削弱俄罗斯在政治、经济、军事和其他领域的地位，加紧削弱俄罗斯在欧洲、中东、外高加索、中亚和亚太地区的地位，阻挠俄罗斯成为多极世界中有影响的一极，在解决重大的国际安全问题时无视俄罗斯的利益；②北约集团还在加强，东扩已迈出重大步伐，北约已将不经联合国安理会的批准、便可在其责任区以外使用武力的战略理论付诸实践，北约已把武力行动作为“人道主义干涉”的手段，科索沃战争可能成为北约对俄罗斯发动战争的模式，北约对俄安全的威胁不断增大；③在俄边境附近可能出现外国军事基地和大型军事组织；④在俄罗斯国界和独联体外部边界附近发生了军事冲突，而且这种军事冲突不断升级；⑤大规模毁伤性武器及其运载工具在扩散；⑥一些国家对俄联邦提出领土要求；⑦一些国家对俄内部事务进行无理干涉；⑧针对俄联邦及其盟国的国际恐怖主义活动的规模迅速扩大；⑨美国等西方发达国家的信息技术优势在扩大，他们对俄罗斯及其盟国发动信息战争的可能性在增加；⑩外国特工机构及其所操纵的组织在俄领土上的活动猖獗。

俄罗斯从对上述威胁的分析中得出的基本结论是，北约本质上是一个具有侵略性、进攻性和冒险性的军事组织，美国和北约的本意是反对俄罗斯的，他们不希望俄罗斯重新崛起为一个强大的大国，美国和北约不是俄罗斯的盟友和战略伙伴，而是潜在的主要对手和头号假想敌人，俄罗斯军事安全的主要外部威胁不是来自南方和东方，而是来自西方。

(二) 俄罗斯国防政策的要点

在对国家军事安全形势进行判断并得出基本结论的基础上，俄罗斯确立了新的国防政策，其要点是：①遵守《联合国宪章》、1975年和1992年的《赫尔辛基协定》、1990年的《巴黎宪章》，以及俄罗斯所参加的其他国际条约和协议。②与独联体国家进行有效的协作，加强独联体国家范围内的集体安全体系建设，特别是加强俄白联盟国家的防御能力，与白俄罗斯推行联合防御政策，协调两国的军事建设和武装力量建设。③优先使用政治、外交和其他非军事手段来防止、限制和化解军事威胁。④履行在战略进攻武器与反导防御方面的有关义务。⑤赞成核不扩散条约，赞成停止和禁止核试验。⑥俄联邦把核武器视为遏制侵略、保障俄及其盟国军事安全、维护国际稳定与和平的有效因素。⑦保持核大国地位和核遏制能力，突出核遏制的有效性，实施核威慑政策，俄联邦所拥有的核力量应能确保在任何情况下对任何侵略国家造成应有的损失。⑧发展和使用非战略核武器，研制灵巧的、低当量高精度的战术核武器并装备陆军部队。⑨俄不对加入《不扩散核武器条约》的无核国家使用核武器，但无核国家与有核国家共同发动对俄联邦及其盟国的侵略或其他形式的进犯除外。⑩俄联邦保留使用核武器的权力，以便回击对俄联邦及其盟友使用核武器和其他大规模毁伤性武器的攻击；当俄联邦及其盟国遭到使用常规武器的大规模侵略而处境危急时，也可用核武器进行回击。⑪合理使用军费，使保障军事安全所需要的兵力兵器和资源保持在够用的水平上，保证对21世纪可能出现的威胁作出对称反应。⑫使国家军事组织的战备、训练和保障水平与保障军事安全的需要相适应。⑬制定并贯彻保障军事安全的统一的国家政策，建立并完善俄联邦及其盟国的防御体系。⑭平时就要做好国土防御和民防的准备。⑮完善经济、工艺和国防工业基础，提高经济动员准备水平，保持国家国防工业综合体科学技术和生产的核心能力，发展武装力量和其他军队的科学技术、工艺和生产基地，根据军事安全保障任务建立国家基础设施。⑯21世纪初俄罗斯军事技术政策的主要目的是，为武装力量和其他军队装备最重要的武装斗争兵器，并使现有武器装备系统保持战备状态。⑰放弃与最发达国家的直接的军事技术角逐，研制能对敌基础设施的主要系统和关键目标实施毁伤、进而使其军事技术优势变得毫无意义的“非对称”的武装斗争兵器。⑱未来10年俄武器和军事技术装备发展的重点是：完成最重要的新式战略核武器和非核武器的研制并限量生产；发展一体化的侦察、指挥、通信、定位等综合保障系统；发展战役战术和战术一级的自动化指挥与通信系统和器材，使武器和技术装备实现通用化、信息化和智能化；制造小型和微型兵器，实现军队指挥和物质技术保障全过程的自动化；发展新一代陆军多弹头导弹系统、高精度武器系统；研制新一代坦克、新一代航空航天设备和防空导弹；发展多用途核潜艇和通用型水面舰艇。⑲大力推进军事改革，加快国家军事机构和国防工业综合体的改革进程，根据俄罗斯所处的地缘政治环境和新的军事学说，使军队和国防工业实现根本性的变化。

军事战略　由于俄国防政策发生了重大变化，俄军事战略也进行了相应的调整。但俄罗斯与美国不同，不给自己的军事战略公开命名。从俄罗斯官方文件和军政领导人讲话中提出的俄奉行“核遏制”政策、“现实遏制原则”、“确保遏制”等战略概念看，当前俄罗斯军事战略的实质是“核遏制”战略，或“加强核遏制”战略。俄军事战略的基本观点如下：①关于现代战争类型和性质，俄军认为：按军事－政治目的，可分为正义战争和非正义战争；按使用的武器，可分为核战争和常规战争；按规模，可分为武装冲突、局部战争、地区战争和大规模战争。武装冲突是试图利用武装斗争手段来解决民族、种族、宗教等矛盾的结果，通常不进行战略展开，斗争双方仅追求具体的军事政治目的。武装冲突有可能转变成局部战争或内战。局部战争将由部署在冲突地区的军队集团实施，必要时可从其他方向增调兵力兵器，并实施部分战略展开，斗争双方追求有限的军事政治目的。局部战争有可能升级为地区战争。地区战争可能由某一地区的两个或多个国家参加，动用本国的或联盟的武装力量，既可能使用常规武器，也可能使用核武器。地区战争要求主要参战国对其武装力量和经济实行全面战略展开，斗争双方追求重要的军事政治目的。大规模战争可能是武装冲突、局部战争和地区战争升级、世界各地区大多数国家被卷入的结果，大规模常规战争极有可能转变成核大战。无论是大规模常规战争还是核大战，斗争各方都将追求极端的军事政治目的。大规模战争要求参战国全面动员所有的物质和精神资源。②关于现代战争的基本特性，俄军认为：现代战争具有联盟性质；广泛运用间接的战略行动；大规模的信息准备和积极的信息对抗；采用非接触性战法，广泛使用空中机动兵力、空降兵和特种部队在分散的方向上实施机动行动，实施空中战局和战役，实施远程火力打击和电子毁伤；破坏国家和军事指挥系统；使用最新高效武器系统；摧毁动力工厂、化学和其他危险品生产企业、基础设施、交通和日常生活保障目标，以造成灾难性的后果；除正规军外，非正规部队也可能参战。③关于战争威胁，俄军认为：大规模战争的威胁依然存在，而且在某些方面正在不断增大；北约不经联合国安理会的批准便可在其责任区外动武的新战略，对整个国际战略形势的稳定构成严重威胁，北约发动科索沃战争加快了把俄排挤出其传统利益区域的进程，而北约向前苏联加盟共和国扩张对俄安全构成了更大的威胁。④关于战备重点，俄军认为，战备重点应从对付叛乱分子和极端分子的局部行动转变到依靠空、海军等高技术部队对付敌人的高技术部队从海上和空中发起的高精度打击上来。⑤关于作战对象和作战地区，俄军认为，俄武装力量的主要作战对象是以美军为首的北约军队，主要作战地区是欧洲战争区。⑥关于军队的任务，俄军认为，武装力量及其他军队的主要任务有3项：一是反击对俄联邦及其盟国的武装侵略任务；二是维和行动任务；三是解决内部武装冲突任务。为完成这3项任务，要求武装力量和其他军队平时的战斗编成应具备以下4种能力：能对国家进行可靠防护，使其免遭敌空中—太空袭击；能在局部战争中完成击退侵略的任务；能保障遂行任务的军队集团实施战略展开，完成地区战争任务；能保障俄联邦单独地或在国际组织内遂行维和行动。⑦关于武装力量及其他军队的使用原则，俄军认为，使用武装力量及其他军队的最重要目的是，保卫俄联邦及其盟国的独立、主权和领土完整，反击或制止侵略，打退侵略者，迫使侵略者在符合俄联邦及其盟国利益的条件下停止军事行动。使用武装力量的基本方式有3种：实施战略性战役、战役和战斗行动、维和行动。⑧关于战略行动的基本样式，俄军认为，武装力量在大规模战争中战略行动的基本样式是空中—太空战略性战役、战略核力量战役、战区战略性行动和武装力量战略展开。⑨关于战略核力量的运用，俄军认为，为了提高战略核力量使用的主动性和有效性，俄将放弃过去仅限于回击的方法，而采用回击与还击相结合的方法。⑩关于一般力量的运用，俄军认为，对付局部武装冲突的任务，一般由一个地区（军区）的部队来完成，而对付地区战争的任务，则由2～3个军区的部队来完成。⑪关于战略部署，俄军认为，在国内应在可能不稳定的地区和战略上重要的地区优先部署军队，在国外俄有必要在世界重要战略地区部署有限的军队（军事基地），保持俄军事力量的存在。目前，俄军战略部署的重点仍在欧洲。俄军还认为，俄罗斯拥有世界上最长的边界，不可能也没有必要在整个边界都部署同样强大的军队集团。俄将按地区原则在军区编成内组建机动力量，使之能够独立行动，并在最短时间内控制和消除来自任何方向的威胁。俄军的快速反应部队部署在莫斯科、北高加索和乌拉尔军区。⑫关于军队领导和军队指挥原则，俄军认为，国家领导和军队领导必须统一，俄总统兼任武装力量最高统帅，对俄武装力量实行集中统一领导。总统对武装力量的指挥，通过国防部长、国防部和总参谋部实施。实行地区指挥原则，赋予军区战役—战略指挥部职能，对辖区内的跨军种一般任务部队和其他军队实施指挥。为了对联盟军队集团实施指挥，根据联盟参加国最高国家权力机构的决议，建立相应的联合军事指挥机构。为在内部武装冲突中完成任务，可组建临时联合军队集团及其指挥机构。⑬关于武装力量建设的指导思想，俄军认为，军事实力不取决于军队数量，而取决于高度的指挥能力、完善组织工作、训练和技术装备程度。现在主要靠提高质量来保持防御能力，以人数减少的武装力量保持更高质量的国防。⑭关于武装力量建设与训练原则，俄军认为，军队建设必须遵循下列原则：集中领导，一长制，军事指挥机关和部队的战斗与动员准备程度和训练、部队结构、战斗编成与受过训练的预备役人员的数量、物资和资源的储备水平应与保障军事安全的任务相适应等。⑮关于武装力量建设目标，俄军认为，俄武装力量应建成一支组织严密、装备精良、人员精干、有足够遏制能力的职业化军队，一支与国家经济能力相适应、能保障国家安全的军队。⑯关于武装力量和其他军队建设与训练的重点，俄军认为，现阶段俄武装力量和其他军队建设和训练的重点有5项：一是建立统一的指挥体系，并使其不断完善；二是发展和完善战略遏制包括核遏制力量；三是为常备兵团和部队补充人员、配备武器，并提供全面的保障和充分的训练，使其能在武装冲突和局部战争中执行遏制和作战任务；四是搞好人员和物资的动员准备；五是修改和完善战略计划。

国防体制 根据1993年12月12日正式通过的《俄罗斯联邦宪法》、1996年5月31日正式生效的俄联邦《国防法》、以及俄联邦有关法律，俄罗斯联邦总统、俄罗斯联邦安全会议、俄罗斯联邦议会、俄罗斯联邦政府对保障国家安全、国防能力状况，对俄罗斯武装力量和其他军队的战斗准备程度、动员准备程度和战斗力负全责。

俄罗斯联邦总统是国家元首和俄罗斯联邦武装力量的最高统帅。他在国防领域的主要职责是：组成并领导俄罗斯联邦安全会议；确定俄联邦军事政策的基本方针；批准俄联邦军事学说；领导俄罗斯武装力量和其他军队；宣布总动员或局部动员，宣布全国或局部地区进入战时状态，宣布实施战斗行动的命令；批准武装力量及其他军队发展构想与计划，武装力量使用计划和动员计划，国家动员计划，本土战场建设计划，国民经济转入战时计划，武器装备和国防工业综合体发展计划；授予高级军衔，任免高级军官；批准武装力量及其他军队的结构、编成及军人编制人数；决定武装力量及其他军队的部署；批准国防部和总参谋部工作条例；举行谈判和签署俄联邦国防领域的国际条约；颁布征召俄联邦公民服役和参加军事集训的命令等。

俄罗斯联邦安全会议是立法机构，也是保障俄罗斯国家安全的最高决策机构。安全会议的主要任务是：确定社会和国家的重要利益，发现安全目标受到的内部和外部威胁；制订保障俄罗斯联邦安全的主要战略方针，起草保障安全的联邦专项计划；为总统起草有关国家安全的各种建议、决定和命令。俄联邦总统任安全会议主席，政府总理任副主席，安全会议秘书、安全局长、外交部长、国防部长为安全会议常委，政府第一副总理、总统办公厅主任、国家杜马主席、联邦委员会主席、科学院院长、司法部长、警卫局长、内务部长、原子能部长、边防局长、经济部长、财政部长、对外情报局长、紧急情况部部长为安全会议委员。

俄罗斯联邦议会是俄罗斯联邦最高代表机关和立法机关，它由联邦委员会（上院）和国家杜马（下院）组成。联邦委员会在国防领域的职能是：审核国家杜马通过的根据联邦预算法确定的国防开支；审核国家杜马通过的国防领域的联邦法律；批准俄联邦总统关于在俄全境或部分地区实施战时状态和紧急状态的命令，以及俄联邦武装力量、其他军队使用武器装备不按其使命执行任务的命令；决定关于可在俄联邦境外使用俄联邦武装力量的问题。国家杜马在国防领域的职能是：审核联邦预算法规定的国防开支；通过国防领域的联邦法律。

俄联邦政府是俄联邦最高执行权力机关，它在国防领域内的职能是：落实国防保障措施并在其权限范围内对俄联邦武装力量及其他军队的状况与保障负责；拟定和向国家杜马提出联邦预算中有关国防开支的建议；根据武装力量及其他军队的订货，组织对其武器、军事技术装备、物资设备的提供与保障；制订国家武器装备及国防工业综合体的发展规划；确定国家动员任务，确定国家动员计划、物资储备计划；负责军队院校、军事系、军事教研室的建立和撤销工作；制定俄联邦国土战场建设计划；负责俄联邦的兵役工作等。

俄罗斯联邦武装力量由管理机关、军团、兵团、部队、军事院校以及后勤部门组成。在组织结构上，划分为战略火箭军、陆军、空军和海军四个军种。没有编入武装力量的其他军队有边防军、内卫部队、俄联邦安全部的部队、政府通信部队、联邦保卫总局、俄联邦铁道兵、民防部队、国家消防局等。

俄罗斯联邦武装力量的领导与指挥体制是：俄罗斯联邦总统兼俄联邦武装力量最高统帅，对联邦武装力量和其他军队实施全面领导，他通过国防部长和总参谋长对武装力量实施作战指挥。国防部长通过国防部对联邦武装力量实施直接领导。俄联邦武装力量总参谋部对武装力量进行作战指挥，对武装力量各军种的指挥通过各军种总司令部进行。

国防部的基本职能是：参与制定联邦军事政策和军事学说；制定联邦武装力量建设构想，协调武装力量和其他军队建设与发展构想的制定工作；制定武器和军事技术装备发展的联邦国家计划，提出国家国防订货建议；提出国防开支预算草案及其使用办法；组织国防科研和试验设计工作；为武装力量及其他军队订购、生产和采购武器、军事技术装备、食品、被服和其他物资；负责武装力量的动员准备；向总统提交共同条令，有关国防部和总参谋部、军事委员会、后备役委员会等的条例草案等。

武装力量总参谋部的基本职能是：拟定联邦军事学说建议；制定联邦武装力量建设计划，协调武装力量与其他军队建设与发展计划的制定工作；协调拟定武装力量和其他军队员额的建议；制定武装力量使用计划、动员计划以及国土战场建设计划；拟定应征服役和参加军事集训的公民人数；实施情报活动；组织实施保持武装力量战斗和动员准备的措施；组织武装力量与其他军队的协同；参与制定民防计划；组织武装力量和其他军队的动员与战略展开等。

领导人物 总统兼武装力量最高统帅普京(1999年12月31日代任，2000年5月7日正式就任)。国防部长谢尔盖耶夫元帅（1997年5月23日上任)。国防部第一副部长米哈伊洛夫（上任时间不详)。武装力量总参谋长克瓦什宁大将（1997年6月19日上任)。国防部副部长兼武装力量后勤部长伊萨科夫上将（1997年6月30日上任)。战略火箭军总司令雅科夫列夫上将（1997年6月30日上任)。空军总司令科尔努科夫大将（1998年1月20日上任)。海军总司令库罗耶多夫海军大将（1997年10月上任)。

武装力量 **兵力** 现役部队的编制人数为120万人，实有约100.41万人（含20万名国防部人员及其直属部队)。

战略火箭军 约10万人，编有5个火箭集团军。

洲际导弹：771枚，其中SS－18（PC－20）型180枚、SS－19（PC－18）型160枚、SS－24（PC－22）型46枚、SS－25（PC－12M）型370枚、SS－27（白杨－M2）型15枚。

反弹道导弹：100枚，其中SH－11型36枚、SH－08型64枚。

陆军 约34.8万人。编有6个军区，5个集团军司令部，6个军司令部，37个师（坦克师6个、摩步师20个、空降师4个、机枪炮兵师4个、炮兵师3个)，约32个炮兵旅/团，4个大口径炮兵旅，12个独立旅（摩步旅11个、坦克旅1个)，2个空降旅，7个特种部队旅，13个战役战术导弹旅，9个反坦克旅/团，21个防空导弹旅/团，21个直升机团（9个战斗直升机团、7个空降突击运输直升机团、5个直升机训练团)，以及其他部队。

主战坦克：5510辆，其中T－90型2辆、T－80/U/UD/UM型3159辆、T－72L/M型2031辆、T－64A/B型203辆、T－62型92辆、T－55型22辆，另外在乌拉尔山以东还储存坦克1.1万辆。轻型坦克：200辆，其中ПТ－76型2辆。装甲侦察车：БРДМ－2型约2000辆。步兵战车：6725辆，其中БМП－1型1671辆、БМП－2型3255辆、БМП－3型27辆，БМД－1/－2/－3（AB）型伞兵战车1176辆、БРМ型564辆、БТР－80A型32辆。装甲输送车：3337辆，其中БТР－60П/－70/－80型2071辆、БТР－Д型485辆、MT－ЛБ型781辆。牵引炮：2075门，其中122毫米903门、130毫米1门、152毫米1171门、203毫米若干门。自行炮：2636门，其中122毫米625门、152毫米1974门、203毫米37门。曲射直射两用炮：120毫米434门。火箭炮：900门，其中122毫米381门、220毫米414门、300毫米105门。迫击炮：254门，其中120毫米226门、240毫米18门。战役战术导弹发射架：316部，其中SS－21型约200部，“飞毛腿”－B/C型约116部。反坦克导弹：AT－2、AT－3、AT－4、AT－5、

AT-6、AT-7、AT-9、AT-10 型若干具。反坦克火箭筒：РПГ-18 型、РПГ-7/-16/-22/-26 型、РПГ-27/-29 型若干具。反坦克炮：57、76、85、100 毫米若干门。高射炮：23、57、85、100、130毫米若干门。地空导弹发射架：SA-4 型 500 部，SA-6 型 400 部，SA-8 型 400 部，SA-9 型 200 部，SA-11 型 250 部，SA-12A/-B 型 100 部，SA-13 型 350 部，SA-15 型 100 部，SA-19 型若干部，SA-7、SA-14、SA-18 型肩扛式防空导弹若干具。各型直升机：约 2300 架，其中米-24 型 757 架、卡-50 型 4 架、运输直升机约 1300 架。

空军　约 18.46 万人，编有远程航空兵指挥部、战术航空兵、军事运输航空兵指挥部和空军航空训练学校。

远程航空兵指挥部（空军第 37 集团军）装备战略轰炸机：74 架，其中图-95 型 68 架、图-160 型 6 架。轰炸机：图-22M/MP 型 158 架。加油机：伊尔-78 型 20 架。侦察机：40 架，其中图-22M-2/-3 型 10 架、图-134 型 30 架。

战术航空兵编有 3 个空防集团军和 3 个独立空防军。装备强击机和轰炸机：575 架（其中苏-24 型 350 架、苏-25 型 225 架）。歼击机：880 架（其中米格-29 型 260 架、苏-27 型 340 架、米格-31 型 280 架）。侦察机：135 架（其中米格-25 型 15 架、苏-24 型 120 架）。预警与控制飞机：20 架。电子战直升机：60 架。教练机：155 架。空空导弹：AA-10，AA-11 型若干枚。空地导弹：AS-7、AS-10、AS-12、AS-13、AS-14、AS-17、AS-18 型若干枚。地空导弹发射架：约 2150 部，其中 SA-2 型 50 部、SA-5 型 200 部、SA-10 型 1900 部。

军事运输航空兵指挥部（空军第 61 集团军）编 2 个师，装备伊尔-76、安-12、安-22、安-124 型运输机约 280 架。

空军航空训练学校 5 所，装备教练机约 1000 架。

海军　17.15 万人（含海军航空兵、海军步兵及海岸防御部队）。编有 4 个舰队。

海军战略核力量　约 1.3 万人，装备战略导弹潜艇 21 艘，携载弹道导弹 332 枚，其中：“台风”级 3 艘，携载弹道导弹 60 枚；D4 级 7 艘，携载弹道导弹 112 枚；D3 级 7 艘，携载弹道导弹 112 枚；D1 级 4 艘，携载弹道导弹 48 枚。攻击潜艇：44 艘，其中“奥斯卡”级 9 艘、“阿库拉”级 8 艘、“赛拉”级 3 艘、Y 级 1 艘、V3 级 7 艘、“基洛”级 12 艘、T 级 1 艘、F 级 1 艘。其他潜艇：5 艘。航空母舰：“库兹涅佐夫”级 1 艘。巡洋舰：7 艘，其中“基洛夫”级 2 艘、“光荣”级 3 艘、“卡拉”级 1 艘、“肯达”级 1 艘。驱逐舰：17 艘，其中“现代”级 7 艘、“卡辛”级 1 艘、“勇敢”级 7 艘、“勇敢”2 级 1 艘。护卫舰：10 艘，其中“克里瓦克”级 10 艘、N 级 1 艘。巡逻舰艇：39 艘。导弹快艇：56 艘，其中“塔兰图尔”级 28 艘、“纳努契卡”级 22 艘、“迪嘎什”级 2 艘、“玛特卡”级 3 艘、“黄蜂”级 1 艘。鱼雷艇：8 艘。水雷战舰艇：72 艘。登陆舰艇：25 艘。支援辅助舰船：436 艘。

海军航空兵　约 3.5 万人，编有 1 个海军航空兵司令部和 4 个舰队航空兵。装备 329 架作战飞机和 387 架战斗直升机。轰炸机：71 架（图-22M 型）。歼击轰炸机：114 架（苏-24 型 75 架、苏-25 型 9 架、苏-27 型 30 架）。反潜飞机：97 架（图-142 型 9 架、伊尔-38 型 35 架、贝-12 型 54 架）。反潜直升机：242 架（米-14 型 70 架、卡-25 型 53 架、卡-27 型 119 架）。侦察/电子战飞机：55 架（其中图-95 型 14 架、图-22 型 8 架、苏-24 型 24 架具有作战能力）。战斗直升机：70 架（卡-25 型 20 架、米-14 型 25 架、卡-29 型 25 架）。运输机：120 架。运输直升机：70 架。空地导弹：AS-4、AS-7、AS-10、AS-11、AS-12、AS-13、AS-14 型若干枚。

海军步兵　约 4500 人，编有 1 个独立师（2500 人）、1 个独立旅、3 个舰队特种部队旅。装备 T-55、T-72、T-80 型坦克 130 辆，БРДМ-2 型装甲侦察车 60 辆，装甲输送车 1500 辆，各型火炮 321 门，反坦克导弹发射具 72 具，23 毫米口径高炮 60 门，地空导弹发射架 320 部。

海岸防御部队　约 5000 人，编有 1 个岸防师、1 个岸防旅、1 个炮兵团、2 个防空导弹团。装备 T-64 型坦克 350 辆，步兵战车 450 辆，装甲输送车 680 辆，各型火炮 364 门。

预备役部队　近 5 年服过现役者约 240 万人。

准军事部队　约 47.8 万人。其中边防军 19.6 万人（装备装甲车和步兵战车 1000 辆、火炮 90 门、各型飞机约 70 架、各型直升机 200 架）；内卫部队约 14 万人（装备步兵战车 1700 辆、火炮 20 门）；联邦警卫部队约 2.5 万人；联邦保密部队约 4000 人；联邦通信和情报信息部队约 5.4 万人；铁道兵约 5.9 万人。

部署　俄罗斯武装力量划分为 1 个战役战略集群、6 个军区和 4 个舰队。

加里宁格勒战役战略集群　归波罗的海舰队指挥，由地面部队、海军步兵和海岸防御部队组成。地面部队约1.04万人，下辖2个摩步师、1个坦克旅、1个战役战术导弹旅、1个地空导弹旅/团、1个战斗直升机团；装备主战坦克829辆、步兵战车860辆、各型火炮330门、“飞毛腿”战役战术导弹发射架18部、战斗直升机24架。海军步兵1个团（1800人），装备主战坦克25辆、火炮34门。海岸防御部队有2个炮兵团，装备火炮133门；1个岸对舰导弹团，装备岸对舰导弹发射架8部；1个航空兵团，装备苏－27型飞机28架、防空导弹发射架50部。

列宁格勒军区　司令部驻圣·彼得堡。地面部队3.8万人，下辖1个空降师、2个独立摩步旅、2个炮兵旅/团、1个战役战术导弹旅、1个特种作战旅、4个防空导弹旅、1个反坦克团、1个火箭炮团、1个攻击运输直升机团；装备主战坦克323辆、装甲战车490辆、火炮940门、“飞毛腿”战役战术导弹发射架18部。海军步兵1个团（1700人），装备主战坦克77辆、装甲战车100辆、火炮41门。海岸防御部队装备装甲输送车360辆、火炮134门。空军部队下辖1个空军集团军（第6集团军）及其他部队，装备334架作战飞机，其中苏－24型轰炸机66架、侦察机46架、苏－27型歼击机125架、米格－29型歼击机60架、米格－31型歼击机100架、电子战直升机20架、地空导弹发射架525部。

莫斯科军区　司令部驻莫斯科。地面部队9.59万人，编1个集团军司令部、1个军司令部、2个坦克师、1个摩步师、2个空降师、1个炮兵师、4个防空导弹旅、3个战斗直升机团、1个攻击运输直升机团；装备主战坦克2000辆、装甲战车2400辆、火炮1700门、“飞毛腿”战役战术导弹发射架36部、战斗直升机180架。空军部队下辖2个防空航空兵师，装备作战飞机490架、电子战直升机51架、地空导弹发射架850部。

伏尔加—乌拉尔军区　司令部驻叶卡捷琳堡。地面部队编1个坦克师、2个摩步师、2个空降突击旅、2个特种作战旅、3个炮兵旅/团、1个反坦克旅/团、2个战役战术导弹旅、1个防空导弹旅、1个攻击运输直升机团；装备主战坦克2120辆、装甲战车2700辆、火炮1400余门、“飞毛腿”战役战术导弹发射架36部、战斗直升机24架。空军部队编制、装备飞机数量不详，地空导弹发射架600部。

北高加索军区　司令部驻罗斯托夫。地面部队7.95万人，编1个集团军司令部、1个军司令部、2个摩步师、1个空降师、3个摩步旅、1个特种作战旅、1个炮兵旅、1个战役战术导弹旅、4个防空导弹旅、1个反坦克团、2个战斗直升机团、1个攻击运输直升机团；装备主战坦克600辆、装甲战车1900辆、火炮730门、“飞毛腿”战役战术导弹发射架18部、战斗直升机10架。海军步兵约1500人，编1个团，装备主战坦克36辆、装甲输送车130辆、火炮24门。空军部队编4个空军集团军，装备苏－24型飞机162架、苏－25型飞机116架、苏－27型飞机35架、米格－29型歼击机105架、苏－27型歼击机58架、米－8型电子战直升机45架、防空导弹发射架125部。

西伯利亚军区　司令部驻赤塔。地面部队编2个军司令部、3个坦克师、2个摩步师、1个炮兵师、2个机枪火炮师、3个摩步旅、10个炮兵旅/团、2个战役战术导弹旅、1个空降旅、2个防空导弹旅、2个特种作战旅、4个反坦克团、1个战斗直升机团；装备主战坦克4468辆、装甲战车6000辆、火炮4300门、“飞毛腿”战役战术导弹发射架36部、SS－21型战术导弹发射架18部、战斗直升机35架。空军部队装备苏－24/25歼击轰炸机315架、苏－27/米格－29型歼击机100架、苏－24型侦察机100架。

远东军区　司令部驻哈巴罗夫斯克。地面部队编2个集团军司令部、2个军司令部、10个摩步师、2个机枪火炮师、1个炮兵师、9个炮兵旅/团、1个摩步旅、1个空降突击旅、3个战役战术导弹旅、5个防空导弹旅、1个特种作战旅、1个反坦克旅、2个战斗直升机团、2个攻击运输直升机团；装备主战坦克3900辆、装甲战车6400辆、火炮3000门、“飞毛腿”战役战术导弹发射架54部、战斗直升机120架。海军步兵约2500人，编1个师。海岸防御部队1个师。

北方舰队　司令部驻北莫尔斯克。装备潜艇39艘（其中战略潜艇15艘、攻击潜艇24艘），主要水面作战舰艇12艘，其他水面作战舰艇约30艘。海军航空兵装备作战飞机104架，战斗直升机85架。

波罗的海舰队　司令部驻加里宁格勒。装备攻击潜艇2艘，主要水面作战舰艇6艘，其他水面作战舰艇约30艘。海军航空兵装备作战飞机50架，战斗直升机37架。

黑海舰队　司令部驻塞瓦斯托波尔。装备攻击潜艇12艘，主要水面作战舰艇7艘，其他水面作战舰艇19艘。海军航空兵装备作战飞机14架，战斗直升机63架。

里海分舰队　基地在阿斯特拉罕，装备各型舰艇约 37 艘。

太平洋舰队　司令部驻符拉迪沃斯托克（海参崴）。装备潜艇 17 艘（其中战略潜艇 6 艘、攻击潜艇 11 艘），主要水面作战舰艇 10 艘，其他水面作战舰艇约 41 艘。海军航空兵装备作战飞机 71 架，战斗直升机 71 架。

军衔　分 7 等 20 级：俄罗斯联邦元帅，将官 4 级（大将、上将、中将、少将），校官 3 级（上校、中校、少校），尉官 4 级（大尉、上尉、中尉、少尉），准尉 2 级（高级准尉、准尉），军士 4 级（大士、上士、中士、下士），兵 2 级（上等兵、列兵）。

驻外兵力　约 3 万人。驻亚美尼亚地面部队约 3100 人，2 个军事基地，装备主战坦克 74 辆、装甲战车 165 辆、火炮 84 门，空军部队装备米格－29 型歼击机 14 架、1 个 S－300 地空导弹营。驻格鲁吉亚地面部队 5000 人，3 个军事基地，装备主战坦克 72 辆、装甲战车 500 辆、火炮 173 门、战斗直升机 5 架，另有 118 辆装甲战车和一些火炮部署在阿布哈兹，空军部队装备 SA－6 地空导弹发射架 60 部，飞机约 35 架。驻摩尔多瓦地面部队约 2600 人，装备主战坦克 117 辆、装甲战车 133 辆、火炮 128 门。驻塔吉克斯坦地面部队约 8200 人，编 1 个摩步师，装备主战坦克 190 辆、装甲战车 303 辆、火炮 180 门。驻乌克兰 1 个海军步兵团（约 1500 人），装备主战坦克 36 辆、装甲车 100 辆、火炮 24 门。驻非洲 100 人。驻古巴 800 余人。驻叙利亚 150 人。驻越南 700 人。参加维和行动：驻波黑 1400 人，2 个空降营；驻格鲁吉亚/阿布哈兹约 1500 人，1 个空降团，2 个摩步营；驻格鲁吉亚/南奥塞梯约 1700 人，1 个摩步营；驻摩尔瓦多/德涅斯特 500 人，1 个摩步营；驻南斯拉夫约 3600 人。

（闵振范）

法　国

国　名　法兰西共和国。

主要统计　面积 55.1602 万平方千米（包括科西嘉及其他岛屿）。人口 5916.5 万人（其中，13～17 岁男 196.7 万人，女 187.8 万人；18～22 岁男 197.1 万人，女 188.5 万人；23～32 岁男 432 万人，女 415.3 万人）。国内生产总值 85000 亿法郎，合 14000 亿美元（1998 年）。国防费 1900 亿法郎，合 295 亿美元（1999 年国防预算）。粗钢 1976.7 万吨（1997 年）。原煤 904.5 万吨（1995 年）。原油 1600 万桶（1996 年）。天然气 27 亿立方米（1996 年）。发电量 4710 亿度（1996 年）。粮食 6342.8 万吨（1997 年）。海运能力，商船（载重 100 吨以上）729 艘，总载重量 498.1 万吨（1998 年）。民航能力，固定航班机场 61 处，客运量 675 亿人千米、货运量 113 亿吨千米（1998 年）。

国防政策　法国是西欧大国和联合国安理会常任理事国之一，一直把维护大国地位作为其国家战略的重中之重。为确保这一目标的实现，法国奉行独立的防务和安全政策。但与此同时，法国也注意与北约盟国的合作。当前法国奉行的国防政策是：（1）继续依靠有限的独立核力量维护国家的根本利益。法国重视核武器的巨大威慑作用，强调必须保持一支“独立”、“足够”和“有效”的现代化核威慑力量，并将其作为最后动用的有效军事手段，有效捍卫自身大国地位和维护国家的根本利益。（2）重视欧洲防务建设，谋求在欧洲安全事务中发挥主导作用。法国认为，世界正在向多极化方向发展。欧洲必须加强欧洲防务建设，建立新的欧洲安全机制，以便在未来多极世界格局中发挥重要作用。主张欧洲不仅应该加强政治和经济联合，还需要加强防务联合，并把推动欧洲加强共同防务建设作为其国防政策的主要内容之一，谋求法在未来新的欧洲安全机制中发挥主导作用。（3）继续参与北约的集体防务，力促北约进行内部改革，积极扩大法的影响和作用。法认为，北约仍是欧洲集体防务的核心，但欧洲不能把确保自身安全的责任永久地交给美国承担，主张通过建立“欧洲独立防务”和“真正平等”的欧美伙伴关系，使欧洲承担更多的防务责任和发挥更大的作用，从中扩大法的影响和作用，并力图削弱美国在北约的主导地位。（4）维护法在亚洲、非洲和中东的战略利益，谋求打破美国独霸世界的野心。法国一直把亚洲、非洲和中东地区看作是自己的传统势力范围，发展与加强同这些地区国家的友好合作关系，有利于扩大法的影响力和发挥法的大国作用，从而打破由美国一手独揽地区事务和中东和平进程的局面，确保法的战略利益。

军事战略 法国是北约成员国，其军事战略基本上是执行北约各个时期制定的军事战略原则，但同时又保持着自己的独立性。在冷战时期的一个较长时期内，法国奉行“逐步反应”的军事战略；冷战结束后，法国根据国际和欧洲安全形势的变化，对军事战略进行调整，奉行全方位防御战略。该军事战略的主要内容是：(1) 强调威慑的作用。法国公开宣布，对任何敢于冒犯、威胁其根本利益的潜在敌人，法将可能首先使用核武器。法这样做的目的是使其不敢轻举妄动。但与此同时，法国也更加强调常规力量在核威慑战略中的作用，重视核与常规力量、威慑与干预行动之间的平衡及其互补作用。(2) 强调预防危机。主张动用政治、经济、外交、军事等多种手段，预防各种危机的发生，以确保国家的安全。采取包括通过国际合作、和平调解和外交斡旋等方式的政治干预、经济援助和制裁以及派出维和部队和进行军事干预等措施，预防危机并将其控制在最低限度。(3) 强调兵力投送与机动作战。认为未来法军将主要在远离国门的欧洲及世界其他地区遂行军事行动。为此，法军应具有兵力投送能力和机动作战能力，并把加强部队快速反应能力及远距离投放手段作为军队建设的重要内容。(4) 强调维护国内安全。法军的任务是维护国家主权、领土完整和社会稳定。维护国家治安主要由宪兵和警察承担，但需要时，法军现役及预备役部队也将参与，进行“国内投放”行动，以配合宪兵和警察及时、有效地消除国内各种不安定因素和潜在威胁。

国防体制 总统为武装力量最高统帅。总统下设内阁会议、国防委员会、限制性国防委员会和高级国防会议。内阁会议负责制定全面的防务政策，其成员有总理和所有内阁成员，由总统任主席。国防委员会负责具体防务问题的决策，其成员有总理、外交、国防、内政和财经部长等，由总统任主席。限制性国防委员会负责军事问题的决策，由总理或总理指定的人员组成，总统任主席。高级国防会议为咨询机构。总理负责贯彻既定防务政策。国防部为内阁中的一个部，是军队最高行政领导机关。国防部长在总理领导下负责防务工作，下设三军参谋部和陆、海、空军军种参谋部以及武器装备部等单位。武装力量由陆、海、空三军和宪兵组成。最高军事指挥机构为三军参谋部。总统通过国防部和三军参谋部对全国武装力量实施领导和指挥。

领导人物 总统兼武装力量最高统帅雅克·希拉克（1995 年 5 月上任）。总理利奥内尔·若斯潘（1997 年 6 月上任）。国防部长阿兰·里夏尔（文职，1997 年 6 月上任）。三军参谋长让－皮埃尔·凯勒什上将（1998 年 4 月上任）。陆军参谋长伊夫·克雷纳上将（1999 年 1 月上任）。海军参谋长让－吕克德洛奈海军上将（1999 年 5 月上任）。空军参谋长让－拉努空军上将（1995 年 9 月上任）。

武装力量 **兵力** 现役部队 31.73 万人（包括三军公共部门部 1.547 万人）。

陆军 17.83 万人。编有 1 个地面作战司令部，1 个后勤司令部，9 个作战旅，4 个支援旅，2 个后勤旅。

主战坦克：“勒克莱尔”式 222 辆，AMX－30B2 型 985 辆。装甲侦察车：AMX－10RC 型 337 辆，ERC－90F4“萨盖”式 192 辆，AML－60/90 型 155 辆，VBL M－11 型 899 辆。步兵战车：AMX－10P/PC 型 713 辆。装甲输送车：VAB 式 3820 辆。牵引炮：155 毫米 218 门。自行炮：155 毫米 272 门。火箭炮：227 毫米 58 门。迫击炮：120 毫米 507 门。反坦克导弹：“爱利克斯”660 具，“米兰”1405 具，“霍特”125 具。反坦克火箭筒：89 毫米 9850 具，112 毫米“阿皮拉斯”9690 具。高炮：20 毫米 774 门。地空导弹：“霍克”69 部，“罗兰”156 部，“西北风”380 部。飞机：“色斯纳”2 架，PC－6 型 5 架。直升机：518 架，其中攻击直升机 342 架。无人驾驶机：CL－289 型 6 架，“红隼”式 2 架，“搜索者”4 架。

海军 6.26 万人（包括海军航空兵和海军陆战队）。编有 1 个战略海军司令部，1 个水面作战司令部，1 个反潜作战司令部，1 个扫雷作战司令部，1 个潜艇作战司令部，1 个海军航空兵司令部，1 个海军陆战队司令部。

航母：“克莱蒙梭”级 1 艘、“戴高乐”号核动力航母 1 艘。直升机航母：“圣女贞德”级 1 艘。导弹驱逐舰：“卡萨尔”级 2 艘，“絮弗伦”级 2 艘。护卫舰：35 艘，其中“弗罗雷亚尔”级 6 艘、“乔治·莱格”级 7 艘、“图尔维尔”级 3 艘、“德斯蒂安纳·多尔韦”级 16 艘、“拉法耶特”级 3 艘。潜艇：12 艘，其中战略弹道导弹核潜艇 4 艘、战术潜艇 8 艘。巡逻舰艇：40 艘。扫雷舰：22 艘。两栖舰艇：9 艘。支援舰船：36 艘。

海军航空兵 3500 人。装备作战飞机 61 架，武装直升机 25 架。

海军陆战队 2900 人。编有 4 个突击群，14 个海军基地防卫队。

空军　7.642万人。编有1个防空司令部（下辖“斯特里达”2型防空系统、6个雷达站、1个预警机中队、10个地空导弹连、若干个高炮连），1个空中作战司令部（下辖7个攻击战斗机中队、5个战斗机中队、2个侦察机中队、3个教练机中队、1个电子战中队），1个空中机动支援司令部（下辖11个运输机中队、1个电子战中队、6个直升机中队、1个教练机中队），1个空中训练司令部。作战飞机531架。

作战飞机：“幻影”345架，“美洲虎”67架，“阿尔法喷气”119架。空中预警机：E－3F型4架。侦察机：“幻影”F－1CR型40架，“幻影”IVP型5架。空中加油机：C－135F/FR型11架。运输机：131架。教练机：291架。直升机：97架。

战略力量　8700人（其中海军5000人，空军3100人，宪兵600人）。装备有战略导弹核潜艇：“可畏”级2艘，“凯旋”级2艘，潜射导弹64枚。准战略核力量，装备有：海军“超级军旗”攻击机36架；空军“幻影”2000N型轰炸机60架，“幻影”IVP型侦察机5架。

文职人员　9.845万人。

预备役部队　41.9万人。其中陆军24.25万人，海军9.7万人，空军7.95万人。

准军事部队　宪兵9.43万人。装备有VBC－90型装甲车28辆，VBRG－170型装甲车输送车155辆，直升机42架。

部署　陆军主要部署在法国与德国边境和北部地区，海军重点部署在地中海和大西洋沿岸一带，空军主要部署在东北部和中部地区。共有军事基地74处，其中陆军基地16处、海军基地8处、空军基地50处。

兵役制度　从1997年起，取消义务兵役制，实行志愿国民役制度，到2003年建立以职业军人为主、志愿服役军人为辅的职业化军队。各级军官最高服役年限：将官为61岁，校官为57岁，尉官为52岁。

军衔　分5等20级：将官4级（上将、中将、少将、准将），校官3级（上校、中校、少校），尉官4级（上尉、中尉、少尉、准尉），军士6级（总军士长、军士长、准军士长、上士、中士、下士），兵3级（上等兵、下等兵、列兵）。

驻外兵力　驻德国部队3300人、安的列斯地区2200人、法属圭亚那2200人、印度洋地区2850人、新喀里多尼亚2300人、波利尼西亚2000人、乍得900人、科特迪瓦570人、吉布提2600人、加蓬700人、塞内加尔1200人。参加联合国维持和平行动：驻波黑3000人、驻克罗地亚201人、驻埃及军事观察员17人、驻格鲁吉亚军事观察员5人、驻伊拉克/科威特边境军事观察员11人、驻黎巴嫩246人、驻中东军事观察员3人、驻沙特阿拉伯南方军事观察员（部队）170人、驻西撒哈拉军事观察员（宪兵）25人、驻南斯拉夫科索沃维和部队4700人。

军火贸易　自80年代以来，法国的军火出口一直位居世界前3名，占世界出口份额的10%左右。法军火出口的主要地区是中东、亚洲、拉美和欧洲，其1997年军火出口额为74.19亿美元，1998年军火出口额为98.04亿美元。　（商景洲）

芬　兰

国　　名　芬兰共和国。

主要统计　面积33.8145万平方千米。人口516.7万人（其中，13～17岁男16.8万人，女15.8万人；18～22岁男16.9万人，女16万人；23～32岁男34.2万人，女32.7万人）。国内生产总值1240亿美元（1998年）。国防费15亿美元（1999年国防预算）。粗钢373.4万吨（1997年）。发电量667.56亿度（1996年）。粮食380.8万吨（1997年）。海运能力，商船（载重100吨以上）263艘，总载重量98.93万吨（1998年）。民航能力，固定航班机场24处，客运量107.09亿人千米、货运量2.413亿吨千米（1998年）。

国防体制　总统为武装力量统帅。最高国防决策机构为内阁，有权对国防政策、军备计划等作出决定。内阁国防委员会是国防政策和计划的最高协调组织和总统国防决策的咨询机构，通常由总理任主席（总统出席时则由总统任主席），成员包括国防、外交、内政、财政、司法、工商等部长和国防军司令、总参谋长，总统还可指定其他人担任委员会成员或专家。内阁国防委员会没有直接的决策权和执行权，只提出建议和结论，但实际上，它的建议和结论都以内阁或政府各部决定及行政命令的形式贯彻落实。国防部是军队最高行政机关，负责国防和军队建设事务。武装力量由正规军和准军事部队组成。国防军分为陆、海、空三个军种。国防军司令部是三军的最高军事指挥机关。总统通过国防部和国防军司令对全国武装力量实施领导和指挥。

领导人物 总统兼武装力量统帅塔里娅·哈洛宁（2000年3月上任）。总理帕沃·利波宁（1999年4月连任）。国防部长扬－埃里克·埃内斯塔姆（1999年4月上任）。国防军司令古斯塔夫·黑格隆德上将（1994年11月上任）。总参谋长依尔卡·霍洛中将（2000年上任）。海军司令埃斯科·伊利海军中将（1997年上任）。空军司令尤乌尼·比斯蒂尼少将（1998年9月上任）。

武装力量 **兵力** 现役部队3.17万人。

陆军 2.4万人。编成1个装甲旅，6个步兵旅，1个炮兵旅，2个独立步兵团，3个防空团，1个后勤团，1个防化团，1个通信团和2个独立通信营。

坦克：T－72/M－1型160辆，T－55M型70辆。步兵战车：БМП－1型163辆，БМП－2型110辆。装甲输送车：MT－LBV型220辆，БТР－60型120辆，“西苏”XA－180/185型450辆。牵引炮：105毫米54门，122毫米486门，130毫米36门，152毫米324门，155毫米132门。自行炮：122毫米72门，152毫米18门。火箭炮：122毫米60门。迫击炮：81毫米800门，120毫米789门。无坐力炮：66毫米132门，95毫米100门。反坦克导弹：100具。高炮：23毫米400门，57毫米24门。地空导弹：SA－90型20部，SA－96型18部、SA－3/－7/－16/－18型若干部。直升机：米－8型7架，“休斯”500D/E型3架。

海军 5000人。编有2个导弹艇中队，2个水雷艇中队，2个海勤营，4个岸炮营和1个步兵营。

轻型护卫舰：“图伦马”级2艘。导弹攻击快艇：“赫尔辛基”级4艘，“拉乌马”级4艘，“哈米那”级1艘。巡逻艇：“里赫特尼埃米”级2艘，“路易撒罗”级2艘。布雷舰：“波赫扬马”级1艘，“海曼玛”级2艘，“邦西奥”级3艘，“杜依玛”级4艘。扫雷舰艇：“吉斯基”级7艘，“古哈”级6艘。登陆运输船：“凯佩拉”级3艘，“卡拉”级3艘。

空军 2700人。编有3个战斗机联队，1个侦察机中队，1个飞行支援中队。作战飞机85架。

战斗机：“苍龙”J－35型25架，“大黄蜂”F/A－18C型21架，F/A－18D型7架，“隼”式5/51A型20架。教练机：“隼”式MK51/51A型22架，“文卡”式28架。运输机：“福克”F－27型2架，“利叶特”35A型3架。联络机：“皮波”式13架，“雷地勾”式9架。

文职人员 7800人。

预备役部队 约54万人（将减至43万人）。

准军事部队 边防军3400人。

部署 陆军划分为东部、北部和中部3个军区，下辖12个省军区：北部军区（奥鲁省军区、拉毕省军区），西部军区（赫尔辛基省军区、乌西玛省军区、海曼省军区、土尔库波里省军区、中芬兰省军区、瓦萨省军区），东部军区（居米省军区、米克利省军区、北卡累利亚省军区、郭毕奥省军区）。海军重点部署在南部沿海地带，分为2个海防军区、1个岸防军区和1个岸防旅，即芬兰湾海防军区、群岛海域海防军区、科特卡岸防军区和乌西玛海岸步兵旅。海军司令部设在赫尔辛基，海军基地2处（赫尔辛基、土尔库）。空军划为3个军区：拉毕军区、卡累利亚军区和萨拉贡达军区，司令部设在迪卡高斯基。

兵役制度 实行普遍义务兵役制度。宪法规定，凡年满17周岁且未满60周岁的男性公民都有服兵役的义务。兵役包括现役、后备役和辅助役3种形式。义务兵服役期分为半年、9个月和1年3种类型。公民服现役期满后即转入后备役并须定期参加复训，每年参加后备役复训和演习的人数为35000人。军官最高服役年限：上将为63岁，中将至上校均为60岁，其他军官、职业兵为55岁；属于飞行员系列的中将和少将为55岁，上校52岁，中校50岁，其他45岁。

军衔 分5等19级：将官4级（上将、中将、少将、准将），校官3级（上校、中校、少校），尉官4级（上尉、高级中尉、中尉、少尉［后备役］），军士4级（军士长、上士、中士、下士），兵4级（一等兵、二等兵、三等兵、列兵）。

驻外兵力 1999年芬驻外维和人员：克罗地亚军事观察员1人，克什米尔军事观察员5人，塞浦路斯维和部队9人，中东维和军事观察员11人，黎巴嫩维和部队494人，伊拉克/科威特军事观察员7人。

军队节日 军旗节6月4日。 （徐剑光）

荷　兰

国　　名　荷兰王国。

主要统计　面积 4.1526 万平方千米。人口 1572.4 万人（其中，13～17 岁男 44.7 万人，女 42.8 万人；18～22 岁男 46.3 万人，女 44.2 万人；23～32 岁男 116.9 万人，女 110.8 万人）。国内生产总值 3720 亿美元（1998 年）。国防费 70 亿美元（1999 年国防预算）。粗钢 664.1 万吨（1997 年）。原油 2200 万桶（1996 年）。天然气 906.3 亿立方米（1996 年）。发电量 808.32 亿度（1995 年）。粮食 156.5 万吨（1997 年）。海运能力，商船（载重 100 吨以上）399 艘，总载重量 287.4 万吨（1998 年）。民航能力，固定航班机场 6 处，客运量 455.31 亿人千米、货运量 36.35 亿吨千米（1998 年）。

国防体制　女王是荷兰武装力量统帅。战时首相是武装力量的最高司令，平时通过国防大臣行使职权。最高国防决策机构为国防委员会，成员有首相、外交、国防、内政、财政、经济、交通与通信大臣、国防国务秘书、国防部秘书长、国防参谋长、各军种司令、民防参谋长、外交部政治司司长和国防部各总局局长等，由首相任主席。国防部是政府中的一个部，是最高军事行政领导机关，负责国防政策的制定与监督实施等工作。武装力量由正规军和准军事部队组成。正规军分陆、海、空三个军种和宪兵，由各军种司令和宪兵司令分别指挥。最高军事指挥机构为国防参谋部。女王和首相通过国防部和国防参谋部对全国武装力量实施领导和指挥。

领导人物　国家元首兼武装力量统帅贝亚特丽克丝女王（1980 年 4 月 30 日即位）。首相维姆·科克（1998 年 8 月连任）。国防大臣德赫拉夫（文职，1998 年 8 月 3 日上任）。国防参谋长克鲁恩海军上将（1998 年 6 月 10 日上任）。陆军司令兼陆军参谋长马尔顿·肖滕中将（1995 年 7 月 4 日上任）。海军司令兼海军参谋长范代温达克中将（1998 年 6 月 10 日上任）。空军司令兼空军参谋长德鲁斯特中将（1995 年 9 月 1 日上任）。

武装力量　**兵力**　现役部队 5.638 万人（含宪兵 3600 人，总部机关 800 人）。

陆军　2.7 万人。编有 1 个军部，1 个机械化师部，3 个机步旅，1 个轻型旅，1 个空中机动旅，1 个野战炮兵团，1 个防空大队，1 个工兵大队。

主战坦克：“豹”1A4 和“豹”2 型共 359 辆。步兵战车：YPR－765 型 383 辆，M－113C/R 型 65 辆。装甲输送车：YPR－765 型 269 辆，YPR－765 型派生型 491 辆。牵引炮：155 毫米 95 门。自行炮：155 毫米 126 门。火箭炮：227 毫米 22 门。迫击炮：81 毫米 40 门，120 毫米 133 门。反坦克导弹：“龙”式 427 具，“陶”式 326 具。无坐力炮：106 毫米 185 门。高炮：35 毫米自行高炮 77 门，40 毫米牵引高炮 60 门。地空导弹：“毒刺”312 部。船艇：坦克运输艇 1 艘，海岸巡逻艇 3 艘，内河巡逻艇 3 艘。

海军　1.38 万人。编有 1 个舰队司令部，1 个护卫舰大队，1 个潜艇大队，1 个扫雷艇大队，1 个直升机大队和 1 个海上巡逻机大队。

潜艇：“海象”级 4 艘。导弹驱逐舰：“特罗姆普”级 2 艘，“雅各布·范·赫姆斯科克”级 2 艘。护卫舰：“卡雷尔·多尔曼”级 8 艘，“科顿艾尔”级 4 艘。扫雷舰：“阿尔克马尔”级 15 艘，“杜库姆”级 2 艘。两栖舰：“鹿特丹”级 1 艘。支援舰：13 艘。

海军陆战队　2800 人。编有 3 个海军陆战营，1 个支援营。

海军航空兵　950 人。编有 1 个海上巡逻机中队，2 个海上巡逻兼反潜机中队，2 个反潜兼搜索救援机中队。装备有“猎户座”P－3C 型反潜巡逻机 13 架，“大山猫”式武装直升机 22 架。

空军　1.198 万人。编有 6 个攻击战斗机中队，1 个战斗/侦察机中队，1 个运输机中队，1 个教练机中队，1 个搜索救援中队，5 个直升机中队，12 个防空连。作战飞机 170 架，武装直升机 42 架。

攻击/战斗机：F－16A/B 型 170 架。海上侦察机：F－27M 型 2 架。空中加油兼运输机：DC－10 型 2 架。运输机：F－50 型 2 架，F－60 型 4 架，“大力神”C－130H－30 型 2 架，“湾流”Ⅳ型 1 架。教练机：PC－7 型 10 架。直升机：111 架，其中租用美国“阿帕奇”武装直升机 42 架。地空导弹：“毒刺”100 部，“霍克”48 部，“爱国者”5 部。高炮：

40毫米75门。

文职人员　1.8万人。

预备役部队　7.5万人，其中陆军6万人、海军0.5万人、空军1万人。

准军事部队　皇家宪兵3600人。

部署　陆军作战部队主要部署在东部地区。空军作战飞机中队主要部署在东部地区。防空导弹部队全部部署在德国。战术空军司令部设在政府所在地海牙。

兵役制度　自1997年1月1日起实行合同兵役制度。合同兵首次服役合同期一般为18个月。合同期满后可以续签服役合同，每次续签服役合同期为2年。各级军官最高服役年限：除国防参谋长可适当延长外，各级军衔军官均为55岁。

军衔　分5等17级：将官4级（上将、中将、少将、准将），校官3级（上校、中校、少校），尉官3级（上尉、中尉、少尉），军士5级（准尉、上士、一级中士、中士、下士），兵2级（一等兵、二等兵）。

驻外兵力　驻德国3000人，驻冰岛16人，驻荷属安的列斯群岛海军20人、护卫舰1艘、空军25人、飞机2架。参加联合国维持和平行动：驻波黑维和部队1220人、塞浦路斯102人、意大利155人、中东军事观察员10人、南斯拉夫维和部队400人。

外国驻军　北约中欧盟军司令部。美国驻军690人（其中陆军380人、空军290人、海军10人、海军陆战队10人）。

（商景洲）

捷　克

国　　名　捷克共和国。

主要统计　面积7.8866万平方千米。人口1048万人（其中，13～17岁男36万人，女34.4万人；18～22岁男41.6万人，女39.9万人；23～32岁男78万人，女75.2万人）。国内生产总值550亿美元（1998年）。国防费约12.7亿美元（2000年国防预算）。粗钢674万吨（1997年）。原煤7094.4万吨（1995年）。原油70万桶（1996年）。天然气2.9亿立方米（1995年）。发电量608.47亿度（1995年）。粮食699万吨（1997年）。海运能力，商船（载重100吨以上）22艘，总载重量44.62万吨（1998年）。民航能力，固定航班机场2处，客运量23.64亿人千米、货运量2340万吨千米（1998年）。

国防体制　总统为武装力量统帅。最高国防决策机构为国防委员会，成员有政府总理、副总理、外交部长、国防部长、内务部长、经济部长、财政部长、工商部长、环保部长、总参谋长和总统军事办公室主任，由政府总理任主席。国防部为政府中的一个部，是最高军事行政机关，负责对军队实施政治领导和行政保障。武装力量由正规军和准军事部队组成。正规军分陆军、空军防空军两个军种。最高军事指挥机构为总参谋部。总统通过国防部和总参谋部对全国武装力量实施领导和指挥。

领导人物　总统兼武装力量统帅瓦茨拉夫·哈维尔（1998年1月连任）。国防部长弗拉迪米尔·维特希（1998年7月上任）。总参谋长伊·谢迪维中将（1998年5月上任）。

武装力量　**兵力**　现役部队5.82万人。

陆军　2.53万人。编有2个军，1个快速反应旅，1个特种旅，2个机械化旅，2个炮兵旅，2个侦察旅，2个工程兵旅。

坦克：T－54/－55型397辆，T－72M型541辆。装甲侦察车：БРДМ和OT－65型182辆。装甲输送车：OT－90型403辆，OT－64型12辆，OT－64型改进型568辆。牵引炮：122毫米D－30型148门。自行炮：122毫米91门，152毫米273门。火箭炮：122毫米149门。迫击炮：120毫米93门。反坦克导弹：AT－3型“耐火箱”式721具，AT－5型“拱肩”式21具。高炮：30毫米若干门。地空导弹：SA－7型若干部，SA－9/－13型140部。

空军防空军　1.54万人。编有2个对地攻击战斗机/侦察机中队，1个战斗机中队，2个运输中队，2个直升机中队。作战飞机94架，武装直升机34架。

对地攻击战斗机：苏－22型32架。战斗机：米格21型38架。运输机：L－410型4架、安－24/26/30型8架，图－154型2架，米－2/－8/－9/－17型共17架。直升机：米－2型24架、米－8/－20

型3架、米-17型24架、米-24型34架、PZL W-3型11架。教练机：68架。空空导弹：AA-2型"环礁"、AA-7型"顶点"、AA-8型"蚜虫"若干部。地空导弹：SA-2/-3/-6型若干部。

准军事部队 5600人，其中边防军4000人、内卫部队1600人。

预备役部队 14～15个国土防御旅。

兵役制度 实行义务兵役制。士兵服役期为1年。军官最高服役年限为55周岁。

军衔 分6等21级：将官4级（大将、上将、中将、少将），校官3级（上校、中校、少校），尉官4级（大尉、上尉、中尉、少尉），准尉5级（一级准尉、二级准尉、三级准尉、四级准尉、五级准尉），军士3级（上士、中士、下士），兵1级（列兵）

驻外兵力 参加驻波黑多国执行部队560人，1个机械化营；驻克罗地亚联合国军事观察员1人，士兵7人；驻格鲁吉亚联合国军事观察员4人，驻塔吉克斯坦联合国军事观察员2人。 （程 辉）

克 罗 地 亚

国　　名 克罗地亚共和国。

主要统计 面积5.6538万平方千米。人口479.4万人（其中，13～17岁男16.5万人，女15.6万人；18～22岁男16.8万人，女15.9万人；22～32岁男33.1万人，女31.8万人）。国内生产总值168亿美元（1998年）。国防费8.15亿美元（1999年国防预算）。粗钢42.4万吨（1993年），原煤10.8万吨（1995年）。原油1200万桶（1996年）。天然气18.69亿立方米（1995年）。发电量88.63亿度（1995年）。粮食317.9万吨（1997年）。海运能力，商船（载重100吨以上）203艘，总载重量14.09万吨（1998年）。民航能力，固定航班机场5处，客运量4.92亿人千米、货运量350万吨千米（1998年）。

国防体制 总统为武装力量统帅。国家安全委员会是最高国防决策机构，总统任主席，成员包括总理、副总理兼外长、副总理兼发展与重建部长、国防部长、内务部长、国家安全办公室主任、总统国家安全事务顾问、总统内政顾问及总参谋长等。议会为国家立法和监督机构，有权宣布战争或缔结和平。议会下设内政和国家安全委员会，负责监督国防部的工作，确保武装力量的构成和行动符合有关法律。国防部是最高军事行政机构，主要负责监督有关军事法规、文件的执行，组织和领导战备、国防教育和部队职业化培训，管理武器装备的生产、采购、维护等。同时，国防部还通过下设的"军事委员会"制定武装力量的建设和发展规划、军事学说和军事战略。总参谋部隶属国防部，是最高军事指挥机构，负责部队的指挥、管理和调动。无论平时或战时，凡涉及部队的指挥和调用，总参谋长直接对武装力量统帅即总统负责；此外的其他行政事务，总参谋长对国防部长负责。各军种、军区和部队均隶属总参谋部。战时，总参谋部将组建战时办公机构，其成员由总统直接任命，负责指挥部队的作战行动。

领导人物 总统兼武装力量统帅斯捷潘·梅西奇（2000年2月上任）。国防部长约·拉多什（2000年1月上任）。总参谋长佩·斯蒂佩蒂奇（2000年3月上任）。

武装力量 **兵力** 现役部队6.1万人。

陆军 5.3万人。编有6个军区，8个近卫旅（各辖3个机械化营、1个坦克营、1个炮兵营），3个步兵旅（各辖3个步兵营、1个坦克分队、1个炮兵分队），1个混合炮兵旅，1个反坦克旅，4个防空旅，1个工兵程旅。

坦克：T-34、T-55、M-84/T-72M型共300辆。轻型坦克：PT-76型1辆。装甲侦察车：БРДМ-2型7辆。步兵战车：M-80型109辆。装甲输送车：БТР-50型18辆，M-60PB型27辆。各种火炮：共约1500门，其中牵引炮427门、多管火箭炮240门、迫击炮388门。反坦克导弹若干部。

海军 3000人。

潜艇："维雷比特"级1艘。轻型护卫舰："彼得国王"级1艘。导弹攻击快艇："拉德·康查尔"级1艘，"杜布罗夫尼克"级1艘。巡逻艇：10艘。布雷艇："采提纳"级2艘。登陆艇：11艘。支援和勤务舰船：5艘。

陆战队 2个独立步兵分队。

岸防部队 约10个岸防炮兵连。

空军 约5000人。作战飞机44架，武装直升机

15架。

攻击战斗机：米格－21型24架。运输机：安－2型4架，安－26型2架，安－32型2架，“乌特瓦”式5架、DO－28型2架、MD－500型2架。直升机：米－8和米－17型16架，米－24型15架，MD－500型2架，UH－1型1架，“贝尔”206B型9架。地空导弹：SA－6、SA－7、SA－9、SA－10、SA－13、SA－14、SA－16型若干部。

预备役部队　22万人，其中陆军15万人、本土防御部队7万人。

准军事部队　武装警察4万人。

兵役制度　实行义务兵役制，士兵服役期10个月。

外国驻军　联合国驻普雷夫拉卡观察团：来自23个国家的27个观察员。　（潘海澜）

罗　马　尼　亚

国　　名　罗马尼亚。

主要统计　面积23.75万平方千米。人口2273.2万人（其中，13～17岁男87.4万人，女84.3万人；18～22岁男92.4万人，女89万人；23～32岁男183.5万人，女177.3万人）。国内生产总值380亿美元（1998年）。国防费6.07亿美元（1999年国防预算）。粗钢667万吨（1997年）。原煤4112.1万吨（1995年）。原油5000万桶（1996年）。天然气213亿立方米（1995年）。发电量592.66亿度（1995年）。粮食2209.6万吨（1997年）。海运能力，商船（载重100吨以上）439艘，总载重量484.55万吨（1998年）。民航能力，固定航班机场12处，客运量18.12亿人千米、货运量1570万吨千米（1998年）。

国防体制　总统为武装力量统帅。最高国防决策机构为最高国防委员会，由总统任主席，政府总理任副主席，成员有主管工业和贸易的国务部长、国防部长、内务部长、外交部长、情报局长、国务秘书兼总参谋长等。国防部为政府中的一个部，是组织、领导和协调国防工作的中央权力执行机构，负责实施最高国防委员会所制定的各项军事政策。武装力量由正规军和准军事部队组成。正规军分陆、海、空三个军种。最高军事指挥机构为总参谋部。总统通过最高国防委员会和国防部、总参谋部对全国武装力量实施领导和指挥。

领导人物　总统兼武装力量统帅埃米尔·康斯坦丁内斯库（1996年11月当选）。国防部长索林·弗隆泽维尔德（2000年3月上任）。总参谋长米尔恰·凯拉鲁中将（2000年2月上任）。

武装力量　**兵力**　现役部队20.7万人。

陆军　10.6万人。编有3个陆军司令部、7个军，下辖7～10个摩步旅、3个坦克旅、1个山地旅、1个炮兵旅、1个反坦克旅、2个空降旅、1个近卫旅、1个防空旅、1个工程兵旅、1个防空导弹旅、1个防空导弹团、3个工程兵团。

坦克：1253辆，其中T－55型821辆、T－72型30辆、TR－85型314辆、TR－580型88辆。突击炮（车）：SU－100型84辆。装甲侦察车：170辆，其中БРДМ－2型121辆、ABC－M型49辆。步兵战车：MLI－84型177辆。装甲输送车：1619辆，其中TAB－77型167辆、TABC－79型384辆、TAB－71型920辆、MLVM式88辆、TAB ZIMBRU式60辆。牵引炮：748门，其中122毫米204门、130毫米70门、150毫米12门、152毫米462门。自行炮：122毫米48门。火箭炮：122毫米148门。迫击炮：120毫米332门。地地导弹发射架：“蛙”式9部。反坦克导弹：AT－3“耐火箱”174具，AT－5“拱肩”式54具。反坦克炮：57毫米、85毫米、100毫米共952门。高炮：30毫米、37毫米、57毫米、85毫米、100毫米共1093门。地空导弹：SA－6/－7/－8型共62部。

海军　2.08万人。编有1个海军舰队，1个江河支队，1个海军陆战队。主要基地有曼加利亚、康斯坦察、布勒伊拉、朱尔米和土耳恰。

潜艇：苏制K级鱼雷攻击潜艇1艘。驱逐舰：“蒙特尼亚”级1艘。护卫舰：“泰塔尔”级6艘。护卫艇：“塔朗特”级3艘。导弹快艇：“奥萨”级3艘。鱼雷快艇：31艘。巡逻艇：31艘。扫雷艇：35艘。布雷艇：2艘。支援和其他舰只：11艘。直升机：IAR－316型3架，米－14PL型4架。

海军陆战队　1.02万人。编有1个军，下辖2个机械化旅、1个摩步旅、1个炮兵旅、1个反坦克营等。装备坦克：TR－580型120辆。装甲输送车：TAB－71型172辆，TABC－79型36辆。牵引炮：122毫米54门，152毫米36门。火箭炮：122毫米12门。迫击炮：120毫米36门。反坦克炮：100毫米57门。

岸防部队　编有4个岸炮连，装备130毫米火炮32门。

空军　4.35万人。编有2个空军和防空军军，每军下辖2个航空纵队、6～7个基地、4～6个防空高射炮旅或团、2个伞兵旅。

对地攻击战斗机：IAR－93型73架。歼击机：米格－21型215架，米格－23型40架，米格－29型18架。侦察机：伊尔－28型12架，米格－21型9架。运输机：安－24型6架，安－26型11架，波音707型2架，C－130B型4架。运输直升机：IAR－330型5架，米－8型9架，SA－365型4架。航测机：安－30型3架。武装直升机：IAR－316A型16架。战斗支援直升机：IAR－330型74架，IAR－316型88架，米－8型15架，米－17型2架。教练机：拉－29型45架，拉－39型32架，IAR－99型14架，IAR－823型36架，雅克－52型23架。空空导弹：AA－2、AA－3、AA－7、AA－11型若干枚。空地导弹：AS－7型若干枚。地空导弹：SA－2、SA－3型120部。

预备役部队　47万人，其中陆军40万人、海军3万人、空军4万人。

准军事部队　7.59万人，隶属内务部。其中边防部队2.29万人，国民卫队5.3万人。

兵役制度　实行义务兵役制。陆、海、空军士兵服役期均为12个月。军官最高服役年限：将官、校官60岁，尉官45岁。

军衔　军官分4等11级：元帅1级（只在战时授予），将官4级（大将、上将、中将、少将），校官3级（上校、中校、少校），尉官3级（大尉、中尉、少尉）。

驻外兵力　参加联合国驻伊拉克/科威特军事观察团5人，驻阿尔巴尼亚若干人，驻波黑多国执行部队200人（1个工兵营）。

（朱瑞臣）

南 斯 拉 夫

国　名　南斯拉夫联盟共和国。

主要统计　面积10.2173万平方千米。人口1060万人（其中13～17岁男41.7万人，女39.4万人；18～22岁男42.5万人，女40.2万人；23～32岁男83.6万人，女79.5万人）。国内生产总值170亿美元（1998年）。国防费13亿美元（1999年国防预算）。粗钢18万吨（1995年）。原煤4001万吨（1995年）。原油700万桶（1996年）。天然气7.65亿立方米（1995年）。发电量371.76亿度（1995年）。粮食103.03万吨（1997年）。民航能力，固定航班机场4处，客运量9.63亿人千米、货运量49.21亿吨千米（1998年）。

国防体制　总统为武装力量统帅。最高国防决策机构为最高国防委员会，成员有南联盟总统、塞尔维亚共和国和黑山共和国总统等，由联盟总统任主席。国防部为政府中的一个部，是最高军事行政机关。国防部负责制订总动员计划，组织国防战备工作，完成国防计划所确定的任务，提供武装力量所需物质保障，组织、管理军事教育，执行有关国防的联盟法规，对共和国总统、最高国防会议和联盟政府决定的实施情况进行监督等。正规军分为陆、海、空军防空军三个军种。武装力量由常备军和预备役部队组成。最高军事指挥机构为总参谋部。总统通过国防部和总参谋部对全国武装力量实施领导和指挥。

领导人物　总统兼武装力量统帅斯·米洛舍维奇（1997年7月上任）。国防部长德·奥伊丹尼奇大将（2000年2月上任）。总参谋长奈·帕弗科维奇上将（2000年2月上任）。

武装力量　**兵力**　现役部队10.87万人。

陆军　约8.5万人。编有3个集团军，7个军，3个师司令部，6个坦克旅，1个特种兵旅，4个机械化旅，1个陆军航空兵旅，8个摩托化步兵旅，5个混合炮兵旅，7个防空旅，1个地空导弹旅。

坦克：1270辆，其中T－34型181辆、T－55型785辆、T－72型65辆、M－84型239辆。步兵战车：M－80型568辆。装甲侦察车：БРДМ－2型

80 辆。装甲输送车：M－60P 型 169 辆，BOV－VPM－86 型 68 辆。牵引炮：105 毫米 334 门，122 毫米 400 门，130 毫米 276 门，152 毫米 77 门，155 毫米 145 门。自行炮：122 毫米 80 门。火箭炮：107、122、128、262 毫米 167 门。迫击炮：82、120 毫米 2403 门。反坦克导弹：AT－3“耐火箱”80 具。无坐力炮：57 毫米 1550 门，82 毫米 1500 门，105 毫米 650 门。反坦克炮：1250 门。高炮：20、30、57 毫米 2000 门。地空导弹：SA－6、SA－7、SA－9、SA－13、SA－14、SA－16 型共 60 部。

海军　约 7000 人。

潜艇：“萨瓦”级 1 艘，“英雄”级 1 艘，“乌纳”级 3 艘。护卫舰：“科托尔”级 2 艘，“斯普利特”级 2 艘。导弹攻击快艇：“拉德·康查尔”级 5 艘，“米塔尔·阿采夫”级（“黄蜂”级）3 艘。巡逻艇：22 艘。布雷艇：“希布拉”级 1 艘。猎雷艇：“武可夫·克拉纳茨”级 2 艘。扫雷艇：英国“汉”级 2 艘，“奈斯廷”级 7 艘，M－301 型 4 艘。登陆艇：19 艘。支援和勤务舰船：9 艘。

陆战队　900 人，编有 2 个陆战旅（各辖 2 个营）。

空军防空军　1.67 万人，编有 2 个空军军、1 个防空军军、12 个飞行中队、8 个地空导弹营、15 个高炮团。作战飞机 238 架，武装直升机 52 架。攻击战斗机：“鹰”2 型 30 架，“海欧”式 50 架，“超级海鸥”G－4 型 9 架。歼击机：米格－21F/PF/M/bis 型 47 架，米格－21U 型 17 架，米格－29 型 15 架。侦察机：“鹰”式约 20 架，米格－21R 型约 18 架。武装直升机：“小羚羊”式 44 架。反潜机：米－14 型 3 架，卡－25 型 3 架，卡－28 型 2 架。运输机：安－26 型 15 架，CL－215 型 4 架，“猎鹰”50（VIP）型 2 架，雅克－40 型 6 架。联络机：乌特瓦－66 型 32 架，“游击队员”式直升机 14 架。教练机：“超级海鸥”式 16 架，“鹰”式 16 架，乌特瓦式 25 架，“小羚羊”式直升机 16 架。空空、空地导弹若干枚。

预备役部队　40 万人，其中陆军编有 27 个摩托化步兵旅、42 个步兵旅、6 个混合步兵旅。

兵役制度　实行义务兵役制与职业军队相结合的制度，义务兵服役期为 12～15 个月。将官最高服役年限为 60 岁，校官为 57 岁，尉官为 55 岁，士官为 52 岁。

军衔　分 6 等 20 级：将官 4 级（大将、上将、中将、少将），校官 3 级（上校、中校、少校），尉官 4 级（大尉、上尉、中尉、少尉），准尉 2 级（一级准尉、二级准尉），士官 4 级（一级上士、上士、中士、下士），兵 3 级（带班员、班长、列兵）。

军队节日　建军节 6 月 16 日。（郭　庆）

挪　威

国　　名　挪威王国。

主要统计　面积 38.5365 万平方千米。人口 442.5 万人（其中，13～17 岁男 13.8 万人，女 13.0 万人；18～22 岁男 14.2 万人，女 13.3 万人；23～32 岁男 33.4 万人，女 31.4 万人）。国内生产总值 1460 亿美元（1998 年）。国防费 32 亿美元（1999 年国防预算）。粗钢 57.8 万吨（1997 年）。原煤 29.2 万吨（1995 年）。原油 11.26 亿桶（1996 年）。天然气 276.63 亿立方米（1995 年）。发电量 1048 亿度（1996 年）。粮食 129.4 万吨（1997 年）。海运能力，商船（载重 100 吨以上）1597 艘，总载重量 2083 万吨（1998 年）。民航能力，固定航班机场 50 处，客运量 87.53 亿人千米、货运量 9.33 亿吨千米（1998 年）。

国防体制　国王为武装力量名义统帅，对军队无指挥权。政府为最高国防决策机构，设有国防委员会，负责制定国防政策，协调军队与政府防务事务；首相任委员会主席，成员有国防、外交、司法、财政、贸工、交通大臣、外交部和国防部秘书长、国防司令、北部军区司令、南部军区司令、民防局长和国防研究所所长等。国防部是军队最高行政机关，负责国防和军队建设、军费开支、武器装备采购、军事科研、兵役动员和处理军民关系等事务。国防司令部是军队最高指挥机构，在国防部领导下负责和平时期的国家防务和军队指挥。武装力量由正规军和国民警卫队组成。正规军分为陆、海、空三个军种。国防司令通过南、北两个军区司令对部队实施指挥。挪威是北约成员国，战时挪军主力由北约北欧盟军联合次地区司令部指挥，挪国防司令成为该司令部司令的顾问，并继续指挥国民警卫队和后勤部队。

领导人物　国王兼武装力量名义统帅哈拉尔五世（1991年1月上任）。首相延斯·斯图尔滕伯格（2000年3月上任）。国防大臣比约恩·托勒·戈达尔（2000年3月上任）。国防司令斯古尔·弗利斯沃上将（1999年5月上任）。国防参谋长厄文·豪格约翰内森海军中将（1998年10月上任）。南部军区司令托斯特恩·夏克中将（1999年上任）。北部军区司令英纳·斯高根海军中将（1998年上任）。陆军总监罗阿·詹斯·豪根少将（1998年上任）。海军总监汉斯·克里斯蒂安·斯文斯霍特海军少将（1995年上任）。空军总监派尔·奥斯卡·雅各布森少将（1997年6月上任）。

武装力量　兵力　现役部队3.1万人。

陆军　1.52万人。编有南、北2个军区司令部和4个军分区，下辖1个师部、2个装甲旅、4个机步旅。

坦克：“豹”1A5型111辆，“豹”1A1型59辆。步兵战车：NM－135型53辆，CV－9030N型50辆。装甲输送车：M－113型194辆，“西苏”XA－186型31辆。牵引炮：105毫米36门，155毫米48门。自行炮：155毫米126门。火箭炮：227毫米12门。迫击炮：81毫米454门。无坐力炮：84毫米2517门。反坦克导弹：陶式320具，Eryx式424具。高炮：20毫米252门。地空导弹：RBS－70型300部。

海军　8200人。编有2个军区司令部和7个军分区，下辖2个特遣舰队、1个护卫舰中队、2个潜艇中队、5个导弹快艇中队、1个扫（布）雷艇中队。

潜艇：“库本级”6艘，“乌拉”级6艘。护卫舰：“奥斯陆”级4艘。导弹鱼雷艇：“豪克”级14艘，“风暴”级8艘。扫雷艇：“阿尔塔”级5艘，“约克索”级4艘。布雷艇：“维达”级2艘，“蒂尔”级1艘。登陆艇：5艘。另装备有70毫米、120毫米、127毫米、150毫米岸防火炮和岸基鱼雷若干。

空军　6700人。编有2个军区司令部，下辖5个战斗机中队、3个运输机中队、1个巡逻机中队和4个直升机中队，另有26个高炮连。

战斗机：F－16A/B型58架，F－5A/B型15架。巡逻机：P－3N型2架，P－3C型4架。运输机：C－130型6架，DHC－6型3架，DA－20C型3架。教练机：MFI－15型15架。直升机：“贝尔”412SP型18架，“海王”43型12架，“大山猫”式6架。防空导弹发射装置：18部。高炮：70毫米40门。

文职人员　9000人。

预备役部队　23.4万人。其中陆军10.1万人，海军2.2万人，空军2.5万人，陆、海、空国民警卫队约8.3万人。

兵役制度　实行义务兵役制。宪法规定，18～44周岁的男性公民都有服兵役的义务，战时则为18～55周岁。挪威每年征兵4次。士兵服役期为12个月，还有4～5次短期复训。军官最高服役年限均为60岁。

军衔　分5等14级：将官4级（上将、中将、少将、准将），校官3级（上校、中校、少校），尉官3级（上尉、中尉、少尉），军士2级（中士、下士），士兵2级（二等兵、新兵）。

驻外兵力　1999年共有约1400人参加各类国际维和行动：科索沃1200人，波黑120人，中东12人，马其顿42人，东斯洛沃尼亚6人，黎巴嫩1人，普雷夫拉卡半岛1人，安哥拉3人，西奈半岛6人和东蒂汶6人。　（徐剑光）

葡萄牙

国　名　葡萄牙共和国。

主要统计　面积9.2072万平方千米（其中大陆面积8.8941万平方千米，亚速尔群岛面积2335平方千米，马德拉群岛面积796平方千米）。人口987.4万人（其中，13～17岁男33.7万人，女31.8万人；18～22岁男37.9万人，女36.3万人；23～32岁男81.2万人，女79.3万人）。国内生产总值1050亿美元（1998年）。国防费16亿美元（1999年国防预算）。粗钢91.1万吨（1997年）。原煤14.7万吨（1994年）。发电量328亿度（1995年）。粮食149.6万吨（1997年）。海运能力，商船（载重100吨以上）323艘，总载重量90.3万吨（1998年）。民航能力，固定航班机场16处，客运量79.78亿人千米、货运量2.097亿吨千米（1998年）。

国防体制 总统为武装力量统帅。最高国防决策机构为最高国防委员会，成员包括总理、外交、国防、内政、财政、工农业、交通部长及总参谋长和陆、海、空军军种参谋长等，由总统任主席。国防部为政府中的一个部，是全国武装力量的最高行政领导机关。最高军事委员会是国防部长的主要军事咨询机构，正式成员包括国防国务秘书、总参谋长和陆、海、空军军种参谋长等，由国防部长任主席。参谋长委员会是审议军队重大事宜的最高咨询机构，成员包括陆、海、空军参谋长等，由总参谋长任主席。武装力量由正规军和准军事部队组成。正规军分陆、海、空三个军种。准军事部队由国民警卫队、公安警察等组成。最高军事指挥机构为总参谋部。陆、海、空军参谋部平时负责本军种的教育、训练和行政管理，战时协助总参谋部指挥本军种部队作战。总统通过总理、国防部和总参谋部对全国武装力量实施领导和指挥。

领导人物 总统兼武装力量统帅若热·桑帕约(1996年3月9日上任)。总理安东尼奥·古特雷斯(1995年10月28日上任)。国防部长儒里奥·德莱莫斯·卡斯特罗·卡尔达博士（文职，1999年10月25日上任)。总参谋长埃斯比利杜·桑杜上将（1998年3月16日上任)。陆军参谋长安东尼奥·巴伦杜上将(1998年3月19日上任)。海军参谋长维埃拉·马蒂亚斯上将（1997年4月上任)。空军参谋长曼努埃尔·阿尔瓦伦加上将（1998年3月19日上任)。

武装力量 **兵力** 现役部队4.97万人。

陆军 2.565万人（义务兵0.55万人)。编有5个军区司令部，1个独立机步旅（辖2个机步营、1个坦克营、1个炮兵营，编入北约增援部队)，1个独立空降旅（编入北约快速反应部队)，1个轻型干预旅（用于干预各种危机)，3个架子旅（北部、中部和南部地区各1个)。

主战坦克：M-48A5型86辆，M-60型101辆。装甲侦察车：V-150型15辆，M-11型18辆。装甲输送车：M-113型249辆，M-557型44辆，V-200型81辆。牵引炮：105毫米96门，155毫米38门。自行炮：155毫米6门。岸炮：150毫米8门，152毫米6门，234毫米6门。迫击炮：120毫米118门，107毫米62门，81毫米22门。无坐力炮：84毫米162门，89毫米53门，90毫米46门，106毫米128门。反坦克导弹："陶"式45具，"米兰"66具。高炮：20毫米、40毫米85门。地空导弹："毒刺"15部、"小榭树"37部。

海军 1.66万人（义务兵970人)。设5个海区（大陆北部海区、中部海区、南部海区及亚速尔群岛海区和马德拉群岛海区）司令部，1个海军作战司令部（设在里斯本）和1个陆战队司令部。海军基地设在里斯本，另在大陆北部的雷雪尔斯和南部的波尔蒂芒各设1个勤务支援点。

潜艇："阿尔伯科拉"级3艘。护卫舰："瓦斯科·达伽马"级3艘，"霍奥·贝略司令官"级3艘，"巴蒂斯塔·德安德拉德"级4艘。巡逻艇："科西纳"级9艘，"信天翁"级5艘，"雉鸡"级5艘，"米纽河"级1艘。登陆艇："本巴尔德"级3艘。支援舰船：13艘。

陆战队 1500人。编有3个轻型陆战营，1个运输分队及1支特种作战小分队（兼负对付海上恐怖活动的任务)。海军陆战队司令部设在里斯本对岸的阿尔菲特，下辖1个基地和1所学校。装备120毫米迫击炮36门。

空军 7445人。编有6个空军基地，13个中队，其中2个攻击机中队、1个侦察机中队、2个救援中队、1个海上巡逻中队、2个反潜中队、4个运输中队、1个联络中队、2个教练机中队。

攻击机："阿尔法喷气"式35架，A-7P型32架。战斗机：F-16A型17架，F-16B型3架。海上反潜巡逻机：P-3P型6架。侦察机：C-212B型4架。联络机："色斯纳"337型12架。运输机：C-130H型6架，"猎鹰"20型1架，"猎鹰"50型3架。运输/搜索救援机：C-212A型20架。教练机：19架。直升机：28架。

预备役部队 21.093万人，其中陆军21万人、海军930人。

文职人员 0.86万人。

准军事部队 4.09万人，其中国民警卫队2.09万人、公安警察2万人。

部署 葡萄牙全国划分为5个军区。兵力主要部署在沿海边境一带和首都里斯本附近。亚速尔和马德拉两个群岛部署兵力2250人。

兵役制度 实行以志愿兵和合同兵为主、义务兵为辅的多种成份相结合的兵役制度。义务兵服役期为4个月，期满后可根据需要延长服役8～12个月。志愿兵服役期则在服满义务兵役期后再服役8～18个月。志愿兵在服役期满后可视情况转为合同兵，合同兵服役期则在服满志愿兵役期后再服役2～8年。

军衔 分为5等17级：将官3级（上将、中将、少将)，校官 3 级（上校、中校、少校），尉官 3 级（上尉、中尉、少尉），士官 6 级（总军士长、军士长、副军士长、一等军士、二等军士、三等军士），兵 2 级（上等兵、列兵）。

驻外兵力　驻圣多美和普林西比：空军 5 人、C－212 型运输机 1 架。参加联合国维持和平行动：640 人，其中：驻波黑维和部队 335 人、1 个步兵营；驻克罗地亚军事观察员 1 人；驻西撒哈拉军事观察员 4 人；驻南斯拉夫维和部队 300 人。

外国驻军　北约大西洋东南区司令部（驻里斯本）。美国驻军 1020 人（其中海军 50 人、空军 930 人、陆军 20 人、海军陆战队 20 人）。

军队节日　建军节 7 月 1 日。

（商景洲）

瑞　　典

国　　名　瑞典王国。

主要统计　面积 44.9964 万平方千米。人口 891.5 万人（其中，13～17 岁男 26.5 万人，女 25 万人；18～22 岁男 26.5 万人，女 25.1 万人；23～32 岁男 60.7 万人，女 57.8 万人）。国内生产总值 2270 亿美元（1998 年）。国防费 46 亿美元（2000 年国防预算）。粗钢 514.8 万吨（1997 年）。发电量 1591 亿度（1996 年）。粮食 598.6 万吨（1997 年）。海运能力，商船（载重 100 吨以上）430 艘，总载重量 288.1 万吨（1998 年）。民航能力，固定航班机场 48 处，客运量 84.27 亿人千米、货运量 2.5 亿吨千米（1998 年）。

国防体制　国王为武装力量统帅。最高国防决策机构为内阁。首相通过国防部和联合司令部对全国武装力量实施领导和指挥。议会平时设国防委员会，负责审议政府国防预算；战时设顾问委员会，负责向三军总司令提供咨询。国防部为政府中的一个部，是最高军事行政机关，负责制定国防政策，编制国防预算，审批部队的编制、装备和训练计划等工作。武装力量由正规军和准军事部队组成。正规军分陆、海、空三个军种。最高军事指挥机构为联合司令部，三军总司令是全军最高军事首长，战时通过司令部下设的作战部直接指挥各大军区遂行作战任务。平时，部队的日常工作由武装力量最高领导小组负责，其成员包括：总司令、副总司令、作战部部长、战备部部长、训练部部长、三大军区司令和陆、海、空军训练中心总监，共 11 人。

领导人物　国王兼武装力量统帅卡尔十六世·古斯塔夫（1973 年 9 月即位）。首相约兰·佩尔松（1998 年 10 月连任）。国防大臣比扬·冯·西多（1998 年 10 月连任）。三军总司令欧·维克托林上将（1994 年 7 月上任）。副总司令弗兰克·罗森纽斯（1998 年上任）。中部军区司令皮尔库特·格林中将（1998 年 2 月上任）。北部军区司令迈梯尔·梅林中将（1998 年 2 月上任）。南部军区司令肯特·哈斯库格中将（1998 年 2 月上任）。

武装力量　**兵力**　现役部队 5.3 万人。目前瑞军正在酝酿大规模裁军，改革军队编制，组建快速反应部队，为适应未来高科技战争的需要作准备。

陆军　3.5 万人。编有 3 个军区，3 个师部，6 个机械化旅，4 个步兵旅，3 个山地旅，3 个炮兵团，4 个防空团，2 个工兵团，2 个通信团，2 个辎重团，3 个后勤支援团和 2 个陆军航空兵中队。

坦克：“豹” 2 型 160 辆，“豹” 2 改进型 78 辆，“百人队长” 60 辆、Strv－103B 型 239 辆。步兵战车：БМП－1 型 361 辆，Strf－9040 型 202 辆，Pbv－302 型 647 辆。装甲输送车：MT－LB 型 550 辆，PskbilM/42 型 96 辆。牵引炮：105 毫米 127 门，155 毫米 374 门。自行炮：155 毫米 24 门。迫击炮：81 毫米 160 门，120 毫米 525 门。反坦克导弹：“陶”式 55 具，RB－55、RB－56 型若干具。高炮：40 毫米 600 门。地空导弹：RBS－70、RB－77、RBS－90 若干部。

海军　9200 人。编有 1 个近海舰队司令部，2 个水面作战分舰队，1 个潜艇作战分舰队，1 个水雷作战分舰队，两个岸防旅。

潜艇：“哥特兰”级 3 艘，“西约德兰”级 4 艘，“海蛇”级 2 艘。导弹防卫舰：“哥德堡”级 4 艘，“斯德哥尔摩”级 2 艘。导弹鱼雷快艇：“诺雪平”级 6 艘。导弹巡逻艇：“霍根”级 4 艘，“卡帕兰”级 8 艘。布雷艇：2 艘。扫雷艇：23 艘。支援与勤务舰船：28艘。直升机："海王"式反潜直升机14架，"贝尔"206型运输直升机10架。岸炮：105、120、155毫米共200余门。岸对舰导弹发射车：25辆。

空军 8800人。编有6个航空联队，8个战斗机中队，2个攻击/侦察机中队，2个战斗/攻击/侦察机中队，1个运输机中队，16个地勤营。作战飞机253架。

战斗机：JA-37型133架。攻击/侦察机：AJ-37型36架，SK-37型14架。战斗/攻击/侦察机：JAS-39型70架。教练机：SK-60型122架，SK-61型38架。运输机：27架。运输直升机：121架。

文职人员 0.84万人。

预备役部队 57万人。其中陆军45万人、海军5万人、空军7万人。

准军事部队 海岸警卫队600人；民防人员百万余人（凡16～25岁居民均有民防义务）；志愿服务组织约3.5万人。

部署 全国划分为3个军区，即北部、中部、南部军区。各军兵种由所属军区司令统一指挥。海军主要部署在波罗的海沿岸区域。空军主要部署在中南部。

兵役制度 瑞典实行义务兵役制。宪法规定，18～47周岁的男性公民都有服兵役的义务。男性公民在18～24周岁期间必须参加为期6～15个月的初训，之后每4年参加1次为期1个月的复训。女性可志愿服役。军官最高服役年限为60岁，义务兵服役期为：陆军、海军7～15个月，空军8～12个月。

军衔 军官分3等10级：将官4级（上将、中将、少将、准将），校官3级（上校、中校、少校），尉官3级（上尉、中尉、少尉）。

驻外兵力 1998～1999年共有545人参加联合国维和行动，其中驻波斯尼亚510人、克罗地亚1人、格鲁吉亚5人、印巴边境8人、伊拉克和科威特5人、中东11人、韩国5人。 （徐剑光）

瑞 士

国　　名 瑞士联邦。

主要统计 面积4.1284万平方千米。人口708万人（其中，13～17岁男20.7万人，女19.5万人；18～22岁男21万人，女20.4万人；23～32岁男55.4万人，女56万人）。国内生产总值3830亿瑞士法郎，合2650亿美元（1998年）。国防费48亿瑞士法郎，约合31亿美元（2000年国防预算）。粗钢73.9万吨（1995年）。天然气105万立方米（1994年）。发电量609亿度（1998年）。粮食124.3万吨（1998年）。海运能力，商船（载重100吨以上）24艘，总载重量60.28万吨（1998年）。民航能力，固定航班机场5处，客运量197.25亿人千米、货运量15.08亿吨千米（1998年）。

国防体制 联邦委员会（联邦政府）是国家最高行政机构。全国武装力量的最高指挥权属联邦委员会，联邦委员会主席为国家元首兼政府首脑，是全国武装力量统帅。联邦主席由联邦委员会7名委员轮流担任，任期1年。联邦委员会是最高国防决策机构，成员包括全部7名联邦委员，由联邦主席主持。在联邦委员会中由联邦国防民防体育部长、司法警察部长和财政部长组成联邦国防委员会，负责处理日常重大安全事务。联邦议会是国家最高权力机构，重大防务与军事问题均须经议会批准并立法。联邦议会的国民院和联邦院各设一个安全政策委员会，是议会有关安全和国防问题的最高咨询机构。联邦国防民防体育部为联邦政府中的一个部，是最高军事行政机关，负责领导国防和军队的日常管理工作。武装力量由民兵现役部队、民兵预备役部队和准军事部队组成。现役部队分陆、空两个军种。最高军事指挥机构为总参谋部。平时，联邦委员会通过联邦国防民防体育部和总参谋部对全国武装力量实施领导和指挥。战时，由联邦委员会提名，经联邦议会核准任命一名上将为总司令，直属联邦政府，统一指挥全军作战。同时，由总司令提名，经联邦委员会核准任命一名中将总参谋长和一名中将首席军法执行官，协助总司令指挥全军作战和执行军法。

领导人物 联邦主席兼武装力量统帅阿道夫·奥吉（2000年1月上任）。联邦国防民防体育部长阿道夫·奥吉（1996年1月上任）。总参谋长汉斯-乌尔里希·舍雷尔中将（1998年1月上任）。陆军部长雅克·杜斯中将（1997年1月上任）。空军司令费尔南德·卡莱尔中将（1992年3月上任）。

武装力量 **兵力** 民兵现役部队 4.25 万人（含职业军人 3470 名），战时经 48 小时动员后可达 39 万人。

陆军 民兵现役部队 3.35 万人（战时经 48 小时动员后可达 35.28 万人）。编有 3 个野战军军部和 1 个山地军军部。

坦克：P_Z－68 型 186 辆，P_Z－68/88 型 186 辆，“豹”2 型 370 辆。步兵战车：M－63/73 型 192 辆，M－63/89 型 315 辆。装甲侦察车：“鹰”式 154 辆。装甲输送车：M－63/73 型 836 辆，“剪刀鱼”186 辆。牵引炮：105 毫米 216 门。自行炮：155 毫米 558 门。火箭炮：60 毫米和 83 毫米 13484 门。迫击炮：81 毫米 1469 门，120 毫米 534 门。反坦克导弹：“龙”式 3012 具，“陶”2 自行式 303 具。高炮：20 毫米 630 门。地空导弹：B/L－84（“轻剑”）型 56 部。直升机：“云雀”3 型 60 架。巡逻艇：“宝瓶座”级 10 艘。

空军 民兵现役部队 9000 人（战时经 48 小时动员后可达 3.2 万人）。编有 1 个航空兵旅，1 个机场旅，1 个防空旅，1 个通信旅，12 个战斗机中队和 8 个空中运输中队。作战飞机 171 架。

战斗机：“虎”2/F－5E 型 89 架，“虎”2/F－5F 型 12 架，“幻影”3S 型 29 架，“幻影”3DS 型 4 架，F/A－18C/D 型 21 架。侦察机：“幻影”3RS2 型 16 架。运输机：PC－6 型 16 架，“利尔杰特”35A 型 1 架，DO－27 型 2 架，“猎鹰”50 型 1 架。教练机：“隼”MK－66 型 19 架，PC－7 型 38 架，PC－9 型 12 架。直升机：AS－332M－1（“超级美洲豹”）型 15 架，SA－316（“云雀”3）型 12 架。

文职人员 1.5 万人。

预备役部队 38.49 万。

准军事部队 民防部队 35 万人，其中经过全面军事训练的约 30 万人。

部署 陆军野战部队兵力主要部署在北部、东北部、中部和西部地区；山地部队全部部署在阿尔卑斯山地区；4 个国土防御师全部沿北部、东北部和东南部边境地区部署；空军部队的航空兵旅和机场旅驻中部地区；防空旅部署在重点保护目标、主要军事设施和军用机场附近地区。共有军事基地 40 处。

兵役制度 实行“全民皆兵”的普遍义务民兵制。宪法规定，凡年满 20 周岁至 42 周岁的男性公民必须服兵役。女性公民可志愿服兵役。凡年满 19 周岁的男性青年必须到附近征兵处报名并体检，合格者 20 周岁入伍。入伍第 1 年在所属军兵种新兵学校接受为期 15 周的军事基础训练，此后直到 42 周岁每隔 1 年到部队参加 1 次复训，共 10 次，每次 19～20 天，总受训时间为 300 天，士官的总受训时间为 460～670 天，尉官为 770～900 天，校官为 1050～1300 天，将官视情况而定，一般高于 1300 天。各级军官最高服役年限，将官为 52 岁（可根据需要服役至 62 岁），校官为 52 岁，尉官为 42 岁（其中上尉可根据需要服役至 52 岁）。民兵军人退出现役后自动转为民防役。自 1999 年 1 月 1 日起，公民服民防役的最高年限由原来的 52 岁降为 50 岁。

军衔 分 5 等 18 级：将官 4 级（上将［战时］、中将、少将、准将），校官 3 级（上校、中校、少校），尉官 3 级（上尉、中尉、少尉），军士 6 级（一级军士长、二级军士长、三级军士长、上士、中士、下士），兵 2 级（上等兵、列兵）。

驻外兵力 驻克罗地亚联合国民警支助团军事观察员 1 人，驻格鲁吉亚联合国观察团军事观察员 4 人，驻中东联合国停战监督组织军事观察员 7 人，驻马其顿联合国预防性部署部队军事观察员 1 人，驻韩国中立国监察委员会军官 5 人，驻波黑欧安组织履约民事行动非武装志愿“黄盔”部队约 60 人。

（王珍捍）

斯 洛 伐 克

国　　名 斯洛伐克共和国。

主要统计 面积 4.9035 万平方千米。人口 528 万人（其中，13～17 岁男 22.5 万人，女 21.7 万人；18～22 岁男 23.4 万人，女 22.7 万人；23～32 岁男 41.5 万人，女 40.5 万人）。国内生产总值 204 亿美元（1998 年）。国防费 3.11 亿美元（1999 年国防预算）。原煤 372.5 万吨（1995 年）。原油 40 万桶（1996 年）。天然气 2.41 亿立方米（1995 年）。发电量 252.4 亿度（1995 年）。粮食 377.4 万吨（1997 年）。民航能力，固定航班机场 2 处，客运量 6030 万人千米、货运量560万吨千米（1998年）。

国防体制 总统为武装力量统帅。最高国防决策机构为国防委员会，成员有政府总理、主管经济的副总理、国防部长、外交部长、内务部长、财政部长、总参谋长等，由政府总理任主席。国防部为政府中的一个部，是最高军事行政机关，负责对军队实施政治领导和行政保障。武装力量由正规军和准军事部队组成。正规军分陆军、空军防空军两个军种。最高军事指挥机构为总参谋部。总统通过国防部和总参谋部对全国武装力量实施领导和指挥。

领导人物 总统兼武装力量统帅鲁道夫·舒斯特（1999年6月15日就任）。国防部长帕·卡尼斯（1998年10月上任）。总参谋长米·采罗夫斯基少将（1998年11月上任）。

武装力量 **兵力** 现役部队4.488万人。

陆军 2.38万人。编有2个军，3个坦克旅，3个机械化步兵旅。

坦克：T－72M型272辆，T－55型206辆。装甲侦察车：БРДМ式129辆，OT－65型90辆，BPVZ式72辆。装甲输送车：OT－90型207辆，OT－64A/C型33辆，D－442型33辆。牵引炮：122毫米D－30型76门。自行炮：122毫米2S1型49门，152毫米M－77型134门。火箭炮：122毫米RM－70型87门。迫击炮：120毫米M－1982型29门。反坦克导弹：AT－3型“耐火箱”、AT－5型“拱肩”共538具。反坦克炮：100毫米52门。高炮：30毫米M－53/－59型“环索”自行式、57毫米S－60型共约200门。地空导弹：SA－7型若干部，SA－9/－13型48部。

空军防空军 1.2万人。作战飞机102架，武装直升机19架。

对地攻击战斗机：苏－22型20架，苏－25型12架。战斗机：米格－21型38架，米格－29型24架。侦察机：米格－21RF型8架。运输机：安－12型1架，安－24型2架，安－26型2架，L－410M型4架。教练机：L－29型14架，L－39型20架。攻击直升机：米－24型19架。运输直升机：米－2型13架，米－8型7架，米－17型17架。空空导弹：AA－2型“环礁”、AA－7“顶点”、AA－8“蚜虫”若干部。地空导弹：SA－2/－6型若干部。

准军事部队 2600人。其中内卫部队1400人、民防部队1200人。

预备役部队 国民警卫部队编6个旅，32个独立连。

兵役制度 实行义务兵役制，士兵服役期12个月。

驻外兵力 驻阿尔巴尼亚维和人员若干人，驻中东军事观察员2人，驻叙利亚维和人员35人。

（程　辉）

乌　克　兰

国　　名 乌克兰。

主要统计 面积60.37万平方千米。人口4998万人（其中，13～17岁男189.4万人、女182.8万人；18～22岁男186万人、女181.6万人；23～32岁男355.7万人、女353.4万人）。国内生产总值480亿美元（1998年）。国防费4.29亿美元（1999年国防预算）。

领导人物 国防部长亚历山大·伊万诺维奇·库兹穆克（1996年7月上任）。

武装力量 **兵力** 现役部队约31.14万人（不含战略核力量和黑海舰队，但包括4.35万名国防部直属部队和机关人员）。

战略核力量（将交给俄罗斯） 洲际弹道导弹44枚（SS－24型）。战略轰炸机43架，其中，图－95型25架、图－160型18架。

陆军 15.49万人。划分为国防部直属部队和3个作战指挥部。国防部直属部队下辖1个空中机动旅，1个战役战术导弹师，1个炮兵旅，2个工程兵旅。

西部作战指挥部下辖：指挥部直属部队有1个炮兵师，1个空中机动旅，1个特种作战旅，2个陆航群；2个军，其中1个军辖2个机械化师、2个机械化旅、1个战役战术导弹旅、1个炮兵旅、1个火箭炮团、1个反坦克团，另1个军辖2个机械化师、1个机械化旅、1个火箭炮团、1个反坦克团。

南部作战指挥部下辖：指挥部直属部队有1个空中机动师，1个机械化师，1个炮兵师，1个空中机动旅，1个战役战术导弹旅，1个陆航群；2个军，其中1个军辖1个坦克师、2个机械化师、2个炮兵旅、1个火箭炮团，另1个军辖2个机械化旅、1个炮兵旅、1个特种作战旅、1个火箭炮团、1个反坦克团。

北部作战指挥部下辖：指挥部直属部队有1个机械化师，1个训练师，1个坦克旅，1个战役战术导弹旅；1个军，下辖1个坦克师、1个机械化师、1个训练师、1个战役战术导弹旅、1个火箭炮团、1个反坦克团、2个陆航群。

主战坦克：4014辆（另储存933辆），其中T－55型154辆、T－62型1辆、T－64型2281辆、T－72型1305辆、T－80型273辆。装甲侦察车：约1500辆。步兵战车：3079辆（另储存321辆），其中БМП－1型1010辆、БРМ－1К型458辆、БМП－2型1468辆、БМП－3型5辆、БМД－1型61辆、БМД－2型78辆。装甲输送车：1823辆（另储存238辆），其中БТР－60型203辆、БТР－70型1105辆、БТР－80型473辆、БТР－Д型42辆；另有МТ－ЛБ型2000辆，其他车辆4700辆。各型火炮：3739门（另储存544门），其中牵引火炮1139门（122毫米438门、152毫米701门）、自行火炮1307门（122毫米642门、152毫米565门、203毫米100门）、曲射直射两用炮64门、火箭炮625门（122毫米384门、132毫米4门、220毫米139门、300毫米94门）、迫击炮604门（120毫米603门、160毫米1门）。战役战术导弹："飞毛腿"132部，SS－21型140部。反坦克导弹：AT－4、AT－5、AT－6型若干枚。战斗直升机：236架。攻击运输直升机：214架。

海军　约1.3万人。

潜艇：1艘。水面作战舰艇：8艘，其中"克里瓦克"级4艘、"戈里沙"级3艘、"乌克兰"级1艘。巡逻艇：8艘。其他舰艇：21艘。

海军航空兵　2500人。装备各型飞机41架，各型直升机77架。

海军步兵　1250人。编成2个海军步兵营。

空军　约1万人，编3个空军军，作战飞机521架（另储存542架）。

轰炸机：图－22M型25架。歼击轰炸机：苏－24型140架，苏－25型63架。歼击机：米格－23型30架，米格－29型178架，苏－27型44架。侦察机：41架。运输机：123架。教练机：174架。运输直升机：68架。防空导弹：SA－2/－3/－5/－10/－12A型825部。

预备役部队　近5年服过现役者约100万人。

准军事部队　11.66万人，其中内卫部队4.2万人、国民卫队2.66万人、边防卫队3.4万人、海岸守备队1.4万人。

驻外兵力　参加联合国维和行动：驻波黑400人，驻克罗地亚1人，驻塔吉克斯坦2人。

（闵振范）

西　班　牙

国　　名　西班牙。

主要统计　面积50.5925万平方千米。人口3921.8万人（其中，13～17岁男126.3万人，女118.7万人；18～22岁男150.8万人，女142.5万人；23～32岁男333.1万人，女318.1万人）。国内生产总值5918亿美元（1998年）。国防费60.2亿美元（1999年国防预算）。粗钢1368.3万吨（1997年）。原煤2840.3万吨（1995年）。原油600万桶（1996年）。天然气1.78亿立方米（1995年）。发电量1663.8亿度（1995年）。粮食1935.4万吨（1997年）。海运能力，商船（载重100吨以上）2190艘，总载重量507.73万吨（1998年）。民航能力，固定航班机场34处，客运量340.44亿人千米、货运量37.64亿吨千米（1998年）。

国防体制　国王为武装力量统帅。最高国防决策机构为国防委员会，成员有首相、副首相、外交、国防、内政大臣、国防参谋长和陆、海、空军参谋长，由国王任主席，但通常由首相主持。最高国防咨询机构为参谋长联席会议，由国防参谋长任主席，成员有陆、海、空军三个军种参谋长。国防部为政府中的一个部，是最高军事行政机关，负责军队的建设和管理。武装力量由正规军和准军事部队组成。正规军分陆军、海军、空军三个军种。准军事部队由国民警卫队和海上国民警卫队等构成。最高军事指挥机构为国防参谋部，下辖陆、海、空军参谋部。国王、首相通过国防部和国防参谋部对全国武装力量实施领导和指挥。

领导人物 国王兼武装力量统帅胡安·卡洛斯一世（1975年11月22日登基）。内阁首相何塞·玛丽亚·阿斯纳尔（1996年5月5日上任）。国防大臣爱德华多·塞拉·雷克萨奇（1996年5月5日上任）。国防参谋长圣地亚哥·巴尔德拉斯空军上将（1996年7月29日上任）。陆军参谋长阿方索·帕尔多·德桑塔亚纳·伊科洛马上将（1998年9月28日上任）。海军参谋长安东尼奥·莫雷诺·巴尔贝拉海军上将（1997年6月27日上任）。空军参谋长胡安·安东尼奥·隆博·洛佩斯空军上将（1997年1月上任）。

武装力量 **兵力** 现役部队18.65万人。

陆军 12万人。编有8个军区司令部（含2个海外军区），1个机械化师，2个装甲骑兵旅，1个山地旅，2个机械化旅，3个轻步兵旅，1个空运旅，1个空降旅，1个陆航旅，1个西班牙军团（1个旅、2个团），1个炮兵旅，1个工程兵旅，1个防空团，1个防空司令部（5个防空团），1个海岸炮兵司令部（2个岸炮团），3个特种作战营，1支快速反应部队。

主战坦克：AMX－30ER1/EM2型210辆，M－48A5E型131辆，M－60A3TTS型211辆，“豹”2A4型108辆。装甲侦察车：BMR－VEC型340辆。步兵战车：“皮扎罗”式5辆。装甲输送车：M－113型1311辆，BMR－600型686辆，BLR式6辆。牵引炮：105毫米478门，155毫米20门。自行炮：105毫米48门，155毫米96门，203毫米64门。岸炮：152.4毫米44门，305毫米6门，381毫米3门。火箭炮：140毫米14门。迫击炮：120毫米409门，81毫米1314门。无坐力炮：106毫米638门。反坦克导弹：“陶”式200具，“霍特”28具、“米兰”442具。高炮：20毫米329门，35毫米92门，40毫米183门。地空导弹：“西北风”108部，“霍克”24部，“罗兰”18部，“防空卫士”/“蝮蛇”13部。直升机：178架（其中武装直升机28架）。

海军 3.695万人（义务兵1.07万人）。编有5个舰队司令部和4个海管区。

潜艇：“西北风”级4艘，“海豚”级4艘。航空母舰：“亚斯都里阿斯王子”级1艘。护卫舰：“圣玛丽亚”级6艘，“巴利阿里”级5艘，“侦察”级6艘。巡逻艇：32艘。扫雷舰艇：“瓜达莱特”级3艘，“胡卡尔河”级8艘，“塞古拉”级2艘。两栖登陆舰：“卡斯蒂拉”级1艘，“新港”级2艘，“加利西亚”级1艘。两栖登陆艇：13艘。支援舰船：34艘。

陆战队 6900人。装备M－60A3型坦克16辆，“蝎”式轻型坦克17辆，LVTP－7型两栖装甲战车16辆，BLB式装甲输送车35辆，105毫米牵引炮12门，155毫米自行炮6门，106毫米无坐力炮54门，“陶”式反坦克导弹12具，“龙”式反坦克导弹18具，“西北风”地空导弹12部。

海军航空兵 860人（义务兵290人）。编有1个攻击战斗机中队，1个联络机中队，5个直升机中队。装备EAV－8B型战斗机18架，“嘉奖”2型联络机3架，直升机38架（其中武装直升机25架）。

空军 2.91万人。编有4个军区（即中央军区〔辖4个飞行联队〕、东部军区〔辖2个飞行联队〕、直布罗陀海峡军区〔辖4个飞行联队〕、加那利群岛军区〔辖1个飞行联队〕），1个后勤支援司令部（辖1个试飞队），3个攻击机中队，9个战斗机中队，1个侦察机中队，6个支援中队，10个运输机中队，1个海上巡逻机中队，1个搜索求援中队，1个试飞中队。作战飞机208架。

攻击/战斗机：F－5B型35架。战斗机：EF－18A/B型87架，“幻影”F－1CF/BE/EE型65架。侦察机：RF－4C型14架，C－212型6架，“色斯纳”560型2架。海上巡逻机：P－3A型2架，P－3B型5架。电子战机：C－212型2架，“猎鹰”20型2架。运输机：“大力神”C－130H型7架，C－130型12架，C－212型34架，CN－235型20架，“猎鹰”20型3架，“猎鹰”50型1架，“猎鹰”900型2架。加油机：KC－130H型5架，“波音”707型4架。联络机：DO－27型21架。搜索救援机：C－212型9架，F－27型3架。教练机：C－101型76架，E－26型37架，E－20型5架，E－24型25架，C－212型试飞机26架。直升机：42架。空空导弹：“麻雀”AIM－7型、“响尾蛇”AIM－9型、“阿姆拉姆”AIM－120型、R－530型若干枚。地空导弹：“西北风”、“防空卫士”/“蝮蛇”若干部。

预备役部队 44.79万人，其中陆军43.6万人、海军0.39万人、空军0.8万人。

准军事部队 7.576万人，其中国民警卫队7.5万人、海上国民警卫队760人。

部署 三军兵力主要部署在首都马德里附近、海岸沿线及直布罗陀东北部的沿海地区。

兵役制度 实行义务兵与志愿兵相结合的兵役制

度。义务兵服役期为9个月。志愿兵服役期为16～36个月。各级军官最高服役年限：将官为64岁（其中上将64岁、中将62岁、少将60岁），校官为58岁（其中上校58岁、中校56岁、少校54岁），尉官为54岁。

军衔　分5等18级：将官3级（上将、中将、少将），校官3级（上校、中校、少校），尉官3级（上尉、中尉、少尉），士官7级（准尉、士官长、一级军士长、军士长、上士、中士、下士），兵2级（上等兵、列兵）。

驻外兵力　参加联合国维持和平行动：驻波黑1600人，军事观察员12人；驻北约军事一体化空军部队F/A－18战斗机8架，KC－130加油机2架，"凯塞"212型支援机1架；驻南斯拉夫维和部队1200人。

外国驻军　美国驻军2120人（其中海军1760人、空军240人、海军陆战队120人）。

军队节日　军人节1月6日；武装力量节为5月份的最后一个星期日。

（商景洲）

希　腊

国　　名　希腊共和国。

主要统计　面积13.1957万平方千米，其中岛屿面积约占15%。人口1064.5万人（其中，13～17岁男34.4万人，女32.3万人；18～22岁男38.3万人，女36.3万人；23～32岁男82.5万人，女78.8万人）。国内生产总值1210亿美元（1998年）。国防费38亿美元（1999年国防预算）。粗钢101.6万吨（1997年）。原煤5766.2万吨（1995年）。原油300万桶（1996年）。天然气1.19亿立方米（1995年）。发电量415.51亿度（1995年）。粮食472.5万吨（1997年）。海运能力，商船（载重100吨以上）1872艘，总载重量4527.66万吨（1998年）。民航能力，固定航班机场36处，客运量79.45亿人千米、货运量1.17亿吨千米（1998年）。

国防体制　总统为武装力量统帅。最高国防决策机构为国家最高外交国防委员会，成员有总理、外交、国防、内政、财政、工业、交通部长和国防参谋长等，由总理任主席。最高国防咨询机构为参谋长委员会，成员有国防参谋长、陆、海、空军参谋长等，由国防参谋长任主席。国防部是政府中的一个部，是最高军事行政机关，负责国防政策的制定及军队的建设和管理。武装力量由正规军和准军事部队组成。正规军分陆、海、空三个军种。准军事部队由国民警卫队、公安警察和港警等构成。最高军事指挥机构为国防参谋部，下辖陆、海、空军参谋部。总统通过总理、国防部和国防参谋部对全国武装力量实施领导和指挥。

领导人物　总统兼武装力量统帅康斯坦丁·斯特法诺普洛斯（1995年3月9日上任）。总理康斯坦丁·西米蒂斯（1996年1月18日上任）。国防部长阿基斯·措哈佐普洛斯（1996年9月22日上任）。国防参谋长马努索斯·帕拉季乌达基斯上将（1999年2月15日上任）。陆军参谋长康斯坦丁·帕纳伊奥塔基斯中将（1999年2月15日上任）。海军参谋长莱奥尼达斯·帕里约尔高斯中将（1996年2月15日上任）。空军参谋长季米特里奥斯·里泽拉科斯中将（1999年2月15日上任）。

武装力量　**兵力**　现役部队16.567万人。

陆军　11.6万人。编有3个军区，1个集团军司令部，5个军司令部，5个师部，4个步兵师，5个独立装甲旅，7个机械化旅，5个步兵旅，1个陆航旅，1个两栖作战营，4个侦察营，5个野战炮兵营，1个独立空中补给连，10个高炮营，2个地空导弹营。

主战坦克：M－48A3型15辆，M－48A5型699辆，M－60A1型357辆，M－60A3型312辆，"豹"1CR型105辆，"豹"1V型170辆、"豹"1A5型77辆。装甲侦察车：M－8型130辆，VBL式13辆。步兵战车：БМП－1型500辆。装甲输送车："列奥尼德"MK－1/MK－2型308辆，M－113A1/A2型1669辆。牵引炮：105毫米463门，155毫米267门。自行炮：105毫米72门，155毫米133门，175毫米12门，203毫米181门。火箭炮：122毫米116门，227毫米18门。迫击炮：107毫米624门，81毫米2800门。无坐力炮：84毫米2000门，90毫米1314门，106毫米1291门。反坦克导弹："陶"式336具，"塞子"AT－4型262具，"米兰"290具。高炮：23毫米506门。地空导弹："毒刺"838部，"霍克"42部，SA－8B型12部。飞机：U－17型43架。直升机：149架（其中"阿帕奇"AH－64A型武装直升机20架）。

海军　1.95万人。编有1个舰队司令部，1个训练司令部，1个后勤司令部和4个本土海区司令部。

潜艇："灰鱼"级4艘，"海神"级4艘。驱逐舰："基蒙"级4艘。护卫舰："九头蛇"级4艘，"埃利"级2艘，"科顿艾尔"级4艘，"诺克斯"级3艘。轻型护卫舰："西提斯"级5艘。导弹快艇："拉斯科斯"级13艘，"沃特西斯"级4艘，"斯塔莫"级2艘。巡逻艇："阿马托洛斯"级2艘，"托尔米"级2艘，海岸巡逻艇2艘，近岸巡逻艇2艘。鱼雷快艇："仙女座"级4艘，"赫斯珀罗斯"级4艘。布雷舰："阿克蒂昂"级2艘。扫雷艇："翠鸟"级8艘，"阿塔兰忒"级6艘。两栖登陆舰："希俄斯岛"级2艘，"纳夫克拉托萨"级1艘，"英诺斯"级2艘，"伊卡利亚岛"级3艘，"伊波劳亚罗斯·罗森"级2艘。小型登陆艇：57艘。支援舰船：14艘。

海军航空兵　250人。编有2个中队，装备P－3B海上巡逻机6架、直升机17架（其中反潜直升机15架、电子战直升机2架）。

空军　3.017万人。编有1个作战司令部，1个训练司令部，10个攻击战斗机中队，8个战斗机中队，1个侦察机中队，3个运输机中队，4个联络机中队，4个教练机中队，1个直升机中队，1个防空营，12个高炮连。作战飞机458架。

攻击战斗机："海盗"A－7H型90架，TA－7H型4架，F－16CG/DG型75架，"幻影"2000EG/BG型34架。战斗机：F－5A/B型87架，NF－5A型10架，NF－5B型1架，F－4E66架，RF－4E型30架，F－16D型14架，"幻影"F－1CG型27架。运输机：44架。联络机：30架。教练机：89架。直升机：25架。

预备役部队　29.1万人，其中陆军23.5万人、海军2.4万人、空军3.2万人。

准军事部队　5万人（包括国民警卫队和公安警察和港警）。

部署　陆军兵力主要部署在北部边境一带，海军兵力主要部署在中南部沿海和克里特岛地区，空军兵力集中部署在首都雅典附近及中部地区。

兵役制度　实行义务兵役制度。义务兵服役期为：陆军18个月，海军21个月，空军20个月。

军衔　分5等17级：将官4级（上将、中将、少将、准将），校官3级（上校、中校、少校），尉官3级（上尉、中尉、少尉），士官5级（准尉、军士长、上士、中士、下士），兵2级（上等兵、列兵）。

驻外兵力　驻塞浦路斯1250人，1个机械化旅。参加联合国维持和平行动：811人，其中驻波黑维和部队250人、驻北约军事一体化空军部队C－130运输机1架、驻格鲁吉亚军事观察员4人、驻伊拉克/科威特边境军事观察员6人、驻西撒哈拉军事观察员1人、驻南斯拉夫维和部队550人。

外国驻军　美国驻军419人（其中海军240人、空军169人、陆军10人）。

军队节日　武装力量节8月15日。

（商景洲）

匈 牙 利

国　　名　匈牙利共和国。

主要统计　面积9.3031万平方千米。人口1002.8万人（其中，13～17岁男33.6万人，女31.7万人；18～22岁男39万人，女36.6万人；23～32岁男70.3万人，女65.9万人）。国内生产总值480亿美元（1998年）。国防费7.22亿美元（2000年国防预算）。粗钢206万吨（1996年）。原煤1458.8万吨（1995年）。原油1100万桶（1996年）。天然气54.79亿立方米（1995年）。发电量340.17亿度（1995年）。粮食1416万吨（1997年）。海运能力，商船（载重100吨以上）15艘，总载重量9.32万吨（1998年）。民航能力，固定航班机场1处，客运量27.62亿人千米、货运量3290万吨千米（1998年）。

国防体制　共和国总统兼全国武装力量总司令。战时成立国防委员会，成员包括：总统、总理、议会主席、国防部长、内务部长、外交部长和国防军司令、总参谋长等，由总统担任主席。国防部为政府中的一个部，是最高军事行政机关，负责制定有关国防问题的政策、法律和法规。全国武装力量由正规军和准军事部队组成。正规军分陆军和空军防空军两个军种，没有海军，只有一个多瑙河区舰队，1968 年编入陆军序列。1989 年 12 月实施新军事指挥体制，成立国防军司令部，作为军队最高军事指挥机关。总统通过国防部和国防军司令部对全国武装力量实施领导和指挥。

领导人物 总统兼武装力量总司令根茨·阿尔巴德（1995 年 7 月连任）。国防部长萨波·亚诺什（1998 年 7 月上任）。国防军司令兼总参谋长福多尔·拉约什上将（1999 年 8 月上任）。

武装力量 **兵力** 现役部队 4.344 万人。

陆军 2.35 万人。编成 3 个摩步旅，1 个工程兵旅，1 个炮兵营，1 个反坦克营，1 个侦察营，2 个训练中心，1 个多瑙河联队，1 个多瑙河扫雷营，1 个宪兵团。另有 4 个预备役摩步旅。

坦克：T－55 型 569 辆（其中 209 辆库存），T－72 型 238 辆。装甲侦察车：FUG D－442 型 104 辆。步兵战车：БМП－1 型 490 辆，БРМ－1К 型 12 辆，БТР－80А 型 70 辆。装甲输送车：БТР－80 型 420 辆，PSZH D－944 型 336 辆（其中 83 辆库存），MT－LB 型 30 辆。牵引炮：122 毫米 230 门（24 门库存），152 毫米 302 门（218 门库存）。自行炮：122 毫米 151 门（18 门库存）。火箭炮：122 毫米 56 门。迫击炮：120 毫米 100 门（2 门库存）。反坦克导弹：AT－3“耐火箱”115 具，AT－4“塞子”30 具，AT－5“拱肩”224 具。反坦克炮：85 毫米 162 门（全部库存），100 毫米 106 门。高炮：57 毫米 186 门（43 门库存）。地空导弹：SA－7 型 243 部，SA－14 型 60 部，“西北风”45 部。

空军 1.15 万人。编成 2 个歼击机团，2 个防空导弹团。

歼击机：米格－21 型 86 架，米格－29 型 27 架、米格－23 型 11 架，苏－22 型 12 架。运输机：安－26 型 4 架，Z－43 型 4 架。教练机：拉－39 型 19 架，雅克－52 型 12 架。武装直升机：米－24 型 86 架。支援直升机：米－2 型 33 架，米－8/－17 型 50 架。空空导弹：AA－2 型、AA－8 型、AA－10 型和 AA－11 型若干枚。空地导弹：AT－2 和 AT－6 型若干枚。地空导弹：SA－4 型 12 部，SA－2/－3/－5 型 66 部，SA－6 型 20 部。

预备役部队 9.03 万人，其中陆军 7.49 万人、空军 1.54 万人（服役年限到 50 周岁）。

准军事部队 1.4 万人。其中内务部所属边防军 1.2 万人、内务部队（警察）2000 人。

兵役制度 实行义务兵役制。陆、空军士兵服役期均为 9 个月。军官最高服役年限为 55 周岁。

军衔 分 6 等 20 级：将官 4 级（上将、中将、少将、准将），校官 3 级（上校、中校、少校），尉官 3 级（上尉、中尉、少尉），准尉 3 级（一级准尉、二级准尉、三级准尉），军士 3 级（上士、中士、下士），士兵 4 级（上等兵、中等兵、下等兵、列兵）。

驻外兵力 参加联合国驻波黑多国执行部队军事观察团 4 人，驻克罗地亚多国执行部队 310 人（1 个工兵营），驻塞浦路斯观察团 109 人，驻埃及军事警察团 41 人，驻格鲁吉亚军事观察团 5 人，驻印度/巴基斯坦军事观察团 1 人，驻伊拉克/科威特军事观察团 5 人。

军队节日 全军“国防日”5 月 21 日。

（朱瑞臣）

意 大 利

国　　名 意大利共和国。

主要统计 面积 30.1277 万平方千米。人口 5791.7 万人（其中，13～17 岁男 157.2 万人，女 149.4 万人；18～22 岁男 182.1 万人，女 173.8 万人；23～32 岁男 451.5 万人，女 436.7 万人）。国内生产总值 2017 万亿里拉，合 1.2 万亿美元（1998 年）。国防费 30.9 万亿里拉，约合 162 亿美元（1999 年国防预算）。粗钢 2580.1 万吨（1997 年）。原煤 38 万吨（1995 年）。原油 3700 万桶（1996 年）。天然气 204.99 亿立方米（1995 年）。发电量 2411.11 亿度（1995 年）。粮食 1972 万吨（1997 年）。海运能力，商船（载重 100 吨以上）1966 艘，总载重量 714.95 万吨（1998 年）。民航能力，固定航班机场 34 处，客运量 296.59 亿人千米、货运量 13.35 亿吨千米（1998 年）。

国防体制 总统为武装力量统帅。最高国防决策机构为最高国防委员会，成员有总统、总理和国防、外交、内政、国库、预算、工业、农业部长和国防参谋长等，由总统任主席。最高国防咨询机构为武装力量高级委员会，下设陆、海、空军三个小组，该委员会主席由三名组长中军衔最高、资历最深者担任。国防部是政府中的一个部，是最高军事行政机关，负责武装力量的建设和管理。武装力量由正规军和准军事部队组成。正规军分陆军、海军、空军三个军种。准军事部队由宪兵、公安警察、财政警察等构成。最高军事指挥机构为国防参谋部，下辖陆、海、空军参谋部。参谋长委员会为国防部最高军事咨询机构，成员有国防、陆、海、空军参谋长和国防秘书长，由国防参谋长任主席。总统通过总理、国防部和国防参谋部对全国武装力量实施领导和指挥。

领导人物 总统兼武装力量统帅卡洛·阿泽利奥·钱皮（1999 年 5 月上任）。总理马西莫·达莱马（1998 年 10 月上任，1999 年 12 月连任）。国防部长塞尔焦·马塔莱拉（文职，1999 年 12 月上任）。国防参谋长马里奥·阿尔皮诺空军中将（1999 年 2 月上任）。陆军参谋长弗朗切斯科·切尔沃尼中将（1996 年 12 月上任）。海军参谋长翁贝尔托·夸尔尼耶里中将（1998 年 2 月上任）。空军参谋长安德列亚·福尔纳谢罗中将（1999 年 2 月上任）。国防秘书长兼全国军备主任阿尔贝托·齐尼亚尼中将（1996 年 9 月上任）。

武装力量 **兵力** 现役部队 26.55 万人（含 2.92 万名总部人员及其直属部队）。

陆军 16.56 万人（义务兵 9.58 万人）。编有 1 个作战指挥司令部、3 个战区司令部，下辖：1 支快速反应部队（1 个机械化旅、1 个空中机动旅、1 个空运旅、1 个两栖团、1 个工程兵团、1 个陆航团）；1 支山地部队（3 个山地旅、1 个工程兵团、1 个陆航团、1 个山地空降营）；2 支本土防御部队（2 个坦克旅、1 个装甲旅、4 个机械化旅、2 个工程兵团、1 个陆航团）；1 个支援部队司令部，辖 1 个防空师（其中"霍克"地空导弹团 3 个、高炮团 2 个）、1 个炮兵旅（其中重炮团 1 个、炮团 3 个、三防团 1 个）、1 个陆航师（其中陆航团 2 个、陆航营 2 个）。

主战坦克：1322 辆，其中"豹"式 868 辆、"半人马座"式 B－1 型 380 辆、"阿雷斯特"式 74 辆。装甲输送车：3107 辆，其中 M－113 型 1221 辆、VCC－1/－2 型 1729 辆、"菲亚特"6614 型 157 辆。两栖装甲车：LVTP－7 型 15 辆。牵引炮：368 门，其中 105 毫米 150 门、155 毫米 218 门。自行炮：286 门，其中 155 毫米 260 门、203 毫米 26 门。火箭炮：227 毫米 22 门。迫击炮：81 毫米 1200 门，120 毫米 658 门。反坦克导弹："陶"式 426 具，"米兰"1000 具。反坦克火箭筒："铁拳"3 型 1120 具。无坐力炮：80 毫米 690 门。高炮：25 毫米 275 门。地空导弹："霍克"60 部，"毒刺"113 部，"防空卫士"/"蝮蛇"23 部。飞机：SM－1019 型 6 架，DO－228 型 3 架，P－180 型 1 架。直升机：361 架，其中攻击直升机 45 架。无人驾驶机："奎宿九星"20 型 5 架。

海军 3.8 万人（义务兵 1.1 万人）。编有 1 个舰队司令部（兼北约地中海常设舰队司令部），7 个战区司令部，10 个海军基地。

轻型航母："加里波第"级 1 艘。潜艇：8 艘，其中"佩罗希"级 4 艘、"萨乌罗"级 4 艘。巡逻舰："维·维纳托"级 1 艘。驱逐舰："勇敢"级 2 艘，"大胆"级 2 艘。护卫舰："西北风"级 8 艘，"狼"级 4 艘，"炮手"级 4 艘。反潜护卫舰："智慧女神"级 8 艘。导弹水翼艇："鹞鹰"级 4 艘。巡逻艇："仙后座"级 4 艘，"鳣鱼"级 2 艘。海岸警卫舰艇："竹"级 3 艘，"探索者"级 3 艘。扫雷舰艇："山地步兵"级 1 艘，"莱里齐"级 4 艘，"加埃塔"级 8 艘。两栖登陆舰艇："圣乔治奥"级 2 艘，"圣朱斯托"级 1 艘。支援舰船：82 艘。

特种部队 特种部队司令部－水下袭击司令部编有 3 个大队、1 支水下作战部队、1 所学校和 1 个研究所。

陆战队 "圣马可"大队共 1000 人。编有 1 个作战大队，1 个训练大队和 1 个后勤大队。装备 VCC－1 型装甲输送车 30 辆，LVTP－7 型两栖装甲车 10 辆，81 毫米迫击炮 16 门，106 毫米无坐力炮 8 门，"米兰"式反坦克导弹 6 具。

海军航空兵 2500 人。编有 1 个攻击战斗机中队，5 个反潜直升机中队，装备作战飞机 18 架、武装直升机 80 架。

空军 6.19 万人（义务兵 1.93 万人）。编有 8 个攻击机中队，6 个战斗机中队，2 个侦察机中队，2 个反潜巡逻机中队，1 个电子战机中队，1 个空中加油机中队，5 个运输机中队，3 个通信联络机中队，4 个搜索救援机中队，7 个教练机中队，3 个"奈基"地空导弹中队和 14 个"斯帕达"地空导弹中队。

攻击/战斗机："旋风"式 115 架，F－104 型 101 架，AMX 型 80 架，M－339 型 86 架。海上巡逻机：

"北方"MR 型 14 架。空中加油/运输机："波音"707 型 4 架。运输机：C-130H 型 10 架，G-222 型 28 架，DC9-32 VIP 型 2 架，"湾流"3-VIP 型 2 架，"猎鹰"50 VIP 型 4 架。联络机/电子战机：P-166 型 5 架，P-180 型 18 架，SIAI-208 型 30 架，PD-808 型 1 架，G-222 VS 型 4 架。教练机：TF-104G 型 21 架，AMX-T 型 20 架，M-339 型 62 架，SF-260 型 26 架。直升机：101 架。空地导弹、空空导弹、地空导弹若干。

准军事部队　25.57 万人。其中：

宪兵　11.32 万人（属国防部）。编有 1 个总司令部，下辖本土宪兵与机动宪兵。本土宪兵编为 5 个师、18 个团、94 个大队、1 个训练旅。机动宪兵编为 1 个师、2 个旅、1 个骑兵团、1 个特种作战大队、13 个机动营、1 个空降营，以及若干海、空宪兵支队。装备各型装甲输送车 171 辆，各型直升机 91 架。

公安警察　7.9 万人（属内政部）。编有 11 个机动分队，装备装甲输送车 40 辆，P-68 型飞机 5 架，直升机 41 架。

财政警察　6.35 万人（属财政部）。编有 14 个区，20 个团，128 个大队。装备 P-166-DL3 型飞机 5 架，直升机 80 架，近岸巡逻艇 3 艘，其他船艇 300 余艘。

港口控制部队　发生紧急情况时属海军领导。装备近岸巡逻艇 12 艘，其他船艇 130 余艘，直升机 4 架。

预备役部队　7.2 万人，其中陆军 2.9 万人、海军 2.8 万人、空军 1.5 万人。

兵役制度　国防部已决定将于 2005 年左右实行军队职业化，并将兵役制度改为志愿兵役制。目前仍实行义务兵与志愿兵相结合的兵役制度。服役年龄为 18 岁，义务兵服役期为 10 个月，志愿兵服役期限则按所签合同分为 3～5 年不等。各级军官最高服役年限：将官 65 岁，校官 57 岁，尉官 50 岁。

军衔　分 5 等 19 级：将官 4 级（四星中将、三星中将、少将、准将），校官 3 级（上校、中校、少校），尉官 3 级（上尉、中尉、少尉），军士 6 级（军士长、一级上士、二级上士、三级上士、中士、下士），兵 3 级（一等兵、二等兵、列兵）。

驻外兵力　驻北约空军一体化部队：战斗机 14 架、加油机 1 架。驻德国空军部队 92 人。驻马耳他 16 人、AB-212 型直升机 2 架。驻美国 33 人。参加联合国维和部队：驻阿尔巴尼亚 2531 人；驻波黑 2313 人、1 个机械化步兵旅团；驻埃及 77 人、3 艘海岸巡逻艇；驻南斯拉夫维和部队 32 人、警察 22 人；驻危地马拉军事观察员 7 人；驻印度/巴基斯坦边境军事观察员 7 人；驻伊拉克/科威特边境军事观察员 4 人；驻以色列军事观察员 8 人；驻科索沃维和部队 1106 人；驻黎巴嫩维和部队 44 人、1 个直升机分队；驻马耳他军人 47 人；驻中东军事观察员 8 人；驻摩洛哥军事观察员 1 人；驻西撒哈拉军事观察员 5 人。

外国驻军　北约在意驻有南欧盟军司令部、北约第 5 战术空军司令部。美国在意驻军 10400 人，其中陆军 2400 人、海军 4400 人、空军 3400 人、海军陆战队 200 人。

军队节日　建军节 11 月 4 日。

（商景洲）

英　国

国　　名　大不列颠及北爱尔兰联合王国。

主要统计　面积 24.3 万平方千米。人口 5876.3 万人（1998 年，其中 13～17 岁男 188.3 万人，女 179.6 万人；18～22 岁男 181.7 万人，女 179.6 万人；23～32 岁男 419.4 万人，女 402.5 万人）。国内生产总值 8120 亿英镑，合 1.31 万亿美元，人均 21600 美元（1998 年）。国防费 223 亿英镑，合 346 亿美元（1999 年国防预算）。粗钢 1832 万吨（1997 年）。原煤 4771.7 万吨（1994 年），原油 9.61 亿桶（1996 年），天然气 711.44 亿立方米（1995 年），发电量 334.454 亿度（1995 年），粮食 2351.5 万吨（1997 年）。海运能力，商船（载重 100 吨以上）1631 艘，总载重量 435.5 万吨（1998 年）。民航能力，固定航班机场 57 个，客运量 1248.47 亿人千米、货运量 38.32 亿吨千米（1998 年）。

国防政策　首先，强调英安全与欧洲安全密不可分，依靠北约的集体防御确保英自身安全。其次，继续强调核威慑的重要性，保持并发展有限的核武器。第三，重视提高军队快速反应能力，强调质量建军。第四，积极参加国际维和行动，维护英的战略利益。

军事战略 英国在冷战后对其军事战略进行了调整，确定了“应变抉择”的军事战略。其核心是：以北约集体防务为支柱，以核威慑为后盾，重点提高部队应付突发事件的快速反应能力，以加强军队的质量建设。其基本内容是：在威胁判断上，认为欧洲及其边缘地区仍存在影响英国安全的风险。在防务指导思想上，强调依靠北约确保欧洲和英国的安全。在防务安排上，积极参与北约集体防务和欧洲的维和行动。在军事部署上，减少驻德国部队并重点提高部队的机动作战能力。在军队建设上，强调走“少而精”的质量建军的道路。

国防体制 女王为武装力量名义上的最高统帅。最高国防决策机构为国防与海外政策委员会。该委员会成员有首相、国防大臣、外交与联邦事务大臣、内政大臣和财政大臣等，由首相任主席。必要时，可请国防参谋长和军种参谋长列席会议。国防部为政府中的一个部，是最高军事行政机关，负责具体贯彻和执行首相和“国防与海外政策委员会”的指示和决议，并负责制定政策、预算和三军的作战指挥、人事管理、装备采购等工作。武装力量由正规军和准军事部队组成。正规军分陆、海、空三个军种。最高军事指挥机构为国防参谋部。首相通过国防部和国防参谋部对全国武装力量实施领导和指挥。战时则组成战时内阁，指挥作战。

领导人物 女王伊丽莎白二世（1952年即位，1953年加冕）是英国武装力量名义上的最高统帅。国防大臣杰弗·胡恩（1999年10月上任）。国防参谋长查尔斯·古斯瑞上将（1997年4月上任）。陆军参谋长麦克尔·沃克上将（2000年4月上任）。海军参谋长迈克尔·博伊斯上将（1998年10月上任）。空军参谋长彼德·斯夸尔空军上将（2000年4月上任）。

武装力量 **兵力** 现役部队21.24万人。

陆军 11.35万人。编有1个地面部队司令部，3个军区，3个师部，1个装甲师，1个机械化师，1个空中攻击旅，14个步兵旅群。

坦克：“挑战者”487辆，“酋长”55辆。装甲侦察车“大弯刀”315辆，“佩刀”136辆，“狐狸”11辆。步兵战车：“勇士”528辆。装甲输送车：AFV－432型809辆，“斯巴达人”526辆，“萨克森”592辆，“萨拉逊”2辆（库存2辆）。牵引炮：105毫米182门，144毫米1门。自行炮：155毫米179门。迫击炮：81毫米543门。反坦克导弹：“米兰”793具，“旋火”48具，“陶”式若干具。地空导弹：“星光”135部，“标枪”298部，“轻剑”79部。飞机：7架。直升机：281架。

海军 4.37万人。编有1个舰队，5个分舰队。

航母：“常胜”级反潜航母3艘。战术攻击潜艇：“特拉法尔加”级7艘，“快速”级5艘。驱逐舰：“伯明翰”级11艘。护卫舰：“康沃尔”级4艘，“大刀”级3艘，“诺福克”级13艘。巡逻艇：24艘。扫雷舰艇：19艘。两栖登陆舰：8艘。各型支援舰：21艘。

海军航空兵 6740人。装备作战飞机33架，直升机109架。

海军陆战队 6500人。装备“米兰”反坦克导弹，“标枪”、“吹管”地空导弹，直升机15架。各型登陆舰艇28艘。

空军 5.52万人。编有5个飞行大队、45个中队：6个战斗/轰炸机中队、5个对地攻击机中队、6个歼击机中队、4个侦察机中队、3个海上巡逻机中队、2个电子预警机中队、1个电子对抗/情报搜集中队、3个空中加油机中队、4个运输机中队、1个联络通信中队、10个直升机中队。作战飞机462架。

战斗机：“旋风”GR－1型153型，“旋风”F－3型93架，“美洲虎”53架，“鹞”GR7型攻击机64架，“隼”式125架（另储存16架）。侦察机：“堪培拉”7架。海上巡逻机：MR－型28架。电子预警机：E－3D型7架。运输机：“三星”9架，VC－10型24架，“大力士”55架。加油机：15架。直升机：167架。教练机：206架。

战略力量 1900人。战略导弹核潜艇4艘，每艘携带16枚“三叉戟”D5型弹道导弹和48个核弹头。

预备役部队 31.53万人。

部署 陆军主要部署在德国境内和英格兰地区。海军重点部署在英吉利海峡沿岸一线及直布罗陀海峡。空军集中在德国境内和英格兰地区。有重要海、空军基地约40个，其中海军基地11个、空军基地26个。

兵役制度 实行志愿兵役制。士兵服役期按本人与军方签订的合同而定，分为3年、6年、9年、12年、15年、22年。各级军官最高服役年限：元帅和上将为60岁、中将59岁、少将57岁、准将至少校55岁；尉官从授予军衔起，16年内不能晋升至少校军衔就必须退役。此外，为保留人才，一些专业技术军官的最高服役年限规定较宽，如医务、军法等将、校军官可服役至60岁。

军衔 分8等19级：元帅1级（只在战时授予），将官3级（上将、中将、少将），准将1级，校官3级（上校、中校、少校），尉官3级（上尉、中尉、少尉），准尉2级（一级准尉、二级准尉），军士3级（上士、中士、下士），兵3级（一等兵、二等兵、新兵）。

驻外兵力 驻德国部队2.08万人、塞浦路斯3200人、直布罗陀330人、尼泊尔90人，另外在马尔维纳斯群岛、文莱、印度洋地区等也有驻军。在30个国家派有455名军事顾问。参加联合国维持和平行动：波黑4500人、塞浦路斯306人、格鲁吉亚7人、伊拉克/科威特11人、沙特阿拉伯200人、意大利350人、塞拉利昂5人、土耳其160人、南斯拉夫9600人。

外国驻军 美国驻军11170人（陆军380人、海军1220人、空军9400人、其他170人）；德国和意大利驻有1个3国联合“旋风”战斗机训练中队；北约西北欧盟军司令部等8个司令部。

军火贸易 根据英国军方公布的材料，1998年英国全年军工营业额共约240亿英镑（合400亿美元），比上年增加5亿英镑。其中军贸出口为55亿英镑（合93亿美元），比上年增加4亿英镑。

（康洪林）

美洲和大洋洲国家军事概况

阿 根 廷

国　　名 阿根廷共和国。

主要统计 面积278万平方千米。人口3546.7万人（其中，13～17岁男163.1万人，女157.8万人；18～22岁男159.8万人，女155.1万人；23～32岁男271万人，女264.5万人）。国内生产总值2890亿美元（1998年）。国防费40亿美元（2000年国防预算）。粗钢416万吨（1997年）。原煤30.5万吨（1995年）。原油2.75亿桶（1996年）。天然气173.36亿立方米（1995年）。发电量671.69亿度（1995年）。粮食3534.3万吨（1997年）。海运能力，商船（载重100吨以上）423艘，总载重量117.31万吨（1998年）。民航能力，固定航班机场39处，客运量117.85亿人千米、货运量13.3万吨千米（1998年）。

国防体制 总统为武装力量统帅。最高国防决策机构为全国国防委员会，成员有总统、副总统、内阁部长、情报国务秘书和参、众议院国防委员会主席。国防部为政府中的一个部，是最高军事行政机构，负责战备、国防预算、国家军事政策的制定和执行，以及对国防科研和军工生产实施领导，部长由文官担任。武装力量由正规军和准军事部队组成。正规军由陆、海、空三军组成。联合参谋部系国防部领导下的各军种协调机构。平时参与制定整体军事战略计划，研究和确定军事理论，组织联合军事训练、演习，制定军事动员计划，搜集战略情报，协调阿维和部队行动；战时协调三军联合作战。总统通过国防部长和各军种参谋长对全国武装力量实施领导和指挥。

领导人物 总统兼武装力量统帅费尔南多·德拉鲁阿（1999年12月上任）。国防部长里卡多·洛佩斯·墨菲（1999年12月上任）。武装力量联合参谋长胡安·卡洛斯·穆格诺罗陆军上将（1999年12月上任）。陆军总参谋长皮卡多·吉列尔莫·布里索尼上将（1999年12月上任）。海军总参谋长霍阿金·埃加多·斯特拉上将（1999年12月上任）。空军总参谋长瓦尔特尔·多明戈·巴尔贝罗上将（1999年12月上任）。

武装力量 **兵力** 现役部队7.05万人。

陆军 4万人。编有3个军部，下辖2个装甲旅、4个机械化旅、2个山地旅、1个步兵旅、1个教导旅、3个轻型装甲骑兵团、3个炮兵营、3个防空营、3个工兵营，以及1个飞行大队和1个直升机中队。

坦克：“坦姆”200辆，AMX－13型56辆，SK－105“骑兵”106辆。步兵战车：AMX－VCI型165辆，“坦姆”VCTP式100辆。装甲侦察车：AML－90型48辆。装甲输送车：M－5半履带型129辆，M－113型300辆，“蜡咀鱼”70辆。牵引炮：105毫米、155毫米293门。自行炮：155毫米34门。火箭炮：105毫米10余门。迫击炮：81毫米、120毫米1409门。无坐力炮：75毫米、90毫米、105毫米共计1105门。高炮：30毫米、35毫米、40毫米、90毫米共计490门。反坦克导弹：SS－11/－12型600具，“马托戈”2100具。火箭筒：66毫米若干具。地空导弹：“山猫”、“吹管”、“罗兰”型80余部。各型飞机：53架。直升飞机：38架。

海军　2万人（含海军陆战队和海军航空兵）。编有水面舰队、潜艇、陆战队和航空兵4个司令部。

潜艇：“圣克鲁斯”级2艘，“萨尔塔”级1艘。导弹驱逐舰：“大力士”级2艘，“布朗海军上将”级4艘。导弹护卫舰：“埃斯波拉”级4艘，“德鲁蒙得”级3艘。巡逻舰：8艘。巡逻艇：4艘。导弹攻击快艇：2艘。机械化登陆艇：4艘。车辆人员登陆艇：16艘。海岸猎雷艇：2艘。训练舰：1艘。测量和研究船：4艘。供应舰：6艘。浮标供应船：1艘。浮船坞：6艘。破冰船：1艘。拖船：11艘。

陆战队　2800人，编为2支舰队陆战队、1个两栖支援营、1个防空营和2个特种营。装备装甲侦察车12辆，装甲突击车21辆，装甲输送车41辆，各型火炮190余门。

海军航空兵　2000人。装备各型飞机107架。其中作战飞机31架、武装直升机8架。

空军　1.05万人。编有1个作战司令部和1个训练司令部，下辖9个航空旅、10个防空营、1个空降大队。作战飞机125架，武装直升机27架。

攻击/战斗机：“幻影”5P型4架，“幻影”3EA型14架，“鹰”式19架，A－4AR型20架，TA－4AR型5架，IA－58A型39架。运输机：波音757型1架，波音707型3架，C－130B型5架，H式6架，L－100－30型1架，DHC－6型7架，F－27型10架，F－28型4架，IA－50型5架，“默林”4A型2架，S－70A型1架，还有运输直升机32架。侦察/航测机：波音707型2架，IA－50型2架，“利尔杰特”35型3架，PA－31型1架。加油机：KC－130H型2架。搜索/救援机：SA－315型直升机3架。联络机：29架。空地导弹：ASM－2“马提姆·佩斯卡多尔”型若干枚。空空导弹：AIM－9B“响尾蛇”、R－530、R－550、“蜻蜓”式若干枚。

预备役部队　37.5万人，其中陆军25万人、海军7.5万人、空军5万人。

准军事部队　3.124万人，其中宪兵（归内政部领导）1.8万人、海岸警卫队1.324万人。

兵役制度　实行志愿兵役制，士兵服役期为2年。

军衔　分5等20级：将官3级（上将、中将、少将），校官3级（上校、中校、少校，陆军自1992年起增设大校军衔），尉官4级（上尉、中尉、少尉、准尉），军士7级（一级军士长、二级军士长、一级上士、二级上士、三级上士、中士、下士），兵3级（上等兵、二等兵、列兵）。

军队节日　陆军节5月29日，海军节5月17日，空军节8月10日。

（储晓洁）

巴　西

国　名　巴西联邦共和国。

主要统计　面积854.7403万平方千米。人口1.70057亿人（其中，13～17岁男872.2万人，女864.1万人；18～22岁男821.6万人，女821.3万人；23～32岁男1438.1万人，女1449.9万人）。国内生产总值5830亿美元（1998年）。国防费103亿美元（1999年国防预算）。粗钢2610万吨（1997年）。原煤517.3万吨（1995年），原油2.85亿桶（1996年）。天然气28.8亿立方米（1995年）。发电量2753.99亿度（1995年）。粮食4728.8万吨（1997

年)。海运能力，商船（载重 100 吨以上）635 艘，总载重量 934.83 万吨（1998 年)。民航能力，固定航班机场 139 处，客运量 361.64 亿人千米、货运量 16.32 亿吨千米（1998 年)。

国防体制　总统为武装力量统帅。最高国防决策机构为国家安全委员会，由总统任主席。国防部为政府中的一个部，是巴武装力量最高领导机构。国防部下设陆、海、空三个军种司令部和武装力量参谋部，在国防部长的统一领导下，各军种司令部负责本军种事务，武装力量参谋部负责军事事务和政策协调，武装力量参谋长由陆、海、空军上将轮流担任。国防部还下设行政秘书长，负责非军事事务。巴西武装力量由正规军和准军事部队组成。正规军由陆、海、空三军组成。总统通过国防部对全国武装力量实施领导和指挥。

领导人物　总统兼武装力量统帅费尔南多·恩里克·卡多佐（1995 年就职，1998 年连任)。国防部长热拉尔多·基当（2000 年 1 月上任)。武装力量参谋长尼尔森·德·索萨·塔维拉空军上将（1999 年 6 月上任)。陆军司令克莱乌贝尔·维埃拉上将（1999 年 1 月上任)。海军司令塞尔吉奥·吉提拉纳·弗洛伦西奥·沙加斯特雷斯上将（1999 年 1 月上任)，空军司令瓦特尔·威尔奈·博拉乌埃尔上将（1999 年 1 月上任)。

武装力量　**兵力**　现役部队 29.1 万人。

陆军　18.9 万人。编为 7 个司令部、11 个军区，下辖 8 个师、1 个装甲骑兵旅、3 个装甲步兵旅、4 个机械化骑兵旅、10 个摩步旅、1 个轻型旅、4 个丛林旅、1 个边境旅、1 个空降旅、1 个海岸防空旅，以及 3 个骑兵团、10 个炮兵大队、2 个工兵大队和 1 个直升机旅。

坦克：“豹”1 型 87 辆，M－60A3 型 91 辆，M－41B/C 型 286 辆。装甲侦察车：EE－9“响尾蛇”409 辆。装甲输送车：EE－11“蝰蛇”219 辆，M－113 型 584 辆。牵引炮：489 门。自行炮：105 毫米 72 门。火箭炮：108 毫米 10 余门。无坐力炮：84 毫米、106 毫米 290 门。迫击炮：81 毫米、107 毫米、120 毫米共计 1020 门。反坦克导弹：“米兰”4 具，“红沙蛇”18 具。火箭筒：84 毫米 115 具。高炮：35 毫米、40 毫米 134 门。地空导弹：“罗兰”2 型 4 部，SA－18 型 40 部。直升机：73 架。

海军　5.2 万人（含海军陆战队和海军航空兵)。分为 6 个海区和 2 个海军管理区，编有 1 个舰队总司令部和 1 个陆战队司令部。

航母：“巨人”级 1 艘。潜艇：“图皮”级 3 艘、“乌迈塔”级 1 艘。护卫舰：“大刀”级 4 艘，“尼泰罗伊”级 4 艘，“帕拉”级 4 艘。小型护卫舰：“伊尼亚乌玛”级 4 艘。船坞型登陆舰：“托马斯顿”级 2 艘。坦克登陆舰：“新港”级 1 艘、“德索托县”级 1 艘。通用登陆艇：3 艘。机械化登陆艇：10 艘。车辆人员登陆艇：35 艘。巡逻艇：37 艘。沿岸扫雷艇：6 艘。潜艇救难船：1 艘。医疗船：2 艘。灯塔供应船：1 艘。随队补给油船：2 艘。远洋辅助拖船：5 艘。运输船：4 艘。训练舰：1 艘。训练艇：6 艘。极地考察船：2 艘。测量船：5 艘。海洋调查船：1 艘。浮标供应船：20 艘。海岸测量船：6 艘。浮船坞：3 艘。

海军陆战队　1.39 万人，编为 1 个舰队陆战队（1 个两栖师)，1 个支援司令部，1 个陆战队保安部队（分为 8 个地区大队)。装备装甲侦察车 6 辆，装甲突击车 23 辆，装甲输送车 33 辆，各型火炮 60 余门。

海军航空兵　1400 人，装备各型飞机 94 架，其中作战飞机 22 架、武装直升机 54 架。

空军　5 万人。编有 5 个司令部（防空、战术、海上、运输、训练)，2 个战斗机中队，3 个攻击战斗机中队，2 个战斗/教练机中队，2 个侦察机中队，7 个联络/侦察机中队，3 个海面侦察/搜索救援机中队，13 个运输机中队。作战飞机 274 架，武装直升机 29 架。

战斗机：“幻影”F－103E/D 型 18 架。攻击战斗机：F－5E/－B/－F 型 48 架，AMX 式 37 架。战斗/教练机：AT－26 型 58 架。侦察机：RC－95 型 4 架，RT－26 型 10 架，“利尔杰特”35 型 12 架，RC－130E 型 3 架。联络/观察机：T－27 型 8 架，U－7 型 31 架。运输机：C－130H 型 9 架，KC－130H 型 2 架，KC－137 型 4 架，C－91 型 12 架，C－95A/B/C 型 17 架，C－115 型 17 架。专机：VC－91 型 1 架，VC/VU－93 型 12 架，VC－96 型 2 架，VC－97 型 5 架，VU－9 型 5 架，波音 737－200 型 2 架，VH－4 型直升机 3 架。运输机：C－115 型 7 架，C－95A/B/C 型 86 架，EC－9 型 6 架。运输直升机：AS－332 型 6 架，AS－355 型 8 架，贝尔 206 型 4 架，HB－350B 型 27 架。武装直升机：UH－1H 型 29 架。海面侦察/搜索救援机：EMB－110B 型 10 架，EMB－111 型 20 架。联络机：C－42 型 50 架，“色斯纳”208 型 3 架，U－42 型 30 架。教练机：370 架，其中直升机 29 架。空空导弹：“响尾蛇”AIM－9B、R－

530型、魔术2型、MAA－1“剪刀鱼”若干枚。

预备役部队 134万人。

准军事部队 38.56万人。

兵役制度 实行义务兵和志愿兵相结合的兵役制度。陆、海、空军服役期均为1年，特种兵服役期为1年半。服役期满后，可以自愿与军队签约延长服役期。海军舰艇部队和陆军伞兵部队的士兵全部为志愿兵。

军衔 分5等16级：将官3级（上将、中将、少将），校官3级（上校、中校、少校），尉官4级（上尉、中尉、少尉、准尉），军士4级（军士长、上士、中士、下士），兵2级（上等兵、列兵）。

军队节日 陆军节8月25日，海军节12月11日，空军节10月23日。

（储晓洁）

秘　鲁

国　名 秘鲁共和国。

主要统计 面积128.5216万平方千米。人口2546.9万人（其中，13～17岁男134.7万人，女133.5万人；18～22岁男127.6万人，女126.7万人；23～32岁男222万人，女221.1万人）。国内生产总值610亿美元（1998年）。国防费7.44亿美元（1999年国防预算）。原煤14.3万吨（1995年）。原油4400万桶（1996年）。天然气13.03亿立方米（1995年）。发电量167.59亿度（1995年）。粮食257.9万吨（1997年）。海运能力，商船（载重100吨以上）623艘，总载重量61.56万吨（1998年）。民航能力，固定航班机场27处，客运量24.7亿人千米、货运量2.59亿吨千米（1998年）。

国防体制 总统为武装力量统帅。国防委员会为最高国防决策机构，成员有全体内阁部长和陆、海、空三军总司令，会议由总统主持。国防部为内阁中的一个部，是最高军事行政机关，负责国防预算、征兵动员、民防及军工生产等。武装力量联合指挥部为最高军事指挥机构，主席由陆、海、空军三个总司令轮流担任。陆、海、空军总司令部分别负责各军种的作战指挥。总统通过国防部和武装力量联合指挥部对全国武装力量实施领导和指挥。

领导人物 总统兼武装力量统帅阿尔韦托·藤森（2000年7月连任）。国防部长卡洛斯·贝尔加米诺·克鲁斯上将（1999年4月上任）。武装力量联合指挥部主席、陆军总司令恩里克·绍塞多·桑切斯上将（1998年8月上任）。海军总司令安东尼奥·伊巴尔塞那·安米戈海军上将（1996年1月上任）。空军总司令埃莱斯班·贝略·巴斯克斯上将（1997年4月上任）。

武装力量 **兵力** 现役部队11.5万人。

陆军 7.5万人。划分为6个军区。编有1个空降师，3个装甲师，1个骑兵师，7个步兵师，1个丛林师，1个总统警卫团，1个防空大队，1个装甲大队，2个野炮大队，1个独立步兵营，1个独立工程兵营，3个直升机中队。

主战坦克：T－54/－55型300辆。轻型坦克：AMX－13型110辆。装甲侦察车：M－8/－20型60辆，M－3A1型10辆，M－9A1型50辆，“菲亚特”6616型15辆，БРДМ－2型30辆。装甲输送车：M－113型130辆，UR－416型130辆，БТР－60型12辆，“菲亚特”6614型4辆，“卡斯皮尔”式若干辆。牵引炮：105毫米150门，122毫米36门，130毫米36门，155毫米36门。自行炮：155毫米24门。火箭炮：122毫米14门。迫击炮：81毫米若干门，107毫米若干门，120毫米300门。无坐力炮：106毫米若干门。高炮：23毫米115门，30毫米10门，40毫米125门。反坦克导弹：SS－11型400具。地空导弹：SA－16型236部，SA－7型若干部，“轻标枪”若干部。飞机：29架。直升机：59架。

海军 2.5万人（含海军陆战队、海军航空兵、海岸警卫队）。划分为5个海军军区，编有2个舰队、1个内河舰队。

潜艇：“卡斯马”级6艘，“阿巴托”级2艘。巡洋舰：“德鲁伊特尔”级2艘。驱逐舰：“果敢”级1艘。护卫舰：“卡瓦哈尔”级4艘。导弹攻击快艇：“贝拉德”级6艘。巡逻艇：31艘。登陆艇：“派塔”级3艘。测量船：6艘。辅助船：16艘。拖船：1艘。

陆战队 3000人。编有1个陆战旅。装备装甲侦察车：V－100型若干辆。装甲输送车："突击队"V－200型15辆，BMR－600型20辆。迫击炮：81毫米、120毫米约18门。无坐力炮：84毫米、106毫米若干门。高炮：20毫米若干门。

海军航空兵　800人。装备各型飞机40架，其中作战飞机7架、武装直升机9架。

海岸警卫队　1000人。编有3个炮兵连。装备榴弹炮：155毫米18门。

空军　1.5万人。编有2个攻击机大队，3个战斗机中队，1个攻击直升机中队，1个侦察机中队。作战飞机114架，武装直升机23架。

攻击战斗机：苏－22型28架，苏－25型18架，"色斯纳"A－37B型23架。战斗机：幻影2000－P型10架，幻影2000－DP型2架，幻影5P型9架，幻影5－DP型2架，米格－29型14架。轰炸机："堪培拉"8架。运输机：160架。武装直升机：米－24/－25型23架。侦察机："利尔杰特"25B型2架，"利尔杰特"36A型2架。加油机："波音"KC707－323C型1架。运输机：76架。运输直升机：86架。联络机：33架。教练机：87架。空空导弹：AA－2/8/10和R－550型若干枚。空地导弹：AS－30型若干枚。地空导弹：SA－2型3部，SA－3型6部。

预备役部队　18.8万人（陆军）。

准军事部队　7.8万人，其中国民警察7.7万人、海岸警卫队1000人。

兵役制度　实行义务兵役制。服役期为2年。

军衔　分5等18级：将官3级（上将、中将、少将），校官3级（上校、中校、少校），尉官3级（上尉、中尉、少尉），军士6级（一级军士、二级军士、一级上士、二级上士、中士、下士），兵3级（一等兵、二等兵、列兵）。

军队节日　陆军节8月18日，海军节10月8日，空军节7月23日。

（吴永业）

玻　利　维　亚

国　　名　玻利维亚共和国。

主要统计　面积109.8581万平方千米。人口813.7万人（其中，13～17岁男41.8万人，女42.4万人；18～22岁男33.7万人，女36万人；23～32岁男54.6万人，女58.1万人）。国内生产总值83亿美元（1998年）。国防费1.34亿美元（2000年国防预算）。原油1100万桶（1996年）。天然气32.79亿立方米（1995年）。发电量30.2亿度（1995年）。粮食127.7万吨（1997）。海运能力，商船（载重100吨以上）1艘，总载重量1.58万吨（1998年）。民航能力，固定航班机场14处，客运量14.68亿人千米、货运量4620万吨千米（1998年）。

国防体制　总统为武装力量统帅。国家安全委员会为最高国防决策机构，由总统任主席，成员有国防、外交、内政、财政部长、武装力量总司令以及陆、海、空军司令。国防部为最高军事行政机关，负责国防预算、征兵动员和军人福利等工作。武装力量总司令部为最高军事指挥机构，负责协调三军的作战、训练等。军队实权掌握在三个军种司令手中。总统通过国防部和武装力量总司令部对全国武装力量实施领导和指挥。

领导人物　总统兼武装力量统帅乌戈·班塞尔·苏亚雷斯（1997年8月上任）。国防部长路易斯·费尔南多·基弗·古斯曼（1997年8月6日上任）。武装力量总司令豪尔赫·萨巴拉·奥西约上将（1998年11月上任）。陆军司令贡萨洛·阿雷东多·米利安中将（1998年11月上任）。海军司令豪尔赫·萨巴拉·奥西约上将（1997年8月6日上任）。空军司令阿尔瓦洛·巴尔迪维亚卡萨诺瓦上将（1998年11月上任）。

武装力量　**兵力**　现役部队3.25万人。

陆军　2.5万人。编有6个军区，10个师，2个团，2个独立营。

坦克：SK－105"骑兵"36辆。装甲侦察车：EE－9"响尾蛇"24辆。装甲输送车：M－113型18辆，V－100"突击队员"10辆，MOWAG"罗兰德"20辆，EE－11"蝰蛇"24辆。牵引炮：75毫米约80门，105毫米30门，122毫米18门。迫击炮：81毫米50门，107毫米若干门。飞机：9架。

海军　4500人（含陆战队和海军航空兵）。划分为6个海区。编有6个分舰队。

巡逻艇：69艘。辅助船：3艘。

陆战队　1700人。编有6个陆战营。

海军航空兵　装备飞机 8 架。

空军　3000 人。编有 1 个武装直升机中队，1 个搜索与救援直升机中队，1 个航测机中队，3 个运输机中队，1 个基地防空团。作战飞机 50 架，武装直升机 10 架。

战斗机：AT－33AN 型 18 架。航测机："色斯纳" 206 型 5 架，C－210 型 1 架，C－402 型 1 架，"利尔杰特" 25/35 型 3 架。运输机：31 架。联络机：34 架。武装直升机："休斯" 500M 型 10 架。搜索与救援直升机：7 架。联络直升机：24 架。教练机：55 架。

准军事部队　3.71 万人，其中国民警察 3.11 万人、缉毒警察 6000 人。国民警察编有 9 个旅、2 个快速反应团、27 个边防分队。

兵役制度　实行义务兵役制。士兵服役期为 1 年。军官服役期为 30 年。

军衔　分 6 等 20 级：将官 3 级（上将、中将、少将），校官 3 级（上校、中校、少校），尉官 3 级（上尉、中尉、少尉），准尉 5 级（特级准尉、高级准尉、一级准尉、二级准尉和初级准尉），军士 3 级（上士、中士和下士），兵 3 级（一等兵、上等兵、列兵）。

军队节日　陆军节 11 月 14 日，海军节 4 月 24 日，空军节 10 月 12 日。

（吴永业）

厄 瓜 多 尔

国　　名　厄瓜多尔共和国。

主要统计　面积 27.0670 万平方千米。人口 1265.1 万人（其中，13～17 岁男 70.2 万人，女 68.2 万人；18～22 岁男 64.5 万人，女 62.9 万人；23～32 岁男 109.7 万人，女 107.5 万人）。国内生产总值 200 亿美元（1998 年）。国防费 4.07 亿美元（1999 年国防预算）。原油 1.41 亿桶（1996 年）。天然气 1.02 亿立方米（1995 年）。发电量 83.49 亿度（1995 年）。粮食 181.5 万吨（1997 年）。海运能力，商船（载重 100 吨以上）154 艘，总载重量 50.41 万吨（1998 年）。民航能力，固定航班机场 14 处，客运量 14.1 亿人千米、货运量 1.62 亿吨千米（1998 年）。

国防体制　总统为武装力量统帅。国家安全委员会为最高国防决策机构，由总统任主席，成员有议长、最高法院院长、国家发展委员会主席（由副总统兼任）、内政、外交、国防和财政部长、武装力量联合指挥部司令和货币委员会主席，负责制订和监督执行国家安全政策。下设总秘书处作为常设机构。秘书长为现役将领，由国防部长提名、总统任命。国防部为政府中的一个部，是最高军事行政机关。武装力量联合指挥部为最高军事指挥机构，也是国家安全委员会的常设顾问机构。其主要任务是向总统和国防部长提供咨询，负责组织、训练和使用陆、海、空军力量。在战时或紧急状态期间有权调动和使用警察，以对付外敌和内乱。武装力量联合指挥部司令经国防部长提名，由总统任命三军现役将领中资历最深者担任。总统通过国防部和武装力量联合指挥部对全国武装力量实施领导和指挥。

领导人物　总统兼武装力量统帅古斯塔沃·诺沃亚·贝哈拉诺（2000 年 1 月 22 日上任）。国防部长阿吉雷斯退役海军上将（2000 年 1 月上任）。武装力量联合指挥部司令萨奥纳中将（2000 年 5 月上任）。陆军司令圣托瓦尔陆军中将（1998 年 11 月上任）。海军司令多诺索海军中将（2000 年 5 月上任）。空军司令多明戈斯空军中将（2000 年 5 月上任）。

武装力量　**兵力**　现役部队 5.71 万人。

陆军　5 万人。划分为 4 个防区。编有 1 个步兵师，1 个装甲旅，2 个步兵旅，3 个丛林旅，1 个空降旅，1 个防空大队，1 个航空兵大队，3 个工程兵营。

主战坦克：T－55 型 3 辆。轻型坦克：AMX－13 型 108 辆。装甲侦察车：AML－60/90 型 27 辆，"响尾蛇" EE－9 型 30 辆，EE－3 "哈拉拉卡" 10 辆。装甲输送车：M－113 型 20 辆，AMX－VCI 型 80 辆，"蝰蛇" EE－11 型 30 辆。牵引炮：105 毫米 104 门，155 毫米 24 门。自行火炮：155 毫米 10 门。火箭炮：122 毫米 6 门。迫击炮：81 毫米、107 毫米若干门，160 毫米 12 门。无坐力炮：90 毫米 380 门，106 毫米 24 门。高炮：14.5 毫米 128 门，20 毫米 20 门，23 毫米 34 门，35 毫米 30 门，37 毫米 18 门，40 毫米 30 门。地空导弹："吹管" 型 75 部，SA－18 型

90部，SA－8型若干部。各型飞机：12架。直升机：53架。

海军　4100人。划分为3个海军军区，编有1个舰队、1个潜艇分队。

潜艇：T－209型2艘。护卫舰："利安德"级2艘。小型护卫舰："埃斯梅拉尔达斯"级6艘。导弹攻击快艇："基多"级3艘，"曼塔"级2艘。登陆艇：LST－512－1152级1艘。巡逻艇：14艘。

陆战队　1500人。编有3个陆战营。

海军航空兵　250人。装备各型飞机18架。

空军　3000人。编有2个联队，5个中队。作战飞机78架。

攻击战斗机："美洲虎"10架，"幼狮"12架，A－37B型20架。战斗机："幻影"F－1JE/JB型14架。战斗教练机："打击能手"MK－89A型4架。运输机：25架。联络机：2架。教练机：65架。空空导弹：R－550"魔术"、超级530型、"蜻蜓"型、"大蟒"若干枚。

预备役部队　10万人。

准军事部队　海岸警卫队270人。装备有各型巡逻艇7艘。

兵役制度　实行志愿兵和义务兵相结合的兵役制度。义务兵服役期为1年，志愿兵服役期为3年。

军衔　军官和士官的军衔共分为4等16级：将官3级（上将、中将、少将），校官3级（上校、中校、少校），尉官3级（上尉、中尉、少尉），士官7级（军士长、一级军士、二级军士、上士、中士、一级下士、二级下士）。

军队节日　陆军节2月27日，海军节7月25日，空军节10月27日。

（吴永业）

哥　伦　比　亚

国　　名　哥伦比亚共和国。

主要统计　面积114.1748万平方千米。人口3699.9万人（其中，13～17岁男194.6万人，女185.7万人；18～22岁男184.8万人，女177.8万人；23～32岁男330.1万人，女325.1万人）。国内生产总值790亿美元（1998年）。国防费23亿美元（1999年国防预算）。原煤2602万吨（1995年）。原油2.27亿桶（1996年）。天然气44.37亿立方米（1995年）。发电量453.03亿度（1995年）。粮食321.9万吨（1997年）。海运能力，商船（载重100吨以上）101艘，总载重量40.3万吨（1998年）。民航能力，固定航班机场43处，客运量45.65亿人千米、货运量9.66亿吨千米（1998年）。

国防体制　总统为武装力量统帅，是国家安全、防务工作的最高决策人。国家安全委员会为最高安全咨询机构，成员有内政、国防、司法、交通等部部长、武装力量总司令、国家安全局长、警察总局局长。最高国防委员会为最高军事咨询机构，成员有国防部长、武装力量总司令、陆军司令、海军司令、空军司令和警察总局局长。国防部为政府中的一个部，是最高军事行政机关。武装力量总司令部是最高军事指挥机构，直接对三军行使军事指挥权。武装力量联合参谋部为武装力量总司令部的执行机构，由三军参谋长组成。陆、海、空三军司令是本军种最高军事长官，直接对本军种负责。总统通过国防部和武装力量总司令部对全国武装力量实施领导和指挥。

领导人物　总统兼武装力量统帅安德列斯·帕斯特拉纳（1998年8月7日上任）。国防部长路易斯·费尔南多·拉米雷斯·阿古纳（1999年5月上任）。武装力量总司令费尔南多·塔皮亚斯·斯塔埃林上将（1998年8月上任）。武装力量联合参谋长拉法埃尔·埃尔南德斯·洛佩斯上将（1998年8月上任）。陆军司令豪尔赫·恩里科·莫拉·兰赫尔上将（1998年8月上任）。海军司令塞尔西奥·加西亚·托雷斯上将（1998年8月上任）。空军司令埃克托尔·法维奥·贝拉斯科·查维斯上将（1998年11月上任）。

武装力量　**兵力**　现役部队14.4万人。

陆军　12.1万人。编有5个师部，6个机械化旅，2个空运旅，9个步兵旅，3个反游击队机动旅，2个教导旅，2个炮兵营，1个防空营，1支空运部队。

坦克：M－3A1型30辆。装甲侦察车：M－8型12辆，M－20型8辆，EE－9"响尾蛇"120辆。装甲输送车：M－113型80辆，EE－11"蝰蛇"76辆，RG－31"尼亚拉"4辆。牵引炮：75毫米、105毫米180门。迫击炮：81毫米、120毫米245门。反坦克导弹："陶"式若干具。无坐力炮：106毫米若干门。高炮：40毫米30门。直升机：20架。

海军　1.5万人（含海军陆战队和海军航空兵）。编有2个舰队，1个内河舰队。

潜艇："皮豪"级2艘，"侏儒"级2艘。小型导弹护卫舰："帕迪亚海军上将"级4艘。巡逻舰：3艘。巡逻艇：15艘。港湾巡逻艇：84艘。

陆战队　8500人。编有2个陆战旅。装备EE-9"响尾蛇"装甲侦察车和EE-11"蝰蛇"装甲输送车。

海军航空兵　100人。装备各型飞机6架，直升机2架。

空军　0.8万人。编有4个司令部。作战飞机72架，武装直升机72架。

攻击战斗机："幻影"5型12架，"幼狮"C-2型11架，"幼狮"TC-2型2架。战斗机：AC-47型1架，AC-47T型2架，IA-58A型3架，A-37B型22架，AT-27型6架。运输机：30架。运输直升机：UH-1H型17架。武装直升机：72架。侦察机：SA2-37A型8架，OV-10型13架，C-26型3架。教练机：56架，其中直升机18架。空空导弹：AIM-9"响尾蛇"和R-530式若干枚。

预备役部队　6.07万人，其中陆军5.47万人、海军4800人、空军1200人。

准军事部队　国民警察8.7万人。

兵役制度　实行高中生义务兵、普通义务兵和志愿兵役制三结合的兵役制度。高中生义务兵服役期为1年，普通义务兵服役期为2年。陆、海军还征召部分志愿兵。

军衔　军官和士官军衔共分4等15级：将官3级（上将、中将、少将），校官3级（上校、中校、少校），尉官3级（上尉、中尉、少尉），士官6级（军士长、一等上士、二等上士、中士、一等下士、二等下士）。

军队节日　陆军节8月7日，海军节7月24日，空军节11月8日。（储晓洁）

古　巴

国　　名　古巴共和国。

主要统计　面积11.0860万平方千米。人口1125.4万人（其中，13～17岁男40.8万人，女38.3万人；18～22岁男40.2万人，女37.7万人；23～32岁男106.4万人，女100.4万人）。国内生产总值140亿美元（1998年）。国防费2.7亿美元（1999年国防预算）。原油1000万桶（1997年）。天然气3100万立方米（1995年）。发电量111.89亿度（1995年）。粮食39.1万吨（1997年）。海运能力，商船（载重100吨以上）393艘，总载重量92.46万吨（1998年）。民航能力，固定航班机场14处，客运量26.52亿人千米、货运量4560万吨千米（1998年）。

国防体制　古巴共产党中央委员会第一书记兼国务委员会主席和部长会议主席为革命武装力量总司令。革命武装力量部为政府中的一个部，是最高军事行政机关，也是最高军事指挥机构，负责武装力量的指挥和管理。下设总参谋部、总政治部、后勤部等机构。革命武装力量由正规军和准军事部队组成。正规军分陆军、海军、空军和防空军。海军、空军和防空军自1993年起已不再为独立军种，就地被编入陆军三大军区。准军事部队由劳动青年军、民防部队、地方民兵以及国家保安队和边防警卫队组成。总司令通过革命武装力量部对全国武装力量实施领导和指挥。

领导人物　古共中央第一书记、国务委员会主席兼武装力量统帅菲德尔·卡斯特罗·鲁斯总司令（1959年上任）。革命武装力量部部长劳尔·卡斯特罗·鲁斯大将（1959年上任）。革命武装力量部副部长兼总参谋长阿尔瓦罗·洛佩斯·米耶拉中将（1997年上任）。总政治部主任内斯托尔·洛佩斯·库巴中将（1992年上任）。

武装力量　**兵力**　现役部队6.5万人。

陆军　4.5万人。编有3个军区，4～5个装甲旅，9个机械化步兵旅，1个空降旅，14个预备旅，1个边防旅。

坦克：T-34、T-54/55、T-62型约1500辆，PT-76型若干辆。步兵战车：БМП-1型若干辆。装甲侦察车：БРДМ-1/-2型若干辆。装甲输送车：БТР-40/-50/-60/-152型700辆。牵引炮：76毫米、122毫米、130毫米、152毫米共计700门。

自行炮：122毫米、152毫米40门。火箭炮：122毫米、140毫米300门。迫击炮：82毫米、120毫米1000门。反坦克炮：85毫米、100毫米若干门。高炮：23毫米、30毫米、37毫米、57毫米、85毫米、100毫米共计400门。反坦克导弹：AT-1"甲鱼"、AT-3"耐火箱"若干具。地空导弹：SA-6/-7/-8/-9/-13/-14/-16型若干部。

海军　5000人（含陆战队）。编有4个分舰队。

小型护卫舰："保克"级1艘。导弹攻击快艇："黄蜂"级7艘。扫雷艇："索尼亚"级2艘。猎雷艇："叶夫根尼亚"级4艘。测量船：1艘。巡逻快艇：3艘。

陆战队　550人。编有2个两栖突击营。

空军　1万人。编有2个攻击战斗机中队，4个战斗机中队，4个运输机中队。作战飞机130多架，武装直升机45架。

攻击战斗机：米格-23BN型10架。战斗机：米格-29型6架，米格-23MF型20架，米格-21bis型5架，米格-21F型30架。运输机：安-2型8架，安-24型1架，安-26型15架，安-30型1架，安-32型2架，雅克-40型4架，伊尔-76型2架。攻击直升机：米-8/-17/-25/-35型45架。反潜直升机：米-14型5架。直升机：米-8/-17型40架。教练机：L-39型25架，米格-21U型8架，米格-23U型4架，米格-29UB型2架，Z-326型20架。地空导弹：SA-2/-3型13部。空空导弹：AA-2、AA-7、AA-10、AA-11式若干枚。空地导弹：AS-7若干枚。

预备役部队　陆军3.9万人。

准军事部队　114.15万人。其中劳动青年军6.5万人（归陆军领导），民防部队5万人，地方民兵100万人，国家保安队2万人（归内务部领导），边防警卫队0.65万人（归内务部领导）。

兵役制度　实行义务兵役制，士兵服役期为2年。

军衔　分6等19级：总司令（相当于元帅），将官4级（大将、上将、中将、少将），校官3级（上校、中校、少校），尉官5级（大尉、上尉、中尉、少尉、准尉），军士4级（军士长、上士、中士、下士），兵2级（上等兵、列兵）。

军队节日　革命武装力量建军节12月2日。

（储晓洁）

加　拿　大

国　　名　加拿大。

主要统计　面积997.061万平方千米。人口2923.6万人（其中，13～17岁男99.1万人，女94.7万人；18～22岁男97.6万人，女94.2万人；23～32岁男208.8万人，女204.2万人）。国内生产总值8960亿加元，合6040亿美元（1998年）。国防费99亿加元，合68亿美元（2000年国防预算）。粗钢2903万吨（1996年）。原煤7494.2万吨（1995年）。原油6.64亿桶（1996年）。天然气1758.97亿立方米（1995年）。发电量5371.14亿度（1995年）。粮食4964.3万吨（1997年）。海运能力，商船（载重100吨以上）1185艘，总载重量289.68万吨（1998年）。民航能力，固定航班机场301处，客运量569.13亿人千米、货运量70.43亿吨千米（1998年）。

国防体制　总督代表英国女王，为形式上武装力量统帅。最高国防决策机构为内阁，总理是事实上的最高军事领导人。国防部为内阁中的一个部，由文官和军人组成，是最高军事行政和指挥机构，负责人事管理、经费分配、武器装备采购、武装力量建设等工作。国防参谋长由军人担任，是国防部长的最高军事顾问。在内阁决策下，国防部长通过国防参谋长领导和指挥全军。武装力量由正规军和准军事部队组成。实行全军统一体制，国防参谋部内设有地面部队（相当于陆军）、海上部队（相当于海军）和空中部队（相当于空军）三个军种司令部及通信保障、征兵与训练、预备役等部门。

领导人物　总督兼形式上的加拿大武装力量统帅阿德里安娜·克拉克森夫人（1999年10月上任）。实际上的统帅加拿大总理让·克雷蒂安（1993年11月上任）。国防部长阿瑟·埃格尔顿（1996年12月上任）。国防参谋长莫里斯·巴里尔上将（1997年9月上任）。地面部队司令皮尔·利奇中将（1997年9月上任）。海上部队司令格雷格·马迪森中将（1997

年9月上任)。空中部队司令戴维德·金斯曼艾尔·德奎特维尔中将(1998年4月上任)。

武装力量 **兵力** 现役部队6.06万人。

地面部队 2万人。编有1个师部,下辖3个机械化步兵旅群(各辖1个装甲团、3个机械化步兵营、1个炮团、1个工程兵团、1个防空连)、1个防空团和1个工兵保障团。

坦克:"豹"I型114辆。装甲侦察车:"小狼"170辆,"美洲狮"195辆。装甲输送车:M-113型1214辆,M-557型61辆,"灰熊"269辆,"野牛"199辆。牵引炮:105毫米213门。自行炮:155毫米76门。迫击炮:81毫米167门。反坦克导弹:"陶"式150具,"红沙蛇"425具。无坐力炮:84毫米1040门,106毫米111门。高炮:35毫米34门,40毫米57门。地空导弹:"阿达茨"22部,"轻标枪"96部。

海上部队 1万人。编有2个舰队(5个中队),1个海上航空大队(10个中队)。装备各种主要舰艇36艘,其中作战舰艇21艘。

潜艇:"奥伯隆"级3艘。驱逐舰:"易洛魁人"级4艘。护卫舰:"哈尼法克斯"级12艘。巡逻艇:14艘。反水雷舰艇:2艘。支援与勤务舰船:7艘。

空中部队 1.5万人。编有1个飞行师辖13个飞行中队。作战飞机122架,武装直升机30架。

战斗机:CF-18型122架,CP-140型21架,CP-140A型3架。运输机:CC-130E/H型32架,KCC-130型5架,CC-109型7架,CC-138型7架,CC-115型10架,CC-150型5架,波音CC-137型5架。教练机:CT-133型45架,CT-114型130架,CT-142型6架。直升机:177架,其中"海王"CH-124型30架、"拉布拉多"CH-113型15架、"贝尔"CH-146型100架(其中30架为武装直升机)、CH-118型8架。

此外,现役部队中还有通信与情报、人事保障、物资支援和政策指导与管理等不按军种划分的军人1.5万人。

文职人员 2万人。

预备役部队 4.33万人,其中基干预备役部队2.86万人(地面部队2.22万人,海上部队4000人,空中部队2100人,其他300人)。

准军事部队 9350人。其中,海岸警卫队4700人,装备小型舰艇137艘、直升机28架;渔业海洋部4650人,装备有90艘各型舰艇。

部署 地面部队主要部署在魁北克和阿尔博塔省;海上部队重点部署在大西洋和太平洋沿岸水域;空中部队主要部署在中部和东部地区。地面部队主要基地有卡尔加里、瓦尔卡提尔等;海上部队主要基地有哈尼法克斯、埃斯基莫尔等;空中部队主要基地有北湾、波戈特维尔、冷湖等。

兵役制度 实行志愿兵役制。士兵基本服役期3年。各级军官最高服役年限一律为55岁。

军衔 分6等17级:将官4级(上将、中将、少将、准将),校官3级(上校、中校、少校),尉官3级(上尉、中尉、少尉),准尉3级(一级准尉、二级准尉、三级准尉)、军士3级(上士、中士、下士),兵1级(列兵)。

驻外兵力 参加联合国维持和平行动约4000人,其中:东帝汶250人、危地马拉1人、海地7人、克罗地亚29人、波黑1380人、科索沃28人、海湾地区239人、塞浦路斯1人、叙利亚/以色列189人、伊拉克/科威特5人、联合国特委会2人、埃及2人、中东11人、柬埔寨7人、中非83人。 (张 林)

美　国

国　　名 美利坚合众国。

主要统计 面积952.9202万平方千米(其中本土937.2614万平方千米)。人口2.73133亿人(其中13~17岁男951.5万人,女906.6万人;18~22岁男927.3万人,女884.4万人;23~32岁男1958.6万人,女1877.7万人)。国内生产总值8.5万亿美元(1998年)。国防预算2776亿美元(1999年),2888亿美元(2000年)。粗钢1.0764亿吨(1998年)。原煤9.8878亿吨(1997年)。原油22.35亿桶(1997年)。天然气5592.61亿立方米(1995年)。发电量29950亿度(1996年)。粮食3.43亿吨(1997年)。海运能力,商船(载重100吨以上)509艘,总载重量1858.5万吨(1998年)。民航能力,固定航班机场834座,客运量8697亿人千米,货运量 212.7 亿吨千米（1998 年）。

国防政策 美国利用其唯一的超级大国的历史性机遇，试图构筑由它主宰的“单极世界”。1999 年 2 月，美国防部发表了《2000 财年国防报告》（以下简称《报告》），以实现“单极世界”为目标，进一步阐明了美国的国防政策。

（一）认为美国面临的是“一个既充满活力又难以确定的安全环境”。一方面，美国正处于一个“战略机遇期”，这主要表现在：①全球性战争威胁不复存在；②美国的核心价值观被许多国家接受；③美国和盟国主导着世界的经济；④北约和美日、美韩同盟已进行调整；⑤原华约国家正在许多安全领域同美国开展合作；⑥许多国家都把美国视为“可选择的安全伙伴”。另一方面，美国安全也面临“严峻挑战”。主要挑战有：①大规模越境侵略。最可能发生这类侵略的地区是西亚、东北亚和东亚等对“美国的利益至关重要的地区”。到 2015 年将有“一个以上雄心勃勃的地区性大国具有对美国的利益构成军事威胁的动机和能力”。②潜在危险技术的扩散。主要指核生化武器及其运载工具、信息战技术以及使用或阻止他国使用空间的技术的扩散等。③跨国性危险。主要包括恐怖主义、非法毒品交易、武器和战略物资走私、环境灾难和失控的难民潮等。其中恐怖主义分子直接对美国公民的生命财产造成威胁，而且在未来 15 年他们在攻击目标的选择、宣传方法和政治行动的方式等方面将有更丰富的经验。④对美国本土的威胁。可能使用弹道导弹、核生化武器或信息战技术攻击美国的“敌对阵营”在扩大，跨国性危险和“其他国家现有核武库的固有危险”都对美国构成了直接的严重威胁。⑤衰败的国家。从现在到 2015 年，将有“更多国家”走向衰败，从而导致“国内冲突、人道主义危机和地区的潜在不稳定”，影响美国的利益。⑥对手使用非对称性手段。美国的绝对常规力量优势，迫使对手使用“完全不同于美国通常使用的作战模式”，利用美国的弱点，攻击美国在海外的部队、利益及美国内的公民。《报告》关于美国面临的威胁的阐述，与过去相比，有两点较大的变化：一是将“潜在危险技术的扩散”由过去的第三提到第二，说明美国对大规模杀伤武器和先进技术扩散的忧虑加重，将加大防扩散的力度；二是增加两项新威胁，即“对美国本土的威胁”和“对手使用非对称手段”的威胁，说明美国对本身安全的关心程度扩大了。这是美国在为大幅增加军事预算、扩充军备、谋求绝对军事优势制造舆论，也是美国在全球推行霸权主义和强权政治到处树敌、到处实施军事干涉带来的结果。

值得注意的是，《报告》还断定：“至少在 2015 年以前，美国仍将保持世界上唯一超级大国的地位。但到 2015 年之后，也许会出现一个地区性或世界性的竞争对手”，中国和俄罗斯有可能成为这样的对手，并且在叙述顺序上仍然把中国放在俄罗斯的前面。《报告》还认为，意外情况对美国在海内外的利益构成严重挑战，这些情况包括：“以新技术进行威胁”，“美国无法使用利益攸关地区的至关重要设施和运输线”，“敌对组织夺取友邦政府的政权”，等等。要求美国保持足以灵活对付这类意外事件的军事能力。

根据以上判断，美国决心：在未来 15 至 20 年间，继续从政治和军事方面参与世界事务，继续保持对现在和未来竞争对手的军事优势；并称，如不这样做，“世界将变得更加危险，对美国、盟国、朋友及其利益的威胁也必将变得更加严重”。

（二）重申在 2015 年前推行以“塑造”、“反应”和“准备”为 3 大要素的防务战略。

关于“塑造”，即国防部以“促进和保卫美国的国家利益的方式，在塑造国际安全环境方面发挥重要的作用”。主要措施：一是“促进地区稳定”，二是“防止或减少冲突与威胁”，三是“慑止侵略与威胁”。

关于“反应”，即美国军队“为保卫美国的利益，显示美国的决心和确保美国的世界领导地位而时常应召对危机作出反应”。反应的方法，一是“对危机中的侵略和威胁实施威慑”，二是“实施较小规模的应急行动”，三是“打赢大规模的战区战争”。

关于“准备”，即美国防部“必须从现在起就为应付难以预测的未来安全挑战而做好准备”。主要措施：一是“加速现代化进程，用新式装备替代正在老化的武器系统，用最先进的技术武装部队，以确保美国的军事优势”；二是“继续充分利用军事革命的成果，改进美军执行近期任务和应付未来挑战的能力”；三是“利用商业革命的成果，对国防部的基础机构和支援机构进行彻底的改造”；四是“有效防范那些虽不大可能出现但却是极其严重的未来威胁，确保……国防部在新出现的威胁面前处于有利的地位并及时有效地作出反应”。

（三）明确防务战略对美国军事力量的 6 项要求。这 6 项要求是：

第一，塑造安全环境。即美军通过全球的军事参与塑造有利于美国的国际安全环境。为此，各战区司令部每年都要根据本战区的情况，制定本战区今后 5 年的军事参与计划；参联会要综合各战区的计划，制定美军全球参与计划。

第二，对危机作出反应。这要求美军训练有素、装备精良、具有执行多种任务的能力。必须能够有效地应付各种性质的较小规模的应急作战，同时能够从应急作战中撤出，经重组后在规定的时间内投入到大规模战区战争中去。打战区战争，美军必须做到3点：能够从多个同时进行的较小规模的应急行动中转移出来，投入大规模战区战争；能够同时打赢两场大规模战区战争；能够对付使用大规模毁伤性武器的敌人。

第三，拥有一支全能部队。也就是美国必须拥有一支“规模足够和战斗力很强的军队”。这支军队“能够击败为数众多的敌常规部队，慑止侵略和威胁，实施各种各样的较小规模的应急作战和参与塑造国际环境活动，迎接非对称威胁的挑战”。

第四，实施信息战。“信息战指在保护己方信息和信息系统的同时，干扰敌方信息和信息系统的行动。”美国防部正把发展信息战能力的计划，由作战支援扩大到平时和战时维护国家安全的各个方面。

第五，反扩散行动。为确保反扩散的成功，美国防部把反扩散作为一项制度贯穿军事活动的各个方面，同时使反扩散国际化，使盟友的部队能够和美军部队一道联合实施反扩散行动。美军联合参谋部和各大司令部都在制定集攻防于一体的反扩散作战理论。

第六，部队保护和反恐怖主义。反恐怖主义的行动包括两个部分：一个是防恐怖主义，即采取防御性措施，减少易受恐怖活动袭击的薄弱环节；另一个是打击恐怖主义，即采取进攻性行动，阻止、威慑和打击恐怖主义。为此，美国防部于1998年开始实施一套全球范围的反恐怖主义行动规范，还成立了反恐怖部队。

（四）提出“全能部队”的4大特征。《报告》称，在今后15到20年美国将面临“种类繁多的军事挑战”，为此，包括现役和后备役部队在内的美国军队必须是能够执行多种任务的“全能部队”。这样一支军队有4大特征：①“保持强有力的海外存在态势”，以显示保护美国及其盟友在重要地区利益的决心和能力，使美国在对危机作出快速反应时处于有利地位，以及强化美国的军事威慑效果，从而达到防止出现力量真空和地区不稳定的目的。②“高效有力的力量投送能力”。这种能力是美军灵活机动能力的核心，它能给美国领导人在应付潜在的危机和冲突事件时提供多种选择，能使美国有效地塑造环境和作出反应，还可使美国在必要时强行进入战区，确保美国得以进入重要的港口、空军基地和其他重要设施，以及在别国领土上建立军事据点。③“拥有至关重要的保证能力”。这些能力主要是：杰出的指挥官和高素质的士兵——“他们是决定未来战争胜利的决定性因素”；全球预警情报系统——危机早期预警能力和威胁探测能力，对于部署在全球各地的美军至关重要；全球通信能力——不但要实现信息、数据、决定和命令的及时传递，而且要能同时阻止敌方干扰美国的信息系统；太空优势——$C^4$1SR以及导航和气象预报都依赖天基设施，美国必须在保持太空优势的同时，监控他国利用天基设施的情况，阻止对手拥有利用太空威胁美国的能力；制海权和制空权——这对于美军在全球范围内实施部队远距离投送，保证指挥顺畅，保护美国的军事和商业利益以及维持战略交通要道的通畅都非常重要；战略机动性——强有力的战略机动能力对美国至关重要，维持美军的全球机动体系是美国防务战略压倒一切的任务。④对非对称威胁作出反应的能力。美国认为，反对美国的国家越来越重视以非常规的战略战术和手段抵消美国的常规力量优势。发展反非对称威胁的能力，已成为把美国的军事优势保持到下个世纪的关键环节。

（五）加大对国防建设的投入。《报告》认为，尽管美军是世界上最强大的军队，能够维护美国在全球的利益和显示美国做世界领导者的决心，但是也有“不尽如人意的地方”，在招募和保留高素质兵员、维护和更新老化设备、部队管理等方面面临各种挑战，出现战备水平下降趋势。为扭转这一趋势，使美军任何时候都能达到国家军事战略的要求，美国政府制定了《未来防务规划》，计划斥巨资全面加强美军建设。美总统克林顿在1999年初提出的今后6年（2000～2005年）的防务预算，要求增加拨款1120亿美元，其中约360亿美元用于提高军人的福利待遇，以招募和保留更多的高素质人才，其余用于装备现代化、战备和应急需要。

（六）提出2000财年的军队结构指标。2000财年，美军总员额将为138.48万人，比1999财年减少约6000人；军队结构将为：

陆军48万人，编为4个军，10个现役师，2个装甲骑兵团。另外，国民警卫队编8个师、15个加强独立旅、3个独立旅。

海军37.18万人，编航空母舰11艘，舰载机联队10个，两栖戒备大队12个，攻击潜艇56艘，水面作战舰只108艘。另外，后备队编航母1艘、舰载机联队1个、水面作战舰只10艘。

空军 36.09 万人，编战斗机联队 12 个，轰炸机 190 架。另外，后备队编有战斗机联队 7.6 个、防空中队 4 个。

陆战队 17.21 万人，编 3 支陆战队远征部队，3 个师，3 个飞行联队，3 个部队勤务支援大队。另外，后备队编 1 个师、1 个飞行联队、1 个部队勤务支援大队。

战略核部队：洲际弹道导弹 550 枚，其中可携 3 枚分导式弹头的"民兵"3 型 500 枚、可携 10 枚分导式弹头的"和平卫士"导弹 50 枚；潜射弹道导弹 432 枚（皆为可携 8 枚分导式弹头的"三叉戟"1/2 型导弹），弹道导弹潜艇 18 艘（每艘可携 24 枚潜射导弹），战略轰炸机 113 架（其中 B－1 型机 21 架，其余为 B－52）。

（七）加快发展弹道导弹防御体系。《报告》称，核生化武器及投掷这些武器的导弹的扩散，对美国及其盟友的国家安全构成巨大威胁；现在有 20 多个国家已拥有或正在研制核生化武器，还有 20 多个国家拥有战区弹道导弹或巡航导弹；因此，发展弹道导弹防御体系已成为美国"塑造、反应和准备"战略的重要组成部分。《报告》为发展弹道导弹防御体系所列的具体理由是：可保护部署在海外的美国部队；可增强美国为盟友提供的安全保护伞，打消许多盟友寻求发展核生化武器和弹道导弹的念头；可对付在地区冲突中拥有弹道导弹的对手，使这些对手使用弹道导弹阻止或限制美军实施远程力量投送，及遏制美国的盟友和美国实施联军作战的企图破产。

八、抛出"克林顿主义"。这是未写进美国《国防报告》的新政策动向。1999 年 3 月 24 日，美国策动北约发动了侵略南斯拉夫联盟的战争。战争结束不久，美总统克林顿到欧洲访问，到处为这场侵略战争辩解，提出了可用战争手段解决人道主义危机的"克林顿主义"。后来，他又到联合国兜售"克林顿主义"。根据克林顿的言论和国际社会的评论，可将"克林顿主义"的基本观点概括为 6 点：①如果内战、分离主义运动、民族冲突等危机升级为足以引起世界关注的暴力行动，国际社会可跨越国家主权进行军事干涉；②只有发生在美国的利益攸关地区的危机，美国才直接实施军事干涉；③对发生在中、俄领土之内或与之接壤地区的危机，干涉必须慎重，要避免与中、俄直接发生军事冲突；④一般不单独进行干涉，要尽量利用盟国及危机周边国家的军事力量；⑤最好要获得联合国的授权，但不是非获得不可；⑥一旦决定干涉，就必须投入决胜的力量，避免过大的伤亡。"克林顿主义"的提出表明，美国的对外用兵政策有 3 点变化：一是对外用兵的价值观色彩更浓了。也就是说，"人道主义"问题在美国国家安全战略和防务政策中的地位提高了。二是解决"人道主义危机"的手段强硬了。过去强调用民间手段解决这类危机，只有民间力量不能解决时才提供非战争行动支援，而现在提出可用战争行动解决。三是对外用兵政策的进攻性、冒险性和侵略性更强了。克林顿在联合国发言时反复强调，"克林顿主义"不受国家主权限制，不受联合国授权限制。这就是说，美国可根据自己的利益需要，以解决"人道主义危机"为名，随意对别国进行武力干涉。

军事战略　美国从 1997 年开始奉行"塑造、反应、准备"的军事战略。该战略的主要内容如下：

（一）战略环境判断。认为战略环境对美国既有机遇，也有挑战。现在，美国在塑造有利于自己的安全环境方面有历史性的机遇。

（二）军事战略目标。有两个，一是"促进和平与稳定"，二是"挫败敌手"。所谓"促进和平与稳定"，就是保持任何利益攸关地区的和平与稳定，并确保其不被敌视美国的力量所控制。所谓"挫败敌手"，就是在发生武装冲突的情况下，使用一切适当手段，投入决定性兵力，促使冲突在对美国有利的情况下结束。

（三）军事战略要素。有 3 个，即"塑造"、"反应"和"准备"。

"塑造"，指"美国武装部队运用其固有的威慑性并通过和平时期的军事参与，对塑造有利于美国的国际环境作出贡献"。其具体内容有：通过参与来促进稳定；采取行动防止冲突和降低威胁强度；采取常规或核威慑行动制止侵略。

"反应"，指对危机作出反应，"采取的军事行动包括从慑止侵略到打赢大规模战区战争，以及同时实施数个较小规模的应急行动。"其具体内容有：通过军事集结、实施制裁或有限打击，慑止侵略或对邻国施压行径；打赢两场几乎同时发生的大规模战区战争；以力量显示、有限打击、强制干预、设立禁飞区或禁航区、维和行动、人道主义救援行动等军事行动，对付同时出现的多个小规模冲突事件和跨国威胁。

"准备"，指从现在开始"针对充满不确定因素的未来预作准备"，也即"在迈向下个世纪之际，美国必须保持其全球领导地位所不可或缺的军事优势"。为此，美国要充分利用军事革命的成果，推进军队的现代化。在军队建设上，要突出保持“信息优势”；要改革作战理论、体制编制和训练，提高美军官兵的素质；要加快研制和列装新装备，以在未来战场上获得“全面控制权”；要巩固和发展与盟国和伙伴国的关系，以提高协同作战能力；要保证部队的均衡发展，不但军种间要均衡，而且今天需要和明天要求之间也要均衡。

（四）军事力量的使用原则。规定美国在使用军事力量时，应遵循以下 4 条原则：第一，必须审慎而决定性地使用军事力量，应明确提出可以实现的、支持国家政治目的的军事目标，并阐明军队的使命；第二，必须把各军种的力量和能力有机地结合起来，作为一支联合部队展开行动；第三，必须在保持可单独采取行动的能力的同时，尽可能争取与盟国或多国联盟的军队并肩作战；第四，必须确定最终目标，明确停止军事介入、撤出军队的条件，以确保部队在由平时状态转入战时状态之时，就已做好从战争过渡到和平的准备。

（五）冷战后的核战略。1997 年 11 月，美总统克林顿向国防部长和参联会主席发出关于冷战后核战略的《总统决策指令》。这一指令认为，尽管核武器在今天的作用比冷战时期小，但核武器仍是美国威慑力量的核心部分，是在不确定的未来的安全“屏障”，是履行对盟国的安全承诺的“有效手段”。因此，美国将保留一支以指挥控制可靠、灵活反应和抗毁力强为基础的“足够强大的”战略核力量。指令提出的新核战略，有以下“3 个变”和“3 个不变”的特点。

“3 个变”是：①核战略的首要任务已经不是进行和赢得核战争，而是遏制敌方对美国、美国的海外部队、美国的盟友及美国的生死攸关利益发动的侵略；②核作战的对象不再只是苏联集团，而是拥有核武器的任何国家，尤其是所谓“胡作非为国家”；③核武器的使用不只是对威胁使用或实际使用核武器者的反应，而且是对威胁使用或实际使用生化武器者的反应。

“3 个不变”是：①仍然坚持核武器是“国家安全的基石”，坚持发展由洲际导弹、战略轰炸机和战略潜艇构成的“三位一体的战略核力量”；②仍然保持对非盟友核大国特别是俄罗斯的警惕，保留“用核武器袭击俄罗斯的军事和非军事领导机构以及核部队”的选择；③仍然坚持首先使用核武器的原则。

尽管这是对 1981 年里根政府制定的核战略所作的重大调整，但是不难看出：调整不是根本性的，美国的核战略依然是核威慑战略，冷战思维仍在美国的核战略中起主导作用。

国防体制　总统是武装部队总司令，全军最高统帅。总统通过国防部领导和指挥全军，紧急情况下可越级指挥。战略核力量不论何时都由总统指挥控制。

国家安全委员会是最高防务决策咨询机构。其法定成员包括总统、副总统、国务卿和国防部长。参谋长联席会议主席是其法定军事顾问，中央情报局局长是其法定情报顾问。该委员会日常工作由总统国家安全事务助理（顾问）负责。

国防部是总统领导与指挥美国武装力量的最高军事机关，负责防务政策、计划的制定和实施，以及全般国防事务管理，并通过参谋长联席会议对全军实施作战指挥。它由国防部本部系统、军事部系统和作战指挥系统 3 部分组成。

国防部本部系统主要负责政策、财政、军务等全军性事务，以及各军事部间的协调。下设政策、采购与技术、人事与战备、审计与财务、指挥通信控制与情报、立法、后勤事务、情报监督、行政管理、公共事务、监察、作战试验与评估等部门，分别由副国防部长、助理国防部长、主任、局长或部门长等主管。

军事部系统包括陆军部、空军部和海军部 3 个军事部（军种部）。各军事部负责本军种的行政管理、教育训练、武器装备研制和采购及后勤保障等事务，并有责任在战时向各作战司令部提供作战部队及相应的勤务和后勤支援，但无作战指挥权。军事部长为文官，在其下设军种参谋长（海军为作战部长）。军种参谋长（海军作战部长）是本军种最高军事长官。

作战指挥系统指参谋长联席会议（以下简称“参联会”）及隶属于它的各联合司令部、特种司令部。参联会既是总统、国防部长、国家安全委员会的军事咨询机构，也是总统和国防部长向联合司令部和特种司令部发布作战命令的军事指挥机关。从某种意义上讲，国防部是总统的军政部门，而参联会是总统的军令部门。参联会成员包括主席和三大军种参谋长（海军为作战部长）。参联会主席是美军最高军事长官，是总统和国防部长的首席军事顾问。参联会下设联合参谋部和国家军事指挥中心，负责处理日常事务和作战指挥业务。美军设 9 大联合司令部，它们是直属国防部的美军高级作战指挥机构。美三军部队除实行特别勤务者外，均编入某一联合司令部。一旦发生重大紧急情况，各联合司令部即可对编入本司令部的部队实施作战指挥。目前 9 大联合司令部包括：5 个地区司令部（也称地区总部），即欧洲司令部、太平洋司令部、大西洋司令部（已于1999年10月改组为联合部队司令部）、南方司令部和中央司令部；4个职能司令部，即航天司令部、特种作战司令部、运输司令部和战略司令部。必要时，也可根据总统指示将其他联合司令部的部队临时划归处于紧急情况的联合司令部指挥。

美国武装力量由现役部队、预备役部队和军内文职人员3部分组成。现役部队分陆军、空军、海军和海军陆战队4个军种，分属陆军部、空军部和海军部3大军事部领导。美军预备役部队按组织系统分国民警卫队和联邦后备队两部分。国民警卫队含陆军国民警卫队、空军国民警卫队和海岸警卫队，其中海岸警卫队平时由美政府运输部管辖。后备队含陆军后备队、海军后备队、空军后备队和陆战队后备队。预备役人员按动员程度分为3类：第1类为待命预备役人员，即编入预备役部队的精选预备役人员，可立即用于增援正规部队；第2类为待编预备役人员，即动员时可征召的参训人员；第3类为退役预备役人员，必要时可应召增补负责作战支援和训练的部队。文职人员是美国联邦政府雇员的一部分，本国雇佣的称直接雇员，由住在国政府雇佣的称间接雇员。从事的工作种类有科学家与工程师、行政管理人员、技术员、秘书和办事员、服务员、勤杂工等。

领导人物　总统兼武装部队总司令比尔·克林顿（1997年1月连任）。国防部长威廉·科恩（1997年1月上任）。国家安全事务助理塞缪尔·伯杰（1997年1月上任）。参谋长联席会议主席亨利·H·谢尔顿陆军上将（1997年9月上任）。参联会副主席里查德·B·迈尔斯空军上将（2000年2月上任）。陆军部长路易斯·考尔德拉（1998年7月上任）。陆军参谋长埃立克·欣塞基（新关）上将（1999年6月上任）。空军部长惠滕·皮特斯（1999年9月上任）。空军参谋长迈克尔·E·瑞安上将（1997年10月上任）。海军部长里查德·登齐格（1998年11月上任）。海军作战部长杰伊·L·约翰逊上将（1996年8月上任）。海军陆战队司令杰姆斯·琼斯上将（1999年7月上任）。欧洲司令部司令约瑟夫·W·罗尔斯顿空军上将（2000年4月上任）。太平洋司令部司令丹尼斯·C·布莱尔海军上将（1999年2月上任）。大西洋司令部（1999年10月改称联合部队司令部）司令小哈罗德·W·格曼海军上将（1997年9月上任）。南方司令部司令查尔斯·E·维尔赫姆陆战队上将（1997年9月上任）。中央司令部司令托米·R·弗兰克斯陆战队上将（2000年5月上任）。航天司令部司令拉尔夫·E·埃伯哈特空军上将（2000年2月上任）。特种作战司令部司令彼得·J·肖梅克空军上将（1997年9月上任）。运输司令部司令托尼·罗伯逊空军上将（1998年5月上任）。战略司令部司令里查德·W·米斯海军上将（1998年6月上任）。

武装力量　**兵力**　1999财年，现役正规部队总人数139.04万人。

陆军　48万人。编有3个集团军司令部，4个军部，10个作战师（2个装甲师、4个机械化师、2个轻步兵师、1个空中突击师、1个空降师），5个航空旅，3个装甲骑兵团，6个炮兵旅，9个“爱国者”和2个“复仇者”防空导弹营，3个独立步兵营和1支空降特种部队。

主战坦克：M－60A3、M－1A1和M－1A2等型，共7684辆。步兵战车：M－2和M－3型，共6715辆。装甲输送车：M－113型17800辆。装甲侦察车：Tpz－1型113辆。各类火炮：5699门，其中277毫米多管火箭炮857门、自行火炮2555门、牵引式火炮1593门。反坦克导弹：“陶”和“龙”式等，共23352具。防空导弹：“复仇者”式767部，“爱国者”式485部。两栖舰船：51艘。各种用途飞机：249架。直升机：4923架，其中武装直升机1437架。无人驾驶飞机：“猎人”式7架。

海军　37.23万人。编有5个舰队，即第2舰队（大西洋）、第3舰队（太平洋）、第5舰队（印度洋、波斯湾、红海）、第6舰队（地中海）、第7舰队（西太平洋）。还设一海军运输司令部。

航空母舰：12艘，包括8艘“尼米兹”级和1艘“企业”级核动力航母，2艘“小鹰”级和1艘“肯尼迪”级常规动力航母（每艘航母配备一舰载机联队，每个联队一般配备3个F/A－18型战斗攻击机中队、1个F－14战斗机中队、1个S－3B型和EP－3型反潜战飞机中队、1个SH－60型反潜直升机中队、1个EA－6B型电子战飞机中队、1个E－2C型空中预警机中队和1个C－2型支援飞机中队）。潜艇：76艘，其中战略潜艇18艘，战术潜艇57艘（核动力导弹攻击潜艇33艘、核动力攻击潜艇24艘），其他用途潜艇1艘。导弹巡洋舰：27艘（均为“提康德罗加”级）。导弹驱逐舰：54艘（“阿利·伯克”级28艘，“斯普鲁恩思”级27艘）。导弹护卫舰：37艘（均为“佩里”级）。扫雷舰：27艘。两栖舰：42艘。军事运输司令部辖船只116艘，可调用商船327艘。

海军陆战队　17.22万人。编有3个陆战队师，

3个勤务支援大队，1个安全保密营，1个安全警卫营。

主战坦克：M－1A1型403辆。轻装甲车：735辆。两栖装甲车：1321辆。牵引火炮：930门。反坦克导弹：2361部。反坦克火箭筒：2754具。迫击炮：613门。航空兵3.64万人，编3个现役飞行联队，装备各种飞机约504架，直升机约500架。

空军　36.59万人。编有空中作战司令部和空中机动司令部两大司令部。空中作战司令部辖4个航空队、23个飞行联队；空中机动司令部辖2个航空队，13个飞行联队。

远程轰炸机：208架，其中B－52H型94架、B－2A型21架、B－1B型93架。侦察机：63架，其中U－2R/S型36架、SR－71型6架（封存），RC－135型21架。指挥所机：40架，其中E－3B/C型33架、EC－135型3架，E－4B型4架。战术飞机：2598架，其中F－15型714架、F－16型1443架、F－22A型4架、F－117型45架、A－10A型234架、OA－10A型130架、EC－18型先进测距飞机3架、E－8C型联合监视与目标攻击雷达系统飞机8架。运输机：约1100架，其中C－5式126架、C－17A型48架、C－141B型158架、C－130式519架。加油机：606架。教练机：1200余架。直升机：约220架。

战略力量　由美国战略司令部管辖，实力计在海、空军内。主要装备有：432枚潜射弹道导弹，配置于18艘战略导弹核潜艇（“俄亥俄”级SSBN－734型艇10艘，每艘携24枚“三叉戟”D－5导弹；SSBN－726型艇8艘，每艘携24枚“三叉戟”C－4导弹）。洲际弹道导弹，共550枚，其中“民兵”3型500枚，“和平卫士”50枚。战略轰炸机208架，其中B－1B型93架（只执行常规作战任务）、B－52H型94架、B－2A型21架。

海岸警卫队　3.51万人，其中文职0.6万人。根据法律，是武装力量的一个组成部分，平时由运输部维持和使用，兵力不计入三军后备役部队内。预算授权1999财年39亿美元，2000财年41亿美元。主要武器装备：各类舰船174艘（其中近海巡逻舰78艘〔大部分可携载直升机〕、近岸巡逻艇85艘、破冰船2艘），飞机4架，直升机161架。

特种作战部队　2.85万人，实力计在各军种。陆军特种作战部队1.53万人，编5个特种作战大队（每个含3个营）、1个别动队步兵团（含3个营）、1个特种作战航空团、1个心理战大队（含5个营）、1个民事营（含5个连）、1个通信营和1个支援营。海军特种作战部队0.4万人，编有1个指挥部、1个作战中心、3个大队、6支部队、6个“海豹队”、2支“海豹”输送车队、2个特种舟艇中队。空军特种作战部队0.93万人，编有1个司令部、1个飞行联队、14个飞行中队。

文职人员　72.44万人。按雇佣部门计算，陆军雇佣22.59万人，海军（含陆战队）雇佣20.69万人，空军雇佣16.87万人，国防部雇佣12.29万人。

后备役人员　87.7万人（精选后备役人员）。其中，陆军后备队20.80万人，海军后备队9.08万人，陆战队后备队4万人，空军后备队7.42万人；陆军国民警卫队35.70万人，空军国民警卫队10.70万人。

部署　1998财年，美军驻美国大陆112.14万人；驻欧洲地区11.6万人，其中驻德国7万人、欧洲其他国家4.2万人，欧洲地区海上4000人；驻亚太地区10.5万人，其中驻韩国3.7万人、日本4万人、太平洋其他地区1000人、太平洋海上1.8万人；驻拉丁美洲和加勒比海地区1.1万人；驻其他地区3.7万人。

军事基地　截至1998年2月，美军在国内拥有军事设施969个，其中陆军184个、海军164个、海军陆战队27个、空军96个、其余为国防部及后备役部队的设施。海外军事设施203个，遍布世界32个国家或地区，其中陆军102个、海军32个、海军陆战队9个、空军50个、其余为国防部和联合勤务设施。

兵役制度　从1973年起实行志愿兵役制度。

军衔　分6等25级：将官5级（五星上将、上将、中将、少将、准将），校官3级（上校、中校、少校），尉官3级（上尉、中尉、少尉），准尉5级（一、二、三、四、五级准尉），军士6级（一、二、三级军士长、上士、中士、下士），兵3级（一、二、三等兵）。

军队节日　武装力量节，5月第3个星期六；美国陆军节，4月6日；美国海军节，10月27日；美国空军节，9月第2个星期六。

对外军援　1999财年对外军事援助预算拨款总计32.96亿美元。具体援助方案是：以色列18亿美元，埃及13亿美元，约旦4500万美元，“和平伙伴关系”国8000万美元，中欧国家2000万美元，非洲危机反应5000万美元，东非5000万美元，加勒比地区3000万美元，维和行动8000万美元，其他3000万美元。2000财年的国际安全援助预算（由国务院提供，含军事和经济援助两部分），为62亿美元；军援部分，以色列将得到19.2亿美元，埃及将得到13亿美元，约旦将得到0.75亿美元。

（符成礼）

墨 西 哥

国　　名　墨西哥合众国。

主要统计　面积196.7183万平方千米。人口9712.2万人（其中，13～17岁男522.6万人，女508万人；18～22岁男488.3万人，女478.6万人；23～32岁男877.1万人，女878.3万人）。国内生产总值4000亿美元（1998年）。国防费24亿美元（1999年国防预算）。粗钢1056万吨（1997年）。原煤888.6万吨（1995年）。原油10.42亿桶（1996年）。天然气384.54亿立方米（1995年）。发电量1508.2亿度（1995年）。粮食2815.7万吨（1997年）。海运能力，商船（载重100吨以上）635艘，总载重量149.53万吨（1998年）。民航能力，固定航班机场83处，客运量207.64亿人千米、货运量19.68亿吨千米（1998年）。

国防体制　总统为武装力量统帅，有权宣布全国“紧急状态”和“战争状态”，决定兵力调动、高级将领任免、国防开支等重大事宜。国家安全内阁会议为最高国防决策机构，由总统领导，成员有国防部长、海军部长、内政部长、外交部长以及其他有关政府部长。国防部和海军部分别为政府中的一个部，是最高军事行政机关，也是最高军事指挥机构。国防部领导和指挥陆、空军。海军部领导和指挥海军。国防部长和海军部长经总统任命，由现役四星上将担任。总统通过国防部和海军部对全国武装力量实施领导和指挥，通过总统府参谋部对国家安全和军事问题进行协调。

领导人物　总统兼武装力量统帅埃内斯托·塞迪略（1994年12月1日上任）。国防部长恩里克·塞万提斯·阿吉雷上将（1994年12月上任）。海军部长何塞·拉蒙·洛伦索·佛朗哥上将（1994年12月上任）。

武装力量　**兵力**　现役部队17.88万人。

陆军　13万人。划分为12个军区，41个军分区。编有4个装甲旅，1个总统警卫旅，1个摩托化步兵旅，2个步兵旅，1个空降旅，1个军警旅，1个工程兵旅，1个装甲团，19个摩托化骑兵团，1个机械化步兵团，7个炮兵团，3个炮兵营、8个步兵营，64个特种大队，以及若干防空、工程、支援分队。

装甲侦察车：M－8型40辆，“大山猫”ERC－90F型119辆，VBL式40辆，“莫瓦格”25辆，MAC－1型40辆。装甲输送车：HWK－11型40辆，“半跟踪”M－2A1型32辆，VCR/TT式40辆，DN－3/4/5型134辆，AMX－VCI型395辆，BDX式95辆，LAV－150ST型26辆，BTR－60型若干辆。牵引炮：75毫米18门，105毫米176门。自行炮：75毫米5门。迫击炮：81毫米1500门，120毫米75门。反坦克导弹：“米兰”式若干具。火箭炮：82毫米若干门。反坦克炮：37毫米30门。高射机枪/高炮：12.7毫米40挺，20毫米40门。地空导弹：RBS－70型若干具。

海军　3.7万人（含海军陆战队和海军航空兵）。划分为6个海军军区，17个海军军分区。编有2个舰队，17个分舰队。

驱逐舰：“基林”级2艘，“弗莱彻”级1艘。护卫舰：9艘。巡逻艇：158艘。测量船：5艘。辅助船：41艘。

陆战队　1万人。编有3个陆战旅，1个空降旅，14个地区营，2个岸炮营，1个总统警卫营，1个岸防分队，1个独立保安连。装备装甲突击车25辆，各型火炮120多门。

海军航空兵　1100人。编12个航空兵中队。装备各型飞机121架。

空军　1.18万人。装备作战飞机125架，武装直升机95架。

战斗机：F－5E型8架，F－5F型2架。战斗教练机：PC－7型74架，AT－33型27架。武装直升机：“贝尔”205型1架，“贝尔”206型27架，“贝尔”212型25架，UN－1H型20架。运输机：77架。运输直升机：7架。侦察机：19架。联络机：53架。直升机：139架。教练机：45架。

预备役部队 30万人。

准军事部队 民兵1.4万人。

兵役制度 实行义务兵役制，同时招募志愿兵。义务兵服役期为1年，志愿兵服役期为3至9年。

军衔 分5等15级：将官3级（上将、中将、少将），校官3级（上校、中校、少校），尉官4级（一级上尉、上尉、中尉、少尉），军士3级（上士、中士、下士）、兵2级（上等兵、列兵）。

军队节日 陆军节2月19日，海军节6月1日，空军节9月16日。

（吴永业）

萨尔瓦多

国　名 萨尔瓦多共和国。

主要统计 面积2.0720万平方千米。人口607.7万人（其中，13～17岁男36.9万人，女35.6万人；18～22岁男34.7万人，女33.8万人；23～32岁男51.2万人，女53.3万人）。国内生产总值96亿美元（1998年）。国防费1.12亿美元（1999年国防预算）。发电量34.05亿度（1995年）。粮食76.4万吨（1997年）。海运能力，商船（载重100吨以上）15艘（1998年）。民航能力，固定航班机场1处，客运量19.78亿人千米、货运量1430万吨千米（1998年）。

国防体制 总统为武装力量统帅。国防部为政府中的一个部，是最高军事行政机关。武装力量由正规军和准军事部队组成。正规军分陆、海、空三个军种。最高军事指挥机构为联合参谋部。总统通过国防部和联合参谋部对全国武装力量实施领导和指挥。

领导人物 总统兼武装力量统帅弗朗西斯科·弗洛雷斯（1999年6月1日上任）。

武装力量 **兵力** 现役部队2.46万人。

陆军 2.23万人。编有6个军区，6个步兵旅，1个特种支援旅，1个炮兵旅，1个机械化骑兵团，8个步兵营，1个总统警卫营，1个支援营，3个工程兵营，1个特种作战大队。

装甲侦察车：AML－90型10辆。装甲输送车：M－37B1型40辆，UR－416型8辆。牵引炮：105毫米78门。迫击炮：81毫米300门，120毫米60门。无坐力炮：90毫米400门，106毫米20余门。高炮：20毫米40门。

海军 700人（含陆战队）。海岸巡逻艇5艘，江河巡逻艇22艘。

海军陆战队 90人。编成1个连。

空军 1600人。编有1个战斗机中队，1个武装直升机中队，1个运输机中队，1个运输直升机中队。作战飞机31架，武装直升机17架。

战斗机：A－37B型10架，AC－47型2架，CM－170型6架，“暴风”式2架。侦察机：O－2A型8架。武装直升机：休斯500D/E型8架，UH－1M型9架。直升机：UH－1H型12架。运输机：C－47型1架，C－123K型1架，“巴斯勒”67型5架，“指挥官”1架，DC－6B型1架，“默林”3B型1架，“运动会”9架。联络机：“色斯纳”210型2架。教练机：T－41C/D型3架，TH－300型6架，O－2A型3架，T－35型5架。

准军事部队 国民警察1.2万人。装备飞机：“色斯纳”O－2A型1架。直升机：UH－1H型1架，“休斯”520N型2架，MD－500D型1架。

兵役制度 实行志愿兵役制，士兵服役期为1年。军官最高服役年限为30年。退役后被编入后备役。

军衔 分3等7级：将官1级（少将），校官3级（上校、中校、少校），尉官3级（上尉、中尉、少尉）。

驻外兵力 参加联合国驻西撒哈拉维和部队军事观察员2名。

（吴永业）

危 地 马 拉

国　　名　危地马拉共和国。

主要统计　面积 10.8889 万平方千米。人口 1190 万人（其中，13～17 岁男 71.3 万人，女 69.2 万人；18～22 岁男 60.9 万人，女 59.4 万人；23～32 岁男 91 万人，女 89.9 万人）。国内生产总值 133 亿美元（1998 年）。国防费 1.2 亿美元（1999 年国防预算）。原油 500 万桶（1996 年）。天然气 800 万立方米（1995 年）。发电量 32.29 亿度（1995 年）。粮食 122.3 万吨（1997 年）。海运能力，商船（载重 100 吨以上）8 艘，总载重量 400 吨（1998 年）。民航能力，固定航班机场 2 处，客运量 3.84 亿人千米、货运量 2100 万吨千米（1998 年）。

国防体制　总统为武装部队总司令。最高军事咨询机构为最高国防委员会，成员有国防部长、国防参谋长和陆、海、空军参谋长等。国防部为政府中的一个部，是最高军事行政机关，由军衔最高、资历最深的军官担任部长。武装力量由正规军和准军事部队组成。正规军分陆、海、空军三个军种。最高军事指挥机构为国防参谋部。总统通过国防部和国防参谋部对全国武装力量实施领导和指挥。

领导人物　总统兼武装部队总司令阿方索·波蒂略（2000 年 1 月 14 日上任）。

武装力量　**兵力**　现役部队 3.14 万人。

陆军　2.92 万人。编有 15 个军区（下辖 22 个步兵营、1 个训练营、6 个装甲兵中队），2 个战略旅（含 4 个步兵营、1 个轻装甲营、1 个侦察中队和 2 个炮兵连），1 个特种大队，2 个空降营，5 个加强步兵营，1 个总统警卫营，1 个工程兵营。

坦克：M－41A 型 10 辆。装甲侦察车：M－8 型 7 辆，RBY－1 型 9 辆。装甲输送车：M－113 型 10 辆，V－100"突击队员"7 辆，"犰狳"式 30 辆。牵引炮：75 毫米 8 门，105 毫米 76 门。迫击炮：81 毫米 55 门，107 毫米 12 门，120 毫米 18 门。无坐力炮：105 毫米 64 门，106 毫米 56 门。高炮：20 毫米 32 门。

海军　1500 人（含陆战队）。

巡逻艇：38 艘。

海军陆战队　650 人。编有 2 个陆战营。

空军　700 人。编有 1 个战斗机中队，1 个直升机中队，1 个运输机中队，1 个联络机中队。作战飞机 10 余架，武装直升机 12 架。

战斗机：A－37B 型 4 架，PC－7 型 6 架。武装直升机："贝尔"212 型 9 架，"贝尔"412 型 3 架。直升机："贝尔"206 型 9 架，UH－1H 型 3 架，S－76 型 3 架。运输机：12 架。联络机："色斯纳"206 型 2 架，"色斯纳"310 型 1 架。教练机：T－41 型 6 架，T－35B 型 5 架，"色斯纳"R172K 型 5 架。

预备役部队　3.52 万人，其中陆军 3.5 万人、海军若干人、空军 200 人。

准军事部队　国民警察 7000 人。

兵役制度　实行义务兵役制。士兵服役期为 30 个月。军官最高服役年限为 30 年。

军衔　分 3 等 9 级；将官 2 级（中将、少将），校官 3 级（上校、中校、少校），尉官 4 级（上尉、中尉、少尉、准尉）。

（吴永业）

委 内 瑞 拉

国　　名　委内瑞拉玻利瓦尔共和国。

主要统计　面积 91.6700 万平方千米。人口 2376.7 万人（其中，13～17 岁男 123.1 万人，女 118.5 万人；18～22 岁男 115.7 万人，女 111.8 万人，23～32 岁男 199.6 万人，女 194.3 万人）。国内生产总值 890 亿美元（1998 年）。国防费 13.88 亿美

元（1999年国防预算）。粗钢377万吨（1996年）。原煤464万吨（1995年）。原油10.79亿桶（1996年）。天然气254.06亿立方米（1995年）。发电量748.86亿度（1995年）。粮食241.3万吨（1997年）。海运能力，商船（载重100吨以上）271艘，总载重量135.54万吨（1998年）。民航能力，固定航班机场20处，客运量73.72亿人千米、货运量2.1亿吨千米（1998年）。

国防体制 总统为武装力量统帅。国家安全与防务委员会为最高国防决策机构，成员有总统、国防、内政、外交和财政部长、武装力量总监、联合参谋长等，由总统任主席。国防部为政府中的一个部，国防部长是总统在军事问题上的主要助手，根据总统的旨意，有权管理、指挥和调动军队。全国武装力量最高委员会是总统和国家安全与防务委员会在军事问题上的主要参谋机构，负责处理军队重大事务，成员有国防部长、武装力量总监、联合参谋长及陆、海、空军和国民警卫队司令，由国防部长主持日常工作。武装力量联合参谋部协助国防部长贯彻国防政策，并协调各军种间的作战、情报、训练和后勤等工作。武装力量总监部负责审定各项军事法令，检查和监督部队的组织纪律、军种间的合作及完成任务的情况。各军种司令部为本军种最高军事指挥机构。各军种司令直接对国防部长负责，有权处理本军种重大事务。总统通过国防部对全国武装力量实施领导和指挥。

领导人物 总统兼武装力量统帅乌戈·查韦斯(2000年8月19日连任)。国防部长伊斯梅尔·乌尔达多陆军中将（2000年2月上任）。武装力量总监贡萨洛·戈麦斯·哈恩海军中将（1999年2月上任）。武装力量联合参谋长弗拉迪米尔·菲拉托夫·里亚科夫空军中将（1999年7月上任）。陆军司令鲁卡斯·林孔·罗梅罗陆军中将（1999年7月上任）。海军司令豪尔赫·谢拉尔塔海军中将（2000年2月上任）。空军司令阿尔杜罗·何塞·加西亚（1999年7月上任）。国民警卫队司令赫拉尔多·布里塞尼奥中将（1999年7月上任）。

武装力量 **兵力** 现役部队7.9万人。

陆军 3.4万人。编有6个步兵师，1个装甲旅，1个骑兵旅，7个步兵旅，1个空降旅，2个突击旅，1个航空团。

主战坦克：AMX－30型81辆。轻型坦克：M－18型75辆，AMX－13型36辆，“蝎子”90型80辆。装甲侦察车：M－8型30辆。装甲输送车：AMX－VCI型25辆，V－100型100辆，V－150型30辆，“龙”式100辆，“蝰蛇”EE－11型35辆。牵引炮：105毫米80门，155毫米12门。自行炮：155毫米10门。火箭炮：160毫米20门。迫击炮：81毫米165门，120毫米60门。无坐力炮：84毫米若干门，106毫米175门。反坦克导弹：“马帕兹”24具，AT－4型和AS－11型若干具。飞机：IAI－202型1架，“色斯纳”182型2架、C－206型2架，C－207型2架。攻击直升机：A－109型5架。运输直升机：AS－61A型4架，“贝尔”205型3架，UH－1H型6架。联络机：“贝尔”206型2架。

海军 1.5万人（含海军陆战队、海军航空兵和海岸警备队）。编有舰队司令部，陆战队司令部，海军航空兵司令部，海岸警备队司令部和内河警备司令部。

潜艇：“虱目鱼”级2艘。护卫舰：“狼”级6艘。导弹攻击快艇：“宪法”级6艘。两栖登陆艇：6艘。巡逻艇：62艘。测量船：4艘。训练舰：1艘。辅助船：1艘。

陆战队 5000人。编有4个陆战营，1个炮兵营，1个两栖营，4个分队。装备装甲突击车11辆，装甲输送车35辆，各型火炮24门。

海军航空兵 1000人。编有2个航空兵中队。装备各型飞机27架，其中作战飞机7架、武装直升机8架。

海岸警备队 1000人。装备护卫舰2艘，巡逻艇48艘。

空军 0.7万人。编有6个战斗机大队，1个直升机大队，1个教练机大队。作战飞机124架，武装直升机31架。

战斗机：CF－5A型12架，CF－5B型4架，NF－5A/B型7架，“幻影”50DV/EV型16架，F－16A型14架，F－16B型7架，EMB－312型20架。侦察机：OV－10A型15架。电子战飞机：“猎鹰”20DC型3架。武装直升机：SA－316型10架，UH－1D型12架，UH－1H型5架，AS－532型4架。运输机：63架。联络机：32架。教练机：61架。空空导弹：“魔术”R－530型、“响尾蛇”AIM－9L/9P型若干枚。空地导弹：“飞鱼”若干枚。地空导弹：“罗兰”式10部，RBS－70型若干部。高炮：20毫米、35毫米若干门，40毫米114门。

国民警卫队 2.3万人。编有8个地区司令部。装备步兵战车：UR－416型20辆。装甲输送车：“菲亚特”6614型24辆。迫击炮：150门。飞机：49

架。巡逻艇：52 艘。

预备役部队 0.8 万人（陆军）。

兵役制度 实行义务兵役制。陆军、空军和国民警卫队义务兵服役期为 1 年，海军义务兵服役期为 1 年半。

军衔 分 5 等 20 级：将官 3 级（上将、中将、少将），校官 3 级（上校、中校、少校），尉官 3 级（上尉、中尉、少尉），军士 7 级（军士长、副军士长、一级上士、二级上士、三级上士、中士、下士），兵 4 级（一级上等兵、二级上等兵、上等兵、列兵）。

驻外兵力 参加联合国驻伊拉克/科威特军事观察员 2 名，联合国驻西撒哈拉军事观察员 3 名。

军队节日 陆军节 6 月 24 日，海军节 7 月 24 日，空军节 12 月 10 日，国民警卫队节 8 月 4 日。

（吴永业）

乌　拉　圭

国　　名 乌拉圭东岸共和国。

主要统计 面积 17.6215 万平方千米。人口 324.7 万人（其中，13～17 岁男 13.2 万人，女 12.7 万人；18～22 岁男 13.6 万人，女 13.1 万人；23～32 岁男 24.6 万人，女 24.1 万人）。国内生产总值 140 亿美元（1998 年）。国防费 2.38 亿美元（1999 年国防预算）。发电量 76.5 亿度（1995 年）。粮食 221.4 万吨（1997 年）。海运能力，商船（载重 100 吨以上）93 艘，总载重量 17.25 万吨（1998 年）。民航能力，固定航班机场 1 处，客运量 6.45 亿人千米、货运量 6200 亿吨千米（1998 年）。

国防体制 总统为武装力量统帅。国防部为政府中一个部，是最高军事行政机关。武装力量由正规军和准军事部队组成。正规军由陆、海、空三军组成。陆、海、空三军相互独立，没有统一的军事指挥机构。各军种司令部为本军种最高军事指挥机构，各军种司令为本军种最高领导。最高军事指挥机构为联合参谋部。总统通过国防部和陆、海、空三军司令对全国武装力量实施领导和指挥。

领导人物 总统兼武装力量统帅豪尔赫·巴特列（2000 年 3 月上任）。国防部长路·安·布·巴雷德斯（2000 年 3 月上任）。陆军司令胡·赫伊英纳特中将（2000 年 2 月上任）。海军司令弗朗西科·帕索斯·马雷斯卡中将（1999 年 2 月上任）。空军司令何塞·佩德罗·马拉金·科雷亚中将（1999 年 2 月上任）。

武装力量 **兵力** 现役部队 2.56 万人。

陆军 1.76 万人。编有 4 个军区，1 个师部，5 个步兵旅，3 个骑兵旅，1 个炮兵旅，1 个工程兵旅，4 个战斗工兵营和 3 个炮兵营。

坦克：T－55 型 15 辆，M－24 型 17 辆，M－3A1 型 29 辆，M－41A1 型 22 辆。步兵战车：БМП－1 型 10 辆。装甲侦察车：EE－3“哈拉拉卡”18 辆，EE－9“响尾蛇”15 辆。装甲输送车：M－113 型 18 辆，“秃鹰”50 辆，OT－64“斯科特”60 辆。牵引炮：75 毫米、105 毫米、155 毫米共计 65 门。火箭炮：122 毫米 2 门。迫击炮：81 毫米、107 毫米、120 毫米共计 149 门。无坐力炮：57 毫米、106 毫米 60 门。高炮：20 毫米、40 毫米 14 门。反坦克导弹：“米兰”5 具。

海军 5000 人（含海军陆战队、海军航空兵和海岸警卫队 1600 人）。编有 1 个舰队。

导弹护卫舰：“里维埃司令”级 3 艘。巡逻艇：10 艘。海岸扫雷艇：4 艘。机械化登陆艇：3 艘。

陆战队 400 人。编有 1 个营。

海军航空兵 280 人。装备各型飞机 24 架，其中作战飞机 1 架。

空军 3000 人。编有 2 个航空旅。各型飞机 74 架，其中作战飞机 27 架、直升机 14 架。

攻击机：A－37B 型 10 架，IA－58B 型 5 架。搜索与救援机：EMB－110B1 型 1 架。运输机：C－212 型 3 架，EMB－110C 型 3 架，F－27 型 1 架，C－130B 型 3 架，“色斯纳”310 型 1 架，“色斯纳”206 型 1 架。联络机：“色斯纳”182 型 2 架，“空中女王”80 型 2 架，U－17 型 5 架，T－34A 型 1 架。教练机：22 架。直升机：贝尔 212 型 2 架，UH－1H 型 6 架，“威赛克斯”6 架。

准军事部队 920 人。

兵役制度 实行志愿兵役制。服役期为 2 年。

军衔 分 5 等 15 级：将官 2 级（中将、少将）、校官3级（上校、中校、少校），尉官4级（上尉、中尉、少尉、准尉），军士3级（军士长、一等军士、二等军士），兵3级（上等兵、下等兵、列兵）。

军队节日 陆军节5月18日，海军节11月15日，空军节3月17日。

（储晓洁）

智　利

国　　名 智利共和国。

主要统计 面积75.6626万平方千米。人口1491.9万人（其中，13～17岁男69.7万人，女67.1万人；18～22岁男63.2万人，女61万人；23～32岁男122.3万人，女119.5万人）。国内生产总值812亿美元（1998年）。国防费21亿美元（1999年国防预算）。原煤107.8万吨（1995年），原油300万桶（1996年）。天然气11.64亿立方米（1995年）。发电量299.06亿度（1995年）。粮食287.2万吨（1997年）。海运能力，商船（载重100吨以上）392艘，总载重量85.49万吨（1998年）。民航能力，固定航班机场23处，客运量63.33亿人千米、货运量13.48亿吨千米（1998年）。

国防体制 总统为武装力量统帅。国家最高安全委员会会议为最高国防决策机构。成员有总统、国防、外交、内政、经济、财政部长等内阁成员以及三军总司令和武警总局局长等，由总统任主席。国防部为政府中的一个部，是最高军事行政机关。武装力量由正规军和准军事部队组成。正规军分陆、海、空三个军种。国防参谋部为国防部的执行机构，负责协调三军的作战、训练、动员、情报、预算等事宜。国防参谋长由陆、海、空军参谋长轮流担任。陆、海、空三个军种实行分权独立，无统一的军事指挥机构，陆、海、空军司令部为各自军种的最高军事指挥机构。各军种司令为本军种最高军事长官。总统通过各军种司令部和国防部对全国武装力量实施领导和指挥。

领导人物 总统兼武装力量统帅里卡多·拉戈斯·埃斯科瓦尔（2000年3月上任）。国防部长费尔南德斯（2000年1月上任）。陆军总司令里卡多·伊苏列塔·卡法雷纳陆军中将（1998年3月上任）。海军总司令豪尔赫·阿兰西维亚·雷耶斯海军上将（1997年11月上任）。空军总司令费尔南多·罗哈斯·本德尔上将（1995年7月上任）。

武装力量 **兵力** 现役部队9.3万人。

陆军　5.1万人。设有7个陆军防区、2个军部，编有8个师、1个航空兵旅、1个工程兵团、1个空降团。

坦克：M－4A3型100辆，AMX－30型60辆，“豹”Ⅰ型67辆，M－24型21辆，M－41型60辆。步兵战车：“剪刀鱼”20辆。装甲侦察车：EE－9“响尾蛇”50辆。装甲输送车：M－113型355辆，“剪刀鱼”180辆，EE－11“蝰蛇”30辆。牵引炮：105毫米、155毫米132门。自行炮：155毫米12门。迫击炮：81毫米、107毫米、120毫米共计440门。无坐力炮：57毫米、106毫米150门。反坦克导弹：“米兰”、“马姆巴”、“马帕兹”型若干具。火箭筒：若干具。高炮：20毫米60门。地空导弹：“吹管”、“轻标枪”、“西北风”62部。运输机：33架。教练机：24架。武装直升机：21架。直升飞机39架。

海军　2.9万人（含海军陆战队和海军航空兵）。编有1个舰队，1个潜艇司令部。

潜艇：“汤姆森”级2艘，“奥伯隆”级2艘。导弹驱逐舰：“普拉特”级2艘，“诺福克”级1艘。导弹护卫舰：“利安德”级3艘。坦克登陆舰：“新港”级1艘，“迈波”级2艘。中型登陆舰：2艘。训练舰：1艘。运输舰：1艘。潜艇供应舰：1艘。测量船：1艘。海洋调查船：1艘。浮标供应船：1艘。随队补给油船：1艘。舰队远洋拖船：3艘。浮船坞：2艘。巡逻舰：6艘。巡逻艇：14艘。导弹攻击快艇：9艘。

陆战队　2700人。编为4个大队和1个两栖营，装备坦克30辆、装甲输送车40辆、牵引炮44门、海岸炮16门、迫击炮50门、无坐力炮30门、地空导弹若干部。

海军航空兵　600人。装备各型飞机45架，其中作战飞机8架、武装直升机20架。

空军　1.3万人。编有5个航空旅和5个联队。

作战飞机90架。

攻击战斗机："幻影"5BA/BD型21架，F－5E型13架，F－5F型3架。战斗/教练机：A－37B型24架，A－36型10架。战斗/侦察机："幻影"50型15架，"幻影"5－BR型4架。侦察机："空中大王"A－100型1架，"利尔杰特"35A型2架。预警机：1架。运输机：40架。直升机：35架。教练机：72架。空地导弹：AS－11/12型若干枚。空空导弹：AIM－9B"响尾蛇"、"蜻蜓"、"大蟒"式若干枚。

预备役部队　5万人（陆军）。

准军事部队　2.95万人（归国防部领导）。

兵役制度　实行义务兵和志愿兵相结合的兵役制度，即适龄青年先自愿报名服兵役，如名额不满再按义务兵征集。陆军服役期为1年，海空军服役期为1年10个月。

军衔　分6等20级：将官3级（上将、中将、少将），校官3级（上校、中校、少校），尉官4级（上尉、中尉、少尉、准尉），军士7级（一级军士长、二级军士长、一级军士、二级军士、上士、中士、下士），兵3级（一等兵、二等兵、列兵）。

军队节日　陆军节9月19日，海军节5月21日，空军节3月21日。

（储晓洁）

澳大利亚

国　　名　澳大利亚联邦。

主要统计　面积768.23万平方千米。人口1908.2万人（其中，13～17岁男68.6万人，女64.8万人；18～22岁男68.5万人，女65.2万人；23～32岁男150.8万人，女145.9万人）。国内生产总值3900亿美元（1998年）。国防费73亿美元（2000年国防预算）。粗钢809万吨（1997年）。原煤2.41亿吨（1995年）。原油1.95亿桶（1996年）。天然气295.54亿立方米（1995年）。发电量1734.04亿度（1995年）。粮食3026.2万吨（1997年）。海运能力，商船（载重100吨以上）695艘，总载重量385.73万吨（1998年）。民航能力，固定航班机场400处，客运量719.17亿人千米、货运量18.36亿吨千米（1998年）。

国防体制　总督为武装力量总司令。国防委员会是最高军事决策机构，由国防部长担任主席。国防部为武装力量最高统帅机构。国防军司令为军队最高领导人，是国防部长的首席军事顾问。武装力量由现役部队和预备役部队组成，分陆、海、空三个军种。

领导人物　总督兼武装力量总司令威廉·帕特里克·迪恩（1996年2月上任）。总理约翰·温斯顿·霍华德（1998年10月连任）。国防部长约翰·莫尔（1998年10月上任）。国防军司令克里斯·巴利上将（1998年4月上任）。

武装力量　**兵力**　现役部队5.52万人。

陆军　2.52万人。编有1个地面部队司令部，1个联合部队司令部，1个特遣部队司令部，1个后勤部队司令部，1个装甲团，2个侦察团，1个特战团，6个步兵营，1个突击营，2个装甲输送车中队，3个炮兵团，1个防空团，3个工程兵团和2个航空团。

主战坦克："豹"1A3型71辆。步兵战车：M－113型46辆。装甲输送车：M－113型463辆，ASLAV－25型111辆。牵引炮：105毫米350门，155毫米35门。迫击炮：81毫米296门。无坐力炮：84毫米577门，106毫米74门。地空导弹："轻剑"19部，RBS－70型17部。飞机："空中大王"200型4架，DHC－6型2架。直升机：共125架，其中UH－1H型25架为武装直升机。两栖舰艇：15艘。

海军　1.42万人（含航空兵）。编有1个近海司令部，1个支援司令部，1个训练司令部，6个海区司令部和4个海军基地。

潜艇："科林斯"级4艘。导弹驱逐舰："佩思"级3艘。导弹护卫舰："阿德莱德"级6艘。护卫舰："安扎克"级2艘。巡逻艇：16艘。扫雷艇：8艘。两栖舰艇：9艘。支援及勤务船：11艘。

航空兵　990人，编有1个反潜直升机中队，2个运输/救援中队。装备武装直升机16架，运输/救援机18架。

空军　1.58万人。编有2个攻击战斗机兼侦察机中队，3个战斗机兼攻击机中队，1个战术训练机中队，2个海上侦察机中队，7个运输机中队。作战飞机126架。

攻击战斗机/侦察机：F－111C型17架，F－111G型15架，RF－111C型4架。战斗机/攻击战斗机：F/A－18型52架（其中19架用于训练改装和研究发展）。海上侦察机：P－3C型19架，TAP－3B型3架。空中加油机：波音707型4架。运输机：C－130型24架，波音707型5架，DHC－4型14架，"猎鹰"900型5架，HS－748型10架。前方指挥引导机：PC－9型3架。教练机：75架。空地和空空导弹若干枚。

预备役部队　2.773万人，其中陆军2.333万人、海军1800人、空军2060人。

准军事部队　海关总局装备有海上侦察机13架、直升机1架、小船6艘。

兵役制度　实行志愿兵役制。

驻外兵力　驻马来西亚（"5国联防"组织）约148人，包括1个步兵连及1个空军分遣队。驻巴布亚新几内亚38人。此外，1999年约有188名军事观察员和停战监督小组在埃及、中东和巴布亚新几内亚执行联合国维和任务。

外国驻军　美国海军40人、空军260人。新西兰空军47人及攻击战斗机6架。新加坡驻军230人（建有1所飞行训练学校，配有S－211型飞机27架）。

（孟　丽）

（本栏责任编辑　夏　娟）

其　他　国　家

国　名	现役部队					主要武				
							火　炮(门)			
	总兵力(人)	陆军(人)	海军(人)	空军(人)	其他(人)	(坦克) 装甲车辆(辆)	牵引炮(门)	迫击炮(门)	无坐力炮(门)	高炮(门)
阿富汗	目前内战仍在继续,原政府军已纷纷倒向各派游击武装,									
巴勒斯坦	由公共安全部队等组成准军事部队约 35000 人,装备									
巴林	11000	8500	1000	1500		(106) 约411	36	18	36	24
不丹	约 10000	10000								
格鲁吉亚	26300	12600	750	2400		(79) 111	71	16		
吉尔吉斯斯坦	12200	9800		2400		(210) 264	161	66		24
卡塔尔	11800	8500	1800	1500		(44) 284	12	39	若干	
科威特	15300	11000	1800	2500	国民卫队 5000	(385) 495		50		
尼泊尔	46000	46000				40	25	70 余		32 余
塞浦路斯	10000	国民卫队 10000				(145) 611	144	376	184	80
塔吉克斯坦	约 79000	7000				(40) 125	12	12		
文莱	5000	3900	700	400		(16) 52		24		
土库曼斯坦	17000~ 19000	14000~ 16000		3000		(570) 1354	345	73		50
亚美尼亚	53400	约 52000				(102) 218	121	19		

军　事　概　况

器装备									
导弹		飞机(其中作战飞机)(架)	直升机(其中武装直升机)(架)	舰艇(艘)	其他	(预备役)准军事部队(人)	外国驻军(人)	参加联合国维和人数	备注
反坦克(具)	地一空(部)								
其武器装备也均落人各派武装之手。塔利班控制阿三分之二国土。									
有装甲输送车 45 辆、飞机 1 架、直升机 4 架及一些轻武器。									
15	70 余	27(24)	33(26)	18	自行火炮 12 门,火箭炮 9 门,空舰、空空导弹若干	10150	美军 900,英军 40		
步枪、冲锋枪、机枪、迫击炮等若干。									
	若干	约 15	14	19	自行火炮 2 门,火箭筒 18 具;空军防空部队装备地空导弹 75 部	(250000) 6500	俄军 5000,联合国观察员 100		
26	若干	120(53)	47(15)			5000			驻塔吉克斯坦 300 人
100		24(18)	24(18)	7 余	自行火炮 28 门,火箭炮 4 门		美军 30		
184	24	80(76)	28(20)	17	自行火炮 59 门,火箭炮 27 门	(23700)	联合国 1058,美军 5190,英国空军若干		
		3	11			警察部队 40000		607	
67	72	3	9	12	自行火炮 12 门,火箭炮 18 门,火箭筒 1000 余具	(88000 一线预备役,43000 二线预备役)武装警察等约 750	希腊军队 1250,英国陆军 2000、空军 1200,联合国维和部队约 1228		
	20					1200	联合国观察员 71 人,俄军 22700,哈萨克斯坦军队约 300		
	12	9	29(6)	8 余	火箭炮若干	(700)皇家警察等 3750	英军约 1050,新加坡军队 500		
若干	27	416(89)			自行火炮 16 门,联装炮 12 门,火箭筒 114 具,舰一舰导弹 12 部,反坦克炮 54 门。空军装备地一空导弹 50 部				
45	72 余	30(6)	38(13)		自行火炮 38 门,火箭筒 47 具,舰一舰导弹 8 部,反坦克炮 105 门,监视装备若干	(据报道可能有 300000)1000	俄军 3100		陆军包括 3700 空军和防空部队

国名	现役部队					主要武				
							火炮(门)			
	总兵力(人)	陆军(人)	海军(人)	空军(人)	其他(人)	(坦克)装甲车辆(辆)	牵引炮(门)	迫击炮(门)	无坐力炮(门)	高炮(门)
贝宁	4800	4500	150	150		(20)/33	16	若干		
博茨瓦纳	9000	8500		500		(66)/42	18	18	50	7
布基纳法索	10000	5600		200		96	14	若干	若干	30
布隆迪	45500	40000				114	18	100余	15	375
赤道几内亚	1320	1100	120	100		16				
多哥	6950	6500	200	250		(11)/111	4	20	27	43
厄立特里亚	180000～200000	180000	1100	1000		(若干)/若干	若干	若干		
佛得角	1100	1000	50	不足100		10	24	18		30
冈比亚	800	800	约70							
刚果(布)	10000	8000	800	1200	军事警察2000	(53)/93	若干	10余	若干	若干
吉布提	9600	8000	200	200	国家安全部队3000	31	6	45	16	15
几内亚	9700	8500	400	800	2600	(58)/67	26	20余	若干	24余
几内亚比绍	9250	6800	350	100		(30)/65	26	8余	若干	34
加纳	7000	5000	1000	1000		53	6	78	50	8
加蓬	4700	3200	500	1000		103余	4	39	若干	41
喀麦隆	22100	11500	1300	300	军事警察9000	68	38	若干	53	54
科摩罗	科国防军总兵力约600人。科与法签有防御协定,法在科设有海军基地,科海、空防务完全依靠法国。									
科特迪瓦	13900	6800	900	700		(5)/62	4	16	若干	21
肯尼亚	24200	20500	1200	2500		(76)/154	48	62	80	74
莱索托	2000	2000				18余		若干	若干	
利比里亚	计划组建新联合武装部队,设想为:陆军4000人、海军1000人、空军300人。									
卢旺达	37000～47000	30000～40000				37(12)	6余	8余		若干
马达加斯加	21000	约20000	500余	500		(12)/103	24余	8余	若干	70
马拉维	5000	5000				40	9	8		

器装备						(预备役)准军事部队(人)	外国驻军(人)	参加联合国维和人数	备注
导弹 反坦克(具)	导弹 地一空(部)	飞机(其中作战飞机)(架)	直升机(其中武装直升机)(架)	舰艇(艘)	其他				
		10	3	5	火箭炮若干	2500			
6	27	42(13)	10			1000			
	若干	19(5)			火箭炮若干	民兵等 49450		126	
	若干	9(4)	5	9	火箭炮若干	武装警察等 6500			陆军含航空兵 200 人、军事警察含海军警察 50 人
		5	2	2		民兵卫队 2 个连			
		25(16)	5	2	自行火炮 6 门(据报道)	军事警察 750		126	
若干	若干	34(19)	4	14	火箭炮若干	(120000)			
	50	1		2	火箭炮若干				
				3					
		24(12)	7	若干	火箭炮若干，反坦克炮 5	民兵 3000		4	
		7	4 余	7	火箭炮若干	军事警察 1200	法军 2600		
	若干	15(8)	5	10	反坦克炮若干	民兵等 9600		1703	
	若干	3(3)	3	4	火箭炮若干	军事警察 2000		8	
	若干	50(19)	10	4		约 800		1157 余	
4		28(16)	12(5)	5	火箭炮 8 门	4800	法军 700	125	
若干		31(15)	17(4)	34	火箭炮 20 门				
		17(5)	7	13	火箭炮若干	(12000)民兵等 7000	法军 570	233	
54		60(30)	47(34)	10	空空、空舰导弹若干	约 5000~9000		15	
		4	5						
	若干		2(据报道)		火箭炮 5 门	军事警察 7000			据报道，驻刚果(金) 4000 人
		25(12)	10	4	火箭炮若干	7500			
	15	6	3	2		机动警察部队 1000			陆军中含海军 220 人及空军 80 人

国　名	现役部队					主要武				
	总兵力（人）	陆军（人）	海军（人）	空军（人）	其他（人）	（坦克）装甲车辆（辆）	火炮（门）			
							牵引炮（门）	迫击炮（门）	无坐力炮（门）	高炮（门）
马里	7350	7350				(39)/70	20 余	30 余		12
毛里求斯	无正规作战部队，所有武装均属准军事部队。现有特别机动队 1000 人，装备装甲车 10 辆、									
毛里塔尼亚	15650	15000	500	150	5000	(35)/105	75	100	若干	47 余
莫桑比克	5100～6100	4000～5000	100	1000		(约 80)/320	300 余	若干	若干	680
纳米比亚	9000	9000			海岸警卫队 100	若干/若干	24	若干	若干	65
尼日尔	5300	5200		100		154		40	14	39
塞拉利昂	3000		约 200					7	若干	7
塞内加尔	11000	10000	600	400	军事警察等约 5800	约 99	18	16		33
塞舌尔	450	200			6		6		若干	
圣多美和普林西比										
斯威士兰										
索马里	1991 年西亚德政府垮台后，索一直处于四分五裂状态。									
突尼斯	35000	27000	4500	3500		(84)/382	117	165	210	115
赞比亚	21600	20000		1600		(60)/73	96	93	12 余	161
乍得	30350	25000		350	军事警察 4500	(60)/若干	5	若干	若干	若干
中非	4950	2500		150		(4)/49		若干	14	

器装备						（预备役） 准军事部队 （人）	外国驻军 （人）	参加联合国维和人数	备　注
导弹		飞机（其中作战飞机）（架）	直升机（其中武装直升机）（架）	舰艇（艘）	其他				
反坦克（具）	地一空（部）								
	12	32(16)	2	3	火箭炮 2 门	军事警察 4800		625	陆军中含海军 50 人及空军 400 人
迫击炮 2 门、火箭炮 4 门；海岸警卫队约 500 人，装备巡逻艇 13 艘；空中警察装备飞机 2 架。									
若干	若干	20		7					
	若干	19	9	3	火箭炮 30 门，防空导弹 10 余部				
	若干	10	2	2	火箭炮 5 门				驻刚果（金）2000 人
		5	2		火箭炮 36 门				
	若干		2	3			联合中国维和部队约 1000～2000（也有报道为 10000～12000）		
4		29(8)	5	11	火箭炮 31 门		法军 1200	133	外国驻军装备有飞机 2 架、直升机 1 架
	10	3		2	火箭炮若干	空军国民警队等 250			
原政府军早已瓦解，其武器装备分散于各分派武装之手，完好率很低。									
565	73	68(44)	7(7)	23	火箭炮 600 门，监视装备若干，空空导弹若干	12000			
若干	若干	91(63)	33(若干)		火箭炮若干	陆军 3000 1400	2		
若干		16(4)	2		火箭炮若干	共和国卫队 5000	法军 900	126	
		15	2	9	火箭炮若干	军事警察 2300	联合国 1230		

国　名	现　役　部　队					主　要　武				
	总兵力（人）	陆军（人）	海军（人）	空军（人）	其他（人）	（坦克）装甲车辆（辆）	火炮（门）牵引炮（门）	迫击炮（门）	无坐力炮（门）	高炮（门）
爱尔兰	11500	9300	1100	1060		(14) 106	60	467	540	26
爱沙尼亚	约 4800	4320	340	140		39	19	58	239	100
冰岛						无正规部队，仅有准军事部队海岸警卫队 120 人，装备				
拉脱维亚	5730	2550	840	210		15	26	31		12
立陶宛	12130	7840	1320	970		38		36	119	
卢森堡	768	768						6		
马耳他						现役部队马耳他武装部队总兵力 1900 人，编成 3 个团。				
马其顿	16000	15000		700 以内	(4) 123	400	150	若干	50	
摩尔多瓦	10650	9600		1050		(54) 289	70	114	若干	42
斯洛文尼亚	9550	9550				(96) 97	36	120		
安提瓜和巴布达	150	125	25							
巴巴多斯	610	500	110							
巴哈马	860		860							

器装备						(预备役) 准军事部队 (人)	外国驻军 (人)	参加联合国维和人数	备注
导弹		飞机(其中作战飞机)(架)	直升机(其中武装直升机)(架)	舰艇(艘)	其他				
反坦克(具)	地一空(部)								
21	7	18(7)	15(15)	7	火箭炮若干	(14800)		700余	联合国维和部队装备有军车4辆、轻型装甲人员输送车10辆、迫击炮4门等
13		3	3	13	火箭炮200	(14000) 2800		47	边防卫队装备巡逻艇等舰艇41艘、飞机7余

巡逻艇4艘,飞机1架,直升机3架。另驻有美军1640人,荷兰海军16人。

		3	3	26		(14500) 3900		40余	
		10	8	7	火箭炮170门	(355650) 3900		41	
6		19			火箭炮若干	军事警察612			

装备飞机6架、直升机12架、舰艇11艘。另驻意大利空军47人。

30	若干	30	4	4		(102000) 7500	联合国维和部队约8000		
116	25	10	8		联装炮9门,火箭筒14具,反坦克炮36门,监视装备若干	(66000) 3400	俄军2600,维和部队500余		
若干					自行火炮8门,火箭筒60具	(61000) 警察4500		15	陆军包括海军100人,舰艇1艘;空军120人,直升机20架(其中武装直升机8架),飞机10架;地-空导弹9部,高炮39门
				2		(75)			
				3		430			
		4		19					

国　名	现　役　部　队					主　要　武				
							火　炮(门)			
	总兵力（人）	陆军（人）	海军（人）	空军（人）	其他（人）	（坦克）装甲车辆（辆）	牵引炮（门）	迫击炮（门）	无坐力炮(门)	高炮（门）
巴拉圭	20200	14900	3600	1700		(5)/53	41	80	若干	60
巴拿马	无现役部队，仅有准军事部队 11800 人，包括国民警察部队 11000 人，仅装备									
伯利兹	1050	1050						6	8	
多米尼加	24500	15000	4000	5500		(24)/28	22	24 余		
哥斯达黎加	无正规部队，仅有准军事部队 8400 人，包括国民卫队 4400 人；边防安全警察 2000 人，其中，									
格林纳达	无正规军，									
圭亚那	约 1600	1400	100	100		9	6	48		
海地	1994 年 10 月，阿里斯蒂德总统复职后宣布解散军队，并建立警察部队来维持社会治安。									
洪都拉斯	8300	5500	1000	1800		(12)/67	28	90 余	80	48
尼加拉瓜	16000	14000	800	1200		(约 137)/186	142	607	若干	
苏里南	1800	1400	240	160		30		6	若干	
特立尼达和多巴哥	2700	2000	海岸警卫队 700					约 46	若干	
牙买加	2830	2500	海岸警卫队 190	航空队 140		13		12		
巴布亚新几内亚	4300	3800	400	100				3		
斐济	约 3500	3200	300				4	12		
新西兰	9530	4400	2080	3050		(8)/72	24	50	63	

器装备：导弹 反坦克(具)	器装备：导弹 地一空(部)	飞机(其中作战飞机)(架)	直升机(其中武装直升机)(架)	舰艇(艘)	其他	(预备役)准军事部队(人)	外国驻军(人)	参加联合国维和人数	备注
		83(28)	14	22		约10450 特种警察部队14800			海军航空兵装备飞机4架,其中作战飞机2架

轻武器若干;国民海军400人,装备舰艇7艘;国民空军400人,装备飞机12架、直升机21架。

器装备：导弹 反坦克(具)	器装备：导弹 地一空(部)	飞机(其中作战飞机)(架)	直升机(其中武装直升机)(架)	舰艇(艘)	其他	(预备役)准军事部队(人)	外国驻军(人)	参加联合国维和人数	备注
						(700)			陆军含海军若干,装备舰艇14艘,空军若干,装备飞机3架
		30余(10)	11	21	空军装备高炮4门	国民警察等15000			

海上侦察小队300人,装备巡逻艇等8艘,空中侦察小队300人,装备飞机8架、直升机3架;皇家卫队2000人。

有警察约600人。

器装备：导弹 反坦克(具)	器装备：导弹 地一空(部)	飞机(其中作战飞机)(架)	直升机(其中武装直升机)(架)	舰艇(艘)	其他	(预备役)准军事部队(人)	外国驻军(人)	参加联合国维和人数	备注
		2	2	2		(1500) 1500			

现有警察约3000人。正组建海岸警卫队30人,装备巡逻艇数艘。另驻有美国海军陆战队230人。

器装备：导弹 反坦克(具)	器装备：导弹 地一空(部)	飞机(其中作战飞机)(架)	直升机(其中武装直升机)(架)	舰艇(艘)	其他	(预备役)准军事部队(人)	外国驻军(人)	参加联合国维和人数	备注
		83(49)	20	约14	火箭炮120门	(60000) 6000	美军400	12	
若干	200余	11	16(15)	7	火箭筒51具,反坦克炮461门。空军装备空舰导弹若干,高炮36门				
		5(4)	3	3					
		5		10	火箭炮13门				海岸警卫队含航空兵
		4	14	7		(950)			
		6	4	9			澳大利亚等国军队338		
				10		(6000)		940余	
	12	66(42)	18	13	火箭炮、侦察装备若干。海军航空兵装备4架武装直升机。空军装备空舰、空空导弹若干。	(约6300)		驻澳大利亚47,新加坡11,驻联合国维和部队102。	

(贯咏梅)

军事理论研究

军事思想与军事论著研究

中国关于毛泽东军事思想研究 1999年，中国对毛泽东军事思想的研究依然十分活跃，并继续在研究的深度和广度上作进一步拓展，使研究工作呈现出两个主要特点：第一，注意联系当今所处的国际环境和军队现代化建设的实际研究毛泽东军事思想；第二，既注意从宏观上对毛泽东军事思想的理论体系进行研究，又注意对该体系中以往涉足不多和不深的领域进行深入探讨，从而进一步加强了毛泽东军事思想在新形势下对军队建设的指导功能。

关于毛泽东的反侵略思想 有作者将这一思想所包括的主要内容归纳为以下5点：

*居安思危，提高警惕，牢固树立反侵略观念。*新中国成立之时，帝国主义国家在中国周边地区形成了一个半月形的战略包围圈，妄图把新生的中国扼杀在摇篮之中。面对严峻的形势，毛泽东一方面领导全国人民开展经济建设，另一方面提醒全党、全军、全国人民要牢固树立反侵略观念，保持应有警惕，做好反侵略战争的应急准备。他认为，对于帝国主义的外来侵略，一是提高警惕，二是心中不怕。如果帝国主义好战分子把战争强加在中国人民的头上，中国人民只有横下一条心来，奋起反抗侵略。

*组建新的军兵种，建立一支适应未来反侵略战争要求的国防军。*军队是一个国家国防力量的主体。毛泽东在新中国成立之后对军队的现代化建设倍加关心，决心彻底改变单一陆军军种的历史，向海军、空军和多兵种发展。在毛泽东和中央军委的精心谋划和决策领导下，中国人民解放军及时建立了海军和空军，并先后建立了炮兵、装甲兵、通信兵、防空兵、工程兵、铁道兵、空降兵、防化兵、测绘兵、第二炮兵等多兵种，有效地提高了全军的现代化作战能力。

*突出重点，改善装备，掌握慑敌制敌"撒手锏"。*新中国成立之初，为改变因武器装备落后而严重制约军队战斗力提高的状况，毛泽东提出必须建立自己的国防科研体系和国防工业体系。经过艰苦奋斗，中国在50年代不仅能够制造枪支弹药等轻型武器，而且制造出了汽车、火炮、坦克、军舰和飞机，使军队的武器装备得到了显著的改善。面对帝国主义的核讹诈和核威胁，毛泽东和中央军委高瞻远瞩，提出中国也要造原子弹，彻底摆脱帝国主义的核威慑。60年代，中国研制出了原子弹，氢弹，中近程、中远程导弹。70年代，又研制出人造地球卫星、科学实验卫星。到70年代中期，中国的国防科研和国防工业取得了举世瞩目的成就，逐步实现了陆、海、空军武器装备的国产化和制式化，初步建立了有限的核反击力量。

*培养人才，加强训练，提高全军"诸兵种协同"作战能力。*新中国成立以后，随着新的编制体制的逐步落实和武器装备的逐步改善，军队急需大批高素质的新型军事人才。为了解决这一当务之急，毛泽东采取了3项战略性措施。第一，大力开办军事院校。先后建立了一批军事、政治、后勤以及各军兵种专业技术院校，形成了较为完整的现代化军校教育体系，使军事院校成为培养各类军事人才的战略基地。第二，倡导把军队办成一个大学校。新中国成立之初，军队官兵文化水平普遍较低。为了适应新形势下军队建设的需要，毛泽东指出："必须提高全体指挥员战斗员的文化科学与技术水平"，并主张把军队办成一个大学校。通过开展全军性的文化教育，提高了官兵的科学文化水平，改变了官兵的知识结构。第三，毛泽东提出，部队的军事训练要突出"诸兵种协同"作战的特点。新中国成立之后，人民解放军逐步由单一军种发展为陆、海、空、战略导弹等多军兵种，使军事训练迈上了一个新台阶。毛泽东及时指出：与现代化装备相适应的，"就是要求部队建设的正规化"，"就是要求实现诸兵种的协同动作。"毛泽东"诸兵种协同"作战的思想，符合现代多层次、立体式战争的需要，标志着人民解放军已经开始了正规化、现代化建设的

进程。

面对侵略，敢打必胜，坚决反击外来入侵之敌。中国人民是爱好和平的，但也绝不惧怕战争，当帝国主义发动侵略战争时，奋起反抗，敢打必胜，是中国人民的唯一选择。在新中国成立之后的 20 多年里，毛泽东先后领导中国人民取得了抗美援朝、中印边境自卫反击战、珍宝岛自卫反击战等反侵略作战的胜利。(周林《论新中国成立后毛泽东的反侵略思想》,《军事历史》1999 年第 5 期)

关于毛泽东的战役造势思想 有作者撰文指出，毛泽东在战役指导实践中，十分重视对“势”的谋划，尤其是在解放战争时期，造势艺术达到了炉火纯青的境地。

关照全局，把握关节。毛泽东在运筹战役之势时总是着眼于创造战略全局之势。解放战争进入战略反攻阶段后，毛泽东制定了“力求将国民党主力就地歼灭于长江以北，以夺取革命在全国的基本胜利”的战略方针，并亲自组织和指挥了对战争全局具有决定意义的辽沈、淮海、平津 3 大战役。毛泽东认为，在战争中，内线和外线、主要战场（方向）和次要战场（方向）的配合，对全局具有举足轻重的作用。他在处理战场配合方面，有许多得意之作。如平津战役中，为了稳住华北之敌，就地聚歼，令人民解放军部队缓打太原，撤围归绥，停打保定，淮海前线对杜聿明集团暂不歼灭，从而保证了华北战场更有利地歼灭敌人。毛泽东从全局出发，还表现在他善于抓住全局中的“关节点”，精心谋划，不断把战役引向胜利。如解放战争中辽沈战役先取锦州，淮海战役先打黄伯韬兵团等，都对争取战役胜利起到了关键性的作用。

广泛机动，形成“拳头”。毛泽东指出：“主动地位不是空想的，而是具体的物质的，这里最重要的，是保存并集结最大而有活力的军队。”而保存和集结最大而有活力的军队，则必须通过机动来实现。广泛实施机动，包括包围迂回，是使自己兵力集中、形成“拳头”、造成“我专而敌分”的有利战役态势的基本样式和基本手段。人民解放军历史上的一些著名战役，都是以宽大的机动造成有利态势，从而达成歼灭战的。机动不仅可以集中兵力达成歼灭战，也可产生以势相逼的奇效。刘邓大军千里跃进大别山，就是这方面的精彩体现。

纵敌冒进，欲擒故纵。毛泽东认为，弱军战胜强军之道，最有效的策略就是采取“诱敌深入”。“诱敌深入”是一种主动的为着反攻而实施的战略退却，是为了保存军力、待机破敌而采取的有计划的战略步骤。在“诱敌深入”的过程中，可以选择人民条件最好的地区和有利的作战阵地，便于军队的集中，容易发现和创造敌人的薄弱部分，可以使敌人疲劳沮丧和发生过失，从而创造有利的战场态势，为反攻创造条件。

示之以形，迷惑敌人。隐真示假，欺骗敌人，是战役指挥员运筹敌势和我势的又一个重要手段。毛泽东指出：“错觉和不意，可以丧失优势和主动。因而有计划地造成敌人的错觉，给以不意的攻击，是造成优势和夺取主动的方法，而且是重要的方法。”红军四渡赤水后，为了将滇军调出云南，为红军让开北上道路，毛泽东率领红军佯攻贵阳，正在贵阳督战的蒋介石急电令龙云率滇军赴贵阳保驾，云南大门不战自开，红军主力直逼昆明，蒋进而调金沙江防敌增援，红军则挥师北上，终于跳出敌人的包围圈。

围点打援，打、诱结合。“力逼”是在我处于优势和敌我力量相当或我处于进攻地位时采取的战役造势方法。其主要战法是围点（城）打援和伏击等。在毛泽东指导的诸多战役作战中，此类不乏其例。采取“力逼”造势，既可歼灭部分援敌，有时还可取得“不战而屈人之兵”的奇效。辽沈战役，由于先打锦州，对东北之敌形成“关门打狗”之势，使长春守敌感到南逃无望，只有起义、投诚；并吸引沈阳之敌出援，造成了在运动中集中兵力予以歼灭的有利条件。

充分利用地形环境。毛泽东把地理环境（包括人文地理和自然地理）作为战役造势的基本条件和决定战役胜利的客观物质基础，他曾经把“积极援助红军的人民”和“有利的作战阵地”作为红军创造有利于我不利于敌态势的重要条件。在战役指导中，他特别重视利用有利于我的“民势”和“地势”，来创造有利的战场态势，进而寻机歼敌。(黄祝珊《浅谈毛泽东战役造势思想的主要特点》,《毛泽东军事思想研究》1999 年第 1 期)

关于毛泽东的核战略思想 有作者撰文指出，毛泽东的核战略思想主要包括以下 4 点内容。

(1) 不受制于人的核和平战略。长期以来，美苏两个超级大国凭借实力奉行霸权主义政策，推行争霸世界的全球战略，到处搞侵略扩张，并多次挥舞手中的核大棒对中国人民进行核威胁和核讹诈。在与帝国主义、霸权主义长期打交道的过程中，毛泽东深刻地认识到，为了维护国家独立和主权，不受帝国主义的欺侮，维护世界和平，必须发展自己的核力量。在毛泽东这一思想的指导下，中国人民于 1964 年 10 月 16 日成功地爆炸了第 1 颗原子弹，又于 1967 年 6 月

17 日爆炸了第 1 颗氢弹。从此，打破了美苏等国的核垄断，改变了世界格局中原无新中国地位的旧布局，为中国在世界军事力量的对比中增加了重要砝码。

(2) 对敌人的核打击坚决回击的核报复战略。毛泽东核报复战略强调，中国发展核武器，完全是为了防御，是后发制人。“中国在任何时候、任何情况下，都不会首先使用核武器。”但是，中国也决不屈服于敌人对我使用核武器。只要敌胆敢对我实施核袭击，我将坚决实施核反击。而这种反击是任何敌人都难以承受的。正因为中国坚强的核报复决心，才使敌人不敢轻举妄动。

(3) 与国民经济发展水平相适应的有限的核发展战略。中国是一个社会主义国家，执行的是积极防御的战略方针，当然不会去大量发展核武器，也不会与超级大国搞核军备竞赛。但如果太少则难以达到核遏制和有效报复的目的，难以引起超级大国对我足够的重视。因此，要发展一支与本国国际地位相称的且国家经济力量能承受的战略核力量。毛泽东关于核武器要“有一点，少一点，好一点”的讲话，极为简要地阐明了中国有限发展核武器的方针，既保证了中国几十年来核力量的适度发展，又保证了国家的综合国力不断增强。

(4) 有力遏制核战争的全面核裁军战略。早在中国发展核武器之初，毛泽东就制定了全面核裁军的战略。他指出，中国进行必要而有限的核试验，发展核武器，是为了反对超级大国的核垄断、核讹诈，最终消灭核武器。由于中国始终倡导全面禁止和彻底销毁核武器，积极推动核裁军，有力地遏制了核战争，维护了世界的和平。（陈昱澍《浅析毛泽东核战略思想》，《毛泽东军事思想研究》1999 年第 1 期）

毛泽东对外国资产阶级军事思想的扬弃 有作者撰文指出，毛泽东创立的毛泽东军事思想不但是马列主义普遍原理同中国革命战争的具体实践相结合的产物，而且是对于外国资产阶级军事思想的扬弃。

毛泽东对外国资产阶级战争观的扬弃。这主要体现在以下 2 个方面：一是对于战争“概然性规律”的改造和发展。毛泽东在研究克劳塞维茨“概然性规律”的基础上，通过把握战争的不确实性和确实性、偶然性和必然性的辩证统一，阐明了战争规律的可知性，得出了与克劳塞维茨完全不同的结论。二是对“战争是政治的继续”命题的吸收和改造。毛泽东对于克劳塞维茨这一命题进行了深入的研究，并结合中国革命战争实践加以运用和发展。毛泽东指出：“战争本身就是政治性质的行动，从古以来没有不带政治性的战争。”“战争一刻也离不了政治。”（《毛泽东选集》第 2 卷第 476 页）这就深刻地阐明了战争与政治的一致性。毛泽东还从战争与政治的共性与个性的关系上论述了战争自身的特殊性，由此得出“战争是流血的政治”的科学结论。

毛泽东对外国资产阶级军事思想中作战原则的扬弃。首先，对于“战略退却”原则的汲取和发展。毛泽东对这一观点进行了认真分析研究，指出：欧美日本的军事家认为，战略退却之目的是为了保存军力准备反攻。“这是弱军对强军作战时在战争开始阶段必须采取的方针”。毛泽东汲取外国军事思想之中关于战略退却原则中的精华，并结合中国革命的实际情况，灵活运用给予发展。毛泽东实行的战略退却，就是具体地运用“诱敌深入”的战略方针。其目的在于保存军力，选择和造成有利于我不利于敌的若干条件，便于我在有利的时机和地点，集中优势兵力，各个歼灭进犯之敌，从而“使敌我力量对比发生变化，然后进入反攻阶段”。（《毛泽东选集》第 1 卷第 206 页）其次，对于“消灭敌人军队保存自己军队”战争目的的补充和发展。毛泽东对克劳塞维茨关于战争的目的在于使敌人无力抵抗的阐释表示同意。同时改造了其把消灭敌人军队作为战争唯一目的的思想，明确指出：“战争的目的不是别的，就是‘保存自己消灭敌人’。”这是战争的本质，“是一切战争行动的根据，从技术行动起，到战略行动止，都是贯彻这个本质的。”（《毛泽东选集》第 2 卷第 483 页）从而把保存自己消灭敌人从战争目的的层次，科学抽象为战争的军事本质。毛泽东还精辟地阐述了保存自己与消灭敌人的关系，指出：“如不消灭敌人，则自己将被消灭”。“只有大量地消灭敌人，才能有效地保存自己”。再次，对于“按照情况活用原则”的改造和发展。许多国家颁布的军事条令，都说明了“按照情况活用原则”的必要性。毛泽东批判地汲取了上述思想，同时又把这个问题上升到战争的主观指导和客观实际相符合的高度，作了进一步的总结概括。毛泽东以设问的方式阐述道，为什么主观上会犯错误呢？就是因为战争和战斗的部署和指挥不适合当时当地的情况，主观的指导和客观的实际情况不相符合。而多打胜仗、少打败仗的关键，就在于把主观和客观二者之间好好地符合起来。

毛泽东注意总结和引证外国资产阶级正反两方面的战例来阐述军事问题。首先，引证外国资产阶级正面的战例来阐述军事问题。毛泽东在阐述抗日战争以土地换时间的政策时，提到了拿破仑在莫斯科的失败战例。他说，如果避免了战略的决战，虽然丧失若干土地，还有广大的回旋余地，可以促进并等候国内的进步、国际的援助和敌人的内溃，这是抗日战争的上策，这是以土地换时间的正确的政策。历史上，俄国以避免决战，执行了勇敢的退却，战胜了威震一时的拿破仑。中国现在也应这样干。其次，总结外国资产阶级反面战例的经验教训来阐述军事问题。毛泽东在论述“将欲取之必先与之”的原则时，既批判了“御敌于国门之外”的错误主张，同时也论及了埃塞俄比亚失败的教训：“阿比西尼亚（即现在的埃塞俄比亚）的打硬仗，也得到丧失全国的结果，虽然阿国失败的原因不仅仅这一点”。（《毛泽东选集》第 1 卷第 212 页）（唐保东《试论毛泽东对外国资产阶级的军事思想的扬弃》，《毛泽东军事思想研究》1999 年第 1 期）

（王世华）

中国关于邓小平新时期军队建设思想研究 1999 年，中国对于邓小平新时期军队建设思想的研究主要有两个方面的特点：一是力求更准确地把握邓小平新时期军队建设思想的实质和体系，二是继续拓展研究范围，以求更全面地发挥这一思想对国防和军队建设多方面的指导作用。

关于邓小平新时期军队建设思想的核心 有作者认为，现代化思想是邓小平新时期军队建设思想的核心。其原因在于：第一，现代化思想这个核心，是由新时期军队建设的主要矛盾所决定的。抓住军队现代化水平与现代战争需要这个主要矛盾，邓小平创造性地、科学地回答了新时期军队建设的一系列问题。第二，现代化思想这个核心，是由新时期军队建设的中心任务决定的。为了解决军队现代化问题，邓小平指明了 3 个方面的途径：实现武器装备的现代化，这是军队现代化的主要标志和物质基础；实现人的现代化，这是军队现代化的关键；实现编制现代化，这也是影响军队现代化的一个主要制约因素。这 3 个方面的内容构成了军队现代化思想的基本观点，指明了建设有中国特色的现代化军队的道路。第三，现代化思想这个核心，是由“三化”建设的辩证关系所决定的。邓小平新时期军队建设思想作为一个完整的理论体系，既把革命化、现代化、正规化作为一个统一的整体确定为军队建设的总目标，又强调以现代化为中心，指明了“三化”之间的主次关系。（李德才等《邓小平新时期军队建设思想的核心》，《中国军事科学》1999 年第 2 期）

关于邓小平的国防观 邓小平把马克思主义国防理论同中国当代国防建设和国防斗争实践相结合，揭示了国防建设和国防斗争的客观规律，形成了有中国特色的国防观。其基本内容有 4 个方面：一是国防观方法论，包括对新时期国防的时代背景、国防建设的目标、国防力量构成的基本因素，以及研究和指导国防建设和国防斗争的方法论等的论述。二是国防战略理论，包括服从国家建设大局的国防发展战略理论、新时期的积极防御理论和现代条件下的人民战争理论。三是国防建设理论，主要包括：常备军建设；国防后备力量建设；国防经济建设；人力物力的多种动员准备；对人民群众进行国防教育和军事训练；国防科学技术的研究；建立、健全国防法规体系；加强军事理论研究，发展军事科学；战场建设和边防、海防、空防、人防等方面的建设等。四是国防斗争理论，包括国防反威慑、国防谋略、国防外交、海防边防斗争、现代条件下的作战等方面的论述。（张全启主编《邓小平国防理论研究》，湖南人民出版社 1999 年 11 月第 1 版）

关于邓小平的国家安全战略观 邓小平坚持以国家利益为最高准则，运用马克思主义的认识论与方法论原则，全面分析国际国内形势，形成了新时期的国家安全战略思想。其主要内容有：在国家安全的内涵上，既重视军事安全，更强调以发展为核心的整体安全；在国家安全的着眼点上，既重视本国安全，更强调树立相互安全观；在国家安全实力的发展上，既重视军事力量建设，更强调发展国家的综合安全实力；在国家安全功能的发挥上，坚持打赢战争与遏制战争的辩证统一。（高争气《邓小平国家安全战略观》，《西安政治学院学报》1999 年第 4 期）

关于邓小平的武器装备建设观 邓小平针对中国国情和军情提出的发展武器装备的一系列方针、政策、原则、途径和方法，不仅正确地指导了中国人民解放军以往武器装备的建设，而且是今后军队武器装备建设的理论指南。第一，军队武器装备发展必须以国民经济的发展为基础。一方面，邓小平强调军队武器装备发展要服从国家经济建设的大局，在国家经济建设搞上去之后再拿出更多的资金、人力、物力发展武器装备；另一方面，他又强调要在不影响大局的情况下，充分利用各种现有条件，尽可能把军队武器装备搞得好一些。第二，从战略高度和长远发展考虑军队武器装备建设。要把军队武器装备的发展与国家整体发展的战略规划有机地结合起来；军队武器装备发展必须从长远去考虑；正确确定武器装备发展的主与次、急与缓。第三，要重点发展“精干”、“顶用”的武器装备。一是数量不宜过多，不要投入大量财力发展数量太多的武器装备；二是质量要高，要真正是现代化的东西；三是要便于作战，便于掌握，便于生产；四是要有一定的遏制战争的威慑力。第四，可以从外国引进，但更要立足于自己。只有努力向外国学习，赶上世界先进水平，才能使军队武器装备发展得到强有力的科技支撑，才能尽快提高武器装备的现代化水平，同时体现“以我为主”的原则。第五，科研要走在前面。邓小平十分重视科学技术在军队武器装备发展中的地位和作用，强调要提高武器装备的现代化水平，关键是抓科研。（桂恒山《中国人民解放军武器装备建设的理论指南——对邓小平关于军队武器装备建设论述的若干认识》，《中国军事科学》1999年第2期）

关于邓小平的军队管理观 在新的历史时期，邓小平丰富和发展了军队管理理论。一是明确了做好人的工作是军队管理的重点。做好人的思想工作，就是要焕发人的精神，激励人的斗志，发挥人的主观能动性和创造性。二是强调从严治军，加强军队纪律建设。在从严治军的内容上，强调严格执行纪律；在从严治军的对象上，特别强调对领导干部更要严格管理，这样才能带动整个部队，使从严治军的要求落到实处。三是确立了依法治军的方针，即加强法制建设。邓小平指出：领导制度、组织制度问题更带有根本性、全局性、稳定性和长期性。法制建设的关键在于严格执法，对一切违反法制的现象，都必须坚决反对和纠正。四是提出了培养军队管理人才的宏大任务。他认为要把部队管理好，就要提高人的管理能力，要培养军队现代化的管理人才。（王安等《军队管理规律研究》，军事科学出版社 1999 年 5 月第 1 版）

关于坚持邓小平新时期军队建设思想的指导地位 有作者撰文指出，邓小平新时期军队建设思想揭示了新的历史条件下军队建设和军事斗争的基本规律，回答了相对和平时期，在一个发展中的社会主义大国里，如何建设强大的现代化正规化革命军队和现代化国防的问题。新时期军队建设的成就都是在这一科学理论的指引下取得的。坚持邓小平新时期军队建设思想的指导地位，必须深刻领会邓小平关于新时期军队建设和军事斗争准备的各项基本观点和指导原则，把握其科学体系和精神实质。并按照“政治合格，军事过硬，作风优良，纪律严明，保障有力”的总要求，积极推进军队的建设和改革，把军队的革命化、现代化、正规化建设提高到新水平。具体说就是：必须始终不渝地坚持党对军队的绝对领导；必须坚持在国家建设的大局下行动；必须贯彻积极防御的战略方针，并以此统揽全局，做好军队的各项工作；必须牢牢抓住现代化建设这个中心，全方位地提高军队现代化程度；必须不断加强正规化建设；必须贯彻注重质量建设、依靠科技强军的方针，切实使军队实现从数量规模型向质量效能型、从人力密集型向科技密集型的转变；必须积极稳妥地深化军队改革。（张工《在邓小平新时期军队建设思想指引下建设面向 21 世纪强大的现代化正规化革命军队》，《中国军事科学》1999年第1期）

（方　宁）

中国当代著名人物军事思想研究 1999 年度中国当代著名人物军事思想研究主要有两个特点：一是研究领域广阔。既有战略层次的，也有战役战术层次的；既有涉及作战思想方面的，也有关于军队建设等方面的。二是所研究的问题多与当前军队现代化建设现实紧密联系，具有较强的针对性和指导性。

关于彭德怀在抗美援朝战争中的军事指挥艺术 有作者撰文将彭德怀在抗美援朝中的军事指挥艺术概括为以下 3 方面：

*把握战机，创造战场，结合实际确定作战方针。*这主要表现在以下 3 方面：一是把握重大战略性战役决战的战机。彭德怀总是适时抓住战机，定下实施战役的决策，从而使志愿军能在被动和劣势中，争取到主动和优势。二是精心创造战略性战役决战的战场。彭德怀在抗美援朝战争中创造战场通常考虑的因素有 4 个：（1）有利于实现战略意图；（2）有利于粉碎敌人的作战企图；（3）有利于达成歼灭战的作战目标；（4）有利于下一战役的发展。其核心是能否大量歼灭敌人，发展胜利。彭德怀正是据此成功地实施了第 1 次战役和第 2 次战役。三是从战场实际出发确定作战方针。面对现代化程度很高的美军，彭德怀总是从实际情况出发，确定志愿军的作战方针。志愿军入朝后，彭德怀根据敌尚未发现我军入朝、正分兵冒进，便当机立断，确定了从运动中歼敌的作战方针，打赢了入朝的第一仗。

*扬长击短，灵活运用兵力与战法。*首先，利用与扩大敌人的错觉，调动敌人，诱敌深入，出奇制胜。其次，集中兵力打歼灭战。在同突击力、火力、机动力很强的敌军作战中，彭德怀坚持扬我之长，击敌之短，善于集中优势兵力，对敌采取包围、分割的战术，一口一口地吃掉敌人。其三，发挥志愿军运动

战、夜战、近战的特长。为实现以劣势装备战胜优势装备之敌，彭德怀指挥部队广泛地进行夜间作战，积极寻机同敌打运动战，以此作为争取转变朝鲜战局的决定条件之一。其四，创造以坑道为骨干阵地的阵地战。第5次战役后，为实现由运动战向阵地战的转变，彭德怀指示建立以坑道为骨干，同野战工事相结合、支撑点式的坚固阵地，并指挥部队采取了战略防御中的战役和战斗的进攻战，创造了战争史上阵地战的奇迹。其五，打击敌军弱点与要害目标。彭德怀在朝鲜战场指挥作战，总是善于正确选择作战目标，力求打敌弱点，打敌要害，起到牵一发而动全身，突破一点而动摇敌整个防御体系的作用。

*刚毅果断，坚定指挥影响全局的军事行动。*首先，狠抓志愿军技术装备的改善，增强现代诸兵种合同作战能力。其次，重视后勤保障工作。彭德怀指出，“现代战争如果没有后方补充的物资保证，是不可能进行的；后方有充分物资，如果没有强有力的后勤组织工作以保证前线的充分供应，也是不能取得胜利的。”为此，他整顿健全了志愿军后勤组织机构，改善了供应体制；狠抓战场运输线建设这个关键，保证了战争的胜利。再次，指导军事行动与政治斗争紧密结合，保障政治目标的实现。为贯彻中央军委确定的“充分准备持久作战和争取和谈达到结束战争”的新战略方针，彭德怀指示部队配合谈判，加强战斗准备。严惩敌人内部阻挠和平解决的一方，迫使敌人在停战协定上签了字。（杨凤安、王天成《彭德怀在抗美援朝战争中的军事指挥艺术》，《中国军事科学》1999年第2期）

关于刘伯承的“牛刀杀鸡”战法 刘伯承元帅十分强调要集中绝对优势兵力歼敌，他一生指挥部队打了很多歼灭战，而且往往是在敌强我弱的不利形势下创造的，从而形成了一套独特的“牛刀杀鸡”战术。

*择弱攻击。*这是刘伯承“牛刀杀鸡”战术的基本特点。他认为如果集中优势兵力去打敌人的强点，兵力的集中将失去意义，因为久攻不下必会大量消耗己方兵力，优势就会逐渐丧失，一旦敌人援兵赶到，我将转为劣势。因此，只有将集中力量与择弱攻击结合起来，作战才会达到事半功倍之效。如定陶战役就是在整体上敌军兵力占有巨大优势的情况下，以诱敌深入、集中兵力、各个歼敌的方法，取得歼敌1个师又2个旅的胜利的。

*重点攻击。*即在作战中只能有一个攻击的重点，而不能有两个或几个重点。刘伯承认为，用“牛刀杀鸡”就不能平均使用兵力，否则将难以形成对敌优势。如在1946年11月的鄄城战役中，晋冀鲁豫野战军就是避开强敌，集中优势兵力打击弱敌孙震集团中冒进的刘汝明部，全歼该敌，并胜利粉碎敌人进攻的。

*机动攻击。*就是通过机动创造有利的战场态势，并寻找和利用敌人的弱点，而后集中力量予以攻击。在敌强我弱的情况下，刘伯承善于指挥部队作大踏步的进退来调动敌人，使敌人在运动中暴露或产生弱点，而后在机动中集中优势兵力对其弱点实施致命攻击，最终达到歼灭敌人的目的。（杨冰《刘伯承善用“牛刀杀鸡”》，《军事文摘》1999年第3期）

关于聂荣臻的国防科技建设思想 有作者认为，聂荣臻在长期领导国防科技工作中所形成的国防科技建设思想，主要有5点内容。

*处理好“立足现实”与“奋发图强”的关系，制定正确的国防科技发展规划。*1954年10月，聂荣臻主管军工生产和武器装备工作伊始，即主持制定了对《十二年（1956～1967）科学规划中国防研究项目的意见》。在制定规划时，聂荣臻把处理好奋发图强与立足现实的关系作为首要问题。一方面，要求广大科技工作者、干部、职工以只争朝夕的精神勤奋努力，尽快建立起强大的国防工业基础。另一方面，针对中国经济基础薄弱的现实，强调从国情出发，实事求是，切不能好高骛远。据此，既确定了发展“我国国民经济和国防所必需的尖端学科”，为尽快提高部队战斗力，又把现有基础上常规武器的改进问题列为重要内容之一。

*以自力更生为主，争取外援为辅，独立自主进行国防科技建设。*聂荣臻认为，中国的国防科技建设不可能依赖外国，而必须主要依靠自身的努力。为此，他提出对国防科技建设应采取自力更生为主，力争外援和利用资本主义国家已有的科学成果为辅的方针。在这一方针的指导下，全国上下通力合作，科技工作者战胜重重困难，在较短时间内独立研制出“两弹一星”等高精尖军事科技产品。

*缩短战线，突出重点，合理调整科技战略部署。*聂荣臻在科技战略部署上结合国情，制定出一整套科学的、组织合理的制度和方法。在他的统一领导下，规划了中国国防科技战略的具体部署：“缩短战线，任务排队，确保重点”。具体安排是：在科研与生产的关系方面，以科研为主；在尖端与常规的关系方面，以尖端为主。依据以上正确的部署，把有限的人力、物力、财力统一协调，集中使用于最急需、最尖端的科研项目上，使国防科技事业发生了飞跃。

开展技术民主，确立技术责任制，形成良好的科技研究风气。聂荣臻认为，科学技术研究是一项艰巨、复杂的工作，既需要充分发挥个人的聪明才智，又需要相互配合、集体攻关。为此，他强调开展技术民主与确立技术责任制二者并重，不可偏废。正是由于执行了这种以科技人员为主导，各方面力量相互配合；既有广泛民主，又有分工负责的科研政策，即使在左倾错误蔓延的情况下，国防科研战线依旧保持了良好的风气，取得了迅速的进展。

坚持"人才为本"的原则，对知识分子亲切关怀、热情支持、积极培养。聂荣臻把大批默默奉献的科学技术人员视为国防科技建设的中坚力量和宝贵财富，始终注意保持他们的积极性和工作热情，关心他们的实际困难，在思想上、生活上给予亲切的关怀。同时为他们创造条件，发挥他们的专长，帮助他们为国家为人民作出贡献。此外，他注重抓好青年业务骨干的培养，保证科研事业的承前启后。（周萌《聂荣臻与新中国国防科技建设》，《军事历史》1999 年第 6 期）

关于叶剑英的军事教育观　有作者撰文指出，在多年的军事教育实践中，叶剑英逐步形成了关于军事教育的独到见解，丰富和发展了毛泽东军事教育思想。

实用性与超前性相统一。军队是执行政治任务的武装集团。叶剑英认为，军队的根本职能和性质决定了军事人才培养必须从实战需要出发，为战争服务。衡量军事人才培养质量好坏的基本标准，就是看能否适应部队实际和战争实际。他指出：我们的军事院校作为教育军事人才的基地，就必须从实战需要出发，从部队需要出发来完成教育训练任务。战争年代，叶剑英根据形势发展编组学员，根据战争需要设置专业，密切结合战争实际进行教学活动。建国后，他主持全军教育训练工作期间，始终不渝地坚持和强调从实战需要来实施教育训练。叶剑英还认为，军事人才的培养必须着眼于形势发展，照顾到未来需要，要有超前性。他指出，未来战场的面貌，将不同于以往的战场面貌。在这种新的形势下，军事、政治和勤务工作人员，必须研究新的技术装备，并结合军队的现实来训练军队，学会在新的武器装备的情况下进行战斗的本领。他主张通过更新教学内容和进行演习训练，培养一大批适应未来现代化军队建设和作战需要的军事人才。

自主性与开放性相结合。叶剑英认为，办院校培育人才一定要从中国实际出发，坚持自主性与开放性的统一，把发扬传统与学习外军经验有机地结合起来。早在战争年代，针对军校教材都是翻译外国的现象，叶剑英就主张不能都照搬外国的，要教中国红军的战略战术，应当依据红军自己的战斗经验，结合红军的特色学习古今中外的军事知识，通过整理、提高，为我所用。于是他把国内外军事院校的许多教材收集起来，然后从实战需要出发，结合实战经验，组织力量编写出多种教材，很受学员欢迎。他还主张，对待学习外国经验，要有正确的态度：既要虚心认真地学，又要持批判的态度，分析哪些是先进的，适合中国的情况，目前可以学；哪些虽然先进，可是根据目前的条件，暂时还不能学。实行自主性与开放性相结合，走一条有中国特色的育人之路。

层次性与连续性相联系。叶剑英认为，建设一支优良的革命军队，干部是一个重要环节。随着科学技术的发展和部队装备的改善，不仅需要大批具有高度政治觉悟和现代科学知识并善于组织指挥现代战争的军政干部，而且还需要大量懂各种专业的技术干部。为此，他在 1959 年 12 月召开的全军训练工作会议上提出了建立"三级制"、"两股绳"式的教学体制。这一教学体制主张，体现了院校教育层次分明、连续性强的特点，有利于形成各类人才培养的系统性。实践证明，这种层次性与连续性相联系的军事教育观符合人民解放军军校教育的实际，是行之有效的。（祝剑峰、华福成《试论叶剑英军事教育观的 3 个特点》，《毛泽东军事思想研究》1999 年第 3 期）

（王世华）

中国近代军事思想研究　1999 年度中国近代军事思想研究具有如下特点：一是以人物为依托，对于军事理论上有建树的人物军事思想关注增多。二是侧重于近代海军军事思想的研究。三是研究领域进一步扩大，有关近代军事伦理思想、军事变革思想以及其他专题的研究得到加强。

关于近代军事伦理思想　有学者将近代军事伦理思想的特征概括为：（1）带有殖民地半殖民地社会的特征；（2）以爱国主义为主旋律；（3）理论体系具有多样性、开放性和严密性的特点；（4）在近代中国社会发展变革中起了导向作用。（赵枫《鸦片战争至五四运动时期军事伦理思想的特点》，《军事历史研究》1999 年第 4 期）

关于清末的尚武思潮　激于甲午战争的惨败，清末曾一度兴起尚武思潮。有学者认为，在对"重文轻武"思想的反思方面，梁启超和蔡锷的批判最为系统和深刻。尚武主义思潮对当时的中国社会产生过双重的影响。一方面是造就了一批辛亥革命的先锋力量和领袖人物。另一方面，一部分在日本受过尚武思潮熏陶的留学生，在握有军权以后割据称雄，成为中国军阀纷争的祸首。（张一文《论清末的尚武思潮》，《中国军事科学》1999年第3期）

关于姚文栋的边防思想 有学者指出，晚清著名边防问题专家姚文栋潜心研究国际战略，提出了一系列御侮固边的边防理论和策略。一是强调以防俄为重点，加强东北地区的水陆军队建设。二是重视海防。三是认识到英、法觊觎中国西南的野心，提出了切实可行的边防建议。（张敏《略论姚文栋边防思想及实践》，《史林》1999年第2期）

关于王韬的海防思想 有学者将王韬的海防思想分为3个时期，以19世纪60年代中期为酝酿阶段，认为在海防建设上，要以攻势取代守势。改变了魏源以来“以守为战”的战略思想。70年代中期进一步发展，强调海防建设的迫切性，战术上提出全面布局的思想，指出中国海疆的大敌是日本和俄国。从1874年到1884年为成熟期，战略上主张亲英、抗俄、保台、防日。战术上主张划分4洋，沿海重点设防。（林启彦《王韬的海防思想》，《近代史研究》1999年第2期）

关于刘永福的军事思想 有学者指出，刘永福在主持台南军民反割台斗争期间，提出了“台北重点设防”的防务思想，“筹军饷为第一着紧要之事”的军事后勤思想，相互援助、兵民一气的作战思想，“招抚土匪”、化消极力量为积极因素的斗争思想。虽然其思想缺乏系统性和理论性，但由于他的军事思想来源于反侵略斗争的实践，仍然指导台湾军民赢得了局部的胜利。（季云飞《刘永福反割台斗争军事思想与实践之探析》，《安徽大学学报》1999年第1期）

关于曾国藩的军事思想 有学者将曾国藩的军事思想概括为：以忠义为准则的建军思想；以礼、诚为本，以勤恕廉明为要义的治军思想；“灵活多变，择善而从”、“以主待客、正奇互用”的战略战术。（杨升祥《略论曾国藩军事思想的要旨》，《历史教学》1999年第10期）

关于《北洋海军章程》的军事学术价值 有学者指出，《北洋海军章程》是中西军事文化第1次较为和谐的融合，既借鉴了西方海军的一套管理办法、制度和思想，又对中国传统军制加以沿用。但它在对敌作战及其战略战术问题上存在的严重疏忽，大大影响了近代海军的战斗力。（张一文《〈北洋海军章程〉及其学术价值》，《军事历史研究》1999年第4期）

中国古代军事思想研究 1999年，中国古代军事思想研究领域，涌现出一批新见迭出的论文和专著，突出特点有以下几方面：其一，呈现出结合时代特点，阐发古代兵书现代价值的新趋向。其二，从文化和哲学的角度所作的研究明显增多。其三，研究进一步深化，对一些以前关注较少的问题加强了探索。

提出“大兵学文化”论 有学者通过对东西方文化的比较研究，认为中国兵学文化为“大兵学文化”：明显地把战争看成是与建立或推翻某种政治统治相一致的行为，论兵同时讨论该时代的政治、经济和社会生活的诸多方面，纯军事的内容较少。在内容上偏重谋略，在表现形式上具有混沌性。（张文儒《东西方兵学文化意识探源比较》，《社会科学家》1999年第2期）

关于中国古代兵学的思维方式 有学者认为，中国古代兵学的思维具有整体性、兼容性和思辨性的特色。把客观世界看成有机统一体的思维在古典战略中有广泛的运用，表现为“谋全胜”、“重系统”、“计环周”3个方面。（于汝波《中国古代“统体”思维及其在古典战略研究中的运用》，《南开大学学报》1999年第1期）

兵儒合流的历史考察 有学者对古代军事思想中的兵儒合流现象做了系统考察。认为，兵儒合流始于战国中晚期，西汉中叶起走向成熟，至东汉初，以光武帝刘秀系统地建立起融合兵儒的军事思想体系而终告完成。作者认为，兵儒结合是军事思想健康发展的最好选择：儒家学说发挥统治思想的指导作用，规范军队建设的基本原则、用兵的宗旨、目的和对战争的态度，而兵家的权谋之道被用于具体的战争实践，力求符合战争规律，克敌制胜。不过，“兵儒合流”也有其消极影响：儒家的道德至上主义对兵学发展有负面影响，兵学“舍事而言理”与儒家忽视“形而下”的特点对军事文化的发展起了阻碍作用。（黄朴民《兵儒合流与学术兼容》，《中国军事科学》1999年第3期）

关于先秦兵学的战争哲学观 有学者将其总结为4点：“胜有道”的战争唯物论思想；“胜可知”的战争认识论思想；“胜可为”的战争辩证法思想；“知道胜”的战争指导论思想。

兵阴阳家初探 有学者指出，兵阴阳家的内容包括兵忌、龟兆占验、风角、刑德等，是阴阳术数之学在军事上的应用。战国时越人范蠡提出了阴阳刚柔转化论，把阴阳化为刚柔看作一种社会政治理论范畴，进而将阴阳说与军事学相结合，开了“兵阴阳家”之先河。

关于《军志》研究　根据对古籍佚文的归纳分析，有学者提出《军志》成书可能在春秋初期或稍早。后世唐宋兵书中所谓《军志》佚文有真有伪。书中“允当则归”的思想体现了中国战略文化强烈内向性的特点。（尚金锁、陈立旭《论中国先秦兵法的战争哲学观》，田旭东《兵阴阳家初探》，钟少异《〈军志〉和中国战略文化》，均见《孙子兵法及其现代价值》一书，军事科学出版社 1999 年出版）

关于孔子的军事思想　有学者指出，孔子的战争观是“治国以礼”政治思想在军事领域的延伸，可称为“礼战”思想，即以“礼”作为衡量战争最主要的价值尺度、发动或制止战争的依据和治军的根本。有学者将孔子的军事管理术归纳为 4 点：（1）以不战而屈人之兵为最上策。（2）“足食”、“足兵”与“民信之”相辅相成。（3）寓兵于民，教民习战。（4）真知大勇，计谋制胜。关于孔子的军事伦理思想，有学者认为，以义勇为主要内容的勇德思想在其中占有重要地位。（刘奉光《孔子的经济与军事管理思想》，《晋阳学刊》1999 年第 2 期；倪乐雄《孔子与战争》，《军事历史研究》1999 年第 4 期）

《司马法》并非伪书　有学者撰文，对清代学者姚际恒以《司马法》为伪书的论据逐条予以辩驳。其一，姚氏以《司马法》原为 155 篇，今仅存 5 篇即断其为伪书的理由不能成立。其二，姚氏称“凡古传所引《司马法》之文，今书皆无之”，不符合事实。其三，郑玄常引《司马法》之文注《周礼》，与今本无异，故姚氏言《司马法》袭戴礼，不能成立。其四，姚氏误会了司马迁的原意，司马迁并非对《司马法》持怀疑态度。（仝晰纲《〈司马兵法〉的成书与流传》，《学术交流》1999 年第 4 期）

关于《孙子兵法》的思想渊源　有学者撰文，批驳了晚清以来颇为流行的“兵家源于道德”说，认为《老子》与《孙子》所言“道”、“奇”、“不争”等有着不同的思想内涵，孙子兵学与老子道学是两个不同的思想体系，二者均来源于社会实践，不能说谁是谁的衍生物。也有学者根据《文选注》所透露的材料，认为《孙子兵法》的成书很大程度上是对“古代王者司马兵法”的继承和扬弃，不仅体现为兵学原则的全面归纳和总结，而且也反映为文字语言的广泛袭用和转引。（杨丙安《“兵家源于道德”辩》，见《从〈文选注〉看〈孙子〉成书的渊源》一书，军事科学出版社 1999 年出版）

坚持孙膑整理《孙子兵法》说　有学者撰文坚持此说，主要依据是《孙子兵法·虚实篇》“以吾度之，越人之兵虽多，亦奚益于胜哉”与当时吴越争霸的历史背景不符，认为这句话与《虚实篇》中“我专而敌分”、“千里而会战”、“敌虽众，可使无斗”都是马陵之战前孙膑对越国军情的分析，后由孙膑后学整理，写入《孙子兵法》。（王家祥《〈孙子·虚实篇〉“以吾度之”语解》，《文献》1999 年第 1 期）

“全胜”并非“不战”　学术界一般将孙子的全胜思想诠释为完全的胜利、不战主义或威慑战略，有学者指出这些观点都有片面性，孙子的“全胜”不但包括不战而屈全国之敌的理想目标，而且包括以小破求大全的实际操作理论。其基本手段不仅是伐谋、伐交，还要与伐兵相结合。（于汝波《中国古代“统体”思维及其在古典战略研究中的应用》，《南开大学学报》1999 年第 1 期）

孙子用武观的 3 个层次　有美国学者依据庄子学说将《孙子兵法》的用武观点分为由低到高的 3 个层次，第 1 层是在自我层次上对战争的约束，表现为限制将领贪功好战。第 2 层是支配人与其周边世界的种种关系，创造制胜的良机。第 3 层是道德准则不存在的情况下，进入“人皆知我所胜之形，而莫知吾所以制胜之形”的状态。作者认为，孙子的这些观点，既不是单纯反对使用武力，也不是主张一味攻击，而是体现了关于用武的一种逐步渐进的智慧和高深的思想。（［美］苏德凯《以庄子之说辨孙子之武》，见《孙子兵法及其现代价值》一书，军事科学出版社 1999 年出版）

《孙子兵法》成书沿革　有学者将其分为 4 个阶段：一是战国至汉的传播繁荣阶段，二是东汉末年的删定整理阶段，三是晋、隋、唐时期多种版本并行阶段，四是宋代《十三篇》本取得法定地位阶段。（蓝永蔚《〈孙子兵法〉成书沿革考略》，见《孙子兵法及其现代价值》一书，军事科学出版社 1999 年出版）

孙子即吴将田开　有学者以国史与家乘相参证，考明《左传》所述齐将田开就是孙子。（褚良才《兵圣孙武乃齐将田开》，《浙江大学学报》1999 年第 4 期）

《孙子兵法》对当代国际安全具有方法论意义

有学者指出，由于有着深刻的谋略、道德以及哲学内涵，《孙子兵法》对于当代国际军事问题有着重要的方法论意义。其一，21 世纪的战略应当受《孙子兵法》“慎战”、“全胜”和“不战而屈人之兵”的启发，建立非零和对抗的安全观，促使战争继续向可控性方向转变。其二，在高技术战争反制理论与实践，即不对称作战理论的建立和实践方面，《孙子兵法》的谋略原则和军事辩证法思想仍具有启迪意义。有学者进一步指出，孙子“伐谋伐交”思想是当代非对称战略的核心和最高层次。孙子以非军事手段达到战略目的的思想也受到人们的重视。学者普遍认为和平是孙子国防观的基本价值取向，其处理战争与国家利益的基本原则是非利不动、非得不用、非危不战，“伐谋”、“伐交”和威慑手段在维护国际安全方面具有重大的现实意义。也有学者认为，《孙子兵法》中隐含着今天所说的综合安全思想，包括军事安全与经济安全相统一，国家安全与国际安全相统一，安全准备与安全实施相统一，军事手段与非军事手段相统一等几个方面。

《孙子兵法》对当代高技术战争有重要指导作用 围绕《孙子兵法》与高技术战争中战略指导问题，有学者指出，孙子的谋略思想在高技术战争指导中仍然是最活跃的因素。如伐谋、伐交、攻心、威慑、诡道等思想至今仍有现实意义。“衢地”说与当今多极战略相吻合，“衢地吾将固其结”是正确处理高技术条件下复杂国际关系的基本原则；全胜说在高技术战争中有现实性；称胜说对高技术建军有主导性。有学者认为，“不战而屈人之兵”是战争发展的逻辑起点，而信息化战争的灵魂就是“不战”，恰与孙子对待战争的基本立场相符合。还有学者提出，“不战而屈人之兵”思想与当代军备控制问题有密切联系。有外国学者指出，在新军事革命的潮流中，孙子“兵贵胜，不贵久”的思想对美国的国防决策起了作用，同时也给战场造势和重点打击以及政治、经济、军事、外交并举等提出了难题。（李际均《对〈孙子兵法〉文化遗产与跨世纪国际安全的几点思考》，糜振玉《孙子“伐谋伐交”思想对当代非对称战略的启示》，冯海明《孙子兵学的复兴与当代战略变革》，［美］白邦瑞《孙子兵法与新军事革命》等，均见《孙子兵法及其现代价值》一书，军事科学出版社 1999 年出版）

关于《黄石公素书》研究 有学者认为，《黄石公素书》正式成书应在宋代。并认为《黄石公素书》在思想内容的取向上与《阴符经》和《黄石公三略》有相近之处，有些观点甚至是相互继承的，其核心思想是“夫道德仁义礼，五者一体也。”（徐勇《〈黄石公素书〉初探》，《军事历史研究》1999 年第 4 期）

关于《间书》研究 有学者对清人专门研究用间的著作《间书》予以关注，认为它总结归纳了历代兵家所论用间之作用、原则、方法，初步形成了系统完整的用间理论。（周德钧《〈间书〉军事文献价值摭谈》，《文献》1999 年第 1 期）

（魏　鸿）

战争和战略问题研究

中国关于战争和战略问题研究 1999 年，中国军事学术界关于战争和军事战略问题研究十分活跃，人们放眼世界，远眺未来，对未来战争的规律、战争预警和非战争行动，以及中国所处的地缘战略格局和中国军事战略的调整等问题，进行了广泛而深入的探讨。

中国关于战争问题研究　**探索未来战争的特点和规律** 有作者撰文探讨了未来高技术条件下局部战争的特点和规律：（1）政治对战争的制约力增强，战争的目的、规律受到严格限制。（2）高新技术在战争力量中的地位日益突出，战争能量迅速膨胀。（3）战争更多地表现为系统与系统的对抗，对战争系统结构的防护与破坏成为对抗的焦点。（4）战争实施的节奏加快、进程缩短，但准备时间延长。（5）战争的直接（兵力）交战空间缩小，但战争的相关空间扩大。（6）战争对抗重心转移，作战样式明显增多。（7）战争的投入高、消耗大，依赖雄厚的经济基础和有效的综合保障。（8）战争的牵动面大，关联对手多，容易导致“国际化”的复杂局面。（戴怡芳《高技术条件下局部战争的特点和规律》，《中国军事科学》1999 年第 1 期）

（喻　江）

也有作者通过对科索沃战争和近期几场局部战争进行研究，认为未来战争规律主要有以下 4 点：一是高技术战争将向信息化战争过渡。因为高技术战争是机械化战争向信息化战争转变的过渡形式，因此它同时兼有两种战争的特征。两者的差异主要体现在高技术武器装备应用和战场信息化程度量的不同。二是随着空袭兵器的发展，空袭与反空袭在高技术局部战争中占据了更加重要的地位，并逐渐发展为具有战略决战性质的作战样式。三是对进攻的战略地位须重新审视。现代条件下，进攻和防御的规律发生了深刻变化。首先，进攻的战略地位空前提高。其次，进攻和防御呈现出一体化的发展趋势。四是制信息权是赢得战争主动的关键。在现代条件下，这种主动权已经在很大程度上转移到信息领域，制信息权成为军队全部的自由权。（于前进《冷静评战局，重在寻规律》，《解放军报》1999 年 6 月 29 日）

也有作者撰文指出，可控性战争正成为未来战争的趋势。国际政治经济和军事技术的转折性变化使战争控制有了前提条件：和平力量的增长超过了战争力量的增长，从而有力地制约了世界性战争的爆发；精确制导武器的发展为控制战争提供了相对有效的工具；现代信息技术的发展，有利于战场作战控制，有利于减少由于个别领导人的失误而造成战争失控的局面；国际社会的危机调控机制和防止大规模破坏性武器扩散等制约机制和核查机制日益成熟，使战争控制日益具有可行性与可操作性；联合国制约战争的作用增强；信息技术革命与信息产业的迅速发展，国家战略目标的实现将更多地依靠政治经济等综合手段来达成，而不再单纯依赖军事手段实现。

战争控制涉及战争目的、战争手段、战争对象、战争方法、战争时间与战争空间等因素的全面控制与全程控制。当代战争目的只应维护国际法公认的生存与发展权益，维护国际社会的和平与稳定的合理需要，必须自觉地接受政治目的的制约；当代战争手段控制必须强调禁止在战争中使用核、生、化等大规模毁灭性武器，禁止超过防卫作战需要滥施武力，禁止选择与战争政治目的相背离的不人道的作战工具，以尽可能减少对人员的杀伤和物质财富的摧毁；战争对象控制要求遵循严格区分居民和战斗员的战争法基本原则。如果战争不可避免，不应以居民和民用物体为打击对象，战争方法控制的要旨在于避免没有军事利益或军事利益相对较小的“不必要的苦难”；现代战争手段的高技术化既对缩短战争时间提出了迫切的要求，同时也为加快战争节奏、缩短战争进程提供了技术上的可能性；战争相关空间的扩大，使现代战争的空间控制显得更为必要。现代战争的空间控制特别要求加强对外层空间的控制，要求减少一国战火蔓延对国际社会和平与稳定的消极影响。（彭光谦《可控性战争——未来战争大趋势》，《解放军报》1999 年 2 月 24 日）

试论高技术战争效益观　有作者就此撰文指出，如何用最少的耗费和最低的伤亡获取最大的效益，已成为高技术战争决策者首要考虑的问题。

（1）*未战而庙算，筹划整体效益*。追求国家的整体利益，是筹划和指导高技术战争的根本出发点。因此，在进行战争之前，必须全面筹划战争的效益。其一，要做到“慎战”。不是对国家有利，没有一定的政治、经济利益，不宜采取军事行动。其二，要认识到高技术战争效益是军事效益和社会效益的统一。眼光只停留在军事效益上是不够的，必须站得更高、望得更远，着眼于社会综合效益。其三，要精细地预测和评估战争进程和结局。主要是指对战争的样式、范围、持续时间、作战阶段、对抗程度、人员伤亡、经济和装备消耗、结局，以及国际国内对战争的可能反应等。

（2）*不战而屈人，追求最高效益*。采取政治、经济、外交斗争与军事斗争相结合，以军事力量为后盾，通过“伐谋”和“伐交”分化敌国的联盟，瓦解对方的战争意志，力求实现“不战而屈人之兵”，这是现代军事斗争的最高效益观。现代条件下，威慑已成为“不战而屈人”的一个重要手段。

（3）*胜于易胜，争取实战效益*。即把战胜攻取建立在容易取胜的基础上，以较小的代价换取较大的战争成果，谋求最好的战争效益。“胜于易胜”，要做到以下几点：一是要先胜而后求战，创造争取实战效益的客观条件。二是因利制权，谋攻巧取实战效益。即运用谋略的无形威力，灵活机动地使用作战原则，以取得较好的实战效益。三是兵贵神速，以速度求效益。在高技术战争中，争分夺秒成了一条实实在在的行动准则。争速度不仅是争战斗力，也是争主动、争胜利、争效益的重要关键所在。四是多种手段巧妙配合，提高实战效益。首先是军事手段与非军事手段相结合。其次是高技术手段与非高技术手段相结合。再次是硬杀伤手段与软杀伤手段相结合。未来高技术战争中，包括信息争夺、电子对抗、电脑战、心理战等的软杀伤手段将成为获得高效益的重要途径。（李劲松《试论高技术战争效益观》，《现代军事》1999 年第 5 期）

速决是高技术条件下局部战争战略指导的重要原则　有作者认为，面对高技术条件下局部战争，中国军队未来在战略指导上，不宜再强调持久战，而应把速决战作为一个重要原则。

战略上实施速决的必要性。(1) 未来战争将会受到诸多社会因素的制约，使其获胜标准发生变化，不再以歼灭敌人的多少或占地的多少为唯一依据，而代之以综合性或有效性的制胜目标，如达到某种特定的政治目的、摧毁对方要害经济设施、剥夺对方反击与报复能力等。作战行动与过去的最大不同，是不完全需要经过持久的地面较量来决定胜负。面对敌人采取“外科手术式”打击、非接触性打击、禁闭隔离等方式的局部战争，在战略指导上单纯强调持久制胜，似乎已失去必要的条件和原有的意义。(2) 未来敌对我实施局部入侵，必然会利用其高技术武器的优势，实施快打快撤，速战速决，力争在我作战潜力没有得到充分发挥、国际社会作出有效反应之前实现战争目的，结束战争。高技术条件下局部战争节奏加快的特点，决定了未来的战争将是一场以分秒来计算的速战速决的战争。再有，在高技术条件下，在有限的时间和空间里，武器装备处于劣势的一方将很难把握战争的进程和持续时间。因此，我也难于打持久战。(3) 随着能够高效能地达成战争目的的高技术武器系统在战场上的出现，使得现代条件下局部战争的作战行动，更具有战略决战的性质。因此，要在战略指导思想上明确：首战即决战。这就需要运用速战速决的战法，保证一战必胜，夺取决战胜利。(4) 从中国未来政治和经济方面的战略需要来看，采用速战速决的方式结束战争更为有利。首先，从政治方面的战略要求看，一旦出现威胁到国家主权等根本利益的军事威胁，军队必须迅速作出强有力的反应，采取及时有效的行动，捍卫国家利益。另外，未来战争有着极为复杂的国际化背景，甚至会引来一些军事强国别有用心的干预。这也要求我在应付战争方面，速战速决，避免泥足深陷。其次，军事行动必须服从和服务于经济建设大局。为了避免经济建设的成果遭受破坏，有必要采取速战速决的作战行动。(5) 从对战略对手的威慑作用上看，“速决”比“持久”更具有长效的威慑作用。如果采取速战速决的战略指导，给予敢于来犯之敌迎头痛击，并显示出我不仅有战略内线速决歼敌的能力，同时还有战略外线速决攻击的能力，这样就会使战略对手无机可乘，不敢轻举妄动。

战略上实施速决应把握的几个要点。第一，合理确定战争目标。一是己方有足够的作战能力迅速实现目标；二是目标的实现要能够迫使敌方结束战争；三是要能够有效维护国家的战略利益。第二，集中使用精兵利器。要在未来的高技术条件下局部战争中速决胜敌，就必须在力量对比上对敌形成超强优势。第三，主要实施攻势作战。相对于防御来讲，进攻一方能够更有效地控制作战节奏和进程。因此，从一定意义上讲，只有进攻的一方才有资格讲速决问题，在未来高技术条件下局部战争中，要有效地维护国家政治和经济利益，必须采取战略上具有防御性质的坚决的进攻行动。只有这样，才能达成战略上速决制胜效果。(张武育《速决——高技术条件下局部战争战略指导的重要原则》,《中国军事科学》1999 年第 4 期)

关于非战争行动问题　有作者撰文指出，所谓非战争行动，就是使用武装力量处置战争以外的非战争事态的军事活动，或者是带有军事性而又不是战争的行动。非战争行动的主要表现形式有：抢险救灾(援)，武装戒严，防暴、平暴，平定叛乱，以及维和、禁毒、反走私、反恐怖、制止民族冲突、宗教纠纷、大规模的犯人越狱事件等。但非战争事件有时也是产生战争的直接原因。为此，一些国家已把遂行非战争行动写入作战条令，不但规定了军队遂行遏制战争、准备战争和实施战争等军事行动内容，而且把遂行非战争行动作为军队的重要职能。国家利益的发展，规定和制约着军队职能的发展。随着信息时代的来临，国家利益的内涵越来越丰富，信息网、电力网、核电站、能源基地、大型水利设施等与国家生存和发展息息相关的重要部位，往往成为国家利益的重心。这些部位一旦受到人为的或自然灾害的侵袭，必然严重危及国家的利益。因此，只有把遂行非战争行动纳入军队职能范围，纳入相对和平时期军事斗争准备的范畴，才能真正打赢一场有组织、有准备的没有硝烟的人民战争，使人民群众认识到和平时期国防和军队的价值。这对发展军队的战略理论，促进相对和平时期的国防和军队建设都是大有裨益的。(陈培军、薛庆福《非战争行动：军事斗争准备的重大课题》,《现代军事》1999 年第 1 期)

(夏礼伯)

也有作者针对相对和平时期，战争威胁程度减低，非战争目的的军事行动有所增多的情况，对加强非战争目的的动员问题进行了探讨，并提出了自己的看法：(1) 健全非战争动员领导机制，理顺指挥关系，建立起一个责权明、关系顺、决策快、效率高，既适用于战争动员又适用于非战争动员的指挥机构。(2) 加强法规建设，提供法制保障，使非战争动员尽快走上法制化轨道。(3) 完善计划方案，组织必要演练。军队要首先制定非战争军事行动计划和方案。尔后，由军地双方有关部门根据军队可能遂行的任务和对动员保障的需求，合理制定非战争动员的计划和方案，明确实施动员的时机、地域、规模及组织领导、指挥协同、支援保障的方式方法等。军队和地方还应按照各自的计划和方案组织必要的演练，以达到熟悉预案、加强协同和完善预案的目的。（4）深化理论研究，形成理论体系。（傅慧军《对非战争目的动员问题的几点思考》，《中国军事科学》1999 年第 2 期）

（喻　江）

关于战争形态的嬗变问题　有作者撰文认为，以主战兵器的发展变化为标志，人类社会迄今为止已出现了 6 种战争形态，并即将出现第 7 种战争形态：

第 1 代战争以使用冷兵器为标志，军队由步兵和骑兵组成。

第 2 代战争以使用火药和滑膛枪炮为标志，军队出现了使用滑膛枪炮的步兵和使用火药及罗盘的海军。

第 3 代战争以使用线膛枪炮为标志，军队形成了步兵、骑兵、炮兵等诸兵种组成的合成军。

第 4 代战争以使用自动化武器和机械化武器装备为标志，如：坦克、飞机、汽车、电信装备等。军队成为陆军、海军、空军、防空军、空降兵、防化兵等多军兵种合成的较为复杂的系统组织，电力和内燃动力成为这一系统广泛的基础。

第 5 代战争以使用核武器为标志，以原子技术和空间技术为基础，导致军队出现了战略导弹兵种。但是，对抗性的核大战至今尚未爆发。第 5 代战争也就基本停留在理论上，成为没有实践的一代战争。然而，新的战争理论，即核战争理论和核威慑理论由此产生。这在人类社会的战争形态上具有特殊的地位和意义。

第 6 代战争以核威慑条件下的高技术精确制导武器为标志。这种战争中的主战武器是命中率很高的制导炸弹、炮弹和导弹等武器的总合。北约在南联盟发动的大规模空袭作战行动中，精确制导武器使用的数量之大、质量之高，都是前所未有的。一些军事专家认为，这场空袭的典型意义在于，它标志着第 6 代战争在人类战争史上正式登场。

有军事专家认为，第 7 代战争——信息战，是不流血的非暴力战争，在看不见的空间进行，战争双方通过对信息的生产、收集、传递、保存、加工和处理，制造出遏制对手的无形威慑力量，从而引发战备竞争、理论威慑、潜力威慑、心理战、舆论争夺、情报战和电子战等。第 7 代战争既有战略争夺也有技术性的战术攻击，包括用火力摧毁信息设施、计算机病毒战、精确战和隐形战等，直接攻击对方的指挥系统、作战系统及其他政治、经济重要目标。目前，发达国家已经着手研究和装备用于信息战的武器和技术手段，包括：类似手提箱的电磁脉冲炸弹，可在预定时间放射出高功率脉冲，使附近的通信、指挥系统失灵；能吞食计算机数据的“逻辑炸弹”；能吞食计算机零部件和绝缘材料的“生物武器”；能干扰通信系统和电视广播的“心战飞机”等。可见，信息战正逐步走向实战。

纵观人类社会，不难发现，随着科学技术的进步与发展，战争形态嬗变的速度正变得越来越快，生成周期越来越短。有文字记载的冷兵器时代的战争至少延续了数千年；从十三四世纪一些国家广泛传播火药及后来发明和使用滑膛枪算起，人类的第 2 代战争约有六七百年的历史。此后人类战争形态的变化比以前明显加快，第 3 代战争嬗变到第 4 代战争的时间只有二三百年。从第 5 代战争过渡到第 6 代战争只用了几十年的时间。在以美国为首的北约空袭南联盟的战争中，作为第 7 代战争形态的信息战已在第 6 代战争形态中初露端倪。就在人们注视第 6 代战争现实的时候，西方国家已经开始超前研究和设计未来的第 7 代战争。可以预想，从高技术的常规战争到将来的信息战，即从第 6 代战争到第 7 代战争，其生成期将更加缩短。

从历代战争形态的研究中，还可以看出，以前的战争形态，特别是在第 2、3 代战争中，当一种新的兵器问世后，落后的兵器在战场上基本弃之不用，或不广泛使用。而在第 4 代战争后，由于战争的规模不同、目的不同、条件不同，数代兵器有了交叉使用或并用的可能与现实。这也就是说，在今后进行第 6 代战争或者第 7 代战争中，不排除使用或并用前代多种兵器，其中包括可毁灭人类和地球的核武器。（杨民青《战争形态的嬗变》，《世界军事》1999 年第 10 期）

（习　钟）

关于战争预警问题　在高技术条件下，能否进行及时准确的战争预警，不仅决定着战争初期的态势甚至战争的结局，而且关系到能否制止战争、维护和平。有作者撰文分析了高技术局部战争预警面临的障碍和限制。这主要体现在：（1）敌方战略欺骗的干扰。现代一些局部战争中的战略欺骗，由政府统筹指导，准备时间长，计划周密，涉及军事、外交、内政及社会生活的各个方面，而且善于选择时机，善于利用和制造有利的国际形势。（2）思维定势的误导。因侦察技术手段的发展，大规模军事行动较难于隐真示假，因而发动战争一方更重视利用心理定势的干扰，使敌手对战争危机“视而不见”。(3) 预警时间短促。随着高技术在军事领域的广泛应用，只需使用远射程武器就可同时打击敌方全纵深要害目标，这使防御一方的预警时间将被进一步剥夺。(4) 警戒点难于确定。警戒点，是指发布命令进行全面军事动员的时间点。战争预警的关键，是通过征兆来把握危机到战争之间质变的临界点。如果警戒点确定得过迟，就会铸成大错。（翟晓敏《高技术局部战争预警问题初探》，《中国军事科学》1999 年第 1 期）

中国关于军事战略问题研究 **影响和威胁中国的地缘战略格局** 有作者撰文指出，冷战结束后，美国图谋主导的欧亚大陆地缘战略格局，将对中国的和平与发展构成威胁。这主要体现在：(1) 在地缘政治上，中国是“和平与发展”时代主题的积极维护者，而美国是世界上势力最强大的霸权主义国家，因而美中两国之间既存在着推行霸权主义与反对霸权主义的矛盾，又存在着美国破坏中国和平与中国捍卫自身和平、美国遏制中国发展与中国坚持自身发展的矛盾，两种矛盾相互交织，交替作用。(2) 在地缘军事上，美国在冷战时期对中国形成的“新月形包围圈”基本未变，在冷战结束后进一步强化了以美日军事同盟为基础的亚太地区的军事存在，并使这个进逼欧亚大陆的战略包围圈进一步紧缩。(3) 在地缘文化上，利用文化渗透、思想价值观念渗透，“西化”、“分化”中国，是美帝国主义对华关系的惯用策略。作者还指出，中国毕竟是位于东北亚、东南亚、南亚、中亚和俄罗斯亚洲部分中心位置的社会主义大国，这一得天独厚的地缘优势，使中国应对美国的攻势，在外交上有很大的回旋余地，在地缘上有相当大的空间可利用。（王生荣《从南斯拉夫问题看欧亚大陆地缘战略格局的演变以及对中国地缘战略环境的影响》，《中国军事科学》1999 年第 3 期）

用综合安全观调整军事战略 有作者撰文指出，为了适应安全的综合化及由此所引发的军事安全的客观变化，应立足综合安全，调整军事战略：(1) 用综合威胁来取代单纯的军事威胁，用经济安全来取代军事安全的核心地位。(2) 将军事实力的发展与提高综合国力及抢占科技制高点结合起来。主要应做好以下 4 点：武装力量编制体制要遵循“弹性”原则，以适应战时与平时的转换需要；使武装力量具有多功能、成为“多面手”，以适应不同地区、不同时间、不同作战对象、不同作战层次、不同作战样式，满足安全威胁多元化的需要；通过完善信息战系统、增强后方投送能力和战场机动能力，不断提高军队的快速反应能力，降低单位防御空间的成本；注重“软件”建设和贮备，不断提高武器装备的技术含量和部队官兵的知识水平。(3) 综合运用各种斗争手段，确保国家安全得以实现。第一，将斗争与合作结合起来。第二，将军事斗争与其他斗争结合起来。第三，将军事手段的暴力运用与非暴力运用结合起来。(4) 将战争准备的基点转变为侧重准备应付地区冲突和局部战争。战争准备基点沿着准备常规性世界大战为主→准备核大战为主→准备核大战、实施核威慑和应付常规局部战争并重→实施核威慑、防止核大战和重视现代技术下的常规局部战争→重点准备高技术局部战争轨迹发展。这一过程的基本特征是战争准备的规模由大到小，技术状态由低到高。战争出现了相对的可控性，准备也更有针对性。(5) 制定威战结合、攻防兼备、灵活反应的多功能、复合化军事战略，将作战指导由注重实战制胜转向威慑和实战并用。摆脱片面强调战略进攻或战略防御的局限性，强调作战样式要攻防兼备。（严高鸿、马德宝《论综合安全观的发展与军事战略的调整》，《中国军事科学》1999 年第 3 期）

确立新的防空观念 有作者撰文指出，针对高技术条件下空袭作战思想的新发展，必须更新防空作战思想，确立新的防空观念。(1) 强化“防高新兵器空袭”的意识。一方面，要以隐形兵器、巡航导弹、高威力的精确制导炸弹等新兵器为重点，有针对性地研究具体对策和技术手段。另一方面，要适应战场信息化的发展趋势，针对敌人依赖信息系统的特点，积极研制信息攻防武器，高度重视与敌争夺制信息权。(2) 强化整体抗击的意识。高技术强敌强调空、天、海、陆一体多维空袭，防空也应以空军为主，聚集空、天、海、陆防空的合力进行整体抗击。(3) 确立攻势防空的思想。针对高技术强敌为避免己方人员伤亡而多采取防区外空袭的特点，应突出发展空中进攻力量，使防空火力向防区外延伸，通过有效的空中进攻，造成敌大量人员伤亡，以此迫敌放弃空袭企图。(4) 确立全民防空的思想。要通过加强国防教育，强化民众对空袭的心理承受能力，发挥人民群众的作用，完善“土洋结合”的作战手段。加强后备力量训练和完善民防设施，以便提高重要战略目标的防护能力。战时，应将民用通信、气象、民航的机场、雷达等系统纳入防空作战序列，实施军民整体作战。（阮克庠《适应空袭思想发展 确立新的防空观念》，《军事学术》1999 年第 7 期）

树立信息时代的国防观 有作者撰文指出，信息时代呼唤信息化的国防观，要求从更广的视野、更深的层面上去思考国家安全。这就要求：(1) 军事斗争上，既要迎接有形的挑战，更需对付无形的威胁。(2) 政治思想上，必须注重打赢政治信息战。(3) 经济安全上，必须警惕敌方的经济信息攻击与封锁。(4) 文化领域内，必须抗拒“垃圾文化侵蚀”。(张书杰、杨占全《信息时代的国防观》，《现代军事》2000年第1期)

(喻　江)

现代军事同盟的产生及发展趋势　有作者通过分析科索沃战争，对现代军事同盟的生存、发展和行为特征，及其对21世纪国际安全环境的影响，提出3点看法。(1) 以军事同盟的形式共同行动是以美国为首的西方国家对外军事干涉的一个基本特点，被干涉的国家往往处于孤立无援的困难境地。冷战后美国为了称霸世界，极力推行联盟战略，其核心内容就是以盟国联军作战的组织形式，干涉一些国家和地区的内政事务。这除了谋求军力上的最大优势外，还易于在政治上争取主动；可共享信息资源；可以减轻财政负担；便于解决前方基地缺乏的问题；可使后勤保障更加便捷有效。

(2) 当今世界已经形成两个以美国为首的进攻性军事集团，21世纪初的世界将面临更多的军事威胁。冷战后北约在扩大组织、强化功能的同时，性质也发生了根本变化，即由自卫型转向进攻型；由地域性防御组织转向地区性甚至全球性“危机干预”组织。其标志，一是北约对南联盟的军事打击，二是北约新战略概念的出笼。在亚太地区，随着《日美防务合作指针》的贯彻落实，日美军事同盟的性质也发生了质的变化：扩大了美日防卫合作的地区；制造了日本使用军事力量干预国际事务的根据，即通过处理所谓“周边事态”介入别国主权和内部事务；日本明显突破“专守防卫”原则，“远海防御”的作战思想凸显。日本军事力量已由防卫型向进攻型发展，由内向型向外向型发展。

(3) 一些国家将结成新的军事同盟，以抗击西方的军事打击。这主要包括3种情况：一些大国、强国主动联合一些小国、弱国，结成军事同盟，俄罗斯与白俄罗斯结盟，就属这种情况；一些小国、弱国主动与大国、强国联合，结成军事同盟，如南联盟申请加入俄白联盟；一些弱国、小国相互联合，结成军事同盟。如北约对南联盟发动空袭后不久，伊拉克政府就发表声明声援南联盟，谴责美国等西方国家对南联盟动武，并专门讨论了伊南两国间进一步加强军事合作的可能性。随着国际军事同盟的扩大、巩固和增多，将使21世纪的世界面临更加复杂的安全环境，天下将更不太平。(林治远《从科索沃战争看现代军事同盟》，《国防》杂志1999年第6期)

(夏礼伯)

美国军事战略问题研究　1999年，美国为保持其全球唯一超级大国地位，建立其主导下的“世界新秩序”，大幅增加军费，强化军事同盟，绕开联合国发动科索沃战争，加速研制战区导弹防御系统(TMD)和国家导弹防御系统(NMD)，使其国家安全战略和军事战略更富有侵略性、冒险性和进攻性。

美国军事战略有4点新动向　有作者撰文指出，1999年美国军事战略有若干新动向。第一，对外使用武力的原则发生了变化。自1995年以来，美国将国家利益分为关键利益、重大利益和人道主义利益三个层次。在关键利益受到威胁时，美国必须采取军事行动，甚至不惜单独采取军事行动；在重大利益受到威胁时，美国一般在外交行动失败后才采取军事行动；而对人道主义利益，美国只对民间力量难以完成的任务实施军事支援。但1999年对南联盟实施的“联盟力量”行动中，美国率北约盟国以“防止人道主义灾难”为名而对南联盟实施了大规模、高强度的野蛮空袭，其行动远远超出了人道主义“救援”的范围。这一变化给国际争端的解决开创了一个十分恶劣的先例，预示着美国有可能在“人道主义利益”受到威胁时绕过政治和外交解决途径而直接诉诸武力。第二，提出“克林顿主义”，赋予美国的炮舰政策以新的内涵。以“人权高于主权”、“主权有限论”、“内战非内政”等为核心内容的克林顿主义是美国新干涉主义的集中体现，其实质是以美国的价值观和人权标准来“塑造”国际安全环境，干涉别国内政，甚至不惜以武力支持别国民族分裂势力，进而达成建立“美国主宰下的国际新秩序”的战略目标。第三，公然藐视联合国的权威，联合国面临着作用被弱化的危险。美国继1998年12月绕过联合国对伊拉克发动“沙漠之狐”行动后，1999年4月又撇开联合国主导北约盟国对南联盟实施“联盟力量”行动。这表明美国已把联合国推向无足轻重的位置。预计美国今后有可能继续在重大实质性问题上绕过联合国安理会行事。第四，增加军费，加强反弹道导弹体系的建设，对世界安全尤其是对亚太国家安全构成严重威胁。积极拉日、韩、台加入TMD，同时在欧洲寻求与德、意、法合作发展“中程增距防空系统”，此举将产生严重后果。首先将导致反导条约的失效和战略平衡的打破；其次将导致先进武器和技术的扩散；最后美日等国和地区的 TMD 合作对亚太安全构成重大威胁。（陈效卫《美国军事战略的新动向及其影响》，《外国军事学术》1999 年第 12 期）

美国 2000 年国家安全战略报告有 5 点引人注目之处 有作者撰文指出，2000 年 1 月 4 日，克林顿政府向国会提交的《国家安全战略报告》，从内容上看与过去几年大同小异，但也有一些引人注目之处：第一，把保卫美国国内的能源、银行与财政、电信、交通、供水系统等基础设施列为关键利益，提出防止对上述基础设施的攻击——如信息攻击——也属维护美国的关键国家利益，并声称美国侵略南联盟是为了维护其“重要利益”。第二，进一步明确了在 3 种不同国家利益受到威胁时使用军事力量的原则，即：当关键利益受到威胁时，军事力量的使用将是决定性的，并不惜单独使用军事力量；当重要利益受到威胁时，军事力量的使用将是有限度和有选择的；当人道主义利益受到威胁时，可在对美国生命财产风险最低的情况下，尽量与国际社会的其他成员采取共同行动。总原则是：受威胁的利益必须与美国军事介入的开支与风险相一致。第三，《报告》明确了是否部署国家导弹防御系统（NMD）的决定取决于 4 个因素：一是看威胁美国本土的导弹威胁是否越来越现实；二是根据初期试验结果看导弹防御技术的发展状况；三是看部署国家导弹防御系统的费用是否可以承受；四是看部署这一系统所产生的影响是否与美国谋求的总体战略环境和军控目标相一致。克林顿政府将在 2000 年就是否部署国家导弹防御系统作出决定。第四，在对华政策上，继续强调发展对华关系的重要性，同时不再使用“建立建设性伙伴关系”等字样。在两岸关系问题上，强调了所谓的“一三”政策，即一个法规和三大支柱。所谓一个法规，指的是《与台湾关系法》；所谓三大支柱指的是：坚持“一个中国”的政策，要求两岸关系问题要通过和平手段解决，鼓励两岸开展对话和加强接触。第五，强调价值观念等“软力量”在维护国家安全利益中的重要作用，提出利用领先的信息技术和广泛的民间途径传播美国的价值观念，加大“同化”非西方国家的力度。为此，《报告》首次提出“公众外交”（即利用因特网等信息技术，把信息与资讯传递给全世界，传播美国的文化与价值观，并以此来影响非西方国家的公民与组织）的概念，并将其列为长期塑造有利于美国国际战略环境的重要手段。该报告表明，美国在新千年里将继续奉行“克林顿主义”，推行“塑造、反应、准备”战略，并更注重利用信息技术的优势，开展“公众外交”，通过各种渠道输出美国的价值观念。这反映出利用“软力量”扩张美国的安全利益，已经成为美国安全战略的重要组成部分。（姚云竹《克林顿政府 2000 年〈国家安全战略报告〉述评》，《外国军事学术》2000 年第 4 期）

《美国东亚—太平洋安全战略》报告有 4 个要点 有作者撰文指出，1998 年 11 月美国防部长科恩签发的 90 年代以来美国第 4 份东亚战略报告表明，在亚太地区长期保持并不断加强军事存在已成为美亚太安全战略的基石。第一，在亚太地区保持 10 万驻军的政策长期不变。驻军的特点是部队战备程度高，应急反应能力强，可远程投送，并具备广阔地域全谱作战能力。第二，以多样化手段加强美在亚太地区的军事存在。除 10 万驻军外，美还谋求通过多种形式的防务合作，扩大军事存在。与东南亚一些国家达成一系列协议，获得这些国家的基地、机场、港口、维修补给和后勤保障设施的使用权。美与亚太地区国家举行联合演习频率越来越高，规模越来越大。第三，以联盟关系为主线构建多元地区安全机制。美将不断加强和发展与日、韩、澳、泰、菲的正式联盟关系，同时强调与中国、俄罗斯、蒙古及东南亚国家积极发展双边关系，目的是建立以联盟关系为主线，以新防务关系为支点，以美为主导的多元地区安全机制。第四，把亚太军事存在作为对付跨国威胁的重要手段。“跨国威胁”一般指恐怖活动、环境恶化、传染性疾病、毒品走私、能源危机和自然灾害等。美军事存在平时把更多的注意力放在消除跨国威胁上，以保证美在亚太地区的综合安全不受影响。（姚云竹《评〈美国东亚—太平洋安全战略〉报告》，《外国军事学术》1999 年第 2 期）

美国提出“内部冲突论” 2000 年 2 月，美国发表的 2001 财年《国防报告》提出所谓“内部冲突”论的观点。其主要内容包括：第一，“内部冲突”是美国在新世纪面临的主要现实威胁之一，其严重性仅次于“越境侵略”，排在第 2 位，美国必须予以高度重视。第二，“内部冲突”是指“不同于越境侵略的政治暴力”，其形式主要有 4 种，即内战、内部侵略、武装起义和内乱；“内部侵略”是指“一个国家镇压本国的人民或一个种族反对另一个种族”等。第三，“内部冲突”一般会威胁到美国的“重要利益”，因为它们“可能会超越最初卷入的各方，招致外部力量的干预，影响美国的经济利益，或将该地区美国公民的安全和生存置于危险境地”，美国应积极干预；即使有些“内部冲突”威胁不到美国的“重要利益”，但也会威胁到美国的“人道主义利益”，美军有责任“保护有关国家人民的安全、生存和自由”。第四，对于以“衰败的国家、饥荒、洪灾、飓风，以及其他自然或人为的灾难”为特征的“人道主义灾难”，美军应以其独特的能力，“提供稳定、灾难救援和其他形式的紧急援助。”对此，有作者认为：第一，“内部冲突”论是美国在总结近年来武力干预别国内部事务的理论和实践，尤其是通过吸取科索沃战争的经验教训而正式提出的，具有强烈的针对性。第二，“内部冲突”论是对现行的国际关系理论和国际法准则的公开挑战，具有不可估量的破坏性。第三，“内部冲突”论将别国内部事务与美国国家利益挂钩，企图使美国武力干涉别国内部事务“合法化”。第四，“内部冲突”论为美国扩充军备制造理论依据，对全球战略平衡构成威胁，具有明显的现实危险性。第五，“内部冲突”论违反了和平与发展的国际潮流，是注定要失败的。（柯春桥、贾咏梅《评美国军方最近炮制的‘内部冲突’论》，《解放军报》2000 年 3 月 23 日）

（冬　生）

美报称美国的“战略威慑论”已被“先发制人论”取代　美国《洛杉矶时报》载文阐述了这一现象。文章称，“沙漠之狐”行动再次表明美国不再把战略威慑作为国家安全理论的基础。从二战以来，这项战略维持了超级大国之间的和平，而现在正在逐渐被战略上先发制人的理论所取代，其目的在于对付极端政权拥有大规模毁灭性武器的情况。根据这种新构想，重点是利用暴力手段消除这些武器的威胁。

这种转变可以说是最重大的战略革命。它的根子可追溯到 1991 年的海湾战争，那次冲突证明威慑对萨达姆实际上不起作用。尽管美国发出严重警告，以色列也警告要进行“可怕而恐怖的”报复（许多人认为这意味着利用核武器），他仍然用飞毛腿导弹袭击了以色列人口密集区，并毁坏了科威特的大部分油井。当时情报部门估计，不管多大的惩罚都不能阻止萨达姆把当地人口密集区作为化学和生物导弹袭击的目标，这对美国进行战争的方式产生了深刻的影响。

从 1993 年起，美国防部对其核战略进行 45 年来“最全面的”审查。要解决的“最重要的”问题是预兆不祥的“威慑不起作用”的问题。因此，伊拉克刚开始重新生产大规模毁灭性武器，克林顿就让美国采取行动。他说这是“防止另一场海湾战争最有效的办法”。但是，如果认为萨达姆是美国采取新战略的唯一原因，那就错了。从海湾战争以来，五角大楼一直在为战略威慑过时的情况作准备。1993 年 10 月 7 日，美国防部长阿斯平宣布美国将在制止大规模毁灭性武器扩散的斗争中增加军事手段。阿斯平把新政策称为国防部反扩散计划。1997 年，国防部报告它在“把反扩散任务全面汇入军事计划、采购、情报和国际行动方面取得了重大进展”。难怪莫斯科对此感到惊恐。俄罗斯人担心对它南部边境附近（特别是伊朗）的武器储藏和生产中心的袭击可能使它的领土受到毒害。看来战略威慑论的看法在当今已经过时了。（［美］阿维格多·哈兹尔科恩《美国不再把战略威慑当作安全理论的基础》，美国《洛杉矶时报》2000 年 1 月 10 日）

美报界提出美国采取对外干预行动时应具备 5 个因素　美国《芝加哥论坛报》发表文章称，美国在海外冲突中动用军事力量时应具备下列 5 个因素。一是内战、分离主义运动、民族冲突或跨边境战斗升级为足以引起世界关注的暴力行动；二是冲突发生在前苏联和中国领土以外或与之接壤的地区之外；三是军事专家认为保证最低限度人员伤亡的小规模用武可以在减少暴力方面发挥重大影响；四是盟国之间有协议，美国不必单独采取行动；五是危机的周边国家没有维和部队或力量不足时。（［美］约翰·戴蒙德《克林顿的干涉政策出台》，美国《芝加哥论坛报》1999 年 9 月 22 日）

美国“同时打赢两场局部战争”战略存在 5 大弱点　有作者通过对科索沃战争进行分析，认为美国这一战略存在以下难以克服的弱点。

一是军力无法保证打赢两场局部战争。根据美国军方的理论，科索沃战争只能属于“小规模应急行动”，但却让美军出动了相当于一场大规模局部战争的军事力量，所以美国应付难度更大的“两个重要战区的大规模局部战争”的能力值得怀疑。因此，美国实际上最多只能采取“先后取胜”战略，即先集中力量打赢其中一场战争，用部分兵力遏制住另一场战争，待第 1 场战争打胜后，再移师争取第 2 场战争的胜利。而“同时取胜”战略只是一种威慑战略的需要，因为当美卷入世界某一地区的战争时，其他地区强国可能趁机挑起战争，美国就难以应付了。

二是对盟国的依赖性较大。近年来美国介入的几场局部战争或军事冲突表明，美国实施局部战争，不仅需要盟国在政治和外交上的支持，更需要经济上的援助和军事上的参与。没有其他国家的大力帮助，美国根本无法实施任何大规模的作战行动。

三是受国内因素制约较大。美国之所以在科索沃战争中如此热衷“防区外”空袭的非对称作战，而没有采取地面作战，主要就是担心出现人员伤亡引起美国内及其他盟国国内民众的不满情绪，影响其在巴尔干半岛的战略意图。尽管如此，仍然掩盖不住国内因素对美国政府实施局部战争的强大制约作用。

*四是难以适应复杂多变的作战环境。*克林顿政府于 1997 年 5 月提出的“塑造、反应、准备”的新军事战略，要求美军必须塑造对美国有利的国际安全环境，随时准备对世界各地的各种危机作出反应。这就要求美军必须跨洋跨区劳师远征实施作战，面临的作战环境从沙漠、丛林到热带海洋、极地冰川，种类繁多，条件复杂，美军很难拥有适应各种作战环境的能力。

*五是战争初期难以形成力量优势。*美军强调在局部战争中要发挥力量优势，以积极的进攻行动，达成速战速决之目的。但是，从近年来美国介入的几场局部战争的情况来看，当全球范围内的地区性危机突然爆发时，美军在战争开始阶段，根本不可能迅速将庞大的兵力兵器运往战争发生地区，形成兵力和火力的优势。（唐保东、汪学堂《美国同时打赢两场局部战争战略的弱点》，《外国军事学术》1999 年第 9 期）

（严维义）

俄罗斯战争和军事战略问题研究 1999 年对俄罗斯来说是个多事之年：原华约成员国波兰、匈牙利、捷克正式加入北约；以美国为首的北约公然置国际社会和俄罗斯的警告于不顾，悍然发动对南联盟的侵略；北约华盛顿首脑会议正式推出“扩大北约防区，加强对外干涉”的新战略概念；俄北高加索地区爆发了武装冲突。这些事件对俄军界造成了强烈的冲击，使其在加强对未来战争研究的同时，在“现实遏制”战略框架内，对军事战略某些方面作了明显的调整。

俄罗斯战争问题研究 **关于未来武装斗争的基本概念** 有作者提出，21 世纪的战争（主要指在经济、军事技术和信息方面领先的国家相互间或向别国进行的战争）将是区别于传统战争的核后第 6 代战争（因而称其为“武装斗争”）。在这样的武装斗争中，起作用的将是新型高精度常规武器，其效能接近核武器，但使用后不会造成恶劣的（首先是生态的）后果。而且，由于使用了“可控制的常规武器”，武装对抗重新变得可以控制。还有更为重要的一点：未来武装斗争与传统战争的原则性区别在于无必要占领并扼守敌领土，即使占领，也只限于最重要的一些点和地区。

关于未来武装斗争的特点 这些特点主要是从时空和信息链的指数来表现的：

（1）*空间上的分散性。*从空间上来说，地球的任何一点都可以进行武装斗争。武装斗争将是从空中—太空有选择地对分散配置的最重要目标实施同时和连续突击的总和。但这种突击的空间分散性并不意味着突击不按照统一的意图和计划来实施，而且这种突击是以现代信息技术和远程毁伤兵器为基础的：现代信息技术可以把各种突击合并为统一的战役，包括战略性战役；“远距离行动”已经变得比“接触”行动更加有效，因而其比重将更加提高。武装斗争将常常在不与敌直接接触和没有明显的前后方的情况下进行，因此只有拥有纵深侦察能力和远程毁伤武器，并且凭借信息手段将侦察、目标指示和导引、指挥手段联成一体化高精度武器系统的一方，才会在这种斗争中获胜。空间分散性的第 2 个表现是，由于使用空中—太空手段来进行武装斗争，战线将调转 90 度，进攻和防御中的主要力量将集中于垂直地带。兵力兵器除向领土纵深按梯次配置外，还将向高度按梯次配置。空间分散性的另一个表现是战争将涉及人类生活和生存的所有领域。

（2）*时间上的突然和短暂性。*由于未来的武装斗争通常是从空中—太空的突然进攻开始的，因而这种突然进攻特别有效。而要发动突然进攻，最有效的办法是战争发动者在打响第 1 枪之前，先采用“电子休克”法。武装斗争持续的时间取决于战争的规模和目的。在战略性空中—太空战役过程中，各方都试图通过一次或几次突击来达到目的，因此战争多半是短暂的。武装斗争将按照准备工作进行得更充分、并在对己有利的时刻利用突然因素强加给对方。在发动战争的一方物质消耗极小、人员伤亡不大的情况下，如果敌人还不投降，武装斗争就会由双方的过程变成单方“射击场瞄靶式”的过程。根据军事行动的内容，进行 1～2 场战略性空中—太空战役大约要持续 80 天。

（3）*战争的可控制性。*其主要表现有三：一是使用的兵器主要是高精度常规武器；二是武装斗争的目的有限，不以消灭对方有生力量和占领其领土为主要目的；三是表现在从指挥军队向指挥武装斗争的转变上。以上 3 点是以进攻的一方在战争准备阶段就拥有绝对优势，对军事行动的进程实施单独领导为前提的。在这样的情况下，敌对一方国家和军队的指挥将陷入混乱状态，或处于被控制中，其各种层次的行动将被破坏，抵抗意志将被削弱。

(4) 手段的综合使用。政治、经济、心理等所有斗争手段的综合使用是未来武装斗争一个非常明显的特点。其中尤为突出的是：信息链对战斗系统产生了更积极的影响，信息—心理斗争将成为贯穿武装斗争全过程的至为重要的斗争手段。在信息斗争中，指挥系统、通信频道、侦察系统、目标指示与导引系统及其他最重要的因素成了直接攻击的目标。心理战则可以在广泛的空间范围内进行。同时并协调地进行信息和心理斗争，可确保对敌方武装力量最重要的细胞——武器和人，产生综合的破坏作用。

关于未来武装斗争的样式和方法 据预测，新的作战样式和方法通常将在战略性空中—太空战役的框架内实施，但其中有些可能具有独立的意义。作者认为，电子战、火力侦察战、空袭战、特种战、反侦察战等将成为21世纪武装斗争的基本类型。作者还认为，通过显示性突击，连续、坚决地施加强大的压力，可以迫使敌人放弃武装对抗和不加抵抗地接受提出的条件。但是，这种情况只有在高科技武器方面对敌确实拥有技术优势的情况下才能做到。如果这种方案不能顺利实现，那么要想达到战争目的就必须进行1~2场空中—太空进攻战役。（［俄］军事科学博士科鲁格洛夫《关于未来的武装斗争》，俄罗斯《军事思想》杂志1998年第5期）

关于现代战争的性质 自苏联解体以后，俄首次提出现代战争的性质可区分为正义战争和非正义战争两大类。（李效东、陈建民《俄罗斯军事政策与军事战略的新变化》，《外国军事学术》1999年第12期）

（毛子成）

俄罗斯军事战略发生新变化 **重新评估国家安全威胁，提出“大规模战争的威胁依然存在，国内动乱威胁的主要根源来自国外”** 新军事学说认为，俄联邦的军事安全面临着一系列潜在的外部和内部威胁。外部威胁包括：对俄联邦提出领土要求，干涉俄内部事务，损害俄在国际问题上的安全利益，阻止俄成为多极世界中一个有影响的中心，俄及其盟国边境附近存在武装冲突，增加在俄及其盟国边境的军事力量，北约东扩，外国在与俄接壤的领土上驻扎军队、训练和装备反政府武装分子和集团，对俄实施信息战，以及国际恐怖主义。内部威胁包括：以暴力推翻宪法制度的企图，极端民族种族主义、宗教分裂主义、恐怖主义等组织的违法活动，建立非法武装和大规模有组织犯罪活动等。值得注意的是，由强调内部威胁转向注重外部威胁。俄新版军事学说明确提出，美国等西方大国已构成对俄军事安全的主要威胁；俄内部许多动乱和战争的根源均来自国外；大规模战争的威胁依然存在。（李效东、陈建民《俄罗斯军事政策与军事战略的新变化》，《外国军事学术》1999年第12期）

有作者认为，对安全威胁评估上的变化反映在两个方面：一是俄认为，北约对科索沃的入侵，进一步暴露了该组织的进攻性、扩张性和冒险性，对俄国家安全已由东扩初期的潜在威胁演变为现实威胁。因此，俄应充分估计北约在可预见的将来依靠其强大的军事实力对俄及其盟国实施军事打击的可能性。二是除了外部因素，俄首次明确把类似车臣非法武装等极端组织的分裂和恐怖活动列为国家安全的主要威胁之一，而且使用了不同于以往“国防安全”的新提法——“军事安全”。这就把国内国外对国家安全构成的军事威胁都包括在内了。（高鹏《俄罗斯当前军事战略新变化》，《外国军事学术》1999年第12期；柳缠喜《科索沃危机后俄罗斯军事政策走向》，《现代军事》1999年7月号）

强化核威慑战略 在俄安全形势进一步恶化，常规力量无法与北约相抗衡的情况下，核武器自然成了俄手中对付北约的王牌。为保持大国地位，确保国家安全，俄进一步强化了核威慑战略。其具体措施包括：一是以“核还击—迎击”为主要作战样式，而不仅仅限于以前的“核还击”，以提高核战略的主动性和适应范围。俄国家杜马国防委员会主席明确表示，在没有其他手段可以抵抗北约推行的侵略政策的情况下，“俄可能实施以防卫为目的的先发制人的核打击”。新的俄联邦国家安全构想和新版军事学说规定，不仅在侵略者使用核武器时俄可以动用核武器还击，而且在反击敌使用常规兵器的大规模侵略时，在俄罗斯及其盟友的国家安全受到严重威胁时，也可以使用核武器。二是提高战备等级，举行实弹演习。1999年度，俄军举行了1985年以来最大规模的战略性演习，矛头直指东扩的北约。三是俄国家杜马决定推迟就批准俄美第2阶段削减进攻性战略武器条约问题的审议，并以压倒多数通过了《2010年前俄罗斯战略核力量拨款法》。四是延长PC-20洲际弹道导弹和战略导弹潜艇的服役期，加快部署白杨-M新型洲际弹道导弹，并为其安装分导式多弹头。五是加快研制和装备非战略性核武器，即低当量高精度战术核武器，把非战略性核武器作为弥补自身常规军力方面欠缺的“撒手锏”。在1999年4月叶利钦签署的3份有关核武器的文件中，其中1份就是关于发展非战略性核武器的。六是为远程航空兵装备可携带核弹头的隐

日本一军事评论家对"日本周边事态"提出新看法 日本军事评论家藤井治夫撰文指出，新《日美防卫合作指针》的核心是"周边事态"。(1) 在发生"周边事态"时日美如何"合作"，是此次修改《日美防卫合作指针》的重点。(2)"周边事态"的概念就是指亚太地区，即环太平洋地区。作者对"周边地区"的解释是，指"日本以外的所有地区"，只是不包括日本而已。再从事态的程度看，只要日美两国政府断定会产生严重影响的都包含在内。1996 年 4 月出台的《日美安全保障联合宣言》中，多达 12 次提到了"亚太地区"这个词。可以认为，"周边地区"就是指亚太地区，即环太平洋地区。(3) 在预计发生"周边事态"时，将启动日美联合作战机构"协调机制"来指挥作战，并根据"周边事态相互合作计划"及"共同标准"做准备工作、实施作战计划，其中包括警戒监视、扫雷等日美协同作战，以及设施提供和后方支援等。当周边事态波及到日本或日本遭到入侵时，日美将根据《共同实施要领》进行联合作战。(4) 日本自卫队一直在努力通过辅助美军来逐步确立自主的防卫力量。从重新定义日美安保，到制定新指针，美国要求日本发挥的是对美国的辅助作用。就作战而言美军担负打击任务，自卫队则是保护"矛"的"盾"。根据新指针，日本负责为美国的全球作战提供基地，担负大部分后方支援，及其相关的一切经费。因此，日美之间仅签订平时提供支援的协定和相互提供物资与劳务协定是不够的，将来签订类似《美韩相互后勤支援协定》的协定是不可避免的。([日] 藤井治夫《日本环太平洋军事战略的过去、现在与未来》，日本《军事研究》1998 年 2 月号)

日一教官谈 21 世纪初日本军事战略构想 日本陆上自卫队干部学校教官西村繁树上校撰文主张，把中国作为日本 21 世纪初的重要战略对手；而对俄罗斯则采取鼓励其扼守"民主阵地"，尽量将其纳入西方战略体系的策略。其要点是：

为建立亚太新秩序作贡献。中俄已不再是传统意义上的"威胁"。对这种难以判断其是否构成威胁的、不透明、不确定的国家，首先不让它成为威胁才是战略之上策。这种战略称为"建立新秩序战略"，目的是把这类国家和地区引入新秩序中。如果把中俄相比较，能够与日美共存于一种秩序之下的，恐怕还是在冷战后经受了自由主义洗礼、好容易才守住这一阵地的俄罗斯。对中国不能抱很大希望。特别是中国想成为能同美国相抗衡的亚洲一极，可能会以美国为敌，并企图压制日本的发展。尽管如此，把中国纳入新秩序中乃是上策。否则，恐怕要出现第 2 次冷战。为此，与其同中国直接接触，不如同有可能建立起共同新秩序的俄罗斯发展合作关系。日美俄联合更容易、更可取。如果出现中俄联手的局面，这种危险对于日本来说，是一种远比只对付中国一国更坏的战略选择。

为对付突发事件采取相应措施。对于 1994 年的"朝鲜核危机"，即使美国有准备，日本却没有准备。从这个意义上说，对日本确是一种危险。对付危险的方略可称作"预防危机战略"。其主要特点是，灵活地转用军事力量，让军事力量在其他方面发挥职能。日本的预防危机战略，主要是对付可能发生在日本西部的危机。如果在将来的危机中，对方既使用常规武器又使用化学武器，再考虑到朝鲜军队装备远程导弹这一情况，则日本必须加强自卫队防化部队的建设和对国民的防护。

为制止威胁采取必要对策。必须充分考虑到建立新秩序失败和威胁再度出现的可能性。为此，应使冷战时期推行的"遏制战略"继续发挥其有效性。当日美中俄联手建立亚太新秩序难以取得进展时，亚太地区会重新回到冷战体制，最好的情况是日美俄对付中国，最坏的情况是日美对付中俄。到了这一步，战略的支柱将重新回到"遏制"上。从遏制的观点看，日本加强西部和重视北部的战略是重要的。因此，既要从孤岛防卫的立场去考虑西南群岛上日本陆上自卫队的防卫态势，也应从如何有利于保卫海上航线这一立场去考虑。([日] 西村繁树《陆上自卫队职能的变化和新军事战略的建议》，日本《新防卫论集》1998 年 9 月号)

日本发展战区导弹防御系统将对亚太地区稳定产生 3 个主要影响 有作者撰文指出：

(1) *日本防卫政策面临调整*。日本决定与美联合研制战区导弹防御系统，是日美在新指针基础上进一步突破"专守防卫"政策所采取的又一重大步骤。该系统以俄罗斯、中国、朝鲜作为主要防御对象，其防御范围涵盖北至阿拉斯加、南至澳大利亚的整个亚太地区，同时考虑吸收韩国、东盟一些国家及中国台湾参加。日本此举违背其不参加"集体自卫"的"专守防卫"政策。如果该系统出口到美国以外的国家和地区，则违背日本的"武器出口 3 原则"。同时，日本建立战区导弹防御系统将不可避免地利用美国军事卫星提供的导弹预警情报和发射自己的侦察卫星，则又违反日本国会 1965 年 5 月通过的关于"禁止将宇宙空间用于军事"的决议。由此可见，日本的"专守防卫”政策将更加名存实亡。

(2) 亚太地区军力面临失衡。虽然日本声称主要是针对朝鲜的弹道导弹威胁，但通过建立战区导弹防御系统，加强与美国的政治、军事关系，增强日本对亚太事务的影响力，同时遏制中国在亚太地区的影响才是日本的真正目的。日本此举还将打破东亚地区现有的军事力量平衡，并有可能引发有关国家进行导弹技术革新，以提高导弹的制导和突防能力，从而导致新的军备竞赛。

(3) 中国国家安全面临挑战。日美联合研制战区导弹防御系统，是日美联手对华遏制政策在军事上的表现。该系统确有针对中国“东风”系列弹道导弹的意图，其设计兼有截击远程战略弹道导弹的能力，是借战区防御之名，行战略防御之实，因而对拥有少量核武器的中国影响重大。(欧分粮《日本发展战区导弹防御系统情况及其影响》，《外国军事学术》1999年第8期)

“日本国际论坛”对日本21世纪安全外交大战略构想提出建议 日本民间研究机构“日本国际论坛”对日本21世纪安全外交大战略构想提出如下建议：

基本外交构想。一是在更宏观的大战略框架中构筑对美中俄3大国的关系。二是调整国内体制，积极承担建立、维护、发展国际秩序的责任。三是为建立、维护、发展国际秩序在国际社会发挥积极作用。

地区秩序构想。(1) 日美开始探讨不首先使用核武器宣言的可能性。只要日本在一如既往地发展防卫力量的同时，保持日美同盟的整体遏制能力，就足可遏制常规武器及生、化武器等对日本的攻击。(2) 促进朝鲜对外开放，并和俄罗斯加强经济相互依存关系。(3) 创立日美中俄韩朝6方对话的北太平洋合作机构。不仅要就朝鲜半岛的和平机制，同时还要就东北亚地区存在的所有问题进行对话，使两种机制形成互补。

对美关系构想。(1) 作为世界主要大国的日本，不应是秩序的执行者，而应作为秩序的缔造者。在坚持日美同盟体制的基础上，通过就新指针协商等场合，积极向美国提出建议和议案，以使对美外交向实质性的“建议·互动型”转变。(2) 日美修改防务合作指导方针，将原指针主要想定“日本有事”发展为内容更为全面的“周边有事”，是十分适当和必要的，立法不可或缺，当尽早通过。(3) 应立足长远，认真探讨解决冲绳基地问题。

对华关系构想。(1) 把日中关系作为亚太地区多边合作关系的组成要素来建立。日中在加强两国间合作关系的同时，还要扩大和发展在国际领域的多边合作关系，尤其应增加在地区安全多边合作机制内进行合作的可能性。(2) 消除日中之间在历史认识问题上的分歧。(3) 日美两国协调并坚持“对武力解放台湾说不”的基本姿态。当出现台湾海峡军事形势日趋紧张进而爆发战火的事态时，日本不可能袖手旁观，当然会表示极大关注。在这一点上，不应给中国以任何错误的信号。

对俄关系构想。(1) 为建立有利于双方战略利益的“日苏伙伴关系而努力”，以便使日本自幕府时代结束以来北方安全保障问题最终得到解决，并从地缘政治学上扩大日本外交的选择范围。(2) 在“法律和正义的原则”的基础上，达成真正的相互理解；因为如果对战争没有一定的共同理解，就不能建立起真正面向未来的关系。(3) 坚决拒绝在不解决领土问题条件下缔结和平条约。(摘自日本民间研究机构“日本国际论坛”的报告《对美中俄关系的展望与日本的构想》，因特网“日本国际论坛”主页1999年4月21日)

(薛　丰)

其他国家和地区军事战略问题研究

朝鲜军事战略呈现新特点 有作者撰文指出，朝鲜为建设以军事为中心的“强盛大国”，其军事战略呈现出以下新特点。

(1) 突出军事地位，强化军事力量。朝鲜认为，最近几年“由于帝国主义和反动派恶劣的孤立扼杀政策，加上严重的自然灾害，朝鲜正经受着巨大的考验”。在这种逆境中，金正日通过“突出地抓军队建设，加强国防力量”，“牢固地保卫了社会主义”，并且打下了“强盛大国”建设的“跳台”。其主要做法：一是提拔一批军队高级将领。朝鲜军队现有高级将领1400余人，其中1023人是金正日于1991年任人民军最高司令官之后提拔的。二是继续扩充兵力。1998年以来扩增正规军13000人，使总兵力从1997年114.7万人增加到116万人。三是加强武器装备。1998年新增加野炮800门、装甲车30辆、直升机10架、支援舰170艘，并发射了“光明星”1号卫星。

(2) 把军队作为经济建设的突击队。使之承担了一大批重点建设工程，并参加下井挖煤和农业生产等艰苦任务。同时用“革命军人精神”，鼓动全社会的斗争精神和斗争风气，以其推动恢复经济和各项社会事业。

(3) 进一步加强了全民、全国性的防御体系。近几年来，朝鲜在加强军队建设的同时，进一步强化了全民武装化、全国要塞化。仅1998年增加预备役兵力90万人，使预备役兵力总数达到745万人。另外，不断加强军用工厂地下化，城市人员疏散、战备物资储备、防空演习等。（韩今玉《朝鲜实施以军事为中心的“强盛大国”战略》，《国际展望》1999年第15期）

韩国继续调整军事战略 有作者认为，世纪之交韩国军事战略调整呈现出以下新特点：

重新以朝鲜为主要防卫对象，但在对策上变武力对抗为“以柔克刚”。韩国虽然重新将朝鲜作为国家安全的主要威胁，但对策与冷战时期相比迥然有别。一是以“阳光政策”等较为柔和的对策代替以往以军事对抗为主要内容的强硬对策，力图通过双方在军事、政治、经济等方面的对话接触，逐步打消对方的敌意。二是通过军控谈判限制朝鲜军力发展，以便凭借自身综合国力的优势，对北方实行“和平演变”和两德式的“吞并统一”。三是把发展军力和增强现代条件下作战能力作为柔和政策的基础和后盾，并在维护主权和国家安全的关键时刻显露出其坚定态度。

放弃纯“自主国防”概念，继续强化韩美联防体制。金大中政府提出上述主张的原因主要有3点：第一，1997年底的韩国经济危机，严重影响了其对实现“自主国防”的资金投入，迫使其不得不放慢“自主国防”的步伐。第二，韩军尚无力独立完成保卫国家的任务，更无力与地区国家日渐增长的“潜在威胁”抗衡，因此在今后相当一段时间内，“自主国防”不应是“排他性”的，仍需以韩美联防为基础。第三，放弃纯“自主国防”概念，符合投入少、多受益的国防效益观。为强化韩美联防体制，韩国采取了如下措施：一是从法律上确定战时美主韩辅的联防体制。二是更多地承担驻韩美军的费用。三是军方高层往来频繁，以便及时制订对朝军事对策。四是连续实施联合军事演习。

作战思想由战时取胜转向平时威慑。90年代后，韩军冷战后期所制定的“攻势防御”方针，被以凭借韩美军联合作战力量遏制战争企图为目的的“联合遏制”作战方针所取代。韩军明确提出，应预先确立多种防卫态势，即初战对应态势、首都圈地区的防卫态势、领空的防卫态势、局部挑衅防卫态势、心理战防卫态势等，以充分有力的作战准备使对手不敢轻易发动战争。

把南北方军备控制问题推向国际化，利用美日等国向朝鲜施压。首先，韩国利用各种宣传媒介，对朝鲜核开发和发展中远程导弹等问题大肆渲染，使朝鲜成为国际舆论关注的焦点。其次，与美国联手，通过软硬兼施的手段，迫使朝鲜接受全面冻结核设施和推迟导弹试射的主张。其三，迅速改善与日本的军事关系，以共同对付所谓“朝鲜威胁”。其四，积极发展与俄罗斯和中国的军事交流合作关系，力图削弱朝鲜与这两个昔日盟友的关系，并促使朝鲜参与到美韩“主导”的军备控制的进程中来。

大力加强适应21世纪国防需要的军队现代化建设。随着韩国经济的复苏，韩国军方迅即提出加速军队现代化建设的一系列措施。（1）增加军费预算；（2）调整作战指挥体制，以全面提高作战指挥效率；（3）加快以海空军为重点的武器装备现代化进程；（4）加快军队信息化建设；（5）强化军队精神教育，力求在广大官兵中造就能抗衡心理战和战争重压的坚强精神。（王湘江《韩国当前军事战略的走向》，《外国军事学术》1999年第12期）

印度加紧调整军事战略 有作者撰文指出，近年来，印度为谋求世界“一流大国”的地位和争当地区军事强国，加紧了军事战略调整。

在安全威胁的判断上，更加强调所谓“来自中国的威胁”。印度对来自巴基斯坦的威胁并不十分忧虑。而对于所谓“来自中国的威胁”，印度则认为是战略性的、长远的和最为严重的。为此，印度一方面谋求改善同中国的关系，但另一方面又下大气力在军事上“联西”（联合西方）、“稳俄”（稳定印俄联盟）、“拉东”（拉拢东南亚国家），企图构筑阻遏中国的军事圈，并大肆宣传“中国威胁论”，以此作为其进行核试验的借口。在安达曼—尼科巴群岛建立第4海军司令部，以扼守马六甲海峡，阻止战时中国舰队从海上配合陆上进攻，避免腹背受敌。

在战争准备上，强调准备打局部战争和应付“低强度冲突”。印军认为，随着印巴相继成为核武器国家，两国之间发生大规模战争的可能性越来越小，战争规模的可控性增强。但是，中印、印巴之间发生因领土争端而引起的局部战争的可能性依然存在。由于中印、印巴边境地区特殊的地理条件，这种高技术的战争和冲突也必将是有限的，常规的山地作战样式仍将是印军主要的作战样式。

在军事战略思想上，核威慑思想上升到主导地位。印度认为，将准核威慑能力转化为正式的核威慑能力，意义非同小可：（1）将可基本免除战争的侵害；（2）将可遏制中、巴用武力夺回被占领土的企图；（3）将可在南亚地区确立“绝对霸主”的地位，并可争夺安理会常任理事国乃至多极世界中的一极的

地位。目前，印正在为建设这样一支核威慑力量而努力。

在作战指导上，日益强调联合作战。印军认为：现代局部战争是高技术战争，各军种如不联合作战将不可能取得胜利。因此，印军目前正在着手将陆空、空海和海陆这 3 种协同作战能力转化为三军联合作战能力，革新作战理论，制定相关作战条令。

在军队建设的战略指导上，重视稳步提高质量。为打赢未来的高技术战争，90 年代以来印度将军队建设的重点转向质量建设，主要措施是：(1) 停止扩军，将其军队员额一直保持在 120 万左右；(2) 保持军费的稳步增长；(3) 制定军队长期发展规划。计划到 2005 年国产武器装备的比例将提高到 70%，在今后 10 到 15 年，更换一大批三军主战装备。(符成礼《90 年代以来印度军事战略》，《外国军事学术》1999 年第 9 期；管元璋《印度核试验以来军事战略的调整》，《外国军事学术》1999 年第 12 期)

英国防务战略出现重大变化 英《皇家联合部队》1998 年第 8 期刊登迈克尔·科德纳的文章，对英国 1998 年 7 月正式发表的冷战后首部《战略防务审查》白皮书进行了全面评析。认为《战略防务审查》的出台，标志着英国防务战略发生了重大变化。

防务重心由保卫领土及海外领地的安全向对外干涉转变。该白皮书认为，现今英国的安全环境发生了很大变化，本土“已不存在直接的军事威胁，海外领地同样也没有重大的军事威胁”。为此，英国防务战略的重心将远离保卫领土及海外领地的“第 1 道防线”，而转向积极参与全球事务和对付世界各地发生的武装冲突。其目的在于保护并促进英国在世界重点地区的战略利益和经济利益，维护其世界大国地位。

以防务外交为名，行武装干涉之实。白皮书的防御任务一章，增加了一项“新”内容，即防务外交。尽管英军没有明确“防务外交”的具体含义，但从实际情况来看，防务外交既包括诸如强迫外交、军事外交、炮舰外交等非战争军事行动，也包括传统的武器控制、防止核扩散、建立信任与安全措施、扩展势力范围和海外军事援助等。其涵盖范围几乎包括了除国家公开宣战之外的一切对外军事行动。这与美国和法国提出的“预防性”防务的含义基本相同。这表明英国以武力干预世界事务的可能性进一步增强。

实施“一大两小”战略方案，对武装力量进行重组。白皮书认为，为了对付地区冲突，英国必须保持一支足够强大的部队，实施“一大两小”战略方案，即英军的规模和能力要能够对一场大规模的地区冲突(如海湾战争) 作出反应，或在两场较小规模的冲突(如波斯尼亚) 中进行持续部署，而且还要能够像在北爱尔兰那样履行“义务”。为了增强军事能力，英军将对现有的力量进行重组，并有计划地对海军舰艇和空军战斗机进行更新换代。

建立联合指挥机构，提高联合作战能力。由于当前和未来 10 年内，多军种和多国联合行动将是英军执行任务的主要方式。因此，白皮书十分强调建立联合指挥机构，提高联合作战能力。目前英军已建立了常设联合司令部，负责英军在海外的联合行动、制定联合条令和组织联合训练等各项工作；将建立 1 个联合防御中心，负责提出未来部队需求设想；拟将 3 个独立的军种后勤司令部合并成 1 个联合机构，由联合后勤司令官统一控制；将对联合司令部和作战勤务部门实施精简整编，以全面提高英军的联合计划与联合作战能力。(高兵群、徐辉整理《英国防务战略的新变化》，《外国军事学术》1999 年第 7 期)

北约战略发生新变化 有作者撰文指出，1999 年 4 月 24 日，北约华盛顿首脑会议正式通过的新《联盟战略概念》，标志着冷战后酝酿了 8 年之久的北约新战略正式出台。同时反映出北约战略发生的实质性变化。

(1) 以捍卫“共同利益”为名，行全球干涉之实。新文件指出，在新形势下，北约遭受常规力量大规模入侵的可能性很小，但在欧洲—大西洋地区内及其周边地区仍存在着许多“不确定和不稳定”因素，这将使北约的安全面临“难以预测”的军事性和非军事性危险，为“捍卫共同利益和共同价值观”，北约可以在其成员国以外的地区采取干预行动，其中包括对付大规模毁伤性武器的扩散、恐怖活动、民族矛盾引发的地区冲突等一切被认为是可能危及北约安全的威胁。可见，在北约由被动防御转为主动干预后，“集体防御”的原则已被捍卫“共同利益和共同的价值观”所替代，并可利用政治、经济和军事等一切手段，先发制人地采取行动，以扩展美国和其他西方国家在世界各地的利益。

(2) 由联合国授权行动向北约自主采取行动转变。北约新战略另一显著变化，就是境外行动的授权问题。《北大西洋条约》明确规定，作为一个地区性防御组织，其行动不应超出成员国的范围。1992 年 12 月，北约首次决定，根据联合国安理会的授权，今后将在防区以外采取相应的维和行动。1998 年，美英绕开联合国空袭伊拉克。随后美国又提出为“避免人道主义灾难”，可不经联合国授权，独立在防区外采取行动。1999 年 3 月 24 日，北约绕开联合国对南联盟实施大规模空中打击，以野蛮的行径实践了它“单独行动”的主张。按照新的战略构想，北约还将实行“自愿合作”的原则，不再坚持所有国家作为一个整体去实施这些行动，即只要美国人想干，同时又有少数其他成员国支持，就可采取行动。这将为美国和北约滥用对外干涉权力提供依据。

(3) **变地区性“防御组织”为美国推行“全球霸权”的工具**。北约在战略上采取的另一项重要措施，就是继续推进北约的东扩进程。随着北约首轮东扩的成功，美国已不满足于将北约局限在欧洲的特定地理范围之内，其目的是使北约成为一个全球化组织，成为美国推行全球战略的重要工具。美国的战略意图是，通过东扩进一步挤压俄罗斯的战略空间，把美国的势力范围推进到俄罗斯的边界，防止俄罗斯东山再起。美国利用北约对南斯拉夫动武，其目的也是为北约东扩扫清障碍。(一民《北约新战略初析》,《外国军事学术》1999 年第 7 期) （严维义）

局部战争和军事冲突研究

科索沃战争问题研究 科索沃战争是二战结束以来在欧洲爆发的第 1 场大规模局部战争，也是北约成立 50 年来首次未经联合国授权、对北约防区外一个主权国家实施的侵略战争。战争规模之大，涉及国家之多，持续时间之长，破坏程度之重，现代化程度之高，影响之深远，都为冷战结束以来所罕见。战争引起中国军内外学者的高度重视，现将学者们的主要学术观点综述如下。

美国发动科索沃战争的企图 美国主导北约发动科索沃战争，有其深刻的历史背景和复杂的政治企图。克林顿在其 2000 年《新世纪国家安全战略》报告中狡辩说，美国出兵科索沃，是在维护其“重要利益”，是为了防止美国对盟国承担重大义务的地区出现危机，防止出现影响地区稳定的难民潮。报告认为科索沃战争达成了 3 个明确的军事目标，即南联盟撤出所有军队，全部难民无条件地返回家园和部署以北约为核心的国际安全部队。但事实是，正是北约的大规模空袭才造成了战后以来欧洲最大的难民潮。主权国家南联盟对本国民族分裂势力和恐怖分子实施镇压，既没有对地区稳定造成威胁，更不可能威胁到美国的“重要利益”。中国学者认为，美国主导北约对南发动侵略战争主要有 4 个企图：一是显示美国主导欧洲事务的能力和决心，检验北约新战略构想，为建立美国主导的 21 世纪国际新秩序创造条件；二是进一步挤压俄罗斯的战略生存空间；三是控制巴尔干这个连接欧、亚、非 3 大洲的战略要地；四是推翻米洛舍维奇政权，在南斯拉夫扶植亲美政权。这 4 个战略企图紧密联系，都是为美国的国家战略目标——建立美国主导下的“国际新秩序”服务的。通过战争，美国基本达成了前 3 项战略企图，但由于以米洛舍维奇为首的南联盟政权得到了南联盟人民，尤其是军队的坚决支持，美国颠覆米洛舍维奇政权的企图未能得逞。

关于科索沃战争的特点 科索沃战争是继海湾战争之后的又一场高技术局部战争，既有现代高技术局部战争的一般特点，又有其独特之处。第一，典型的不对称战争，以空袭与反空袭为主要作战样式。北约 19 国集团人口约是南联盟的 70 倍，经济实力约为南 700 倍，总体实力相差极为悬殊。北约掌握了绝对的制空、制海、制天、制信息和制电磁权，战场对北约一方基本上是透明的、安全的，而南联盟一方则基本上成为“瞎子、聋子和靶子”。空袭与反空袭是科索沃战争的主要作战样式 。北约出于维护内部团结和最大限度减少己方人员伤亡的考虑，凭借绝对的海空优势对南实施空中打击。空袭的战法主要为 5 个“结合”和 1 个“选择”。5 个结合是：远程打击与近程攻击结合、海上打击与空中打击结合、精确制导与非精确制导弹药结合、心战与实战结合、威慑与打击结合。1 个“选择”是：根据不同目标，精心选择打击手段。南方反空袭作战的主要战法包括：导弹与高炮、隐蔽与伪装、分散与机动、雷达与目视、防护与出击相结合；采用雷达接力、瞬间屏幕识别等战术，发现和攻击敌战机等。第二，典型的精确打击战争，一体化和信息化作战唱主角。北约在战争中大量使用新近研制或改进的高、精、尖武器，精确制导武器的广泛使用尤其引人注目。其比例占使用弹药的 35%，远高于海湾战争时的8%。美军在此次行动中使用的“战斧”3型巡航导弹、空射巡航导弹、联合直接攻击弹药、联合防区外武器、感应引信武器等，具有全天候、射程远、精度高、威力大、可靠性强等特点，是新一代远程精确制导武器的代表。在战争中，作战的一体化和信息化达到了空前的水平：多国军队、诸军兵种、多种作战平台、多种作战兵器在整个战区形成了一个整体，在空地海天电五维空间上实施了全方位、全时空、全天候的立体攻击。信息战贯穿于空袭的全过程，信息技术被广泛用于情报收集、预警指挥、精确打击、通信联络、战损评估和战场管理等各个领域。第三，典型的“步步升级”战争。其体现在两个方面：一是兵力投入逐步增加；二是轰炸规模逐步加大。北约在作战中采取“步步升级”战法，并不是预先设定的计划，完全是由于北约决策者战略判断失误，低估了南联盟军民的抵抗意志和抵抗能力而造成的。战前，北约在战区集结了370多架作战飞机和10余艘军舰。空袭开始后由于达不到削弱南军抵抗能力和意志的目的，不得不添油式地增派兵力。最终使飞机达到1127架之多。在作战过程中，空袭行动呈步步升级之势：空袭架次从最初的每天150～250架次，增至4月份的每天500多架次，再到5月份的每天700～900架次；攻击架次占总架次的比例越来越高，由最初的15%到20%，再到50%；空袭越来越野蛮，从最初轰炸军用目标到军民两用目标，再到纯民用目标，最后到医院、居民区、监狱、学校、养老院、幼儿园，甚至中国大使馆等国际法明令禁止轰炸的目标。第四，科索沃战争成为北约新战略的预演和高新武器的试验场。北约新战略的核心是实现3个转变，即由防御性转变为进攻性，由防区内转变为防区外，由受制于联合国约束转变为摆脱联合国独立行动。通过侵南战争，美国既完成了北约新战略的预演，同时又对高新武器进行了试验。B-2隐形战略轰炸机首次投入实战，从美国本土直飞战区遂行轰炸任务；石墨炸弹首次使用，主要用于破坏南电力设施；感应引信武器、联合防区外武器、联合直接攻击弹药等弹药都是首次使用；无人机被广泛用于照相侦察和战损评估，等等。这些首次使用的武器在战争中占的份量虽不高，但对其实战价值却不能低估。例如，B-2飞机飞行架次不到全部攻击架次的1%，却投掷了全部弹药的11%。第五，空中打击与地面威慑相结合、政治谈判与军事行动相伴随。早在战争爆发前，北约就在南邻国马其顿集结了1.2万人的地面部队，行动过程中又不断向南周边增派地面部队，始终推行“空中打击为主、地面威慑为辅”的战略，慑止南军地面作战行动。与此同时，交战双方在外交上展开激烈较量，争取对己有利的战争结果。第六，双方大力开展心理战。北约从一开始就大搞舆论宣传战。一方面向战区派出“飞行广播电视台”，用塞语播发心战信息。向南投放数以百万计的传单，鼓动南军警逃离科索沃，煽动南军民推翻米洛舍维奇政权。另一方面，指责南电台电视台为所谓“宣传仇恨的工具”，野蛮地用导弹将南国家电台电视台和一些私营电视台摧毁。肆意破坏南供电供水设施和空袭南总统官邸，企图给南人民带来痛苦和心理压力，迫其放弃抵抗。对此，南方针锋相对，对北约实施反心理战，大力宣扬北约对居民区、医院、学校、监狱、难民车队等进行轰炸所造成的损失，揭露北约“人道主义”的虚伪性；不断公布平民被炸死炸伤的信息，戳穿北约“只轰炸军事目标”的谎言；充分报道北约飞机投放带放射性武器、轰炸南化工厂和炼油厂造成南大面积环境污染，揭露北约轰炸具有国家恐怖主义和民族灭绝性质；通过释放美军战俘、允许鲁戈瓦及其家人出国、允许联合国人权小组到南考察等行动，争取美国及世界各国舆论的同情与支持；不断提出和平倡议，使北约内部的分歧不断扩大；通过播放爱国歌曲、电影、电视剧，组办音乐会，实施“人盾护桥”等行动，激发全民的爱国抗战热情。

关于科索沃战争的影响　有作者认为科索沃战争将对21世纪初的国际战略格局和未来大国战略走向产生重大影响。第一，全球战略力量重新调整、分化、组合，大国关系变数增加。以美国为首的北约公然绕过联合国对南联盟这一主权国家发动战争，不仅严重损害了联合国安理会的权威和形象，而且破坏了国际战略格局的良好发展势头，使大国“伙伴关系”急剧倒退。而对美国霸权主义和强权政治咄咄逼人的攻势，国际战略力量将重新调整、分化、组合。俄白联盟军事集团成立，南联盟提出加入俄白联盟，东欧、波罗的海的一些国家积极申请加入北约，欧盟要求摆脱防务上依赖美国的尴尬处境，独联体内一体化防御的呼声增强，中俄之间的战略协作伙伴关系将取得实质性进展，东盟某些国家寻求与美加强安全合作的趋势越来越明显，从而使美俄、美欧、美中等大国间关系变数增加，世界和平与稳定受到更大冲击。第二，在国际关系中，国际法和国际关系准则的作用在下降，军事因素的作用在增大。北约对南动武，借口是所谓“防止人道主义灾难”，打的旗号是“人权高于主权”，这开了一个危险的先例，动摇了以“主权不可侵犯”和“不得干涉内政”为核心内容的国际法和国际关系准则。第三，新一轮的军备竞赛不可避免，国际军控和裁军进程受阻。冷战结束后，国际军控和裁军进程有了一定进展，有利于国际社会的和平与发展。然而，科索沃战争对美、欧、俄及其他国家的军备发展却是一个重大刺激因素，裁军和军控的潮流可能发生逆转。美国 1999 年初就决定增加国防预算，预计在未来 5 年内增加军费 1120 亿美元；欧盟决定加大国防投入，加快欧洲联军建设，提高欧洲自身的国防实力，以减少对美国的防务依赖；俄罗斯决定在新的财政年度将国防预算占国内生产总值的比例由 2.8%提高到 3.5%，并推出“新军事学说”，强调核力量在维护国家安全和战略平衡中的重要作用；印、巴等国争相试验中程导弹，南亚军备竞赛升级；东盟成员国在尚未完全摆脱金融危机的情况下便争相购买高技术武器装备，新一轮的军备竞赛已经悄悄展开。第四，全球民族分裂活动有可能加剧，引发新的地区冲突和局部动乱的概率增大。北约悍然对南联盟国内民族争端进行军事干涉，在国际关系中树立了一个支持民族分裂势力和民族恐怖活动的恶劣先例，一些国家的民族分裂势力会感到有机可乘，从而引发新的地区冲突和局部动乱，成为今后世界不安定的主要根源之一。第五，中国周边战略安全环境将面临更加严峻的挑战，争取和平与发展的努力将遇到更多的阻力。以美国为首的西方反华势力在巴尔干得手后有可能以人权、宗教和民族问题为借口加大对中国西化、分化、弱化的力度，阻挠中国统一大业的实现，破坏来之不易的安定团结的大好局面。尤其是“台独”分子和民族分裂分子从北约干涉南内政事件中受到鼓舞，其破坏祖国统一的活动变本加厉。同时，美为建立以它为首的“国际新秩序”，极力扩大在中国周边的军事影响，强化美日、美菲同盟，扩大对台军售，挤压中国的战略生存空间。

也有学者指出，科索沃战争是在冷战后旧的两极格局被打破、新的多极格局尚未形成之时在欧洲巴尔干这一特定地区发生的一场局部战争，缺乏普遍性意义。超级大国很难将科索沃模式推广到全球，争取和平与发展仍然是时代的两大主题。科索沃战争并未宣告多极化理论的失败，只是表明建立多极化世界将是一个艰难而又长期的过程。战争对大国之间建立和维护良性关系是一个破坏，但国际格局不会重新回到冷战状态，更不会因此而爆发第三次世界大战。联合国安理会的权威和形象虽然受到伤害，但它在维护和平、调解争端方面的作用仍然是不可替代的。以北约为核心的国际维和部队最终不得不打着联合国的旗号这一事实，再度说明抛开联合国安理会来解决国际安全问题的企图是行不通的。

有关各方在战争中的得失 谁是这场战争的赢家，谁是输家？北约各成员国和南联盟都声称自己是胜利者，俄罗斯认为既无输家也无赢家。中国学者认为，这是一个复杂的问题，应具体分析。美国是军事上胜利，但战略上失败。在军事上，美国以创纪录的“零伤亡”和主要凭借空袭打败了南联盟，迫使南联盟撤军、签约并同意在科索沃部署以北约为核心的联合国稳定部队。但在战略上，美国未能达成摧毁米洛舍维奇政权这一主要战略企图，而且侵南行动未得到联合国安理会的授权，损害了美与俄、中等大国的关系，激化了美欧之间的矛盾，引发了全球新一轮军备竞赛，并鼓舞了全球恐怖主义、民族分裂主义和伊斯兰原教旨主义分子的活动，还可能导致大规模毁伤武器的扩散。更糟糕的是，侵南战争激起全球反美情绪，美国多年为自己苦心塑造的“民主”、“自由”形象严重受损。总之，美国是得不偿失。南联盟是军事上失败，但道义上胜利，虽败犹荣。南国力弱小，但通过反侵略战争，迫使北约以联合国决议的形式承认其对科索沃的主权，并粉碎了美国颠覆其政权的企图，将国家利益的损失减少到最低限度。南为维护国家主权和领土完整同强敌周旋达 78 天之久，为全世界人民反抗外来侵略树立了榜样。俄罗斯失大义而得小利，失是战略性的，得是战术性的。这场战争动摇了俄的大国地位，削弱了俄在巴尔干的影响，使其战略生存空间受到进一步的挤压。虽然俄得到了西方承诺增加贷款援助和减免部分债务的“小利”，并在最后关头通过抢占普里什蒂纳机场而挽回了一点大国面子，但与大国地位沦丧、周边环境恶化相比，不过是杯水车薪。西欧战略上失败，经济受损，是最大的输家。法、德、英等国跟随美国，本想通过战争来显示欧洲的实力和作用，但事与愿违，战争却暴露了欧盟政治上软弱、军事上落后、体制漏洞百出。战争给欧洲经济带来重大打击并使欧洲生态环境恶化。巴尔干重建的绝大部分负担还将落在欧盟的肩上。欧盟唯一的收获是，通过战争认识到欧洲必须尽快提高自身防务能力，加快一体化进程，减少对美国的防务依赖。

关于科索沃战争中的信息战问题 信息战主要包括电子战和网络战，它贯穿于科索沃战争的全过程，在很大程度上决定着战争的胜败。北约利用其信息技术的优势，不间断地对南联盟实施进攻性信息战。第一，电子进攻战。为保障空袭飞机安全，北约军队在战役的全过程中对南军防空雷达系统实施了大规模的以“致盲”、“致聋”为目的的电子战，用38架EA—6B电子战飞机对南预警雷达和火控雷达实施“致盲”干扰，用3架EC-130H大功率电子干扰机轮流升空对南20～1000兆赫频率范围内的无线电指挥通信系统“致聋”干扰。电子战飞机的出动架次占到空袭飞机总出动量的30%以上。此外，担任空中掩护任务的F-15等战斗机也使用了大量机载电子干扰器材。第二，网络攻击。美军计算机黑客多次对南军队和政府的指挥控制网进行攻击。美中央情报局组织对南金融计算机网络进行攻击，以图瘫痪南经济，摧毁南战争潜力。面对强大的信息战攻势，南联盟灵活有效地组织防御性信息战，并相机反击。第一，电子防御战。南军一方面尽量保持无线电静默，另一方面其电子侦听部队一直严密监听北约指挥通信，并利用北约电子战方面的漏洞，协助防空部队击落击伤北约F-117隐形战斗机。第二，网络袭击战。南联盟组织网络专家对北约计算机网络发起多次攻击，并使美“罗斯福”号航母的计算机网一度瘫痪40分钟，4月4日，南使用“梅利莎”、“疯牛”等病毒使北约计算机通信网陷于瘫痪，并将美海军陆战队所有作战单元的电子邮件系统阻塞。北约轰炸行动所依赖的英国和西班牙国家气象局计算机网也损失惨重。(综合《外国军事学术》1999年第5～12期，《中国军事科学》1999年第2、3期有关文章)

(冬　生)

F-117隐形战斗机被击落原因探析　有作者撰文将美军F-117隐形战斗轰炸机折戟南联盟的原因归结为以下3点。(1)南联盟防空战术灵活。一是反空袭兵器部署灵活，频繁机动，并利用丛林地形（林中均有很好的道路）及假阵地等进行严密伪装，使F-117等北约空袭飞机难以及时发现和攻击。二是弹炮结合，以炮掩弹。南联盟将防空导弹系统与各种口径的防空高炮综合配置，并利用自制的假雷达（可以转动、可以发射雷达波）欺骗敌机。当F-117等北约飞机空袭时，主要以高射火炮攻击敌机，在分散来袭敌机的火力和注意力后，真雷达伺机突然启动，引导萨姆防空导弹突然攻击。三是以多种侦察手段，掌握F-117的活动规律，防空兵力在F-117的轰炸航路上进行机动设伏，终获战果。4月19日，美国《航空和航天技术周刊》披露了美国防部官员的调查意见，印证了F-117被击落的3点原因：美军未能跟踪判定南联盟地空导弹阵地的位置变化；空袭初期F-117的飞行航路过于拥挤；F-117出航与返航使用的均为同一条航线。此外，由于空袭头几天的气象条件恶劣，云层较多较厚，F-117为了提高轰炸效果不得不降低高度在云层下飞行，也给南联盟的防空部队提供了有利战机。(2)F-117并非完全隐形。所谓隐形只是其雷达反射截面积更小而已，不存在完全隐形的飞机。而且F-117雷达吸波隐形技术主要是针对厘米波雷达，对毫米波雷达、米波雷达的隐形效果就差得多，对长波雷达则完全不能隐形。此外，还存在其他反隐形技术。如对多处设置的雷达而言，F-117就会原形毕露。美空军一位高级军官认为，当F-117飞机打开舱门投放炸弹时，飞机“在雷达上看起来就像仓库那样显眼”；当F-117低空急转弯时也很容易被地面的防空雷达探查到；机身被淋湿也会降低隐形效果；F-117攻击一个目标时通常采取双机编队，这在客观上也增加了被发现的概率；机身表面吸收雷达波的涂料经多年服役后部分脱落，也影响其隐形效果。(3)美军对F-117的电子掩护行动失误。在“联盟力量”行动之初，美军由于自恃强大，没有把南联盟的防空预警能力放在眼里，忽视了对F-117的电子掩护，终于酿成这一恶果。(姜川《F-117隐形轰炸机缘何折翼南联盟》，《外国军事学术》1999年第10期)

(耿文正)

车臣战争问题研究　车臣战争是俄罗斯为维护国家统一、反对民族分裂而进行的战争。5年之间发生了两次：第1次，从1994年12月至1996年12月，历时近两年；第2次，从1999年9月下旬至2000年，历时1年多。有专家撰文对俄军在车臣战争中的经验教训提出一些看法。

关于两次车臣战争的比较　有的学者认为，第1次车臣战争，俄军出动6万人，耗资50亿美元，损失很大。当然，车臣非法武装也被消灭了万把人。但是俄罗斯最后还是只好谈判，签了个搁置最终地位问题5年的协议。这一次比较成功，战果很显著。叶利钦总统1999年年底在给车臣前线将士授勋时谈到，“第1次车臣战争的时候，我们在对车臣政策上犯了一些错误，但是这一次没有犯错误”。两次车臣战争确实有着很大的不同。

从战略决策上来看，第1次车臣战争时，俄罗斯高层举棋不定，优柔寡断，就想着用军事压力迫使车臣分裂分子坐到谈判桌上来，决心不坚决，到最后局势发展到失控的地步，只好硬着头皮用武力来解决。这次从上到下对车臣分裂势力的态度都很强硬。坚决打到底，不获全胜决不收兵。

这一次俄罗斯的民意与上次车臣战争也有很大的不同。上次车臣战争中，一部分人出于政治私利，公开同叶利钦总统唱反调，主张“以民主的方式”开展“政治对话”，“和平”解决问题。俄罗斯媒体也大肆报道战况之“残酷”，误导民众，令“反战情绪”日益激烈。反战的“士兵母亲委员会”号召俄军士兵的母亲上前线把自己的孩子拉回家，到车臣非法武装那里去“营救”、领回被俘的子弟，弄得俄军士气低落，军心动摇。战后据俄媒体报道，有 600 多名俄军士兵被从前线拉回家。这一次这样的现象基本上没有了，主要是因为车臣分裂势力搞恐怖主义不得人心。另外，北约轰炸南联盟，西方国家对车臣问题的无端干涉，也让俄罗斯老百姓受了教育，感到车臣“毒瘤”不除终是俄罗斯国家安全的心腹大患，发自内心地支持联邦政府的决策。

从作战准备上来看，第 1 次车臣战争时，俄军的作战准备确实很成问题。由于俄罗斯高层决策的不明确，军队本身也没有做好充分准备，以至于俄军许多官兵在开进车臣后还不知道自己到底要干什么，以为只是兵临城下吓唬吓唬车臣人，不需要真正开枪。近两三年，俄军针对上次车臣战争中暴露出的种种问题，积极做好打击非法武装的军事斗争准备。据俄军《红星报》报道，北高加索军区连续两年举行一定规模的军事演习，重点演练巷战、山地战、反游击战等特种作战行动。该军区还研究制定了军队、内务部队、边防军协同作战方案，利用各种侦察手段基本掌握了车臣非法武装的活动规律、兵力部署、武器装备、重要军事设施和无线电频率等情况，并据此调整部署，改善装备，增强特种作战能力。

第 1 次车臣战争时，俄军在组织指挥、特别是在协同方面很成问题。国防部领导的正规军，内务部领导的内卫部队，边防总局领导的边防军，都派部队到车臣去作战，却没有一个统一的指挥。内务部长、边防总局局长，还有国防部长，各自给自己的部队下达命令，打起来后没有实施有效的协同。当时俄军强攻格罗兹尼，预定由 4 个军队集群从北、西、东 3 个方向协同进攻，但东方集群进攻受阻后竟擅自撤回出发地域，预定实施空降的部队也按兵不动，内卫部队也没有完成预定的协同任务就停止了攻击。这样，按时进抵预定地域的北方集群的摩步 131 旅和西方集群的摩步 81 团就成了孤军，损失极为惨重，摩步 81 团最后只剩下 1 名军官和 10 名士兵。这次在开战前，俄军就成立了包括总理、国防部长、总参谋长和内务部长在内的统一指挥中心，建立了战区联合指挥机构，制定了周密的协同计划。为使各级部队紧密协同，俄军还采用了先进的野战指挥自动化系统，建立了协同通信网。协同程度显著提高，成为第 2 次车臣战争结果与前大不一样的重要因素之一。

从作战方法上来看，第 1 次车臣战争时，俄军过分地按照正规作战的规则来采取军事行动，而车臣非法武装基本上是打了就跑。俄军在战术上对车臣非法武装灵活机动的游击战法，根本没有有效的应对之策。当时俄军还过分强调运用坦克装甲部队进行快速突击，而这并不是进行城市游击战的有效战法。俄军的装甲部队突入格罗兹尼后，被藏身于街道两旁建筑物内的车臣非法武装用反坦克兵器将一头一尾的坦克打掉，中间的就动弹不得，只有挨打的份儿。这一次，俄军除了注重充分发挥航空兵和远程精确打击兵器的作用外，还一改使用坦克装甲部队突击的战法，十分注重一边推进一边巩固，不给车臣非法武装留下“我打到前面，你跑到我身后来捣乱”的机会，采取“压路机战术”，逐村逐镇地进行“梳剿”，慢慢地将车臣非法武装压缩到格罗兹尼。俄军先是在车臣北部建立安全区，然后像压路机一样慢慢地向南压，压到格罗兹尼以后，在车臣南部山区实施大规模空降，形成合围的对内对外正面，使据守格罗兹尼的车臣非法武装成为瓮中之鳖。（万成才、赖铭传、殷卫国《俄罗斯肌体上的一颗“毒瘤”——关于车臣问题的讨论》，《解放军报》2000 年 2 月 14 日；姚小旋《两次车臣战争之成败》，《解放军报》2000 年 1 月 12 日）

俄军在第 2 次车臣战争中反恐怖作战有 6 个主要特点 一是扬长避短，远程突击；二是区分目标，精确点击；三是稳扎稳打，逐个拔点；四是秘密渗透，特种打击；五是陆空联合，连续打击；六是小型编组，灵活指挥。（王凯、唐保东《第 2 次车臣战争中俄军反恐怖作战的主要特点》，《外国军事学术》2000 年第 3 期）

俄军在第 2 次车臣战争中对城市战仍准备不足 有的作者认为，车臣战争中突现出来的城市战，为俄军出了一道大难题。俄军从 1999 年 11 月中旬转入攻占格罗兹尼战役阶段，12 月 4 日完成了对格罗兹尼的封锁，浴血奋战近 3 个月，才最终拿下了格罗兹尼，但付出了惨重代价。

俄军在第 1 次车臣战争中失利，一个重要原因就是不知道如何进行巷战。第 1 次车臣战争之后，俄军进行了认真的总结。5 年后俄军又啃这块“硬骨头”，仍然显得很吃力。原因何在？美国海军陆战队作战试验室参谋长加里·安德森上校说：“答案就是俄罗斯人对越来越普遍的战争类型——城市战——几乎没有任何准备。”

俄军在围攻格罗兹尼战斗中，缺乏先进的适合于城市战的轻武器。车臣武装分子之所以拿平民作“肉盾”，有恃无恐，就是因为俄军没有相应的武器制服敌人。俄军在车臣战争中使用的“旋风”式300毫米多管火箭炮，自动化程度高，覆盖面积大，但不能发挥效能。俄军装备的БТР－60、БТР－70装甲输送车和БТР－80轮式装甲输送车，在格罗兹尼市内狭窄的街道上也无法施展威力。俄军虽然装备有先进的作战飞机，但又怕误伤平民，无法采用“地毯式”轰炸。相反，俄军堪称“天之骄子”的苏－24、苏－25歼击轰炸机和一些武装直升机被车臣武装分子击落。

车臣武装分子混在平民当中，利用民众作挡箭牌，而俄军却忽视了发动民众这一招。现代化城市战争，战法单调是大忌，必须同时采用多种战法方能奏效。

格罗兹尼之战警示人们，具有战略地位的大中城市，是战场的重心和局部战争的“支撑点”，是作战双方的必争之地。美军试图首先找到解决类似难题的办法，他们针对俄军在格罗兹尼遇到的复杂情况，已经进行了一系列城市战模拟试验，其结果伤亡率也是居高不下。美国海军陆战队作战试验室参谋长加里·安德森说，俄军在格罗兹尼的遭遇表明，城市战是未来军队面临的一大难题。（徐宝库《格罗兹尼战火的启示》，《解放军报》2000年3月14日）

俄军在第2次车臣战争中“政治攻势”颇为奏效

有作者撰文指出，在第2次车臣战争中，俄军除了实施猛烈有效的军事打击之外，还精心组织了强大且十分奏效的“政治攻势”。其主要做法是：（1）高举反恐怖主义之旗，争取国际舆论的支持。（2）加大宣传力度，一是宣传战争的正义性质，二是宣传作战的人道行为，从而赢得了国内民众的广泛支持。（3）健全完善鼓动激励机制，激发参战官兵的斗志。（4）及时安抚车臣平民百姓，瓦解恐怖分子的抵抗意志。车臣战场上俄军成功奏效的“政治攻势”告诉人们，在现代高技术局部战争中，猛烈的军事打击仍然离不开强有力政治工作的密切配合，这是赢得战争胜利的重要法则。（陈海辉、周建国《俄军在车臣战场上的“政治攻势”》，《解放军报》2000年1月12日）

俄军在第2次车臣战争后期屡遭伏击有深刻教训

据媒体报道，2000年3月2日，俄军一支由98人组成的特警部队，在前往格罗兹尼接防的途中，机动至距该市还有5千米的地区，遭到车臣非法武装分子的伏击，双方持续了4个多小时的战斗，造成俄军特警部队20人死亡、29人受伤的重大损失。2月29日～3月2日，俄军一个由85人组成的空降兵分队，在车臣南部乌鲁斯克尔特村附近遭非法武装分子1500多人袭击，俄军79人阵亡，仅有6人生还。另悉：2月底至3月初的两个星期中，俄军在一些村庄、道路上连续遭到非法武装分子的伏击、袭击，共死亡156人，伤374人。有的作者指出，俄军屡遭伏击，其教训是深刻的：

*麻痹大意是遭伏击的祸根。*俄军发动第2次车臣战争后，战场形势的发展一直比较顺利。2000年2月下旬，俄军对外宣布，车臣所有城市和绝大多数居民地已被解放，99％的车臣领土被俄军控制，只有少数非法武装分子逃往南部山区，而且已被俄军部队紧紧围住，成为瓮中之鳖，车臣反恐怖行动的军事阶段将在3月8日以前结束。这期间，一些参战部队开始陆续撤出车臣。在一片欢呼之中，留在车臣的俄军逐渐放松了警惕。这次被伏击的俄军特警部队从内地到达北高加索的指挥中心莫兹多克市后，上级既没有对特警部队的机动路线进行侦察，又没有派坦克、步兵战车和武装直升机护送，特警部队也没有在行军队形的先头派出尖兵分队，近百人乘坐着10辆汽车，毫无敌情顾虑，大摇大摆地向格罗兹尼开进。俄军的这一行动，无疑给非法武装的伏击以可乘之机。因此可以说，俄军的麻痹大意是遭车臣非法武装伏击的祸根。

*搜剿不力是遭到伏击的重要外因。*格罗兹尼是车臣的首府，在俄军攻占该城之前，这里是非法武装的老窝。这一地区有许多高层建筑物和工业区，并有很多地下室、下水道、地铁、地道等地下设施，尤其是格罗兹尼旧工业区，厂房破烂，废弃物堆积如山，便于非法武装分子藏匿和开展游击战活动。俄军夺取格罗兹尼后，曾对该市进行过几次拉网式的搜剿，但由于城内情况复杂，以及后来俄军很快将作战重点转向围剿逃向山区的匪徒。因此，对格罗兹尼市的搜剿并不彻底。有报道证明，这次非法武装分子的伏击行动，就是利用旧工业区复杂的地形条件作为藏身之地，其伏击阵地就在距旧工业区不远的一个村庄附近。俄军遭伏击之后，又在市内搜出了50多名可能参与伏击行动的非法武装分子及其用于联络的无线电台，并在城内的“五一”区发现了一条非法武装秘密进出城区的地道。

*战法不当是造成反伏击失败的关键因素。*这次伏击行动，非法武装分子将伏击阵地选择在俄军的后

方，这里没有驻军，公路四周地形平坦，无遮蔽物，并构筑了伏击工事，埋设了地雷。当特警部队进入伏击圈后，非法武装分子首先以火箭摧毁了俄军车队的第1辆和最后1辆汽车，使中间的其他车辆前后动弹不得，随后，又以机枪、步枪、手榴弹等武器一齐开火，当场就有12名士兵丧命。从战后各方面的报道来看，俄军指挥官在战斗中没有出色的表现。这从一方面说明，战前俄军并没有做好反伏击准备，部队缺乏反伏击作战的经验。他们可能认为自己有侦察卫星、无人侦察机等先进的侦察手段，有快速机动的作战部队，有招之即来的火力支援，战场对自己单向透明，与对方是不对称作战。战斗中，可以及时发现和跟踪非法武装，可以迅速调动兵力、火力围歼对方，不可能遭受伏击。但事与愿违，车臣非法武装正是抓住了俄军这种轻敌心理，利用夜暗和大雾作掩护，隐蔽进入伏击地区，并周密进行伏击准备，在对方意想不到的地区达成了伏击企图。这一教训从另一方面说明，在对方高技术武器装备如林的战场上，在敌人的眼皮底下，仍可以实施伏击作战。同时又告诫拥有高技术武器装备的一方，在不对称的战场上，必须做好多手准备，不仅要会打高技术战争，还要学会打低技术战争，这样才能在任何情况下都能立于不败之地。(郑守华《宜将剩勇追穷寇——从俄军在车臣遭伏击说开去》,《解放军报》2000年3月15日)

关于车臣战争与其他局部战争之比较 有的论者指出，俄军在第2次车臣战争中的表现，虽然有许多精彩之处，但与海湾战争、沙漠之狐行动和科索沃战争相比，却有一些不尽如人意的地方。

俄联邦以如此庞大的正规军对付一帮乌合之众，居然久攻不下，接连失利。第1次车臣战争持续了20个月。第2次车臣战争开始的时候，准备一周内解决问题，现在已经进行了6个多月，仍未全面结束战争。在进攻车臣首府格罗兹尼的战役中，俄联邦动用了10余万大军、持续了40多天才于2000年2月6日攻克。下一步进山围剿数千人的车臣游击队，恐怕难度也不小。第1次车臣战争中，俄军近3000名官兵阵亡，1.78万人受伤，近百万人沦为难民。此次车臣战争，截至目前俄军也已有1200余名官兵阵亡，3500多人受伤。

在战争持续时间上，海湾战争中整个地面战才打了100个小时就利利索索结束了，即便是城市巷战也很漂亮，攻打科威特城几乎是轻而易举。俄罗斯动用了大批常规地面部队，还有空军、海军陆战队、特种作战部队、内务部精锐部队的配合，居然打了6个月，光攻一座城就用了40天，不能不说俄军的战斗力存在问题。

另外，这次战争中，俄军死伤的军官很多，甚至1名少将也在前线阵亡。现代战争中军官、特别是高级军官都应该远离战场，因为现代化指挥系统已经非常发达，不需要他们亲临前线坐镇指挥。在2000年1月25日宣布的阵亡者名单中，俄军官达180人，这说明俄军的自动化指挥系统还不发达，部队训练也成问题。(张召忠《我眼中的车臣战争》,《半月谈》2000年第5期)

(长　生)

美英“沙漠之狐”军事行动问题研究

有作者继续就美、英两国1998年12月中旬对伊拉克发动的“沙漠之狐”军事行动进行研究，深入分析了该军事行动及其在军事力量使用方面的特点。

美英“沙漠之狐”行动的特点 有作者对美英空袭伊拉克的代号为“沙漠之狐”的军事打击行动进行分析，指出其有以下4个主要特点。

一是不宣而战，择时突袭。这次“沙漠之狐”行动，是美英两国没有联合国的授权，自作主张，抢在安理会讨论巴特勒核查报告之前发动的突然袭击，其突然性表现在以下3个方面：首先，以往美国因武器核查危机对伊实施军事打击之前都发出最后通牒，而这次“沙漠之狐”行动，美英军队却是在没有任何警告的情况下对伊实施的。其次，采用外交手段，为行动提供掩护。再次，空袭全部在深夜和黎明进行。海湾战争时，美军大多数战斗机不具备夜战能力，所以更多的空袭还是在白天。这次空袭全部在夜间进行，说明美军所有战斗机都具备了夜间作战能力。

二是巡航导弹成为第1轮空袭的主角。应该说，战术导弹以及巡航导弹在战争中大量使用不是什么新鲜事，但在空袭战役第1阶段全部使用海基和空射巡航导弹作战，恐怕还是第1次。巡航导弹自1991年海湾战争中首次使用后，近8年来又在伊拉克、波黑、阿富汗和苏丹等战场使用过近200枚，这次使用量则超过300枚。看来巡航导弹将开辟21世纪无人攻击作战的一个新时代。从第2轮空袭开始，美军就减少了“战斧”导弹的使用力度，而转用机载空地导弹和精确制导炸弹，这说明第1轮巡航导弹的空袭效果比较有效。

三是以海、空军为主要作战兵力。随着高技术武器装备的发展和作战样式的不断改进，海、空和导弹部队在现代战争中的作用和地位越来越重要。这次行动中，B-52战略轰炸机从印度洋起飞远程奔袭，往返数千千米航程，体现了现代空中力量无所不达和远距离突袭作战的特点。“企业”号航空母舰单枪匹马地参与了前两轮空袭。在大规模空袭作战和现代化战争中，使用1个航母战斗群作战，这在二战后可能还是第1次。这次美军使用单航母战斗群作战，说明其把握性很大，对伊拉克的空中力量和反击能力已无所顾忌。

四是后勤支援快速及时。17日开战时美国海军在海湾还只有20艘左右的舰船，3天后一下子达到41艘。这个数字的变化起码说明两个问题。首先，美国对伊打击行动是临时决定的，而且打击持续时间也是仓促决定的。其次，体现了美国后勤支援的快速性。前两轮对伊空袭之后就有已经发射400～500枚“战斧”的传言，但是根据美军当时的舰艇计算，不可能装备如此多的导弹，而且也无法进行海上再装填。后来证明事实确实如此。但有一点，到战争结束时，弹药补给船、5艘大型预置船等各种后勤舰船迅速抵达，及时为舰船提供了补给。（张召忠《述评“沙漠之狐”》，《兵器知识》1999年第2期；景慎祜、任洪亮《“沙漠之狐”行动的特点》，《军事文摘》1999年第5期）

从“沙漠之狐”行动看美在地区冲突中使用军事力量的特点　也有作者通过对“沙漠之狐”行动分析，指出美军在地区冲突中使用军事力量的一些新特点。

倚重海军实施军事行动，增强对地区危机和冲突的快速反应能力。（1）美海军自始至终参加了空袭行动，而且是在发起第1波攻击的唯一力量。（2）美海军攻击的强度大。一是美海军发射的巡航导弹最多，是空军发射巡航导弹的3倍多；二是美海军出动的飞机架次最多，占总出动量的80%以上。近年来，美在地区武装冲突中，十分倚重海军力量，其基本动因主要是美海军航母编队对地区危机和冲突的快速反应能力比较强：首先，美海军航母编队是1支综合性力量，溶陆、海、空3种力量于一体，不仅具有较强的实战能力，而且还具有巨大的震慑威力。其次，美海军空中力量的作战行动不需要依托地面固定基地，使用灵活，行动不必受其他国家的制约。再次，美海军对陆作战能力有了显著提高。其舰载航空力量和远程武器的突击能力有了很大的提高。1艘航母空中力量的攻击架次和突击强度比原来增加了1倍。

以远程打击为空袭的主要手段，力争以最小的代价取得最大的效益。在为时4天的空袭行动中，美虽出动作战飞机实施近距离攻击，但这次行动的主力是美海军的“战斧”巡航导弹和美空军的空射巡航导弹等远程打击武器。倚重远程兵器遂行空袭行动的基本目的是达到以最小的代价，取得最大的效益。所谓的代价主要是指行动中己方的伤亡和附带伤亡与损失。以此来达到军事行动的目的，意味着美在地区冲突中采用的作战手段发生了变化。

依靠前沿部署和前沿存在力量发起攻击，增强军事行动的突然性。美在此次行动中要达到的军事目的较高，不仅要摧毁伊的大规模杀伤性武器设施，还要进一步削弱伊侵犯邻国的战争能力。因此，打击的强度比较大。采取这样大规模的军事行动事先无须从美国内向海湾调集兵力，而只依靠前沿部署力量发起攻击，这在美近年来处理地区冲突的行动中尚属首次。其主要原因是为了达成空袭行动的战略突然性。

注重充分发挥高技术武器的效能，提高空袭作战的威力。发挥装备技术优势战胜对手，是美军的一条重要作战原则。为此，美军投入了大量新研制或新改装的武器装备：首次使用了B－1B轰炸机；使用改进型“战斧”式Ⅲ型巡航导弹；B－52轰炸机发射的空射巡航导弹经改进，其精度较前提高了两倍；使用了一些新型智能引信，可在其穿甲能力范围内选择最深的一层爆炸，等等。但上述武器仍存在一些弱点。如“战斧”式巡航导弹的速度是亚音速，而且飞行高度较低，易被防空火力击中。B－1B轰炸机和F－18等战机生存能力较差。为充分发挥这些武器的作用，美军在战术上采取了一些措施：（1）首先使用远程武器打击并瘫痪伊拉克的防空设施和指挥中心，为空中突击创造条件。（2）利用夜暗采取行动，以发挥其先进夜视装备的作用，并可避开伊密集的高炮火力网。（陈新能《从“沙漠之狐”行动看美在地区冲突中使用军事力量的特点》，《外国军事学术》1999年第4期）

（耿文正）

作战问题研究

中国关于作战问题研究 1999年，中国军事学术界本着立足本国、放眼世界的态度，把高技术条件下作战问题作为作战问题的重点，结合现实，对有关作战样式、空袭反空袭和战法等问题进行了深入研究。

关于作战样式问题 **浅议现代作战4种样式** 有作者撰文指出，随着武器装备信息化、智能化的发展，许多全新的作战样式正悄然登上战争舞台。

(1)“瞬时战”，也称“闪电战”。它依靠攻击距离远、飞行速度快、命中精度高的武器系统与快速反应部队，集中各种情报、通信、导航等支援与保障力量，以意想不到的时间、地点和隐蔽方式发动闪电般攻击，对敌方全纵深要害目标实施高强度突击和精确毁伤，然后迅速脱离战斗。

(2)“瘫痪战”，也称“结构战”。它使用高技术武器装备，集中打击对方指挥控制通信系统、侦察预警系统以及机场、港口、交通枢纽等重要“关节点”，使其各系统运行失调和力量结构失衡，从而使对方作战力量瘫痪，不得不屈从己方的意志。

(3)“点穴战”，也称“外科手术式”作战。这种作战样式选择的目标往往是对方具有战略意义的要害处。由于战略目的有限，行动发起突然，战斗进程短促，战斗手段干脆利落，是一种使用兵力少，指挥级别高，集战斗、战役、战略行动特点于一身的特殊形式的局部战争。

(4)“非对称作战。主要是指交战双方使用不同类型的作战力量进行的作战。它通常不受传统战场空间框架的制约，作战行动更加灵活、动态化。非对称作战特别注意谋略的运用，强调充分发挥联合作战的威力，以己方某一军兵种之长，击敌方某一军兵种之短。（潘铁辉《现代作战样式新探》，《军事文摘》1999年第9期）

数字化部队作战主要有4种样式 有作者就此撰文提出如下观点。

一是非线式机动作战。相对于两军对垒、战线分明的线式作战而言，它具有如下新特点：敌我犬牙交错，战线模糊，没有比较明确、固定的作战界线；机动频繁且多样化，作战行动的流动性大；战场情况变化急剧，作战行动的难度增大；多种力量相结合，多种手段相配合；小规模数字化部队活跃战场。

二是信息争夺战。在数字化战场上，哪一方在信息的获取和处理上占据了优势，哪一方也就取得了作战的主动权。数字化部队具有很强的情报与电子战能力，其旅长所掌握信息相当于非数字化部队旅长的4倍，因此，双方作战决心的准确性和可靠性是完全不同的。数字化部队争夺信息的手段先进，方法灵活。可以广泛运用雷达电子、航空航天、红外激光等先进的技术手段，也可以使用烟幕、音响、假目标等一些传统的简单方法，并通过新旧技术手段和方法的有机结合，充分发挥整体效能。数字化部队实施的信息争夺战，可以是独立实施的作战行动，但更主要的还是与其他作战力量协调一致实施作战行动。

三是高速高效的速决战。武器装备数字化使数字化部队火力反应快、机动速度快、命中精度高、杀伤力大，更加具备速战速决的条件。高速高效的速决战，要求数字化部队陆、海、空、天力量协调一致，精确打击贯穿作战全过程，在整个作战过程中，快速和有效获取与传输战场信息是重要的前提和基础。

四是一体化立体作战。它主要体现在以下几个方面。首先，要有统一协调的作战指挥机构；其次，作战力量的编组高度合成；再次，作战行动保持高度的协调一致；此外，高度重视对作战力量的保护；最后，实施高效及时的一体化战场保障。（里土《未来的数字化战争》，《军事文摘》1999年第9期）

联合战斗与合同战斗、联合战役的联系与区别 有作者指出，联合战斗与合同战斗既有联系又有区别：(1)联合战斗是合同战斗的升华。尽管二者同属战斗范畴，都在战役、战斗原则指导下遂行战斗任务，但联合战斗是在合同战斗发展到一定阶段，以信息技术为代表的高技术武器大量运用于战场后形成的一种新型战斗形式。(2)合同战斗和联合战斗在今后相当长一段时间内将共存于高技术作战形态中。但随着部队编制装备的调整完善，联合战斗必将替代合同战斗而成为未来的主要战斗形式。(3)联合战斗与合同战斗的力量组合不同。合同战斗虽然也强调诸军兵种共同参加，但在整个作战过程中以陆军为主，其他军种主要担负支援配合作战任务。参加联合战斗的各军种地位是平等的，谁都可能成为战场的主角。（4）联合战斗与合同战斗的指挥协同不同。联合战斗通常由临时组建的指挥机构统一实施指挥，各军种之间不构成指挥与被指挥的关系。协同上由过去以军种内部的兵种协同为主，转向以军种之间的外部协调为主。

联合战斗与联合战役也是既有联系又有区别。联合战役通常由若干个相互联系的联合战斗或由若干个联合战斗和一系列合同战斗共同组成。联合战斗既可能寓于联合战役之中，也可能独立于联合战役之外。在联合战役背景下的联合战斗必须围绕联合战役的企图，努力实现联合战役的目的。二者的区别在于：一是参战力量规模不同，二是作战目的的层次不同。联合战役执行战略任务，达成战争的局部目的或全局性目的。而联合战斗多是达成局部的或全局性的战役目的，只有在独立遂行某项特殊联合战斗时才可能直接达成战役、战略目的。（季广智、徐立生、舒玉胜《21 世纪的新战斗样式——联合战斗》、《现代军事》1999 年第 5 期）

关于“不接触战”问题 有作者撰文指出，所谓“不接触战”，是指具有高技术装备优势的一方，以远程空袭兵器对敌方进行长时间精确火力突袭，瘫痪对方指挥、通信、情报系统，重创军事目标和战争潜力，迫使对手屈服，从而达成自己的政治军事目的。科索沃战争是近代战争史上第 1 次未经地面交战、靠“不接触战”便结束战争的典型战例。美军在《2010 年联合作战设想》中指出，21 世纪前 10 年美军的主要作战模式，将是建立在信息优势基础上的、利用高技术武器系统进行的新型联合作战，要求美军综合运用 C^4ISR 系统，从陆、海、空、天等多个方位对敌实施远程精确打击。为谋取单方面的战略优势，美把战区导弹防御系统（TMD）作为重点开发领域，同时建立国家导弹防御系统（NMD），争取在“不接触战”中获得绝对优势。

经过对侵朝战争和侵越战争失败的反思，美军更加认为实施地面作战代价沉重，因此加速发展高技术兵器和武器装备系统，力求利用技术差在“不接触战”中制服对手。战争的发展趋势表明，“不接触战”既可作为战争初期的一个独立阶段，也可以是战争的一个完整过程，还可与地面“接触战”交叉进行，即使如此，地面交战的时间也将越来越短，而“非接触”的空中打击将成为主要战争阶段。未来战争，“不接触战”将是达成战略、战役目的的主要手段，能否抗住敌“不接触战”的打击，是赢得战争的关键。（成秉文《“不接触战”的对策与思考》，《解放军报》1999 年 10 月 4 日）

探析新概念火力战 有作者认为，新概念火力战的基本含义主要有 3 点：首先，它是使用新概念武器所进行的火力战。新概念火力战武器是指激光、粒子束、高功率微波以及动能武器等新型武器，其作战原理与使用传统的武器相比，发生了根本性的变化。其次，它是具有全新概念杀伤破坏机制的火力战。再次，它是具有独特作战方法的火力战。其主要特点有 3 个。

（1）*作战行动隐蔽突然*。主要表现在以下 3 个方面：一是武器的攻击速度快。许多武器都以接近光的速度攻击目标，致使对方难以进行规避，也根本没有时间作出反应和进行有效防范。二是攻击方式隐蔽。新概念武器除动能武器外，大部分武器不发射弹丸，“火力”只是作为一种能量，攻击时既无可供观察的外形，又没有丝毫声响，单凭人的视觉、听觉和一般探测设备，很难发现其行动踪迹，很多情况下是在对方受到某种损失之后，才能判断出可能受到某种武器的攻击。三是武器的远战能力强。新概念武器大都有较强的远战能力，可在数十千米、几百千米甚至上千千米的距离上攻击对方，给敌方以超视距甚至超远程突然打击。

（2）*连续、高效、精确攻击*。主要体现在：一是攻击频率高，具有连续打击目标的能力。大部分新概念武器是靠能量来杀伤破坏目标的，只要战前把能量储备起来，战时就能够实施连续攻击，不受“弹药”数量的限制。二是射向变换灵活，作战效能高。新概念武器大部分属于无惯性武器，操作使用灵便，可以快速地变化射击方向，一件武器可同时攻击多个目标。三是瞄准方便，命中精度高。激光、粒子束、高功率微波武器所发射的“光弹”，以每秒 30 万千米的速度飞行，能够在瞬间射向目标并将其摧毁。攻击运动目标不需要提前量，只要对准目标即可击中。

（3）*具有致命和非致命双重作战能力*。非致命性作战，是指使用特殊武器，通过软杀伤、软破坏、使对方武器装备和人员丧失作战能力，而不产生致人死亡、设备被毁和破坏生态环境的硬杀伤效能。新概念火力战除了具有传统火力战的致命性作战能力外，还有非致命性的作战能力。这种双重的作战功能使新概念火力战的战场运用更为灵活，作用更大。（张志伟、秦健《新概念火力战初探》，《现代军事》1999 年第 6

期)

非对称作战带有知识化战争的明显特征 有作者撰文指出，当今时代的非对称作战，已经远远不是过去以战法为主的非对称行动了，它带有明显的知识化战争的特征。

*首先，非对称作战是以高技术的发展为基础的。*美军认为，非对称作战是从本世纪初空军作为一个独立的军种出现以后才存在的，所以非常注重发展和保持军队的技术优势。经历了侵朝战争和侵越战争的失败，美军更加认为实施对称作战得不偿失，因此加速发展高技术兵器和高技术武器系统，企图利用“技术差”来制服对手。近年来，美军实施的多次空中打击行动，都是以高技术优势为基础的。

*其次，信息战已经成为非对称作战的主要内容。*能否获得准确的情报，历来是非对称作战行动成功的前提。今天美军的非对称作战，靠的是其信息战优势。它拥有完善的全球预警侦察情报系统，其新一代全球定位系统网络，可以提供精确度达 30 厘米的定位信息，引导超音速导弹在敌方雷达首次开机后几秒钟内将其击毁。达到这种效果的前提就是信息的准确获取和快速处理。

*再次，非对称作战越来越向非接触作战发展。*美军重视非对称作战，还因为它能把风险和附带损伤减少到最低限度。在对称作战中，即使兵力对比占有很大的优势，也无法避免损失。而不对称作战可以在不接触对方的情况下，给敌以致命的打击，使被攻击的一方无还手之力，更不可能后发制人。这种被称为“零风险”的作战方式，成为非对称作战行动发展的一个明显趋势。

*最后，非对称作战使战场多维化程度大大提高。*美军非对称作战更加强调军种之间的有机联合，更加注重作战行动的系统效能，它将天、空、地、海、电等多种力量，化整为零，多维一体，对作战对象进行全方位打击，从而使战场多维化趋势就更加明显。美军非对称作战的实施，有赖于 C^3I 系统等多维化的技术能力，从而大大提高了非对称作战的知识化程度。(贾卫东《非对称作战与知识化战争》，《解放军报》1999 年 4 月 27 日)

关于空袭反空袭问题 **现代空袭作战主要有 6 个特点：**

(1) *空袭作战在现代战争中的地位上升，已成为世界列强对外实施军事干涉的主要手段和首选作战样式。*随着高科技广泛应用于军事航空领域，空中力量的作战效能发生了质的飞跃：有限的精确制导武器能产生接近小当量核武器的威力；空军具备了高速机动和全球作战的能力；空天一体的 C^3I 系统可以高效地指挥大规模空中作战，成为战斗力的“倍增器”。空中力量的地位和作用明显上升，由战争中只能充当陆、海军的配角开始担当主角，既能在联合作战中用来摧毁敌方的战争实力和战争潜力，又能在一定条件下单独使用并直接达成战略目的，而且还具有很强的可控性，能即打即离，有利于军事斗争与政治、经济、外交斗争的紧密配合。

(2) *夺取制空、制天、制电磁权成为空袭作战的首要任务。*制空、制天、制电磁权是进行现代空袭作战行动的先决条件，没有制空、制天权，就无法主动实施空间与空中侦察和获取准确情报，无法实施有效的空中突击，无法确保空中指挥与保障的顺利进行。而制电磁权又是夺取制空、制天权的重要手段，因为空袭中所有战役和战术行动都离不开电磁作战手段。以电子战为先导，率先夺取制电磁权，已成为空袭突防的基本战术。

(3) *夜暗成为发起空袭的首选时机。*随着先进的夜视系统及 GPS 制导技术在航空领域的广泛应用，使夜间观察和攻击效果已近乎白天，巡航导弹等精确制导武器可全天候作战，空中夜战优势已逐步转向了装备大量夜视器材的强国一方，夜间战场变得“单向透明”，夜暗已成为强敌发起空袭的首选时机。

(4) *防区外超视距精确打击成为空袭的主要作战手段。*精确制导武器在命中精度、制导方式、投掷距离等方面所取得的革命性发展，使防区外超视距发射、精确打击逐步成为现代空袭作战的主要手段。它不仅能准确地同时攻击多个目标，而且还可最大限度地减少附带损伤，安全可靠。

(5) *联合作战、系统对抗成为现代空袭作战的显著标志。*现代空袭不仅由空军航空兵实施，海军航空兵、巡航导弹、陆军航空兵等也都可能作为空袭战役的辅助力量和组成部分参加作战，此外，空间与空中侦察、电子战、预警控制、空中加油、地面观察等各种力量都为空袭提供了有力的保障，使之成为以空军为主的诸军兵种联合作战。现代空袭作战在战术上更加强调合同作战和系统对抗，即由空中预警指挥机担负统一指挥，由侦察卫星和侦察机提供各类作战情报信息，战斗机进行掩护，电子干扰机实施电子压制，以及在加油机和其他机种的保障下，再由轰炸机或战斗轰炸机对地面目标实施打击。

(6) *“外科手术”式打击成为空袭重要而特殊的作战样式。*其最大特点是独立运用空中力量进行有限规模的空袭，用少量作战飞机或巡航导弹，向敌方特定目标实施“点穴”式的突然袭击，对敌进行以破坏或惩罚为目的的作战。它不同于大规模高技术空袭作战，是一种特殊而规模有限的空袭作战样式，打完就走，瞬间即可结束战斗，在国际社会还未作出反应之前，就已达到预定作战目的。（赵志疆《从高技术局部战争看现代空袭作战的主要特点》，《外国军事学术》1999 年第 10 期）

要树立新防空观 有作者就此提出以下 4 点看法。

针对未来防空作战预警、拦截困难的特点，树立大区域立体式防空观。这是指在作战空间上，应树立大纵深、全方位、多层次相结合的联合作战的防空观。针对未来空袭之敌可能采取信息攻击以及大量使用隐形飞机和在防区外发射精确制导武器的特点，必须建立天基、空中、地面（海上）相结合的立体式侦察预警体系，以夺取防空作战的信息优势；航空兵必须尽远前出拦截，形成大区域、多层次的立体防空布势，才能在敌发射平台实施攻击之前对其进行有效打击。

针对未来防空作战整体对抗的特点，树立多维联合防空观。在未来防空作战中，劣势装备的一方要战胜优势装备之敌，就必须把各种防空兵器和防空力量全部纳入战区防空作战体系，综合运用火力打击、电子战及信息攻击等多种作战手段，必须打破军兵种界限，对所有兵力兵器实施统一部署、统一指挥、集中使用，把要地防空、野战防空、人民防空 3 种防空作战形式有机结合起来，以多维联合来增强防空作战中的整体对抗能力。

针对未来防空作战空袭兵器精度高、火力强的特点，树立动态防空观。由于未来防空作战，被保卫目标的安全和防空体系自身的生存将面临严重威胁；所以，必须树立动态防空观，实施机动作战。这样既有利于在机动中求主动，又利于保存自己，同时还能有效地克服防空兵力有限与保卫目标多的矛盾，适时形成局部优势和有利战机，扩大有效防空区域，确保重要目标的安全。

针对未来防空作战待敌而动、易陷被动的特点，树立攻势防空观。即把整体抗击与积极反击放在同等重要地位，以攻防结合的作战行动挫败敌空袭的一种积极防空观。未来防空作战，空袭一方拥有强大的信息优势、防区外实施攻击的能力以及同时打击多目标的作战手段。如果只抗不反，极难摆脱被动挨打的局面。防空一方必须更新观念，坚持攻防结合、抗反并重，条件具备时坚决对敌机载、舰载武器发射平台实施有效打击。（姜树和、潘铁辉《要树立新的防空观》，《现代军事》1999 年第 9 期）

关于战法问题 **要重视实施局部的战略外线作战** 有作者撰文指出，面对强敌的高技术战略进攻，必须积极创造条件，实施局部的战略外线作战。拥有高技术优势的强敌在对其他国家实施侵略或武装干涉时，通常将其参战的兵力兵器部署在本土、公海或第 3 国的领土上。根据战争法的有关规定，当第 3 国向交战双方的任何一方提供军事基地时，该国的中立地位即已丧失。因此，受到侵略和武装干涉的国家完全有理由对部署在本土、公海和第 3 国的敌方目标实施攻击。

局部的战略外线作战，是在敌方占有高技术优势并处战略包围或战略进攻之势时进行的，组织与实施将有很大的难度，因此必须精心筹划，稳妥实施。(1) 精选突击目标。战略外线作战，既可以打击对方的军事类目标，也可以打击对方的政治、经济类目标。通过对其实施攻击，能对敌产生“牵一发而动全身”的影响。如对于那些害怕战火燃及本土的国家，可将其本土的重要政治、经济、军事目标作为主要突击对象。对于那些惧怕军人伤亡的国家，可将其集中部署的军队作为主要突击目标。突击目标还必须是便于突防、利于达到预定毁伤程度的目标。(2) 集中使用力量。为确保不打则已，打则必胜，必须集中使用作战力量。一要克服惜用思想，舍得把最先进的技术兵器和最精锐的部队用上去；二要进行超密集突击，形成强大的“战场压强”，一举达成预定目的。(3) 正确把握战机。一是在敌实施全面入侵之前，可乘敌不意，先敌发起进攻，前出到战略外线打击敌人。二是在敌全面入侵的同时，采取敌进我进的方针，突然对位于战略外线的敌方重要目标实施打击，往往能够打乱敌进攻部署，遏制敌进攻势头，甚至可能瓦解敌整个攻势。三是在战场局势异常严峻时，实施强有力的外线作战，则有可能改变战场局势。四是在敌国内反战情绪滋长时，以战略外线作战增大对敌人的打击力度，可进一步激化敌国内反战情绪，迫使敌方早日求和。

要增强战略外线作战能力。一要大力发展高技术进攻性战略兵器，如高技术远程作战飞机、中远程导弹、战略导弹核潜艇等具有较强突防和远距离打击能力的兵器。二要建设适于担负战略外线作战任务的部队。该部队必须具有较强的独立作战、无后方作战、远程机动、立体突破和电子攻防能力。因此，这支部队应是一支诸军兵种合成的部队；必须具有完整的战场保障体系；必须经过充分的战略外线作战训练。三要为战略外线作战准备良好的战场条件，以便对敌战略战役纵深目标实施突击。（黄佳伦《要重视实施局部的战略外线作战》，《中国军事科学》1999 年第 4 期）

高技术条件下的伏击战仍大有可为　有作者通过分析高技术条件下伏击战的可能性，提出如下看法。首先，敌强调要将机动作战贯彻始终，以此夺取战场主动权。其频繁的机动无疑为我寻找伏击战机提供了更多的机会。特别是当敌作战行动受挫，急于突围、增援时，我更有有利战机可寻。其次，敌侦察体系存在"盲点，"我有"隙"可乘。巧妙地采取隐真示假，实而虚之，虚而实之等反侦察技术和欺骗手段，可使其侦察效能大打折扣，并可乘敌侦察之"隙"隐蔽地完成伏击部署。再次，高技术条件下，战场情况更加错综复杂，变化更为急剧，敌指挥员难免出现莽动、错误和闪失。我可充分地利用敌之失误，施计用谋，巧设疑阵，诱敌就伏。此外，丰富的伏击战经验，熟识的战场环境为我达成伏击战提供了坚实的基础，我有"利"可依。

作者同时对高技术条件下伏击战的特点进行了分析。（1）隐蔽企图困难。一方面，因敌侦察手段多，范围广，战场"透明度"将逐步增大；另一方面，为形成对敌绝对优势，通常我伏击编成较大，因此，隐蔽伏击企图将更加困难。（2）战机短暂，难以把握。因敌机械化程度高，机动速度快，我战机非常短暂，极难捕捉。同时，因敌应变力强，一旦发现我伏击企图即迅速与我脱离，使我把握战机的难度大大增加。（3）空地协同一体，对伏击编成的合成性要求高。高技术条件下，敌作战力量高度合成，决定了我伏击编成必须是多元化、高度合成的作战力量。只有发挥参战部队的整体力量才能奠定胜利的基础。（4）迫诱并举、机动设伏地位突出。高技术条件下，因敌"触角"伸得长且行动极为谨慎，因而，单单布下"口袋"还难以使敌就范，只有积极地采取引诱、逼迫行动、迷敌"视线"、乱敌方阵，充分地调动敌人，才能确保敌进入我待伏阵地，为达成伏击战创造条件。（张力《高技术条件下的伏击战》，《现代军事》1999 年第 3 期）

探讨常规兵器对付高技术兵器的新思路　有作者就此撰文提出 3 点看法：

*从高技术兵器的薄弱环节入手，寻求防护和打击的最佳途径。*高技术兵器既有其优势的一面，也有其难以克服的薄弱环节。如精确制导武器，虽然命中率高，作战效能好，但使用时技术与保障环节多，任何一个环节遭到破坏，都会影响武器的整体作战效能。而且多个系统或多个部分运行过程中不可避免地会有好打之点或薄弱环节，这也正是常规兵器实施打击的"突破口"。精确制导武器通常利用可见光、红外线、微波、毫米波和激光等各类探测器获取目标信息，而工作在这些电磁波段的制导系统都是可以干扰的。发射干扰辐射、施放箔条干扰弹、诱饵弹、设置假目标，可以干扰制导系统；施放红外干扰烟幕、发射强红外辐射弹、红外诱饵弹，可干扰红外制导系统，等等。海湾战争中，伊军在多国部队强烈的电子干扰下，使用不受电磁影响的常规中小口径高炮击落多国部队飞机的数量占击落总数的 84%，它至少能说明在高技术兵器面前，常规兵器仍然是有所作为的。若采取利用地形地物，利用不良气候条件，利用伪装网，施放烟幕隐蔽目标及机动规避、设置假目标等方法，实施综合防护，就可使其探测系统难以发现目标，从而避免或减少遭敌精确制导武器的打击。

*通过改变使用方法，使常规兵器出奇制胜。*战术有奇正之分，兵器的使用也有奇正之别。用"正"，常规兵器不是高技术兵器的对手；施"奇"，则可使常规兵器大显身手，取得意想不到的效果。第 4 次中东战争中，阿军将本来是由单兵携带、射击的萨姆—7 导弹联装在机动发射车上，变为车载导弹，每车装 12 枚，每次可同时发射 4 枚。这种导弹由于改变了机动的方法，大大出乎以军飞行员的意料，因此，它在打击以空军的作战中发挥了重要作用。常规兵器在许多情况下可以反常使用，如以反坦克兵器在有利地形上打直升机，以某些防空兵器打击地面、水上目标等。反常使用往往能够出敌不意。

*优化组合系统结构，提高常规兵器的整体功能。*在高技术条件下的战场上，单一兵器越来越难以独立地发挥其作战效能，更多的是需要其他武器装备的配合和支持，战斗主要表现为双方武器系统整体的角逐和对抗。单个武器的性能优，不能说系统的整体功能一定优；单个武器的性能差，不意味着武器系统整体功能一定差；武器系统结构的不同决定了武器系统整体功能的差异。因此，改变常规兵器结构，是挖掘现有武器系统作战潜力、对付高技术兵器的有效途径。首先，要从常规兵器的编组结构上实施优化。就是将各种兵器合理搭配，以各种兵器特有的"绝活"对付敌高技术兵器。其次，要从常规兵器的空间配置结构上实施优化。即将打击距离不同、控制高度不同、制

导方式不同、机动能力不同的各种常规兵器进行混合配置，实现功能互补，使敌避开一种兵器打击的同时，又进入另一种兵器的打击范围，从而提高己方武器系统的整体功能。（王树华、许晓斌《以常规兵器对付高技术兵器的探讨》，《中国军事科学》1999 年第 4 期）

探讨对付精确制导武器的 4 种招法　有作者就此提出如下观点：

制定正确作战原则。(1) 从小分队的战术行动，到大兵团的战略指导，从单个目标的调度和配置，到整体战场的运筹和谋划，都要把坚决与敌精确制导武器作斗争的作战思想贯穿始终。(2) 在"精确制导武器时代"的战场上，技术装备处于相对劣势的一方随时面临着通信、交通中断，火力失去联系、作战指挥中心遭受致命打击的危险。这就要求人们在作战的组织与实施过程中，必须树立预先准备、独立作战、主动支援的作战思想。(3) 立足战略上的持久消耗战，准备战役、战术上的快打速决战。

强化反侦察措施。在与敌精确制导武器进行直接"硬对抗"的技术和能力还不十分完备的情况下，斗争的焦点应放在"软对抗"上，即要努力做好反侦察工作，把己方目标的暴露程度降到最低限度，以避免遭敌毁伤。反侦察的措施主要有以下几点：一是加强伪装，以迷障敌方的红外、微波、雷达等侦察设备。二是组织欺骗，使对方即使发现也难辨真伪。三是积极主动地攻击敌侦察系统并实施大强度的电子干扰，限制和破坏敌技术侦察。

化整为零，采取小群多能编组。即将通常的大梯队编组缩小规模，增加数量，按需配置；把攻防作战的全纵深分成多个区域，并在对方纵深建立游击作战区域；把多功能小型作战单元作更为松散的配置，形成不规则的配置格局，以有效减少遭敌精确制导武器袭击时的损失。

采取机动灵活战术。要紧紧抓住敌精确制导武器的薄弱环节，发挥自身的优长，把藏、骗、防、打密切结合起来，采取积极的作战行动直接进行打击。一是主动迎击。以敌后游击战和有限规模的外线进攻战，袭击对方精确制导武器基地和各种作战平台，打乱其作战部署和行动计划。二是分散多区域打击。即增大配置空间，拓展打击范围，并在海上、空中、地面，通过多区域的综合打击，分散对方火力，逐次毁歼对方精确制导武器载体和保障设施。三是集中兵力强击。即把可与敌精确制导武器对抗的高技术兵器，集中于某一方向，在局部造成对敌优势，削弱对方制导武器的威胁。四是运动中寻求战机。组织机动小分队，渗透到敌纵深，在运动中寻找战机。五是利用恶劣天候等严重影响精确制导武器作战性能的有利时机实施攻击，力争取得对敌精确制导武器作战的突破性胜利。（王进举、张春生《对付精确制导武器有招数》，《军事文摘》1999 年第 11 期）

反巡航导弹招法初探　有作者撰文提出以下 5 种招法：

(1) 周密侦察。及时查明和发现敌巡航导弹发射平台、发射时机、飞行航线（参数），为拦截打击、隐蔽规避，提供充分的预警。

(2) 先期打击。面对精确战，在战役战术上要改变"不打第 1 枪"的观念。当战争不可避免时，就要在查明敌水面、空中和地面发射平台的准确位置后，应先发制人迅速对其进行火力打击，力求将其摧毁于发射之前。

(3) 途中拦截。一是根据地面和空中侦察手段查获的敌巡航导弹的飞行航线和参数，利用地对空、空对地、空对空导弹进行迎击。二是航空兵一旦捕捉到目标或接到告警，即以最大速度追击迎击，通过密集的炮火进行拦截。三是高炮拦截。可围绕重点目标环形部署阵地，或根据敌巡航导弹可能来袭的方向成纵深梯次配置，以密集的火网火墙对其进行拦截。

(4) 欺骗干扰。地形匹配加区域景像是巡航导弹主要的制导方式。防御一方可通过临时增设、拆除或模拟的方法改变局部地貌，对其进行误导，或通过强烈的电磁干扰，使其获取的飞行参数与预先存入的数据不符，从而偏离航线和目标。

(5) 机动规避。巡航导弹航路相对固定，因而对固定目标的打击较为准确，而对机动目标的打击则无能为力。防御者可对一些重要目标如防空系统、C^3I系统等作机动配置，通过频繁机动进行规避。另外，巡航导弹对海平面和平原开阔地上无明显的地形特征的目标命中精度很低。因此，一些重要目标的配置应远离高地丘岭和高大建筑，也可有效地躲避敌巡航导弹打击。（朱三六《反敌巡航导弹招法初探》，《解放军报》1999 年 8 月 3 日）

关于其他作战问题　**未来作战指挥将出现 5 大变化**　有作者就此撰文阐述如下观点：

指挥信息传输方式从"纵向、逐级、递进"到"通联、互访、同步"。传统指挥体系所采取的"纵向、逐级、递进"的信息传输方式，在实战中极易造成"击其一点，切断一片"以至瘫痪整个作战指挥系统的局面。随着C^3I系统的日益完善，横向技术一体化的采用，分层、线式的指挥体系将被纵横联通的网络体系所取代，指挥信息的传递也趋于通联（信息在网络一体化作战系统内自由传递）、互访（不同作战单位可以快速传递和共享各自的作战信息）和同步（作战信息的获取与战场情况变化的时间差大为缩短）。

指挥速度的竞争日趋激烈。以往的战争由于进程较为缓慢，战区相对固定，指挥反应时间有较大的回旋余地，指挥速率的竞争并不激烈。高技术条件下，战场的快速对抗客观上要求进一步加快指挥速度，变“滞后型指挥”为“近实时型指挥”。随着 C^3I 系统的日益成熟，各级部队近实时地获取所需要的信息将有保障。同时，情报、指挥、打击系统一体化将及时对获取信息近实时处理，并迅速协调作战系统作出反应，“近实时指挥”成为可能。

指挥机构从相对静止转向积极机动。传统的指挥机构通常位于作战部队的中心位置，在一定作战阶段内，指挥机构“相对稳定”。而在高技术条件下，由于作战空间急剧膨胀，战场分布趋向分散，为更有效地对战场进行控制和协调，指挥机构呈明显的“立体、多元”状态，并由相对静止转为积极机动。一方面是由于现代军队机动能力飞速提高，指挥所如不具备较强机动性，就难以实施有效的指挥；另一方面，处于积极机动状态的指挥所更有利于生存。

指挥训练手段从“沙盘推演、兵棋教练”到“虚拟现实”训练。传统的训练方式存在固有的缺陷：一是指挥的对抗性弱，其演绎结果往往是一厢情愿的己方取胜。二是缺乏真实性。大规模实战演习虽然是提高指挥员素质的好途径，但由于组织复杂、耗费巨大，客观上也限制了这一训练方式的采用。在信息战条件下，利用“虚拟现实技术”提高指挥能力已成为发达国家的共同举措。所谓“虚拟现实技术”是指通过计算机创造出作战环境，三维的图像、虚拟的声音和感触，可使受训人员有身临其境的感受，比陆军军兵种训练中心使用的突击性野战训练方式更有效。

指挥员从“谋略型”向“技谋结合型”转变。现代条件下，“单纯谋略型”指挥员已难以适应战争要求，“技术”和“谋略”相结合是指挥员内在素质发展的必然趋势。首先，现代作战参战军兵种多，武器装备高技术含量多，要想维持作战系统正常运转，发挥武器装备的最大效能，指挥员必须具备一定的专业技术知识。其次，随着指挥系统的自动化，作战决策系统智能化，人与计算机相结合将是未来指挥的主要形式。再次，高技术条件下技术对抗和谋略对抗已密不可分，谋略对抗在很大程度上要通过技术对抗来体现，指挥员不懂得组织电子战、网络战，必然在战场上处于被动地位。（朱朝阳《未来作战指挥领域的变革》，《现代军事》1999 年第 3 期）

浅议高技术条件下心理战的 4 个特点 有作者撰文指出，随着军事科学技术的飞速发展，心理战的作战手段越来越多，也越来越高技术化，并呈现出许多特点。

威慑扰乱——以“光”夺心。心理学告诉人们，视觉上所及的威胁，可以使人在瞬间处于高度紧张状态，进而丧失理智。激光眩目武器，可以对敌方的心理起到干扰、压制和遏制作用，甚至产生强烈的心理失常的反应。在未来的十几年内，激光眩目武器将向着作用距离远、持续时间长、杀伤效果大的方向发展。而高亮度弧光武器，能够在一定的距离上，发射出五颜六色、扑朔迷离的耀眼眩目的强烈闪光，使敌方眼花缭乱，视线模糊，造成严重的心理失衡。一些国家军队正在考虑将其与激光武器结合，即在战场上每部弧光发生器所及的范围内，以激光武器同时给予杀伤。

恐吓威胁——借“声”攻心。许多武器装备具备在战场上制造破坏人正常心理状态的各种声音的功能。一些国家正在研究的发“声”武器主要有以下几种：一是噪声仿真器。能够模拟出各种武器所发出的声音，特别是模拟集群目标发出的声音。二是电子啸叫器。通常安装在战斗轰炸机上，发出的尖叫声裂人心肺，可以使 10 千米范围内的人员产生强烈的恐惧感。三是超大型精确制导炸弹。能够在摧毁目标的同时发出强烈的爆炸声，使敌方产生紧张、惊慌的恐惧心理，进而瓦解其士气。

欺骗迷惑——变“形”惑心。一是利用现代科学技术逼真地仿制出各种武器、阵地，甚至人员，使敌真假难辨，产生心理困惑和错觉。据预测，下个世纪，人类将会研制出更先进的全息投影技术，可以根据作战的实际需要，向敌方的上空投射更加形象逼真的彩色影像，以此扰乱敌国军民的心理，涣散其意志，达到“不战而屈人之兵”的目的。二是通过运用技术手段，对作战目标进行伪装，或伪装成假目标进行欺骗，使敌无法区分真伪，甚至误把假目标当作真目标。

制造恐怖——用“波”撼心。一是以“电波武器”攻心。即通过信息媒介，把大举进攻的信息传播到被攻击国家的电视等媒体上，以势迫其屈服。二是以次声波武器攻心。次声波武器是针对人体器官所固有的频率，发射次声波以引起共振，对人的意识和心理施加消极的影响。轻者可使人注意力无法集中，丧失各种能力。重者会引起头痛、恶心、神经错乱、癫狂，甚至休克死亡。次声波武器的传播速度快，穿透能力强，作用距离远，只要目标有缝隙和孔洞，它就会乘隙而入；机动能力好，既可单兵使用，也可车载和机载，因而很可能成为未来战场上的“超级杀手”。三是以微波武器攻心。利用微波束的能量直接杀伤破坏目标或使人员丧失作战能力，达到从心理上降低敌方抵抗意志的目的。（耿建忠《撕开精神防线的“向心”攻击》，《解放军报》1999 年 9 月 15 日）

网络作战守易攻难 有作者通过对近年来国际网络攻击事件进行分析，认为现阶段网络攻防作战的状况是守易攻难。这主要表现在 3 个方面：第一，网络攻击方法类似。主要包括：(1) 发动成千上万的网友通过 Ping 命令向一些站点同时发出请求，使服务器过载，站点瘫痪。(2) 向对方网络每天发送成千上万封电子邮件，使其邮件服务器阻塞。(3) 通过邮件病毒等方式让对方系统“中毒”。(4) 利用“黑客工具”进行攻击。即将“黑客工具”隐藏在一些程序中，避开检测系统而自动完成入侵全过程；从识别计算机系统到查出系统缺陷，最后直至控制整个系统。第二，网络防御及系统恢复较为容易。虽然以上这些方法能够取得一定的效果，但其共同特点仍是“表面打击，难及内核，易于防范”。第三，网络总体攻击能力有限，难以对被攻击网络系统造成大的损害，而且在被攻击后，这些站点都能够在较短的时间内恢复正常。（沈威力《重视研究网络作战》，《解放军报》1999 年 8 月 7 日）

重视军队网络中的“制网络权” 有作者撰文指出，要掌握军队网络的“制网络权”，必须从以下几个方面入手。一要加强宣传教育，使广大官兵站在维护国家安全的高度，对“制网络权”的重要地位作用有清醒的认识，强化网上领土和国防安全意识。二要发展自主的网络信息产业，同时抓紧研制反“病毒”和反“黑客”攻击程序安全软件，使网络安全防护手段发生质的飞跃，从而掌握网络发展的自主权。三要形成自我控制的运行机制，即加强军队网络与其他网络相接端口的管理，严禁将军事秘密以电磁信息方式存入与外部联网的计算机内，或者在与外部联网的计算机上进行涉及军事秘密的操作，要对军事信息分级管理，对于涉及密级以上信息的计算机，不能公开其地址和域名；要加强网络安全管理，建立网络安全基础设施。四要形成“一国两网”、“一国多网”的发展格局。这样即使国内的因特网和其他网络被摧毁或被中断，军队网络仍可以正常运行，并要建设配套的网络安全防护系统，达到提高网络抗敌摧毁能力的目的。（徐飞《军队指挥网络中的“制网络权”》，《现代军事》1999 年第 10 期）

（潘新毛）

美军作战问题研究 1999 年美军作战理论和作战样式发生了一些重大变化，从中可以看出美军在 21 世纪将进一步倚重海空军作战的端倪，以及高技术局部战争空中化的趋势。

关于作战样式问题 **美防务专家提出“空天一体”作战新构想** 1999 年初，美一些防务专家提出这一构想。新构想规定了作战力量的构成及任务划分。新构想指出，联合航空航天力量是一支由各军种航空航天部队组成的作战力量。通过协调一致的行动，达成作战目的。其中，航天部队负责向太空发射航天器，夺取制天权；空军部队负责快速兵力投送，实施纵深打击，夺取制空权；天基情报侦察系统实施全球监视，夺取制信息权；海军舰载机部队负责协助陆军和海军陆战队航空力量对敌实施近距离作战。新构想要求美军以夺取制空天权，保证美及其盟国在太空活动自由，同时剥夺敌同等权利为主要任务；实施全球监控，为战区指挥官提供近实时的战场态势报告；进行全球兵力投送，实施空天一体纵深打击，以最快速度、最少伤亡，打赢两场几乎同时发生的大规模战区战争为战略目标。

新构想提出以联合航空航天力量为主，地面力量协同的作战样式。具体分为 3 种作战样式：联合航空、航天力量独立实施的空天一体战；地面部队协同联合航空航天力量实施的空天一体战；联合航空航天力量协同地面部队实施的联合作战。（刘克俭《美军作战理论和作战样式的发展变化》，《外国军事学术》2000 年第 1 期）

美军退役上将在联合作战研究中提出“快速主导”新理论 在 1998 年 9 月美参联会与美国防大学联合召开的联合作战研讨会上，6 名参加组织计划过海湾战争的退役上将提出了“快速主导”的新理论。该理论的核心是以快速主导部队，运用“震撼和慑服”力来摧毁对手的意志并影响其判断，达成既定的战略、政治和军事目标。“震撼就是以极大的突然性、快速性和出奇制胜对敌实施恐吓，使对手感到害怕、虚弱及不可避免的毁灭和失败；在心理上制造无能、恐慌、无助和瘫软并导致投降。”“慑服意味着更长时间和更大的持久性威慑，使对手放弃抵抗”。快速主导部队是一支任何时候都能立即部署，具有同时攻击所有目标，以造成足够的震撼和慑服的部队。它具有“战场全知”、行动快速、战斗能力非凡和能够控制作战环境等4个特点。快速主导理论要求充分利用、依靠和发挥美国人的开拓精神及在科学技术领域的巨大领先优势，将海上、空中、地面和空间力量结合在一起，对诸多目标进行一连串无情的强有力的“波次”打击，并对敌人的意志和美国及其盟国部队是否进行前沿部署作出判断，在情况需要时夺取敌领土。这一理论适用于从和平、危机到战争的整个连续的统一的过程。美军认为，“快速主导”思想是对《2010年联合构想》的进一步发展，按照该思想建立起来的部队可在未来5~15年内投入战场。([美]巴德·艾德尼等6位退役上将，《1998年联合作战论文集》)

(刘克俭)

美军联合战役呈现出4点发展趋势 有作者就此阐述如下观点：

*集中力量的方式不断向部队编成小型多能化和打击力度综合一体化的两极发展。*现代作战的新特点，使集中的方式向两极发展。一极是，由于信息技术和高技术武器装备的大量运用，数字化部队和数字化战场的出现，以及自身防护的需要，集中的方式向部队编成的小型化、混合化的方向发展。另一极是，由于远程精确打击武器和“非对称作战”战法的广泛运用，打击力量的聚集比以往任何时候都要集中。

*控制的内涵由对有形部队的控制转向对无形的整个空间的控制。*现代条件下，要想拥有决定性的优势，就必须通过对一定广度、深度、高度的战斗空间的控制来获得。这样才可以指挥较为分散的力量进行攻击和防护，使用决定性力量打敌重心；可以充分利用战场的有利条件，主动地选择战场和战法，致使敌人始终处于不利的地位；可以广泛实施避强击弱。而实现对作战空间的控制，需要各军种的密切协同，单一军种是不能够完成的。

*制信息权的地位更加重要。*未来战争中广泛的机动，远程精确打击，隐蔽企图，了解敌、友军情况等都离不开信息，联合战役的实施更是离不开信息。因此，美军认为，获得制信息权尤其重要。一是战场的透明度和可控性进一步提高，掌握制信息权是实施联合战役的前提。二是战役中将会出现各种新的作战样式和战法，掌握制信息权是联合战役制胜的保证。三是以信息为武器，重点攻击敌方的意志和决心是现代作战的重要特征，掌握制信息权是实施联合战役应把握的重心。

*精确化将成为联合战役的基本要求。*第一，在投入的力量上精确可以节约兵力而提高效益。在信息支持下，正确分析评估被打击的目标，合理投入作战力量，能够极大地提高打击效费比，充分发挥作战力量的作战潜能。第二，在打击的手段上精确可以提高打击精度和效能。精确打击为达到预期效果提供了切实的保证，降低了部队的风险，并将附带损伤减少到了最低限度。第三，在后勤保障上精确可进一步提高部队的作战能力。它可以减轻部队的辎重负担，使作战部队更加轻便灵活，使部署的部队更加小型、能力更强。(齐蒙《美军联合战役的发展趋势》，《外国军事学术》1999年第7期)

(木 工)

美军加紧探索“非致命战”理论 “非致命战”是美军在科索沃战争中探索并实施的又一新作战样式。它指主要运用电磁波、光波、声波、信息能，以及特殊化学和物理物质来消除或消弱对手的人员或物质系统功能。它的最大特点是作战效果的“非致命性”，不直接伤及人员的生命，而侧重削弱对手的作战意志和战斗能力。无论从技术手段上看，还是从作战目的上看，非致命战都是对传统“致命战争”的重大变革。海湾战争后，美国在理论上正式提出和形成了“非致命战”的概念，即运用“非致命新机理武器”，对敌人进行“非致命打击”，做到在战争中既不杀人或少杀人，又能削弱对手战斗力，达成战争的目的；成立了专门的研究机构，进行“非致命战”的研究；颁布《非致命武器政策》；在各军种和军队院校进行“非致命战”演习；在科索沃战争中首次将非致命战理论付诸实战，结果对战争结局产生了重大影响。美军使用电磁脉冲炸弹打击南联盟的电子系统，瘫痪了南电子指挥系统，特别是使用导电材料弹药“石墨炸弹”猛烈地轰炸南联盟电力系统，持续时间长达1个月，造成了大面积、长时间的停水、停电，使南联盟的军事、经济和生活保障系统陷入近乎瘫痪的状态。有人认为，“北约就是利用这种‘没有核辐射的原子弹’摧毁了南斯拉夫人心理上的最后一道防线，使他们屈服，从而达到了自己的目的。”事实表明：非致命打击即将成为一种能对战争进程和结局产生重大影响的全新作战手段。(刘克俭《美军作战理论和作战样式的发展变化》，《外国军事学术》2000年第1期)

美军非对称作战理论日渐完善 有作者指出，美军正在不断地完善非对称作战理论，使其内容更加丰富系统。

非对称作战的定义和内涵。非对称作战主要是指交战双方使用不同的作战力量进行作战。这种作战方式通常不受传统战场作战空间框架的限制，作战在非线式战场上进行，作战行动更加灵活、更加动态化，各种战斗和支援职能同时进行、相互联系、纵横同步。非对称作战主要是一种战役作战样式，同时也适用于战略指导；既是一种作战方法，更是一种作战指导思想，特别注意谋略的运用，避强就弱，以强击弱。

非对称作战的实质。与对称作战相比，非对称作战最大的好处是充分发挥各军兵种联合作战的威力，以己方某一军兵种之长，击敌某一军兵种之短。美军一向强调利用军事高技术打击对手，其军事技术在世界上处于领先地位，而非对称作战正是军事技术发展的结果。因此，美军非对称作战的实质在于发挥高技术优势，与对手进行不平衡较量。

非对称作战的几种作战样式。空军的非对称作战包括：战略空袭、空中遮断和近距离空中支援。海军及海军陆战队的非对称作战包括：海军及陆战队航空兵对地攻击、“战斧”巡航导弹和远程舰炮对地攻击、“海豹”突击队特种突击和海军陆战队两栖突击。陆军的非对称作战行动包括：以空降部队、空中突击部队和装甲机械化部队直接攻击敌海空军基地、导弹基地，以陆军战术导弹攻击远程高价值目标，以陆军航空兵突击敌纵深目标，以陆军特种部队攻击敌海空军。空间力量的非对称行动的主要样式有侦察和预警卫星对地面的情报战、引导地面行动尤其是引导精确制导武器攻击的导航战和打击敌方卫星的反卫星战。

非对称作战的发展趋势。以往美军实施非对称作战，主要是发挥自己的情报优势、电子战优势和海空军力量优势攻击对方地面目标和海上目标，实现战略目的。今后，美军非对称作战可能较多地采取以下方式：超视距远战、非线式作战、快速高能机动战、信息与计算机病毒战和特种作战。

非对称作战所面临的挑战。非对称作战不仅受到美军的重视，而且在其他国家也受到极大关注。一些国家有条件和有能力对美军实施非对称作战。美军最担忧的是以下 3 种手段：一是恐怖主义活动，二是使用和威胁使用大规模毁伤武器，三是信息战。（根据《外国军事学术》1999 年第 2 期的文章综述）

关于军种作战问题　**美空军极力倡导新的“空中制胜论”**　在 1999 年中，美国取得了以空军为主战力量、以空袭作战为主要样式的科索沃战争的胜利，使得近年来空军极力推行的“空中制胜论”占据了统治地位。这种力求以空中力量取得战争胜利的军事理论主要见之于罗伯特·佩普的《轰炸制胜》和沃登所著的《空中战役》等著作和一些报刊、新闻媒体的宣传中。新空中制胜理论的基本观点是：“能够深入敌后的有人驾驶轰炸机是冷战后非核时期唯一可使用的战略打击力量”；“通过使用远程轰炸机能够避免像一战堑壕战所造成的令人恐惧的大屠杀，而且战略性空袭还能对敌国的民心士气产生重大影响，从而具备了独自赢得战争的能力。”同时认为，空中进攻战役规模可大可小，既可实施大规模的空袭，也可以实施“外科手术式”的空袭；进程可快可慢，既可在几分钟之内结束，也可持续数十天；强度可高可低，且可最大限度地减少附带伤亡。具有突发性强、效率高、节奏快、火力猛、可打击对手的纵深目标等特点，是实现高技术条件下局部战争目的的最佳手段。

尽管近 10 年来美空军竭力推行、实践空中制胜理论，并且空袭作战连连得手，但该理论还是在美国军界、政界引发了激烈的争论。支持者认为，在空中制胜论指导下的“科索沃战争具有划时代的意义”，是“改变战争样式的转折点”，空袭作战是未来的“基本作战样式”，“空军已从二战时期的支援军种成为主战军种”。然而反对者则认为，“空中制胜论”是“理论上的荒谬”，其理由：一是冷战后支持“空中制胜论”的两次大的空袭作战（“沙漠风暴”和“联盟力量”）都是在陆海空天联合作战的背景下实施的。二是两次作战都有其特殊性，正如前参联会主席鲍威尔上将所说：“这次只靠空袭进行的战争，能否达成战争目的完全由米洛舍维奇总统决定，他若不妥协，战争可能打到明年，地面部队今后还是需要的”。三是置当面重兵集团而不顾，以重点打击首都及战争潜力的“空中制胜论”是不科学的，“歼灭地面部队是空中战役及最后地面进攻的最重要的焦点”。四是空军不是持久的战略力量，不能实现所有的战争目的。五是推行“空中制胜论”会打破军种的平衡。“智能炸弹”和“战斧”导弹担负不了攻城掠地的任务，保持国防投向的平衡关系才是国防和军队建设的关键。（［美］威廉森·默里《海湾空中战争》，美《战略评论》1998 年冬季号）

美海军陆战队提出“由舰到目标机动”的登陆作战理论　“由舰到目标机动”的登陆作战理论是美海军陆战队近年来贯彻“由海向陆作战机动”战略时提出的一种新的登陆作战理论。这一理论要求登陆部队把海洋看成是基本机动区域，在海上就展开成战斗队形，保持舰对目标的机动势头，发动势不可挡的进攻，并用火力和快速推进来打击敌人的弱点，用灵活的战术和可靠的情报保障登陆部队顺利绕过障碍，放弃不相干的敌人，摆脱其干扰，直抵目标，摧毁敌防御体系。实施“由岸到目标机动”的登陆作战要坚持以下5项原则：集中注意力于作战目标；注重情报、欺骗性和灵活性；以己之长，攻彼之短，穿越缝隙直捣敌心脏；形成势不可挡的速度和力量；集中所有执行任务的部队于一体。这一理论与美军传统登陆作战理论的基本区别是无需建立大的滩头阵地和滩头部队，登陆部队超越那些对完成作战任务至关重要的沿岸突破点直接向目标发起攻击。这无疑是对“超海平面”登陆作战理论的发展。（综合美国《水面战》杂志1999年1、2月号文章）

陆军空地一体作战理论受到挑战 这主要表现在其基本载体、指导陆军作战的纲领性文件FM100-5号野战条令《作战纲要》难产。上一版《作战纲要》是1993年颁布的，经过了长时间修改于1997年8月拿出了有20章组成的“最终草案”，并公开宣布1998年4月要正式颁发，而到目前为止正式条令一直还没有下发，可见空地一体作战理论遇到了难题。主要挑战：（1）对陆军在未来联合作战中的地位问题，原条令认为陆军是联合作战的“关键成员”，这让空海军难以同意；（2）在主要作战样式上强调地面机动战，而空、海军则强调以空袭作战为主要作战样式；（3）在作战目标的选择上重视对重兵集团的打击，而空、海军则更看重打击对手的首都、政府、军队的首脑机关及战争的潜力；（4）在对纵深作战的看法上认为空袭有时可起决定性的作用，而在空军看来它可起到决定性的作用。此外在主战兵力的使用等方面都存在诸多争议。

海空联合作战将成为未来作战的主要趋势 1999年的科索沃战争是以海空军为主要力量的联合作战，它使一些西方军事家坚定了海空联合作战的信心。他们认为：陆军部署速度慢，不适应高技术战争的需要，空军反应快速，但却没有持久作战能力，海空联合作战才是未来作战的最主要趋势。从冷战后的局部战争看，除“外科手术式”的小型空袭作战可能不需要海军协同外，其他都有海军密切配合。其原因是：（1）海上力量是美干预地区危机的首选兵力。海军舰艇平时即可部署全球重要海域，并具有很强的远征能力，能及时到达任何爆发危机的地区，实施空袭不受陆上固定基地的限制。（2）使用航母战斗群是美干预地区危机的惯用做法。美军认为航母战斗群具有机动性好、突击威力大、防御稳定性能好等优点，能够独立遂行进攻和防御任务，是体现空地海天一体作战的最佳形式。越战结束以来，美军在近70次危机中共派出110个航母战斗群进行干预，均发挥了重要作用。（3）海军空袭打击力强，有些作战能力无法取代。主要是海军出动的飞机架次较多。如在“沙漠之狐”行动中海军飞机的出动量占总出动量的80%以上。其次，发射的巡航导弹多。“沙漠风暴”行动中海军发射288枚，空军发射35枚巡航导弹；在“联盟力量”行动中，美海军发射了800余枚巡航导弹，担负起第1阶段90%的作战任务，完成空军因天气情况无法完成的使命，奠定了战争胜利的基础。可以预见，这种以海军为先导，以空军为主力的联合作战将在未来高技术条件下的局部战争中广泛运用。

美空袭作战暴露出两大弱点 虽然美国空军在空袭作战中屡屡得手，但也暴露出两大弱点：一是空袭作战受前进基地的制约较大。近年来美空袭作战的实例表明，要实施高强度连续空袭作战，美军必须依靠海外前进基地。因为美军能从本土直接飞往世界各地的远程战略轰炸机数量少，不到作战飞机总数的8.3%，空袭作战的主力仍是中、近程作战飞机。没有前进陆基基地和海上的移动基地，美军决不可能达成作战目的。二是空袭作战对作战保障的依赖较大。美军实施任何一次空袭作战都需要陆海空天的多维保障。“联盟力量”行动中北约共出动38000架次的飞机，其中用于直接打击目标的仅为9500架次，其他大部分都用于作战保障。因此，没有作战保障，空袭作战根本无法取得胜利。（根据美国《陆军》、《战略评论》、《水面战》等刊物1998～1999年的文章整理）

（刘克俭）

关于信息战问题 **美军信息条件下攻防作战呈现5个新特点** 有作者撰文分析了军队信息化对美军攻防作战的具体应用提出的新要求。

夺取战场“信息优势”，创造单向透明战场环境。美军认为，拥有“信息优势”是信息化战场克敌制胜的主导因素。为此，不惜投入巨资为保持信息作战优势做认真的准备。（1）合理编组、部署信息作战系统，为指挥官提供全面信息保障。（2）利用多种手段实施防御性信息对抗和信息保障，确保己方信息设施安全和“信息流”通畅。（3）运用多种手段实施信息攻击，破坏敌信息设施和切断敌信息流。

发挥高技术优势，注重非接触打击。美军认为，非接触作战不仅能够充分发挥己方高技术武器装备的优势，掌握战场主动权，而且能够不投入或少投放地面作战力量，减少人员和武器装备损耗，提高作战效费比。为此，美军强调：(1) 精选打击重点，速战歼敌。(2) 重视选择与构建利于非接触作战的空间。(3) 强调充分发挥己方优势，谋求在技术差上制敌。

*集中优势战斗力的效能，在决定性地点和时间歼灭对方。*信息化战场使美军这一作战原则的内涵发生新的变化。(1) 强调以足够的战斗力的效能歼灭对方。单向透明的战场环境，使得集中适量优势战斗力的效能即可达成作战目的。在进攻作战中，全纵深同时攻击行动的力度将改变过去那种"杀鸡用牛刀"的做法，而采取在机动中形成足够兵力一举歼灭对方。(2) 更加重视集中战斗力的效能掩护（警戒）地域。(3) 强调将战斗力的效能运用于攻防转换之中。适时集中优势战斗力的效能歼灭对方，有助于指挥官实施攻防转换，先机制敌，从而确保作战的胜利。

*运用心理攻势，摧垮对方意志。*美军认为，采取适时、有效的心理战，能动摇对方的战斗意志，削弱对方的士气和战斗力，进而达到"不战而屈人之兵"的目的。为此，美军一是大肆渲染新式武器的作战威力，制造心理威慑；二是运用各种手段，全方位展开心理攻势；三是利用高技术兵器对对方造成毁灭性打击，营造和渲染恐怖、恶劣的战场氛围，使对方参战官兵屈于艰苦、危险的战场环境而滋生消极厌战的心理。

*灵活编组作战力量，保持行动灵敏度。*美军认为，只有灵活、合理地编组作战力量，才能适应各种不同战场环境的需要，充分发挥整体作战效能。(1) 强调适应战场情况，灵活编组，合理使用作战力量。(2) 采取混合优化编组，通过充分发挥各类作战单位的优长，增强整体作战效能。(3) 强调小型编组，使之既具有较强的作战能力，而且便于疏开部署、减少损失和保存战斗力；同时，还有助于增强指挥官对作战力量使用的灵活性，提高行动的灵敏度。(胡谷能、杨庆勇《美军信息条件下攻防作战的新特点》,《外国军事学术》1999 年第 10 期)

（木　工）

提出信息战基本原则及所面临的挑战　为了统一信息战的行动，在各军种相继颁发信息战条令后，美军参联会颁布了第 1 部《联合信息作战条令》，为美军联合信息战提供了行动纲领。该条令明确了信息作战的定义："为了破坏敌信息和信息系统而采取的行动"，规定了实施联合信息战所必须遵守的 5 条基本原则：(1) 信息战应目标明确、并具有取胜可能性；(2) 进攻性和防御性信息战密切协调，并与多种作战行动相结合；(3) 照顾 3 个战争层次的行动；(4) 选择和恰当地运用信息战能力；(5) 充分利用信息获取的措施。条令把信息战划分为进攻性信息战和防御性信息战两类，还明确了信息作战的组织计划以及联合信息战训练及演习等内容。同时指出，信息战也面临新的挑战：第一，鉴于今后美军的主要任务是实施小规模作战行动，致使信息优势大为贬值，大部分远程兵器无用武之地；第二，复杂的精密信息系统可能易遭信息战的破坏；第三，信息战将激发而非制服那些恐怖主义活动；第四，在信息战中，信息技术的扩散使对手能够获取美国付出巨大代价才得到的先进技术。为此，美军正在研究新的信息战对策。（美国 1998 年版《联合信息战条令》

（刘克俭）

美军信息优势并不是包打胜仗的法宝　有作者撰文指出，相对于其他国家军队，美军拥有信息优势，但这并不等于拥有包打胜仗的法宝，其原因有三：(1) 信息系统易遭敌破坏甚至为敌所利用。美国信息系统分为军用系统和民用系统，其全部信息基础设施都是相互联系、相互依存的。即使是国防部也要依赖商用电信网络承担其 95% 以上的信息传输业务。这种军民一体的信息网很容易受攻击并为敌人所利用，其造成的严重后果对美军而言可能是灾难性的。(2) 整体的信息优势中存在局部的劣势。在美军的数字化建设中，存在一些难以克服的"痼疾"，如节点过多、算法错误、带宽不足、系统易损、对卫星依赖严重、结构庞杂、机动性差等。有效地解决这些问题需要大量的资金和漫长的时间，这在一定程度上限制了美军"信息优势"作用的发挥。(3) 信息优势存在一些无能为力的场合。尽管美军有先进的侦察卫星，但对伊拉克人巧妙伪装的"飞毛腿"导弹阵地却显得有些力不从心。另外，由于建设标准不同和信息化的程度不同，使美军各部队及与其盟军之间难以进行沟通和协同，增加了联合战役实施的难度。(王海燕《试析美军的"信息优势"》,《现代军事》1999 年第 1 期)

（木　工）

关于其他作战问题

分析美军作战思想中的减少伤亡观　有作者就此作了专门的分析。

*在作战目的上，更重视减少伤亡。*赢得胜利与减少伤亡，是任何国家军队作战所追求的基本目标。而在美军看来，减少伤亡是第 1 位的，赢得胜利是讲代价的，这个代价最重要指标就是减少伤亡；如果一场战争的人员伤亡超过民众情绪可以"容忍"的限度，即便可以赢得胜利，也不得不被放弃。从发展趋势上

看，美军更加重视人员的生命安全。全维保护已成为美军21世纪的重要作战原则。所谓全维保护，主要包括主动与被动防护、分散配置、欺骗与伪装、探测与预警、单兵或部队防护等内容，要求在作战的各个阶段、各个方向、各个层次对美军部队实施全维保护。在设法避免己方人员伤亡的同时，美军也重视尽可能减少战争的附带伤亡。因为在大量歼灭对方有生力量的同时，己方也势必蒙受重大伤亡。

在作战方法上，把既可达成战争目的又可减少伤亡作为基本着眼点。美国倚仗其明显的技术优势，着眼于以最小的伤亡迅速达成作战目的，创造了一系列新的作战形式和战法。其主要特点是：(1) 注重“软打”。即在掌握准确情报的基础上，综合运用电子战、心理战、军事欺骗和物理摧毁等手段，在防护己方的同时，使敌方不能获得信息，成为瞎子、聋子和靶子。(2) 注重“远打”。美军强调充分发挥己方火力射程远的优势，在对方武器系统的有效射程外，杀伤与消耗敌军，达到“我能以火力有效地打击对方、而对方却不能有效地打击我”的目的。(3) 注重“精打”。就是使用精确制导武器，对敌人的要害目标实施及时、准确的打击。不仅打击准、威力强、作战效费比高，而且可以减少作战伤亡和附带伤亡。(4) 注重“全打”。即综合运用各种武器系统，从空中、地面、海上以至太空的整个作战空间，同时实施“全维打击”，以迅速击败敌军。(5) 注重“联打”。即实施联合作战，因为“有机地结合在一起的联合作战部队使敌人无虚可乘，并可迅速而有效地攻击敌人的弱点。”

美军减少伤亡观产生的原因是：(1) 现代局部战争的目的有限，人们普遍难以承受重大伤亡；(2) 美国通常在国外作战，不涉及领土主权，因而不愿付出沉重代价；(3) 现代社会信息传播手段多、速度快，国内外民众舆论影响力大；(4) 美军武器装备先进，具备少伤亡而制胜的作战实力；(5) 人的生存观在其效益观和价值观中占有重要地位。(徐经年《试析美军事思想中的减少伤亡观》，《外国军事学术》1999年第4期)

探析美国热衷于“防区外空袭”的原因 有作者撰文指出，近年来美国在局部战争或军事冲突中的一个突出特点，就是大量进行“防区外空袭”。在1991年的海湾战争中，“防区外空袭”初露锋芒；1998年底，美英两国对伊拉克发动的“沙漠之狐”行动是一场典型的“防区外空袭”，不但有效地打击了伊拉克，达到了自己的战略意图，而且还创造了己方参战人员零死亡率的纪录。在科索沃战争中，以美国为首的北约更是把“防区外空袭”发挥得淋漓尽致。现在来看，“防区外空袭”很可能会成为美国推行其21世纪霸权战略的首选手段。那么，美国何以对“防区外空袭”如此热衷呢?

首先，军事技术优势使美国具备了实施“防区外空袭”的物质条件。美军在局部战争中的作战，一向强调要充分利用技术优势，来保存自己，打击对手。从当前世界各国科技发展情况来看，在未来20至50年内，美国的科学技术特别是军事技术仍将在世界上处于领先地位，而“防区外空袭”正是其拥有绝对军事技术优势的必然结果。美国“防区外空袭”的实质在于最大限度地发挥自己的情报优势、电子战优势、航天优势和海空军力量优势攻击对方的地面目标或海上目标，与对手进行着“我能打着你，而你打不着我”的不平衡较量，从而实现其独霸全球的战略目的。

其次，政治因素要求美国必须选择“防区外空袭”。“防区外空袭”的最大特点是能够确保攻方人员的低死亡率。而低死亡率是美国进行局部战争的一个重要原则。科索沃战争中，“防区外空袭”作战已经持续两个多月，美国迟迟不敢发动地面进攻的主要原因，就是害怕人员伤亡太大。因此，从某种意义上说，“防区外空袭”已经成为美国对外政策的重要工具之一。

再次，经济因素决定美国将选择“防区外空袭”。在未来高技术局部战争中，美军把“防区外空袭”作为一个主要的作战样式，很大程度上是由美国自身无法克服的利益主义决定的。因为“防区外空袭”可以使自己的经济损失减少到最低程度，具有最理想的作战效费比。在科索沃战争中，尽管美国花费近80亿美元，但是已使南联盟一方国内经济基本陷于瘫痪，直接经济损失达2000多亿美元，间接损失无法估计。(唐保东《美国缘何热衷于“防区外空袭”》，《国际展望》1999年第12期)

试析美军主攻方向的选择 有作者分析指出，美军在选择进攻作战的主要攻击方向时，十分注重以下几点：

着眼敌防御薄弱环节和重心选择主攻方向。根据美军《作战纲要》和作战实际，对方防御的翼侧、间隙地、接合部以及防御兵力和工程障碍薄弱处等，都是美军选择主要攻击方向时十分注意的地点。美军着眼于敌方薄弱环节选择主要进攻方向，主要是避免在敌方正面硬碰硬地拼消耗，以利于迅速突破敌方的防御，尽快发展进攻。同时，美军也十分注重着眼于保障主力攻击敌方的重心。美军强调，集中力量打击重心是一切作战行动的核心和焦点。敌方防御的弱点不一定都值得集中主力攻击，只有与敌方重心直接相关的薄弱环节，才值得集中主力实施攻击。

*着眼有利于主攻部队展开作战和迅速向敌后方机动的地形选择主攻方向。*由于美军一般是运用机械化部队实施进攻作战，因此，不得不考虑地形条件对机械化部队主力行动的影响。美军《作战纲要》强调，应选择便于坦克机械化部队机动且又能在短时间内推进至重心目标的方向为主要进攻方向。其具体做法如下：(1) 考虑是否有良好的地形保障主攻部队接近敌方。(2) 考虑对方前沿前的地形是否有利于主攻部队展开成战斗队形。(3) 考虑对方前沿和纵深的地形是否有利于主力快速推进。(4) 考虑距重心目标距离的远近。

*着眼机动样式选择主攻方向。*美军在组织计划进攻作战时，通常是先确定所要采用的机动样式，然后再根据机动样式选择主要进攻方向，因为美军在进攻作战时采用的机动样式不同，主要进攻方向选择于敌方防御的部位也就不同。例如：美军采用包围机动样式时，主要进攻方向必然是选择于敌方防御正面相对薄弱部位，且有利于快速推进至重心目标的方向上；在对方防御十分严密而无暴露的翼侧和间隙，或不许可采用其他机动样式时，主要进攻方向通常是选择于敌方防御正面和防御纵深便于快速突破和迅速扩张战果的方向上。

此外，美军在选择主要进攻方向时，还着眼于尽可能保障主攻部队达成行动的突然性以及有利于建立良好的战斗支援和后勤供应线等条件，并将诸着眼点同时置于选择主要进攻方向的总体考虑之中，不单纯就某一着眼点选择主要进攻方向。(朱之才《对美军如何选择主攻方向的几点分析》，《外国军事学术》1999 年第 4 期)

(木　工)

俄军作战问题研究　1999 年俄军加大了对作战问题的研究力度，在太空作战、防空、联合作战及新战役理论和分队战术理论方面都提出了一些新的观点。

关于作战样式问题　**深化了太空作战理论**　俄军认为，未来武装斗争的发展趋势之一是建立和保持太空优势。在未来高技术战争条件下制天权将成为夺取制空权和制海权的主要条件之一。由于高度发达国家目前已把主要的侦察、制导和通信兵器送往太空，在不久的将来局部战争和武装冲突中军队的信息保障将借助于太空兵器来实现。为此，要加强太空袭击兵力兵器和太空防御兵力兵器的作战能力。鉴于21 世纪前 10 年或 20 年太空空间将成为用于保障其他空间内遂行战役的一个重要空间，俄军目前已将太空作战行动视为现代战役的一个组成部分，认为它是现代战役体系中的新内容。俄军将作为武装斗争可能空间的绕地太空分成了两个战区，即近地太空战区和月球太空战区。近地太空战区包括距地球表面 100 至 4 万千米的太空空间，月球太空战区包括距地球表面 30 万至 45 万千米范围内的宇宙空间、月球地域、第 4 和第 5 个天平动点空域。在这两个战区分别展开轨道集团以及“月球—太空”、“月球—地球”级作战兵力兵器。俄军认为，在军事上掌握绕地太空可从太空中关注世界任何地域内的军队的状态和其行动的变化情况，为其行动提供信息和其他保障；可从距战斗、战役或战略行动地域的任何距离上的统一中心内指挥军队集团的行动，保证各级指挥机构较独立地定下决心；能对位于地球任何地域内和绕地太空的军队、技术器材、武器系统和其他目标进行火力、心理—身体及其他打击等。(〔俄〕巴尔乔夫少将《作为武装斗争可能范围的近地太空》，俄《军事思想》杂志 1998 年第 3 期)

提出非战略导弹防御构想　非战略导弹防御是俄军针对美国战区导弹防御而在俄联邦导弹防御构想中相应提出的一个新概念。俄非战略导弹防御目前的基础是通过为现有防空（首先是边境地区）军队集团改装各种改进型号的 C—300 防空导弹系统和雷达站以及动用预备兵器补充非战略导弹防御的机动兵器来增强这些集团的作战能力。此外，为遂行非战略导弹防御任务还将部分使用导弹袭击报警系统。在不久的将来非战略导弹防御的基础将是防空—导弹防御的机动系统、截击弹道导弹的航空兵器、与导弹太空防御信息系统相结合的非战略导弹防御兵器控制系统。俄军发展和建立非战略导弹防御综合系统将分 3 个阶段。第 1 阶段，将进行综合研究以便完全将空军和其他军种的情报—侦察系统、指挥和兵器系统纳入统一的体系。第 2 阶段，加强防空地幅（地域）非战略导弹防御的信息保障和战斗保障系统；联合各军种能遂行与非战略导弹袭击兵器作斗争任务的所有兵力兵器；建立有效的防空—导弹防御的近程和中程截击多功能综合系统等。第 3 阶段，计划完善非战略导弹防御综合系统的组成部分，建立跨军种统一的防空—导弹防御

的远程截击防空导弹系统。(〔俄〕空军总参谋长西尼岑上将《对威胁的同等回击》,俄《独立军事评论》1999 年 4 月号)

强调联合作战 俄军认为,在未来的战争中,一个最有效的行动样式是联合武装力量各军兵种的兵力兵器,建立紧密协同的整体作战体系,在统一指挥下按统一计划进行联合作战。俄军称,现代战斗已不是简单的合同战斗,而需以新的形式——联合作战来进行。第 1 种情况是在局部战争和武装冲突中,军队应准备在联合军队集团编成内遂行战斗和战役规模的作战行动;第 2 种情况是与同盟国共同遂行军事行动时需进行联合作战。第 3 种情况是在内部武装冲突中遂行军事行动时要进行联合作战,这是俄军用上次车臣战争的教训换来的。(新版《俄联邦军事学说》)

确定实施信息战的样式 (1)信息战役。它是指在战区或在战略(战役)方向上为夺取和保持对敌信息优势(或降低敌信息优势),而实施的在目的、任务、地点和时间上协调一致的信息交战和行动的总和。信息战役的目的通过遂行下列任务来实现:对敌实施信息打击,对已方军队集团的信息资源进行防护和有效利用。该战役通常在合成、独立、联合或特种战役中实施。按行动样式信息战役分为进攻信息战役和防御信息战役。

(2)信息交战。它是指在目的、任务、地点和时间上协调一致的信息行动和突击的总和。根据所遂行的信息战役的规模和类型,在战役中可同时或依次进行一次或数次信息交战。信息交战的目的是迫使敌人放弃其预定的作战行动计划。

(3)信息行动。它是指于指定地域(方向)在一定的时间内使用信息战兵力兵器而采取的协调一致的措施总和。信息行动按样式分为进攻和防御型信息行动。进攻型信息行动包括信息打击和信息封锁;防御型信息行动是指有关信息防护方面的行动。

(4)信息突击。它是指为达成夺取信息优势(降低敌信息优势)的目的,使用信息战兵力兵器对敌指挥系统最重要的部分进行短促强大和协调一致的信息打击。信息突击按类型分为无线电电子、无线电电子—火力、计算机、特种和综合信息突击;按使用兵力兵器的程度分为有选择的、集中—密集和密集信息突击。(综合〔俄〕《军事思想杂志》1998~1999 年有关文章)

关于战役问题 **探讨新的战役理论及其发展趋势** (1)战略性空中—太空战役。俄学者认为,由于加强了空中—太空兵器的作用,以及使用空中—太空手段来进行武装斗争,致使未来战略性空中—太空战役成了遂行军事行动的基本样式;在此情况下,进攻和防御的主要力量将被集中在垂直面上,兵力兵器在向领土纵深成梯次配置的同时,还将按高度成上下梯次配置。战略性空中—太空战役分为战略性空中—太空进攻战役和战略性空中—太空防御战役。战略性空中—太空进攻战役第 1 阶段的目的是夺取主动权和达成信息领域、军队指挥和武器控制方面的优势;压制防空和导弹太空防御系统;毁伤战略核力量、防空、空军、海军和陆军集团,破坏军事—经济潜力。内容是实施第 1 和第 2 次(连续的)战略突击,持续时间为 10~15 昼夜。第 2 阶段的目的是毁伤敌武装力量,使国家(国家同盟)退出战争。内容是连续实施战略突击,持续时间为 30~60 天。战略性空中—太空防御战役第 1 阶段的目的是抗击首次、第 2 次战略突击,持续时间为 10~15 昼夜;第 2 阶段的目的是抗击尔后战略突击,持续时间为 30~60 天。

(2)特种战役。它是俄军于 1996 年车臣战争后提出的一种新的战役类型,是指在国内武装冲突中武装力量在其他强力部门的紧密配合下遂行作战行动,对付分裂及恐怖行动的一种特殊使用形式。其地位与合同战役、联合战役和独立战役同等重要。鉴于俄高加索地区的紧张局势,俄军对该种类型的战役进行了广泛的研究,并在第 2 次车臣战争行动中完善该理论。

(3)维和战役。它是俄军根据近年来国际和国内形势而提出的武装力量的一种特殊使用样式。它是指为了在潜在或已存在的冲突地域保持局势稳定,根据独联体国家首脑委员会或联合国安理会及欧洲安全与合作组织的授权,实施的旨在制止武装冲突、为以政治手段解决武装冲突,而由经过专门训练的军人、警察和文职人员进行的在目的、任务、地点和时间上协调一致的行动总和。俄军维和战役的主要任务是:分隔冲突双方的武装集团;保证能向冲突地域的居民提供人道主义援助和将其撤出冲突区;封锁冲突地域,以便保证执行国际社会制定的制裁措施。

(4)机动行动。它包括机动防御和机动进攻。机动防御(此种防御非以前所指的机动防御,以前所指的机动防御应理解为运动防御)是指以先敌机动、抗击敌突击、扼守防御地形和对敌实施反突击样式实施的机动行动方法。其目的是通过先敌行动破坏其预先企图,为从纵深前调预备队赢得时间,最大限度地疲惫敌力量,将其置于不利的态势,使用已接近的预备队给敌以必要的毁伤来夺回主动权;实质是通过逐次集中防御军队的大部分兵力兵器依次粉碎敌突击集团，广泛使用进攻行动与防御行动相结合的方法粉碎敌人。机动进攻是指以先敌机动和突击、及时抗击敌反突击、夺占其防御地区的样式实施的机动行动的方法。其目的是将自己的意志强加于敌人，始终保持主动权，以绝大部分兵力兵器分隔敌主力，给敌造成重大损失，迫其停止抵抗，完成所受领的进攻任务。

探析现代战役法的发展趋势 俄军学者将其归纳为以下 14 点：(1) 军事高度政治化和战略对战役法的影响日益增大；(2) 战争和军队行动的作战样式从破坏性转向对敌进行功能—结构、有选择的打击；(3) 各种规模的武装斗争逐渐转向武装—信息对抗；(4) 军团必须准备在任何规模和强度的军事冲突中遂行任务；(5) 军队的战役和战斗行动的性质和内容不断发生变化；(6) 在现有作战样式和方法保持技术稳定的同时，出现一系列的新样式和新方法；(7) 争夺空中—太空的能力不断增长；(8) 在军队的战役和战斗行动中对敌火力毁伤应具有决定性的作用；(9) 机动的意义日益突出；(10) 参加战役（战斗行动）的所有军队、兵力兵器间协同动作的作用提高；(11) 战役（战斗行动）的胜利更加依赖于对军队的全面保障；(12) 准备战役的条件多样化；(13) 战役准备日趋复杂；(14) 指挥质量，人员职业、精神—心理素质的作用提高。此外，在战斗行动开始和战斗行动过程中突然性的作用提高，对军队战斗和动员准备的要求急剧提高，战斗行动同时覆盖战役布势的全纵深，组织敌后斗争对战役胜利的作用提高，作为遏制和达成战役目的核武器特别是战术核武器的作用明显提高。(综合〔俄〕1998～1999 年《军事思想》及有关杂志、教材、条令等)

（刘万军）

俄军战役基本理论发生 3 点主要变化 有作者撰文指出如下 3 点主要变化。

战役法结构发生变化。苏联解体后，根据军队建设和编制体制的变化，俄军对原先的战役法结构进行了调整。一是在战役法结构上增加了总则，形成了包括总则和军种战役法两大部分。战役法总则负责确定军团级指挥的基本原则；各军种战役法等基本理论负责研究合同战役、联合战役和独立战役所必须遵循的理论原则。二是根据各军种的合编情况，对各军种战役法的结构做了调整。(1) 取消防空军战役法。在俄军事改革过程中，空军和防空军合编为统一的军种——空军，原先赋予防空军战役法的内容，将全部转到空军战役法中。(2) 设立机动力量使用理论和实践。随着机动力量的组建和发展，机动力量的作战使用理论也相应提出，并在俄军战役理论中占据了重要地位。为此，俄军在战役法中首次增加了机动力量使用理论和实践的内容。(3) 将武装力量后勤战役法改为战役后勤理论和实践。考虑到战役后勤并不直接实施战役行动，而只是一种保障行动，因此，当前俄军新的战役法分类不再保留武装力量后勤战役法，而将其改为战役后勤理论和实践。(4) 取消民防战役法。由于原属国防部的民防机构和部队全部转隶俄政府紧急情况部，这样，在俄军战役法体系中继续保存民防战役法已无必要。

重新制定战役法基本原则。当前，俄军战役法的基本原则包括 15 项内容。其中对战略的从属性和及时增强力量以发展所取得的胜利并加以巩固这两项原则，首次被列为战役法基本原则的内容。

战役分类发生变化。(1) 重新按规模进行战役分类。前苏军在按战役规模进行战役分类时，通常分为战略性战役、方面军战役和集团军战役 3 级。近年来，随着俄军编制体制的变化，特别是战役战术军团——军的大量出现，俄军改变了以往的分类方法。现在，按规模，俄军战役分为 4 级——战略性战役、战役－战略性战役、战役性战役和战役－战术性战役。俄军指出，由于武器装备的发展及其使用范围的扩大，在各个级别的战役之间，现有的明确界限有可能变得模糊。(2) 重新认识反攻战役理论。俄军新战役法理论改变了把反攻战役作为进攻战役主要类型的看法，认为反攻是进攻的特殊类型。(3) 提出特种战役理论和维和战役理论。(4) 联合战役的内容更加宽泛。苏联解体后，原编在苏联武装力量内的内卫军、边防军等脱离了武装力量，总数已超过了俄军的总兵力。根据这一情况，新的战役法理论确定武装力量和其他军队联合实施的战役也属于联合战役。但这种联合战役与原先意义上的联合战役显然有根本不同。这样，就使俄军联合战役的内容更加宽泛了。(李大军、吴永杰《俄军战役法基本理论的发展变化》，《外国军事学术》1999 年第 12 期)

关于其他作战问题 **俄军推出拦截导弹新方法** 有作者撰文指出，在现代战争中，导弹打导弹已成为一种有效的对抗方法。但目前这种方法命中率低，并不十分理想。最近俄罗斯军事专家推出一种新方法，即采用等离子体武器来拦截导弹。新方法的主要特点是，能改变飞行物的飞行条件，即利用彼此交叉的大功率能束或光束改变导弹的飞行环境，使飞行中的导弹偏离方向而失去战斗作用。所谓等离子体武器，就是利用安装在地面的发生器和天线，发出超高频电磁能束或激光束在大气中聚焦，并形成高电离化空气云——等离子团。这种等离子团可投射在目标前方和两侧，就相当于给“飞行物”下一个“脚绊子”，使之产生旋转力矩，偏离飞行轨道，并在巨大的超重压差和惯性影响下销毁，整个拦截过程仅需 1/10 秒时间。（徐兴刚《俄拦截导弹有新招》，《解放军报》2000 年 2 月 22 日）

（薛　军）

俄提出积极防空的指导思想　一是平时注意研究和总结局部战争中防空作战的经验教训，完善武装力量有关防空作战的组织，改进训练体制，针对不同的情况进行重点演练和综合训练。二是优先发展高度机动抗干扰的防空导弹系统、侦察系统、太空轨道的军队指挥和武器控制系统，突击航空兵和具有较大杀伤半径的高精度兵器；改进现有的第 3、第 4 代防空兵器和电子战兵器。三是在国家领土的重要方向上和可能的危机地域建立纵深梯次的防空配系，有组织地与独联体国家就防空问题展开协调，建立独联体国家联合防空配系。四是保持高度的战斗准备，一旦发现敌人的空袭征候，即可先敌行动：以远程火力对敌飞机、巡航导弹等空袭兵器基地进行突击，将其毁于地面；对已升空的敌航空兵则以战机进行截击；同时使用信息战手段攻击敌指挥控制系统。

俄提出以战斗群为基础实施分散防御　战斗群战术是俄军根据其现状、遂行现代战斗的条件、以及敌人遂行战斗的方法的变化而提出的一种新战术。其实质是营准备防御时组建战斗群，保证营能独立进行战斗、最大限度地发挥分队的战斗能力、提高生存力及保证欺骗敌人。战斗群由坦克、步兵战车（装甲输送车）、自行高炮、带一定比例轻武器的人员及喷火器、便携式防空导弹、一次性反坦克兵器等组成。战斗群实施环形防御，广泛使用火力设伏和远距离布雷，随着敌人的接近而节节予以毁伤。这种战术实际上是指分队不以线式战斗队形而是以分散式的队形进行防御。战斗群在沿防御地域整个空间分散配置的（间隔达 2 千米）支撑点内，借助发达的工程障碍物配系、机动道路和预备发射阵地转入防御。采用该种防御方法时，分队可从各个方向抗击敌人的进攻。其主要方法是分割敌战术集团，以火力突击和各个方向的反冲击消灭敌人。（〔俄〕图利涅夫中校《营防御：从线式战斗队形到分散式战斗队形》，俄《军队文集》杂志 1999 年第 6 期）

（刘万军）

日本自卫队作战问题研究　1998～1999 年，日本军事学术界研讨的焦点主要集中于两大方面：一是促进军事力量的职能多样化。即努力培育一支“多能”的军队，既能对付较大规模的武力进攻的威胁，又能对付局部的、小规模的、非正规的、军事的或非军事的威胁，如恐怖活动、自然灾害、救助冲突地区的难民等。二是研讨并努力使部队掌握新的战役法和战术，打赢未来高技术条件下的信息战。在这方面，日本自卫队积极研究和学习美军的作战理论。尽管两国军队在编制体制、武器装备水平、战术战法等诸多方面存在很大差异，但自卫队尽力结合自己的实际，提出适合自卫队情况的新作战理论。概括其近一两年来作战理论所发生的新变化，主要表现在以下几方面：

在增强正规作战能力的同时，大力提高非正规作战能力　为适应冷战后日本军事战略由过去主要对付苏联威胁向主要对付当前的“不确定的、多元化的威胁”的转变，自卫队当局认为，今后建军的着眼点既要注意加强部队的正规作战能力，以对付所谓对日本安全构成严重威胁的武力侵略和其他军事行动，更要使部队具备能随时以非正规作战的方法对任何形式的突发事件作出快速反应和处置的能力，以维护日本的安全和稳定。近来，日本当局借口朝鲜发射导弹，发展核武器，对日构成严重威胁，以及为防备发生“周边事态”和可能危及日本安全稳定的其他突发事件，采取了一系列引人注目的实际步骤和措施。一是增强日军事力量和正规作战能力方面的措施，主要包括与美联合研制战区导弹防御系统，首先部署于海上自卫队，使其“宙斯盾”导弹驱逐舰具有拦截弹道导弹的能力，然后考虑部署陆基发射系统。1999 年 4～5 月份，日本当局通过了与新日美防卫合作指针相关的《周边事态法》、《自卫队法修改案》、《日美相互提供物资与劳务协定修改案》。这些法案的通过将进一步加强日美两国介入所谓“周边事态”时的军事合作，进一步明确自卫队在亚太地区发生冲突时承担对美军的后勤保障任务，使自卫队有可能在日本以外的周边地区配合美军的正规作战。自卫队当局还制定了在近两年大力发展先进武器装备的计划，例如，继 1998 年装备 1 艘 8900 吨登陆运输舰后，决定继续建造 2 艘这样的运输舰；21 世纪初引进空中加油机，以延长战斗机等的活动半径，等等。二是 1999 年以来，首次作出大力充实和加强部队的非正规作战能力的决定和计划。1999 年 8 月 5 日，防卫厅召开“重大事态对策会议”（该组织 1999 年初成立，由防卫厅长官任主席），主要根据“朝鲜工作船侵犯日本领海”和生化武器扩散等情况，研究在 2000 年度建军计划的预算要求中加入总额约 50 亿日元的经费，用于充实和发展对付特工入侵及防核生化武器的装备。为对付特工入侵，决定发展以保护核电站等重要设施为目的的训练模拟设施；实施以特工入侵为想定的首次综合训练；实施由空降旅参加的研究性演习，赴美陆军特种部队研修，对美军的有关装备和对策进行调研，为将来组建反游击战部队作准备。海上自卫队将于 2000 年编成 1 支由 60 人组成、装备轻武器、钢盔、防弹背心等，并乘飞机机动的“特别警备队”，其主要任务是检查进入日本海域的可疑船只，防止可疑船从海上入侵。与此同时，自卫队还经常组织实施或参加由地方组织的防空训练演习。

这一系列举措充分说明日本自卫队日益重视在增强其正规作战能力的同时，大力加强非正规作战能力，使非正规作战与正规作战有机结合，互为补充，以有效地对付任何性质和形式的威胁。

强调兵力的快速投送，对“紧急事态”作出快速反应和处置 由于日本当局认为朝鲜半岛局势动荡不安，朝鲜发展导弹核武器，中国增强军事力量，对日本的安全构成威胁；强调与美联合对付“周边事态”。所以，日本自卫队比以往更加重视和强调兵力的快速机动和投送，以保证对“不测事件”和“紧急事态”作出快速反应和处置。为此，近期主要采取了以下措施：

一是改革部队组织体制，引进新式装备，为部队的快速灵活机动和兵力投送创造硬件方面的条件。例如陆上自卫队的第 13 师改编成旅，由原来的 7100 人缩编为 4100 人，其中还编入快速反应预备役 550 人，使部队编成轻型化。装备也高度现代化，使其快速反应和机动能力得到明显提高。今后还将陆续把 3 个师和 2 个混成旅改编成旅。航空自卫队还在酝酿于 2001～2005 年防务力量发展计划期间引进空中加油机，通过建立 F－15 战斗机、E－767 空中预警指挥机和加油机有机结合的运用体制，增强防空能力和远程空运能力。在国际维和行动中，运输机不必落地加油便可把必要的部队人员输送到目的地。海上自卫队已装备了 1 艘 8900 吨型的登陆运输舰，这种登陆运输舰稍加改装就可成为轻型航母。21 世纪初还要装备 2 艘，以保证能 1 次将 1 个步兵团战斗群远距离投送到所需要的地点。

二是实施远距离快速机动训练，提高综合快速兵力投送能力。最引人注目的是，近几年自卫队每年都要实施驻北海道以外的师利用各种机动手段向北海道地区机动的大规模的“北方机动特别演习”。1999 年度的演习规模比以往更大。参演部队分乘各种车辆、民航飞机、民用渡船、空军运输机、海军登陆运输舰艇等，分别长驱北海道。途中，分别或联合举行了各种训练演习。

转换作战重心，重点打击敌指挥控制系统和信息网络系统 近年来，日本军界在讨论未来高技术战争中日本的战役法问题时，明确提出，根据日本的实际情况，在未来高技术战争中，必须把过去以敌进攻部队主力作为作战重心的思想和理论转换为以敌指挥控制和网络系统作为作战重心。自卫队认为，重点打击入侵之敌主力这一思想的实现，必须以进行新的大规模的高技术开发，以及装备大量高技术兵器作为前提，而日本军费预算有限，兵力兵器的数量规模小，难以在战场上迅速歼灭敌人有生力量，容易陷入长期的消耗战中。因而在进行国土防卫战时，“把重点放在如何破坏或瘫痪敌指挥控制系统的作战方法，即确立与信息时代的战争相适应的战法，越来越重要。”

这一理论的要点，一是力争掌握战场信息优势，打击破坏敌 C^4I 系统中枢。即在作战准备阶段就积极利用一切情报收集手段，收集敌 C^4I 系统，尤其是指挥中枢及各种武器系统的情报，建立起能迅速提供所有武器系统必需的情报的作战系统，以电子攻击、火力毁伤，破坏、摧毁敌情报收集系统以及通信电子设施和通信传送手段等。以可利用的一切火力及计算机病毒感染、黑客入侵等手段破坏和瘫痪敌指挥控制系统及其指挥所。二是采取主动措施，有效防护己方 C^4I 系统。自卫队认为，交战双方都力图破坏和瘫痪对方的 C^4I 系统，使之变成“聋子”、“瞎子”和“呆子”。在这种情况下，交战双方将展开 C^4I 系统和破坏与反破坏、防护与反防护的激烈斗争，谁的 C^4I 防护措施有力，生存能力强，能充分发挥作用，谁就有可能占据信息优势，同时也就具备了破坏和瘫痪对方 C^4I 系统的可能。为此，必须主动采取有力措施，保障 C^4I 系统的安全。例如由专门的防护部队对指挥控制系统进行监视；同时进行必要的电子欺骗活动；预先准备好备用替代系统等等。（〔日〕中村清彦少校《怎样打信息时代的战争》，日本《陆战研究》1998 年 5 月号）

注重发挥高度灵活的小部队在未来信息战中的作用 日本自卫队认为，情报信息的迅速传递和各个层次、各个级别、各个军兵种部队对情报信息的共享以及高技术兵器的不断装备部队，使进攻者可能在战场上广泛分散地部署兵力；攻者可以不必歼灭敌强大的战斗部队便可对全战区发射准确而猛烈的远射程火力，打击战场内任一需要打击的目标，战场的第1线、第2线、前线、后方很难明确区分。未来战争的这种特点，要求对现行部队的体制编成进行改革，编成轻型、精干、合成程度高、合同作战能力强的战斗部队。它能根据快速获取的战场信息，迅速部署于必要的地点，不仅能同地面部队进行密切的协同作战，还能与其他军种进行联合作战。

日本自卫队为适应未来高技术战争的这些要求，近来大幅度改革部队的体制编制。采取的总体方针和基本原则是：精简、缩编，建立轻型作战部队，增建、新编适应未来战争要求的具有新型职能的部队，加强部队的合同和联合作战能力。同时学术界正在讨论成立专门的 C^4I 系统防护部队的必要性和紧迫性。通过采取上述各种措施，日本自卫队体制编制，武器装备、战术战法等正在逐步适应未来信息战的要求。（日本军事情报研究会《陆上自卫队 2000 年编制体制改革》，日本《军事研究》1998 年 5 月号）

主张实行多目标同时打击的原则 二战前的日军和二战后的自卫队一直把“集中兵力”作为一条重要的作战原则。但近年来日本自卫队除重视在必要的时机和地点，根据各方面实际情况，集中优势兵力兵器打击和歼灭敌人的原则外，鉴于未来高技术战争中，军事力量所要达成的目标转换为“破坏、瘫痪敌国和敌部队的战争和作战系统”，强调必须对多目标实施同时打击以有效地达成作战目的。也就是说，为了最有效地破坏、瘫痪敌国及其部队的系统，不仅要打击敌军及其战斗部队的有生力量，更重要的是对其指挥控制系统、情报收集处理系统、后勤支援系统等军队组织内的数个系统中枢进行同时攻击。此种攻击的特点，一是打击手段多样化。过去集中火力歼敌进攻部队，基本上只是“硬打击”；未来战争中更重视使用“软打击”手段，即电子攻击力（进攻性电子战），并结合使用“硬打击”手段（远距离准确制导火力）达成瘫痪、摧毁上述目标的目的。二是多种打击手段合成化。由于未来作战将运用多种手段同时打击多种目标，这就要求各种打击手段必须相互协调，相互结合，选定最佳的合同模式，以便在打击中获取最理想的整体效能和最佳效果。为此，必须根据战况的发展，迅速、准确地对以何种打击手段与何种打击手段相结合，何时、何种部队相互协同等作出判断，以最短的时间重新组织最有效的战斗力。（〔日〕高间座一等《军事革命带来了什么》，日本《防卫研究》1998 年 7 月号）

（黄金鹏）

印军作战问题研究 **印军战略性作战行动有若干特点** 有作者通过分析指出，印军战略性作战行动主要有以下特点：

*预先沿主要战略方向、地域实施战略展开。*为在战争一开始就迫使对方完全处于不利地位，印军在战略性作战行动中多采取这种部署，这样，一是可以起到保卫边境的作用，同时可在边境形势发生变化时，不做较大调整即可以迅速发起攻势作战，抢占先机之利。二是可以结合作战任务熟悉边境情况，把训练与作战有机结合起来。三是一旦需要，可以随时向对方发起攻击并一举夺得主动。

*夺取战争最初阶段的主动权。*印军在战争最初阶段争夺战略主动权的方法有：第一，预先实施平战结合的战略展开。从印军部署看，在西线采取重兵压境的进攻性布势，在中印边境地区采取寓攻于防的攻势防御布势；战略预备队配置在交通方便、便于支援一线部队作战的机动位置，空军基地配置靠前，使之具备实施先发制人的战略进攻条件。第二，诸军兵种密切协同实施立体突击。在山地作战中，印军特别注重制空权的争夺和火炮火力突袭以及装甲部队的突击作用。第三，严密隐蔽企图，以达成进攻的突然性。印军认为“突然袭击是胜利的关键”，而隐蔽作战意图，严密实施伪装，灵活运用欺骗措施，则是达成突然乃至保障夺取战争最初阶段主动权的必要条件。

*集中优势兵力实施有重点的纵深攻击。*在进攻作战中，印军强调兵力对比应为 3∶1。通过压倒优势的兵力对敌实施进攻和反击，迅速达成作战目的。印军认为，应集中攻击敌方重点。一是敌军的控制系统，因为夺取这类目标可以震慑敌人、彻底摧毁敌军的抵抗意志。二是进攻轴线上的咽喉要地，一旦夺取后有利于第 1 梯队推进和后续梯队投入作战。三是尽可能早地彻底消灭敌方预备队，使敌无法向防御部队提供新的力量。

*实施包括远程奔袭的机动作战。*印度认为南亚次大陆未来战争的突出特点是时间短暂，武装力量必须具备灵活快速反应能力。印度为了提高部队机动作战能力，在海湾战争以后加大了改善武器装备的力度。空军建立了以“伊尔－76”和“安－32”为主的战略战役空运力量，并计划在 1999 年具有一次将 2～3 个步兵师空运至 2000 千米以外地区执行任务的能力。与此同时，为了加强印中和印巴边境的军队机动作战能力，印军加速发展运输直升机部队。印海军也已具

有一定的海上远程机动作战能力。随着印军武器装备的改善和南下印度洋战略的推进，在未来的印度战略性作战行动中，机动作战将是印军的一个重要选择。(邓永毅《印军战略性作战行动特点》，《现代军事》1999年第8期)

印军空降作战有5个特点 有作者撰文指出以下5个特点：

(1) 重视战略机动。当判明对方部署、企图、作战能力和在当前形势下可能采取的作战行动后，印军通常以空军夺取制空权，而后采取大纵深空（机）降作战行动，破坏对方作战体系。印军在一次作战中可空运1个师或1个加强师。在运输手段上，向大型、远程、短距离垂直起降的方向发展，具有实施战役空（机）降或战略机动的能力。

(2) 集中使用兵力，强调速战速决。印军在空（机）降的兵力使用上十分重视集中。强调空（机）降突击部队的战斗编组要大，综合突击力量要强，以保证着陆后在局部地区能够保持相对的兵力兵器优势，迅速夺占预定目标。同时，要求充分利用空（机）降的突然性，力求在最短的时间内消灭空（机）降地域之敌，并发展进攻，力争速战速决。为此，印军一是改进空投与伞降技术，缩短了空降兵着陆后成建制投入交战的时间；二是强调全天候空降作战，电子掩护和飞行隐蔽化，以求空降行动的快速、突然；三是运输机空降与直升机机降同时使用，以达成在局部空域更大兵力兵器的集中。

(3) 夺取空中优势，加强制空保障。印军认为，要取得空（机）降作战的胜利，必须掌握空中优势。因此，印军在实施空（机）降作战行动时，将尽量给予空（机）降部队以航空兵和远程火力掩护和支援，以确保空（机）降部队作战行动的顺利实施。

(4) 隐蔽企图，达成行动的突然性。为此，印军主要采取了以下措施：一是空（机）降部队作战准备与实施都要求隐蔽进行，并采取各种欺骗手段和伪装措施，使对方对其空（机）降的时间、地点、规律、企图难以准确判断。二是实施空（机）降作战过程中，强调对对方先期展开电子战，以削弱对方的侦察能力和雷达探测效果。并要求尽可能避开对方雷达监视正面，声东击西，制造假象，多方向，多批次突袭。三是空（机）降部队着陆后，强调充分利用空（机）降的突然性，迅速发起地面攻击，夺取纵深重要目标。

(5) 攻防兼备，达到目的。印军认为，空（机）降部（分）队着陆后，只有灵活运用进攻和防御两种战术手段，才能达到目的。进攻时，印军要求采取向对方翼侧和后方迂回包围的方法，从整个方向同时发起攻击，以突然、迅速、坚决的战斗行动将其消灭。防御时，要求空（机）降战斗部（分）队，依托要点组成连（排）支撑点为基础的环形防御。印军空（机）降部（分）队通常成一个梯队防御，并留有较强的预备队，当纵深较大时，还可成两个梯队部署。

印军空降作战有4个弱点 有作者就此撰文指出以下4点：

(1) 印军空（机）降部队在空中输送期间，由于孤军深入，自我防护能力较弱，易遭对方空中火力和防空兵力的多方位打击。

(2) 印军空（机）降部队着陆初期，兵力分散，建制混乱，地形不熟，战场情况不明，通信、指挥不健全，战斗中地面火力支援的时效性较差，兵力部署不周，翼侧暴露，间隙较大。后方补给困难，防御能力脆弱，战争突击力和持续战斗的能力有限。

(3) 能见度不良、云层和大风，会使空（机）降作战行动受到较大的制约，难以发挥空（机）降作战行动的威力。

(4) 印军现虽然有一定的输送能力，但在大量的后续战斗勤务支援部队进入目标地域之时，其机动能力是非常有限的。(曲新勇《印军空（机）降作战特点和弱点浅析》，《外国军事学术》1999年第3期)

（夏礼伯）

军队建设问题研究

中国关于军队建设问题研究 1999年，中国关于军队建设问题的研究有两个热点：一是回顾历史，总结军队建设的基本规律与经验；二是针对信息化战争的特点和科技强军的方针，开展关于知识军事与知识建军的讨论；与此同时，在军队建设的各个领域，也进行了积极的探索。

关于建军理论问题 **总结新时期军队建设的历史经验** 江泽民指出，新时期中国人民解放军建设的历史经验，主要表现为正确认识和处理了7个方面的关系：一是战争与和平的关系。提出国际形势缓和的大趋势不会逆转，但对战争危险也必须保持充分的警惕。军队既要有计划有步骤地进行现代化建设，又要抓紧做好军事斗争准备。二是国防建设与经济建设的关系。必须以经济建设为中心，在集中力量进行经济建设的同时努力加强国防建设，形成国防建设和经济建设相互促进、协调发展的机制。三是革命化、现代化、正规化建设的关系。必须把军队的革命化建设放在第一位，以现代化建设为各项工作的中心，并充分认识到正规化建设是现代化建设的必要要求。四是军队数量与质量的关系。军队需要保持一定的规模，但必须把加强质量建设作为实现现代化的基本指导方针。五是常备军与国防后备力量的关系。实行精干的常备军与强大的国防后备力量相结合，在加强常备军建设的同时高度重视国防后备力量建设。六是继承优良传统与改革创新的关系。必须在坚持优良传统的基础上大胆改革创新，使优良传统在新的实践中获得发展。七是学习外军有益经验与保持中国人民解放军特色的关系。应积极借鉴各国军队特别是发达国家军队现代化建设的有益经验，坚持走有中国特色的军队现代化建设之路。(江泽民《关于20年来军队建设的历史经验》，《解放军报》1999年1月8日)

回顾20世纪国防与军队建设理论的发展 从20世纪初到第一次世界大战结束，以帝国主义争霸为时代背景，出现了以速射武器为技术标志的国防与军队建设理论，主要有“全民战争”理论、“战争准备”理论和“海防建设”理论；从20世纪20年代至第二次世界大战结束，以法西斯势力与反法西斯势力之间的斗争为时代背景，出现了以机械化武器为技术标志的国防与军队建设理论，主要有“机械化战争论”、“空中战争论”、“小型职业军队论”和“总体战”理论等，在中国出现了有关“人民军队”的建设理论；从1945年到冷战结束，以侵略与反侵略和称霸与反称霸的斗争为时代背景，出现了以核武器为技术标志的国防与军队建设理论，主要有“核战争论”、“有限战争论”和“低强度冲突论”等，中国的“人民军队”建设理论也随着共和国的发展而发展；在冷战结束后的世界格局转换时期，以和平与发展主流下的地区性冲突为背景，出现了以高技术武器为技术标志的国防与军队建设理论，主要有“合理够用论”、“军队职业化论”、“高技术优势论”和“总体力量论”等，中国的国防与军队建设理论也进入了一个新的阶段。回顾20世纪国防与军队建设理论的发展历程，可以获取以下启示：时代条件是国防与军队建设理论发展的前提；科学技术是国防与军队建设新理论产生的推动力；思想创新意识是保证国防与军队建设理论发展的关键。(马骏《20世纪国防与军队建设理论概述》，《中国军事科学》1999年第3期)

变革军队建设的思维方式应注意的几个问题 科学的思维方式，既关系到军队平时“不变质”的问题，又关系到战时“打得赢”的问题，要适应军队建设的新形势，实现思维方式的变革，必须着重注意以下几点：一是新形势下军队建设呈现出新矛盾、新问题增多的特点，思维方式应从“唯书”转变到“唯实”，要解放思想，实事求是，坚持一切从实际出发。二是新形势下军队建设呈现出大范围、深层次、多层面持续变革的特点，思维方式应变“守常”为“创造”，要勇于标新立异，处理好传统与创新的关系。三是新形势下军队建设呈现出飞跃发展的特点，思维方式应从立足于“应急式”转变为着眼于“超越式”，着眼未来，敢于跨越，善于借鉴。四是新形势下军队建设呈现出各方面的联系更加紧密的特点，思维方式应从“单一型”转变为“系统型”，要树立战略意识和整体意识。五是新时期军队建设呈现出对理论牵引的需求更为迫切的特点，思维方式应从“经验性”上升为“理性化”，要破除重经验和技术轻理论、重传统轻扬弃等思想。(范印华《适应军队建设新形势努力实现思维方式变革》，《中国军事科学》1999年第1期)

关于高技术条件下军队建设问题 **知识军事的内涵及其必然性** 有作者分析了知识军事的内涵，认为知识军事中的“知识”，不是辞典上的知识，而是概括了信息技术、生命科学技术、新能源技术、新材料技术等方面的高科技知识；知识军事中的“军事”也不是狭义的军事，它包括国防建设、战争与准备、军队编制和教育训练等一切与军队和战争有关的内容。传统的军事实力是靠资金、装备、人才等大量有形投入来实现的，而知识军事则是知识、智力等无形的资源起决定作用。在这种情况下，以科技投入为主成为一种建军模式。(郝晓光《知识军事——军队变革的动力》，《解放军报》1999年5月4日)有作者探讨了知识军事的必然性。认为知识军事是高新技术发展的必然结果，是信息化时代的必然产物。信息科学技术是知识经济的先导，知识经济催生着知识军事，战争的信息化必然孕育出军事的知识化。（王永银《知识化：未来军事发展的必然趋势》，《解放军报》1999 年 4 月 20 日）有作者认为，知识军事的问世预示着争夺 21 世纪军事制高点的较量已经开始，因此在军队建设上，必须确立知识建军的指导思想，把建设一支知识化的军队作为未来军队建设的重要目标。（张国育《登高纵览天下势，知识军事扑面来》，《解放军报》1999 年 1 月 5 日）

（方　宁）

知识军事有 5 个主要特征　有的论者认为，知识军事是以知识为基础、以现代科学技术为依托、运用知识和信息提高军事系统效能、实现战争或作战目的的一种军事。知识军事是社会信息化、网络化在军事领域的一种特殊表现形式，其主要特征有 5 个：(1) 知识军事是一种信息化军事，以“信息流”控制“物质流”和“能量流”，是整个军事的核心内容；(2) 知识军事是一种网络化军事，每个作战单元都是网络上的一个节点，组网互联是知识军事的基本结构形式；(3) 知识军事是一种智能化军事，人的智慧被大量物化到军事系统之中，军事行动离不开人工智能的支撑；(4) 知识军事是一种集约化军事，知识与技术高度密集，军事体系规模小、效能高，军事配置“形”散“神”合；(5) 知识军事是一种创新型军事，军事技术的创新是军事创新的重中之重，是敌我双方进行军事争夺的焦点。（张志伟《知识军事的主要特征》，《现代军事》1999 年第 12 期）

（扁踏峭）

数字地球及其军事应用　学术界普通认为，“数字地球”是后冷战时期“星球大战”计划的一个继续和发展，更是美国全球战略的继续和发展，然而它又与“星球大战”计划有所不同，“数字地球”是在“可持续发展”的战略层次上提出的，因而其发展意义十分广泛，它必将对政治、经济、文化、教育等一切领域产生重要影响，同时它也必将对 21 世纪的军事革命产生巨大的推动作用。

关于“数字地球”的概念。80 年代，美国 SUN 公司就设想了“数字地球”时代的到来，提出大学要普及计算机网络化教育，建立“数字地球”模型，并将其纳入国家体系。美国副总统戈尔 1998 年 1 月 31 日在加利福尼亚科学中心 的演讲中首次明确提出了“数字地球”的概念：它“是一种可以嵌入海量数据的、多分辨率的和三维地球的表示”；确切地说，它是一种能输入大量的地理信息，并对其进行多种分辨率处理的动态描述系统。从广义上讲，数字地球是指信息化的地球，是一个完整的地球信息模型。它把有关地球上每一点的所有信息，按地球的地理坐标加以整理，然后构成一个全球的信息模型。通过它可以快速地、形象地、完整地了解地球上的任何一点、任何方面的信息，从而实现“信息就在我们的指尖上”的理想。从数字地球所包含的主要内涵来看，它是一个扩展了的、全方位的、高速的、网络化的全球综合信息系统，它是应用遥感、数据收集系统、全球定位系统、地理信息系统、网络和多媒体技术、现代通信等高科技手段，通过收集全方位、多分辨率、三维的、空间的、覆盖于地球表面的海量地理信息，并使用基于地理数学模型的高级决策系统，对这些数据进行分析、运算、筛选、重组，以达到对全球各类综合现象的模拟和仿真，最终可以精确、定量和数字化地描述和表达人类与地球环境之间的关系。其表现形式是一个没有边界的、全球域的海量综合信息系统。（弥纶、魏岳江、赵文翔《关注“军用数字地球”》，《解放军报》1999 年 12 月 15 日；杨建华《数字地球及其军事应用》，《现代军事》2000 年第 2 期）

关于数字地球的军事应用。有的论者认为，数字地球在军事方面有广泛的用途。首先，数字地球将改变战争的时空观。数字地球利用 Macintosh 和 Windows 操作系统提供的界面图形方式，跨入多种分辨率、三维的表达方式。利用多维虚拟现实技术，可以不受限制地穿越空间，同时也能穿越时间，建立起包括陆、海、空、天的计算机信息网络。利用它，并配合有关技术保障部门，可以尽快掌握战场环境的最新情况，并快速进行处理和综合判断，及时提供各种有关文字、图表、影像与数据资料，辅助提出兵力兵器使用、任务区分、机动路线、集结地点及兵力部署的补充建议，协助指挥员修订战役作战预案，参与战役决策，为军事决策和作战指挥提供便利的条件。其次，数字地球将使战争攻击多样化。未来战争决定胜负的重要因素不仅是交战兵力和武器装备的多少，而且还取决于信息资源、知识的占有量和运筹兵力装备的能力。利用数字地球，可迅速搜集敌方的地理空间信息及有关的属性信息，进而利用非致命武器和计算机病毒武器，通过删改程序和数据向敌方注入假情报，破坏敌方的指挥控制系统，使之未战先败。第三，数字地球将使未来战争的战斗与指挥一体化、实时化。未来战争主要是高技术局部战争，这种战争的发起时间、作战方向、作战方法都具有突然性。数字地球为战争指挥中心提供敌我部队的位置、动向，使战况能够准确、近实时地传送到指挥部。指挥员可以及时了解不断变化的战场全貌，使指挥自动化程度空前提高，而指挥层次却大大减少。每个战斗实体可以直接获取最高指挥员的最新意图，每个战斗员的行动可以与最高指挥员的命令在时间上同步，为战争赢得宝贵时间。此外，数字地球还将提高战斗勤务保障效果。通过数字地球，后勤部队的行动和物资储备、消耗等情况都可以在指挥中心显示出来，作战部队可以及时得到战斗勤务支援，每个战斗实体的装备能够准确及时地报告伤员在战场上的位置和伤情，使之及时获救。(杨建华《数字地球及其军事应用》，《现代军事》2000 年第 2 期)

关于“军用数字地球”问题。有的作者指出，建立“军用数字地球”已绝非空中楼阁，它必将随着信息时代的发展而发展。随着“军用数字地球”的建立，作战中的网上角逐将越演越烈，围绕信息攻防对抗将展开殊死搏斗，这必将引起军事领域的深刻变革。而军用数字地图的应用，将成为指挥与决策的“撒手锏”。军用数字地图可以把战场上每一角落的信息都收集起来，按照地球上的地理坐标建立起完整的信息作战指挥模型，指挥员可以快速、完整、形象地了解战场上敌我双方各种宏观和微观的态势，从而决胜于千里之外。“军用数字地球”是个庞大而复杂的军事系统，需要许多先进技术。如今，军用与民用网络技术的交叉渗透，军地网络联通的一体化，国防信息高速公路的发展等，为建立“军用数字地球”奠定了物质基础。从海湾战争和科索沃战争来看，美国等开动信息机器，通过部署太空的大批卫星参与军事行动，实施了全天候、全时空、全领域的信息战，为进攻部队提供了全面有效的侦察、监视、预警、导航、通信和气象等保障。这表明，当今信息技术的空前发展和网络的全球化，已成为“军用数字地球”建立和发展的重要支撑力量，也为未来的军事发展和国防建设开辟新的前景。(弥纶、魏邱红、赵文翔《关注“军用数字地球”》，《解放军报》1999 年 12 月 15 日)

(陈　群)

关于数字化部队和数字化战场建设　有作者认为，建设数字化部队、数字化战场，是推进军队质量建设的重大举措。无论数字化部队还是数字化战场，信息是其本质特征，数字化只是其技术特征，因此，数字化部队也可称为信息化部队，数字化战场也可称为信息化战场。数字化部队和数字化战场的建设重点是指挥自动化系统的一体化建设，数字化通信系统建设是重中之重。为了建设具有中国特色的数字化部队和数字化战场，要确立符合实际的建设指导思想；要加大统一领导、组织协调的力度；要走以国内设备为主和适当引进相结合的道路；要努力培养与信息战和数字化部队建设相适应的高素质人才。(袁邦根《着眼发展，加强信息战理论研究和数字化部队、数字化战场建设》，《中国军事科学》1999 年第 1 期)

(方　宁、曾　江)

数字化部队存在 5 点隐患　有作者针对美军的数字化部队理论及其推进计划，指出数字化部队存在 5 大隐患。

(1) 战场“隐患”随处可见。战场数字化通信网络将面临对方全方位打击；数字化通信网络中的计算机“渗透”难以防范；毁伤数字化通信网络的技术和手段难以垄断。

(2) 困难丛生，防不胜防。在信息化通信网络中，要进行有效的信息防护面临着诸多困难。一是战场通信网络点多、面广，难以对信息和信息系统进行全方位的防护。二是缺乏有效的信息防护手段。三是现有技术还难以对计算机渗透提供早期预警和后果分析。

(3) 信息“洪流”无所适从。数字化部队相对于非数字化部队而言，在获取信息的技术手段上占有绝对优势。然而，数字化部队在依靠技术手段获取大量信息的同时，也面临着信息本身的困扰。一是信息量大与信息系统传输容量有限的矛盾依然存在。二是信息传递难以满足指挥员对信息轻重缓急的需求。三是信息过量对指挥员造成负面影响。四是受信息欺骗的概率增大。

(4)“零打碎敲”，漏洞百出。首先，数字化部队的战斗力的发挥是有条件的，一旦其所依赖的信息网络遭受到破坏而得不到有效的火力支援，那么，它仅是一支装备较为先进且规模有限的作战部队而已。其次，数字化部队的战斗力发挥是有限的。如果在作战中遭到对方打击而得不到可靠的信息保障，且对方又能在特定的作战空间集中足够数量的作战力量与其作战，那么，数字化部队被对方非数字化部队战败的可能性就难以排除。再次，数字化部队作战中的战场机动仍将依赖其自身的装甲车辆。它在战场机动速度上，并不比非数字化装甲部队具有优势或较大优势。

(5) 智能“枷锁”反受其累。一是先进的武器装备容易使作战主体产生轻敌心理，从而使其在主观上忽视其主观能动性的充分发挥。二是先进的武器装备容易使作战主体产生依赖心理，从而使其忽视先进的武器装备系统本身的缺陷所带来的不足。三是自动化的作战指挥程度和方法，容易禁锢指挥员和战斗员的思维和行动方式，从而使其自觉不自觉地陷入某种固定模式之中而缺少灵活性等等。（赵利《聚焦数字化部队之“盲区”》，《解放军报》2000 年 1 月 12 日）

重视发挥“第 5 空间”的军事潜能 有作者撰文指出，所谓“第 5 空间”是指高出地面 300 米以下的边缘空间——即超低空空间。首先，“第 5 空间”是雷达探测盲区，有利于达成作战行动的突然性。其次，“第 5 空间”是防空火网的“黑洞”，有利于降低战损，提高作战效益。再次，“第 5 空间”有助于谋求综合技术保障优势。活动于“第 5 空间”的保障行动，具有隐蔽性好、机动灵活、生存能力强、不受地形地物影响等特点，有利于达成直接寻的、快速保障，可为适时、适地、适量保障创造有利条件。第四，“第 5 空间”有助于发展全新的军事交通运输网，并带来巨大的军事经济效益。未来要充分开发利用“第 5 空间”的军事潜能，还必须创造一些必要条件：一是要大力发展超低空性能良好的作战飞机、地效飞行器和直升机等，这是谋求超低空作战优势的一大关键。二是要开发现有作战飞机、防空武器的超低空作战潜能。三是要加强超低空预警，加强超低空防空火力，防敌乘虚而入。（肖宇志、陈治轩《突破“第 5 空间》，《解放军报》1999 年 8 月 18 日）

（魏守正）

关于军事法问题 1999 年，中国军事法学界主要进行了以下几个方面的研究：一是继续深入研究依法治军的基本理论，并对军事法制建设的若干问题进行了较为具体的探讨；二是随着澳门的回归，注意研究澳门驻军法；三是回顾中国军事法学研究的历史；四是针对现代战争特别是科索沃战争的特点，加强了对战争法的研究。

依法治军是建军的重要原则 有作者探讨了依法治军的意义、核心和基本措施。认为依法从严治军是新形势下军队建设必须坚持的重要原则；其核心是加强纪律建设；其依据是军队的各项条令条例和规章制度；其基本方法是要把管理与教育结合起来，发扬官兵一致的优良传统，搞好官兵关系；其关键是要坚持从领导干部严起，从新兵入伍严起。（石玉坤《跨世纪的治军指南》，《中国军法》1999 年第 1 期）有作者指出，为了依法加强装备建设，必须加快建立符合新的装备体制要求并体现装备建设特点和规律的法规体系。依法加强装备建设，关键在于狠抓落实。要加快建章立制的步伐，依法建立规范有序的装备工作秩序；要加强指导与协调，保持部队装备工作的稳定性和连续性；要广泛开展普法教育，加大执法力度。（曹刚川《贯彻依法治军方针，推进我军装备建设》，《中国军法》1999 年第 4 期）有作者认为，依法治教是实现依法治军的重要基础工程，没有高质量的院校教育作为基础，就难以培养具有依法治军本领的人才。抓住依法治教、培养人才这个基础性环节，就抓住了依法治军的“源头”。为此，必须增强依法治教的观念，用法律法规规范院校的各项改革和建设；突出依法治教的重点，用法律法规保证院校中心工作的落实；抓好依法治教的实施，全面提高院校的正规化建设水平。（李殿仁《贯彻依法治军方针，加快依法治教进程》，《中国军法》1999 年第 4 期）

比较澳门驻军法与香港驻军法的异同 有作者比较了澳门驻军法与香港驻军法的异同。由于澳门和香港两个特别行政区的法律地位相同，两部驻军法在主要依据、指导思想、总体结构和内容上都保持了一致。但是由于澳门在政治、法律、经济、历史和社会等方面的自身特点，澳门驻军法也有一些不同于香港驻军法的规定：一是在总则中表述了澳门驻军的基本原则；二是对澳门驻军的部队组成作了灵活性规定；三是对澳门特别行政区的法律责任提出了要求；四是规定澳门驻军的军事用地由澳门特别行政区无偿提供；五是对驻军人员协助维持社会治安和救助灾害时行使权力的规定更为明确和具体。（王新建《澳门驻军法特点浅析》，《国防》1999 年第 12 期）

中国军事法学在新时期的创立与发展 有作者认为，20 世纪 80 年代，是中国军事法学的孕育与创立时期。其标志是：军事法学的地位和作用受到法学家们的关注；军事法学的创立呼声日渐高涨；军事法学的研究得到国家和军队有关部门的重视；一批军事法学研究成果开始问世。20 世纪 90 年代，是中国军事法学全面发展时期。在军事法学研究的组织性方面，出现了专门的研究团体和机构，大大提高了学术研究水平；在军事法学研究的开拓性方面，出现了一大批带有很强的指导性和开创性的研究成果；在军事法学研究的多样性方面，研究园地增多，研究活动有新起色，对外学术交流日益频繁。（张建田《军事法学在新时期的创立与发展》，《中国军事科学》1999 年第 4 期）

战争法在现代战争中的地位和作用 科索沃战争开创了一个军事集团公然以武力干涉一个主权国家内政的先例。通过分析交战双方对战争法的态度和运用方式，可以看出战争法在现代战争中的地位和作用：首先，现代战争主要是双方实力的较量，实力占绝对优势的一方往往出于政治、军事需要，践踏战争法准则。北约未经安理会授权，便公然对一个主权国家进行军事打击，违背了有关战争权的规则；它悍然轰炸民用设施，杀伤平民，违背了战争法的“区分原则”和禁止不分皂白地攻击的规定；它使用带有放射性的导弹和炸弹，违背了禁止使用改变环境的作战方法与手段的规定。其次，现代战争不仅仅是军事、政治、科技等实力的较量，交战双方还尽一切可能利用法律武器增加战胜对方的筹码。在科索沃战争中，北约和南联盟在进行军事对抗的同时，还充分利用战争法，为自己使用武力合法化寻求依据，并不遗余力地揭露对方的违法行为。再次，现代战争不能完全摆脱战争法的规范，交战双方都不得不考虑战争法对自身行为的约束，从而使之可以发挥如下作用：约束交战各方的作战决策；限制交战各方的作战方法和手段；督促交战各方履行人道主义义务；作为交战各方提出起诉和赔偿要求的依据。（方宁《从科索沃危机看战争法在现代战争中的作用》，《外国军事学术》1999 年第 5 期）

信息战对战争法提出挑战 首先，信息战对战争的原则提出了挑战。它不仅打破了“军事必要”与“避免不必要痛苦”之间的平衡，而且使战争法的其他重要原则也面临被淘汰的危险。特别是作战中区分军事目标与非军事目标的“区分原则”等。其次，信息战对现有的战争法律关系提出了挑战。信息战使战争法律关系的主体亦即交战者变得模糊不定，使战争法律关系的客体亦即战争法律行为所指向的对象出现了新的分化组合，使战争法律关系的内容亦即战争主体的权利义务也在发生变异。为了适应信息战，战争法必须针对信息战的特点，加强预见性立法。（李玉平《信息战对战争法的挑战》，《西安政治学院学报》1999 年第 2 期）

国际惩治战争犯罪的历史回顾 第一次世界大战之后制定的凡尔赛和约是国际社会惩治战争犯罪的最初尝试，它第 1 次以国际条约的形式提出了成立国际法庭用以惩治战争犯罪，并首次提出了任何人都应对其战争罪行承担个人责任。第二次世界大战之后，纽伦堡审判和东京审判首次以成文法的方式界定了战争犯罪的具体内容，为国际惩治战争犯罪确立了 7 项基本原则，并对国际惩治战争犯罪的程序法进行了开创性的立法。1949 年签署的 4 个日内瓦公约和 1997 年签署的两个附加议定书，使战争犯罪的内容进一步具体化，为利用罪行法定原则惩治战争犯罪奠定了良好的法律基础。但它将所有战争犯罪的惩治都交给各个国家的国内法院，这就难以全面有效地惩治战争犯罪。20 世纪 90 年代制定的前南法庭规约改进了有关管辖权的规定，规范了国际惩治战争犯罪的程序，在维护被告人的合法权益方面有重大变动。但该规约规定国际法庭应优先于各国国内法庭，超出了国际社会的现实可能性，削弱了法庭的意义。1998 年 7 月通过的《国际刑事法院规约》，明文规定了现代刑法基本原则在国际惩治战争犯罪中的地位，同时进一步明确了国际惩治犯罪的特有刑法原则，是国际惩治战争犯罪的巨大进步；它通过对管辖权及触发机制的规定，对国际刑事法院与各主权国家的关系作了较为现实的探索。国际惩治战争犯罪的发展史表明：通过组建国际审判机构来惩治战争犯罪的趋势日益增强；惩治战争犯罪的机制将进一步强化；个人承担战争犯罪责任的内容将获得优先发展。（徐安军《国际惩治战争犯罪历史的研究》，《西安政治学院学报》1999 年第 1、2 期）

（方 宁）

关于其他军队建设问题

提出精确化后勤的观点 有作者撰文指出，精确化后勤，反映信息时代军事后勤的本质，是实现保障有力和走投入较少、效益较高的军队现代化建设之路的具体体现。所谓精确化后勤，就是充分运用以信息技术为核心的高技术手段，精细而准确地筹划、建设和动用后勤保障力量，在准确的时间、准确的地点为部队作战提供准确数量、质量的物质技术保障，使后勤保障的适时、适地、适量原则达到尽可能精确的程度，最大限度地节约后勤资源。精确化后勤主要包括以下几个要点：一是筹划精细。就是后勤的总体谋划必须以国家大战略和军事战略方针为依据，贯彻规模适度的原则。二是力量精干。就是充分利用社会力量和社会化保障，实行三军联勤和一体化保障，实现保障力量集约、合成。三是手段精良。就是实现后勤装备和设施高技术化、数字化，指挥管理自动化、网络化。四是保障精良。就是既要充分满足战争的后勤需求，又要实现资源最大限度地有效配置和节约。五是耗费精打细算。就是整个后勤建设、结构体系、筹措管理、保障方式都要贯彻效能最大化的原则，走投入较少、效益较高的路子。（程快乐、张苹《精确化后勤：21 世纪后勤革命的目标》，《中国军事科学》1999 年第 4 期）

应树立 4 种联勤新观念 有作者就此指出如下 4 点：一是要树立集约化保障观念。将三军独立分散的通用保障实体组织起来，统一规划，统一建设，统一使用，实行一体化保障，形成区域保障优势和规模保障优势，有利于提高保障效益。二是要树立整体保障观念。在筹划和组织部队后勤保障时，对通用和专用保障要通盘考虑，做到统一筹划，同步保障，综合配套，将通用后勤保障和专用后勤保障有机地结合起来。三是要树立密切协作观念。必须改革以往垂直保障的习惯，树立“纵横结合，多边协作，立体管理”的思想观念，以适应联勤工作方式、工作制度等方面的变化，加强协作，密切配合。四是要树立高质量地完成保障实体和保障关系调整的思想观念。调整保障实体和保障关系，对按时建立联勤保障体制至关重要，不容迟缓。（徐敬益《树立联勤新观念》，《解放军报》1999 年 8 月 24 日）

要重视学者型指挥员的培养 有作者撰文指出，战争形态的变化，给军队指挥员的素质不断提出新的要求。冷兵器时代，军队器重能带头拼杀的勇士型将领；机械化战争时代，军队器重足智多谋的谋略型指挥员；信息化战争时代，则要求既具有传统军人的勇敢和谋略素质，更具有现代科技素养的学者型指挥员。首先，学者型指挥员必须博学多才。他们在精通一般的军事指挥业务的同时，应当努力学习掌握现代高科技知识，成为部队学习高科技知识的带头人。其次，学者型指挥员必须是科学实践、科学决策的现代型领导的模范。能够在作战训练和各项实际工作中运用现代科技知识，提高部队的高科技素养，提高自己及“一班人”的科学决策水平和组织指挥效能。其三，学者型指挥员必须是开拓创新的模范。他们应当具有强烈的改革创新意识和创新设计能力，能有所发明、有所创造。其四，学者型指挥员还应当是精神文明的典范。总之，学者型指挥员是学者与指挥员的合成。他们需要院校培养，但更要在部队建设实际中学习和提高。（周天红《未来战争呼唤学者型指挥员》，《解放军报》1999 年 6 月 20 日）

应提高预备役科技含量 有作者撰文指出，国防后备力量建设要适应打赢高技术条件下局部战争的要求，必须更新观念，深化改革，提高预备役的科技含量。首先，应压缩一般预备役兵员的数量，扩大高技术对口专业分队的编组规模，从总体上提高预备役组织的科技含量。其次，应按照诸兵种协同、攻防兼备、精干合成的原则，改革现行的民兵预备役编组形式，实行混合编组，“优化组合”，力求在现有装备条件下，最大限度地提高民兵预备役部队遂行现代作战任务的能力。第三，要重视后勤保障分队建设，大力提高后勤综合保障能力。为此，必须大力加强后勤保障分队建设，使后勤保障分队在整个民兵队伍中的比重达到 30%～40%。同时，要着眼未来局部战争对后勤保障工作的要求，建设不同专业门类的后勤保障分队，使民兵在未来战争中对前方具有全方位的、持久的综合保障能力。（刘继双《提高预备役科技含量》，《解放军报》1999 年 3 月 2 日）

要强化海战“第 4 军种”民船队建设 有作者撰文指出，一些国家的军事专家曾将民船队誉为海战“第 4 军种”，认为动员一切可以利用的海运力量，建立船种全、数量足、效率高的海上民船队伍，是赢得海上或登陆作战胜利的重要保证。因此，要求在和平时期就应做好民船动员的准备工作。一是健全法令法规。借鉴别国的经验，对于征用民船转为军用，除国家立法外，各主管部门或军事部门还应制定有关条例、规定、计划、协议等，规定实施商船动员的具体手段和措施。二是完善组织机构。合理、迅速、有效地征用民船，有赖于一套完善的动员组织机构。如在海运部门中设动员局，在海运公司、水产局和船队等基层管理机构中，设军事部或军事办公室一类的部门等。三是对民船进行适当的技术改装。将商船转为军用，必须根据用途对其进行一定程度的技术改装，使之不仅可载运垂直短距起降飞机和直升机，还可携带大批零配件、弹药、工程机械等。四是对船员进行必要的军事训练。民船军用，必须有行动和素质上的军事化。船员平时必须接受战时服务教育和必要的训练。五是发展平战兼容的新式商船。考虑到军用的可能，许多商船在设计、建造时，应部分地体现军用要求，特别是在船型设计和装备方面，充分考虑到战时改装的方便。（陈敬、潘大红、曹文献《民船队——海战“第 4 军种”》，《解放军报》1999 年 9 月 22 日）

（魏守正）

探讨人与武器装备的最佳结合 在信息化战争时代，人装结合呈现出一些新的特点：一是装备科技含量高，对人的素质要求高，新装备形成战斗力的难度增大，装备的技术保障向高技术化、专业化发展；二是传统装备主要与人的体能和技能结合，信息化装备主要与人的智能结合；三是信息化战争中，武器装备的运用是体系与体系的对抗，人装结合的要求体现在各个环节，各个层次。为了寻求人与武器的最佳结合，要将学习高科技与研究外军武器装备相结合，与学习自身的先进装备相结合，与研究“以劣胜优”的战法相结合。要优化组织结构。要着重提高新装备形成战斗力的能力。（唐烈辉《努力探寻人与武器结合的最优解》、《解放军报》1999 年 6 月 15 日）

探索装备建设的基本规律 有作者总结了中国人

民解放军武器装备建设的基本规律：一是武器装备建设必须服务于国家军事战略。要坚持“打什么仗造什么武器”。二是必须考虑国家的经济承受能力，在服从大局的前提下求得发展。三是必须立足于自力更生，同时积极扩大对外合作。要把引进技术和装备与消化吸收相结合，提高自主创新能力。四是必须坚持军事需求与技术推动相结合。需求起导向作用，技术起支撑作用。五是必须坚持缩短战线、突出重点、集中力量突破的原则。六是必须坚持科技先行的方针，大力加强预先研究。七是必须以战斗力为标准，建立高、中、低档合理搭配的武器装备体系。要综合配套发展，重点提高整体性能。八是必须强化管理，努力提高管理效益。九是必须坚持集中统一领导，加强科学化民主化决策，大力抓好协同。（游光荣等《对中国人民解放军武器装备建设基本规律的认识与探索》，《中国军事科学》1999 年第 1 期）

研讨院校改革的思路和误区　有作者撰文探讨了军队院校教育改革的思路，认为要切实落实院校教育优先发展的战略地位，应成立一个对全军院校教育负全责并能有效协调各总部的权威领导机构；拓宽干部培训渠道，探索新的人才培养模式；构建面向 21 世纪的学科专业体系，推进教育内容和手段的现代化；要加强院校科研工作，特别要理顺科研体制；要加强教员队伍建设，提高教员整体素质，完善教员管理机制；要给院校一定的办学自主权，增强院校的办学积极性。（曲方恒《面向新世纪军队院校教育改革与发展的思考》，《中国军事科学》1999 年第 1 期）有作者探讨了军队院校人才培养的认识误区。认为以满足“第一任职”需要为人才培养的基本目标，实际上降低了人才培养的标准；以 100% 合格作为教育成功的标准，是没有看到质量、竞争和淘汰之间的必然联系；认为教学内容决定教学方法，教学方法不具有决定性作用，影响了教学发展综合效益的实现；三级培训体制的内容划分，出现了较大的培训间隙，影响了继续教育的质量。（曾苏南等《走出人才培养的误区》，《解放军报》1999 年 6 月 15 日）

（方　宁、曾　江）

美国军队建设问题研究　1999 年，美军依照其既定建军方针，进一步深化建军理论的研究，提出更深层次的军队建设构想，主要以改革为动力，以增效减员和提高战斗力为目标，从国防部到各军兵种入手，对现有指挥体系和部队编成进行重组，为建设一支能应付新世纪挑战的美军做准备。

关于体制编制改革问题　**提出陆军改革构想**　陆军根据其对未来国际形势的预测，认为在 21 世纪初，可能面临以下挑战：一是作为战略型陆军，应能对付多种威胁，要随时准备被投送到世界各地，并同低技术或只拥有部分高技术装备的敌人作战；二是 90 年代以来，由于军队员额削减，陆军已难以应付几乎同时发生的两场大规模地区冲突，现已出现任务过重与兵力不足的矛盾；三是美军虽然拥有大量可供补充的预备役兵力，但陆军预备役部队一直训练较差，动员能力较低，远不能满足应付突发事件的需要。为此，美军提出：(1) 用经过论证的理论指导军事改革。先进的模拟手段使没有打过仗的人也能身临其境地体验打仗，能使研究出来的理论比以往更准确、可靠。军队建设和改革只有在正确的理论指导下才能适合未来的战场需要。(2) 根据兵力投送理论改编陆军现役部队，把现役部队编成重、中、轻 3 种师。2000 年，第 4 机械化步兵师将完成重型师改编。中型打击部队改编计划以第 2 装甲骑兵团为试点，整个组建工作于 2000 年完成。美军认为，“中型打击部队更具决定性威慑力。”轻型部队改编将以第 10 山地师为试点。根据计划，轻型师可在 18～72 小时内部署到世界各地。（刘书礼《近期美国陆军改革新动向》，《外国军事学术》1999 年第 3 期）

探索几种陆军师的改革方案　美军认为，师过去一直是训练有素和一声令下便能赴任何地方作战的威慑型部队，现在必须实现向能力型的转变。在设计 21 世纪师时，美军考虑的是：(1) 在掌握信息优势情况下，运用机动与火力遂行指定的作战任务，消灭敌人有生力量，攻占并扼守阵地。这种师在联合作战或联军作战中，执行所有的稳定和支援任务。(2) 击败与己方部队规模相当的抵抗之敌，能够对敌军 3 个师的进攻实施防御。(3) 作战面积为 2.4 万平方千米（正面宽 120 千米，纵深 200 千米），包括开阔地和居民点。(4) 既可在军或特遣部队的编成内遂行作战任务，又可根据需要调整兵力，执行后续战斗任务。(5) 提前 24～72 小时拟制作战计划。

美军认为，21 世纪重型师的特点是：(1) 全师约 1.5 万人，机动营有 45 个作战平台，依赖于数字化和计算机技术。(2) 全师能够通过图像清楚地了解战场情况，并了解敌、我、友的位置，通过集中火力而不是集中兵力来打击敌人。(3) 师情报和侦察单位是骑兵营、军事情报营和旅的侦察分队。(4) 师的机动部队更便于部署，能充分发挥战斗力。(5) 师将装备“十字军战士”火炮和多管火箭炮，提供全般火力支援。(6) 师属防空营将装备新型地空导弹（“毒刺”）和新型防空雷达。（7）师后勤支援司令部直接为步兵、装甲兵和工程兵指挥官提供后勤保障。（［美］威廉·哈兹格上将、詹姆斯·戴尔中校《建设21世纪重型师》，《外国军事学术》1999年第4期）

2010年轻型师将采用高技术和以信息为基础的系统。2010年轻型师不超过1.6万人，但能快速覆盖更大的区域，加速其定下决心和行动的周期，并能在更远距离上以更大力度打击敌人，尤其是打击敌装甲部队。它将以兵力上的弱势来对付配备有大规模毁伤性武器装备的敌人。轻型部队将在城市、隘路、森林和山地等受限制地形上自如地进行攻防作战。在这一变革中，技术的改进会产生一定的作用，但结构重组对满足未来战场的需要至关重要。重组首先要从司令部开始，目前230人的司令部将减员一半。未来的轻型师将比现在的轻型师重一些，但它将更加灵活和更具有杀伤力。旅级部队仍为基本作战单位。需要时，一些火炮系统或装甲营等重装部队随后会空运过来。更强、更快、更灵活，而且能保证战略机动，这是2010年轻型师的特点。（［美］理查德·胡克《2010年的轻型师》，美国《武装力量月刊》1999年3月号）

有人提出“空中陆军”的主张 有人认为，把陆军力量转移到先进的空战平台上，通过使用“飞行坦克和火炮”，形成陆军的第3维“空中铁臂”，是陆军作战形式的一场革命。当陆军重型机械化打击力量转移到空中作战平台时，陆军便形成了空中机动和地面机动一体化，集机动、防护和火力于一身的“空中陆军”。陆军利用高度形成的垂直空间，可从另一不同的方位向对手形成一种不对称的态势，敌人为了对付空战平台上的陆军机动力量，必须分散、隐蔽，以至于躲进深深的地下坑道中。

为借鉴海军和陆战队运用空中力量形成全能“空中铁臂”的做法，陆军必须发展自己的空中力量，拥有自己的飞机家族，除攻击和运输直升机外，陆军新型飞机包括无人驾驶飞机、固定翼飞机、旋转翼飞机和偏转翼飞机等。它们要具备指挥与控制、机动与反机动、情报、火力、防空、后勤及救护能力。1997年8月提交的“后天陆军”报告要求，“到2025年，陆军地面部队必须从其他传统的两维空间进入垂直空间或第3空间。”通过重新设计陆军，提高部署、机动、战场监视、打击和生存能力，把地面部队转入空战平台，这将把组织和技术上的飞跃带给下个千年的陆军。（［美］理查德·汉勃勒布、马克·厄尔利《三维战场——未来的“空中陆军”》，美国《装甲兵》杂志1999年12月号）

设想陆军数字化部队参谋机构的新设置 美军最近有人提出数字化部队参谋机构新设置的构想，主要是：在确保精干、高效前提下改变目前按人事、情报、作战、后勤、民事活动等不同专业区设置参谋部门的做法，重新组成态势了解、协调控制和系统管理3个综合性参谋部门。态势了解参谋部门是战场指挥信息的采集、整理和加工部门。根据态势了解参谋部门所采集、整理和加工后的战场信息，指挥官依靠自己的作战意图，把战场信息转换为部队行动的指令信息。协调控制参谋部门则是把指挥官的指令信息付诸实施并实现指挥官作战意图的部门。系统管理参谋部门是保障指挥信息正常运转的参谋部门。新的参谋部门的设置减少了不必要的指挥环节，从而提高了作战指挥的效率。

新参谋机构的主要特点是，围绕战场信息的采集、整理、加工、吸收和利用这一纵向指挥流程设置参谋部门，而不是着眼于指挥信息的专业领域横向地分专业设置参谋部门。其变化表现在：（1）参谋部门的性质变了。一方面，减少了参谋部门的数目，保证了参谋人员的精干，另一方面对参谋人员的素质要求也提高了。数字化部队的参谋人员是通才，而不是某一领域的专才。（2）参谋机构的工作方式变了。指挥过程变成了“快捷和动态调整”的过程，参谋工作变成动态信息的加工、利用和在此基础上的协调控制过程。（3）参谋部门的职能变了。一是变信息提供职能为信息加工和利用职能；二是变作战计划职能为动态协调控制职能。（平志伟、阮拥军《美军未来数字化部队参谋机构设置新构想》，《外国军事学术》1999年第9期）

提出陆军工程兵2010年构想 有作者指出，美陆军工程兵2010年构想是工程兵为落实陆军2010年构想中确定的作战原则而制定的兵种建设计划。根据这一构想，美陆军工程兵将利用高效作战指挥手段和快速传播数字信息的技术装备高效率地执行任务。工程兵将从3个方面对作战部队提供支援：（1）保证指挥官对地形一清二楚；（2）保证己方部队能自由地运动和实施作战行动的同时，使敌人无法这样行动；（3）向己方部队提供工兵支援，以保持作战节奏，同时通过建立和维护多条交通线来实施进攻、持续作战和退出战斗。

2010年工程兵的新任务包括：（1）地形显示。工程兵对联军、诸军种联合部队的综合数据进行分析，保证指挥官在开战前和作战中了解并“看到”整个作战空间。(2) 机动工程作业。工程兵部队改造地形、克服障碍和利用地形的目的是为指挥官提供作战条件，以便保证己方以最低伤亡取得决定性胜利。这种支援使作战部队指挥官很好地利用地形，实施精确机动，集中精力实施战术行动。(3) 部队支援工程作业。在作战行动的各个阶段，工程兵都要构筑防御工事和防护设施，以建立和巩固最初防御地；广泛实施伪装，以隐蔽部队；诱敌火力，加固主要设施；保护有关设施而设置传感器系统。(李英编译《美陆军工程兵 2010 年构想》，《外国军事学术》1999 年第 2 期)

提出建设 21 世纪的后勤体制设想 有作者指出，美军设想的 21 世纪后勤系统分战略、战役和战术 3 个层次。战略层次设有 1 名高级“后勤主官”，作为整个后勤系统的唯一指挥官，对全部后勤系统实施统一指挥。战役层次设立“战场后勤部”，并设 1 名“战场后勤主官”，在高级后勤主官的领导下，对前方后勤保障活动进行指挥、控制和协调。战术层次设“战斗后勤部”，并设 1 名“战斗后勤主官”。“战斗后勤部”在联合特遣部队的活动范围内对基层后勤保障系统进行指挥、控制和协调。

美军后勤体制编成的方向是：“通过多功能、模块式、机动化的编成，最大限度地提高保障效率，”把分散保障改变为集中保障。美军的设想是：军后勤保障部下设若干机动保障大队，机动保障大队下设 2 个保障营。1 个机动保障大队可保障 1 个师的作战行动。机动保障大队拥有向机动突击部队（师）实施直达运输补给的能力，如模块式弹药连、模块式军需连等。师属后勤部队的设想是：一是将师保障部所属补给与运输营、卫生营、维修营改编为 4 个具有综合保障能力的多功能营。二是减少营属后勤人员，加强师保障部。三是在师保障部所属前方保障营内设 1 个基地保障营，负责对所有得不到营属前方保障连保障的旅属部队提供保障。在战略海运力量建设上，到 2001 年，把陆军的预置船从目前的 14 艘增至 16 艘，陆战队的预置船将从目前的 13 艘增加到 16 艘。在战略空运方面，美军确定了战区空运能力 4900～5200 万吨/日的发展目标。为此，美军将在几年内采购 120 架 C－17 战略运输机，并为运输机研制新型空中加油系统。(陈智清、强金宏《美军 21 世纪后勤体制设想》，《外国军事学术》1999 年第 1 期)

关于其他军队建设问题 **强调要重视陆军领导者的培养** 美军一专家撰文认为，领导者的责任是保持凝聚力，使士兵训练有素，为国家进行并打赢战争。陆军必须使其领导者掌握基于正确价值观和日趋完善的领导艺术。1998 年颁发的《陆军领导》条令认真地探讨了以品格为基础的领导艺术；阐明了陆军领导者应有的价值观；明确了品质是品格的一部分；强调了永远要提高人的素质和完善组织结构；概括了领导的 3 个层次即直接领导、组织领导和战略领导；确定了各级领导者的 4 个技能领域；明确了各级领导者采用的领导行动。

陆军领导者应掌握 4 个方面的技能：(1) 了解自己的部下，知道如何与他们个人或群体合作。(2) 掌握、了解和使用与工作有关的理念。(3) 知道如何使用装备并充分发挥它们的效能。(4) 战术技能，即把人际关系技术、理性技能和技术技能综合运用于完成军事任务的过程中。陆军领导分出了 3 个层次：(1) 直接领导主要指一线的管理工作。(2) 通过一定的机构，如参谋机构进行组织领导。(3) 战略领导是最高级别的军方和民间领导。战略领导要面向未来，负责制订指导军队发展的构想。([美] 乔纳森·斯米特《新的陆军领导条令的主要内容》，美国《军事评论》1999 年 5～6 月号)

探讨如何应付信息技术的挑战 美军认为，信息技术的飞速发展极大地提高了未来作战系统的性能，最重要的进展是，只用新型的高速数据通信卫星，就能提供充分利用现代信息高速处理手段的全球无线信息传输能力。信息网络化体现出 3 种优势：一是远距离传感器与武器的网络化可把分散火力同时集中于一个目标，提高各单位的战斗效能。二是网络内各系统在地理上分散配置，不给敌远距离打击系统以可乘之机，从而加强自我防护能力。三是各部队之间的信息网络缩短了战场从观察到付诸行动的时间，加快作战节奏。美军指出，信息技术的应用导致部队组织结构的变化，从而对人的思想观念产生影响，如网络延伸到更广阔的空间，它必将打破陆地、海洋和天空的传统界限。陆军、海军、空军和陆战队不再有什么区别。同时，战争正从以平台为中心形态向以网络为中心的方向发展。这就产生了一个全新的战争领域，因而有必要在装甲、航空、潜艇等专业的行列中增设一门新的网络战争管理专业。因此，如果网络战所要求的组织变革符合美国的利益，美军就应着手进行必要的思想观念更新，使之跟上不断发展的技术。([美] 詹姆斯·费茨西蒙兹《如何面对信息技术的挑战》，美《海军军事学院评论》1998 年夏季号)

(滕建群)

联勤保障有 3 个特点 有作者通过分析指出，美军联勤保障具有以下 3 个特点：

（1）物资补给统专结合。物资补给是美军后勤保障的 3 大勤务（补给、维修、运输）之一，具有非常重要的作用。美军的物资补给实行统供与专供相结合的体制。统供，即由国防部直属的国防后勤局，统一负责三军的通用消耗性物资（通用弹药除外）的采购、供应和通用勤务。目前，美军的 370 万种补给品中，由国防后勤局统管的已达 200 多万种，占总数的 50％以上。统供采用“直接补给制”，即按总部（国防后勤局、军种后勤）——军——师 3 级供应环节组织实施。专供，即三军专用的武器装备、物资器材的补给和专用勤务，由军种各自的后勤系统分别组织实施。当美军在海外作战时，通常组成三军联合司令部，指定某一军种统管三军通用物资的补给，并采用“直接补给制”，从而提高了物资补给的效率。

（2）交通运输统一筹划。美军根据自身海外作战和驻军的特点，强调交通运输保障的统一筹划。为加强军事交通运输保障，美军设有完善的便于统一组织筹划军事交通运输的领导机构。在总部一级，设有专门的军事运输司令部，主要负责协调陆军的军事交通管理司令部、海军的军事海运部和空军的空中机动部的工作，为各军种提供全球性运输保障，负责战时陆、海、空运的统一指挥与集中管理。此外，海外战区还专门设有联合军事运输委员会，统一组织实施和管理战区内陆、海、空三军的运输勤务。

（3）维修保障自行负责。美军的维修保障体制与物资保障体制基本一致，所不同的是，国防后勤局只负责供应三军通用的维修保障所需的工具和设备，而维修保障实行各军种自行负责制。

探析联勤保障的发展趋势 有作者将其发展趋势归结为以下 5 点：

*改进机构设置，增强联勤保障的统管能力。*通过此举，可实现全军财务保障和给养供应的一体化，从编制体制上打破了原军种界限，形成集中统一，精干高效的保障体系。

*优化管理结构，加大区域联勤的保障力度。*美军将原来归属各军种部和国防后勤局分别管理和控制的 330 个补给仓库全部转隶国防后勤局，进行重新组合，按地理位置划为东、中、西 3 个“国防分发区”，对三军的物资供应实施划区联勤保障。只要是在同一个“国防分发区”内，无论是什么部队，无论它如何调动，其物资供应都由同一个保障机构实施保障；当三军部队跨区调动和作战时，调到哪个区域就由哪个区域负责统一供应，进一步加强了区域联勤保障的力度。

*重组保障部队，适应现代化作战保障需要。*其主要趋势是：（1）小型化。保障力量的小型化可以更好地发挥自身的伴随保障能力、机动能力和自我保护能力。（2）多功能化。要求保障力量能在各种不同的条件下都能遂行多种保障任务。（3）积木化。根据不同的保障任务和规模，灵活抽调后勤力量组成多元保障体系。美军一直强调，战斗勤务保障部队编组的灵活性是应付各种新任务的必要条件。（4）技术化。在保障部队的编制中增加技术人员的比重，提高保障部队人才结构的技术含量。

*拓宽合作渠道，加强民用资源的开发利用。*美军不仅依靠自身的保障机构实施后勤保障，而且还通过拓宽合作渠道和规范法律程序，在联勤保障中逐步增加了民用资源的开发利用，要求私营企业提供越来越多的供应与维修服务，使民用企业逐步代替军队从事传统的后勤保障，甚至要求民用技术人员住在作战部队里，直接为部队修理和维护复杂的武器系统。

*加快信息系统建设，提高联勤保障的整体效益。*追求保障效益，一直是美军联勤保障的原则之一。为使联勤保障在“适时”、“适量”和“适地”之间保持更加精确的平衡，美军正加快后勤的信息系统建设，如构建全球战斗保障系统、开发一种能对全球资产进行自动跟踪的“自动信息技术”等。通过这些系统和技术可以在任何时间和任何地点，存取所需要的重要后勤信息，为战略、战役、战术各个层次的军事行动和保障人员提供急需的紧缺资源，从而确保联勤保障快速、准确地实施，提高了联勤保障的整体效益。（黄成林、崔向华《美军联勤保障的主要特点与发展趋势》，《外国军事学术》1999 年第 4 期）

（袁右军）

俄罗斯军队建设问题研究 科索沃战争后，俄罗斯在重新评估国家安全、修改军事学说的基础上，对国防和军队建设也作出了新的调整，其中包括加大对国防和军队建设的投入，确保“关键技术”项目的优势；加强核力量建设，确保核威慑；加强武装力量各军种防空力量一体化建设，作好反空袭作战准备等等。

重视常备兵团和部队建设 有作者撰文指出，俄军在训练经费短缺、战斗力普遍下降的情况下，将建立常备兵团和部队视为提高战斗力的主要手段之一。俄常备兵团和部队实行特殊编制，其中陆军新型常备师将实行“21 世纪多用途合成师”编制。这种师的编制比一般摩步师小，比坦克师大，在不同地区将配备不同的武器装备，从大规模战斗到实施维和行动都能派上用场。常备兵团和部队要求各级指挥员素质好；战备程度高，战斗力强；采用各种不同的编制和装备。其面临的主要问题是人员满编率难以达到编制要求；官兵的军事素质有待提高；部队机动能力明显不足。(马永葆《俄军的常备兵团和部队》，《外国军事学术》1999 年第 3 期)

探讨战斗训练体系的改革　俄军一中将撰文指出，为遂行防止全面军事威胁的任务和在地区及局部军事冲突中遂行任务，战斗训练体系改革计划拟分两个阶段实施。第 1 阶段（2000 年前），成立统一的武装力量战斗训练领导机关。随着武装力量战斗训练总局的成立，军种、军区、舰队、兵种和专业兵战斗训练机关的结构亦将发生变化。领导机关结构的变化只是武装力量整个战斗训练体系改革的一部分。在军队训练采用科学方法的基础上，要提高兵团、部队、参谋部的训练质量，提高军官的职业技能，改进各军种的专业兵训练。地区性训练中心是用最新科学和技术装备起来的现代化的训练综合体。计划在训练中心进行有不同军种和兵种的分队参加的对抗战术演习，可以使用激光射击和毁伤模拟器。激光系统模拟摩步(坦克）营各种建制武器、加强和支援兵器的实际射击，以及模拟和记录参加战术学习的人员和武器装备被毁伤的情况，这样就能够创造一种最大限度接近实战的条件，保障对军队行动进行客观的监督。将来要使所有这些过程都实现自动化，并加强武器的标准化和简化。第 2 阶段（2001～2005 年），随着武装力量向根据使用范围（陆地、空中与空间、海洋）的三军种结构过渡，战斗训练机关的结构也将发生变化。这个问题需要深入地、科学地研究。([俄] 奇林金《论武装力量战斗训练体系改革》，俄罗斯《军事思想》1998 年第 2 期)

提出赋予军区新的职能　俄军总参作战总局局长撰文指出，武装力量现有指挥与保障体系的结构不符合今天的要求。其主要原因是：任何个人都无法统一指挥驻扎在一定地区（军区、战略方向范围内）遂行各自任务的所有部队；在解决保障俄军事安全与防御的问题时各强力部门的行动不协调；辖有其他军队和队伍的俄联邦各部和主管部门的战役战略（战役）军团所配置地区的界线互不一致；部署在军区境内（战略方向范围内）的俄联邦武装力量和其他军队的各种保障体系缺乏联系，从而阻碍了将其联合在统一的领导之下。为了不破坏军队集中指挥的原则，必须扩大军区司令的权限，赋予军区指挥机关在战略方向上具有战役战略司令部的地位，根据国防需要组织武装力量与俄联邦其他军队、队伍和机构全面协作。除了原有任务外，赋予军区新的职能：查明对俄联邦的直接侵略准备并在其他军队、队伍和机构的协同下抗击侵略；对军区军队和转隶给军区司令的其他军队（兵力）的活动实施全面保障；实施军队（兵力）和目标的对空防御，保卫俄联邦的空中国界；与部署在军区境内的其他军队、队伍和机构联合进行战役、战斗和动员训练；根据联邦法律和其他规范性法律文件派出部队并保障其在紧急情况下遂行任务时的行动。军区的新职能能否实现，理顺不属军区编成但驻扎在军区范围内的部队隶属方法和形式，仍然是亟待解决的问题。现规定了军队（兵力）隶属于军区司令的 3 种形式：直属、作战隶属和在专门问题上隶属。直属，指直属的武装力量军团、兵团、部队、组织和兵役局，它们根据军区司令的决心和计划，遂行所担负的任务。作战隶属，是指军团、兵团和部队在准备遂行和遂行战役（战斗）任务期间隶属于军区司令，其中包括在战斗准备和动员准备问题上的隶属关系。同时，它们仍保持与相应的军种、兵种和专业兵总司令部，以及其他军队和机构的指挥机关的直属关系。军区司令可向作战隶属的军队下达任务，计划、组织并监督其完成任务，组织与其他军队（兵力）联合训练和协同动作，对其实施战斗指挥，并对此承担个人责任。在专门问题上的隶属，指未列入军区编成的武装力量的军团、部队、机关、军事职业教育机构以及驻扎在军区境内的其他军队、机构在专门问题上隶属于军区司令。这些专门问题包括：保持战斗和动员准备；组织卫戍和警备勤务；为军队补充人员并对人员进行初级训练；维护军纪和法律秩序；财政、技术、后勤、精神心理和专业保障（其他军队和机构除外)，以及俄联邦规范性法律文件规定的其他问题。([俄] 巴卢耶夫斯基《军区的新作用》，俄罗斯《军事思想》杂志 1999 年第 3 期)

探索军事院校改革的路子　有研究者认为，俄军事院校的改革可分为两个阶段，第 1 阶段为俄军建立之初至 1996 年底，第 2 阶段为 1997 年至今。两个阶段相比较，在改革的思路、力度和具体措施等方面都有很大的不同。第 1 阶段的改革主要做了两件事：一是恢复因苏联解体而遭破坏的军事教育体系，重新组建所失去的院校和专业；二是确立与国家高等教育并轨的构想，根据国家统一的高等教育标准，将 4 年制高等军事院校的学制延长至 5 年。改革的最终目标是通过调整院校布局和优化组合，将现有院校组建成若干个集各种专业和不同教育等级的军事干部培训于一体的大型教学与科研中心。但这一阶段的改革成效不显著，主要问题：一是某些措施不彻底，如恢复军事院校体系的完整性实际上是一种迫不得已的调整；二是某些措施欠妥当，如采用国家统一的高等教育标准后，俄军院校在大幅度增加普通科学文化课程的同时，还要坚持对学员进行必要的实际技能训练，为兼顾二者，只好延长学制，从而增加了培训的成本；三是军事院校的组织领导关系频繁变更；四是重枝节，轻根本，俄军院校最大问题是体系臃肿庞大，经济效益低下，但改革始终未真正触及这一根本问题。第 2 阶段改革的基本目标是，在改组军队的同时，建立与之相适应的军官培训体系。该体系不仅要适应武装力量的新编制新任务，而且要适应国家的实际经济能力。改革的最终目标是确保军队能及时而稳定地补充具有良好职业素质的军官。与前一阶段改革目标相比，目前的改革目标显得更加明确，更加务实。目前改革的主要方面：一是大量削减军事院校，最终组建若干个大型教学科研综合体；二是制定军事专业的国家标准，以解决由于现有国家教育标准未将军事学首先是指挥专业列入其中，从而导致军事院校学制延长，浪费人力物力的问题；三是建立国家对军事干部的预订体制，以压缩专业数量，彻底消除重复培养现象；四是增加中等教育的比重，以增加院校教育的针对性和质量，节约军官培训的费用；五是拓宽军官培训渠道，充分利用地方院校培养人才。（来斌《俄军事院校改革回顾与展望》，《外国军事学术》1999 年第 2 期）

（田小文）

俄军联勤保障有 4 个主要特点　有作者认为，俄军实行的联勤保障即划区保障体制显示出 4 个主要特点。

实行区域性联勤。俄军后勤按照所担负的任务区分为战略后勤（总部后勤）、战役后勤（军区、集团军后勤）和战术后勤（师、团、营后勤）。目前主要是在中间的战役环节实行联勤，使军区范围内的各军兵种部队的后勤力量实现大联合。俄军各军区根据其防区和兵力部署情况、自然地理条件和经济发展状况划分为 3～5 个保障区，每个保障区设 1 个地区保障中心。驻在保障区内的各军兵种部队的后勤保障，不管其隶属关系如何，均由中心统一计划和组织实施。地区后勤保障中心是完全独立的保障实体，通常隶属总部后勤。

对联邦武装力量及其他军队统一实施全面保障。按照联邦所有军队全面联勤的总要求。俄军将合并国防部各军种、边防部队、内卫部队、联邦政府通信部队、民防部队、铁道兵部队的后勤保障机构和力量，建立统一后勤保障系统委员会。该委员会以武装力量后勤部为基础组建，吸收各军种、强力部门保障领导机关的代表参加。委员会负责统一计划和组织武装力量和各强力部门部队的后勤保障，其在各联邦主体的代表负责与地方政府的联系，在各军区指挥部的代表负责协调部队的保障工作。统一的后勤保障系统只有 3 个环节，程序很简单：国民经济企业——地区后勤保障中心——军营（部队）。

平战后勤保障机制转换灵活。俄军认为，实行划区保障既有利于后勤的现代化建设，也有利于平战后勤保障机制的灵活转换。地区后勤保障中心的建立，并未导致后勤编制的扩大，而是促进了建制后勤的建设和发展。总部和军区后勤进行了精简整编、结构调整和职能转换。总部后勤主要负责确定后勤的发展战略。实施监督检查，与政府有关部门保持密切关系。军区后勤主要从事后勤的战斗准备和动员准备工作等。战时，部队建制后勤力量负责战初几天的保障，尔后由后勤保障中心的机动保障部队加强其保障力。保障中心的力量完全可以对其机动和作战实施有效保障。

保障效率和经济效益明显。在军区范围内实行联勤保障，可以显著提高后勤工作的效率。(1) 简化了供应程序，能及时、快速、高效地保障部队。(2) 将各军兵种分散的后勤力量集中起来统一使用，便于发挥后勤的整体优势。实行联勤保障后，对原属各军种、军区交叉重叠的后勤机构进行大规模合并和精简，按照联勤保障原则重新编组和配置后勤机构和设施，使精简后的后勤力量发挥更大的保障能力。联勤保障所产生的经济效益也十分明显。在物资供应方面，保障中心就地采购，就近供应，既节约经费，又方便部队，大大缩短了供应物资的时间。在运输方面，由保障中心统一计划和组织各部队的运输，消除了空驶和对流运输现象，节约了经费，方便了部队。在医疗保障方面，削减和合并区域内各军兵种部队的医疗机构，统一配置和管理卫勤力量，使卫勤的人力、物力和技术力量得到最经济的使用。（黄文寿《俄军联勤保障的主要特点》，《外国军事学术》1999 年第 4 期）

（魏守正）

日本军事建设问题研究　**日应急预备役制度具有 4 个主要特点**　有作者撰文指出，1997 年 4

月 25 日，日本国会通过《防卫厅设置法等部分修正案》，对现行的预备役制度进行了部分修正，并决定实行应急预备役制度。其主要特点有 4 个：

提高了预备役的地位。实行新的预备役制度后，应急预备役将作为现役自卫队的一部分而存在。根据新体制，在师或旅的 4 个步兵团中选定 1 个团，其中 20% 由现役军人组成，剩余 80% 由应急预备役军人组成，应急预备役军人同现役军人一样，同为“真正的防卫力量”，紧急时与常备兵力发挥同样的作用。

拓宽了预备役的职能。实行应急预备役制度前，日本预备役人员主要担负后方警戒和后方支援等一些辅助性任务。但应急预备役在战时被征召后，几乎可以担负与现役相同的作战任务。平时在社会治安、抢险救灾等方面，以现役人员组成的部队不足以应付局面时，也可征召应急预备役人员。

突出了预备役的质量建设。日本自卫队认为，应急预备役人员应从退役的年轻自卫队军人中选拔，要求“与一线部队有同样的训练水平和快速反应能力”，并将应急预备役的训练（单兵训练和部队训练）时间从一般预备役的年度实际训练 5 天增至 30 天。

强化了应急预备役的保障措施。应急预备役人员自被征召报到之日起，即成为现役军人。同时提高应急预备役人员的待遇和对所在企业的补助，以保证预备役人员的参训率。（邓永毅《试析日本应急预备役制度》，《外国军事学术》1999 年第 7 期）

陆上自卫队的信息化建设亟需解决 3 个问题 日本森野军事研究所认为，陆上自卫队要实现信息化必须首先解决以下 3 个问题：（1）提高信息战能力。随着陆上自卫队信息化程度和战斗力的提高，对通信系统的依赖程度也将大大增加。信息通信系统将成为易遭敌物理攻击或软件攻击的新的薄弱点。因此，在信息化建设的同时，应提高信息战的能力。（2）充实整备信息通信网络。应为战斗在第 1 线的士兵和武器系统配备不受行动制约的轻型无线收发机，以便即时接收各种音像数据情报。该通信网络应具备较强的抗毁性，以避免物理攻击和软件攻击。（3）提高相关军事技术水平。陆上自卫队在信息化建设中应重点改进军用系统工程技术、建模与模拟技术、数据综合技术、系统安全技术和传感器技术。（摘自日本森野军事研究所《日本陆上自卫队的信息化建设》，日本《信息化技术》1998 年 6 月号）

后勤的社会化趋势呈现出 4 个特点 有作者撰文指出，改革后的日军后勤呈现出明显的社会化趋势，并显现出 4 个特点：（1）依靠地方企业进行武器装备的研制与生产，建立军民结合的武器装备发展体系。另外，日军在大量采购标准民用装备品的同时，还进一步拓宽了民用品的租借范围。（2）利用民间企业实施武器装备的维修，建立军民结合的技术保障体系。一是为建立科学的社会化技术保障体系，提出新的维修理论，以便既可以科学地利用地方企业的维修力量，又可避免军内设施的重复。二是改革维修内容和拓宽社会化维修范围。三是增设维修机构，提高军外维修能力。（3）依托地方教育机构培养后勤人才，建立军民结合的教育训练体系。日军规定，当军内教育在拓宽相关知识和提高技能等方面有困难，军内的教育培养从经济上考虑不适宜，通过同地方人员的接触可开阔眼界与扩展思维时，可利用地方教育机构为军队培养人才。日军还利用地方院校的学科专业优势，培养军内后勤人才。（4）吸纳地方力量参与平时的保障工作，建立军民结合的后勤保障体系。一是日军为弥补后勤人员精简后保障力量的不足，在部队平时的后勤保障中，加大了利用民办的力度。在撤消现行驻地 40% 的同时，将保留的驻地勤务也均委托地方管理。二是设置民办“防卫公司”，以取代现行军内相应机构的业务。三是设立军外“安全保障合作事业团”。它既具有非武装的军队后勤支援机构的职能，又具有预备役军人的贮备机构的职能。（楼海强《日军后勤的社会化趋势》，《外国军事学术》1999 年第 1 期）

联勤保障具有 3 个特点 有作者撰文指出，日本自卫队联勤保障有 3 个主要特点：

在联勤方式上，联勤机构负责制与军种负责制并存。世界各国军队所采用的联勤体制，或为联勤机构负责制，或为军种负责制，或两者兼而有之。日军采用的即是第三种。日军的采购实施本部和防卫设施厅及三军医院等，都是在防卫厅长官的领导下，独立于三军之外的联勤机构，分别负责三军通用装备物资的采购、军事设施的建设和医疗方面的保障。军种负责制是由各军种后勤部门分别负责三军的某一种或几种通用物资和勤务保障。

在联勤业务内容上，通用装备物资统筹分供与统筹统供并存。日军在三军通用装备物资补给的联勤中采用了统筹，即统一采购为主，个别物资的统筹统供为辅的体制。防卫厅直属的采购实施本部负责三军 80% 的武器装备和作战物资的采购，并供应到各军种，各军种再分别由各自的建制后勤组织供应。日军的三军联勤既可以是三军通用后勤工作全过程的联合，也可以是某一环节上的联合；既可以是全部通用

物资保障的联合，也可以是部分甚至是某一种物资保障的联合。

*在联勤保障方式上，划区保障和按建制保障并存。*这两者各有优长，在具体运用上，既可以采用其中一种，也可以两种同时采用。（张冬《日军联勤保障的现状及特点》，《外国军事学术》1999 年第 4 期）

（薛　丰）

军事历史研究

甲午战争问题研究　有作者指出，近 20 年来，甲午中日战争的研究取得了长足的进展，成为热门课题之一。但在研究中有几个问题争议较大。

关于甲午战争的起因问题　是什么原因导致了甲午战争的爆发？在中外学者中间，对此认识很不一致。大致来说，主要有以下 3 种见解：

第 1 种，认为朝鲜东学党起义引发了甲午战争。如称：中日"冲突的起因，是两国派兵讨伐朝鲜的暴乱"。乍看起来，似乎言之成理，实则不然。因为早在朝鲜请求清政府派兵之前，日本内阁已经作出了派遣重兵入朝的决定。其后又根据战时条例，成立了作为最高军事指挥部的大本营，并命令驻朝公使迅速回任，密授以"便宜措施"的非常权力。事实上，日本公使回任时，朝鲜局势业已平静。日本政府见在朝留驻重兵已没有任何理由，便令驻朝公使馆官员至暴动地方进行实地调查，并使其调查报告书故意含有与和平状态相反的情况，以伺机而动。这就非常清楚，东学党起义只是日本寻衅的一个口实，并不是导致甲午战争爆发的原因。

第 2 种，认为日本之所以发动甲午战争，主要是缘于经济的原因。如称："日清战争是为了确保国外市场而……进行的战争。"此说固有一定的道理，但并未抓住问题的根本。当时朝鲜市场对日本工业资本的意义是微不足道的。据统计，甲午战前日本对朝鲜的贸易，在其贸易总额中的比率只有 2%～4%，对中国的贸易也只占其贸易总额的 10%～14%。因此，不能说确保国外市场是日本发动这场战争的主要原因。

第 3 种，认为当时日本国内发生严重的政治危机，伊藤博文内阁面临垮台的危险，感到"政府若不做出惊人的事业，便不能稳定动荡不安的人心"，唯一的办法是把人民的视线从对国内局势的不满移开，因而发动了这场大规模侵略战争。此说见诸许多论著。

有的作者认为，从根本上看，日本明治政府坚持奉行对外侵略扩张的既定方针才是甲午战争爆发的决定性的原因。早在 1868 年明治天皇登基伊始，即开始推行"武国"方针，宣称"日本乃万国之本"，要"开拓万里波涛，布国威于四方"，以对外侵略扩张的大陆政策为基本国策。19 世纪 80 年代后，日本政府便举全力进行对大陆作战的准备。山县有朋内阁一成立，便提出"保卫利益线"，成为日后日本军国主义发动侵略战争的"理论"根据。到 1893 年，明治天皇批准《战时大本营条例》，标志着日本已经完成了入侵大陆的准备。所以，日本挑起甲午战争，实是它蓄谋已久的对外侵略扩张的一个必然步骤，决不是偶然的。

关于甲午战争的赔款问题　中外学者对此认识颇不一致，分歧主要集中在两个问题：

*其一，作为索取赔款的依据，日本究竟支出了多少军费？*马关议和时，日方代表曾设计了两个支出数字：一是 5 亿日元；一是 3 亿日元。其实，这两个数字不过是日本政府为索取高额赔款而虚拟的，可置而不论。至于日本军费实际支出的数字，大致有 3 种意见：（1）2.5 亿日元；（2）2.25 亿日元；（3）2 亿日元。2.5 亿日元是日本临时议会通过的预算案，包括临时军费 1.5 亿日元和军事公债 1 亿日元。但 1 亿日元的公债并未全部售出，故实际军费支出不可能达到 2.5 亿日元。2.25 亿日元是日本战后公布的临时军费决算收入数目，尚未全部花完，故实际军费也达不到 2.25 亿日元。2 亿日元则是日本战后公布的临时军费支出数目，但收支决算的终止时间是 1896 年 3 月，其中不仅包括日本对朝鲜和中国大陆用兵的军费支出，而且还包括以后对澎湖和台湾用兵的军费支出。所以，日本从开战到马关议和时的军费支出必定低于 2 亿日元这个数目。当时中国议和代表估算日本军费

支出不超过1.5亿日元之数，折合库平银约1亿两，是接近于事实的。

其二，日本实际从中国得到的赔款有多少？对此，一般有两种说法：一是库平银2亿两；一是库平银2.315亿两。根据《马关条约》第4条款规定，中国将库平银2亿两交付日本，作为军费。这是前说之所本。但是，《马关条约》所附《另约》第1款又规定，日军在威海卫的驻守费要中国支付，每年库平银50万两，3年计库平银150万两。此外，根据《辽南条约》第3款，中国还要支付日本赎辽费库平银3000万两。3项合计，共为库平银2.315亿两。这是后说的所本。从条约本身看，两说都是确有所据的。其实，问题并不是这样简单。因为《马关条约》换约后，日本为向中国尽可能榨取更多的实际赔款，便以库平银成色不足为由，提出要"库平实足"。所谓"库平实足"，实际上是要另行规定库平银的成色。清政府原规定库平银两的标准成色为每千两纹银含有935.374两纯银。但是，日本方面却以"库平实足"为借口，要求中国所赔之库平银应按成色988.89计算。在日本的压力下，清政府只好接受。这样一来，中国实际交付的库平银数目便多支出1325万两。

不仅如此，日本为在战后实行金本位打下财政基础，还要中国在伦敦用英镑支付赔款。由于连年以来金价上涨，银价跌落，镑价上扬的势头难以遏制，这就形成了"镑亏"。据计算，仅此一项，日本又从中国轻易地多得了库平银1494万两。由此可知，日本实际从中国得到的赔款应包括5项：（1）军费库平银2亿两；（2）赎辽费库平银3000万两；（3）威海驻军费库平银150万两；（4）以"库平实足"为借口向中国勒索的库平银1325万两；（5）从"镑亏"一项多得的库平银1494万两。以上5项，合计为库平银2.597亿两。以上数目尚未将日本通过这次战争从中国掠夺的财物计算在内。据统计，日本通过甲午战争从中国所得的赔款及财物，总计约合库平银3.4亿两，折合日币5.1亿元。其数目是日本实际军费支出的3.4倍，也是日本当时全国年度财政收入的6.4倍。

对方伯谦的评价问题 近年来，甲午人物研究异常活跃，其中对方伯谦的评价问题讨论最为热烈。一种见意认为，方伯谦作为济远舰管带，在黄海海战中驾舰"首先驶逃"，是临阵脱逃的逃将；另一种意见认为，方伯谦不但未曾驶逃，而且一直坚持打到海战结束，是一位爱国将领，应该予以肯定。两种意见针锋相对，绝难形成共识。方伯谦军前正法，到底是否历史冤案，判断的唯一标准应该是他本人的海战实践。

最早公开为方氏辩冤的，乃自称"冤海述闻客"者撰成的《冤海述闻》一书。此书刊于1895年，100年来为方氏鸣冤者多以此书为主要依据。但该书多有偏袒方氏之处，不能不严重影响其内容的客观性和真实性。如书中称济远舰回到旅顺口的时间是下半夜"4点2刻"，与海军大队回旅的时间"相隔仅片时"，这明显与事实不符。据考证，"冤海述闻客"的真实姓名叫何广成，黄海战时任济远舰帮带大副，乃舰上职位仅次于管带的高级军官。方氏对其人有知遇之恩，二人关系非同寻常。他作为济远舰的"二把手"，对海战中"首先驶逃"也负有责任，因而撰写《冤海述闻》，既为方氏鸣冤，又可为自己卸责。所以，《冤海述闻》所述不可尽信，不足为方氏翻案之据。

双方争论的焦点，主要是方伯谦在海战中是否"首先驶逃"的问题。有论者认为，方伯谦并未"首先驶逃"，因为有一个"时差"问题。也就是说，"中国与日本在时间上有1小时的时差"，故凡日方文献中记述海战的时间都要减去1小时，才能与中方的时间一致。据此，日方记述海战结束的时间为下午5点半，就应改为4点半，从而可以"证明济远舰不是逃，是恶战停止后与日舰同时离开战场"的。但事实上并不存在所谓"时差"的问题。如济远舰于海战翌晨"丑刻"先行回旅，海军大队"卯刻"始到，前后相隔4个小时，皆是由旅顺前敌营务处记录在案，就不可能有什么"时差"。还可以对照一下中日双方的海战报告：济远舰参战的时间，中方报告说"未正2刻"，日方报告说"（午后）2时30分"，完全一样；海战结束的时间，中方报告说"（下午）5点半停战"，日方报告说"时值下午5点半刚过"，又是完全一样。何来"时差"之说？

济远舰"首先驶逃"之语，见于提督丁汝昌给李鸿章的海战报告，然并非孤证。日本联合舰队旗舰与第1游击队旗舰的海战报告，以及其他各舰的记事和海战参加者的日记，大都有相同的记述，可相印证。所以，从现有史料看，方伯谦在海战中"首先驶逃"的结论，是难以推翻的。（戚其章《甲午战争研究中的几个争鸣热点》，《人民日报》1999年4月24日）

（任 明）

中国人民解放军历史研究　土地革命战争时期军战史研究　中共第1份正式规范人民军队建设的文件　有作者撰文指出，1928年5月25

日，以周恩来为首的中共中央军事部（军委）制定的《中共中央通告第 51 号——军事工作大纲》，是中国共产党历史上第 1 份正式规范人民军队建设的文件。它对军队建设作出如下规定：(1) 正式确定全国各地的革命武装名称为“红军”；(2) 明确将革命武装分为主力部队（红军）和地方武装（名称可不统一规定）两个层次；(3) 正式规范了红军的建制；(4) 规定了红军的成份，主要是工农分子，尤其应把工农地方武装中的勇敢骨干分子挑选到红军中来；(5) 强调军队实行民主；(6) 确保党对军事工作的领导，明确地方与军队的关系；(7) 红军中要加强共产党组织的建设，以保证党对军队的绝对领导；(8) 必须大力加强红军的政治工作，明确红军的 3 大任务，发挥红军指战员既是战斗员，又是宣传员、工作队的作用，为革命做出更大贡献。《军事大纲》的基本原则，奠定了古田会议决议的基础，并一直影响到后来的八路军、新四军建设，影响到后来的人民解放军的建设。(王阿寿《中共第 1 份正式规范人民军队建设的文件》,《军事历史》1999 年第 1 期)

红军建军原则的争论与古田会议 有作者著文对古田会议召开的历史背景及古田会议决议的内容进行了分析论述。指出，红 4 军的主要领导者，在总的路线上是一致的。但在涉及建军原则的一些根本问题上，存在着不同意见。为了统一内部思想，红 4 军召开党的第 7 次代表大会。会议所作的《决议》对许多具体问题的结论是正确的。但由于解决问题的条件不够成熟，对党内分歧和矛盾的复杂程度等认识不足，对于争论的不少问题作了折衷平衡、息事宁人的简单处理，对毛泽东提出的许多宝贵意见没有接受。陈毅到上海，向中共中央客观汇报了红 4 军的情况和党内的争论。中共中央政治局通过由陈毅起草、周恩来审阅的中央“9 月来信”。其中正确解决了红 4 军党内争论的主要问题，对克服红 4 军党内各种非无产阶级建军思想，以及后来古田会议决议的制定，具有指导性意义。(赵品《红军建军原则的大争论与古田会议的召开》,《军事历史》1999 年第 2 期)

“方志敏式”根据地的主要经验 有作者著文论述了“方志敏式”革命根据地的基本特征：第一，创建新型的人民军队。赣东北革命根据地的正规红军是经由群众武装到地方武装，逐步发展起来的，先有群众武装，后有正规红军，是它的主要特点之一。从赣东北革命武装诞生之日起，就坚持了党对军队的绝对领导。创造性地制定了一系列正确的建军和作战方针、原则。第二，创造性地提出和制定了一系列根据地建设的正确方针、政策。实行了正确的土地革命政策和策略；正确处理了革命根据地巩固与发展的辩证关系。第三，坚持群众路线，加强政权建设。(徐占权、王友鹏《“方志敏式”革命根据地的基本特征及其主要经验》,《中共党史研究》1999 年第 5 期）有作者对方志敏创建赣东北红军和开展游击战争的指导思想进行评析，指出其功绩在于：坚持实事求是原则，正确制定武装斗争的政策和策略；坚定不移开展“工农武装割据”，建立开展游击战争的后方；提出建立红军、发展红军的基本原则，加强红军建设；不断摸索游击战争的指导规律，及时总结武装斗争经验。(褚银《方志敏对创建赣东北红军和开展游击战争的指导》,《中国军事科学》1999 年第 3 期)

遵义会议新见 有作者著文提出，遵义会议实现了由第 3 次“左”倾冒险主义的党中央向以毛泽东为核心的党的第 1 代领导集体的转变。但这种转变不是以遵义会议为分界点嘎然完成的，其中经历了一个为时 8 个月的过渡阶段。这个“过渡阶段”的时间跨越遵义会议，起自黎平会议，终至毛尔盖会议。这一阶段，不管从职位上看还是从实践作用上看，周恩来都是全军的最高统帅，并处于遵义会议后新的党中央领导集体的核心地位，而毛泽东则是周恩来的“帮助者”，即助手，这是遵义会议后新的党中央领导集体的最初格局。毛尔盖会议后，不管是从中央常委分工上看，还是从实际地位和作用上看，毛泽东都替代了周恩来，成为党中央领导集体的核心。(陈国权《关于遵义会议研究两个问题之我见》,《中共党史研究》1999 年第 1 期)

红 9 军团在长征中的地位和作用 有作者著文指出，中央红军长征中，在四渡赤水期间，红 9 军团曾先后 3 次被赋予“特殊任务”，单独行军和作战，为掩护中央红军主力南下、西进和北上，为摆脱优势敌军的围追堵截，夺取战略转移的主动权，发挥了重要作用。一是在乌江以北地区牵制敌军，确保主力红军南渡乌江；二是掩护中央红军主力西进北上，巧渡金沙江；三是掩护中央红军在会理地区的休整和北上。(徐占权、王友鹏《红 9 军团在长征中单独行动的地位和作用》,《军事历史》1999 年第 6 期)

抗日战争时期军战史研究

曹甸战役的评价 曹甸战役是 1940 年华中新四军、八路军对国民党顽固派韩德勤部进行的一次战役行动。这次战役歼敌 8000 余人，却未能攻克曹甸。有作者著文对曹甸战役未完成预定战役任务的原因作了评析，认为这次战役的失误在于：战役的决策者犯急性病，战役发动时机不当；战役组织指挥不严密；战役准备仓促，具体打法不当。(黄炜华《曹甸战役探讨》，《党史研究资料》1999年第12期)

抗大政治工作的主要经验 有作者著文对抗大政治工作的经验进行了探讨，认为这些经验主要有：(1) 学校政治工作是教学能力有机构成中的基本要素；(2) 保证党对学校的坚强领导是学校政治工作的首要任务；(3) 讲求实效是学校政治工作的应有本色。(苏利军《抗大政治工作的经验与启示》，《军事历史研究》1999年第4期)

解放战争时期军战史研究 **苏军出兵东北与东北根据地的建立** 有作者著文指出，苏军出兵东北，为中共在东北创建根据地提供了诸多有利因素。中共正是充分利用这些有利因素，采取科学灵活的策略方针，建立巩固了东北根据地，为解放战争的胜利奠定了重要的后方基地。随着苏军进入东北，原在中苏边境的抗联部队也随进东北，留在东北境内的抗联武装更加活跃，成为中共建立根据地的一支重要力量。苏联出兵东北，避免了美国对东北事务的直接插手，以及由此导致的东北情况更加复杂化，为东北根据地的建立提供了一个相对有利的国际环境。(李跃新、罗平汉《论苏联出兵东北对东北根据地建立的历史影响》，《史学月刊》1999年第3期)

国共军事整编复员问题 有作者著文指出，这次复员整编的开始和进行，是政协会议之后国内政治环境一度缓和的产物，而它的停顿则是政治环境与国共关系恶化、全面内战爆发的必然结果。国民党为了维持一党专政的既得利益，坚持武力解决方针，不愿也不能大规模裁减军队。面对国民党的军事威胁，中共为了坚持自己的信念，保存与壮大自己的力量，同样不能轻易削弱军事力量。在缺少民主的政治环境下，军队是民国时期决定中国政治命运和党派存亡的关键因素，在这样的条件下，任何真正意义上的军事复员整编都是很难进行的。(汪朝光《简论1946年的国共军事整编复员》，《民国档案》1999年第2期)

中原突围在战略和战役上的胜利 有的作者著文指出，中原突围的成功，集中体现了中原军区部队在面临全军覆没的危险情况下，圆满实现了中共中央的战略决策，完成在战略上牵制数倍于己之敌，在战役上克敌制胜、突出重围的任务，为解放战争初期解放军由战略防御转入战略进攻的胜利作出了重大的历史贡献。第一，在中原突围前和突围后，中原军区部队取得了坚持中原和创建新根据地的关键性胜利，牵制和消灭大量敌人，为解放军赢得反内战准备时间和主动权、转入战略进攻作出了贡献。第二，历时36天的作战，中原解放军无论在战略上还是在战役上均取得了全面胜利。在这一过程中，中原军区部队共减员近8400人(其中伤亡5000人左右)，约占突围时总兵力的16%；保存兵力(加上突围过程中转移和隐蔽的1000余人)应约为42000人，约占突围时总兵力的84%。部队作战100余次，歼敌11000人。牵制了国民党军大量兵力，从战略上配合了兄弟解放区作战。第三，中原部队突围主力经过集中休整后，奉命挥师南下，重返江汉，转入战略进攻，建立了新的历史功勋。其主要贡献是：坚持游击战争的各支部队，接应了刘邓大军挺进大别山，继续配合和支援了其他解放区战场的内线作战；突围主力部队编入刘邓大军“千里跃进大别山”的战斗序列，轻车熟路，如虎添翼。(肖健章《论中原突围在战略和战役上的全面胜利》，《军事历史》1999年第2期)

西北战场“蘑菇”战术的由来 “蘑菇”战术是解放战争时期毛泽东为西北战场制定的作战方针。其内涵是，牵着敌人的鼻子在山区里周旋，等其肥的拖瘦，瘦的拖死，然后寻找战机将其歼灭。有作者著文指出，在过去发表的一些回忆录等文章里，说“蘑菇”战术在毛泽东离开延安前就提出来了，这是不确切的。从青化砭战役到羊马河战役，毛泽东、彭德怀根据变化了的敌情，从陕北战场实际情况出发，互相尊重，密切配合，正确地制定了西北战场的作战方针，这就是“蘑菇”战术的由来。(米世同《“蘑菇”战术的由来》，《党的文献》1999年第5期)

由自卫战争转入全国解放战争的时间辨析 有作者撰文指出，全面内战爆发前夕和爆发后的4个月内，中共中央的军事战略方针，是以自卫战争粉碎国民党军的进攻，争取实现国内和平民主。1946年11月，国民党召开一党包办的“国民大会”，决心以反革命的内战消灭革命力量，关闭了和谈之门。中共中央不得不确立“打”的方针。到了1947年9、10月份，蒋介石陷入孤立和失败的困境。中共中央在10月10日的《双十宣言》中，公开提出“打倒蒋介石，解放全中国”的口号。由此可见，从1946年11月21日开始，中共中央在战略指导方针上已将自卫战争转变为全国解放战争，但由不公开到公开、并完成这一转变，则是到了1947年10月才完成的。(唐义路《何时由自卫战争转入全国解放战争》，《军事历史》1999年第2期)

辽沈战役与中美关系 有作者著文指出，辽沈战役的胜利，给了美国援蒋内战和妄图利用东北挑起国际战争的图谋以沉重打击。国民党驻云南、广州的5个军就是由美国军舰由海口等地经南海、东海、渤海而运抵东北的，它企图把东北包括在内的中国变为其势力范围；美国的军事顾问团、杜鲁门的特使马歇尔都为蒋介石独占东北出谋划策过，甚至杜鲁门曾于1946年3月企图将原子弹运往中国，以核威慑手段达到助蒋独占东北的目的。而斯大林为了维护其远东的安全，公开表示不能允许美国的一兵一卒进入东北。由于东北军民斗争的胜利发展，“粉碎了中美反动派奴役东北人民并利用东北以挑拨国际战争的迷梦”，这些都已随着东北的解放而成为历史。（毕健忠《解放战争：得东北者得天下》，《军事历史》1999年第1期）

淮海战役中的瓦解敌军工作　有作者著文指出，淮海战役中，人民解放军创造了丰富多彩的瓦解敌军的方法。第一，充分发挥隐蔽在国民党军中的中共地下党员的火种作用，领导和策划起义；第二，充分利用蒋介石“亲疏政策”所造成的反蒋矛盾，分化瓦解敌军；第三，以被教育好的俘虏为种子，利用“亲身经历”的真实感受，做好瓦解敌军工作；第四，巧妙利用敌军身处困境又想摆脱困境的心理，做好瓦解敌军工作；第五，适时开展战地“喇叭战”，分化瓦解敌军。淮海战役瓦解敌军的成功实践，为人民解放军做到对敌分化瓦解工作提供了许多值得借鉴的成功经验。第一，善于利用有利形势，准确把握时机，及时做好对敌分化瓦解工作；第二，坚持瓦解敌军工作的长期性连续性；第三，对待起义官兵，采取优待宽大的正确政策；第四，坚持军事打击和劝降相结合，又打又拉，以打胜为基础，迫敌起义投诚。（孙家贵《淮海战役中瓦解敌军工作概述》，《军事历史》1999年第2期）

平津战役中的后勤保障工作　有作者撰文指出，平津战役中，人民解放军的后勤保障工作取得多方面的经验。第一，依靠人民群众，是后勤保障工作顺利实施的重要因素。组织强有力的支前大军，及时保证前线人力、物力的需要；配合铁道纵队修路、架桥；克服一切困难，解决战场急需。第二，根据战场情况的不断变化适时调整后勤部署以适应战役进程的需要。增设了与战争特点相适应的后勤部门；改变供应办法，使大后方供应与就地筹措相结合；根据战役特点而有针对性地供应物资，保障重点；后勤指挥部随作战重点的转移而转移。第三，分工负责、党政军协同配合和集中统一的指挥是完成后勤保障工作的重要措施。战役中，成立了平津战役后勤联合指挥部，全面负责平津战役的后勤保障和支前工作。在联合指挥部的统一领导下，各兵团与地方干部分别成立了由党政军各有关部门参加的支前指挥机构。正是由于后勤联合指挥部的统一领导，才使得部队与部队之间能够相互支援，军队与地方之间相互配合，相互补救，从而保证了平津战役后勤工作的顺利实施。（张艳萍《平津战役中人民解放军的后勤保障》，《军事历史》1999年第4期）

渡江战役取得胜利的原因　有作者撰文指出，人民解放军渡江作战，虽然总的形势十分有利，但困难还是很多的。渡江战役之所以取得胜利，其原因为：中共中央、中央军委及总前委决策英明，战役的指导方针正确，战略部署周到而严密；解放军进行强有力的思想政治工作，军事准备充分、周密；解放军指战员骁勇善战，国民党军士气低落；解放区党政机构和广大人民群众全力支持和江南中共地下组织、江南游击队的有力配合。（郭秋琴《试析渡江战役取得辉煌胜利的原因》，《军事历史研究》1999年第2期）

第四野战军发展的主要经验　有作者著文论述第四野战军发展的基本经验。主要有：坚持党对军队的绝对领导，一切听从党的指挥，党指向哪里就打到哪里；贯彻毛泽东人民战争思想，加强根据地建设，剿灭土匪，发动群众，建立政权，使根据地成为东北解放军可靠的战略后方；从战区实际出发，贯彻毛泽东战略思想与作战原则，并在实践中不断总结和创造；东北野战军提出的“三三制”、“一点两面”、“三猛战术”、“四快一慢”、“三种情况三种打法”、“四组一队”等战术原则，是对毛泽东作战原则的具体运用，体现了指战员的集体智慧；依据毛泽东建军思想，全面加强部队建设。注重加强部队的政治建设，把政治工作贯穿于战争的全过程，使广大指战员具有高度的政治觉悟和远大理想；在发展壮大部队的同时，注意加强炮兵、工兵、装甲兵、铁道兵以及航空兵等兵种的建设，并注意军事训练，提高部队战斗力；根据战争发展的需要，建立和健全有力的后勤保障体制，不断提高后勤保障能力。（洪学智《光辉的历程　真实的纪录——写在〈中国人民解放军第四野战军战史〉出版之际》，《军事历史》1999年第1期）

解放战争时期解放军的干部工作评析　有作者撰文指出，解放战争时期，人民解放军由于迅速扩军整编，干部工作任务十分繁重，为适应形势的需要，干部工作的重点是大量培养和提拔干部，进一步完善各项干部管理制度。第一，大量补充干部，选拔干部的方法有新的发展，包括民主推选基层干部、抽调大批党政干部参军、动员知识青年入伍；第二，把党管干部制度作为一项根本制度确立起来；第三，大量向新区调配干部，确立干部调配的基本原则；第四，建立干部工作的报告制度；第五，加强干部培训工作，干部培训机构体系和制度不断完善。（杨仕华《解放战争时期的我军干部工作》，《军事历史》1999 年第 3 期）

国民党军队迅速被歼的内在原因 有作者著文指出，解放战争后期国民党军队迅速被歼灭，原因是多方面的。战略失策，矛盾激化，外援断绝是促使其政治上四分五裂，军事上冰消瓦解的重要原因。(1) 重守沪、轻守江的作战方针，为解放军迅速渡江并长驱直进，大开了方便之门；(2) 向台湾倾斜的总方针，导致国民党军大陆防御无力，一败涂地；(3) 各实力派之间的尖锐矛盾，把仅有的一点力量都内耗了；(4) 美国的脱身政策，给国民党以“毁灭性打击”；(5) 蒋介石战略退却阶段采取消极防御的战略指导，也是促其及早崩溃的一个因素。（元江《解放战争后期国民党军队迅速被歼灭的内在原因探讨》，《军事历史》1999 年第 5 期）

关于防止和准备美国对华干涉问题 有作者著文就毛泽东对美国是否出兵干涉中国内战的战略判断与指导进行了考察，指出：解放战争后期，防止和准备对付美国可能的军事干涉是中共中央和中央军委最为关注的问题。毛泽东等对美国出兵问题作出了准确判断，实行了正确的战略指导，从而保证了战争的胜利。(1) 客观冷静分析形势，对美国出兵干涉的可能性作出科学预测，认为由于苏联的存在，美国不敢大举出兵，中国人民的坚决斗争又使美国小规模出兵徒劳无益，从而也就避免了美国出兵的可能性。(2) 从最坏的可能出发，将对付美国可能的军事干涉列入自己的作战计划之中。这样使美国有所畏惧而不敢出兵，使中国人民的解放事业处于坚实的基础之上。(3) 依据先蒋后美的作战顺序，对美采取“既不示弱，也不轻易挑衅”的斗争方针。这既表明了中共对外国军事干涉的态度和严正立场，又剥夺了帝国主义实行军事干涉的借口，是原则性与灵活性、战争目的与军事谋略的高度统一。(4) 为夺取军政双胜，及时调整斗争策略。三大战役后，与国民党进行和谈，是国内政治斗争的需要，也是对美斗争的需要。南京政府拒绝在《国内和平协定（修正案）》上签字，人民解放军遂即渡江。美国哑口无言，只能眼睁睁地看着蒋家王朝的覆灭。（温瑞茂《毛泽东对美国是否出兵干涉中国内战的战略判断与指导》，《军事历史》1999 年第 5 期）

解放战争时期云南人民武装斗争的历史贡献 有作者著文对解放战争时期云南人民的武装斗争及其历史贡献进行了论析，指出：从政治方面看，云南人民的武装斗争和党领导的城市民主运动相配合，沉重地打击了国民党在云南的反动统治，使其陷入了彻底崩溃的边缘；在广大区域和边疆少数民族地区更广泛地传播了马克思主义，宣传了中国共产党的方针政策；建立了广泛的反蒋爱国民族民主统一战线，形成了云南历史上各族人民空前团结的局面。从军事方面看，在战略上配合了全国解放战争；在战役和战斗上的配合上，滇南战役中，桂黔滇边纵队的大部分部队都投入了战斗，并作出了应有的贡献。从历史影响来看，云南人民武装斗争锻炼培养了一大批各民族干部，为以后的革命和建设作了重要的干部准备。（王元辅《解放战争时期云南人民武装斗争的历史地位和历史贡献》，《中共党史研究》1999 年第 5 期）

中华人民共和国时期军战史研究

人民解放军建设的 3 次历史性跨越 有作者著文指出，新中国成立以后，人民解放军建设实现了 3 次伟大的历史性跨越。第 1 次是在毛泽东为核心的中共第 1 代领导集体领导下取得的。这一时期，解放军建设由低级阶段向高级阶段转变，确立了建设现代化、正规化革命军队的总方针、总任务，解放军革命化、现代化、正规化建设全面展开。第 2 次是在以邓小平为核心的中共第 2 代领导集体的领导下取得的。这一时期，军队重新确立了革命化、现代化、正规化建设的总目标，军队和国防建设实现了指导思想上的战略性转变，军队走上了有中国特色的精兵之路。第 3 次是在以江泽民同志为核心的中共第 3 代领导集体的领导下取得的。这一时期，提出了军队建设的总要求，确立了新时期军事战略方针，提出和实行军事斗争、军队建设两个根本性转变。（萧裕声《伟大的跨越，辉煌的成就》，《军事历史》1999 年第 5 期）

建国后国防和军队建设的经验 有作者撰文指出，新中国国防和军队建设积累了重要的经验，主要有：只有建设强大国防，国家、民族的生存和发展权益才能有可靠的保障；对国际环境作出科学判断，正确确立军队建设的指导思想；正确处理国防建设与经济建设的关系，形成国防建设与经济建设相互促进、协调发展的机制；始终如一地坚持党对军队的绝对领导，永葆人民军队的政治本色；坚定不移地以现代化建设为中心，使军队发展适应现代战争的需要；实行依法治军、从严治军的方针，全方位地推进军队的正规化建设；在加强常备军建设的同时，加强国防后备力量建设，为坚持和发展新的历史条件下的人民战争奠定基础；始终不渝地坚持全心全意为人民服务的根本宗旨，努力在社会主义精神文明建设中走在全社会的前列。(赵一平《新中国国防和军队建设的历史经验》，《军事历史》1999 年第 5 期)

中共 3 代领导核心的国防思想 有作者著文对中共 3 代领导核心的国防思想进行了历史考察。(1)“要准备打仗”——国际局势动荡之中的毛泽东国防思想。其要点：建设现代化国防军；建立独立完整的国防科技和国防工业体系；国防建设要与经济建设协调发展；建设强大的国防力量；坚持积极防御的国防战略方针。(2) 走中国特色的富国强兵之路——和平与发展新形势下的邓小平国防思想。其要点：在服从国家建设大局的前提下，国防建设与经济建设协调发展；建设一支现代化正规化的革命军队；实行精干的常备军与强大的后备力量相结合；重视发展国防科技；深入开展国防教育，增强全民国防观念；注重国防法制建设。(3) 高举旗帜，继往开来——世纪之交的江泽民国防思想。其要点：坚持邓小平新时期军队建设思想，建设面向 21 世纪的强大军队；始终不渝地坚持党的绝对领导，在思想上、政治上同党中央保持一致，一切行动听党中央指挥，坚持人民军队的性质和宗旨；注重质量建设，依靠科技强军；坚持从严治军，认真贯彻落实条令条例，使部队素质全面提高；贯彻积极防御的战略方针；要服从国家经济建设大局；加快国防科研和武器装备发展的步伐，依靠人民建设国防。(邵青《中国人民必须建设自己强大的国防》，《军事历史研究》1999 年第 3 期)

抗美援朝战争以弱胜强原因评析 有作者撰文指出，抗美援朝战争胜利，是多种因素综合作用的结果。这些因素主要有：错综复杂的国际关系制约了美国的战争规模和战争手段的使用；在战争的政治性上，优势在我，得道多助，敌处劣势，失道寡助；在战争全局的把握和筹划上，我胜于敌；我方内部协调一致，美方内部分歧、矛盾重重；我兵力充足，战斗意志顽强，敌兵力不足，铁多气少。(齐德学、丁伟、姚莲瑞《抗美援朝战争以劣势装备战胜强敌的思考》，《军事历史》1999 年第 6 期)

抗美援朝中瓦解敌军工作有若干特点 有作者著文指出，抗美援朝战争是志愿军在新的历史条件下进行的一场以劣势装备战胜优势装备敌人的现代化战争。志愿军在这场国际性战争中取得胜利，重要原因之一，是成功地运用了瓦解敌军工作的原则。其特点是：第一，坚持宽待俘虏的一贯政策。第二，广泛对敌进行瓦解斗争，配合友军开展对伪军家属的工作，反对敌军的心战，开展外交斗争。第三，以多种方式开展对敌宣传。(朱廷春《抗美援朝战争中志愿军瓦解敌军工作的特点》，《军事历史》1999 年第 1 期)

新中国研制“两弹一星”的经验评析 有作者著文对新中国研制“两弹一星”的历史进程、重要成就和主要经验作了评析，指出主要经验是：首先，以毛泽东、邓小平、江泽民为核心的 3 代中共中央领导集体始终高度重视国防科技的发展，作出了许多重大决策，这是中国“两弹一星”研制能够取得辉煌成就，在较短时间内赶上世界先进水平的决定性原因；其次，在发展高科技特别是国防科技中，始终坚持独立自主、自力更生的原则，这是中国“两弹一星”研制能取得辉煌成就、迅速赶上世界先进水平的唯一正确的指导方针；再次，全国大协作，抓重点集中力量打歼灭战，这是“两弹一星”研制取得辉煌成就的一个非常重要的条件；第四，充分依靠和发挥广大科技知识分子的作用，调动他们积极性、创造性，这也是中国“两弹一星”研制能够取得辉煌成就、并在较短时间内赶上世界先进水平的又一个非常重要的条件。(程立、郭秋琴《我国研制“两弹一星”的辉煌成就及其主要经验》，《军事历史研究》1999 年第 3 期)

中印边境自卫反击战研究 有作者著文对毛泽东在中印边界自卫反击作战中的决策进行了考察研究。指出，整个中印边界斗争，显示了毛泽东娴熟的政治、外交和军事艺术，在维护国家安全、打击反动的民族主义和地区扩张主义的历史上，写下了重要一笔。当印度不断在边境挑起事端时，毛泽东坦诚告诉印方，中国人民的敌人在东方而不在印度，这是中国的国策，希望印度也不要将中国当作敌人。针对印度对中国边境的不断蚕食行为，毛泽东向中国边防部队提出了“决不退让，避免流血；武装共处，犬牙交错”的十六字斗争方针。当印度当局要把中国军队从其所谓“东北边境特区”“清除掉”，完全堵死和平解决的可能时，毛泽东果断下令发起反击。毛泽东总结说，这次自卫反击战是一场军事政治仗，或者叫政治军事仗，至少可以保证中印边境 10 年稳定。(胡哲峰《毛泽东与中印边界自卫反击战》，《百年潮》1999 年第 3 期)

对台斗争问题 有作者著文对中共中央解决台湾问题的方针进行了历史考察，指出：50 年来，中共 3 代领导集体在解决台湾问题的方式选择上，虽然经历了一个以武力为主、和战并用到和平方式为主的变化，但从未承诺过对台放弃使用武力。新中国成立前后，作为解放战争的继续，毛泽东把以武力消灭撤逃台湾的国民党残余、实现国家统一作为主要的选择。朝鲜战争结束不久，中国政府加大了“解放台湾”的宣传攻势和军事行动。在此过程中，中共中央形成了以武力方式为主、以和平争取为辅的解决台湾问题的新方针。中美建交谈判中，中国始终没有承诺对台放弃使用武力，美国则放弃了让中国公开保证和平解决台湾问题的条件，改由以美国单方面声明的方式加以表述。中共11届3中全会后，以邓小平为核心的中共中央提出了“和平统一、一国两制”的基本方针。江泽民提出了现阶段发展两岸关系，推进祖国和平统一进程的8项主张。其基本思想是：坚持一个中国原则是实现和平统一的基础和前提；海峡两岸和平谈判可以分步骤进行；努力实现和平统一，但不承诺放弃使用武力，并明确指出这不是针对台湾同胞，而是针对外国势力干涉中国统一和“台湾独立”的图谋的；面向21世纪，大力发展两岸经济交流与合作，等等。“和平统一，一国两制”是中国政府解决台湾问题的基本方针，但是实现这一政策的前提是台湾愿意和平统一、不拖两岸和谈、不搞“台独”和不引狼入室搞“台独”。武力解决是一种不得已的必要选择。（程广中《从未承诺放弃对台使用武力——中共3代领导集体解决台湾问题方针的历史考察》，《军事历史》1999年第5期）

70年代中期两次军委会议回顾与评析 有作者撰文指出，1975年和1977年，叶剑英、邓小平主持召开了两次军委会议。这两次会议在党、国家和军队的历史上起了承前启后的作用。它继承了毛泽东的建军思想、优良传统和作风，提出了新时期军队建设思想的基本框架，具有重要意义。（张廷发《70年代中期两次军委会议的前前后后》，《党的文献》1999年第4期）

新时期中国海军战略运用的转变 有作者著文分析了新时期中国海军战略运用的转变：海军运用的中心任务由“保卫大陆”向“维护统一，捍卫海权”转变；海军战略运用的指导方针由“依托岛岸，近岸作战”向“积极防御，近海作战”转变；海军战略运用的基本方式由单一性向多样化转变，其主要功能是暴力运用，同时，还有准暴力运用和非暴力运用，非暴力运用包括威慑功能、外交功能和建设功能；海军战略运用的目标基点由应付核威胁条件下的大规模的海上常规战争向立足于打赢高技术条件下的局部战争转变。（王再海《浅析新时期中国海军战略运用的转变》，《军事历史》1999年第3期）

新时期国际战略与军队现代化建设 有作者著文指出，军队现代化建设是中国共产党战略全局的重要组成部分，与党的国际战略密切相关。党对国际形势的正确判断为军队现代化建设赢得一个和平的国际环境；党对时代主题的准确把握使中国把主要精力集中到现代化建设上来；党对国际战略态势的科学分析明确了军队现代化建设的主攻方向；党的独立自主和平外交政策为军队现代化建设拓展了广阔的国际合作空间；党的国际战略的转变促进军队现代化建设与国家经济建设的良性循环。（王真《新时期中国共产党国际战略与中国军队现代化建设》，《当代中国史研究》1999年第1期）

人民解放军70年来改革发展的历程与规律 有作者著文指出，人民解放军建军以来，进行过多次改革和调整，比较大的有7次：1930年红军进行的整编；1941年12月至1943年下半年，八路军、新四军实行精兵政策；1945年下半年，八路军、新四军进行扩兵与编组野战兵团；1948年底至1949年，全军统一进行整编；1949年10月至1952年，确立国家军事领导体制和人民解放军进行精简整编；1954年至1958年底，按照全国军事系统党的高级干部会议确定的精简整编规划和贯彻中共第8次全国代表大会精神，又进行了两次大的精简整编；80年代的裁军行动。其经验为：(1)军队改革要在正确判断形势的基础上，不失时机地转变军队建设指导思想和调整军事战略方针；(2)军队改革要从大局出发；(3)军队改革或者是增加数量，或者是减少数量，但目的都是提高质量；(4)军队改革要着眼于增强凝聚力和战斗力；(5)军队改革要从国情军情出发，始终保持人民军队的特色。（洪保秀《中国人民解放军70年来改革发展的回顾与思考》，《中国军事科学》1999年第3期）

（江 英）

第二次世界大战史研究 1999年的第二次世界大战史研究，有以下几个特点：第一，又有一批档案材料解密，为重新认识二战的一些重大学术问题提供了条件；第二，从军事战略思想的高度深化了二战史研究；第三，运用比较方法，深入研究了日本和德国在反省二战侵略罪行问题上的差异及其根源问题。

关于二战中德国对英国实施海上封锁问题 有作者就德对英实施海上封锁的条件进行了分析：认为从双方军事力量对比，德国陆空军占有优势，海军居于劣势，但它在潜艇的数量、质量及其战术运用上占有相当大的优势；从军事地理条件看，它是典型的大陆对浅近纵深的大型海岛的封锁。该封锁最终失败的原因，除政治因素外，军事上也存在着若干错误：一是战前准备不足，海军发展不协调；二是潜艇的数量、质量满足不了需要；三是封锁的目标多变且与实力不符；四是四面出击，将第3者拖入战争；五是未能组织有效的联合战役和合同作战；六是战术目标选择不当，致使初期夺取制空权的努力功亏一篑；七是对英国反封锁的攻势行动估计不足，防范不力。（李鹏程《二战中德对英海上封锁的思考与启示》,《军事历史》1999 年第 4 期）

白俄罗斯法西斯当局应对二战大屠杀负责 据柏林历史学家克里斯蒂安·格拉赫编写的白俄罗斯大屠杀年史披露，白俄罗斯被德国占领 3 年期间，德国法西斯在白俄罗斯进行了血腥的大屠杀，致使白俄罗斯人口减少约 170 万人。首批受害者是苏联战俘。在白俄罗斯有 70 万战俘死亡。驻白俄罗斯的国防军士兵枪杀的战俘比秘密警察和党卫军还多。与此同时，法西斯德军开始对白俄罗斯的犹太人进行大屠杀。战争结束后，许多作案人把责任都推到上层。格拉赫认为，希特勒是罪魁祸首，大屠杀的命令是他下达的，地方当局出于自身利益加速了“元首命令”的执行。但战争结束后，只有少数人被追究了责任。（德国《明镜》周刊 1999 年第 50 期）

日本和德国在反省二战侵略罪行问题上的差异及其根源 有作者剖析了战后日本和德国对此的不同态度和做法，认为德国政府和大多数民众对二战中纳粹罪行等问题有着较为正确的立场：勇于承担战争责任，对受害国家和人民诚恳道歉，解囊赔偿；对战犯绳之以法；对新法西斯严厉打击，促进了与欧洲各国之间的和解。与德国形成鲜明对照的是，日本政府战后 50 多年来没有对日本的侵略罪行和军国主义思想进行过真正的反省和道歉；一些坚持“皇国史观”的人和右翼组织，肆意歪曲和篡改历史，极力美化军国主义和侵略战争，否定天皇的战争责任和远东国际军事法庭对战犯的审判，否认日军在中国和亚洲其他国家的侵略暴行。出现上述明显差异的原因主要有：第一，盟国对法西斯主义罪行的清算程度不同。德国是无条件投降，而日本实际上是有条件投降，保留了天皇制国体，日本投降后，美国占领军出于冷战和反苏反共的需要，逐步改变了对日本占领政策，草草结束了对战犯的整肃。第二，战后政权建立的基础不同。战后德国政府是在抛弃法西斯政权、重建民族精神的基础上建立起来的。战后日本天皇制作为统治国家的机器继续运转，没有受到实质的改变。第三，历史文化传统不同。德国是“思想家王国”，而日本是一个缺乏深厚哲学文化传统、崇尚军国主义武士道精神的国家。第四，所处的地缘政治环境不同。德国战败后被苏美英法 4 大同盟国分区实行军事占领，受制约的因素较多。而日本周边没有能对它真正构成威胁的强国。随着冷战的加剧，美国从自身利益出发，放宽了对日本军国主义分子的整肃，留下了复活的祸根。（宁鹏舟《正视历史才能开创美好的未来》,《军事历史》1999 年第 2 期）

俄芬合写的新著对苏芬战争揭秘 俄罗斯科学院通史所和芬兰历史学会共同编写的新著《冬季战争(1939～1940)》，从新的角度描述和评价苏芬战争，披露了许多有价值的秘密档案资料。该书认为，双方在战前谈判中未能达成妥协，是因为苏联政府内部关于苏联能轻而易举战胜芬兰的观点占了上风。该书首次披露了芬兰从英法获得财政和物质援助的资料。英法此举旨在利用苏芬战争，既对付德国，又对付苏联，并把邻国瑞典和挪威也拖入冲突。该书还披露了苏联战俘在芬兰受到的极不人道的对待，以及回国后的悲惨命运，5 万名官兵中有 350 名因“与外国勾结”而被枪毙，4 万余人被发配到劳改营。该书揭示了苏联在苏芬战争中的严重失误和深刻教训：苏军战斗力和战备水平低下，军官指挥素养不高，互不信任的猜疑氛围束缚了指挥官的创造力；苏军统帅部对芬军稳固性和芬兰人民的反抗决心严重估计不足；苏联指挥机关没有考虑到密林和沼泽地区的地理特点和在冰雪覆盖的严寒下战斗行动的特点，战斗准备不符合战场的特点，各部队之间缺乏协调配合。([俄] 科学院院士 T·H·谢沃斯季雅诺夫《冬季战争（1939～1940）真相揭密》，俄罗斯《近现代史》杂志 1999 年第 1 期）

剖析二战期间西班牙中立的原因 西班牙佛朗哥政权是德国、意大利一手扶植起来的。1939 年 3 月西班牙加入《反共产国际协定》，不久与德国签订了友好条约，成为轴心国集团的实际政治盟国。然而，二战爆发后西班牙却没有追随轴心国集团参战，而是奉行中立政策，主要原因：一是国内深刻的政治经济危机。佛朗哥出于维护自身利益的考虑，寻求以中立置身于大战之外。二是希特勒的战略客观上为西班牙中立提供了可能。希特勒认为，德国称霸的主要对手是英法和苏联，取胜的关键取决于东线和西线战场，地中海并不是重要战区。一个中立的西班牙有利于其总战略的实现，还可以通过西班牙从海外获取经济援助，并影响拉丁美洲各国也采取中立立场，以防止他们倒向英美集团。三是英美等国对西班牙的威逼利诱促使其奉行中立政策。西班牙扼大西洋、地中海航路的咽喉，战略地位至关重要。英美等国基于主要对付德国法西斯的战略考虑，通过军事、经济、政治等手段不断向西班牙施加压力和影响，迫使佛朗哥同意严守中立。（于海涛《试析二战期间西班牙中立的原因》，《军事历史》1999 年第 2 期）

（彭训厚）

其他军事学科问题研究

中国关于其他军事学科研究 *关于军事哲学问题* 1999 年度，中国军事哲学领域的研究比较活跃，其中包括对军事哲学的基本范畴提出质疑，展开争鸣；结合现实问题拓宽军事哲学的研究领域等。

就正义战争与非正义战争是不是战争的类型展开争鸣 一种意见认为，正义战争与非正义战争不是战争的类型，把阶级之间战争、民族之间战争、国家之间战争、政治集团之间战争作为战争的基本类型更为合理。理由如下：（1）毛泽东提出的正义战争与非正义战争有着特定的内涵，即正义战争与非正义战争是针对战争中交战双方来讲的，并不是指某一场具体战争是正义的或非正义的，更没有将其作为战争的类型。（2）正义战争与非正义战争的划分不符合事物的一般分类方法。战争类型是按性质或某一特征对战争所作的基本分类。分类的基本要求：一是必须将每场具体战争作为一个整体来对待，不能分开进行考察；二是作为分类标准在每场具体战争中必须是唯一的。战争有正义的一方或非正义的一方，但就整体来讲则无法判明这场具体战争是正义的还是非正义的。另外事物的本质是不能作为标准来对本身进行分类的。用战争的政治目的来对战争进行分类是没有结果的。（3）这一划分与无产阶级对待战争的态度不相吻合。无产阶级对待战争的根本态度，即消灭一切战争。如果将战争区分为正义战争与非正义战争两种类型，那么就会在人民的头脑中形成一种模糊甚至是错误的认识，即无产阶级支持一部分战争，反对另一部分战争。（4）阶级之间战争、民族之间战争、国家之间战争、政治集团之间战争是战争的基本类型。毛泽东以战争的主体——即进行战争的社会力量为标准，将战争划分为阶级之间战争、民族之间战争、国家之间战争、政治集团之间战争。以此作为战争的基本类型更为科学。因为它明确了战争的主体，即通常表现为阶级、民族、国家、政治集团；它囊括了人类社会历史上的所有战争，也便于从战争的主体入手，把握战争中交战双方所代表的是哪个集团的利益，从而更好地从战争的本质出发去研究战争。（全金富、周德华《正义战争与非正义战争不是战争的类型》，《毛泽东军事思想研究》1999 年第 2 期）

另一种意见则认为，将战争划分为正义战争是无产阶级军事科学的基础性理论问题，不容质疑。（1）这种划分是严格按照逻辑学中对事物的分类标准进行的科学划分，符合对事物的科学认识。科学划分要具备 3 个要素，即母项、子项和标准。这种划分的母项是“战争”，依据的标准是战争本质属性，子项则为正义和非正义战争两种类型，符合划分事物的基本要求；所谓“事物的本质是不能作为标准来对该事物进行分类”的论断是错误的，恰恰相反，战争的基本类型必须根据战争的本质即战争的政治目的进行划分，正义战争和非正义战争是战争基本的历史类型；科学分类必须遵循 3 个原则：标准唯一原则、整体性原则、子项互斥性原则。正义和非正义战争的划分方法完全符合这 3 个原则。（2）这一划分是运用唯物辩证法研究战争问题提出的正确结论，是马克思主义经典作家的一贯思想。唯物辩证法最根本的法则就是对立统一的法则。战争是政治的继续，而政治这一事物的自身就是一个包含着互相对立、互为条件的矛盾统一体，即正义的、进步的政治和非正义的、退步的政治两者的辩证统一。将战争分为正义和非正义两类，是对立统一法则在研究战争问题上的具体运用；正义战争和非正义战争是揭示战争性质、区分战争基本类型的一对重要军事辩证法范畴，每一具体战争都是正义战争和非正义战争的辩证的、历史的、具体的统一。如果不用辩证的观点研究和看待战争，那就会陷入

“非此即彼”的形而上学的观点。马克思主义经典作家一贯主张将战争分为正义战争和非正义战争两种基本类型，并据此建立了自己的战争观和方法论。(3) 这是无产阶级对待战争态度的根本依据。战争的政治目的就是阶级的政治目的，历史上凡是进步阶级发动的战争，就是正义的战争；凡是反动阶级发动的战争，就是非正义战争，这是对战争的政治属性和阶级属性的最一般的概括；无产阶级正是以这一划分为基础确立了“拥护正义战争，反对非正义战争”的态度；要正确认识战争的作用。暴力在历史上不仅有破坏作用，还有革命作用。每一场正义战争的胜利，都会推动人类社会的不断进步。正因为这样，无产阶级才主张用正义战争消灭非正义战争。(蔡永林、阎应军、张波《关于战争基本类型的探讨——兼与全金富、周德华同志商榷》，《毛泽东军事思想研究》1999年第4期)

对战争与政治的关系进行了新的探索　(1) 战争观念发生重大变化，达到政治目的的手段日趋多样化、综合化。现代战争是双方综合国力的较量，军事的对抗延伸到政治、经济、科技、文化等领域。高技术战争并不是单纯运用高技术手段，而是运用各种力量构成的综合手段。这并未改变战争的政治本质，只是达到政治目的的手段扩大了范围，充实新的内容。(2) 战争的政治诱因十分复杂，各种矛盾交织在一起。战争源于经济利益的冲突，但也必须承认其政治动因：一是霸权主义和强权政治；二是历史遗留的或由殖民统治所造成的民族宗教矛盾仍将是未来战争和冲突的重要诱因。三是政治意识形态的尖锐对立，西方国家推行的价值观念，就包含着战争的动因。(3) 区分战争正义性与非正义的标准增添了新的内容。传统的区分标准，更多地侧重其政治和道德上的意义。在新的历史条件下，国际战争法的地位日趋上升，许多国家都把能否符合战争法的要求视为衡量正义战争与非正义战争的一个重要方面。(4) 政治对战争诸方面的制约达到前所未有的深度和广度。战争成为当代政治更加驯服而有效的工具，战争的目的更加简约，规模变小，手段受到节制，打击目标受到限制，过程控制得更加严密。“确保打胜、速胜、少受损失”已成为多数国家动用武力三位一体的原则。(5) 未来战争多数将具有联盟战争的性质，联盟性将对战争起扩大或抑制的双重作用。从长远来看，联盟性引起矛盾和激化国际局势方面的消极作用更为突出。(李劲松《走向21世纪的战争与政治》，《毛泽东军事思想研究》1999年第2期)

战争形态对军事战略的影响　有作者撰文指出，战争形态是军事哲学的基本范畴，是指战争的外部形状和表现，在一定程度上反映着战争的规律，因而对军事战略有着重要影响。(1) 战争的政治形态反映着战争的性质和政治目的，是战略家制定和实施战略的主要依据。首先，它决定着军事战略的性质。军事战略是为战争的目的服务的，所以军事战略的性质与战争具有质的同一性，可区分为正义性和非正义性；政治形态对军事战略质的规定性还表现在政治决定军队的性质上，军队的性质与战争的政治本质是联系着的。其次，它决定着军事战略的目的和任务。战争的目的受政治的约束，对指导战争的军事战略来说，其目的也必然受战争的政治目的所决定。

(2) 战争的技术形态反映着武器装备的技术水平，是促使军事理论和军事战略发生变革的重要因素，并极大地制约着战略手段的选择与运用。其一，它促使军事理论发生革命性变革。纵观人类军事史，新的科学技术每次用于军事，都会引起武器装备的重大变化，进而对军事理论产生影响。其二，它影响着军事战略的发展和变化。战争活动受技术条件的限制，军事战略也必然在技术许可的范围内发展变化。随着技术的进步，技术对战争和战略的制约作用也不断增大。其三，它影响着战略手段选择和运用。战略家对战争的控制，主要通过对战略手段的选择和运用来实现。由于高技术武器装备的出现，使战略家对战略手段和运用的自由度大大增加。

(3) 战争的空间形态反映了战争双方矛盾运动的基本状态和所处战略环境的变化，它通过战争规模、战场规模、战场空间、战略环境来影响军事战略。第一，它规定着军事力量的活动空间。战争的规模决定着军事活动的空间，二者必须相符。军事战略不能正确把握战争的空间形态，就会出现行动与目的的不相符的情形：一种是无限度、无节制地使用军事力量，使行动超出了其空间形态规定的范围，结果陷入被动失败；一种是过分限制军事行动的范围，限制了主体的主观能动性，束缚住自己的手脚。第二，它影响着战略方针的确立和运用。战争的空间形态反映的是战争的客观环境，这是战略家指导战争并制定战略方针的依据。第三，它决定着军事理论的适用范围。随着战场空间的扩大，军事理论适用的空间范围也在不断拓展。如果战略对战场空间范围的变化没有清醒的认识，其所依据的军事理论的适应就可能与战争的战场空间不相符，最终导致其战略的失败。

(4) 战争的时间形态反映着战争的发生、节奏和进程，直接影响着军事战略的主动性、战略阶段的划分及调整。首先，它影响着战略家制定和实施战略的主动性和灵活性。军事战略的确立必然受战争的时间形态所反映出的战争的不确定性因素的支配和影响。如对战争发生时间判断失误，将直接影响战略家的主动性和灵活性。其次，它是划分战略阶段的主要依据。战略阶段的划分主要是以敌对双方的战略力量对比和由此而形成的战略态势为依据的，但战略阶段的构成，却是随着战争的节奏和进程以及战争的持续时间而变化的。此外，它是进行战略调整的重要依据。战略调整是以战争的时间形态为主线进行的，而调整的关键在于能否正确地把握时机，这主要取决于战略家对战争本身发生、发展和变化的时间规定性的研究、分析和认识。（张天平《战争形态的划分及其对军事战略的影响》，《国防大学学报》1999 年第 3 期）

（谢永亮）

关于军事科学学问题　**提出军事科学研究 8 项任务**　有作者撰文将军事科学研究任务概括为以下 8 个方面。

*研究马克思主义军事理论，为国防和军队提供科学的理论指导。*要深入研究马列主义及军事理论的科学体系和所包含的丰富内容，既要重视注释性和阐述性研究，更要注重运用性和发展性研究，当前要加强对邓小平军事理论和江泽民军事论述的研究，为指导新时期国防和军队建设与未来作战提供更多的学术理论成果。

*研究军事科学各学科理论，为完善军事科学体系提供新的成果。*军事科学作为一门综合性的科学，包含军事哲学、军事战略学、战役学、战术学、军队建设学等众多学科。在上述各个学科下面，还有许多分支学科。这些都是军事科学研究的重要内容。随着现代科学技术的飞速发展和在军事上的广泛应用，军事科学研究要在不断深化、充实和丰富传统学科的同时，加强对新兴学科、边缘学科和交叉学科的研究，尤其要加强对高技术条件下军队质量建设和作战理论的研究。

*研究国防法规和军队法规，为规范国防和军队的行动提供依据。*着眼于现代国防和未来作战的需要，需要不断充实和完善国防法规和军事法规：应当依据国防法的要求制定既相应又配套的法规；武器装备的生产与使用也应该尽快立法；合成军队的法规需要根据武器装备的更新、组织编制的调整、作战对象的变化等新情况，不断地进行充实。

*研究军事斗争的对策问题，为领导实行科学决策提供咨询建议。*应进一步加强对策问题研究的针对性和可操作性。要根据国防建设、军队建设和未来作战的需要，从对客观实际调查研究中，得到规律性的认识，使所提供的方针性、政策性主张和措施，与领导决策需要解决的问题相一致，具有实用价值，对领导实行科学决策确有参考作用。

*研究军事历史和外国军事，为指导现实军事斗争提供有益借鉴。*要结合现实军事斗争的实际需要，安排军事历史研究的任务和课题：要加强对资料的建设和专题史的研究，以全面奠定军事历史研究的基础；要着重于近代、现代军事历史以及第二次世界大战史和其后的局部战争史研究，特别要加强对中国人民解放军军事历史的研究，以更好地发挥军事历史对现实军事斗争的服务作用。外国军事研究首先要认真地分析世界各国进行国防和军队建设的经验教训，以便于从中汲取和借鉴有益的东西。其次，要有针对性地重点研究主要对手和潜在对手的军事情况，尤其是其战略指导和高技术条件下的作战方法，以寻求克敌制胜的对策。

*研究军事地理和军事气象，为军事准备和行动提供客观的分析。*要重视地理环境尤其是高技术条件下地理环境对军事活动影响的研究，还要从地缘战略的角度出发，加强对世界与周边国家和地区，特别是主要对手和潜在对手的军事地理状况及其发展变化的研究。同时，必须加强对军事气象以及高技术条件下军事气象保障的研究。

*研究军事技术的理论问题，为军事技术的应用和发展提供办法。*要研究军事技术的理论问题，即军事技术的定义及其主要内容，军事技术的历史发展和地位作用，军事技术对战争和国防的影响，军事技术的发展趋势与对策，以便为军事技术的广泛应用和今后的发展提出对策性的思路和办法。

*研究新军事革命及其影响，为军队迎接新的挑战提供理论导向。*研究新军事革命的理论，必须以我为主，坚持走自己的路。既要看到世界新军事革命的发展趋势，又要坚持从中国军队的实际情况出发，充分发挥主观能动性，深入研究敌我双方的战略思想、军事实力、长处与短处、强点与弱点，在比较分析的基础上，创造出适合中国特点的新思路和新战法。（刘继贤《试论军事研究的任务》，《中国军事科学》1999 年第 3 期）

（白　雁）

简　讯

1999年解放军出版社出版的部分军事图书评介　解放军出版社在1999年出版工作中，始终坚持正确的出版方向，从部队现代化建设和教育训练的需要出发，出版了一批确有学术价值、具有权威性和可读性的军事图书。

回眸人民军队50年来发生的重大历史事件，《军旗飘飘——新中国50年军事大事述实》（上、下册）出版。本书记述了新中国诞生后的50年中，在军事领域里发生的具有重大历史影响的51件大事。其内容涉及到高层决策、重要战争、政治事件、部队建设、武器装备发展等诸多方面。该书的主要特点：一是写法上采用纪事本末体，且史料丰富翔实，叙述详尽、生动，其中有不少是鲜为人知的历史材料和高层决策的情况。二是本书既颂扬了人民军队建设的辉煌成就，又反映了它在50年中所经历的困难和磨炼；既再现了人民军队的风采，又反映出它今后应汲取的经验和教训。三是作者都是研究军事历史的专家和学者，因而使本书成为一部高品位的军事历史读物，既具有权威性又有可读性。

《防空战略学》问世。该书作者以高技术条件下的局部战争为背景，立足于现代防空的特点、作战指导、建设及未来发展趋势，从当前空中军事斗争的实际出发，系统地阐述了防空战略学这一学科的基础理论和应用理论。其基本内容包括：防空战略理论的形成与发展、防空战略作战的基本特点和规律、防空战略方针和作战原则、防空战略体系、防空战略指挥、平时和战时的防空战略行为、防空战略保障、人民防空和防空战略建设等。本书具有以下特点：一是明确地回答了人们普遍关心的有关防空方面的焦点和理论问题；二是它所具有的理论价值和应用价值，对今后一个时期的军事斗争具有很强的针对性、指导性和可操作性；三是书中所谈及的防空作战实例，足以引起人们、特别是领导干部、各级人民防空领导机构的重视，以便从中得到启发和借鉴，进一步促进中国人民防空斗争和防空战略建设的水平。

献给建国50周年的《新中国剿匪丛书》出版。这套《丛书》共6卷，包括《关东春晓》、《燕赵扫残》、《横断山梦》、《戈壁凯歌》、《南天烽火》、《东南除顽》。《丛书》的内容主要是：建国初期6个大军区根据毛泽东主席“关于必须坚决地肃清一切危害人民的土匪、特务、恶霸以及其他反革命分子”的命令，在东北、华北、西南、西北、中南、华东地区进行了一场波澜壮阔的剿匪斗争。《丛书》全景式的准确生动的反映了剿匪斗争的全貌。《丛书》的主要特点：一是作者采用纪实性文体，用文史结合的方法，客观、生动地再现了那个历史时期一些鲜为人知而又惊心动魄的战斗情景。热情地讴歌了毛主席、中共中央和中央军委的剿匪方针和政策，讴歌了中国人民解放军在人民群众的配合下取得的剿匪斗争的全面胜利。二是《丛书》准确大量引用的史料，提高了《丛书》权威性，而对典型剿匪斗争及其经验的加重笔墨，更使情节生动、人物鲜活，增加了可读性。三是各卷都注重突出地理环境、人文历史环境、民族宗教及其特殊斗争对象等特点，力求特色迥异，丰富多彩。

面向基层广大官兵的《战士文库》中的《军事瞭望》卷和《军事发明丛书》下发部队。《军事瞭望》卷共9种，其中《现代精锐部队博览》介绍的是一些军事大国、强国，在常规或非常规战争中用于遂行特种作战任务以及平时用于反骚乱、反恐怖行动的部队；《特殊部队》收录的主要是担负礼仪、外事、维和等任务的部队，阐述了这些部队的地位和作用，将其视为展示各国武装部队的“窗口”；《世界特警》介绍专门用来对付暗杀、劫机、爆炸、袭击、绑架等各类恐怖活动的部队。《外国著名军校》介绍了世界上闻名遐迩的10所军事院校，他们是培养军事统帅和军事将领的摇篮。《名将之初》介绍的是古今中外46位杰出将帅当兵之初所发生的故事。他们的品格、素质、观念将给读者以启迪。《古今秘密战》介绍了古今中外秘密战的地位与作用，揭示了情报与反情报，间谍与反间谍，窃密与反窃密斗争的经验和历史教训。《军事奇观》介绍的是军事上以奇制胜的战例，既展示了兵家对抗的竞技艺术，又揭示了出奇的原由、运动的规律，给人以启示。《军事发明丛书》共11种，包括《威猛的铁拳》、《浮动的堡垒》、《蓝天上的竞技》、《神秘的蘑菇云》、《恐怖的精灵》、《呼啸的火龙》、《弥漫太空的硝烟》、《犀利的神剑》、《奇妙的幽灵》、《独出心裁的杀手》、《诱人的战争拐杖》等。分别介绍了陆战、海战、空战兵器，核、生、化武器，战略导弹，航空兵器，精确制导武器，电子战装备，新概念武器，以及军需装备等的发明发展历史。这些图书对于拓宽基层官兵的视野、扩大知识面、提高军事素质，将产生积极的作用。

《世界军事名人邮票 800 枚》面世　本书收集了90个国家和地区发行的864枚邮票，所收的邮票不乏极其珍贵的难见邮品，其中有19世纪发行的邮票4枚，1910年以前发行的邮票8枚。其中每枚邮票再配以200字的说明，介绍了古今中外650位军事名人的生平、要事。其中有中国名人90人，包括毛泽东、邓小平、江泽民以及共和国的10位元帅。亚洲、欧洲、非洲、美洲的军事名人560人，包括法国的拿破仑一世，英国海军名将纳尔逊，苏联首次授衔的伏罗希洛夫等5位元帅，美国著名将领华盛顿、麦克阿瑟、巴顿等。精美的邮票和简练生动的文字相配，方寸之间展人生，可以给人以美的享受与人生的感悟。本书具有很好的知识性、趣味性、观赏性，值得阅读。

（王成刚）

1999 年军事科学出版社出版的军事图书评介　军事科学出版社 1999 年坚持为国防建设和军队建设服务的方针，在出高层次军事学术图书的同时，还注重出为大众服务的军事普及性读物，推出了一批有特色的军事图书。

一是出版有重要学术价值的军事理论类图书。《当代世界军事与中国国防》是中央党校“三个基本、五个当代”的系列教材之一。该书以马克思主义军事理论为指导，系统地探讨了当代国际战略格局和安全形势，当代世界领域的深刻变革，以及当代中国国防面临的机遇和挑战，揭示了当代世界军事发展的趋势，阐明了中国国防建设和军队建设的特点和规律。该书由张万年任主编。

《马克思恩格斯军事理论研究》全面阐释了马克思恩格斯军事理论各个有机组成部分。主要包括：涉及战争的本质、战争的性质、战争与革命等关于战争的理论；涉及军队的社会本质和职能、构成军队战斗力的各种因素等关于军队的理论；涉及战略指导的认识路线、战略战术等关于军事艺术的理论；该理论在中国的运用和发展，以及现实意义等。

《国家利益论》阐明了国家利益在国家战略决策中的地位和作用，还通过比较从理论上划清了中西方在国家利益观上的原则界限。它对于正确制定国家战略目标和选择有效的战略手段，有着重要的战略指导价值。

《德意志军事思想研究》运用辩证唯物主义和历史唯物主义的观点，论述了德国军事思想及其产生、发展的过程和特点，反映了中国军事学术界对德国军事思想研究的最新成果。

二是出版了部分军事科学院硕士研究生系列教材。该系列教材力求以毛泽东军事思想、邓小平新时期军队建设思想和江泽民关于军队建设的一系列重要论述为指导，紧密结合研究生教育和军事科研工作的实际，突出学科基础理论和专业基础理论。此系军事科学院开展研究生教育10年来的首批教材，覆盖军事学6个一级学科，13个二级学科和已获硕士授权点的全部学科，计划出50本。1999年首先推出《毛泽东军事战略教程》、《国防体制教程》、《军事法制教程》、《军队条令条例教程》、《中外军事组织体制比较教程》等10本。

三是出版了纪念中华人民共和国成立50周年的军事纪实类图书。《共和国军队回眸——重大事件决策和经过写实》一书，选择了诸如人民解放军由单一的陆军向诸军兵种合成军队发展、战略武器的发展、大练兵热潮、大裁军、进驻香港等共和国军队建设史上30个重大事件，生动地展示了中国人民解放军伴随共和国走过的50年光辉历程。

“共和国军队50年丛书”——《共和国陆军写真》、《共和国海军写真》、《共和国空军写真》，力求以历史唯物主义的态度，对新中国成立后人民军队进行的历次战斗进行全景式的反映，对革命化现代化正规化建设征途中的重大事件进行历史的记叙，对参加国家经济建设和抗御自然灾害的动人事迹进行讴歌，展示了中国人民解放军在中国共产党领导下，保卫祖国、保卫人民、支援社会主义建设的辉煌业绩。

四是推出了适合部队基层干部战士阅读的“通俗军事文库”丛书。“高技术兵器 ABC 系列”，以知识性为主，趣味性为辅，较浅显生动地介绍了作战飞机、预警飞机、军用卫星、水面舰艇、精确制导武器等一系列高技术兵器的有关知识。

“中华名将系列”选择了中国军事史林中曾涌现出的如孙武、诸葛亮、岳飞、成吉思汗、戚继光等20个著名军事人物，力求反映他们的主要军事活动、军事思想及个人的品德修养，进而歌颂民族正气，激励振兴中华的豪情壮志。

“外国著名军事人物系列”选出了外国古今10位著名的军事家和军事理论家，如亚历山大、拿破仑、克劳塞维茨、朱可夫等，力求反映这些军事家和军事理论家丰富多彩的经历，以及鲜明个性、思想和情趣。

此外，还出版了“20世纪著名战争丛书”。该丛书精选了第一次世界大战、苏德战争、太平洋战争、朝鲜战争、海湾战争等20世纪9场著名战争，在准确把握历史事实的基础上，着重展示作战双方的指挥艺术，以及战争的血与火场面。为适合部队和军队院校有关需求，出版了《21世纪合同战术训练》、《军队基层管理》、《军队专业技术干部英（俄、日、法、德）语考试指南》等图书。

（夏征难）

1999年国防大学出版社出版的军事图书评介 1999年，国防大学出版社从军队建设的实际需要出发，出版了一批较有学术价值和受部队官兵欢迎的军事书籍，并体现出以下3个特点。

一、出版了一批系统阐述中国军事战略的书籍。

《中国当代军事文库》。为充分反映中国军事理论研究的最新成果，更加系统深入地学习毛泽东思想、邓小平建设有中国特色社会主义理论和江泽民关于新时期军队和国防建设的一系列论述，进而推动军队和国防建设，编者从近3年来发表的军事理论文章中遴选了1100余篇较有代表性、具有较高学术价值的文章，按照军事思想、军队建设、作战理论、军事训练、部队管理、思想政治建设、后勤建设、院校建设、国防后备力量建设等内容分设栏目，汇成此书。

《地缘战略学》。该书以马克思主义“人地关系论”为指导，评析了中外地缘战略理论；研究了地缘要素的构成、作用；重点研究了地缘战略对军队结构规模、军事力量部署、军事战略指导的制约；分析了中国地缘战略实践的历史经验，提出中国的地缘战略要“稳定周边、陆海兼顾、注重平衡”。

《21世纪中国军事人才发展战略构想》。本书通过对未来中长期国际和国内形势、主观和客观条件、眼前和长远需要，进行前瞻和分析，明确了制定军事人才发展战略的理论依据、环境依据和现实依据，提出了跨世纪军事人才发展战略构想的宏观思路和指导原则，探寻了实现跨世纪人才发展战略目标的路径。同时，对中国与发达国家军队的人才发展战略作了比较研究。

《现代以劣胜优战略》。围绕着立足以劣势装备战胜优势装备之敌这一军事战略指导上的主题，该书共分5个部分，从战略指导、总结历史经验、谋略运用和战略作战等方面作了系统的阐述和探讨，从战略高度对以劣胜优的问题提出许多有益的启示。

二、加强了对战争理论和战役问题的研究。《军事预见研究》。该书在对军事预见及其相关问题加以辩证思考的基础上，界定了科学的军事预见的内涵，归纳了军事预见的根本特点和基本属性，阐述了军事预见思维方式的历史演进，揭示了形成科学的军事预见的一般规律、原则和方法。对如何预见新军事革命的未来发展趋势以及中国军队跨世纪的未来发展，都作了一定的探讨。

《现代局部战争理论研究》。该书着重于局部战争若干基本理论问题的分析；从总结经验的角度来探讨中国局部战争思想发展的特点及其意义；分析了几种有代表性的局部战争理论的形成与发展过程，局部战争与政治的关系，以及民族和宗教因素、地缘政治因素、经济和科学技术因素等对局部战争的影响；对现代局部战争指导的新特点进行了探讨。

《中西方战役比较研究》。本书以唯物辩证的思想方法、马克思主义的历史观，以及多种比较形式的综合运用对中西方战役实践发展的总体情况和双方战役理论的一些主要问题，进行宏观与微观相结合的比较。目的在于揭示双方战役发展变化的内在规律，认识中西方战役间的相互联系与差异，以借鉴西方战役实践与理论研究成果，吸取中国历代战役实践及理论精华，完善现代战役理论，为中国军队未来战役的实践提供有益的参考。

《21世纪作战指挥研究》。本书运用辩证唯物主义和历史唯物主义及现代科学方法论，借鉴和吸收近些年中外军事理论界的一些研究成果，对21世纪特别是21世纪初期的作战指挥问题进行了较为系统的预测性研究。探讨了未来“知识型”指挥人员应该具备的素质，描述了适应未来高技术战争要求的作战指挥体制的主要特征，剖析了作战指挥活动将要出现的一些根本性变化，对作战指挥保障提出了一些新见解。

三、深入探讨了西方战争理论和有关军事战略问题。《20世纪西方大国战争计划研究》。本书研究20世纪英、法、德、（苏）俄、日、美等6个大国，在两次世界大战时期和冷战时期的战争计划。认为西方大国战争计划的思想、体制和方法依次经历了3个演变阶段，其基本形态分别表现为武力战体系、总体战体系和一体化全球战略体系。同时，由于历史传统、社会政治状况、内外政策、经济技术条件、军事力量、自然环境、联盟关系等方面的具体情况不同，几个西方大国的战争计划各有其特殊性，但相互之间又有明显的互动性影响，带有共性的战略特征。

《冷战后的美国军事战略》。本书研究冷战结束后美国军事战略主要领域的发展变化，并从整体上探讨新时期美国军事战略的特点及实质。认为其军事战略的首要任务是由威慑变为预防；威慑战略由以核力量为主要支柱变为以常规力量为主，并继续朝实战化方向发展；以同时打赢两场大规模地区战争为作战指导方针，同时兼顾其他小规模地区冲突；通过采用先进技术和优化力量结构来谋求军队质量优势；以综合性国家现实安全利益为准则调整和扩大防务联盟关系。总体上看，冷战后的美国军事战略由以军事力量对抗敌对大国变为以军事力量控制安全环境，强调通过军事力量与其他力量在平时、危机和战争中的综合运用，实现对安全环境发展变化的全程控制。该书指出，冷战后的美国军事战略，是推行新干涉主义的全球战略。

（邓彦舫）

《超限战》一书在国内外引起不同反应

《超限战》一书于 1999 年 2 月由解放军文艺出版社出版，作者是空军的两位大校乔良和王湘穗。该书一出版，即引起国内外军事专家的争论和不同评价。

一些人认为，该书为弱国设计了高技术战争条件下对付强国的有效战法。这些人赞同书中的观点，现今战争的规则都是由西方强国制定的，是建立在其先进的科学技术和强大综合实力基础之上的。如果按照强国的军事理论和发展道路去发展军事力量，永远也赶不上强国；如果和强国搞战区导弹防御体系之类的军备竞赛，势必被拖入一个代价高昂的陷阱，最终会像前苏联一样在愈演愈烈的竞赛中被拖垮；如果按照西方设计的战争规则与西方交战，弱国在拥有高技术的强敌面前无异于以卵击石，绝无胜机。为此，须采取书中给弱国设计的对付强国的有效战法——超限战。所谓超限战，就是超越一切战争模式的意思，也就是打破一切限制，一切手段，将各种军事手段和非军事手段加以组合、惟我所用，从各个角度、各个层次、各个领域打击强敌，直到达成战争目的。针对美国等强国过分惧怕伤亡，信息技术发达却不堪攻击等弱点，书中设计了包括黑客战、金融战、媒体战、生化战、心理战、资源战、毒品战、原子战等在内的 24 种不同战法及其相互间的组合战法，认为这些战法组合的越复杂，就越能取得良好战果。持这种观点的人认为，米洛舍维奇只知道硬碰硬。如果他派小分队潜入意大利、法国、德国等国，摧毁美军基地上的飞机，随后拿整个欧洲做人质，在欧洲开展城市游击战，欧洲大陆国家绝不会容忍远离欧洲大陆的英美把战争进行下去，科索沃战争的结局可能会重写。面对一些人认为超限战鼓励恐怖主义的指责，这些人认为，比较起来，超限战是最人道的，它的恐怖是一时的、心理的，它以死人最少达到同样的目的，鼓励使用非军事手段、软打击和电磁能武器等，主张以恐惧制止恐惧，不战而屈人之兵。认为超限战其实是反对恐怖主义的，譬如是一场足球赛，其目标就是赢，所以就不管以何种方式将球踢到网里就行。

超限战的观点在西方引起了一些军事专家和媒体的极大关注。1999 年 2 月，在俄罗斯彼得堡召开的“政治暴力与战争未来”研讨会上，该书的观点一发表，即引起与会美国人的惊诧，其战略专家和北约秘书长索拉纳、英军一中将、瑞典皇家战略研究所专家等都争相索要该书。一些西方军事专家认为，该书过于强调采用恐怖手段进行战争，有违现行的战争规则和道德准则，一旦付诸实施将很令人担心，会给现行的政治、经济秩序制造很大麻烦，并担心书中的观点是否得到了中国军方的认同。

中国一些军事专家认为，《超限战》的作者有发表个人观点的自由，但书中的观点只代表作者个人的观点，并不代表军方的观点。书中的观点虽然不乏新意，但有些观点过于极端。他们不赞成书中推崇金融大鳄索罗斯、黑客小莫里斯和恐怖主义头目本·拉丹的态度，认为对于中国发展综合国力和高科技的做法不应轻易否定，对于西方的军事理论和作战样式也不应全盘否定，还是应坚持“发展”的硬道理，并有所借鉴和为我所用。他们反对将恐怖战、毒品战等极端手段作为军队研究和准备实施的战法，认为这将在道义和国际舆论方面付出重大代价。

目前关于该书的讨论仍在进行中。

（石　慧）

《中国海军百科全书》出版

《解放军报》1999 年 3 月 19 日报道，中国历史上第 1 部全面系统介绍海军知识的《中国海军百科全书》于日前正式出版。这部由海潮出版社出版的大型图书，分为海军军事科学、海军军事思想、海军后勤、海军技术、海军历史、海军地理等 8 个知识门类，涵盖了古今中外海军的基本知识内容。《中国海军百科全书》的问世，结束了中国没有海军百科全书的历史，填补了海军军事科学领域的一项空白，给后人留下了宝贵的精神财富，并为海军现代化建设增添了一个重要的知识工具，也使中国从此跻身于世界有海军百科全书国家的行列。

（肖　研）

中国第二次世界大战史学术研讨会在黑龙江召开　1999 年 8 月 9 日，由中国第二次世界大战史研究会、黑龙江大学历史系和赵光党校联合举办的二战史学术研讨会，在黑龙江省赵光党校召开。来自军内外的专家、学者 30 多人参加了这次为期 3 天的研讨会。这次研讨会的宗旨是以马列主义、毛泽东思想和邓小平理论为指导，围绕第二次世界大战与当代国际冲突这一会议主题，揭示世界局部战争，特别是高技术局部战争的特点和规律，为提高中国的经济实力、国防实力和民族凝聚力，做好现代条件下的特别是高技术条件下局部战争的准备，提供历史的借鉴。会议主要围绕以下几个学术问题进行了讨论：(1) *关于冷战后国际冲突的根源*。与会者认为，冷战后引发局部战争的因素很多，有地区霸权主义者趁大国力量收缩和战略调整之机，积极向外扩张，导致局部战争和武装冲突；有因领土纠纷和民族、宗教矛盾引起的危机、冲突和战争，但最主要的是美国的全球霸权主义和强权政治。美国利用占绝对优势的军事力量和综合国力，逆多极化历史潮流而动，企图建立以自己为中心的单极世界格局，因此积极插手国际事务，多次在“维护正义”、“保护人权”的名义下发动或参与海外局部战争，对俄、中、欧洲等力量中心进行打压。冷战后的主要局部战争都能见到美国人的影子。美国的霸权主义和强权政治成为世界动荡不安和局部战争频繁不断的主要根源。(2) *关于二战后军事高技术对现代战争的影响*。主要表现在：战争的科技含量提高，有形战争中正孕育着无形战争，信息战已初见端倪，高技术性已成为战后多次局部战争的显著特点；政治、经济等诸因素对战争的制约力量增强；战争的时空观发生重大变化，战争已由平面转化为立体战争；战争的节奏大大加强，进程大为缩短，但准备时间延长；空中力量的巨大作用日渐显现，战略空中进攻和防御成为重要作战样式，远程打击是空中攻击的主要样式，空中袭击的重点目标及其顺序不断有所变化；战争的胜负更依赖于综合国力，系统对抗、军队质量对比和战前准备更加重要，等等。此外，大家还就世界经济与现代战争、现代条件下的核战争、二战与科索沃战争中的绥靖主义等问题进行了讨论。

（石　慧）

（本栏责任编辑　王湘江）

轻 武 器

综述 1999年，世界轻武器领域虽然没有什么新的突破，但仍然在稳步地向前发展。作为未来士兵系统重要组成部分的武器子系统，特别是美国理想单兵战斗武器，其研究开发工作又有了新的进展，轻武器小型化方面又见成效，出现了一些新式小口径步枪，狙击步枪特别是大口径狙击步枪仍然是发展重点之一，攻坚武器的发展日益受到重视。

未来士兵系统研究有新的进展 据美国《国际防务评论》1998年第12期报道，西方各国一直努力将最实用的技术应用到士兵系统之中，以改进下车士兵的杀伤能力、指挥控制能力、生存能力、持久能力及机动能力。1999年，美、英、法、澳和荷兰等国的士兵系统研发工作又有所进展。

美国：正在抓紧开展“陆地勇士”项目的研究，美国陆军计划至少购买3.4万套“陆地勇士”系统，装备别动队、空降兵、空中突击队、轻型步兵及机械化步兵等兵种。“陆地勇士”项目的重点第一是杀伤能力，其次为生存能力，接下来是指挥和控制。整套系统包括6个子系统，即综合头盔子系统、软件子系统、计算机/电台子系统、武器子系统、防护服及单兵装备子系统、系统接口及控制子系统。

澳大利亚：在防务科学与技术组织（DSTO）所属的地面作战分部（LOD）的领导下，多个部门正致力于分析研制“澳大利亚地面125士兵战斗系统(SCS)”（原称作“温杜拉计划”）。整个研究内容包括：建立战斗训练中心；改进斯太尔步枪系统，包括加装40毫米榴弹发射器；作战服，包括人体护甲及核生化防护；水合作用及营养研究；指挥和控制，包括指挥官数据终端先期概念演示项目研究；先进技术概念的研究，如用头盔显示器来更清楚地显示现实情况。据预测，士兵战斗系统的评估将持续到2002～2003年，系统的定货及装备将从2004年开始。士兵战斗系统的一个主要挑战是如何将新技术综合运用到大量现役装备之中，如内部电台及热成像武器瞄准镜。

法国：陆军未来士兵系统包括两个主要部分，即未来单兵武器子系统（AIF）和装备与通信一体化步兵服装与装备综合子系统（FELIN）。后者分两个阶段完成，FELIN V1从2005年开始，而FELIN V2（配备AIF）阶段从2010年开始。作为先期预研项目，目前继续开展“下车士兵战斗装备（ECAD)”的技术论证，预计在1999～2000年将提供11套适合下车和车载士兵使用的装置。下一步FELIN V1装备使用的武器将是进一步改进的FAMAS步枪。为FELIN V2中的单兵武器子系统（AIF）步兵战斗武器的工作，正以PAPOP（多武器、多射弹）双口径论证项目的名称在进行之中。初步考虑采用的方案包括：发射25毫米可编程控制爆炸弹的闭膛待击武器；发射3种40毫米可编程弹的无后坐武器；发射35毫米非编程弹的闭膛待击武器。

英国：未来士兵系统分两个部分，即防护服与新式21世纪“十字军勇士”作战服系统及未来“步兵士兵技术（FIST)”项目研制中的武器及计算机装备。第2部分构成英国陆军未来“下车近战”能力的相应部分，包括反装甲、反步兵、反构造物和生存、搜索目标与夜间观察。FIST 98试验的单兵系统包括武器、四肢及头部子系统。在SA－80型5.56毫米步枪基础上进行重大改进的电子单兵武器（EIW)，使武器子系统可能采用新方案的研究更加具体化了。电子单兵武器发射电击发弹药，其优点是可改变射速，可根据不同射手调整射击周期，使点射精度明显提高。下一代的FIST 2000论证演示在1999年9～10月间进行，将包括8个全套设备。英军也提出了类似于美国理想单兵战斗武器或法国PAPOP的需求。

荷兰：称为“下车士兵系统”（D2S2)，拟采取“以部件为基础”的途径，通过利用其他国家研制的部件，逐步组成下车士兵系统。

美国理想单兵战斗武器新样枪问世 据《德国武器杂志》1999年第5期报道，德国HK公司为美国研制的“理想单兵战斗武器（OICW）”新样枪，计划在美国本宁堡步兵学校进行技术试验和部队试验。如果试验进展顺利，2005年前就可以着手批量生产的准备。根据美军计划，从2005年起，将向特种部队提供2万～4万支OICW，每支枪的价格在1万美元以下，其中武器价格约2000美元，火控系统价格约7500美元。

OICW由下述几个部分组成：5.56×45毫米自动步枪的部分系统（动能武器），20毫米半自动榴弹发射器（高爆弹武器），两种武器通用的握把和瞄准装置（FCS），20毫米高爆弹和5.56×45毫米动能弹。

动能武器就是突击步枪模块，导气式自动方式，枪机回转闭锁，全枪重1.85千克。为了不使武器显得太高，该枪采用了2根导气管。枪管长240毫米，膛线缠距178毫米，其结构不同一般，因为它有2层，内层是钢，壁厚1.6毫米，外层是钛，压装在内管上。这样的枪管工艺虽复杂，但却使全枪重量得以大幅度减轻。弹丸初速在750米/秒以上，略低于普通枪管发射的初速。不过，初速虽然较低，枪弹对凯夫拉头盔和相应的防弹衣的穿透性能仍然比美军的要求高约66%。采用了M－16步枪的20或30发弹匣。射击精度在军方要求范围内，100米距离上打10发弹命中在12厘米直径的圆内。枪上配有简易光点瞄准具，该瞄准具也可供高爆弹武器使用。

OICW的高爆弹武器是半自动榴弹发射器，发射20毫米高爆弹，简写为HE，位于动能武器的上方，重量3.2千克，弹匣容量6发。该发射器采用身管长后坐式自动原理，有弹性枪口制退器。枪口制退器由特殊的泡沫塑料制成。其上有6条纵槽，外有套管，称为制退器套。

火控系统（FCS）是放大3倍、视角11°的红点瞄准具，倍率可变。必要时，一种视频图像可以反射进入接目镜，显示出放大6倍的图像。按照设计，视频图像也反射到士兵的头盔瞄准具上或通过无线电信号传输给司令部一级。

OICW的缺点是重量太大，目前为6.356千克，最终指标为4.54千克。

法国改变对非致命武器的政策 据《现代轻武器》1999年第3期报道，法国武装部队长期对非致命武器持反对态度，如今，法军认为，非致命武器在诸如波斯尼亚和科索沃的维和行动中可以作为常规武器的替代品。这些非致命武器可以被用来为车辆或失去战斗力的装备开道、为军事指挥员对付紧急情况、减少对立面人员产生的负面效应，同时，因国际上禁止使用杀伤地雷，可以用非致命武器保护法国国防设施。目前法国武装部队已经作出使用非致命武器的决定。

枪械 1999年，手枪、冲锋枪、步枪和机枪均有所发展，尤其是手枪，可说是五花八门。步枪的发展主要表现在同口径的变型枪增多，大口径狙击步枪仍是重点之一。冲锋枪和机枪的发展比较缓慢。从技术上考察，一般枪械都采用了先进的瞄准装置。

手枪 **俄罗斯推出两种新手枪** 据《现代轻武器》1999年第5期综合报道，俄罗斯近年来相继推出了8种新手枪，其中比较引人注目的有两种，一种称为Ots－23德罗蒂克（Drotik），口径5.45毫米，发射5.45×18毫米MPT手枪弹，专供内务部人员使用。这是一种冲锋手枪，快慢机上有3个位置，上为“保险”，中为“半自动”，下为“3发点射”。全枪长195毫米，枪管长约125毫米，全枪重960克，弹匣容量24发，初速295米/秒，3发点射射速1700发/分。另一种称为9毫米P－96自动装填手枪，发射北约口径的9×19毫米巴拉贝鲁姆手枪弹。该枪的设计思想和自动原理与奥地利格洛克手枪十分相似，同时借鉴了意大利伯莱塔手枪的许多特点。它的外形尺寸较小，全枪长188毫米，高132毫米，宽29毫米，重570克，特别适合隐蔽携带，套筒用不锈钢制作，套筒座为聚合物，抗腐耐磨。

南非9毫米CP－1微型手枪问世 据法国《靶》1998年第10期报道，该枪是南非维克托（Veckter）公司研制的一种9毫米巴拉贝鲁姆口径的微型手枪。该枪外廓尺寸小，全枪长仅177毫米，连标准弹匣高140毫米，连小型弹匣高128毫米，枪宽20毫米，枪管长100.5毫米，便于隐蔽携带；重量轻，含标准型空弹匣重仅708克；外表加工精细，除准星外，枪上没有任何突出部；击锤呈流线型，击发阻铁置于击锤右侧；在套筒内，除击针运动间隙外，几乎没有任何多余间隙；套筒外部有条纹，握持手感好；射击时后坐力小于大威力手枪。

冲锋枪 **德国11.43毫米通用冲锋枪亮相** 据美国《国际防务评论》1999年第2期报道，该枪是HK公司为美国特种作战部队研制的冲锋枪，称为UMP45，用以对付暴乱分子或执行类似任务。该枪自动方式为半自由枪机式，发射方式为单、连发和2发点射，全枪长690毫米/862毫米（托伸，不带消焰器/托伸，带消焰器），枪管长200毫米，空枪重2.1千克，弹匣容量25发或10发。枪上所有外露部件包括上、下机匣及弹匣都采用碳纤维加强的复合材料制造，枪管、枪机、复进簧等关键部件为钢制件或合金制件。下机匣右上方装有一个小型缓冲器，以减小枪的后坐和枪机对下机匣的冲击力。机匣顶部表尺前方有一个152.4毫米长的导轨，枪的左侧、底部和前护木右侧各有一个101毫米长的导轨，这些导轨上可安装灯座、瞄具座、垂直前握把、快速拆卸枪背带等。该枪可以发射14种以上的弹药，包括标准的全金属被甲弹、空尖被甲弹、+P空尖被甲弹及“霍特”45优质弹等。

步枪　**美国海军陆战队即将装备新步枪**　据美国《海军陆战队》1998年第11期报道，美国海军陆战队即将装备以下新步枪：发射特种弹药、用于近程射击的CQBW卡宾枪，配发给舰队反恐怖保安分队（FAST）、特别反应分队（SRT）和武装侦察分队，取代现役的MP－5冲锋枪；带皮制枪背带的DMR 7.62毫米精确射击步枪，装备保安部队、狙击手小组和那些与炸药打交道的作战单位。CQBW卡宾枪实际是配有导轨适配系统的M－4A1卡宾枪，被称为近距离战斗武器，既具有冲锋枪火力猛烈的特点，又具有自动步枪的远射性能，其精确射击距离可达500米，大于MP－5冲锋枪的有效射程。该枪同M－16自动步枪口径一样，有75%的零部件可以互换。

俄罗斯详细披露AN－94突击步枪　据《德国武器杂志》1998年第11期报道：苏军在80年代初提出的“阿巴甘”方案，有12个设计小组参与研究制定，最后坚纳基·尼科诺夫工程师领导的设计小组的设计方案获得了军方的认可，推出了5.45毫米AN－94型突击步枪。俄军已把它作为下一代突击步枪少量装备部队。小组曾设计过20多种样枪，其中主要的有：MA－2²1型、AS－13型、AS－4（OA－222）型、AS－6（PU－192）型、ASM－7（OK－158）型、6P33－11（LE－291）型，最后一种是通过所有技术试验和野战试验，被命名为“尼科诺夫”突击步枪而作为军用制式武器的样枪。该枪结构上的独到之处是采用了改变后坐冲量的枪机后坐原理，其好处是，当以2发点射方式以1800发/分的射速将2发枪弹击发完毕之后，枪管还一直在进行后坐运动。只是当弹头离开膛口以后，后坐力才到达射手肩部。当后坐产生时，对武器精度已没有什么影响。与AK－74相比，AN－94的发射声响明显小些，这样士兵们心理负担也会小些，可在声音嘈杂的战场上测定方位。

以色列新一代战斗步枪族即将定型　据美国《枪支与弹药》1999年第11期报道，该枪由以色列军事工业公司和国防军研制，由4种枪组成，即：基本型TAR－21，采用无托结构，全枪长731.5毫米，枪管长457毫米，包括瞄准具、30发满弹匣全重2.95千克，初速890米/秒；短管型CTAR－21，枪管长380毫米，重3.5千克，初速860米/秒，是配发基层指挥员使用的突击步枪，主要装备特种作战部队、空降部队和主战坦克乘员；STAR－21，叫快速射击突击步枪，配较长的枪管和两脚架，实际是班用轻机枪；MTAR－21，是微型突击步枪，枪管长250毫米，重3.2千克，初速770米/秒，主要供安全部队和执行特种任务的人员使用。

德国DSR No.1狙击步枪引起外界关注　据《德国武器杂志》1999年第7期报道，该枪系AMP公司为警察狙击手而研制的。枪长1020毫米，枪管长650毫米，重5.8千克。目前提供的枪采用的是7.62毫米口径，未来除继续提供同一口径的的枪以外，还将提供7.82毫米口径的枪及特种微声狙击步枪。全枪由机匣、带枪口制退器的枪管和后托组成。机匣由2部分粘接而成，一部分是机匣本身，另一部分是瞄准具座。枪管与机匣螺接在一起，瞄准具座紧紧围绕枪管，因此瞄准具在机匣上定向性很好。后托里连接有人机工效很理想的2个握把，便于双臂交叉据枪。枪管由特殊的合金做成，外表光洁，能在保证精度的前提下延长使用寿命。枪口制退器由钛制成，呈锥体状，撞击面大，可明显减小后坐。

克罗地亚RT－20狙击步枪正处于改进阶段　据《现代轻武器》1999年第6期报道，这是一支采用旋转后拉式枪机、单发射击的专用反器材步枪，全长1330毫米，发射HS－404型20×110毫米穿甲燃烧弹或高爆弹，射程达2000米，可穿透塞尔维亚M－84坦克上保护热成像瞄准镜的护罩。原枪重27千克，改进后减轻到16千克。在波斯尼亚战争中，由于它发射的枪弹原是为高射或航空机关炮设计的，产生的后坐力相当大。如今，安装了后坐补偿管，使部分火药气体从枪管向外和后方分流出去，加之大型枪口制退器，使后坐力明显降低。

瑞士SG－552“突击队”式突击步枪受好评　据瑞士《国际武器杂志》1999年第6期报道，这是由瑞士现役的5.56毫米SG－550/551突击步枪衍生的短管型突击步枪，有些评论家称之为是当前同类步枪中最好的。SG－552“突击队式”步枪的一些重要结构与 SG－550/551 系列不一样，特别是不同于长 998 毫米、重 4.1 千克的军用标准型 SG－550。SG－552“突击队式”空枪重仅 3.2 千克，枪托打开时全长仅 730 毫米，枪托折叠时全长仅 504 毫米。取消了两脚架，射程由 400 米缩短到 300 米。为了在 100 米以内的近程上快速捕捉目标和在黑暗中射击，在转筒式瞄准具上附加有 U 形照准器，照准器侧面有发光源（β 光源）。护木前方的长方形准星外面有保护套。另外，为了能在夜间战斗，还有一个带中心光源的夜用准星，准星可向上折叠，光源作用距离在 100 米以内。在机匣上侧有安装光学瞄准具（瞄准镜或光点瞄准具）或夜用像增强器的棱形导轨。枪口消焰器与枪管连为一体，长 50 毫米，直径 21 毫米，是车、铰件的结合。

机枪　**中国台湾正在研制新 XT－90 重机枪**　据《尖端科技》1999 年第 12 期报道，联勤 205 厂为了提高台军整体战斗力，根据美国 12.7 毫米 M2HB 勃朗宁重机枪仿制的这种重机枪，已完成样枪制作及测试验证工作。预计在 2001 年（民国 90 年）定型投产，故命名“XT－90”。XT－90 定型后，台湾军方首先装备海军舰艇，以担任支援其他炮火的角色，如对付小型船艇或敌方人员。由于该枪重量轻，还可安装在舰舷侧以弥补大型武器射击不到的死角。陆军的“悍马”搜索车和 M－41D 轻型战车上也将配备。该枪全枪长 1746 毫米，枪管长 1236 毫米，全枪重约 38 千克，理论射速 450～600 发/分，有效射程 1500 米。主要特点是：枪管上设计有 6 道散热槽，可避免枪管在高速射击时温度上升过快而影响精度，亦可减轻枪管重量，便于操作；枪管末端螺纹有 3 处槽，可直接套入机匣上节套内，因此可快速装卸枪管；仅需更换少数零部件即可变换弹链装弹方向；可手控或电控击发；全枪有 90% 的零部件可与 M2HB 机枪通用，故维护保养简单。

榴弹武器和反坦克、攻坚武器　其发展特点依然是努力减轻武器重量，采用电子火控系统、提高武器发射精度、杀伤或破甲威力和全天候作战能力，以期达到提高整体作战效能的目的。新出现的主要品种有以色列的肩射反装甲武器、美军装备的破坏掩体弹药和台湾自制的 40 毫米低速榴弹等。

美军装备破坏掩体弹药　据《现代轻武器》1999 年第 6 期报道，这是海军陆战队多用途突击武器的变型武器，型号为 XM－141，口径 83 毫米，重 7.13 千克，携行状态长 813 毫米，有效射程 15～150 米。射手可将它放在托架上空或单个空投，可摧毁夹有 183×183 毫米方木、915 毫米厚的夯实土墙，也可摧毁 3 层砖和水泥砌的墙及包括俄罗斯 БМП－2 步兵战车在内的装甲车。此弹是便携式的，无需专门的射手和维护人员。战斗部装有 1090 克高爆炸药，其引信能感知战斗部的减速情况。战斗部对土墙减速较慢，引信使战斗部延时起爆，可从内部将土墙炸毁，而对装甲车之类的硬目标，战斗部减速较快，战斗部快速起爆，对目标表面产生强大冲击。

以色列试验肩射反装甲武器　据《现代轻武器》1999 年第 6 期报道，这是一种带高爆串联反坦克战斗部的轻型武器系统，展开状态长 1000 毫米，直径 106 毫米，包括火控系统在内重 9 千克。火箭弹直径 100 毫米，可穿透 800 毫米有爆炸反应装甲保护的常规装甲钢板。系统分两部分，即装在发射筒中的尾翼稳定非制导火箭弹和卡在发射筒顶部的火控装置。火控装置由白光瞄准镜、测距机、温度传感器、横风测量装置、倾斜装置和数据处理装置等组成。据称，在 600 米距离上发射，对运动目标的首发命中率达 50% 以上。所用弹药由战斗部和后部带不可折叠尾翼的推进系统组成。除反坦克弹药以外，还能发射训练弹、破坏掩体弹和杀伤弹。

中国台湾自制 40 毫米低速榴弹　据《军事家》1999 年第 5 期报道，这是由台湾联勤 202 厂研制的，包括 TC－88 型高爆破甲榴弹、TC－86 型高爆榴弹和 TC－85 型发烟训练弹。其中 40 毫米 TC－88 高爆破甲榴弹具有破甲/杀伤两用功能，适用于台湾 T－85、美国 M－203 和 M－79 榴弹发射器。其弹头部分为 M－550 碰炸式引信，弹体由钢制预刻成型弹体及铝制套筒（含弹带）两部分构成，弹体内部含铜制药型罩和压装成具有聚能效应的 A－5 炸药等。弹体部分又分为高压、低压两药室。高压药室沿外径圆平均有 6 个火药喷气孔，内装发射药杯及 M－9 发射药。底部是底火座及 M－42 底火，低压药室为弹头与弹体接合部分。该弹初速 76 米/秒，战斗部可穿透 63.5 毫米厚的钢板，也可有效摧毁一般轻型装甲车辆及相关军事设备。40 毫米 TC－86 低速高爆榴弹弹体的构成和作用方式与高爆破甲榴弹完全相同。它与破甲弹的最大区别在于高爆榴弹不含空心装药，预制破片数量多于破甲弹。由于引信作用引爆弹体所产生的能量全部作用于预制破片，使人员杀伤效率得到明显提高。

瑞士推出新型枪挂榴弹发射器 据《现代轻武器》1999年第5期报道，该榴弹发射器系由SIG公司研制，型号为GL－5040/5140，口径40毫米，可以挂在该公司研制的SG－550或SG－551突击步枪枪管下方。发射器全长432毫米，重1.7/1.65千克，发射管长305毫米，膛线6条，缠距1200毫米。采用可折叠的准直式瞄具，既可以肩射，也可以支在掩体上发射，能够发射40×46毫米口径、药筒长100～198毫米/100～150毫米以内的各种榴弹，战斗射程25～400米。

保加利亚研制"Aranlanche"榴弹发射器 据《现代轻武器》1999年第6期报道，该榴弹发射器系由早期的"Lavina"发射器演变而来，由6个在同一轴线上旋转的俄制GP－25型单发榴弹发射器组成，发射东欧VOG－25/VOG－25P40毫米榴弹。榴弹从弹巢前板发射孔射出，每个弹巢即是一个发射管。其操作过程很简单：按压发射管左侧的拇指卡笋可使整个弹巢从准星下方的铰点旋下，并向前推出，进行装弹，托起弹巢，使之回到原位，其中一个发射管即可对准弹巢前板发射孔，处于待发状态。发射器全长490毫米，有效射程400米。

（卞荣宣）

装甲兵武器装备

综述 1999年是世界上出现有关装甲兵及其武器技术未来发展方向的重大概念变化的一年。美国陆军提出了发展和装备一支以20吨左右重量的装甲车辆（最好为轮式）武装的"中等重量"作战部队的发展计划，用于解决向世界热点地区快速投送"早期进入部队"的军事要求。这一适应冷战后的国际军事斗争的新思想将对其他西方军事大国的装甲武器装备发展方向产生影响。与此同时，以传统的主战坦克为主的重型装甲装备、轻型装甲装备仍在继续改进发展。这些传统的装甲装备在未来地区军事斗争中仍然是主要的武器装备。除了继续改进现有的主战坦克等装备外，一些国家的新一代的主战坦克和其他装备正在研制中。信息化（数字化）技术、机器人车辆技术、电能武器技术、电传动技术、先进的被动装甲及结构技术、电磁装甲及主动防护技术、动能导弹技术将为新一代装甲装备及现装备装甲车辆的改造提供技术基础。

美国陆军开始发展中型装甲车辆，建立"中等重量"的陆军部队 1999年北约国家入侵南联盟的科索沃省，暴露了美国等西方国家在冷战时期形成的陆军重型装甲装备、军队编制不适应于新的北约军事战略的要求。美国陆军提出发展20吨左右的装甲车族，建立"中等重量"的陆军部队，它应兼备重型部队的火力和轻型部队的战略机动能力，适合于各种军事行动，重点是满足城市作战、复杂地形作战的军事需求。近期从现有的车辆中选择"过渡型"车辆，远期以新研制的"未来战斗车辆"代替。

传统型装甲车辆继续得到改进和发展 主战坦克、轻型装甲车辆仍然是现代陆军的主要突击兵器和机动作战手段。即使是提出新组建"中等重量"陆军部队的美国陆军也依然认为仍然需要M－1系列重型装甲装备。在世界上大多数国家的陆军中装备了大量的传统型的装甲装备，继续改进、新研制传统型装甲装备仍然是大多数国家陆军的主要方向。美国的M－1系列坦克仍在继续改进中。以色列即将推出第4代"梅卡瓦"坦克。俄罗斯、德国正在研制包括主战坦克在内的下一代装甲车族。传统型装甲装备也是主要军事国家拓展国际军火市场的主要资源，土耳其、印度正在引进发达国家的新型主战坦克，进行合作生产。

装甲装备数字化（信息化）发展取得新的进展 美国等西方国家陆军数字化发展的重要载体——坦克装甲车辆数字化技术发展取得了重要进展。为在2000年列装世界上第1个数字化师——美国陆军第4机步师，美国陆军继续完善其"旅及旅以下部队战斗指挥系统"，开始为第1个数字化师采购计算机硬件，修改软件，提出了2000年及以后的数字化系统试验与鉴定工作的内容。同时，制定了陆军第1骑兵师（装甲师）的数字化改装工作计划，拟制了"旅级战斗队成套列装方案"，在2015年之前，实现陆军的全面数字化。

以装甲装备为代表的机械化发展仍然是陆军现代

化的重要基础 信息化是军队现代化建设的方向和主要内容，但它不会取代陆军的机械化，信息化必须以机械化为基础。1999 年，美国提出了一系列的继续发展陆军机械化的计划和设想，包括“中等重量”陆军部队的中型装甲车辆、未来战斗车辆等。俄罗斯陆军在 1999 年提出了研制 21 世纪坦克装甲车辆的“三位一体”的计划：研制一种全新的坦克，并以此为基础形成装甲车族；由此简化装甲车辆底盘种类；研制通用的移动式维修保养设备。

主战坦克和轻型坦克 **美国陆军寻求改进更多的 M－1A1 主战坦克** 据《简氏防务周刊》1999 年 2 月 24 日报道，美国陆军最近在向国会提交的装甲系统现代化报告中说，陆军需要再将 2000 多辆 M－1A1 主战坦克改进到 M－1A2 标准或更先进的 M－1A2 SEP 标准。报告认为，“艾布拉姆斯”M－1A2 SEP 和“布雷德利”M－2A3 战车产品改进计划分别在 2005 年和 2008 年完成后，将会对工业部门生产和改进现有重型坦克及生产新型未来地面作战系统的能力带来不良影响。报告建议：2018～2025 年，每年改进 110 辆（现役）坦克；2004～2025 年，每年改进 75 辆（储备）坦克，以维持工业基地的生产能力。

美国陆军未来装甲车族发展构想 据美国《国防新闻》1999 年 3 月 8 日报道，美国陆军的 3 个未来装甲车辆计划可能会发展成为一种车族。美国陆军目前正在研究准备在下个世纪初列装的 3 种装甲车辆：未来侦察骑兵车、未来步兵战车和未来战斗系统。第 1 种车辆是美国和英国合作的联合发展计划，即英国的“战术侦察装甲战斗装备需求”（TRACER）计划。后两种车型将分别用来取代“布雷德利”步兵战车和“艾布拉姆斯”主战坦克。

美国一些陆军官员认为，尽管发展一种能够担负侦察、步兵作战和装甲作战任务的大型车族在列装时间表上存在潜在问题，但由于对这些车辆的要求非常接近，使发展一种车族的构想成为可能。因为这样做可以减少复杂性，实现通用性和多任务功能，从而有助于减轻后勤负担。

未来侦察骑兵车的预期装备时间是 2007 年，未来步兵战车是 2012 年，未来战斗系统是 2015 年。尽管时间间隔很长，但仍可能对装备时间进行调整。很可能是加快未来战斗系统的进度，而放慢未来侦察骑兵车的进度。据美国一位陆军官员称，在 2003 年之前，陆军不可能就采取何种方案作出决策。

所有这 3 种车辆都将被美国陆军用来发展一支更小型、更轻型及更机动的部队。每种车辆预计重量仅为 20 吨左右。

这些车辆可能采用混合式电推进系统或全电式推进系统。这将允许这些车辆更快速、更隐秘地实施作战行动。这种发动机还将大大降低燃油的消耗，从而减轻后勤负担。

美国计划将最先进的装甲战车全部用于装备本土的 3 个重型师 据《简氏防卫周刊》1999 年 2 月 17 日报道，美国计划将其最先进的装甲战车（“艾布拉姆斯”M－1A2 SEP 主战坦克和改进型“布雷德利”M－2A3 步兵战车）全部用于装备驻扎在本土的 3 个重型师，而没有采取将改进型和老车型混编在全军的 6 个重型师的方案。全部属于得克萨斯州胡德堡基地的第 3 军的第 4 步兵师（在 2000 财年将成为第 1 个数字化师）、第 1 骑兵师和第 3 步兵师已被确定为 M－1A2 SEP 主战坦克和 M－2A3 步兵战车的接收部队，并且第 3 军将在 2004 财年成为第 1 个数字化军。美国陆军其他 3 个重型师，即部署在韩国的第 2 步兵师及部署在德国的第 1 步兵师和第 1 装甲师将通过装备“21 世纪部队战斗指挥旅和旅以下计算机系统”及其他设备而获得具有数字化增强态势感知能力的武器平台。美国陆军计划在 2000～2005 财年期间，订购 1150 辆由通用动力公司生产的“艾布拉姆斯”M－1A2 SEP 主战坦克和 1107 辆由联合防务公司生产的“布雷德利”M－2A3 步兵战车。

美国陆军考虑重新启动轻型坦克计划 据《简氏防务周刊》1999 年 10 月 13 日报道，美国陆军目前正在考虑重新起动联合防卫公司研制的装甲火炮系统（AGS），以使陆军更具战略机动性。作为一项削减经费的措施，这种装有 105 毫米火炮的轻型履带式车辆的发展工作在 1996 年被终止。

自科索沃战争后，美国陆军越来越认识到，陆军无法在短时间内将具备早期进入作战所需火力的部队部署到全球热点地区。一些陆军官员预言当需要进行一场地面进攻作战时，美国陆军要把足够的力量投放到出事地点将需要几个月的时间。因此，陆军参谋长埃利克·辛赛克上将把建立一支战略上更具机动性的部队作为其优先考虑的工作之一。

一些官员认为，如果陆军研制用于取代现有 70 吨 主战坦克的、重量级为 30 吨的未来战斗系统的计划不能在 10 年内实施的话，作为一种机动的、但威力强大的武器系统，装甲火炮系统是陆军近期最佳的选择。陆军官员们表示需要加速开发未来战斗系统，但大多数人认为，这种车辆投入批量生产还需要等待多年。

印度考虑更换“阿琼”主战坦克的发动机 据《简氏防务周刊》1999年1月27日报道，由于为印度“阿琼”主战坦克提供MTU838Ka－501 1000马力发动机的德国MTU公司提高了该发动机的价格，印度目前正在为“阿琼”坦克寻找另外一种动力装置。印度国防部已经拨款4.28亿美元，在今后5年内生产124辆“阿琼”主战坦克。但由于时间过于短促，首批生产型车辆将无法安装新型发动机，但后期车辆将采用新的动力装置。目前印度军方正在考虑波兰、俄罗斯、斯洛文尼亚和乌克兰等国提供的输出功率为1000、1200和1500马力的各种发动机。另外，印度陆军计划目前正在改进的T－72主战坦克也将采用这一新的动力装置。

印度接收首批T－90C主战坦克 据《简氏防务周刊》1999年4月14日报道，印度将在1999年5月开始从俄罗斯接收首批T－90C主战坦克。根据与俄罗斯达成的2.55亿美元的合同，印度将购买255辆T－90C主战坦克和50辆采用T－72底盘的装甲抢救车。T－90C主战坦克安装有最新一代爆炸反应式装甲和“窗帘”1型光电对抗系统。除发射标准弹药外，坦克上安装的125毫米滑膛炮还能发射激光制导炮弹，这不仅能用于对付地面目标，还能用于对付低空飞行的目标。

土耳其准备合作生产新一代主战坦克 据《简氏防务周刊》1999年5月5日报道，由于存在技术难题，土耳其已经放弃了原先自行研制生产新一代主战坦克的计划，并决定同国外的主战坦克生产厂商合作生产第3代主战坦克。目前土耳其正在通过招标选择合作的生产厂商。预计合同的签署及新型主战坦克的合作生产将在2005年开始。土耳其计划初期合作生产1000辆主战坦克，计划的核心目标是获取在主战坦克生产方面的最先进的转让技术并建立生产主战坦克所需的基础设施。土耳其最终目标是生产3000辆。

伊朗开始全速生产“祖勒菲卡尔”主战坦克 据《简氏防务周刊》1999年12月10日报道，伊朗开始批量生产第3代“祖勒菲卡尔”(Zulfiqar) 主战坦克。1994年，伊朗首次披露研制出“祖勒菲卡尔”坦克，此后，伊朗对该坦克进行了进一步的改进。该车采用由自动装填机供弹的125毫米滑膛炮，具有良好的越野机动性，车上有带激光测距仪的先进火控系统、增强型被动装甲和三防装置。除1挺7.62毫米并列机枪外，车上还安装有1挺12.7毫米高射机枪。车上安装的125毫米滑膛炮及其相关的自动装填系统与伊朗目前正在生产的俄罗斯T－72S坦克的相同；悬挂装置与M－60坦克的相同。动力传动装置由俄罗斯的780马力V－46－6V－12柴油机和SPAT 1200传动装置组成。该车的最大公路速度为65千米/小时。

以色列即将推出“梅卡瓦”4型主战坦克 据《简氏防务周刊》1999年12月8日报道，以色列的第4代“梅卡瓦”主战坦克正处在最后的研制阶段，目前，该车已经通过行程为1万千米的野外跑车试验。该车计划在下个世纪初装备部队。“梅卡瓦”4型主战坦克采用1500马力发动机，在火力、防护力和机动性各方面都将得到提高。该车最显著的特点是采用全周防护概念，不仅能抗来自水平方向的威胁目标，也能抗来自空中的威胁目标。车上仍保留了“梅卡瓦”3型坦克上安装的120毫米滑膛炮，但对火炮的后坐系统进行了改进，舍弃了原传统的重型螺旋弹簧式后坐系统而改用压缩空气式后坐系统，这使炮室能抗发射新型弹药所需的更高的内压。“梅卡瓦”4型主战坦克将配备改进型动能弹，从而具备更高的穿甲威力。为提高首发命中率，另一项改进是在炮管上安装与身管为一体的热护套，据称这使其效率提高80%。车上还安装了超压式集体三防系统，在闭窗条件下，车内乘员无需穿戴防护服及防护面具。

英国“挑战者”2主战坦克的改进方案 据《简氏国际防务评论》1999年第4期报道，随着第1个装备“挑战者”2的坦克团将在1999年10月做好战斗部署准备，英国陆军目前正在研究该型坦克在寿命周期内的改进方案，研究的结果将于6月上报。目前期望的改进内容包括：数字化改进和新型指挥台；战场目标识别；增强型火控系统（包括一个具有大范围监视和探测性能的第2代热像仪、新型火控计算机和一个自动跟踪装置）；改进120毫米武器（包括一种新型穿甲弹、炮射导弹和改进的辅助弹药）；提高单位功率和增强生存能力（改进型装甲、辅助防护装置和顶部攻击的防护）。一旦这些改进被列入长期预算，预计将在2001年向工业部门通报这一技术嵌入计划，改进将从2003年开始。

英国展示“蝎”2000侦察车/轻型坦克 据《简氏防务周刊》1999年4月28日报道，英国机车修理公司为面向出口市场自筹资金研制了“蝎”2000侦察车/轻型坦克。改进后，该车的战斗性能和可靠性得到提高并降低了使用成本。车上的标准设备有：辅助动力装置辅助发电机、新的车长和炮长夜视瞄准镜、炮塔抽烟装置、改进的发动机冷却系统、大功率发电机/电子调节器、自动灭火系统和带一体式防漏和防爆泡沫的防弹纤维燃料箱。该车仍保留了原“美洲虎”4.2升汽油机，但通过安装辅助动力装置使该车在主发动机不工作时仍能使用车上的的电器设备，从而也延长了发动机的使用寿命。该车仍保留了原76毫米火炮。车上还可选装：激光测距仪、驾驶员被动夜视潜望镜、外置7.62毫米和12.7毫米机枪、辅助贮物箱、改进型悬挂装置、防崩落衬层、附加装甲、炮塔回转和武器高低动力控制装置、各种通信和火控系统。

乌克兰展示最新改进的T－72坦克 据《简氏国际防务评论》1999年第5期报道，乌克兰哈尔科夫·莫罗佐夫机械设计局最近展示了一种改进型T－72－120坦克。该坦克最显著的特点是用发射整装药的北约标准120毫米滑膛炮替代了原发射分装式弹药的125毫米火炮。迄今为止，乌克兰已经生产出5辆T－72－120坦克样车。车上安装的120毫米火炮系统（包括48倍口径炮管和炮塔尾舱式自动装填机）是哈尔科夫·莫罗佐夫机械设计局和乌克兰国家科学研究中心合作开发的。如果需要，在炮闩上还能换装125毫米或140毫米身管。由哈尔科夫·莫罗佐夫设计局设计的自动装填机内装有22发炮弹，在炮塔座圈下面还存放有20发炮弹。重新补充弹药所需时间为25分钟。自动装填机有3种工作状况：自动、半自动和手动。标准发射时间为每发6～7秒（实际射速为每分钟7～9发）。车上安装的IV528火控计算机被重新进行了配置，以能处理北约弹药。如果用户需要，T－72－120坦克上安装的标准炮长用1G46/TPN－4E－1昼/夜瞄准镜及车长用TKN－4S－1昼/夜瞄准镜，还能用SFIM/Sagem Vs580/Savan瞄准镜替代。该车采用的紧凑型1200马力6TD－2柴油机使48吨重的T－72－120坦克的单位功率达到了25马力/吨。该发动机的一个特点是采用的冷却系统不再需要风扇，而是依靠一个喷射机引入的气流给发动机降温。

西班牙决定生产“豹”2A5主战坦克 据《简氏防务周刊》1999年1月13日报道，西班牙政府已最后批准西班牙陆军采购219辆“豹”2A5主战坦克和16辆装甲抢救车的计划。西班牙国有公司——圣·巴巴拉公司将根据德国克劳斯—玛菲—韦格曼公司的许可证进行生产。生产出的首批坦克将在2001年进行试验，2002年将开始全速生产。另据《简氏防务周刊》1999年12月1日报道，西班牙陆军决定这批坦克将采用莱茵金属公司最新研制的120毫米L/55（长径比为55）滑膛炮。该炮是德国莱茵金属公司根据德国国防部的合同研制的，旨在取代现有的所有生产型“豹”2主战坦克上安装的120毫米L/44滑膛炮。新的L/55火炮比原L/44火炮长1.3米，从而大大提高了炮口初速和有效射程，而且还能发射具有更高穿透性能的未来120毫米炮弹。L/55火炮将由西班牙的圣·巴巴拉公司在莱茵金属公司的帮助下生产。

智利购买“豹”主战坦克 据《简氏防务周刊》1999年1月27日报道，智利从荷兰接收了首批14辆“豹”1－V主战坦克。1998年，智利向荷兰订购了200辆装有105毫米L－7型线膛炮的“豹”1－V主战坦克。这批坦克是荷兰皇家陆军在90年代初退役的468辆“豹”1－V主战坦克中的一部分。车上的标准设备有附加装甲和EMES－12A3计算机化火控系统。这批坦克在交付智利之前安装了由德国GLS公司提供的PZB200型微光夜视系统。智利是南美国家中第2个购买“豹”1主战坦克的国家。1997年，巴西曾从比利时购买了87辆“豹”1主战坦克。

步兵战车及其他装甲车辆 **美英合作的侦察车计划进入定义阶段** 据《简氏防务周刊》1999年2月10日报道，英国国防部（同时也代表美国国防部）同两家国际联合公司签署了价值1.48亿美元的装甲侦察车第1阶段的研制合同。根据合同，两家联合公司将分别在42个月内研制出自己的先进技术演示车。该计划在美国被称为“未来侦察和骑兵系统”（FSCS），将用于取代美军现装备的M－3“布雷德利”骑兵战车和用于侦察任务的“悍马”高机动性多用途轮式车；在英国，该计划被称为“战术侦察装甲战斗装备需求”（TRACER），将用于取代现装备的履带式战斗侦察车系列中的“弯刀”侦察车。美国陆军大约需要1239辆，英国陆军大约需要335辆。作为一种在敌纵深地区使用的战术侦察车，该车很可能采用履带式，并将采用各种隐形技术以提高生存能力，车上还将携带用于执行其任务的各种昼夜传感器。该车采用的高新技术将彻底改变目前在战场上和维和行动中收集、管理和利用信息的方式。车上可能安装35毫米或40毫米机关炮。另外，英国还在寻求一种带反坦克导弹的监视车型，用于取代现装备的带“旋火”导弹的“打击者”反坦克导弹发射车。根据现计划，英、美两国将在2002年选定一家联合公司进入全面研制和工程生产研制阶段。此阶段将持续52个月，期间将生产10辆样车。如计划顺利，首批生产型车将在2007年完成，并于2008年服役。

美国开始生产XM－1117装甲安全车 据《简氏防务周刊》1999年4月28日报道，美国陆军坦克－机动车和装备司令部最近同特克斯特朗海上和地面系统公司签署了一项生产合同，在今后5年内生产94辆XM－1117装甲安全车，首批生产型车辆将于2000年中完成。预计XM－1117将在1999年底定型为M－1117，该车将主要装备美国陆军宪兵部队。该车是LAV－150ST 4×4轻型装甲车的进一步发展型，与原有车型相比，该车提高了有效载重和装甲防护力，并且通过采用螺簧独立悬挂装置改善了机动性。该车战斗全重13.408吨，但通过采用现有悬挂装置可增至14.512吨。该车采用卡明斯260马力6CT8.3涡轮增压后冷柴油机和阿里逊MD3560自动变速箱。车体采用全焊接钢装甲结构并装有德国IBD公司的模块化可扩展装甲系统，它由外层的陶瓷复合附加装甲和内层的防崩落衬层组成。车上装有单人炮塔，炮塔上装1具40毫米榴弹发射器和1挺12.7毫米机枪，在炮塔每侧还各安装有1排4具电发射烟幕弹发射器，炮长配有昼夜瞄准镜。车上也可以安装7.62毫米M－60机枪或5.56毫米M－249机枪。该车还可选装其他单人或双人炮塔，选装武器最大口径为90毫米。车上的标准设备有助力转向机构、液压绞盘、灭火抑爆系统、驾驶员被动夜视仪、三防系统和中央轮胎压力充气系统。该车可有多种变型车，其中包括采用加高加长车体的三防侦察车。

美国购买装甲地面机动系统 据《简氏防务周刊》1999年5月26日报道，美国陆军坦克－机动车和装备司令部同通用动力公司下属的AV技术公司签署一份合同，在今后5年内购买50辆装甲地面机动系统（AGMS）。该车将以奥地利施泰尔－戴姆乐－普赫公司的“潘多尔”装甲车为基础，奥地利公司负责提供关键的分系统，如整个动力传动装置及驱动机构。AV技术公司将在奥地利公司及通用动力公司地面系统部的协助下负责最后的总装，车上将安装新的被动式附加装甲、顶置式12.7毫米M－2型机枪、自动驱动管理系统和轮胎压力中央调节系统。

印度购买“卡斯皮尔”装甲输送车 据《简氏防务周刊》1999年4月28日报道，印度从南非接收了10辆改装的“卡斯皮尔”（Casspir）2型防雷装甲人员输送车。1998年，印度曾向南非订购了90辆这种前南非陆军用过的装甲车，剩余的80辆将在1999年底交付。“卡斯皮尔”装甲输送车重11吨，乘、载员共14人，具有很强的防雷能力，在野外易于修理。这批车辆将主要部署在印度北部的卡什米尔邦，用于镇压暴乱行动。

土耳其和罗马尼亚合作研制装甲输送车 据《简氏防务周刊》1999年3月3日报道，为满足土耳其陆军的需求，土耳其和罗马尼亚联合研制了RN－96型6×6装甲输送车。土耳其首批购买5辆，并对其进行了广泛的试验。该车战斗全重13吨，乘员两人（驾驶员和车长），载员11人，采用卡明斯176.4千瓦或190千瓦柴油机和阿里逊自动传动装置。为试验目的，车上装有法国地面武器工业集团的动力操纵的炮塔，上装1门25毫米M－811机关炮和1挺7.62毫米机枪。车体为钢装甲焊接结构，可抵御7.62毫米穿甲弹的攻击。车上的标准设备有动力转向系统、防弹轮胎、中央轮胎充气系统和两个喷水推进装置。借助喷水推进装置，该车水中的最大航速为8千米/小时。车上可选装的设备有三防装置、各种被动夜视装置和空调系统。

土耳其装备新型装甲侦察车 据《简氏防务周刊》1999年10月6日报道，土耳其陆军从阿琵尔森公司微波和系统技术部接收了首批装甲侦察/监视车。该车采用该国自行设计和生产的“眼镜蛇”4×4轻型装甲车底盘，将用于在前方地区执行侦察和目标捕获任务，并且利用9600 VHF跳频电台及视频传输链路（采用微波传输方式）将信息传输给下一个指挥节点。车上还可选装SK－400数字加密电台。车上安装有阿琵尔森公司提供的顶置式ARS－2000监视与火力调控雷达和伸缩式桅杆安装的传感器吊舱。吊舱内装有电视/热成像摄像机。ARS－2000能够探测到15千米外的部队及38千米外的车队。

德国试验新型装甲战车 据《简氏防务周刊》1999年2月17报道，德国克劳斯—玛菲—韦格曼公司和莱茵金属公司开始试验一种6×6装甲战车的技术演示车。该车是两家公司自筹资金研制的，主要用来对英国、德国和法国合作的GTK/MRAV/VBC装甲车计划将采用的技术进行试验。该6×6演示车采用模块化结构和车族化设计并具有很强的变型能力。传动模块包括各种机动部件，由动力传动装置（柴油机和自动传动装置）、驾驭台、关键分系统（如三防系统和空调系统）和所有必需的与任务模块间的接口组成。任务模块包括整个车辆上的任务组件，其中包括武器部分。每种任务模块都采用不同结构。不同特点和不同性能的任务模块可能和标准传动模块相结合，并采用特定的6×6或8×8驱动方案。预计6×6生产车型的最大战斗全重为26.5吨，有效负载为4.5吨，将采用400千瓦柴油机，最大公路速度为104千米/小时；8×8车型最大战斗全重为33吨，有效负载为8吨，将采用530千瓦柴油机，最大公路速度为103千米/小时。两种车型最大行程都为1100千米。

德国研制出 APCV 全防护承载车 据《简氏防务周刊》1999 年 6 月 23 日报道，德国克劳斯—玛菲—韦格曼公司研制出一种称为全防护承载车（APCV）的轮式装甲车，并对其进行了广泛的试验。该车不仅具有很高的防护力和机动性，而且寿命周期成本低。该车采用 4×4 轮式底盘，最大公路速度为 100 千米/小时，最大公路行程为 700 千米。克劳斯—玛菲—韦格曼公司已生出两种预生产型：APCV-1 和 APCV-2。APCV-1 的轴距为 3.22 米，战斗全重为 6.2 吨，采用 90 千瓦柴油机和手动变速箱；APCV-2 又有长轴距和短轴距两种车型，轴距分别为 3.25 米和 3.70 米，两者战斗全重都为 8 吨，采用 155 千瓦或 177 千瓦柴油机和全自动变速箱。作为制式设备，车上装有防弹轮胎和轮胎压力中央充气系统。车体采用焊接装甲结构并安装有附加被动装甲层。车窗具有同车体相同的防护力。每名乘员有单独的座椅，座椅上有安全带，乘员舱底下装有防地雷挡板。虽然基本型没有安装武器，但车上可安装各种 7.62 毫米或 12.7 毫米机枪、40 毫米榴弹发射器、20/30 毫米机关炮或各种反坦克导弹系统。该车预计将用于装备快速反应部队，可担负的任务有：联络与通信、指挥与侦察、救护、武器承载、维修及人员输送。APCV-1 和 APCV-2（短轴距）可最多搭载 6 名士兵，而 APCV-2（长轴距）可搭载 7～10 名士兵。

英国改进履带式战斗侦察车系列 据《简氏防务周刊》1999 年 1 月 6 日报道，英国国防部同阿尔维斯车辆公司签署一项价值 3200 万英镑的合同。根据合同，阿尔维斯车辆公司将提供 1107 套柴油机改进组件，用于改进英国陆军现役的履带式战斗侦察车系列。改进的车型包括“弯刀”和“军刀”战斗侦察车及诸如“撒玛利亚人”装甲救护车、“斯巴达人”装甲输送车、“苏尔坦”指挥车、“大力士”装甲抢救车和“打击者”反坦克车等各种专用变型车。首批改进 200 辆，随后选择改进 443 辆。改进工作从 1999 年第 1 季度开始并一直持续到 2000 年。改进后，该系列车的使用寿命延长至 2015 年。改进的内容包括用“卡明斯”6 BTA5.9 柴油机取代原“美洲虎”4.2L 汽油机，这不仅提高了燃油效率，而且还提高了发动机的可靠性和耐久性，另外，现有的 TN15 传动装置经一些改进后将被保留。

英国陆军采购新型装甲联络车 据《简氏防务周刊》1999 年 2 月 11 日报道，英国陆军目前正在制定对一种新型轮式装甲车——未来指挥与联络车的需求。英国陆军总计需采购 500 辆，并将在 2004 年左右服役。这批车辆将有两种车型：75%将为通用车型，其余将是侦察车型。侦察车型将安装用于昼夜观察的全天候传感器组件及激光测距仪。该车将主要用于侦察、指挥、联络和无线电转播。根据任务不同，车上可载 4 名或 6 名乘员。该车将采用柴油机和自动变速箱，并有助力转向装置。车上的制式设备有三防装置、新型“弓手”通信系统、战场管理系统和用于自卫的 7.62 毫米机枪或 40 毫米榴弹发射器。该车将具有较高的防护力，不仅能够抵御轻兵器的射击，还能防反坦克地雷爆炸的冲击。为节省时间和经费，英国目前正在考虑采用商用现成方案。考虑的车型有：英国阿尔维斯车辆公司“圣甲虫”、法国潘哈德公司的 VBL 长轴距车型、瑞士莫瓦格公司的“鹰”2 和荷兰宇航与车辆系统公司的“狐”式。

英、德合作研制 MRAV/GTK 装甲车计划有进展 据《简氏防务周刊》1999 年 11 月 10 日报道，英国和德国的采购部门将价值 1.15 亿美元 MRAV/GTK 装甲车研制合同授与了 ARTEC 公司（即前欧洲联合公司）。欧洲联合公司在 1998 年被选定研制原英、法和德合作的 MRAV/VBC/GTK 装甲车，但由于种种原因，特别是法国的退出（该国想通过本国的步兵战车发展计划来满足对一种具有更好防护和更强火力的步兵战车的需求），该计划被延迟。研制合同还包括首批生产 600 辆（英国和德国各 300 辆）的意向，生产预计将从 2004 年开始，首批车辆将在 2006 年交付。在研制阶段，将生产 9 辆样车，并将在 2002～2004 年对其进行广泛的试验。预计英德两国对该车的总需求至少为 2000 辆。ARTEC 公司总部位于慕尼黑，由英国阿尔维斯车辆公司、德国克劳斯—玛菲—韦格曼公司和马克公司共同组成。预计荷兰也将在 9 个月内加入到该项目中。荷兰国防部称该国首批将需求 200 辆，总需求将超过 500 辆。MRAR/GTK 将是一种 8×8 轮式车辆，主要有两种车型：装甲输送车和指挥车。装甲输送车乘员 2 名，载员 8 名。该车最大公路速度为 103 千米/小时，最大行程将超过 1000 千米，战斗全重在 30 吨左右。在两种基型车的基础上，各国还将根据需要开发自己的专用车型。在英国，车型将包括反坦克导弹发射车、自行迫击炮车、装甲救护车及指挥与控制车。英国的车辆将采用装 12.7 毫米机枪的“赫里奥”炮塔。

法国计划发展新型步兵战车 据《简氏防务周刊》1999 年 3 月 31 日和 6 月 16 日报道，法国武器装备部正在就发展新型步兵战车进行国际招标，预计在1999年底选定一家承包商。该承包商将和法国地面武器工业集团共同研制并生产450或550辆新型步兵战车。这批车辆将在2005～2010年交付，每年生产75辆。这种8×8新型轮式步兵战车将取代现有的AMX－10P履带式步兵战车，并用于伴随“勒克莱尔”主战坦克作战。除驾驶员和车长外，该车要求能搭载10名步兵，车上将安装三防系统和夜视设备。预计该车将配装1个单人炮塔，上面将安装1门25毫米机关炮和1挺7.62毫米机枪。

意大利陆军订购“标枪”步兵战车 据《简氏防务周刊》1999年1月20日报道，意大利政府已经批准意大利陆军向奥托·布雷德公司首批购买200辆“标枪”步兵战车的合同。这批车辆将用于装备意大利陆军的机械化步兵团，每个团将装备大约45辆。除装有HITFIST双人炮塔（上装有厄利肯—康特拉维斯防务公司的KBA式25毫米机关炮）的基型步兵战车外，购买的车型还包括4种变型车：反坦克导弹发射车、120毫米自行迫击炮车、指挥车和救护车。反坦克导弹发射车型在HITFIST炮塔的两侧各安装有1具美国雷神公司提供的射程为3750米的“陶”式反坦克导弹发射架。“标枪”步兵战车乘员3名（驾驶员、车长和炮长），可搭载6名士兵，载员室内配有5个射击孔，士兵可从车内向外射击。指挥车型乘、载员8名；救护车最多可搭载4名重伤员，两种车型都装有辅助动力装置。

白俄罗斯研制新型装甲侦察车 据《简氏防务周刊》1999年4月14日报道，白俄罗斯研制了一种2T式新型履带式装甲侦察车样车。该车主要用于担负战场纵深侦察任务。车上不仅装有反坦克导弹，而且还装有射后不管防空导弹。另外，车上还安装有先进的计算机化火控系统，使该车具有昼夜间探测、跟踪和打击地面和空中目标的能力。该车采用2S6M“图古斯卡”自行防空火炮/导弹系统的改装底盘，但对全焊接车体进行了重新设计并安装了附加装甲。据称车首能抗300米远射来的30毫米穿甲弹的攻击。车体上安装有双人炮塔，炮塔上安装了1门30毫米双向稳定机关炮和1挺7.62毫米并列机枪。弹药基数为：30毫米炮弹500～700发；7.62毫米枪弹2000发。该车战斗全重27.4吨，最大速度为105千米/小时，最大行程为1000千米。车上采用的液气悬挂装置使驾驶员能根据地形调整车底距地高，调整范围为130～570毫米。车上的标准设备有车长、炮长及驾驶员使用的被动式昼夜观瞄装置和三防系统。

瑞士莫瓦格公司研制“锯脂鲤”4型装甲车 据《简氏防务周刊》1999年9月22日报道，瑞士莫瓦格公司正在研制8×8“锯脂鲤”4型装甲车。首辆样车将于2000年完成。与现有车型相比，该车的改进主要包括：采用模块化装甲组件，提高了防护力；提高了载运能力；增大了内部空间（12立方米）；采用了更大型的轮胎。该车基型底盘重13.5吨，最大战斗全重可达24吨。车体采用了隐形设计，使之在战场上很难被探测到。车上安装的武器取决于任务需求，但一般情况下，可安装德尔科防务系统公司的双人炮塔，上装1门30毫米“大毒蛇”2型稳定式机关炮。根据最近达成的协议，英国维克斯防务系统公司获得了在英国及其他一些地区销售此车的许可证。该车还被提供给法国，以满足该国陆军对一种新型步兵战车的需求。

西班牙订购“半人马座”装甲车 据《简氏防务周刊》1999年9月22日报道，西班牙国防部同意大利依维柯—奥托—布雷德联合公司签署一份合同，购买22辆8×8“半人马座”VRC轮式装甲侦察车。这批车辆将在1999～2001年交付，用于装备西班牙陆军快速反应部队的一个装甲骑兵团。车上将安装爆炸反应式装甲组件，主要武器为105毫米高压火炮，配有14发待发弹和24发备用弹。该车有4名乘员，如除去后部舱室内的弹药架，还可搭载4名步兵。

奥地利订购“乌兰”步兵战车 据《简氏防务周刊》1999年5月26日报道，奥地利国防部最终与施泰尔—戴姆勒—普赫公司签署一项合同，购买112辆“乌兰”步兵战车。该批车辆 将在2002～2004年交付。“乌兰”是奥地利与西班牙合作研制的ASCOD步兵战车的命名。该车将用于补充并最终将取代奥地利陆军装备的老式的AG4K47A履带式装甲输送车。奥地利陆军将把“乌兰”步兵战车和“潘多尔”轮式装甲车两种车辆混编在一起，和“豹”2主战坦克协同作战。“乌兰”步兵战车采用动力操纵炮塔，炮塔上装1门稳定式“毛塞”MK－2型30毫米机关炮和1挺7.62毫米并列机枪。除3名乘员外（车长、炮长、驾驶员），车上还可搭载8名全副武装的士兵。

澳大利亚订购“大毒蛇”步兵机动车 据《简氏防务周刊》1999年3月17日报道，澳大利亚陆军同ADI公司签署一份价值1.3亿美元的合同，订购350辆“大毒蛇”步兵机动车。合同规定，从2000年中开始生产，首辆生产车型将于2001年交付，首批车辆将在2002年装备部队。“大毒蛇”步兵机动车是为远程输送部队而设计的，采用4×4驱动式，可搭载

9名全副武装的士兵。为防反车辆地雷，车体采用V型结构。该车可抵御北约5.56毫米和7.62毫米枪弹、81毫米迫击炮弹破片和“克莱莫尔”地雷的攻击。如果需要，可进一步增强该车的防护力，使之能抵御5.56和7.62毫米穿甲弹的攻击。为提高载员的生存能力，所有燃油箱都配置在车外。车上的标准设备有：自动变速箱、中央轮胎充气系统、空调系统、自救绞盘、两个备用车轮/轮胎。另外，车上还备有270升饮用水。该车的最大公路速度为120千米/小时，最大行程为1000千米。该车的变型车包括步兵机动指挥车、救护车、自行迫击炮车、直接火力支援车和战斗工程车。ADI公司还计划在车上安装一个新的发动机管理系统，使发动机功率从300马力增加到350马力，另外将改进发动机的换装程序，使发动机的换装时间减少到10分钟。

新技术与新部件　**美国在混合式电推进系统研制方面取得重大进展**　据美国《国防新闻》1999年3月8日报道，美国国防部在发展混合式电推进系统方面已取得显著进展。在2月15～17日美国陆军举行的一次会议上，一辆采用混合式电推进系统的高机动多用途轮式车及一辆采用混合式电推进系统的装甲输送车和它们的常规柴油机动力车辆进行了行驶对比试验，结果，混合式电推进的车辆轻易取得胜利。例如，混合式电推进的高机动性多用途轮式车从原地加速到96千米/小时大约需7秒，其发动机功率为70马力（而不是常规车辆的200马力发动机），燃油消耗降低了30%。

美国试验新一代105毫米LPT低轮廓炮塔　据《简氏防务周刊》1999年1月13日报道，美国通用动力公司地面系统部将改进后的新一代105毫米LPT低轮廓炮塔安装在由奥地利和西班牙两国合作研制的ASCOD步兵战车上，并成功地进行了首次射击试验。LPT炮塔是在80年代初研制的并被安装在当时的AGS装甲火炮系统和直接火力支援车上。新一代LPT炮塔进行了一些重大改进并采用了新型结构，使之变得更轻、更小、更坚固。LPT炮塔采用外置火炮方案，非常适于安装在轻型履带式或轮式装甲车上。炮塔上安装有1门105毫米M－68A1线膛炮，火炮由位于炮塔座圈下面、车长和炮长之间的自动装填机装弹。火炮上安装有抽烟装置、炮口基准装置和一体式炮口制退器，由于安装了4缸后坐装置，而实现了低后坐。炮塔内车长和炮长都配有观察潜望镜。炮长主瞄镜为双向稳定，包括有第2代前视红外装置、人眼安全激光测距仪和直接观察装置。车长配有周视瞄准镜，从而具有了猎手—射手的能力。炮塔回转和武器的控制采用电动方式，车长和炮长都能对火炮进行瞄准和射击。

俄罗斯研制出“前帆”炮塔　据《简氏防务周刊》1999年3月24日报道，俄罗斯在1999年国际防务展上首次展出了安装有最新研制的“前帆”单人炮塔的БМП－1步兵战车。“前帆”炮塔是俄罗斯KBP仪器设计局研制的，用于安装在各种履带式或轮式装甲车底盘上。该炮塔是目前世界上同类炮塔中火力最强的炮塔，上装有1门30毫米2A72型机关炮、1挺7.62毫米PKTM机枪和4具9M113“铜号”激光制导反坦克导弹。作为制式装备，上面还装有先进的双向稳定式并带昼/夜热成像通道的观瞄系统。“铜号”反坦克导弹采用串联反坦克弹头，能够击穿由爆炸反应式装甲防护的厚度为900毫米的钢装甲，导弹射程大约为5000米。导弹上安装的是热气压高爆弹头，能非常有效地用于对付轻型装甲车辆、暗堡及其他野外工事。

以色列研制攻顶式炮射反坦克导弹　据《简氏防务周刊》1999年11月3日报道，以色列军事工业公司目前正在研制一种称为Excalibur的新型攻顶式射后不管远程炮射反坦克导弹。现正在研制105毫米和120毫米两种型号。但由于以色列现装备的主战坦克中大部分是装备105毫米火炮的坦克，所以研制的重点是105毫米弹药。由于正等待注入资金，该项目还没有进入全面研制阶段。以色列军事工业公司称，该弹药与激光制导坦克弹药相比具有优势，因为它是一种射后不管型，发射后，炮长可开始打击下一个目标。该弹药在前部装有探测器，用于捕捉、跟踪并将弹药导向目标，炮弹的所有程序由计算机控制。炮弹的前部还有4个控制翼面，后部有6个旋转折叠式稳定翼。离开炮管后，炮弹向上飞行，然后向下俯冲，射向装甲车辆易受攻击的顶部。该弹药采用串联式高爆反坦克战斗部，能够击穿有爆炸反应式装甲防护的坦克。

德国和俄罗斯合作推出坦克炮射导弹　据《简氏国际防务评论》1999年第12期报道，德国的德尔和克劳斯—玛菲—韦格曼两家公司同俄罗斯的KBP仪器设计局共同合作，推出一种称为“矛”的坦克炮射导弹。该型弹药是俄罗斯KBP仪器设计局的9M117“堡垒”炮射反坦克导弹的改进型。德尔公司负责9M117导弹的改装，使之与105毫米弹壳相匹配；克劳斯—玛菲—韦格曼公司负责坦克火控系统的集成。“矛”炮射导弹全重25.4千克，全长1.015米，可安装模块化多用途破片弹头（没有采用串联弹头），据称可击穿由爆炸反应式装甲防护的厚度为750毫米的均质钢装甲，是一种火箭助推半自动瞄准的激光制导反坦克系统，当从静止位置向运动目标发射时，在100～5500米的射程上击中概率为90%（圆形概率误差为1米）。（张国斌、李　鑫）

炮兵武器装备

综述　1999年，世界炮兵武器装备的发展体现了与现代化战争特点相适应的趋势，即体系对体系、集团对集团、系统对系统的作战特征。在这方面最典型的例子是防空武器系统的发展。以前，东西方国家均十分重视单体武器系统的发展，而且取得巨大的成就。例如，美国发展了“爱国者”防空导弹系列，俄罗斯发展了C－300系列防空导弹，欧洲一些国家也发展了不少具有世界领先水平的防空导弹系统。但这些系统无论从技术上，还是从战术使用上，基本上还停留在以某一型号武器系统单独作战的状态，各种不同类型的武器系统尚未充分融合在一起，形成一个更大的系统。应当说，关于这一点，俄罗斯人（确切地说，应当是原苏联人）比美国的认识还要早；然而，在具体的发展上，美国却走在了前头，并在1991年的海湾战争中付诸实战，海湾战争后进入了一个快速发展的时期，典型的例证是国家弹道防御系统和战区弹道防御系统的提出和发展。继美国之后，俄罗斯发展了C－400防空系统并于1999年进行了成功的试验。其最大特点是把现役多种防空导弹系统通过指挥控制网络结合成一个大的系统，用于对付包括各类飞机、直升机、无人机和各类导弹在内的多种空中威胁。与美俄作法颇为相似的是欧洲的法国和意大利也联合发展了一种称之为“未来地空导弹系列”的防空系统，它包括了“阿斯特”系列导弹和数种雷达。一句话，它们都正在“结网”，都在构建自己的“体系”、“系统”、“集团”，也就是正在构建自己的“网络”。炮兵防空武器系统如此，炮兵压制武器系统以及其他武器系统的发展也是如此，这已形成了一种趋势和潮流，而且在今后相当长一个时期内仍然会朝这个方向发展，这已是不可争辩的事实。作为这种“网络”系统发展的基础，炮兵武器的高精度、数字化、信息化以及作战平台的综合多能化趋势仍然一如既往迅猛向前发展。

炮兵压制武器系统　*榴弹炮*　**美国陆军接收第950门M－109A6“帕拉丁”155毫米自行榴弹炮**　据英国《简氏国际防务评论》1999年7月报道，美国陆军已于1999年6月25日接收了第950门M－109A6“帕拉丁”155毫米自行榴弹炮。交付方是美国联合防务有限公司的“帕拉丁”生产分部。至此，美国陆军对M－109系列155毫米自行榴弹炮的改建工作已告结束。

M－109A6“帕拉丁”自行榴弹炮项目始于1985年，首先由美国BMY公司战斗系统部为老化的M－109A2/A3型155毫米自行榴弹炮设计了一个重大改进方案，时隔6年后于1991年9月开始了头164门M－109A6“帕拉丁”系统的小批量生产并于1994年9月交付部队使用。此次的M－109A6“帕拉丁”项目是对老式M－109系列自行榴弹炮的第6次重大改进。改进的重点是：炮载弹道计算机和导航系统、炮身和炮架、火炮自动定位系统及车辆各分系统、无线电保密通信系统、核生化防护系统、夜视系统和自检系统。美陆军军事专家称，M－109A6“帕拉丁”155毫米自行榴弹炮与老型号的M－109系列自行榴弹炮相比，其反应能力、生存能力、杀伤能力和可靠性都有很大的提高。在信息化战争形态初露端霓的20世纪90年代，美国M－109A6自行榴弹炮在数字化能力方面有了较大的提高，使之成为美国陆军中用于“数字化战场”的第1种武器，为适应未来信息化战争打下了良好的基础。

M－109A6“帕拉丁”系统采用39倍口径的M－284型155毫米炮身，M－182炮架是重新制造的，炮塔也经过了彻底的改制，对底盘除了进行修理、改进和加强之外，还换装了1台新的发动机，传动装置和变速箱均进行了彻底的检修。经过修理和改进的底盘同炮塔结合后，在正式验收之前均进行过公路行驶试验和射击试验。

同M－109A6“帕拉丁”自行榴弹炮配套的重大项目是“野战炮兵弹药补给车”的改进工作。最早的弹药补给车为 M－992 型，后来先后改进成 M－992A0 和 A1 型，现在与 M－109A6 配套的弹药补给车型号为 M－992A2 型。M－992A2 型的改进包括 M－992A1 型的所有改进项目：换用低温起动发动机、经改进的弹药储存装置和后门传递带系统。同时 A2 型还增加了 1 个改进过的散热器，改进了侧门防护装置和主传动装置快速断开器，改变了供暖设备和液压装置的位置，提高了辅助动力装置的可靠性、可用性和可维修性的标准。截止到交付第 950 门 M－109A6 “帕拉丁” 155 毫米自行榴弹炮时，美陆军已拥有 M－992A2 “野战炮兵弹药补给车” 885 辆，尚缺 65 辆，1999 年已做出计划再增加 36 辆，即使如此，也只有 921 辆，这与 M－109A6 炮/M－992A 弹药车一一对应的要求还相差 29 辆。美国陆军军事专家称，他们计划用 “多余” 的旧 M－109A2/A3 型 155 毫米自行榴弹炮改造成新的野战炮兵弹药补给车。

韩国 K－9 “雷火” 99 型 155 毫米榴弹炮已正式投产　据英国《简氏防务周刊》1999 年 6 月 9 日报道，研制工作始于 20 世纪 80 年代的 K－9 “雷火” 99 型 52 倍口径身管 155 毫米自行榴弹炮已正式投产。投产前的研制型号称之为 XK－9 自行榴弹炮。

该火炮系统的车体和炮塔采用全焊接钢装甲，可防枪弹和弹片的打击。发动机前置，驾驶舱在前，炮塔和战斗舱在整个车体的后半部分。主炮上装有 1 个槽形炮口制退器和 1 个抽气装置。炮上还装有 1 部炮口初速测定雷达，它可以将弹丸炮口初速等信息传输给炮载计算机。炮塔顶部配置有 1 挺 12.7 毫米机枪。炮上还装有直瞄和间瞄两种瞄准系统。此外，还有生命保障系统，它包括三防装置、供暖设备、火警探测及灭火系统。该火炮系统有 5 名乘员：炮长、炮手、驾驶员和两个装填手。在他们之间以及火炮与外界（包括其他车辆和上级指挥机构）之间均有通信设备保障相互联络。夜视仪为夜间作战提供了方便。自动弹药装填系统保证了火炮较高的射速，爆发射速为 3 发/15 秒，最大射速为 6 发/分。该炮总共可携带 48 发弹丸及其配用的装药。该炮最大射程为 40 千米（远程全膛弹底排气弹），发射火箭增程弹的射程为 30 千米。载车发动机功率为 1000 马力，最大公路时速为 67 千米，最大行程为 360 千米，液压气动悬挂系统可以提高火炮的越野机动能力。火炮从开进状态停下之后，只需 30 秒即可开始射击。

每 6 门炮为一个连，每 3 个连编为一个营，该炮装备部队后，将大大提高韩国陆军炮兵的作战能力。

英国 AS－52 型 155 毫米自行榴弹炮在波兰进行射击表演　据英国《简氏防务周刊》1999 年 6 月 30 日报道，由英国公司制造的 AS－52 型 52 倍口径身管 155 毫米自行榴弹炮在波兰完成一系列的射击演示试验，并取得成功。

该自行火炮系统实际上是由英国公司提供 AS－52 型炮塔，安装在波兰提供的履带式底盘上结合而成的。炮塔实质上就是英国公司已研制多年并早已生产多年的 AS－90 炮塔，只不过是专供出口的型号，称之为 “沙漠 AS－90” 的 52 倍口径身管 155 毫米火炮系统。该系统曾在中东作过射击演示。波兰将需要 140 门这种火炮系统来代替原来的 152 毫米自行火炮。根据协议，头 6 门炮的炮塔将从英国进口，尔后所需炮塔将在波兰本国生产，由英国公司转让技术，包括转让生产该炮塔所需的所有工具、模具和夹具，并且允许波兰选择本国的部件和子系统，以满足波陆军的需要。

在波兰的演示中共发射了约 50 发不同种类的 155 毫米炮弹，以验证英国提供的炮塔的战术技术性能，以及该炮塔能否满足波兰军方的需求。在波兰和英国的多次试验中证实，AS－52 型 155 毫米自行榴弹炮的射程可达到 41 千米。

迫榴炮　**俄罗斯 2C－31 型自行迫榴炮的技术水平领先西方发达国家 30 年**　据俄罗斯《军事知识》1999 年第 1 期报道，俄罗斯 “摩多维里辛斯基工厂” 股份联合体总经理尤里·安德烈耶维奇称：“目前，在全世界范围内没有任何一支军队（俄罗斯军队除外）装备有类似于 2C－31 型 120 毫米的自行迫榴炮。” 同时还宣称，该炮在技术水平上领先西方发达国家 30 年。

2C－31 型迫榴炮最大的特点是它具有迫击炮和榴弹炮两种弹道性能，这给战术使用上带来极大的方便。该炮是俄罗斯 120 毫米迫榴炮家族中最新的一员，也是技术水平最先进的一种。迄今该系列自行炮已发展了 3 种型号：2C－9（“诺娜－C”）、2C－23（“诺娜－CBK”）和 2C－31（“维娜”）。

2C－31 型迫榴炮是在前两代型号的基础上发展起来的。1991 年在原苏联乌拉尔地区的彼尔姆兵工厂生产出世界上绝无仅有的 2C－9 型迫榴炮，其底盘为 БТР－Д 型伞兵履带式装甲输送车；20 世纪 90 年代初，俄军又装备了 2C－23 型迫榴炮，它采用 БТР－80 轮式装甲输送车底盘；2C－31 型迫榴炮生产于 20 世纪 90 年代后期，它采用 БМП－3 步兵战车底盘。

该炮的主炮塔可作 360°旋转，火炮高低射界为

-4°～+80°，其随动系统可自动恢复瞄准，在瞄准手工作位置上装有潜望瞄准具和独立直瞄瞄准具。此外，尚有一套备用瞄准传动装置，因此，它从根本上解决了火炮的生存能力问题和在极端条件下实施射击的问题。在主炮塔上部右侧还设有一个可进行90°旋转的指挥塔，其上装有自动目标指示系统和1挺高平两用7.62毫米机枪。在主炮塔两侧装有烟幕弹抛射装置，烟幕弹弹径81毫米，共有12个抛射管；炮塔还装有激光探测装置，主要与烟幕弹配套使用。2C-31型迫榴枪既可实施直瞄射击，也可从遮蔽阵地实施间瞄射击；既可发射传统的普通120毫米炮弹，也可发射新一代炮弹以及"捕鲸者-2M"激光制导炮弹；既可发射俄制120毫米迫击炮弹，又可发射北约标准的120毫米迫击炮弹。

2C-31型迫榴炮机动能力好，最大公路时速为70千米，水中浮渡时速可达15千米。特别值得注意的是该火炮系统都装有车载式自动化制导、连测和导航系统，大大提高了火炮系统的独立作战能力。2C-31型迫榴炮的主要战术技术性能如下：

最大射程（千米）	
杀伤爆破榴弹	13
迫击炮弹	7.2
射速（发/分）	8～10
最大行程（千米）	600
重量（吨）	19
乘员（人）	4

炮兵反坦克武器系统　反坦克炮　**俄罗斯研制出2C-25型自行反坦克炮**　据英国《国际防务评论》1999年第5期报道，该炮是由伏尔加格勒拖拉机厂制造的。至1999年已完成多项测试工作。厂家称，随时可以投入生产。

2C-25型反坦克炮系统采用БМД-3伞兵战斗车的底盘，全重18吨，装有一台510马力的柴油发动机。采用标准履带时对地面的压强为0.052兆帕，采用防滑板行动时对地面的压强为0.035兆帕。公路最大时速为71千米，水上浮渡时速为10千米。用伊尔-76运输机一次可空投包括乘员在内的2门2C-25型自行反坦克炮系统。该系统的前装甲倾角为40°，可防12.7毫米机枪的枪弹，两侧装甲可防7.62毫米机枪枪弹的攻击。行动部分的悬挂系统高度可以调节，在6～7秒钟之内可作500～100毫米的变化。因此，在发射炮弹之后可迅速降低高度进行隐蔽。

2C-25型自行反坦克炮采用2A-75型125毫米滑膛炮身管，可发射与T-72坦克和T-80坦克相同的弹药，包括炮射导弹在内。总计可携带40发炮弹，其中22发置于自动装填机上，射速为7发/分。该武器系统还装有7.62毫米机枪，子弹携行量为2000发。同别国同类武器相比，2C-25型反坦克炮重量轻、火炮已经大，作战效能高。瑞典的UDES-XX-20型自行反坦克炮与该炮有相似之处，但它的重量比2C-25自行反坦克炮重5～6吨，达23～24吨，其口径为120毫米，比2C-25炮口小5毫米，而且它的炮口制退器也较2C-25大，火炮后坐长度反倒比2C-25炮还长。2C-25自行反坦克炮的另一个重要特点是没有驻退机，能360°发射，可在浮渡过程中发射。该炮高低射界为-5°～+15°。

火炮瞄准手和指挥员的操控台在观察战场情况、瞄准和实施射击等功能上几乎是完全一样的。瞄准系统包括昼用瞄准具和夜用瞄准具。瞄准具配有数字式弹道计算机和激光测距机。指挥员的瞄准具具有双平面视界激光瞄准的功能以及对炮射导弹进行制导的功能。该反坦克炮的结构和负载能力可允许再增加一些功能，并实施进一步的改造。例如，可以加装红外瞄准仪，增加悬挂防护装甲等。

反坦克导弹　**俄罗斯研制出反坦克/防空两用导弹**　据英国《简氏防务周刊》1999年10月3日报道，俄罗斯研制出一种新型导弹系统，命名为"菊花"。其主要功能是反坦克，但同时又可对付直升机和低空固定翼飞机。"菊花"反坦克武器系统为全天候作战系统。它可以与多种车辆底盘相组合，构成自行式武器系统，既可装在履带式车体上，也可装在轮式车体上。最新的样品是装在БМП-3履带式步兵战车的底盘上。

据俄专家称，目前世界上还没有一种反坦克导弹系统可与该系统相匹敌。它拥有两套不同的制导系统：一种是全天候全自动制导模式，另一种为激光驾束模式。前一种模式由装在炮塔顶部左侧的毫米波雷达制导，后一种模式由装在炮塔斜装甲右上方的瞄准镜制导。因此，"菊花"武器系统可以不同的制导方式同时攻击两个目标。在炮塔顶部安装的发射架上装有两枚待发弹，导弹发射之后，自动装填系统会为发射架自动补充两枚导弹。"菊花"系统的车内共可携带15枚导弹。该系统配用9M123串联式破甲反坦克导弹和9M123F导弹，射程均有6000米。9M123导弹可穿透厚达一米由爆炸反应装甲保护的钢装甲；9M123F则配有一个油气混合爆炸战斗部，可有效打击软体目标、攻击掩体和杀伤人员。两种弹弹长均为2.057米，弹径均为0.15米。

以色列完成“吉尔”中程反坦克导弹的最后试验 据日本《装甲》杂志 1999 年第 8 期报道，以色列的拉斐尔武器研制机构已完成“吉尔”中程反坦克导弹的最后试验。该公司与德国阿托拉斯公司合作研制成功的“吉尔”导弹，满足了以色列国防部对导弹的下述要求：①操作简便，②打了就不用管，③轻型化。该导弹系统重 24.9 千克，其中导弹和密封式包装系统重 13 千克，发射装置重 9 千克，三角架重 2.9 千克。导弹发射装置上配有昼夜两用瞄准镜，放大倍率为 10 倍；热成像夜间瞄准镜为夜战提供了方便。

导弹的头部和尾部分别装有 2 个和 4 个稳定翼。电耦合器件和红外成像制导系统装在导弹的前部。在打了就不用管的条件下，导弹射程为 200～2500 米，其命中概率为 95%。

以色列“丹迪”反坦克导弹已投入小批量生产 据英国《简氏防务周刊》1999 年 10 月 13 日报道，由以色列拉斐尔武器研制局发展的“丹迪”反坦克导弹武器系统已经投入小批量生产，并已在南黎巴嫩投入作战使用。

该导弹系统有两种攻击目标方式：①打了就不用管；②发射、观测和修正。采用第 1 种攻击方式时，其操作程序如下：用电耦合装置和热成像瞄准系统捕捉目标，射手准备好导弹并锁定导弹攻击目标的位置，尔后发射，导弹即自动飞向目标；采用第 2 种攻击方式时，射手可以在攻击目标的全过程中利用光电寻的头、电耦合器或红外仪跟踪导弹并修正其飞行弹道，直至命中目标。“丹迪”导弹的最大射程为 6000 米，最小射程 400 米。导弹采用串联式破甲战斗部，可摧毁挂有爆炸反应装甲的目标。该导弹既可装在地面发射平台上，也可装在直射机上发射。每部发射架可装 4 枚导弹。导弹与包装运输发射箱共重 32 千克，发射架重 55 千克。该导弹系统是以色列拉斐尔武器研制局研制的 NT 反坦克导弹系列中的一种，代号为 NT-D，此外还有 NT-G（“吉尔”反坦克导弹系统）和 NT-S（“斯派克”反坦克导弹系统）。

炮兵防空武器系统　高射炮　俄罗斯改进 ЗСУ-23-4 型 4 管 23 毫米自行高射炮系统 据俄罗斯《军事博览》1999 年 3～4 月号报道，俄正在对 20 世纪 60 年代初研制的 ЗСУ-23-4 型 4 管 23 毫米自行高射炮进行改造。改进的方案如下：

一、更新观念，把该自行高炮纳入整个野战防空体系之中，统一考虑空中目标信息的侦察、处理、传输、指示和分配的问题。把每一辆独立的 ЗСУ-23-4 型自行高炮视为高炮连指挥所乃至更高层次指挥机构中的一个站点或一个终端。如此，可以扩大该自行高炮系统的空情信息来源。

二、改进和完善该自行高炮连的无线电电子设备：①采用新型雷达，主要是对雷达的所有组合和电子元器件进行更新和改进，减小它们的体积和重量。新型雷达的机柜由原来的 7 个减为 5 个。②采用数字式计算机系统。③改进电视瞄准装置和激光测距系统，由它们与雷达和数字计算机构成一个先进的射击指挥系统——雷达射击指挥系统和光电射击指挥系统。因此，无论是白天，还是在夜间，系统均能在无源干扰的条件下顺利实施射击指挥。④完善其他电子设备：数传设备——它可以用无线数字信道同连指挥车远距离交换信息，接收外部的目标指示信息，而连指挥车则可同时指挥控制多辆 ЗСУ-23-4 型战车作战，可决定用数辆战车对目标实施射击；雷达操作手训练设备；自检设备——可在动态和静态条件下自动检查各机件的工作状态和完好程度；动力传动系统——在静态和动态条件下调整低频自动机和炮塔的状态；指挥员用的瞄准仪。

三、改进和完善雷达射击指挥系统的作业方法。由于上述两项改进措施的实施，将使原来的雷达射击指挥作业方法发生很大的变化：①缩短信息处理时间；②重新分配系统误差、偶然误差和信号传输频率；③改进运动中系统高低角和航向角修正量计算方法；④改进求取火炮对空瞄准误差的计算方法；⑤改进修正量计算方法，包括：气象修正数据输入和计算方法、炮膛磨损初速变化修正计算方法、瞄准修正计算方法等；⑥改进二次信息处理方法；⑦完善现有战斗作业方式：在复杂的干扰情况下对低空飞行目标进行射击指挥；根据上级指挥所的指令自动指挥各战斗车辆射击；对无线电电子设备实施自检；雷达操作手的训练。

上述 3 项改进措施将大大改善全系统的作战能力：①从根本上提高探测空中目标的发现概率；②提高雷达抗无源和有源干扰的能力；③具有在复杂干扰条件下的工作能力；④提高随动系统和无线电仪器的精度；⑤缩短射击指挥系统的观察时间；⑥提高对付小型快速（500 米/秒）目标的能力，对付此类目标的高度从过去的 100 米降低到 25 米（采用光学系统可降到 0 米）；⑦目标一次飞越该高炮射击区时，在弹药消耗量不变的情况下（过去和现在均取 300 发），毁伤空中目标的概率从 0.07～0.12 提高到 0.3～0.74，当然这一概率还取决于参与射击的自行高炮数量的多少。

四、更换部分部件和组件，使之适合现在和未来作战的需要。

五、完善履带式底盘和生存保障系统。

据俄罗斯专家称，实现上述5项改进措施后，该自行高炮的使用性能也将发生很大变化：①对电子仪器的工作性能进行检查十分方便；②在无实际飞行目标、但有复杂干扰情况条件下训练雷达操作手的操作技能十分有效（在有源噪声干扰条件下，模拟作业目标达5个）；③履带车的可控性和机动性提高，技术维护和操作难度降低；④发动机起动的可靠性提高；⑤乘员的工作位置比过去更舒适。

弹炮合一防空武器系统 **俄罗斯“通古斯卡—M”型弹炮合一防空武器系统有了后继型** 据俄罗斯《军事博览》1999年3～4月号和5～6月号报道，俄罗斯已推出了新的弹炮合一防空武器系统——“通古斯卡-M1”防空系统。该系统是在“通古斯卡—M”的基础上经过一系列的改进而成的，与旧型号相比，它从根本上改善了弹炮合一防空武器系统的战术技术性能，提高了它的作战效能。其主要改进措施如下：

第一，采用自动目标信息指示接收和发送装置。它可以自动接收其他外部目标指示系统所提供的空情信息。该装置通过无线通信信道同连指挥车保持密切联系，因此，连指挥车可随时随地实时为各个“通古斯卡—M1”战斗车分配目标，从而解决了在敌大规模空袭时对付多目标的难题，极大地提高了武器系统的整体使用效能。

第二，采用了转储电路，因此，当利用光学瞄准具跟踪运动中的空中目标时，就好像对付一个静止目标那样，因而大大减轻了瞄准手的工作难度，同时大大降低了跟踪目标的误差。

第三，采用了新型导弹，导弹除了有连续光源外，还有脉冲源，坐标标定装置也有了改进。坐标标定装置是一个电子设备，其抗干扰能力历来是一个难题。新导弹采取的上述改进措施从根本上解决了标定器抗干扰的难题，从而使导弹能以很高的毁伤概率摧毁能实施光学干扰的目标。

第四，更换了倾角测量系统和航向测量系统，从而明显减小了运动中对陀螺仪的影响，降低了火炮倾角和航向测量误差，提高了目标毁伤概率。

第五，由于延长了导弹发动机的工作时间，从而使导弹的射程从8千米提高到了10千米。原导弹型号为9M311，现改为9M311-1M，二者的区别在于：①后者装上了非接触式无线电目标传感器，取代了8波束激光传感器。这种非接触式无线电目标传感器天线的方向图为圆形，从而保证了摧毁小型目标的能力。②用脉冲电磁管取代了发动机的曳光管。

总之，经改进形成的“通古斯卡—M1”弹炮合一防空武器系统具有更高的自动化程度：可自动跟踪导弹的工作状态，操作手在作业时只需要校准很小的制导偏差；可与连指挥所自动交换信息，提高了整个“通古斯卡—M1”防空连的战斗效能——在有干扰的条件下，与“通古斯卡—M”相比，“通古斯卡—M1”的作战效能要高出1.3～1.5倍。“通古斯卡—M1”的主要战术技术性能如下：

搜索雷达作用距离（千米）	18
搜索雷达扫描速度（度/秒）	360
跟踪雷达的作用距离（千米）	16
导弹平均飞行速度（米/秒）	600
导弹杀伤区（米）	
射高	15～3500
射程	2500～10000
火炮射击区（米）	
射高	不超过3000
射程	不超过4000
火炮和导弹的作战效能（%）：	
导弹	60
火炮	65
系统反应时间（秒）	不超过10
弹药基数：	
导弹（枚）	8
炮弹（发）	1904
——杀爆燃烧弹	1524
——曳光杀伤弹	380
系统战斗全重（吨）	34
战车运动速度（千米/小时）	
越野	≤15
土路	≤40
公路	≤65
公路最大行程（千米）	500
车底距地高（毫米）	
正常	450
最小	180
最大	580
爬坡度（度）	≤35
侧倾度（度）	≤25
越壕宽（米）	≤2
涉水深（无专门设备情况下）	≤1

俄罗斯研制新型弹炮合一防空系统　据《外军炮兵》杂志 1999 年第 5 期报道，继“通古斯卡”和“铠甲 －C”两种弹炮合一防空武器系统之后，俄罗斯又推出一种新的弹炮合一防空武器系统，称之为“松树”。该系统的火炮与前两种系统的火炮相同，均为 2A38 型双管 30 毫米机关炮。这种车载自行式防空系统配有一套被动式火控系统，属光电火控类型，装有激光测距机，瞄准系统可昼夜两用。

该系统所采用的导弹不同于“通古斯卡”和“铠甲－C1”系统，导弹称为“松树—P”型，采用激光制导方式，代号为 9M337。虽然在外形上同“铠甲－C1”使用的 9M335 导弹以及“通古斯卡”所采用的 9M311/9M311M 导弹极为相似，但是 9M337“松树—P”导弹的性能则有很大变化。其最大飞行速度可达 1200 米/秒，9M311 导弹的最大飞行速度只有 900 米/秒，而且 9M337 比 9M311 还小巧得多，弹径 70 毫米，助推发动机直径 130 毫米。导弹重 25 千克，战斗部重 5 千克，配有一个 12 信道激光近炸引信。导弹配有一个集包装储存、运输和发射 3 种功能于一体的发射箱，重 36 千克。有效射程 1.3～8 千米，有效射高 3.5 千米。导弹飞行 8 千米的时间仅为 11 秒。

乌克兰研制出“道奈斯”弹炮合一防空武器系统　据日本《装甲》杂志 1999 年第 6 期报道，乌克兰研制出“道奈斯”弹炮合一防空武器系统，并向巴基斯坦出口销售了 320 套这种武器系统。所谓“道奈斯”弹炮合一系统，实际上是俄罗斯“通古斯卡”弹炮合一防空武器系统的翻版。它采用 T－80У 坦克底盘，代替了原来的 ПТ－76 底盘，在上面加装了原苏联制造的 ЗСУ－23－4 型 4 联装 23 毫米自行高炮的炮塔，炮塔两侧分别装有 2 枚“箭－10”防空导弹。导弹最大射程 4500 米，最大射高 3500 米，23 毫米机关炮的射程为 2500 米，4 管射速为 800～1000 发/分。目标搜索雷达和跟踪雷达与“通古斯卡”弹炮合一系统相同，射击指挥系统采用数字式计算机，提高了命中精度。系统战斗全重为 35 吨。采用 T－80У 坦克底盘后，其机动能力大大提高，比 ЗСУ－23－4 型自行高炮的战场机动能力高得多，公路行驶最大速度为 65 千米/小时，在起伏地行驶速度也可达 40 千米/小时。

防空导弹武器系统　**俄罗斯将在莫斯科周围部署“安泰－2500”防空导弹系统**　据《外军炮兵》杂志 1999 年第 2 和第 5 期报道，俄罗斯将在莫斯科周围部署新研制的“安泰－2500”机动式全空域防空导弹系统，用于对付各类飞机、战术导弹和战区弹道导弹。该系统是 C－300B（“萨姆－12B”）防空导弹的改进型。它配用 9M82M 和 9M83M 两种新型导弹，分别取代 C－300B 系统所采用的 9M82 和 9M83 导弹。虽然新老型号导弹均可对付各种战役战术弹道导弹、各类飞机和巡航导弹，但新导弹的机动性能有所提高，因此，对付高机动性的目标更加有效。此外，9M82M 和 9M83M 性能各有不同，各有各的用途，前者射程较远，约 320 千米，用来对付远距离空袭目标；而后者射程较近，用来对付较近的空袭目标。

1 个“安泰－2500”防空导弹营包括 1 部 9C15M2 环形扫描雷达、1 部 9C19M 扇形扫描雷达、1 个指挥所、4 个多频道制导站、24 辆发射车、24 辆运输装填发射车、48 枚 9M82M 导弹和 96 枚 9M83M 导弹。预计在莫斯科周围将部署 5 个“安泰 2500”防空导弹营。

据该系统的总设计师称，“安泰－2500”导弹系统具有很多新的特点，其中一个重要特点是配用一部扇形扫描雷达，每秒可扫描一次。雷达信息采集设备的改进和信息处理方法的优化，使该防空导弹系统可以对付雷达反射面积仅为 0.02 平方米、飞行速度高达 4500 米/秒的高速弹道导弹。导弹的制导系统可保证对目标的精确打击。因此，该系统可能摧毁距离为 200 千米、高度在 25～30000 米以内的飞机，以及距离为 40 千米，高度在 1000～30000 米以内的弹道导弹。该系统的总设计师还说，1991 年的海湾战争中“爱国者”对弹道导弹拦截的成功率仅为 36%，而“安泰－2500”导弹系统经多次试验，对弹道导弹的拦截成功率均在 98% 以上。在某一短时期的试验中共发射 50 多枚“安泰－2500”导弹，均分别成功地拦截了末速高于 4500 米/秒的弹道导弹，击落两架图—16 型靶机。

俄罗斯“山毛榉”防空导弹已具有反导能力　据俄罗斯《军事博览》1999 年第 1 期报道，经过改进的“山毛榉－M1－2”已初步具有反导能力。它既可以反战术弹道导弹，又可以反空地导弹、航空炸弹以及反辐射导弹。此外，它还具备了攻击距离为 25 千米的海军舰艇的能力，也具备了打击大型指挥所、战术导弹控制站、桥梁、机场上的飞机等能力。这样，原来只能用于对付飞机的中程防空导弹系统，一下子就变成了可进行侦察和防御的多功能系统。由于该导弹系统具备发现空中目标、精确确定目标坐标的能力，因此，只要经过指挥所相应的处理之后，“山毛榉— M1－2”系统不仅可以用来掩护机场免受敌人空袭，同时还可以用于完成指挥飞行，引导己方歼击机进场等任务。

该导弹的研制和改造者认为，该系统可通过测量到的炮弹和导弹飞行弹道，外推出敌炮兵阵地和敌战术弹道导弹发射阵地的坐标。

为了不降低电子战环境中无线电伪装的效果，不破坏无线电电子设备工作的隐蔽性，研制者和改造者在对雷达系统改造后，使雷达在无线电静默状态下能够发现目标并向防空导弹指挥所发出目标指示，指出主要的有人驾驶空袭兵器的种类、型号和特征。

“山毛榉—M1－2”防空导弹系统攻击海军舰艇以及某些无线电强反差地面目标的能力，已经通过向扫雷艇、停机坪上的图－16飞机和战术导弹发射装置进行实弹射击得到了验证。对上述目标的毁伤距离，不仅取决于导弹系统的性能，还取决于目标的类型、目标和防空导弹系统本身所处地形的配置条件。毁伤空地导弹、“幼畜”和“白眼星”等制导炸弹，不仅可实现自我防御、掩护所保卫部队和目标的安全，同时又可击退敌人的空袭。对反辐射导弹的摧毁既保护了自己，又保证了防空导弹系统的其他设施免受空袭。

俄罗斯研制出改进型“道尔”防空导弹系统 据俄罗斯《军事博览》1999年第1期报道，由安泰公司生产的“道尔－M1”型防空导弹又有了改进型，称之为“道尔－M1T”型。按机动方式，这种导弹又分成3种不同的形式，即自行式、牵引式和固定式。这3种导弹主要用于保护那些不必或不便经常实施机动的目标和固定目标。

自行式的代号称为“道尔－M1AT”，仪器等电子设备舱安装在“乌拉尔－5323”汽车上，天线及发射系统装在ЧМЗАП－8335.3拖车上。

牵引式的代号为“道尔－M1ТБ”，仪器等电子设备舱和天线及发射系统均分别装在拖车上，前者装在СМЗ－7825拖车上，后者装在ЧМЗАП－8335.3拖车上。

固定式的代号为“道尔－M1TC”，仪器等电子设备舱装在КП4型车厢内，天线和发射系统安装在一个专用的台架上。

由于导弹、雷达等主要组成部分与原来的型号“道尔－M1”相同，所以除机动方式不同外，其他战术技术性能基本相同。但也有它们自己的特点，如价格低、导弹系统在机动过程中对道路要求条件低，可在负载较小的桥梁上通行。3种型号的“道尔”防空系统的有关战术技术参数如下：

“道尔－M1TA”的仪器等电子设备舱重16吨，天线及发射装备重14吨，展开时间为8分钟，撤收时间为12分钟。

“道尔－M1ТБ”的仪器等电子设备舱重9吨，天线及发射系统重14吨，展开时间为10分钟，撤收时间为15分钟。

“道尔－MITC”的仪器等电子设备舱重5吨，天线及发射系统重10吨。

日本陆上自卫队将装备新型中程防空导弹 据日本《装甲》杂志1999年第5期报道，日本陆上自卫队将于2003年开始装备新型中程防空导弹。新型导弹正在研制之中。日本陆上自卫队现役中程防空导弹已经比较陈旧落后，极待换装新型导弹。在换装之前仍装备美国的改进型“霍克”导弹。目前日本陆上自卫队共有8.5个改进型“霍克”导弹群。按照正在执行的中期防卫计划，将有1.75个导弹群换装成“霍克”改3型。到该中期计划完成时，日本陆上自卫队的中程防空导弹装备情况如下：4.25个“霍克”改3型导弹群、4个“霍克”改2型导弹群和0.25个“霍克”改1型导弹群。陆上自卫队已决定，在下一个中期防御计划中将把剩余的0.25个“霍克”改1型导弹群换装成“霍克”改3型。

韩国装备“柏加索斯”防空导弹系统 据英国《简氏防务周刊》1999年11月24日报道，韩国陆军按计划于1999年12月装备韩国自行研制的“柏加索斯”自行式防空导弹系统。该导弹研制工作始于1990年。该系统采用履带式装甲底盘，由韩国大宇重工业公司特种产品分公司研制。炮塔采用法国汤姆逊公司生产的8联装导弹发射装置，类似于法国“响尾蛇新一代”防空导弹系统的炮塔。炮塔上装有跟踪警戒雷达和光电设备。

导弹的飞行速度为2.6马赫，配用高爆战斗部和近炸引信，采用瞄准线指令制导方式，最大射程10千米。可以对付飞行速度为2马赫的空中目标。

法、意两国联合研制具有反导功能的“未来地空导弹系列” 据英国《简氏防务周刊》1999年7月28日和8月18日报道，法、意两国联合研制的“未来地空导弹系列”包括：欧洲联合地空导弹公司生产的两种海军防空反导系统（一种配备“阿拉贝尔”电子扫描雷达和“埃姆帕”多功能相控阵雷达以及“阿斯特”15型地空导弹；另一种配备“埃姆帕”/“桑普森”雷达和PAAMS导弹）；“阿斯特”15型和“阿斯特”30型中程导弹系统；“阿斯特”30（配用“阿拉贝尔”雷达）陆基中程防空导弹系统（SAMP/T）。

1998年年底在撒丁岛对 SAMP/T 系统进行了试验，尔后生产出两套产品，称之为陆基中程防空系统Ⅰ型。它以目前的“阿斯特”30导弹为基础，对制导系统和战斗部进行了改进。主要方案是用红外导引头或双模导引头代替原来的雷达导引头，用专用反战术导弹战斗部代替原来的多用途战斗部，从而可以有效拦截高空目标。

陆基中程防空系统装在法国“雷诺”TRM10000（6×6）卡车底盘上，也可装在意大利“依维柯”（8×8）卡车底盘上，所以它具有很高的机动性。1个标准的陆基中程防空营装备：1部“阿拉贝尔”三坐标多功能雷达、指挥控制车和6辆垂直发射车。每车装有待发弹8枚。“阿拉贝尔”雷达的方向扫描范围为360°，高低扫描范围为-5°～90°。可同时完成对空监视、跟踪和对导弹的控制等多项任务，可同时跟踪100多个目标和控制16枚导弹拦截10个飞行中的目标。

“阿斯特”30型导弹的飞行速度可达1400米/秒，发射重量为510千克，可实施强空气动力控制和推力方向控制，战斗部配有近炸引信。据欧洲联合地空导弹公司声称，陆基中程防空系统在有预警的情况下，对机动性目标的最远拦截距离可达1000千米。

陆基中程防空系统Ⅰ型导弹作为法国和意大利共同发展的“未来地空导弹系列”中的一种，将具有反战术弹道导弹的作战能力，同时还将增加其对付巡航导弹、反辐射导弹以及作战飞机的能力。对“阿斯特”30型导弹还将增装增程助推器，发展专用反战术弹道导弹，为此，将用高功率推力方向控制固态推进剂发动机。

波兰改进现装备地空导弹系统 据英国《简氏国际防务评论》1999年第10期报道，波兰已经和正在对过去装备的苏式防空导弹进行改进，使之服役年限延长到2005～2007年。波兰武装部队过去装备的地空导弹系统全部为苏式装备，它们是：“C-200”（“萨姆-5”）、“立方体”（“萨姆-6”）、“菱形”（“萨姆-8”）和“萨姆-3”等防空导弹系统。由于装备时间久远，其电子设备陈旧老化，很难适应现代战争的需要。但是由于波兰尚存有相当数量的苏式导弹，加之换装新型导弹耗资巨大，经济上难以承受，所以走改进原有导弹系统的道路不失为一种良策。目前波兰已开始分步对相关防空导弹进行技术改造。具体改进工作如下：

第一，正在更新和改进“立方体”（“萨姆-6”）机动式防空导弹。为保证导弹良好的抗电子干扰能力，有关工厂正在对其电子系统进行改造，以减轻重量和降低红外辐射征候。新研制的红外搜索传感器和敌我识别询向设备也将安装在“立方体”导弹系统中。第二，波兰陆军第4防空团（属北约快反部队之一）装备的“菱形”（“萨姆-8”）防空导弹加装了敌我识别询向装备。

炮兵弹药和引信

俄罗斯研制出新的引信 据俄罗斯《军事博览》1999年第6期报道，俄罗斯科沃洛夫仪器制造厂为俄军生产出一种新型通用非触发引信，命名为“信号”。它的最大特点是可配用于不同的弹种。它可用于120、130、152毫米弹径的普通杀伤爆破弹、火箭增程弹和杀伤榴弹，而且在使用中无需对射表做任何改动。“信号”引信可以大大提高弹药的作战效果，因为它可在距地面最佳高度上引爆炮弹。完成同样的任务，使用配有“信号”引信的弹药，弹药消耗量只有原配引信弹药消耗量的1/4～2/3。如果该引信在炮口安全距离上起动，就能够毁伤逼近阵地的目标。这种引信还具有以下特点：①在弹道上定时接通电子组件；②必要时可把炸高增加2倍；③可行触发射击；④密封性能好，使用安全，便于维护；⑤对雪地、松软地和沼泽地上的目标射击时，其性能明显优于触发引信。

以色列已完成“拉哈特”制导炮弹的试验工作 据英国《简氏防务周刊》1999年8月4日报道，以色列已经完成对“拉哈特”制导炮弹的试验工作，已可以随时进入预生产阶段。该弹可以由105毫米和120毫米坦克炮发射，也可以由120毫米滑膛反坦克炮发射。为此，专门研制了一种供该滑膛炮使用的药筒套接器。多次试验证明，该制导炮弹发射是成功的。该弹的主要用途是对付一般炮弹射程之外的坦克和直升机。据以色列专家称，“拉哈特”制导炮弹的作战效能较之过去普通的反坦克弹药有很大的提高，它配有一个串联战斗部和一个半主动制导系统，能摧毁配有爆炸反应装甲的主战坦克。

以色列研制火箭弹弹道修正系统 据德国《国防技术》杂志1999年第2期报道，以色列军工公司为以色列的火箭炮研制了一种弹道修正系统。这种弹道修正系统既可成为新生产中的火箭弹的一个部件，又可以加装到现有火箭弹上。它的应用，可以使火箭弹的射击精度达到身管火炮的射击精度。除火箭弹上加装一套元器件之外，火箭炮发射架上也有一些需要改进。目前，这套修正系统在以色列已处于全面研制和生产计划阶段，已经完成了所有的试验。现在投资的重点已放到地面发射架上。

瑞士陆军发展两种子母炮弹 据德国《国防技术》杂志（英文版）1999年7月号报道，瑞士陆军为提高炮兵部队作战能力，提高火炮对目标的毁歼概率，正在积极发展子母炮弹。一种是“98”型120毫米迫击炮子母弹，另一种是“98/99”型155毫米子母弹。120毫米迫击炮是瑞士陆军步兵、机械化部队和要塞部队的主要火力支援武器，有时是山地作战中唯一可用的重型火力兵器，这些兵器作战效能的大小成了提高上述部队作战能力的关键。传统的普通迫击炮弹对现代战场目标的杀伤效果较差。虽然通过采用触发/近炸双作用引信使作战效能有较大的改进，但由于弹体结构上的局限性，很难有根本的变化。最有效的手段就是研制发展和装备120毫米子母炮弹。为满足瑞士陆军的需要，瑞士军工企业发展了“98”型120毫米迫击炮子母弹。这种子母弹装有32枚子弹，可用于反装甲和杀伤人员，能十分有效地攻击包括轻型装甲车辆在内的各类目标。该子母弹的标准射程为6000～7200米。该子母弹的作用机制为：当炮弹飞达抛撒高度时，其引信点燃抛射药，32枚子弹以“×”形散布面抛撒在半径为100米的目标上空，而后落达地面攻击目标。每个子弹均装有触发引信和两个独立的保险机构，子弹一旦命中目标，即可引起爆炸。如果没能爆炸，则已解除保险的子弹由自毁机构引爆，而没有解除保险的子弹则自行失效。据瑞士军工企业人士称，子母弹的反坦克榴弹战斗部能穿透70毫米的匀质钢甲，足以摧毁轻型装甲。32枚子弹可产生900多块破片。该子母弹重14.8千克，弹长763毫米（不含引信）或827毫米（带DM93式引信），子弹弹径42毫米，内装33克RDX高能炸药。该子母弹既可配用电子引信，也可配用机械引信。该弹有6个可折叠并在飞行中自动展开的尾翼。1999年瑞士陆军拨款采购15000发99型155毫米子母炮弹及其配套的引信，用于装备M109型155毫米自行榴弹炮。“99”型子母炮弹同“88”型155毫米子母炮弹的主要区别在于：“99”型的子弹数量有所增加，由原来的64个增加到84个，但炮弹的尺寸保持不变。84个子弹散开的覆盖面积约为15000平方米。子弹配用聚能装药战斗部，可穿透80毫米厚的钢板，同时对软目标和人员也有相当的杀伤力。

（神 赴）

工程兵技术装备

综述 1999年，世界各国工程兵技术装备的发展，概括起来主要有以下几个特点：

重点发展机动保障装备 机动作战是未来高技术条件下局部战争的主要作战样式。合成军队要在大范围、大纵深的战场空间内实施高频率、高速度、远距离、全方位的机动，离不开全方位、高效率的机动工程保障。因此，各国在工程技术装备的研制上非常重视发展机动保障装备，采取各种途径不断提高工程兵的机动工程保障能力。在渡河桥梁装备方面，各国积极发展承载力大、通用性好、结构简单的模块化器材，进一步提高渡河机动保障能力。如美军发展的通用桥梁运输车便采用托盘模块解决了用一辆运载车运载规格和要求各不相同的河中舟、岸边舟和架桥汽艇等器材的问题。美军发展的重型干沟支援桥和德国研制FFB－2折叠式舟桥的承载能力均达到70军用荷载级。在军用工程机械方面，各国注重采用与机动部队机动能力一致的底盘车，发展功能多、机动能力强、防护性能好的新型多功能机械，如英军以“挑战者”主战坦克为底盘发展未来工兵坦克；美军以“布雷德利”步兵战车为底盘发展工兵战车，以滑移式装载机为平台发展集设障、清障、构工等功能于一体的“貂”式小型机具平台；加拿大采购澳大利亚研制的能执行铲、装、挖、钻等多种作业的高速工程车等。在探扫雷装备方面，各国不断采用新技术、新方法，探索新途径，努力实现技术综合化、探扫一体化和无人化，如美军进行“人造狗鼻”探雷和蜜蜂探雷试验，探索采用热成像技术帮助探雷，加拿大发展采用电磁金属探测器阵列、热像仪、探地雷达和热中子活化探测器等多种技术的综合探雷车系统等。

积极发展智能化反机动保障装备 反机动保障装备包括地雷、布雷装备和爆破器材，主要用于增大自然地形的障碍效能，通过迟滞敌机动能力来加大战场时空的纵深 ，发扬己方的火力。随着传感器技术和弹药技术的发展，部分国家开始研究在复杂战场环境中能够自动警戒、识别、跟踪目标，测定目标方位、距离和速度，并对目标实施攻击的新型智能反机动装备。如美军正在研制的“猛禽”智能战斗警戒系统可通过探测器搜索目标，并将信息传递到作战中心以提高指挥员控制战场的能力，作为武器使用时，可自动跟踪、侦测目标，并适时引发战斗部攻击目标。美军在研的“逊丘伦”反机动遥控系统则为“大黄蜂”等广域弹药提供通用的遥控装置，可用以实时提供战斗信息，接收和执行广域弹药的攻击命令。

适当发展生存力保障装备　近年来，军事侦察技术突飞猛进，侦测波段几乎覆盖了整个电磁波段。为了有效地对部队和技术装备进行伪装，提高部队的生存能力，世界各国都比较重视伪装器材的发展，注重研制和装备防护段宽、质量轻、适于机动伪装，甚至对背景具有一定自适应能力的伪装器材。如美军研制的“超轻型伪装网系统”具有光学、雷达、近红外和红外伪装性能，而且整套系统质量轻，易于部署且价格低廉；美军“高机动伪装系统”在保持良好光学、雷达和热伪装性能的同时，可有效地对技术装备实施机动伪装，且不妨碍传感器和武器的使用。

渡河桥梁装备　**美军正在研制重型干沟支援桥**　据美军《工兵系统手册》1999 年 4 月报道，美军正在研制的重型干沟支援桥（HDSB）计划于 2002 年列装。它被称之为模块化桥梁，14 名作业手可在 90 分钟内架设成 40 米长的桥梁。整套桥梁器材既可结构成 40 米长的桥梁 1 座，也可结构成 20 米长的桥梁 2 座，承载能力达军用荷载 96 级（轮式）/70 级（履带式）。桥梁构件运输采用配有托盘化装载系统的通用桥梁运输车或其他托盘化装载挂车或卡车。

美军装备通用桥梁运输车　据美军《工兵系统手册》1999 年 4 月报道，美军工程兵部队正在装备“通用桥梁运输车”（CBT）。它是以高机动多用途轮式车为底盘，装有托盘化装载系统，提供桥梁接合托盘、改进型架桥汽艇托架、托盘装载系统平板架等接合装置，可运输和牵引重量为 10 吨的标准带式舟桥桥节、改进型带式舟桥桥节、架桥汽艇和固定桥梁器材等装备。装载系统可在驾驶舱内遥控操作，装卸接合托盘时间不到 1 分钟。

德国研制出 FFB－2 军用荷载 70 级折叠式舟桥　据德国《国防技术》杂志 1999 年第 3 月报道，德国 EWK 公司针对国防重型战斗车辆重量，新研制出 FFB－2 军荷载 70 级的折叠式舟桥，以取代 FFB－1 舟桥。该桥全套器材可用 7～10 辆卡车运输。架设时，通过运输车上的滑轮泛入水中，即自动展开，经舟艇连接，形成 1 座浮桥或结构成门桥。使用后，桥节由吊车从水中吊起，并自动折叠，再重新装回卡车上待运输。EWK 公司最近已向台湾出售 22 辆 FFB－2 舟桥，这些舟桥考虑到气候原因，装甲驾驶室内均装上空调。另外，EWK 公司还可能向土耳其和其他使用 EWK 前型号（FFB－1）的国家出售该产品。

挪威陆军将成为改进型路面系统的第 1 个用户　据英国《简化防务周刊》1999 年 1 月 6 日报道，挪威陆军是德国生产的最新型 60 级路面系统的第 1 个用户。该系统称之为“重型地面机动系统”（HGMS），采用了早已用于多种装备的 Scania HK 8×6 卡车为基础车，其上部运载的路面系统由 4 个子系统组成：承载导向架、卷筒、路面及附属设备，而军用荷载 60 级路面段的运输、铺设及撤收设计长度均为 50 米。在器材架上安装有 1 个回转平台，在这个回转平台上又安装了 1 副卷筒支架，支架之间有 1 卷筒总成，军用荷载 60 级的路面段就卷绕在此卷筒上。路面段由一定数量并相互连接的全板和半板组成，路面宽度为 4.57 米，敷设于地面时，可通行军用荷载 70 级以下的履带式车辆，或军用荷载 60 级以下的轮式车辆，该器材的路面段每隔 5 米，通过半板可将全长度的路面段分割成较短部分使用，或在任意位置更换被损路面板。需要时，一定长度的路面还能与另一路面搭接使用，搭接长度约为 1 米。铺设作业时，先停车，将回转平台旋转 90 度。然后，车辆慢慢向后倒行，路面卷反转，通过车尾铺向地面。这种路面器材的铺设与撤收均不需要驾驶员离开驾驶室。在平坦的地形上，铺设 50 米长的路面段，从动车到车辆停好只需 10 分钟，而真正铺设作业时间不足 3 分钟。

军用工程机械装备　**美军正在试验工兵班用“貂”式小型机具平台**　1999 年，美国陆军为了提高工程兵劳动效率，降低劳动强度，正在评价试验一种“貂”式小型机具平台。它能在设障、清障、改善防御工事和维护交通线作业中大大提高其工兵班的劳动效率，并能实施其遥控作业。战斗工兵班使用该机具平台的作业时间比“陆军训练与评估大纲”（ARTER）所规定的标准时间快 40%。“貂”式小型机具平台实际上是一种机动灵活小型履带式工程车，可换装 12 种附属装置，可以进行推土，装载、叉装、压实、平地、钻孔、反铲挖掘、拌和水泥、清扫、装填沙袋、破碎混凝土、打桩、拔桩、打钉、切割、锤击扫雷等作业，可以说，能完成战斗工程保障任务中的各种作业。它还可以在多种地形：散砂地、深淤泥地、密林地、高低不平地等地形上作业。该机具平台上装配的实用遥控装置（标准化遥控作业系统）允许全部附属装置连续使用，大大提高战斗工兵班的综合保障能力。

美军装备高速压路机和振动式压路机 据美军《工兵系统手册》1999年4月报道，美军选用了两种民用压路机装备部队。一种是卡特匹勒公司生产的高速压路机（HSC），柴油机驱动，铰接转向，带羊足碾和液压推土铲，适于快速修筑道路、机场和大坝。1997年至今已装备132台，2000年将再装备一批。另一种是卡特匹勒公司生产的振动式压路机（VR），可用螺栓连接在光轮上加装羊足壳。该压路机为轻型、可空运式，于1999年列装部队。

美军正在研制机器人战斗支援系统 据美军《工兵系统手册》1999年4月报道，美军正在研制机器人战斗支援系统（RCSS）。该系统为小型装甲多功能机器人，能为多种作业机具提供液压动力，可陆运、海运、空运和空投。其主要功能包括用扫雷链锤扫除所有防步兵地雷，用压实机修复机场跑道以及用打桩机打尖桩等。该系统将于2002年列装，用以装备美军空降部队、空中突击部队和轻型部队的工兵营和独立工兵连。

美军研制一种新型“工兵战车” 据美军《工兵系统手册》1999年4月报道，美军工程兵正在探讨发展一种新型“工兵战车”。设想采用M－2“布雷德利”步兵战车为基础车，保留原基础车上25毫米“大毒蛇”自动火炮、7.62毫米机枪和“陶”式反坦克导弹发射架（2枚导弹），在车前部加装皮尔逊V型扫雷犁，车上装备“火山”布雷系统、高爆工事破坏炮，车身上有焊接架，能携载尖桩、通路标志器材和工具等，翼板上能携载蛇腹形铁丝网，而车身舱内的“陶”式反坦克导弹弹仓被拆除，用于增大空间以携带多种工程兵使用的工具和器材。

美军装备新型钻井系统 据美军《工兵系统手册》1999年4月报道，美军现役、后备役和国民警卫队所属的钻井队都装备了新型钻井机。该钻井系统采用气动冲击、气动回转和泥浆钻探等钻井技术，可钻透183米以上的土壤和岩石地层。整套系统包括1台车载式钻井机、1辆支援车和1套183米钻井成套工具。另外，该系统空运时可进行组装或分解，且组件重量控制在支援车随车吊的起重能力范围之内。该钻井机在美国本土和本土以外都得到成功的应用，其辅助套件也已开发成功，可使钻井深度达到457米。

英国着手研制“装甲工程车” 据英国《简氏防务周刊》1999年1月27日报道，英国国防部将着手研制“未来装甲工程车”（FET）。为此，计划研制2种车辆：“未来坦克冲击桥”（FAVLB）和“皇家装甲工程车”（AVRE）。计划将新式的BR90架桥系统从现有的“酋长”式架桥车底盘上迁移并安装到“未来装甲工程车”上。

国防部尚未确定采用何种底盘车，但已要求承包商考虑将现有的“挑战者”主战坦克的变型车及现货供应作为选择方案。作为“挑战者”1和“挑战者”2主战坦克主要承包商的维克斯（Vickers）防务系统公司称，它准备使用最新的“挑战者”2型主战坦克的底盘来研制“未来装甲工程车”。而这种底盘车新近刚成功地通过了可靠性试验，可以满足“未来装甲工程车”的要求。预计，“未来装甲工程车”将取代“酋长”坦克冲击桥及“酋长”皇家“装甲工程车”。

加拿大陆军购买澳大利亚高速工程车 加拿大陆军1999年购买1台由澳大利亚ADI防务公司研制的“高速工程车”（HSEV），并顺利通过原型测试，即将进行系统外场测评。该车明显优于现有民用和军用工程车，具有全地形、高速度、易部署等优良性能，公路最高行驶速度高达100千米/时。车上主要作业装置有：前端装载机、反铲挖斗、钻机、螺旋钻等。

据ADI防务公司称，此种高速工程车还按加拿大陆军要求进行了改进，以确保加拿大部队能在－40℃低温条件下正常作业。

地雷、布雷和探扫雷装备

美军将装备M－4可选轻型攻击弹药 据美军《工兵系统手册》1999年4月报道，美军计划于2000年列装M－4可选轻型攻击弹药（SLAM）。该弹药器材为手持式反装备/反车辆弹药，具有类似地雷一样的被动爆破、被动红外爆破、指令爆破和延时爆破等4种工作方式，爆炸成形药形罩能穿透40毫米均质钢甲。

美军将装备“逊丘伦”反机动遥控系统 据美军《工兵系统手册》1999年4月报道，美军计划于2002年列装“逊丘伦”反机动遥控系统。该系统能为广域弹药提供通用的遥控装置。此遥控装置能遥控打开和解除“大黄峰”等广域弹药的保险，而且可能发展成为能与“辛嘎斯”单信道地面与机载无线电系统相联的陆军通用硬件轻型计算机装置。装备有该装置的广域弹药能确认远距指令的接收与执行，实施协同攻击，提供实时战斗信息报告。

美军正在研制“智能战斗警戒系统” 据美军《工兵系统手册》1999年4月报道，美军正在研制“智能战斗警戒系统”（ICO），又称之为“猛禽”。它由3个高级音响传感器、2条通道、1个控制站和16

个战斗部（目前使用改进的“大黄峰”弹药）组成，用于构建未来战场空间。该系统通过探测器搜索目标，并将信息传递到作战中心，以提高指挥员控制战场的能力。“猛禽”作为武器使用，可自动跟踪和侦测目标，并适时引发战斗部攻击目标。美军计划于2007年装备该系统。

美国研制浅水突击破障系统 据美国国防部有关网站1999年报道，浅水突击破障系统（SABRE）是一种由LCAC载人登陆艇发射，由单枚火箭拖带的直列装药爆破系统。该系统用于冲浪岸区开辟通路，其炸药序列设计为冲浪岸区输出的爆炸能量最大。它装有130块离散装药，每块装药是一块重10磅的PBX-103炸药，这些装药由0.9米长的编织尼龙绳分离开来，总长大约为122米。使用时由一个安装在发射架上的带4台火箭发动机的MK-22型火箭布设。该系统及其发射架贮放在同一个铝箱内，采用“点火和遗忘”引信，当它离开铝箱到达预设的距离后开始工作，而后通过内置延时引信使直列装药到水底后自动引爆。这种扫雷系统在冲浪岸区的扫雷效果以及清除轻型和中型障碍物的潜能已在不断进行的试验中得到证实。

美国计划进行“人造狗鼻”探雷试验 据英国《简氏国际防务评论》1999年3月报道，美国为探测地雷，正计划进行“人造狗鼻”的探雷试验。此项投资2500万美元，开发一种称作“人造狗鼻”的电子模拟器，由防务高级研究项目署的科学家里贾纳·邓根博士和加州工学院牵头。其研究目标就是要在一种电子传感器中“模拟”和提高犬类的能力。这种传感器是具有高度特殊性和敏感性的实时便携式系统。据称，1999年底前第1台“狗鼻”样机将进行野外试验。防务高级研究项目署称，该项目离获得一种能向美国武装力量提供新型探雷能力的装置尚需几年时间。

美国计划用蜜蜂帮助探雷 据英国《简氏防务周刊》1999年5月19日报道，美国国防部称，将开始就带有“无线电频率”（RF）小终端的蜜蜂能否用于地雷探测进行试验。此项试验由“防务高级研究项目署”（DARPA）出资300万美元，由西北太平洋国家实验室和蒙大拿大学的工程师为50只蜜蜂装配重量仅为27毫克的无线电频率终端，以跟踪它们的行动并探测任何暴露的微量炸药。

挪威开始试验装甲扫雷车 据英国《简氏防务周刊》1999年3月17日报道，根据1996年签订的合同，挪威陆军对首批由HaggLunds Moelv公司研制的装甲扫雷车（AMCV）开始进行试验，估计第1台车将于2000年12月交付挪威皇家陆军使用。这种扫雷车是以“豹”1坦克的底盘为基础，所作的改装包括拆除炮塔和新装1个加高了的上部焊接结构，1挺7.62毫米机枪及数个烟幕施放器。在车体前部设置1个翻转台，上面安装英国制造的Aardvark链枷式扫雷系统。该扫雷车能够扫除爆破雷和电子雷，还能作出通路标示。此车可视不同的地形条件在防坦克/防步兵雷场中以每小时16000平方米的速率开辟出4米宽的通路。该车还安装有1套自动深度调节系统。

加拿大签订探雷器改进合同 据英国《简氏防务周刊》1999年3月10日报道，一项为加拿大陆军生产4套改进型探雷系统的合同被授予位于卡尔加里的加拿大计算设备公司（CDC），合同价为2400万加元（1590万美元）。该探雷系统由1台载有1个金属探测器阵列、热成像仪、探地雷达和热中子活化探测器的遥控车辆组成。热中子活化探测器通过对氮的探测来确认爆炸物的存在。1个车辆控制站为操作手提供数据处理和屏幕显示，控制设备装载在M-113型装甲输送车上，它可在距探雷车2千米以外跟进作业。该系统以5千米/小时的速度前进时，可探测出车行道中金属含量极小的的防坦克雷。按照合同，第1套改进型探雷系统将于2000年4月交付使用。

伪装模拟装备

美国陆军试验新型伪装系统 据美国《陆军后勤》杂志1999年5~6月号报道，美军新研制的“超轻型伪装网系统”（ULCANS）在作战适应性实验中获得成功，它将很快取代现装备的伪装系统。新型伪装网较现役中的“轻型伪装掩蔽系统”（LCSS）轻33%，而且具有良好的热衰减性能，可减少敌人传感设备的热探测效果。另外，超轻型伪装网系统有很好的抗钩挂性，它没有尖状或金属部件，可挂在飞机上使用。其尺寸和形状可根据需要定制。新系统较老系统在雷达散射和近红外背景匹配性能上相同或更好。该系统为单面设计，所以不会有哪面朝外的混淆。新系统的初始配置为通用型林地伪装遮障，并将提供与现役系统模块同样大小和形状的六边形和菱形组成的组件。这些组件可组合配置成各种尺寸和形状的遮障面，可覆盖任何军用设备。

（熊万奎、张　亮）

海军武器装备

综述 1999年，世界各国海军随着世界战略格局的变化，以及安全形势的发展，在武器装备方面也呈现出十分明显的变化和一些全新的特点。

新一代未来航母正成为各海上强国趋之若鹜的目标，不少国家纷纷签约、评估那些性能突出的新型航母；中小型航母依然为第三世界国家海军所青睐。美国海军在正式启动CVN－77（第10艘“尼米兹”级）航母之后，由于预算限制，只得多增加一个过渡型航母CVX－78，然后再过渡到新一代CVX航母上。新一代航母比之“尼米兹”级航母来将突出生命力，着重加强降低噪声、电、磁特征指标，全寿命维护费用将降低50%，舰员减少40%。1999年1月，英国皇家海军未来型航母CVF初期评审项目开始招标。“初期评审”将对垂直起飞/短距起降、垂直起飞/阻拦起降、常规起降3种方案进行选择分析；同时实施的还有“未来航母载机”及“未来航母空中预警飞机计划。”看到英国2015年前的未来航母发展前景，法国希望与英国海军合作开展对新型常规动力航母的研制；这样，“戴高乐”号的后续舰就有可能不再建造。世界其他国家在世纪末仍将维持其一艘航母的现状。在第三世界国家中恐怕要数印度海军发展航母最积极，也最肯下本钱。印度海军不仅在1999年初对现有唯一的“维拉特”号航母进行延寿工程外，而且还于同年7月批准建造3.2万吨级航母，预计2010年建成服役。在此航母服役前，印度海军将以前苏制“戈尔什科夫”号航母作为海上舰队核心，执行有关作战训练任务。

高性能的水面战舰，尤其是装有“宙斯盾”系统和采用各种隐形技术的战舰已为越来越多国家海军所重视； 还有一些国家则特别看好小型（轻型）护卫舰。 在世界范围内，近年来，各国海军拥有巡洋舰的数量日渐减少，唯独日本海上自卫队却打算建造万吨级的巡洋舰。多年来驱逐舰和护卫舰一直是大多数国家海军倾力发展的舰种。英国在退出原由英、法、意3国联合开发的“地平线”护卫舰项目后，转而启动45型驱逐舰计划；而法、意两国仍继续开发“地平线”护卫舰计划。印度在继续建造“德里”级驱逐舰。当然，更多的国家造舰的重点在护卫舰上。可见驱逐舰、护卫舰不仅现在，而且今后一段时期均是世界绝大多数国家水面战斗舰艇发展的主流。两栖舰艇仍为不少国家所倚重。其中尤为值得一提的是西班牙海军，它在下水2艘“加西利亚”级两栖攻击舰之后，又完成了一种新型全通甲板两栖攻击舰。

核动力攻击型潜艇是许多国家海军发展的重头戏，各种新型号的潜艇不断推陈出新。 1999年俄罗斯最新的核动力攻击型潜艇“北德文斯克”号正式交付其海军使用；该艇充分反映了俄潜艇向多用途、深潜、安静和自动化方向发展的趋势。同年9月，美国新一代核动力攻击型潜艇“弗吉尼亚”号正式铺设龙骨。该级艇特别适合浅水海域联合作战，可以完成各种不同的作战任务，但更适合打击岸上目标。英国也开始研究未来核动力攻击型潜艇，它将装备可发射巡航导弹的新型垂直发射系统，并能装载和操纵无人潜水器。同年，法国对“梭鱼”级核动力攻击潜艇进行了可行性研究，2000年将进入计划的确定阶段。印度海军也于1999年7月宣布，已开工建造第1艘核动力潜艇，总投资6亿美元。

在重点发展舰对舰和舰对空导弹的同时，各国格外重视发展新颖的、技术含量高的其他舰载武器。目前美国海军正加紧试验一种名为“水墙”的武器，以作为水面战舰的最后一道屏障，来防御射向战舰的导弹。1999年3月，俄罗斯首次展出的“暴风”E高速水中火箭就极具特色：它在“气体包层”中的航行速度达到近200节，且具有抗噪声干扰能力强、作战时间短和易于操作等特点。澳大利亚海军的“声学水雷成像”声纳也取得了重要进展。该声纳是一种主动式甚高频三维成像声纳，能迅速、高分辨率地提供水雷的种类、布放范围等信息，可在近海浑浊海域进行有效的反水雷战。

航空母舰 **美国海军签订预先建造CVN－77航母合同** 美国海军已与纽波特纽斯船厂签订了一份价值4530万美元的合同，用于远期采购和建造第10艘也是最后一艘“尼米兹”级核动力航母——CVN－77。它包括3个优先选购合同，一旦付诸实施，合同总值将达到约 1.9 亿美元。该合同包括计划和材料采购，并将在 1999 年开始预先建造工作。最初开始的工作涉及到水线下面的区域。在这些区域里不会有大的设计变动。但在水线以上，却越往上变动越大。美国海军将在 CVN－77 上使用全新的 CVX 航母上的新材料、新工艺和新技术进行试验，以为 CVX 这种大甲板、核动力航空母舰进行铺路探索。由于采用高效的信息管理系统等一系列新技术，CVN－77 的舰员可望比现役“尼米兹”级航母舰员减少 550 人。

日本建成海上漂浮机场　日本于 1999 年 8 月 4 日在神奈川县横须贺港海面上建成一个海上漂浮机场。日有关专家认为：该机场具有很高的军事应用价值，平时可补充日本陆上机场的不足，供训练使用；战时可作为支援作战飞机的移动基地使用。这个漂浮机场构件是 1995 年开始研制的，它由 6 块长 380 米、宽 60 米、厚 3 米的巨型钢制漂浮物板块组成一条 1000 多米长、宽达 120 米的起降跑道。这个海上机场将于 2000 年进行飞机起降试验，并定于成功后将其拆除，而把钢铁漂浮物板块作为港湾的栈桥使用。

印度决定建造中型航空母舰　1999 年印度正式决定建造 3.2 万吨的中型航空母舰。该航母设计方案采用 80 年代由法国 DCN 推荐的方案，但由科钦造船有限公司建造。整个航母建造采用模块化概念，预计耗资约 4.7 亿美元。该航母可搭载 16 架战斗机和 20 架多用途、反潜、反舰直升机。目前的设计方案采用“短距起飞/拦阻降落”系统，即通过滑橇式甲板起飞，在斜角甲板降落，并由拦阻索回收。印度海军在获得米格－29 战斗机的舰载型之后，可以使该航母具有和“戈尔什科夫”号航空母舰相当的作战能力。

英国海军正在评估未来航母　英国皇家海军 1999 年评估了 2 艘排水量较大，且更适宜未来海战要求的未来航母建造计划。这 2 艘航母主要用来取代目前正在服役的“无敌”级航母。其排水量约 4 万吨，舰上可携载舰载机 50 架。眼下参与投标的是 2 个投标联盟：一个由英国宇航公司和马可尼电子系统公司组成。其方案包括不同排水量航母的垂直起飞/短距降落、常规起飞和降落、垂直起飞/阻拦降落等方案。前不久，由于罗尔斯·罗伊斯公司的加盟，使其具有开发下一代全电力集成推进系统的能力。另一个联盟是汤姆逊－CSF 公司，包括汤姆逊－CSF 公司、雷声系统公司和 BMT 防御公司。汤姆逊－CSF 公司已参与法国核动力航母项目，并在作战系统的开发、生产和集成方面积累了相当的经验。雷声公司在电子系统集成方面也颇具相当的实力。该公司曾参与 LPD－17 两栖登陆舰、CVN－77 航母、DD－21 驱逐舰及“弗吉尼亚”级核动力攻击型潜艇作战系统的制造工作。BMT 防御公司是一家从事战舰设计咨询的公司，曾参与了英国海军绝大多数新项目的咨询设计。初期评估还将包括“未来航母载机”及“未来航母空中预警飞机计划”。

英国海军正在改装“辉煌”号航母　英国舰队后勤有限公司正在朴茨茅斯海军基地对“无敌”级“辉煌”号航母进行结构改造和动力装置大修等，费用为 1700 万美元，共 300 人参加这项工作。“辉煌”号航母将安装 100 吨重的新飞行甲板，去掉前部的“海标枪”导弹发射装置，甲板扩大了 23 米×18 米，可以搭载 GRF“鹞”式垂直/短距起降飞机。与此同时，还将改进通信和信息交换系统，安装新螺旋桨，并对柴油发动机和电机进行维修保养。

法国拟与英国合作发展新一代航母　法国“戴高乐”号航母自 1999 年交付海军试验后，海军中的“克莱蒙梭”号航母等便退出现役，现今只剩下 1 艘“福煦”号不久也将退役。为此，法国极希望建造新一代第 2 艘航母。但鉴于法国国防预算逐年降低，若按近些年的发展状况，第 2 艘航母的正常服役要拖至 2015 年左右。这将造成法国航母出现大约有 10 年左右的单航母时期，显然这对海军发展和作战使用不利。为此，法国国防部认为：英国现正计划建造 2 艘 4 万吨级的中型航母以取代现有的 3 艘“无敌”级航母；若能与英国海军采用相同舰体设计，将会大幅度降低成本，这样到 2012 年该型航母就可以投入现役。不过，由于两国舰载机的起降方式截然不同，因而未来双方的合作还将有不少难题。

法国海军加紧试验“戴高乐”号航母　法国海军于 1999 年内加紧进行“戴高乐”号航母试验。该航母主要将装备特克斯特伦系统公司的机动微波降落系统。这个系统具有结构紧凑、重量较轻及容易安装等特点，可为法国舰载机提供精确进场降落能力。法国海军曾在“福煦”号航母上进行过两次早期海上试验，已证明这个系统的可行性和可靠性。该系统是目前世界上唯一能快速部署的微波精确进场降落系统。其小重量、易搬运的性能使其在 1 小时之内即可投入使用，并能为装有光学助降系统电子设备的飞机提供精确降落。安装的这套系统原设计是按照美国空军的要求，在无“准备”的地区提供一种快速建立精确进场降落能力的系统。该系统有固定型、半固定型和舰载型几种类型。

巡洋舰

日本海军打算建造万吨级巡洋舰　为

了落实新“日美防卫合作指针”，使日本参与处理“周边事态”时，确保日方有足够能力完成任务，日本海上自卫队现打算为其4个分舰队各新建一艘比“金刚”级导弹驱逐舰更先进、满载排水量达1万吨的导弹巡洋舰，以作为各舰队的旗舰。如果这一计划能够得以付诸实施，到2000～2005年度期间日本海上自卫队的作战能力将彻底超过俄罗斯太平洋舰队，而成为远东地区一支最大的具有远洋作战能力的海上力量。

驱逐舰和护卫舰　俄罗斯海军“恰巴年科海军上将”号驱逐舰服役　1999年1月28日，俄罗斯海军“无畏”2级导弹驱逐舰首制舰“恰巴年科海军上将”号服役。该舰是一艘新型多用途舰，不仅反潜能力强，而且反舰、防空、对岸攻击等能力也较强，能遂行多项作战任务，还可支援陆军作战。该舰无论其吨位和装备都可以与世界上先进的同类舰相媲美，甚至在某些方面超过了美国的“阿利·伯克”级驱逐舰。该舰长164米，比“伯克”级舰长10米；满载排水量8900吨，超过“伯克”级约600吨。该舰装备有世界上十分先进的反潜、反舰、防空等武器：“瀑布”反潜导弹是该舰的主要反潜武器，反潜攻击能力较强，对敌潜艇打击距离达60千米；四联装533毫米鱼雷发射管发射的53型鱼雷，可有效打击潜艇；12管RBU－6000型火箭深弹，最大射程为6000米；卡－27反潜直升机是该舰重要的远程反潜武器；SS－N－22舰舰导弹必要时也可对潜艇实施打击。舰上主要反舰武器SS－N－22“白蛉－M”舰舰导弹的最大射程达160千米，最大飞行速度2.5马赫，能掠海飞行，有效打击对方水面舰艇；舰上“匕首”舰空导弹射程为12千米，能拦截并摧毁不同高度的反舰导弹和飞机。“栗子”防空导弹/火炮综合系统，对来袭导弹的毁伤率达95%以上。舰上130毫米双联装多用途炮，能够实施反舰、防空、对岸打击等。“恰巴年科海军上将”号服役后将编入俄罗斯海军北方舰队，驻泊于北莫尔斯克。

越南海军订购俄设计的KBO－2000小型护卫舰　1999年越南海军已与俄罗斯北方工程设计局就KBO－2000小型护卫舰的作战系统、武器装备及开工时间等作了最后商定。这种2000吨级的小型护卫舰将装备SS－N－25“弹簧折刀”舰舰导弹和SA－N－9“长手套”舰空导弹，以及1门100毫米炮、2门30毫米炮和鱼雷发射管等。此外，舰上还设有供1架直升机起降的平台。实际上在此之前，俄罗斯就与越南在BPS－500巡逻艇计划中进行过合作。BPS－500型艇各项技术和主要装备由越南胡志明市造船厂建造，首艇正在海上试验。

新加坡海军研制小型隐形护卫舰　新加坡海军目前正在研制一级小型隐形护卫舰。该护卫舰突出了降低目标信号特征的工艺和技术，舰体长度从最初的75～90米，延展至95～110米。舰上武器系统采用中口径高平两用炮、“捕鲸叉”舰舰导弹和“增程海麻雀”舰空导弹；舰尾部设有直升机机库和起降甲板。由新加坡电子公司设计的指挥、控制和通信系统，是一个集成舰上管理、武器控制和综合通信的单独的计算机网络结构。为了降低该级舰的技术风险，新加坡海军把“无畏”级巡逻艇“团结”号作为技术评估舰的测试平台。该级第1艘拟定于2004～2005年建成服役；新加坡海军共计划建成服役4～6艘该级护卫舰。

马来西亚海军接收新型护卫舰　1999年底，马来西亚海军从英国亚罗船厂接收了“KD雷克伊”和“KD杰巴特”号两艘新型导弹护卫舰。这两艘舰的服役使之成为东盟海军中最先进的战舰，具有相当的执行防空、反潜和反舰任务的能力。舰上装备了8枚MM－40“飞鱼”第2代反舰导弹、1套“海狼”防空/反导弹防御系统、1门博福斯公司的57毫米L－70MK2主炮，2门单管30毫米DS30B MK1炮，2座A－244轻型鱼雷发射装备。每艘舰上可搭载1架“超级山猫”MK300海军直升机，但首架直升机将于2003年交付。该级舰上还装有雷卡—索恩系统公司的电子战系统，GEC－马可尼公司的MENTOR电子支援措施系统，1802型目标跟踪和火控系统，以及汤姆逊—马可尼声纳公司的“斯弗里奥恩”舰壳声纳。该级护卫舰采用4台MTU20V1163TB93柴油机推进，功率为3.33万马力，最大航速28节，14节航速时的最大航程为5000海里。

印度新服役“迈索尔”号驱逐舰　1999年6月3日，印度“德里”级第2艘“迈索尔”号正式加入海军现役。“迈索尔”号舰标准排水量为6000吨、满载排水量6800吨；舰长163米、宽17米，吃水6.5米；舰上采用柴燃联合动力，其中2台AM50燃气轮机功率为54000马力，2台KVW18柴油机功率为9920马力；采用双轴推进，最大航速31.5节，最大续航力12000海里/14节；人员编制350人。该舰采用平甲板舰型，其干舷较低，首舷隆起较高；从靠近舯部开始升起，这种设计有利于提高航速。舰的上层建筑大多为垂直面，棱角分明，但也未采用雷达吸波涂料，武器装备和电子系统层层叠叠，带有明显的俄罗斯式风格，故无论是在隐形方面，还是在电磁兼容方面，依然存在“德里”号固有的缺陷。舰上武器装备有：1 座 AK－100 型 59 倍口径 100 毫米高平两用炮；该炮最大射程约为 20 千米，最大射速 50 发/分。4 座 AK－630 型 6 管 30 毫米自动炮，该炮射速可达 5000 发/分，射程为 2000 米。“迈索尔”号上装备有 16 枚俄制 SS－N－25 型反舰导弹；该弹采用固体火箭发动机，制导方式为惯性制导加主动雷达末制导，最大速度 0.9 马赫，最大射程 130 千米，最低飞行弹道为 3～5 米。同时配备 48 枚 SA－N－7 型中程舰空导弹；该导弹最大射程为 25 千米，最大飞行速度 3 马赫。

印度海军展示“科拉”号轻型护卫舰　1999 年 3 月，印度海军在阿联酋举行的国际防务展上展示了“科拉”号轻型护卫舰。该舰是印度最新轻型护卫舰的首舰，由印度加登里奇造船与工程有限公司历时 8 年多时间建成。“科拉”号舰是在“库克里”级基础上，经较大改进而建成的，其中最主要的改进是用 16 枚俄制“天王星”导弹替换了 4 枚老式的 SS－N－20“冥河”反舰导弹，从而使排水量 1400 吨的“科拉”级轻型护卫舰的攻击能力比排水量 6200 吨的“德里”级导弹驱逐舰还要强。舰首装有 1 门 76 毫米的 AK－176 主炮，舰尾有 2 门 30 毫米的 AK－630 炮，桥楼的左、右舷各有一个“针”式舰空导弹发射装置。“科拉”级舰上没有直升机机库，但装有直升机着陆辅助系统和飞行甲板。甲板上可停放 SA319B“云雀”Ⅲ轻型直升机和新研制的 ALH 轻型直升机。该舰的探测设备为新的“阿贾塔”PMKⅡ电子支援/监视系统，“波斯蒂夫”E 搜索雷达，“毂蓬”火控雷达；左、右舷各装有 1 个敌我识别天线。该舰装有 2 台柯尔洛斯卡公司生产的柴油机，功率为 1.44 万马力，驱动 2 具可调螺距螺旋桨，最大航速为 26 节。

土耳其海军“梅科”200ⅡB 型护卫舰服役　1999 年，土耳其海军最新的“梅科”200ⅡB 型护卫舰“萨立赫雷斯”号开始服役。该舰由德国汉堡的布洛姆·福斯造船厂建造，是服役于土耳其海军中的第 7 艘“梅科”200 型护卫舰。“梅科”200ⅡB 型比早期的ⅡA 和Ⅰ型在结构上有很大的改进。这些改进主要包括一套用于发射 RIM－7P“北约海麻雀”舰对空导弹（最终为新型“改良海麻雀”舰空导弹），共 16 单元 MK41－8 型垂直发射系统。舰上还有一套供战斗群指挥官使用的指挥支援系统，该系统被集成进荷兰信号公司的 STACOSⅢ型 FD 作战管理系统里，并且有两个额外的多功能操作台和 1 个大型显示屏。舰上还有 2 部“斯特”跟踪照射雷达、1 套“阿利克斯”诱饵系统及“米斯”稳定系统。

德国建造第 1 艘 F－124“萨克森”级护卫舰　1999 年 2 月，德国汉堡布罗姆船厂为德国海军开工建造第 1 艘 F－124“萨克森”级新型护卫舰。这种以防空为主的护卫舰主要用来替代 3 艘老式“吕特晏斯”级驱逐舰。F－124 级满载排水量 5600 吨，舰长 143 米、宽 17.44 米，吃水 5 米；采用柴燃联合推进动力，最大航速 29 节。德国海军订购 3 艘 F－124 级护卫舰的合同，包括提供设备和后勤保障，例如为 FEWES 指挥与火控系统提供开发和集成作战软件，为 IMUS 综合信息处理和控制系统提供软件等。该舰预计 1999 年底下水，2001 年开始试航。

英国正式开始研制 45 型驱逐舰　英国马可尼公司已于 1999 年 11 月正式成为英国皇家海军未来的 45 型驱逐舰的主承包商。共将建造 12 艘 45 型驱逐舰，耗资 98 亿美元。该型舰满载排水量 6300 吨，未来有可能装设对地攻击巡航导弹及具有完善的 TMD 功能的导弹系统。鉴于目前英国自行研制的 48 单元垂直发射系统只能发射防空导弹，而不像美国的 MK41 垂直发射系统可以发射包括“战斧”巡航导弹和“标准”Ⅱ第 4 代等多类型的导弹，因而今后是否选用美国产品尚未定夺。上述驱逐舰的首制舰将于 2007 年服役。由于经费有限，该舰的作战系统、作战管理系统、电子战系统和集成通信系统仅是现有海军系统的改进，而不是早先“地平线”计划的高标准。

英国决定建造“海神”号三体舰试验舰　英国已订购一艘“海神”号三体舰试验舰，投入金额 1300 万英镑。设计、建造这艘舰的目的之一是要验证确定三体舰的舰型是否可以成为英海军未来护卫舰的舰型，如果能行将确定于 2010 年间取代 22 型和 23 型护卫舰。“海神”号三体试验舰的瘦长型主舰体总长 97.8 米、宽 7 米。两个舷侧舰体的长度约为舰总长的 1/3，每个容积仅占舰体总容积 3%～5%。舰上的推进系统初步选定为柴油机电力推进，主舰体采用单轴、5 叶定距螺旋桨。两舷侧舰体各有一部互相独立的可伸缩的全方位推进器，以供该试验舰低速巡航、应急推进和机动时使用。“海神”号的最大航速 20 节，续航力为 3000 海里/12 节。该三体舰具有较小的雷达散射截面积，较低的声学特征，以及装有优异的综合技术桅杆。舰上设有一间面积为 47 平方米的科研试验室；在靠近舰舯生活区尾部有一宽阔的甲板，能起降“山猫”直升机或部署无人飞行器。甲板设备还包括有4吨起重机和长7.3米的刚性充气艇。此外，该舰集装箱化的试验设备可能还包括拖曳阵声纳、水下无人运载器、电子侦察设备、电子对抗设备和其他传感器。如果试验结果理想的话，三体舰还将为高速两栖支援舰、近海巡逻舰，甚至医院船提供舰型。

西班牙海军建造F-100护卫舰首制舰 1999年铺设龙骨的西班牙海军F-100护卫舰的首制舰，为了安装“宙斯盾”系统，将舰长由原来的127.8米增加到133.2米，满载排水量达到5761吨。拟装的“宙斯盾”作战系统是巴赞FABA作战系统分部与洛克希德·马丁公司合作为F-100护卫舰开发研制的，其结构是美海军DDG51驱逐舰作战系统的改型，引用了部分分布式处理方式。该系统将能够增强未来战区战术导弹防御能力。2台MK99目标照射雷达将为SM-2和改进型“海麻雀”导弹提供半主动末端寻的制导。舰上还将配备：1部“阿莱尼亚”RAN-12L搜索雷达，为“默罗卡”20毫米近程武器系统提供数据；1套DORVA火控系统，用于指挥控制“奥托·布雷德”76毫米高速舰炮（今后可能改装原美国海军的MK45 127毫米舰炮）。其他作战系统包括：1套“奥尔德莱班”综合电子系统、8枚“鱼叉”舰舰导弹、2具MK32轻型鱼雷发射管、2部反潜武器发射装置和1架S-70L“海鹰”拉姆普斯Ⅲ直升机。该舰的推进系统采用双轴联合柴油机或燃气轮机方式；每个独立的系统包括一个通用电气公司的LM2500燃气轮机和1台巴赞公司的柴油机。该舰续航力为4500海里/18节。

新西兰海军接收“泰麦纳”号护卫舰 1999年新西兰皇家海军接收了第2艘“安扎克”级护卫舰“泰麦纳”号。该舰于1997年在澳大利亚下水，先后经过一系列的安装与调试，性能日臻完善。该级舰最大速度27节，以巡航速度18节航行时续航力为6000海里。舰上的武器装备有：1门127毫米MK45 2型舰炮；1套8单元MK41垂直发射系统，可发射“海麻雀”舰空导弹；“密集阵”近程防御武器系统；“鱼叉”舰舰导弹和水雷规避声纳、拖曳阵声纳，新的多功能控制平台、2座三联装324毫米MK32鱼雷发射装置，可发射MK46鱼雷。新西兰的600多家公司和澳大利亚的700多家公司为该舰的建造提供高质量的部件。

两栖舰艇 **美国正式研究“圣安东尼奥”级两栖战舰** 1999年美国海军正式启动最新一级两栖战舰——“圣安东尼奥”级船坞运输舰的研究，并计划于2000年开工建造首制舰。该级舰满载排水量为25300吨；舰长约208米、宽31.9米，吃水7米；最大航速22节；舰上装设4台柴油机，最大功率29840千瓦。该级舰的大型坞舱内可装载2艘LCAC级气垫登陆艇，15辆LVTP-7两栖攻击车；机库里可容纳1架CH-53H“海上种马”重型直升机或2架CH-46E“海上骑士”直升机，将来还拟将换装2架MV-22“鱼鹰”偏转翼飞机。舰上除配有编制人员465名外，还可装载720名海军陆战队士兵；另外又增加了25个床位，以便需要时增加运载人数。“圣安东尼奥”级舰上装设有MK41舰空导弹垂直发射系统，配备有改进型“海麻雀”舰空导弹64枚；2座RAM型21管近程舰空导弹64枚，以及2座“密集阵”近程防御武器系统。这些武器的搭载，使之成为有史以来防空能力最强的两栖战舰。该级舰还是两栖舰艇中最先采用隐形设计的战舰，舰上的所有垂直面都尽量倾斜，桅杆也采用隐形设计。据报道，该级舰的雷达散射截面积只相当于现役两栖攻击舰的百分之一，即只有3100平方米。“圣安东尼奥”级电子设备也十分完善，包括无源电子干扰系统、电子对抗系统、鱼雷诱饵、对空搜索雷达、对海搜索雷达等。

新加坡“忍耐”号坦克登陆舰开始海试 新加坡海军于1999年开始安装、检测和试验新一级坦克登陆舰的首制舰“忍耐”号。新一级坦克登陆舰是由新加坡船舶技术公司和新海军及国防部花费9个月的时间合作设计和研制的。首制舰长140米、排水量6000吨；它的主上层建筑从舰体中部向前延伸，舰体后部留出空间用于搭载2架10吨重的直升机，舰舷两侧的吊艇架上挂有4艘登陆艇。舰首设有内置式舌板和升降机，可供甲板下方的人员、设备及物品上下舰使用。舰上推进系统采用2台柴油机，巡航速度15节时的续航力5000海里，12节时可增加到10400海里。该舰首部装备有1门“奥托·布雷德”76毫米速射炮和12.7毫米机枪，两舷的“辛伯达”发射装置可用于发射“西北风”导弹。舰上可容纳65名舰员和军官，作战部队350人、18辆坦克和20辆车辆。该级舰计划于2002年替换美海军“州郡”级坦克登陆舰。

英国MK10型登陆艇试航 英国宇航公司建造的第1艘MK10型登陆艇样艇，于1999年8月下水试航。该登陆艇主要用来装设于英国“堡垒”号和“海神之子”号船坞登陆舰内，是英国皇家海军改进两栖作战能力的组成部分。该艇具有滚装能力，能运送1辆主战坦克或120名全副武装的陆战队员，外加

2台雪橇。该登陆艇长29.8米、宽7.4米，吃水1.5米；空载排水量170吨，满载排水量240吨；艇上装有2台喷水推进器和2台柴油机。英国宇航公司决定先建造2艘MK10型登陆艇样艇，于2000年交由国防部进行广泛的试验，然后再建造余下的8艘艇。

西班牙“卡斯蒂拉”号两栖攻击舰下水 1999年6月，西班牙海军“加利西亚”级两栖攻击舰的第2艘“卡斯蒂拉”号下水。该舰与1998年服役的“加利西亚”号不同之处在于改进了指挥与控制系统，设置了海军编队和两栖部队作战中心，并可当作旗舰使用。该级舰是由斯凯尔德皇家公司和马赞公司为满足荷兰和西班牙海军的需求而联合设计的。其排水量为13815吨，舰上可搭载4架NH－90直升机或6架EH－101中型直升机；并能容纳舰员190名、航空联队32人、海军参谋21名和56人组成的两栖部队司令部及海军陆战队468人。“卡斯蒂拉”号两栖攻击舰计划于2000年2月开始海试，同年5～6月服役。巴赞公司的官员说，计划于2000年初订购的第3艘将着重提高其空战能力。

西班牙完成新型全通甲板两栖攻击舰设计 1999年，西班牙巴赞造船厂以“加利西亚”级两栖登陆舰的舰体为基础，完成了一种新型全通甲板两栖攻击舰的设计。新型两栖攻击舰保留了“加利西亚”级舰尾部的船坞，但拥有从舰首至舰尾的全通飞行甲板；并且在舰首设置滑橇式飞行甲板，能够允许像AV－8B“海鹞”短距起飞垂直降落飞机起飞。甲板上还有4个直升机起降区，可同时供直升机起降。从展出的模型看，新型两栖攻击舰至少可携带4架“海鹞”战斗机和4架“海鹰”直升机。舰上将装备1部3相雷达和2部“斯特”跟踪照射雷达。此外，舰上还将装配“梅罗卡”20毫米近程防御武器系统，用于末端防御掠海飞行的的反舰导弹。

小型船艇　俄罗斯建造“闪电”级导弹艇 近年来，俄罗斯设计建造了一种新艇“闪电”级导弹艇。该级艇虽名为导弹艇，但满载排水量却达到550吨；艇长56.9米、宽13米，舯部舷高5.31米，吃水2.65米，最大航速38节，最大续航力2400海里。艇上装有4枚“白蛉”超音速反舰导弹、12枚“针”式防空导弹，艇首装有1座76.2毫米AK－176炮，艇尾装有2座30毫米AK－630炮。该艇是俄罗斯设计的第3代作战舰艇，性能在世界上同类舰艇中名列前茅。“闪电”级导弹艇具有良好的耐波性，武器可在5级海况下使用，艇可在8级海况下安全航行。该级艇具有三防能力，并装有对抗触发水雷的装备，十分适合攻击水面舰艇、运输舰船和登陆舰艇。该级艇可对5000平方海里的海域进行有效监控，可同时追踪15个目标。

俄罗斯设计“蝎子”级隐形导弹艇 俄罗斯圣·彼得堡中央海军设计局目前正在设计“蝎子”级隐形导弹艇。该级艇艇长56.8米，艇宽10.3米，排水量470吨；动力装置为柴燃联合方式，包括一台M70ER燃气轮机和2台MTU16V4000M90柴油机，总输出功率2万马力，最大航速40节；12节时续航力为2000海里，食品和淡水贮备自持力10天。艇上装备有4个“宝石”超音速舰舰导弹垂直发射箱和2座“卡什坦”1型弹炮合一近程武器系统；艇上的电子设备包括“纪念碑”E1雷达、“小风琴”ME1.1雷达、“美洲狮”E雷达控制系统、“地平线”25综合导弹系统和“暴风雪”6E自动通信设备。“蝎子”级导弹艇建造服役后将用来替换“毒蜘蛛”1型导弹艇。

意大利拟建造情报搜集船 1999年，意大利海军决定建造一艘情报搜集船。该船船长93米，排水量3000吨，最大航速16节，最大航程为8000海里，预计造价9500万美元。船上采用柴电动力装置推进，船首和尾部都装有侧推器，以增强其定位和机动性。船上搭载有无人机、一套拖曳阵声纳及水下无人航行器，从而将大大增强其情报搜集能力。该型情报搜集船除了搜集情报以外，还可对特种部队进行支援，进行水文和海洋调查，以及为反水雷部队提供后勤支援等任务。

荷兰订造“海蜘蛛”号布缆船 1999年4月，荷兰订造了一艘十分先进的“海蜘蛛”号柴电推进布缆船。该船长86.1米，垂线间长82.32米，型宽24米，舷高5.5米，最大吃水4.4米；3.5米吃水时航速10节，最大载重量5500吨，系柱拉力70吨；可在水深2.5米的浅水和2.5米浪高条件下布缆。船上的动力装置为4台库明斯—瓦特西拉公司柴油机，3台肖特尔侧推器。船上所载海下挖掘机的输出功率为1150千瓦，工作深度达1500米；船上电缆轴直径24米，载缆重4800吨。该船具有良好的耐波性和很大的载缆能力。“海蜘蛛”号布缆船主要用于铺设瑞典至波兰的通信电缆。

挪威试验新颖护卫艇 1999年挪威海军正在试航“斯科德”级隐形高速护卫艇。这种新艇的艇长47米，满载排水量270吨；艇上装有2台6000千瓦燃气轮机和2台300千瓦低速柴油机，这种柴－燃混合动力装置将使该级艇的最高航速达到45节，最大续航距离1440千米。"斯科德"级护卫艇的首制艇预计于2002年加入海军现役。该级艇隐形效果较好，前甲板基本上没有任何设施，上层建筑位于中后部，既向后倾，又向内倾，其雷达散射面积被减至最小；但艇上最终装设何种武器目前尚未最后定夺。

挪威海军"斯科约尔德"号导弹艇开始海试 挪威克瓦尔那曼得尔船厂为其海军建造了一型新级别的导弹水面效应艇首制艇"斯科约尔德"号。该艇装设有"奥托·布雷德"76毫米口径炮、4枚舰对舰导弹、单兵携带的防空导弹，箔条/红外诱饵；一部搜索雷达、一部火控雷达，一部光电跟踪和火控系统，以及HF、VHF、UHF通信和11号数据链。该艇采用低雷达截面积的SES结构，增强玻璃钢艇壳。为了减少反射能量，艇上涂敷了能吸收雷达信号的材料，改变艇外壳角度，将废气和冷却水排放到两壳之间的气垫中或经艇尾喷出等。"斯科约尔德"号艇长46.8米、宽13.5米；垫升状态吃水0.83米、无垫升时吃水为2.25米；该艇排水量260吨，艇上装有2台燃气轮机和2台柴油机。

芬兰海军高速攻击艇海试 1999年，芬兰海军正在对装备导弹的"拉玛"2000级"哈米那"号高速攻击艇进行海试。"哈米那"号是在"拉玛"号的基础上发展而成的，主要用来验证各种未来小型水面舰船的新技术。该级艇长50米、艇宽8米，排水量由210吨增至235吨。艇上装有1门40毫米舰首炮和1套23毫米双管尾炮，以及与之配套的EOS-400光电跟踪与火控系统。"哈米那"号艇经过精心的设计与改进，具有较小的雷达散射截面积；艇上装有喷流导管和海水喷雾系统，可明显降低艇的红外特征；采用弹性机械安装方式可减少艇的声学特征。艇壳采用铝合金材料，但艇的整个甲板与上层结构均由复合材料装配而成。

芬兰海军正在建造新一代气垫船 1999年，芬兰阿克尔芬船厂正为其海军建造一艘多用途气垫船。这艘气垫船重84吨，采用铝制结构；船长27.4米，使用4台4500千瓦的柴油机，2台用于推进，2台用于垫升和首部横向机动；其最大航速50节。船上的舰桥和所有机械设备均位于船的中部，两边留出的空间则用于放置武器装备等。主要武器装备有：导弹、鱼雷或水雷。反舰导弹可能使用瑞典研制的"萨伯"RBS-15，船上也将安装防空系统。负责这艘气垫船建造的有关部门尤为注重在设计中减少和改进船的雷达散射截面积和磁信号，采取的具体措施有：注重隐形结构设计、涂敷吸波涂料，进行排气冷却，安装弹性设备和设置消磁系统等。

瑞典试验评估新型气垫船 1999年初，瑞典考库姆海军系统公司已向瑞典国防物资管理局交付了一艘新型气垫船。这艘气垫船长19米、宽9米，满载排水量27吨；船上装有2台柴油机，满载条件下气垫船的设计速度为35节，空载时它的最大速度超过50节。该船舱内设有50个座位，或20个伤员床位；船内还能装载一个长、宽、高各为6.1米的集装箱或一部全地形车。该船船体采用碳纤维/乙烯基薄板夹层结构。这级气垫船主要由瑞典海岸炮兵采购，主要用于冬季快速运送人员与装备。瑞典国防物资管理局打算用一年的时间试验、评估在瑞典北海岸冰冻条件下，该型气垫船对海岸炮兵机动旅的适用性。

潜艇　**美国"弗吉尼亚"号核动力攻击潜艇动工兴建** 1999年9月2日，美国海军新一代核动力攻击潜艇"弗吉尼亚"号在电船公司铺设龙骨。该级潜艇是美国海军重新调整战略之后，最新研制的、能执行多种任务的核动力攻击型潜艇。"弗吉尼亚"级潜艇不仅能执行深海反潜任务，而且能在沿岸浅水海域与水面舰艇战斗群协同作战，完成多种任务。在武器装备方面，该艇也充分体现了其多用途性：艇上最基本的武器装备是4具660毫米鱼雷发射管，分别配置在艇首后部的两舷部位，每侧各有2具，可发射MK-48鱼雷和"鱼叉"舰对舰导弹。此外，艇上还装备12个能发射"战斧"巡航导弹的垂直发 射管。该级艇还可携带一个能容纳8~9名特种队员及其装备的专用容器，以执行突袭任务。如果经过专门设计改装，该艇还可输送200名特种队员。在声纳探测方面，"弗吉尼亚"级除装备正在"海狼"级上所使用的宽孔径声纳、综合声纳及测距声纳外，也将装备浅水海区使用的、性能更好的拖曳阵声纳，使之在深水及浅水海区均有很强的探测能力。"弗吉尼亚"号预计2003年下水，2006年交付美国海军。

美国海军提出最新潜艇设计 美国海军近期设计了一种新奇的潜艇。该潜艇方案取消了固定式指挥台，代之以可伸缩式舰桥。该舰桥剔除了传统潜艇所具有的潜望镜、通气管和各种雷达桅杆，仅仅保留了艇长在水面驾驶潜艇的有限空间。潜望镜、通气管和雷达桅杆被分别安装在不同位置上。新潜艇的另一个突出特点是装有水下逃生系统模块。该系统位于潜艇前后两个耐压艇壳之间，平时起到通道作用；在危险时刻即可关闭与前后耐压壳之间的水密门，使之脱离上浮。另外，该逃生系统模块还可以配合主压载水舱调整潜艇状态。该潜艇的武器装备系统也独具新意，它采用与潜艇轴线相垂直的水平发射系统，即武器发射管向两舷水平发射导弹、鱼雷或布放水雷。一艘潜艇上至少可以拥有 40 个发射管；主要位于艇中部，逃生模块的下方，分四层布置，一、三层向左舷发射，二、四层向右舷发射。发射管下方有主压载水舱和补偿水舱。这种新颖独特的武备装填方式，与传统的装填方式也不同：当装填左舷发射管时，将右舷主压载水舱注满水，使潜艇右舷下沉，然后再将救生模块注满水，使整个潜艇滚转 90 度。这样武器发射管处于垂直位置，可以方便地吊装鱼雷、导弹等。

俄罗斯陆续拆毁 5 艘“台风”级潜艇 1999 年 7 月，俄罗斯海军的第 1 艘“台风”级潜艇驶抵北德文斯克的塞夫马什船厂，作拆毁准备。该艇于 1982 年 4 月 12 日下水，水下排水量达 2.65 万吨，艇上原装备有 20 枚 SS-N-20 导弹，后改装为 SS-N-28 导弹，每枚导弹带 6～9 个威力为 15 万吨梯恩梯当量的分导式核弹头；该级艇首部装有 6 具鱼雷发射管，其中 4 具 533 毫米鱼雷管，可发射 53 型反潜自导鱼雷，也可发射 SS-N-15 反潜导弹；2 具 650 毫米鱼雷发射管，可发射 65 型尾迹自导反舰鱼雷，也可发射 SS-N-16 反潜导弹。“台风”级潜艇虽然在不沉性、生命力、水下抗爆能力、破冰能力等方面要优于美国“俄亥俄”级潜艇，但在安静性、安全可靠性等方面却逊于后者。特别是在安静性方面，“台风”级的辐射噪声至少要比“俄亥俄”级高出 20 分贝以上。鉴于种种原因，俄罗斯决定拆毁 5 艘“台风”级核潜艇，拆毁费用由美国承担。根据俄美 1991 年达成的“合作减小威胁”的计划，美国共将向俄罗斯提供拆毁 32 艘核动力弹道导弹潜艇的资金，包括 1 艘 Y 级、26 艘 D 级和 5 艘“台风”级。

俄罗斯“北德文斯克”号核潜艇服役 1999 年，由俄罗斯红宝石中央设计局设计，北方机械制造联合体建造的最新核动力攻击型潜艇“北德文斯克”号，正式交付俄海军使用。该级艇采用最先进的技术进行设计建造，艇体沿用钛合金双壳体结构，储备浮力超过美国现役的核动力攻击型潜艇。艇上使用单轴推进，配备大侧斜螺旋桨。动力装置为 1 座 KTP-6 型一体化压水反应堆。该艇的主要武器装备有 4 具鱼雷发射管，可以发射各种制式鱼雷和反潜导弹，也可用作布雷。在指挥台围壳后的第 4 舱内装有 24 枚导弹。该艇长 111 米、宽 15 米，吃水 8.4 米；水面排水量 5800 吨，水下排水量 8200 吨；水面最大航速 19 节，水下最大航速 31 节；艇员 50 人。“北德文斯克”号潜艇充分反映出俄潜艇向多用途、深潜、安静和自动化方向发展的趋势。

印度将自行建造核动力潜艇 印度海军是世界上租借核潜艇最多的国家，曾向前苏联和俄罗斯共租赁核动力潜艇达 8 艘之多。为了改变这种长期依赖他人的不利局面，印度海军目前已开始着手自行研制核潜艇。据印度海军权威人士称，这项绝密的核动力潜艇计划的设计工作已经完成。1999 年印度为这项计划拨款 3 亿卢比，预计 2005 年造成。印度议会的一个专门小组也于 1999 年中期敦促政府自行建造或购买能够携带远程弹道导弹的核潜艇。

英国公布未来核动力攻击型潜艇计划 为了替换将于 2010 年退役的“特拉法尔加”级核动力攻击型潜艇，英国皇家海军于 1999 年公布了其未来攻击型潜艇的计划。这项计划已有 10 种设计方案待选，7 种采用核动力，3 种为常规动力；其中核动力潜艇方案的水下排水量为 5000～8000 吨，艇上装有新型核电驱动装置、巡航导弹垂直发射系统和 5 叶尾舵设计等项新技术。与此同时，英国还将开发一种由新型潜艇携带和控制的无人潜艇，以用来执行危险性较大的水下任务。该攻击型潜艇力求实现“潜艇全寿命建造及使用成本的显著降低”，服役期将延至 2050 年。未来攻击型潜艇除了用来替代“特拉法尔加”级潜艇外，还将作为目前建造中的“机敏”级核动力攻击型潜艇的后续型艇。

法国“勇猛”号潜艇进行 M-45 弹道导弹试验 法国海军第 3 代核动力弹道导弹潜艇的 2 号艇“勇猛”号于 1999 年成功地从水下发射了一枚 M-45 洲际弹道导弹。该艇水下排水量达 14335 吨，具有极优的安静性，并装有较强的武器装备。此次试验的 M-45 导弹载有一个模型战斗部，其最大射程约 6000 千米；试验不仅测试了平台，也测试了弹道和导弹的其他参数。“勇猛”号潜艇上将装备 16 枚 M-45 导弹；每枚导弹又有 6 个 15 万吨梯恩梯当量的核弹头。作为 M-45 的后续计划，法国已成功地完成了 M-51 的推进系统。M-51 弹道导弹的最大射程可达 11000 米，圆概率偏差 300 米，每枚导弹装有 10～12 个 15 万吨梯恩梯当量的核弹头。

意大利开始改装“萨罗”级潜艇 意大利海军于 1999 年 10 月初开始对 4 艘“萨罗”级潜艇中的第 1 艘进行改装。改装的主要内容有：使用 ISUS90-20 作战系统代替原有的 IPD-70S 声纳、SACTIS 指控系统和 FCS MK2 鱼雷火控系统。ISUS90-20 系统集成了声纳、指挥和火控设备，系统本身有 4 个可互换的多功能控制板和 2 个主电子柜。该系统可跟踪 100

个目标，提供近64个目标的运动分析和威胁评估，并能引导4枚线导鱼雷。新型声纳包括一个下颌式安装的被动式保形声纳，一具首部安装的圆柱体主动声纳，一具被动圆柱体侦收声纳和8个自噪声分析换能器。ISUS90－20系统具有高度的通用性，可以和意大利海军正在建造中的U2124潜艇的声纳互换。改装艇将装备A184 3型重型鱼雷；该鱼雷具有更大的航程，更好的探测能力和更低的辐射噪声。为了减少噪声，改装艇将使用更安静的设备并涂敷吸声涂料，同时使用安静性更好的螺旋桨。

意大利铺设212A型潜艇龙骨 意大利海军于1999年上半年于意大利泛安科纳公司军船部铺设了由德国设计的212A型潜艇的首制艇龙骨。该艇将由泛安科纳公司与德国蒂森公司及HDW造船公司联合建造。212A型潜艇长56米、艇宽7米，排水量1500吨，航速16节，艇员24人。该型艇是在德国设计的原型艇的基础上，根据意大利海军的要求，由泛安科纳公司进行改型设计而成的。

（李 杰）

辅助舰船 1999年，世界主要国家海军在加速建造作战舰艇的同时，也加快了建造辅助舰船的步伐。其显著特点是：(1) 美海军为保持其世界海军霸主地位，在大量建造海上预置船的同时，提出建造下一世纪海上预先预置船，以保持其战略威慑、前沿存在、海洋控制、兵力投送和战略海运等基本任务的需求；(2) 亚洲各国海军为适应周边海情特点，在发展大型综合补给船的同时，发展适于近岸后勤保障的小型后勤舰船；(3) 其他各国海军为适应各自的任务需求，继续建造综合补给船；(4) 世界先进国家海军在发展补给船的同时，提出新的补给方式，如美海军提出“2020甲板作业系统”补给新概念，这一研究项目将包括干货垂直补给、水面舰船“水下补给”系统的新设计研究。

美国海军测量船“布鲁斯”号交付使用 1999年1月由美霍尔特海上服务公司建造的“导航者”级测量船的第5艘船“布鲁斯·希泽恩”(Bruce.Heezen)号交付使用，该船主要是用于取代“罗伯特·康拉德”级测量船。该船满载排水量为4762吨，船长100.1米，宽17.7米，吃水5.8米，主机为柴油电动推进式，功率为11425马力，航速16节，续航力为12000海里/12节，船上人员28人，还有27名科学家。船上设有多用途起重机和5个绞车，还包括大量海洋观测设备，如多波束回声探测器、拖曳声纳和一次性使用声纳，还装备有遥控飞行器。“导航者”级的第6艘船将于2000年12月下水，2000年12月交付使用。

美国海军开始研究下一代海上预置船 据《战舰技术》1999年10月报道：美海军已开始着手研究下一代海上预置船，计划从2009年开始用以取代现有海上预置船。

研制新型海上预置船（也称2010海上预置船）的主要目的是满足不同任务的货物装、卸载的基本需求，包括：货物的卸载、撤收、水上回撤，由水上补给货船、油船进行的再补给，对两栖船的再补给和后方勤务、装载、卸载、港内回撤。

2010海上预置船的设计为单一母船，可实现每个中队所需的功能。2010海上预置船共分3种不同类型的母船。这3种类型是：基本支援船、最低航空保障船和全航空保障船。

基本支援船主要用于携载集装箱和车辆货物及少量的人员，也可携载一些对岸作战的轻型驳船设备。它们可在港口卸载，无法支援海基式作战。最低航空保障船主要携载人员和轻型驳船，指定用于为飞行甲板上的垂直起降飞机提供保障和支援，并可支援海基式作战。全航空保障船可携运人员，也可提供机库空间，这种设计还提供所有飞机的维修，并能支援和部署空地特遣部队中所有垂直起降（VTOL）飞机/短距起降飞机（STOL），并能支援海基式作战。

美国两艘“沃森”级大型中速滚装船交付海军使用 “沃森”级大型中速滚装船是美海军战略海运采办计划的一部分，该级船将指定为军事海运司令部浮动预先预置计划中运载美陆军、海军陆战队、海军、空军和国防后勤局的装备和补给品的船只，预先预置可提高美在突发事件地区的快速部署能力。该级船由国家钢铁与造船公司负责建造，计划共建造7艘。1999年共交付使用两艘，它们是“西斯勒”(Sisler)号和“达尔”(Dahl)号，第4艘船“红云”(Red Cloud)号和第5艘船“查尔顿”(Charlton)号将分别于2000年4月和10月服役。该级船满载排水量为62968吨，船长290米，宽32.3米，吃水11米，动力装置为4台燃汽轮机，功率为64000马力，双轴，航速24节，续航力为12000海里/24节，船上配有文职人员26～45人，海军军官50名。该级船大约有36714平方米、13000吨的载货能力，可在96小时内进行装卸载，该级船可装载一个美陆军装甲特遣部队，包括58辆坦克、48辆履带式车辆和900多辆卡车和轮式车辆。该级船同时具有滚装和吊装能力，配有艉回转跳板，跳板可伸至40米，船上还配有两台55吨的起重机。最后两艘船“沃特金斯”(Watkins)

号和“波莫罗伊”（Pomeroy）号计划于2001年4月和9月完工。

日本“千早”号潜艇救援舰即将服役　“千早”号潜艇救援舰将于2000年3月在三菱公司玉野造船厂完工。该舰标准排水量为5400吨，舰长128米、宽20米、吃水5.1米，主机为两台柴油机，功率为19500马力，双轴，两个弓形推进器和两个艉推进器，航速21节，舰上定员125人。该舰上设有单波段的导航雷达，具有MH－53直升机平台。该舰是1996年预算批准用于取代“伏见”级潜艇救援舰的，舰上安装有搜索声纳和深潜救助艇。该舰还可作为医院船使用。

日本改进型“黑米”级训练支援船下水　1999年4月改进型“黑米”级训练支援船下水，计划于2000年3月建成服役。该船是1997年预算中批准的用于取代“吾妻”号船的。该船标准排水量为2400吨，船长106米、宽16.5米、吃水4.1米，主机为两台柴油机，功率为12500马力，双轴，航速22节，船上定员140人。该船装备1门76毫米火炮，具有对空、对地搜索雷达。船上还携有4架高速无人驾驶空中飞行器（UAV），主要用于评估舰船SAM导弹系统的性能，该船是按“黑米”级的改进型设计的。

日本“日南”号新型海洋观测舰服役　据日本《世界舰船》1999年第6期报道：1999年3月24日，“日南”号新型海洋观测舰建成服役。该舰的主要任务是海洋观测。舰型与以前服役的“二见”号海洋观测舰相似。该舰配备有观测数据综合处理装置、多波束大范围海底探查系统、大型深潜器及各种最新型器材等。还配备有从事海洋观测、音响测量和音响器材铺设等多种设备。该舰标准排水量3350吨，全长111米，宽17米，吃水4.5米，主机采用柴油机－电动推进方式，2轴，功率8600马力，航速18节。搭载的音响器材铺设装置集中布置在舰的前部，舰艏有大型滑轮和起重机等。舰桥的前部设有电缆出口，出口右侧有伸缩式起重机。作业室内有大型卷筒、布缆机、电缆舱和钟形口等。这些与专职布缆船的配备基本相同。舰艉部设有A形支架，安装有滑轮和观测仪器收放装置。该舰搭载有美制深潜器，耐压深度为1000米，作业深度为4000米，地面重量约5吨。舰艉甲板下是器材库，搭载有连接海底反射损失测定装置（BLMS）用的大型浮子，该浮子可收放长6000米水下仪器用的电缆，库内设有升降机，可把库内浮子和电缆等器材升至观测甲板，移动合理、省力。舰艉部设控制室，从室内可以直视舰艉和右舷观测甲板。舰桥有操作控制台，台前有现役舰艇通用的缓冲装置。舰艉部有控制室，从室内可以直视舰艉和右舷。观测甲板主机操作室兼应急指挥所。

日本决定建造新型补给船　据日本《世界舰船》1999年第12期报道：日海上自卫队决定在2000年开始建造其第5艘综合补给船。该船大体上类似于“十和田”级综合补给船。新建造的综合补给船主要用于保障参加维和部队的舰船，该船的经费预算为520.25亿日元，待新的补给船服役后，“相模”号将配备到扫雷部队中。

新建综合补给船标准排水量为13500吨，与现役8100吨的“十和田”级相比，排水量增加很大，新建补给船航速24节，主机为两台燃汽轮机，在航速和作战灵活性上，可与作战舰艇相匹配，船员150名。该船配有20毫米的近战武器系统，具有对海、导航、抗干扰雷达。船上共设有3个补给门架，其中液货加油站4个、干货加油站2个，另外还设有2个加水站，干、液货加油站均与“十和田”级补给船相同。船上还配有医疗室、内科、外科、牙科、综合医疗设施。

中国台湾海军加速建造“武康”级攻击运输船　武康级攻击运输船在完成3艘船的建造任务后停建，后于1994年7月开始建造其第4艘，计划每年建造一艘，但一直无法实现。该船主要用于在沿海岛屿、南中国海的南沙群岛和西沙群岛进行兵员运输。1999年台湾海军共建成武康级攻击运输船两艘，计划在2000年第6艘船也交付使用。该级船满载排水量为4845吨，船长101.8米，宽18米，吃水5米，主机为两台柴油机，双轴，航速20节，续航力为6500海里/12节，定员61（军官11名），可运载兵员1400名。舰上配有1座“海上小槲树”舰空导弹发射架和2门40毫米火炮。该级船设有一直升机平台，有艉船坞设施，可搭载4艘登陆艇，船舱全部安装有空调，设计上类似于两栖船坞运输舰。第3艘船“兴康”号于1996年3月与一商船在港内相撞受到严重损坏。

德国海军的“柏林”号新型补给舰下水　德国海军的“柏林”级新型补给舰于1999年4月29日在德国北部的弗伦斯堡下水，该舰也称702型舰队伴随补给舰。1号舰“柏林”号计划于2000年9月交付使用，2号舰“法兰克福”（Frankfurt）号也正在建造中，将于2002年1月建成服役。该级舰满载排水量20240吨，长173.7米，宽24米，吃水7.4米，主机为两台柴油机，功率为14388马力，双轴，航速20

节，人员定员139人，外加94张备用床位。可装载补给用燃料9540吨，淡水450吨，普通货物280吨，武器弹药160吨。该舰设有两个SAM导弹发射架，4门20毫米火炮和4门27毫米火炮，具有单波段的导航和飞机控制雷达，配有2架NH－90或“海王”直升机。该级舰上具有两个海上补给门架和艉部加油装置。这两艘补给舰主要用于支援在海外作战的德国海军舰队，计划3、4号舰于2010年动工建造。

英皇家海军“韦夫”级大型舰队油船即将服役 英皇家海军“韦夫”级大型舰队油船“韦夫骑士”（Wave Knight）号于1999年10月下水，并计划于2000年9月服役，第2艘船“韦夫统治者”（Wave Ruler）号计划于2000年1月下水。该级船满载排水量为30300吨，船长181.7米，宽26.9米，吃水9.5米，4台主机为柴油－电动推进式，功率为25514马力，航速18节，续航力为8000海里/16节，人员80人，外加22名飞行员。船上配有2门30毫米火炮和4挺7.62毫米机枪，还有对空、对海搜索雷达和导航雷达，可搭载一架“默林”直升机。船上可装载16000立方米的液货，其中包括3000立方米的航空燃料；此外，还装有8只20英尺冷藏集装箱和500立方米的干货。船上设有飞机平台和机库，机库设施齐全。采用全封闭式栈桥，双层船体。船上配备有3个起重吊索的倾斜式海上补给装置和1台起重机。

加拿大海军计划建造浮动后勤和海运船 加拿大国防部针对现有复杂的海上需求，确定采用一种可行的方案——建造浮动后勤和海运船（也称多用途支援船），来解决对加拿大海军实施航行支援和对岸上部署的部队实施保障的需求问题。这种新型舰船集滚装船和补给船优势于一体，可提高加拿大特遣部队进行油、水、冷冻食品、弹药和零备件的干货和液货的补给能力，还可为特遣部队的海上直升机、进行舰船与舰船之间及舰船对岸的后勤运输的海上直升机提供二线作战能力。

该船满载排水量26600吨，船长195米，宽28米，吃水8.5米，主机为两台柴油机，单轴，航速15节，续航力为10800海里/15节，定员为110名，外加60个备用床位。

浮动后勤和海运船设有两个海上补给站，左、右舷各一，船艉和船侧设有跳板，后上层建筑在飞行甲板的右舷。船上可载燃料6500吨、航空燃料535吨、弹药300吨，整个车辆甲板可装载大约200只20英尺国际标准集装箱，具有单项行车道为2500米的滚装能力。该船可搭载两架海王直升机，配有对空/对海搜索雷达和导航雷达、卡纽斯电子战系统和抗干扰箔条发射架，设有两套“火神－方阵”近战武器系统。

（王艳芳）

舰载武器与技术

美国海军试验增程型联合直接攻击弹药 1999年10月，美国海军对波音公司研制的2枚“增程型联合直接攻击弹药”进行概念演示试验，并确定由F/A－18C/D战斗机投掷。这种弹药曾在1999年3～5月的南联盟战场上大量使用，是一种极为适合空、海军多型飞机投掷的GPS制导航空炸弹，可在24.15千米距离内精确地打击目标。这次重新试验改装的增程型炸弹装有侧翼，增大了飞行时的升力，投掷距离达到64.4～80.5千米。在空袭南联盟战争中，美国国会拨款3500万美元用于紧急生产1380枚联合直接攻击弹药；美还可能于2000年增加2.4亿美元生产该弹药。

美国海军试验用“水墙”来防御反舰导弹 1999年，美国海军加紧试验一种“水墙”，作为水面战舰的最后一道屏障，来防御射向战舰的导弹。通常，战舰自身的武备系统可以探测、迎击敌方来袭的掠海导弹，并在距战舰90米的临界距离之前将其摧毁。但美国海军水面战中心达尔格伦分部正在研究这种新颖的“舰艇自卫水障”，该水障可以借助扫雷技术中的火箭发射爆破索来产生。这种“水障”可以在那些侥幸穿过外层防御的反舰导弹面前立起一面防御“水墙”，并持续保持几秒钟，使来袭导弹的引信和弹体结构失效。“舰艇自卫水障”还可以抵消被近程防御武器拦截后的导弹碎片所引发的危险。同时，它在未来对抗鱼雷和水雷的作战中也许有用武之处。

美国海军开发“蝠鲼”无人水下运载器 美国海军水下作战中心已经设计出最新一代先进的自主式无人水下运载器。这是一种名为“蝠鲼”的无人驾驶遥控潜水器，可由潜艇携载。该遥控型潜水器能渗入有关海域航行，具有体积小、目标隐蔽等特点，可用于搜寻水下目标，并实施尾随跟踪；监视水下动态，及时发出预警信号；可以接近目标，突然发起攻击；能在完成任务后返回母艇，经简单维护后再次投入使用。此外，它还可完成情报、监视和侦察及担任搜寻水雷和反潜战任务。“蝠鲼”具有灵活的机动性，未来主要应用于浅海水域，可以有效地避免人员和昂贵武器平台的损失；也可以有效地探测、识别和排除各种水下威胁。“蝠鲼”可由潜艇发射与回收：几具“蝠鲼”储存在潜艇艇壳内，通常其尺寸应有所限制，要小于鱼雷发射管的直径。“蝠鲼”作为一种模块化，且具有重新组合能力，其负载能力强，能自动回避障碍、高精确导航、声学通信、RF水面通信和低航速控制。“蝠鲼”运载器可安装ISR天线、大型声纳阵和发射器，以及许多小尺寸的无人水下运载器。“蝠鲼”运载器使用铅酸电池，能提供5小时的续航力，航速5节，航程25海里；以后将使用有高密度能量的燃料电池。

美国海军对“超级大黄蜂”进行作战鉴定 1999年5月27日，美国海军在加利福尼亚州的中国湖美海军空战武器试验基地，对F/A－18E/F“超级大黄蜂”进行为期6个月的作战鉴定。参加鉴定、测试的共有7架飞机：3架单座E型、4架双座F型。F/A－18E/F比F/A－18飞机大25%，但少了约50%的部件；载油量增加33%，航程增加40%。其他结构改动部分是将机身加长了0.86米，使机翼面积多增加了9.29平方米，并增加了两个武器外挂点，使其外挂点总数达到11个。“超级大黄蜂”用的F414－GE－400型发动机，是由F/A－18的F404型改进派生而来的，它扩大了进气道，使其推力增加了35%。该机90%的航空电子设备和系统软件与F/A－18C/D相同，改进部分包括一个触摸式控制仪，一个大型彩色液晶多功能显示器和一个新的油量表。

美、德联合研制“海上拉姆”反导系统 美国与德国两家公司正在联合研制一种供舰船使用的、以“密集阵”近程防空武器系统为基础的反舰导弹防御系统。该防御系统的最大改进是用“拉姆”1导弹代替“密集阵”上的20毫米炮。这个名为“海上拉姆”的反导系统，其防御范围超过4000米，火力超过“密集阵”系统。它一次能够发射8～11枚导弹，可再装填。“海上拉姆”采用与“密集阵”相同的供电系统、搜索与跟踪雷达和前视红外跟踪器；导弹发射装置采用11管MK44导弹发射箱。该系统在甲板上的重量为7240千克，不需要任何其他火控系统。该系统的应用能使水面舰艇更有效地对付未来高性能的超音速或亚音速导弹的威胁，而现有以火炮为基础的反导系统则无法应付。

美国加紧研制先进火炮系统 美国正在为新世纪隐形驱逐舰DD21配合设计一种先进的隐形火炮。这种火炮的口径为155毫米，炮塔外形设计非常注意降低雷达散射截面积及红外信号特征。该火炮的最大射程远达180千米，是现有舰炮射程的6倍；它可以发射具有精确制导功能的弹药，在一定程度上弥补了导弹攻击的不足，并要作为未来近程舰载火力支援武器中固定垂直发射舰炮的备选方案。先进火炮系统的主要作用是为DD21提供一种低成本的支援岸上机动力量的火力，具有精确、远射程和火力持久的特点。

俄罗斯研制“宝石”超音速反舰导弹 俄罗斯在1999年举办的第4届国际航空博览会上，展示了“宝石”机载型导弹模型。“宝石”导弹包括潜射型和舰射型。其中舰对舰型导弹目前正在俄罗斯海军1234型小型导弹舰艇上进行试验性验证。“宝石”导弹发射重量约为3000千克，弹长8.9米。导弹装有一个重200千克的穿透战斗部。导弹射程120～300千米，巡航速度为2～2.5马赫，飞行高度为5～14千米。该导弹由通用贮运发射箱发射。贮运发射箱可装配于潜艇、水面舰艇或岸基发射车；也可从加固的发射井中发射。导弹采用中段惯性制导和末段主动雷达制导。主动雷达导引头能够在75千米的距离锁定一个巡洋舰级水面目标，初始锁定目标后，导弹关闭自身雷达并将飞行高度降到5～10米的超低空，使导弹中段飞行处于敌方雷达防御区的低空盲区。当导弹飞行到敌雷达探测范围内时，弹上雷达再次打开，重新锁定和跟踪目标。在相对较短的末段飞行中，“宝石”导弹的超音速飞行特性提高了其在敌近程防空火力内的生存能力。

俄罗斯展示C－3B航空深水炸弹 俄罗斯于1999年4月在茹科夫斯基机场举办的第4届国际航空博览会上，展出了C－3B型制导航空深弹。该深弹主要用于摧毁潜深600米的潜艇。试验表明：其杀伤概率与非制导航空深弹相比，在潜深200米时，可提高0.5倍；潜深600米时提高了3～7倍。该深弹上安装的水下弹道修正所用的主动声纳造价较低，但效能高，不需要专门的技术维护和检查。这种深弹可装备米－14直升机、米－28直升机和图－142直升机。深弹重94千克，装药19千克，弹长1300毫米，水中沉降速度16.2米/秒，采用聚能爆破。

俄罗斯展示“暴风”E高速水中火箭 1999年3月，俄罗斯里昂设计局在阿布扎比举办的防务展上，首次展示了常规装药的“暴风”E水中火箭的实物照片。“暴风”E火箭的直径533.4毫米、长8.2米、重2700千克，高爆装药战斗部重210千克。“暴风”E火箭在“气体包层”中航行速度近200节。气体包层采用固体火箭发动机的废气。它在射程7000米时，命中概率达70%。“暴风”E高速水中火箭具有抗噪声干扰、作战时间短和易于操作等特点。该型高速水中火箭主要设计用于摧毁水面目标，保卫基地港口，以及封锁敌航道和岛礁。

印度舰艇将装备俄制反舰导弹 印度海军舰艇将

装备俄罗斯最新研制的 3M-54E1 垂直发射型反舰导弹。该型导弹由俄创新者设计局研制，弹重 1570 千克，高爆弹头重 450 千克，射程达 300 千米，在大部分飞行轨道上导弹以高亚音速飞行。在距离目标约 60 千米处，弹上第三级开始点火，在末端以 1100 米/秒的速度在水面上方 5 米处飞行。3M-54E1 导弹除了装在“基洛”级潜艇上，还将装在“克里瓦克”Ⅲ级护卫舰上。此外，每艘护卫舰上还可携带 8 枚 3M-54E 反舰导弹。

土耳其海军发展新型舰空导弹 为了满足现役和未来新型舰艇装设近程舰空导弹的需求，土耳其海军近年来正在加紧发展新型“海暴风”舰空导弹系统。“海暴风”系统采用了该公司的两型防空系统的技术和子系统。“海暴风”系统样机装有 4 枚“毒刺”导弹、12.7 毫米机枪和被动式监视、截获与跟踪传感器。这些传感器包括普通光学和热成像电视摄像机，适用于各种气象条件下的目标探测。另外，还装配有多脉冲激光测距仪。“海暴风”安装有陀螺稳定装置，可在各种海况下自动跟踪和攻击目标。该系统安装在甲板上并自带电源。“海暴风”系统可以由作战信息中心或操作员通过遥控装置进行控制，火控软件可以根据配制的不同加以更改。

英国研制“毒刺”舰载防空导弹系统 1999 年初，英国拉德麦克防卫系统公司与雷声系统公司合作研制出一套轻型舰载防空导弹系统“毒刺”海军型。该系统是将 FIM-92“毒刺”导弹和光电跟踪系统相结合而成的。该套“毒刺”系统设计为两种形式：一种为标准型，这种型号有 2 个四联装导弹箱被安装在一个稳固的支架上，支架上带有热成像的探测设备、电视摄像机和激光测距仪。另一种为备选型，它的导弹发射装置和光电跟踪系统是分开的，光电跟踪系统还可用于控制本舰上安装的火炮。该系统能搜索和跟踪 20 千米以外的目标，还能接收到来自雷达或激光目标指示系统发出的目标信息。这套防空导弹系统可装备于各种舰艇，尤为适合于装备巡逻艇及水雷战舰艇。

英国海军装备使用“旗鱼”鱼雷 英国皇家海军于 1999 年 7 月初在“特拉法尔加”级核动力攻击型潜艇“不懈”号上，首次装备了全套“旗鱼”Mod 0 重型线导鱼雷系统，以取代 MK24 Mod 2“虎鱼”鱼雷。“旗鱼”鱼雷采用泵喷射推进器，最大航速 65 节。目前，正进行“旗鱼”鱼雷的中期改进工作。研究的重点是开发高级硬件处理系统和提高软件的性能，以降低制造成本。到 2003 年，“旗鱼”鱼雷将全部代替英国海军目前使用的 MK24 Mod 2“虎鱼”线导鱼雷。

丹麦海军将改进新型“鱼叉”导弹 丹麦海军将在本国的战舰上装备美国波音公司设计的高级“鱼叉”导弹火控系统。丹麦海军已批准将其现役的“鱼叉”第 1 代导弹改装成“鱼叉”第 2 代，并与导弹火控系统结合使用。“鱼叉”第 2 代导弹采用波音公司的导弹火控系统的惯性测量元件，以及软件、任务计算机等，加装了全球定位系统/惯性制导系统和“斯拉姆”导弹的天线/接收机。“鱼叉”导弹火控系统采用先进的任务分配方式，包括采用打击沿海陆地目标的导弹自动航路设定装置，可选定末端弹道等。该系统的软件结构为模块化，能和多数舰艇作战系统兼容。

丹麦海军选购 MU-90 鱼雷 丹麦已与欧洲鱼雷联合公司签订了合同，为其海军订购大批的 MU-90 轻型鱼雷和 4 套 鱼雷发射系统。丹麦海军要求 MU-90 鱼雷在其沿岸水域具有良好的作战性能。MU-90 鱼雷装有一个先进的带数字信号和数据处理器的声导引头，具有在深水和浅水探测敷有无回声涂层潜艇的能力。该型鱼雷的航速为 29 节和 50 节。MU-90 鱼雷还装有一个高性能的反电子对抗的电子装置，该装置可使 MU-90 鱼雷免受多种干扰。该型鱼雷自辐射爆声非常低，可装备高爆的定向能战斗部。

瑞典研制 ALECTO 舰载发射系统 瑞典目前正在研制 ALECTO 多用途舰载发射系统。该系统为 127 毫米 6 管火箭发射装置，可以发射反潜弹、鱼雷软杀伤弹和投放式电子对抗设施。“维斯比”级隐形护卫舰前甲板将装备 2 套 ALECTO 发射系统。每座发射器上方的滑动舱盖与舰的上甲板相平，发射器在发射之前将舱盖打开。装弹系统采用全自动和人工装填两种方式。ALECTO 发射系统对反潜战武器的要求是能击中 6 千米以外的水中或水面或海底的潜艇目标。该系统在 1 分钟内可以发射 2 次反潜弹，并可迅速地更换目标。该系统发射的鱼雷对抗设施可同时防御两个不同方向来袭鱼雷。该系统除发射投放式电子对抗设施外，还可发射其他类型弹药，包括战场照明弹和对地攻击弹。

瑞典海军研制新一代多用途发射装置 瑞典皇家海军现正为其新一代水面舰艇研制多用途发射装置 ASW-601。该系统包括两个发射平台，每个为 9 管发射器。其指示目标的数据由舰艇声纳提供，它可以计算出入水点和 ASW-601 发射器的水平及垂直角度。这种多用途发射装置适于浅水和深水发射反潜，以及从事鱼雷对抗和水面电子战对抗。发射装置中的127毫米口径发射器既可以发射箔条和红外干扰弹，也可以发射北约组织的多种榴弹，还可以用于水下防御系统。其射程从数百米到6000米。在发射反潜武器的同时，可以根据需要在很短的时间里转换成鱼雷对抗弹。该系统在非常短的时间周期里有能力向不同的方向和距离发射5枚反潜榴弹或鱼雷对抗弹。同样，该系统也可以在未来开发出战场照明弹、声纳浮标和地面攻击弹药，提高岸边环境中的联合作战能力。

澳大利亚海军为其护卫舰换装新型水下作战系统　为了提高反潜战能力，增强浅海导航、避障本领，澳大利亚海军将为其护卫舰换装新型水下作战系统。该系统由汤姆逊·马可尼声纳公司研制，主要有“海燕”导航避障声纳，采用了最新开发的三维前视声纳技术，来提供对锚雷水平60度、俯角12度、探测距离超过700米的探测范围内的数据，以及相关海域的柱状三维立体图像。据称，其探测概率$\geqslant 0.99$，虚警率$\leqslant 10^{-8}$。这个系统可以进行自动探测与跟踪，性能优于现有的避雷声纳。舰上的鱼雷对抗系统还包括舰载自动鱼雷告警接收器、三位一体成形探测声纳和数码声对抗装置。整个系统可提供自动探测、分类和定位，威胁评估和反应，并通过数码拖曳声对抗装置提供声对抗能力。需要时，MK36发射器也可发射舷外声对抗弹。

南非海军发展艇用舰对空导弹　南非海军正在发展一种海军用垂直发射型点防御导弹，以对付敌方的飞机和反舰导弹。该导弹名为“矛”，弹长3.3米，重125千克，直径180毫米，翼展400毫米。导弹发动机由南非桑切姆公司研制，使用复合高性能低燃烟燃料，最大射程为12千米。导弹的爆破/碎片战斗部重20千克，采用主动近炸引信，可以对付掠海反舰导弹。导弹采用红外导引头，导引头中的一些组件将使用SAHV－3地对空导弹的一些零件；SAHV－3导弹将代替在南非空军服役的“响尾蛇”导弹。这种新型的“矛”导弹今后进一步改进包括使用主动雷达导引头和更大的火箭发动机，可以使导弹具备全天候作战能力和更远的拦截距离。

（李　杰）

航空武器装备

综述　纵观1999年，世界范围内航空武器装备的发展具有以下几个方面的突出特点：

全球军事航空工业再次进行重大整合　为追求军事航空工业的规模效益并遏制居高不下的装备研制成本，全球军事航空工业以强强联合求发展，形成了一批跨国的超大规模军事航空工业集团。1999年10月14日，法国宇航—马特拉公司与德国航空航天公司宣布实行合并，组建欧洲航空防务和航天公司。这不仅是法国与德国军事航空工业的一次重要的结构调整，也是欧洲军事工业在联合方面的重大进展。新的欧洲航空防务和航天公司业务范围涉及军民用飞机制造、机载武器、航天器、防务电子系统等，营业额可达210亿欧元，员工数量达8.9万人，是仅次于美国波音公司和洛克希德—马丁公司的世界第3大军事航空工业集团，在多个领域拥有相当大的优势，可以同美国同类企业展开全面竞争，对重振欧洲军事航空工业具有重要作用。俄罗斯在军事航空工业重组方面亦不甘落后。为奠定下世纪俄罗斯空中力量加速发展的坚实基础，俄罗斯于1999年初决定调整其航空工业的结构，最终在俄罗斯形成由3至4家大型飞机组装公司、2至3家航空发动机生产厂、20至30个航空技术开发中心组成的有雄厚发展潜力的航空工业格局。年内，米格飞机工业公司与苏霍伊飞机军事工业集团完成合并，实现了俄罗斯军事航空工业的强强联合，进一步提高了俄罗斯作战飞机在国际市场上的竞争力。1999年，中国航空工业伴随着机构改革，在原航空工业总公司的基础上，建立了两个航空工业集团，其结构更加适应市场经济发展的需要，提高了竞争力。韩国在上半年完成了航空工业的改组，已将3家大型工业集团的宇航工业公司以各持股20%的方式合并成韩国宇航工业公司，其余40%对国外投资者开放，这一举措有利于增强韩国军事航空工业的国际竞争力。全球军事航空工业的大规模整合继续突出了企业在创新体系中的重要地位，奠定技术创新的基础，有利于加大技术创新的投入，加快知识向产品的转化。

俄罗斯确定航空武器装备发展战略 面对北约东扩的压力，1999 年 1 月 12 日，在第 5 代战斗机首次展示仪式上，俄罗斯国防部长谢尔盖耶夫指出，2005 年前，俄罗斯空军发展的主要计划是改装米格－29 型战斗机，使之在 2010 年前作为俄罗斯空军的主力战术作战飞机，而第 5 代战斗机则将在 2010 年左右作为俄罗斯空军的主力作战飞机服役。俄罗斯称研制成功 I.42 型战斗机是俄罗斯空军的一次革命，将极大提高俄罗斯空军的作战能力。在战略空中力量的发展上，继续突出战略空中力量作为国家战略核力量的重要地位，其发展途径是改进现役飞机，主要是改进图－160 型战略轰炸机以及装备先进的空对地精确制导突击武器的方式实现。同时，由于科索沃战争再次证明“以空制地”的思想是健全的，因而在车臣武装分子实施恐怖袭击后，俄罗斯在实施军事打击的过程中，对恐怖分子的纵深基地进行了多次空中打击和导弹袭击，俄联邦军队的伤亡与第 1 次车臣战争相比已明显减少，这表明俄罗斯将更加突出空中力量在诸如反恐怖等低强度作战中的作用，这将对俄罗斯空中力量技术装备的发展产生较大的影响。

科索沃战争对航空技术装备发展产生巨大影响 科索沃战争充分体现了空中力量在推行国家政策方面的巨大潜力，它表明在今后一个时期内，空中力量是一种经济实用并且在战略上十分灵活的手段，西方发达国家将主要依靠空中力量的优势实现强制的和平。这场战争的进程、结局以及作战的样式和特点均将对航空技术装备的发展方向产生长远的影响。首先，夺取和保持空中优势仍然是航空技术装备发展的首要目标。1999 年 7 月，美国国会在审议 2000 财政年度国防预算时，曾决定将 F－22 型战斗机的经费削减 18 亿美元，其主要理由是，科索沃战争已证明美国绝对空中优势的地位不会动摇，未来战争中发生空战的机会将很少，因此应缩短装备研制战线，将有限的经费用于提高空中力量的战备水平。这种观点遭到美国诸军种一致反对，主张在装备发展上应确保美军在任何时候都能在拥有绝对空中优势的条件下作战。其次，航空装备必须保持恰当的均衡生产能力和合理的储备基数，才能满足高强度局部战争的需要。在高技术条件下，空中力量是首战必用和全程使用的战略力量，不论是平台还是机载武器，其消耗都将是巨大的。科索沃战争进行过程中，美国临时加速实施了巡航导弹的改装工作，以解决消耗量过大和储备不足的问题。战前，波音公司生产联合直接攻击炸弹所用的制导组件的速度为 100 个/月，无法补充实战消耗，使 B－2 型轰炸机不得不投射 Mk－82 型普通航弹；战后研究表明，制导组件的均衡生产速度应为 1200～1500 个/月。第三，航空技术装备必须系统配套才能发挥整体威力。科索沃战争是体系对抗，南斯拉夫空军由于装备缺乏配套，米格－29 型战斗机应有的作用没有发挥出来。反观北约，由于空中力量装备先进且系统配套，故而在空中作战中始终掌握着主动权。

突防保障手段得到进一步丰富 传统的突防保障手段主要是压制敌防空体系，并对敌防空指挥控制系统实施强烈的电子干扰，突防飞机则采取低空超低空剖面飞向预定突击目标。随着具有同时打击多目标并且抗干扰能力很强的新一代地面防空兵器列装，突防飞机面临着更为严重的威胁。为有效地保障突防，西方发达国家近年来特别重视研制自主式和拖曳式战术诱饵，以欺骗敌防空系统。科索沃战争中，美国空军在 B－1B 型、F－16 型和海军的 F/A－18 型飞机上装备了 AN/ALE－50（V）型拖曳式战术诱饵，这是拖曳式战术诱饵首次实战使用。1999 年 9 月，美国诺斯诺普－格鲁曼公司完成了小型空射战术诱饵（MALD）的飞行试验工作。这种战术诱饵长 2.3 米，各操纵面均可折叠，装有一台 0.2 千牛的涡轮喷气发动机，航程 460 千米，升限为 10670 米，可高亚音速自主式飞行 20 分钟。战术诱饵的机动特性与所载电子设备产生的电磁信号非常类似于实际的战术作战飞机。小型空射战术诱饵成本低廉，单价低于 3 万美元，美军首批装备的数量可能会达到 3000 个。战术诱饵得到广泛使用后，防空作战将面临目标饱和、真假难辨的更为复杂的战场环境，使防空作战抗击行动中目标识别成为一个亟待解决的重要问题。

航空技术装备预研取得若干重要突破 预研是航空技术装备发展中的重要基础性环节。预研的创新性成果向产品的过渡，对于增强空中力量的综合作战能力有重大影响，各国普遍十分重视航空技术装备的预研。1999 年军用航空发动机的预研成果较为引人注目。发动机性能是影响作战飞机综合作战能力的重要因素，各国都十分重视研制新型发动机，并注意利用新技术对现役发动机进行技术更新。美国普拉特—惠特尼公司 XTE－66 型试验型发动机年内试车成功，标志着下一代战斗机发动机预研工作取得了突破性进展。XTE－66 型发动机是 PW7000 型发动机的验证原型，其推力为 120～125 千牛，生产型发动机的推力最终将达到 156 千牛，主要供美国下一代专门压制防空体系的飞机和近距空中支援飞机使用。该发动机的核心技术是先进的二级风扇和无叶片低压涡轮，其推重比与目前的 F119 型发动机相比，增大了 50%，综合性能提高 20%。下一代先进航空发动机服役后，将对新型作战飞机的发展产生重要影响，使新一代作战飞机普遍具有超音速巡航和过失速机动能力。同时，美国空军也于年内启动了一项新的低成本高性能军用发动机研究计划，其突出特点是以一种多用途核心机为基础发展系列化的发动机，实现低成本的目标，可供战斗机、运输机、无人驾驶飞机及导弹使用。该计划的时间表为：2005 年研制样机，2020 年前制造出多用途核心机和智能发动机，2015 年前研制出低可探测性核心发动机。1999 年，在航空发动机研制领域始终处于领先地位的俄罗斯在推力矢量的研制方面又取得重大进展。俄罗斯留里卡－土星设计局上半年完成了 AL－55 型推力矢量发动机的设计工作。无加力的 AL－55 小型涡扇发动机推力为 19.6 千牛；带加力燃烧室的 AL－55F 型涡扇发动机推力为 29.4 千牛。这两种发动机计划装备在具有超机动性的高性能战斗教练机上，经过进一步改进则可装备在未来高性能作战飞机上。

轰炸机 轰炸机的发展继续受到重视。有人驾驶轰炸机以其特有的灵活性一直受到各主要国家的高度重视。但由于研制轰炸机技术难度极大，研制周期长，投资大，目前，只有美国和俄罗斯具有研制战略轰炸机的需求与能力。值得注意的是，部分国家正在通过采购的途径发展其战略轰炸力量。据美国《航空周刊与空间技术》杂志报道，印度已决定向俄罗斯租用一个中队的图－22M－3C 型战略轰炸机，这显然是印度加强其核打击力量的重要举措之一。印度在向俄罗斯采购苏－30MKI 型飞机的基础上，租用一批战略轰炸机，将显著增强印度的核与常规空中打击力量，提高其战略及战役空中打击能力。

美国空军提出轰炸机长远发展规划 1999 年 3 月，美国空军向美国国会提交了轰炸机长远发展规划。该计划的核心思想是集中资金分阶段改进现役轰炸机，提高其作战性能和可靠性，改善其维护性，使现役轰炸机能继续使用至少 35 年，届时再由新一代轰炸机取代现役轰炸机。在 2000～2010 年的第 1 阶段改进计划中，美国空军将耗资 23 亿美元改进 B－1B 型和 B－2A 型轰炸机的数据链系统、B－2A 型飞机的极高频卫星通信系统和 B－52H 型飞机的综合电子对抗系统，提高轰炸机的快速反应能力和生存能力。在 2006～2015 年的第 2 阶段改进计划中，重点改进 B－1B 型飞机的驾驶舱、B－52H 型飞机的数据链系统与武器系统总线，以及 B－2A 型飞机的数字式发动机控制系统。在 2015 年后的第 3 阶段，将为 B－1B 型轰炸机换装新型合成孔径雷达，为 B－2A 型飞机换装新型任务计算机系统，并采取措施进一步降低该机的雷达与红外信号特征，同时提高 B－52H 型飞机任务转换的灵活性。根据这一计划，到 2000 年，美国空军的轰炸机部队将保持 190 架的规模，其中 B－1B 型飞机 93 架，B－2A 型飞机 21 架，B－52H 型飞机 76 架。到 2034～2037 年，美国空军轰炸机部队将保持 170 架的规模。与此同时，美国也在加紧进行新一代战略轰炸机的预研工作，其目标是用一种新型轰炸机取代目前服役的 3 种轰炸机。1999 年 7 月美国空军已组织波音等 3 个公司开展为期 1 年的需求研究，目前已经提出 3 种方案，即亚音速、超音速和高超音速飞机，其中超音速方案的飞机长约 43.6 米，翼展 36 米；高超音速轰炸机则采用了新的乘波（wave－rider）设计思想，可在大气层边缘高速飞行，7 小时内可飞抵全球任何一个地方。新一代轰炸机将具有大载弹量、不着陆全球机动和快速反应的能力，研制计划拟于 2013 年左右启动，2035～2037 年具备初始作战能力。

美国 B－2A 型轰炸机在科索沃战争中暴露出技术问题 B－2A 型轰炸机在科索沃战争中首次使用，携载全球定位系统制导的联合直接攻击炸弹（JDAM），实施了高空常规轰炸。作战实践表明，B－2A 型轰炸机的突击效果较好，遂行任务率基本达到了预期要求，但也暴露出该机存在一些设计方面的问题。由于气冷降温方面的设计缺陷，B－2A 型飞机上控制各气动操纵面的作动器遥控终端（ART）在科索沃战争期间故障率相当高，而作战基地作动器遥控终端备件不足，多次造成任务机无法战斗出动，只能由备份机执行任务。由于作动器遥控终端属精密部件，怀特曼空基地维修保障分队无法迅速排除故障，只能由 B－2A 型飞机系统计划管理处从廷克空军基地派遣工程技术人员帮助基地维修分队排除故障，这在一定程度上降低了该机的使用效率。为解决该型机出动率较低的问题，科索沃战争结束后，美国空军已订购 6 个供 B－2A 使用的 1858 平方米 PVC 材质组装式机库，可快速安装在前沿基地，所需电源和基本保障设备可用 C－130 运输机空运至前沿基地。此举将增强 B－2A 飞机在前沿基地部署的灵活性，提高其出动强度。

俄罗斯重振战略轰炸力量 由于美国试图修改美

俄之间达成的反弹道导弹条约并加快发展国家导弹防御系统，加之受科索沃战争影响和北约东扩压力增大，为维持俄美在战略武器领域的攻防平衡，俄罗斯1999年开始实施战略轰炸力量重振计划。俄罗斯国防部充分认识到在经费紧张的情况下，回收散失的轰炸机并恢复其战斗力是重振俄罗斯战略轰炸力量的经济有效的途径，因此，俄罗斯加快了回收散失在前苏联各共和国中的图－160型轰炸机的进度。1999年9月，俄罗斯与乌克兰之间达成易货贸易协定，乌克兰决定向俄罗斯方面移交8架封存的图－160型轰炸机，俄罗斯则向乌克兰方面提供相应的天然气并以此抵偿乌克兰所欠18亿美元天然气款项中的一部分。1999年11月5日，乌克兰正式向俄罗斯移交了11架战略轰炸机，其中8架为图－160型轰炸机，3架为图－95MC型轰炸机，这批飞机部署在俄罗斯萨拉托州恩格斯空军基地。这次移交的项目除飞机外，还有579枚巡航导弹，其中包括Kh－65SE型空射巡航导弹。此外，俄罗斯空军集中资金启动了6架图－160型飞机的修复工程，每架飞机约需180万美元。1999年内这些飞机已达到可遂行任务状态。同时，1999～2000年间，俄罗斯空军将新采购2架图－160型轰炸机。因此，到2000年，俄罗斯将拥有16架图－160型战略轰炸机，其三位一体的战略核打击力量将有所增强。

战斗机（歼击机） 战斗机的发展依然围绕着火力、机动和信息3个基本要素展开。战斗机的火力在增强超视距对空攻击能力的基础上，重点提高其防空区外对地精确突击的能力。战斗机的机动性能方面则以增强过失速机动能力为主，俄罗斯和美国仍然保持着在这一领域的领先地位。增强战斗机的信息融合能力是目前各国关注的重点，在提高战斗机综合处理来自陆基指挥控制系统、预警机、合成孔径雷达飞机、卫星和友邻飞机的信息的基础上，目前重点已转向增强战斗机处理实时动态信息的能力，力求使战斗机飞行员全面洞察战场态势，美国在这一领域居领先水平。

美国F－22型战斗机计划出现波折 美国2000财政年度国防预算中为采购6架F－22型战斗机申请的拨款额为19亿美元。但是1999年7月22日，美国众议院决定将下一财年国防预算中的相关经费削减18亿美元，此举在美国国防部和军界引起强烈震动。美国参谋长联席会议全体成员、美国各联合司令部司令先后致信众议院，申明制空权对于美国掌握全球战略优势的重要性以及F－22型飞机对争夺制空权的重要价值。迫于各方特别是美国军方的强烈反应，10月4日，美国参众两院达成妥协，在下一财年国防预算中为首批F－22型战斗机拨款10亿美元，初步缓解了该机的财政危机。这场危机的直接影响表现在：一是拖延了F－22型战斗机的发展计划，使该机发展计划延长1年，直至2007年年底后才有可能具备初始作战能力。二是增加计划成本，降低了该机的可承受性。它将使F－22型战斗机的研制成本和生产成本分别上扬约12亿美元和53亿美元。三是增加了空军的综合费用。由于F－22型飞机推迟列装，迫使美国空军72架F－15C/D型战斗机延长服役时间，为此需要增加额外的费用。1999年，F－22战斗机在试飞方面的主要进展一是进行了超音速巡航试飞，巡航马赫数达到1.5；二是完成了大迎角安定性试飞，在不装推力矢量发动机的情况下迎角超过26度，装推力矢量发动机时迎角达到60度。

美国F－15E型飞机换装新型发动机 1998年3月，美国普拉特－惠特尼公司完成了新型F100－229A型涡轮风扇发动机的飞行试验，美国空军于1999年决定将该发动机装备于主要遂行远程阻滞任务的F－15E型飞机上。F100－229A型涡轮风扇发动机采用了新的用金属钛制造的宽弦风扇叶片、缩短加力燃烧室的长度并重新设计了进气道，性能有较大改善。从推力上看，改进型风扇的直径比原F100－229型发动机的风扇大25毫米，使该发动机的涵道比增加了10%，空气流量达到125千克/秒，因而发动机的推力达165千牛，并且仍然保持了良好的加速性，该发动机由慢车加速到全加力状态的时间仍为2秒。从可维修性上看，改进设计后，F100－229A型涡轮风扇发动机的零件减少了100余个，故障间隔时间延长40%。从目前情况看，除F－15E型飞机换装F100－229A型涡轮风扇发动机外，美国空军还计划为F－16C/D型战斗机换装该型发动机。换装新型发动机后，作战飞机的飞行性能有明显改善。

美国空军增购F－16型战斗机 1999年初，美国在2000财政年度国防预算中拨款4.41亿美元，为美国空军增购10架第50批标准的F－16C/D型战斗机。这批飞机交付后，同等数量的第30批的F－16型战斗机将移交美国空军国民警卫队，这将使美国空军F－16型战斗机的总体作战能力得到提高。此外，1999年1月，美国空军开始在第40批和第50批F－16型战斗机上加装ALE－50型拖曳式战术诱饵的专用挂架，同年3月又增购548个挂架，将诱饵的装备范围扩大到第25批至第32批F－16C/D型战斗机。

这种专用挂架装在F-16型飞机机翼外侧，亦可挂载AIM-120型和AIM-9型空空导弹上。这种挂架的生产速度为每月10个，5月份后已增至每月30个。

俄罗斯首次公开展出米格1.42型飞机 米格1.42型飞机是俄罗斯米高扬飞机设计制造集团针对美国的F-22飞机而研制的俄罗斯第5代战斗机，拟取代俄罗斯空军现装备的苏-27系统作战飞机。该机于1994年出厂，并于同年12月成功地进行了首次地面高速滑行试验，但由于经费拮据，此后一直停放在茹科夫斯基飞行试验中心。1997年3月，俄罗斯曾取消米格1.42飞机的生产及列装计划，仅将该机作为未来先进战斗机的技术验证机予以保留。俄罗斯空军为了加强技术储备并紧跟航空技术装备发展趋势，于1998年初从有限的经费中筹集270万至300万美元，决定启动米格1.42型飞机的试飞计划。1999年1月12日俄罗斯首次展出了这种战斗机。年内，俄罗斯方面曾多次宣布将组织该机试飞，但因种种原因未能如愿。从展出情况看，米格1.42飞机有一对全动式鸭翼；机身中部安装了大面积三角翼；采用向外倾斜的双垂尾布局，垂尾下部延伸到机翼平面以下，类似于腹鳍；进气道为斗型，位于机头下方。据分析，该机装AL-41型推力矢量发动机，发动机的推重比为10，飞机的推重比可达1.2～1.3，最大飞行速度为2.5马赫，不开加力时能以马赫数1.3～1.6作超音速巡航；机载武器全部采用内载方式，具备超视距攻击和多目标打击能力，可同时攻击20个空中目标；采用综合数字化电传飞行控制系统；航程大于苏-27型战斗机；雷达反射截面积为0.1平方米，只有米格-29SMT飞机的10%；原型机中结构件16%为复合材料，生产型飞机中复合材料的比例将达到30%。这次展出的米格1.42飞机的重量已由原设计的35吨级改为20吨级，几何尺寸也相应减小，这表明俄罗斯空军在未来新型战斗机的发展上不再刻意追求其多用途性，而是倾向于发展常规布局、技术风险性低的飞机，目的是使俄罗斯空军在经费上可以承受，并尽可能缩短研制周期，使新机尽快形成战斗力。目前米格1.42飞机存在的问题主要还是成本昂贵，出厂价高达7000万美元，俄罗斯空军难以批量装备。

新加坡改装的F-5S型战斗机开始服役 新加坡空军原装备有为数不少的F-5型飞机，一直存在着综合作战能力较弱，可靠性较差的问题。进入90年代以来，新加坡国防科技研究院和新加坡航宇公司着手对其进行技术更新。1999年3月，改装后的F-5S型飞机开始在新加坡空军服役。F-5S型飞机换装了新型雷达系统、导航系统和机载武器系统，提高了空战和对地突击能力，综合作战能力有明显提高。

印度空军接收第2批苏-30MKI型战斗机 1999年6月俄罗斯向印度交付了第2批前4架苏-30MKI型战斗机，后6架飞机于11月交付印方。印度共计划从俄罗斯进口50架苏-30MKI型战斗机，分4批交付。1997年已交付第1批10架；2002年将交付第3批10架；2004年交付第4批20架。其中第4批苏-30MKI型战斗机将在前机身加装小翼、换装推力矢量发动机和相控阵火控雷达，并对前3批飞机进行上述改装。1999年11月，俄罗斯政府负责防务工业的副总理访印时与印度签订了长期军事技术协议，俄罗斯同意印度自2000年起专利生产苏-30MKI型飞机，这标志着该机将成为印度空军新一代主战机型。

印度米格-21比斯式飞机具备超视距攻击能力 在俄罗斯飞机制造厂的帮助下，印度空军的米格-21比斯式飞机换装了“矛”式多模式雷达（该雷达原计划装备米格-29M型飞机），加装了R-73型红外制导近距格斗导弹和R-77型主动雷达制导导弹。1999年5月，改装后的飞机在俄罗斯空军武器和战略发展中心进行了试射并获得成功。这次改装使印度空军的米格-21比斯式飞机具备了同时跟踪8个目标并同时对其中2个目标进行超视距攻击的能力，进一步提高印度空军的中远距空战能力。

巴基斯坦从法国接收第2批二手幻影式战斗机 1996年巴基斯坦决定从法国采购40架二手幻影式战斗机。1998年，法方已向巴方交付了第1批8架飞机。原定1999年底交付的第2批8架幻影Ⅴ和幻影Ⅲ型飞机，由于10月中旬巴基斯坦发生军事政变后法国宣布对巴实行禁运而暂停交付。法方后于11月4日同意放行，因此第2批8架飞机于1999年11月14日抵达巴基斯坦。其余的24架幻影式战斗机将在2年内交付完毕。

土耳其增加F-16型战斗机装备数量 针对塞浦路斯希土两族危机的发展，土耳其一直试图以加强空中力量的方式对危机施加影响。1999年1月，土耳其政府决定追加拨款7.5亿美元，将取得专利生产权的第50批F-16型战斗机的装备数量由240架增加到272架。新增加的32架飞机中，20架为侦察型飞机，用于补充现役的20架RF-4型侦察机，另12架为消耗备份飞机。

中国台湾首次承认有隐形战斗机研制计划 中国台湾空军司令1999年12月22日在台北回答记者提问时，承认台湾空军已同台湾的几个航空科研机构合作，自主研制"隐形战斗机"，并称在隐形飞机的结构以及雷达吸波材料两方面"已取得若干积极成果"。这是台湾军方权威人士首次公开承认台湾正在从事隐形战斗机的研制工作，它反映了台湾空军在第2代战机列装完毕后第3代战机的发展方向。

中国台湾空军组建第2个F－16型战斗机中队 1999年12月16日，中国台湾空军在其东部的花莲基地组建第2个F－16型飞机作战中队。台湾空军自美国接收所购150架F－16型飞机的任务年内已接近尾声（统计到当年12月，台湾已接收131架飞机），2000年初将在同一基地组建第3个F－16型飞机作战中队。自1998年3月台湾空军坠毁首架F－16型飞机以来，其第3代作战飞机事故频发：1999年已连续坠毁3架F－16型飞机（1月25日、6月1日和8月18日），台湾已就8月18日因发动机故障导致F－16A型飞机坠毁一事向美方提出赔偿要求；幻影2000－5型飞机连续坠毁2架（10月15日和12月14日）。

中国台湾空军F－16型战斗机火控系统软件升级 1999年12月7日，美国政府同意为中国台湾空军的F－16型战斗机火控系统的软件进行升级，使之能控制AIM－120型中距拦射弹。台湾空军虽然已拥有"迈卡"和"天剑"Ⅱ型中距拦射弹，但其装备的F－16型飞机只能发射红外近距格斗导弹，因此台湾空军一直试图获得雷达制导的AIM－120型空空导弹，以增强F－16型飞机的超视距攻击能力。此次软件升级，实际上表明美国已初步同意向台湾空军出售AIM－120型空空导弹，此举严重违反了中美之间达成的有关协议，将助长台独气焰并加剧台湾海峡的紧张局势。

法国"阵风"双座生产型战斗机首飞成功 1999年1月，法国达索公司研制的供法国空军使用的"阵风"B－301型双座生产型飞机试飞成功，这种生产型配置将立即改进，2003年改进为供法国空军使用的F－3型配置，包括装备迈卡空空导弹、光电寻的装置、雷达增加对地搜索模式，可以遂行对地突击任务。2010年左右开始改进成F－4型配置，即达到多用途作战飞机的标准，重点是采用新型的多传感器数据融合技术。这种配置的飞机除装备法国空军外，主要面向国际军火市场。

克罗地亚利用以色列技术改进米格－21型战斗机 据英国《国际飞行》杂志报道，1999年2月15日以色列和克罗地亚国防部长签署了军事合作协议，决定由以色列飞机工业公司和埃尔比特系统公司联合为克罗地亚空军改进30架米格－21比斯式飞机，整个计划耗资1亿美元，工程将在萨格勒布的ZTZ公司进行。改进后的飞机将达到米格－21－2000型的标准，加装由埃尔塔公司研制的EL/M－2032型先进多模式雷达、2个多功能彩色液晶显示器，并加装平视显示器、综合电子战成套设备、敌我识别系统和军标1553数据总线等数字式航空电子设备，装备与系统配套的头盔瞄准具。

埃及空军采购第40批F－16C/D型战斗机 1999年8月，埃及与美国洛克希德—马丁公司正式签署协议，采购24架第40批F－16C/D型战斗机，其中单座的C型机和双座的D型机各12架，这将使埃及空军F－16型战斗机的装备数量达到196架。这批飞机根据埃及空军的要求进行了改装，全部用于遂行对地突击任务，飞机换装了AN/APG－68（V）型雷达，4通道数字式飞行控制系统，计算机系统处理能力增强，装备了先进的敌我识别装备，可发射"鱼叉"式空对舰导弹，并且夜间作战能力有明显提高。美方将于2001年开始向埃及交付这批飞机，整个交付期为15个月。

北约新成员国着手换装西方战斗机 1999年3月，北约正式接纳波兰、捷克和匈牙利为新成员国，上述3国面临的主要问题是如何尽快换装，实现与北约的军事一体化。因此，北约新成员国立即着手制订用西方先进战斗机换装原苏式战斗机的计划，以提高北约在东部一线的防空作战能力，同时降低训练、维护和保障费用，这一换装计划为北约主要国家提供了良好商机。3国首选机型包括美国的F－16C/D型、F/A－18C/D型战斗机、瑞典的JAS－39型和法国的幻影2000型战斗机。波兰计划从2000年起租用18架F－16C/D型或F/A－18C/D型战斗机，期限为5年；2006年开始采购40～60架西方先进的战斗机。捷克空军则决定直接购买36架西方先进的战斗机。

攻击机（强击机） 随着作战思想的变化，攻击机（强击机）所遂行的近距空中支援的传统任务目前已经能够被多用途战斗机、武装直升机甚至地面部队的建制火力所取代，攻击机（强击机）的任务领域也在向纵深突击和压制防空体系或敌战役反击力量的方向拓展。目前只有美国继续实施着下一代攻击机的发展计划。从总体上看，各国在攻击机发展上的主流是依托现有平台，装备先进机载突击武器，提高其综合作战能力。从美国的预研情况分析，在联合攻击战斗机之后的新一代攻击机很可能将是无人驾驶型的，承担压制防空体系等危险性极大的首战任务，其关键性技术是使无人驾驶攻击机实时获取天基系统和其它空中平台提供的可见光、红外及合成孔径雷达图像等目标信息。

美国机载激光器计划进展顺利 机载激光器是美国在助推段对付机动式弹道导弹的主要手段。1999年美国机载激光器计划取得重要进展。6月10日，TRW公司在加利福尼亚州试验场进行试验时，机载氧－碘化学激光器达到峰值功率的107%，其功率比摧毁弹道导弹所需功率还大30%～40%。在经过至少34次普通试验后，机载激光器将转入靶试阶段。目前，除机载激光器外，洛克希德－马丁公司在激光束控制系统，波音公司在作战管理系统方面的进展均较为顺利。

美国联合攻击战斗机研制工作有进展 ①研制方案部分调整。自1998年以来，联合攻击战斗机两大研制商都出现了程度不同的计划超支情况，因此为控制成本上扬，研制商陆续对该机的设计方案作部分调整。1999年1月和9月，波音公司对X－32型联合攻击战斗机的设计进行了两次调整，涉及到该机的机尾、机翼和进气道，并且决定改变某些关键部位的材料，减轻飞机的重量。对于短距起降方案，重点是提高该型机的操纵性能和机动性能、武器配置与载油方案的多样性和飞机前方的隐形性能。改进进气道提高飞机在大迎角时的机动性能。这些改进有着长远的考虑，它提高该方案今后改进的灵活性，为今后发展双座教练机、专用电子战飞机、远程精确打击飞机（用于取代F－15E型和F－117型飞机）奠定基础。1999年12月14日，波音公司展出了X－32A型验证机，其修改的内容包括：机翼由隐形三角翼方案改为普通的常规后掠翼方案，机翼后掠角保持55°，但翼面积减小；增加了水平尾翼；进气道的形状由原来的前掠下颚型进气道改为后掠下颚型进气道，提高了隐形性能；在机翼部件上采用轻型易维护的热塑性材料。洛克希德－马丁公司也于1999年初最终确定X－35型验证机的设计方案。供各军种使用的X－35型飞机的机长均为15.45米，供美国空军使用的A型和供美国海军陆战队使用的B型机翼面积为38.27平方米，供美国海军使用的C型机翼面积为55.7平方米。此外，C型机的水平安定面和尾翼面积增大20%，以提高升力和减少着舰速度（可减小3.7千米/小时）。②发展新型任务系统。洛克希德－马丁公司为联合攻击战斗机研制了新型的综合飞行中计划系统（IIFP），主要是提高飞行员在飞行中实时更改任务的能力。当飞行员分析和确定作战任务时，计划系统应用高度逼真的威胁构模软件自动选择突防生存能力最高的航线。综合飞行中计划系统使用多传感器数据融合技术，通过数据链与地面的战术数据库交换数据，生成一个新的任务剖面只需要2秒钟，最长只需10秒钟。原来的地面任务计划系统需要5～10分钟才能完成同样的任务，而且没有飞行中实时更改的能力。装备新的任务计划系统后，联合攻击战斗机的作战反应能力更高，生存能力更强。③新加坡等国加入研制计划。继1997～1998年英国、丹麦、荷兰、挪威、加拿大加入联合攻击战斗机研制计划后，1999年新加坡、土耳其、意大利和以色列亦加入了该项研制计划，这使新加坡成为第1个参与联合攻击战斗机研制计划的东南亚国家，同时表明新加坡今后将用联合攻击战斗机取代现役的F－16型战斗机。④航炮选用方案明朗化。波音公司的X－32型选用德国研制的27毫米BK－27型航炮；洛克希德－马丁公司的X－35型选用美国通用公司研制的25毫米GAU－12型航炮。BK－27型航炮射速1800发/分钟，备弹150发，重量小于134千克。

美国A－10型攻击机延寿 美国空军目前有360余架A－10型攻击机服役，该机是遂行近距空中支援和突击敌装甲机械化部队的主力，美国空军计划采取措施使该机延寿至2010～2015年，满足联合攻击战斗机大量装备部队前的作战需求。该飞机的主要延寿措施是换装CF34－8型涡扇发动机，推力可达48.9千牛，使用寿命3500小时。换装新发动机后，A－10型飞机的低空超低空飞行速度有所增大，机动性能明显改进，可以提高飞机的低空生存能力。

越南从俄罗斯购买苏－30K型飞机 1999年12月，越南与俄罗斯达成军事技术合作协议，越南从俄罗斯购买12架苏－30K型多用途战斗机，整个计划除飞机外还包括航空电子系统、多模式雷达系统的备件。俄罗斯将同时负责对越南装备的苏－27型战斗机进行技术更新。苏－30型飞机与以前采购的苏－27型飞机配合作战，将提高越南空军制空和对地（海）目标的突击能力。

印度在米格－27型飞机上加装合成孔径雷达吊舱 为提高米格－27型飞机对地突击的精确性，印度于1999年年中决定在米格－27型飞机上加装以色列新近研制成功的小型EL/M－2060P型合成孔径雷达吊舱，此举将提高米格－27型飞机的全天候对地突击能力。同时决定为该机换装以色列研制的机载电子战系统，以提高该机突防与突击的生存能力。

澳大利亚对 F－111C 型飞机采取延寿措施 澳大利亚空军于 1972 年开始装备 F－111 型飞机，目前是世界上唯一装备该型飞机的空军。1999 年 7 月，澳大利亚空军决定出资 4.74 亿美元将遂行远程突击任务的 21 架 F－111C 型战斗轰炸机延寿使用至 2020 年。其基本延寿措施包括：换装新型发动机，提高飞机的机动性并增大航程；换装数字化机载航空电子系统，使之具备精确导航和精确打击能力，提高其全天候作战能力；加装综合电子战系统，增强该机的突防能力。澳大利亚空军决定用 TF30－109 型发动机取代原来的 TF30－103 型，推力在原来的基础上增加了 10.4 千牛，达到 92.72 千牛。

运输机及空中加油机 运输机和空中加油机的发展面临新挑战。1999 年 7 月，美德两国达成美国向德国移交莱茵－美因空军基地的协议，这意味着美国将不再拥有位于西欧的骨干空运基地。1999 年 12 月，美国陆军根据科索沃战争的教训，决定正式组建新型的快速反应部队。为增强美国的危机管理能力，要求陆军快速反应部队能在 96 小时内抵达预定战区。这一切都将影响战区间和战区内空运力量的未来结构，并对运输机的未来发展提出新的要求。美国 C－17 型飞机既可以满足远程战略空运的要求，同时又降低了对基地的要求，具有战术空运的灵活性，代表了新一代多功能大型运输机的发展方向。

中国空军的空中加油机和受油机首次公开亮相 据《解放军报》报道，在中国国庆 50 周年的阅兵式上，受阅空中梯队中有中国独立自主研制的空中加油机和受油机。它表明中国已打破外国在这一领域的技术封锁，继美国、英国、俄罗斯和法国之后，成为世界上第 5 个掌握了空中加油和受油技术的国家。这是中国空军远程作战能力取得突破性发展的重要标志，为中国空军航空兵部队实现由传统的在固定作战责任区内遂行任务，向在广阔的全疆域内实施全方位机动作战的根本性转变奠定了坚实的基础，对中国空军的长远发展具有战略意义。

美国 C－17 型飞机发展近况 ①美国空军增购 C－17 型飞机。美国空军已经与波音公司签订了生产 120 架 C－17 型飞机的合同，到 1999 年初，交付已近 100 架。1999 年 2 月，在美国 2000 财政年度国防预算报告中，已决定在 2004～2005 年为美国空军增购 14 架 C－17 型飞机。这批 C－17 型飞机单机交付成本降至 1.49 亿美元，单价减少 2000 余万美元，均换装新型航空电子设备和卫星通信系统，全部装备美国空军特种作战部队。这批飞机列装后，将使美国空军特种作战部队的全球快速反应能力、突击力和持续作战能力得到大幅度增强。②双列空投试验成功。1999 年，美国空军在 C－17 型飞机上成功地进行了双列空投试验，这标志着该机的空投能力提高了 266%。第 1 种具有双列空投能力的飞机于 4 月交付美国空军。空投能力增强后，美国陆军战略旅空投时所需飞机的数量减少，双列空投方法允许空投 8 个 4.9 米的货网托盘，每个托盘的总重量为 6583 千克。这种方法利用了 C－17 型飞机上现有的滑轨，只要飞机以 4 度仰角飞行，利用货盘的重力就能使货物滑出机舱。③加装远程油箱。波音公司与美国空军合作于 1999 年年初开始在 C－17 型飞机机身上部的中心翼盒处加装远程油箱，可使 C－17 型飞机的载油量增加 3.79 万升，布线改动及安装附加设备后，飞机的空重增加约 900 千克。加装远程油箱后，使该机在载重 40.7 吨的情况下，航程由 6850 千米增大至 8000 千米。整个改装工作将于 2000 年内完成，装备远程油箱的 C－17 型飞机将于 2001 年装备美国空军，英国皇家空军也将采购 4 架。

美国、俄罗斯、英国和乌克兰联合研制安－124－200 型运输机 为满足空运大型物资的需求，美国、俄罗斯、英国和乌克兰于年内启动安－124－200 型运输机联合研制计划，该机可广泛用于民用和军事领域。具体分工为：美国、英国负责研制动力装置、电子设备等；俄罗斯、乌克兰双方负责总体设计与制造。该机动力装置为 CF6－80C2 型涡轮风扇发动机，推力 224～267 千牛，载重 80 吨时的航程可达 9200 千米；机组由原 6 人体制改为 3 人体制；单价约为 9800 万美元，为 C－17 型飞机的 50%。

俄罗斯与乌克兰达成安－70 型运输机投产协议 随着俄罗斯与乌克兰之间在飞机研制经费分摊和支付所欠债务等问题的解决，两国在使安－70 型中型运输机投产问题上达成共识，并于 1999 年 10 签署协议。这表明安－70 型运输机对于增强两国的军事空运与战役机动能力依然具有重要的意义。协议规定俄罗斯负担安－70 型运输机 75% 的研制经费，乌克兰负担剩余的 25%；俄罗斯向乌克兰偿付欠安东诺夫设计局的 5200 万美元；两国均将上述经费列入 2000 年度的国防预算，以确保安－70 型运输机于 2001 年顺利投产。根据计划，俄罗斯和乌克兰在 2013 年前将装备 230 架安－70 型桨扇中型军用运输机。

日本决定自主研制战略运输机 日本近年来加快

了由经济大国向政治和军事大国转变的步伐，多次以联合国维持和平部队的名义向外派遣军队，其范围在逐年扩大。由于在参加中美洲飓风救援行动时，日本航空自卫队的C－130型飞机用了4天时间才飞抵洪都拉斯，因此日本防卫厅于1999年1月23日决定运用本国技术研制一种远程战略运输机，取代目前服役的C－1型运输机。该机的研制费用将超过1000亿日元，预计在计划启动10年后服役。这种运输机可在不进行空中加油条件下飞抵东南亚各地，今后其航程可进一步增大至5000～10000千米。

日本决定引进空中加油机　1999年1月5日，日本防卫厅宣布在2000财政年度国防预算中拨款采购4架空中加油机。日本防卫厅认为，国际及亚太形势正在发生变化，朝鲜半岛的局势日益恶化，同时日本在联合国维持和平行动和国际紧急救援行动中作用增大，因而日本已经具备了引进空中加油机的条件。其主要目的是通过空中加油，提高空中预警指挥机和战斗机的续航能力，拓展其空中力量的制空范围，增强其空海军在远洋决战中的联合作战能力。日本采购空中加油机实际上已经超出了日本专守防御的战略需要，是日美修订防卫合作指针的产物，因而这一计划遭到各方的强烈反对。迫于巨大的政治压力，1999年12月17日日本政府在安全保障会议上决定在2000年编制的防卫预算中不追加拨付有关空中加油机的引进经费，转而把这笔经费用于将13架E－2C型飞机改进成达到美国E－2CⅡ批型标准的空中预警指挥机。此外日本政府的决定仅仅是推迟了空中加油机的引进计划，其安全保障会议已明确指出日本航空自卫队将在2001～2005年的中期防卫力量整备计划中加速引进空中加油机。

新加坡装备首架大型空中加油机　1999年9月10日，新加坡空军部队在美国堪萨斯州波音公司的改装厂接收了第1架KC－135型空中加油机，这批飞机是1998年9月新加坡空军向美方订购的，主要用于取代业已陈旧的KC－130型中型空中加油机。为此，新加坡空军组建了第1支空中加油机中队，主要任务是支援空军部队战斗机遂行任务并运送新加坡部队及装备参与海外军事演习。

英国接收C－130J型运输机　在比原计划推迟长达2年后，英国皇家空军于1999年11月从美国洛克希德－马丁公司接收了第1批4架C－130J型战术运输机，同时接收的还有一套地面模拟训练系统（含2台六自由度全动式飞行模拟器）。英国皇家空军将装备25架C－130型飞机，其中10架为标准型配置，15架为加长的C－130J－30型，用于取代目前服役的C－130K型飞机。全部接收工作将于2000年第1季度完成。

西班牙研制的生产型C－295型战术运输机首次试飞　1999年1月，西班牙航空制造股份有限公司研制的生产型战术运输机C－295型首次试飞成功。C－295型战术运输机是CN－235型的加长型，机身加长12.7米，载重量增加50%，最大有效载荷达9700千克，最大起飞重量达到23.2吨，燃油增加2380升，航程增大1350千米，达到5760千米。该机的2台发动机均由CT7型换装PW127型涡轮螺旋桨发动机，单台功率为2750马力，巡航速度增大至480千米/小时。

欧洲联合研制军用运输机计划有所进展　1999年欧洲各国在联合研制军用运输机问题上谈判有所进展，新型飞机已定名为A－400M型飞机，参加这一研制计划的国家有比利时、法国、德国、意大利、西班牙、土耳其、英国，总采购数量为288架，单机交付价为8000万美元。1999年11月，欧盟决定组建欧洲快速反应部队，增强欧洲自己的危机管理能力，欧洲国家对A－400M型飞机的需求更为直接和迫切。目前计划参与国已就生产的主要分包任务达成协议，发动机生产的分包商将在2000年内确定。根据协议，A－400M型飞机的总装将由西班牙航空航天公司负责。A－400M型飞机机长41.8米，机高14.7米，翼展42.4米，发动机为4台9500轴马力的涡轮螺旋桨发动机，货舱长17.7米，最大起飞重量116吨，亦可提高至129.8吨，巡航速度0.68～0.72马赫。预计首架飞机将于2006年交付使用。

侦察机及空中预警指挥机　侦察机的发展特点突出表现在两方面：一是无人驾驶侦察机受到高度重视。在科索沃战争中，北约共投入7种型号数百架无人驾驶侦察机，对战场监控和实施战役战术侦察起到了重要作用。二是合成孔径雷达与动目标探测装置成为首选传感器。这主要是由合成孔径雷达及动目标探测装置适合于全天候侦察和发现战场机动目标等独特的优点所决定。空中预警指挥机的发展方面是在强化其预警功能的同时，突出其在联合空中作战中作为空中战场管理中心的新职能，提高其信息处理能力和三军互通互联能力。空中预警指挥机机载传感器已由雷达发展为综合使用有源及无源探测系统，雷达则由机械扫描发展为相控阵。可以满足不同作战需求的低成本小型空中预警指挥机已成发展重点。

美国无人驾驶侦察机发展动态　①中止蒂尔Ⅲ

“暗星”无人驾驶飞机发展计划。“暗星”是一种具有良好隐形性能，较强的突防能力，可实施临空侦察和实时传输情报的无人驾驶飞机，一直是重点发展的侦察平台之一。但是美国空军于1999年1月22日宣布中止“暗星”无人驾驶飞机的发展计划，将中高空久航无人驾驶侦察平台的发展重点转向“全球鹰”无人驾驶飞机。中止“暗星”无人驾驶侦察机发展计划有以下几个主要原因：一是美国国防预算紧缩的压力进一步增大；二是“暗星”无人驾驶飞机在1996年4月坠毁后设计改 进工作进展缓慢；三是“暗星”无人驾驶飞机与“全球鹰”无人驾驶飞机相比多用途性稍差，载荷小，不能同时使用电子光学与红外成像侦察设备，而且空地数据链传输速率低（速率为1.5兆位/秒）。四是“暗星”的经济性逊于“全球鹰”无人驾驶飞机。两种无人驾驶侦察机出厂价均为1000万美元，但“全球鹰”无人驾驶飞机主要采用现有的商用技术，而“暗星”主要采用保密的军用技术。因此，“全球鹰”无人驾驶飞机还有相当的成本削减空间。基于上述原因美国空军在收缩无人驾驶侦察机研制战线的问题上做出了中止“暗星”计划的决策。②蒂尔Ⅱ+“全球鹰”无人驾驶飞机2号机坠毁。中止“暗星”无人驾驶飞机发展计划后，向战区指挥官提供高空久航近实时图像侦察情报的任务将全部由“全球鹰”无人驾驶飞机承担，故美国空军于1999年2～3月间在“全球鹰”无人驾驶飞机2号机上加装了全套的合成孔径雷达、电子-光学传感器、红外成像侦察设备和数据传输系统，这使“全球鹰”无人驾驶飞机一次遂行任务可同时实施合成孔径雷达、电子-光学和红外成像侦察的能力，任务灵活性有明显提高，特别是该机可发挥其久航优势，在敌防空区外使用合成孔径雷达进行连续侦察与监视，通过数据传输系统向地面站传递近实时情报，达到对战区实施实时监控的目的。但1999年3月29日该机在进行首次实装检验性试飞中，起飞20分钟后，在12000米高空进入螺旋，随即带20度俯角坠毁。2号机共进行了9次试飞，总飞行时间55小时。这次事故使唯一一套专用电子-光学和红外成像侦察设备被毁，第2套设备最早也得在1999年10月出厂，这就使“全球鹰”无人驾驶飞机无法按预定计划参加4月1日举行的美国空军“绿旗”演习。然而，根据计划要求，“全球鹰”无人驾驶飞机应在2000年7月前参加15次美国空军的军事演习，检验其实际效能，2000年10月由军方最终决定是否采购这种飞机。因此这次事故对“全球鹰”无人驾驶飞机的发展计划有较大的负面影响。1999年6月3日，带普通侦察设备的“全球鹰”1号机已恢复检验性试飞。③增购RQ-1A型“食肉者”无人驾驶侦察机。鉴于中空久航无人驾驶侦察机在波黑禁飞和科索沃战争中使用情况良好，为战区指挥官提供了极有价值的实时情报，1999年12月20日，美国空军追加订购了12架RQ-1A型“食肉者”无人驾驶侦察机，合同总价值达4940万美元。此举使美国空军“食肉者”无人驾驶侦察机的订购数量达到72架，现已交付44架。它表明在今后一段时间里，该型机仍将是美国空军战术无人驾驶航空侦察的主力机型。④研制新型战术无人驾驶侦察机。1999年12月30日，美国陆军决定由AAI公司研制其所需的新型战术无人驾驶侦察机。该机型号为“影子”200型，机长3.35米，动力装置为1台UEL741型螺旋桨发动机，主要用于在敌前沿后方50～200千米范围内遂行任务。AAI公司首批将为美国陆军生产4套侦察系统，每套包括3架飞机和1个地面站，合同总价值4180万美元。美国陆军计划装备10套“影子”200型战术无人驾驶侦察系统。

美国研制EC-130E型心理战飞机的后继机 EC-X 心理战飞机的任务是向敌军和敌国民众进行广播和电视宣传，瓦解敌士气和民心，是美军进行信息战的重要平台。鉴于心理战飞机在海湾战争和波黑禁飞行动中有出色表现，1999年2月，美国空军特种作战司令部决定研制新型心理战飞机，以取代目前装备于美国空军国民警卫队第193特种作战大队的6架已显陈旧的EC-130E型飞机。EC-X型心理战飞机很有可能选用波音767型飞机为平台，主要改进之处：一是采用无人驾驶飞机对心理战飞机发射的广播和电视信号作中继传递，使心理战飞机可在敌防空区外从事宣传战，提高了系统的生存能力。二是广播设备用数字系统取代模拟系统，增强了抗干扰能力。三是增大系统的功率和频带范围，增强心理战的适应性。新型心理战飞机计划于2015年装备部队，数量为6架。

美国再次向台湾出售空中预警指挥机 就在台湾当局鼓吹“两国论”甚嚣尘上之时，1999年7月31日，美国宣布向台湾出售2架E-2T型空中预警指挥机，整个计划价值4亿美元。除飞机外，还包括2部AN/APS-145型雷达、2部T56-A-427型航空发动机、2套OE-335/A型天线组件、2套先进的任务计算机、2部机载无源探测系统，以及其他保障设备。这2架空中预警机将分别于2003年和2005年交付台湾当局。这次美国向台湾出售的空中预警指挥机属于新型的“鹰眼”2000E标准，其预警控制能力与原E-2T型飞机相比有明显提高。

日本决定独立研制新型预警及电子侦察机 日本防卫厅于1999年5月1日宣布日本将独立研制预警及电子侦察机，主要取代现役的YS-11型飞机，装备日本航空自卫队和海上自卫队，这是日本首次独立研制军用飞机。其背景主要是针对1998年8月朝鲜发射卫星和1999年3月所谓间谍船事件中，日本空中预警及电子侦察系统所暴露出来的反应迟钝、未能及时发现的问题，而决定加强日本的海空早期预警能力。

（王明志）

日本又接收了2架预警机 据美国《每日防务》电子版1999年1月8日报道，波音公司宣布，它又向日本交付了2架767空中预警与控制系统（AWACS）预警机（1998年3月已交付2架）。这样日本在1993年订购的4架预警机已全部交付完毕。

在交付之前，预警机经过了严格的飞行与作战任务系统的试验，充分验证了飞机雷达、敌我识别器、导航系统、计算机/显示装置和通信系统等的设计要求。此次交付的预警机为空中预警指挥系统设定了标准，并提供对战术与防空部队的控制功能。新型预警机提供了比基地系统强大得多的防卫能力，非常适合于未来战争的任务和要求。

（全寿文）

韩国研制KO-X型侦察机 为满足韩国空军的需要，经韩国国防发展管理局批准，韩国大宇重工业公司于年内开始研制KO-X型侦察机，该机是原KT-1型教练机的侦察改型。KO-X型侦察机最大起飞重量为3205千克，装1台普拉特-惠特尼公司生产的PT6A-62A型涡轮螺旋桨发动机，功率为950轴马力。KO-X型侦察机装备的侦察设备主要是光学及红外成像系统。同时该机装备有航炮和火箭，因而具有一定的对地突击能力。根据计划，KO-X型侦察机将于2003年首飞，2005年交付韩国空军，预计装备数量为20架，同时计划向南美和东南亚国家出口。

印度在研预警机样机坠毁 1999年1月11日，印度正在研制中的空中预警指挥机在其南部的阿拉克拉姆海军机场着陆时，由于雷达部分脱落，与尾翼碰撞，导致飞机失控坠毁，机上包括印度国防研究发展机构的4名科学家在内的所有人员全部丧生。这架空中预警指挥机样机的机体是经过改装的阿弗罗-748型运输机，其主要的战术技术性能是在高度11000米时对中小型空中目标的探测距离为200千米，可同时处理50批空中目标。尽管样机坠毁，但印度国防部表示，印度独立研制空中预警指挥机的工作将继续进行。针对自研预警机计划出现的波折，1999年10月，印度决定向俄罗斯租用3架A-50型空中预警指挥机，第1架飞机于年内交付印度空军。

巴基斯坦研制低成本战术无人驾驶侦察机 在1999年4月4阿联酋航展上，巴基斯坦首次展出了该国研制的UAV-Ⅰ/Ⅱ型战术无人驾驶侦察机。Ⅰ型为基本型，已在巴基斯坦军队服役。Ⅱ型为改进型，为上单翼、双垂尾配置，机长2.7米，翼展3.66米，其航程比Ⅰ型机增大约20千米，达到50千米以上；续航时间比Ⅰ型延长1小时，可达3小时的续航时间；有效载荷也比Ⅰ型增大一倍，可达34千克。两种型号的战术无人驾驶飞机均装备120毫米自动变焦的8毫米彩色摄像机，装备前视红外系统后可全天候遂行战场监视任务，还可加装全球定位系统提高导航精度。巴基斯坦正在Ⅱ型机的基础上研制改进后的Ⅲ型机。

以色列研制EL/M-2060P型小型合成孔径雷达吊舱 1999年4月，以色列埃尔塔公司成功地研制出供战术侦察机使用的小型合成孔径雷达吊舱并开始投入生产。这种侦察雷达吊舱目前主要供以色列空军的F-16型战术侦察机使用，与动目标探测器结合使用，可使战术侦察机获得与美国E-8C型联合监视搜索攻击雷达系统的清晰度相近的雷达侦察图像。该吊舱研制成功将大大增强战术侦察的灵活性和情报的实时性。

（王明志）

中国台湾决定将F-16改进成RF-16电子侦察机 据美国《电子防御杂志》1999年9月报道，台湾空军决定将第20批次F-16飞机改进成侦察型配置，定名为RF-16，以取代现役的RF-5E。

RF-5E在最近的“汉光”XV军事演习中表现不能令人满意，在中、低空频繁被雷达跟踪，耗损率高，而且RF-5E在执行任务时必须由1架战斗机护航，因此，国防部决定将1个中队的F-16飞机改进为战术侦察飞机，以替代现役的RF-5E飞机。该计划的代号为“凤眼”，目前台湾空军正计划采购战术侦察吊舱。参加该计划竞争的有洛克希德-马丁红外成像系统公司和光学侦察有限公司。两家公司都提供中低空远程斜视光学传感器，可安装到飞机机腹下的吊舱中。

（全寿文）

英国正式启动机载防空区外雷达系统研制计划 英国一直积极寻求装备一种新型低成本远程搜索与侦察飞机，以提高危机管理和近实时的战场监控能力，1996年年中提出研制机载防空区外雷达系统飞机（ASTOR）的计划，这种飞机同时也是北约对地监视飞机的备选机型之一。1999年6月，美国雷锡恩公司被正式选定为该计划的主承包商。机载防空区外雷达系统计划总价值13亿美元，包括5套系统，6个机动式战术地面站及2个便携式地面站。载机为“全球快运”公务机，机上有2名空勤人员和3名任务军官。飞机升限为15000米，续航时间13小时，并可进行空中加油。传感器为多模式合成孔径雷达和动目标探测装备，天线长度4.57米；所获情报经压缩后可用Ku和X波段数据链下载至地面站。根据原型系统在波黑禁飞试用情况看，普查飞行高度一般为12500米，详查飞行高度为6000米。普查时，一次通过覆盖宽度为10千米，每分钟覆盖范围为120平方千米；详查时，覆盖宽度降至7千米，但精度可提高至2.5米。飞行一架次可以搜集到3000平方千米范围的数据，对波黑地区有2小时即可侦察完毕。英国皇家空军将于2005年装备这种侦察系统，北约将于2007～2008年部署这一系统。

英国改进E－3D型空中预警指挥机 1999年4月，英国开始实施空中预警指挥机雷达系统改进计划，改进后的预警机称为E－3D2000型。改进的主要内容是换装新的雷达系统计算机和任务保障系统。改进的目的是提高现有预警系统的预警能力和不同预警平台之间的信息共享程度。E－3D2000型飞机能探测到只占现有雷达反射截面1/10的小型目标。可以发现战术弹道导弹和巡航导弹；加装空－地和空－空高速数据链后，可以实现不同平台间的信息共享，为指挥员提供更完整的战场态势信息。

直升机 **美国UH－60型“黑鹰”直升机改进方案出台** 为满足美国陆军日益增长的战术机动的需求，1999年2月，美国西科尔斯基公司提出了UH－60型“黑鹰”直升机的改进方案，其中心思想是将该机的使用与维护费降低33%并将其寿命延长20～30年，使该机至少能继续服役至2025年。改进内容包括换装现代化的航空电子系统、加装军标1553B数据总线，达到UH－60Q型的标准：换装新型发动机，将机身加长0.9～1.8米，使该机的动载能力提高到4086千克，但航程与续航时间都保持不变（由于自该机服役后多次改进和任务设备的增加，该机的续航时间因此一直在减小，目前的UH－60L型与A型相比续航时间减小了15%，而此次改进将使续航时间恢复至A型标准）。新改型称为UH－60X型。此次改进最重要的特点是降低了使用与保障费用。美国陆军计划改进1050架UH－60型“黑鹰”直升机，新型飞机控制计算机利用的是为S－92型直升机研制的计算机系统。该机采取严格的发动机红外信号特征抑制措施以及改进型红外导弹干扰装置，红外干扰装置为AN/ALQ－212型综合红外干扰系统，加装AN/AVR－2A（V）型激光探测装置。动力系统采用2台通用电气公司研制的2500轴马力CT7－8型发动机。

美国第2架RAH－66型武装直升机首飞成功 1999年3月30日，第2架RAH－66型武装直升机首飞成功。该机主要用于测试机上任务设备。初期仅测试RAH－66型直升机的数字式飞行控制系统，为2000年转入该机的工程制造发展阶段奠定基础，2001年转入机上全套任务设备的测试。在工程制造发展阶段将生产13架预生产型飞机，2003～2004年间交付。

美国CH－47SD型直升机首飞成功 1999年8月25日，由美国波音公司改装的CH－47SD型军用运输直升机成功地进行了两次试飞。SD型的含义为“超级D型”，可载重16.5吨物资或37名全副武装的士兵（拆除某些附加设备后可载55名士兵），巡航速度259千米/小时，该机是在原D型机的基础上换装了4个多功能液晶航空电子显示系统，实现了玻璃座舱；换装新型飞行控制系统和全权限数字化发动机控制系统，加装气象雷达、导弹与雷达告警接收机以及金属箔条/曳光弹投放装置，使SD型机的任务可靠性和飞行性能有明显改善。1999年秋，SD型机交付美军使用并成为标准的列装型号。

俄罗斯米－24M型武装直升机首飞成功 1999年3月4日，俄罗斯米里设计局米－24型武装直升机的新改型米－24M型首飞成功。米－24M型直升机的改进主要是采用了新型主旋翼和尾桨；结构重量有所减轻；挂装武器的小翼翼展减小；用NPPU－24型23毫米双管航炮取代原12.7毫米机枪，增强了突击火力；加装BVK－24型任务计算机、激光测距仪、新型电台和新型火控系统。

新加坡从美国进口AH－64D型武装直升机 1999年3月，新加坡获准从美国采购8架AH－64D型武装直升机、“狱火”Ⅱ型反坦克导弹、70毫米火箭弹、干扰箔条投撒器等，总价值6.5亿美元，2002年开始交付。此外，新加坡还有12架的购买意向。这次军售行动的意义在于，它标志着美国从根本上改变了原来不允许向北约以外的国家出口带“长弓”毫米波雷达的 AH－64D 型武装直升机的政策，也使新加坡成为东南亚诸国中最先装备的这种武装直升机的国家。

以色列改进 AH－64 型武装直升机　以色列于 1999 年 11 月决定对其装备的 24 架 AH－64A 型武装直升机实施改进，达到美国装备的 D 型标准。改进工作由美国波音公司承担，合同总价值达 5.08 亿美元。改进的主要内容包括更新机上发动机，换装 12 套 AN/APG“长弓”毫米波雷达。这项改进工作完成后，以色列军队对威胁其北部安全区的黎巴嫩民兵武装实施全天候精确打击的能力将得到明显增强。

机载武器系统　新一代机载武器系统在局部武装冲突中显示出巨大威力。新一代空对地突击武器主要采用了全球定位系统制导技术，克服了夜间和复杂气象条件对精确空中打击的影响，真正实现了全天候突击，并把远程打击的精度提高到了新的高度。精确制导武器在海湾战争中的投射量为 8%，在“精选力量”行动中为 69%，而且精确制导武器的种类以激光制导炸弹为主；然而在科索沃战争中，精确制导武器的投射量已高达 95%以上，种类则以全球定位系统制导炸弹为主。美国在突击伊拉克和科索沃战争中，首次使用了 AGM－130 型、AGM－154 型和联合直接攻击炸弹等精确制导武器，取得了非常显著的突击效果。使用新一代精确制导武器的突击方法已由临空或抵近轰炸，发展为以防空区外突击为主，这也是空袭一方战损率较低的原因之一。实战表明，使用新一代精确制导武器已经对空中作战样式的变化产生了重要影响。科索沃战争还表明，新概念武器将在未来空中作战中广泛运用。

美国机载战术激光武器即将取得突破性进展　美国近年来特别重视发展机载激光武器，以求在战略防御和压制对手防空体系方面保持强劲的技术优势。继大型机载激光系统研制取得突破后，1999 年，美国在机载战术激光武器领域也有长足发展，美国波音公司在新的小型高能化学激光器的方案验证试验中已取得初步成功，因而美国在未来 2～3 年内有可能研制出可实战使用的机载战术激光武器。这种激光武器采用的是与大型机载激光系统类似的化学氧碘激光技术，平台选择为 V－22 型倾转旋翼机，功率约为 300 千瓦，射程为 20 千米，用光学传感器进行精确瞄准。在进攻性作战中，机载激光武器可用于摧毁高机动性的地空导弹，保障编队突防；在防御性作战中，可用于拦截反舰导弹和战术巡航导弹。

美国加速改装空射巡航导弹并启动新型巡航导弹研制计划　在近几次武装冲突中，美国频繁使空射巡航导弹对敌实施防空区外打击，“沙漠之狐”行动中空射巡航导弹的使用数量明显增大，导致巡航导弹库存减少。为提高常规威慑和实战打击能力，1999 年初，美国国防部拨款 5110 万美元，将 92 枚装核弹头的空射巡航导弹改装成常规空射巡航导弹（CALCM）。科索沃战争的第 1 天，美国就发射了 50 枚空射巡航导弹，由于战争超过预期时间，美国决定加紧实施将核弹头巡航导弹改装成常规弹头巡航导弹的计划，以弥补战争消耗。改装总数为 322 枚，其中紧急改装 230 枚常规空射巡航导弹，将 AGM－86B 型（至 1986 年美国共装备了 1715 枚）改装成 C 型，该批导弹的弹头质量为 1350 千克，拆除地形匹配制导装置，采用惯性制导加全球定位系统制导；加快 92 枚常规空射巡航导弹的补充速度，每月交付 12 枚。由于可供改装的核空射巡航导弹数量迅速递减，美国已启动新型巡航导弹的研制计划。新巡航导弹将在波音公司、洛克希德－马丁公司和雷锡恩公司的 3 种方案中产生。3 种方案的共同之处为，远射程、高精度和低成本。

美国 AIM－9X 型空空导弹试射成功　1999 年 3 月 18 日，美国雷锡恩公司在美国海军空中作战中心中国湖靶场成功地进行了 AIM－9X 型空空导弹的首次试射。AIM－9X 型导弹是将装备美国空军和海军战斗机的新一代空空导弹，导引头为 128×128 像素焦面阵，并首次采用了推力矢量技术。与头盔瞄准具配合使用，可使飞行员以大离轴角发射导弹。首次试射的载机是 F/A－18C 型战斗机，在亚音速条件下，于 4500 米高度发射。同年 6 月，美国空军 F－15C 型战斗机也成功试射了 AIM－9X 型导弹。美国空军和海军计划采购 10000 余枚 AIM－9X 型导弹，2001 年开始交付，整个生产期持续约 15 年。前 3 批的产量分别为 150 枚、250 枚和 600 枚。

美国联合空对地防空区外导弹试射成功　1999 年，联合空对地防空区外导弹（JASSM）首次发射试验时因操纵面未展开而失败。8 月 13 日，该型导弹的无动力发射试验获得成功；11 月 23 日，美国空军在白沙靶场有动力发射试验成功。载机为 F－16 型战斗机，飞行高度约 4500 米，飞行马赫数为 0.7。导弹离机后滑翔下降至 2400 米高度时发动机点火，进行了爬升、航线机动和末段俯冲等机动飞行，试飞飞行时间 22 分钟，导弹飞行距离达 330 千米。联合空对地防空区外导弹采用全球定位系统制导，导弹可在飞行过程中不断更新导航信息，此次试验的命中精度为9米。同时，为实时获取该型导弹的突击效果评估信息，1999年年中，洛克希德－马丁公司研制成功该型导弹用的弹着评估发射机，其工作频段为391.7－398.3兆赫，能通过卫星通信数据链以9600波特率连续向RC－135飞机和陆基空中作战中心发射导弹直至命中前瞬间的运动轨迹信息，使指挥控制中心能在突击后立即掌握突击效果。受科索沃战争的影响，联合空对地防空区外导弹的采购数量已由2400枚增加至3700枚。

美国改进型BLU－114/B型软炸弹投入实战使用 在科索沃战争中，以美国为首的北约在突击南斯拉夫电力系统时，首次使用了BLU－114/B型石墨纤维炸弹（又称“软炸弹”)。该弹是美国为对付电力系统而专门研制的特种炸弹。早在海湾战争中，美国就曾使用过“软炸弹”破坏伊拉克的电力系统，但当时内装物为金属丝，主要由巡航导弹投掷。从1995年开始，美国对“软炸弹”进行了新的改进，由金属丝改为使用石墨纤维，投撒装置改为SUU－66/B型战术弹药器，这种新型炸弹称为BLU－114/B型石墨纤维炸弹，主要由F－117A型隐形飞机投放。在科索沃战争中，北约首次使用新型专用石墨纤维炸弹突击南斯拉夫的电力系统。这种炸弹大小类似于一个听装可乐，在布撒器中可装100－200个BLU－114/B型石黑纤维炸弹。布撒器采用惯性制导方式，准确飞抵预定突击目标上空后，由弹上无线电高度表控制在一定高度打开弹舱，投下石墨纤维炸弹。每个石墨炸弹的底部装有一个降落伞，开伞后使炸弹缓慢垂直下落。当BLU－114/B型石墨纤维炸弹转入垂直状态后，弹体内底部的弹簧片将内装的石墨纤维弹至空中，由气流将其吹开，散布于空中，无数石墨纤维相互交织在一起，构成大面积导电的石墨纤维网，降落至高压输电线和变电设施上，引起电力系统短路，造成设备损坏。而且用“软炸弹”对电力系统突击后，石墨纤维的高附着性增加了抢修的难度。目前美国正在对BLU－114/B型石墨纤维炸弹进行新的改进，由风修正制导组件取代原惯性制导组件，以满足在高空投放的需要。

美国空军装备新型滑翔炸弹 1999年10月，由雷锡恩公司研制的第1批EGBU－15型滑翔炸弹交付美国空军。这种炸弹是在电视制导及红外制导的GBU－15型炸弹基础上的改进型，制导组件换装全球定位系统，使之具有全天候突击能力，而且载机投射后不需要继续对炸弹实施制导，故可提高载机的机动性和生存能力。目前，美国空军只有F－15E型飞机装备EGBU－15型滑翔炸弹。

美国和以色列合作改进“怪蛇”4型空空导弹 “怪蛇”4型空空导弹是以色列研制的具有很强的离轴发射能力的近距格斗导弹。1999年初，美国洛克希德－马丁公司与以色列拉斐尔公司合作开始对该导弹进行改进，这标志着美以之间在机载精确制导武器领域的合作已由空地导弹发展至空空导弹领域。由于美国在军事装备合作生产中对出口控制和技术转让有严格限制，美以合作改进“怪蛇”4型空空导弹将增强美国在该导弹外销方面的发言权。此次合作改进的主要目的是提高导弹系统的可靠性，改进内容包括电子元器件、传感器和惯性测量装置。

俄罗斯装备先进空射巡航导弹 1999年3月8日，俄罗斯空军司令部宣布俄罗斯空军将装备一种具有隐形能力的空射巡航导弹，该型导弹的射程达3000～5000千米，可携载常规弹头或核弹头，载机为图－95MC型、图－22MC型和图－160型战略轰炸机，突防能力极强。

中国台湾研制反辐射导弹 据台湾《中国时报》报道，1999年台湾中山科学研究院在反辐射导弹的自主研制方面取得较大进展，已研制出反辐射导弹寻的器的原型系统。其空射反辐射导弹是在台湾自研的“天剑”Ⅱ型中程空空导弹的基础上加装反辐射导弹寻的器改装而成的，可用于对地面雷达站和舰载雷达进行压制性打击。目前，台湾方面尚未公开这种导弹的射程和战斗部威力等关键性参数。

（王明志）

战 略 导 弹

综述 1999年，各战略导弹拥有国继续调整自己的核战略。年初，美国政府公布了《新世纪国家安全战略》，其目的就是要为下一个世纪塑造一个符合美国意图的安全体系，并继续坚持美国总统克林顿1998年底向国防部长和参联会主席下达的改变核战略的指令：改变过去准备与另一超级大国打一场核战争的战略，将战略重点放在阻止核战争或威慑某些小国使用生、化武器方面，这一新的战略代替了1981年由当时的总统里根制定的核战略，标志着美国16年来首次正式调整核武器政策，但是美国仍坚持把核武器作为国家安全的基石，其核心内容并没有改变。1999年3月，以美国为首的北约对南联盟的侵略，促使俄罗斯对其军事战略和核战略进行调整。9月29日，俄国防部扩大的部务会议一致通过了新的《俄罗斯联邦军事学说》。该学说认为，影响军事政治形势稳定的主要因素是“无视公认的国际法准则及不经联合国批准的军事行动”，在对军事威胁的判断上，首次把外部威胁作为俄军事安全的主要威胁；在对战争危险的判断上，认为“俄仍面临许多内部和外部威胁，其中包括大规模战争的威胁”。该学说强调，“俄将保留使用核武器的权利”，“不但要发展战略核力量，还要发展具有遏制潜力的一般任务部队，使其具有遏制战争和进行实战的能力”。2000年1月15日，俄罗斯代总统普京签署了新的“国家军事学说”。俄新国家战略和新军事学说的出台，立即在全世界引起震动，西方国家尤感震惊。美俄在调整核战略的同时，英、法两国也对自己的核战略进行了局部调整，英国将保持单一的海基战略核力量，而法国将保留海空“二位一体”战略核力量。印度将“发展核武器、实施核威慑”作为其军事战略的重要组成部分，加紧对其“三位一体”战略核力量进行研究、试验和部署。巴基斯坦针对印度导弹武器的威胁，也作出相应的反应。

陆基弹道导弹　陆基弹道导弹是美俄“三位一体”战略进攻性核力量的重要组成部分，双方在削减其陆基弹道导弹的过程中，仍在加紧其现代化步伐，与此同时继续寻求这些导弹在商业领域中发挥作用。

洲际弹道导弹　1999年，美、俄洲际弹道导弹的发展仍以机动部署取代地下井部署、改进现有导弹以适应民用航天需要为重点，同时继续加固导弹地下井，提高其生存能力；印度加紧研制洲际弹道导弹。

美国空军关注研究洲际弹道导弹常规侵彻弹头　据美国《航宇日刊》1998年12月18日报道，美空军研究实验室希望工业界就用常规洲际弹道导弹准确打击地下、加固目标提出建议。该实验室指出，它关注的焦点是投掷速度为4000～6000英尺/秒（约1219～1829米/秒）、精度小于10米的侵彻弹头。现在的侵彻弹头能以高达2500英尺/秒（762米/秒）的速度打击目标，而速度更高的弹头将能摧毁现有武器不能毁坏的目标。该实验室称，“为实现用洲际弹道导弹投掷常规弹头，正在发展几种技术”，“其中关键是在再入飞行器再入大气层并由于与空气磨擦形成的过热等离子区出来之后，为之提供最新的制导信息。随着再入飞行器速度的降低，等离子区消失，此时可用全球定位系统等与之进行无线电通信。这能为弹头提供新的制导信息，并使它能准确地打击目标。”

俄罗斯成功发射SS－27洲际弹道导弹　1999年6月3日，俄罗斯在北部阿尔汉格尔斯克普列谢茨克发射场成功发射了1枚SS－27（白杨－M）型洲际弹道导弹。俄战略火箭军新闻处说，这枚导弹是从发射井发射的，它准确地命中了位于约9000千米外的堪察加半岛上的目标。这次发射的目的是收集该型号导弹的主要战术和技术性能资料。

1999年12月14日，俄罗斯战略火箭军在俄北部普列谢茨克航天发射场再次成功试射一枚SS－27（白杨－M）洲际弹道导弹。导弹于莫斯科时间14日11时5分升空，24分钟后落在俄东部堪察加半岛预定地点。SS－27导弹是1994年12月首次试射成功的。俄罗斯总理普京专程到普列谢茨克观看发射。这种新型导弹发射重量为47.2吨，投掷重量为1.2吨，可配备核弹头，射程1万千米，三级发动机都使用固体推进剂。1997年12月25日，首批2枚SS－27导弹装备在萨拉托夫州塔季谢沃村的塔曼师。至1999年底，SS－27导弹已有两个团正式进入战斗值班，第1个团1998年12月27日、第2个团1999年12月10日投入战斗值班，每个团均装备有10枚该型导弹。

俄罗斯成功发射SS－25洲际弹道导弹　1999年10月1日，俄罗斯战略火箭军在俄北部的普列谢茨克发射场进行了SS－25（白杨）洲际弹道导弹的训练发射，并取得成功。SS－25导弹是三级固体导弹，可公路机动，也可地下井部署。

俄罗斯将导弹发射场改建成火箭发射场　1999年1月5日，俄罗斯总理普里马科夫要求莫斯科的机械制造科学生产联合体（NPO）为位于远东的斯沃博德内军用发射场研制弹道导弹发射设施。根据1993年美俄签署的第2阶段削减战略武器（START－2）

条约规定，俄罗斯将削毁部分弹道导弹，因此，俄罗斯希望在这些导弹销毁前将其改装成运载火箭进行卫星发射，以获取一些利润。NPO 将为该发射场内的改装型井基 SS－19 导弹建立发射设施。在此之前，俄国防部还要求莫斯科热力技术研究院利用该发射场内的机动运载装置发射改进型的 SS－20 中程弹道导弹（称为“起飞”运载火箭）。NPO 将对 5 个导弹发射井进行改装，预计 2001 年第 1 个导弹发射井改装完成。NPO 公司曾研制了 SS－19 导弹，目前还负责将 SS－19 导弹改装成火箭的任务，改进的主要工作是重新编制火箭的软件。在此之前，赫鲁尼切夫公司已为由 SS－19 导弹改装的火箭研制了一整套飞行控制系统。火箭将主要用于发射国外的有效载荷，预计 2001～2007 年间每年发射 4 次，每次的发射费用为 1050 万美元，比目前美国的飞马座和金牛座的发射费用低 10%～15%。改进后的火箭称“天箭星座”，长约 26.7 米，起飞重量为 105 吨，它能将卫星送入 2000 千米的轨道。若卫星轨道低于 800 千米，则其最大运载能力为 1700 千克。NPO 说，一旦收到正式订单，NPO 将用 18 个月左右的时间将常规的 SS－19 导弹改装成“天箭星座”火箭并进行发射。NPO 希望在 2001 年能够进行“天箭星座”的第 1 次商业发射。俄罗斯航天局发言人在一次电话采访中称赞联邦政府的这一决策，说是更好地利用了 160 枚 SS－19 导弹，因为如果俄议会批准了 START－2 条约，其中的 55 枚将不得不在 2007 年退役。据称，“起飞”运载火箭已分别于 1997 年 3 月和 12 月从该基地发射了俄罗斯的“盖雅”卫星和美国的“晨鸟”卫星。

印度研制“苏里亚”洲际弹道导弹 据印度官方 1999 年初消息，印度国防研究与发展局（DRDO）计划在两年内研制一种远程弹道导弹，研制费用为 5000 万美元，预计 2001 年中进行试射，这种取名为“苏里亚”的弹道导弹，最大射程超过 5000 千米，采用液体和固体混合推进技术和俄罗斯的低温发动机。这将成为印度最先进的导弹。印度和俄罗斯签署了在 2002 年前购买 7 套低温发动机的协议，1998 年 12 月，印度把接收的第 1 台发动机用作大型卫星的助推器，下一台将用于“苏里亚”洲际弹道导弹。

中程弹道导弹 1999 年，俄罗斯继续探索利用中程弹道导弹进行航天发射，而第三世界国家则继续研制、试验中程弹道导弹。

印度成功试射“烈火”2 中程弹道导弹 1999 年 4 月 11 日，印度成功地进行了“烈火”2 中程弹道导弹的试射，该导弹弹长 20 米，二级固体，有效载荷 1000 千克，试射的距离为 2000 千米，是从一辆经过 3 年时间的特殊改装建成的火车车厢上发射的。印度国防研究和发展局（DRDO）的官员说，发射时车厢厢顶自动倾斜，导弹由液压活塞推至垂直发射位置。导弹发射后，相关技术人员从位于附近的另外一辆火车车厢改装而成的控制室内对 11 分钟的导弹飞行进行了跟踪。DRDO 局长卡拉姆博士称，已无需再对“烈火”2 中程弹道导弹进行更多的试验，该导弹的设计已通过测试。同时他指出：“这种导弹可以在超音速飞行时具备令人惊奇的机动性能，而且在接近 3000 摄氏度高温时能够对任何目标进行瞄准定位。”该型导弹设计用于携带核弹头。当量 4.5 万吨的核弹头在 1998 年 5 月的核试验中进行了试爆。“烈火”2 计划的目标是，到 2000 年低速率生产 20 枚导弹，这项工作主要由印度国防与发展局下属的国防研究与发展实验室来完成。

印度准备研制“烈火”3 中程弹道导弹 据英国《简氏防务周刊》1997 年 4 月报道，印度科学家正在研制射程达到 3500 千米的“烈火”3 中程弹道导弹，这种导弹和“烈火”2 中程弹道导弹一样将携带核弹头。

巴基斯坦成功试射“高里”2 中程弹道导弹 1999 年 4 月 14 日，在印度进行“烈火”2 中程弹道导弹试射的第 3 天，巴基斯坦成功地试射了“高里”2 中程弹道导弹。此次试射是在伊斯兰堡东部 60 千米处的迪那进行的，由于领土的限制，射程最多只能达到 1165 千米，而其最大射程可达 2000 千米，该导弹采用二级液体发动机，有效载荷 1000 千克，可以携带核弹头，能够打到印度境内纵深地带。

海基弹道导弹 海基弹道导弹是“三位一体”战略进攻性核力量生命力最强的一种，美、俄、法、英、印等国都十分重视发展海基战略核力量。

美国海军将发展弹道导弹新技术 据英国《防务系统日刊》1999 年 6 月 16 日报道，最近洛克希德－马丁导弹与空间公司获得一项研究和开发合同，为美海军研究潜射弹道导弹新技术。自 1995 年以来，在国防部长办公室、战略武装力量总司令办公室以及海军研究处的指导下，美海军的战略系统计划局与该公司紧密合作，设立了专项科技计划以支持研究潜射弹道导弹新技术。这些新技术包括：导弹飞行科学、潜艇导航技术、多弹头分导再入飞行器投放和助推段后控制技术、有限空间的固体推进系统、水下导弹发射与辐射加固技术。保持这些技术和能力是美国潜射弹道导弹系统得以长期持续发展的关键 此次合同是为开发潜射弹道导弹技术与能力的第 1 个核心科技计划。据称，潜射弹道导弹技术项目首先将资助辐射加固技术和固体推进系统技术的开发。

美国海军成功试射两枚“三叉戟”弹道导弹 1999 年 11 月，美国海军在佛罗里达州东部试验海区，从“肯塔基”号弹道导弹核潜艇上成功试射两枚“三叉戟”2（D－5）导弹。这是一系列连续作战评估测试中的一次，用来检验“三叉戟”2（D－5）战略武器系统的安全性、可靠性、战备状态及性能。这两次试射是自 1989 年以来第 86 次和第 87 次连续成功的试射。

美国海军订购 12 枚“三叉戟”弹道导弹 据英国《每日防务》1999 年 12 月 16 日报道，洛克希德—马丁公司最近从美国海军获得一项价值 58900 万美元的合同，2000 年开始制造 12 枚“三叉戟”2（D－5）弹道导弹及其维护设备，2002 年交付使用。这些导弹将用来替换 4 艘“俄亥俄”级战略导弹核潜艇上的“三叉戟”1（C－4）导弹。从 1987 年开始，美国海军已购买了 372 枚“三叉戟”2（D－5）导弹。

俄罗斯成功发射海基弹道导弹 1999 年 10 月 1 日俄罗斯太平洋舰队的一艘德尔塔－3 型核潜艇，在水下状态成功地发射了一枚海基弹道导弹。据俄罗斯海军新闻局通报，发射是在鄂霍次克海域进行的，其目的在于检验俄海上战略核力量的战斗准备情况。导弹弹头在预定时间击中了巴伦支海和白海海域的预定目标。

法国进行 M－45 潜射弹道导弹试验 1999 年 5 月上旬，法国最新的“凯旋”级战略导弹潜艇“勇猛”号在布列塔尼海域试航期间成功地从水下发射了一枚 M－45 型核导弹，法国防部称这次发射标志着“勇猛”号上的导弹武器系统即可投入使用。该艘潜艇 1998 年 8 月下水，总吨位 14335 吨，计划 2000 年前正式服役。这次试验中使用的 M－45 型导弹的飞行距离据称已经超过了其 6000 千米的最大射程，导弹上安装了一枚模拟弹头。法国防部的一位高级助理告诉记者：“我们还利用这次平台试验测试了导弹的弹道和其它参数。既然为了确保试验成功，M－45 导弹要携带最大量的燃料，如果缩短其射程，这次试验或许就没有多大意义了。”M－45 导弹 1997 年开始服役，“勇猛”号潜艇将携带 16 枚 M－45 型导弹，成两排配置，每排 8 具垂直发射管，每枚装有 6 个 15 万吨级的核弹头。

战略巡航导弹 **俄罗斯空军将装备新型巡航导弹（见本栏航空武器装备类的有关条目）。**

表 1　现役洲际弹道导弹主要性能表

	导弹型号	级数	推进剂	长度(米)	直径(米)	弹头数×当量（万吨）	射程（千米）
美国	“民兵”3	3	固体	18.3	1.7	3×33.5	11250
	“和平卫士”	3	固体	21.5	2.4	10×33	12000
俄罗斯	SS－18	2	液体	35.0	3.0	10×50	11000
	SS－19	2	液体	25.0	2.7	5×50	10000
	SS－24	3	固体	21.0	2.0	10×50	10000
	SS－25	3	固体	18.0	1.8	1×50	10000
	SS－27	3	固体	22.7	1.9	1×100	10000

表 2　现役海基弹道导弹主要性能表

	导弹型号	级数	推进剂	长度(米)	直径(米)	弹头数×当量（万吨）	射程（千米）
美国	“三叉戟”2（D－5）	3	固体	13.59	2.11	8×47.5	11000
俄罗斯	SS－N－8	2	液体	12.9	1.65	1×100	7800
	SS－N－18	2	液体	14.0	1.8	7×20	7000
	SS－N－20	3	固体	15.0	2.0	9×10	8300
	SS－N－23	3	液体	16.9	1.8	6×25	8500
法国	M－20	2	固体	10.7	1.5	1×100	3000
	M－4	3	固体	11.05	1.93	6×15	6000

（任　杰）

弹道导弹防御武器系统

综述 1999 年是弹道导弹防御武器系统技术取得重大发展的一年。在这一年里，美国正在研制的各种战区导弹防御武器系统和国家导弹防御武器系统稳步发展，采用动能拦截的几种防御武器系统接连实现5次成功的拦截试验，逐步走出以往几年拦截试验连续失败的阴影，为美国加紧推动研制和部署战区弹道导弹防御武器系统和国家导弹防御武器系统增加了推动力；导弹防御激光武器系统技术也取得了一系列进步。以色列与美国联合研制的“箭”式导弹防御武器系统成功地进行了首次全系统试验，并拦截到目标，为以色列在2000年开始部署该系统铺平了道路。俄罗斯新研制的S－400防空导弹系统开始进行飞行试验，与此同时，俄罗斯也在采取措施延长莫斯科反导武器系统的使用寿命。

战区弹道导弹防御武器系统　陆基战区弹道导弹防御武器系统　美国PAC－3导弹寻的头特征飞行试验获得成功　据美国《每日防务》1999年3月16日报道，美国弹道导弹防御局（BMDO）和陆军于3月15日6点55分在新墨西哥州白沙导弹靶场进行了“爱国者”3型（PAC－3）导弹拦截试验，成功地摧毁了1枚科尔曼航宇公司研制的“赫拉”（Hera）弹道靶弹的模拟弹头，直接撞击所产生的碎片散落在安全区内。这次试验的目的是演示PAC－3导弹寻的器的探测、追踪和逼近目标的能力。“赫拉”靶弹是从新墨西哥州温盖特堡的“96发射设施”发射的，飞行距离349千米，高度约92千米。

这是自1998年12月以来对波音公司研制的寻的器硬件进行的第3次试验。1999年12月的第1次试验因靶弹出现故障而夭折；1999年1月的第2次试验由于导弹发射小组的“操作失误”而中止；其间又有几次试验由于高空风速太大而被取消。在这之前，1998年1月的首次试验是由于软件问题而推迟的。初步测试数据表明，这一次试验是成功的。

美国军方还将对“爱国者”PAC－3型导弹进行16次试验，以期能在大气层内拦截诸如弹道导弹、巡航导弹、飞机等不同类型的目标。

美国THAAD系统第6次拦截试验失败　据美国防部新闻网1999年3月29日报道，美国弹道导弹防御局和陆军3月29日宣布，在当日进行的“战区高空区域防御”（THAAD）系统第6次拦截试验（第9次飞行试验）中，拦截弹并没有拦截到模拟“飞毛腿”导弹的“赫拉”靶弹。这次飞行试验是在美国东部时间上午7点13分在白沙导弹靶场进行的，是一次THAAD全系统（包括雷达，作战管理系统，指挥、控制、通信和情报系统，以及发射装置和拦截弹）的合成试验，以验证其整体性能。拦截弹采用改进的寻的头，对前5次拦截试验中发现的问题进了校正，但拦截依然没有获得成功。据称，这次飞行试验却获得了一些对导弹防御系统未来发展有用的数据。

另据美国《防务日刊》1999年4月9日、15日报道，初步的数据分析表明，导致THAAD拦截弹第6次拦截试验失败的原因，是由于轨控及姿控系统（DACS）出现故障。DACS是用来稳定处在末段飞行中的杀伤拦截器（KKV）的。其中，轨控系统由4台发动机组成，姿控系统由6台较小的发动机组成。美国弹道导弹防御局（BMDO）的审查指出，由于THAAD拦截弹轨控及姿控系统中的一个轨控发动机出现故障，导致拦截失败，脱靶距离为12～30米。

美国THAAD系统首次成功地拦截到目标　据《863先进防御技术通讯》1999年第6期报道，美国“战区高空区域防御”（THAAD）系统于1999年6月10日在白沙导弹靶场进行了第10次飞行试验（第7次拦截试验），首次成功地拦截了1枚“赫拉”靶弹。这次试验是THAAD系统的一次全面试验，组成THAAD系统的全部设备，包括雷达，作战管理与指挥、控制、通信、情报（BM/C^3I）系统，拦截弹及其发射车等都参加了试验。试验中，首先于东部标准时间上午7点零9分发射1枚“赫拉”靶弹；大约7分钟后，发射THAAD拦截弹；大约2分钟后（东部标准时间上午7点19分），THAAD拦截弹在白沙导弹靶场中部地区上空97千米的高度上，以直接碰撞的方式拦截并摧毁了“赫拉”靶弹。这次成功的试验是美国弹道导弹防御局和陆军期待已久的试验，因为此前进行的6次拦截试验均以失败告终。所以，这次试验的成功不仅给THAAD系统的继续发展增加了信心，也为其他采用动能拦截弹的导弹防御系统，如国家导弹防御系统的发展增加了信心。

美国THAAD系统再次成功地拦截到目标　据《863先进防御技术通讯》1999年第7期报道，美国东部时间1999年8月2日上午7点45分，美国“战区高空区域防御”（THAAD）系统在白沙导弹靶场再次成功地拦截到了“赫拉”靶弹。这是THAAD计划的方案拟定及风险减少系列飞行试验中的第11次飞行试验，第8次拦截试验。在这次试验中，拦截发生在大气层外距地面高于约80千米处，靶弹是模拟带有分离弹头的“飞毛腿”弹道导弹。这也是首次在大气层外拦截带有分离弹头的“飞毛腿”弹道导弹靶弹。洛克希德－马丁导弹与空间公司的一位高级官员说，这次试验中最具重要意义的进展是：拦截弹的红外导引头从低温空间环境内的所有碎片中识别出了长度为13英尺（约4米）的“赫拉”靶弹目标。

THAAD系统是第1个专门为防御战区弹道导弹而发展的武器系统，防御对象为中程和远程弹道导弹。该系统采用了美国弹道导弹防御局早期的一些计划所发展的技术，包括“上层寻的试验（HOE）”计划和“大气层外弹头拦截弹子系统（ERIS）”计划所设想并发展的直接碰撞拦截技术和目标跟踪及特征描述技术等。它将提供陆军两层战区导弹防御方案中的高层防御。由于其作战高度高，可实现全战区防御。

美国THAAD试验成功得益于“制导眼”导引头

据英国《防务系统日刊》1999年6月29日报道，美国洛克希德－马丁公司红外成像系统部设计制造的被称为“制导眼”（Guiding Eyes）的先进导弹导引头，是战区高空区域防御（THAAD）武器系统试验获得成功的关键部件。“制导眼”是一种红外导引头装置，包括锑化铟焦平面、真空冷却装置、信号处理电路、望远镜和双轴万向支架装置。到1999年11月该公司将交付25套这种新型导引头。

美国国防部决定加速发展THAAD系统　据英国《简氏防务周刊》1999年8月25日报道，在两次成功的拦截试验之后，美国防部取消了战区高空区域防御（THAAD）系统预定的下一次试验，批准陆军直接进入工程和制造发展阶段，以期提早部署THAAD系统。国防部曾决定在进行3次成功的拦截试验之后才能进入工程和制造发展阶段。目前计划THAAD系统进入服役的时间是2007年。

THAAD系统提早进入工程和制造阶段是在一致认为计划的主承包商洛克希德－马丁公司成功地解决了造成前6次拦截试验失败的质量控制问题的基础上作出的。该系统至今已两次证明了“撞击”和“杀伤”敌方导弹的能力，一次试验模拟了大气层内拦截敌方的导弹，另一次拦截了在太空中从再入飞行器分离出来的导弹。陆军认为，THAAD系统各部分工作正常，再花费数月进行耗资1500万美元的试验意义不大。THAAD系统迄今已进行了11次飞行试验，验证了系统的所有部件，包括雷达、发射装置、作战管理系统和最近的导弹拦截器。工程和制造发展阶段导弹的飞行试验最早将在2002年开始，计划进行35～40次飞行试验。

美国陆军提出战区防空与导弹防御新战略　据英国《简氏防务周刊》1999年8月6日报道，美国陆军正在研究一项新的战区防空与导弹防御（TAMD）战略。这个战略将使TAMD的4个主要系统一体化，并且将重点从防御系统的单个作战转为完全的协同作战。TAMD一体化的4个系统是：攻击作战；主动防御；被动防御；战场管理、指挥、控制、通信、计算机和情报（BMC^4I）。目前的战区防空与导弹防御主要是单个的武器系统作战，各系统之间只进行部分的协同作战。美国陆军计划在2003年前从“以目标为中心”的作战转移到“以信息为中心”的作战。这样，陆军TAMD的4个部分可以紧密联系协同作战，还可以增加与其他军种的联合作战能力，并且为美军及其盟军提供更好的保护。

美、德、意“扩大的中程防空系统”发展近况

据《863先进防御技术通讯》1999年第7期报道，美国、德国和意大利3国政府5月19日宣布，它们已经选定了洛克希德—马丁公司领导的国际联合承包组——MEADS国际公司——作为“扩大的中程防空系统”（MEADS）的主承包商。MEADS国际公司将被授予一项价值为2.6亿美元的合同，用于MEADS计划的风险减少阶段，时间将持续到2003年。据称，要实现2010年部署该系统，还需要再追加30亿美元的资金。

MEADS计划的初衷是发展一种高度机动的系统，研制新的拦截弹，配合360度全方位的跟踪及火控系统，不仅能够在高空拦截弹道导弹，也能够在低空拦截巡航导弹和飞机，以保护前沿部署部队和其他重要设施。美国防部认为，发展新导弹的费用将会高达50亿美元，是北约MEADS计划办公室（设在美国阿拉巴马州陆军“红石”兵工厂）计划投资的2倍，并威胁说，除非引用现行计划（如PAC－3计划）的技术以削减费用，否则就退出MEADS计划。屈服于美国的压力，1999年早些时候，德国和意大利同意对MEADS计划进行调整，决定采用PAC－3导弹作为其初期拦截弹。但是据称，最终还是需要一种性能更优、速度更高的新型拦截弹。按照目前的计划，美国将承担发展MEADS系统所需资金的55%，德国和意大利分别承担28%和17%。美国将把MEADS系统交付陆军使用，向部署的部队提供可机动的防御。德国和意大利则希望MEADS系统不仅能够保护它们的部队，而且能够承担本国的国家导弹防御任务，以防御弹道导弹和巡航导弹的攻击。

美国将向韩国销售“爱国者”3导弹防御系统

据《因特网》美国防部新闻1999年11月9日报道，美国防部宣布将向韩国销售14个火力单元的“爱国者”3导弹防御系统与配件，包括616枚“爱国者”

制导增强型导弹，76 座发射架和 333 套单信道地空无线电通信系统，以及雷达、指挥控制装置、通信设备、维修设备等，总销售额达 42 亿美元。美军方宣称，此次销售旨在提高韩国对邻国导弹攻击的防御能力，以减轻美国的负担。

美国防部还宣布向荷兰出售 128 枚“爱国者”3 导弹及相应装备，以改进其反战术导弹能力和提高北约盟国的协同作战能力，总销售额为 5.15 亿美元。

俄罗斯成功试射最新式的 S－400 防空导弹 据《863 先进防御技术通讯》1999 年第 1 期报道，1999 年 2 月 13 日，俄罗斯研制的最新式 S－400 防空导弹系统在阿斯特拉罕州的“卡普斯京亚尔”国家中央靶场试射成功。俄国防部长谢尔盖耶夫和空军总司令科尔努科夫在现场观看了导弹发射试验过程。据媒体报道，导弹发射后落到了预定地点。试射在封闭范围内进行，并充分利用了该系统的一切技术性能，其中包括发现和瞄准目标的性能。谢尔盖耶夫向新闻界表示，目前对 S－400 防空导弹的性能进行评估为时尚早。现在不能作任何结论，因为国家还没有开始对该系统进行正式试验。他同时表示，国防部将继续拨款用于该系统的进一步研制工作。科尔努科夫指出，当天对 S－400 防空导弹系统进行的只是初步试验。要使这种系统达到要求的水平还有大量的工作要做。该导弹系统在达到设计要求后，将有能力在 300 千米至 400 千米内发现和击落现今世界上的任何飞行目标。

另据俄通社－塔斯社当天报道，由俄“金刚石”和“火炬”设计局研制的 S－400 系统包括中远程两种型号的最新式导弹。根据设计要求，该导弹系统将能够打击战术航空兵和远程航空兵的飞机，其中包括隐形飞机以及“战斧”式巡航导弹和其他任何高度的飞行目标。

俄罗斯将完成 S－400 防空导弹试验 据英国《简氏防务周刊》1999 年 6 月 2 日报道，俄国防部宣布，新型的 S－400“凯旋”（Triumph）地空导弹系统即将完成在卡普斯京亚尔试验场的试验，有望于第 4 季度首批装备空军。1999 年早些时候开始的这项试验使用了现有的 48N6E 导弹和 S－300PMU－1 的发射车。S－400 的主承包商是研制 S－300PMU 系列（即 SA－10）的阿尔马兹中央设计局，参加厂商包括法克尔机器制造设计局。俄媒体称，S－400 可以“有效摧毁现有及未来的空中打击系统”，如弹道导弹和隐形飞机。

S－400 系统至少使用了 9M96E 和 9M96E2 两种新型导弹，它们只是主火箭发动机不同。导弹被冷发射至 30 米高度后，固体燃料发动机开始点火，在飞行的初始和中间阶段使用带无线电校正的惯性制导，在最终拦截目标时转为自动制导，装有气动系统以增强机动性。用户可以选择装有 5V55R、48N6E、48N6E2 等导弹的标准容器，或装有新型导弹的容器，或新、旧型导弹混装的容器，每一种容器在待发位置均可放置 4 枚导弹。导弹的设计指标如下：

技术指标	9M96E	9M96E2
最小射程	1 千米	1 千米
最大射程	40 千米	120 千米
最小高度	5 米	5 米
最大高度	20 千米	30 千米
导弹重量	333 千克	420 千克
弹头重量	24 千克	24 千克
容器及 4 枚导弹总重	2300 千克	2700 千克

俄罗斯宣称 S－400 系统的另一种新导弹的射程为 400 千米，明显大于 9M96E 和 9M96E2 导弹的指标，有望作为俄罗斯基本的远程防空武器。

韩国计划研制新型防空导弹系统 据英国《简氏防务周刊》1999 年 5 月 26 日报道，韩国准备研制射程在 100 千米以上的防空导弹系统，计划 2008 年部署。它能拦截飞机和导弹，采用固定发射方式，有陆基型和舰载型两种，称为 M－SAM 计划，由韩国防御发展局负责。该计划的目的是提高韩国的防空能力，特别是防御导弹攻击的能力，因为朝鲜正在不断加快其弹道导弹发展计划。目前该局正在寻求合作伙伴，并准备于 1999 年 7 月发布雷达系统征求提议书，俄罗斯将是主要的竞争者。当前韩国拥有 110 个“霍克”改进型发射架和 90 个“奈基”2 发射架，两者不久都将退役。

另外，韩国还在寻求购买一种新型防空系统，美国的“爱国者”3 和俄罗斯的“安泰”S－300V 正在竞争该合同。但韩国已公开拒绝参加美国建议的战区导弹防御计划

以、美完成最后一次“箭”式导弹飞行试验 据美国《每日防务》快报 1999 年 11 月 2 日报道，美国和以色列昨天成功地完成了以色列飞机工业公司研制的“箭”式反导弹系统的最后一次飞行试验。这次试验是一次“独立拦截”试验，拦截目标是 1 枚从地中海 1 艘战舰上发射的 TM－91 靶弹。首次全系统试验使用了“箭”式导弹的所有 3 个组成部分：“绿松”雷达、“香橼”火控中心和“箭”2 导弹。这次试验

的成功使“箭”式系统在部署之前验证了最后一项关键技术。到2000年，该系统将完全具备作战能力，预计2001年以色列将建立第1个导弹发射连。以色列目前计划建立3个“箭”式导弹发射连，以便在本国国土上进行弹道导弹防御。美国防部2000年预算专门拨出4500万美元以建立第3个导弹发射连。

中国台湾计划建立自己的导弹防御系统 据美国《每日航宇》快报电子版1999年3月29日报道，台湾当局宣布，计划耗资90亿美元在10年内研制一种低空导弹防御系统来防范大陆的导弹攻击。台湾军方在递交给“立法院”的报告中指出，该系统包括预警雷达、指挥中心和导弹发射场，部署后台湾地区的70%将受到一定程度的保护。

海基战区弹道导弹防御武器系统

美国海军试验最新型“标准”导弹 据美国《每日防务》电子版1999年1月12日报道，美国海军“德凯特”（Decatur DDG-73）号导弹驱逐舰1998年12月在夏威夷考爱试验场试验发射了6枚雷声公司制造的SM-2 Block ⅢB型“标准”导弹，其中有些试验发射验证了这种新型导弹的有效作战能力。这种新型导弹是“标准”导弹最新的衍生产品，它将红外末制导寻的头与常规半主动雷达制导方式结合在一起。美国海军作战与评估中心正在对试验结果进行评估分析。

美国国防部要求在巡洋舰上建立“海军全战区导弹防御”能力 据美国《防务新闻》周刊1999年7月12日报道，为了能在2005年拥有有限的反导能力，美国负责采办和技术的国防部副部长甘斯勒要求海军在今后6个月内，研究在少数装有“宙斯盾”系统的巡洋舰上建立“海军全战区导弹防御”（NTW）能力的详细计划。这些舰将由改进的“标准”3（SM-3）导弹、独立的“高功率鉴别器”雷达和火控系统组成。改进工作正由雷声公司防务系统分部进行。海军称这种舰为“OR”舰。全部计划包括4艘巡洋舰和80枚导弹。OR舰的缺点是，它在执行反导任务时，其防空雷达无法工作，可能无法看清来袭的飞机或巡航导弹，这可能危及舰的生存。海军将在今后几个月内做大量的建模和仿真工作，进行一系列博弈演习，以判定使用OR舰的影响。

美国海军全战区导弹防御系统飞行试验成功 据英国《简氏防务周刊》1999年10月6日报道，美国海军的全战区导弹防御系统（NTW）在9月24日第1次飞行试验失败以后，于第2天在位于夏威夷西北的太平洋导弹靶场成功地完成了第1次飞行。这枚大气层外“标准”3（SM-3）导弹是从“宙斯盾”级驱逐舰“夏洛”（Shiloh）号上发射的，试验验证了导弹弹体的稳定性以及发射、助推器分离、第2级制导、第2级和第3级分离等的可靠性和控制能力。NTW的这次试验证明了“宙斯盾”轻型大气层外射弹拦截概念的有效性，是第1个重要的里程碑。由于SM-3导弹的第3级采用了惯性推进，海军还演示了在动能弹头分离过程中（只是电学上的）导弹机械装置的作用能力。

9月24日发射失败是因为计算机出了问题，致使SM-3导弹滞留在发射平台上。经过小的调整之后即得到了解决。美国海军希望在2000年中期进行NTW的第1次拦截试验，同时在陆军的战区高空区域防御（THAAD）系统和NTW之间作出选择，确定高空战区导弹防御的主系统。

日本把导弹防御列为下一财年科研拨款项目的首位 据美国《防务新闻》周刊1999年3月22日报道，在本月初日本国会批准的下一财年49200亿日元（约合400亿美元）的防务预算申请中，1093亿日元将用于军事研究与开发，其中372亿日元将用于导弹研究，占34%（飞机项目仅占25.4%）。在7个导弹项目中，包括颇有争议的战区导弹防御系统，占用军事研究的大部分资金。

导弹研究与发展的拨款比1998财年高出1.5%。日本国会已同意防卫厅先投入9.6亿日元与美国一起实施联合导弹防御计划。防卫厅官员希望在5年内拿出200亿日元，支持日本所负责的战区导弹防御系统中4个领域的研究。其中包括：前锥体、动能弹头、红外寻的器以及美国海军高层导弹防御系统第2级火箭发动机的研制与样机生产。日本在新财年支持的另外6个导弹发展项目是：先进中程地空导弹、先进短程空空导弹XAAM-5、新型巡航导弹的基础技术、Ka波段寻的器技术、短程地空导弹以及混合火箭发动机技术。

日、美确定战区导弹防御系统设计经费上限 据日本《朝日新闻》1999年8月15日报道，日本政府8月13日在内阁会议上作出决定，与美国交换两国政府间达成一致的共同研制战区导弹防御系统（TMD）备忘录。该备忘录含18项条款，规定了两国共同研究的范围、经费负担等。关于财政条款，在提出“均衡负担’的基础上，规定了设计经费上限为41亿日元（3600万美元）。该经费只是设计阶段的经费，完成所有共同技术研究估计需要200～300亿日元。备忘录关于TMD构想，在海军“宙斯盾”舰上的全战区导弹防御系统（NTWD）中，有4个共同研制领域。其中，关于导弹整流罩部分和第2级火箭发动机2个领域的研究以日本为主。

日、美签署联合发展战区导弹防御技术的谅解备忘录 据《863先进防御技术通讯》1999年第7期报道，1999年8月16日，日本外相高村正彦与美国驻日本大使托马斯·福里在东京正式签署了联合研究战区导弹防御技术的谅解备忘录，从而为两国在今后5～6年内联合投资和发展战区导弹防御技术铺平了道路，标志着两国在1998年9月达成的联合研究战区导弹防御技术的协议开始生效和启动。谅解备忘录的主要内容包括：(1) 根据美、日相互防御协定，双方要相互提供情报及装备；(2) 在必要的范围，美、日两国的企业可以参与该项计划的实施；(3) 决定实施细节，由日本防卫厅和美国国防部缔结备忘录。日、美两国的联合战区导弹防御计划，将把重点放在发展美国正在研制的“海军全战区防御”(NTWD) 系统的“标准”3Ⅱ型拦截弹的4大关键技术，包括头锥技术、红外导引技术、先进的动能弹头技术和第2级助推火箭发动机技术。备忘录要求，日、美两国进行需求分析、初步设计以及减小风险的试验。

据日本防卫厅的主管官员称，这项技术计划预定在2003～2004年完成。届时，如果决定发展海军全战区防御系统，将需要5～10年的时间进行研制。这意味着，日本至少也要在2009年才能作出部署的决定。据估计，日、美两国的这项战区导弹防御技术合作计划将耗资500～600亿日元（4.4～5.25亿美元)。这些经费由日本和美国共同分担，其中日本将分担200～300亿日元（1.75～2.65亿美元)。日本在1999财年（1999年4月至2000年3月）的预算中，已批准为这项计划拨款9.62亿日元（770万美元)；2000财年将为该计划拨款2700万美元左右。

北约寻求舰载战区导弹防御系统 据美国《防务新闻》周刊1999年10月11日报道，一位北约官员称，如果政治形势需要，从现在起两年内北约西方国家就能在舰艇上部署低层战区导弹防御系统。自1995年12月以来，北约就寻求舰基战区导弹防御系统的潜在可能性。为了研究低空和高空战区导弹防御的全面军事需求的可行性，1999年7月北约开始了一项为期4年的研究计划。这种系统可能包括地面站、舰艇、飞机和卫星。在2004年之前，不大可能就采购全部陆基系统作出抉择。

一些北约国家已经具有或正在发展对付低空威胁的能力。一种是“改进的海麻雀”导弹，正由雷西昂公司的防务系统部牵头研制，有12个国家及其工业界参与；另一种是“紫菀”1，这是一种先进的地空导弹系统，由欧罗萨姆公司经济工业集团研制。法、意、英正在联合发展另一种导弹，第1个舰基防空导弹系统预期于2005年交付。1999年8月，3国已签定了一项价值22亿美元的合同，用于主防空导弹系统（PAAMS）的发展。一艘装备PAAMS的“地平线”护卫舰能保护分舰队的其他舰艇，2000年就能具备舰载低层战区导弹防御能力。而对付大气层威胁的高层防御能力，还需要10年时间才能具备。

机载战区弹道导弹防御武器系统

美国机载高能激光武器发展情况 据《国防科技要闻》1999年12月23日报道，美国空军正在大力发展机载激光(ABL) 武器，在空军优先发展的武器清单上紧随F－22空中优势战斗机之后。机载激光武器的作战过程是：其载机（军用747运输机）在接近战区前沿的空域飞行，用红外搜索与跟踪装置监视敌方战区弹道导弹的发射，当导弹处于助推段并上升到云层之上时，机载激光武器把激光束聚焦在导弹助推器的蒙皮上，引起导弹爆炸。机载激光武器最关键的部件是氧碘化学激光器，使大量的化学物质产生数兆瓦功率的激光，当激光束聚焦时足以烧穿数百千米远的导弹助推器蒙皮。另一关键设备是用于大气效应校正的自适应光学系统。美国空军研究实验室正在研究在高度为2400米的较稠密大气环境下使用的自适应光学装置，用于装备机载激光武器的后续作战飞机。聚焦反射镜的重量已从900千克减少到130千克，激光器在近5分钟的时间内其功率比设计值高10%。

目前，使激光束具有足够的能量和保持激光束在空气中不发散这两个难题已经解决。面临的问题是：减轻实用系统的重量使其能够放置在飞机上；系统足够坚固，以便在所要求的部署条件下使用多年。首架计划装备机载激光武器的飞机机体将于2000年1月提供，进行16～17个月的改装后，变成“攻击型激光器”1型用作试验平台。机载激光武器将于2004年获得有限能力。前3架全重型飞机将于2007年获得初始作战能力，后4架飞机计划2009年交货。初步评估表明，机载激光武器每次携带的化学燃料足以与40个目标交战。该计划的发展费用为16亿美元，20年内采购和使用机载激光武器机队还需要94亿美元。目前，该计划已完成30%的任务。美国空军已经开始利用概念上的机载激光武器参加一些训练和军事演习，以研究它在作战中的使用问题。

美国完成新型高能战术激光武器概念验证试验 据英国《防务系统日刊》1999年4月22日报道，美国波音公司近日完成了用作战术武器的新型高能化学激光武器的概念验证试验。这种新型装置从空军实验室研究的氧碘化学激光器（COIL）技术发展而来，现属于空军机载激光计划。与一般的COIL技术相比，这种新型战术COIL的功率达到100～500千瓦级，可用于地面武器平台（无废气排出）。这种战术COIL技术有可能首次实现高度机动、自成系统的激光武器。组装概念研究表明，安装在旋翼飞机（如V－22和CH－47）、固定翼飞机（如AC－130）或地面车辆上的激光器均有极大的杀伤威力。在地对空作战时，有效射程达10千米；在空对地或空对空作战时，有效射程达20千米。应用研究的重点是机载战术激光（ATL）系统。将300千瓦级激光器安装在配有机载光学探测器组的V－22倾转旋翼飞机平台上，在云层下作战时可以提供快速反应的防空网，以对付低空飞行的反舰导弹和巡航导弹的威胁。战术地基COIL的大小和近程战术火箭系统相近，在敌火力圈外对目标进行超精确打击。为防止废气逸出，在实验中使用了小型密闭吸气系统，数据证明它能满足战术COIL武器系统的要求。计划两年内制造出功率100～300千瓦的轻型战术COIL装置，安装在标准货仓中或旋翼飞机上用于移动作战。

美、以战术高能激光系统的激光器子系统首次出光 据英国《防务系统日刊》1999年7月2日报道，1999年6月26日，美国和以色列联合研制的战术高能激光器（THEL）进行先期概念技术演示验证（ACTD）的激光器子系统实现了首次出光。试验是在汤普森·拉莫·伍尔德里奇公司（TRW）的卡皮斯特拉努实验室进行的。这次试验验证了激光子系统的对接能力以及对引出高能激光束的激光器的光控能力。战术高能激光器系统由激光器、目标跟踪器和指挥、控制、通信与情报（C^3I）子系统组成。美国陆军空间与导弹防御司令部作为美国防部代理参与这项计划。以色列国防部指定了一个办公室监督联合计划的研制工作。TRW公司被选为进行设计、制造和集成该系统验证器的主要民营承包商。该计划从开始到验证器首次出光历时3年。根据目前的计划，1999年夏末，激光器和目标指示跟踪器将被运送到白沙导弹试验场与C^3I子系统进行整合试验。

美国战术高能激光器计划取得重要进展 据美国《每日防务》快报1999年10月19日报道，上周，美国陆军的战术高能激光器先期概念技术演示（THEL ACTD）计划在高能激光测试研究所成功地完成了一项重要试验，表明THEL ACTD系统可在对“卡秋莎”火箭的实弹射击测试中传递两个跟踪子系统之间的数据。系统的火控雷达在火箭发射之后很快就可以探测到火箭，同时将火箭的弹道数据传送给跟踪子系统（PTS），PTS再将弹道数据传送到它的前视红外照相机即可以成功捕获到火箭。这首次表明，战术高能激光器可以利用真实飞行目标传递有关数据，同时证明了这套系统在C^3I和PTS子系统之间获取、跟踪和传递复杂数据的能力。该计划的下一个目标是，用弱激光照射目标，然后用强激光摧毁来袭目标。

以色列提出发展新的导弹防御系统 据美国《防务新闻》周刊1999年3月29日报道，以色列提出研制一种新型导弹防御系统，能够摧毁敌方导弹发射架而不是单个“飞毛腿”或“谢哈布”这一类的导弹。其设想是装备有多种传感器和热寻的导弹的无人飞机，在敌方高空盘旋并攻击导弹发射装置。这是在美、以助推段拦截（BPI）概念基础上提出的，被称为“助推段发射装置拦截”（BPLI）。以色列希望BPLI能成为美、以合作项目。但一位以色列官员表示，该项任务是高度优先的，“无论美国是否支持，我们都将开展这项工作”。

BPLI系统有以下优点：将战场从本土转移到敌人的领土；发射装置相对导弹而言数量较少；反应时间较长，发射装置在导弹发射后处在热状态约有30分钟时间，易被攻击等。而“箭”式反导系统仅有3分钟的反应时间。另外，部署该系统将减少对全面部署“箭”式反导系统的需要并节约经费。美国防部弹道导弹防御局局长称这个计划很有吸引力，希望以色列方面提供更多的信息，以进行技术可行性和经济可承受性分析。据透露，研制和演示BPLI在4～5年内需要耗资5亿美元，完成部署需要10亿美元。

战略弹道导弹防御武器系统 **美国国家导弹防御系统设想方案** 据《863先进防御技术通讯》1999年第5期报道，尽管整个系统的方案尚未最后确定，但美国初期的国家导弹防御系统将主要由“地基拦截弹”（GBI）、“地基雷达”（GBR）、“作战管理与指挥、控制、通信”（BM/C^3）系统、改进的预警雷达和预警卫星系统5部分组成。

地基拦截弹（GBI）是一种先进的动能杀伤防御武器，其任务是在大气层外（100千米以上的高度）拦截处于弹道中段高速飞行的弹道导弹弹头，并通过直接碰撞摧毁它们。该拦截弹由一个称之为“大气层外拦截器”（EKV）的动能杀伤弹头、两级固体助推火箭和发射拦截弹所需的地面支援设备等组成。EKV本身是一个自主的飞行器。它有导引头、姿控与轨控推进系统、通信设备、制导设备和计算机等设备。地基拦截弹的助推火箭必须满足实现从美国中部的一个拦截弹基地发射覆盖美国 50 个州的要求，并使拦截弹的速度达到大于 7 千米/秒。

地基雷达（GBR）是国家导弹防御系统的主火控雷达，部署在拦截弹的基地内，将执行目标监视、捕获、跟踪、识别、火控支援和杀伤评价等任务。该雷达将是一种 X 波段相控阵雷达，将被建成具有一定程度的抗核效应加固能力，特别是具有抗高空核电磁脉冲能力。未来部署的地基雷达的天线阵面和有效口径均为 123 平方米，有 81000 个发射机和接收机模块，探测距离 4000 千米。雷达天线利用机械转动控制方位，可实现的方位角范围为 ±178 度，俯仰角 0～90 度，方位和俯仰电子视野为 50 度。

作战管理与指挥、控制、通信（BM/C^3）系统是国家导弹防御系统的“大脑”，其中包括大约 14 个“飞行中拦截弹通信系统”（IFICS）。其主要功能是：向作战指挥和控制系统传送信息，提供决策手段，支持必不可少的人参与控制的决策；融合不同探测器的数据；提出交战计划并执行作战；向防御系统转发指挥和控制决定与指令，包括武器发射命令；在防御系统各个组成单元之间传递和处理信息等。

改进的预警雷达将探测、跟踪和统计弹道导弹在初始弹道上的单个目标物体。它们所获得的数据将扩大地基雷达的探测能力，告诉地基雷达准确地往什么方向看；也将提高地基拦截弹的性能，使拦截弹尽早发射和在更大的空域作战。对现有预警雷达的改进，主要采用新的计算机、信号处理机和软件，以便适应支持国家导弹防御系统所需的信息。

关于预警卫星，在近期，美国国家导弹防御系统仍将利用现有的“国家支援计划”（DSP）预警卫星，提供敌方弹道导弹发射的信息。未来，当代替 DSP 卫星的“天基红外系统”（SBIRS）部署后，将改用天基红外系统预警。天基红外系统包括高轨道卫星和低轨道卫星两部分，可以大大提高预警的准确性和及时性。特别是天基红外系统的低轨道卫星部分（也称“空间与导弹跟踪系统”），将携带一套被动探测器和可见光探测器。被动探测器包括短波、中波和长波红外探测器，用以借助目标的热辐射提供监视、跟踪和识别数据。可见光探测器利用反射的太阳光探测目标。这些探测器能够按照指示相互独立地观测不同的方向，探测全球在助推段、末助推段和中段飞行的弹道导弹。它们将不仅可以用于导弹发射的预警，还可能为地基拦截弹提供超视距制导，从而大大增加拦截弹的防御区域。

美国国家导弹防御系统部署方案　据《863 先进防御技术通讯》1999 年第 5 期报道，1998 年 11 月，美国国防部公布了未来可能在阿拉斯加州和北达科他州两个地区部署国家导弹防御系统的地点清单，以便进行环境研究。

在北达科他州的部署基地位置：地基拦截弹部署在大福克斯及斯坦利·R·麦克尔逊卫兵基地；X 波段地基雷达部署在 SRMSC 的导弹阵地的雷达站、SRMSC 的 1 号和 4 号斯普林特遥控发射阵地；作战管理与指挥、控制系统部署在卡弗利尔空军基地、大福克斯及斯坦利·R·麦克尔逊卫兵基地，其它作战管理与指挥、控制设备可能改装到美国空间司令部在科罗拉多·斯普林斯现有的指挥控制设施内；飞行中拦截弹通信系统部署在大福克斯及迈诺特空军基地、导弹警报中心、SRMSC 导弹阵地雷达站以及西阿留申群岛的一个基地，也有可能在新英格兰设一个基地（在以后宣布）。

在阿拉斯加州的部署基地位置：地基拦截弹部署在阿拉斯加州的克里尔、艾尔森、格瑞利堡和育空·曼纽沃地区；X 波段地基雷达部署在阿拉斯加州的伊若克逊；作战管理与指挥、控制系统部署在阿拉斯加州的克里尔、艾尔森、格瑞利堡和育空·曼纽沃地区；飞行中拦截弹通信系统部署在阿拉斯加州的克利尔、艾尔森、格瑞利堡和育空·曼纽沃地区。

按照符合反弹道导弹条约的精神，美国国家导弹防御系统只能部署在大福克斯原来部署“卫兵”反弹道导弹系统的基地内。美国现在提出增加一个阿拉斯加州部署基地，主要是对付中国、朝鲜和其他发展中国家的弹道导弹。

美国国家导弹防御系统基本作战方式　据《863 先进防御技术通讯》1999 年第 5 期报道，按照现在的构想，在典型的弹道导弹防御交战中，美国国家导弹防御系统的各组成部分，将按照如下的方式工作：一是利用预警卫星探测敌方弹道导弹的发射。即利用“国防支援计划”（DSP）卫星或未来的“天基红外系统”卫星的红外探测器探测助推段飞行中弹道导弹的尾焰，并将获取的信息通过各地面站传送到作战管理与指挥、控制、通信（BM/C^3）系统进行分析处理，发布预警并预测来袭导弹弹道和落点的估计值。二是利用预警雷达探测和跟踪来袭的导弹。BM/C^3 系统把预警卫星获得的预警信息传送给预警雷达，引导预警雷达搜索限定的空中走廊，一旦探测并跟踪上来袭导弹，立即把所获得的信息传送给 BM/C^3 系统，以便开始制定详细的作战管理规划。规划包括确定使用哪些拦截弹和发射与拦截的时间；判定阳光会使地基拦截弹 EKV 的红外导引头致盲的制约条件和地基拦截弹 EKV 有效作用距离的制约条件；确定通信时机和获得发射拦截弹的授权等。三是地基雷达和前沿部署雷达精确跟踪和识别目标。BM/C^3 利用预警雷达的数据，引导地基雷达和前沿部署雷达探测、跟踪和识别来袭导弹，以便获取更精确的跟踪数据和评价数据。当预测的拦截点精度能够达到 20 千米以下时，便由 BM/C^3 系统向拦截弹发出发射命令，预测的碰撞点的中心就是每枚拦截弹的瞄准点。四是发射地基拦截弹进行拦截。在得到发射命令后，立即发射地基拦截弹。地基拦截弹发射后，地基雷达和前沿部署雷达要继续精确地跟踪目标，并通过 BM/C^3 系统内的“飞行中拦截弹通信系统”，不断向飞行中的地基拦截弹提供修正的目标瞄准数据，把地基拦截弹引导到 EKV 上的导引头能够看见待拦截目标的交战空域。EKV 与助推火箭分离。与此同时，地基雷达和前沿部署雷达要收集到足够的识别数据，产生“目标实物图”（TOM），有效地把一团威胁物中的每一个物体判定为有威胁物体和无威胁物体。当 EKV 的红外探测器探测到目标时，它便利用由地基雷达提供的目标实物图信息与弹上的识别算法，从其他物体中选出要拦截的来袭导弹弹头，以直接碰撞方式摧毁这个弹头。五是进行拦截结果评估。在每次拦截交战中，各种探测器要观测交战的结果，提供“杀伤评价”数据，以评价拦截是否成功还是失败。如果第 1 次拦截失败，再进行第 2 次拦截。

美国国家导弹防御计划主要进展　据《863 先进防御技术通讯》1999 年第 5 期报道，自 1996 年克林顿政府完成对国家导弹防御计划的审查，并提出“3 + 3”计划以来，美国的国家导弹防御计划逐年加强。一是加强顶层设计。1996 年 8 月，美国国防部联合要求审查委员会（JROC）批准了有关美国国家导弹防御计划的“顶层要求文件”。该文件以明确的术语概括了国家导弹防御系统应该能够做些什么，并要求国家导弹防御系统到时要能够击落 95% 的来袭弹道导弹。二是增加经费。1996 财年，克林顿政府为国家导弹防御计划只申请 3.72 亿美元；1997～1998 财年美国国防部只计划投资 4 亿美元。而在此之后，国家导弹防御计划每年的经费平均在 6 亿美元以上。1999 年 1 月，美国国防部又提出在 2000～2005 财年，将为国家导弹防御计划投资 66 亿美元，即年均经费在 10 亿美元之上。三是加强管理。为了加强领导，美国国防部于 1997 年 4 月在弹道导弹防御局内增设了国家导弹防御联合计划办公室，负责设计、研制和演示能够保护美国免遭弹道导弹攻击的国家导弹防御系统；1998 年 4 月，国家导弹防御联合计划办公室选定波音·北美公司作为国家导弹防御计划“牵头的系统集成承包商”（LSI），国家导弹防御系统的研制工作全面展开。四是积极开展研制与试验工作。迄今，国家导弹防御系统所需的主要设备都已进行了试验。例如，为国家导弹防御系统地基拦截弹研制的 EKV 红外探测器相继在 1997 年 1 月和 1998 年 1 月成功地进行了试验，从而为进行拦截弹的飞行试验和拦截实验创造了必要的条件；1998 年 9 月，地基雷达的试验样机（GBR－P）开始运行工作，并成功地对 1 颗卫星进行了 350 秒的跟踪；此外，美国国防部还多次试验预警能力和作战管理系统的仿真试验。按照现在的计划，美国国防部将在 1999 年进行 2 次地基拦截弹的拦截飞行试验；2000 年进行关键设计审查，并进行 3 次助推火箭的考核试验和 1 次国家导弹防御系统集成的系统试验；2000 年 6 月，进行国家导弹防御系统的部署准备审查，届时将决定是否部署国家导弹防御系统。

美国 NMD 地基拦截弹成功地进行了首次拦截试验　《863 先进防御技术通讯》1999 年第 8 期报道，据美国国防部新闻发布，1999 年 10 月 2 日，美国国防部弹道导弹防御局为国家导弹防御（NMD）系统研制的地基拦截弹，成功地进行了 1 次拦截试验。试验中，首先从加里福尼亚州的范登堡空军基地发射 1 枚用“民兵”洲际弹道导弹改进而成的靶弹；靶弹发射后大约 20 分钟，从距离范登堡空军基地约 7000 千米之外的夸贾林岛发射 1 枚地基拦截弹的样弹；大约 10 分钟后，拦截弹在太平洋中部上空以直接碰撞的方式拦截并摧毁了模拟来袭洲际弹道导弹的靶弹。地基拦截弹主要由助推火箭和作为弹头的“大气层外杀伤拦截器”（EKV）两大部分组成。试验用的 EKV 重约 54 千克，其上配备有 2 个红外探测器、1 个可见光探测器和 1 个小型的推进系统。试验中，EKV 成功地捕获并跟踪了目标，实现了对目标的直接碰撞，并以直接碰撞的动能摧毁了目标。这次拦截试验是美国国防部计划在今后 6 年要进行的大约 20 次拦截试验的第 1 次试验，主要是演习国家导弹防御系统的技术、有效性和可靠性。

美国天基激光武器计划概况　据《国防科技要闻》1999 年 12 月 23 日报道，为了覆盖更广阔的区域和为美国本土提供某种免遭洲际弹道导弹攻击的能力，美国空军构想了天基激光武器（SBL）计划。SBL计划建立在里根时代的“战略防御倡议”的基础之上，其目标是击落助推段飞行的洲际弹道导弹。计划2012年在1架航天飞机上演示这个系统的可行性。现在，美国国会希望加速演示工作，以证明激光器能从空间拦截导弹，准备在2000年为1.39亿美元的SBL计划增加拨款，以便把演示工作从2012年提前至2006年进行。然而，研究机构的估什是，设计和发射这样复杂的航天飞机至少需要10年。SBL面临的技术挑战是：它不能像机载激光武器（ABL）那样载很多化学燃料入轨；精确发射需要更坚固、重量更轻的激光器；为扩大作用距离，需要1部面积更大、发射时可折叠的反射镜；除自载的红外搜索和跟踪装置外，SBL还需要从天基红外系统、地基与机载传感器获取信息。为实现全球覆盖，要在800千米高的轨道上建立1个由30～40个SBL组成的星座。SBL演示计划要求使用技术上比较成熟的化学激光器，使用航天飞机为SBL补充燃料。现在正在研究把氟化氢作为化学燃料。

美国空军已暂定于2004年进行激光器和波束控制系统的地面演示。载激光器的航天飞机平台可能在2006年进行重要的设计评审。

美国将进行高功率天基激光器试验　据美国《空军内情》快报1999年3月19日报道，美国空军的天基激光器（SBL）计划在遭到几个月的冷遇之后，最近，美国弹道导弹防御局（BMDO）和空军对该计划进行了调整，并开始准备一项飞行试验计划（IFX），演示一种防御性天基激光器。它们计划在1999财年第4季度进行“阿尔发”（Alpha）数兆瓦级强激光器的对准试验。为支持这项计划，1999年3月16日空军航天与导弹系统中心授予TRW公司一项价值1140万美元的成本加固定费用的合同。TRW公司将负责计划管理、系统有效性设计和维护，并将在1999年10月前完成“阿尔发”氟氢激光器的高功率和低功率试验。3月初，BMDO和航天与导弹系统中心还同TRW公司、波音公司和洛克希德—马丁公司签定了价值共计1.25亿美元的合同，负责实施该试验的第1阶段计划。

俄罗斯试验莫斯科反弹道导弹武器系统　据《863先进防御技术通讯》1999年第12期报道，1999年11月2日，俄罗斯战略导弹部队在哈萨克斯坦的雷萨甘靶场进行了53T6反弹道导弹的发射试验。这是几年来第1次进行的试验。试验的目的显然是延长部署在莫斯科周围的A－135反弹道导弹防御武器系统的53T6反弹道导弹。53T6反弹道导弹是一种大气层内拦截弹。试验中所用的这枚导弹是从莫斯科附近在地下井中担负作战值勤任务的导弹中撤出并运到哈萨克斯坦来的。在试验发射过程中（莫斯科时间17点51分发射），检验了53T6拦截导弹的可靠性和动力系统的特性。据战略导弹部队司令弗拉基米尔·雅克福列夫将军说，试验确定了导弹的性能特性，允许这种导弹继续可靠地服役。他强调说，“试验这种反弹道导弹没有任何其他的目的和任务，只是要延长它的服役寿命。”

弹道导弹防御目标探测和作战管理系统

美国“天基红外系统”计划略有变化　据美国《每日防务》1999年1月22日报道，美国国防部已宣布，将“天基红外系统”（SBIRS）的高轨道（SBIRS－High）和低轨道（SBIRS－Low）卫星的开始部署日期，分别从2002年推迟到2004年和从2004年推迟到2006年。美国国防部认为，在今后几年，“国防支援计划”（DSP）卫星能够完成SBIRS－High卫星将承担的任务，后者的部署日期可以推迟。而SBIRT－Low卫星计划经费严重超支，推迟开始部署时间以缓解计划预算的压力。SBIRS卫星的部署时间虽然被推迟，但星载红外探测器的交付和组装计划并没有变化。TRW和雷声公司最近宣布，他们已制造、组装了两套SBIRS　Low卫星载的红外探测器。每套探测器由目标捕获探测器、目标跟踪探测器和“航迹指示器”（Pathinder）工程样机组成。原计划1999年晚些时候将被装到SBIRS－Low计划的“飞行验证系统”试验卫星上进行飞行验证。但是，美国空军2月5日又宣布终止执行SBIRS－Low计划的两项论证计划，即波音/洛克希德—马丁公司的“低高度验证计划”和TRW/休斯公司的“飞行验证系统”计划。原因是计划进度推迟，费用超支。这两项计划的合同金额为8.32亿美元，迄今已花掉5亿美元。尽管如此，SBIRS－Low计划仍然继续执行。

美国“天基红外系统”（低轨道）进入计划确定和降低风险阶段　据《国防科技要闻》1999年9月9日报道，美国空军选择TRW公司/雷锡恩公司和宇航光谱公司/诺斯洛普·格鲁曼公司领导的小组分别进行“天基红外系统”－低轨道部分（SBIRS－Low）的计划确定和降低风险阶段（PDRR）工作。这个阶段的工作包括进行广泛的以成本作为独立变量的折衷研究，以确定负担得起的需求、具有竞争力的初始系统的设计开发以及关键系统性能的地面验证等。

SBIRS－Low卫星系统是美国下一代国家弹道导

弹预警系统的低地球轨道部分，将由 40 个能够探测和跟踪弹道导弹的低地球轨道红外探测器组成，包括地球同步轨道卫星和高椭圆轨道卫星探测器，以及地面数据处理和控制系统。当导弹发射后，SBIRS－Low 卫星系统将得到来自该系统高轨道部分（SBIRS－High）的警报，然后跟踪助推器工作完之后处于中段飞行的导弹。美国空军计划 SBIRS－Low 的全寿命期内投入大约 120 亿美元。SBIRS 系统将在 2006 年投入运行，以替换和最终取代目前担任导弹预警任务的"国防支援计划"卫星系统。

美国通过大气层拦截器技术计划试验预警雷达 据《国防科技要闻》1999 年 11 月 4 日报道，1999 年 9 月 16 日，美国空军成功地完成了"大气层拦截器技术"（AIT）计划的第 2 次飞行试验。这次试验使用两级运载火箭，第 1 级是：海猩（Castor）IVB 型火箭，第 2 级是 M－57A1 火箭，顶部安装再入飞行器和圆柱型负载（内装 3 个球形和 1 个圆锥形物体，可抛出供雷达做观察试验）。运载火箭从位于阿拉斯加州科迪亚克岛的发射综合设施升空，9 分钟后到达约 1963 千米的高度，然后再入大气层，最后溅落在发射点南 2463 千米处。全部飞行时间约 19.5 分钟，雷达探测并跟踪几个目标物的时间超过 13 分钟。同时进行的相关试验有：用"兰米尔"（Langnuir）探针测量目标飞行器表面的电子浓度；用光谱仪测量大气层上部的电离环境，进行波士顿火箭电离层层析 X 射线摄影机试验；用温度、压力测量变换器和加速度计鉴定拦截器导引头窗口的特征，以改进窗口设计；进行导弹杀伤飞行器头锥整流罩的弹出试验，用弹载照相系统观察分离的动力学过程等。

AIT 计划的目的是模拟太平洋海域潜在敌对国家的导弹攻击，发展能逼真地模拟近极地来袭弹道导弹的目标飞行器，以支持低成本、高可靠的国家导弹防御构架。计划通过 5 次试验，从再入飞行器得到技术数据，对飞行器特性和雷达系统的跟踪能力进行评估，以试验西海岸预警雷达系统——"飞行器再入大气层精确搜索相控阵报警系统"（PAVEPAWS）。

美国发展用于导弹预警的新型天基电子播叫系统 据美国《每日防务》快报 1999 年 7 月 14 日报道，1999 年 6 月 15～27 日，在美国得克萨斯州和新墨西哥州进行的"流沙 99"防空演习中，首次使用了天基电子播叫系统演练导弹攻击预警，效果良好。美国空间与导弹防御司令部作战实验室看好继续发展这种系统的前景。该系统是从美国陆军已在阿拉伯沙漠使用过的地基电子播叫系统发展而来的。便携式电子播叫器将提供给独立分队，用于特定区域的精确报警，而不是全战区的大范围报警。

演习中陆军完成了名为"兵力报警"（Force-Warning）的试验。试验中，借助铱星远距离通信线协调能力和摩托罗拉移动接收机，构成天基电子播叫网，以增强现役的地面预警网络，共使用了 29 个地基播叫器和 36 个天基播叫器，其中一些分发给参加演习的德、荷、英国军人。在导弹攻击前接收到 79%的警报、92%的发向地基播叫器的信息和 67%的发向天基播叫器的信息。虽然天基播叫器的信息接收率较低，但系统可以改进，并能在世界范围使用。这种便携式天基播叫器单价为 500 美元，每月广播费为 150 美元。陆军计划用约 10 万美元购买 40 台播叫器和 1 年的广播服务。

美国可能在日本部署 THAAD 雷达 据英国《简氏防务周刊》1999 年 8 月 18 日报道，美国正在考虑在日本部署其研制中的战区高空区域防御（THAAD）系统中的雷达系统，以跟踪朝鲜的"大浦洞"导弹发射试验。目前日本的导弹跟踪系统都不如 THAAD 的雷达先进。美国防部的一个调查小组正在考察雷达安装地点。1998 年，朝鲜越过日本北部向太平洋发射的一枚"大浦洞"2 导弹使美国及其盟国的情报部门感到十分惊慌。但是，美国和日本的雷达系统成功地跟踪了这枚射程估计为 4000～6000 千米的导弹。由雷西昂公司制造的 THAAD 雷达系统在天线中装有 25344 个 I/J 波段固态发射/接收模块，在最近连续两次的"命中－摧毁"试验中均获得成功，被认为比 SPY－1 雷达和日本的系统更先进，因此美国官员很想在现实情况下对该系统进行测试。

美国海军研制全战区防御系统高功率识别雷达 据《863 先进防御技术通讯》1999 年第 6 期报道，美国海军分别授予雷西昂公司和洛克希德—马丁公司一项合同，使两家公司竞争研制用于未来海军全战区弹道导弹防御的高功率识别雷达（HPD）样机。洛克希德—马丁公司现有的经过改进信号处理器和计算机程序的 AN/SPY"宙斯盾"雷达，可满足近期的海军全战区 1 型（NTW Block I）系统的需求。海军全战区 2 型（NTW Block2）系统则需要高功率的识别雷达。高功率识别雷达将能够对中程和远程战区弹道导弹实现目标搜索、探测、跟踪及大气层外识别，并最终发展到支持海军未来的战区制空巡洋舰（CG－21）实施战区弹道导弹防御作战。

研制高功率识别雷达，雷西昂公司的方案是以其为陆军"战区高空区域防御"（THAAD）系统研制的

X波段地基雷达为基础，为“宙斯盾”巡航洋舰增设一部辅助雷达。洛克希德—马丁公司的方案是研制现有“宙斯盾”雷达的固态改进型，称为STP-1E雷达，采用S和C两个波段，能够同时执行自卫、区域防御和战区导弹防御任务。授予雷西昂公司的合同总经费为1.184亿美元，完成期限为2003年，初始经费为740万美元；授予洛克希德-马丁公司的合同总经费为1.25亿美元，完成期限为2004年，初始经费为970万美元。

美国海军演示弹道导弹防御的互操作性 据美国《每日防务》快报1999年7月8日报道，在上周进行的1次名为“猛击者”（Slugger）的联合互操作性演习中，美国海军演示了跟踪战区弹道导弹的能力和在舰艇与其它弹道导弹防御系统之间交换目标数据的能力。

在演习的第1阶段，“伊利湖”（CG-70）号和“皇家港”（CG-73）号巡洋舰成功地跟踪了1枚从太平洋导弹靶场（PMRF）发射的“标准”2导弹，并将有关数据传递出去。目标跟踪和截击点数据在这两艘巡洋舰之间进行了成功的传递，还传递给了“星座”号航母战斗群、海军陆战队防空通信台（ADCP）、海军区域防空司令部、陆军战区高层区域防御地面站和空间与导弹防御司令部的战斗实验室。在演习的第2阶段，从太平洋导弹靶场发射了1枚桑迪亚国家实验室的“男哑巴”2（Malemute 2）火箭，对其跟踪高度达119千米，其数据在下列平台之间共享：上述两艘巡洋舰、“本福德”（DDG-65）号驱逐舰、“星座”号航母战斗群和海军陆战队防空通信台等。这次演习是在太平洋导弹靶场进行的更大的联合特遣部队演习中的一部分。

美国空军计划建立统一的航空、航天和导弹防御体系 据美国《每日防务》快报1999年9月15日报道，美国空军根据综合空间指挥控制系统（ISC-2）计划，拟将其40个全然不同的航空、航天和导弹防御系统连接成为1个统一的体系。由于每个系统的操作系统和语言都不相同，这一工作并不容易。ISC-2将改进和维持在夏延山和彼得森空军基地的空间指挥控制网络。TRW公司、洛克希德—马丁公司和雷西昂公司各自组成了专门小组竞争这项计划。预计1999年9月30日前确定正式招标书。各小组10月30日前递交自己的方案，预计12月17日前选定赢家。合同值每年1.2亿美元，持续15年。空军维持这40套独立运作系统的费用十分昂贵，而想要将其综合到一起并且扩大美国空间指挥任务，如战区导弹防御、国家导弹防御和进攻及防御信息战等，将是对综合管理的巨大挑战。这40套系统大约有1200万条编码。

中国台湾极力构筑立体全方位防空预警网 据《国防科技要闻》1999年11月4日报道，为有效探测来袭的飞机、巡航导弹和弹道导弹等空中目标，及早获取预警信息，赢得更长的拦截和民防反应时间，台湾当局正极力构筑1个由雷达、预警飞机和卫星组成的地面、空中和空间立体配置，近、中、远程探测手段相结合的全方位防空预警网。

一是配置探测距离从几千米到上千千米的陆基雷达。主要有：（1）车载式野战防空相控阵雷达。它由三维相控阵雷达和二维搜索雷达组合，采用电子扫描，搜索距离达45千米，可同时跟踪64个（最多可达128个）目标，搜索时间为秒级，可为作战部队近实时地提供信息。该雷达由“中科院”自行研制，将于2001年装备部队。（2）AN/TPQ-36A低空监视雷达。它是一种三坐标电子扫描脉冲多普勒雷达，工作在X波段，对小型飞机探测距离为75千米，可连续跟踪256个目标，由轻型车辆或运输飞机运输，主要承担低空补盲任务。该雷达由美国休斯公司研制，具有国际上20世纪80年代先进水平，目前台湾已装备若干部。（3）AN/FPS-117远程防空预警雷达。它是一种新型机械-电子扫描三坐标远程防空预警雷达，工作在L波段，探测范围9～370千米。该雷达由美国通用电器公司研制，自动化程度高，抗干扰能力强，具有国际上20世纪80年代先进水平，目前台湾已装备2部。另外，台湾还装备了几部性能与AN/FPS-117相近的GE-592对空搜索雷达。（4）HR-3000防空雷达。它是一种机械-电子扫描三坐标多模雷达，工作在E/F波段，对1平方米目标的探测距离为320千米，主要用于对空搜索。该雷达是HADR雷达的改进型，由美国休斯公司研制，具有较强的抗电子干扰和抗反辐射导弹的能力，目前台湾已装备若干部。（5）“长白”相控阵雷达。它是一种机动式多功能固态相控阵雷达，是当今世界上最先进的陆基雷达系统之一，可进行360度全方位覆盖，对低空飞行目标的探测距离为30千米，对20000米高空飞行目标的探测距离可达450千米以上，并可提供约5分钟的预警时间。该雷达由台湾“中科院”自行研制，1987年10月装备部队。（6）大型远程相控阵预警雷达。为及早发现来袭的战术弹道导弹，台湾打算花8亿美元向美国购买雷西昂公司制造的大型远程相控阵预警雷达，分别部署在台湾本岛南北两处阵地。

该雷达能对空中远至1448千米的弹道导弹进行探测（探测距离是目前台湾陆基雷达的两倍多），可提供7～10分钟的预警时间。预计，这种雷达将于2005年左右投入使用。

二是增购和改进预警飞机。台湾目前已装备4架E－2T预警机。该机装备AN/APS－145雷达。据称，在保持海空探测性能的前提下，其陆空探测能力可与E－3A预警机媲美。在正常天气情况下，它可探测远至648千米的轰炸机，480千米的战斗机和258千米的巡航导弹，可同时监视、跟踪、显示2000个空中和海上目标，提供的预警时间比台湾陆基预警系统增加4倍，即由原来的5分钟提高到25分钟，大陆东南沿海纵深400千米的区域将受到其监视。由于E－2T巡航时间只有5个多小时，4架E－2T不足以维持昼夜24小时的连续空中预警，所以台湾当局1999年7月决定花4亿美元再增购2架E－2T，以提供不间断的空中预警能力。据称，2架E－2T将分别于2003年和2005年装备台湾空军。同时，为提高预警机的能力。台湾已计划对E－2T进行以下主要改进：装备具有数字化接收能力的电子战支援系统，取代目前的AN/ALR－73系统；更新任务计算机；加装协同作战能力系统；改进通信设备等。预计这些改进将于2006年前后完成。

三是获得美国预警卫星的信息支援。台湾当局积极活动，争取与美国合作解决卫星预警问题。据美国《世界日报》1999年9月20日报道，美国已同意与台湾建立计算机联网和通信软件合作协定，向台湾提供预警卫星的预警信息。美国部署在空间轨道上的“国防支援计划”（DSP）预警卫星，可在中国发射导弹几秒钟后探测到导弹尾焰，随即进行跟踪并将获取的信息发送到有关作战部队，可提供15分钟的预警时间。

英国将进行自适应相控阵雷达的反导试验　据美国《航空与航天技术周刊》1999年6月14日报道，1999年10月底，英国宇航公司（BAe）防御系统部将在苏格兰开始其最新2型多功能电子扫描自适应相控阵雷达（Mesar－2）的反导作战试验，在干扰环境下跟踪模拟的弹道导弹目标。2000年将在美国白沙导弹靶场与美国弹道导弹防御局一起，利用改进型“标准”2导弹继续进行试验。目前正在进行技术演示软件和系统的工程准备。S波段雷达的监视模式试验已从去年8月开始，1999年1月开始评估跟踪功能。

Mesar－2雷达的探测距离为400千米，仰角可达90度。目前的技术演示型有688个发射/接收组件（各自带有10瓦电源），每个组件构成一组可在外场更换的装置（LRU），整个天线阵由316个LRU（1264个组件）组成。雷达系统包括天线仓和操作处理站，运输时安装在标准集装箱中。它也可以和英国独立的目标识别系统等相连。雷达的基本设计与英国海军下一代护卫舰防空系统的双面旋转“桑普森”（Sampson）雷达相似。

澳、美将继续在弹道导弹预警卫星领域合作　据美国《防务新闻》周刊1999年10月25日报道，澳大利亚和美国军方正在就“天基红外系统－高轨道”（SBIRS High）预警卫星研制计划合作事宜进行谈判。美国计划在2004年发射第1颗SBIRS High弹道导弹预警卫星，用于取代“国防支援计划”（DSP）卫星，为美国战区弹道导弹防御网提供关键的监视与预警信息。由于卫星的位置不允许把信息直接下传给位于美国本土的地面站，所以必须经由澳大利亚的松峡地面中继站传输给位于美国科罗拉多州的空军空间司令部。松峡地面站已接替原来的努伦戈尔空间通信站的职能。建于1970年的澳大利亚努伦戈尔空间通信站，主要承担处理和分析DSP卫星下传的有关亚太地区弹道导弹发射与核爆炸的信息，随后将处理的数据传输给美国科罗拉多州的彼得森空军基地。该站已于1999年10月12日关闭。从2000年开始，澳大利亚将委派技术人员赴美国，以执行类似于在努伦戈尔所承担的任务。两国将继续在DSP和SBIRS的有关技术领域合作，包括利用高频无线电信号探测助推段飞行导弹的研究。澳大利亚也将利用SBIRS High预警卫星获得的原始数据和经松峡地面站处理的数据。

巡航导弹防御武器系统　美国加紧研究巡航导弹防御系统　据《国防科技要闻》1999年6月17日报道，近几年来，美国国防部和陆、海、空三军就反巡航导弹问题进行了大量研究，并取得一些重要成果。研究所涉及的内容很广，包括：威胁的种类；威胁出现的时间；技术途径的有效性、成熟程度和费用；各军种间部件通用的可能性；巡航导弹和弹道导弹防御通用探测器和武器的可能性等。在各种研究和评估中得出的主要结论是：（1）未来10年对地攻击巡航导弹将成为一种非常严重的威胁，必须提高“对地攻击巡航导弹防御”计划的优先权。（2）巡航导弹的雷达和红外特征信号弱，能在低空利用地（海）面杂波、地球曲率和有利地形隐蔽飞行，面防御系统难以早期探测和跟踪。（3）为了在远处有效发现巡航导弹，必须把空中、海上、地面多种平台携带的雷达、红外装置、毫米波辐射计等不同探测器组网，使其协同一致地工作。(4) 多层防御将是拦截巡航导弹的最有效的方法：外层为战斗机及其远程空空导弹；中间层为空基探测器平台引导的防空导弹；内层为近程防空导弹。(5) 存在的主要技术挑战包括：开发联合作战的机理和防御者超视距拦截巡航导弹的能力；改进探测设备探测和跟踪低可探测性（隐形）巡航导弹的能力；装备可互操作的系统；发展对付饱和攻击的低成本防御系统等。

近几年来，美国反巡航导弹的技术演示工作取得了重大进展。一是探测巡航导弹的最佳方案得到初步验证。1996 年 2 月，美国陆军和海军在太平洋导弹靶场进行了第 1 阶段巡航导弹防御先期概念技术演示，即“山顶试验”。模拟空中平台的山顶雷达提供的导引信息通过协同作战能力系统传给“宙斯盾”巡洋舰，4 枚“标准”2 舰空导弹成功地拦截了 4 架在舰载 SPY－1B 雷达作用距离之外模拟掠海飞行巡航导弹的 BQM－34 靶机。在演习中还利用高空气球传来的“宙斯盾”巡洋舰的引导信息，海军陆战队发射 4 枚“霍克”导弹成功地拦截了 4 架模拟巡航导弹的靶机。试验证明，利用相互配合的空基、地基、海基探测器能显著地扩大作战空间，并能提高系统的可靠性；而且认为，效费比最佳的探测器方案是由固定翼飞机和浮空器组成的混合力量。二是各种拦截手段的试验取得初步成功。试验证明，除经过改进的“爱国者”、“标准”2 等远程防空导弹系统外，还有一些防空武器系统可用于巡航导弹防御。(1) 改进的低空防空导弹系统可在反巡航导弹中发挥作用。1996 年 6 月，在“布雷德利”战车旋转炮塔上安装的“毒刺”导弹，在与其配套的“哨兵”引导装置和前沿防空 C^3I 系统的引导下，成功地摧毁了模拟的巡航导弹。(2) 战术高能激光武器拦截巡航导弹的可行性得到验证。在 1996 年 3 月的试验中，美国和以色列用他们联合研制的“鹦鹉螺”战术高能激光武器摧毁了模拟巡航导弹飞行的 BQM－34S 型靶机。车载系统每次设计成本约几千美元。(3) 先进战斗机在反巡航导弹中有巨大潜力。试验证明：先进战斗机的下视下射雷达和红外探测设备相互弥补，能发现低可探测性巡航导弹；装有毫米波主动雷达导引头或凝视红外焦平面阵列导引头的空空导弹，能将目标与干扰物或地面杂波区分开来，因此能发现、锁定并拦截巡航导弹。

美国提出发展低成本巡航导弹防御系统计划 据《国防科技要闻》1999 年 6 月 17 日报道，美国国防部预计，靠多层防御方法对付未来敌人的低成本巡航导弹饱和攻击的费用太高。为此，美国国防高级研究计划局提出了“低成本巡航导弹防御”计划，并从 1997 年开始实施，其目标是 2004～2006 年具备初始作战能力。该计划的重点是发展低成本的拦截技术。考虑的方案有：价格 20 万美元的拦截弹，射程 250 千米；价格为 3～5 万美元的拦截弹，射程 50 千米。近程拦截弹可能由战斗机发射；远程拦截弹可能部署在预警机和浮空器、“宙斯盾”军舰、C－130 运输机等平台上，以显著降低单发杀伤成本。此外，美国陆军的空间与导弹防御司令部正在研究“降低高度的制导炮弹”（DAGGR）的概念，它可相对低廉的对巡航导弹和其它目标进行防御。这种炮弹将用 76 毫米或 105 毫米火炮发射，炮弹单价约 2500 美元。

美国改进的“爱国者”导弹进行反巡航导弹试验 据英国《航空信息》1999 年 7 月 27 日报道，美国雷锡恩公司已经对其改进的用于反巡航导弹的“爱国者”导弹，在新墨西哥州白沙导弹靶场进行了首次飞行试验，成功地拦截了一架模拟低空飞行巡航导弹的 MQM－107 缩比靶机。这次飞行试验使一项为期 3 年的技术发展计划达到最高峰，这项计划的目的是通过改进现有的 PAC－2 型“爱国者”导弹和以前的“爱国者”导弹，应付新出现的巡航导弹威胁。这项改进将为美国陆军提供一种有潜力的途径，改进现在部署的“爱国者”武器系统使其能对付巡航导弹的威胁。

美国研制微型巡航导弹拦截弹 据英国《国际航空》1999 年 7 月 28 日～8 月 3 日报道，根据美国防部国防高级研究计划局（DARPA）授予的一项金额为 1410 万美元的合同，刚刚兼并了瑞安航空中心的诺斯洛普·格鲁曼公司正在研制“微型空射巡航导弹拦截弹”（MALI）样机。MALI 是美国空军计划研制的“微型空射诱饵”（MALD）的改型。虽然 MALD 的大部分都是与 MALI 通用的，但每一方面又都不同。MALD 设计成模拟战斗机的飞行方式自主飞行，而 MALI 正被设计成用来拦截巡航导弹；MALI 将能够以高超音速“突击”，但将以亚音速进行拦截。MALI 计划于 1999 年 3 月 18 日开始。合同经费的一部分将用于改进 TJ50 涡轮喷气发动机。该发动机在 MALD 上的额定推力为 50 磅（0.22 千牛），使其最大速度在“高亚音速”范围内，但对 MALI 来说，速度大约将增加 50%～100%。MALD 的持续飞行时间大于 20 小时，最大飞行高度为 12.6 千米，覆盖范围大于 460 千米，JP10 燃料只有 9 千克。MALI 携带燃料的能力不打算增加，但头锥和进气道将作一些气动改变。MALD 发射后，其弹翼扩大为后掠 45 度。而 MALI 的弹翼在高超音速飞行阶段将折叠起来，仅在末段飞行时展开。

MALI 是已知的第 1 个反巡航导弹拦截弹，将配备数据链，以便在飞行中接收目标位置的修正数据。其上将增加一个低成本的导引头供拦截阶段使用。中段修正在现有的 MALD 上装上数据链进行试验。MALD 的全部导航系统都以全球定位系统接收机和惯性测量装置为基础。拦截靶弹的实验将用未来的 MALD 进行，然后利用大大改进的 MALD 进行高超音速“突击”试验。所有这些预计在 30 个月内完成。

美国陆军研制气球载雷达用于巡航导弹防御 据美国《防务新闻》周刊 1999 年 5 月 17 日报道，美国陆军用气球携带雷达探测来袭导弹的研究项目已正式并入陆军的导弹防御计划。这种用于联合对地攻击巡航导弹防御的高空联网探测器（JLENS）是未来巡航导弹防御总体结构的主要环节。JLENS 计划是两年前制定的，目的是把搜索雷达和跟踪雷达安装在被称为浮空器的飞船形气球上，用缆绳把浮空器拴系在可移动的地面系留站上，浮空器携带的雷达能超越山峰的限制，探测山谷内的目标，从而能发现来袭的巡航导弹。作战过程是：（1）浮空器上的雷达跟踪来袭的巡航导弹，通过缆绳把跟踪数据送到地面系留站；（2）地面系留站将跟踪数据转发给数据处理站；（3）数据处理站产生的指令传给“爱国者”反导弹系统，引导导弹实施拦截。

通过演示可证明 JLENS 在实际超视距反巡航导弹作战中的价值。现在设想用 71 米长的浮空器把跟踪雷达或监视雷达升到海拔 4600 米高空。浮空器虽然尺寸大，机动性也差，但其生存能力很强。这是因为它们部署在距离“爱国者”导弹连较远的安全区，一般在敌间接火力范围之外，而且它们几乎没有雷达回波和红外特征信号，对方很难发现、瞄准和摧毁它们。另外，它们充满非易燃的氦气，其压力只略大于周围气压，因此压力损失的过程很慢。与 E－3A 预警系统和 E－8 联合监视与目标攻击雷达系统等空中平台相比，浮空器的优点是费用低。浮空器载雷达每小时的工作费用只有 400 美元，而具有同等能力的机载雷达每小时的工作费用则为 4000～5000 美元。浮空器 1 次可以在空中停留 30 多天，即使被击破，经过修补、充气还可以使用。

JLENS 目前尚处于早期研制阶段。预计 2005 年前能完成跟踪和瞄准雷达的研制工作，监视雷达可进入工程制造研制阶段。

美国巡航导弹防御系统发展动向 据《国防科技要闻》1999 年 6 月 17 日报道，美国国防部认为，今后 5～10 年内巡航导弹防御技术将有较大发展，一些新系统将能提供使用。为了更好地实现负担得起和可互操作的巡航导弹防御的总体目标，国防部将确定阶段性目标，并解决计划协调和技术方面的挑战。为此，协调各军种所有巡航导弹防御计划的组织机构，将包括联合战区防空与反导机构和弹道导弹防御计划机构，前者负责作战需求，后者负责采办。美国发展巡航导弹防御系统的方向是：（1）强调发展混合防空系统，使未来的防空作战成为反飞机、反巡航导弹和反战术弹道导弹的一体化作战；（2）为了减轻经济负担和技术风险将谋求与盟国合作。

中国台湾研制出防御巡航导弹的野战防空相控阵雷达系统 据新加坡《联合早报》1999 年 8 月 16 日报道，台湾“军方”近日说，它已研制出一种车载式野战防空相控阵雷达系统。据有关人员透露，这套系统是未来低空防御系统的主力，主要目的是防御对台湾最具威胁的巡航导弹。据称，台湾“中科院”研制的这套系统，已经完成了数种防空机炮和“复仇者”导弹及“天剑”1、“天剑”2 导弹界面的整合，搜索距离达 45 千米，可同时锁定 64 个目标，具有野战预警及火力控制的功能，是台湾岛内作战、低空防御的利器。台湾“中科院”表示，这套系统可以有效地防御巡航导弹，并且还在改进该系统，以对付大陆发展的隐形巡航导弹。

反卫星武器系统

美国陆军加紧发展激光反卫星武器 据《国防科技要闻》1999 年 11 月 11 日报道，1997 年 10 月，美国陆军利用新墨西哥州白沙导弹靶场高能激光系统试验设施（HELSTF）的“中红外先进化学激光器”（MIRACL）和“海石光束定向器”（SLBD）进行了世界上首次公开进行的激光反卫星试验，目标卫星高度为 425 千米，试验取得部分成功。最近，美国《陆军内情》报道了 1998 财年美国陆军在激光反卫星武器方面的进展情况，并且指出，美国对激光反卫星武器的研制在技术上有了进一步提高，距离实战应用又前进了一大步。

美国陆军目前的激光反卫星武器方案是以 220 万瓦的氟化氘“中红外先进化学激光器”和主镜为 1.8 米的“海石光束定向器”为基础，对其技术进行改进，使这套系统正式具备反卫星能力。1998～1999 财年美国陆军为这套系统制定了 5 项试验任务。到 1998 财年结束时，主要工作集中在第 1 项任务，即提高“海石光束定向器”对卫星的跟踪和瞄准能力。

跟踪试验是从 1998 年 3 月份开始，利用一颗称为“低功率大气补偿实验”（LACE）卫星进行的。卫星轨道高度为 550 千米，星上装有大量的后向反射器，不但可以校正激光瞄准点，还可以用来测量照射到卫星上的激光光斑的功率分布。在试验中，“海石光束定向器”利用低功率跟踪激光成功地跟踪了这颗卫星。到 1998 年 8 月，试验已经取得令人满意的结果。试验中采用了两项重要技术：一是二维圆锥扫描技术。这项技术是在目标卫星进入光束发射系统的视场后，激光束将在一个圆环内移动，直到激光照射在卫星上并有返回信号被地面系统接收，这时光束发射系统就能够将激光长时间地聚焦在卫星或卫星的特定部位上。二是采用后向反射器。它们能够将在一定入射角范围内入射的激光按原方向反射回去。这种反射器安装在被激光跟踪的卫星上，目的是研究大气对激光传输的影响。1998 财年与 1997 年 10 月的试验目的有所不同，前者是进一步提高激光对卫星的跟踪瞄准能力，而后者是为了检验卫星上的光电传感器对激光攻击会有何反应，这是激光反卫星技术更接近实用化的一个重要标志。另外，从美国陆军将研究工作由公开转为秘密进行这一点可以看出，激光反卫星武器的研制力度可能已经加大，而且可能在近期内就将具备实战能力。

美国空军计划进行激光反卫星概念试验 据美国《每日防务》电子版 1999 年 1 月 27 日报道，美国计划 1999 年年底进行自适应光学和光束控制系统试验。该试验是先期技术演示项目计划的组成部分，以验证激光反卫星技术。自适应光学技术原本是为机载激光器计划研制的，而基于这种技术的地基系统将用来执行“控制空间”任务，以对付敌方的低地球轨道卫星。该计划的意图是“研制、演示地基激光技术以支持研制地基激光反卫星系统的决定”。空军综合光束控制演示项目将使用 3.5 米的光学装置，以全功率（极低功率除外）演示所有与打卫星有关的光束控制功能。2001 财年将进行全面演示。目前计划试验以下能力：用光学方法试验系统捕获、跟踪目标的能力，照射目标的能力，大气扰动补偿能力，在目标上选择特定瞄准点能力，对特定瞄准点发射持续时间长、足以摧毁目标的激光的能力。作为目标的侦察卫星或通信卫星都不会被摧毁，但卫星上作为被瞄准目标的探测器或通信天线将失效。

自适应光学技术是远程激光武器进行大气扰动补偿的关键环节。它适用于反弹道 导弹的机载激光器，并将以某种形式用于 2010 年后部署的天基激光器。空军计划在 1999 财年利用轨道高度为 402 千米的在轨卫星进行 1 次有限的光束控制试验，2001 财年以更 高轨道（1207 千米）卫星做最后 1 次试验。

美国继续保留动能反卫星武器计划 据美国《世界航宇与防御情报》1999 年 6 月 4 日报道，尽管美国陆军一再要求终止“动能反卫星”（KE ASAT）武器计划，但该项计划仍将继续保留。在 2000 财年的预算中，美国参议院军事委员会要求陆军接收 4100 万美元用于空间的经费，其中大部分将用于动能反卫星计划。美国军方和克林顿政府并不强烈支持动能反卫星计划，但美国国会中的许多人则强烈支持动能反卫星计划，使一度要被取消的经费又重新提供给动能反卫星计划。该计划的未来仍然存在不确定性。美国国防部把动能反卫星武器仅仅看作是一种临时的方案，军方更倾向于发展地基激光反卫星武器。

美国计划再制造 3 个动能反卫星导弹的拦截器 据美国《国防部内参》1999 年 5 月 6 日报道，美国计划于 1999 年底以前为有争议的“动能反卫星”（KE ASAT）计划再制造 3 个拦截器，但是将需要国会在 2000 财年追加经费，以便开始试验这些拦截器。动能反卫星系统的设计是，用助推火箭把一个拦截器送入太空，暂时或永久地使敌人的卫星失去能力。该项计划已经制造了两个拦截器：一个用于地面“捷联”试验；另一个在 1997 年 8 月用于悬浮试验。美国陆军寻求再制造 3 个拦截器的原因是：第一，现有的两个拦截器上的一些零件已经失效；第二，某些分系统几乎是用 10 年前的老技术制造的；第三，新的拦截器将采用最新的技术。（高桂秀 尹承魁）

军用航天技术

综述 1999 年全世界共成功地进行了 70 次航天发射，把 119 个航天器（包括飞船和航天飞机轨道器）送入预定轨道，它们分别属于 17 个国家和组织及中国台湾地区（详见表 1）。其中，美国成功发射 28 次，把 50 颗（含外星 6 颗）卫星送入预定轨道；俄罗斯成功发射 27 次，把 47 颗（含外星 32 颗）卫星送入预定轨道；欧洲成功发射 10 次，把 12 颗卫星送入预定轨道；中国成功发射 4 次，把 7 颗卫星送入预定轨道；印度成功发射 1 次，把 3 颗卫星送入预定轨道。全年发射失败 8 次，其中美国失败 4 次、俄罗斯失败 2 次、日本失败 1 次、巴西失败 1 次。

表 1　1999 年世界各国发射的航天器分类统计表

种类 / 国家、地区与组织	航天飞机	飞船	通信	侦察	预警	海洋监视	气象	导航	对地观测	空间探测	技术试验	小计
美国	3		59*	1			1	1	4	6	1	76
俄罗斯		3	5	1	1	1		1	2	1		15
欧洲组织			2							1		3
法国				1							1	2
英国			1								1	2
德国									1	1		2
意大利										1		1
丹麦										1		1
加拿大			1									1
巴西										1		1
中国		1	1				1		1	1		5
日本			1									1
印度			1						1			2
中国台湾											1	1
韩国			1						2			3
印尼			1									1
沙特阿拉伯			1									1
南非											1	1
总计	3	4	74	3	1	1	2	2	11	13	5	119

* 其中包括“全球星”40 颗，“轨道通信”卫星 7 颗，“铱”星 2 颗。

1999 年，各国在载人空间站、航天飞机、军用卫星、一次性使用运载火箭和空间探测等方面均取得了较大进展，特别是随着信息化战争时代的临近，军事航天力量的发展与应用的步伐大大加快，美国防部出台了冷战结束后的新军事航天政策，并加紧进行空间攻防作战准备。

美国防部出台最新航天政策　1999 年 7 月 9 日，美国防部长科恩签发了最新的“国防部航天政策”。它是美国 1987 年发布的“国防部航天政策”的修订本，是对 1996 年克林顿总统发布的“国家航天政策”和 1998 年 10 月白宫发布的“新世纪国家安全战略”中有关军事航天条款的具体贯彻和落实，同时也是对从海湾战争到“盟军行动”中航天系统在实战应用中的经验教训的深刻总结。该航天政策明确提出，确保在空间的行动自由和保护美国在空间的国家利益是美国航天及其相关活动的优先任务；对美国航天系统的有意干扰将被视为对美国主权的侵犯，如果得到国家指挥当局的指令，美国将采取包括使用武力在内的一切自卫措施。

该政策还提出，为了增强航天系统对军事作战行动和其他国家安全目标的支援能力，应对在轨卫星配置及其相关基础设施进行最优化方案设计，尽可能利用民用、商用和盟国的航天系统，建设“综合性航天体系结构”，并与陆、海、空信息基础设施实现无缝集成，组成一体化的 C^4ISR 综合体系结构，以确保各种信息的共享和快速利用。

美国加紧进行空间攻防作战准备　随着信息化战争时代的日益临近，航天系统正在成为夺取和保持信息优势的关键。为此，1999 年 10 月，美国防部在调整其军事指挥结构时，指定由航天司令部负责信息战研究工作。美航天司令部正寻求保护美国信息网的各种措施，以防范外来攻击；从2000年10月开始将研发网络主动进攻办法。这表明，航天系统在未来信息战中将占主导地位。为继续保持和强化美国军事航天的霸主地位，美国加紧空间攻防作战的准备工作。

研制“卫星受威胁与攻击告警”系统 据美国《航空与航天技术周刊》1999年8月2日报道，由美国空军航天司令部发起，空军研究实验室与利顿公司、洛斯阿拉莫斯和圣地亚国家实验室等单位联合，正在制订一项高度敏感的保密计划，研制“卫星受威胁与攻击告警”（STW/AR）系统。该系统利用星载传感器探测、识别对卫星的射频和激光干扰，描述其特征，警示卫星地面站注意并作出反应；地面站的专家可以立即识别出攻击的类型，并估算其受影响的程度。对STW/AR系统的要求是：确保低的误告警率；飞行器放电（电压有时高达1500伏）导致的宽频带射频辐射不致误触发传感器；能够对电磁干扰引起的虚假信号进行校正。

一种典型的宽带雷达告警接收器（射频探测与告警系统）可以扫描几个频段，分析探测到的信号及其来向，并对干扰源定位。美空军实验室拟研制的实用型射频传感器系统体积极小，重量小于2.3千克，功耗小于10瓦。另一种候选的激光探测与告警系统利用2个由热电材料制成、相互正交的线性阵列，确定来袭激光束的能量和方向。一种重约4.5千克、功耗37瓦的射频探测系统样机即将在“强力星Ⅱ.2”（MightySatⅡ.2）卫星上进行在轨试验。

寻求天基电子战技术，提高卫星生存能力 据美国《每日防务》快报1999年8月19日报道，为了保护在轨的美国卫星免受攻击，提高其生存力，美空军研究实验室正向工业界征集研究提案，以确定现在可供使用的和需要进一步发展的经济有效的天基电子对抗技术。这是涉及面很宽的“（提高）空间系统生存力技术集成推进计划”（SSSITTP）的一部分，目的是防御大范围的自然和人为的威胁，全面保护现有及计划中的空间资源，保证其全寿命性能。拟采用的电子对抗措施包括被动的加固，主动的预防和机动等。

改进全球定位系统以增强导航战能力 目前，美军几乎每一个重要装备和武器都使用了全球定位系统（GPS）接收机，五角大楼对潜在敌人设法干扰GPS信号并使之无法使用的忧虑日增。据美国《每日防务》快报1999年6月28日报道，美国防部联合需求审查委员会（JROC）决定对GPS系统进行现代化改进，其基本思路是增强抗干扰能力，改进安全性能，使敌方无法使用GPS。具体措施包括采用功能更强的M码军用信号，信号功率增加约20分贝，减少民用系统的影响等。与此同时，GPS抗干扰接收机的研制工作取得了重大进展。1997年开始研制的“GPS空间时间抗干扰接收机”（G-STAR）已研制出实验型样机，并于1999年8月成功地在120dB的干扰环境下进行了鉴定测试，预计2001年初进行首批生产。

实施天基激光器一体化飞行试验计划 据《航空与航天技术周刊》1999年8月16日报道，继洛克希德-马丁公司和TRW公司按照1998年4月分别与美空军航天与导弹系统中心签订的为期6个月、花费1000万美元设计天基激光器（SBL）演示样机的合同完成后，1999年1月，空军航天与导弹系统中心又授予由波音公司、洛克希德-马丁公司和TRW公司联合组成的研究小组价值1.25亿美元的合同，进行天基激光器一体化飞行试验（IFX），研究星载高功率激光束能否拦截弹道导弹和攻击太空目标。

尽管美国会要求空军加速SBL计划，但1999年8月，美空军决定放慢SBL IFX计划的进程，放弃在2005年前后进行轨道飞行试验的目标，理由是原SBL演示样机方案太多地依赖现有技术而没有采用更先进的技术。重新设计后的SBL演示样机将于2010年或更晚进行轨道飞行，随后将部署实用系统。实用SBL系统目前面临的一个关键技术挑战是开发所需的光学材料。美空军希望依靠美航宇局（NASA）为“哈勃”太空望远镜后续计划投资开发可展开式光学材料。这项技术预计到2005年开发出来。空军和国家侦察局也将加大它们在先进光学材料方面的投资和开发力度。

空间站 1999年，由于俄罗斯等国仍然面临经济危机，俄制“星辰”号服务舱等迟迟不能发射升空，致使国际空间站的装配工作再次延期；俄在无力同时支持国际空间站和“和平”号两个空间站的情况下，宣布“和平”号空间站进入无人运行状态。

俄罗斯“和平”号空间站进入无人运行状态 俄罗斯“和平”号空间站是世界上第1个永久性载人空间站。由于俄罗斯航天经费短缺，无力同时支持“和平”号空间站的运行和国际空间站的建造，1999年8月27日，随着最后一批宇航员的离开，已在轨运行13年半之久的“和平”号宣告进入无人运行状态。如果无法争取到商业投资者，“和平”号就将在2000年初再入大气层烧毁。

自1986年2月20日发射“和平”号核心舱以来，“和平”号已在距地面约400千米的轨道上运行了近14年。在这次停止载人之前，除1989年4月27日至9月7日因缺乏资金曾暂停载人4个多月外，“和平”号上一直保持至少有两名宇航员在工作，完全达到了永久载人的标准。在轨运行期间，“和平”号共接待了来自10多个国家和国际组织的宇航员100多人次，除前苏联和俄罗斯宇航员外，还有来自美国、英国、法国、德国、欧空局、奥地利、保加利亚、叙利亚、日本、阿富汗等国家或组织的宇航员。其中俄罗斯宇航员在“和平”号上创造了两项太空飞行纪录：一项是由玻利亚科夫在“和平”号上创造的、人在太空连续生活和工作438天的世界纪录；另一项是由阿夫杰耶夫创造的、在太空飞行累计时间达748天的世界纪录。

尽管“和平”号在十几年的在轨运行中，曾先后遭遇了大约1500次大大小小的故障，如停电、失火、碰撞等，但宇航员们在这个“人造天宫”上完成了上万项科学试验，取得了丰硕的航天成果，为今后大型空间站的进一步发展和空间资源的开发利用等积累了丰富的实践经验。“和平”号空间站所取得的成果主要体现在如下5个方面：

①空间生命科学研究。这主要是研究微重力环境下长时间工作对宇航员的身体和心理所产生的影响以及返回地面后对重力环境的再适应性。通过宇航员在“和平”号上长时间的逗留，已测得人体在微重力环境下的大量医学数据，并且证明，为保持人的正常血液循环和生理调节功能，宇航员有必要每天早晚各进行一小时的体育锻炼。此外，“和平”号还利用动物和植物进行生命科学试验，如培育小鹌鹑、种植太空小麦等。生命科学方面的成果对今后载人航天的发展具有重大意义，例如未来在太空建立封闭的生态系统或人类远征火星等星球时，需要利用植物解决粮食问题、制造氧气和吸收二氧化碳，种植太空小麦就可为之提供有益借鉴。

②空间材料加工和空间生物工程试验。利用“和平”号上的微重力环境，宇航员们已生产出直径为5厘米的砷化镓晶体，并且证明，在微重力条件下净化血液和生产高质量的干扰素等，其纯度可比地球上高100倍。这方面的成果为微重力环境的商业应用、特别是实现空间材料加工和空间生物医学工程产业化进行了有益的探索和尝试。

③对地观测和地球环境研究。“和平”号位于地面上空约400千米，轨道倾角为51.6°，是进行对地观测的极好平台，并具有长期观测能力，可评估区域和全球自然环境的变化，对于保护地球环境、监测与预报自然灾害等发挥了重要作用。

④天文观测。“和平”号拍摄了大量恒星、行星的照片，进行了的基本粒子和宇宙射线的探测，大大拓展了人类对宇宙的认识。

⑤为建造国际空间站作准备。从1995年到1998年，美国航天飞机与“和平”号空间站进行了9次对接飞行，美国先后派遣了5名宇航员到“和平”号上工作和生活，累计时间977天，使美国掌握了航天飞机与大型空间站在轨交会对接的技术，积累了在空间站上长期工作和生活以及处理应急情况的经验；美俄通过联合飞行还积累了共同处理问题的经验，培养了相互协作的精神，营造了相互信任的良好气氛。这些成果降低了国际空间站装配和运行中的技术风险，对国际空间站的应用、充分发挥其效益来说也十分重要，而且航天飞机与“和平”号9次对接飞行本身就是分3阶段建造国际空间站计划的第1阶段。

国际空间站装配进度再度推迟　1999年4月26日，已比原计划推迟一年半的俄罗斯“星辰”号服务舱终于在位于莫斯科的俄罗斯航天中心能源工厂交付用户。这个耗资3.2亿美元的服务舱5月初被运抵哈萨克斯坦拜科努尔航天发射场，原打算9月发射，但由于俄经费问题推迟到11月中旬，后又由于技术问题而再推迟到2000年3月以后。“星辰”号服务舱是国际空间站的关键部件之一。它既是国际空间站组装阶段的控制中心，又能用俄“进步”号货船补充燃料，用于整个空间站的姿态控制和再推进；舱内带有卫生间、睡袋、冰箱等生活保障设施，只有服务舱发射后，第1批宇航员才能进入国际空间站；它还带有一对太阳能电池板，可为空间站提供9千瓦电能。推迟发射服务舱将使原定2000年3月首批宇航员进驻国际空间站的计划延期，也将使原定在2000年发射的一些国际空间站硬件要等到2001年才能发射。

为了筹措建造国际空间站的资金，俄罗斯打算向欧空局（ESA）和日本宇宙开发事业团（NASDA）出售国际空间站上分配给俄罗斯宇航员的一部分工作时间，使欧、日宇航员在其本国研究舱尚未入轨前就能到国际空间站上工作。此外，俄还可能向美航宇局（NASA）出售一艘“联盟－TM”飞船作国际空间站的救生艇。俄航天局局长科普捷夫称，俄希望用一艘“联盟－TM”飞船和其他一些组件从NASA换取1亿美元，用以制造俄承担的国际空间站另两个部件：万能对接舱和科学能源平台。

巴西经济危机也对国际空间站造成了一定影响。巴西于1997年10月正式参加国际空间站计划，成为国际空间站第16个合作国，其主要任务是向NASA提供“快速货架”（Express Pallet）等硬件，用以容纳国际空间站上暴露在外部空间的实验有效载荷，总价值约1.2亿美元。由于发生经济危机，货币贬值，巴西政府不得不全面削减预算，包括研制“快速货架”在内的航天经费冻结。巴西航天局局长梅拉承认，鉴于巴西经济形势的不确定性，巴西有可能中断参与国际空间站计划的工作。

航天飞机 美国航天飞机原计划在1999年飞行6次，其中4次与国际空间站有关。但由于航天飞机出现技术故障和国际空间站装配进度推迟，实际上只飞行了3次，其中仅1次与国际空间站有关。这是自“挑战者”号航天飞机失事后于1988年恢复发射航天飞机以来发射次数最少的一年。

1999年7月23日，“哥伦比亚”号航天飞机发射升空才5秒钟，有一条绝缘外皮受损而暴露出来的电线就发生短路，导致控制主发动机的计算机发生故障。这是航天飞机首次在最危险的升空阶段发生电线短路。如果任何发动机因此熄火，航天飞机就必须在佛罗里达或非洲进行首次紧急降落。幸而航天飞机上的3台主发动机由两台计算机控制，只需其中一台计算机操作正常就没问题，因此任务未受影响。NASA原以为这是“哥伦比亚”号的电线老旧所致，但后来发现这架航天飞机其他地方有类似问题。因此，NASA下令检查另3架航天飞机。检查发现，“奋进”号航天飞机上有38处电线暴露；“发现”号航天飞机上有26处，还有更多线路必须用管子套起来，或用胶带裹紧；“亚特兰蒂斯”号航天飞机也有问题。因此，整个航天飞机机队全面停飞，到1999年12月19日才恢复。

美国航天飞机为国际空间站运货 1999年5月27日，“发现”号航天飞机从肯尼迪航天中心发射升空。这是航天飞机6个月来的首次飞行，其任务是为国际空间站运便携式计算机、通信设备等仪器以及未来站上宇航员生活所需要的物品，维修空间站受损及失灵的设备等。5月29日，“发现”号与国际空间站对接成功，当天晚上，两名宇航员进行了太空行走，把两台起重机分别安装在“曙光”号多功能舱和“团结”号节点舱的外部。30日晚，宇航员们打开舱门进入空间站。此后，宇航员们把“曙光”号舱的地板揭开，用新的电表替换俄罗斯原先安装的无法正常工作的旧电表；在“曙光”号舱里安装消音器，以降低舱内噪音；修复“团结”号节点舱里的1个失灵的通信系统；两名宇航员出舱通过起重机把一些设备从航天飞机里拖至空间站。在“发现”号与国际空间站分离前，宇航员还利用航天飞机的助推器把空间站的轨道提升了9.6千米。6月3日，“发现”号告别国际空间站，在返回地球途中，宇航员于6月5日释放了一颗名为“星光”的卫星，它镶有闪闪发亮的镜面，供中小学生们观测。6月6日，“发现”号航天飞机在肯尼迪航天中心夜间着陆。

美国航天飞机施放“钱德拉”X射线太空望远镜

1999年7月23日，“哥伦比亚”号航天飞机从肯尼迪航天中心发射升空。此次飞行令人瞩目，因为担任此次飞行任务的指令长、42岁的美国空军女上校艾琳·科林斯是航天飞机发射史上第1位女性指令长。另外，此次飞行的主要任务是施放世界上功率最大、性能最先进的“钱德拉”X射线望远镜（又称“先进X射线望远镜”，AXAF）进入地球轨道。

按计划，在“哥伦比亚”号发射7小时后，宇航员们把耗资15亿美元的“钱德拉”X射线望远镜安全送入了地球轨道。“钱德拉”X射线望远镜是NASA的第3架太空望远镜（其他两架望远镜是“哈勃”太空望远镜和“康普顿”γ射线望远镜），长度为13.5米，重约22.5吨，是迄今航天飞机送上太空的最重的物品，预期工作寿命至少为5年，它将对宇宙深层空间里的恒星、星系以及类星体进行探索，检测数十亿光年以外的X射线源，寻找黑洞和考察黑暗物质。7月24日，宇航员们使用航天飞机上一台功能强大的望远镜开展了一系列描绘太阳系的实验。原计划还要进行有关失重对人体肌肉、骨骼和心血管系统有何影响等试验，但因故取消。7月27日晚，“哥伦比亚”号航天飞机在肯尼迪航天中心顺利着陆。

美国航天飞机修复“哈勃”太空望远镜 1999年12月19日，经历多达9次推迟后，“发现”号航天飞机终于从卡纳维拉尔角肯尼迪航天中心发射升空，开始执行为期9天的太空使命，主要任务是修复暂停空间探测活动的“哈勃”太空望远镜。这是航天飞机第3次对“哈勃”望远镜进行在轨维修。

价值30亿美元的“哈勃”太空望远镜已在轨运行了10年，因用于瞄准和保持自身稳定所必须的陀螺仪发生故障，从1998年11月13日起停止天文观测活动。经过两天飞行，“发现”号追上了“哈勃”，宇航员们用航天飞机的机械臂把它抓住，放在航天飞机货舱内的一个平台上，准备进行维修。22日，两名宇航员进行了第1次太空行走，不仅将导致“哈勃”失灵的6个旧陀螺仪全部更新，而且还修理了红外照相机，并为望远镜上的6个电池安装了电压控制器。23日，另两名宇航员出舱把“哈勃”原有的386计算机换成崭新的486计算机，并为“哈勃”更换了1个精密制导传感器，以增强望远镜的导航定位能力。24日，宇航员们进行了第3次太空行走，为“哈勃”安装了1台新的无线电收发机、1台先进的数据记录器和1个大型钢质遮阳罩。在为“哈勃”安装了总价值达7000万美元的设备后，宇航员在25日用机械臂把“哈勃”从航天飞机货舱中举起，轻轻地将其放回太空。为躲避计算机“千年虫”，“发现”号要赶在新千年到来之前回到地面，原定进行的4次太空行走被压缩到3次。12月27日，“发现”号平安返回地面。

美国X－34试验飞行器开始飞行试验 据美国有线新闻网1999年11月1日报道，4月30日，轨道科学公司将首架X－34试验飞行器样机（编号为A1）交付给NASA德莱顿飞行研究中心。X－34样机在完成地面振动试验后，于7月29日在加州爱德华兹空军基地由洛克希德公司的L－1011型飞机搭载，进行了首次模拟飞行。由于发动机研制遇到困难，这次试飞比原定时间大约晚了一年。

美国X－33验证机首次试飞再度推迟 X－33原计划于1999年3月进行首次试飞，但在1998年，先是由于其线性气动塞式发动机出现故障，首飞时间被推迟到1999年12月，后由于12月复合材料液氢贮箱在接受测试时出现破裂而再把首飞时间推迟到2000年7月。据英国《防务系统日刊》1999年9月8日报道，洛克希德－马丁公司于1999年5月向NASA马歇尔航天飞行中心交付了另一个液氢贮箱。不幸的是，这个液氢贮箱经初步测试即发现贮箱的强度要比预计的低。果然在11月对其进行压力试验时，贮箱再度被损坏。这造成X－33首飞时间可能要推迟到2002年初才能进行。鉴于X－33液氢贮箱不断出现问题，目前要求基于X－33的实用型重复使用航天运载器“冒险星”的液氢贮箱设计不再使用复合材料。

美国航宇局（NASA）、空军与波音公司联合实施X－37试验机计划 据美国《航空与航天技术周刊》1999年8月9日报道，NASA与波音公司签署了为期4年、共同制造和试飞X－37飞行器的协议。美空军出于研制“空间机动飞行器”（SMV）的需要，也加入了该计划。X－37是NASA“未来－X”探路者试验机中的一种。“未来－X”计划的目的是通过对先进技术进行飞行验证以降低航天发射成本。

X－37由波音公司和美国空军无动力的“空间机动飞行器”（SMV）试验机X－40A派生，长约8.4米，翼展4.6米，货舱长约2.1米、直径1.2米，可携带227千克试验设备，由“V”型尾翼方向升降舵和襟副翼控制飞行。X－37将被用来演示与可重复使用运载器的结构、推进与运行有关的41项先进技术，其中主要有：①便于储存的无毒推进剂和使用90%～98%过氧化氢的反推控制推进器；②可经受“迎风”面上高动压和1316℃高温的可重复使用绝热层；③安装在机翼前缘、可经受1650℃高温、经久耐用的防热瓦；④用在气动表面上的碳化硅薄层；⑤轻型着陆架；⑥便于快速改变试验内容和仪器的模块化飞行器结构；⑦大气数据计算系统，用于计算飞行器再入大气层、被热等离子体包围时的空速、姿态与高度；⑧X波段高速率通信天线；⑨用于自主运行的容错系统；⑩自动交会系统；⑪先进的太阳能电池组，可在在轨飞行时展开，再入和着陆时收回机体。美空军实验室希望通过X－37试验机来试验“空间机动飞行器”（SMV）在轨运行所需要的长效太阳能电池组、精确定位和保持编队的技术；NASA及波音公司则更关注飞行器长期任务系统的运行，以及以10～25马赫的高速度再入大气层并自主着陆的试验，以便为设计下一代可重复使用航天运载器提供更多的数据。该计划的最终目标是使1磅有效载荷的发射费用从现在的1～2万美元降为1千美元。

按计划，X－37将在2002年底用航天飞机的货舱载入太空进行两次轨道飞行，第1次将持续几天，而第2次将持续3周，以对长时间飞行任务系统和长时间飞行操作性能进行评定。同X－33和X－34一样，X－37也采取与工业界合作、双方分担费用的机制。项目总经费为1.73亿美元，其中波音公司出资6700万美元，另加1600万美元的实物投资，美国空军出资1800万美元，其余由NASA投资。

军用卫星 鉴于现代战争越来越离不开航天系统，1999年美军在发射 侦察、通信、导航、气象等5颗军用卫星的同时，加大了研制和部署新型军用卫星系统的步伐。其他国家和地区也在积极发展军用航天系统。俄罗斯发射了侦察、军事通信、导航等5颗军用卫星，英国和法国分别发射了军用通信卫星和侦察卫星，中国台湾发射了首颗科学试验小卫星，日本和韩国开始研制侦察卫星，韩国还拟建自己的航天发射场并发射军用通信卫星。各种卫星系统在北约空袭南联盟的行动中得到了广泛应用。

美国开始实施“先进极高频”通信卫星计划 据英国《简氏防务周刊》1999年9月1日报道，1999

年8月24日，美空间与导弹系统中心宣布与洛克希德—马丁和休斯公司各签订一项合同，开始对新一代“先进极高频”（AEHF）军事通信卫星系统进行概念研究，合同额各为2200万美元，合同期18个月。

“先进极高频”系统是现在“军事星”（Milstar）的后继星系统，亦称“军事星”Ⅲ系统。该系统的空间部分将由4颗卫星组成，可覆盖北纬65°至南纬65°之间的广大地域，能为美军指挥员提供高数据率通信服务。现役第1代“军事星”Ⅰ能以75比特/秒～2400比特/秒的速率提供低数据率通信。第2代“军事星”Ⅱ（首颗卫星于1999年4月30日发射，未进入预定的地球同步轨道）除提供低数据率通信外，还能以4.8千比特/秒～1.54兆比特/秒的速率提供中数据率通信服务。“先进极高频”即第3代“军事星”Ⅲ可提供50个通信信道，每个信道的数据率高达8.2兆比特/秒，总通信容量可达500兆比特/秒，是“军事星”Ⅱ的10倍。预计新系统的首颗卫星将在2006年发射。

美国“天基红外系统”低轨部分转入“确定计划与降低风险”阶段 由于受预算限制和面临技术挑战，1999年初，美国防部宣布推迟“天基红外系统”（SBIRS）的部署时间，分别将其高轨道（SBIRS－High）和低轨道（SBIRS－Low）卫星开始部署的日期从2002年推迟到2004年和从2004年推迟到2006年。2月5日，美空军又宣布终止执行SBIRS－Low的两项论证计划，即波音/洛克希德－马丁公司的“低高度演示系统”和TRW/休斯公司的“飞行演示系统”，原因是这两项演示计划进度推迟，费用超支。

尽管如此，1999年9月，美空军又与TRW公司和宇航光谱（SpectrumAstro）公司领导的两个小组分别签订了价值2.75亿美元、为期38个月的合同，把SBIRS－Low部分推进到“确定计划和降低风险”（PDRR）阶段。这个阶段的工作包括：详细确定SBIRS－Low系统必须满足哪些要求，进行广泛的以成本作为独立变量的折衷研究，进行系统初步设计开发（要求完成关键设计评审之前的30%的工作）和系统关键性能的验证工作。关键性能验证包括：演示从目标捕获转换到目标跟踪的能力，演示从一个跟踪遥感器向另一个跟踪遥感器传送数据的能力，演示整个系统能处理多少个目标以及目标识别能力。到这38个月的合同期满后，美空军将选定其中一家公司转入工程与制造开发阶段及最后的生产阶段，研制生产SBIRS－Low卫星。美空计划在SBIRS－Low的全寿命期内投入大约120亿美元。

美国开始实施“发现者”Ⅱ计划和研制“未来成像结构” 1999年2月中旬，美空军、国防部高级研究计划局（DAPAR）和国家侦察局（NRO）联合与洛克希德－马丁等3家公司分别签订了为期18个月的合同，开始对“发现者”Ⅱ系统进行概念研究。“发现者”Ⅱ系统原称“监视、瞄准与侦察”（Starlite）系统，是一个战术侦察用雷达成像小卫星星座系统。该系统由美国DAPAR于1997年提出，联合美空军和NRO共同实施。在完成第1阶段的概念研究后，由DAPAR、NRO和空军组成的联合计划办公室将从3家公司中挑选出两家进行初始设计，最终选定1家公司进入计划的第2阶段，制造并发射2颗技术验证星，首颗验证卫星将在2003年发射。预计实用型“发现者”Ⅱ系统将耗资65亿～100亿美元，首颗工作星将从2008年开始发射。

“发现者”Ⅱ系统将由24颗低轨道卫星组成，星上主要装备是合成孔径雷达和地面活动目标指示器，能分辨直径为0.3米的静止地面目标，可在作战指挥人员指令下拍摄特定地区的目标图像，还能与导弹预警卫星系统有机配合，快速找到机动式导弹发射架等地面活动目标。

1999年9月3日，美国家侦察局（NRO）宣布与波音公司签订合同，研制新一代成像侦察卫星系统——“未来成像结构”（FIA）。FIA将由体积较小、重量较轻而能力更强、数量更多的卫星组成星座，每颗卫星的重量将不到美军现役巨型成像侦察卫星（重达十几吨）的一半，卫星造价可降低一半，而性能可能提高一倍。单颗卫星尺寸的缩小，使FIA卫星可用比“大力神”4重型火箭更小、更便宜的运载火箭来发射。FIA包括可见光/近红外光电成像卫星和合成孔径雷达成像卫星两部分，波音公司研制的这两种卫星拟采用公用平台和基础结构，能大大节省费用。波音的FIA合同至少将持续到2010年，合同总价值超过45亿美元，预计首颗卫星在2005年前后发射。

美军现役的成像侦察卫星虽空间分辨率很高，但视场较窄，重访周期较长，卫星数量又有限，这样的卫星系统用于侦察、确认固定目标很成功，但仍不能满足现代战争对情报及时性和准确性的要求，特别是侦察活动目标和识别伪装依然十分困难。而且迄今的侦察卫星系统，主要是为情报部门提供服务，战场指挥员不能对这种系统进行必要的控制，直接为战术行动服务的能力有限。美军实施“发现者”Ⅱ计划和“未来成像结构”计划，就是要增强美军从空间探测与跟踪地面活动目标、识别伪装的能力，极大提高情报信息的及时性和准确性，满足部队作战的需要。

美国开始研制军民合一的极轨气象卫星系统 1999年12月，由美空军、国家海洋与大气管理局和航宇局（NASA）组成的一体化计划办公室与洛克希德-马丁导弹与空间公司签订一项合同，以设计、制造和发射下一代“国家极轨业务环境卫星系统”（NPOESS)。该系统将把美国现役的军用和民用气象卫星系统合二为一，同时为军、民用户提供高质量的气象与环境数据。据报道，美国防部在战时将拒绝向敌方地区发送 NPOESS 卫星获取的气象数据。

在过去30多年里，美国一直保持运行两套极轨气象卫星系统：一套是国防部的“国防气象卫星计划”（DMSP)，一套是商业部的“极轨业务环境卫星计划”（POES)。合并军、民两套气象卫星系统是克林顿政府于1994年5月决定的，目的是节省经费。

美国建成第2个低轨移动通信卫星系统 1999年11月22日，“全球星”（Globalstar）卫星系统成功地进行了最后一次组网发射，使在轨工作卫星的总数达到48颗。至此，继“铱”系统之后，世界上第2个低轨移动通信卫星系统宣告建成。自1998年2月14日首次用“德尔它”2火箭发射4颗“全球星”以来，“全球星”共进行了13次发射。其中，“德尔它”2火箭发射成功6次，每次4颗星；俄法合资的Starsem公司经营的“联盟”号火箭发射成功6次，每次4颗星；乌克兰的“天顶”号火箭发射1次，但惨遭失败，损失了12颗星。

“全球星”系统的空间部分由部署在高度为1414千米、倾角为52°的8个轨道平面内的48颗工作星（另加4颗备份星）组成，可向世界各地提供话音、数据、传真及其他通信业务，总投资38亿美元。为了降低成本，“全球星”系统并没有象“铱”系统那样采用星间链路以使它可以不依赖地面网而直接通信，而是与地面蜂窝移动通信网紧密结合，强调与地面通信网兼容，并且只作为地面网络的补充。此外，“全球星”系统采用了比“铱”系统采用的时分多址（TDMA）技术更先进的码分多址（CDMA）技术。据“全球星”公司估计，2000年“全球星”系统的用户可达100万个，年收入可达6.5亿美元；2002年用户将增至300万个，年收入将增至28～31亿美元。

尽管在1999年“铱”星公司和ICO全球通信公司先后申请破产保护，使新兴的卫星移动通信业举步维艰，但“全球星”系统的建成和营运，再次向世人展示了卫星移动通信的美好未来。

美国发射“陆地卫星-7” 1999年4月15日，一枚“德尔它”2型火箭从范登堡空军基地把“陆地卫星-7”（Landsat-7）送入高705千米、倾角98.2°太阳同步轨道，以替代已在轨工作15年、性能日益老化的“陆地卫星-5”（“陆地卫星-6”在1993年因发射失败未能入轨)。“陆地卫星-7”既是大型“行星地球使命”计划中的一部分，又是NASA从1972年开始实施Landsat计划中的最后一颗卫星。它的发射，标志着大型、昂贵的Landsat系列对地观测卫星时代行将结束，NASA的下一步将发展较小、较便宜和研制周期较短的对地观测卫星。

“陆地卫星-7”重2115千克，卫星设计寿命6年（实际工作寿命可能长得多)，包括研制、发射及前5年的营运费约需8亿美元。该卫星的主要特点是载有一台“再增强型主题测绘仪”（ETM Plus)。ETM Plus是一台8谱段的多光谱扫描辐射计，工作于可见光、近红外、短波红外和热红外谱段。与先前的“增强型主题测绘仪”（ETM）相比，ETM Plus主要有3方面的改进：热红外谱段的分辨率提高到60米（原为120米)；采用分辨率为15米的全色谱段；改进后的太阳定标器的精度比Landsat-5提高近1倍。此外，“陆地卫星-7”还利用固态存储器使星上数据存储能力提高到380吉比特（1吉 $=10^9$)，远大于Landsat-4和5上的磁带记录器，而且其数传速度为150兆比特/秒，比以前卫星的数传速度75兆比特/秒提高了一倍。由于存储能力增强、数传速度提高，使“陆地卫星-7”不必依靠“跟踪与数据中继卫星”系统。它可以把数据存储在星上，然后利用X波段万向天线把数据直接发送给进入卫星视线的地面站。

美国发射世界上首颗私营高分辨率商用遥感卫星“伊克诺斯-2” 继1999年4月27日发射“伊克诺斯-1”（Ikonos-1）卫星失败后，9月24日，美国再次用“雅典娜”2型火箭从范登堡空军基地把美国空间成像公司的“伊克诺斯-2”（Ikonos-2）卫星送入了高约680千米、倾角98.1°的太阳同步轨道。

“伊克诺斯-2”卫星重约720千克，星载CCD数字相机可拍摄1米分辨率的全色图像和4米分辨率的彩色图像，每天可拍摄600幅图像，每幅图像的覆盖面积为11×11千米，能以1米分辨率每3天一次或以1.5米分辨率每一天半一次对全球任何地方进行重复拍摄。由于1米分辨率意味着卫星能看到地面上小至1米见方的物体，包括汽车、船只、道路、树木、大型设施等，在军事上足以发现导弹和导弹阵地，辨认坦克、军用车辆和战斗机，详细描述各种军事设施等。鉴于其重大的军事应用价值，其遥感图片的销售将受到一定限制。

美国发射首颗“地球观测系统”卫星“特拉” 1999年12月18日，一枚“宇宙神”2AS火箭把“地球观测系统”（EOS）的首颗卫星“特拉”（Terra）送入654×685千米、倾角98.2°的近地轨道。“特拉”卫星直径3.5米，高6.8米，重4765千克，设计寿命6年。星载美国、日本、加拿大的5台观测仪器：可提供地表、水、冰和云的高分辨率图像的“高级天基热辐射与反射仪”（ASTER，日本）；用于测量地球和大气辐射的“云与地球辐射能系统”（CERES）；用于测量大气层顶层、云和地表角度反射率的“多角度成像光谱仪”（MISR）；用于研究地面、海洋、大气以及生态系统的生物与物理特性的“中分辨率成像光谱仪”（MODIS）；用于测量膨胀辐射以生成对流层一氧化碳和甲烷分布图的“对流层污染测量装置”（MOPITT，加拿大）。

“地球观测系统”（EOS）是“行星地球使命”计划的空间部分，而后者是当今世界上最大的旨在研究全球变化的对地观测系统，由美国NASA主持，与日本、法国、英国、意大利、加拿大、俄罗斯、巴西等国共同实施。该计划把地球作为一个完整的系统来研究，可对地球陆地、生物圈、大气和海洋进行至少长达15年的长期观测，以便为有效地利用、保护和管理人类赖以生存的自然环境和自然资源提供重要依据。EOS主要由AM、PM、CHEM这3个主卫星任务系列组成，每个主卫星任务系列包括3颗卫星，每颗主卫星都携带3～6台仪器。“特拉”卫星原称EOS－AMI卫星，是AM主卫星系列的第1颗卫星。它和前述“陆地卫星－7”的发射，拉开了“行星地球使命”这一大型国际合作计划的帷幕。

日本开始研制侦察卫星 1999年3月初，日本政府授予三菱电气公司一项价值7400万美元的合同，开始设计由4颗卫星组成的侦察卫星星座系统。在4颗侦察卫星中，2颗为1米分辨率的光学成像卫星，2颗为3米分辨率的合成孔径雷达成像卫星，计划在2002年前后用H－2A火箭从日本种子岛航天中心以一箭双星的方式发射。由于研制时间紧，日本打算采用民用“先进陆地观测卫星”（ALOS）上的两种改进型遥感器。由日本电气公司制造的光学遥感器将被改进达到1米分辨率，由三菱公司制造的合成孔径雷达将被改进达到3米分辨率。此外，日本还将得到美国的帮助。按9月底日美签署的协议，美国将为日本提供价值1.2亿～1.3亿美元的卫星零部件，包括光学镜头和有关图像、数据的记录、传输和分析技术。

4月1日，日本专门设立了“卫星信息搜集委员会”，以研究研制和使用侦察卫星带来的相关问题。2001年还将设立专门处理和分析侦察卫星图像的“卫星情报中心。”

韩国启动侦察卫星计划 1999年4月初，韩国防部授予韩国航宇研究所合同，开始研制“无穷花－4”号侦察卫星。星上光学相机将由以色列电子－光学工业有限公司提供，要求图像分辨率为1米。

韩国防部9月5日还宣布，初步计划在2005年发射一颗军用通信卫星，用于整合韩国陆海空三军的通信网络，使韩国军队的活动能力从目前仅限于本国范围扩展至整个朝鲜半岛。

另外，韩国还准备建造卫星发射场，计划于2005年用自行研制的火箭将卫星送入低地球轨道。根据韩国科技部制订的规划，2001年开始兴建发射场，2004年前进行试运行，2005年开始首次发射卫星。整个计划将耗资1.15亿美元。

印度发射IRS－P4遥感卫星 1999年5月26日，印度用自制的“极轨卫星运载火箭”发射了IRS－P4遥感卫星。该卫星重1050千克，星上载有海洋彩色监控器（OCM）和多频率扫描微波辐射计（MSMR）等先进的海洋监测仪器，其地面分辨率达5.5米，能提供关于海洋生物参数、海表面温度、海面风力、海浪和鱼情、大气层水蒸气含量和海表面的数据信息等，为实施科学实验、天气预报和海上作业提供有力帮助。

IRS－P4遥感卫星是专门研究海洋的卫星，故又称海洋卫星，它标志着印度遥感卫星的数据搜集范围已开始从陆地进一步扩大到海洋和大气。它的成功发射为印度开展航天领域的国际合作开辟了新的途径，如大型地图绘 制、海洋模拟试验和气候监测预报等，使在全球卫星遥感信息市场上已拥有25%占有率的印度，在海洋信息应用领域中也将占有一席之地。

印度发射INSAT－2E多用途通信卫星 1999年4月3日，印度利用欧空局的“阿里安”4型火箭发射了自行设计和制造的INSAT－2E多用途通信卫星。4月6日，卫星通过自带远地点发动机的点火被成功地送入地球同步轨道，定位于东经83度的印度洋上空。该星是印度第2代通信卫星中的最后1颗，由印度空间研究组织研制，重2250千克，造价22亿卢比（1美元约合42卢比），星载17个转发器和2个气象摄像机，可用于通信、电视广播和气象预报，属多用途卫星。卫星设计寿命为 12 年，比以往设计制造的该系列通信卫星的寿命提高了 5 年。印度空间研究组织把星载 17 个转发器中的 9 个租赁给国际通信卫星组织（INTELSAT），8 个留作自用。因此，INSAT－2E 卫星的发射，不仅缓解了印度卫星转发器的紧张状况，而且还实现了向外出租卫星转发器的计划，使印度进入了全球商用卫星通信市场。

中国台湾发射“中华 1 号”卫星　1999 年 1 月 27 日，美国洛克希德—马丁公司用“雅典娜”1 型火箭在佛罗里达州卡纳维拉尔角，将台湾第 1 颗享有完全自主权的“中华 1 号”卫星发射升空，进入倾角为 35°、高度为 600 千米的预定轨道。该卫星每天可飞经台湾上空 6～7 次，向台湾境内的地面接收站传送信息。卫星星体呈 6 棱柱形，高 2.1 米，最大直径 1.1 米，两块太阳能电池帆板翼展 1.16×2.46 米，可提供 645 瓦电功率，发射重量 95 千克，设计寿命 4 年（有效寿命至少 2 年），整个研制发射耗资 61.3 亿新台币。

“中华 1 号”卫星是一颗科学实验小卫星，星载海洋水色成像仪、电离层等离子体与电动效应测量仪和通信试验设备 3 种有效载荷。其中，海洋水色成像仪扫描宽度为 700 千米，空间分辨率为 800 米，用于观测海水表层颜色，以监测海水中粒子的分布，研究洋流的特性，进而获取海水中叶绿素、鱼群分布等信息，为环境、渔业等海洋相关领域提供资料。电离层等离子体与电动效应测量仪用于探测南北纬 35°范围内、600 千米高空的电离层等离子体与电动效应，以了解台湾周围上空的电离层结构，提供影响无线电通信的重要信息。

“中华 1 号”卫星是由以美国 TRW 公司为主导，联合台湾、美国、日本的多家公司一起研制的。其中星载计算机、卫星通信滤波器、卫星天线、太阳能电池板和通信接口组件是台湾科研机构在 TRW 等公司的帮助下研制的。在研制过程中，台湾十分注重掌握相关技术，培养自行设计、制造、组装、测试卫星的能力。“中华 1 号”卫星的研发将为台湾今后自行研制卫星奠定基础。

英国发射“天网”4E 军事通信卫星　1999 年 2 月 26 日，英国利用“阿里安”4 型火箭发射了“天网”4E 军事通信卫星。这是英国第 2 代军用通信卫星的第 2 颗，首颗星已于 1998 年 1 月发射。1999 年 3 月，英国防部分别与马特拉·马可尼公司和洛克希德—马丁公司（与英国电信防御公司和英国航宇防御公司合作）签署了为期 20 个月、价值 3000 万英镑（4800 万美元）的合同，开始设计下一代军用通信卫星“天网”5。合同期满后，英国防部将从中选择一家公司研制、发射和运营“天网”5 卫星系统。“天网”5 卫星共 4 颗，首颗星将于 2005 年发射。英国防部希望通过“私人投资倡议”，吸引公司投资，使“天网”5 在满足军方通信的同时，还可提供商用。

法国发射“太阳神”1B 侦察卫星　1999 年 12 月 3 日，1 枚“阿里安”4 型火箭从法属库鲁航天发射场发射升空，将法国防部第 2 颗侦察卫星“太阳神”1B 送入预定轨道，随同搭载发射的还有 50 千克重的“克莱门汀”（Clementine）电子侦察技术试验小卫星。“太阳神”1 卫星是法国第 1 代照相侦察卫星，由法国、意大利和西班牙联合研制，共制造两颗，首颗“太阳神”1A 卫星已于 1995 年 7 月发射，迄今已发回 10 余万幅图像，在科索沃战争等地区冲突和维和行动中发挥了重要作用。“太阳神”1B 是“太阳神”1A 的姊妹星，但星上增加了静态大容量存储器以弥补两台磁带记录仪的不足。这种大容量存储器使卫星在飞经其 3 个地面站之 1 时可按照地面控制人员所选择的任意顺序下载卫星图像，而磁带记录仪只能按卫星拍摄顺序下载图像。“太阳神”1B 和“太阳神”1A 在轨道上协同工作，可将单颗卫星的重访周期从 48 小时缩短为 24 小时。

“克莱门汀”小卫星是专为法国武器装备部设计生产的，用于取代 1995 年 7 月随“太阳神”1A 一起发射、一年后被空间碎片毁坏的“樱桃”（Cerise）电子侦察技术试验小卫星。有关专家认为，“克莱门汀”虽只是技术试验星，但完全有能力进行电子侦察。

航天系统在“盟军行动”中发挥重要作用　在北约空袭南联盟的作战行动中，美国及其北约盟国动用了 50 多颗卫星，为空袭提供了强有力的空间作战支援保障。与前几次局部战争相比，军用卫星在武器弹药的精确制导、战场态势感知与打击效果评估、战场信息传递、战场气象保障等方面的应用均有较大进展。

“导航星”全球定位系统（GPS）成为北约进行精确打击的关键。在海湾战争时，GPS 系统仅有 16 颗卫星，尚未形成完全的工作能力。在此次作战行动中，GPS 系统拥有 27 颗在轨卫星，导航定位精度进一步提高（优于 10 米），对于美军保证所有飞机和精确制导武器系统对南联盟进行精确打击发挥了关键作用。由于巴尔干地区恶劣的天气和复杂的地形条件，曾在海湾战争中大显身手的激光制导炸弹显得无能为力，于是北约几乎把全部巡航导弹和灵巧炸弹改用全天候、自主式惯导/全球定位系统（INS/GPS）制导。如 B－2 战略隐形轰炸机本身就采用 GPS 系统进行导航定位，它所携带的 16 枚制导炸弹由激光制导改为 GPS 制导后，使该机具备了夜间和全天候精确打击能力；F－15E 与 F－16 作战飞机使用的 AGM－130 远程空地导弹、舰射“战斧”式巡航导弹、空射 AGM－86 巡航导弹等都使用了 GPS 制导。可以说，没有 GPS 系统，美军精确制导武器的威力就难以发挥。此外，GPS 系统在营救被击落 的 F－117A 隐形飞机飞行员行动中也发挥了重要作用。

*成像侦察卫星成为北约战场态势感知和战场毁伤评估的主力装备。*参与对南联盟地区进行成像侦察的卫星有美军的 3 颗 KH－12 光学成像卫星、2 颗“长曲棍球”雷达成像卫星以及法国的“太阳神”1A 光学成像卫星等。在天气晴好时，KH－12 卫星既能在白天进行可见光照相，又能在夜间进行红外照相，地面分辨率达到迄今最高水平 0.1 米，可用于侦察监视和打击效果评估。新型“长曲棍球”卫星的合成孔径雷达能克服云、雾、雨、雪和夜暗条件的限制，可全天候、全天时地进行打击效果评估、侦察与跟踪南联盟装甲车辆和机动式 SA－6 地空导弹系统，其分辨率可达 0.3 米（海湾战争时为 1 米）。KH－12 与“长曲棍球”配合工作，综合利用可见光、红外与微波成像能力，每天可对南联盟地区重复观测 4 次，至少拍摄 60～80 幅图片，直接用于打击目标的选择、定位与瞄准和打击效果评估。

*通信广播卫星传递战场信息的能力更强。*美军的“舰队卫星通信”、“国防卫星通信系统”、“军事星”和“特高频后继星”、数据中继卫星以及北约的“纳托”4B、英国的“天网”4D 和 4E、法国的“西拉库斯”等军用通信卫星系统为北约提供了大容量、快速的信息传递，特别是“特高频后继星”上载的“全球广播服务”有效载荷能直接向作战人员传输、分发大量作战信息，确保了空袭行动的指挥与控制以及北约部队的协同作战。

*气象卫星显得特别重要。*南联盟地区的天气变幻莫测，这就使得气象卫星对成像侦察卫星选择时机以获取特定地区的图像以及空袭计划的制订与实施显得特别重要。战争中共用了 10 颗气象卫星，包括美空军的 4 颗“国防气象卫星计划”卫星、美国国家海洋与大气管理局的 4 颗“诺阿”气象卫星、2 颗欧洲气象卫星。这些卫星可每隔 1 小时观测南联盟地区 1 次，提供短期天气变化的细节；6 小时对全球观测 1 遍，为美、欧各地飞机起飞等军事行动提供气象支援。

此外，为加强情报支持，美国还以负责侦察卫星的国家侦察局（NRO）为主，联合国家图像测绘局、中央情报局以及国家安全局，专门设立了“作战支援办公室”（OSO），对天地空战场信息进行综合分析和处理，并及时提交作战使用，大大提高了信息利用的时效性。

一次性使用运载火箭 1999 年，海上平台首次发射了商业卫星，印度火箭首次以一箭多星的方式发射成功，欧空局的“阿里安”5 火箭的首次商业发射也获得了成功。这些发射将使世界商业卫星发射市场的竞争更加激烈。但美国、俄罗俄、日本和巴西的运载火箭共发射失败 8 次，造成近 30 亿美元的经济损失。

卫星首次从海上发射 1999 年 3 月 27 日，“海上发射”公司的首枚火箭“天顶”3SL 从位于西经 154°、夏威夷以南 2254 千米处的太平洋赤道上的浮海平台“澳德赛”上点火升空，一小时后成功地将一颗模拟卫星送入地球同步转移轨道。这是世界上首次从浮海平台上发射卫星。10 月 10 日，另一枚“天顶”3SL 火箭再次从“澳德赛”上点火升空，成功地将一颗直播卫星送入地球同步轨道，从此拉开了海上商业卫星发射的序幕。

“海上发射”公司成立于 1995 年 4 月，是由美国波音公司、俄罗斯能源公司、挪威克瓦内尔公司和乌克兰“南方”科研生产联合体合资创办的，目的是综合利用各自已有的技术优势，联合建立太平洋海上发射场，以争夺国际商业航天发射市场份额。整个工程耗资 5 亿美元，其中波音公司投资 40%，负责组织管理、制造卫星整流罩和有效载荷适配器以及在加州长滩基地建造母港（停泊码头）等；能源公司投资 25%，负责在海上发射平台上安装发射系统，提供 DM－SL 型火箭上面级；克瓦内尔公司投资 20%，负责改建海上发射平台和建造组装指挥船；“南方”科研生产联合体投资 15%，负责提供海上发射火箭的第 1、2 级。

海上发射设施主要包括发射平台和组装指挥船两部分。海上发射平台“澳德赛”是由原北海采油平台改建而成，主要是增加两个支柱以支撑后部的发射台、一个环境受控的测试厂房、用于火箭发射的自动化设备等。“澳德赛”为带动力的半潜式海上平台，长 133 米，宽 67 米，设计最大排水量达 50600 吨。专门设计建造的组装指挥船既作为火箭的装配车间，又作为火箭发射时的指挥控制中心。该船长约 200

米，宽约 32 米，设计排水量 34000 吨，船上住宿舱可容纳 240 人。另外，位于美国加州长滩基地、占地面积 16.75 英亩（约 118 亩）的母港，可用于发射前初步准备、发射平台和组装指挥船的维修、保养等。

海上发射所用的火箭“天顶”3SL 长约 61 米，最大直径 4.27 米，以液氧/煤油作推进剂。“天顶”3SL 火箭由乌克兰的“天顶”2 火箭前两级和俄罗斯可多次重复点火的 DM－SL 型火箭上面级组成，能将 5 吨有效载荷送上地球同步转移轨道，或将 15 吨有效载荷送到低地球轨道。

与陆上固定发射场相比，海上发射有很多优势。一是灵活机动，海上发射平台可按需要在海上选择最佳的发射位置，如在太平洋近赤道水域发射，则可最大限度地利用地球的自转力，增大运载能力，或延长卫星寿命；二是发射费用较低，从国际海域发射，无需发射场选址、征地和大规模搞基础设施建设，并且工作人员大大减少，从而降低了发射成本；三是安全和有利于环境保护，卫星发射时，所有工作人员都撤离到数千米以外，并且火箭发射时产生的废气在广阔的洋面上容易散发和被吸收。这些优点对传统的陆上发射将提出严峻挑战，必将使世界商业航天发射市场的竞争更加激烈。

印度火箭首次以“1 箭 3 星”的方式发射成功 1999 年 5 月 26 日，印度“极轨卫星运载火箭”(PSLV) 从印南部安得拉邦斯里哈科塔发射场发射了 3 颗卫星。火箭升空大约 18 分钟后，首先释放出一颗印度的重为 1050 千克的遥感卫星 IRS－P4，50 秒后又先后释放出韩国的重为 107 千克的 KITSAT－3 卫星和德国的重为 45 千克的科学实验卫星 DLR－TUBSAT。这 3 颗卫星已顺利进入 727 千米高的太阳同步轨道正常运行。

这是印度火箭首次以“1 箭 3 星”的方式发射，也是印度首次商业卫星发射。印度航天官员称，“极地卫星运载火箭”经过 4 次成功发射证明它是成熟的、可靠的，准备 2000 年打入国际商业发射市场。目前，印度正在实施批生产计划，以满足印度空间研究组织计划每年发射 1 或 2 枚“极地卫星运载火箭”的需要。PSLV 是 4 级运载火箭，重 294 吨，采用固体和液体推进系统，通过改变捆绑发动机数目，可提高其有效载荷运载能力，对于 800 千米高的太阳同步轨道来说，其运载能力可从 850 千克提高到 1200 千克。

航天发射事故不断 对于航天发射来说，1999 年又是多灾多难的一年。1999 年 4 月 9 日～5 月 4 日，美国在不到 1 个月的时间内发射失败 4 次，这是美国继 1986 年“挑战者”号航天飞机失事以来最严重的航天发射事故。7 月 5 日和 10 月 27 日，俄罗斯两次发射“质子”K 火箭均告失败。11 月 15 日，日本发射其第 7 枚 H－2 火箭失败，这是 H－2 火箭的连续第 2 次失败，致使日本放弃建造第 8 枚 H－2 火箭，集中全力研制成本更低、可靠性更高的新型 H－2A 火箭。12 月 11 日，巴西第 2 次发射自制“卫星运载火箭”(VLS)，结果与 1997 年首次发射一样遭到失败，使巴西发展独立航天运载能力的努力再次受挫。

空间探测 1999 年空间探测有喜有忧。除航天飞机在轨修复了“哈勃”太空望远镜外，全年共发射了 8 个空间探测器，其中包括美国的“火星极地登陆器”和“钱德拉”太空望远镜、欧空局的 X 射线望远镜等，但火星探测和月球找水遭受了挫折。欧空局还于 3 月 14 日宣布了“远红外与亚毫米波望远镜”(FIRST) 和“普朗克”(PLANCK) 探测器两项空间科学探测计划，旨在对行星系统进行探索，了解宇宙的起源。这两个探测器将于 2007 年用“阿里安”5 火箭同时发射。

美国“火星气候轨道器”和“火星极地登陆器”双双失踪 1998 年 12 月 11 日发射升空的美国“火星气候轨道器”历经 9 个月的飞行到达火星轨道后，地面控制人员即与它失去了联系。后查明是由于轨道器的加速度计量中公制单位与英制单位换算错误，致使轨道器飞行过于靠近火星（原定 140 千米，实际距火星表面仅 57 千米），造成温度过高而起火，并脱离轨道撞毁在火星表面。“火星气候轨道器”原设计寿命 5 年，除用于火星气候监测外，还用作其姊妹号“火星极地登陆器”的通信中继站。

1999 年 1 月 3 日，美国“火星极地登陆器”从卡纳维拉尔角发射升空，开始了其 7.6 亿千米的火星之旅。高 1 米、宽 3.6 米的“火星极地登陆器”有 3 只脚和 1 支 2 米长的机械臂，机械臂的末端带有 1 个铲子，用于从火星表面以下采取土壤和岩石标本，并把它们放到登陆器的 1 个容 器内加热，然后对加热所得的气体进行分析。此外，登陆器还带有 1 个麦克风和 2 个“深空”2 号微型探头。麦克风将把火星上的各种声音传回地球；“深空”2 是 NASA 旨在试验新技术的“新盛世”计划的一部分，在登陆器降落到火星表面之前 10 分钟与登陆器分离，然后以每小时 643 千米的速度撞击火星表面，钻入火星表面下 2 米，以确定火星亚表面是否有冰存在并测量火星土壤的温度。按原计划，“火星极地登陆器”在经过11个月的太空飞行后于12月3日在火星南极地区着陆，然后对这个红色星球进行为时90天的科学考察。但当登陆器飞抵火星后，未能如期向地面发回信号。地面控制人员经过多次努力，也未能与登陆器取得联系。12月7日，NASA宣布寻找登陆器的努力失败，称登陆器可能已坠毁于火星南极峡谷。

“火星气候轨道器”和“火星极地登陆器”这对姊妹探测器共耗资3.56亿美元，其共同任务是到火星上找水。一些科学家坚持认为，火星上曾一度水源充足，甚至还曾闹过水灾，但谁都不知道这些水现在“躲”到哪儿去了。如果能证实火星上有水存在，人类可把火星作为太空旅行的一个加油站，甚至可能移居火星。人们本寄希望于这对姊妹探测器能给一个说法，但它们双双覆没，使火星探测遭受了较大挫折。

美国“月球勘探者”撞击月球找水失败 1998年1月6日升空的美国“月球勘探者”在对月球进行了全面的探测、初步证实月球存在水后，为了进一步证实月球上到底是否有水存在，1999年7月31日，它以撞击月球的悲壮方式结束了使命。在地面控制人员的指令下，重160千克的“月球勘探者”从200千米高度轨道上以每小时6000多千米的速度撞进月球南极地区的一个3.2千米深的陨石坑里。原指望这次撞击会使陨石坑里存在的冰受热形成水蒸气，从而证明月球上存在水，但遗憾的是，尽管科学家们动用了多台太空望 远镜瞄准这个陨石坑，也未能探测到任何水蒸气或其它显示有水存在的迹象。后来科学家们又对这次撞击进行了两个多月的分析，结果仍未获得存在水的明显证据。

美国发射“星尘”探测器和“远紫外光谱探测器” 为了探寻宇宙和生命的起源，1999年美国先后发射了“星尘”探测器和“远紫外光谱探测器”。2月7日，一枚“德尔它”2型火箭将“星尘”探测器送入太空。“星尘”是NASA“发现”计划下的第4个探测器，耗资2亿美元。它将在2004年1月飞到“怀尔德2”彗星，在穿过彗星的过程中采集尘埃及气体样本，并在两年后送回地球。此外，“星尘”还将在其历时7年、行程50亿千米的漫漫旅途中收集另一种尘埃物质。科学家们一直对彗星感兴趣，认为形成地球生命的原始物质很可能是在彗星撞击地球时带到地球上来的，了解彗星尘埃的形态及星际尘埃的组成，将有助于回答有关50亿年前宇宙及太阳系起源的一些根本性问题。

6月24日，另一枚“德尔它”2型火箭将NASA耗资2.04亿美元的“远紫外光谱测探器”（FUSE）送入太空。FUSE将利用紫外线仪器对天空进行扫描，通过测量氢和氘的数量，来寻找导致宇宙产生的创世大爆炸的遗迹。

欧洲发射X射线望远镜 1999年12月10日，欧空局“阿里安”5火箭在其首次商业发射中，把欧空局价值7.03亿美元的“X射线多面镜”（XMM）送上了太空。XMM是欧空局迄今研制的最大和最有创新性的太空望远镜，与NASA的“钱德拉”望远镜相近。它们都运行在椭圆轨道上，都配备了为X射线源拍照的相机和能测量这些射线源发出的各种X射线的能量水平的光谱仪。与“钱德拉”拍摄高清晰度图像（分辨率可达0.5角秒）不同，XMM的优势在于其镜面采光面积大，可以看到更暗弱的X射线源，而且XMM上安装的小型30厘米光学望远镜可同时对类星体等X射线源进行光学和紫外观测。

（陈有荣）

核武器

综 述 1999年，尽管美国和俄罗斯按照已经签订的的协议和作出的承诺继续削减各自的核武器，但在改进现有核武器和部署新型核武器方面的势头却丝毫没有减弱。这两个国家均进行了战略核导弹的发射试验，以检验核武器系统的作战使用效能和提高它们的生存能力、突防能力和打击目标的精度。这两个国家还竞相进行不受《全面禁止核试验条约》限制的亚临界试验，开展核爆炸模拟技术的研究与实验，以保持库存核武器的安全性和可靠性，进一步提高核武器的质量，延长它们的服役期限和继续发展核武器技术。

在这一年里，美国为了保持其核力量的优势和安图建立以它为核心的单极世界，一方面改进和完善现有的战略进攻核武器系统，另一方面积极发展国家导弹防御系统并提出修改与前苏联达成的反弹道导弹条约。美国参议院拒绝批准《全面禁止核试验条约》，以保持恢复核试验和发展新型核武器的能力。另外，美国一些政客顽固坚持敌视中国的立场，做出了种种诋毁中国声誉和破坏中美关系的事情，诸如支持中国台湾李登辉提出的“两国论”、在科索沃战争中悍然轰炸中国驻南斯拉夫大使馆、美众议院特别委员会恶意抛出诬蔑中国窃取其核弹头等机密资料的《考克斯报告》等等。美国这种倒行逆施的行径，当然遭到了世界人民的严厉谴责和中国有力的回击。

俄罗斯虽然面临种种困难，但仍按计划研制和部署新型SS－27陆基洲际弹道核导弹，研制SS－27的潜射型导弹，特别是科索沃战争以后和普京出任总理和代总统以来，面对美国咄咄逼人的态势，采取了非常强硬的态度：一方面加紧研制和部署新型战略进攻核武器系统，进行战略核导弹试射和模拟核攻击演习，以显示其战略核武器系统的威慑力量；另一方面放弃不首先使用核武器的承诺，坚持不修改反弹道导弹条约，有意拖延批准第2阶段《削减战略武器条约》，向美国讨价还价，坚持与美国对抗。俄罗斯战略火箭军总司令雅科夫列夫指出，在美国最终决定部署国家导弹防御系统并导致反弹道导弹条约被撕毁的情况下，俄将采取一系列比美国更进一步的措施，并准备了一整套对应方案。

英国和法国在削减核武器的同时，为建立各自的“有限核威慑力量”，加紧发展潜射弹道导弹核武器系统。印度和巴基斯坦继1998年进行系列核试验后，继续完善核武器的设计，努力建立供作战使用的核武器系统。

美国的核武器　1999年，美国拥有8个品种、7000多个供作战使用的战略武器和非战略武器的核弹头，其中包括：400个W88型核弹头、525个W87型核弹头、320个W80－0型核弹头、800个W80－1型核弹头、915个W78型核弹头、610个W62型核弹头、3072个W76型核弹头，以及1100个B61型核航弹和600个B83型核航弹。在这些核弹头中，除了150个（主要是供飞机使用的B61型核航弹）部署在欧洲的北约7个盟国以外，其余全部部署在美国本土。另外，美国还有近4000个备用和已经退役准备拆卸的核弹头。

美国现役战略进攻核武器系统包括：500枚“民兵”3和50枚“MX”陆基洲际弹道核导弹、18艘弹道导弹核潜艇及其携带的“三叉戟”1（192枚）和“三叉戟”2（240枚）潜射弹道核导弹、53架B－52H战略轰炸机和B－2战略轰炸机及其运载的核武器（核航弹、空射巡航核导弹、先进巡航核导弹）。其中，在500枚“民兵”3导弹中：有300枚带W78核弹头，每枚导弹装3个分导式核弹头。每一个核弹头的当量为33.5万吨；有200枚带W62核弹头，每枚导弹装3个分导式核弹头，每一个核弹头的当量为17万吨。“民兵”3导弹的最大射程为13000千米。美国为了长期保留“民兵”3导弹而制定了多项改进计划。这些计划完成后，不仅使这种导弹的作战性能得到较大提高，而且服役期限可延长到2020年。“MX”是美国空军现装备的另一种陆基洲际弹道核导弹，其射程为9600千米，每枚“MX”导弹携带10个当量为30万吨的W87型分导式核弹头。按照美国参议院批准的第2阶段《削减战略武器条约》的规定，到2007年现装备的50枚“MX”核导弹将全部退役，这些导弹携带的500个W87核弹头可能用来装备“民兵”3导弹。“三叉戟”1和“三叉戟”2是美国海军现装备的两种潜射弹道核导弹，其射程均为7400千米。美国海军有8艘弹道导弹核潜艇携带“三叉戟”1核导弹，每艘潜艇携带24枚“三叉戟”1潜射弹道核导弹，每枚“三叉戟”1导弹装8个当量为10万吨的W76分导式核弹头，还有10艘弹道导弹核潜艇携带“三叉戟”2潜射弹道核导弹，每艘核潜艇携带24枚“三叉戟”2潜射弹道核导弹，这些“三叉戟”2导弹有的装8个当量为10万吨的W76分导式核弹头，有的装8个当量为47.5万吨的W88分导式核弹头。美决定从2000年到2005年把携带“三叉戟”1潜射弹道核导弹的4艘弹道导弹核潜艇改成携带“三叉载”2潜射弹道核导弹。届时，美国将有14艘携带“三叉戟”2潜射弹道核导弹的核潜艇和4艘携带“三叉戟”1潜射弹道核导弹的核潜艇。现装备的53架B－52H和B－2战略轰炸机运载的核武器包括带W80型核弹头的空射巡航导弹和先进巡航导弹、B61型核航弹和B83型核航弹。目前，美国正在执行一项改进B－52H战略轰炸机航空电子系统的计划，以提高这种战略轰炸机的作战使用效能并使其服役期限延长到2040年。

美国试射战略核导弹　美国为了提高“民兵”3陆基洲际弹道核导弹和“三叉戟”2潜射弹道核导弹的性能并延长它们的服役期限，分别对这两种战略核导弹进行了发射试验。

1999年11月13日，美国空军在加利福尼亚州范登堡空军基地成功地发射了1枚“民兵”3陆基洲际弹道导弹。该导弹飞行30分钟后命中马绍尔群岛夸贾林导弹靶场内的目标，射程达6720千米。在这次试验发射中，该导弹装有新的固体推进系统、改进的制导系统和3个模拟弹头。自1995年以来，美国空军就开始实施“民兵”3导弹的推进系统计划和制导系统更换计划，目的在于提高这种导弹的可靠性、命中精度、降低维护费用和延长使用寿命。这次试验是检验新型推进系统的第1次试验，也是检验和改进制导系统的第3次试验，今后还将进行这类发射试验。预计到2006年完成“民兵”3导弹制导系统的更换工作，到2008年完成推进系统的更换工作。

1999年11月17日，美国海军在佛罗里达州东部试验海区从“肯塔基”号弹道导弹核潜艇上成功地试射2枚“三叉戟”2导弹。这是始于1989年系列作战评估的第86次和第87次试验发射，主要用来检验“三叉戟”2潜射弹道核导弹系统的安全性、可靠性、战备状态及其它性能。

美国又进行了2次亚临界试验 1999年9月30日，美国能源部在内华达试验场进行了代号为“双簧管”1（Oboe 1）的亚临界试验。这是美国自1997年7月开始进行亚临界试验以来的第7次试验。这次试验是在地下约293米深的水平坑道中的若干个小爆室中进行，试验使用了钚材料，获得了许多有利于检验美国库存核武器安全性和可靠性的数据。

1999年11月9日，美国能源部又一次在内华达试验场进行了代号为“双簧管”2（Oboe 2）的亚临界试验。这是美国自1997年7月开始进行亚临界试验以来的第8次试验，也是美国参议院拒绝批准《全面禁止核试验条约》以来所进行的第1次亚临界试验。这次试验再次为美国保持库存核武器的安全性和可靠性提供了数据。

此外，美国为了在全面核禁试条件下保持库存核武器的安全性和可靠性，除了进行亚临界试验外，还在研制超高速计算机，以便用来进行核爆炸模拟。按照美国能源部制定的“加速战略计算倡议”计划的规定，到2000年研制出每秒能进行10万亿次运算的计算机，到2002年研制出每秒能进行30万亿次运算的计算机，到2004年研制出每秒能进行100万亿次运算的计算机。1999年8月，美国圣地亚核武器研究所利用它的X光机（代号为“Z机器”）进行了一次核爆炸模拟实验。该机发射出了100千焦耳极强的辐射能量，对新型核装置的部件进行了实验测试。据参与该项实验的科学家透露，实验接近“实爆”的效果。

俄罗斯的核武器 俄罗斯大约有6000个供作战使用的战略进攻武器的核弹头，装备着陆基洲际弹道导弹、潜射弹道导弹以及战略轰炸机。此外，俄罗斯还拥有5000个供作战使用的非战略武器的核弹头和1100个反导弹和地空导弹的核弹头。

俄罗斯现役战略进攻核武器系统包括：756枚陆基洲际弹道核导弹（170枚SS－18、160枚SS－19、46枚SS－24、360枚SS－25和20枚SS－27）、348枚潜射弹道核导弹（176枚SS－N－18、60枚SS－N－20和112枚SS－N－23）和70架（图－95和图－160）运载核武器的战略轰炸机。其中，SS－18是前苏联部署的第4代重型分导式多弹头陆基洲际弹道导弹，最大射程为11000千米，现在服役的有SS－18Ⅳ型、SS－18Ⅴ型和SS－18Ⅵ型。每枚SS－18导弹携带10个当量为55万吨或75万吨的分导式核弹头。SS－19是前苏联部署的第4代两级液体推进剂陆基洲际弹道导弹，最大射程为10000千米，每枚SS－19导弹携带6个当量为55万吨的分导式核弹头。SS－24是前苏联部署的第5代三级固体推进剂中型陆基洲际弹道导弹，射程为10000千米，现装备的有两种型号：SS－24Ⅰ型（共36枚）和SS－24Ⅱ型（共10枚），每枚SS－24导弹携带10个当量为55万吨的分导式核弹头。SS－25是前苏联部署的第5代固体推进剂、公路机动的小型洲际弹道导弹，最大射程为10500千米，每枚SS－25导弹携带1个当量为55万吨的核弹头，SS－25导弹的轮式运输—起竖—发射车能越野运行，该导弹能从野外部署阵地发射或从导弹基地的滑动屋顶库房中发射出去。SS－27导弹是SS－25导弹的改进型并带1个当量为55万吨的核弹头，射程为10500千米。1994年12月20日开始进行飞行试验SS－27导弹，1997年7月8日完成了部署前的第4次（也是最后一次）发射试验，1998年底开始部署，到1999年底已部署20枚。俄罗斯还在继续研制和生产SS－27导弹。按照俄罗斯国家安全会议1998年7月作出的决定，到2010年前，SS－27核导弹将逐步替换现装备的SS－18、SS－19、SS－24、SS－25核导弹。届时，俄罗斯只有一种SS－27陆基洲际弹道核导弹，这些核导弹有的部署在经改装的SS－25导弹的运输—起竖—发射车上，有的部署在SS－18导弹的地下井中。SS－N－18是前苏联部署的第5代两级液体推进剂潜射弹道导弹，也是前苏联部署的第1种分导式核弹头的潜射弹道导弹，射程为6800千米，曾部署过3种型号，其中Ⅰ型带

3个分导式核弹头，Ⅱ型带1个核弹头，Ⅲ型可带多达7个分导式核弹头。俄罗斯目前装备的是SS-N-18Ⅰ型核导弹。SS-N-20是前苏联部署的第6代三级固体推进剂分导式多弹头潜射弹道导弹，射程为8300千米，装备俄罗斯的“台风”级弹道导弹核潜艇。SS-N-23是前苏联部署的第6代三级液体推进剂、带分导式多弹头潜射弹道导弹，射程为8300千米。俄罗斯现有的SS-N-23核导弹装备D级3型和D级4型弹道导弹核潜艇。战略轰炸机装备AS-15空射巡航核导弹、AS-16近程攻击核导弹和核航弹。此外，俄罗斯还有反弹道导弹核导弹和地对空核导弹。

俄罗斯加紧实施战略核武器现代化计划 冷战结束后，俄罗斯发现它的核大国地位在下降，为扭转这种不利的局面，不断强化核武器在未来战争中的作用。俄罗斯前总统叶利钦1998年7月3日在国家安全会议上强调：“核力量是确保俄罗斯国家安全的最主要因素之一”。并说，俄罗斯要“根据安全需要和财力情况继续发展核威慑力量。”俄联邦新的军事学说主张用核武器防止局部战争和武装冲突的爆发、扩大和升级，从应付全球性威胁转为实行地区性威慑，把核武器作为主要威慑手段，并强调在俄综合国力和军事实力大幅度持续衰退的情况下，核武器是惟一有效的战略威慑力量。在核力量使用政策上，俄不仅放弃了不首先使用核武器的承诺，而且承担起对独联体国家提供核保护的义务。俄罗斯认为，战略核力量是保持世界战略平衡和俄安全的基本力量，是防止战争的主要遏制因素，必须确保战略核力量能够有效遏制世界核战争和常规战争的爆发。因此，一旦出现由地区战争演变成大规模战争的情况，俄有可能首先使用核武器对敌军事目标实施打击，俄罗斯目前正在加紧研制和部署新型SS-27战略核导弹，俄杜马在1999年6月23日通过了一项《2010年前俄罗斯战略核力量拨款法》，以加强战略火箭军的力量。俄军政领导人对战略火箭军备加重视，俄总统和总理曾多次亲临视察战略火箭军部队，检查该部队的战备情况，在经费方面，战略火箭军还享受特别待遇和优先保障，以便始终保持常备不懈的战斗值班状态，实现战略武器系统的一体化。同时，在人员培训、设施利用等方面也在进一步完善，自动化指挥手段更趋于现代化，整体作战能力获得了提高。战略火箭军继1998年12月部署第1个井基SS-27核导弹团（10枚）后，1999年12月在莫斯科以南的萨拉托夫又开始部署第2个SS-27导弹团（10枚）。这种导弹可从地下井中发射，还可采用公路机动发射。SS-27导弹的发射重量为47.2吨，有效载荷为1.2吨，射程10500千米，弹长22.7米，弹径1.85米，带一个当量为55万吨的核弹头，也可改装带3枚核弹头，采用以惯性制导为主的多种制导技术，命中精度（CEP）约200米。该导弹采用了一系列高新技术，使它的飞行速度加快，突防能力更强，可使敌方反导系统防不胜防。据俄罗斯专家透露，美国的导弹预警卫星始终难以跟踪和测量其弹道参数。俄计划在2000年后每年至少生产35～45枚SS-27导弹，在21世纪头10年内将部署300～350枚SS-27导弹，到2010年，SS-27导弹将取代其他几种陆基弹道导弹。俄罗斯现正在加紧研制和生产“台风”级核潜艇及其装备这种核潜艇的新型潜射弹道核导弹。

俄罗斯对美国试图修改反弹道导弹条约感到非常担忧，为加强其战略核打击能力，除了强化陆基和海基战略核力量以外，还不断增强空中战略核打击力量，为此，决定从乌克兰购买战略轰炸机和巡航导弹（俄罗斯决定从乌克兰购买战略轰炸机也是为了抵消乌克兰欠它的债务），第1批战略轰炸机于1999年11月5日抵达俄中部萨拉托夫的恩格斯空军基地。这批飞机包括1架图-160战略轰炸机和1架图-95战略轰炸机。俄罗斯总共订购了8架图-160和3架图-95战略轰炸机以及575枚巡航导弹和配套的地面设备。图-160和图-95这两种战略轰机都可以运载巡航核导弹。其中，图-160是当今世界上最先进的战略轰炸机之一，它能以超音速飞行，如果采用空中加油航程几乎不受限制。

预计到2007年俄将更换所有陆基和海基战略核导弹，2015年以后将更换机载战略核导弹。俄国防部主管采购的西特诺夫中将1999年9月28日说，俄罗斯必须在2007年以前更换所有陈旧的核导弹。他说：“我们到时须全部更新陆基和海基战略核武器，装备空军战略轰机的核武器可维持到2015年。”

俄罗斯进行战略导弹试射和模拟核战争演习 俄罗斯为提高战略核导弹的作战使用性能，战略火箭军于1999年10月20日对SS-18陆基洲际弹道导弹进行了一次作战训练发射，以检验该种导弹的战术技术性能及其在超期服役状态下的可靠程度。据俄战略火箭军新闻处发表的通报说，此次训练发射是在哈萨克斯坦境内的拜科努尔航天发射中心进行的，是从地下井中发射的，导弹落在了俄罗斯远东堪察加半岛上的预定目标。SS-18是前苏联70年代研制生产的第4代战略导弹，其中有许多已经超过了使用期限，俄罗斯为了检验这种导弹在延长使用期的可靠性而进行了这次发射试验，并专门挑选了一枚已服役 25 年的 SS-18 导弹进行发射并取得成功。

1999 年 12 月 14 日俄罗斯在普列谢茨克航天发射场成功地试射了 1 枚 SS-27 导弹。这枚导弹于莫斯科时间 11 时 5 分升空，24 分钟后落在俄东部勘察加半岛的预定地点，俄罗斯总理普京还专程到普列谢茨克观看了这次发射。

俄罗斯海军在 1999 年共进行了 2 次潜射弹道导弹水下发射试验，第 1 次是在 1999 年年初进行的，第 2 次是在 1999 年 10 月 2 日进行的。其中，1999 年 10 月 2 日进行的那次发射试验，是从太平洋舰队的一艘 D 级Ⅲ型核潜艇上发射的，落点在巴伦支海的预定水域。

俄罗斯于 1999 年 11 月 2 日在哈萨克斯坦萨雷-沙干发射场成功地发射了一枚近距离拦截反导弹导弹。据负责发射导弹的俄战略火箭军总司令雅科夫列夫上将说，这是 1993 年以来的首次发射成功。目前正在试验的反导弹导弹用于装备莫斯科反导弹防御系统，该系统是根据 1972 年苏美签署的《反弹道导弹条约》建立的。雅科夫列夫说，试验的目的是检验反导弹导弹推进系统的性能。结果表明，该导弹在推力和限制过载方面超过世界同类导弹的 50%，导弹较强的战斗性能可将其服役期延长至 12 年半。雅科夫列夫指出，这次发射主要针对目前出现的美国单方面退出《反弹道导弹条约》的意向。

俄罗斯于 1999 年 6 月进行一次模拟核攻击的演习。这次演习是 1991 年苏联解体以来规模最大的一次，出动的兵员达 5 万人，其目的是演练俄遭到西方国家常规武器攻击时，俄开始尽量用常规武器进行还击，在常规武器无法抵御敌人进攻的情况下将改用核武器。美国布鲁金斯研究所的专家布雷尔说：“俄罗斯军方相信，他们必须比以往更依赖使用核武器发动先发制人的攻击，一方面是出于心理作用，另一方面是基于战略的需要。”以美国为首的北约对南斯拉夫实施了大规模轰炸，俄罗斯发现西方的常规武器技术大大领先于它，为此，俄罗斯在 1999 年 4 月 29 日召开的国家安全会议上，讨论并决定发展一种低当量、高精度的非战略性核武器，以弥补常规力量的不足，据俄国家安全委员会秘书普亭说，叶利钦已批准发展和使用非战略核武器的计划。

印度的核武器　据印度巴巴原子能研究中心主任卡科卡尔说，1998 年 5 月进行地下核试验之后，印度已宣布暂缓核试验，但未停止核武器的研究。据印度一名高级官员 1999 年 8 月 22 日说，印度计划在未来 30 年将至少花费 160 亿美元用来部署核武器，印度科学家还扬言它有能力制造中子弹。

据分析，印度通过 1974 年和 1998 年 5 月进行的地下核试验，已经拥有供作战使用的原子弹。印度目前储存的武器级钚为 150～250 千克，足够用来制造 25～40 颗原子弹。同时，印度正在积极发展能携带核弹头的各种导弹，如“普里特维”近程弹道导弹（最大射程 250 千米、有效截荷 500 千克）和“烈火”式中程弹道导弹（最大射程 2500 千米、有效载荷 1000 千克）。

此外，印度国防研究与发展局目前正在制定一项研制增程型核导弹的计划。这项计划的目标是在未来两年内研制出一种洲际弹道导弹、一种中程海军型导弹和一种空空导弹。据该局的科学家说，印度目前正在自行研制一种射程超过 5000 千米的洲际弹道导弹。这种导弹可携带核弹头，预计到 2001 年进行首枚发射试验，之后还准备研制这种导弹的更先进的型号。印度还计划把“普里特维”短程导弹的射程从目前的 150 千米提高到 350 千米，并对海军型导弹（射程 250 千米）进行发射试验。2001 年前，国防研究与发展局将花费 1.5 亿美元生产 20 枚“烈火”式弹道导弹。“烈火”式Ⅱ型弹道导弹已于 1999 年 4 月 12 日进行了发射试验。同时，国防研究与发展局还在研制和试验一种名为“阿斯特拉”（ASTra）的中程空空导弹，用来装备“海鹞”式、“米格-29”和“苏-30”战斗机。

印度为了建立以飞机、地面机动导弹和海基系统组成的“三位一体”最低限度的核威慑力量，空军很早就想引进先进的“幻影”战斗机，以增强其空中核打击力量。为此，在 1999 年 8 月开始与法国达索航空公司谈判，以便购买一个中队（16～18 架）能携带核导弹的“幻影”战斗机。

巴基斯坦的核武器　巴基斯坦通过 1998 年 5 月进行一系列地下核试验，已经拥有供作战使用的原子弹。巴基斯坦目前储存的武器级核材料足够用来制造 15～25 颗原子弹。同时，巴基斯坦正在积极发展能携带核弹头的各种导弹，如“哈塔夫”近程导弹（最大射程 800 千米，有效载荷 500 千克）和“高里”中程导弹（最大射程 1500 千米，有效载荷 700 千克）。

以色列的核武器　推测以色列已经拥有 100 个供作战使用的核弹头。可运载这些核弹头的武器系统包括：50枚“耶利哥”1（Jericho 1）近程弹道导弹和50枚“耶利哥”2（Jericho 2）中程弹道导弹，以及50架F-4E-2000“鬼怪”式（Phantom）和205架F-16“猎鹰”式（Falcon）飞机。此外，以色列还有175毫米和203毫米大炮也能用来发射核炮弹。

“耶利哥”1是以色列于60年代在法国的援助下研制的单级近程弹道导弹，1973年开始部署。导弹长10米，重4500千克，射程500千米，投掷重量500千克，惯性制导，可带一个核弹头。“耶利哥”2于1990年开始部署，导弹长12米，直径1.2米，重6500千克，两级固体推进剂，投掷重量100千克，射程1500千米，惯性制导，可带一个核弹头。

英国的核武器　英国拥有58枚“三叉戟”2潜射弹道导弹和192个装备这种潜射弹道导弹的核弹头。英国的“三叉戟”2潜射弹道导弹是从美国购买的（英国1982年3月11日宣布从美国购买这种导弹），每枚“三叉戟”2潜射弹道导弹可携带8个分导式核弹头，但英国装备这种导弹的核弹头是由它自己研制和生产的，其性能类似于美国的W76核弹头，当量是可调的，当量范围从不到1千吨至10万吨，可能有3种当量：300吨、5000～10000吨和10万吨。估计，英国的“三叉戟”2潜射弹道导弹可能带3个分导式核弹头。

法国的核武器　法国的核武器有两种：潜射弹道核导弹和机载核武器。截至1999年年底，法国拥有近450个核弹头，其中包括装备M-4潜射弹道核导弹的TN-70/71型（288个）核弹头、装备M-45潜射弹道导弹的TN-75型（96个）核弹头以及装备ASMP空对地导弹的TN-81型（65个）核弹头。其中，TN-70型核弹头和TN-71型核弹头的当量均为15万吨，每枚M-4导弹装备6个TN-70型核弹头或TM-71型核弹头。TN-70型核弹头的重量不到200千克；TN-71核弹头的重量不到175千克。TN-81核弹头是装备ASNP空对地导弹的小型化、抗核加固的核弹头，当量为30万吨，重约200千克，其战术技术性能类似于TN-70型核弹头和TN-71型核弹头。预计这65个TN-81型核弹头将保留到2005年以后。TN-75型核弹头是法国目前唯一继续生产的一种小型化、抗核加固、安全性能很高的分导式核弹头，当量为10万吨。

此外，法国正在研制新型M-51潜射弹道导弹，原计划使这种导弹在2005年服役，但由于种种原因，该项计划被推迟到2008年。法国继续建造新一代“凯旋”级弹道导弹核潜艇，这一级核潜艇的第1艘和第2艘已经服役，第3艘和最后一艘核潜艇将分别在2001年和2008年服役。每艘“凯旋”核潜艇将携带16枚潜射弹道导弹，每枚导弹装6个分导式核弹头。

1999年5月，法国用新型“凯旋”级弹道导弹核潜艇从水下成功地发射了1枚装有假弹头的M-45核导弹，以试验这种核武器系统的作战使用效能。此外，法国已经成功地试验了M-51新型潜射弹道导弹的第一级推进系统，并计划到2008年开始服役，用来替换现装备的M-45导弹。

1999年7月，法国国家科技研究中心研制成功用来模拟核爆炸的原型样机，为法国计划建成的大型激光模拟核爆炸装置（可产生1.8百万焦耳的能量）奠定了基础。为此，希拉克总统特意前往设在阿吉甸的国家科技研究中心进行视察，并宣布，模拟核爆炸的实验室计划在2008年以前建成。从此，法国能够通过实验室来模拟核爆炸和研制核武器。他说，核武器仍将是法国21世纪最主要的威慑力量。

（王连奎）

化 学 战 装 备

综述　科索沃战争引发对化学战防御的思考

1999年上半年，以美国为首的北约对南联盟进行了78天的狂轰滥炸，以此为标志的科索沃战争在作战样式上有许多新颖之处，反映了信息革命时代的一些特点，昭示着未来战争的模式，因而引起各国军界对未来战争和军兵种发展建设的深入思考。从科索沃战争多少也可以看到一些未来化学战的模式和未来防化装备的发展方向。

在科索沃战争中，以美国为首的北约大量使用了长期污染环境、危害人类的贫铀炸弹；使用了实质是一种燃料空气炸弹的 CBU－55B 集束航弹；大量使用了破坏电力系统的石墨弹。他们还炸毁化工厂，造成大范围化学污染，其后果比直接使用化学武器还严重，被德国媒体称之为“默不作声的毒气战”。而南联盟曾宣称，如果北约发动地面进攻，则要使用化学武器对付北约。

这场战争在防化装备领域引起人们对以下问题的深入思考：

(1) 虽然有了《禁止化学武器公约》，但化学战的威胁并没有消除。一方面在高技术方面落后的国家更渴求谋取大规模杀伤性武器作为威慑手段，遏止大国强国或国家集团违背联合国宪章和国际法准则，肆意象科索沃战争那样用武力干涉小国、弱国的内政，必要时不惜违约使用核生化武器；另一方面，一些国家仍可能绕过公约进行间接的核生化战，即核生化次生战。因此，即使在高技术环境下，在后公约年代，防化装备建设也只能加强，不能削弱。

(2) 不直接使用化学武器而达到化学战的效果是这次科索沃战争的显著特点之一。因此从防御的角度讲，在未来战争中如何防止和对付这种核生化次生战，进而需要怎样的装备和力量，必将受到重视。

(3) 新一代化学武器和化学新概念武器已经走出了传统化学武器的定义域，甚至不再受《禁止化学武器公约》的限制，需要有对付这一类武器的装备和手段。

(4) 南联盟军民在对付北约空袭的过程中以烟幕和伪装的手段保护自己，取得了较好的效果。而南军使用的烟幕和伪装手段基本还是简易的，如果研制出多波段甚至全波段烟幕剂和干扰剂，配以合理的发烟伪装体系，在未来反空袭作战中将能起到极大的作用。

(5) 高技术的发展使武器精确打击的能力大大提高，当前中、远程武器的打击精确度已能达到十几米，甚至几米范围，这对永备防护工事和防化装备提出了更高的要求。

化学裁军是裁军领域不多的几个亮点之一 1999 年，在裁军领域是个不景气的年份。一连 3 年，裁军大会未就其工作计划达成任何协议，导致在制定削减裂变材料协定方面的工作未取得任何进展。但是，禁止化学武器组织的工作倒成了新千年即将到来之时裁军和不扩散领域不多的几个亮点之一。在销毁宣布的化学武器方面，宣布拥有化学武器储存的 4 个国家中的 3 个国家现在已经运行销毁设施，并开始积极销毁它们的化学武器。截止 1999 年 12 月 31 日，大约 3500 吨化学毒剂和约 100 万发弹药已经在公约组织视察员的监督下销毁，其中包括部分二元化学武器。在推动公约的普遍性方面，已有 129 年国家批准了公约，其中 94 个缔约国已递交了批准书。有关公约第 3、4、5 条的初始视察已经进行完毕，有关公约第 6 条的视察，尽管存在这样那样的问题，但始终向前推进。公约的核查机制已走上了正轨。

中国防化研究院分析化学试验室等 7 国试验室被禁止化学武器组织定为首批指定试验室 在禁止化学武器组织第 3 次缔约国大会上，根据有关指定实验室条件的一系列规定，中国防化研究院分析化学实验室、芬兰化武公约核查研究所、韩国国防发展局第 4 实验室、荷兰 TNO－莫利茨亲王实验室、瑞典国防研究机构核生化防护部、瑞士国防订购部核化实验室和美国陆军物资司令部条约实验室被确认为指定实验室。指定试验室由于是公约组织确认的执行核查分析的试验室，因此在国际化学武器核查分析领域中有较高的地位，是国际公认的高水平化学分析试验室。

化学武器 各国竞相研究化学武器销毁技术

《禁止化学武器公约》规定，在其生效后 10～15 年内销毁所有的化学战剂及其弹药，包括现存化学武器、老化学武器和遗留化学武器。目前已有 4 个缔约国向禁止化学武器组织申报拥有化学武器，其中以美国和俄罗斯两家为最多，分别为 3 万吨和 4 万吨化学毒剂。另外联合国已查明伊位克（非缔约国）也拥有为数不少的化学武器；欧洲许多国家发现有数量不等的老化学武器，其中以德国为最多；而日本在中国遗弃有大量化学武器。这些化学武器生产年代跨度大（从第一次世界大战期间到公约生效前的 1997 年），种类繁多，存放状况各异。因此，化学武器销毁技术的研究和发展就成了有化学武器的国家，特别是美、俄两个化学武器大国亟待解决的问题，也是国际社会所关心的问题。近年来国外已经采用或正在研究发展以下化学武器销毁技术。

(1) 焚烧法，属于高温热销毁技术的一种，目前得到了广泛应用。

(2) 等离子吹管法，亦称等离子弧热解技术。属于高温热销毁有毒化学品的方法之一。

(3) 熔融金属法，亦称熔化金属热解法。属于高温热销毁技术之一。利用熔化了的金属如铜、铁、镍等的高温条件，可达到焚烧法中液体毒剂焚烧炉、染毒金属部件焚烧炉和污染土壤转窑焚烧炉 3 种炉型所能达到的条件。

(4) 氢化还原法。氢化作用使其发生还原反应，而焚烧法使待处理物质发生氧化反应。

(5) 湿空气氧化法，属于“水热法”的一种。它是利用在一定的压力和水存在的条件下，在低于正常焚烧的温度下（临界点下进行）有机化合物缓慢氧化的原理。这是有机物在稀水溶液中氧化的一种有效方法，尤其是用于毒剂的第1次消毒。

(6) 超临界水氧化法，属于“水热法”的一种。是指待处理的物质在高温下于水中发生氧化反应。该法尤其适宜处理含毒物的稀水溶液。

(7) 干燥氯化氢热解法。该方法是基于化合物在加热条件下不稳定、易分解的原理。加热的热气体采用氯化氢，该法便宜，易得副产品，不用溶剂，反应易于控制。

(8) 金属氧化催化法。磨成细粉的金属氧化物能够引起化学战剂的氧化或过氧化作用。该技术可用于催化氧化破坏化学战剂和炸药。

(9) 二价银氧化物的电解法。基于电化学氧化原理，设备的核心是电化学池。该法是仅有的能在较低温度和标准大气压下操作的销毁方法。

(10) 超高频射线法，俄罗斯发明的用超高频射线销毁化学武器的方法。据悉利用该方法可销毁俄罗斯现储存的大部分含磷化学战剂，销毁过程根据需要随时可以停止，不会有发生爆炸的危险。

(11) 火箭引擎式焚化炉法。俄罗斯研究成功用火箭引擎式焚化炉销毁神经性毒剂、生物战剂和有毒工业废料。经试验证实，焚化后的剩余物无任何毒性反应。

目前世界上除研究发展上述销毁技术之外，也在研究复合销毁技术，如中和/生物降解法、中和/湿空气氧化法、中和/超临界水氧化法和俄罗斯两步法等。但是，目前正在应用和研究的销毁方法中，仍然以焚烧法最为成熟和实用。

化学侦检与报警器材 **美军研制第3代微型IMS化学检测器** 美国陆军与有关公司合作，研制了微型离子迁移谱（微型IMS）检测器。它是微型IMS的第3代，并向最终研制一种微型的便宜的化学毒剂检测器迈进了一步。此检测器解决了部队单兵使用的问题，还可直接应用于公共应急服务。

设计合并了可控输入系统和非放射性离子化源。板上微处理器系统允许在显示/报警之前进行深度的光谱控制和分析。高能数据存入设施也得以建立，以允许对野战记录的单元作出响应。用串联导线与一个个人计算机相连接，为光谱数据提供下降负载和在个人计算机上显示涉及食品的控制参数的远距离调节。将显示暗示操作特点如检测的限制、响应时间和来自多种化学挑战的恢复时间等的测试数据。

美国研制出第2代化学生物质谱仪 据《国外防化科技动态》1999年第1期报道，美国橡树岭国家实验室已和奥尔比托科学有限公司合作，为美国化学和生物防护指挥部研制了检测和鉴定化学和生物战剂的改进型仪器化学生物质谱仪Ⅱ型（CBMS BLOCK II）。它是由分析仪器和生物采样器/浓缩器/热解器组成，在重量、体积和能源消耗等方面均优于现在的化学生物质谱仪，可用在所有的侦察机动车辆和机动分析实验装置中。其优点是：提高了灵敏度和选择性；使用操作方便；增强了可靠性、可保养性和升级能力；减小了体积和重量；降低了能源消耗；较低的元件成本。可应用于生物综合检测系统（BIDS）、NBCRSFOX装置、轻型NBC侦察设备（LNBCRS）和生物鉴别。

化学防护器材 **各国加强直升机飞行员防毒面具的研制** 近来各国对直升机飞行员防毒面具研制日益重视，自20世纪80年代以来，美国、英国、法国、加拿大和挪威相继给直升机飞行员装备了面具。下页表是一些国家几种典型的直升机飞行员防毒面具。

朝鲜自产SCA－123型和S－1型防毒面具 SCA－123型是民用防毒面具，头罩设计得容易快速穿脱，适佩性好，有一个涂有防雾涂层的防碎聚碳酸酯镜片，视野好。吸气和呼气系统阻力低得足以允许正常呼吸。滤毒罐阻力低，重量轻。该面具由下列部件组成：头罩、滤毒罐、呼气活门、阻水罩、面具袋、头罩带。滤毒罐加热时重量损失（湿含量）低于5%，气流阻力低于75毫米水柱，DOP烟雾穿透率低于20%，防毒时间约6分钟，漏气率低于5毫升/分。该面具在有火、一氧化碳、氨气和其他许多工业气体环境中不能使用。在含氧量低于18%的密闭空间使用效果不好。

S－I型防毒面具系军用面具，由氯丁橡胶面罩、滤毒罐安装接头（螺纹式）、面具袋和防毒头罩组成。其特点是面具带具有弹性，滤毒罐装有优质浸渍活性炭和高效过滤纸。滤毒罐能过滤有毒气体和微粒气溶胶，一氧化碳除外。滤毒罐阻力低，重量轻，防毒时间长。还有通话薄膜和饮水系统。镜片是光学塑料镜片，扁平式。滤毒罐材料为铝。滤毒罐加热时重量损失（湿含量）低于5%，气流阻力低于75毫米水柱，烟雾穿透率低于0.025%，防毒时间18分钟，不漏气。

国家	面具型号与名称	说　明
美国	直升机战术空勤人员眼/呼吸道系统防毒面具	MBU－19/P PIHM 面具的改进型，与 SPH－4 或其他制式直升机头盔 HGU－55/P 相接，或根据预定用途能在非头盔结构中使用。
	M－45 型空勤人员防毒面具系统	陆军 M－48/M－49 型空勤人员面具系统的替代面具。不需强制通风设备就能提供防护，同时能与旋转翼飞机瞄准系统和夜视系统相匹配。
	M－48/M－49 系列防毒面具	专门为 AH－64 阿帕奇直升机和陆军其他飞机的空勤人员设计的。
	MBU－19/P 连有头罩的防毒面具（PIHM）	能在有氧及非氧条件下使用。在非氧使用时用快速分离接头把鼓风机与飞机通用的氧气系统连接起来。
	空勤人员眼/呼吸道防护系统（AERP）	取代 MBU－13/P 空勤人员防毒面具的面具，是空勤人员在化生环境中执行任务所佩戴的面具。
	A/P22P－9（V）面具	借助于 MCK－3/P 呼吸器和 CQK－8/P 战术通风机给直升机乘员提供头－眼－呼吸道防护。
英国	AR－5 型空勤人员防毒面具	有 2 种氧气型，即 MK－1 型和 MK－3 型面具，1 种非氧气型，即 MK－2 型。
加拿大	AC－4 型 NBC 飞行员防毒面具	加拿大 ARO 公司于 90 年代初为直升机、运输机及巡逻飞机飞行员研制的防毒面具。是在 C－4 型防毒面具基础上改进而成。
	Carleton 空勤人员防毒面具系统	以 AC－4 型面具为主构成，需要时可连在飞机氧气系统上，所有金属零件是非磁性的。
法国	Ephese 空勤人员呼吸道防护装备	给运输机和直升机飞行员在不使用氧气情况下提供正压滤过空气。
	GIAT 直升机飞行员 NBC 防护系统	一种战斗直升机和运输机飞行员核生化头部防护系统。
挪威	Mod2B 型飞机空勤人员 NBC 防护综合集成系统	该系统特点是能自动变换主电源（环境控制系统 ECS）和次级电源（氧源），同时尽可能多地使用环境控制系统主电源，以节省氧源。

奥地利推出两种新型核生化防护服　据《简氏核生化防护装备 1998～1999》报道，奥地利推出 ABC－92－17 型和 ABC－90－HR 型军用连身式防护服。该防护服备有内部鼓风，以提供内部通风并降低热应激。采用标准的涂有橡胶的帆布材料制作，重量为 520 克/平方米，可防止化学战剂的侵入至少 6 小时。这套服装从右膝到左肩有一条拉链将衣服密封起来。服装与防毒面具和核生化防护靴之间保证了密封可靠。防护服内新鲜空气由鼓风机提供，输出功率达到 250 升/分；鼓风机可装在皮带上。由 11 个输出阀门来调整空气均匀分布。

核监测器材　**俄军装备 ИМД－5 型剂量率测量仪**　据俄罗斯《军事知识》杂志 1999 年 2 月号介绍，该测量仪由测量控制系统、探棒和 1.2 米长的电缆线组成。用于测量 γ 射线吸收剂量率，还能指示出 2.27 百万电子伏时的 β 射线密度。

控制器由外壳、基座、接线、RC 板、仪器盖和电源等组件组成。仪器外壳正面上方有微安表按钮、数据消除按钮和分量程转换开关。基座侧面有与探棒相连的电缆和耳机。基座内有个装可卸电池的小室。控制器外形尺寸为 172×102×116（毫米）。探棒是柱型密封的棒体，内装气体计数管和其他元件。安装有可转动的护板。能旋至 β、γ 和△位置。在 β 位置时有一个小窗孔打开，在 γ 位置时护板关闭。窗孔对面是△位置，内装 Б－8 型检查用放射源。探棒外形尺寸为 46×170 毫米。探棒加引线长为 560～910 毫米。γ 射线吸收剂量率范围：0.05 毫拉德/小时至 200 拉德/小时（0.084MeV 至 1.25MeV）。适用环境温度：－50℃～＋50℃。适用相对湿度：100%（25℃时）。相对误差：不超过±30%。响应时间：30～45。电源：A343 型电池两节可连续工作 100 小时。全重为 3.5 千克（不含包装箱）。

俄罗斯生产 ДРГБ－01－“ЭКО－1”型辐射监测仪　据俄罗斯《军事知识》1999 年 4 月号报道，该辐射监测仪用于测量辐照的当量剂量率和 β 射线线密度，也可用来在放射生态学研究和放射卫生学研究中估测食物、物质、材料内放射性物质的放射性比度，还可用以测量放射源和放射性沾染程度。仪器组成部件有：射线检测装置、СБГ－10A 型计数管、电源匣、计算线路、声伴随装置和液晶显示装置。整套仪器装在一个塑料外壳中，上面有可卸的射线屏蔽装置。仪器能在－10℃～＋35℃和相对湿度至 95%条件下使用。外形尺寸为 180×85×55（毫米），重 360 克。在不换电池条件下不间断工作的持续时间不少于

30 小时。有 3 种工作制式。制式 F：根据辐照剂量率测量结果来发现和估测放射性危害程度。制式 A：根据放射性比度测量结果来估测和检测铯 137 和锶 90 放射源对水样、土样、食品样、植物样和动物样的受染程度。制式 B：根据β射线流密度的测量结果来估测的测定被β放射性物质（如锶 90 等）所沾染表面的受染程度。

洗消器材　美国研制出先进的化生战剂消毒剂　据《简氏国际防务评论》1999 年第 8 期报道，美国准许生产一种新近取得专利权的化学/生物战剂消毒剂，这种消毒剂是由美国海军水面作战中心与地方国家研究所合作研制的。这种基于一种氨基醇溶液系统的季铵复合溶液含有几种季铵类化合物和一种过氧化物氧化剂，能有效地中和化学毒剂芥子气、梭曼和 VX，也能构成生物战剂消毒剂的基础。

美国海军水面作战中心计划与美国合格的生产厂家一起参加合作研究和开发，以便研制适合军用的包装系统（包括大量的消毒剂）和用于反恐怖作战的、大小类似于灭火器的小型布洒器。

俄罗斯装备 ИПП－10 型个人消毒包　据俄罗斯《军事知识》杂志 1999 年 2 月号报道，这种个人消毒包是用来在－20℃～＋40℃条件下消毒人员裸露皮肤部位，免受剧毒化合物，特别是有机磷化合物的伤害。在战时受毒剂沾染后用它进行消毒，在平时遇到除虫剂、杀虫剂等污染后也可用它进行消毒。它也是俄罗斯应急救援活动中一个不可缺少的装备。消毒包中包括 4 个 20 毫升的小塑料瓶。瓶内装有消毒液，全部小瓶装在一个塑料包中。消毒包中的消毒液是一种低冰点的混浊的黄色液体。消毒液配方是：用稀土元素盐溶在多羟基乙二醇中，本身是一种液体涂剂。在人员的皮肤受到毒物或应急危险化合物污染时，将消毒包中的消毒液涂在受染部位，它的防护效能可保持 24 小时。人员皮肤受到化学灼伤或烧伤时可用它作急救之用。每次使用一般消耗两个小瓶，一个小瓶中的液体用来消毒手和下肢的皮肤，另一小瓶的液体用来消毒颈部及其附近的领口。

喷火与发烟器材　美国陆军投产新型“山猫”发烟车　改进的 M－57A2 型“山猫”发烟车的重要特征是：拥有创造性的新点火方式和在脉冲喷气发动机中燃烧中等粘度的油料；可使用多种油料：既可使用柴油，JP－8，也可使用汽车用油料；降低了维护工作量；消除了引起主要故障的断路，增加了断路继电器，控制板尺寸比原来的小一半。

该系统有 5 个主要部分：2 个 M－54A2 发烟器、1 个空气压缩机、1 个 120 加仑的雾油罐、1 个雾油泵和 1 个遥控台。“山猫”系统根据“备件现代化”战略进行了改进。改进的焦点集中在以下几个方面：油料过滤器/水分离器；简化油料罐盖；消除短时间断路；改进较高的发动机头/油料嘴/油料喷管；新的发动机头的扳手；较小的控制板；子系统零件的贮存。这些成果降低了该系统的生产费用，延长了使用寿命。这种可以安装在许多车辆外部的发烟系统 1999 财年有 80 辆用于对外军事贸易。在 1999 财年的第 3 季度将设计新型的施放材料。

德国研制出全波段烟幕剂　随着光电技术的迅猛发展，现代光电观瞄器材和制导武器的工作波段已由可见光发展至红外和毫米波。当前，世界各国都在致力于遮蔽红外和毫米波发烟剂的技术开发，尤其注重于从可见光直至毫米波段的所谓全波段遮蔽发烟剂的研究。德国研制的一种全波段遮蔽烟幕，就是对可见光、红外及微波光谱实现遮蔽作用的烟幕。产生这种烟幕的发烟剂是按一定比例组合的混合物，混合物是由选择的对可见光和红外线有较好吸收的粉末或液滴状发烟剂和电导纤维组成。通过选择纤维的直径，使其与发烟剂具有相同的沉降速度，选择混合物的各组分的体积，使分散状态的混合物在各光谱波段内都具有同样的遮蔽作用。该纤维或为金属/碳，或为涂有金属层的玻璃纤维，或为人造纤维组成。纤维长度和被遮蔽微波的最大波长相同，纤维直径为 1～100 微米。纤维的体积比例为 5%～50%。针对所有的光谱范围内具有遮蔽作用的全波段烟幕，其成分约含 90%的对可见和红外光谱的遮蔽发烟剂和 10%的对微波光谱遮蔽的纤维材料。

德国发明多波段干扰发烟剂　德国发明了一种多波段干扰发烟剂，它能同时有效遮蔽和干扰可见光、红外光和毫米波。其配方主要由高氯酸钾、镁、膨胀石墨、石墨粉以及减速剂和胶粘剂组成。其中膨胀石墨比例为 40%～65%，最好为 50%。为改善对红外的干扰效果，加 3%～15%石墨粉，最佳比例约为 5%。减速剂使用黑色火药或偶氮二酰胺，添加比例为 1%～10%。胶粘剂使用硝化纤维或酚醛清漆，添加比例为 1%～5%。一种典型配方是：48%的石墨硫酸氢盐，23%的高氯酸钾，16%的镁粉，6%的石墨粉，4%的减速剂，3%的胶粘剂（全部以重量百分比计）。烟幕施放装置使用具有一个喷射口的发烟罐。发烟剂燃烧产生的氯化钾和氧化镁与空气中的水分反应产生的烟幕能有效遮蔽可见光。石墨硫酸氢盐经热膨胀后产生膨胀石墨微粒（其大小主要受原材料颗粒大小和发烟罐喷射口的射流横截面控制），长度约为 0.001～10.0 毫米。这种膨胀石墨微粒能有效地衰减红外光和毫米波，而且不易沉降，干扰时间较长。（张 南）

指挥控制通信情报(C^4I)系统

综述 1999 年，世界各国在指挥控制通信计算机和情报（C^4I）系统的建设和发展上主要致力于以下 6 个方面：（1）解决计算机 2000 年问题；（2）加强电脑防御和攻击的能力；（3）努力建立信息优势；（4）进一步改进和加强 C^4I 系统的互通能力；（5）提高 C^4I 系统的机动性；（6）继续向战术系统乃至士兵系统倾斜。

战略 C^4I 系统 **美军着手解决 2000 年问题** 据美国《信号杂志》1999 年 1 月报道，美国国防部已向 2000 年问题宣战。除了试验和鉴定工作外，美军还将从大约 100 亿美元的信息技术预算中拨出 19 亿美元用于解决 2000 年问题，其工作范围从重写软件代码到更换所有的不适应 2000 年问题的嵌入式芯片。但这部分经费还只是临时补救措施。美国国防部认为，当鉴定和试验工作启动之后该项经费还须增加。美国国会已批准追加 11 亿美元。

为了确保各军种妥当地解决 2000 年问题，美国国防部长已授权给陆军部、海军部、空军部、各战区总司令和美国国防部各机构，由他们确保各自系统 2000 年问题的解决。

美国陆军解决 2000 年问题 据美国《陆军通信兵》1999 年 2 月报道，美国陆军用了不到一年的时间就完成了对其所有系统和装置 2000 年问题的确定，其中包括对部署在波斯尼亚的通信网、五角大楼的个人计算机和步兵武器系统的 2000 年问题进行的评估和确定。为了鉴别 2000 年问题和修改其软件代码，陆军各部门做了大量的工作。陆军宣称已符合美国国防部主要的 2000 年对策要求。

陆军采用了 3 种办法来确保 2000 年问题的解决：（1）周密规划和实际测试；（2）积极探索发现和解决嵌入式处理器 2000 年问题的途径；（3）可靠的应急计划。

美军 C^4 采购预算 据美国《防务信息和电子设备报告》1998 年 11 月 13 日报道，美军确定了陆军、海军和空军 1999～2001 财年的 C^4 采购预算和几个主要项目的经费预算。1999～2001 财年总的 C^4 采购经费为：

财年	1999	2000	2001
经费（亿美元）	32.02	34.53	34.70

1999～2001 财年几个主要项目的 C^4 经费预算为：

（1）战斗幸存者脱险定位无线电台

财年	1999	2000	2001
陆军（百万美元）	13.7	15.0	13.6
海军（百万美元）	1.9	–	2.2
空军（百万美元）	–	4.5	3.6
研究开发试验鉴定	–	10.0	10.7

（2）21 世纪部队战斗快速采购计划

财年	1999	2000	2001
经费（百万美元）	54.7	67.4	67.0

（3）综合电子战地面共用传感器/电子战发展计划

财年	1999	2000	2001
经费（百万美元）	38.5	38.6	55.5

（4）联合战术无线电系统

财年	1999	2000	2001
工程（百万美元）	10.1	13.3	12.3
开发追加	–	24.0	57.0

（5）21 世纪部队旅和旅以下战斗指挥计划

财年	1999	2000	2001
经费（百万美元）	–	71.4	68.2

（6）陆军战斗勤务支援控制系统

财年	1999	2000	2001
经费（百万美元）	14.5	13.0	10.8

（7）海军协同攻击系统

财年	1999	2000	2001
经费（百万美元）	1.936	1.786	1.757

（8）空军战术通信－电子设备

财年	1999	2000	2001
经费（百万美元）	30.1	40.3	98.5

（9）空军最低限度应急通信网

财年	1999	2000	2001
经费（百万美元）	1.5	4.4	36.8
其他：	－	11.4	15.5

美军开发新一代联网研究试验床　据美国《国际防务评论》1999 年 2 月报道，美国国防高级研究计划局最近选择了两个集团来开发下一代因特网的高级联网研究试验床。其中，一个集团由麻省理工学院等组成，另一个由 GST 电讯公司等组成。后者将在西雅图和圣迭戈之间建立一条超高速试验链路，用于试验比目前传输速度快 1 千倍的应用项目。

美军成立总司令互通计划办公室　据美国《陆军内参》1999 年 3 月 29 日报道，美国各军种新近分别成立了总司令互通计划办公室（CIPO），以提高联合作战中的指挥控制通信计算机和情报互通能力。陆军的总司令互通计划办公室设在蒙默思堡通信与电子司令部，空军的设在汉斯科姆空军基地，海军的设在空间与海战系统司令部。各军种的总司令互通计划办公室均由 20 人组成，并相互交换工作人员。

美军实施 JSTARS 计算机更换计划　据美国《军事与空间电子》1999 年 4 月报道，美军已开始实施联合监视与目标攻击雷达系统（JSTARS）的计算机更换计划。只要可能，联合监视与目标攻击雷达系统的主机、18 个工作站和数据设备将全部采用商用现货，例如用 Norfhrop 公司的服务器取代原军用 VAX 机等。这样可提高处理速度，减轻 170.25 千克，并可节约成本，加中央处理单元的成本只为原来的四分之一。

美军对其信息网络安全防护不满意　据美国《防务信息和电子报告》1999 年 3 月 26 日报道，美国国家科学委员会最近公布了应国会要求对国防部信息网络调查的报告。该报告指出，美国国防部对指挥控制通信计算机和情报系统的保护措施很不得力。报告提出了一系列建议，其中包括：经常对指挥控制通信计算机和情报系统进行模拟突然袭击；成立一个机构向指挥官直接提供防御支援等。

美国陆军探索移动式 C^3 系统　据美国《防务新闻》1998 年 12 月 16 日报道，美国陆军正在花费数千万美元来开发移动式指挥控制通信（C^3）概念。这种概念实质上是把美国陆军传统的指挥中心分成两部分，控制部分留在美国本土，而移动性较强的指挥部分则移至战区。美国本土的司令部称为控制节点，而在各地区部署的中心则称为指挥中心。

美军认为，将控制中心留在美国本土可大大减轻受攻击时遭到损害的程度，减少人员和设备部署的数量，同时还可确保向海外部署途中的部队连续不断地发送信息。

为此，美军研究开发中心正大量投资来研究开发各种有关技术，其中包括：无线局域网和无线电入口等。

美军将发射多路径超视距通信卫星　据美国《陆军内参》1999 年 5 月 17 日报道，美军将发射多路径超视距通信卫星（MUBLCOM）。该星直径 104.14 厘米，高 16.51 厘米，重量不到 45.4 千克，64 颗星组网，在低轨道上运行，可提供全球覆盖，能满足国防部对保密、移动、抗干扰通信的需求，也供政府和民间使用。此计划目前处于演示阶段。

美国防部提出 2000～2001 财年指挥控制通信的预算　据美国《信号杂志》1999 年 5 月报道，美国国防部正在制定 2000～2001 两个财年的预算。其中指挥控制通信预算两财年分别为 163 亿美元和 160 亿美元。按军种区分，美国空军所得最多，每年都达 84 亿美元。按功能领域区分，通信所得最多，两财年分别为 70 亿和 74 亿美元，指挥和控制方面为 47 亿和 48 亿美元，监视、战斗识别、导航定位和气象等方面为 33 亿和 32 亿美元。

美军联合勇士互通演示按期进行　据美国《军事信息技术》1999 年 4 月报道，美军 1999 年制定的联合勇士互通演示在 7 月 12～30 日举行，重点试验了联合和多国信息系统的互通能力，并首次把多国指挥控制系统整合在一起。一个联合宽域网能把美国、英国、法国和加拿大等八国和欧洲盟军最高司令部的军用网连接起来。所有参与国的保密网可在全球传送电子邮件和格式化附件。

美军 Milstar 二期卫星发射失败　据美国《空军杂志》1999 年 8 月报道，美军具有中速数据率（4.8 千比特/秒）的 Milstar 二期卫星于 1999 年 4 月首次发射失败。现美军正在研究如何使之从战略通信卫星向战术通信卫星过渡，同时还在开发其他后续系统，如高级极高频卫星和多路径超视距通信卫星

（MUBLCOM）。后者是一个由多个小型低轨道卫星组网的系统，造价较低，1999 年底将进行实验室试验。

美国与俄罗斯拟建立导弹预警中心 据美国《防务信息和电子报告》1999 年 5 月 21 日报道，为了避免计算机系统因“千年虫”问题而造成核虚警，美国拟与俄罗斯建立一个称为 U2K 战略稳定中心的导弹预警中心。它将建在美国科罗拉多州斯普林斯附近，由两国共同操作，以监视全球各发射场的情况。此外，两国还拟合作研制用于战区导弹预警的俄美观察卫星。

俄罗斯与美国共同研究 2000 年问题 据美国《防务信息与电子报告》1998 年 10 月 9 日报道，俄罗斯、美国与加拿大研究所高级专家罗果夫最近说，俄国国防部与军方现用的计算机 80% 可能面临严峻的 2000 年问题，其中包括天基系统、指挥控制情报系统和预警系统等。因此，俄、美两国国防部正在协商向对方核武器指挥控制设施增派联络官，以免因计算机 2000 年问题而造成误会。

中国台湾订购地球观察卫星 据《简氏防务周刊》1999 年 4 月 14 日报道，德国 Dasa 公司将为台湾研制一个地球观察卫星，称为 RocsatⅡ卫星。虽然按计划这是民用卫星，但它分辨率较高（2 米），也可供军用。台湾科委会主席说，该星将用于环境保护和渔业监视等目的，但如国防部成为该星用户，则该星也将用于军事目的。

中国台湾拟建立情报电子战地面部队 据美国《防务信息和电子报告》1999 年 6 月 4 日报道，美国国防部宣布，台湾向美国提出购买 5 套 AN/VRC－92E 单信道地面与机载无线电系统设备和 5 套安装在多用途轮式车上的情报电子战系统及有关设备，用以装备一支试验性的情报电子战地面部队。据称这些设备将主要用于保护台湾的通信不被进攻性通信破坏。全部交易的总额为 6400 万美元。

英军通用通信和信息业务管理系统获得成功 据《国际防务评论》1998 年 9 月报道，在 1998 年联合勇士演习中，英军用它的通用通信和信息业务管理系统对整个多国广域网（CWAN）进行了成功的管理，并用它顺利地连通了美国、英国、法国、北约、澳大利亚、加拿大、新西兰、西班牙和土耳其军队作战室中的 500 多种设备，受到了参与国的好评。此外，英军自己还进行了 47 项演示，其中包括为下车士兵研制的袖珍式态势感知设备。

英军“天网”计划进展顺利 据英国《简氏防务周刊》1999 年 3 月 10 日报道，英军于 1999 年 2 月发射的“天网”4E 通信卫星正在转入地球同步轨道。该星是“天网”4 第 2 期计划 3 颗星中的第 2 颗。第 3 颗“天网”4F 通信卫星将于 2000 年初发射。这些通信卫星将为英军提供保密的超高频和特高频通信能力，直至下世纪最初 10 年。按照计划，英军将在 2010 年之后实施“天网”5 计划。

英国陆军实施通用目标干线接入端口计划 据美国《信号杂志》1999 年 2 月号报道，英陆军为提高其快速部署能力，正在实施一项能加强其“松鸡”通信系统的通用目标干线接入端口（GHAP）计划。该计划正在研制中的标准接口可使英军系统与北约系统实现数字式互通，并可使远处的分遣队直接进入“松鸡”分组交换网移动入口。

法军开始“锡拉库萨”Ⅲ的研究工作 据美国《国际防务评论》1999 年 8 月报道，法军已经开始了“锡拉库萨”Ⅲ的研究工作。1998 年法国、德国和英国曾计划合作研制新一代欧洲军用通信卫星。在此之后，英国决定自行研制“天网”5。虽然德国仍在考虑与其合作，但法军现用的“锡拉库萨”Ⅱ卫星将于 2001 年部分失效，急需新星替换。“锡拉库萨”Ⅲ将工作在 X 和 IHF 频段，是全军用系统。

希腊购买 4 套机载预警与控制系统 据《国际防务评论》1999 年 1 月报道，以爱立信公司为首的集团最近与希腊签定了向后者出售 4 套 Erieye 机载预警与控制系统的合同，其金额为 5.75 亿美元。Erieye 将以巴亚航空公司的 EMB 145 喷气式飞机为平台，采用 Thomson－CSF 公司的保密数据与话音通信系统和敌我识别等系统。

挪威陆军将装备新一代移动通信干扰系统 据美国《国际防务评论》1999 年 1 月报道，挪威陆军即将装备以德国 Dasa 公司最新式 SGS 2000 系列通信干扰技术为基础的新一代移动通信干扰系统。该移动通信干扰系统的特点是能满足冷战后新的干扰需求。它工作在 1.6 兆赫和 3 千兆赫之间，包括高频、甚高频和超高频话音和数据通信、卫星通信、蜂窝电话、无人驾驶侦察机所用数据链路以及卫星导航系统等，并能干扰跳频电台。

保加利亚军队正在建立符合北约标准的 C^{4}I 系统 据美国《信号杂志》1999 年 4 月报道，保加利亚正在改组其军队，以争取下一轮加入北约。改组工作的重点是建立符合北约标准的指挥控制通信计算机和情报系统。目前保加利亚军方正在大力寻求北约组织上和技术上的协助，并派遣军官到美国接受指挥控制通信计算机和情报方面的训练。保加利亚军队高级领导还认为，保军面临的最大挑战是改变思维方式，而新的指挥控制通信计算机和情报系统技术是一种改变思维方式的工具。

澳美合作研制无人驾驶飞行器 据美国《电子防御杂志》1999年3月报道，澳大利亚军方决定与美国空军合作研制“全球鹰”无人驾驶飞行器。这是目前最先进的侦察用无人驾驶飞行器，能在2.2万米高空连续飞行42小时，飞行距离可达2.5～5.5万千米。澳大利亚将出资2000万美元，用于研制传感器和澳方设备的重新配置等。双方希望2001年“全球鹰”能投入将在澳大利亚北部举行的联合演习。此外，美军还在研究把“全球鹰”作为空中交换站使用。

多国MIDS系统将进行飞行试验 据《简氏防务周刊》1998年11月11日报道，法国、德国、意大利、西班牙和美国联合研制的多功能信息分发(MIDS)系统即将进行飞行试验。多功能信息分发系统比联合战术信息分发系统（JTIDS）的造价低得多，其规模大约为联合战术信息分发系统的1/2。它将与北约的Link－16直接接口，能提供保密抗干扰的数据和话音通信，并具有识别和导航等功能。1999年将制定MIDS的生产计划。可能生产4000部多功能信息分发系统终端。用于飞机、战舰、潜艇和导弹等平台。

战术C^4I系统 **美国陆军将部署轻型地基通用传感器** 据美国《电子防御杂志》1998年9月报道，美国陆军即将部署轻型地基通用传感器（GBCS－L)。这将是陆军最新的信号情报系统，也是陆军情报和电子战通用传感器（IEWCS）系列中的第1个部署系统。然后，陆军还将部署EH－60L高级“决定”直升机和重型地基通用传感器（GBCS－H)。

美军$FBCB^2$系统被列入横向技术综合倡议 据《陆军内参》1998年9月7日报道，美国陆军21世纪部队旅和旅以下作战指挥（$FBCB^2$）系统近日被正式列入横向技术综合倡议。其“附加式（Applique)”系统于1998年秋成功地通过了有限用户试验。硬/软件性能均较1997年11月数字化师演习时有明显提高，但在数据传输和互通等方面尚需做进一步的改进。

美国陆军机载指挥控制系统面临问题 据《简氏防务周刊》1998年12月2日报道，美陆军以UH－60“黑鹰”直升机为平台的机载指挥控制系统(A^2I^2S）的改进计划面临两大问题。一是经费短缺，只能改进133个平台，而不是所需要的207个平台。再就是机型的选择，尽管已有UH－60L和UH－60Q等更新型号，但近期的改进计划仍将采用UH－60A这一70年代的产品。

美国陆军将装备超视距报告与跟踪收发信机 据《防务信息和电子报告》1999年6月4日报道，美陆军即将装备一种称为Grenadier（掷弹兵）的超视距报告与跟踪收发信机，作为数字化与非数字化部队的主要联络工具。它依托全球定位系统等国家级和战区级信息系统，自动提供己方部队近实时的位置和时间等数据，并传输有限的报文。位置数据按预定的时间间隔（1或5或15分钟）刷新。该设备主要供无陆军作战指挥系统（ABCS）支援或无战术互联网的部队使用。

美国陆军修改指战员信息网计划 据《陆军内参》1999年7月19日报道，美陆军最近认为它原先的指战员信息网（WIN）计划不能满足数字化战场的要求，因而修订了WIN－T的作战需求文件，并将WIN－T的原名“指战员信息网－陆地部分”改为“指战员信息网－战术部分”。新的WIN－T将成为数字化部队的战术内部网，是战区以下直至营级的指挥控制通信计算机情报网，能在作战空间内各单元间提供移动保密、抗毁、无缝隙和多媒体连接。

美国陆军调整$FBCB^2$的测试计划 据《陆军内参》1999年7月报道，美陆军最近调整了21世纪旅和旅以下部队作战指挥系统的测试计划，将原定1999年10月进行的初次适应性作战试验与鉴定推迟至2001财年。但在此之前可小批量生产该系统的设备，以装备应在2000年建成的第1个数字化师。这次调整还将使21世纪旅和旅以下部队作战指挥系统今后5年的总费用增加约1.1亿美元。

俄罗斯研制出小型干扰机 据《电子防御杂志》1999年8月报道，俄罗斯一家公司研制出一种能干扰全球定位系统（GPS）和俄罗斯类似的全球导航定位系统（GLONASS）的小型干扰机。该干扰机的重量为3千克，体积为120×190×70毫米。它能用8瓦功率干扰全球定位系统的两个频段（1227兆赫和1575兆赫）和GLONASS的两个频段（1250兆赫和1607兆赫)。如使用与该干扰机配套的全向天线，可干扰对“战斧”巡航导弹的定位。

土耳其将装备战术地域通信系统 据《简氏国际防务评论》1999年4月报道，土耳其将于2001年装备第1个TASMUS战术地域通信系统。该系统具有5个节点，覆盖范围为200×200千米。目前正在研制三节点系统，预定于1999年底交货。

TASMUS战术地域通信系统采用ATM交换技

术，旨在为土耳其军级至营级的司令部提供“按需分配带宽（最大 20 兆比特/秒）”的话音、数据和视频链路，以便向战术指挥官提供近实时的通用作战空间概貌。同时，该系统还可向战术传感器和武器系统提供近实时的数据通信能力。

TASMUS 战术地域通信系统包含广域和局域子系统、移动子系统和系统控制单元，将 4.5 千兆赫无线电链路作为广域子系统间的承载电路，将卫星和邮电系统作为更高级司令部的通信链路。

德军研制多用途战术电台 据《国际防务评论》1999 年 9 月报道，罗德与施瓦茨联合公司为德国海、陆、空军研制了一种称为 M3TR 的多波段、多方式、多用途战术电台。这是一种由软件控制的电台，具有可编程波形能力。在多国联军作战中，可与英军“弓手”、法军 PR4G 和美军单信道地面与机载无线电台互通。这种电台有两种型号，一种是 MR3000H 型，另一种是 MR3000U 型。MR3000H 型电台的频率范围是 1.5～108 兆赫，输出功率为 20 瓦。MR3000U 型电台的频率范围是 25～512 兆赫，输出功率为 10～20 瓦，使用功率放大器后，输出功率可提高到 50 瓦。

英军将使用新的战区广域通信网 据《防务新闻》1999 年 4 月 12 日报道，英军计划在 2001 年将新的战区广域通信网（TWACN）投入使用。该通信网将耗资 9500 万英镑。

英国战区广域通信网包含与无线电接力机组合的电信交换设备。它可为英国联合快速反应部队的指挥部和空中、海上与陆上分队提供通信业务。战区广域通信网可将一系列现有的和计划中的未来军事通信系统连结成一个单独的无缝通信网络，被看作是未来战场数字化的关键。

英军“射手”通信系统采用 UDS 软件 据《简氏防务周刊》1999 年 4 月 21 日报道，英军的“射手”通信系统已确定采用用户数据业务（UDS）软件。该用户数据业务软件将成为英国陆军战术互连网的一部分并为“射手”系统提供数据通信与文电业务能力。用户数据业务软件是首次安装于公共基础设施战场信息系统（CIBIS）中的软件，它可用于前线士兵和司令部。

英军选定其机载远程雷达主承包商 据《电子防御杂志》1999 年 7 月报道，英国防部经过长期拖延后，最近选择了雷声公司作为其机载远程雷达（ASTOR）的主承包商，合同金额为 13 亿美元。该机载远程雷达能以两种方式（合成孔径雷达和活动目标指示雷达）工作，能昼夜和全天候监视广大战区，并以近实时方式提供经过处理的图像。

法国陆军将装备手持式电台 据《防务新闻》1999 年 5 月 10 日报道，法国陆军将装备 2000 部手持式电台。这种电台的型号是 TRC5051，是法国汤姆逊－GSF 通信公司按照法军装备总局的要求研制的。该电台在城区的通信距离为几百米，在野外的通信距离可达一千米。电台的重量为 150 克，大小和手机相似，使用可充电电池，一次工作时间为 12 小时。

法军“RITA”2000 通信系统投入使用 据德国《军事技术》杂志 1999 年 2 月报道，1998 年底，在法国南部和地中海地区举行了有法国、意大利、西班牙和葡萄牙参加的 EOLE98 联合维和演习。此次演习的主题是部署北约部队，并通过提供和实现多国联合部队指挥所的通信和指挥来演示法国通信系统的能力。

构成作战级电信网的 ATM 交换台站是由汤姆逊－CTF 通信公司提供的，作为“RITA 增值”计划的一部分。这是世界上第 1 个战术多媒体交换网，可提供话音、数据、可视电话、电视会议、传真和电子邮件服务、本地网络互连服务以及各种军事和民用接口。该系统中引用了“RITA－2000”技术，以支持战区联合特遣部队指挥部的电信网络。演习表明，“RITA－2000”系统完全切实可用。

罗马尼亚决定购买北约综合电子战系统 据《简氏防务周刊》1998 年 11 月 11 日报道，罗马尼亚政府决定在 1999 年拨款 3000 万美元采购北约的标准综合电子战系统，以装备其快速反应部队。该系统能截收、识别敌方的电磁信号并对其定位，还能为指挥官提供实时通信能力，而且能与北约成员国的系统实现互通。

（程洪涛、宋鲁成）

电 子 对 抗 装 备

综述　1999 年，随着信息战理论的发展，世界各国围绕信息战进行的部队建设和装备发展取得初步成效。世界各国针对新形势下的作战需求以及本国的实际情况，不断调整电子战装备的发展重点。北约轰炸南联盟，从实战中检验了西方国家的电子战作战能力和电子战装备的作战效能，对电子战装备的发展提出了新的发展依据。第三世界国家仍然主要通过购买电子战装备来提高本国的电子战能力。

随着计算机网络在社会各个领域的应用日益广泛深入，围绕计算机网络展开的对抗日趋激烈，计算机网络安全问题突出，网络入侵探测和攻击技术的开发倍受重视。特别是在发生冲突时敌对双方对对方计算机网络的攻击不断升级，计算机网络不断受到“黑客”和“病毒”的侵扰，因此，世界各国普遍重视对计算机网络的防护。美国在加强计算机攻击试验的同时，各军兵种和重要部门各自采取一系列措施保证网络的安全，国防部成立了新的计算机网络战中心，负责在未来的战争中开展计算机网络对抗。俄罗斯、英国、法国及很多第三世界国家也都成立了相应的机构，并广泛开展计算机网络对抗技术的研究。

电子战新概念武器经过多年的发展，有些已陆续装备部队并具备实战能力，使电子战的硬杀伤手段大大增加。俄罗斯电磁脉冲弹已装备部队，对付计算机的“电子炸弹”也已研制成功，并且研制出喷射式电子战诱饵。美国在空袭南联盟时使用的电磁脉冲弹和石墨炸弹取得巨大成功。印度的大功率微波武器试验系统研制成功。此外，电子防御研究取得进展，美国、瑞典等国开发了对雷达隐形的受激等离子体天线，俄罗斯展示了新型抗反辐射导弹诱饵。

随着全球定位系统（GPS）在武器制导和导航等方面的大量使用，各国广泛开展的对 GPS 的干扰与反干扰研究取得很大进展。俄罗斯公开展示了 GPS 干扰机，美国国防部进行了大量的干扰 GPS 系统试验，第三世界国家也都广泛开展了对 GPS 系统的干扰研究。

由于作战飞机面对的防空雷达系统的不断发展，以及现代空战中以小机群作战形式为主，对飞机的自卫干扰提出了更高的要求，仅靠机载干扰机已难以对载机提供有效保护，在这种情况下，有源诱饵的作用日益明显，作战飞机对拖曳式诱饵的需求量越来越大。美军在光纤拖曳式诱饵正式投入生产以前，增加对 ALE－50 的订购量。英国、德国、瑞典等国都已公开展示研制的拖曳式诱饵，一些已陆续装备本国的作战飞机。无人机的开发应用普遍受到各国的重视，应用范围不断扩展。此外，各国重视对直升机、运输机等低速平台加装电子战装备，以提高其生存能力。各国为新一代战机定制的电子战装备将陆续到位。

未来海军主要面临的是沿海作战，海军电子战装备的发展主要适应沿海作战的需要。舰载电子战装备的发展除了继续重视发展舰外诱饵外，注意发展新型电子侦察装备。很多侦察装备除了满足作战需要外，还将应用于平时的反走私、缉毒等任务。

EF－111 电子战飞机退役对美空军电子战能力的影响在对南联盟的空袭中显露出来，因此美国一方面除了积极改进 EA－6B 电子战飞机外，还在积极选择下一代电子战飞机，以保证美军有足够的电子战支援干扰能力。美军主战飞机则大量订购拖曳式诱饵以提高生存能力。

近年来俄罗斯开始向外界展示其先进的电子战装备，逐步扩大电子战装备的外销。俄罗斯对电子战新概念武器的研究和开发一直走在世界前列，大功率微波武器、等离子体喷射式诱饵等已研制成功。

周边国家和地区仍在积极发展本国的电子战力量，重点仍是增强预警能力，提高主战平台的电子自卫干扰能力。一些东南亚国家在度过金融危机后，继续执行因危机延缓的采购计划，为主战兵器订购美国等西方国家的电子战装备。韩国继续引进美国装备，加强其 F－16 等主战飞机的电子战能力。

地面电子对抗装备　**中国正在开发雷达波吸收材料**　据美国《电子防御杂志》1999 年 5 月报道，中国正致力于开发用于歼轰－7 和坦克及舰船的雷达波吸收材料。编号为 BD21 系列的雷达波吸收材料将用于降低歼轰－7 战斗轰炸机、坦克和水面舰艇，特别是新近建造的“陆海”级舰艇的雷达反射波。歼轰

-7 的改进计划就是在其外部涂敷一种称为 SF18 的雷达波吸收材料，飞机外部不作任何改动。

SF18 雷达波吸收材料可吸收 2～18 吉赫频率范围的雷达波，吸收衰减可达 -10 分贝，相对吸收率超过 60%。此外，中国还可能在歼-8Ⅱ飞机以及其他战斗机、轰炸机和巡航导弹上采用这类技术。据报道，用于坦克和水面舰艇的 SM07 雷达波吸收材料的工作频段和吸收率与 SF18 相似，吸收衰减可达 -10 分贝。

美军大功率微波武器随时可投入使用 据美国《航空与航天技术周刊》1999 年 6 月 7 日报道，美国专家近日称，一种新型大功率微波武器可随时参战。在对南联盟空袭中没有使用这种武器是因为美军想暂时保留这种能力，以便对付军事技术更先进的敌人。这种大功率微波武器由制导炸弹或巡航导弹投掷，飞到目标附近几米爆炸，产生的大功率微波脉冲可使计算机和通信设备中的电路失效。在天气好时该系统的有效范围有足球场大小，天气不好时有效范围缩小。

大功率微波是通过设备的天线、导线、失效的屏蔽部件或设备缝隙等进入设备内部，耦合到电子部件上，从而对电子部件造成破坏。

美军研制的常规爆炸驱动的大功率微波武器中，有一个产生有源电场的线圈，爆炸时压缩电磁场而产生电脉冲，这种装置被称为爆炸泵浦通量-压缩脉冲发生器。洛斯·阿拉莫斯实验室把武器峰值输出功率增加到几十太瓦（1 太 $=10^{12}$）。同时随着武器制导精度的提高，降低了对大功率微波武器的功率要求，进一步实现武器的小型化。

美国国防部进行干扰全球定位系统（GPS）实验 据《电子对抗技术》1999 年第 4 期报道，美国国防部 1999 年 3 月进行一项实验，对东部海岸的 GPS 系统进行干扰，以检验美国部队的导航系统在受到干扰时是否有所觉察。联邦航空局和海岸警卫队事先将实验时间通告公众，每周进行几次持续时间为 4 小时的实验。没有收到有关民用飞机因 GPS 信号受到干扰而出现导航问题的报道。

这项实验的目的是寻找保护 GPS 的方法，评估军队在卫星信号受到欺骗或干扰时受影响的程度。在已经完成的实验中，军方飞行员未能发现飞机导航系统受到干扰、飞机飞离航线等问题。军队建议，军用和民用飞机不应该仅仅依靠 GPS 来导航。另外，GPS 信号已经用于同步蜂窝电话和无线电话网络中，因此对 GPS 信号的发射和传输进行的干扰都会影响到军方的通信联络。为了对付干扰，国防部正在研制采用具有更好性能的滤波器、处理器和天线的新型 GPS 接收机。一些新型接收机也参与了这次实验。

美国陆军继续开发高能激光武器 据英国《简氏国际防务评论》月刊 1999 年 9 月报道，美国陆军空间与导弹防御司令部要求工业界帮助确定机动战术高能激光器（MTHEL）的方案，以便开发出能够在以色列、韩国和其他地区使用的型号。

第 1 种 MTHEL-I 型将于 2005 年部署，由美国和以色列联合研制的战术高能激光器先期概念技术演示系统衍生而来。MTHEL-I 由多个火力单元组成，将部署在以色列北部边界地区，以对付恐怖分子机动火箭发射器的攻击。它将和雷达、其他探测装置以及战场管理和 C^4I 网络配合使用。MTHEL-K 型和 MTHEL-I 型非常相似。K 型是应美军驻韩国司令部的要求开发的，将于 2007 年服役。

空间与导弹防御司令部把 K 型看作是未来增强型防空系统的探索试验型。陆军把增强型防空系统作为包括动能武器在内的武器系列，从而使陆军能够对付无人航空器、火箭、火炮和迫击炮炮弹。该系统计划于 2015 年投入使用。

美国成立计算机网络防御中心 据《电子对抗技术》1999 年第 6 期报道，美国国防信息服务局在弗吉尼亚州的阿林顿正式成立计算机网络防御中心的联合特遣部队。该机构监督国防部的计算机网络安全。在全球网络运作安全中心的剪彩仪式上，官员们指出新的办公室实际上在 1998 年 12 月就在运作，但直到 1999 年 6 月底，才证明其具有充分的作战能力。

该办公室雇用 33 名现役和 44 名后备役人员，对网络进行持续不断的监视，预防网络间谍的入侵。责任范围包括国防信息系统网。该中心密切关注大型任务中心，并向后勤、财政等提供信息处理支持。

美国陆军将实施联合情报监视和侦察计划 据美国《防务新闻》1999 年 2 月 1 日报道，美国陆军希望在 2000 年开始实施耗资 5800 万美元的联合情报、监视与侦察计划，以便让战场上所有的传感器（包括陆、海、空中的传感器）都能立即把战场情报发送到指挥员手里。该项计划是要研制一种适应于从战略到战术层次上所有传感器的信息管理工具。这种软件包可以安装在诸如陆军正在研制的战术互联网、旅级局域网和先进野战炮兵战术数据系统等绝大多数指挥控制系统里，用于选取传感器信息并把它转化成可供指挥决策用的信息，而且可以共享过去无法共享的信息。

美国中央司令部司令已经建议把这项计划列入

2000年的先期概念与技术演示计划，以便能在2～4年内装备部队。根据计划，将在2000年完成样机研制，2002年左右进行首次演示。

美国利用新技术改变电子战系统的尺寸 据美国《航空与空间技术周刊》1999年11月15日报道，美国的一些创新技术不仅使电子战系统的尺寸不断变小，而且也使其性能大大提高，从而使小型飞机和直升机也可安装高性能的无源电子战系统。最有影响的方案是通过共享雷达、电子战和通信等共享孔径来实现系统的小型化。

目前许多可资利用的技术，如数字接收机、波束形成技术、低截面接收天线等已处于工程发展阶段。美国国际电话电报公司研制的ALQ－211“一体化射频对抗”系统是这种技术动向的范例。这种一体化装置将以前多个功能分离的系统发展到共享的混合体系，雷达告警接收机和干扰机共享一个接收装置，干扰发射机与拖曳式诱饵相结合，既能以小功率诱骗，又能实施大功率干扰。

俄罗斯研制干扰计算机的“电子炸弹” 据美国《防务新闻周刊》1999年6月7日报道，瑞典国防部研究所购买了俄罗斯研制的模拟干扰计算机的台式振荡器，经过使用后，对其性能表示满意。

振荡器重35千克，公文包大小，可以产生频率为37千兆赫、功率高达10千兆瓦的脉冲微波信号，使10米范围内的计算机系统失效。这些指标足以构成对机载电子设备和军、民计算机的杀伤。

这种振荡器是俄罗斯8年前研制出来的，直到1994年政府才批准出口。该设备由俄罗斯叶卡捷琳堡电物理研究所和托木斯克强流电子学研究所共同研制生产。研究者反复强调，振荡器产生的是模拟信号，用于对计算机的屏蔽技术研究，距离作为实用武器还有很长的路要走。但是据电物理研究所所长称，在阿尔扎马斯地区的一个高度保密单位，已经研制出功率大得多、足于干扰电子设备的脉冲发生器。但政府官员不肯证实这种说法。

俄罗斯研制的全球定位系统（GPS）干扰机亮相 据美国《电子防御杂志》1999年8月报道，在当年的巴黎航空展览会上，俄罗斯推出了一种GPS干扰机，可有效干扰美国的GPS和俄罗斯的全球导航定位系统（GLONASS）。GPS干扰机的功率为8瓦，重量为3千克，体积为120毫米×190毫米×70毫米，可干扰GPS的1227兆赫和1575兆赫频段，以及GLONASS的1250兆赫和1607兆赫频段。这种干扰机既可以采用高增益天线，也可以采用全向天线。据称在无遮蔽情况下，使用高增益天线时，其有效干扰距离可达数百千米，其中包括干扰“战斧”巡航导弹的导航系统，使其不能准确攻击目标。因此GPS干扰机对未来战争具有重要作用。

美国专家认为，俄罗斯的GPS干扰机仅限于干扰C/A码接收机，在无遮蔽且GPS接收机工作在C码的条件下，干扰距离超过200千米。最近电子辐射公司对民用GPS接收机进行了测试，发现GPS接收机的易损性随干扰波形、GPS接收机的工作方式和地形遮蔽情况不同而有差异。按典型的接收机跟踪模式工作，8瓦宽带噪声干扰机的干扰距离可以超过40千米，音频干扰机的干扰距离超过80千米。如果提高接收机的抗干扰能力，将大大降低干扰机的作用。使用P码或备用的GPS频率，也可提高抗干扰能力。

俄罗斯推出改进型电子情报系统 据美国《电子防御杂志》1999年1月报道，俄罗斯SPEZ研究生产企业披露了对85V6电子情报系统改进的详情。改进的型号命名为85V6－A，标准配置包括3个车载SOPA85V6－A“猎户座”自动目标截获、测向和信号分析站、1个车载控制站和装在拖车上的4台柴油发电机。该情报系统为防空和电子战（包括对干扰源定位）应用而设计，其3个“猎户座”站与控制站最远可相距30千米，控制站通常与其中一个测向站配置在一起。每个测向站通过通信子系统将测量的辐射源数量、方位、信号参数和接收时间等参数传给控制站，最后根据这些参数通过三角定位法给出辐射源的位置。该系统有一个可容纳1000个目标数据的威胁库，手工调整天线方向，每隔6至10秒自动提交一次数据。系统的频率覆盖范围0.2～18吉赫，频率分辨力为1兆赫，脉冲延迟准确度为0.1秒。

俄罗斯的抗反辐射导弹诱饵系统 美国《电子防御杂志》1999年11月报道了俄罗斯无线电工程研究所研制的“卖报人”（газетчик）抗反辐射导弹系统。“卖报人”系统从主雷达获取功率，其组成包括与要保护的雷达相连接的独立的反辐射导弹检测单元、几个射频迷惑干扰装置，以及烟幕和诱饵投放装置。一旦检测到反辐射导弹，系统立即发出关闭雷达的指令，并启动一个或多个射频干扰发射机，迷惑反辐射导弹。如果面对的武器装备红外或光电寻的头，则使用系统的烟幕和诱饵发射装置。据报道，“卖报人”系统方位覆盖为360°，俯仰为90°。

印度即将研制成高功率微波武器试验系统 据英国《简氏防务周刊》1999年9月1日报道，印度称，巴巴原子研究中心研制的高能电子加速设备已进入最后组装阶段，1999 年底将进行测试。这是印度研制的第 1 种定向能武器试验系统，它产生的高功率微波（吉瓦级）能严重破坏敌方飞机和导弹上的电子设备和计算机集成电路。

该设备称为“千安培线性发生器－5000”（KALI－5000），1985 年开始研制，可将脉冲高能电子束能量转换成微波能量发射出去。目前，印度班加罗尔的科学家正利用 KALI 产生的微波测试正在研制的轻型战斗机机载电子设备的易损性。巴巴原子研究中心的科学家说，KALI 将使印度有能力提高星载和弹载电子设备的抗核电磁脉冲能力。KALI 最初是为工业应用研制的，系统重达 26 吨，体积过于庞大，使其小型化用于军事目的，尚需要一段时间。

中国台湾计划向美国购买地面电子战系统和反辐射导弹 据美国《电子防御杂志》1999 年 8 月报道，中国台湾已申请到美国政府的许可证，在美国采购 5 套以地面站形式部署的情报/电子战（IEW）系统，这是 6.44 亿美元交易的一部分。系统功能包括高频侦收、测向和通信干扰。5 套系统安装在方舱中，载车是具有高度机动性的轮式车辆。这笔交易还包括 5 套 AN/VRC－92E“辛克加斯”（SINCGARS）无线电系统和相关的服务与支持内容。台湾计划以这些装备建立一支试验性地面情报/电子战分队。另据美国《华盛顿时报》1999 年 12 月 24 日报道，台湾 1999 年 11 月提交的一份关于从美国购买防务装备的年度需求报告中将“哈姆”（HARM）高速反辐射导弹列为其中一项。这个报告指出，一部分五角大楼的官员支持将“哈姆”导弹出售给台湾是为了有效地对付大陆最近从俄罗斯购买的驱逐舰。但有些国务院的官员对此持反对意见，担心台湾会用“哈姆”导弹对付大陆的雷达。该报告没有列出所要导弹的数量和价格。

澳大利亚研制能躲避雷达探测的受激等离子体天线 据英国《新科学家》杂志 1999 年 11 月 27 日报道，澳大利亚国立大学 11 月中旬在等离子体物理国际会议上披露，他们已研制出一种可以在零点几秒内变得使雷达无法探测的新型等离子体天线，以代替常规金属天线，并正在对 2.5 米便携式天线样机进行军用试验。

这种天线外观上像个大型的荧光灯管，等离子体被禁锢在里面。借助天线底部的单金属电极，无线电波被馈入到装有惰性气体的防震绝缘管中，并向天线顶部运动。电波边运动边夺去路径上气体分子的电子，使气体电离，形成受激等离子体。自由电子在管内流动，使得等离子体体现出金属特性。天线在发射模式时，电子受迫振荡，产生携带无线电信号的电磁波；在接收模式时，引入的无线电波以同样的方式引发电子振荡。这种天线最显著的特点是，一旦等离子体天线底部的电极关闭，天线管中的气体立即变为中性，雷达视天线如空气一样不可见。

捷克生产新型信号情报系统 据美国《电子防御杂志》1999 年 1 月报道，捷克生产出 2 套新型信号情报系统。第 1 套设备称为 BORAP“无线电技术”侦察系统，其侦察对象是以甚高频（中心频率为 100 兆赫）工作的数据链和在 0.8～18 吉赫频段上的机载雷达、干扰机、导航和识别系统。该系统由机动和固定站组成，能自动跟踪和瞄准辐射源，最大检测距离达到 450 千米，能同时识别 50 部雷达和 200 个辐射源，可向外部用户提供对辐射源的“重访”、技术分析及提供数据等。第 2 套设备称为 SDD“无线电电子”监控系统，主要用于侦测 0.8～8 吉赫频段的地面雷达。与 BORAP 相似，SDD 对辐射源的自动跟踪和瞄准距离达 600 千米，并能对辐射源定位、评估接收信号参数。为了达到这个探测距离，系统采用了对流层探测技术。

舰载电子对抗装备

美国海军先进综合电子战系统完成初步设计审查 据美国《电子防御杂志》1999 年 10 月报道，由洛克希德－马丁海洋、雷达与传感器公司为美国海军研制的先进综合电子战系统 AN/SLQ－2（V）近期完成了初步设计审查。海军制定的先进综合电子战系统计划旨在研制海军下一代舰载电子战系统，以适应未来近海作战环境下多层次协调监视与对抗的需要。该系统将取代 AN/ALQ－32（V）、AN/WLR－1H（V）和 AN/SSQ－82（V）舰载系统，并最终与舰上的作战系统综合。目前此系统正以两种扩展形式进行研制。第 1 种是研制开放式系统体制结构，具有精确的电子支援侦察能力，能了解更多的战术情况；第 2 种将包括安装射频和红外对抗/电子进攻子系统。

先进综合电子战系统被指定安装到“阿利·伯克”级驱逐舰和“提康德罗加”级巡洋舰（分别为 DDG－51 和 CG－47），“企业”号航母，“圣安东尼奥”、“黄蜂”（Wasp）和“惠特贝岛”级两栖舰上。

美国海军新型电子支援系统进行海上试验 据美国《电子防御杂志》1999 年 4 月报道，美国海军对改进型 AN/WLR－1H 电子支援系统进行海上试验。美国宽带系统公司获得初值为 130 万美元的合同，维修改进 AN/WLR－1H（V）5 系统，延长其使用寿命，最终将生产一种新型的电子支援系统——AN/

WLR－1H（V）7。新系统将只保留（V）5 系统的天线，其余部件将被修改或替换，系统的 35 个外场可更换部件在新系统中由 5 个替代，整个系统的重量从 3000 多磅降低到约 200 磅，到达时间的测量精度将提高到 0.5 纳秒级。AN/WLR－1H（V）7 装有宽带系统公司研制的瞬时测频接收机和信道化超外差接收机，还有两个奔腾处理器、两个 20 英寸的平板显示器以及 1 部专用天线。系统可覆盖 0.5～18 吉赫范围，有自动和人工分析工具来识别辐射源，还有适应沿海地区密集信号环境的先进处理器。

AN/WLR－1H（V）7 于 1999 年 5 月开始交付，6 月开始在“艾森豪威尔”号航母上进行海上试验。目前该系统已经引起中东和远东地区一些国家的兴趣。埃及计划为其 2 艘“穆巴拉克”级护卫舰采购这种系统。

美国海军为近海作战选用新的电子支援系统 据《航天电子对抗》1999 年第 2 期报道，美国国防部特种技术办公室已经为美海军机动近海水下作战选择了新的电子支援系统，即由传感器系统（Sensys）技术有限公司制造的“郭公鸟”（Roadrunner）电子支援系统，用于近海地区的海面、海岸和水下监视。

选用新型电子支援系统是海军机动近海水下作战系统改进计划的一部分，改进工作包括增加硬件，改善近海水下作战能力，要求在对付变化的威胁环境的同时，确保与舰队系统的兼容性和互通性。增加的硬件有：热成像传感器、X 频段地面搜索雷达和跟踪系统、改进的 SQR－17A 声纳处理器、图像数据融合系统、无源水下阵列传感器以及改进型电子支援系统。电子支援部分使用的是 ALR－66（V）3 系统。预计在近 2 年内，绝大多数近海水下作战部队的装备都将得到改进。

美国特种作战舰艇装备新型电子支援系统 据《航天电子对抗》1999 年第 2 期报道，根据“隐蔽”计划，美国海军将在“马克”V（Mark V）特种作战舰和“龙卷风”（Cyclone）级海岸巡逻舰上装备新型电子支援系统，用于监视海岸活动，在支援两 栖战、水雷战、海上防御、海上运输保护和缉毒任务中，协助进行指挥、控制与通信。在作战区域，它们还可以用于跟踪和识别作战区域内的所有机载、水面和水下电子活动。

新型电子支援系统是传感器系统（Sensys）公司制造的 WBR－2000 系列“山猫”（Bobcat）型电子支援系统。这是一种宽带瞬时告警系统，工作在 2～8 吉赫。从截获信息到显示约需 1 秒。初始合同 630 万美元，要求提供 17 个系统，潜在需求为 29 个系统，约 990 万美元。

美国海军装备新的模拟器 据美国《电子防御杂志》1999 年 5 月报道，美国海军航空系统司令部与美国阿默斯特（Amherst）系统公司签署一份合同，提供机动式远距离辐射源模拟器。阿默斯特系统公司在 1992 年曾经向海军提供过性能与此类似的固定安装式系统。机动式系统的最初定价为 4.9 万美元，总合同价值可能为 17.8 万美元，订购 3 套系统。

这种模拟器为中高功率机动式模拟器系统，用于舰艇和飞机上的测试和训练。它能模拟工作在 2～18 吉赫频段上的现代雷达，还能接收、分析和识别直接照射到系统上的干扰信号。该系统计划于 2000 年底交付海军使用。

英国选择新的红外诱饵弹 据美国《电子防御杂志》1999 年 3 月报道，英国皇家海军与英国切姆林对抗（Chemring Countermeasures）公司签署了 3 百多万英镑的合同，内容包括提供 1000 枚 130 毫米新型舰外反导热红外诱饵弹。这种炮弹采用迫击炮发射，适用于“海蚊”和超级快速散开舰外干扰（“超级尔博克”）诱饵发射系统。切姆林公司称，新型红外诱饵弹在性能和原理上与北约装备的 Mk 245 红外弹相似，并可互换使用。

英国向荷兰提供舰载电子战系统 据《电子侦察干扰》1999 年第 1 期报道，英国雷卡雷达防御系统公司向荷兰皇家海军供应新一代电子战系统，装备于“德·泽文·普罗文森”（De Zeven Provincien）级护卫舰上。这种称为“军刀”的系统包括以下几个分系统：桅杆上的电子支援天线和处理器、甲板上的两部干扰发射机、甲板下的电子支援设备和一个操作员工作台。电子支援分系统以雷卡防御系统公司供应给皇家海军的 UAT 电子支援侦察设备为基础，覆盖 0.5～18 吉赫（可扩展至 40 吉赫），在 0.5～2 吉赫和 2～18 吉赫频段的精度分别为 2°和 4°，灵敏度的典型值为－62 分贝毫瓦，工作环境的脉冲密度为每秒 10^6。

系统的每个干扰单元由接收机分系统、含数字射频存储器的技术发生器、可控的发射机单元、两个相控阵发射机单元和稳定平台组成。该发射分系统的总有效辐射功率高达 180 千瓦，能在 180°扇区内同时干扰 6 个威胁目标。

澳大利亚为护卫舰订购电子支援系统 据美国《电子防御杂志》1999 年 10 月报道，以色列拉斐尔公司将向澳大利亚提供“西皮尔”（C－PEARL）电子支援系统，安装在6艘澳大利亚皇家海军护卫舰上，作为“阿德莱德”级导弹护卫舰改进计划的一部分。

“西皮尔”电子支援系统能用一个小型天线阵在复杂电磁环境下自动检测和识别威胁。系统还可安装在潜艇上。澳大利亚还计划为“科林斯”级潜艇和“安扎克”（ANZAC）舰订购这种电子支援系统。

机载电子对抗装备 **中国战斗机装备新型电子战吊舱** 据美国《电子防御杂志》1999年4月报道，中国研制了3种新型作战吊舱用于歼－8ⅡM战斗机。这3种吊舱分别是导航吊舱、干扰机吊舱和前视红外激光吊舱。第1种命名为“蓝天”低空导航吊舱，由第607研究所（无锡）研制，也适用于中国新型JH－7/FBC－1战斗轰炸机。干扰机吊舱又称为KG300G机载自卫吊舱，由西南电子装备研究所研制。由第613研究所研制的前视红外激光吊舱，据说至少在外观上和洛克希德－马丁电子与导弹公司制造的“LANTIRN”吊舱相似。这些新型吊舱将使歼－8ⅡM战斗机在出口市场上更具竞争力。

美军考虑发展下一代电子战飞机 美国一些分析家和空军前官员认为，EF－111电子战飞机退役大大削弱了空军电子战能力。在科索沃战争中，EA－6B是最忙的一种飞机，盟军飞机的各种作战行动只能依靠海军和海军陆战队的26架EA－6B电子战飞机支援，既要保护普通的攻击飞机，还要为F－117和B－2等隐形飞机提供保护，电子战飞机显得明显不足。由于EF－111退役后没有替代机种，五角大楼希望EA－6B能飞到2015年。但空军认为，由于使用率太高，EA－6B可能到2010年就不得不退役。

美国空军在取代EA－6B飞机上至少有3种选择：采用具有内装干扰能力的“联合攻击战斗机”（JSF）的一种派生型；采用无人干扰飞机，最有可能采用的是巡航时间长达40小时的“全球鹰”高空无人机；采用能发射到威胁区域的一次性干扰机和诱饵。3种方案中最有希望的是采用JSF作为干扰飞机。美国海军则希望2000年开始为期两年的替代机种候选方案研究。可供选择的EA－6B替代机种包括：F/A－18F飞机的双座“G”型、无人机等。

研制电子战飞机的最大困难在于，在航程、速度和防御能力方面，它必须同要保护的飞机相当。美军目前正在研制的先进战斗机有“联合攻击战斗机”（JSF）、F/A－18E/F、F－22和F－15E。因此从理论上说，未来的电子战飞机必须具有与它们相同的航程、速度以及巡航和防御能力。（参考资料：《航空周刊》1999年10月28日、美国《每日防务》快报1999年5月5日、美国《防务新闻周刊》1999年9月13日）。

美国增强型干扰机冲击军火市场 据《电子侦察干扰》1999年第3期报道，美国诺斯罗普·格鲁曼公司正在用增强型AN/ALQ－162机载干扰系统，扩展欧洲、中东以及本国的军火市场。这种以前称为“影子盒”（Shadowbox）2的干扰机，在原来干扰连续波雷达的基础上，增加了干扰脉冲多普勒雷达的能力。

挪威皇家空军已决定在F－16战斗机的中期寿命更新计划中，采用增强型的AN/ALQ－162（V）干扰机，空军的多数F－16飞机采用以行波管作为发射管的基本型干扰机，计划有一个中队的飞机装备采用新的微波功率模块的增强型干扰机。与行波管相比，微波功率模块不仅功率提高了两倍，而且重量小、成本低。对于进行空对地攻击的F－16飞机，公司还将增强型AN/ALQ－162（V）与AN/ALQ－131干扰吊舱、AN/ALQ－213电子战管理系统以及导弹逼近告警系统综合一体化，供用户选择。增强型AN/ALQ－162（V）的潜在用户包括芬兰（计划装在“北欧人”（Nordic）直升机）、埃及（AH－64“阿帕奇”攻击直升机）和沙特阿拉伯（AH－64和UH－60直升机）。

在美国国内，公司已建议美国陆军第160特种作战航空团在其CH－47“支奴干”和UH－60直升机上，对ALQ－162（V）进行飞行试验。

美国空军设想在联合攻击战斗机（JSF）上安装电子战设备或定向能武器 据美国《每日防务》快报1999年9月15日报道，洛克希德－马丁公司负责联合攻击战斗机的项目主管称，美国空军和海军设想在短距起飞垂直降落型联合攻击战斗机上安装电子战设备或战术定向能武器。联合攻击战斗机的这种电子战型可以替代海军的EA－6B飞机和空军的F－16CJ飞机，用来进行电子战，压制敌防空系统。自1998年EF－111飞机退役以后，EA－6B是美军唯一保留下来的专用电子战干扰飞机。美军在空袭南联盟中，EF－6B和F－16CJ发挥了很大的作用，但也暴露出电子战飞机的不足。

联合攻击战斗机的电子战设备置于机体内，不需要外挂式电子战吊舱，比EA－6B和F－16CJ的隐形性能更好。

美国ALE－50拖曳式诱饵订购量成倍增加 据《航空周刊》2000年1月6日报道，美国雷声公司研制的ALE－50拖曳式诱饵在科索沃冲突中证明其很有价值，受到美国空军的重视。美国空军在 1999 年上半年订购了 1509 枚诱饵，而在 8 月份又增订了 1596 枚。雷声公司已经总共向美国空军和海军交付了 4000 多枚这种诱饵。ALE－50 由发射器携带，并在适当的时机用拖缆施放出来，拖在飞机的后面。诱饵中装有射频转发器，可将接收到的雷达信号转发出去，吸引雷达制导的导弹偏离飞机，打向诱饵。诱饵的电源由飞机通过拖缆供给。

美军目前大量订购 ALE－50 是为了填补由于研制 ALE－55 出现挫折，而光纤拖曳式诱饵尚在研制试验阶段所出现的空白。

美国光纤拖曳式诱饵完成飞行试验　据美国《电子防御杂志》1999 年 4 月报道，美国桑德斯公司于 1999 年 3 月演示了光纤拖曳式诱饵的飞行稳定性试验。试验在配有这种诱饵的 U－2 飞机上进行，诱饵安装在飞机的全球定位系统吊舱内，飞行高度为 3048～20726 米。

光纤拖曳式诱饵是综合防御电子对抗射频干扰计划的机外拖曳部分，其大小与 ALE－50 相当。综合电子对抗系统有 3 种工作方式：在压制阶段，系统检测到威胁信号后，技术发生器产生所需信号，或送到机上发射机，或通过光纤拖缆传到诱饵，施放压制性干扰；欺骗阶段，系统采用转发式干扰，破坏敌方对飞机的跟踪；最后阶段，当系统检测到导弹发射时，系统提供末段干扰，确保导弹偏离飞机而去攻击拖曳式诱饵。安装光纤拖曳式诱饵的平台很多，包括美国空军的 U－2、B－1B、F－15C/E、F－16，美国海军的 F/A－18E/F 等。预计这种光纤拖曳式诱饵在近 2 年内投入生产。

美国试验新型红外拖曳式诱饵　据《航天电子对抗》1999 年第 3 期报道，美国海军于 1999 年 3 月在海军空战中心用 QF－4 靶机，测试一种具有创新性的机载“灵巧”红外拖曳式诱饵，以对付红外制导导弹对载机构成的威胁。

红外拖曳式诱饵与 AN/ALE－50 雷达拖曳式诱饵使用相同的投放装置。红外诱饵采用拖曳式投放可避免投放红外诱饵弹存在的燃烧时间短、不能随载机运动、红外特征单一等问题。机组人员可通过拖缆控制拖曳式红外诱饵上的自燃材料的投放量，从而可控制红外信号特征的变化，根据载机的不同，产生不同的红外特征，对红外制导导弹形成更强的欺骗效果。

美国试验直升机载电子战设备　据美国《航空与航天技术周刊》1999 年 5 月 31 日报道，美国波音公司正在 AH－64D“长弓·阿帕奇”直升机上为美国陆军试飞直升机载下一代电子战设备。这种由国际电话电报（ITT）公司研制的 ALQ－211 综合射频对抗设备重 45 千克，有雷达告警、有源干扰以及无源射频目标探测与识别功能，并可显示在数字地图上。该系统可大大提高旋转翼飞机的电子对抗能力，此外还可用于 V－22、U－2 等固定翼飞机，或用于改造老式的小型飞机。

ALQ－211 可对抗脉冲、脉冲多普勒、连续波和单脉冲威胁。有源干扰覆盖 H～J 频段，将来可扩展到较低的微波（E～H）和更高的毫米波（J～K）频段。接收机则从 C 频段扩展到 M 频段，采用 10 个参数识别辐射源，因此比一些采用两个参数识别辐射源的告警接收机具有更高的精度。在地面模拟试验中，该系统可发现俄制 SA－15 地空导弹和“通古斯卡”2S6M 防空系统的探测，从而进行规避。而不装备 ALQ－211 则做不到这一点。

首批改进型 EA－6B 电子战飞机交付美国海军　据美国《电子防御杂志》1999 年 2 月报道，美国海军已经从诺斯罗普·格鲁曼公司接收了第一批 20 架 EA－6B“徘徊者”电子战飞机。这次对飞机的通信、航空电子设备、信号处理器和通用激励器等进行了改进。

此次对 EA－6B 飞机的改进也是为了弥补由于空军 EF－111A 电子战飞机的退役造成电子战能力的不足。对飞机的改进将确保其与美国其他部队的相互适应性，包括对雷达干扰机系统增补 9/10 和 0/3 频段的发射机。另外还安装了 AN/ARC－210 高频无线电台以及对 AYK－14 系统的改进。这次改进将为“徘徊者”电子战飞机的下一个改进计划作准备。据诺斯罗普·格鲁曼公司透露，今后每月按计划向海军交付 1 架飞机。

美国空军改进空袭南联盟的 B－1B 电子干扰设备　据《航空周刊》1999 年第 18 期、《电子侦察干扰》1999 年第 2 期报道，美国空军对用于轰炸南联盟的 5 架 B－1B 轰炸机进行应急改进，以提高其电子干扰能力。这项工作由空军和承包商联合小组共同完成。新的电子干扰能力是为了对抗南联盟特定的防空与干扰系统，以便使飞机能在高威胁区域飞行。这些改进是按照美国空军战斗司令部的命令在不到 4 天的时间内研制、试验并加到 5 架 B－1B 飞机上的。改进工作主要涉及修改 ALQ－161 电子战系统的作战软件，由 AIL 公司、雷声公司和波音公司共同参与。过去进行这样大的电子干扰软件改进工作通常需要几个月的时间。

美国小型空中发射诱饵（MALD）进行飞行试验　据《电子侦察干扰》1999年第2期报道，美国空军完成了小型空中发射诱饵（MALD）的首次飞行试验。小型空中发射诱饵是由F-16战斗机从6960米的高空发射的，在空中的飞行速度为0.7马赫。按照设计要求，诱饵能够以高亚音速，在约1万米的高空，飞行距离超过463千米。诱饵采用GPS导航，重100磅，翼展64厘米，长度238厘米。计划生产3000个诱饵。

小型空中发射诱饵的主要载荷是由诺斯罗普·格鲁曼公司的电子和系统综合分部研制的信号特征增强分系统，可模拟飞机的雷达回波信号，使敌方导弹和雷达跟踪诱饵。小型空中发射诱饵的任务计划和飞行管理系统是马可尼综合系统公司的产品。诱饵发射出去后，无需载机和地面站的引导，而是依靠其内部的GPS导航系统完成任务。为了降低成本，据说诱饵上85%的部分都是商业产品。

美国完成新型红外对抗系统试验　据英国《防务系统日刊》1999年8月25日报道，美国诺斯罗普公司近期演示了一种基于“毒蛇”（Viper）小型固态中红外激光器的新型定向红外对抗系统。该系统可用定向红外激光能量，同时使3千米处的4枚导弹的导引头失效。

在试验中，系统安装在“黑鹰”直升机的侧面，通过发射模拟导弹来检验系统的功能。直升机作为自主系统，将激光引向目标，摧毁了不同距离和高度上、使用2种不同波段的4枚导弹的导引头。这也是“毒蛇”系统第一次成功进行的全方位、任意平台、多波段条件下的激光干扰试验。

俄罗斯展示新型喷射式电子战诱饵　据《电子对抗情报》1999年第1期报道，俄罗斯航空贸易公司展示了一种歼击机装备的用于自卫的新型电子战诱饵——KJIЦ等离子体喷射式诱饵。这种诱饵可对付来袭的红外制导、激光制导和雷达制导导弹。在对付红外制导的空空和地空导弹时，其方法是向飞机发动机的尾喷气流中注入一种燃料，让其在一定距离上迅速燃烧，在飞机后面空域的一定距离上形成一个燃烧区。随着飞机向前飞行，不停地向燃烧区内喷射燃料，这样就形成了一个与飞机飞行速度相同、并始终与飞机保持一定距离的运动燃烧区。这个燃烧区就形成了燃烧式诱饵。如果在燃料中加入特制的材料，还能形成等离子体燃烧区，对制导雷达系统形成欺骗。如果加入一种特制的粉末，则燃烧区的反射特性可对激光制导装置形成干扰。这种系统可用于各种作战飞机，对付多种导弹的攻击。

韩国的F-16装备机载自卫干扰系统　据《电子侦察干扰》1999年第2期报道，美国为韩国的F-16战斗机装备AN/ALQ-165机载自卫干扰机（ASPJ）系统的研究工作已经完成，1架F-16战斗机在沃斯堡进行改装，计划在进行飞行试验前，先进行暗室试验。ALQ-165是由美国诺斯罗普·格鲁曼和国际电话电报公司研制的综合一体化电子战系统，能削弱和破坏敌方雷达的跟踪能力。提高F-16战斗机在作战中的生存能力。韩国是美国对F-16战斗机加装ALQ-165的首家国际客户。计划要求韩国所有的F-16飞机都安装ALQ-165，并于2000年中完成。F-16战斗机装备的ALQ-165与ALR-56M雷达告警接收机和ALE-47箔条/红外弹投放器一起工作，后两种设备在韩国的F-16战斗机上已经装备。

韩国重新启动雷达告警接收机采购计划　据美国《电子防御杂志》1999年5月报道，韩国重新启动改进F-4和F-5机载雷达告警接收机计划，这项计划1998年因亚洲金融危机而耽搁。

整个改进计划涉及133架F-4和F-5飞机，包括美国洛克希德-马丁仙童公司的ALR-56M，利顿公司的AN/ALR-85（V）I，也称为AN/ALR-93（V）1。据说另两个公司是以色列的艾利萨电子系统公司（提供SPS-1000（V）5）和英国马可尼航空电子公司（提供“空中卫士”2000系统）。韩国1997年提出两种引进方法：一种是直接引进雷达告警接收机，另一种是签署生产协议，由韩国三星电子公司和高仕达公司在国内生产。

希腊F-16战斗机装备“哈姆”导弹目标指示系统　据美国《电子防御杂志》1999年8月报道，希腊有可能成为第1个AN/ASQ-213“哈姆”（HARM）高速反辐射导弹的目标指示系统（HTS）的海外用户。该目标指示系统重40.8千克，以吊舱形式装载，将装备在第50/52D批次F-16CJ飞机下面的右侧吊架上。目标指示系统能对雷达辐射源进行检测、识别和定位，并以最有效的“距离感知”工作模式向“哈姆”导弹提供发射所需的参数。据报道，在美国空军内，该系统正在改进为第2类（Lot-2）结构，进一步提高能力，以对付低频威胁，同时增强处理功能，提高目标识别和改进对付多目标的能力。

瑞典研制成功有源拖曳式射频诱饵　据《电子侦察干扰》1999年第3期报道，瑞典摄尔修斯电子学公司已研制成功拖曳式有源射频诱饵，称为B02D，正准备验收。设计B02D的目的是保护战斗机免遭主动或半主动雷达制导导弹的攻击。这种诱饵的结构相当简单，但效果相当好。B02D用BOP/B型投放器发射，装在标准的55毫米直径的发射弹筒内。BOP/B型投放器为诱饵提供数据链和电源。

（全寿文）

后勤装备

综述　1999年，世界各国和地区军队都在各自军事战略和装备发展规划、计划的指导下，继续加大后勤科技装备的发展力度，研制、开发并向部队装备了一系列新型后勤装备，其中尤以人员保障装备和作战后勤保障装备的发展势头更为明显。

在人员保障方面，强调“人”的因素，注重新材料和新技术在人员保障装备中的应用。近年来，世界各国愈来愈重视“人”在未来战争中的作用，如美陆军在有关“21世纪陆军”的文件及其领导人的讲话、文章中就多次强调“战争的胜负仍由士兵决定，技术再先进也无法取代人的因素”。1999年，一些国家人员保障装备的发展主要有以下特点：一是积极发展人员野外生活保障装备，重点是军需、野营、卫生等与士兵生活密切相关的保障装备，通过改善士兵野战条件下的衣、食、住、医疗和娱乐等条件保持和提高士兵的士气。二是重视发展单兵防护装备。许多国家认为，在未来战争中，高技术兵器的杀伤力更大，战场环境更加恶劣，人员的生存将受到极大威胁，必须重视单兵防护装备的发展。1999年许多国家大量单兵防护装备研制成功并投入使用。三是加大士兵系统的发展力度。将单兵装备作为一个整体系统加以研制的思想已经为众多的国家军队所认同，许多国家相继制定并实施了各自的“士兵系统”研制发展计划。美军、法军、澳军和加拿大军队的“士兵系统”研制工作在1999年都取得了新进展。四是研制适应战场环境的单兵装备。美陆军新型复合式野战服、热敏/气敏变色作战服、新型作战外套、新一代模块化单兵携行具等一系列装备的研制与投放部队，反映了美军对单兵装备的重视。

在作战后勤保障方面。强调提高保障效能，注重运用高新技术发展后勤保障装备。一是开发可实现远程保障的装备。1999年，美国空军推广数字化放射诊断系统，美国陆军对远程维修进行试验等，就反映了这方面的情况。二是注重提高后勤装备的保障效能。一方面重视对现行后勤装备性能的改进和提高，另一方面则特别注重运用信息技术研制和开发新型后勤装备，重点是发展与缩短后勤反应时间、加快兵力投送速度等有关的后勤装备。例如在运输装备方面，美海军陆战队，英军和韩国军队都着手车辆的更新换代，一些国家军队还积极运用高新技术改进地面运输装备，推出了一系列的新系统、新装备。三是加大信息技术应用力度。数字化技术正在一些国家军队后勤领域得到越来越广泛的应用，具体成果包括数字化野战医院、数字化技术手册、电子商务、电子数据交换等。1999年，美军装备的单兵电子病历卡、在运物资自动识别系统、自动显示系统、仓库巡逻机器人、直升机新型维修报告系统、美陆军数字化技术手册以及后勤信息网的建立，都充分反映了这一点。

（杨立明、王达伦）

军需装备　1999年，许多国家军需装备发展有3个特点：一是“士兵系统”研究步伐加快。许多国家既重视增强未来高技术数字化战场作战士兵的攻击、防护、通信、补给和生存5大功能，也重视将成熟的高新技术和经过验证的可行新技术应用于“士兵系统”。如欧洲一些国家已进一步调整了研究计划，加快了研究步伐，有的国家的“士兵系统”已初见雏形。二是研究重点继续向单兵装备倾斜，加大了单兵装备的开发力度。如大力开发新型作战服、扫雷服、单兵携行具、多功能作战靴、防弹头盔及防弹背心等，较大地提高了战场士兵的生存能力。三是开发新材料，努力改进军需装备的性能。如敏感材料、轻型防弹材料、智能材料、防侦视材料等的开发，有利于提高军需装备的使用功能及防护和伪装能力。另外值得关注的是，近年来，一些国家利用高新技术改进军需装备研究手段，如野战口粮用的时间、温度指示卡等。这些高新技术在军需装备研究上的应用，不仅使研究手段向现代化前进了一步，还有利于提高军需装备的性能。

士兵系统　**美军加紧“士兵系统”的开发**　据英国《简氏防务周刊》1999年6月报道，美军正进行两项既独立又相互关联的“士兵系统”开发计划。其中之一是“陆上勇士设计与制造开发”计划，已于1999年初进行了试验。另一项是“21世纪陆上勇士”计划，主要探讨如何将前一项计划中成熟的新技术应用于该项计划。美军“陆上勇士设计与制造开发”计划强调3方面的功能，即杀伤力、生存力及指挥与控制能力。它准备将头盔组件、防护服和单兵装备、武器、无线电和计算机等视为一个整体考虑，以提高单兵的杀伤力、生存力及指挥与控制能力。在“21世纪陆上勇士”计划的实施中现正重点开发两项技术：一是“整体导航技术”，用于补充和完善现有全球定位系统，以便在GPS信号缺失或阻塞情况下，士兵仍能继续作战。二是系统语言控制技术，用于克服现行配置中士兵手动控制计算机/无线电菜单显示的缺陷。它允许士兵用语音指挥控制菜单，从而不影响其对武器的操作。整个计划的技术监督工作由美军步兵学校负责，1999年底投入小批量生产。

法军实施“士兵系统”开发计划　据英国《简氏防务周刊》1998年6月报道，法军正实施“FELIN士兵系统”开发计划。其目的是通过实现步兵战斗装备一体化以增强士兵的定位能力、杀伤力和生存能力。该计划第1阶段成果包括改进的FAMAS突击步枪、头盔装置、电子系统、作战服与其他设备。这一计划的第1阶段开始于1997年，它要求于1998年12月之前向军方交付第1套单兵装备，以对整套系统的可行性进行检验。战斗群演示系统也于1999年下半年交付军方，该系统包括11套战斗装备和群组综合装备。通过采用标准FAMAS突击步枪上的可装卸组件，可为士兵提供以下能力：300米范围内昼夜目标监测；敌、我部队识别；用远视仪瞄准并开火；指示目标；在头盔显示器上传达数据。第1阶段开发的装备将于2005年投入使用。第2阶段拟从2010年开始(用5.56毫米步枪及25～30毫米榴弹发射器组成的PAPOP武器系统替换过渡性步枪)。

加拿大“士兵系统”新进展　该系统第1阶段工作已经完成。作为士兵加强项目联合体牵头单位的加拿大安大略省的计算机公司，是加拿大防备部队综合防护服装备系统（IPCE）的主承包商。该公司卡尔加里工厂正研究感知子系统，它还同时提供计算机、软件工程、通信、监视、平板显示器及火控系统的专门技术。其他士兵加强项目联合体成员包括魁北克省的SNC工业技术公司（负责呼吸系统核、生、化防护）、安大略省的根特克斯公司（负责头盔系统的组合）、不列颠哥伦比亚省的META研究所（负责冷/热天气及核生化防护技术综合研究）和安大略省的人类系统工程公司（负责人类因素影响分析、地面部队防护服及装备评估及用户试验）。IPCE概念设计阶段（第1阶段）已经完成，其成果包括以样机为基础的研究报告（已于1998年夏经过加拿大国防军审查）。价格及性能综合权衡分析正在进行中，可望于1999年初第2阶段（子系统设计阶段）得出结果。与此同时，情况感知子系统营及营以下单位战斗管理系统的用户试验已安排在1998年11月。40套改进型PLGR全球定位系统接收终端将用作单兵感知子系统的数据显示器，并为低级指挥官配发了20套松下CF25便携式电台。

澳大利亚“士兵战斗系统”取得进展　据英国《简氏防务周刊》1998年10月7日报道，澳大利亚计划投资6亿美元用于发展“士兵战斗系统”，即“陆地125”计划，其目的是提高澳军地面部队在21世纪数字化战场上的战斗力和生存力。澳军“士兵战斗系统”不仅考虑到增强单兵的作战能力，更注重加强士兵与士兵、士兵与指挥官之间的联系，最终将单个士兵的战斗力融为一个整体。澳军在设计“士兵战斗系统”时着重考虑：C^3I（指挥、控制、通信与情报）系统和传感器，战场生存能力，战斗持续时间，机动能力，训练与评估以及士兵在战斗行动中的人体机能。“士兵战斗系统”的核心是步兵武器。现行F－88武器的最新改进型在最佳条件下可对300米内目标实施精确射击；F－89的精确杀伤距离为600米。但这两种武器暴露了一些共同的缺点：目标识别能力较差；夜视能力不强；连续射击时存在供弹、红外辐射和冒烟问题；使用非致命性弹药存在缺陷。澳军对新式武器的要求是：射程和射击精度要提高；能使用发射时光焰较小的动能弹药，以增大杀伤力和隐蔽性；能使用具有昼夜观察能力的瞄准器材；体积小，重量轻；使用内置式激光观测仪对单个目标和区域目标进行观察、定位与识别；使用带有内置式微处理器的头盔显示器；具有敌我识别功能；最重要的要求是低成本、高效益。澳军“士兵战斗系统”的研制分3个阶段：第1阶段是对该项目的论证，确定、解决所需原料问题。预计这一工作要持续到2001或2002年；第2阶段要求在2005年前完成新式武器的研制；第3阶段是对选定系统的采购和装备，2004～2020年期间逐步完成。

被装装备　**美军将装备新型体能训练服**　1999

年6月28日，美国防部在因特网上发布新闻称：美参联会主席已于6月9日正式批准在美军中推行一种新型体能训练服。新型体能训练服由5件组成，即T恤衫、长袖衬衣、夹克、长裤和短裤。T恤衫选用棉与一种“至凉”材料的合成织物制成，不贴身。夹克和长裤均具防水性，且在胳膊下方和腿部等部位缝有拉链，以增加透气性。长裤内衬有一种质地很好的网状衬里。新式短裤取消了紧绷而又不适用的旧式短裤衬里设计。长裤和短裤均为黑色，非常耐脏。新型训练服增加了长袖衬衣，适合在穿夹克太热而穿短袖又太凉的天气穿着，深受士兵欢迎。此套训练服容易清洗，且不易缩水和褪色，只要按照衣服上的洗涤标签说明进行洗涤，其穿着寿命可达2年半至3年。

美国研制热敏/气敏变色作战服　据因特网1999年3月15日报道，由美国默克公司研究生产的热敏、气敏变色作战服，是在一定质料的黑色纺织物上，印染有能在几个温度区间变化的液晶微胶囊，从而制成热敏变色作战服。如果采用对有害气体反应灵敏的特殊液晶面料，还可制成气敏变色作战服。战场上，作战人员穿着热敏液晶变色服装，春、夏季将呈现草绿色，秋天由绿转黄，冬季则显示土黄色，与自然环境浑然一体，即使无任何遮蔽，敌方也难辨真伪。在陌生条件下作战，作战人员穿着气敏液晶变色服装，可随周围气体成分的不同及浓度的大小而改变颜色，这样就能及时作出判断，保证有毒环境中作战人员的安全。目前已研制出的液晶体有3类数千种，其中胆甾型液晶为胆甾醇的酯化物、卤化物和碳酸脂。它们的结构呈层状，温度变化会显著影响液晶分子的螺距，能反射不同波长的光。为了获得实用温度范围内显色灵敏的液晶材料，需将几种胆甾型液晶调配成混合液晶，并使液晶微囊化。微囊是采用成膜性好、透明度高的明胶，如阿拉伯胶、聚苯乙烯和环氧树脂等物质，将液晶色封闭，形成微米级小球。制成微胶囊的混合液晶，再与合适的粘合剂（如乙烯酸、聚丙烯酸胶、淀粉糊等）按比例调配好，涂覆在不同质料的黑色纺织品上，便能得到热敏变色服装。

美军将装备新一代模块化单兵携行具　据美国《士兵》1998年10月报道，美军最近宣布已研制出新一代单兵携行系统“模块化轻型携行系统”，计划于1999财年起正式装备部队，以取代使用了近30年的“多用途单兵携行具系统”。新的模块化携行系统由携行背心、携行腰带、背包和数个专用携行袋组成，各部分均可快速拆装，还可根据具体作战任务选择不同的组合，最大限度地减轻了士兵负重。该系统的设计充分考虑到了士兵完成各种战术动作的需要，特别是方便了士兵越障和进行跪姿射击，使携行装备不再成为负担。战斗中，背包可方便地从携行背心上卸下，迅速减轻士兵负重。由于双肩得到解放，士兵可以更好地完成射击、投弹等动作，提高了其战斗能力和生存能力。行军中，还可以方便地调节背包在支架上的位置，以减轻疲劳感。此外，新的携行系统还能够与美军新式防弹服配套使用，系统中所有背包和挂袋均可直接装在防弹服上，完成短期任务时无需再背负携行具。

美军装备40毫米枪榴弹携行背心　据因特网1998年11月25日报道，美军已向使用M－203或M－79枪榴弹发射器的士兵装备了40毫米枪榴弹携行背心。它的上端有一开口口袋，可装14枚高爆枪榴弹和4枚烟雾弹。其与肩腰吊带一起使用，扎在步兵单兵防弹衣外面。背心基本材料是272克/平方米的尼龙帆布，采用林地迷彩图案。40毫米枪榴弹携行背心只有一个型号，它将代替现行弹药携行背心。

美军研制新型防毒面具　据美国《陆军时报》1999年6月报道，美三军现正联合研制一种新型防毒面具，拟取代各军种现装备的M40、M42和MCU2/P型防毒面具。此新型防毒面具可提高防护能力、扩大视野、增强适应性，减少了呼吸阻力、重量和体积。其吸水管尺寸是现行面具的两倍，重量仅相当于现行面具的一半，不带笨重的碳微粒滤毒罐。它采用负压呼吸器，可进行正常吸气和呼气。该防毒面具还可达到如下要求：可在领口上面进行持续呼吸，24小时内保护皮肤免受毒气、液体、烟雾剂及特殊威胁的危害；不影响佩戴人员行走；带有持久耐用的饮水系统；适应当前化学、生物战剂发展要求，能防有毒工业物质；可在不打开内、外层密封情况下排出呕吐物。新型防毒面具针对不同军种特殊需求，可制出专门型号。现已研制出约12个空军用和6个陆军用防毒面具样品，计划于2005年开始批量生产，2006年正式装备部队。

美国陆军装备新式战斗卫生员携行背心　据美国《陆军后勤工作者》1999年3～4月号报道，美陆军纳蒂克研究、发展与工程中心已研制出一种新式“战斗卫生员背心系统”，现已装备部分部队。该系统使各种救护器具放置合理，取用方便。由于采用背心式设计，解放了卫生员的双手，并使负重更为合理，既提高了战斗卫生员的救护能力，又减少了携行重量。此背心可携行战斗卫生员全部负重的40%左右，只有一个型号，但可根据使用者身材调节大小。该背心采用草绿色耐纶网眼材料，肩部带泡沫衬垫，外罩1000旦尼尔林地迷彩尼龙织物。背心内部每边各有一个顶部开口的衣袋用于放置医疗卡片，前面两边各有两个可拆下的医疗器材袋，同时还有专门的衣袋放置子弹和手榴弹。此系统还包括一个器具包，它可携行卫生员全部负重的60%，也由1000旦尼尔林地迷彩尼龙织物制成。该包可肩背、手提、挂在腰带上或用吊钩固定在携行背心上。背带和吊钩均可拆卸。包的各个开口均带有双向拉锁，可保证器具不会丢失，同时方便取用。

美国陆军装备新型复合式野战服 据英国《简氏防务周刊》1999年6月9日报道，美陆军新近研制出一种质轻、防护性强、功能齐全的复合式野战服，并已开始装备部队。新型野战服由迷彩服（包括防弹背心和头盔）、野战背囊和特种作战服3部分组成。迷彩服用料为尼龙布，内衬17.7毫米软垫肩。防弹背心为新型“凯夫拉”材料，与迷彩服配穿时总重4.1千克。弹匣固定在防弹背心上，手榴弹套悬挂在皮带上，可对人体重要部位起一定防护作用。野战背囊容积为90厘米×60厘米×30厘米，由迷彩服尼龙布料和织物带子缝制而成，可在全气候条件下使用，并具多种功能。背囊内设多个分隔袋，可分别盛装帐篷支撑器材、衣服、个人用品、食品和睡袋等。背囊外缝有3个口袋，右1，左2。右边口袋可装2发81毫米迫击炮弹。背囊自重3.8千克，训练良好的士兵用它负荷60千克可行军数小时。新型野战服还配备有防风帽、保暖鞋、毛皮鞋和迷彩睡袋等，具有良好的保暖性能。身着此野战服躺在睡袋里可在-40℃温度下安全睡眠4小时。

美国陆军将装备新型防弹衣 据美国《陆军时报》1999年4月12日报道，美国陆军将为前线士兵装备一种新型防弹衣。这种防弹衣采用防弹背心和活动陶瓷板相结合的方法制成，比美军现用防弹衣轻4.54千克。此防弹衣由美国陆军和海军陆战队联合设计和生产，用以装备轻型步兵部队，取代20世纪80年代初开发的第1代标准式凯夫拉背心。新型防弹衣可与陆军新式模块化轻型携行具（MOLLE）配套穿带。它包括模块化背包系统和带有活动部件的背心，可使士兵视任务而组合。老式的4.082千克防弹背心只能防碎片。如在其外面套上可增强防护能力的氧化铝板及两块活动式陶瓷片后，前、后都能防弹。将背心与挡弹板组合使用时，能阻挡初速为850米/秒的北约标准7.62毫米子弹和俄罗斯AK-47式初速为710米/秒的7.62毫米轻武器子弹。这种陶瓷片由既轻又薄的碳化硼制成，具有合体的多曲线特点，并可使该防弹背心重量减至7.03千克。该防弹衣的另一特点是背带可调，士兵可松动背心进行通风。而老式背心可调性、松动性有限。此防弹衣除通过了全面的防弹实验外，陆军士兵和海军陆战队队员也分别在沙漠、丛林、北极和两栖环境中进行试穿。由于新式携行背心的活动口袋可贴在挡弹板上，因此深受士兵们欢迎。美陆军计划1999年7～9月为部队装备该新型防弹衣，第1批5000套。第82空降师的轻步兵部队将首先装备。估计每套约1700美元。按计划，前线士兵配发一整套，而轻步兵的支援士兵只发背心。

美国陆军着手研制新型智能织物 据因特网1999年8月23日报道，美国陆军纳蒂克士兵系统中心目前正致力于研制多种具有动态活性的智能纤维织物，以开发多功能的新型作战服装和装具。拟研制的新型织物有的可根据外部环境改变颜色，达到伪装目的；有的在受到化学侵袭时可迅速膨胀，达到防护目的；有的可在受力瞬间变得坚硬，从而具有良好的防弹性能。据预测，新型智能织物的研制成功和应用可使服装的性能得到极大改善。如制成新型降落伞，可感知外部气压环境并作出相应反应，既可缓冲伞包打开的冲击力，又不会加快下落速度；制成新型帐篷可探测并防护生化武器的侵袭，根据周围环境改变颜色，对外界大气环境、弹片等威胁进行感应并相应地改变形状，从而大大地提高其防护能力。新型织物还可和其它材料混用，收到复合效果。如可在织物中嵌入人造肌肉纤维，以增强士兵的力量；也可将微机和通信设备集成到织物中制成可穿戴的“电脑服”；或在织物中织入加热装置制成防寒服，利用人体运动产生的能量对手套、帽子或鞋袜等进行加热。此外，美国加利福尼亚州安大略萨法利兰德有限公司也研制生产了一种轻型防弹织物，能阻挡358米/秒、直径为9毫米的子弹射击。此种防弹织物采取多层叠合结构，采用180～420旦尼尔的长丝纱。该织物也可使用其它纱线，但其使用比例不得超过10%。组成该防弹织物的各单层全部或大部分为机织物，采用了聚乙烯复丝。该复丝具有满足防弹材料常规要求的平均分子量、细度、强力和强拉伸模量。织物的规格为17×17根复丝/厘米。40层上述机织物依次叠合起来，且织纹相互平行，然后用与织物原料相同的纱将各层织物缝在一起。

美国陆军正在研制透明装甲材料 据美国《陆军后勤工作者》1998年9～10月号报道，美陆军正在研制一种透明装甲材料。该装甲材料薄、重量轻、防弹能力强，跟传统的装甲相比效率更高、全寿命周期费用低、使用时间更长。这种称为ALON透明装甲材料，虽然重量比一般装甲材料轻50%多，仍能防止7.62毫米穿甲弹的威胁。此材料可做防护服的防弹板，高机动多用途轮式车的档风板、透明面部装甲，其防弹能力与凯夫拉材料相当。

美国海军研制新型舰艇工作服 据因特网美军相关网站1999年3月21日报道，美海军正研制新型舰艇工作服。美海军现行舰艇工作服已有多年历史，喇叭裤已使用了近60年。由于喇叭裤裤脚易被舰上楼梯脚和设备勾挂，士兵多年来一直要求穿时代感强的直筒裤。为解决此问题，美陆军纳蒂克研究、发展与工程中心所属的海军服装与纺织品研究部从1997年起分两个阶段开展了新型舰艇工作服的研究工作。为找到新型工作服材料与款式的最佳组合，研究人员组织了为期6个月的试穿试验，以掌握水兵们对商业领域广泛应用的服装材料及款式的喜好程度。在保证服装结实耐用、价格便宜的前提下，摸索了民用分体束腰式服装及材料在海军应用的可能性。第1阶段，研究人员从民用工作服租赁公司租赁了2种分体束腰式工作服，并进行了小范围试验。第2阶段，设计了3种工作服，目的是尽可能减少不适体现象。调查结果认为，直筒式粗斜纹布牛仔裤最受欢迎。

生活保障装备 **美军研制出改进型连用野战厨房** 据因特网1999年4月10日报道，美军研制出改进型连用野战厨房（KCLFF－E），用于连级单位野外供食。它每天可加热、分发、提供200人份的T口粮，具有一定的烹饪生鲜食品和易贮存食品的能力。KLCLFF－E主要由以下设备组成：一个加热室、烹饪锅/支架、燃烧器（现行为M2A）、工作/就餐桌、饮料分配器、M59野外系列炉灶、冰箱、一口煎锅和食品保温容器。KCLFF－E设备可装载于高机动多用途轮式车辆、大型车辆或挂车上。

美军将配发现代燃烧炉 据因特网美陆军新闻署1998年4月27日报道，美军近年研制成功的现代燃烧炉（MBU）将用于取代50年代装备的M－2型汽油炉。该炉的特点是：采用航空煤油（JP－8）作燃料，污染较小，且比汽油炉更安全；采用了易于操作的快速按钮式点火装置，便于使用和维修；燃烧效率提高30%。在安全试验中，MBU燃烧300多小时无故障发生。美陆军计划配发56000个MBU，1999年春季计划首批配发9600个。

美军将改进野战厨房设备 据美国《陆军时报》1998年5月25日报道，为适应野战供餐需要，美军将改进3种厨房设备，一是改进无电野战冷藏箱，改进后这种冷藏箱每年将能节省在野外对A口粮保鲜所需的300万吨冰的需求。二是采用蒸汽加热器取代目前使用的装在碗碟洗涤、漂洗和消毒3个洗涤槽系统下面的热水加热器。三是采用聚合物浅盘取代金属盘。

美军装备大型反渗透净水装置 据美国《士兵》1998年10月号报道，美军装备了一种大型反渗透净水装置，可将江河水、苦咸水、海水及核生化污染水等净化为可饮用水，淡水净化能力达3000加仑/小时，海水净化能力为2000加仑/小时。该装置可放在标准集装箱内，用C－130或C－141飞机运输，也可用拖车拖运。该装置可在任何气候条件下展开工作，展开时只需3名士兵，操作时只需1人，由一台60千瓦的发电机提供动力。在处理水时，该装置首先使用化学药剂和过滤器去除悬浮的颗粒状杂质，再使用反渗透装置去除溶解在水中的盐、金属化合物和有机物。

美国陆军研制出野战口粮用时间、温度指示卡 据因特网美陆军《武士》杂志1999年5～6月号报道，美军现装备的“野战快餐口粮”（MRE）在华氏80度情况下保质期为3年，在华氏100度情况下可保质6个月，因此其品质监控问题一直是美军研究的重点之一。为保证储存中的MRE的质量，减少浪费，美陆军纳蒂克士兵系统中心研制出一种时间、温度指示卡，现已投入使用。这种指示卡可粘在MRE的外包装箱上，卡上印有同心环图案，外环为指示环，内环随时间和温度变化变换颜色，使口粮当前的品质状况一目了然。采用该指示卡后，美军在口粮分发方面可以真正做到“出旧存新”，缩短口粮的储存周期。

德国卡秋公司研制新型野战净水器 据美国《国防》杂志1999年2月报道，德国卡秋公司已研制出系列野战净水器。这些新型净水器具有展开迅速、净水效率高等特点，能迅速处理各种核、生、化污染水。新研制出的净水器包括WTC－500、WTC－1000和WTC－1600共3个系列。其中WTC－500系列为小型净水器，日产饮用水12000升；WTC－1000系列为中型净水器，日处理污染水24000升；WTC－1600系列净水器是卡秋公司的最新产品，可在各种温度环境下使用，且能处理绝大多数受污染的水。WTC－1600型净水器采用新过滤系统，在水净化过程中无须添加化学试剂，按设计日产饮用水40000升。上述水净化设备均实现了水处理自动化，并可独立工作，不受外界环境制约。设备展开10分钟后即能生产饮用水。

（王书勤）

卫生装备 **美军研制出“箱装医院”** 据美国《陆军》杂志1999年1月报道，美国陆军医学研究与器材部和海军陆战队共同研制出一种新型的先进伤员急救外科手术室。它装在一个不到2吨重的1.5米方形箱内，人们称其为“箱装医院”。该手术室可以空投或用高机动多用途轮式车运输，到达目的地后半小时内便可展开组合成一个面积为83.7平方米、具有气候调节功能的外科手术室。研究人员确信，采用该手术室可提高前线外科手术复苏率，并可减少25%的战伤死亡率。目前样品已经试用，海军陆战队决定装备此“箱装医院”。

美军将配备单兵电子病历卡 一种称作“个人信息载体”（PIC）的电子病历卡即将装备美军单兵。该“个人信息载体”是一种用于记录、储存和传输医疗数据的电子存储卡，体积非常小。根据储存量大小、数据传输速度及不同的外形设计，PIC卡有多种型号，尺寸从10美分硬币大小到如同信用卡不等。储存量由8千字节到96兆字节，数据传输速度从6千字节/秒到6兆字节/秒，可存储全部或部分个人电子病历，包括数码影像。在计算机网络无法接通的偏远地区或由于其它原因无法获得医疗数据源情况下，PIC卡可为单兵远程医疗提供主要医疗数据或作为备用信息源。美军有关部门已在各种条件下对该卡进行了测试，取得了较满意的结果，并计划在1999财年第四季度对该卡做进一步的单兵配备测试。

美国陆军研制成功血红蛋白绷带 据美国《陆军后勤工作者》1999年9～10月报道，美陆军医学研究与器材部的科学家以及陆军卫生部的临床医生同美国红十字会密切合作，已成功研制出一种干式血红蛋白密封绷带，由于它在战场上可有效地用于止血，因此可望用它挽救无数伤员的生命。绷带上的血红蛋白密封层由从人体血液中提取的两种蛋白质制成，可促进血液迅速凝固。将这两种蛋白质干冻在一块10.16厘米×10.16厘米可吸收敷层的绷带上，使用时直接施压，绷带上的干冻蛋白质物质便补压入伤口，并在伤口里迅速溶化，致使伤口处血液快速凝固。由于施加压力可减少出血量，而蛋白质的高浓缩性又可在大约1分钟内使血液凝结，因而可达到迅速止血的目的。据测试，这种绷带能减少50～85%的出血量，并可防止因战伤而引起的休克。在远距离的前方作战地区，医务人员和其他战士均可为伤员敷用这种绷带，因而大大增加了伤员的存活机会。美国红十字会计划对这种新型绷带进行临床试验，希望在未来3年里国家食品和药物管理局能批准正式使用这种绷带。

美国空军将发展模块化战伤救治中心 据美国《空军时报》1999年3月报道，美空军根据美军新战略对空军卫生部队提出了“机动化”和“小型化”的发展目标，准备取消原野战医院编制。目前，它已将原有的35所500床位前方野战医院削减为3所。与此同时，美空军拟投入1000万美元，对现有28所“可空运医院”进行现代化改造，并配备一定数量的专用医疗方舱，使其成为高度机动的模块化战伤救治中心，即所谓的“箱装救治中心”。美空军已初步确定了27种医疗方舱类型，并于1999年2～3月进行了为期40天的野战应用演习，计划从2003年开始正式采购。这类方舱可单独购买或成套购买。单个方舱价格在6000美元到58.5万美元之间，成套方舱价值约670万美元。“可空运医院”于冷战后期研制成功，原来主要用于后送前稳定伤员伤情，只具备有限的手术和治疗能力。在对其进行改造和配备医疗方舱后，它可进行包括胸外科手术在内的各种复杂手术，从而起到战伤救治中心的作用。由于它采用了模块化结构，部队可根据不同保障任务配备方舱，以减少运输量和提高机动性。该治疗中心可在48小时内部署并展开工作，通常设25或50个床位。如配齐27个专用方舱，它则成为占地4公顷、拥有114个床位、能保障6000名士兵的大型前方救治中心。

美国空军推广数字化放射诊断系统 据美国《空军时报》1999年2月报道，美国古得菲乐空军基地试装备的一套数字化放射诊断系统已得到成功应用。美空军准备以此为范本，在更大范围内推广。该系统使用数字照相机取代传统的胶片相机拍摄X光图像，并利用扫描仪将图像输入计算机，用户可通过计算机网络将图像和数据传输到数百甚至数千千米外的医院，以帮助那里的医生进行会诊。该数字化诊断系统还可用于显示或传输超声波测试情况、核磁共振图像和CAT图像数据。这种数字化放射系统具有以下优点：可使病人免除长途跋涉之苦，提高对边远地区病人的医疗水平；可节省大笔X光胶片的购买和冲洗费用；推广后还可缓解军队内放射专家不足的矛盾。与用传统方法拍出的片子相比，数字化图像具有无可比拟的优点，如可通过计算机对拍好的图像进行处理，可方便地调整明暗对比或进行局部放大等，特别是几名医生可同时调用同一图像，以利于会诊。此外，由于可通过计算机直接观看图像，可避免冲洗胶片的长时间等待。该系统每套售价约 1400 万美元，其中包括 8 年的维修费。美空军计划分 3 步推广此数字化放射系统。第 1 步，选定 5～6 家空军医疗单位进行试点，安装并运行该系统；第 2 步，将一个地区的数字化放射系统联网；最后，将所有地区的该系统联成网络。

（徐东齐）

油料装备　法国生产新型油罐车和油罐挂车　据英国《简氏军用车辆与后勤装备年鉴 1999～2000》报道，法国 ACMAT 公司生产了一种新型油罐车和油罐挂车，其油罐车油罐容量为 4500 升。该车采用 Perkings 6.354.4 型 6 缸 145 马力柴油机，最大行驶速度为 85 千米/小时，涉水深度 0.9 米，离地间隙 0.3 米，爬坡度 55%。ACMAT 公司生产的一种新型 2 轮油罐挂车，油罐容量为 1300 升。该挂车可与 ACMAT 公司生产的各种卡车配套使用。该挂车自带一个 200 升的内置水箱和一个 445 毫米的引导轮。油罐采用 2 毫米钢制成，该车上还备有 2 个储存箱。

罗马尼亚生产新型油罐车　据英国《简氏军用车辆与后勤装备年鉴 1999－2000》报道，罗马尼亚 ROMAN SA 公司生产了一种新型油罐车，属于后勤支援车辆中的一种，油罐容量为 10000 升。该车采用 Steyr 9.726 升 6 缸 320 马力柴油机，驾驶室为钢制，维修时可向前倾斜，室内可乘坐 2 人，座位后还有供一人睡觉的地方。该车满载时最大行驶速度为 84 千米/小时，离地间隙 0.33 米，最大爬坡度 40%。现已生产并装备马来西亚和罗马尼亚军队。

澳大利亚生产新型油罐车　据英国《简氏军用车辆与后勤装备年鉴 1999～2000》报道，澳大利亚麦克卡车公司生产了一种新型油罐车，油罐由霍尔姆伍德工业公司生产，有 3 个油舱，容量为 11380 升，并自带相关电器和加油装备，包括 4 套软管装置。该车长 9.475 米，空重 12160 千克。油罐车采用麦克 EM6－285 型 11 升 6 缸 283 马力柴油机，涉水深度 0.8 米，离地间隙 0.318 米，爬坡度 50%。现装备澳大利亚陆军。

（杨立明）

仓库储存技术与物资搬运装备　美军发展在运物资自动识别系统　据美国《陆军后勤工作者》1998 年 5～6 月号报道，美军已研究出多种自动识别系统，以监控军用物资运输全过程，并保障全球军事行动的需要。这些自动识别系统包括：(1) 射频(RF) 标签。射频标签用于存储在运物资的相关装运数据并安装于运输集装箱上。这些数据包括：集装箱编号、运输控制编号、文档编号、单元识别代码、接收单位名称、国家库存品编号、数量以及集装箱内装运物资的简要说明。(2) 光学记忆卡。光学记忆卡是美陆军战区分发中心和第 21 战区陆军司令部下属的凯泽斯劳腾工业中心用于存储在运物资装运数据的。分发中心配备有自动清单系统，利用此系统可将装运数据存入光学记忆卡。补给保障机构接收到这些物资后，可通过“询问器”读取装运数据，并将其输入“陆军标准零星补给系统”计算机。根据这些装运信息便可将物资分发到用户手中。(3) 国防运输报告和控制系统。美军第 21 战区陆军司令部所属第 37 运输司令部成功地使用了国防运输报告和控制系统来跟踪在运物资。这一系统可使司令官们随时掌握装运物资车辆的位置，加强调度员和司机之间的联络。运用卫星遥测技术，调度员和运输控制人员可在数字地图上以近于实时的速度确定装运物资的车辆位置。根据道路反馈信息，必要时还可随时调整车辆行驶路线及方位。经使用证实，此系统是一种控制物资运输的有效手段。

美国国防后勤局研制出“自动显示系统”　据美国《陆军后勤工作者》1998 年 5～6 月号报道，美国国防后勤局研制的“自动显示系统”使用一种可读激光卡代替货物集装箱上的纸包装标识板。激光卡录入了多种数据，包括运输控制编号、国家储备品编号及文件编号等。该系统主要供仓库、中央接收站及前方支援营等补给支援机构用来对从仓库到中央接收站或补给支援机构的运输物资进行显示和追踪。“自动显示系统”可提供箱内物资可视性数据源。其阅读器直接与接收站的“陆军标准信息管理系统”相联，数据可自动输入，从而提高了准确性。该系统在索马里、海地和波斯尼亚均得到了使用。

美国陆军试验仓库巡逻机器人　据美国《陆军后勤工作者》1998 年 11～12 月号报道，美陆军正试验一种仓库巡逻用机器人。此机动探测评估反应系统(MDARS) 机器人的开发既是一个三军联合研制项目，也是一个工业开发项目。目前，其先进的结构性设计及软件界面尚待确定和开发，有关部门正在亚拉巴马州安尼斯顿国防仓库进行相关试验。如果首次试验成功，美陆军将在 2000 年用此类机器人对仓库区进行警戒巡逻。机动探测评估反应系统机器人的主要功能是：对仓库或其它建筑物进行巡逻；提取带射频应答器的库存物资；查寻入侵者和探测诸如火灾、供水主管线泄漏及化学物资泄漏等环境威胁。此机器人能沿事先设定的几条路线中的一条进行不间断巡逻和侦察，可自动避开障碍物，当穿行于某一仓库区时，还能对一些特别仓储物资进行清点。作业时，机器人的嵌入式射频应答器可自动对储存中带射频标签的物资进行扫描，然后将所获取信息直接传送给信息收集站。使用该机器人可相应减少负责安全和库存管理方面的工作人员，亦有助于防止昂贵或受控物资的丢失。此外，还能改进库存管理，降低安全人员风险，并能迅速发现入侵者、火灾隐患及有毒物质等。

美国陆军特种作战支援营装备新型叉车 据美国《陆军后勤工作者》1999 年 3～4 月号报道，位于北卡罗来纳州布拉格堡的美国陆军特种作战支援司令部第 528 特种作战支援营（空降）1998 年秋装备了一种陆军新型全地形叉车系统（ATLAS）。这种新型叉车设有三级升降杆，最大起重量 5 吨。当达到最大升举高度 6.5 米时，起重量为 2 吨；4.5 米时起重 3 吨；1.2 米时起重 5 吨。该叉车备有两套叉架，分别用于 3 吨和 5 吨的货盘，铲物深度（相对于车体）可达 0.9 米。叉架能左、右倾斜 30 度，以确保叉架上货物始终保持水平状态。此叉车有 3 个前进档，一个倒档，装有一台 165 马力的发动机，公路最高行驶速度 36.8 千米/小时。驾驶室内增装了空调器、加热器和悬置座椅，增加了驾驶人员的舒适度。叉车可用 C-130 运输机空运。

美国陆军起用最大驳船起重机 据美国《陆军后勤工作者》1998 年 9～10 月号报道，1997 年 6 月，美陆军装备库存品目录中最大、完成任务能力最强的起重装置在马里兰州巴尔的摩被命名为“基斯顿·斯泰特”号。“斯泰特”起重装置是一种长 61 米、宽 24.4 米的浮动式起重设备。作为陆军在过去 40 年来一直希望建造的首台新型浮动式大型起重机，“斯泰特”将用于在超出一般船只起重能力的那些船上装、卸货物。其起重能力为 115 吨，能为海军最大型货运船装、卸 M-1A2 主战坦克。此驳船起重设备既可配置在美国军事海运司令部的货船上，也可配置在商船上。无论在训练或实际的动员过程中，它均能比其它同类型设备更快、更安全和更高效地转运物资。

（韦秀文）

地面运输装备 1999 年，运输车辆的发展继续受到各国军队的重视，突出的特点：一是重视运输车辆的更新换代。美国海军陆战队研制新一代中型战术汽车，英军着手发展未来的高机动轻型车和中、重型运输汽车，韩国军队开始装备新一代高机动吉普车。二是重视发展多动力型运输汽车。美国陆军开发出采用联合电动推进系统驱动的“悍马”车、节能低污染混合动力型中型战术汽车和混合动力牵引车，美国海军陆战队开发出适应 V-22“鱼鹰”偏转旋翼飞机和 CH-46 运输直升机运输的混合动力型多用途车。三是应用高新技术发展地面运输装备。美军开发出新型车辆测量系统和新型车辆制动测试仪，德国研制出被称为“电子辕杆”系统的新型卡车运输系统。

美军研制出联合电动“悍马”车 据英国《简氏国际防务评论》1998 年第 11 期报道，首辆由联合电动推进系统驱动的高机动多用途轮式车（HMMWV，即“悍马”车）于 1998 年 10 月在马里兰州阿伯丁试验场接受美国陆军的测试。该车是由美国 PEI 电子公司的一个下属单位和美国陆军坦克—机动车与军械司令部以及防卫研究工程局共同研制的。该车采用联合电动推进系统，7 秒钟内能将车速从 0 提高到 80 千米/小时，而采用原来的常规柴油发动机驱动的“悍马”车则需要 17～20 秒。联合电动“悍马”车的车速从 105 千米/小时提高到 135 千米/小时，汽油使用效率为每加仑 25～29 千米（每升 6.5～7.5 千米），爬坡度为 60%，在联合驱动的形式下续驶里程为 600 千米，单独使用铅酸蓄电池组驱动可行驶 32 千米，行驶里程是使用镍/金属合金电池的两倍，且噪音小、温度低。该驱动系统包含一个 1.9 升、输出功率为 55 千瓦的 Volkswagen 内冷式涡轮增压柴油汽油电动发动机（PEI 电子公司已计划在第 2 辆样车上将输出功率提高到 75 千瓦），在 4 个车轮上分别安装了永久磁铁无电刷直流电动马达，以控制刹车和转向。该车转向由前轮控制，可避免在泥泞或松软路面上打滑。电动发动机可保持牵引蓄电池系统能量的储存，所以该车不必从外部电源重新充电就可顺利操作像雷达、收音机和激光器这样的装置，而且能量可靠、充足。南加利福尼亚的高级运输部负责管理这个为期 30 个月、价值 260 万美元的“悍马”车项目。PEI 电子公司负责系统设计、提供动力系统电子设备、装配和测试整车。特种机动公司提供驱动马达及整流器。电源电池公司负责提供铅酸蓄电池。西南研究所负责柴油—汽油电动发动机系统设计。位于亨茨维尔的亚拉巴马大学进行具体分析和定型。

美军计划对中型战术卡车进行改造 据美国《士兵》杂志 1998 年 9 月报道，为了消除造成中型战术卡车驱动轴脱落的振动，美军计划对这类车辆进行改造。改造的主要内容是对驱动轴万向节和加固件进行加强，以减小车辆高速行驶时发动机和传动装置的移动。这种车可在公路上高速行驶，但当车速达到 80

～93千米/小时时，发动机——传动装置——驱动轴的组合装置会发生振动，卡车万向节受压，从而导致驱动轴脱落，使车辆失去控制。自1996年1月2.5吨和5吨中型卡车装备部队以来，共发生了13起事故，其根源是由于车辆空载或少量载货并高速行驶时出现的振动。目前，正在生产的中型战术卡车将完全替换30年来装备的85000辆老式2.5吨和5吨卡车。2.5吨车为4轮双轴驱动，5吨车为三轴全轮驱动。驾驶室完全用金属外壳取代了过去的帆布顶篷。12种车型中有3种可从C－130运输机上空投，其他的可用直升机吊运，但都可用运输机运输。所有中型战术卡车都安装有驾驶员和乘员用的三点式安全带。目前，中型战术卡车最高车速限制在48千米/小时，改造完成后，驾驶员可按正常车速行驶。

美军试验新型车辆自动测量系统 据美国《防务运输杂志》1998年第8期和美《陆军后勤工作者》1998年11～12月号报道，一种被称为运输自动测量系统（TrAMS）的新设备于1998年6月17日在布拉格堡进行的试验中首次亮相。TrAMS是美国合作技术联合公司设在约翰斯敦的工厂为满足美国陆军军事交通管理司令部改进汽车装运的需要而研制的，用来协助装运调度人员高效合理地安排车辆海、空运输。它由光线屏幕和分段称重平台组成，当汽车通过该系统时，无论车辆满载还是空载，它都能由一部自动扫描及光学设备连续测出汽车的尺寸和重量，并通过计算机确定车辆的平衡中心等参数，从而提高大批车辆海上和空中运输装运的效率和安全性。利用该系统，平均每小时可处理60辆车，尺寸误差在1英寸以内，重量误差不超过总重的3%。如不采用该系统，要完成同样的工作则需6名操作人员花费10分钟，且精度远远达不到要求。该项目研制费用约为200万美元。该系统目前还处于样品试验阶段，试验成功后将投入部队使用。

美国陆军研制混合动力型牵引车 据美国《陆军后勤工作者》1999年5～6月号报道，美国陆军坦克—机动车与军械司令部机动车辆中心、洛克希德－马丁公司和斯泰沃特－史蒂文森公司目前正在联合研制一种使用柴油和电力的“混合式”牵引车。这种车独特的混合驱动推进系统给军用车辆带来了显著的优点，如增大机动能力，降低可探测性和热辐射，增加行驶里程等。它比常规卡车降低油耗25%～50%。混合动力推进系统取代常规的自动传动，传动装置各部件将更加耐用。在平地上，驾驶员减速时不需踩刹车，只要把脚从加速器上移开，车辆即减速。在下坡时要安全停车，必须使用刹车装置。在“回热刹车”期间产生的能量被储存到一组12伏铅酸蓄电池组可重新使用，将使刹车的磨损减少65%。柴油机运行的燃油效率高，速度恒定，减少了加油和大修的次数。这种混合动力原型车是美国陆军中型战术车辆系列中的M1085型5吨卡车，其290马力的涡轮柴油机给发电机提供动力，反过来又给电动机供电。加速和爬坡的爆发力由电池组提供。配备这种柴油机/发电机组合的卡车可作为一种大型移动式发电机使用，这种车可用它的电池组以隐形的无动力方式驱动几千米。

美国陆军研制节能低污染混合动力型卡车 据因特网1999年报道，美国陆军与私人企业合作研制出一种污染小耗油少并能使用混合动力的新型卡车以满足“下一代陆军”扩大地面运输的需求。美国“下一代陆军”计划于2020年前将车辆油耗降低到目前的75%，新研制出的混合动力型卡车投入使用后可将油耗降低25～30%，完全可以实现这一目标。新型卡车使用民用柴油发动机和蓄电池组交替供能。柴油机与一台120千瓦的发电机相联，由计算机控制的2个发动机操纵件可将电能送给车内的2个交流电发动机，而这2个发动机分别与前、后2个主动轴相连，从而可保持原卡车固有的6轮全驱动。新型混合动力型卡车可灵活决定是使用柴油发动机还是使用车上蓄电池组或两者同时使用。只使用电池组时，可大大降低噪音。新型卡车发动机操纵系统将全程监控蓄电池组工作状况。当蓄电池放电到一定程度时，发电机可自行对其充电。由于卡车本身可产生大量电能，因此可为车载武器系统、地面雷达以及车载导弹系统等提供电能，无需拖带发电机。这种新型卡车使用了能源再生式节能型制动系统，发动机减速时可起到发电机的作用，刹车时产生的能量不会以热的形式散发掉，而是转化为电能输入电池组供循环使用。此外，该车仍保留了气动刹车系统，以备突然停车使用。目前，隶属于美国陆军坦克－机动车与军械司令部的国家车辆中心正在对美陆军中型战术卡车车族的5吨级新车原型进行测试，军方1999年秋将在阿伯丁试验场对新型混合动力型卡车进行性能测试。据估计，这种新型卡车将在5～6年内装备部队。

美国陆军采取措施解决M939系列载重车的安全问题 据美国《陆军时报》1999年第43期报道，1992～1995年期间，美国陆军M939系列车在3.0912亿千米的行程中共发生了37起伤亡事故，其中27起是翻车造成的。尽管M939系列车每161万千米 2.2 起的事故率低于 1994 年国家公路交通安全协会报告的商用车 161 万千米 2.7 起的事故率，但是这些接二连三的事故仍然引起美国陆军的高度重视。最近，美国陆军对 M939 系列车的安全问题进行了详细调查，并采取了相应的解决措施：一是限定行车速度。对 M939 系列车整体安全性的调查研究表明，当驾驶老型号车并紧急刹车时，司机往往无法控制车辆，导致翻车。因此，美国陆军在安全守则中将该系列车的行车速度一律限定在 64.4 千米/小时（设计时速 80.5 千米）。二是为车辆配备安全装置。1999 年开始为车辆配备防抱死装置，并将在 12000 辆车上安装子午线轮胎，使车辆地面附着力更大、制动距离更短。

美国陆军研制成功新型车辆制动测试仪　据美《陆军后勤工作者》1998 年 11～12 月号报道，美国陆军最近研制出一种新型制动测试仪。该设备是在商用制动测试仪基础上改进而成的，采用计算机进行检测。测试中，车辆停放在一个平台上，约 5 分钟的时间，即可完成车辆制动系统的检测并输出诊断结果。此外，该设备还可诊断出具体的故障部位，并提示修理意见。传统的制动系统检测需要将车辆架起，整个过程需要 8 小时。美军称，使用该设备后预计每年可节省经费 120 万美元。

美国奥什科什公司将为美海军研制新一代中型战术汽车　据英国《国防》1999 年第 2 期报道，美国奥什科什卡车公司已获得一份价值 12 亿多美元的合同，将为美海军陆战队生产 8218 辆“中型战术运输车替代车”（MTVR）。美海军陆战队现装备的 M809 和 M939 系列 5 吨车已逐步老化，需要用新车取代。该新型卡车将采用全轮驱动，满载时最大爬坡度为 60%，涉水深度 1.525 米，可在泥泞、沙地、雪地等各种地形条件下行驶，公路最高时速 104.65 千米，公路载重 15 吨，越野载重 7 吨。合同还包括一些其它开发项目，如用新车底盘改装新型抢修车和牵引车。该车样车已成功通过 1932 千米的耐久性测试，1999 年年底前公司还须再向海军陆战队提供 10 辆样车进行其它性能指标测试。根据价值 0.49 亿美元的初始合同，奥什科什公司计划先进行小批量生产，然后于 2001 年开始全面投产。

韩国军队装备新型高机动吉普车　据英国《简氏军用车辆与后勤装备年鉴 1999 ～2000》报道，韩国国防部已将韩国“亚西亚”汽车公司 1997 年研制成功的新型高机动吉普车作为跨世纪的车辆装备部队，以取代现行吉普车。1997～2000 年的采购费总额为 4000 亿韩元。该车具有以下特点：一是加强了机动性能。该车发动机输出功率为 139 马力，最大车速 150 千米/小时。二是扩大了车厢空间。车长与车宽分别加大了 51.5 厘米和 24 厘米，可乘坐 6 人。三是提高了经济性。新车的最大耗油量为 12 千米/升，比现行车有明显降低。四是改善了操作性。该车采用动力操纵装置和全轮驱动装置，改善了变速功能。五是提高了防护性能。采用控制电磁波干扰，保护装备和人员。六是加强了越野能力。采用独立悬挂装置，确保车辆的越野行驶能力。

英军急需新型运输车辆　据英国《简氏防务周刊》1999 年第 3 期报道，英国国防部目前急需一批高机动载重运输车（FCV）和一批数量少、有效负载为 6～15 吨的普通越野汽车。有五个公司被要求在 1999 年 3 月前向英国防部提交他们关于改进车的外形设计计划，这些公司是 Lex 服务公司、梅塞德斯－奔驰公司、斯堪尼亚运输车管理处、TLS 公司及塔克塔康公司。自从几年前取消了阿尔维斯汽车公司的斯泰尔沃特（Stalwart）6×6 高机动载重运输车（HMLC）以后，英国陆军就缺少一些能够在前方战场同机械化部队配合使用的专用车辆。因此，英国防部决定出资发展新型运输车。将由承包商负责新型载重运输车的研究与试制、人员培训、部分备件供应、车辆存储及车辆维修。按计划，新型载重运输车最早将在 2002 年底投入使用。

法国研制出 8 吨整体自装卸后勤运输车　据英国《简氏军用车辆与后勤装备年鉴 1999～2000》报道，根据法国陆军的要求，法国大西洋机械制造厂最近研制出 ACMAT MTV（8×8）WPK 型 8 吨整体自装卸后勤运输车，并已装备法军和摩洛哥军队。该车驾驶室座位 2 个，驱动形式 8×8，满载总重 18000 千克，最大载重 8000 千克，车长 7.5 米，车宽 2.4 米，车高 2.725 米，离地间隙 0.3 米，轮距 1.95 米，轴距 1.22 米 + 3.75 米 + 1.22 米，接近角/离去角 35/33 度，最高车速 85 千米/小时，续驶里程 1000 千米，油箱容量 2×210 升，最大爬坡度（满载）55%，侧倾度 30%，涉水深度 1 米，装有功率为 210 马力/2900 转/分的帕金斯 6 缸涡轮增压柴油机、CR 650 型手操纵式变速器（6 个前进档，1 个倒档）、单片干式离合器和 ALM ACMAT AL 450 型 2 速分动器，液压助力转向，悬挂装置为带定位臂的前后滑轨倒置式钢板弹簧和前螺旋式减震器，轮胎规格为 375/70 R 20，气动/液压制动（EEC 标准），电系 24 伏，蓄电池 2×12 伏，100 安时。

瑞典研制出新型坦克运输半挂车牵引车 据英国《简氏军用车辆与后勤装备年鉴 1999～2000》报道，瑞典最近研制出的斯堪尼亚 T144 GB（6×4）4NZ530 新型坦克运输半挂车牵引车已开始交付瑞典陆军和比利时陆军。瑞典陆军订购了 31 辆，1998 年夏开始生产，1998 年秋完成生产。该牵引车将用来牵引由瑞典生产的 5 轴半挂车，运输瑞典陆军的“豹”2 坦克。比利时陆军订购了 26 辆斯堪尼亚 T144GB（6×4）4NZ530 新型牵引车，1998 年试验，1999 年夏开始生产，计划 2000 年秋完成生产。该车将牵引一辆由法国洛尔公司生产的 6 轴半挂车，用来运输比利时陆军装备的包括“豹”2A5 MBT 坦克在内的装甲车辆。该牵引车驾驶室有 6 个座位，驱动形式为 6×4，自重 13365 千克，满载总重 38000 千克，行驶总重 150000 千克，车长 8.128 米，车宽 2.6 米，车高 3.57 米，离地间隙（前/转向桥）0.247 米/0.237 米，轮距（前/后）2.083 米/1.83 米，轴距 4.3米 + 1.445 米，油箱容量 500 升，装有功率为 530 马力/1900 转/分的斯堪尼亚 DSC1413 V－8 电子控制式欧洲 2 型柴油发动机和斯堪尼亚 GRS900R 9 档变速器，转弯直径（带半挂车，全长 22.096 米）13.5 米，轮胎规格为 315/80R22.5，制动装置为双管路气制动（带 ABS），电系 24 伏，蓄电池 2×12 伏，180 安时，交流电机 90 安。

（巨文新）

维修装备

美国陆军对远程维修系统进行试验 据美国《陆军后勤工作者》1998 年 11～12 月号报道，位于宾夕法尼亚托比汉纳陆军仓库的高技术地区训练中心及新泽西蒙茅斯的陆军通信与电子司令部成功地用计算机和小型电视摄像机对一种新型维修通信装置进行了试验。它是一个商业准军用系统，主要包括一台小型电视摄像机及一台带电子测试外探针的调制解调器。该系统既可使用电话线路，也可使用卫星将电路图或故障指示器电视图像传送给指定的维修中心。那些探针能将诸如电压等数据发送出去，维修中心技术人员对所获数据进行分析后，便可知应对故障装备什么部位进行调整或修理。试验中，托比汉纳陆军仓库的技术人员通过卫星与陆军通信与电子司令部的代理维修中心接通，并将一个故障电路开关电视图像传输过去。陆军通信与电子司令部技术人员则指示托比汉纳仓库的技术员如何查找和排除故障。美军决定，待进一步的改进工作完成后，此远程维修系统将很快配发给诸如托比汉纳那样的维修中心及快速反应部队。使用此维修系统可减少派遣野外应急修理分队，并能将维修时间从过去的几天缩短到数小时。

俄罗斯研制出 BREM－80U 装甲抢救与修理车 俄罗斯武装部队近 20 年来装备的是在 T－72 坦克基础上开发的 BREM－1 装甲抢救与修理车。随着 T－80 系列主战坦克的装备，俄罗斯运输机械设计制造局研制出以 T－80U 主战坦克底盘为基础的新型 BREM－80U 装甲抢救与修理车。该车保留了 T－80U 坦克所具有的单位功率、运动速度和越障能力，并提高了专用设备的性能。其中，主绞盘额定牵引力为 343 千牛，使用滑轮组最大牵引力为 1372 千牛，而 BREM－1 装甲抢救与修理车的相应数据分别为 245 千牛和 980 千牛；牵引绳打开速度为 50 米/分，而 BREM－1 为 20 米/分；绳索缠绕速度有 2 档，分别为 17 米/分和 50 米/分，而 BREM－1 仅有 1 档，速度为 13 米/分。该车辅助绞盘的拉力提高到 9.8 千牛，超过了 BREM－1 的 2 倍。摇臂吊的起吊重量从 12 吨提高到 18 吨，能吊起满载弹药的炮塔。BREM－80U 装甲抢救与修理车有 4 名乘员：车长、机械师兼驾驶员、装配钳工和电焊工。此外，它还备有一个附加座椅，可再容纳一名专家或从战场上撤离的伤员。车内装有空调。车上装有修理 T－80U 主战坦克的备件和修理工具，并有自备电源供电焊设备使用。自备电源由一台 18 千瓦的辅助燃气轮机提供动力，从而降低了燃油消耗并提高了主发动机的使用寿命。为了保护路面，该车可安装挂胶履带。此外。该车还有一定的自卫能力，配备的自卫武器包括 1 挺 12.7 毫米高射机枪、4 支 AKS－47 突击步枪、RPG－7 反坦克火箭筒和照明弹发射枪；在战场上，它还可发射烟幕弹隐蔽自己。

英军反潜直升机装备新型维修报告系统 据英国《防务周刊》1999 年第 1 期报道，为英国皇家海军提供 EH101“默林”反潜直升机的主承包商洛克希德－马丁公司于该直升机正式服役（1998 年 12 月 1 日）的当天宣布，该反潜直升机的文本型保养与检修报告（展开后长约 25 米）将由一套以小型识读光盘存储器为基础的互动式电子技术报告系统所取代。每架“默林”反潜直升机及全部海岸基地都装备一套光盘装置，利用该装置可在任何情况下查阅军用飞机维修所需的全部数据。此新型报告系统由洛克希德－马丁公司与 EH101 机体承包商 GKN 韦斯特兰直升机公司联合研制。

（王达伦、姜　华）

后勤指挥与管理自动化系统

美军建立后勤信息网 据美国《陆军后勤工作者》1999 年 3～4

月号报道，美军后勤信息网由美国防后勤局直接管理，可提供美国现行 14 个后勤信息系统的在线查询服务，并能向用户提供各军种和国防后勤局各种库存物资的可视性。其具体服务内容包括：物资定位及供应商数据；国防部所属单位地址目录（DODAAD）信息；国防资源再利用和销售办公室（DRMO）额外存货数据；总部级（陆、海、空军和国防后勤局）和部队级（陆、海军）库存数据；陆军、空军、国防后勤局、联邦勤务总署和军事交通管理司令部等采办和在运物资状况。查询后勤信息网有两种方式：快速查询和互动式查询。快速查询是指使用者先通过各种渠道进入上述某一数据库后再查询其中数据；互动式查询是指使用者键入关键字等查询信息，便可自动进入美军后勤信息处理系统、国防自动分类系统和标准分发系统这 3 个数据库，再查询自己所需信息。以上查询方法一般可在 1 分钟内得到结果。最近，该网又增加了一项新的智能查询功能。使用者只需键入装备的国家库存编号，即可自动检索出该装备的性能、库存情况和管理机构等全部相关信息。

美军“战役后勤计划程序”升级 据美国《陆军后勤工作者》1998 年 7～8 月号报道，美军“战役后勤计划程序”（OPLOGPLN）升级为 2.0 版，完成了自 1994 年首发以来最重大的程序改进。该程序是辅助后勤计划人员估算后勤保障所需补给品消耗情况的软件，该软件升级版新增功能包括：估算第 7 类物资（大型装备）的更换和第 5 类物资（弹药）的消耗。此外还更新和扩充了编制装备表数据库，重新编写了弹药消耗率文件。该程序还作一些小修改，如选择打印机、鼠标支持等新增功能。为节省存储空间，数据库索引文件不再放入软件中，由程序第 1 次运行时自动生成。该软件是专为多阶段作战实施后勤保障设计的。计划人员可根据标准编制装备表组建保障分队，进行任务编成，设置任务参数，其后生成报表，得出按分队、编成、阶段和命令等要求的补给品消耗量。该软件对硬件的要求是：IBM 兼容机（Intel 386 以上），内存 4 兆以上，至少 45 兆剩余硬盘空间。软件要求为：属 DOS 程序，运行于 MS－DOS 3.3 以上（推荐 5.0 以上）。亦可运行于 Windows 3.1，Win 95 和 Windows NT4.0。

美国陆军提出未来作战勤务保障系统发展设想 据美军《陆军后勤工作者》1998 年 11～12 月号报道，“全球作战保障系统——陆军”将官工作组对美陆军下一代作战勤务保障信息系统的发展提出一些指导原则，设想“全球作战保障系统——陆军”将大量的陆军后勤系统功能综合在一起，并与共用系统联网，为“21 世纪陆军”和“下一代陆军”用户提供一个单一的、无缝隙的作战勤务保障系统。“全球作战保障系统——陆军”未来要能使用传感器预测诊断的数据。为此，要求制定一系列标准，确保各种以传感器为基础的系统尽可能准确地把数据输入到“全球作战保障系统——陆军”中。安装在选定武器平台上的传感器所采集的数据，可用作“旅及旅以下前方作战指挥”系统和“全球作战保障系统——陆军”间的数据源。在制定这些标准时，还可能涉及到其他一些事项，如安装有“旅及旅以下前方作战指挥”系统的武器平台、转换成共用可变信息格式的传感器输出数据、从用户使用的交互式电子技术手册转换的数据等。

美国陆军开始配发“第 3 版标准设施/师人事系统” 据美国《陆军后勤工作者》1999 年 3～4 月号报道，美国防部主管指挥、控制、通信与情报的副国防部长办公室已授权陆军开始批量生产、配发新版人事管理系统即“第 3 版标准设施/师人事系统（SIDPERS－3)”。从 1972 年开始使用的“第 2 版标准设施/师人事系统”不能使用户实时进入人事信息数据库，而且还将面临 2000 年问题。而“第 3 版标准设施/师人事系统”则不仅解决了 2000 问题，还允许实时、交互式进入人事信息数据库。“第 3 版标准设施/师人事系统”应用最新的商业硬件和软件，将目前的中央处理方式转变为开放的、灵活的、可靠的和分散式结构，其数据容量是第 2 版的 3 倍。另外，由于每一用户都负责维护自己的数据，因此采取关系型数据库和分散式处理方式可提高数据查询能力。新系统可快速纠正错误，并加速正确的、共享信息的流动。进入营人事行动中心的人事变更数据约 72 小时就可进入“总陆军人事司令部”数据库。目前一些设施已领取“第 3 版标准设施/师人事系统”，而其它设施正在办理。其它陆军现役部队将从 10 月份开始运行新系统，对陆军后备役部队的配发将到 2002 年完成。按计划，“第 3 版标准设施/师人事系统”还将并入国防部的公共人事管理系统即“国防信息管理人力资源系统”中。

美国陆军器材司令部技术手册实现数字化 据美国《陆军后勤工作者》1999 年 3～4 月号报道，美国陆军器材部已将其 1.7 万册技术手册制成光盘，使总共 250 多万页的技术资料可通过台式、笔记本式或膝上型计算机以及局域网进行查阅。此举减轻了士兵在战场上携行文本型技术手册带来的负担，并节省了出版和发行费用。以前，士兵修理武器系统或进行日常保养要依靠卷帙浩繁的文本型技术手册。例如“艾布拉姆斯”主战坦克技术手册共有110册，近4万页，重72.64千克。现在这110册出版物以数字形式存贮仅用2张光盘。随着光盘阅读机在野战部队的配发，将逐步淘汰大量的文本型技术手册。在光盘阅读机全面配发之前，陆军的所有技术手册都将制成光盘和文本型两种形式。操作手册一类的出版物将来仍继续提供文本型，以方便士兵使用。电子技术手册计划的目标是到2002年实现技术信息的全数字化。此后技术手册、公报及其它文件都将以成套光盘出版物的形式供应。

美国陆军器材部拟将两套管理信息系统外包 据美国《陆军后勤工作者》1999年9～10月号报道，美陆军器材部根据“批发级后勤现代化计划”，拟通过合同方式，将两项较为重要的批发级管理信息系统外包，交由民间企业负责其运行与维护工作。陆军器材部下属的通信与电子部是“批发级后勤现代化计划”的牵头实施单位。上述两个系统分别是“产品司令部标准系统”和“标准仓库系统”，前者主要实施国家级的批发资产管理、需求确定、财务管理以及寿命周期保障等功能；后者主要是使一些后方仓库职能（如后方级维修、弹药管理、运输以及仓库内部保障等）实现自动化。目前，招标书已经发出，合同可望于2000年第2季度签订。

美国陆军“在线后勤文献目录”可供查寻 据美国《陆军后勤工作者》1998年11～12月号报道，美陆军“后勤管理协会”因特网网站上已有1500余条与后勤有关文章的摘要可供查寻。此“在线后勤文献目录”包括了近5年该协会“后勤管理目录”书本型的所有文摘。目前，随着此在线目录的上网，书本型后勤文献将不再继续发行。需要后勤信息的用户可进行基本搜索，也可逐条查寻。这时，此文献目录系统可提供一份与所选关键词或文摘前2行相对应的题目清单。该系统的其它特点还包括大量的“帮助”提示及期刊杂志联络点，以便用户直接与他们联系，从而方便取得复印件、过刊或即时订阅。

（谭凤旭）

海军专用后勤装备

美军研究发展“近海浮动基地” 据美国《海上力量》1999年第5期报道，美国防部目前正在积极研究发展“近海浮动基地”，以确保美军将来能迅速接近发生危机的地区。目前“近海浮动基地”的研究还处于起步阶段，国会给海军提供了专项资金，海军正积极研究使用这种海上平台所需的关键性技术问题。据称，位于弗吉尼亚州阿灵顿的一家海军分析研究所设计了5种概念的“近海浮动基地”，包括特种作战部队使用型、支援飞机作战行动型、后勤补给型、火力投送型以及海军陆战队使用型。“近海浮动基地”由近海石油钻井平台派生而来，是一种可作为作战基地使用的人造机动多用途海基后勤设施，不具备水面作战舰艇或航母所拥有的作战能力，但能容纳战斗部队、支援人员以及物资装备，可履行长期陆上基地拥有的多种保障职能，如装备保养、机动医疗保障、指挥控制和通信联络等。几个“近海浮动基地”连接在一起，还能够支援飞机的作战行动。目前至少有3家工程设计公司正在为美国防部设计“近海浮动基地”，其中克瓦尔那公司提出的设计称为“海上基地”，由两个半悬浮机动桥连接的3个半潜水平台组成；贝奇特尔公司的设计也包括3个单元，但运用了较复杂的定位技术使3个相关模块之间不通过连接物或连接桥进行连接；麦克德蒙特公司的设计则由5个独立的半潜模块组成，并通过创新性的闭锁装置组成一个长达1525米的全功能机动近海基地。据报道，美军方对最后一个设计方案很感兴趣。

美军实施战略海运船计划 据美国《海上力量》1999年第2期报道，1998年第9月，美海军购买的第一艘新建大型中速滚装船“沃特森”号交付使用，使美陆军战略机动能力的发展进入了新时期。“沃特森”号是美军建立大型中速滚装海运船队计划的一部分，船队计划包括19艘大型中速滚装船，其中8艘用于海上预置一个重装旅的作战及战斗保障装备，其他11艘用于从美本土运输一个重装师的装备。预计每艘船的装载面积可达27907～37210平方米，航速可达24节。这19艘船中，5艘是由集装箱运输船改装而成的，已于1997年交付海军，其中4艘作为海上预置船部署在海湾地区，但改装型滚装船比“沃特森”号短大约30.5米。继“沃特森”号之后，美海军将继续采购6艘“沃特森”级以及7艘“鲍伯·霍普”级大型中速滚装船。整个采购合同将于1999财年完成。在下个世纪，这19艘大型中速滚装船将可提供465125平方米的运输能力。它们可以运输一支地面特混部队所需要的全部人员和装备，其中包括58辆坦克、48辆履带式机动车以及900多辆轮式车辆。

美国战略海运船“沃特森”号正式交付海军使用

据美国《陆军》杂志1998年第9期报道，战略海运船“沃特森”号于1998年9月正式交付美国海军使用，该舰长 289.75 米，最大宽度 32.25 米，满载时的吃水深度为 10.37 米。2 台 GELM2500 燃气涡轮发动机带动 2 个五叶螺旋桨，可使船只以 24 节的速度航行 12000 海里。“沃特森”号可提供 7 层共有 36647 平方米的装载面积。该战略运输船安装了标准货物装卸设备，包括 2 台 112 吨单座复式起重机、1 块能偏转一定角度的尾部装卸板、2 扇侧部舱门、1 块侧舱装卸板、5 台叉车和 1 台集装箱装卸车。装卸板可同时承受 2 辆 M－1A1 坦克的重量。“沃特森”号的驾驶室中安装了 1 个斯佩里自动导航驾驶系统、2 部雷达和 1 个航行管理系统。驾驶室的船员能完全控制主发动机和 2 台弓形助推器。驾驶室前面是直升机紧急降落点，仅供白天紧急降落之用。“沃特森”号目前共有 31 名船员，负责操纵船只及确保装备安全妥善装载。另外，陆军将向船上派 8 至 9 名人员，负责装卸设备的保养，使其始终处于战备状态。

美国新战略海运船“鲍伯·霍普”号交海军服役 据美国《国防》杂志 1999 年第 1 期报道，美国阿冯代尔工业公司近期向美国海军交付了一艘新型战略海运船，该船是其为海军生产的 7 艘战略海运船中的第 1 艘，预计 1999 年内还将向海军交付另外两艘同级船只。美海军已将该船正式命名为“鲍伯·霍普”号。该船是美海军现役最大舰只之一，长 289.75 米，吃水深度 10.52 米，排水量 62069 吨，功率 65160 马力，航速 24 节。除编制船员 29 人外，还可搭载乘员 95 人；它能运载 1000 多辆陆军车辆，并有 35349 平方米的面积用于海上预置物资存放。

美国海军为一艘新型滚装船命名 据因特网 1999 年 4 月 10 日报道，美海军在新奥尔良阿冯代尔工业公司为军事海运司令部所属的一艘新型滚装船举行了命名仪式，该船被命名为“门登卡”(Mendonca)号。该船是“鲍伯·霍普”级大型中速滚装船的第 4 艘，不具备战斗能力，船上人员由海军陆战队文职人员组成。船长 289.75 米，宽 32.27 米，排水量为 62000 吨，柴油机驱动，最大航速可达 24 节，载货面积约 36280 平方米。

美军研究发展高速海运船 据美国《陆军后勤工作者》1999 年 1～2 月号报道，美军 1999 年初举办了一次运用民用高速海运船进行陆军快速部署的可行性研讨会，旨在研究未来发展高速海运船的可行性以及存在的主要问题。高速海运船具有运载量大、航程远和运费低的特点，受气候条件限制较少，在战时可用于战略运输、后勤支援、情报搜集以及接纳伤员等。民用高速海运技术的发展，为解决军事海运问题创造了条件。例如，由澳大利亚的英凯特（INCAT）公司设计和制造的代号为“猫”（INCAT 046 CAT）的高速海运船是一种客货两用高速海运船，在满载 900 名乘客和 240 辆小汽车的情况下运行速度可达 43 节（50 千米/小时）。随着科学技术的发展，如果未来的高速海运船使用复合材料，采用新的减小阻力的船体外形、数字控制、先进的发动机以及高效的燃料，就有可能将其用作军队战略高速海运船，在满载运输车辆和物资的情况下其速度可以超过 60 节。这次研讨会为 21 世纪陆军快速部署提供了一个很好的思路，将对 21 世纪高速海运的发展起到很大的促进作用。

日本新型潜艇救护舰“千羽田”号下水 据日本《安全人》杂志 1998 年第 12 期报道，日海上自卫队又一艘大型潜艇救护舰“千羽田”号下水。该舰是日本海军原有潜艇救护舰“千代田”号的改进型，停泊在吴港，拟配备给第一潜水队群。新舰外形前尖、后平，舰舱等设施位于中部。该舰有 2 个半平衡舵，后部甲板可供直升机起降。该舰主要用于潜艇救护，舰上新增了手术室并扩大了人员救护医疗室，改进了深海救护设备，如深海救护艇（DSRV）和深海救护装置（DDS）。该舰主要技术性能：长 128 米、宽 20 米、深 9 米、吃水深 5.1 米。主机采用 2 台柴油发动机，每台功率 19500 马力，航速 21 节。舰载乘员 125 名。

日海上自卫队新型拖船竣工 据日本《安全人》杂志 1998 年第 12 期报道，日海上自卫队又一艘新型拖船竣工。该船为后勤支援船，载重 260 吨。按日海上自卫队规定，该吨位拖船属 84 系列，列该系列中第 17 号。该船船体为钢质，安装有 2 台新泻钢铁株式会社生产的 6L25BX 型柴油发动机，每台功率 900 马力，静止推力 20 吨。该船长 28.4 米，宽 8.6 米，吃水深 2.5 米，航速 11 节，排水量 262 吨，拟配备给佐世保港务队。

（何在涛）

空军专用后勤装备

美国空军 KC－135 加油机将加装多点加油系统 据因特网 1999 年 4 月报道，为提高空中加油机效率和机动能力，美国空军计划在 45 架 KC－135R 型加油机上安装翼梢锥套软管式空中加油吊舱。多年来，美国海军和北约的许多飞机采用的是锥套探管式加油系统，无法用美国空军飞机的伸缩套管式加油方式为它们进行空中加油。由于世界范围的联合军事行动次数增多，美国防部指示美空军改装部分 KC－135 型加油机，使之既具有锥套探管式，又具有伸缩套管式加油能力，并且能同时为2架锥套探管式飞机加油。目前，美空军正为45架KC-135R加油机制造33套翼梢吊舱。至1999年，已有4架飞机安装了吊舱，预计每年可改装6架，到2000年2月，可改装12架，到2008年9月，45架飞机将全部改装完毕，并交付部队使用。

美军拟发展先进的空中加油技术 据英国《简氏防务周刊》1998年10月报道，按照新的空中机动部队建设发展规划，美国已将适用各军种的先进加油系统列入发展计划。美军目前使用的2种加油技术有明显的不足：伸缩套管式空中加油方式虽速度较快，但一次只能为1架飞机加油；锥套探管式加油方式每次能为2架飞机加油，但速度较慢，战斗机受油量也小，而且只能为海军的战斗机加油。为此，美空军拟研制发展“空中加油传输机”，以解决为多军种和多机种进行快速加油的问题。这种加油传输机实际上是一种无人高速空中飞行器。这种飞行器在空中由母机射出，快速飞行至受油机为其加油，然后返回母机。每架母机一次能运载20多个可控无人“空中加油传输机”，可同时为20多架战斗机提供快速空中加油。这种先进的加油系统拟于2004年前完成设计，在2006年左右试验完毕并列装。

俄罗斯计划改进军用运输机 据英国《国际飞行》1999年4月21～27日报道，俄罗斯空军计划改进其老式运输机并改善编制内飞机的战备状态。改进军用运输机计划的重点工作是延长伊留申公司伊尔-76战术运输机的使用寿命，该机的数量列俄空军运输机的首位。据俄空军司令科尔尼科夫将军透露，他希望新的伊尔-76MF能在2年内服役。在乌兹别克斯坦首都塔什干的飞机制造厂内有8架这种飞机处在不同的装配阶段。俄军事运输航空兵还打算修复20架停用的安-124型运输机，使其状态达到作战水平。飞机的大批停飞是因为缺少备件和发动机的可靠性差。

日本考虑购买空中加油机 据英国《国际飞行》1999年1月13～19日报道，日本防卫厅正考虑拨款800亿日元（7.1亿美元）购买4架波音767型号的加油机。日防卫厅称目前关于购买加油机的问题还没有正式决定，预计在未来2年内将列入采购预算。日航空自卫队目前还没有空中加油能力。据日本报刊报道说，日防卫厅要求将上述采购计划列入2000财年预算，而飞机则最早要到2007年才能进入服役。据悉，波音767是首选机型。

（徐东齐）

其他军事技术问题

一些国家采取措施加强武器装备的采办管理工作 面对新军事革命的挑战，世界许多国家都在大力加强武器装备采办管理，并为此采取了多项措施。

改革采办体制，提高管理效益 （1）成立新机构。1997年3月，俄罗斯撤消了国防工业部，其国防工业管理职能由经济部和邮电与信息委员会行使后，成立了包括40多家军工企业和科研院所的“俄罗斯高科技发展基金会”和由经济部领导的“专家委员会”，以推动国防科研和军工生产的发展。1998年9月，韩国国防部在合并5个业务局和参联会1个办公室的基础上，成立了“国防采办总部”，以加强装备采办的集中管理。（2）调整旧机构。法国最近对其统管装备采办的武器装备总署进行了机构改革，将原来的5个采办管理局压缩为3个，增设了一名负责工业和技术战略的副署长。以色列国防部把拉菲尔武器发展局改组成了独立公司，设立董事会，实行商业化管理。美国防部也准备对其庞大的装备采办系统动大手术，进行大规模的精简整编，初步计划削减15%的采办人员。（3）改进管理方式。英国防部装备采购部将采用新的管理方法，享有更大的自主权，以商业运作方式开展工作。法国武器装备总署计划采用“多年制固定价格合同”，不再要求工业界为开发项目提供部分资金。（4）进行机构合并。俄罗斯政府已决定，将导弹和航天工业公司划归航天局。美陆军准备使作战试验与鉴定司令部和鉴定司令部合并，并成立“鉴定分析中心”。土耳其最近宣布，将国防部的国内采购局与国际采购局合并为一个采购部门，以便把本国国防工业与产品推向国际市场，参与国际竞争。

简化采办程序，提高采办效率 许多国家已经或准备简化装备采办程序，以降低武器研制成本，缩短交货时间。1996年，美国已将武器装备采办程序由5个阶段压缩为4个阶段，即方案探索阶段（1～2年）、制定计划与减少风险阶段（2～3年）、工程与制造阶段（3～4年）、生产部署与使用阶段。同时，采办决策点也已由5个减至4个。据测算，新采办程序能使研制的武器系统从立项到交付用户的时间减少25%。英国的现行装备采办程序由概念研究、可行性研究、方案论证、全面研制与生产、验收试验等5个阶段组成，英国防部1998年提出的“精明采购战略”要求将这5个阶段减为4个：概念研究，评估，演示验证和生产。最近，法国防部武器装备总署对其国防采办程序进行了调整，正式设立了准备阶段，以明确作战需要和选择关键技术；将研制、工业化和批量生产并入一个阶段，在产品设计和工业设施准备完成后，同时进行开发与生产。法国调整后的采办程序的4个阶段是：准备阶段；设计、可行性论证和概念界定阶段；实施阶段；使用阶段。1998年，韩国推出了国防采办改革计划，要求将目前装备采办程序中的38个阶段减至24个，将后勤采办程序中的5个阶段减为3个。

增加装备采购费，严格经费管理 发展武器装备，有力的经费支持是基础。因此，许多国家最近都加大了对装备采办的财政支持力度，提高了装备采购费在军费开支中的比重。美国2000财年装备采购费为530亿美元，比上一年增长8.8%以上。按《5年国防计划》，美军2001财年的采购费将为618亿美元，比上一年增幅达16.6%。英国装备采购费已由1993年占国防费总额的36.7%，上升到目前的40%以上。法国1999年的装备采购预算为860亿法郎，比上一年的810亿法郎增加6%。另外，一个值得注意的动向是，科索沃战争后，美、俄等国和一些发展中国家都表示，要增加军费，特别是高技术武器采购费。有了较充裕的装备采购费，还必须严格经费管理和审计监督，才能管好用好经费，杜绝浪费，发挥经费的最佳效益。为此，西方发达国家采取3种措施：一是组织措施，成立专门机构对选定的武器系统进行效费比分析，对军品购买实施集中管理，对军品合同进行审计监督。二是技术措施，即减少军品种类，使武器系统技术规格通用化、标准化。据美军事专家计算，在军品标准化方面每投资1美元，可节约10美元。三是财政措施，即建立军事财政系统，并通过该系统使武器装备采办过程中各阶段的经费使用合理化、规范化。

重组国防工业，保留核心能力 国防工业是武器装备生产的主体，生产工业时代机械化装备的国防工业肯定不适于生产信息时代的信息化装备。由于机械化装备正在向信息化装备转变，各国的国防工业和军工企业必然要进行结构重组和改革调整。当前的趋势是合并兼并，走规模化经营和集团化发展的道路。近几年来，美国军工企业不断合并，企业数量不断减少，规模越来越大。自1990年至今，战术导弹制造商数目已由13家减少为4家，固定翼飞机制造商由8家减少为3家，一次性发射飞行器制造商由6家减少为2家，卫星制造商和水面舰艇制造商由8家减少为5家，轮式战术车辆制造商由6家减为4家，履带式战斗车辆、战略导弹和鱼雷制造商数量由3家减为2家，旋转翼飞机制造商由14家减为3家。1998年11月，俄罗斯政府宣布了军工企业改组计划，提出在过去几年“合并压产”的基础上，在今后2～3年内把俄罗斯军工企业合并为几家大公司，以参与国际市场竞争。英国、法国、德国、日本、韩国等也对其国防工业进行了大规模调整，按行业组建了若干个大型军工集团。

为了在国防工业的结构性调整中，保留甚至加强军工企业核心能力，各国采取了以下做法：一是对重点军工企业和主要军品生产线严加保护。例如，俄罗斯1996年制定了一项“军工核心能力保护计划”，将370家企业列为不准私有化的核心军工企业、从资金、技术、人员等方面给予重点支持。日本政府为保护核心军工企业和重要军品生产线，把军品产值占企业总产值10%以上的企业定为重点军工企业，给予财政补贴，使之不受军品订货减少的影响。二是鼓励军工企业发展核心业务。在美国防部的支持下，美国雷锡公司在1998年收购了联合信号公司通信部门的业务，从而增强了自己的核心业务能力，同时将下属的飞行训练部门的业务出售给了通用电气公司，因而又摆脱了非核心业务的掣肘。三是让企业自定“核心能力领域”，政府对其重点保护。法国就是这样做的。军工企业自定“核心能力领域”后，法国防部就通过与其优先签订国防科研和生产合同，对这些领域给予重点支持。

重视依法管理，完善采办法规体系 为确保军品采办有法可依，违法必究，经过多年的采办实践，一些国家逐步建立了成龙配套、层次分明、相互协调、便于操作的国防采办法规体系。据统计，美国有关国防采办的法规就多达900余部，主要有4类：（1）国会通过的法律，如武装力量采办法、小型企业法、联邦采办政策法、合同竞争法、国防部采办政策法等；(2) 总统及有关政府部门下达的行政指令，主要有第12352 号行政指令，第 219 号国家安全决策指令，第11 号国家安全评估指令；(3) 管理及预算办公室A109 号通告，它规定了国防采办程序的各个环节和阶段；(4) 国防部采办政策文件，如国防部 5000·1号指令和国防部 5000·2 号条例。俄罗斯也很注重国防采办法规建设，已制定了多部相关法律，主要有国防订货法、国防工业法、俄联邦国有企业法等。英、法、德、日等国，像美国一样，也都建起了相当完备的武器装备采办法规体系。

加强管理教育，狠抓采办队伍建设 采办人员是武器装备采办的主体，其素质的高低直接影响到国防采办的效益。正因为如此，各国才十分重视采办人员的管理与培训，采取各种措施加强采办队伍建设。第一，设置管理机构。美国设有两级采办人员管理机构：在国防部一级，有采办与技术副部长主持的“国防采办职业发展委员会”和该副部长帮办领导的“采办教育、培训与职业发展局”；在军种部一级，有军种“采办职业发展委员会”和“采办职业发展管理主任办公室”。英国装备采购部和法国武器装备总署，分别设有装备采购人员管理局和人力资源局，负责采办人员的管理与培训。第二，制定相应法规。美国国会 1990 年通过了“加强国防采办队伍建设法”，美国防部最近制定的有关规章主要有“国防采办教育、培训与职业发展计划”、“采办职业发展计划手册”和“采办职业管理计划”，后二者是前者的补充与实施细则。俄罗斯为加强采办人员的管理，颁布了“科技人员管理法”。英、法等国也制定了多项有关采办人员管理与职业发展的法规。第三，进行院校培训。美国共有近 20 万装备采办人员，1999 财年《国防报告》规定每年为这些人员提供 40 小时以上的培训时间。为了提高采办人员的业务能力，美军开办了两所院校，即国防采办大学和国防系统管理学院，每年培训4 万多人。英、法等国没有专门的采办人员院校，但在其许多军事院校中设有采办人员培训系。最后，实行优惠政策。为了使采办人员安心本职工作，防止人才流失，俄军在薪金、住房、医疗保健等方面对这些人员待遇从优。美军实施的优惠政策主要是：放宽采办人员的招聘和培养限制；鼓励采办人员接受继续教育，为其攻读学位提供学费；为有志于毕业后从事国防采办的在校地方大学生提供贷款和奖学金；提高采办津贴标准。

（王保存）

一些国家武器装备订购监造工作简述

《现代军事》1999 年第 8 期解大军撰文称，世界各国虽然社会制度、军事体制不同，但对武器装备的生产和订购监造工作都很重视，强调实施有效的管理，在采购监造体制、制度、方法上有许多共同之处，很值得借鉴和思考。

根据国情军情，设立统分结合的订购监造机构 美军武器装备的采办，是由国防部统一领导，各军种和国防后勤局分别实施的，即：国防后勤局负责三军通用物资（油料、被服、医药器材、建筑材料、电子设备等）的采办，各军种都设有装备采办机构，负责各自的武器装备（飞机、坦克、火炮、舰艇等）及其他专用器材的采购。其中，各军种常规弹药、军用车辆由陆军部统一负责采办，各军种采购合同的管理，由国防后勤局统一负责。

俄军武器装备订购监造体制，基本沿用原苏军的作法，但也注意根据情况变化进行必要的改革。其每年的国防订货指标由总统控制（过去是由苏国防会议主席控制），由政府分配订货任务。装备采购的日常工作由国防部第一副部长通过总装备部对 42 个武器装备总订货单位实施总体领导和检查监督。这些总订货单位分属总参谋部和各军种。俄军认为：这种分散订货体制，“一会造成装备设计和研制经费、军工生产能力和修理力量的使用不合理；二会导致物资器材和装备的管理更加复杂化和需求量的不合理增加”。因此，俄军正在尝试把装备的订货、维修和管理统一起来，以解决“武器装备发展的平衡性和统一化问题”。

日本防卫厅设采购调整会议和采购实施本部，前者负责调整各采购部门之间的采购业务，后者负责统一采购三军武器装备和军需物资，称为“中央采购”。采购实施本部设有 20 个课、4 个分部、6 个采购管理办事处，具休承办装备采购和生产监督。德、英、法等西方国家军队为适应国际局势缓和、兵员裁减、军品订货减少的形势，都在探索和实施压缩采购机构和人员，逐步实行各军兵种统一的采购体制。

不断完善法规制度，坚持依法实施 市场经济条件下的采购监造，是一项政策性很强的军事经济工作。为此，一些国家及其军队均制定了较全面的有关订购监造的法律、条例和规章制度，依靠法制维护军队在订购监造中应有的权益。例如，美军通过国会、国防部和各军种制定了一套系统完整的法规及标准，其中最主要的有《政府合同法》、《武装部队采购法》、《联邦采办条例》、《联邦采办条例国防部补充条例》、

《质量大纲要求》等，这些条例对武器装备采购监造的基本原则、政策和程序作了具体规定，其内容之全面、规定之详细，是世界上少有的，被美军采购监造人员奉为“圣经”。俄罗斯国家杜马于1995年11月通过、同年12月27日由总统签发的《国防订货法》，进一步规范了武器装备的订购监造工作。日本政府也颁布了国防采购工作法律，防卫厅颁布了军品采购基本法规，例如《关于采购装备品和劳务的训令》、《关于监督与检查采购的训令》、《关于采购品监督与检查的指示》等。其他西方国家军队也都有较完善的采购监造法规。

西方一些国家和军队还注意根据情况变化，及时对武器装备订购监造法规、制度进行全面或部分地审查修改与调整。

运用市场机制，指导和规范订购监造工作 一些国家的军界人士认为，武器装备采购改革的最重要、最迫切的要求就是需要将国防工业的主要部分同商业工业基地结合起来。这样做的目的，首先是使军方能够获得受商业市场支配的那些技术、产品和工艺。美陆军研究、发展与采办事务助理部长德克尔曾指出：“我们再不能像过去那样单靠增加国防工业拨款获取武器和装备，而要更加依靠民用产品和服务来满足国防需求。……无论采办什么，任何毫无价值的多余步骤或费用都应予以免除。”

其次是利用军地企业的竞争，择优招标，使所采购的产品不仅价格优惠低廉，而且性能要达到军方规定的指标，产品的售后服务也符合军方要求的条件。美军利用市场竞争机制，主要是采用“广告招商法”和“谈判法”采购物资装备。日军采购武器装备的方法是：各军种参谋部根据年度预算，每年就各自所需的装备制定采购补给计划，并将采购合同的签订委托给采购实施本部。采购实施本部向有关企业发布公告，采用一般竞争进行招标，确定生产厂家；对仅限于特定企业生产的产品，采用指名竞争的招标方式；对特许和不能竞争的，或紧急采购的，则采用与特定的企业进行谈判的方式签订合同。

注意发挥军事代表的作用，严格合同全面管理 在一些国家的武器装备采购监造管理体制中，一般都设有军事代表机构，但称谓、规模、工作范围则不尽相同。美军在1965年以前，每个军种管理自己军种的合同。为了加强合同管理，于1965年组建了国防后勤局合同管理处，下设9个地区办事处。合同管理处人员约占国防后勤局在编人员的34%，各军种的军事代表办事处均隶属该合同管理处统一领导和管理，从而消除了各军种在行政和业务方面相互重叠的现象。俄军则由各订货单位派出军事代表负责装备生产检查监督工作。日军在采购实施本部下设6个采购管理办事处，具体对生产进行直接监督检查和质量管理。德军则由国防部装备部下设的国防技术与采购局向生产大型、复杂装备的部门和企业派驻质量监督代表，实行4年一轮换制，一般装备、器材，则由生产部门自己把关，军方建有完整的鉴定试验体系，实行成品抽验把关。

军方对订购的武器装备的监造，主要通过其派出的地区性合同管理机构或驻厂军代表进行管理。其特点：一是强调实施全过程管理。合同管理从合同签订开始，直到货物交付、接收、付款和合同终止。二是强调高度集中统一管理。美军各种武器装备采购合同虽由军种自己签订，但合同管理则统一归口到国防后勤局合同管理处及其地区办事处负责。日军各军种只负责提出订货补充计划，合同签订和履行均由采购实施本部所属6个办事处管理。三是强调确保产品质量。美军在国防合同管理处设有产品质量保证室，其主要任务是：参加合同前考察，判明合同单位产品是否具有保证质量要求的能力；在合同签订后的会议上，协助明确对质量的具体要求；对合同单位产品检验和检查程序进行深入的考察，协助发现潜在的问题；对生产过程与产品进行检查检验；根据合同管理的检验办法与产品质量状况，调整政府监督与检验活动的次数与深度；提醒合同单位不断地注意它们产品的质量。德军除向工厂派质量监督检验代表外，还建有8个试验场、站，采用模拟技术、人机工程试验装置进行质量检验分析。法军对符合质量标准的生产厂家发放《质量保证等级证书》，这样，生产厂家就有了生产军品的许可证或优先权。四是强调对产品质量好坏要奖惩严明。美军、德军对一般性武器装备、器材生产厂家不派驻军代表，产品质量主要靠厂家自行把关，军方按合同和规定进行抽验，一旦发现不合要求，全部拒收，使企业从自身利益出发，不敢冒险向军方提供粗制滥造的产品。

重视人员素质培养，提高采购监造能力 一些国家对武器装备采购监造队伍建设十分重视。美国国防部于1992年专门制定了《改善国防采办队伍法》，要求各军种“为建立一支由军职和文职人员组成的采办队伍而努力”。美军对从事采购监造工作的人员素质要求比较高，除应具备熟练的专业技术素质外，还要通晓财会、法律、商务、价格、合同管理、质量控制以及卖方的经营策略和管理制度等，以便有效地维护军方的利益和防止违约行为。美军还十分重视采办人员的素质培养，他们在国防部采购副部长办公室设立了采办人员教育、训练和职业发展主任办公室，国防大学、武装部队工业学院和国防系统管理学院等院校联合开办了国防采办大学，培养采办专门人才，加强对采办人员的教育与训练，使他们能有效地应付不断变化的国防采办环境。学校还通过让各学科的专家直接参与编排课程和开设新课对教育质量进行控制，使教育训练成为“国防采办战略改革的关键一环”。德军对从事武器装备采购工作的人员素质要求也很严格，其国防技术与采购局约 19000 人，其中各类专业、经济、法律专家约占 50%，每年还有 1300 人外出深造进修。

21 世纪部分国家武器装备信息化发展趋势　《外国军事学术》1999 年第 6 期冯毅撰文阐述了 21 世纪一些国家陆、海、空军武器装备信息化方面的发展趋势。

陆军武器装备的信息化　到 21 世纪，坦克、步兵战车、自行火炮、武装直升机将成为信息化的作战平台；除部分枪械之外，各种火炮和其他弹药发射的装置，都可能是信息化的装备，并发射信息化的弹药；甚至相当一部分步枪、手枪、机枪也将安装信息瞄准、探测、控制装置，成为信息化枪械。

面对 21 世纪的作战需求，美国和北约盟国军队正在加紧战场数字化建设，数字化是信息化的初级阶段。战场数字化建设所涉及的主要武器平台（如经过数字化改进的坦克、战车、直升机等即是信息化武器平台）将成为数字化部队的“硬件”基础，而数字化部队装备的“软件”基础则是 C^4I 系统（即信息武器装备，含单兵 C^4I 装备）。美陆军的 C^4I 系统是包含在陆军作战指挥系统（ABCS）内的一个有机整体，包括战略级的陆军全球指挥与控制系统（ABCS）和战术级的陆军战术指挥控制系统（ATCCS）以及 21 世纪部队旅和旅以下作战指挥系统（$FBCB^2$）。

信息化武器装备的发展是部分国家 21 世纪陆军建设的重要任务之一。到 2010 年美陆军将在装备数字化的基础上继续向信息化迈进：即执行“后天的陆军”计划，对 2010～2025 年的陆军进行改革和创新，以提高美陆军联合作战的能力。重点发展的系统有：未来的地面飞行器，先进的运送重型部队和战术部队的飞机机体、自动和半自动控制的无人系统（包括空、地武器系统和传感器）、先进的火力支援系统、生命力强的因特网和主动防护系统等。这些系统将在增强部队可部署性、战场态势感知能力以及部队防护方面发挥重要作用。陆军将把战场态势感知和机动速度作为 21 世纪武器系统开发的核心内容。届时，北约等一些主要西方国家也将紧随其后，加快武器装备的信息化。其坦克将成为具有 C^4I 功能的机动武器平台，其结构更为紧凑，体积更小，火控系统将逐渐自动化。如美英等国正在研制的信息化全电坦克（AET），主要部件是电磁炮或电热炮、坦克信息指挥系统、电磁防护、电传动装置和主动悬挂系统。据悉，这种信息化全电坦克将在 2020 年列装。有“陆战之鹰”之称的武装直升机将普遍受到外军青睐，如美国新研制的 RAH－66“科曼奇”隐形武装直升机能满足空战、对地攻击和武装侦察等 3 个方面的作战需要。俄国的“米－28H”和“卡－52”、德国和法国的“虎”，意大利的 A－129、南非的“石茶隼”等都是从空战、对地攻击等多种功能要求出发设计的。

此外，有些国家在积极发展弹炮结合的信息化防空武器系统。俄罗斯已推出了“潘茨伊尔”S－1 轮式弹炮结合信息化防空武器系统，正在发展可同时跟踪 10 个目标的第 4 代信息化防空导弹。未来的弹药也在向信息化弹药发展，如目前处在研制阶段的 GPS 引信技术（包括 GPS 定位引信和 GPS 制导引信）将趋向成熟，可能成为北约所有制式炮弹采用的引信。装上此种引信的炮弹只要一半的弹药量就能取得同样的杀伤效果，可极大地提高精度，降低成本。

海军武器装备的信息化　现代海战的主战舰艇大多已达到一定的信息化水平，如：全部主战舰艇均装备有制导武器；所有舰船都装有雷达、声纳、光电等探测系统；舰载武器的火控系统基本实现了电子化与自动化；大部分舰艇装备有先进的 C^4I 系统；普遍装备了电子战装备。

当今的海战以雷达等为主要探测手段、以制导武器为主要打击手段；其防护手段也从厚重的装甲演变为以信息技术为核心的防御系统。今后，水面战舰将面临着来自空间、空中、海上、水下的多种信息探测手段、制导武器和电子干扰的严重威胁和挑战。所以，水面舰艇将进一步实现信息化，发展重点是制导武器、探测系统、火控系统、电子战系统和 C^4I 系统，并呈现系统集成的趋势，向着将上述系统综合成为舰载一体化作战信息系统的方向发展，成为三维（含水下）空间网络内海上作战的信息化平台。

美、英、法、德、日等国加快建设的数字化海战场和数字化海军，可使海战指挥及时得到准确、全面、系统的信息。海军的武器装备将在陆、海、空、天、电磁等全维空间使用。由数字通信设备、信息综合处理机和GPS组成的网络触角，近实时地传递文电和图表，交换和使用数字化信息；天基平台将从空间观察控制海战，天基信息武器有可能对舰艇及其巡航导弹进行直接打击和拦截。而舰艇将加强反侦察措施，可能将与海底军事基地一起成为对飞机、巡航导弹和卫星等实施直接打击的武器平台。

空军武器装备的信息化 在今后的空战中，对作战飞机的最大威胁是敌方的预警探测系统和制导武器；而影响飞机准确捕获与攻击目标的最大因素是敌方的各种干扰、伪装和隐形措施，这说明敌对双方的对抗将更多地表现为信息对抗，并将愈演愈烈，这要求研制战斗机时应把信息优势作为首要因素考虑。信息化将成为战斗机发展的主导方向，具体表现为：通过多功能雷达和传感器技术，使其具备更强的目标探测能力和多目标全天候攻击能力；采用先进的航空通信和导航技术，实现多媒体信息传输能力，提高抗干扰性能；通过主动控制技术，提高飞行性能；大量采用更为先进的隐形技术，提高飞行的生存和空防能力；装备高性能、多功能的电子和光电子对抗装备，提高电子进攻能力；实现机载制导武器的精确化与智能化；采用航空电子综合技术，将雷达、光电传感器、计算机、导航、通信、导弹、电子战设备和武器火控系统、电传操纵系统、发动机操纵系统等综合起来，建立一体化的机载信息系统，并融入整个空战系统乃至联合作战的一体化作战信息系统之中。

21世纪世界上最先进的美制航空战斗机F－22的首架样机已于1997年试飞成功，2005年将开始服役。俄罗斯正在研制的第5代战斗机（大致相当于美国的F－22），可能于2010年列装。俄新型强击机“苏－39”（目前俄军信息化程度最高的强击机）约在2000年左右服役。俄空军在装备研制上优先研制新型机载武器系统，注重使用新型导弹系统和数据链来提高信息化程度。此外，英、德、意、西4国研制的“欧洲战斗机”2000（EF－2000），是21世纪以2倍音速飞行的能发射中、近程空空导弹的战斗机。由于以上飞机的电子信息技术含量大大超出了现役飞机，也都可以称为空中信息化武器。

在无人空中信息化平台方面，目前从事研究和生产无人机的有美、俄、以、英和南非等近30个国家。无人机的型号已经增加到200种以上，预计21世纪初将达到23000多架。无人机实质上是一个C^4ISR系统控制的空中信息化武器平台，例如英制“小妖精”无人机可根据担负的战场监视、目标指示、电子战等不同任务，分别搭载传感器、激光目标指示器和电子干扰器等。在靶机上装配侦察、电子战设备或各种战斗部，即可将其改装成侦察、电子战无人机或巡航导弹。

在全球空军武器装备信息化过程中，美空军最具代表性。美空军在“全球作战”战略思想指引下，已将发展重点移至信息和航天技术上。美空军认为到2010年空军必须具备较强的侦察、监视、预警和实时传递情报的能力以及快速反应能力，以确保制空制天权和远程精确打击能力。为此，以支持联合作战为主旨的空军“地平线”C^4I计划发展的重点是：增强快速发射航天卫星和小型卫星的能力，以逐步建立以卫星为核心的空天一体化侦察、监视、预警和通信系统；建立新的全球侦察与目标定位系统，提高目标分辨率，并对目标实施不间断的定位；在各种作战平台上使用改进的信息技术，其中包括改进的隐形、欺骗、隐蔽和伪装技术，改进的电子攻击和电子防御技术；将军事情报、侦察、监视、指挥、控制与通信系统和远程精确打击系统纳入一体化结构；积极发展先进的战场管理系统。全面实现信息处理自动化。

综合信息系统发展展望 上述陆、海、空军武器装备信息化的过程不仅与陆、海、空军信息系统的一体化密不可分，而且最终将与全军的C^4ISR系统融为一体。下面以美军一体化的C^4ISR系统为例，展望战略上支撑陆海空军武器装备信息化和信息系统一体化的发展。

一体化的C^4ISR系统是通过系统集成实现的。据不完全统计，美国防部拥有的典型系统是14个；陆军的战略系统有5个，战术级系统有21个；空军有38个系统；海军有34个系统；海军陆战队有21个系统；总计约有134个系统。在互连、互通、支持联合作战、走一体化之路的方针指导下，联合总部所属的系统数量将从14个变为3个，最终集成为1个，陆海空军的系统数量将逐步合成，最终集成为1个。与此同时，各军兵种的系统和国防部的系统还要综合集成，最终形成一体化的C^4ISR系统。

一体化C^4ISR系统的出现是指挥系统向自动化迈进的第3次飞跃。美军这一系统到2010年再向前发展可能将是2010年联合构想所需的综合信息系统（方案）——高级作战空间信息系统。2025年前后，信息技术和装备将有更大的发展与普及，信息和信息系统在未来战争中将发挥更加巨大的作用。美国有人建议，2025年美国应建设“全球信息控制系统”、“智慧战系统”、“及时信息综合集成系统”等，从战略高度支撑2025年前后陆海空军的信息系统与信息化武器的运作。

美国提出发展能满足2010年以后作战需求的新武器和新技术　《现代兵器》1999年第8期古力报道，美国国防科学委员会于1999年上半年向国防部提议发展以下新武器和新技术，以满足2010年以后的作战需求：

采用两级洲际弹道导弹发射的精确制导武器。它们是采用GPS制导的动能弹或常规钻地弹，用以攻击高价值、固定和面积有限的目标。

水下攻击模块或称隐形潜艇有效载荷，其中包括战术攻击武器、垂直舰炮系统、燃料、水和弹药供应系统、传感器系统、水雷战系统和特种作战部队水下居住室或指挥中心。

天基激光器星座，在全球范围内防御敌方空间武器发射和击毁处于助推段的导弹。

重113千克小型大威力精确制导炸弹系列，使现有的和未来的轰炸机单架的载弹量达到目前水平的4～9倍。

星座式空间轨道飞行器，携载重金属材料制成的杆状战斗部，在高椭圆轨道上运行，能够再入和穿越大气层，并以10马赫（3000米/秒）高超音速攻击目标。

具有高度可部署性和生存能力的轻型装甲车辆和步兵车辆系列。

用作测绘仪和成像仪的天基干涉测量的合成孔径雷达，能为全球性精确目标瞄准提供通用的地理位置参考。

具有远程探测、分类和跟踪水面和水下目标，以及协同交战能力和再交战前的战斗毁伤评估能力的进攻性水雷。

发展水下协同交战能力。目前正在发展的水下协同交战系统由传感器网络组成，能测绘海洋，提供综合的水下图，由通信链路连接武器发射平台，以便快速反应达到最佳攻击效果。

进攻性弹道导弹系统，可能以美国海军潜射C－4导弹为基础，部署在海上和海下舰艇上对付来自海岸的威胁，例如敌方反舰弹道导弹的威胁，这种反舰导弹预期到2015年可广泛采用。

俄、印签署军事技术合作新协议　美国《防务新闻》周刊1999年11月22日报道，据印俄政府官员说，印度购买或租借俄罗斯作战飞机很可能是双方新的军事技术合作的第一步，随后的合作将是技术转让。

在俄罗斯副总理克列巴诺夫1999年11月初访印期间，印俄签订了范围广泛的军事技术合作协议，根据协议，印度将通过直接购买和许可证生产获得俄制武器装备，耗资30亿美元。双方同意将两国的军事技术合作延续到2010年。

所签协议的主要内容包括：①印度将采购6套S－300V防空系统、2艘“阿穆尔”级潜艇、3艘“克里瓦克”级护卫舰、“俱乐部”反舰导弹和防空导弹以及T－90坦克。②租借6架图－22飞机和2架A－50预警飞机。③印度按许可证生产40架苏－30MKI多用途战斗机。④俄将于2000年第1季度把“戈尔什科夫海军上将”号航母转让给印度。该航母将装备30架“米格－29K”战斗机、6架旋转翼飞机。俄要求印度购买60架“米格－29K”战斗机，其中30架装备“戈尔什科夫海军上将”号航母，另30架停放在空军的一个海岸基地，以便在航母上替换使用。⑤在A－50预警机和图－22M－3“逆火”远程轰炸机租借期满后、印度将购买这两种飞机。

北约在科索沃战争中使用的新型特种弹药简介　以美国为首的北约对南联盟长达11周的狂轰滥炸，给南联盟人民带来了巨大灾难。此次空袭不仅时间长、强度大，而且使用了大量新型特种弹药。

联合直接攻击弹药　联合直接攻击弹药是美国空海军装备的一种高精度、全天候、全自动空对地或空对舰常规弹药。它是在普通炸弹的基础上，加装惯性和全球定位制导系统改进而成的。其主要任务是进行近距离支援、空中遮断、压制敌防空系统、海上攻击、两栖打击等。由于其装备了全球定位和惯性制导系统，其命中精度圆周公算偏差为3米，适合打击机动与固定目标及海上目标。这种弹药可从多种高度、多个方位，以多种方式投掷，投掷距离一般在9千米以上。这种弹药可由B－2隐形轰炸机、B－1B战略轰炸机和B－52战略轰炸机和F－117A、F－16等多种机型投掷。目前，美军共装备了4种类型的联合直接攻击弹药，它们分别是GBU－29，重113千克；GBU－30，重227千克；GBU－31由MK－83普通炸弹改装而成；GBU－32为钻地炸弹，弹长3.88米，弹重1108千克，适用于打击地下坚固目标，命中精度在3米以内，投掷距离约20千米。

石墨炸弹　石墨炸弹也称“软炸弹”，是一种全球定位系统制导的集束炸弹，专用于攻击敌方电力设施。此弹被投掷后，母弹在空中抛撒出数十枚甚至上百枚子炸弹。子炸弹到达一定高度便自动引爆，喷射出大量经过化学处理后导电性极强的石墨丝，在目标区域上空形成大范围碳纤维云。当这些碳纤维丝粘附到电力设施上，便造成短路，使整个电网瘫痪。由于碳纤维丝很细小，清除十分困难，一旦电网遭到袭击，很难在短时间内恢复。北约在1999年5月初对南联盟的空袭中，投掷了每枚重500磅的石墨炸弹，使南联盟全境70%的电力系统遭到破坏。北约在空袭南联盟中使用了两种石墨炸弹：一种是CBU－94，另一种是BLU－144/B，其中，BLU－144/B起爆时，喷出的石墨丝更容易导电，因此对电力设施的破坏性更大。

集束炸弹 集束炸弹又称子母弹，是由多枚子炸弹“集成”束的炸弹。它采用卫星制导。母弹从高空下落到预定高度时，母弹外壳打开，同时以炸药将数十枚乃至上百枚的子炸弹向四周散射。集束炸弹主要用于攻击装甲目标，杀伤集群目标，其威力极大，是国际有关武器条约严禁使用的弹药。以美国为首的北约在对南联盟的空袭中使用的集束炸弹主要有4种。一是CBU－87/B集束炸弹。该炸弹是由一个装有选择性临近感应器的SW－65战术弹药子母弹箱组成，每个子母弹箱里装有202枚子炸弹，杀伤面积达8万平方米。子炸弹呈圆筒形，长约20厘米，直径6厘米，可打击多种目标。二是BLU－97/B“联合效应炸弹”。该炸弹主要用于打击装甲目标，杀伤人员。每个子母弹箱内同样装有202枚子炸弹，不同的是它的子炸弹弹壳用特种钢制作，起爆时可分解成约300块能穿透轻型装甲的弹片，从而可以攻击装甲目标。三是AGM－154“联合防空区外武器”。该炸弹是美空海军联合研制的另一种集束炸弹，它采用惯性和全球定位复合制导，是一种精确制导武器，具有全天候和昼夜作战能力。每枚弹重454至681千克。在高空投掷时，其投掷距离为74千米，低空投掷时，其投掷距离为28千米。目前，美军拥有3种此类型的炸弹。AGM－154A型装有145枚BLU－97B子炸弹；AGM－154B可携带6枚BLU－108/B子炸弹，主要用于攻击装甲目标；AGM－154C型携带227千克的CBLU－111/B钻地炸弹，用于打击地下掩体等点状目标。四是“感应引信武器”。该炸弹长2.34米，直径为0.41米，重421千克，它由美空军战术飞机在60米至6100米高度时投掷，投掷后弹药施放器自动打开，施放出带有降落伞的10枚子炸弹，每枚子炸弹又分解成4枚穿甲弹头。穿甲弹头上安装有发现目标的红外传感器，作战中，能够自动找寻目标进行攻击。

贫化铀炸弹 贫化铀是核工业中常见的放射性原料之一，其密度比铁大2倍。贫化铀炸弹具有极强的杀伤力，它可以穿透坦克和装甲车，并释放出大量致命的铀尘，对人体造成伤害。在海湾战争中，多国部队就曾使用过这种炸弹，结果造成了许多后遗症。此次在对南联盟的空袭中，北约又一次大量使用贫化铀炸弹。贫化铀炸弹爆炸后释放出的放射性微尘可长时间飘浮在空气中，散播到很远的地方。落到地面和河流中，则会造成严重的污染。贫化铀的主要危害是：一旦被人吸入就会滞留在肺部，导致肺气肿；若是进入消化系统，则会引发一系列肠胃疾病；若进入血液循环系统，则会降低人体免疫力，并在肝、肾等器官中存留下来，长时间损坏这些组织。由于这种炸弹中所含放射性同位素半衰期长达数十年，因此，北约在南联盟投掷的贫化铀炸弹将对南联盟甚至欧洲部分地区的人员和生态环境造成长期的危害和破坏。

（沈汉忠）

反坦克新武器简介

《现代军事》1999年第9期耿建忠报道，高科技广泛应用于军事领域，使武器装备的质量发生了革命性的变化。特别是在微电子、光电子、生物等军用高技术不断发展，各种新概念武器大量涌向战场的同时，必将使诸多的反坦克兵器走出实验室，进入未来的高技术战场。

激光反坦克枪 该枪属定向能类的兵器，是一种手持或车载式激光发生器，其激光束能致盲敌方瞄准具、夜视仪、测距仪、目标指示器等光电系统的传感器，使坦克内的光电系统失效。据称美国正在研制的名为“耀眼”的便携式激光枪，不久将投入使用。这种激光枪，将成为对坦克极有威胁的克星。

激光反坦克榴弹 这种榴弹是通过高爆震荡，加热惰性气体而发出的高效激光，可使坦克的光学瞄准镜、微光测距仪、目标探测系统和电磁装置不能正常工作，并能使坦克内的乘员晕头转向，眼花缭乱，或者瞬间失明。

微波干扰弹（又称射频弹） 主要采用强微波发生器和高增益定向天线发射出微波波束，直接烧毁敌方坦克的雷达、通信、侦察、导航等光电设备，还可以有效地破坏和干扰坦克与坦克之间的通信联络，引爆坦克内弹药室，造成车内人员的伤亡，而彻底丧失战斗力。

粒子束弹 主要是通过特定的方式将电子、质子或离子加速 到接近光速，聚集成密集的束流直接射向坦克，以束流的动能或其他效能杀伤、破坏坦克和作战人员。其破坏的机理主要是烧融效应、破坏目标的电子设备和器件、提前引爆坦克中的弹药。

电磁炮弹 电磁炮是利用电磁力加速弹丸的电磁发射系统。这种炮是在两条平行放置的轨道中间夹一弹丸，弹丸后部有一等离子体或固体电枢，利用流经轨道的电流产生的磁场与流经电枢的电流之间的电磁力加速弹丸而射出。电磁炮是打击敌方坦克的最理想的高技术兵器。如发射 50 克，速度每秒钟为 3 千米的电磁炮弹，可穿透 25.4 毫米厚的装甲，并有效地杀伤坦克的乘员。

电磁脉冲弹 电磁脉冲弹是利用大功率微波束的能量，直接摧毁或使坦克丧失作战效能的武器。这种武器由飞机或导弹在空中发射并爆炸后，其强大的脉冲功率，可将敌方坦克上的电子灵敏元件，甚至整个电子设备烧毁。如俄罗斯研制的电磁脉冲弹，可将爆炸能转变成电能的强烈脉冲，一次释放能量 100 兆焦耳，可对敌方坦克集群构成极大的威胁。

超高速穿甲反坦克弹 主要包括火炮穿甲弹和穿甲导弹。这种弹的初速通常在 1500 米/秒以上。它利用直接撞击产生的强大动能破坏装甲，具有体积小、命中精度高、侵彻力强、飞行速度快等特点，将成为未来作战反装甲武器的主要弹种。如美军的 HVM 超高速穿甲导弹，火控系统采用前视红外传感器，导弹采用激光制导，可快速连续发射多枚导弹，攻击 5000 米距离上的目标仅需 4 秒钟，且在入射角达 60°时仍能击穿先进的重型坦克的前装甲板。

毫米波制导反坦克导弹 这种导弹的寻的器是一部毫米波雷达，并有发射机和接收机。发射机接收能量，引导导弹飞向目标，接收机则接收从目标反射回来的能量，从而形成制导信息，使导弹自动寻的并准确地飞向目标。如美军研制的一种末端引导，打敌坦克顶装甲的单兵肩射反坦克导弹，导弹上配有遥感穿顶甲战斗部，发射后即由导弹自行击中目标。

光纤制导反坦克导弹 这种反坦克导弹的尾部拖曳一根光导纤维，用它将导弹头部传感器的图像数据传送到几千米以外掩蔽物后面的射手，并将制导信号传送到导弹上，用以控制导弹击中目标。这种制导，可隐蔽攻击目标，并能在导弹飞行中捕获和选择目标。特别是图像制导命中率更高，能攻击目标防护薄弱的顶部装甲，目前，美国等国家研制的光纤制导反坦克导弹已开始装备部队。

子母式反坦克导弹 这种导弹的母弹内，通常装有数枚子导弹或子炸弹，主要用于打击敌方远离战斗地域的第二梯队坦克群。如美军的“挫败进攻者”导弹，最大射程为 160～200 千米。每个母导弹装有 14～24 枚子导弹。一架 B－52 战略轰炸机可携带 22 枚母导弹，每个母导弹内装有 14 枚子导弹或 56 枚子炸弹。

超强度粘合剂反坦克弹 这种粘合剂反坦克弹，通常由飞机或火箭发射至敌方机动的道路上，炮弹爆炸后就像在地面洒上了胶水一样，将敌方的坦克粘住，使其丧失战斗力。

超级润滑剂反坦克弹 这种反坦克弹弹体装填的是一种类似聚四氟乙烯及其衍生物的物质。这种物质的摩擦系数几乎为“0”，且难以清除。将这种炮弹发射到敌方实施机动的道路上，很快就会使道路变成光滑的“溜冰场”，坦克及各种装甲车辆将无法行动，而成为被动挨打的“活靶子”。

超级化学腐蚀剂反坦克弹 这种腐蚀剂，能腐蚀任何一种金属。通过便携式火箭将其布洒在敌方坦克前进的道路或坦克集结地域内，只要坦克受到沾染或从布洒地区经过，其金属或履带就会变质、破碎和炸裂，从而完全丧失战斗能力。

碳纤维反坦克弹 即在炸弹的弹头内装上碳纤维线圈，炸弹爆炸后可发出成千上万个极其细微的线条，使敌方坦克的发电机等电器发生短路、通信器材不能正常工作、火炮的控制系统失灵，而无法实施机动和发挥其作用。

高效阻燃剂反坦克弹 这种反坦克弹爆炸以后，可在坦克周围形成阻燃雾团，并与空气中的氧发生反应，使进入发动机内的空气脱氧，使发动机熄火。据资料介绍，这种反坦克炮弹对付敌方的集群坦克最有效，目前一些国家正在加紧研制这种反坦克炮弹。

何谓“合法”的新概念化学武器 《现代军事》2000 年第 1 期肖占中撰文指出，所谓新概念化学武器，是区别于传统化学毒剂弹药而言的一种武器。这种新化学武器由于其弹药并不对作战人员构成伤害，更不会致人死亡，也不污染环境，因此短期还不会受国际《禁止化学武器公约》的限制。说它不受《禁止化学武器公约》限制，是指它既不违背 1925 年日内瓦议定书的内容和精神，也不受 1993 年 1 月公开签署的人类历史上第 1 个全面禁止、彻底销毁大规模杀伤性武器的军控条约《关于禁止发展、生产、储存和使用化学武器及销毁此种武器的公约》的约束。它是一种新概念武器。

这种新概念化学弹内装的不是普通炸药，也不是常说的沙林，芥子气等种种毒剂，而是专门破坏军事装备或使人员失能的各种化学药剂。这类新化学武器多种多样，各有各的用途。不管其作用目标是何种兵器装备，其目的都是使其失能或毁坏。

特种反坦克化学物质 利用特异性能的化学物质，破坏坦克、装甲战斗车辆或飞机的观察瞄准器材、电子设备、发动机以及操作人员的生理机能，使其丧失战斗力。现代坦克的防护能力有了极大提高，常规反坦克武器难奈其何，这就促使运用特殊材料制成的反坦克武器得以发展。如果说常规的反坦克武器是“以硬对硬”的话，那么这种化学物质反坦克武器的突出特点就是以“软”对硬。目前正研制的反坦克“软”武器主要有：

(1) 反坦克泡沫橡胶。亦被称为“防坦克障碍物”。它主要是由漂浮性好的泡沫材料（如聚苯乙烯、聚乙烯、聚氯乙烯聚氨脂硬质闭孔泡沫塑料）制成的炮弹、炸弹，并由火炮或战车、飞机发射。爆炸后，迅速产生大量泡沫体、在空气中形成悬浮云团，并能持续一定时间，以很高的速度被坦克或装甲车的发动机吸入，即刻导致发动机熄火。若将其发射到敌方集群坦克的必经之路上，可形成一道泡沫体云墙，造成集群坦克阻滞不前，处于被动挨打境地。

(2) 反坦克乙炔弹。该弹的弹体分为两部分：一部分装水，另一部分装二碳化钙。弹体爆炸，水与二碳化钙迅速作用产生大量乙炔并与空气混合，组成爆炸性混合物。这样的混合物碰到坦克等战车后，很容易被其发动机吸入气缸，从而在高压点火下造成大规模爆炸，其爆炸压力与环境温度有关，温度越高爆炸就越猛烈。这种爆炸足以彻底摧毁发动机。一枚0.5千克左右的乙炔弹就能破坏、阻滞一辆坦克前进，而驾驶员和乘组人员一般不会发生危险。美国研制的这种弹药专门用来对付集群坦克。先将乙炔弹播撒在敌人必经的路上，一旦敌坦克或装甲车辆通过，即被引爆，放出大量乙炔气体，吸入发动机内引起爆炸，破坏装甲车辆的动力系统。

(3) 反坦克粘胶剂。它由两种成份组成，装在两种炮弹或炸弹中，通过爆炸混合，产生粘性极强的且不透光的粘胶剂云雾团。胶雾随空气进入坦克发动机，在高温条件下瞬时固化，使气缸活塞动作受阻，导致发动机熄火停车，从而失去机动能力。另外，当粘胶剂到达坦克的各个观察窗口时，不仅能粘住瞄准镜和测距仪等光学仪器，而且直接干扰坦克乘员的视线，使驾驶员看不清道路，无法沿攻击方向前进；车长看不清战场情况变化，无法实施正确的指挥；射手无法瞄准射击。从而使整个坦克丧失战斗力。

阻燃(窒息)弹 亦称吸氧武器。装填以阻燃剂为主要原料的阻燃弹，可用火炮发射，爆炸后可形成一定范围的阻燃剂烟云，也可像施放烟幕那样向敌车辆施放阻燃剂气溶胶云团。当这种云团被车辆发动机从进气口吸入发动机内部，发动机立刻熄灭，人员吸入该气体也会因缺氧窒息而丧失战斗力，从而阻滞敌军行动。近年来，这种弹药的研究取得了很大进展，甚至已为进入战场打下了基础。科学家们在解释此种弹药的机理时，认为是阻燃剂将空气中的氧“吃掉”了，进入发动机的空气由于已经脱氧而无法点火，实际上使发动机处于窒息状态。目前美国正全力研制阻燃剂窒息反坦克弹，并认为该弹是对付集群坦克效果最佳的新概念武器。

超级腐蚀剂 它是又一种化学武器，其弹体内装有腐蚀性极强的化学药剂，专门破坏车辆的橡胶轮胎。一种是往道路上撒布的特殊结晶药粉，可使经过的车辆轮胎全部报废；另一种是经过喷洒器喷到飞机翅膀上，使机翼变脆，失去弹性而无法起飞。当然，后者并非能轻而易举完成，它必须由特种作战部队人员潜入敌人机场，才能准确地将药剂喷至飞机机翼上。目前美国正在试验一种超级腐蚀性化合物，使它附着在车辆等物体上，可以“吃掉”金属、橡胶和塑料等，不仅能毁掉坦克和汽车，还能破坏其他装备和武器，甚至能使燃料变成毫无用途的凝固胶。

金属致脆液 它是用化学方法使金属或合金分子结构改变，从而使其强度大幅度降低。金属致脆液可侵蚀几乎所有金属，破坏飞机、舰船、车辆、桥梁、建筑物等金属结构部件。金属致脆液通常是清澈的，有少量残渣，可用涂刷、喷洒或泼溅等方式使其作用到金属上。

泡沫喷射液弹 该弹体装有某种特殊的化学物质，命中坦克后弹药爆裂，化学装料与空气作用迅速产生大量的泡沫。铺天盖地而来的泡沫不但妨碍了驾驶员的视线，而且还能涌入发动机内部，使其熄火，从而达到使敌方无法作战的目的。

特种塑料球 球内装满聚苯乙烯颗粒，当用此种武器射击直升机时，球体内便施放出数量极大、重量极轻的塑料小球，无数小球迅速将直升机包围。直升机发动机一旦被迫吸入或吸附了这些小球，灾难也就临头，发动机会因此而产生“喘振”，从而导致停车坠毁。

超级粘合胶 它是美国桑迪亚国家实验中心，专门为保护存放在仓库中的核弹头而设计的。假如恐怖分子侵入仓库，抢得一枚核弹头，并威胁要引爆，在这种情况下，卫兵不可能在靠近核弹头的地方使用武器或炸药。这时可以使用新研制的两种超级粘合剂：一种是使用压力枪发射的粘合剂，它一接触空气立即变硬，当喷射到人体后，便立即把人凝固在里面，使之动弹不得；另一种粘合剂在发射出去后，便像雪崩一样埋住对方，使其看不见东西，听不见声音而无法活动，但仍可以呼吸保住性命。这两种粘合剂都可用扛在肩上的喷射器或压力枪喷射，犯罪分子一旦遇上了它，就无法动弹，直至粘合胶融化为止。美国国家警察部队对这两种超级粘合剂特别感兴趣。根据其性能，这种超级化学材料在未来的战场上也必将大有用武之地。

镇静剂和刺激剂 这种用植物的汁液制成的镇静剂和皮肤刺激剂溶液，喷射到恐怖分子、犯罪团伙的身上，或带到敌人的军营中喷洒，能使对方感到极度的不适，从而不能集中精力作战。美国蒙大拿州的一个野营装备零售商发明的辣椒喷射剂就是其中的一种。试验结果表明，它可以使人的眼睛灼热、发红、在短时间内晕头转向。但所有这些症状都可以在一小时内消失殆尽，且无任何后遗症。如用清水冲洗眼部，则症状会消失得更快。华盛顿州埃弗里特县的警察们，使用这种没有任何毒性的天然制剂制服了犯罪分子。

生化子弹（俗称致痒弹） 它是菲律宾的研究人员，从当地一种野生植物的果实中提炼出的原料制成的。人被这种子弹击中后不会受伤，更不会致死，但却能使其全身产生出一种难以忍受的奇痒，从而失去抵抗能力。据称菲律宾警察已开始使用这种生化学弹维护社会治安。由于研制该弹成本不高，且使用效果很好，已引起其他国家的兴趣。

新概念“文明”武器 ①致热枪：这是一种能发射装有药剂的子弹，子弹只要击中皮肤，便使人体温迅速升高，使其即刻“病倒”，失去活动能力，过一段时间药性自行消失，体温又恢复正常，因而不至于毙命。这种枪械被称之为“文明”武器。②麻醉镖枪：这是发射带有麻醉药飞镖的枪具，有长、短或管状多种型号。麻醉飞镖一旦射中人体，对手便立即被麻倒，失去战斗能力。③催吐警棍：它的顶端装有一个发射器，可射出一个皮下注射针，击中对方后能给他注入一针催吐药物，使其在3～5分钟内开始呕吐不止，无力抵抗，不能逃跑，只有束手就擒，这种警棍已投入使用。

新化学武器虽不违反国际禁止化学武器条约的条款，但也有不少人提出异议，认为这些武器并非像人们所说的那样温柔、仁慈、文明，它照样会使人员受到伤害，环境受到污染。从禁止化学武器公约的宗旨来看，它应与传统的化学武器一样受到限制乃至禁止。

现代高技术医疗武器撮要 《现代军事》1999年第9期冯兵等人报道，目前，世界各国，特别是美欧等军事大国，正加紧研制适用于现代战场的医疗器械和抢救药品，成效显著，许多成果已从试验阶段转为实际应用。现举二例来说明现代军事医疗技术的发展动向。

“救命子弹” 在枪林弹雨的战场上，由于火力过猛，救护人员无法靠近，伤员会因流血过多而死亡。针对这种情况，有的国家军事医疗单位研制了“救命子弹”。

“救命子弹”的弹头与普通子弹大小一样，只是内部不是金属铅，而是特制药品。这种子弹的弹体用一种可溶性高营养物质压缩而成，能被人体迅速吸收。其内部有一定剂量的急救药品，如快速止血药、高效抗感染药、兴奋中枢药、解毒药和营养药等。“救命子弹”用一种特制的枪发射，有效射程为1000～1500米。由于采用激光定位瞄准和激光夜视技术，所以击中目标部位的准确率在98%以上。作战时，“救命子弹”由随队医生指挥使用，通常配置在冲击部队后方1500米较隐蔽处。在战场上，当伤员一时无法被抢救下来时，随队医生通过计算机确定命中的最佳部位，立即配备药品的种类和剂量，然后指挥操作手发射。白色的“救命子弹”虽然飞行速度较慢，但像长了眼睛一样对准伤员飞去，并正好击中伤员的伤口，紧紧地贴在皮肤上。只几秒钟工夫，伤口流血就被止住。伤员苏醒后，就可以拿出急救包自己包扎。这样，就为后方救治赢得了宝贵的时间，创造了有利条件。

“救命炮弹” 深入敌后的侦察、突击分队，在远离后方的情况下作战，往往会因染上疾病或毒剂而身处险境。救护人员也因鞭长莫及而爱莫能助。针对这种情况，有的国家军事医疗单位，在研制“救命子弹”的同时，也研制了“救命炮弹”。

“救命炮弹”的内部不是炸药，而是急救药品。它的头部是一个微电脑控制的声源寻找探测器，尾部有一个引力自控式降落伞、弹体由新型耐火、耐高温的合成陶瓷材料制成。该炮弹可用105、122或152毫米口径的火炮发射，最大射程为32千米。发射后，弹头的微电脑声源寻找探测器开始工作，并随时根据被救目标发出的规定“声谱”自动修正弹道。当到达目标上方100米处时（太高容易被发现），降落伞自动打开，利用惯性落向要寻找的目标。弹头落地后不发生爆炸，弹壳自动分解为两半，所需药品自行出来，供抢救使用。

“救命炮弹”的抢救工作，是在前后方密切配合下进行的。当深入敌后的作战人员遇到险情时，随队医生在无法救治的情况下，立即拿出一个小白匣子，向后方救护中心呼救，迅速报告疾病或毒剂类型。救护中心接到呼救，在医疗专家的指挥下，迅即配备药品，规定被救目标必须发出的声谱，通知前方发射时间。当这一切完成后，只一会工夫，“救命炮弹”就出现在被救目标上方，炮弹的降落伞自动打开，缓缓飘落到遇险人员面前，随队医生立刻实施抢救。

（本栏责任编辑　王汉杰）

军事建设

建军计划与措施

美国建军计划与措施 1999财年，美继续加强推行全球战略，加大对外军事干涉力度。在军队建设方面，继续依据1997年《4年防务审查报告》和1999财年《国防报告》提出的目标和要求，积极实施各项调整和改革措施，推进军队现代化建设，以达到确保和强化军事优势和全球称霸的核心目的。

继续调整部队编制结构 1999财年，美军继续实施缩编减员和结构调整的措施。至1999财年底止，美军现役部队总额由上一年度的140.7万人减至139.4万人（和1989年的213万人相比，减少了34%）。其中陆军48万人，海军37.23万人，空军36.59万人，海军陆战队17.22万人。三军采取的调整措施有：

陆军方面 针对在科索沃战争中暴露出的重型部队过重、不利于快速部署，轻型部队攻击力不足和缺乏持续作战能力等问题，为了提高快速反应和部署能力，加强持久作战和杀伤能力，美陆军提出部队编制调整计划。具体内容：(1) 建立齐装满员的陆军。美陆军作战部队目前共缺编6700人。2000年9月30日之前，陆军10个师和3个装甲骑兵团的作战部队必须实现100%满员，2001年1月1日前，保证所有岗位都由专业对口的官兵充任。军一级单位须在2002年9月30日前实现满编和所有岗位专业对口。(2) 发展中型部队。将现有10个师的作战部队全部改编为具有网络化指挥、控制、通信和情报能力的旅级作战单位，取消“重型”与“轻型”部队的划分，使其成为一支不重不轻的“中型部队”。这一部队改组计划从1999财年底开始实施。改组后的陆军部队将全部装备重约20吨的轮式车辆，淘汰所有履带式作战车辆，实现完全轮式化，拥有强大的杀伤力、持续作战能力和生存能力，能对全球范围内的危机迅速作出反应（能在96个小时内部署1个旅，120个小时内部署1个师，30天内部署5个师），能在全球范围内实现快速机动，并能迅速完成从进攻到防御、从作战到维和的任务转换。(3) 组建“部署支援司令部”。为提高力量投送和快速反应能力，美陆军计划组建“部署支援司令部”。该司令部统管美陆军在全球范围内的军事货运工作，其总部设在弗吉尼亚州的尤尼提斯堡，隶属于陆军“军事交通管理司令部”。(4) 加强现役与预备役部队一体化建设。经过数年调整，美陆军作战部队人员比冷战结束时减少近一半。为了保证各项战备任务的完成，美陆军采取的一个重要措施是加强现役与预备役部队一体化建设，使现役作战部队、国民警卫队和后备队能够相互替代和补充，融合成一个有机的整体，以建成适应21世纪挑战的一体化陆军。采取的具体措施：一是对陆军国民警卫队师进行结构改组。改组后的国民警卫队师将把原来多达12个作战旅改成战斗支援和战勤支援部队，使其能与陆军作战部队形成一体化。二是建立一体化师。拟把现役作战师的部队与国民警卫队的部队混编组成一体化师。为此，陆军将进行两个师的试验。三是进行联合编组与训练。将陆军现役作战部队与后备队进行联合编组，举行联合演习，共同参加信息战等训练，以提高现役部队与后备队的协同作战能力。

海军方面 近年来美海军因为频频参与对外军事干涉行动，所以出现人员疲惫、装备失修、战备状态下降等诸多问题。为此，美海军采取措施，调整舰载机结构，增强海军航空兵的打击能力。1999年，采取了调整舰载机联队中打击力量的编配比例、改装先进机型、改进打击武器和完善航母护航编队等一系列措施，使美海军航空兵的空中打击能力得到明显提高。该调整计划将在2001年完成。届时，美海军舰载机联队的空中打击能力和航母编队的整体战斗力将得到倍增。

空军方面 冷战结束以来，美空军规模已缩减1/3以上，但承担的作战任务却大大增加，从而加大

了装备消耗和战勤负担，导致士气降低、人心不稳，部队结构已不适应新形势的需要。为改变这种不利局面，美空军对部队编组进行了重大调整，新组建了10支主要负责海外轮战或值勤的空天远征部队、2支主要负责处理国际突发事件的快速反应空天远征联队和5支主要负责全球人道主义救援的空天机动远征部队。新部队的组建提高了美空军处理全球各地区危机的反应速度和作战能力。

加速武器装备现代化建设 为加强对外军事干涉能力，美军在1999年更加致力于保持军事技术优势、提高全球投送能力和加强联合与联军一体化作战能力。为此，美三军采取有力措施，竞相加速武器装备现代化步伐。

地面部队 在加强现有装备的升级更新和新武器研制的同时，重点发展增程能力、精确打击能力、信息作战能力和杀伤力。具体措施主要有：(1)加强地面作战系统，包括对“艾布拉姆斯”坦克和“布雷德利”步兵战车进行更新改造；为陆军野战火炮加装全自动、全计算机化的“十字军骑士”火炮系统；以高级两栖突击车取代老式车辆；为陆战队研制轻型155毫米自行榴弹炮。(2)对现役飞机进行升级和换代，其中包括对“科曼奇”直升机、“阿帕奇·长弓”直升机及“长弓·地狱火”导弹等进行性能改进，使其具备更强的机动力、杀伤力、多用途能力和生存能力。另外一项重要的现代化项目是继续研制V-22“鹗”式偏转翼飞机。(3)加强导弹与弹药的研制。其中主要包括陆军战术导弹系统、灵敏穿甲弹药、装甲搜索与破甲弹药、“轻标枪”系统、“掠夺者”短程攻击武器等发展项目。(4)加强支援系统能力，主要措施包括提高数字化水平、改装和更新系列中型战术车辆等。

海军 1999财年，海军规模继续削减，而承担的各种作战任务却有所增加。为满足作战需要，美海军在1999年制定了一系列计划，并采取了多种措施，以确保武器装备现代化水平和良好的战备状态。主要有：(1)对现役舰艇进行延长寿命期和现代化改装。计划对建造时间较早的22艘“提康德罗加”级导弹巡洋舰进行现代化改装，主要是加装反导系统、对陆作战系统和先进的指挥作战控制系统。(2)加快新型舰艇的建造速度。在确保“伯克”级驱逐舰和其他舰艇建造计划按期进行的同时，加快“弗吉尼亚”级攻击核潜艇的建造速度，拟从2006年起，由原来的每年建1艘提高到每年建2艘。(3)加大新装备的研制和发展力度。主要内容有：确定新型“宙斯盾”系统研制项目，以增强对战区导弹、低空反舰巡航导弹的防御能力和防空作战能力，该系统计划于2010年研制完毕，并装备美海军所有巡洋舰和驱逐舰；启动DD-21对陆攻击型驱逐舰的“先进舰炮系统”(AGS)建造计划，计划于2001年试验定型，2008年装备部队；改进“战斧”式巡航导弹，提高其制导精度和反装甲穿透力，从而提高打击能力。

空军 1999年，美空军装备老化问题更加突出。高技术在军事领域的广泛应用，将使美在21世纪的空战中面临更加严峻的挑战。因此，美空军采取研制与改造双管齐下的办法，以保持其装备的技术优势。(1)投入巨资研制新型战机。尽管国会在2000年国防预算中削减了5.5亿美元的首批F-22隐形战斗机的生产经费，但空军不惜调整其他采购项目，以筹措资金支持F-22的研制项目。同时，联合攻击战斗机也按计划完成了样机研制，并通过美国国防部的审查，1999年夏季首飞。美空军准备斥资近360亿美元采购1760架该机，从2008年起装备空军部队，逐步取代F-16战斗机和A-10攻击机。(2)广泛采用先进技术，对现役武器装备进行现代化改造。这方面的主要项目有：对F-16战斗机采取更新通信设备、加装多功能显示器和计算机系统等改造措施，使其能够在联合空对地防区外发射巡航导弹(JASSM)和新一代AIM-9X红外制导空空导弹(该改造项目2001年开始实施，2009年完成)；确定A-10改造计划，为其加装雷达干扰器、先进计算机以及使用GPS制导炸弹等相关设备，并为其中的2/3更换机翼，以便将其服役期延长至2028年；实施C-130运输机和KC-135加油机改进计划，通过更新通用机载设备等措施，将510架该型运输机改进为C-130X型。另外，为544架C/KC-135型飞机加装卫星通信设备和先进的导航、监视及空中管制系统。(3)大力发展远程、全天候、小型化精确制导弹药。其中主要项目包括：改进联合直接攻击弹药(JDAM)、继续研制联合空地远程导弹、抓紧小型化武器的研制论证工作，以及为多种制导炸弹加装全球定位系统等。

加强信息系统建设，注重提高信息防护能力 为确保美军掌握信息优势，从而“能够以较小的部队遂行更多的军事行动”，美军越来越强调信息系统建设和注重提高信息防护能力。1999年，美军在这方面采取的措施有：

陆军一方面加强信息网络建设，另一方面积极实施反计算机黑客入侵的计划 在信息网络建设方面，美陆军正在进行其历史上第2次规模庞大的、名为

"陆基战斗信息网络"的战术通信网改造计划。该计划的实施将为陆军提供行进中不间断的指挥、控制、通信和信息服务能力，使各部队能持续、准确和及时地了解战场指挥员的意图和掌握武器装备状况等信息，从而加强陆军各部队之间、及陆军与其他军种和盟军之间协同作战的能力。该项目预计于2015年建成，总耗资将达20～60亿美元。

另一方面，为对付日益增加的计算机黑客入侵活动，美陆军正在实施一项反黑客入侵的"网络安全改进计划"，将建立内部电子邮件通信网络，组建网络作战中心和计算机紧急状态反应分队，检测计算机病毒和研制反病毒软件，跟踪和反击计算机黑客的入侵等。

海军积极推进信息网络建设，不断提高作战效能

其主要举措有：(1)"网络中心作战"计划取得重大进展，并经受了实战的检验。在"沙漠之狐"行动和科索沃战争中，装备了"网络中心作战"计划的重要组成部分——"21世纪信息技术"(I－21)系统的试点部队执行任务时，大大缩短了作战计划的制定时间，综合作战能力提高约3倍。(2)"协同作战能力"系统试验取得初步成功。随着该系统技术的逐渐成熟，今后美海军水面舰艇、潜艇、E－2C预警机和P－3C巡逻机等各种不同作战平台的探测器和武器系统可以连成网络，在对敌目标实施攻击时，一个作战平台可使用另一平台探测器提供的信息，从而可大大扩展作战范围，缩短攻击时间，并减少己方伤亡率。(3)确立机要通信网络建设计划，将所有海军和陆战队陆上部队和机构纳入一体化机要通信网络，使海军和陆战队约45万个用户能够在内部网络上相互交换机要信息，并进行机要声像通信。该网络建成后，将成为世界上规模最大的机要专用网络。

空军充分运用信息技术，加强信息战装备建设

美国空军强调，信息优势是赢得高技术战争的先决条件。1999年，空军大力研究、开发和改造各类信息战装备。其中主要项目有：(1)推进"全球鹰"无人侦察机研制项目。到1999年底，该机已完成试飞30余次，飞行360多个小时。该机能连续4小时监视约10万平方千米的地区。美空军拟采购战场侦察机型和通信兼电子侦察机型两种用途的"全球鹰"各20架，预计2002年投产。(2)研制和试验远程战场信息中继设备。这是一种机载数字化通信转播设备，远方指挥控制中心可通过该设备把战场态势、目标信息和最新作战计划直接传送到受命参战的飞机座舱内。在"联合远征部队实验99"演习中，由KC－135飞机承载的该设备已通过验证。(3)开发探测与攻击一体化系统。该系统通过"链路16"通信系统，将侦察机、地面与空中指挥所和作战飞机联成网络，可在侦察机发现目标15分钟后，将包括三维图像在内的目标信息传送到作战飞机座舱，可大大提高摧毁目标的时效性。(4)对指挥与控制系统进行一体化改造。美空军计划在今后15年内，对现有40余个航空、航天及导弹防御指挥控制系统进行现代化改造，以加强整个系统的兼容和协调能力，提高时效性和费效比，预计投资约15亿美元。

资料来源：

①美国1999、2000及2001财年《国防报告》；

②美国1997年版《4年防务审查报告》；

③美国《陆军时报》、《海军时报》、《空军时报》1999年2月～2000年2月各期。

（贾咏梅）

陆军提出重型装甲装备现代化计划 据《现代兵器》2000年第5期报道，美国陆军继1998年6月公布"新编重型师"方案后，又于1999年制定了名为"装甲系统现代化报告"的发展计划，专门用于指导装甲装备的现代化建设。按照这一纲领性文件，重型装甲装备的现代化计划将分3个阶段、两个时期实施：

第1阶段（2000～2005年） 重点是实现现役装甲装备的数字化，使之能与美国陆军战术级指挥控制网进行无缝隙连通。

第2阶段（2005～2015年） 在开发下一代武器系统的同时，围绕"21世纪陆军"制信息权的全面运用，"升级"现役的装备系统。

第3阶段（2015～2025年） 通过一系列全新的装备系统和现有装甲车辆的各种变型的有机结合，组建"下一代陆军"。

近期计划 美国陆军计划在近期内装备1535辆M－1A1D和1174辆M－1A2SEP坦克。

M－1A1D坦克 是数字化改进后的M－1A1坦克，它将装备专门的计算机及软件，用来与技术网络相连接。美国陆军（包括现役部队和预备役部队）目前共有7644辆"艾布拉姆斯"坦克，其中M－1A1坦克4000辆。军方认为，即使到了"21世纪陆军"阶段，"艾布拉姆斯"坦克总数降至6700辆，M－1A1坦克仍将保持其主导地位，因而对M－1A1坦克的数字化改造势在必行。

M－1A2SEP坦克 是M－1A2坦克的系统改进型，其装甲防护能力将进一步提高，除加装大容量存

储器外，还将增设第 2 代前视红外探测器、辅助动力装置和新的车长显示器等设备。第 2 代前视红外探测器可显著提高坦克探测、识别和分类目标的距离。辅助动力装置使车辆在主发动机不工作的情况下能够长时间地进行静默观察，除降低车辆的热信号特征外，还可大大减少燃油消耗。新型车长显示器是一种有源矩阵液晶高分辨率显示器，可显示彩色数字化地图。另外，M－1A2SEP 坦克还将加装车内温度调节系统，在气温高达 51℃ 的情况下，能使坦克座舱内的温度维持在 31～35℃。军方计划中的 1174 辆 M－1A2SEP 坦克，将由 547 辆改造后的 M－1 坦克和 627 辆“升级”M－1A2 坦克组成。

其他系统　美国陆军在对主战坦克进行现代化改造的同时，也注重对“布雷德利”等各类变型车辆的配套改造，并加强 MLRS 多管火箭炮系统的数字化建设，使三者优势互补，在部队作战行动中相匹配。

远期计划　美军特别强调，重型装甲装备现代化建设的远期规划是为“下一代陆军”制定的，“下一代陆军”是“21 世纪陆军”——数字化部队之后的陆军，但那时的主战武器仍将是“艾布拉姆斯”坦克和“布雷德利”步兵战车，“未来战斗系统”将在 2030 年左右成为机动作战部队的主要装备。

计划重点　为了如期实现其重型装甲装备的现代化计划，美陆军综合考虑了未来的作战需求及其本身所拥有的经费和可能获得的技术，加紧重点装备建设，同时兼顾其他项目，为求协调发展，以优化未来重型部队的装备体系，确保其军事装备的优势。

重型坦克和装甲战车的现代化建设　美军强调，这一领域的现代化改进必须考虑经济承受能力，应以发展“制信息权”为中心，重点改造和更新现有装备，提高其战术技术性能，同时组织部分人力和物力，研制下一代新概念武器。

多管火箭炮和自行榴弹炮的现代化建设　负责 21 世纪重型师改编的美国陆军训练与条令司令部指出，尽管军方需要进行先期概念技术演示的项目很多，而陆军本身经费有限，但对多管火箭炮系统实施数字化改进的需求将优先予以满足，并确保部队在 21 世纪初的几年里装备一系列新式武器装备，如“十字军骑士”；155 毫米自行榴弹炮。该自行炮具有相当于“艾布拉姆斯”坦克的机动性，其射程可达 45 千米以上，能有效提高美军遂行非线性作战和脱离接触式打击的能力。

（林丽斌）

俄罗斯建军方针与原则　1999 年，俄罗斯面临的安全环境进一步复杂化。在国际上，1999 年上半年波、捷、匈 3 国正式加入北约，北约的范围进一步向俄逼进；3 月 24 日，以美国为首的北约不顾俄罗斯等国的强烈反对，发动了科索沃战争，严重破坏了巴尔干地区的稳定。在国内，车臣分裂主义分子再度挑起战事，使俄联邦的统一受到威胁，俄联邦军队被迫对车臣分裂武装发动清剿。这些事件使俄深切地意识到，在国家安全上，所面临的威胁已由过去的潜在变为现实。因此，俄根据新的军事战略思想，在坚持 1997 年制定的军事改革方案的基础上，对军队建设原则和方针做了重大调整，这些调整主要反映在 1999 年下半年修改的《俄联邦国家安全构想》和《俄联邦军事学说》（草案）中，以及俄总统、国防部长等高层领导人的言论中。

根据形势的变化，确立新的建军原则　建军原则是俄军建设的政治基础和基本指导思想。早在 1993 年，俄就提出了 8 条建军原则。根据近年来俄内外形势的新变化，俄对建军原则进行了修改，并写进了新修改公布的《俄联邦军事学说》。新的建军原则有 7 条：（1）实事求是地看待和分析军事政治形势现状并对未来发展做出预测；（2）实行集中领导的原则；（3）坚持实行在法律基础上的一长制；（4）指挥机关和部队的战斗与动员准备程度和训练、部队结构、战斗编成、物资储备水平与保障军事安全的任务相适应；（5）统一教育与训练；（6）实现政治权力与自由，保障军人的社会地位和生活水平；（7）武装力量的建设与训练应依法实施，并按协调一致的规划和计划来进行。新的建军原则体现了传统与现实相结合的原则，特别强调对军事政治形势要做出正确的判断。

按照能应付“各种规模的战争”的要求，调整建军方针　科索沃战争爆发后，俄明确提出，军队不能把注意力仅放在局部战争和武装冲突上，俄武装力量和其他军队应做好遂行包括常规世界大战（地区战争）、核战争、局部战争和武装冲突在内的各种战争的准备。俄认为，在武装力量员额已经削减到 120 万人的情况下，不能再做削减，相反，应进一步加强武装力量的建设。俄军下一步建设的指导方针是：重新修订有关削减武装力量的军事改革计划，保持现有兵力规模，加大作战部队的比例；进一步建立和完善统一的指挥体制；发展具有遏制能力的核力量与常规力量；为一般任务部队中的常备兵团和部队补充人员，配齐武器装备，提供全面的保障；发展太空战武器；均衡发展各军种，重点加强防空力量、机动部队及海军的建设；将武装力量的任务重点由对付叛乱分子的局部行动，转移到抗击拥有高技术装备之敌从海上和空中实施的精确打击上；加大军费投入，重振国防工业。

强化战略威慑，进一步把核力量建设放在突出地位 苏联解体以来，俄一直把核力量视为主要战略遏制手段。截止1999年，俄战略核力量共装备有756枚洲际弹道导弹（3590颗核弹头）、75架战略轰炸机(816颗核弹头)、384枚潜射核导弹（1824颗核弹头)。进入1999年，特别是爆发了科索沃战争之后，俄进一步强化核威慑战略，扩大核遏制的范围和对象。1999年4月29日，叶利钦在俄联邦安全会议上强调指出，核威慑力量在任何时候都是保障国家安全和军队强大的关键因素，必须使核武器始终保持高度的战备状态。同时，他还签署了3项进一步发展核威慑力量的命令。在核力量的建设和战备上，俄也相应采取了强化措施：一是俄国家杜马决定推迟关于批准俄、美第2阶段削减进攻性战略武器条约问题的讨论，并以压倒多数通过了《2010年前俄罗斯战略核力量拨款法》。二是加快部署新型核导弹。“白杨-M”新型洲际弹道导弹原计划每年生产10枚，2000年以后每年生产35～40枚，以保证2010年以前能保持陆基洲际导弹600枚的数量。1999年12月部署第2批“白杨-M”型洲际弹道导弹，为其安装分导式多弹头。三是研制非战略性核武器，即低当量（当量为几十至100吨TNT）高精度战术核武器，以“改变核武器作为大规模杀伤性武器的概念”，“即使对敌任何军事目标实施低当量高精度的核打击，也不会导致全球核战争的爆发”。四是决定为陆军重新装备战役战术核武器，并首先装备俄罗斯、白俄罗斯联合军队集群。五是为远程航空兵装备可携带核弹头的隐形巡航导弹。六是加速发展利用计算机进行模拟核试验的技术。七是加紧研制T-60S隐形轰炸机和X-101新型战略巡航导弹。八是加紧导弹预警系统的重建工作，改变目前9个远程警戒雷达站中只有6个能正常工作的状况。

加大对国防建设的投入，明确武器装备发展重点 近年来，俄军费预算一直呈减少趋势，而且有限的预算也往往不能按时、足额到位，明显地拖了军队建设的后腿。科索沃战争后，俄决定加大对国防的投入。仅1999年3月份，政府就给军队追加拨款90亿卢布（约合4亿美元)，几乎占当月联邦预算全部开支的1/4。俄政府时任总理斯捷帕申明确表示，俄国防预算将从原来占国内生产总值的2.8%提高到3.5%。俄军透露，从技术水平上看，俄军的常规军事技术装备只有30%符合国际标准，尤其是在信息技术领域，落后美国10年。俄认为，无论是为了适应未来高技术战争的要求，还是出于保持大国地位的需要，都必须谋求军事技术的领先地位。但同时俄也清醒地意识到，在经济一时难以全面回升的形势下，同美国开展全面军备竞赛无异于“自杀”，只会把“千疮百孔”的经济彻底葬送。因此，不应与美国进行“一对一”的技术竞争，但应谋求“关键技术”上的优势。这些“关键技术”项目包括：指挥、控制、通信和情报系统；电子战系统；导弹袭击预警系统；战区反导弹系统；轨道航天器；突击航空兵兵器；远程高精度武器；防空兵器，特别是具有抗干扰能力的机动式防空兵器。为保证落实上述计划所需的资金，俄计划2000年的国防订货拨款比1999年增加一倍。其中，用于科研和试验设计的资金比1999年增加80%，用于采购武器和军事技术装备的拨款也将增加80%。

加强反空袭作战准备，提出“非战略性导弹防御”构想 俄军认为，能否有效抗击敌空袭，是赢得局部战争和武装冲突的关键因素之一。科索沃战争之后，俄军重新审视了防空建设方面的薄弱环节，开始采取一整套应对措施：一是加紧建设独联体联合防空系统。俄军认为，加强西部和中亚方向的对空防御，最现实的方法就是加紧建立独联体联合防空系统。为此，俄决定帮助塔吉克斯坦和吉尔吉斯斯坦恢复防空系统，向白俄罗斯、乌克兰、哈萨克斯坦等国提供“雷神”和“山毛榉”防空导弹系统。二是加紧研制C-400防空导弹系统。这种防空导弹系统达到设计要求后，能在300～400千米距离内发现和击落世界上现有的和在研的空袭兵器，包括空中预警机、电子战飞机和战略轰炸机。三是积极探索统一使用各军种防空力量的新方法。基本做法是，组建独立的防空地幅和地域，其编成包括空军的防空军团（兵团)、军区的防空兵团（部队）以及舰队防空力量。上述兵力在作战上隶属于防空地幅和地域司令员，由其统一指挥。为提高联合防空的作战效能，俄军将进一步加强各军种防空力量的指挥、控制、通信和情报系统的一体化建设。俄空军参谋长公开表示，针对美国的战区导弹防御计划，俄军正在制定非战略性导弹防御构想。其基本内容是通过完善现有的C^3I系统和火力系统，将各军种所有能够抗击非战略性导弹袭击的防空兵力兵器联为一体，建立能进行近、中、远程拦截的、各军种统一的非战略性导弹防御系统。

加强双边与多边军事合作，推进独联体军事一体

化进程 1999年，俄加强了与其他独联体国家的双边或多边军事合作，以加快推进独联体军事一体化进程。一是加强双方军事联盟。北约对南空袭后，俄罗斯、白俄罗斯两国军政领导人就加强双方军事合作问题进行了磋商，签署了一系列旨在协调两国武器装备的设计与生产的军事技术合作协议，决定将在计划期限内组建两国统一的地区性军队集群。二是重视同乌克兰的对话与合作。俄对外与防务政策委员会在《独立报》上发表声明，强调“必须加强同乌克兰的对话与合作，特别是军事技术合作”。此后不久，俄黑海舰队与乌克兰海军举行了联合军事演习。三是在塔吉克期坦设立军事基地。俄塔两国总统签署《俄塔面向21世纪的联盟协作条约》，双方承诺将在共同的军事战略任务范围内实施共同防御，在双方都可以接受的基础上发展军事技术合作，其中包括在塔境内设立军事基地。军事基地将于1999年在俄驻塔第201摩步师的基础上建成，俄将承担军事基地的一切开支。

资料来源：

① (俄)《红星报》1999年1～12月；

② (俄)《消息报》1999年4月30日；

③ (俄)《独立报》1999年12月17日。

(韩生民)

日本自卫队防务计划 日自卫队1999年度的防卫费为49591亿日元，比上年度增长0.6%(291亿日元)。1999年度防务计划的指导方针是：努力削减各项经费，并维持和加强整体均衡的防卫力量态势。为此，应注重以下4点：①向《防务计划大纲》确定的防卫力量水平协调发展，并对基干部队进行重新评估；②在主要装备方面，更新陈旧装备，使之现代化，以便适应国外科技的发展趋势；③努力维持和提高自卫队的管理、教育水平。此外，在生活相关设施的修建以及改善部队待遇方面，要按优先 程度重点推进；④加强安全对话活动，努力完善情报搜集、分析体制，加强指挥通信职能。

主要装备的更新与现代化 陆上自卫队 1999年计划购置自动手枪，以取代空降部队等指挥官用于自卫的手枪。随着现有火炮、61型坦克、OH－6D型观测直升机等装备的日趋减少，将采购FH－70型155毫米榴弹炮、MLRS多管火箭发射系统、90型坦克和OH－I型观测直升机。为适应国外科技的发展趋势，要将东部军区装备的改进型“霍克”防空导弹换装成改进3型“霍克”防空导弹(0.25个群份)，并为东部军区采购SSM－88型岸舰导弹(0.25个团份)。

陆上自卫队计划采购89型步枪3308支、自动手枪70支、5.56毫米机枪157挺、12.7毫米重机枪124挺、87型反坦克导弹发射装置23部、L－16型81毫米迫击炮42门、RT式120毫米迫击炮27门、96型120毫米自行迫击炮3门、FH－70型155毫米榴弹炮4门、MLRS多管火箭发射系统9套、87型自行高射炮1门、90型坦克19辆、89型装甲战车2辆、96型轮式装甲车29辆、82型指挥通信车1辆、87型侦察警戒车1辆、87型炮侧弹药车3辆、90型坦克回收车3辆、91型装甲架桥车1辆、78型雪地车17辆、防化车2辆、UH－1型观测直升机4架、OH－60JA型多用途直升机3架、UH－IJ型多用途直升机5架、CH－47JA型运输直升机2架、LR－2型侦察联络机2架、改进3型“霍克”防空导弹0.25个群份、81型改进型近程防空导弹发射系统2套、93型近距离防空导弹发射系统7套、91型便携型防空导弹发射系统13套、SSM－88型岸舰导弹发射系统4套和96型多用途导弹发射系统6套。这些装备从签订合同到交付订货，需要2～3年时间。

海上自卫队 由于现有的驱逐舰、潜艇、扫雷艇、运输舰、勤务船和HSS－2B型直升机日趋减少，计划购置节省人力的多用途驱逐舰，水下探测能力等得到提高的潜艇，扫雷系统等设备得到改进的扫雷艇，海上运输能力已增强的运输舰，训练支援能力得到提高的新型多用途支援舰和SH－60J型反潜直升机。还要购置续航能力等得到提高的导弹艇，作为对付水面舰艇部队的截击力量。

海上自卫队计划建造4600吨级的多用途驱逐舰1艘、2700吨级的潜艇1艘、510吨级的扫雷艇2艘、200吨级的导弹艇2艘、8900吨级的运输舰1艘和980吨级的多用途支援舰1艘。采购SH－60J型反潜直升机10架、US－1A型水上救生飞机1架和TC－90型仪表飞行教练机3架。此外，将1架P－3C反潜巡逻机改装成图像情报搜集机。这些装备从签订合同到交付订货，需要2～5年时间。

航空自卫队 由于现有的F－1型强击机、T－2型高级教练机、MU－2型搜索救援机、V－107型救援直升机、T－33型教练机和T－3型初级教练机等日趋减少，计划购置F－2型强击机、U－125A型搜索救援机、UH－60J型救援直升机、T－4型中级教练机和T－7型初级教练机。为维持空中运输能力，将采购CH－47J型运输直升机。

航空自卫队计划采购F－2型强击机8架、CH－47J型运输直升机2架、U－125A型搜索救援机2

架、UH－60J 型救援直升机 2 架、T－4 型中级教练机 12 架、T－7 型初级教练机 2 架和对空机关炮 1 门。这些装备从签订合同到交付订货，需要 3～4 年时间。

加强情报和指挥通信能力　为能迅速、及时地运用防卫力量，要大力加强指挥通信职能，并在情报本部完善情报搜集、分析体制。

情报　加强情报本部的职能，即确保情报本部所需人员（增编军人 67 名和文职人员 18 名，计 85 人），以完善其运用体制。

指挥通信　继续建设新的中央指挥系统；购置 FPS－X 固定式三维雷达，提高空中警戒监视能力；继续建设防卫综合数字通信网，增强通信网的抗毁能力；加强卫星通信职能，提高通信的可靠性。

加强教育训练体制　自卫队要努力维持和提高部队训练水平，以便有效地遂行其任务。

实施与国际需要相适应的教育训练。增派留学生，并增加外国留学生的接收人数；强化外语训练；加强有关国际和平与合作业务的教育训练。

实施与装备高技术化相适应的教育训练。为陆上自卫队、海上自卫队和航空自卫队购置新的野战炮兵射击指挥装置训练器材、音响训练装置和 F－2 技术课程训练器材。

实施训练、演习。陆上自卫队：实施陆上自卫队演习（陆上自卫队参谋部指定课目），“霍克”防空导弹部队（17 个队）进行年度射击训练，岸舰导弹部队（6 个队）进行年度射击训练，东北部军区实施北方机动特别演习，赴美进行射击训练（由北部军区的反坦克直升机队、反坦克导弹队、坦克队和多管火箭系统发射队组成，计 300 人）。海上自卫队：实施海上自卫队演习（乙级演习），赴美进行训练（参训兵力：驱逐舰 3 艘、潜艇 1 艘、P－3C 反潜巡逻机 6 架等），实施远洋实习训练（实习舰和驱逐舰各 1 艘）和大规模救灾训练。航空自卫队：实施航空总队综合演习，C－130H 型运输机要在海外航线上进行飞行训练，“爱国者”防空导弹部队进行年度射击训练（参训兵力为 22 个队），赴美进行防空和战术空运训练（参训兵力：F－15 战斗机 6 架、E－2C 早期预警机 2 架、C－130H 型运输机 3 架等）。此外，三自卫队还要进行合同演习，并同美军实施联合演习。

加强开发研究工作　加强技术开发研究体制；根据军事项目的紧要性，大力实施与未来科技发展趋势相适应的各种研究开发。

开发新型“阿斯洛克”反潜火箭　新型“阿斯洛克”反潜火箭安装在驱逐舰上，通过与声纳等设备组合，能在远距离早期攻击潜艇，有助于反潜作战，该火箭于 1999 年设计并试制。

开发新型警戒管制雷达　新型警戒管制雷达计划装备给航空警戒管制部队，用于对付飞机等飞行目标的高性能化。这种雷达在提高探测、跟踪隐形飞机和远距离小目标的能力，加强目标分类及电子战能力，增强抗毁能力和节省人力等方面，具有优越性，1999 年设计并试制。

确保部队员额　自卫队 1999 年度末编制人数，陆上自卫队为 17.5634 万人，其中常备军人为 17.1262 万人，应急预备役军人为 4372 人。与 1998 年度相比，减少 611 人。海上自卫队为 4.5752 万人，航空自卫队为 4.7236 万人。参谋长联席会议为 1508 人，比上年度增加 82 人。合计 27.0130 万人。

文职人员，陆上自卫队为 9400 人。与上年度相比，减少 63 人。海上自卫队为 3749 人，与上年度相比，减少 15 人。航空自卫队为 3933 人，与上年度相比，减少 19 人。参谋长联席会议为 446 人，与上年度相比，增加 19 人。其他机构为 7209 人，与上年度相比，增加 28 人。

预备役军人，陆上自卫队为 4.6 万人，海上自卫队为 1100 人，航空自卫队为 800 人，合计 4.79 万人。

1999 年度三自卫队的实有人数和满员率是：陆上自卫队为 14.7951 万人，满员率为 85.61%；海上自卫队为 4.3162 万人，满员率为 94.34%；航空自卫队为 4.4888 万人，满员率为 95.3%。

部队改编　陆上自卫队　陆上自卫队正在向新的体制转变。计划将第 7 师各部队（第 11 步兵团等）所属的补给维修人员，编入后勤保障团，建立有效的补给维修体制；并为第 7 师编入约 1000 人的应急预备役军人。此外，还要将北部军区直辖部队等所属的补给维修人员，编入新编的北部军区后勤保障队。

海上自卫队　为向新的体制转变。计划将 2 个扫雷队群合编为 1 个扫雷队群（司令部、扫雷母舰 2 艘、扫雷队 5 个和扫雷业务支援队 1 个）。为加强教育训练体制，提高训练效率，新编 1 个练习潜艇队（练习潜艇 2 艘），隶属于潜艇舰队。随着一些陈旧的驱逐舰逐渐退役，将撤销第 33 护卫队。

航空自卫队　计划将北部和中部航空方面队的部分警戒管制群，改编成警戒管制队。

随着新装备的配发，还要对一些部队进行改编。

改善部队待遇　在生活相关设施方面，1999 年计划增建营房，对现有营房进行维修，推进营房空调化工作，并修建厨房和浴池等。确保宿舍所需数量，对现有宿舍进行维修，对狭窄和破旧的警卫所等进行重建。扩大移动警戒勤务津贴支付范围等，增加舰艇福利设备，并减轻士兵劳务负担。

加强安全对话活动　加强同日本周边国家的对话。在政策交流方面，举办亚太地区防务负责人论坛，同防务政策负责人交换意见，参加东南亚国家联盟地区论坛各种聚会，同各国防务负责人交换意见；在学术交流方面，举办亚太地区国家安全保障专题讲座，邀请亚太地区各国军事人员进行研究、讨论，举办日中防卫医疗专题讲座，参加在中国召开的防卫医疗交流会议，互相交换意见等；在其他方面，修建外国留学生设施（修建外国留学生的宿舍等），向发展中国家留学生提供经费，帮助他们完成学业。为开展以上活动，计划提供 3.48 亿日元的活动经费，比上年度增加 6400 万日元。

军备控制。参加有关军控的国际会议等，主要是参加限制导弹技术出口会议。

其他　对俄制战斗机的性能进行调查研究；为建立有效的采购补给体制进行调查；对日本防空系统的现状进行全面调查研究；在导弹防御系统方面，正在就技术合作的可能性，同美国进行讨论。

资料来源：

①日本《朝云》报 1998 年 9 月 3 日；

②日本《防卫日报》1998 年 9 月 3 日。

（袁孝华）

韩国建军计划与措施　1999 年，韩国军队在首次削减军费的困难形势下，提出新的国防目标和发展计划，积极推进军队改革与建设方案，决定增强预备役部队的战斗力、主要措施如下：

提出新的国防目标和国防概念　1999 年 10 月 12 日，韩军发表的《国防白皮书 1999～2000》确定跨年度国防目标是：保卫国家不受外部军事威胁和侵略，做和平统一的后盾，为地区安定和世界和平作贡献。据白皮书解释，国防目标第 1 句话的含义是：保卫国家不仅不受朝鲜现实军事威胁，而且也不受可能危及韩国生存的所有外部威胁；第 2 句话的含义是：遏制战争，缓和紧张局势，实现朝鲜半岛的和平与安定，为和平统一作贡献；第 3 句话的含义是：在国家威望和安保力量的基础上，增进与友邻国家的军事合作，积极参与联合国维和行动，为地区和世界和平安定作贡献。白皮书还提出今后国防发展的 3 点新概念：一是将以对付朝鲜威胁为重点转变为同时对付未来不确定的威胁，依据这个观念来设计、构建新的国防框架；二是发展国防事业必须以实力为基础，军事力量建设必须与国力相适应；三是完全独立的“自主国防”耗资巨大且不现实，因此要加强双边和多边军事战略合作，以巩固国防基础。

拟定国防发展中、长期目标和规划　韩国《国防白皮书 1999～2000》规定，2000～2004 年国防发展中期目标是：建设一支士气高昂、纪律严明的精锐军队；建设一支充满自豪感、负有使命感的职业化军队；建设一支经过改革、高效运作的信息化军队；建设一支深受国民爱戴的强大军队。

2005～2014 年国防发展长期目标是：建设一支国防先进、数量较少的精干常备军队；建设一支拥有尖端武器的信息化、科学化军队；建设一支合理、经济、高效的军队。最终目标是：发展成为小而强的军队。

为实现 5 年中期目标，韩军于 1999 年 2 月 12 日发表了《国防中期 5 年计划》。主要内容是：2000～2004 年，国防预算每年增长 4～6%，总额近 700 亿美元。其中用于武器采购、增强战力的费用约 220 亿美元，占 32%。韩朝军力对比至 2004 年由目前的 79:100 上升到 89:100。

为实现 10 年长期目标，韩军于 1999 年 8 月拟订《21 世纪国家安全和国防开支》政策报告，提出 2015 年前的国防发展远期纲要：（1）将现有兵力由 69 万人减至 40～50 万人；陆军员额由目前占全军 81%降至 71%，海空军员额由目前 19%升至 29%。（2）军队人力构成逐步由以士兵为主转变为以职业军人为主，军官与士官占军人比重由目前的 20%增至 30%以上，实现军队正规化、职业化、信息化、情报化和科学化。（3）采购侦察卫星、中远程导弹、空中预警机和加油机、“宙斯盾”战舰，组建航宇部队。2010 年具备“与朝鲜同等 的军力”。2015 年具备“对朝鲜半岛及周边国家的监视和精确打击能力”。

公布年度国防改革方案　1999 年 1 月 6 日韩国防部向媒体说明 1998 年国防改革成果后，公布了 1999 年国防改革方案。主要是：（1）精简国防部机关。（2）创设国军运输司令部。（3）以新成立的国防采购本部为主，进行防卫产业实验评估，推动韩国型尖端武器研发事业的发展。（4）陆军航空司令部改编为陆军航空作战司令部，组建陆军核生化防御司令部，原定年内撤销集团军司令部和成立地面作战司令部的计划延至 2000 年实施。（5）改编情报部队，使其具有信号分析和图像情报的搜集能力。（6）改革军需管理，将258种军民通用的一般物资由原三军参谋部分别管理、调配，改由国防部调达厅集中管理、统一调配。(7) 1999～2003年，分阶段压缩医务后送体系，调整、裁减前后方医院。(8) 大幅削减军队体育单位，精简幅度为62.5%。

重视航天力量建设 韩军在不断加紧采购、研发先进武器装备的同时，大力发展航天力量。目前，韩国的太空技术研究由国家科技部宇航研究院负责，使用和管理由军队负责。据空军参谋长朴春泽1999年4月6日在国会作证时说，21世纪东亚各国对太空领域的军事利用将大大增强，空中作战的范围亦由空中向宇宙空间扩展。为适应这一发展趋势，韩空军应加速向航空航天部队转变。1999年，空军已在新成立的战斗发展团中专设太空武器科，负责拟制“中长期太空领域发展计划”。预计2015年前创建第1支宇航作战部队——太空作战控制团，专门负责军事卫星的使用、管理和控制，建立弹道导弹预警系统，“有事时阻断敌在太空的自由活动”。

为了建立天基监视力量，韩国在90年代共发射了7颗卫星，其中1999年就发射了3颗。5月24日，“韩国星”3号卫星在印度发射，其搭载以色列光学相机的图像分辨力仅为1米；9月5日，“无穷花”3号卫星在法属圭亚那发射，其观测范围由朝鲜半岛扩大至整个东亚地区，使用寿命长达12年；12月21日，“阿里郎”1号在美国范登 堡发射，主要用于制作精密地图和对东亚地区的海水和气象进行观测。同年12月15日，金大中总统向记者透露，2005年韩国将自行发射第1颗军用卫星，2000年上半年在南部沿海选定国内发射场场址。发射台的设备完全由韩国自己制造，从此改变国产卫星、外国发射的尴尬局面。而空军参谋长朴春泽的国会证词宣称，至2015年前，空军除了发射军用卫星外，还将把政府计划发射的17颗民用卫星全部转为军事用途，以提高对朝鲜导弹的预警能力，摆脱对美国情报的依赖。据法新社1999年12月16日分析，尽管外界对韩国的火箭技术所知不多，但专家认为韩国具备发射远程导弹的能力。

加强军内政法建设 韩军内部曾有各种以同乡、同学和战友名义成立的团体组织，在历史上留下许多劣迹，后经整肃解散，但这些组织近年来又死灰复燃。据韩国防部1999年9月29日向国会报告反映，1996～1998年已发现并解散94个非法团体，1999年这些组织又有滋生，仅首都机械化师就发现了25个。对此，负责军内保安的机务司令部表示，“这些小型组织虽然是军官和士官组成的友善团体，但有可能向消极方面发展，所以必须解散”。陆军参谋长金东信强调，一线部队“必须排除妨碍管理的因素，提高精神防御能力，达成完善军事防御的目的”。

为了加强法制建设，国防部1999年12月28日在《军事法制改善案》中提出，从2000年7月起改革军队法律体制，将监、审合一的军法业务职能分离开来，使负责审判的军事法院脱离国防部法务管理官的领导而独立。法务管理官作为军队最高司法官和国防部长的法律助手，只能对上校以上军官的审判进行监察，但无权管辖军事法院，从而“保证判决的公正性和法院组织的灵活性”。同时，在陆海空三军参谋部常设法律机构，以保障官兵人权。

提高预备役部队的战斗力 韩国有300万人的预备役部队，分别编成乡土师、动员师、防卫师等建制部队。在计划压缩常备军规模的同时，韩军决定“强化以乡土师为中心的预备军作战体制”，提高其士气和作战能力。1999年4月3日，国防部在全国各市、道组织举行了大规模的“乡土预备军创建31周年”庆祝仪式，公开以“总统奖”和“总理奖”的形式表彰了11支预备军部队。9月12日韩国广播电台报道，国防部计划在10年内将预备军的战斗力提升到正规军的水平，其中用6年时间将其现用武器装备全部更新换代。首先从2000年起，将预备军的卡宾枪换成M-16步枪。旧式机枪和迫击炮换成新型的，并大量增加机枪、迫击炮和无后坐力炮的编配数量。在更换机枪期间，将采购大量防毒面具，向所有预备军人员发放，以提高他们防御化学武器的能力。此外，韩军还多次研究如何完善预备军管理与运营制度及保障战时动员计划落实的措施与办法。12月3日，在全军高级指挥官会议上，将初战动员课目列入国防8大课题予以重点推进。

(孔国生)

越南建军计划与措施 1999年，越南继续实施“五年建军计划”(1997～2000年)，在军队建设方面主要采取以下新措施：

积极改善武器装备 一是从外国采购武器装备。1999年，越海军从俄罗斯购买2艘轻型护卫舰和数艘导弹艇，从朝鲜购买2艘“商”级潜艇。其中，轻型护卫舰配备有射程为45海里的SS-N-2D冥河导弹发射架、IGLA防空导弹发射架、76毫米AK-630M防空火炮。防空-空军从俄罗斯购买了部分对空警戒雷达，从朝鲜购买了SA-16吉姆莱特型便携式防空导弹发射架。陆军从俄罗斯购买了少量坦克、装甲车、火箭炮和电子作战器材，从朝鲜购进了部分“飞毛腿 C 型”导弹。据英国《简氏防务周刊》称，“飞毛腿 C 型”导弹是朝鲜 1984 年制造的，弹体重 770 千克，射程为 550 千米。二是自行研制和改造装备。越海军自行建造了数艘 1000 吨级“长沙”型运输船，并在部分舰船上安装了 GPS 卫星定位设备、深水测量仪、地形测绘仪等；防空－空军在俄罗斯专家指导下，为数架米格－21 型机换装了新型空对空导弹，对部分苏－22 型机、地对空导弹和防空雷达系统进行了技术改造；陆军在新加坡专家帮助下对 M－113 型装甲运兵车进行了改装。三是与俄罗斯合作建造新型护卫舰。据英国《简氏防务》1999 年 3 月 24 日报道：俄罗斯北方工程设计局已完成对越南 KB02000 型护卫舰的设计工作，预计近期将正式建造。该型护卫舰排水量为 2000 吨，计划装配 SS－N－25 折刀型反舰导弹、SA－N－9 护手型对空导弹、100 毫米火炮、鱼雷发射架、直升机平台。同时，俄还帮助越建造 BPS500 型巡逻艇，第 1 艘艇已在海上试航。该艇排水量为 530 吨，装配有 12.7 毫米机枪、30 毫米火炮、76 毫米火炮、反舰导弹、SAN－10 吉姆莱特型防空导弹等。此外，越南正与英国、法国磋商，准备将越租用的三颗民用卫星改换成军用通信卫星。1999 年 12 月 30 日，越国防部长范文茶上将要求军队“从新世纪开始加快改善武器装备的步伐，搞好武器装备特别是主战装备的配套发展，继续从国外订购一批新型水面战斗舰艇、战斗机、导弹等装备，缩短与周边国家军队装备水平的差距”。

狠抓军事科研工作 1999 年，越军各大机关、各部队积极贯彻中央军事党委和国防部关于科技工作的方针和政策，大力加强军事科研工作。一是加强军事科研干部队伍建设。越国防部制定了科技干部培养计划，重点培养高级资深科研干部队伍；举办了大学生干部科技管理培训班，并派几百名干部到军内外学院、研究院和专科学校深造。军队科研、教学和管理单位从地方大学招收了硕士生 200 多名、博士生 20 名。全军科研单位的高学历科研干部比例已超过 70%，有的单位超过 90%。高学历干部队伍已成为越军战略研究机关和基层单位从事科研工作的骨干。二是加大军事科研投资。越国防部决定投巨资为所有重点军事科技领域修建试验室，并装备先进科研技术设备，仅 1999 年就投入大量资金修建了几十个试验室。目前，已投入使用的试验室在武器、器材、技术装备的研究和现代化改造中发挥了重要作用。越军军事科研工作取得了显著成果。1999 年，军队承担完成的国家级科研项目比 1998 年多 1.3 倍，有 8 个项目填补了国家的空白；完成并通过审查的部（国防部）级科研项目比 1998 年增加 11 个。随着科研的发展，越军提高了生产和维护武器装备的技术水平，保证了质量，增强了战斗力。越军计划在 2000 年更加深入、全面地开展科研活动，重点加强对通信技术、自动化技术、材料技术的研究和开发；继续健全全军科研系统，狠抓科研干部培养工作；积极推广军事科研成果的应用，使之为军队建设服务。

继续开展对外军事交流和合作 越国防部长范文茶上将率越南高级军事代表团先后访问了老挝和俄罗斯，分别与老挝、俄罗斯国防部长就进一步加强双边军事合作关系进行了会谈，与老挝签订了两国国防部合作议定书，与俄罗斯签署了军售和人员、技术交流协议。俄国防部长表示，“越南是俄罗斯在亚太地区的重要战略伙伴，俄将全面加强与越南的军事交流和合作”。越国防部副部长兼总参谋长黎文勇中将、海军司令梅春永中将、防空－空军司令阮德察中将等先后访问了菲律宾、新加坡、缅甸和泰国。应越军邀请，印度陆军参谋长马利克上将访问了越南，双方同意加强在国防和国家安全等领域的交流和合作，越表示支持印在发展核武器及处理克什米尔问题上的立场，印承诺帮助越军开展军事训练和修建永久性军事设施。菲律宾国防部长、海军司令和澳大利亚海军“柏斯”号舰、“亚伦塔号”舰等也先后访越。

资料来源：

1. 越南《人民军队报》、《全民国防》杂志（1999 年）；
2. 英国《简氏防务》、《简氏防务周刊》（1999 年）。

（钟学良）

泰国建军计划与措施

1999 年 8 月 16 日，泰国防委员会正式颁布了“军队体制编制改革方案”，计划从 2000～2007 年分 3 个阶段裁军 7.2 万人，以建立一支人员精干、指挥高效、具有良好机动作战能力的现代化精锐部队。此次体制编制改革是泰军历史上首次最重大的人员机构调整，被称为泰军划时代的军事革命。

体制编制改革总方针 泰军认为，搞好体制编制是军队的一项中心工作，直接决定着战争的胜负。为赢得战争的胜利，泰军的体制编制改革将从以下 3 方面着手：一是解散或合并重复设置的机构或已完成使命的部门；二是可以让地方做的工作则放权于地方，裁减军队中相应的机构；三是建设好后备力量，使之成为一支有战斗力的力量，从整体上提高军队的实战能力。

陆军体制编制改革 泰陆军压缩编制，裁减员额，分3种情况进行：第1种是陆军最需要的单位，确保100%满编，称为一级战备单位；第2种是陆军必不可少的单位，保证70%员额，称为二级战备单位；第3种是战争后备力量，称为预备役单位，保留30%员额，一旦国家进入战争状态，即可扩充陆军。至2007年，陆军将裁员3.75万人，撤销2个预备师和1个特战师，并停止为缺编的第1、2、3小军补充兵员，作战部队将只保留7个步兵师、2个骑兵师和1个特战师。

海军体制编制改革 泰海军制定了一项长远的裁员计划。在现阶段，海军首先要裁减士官和常备军员额，在没有必要招收和聘请文官的时候停止招收和聘请文职人员；在拉玛九世王造船厂的经营管理方面，充分利用政府和私营的合作资源，在海军不需要使用造船厂的时候，可以租给私营部门管理，这样即可增加军费，亦可裁减造船厂人员。至2007年，海军将裁员1.78万人，封存18艘主力战舰和4架海上作战飞机。

空军体制编制改革 泰空军体制编制改革方案分4个方面：（1）调整兵力编制。目前，泰空军拥有4个飞行师和11个飞行大队。新的体制编制将严格明确编制等级，即根据空中防御重点和担负任务的不同，划分为主力和非主力飞行大队，突出主力飞行大队的建设，以提高重点区域的防空作战能力。（2）裁减员额。泰空军计划到2007年裁员1.18万人，裁减12个飞行中队和关闭6个空军基地，飞机和人员的比例达到1∶150。（3）完善指挥体制。空中力量与陆上和海上力量是不同的，空中力量配备的武器飞行速度非常快。因此，对空军作战和执勤都应该制定周密计划，并进行有效的管控；特别是今后空军的作战空间将延伸覆盖至泰国湾，建立完善的指挥体制成为新时期泰空军建设的一大课题。（4）改革后勤保障体制。着手对后勤保障和维修系统进行调整，最大限度地让地方企业和私营部门参与其中，建立"大后勤"服务保障体系。

资料来源：

①泰国陆军广播电台1999年报道；

②泰国《民意周刊》1999年。

（孟　丽）

菲律宾建军计划与措施 1999年，随着经济形势的好转，菲律宾又重新启动了因金融危机而搁浅的"武装部队15年现代化规划"。其中，菲陆军现代化规划如下：

根据菲武装部队15年现代化规划，陆军将被改造成为以对外防御为主，职业化、高素质、高度机动的强大地面部队。未来的陆军将以精锐的正规军为核心，以强大而机动的后备役部队作后盾。陆军现代化规划包括机构重组、装备改良和引进、基地建设、人力资源开发、军事训练思想改革5个部分，计划分3步在15年内完成。

机构重组 菲陆军在1998年已将其8个步兵师缩编为3个，改编为快速反应部队；将特种部队、第1侦察别动队和心理战部队合编成1支特种作战指挥部队。今后5年，陆军计划将8个步兵旅组建成先遣部队，作为8个后备役师的行动中心；把轻装甲团改建成装甲团；组建1个炮兵团、1个飞行营、1个防空飞行营；还要建立1个后备指挥中心、1个训练中心。原有的5个工程旅减至3个，陆军勤务单位由6个减至5个。陆军司令部的参谋人数将保持在6名，特种参谋、技术参谋以及人事参谋将由19名减至12名。机构重组将使陆军兵力在10年内减少27%。

装备改良和引进 菲陆军武器装备的改良和引进主要是为了增强火力、提高部队的机动能力和通信保障能力。急需改良的是榴弹炮和装甲输送车。引进计划：一是购买单兵和协同操作装甲武器，新型大炮，对空防御武器以及装甲设备和飞行设备。二是购置机动车辆、战斗工程设备、指挥控制设备、电子对抗和监控设备。三是订购信息系统，医药及训练设备。上述计划共需耗费396.46亿比索。

基地建设 基于菲陆军的基地建设思想，陆军将保留20个常备军营和24个半常备军营中的18个作为其常备军营。基地建设将分阶段为陆军的各个基地提供所需设施和装备，包括指挥控制设施、营房营舍、供水供电和排水系统、道路网、训练设施以及军需物资等，共需耗费87亿比索。未来的一级军营将设在新怡诗夏省的马格塞塞基地、佩拉尔塔基地、基巴里坦基地。列格·德·迪奥基地将成为陆军司令部及多数作战和勤务部队的驻地。此外，还将新建6个军营。

人力资源开发 菲陆军人力资源开发主要着眼于为陆军培养和提供具有一定知识、技能和执行作战任务所需素质的职业军人。鉴此，陆军制订了以下人力资源开发计划：（1）培养人员的基本道德素质，包括爱国主义、民族主义以及尊重人权等。（2）招募并挑选最优秀、最有资格的人员入伍。（3）循序渐进地、持续地对人员进行教育训练，使其能在各种环境中发挥作用。（4）制定并切实实施一项有效的晋级制度，为部队源源不断地提供高级人才。(5) 保障军人(及其家属)的奖金、薪金、住房等福利待遇。

军事训练思想改革 为适应未来高技术战争，必须搞好现役军人的训练工作，而且还应考虑到后备役人员的技能训练，使其具有和常规部队同样的作战能力，从而可随时补充常规部队。军事学校训练的课程重点也要从反叛乱转移到常规战争上来。此外，即将退役的人员要接受各种训练，以尽快适应社会竞争。

资料来源：

①菲律宾《马尼拉公报》1999 年；

②英国《简氏防务周刊》1999 年。

（孟 丽）

新加坡建军计划与措施 1999 年，新加坡坚持走科技强军之路，力求建立一支装备精良、训练有素的军队。

设立国防科学技术厅 为推进国防机构的合理化，1999 年 4 月，新加坡对由助理国防部长领导下的国防技术小组进行改编，设立国防科学技术厅，专门负责国防技术的研究与开发、防卫装备的采购及国防基础设施的建设。

引进研制先进武器装备 提高武器装备的现代化水平成为新加坡军队发展计划的重中之重。新加坡陆军从以色列购买了“尖刺”式反坦克制导导弹。该导弹可以破坏 4 千米以外的装甲目标，是新加坡陆军武器库中现有同类武器射程的两倍。“尖刺”式导弹将取代新加坡陆军自 70 年代开始使用的 106 毫米无后坐力炮。新加坡海军自行研制生产的 1 艘“持续”级新型坦克登陆舰和 3 艘“无畏”级巡逻艇编入现役，并计划与法国、瑞典、美国的公司合作，建造 4～6 艘隐形战舰，预计首批战舰将于 2004～2005 年期间投入使用。新加坡空军接收 1 架美制 KC－135 型空中加油机，以取代过时的 KC－130 型机。此外，还计划从美国购买 8 架“阿帕奇”攻击直升机，预计 2002 年交货。届时，新加坡将成为东南亚第 1 个购买攻击直升机的国家。

注重培训军事人员 为适应国际和地区形势的发展变化，以及弥补本国训练场地的不足，新加坡军队每年都派出大批学员到美国、法国、澳大利亚等国接受训练。根据新美“和平卫士”计划，新加坡向美国订购的 KC－135 型空中加油机、“阿帕奇”攻击直升机、CH－47D“支奴干”直升机及相关人员均在美受训后才返回新加坡。根据新法签署的防务合作协议，目前新加坡空军派遣 20 架 A－4SU 超级天鹰攻击机和 250 名飞行员赴法国的卡佐克斯基地进行训练，其中包括使用法国幻影 2000 战斗机进行电子战训练。此外，新加坡与印度也签署了谅解备忘录，印度同意为新加坡海军提供人员培训，重点在反潜作战和保护东印度洋海上通道方面。

资料来源：

①新加坡《先锋》杂志 1999 年 1～12 月；

②英国《简氏防务周刊》1999 年 4 月、7 月；

③越南《人民军队报》1999 年 2 月 24 日。

（孟 丽）

印度尼西亚建军计划与措施 1999 年，印尼国内局势动荡，议会换届、东帝汶独立和内阁更迭等重大事件接连发生，地区分裂活动和宗教冲突引发的骚乱持续不断。印尼社会各界普遍认为，政局动荡和社会危机四起同军人干预政治和社会事务有着千丝万缕的联系，军方甚至在其中起着非常关键的作用，为此，强烈呼吁取消军队的“双重职能”，“军人应回到军营中去”，“军队的主要职责是保卫国家安全”。在这一背景下，印尼军队被迫进行较大规模的改革。

军队社会政治职能不断削弱 在印尼社会各界的强烈反对和要求下，印尼军队开始对其职能和作用进行改革。1999 年 2 月 10 日，当时的武装部队总司令维兰托将军颁布命令，撤销武装部队社会政治参谋长及其社会政治助理、地区事务助理职务，其下辖的机构和人员也相应地取消，以减少军队过多地参与国家政治活动。1999 年 10 月，瓦希德总统上台执政，加强了对军队的控制和监督。在新内阁中，首次使用文官担任国防部长，并且仅有 5 名内阁部长由军人担任。此外，印尼军队还进行 3 次大幅度的人事调整，重点对亲苏哈托的高级将领进行了撤换，提拔了一批年青有为的军官，军队高层领导基本实现了知识化、年轻化。

进行体制编制调整 为适应国内和国际安全形势的发展变化，印尼军队进行了相应的体制编制调整：一是实行军警分离。自 1999 年 4 月 1 日起，警察部队正式从军队序列中分离出来，成为一支由政府直接领导的独立武装力量，从而结束了 30 多年来军警合一的历史。实行军警分离后，军队将把工作重心放在自身建设和保卫国家安全方面，而警察部队则负责维护国内治安和处理各种社会事务。二是增加陆军军区。1999 年 5 月 7 日，当时的武装部队总司令维兰托将军颁布命令，将陆军原有的 10 个军区调整为 17 个军区，各军区的序号、类别和辖区都有较大变化。其中，A 类军区 6 个，司令为少将级；其余 11 个军区皆为 B 类，司令为准将级。陆军军区的调整旨在加强对国内不稳定地区的军事管控和保持各军区在力量配置上的均衡。

军队建设重点将转向海军　1999 年 10 月，瓦希德总统上任伊始，即明确提出要加强海军建设，其主要基于以下考虑：从国家安全战略角度出发，印尼是海洋国家，只有强大的海军，才能更有效地保护国家的利益；从国家政治利益角度出发，陆军过去在国家政治生活中扮演着举足轻重的角色，发展海军有利于削弱陆军长期以来的重要地位。在印尼第 6 个国防战略计划（1999～2003 年）中，海军力量将由目前的 5.2 万人增加到 7 万人。海军舰队将增加 14 艘军舰，至少包括 4 艘两栖作战舰艇。此外，海军还将建造新的基地并增加海上指挥部的数量。海军陆战队将扩编，由现在的 1 个步兵旅、1 个装甲旅和 1 个炮兵旅扩编为 3 个相当于师规模的旅，各旅还配置 1 个作战团和 1 个后勤支援团。届时，海军陆战队人员将从目前的 1.3 万人增至 2.3 万人，陆战队基地也由原来的 2 个增加到 3 个，即泗水、雅加达和腊太湾。

资料来源：

①印尼《武装部队报》1999 年；

②印尼《罗盘报》1999 年；

③英国《简氏防务周刊》1999 年。

（孟　丽）

印度建军计划与措施

1999 年，印度继续采取各种措施加强军队建设，其主要措施与计划如下：

增加国防开支　1999 年 2 月，印公布 1999～2000 年度国防预算，总额为 4569.4 亿卢比（约合 107.5 亿美元）。12 月，议会通过国防部长费尔南德斯关于追加本年度预算的议案，决定增加 700 亿卢比（约合 16.7 亿美元），从而使实际国防开支达 5269.4 亿卢比（约合 124.2 亿美元），比 1998～1999 年度的预算 4120 亿卢比（约合 98.8 亿美元）增加 25%。为进一步满足国防建设的需要，国防部长费尔南德斯还建议，今后将国防预算从目前占国民生产总值的 2.3% 提高到 3%。

海军加强现代化建设　为建立 21 世纪的强大海军，政府正在采取一系列措施加快海军的现代化建设。其主要做法是：（1）明确现阶段海军的主要任务。海军现阶段的主要任务是，阻止敌人从海上入侵或对印实施海上封锁，保护印度海、海上交通线和专属经济区的安全。（2）制定总体发展规划。海军计划在 2005 年前组建 2 个多用途航母编队、1 支强大的潜艇部队、数支导弹驱逐舰编队、3 支后勤保障船队，同时加强海岸警卫队的建设；发展侦察和跟踪本地区外国海军活动的卫星系统；加强海军的国防工业建设，保障海军对舰船、飞机、设备日益增长的要求。（3）扩充编制。为了更好地发挥海军作战的优势，维护印在阿拉伯海和孟加拉湾的利益，海军计划在现有东部、西部和南部 3 个地区司令部的基础上，在安达曼和尼科巴群岛的布莱尔港组建“远东地区司令部”；在现有东部和西部 2 个舰队的基础上组建南部舰队；在安达曼和尼科巴群岛地区建立辖陆、海、空三军部队的“海上联合指挥部”。（4）补充作战舰艇。2005 年前，海军将补充 1 艘“德里”级驱逐舰、2 艘“戈达瓦里”级护卫舰、3 艘“库克里”级护卫舰、3 艘“克里瓦克”级护卫舰、1 艘导弹核潜艇、3 艘常规动力潜艇。（5）加强基地建设。海军正在西部沿海的卡尔瓦尔地区修建代号为“海鸟”的海军基地，该基地将配备包括航母、驱逐舰、潜艇等主要作战舰艇驻泊及维修所需的全部设施，建成后将成为亚洲地区最大的海军基地。该基地计划 10 年内建成，首期工程将于 2003 年投入使用。1999 年 10 月，印海军决定在西部沿海新建 1 座潜艇基地。该基地建成后将提高西部海区潜艇维修及驻泊的能力，从而减轻东部孟买基地的压力。

制定武器购买计划　印度国防部为陆、海、空三军制定了未来 7 年常规武器购买计划，其中陆军将购买的武器包括：从俄罗斯购买 45 门 2S6“通古什卡”M－Ⅰ型机动火炮、310 辆 T－90S 型主战坦克、4 部 ZOOPARK2 型反炮兵雷达、250 个 AGS－17 型轻型自动掷弹筒、1000 枚 155 毫米“红土地”M 激光制导炸弹和 10 台激光测距仪；从以色列购买 6 架“搜索者”Ⅱ型无人驾驶飞机、180 部 EL/M－2129 型野战侦察雷达及卫星成像传感器；从波兰购买 43 辆 WZT－3 型武装侦察车；从斯洛伐克购买 155 辆 VT－72B 型武装侦察车；从南非购买 150 辆新型抗地雷装甲车；从瑞典购买 200 门 FH－77B 型 155 毫米牵引火炮、520 门自行榴弹炮；从以色列和南非购买 120、130、155、160 毫米炮弹。海军将购买的武器包括：从俄罗斯购买 3 艘“克里瓦克”3 级导弹护卫舰、2 艘 877EKM 型“基洛”级反潜潜艇、1 艘“阿穆尔”级反潜潜艇、改进型“戈尔什尼科夫上将”号航母、66 架米格－29SMK 型战斗机、6 架图－124“贝尔”F 型海上反潜巡逻机、6 架图－22M3 型战略轰炸机、4 架卡－31 型空中预警直升机、6 架卡－28 型反潜直升机；从以色列购买“苍鹭”无人驾驶机和“BARAK”反导弹防御系统；从英国购买 11 架喷气式飞机。空军将购买的武器包括：从俄罗斯购买2架A－50型空中预警机、4架伊尔－78空中加油机；从法国购买18架“幻影”2000D型战斗轰炸机、10架“幻影”2000TH型战斗机；从以色列购买抗干扰设备、激光制导设备、早期预警系统、昼夜成像和目标识别系统、EL/M－2060P型综合孔径雷达、“瞪眼”2型空地导弹；从英国购买64架喷气式教练机。

筹建核力量指挥机构 1999年8月17日印国家安全顾问委员会公布的《印度核政策草案》明确提出，印应建立有效的、有生存能力的、具有灵活性和快速反应能力的核力量指挥与控制系统。根据该方案，印已制定了《印度战略核指挥机构框架方案》，其主要内容是：成立由总理、国防、内政、外交和财政部长，国家安全委员会主席，各军种参谋长和国家战略核司令部领导人组成的“国家指挥机构”，由它来决定核武器的使用；成立由陆、海、空三军高级将领及原子能、信息技术、通信和防务等部门专家组成的“国家战略核司令部”，具体负责战略核力量的指挥与控制。一旦“国家指挥机构”决定使用核武器，将由“国家战略核司令部”负责执行。成立一个具有接收情报信息和发布命令能力的“国家指挥所”，以便在“国家战略核司令部”被摧毁时代行其职责，执行“国家指挥机构”的决定。

精简和改编部分部队 印陆军计划裁减8个师共12万人，使陆军师的数量减至30个。裁减的重点是坦克部队、防空部队和勤务保障部队，计划分两个阶段实施：第1阶段裁减5万人，已于1999年完成；第2阶段将在2000年实施。1999年，印陆军还完成了对步兵营的结构重组工作。重组后的步兵营在反坦克、侦察以及机动方面的能力都有较大提高 。为适应未来对巴基斯坦作战的需要，印陆军拟与空军联合建立西部防空司令部。印陆军根据未来所面临的威胁，正在研究确定今后的规模和结构，其体制编制的发展趋势是，变人员密集型军队为技术密集型军队。调整基本体制编制，提高快速反应和机动能力。拟将部分步兵师改编为机动性和快速反应能力较强的“平原步兵改编师”，即将原步兵师中所辖部队中的1个步兵旅改为机械化旅；加强侦察和炮兵力量；配属反坦克导弹和武装直升机分队。将山地步兵师改编为兼具山地与平原作战能力的“山地步兵改编师”，为其装备直升机、新型火炮和反坦克导弹等兵器。印海军于1999年1月在安达曼群岛的布莱尔港完成了远东海军司令部的组建工作，使海军的区域司令部由3个增至4个。此后，海军又开始筹建南部舰队，该舰队组建完后，海军舰队将由2个增至3个。此外，印海军还计划建立一支由5艘核潜艇组成的战略核潜艇部队。印空军计划在阿拉哈巴德成立隶属于空军司令部的战略空军司令部，统一指挥5大地区空军指挥部所辖的担负战略任务的航空部队、导弹部队以及电子侦察情报部队；在阿格拉成立统一的空运指挥机构，以便战时统一指挥空运力量。为建立“小而精”的空中力量，印空军防务专家根据印“新空军理论”提出了未来15年空军航空兵实力的编成设想，即战斗机部队编3个苏－30MK中队、2个“幻影”2000中队、3～4个米格－27改进型中队、5个国产战斗机中队、6个米17直升机中队、8个“印度豹”直升机中队、6个国产先进轻型直升机中队和一定数量的米－24、米－35等战斗直升机中队。运输机部队装备24架伊尔－76、60架安－32、30架“道尼尔”型运输机。

改革国防科研与生产体制 为提高国防科研与生产能力，适应未来国防建设的需要，印计划对现行国防科研与生产体制进行改革：一是改变目前国防科研生产由国防科研组织和国营企业一手包揽的局面，鼓励私营部门积极参与。为此，国防部计划成立6个特别工作组，负责确定与私营部门的合作领域，为国防研究与发展组织寻找研究、生产和销售方面的合作伙伴。二是对部分科研和生产机构进行改革，成立专业化生产研究中心。计划将“班加罗尔研究与发展分公司”分割为“飞机研究与发展中心”、“旋翼飞机研究与发展中心”和“发动机试验研究与发展中心”3个部门；将“坎普尔研究与发展分公司”改为“运输机研究与发展中心”。指定位于纳西克的“飞机更新研究与发展中心”将主要负责飞机的维修；位于勒克瑙的“航空装置与设备中心”将主要研制旋翼机件；位于海得拉巴的“战略电子研究与发展中心”将主要研制用于各种飞机的航空电子设备和电子模拟装置。

改组情报部门 为增进联合情报委员会与三军司令部所属情报机构之间的沟通与协调，印已决定建立一个由国家情报系统、战区情报系统和战术情报系统组成的多功能“国防情报机构”，以保证各级情报系统能将各种情报及时有效地传递。

资料来源：

①俄罗斯《海军文集》1999年第6期；

②印度《亚洲防务》1999年第12期；

③《印度时报》1999年1～12月。

（刘温国）

哈萨克斯坦建军计划与措施

提出新军事学说 1997年，哈萨克斯坦制定了国家安全战略，并据此提出新军事学说。其主要内容包括：哈不会将任何国家定作自己的敌人并准备对其使用武力；在和平时期，根据国家经济实力和人力状况，保持国家的防御潜力，以对付现有的和潜在的军事威胁；奉行具有防御特点的军事战略，保持“合理足够”的军事力量；随着国民经济的不断发展，更新武器技术装备，提高军事装备现代化水平；按照国际条约，加强以俄为首的独联体集体安全力量，保持和维护中亚地区的安全与稳定。哈国家安全会议秘书表示，新军事学说是纯防御性的，将成为哈军队改革和建设的指南。

实施军事改革以提高军队质量 自1998年以来，哈萨克斯坦积极进行军事改革。改革分为3个阶段：1998～2005年为第1阶段，将颁布一系列法律并开始实行合同兵役制；2006～2015年为第2阶段，使部队装备现代化；2016～2030年为第3阶段，在部队编制和素质方面达到世界先进水平。目前，哈拟在原陆军、空军、防空军、海军和边防军五大军种基础上，组建“一般任务力量”、“空中防御力量”和“国家边境保卫力量”。另外，重新划分国防部和总参谋部的职能。国防部负责军队政治和一般行政事务，并有权任免各军种指挥官。总参谋部则负责具体指挥武装部队。为使部队朝“量少质精”的职业化方向发展，1999年，哈决定将其军队人数裁减一半，并将普通士兵的服役期从2年缩短至1年。此外，哈萨克斯坦还实行了合同兵役制。合同制对士兵的要求较高，必须是25～30岁并受过中专以上教育的青年。合同制士兵可以成家，并可拥有自己的住房。哈萨克斯坦非常重视提高军人待遇。2000年初，哈国家安全会议通过了有关大幅增加军费的决议。决议规定，2001年的军费将增加30%，并且此后每年军费不得低于国内生产总值的1%。

重视加强与俄罗斯等独联体国家的军事合作 哈萨克斯坦一贯重视与俄罗斯的军事合作关系。自1992年至今，两国在军事领域共签订了数十项合作协定。哈萨克斯坦在军事装备方面主要依赖俄罗斯提供，如向俄购买了苏－27型战斗机和S－300型防空导弹系统等先进武器。哈萨克斯坦则允许俄军继续使用前苏联时期遗留下的导弹试验场，如国家第929飞行试验场、第4中央试验场、恩巴试验场和萨雷沙甘试验场等。其中恩巴试验场将用来试验S－300型防空导弹系统，萨雷沙甘试验场将用来试验反导弹防御系统。此外，哈萨克斯坦还积极发展与中亚其他国家的军事合作关系，希望在该地区建立紧密而有效的军事联盟体系。哈萨克斯坦近年来先后与乌兹别克斯坦、吉尔吉斯斯坦、土库曼斯坦等国签署了军事合作协议，并多次举行联合军事演习。鉴于宗教极端主义和国际恐怖主义加紧向中亚地区渗透，1999年10月，哈萨克斯坦与俄、吉、塔、乌5国举行了两次军事演习，以联合对付恐怖主义活动。

积极发展与美国等西方国家的军事合作 哈萨克斯坦对发展与美国等西方国家的军事合作也比较重视。1994年，哈即加入北约“和平伙伴计划”，并与美国签署了《民主伙伴关系宪章》。1999年底，哈美两国签署2000年军事合作计划，决定继续加强双方在军事领域的合作。美国将帮助哈军进行改革，并对哈军官进行培训。两国还决定，在2000年内举行联合军事演习。

资料来源：

①蒙古《索音宝报》1999年1～12月；

②俄罗斯《红星报》1999年1～12月。

（林海霞）

土耳其建军计划与措施

大力更新武器装备 土耳其积极采取措施以实现军队装备现代化。1999年，计划从国外购买约1000辆新型主战坦克。目前，美国的M－1A2、德国的“豹”2A5和乌克兰的M－84型主战坦克等都参加了竞标。此外，还拟与美国或以色列合作，将军队装备的M－60型主战坦克进行现代化改造。为加强陆军航空兵的战斗力，计划向美购买145架“超级眼镜蛇”式武装直升机。空军则继续加强与以色列的合作，对F－4、F－5和F－16型战斗机进行现代化改造。土耳其本国的军火工业也比较发达。2000年初，成功地试射了“托罗斯230－A”和“托罗斯260－A”型近程地地导弹，其射程分别为65千米和100千米。

重视加强与美、以战略合作关系 近两年来，土、美两国军事合作关系发展较快。土耳其的因吉尔利克空军基地已成为美武力遏制伊拉克的重要立足点。美方则对土军多次大规模入侵伊拉克北部地区搜剿库尔德工人党表示默认。在1999年科索沃危机中，土积极支持以美国为首的北约轰炸南联盟的行动。向美提供了3个空军基地，共有72架F－15、F－16型战斗机驻扎在土西部地区。此外，土耳其还派出11架F－16战斗机和1艘军舰直接参加了对南联盟的军事行动。美国也逐步放宽了对土出售武器装备的限制。1999年，土耳其先后从美购买了一批“黑鹰”式直升机、“爱国者”防空导弹等武器装备。土耳其与以色列两国近年来建立了军事同盟关系，并签订了秘密军事协定。土以军事同盟的建立，极大地改善了土耳其在中东地区的战略态势。土耳其还积极加强与以色列在训练、演习和改进装备等方面的合作，并正与以就购买武装直升机和“箭”2型反弹道导弹系统等进行协商。

积极发展与中亚、高加索地区国家的军事合作 苏联解体后，土耳其十分重视发展与中亚、高加索国家的军事合作关系，并希望建立在该地区的主导地位。在中亚，土近年来先后与哈萨克斯坦、吉尔吉斯斯坦等中亚国家签署了军事合作协议，并向其提供了一批军事援助。在高加索，土耳其积极加强与格鲁吉亚、阿塞拜疆等国的军事合作关系。土国防部长还声称，将按照北约标准帮助格鲁吉亚等国建立现代化军队。1999年底车臣战争爆发后，土耳其对俄罗斯重返高加索地区十分担心。2000年初，土总统德米雷尔在访问格鲁吉亚时建议，高加索地区应建立新的军事安全体系，土、美、俄及欧盟各国等都可包括在内。

（张若涵）

伊朗建军计划与措施 **积极发展中远程弹道导弹系统** 鉴于两伊战争期间的导弹“袭城战”经验，伊朗十分重视发展中远程弹道导弹系统，并取得很大成果。1998年7月22日，成功地发射了一枚“流星”3型中程地地导弹。其射程约为1300千米，有效载荷约1吨。中程弹道导弹系统的研制成功，大大加强了伊军的战略威慑力量。伊朗总统哈塔米和国防部长沙姆哈尼均表示，“流星”3型弹道导弹系统仅用于自卫，并不针对任何国家。不过，美国、以色列等有关国家仍对此感到十分震惊，并加快了发展“战区导弹防御系统”的步伐。目前，伊朗正继续研制射程约为2000千米的“流星”4型地地导弹，并可能于2001年装备部队。另据西方媒体报导，今后伊朗还可能在俄罗斯的帮助下，研制射程达4500和10000千米的两种弹道导弹系统。

购买或研制新型武器装备 近几年来，伊朗从俄罗斯购买了价值数十亿美元的武器装备，其中包括约1000辆T－72C型主战坦克、3艘“基洛”级潜艇、以及数十架米格－29和苏－27型战斗机等。在大力引进外国武器装备的同时，伊朗也十分重视发展本国军火工业。在坦克生产领域，1995年底，研制成功“佐勒菲卡尔”式主战坦克。该型坦克火力强大，综合性能较为先进。从俄罗斯购买坦克后，又经特许在本国生产T－72C型主战坦克。此外，伊朗还对T－54/－55型坦克进行了现代化改造，加强了火力、防护力和机动能力，使其性能有了较大提高。1997年底，研制成功装有1门90毫米火炮的“复仇女神”式轻型坦克。在火炮生产领域，1997年，伊朗研制成功“雷声”1型122毫米和“雷声”2型155毫米自行榴弹炮。此外，还积极对其装备的老式导弹进行改进。如将“霍克”式地空导弹改装成空空导弹，并配备F－14型战斗机。2000年初，成功地试射了一枚“标准”式防空导弹。

积极建设现代化的海军 为加强对海湾地区的控制，伊朗重视加强海军实力。1996年，用于海军的军费达26亿美元。着重发展潜艇和中、小型舰艇。目前，伊朗从俄罗斯购买的3艘“基洛”级潜艇已装备部队，是海湾地区唯一拥有潜艇的国家。“基洛”级潜艇噪音小，难探测，并可携带18枚鱼雷和36枚水雷，具有很强的攻击力。在购买潜艇的同时，还从俄罗斯购买了1800枚水雷。此外，计划再从俄购买一批400吨级小型潜艇。海军非常重视加强小型舰艇的反舰能力。近年来，伊朗购买了一批新型导弹快艇，并配备了C－802型反舰导弹。海军还拟对其装备的老式导弹快艇进行改造，以提高反舰能力。

举行军事演习以提高部队战斗力 伊军近年来多次举行大规模军事演习，以提高各兵种协同作战和使用新式武器的能力，并对周边某些敌对国家进行威慑。1998年4月，在波斯湾附近举行了代号为“联合”的军事演习。此次演习的主要目的是检验海军进行潜艇战的能力，3艘“基洛”级潜艇首次参加了演习。1998年10月底，为警告阿富汗“塔利班”武装，在伊、阿边境举行了大规模的军事演习。伊军共出动了20万部队，在5000平方千米的范围内展开。总参谋长沙赫巴齐称，伊朗步兵、装甲兵在空军的密切支援下，顺利地攻占了预定目标，演习取得了圆满成功。1999年8月，空军在东阿塞拜疆省举行了大规模的对地攻击演习。约100架战斗机参加了演习，其中包括F－4、F－14、米格－29和苏－27型战斗机。演习的主要目的是检验空军战斗机的可靠性，同时也使飞行员的战术素养得到提高。2000年2月，伊朗军队和伊斯兰革命卫队在波斯湾和阿曼湾举行了代号“团结78”的联合军事演习。约有60艘军舰、120艘快艇、几艘潜艇和数十架战斗机、直升机等参加了演习。

（张若涵）

叙利亚建军计划与措施 叙利亚当前面临的国际形势十分严峻。首先是与以色列仍处于战争状态。和谈虽已成为叙以两国的战略选择，但由于双方立场差距较大，近年来和谈多次出现反复，近期难以实现和平。其次是与土耳其在边界划分、水资源分配等问题上存在矛盾。1998 年底叙土两国曾因库尔德问题而发生武装对峙，虽然危机最终得以和平解决，但今后两国关系仍有可能再度恶化。第三，海湾战争和科索沃战争对叙震动很大，叙吸取经验教训，积极改善防空系统。近年来，叙利亚为加强军事实力采取了以下一些措施：

更新武器装备　叙利亚军队 90％以上的装备为苏式武器。冷战结束后，叙军一直未能更新其武器装备，其原因包括：俄罗斯一度不再积极干预中东事务，且与叙利亚在债务问题上争执不下；美国对叙采取敌视态度，反对南非等国向叙出售武器；叙经济困难，缺乏购买军火所需的大笔经费。目前，叙军所装备的大部分武器已经过时。而以色列却源源不断地接受美国军事援助，在军事力量对比上处于优势地位。为改变上述状况，叙利亚与俄罗斯成立了联合委员会以解决债务问题。双方最终达成一致意见，即免除叙 80％债务，余下债务由叙利亚以货物形式偿还。1999 年 7 月，叙总统阿萨德访问俄罗斯，两国签署了叙从俄购买价值 20 亿美元军火的协议。这些武器装备包括 S－300 型防空导弹、苏－27 型战斗机、米格－29 型战斗机、T－80 型主战坦克和反坦克导弹系统等。其中，S－300 型防空导弹系统将极大地增强叙防空能力。叙购买大批先进武器装备，既是为了对付以色列在中东地区的空中优势，同时也是吸取海湾战争和科索沃战争的教训，建立强大的防空体系以防患于未然。此外，叙利亚还谋求提高其装甲部队的夜间作战能力，计划从南非购买价值数亿美元的坦克火控系统。

积极发展弹道导弹系统　据报道，近年来叙利亚积极加强与朝鲜等国在发展弹道导弹系统方面的合作。叙从朝鲜进口了“飞毛腿－B”、“飞毛腿－C”地地导弹，其射程分别为 300 千米和 550 千米。叙利亚在对其进行研究后，已于 1993 年开始仿制这两种型号的导弹。此外，据西方媒体声称，叙利亚还建立了一条生产 M－11、M－9 型地地导弹的生产线。这两种导弹的射程分别为 280 千米和 600～800 千米。1996 年后，叙利亚开始生产 M－11 型导弹，预计近期也将开始生产 M－9 型导弹。

加强与友好国家的军事合作　近年来，叙利亚积极主动恢复与俄罗斯的军事合作。1999 年上半年，叙曾派高级军事代表团访俄，商谈双方加强军事合作事宜。据报道，叙利亚可能将加强与俄海军之间的合作，同意俄增加其在叙塔尔图斯港的兵力。俄罗斯也派出军事代表团访问叙利亚，并针对美指责俄向叙出售武器一事指出，俄叙军事合作不违反核不扩散条约和禁止大规模杀伤性武器扩散的原则，也不会破坏地区军事力量的平衡。针对土耳其与以色列建立军事联盟，叙利亚与伊朗也加强了战略合作。叙利亚总统阿萨德 1997 年夏访问了伊朗，伊朗总统哈塔米和外长分别于 1999 年 5 月和 11 月访问叙利亚，双方谴责以色列继续占领黎南部和叙领土戈兰高地以及不断袭击黎南部，并支持黎南部人民抗击以色列的武装斗争。据报道，叙、伊两国一直向黎南部真主党武装提供军事援助。

（周　洁）

以色列建军计划与措施　**积极进行改革以提高军队效率**　针对以军近年来出现的战略思想保守、行政管理混乱和官僚主义严重等诸多问题，以军总参谋长莫法兹于 1999 年初提出了军队改革计划。首先是调整机构，理顺职能。以军将建立一个“地面部队指挥部”，统一负责地面部队组织、建设和协调作战行动，改变原来各军区“各自为战”的状况；取消技术和后勤部门与“地面部队指挥部”相重合的部分职能，发挥其在后勤和培训方面的作用；计划取消南方军区，将其与中央军区合并；裁减 2000 名行政人员，包括 8 名准将和 20 名上校。其次是集中人力物力，加强常备军建设。以军计划将精简整编所节省的资金投入到常备军建设中去，如改善部队待遇、向军人提供深造机会和挽留技术人才继续在部队服役等。

大力发展战区导弹防御系统　目前，伊朗、伊拉克和叙利亚等中东国家都已拥有较先进的地地导弹。以色列认为，今后它所面临的最大威胁是某些敌国可能会对其发动导弹攻击。因此，以色列积极与美合作研制战区导弹防御系统。该系统可分为两个子系统，即预警系统和拦截系统。1996 年，美以商定主要由美军预警卫星负责向以提供导弹攻击预警信号，以军远程警戒雷达和预警机则起辅助作用。拦截系统的主体是“箭”式导弹，主要由以方负责研制。1996 年 8 月，“箭”2 型反弹道导弹系统首次试射取得成功。1998 年 7 月，“箭”2 型反弹道导弹系统初步具备作战能力，可用于防御地地导弹、巡航导弹和战斗机的攻击。2000 年 3 月，以军在特拉维夫和海法附近各部署了 1 个连的“箭”2 型反弹道导弹系统。每连编有 4 辆发射车（每车各载 6 枚导弹）、1 部多功能雷达和 1 个指挥与控制中心。以政府声称，已部署的两个“箭”2 型导弹连可确保以国内 80％人口的安全。

以色列成为世界上第1个部署具有实战能力的反弹道导弹系统的国家。此外，以、美两国还计划联合研制无人驾驶飞行器拦截系统。该系统可在敌方中程弹道导弹发射后1分钟左右即将其摧毁。

从国外购买大批先进武器 近年来，以色列从国外购买了大量武器装备。1998年初，以军在美订购的25架F-15I战斗机陆续交付使用，该机是与美空军F-15E相似的大型双座多用途战斗机，具有强大的空战和对地攻击能力，将极大地改变以色列与周边国家的空军实力对比。1999年7月，以总理巴拉克在访美期间购买了50架F-16I型战斗机。今后，以色列还拟购买60架F-16I型、25架F-15I型战斗机和一批"长弓·阿帕奇"式武装直升机。此外，以空军还从美购买了大批精确制导炸弹和AIM-120型空空导弹。为加强海上力量，以色列从德国订购了3艘"海豚"级潜艇。1999年7月，以海军接收了第1艘潜艇，其余两艘也将于近期陆续交付使用。"海豚"级潜艇性能先进，可大幅度提高以海军的进攻能力和情报搜集能力。此外，"海豚"级潜艇还具有发射装备核弹头的巡航导弹的能力。以色列前海军司令布茨尔声称，新式潜艇不仅改善了以海军的战略地位，而且有助于加强以战略威慑力量，防止敌国使用大规模杀伤性武器。

继续加强与外军合作 以色列重视继续发展与土耳其的军事合作关系。近两年来，以、土、美3国连续在地中海东部举行"信赖美人鱼"海上搜索、救援演习。以色列除协助改造土军装备的F-4、F-5、F-16型战斗机和M-60型坦克外，还积极向土推销主战坦克、武装直升机和无人驾驶飞机等。以色列与俄罗斯两国间的军事合作关系近年来也逐渐发展起来。1997年6月，以俄就联合改进A-50型预警机达成协议，这是两国在军火生产领域的首次合作。协议规定，机载电子设备由以方提供，其他改进工作由俄方完成。改进后的A-50型预警机可在300千米范围内跟踪60个目标，并能同时指挥15架战斗机进行作战。新型预警机将向印度等国推销，但禁止出售给伊朗、伊拉克和叙利亚等国。此外，以、俄两国还拟联合研制新型武装直升机。

提出今后10年建军计划 为对付未来的挑战，以军于1999年8月制定出今后10年建军计划。据以方官员透露，以军今后将重点发展精确制导武器、无人驾驶飞行器和信息战技术等，以政府为此已投入约15亿美元的研制费用。今后，以空军的组成将以F-16型、F-15型战斗机为主，并可能向美购买F-22型或JAF型战斗机。美制"黑鹰"式直升机将成为标准的多用途直升机，"长弓·阿帕奇"武装直升机也将装备部队。以空军将全面换装新型运输机。以陆军将再装备一批"梅卡瓦"3型主战坦克，同时继续研制并生产"梅卡瓦"4型主战坦克。现有的坦克师将为独立旅所替代，其编成包括主战坦克、自行火炮、武装直升机和配备重型装甲输送车的机械化步兵等。此外，以军还计划在2010年前至少再部署1个连的"箭"2型反弹道导弹系统。

（孙金城）

澳大利亚建军计划与措施

1999年，澳大利亚军队以"提高军事实力"为重点，大力加强军队质量建设。

扩充陆军和空军兵力 1999年11月，澳大利亚政府决定在未来3年内增建2个步兵营，以使澳陆军在应付突发事件时具有较大的灵活性。增建的2个营将部署在悉尼和布里斯班。届时，陆军将增加3000人而达到2.6万人。空军亦将增加555人，组建一支防空中队，以保障空中对陆地进行战斗支援。届时，空军力量将达到1.35万人。海军力量将继续保持在1.4万人，但进行了人力资源重组，减少支援与行政管理领域中的军官和士兵数量，将这些人员重新配置到战斗序列之中。

加速武器装备的现代化 澳军一向重视武器装备的现代化建设。1999年，陆军与澳国防生产公司签订了一项价值约1.3亿美元的合同，计划购买350辆步兵战车，预计2002年装备陆军皇家昆士兰装甲团的第25营和第49营。根据海军制定的一系列武器改进计划，美国洛克希德-马丁公司与澳国防生产公司联合对澳海军现役的6艘"阿德莱德"级导弹护卫舰实施综合性升级，主要对其作战系统、MK-92火控系统、发射台、舰上训练系统以及陆基测试现场集成等进行改进；从2004年起，将全面提升8艘"安扎克"级导弹护卫舰的反舰和防空能力，主要措施是为"安扎克"级导弹护卫舰装备相控阵多功能雷达，并配套相应的火控雷达。同时，澳海军还计划采购新式反潜作战鱼雷以代替目前正在使用的MK-46型鱼雷，该型鱼雷将装备海军"安扎克"级导弹护卫舰、S-70B型和SH-2G型直升机及空军的A-P3C型海上巡逻机；计划采购新式重型鱼雷以代替目前装备在6艘"科林"级柴油驱动潜艇上的MK-48-6型鱼雷，从而提高潜艇的攻击能力。空军拟耗资2.55亿美元向美购置71套AN/APG-73型雷达及相关后勤保障设备，旨在进一步提高空军F/A-18型战斗攻击机群的空对空和空对地作战能力。

重视军事科学技术管理 军事科学技术管理是澳国防建设的一个重要组成部分。国防部一直在努力使本国军队从现代科学技术的发展变化中获得最大益处。为此，澳国防部组建了军事科学技术机构。该机构的职责是为政府提供科学技术方面的咨询和支持；将科研成果运用于国家军事发展；协调与国内外有关部门的关系。军事科学技术机构获得的预算经费在澳研究与开发部门中居第2位。其预算总额占国家军事预算的2%以上。军事科学技术研究工作主要由海上与航空研究院和电子与监控研究院两家单位承担，有1200～1300名工程师和科学家担负着海上技术、陆地技术、航空技术、政策与指挥4个领域的课题研究任务。除此之外，澳陆海空各军种也分别拥有一支小型专家队伍在从事着军事科学技术的研究与开发工作。

资料来源：

①英国《简氏防务周刊》1999年3～5月；

②泰国《民意周刊》1999年5月25日。

（孟　丽）

军队体制编制

美国军队体制编制 1999年9月30日，美国总统克林顿批准了新的联合司令部计划。10月7日，国防部长科恩宣布对原有的联合司令部计划做出修改。新的联合司令部计划将于2000年10月1日正式生效。联合司令部计划是美军的指令性文件，由总统批准，以参联会主席指令的形式颁布，每2年修订一次。美国总统和国防部长通过联合司令部计划，明确规定美国军队的体制编制，包括各联合司令部的任务、指挥权限、指挥关系、责任地域，以及联合司令部司令的职责及作战指挥原则等。

美国的联合司令部亦称联合作战司令部或作战司令部。1999年9月30日以前，美国共有9个联合司令部，分为大西洋、太平洋、欧洲、中央、南方5个地区性联合司令部；以及特种作战、运输、战略、航天4个职能性联合司令部。1999年进行调整的重点是：重新划分部分联合司令部的责任地域，增加部分联合司令部的任务范围，撤消大西洋司令部，成立联合部队司令部。美军强调，新成立的联合部队司令部具有双重性质，是美军唯一既具有地区性、又具有职能性的联合司令部。

联合部队司令部 成立美国联合部队司令部的目的是：贯彻条令，进一步改进用于指导和统一联合作战行动的方法；形成新的战争艺术，对美军所有部队进行新战争艺术的教育和训练；设计未来的武器和作战体制，并为此提供保障；在本国领土遭受攻击时，对国内各部门提供支援。

联合部队司令部的任务 联合部队司令部的任务是：通过联合训练和落实总体力量一体化计划，最大限度地加强美国目前和未来的军事作战能力，提供训练有素的本土部队满足其他联合司令部、大西洋战区和美国国内的要求。新的联合司令部计划规定，联合部队司令部除负责美国的本土防御外，还要负责全军性的联合作战训练和联合作战演习，在演练真实作战方案和训练方案中总结经验教训，并对联合作战理论与联合训练理论提出修改意见。新的联合司令部计划还规定，联合部队司令部是美国武装力量改革的先行者，强调以知识为基础，特别是在利用信息技术发挥组织机构的作用方面，为指导21世纪美国武装力量的发展确立高标准。

联合部队司令部的责任地域 联合部队司令部的责任地域包括：东经17度以西的大西洋海域（不包括北纬8度以南和西经30度以西与南美洲和中美洲相邻的水域）；西经95度以东和东经100度以西的北冰洋海域；以及所辖水域内的格陵兰岛和其他岛屿（不包括英国和爱尔兰）。美国本土的西海岸不属于联合部队司令部管辖范围。

联合部队司令部的首要作用 联合部队司令部的首要作用是：塑造国际环境，对危机做出反应，做好战备工作。就塑造国际环境而言，美国联合部队司令部在巴尔干、地中海、中东和阿拉伯半岛都部署了兵力，在减少和遏制这些重要地区的冲突方面发挥了关键作用；就危机反应而言，无论是在近在咫尺的海地，还是在万里之遥的波斯尼亚、科威特和卢旺达，联合部队司令部都一再显示出快速部署能力和实施持续军事行动的能力；就做好战备工作而言，联合部队司令部在贯彻《2010 年联合构想》方面发挥着重要作用，它通过联合司令部计划所赋予的联合训练与联合部队一体化职能，领导美军实现协调一致的联合行动并取得全面优势，保证美军能够应付现在的和 21 世纪的挑战。

联合部队司令部的机构设置与职能 美国联合部队司令部本部主要包括以下人员和机构：司令，副司令，参谋长，人力人事部，情报部，作战部，后勤部，政策部，通信部，训练部，规划部，联合实验部。按照规定，司令部本部编有 481 名指挥与参谋人员，其中包括 20 名参加全日训练负责保障的预备役人员。

联合部队司令部现任司令是哈罗格·W·小格曼海军上将；副司令为陆军中将。这两个职位以及情报部、作战部、后勤部、政策部、通信部、训练部和联合实验部等 7 个部门首长的职位，可以由人力人事部从任何一个军种选调军官担任。但是，人力人事部部长的职务永远由陆军军官担任，而规划部部长则永远由海军军官担任。1999 年，人力人事部、作战部、后勤部、通信部的部长均由陆军军官担任；情报部和规划部部长由海军军官担任；政策部和联合实验部部长由空军军官担任；训练部由陆战队军官担任。参谋长现由一名预备役海军将官担任，负责协助副司令开展工作。情报部、作战部、后勤部、政策部以及训练部等 5 个部门的副部长，均由来自预备役部队的将官担任。军种部队现役军官担任各部的部长助理。

联合部队司令部的兵力编成 美国联合部队司令部的前身是美国大西洋司令部。1998 年，它拥有 35～70 艘舰艇和 350～410 架飞机，靠前部署的人员达 37000 人。联合部队司令部 1999 年底取代大西洋司令部后，拥有 39 艘舰艇，410 余架飞机，靠前部署的人员达 39600 人，负责向其他 4 个地区性联合司令部进行作战控制的 17 个独立作战行动提供支援。联合部队司令部有 120 万人，约占美军整个武装部队兵力总数的 80% 以上，其工作重点是训练、整合并提供联合部队。

美国联合部队司令部下辖 4 个主要军种司令部、4 个二级联合司令部、5 个下属联合职能中心。此外，大西洋情报司令部和巡航导弹保障机构也是联合部队司令部的下级单位。

(1) 4 个主要军种司令部。①海军大西洋舰队司令部。位于弗吉尼亚州东部的诺福克。共有 6 个战斗群，5 个负责师级两栖作战指挥的西栖作战指挥组。兵力包括现役水兵 122263 人，预备役水兵 112500 人，由 1 名 4 星上将指挥。②陆军部队司令部。位于佐治亚州的麦克弗森堡。共有 6 个师，6 个独立旅(团)。兵力包括现役士兵 199700 人，预备役士兵 628000 人，由 1 名 4 星上将指挥。③空军空中作战司令部。位于弗吉尼亚州东部的兰利空军基地。共有 17 个战斗机、轰炸机和混编联队。兵力包括现役飞行员 91100 人，预备役飞行员 95800 人，由 1 名 4 星上将领导。④大西洋陆战队司令部。位于弗吉尼亚州东部的诺福克。共有 1 个师和 1 个飞行联队，兵力包括现役陆战队员 47000 人，预备役陆战队员 42200 人，由 1 名 3 星中将领导。

(2) 4 个二级联合司令部。①大西洋特种作战司令部。位于弗吉尼亚州诺福克，负责组织实施大西洋责任地域内的所有特种作战任务。特种作战司令部司令作为联合部队司令部司令在该职能领域的首要顾问，就联合与联军行动中的特种作战部队运用问题，向联合部队司令部司令提供咨询。②驻亚速尔群岛拉日什基地的空/海军司令部。它负责在平时和出现危机时，向联合部队司令部提供靠前部署的后勤与设施等方面的支援。具体活动包括空运、空中加油和长途转场飞行支援。此外还包括运送海军部队和提供演习支援。它的指挥官负责协调美军在该岛举行的所有联合行动，并在联合事务方面代表联合部队司令部司令。③驻冰岛凯夫拉维克的冰岛防御司令部。它的任务包括 3 项重点内容：一是保卫冰岛；二是为北约控制重要空中和海上交通线提供支援；三是与美国大使和冰岛政府密切配合，实现共同的安全利益。④驻得克萨斯州布利斯堡的第 6 联合特遣队。该部队在陆军部队司令部的领导下作为牵头行动的权力单位，为在执法部门领导下在美国西南边境的缉毒行动提供支援。

(3) 5 个下属联合职能中心。驻弗吉尼亚州门罗堡的联合作战中心；驻弗吉尼亚州诺福克的联合战斗中心；驻弗吉尼亚州达尔格伦的联合作战分析中心；驻得克萨斯州凯利空军基地的联合指挥与控制作战中心；驻佛罗里达州麦克迪尔空军基地的联合通信保障分队。

此外，联合部队司令部还领导一支联合预备役部队。这支部队的任务是战时增援联合部队司令部参谋部。按照规定，这支预备役部队的本部应有 466 名指挥与参谋人员，其中包括一支参加全日训练的小型参谋机构，成员分别来自联合部队司令部分布于全国的 4 个军种预备役部队。联合预备役部队除在美国联合部队司令部编成内负责自己份内的日常工作外，还负责国家危机时期的动员工作。

（纪　皓、袁　林）

太平洋司令部　根据新的联合司令部计划，太平洋司令部作为地区性联合司令部，负责指导与协调本战区美军平时、危机时和战时的使用，目的是提高美国作为经营者、参与者和受益者的地位，在亚太地区实现安全、繁荣和民主的局面。据美军方公布，1998 年，太平洋司令部与其他国家军队进行的交流活动总数为 1368 次，演习 223 次，美国海军出访其他国家港口 655 次，在 17 个国家参预了 32 次人道主义援助活动。

太平洋司令部的任务　太平洋司令部的任务是：增进和平，遏制侵略，对危机做出反应，必要时打赢战争以促进亚太地区的安全与稳定。

太平洋司令部的责任地域　美国太平洋司令部是美国最大的联合司令部，其责任地域从美国西海岸到非洲东海岸（不包括南纬 5 度以北和东经 68 度以西的海域），从北极到南极，包括阿拉斯加和夏威夷两个州，跨越 16 个时区，约 1.69 亿平方千米，约占世界陆地总面积的 52%。美国太平洋司令部责任地域内的人口约占世界人口总数的 56%，有 43 个国家、10 个美国托管地、20 个其他国家的托管地和领地。其中包括世界人口最多的 4 个国家，以及 6 支世界上最大的武装力量，即：中、美、俄、印、朝、韩等国家的军队。美国总共与 7 个国家签订有共同防务条约，其中有 5 个是与太平洋司令部责任地域内的国家签订的。这些条约分别是 1952 年签署的美菲共同防务条约、1952 年签署的美澳新共同防务条约、1954 年签署的美韩共同防务条约、1955 年签署的东南亚集体防务条约（美、法、澳、新、泰、菲），以及 1960 年签署的日美共同合作与安全条约。美军在太平洋司令部责任地域内的贸易额占美国贸易总额的 35%，1998 年为 5480 亿美元。

太平洋司令部的机构设置　美国太平洋司令部本部主要包括以下人员和机构：司令，副司令，参谋长，人力人事部，情报部，作战部，后勤保密工程援助部，战略计划与政策部，指挥、控制、通信、计算机系统部。作战部下属的作战处设有当前行动、民事与军事行动、反恐怖、信息战 4 个科。其中，当前行动科由空中行动、地面行动、海上行动、侦察行动、图像测绘、专业技术行动、陆战队和气象共 8 个股组成：信息战科由信息战训练与条令、信息战演习、信息战计划和信息作战 4 个股组成。

美国太平洋司令部本部设在夏威夷瓦胡岛的史密斯兵营，共有 530 位参谋军官和其他军事人员，分别来自陆、海、空军和陆战队；有 110 多名文职雇员担任勤务工作；此外，还有 1500 余人分别在太平洋司令部责任地域内的其他支援单位工作。

太平洋司令部的兵力编成　截至 1999 年 11 月，美国太平洋司令部司令指挥着大约 30.8 万各军种人员，大约占美军现役部队人员的 20%。这些部队分为靠前部署的兵力、前沿兵力、本土兵力 3 类。靠前部署的兵力约为 10 万人，前沿兵力和本土兵力分别指以前沿或以本土为基地的部队。太平洋司令部司令通过作战指挥渠道，直接向国防部长和总统汇报工作；通过行政指挥渠道，经参谋长联席会议主席向上级汇报工作；通过下属的军种司令部、二级联合司令部和联合特遣部队司令的指挥官，对建制内的部队实施作战指挥。

太平洋司令部下辖 4 个军种司令部，5 个二级联合司令部，2 个常设联合特遣部队，以及若干其他支援单位。

（1）4 个军种司令部是：太平洋陆军司令部、太平洋陆战队司令部、太平洋舰队司令部、太平洋空军司令部。

美国太平洋陆军司令部本部位于夏威夷州火奴鲁鲁东北 5 千米处的沙夫特堡，它既是太平洋司令部下属的一支军种部队，又是陆军的一个一级司令部。司令部司令对以下 10 支部队实施指挥控制：一是驻夏威夷陆军司令部。该司令部负责加强第 25 轻步兵师的兵力投送能力，还对有关设施和训练场地实施行政管理。二是第 25 轻步兵师。该师下属 3 个旅，师部与其中的 2 个轻步兵旅以及支援分队位于斯科菲尔德兵营，另 1 个步兵旅位于华盛顿的刘易斯堡。三是位于斯科菲尔德兵营的第 45 军支援群。该群具有提供战斗支援和战斗勤务支援的能力。可进行快速动员，为美军或其他国家军队的战斗行动和其他行动提供支援。四是驻阿拉斯加陆军司令部。该司令部是阿拉斯加司令部下属的陆军部队，其任务有三：训练并装备部队以实现快速部署支援寒区和山区作战；在联合作战中担任地面部队司令部的角色；在阿拉斯加地区提供设施方面的支援。五是位于阿拉斯加州韦恩赖特堡的第 172 独立步兵旅。该旅是美国陆军在严寒条件下作战的一支特殊力量，可在太平洋战区出现紧急情况时快速实施战略性部署，其下属的机降营编有士兵 3600 人，是一支快速打击力量，具有强行进入的能力，可在本战区任何地方完成低强度冲突任务。六是位于沙夫特堡的第 196 轻步兵旅。第 196 旅是对太平洋战区部队实施训练的单位，实施训练的预备役部队成员来自太平洋战区责任地域内的各个部门，因此该旅能对部队进行所有内容的训练。七是驻日美军第 9 战区陆军地区司令部。八是驻约翰斯顿岛陆军太平洋防化机构。该机构从 1990 年起开始销毁化学弹药，预计到 2000 年全部完成。九是驻华盛顿州刘易斯堡的第 1 军司令部（作战）。该司令部同时还担任美国两个常设联合特遣部队中的一个司令部。十是位于冲绳岛托里站的陆军第 1 特种部队机载大队第 1 营（行政）。该营是太平洋战区内美国陆军的特种作战部队。

太平洋陆战队司令部是美国唯一的、规模最大的陆战队野战司令部，可称为太平洋陆战队或太平洋舰队陆战队。司令部设在夏威夷瓦胡岛火奴鲁鲁机场以北 10 千米处史密斯兵营中的陆战队基地，下属人员约占现役陆战队成员的 50%。太平洋陆战队下辖美军 3 个陆战远征部队中的 2 个，即：第 1 陆战远征部队（驻加利福尼亚）和第 3 陆战远征部队（驻日本）。每个陆战远征部队下辖 1 个地面步兵师、1 个航空兵联队、1 个勤务支援大队，以及指挥机构。太平洋陆战队通常采用陆战队、空军或地面特遣部队的编组形式行动，特遣部队的人数可多可少，可以是由 2200 人组成的陆战远征分队，也可以是由 50000 人或更多的人组成的陆战远征部队。

美国太平洋舰队是世界上最大的海上力量，司令部本部位于珍珠港附近。截止到 1999 年，太平洋舰队拥有：舰艇 190 余艘；海军/陆战队飞机总数约为 1430 架，水兵/陆战队员 194000 人；以及岸上设施 35 处。太平洋舰队负责为多个联合司令部提供支援，包括太平洋司令部、中央司令部、战略司令部和联合部队司令部。太平洋舰队的主要作战力量是第 3 舰队（驻加利福尼亚）和第 7 舰队（驻日本）。此外还编有负责训练和保障的其他一些单位。第 3 舰队司令负责上至阿拉斯加下至南极洲的太平洋东部地区的作战与演习，还负责训练海军部队，以便向太平洋西部和印度洋作战海域部署。他从停泊在加利福尼亚州西部圣迭戈的“科罗纳多”号旗舰上，以应急联合特混舰队司令的身份实施指挥。第 7 舰队司令负责夏威夷以西至非洲东海岸之间海域的作战与演习，还可作为太平洋司令部联合特混舰队司令实施指挥。他在位于日本“蓝岭”号两栖指挥舰上实施指挥。此外还有其他 11 艘海军舰艇部署在日本，1 艘部署在关岛。太平洋舰队舰艇的实际数量是根据任务确定的。当编号的舰队对本责任地域内多数舰艇和飞机实施作战指挥时，其他海军司令部作为太平洋舰队所属部队负责提供支援。这些部队有：以美国海岸警卫队为主的太平洋海上防御地带部队，负责在美国西海岸、阿拉斯加和夏威夷保卫港口并实施海岸作战；第 12 特混舰队，负责太平洋战区所有的反潜作战；第 14 特混舰队，负责对太平洋舰队所有的潜艇实施作战指挥；军事海运司令部则负责指挥 57 艘支援舰艇。此外还有若干司令部司令负责太平洋舰队特定舰艇、飞机和陆战部队的训练与战备工作。他们分别是：太平洋舰队海军航空兵司令，负责指挥太平洋舰队的运输机构以及陆基飞机与 6 艘航母；太平洋舰队水面舰队司令，负责指挥约 90 余艘水面舰艇，包括作战舰艇、两栖与后勤支援船只；太平洋舰队潜艇部队司令，负责指挥大约 40 余艘潜艇；舰队陆战队司令，负责指挥大约 74000 名陆战队队员和海军士兵。

美国太平洋空军司令部本部位于夏威夷瓦胡岛南部希卡姆空军基地，它既是太平洋司令部的一个军种司令部，也是美国空军的一级司令部之一。太平洋空军司令部大约有 45000 名军人和文职人员，下辖 4 个编号航空队，即第 5（驻日本）、第 7（驻韩国）、第 11（驻阿拉斯加）、第 13（驻关岛）航空队。美国太平洋空军司令部下辖 4 个战斗机联队（1 个在阿拉斯加，2 个在韩国，1 个在日本）、2 个多用途飞机联队（1 个在日本，1 个在阿拉斯加）、2 个空军基地联队（1 个在夏威夷，1 个在关岛），以及 1 个空运联队（驻日本）。美国太平洋空军司令部拥有大约 400 架飞机。

（2）4 个二级联合司令部是：驻日美军司令部、驻韩美军司令部、太平洋特种作战司令部（驻夏威夷史密斯兵营）、阿拉斯加司令部。

驻日美军司令部本部位于东京附近的横田空军基地，军事力量包括在 90 个站点工作的大约 47000 名岸上人员和 12000 名海上人员，其中约有 27000 人位于冲绳。驻日美军主要有：驻日美军第 9 战区陆军地区司令部、第 7 舰队、第 5 航空队，以及第 3 陆战远征部队。

驻韩美军司令部可向美韩联军司令部提供由地面、空中、海上和陆战队等军种部队组成的作战部队。驻韩美军目前在韩国设有 88 个设施，大约 37500 军事人员。驻韩美军部队主要有第 8 集团军和空军第 7 航空队。驻韩美军司令部司令由美陆军上将担任，他同时兼任美韩联军司令部司令，指挥和控制的美韩现役军人达 60 余万。

太平洋特种作战司令部，负责对建制内的陆军、海军和空军特种作战部队实施作战控制，本部设在夏威夷史密斯兵营。该司令部负责本战区联合特种作战部队的训练和使用，支援本战区司令完成战役作战或战略任务、处理危机、进行遏制，以及实施一场较大规模的战区作战或较小规模的应急行动等。第 510 联合特遣部队既是美国对危机做出反应的快速部署部队，也是联合特种作战特遣部队。太平洋特种作战司令部司令兼任第 510 联合特遣部队司令，战时也是驻韩美军特种作战司令部司令。

阿拉斯加司令部本部位于阿拉斯加州安克雷奇市西北的埃尔门多夫空军基地，由阿拉斯加空军、海军和陆军部队组成。陆海空三军及海岸警卫队人员共 18000 人，国民警卫队和预备役人员约 3600 人。

(3) 2 个常设联合特遣部队是：西部联合特遣部队和满编联合特遣部队。

西部联合特遣部队本部设在加利福尼亚州西部的阿拉米达，只有大约 45 名军人和 26 名文职人员，主要承担缉毒任务。满编联合特遣部队本部设在夏威夷史密斯兵营，在曼谷、河内、万象以及金边均派有常驻支队，为美军海外活动提供后勤与作战保障。

(4) 其他保障单位是：亚太安全研究中心（驻夏威夷火奴鲁鲁）、太平洋联合情报中心（驻夏威夷珍珠港）、陆军医疗中心（驻夏威夷特里普勒）。

（袁　林）

欧洲司令部　欧洲司令部是美国 9 大联合司令部中的一个地区性联合司令部，负责欧洲、非洲和中东地区美陆军、海军、空军和陆战队的所有活动。

欧洲司令部的任务　美国欧洲司令部的任务是，支持并推动美国利益与政策在本司令部责任地域内的落实；向欧洲盟军司令部或美国其他联合司令部提供可随时投入使用的地面、海上和空中作战部队；以及单方或与盟国共同采取军事行动。

欧洲司令部的责任地域　美国欧洲司令部的责任地域是从挪威北角经波罗的海和地中海，一直延伸到南非的好望角，包括欧洲的大部分地区和中东的部分地区，总面积约为 3626 万平方千米。包括分布于欧洲、非洲、中东的 89 个国家和领地。除责任地域外，欧洲司令部还负责包括非洲的佛得角、圣多美和普林西比与西撒哈拉，欧亚大陆的哈萨克斯坦、塔吉克斯坦、吉尔吉斯斯坦、土库曼斯坦、俄罗斯、乌兹别克斯坦等 9 个国家与领地在内的关心地域。“关心地域”是指影响美国欧洲司令部当前或未来军事行动的地区。

根据新的联合司令部计划，美国于 1999 年 10 月缩小了太平洋司令部和原大西洋司令部的管辖范围，将原属这两个联合司令部职责范围的部分区域，划归欧洲司令部负责。这两部分海域分别是：原属太平洋司令部的非洲东海岸海域，以及原属大西洋司令部的欧洲海域和非洲西海岸地区。欧洲司令部不仅要负责制定驻欧所有美军及驻非洲部分美军的地面与空中行动计划，而且还要负责制定该作战地域内的海上行动计划。

欧洲司令部的机构设置　美国欧洲司令部本部主要包括以下人员与机构：司令，副司令，参谋长，人力人事与行政部，情报部，作战部，后勤与安全协助部，计划与政策部，指挥、控制、通信、计算机系统部。美国欧洲司令部包括牧师、审计官、总监察长、作战研究与分析、政治顾问、公共事务、素质规划、预备役事务、科学顾问、联合参谋部秘书、安全问题、特种作战、参谋部军法官、军医处等专业参谋部门，以及欧洲安全研究中心、联合分析中心、美国驻欧盟军最高司令部国家级军事代表、驻华盛顿特区联络官、驻德国国防部联络官、驻北约美国代表团联络官等直属单位和人员。司令部本部的军人和文职雇员约 1200 人，分别来自陆军、海军、空军和陆战队。

欧洲司令部的兵力编成　美国欧洲司令部由 5 个军种司令部组成，即：驻欧陆军司令部、驻欧海军司令部、驻欧空军司令部、驻欧特种作战司令部、驻欧陆战队司令部。欧洲司令部 1999 年在欧洲、非洲和亚洲共部署的兵力达 109000 人。

（纪　皓、袁　林）

中央司令部　美国中央司令部是美国 9 大联合司令部中的一个地区性联合司令部，本部位于佛罗里达州中部坦帕市西南 13 千米处的麦克迪尔空军基地。

中央司令部的任务　美国中央司令部的主要任务是维护美国在该地域的利益，与当地盟国和友好国家合作以促进地区安全，必要时向该地区投送部队。美国中央司令部通过联合训练、军方接触、教学派遣以及安全援助等途径，扩大美国的影响，保护美国的利益，同时营造地区安全环境。

中央司令部的责任地域　美国中央司令部的责任地域西至埃及，东至巴基斯坦，北至哈萨克斯坦，南至肯尼亚和非洲之角，共包括 25 个国家，以及红海、阿拉伯湾和印度洋的西部水域。责任地域东西宽约 4990 千米，南北长约 5790 千米，面积超过美国本土。1999 年 10 月出台的联合司令部计划规定，中央司令部负责美军在土库曼斯坦、乌兹别克斯坦、哈萨克斯坦、吉尔吉斯斯坦和塔吉克斯坦等中亚5国的参与活动和作战行动。

中央司令部的战区战略是"塑造21世纪中央地区"。鉴于中央战区国家与人文等诸因素的多样性，中央司令部还制定了阿拉伯半岛与伊拉克地区战略、北部红海地区战略、非洲之角地区战略和南亚与中亚地区战略共4个分区战略。

中央司令部的机构设置 美国中央司令部本部主要由以下人员和单位组成：司令，副司令兼参谋长，司令部军士长，政治顾问，司令部牧师，人力与人事部，情报部，作战部，后勤与安全援助部，计划与政策部，指挥、控制、通信、计算机系统部，联合后方协调员，公共事务部等。司令部本部共有900多人，分别来自陆、海、空军和陆战队等各个军种。

中央司令部的兵力编成 美国中央司令部下辖陆军、海军、空军、陆战队等4个军种司令部，以及1个职能性司令部（即联合特种作战部队司令部）。

（纪　皓）

南方司令部 美国南方司令部是9大联合司令部中的一个地区性司令部，司令部本部设在佛罗里达州的迈阿密。

南方司令部的任务 美国南方司令部的基本任务，是在责任地域内对本建制的美国地面、海上、空中部队实施战略和作战控制。同其他地区性联合司令部一样，南方司令部主要承担两项任务，即：在本责任地域内保卫美国的利益，以及协助友好国家建设现代化军事力量。

南方司令部的责任地域 美国南方司令部的责任地域包括西经30～92度以及北纬28度以南的陆地和海域，但不包括西经30～58度以及北纬8～28度之间的海域。美国南方司令部的责任地域内有32个国家，约占世界陆地总面积的16%。

南方司令部的机构设置 美国南方司令部本部主要包括以下人员和机构：司令，副司令，参谋长，人力人事与行政部，情报部，作战部，后勤部，战略、政策、计划部，指挥、控制、通信、计算机系统部，规划与资源部。此外，还下辖负责预备役事务的军士长、工程兵部、迈阿密警备区、总监察长、公共事务部、宪兵主任、地区谈判特别助理、参谋部军法官、条约履行中心等单位和人员。

南方司令部的兵力编成 美国南方司令部下辖：第12航空队、南方陆军司令部、大西洋陆战队司令部、大西洋舰队。

在南方司令部的作战部队中，大西洋舰队具有多重身份，举足轻重。它既是南方司令部的军种部队，又是美国联合部队司令部和战略司令部的军种部队。舰队司令既接受南方司令部司令的指导和作战指挥，又接受联合部队司令部及战略司令部司令的指导和作战指挥。

截至1999年10月，美国大西洋舰队共有122263人，其中现役和预备役军官9815人、士兵95787人、文职16661人。在舰队的不动产中，土地共约113万亩，资产价值177亿美元。舰队的日常开支总数为107.83亿美元，其中薪金55.04亿美元、日常预算51.79亿美元。在日常预算中，舰艇维持费用为15.17亿美元，舰艇日常费用为8.9亿美元，基地日常费用为9.8亿美元，空军战斗活动费用约14亿美元，其他保障性活动的费用为4.1亿美元。

大西洋舰队的舰艇总数为162艘，其中水面舰艇123艘、核动力舰艇29艘、核动力潜艇10艘；飞机总数为1237架，其中战术飞机603架、直升机432架、巡逻机113架、担任保障任务的飞机89架；岸上设施总数为37个，其中海军站6个、海军一级航空站5个、潜艇基地2个、武器站3个、杂类物资站21个。

大西洋舰队司令部设在弗吉尼亚州的诺福克，其责任地域包括大西洋、加勒比海、太平洋（西经95度以东和东经100度以西），北冰洋及上述海域内的岛屿，不包括冰岛和英国。舰队实力通常分为3个部分：舰队司令以20%的兵力完成国家指挥当局或北约指挥官赋予的任务；20%兵力部署在本土周围，负责本地区的缉毒工作，或进行训练演习；其余的舰艇进行检修和日常保养。

（纪　皓、袁　林）

特种作战司令部 美国特种作战司令部是美国9大联合司令部中的一个职能性联合司令部，成立于1987年4月，现任司令是彼得·休梅克陆军上将，司令部本部设在佛罗里达州的迈克迪尔空军基地。

特种作战司令部的任务 作为提供支援的联合司令部，美国特种作战司令部负责为各地区性联合司令部或参战司令部提供训练有素的战备部队；在国家指挥当局的指导下，负责在全球范围内组织实施战斗救援、气象侦察、空中取样、为洲际弹道导弹基地提供警戒支援等特种作战任务。

特种作战司令部的兵力编成 美国特种作战司令部由空军、海军、陆军三个军种的特种作战部队，以及1个联合特种作战部队组成，通常以联合特种作战特遣部队的形式独立作战，或在上级编成内行动，也可以作为地区性联合司令部的组成部分完成联合作战任务。1997年，美国特种作战司令部的预算约为30亿美元，人员约46000人，其中现役人员约3万、预备役人员约为1.3万、文职人员约为0.3万。据美国总审计局统计，平均每周有2000～3000名特种作战司令部的人员部署在60～70个国家，在各战区司令部司令的指挥下完成150余项任务。

运输司令部　运输司令部是美国9大联合司令部中的一个职能性联合司令部，主要负责战时或战争动员时统管美国所有空中、海上和地面的战略运输。

运输司令部的任务　美国运输司令部的任务是在战时与平时为国防部提供空中、陆地和海上运输。司令部司令是国防运输力量唯一的指挥官，负责征用商用运输力量，扩充海运和空运能力，调控财政拨款和满足运输调动需求。美国运输司令部通过向世界各地运送部队参加演习或其他活动，使美军具备对危机作出快速反应的能力。

运输司令部的机构设置　美国运输司令部参谋部主要包括：人力人员素质、信息管理部，情报部，作战与后勤部，计划与政策部，指挥、控制、通信、计算机系统部，以及项目分析与财务管理部等单位。人力人员素质、信息管理部下设人事规划处、行动计划处、预备役事务处和人力人事处。情报部下设反情报办公室、联合情报中心、运输计划与规划处、特种安全处、系统处。作战与后勤部下设联合机动控制组、联合作战处、联合计划处、联合作战支援空运中心、采购处、交易中心、运输管理处、后勤综合处、后勤规划处。计划与政策部下设机动分析处、战略与政策处。指挥、控制、通信、计算机系统部下设结构和技术综合处、全球运输网规划管理办公室、联合运输集团信息管理中心、操作和安全处、规划和需求处、资源办公室、未来技术处。项目分析与财务管理部下设预算处、规划处、运输营运资本拨款处。

运输司令部的兵力编成　美国运输司令部下辖3个军种司令部，即：空军的空中军事运输司令部、海军的海上军事运输司令部，以及陆军的军事运输管理司令部。所辖部队分别来自空、海、陆军和陆战队，是美国国防力量的重要组成部分。

（纪　皓）

战略司令部　战略司令部是美国9大联合司令部中的职能性联合司令部之一，现任司令是理查德·迈尔斯海军上将。

战略司令部的任务　美国战略司令部的任务是：通过威慑遏止对美国及其盟国的军事进攻，如果威慑失败，为达到国家目标而部署部队或使用核武器。战略司令部的职责包括：提供有关掌握大规模杀伤武器的国家或其他组织的情报；向其他联合司令部提供支援；制定统一的作战计划，满足国家需要；对执行统一作战计划的部队的战略情况进行监控；指挥、控制和部署建制内的部队。

战略司令部的机构设置与职能　美国战略司令部下辖6个部门。①司令办公室与参谋部门，负责确定目标、任务、构想并实施领导。②人力人事部，负责军事与文职专业人才的培训、配置、管理以及职业发展工作。③情报部，负责搜集、评估、处理数据资料，供国防部和其他政府部门或联合司令部参考。④作战与后勤部，负责确保战略力量的待机状态和作战能力。⑤计划与政策部，负责制定美国核战争计划，协助解决军备控制、制止大规模杀伤性武器的扩散和战略部队的体制编制等问题。⑥指挥、控制、通信、计算机系统、信息总署，负责新型计算机、信息检索和全球通信系统的设计、操作和维护，保证这些系统能在制定战争计划、处理情报数据以及指挥控制战略力量中发挥作用。

战略司令部本部的工作人员来自各军种部队，总数达2100余人，包括340名文职人员。其中来自空军的人员最多，其次是海军、陆军和陆战队。

战略司令部的兵力编成　美国战略司令部主要由弹道导弹潜艇、陆基洲际弹道导弹、远程轰炸机组成。到1999年，美国共有18艘弹道导弹潜艇，其中10艘部署在美国佐治亚州东南部金斯湾海军潜艇基地，8艘部署在华盛顿州西北部班戈海军潜艇基地。这些弹道导弹潜艇每艘可携带24枚“三叉戟”弹道导弹，共携带美国战略弹头总数的50%。美国还有500多枚“民兵”3型和50余枚“和平卫士”洲际战略弹道导弹。“民兵”3型部署在怀俄明州南部的沃伦空军基地、蒙大拿州中部的马姆斯特罗姆空军基地，以及北科达他州北部的迈诺特空军基地；“和平卫士”部署在怀俄明州南部的沃伦空军基地。远程轰炸机部队主要有B－52和B－2战略轰炸机。B－52轰炸机部署在路易斯安那州西北部的巴克斯代尔空军基地和北科达他州北部的迈诺特空军基地。B－2轰炸机部署在密苏里州中西部的怀特曼空军基地。

航天司令部　航天司令部是美国9大联合司令部中的一个职能性联合司令部，司令部本部位于科罗拉多州科罗拉多斯普林斯市南10千米处的夏延山空军基地。美国航天司令部司令现由空军上将查德·

迈尔担任，他同时还兼任北美防空司令部司令。

航天司令部的任务 美国航天司令部的任务是操纵美国的军事卫星系统，提供通信、导航服务以及弹道导弹攻击预警，为美国本土、北美以及各地区性联合司令部提供情报，以保证美军能对世界各地出现的情况作出快速反应。

根据新的联合司令部计划，美国航天司令部除承担原有的任务外，还增加了计算机网络防御和进攻的任务。1998 年 12 月，美国成立了一支负责计算机网络防御的联合特遣部队。新的联合司令部计划规定将这支特遣部队纳入航天司令部的编制，但在业务上将继续与国防信息系统局保持密切联系，同时还规定，本土的计算机网络防御在军事上主要由航天司令部牵头。1999 年，这支联合特遣部队在防止“梅利莎”病毒攻击中发挥了重要作用。此外，航天司令部还将从 2000 年 10 月起，在重点保护美军计算机网络不受外部民间或军方袭击的同时，大力发展网络进攻的能力。

航天司令部的机构设置 美国航天司令部本部主要包括以下人员与部门：司令，副司令，人力人事部，情报部，作战部，后勤部，计划部，指挥、控制系统部，航空航天分析机构，联合秘书，总监察长，公共事务部等。

航天司令部的兵力编成 美国航天司令部下辖 6 个部门：航天司令部陆军（前沿）、航天司令部海军、航天司令部空军、夏延山作战中心、国防部载人航天飞行支援办公室、北美防空司令部陆军。

（1）航天司令部陆军。航天司令部陆军负责为世界各地的美军提供航天支援。该司令部的联合战术地面站可以空运，具有快速反应的能力，可准确及时地向美国欧洲司令部和太平洋司令部提供有关战区弹道导弹的情报。在世界各地部署有陆军支援小组，为陆军各级指挥官提供航天地图测绘、天气预报和卫星通信保障。

（2）航天司令部海军。航天司令部海军通过操纵航天系统向部署于岸上和水上的海军提供航天情报，为部署于全球的海军和陆战队提供相应的航天支援；负责操纵卫星与航天监视和警报系统；其优先任务是为美国海军提供通信、监视、情报、导航和远程观测支援。航天司令部在世界各地部署有海军支援小组，为海军与陆战队提供服务。

（3）航天司令部空军。航天司令部空军负责对瞄准全球 44 个目标的近 30 个武器系统实施作战控制；负责发射、跟踪、控制军事卫星和其他轨道飞行物；操纵陆基和空间导弹警报系统，并通过航天司令部空军支援小组为空军提供航天情报。航天司令部空军下辖：第 14 航空队，编有第 21、30、45、50 航天联队以及第 721 支援大队和第 21 空间行动中队；第 20 航空队，编有第 90、91、341 航天联队以及 1 个空间作战中心。

（4）夏延山作战中心。美国航天司令部通过向指挥中心提供导弹警报、航天控制、通信与情报数据来对北美防空司令部提供支援。北美防空司令部司令与航天司令部司令及其作战参谋在指挥中心实施作战指挥，通过热线电话，与美国和加拿大的国防领导人以及遍布全球的美军地区性联合司令部联系。

航天司令部通过航天监视，探测、跟踪、登记和识别地球轨道上的人造物体，包括主动和被动卫星、废弃的火箭弹体和目标发射及解体后的残骸。到 1999 年底，美国航天司令部可跟踪近 9000 个沿地球轨道飞行的人造物体。其中约 7% 是作战卫星，15% 是火箭弹体，其余是碎片和被动式卫星。

（纪　皓）

联合作战中心 根据新的联合司令部计划，美军在 1999 年对 9 个联合司令部进行了部分调整，调整的主要目的之一，就是加强美军联合训练的领导与管理。到 1999 年底，美军联合训练的概念、体制、组织和实践已完成了质的飞跃，其重点已从联合训练理论的探讨和联合训练体制的论证与试验，转向落实与完善。这一变化的主要标志，是成立了统管全军联合训练的专职机构，即联合部队司令部，特别是其下设的联合作战中心。

联合作战中心的基本情况 1998 年 10 月以前，联合作战中心的地位比较特殊。在编制上，它是联合参谋部所属作战计划与协调部的下级单位；但在地位上，它又相当于联合参谋部的一个独立局。此时的联合作战中心是美军联合训练的业务部门之一，中心主任为少将。他虽然和作战计划与协调部部长同级，但却必须通过部长向参联会主席汇报工作。

为理顺关系，加强对联合训练的领导，强化主管业务部门的职能，从体制上保证训练工作落到实处，美国采取分两步走的方法，对联合训练的领导体制进行了初步调整。首先，于 1998 年 10 月将联合作战中心与大西洋司令部参谋部下属的训练部和联合训练分析仿真中心等 3 个单位合并，成立了一个新的联合作战中心，并使这个中心隶属于大西洋司令部。尔后，美国又于 1999 年 10 月调整了 9 大联合司令部，成立了联合部队司令部，以取代原美国大西洋司令部。在指定由联合部队司令部这样一个战区级单位负责全军性联合训练的同时，美军还特别调整了联合作战中心的工作重点，指定由它从演习、理论、技术 3 个方面，为美军的联合训练提供具体指导。

联合作战中心仍位于弗吉尼亚州的门罗堡，与美国陆军的训练与条令司令部毗邻。中心主任现为马丁·伯恩特少将，下辖 200 余名现役军人和文职人员，还有 400 余名工作人员分别在训练、建模、仿真、条令、信息、数据搜集等领域按照合同进行工作。

联合作战中心的机构设置与职能　美军的联合作战中心主要通过下设的 3 个业务处开展工作。各处在本职能范围内为全军的联合训练提供具体的指导。

(1) 联合演习处。联合演习处的任务是，协助参联会主席、各联合司令部司令以及各军种部队的参谋长，按照美军规定的联合训练程序，完成全军性的联合训练特别是联合战役演习等活动。根据需要，联合作战中心有时还要协助上述人员完成多国训练任务。

美军规定，联合演习处主要负责 9 项工作：(1) 协助联合司令部确定联合行动能力。(2) 协助联合司令部制定联合训练计划。(3) 派出机动训练组培训各联合司令部的教练员。(4) 评定全军联合训练和联合行动的结果。(5) 编修联合教学课程目录，定期出版专业期刊并上网。(6) 规划联合训练大纲。(7) 就全军联合训练情况向参联会主席、联合参谋部以及各联合司令部司令提出建议。(8) 筹划全军性联合战役演习并负责组织实施和进行鉴定，包括制定方案、组成调控组、提供假设敌以及分析行动总结等。(9) 组织、培训并指导有关人员编写演习想定，进行演习调控，提供战役级假设敌，充当末端调理，以及进行训练考核等。

美军当局认为，联合战役演习是联合训练的主要实践，要求联合演习处在训练的全过程中，及时帮助参演部队进行各阶段的小结，找出带有共性的经验和教训，以指导下一个周期的训练活动。

(2) 联合条令处。联合条令处的任务是：就当前的和未来的联合行动理论提出概念，进行分析论证；组织编写联合出版物，进行普及推广，搜集反馈意见，以及定时修订。联合条令处负责将修订后的联合出版物报美国联合部队司令部，通过该司令部组织实施的战役级联合训练、联合试验或联合行动，来检验联合出版物中提出的理论、战术、方法和程序。

美军规定，联合条令处主要负责 6 项工作：(1) 组织编写、审查和修订联合出版物。(2) 在统一认识的基础上提出未来联合作战的构想。(3) 统一协调多国、国防部和各军种出版物编写部门的工作。(4) 就编写修订联合出版物问题向参联会主席和联合参谋部提出建议。(5) 管理联合电子资料馆，建立数据库。(6) 确保联合训练的课题库与联合出版物保持一致。

美军当局认为，联合出版物是联合作战和联合训练的主要依据之一，要求联合条令处及时向各联合司令部介绍当前联合作战与联合训练理论研究的前沿问题，并提供最新版本的联合出版物；还要求联合条令处认真听取各使用单位的意见，真实反映联合作战与联合训练的实际，将工作成果呈联合参谋部，报参联会主席批准，以便向全军提供具有针对性和可操作性的作训依据。

(3) 技术处。技术处的任务是，研制、提供、管理用于联合训练的工具，为各联合司令部的联合训练提供技术咨询，特别是提供技术保障。

美军规定，技术处主要负责 4 项工作：①统管联合仿真系统，领导联合战区级仿真和联合冲突模型配置调控委员会，以及聚合级仿真协议需求审查小组。②提供建模与仿真和 C^4ISR 等方面的技术保障。③在联合训练的组织实施过程中，向训练对象提供建模与仿真支持；提出各种想定；协调专项想定；提出 C^4ISR 的联机需求；培训联合演习调理组；建立并测试数据库；测试硬件；测试演习总体设想；进行全程技术控制。④就建模与仿真以及 C^4ISR 等方面的具体问题，向参联会主席和联合参谋部提出建议。

美军当局认为，技术是联合作战与联合训练的重要保障，要求技术处充分利用现代高新技术为用户提供优质和快捷的服务，为联合作战与联合训练的系统软件、模型软件、硬件以及硬件支持工具进行设置、操作、管理和配置调控，以及利用模型、仿真器和数据库进行训练、操作和分析，确保联合演习乃至联军演习在技术管理、通信联络与网络支持等方面保障有力。

联合作战中心的工作方法　联合作战中心采用按年度派出指导组的方法，协助各联合司令部组织实施本级的联合训练。指导组由来自联合作战中心下属各业务处的专家组成，每组人数根据需要而定。美军要求指导组必须在联合训练活动开始之前 12 个月成立，特殊情况下最短也不得少于 8 个月。指导组成立后必须提前进行一次练习。

联合作战中心根据训练的不同时节，协助地区性联合司令部完成联合训练任务。在制定联合训练计划时，通常派出 4 人修改必训科目，4 人确定训练课题和训练对象，6 人培训教练员；在组织演习调控、建立假设敌部队和进行总结时，通常派出 4 人确定方案，6人编写想定，8人组成演习调理组，12人担任教官或调理员，12人扮演战役级假设敌，15人评估联合演习模型；在承担建模与仿真任务时，通常派出3人组成技术调控组，4人组成调理组，2人建立和测试兵力、装备、地形数据库，2人组成保养与支援组，12人确定并落实演习总体设想。此外，还要派出适当人员进行模型操作和系统保障，召开指挥、控制、通信、计算机和情报或视频电话会议，以及提供软件和硬件保障等。

一般情况下，联合作战中心按季度每年可分别向地区性联合司令部派出3个指导组，向职能性联合司令部派出2个指导组。以1996财年为例，联合作战中心在第1季度分别向太平洋、中央、南方和欧洲等地区性联合司令部各派出1个指导组，在第2季度分别向上述单位派出2个指导组；而在第2季度则分别向战略、运输、特种作战和航天等职能性联合司令部分别派出1个指导组，在第3季度也各派出1个指导组。

指导组的工作对象是联合司令部和联合特遣部队的参谋机构，工作重点是制定联合训练计划。指导组根据指导对象的不同需要召集联合训练计划专题讨论会，确定需要解决的具体问题，尔后向联合作战中心提出申请。联合作战中心根据申请，与其他单位进行协调，并为提出申请的单位确定训练课题、训练对象、训练活动、训练手段以及训练物资，最终形成申请单位的联合训练计划。

进入21世纪，美军已初步完成联合训练领导体制的调整，形成了全军性联合战役训练由联合参谋部协调，由美军联合部队司令部负责操作，而其他联合司令部在联合作战中心的具体指导与支持下组织实施本级联合训练的局面。美军联合训练的工作重点已发生实质性变化。作为统管全军联合训练的主要业务部门，联合作战中心在当前和未来的联合训练中，将继续发挥举足轻重的作用。

（傅　怡）

各联合司令部的情报机构　在美国武装部队中，除国防部和各军种部设有专门的情报机构外，各联合司令部也拥有一支强大的情报力量。美军规定，联合司令部在完成任务的同时，也负有情报职责。

联合司令部的情报职责不仅包括为本单位及上级机关完成情报分析工作，同时还包括对本责任地域内实施的国家级侦察和其他敏感的情报搜集活动进行监视和管理。1991年以前，美军的情报分析工作分别由若干联合司令部及其下属司令部的情报机构完成。经过整顿，美军要求部分联合司令部及其下属司令部的分析中心合并为联合情报中心，由各联合司令部司令统管。这几个联合司令部分别是：美国大西洋司令部（1999年改名为美国联合部队司令部）、美国太平洋司令部、美国欧洲司令部。

联合情报中心成立后，美国太平洋司令部的舰队情报中心、欧洲防务分析中心，以及美国欧洲司令部和美国大西洋司令部的舰队情报中心宣布解散，其职责与人员编入新的联合情报机构。联合司令部的作战部门不受这些变化的影响，它们仍然负责本责任地域中的情报侦察工作。截至1998年，各联合情报中心约有3600余名工作人员。

联合部队司令部的情报机构　美国联合部队司令部的情报工作主要由司令部本部的情报部和作战部负责。

（1）情报部。情报部部长是美国联合部队司令部司令的主要情报顾问，负责“确保向下级作战司令部分发全源情报”，管理联合部队司令部情报单位的情报搜集、处理、生产和分发。情报部的主要下属机构是大西洋情报司令部，司令由负责情报产品和勤务的情报部副部长兼任。大西洋情报司令部下设情报局、资源局、野战支援局。其中，情报局由目标准备处、远征处、区域处、职能处等4个单位组成。①目标准备处负责为己方飞机、导弹、军舰或特种部队摧毁敌指挥机构提供情报。②远征处下设海岸及登陆海滩科、两栖支援科、非战斗撤运行动支援科、地形分析科等单位，负责为海军和陆战队部署兵力提供情报，包括滩涂与港口状况以及地形等内容。③区域处重点提供有关国家特别是海地和古巴等国政治、军事力量的情报。④职能处负责支援情报部其他单位的图像判读，并分析电子情报、监视外国海上活动。

（2）作战部，作战部负责利用潜艇、水面舰船、飞机等手段进行的主动性情报搜集活动。该部下设的联合侦察处负责监督、控制、协调和监视美国联合部队司令部责任地域内的军事侦察活动。

中央司令部的情报机构　美国中央司令部的情报部主要负责“完成情报搜集、目标准备、计划系统开发以及国际交流等工作，以支援联军演习、突发事件和本司令部的作战任务。”美国中央司令部的联合情报中心成立于“沙漠风暴”军事行动中，任务是向各下属司令部提供情报支援、管理战区情报搜集工作、以及生产成品情报。联合情报中心下设情报生产处和作战情报处。①情报生产处负责评估并生产有关区域或特定国家的情报，这些问题涉及石油、水、武器装运、武器扩散和技术转让等问题，特定国家主要是指伊朗、伊拉克、沙特阿拉伯、也门、科威特和阿富汗等国。情报生产处还负责保存并提供有关地面、海上、空中以及防御导弹部队的战斗序列等文件，同时也提供相关的手册、地图、航空图和大地测量类情报。②作战情报处负责处理新情报，提供征候与警报报告，生产现实情报，进行轰炸损毁评估，还负责对从国家和本司令部资源获得的图像进行判读。此外，若中央司令部参战。联合情报中心还要另设联合情报生产综合中心、联合审讯设施、联合情况汇报中心和联合缴获装备物资利用中心等单位。

欧洲司令部的情报机构 美国欧洲司令部情报部负责向本司令部、下属司令部和欧洲盟军最高司令部提供情报支援；协调欧洲战区的情报计划、搜集分析、目标准备和分发工作，以支援美军和盟军的需求；为完成本司令部平时与战时任务进行必要的资源计划、规划和预算。情报部下设情报作战处、搜集处等单位。其中，情报作战处负责 24 小时征候与警报工作，包括对恐怖主义袭击发出近实时警报；对战区情报支援工作进行政策和计划指导，发现和监视毒品走私。搜集处是美国欧洲司令部的一个管理机构，负责接收、审查、证实图像情报、信号情报、人力情报、测量与特征情报的搜集需求，确定顺序并上报。

美国欧洲司令部的联合情报中心，是设在莫尔斯沃思皇家空军基地的联合分析中心。其职能是：对本战区的情报进行全源分析与评估、搜集与管理，以及多源处理、利用、分发；提供征候与警报支援；进行目标情报支援；对北约多国部队和美国联合特遣部队进行支援等。联合分析中心的情报产品有：战区现实情报要报；战区地域评估；电子、空中、防御导弹和地面战斗序列；时事报告；征候与警报报告；反恐怖主义、反情报、反毒品事件报告；演习分析与支援等。

联合分析中心下设的作战部由图像处、分析处、指挥控制作战处、作战处等 4 个单位组成。①图像处负责管理联合分析中心的图像情报处理和生产工作。②分析处是联合分析中心的主要全源情报分析和生产单位，下设的恐怖主义分析科通过提供每日现实情报等情报产品来评估恐怖主义活动与能力。③指挥控制作战处，是就信号情报和信息战作战问题与美国国家安全局和美国信号情报系统进行联系的单位。④作战处负责征候与警报，特别是恐怖主义袭击的征候与警报工作。作战处也是美国欧洲司令部情报部的下属单位。

联合分析中心还在荷兰布林瑟姆设有中区联合作战情报中心、在意大利那不勒斯设有南区联合作战情报中心，在英国海威科姆设有西北区联合作战情报中心，分别向北约欧洲盟军最高司令部提供情报支援。

太平洋司令部的情报机构 美国太平洋司令部的联合情报中心成立于 1991 年 7 月，共有 1200 余人，是在太平洋司令部情报中心、第 548 侦察技术大队、太平洋司令部第 168 特遣部队前沿支援小队、太平洋司令部舰队情报中心和舰队海洋监视信息中心等单位的基础上建立起来的，主任由美国太平洋司令部情报部部长兼任。联合情报中心下设的作战部由 6 个分部组成。①战斗实施分部，负责编写口岸指南，支援两栖和特种作战，拟定特定行动方案，分析目标系统，进行战斗损毁评估。②用户支援分部，负责对外发布消息，代表作战部分派任务，管理其他部门的情报生产工作。③作战情报分部，负责征候与警报工作，提供有关海上活动的作战情报，进行图像初步分析，拟定特种海军计划，编写《每日情报通报》、《晨报》及其他情报产品。④北亚分部，生产有关俄国远东、朝鲜及韩国、中国、台湾、日本、蒙古、澳门、香港等地区政治与军事方面的情报分析产品，以及一般军事情报产品及战斗序列产品。⑤南亚分部，其任务与北亚分部类似，主要负责该地区的 20 多个国家，其中包括印尼、越南、印度、不丹、科摩罗、留汪尼岛等。⑥跨区域分部，下设 3 个处：反恐怖主义和反情报处提供确保部队安全的分析产品，向军事行动提供反情报和反恐怖主义支援，对危害美国利益的恐怖主义威胁进行评估；防空处，负责生产有关整个南亚与北亚地区防空系统的情报，进行渗入与耗损分析，提供现实情报支援；搜集需求处，负责搜集需求管理、情报信息报告评价及跟踪评估。

南方司令部的情报机构 美国南方司令部的情报部由 4 个部分组成：情报部行政办公室，情报部特别助理（驻华盛顿），负责作战的副部长（下设作战处、预备役事务处、安全处、多种反情报处等部门），负责计划与规划的副部长（下设规划与战略处、资源及系统处等部门）。

情报部长全面负责本司令部及其下属司令部的情报工作，同时兼任南方司令部联合情报中心主任。由负责作战的副部长领导的情报部作战处，负责协调本司令部参谋部、参联会、中央情报局、其他国家级情报单位以及其他联合司令部的情报工作；下设的多种反情报处，负责谍报、外国情报搜集活动、恐怖主义、欺骗、阴谋破坏等有关的分析研究、咨询、评估等项工作。

美国南方司令部的联合情报中心下设需求处、搜集管理处、图像处、征候与警报处、分析处、生产处共 6 个单位，负责向本司令部提供情报支援，同时按照情报生产共享计划的要求生产情报成品，向国家领导提供。其中，①搜集管理处负责确认和呈报人力、信号、图像情报资源的需求。②图像处主要提供紧急情况和作战计划所需的图像支援。③征候与警报处24小时值班，为南方司令部司令及其参谋部准备现实情报简报。④分析处负责“生产一般全源军事情报产品，以支援国家、战区和下属单位的需求。”它生产目标分析报告，按日更新《南方司令部情报要报》，同时还提供情报产品目录。

航天司令部的情报机构 美国航天司令部的情报部负责提供战略和战术征候与警报；提供导弹、空间、指挥控制、大气及作战情报与分析，从而为威胁评估、兵力计划、开发、态势分析及部署等工作提供保障。

情报部下设情报作战处，情报政策、计划、规划处，情报系统处，联军情报中心等单位。①情报作战处负责情报评估，提出情报需求，向高层决策者提供情报，与外单位联系等工作。②情报政策、计划、规划处在负责情报评估的同时，还负责计划、需求、演习支援等工作。③情报系统处负责系统采购与管理。④联军情报中心下设现实情报科、生产科、空间力量科、危机管理行动系统情报值班科、演习科、导弹分析中心，负责提供各种现实的和预测的情报以及征候与警报报告，编写《防御情报战斗序列》，发布外国反卫星威胁预报，分析外国弹道导弹和空间活动，评估外国新导弹和空间发射情况，监视全球军事和政治形势，分析外国战略空间活动以及指挥、控制、通信活动。

特种作战司令部的情报机构 美国特种作战司令部的情报工作，由情报部和特种作战司令部的联合情报中心共同承担。

情报部由情报管理处，情报架构、规划、系统处，作战情报处组成。情报管理处下设搜集管理科、计划与战备科、特别行动科、目标与生产管理科等4个部门。情报架构、规划、系统处下设情报系统作战科、情报系统综合科、情报架构与需求科、情报研究管理科、情报规划管理科等5个部门。作战情报处下设情报分析科、情报支援科、图像科等3个部门。

联合情报中心成立于1994年，下设分析处、情报系统处、图像与应急生产处、技术支援处4个单位。分析处下设欧洲科和中央司令部科；图像与应急生产处下设图像科、应急生产科、反扩散科、信息战科。

战略司令部的情报机构 美国战略司令部情报部设主任1人，由高级情报官担任，在2名副主任的协助下开展工作。情报部下设情报计划处、情报需求处、特种安全与反情报处、情报系统处、情报分析与上报处、情报应用处、作战情报处等共7个处。

1名副主任负责情报工作，对情报计划处、情报需求处、特种安全与反情报处、情报系统处等4个单位实施领导。①情报计划处下设情报计划与政策科、情报资源科、情报演习科、情报训练科，其职责是：负责战略司令部的所有情报政策、计划、规划、预算以及演习和训练工作。②情报需求处下设图像规划与需求科、国家搜集计划与需求科，其职责是：管理美国战略司令部的情报搜集、处理、利用计划。③特种安全与反情报处下设反情报科、特种安全政策科、情报安全科，其职责是：负责战略司令部的敏感分割信息反情报活动，“以及某些敏感保密计划，以确保该司令部的安全。”④情报系统处下设未来系统科、当前系统科，其职责是：管理和协调情报系统的完善，负责数字图像分发和系统的运作。

另外1名副主任负责情报作战工作，对情报分析与上报处、情报应用处、作战情报处等3个单位实施领导，同时还兼管战略司令部的联合情报中心。①情报分析与上报处下设航空科、防御科、评估科、生产支援科，其职责是：监视、利用、分析、上报并记录外国飞行活动；监视、分析、上报外国有关国家的陆上航天防御能力，其中包括指挥控制通信系统、地空导弹、反弹道导弹和空中监视部队和相关设施的情况；分析、评估前苏联以及其他涉及采购、生产、部署大规模杀伤武器的国家有关军事、政治和经济发展情况。②情报应用处下设图像与测绘科、目标准备支援科、图像生产科，其职责是：协调美国战略司令部的测绘与大地测量需求；生产秘密图像以制定统一的作战计划；下达任务并向情报部提供支援作战计划的情报资料。③作战情报处下设指挥演示科、视频演示科，其职责是：负责美国战略司令部征候与警报中心的运作，向内外用户提供征候与警报支援，向各空中指挥所应急行动军官提供作战情报。

运输司令部的情报机构 美国运输司令部情报部负责制定并落实本司令部有关情报工作的方针政策，规划、理论、提出情报单位体制编制的设想。情报部下设反情报办公室、联合情报中心、运输计划与规划处、特种安全处、系统处。其中联合情报中心由5个处组成，分别为欧非处、太平洋司令部处、中央与南方司令部处等地域性单位，以及生产业务处、搜集管理处和情报值班室等职能性单位。地域性单位负责就情报问题撰写报告、简报、每日情报要报、情报摘要、特别评估、应急计划文件、口岸图、作战计划附录、运输计划文件和联合战区运输研究等文件，供有关领导和单位使用。

（洪 光）

陆军编制 组建5个训练支援师 据美《陆军时报》1999年7月26日报道，第1集团军和第5集团军的训练支援旅将于1999年10月1日组建为5个训练支援师。第1集团军和第5集团军现有19个训练支援旅，其中，第1集团军有11个，第5集团军有8个。训练支援旅的任务是向请求训练支援的部队派遣观察－控制小组。作战部队在母基地进行训练时，观察－控制小组向连、排级提供训练支援；在作战训练中心轮训时，观察－控制小组向旅、营级提供训练支援。

第1集团军将下辖驻新泽西州埃迪森的第78训练支援师、驻伊利诺斯州阿林顿·海茨的第85训练支援师和驻亚拉巴马州伯明翰的第87训练支援师。第5集团军下辖第75训练支援师和第91训练支援师。这两个师的师部分别驻在加利福尼亚州的休斯敦和贝克堡。

步兵学校增编1个训练旅 据美《陆军时报》1999年3月8日报道，本宁堡美陆军步兵学校最近增编了1个训练旅。组建新旅的经费约为2250万美元。其中，用于改建现有设施的一次性经费为1320万美元，用于保养和训练的经费为930万美元。组建新旅的工作从1998年开始。当年组建了1个营，对1400多名士兵进行了从车辆驾驶到消防等各种基础训练。另外2个营于1999年5月建成。新旅将配备290名军官。

（洪锦珠）

海军陆战师编制 美国《海军陆战队》杂志1999年6月号报道，随着武器装备的更新换代，近年来美海军陆战师的编制作了一些调整。调整后的陆战师、营、连现行编制装备如下：

陆战师 采用三三制编制，由师部营、3个步兵团（每团编3个步兵营）、1个炮兵团（编4个炮兵营），以及1个侦察营、1个两栖突击营、1个坦克营、1个战斗工兵营、1个轻装甲侦察营编成。

主要装备有：①M－1A1“艾布拉姆斯”主战坦克。它是海军陆战队新近采用的陆军装备，目前整个海军陆战队已经装备了403辆，每个坦克营配58辆（预备役营32辆）。②XM－777型155毫米轻型牵引式榴弹炮，其射程可达30千米，可由CH－47D、CH－53等直升机吊运，也可由MV－22偏转翼战术飞机进行空中机动，还可由中型（2.5吨以上）战术车辆在地面上牵引机动。陆战队炮兵采用6门制连，每个炮兵营编3个炮兵连，共装备此种火炮18门。③M－242型25毫米轻装甲自行火炮，是一种装在LAV－25轻形轮式装甲车上的轻型火炮，也是侦察分队的主要武器。目前，新组建的轻装甲侦察营装备有60辆这种炮车，每个轻装甲侦察连配14辆。④LAV－AT轻装甲反坦克导弹车，是一种在轻装甲轮式车上安装“陶”Ⅱ反坦克导弹发射架的反装甲车辆。每车只有1个发射架，并携带14枚导弹。每个轻装甲侦察营配16辆这种反坦克导弹车，每连4辆。⑤LAV－AD轻装甲防空导弹车，是一种火炮和防空导弹两用战斗车辆。主炮是GAU－12型25毫米速射火炮，有效射程2000米。这种火炮的射速极高，每分钟可达1800发。车辆的2个导弹发射架上各装4个“尾刺”式导弹发射管。这是陆战队建制内最新装备的一种防空导弹系统，目前也只有1个营，即第4轻装甲侦察营装备了14辆这种新型的防空导弹车。⑥LAV－M轻装甲迫击炮车，它是利用LAV轻型装甲车的车身提高迫击炮机动能力的一种有效方法。这种轻型轮式装甲车上装有1门M－252型81毫米迫击炮。每个轻装甲侦察连配迫击炮车2辆，每个侦察营配8辆。

步兵营 陆战师属步兵团的编制无大的变化，每团仍下辖3个步兵营。步兵营由营部与勤务连、1个武器连和3个步枪连编成。营部的主要武器包括：M－203型榴弹发射器17具；M－40A1型侦察兵用阻击步枪8支；M－82A1A带瞄准镜的专用步枪2支；M－249型班用自动武器8具；M－240G型轻机枪5挺；MK－19型40毫米机枪4挺。

步枪连 步枪连由连部、3个步枪排和1个武器排编成。其中，步枪排下辖排部和3个步枪班，每班编有3个火力组；武器排由排部、1个机枪分排、1个迫击炮分排和1个突击分排编成。每个机枪分排下辖3个机枪班，每班配M－240G轻机枪2挺。迫击炮分排下辖3个迫击炮班，每班1门60毫米迫击炮。突击分排也下辖3个班，使用的主要武器是一种肩扛发射式多用途突击武器。这种口径为83毫米的新型火箭筒，除了装有AN/PVS－4型夜视瞄准具外，在火箭筒的右侧还装有1支口径为9毫米的弹着试射枪。单件武器携行6枚火箭弹，单人即可操作。步枪连的主要武器有：M－203型40毫米榴弹发射器27具；M－249型班用自动武器27具；M－153型肩负式多用途突击武器6具；M－240G型轻机枪6挺；M－224型60毫米迫击炮3门。

武器连 武器连是步兵营属重武器集中编到一起的建制分队。武器连由连部、1个迫击炮排、1个反装甲排和1个重机枪排编成。迫击炮排下辖排部和2个81毫米迫击炮分排，每个分排编4个班，每班1门81毫米迫击炮。反装甲排编有排部、1个装备"陶"2反坦克导弹的反坦克分排和2个装备"轻标枪"式反坦克导弹的反坦克分排。"陶"2反坦克导弹分排下辖4个班，每班配"陶"2反坦克导弹发射架2具。"轻标枪"式反坦克导弹分排下辖2个班，每班配导弹发射管4具。重机枪排编有排部和3个重机枪分排，每个分排由2个重机枪班编成。这种分排所辖的2个重机枪班因各师的情况而有所不同，其装备分为两种：第1种是1个班装备2挺M－2HB型12.7毫米机枪，另1个班装备2挺MK－19型40毫米榴弹发射器；第2种是每班分别装备40毫米榴弹发射器和12.7毫米机枪各1挺。以上武器装备，无论是迫击炮、反装甲武器还是重机枪，都是车载式，装在多用途轮式战术车辆上。

武器连的主要武器有：武器排装有8门M－252型81毫米迫击炮；反装甲排装备有8辆FGM－148型"轻标枪"反坦克导弹车、8辆M－220E4型"陶"Ⅱ反坦克导弹车、1挺MK－19型40毫米重机枪；重机枪排装备有6挺M－2HB型12.7毫米重机枪、6挺MK－19型40毫米重机枪。

（素　洁）

俄罗斯战争动员体制 《外国军事学术》1999年第12期陈建民报道，俄罗斯立国后，在经济极其困难的情况下，为了保持国家的战争潜力，一方面加强军队的质量建设、保持军工科研能力；另一方面重视战争动员制度的建设。在继承苏联战争动员制度的同时，根据国家体制的变化和战争准备的需要，对其进行了适当的调整，并新出台了一系列的动员法规和政策，战争动员体制逐步趋于完善。至1999年，其动员组织领导体制按职能区分为以下几个不同的层次和部分。

动员的决策体制 俄罗斯的动员决策体制由总统、安全会议和联邦会议等部门构成。总统和总统领导下的安全会议，掌握着动员的最高决策权，联邦会议作为最高立法机构，则掌握着动员的立法批准权和对动员实施情况的监督与保障权。总统、安全会议和联邦会议的职责如下：

总统 在动员准备与动员领域，俄联邦总统有权根据宪法规定的程序采取一切措施，以捍卫国家的主权、独立与领土完整。在国家遭到侵略、面临侵略的直接威胁或爆发针对俄联邦的武装冲突时，他可宣布实施总动员或局部动员，宣布在俄联邦全境或部分地区实行战时状态。根据《国防法》和《动员准备与动员法》，总统在动员领域还享有以下权力：确定俄联邦动员准备与动员的目的和任务；发布动员准备与动员领域的规范性法律文件；确保国家权力机关在动员准备与动员领域协调动作和相互配合；规定提交俄联邦动员准备状况年度报告的程序；举行谈判和签署俄联邦有关在动员准备与动员领域进行合作的国际条约；规定国家权力机关、地方自治机关、团体动员时期和战时的工作体制；规定动员时期和战时服预备役公民和国家权力机关、地方自治机关的国家工作人员预留工作的组织程序；赋予或暂时中止公民和某类公民在动员时缓征兵役的权利等。

安全会议 俄联邦安全会议是总统在国家安全方面的咨询与议事机构，由总统任主席，政府总理任副主席，组成人员有安全会议秘书、国防部长、外交部长等人，内务部长、对外情报总局局长、安全总局局长、警卫总局局长、边防总局局长、司法部长、民防事务、紧急情况与消除自然灾害后果部部长、原子能部部长、财政部长、国家杜马主席、联邦委员会主席、科学院院长、总统办公厅主任和政府有关副总理等人。安全会议的主要职责是，审议一切重大的安全问题，并为总统决策提供建议和选择方案。其中，总统、总理、安全会议秘书、外交部长和国防部长为安全会议的常务组成人员，在紧急情况下可代行安全会议的全部职责。安全会议在战争动员方面所担负的职责包括：就战争动员与动员准备问题向总统提出建议；起草国家的动员政策、拟制有关战争动员问题的总统令；协调国家和军队的战争动员及动员准备行动；拟制联邦国家权力机关和联邦主体国家权力机关、地方自治机关和国家经济转入战时体制的计划；领导联邦国家权力机关和联邦主体国家权力机关、地方自治机关、其他机构和团体（包括国家和私营部门的交通运输机关与团体），以及居民的动员准备工作；建立包括国家储备和动员储备在内的国防物资储备；计划并实施民防和地区防御措施；根据国防需要领导联邦境内的战场建设。

1999年9月，在安全会议之下，设立了一个负责动员准备与动员问题的跨部门委员会，作为安全会议在动员方面的主要工作机构。该委员会负责向安全会议提出有关动员准备与动员方面的建议与提案；审议政府向总统提交的俄联邦动员准备状况年度报告草案；审议动员准备活动的财政拨款问题；分析、评估俄联邦国家权力机关和俄联邦主体国家权力机关的动员准备状况，并起草完善上述机关动员准备状况的提案；受安全会议秘书的委托，为安全会议召开有关动员准备与动员方面的会议准备所需材料；审议动员准备与动员的其他问题，并根据国家规定的轻重缓急次序和经济能力确定解决这些问题的办法。该委员会由政府下属的总统特别规划总局局长任主席，经济部副部长任副主席，主要成员有：财政部副部长、民防事务、紧急情况与消除自然灾害后果部副部长、司法部副部长、内务部总务局局长、总统特别规划总局第一副局长、国家储备总署副署长、俄联邦政府办公厅副主任、联邦警卫总局动员勤务主任、联邦铁道兵总局总务局局长、总统直属联邦政府通信与信息署副署长、联邦边防总局副参谋长、武装力量总参谋部作战总局第一副局长、联邦安全总局军事动员处处长、总统直属特别项目总局局长、安全会议副秘书和联邦会议的有关人员。

联邦会议　国家杜马负责以联邦预算法的形式规定动员准备开支，通过保障动员准备与动员实施的联邦法律。联邦委员会负责审议国家杜马通过的联邦预算法规定的动员准备开支，审议国家杜马通过的有关动员和动员准备方面的联邦法律，批准和废除俄联邦签署和关于在动员与动员准备领域进行合作的国际条约，批准总统关于在俄联邦全境或其部分地区实施战争状态和紧急状态的命令，以及动用俄联邦武装力量、其他军队、军事单位和机关使用武器装备执行非使命性任务的命令。

动员的执行体制　联邦政府是动员决策的主要执行机构，下设军队动员与经济动员的两个分支系统：前者以国防部为核心，由所有强力部门组成，负责国家所有军事力量平时的动员准备及战时的动员实施，还具有协调政府其他各部门人力与物力动员行动的职能；后者以总统特别规划总局和经济部为核心，由政府其他各部门组成，负责根据国家对未来战争的判断进行平时的经济准备，战时按强力部门的要求开展经济和人力资源的动员工作。

联邦政府　联邦政府负责制定国家的动员准备与动员计划、计划的贯彻落实，以及对动员实施情况的监督等。其主要职责包括：制定并落实联邦动员准备与动员措施；确定联邦执行权力机关的动员任务；协调各联邦主体在动员准备与动员方面的行动；确定战时国防订货方法；为动员准备与动员行动提供资金保障；履行有关动员准备与动员领域的国际条约，主持动员准备与动员领域的国际谈判；监督动员准备的实施情况，制定并向总统提交联邦动员准备状况年度报告；在动员期间，监督武装力量和国家经济向战时体制转变的情况；确定物资、食品和石油等国防储备品的储备标准，以及物资储备的建立、保持、更新及使用的程序与方法。

政府强力部门　俄军实行兵役和动员统一的领导体制，总参谋部下设负责动员工作的组织动员总局，由一名副总参谋长领导，不仅负责国防部所属武装力量的动员准备与动员工作，还负责协调内卫军、边防军、民防军、铁道兵部队、政府通信部队等其他军队、军事单位和机关的动员工作。总参组织动员总局的主要职责是：制定国家动员准备措施及道路准备计划；制定武装力量动员计划；制定铁路、河海和航空运输工具的动员准备计划；统计兵员资源及国家经济动员资源；监督国民经济动员准备的实施情况；组织征兵、动员和预备役训练工作；协调国防部内各主要部门及国防部与地方部门之间的动员工作；参与国防工业成本换算程序的制定工作；参与制定民防计划等。各军（兵）种参谋部均设组织动员局，主要负责本军（兵）种的动员工作。各军区（舰队）参谋部也设有组织动员局，受总参谋部组织动员总局的垂直领导，具有负责所属部队的动员，以及领导辖区内地方政府兵役委员会的工作。各集团军、军、师、团均编有专职动员军官，分别负责所属部队的动员。各共和国、边疆区、州和市、区政府的兵役委员会，有作为地方同级政府一个部门的权限。兵役委员会属军队建制，受总参谋部和所在军区的领导，同时享有地方同级政府中一个部门的权限。各级兵役委员会负责准备和实施军事动员，对役龄青年进行役前训练，组织预备役人员参加军事集训，在预备役人员、役龄青年和役龄前青年中开展国防教育，汇编和保管兵员档案和经济资源档案，为退役军人提供社会保障，代管地方高校军事教研室等。

在内务部内卫军总局，民防事务、紧急情况和消除自然灾害后果部所属民防司令部，联邦边防总局，联邦铁道兵总局，总统政府通信与信息总局所属政府通信部队司令部，以及联邦安全总局、联邦对外情报总局和联邦警卫总局等强力部门内部都设有相应的动员领导机构，其职责是根据总参组织动员总局的计划组织所属部队的动员准备与动员实施工作。

政府非强力部门　在联邦政府所属的非强力部门

都设有专门的动员机构，负责根据政府指定的动员任务和总参谋部组织动员总局的动员计划组织所属部门或领域的动员与动员准备工作，如组建动员机关、制定动员计划等。经济部内设有经济动员准备厅和物资与国家储备厅，具体负责国防工业的动员准备和各种战略物资的储备工作，战时组织军工企业和武器设计局扩大生产，满足军队对武器装备和军用物资的需求。在财政部内设有动员准备与民防处，负责为军队、国防工业以及紧急情况下的民防动员提供拨款保障。在运输部内设有动员准备与紧急情况局，负责战时和紧急情况下的铁路、公路和河海运输工具及交通设施的动员工作。农业部内设有紧急情况、民防与自然保护局，负责农业和食品的储备与动员工作。在国家电信委员会内设有动员准备与紧急情况局，负责各种通信资源的登记、管理以及战时的征用工作。在教育部内设有军事教育与民防处，平时负责制定教育资源动员计划，战时和紧急情况下负责动员高校和职业技术学校的军事教育资源，为军队培养所需的军事和专业技术干部，以及民防专业人员。联邦航空运输总局设有动员局，平时负责民航后备力量的登记，战时根据需要征用民用航空工具及设施保障军队空运的需要。此外，卫生部、国有资产部、科技部、燃料动力部等联邦政府执行权力机构也都设有相应的动员机构，分别负责所属经济资源的动员工作。1999 年 5 月，俄政府进行改组，新组建了俄罗斯船舶制造总署、俄罗斯常规武器总署，俄罗斯指挥系统总署、俄罗斯弹药总署，原属经济部的部分职能转交这些部门行使。同时，俄联邦国家储备委员会改组为俄罗斯国家储备总署、俄联邦道路总局改组为俄罗斯道路总署。这些新机构在国家动员准备与动员工作中担负着重要职责，它们的成立使国家的动员准备体制进一步完善。

联邦主体执行机关和地方自治机关在自己职权范围也担负着一定的动员职责，主要包括：领导地方和所属团体的动员准备工作；组建地方动员机关；确保联邦动员法律、总统命令和政府法律文件的贯彻执行；制定地方动员计划；落实联邦关于主体经济的动员准备措施；与联邦执行权力机关协作，保障国家动员计划的落实；协助当地兵役机关做好平时征兵和战时兵员的动员工作；通知应征服役公民到集中站或部队报到，为兵员和部队提供住房、交通和其他物资保障；向集中站或部队运送武器装备等。

（崴钧埔）

日本自卫队体制编制

调整结构压缩部队编制员额 据日本《朝云》1999 年 8 月 5 日报道，1999 年度，为了实现陆上自卫队第 7 坦克师的现代化改编和充实自卫队参谋长联席会议情报本部的职能，1999 年 7 月 28 日，日本参议院通过了《防卫厅设置法》和《自卫队法》的部分修正案。根据《防卫厅设置法修正案》，由于第 7 坦克师的改编和北部军区后勤、卫生各支援体制的转换，陆上自卫队的定员由 1998 年度的 172866 人削减至 171262 人。为了加强情报本部的力量，自卫队参谋长联席会议增加 61 人。这样，自卫队的常备军人的编制员额由 1998 年度的 267280 人削减至 265737 人。

另外，根据《自卫队法修正案》，随着第 7 坦克师的改编，增加快速反应预备役人员 993 人，这样，陆上自卫队的快速反应预备役部队的编制员额由 1998 年度的 3379 人增至 4372 人。

1999 年度，部队改编、新编结束后，自卫队的常备军人和快速反应预备役军人的总编制员额为 270109 人，比 1998 年度减少 550 人。

北部军区进行大规模部队改编 根据新“防卫计划大纲”提出的“陆上自卫队的体制编制改革要有计划分阶段进行”的要求，1999 年，日本陆上自卫队以北部军区为重点，对部队的体制编制进行大规模调整，实现了新《防卫计划大纲》提出的由“13 个师 2 个旅体制”向“9 个师 6 个旅体制”过渡的第 1 步。据日本《朝云》1999 年 7 月 29 日报道，经过 3 年的准备工作，日本陆上自卫队北部军区于 1999 年度实施大规模部队改编工作，以逐步实现新《防卫计划大纲》提出的“部队要向新体制过渡”的要求，谋求部队的效率化、合理化。为了搞好此次部队的改编，1997 年北部军区制定了“体制改革准备要点”，1998 年初制定了“体制改革实施纲要”，1999 年 4 月设立了军区后方支援队、军区卫生队和第 7 后方支援团“改编准备队”。部队的改编工作于 2000 年 3 月全部结束。

（1）*新编北部军区后方支援队* 为了能够向北部军区直属部队等提供有效的补给整备支援，在岛松驻地新编北部军区后方支援队。该队在合并军区武器队、输送队的基础上，集中了第 1 炮兵旅、第 1 导弹旅、第 1 坦克群、第 3 工兵旅等军区直属部队的补给整备人员，编制员额为 2000 人。

（2）*新编北部军区卫生队* 在第 2、5、7、11 师的卫生队基础上，在真驹内驻地新编北部军区卫生队，编制员额为 200 人。该队装备“野外手术系统”，具有初期外科手术等能力，担负军区野战医院的任务。

（3）新编整备大队　在第 7 坦克师第 7 后方支援团（驻东千岁）下新编 A、B 两个整备大队，共计 800 人。整备大队的人员由第 11 步兵团和第 71、第 72、第 73 坦克团的补给整备人员和第 7 后方支援团的武器大队、补给队人员组成。A 整备大队负责整个师的后方支援；B 整备大队负责对各团的直接后方支援。

（4）引进快速反应预备役编制　1999 年度，第 7 坦克师编制 1000 名快速反应预备役人员。第 73 坦克团（驻南惠庭）编成以快速反应预备役人员为主体的坦克部队，编制 700 名快速反应预备役人员。此外，第 11 步兵团、第 7 炮兵团、第 7 导弹营、第 7 侦察队、第 7 后方支援团也相应编入快速反应预备役人员。

自 1954 年 7 月陆上自卫队组建以来，在军区编制直属后方支援队、卫生队还是第 1 次，它将大大提高部队的后勤保障能力。由于第 7 坦克师引进快速反应预备役人员，陆上自卫队的坦克部队首次编成了以快速反应预备役人员为主的坦克团。

东北部军区调整师编制结构　据日本《朝云》1999 年 4 月 1 日报道，根据自卫队防卫力量发展计划的要求，1999 年陆上自卫队东北部军区对下属的两个步兵师（第 6、第 9 步兵师）进行了编制调整。1999 年 3 月 29 日，将第 6 步兵师改编为战略机动师。改编后，由于防区的调整，第 6 步兵师所属第 21 步兵团（驻秋田）划归第 9 步兵师。另外，第 9 步兵师所属第 38 步兵团（驻八户）划归第 6 步兵师。第 38 步兵团改编成以快速反应预备役人员为核心的部队。该团由 4 个步兵连、反坦克连、重迫击炮连等 7 个连编成。其编制员额：现役人员 262 人，快速反应预备役人员约 500 人。第 6 步兵师第 6 坦克营（驻大和）编 4 个连，人员 328 人，装备 74 型坦克 51 辆，取消第 6 坦克队编制。第 6 师下属步兵团全部装备重“玛特”（MAT）反坦克导弹，从而大大提高了地面部队的反坦克作战能力。另外，第 9 步兵师第 9 反坦克队由岩手驻地移防至八户驻地。

中部军区将第 13 步兵师改编成第 13 地面机动旅　据日本《朝云》1999 年 4 月 1 日报道，根据新《防卫计划大纲》提出的要求，作为地面部队逐步由“13 个师 2 个旅体制”向“9 个师 6 个旅体制”过渡的第 1 步，1999 年 3 月 29 日，陆上自卫队中部军区在海田市驻地，将第 13 步兵师正式改编为第 13 地面机动旅。改编后，由于部队的编制员额由 7100 人减至 4100 人（现役军人 3550 人，快速反应预备役 550 人），从而大幅度地提高了部队的满员率（接近 100%）。第 13 地面机动旅由旅部、旅部直属连及 4 个步兵团、1 个炮兵营、1 个高炮队、1 个坦克连、1 个侦察队、1 个工兵连、1 个飞行队和 1 个后方支援连编成。每个步兵团辖 3 个步兵连、1 个迫击炮连、1 个反坦克连。步兵连辖 1 个步兵排、1 个迫击炮排、1 个反坦克排。步兵排辖 3 个步兵班（每班编制 7 人）。炮兵营辖 5 个炮兵连。坦克连辖 4 个坦克排。每个步兵团约 570 人，装备高速机动车 47 辆。4 个步兵团中有 1 个是快速反应预备役团，编制现役军人 114 人，快速反应预备役人员 456 人。

改编第 4 工兵旅　据日本《朝云》1999 年 4 月 1 日报道，1999 年 3 月 29 日，第 4 工兵旅撤编第 8 工兵群（驻善通寺），新编第 304 工兵队（驻出云）、第 305 工兵队（驻善通寺），撤编第 350 工兵连（驻三轩屋）、第 349 工兵连移驻三轩屋兵营。

新编“引导队”　据日本《朝云》1999 年 10 月 14 日报道，为应付可能发生的“重要事态”，1999 年 8 月末，日本陆上自卫队在东部军区第 1 空降旅新编“引导队”。该队的主要任务：在海外发生紧急事态时，负责将要求避难的日本人从机场等集合场所安全地引导到飞机上运回日本。为了应付因暴徒、强盗等制造的意外事件，引导队装备步枪、机枪和防护力很强的防弹背心，另外，还装备高性能通信器材，以确保通信联络的畅通和有关情报的搜集。1999 年 10 月，该引导队（40 人）在日本海上自卫队 1999 年度综合演习中，首次与海上自卫队（5 艘舰艇、10 架飞机）和外务省驻外日本人保护课（5 人）实施了救助外海日本人的训练。

改编警戒航空队　据日本《朝云》1999 年 4 月 1 日报道，随着日本航空自卫队引进的 4 架 E－767 大型预警指挥机（AWACS）全部到位及其试飞结束，1999 年 3 月 25 日，日本航空自卫队航空总队对其直属的警戒航空队进行了改编。改编后，该队本部由三泽基地移防滨松基地。下设 2 个飞行班、2 个整备群。第 1 飞行班驻三泽基地，装备 E－2C 预警机；第 2 飞行班驻滨松基地，装备 E－767 大型预警指挥机。第 1 整备群和第 2 整备群分别驻三泽、滨松基地。为加强基地的指挥，两基地分别设 1 名副司令。改编后，警戒航空队的编制员额由过去的 430 人增至 700 人，其中三泽基地 400 人，滨松基地 300 人。

航空方面队新设副司令官　据日本《朝云》1999 年 4 月 1 日报道，为加强对作战部队的指挥与运用，1999 年 3 月 29 日，日本航空自卫队在北部、中部、西部各航空方面队和西面航空混成团新设副司令官，同时将上述各单位司令部下属的监理部、人事部合并，成立总务部，构成总务部、防卫部、装备部3部体制，以提高指挥机关的综合办事能力。

新编“临时飞行教育队”　据日本《朝云》1999年9月9日报道，1999年8月3日，日本航空自卫队在新田原基地编成“临时飞行教育队”。该队司令由上校级军官担任，编制5人，负责F-15战斗机的飞行训练。该队的编成是为将来组建“飞行教育航空队”做准备。

调整第2护卫队群第6护卫队编制　据日本《海上自卫新闻》1999年3月5日、19日和4月9日报道，1999年3月，随着一批新型驱逐舰、潜艇和扫雷艇的服役，海上自卫队对护卫队群、潜艇队群、扫雷队群的编制进行了相应的调整。1999年3月4日、18日，日本海上自卫队“春雨”型常规驱逐舰第3号舰“夕立”号和第4号舰“雾雨”号相继服役，编入护卫舰队第2护卫队群第6护卫队。其母港为佐世保港。原第6护卫队的“山雾”号和“泽雾”号编入第2护卫队，母港为佐世保港。第2护卫队所属的“岛雪”号和第25护卫队所属的“青云”号驱逐舰改为练习舰，编入练习舰队第1练习队。第1练习队的练习舰“峰云”号和“夏云”号及特务舰“塑月”号退出现役。

调整第1潜艇队群第1潜艇队编制　1999年3月10日，海上自卫队新型潜艇“亲潮”型第2号舰“满潮”号潜艇服役，并编入第1潜艇队群第1潜艇队。编制调整后，第1潜艇队由“冲潮”号、“滩潮”号和“满潮”号组成，母港为吴港。原第1潜艇队所属“濑户潮”号改为特务舰，编为第1潜艇队群直属舰艇。

调整第2扫雷队群第2扫雷队编制　1999年3月16日，海上自卫队新型扫雷艇“营岛”号、“能登岛”号服役，并编入第2扫雷队群第2扫雷队，母港为横须贺港。编制调整后，第2扫雷队由“前岛”号、“营岛”号、“能登岛”号组成。

海洋业务群改装新舰　1999年3月24日，海上自卫队新型海洋观测舰“日南”号服役，编入海洋业务群，为群直属舰，母港为横须贺港。与此同时，“明石”号退出现役。“日南”号的主要任务是搜集反潜战、反水雷战等所需要的海洋数据。

（张洲军）

韩国军队体制编制

裁减国防部机关部门　据韩国广播电台报道，韩国国防部于1999年1月6日公布了“99年度国防改革方案”，重点之一是压缩国防部的机关编制，已确定将国防部的机关部门由原来的7个局2个室70个处减至4个局2个室62个处，共裁减机关人员162名。计划从2000年起，再将国防部、参联会和陆海空三军参谋部等高层领率机关行政人员削减10%，压缩下来的员额全部用于加强一线作战部队。

公布国防采购本部编成　据韩国广播电台1999年1月5日报道，韩国防部宣称，1998年12月31日挂牌成立的国防采购本部（亦称国防采购司令部）于1999年1月1日正式办公。该本部将原属国防部和参联会的装备采购、研发获取、计划立项、论证审批等5局1室的职能集于一身，编成6个局26个处，统管全军武器装备采购事宜。采购本部的成立将大大压缩武器装备采购的程序，节省费用，有利于系统地发展尖端国防科技。

组建国军运输司令部　据韩国广播电台1999年3月2日报道，为提高战时综合运输能力，韩军于当天下午正式创建直属国防部的国军运输司令部，司令为中将。该部是以原陆军运输司令部为核心，合并海空军运输部门而组建的。本部机关编成企划处、地面处、海空处和行政处共4个部门，统一管理三军运输资产，履行公路、铁路、海上、空中等联合运输职能。战时，国军运输司令部将接管全国运输力量，实施统一计划、调度和指挥，以支援韩美联合作战和三军合成作战。

成立军事革新企划团　据韩国广播电台1999年4月12日报道，为适应军事科技、特别是信息通信技术的发展和未来安全保障环境的变化，韩国防部决定成立军事革新企划团。该部作为军中智囊团，从陆海空三军和国防科学研究院选拔40～50名专家组成，隶属国防部改革推进委员会。

确定国防大学的组成　据韩国广播电台1999年5月20日报道，韩国防部宣布，过去独立运作的军队3所高等院校（国防大学学院、国防参谋学院、国防精神教育学院）定于2000年1月合并，组成综合性的最高学府——国防大学，专门培养各种类型的国防专家。根据4月份确定的编成方案，国防大学将由安全保障学院、合成参谋学院、国防管理学院组成，每年招生1432名。作为培养国家安保人才的最高摇篮，面向社会招生，除招收军官外，还将在情报机关、教育和宣传部门、学术团体及企业界招生。

成立解决Y2K问题的专门班子　据韩国广播电台1999年12月30日报道，韩国军队根据国防部的指示，于当天在全军各级部队成立了代号为“Y2K问题非常对策班”，专门解决计算机2000年问题。其成员由各部队主要指挥官、参谋、技术人员组成，共计19.5万人。这些“对策班”从1999年12月30日～2000年1月4日进行24小时非常值班，按顺序对武器、指挥控制、情报等主要作战单位的计算机进行系统地检查测试。

改编陆军航空司令部 据韩国广播电台1999年4月8日报道，韩国防部宣布，4月20日陆军航空司令部将改编为陆军航空作战司令部，仍隶属陆军参谋部，统辖陆军集团军司令部和军司令部管理的休斯500MD、UH-60型直升机。通过改编，陆航司的职能由直升机管理为主向作战指挥为主转变。有情况时，该司令部将遂行高速机动作战任务，可在1小时内将3000余人和装备空运到300千米以外的地区。

新建化生放防御司令部 据韩国广播公司电视台1999年5月24日报道，为对付朝鲜核生化武器的威胁，韩军定于6月1日新建化生放防御司令部，隶属陆军参谋部。该司令部以首都防御司令部所属化学团为基础，吸收合并陆军现有的各化学战单位，并充实人力装备进行组建。平时进行训练，24小时对敌监视，一旦发现来袭征候，即发布警报，制定防范措施，实施救护行动。当城市、地铁等地方发生毒气恐怖事件时，该司令部还担负市民救护和消毒支援等任务。

新建仁川海域司令部 据韩国广播公司电视台1999年4月12日报道，韩海军宣布，由于原驻仁川的第2舰队司令部及所属第2战团迁往别处，使仁川、江华等战略海域的防御出现空白。为加强这一重要海域的防御和指挥，海军计划于7月成立仁川海域司令部，统辖上述海域的作战行动，并增配快艇部队和尖端雷达设施，以防范敌人的海上高速进攻。

组建两个海航大队 据韩国广播电台1999年12月22日报道，韩海军部队当天在镇海举行了第620和629飞行大队创建暨超级山猫反潜直升机接收仪式。新成立的两个大队隶属海军第6航空战团的第62飞行战队，计划装备13架英制超级山猫反潜直升机。其中1999年装备3架，其余10架以后陆续进口。这些飞机将优先部署在前沿地区，专门执行对潜艇的搜索、攻击等海上作战任务。

建立韩美联合心理战部队 据韩国广播电台1999年1月24日报道，根据韩美军方高层达成的协议，韩美联合心理战司令部于当天正式成立，下辖两国各自拥有的心理战部队。该司令部平时由韩军将领任司令，直属韩军参联会指挥；进入三级戒备后，则改属韩美联合部队司令部指挥。当前的心理战行动由韩军直接负责，美军主要提供高技术装备支援。

（孔国生）

越南军队体制编制 1999年，越南为适应新形势下军队建设的需要，对军队体制编制进行了一些调整，主要情况如下：

将空军、防空军合并成防空-空军。根据越共中央政治局和中央军事党委的决定，越军于1999年7月14日正式将空军、防空军合并为防空-空军。至此，越军军种已由原来的四个（陆军、海军、空军和防空军）减为三个（陆军、海军和防空-空军）。阮德察中将为首任防空-空军司令。在防空-空军军种成立仪式上，越军总参谋长黎文勇中将强调：“防空军、空军两个军种合并是调整军队编制的重大举措，旨在适应精简员额，加强统一指挥，建设革命化、正规化、精锐化、逐步现代化的军队，以适应新形势下的国防需要。防空-空军要尽快稳定编制，使战备、训练工作早日步入正轨。”1999年10月15日，越国防部又宣布将防空军学院和空军学院合并为防空-空军学院。目前，越防空-空军总兵力为3万人，编有防空-空军司令部、航空师、防空师、航校等。防空-空军司令部设司令1名、副司令若干名，编有参谋部、政治局、后勤局、技术局、训练局、陆军防空局等机关和部分直属单位。航空师编制5000人，设师长1名、副师长若干名，编有参谋处、政治处、后勤处、技术处及部分直属单位，下辖2～3个飞行团、3～5个基地营和部分训练营、工兵营、雷达通信营；飞行团编制600～800人，编有2～3个飞行队，装备20～45架飞机；飞行队编制70～80人，装备9～12架飞机。防空师编制4200～6000人，设师长1名、副师长若干名，编有参谋处、政治处、后勤处、技术处及部分直属单位，下辖数个导弹团、高炮团和雷达团；导弹团编制600～1500人，编有数个导弹营、技术营、指挥连等，装备萨姆-2、萨姆-3、萨姆-6型地空导弹发射架；高炮团编制600～800人，编有多个高炮连、指挥连等，装备37、57毫米高炮；雷达团编制600～1000人，下辖5～8个雷达连，装备12～24部雷达。航校属师级编制单位，编有参谋处、政治处、教务处、后勤处、技术处、下辖2个训练飞行团、4个基地营、4个雷达通信营和数个工兵、警卫营等；每个训练团有学员约200人、教员50余人，装备飞机约50架。

国防部新建2个机关局和1个直属兵团 1999年4月27日，越国防部新组建了经济局，其职能是协助中央军事党委和国防部指导和管理军队生产经营活动，负责组织实施国防经济建设和国防军事工程建设项目。8月15日，越国防部又新成立了计划投资局。至此，越国防部机关局由原来的9个增至11个，即：政策局、物资局、财政局、外事局、刑事调查局、科技与环境管理局、经济局、计划投资局、车辆局、武器弹药局、计量局。8月29日，越军在平福省同富县新成立了第16兵团。该兵团直属国防部，主要负责多乐省和平福省“国防－经济区”的建设。何绍大校被任命为首任第16兵团司令。目前，越国防部直属单位有军事战略研究院、军事历史研究院、国防学院、军事外语大学、第16兵团、万春进出口总公司等。

组建2个预备役工兵旅　根据越军总参谋部的决定，越军1999年4月初新组建了2个预备役工兵旅。这两个预备役工兵旅是在99路桥公司和472路桥公司的基础上成立的，隶属长山兵团，主要担负“与国防安全息息相关”的工程建设和经济建设任务。

根据越共中央军事党委和国防部的决定，越军将在2000年继续大幅度裁减员额，主要减少陆军师、团编制和省、市军事指挥部直属团；撤并部分军工企业和重叠机构；精简师级以上机关，重点裁减年龄大、学历低和工作能力差的非专业人员。越国防部长范文茶上将1999年12月30日发表讲话称：“在21世纪前10年，越军将继续搞好体制编制改革。以提高综合作战能力为标准，压缩军队规模，进一步优化结构，实现由数量规模型向质量效能型的转变，使之朝着‘精锐、合成、高效’的目标迈进。”

资料来源：

①越南《人民军队报》1999年；
②越南《全民国防》杂志1999年；
③英国《军事力量对比》1999～2000年；
④英国《不列颠年鉴》1999～2000年。

（钟学良）

泰国军队体制编制　**陆军编制**　陆军司令部设司令1名、副司令1名、助理司令2名、参谋长1名、助理参谋长5名，编有作战厅、情报厅、通信厅、军需厅、战略教育厅等机构，下辖4个部域军、3个小军、7个步兵师、2个骑兵师、3个装甲师、2个机械化步兵师、2个特种作战师、1个炮兵师、1个高炮师、1个工程师、4个经济开发师。

部域军　相当于军区。编有1个作战支援指挥部、1个防空中心、1个飞行中队、1～3个步兵师、1个骑兵师、1个预备师、1个经济开发师、1个小军、2～4个省军区、4～7个猎勇团、5个营（工程、通信、炮兵、宪兵、特战团）和5个连（心战、巡逻、运输、骑兵、指挥连）。

小军　平时，仅编有1个混合戒备营、1个边警连、1个控制组等单位，不编作战部队。战时，从各军区抽调兵力，小军司令部负责指挥辖区内2个以上师的作战行动。

步兵师　它是泰国陆军的基本战术单位，编有3个步兵团、1个炮兵团、5个营（坦克、侦察、通信、工兵和医疗卫生营）和3个连（炮兵、宪兵和补给连）。总人数为1.38万人。

机械化步兵师　编有2个机械化步兵团、1个炮兵团、5个营（坦克、侦察、通信、工兵和医疗卫生营）和3个连（炮兵、宪兵和补给连），总人数近1万人。

特种作战师　编有3个特种作战团、4个营（侦察、战斗支援、通信和医疗卫生营）和3个连（技术维修、宪兵和补给连），总人数近1万人。

炮兵师　编有5个炮兵团、1个独立火箭营、1个独立炮兵侦察营和支援分队，总人数近1万人。

高炮师　主要担负首都曼谷市的防空任务，编有2个高炮团和4个独立连（通信、勤务、宪兵、医疗卫生连），总人数为3300人。

海军编制　海军司令部设司令1名、副司令1名、助理司令1名、参谋长1名、助理参谋长4名，编有作战厅、情报厅、通信厅、航保厅和船坞厅等机构，下辖1个作战舰队、1个陆战指挥部、1个防空护岸指挥部及5个海军基地。作战舰队下辖反潜、扫雷、登陆、训练、内河巡逻等舰队及航空兵大队。陆战指挥部现有兵力2万人，编有1个陆战师、1个安全保卫团、1个两栖攻击营和1个侦察营，装备有14艘舰艇、12门155毫米牵引炮、10辆水陆两栖攻击车及一批作战飞机和“龙”式反坦克导弹等。防空护岸指挥部下辖2个空防团、1个海防团和1个防空护岸中心。5个海军基地包括曼谷、梭桃邑、宋卡、攀牙、达叻。

空军编制　空军司令部设司令1名、副司令1名、助理司令1名、参谋长1名、助理参谋长4名，下辖作战、训练、支援3个指挥部和13个空军基地。作战指挥部编有作战厅、情报厅、后勤厅、空中管制厅、空中巡逻厅，空中作战部队、地面指挥部队作为该部的直属部队。训练指挥部编有人事厅、档案厅、监察厅、财政厅、战略教育厅、空军航校及武器开发研究中心。支援指挥部编有兵源厅、运输厅、通信厅、电子厅、军需厅、军械厅、医务厅、工程技术厅和航空技术厅。空军作战部队包括4个飞行师、11

个飞行大队和 23 个飞行中队。

资料来源：

①泰国《海军学》1999 年；

②泰国《民意周刊》1999 年；

③英国《简氏防务周刊》1999 年。

（孟　丽）

马来西亚军队体制编制　为适应现代战争的需要，1999 年，马来西亚陆军和海军均致力于防空部队的建设。

陆军扩建防空部队　马来西亚陆军防空部队创建于 1992 年。1998 年 10 月，陆军成立防空司令部，下辖第 31、32、33 防空炮团，由尤索夫·沙义上校任司令员。1999 年底，陆军对防空部队进行扩编，将第 1 炮兵连和皇家马来亚兵团第 14 团的 1 个连分别编入第 32 和 33 两个防空炮团。目前，防空炮团装备了厄利康自动高炮和防空导弹等先进装备。马防空部队每年进行 3 个系列的训练、演习，着重与装甲兵、步兵协同训练，并参加三军联合演习以及与外军的联合演习。

海军组建防空司令部　1999 年 4 月，马来西亚海军成立了防空司令部，由郭恩华准将担任司令。海军防空司令部装备有"星爆"近程地空导弹系统以及先进的雷达预警系统、通信系统、运输系统等装备。海军防空司令部由海军司令部直接指挥，但当海军战略要地受到外敌入侵时，海军防空司令部具有自行采取行动的权力，主要负责保卫马来半岛的安全。

资料来源：

马来西亚《信使报》1999 年 4 月、12 月。

（孟　丽）

澳大利亚军队体制编制　澳大利亚武装力量由现役部队和预备役部队组成，分陆、海、空三个军种。其主要编制情况如下：

陆军编制　陆军司令部设参谋长 1 名、副参谋长 1 名、助理参谋长 3 名，编有参谋部、人事部、预备役部等职能部门，下辖 1 个地面部队司令部、1 个后勤司令部，1 个训练司令部。地面部队司令部下辖 2 个步兵师、6 个步兵营、1 个装甲团、2 个侦察团、1 个特战团、1 个突击营、2 个装甲输送车中队、3 个炮兵团、1 个防空团、3 个工程兵团和 2 个航空团。后勤司令部下辖 3 个后勤大队和 5 个后勤营。训练司令部下辖皇家陆军学院、步兵学校、炮兵学校、通信学校、装甲兵学校等军事院校。

海军编制　海军司令部设参谋长 1 名、副参谋长 1 名、助理参谋长 3 名，编有作战部、人事部、装备技术局、牧师局等职能部门，下辖 1 个作战司令部、1 个支援司令部、1 个训练司令部和 6 个海区司令部。作战司令部下辖潜艇部队、导弹驱逐舰部队、导弹护卫舰部队、巡逻艇部队、扫雷舰艇部队和海军航空兵部队等，其中海军航空兵部队编有 990 人，下辖 1 个反潜直升机中队、2 个运输与救援中队，装备有武装直升机 16 架、运输与救援机 18 架。训练司令部下辖皇家海军学院、潜艇学校、水面作战学校、潜艇逃生训练中心等单位。6 个海区司令部包括维多利亚、昆士兰、塔斯马尼亚、北澳、西澳、南澳海区司令部。主要海军基地有悉尼、加登岛、斯特林、达尔文港、凯恩斯、布里斯班、贾维斯湾。

空军编制　空军司令部设参谋长 1 名、副参谋长 1 名、助理参谋长 3 名，编有作战部、人事部、资源计划局等职能部门，下辖作战司令部、后勤司令部、训练司令部。作战司令部下辖 2 个攻击战斗机兼侦察机中队、3 个战斗机兼攻击机中队、1 个战术训练机中队、2 个海上侦察机中队、7 个运输机中队。训练司令部下辖皇家空军学院、空军参谋学院、飞行学校、空中交通管制学校和飞行训练中心等单位。主要空军基地有堪培拉、墨尔本、爱丁堡、敦斯维尔等。

预备役人员编成　澳大利亚预备役部队约 4.93 万人。战备预备役 3780 人，其中陆军 3250 人、海军 280 人、空军 250 人；普通预备役 3.45 万人，其中陆军 2.6 万余人，海军 4700 人，空军 3850 人；常设预备役 1.1 万人，其中陆军 4500 人，海军 3550 人，空军 2950 人。

资料来源：

①美国《军事力量对比》1999 年；

②英国《简氏防务周刊》1999 年；

③泰国《海军学》杂志 1999 年。

（孟　丽）

其他国家军队体制编制　**英国成立国防采购局和国防后勤部**　据美国《防务新闻》1999 年 4 月 26 日报道，英国政府将对国防系统进行两项重大改革：一是成立国防采购局。为了进一步完善国防采购程序，最大限度地提高国防采购费的效率与效益，减少国防工业的竞标开支，英国政府于 1999 年 4 月 1 日宣布成立国防采购局（DPA），取代原来的采购执行委员会。该局的职责是负责军用装备的标准制订及其采购管理。国防采购局的成立标志着国防大臣乔治·罗波斯顿在 1998 年的"战略防务审查年度报告"中提出的"精确采购倡议"得到了落实。原国防采购委员会总监罗伯特·华姆斯利爵士改任国防采购局执行总监，萨姆·科万上将接替前者出任国防采购局局长。国防采购局成立后，将调整军用装备的采购与供应方式。政府正考虑在采购周期开始前及早压缩承包商数量，以减少工业界的竞标开支。其原因是，在以前的采购过程中，国防部为了压低武器装备的采购费，往往把竞标程序搞得太复杂，而没有在竞标时及早把少数不具备资格的承包商排除在外。二是成立国防后勤部（Defence Logistics Organization）。该部将于2000年4月前全面实现一体化改造，接管三军后勤保障机构，负责三军通用物资的供应与管理。据称，该部的年度经费开支约为46亿英镑。

（张　冬）

意大利快速部署部队编制　俄罗斯《外国军事评论》1998年第7期报道，目前，意大利快速部署部队司令部下辖1个指挥营、2个独立机械化旅、1个独立空降旅、1个两栖攻击团、1个炮兵团、2个直升机团、1个通信团、1个工兵团、1个后勤保障团和2个教导团，共装备800余辆装甲坦克车辆、190门火炮和迫击炮。遂行具体战斗任务时，空军将派出第46运输航空兵旅和第156歼击轰炸机中队，海军将派出海军陆战团以及由登陆舰和作战舰艇组成的舰艇集团。

快速部署部队共有3万余人，装备近200辆坦克、600辆装甲战车、220余门火炮和迫击炮、80架直升机、20架战斗机、46架运输机、3艘登陆舰、4～6艘护卫舰。作战部队的主力是机械化旅、空降旅、两栖攻击团和海军陆战团。其中，陆军的3个旅战斗力最强。

“弗里乌利”旅编有旅部、2个机械化团、2个坦克团、1个炮兵团、1个反坦克连、1个防空连以及若干战斗支援与后勤支援营。全旅6600人，装备99辆主战坦克、165辆装甲输送车、26门自行火炮、36门迫击炮、58部反坦克导弹系统、12部防空导弹系统、8门自行高炮、4辆坦克架桥车及其他装备。

“加里波的”旅与“弗里乌利”旅的编制相近，只是在主要战斗部队的编配上有所不同，编有3个机械化团和1个坦克团。全旅4250人，装备120余辆主战坦克、24门野战火炮和45门迫击炮、42部反坦克导弹系统、8部防空系统、220余辆装甲输送车、4辆坦克架桥车。

独立空降旅编有旅部、5个伞兵团、1个炮兵团、1个陆军航空兵中队以及若干战斗支援和后勤支援营。全旅7100人，装备85辆装甲输送车、31门牵引式榴弹炮、68门迫击炮、150部反坦克导弹系统、25部防空导弹系统、15架直升机。战时，空降旅能在敌后执行各种复杂的侦察破坏任务，还能在战争初期迟滞敌人的行动直至主力展开。空降旅中有1个团为战备团，能随时空中机动至出事地点。

由于对人员的战斗技能和心理素质要求较高，意大利快速部署部队全部由职业军人组成，而且近80%的人员有参加维和及其他军事行动的经验。平时，意大利法律禁止派义务兵到境外执行任务。

快速部署部队的战役、战术训练包括：根据北约司令部和意大利总参谋部训练计划进行的部队整体合练；单个兵团、部（分）队训练；单个人员训练。部队整体合练以每年2次参加意军演习的方式进行。许多将、校级军官还经常参加北约快速部署部队的例行演习。单个部（分）队训练，以参加为数众多的盟军联合大演习等方式进行。营级分队每年参加5～6次演习。空降旅每年参加9次演习。演习中，快速部署部队主要演练下列科目：对指定地域内的敌人实施侦察；空降或海上登陆；组织协同动作；合围敌军集团，对敌实施火力毁伤，尔后予以全歼。演习中，快速部署部队的第1梯队从驻地机动至意境内的任一地区只需3个小时。

意军方拟于2010年前完成对快速部署部队的改组。届时，快速部署部队中的陆军部队将编有6个独立旅、若干直升机部队、炮兵部队、防空部队以及战斗支援和后勤支援分队。此外，鉴于海湾战争的经验，决定将无线电侦察和无线电电子对抗分队以及特种作战部队编入快速部署部队序列。调整编制和装备现代化的武器，将使快速部署部队的战斗力发生质的变化。比如，除旅的建制火器外，还可以使用独立直升机中队（装备有多用途直升机和攻击直升机）和炮兵团（装备有多管火箭炮和155毫米榴弹炮），这有助于增强旅的突击力和火力。计划进一步装备A－129“猫鼬”改进型直升机，以增强陆军航空兵的火力。装备ATGW－3等新型反坦克导弹后，快速部署部队的反坦克能力会有很大的提高。目前，意大利正积极参与这些新型反坦克导弹的研制。为加强对空防御，独立防空司令部将给快速部署部队拨出3个防空团，装备改进型“霍克”、“空中卫士”、“毒刺”式防空导弹系统和40毫米“搏福斯”高炮系统（今后将换成火力更强的“澳托马蒂克”76毫米自行高炮）。这样就可以对快速部署部队的整个战斗地域实施可靠的空中掩护。特种作战兵团——独立两栖旅，将成为快速部署部队新的组成部分，该旅将在两栖团和海军陆战团的基础上组建。两栖旅将增强快速部署部队在他国领土上实施侦察破坏和特种作战的能力。拟大力加强快速部署部队中的航空兵部队，2010 年前将编有 11 个战斗机中队（装备 170 余架作战飞机，主要是新型飞机）、6 个辅助飞机中队（装备近 60 架飞机）和 8 个独立防空导弹连。这样就能有效地从空中支援陆军部队的行动、有效地实施对空防御和输送部队。随着 130 架 EF－2000 新型歼击轰炸机的装备。战斗机部队的作战效能会有进一步提高，而空运能力在采购 44 架 FLA 型轻型运输机和 NH－90 运输直升机之后也会有所增强。使用加油机，可使战术战斗机和军用运输机的活动半径扩大 50%。意军领导人视航空兵为快速部署部队的一大主力，拟将 70% 的战斗机和 50% 以上的辅助飞机编入快速部署部队序列。

2010 年前，快速部署部队中的海军部队将编有 1 个航母突击群（6～8 艘舰艇，其中 1 艘为轻型航空母舰）、1 个舰艇突击群（4～6 艘舰艇）、1 个两栖登陆舰群、2 个巡逻护卫舰群、1 个岸基巡逻机中队、1 个反潜直升机中队以及部分补给舰船。战斗序列中将有 35 艘作战舰艇和辅助舰船、50 架飞机和直升机。第 2 艘轻型航空母舰装备部队后，将有 2 个航母突击群可以同时在地中海东、西部海域或地中海之外的海域活动。根据新的军队改革计划，快速部署部队的总人数将增加近 2 倍，达到 9 万人。此外，主战装备的数量也会有大幅度增加。其中防空兵器和作战飞机的增幅最大。改革完成后，意大利快速部署部队的战斗潜力会有很大提高，将成为意大利领导人实现军事政治计划的有效工具，在能力方面不逊色于北约主要国家的类似部队。（习　钟）

军事训练

美国军队军事训练　陆军训练　**驻欧陆军重视部队训练**　据美《陆军》杂志 1999 年 10 月刊报道，美驻欧陆军重视部队训练。1999 财年，美驻欧陆军部队参加了 33 个重大演习，其中包括按和平伙伴计划、北约计划和双边计划与 40 多个国家联合举行的许多演习。美驻欧陆军司令部还帮助北约新伙伴国捷克、匈牙利和波兰部队更多地了解北约的军事行动。1999 年，美驻欧陆军司令部派出 438 个小分队到亚洲、欧洲和非洲等 20 多个国家提供援助和训练，包括军士培训、人员交换和专业人员访问。

第 10 山地师部署波斯尼亚前进行强化训练　据美《陆军时报》1999 年 8 月 23 日报道，驻纽约州德鲁姆堡的第 10 山地师头两批 3200 人，于 7 月 13 日开始部署到波斯尼亚。首批部署的部队有师部和第 10 通信营。第 2 旅特遣部队于本周开始把装备运往上载港。第 10 山地师为这次部署作了 11 个月的准备。期间，师长及其参谋人员参加了作战指挥训练大纲研讨会、军事预演和决策演练；作战部队则演练了任务所需的部队防护和地雷探测等作战技能。

全国训练中心进行第 200 次轮训　据美《陆军时报》1999 年 5 月 17 日报道，加利福尼亚州欧文堡全国训练中心于 1999 年 5 月进行了第 200 次轮训。期间，第 11 装甲骑兵团假设敌部队与堪萨斯州赖利堡第 1 机械化步兵师第 1 旅特遣部队进行对抗训练。

全国训练中心于 1981 年开始第 1 次轮训。1981～1999 年 5 月，全国训练中心轮训人数共达 75 万人。目前，该中心每年轮训 10 次，来自全国各地的旅规模特遣部队轮流参加为期 14 天的部队对抗和联合兵种实兵训练。18 年来，全国训练中心共训练了 1123 名营长（其中包括 501 名机动营营长、362 名作战支援营营长、260 名作战勤务支援营营长），6545 名连长，57331 名军官，252316 名军士和 770200 名士兵。

陆军后备军官训练团培训人数减少　据美《陆军时报》1999 年 3 月 8 日报道，美陆军后备军官训练团 1999 年培训了 3459 名少尉，比 1998 年减少了 9%，比 1997 年减少了 19%。（1998 年培训了 3814 名，1997 年培训了 4271 名）。1999 年毕业学员中有 2626 名充实到 16 个基本兵种。

陆军实施扩大初级后备军官训练团计划　据美《陆军》杂志 1999 年 11 月号报道，美陆军将根据国会批准的扩大初级后备军官训练团计划，在今后 5 年内每年增加 50 个学校。当扩大计划全面付诸实施后，美本土将有 1620 所高中建立初级后备军官训练团。初级后备军官训练团学员中的 40% 将进入现役部队或后备役部队，联邦政府负责提供军服和装备，教官由退役军官和军士担任。

陆军将在 2000 年对军士基础课程和高级课程进行改革 据美《陆军时报》1999 年 6 月 14 日报道，美陆军将在 2000 年对军士基础课程和高级课程进行改革。驻得克萨斯州布利斯堡的陆军军士学校训练与评估处处长斯特夫·蔡斯最近在全陆军范围内进行的一项调查表明，下级军士担负上级军士工作已成为一种趋势。例如，班长经常担负传统上应属于排长职责范围内的工作。因此，陆军决定在 2000 年对军士基础课程和军士高级课程进行改革，尔后进行初级领导人发展课程的改革。改革要点如下；（1）陆军将于 2000 年 10 月 1 日开始实施新的军士基础课程和高级课程。目前军士高级课程中的某些教学内容将下放到军士基础课程。(2) 课程难度增加，智能和体能训练更富挑战性。(3) 新课程将增加计算机技能，尤其是计算机模拟等内容。新的军士基础课程要求军士学会标绘准备作战透明图和态势图，而这原来是军士高级课程和为期 6 周的作战参谋课程的教学内容。军士高级课程则将更加强调创造性和解决问题的能力。

陆军实施多能保养人员训练计划 据美《陆军后勤》杂志 1999 年 7～8 月号报道，美陆军将于 1999 年开始实施新的多能保养人员训练计划。实施该计划的目的是为“艾布拉姆斯”主战坦克和“布雷德利”步兵战车培训多能保养人员。多能保养人员能对 21 世纪部队机动营的 M－1“艾布拉姆斯”主战坦克和 M－2/3“布雷德利”步兵战车进行各种保养。

“艾布拉姆斯”主战坦克多能保养人员负责现由该坦克炮塔和本身机械师承担的保养任务以及由军械维修人员和履带式车辆维修人员承担的直接支援任务。“布雷德利”步兵战车多能保养人员负责现由该战车炮塔和车身机械师承担的保养任务以及由军械维修人员和履带式车辆维修人员承担的直接支援任务。

技术一级和技术二级训练将在肯塔基州诺克斯堡陆军装甲兵学校进行或由流动训练小组实施。技术三级训练则由流动训练小组或地区保养训练站实施。在 2006 财年前转为 21 世纪部队的后备役部队也将由流动训练小组承担训练任务。

“艾布拉姆斯”主战坦克多能保养人员课程为期 15 周零 3 天，完成 40 项保养训练任务。“布雷德利”战车多能保养人员课程为期 13 周零 4 天，完成 20 项保养训练任务。

陆军国民警卫队军事支援分遣队投入训练 据美《陆军》杂志 1999 年 11 月号报道，美陆军国民警卫队 10 个军事支援分遣队约 220 名队员已在密苏里州伦纳德·伍德堡进行了训练，以帮助民政当局对潜在的使用大规模杀伤武器的恐怖主义事件作出反应。军事支援分遣队原称为快速评估/初始侦察小组，根据国会批准的国防授权法于 1998 年开始组建。每个分遣队由 5 名军官和 17 名士兵组成，由 1 名陆军国民警卫队少校或中校领导，军官包括医生、护士、后勤人员和侦察小组组长。军事支援分遣队的任务是向联邦应急管理局下属 10 个区，提供军事专业人员，帮助地方当局对可疑的使用大规模杀伤武器的恐怖主义事件作出评估，确定可采取的反应措施并请求州或联邦支援。军事支援分遣队与空军国民警卫队航空部队驻在一起，以便能快速空运至出事地点。军事支援分遣队接受化学和生物战剂探测方面的训练，在 1999 年末具有初始作战能力，于 2000 年 1 月开始正式投入工作。

丛林作战训练中心关闭 据美《陆军时报》1999 年 3 月 1 日报道，由于预算拮据，美陆军于 1999 年 3 月 1 日关闭了在巴拿马谢尔曼的丛林作战训练中心。该中心不仅教授丛林作战技能而且还培训小分队领导人。

希尔堡修建 2 个计算机化实弹训练靶场 据美《陆军时报》1999 年 2 月 22 日报道，美陆军弗吉尼亚州希尔堡于 1999 年建成 2 个计算机化实弹训练靶场。1 个靶场为班突击训练靶场，定于 3 月启用。该靶场配置 28 个移动式和吊升式步兵靶标、1 个移动式装甲靶标、4 个机枪掩体和 6 个吊升式坦克靶标。另一个多用途训练靶场定于 7 月启用。该靶场配置步兵和装甲靶标，供“艾布拉姆斯”主战坦克和“布雷德利”战车炮手以及“阿帕奇”直升机和“眼镜蛇”直升机航炮炮手演练。这两个靶场的靶标均可记录和打印命中次数，供指挥员训练后评估使用。美陆军官员相信，这两个实弹训练靶场投入使用后，将大大提高驻美本土东部和中部几个州的作战部队的战备水平。陆战队和海军海豹小队也将充分利用这两个新靶场进行实弹训练。

胡德堡修建士兵教育中心 据美《陆军时报》1999 年 3 月 8 日报道，美陆军于 1999 年 2 月 17 日在胡德堡为士兵教育中心举行破土动工仪式。该中心第 1 期工程费为 1300 万美元，拟建造 60 个多用途教室以进行院校课程教学。这些教室将装备先进的教学设备以实施 21 世纪数字化系统教学。该中心第 1 期工程定于 2000 年竣工。第 2 期工程费用为 1500 万美元，计划于 2001 年开工，建造 23 个远程教室和 1 个训练用数字化战术作战中心。

卡森堡增建训练设施 据美《陆军时报》1999年5月17日报道，卡森堡原有5座城市作战训练设施。为使第3装甲骑兵团积累对付未来冲突的经验，陆军于1999年4月中旬开始在卡森堡耗资50万美元增建11座训练设施。第3装甲骑兵团官兵将在这些训练设施演练巡逻和如何对付狙击者等课目。

全国训练中心假设敌部队配备改进型装甲人员输送车 据美《陆军时报》1999年11月29日报道，为提高部队对抗训练的真实性，美陆军欧文堡全国训练中心的假设敌部队第11装甲骑兵团开始装备OSV式装甲人员输送车，以逐步更换现有的日趋老化的装甲人员输送车。OSV式装甲人员输送车以M－113型底盘为基础改建而成。换装工作始于1998年。当年，第11装甲骑兵团为第2中队的一个摩托化步兵连配备了8辆新车。此后，该团又接收了48辆。全国训练中心计划在2002财年前共接收160辆OSV式装甲人员输送车。路易斯安那州波尔克堡联合战备训练中心也拟在2003年春天前接收36辆此式装甲人员输送车。

（洪锦珠）

陆军小分队战斗操练 《外国军事学术》1999年第5期乐兵报道，美陆军采用多种训练方法，其作战训练的重要方法之一，就是战斗操练。

战斗操练的定义和特点 美陆军战斗操练是训练排以下小分队未经慎重定下决心程序就能快速实施集体战斗行动的一种训练方法。陆军退役上将豪兹给战斗操练定义为“队形演练（在各种地形上从一种队形迅速转变成另一种队形）和战备行军的演练，它可使指挥官在进攻和防御一开始，便指挥其兵力投入战斗，而无需召开下属指挥官会议，或发布冗长繁琐的指令”。战斗操练是美陆军《训练与考核大纲》规定的两种重要训练方式之一。美军认为，行动的速度对能否取得战斗胜利或保存有生力量至关重要。战斗操练就是训练小分队快速行动、快速反应的一种方法，它通常根据某一假定的情况（如敌军的某一行动或班排长的简单命令）开始并针对某一特定的条件进行训练，它几乎无需班、排长的命令即可完成，且对所有相同单位来说，其内容都是统一的。

美陆军战斗操练的特点是：第一，需要下达的指令少，并且有全军统一行动标准；第二，训练小分队连续的战斗行动，美军认为这是战斗成功的实质或保护生命的关键；第三，训练对敌人的行动或指挥官的命令的反应；第四，能训练小分队指挥官在进攻和防御行动中的心算步骤。战斗操练的优点是：能保障小分队达到完成具体任务和分任务的熟练程度的标准；训练由简单到复杂，而且着眼于基础；将小分队的训练和战斗方法紧密地联系在一起；为连续训练和讲评提供了方法和内容；便于培养班、排长的能力并建立起协作精神和凝聚力；能增加单兵和部队在战场上的生存能力；减少了作出反应的时间，加快了实施行动的速度并在关键情况下使战斗行动规范化；有助于士兵掌握单兵技能，以使其知道他的本能应做出何种反应；灌输了在关键战场态势下部队的规定和作战标准。

战斗操练的内容 战斗操练是按战斗操练手册实施的。一般情况下，美陆军战斗操练手册有3个部分组成：一是下车战斗操练，二是乘车战斗操练，三是兵器组和车辆组战斗操练。每一部分又由以下内容组成：①任务提供了战斗操练的课目，它既是集体实施的课目，也是分队要执行的任务。有些课目排和班都能使用，当实施班训练时改变相应的关系和数据，把排长改为班长，班长改为组长，排的人员改为班的人员。②条件提供了小分队实施战斗操练的敌我态势或环境情况，条件的宣布包括战斗操练实施开始的提示。③标准提供了为圆满达到战斗操练预期推演结果的所有标准。④实施步骤列出了为实现战斗操练的标准所必须实施的关键的单兵和集体的分课题。这些分课题是可观察和可考核的。⑤假设敌标准为每一战斗操练提供了假设敌总体行动标准。假设敌必须按敌方作战理论和战斗方式来完成训练任务。⑥辅助性个人和指挥员课目依据军事合格标准而在第1项战斗操练中设置单兵和指挥员训练课目。

战斗操练的方法 美陆军战斗操练将主要的单兵、班排长和集体课目联系在一起。操练提供了条令程序，而这一程序对运用战术、确保生存和击败敌人来说极为重要。美陆军班、排长可灵活地决定使用哪一战斗操练和何时使用它们。

（一）确定训练顺序 美陆军施训人员在训练前必须决定战斗操练和单兵及领导课目的优先顺序，以便为其提供必要的支援和保障。为此，指挥官必须确定单位的关键战术任务，挑选与战术任务相关的战斗操练，这些操练要符合指挥官的训练指导方针。然后，将战斗操练按其对完成任务的重要性、分队当前的技能水平和课目的难易程度进行排序；同时确定保障这些战斗操练的单兵和领导课目，并首先进行单个人员训练，为战斗操练奠定基础。最后，确定战斗操练训练的作业条件。开始时，作业条件为基本条件，直到达到训练标准，随着训练的继续，教官要增加难度和逼真性。

（二）按三步法实施训练　美陆军要求所有的士兵必须掌握所确定单兵课目。班排长必须掌握自身的领导课目和下属人员的单兵课目。必须进行多能训练，以便在人员受损的情况下能实施战斗操练。在完成了上述单兵和领导训练之后，士兵进行战斗操练训练。最初开始训练时或如果单位的技能熟练程度较差时，训练计划应按三步法实施：

1. “爬”阶段——讲解和示范。在这一阶段，班排长向士兵一步步讲解战斗操练，说明每个人或小组必须做的事情。班排长在每一战斗操练中要阐述战斗操练的总体情况、目的和重要性，战斗操练开始的假定条件、指挥和训练中有关战斗方面的事宜，说明实施标准，详细说明战斗操练各步骤的实施措施，对战斗操练的分课目一步步进行示范，讨论战斗操练内的单兵课目的作用，并回答受训者提出的问题。

2. “走”阶段——练习。在这一阶段，小分队缓慢地以一步步的节奏实施战斗操练。班排长要在每个战斗操练实施中提出启动战斗操练的假设条件；要求每位士兵以慢速实施各步骤所需的行动；在每轮练习中，辅导和讲评操练动作；根据需要，停止训练，进行纠正，然后继续训练；练习战斗操练，直至单位在无需辅导的情况下能完成所有动作。

3. “跑”阶段——实施。在这一阶段，班排长要求士兵按实战要求，全速实施战斗操练。他按如下指令实施该阶段训练：提出启动战斗操练的假设条件；整个战斗操练连续进行，不得被打断；让士兵反复进行该战斗操练，直至他们能较好地以全速来实施；如果士兵无法正确地实施该战斗操练，返回至“步行”阶段；改变战斗操练的作业条件；结合假设敌和多用途综合激光交战系统，以协助反馈操练实施的有关情况；进行训后讲评，以总结训练成果，找出优缺点，获取反馈信息，并强调关键的训练要点。

巩固训练　为避免由于人员变化和时间推移而造成训练水平降低，保持已训战斗操练课目的熟练程度，美陆军要求班、排长不断地进行巩固训练。必须根据完整的“爬—走—跑”整个过程重新进行战斗操练。他们还可通过多层次训练来保持技能的持久性。在上级部队情况训练演习和野外训练演习中，用相同的方法进行这些相同的战斗操练，因为战斗操练设置的情况是上级演习的基本要素。除此之外，还要加强复训和考核。

1. 复训。对指挥官来说，保持单兵和集体课目技能水平的一种方法是安排复训。影响保持技能水平的因素有：练习之间的时间跨度、课目的类型和难度以及可用的练习时间。为加强技能的保持，指挥官必须安排好重复训练的时间，既要学习新的技能，又要保持已学过的技能熟练程度。

安排训练计划时必须考虑：将已学过的技能纳入新的集体课目训练；使用训练提示器材（清单、彩色编码及其他辅助物）来提高已学过的技能；使用明确的反馈信息和安排经常性训后讲评。

2. 加强考核训练。美《陆军训练与考核大纲》的柱石就是持久保持技能。部队必须作好准备，一接到指令，马上就能投入作战。为持久保持技能熟练程度，部队必须训练—考核—训练。部队指挥官必须制定训练的总体结构，以获得必训课目中理想的训练技能级别。指挥官的总体设想是建立在对单位的考核以及对上级司令部训练指导方针的分析基础之上的，指挥官必须确定受领课目的训练频率。持久保持需要练习和反复训练，对这些练习进行考核可发现训练的薄弱环节，训练必须既强调持久保持技能，同时还要纠正缺陷。

（肖　研）

陆军数字化部队训练　《外国军事学术》1999年第7期王保存报道，海湾战争后，美陆军先后制定了“21世纪陆军”和“21世纪部队”计划，开始建设数字化部队，进行数字化部队训练。

数字化部队训练构想　为搞好数字化部队训练，美陆军制定了三项规划，即“21世纪战士”规划、“21世纪勇士”规划，和“21世纪勇士网络”规划。“21世纪战士”规划是美陆军数字化部队训练总纲。“21世纪勇士”和“21世纪勇士网络”规划是两项辅助计划。

（一）“21世纪战士”规划。该规划是在陆军前参谋长沙利文主持下制定的，是数字化部队训练的“主计划”。它要求为搞好数字化部队训练，开发各种软件、硬件系统，主要有：(1) 多种模拟训练器材。这些模拟训练器材能更逼真地模拟训练环境，可使受训人员摆脱各种环境条件对训练的限制。(2) 训练辅助软件系统。该系统由一些基本模型组成，如兵力模型、火力模型、机动模型等。利用这些模型，可拟制各种想定，以配合实兵训练和模拟训练。(3) 陆军标准训练系统。它是“21世纪战士”规划中最重要的自动化训练管理系统。施训人员将用它来操纵、使用或管理数字化部队训练模型与训练设备软件。(4) 数字化训练信息库。它既是数字化部队训练的“知识库”，也是与训练有关的所有信息的数据库。数字化部队施训人员将利用该信息库的数据，来编制训练预算，拟制训练计划，准备与实施训练，并在训练中合理地调整和使用人力、物力、财力和时间。(5) 标准训练评估系统。利用该系统，可对数字化部队各阶段的训练成绩按统一标准进行客观公正的评估，并把评估的结果自动传送到数字化训练信息库。

(二) "21 世纪勇士" 规划。该规划阐明了当前和未来数字化部队训练的重要性，明确了它的各种计划与 "21 世纪战士" 和 "21 世纪勇士网络" 规划的关系。它要求通过联合特遣部队的检验性演习，来确定单兵训练方向和训练设备的种类。制定 "21 世纪勇士" 规划的主要目的是，按信息时代的要求改进院校教育，为数字化单兵的自我提高创造条件。其最终目标是使各作战中心联网，以推动院校教育的网络化，支持数字化部队建设。该规划要求建立的 "信息高速公路" 将使教学实现远程化，使从单兵训练到数字化军、师级演习都能在模拟条件下进行。

"21 世纪勇士" 规划主要有 2 个计划：一个是利用高技术加强单兵训练和部队训练的计划；另一个是关于调整院校体制的计划。第 1 项计划的要点有 4 个：一是利用高技术使各种教程、作战条令、战术技术规程等文字材料的制作实现自动化和数字化，使各作战训练中心与各部队之间实现网络化；二是建立 "21 世纪教室"，使世界各地的美军部队通过 "军事信息高速公路" 从陆军各训练中心获取信息，最终使 "课堂走上战场，使战场走进课堂"；三是在院校训练中心开发并使用陆军自动化标准训练软件，使部队或单兵通过多种方式从陆军数字化训练信息库中提取信息；最后是实施 "远程教学"，综合运用多种技术手段，在官兵需要的时间和地点，为他们提供受训条件。当前，正在实施以计算机为基础的 "光盘教学和双向交互式视频教学"。根据第 2 项计划，将大幅度调整陆军院校体制，其内容有二：第一，将陆军各院校改建成 "中心" 和 "分院"，例如，可能把希尔堡野战炮兵学校改建成以组织协同火力为主的 "火力中心" 或担负野战炮兵战术技术训练的 "分院"。这样做的好处是，可提高基础训练设施的训练效益，使陆军各部队在作战中更有效地进行协同行动。第二，建立 "整体陆军院校体系"，即建立现役部队与预备役部队一体化院校体系，对这两类部队都提供标准化的教育训练。

(三) "21 世纪勇士网络" 规划。数字化部队训练的最后一个计划是 "21 世纪勇士网络" 规划。推行该规划的目的是，利用信息技术手段把信息化装备的采购和使用、数字化部队作战行动与信息战联成一体。目前，美陆军正在进行一系列的 "高级作战试验"，以探索数字化部队所需的体制编制、作战理论和技术装备。"21 世纪勇士网络" 能使部队训练、"高级作战试验" 与数字化部队建设紧密联系起来。

数字化部队训练的主要内容 美陆军数字化部队的训练主要结合数字化部队与非数字化部队对抗演习和 "高级作战试验" 进行，训练地点是各战斗实验室和 "路易斯安娜演习场"，训练的内容主要有以下几点：

(一) 数字化装备操作训练。数字化部队是其武器装备实现了数字化的部队。因此，数字化部队的官兵必须首先学会熟练操作和使用数字化装备。美陆军的数字化装备分为两类：一类是 "附加" 式装备；另一类是 "嵌入" 式装备。"附加" 式是指，在已有装备上附加一些硬件，使其具备数字化功能。附加的硬件一般有计算机处理单元、显示设备和数据输入装置。"嵌入" 式装备是装有新研制的数字化设备的作战平台，如 M－1A2 坦克、M－2A3 战斗车、指挥控制车、M－109A6 "侠士" 155 毫米火炮，AH－64C/D 直升机等。在进行装备操作训练时，一般的程序是，先在非数字化装备上练习，再操作相应的数字化装备；主要要求是，克服 "怕麻烦的心理"，反复操练，直至熟练掌握为止。

(二) 协同训练。数字化部队是诸兵种合成部队，不仅包括轻步兵、装甲兵、炮兵、工兵、化学兵等兵种，还拥有各种数字化作战系统。要使各兵种、各作战单元、各武器系统联为一体，发挥出整体作战效能，就必须对数字化部 (分) 队进行协同训练。协同训练活动主要在连、营、旅级进行。在进行协同训练前，军官应学会使用指挥控制系统，士兵应能熟练操作数字化装备，并掌握基本的战术技术技能。数字化部队信息传输与处理快、作战节奏快、各种作战行动转换快。在训练中，要求各作战单元的协同动作要有高度的紧凑性、简捷性、快速性。协同训练分为结构协同训练和功能协同训练。通过结构协同训练，可使数字化部队的所有作战单元和武器系统形成一个整体；实施功能协同训练的目的是，数字化部队在作战中从侦察目标，发现目标，跟踪目标、定下决心、攻击目标到毁伤评估的各项作战功能，都能快速、高效地发挥作用。

(三) 指挥官和参谋人员训练。在 21 世纪的数字化战场上，虽然武器系统将发挥巨大的作用、但美军领导人仍然十分重视人的作用，特别强调指挥官要掌握高超的指挥艺术，参谋人员要有很高的专业素质。为此，美陆军要求，在数字化部队训练中要着力搞好指挥官和参谋人员训练。在指挥官训练中，重点培训他们的信息利用能力、协同指挥能力和独立作战能力。这是因为：在未来作战中，各种信息纷至沓来，必须善于分辨有用信息和无用信息、重要信息和次要信息；数字化部队作战将是联合作战，各军种协同任务十分繁重；在数字化战场上，分散独立作战将成为一种重要的作战样式。部队参谋人员原来熟悉的大比例尺地图和透明图、M－2罗盘、表格、图表显示器等指挥器具将进入博物馆，取而代之的是各种自动化指挥设备。数字化部队的参谋人员要接受操作这些新设备的训练，学会在电子地图上直接拟制作战计划，下达作战命令，协助指挥官判断情况和定下决心。

数字化部队训练特点 从1992年以来的数字化试验部队的多次试验演习中可以看出，美陆军数字化部队训练主要有以下特点：

（一）注重采用新的训练方法与训练管理手段。数字化部队是一种全新的部队。在数字化部队训练中，必须采用新的训法与手段。新训法的名称是“嵌入”式训练，即为数字化部队配备多个“主数字化技术能手”，让他们帮助训练数字化部队的官兵。“主数字化技术能手”都是精通数字化系统的专家，他们不仅深谙数字化装备的原理，还能熟练地操作与使用这些装备。他们的作用主要有两点：一是在开训前，向官兵讲解数字化设备，帮助官兵进行操作练习；二是在训练演习过程中，监督并确保官兵使用数字化设备，帮助官兵排除设备故障。

为了提高数字化部队训练管理效率，美陆军还开发了多种训练管理手段。这些手段主要有合成部队训练策略、两年期训练计划、训练复合模型、自动表格规程、合成部队战术训练器、训练项目开发系统数据库等。使用这些训练管理手段，可大大缩短数字化部队训练计划的制定与落实周期，增加参训人员的实际训练时间。

（二）注重训练考核与按新教材施训。训练考核对评估数字化部队完成基本训练课目的质量至关重要，它是数字化部队训练活动的一个重要组成部分。FM25－100条令规定，数字化部（分）队的正式考核由上一级部队司令部实施，该司令部应事先制定详细的训练考核计划。美陆军对数字化部队训练考核有以下3点要求：一是要进行“数字化技能测试”，即在训练过程中对官兵使用和掌握数字化系统的熟练程度进行全面检查与评估；二是要对数字化部队训练的全过程进行监测，重点监测各级指挥官完成作战任务的能力；三是考核要持续不断地进行，要贯穿于训练的全过程。

要搞好数字化部队训练营，就必须使用新的训练教材。为此，美陆军训练与条令司令部根据“21世纪部队”需要的新战术和技术规程，编写了适应数字化战场环境要求的“各级军事专业技能士兵手册”和各种训练教材，如“数字化士兵手册”、“营特遣队战术、技术规程”和“数字化营特遣战术、技术规程”等。这些训练教材在“高级作战试验开始前下发部队，以供数字化部队官兵学习，按新教材施训”。

（三）注重采用虚拟现实技术和模拟训练器材。美陆军数字化部队训练的另一个显著特点是，注重采用虚拟现实技术，大量使用模拟训练器材。采用虚拟现实技术，可创造出数字化部队训练需要的“人工合成作战环境”，可使受训者不是被动地观察计算机图表或与实际景物有一定差距的图像，而是在一个虚拟的十分逼真的三维世界，在视觉、声觉、触觉等人的全部感觉的作用下，犹如“身临其境”般全身心地投入到“真实”的训练中。

美陆军数字化部队训练主要在战斗实验室进行。例如，在肯塔基州诺克斯堡乘车作战战斗实验室，坦克驾驶员可操纵M1A2坦克模拟器过雪地、穿森林，甚至可开上一节运送坦克的列车，坦克驾驶员通过计算机屏幕的立体图形观察外面的景象，就像亲临战场一样。

（沈汉忠）

海军和海军陆战队训练 **综述** 1999年，美国海军和海军陆战队适应新时期作战任务、作战环境、作战对手的变化，在训练方法、训练重点和训练设施建设等方面也出现了一些新情况。

重视部队基础科目的训练 美海军和海军陆战队认为，新形势下，作战部队基础科目的训练和基本技能的提高仍是部队训练的重点，是保持部队战斗力、提高部队战备水平的有力保障。因此，美海军和海军陆战队仍非常强调基础科目的训练，如航母战斗大队的防空、反潜、反舰等科目的训练与综合演习，两栖戒备大队的两栖登陆作战训练，陆战队空地特遣部队在各种复杂气象和地形条件下的攻防、生存训练等。

积极预防计算机2000年问题的发生 随着2000年的日益临近，计算机2000年问题现实地摆在了现代化程度极高的美海军和海军陆战队面前。为预防千年虫病毒的发生，确保舰艇、飞机及各型武器装备的正常运转和安全使用，美海军和海军陆战队各部队均

多次举行演习，对所装备的计算机在进入2000年时的运转情况进行了检测，有效地预防计算机2000年问题的发生。

大力建设新的训练设施　为保证部队在执行城市作战、人道主义救援、反恐怖活动等新任务时能迅速适应作战环境和作战要求，熟练掌握作战技能，美海军和海军陆战队根据部队训练工作的需要，花大力气建造了一批新型的训练设施，如美海军模拟城市环境的航空兵轰炸靶场、海军陆战队夜间环境综合训练实验室等相继投入使用。同时，使用新技术的新型训练装备也不断投入现役。

重视改进训练方法　为促进部队训练积极性，增强训练效果，提高训练质量，适应部队任务增多和训练装备、训练环境的变化，美海军和海军陆战队的训练方法也在不断发生变化和改进。如为了减轻舰艇服役人员的部署负担，增加他们在岸上或港内与家人团聚的时间，美海军决定将航母战斗大队的部署前编队合成攻防训练安排在编队前往目的地的航行途中进行；海军陆战队为适应执行非作战性军事行动的需要，开始学习新的非致命性近战格斗技术等。

资料来源：

①美国《海军时报》1999年1～12月；

②美国《海军陆战队时报》1999年1～12月；

③美国《海军陆战队杂志》1999年1～12月。

（陈献其）

停止使用波多黎各别克斯岛靶场进行实弹训练

据美国《海军时报》1999年8月9日、《太平洋星条旗报》1999年12月5日和《海上力量》杂志1999年10月报道，自1941年以来，波多黎各别克斯岛作为美海军大西洋舰队武器训练场一直是美国海军舰艇和飞机的实弹练习靶场，而且是美海军在东海岸唯一的航空兵近距离空中火力支援、高空投掷激光制导炸弹等精确制导武器的靶场和舰炮实弹射击靶场。该岛居民9300人，海军靶场约占全岛面积的2/3。由于威克岛居民的强烈反对，美国总统克林顿于1999年12月3日发布命令，停止美国海军和海军陆战队使用别克斯岛靶场进行实弹射击和航空兵轰炸训练，但同时又敦促波多黎各官方允许美国海军舰艇从2000年春季开始使用非爆炸性练习炮弹和练习炸弹在该岛上进行训练。由于该靶场对于美海军航母战斗大队和陆战队两栖戒备大队进行的部署前实弹训练至关重要，所以美国海军官员希望通过给予波多黎各广泛的经济援助，保留别克斯岛这一条件优越的训练场。

举行演习检测舰上计算机的千年虫问题　据美国《太平洋星条旗报》1999年9月19日和《海军时报》1999年10月11日报道，为预防舰艇计算机千年虫病毒，确保舰载武器系统正常和安全使用，1999年9月14～28日，包括旗舰“蓝岭”号在内的美第7舰队出动10艘各型水面舰艇与驻扎在冲绳的陆战队第31远征小队一道举行了一次旨在检测舰上计算机2000年问题的军事演习，数名计算机专家也随舰出海。演习开始时，10艘舰艇将舰上计算机的时间全部设置为1999年12月31日23时30分，与此同时，陆战队第31远征小队开始用直升机和AV－8B型攻击机对冲绳海滩进行攻击。参演舰艇则在演习过程中检测了舰上计算机在进入2000年时是否会将2000年误读为1900年的问题。1999年9月22日，10艘舰艇再次检测了舰上计算机1999年12月31日21时至2000年1月1日9时的运行情况。结果表明，美海军舰艇计算机在进入2000年时，运行状态十分良好，不会出现千年虫问题。另据《海上力量》杂志1999年4月报道，美军“路易斯安娜”号核动力弹道导弹潜艇也对控制“三叉戟”II型战略导弹和鱼雷的综合武器发射控制系统进行了2000年问题测试。

改变航母战斗大队的部署前编队合成训练时间

据美国《海军时报》1999年6月28日报道，由于部队规模缩小，任务增加，造成海军和海军陆战队舰艇、飞机和人员高强度地在海上执行任务。为了减轻海军舰艇服役人员的部署负担，增加他们在岸上或港内与家人团聚的时间，美海军决定将航母战斗大队部署前必须进行的最后海上编队合成攻防训练（即联合特混舰队演习）安排在编队前往目的地的航行途中进行（以往，该演习通常被安排在编队前往部署地之前的1～2个月内进行）。在“星座”航母战斗大队舰艇上服役的人员成为执行该训练安排的第1批受益人员，他们的部署前海上训练时间比以往减少了3个星期。1999年6月18日，“星座”航母战斗大队在没有进行编队合成训练的情况下，离开母港开往海湾地区，开始执行为期6个月的海外部署任务，该编队将与“佩勒利乌”两栖戒备大队一起在夏威夷海域举行联合特混舰队攻防演习，之后再驶往海湾。

加快教练机的更新换代　据美国《海上力量》杂志1999年12月报道，随着T－45“苍鹰”式新型高级教练机的陆续服役，1969年以来一直作为美海军和海军陆战队高级喷气教练机的T－4J型双座教练机终于全部退役。另据《海上力量》杂志1999年7月报道，美国雷西昂飞机公司又与海军签订了一份价值6450万美元的生产22架T－6A型初级教练机的合同，至此，美海军已耗资4.59亿美元采购了68架T-6A型飞机。雷西昂公司官员称，该公司希望在2014年之前向美国海军和空军销售700架T-6A型教练机，同时向国外销售相同数量的飞机。教练机的更新换代标志着美海军和海军陆战队训练飞行员能力的提高和训练条件的改善。

进行两栖登陆演练　据美国《海军陆战队时报》1999年8月2日报道，美海军陆战队第22远征小队和肯尼迪航母编队于1999年7月21～23日在陆战队勒任兵营之外的昂斯洛海滩举行了一次部署前两栖登陆和火力支援协同演习，并在附近靶场进行了实弹射击训练。主要科目包括陆战队营登陆队的两栖登陆、155毫米榴弹炮射击、迫击炮射击、飞机近距离空中火力支援等。由于美海军停止使用波多黎各别克斯靶场，海军和海军陆战队最后选择了该地作为临时训练场。由于训练场地原因，此次训练存在2大缺陷：一是舰炮火力未能参加协同火力支援训练，二是陆战队员没有体验到在不熟悉的地形条件下进行作战的情形。

伞兵进行夜间跳伞训练　据美国《海军陆战队时报》1999年4月12日报道，美海军陆战队第1部队侦察连4排的19名伞兵在加州中国湖航空兵作战训练场进行了一次夜间跳伞训练。演练过程中，伞兵背负68千克重的装备、氧气瓶、备用伞等，从5300米高的飞机上跳下，降落在寒冷而寂静的沙漠里，顺利完成了渗透任务。美海军陆战队伞兵部队是一支极具战斗力的空中攻击力量。目前，伞兵部队共有人员926名，其中150人负责降落伞的维修和准备。美海军陆战队伞兵部队可在白天或夜间、从固定翼飞机或直升机上进行低空或高空跳伞，执行各种战术任务，如进行特种人员渗透、纵深侦察、情报搜集、补充武器与装备、建立观察所、搜救人员或失事飞机等。其跳伞方式共有4种：(1)固定开伞索方式。即利用开伞索将降落伞固定在飞机内的另外一条绳索上，当伞兵跳离飞机时，固定开伞索会将降落伞猛然拉开。该种跳伞方式可在较低的200～450米的高度进行、所用降落伞都为圆型或方型。(2)高空投下低空开伞方式。跳伞高度通常3000～7600米，甚至更高。采用该种方式跳伞时，伞兵通常背负氧气瓶，手腕带测高表以测定高度。开伞高度通常约为1500米。伞兵只要拉动一条开伞绳就可将降落伞打开。(3)高空投下高空开伞方式。该种方式类似于高空投下低空开伞方式，所不同的是开伞高度。伞兵为了在空中滑翔更远的距离，开伞高度要高一些。例如，一名伞兵如果在7600米的高度上打开降落伞，他可以滑翔出60多千米甚至更远的距离。(4)双人跳方式。这是陆战队正在试验的一种全新的跳伞方式，即将一名“乘客”用皮带固定在一名合格的伞兵身后，降落伞由合格伞兵携带并打开。陆战队目前所进行的试验仍处于带“装备”阶段，尚未开始带“乘客”。

进行高山环境训练　据美国《海军陆战队杂志》1999年8月报道，海军陆战队5团2营在海拔3600多米的高山地区进行了一次为期25天艰苦的夏日高山环境训练，参加人员包括750名陆战队员和海军医务人员，主要科目有24米攀崖、高山巡逻、登山、装备搬运、高山野外生存等，主要目的是提高陆战队员的单兵攀崖技术和在高山地区生存的自信心，为该营2000年1月到日本冲绳地区执行海外部署任务做准备。在攀崖科目训练中，陆战队员不仅要攀上悬崖对敌进行攻击，而且还要进行步兵装备运输和伤员撤运等科目的训练。高山野外生存能力训练包括水源的寻找、野菜及其它食物的识别、掩体构筑等内容。

进行新的近距离格斗技术训练　据美国《海军陆战队杂志》1999年9月报道，海军陆战队员过去在新兵训练基地和步兵学校所学习的近距离格斗技术都是以如何致敌于死地或如何重创敌手为目的的“杀着”。为适应当今经常执行的非作战性的人道主义援助、维护和平行动等任务的需要，陆战队员开始接受新的近距离格斗技术训练。新格斗技术大多是以非致命技术和连续使用力量制服对手为目的，做到既完成任务，又不能使暴力“升级”。新课程在步兵学校学习，教官2人，每期学员16人，学制10天，每月培训两期。主要训练科目包括：拳术、摔术、对敌上身或下身的攻击术、防御术、刺刀技术等。此外，学员还训练如何判断敌手的意图和态度，并据此决定制敌措施和手段。

新型夜间训练设施正式开放使用　据美国《海军陆战队公报》1999年11月报道，1999年6月18日动工兴建的目前世界上最先进的陆战队夜间训练设施，于年底在海军陆战队匡蒂果基地的陆战队基础训练学校投入使用。该设施的正式名称为夜间环境综合训练实验室，总耗资近100万美元。实验室总长38米、宽约24米、高不足6米，分为5个训练区域。不同的区域设置不同的训练环境，分别为丛林、沙漠、林地、城区、城区地下设施等。实验室内不仅建有模拟各种月色和星光的灯光，还建有模拟的树木、沙石、小河流等各种天然障碍和自然现象。在该实验室内，陆战队员可一天24小时佩带夜视装置进行夜间环境下的作战训练。训练结束后，参训人员可以通过录像对自己的表现进行评定、打分。

建成城市轰炸靶场 据美国《海军陆战队公报》1999年9月报道，1999年夏，海军陆战队历时7个月、耗资50万美元在尤马陆战队航空站东南56千米处建成了第1座模拟大城市环境的航空兵轰炸靶场，并将之命名为约达维尔。约达维尔靶场长300米，宽240米，场内建有54座大型建筑物和193座小型建筑物，建筑物间建有街道，街边建有路灯，街上有废弃的轿车、破旧的卡车、坦克以及身着军装或平民服装的行人等。1999年6月，海军陆战队作战实验室对该靶场进行了有限技术评估，F/A-18型战斗攻击机和AH-1W型武装直升机在战术空中控制小组用激光指示目标的情况下进行了近距离空中火力支援演练。演练中，F/A-18型机所用炸弹为练习弹，AH-1W型机用弹为机炮和空地导弹。演练结束后，通过重放录像发现两个问题：一是由于城市环境杂乱，战术空中控制小组用激光有效指示目标困难较大；二是F/A-18型机所用练习弹在攻击激光指示的目标时，性能尚不稳定，2发命中、6发脱靶。

举行城市环境作战演练 据美国《海军陆战队杂志》1999年6月报道，美海军和海军陆战队认为，2025年，世界上将有70～80%的人口居住在城市，70～80%的城市将坐落在距海岸线较近的范围内（其中70～80%的城市又将是各国的大都市）。鉴此，21世纪，城市将成为美海军和海军陆战队重要的用武之地，在城市中对付各种恐怖活动，武装骚乱，实施救灾和人道主义救援行动将成为美海军和海军陆战队的重要任务之一。为此，美海军和海军陆战队近年来加强了城市地形环境下的训练。1999年3月，美海军和海军陆战队联合举行了一次城市地形环境作战演练。演练分在3个街区进行：第1个街区的演练内容为灾难救助和提供人道主义援助；第2个街区的演练内容为维持和平行动；第3个街区的演练内容为中等强度的城市武装冲突。第3个街区的演练是重点科目，目的是检验陆战队员的应急反应能力和城市作战技能。在城市作战中，参战各级指挥员必须解决好两个难点问题：一是保持通信联络畅通，二是掌握所属人员的所在位置。

AV-8B型垂直/短距起降舰载攻击机发生6起飞行事故 据美国《海军陆战队时报》1999年8月23日报道，1999年1～6月，美海军陆战队AV-8B型攻击机发生了6起飞行事故。为此，1999年8月11日，美海军陆战队下令停止所有该型机的一切飞行活动，对其发动机系统和工程系统进行检查。该型机1991年就曾发生6起飞行事故，造成2人死亡；1992年又发生7起飞行事故，造成4人死亡；此后每年总要发生4～5起事故。

举办丛林生存训练班 据美国《海军陆战队时报》1999年10月18日报道，美海军陆战队计划于1999年11月4日开始在位于日本冲绳的美海军陆战队丛林作战训练中心举办一期丛林生存训练班，训练时间为10天，其中4天为教室授课，5天在野外丛林中进行生存实践，使参训人员在身体和心理上都得到极限锻炼。举办该训练班的目的是教会陆战队侦察兵、飞行员在等待救援或逃回友方阵地时如何在丛林中生存、躲藏、抵抗和逃脱。课程包括隐蔽、逃离敌阵地、与友方部队通信、一旦被俘如何逃脱以及各种基本的医疗救治方法等。

与荷兰陆战队部队举行联合训练 据美国《海军陆战队时报》1999年6月14日报道，1999年5月，驻扎在密执安州大急流城的美海军陆战队预备役部队24团1营派出了44名官兵，前往加勒比海的阿鲁巴岛，与荷兰皇家陆战队举行了一次联合训练。阿鲁巴岛位于加勒比海的西印度群岛，属于荷兰，南距委内瑞拉24千米，是著名的度假胜地，荷兰陆战队在该岛上建有萨瓦内塔基地。此次联合训练为期3个星期，主要科目包括城市地形作战、两栖登陆、战术巡逻、坑道攻击、各种体能训练以及锻炼耐力与速度的穿越障碍训练等。通过联合训练，两国陆战队员不仅增进了友谊和了解，还熟悉了对方的战术训练程序，达到了相互学习、相互促进的目的。

（陈献其）

海军“海豹”小队训练 《外国军事学术》1999年第11期荒原、李彦路报道，美海军“海豹”小队的训练分为4个阶段。第1阶段是预备训练阶段，主要进行体能训练，为正式开始“水下基础爆破与海陆空”课程做准备。第2阶段一边继续进行身体适应性训练，一边进行基本技能训练。这一阶段的第4周便是“地狱周”。第3阶段集中精力进行地面战和爆破技术训练。第4阶段主要进行水下训练。

第1阶段的训练 第1阶段的训练是海军在原来3个训练阶段基础上新增加的一个阶段，其目的是减少水平基础爆破与海陆空课程因准备不足而产生的高淘汰率。第1阶段为期4～7周。参训人员要从全国各地来到科罗纳多，这期间有一定的闲散时间。施训人员利用这段时间，向他们详细介绍水下基础爆破与海陆空课程正式开始后他们将要进行的各种活动。

跑步是水下基础爆破与海陆空课程期间最经常的练习，且多在松软的沙滩上进行。跑步被认为是增强腿部力量和耐力的最佳方法。跑步训练不足，容易出现骨折。尽管在被招收为学员前就要进行长跑测试，但许多人尤其是那些长期在舰上服役的人，在到达科罗纳多以前还不适应长跑训练。这一阶段允许学员在进行两个星期的长跑训练之后，“休息”一周，这个“休息”阶段使下肢逐渐适应未来训练的强度。

障碍课程使受训者学会如何在规定的时间内穿过、越过、绕过或从下面爬过21道障碍。游泳也是水下基础爆破与海陆空课程的重要组成部分。在这个阶段，他们将学会未来训练所需要的游泳技能，帮助锻炼腿部肌肉。

到这个阶段结束时，学员已为水下基础爆破与海陆空课程做好了准备。预备训练结束后，水下基础爆破和海陆空训练班正式开训，每7个星期考核一次，通过者进行下一级训练。一起开始训练的人员有5%能够同时毕业。毕业班的大多数人都是前面班级淘汰下来的复训生。那些没有完成“地狱周”训练的复训生将重新从头开始。一般情况下，水下基础爆破和海陆空训练的不同阶段（包括第1阶段）共有4个班，每年8个班，每期26周。

第2阶段的训练　第2阶段共7周，学员在进行跑步、游泳、操练和健身操训练的同时，学习基本技能。第4周是声名狼藉的“地狱周”。这一周的训练超出了学员的生理和心理极限。那些完成了“地狱周”训练的人，接着进行后3周的水下侦察、海滩勘测、搜集情报和水下制图训练。

这个阶段体能训练最多，包括每周一次的6436米计时长跑、3218米游泳和计时通过障碍。通过第2阶段各项训练的最低要求如下：805米不带脚蹼的水池游泳，30分钟；1206米不带脚蹼的水池游泳，45分钟；1609米不带脚蹼的水池游泳，60分钟；1609米不带脚蹼海湾游泳，70分钟；1609米带脚蹼的水池游泳，50分钟；1609米带脚蹼海湾游泳，50分钟；2414米带脚蹼海洋游泳，75分钟；3219米带脚蹼海洋游泳，95分钟；通过障碍，15分钟；3219米计时跑步，16分钟；6436米计时跑步，32分钟。

这一阶段，对学员的学习也提出了很高的要求。士兵学员必须通过70%以上的笔试，军官学员必须通过80%以上的笔试。在有些科目，教员还对需要帮助的学员进行辅导，以帮助他们达到要求的标准。“海豹”小队的系统训练方式使每一个学员都有机会通过所有的训练。在第2阶段，跑步的距离不断增加，很快就达到每周跑50余千米。

从第2阶段起，学员开始游泳训练。每天早上5点30分，即起床游泳，不管春夏秋冬。除学习一般游泳技术外，他们还要学习防溺水技术。此外，还捆住他们的手脚，让他们到3米深的池底找东西。另一个重要的训练就是让他们潜泳，其目的是增强自信心，使他们相信自己能够完成所有的训练。

除了跑步、游泳、健身操和课堂作业外，教员总是不失时机地向学员灌输水下基础爆破和海陆空课程的独特传统。协作是“海豹”小队训练的基本原则，也是“海豹”思想中最有活力的部分。尽管在任何时候都要求个人做出最大努力，但密切配合的协同行动才是“海豹”小队的力量之所在。就是这种力量使“海豹”小队和以前的水下爆破小队在几乎不可能的条件下完成了各种任务。“海豹”训练之初就强调紧密合作。具体做法多种多样，但最常见的是圆木练习和充气小船练习。能做仰卧起坐，是参加“海豹”训练的基本要求。但7个人躺成一排，在胸部放上一根两三百磅重的圆木，7个人同时坐起来，却是“海豹”小队的独创。如果所有7个人不能同时用力，根本无法坐起来；只有协调到恰到好处，才有可能坐起来。圆木练习增强了“海豹”队员的体力和协作能力，而这两方面正是充气小船练习所必需的。训练之初，整个班被分成船组；通常7个人一组，每组一只充气小船。充气小船长3.66米，宽1.83米，重131.2千克，能载7个人和454千克设备。无论走到什么地方，船组都要带着充气小船，并保证它完好无损。如果哪个人使它受损或跑了气，就要受到严厉惩罚。船组除在水里用船外，还要用船做多种练习。例如，船组要顶着船跑步。

除圆木练习、充气小船练习和体能训练外，学员还要上课。第2阶段上的课程有：急救、水中侦察技术。第2阶段的前几周每天训练12小时。所有这些训练都是为了帮助学员做好准备，去迎接他们在“海豹”训练中的最大挑战——“地狱周”。“地狱周”始于星期一，持续6天，主要在拍岸浪中进行耐低温训练、在沙滩上进行圆木训练和充气小船训练、在障碍场上进行翻越障碍训练、在泥泞中进行野战演习等。“地狱周”之后的3周主要学习和训练水上测量技术、绘制草图、水上侦察、岸滩侦察、两栖登陆等科目。

第3阶段的训练　“海豹”训练的第3阶段集中训练地面作战和爆破技术，学员将学到多种渗透和撤离技术。第3阶段共9周，前5周主要在教室上课。

地面作战十分复杂，每个学员必须学会45种不同技能。需要学习的技能包括：悬崖绝壁坐式下降法、小分队战术、按方位角行进、判读地图、基础射击术、战斗射击技术、无线电操作程序、烟火制造术、夜间射击、投掷与收回技术、爆破、攀登岩石、投掷榴弹、设置陷阱、巡逻、伏击技术、军事爆破、侦察、破坏、渗透、劫持囚犯、摸岗哨、急救、求生、横渡江河、伪装、情报收集与报告、搜查俘虏和建筑、处理战俘、武器与装备保养和潜出敌境。在第3阶段的最后4周中，这些课程得到进一步强化：学员到圣克利门蒂岛进行实弹射击和野战演习。圣克利门蒂位于圣迭戈以北约145千米的太平洋中。在岛上的日子里，他们将对学过的所有科目进行实际演练。

学员将学会使用和保养下列武器：M-16A1步枪枪族、M-60和M-60E3机枪、9毫米手枪、686型手枪（仅用于手枪基础射击训练）、MP-5冲锋枪枪族、M-14步枪、M-203和M-79榴弹发射筒。未来的计划还准备训练学员使用AK-47这种外国武器。

第3阶段结束时，学员将进行几次军事演习。例如，学员将进行战时海滩侦察演习，实际爆破水底障碍物。此外，学员还要进行内陆爆破袭击，与他们的教官斗智斗勇。第3阶段结束时学员必须达到或超过下列体能训练成绩才能进入第四阶段的训练；通过障碍训练场，12分钟；6436米计时长跑，31分钟；3218米带脚蹼海泳，75分钟；8850米带脚蹼海泳，完成。

第4阶段的训练　第4阶段共7周，主要进行水下训练。本阶段的重点是水下呼吸器训练。学员先在游泳池学习怎样使用各种水下呼吸器，然后转移到圣迭戈海湾进行训练。学员首先学会使用标准的水下呼吸器，以便为将来的训练打下牢固的基础。接着，学员学会使用更为复杂的“德雷格”水下呼吸器。这是“海豹”小队最常使用的一种水下呼吸器。

水下训练的重点是进行使用罗盘导航的远距离潜泳。学员两人一对在海湾沿指定路线潜泳，身后带着红浮标，上面写着他们的编号。教官紧紧地跟在后面，负责学员的安全。水下训练的目标是使学员成为合格的战斗潜水员，能够从入水处潜到目标位置而不暴露自己。

除学习水下呼吸技术、自由飘浮上升和潜艇进出方法之外，学员还对附近的舰艇实施模拟攻击。随着时间的推移，这些攻击课目的难度越来越大，但学员也学会了如何不屈不挠地完成他们的任务。最后，学员还要完成计时体能训练。与第2阶段的体能训练相比，这个阶段要求的时间简直短得令人难以相信。训练科目与所需时间如下：通过障碍训练场，10分钟；6436米计时长跑，30分钟；22526米计时长跑，110分钟；3218米带脚蹼海泳，70分钟。

成功地完成这些科目后，学员就从“海豹”训练班毕业了。但他们仍然不是“海豹”队员。首先，他们还要进行跳伞基础训练。通常，这种训练在佐治亚州本宁堡的陆军空降学校进行。对刚从“海豹”训练班毕业的人来说，在空降学校的训练就像度假一样。从空降学校毕业后，部分学员被分配到“海豹”小队；部分学员被分配到“海豹”运输艇学校学习，然后再分到“海豹”运输艇小队。他们在最终戴上“海豹”队员的“三叉戟”徽章之前，还要进行为期6个月的见习训练。在“海豹”小队，见习“海豹”队员将进行海陆空战术训练，学习“海豹”队员在实际战斗中使用的战斗方法和程序。见习期结束时，一个专门委员会对每一个“海豹”见习生进行考察，判断他们是否已成为合格的“海豹”队员。那些成功地通过见习训练的学员，就能戴上海军特种作战徽章——陆海空“三叉戟”徽章，成为正式的“海豹”队员。

（习　钟）

空军训练　1999年，美空军继续以“塑造、反应与准备”的国家军事战略为指导，加强“全球参与”战略的全面实施，对南联盟发动了代号为“联盟力量”的大规模空袭作战，并对伊拉克和朝鲜施加压力，炫耀全球作战能力。为满足新的军事战略和21世纪作战的需要，1999年，美空军开始正式实施航空航天远征部队计划，继续改革飞行员训练体制，加强部队战备训练，举行和参加各种演习，提高战训力度，并继续运用高新技术，改进训练手段。主要情况如下：

继续改革飞行员训练体制　为解决日益严重的飞行员短缺问题，美空军借助民间飞行学校和空军预备役的力量培训飞行员，更新教练机，扩大飞行训练部队的规模，提高飞行员培训能力。

委托民间飞行学校为空军筛选飞行学员　因T-3A教练机连续发生飞机坠毁和发动机停车事故，1999年，美空军决定停止使用T-3A教练机，并从节约经费的长远利益考虑，决定将空军飞行学员的筛选承包给全国各地的150多所民间飞行学校。根据空军预备役军官训练团计划，这些飞行学校大多位于高等院校附近。民间飞行学校根据空军的要求，开始推行“筛选性感觉飞行训练”（IFT）计划，该计划将带飞时间由40小时增加到50小时，单飞架次也有所增加，其淘汰率为8.8%。学员离校前将获得私人飞机驾驶执照。经空军选拔考核，这些学员可进入空军大学进行飞行训练。

准备用T-6A新式教练机进行基本飞行训练 美空军现行的飞行员训练体制是，筛选合格的飞行学员进入空军飞行训练基地后，用T-37双发喷气教练机进行基本飞行训练，然后用T-38高教机进行高级飞行训练。因T-37教练机已经陈旧，早在1995年，美空军当局就作出购买T-6A以取代T-37的决定，但由于对T-6A原型机所作的一系列改进、试飞，使空军同意批量生产的计划推迟了一二年。T-6A通常以缩略语"JPATS"表示，称为"联合初级飞机训练系统。"双座T-6A教练机使用1100马力螺旋桨发动机，巡航速度310海里/小时，飞行高度达31000英尺。尽管该机系螺旋桨飞机，但飞起来像喷气机。经试飞，1999年8月，联邦航空管理局为T-6A颁发了特技飞行合格证书。1999年，美空军已购买少量T-6A教练机，用于试验和培训飞行教官骨干。飞行教官的培训在伦道夫空军基地进行。

T-6A联合初级飞机训练系统将成为美国空军大多数飞行员要飞的第1种军用飞机。但他们必须在获得民间轻型螺旋桨飞机驾驶执照后，方可进入T-6A基本飞行训练。按1999年最新计划，到2001年6月，首批T-6A教练机将投入飞行员训练。

利用预备役飞行教官帮助现役部队训练飞行员 为缓解现役部队飞行员人数不足的压力，1999年，美空军除开始用预备役或合同人员替代目前现役部队中在非飞行岗位工作的飞行员外，还提出了飞行教官合作计划，由空军后备队和国民警卫队派飞行教官帮助现役部队训练飞行员，现役飞行教官则返回作战部队任职。目前预备役飞行教官已占飞行教官总数的20%。年初，美空军教育训练司令部司令牛顿上将曾指示空军国民警卫队论证飞行教官合作计划的可行性。首批实施该项计划的已有两个部队：一是驻廷德尔空军基地的第325战斗机联队，国民警卫队的飞行教官将分配到下属的3个训练中队任教，帮助现役部队培训F-15战斗机飞行员；二是计划在西摩尔·约翰逊空军基地筹建飞行员训练部队，由预备役飞行教官培训F-15E机组。据美《空军时报》评论称，这项改革是"弥补飞行员缺额的既快又省的方法。"

扩大飞行训练部队规模，提高飞行员培训能力 美空军的飞行员缺额问题严重，预计2000年将缺额1400名左右。为此，美空军计划增加培养飞行员人数，空军参谋长瑞安上将称："从现在每年培养800名要增加到1100名。"为提高飞行员培训能力，计划从2000年起，在穆迪空军基地增建一个飞行学员训练中队，增配35架T-6A新式教练机，用于战斗机飞行学员的基本飞行训练；另外，增加58架AT-38B喷气教练机，用于战斗机基本训练。为增加轰炸机飞行员的培训数量，在迪斯和埃尔沃斯空军基地分别组建了一个轰炸机飞行员训练中队，每个中队增配6架B-1B轰炸机。为了加强部队训练，美空军将原配属空中作战司令部的第149和178战斗机联队，以及第189空运联队配属给空军教育训练司令部。

战训结合，提高部队战备训练水平 1999年3～6月，以美国为首的北约对南联盟发动了大规模的空袭作战。其间，美空军根据空袭作战的需要，在临战训练中调整训练内容，加强了远程机动能力和高技术装备的对抗训练，以适应高技术条件下空中打击的要求。但科索沃战争对部队的日常训练和演习也带来一些影响，使训练积压了许多问题。为此，战后美空军制定并实施恢复训练计划，同时改进了战备检查方法。

科索沃战争对空军部队训练的影响 科索沃空中战役使美空军消耗严重，如驻欧空军各基地80%的兵力应召参战，75%的物力投入空袭作战。此外，为充实"联盟力量"战役空中力量，从美本土派出大量飞机和人员。美驻欧空军司令约翰·江珀上将说："我们为科索沃战役尽了最大努力，付出了一切，承受了我们能够承受的最大压力。战后，至少需要6个月时间才能恢复到我们需要的战备水平。"在78天的空中战役中，战斗飞行时间增加了，但把飞行员训练放到了次要位置。从训练的角度看，美空军积压了一大批需要训练的飞行员和机组成员。据美《空军时报》2000年2月28日报道，在长时间的海外部署过程中，新飞行员虽积累了飞行时间，但他们的空对空战斗技能并没有得到提高。受北约空袭南联盟的影响，1999年训练演习次数也有所减少。

临战训练和战后恢复训练。 (1) 临战训练。美空军为了发挥战训结合的优势，始终掌握应用训练的主动权。1999年，针对南联盟局势，美空军调整训练内容，重点加强了以下课目的训练：①加强远程机动能力的训练，尤其是轰炸机部队，经常出动参加世界"热点"地区远程机动训练。如组织B-1B或B-2B轰炸机从美国本土起飞，实施远程奔袭达2万千米至南斯拉夫边境后，降落在意大利境内机场的综合训练，从而为对南联盟空袭行动打下了基础。②加强防空区外精确攻击能力训练，从1999年开始，美空军将现役作战联队训练的所有对地攻击课目，改成了远距离精确制导攻击课目。③注重使用精确制导武器能力的训练，要求现役作战联队在每周飞行训练中，必须进行精确制导武器的发射演练。④强调综合攻击能力训练。美空军从1999年开始，明确规定将多机种联合训练和与保障机配合训练列为未来空袭训练的重点内容。通过此种训练，提高了对南联盟空袭的效果。⑤参战部队结合自己担负的具体任务实施模拟演练。如B-2轰炸机在每次遂行任务前，都要进行数次模拟攻击训练。即使是所执行的任务没来得及进行模拟攻击训练，飞行员也可以利用以前训练过的模拟攻击经验，利用所使用过的数据完成本次任务。(2)恢复训练。科索沃冲突结束后，美空军开始实施恢复训练计划。该计划重点放在为新飞行员补训，训练课目视机种而异，如运输机部队的恢复训练侧重空投熟悉飞行、空投、短跑道起降和空降突击着陆等课目的训练。这些课目在科索沃战争期间没有得到应有的训练。战斗机部队的恢复训练侧重对抗空战训练。此外，通过增加飞行时间，改善训练设施，各机种部队都把提高部队的夜间飞行能力放在优先考虑的重要位置。

训练演习　1999年，美空军在全球范围内共举行、参加各类训练演习147次，受科索沃战争的影响，演习次数比1998年减少53次。主要特点：①以应付地区性冲突为重点，加强演练的针对性。1999年，美空军以应付朝鲜半岛冲突为重点，在东北亚举行、参加演习多达47次。针对西南亚局势，多次举行“对抗雷99-1”、“明星99”等多国联合演习。此外，美空军也十分注意加强针对中国的演习。②扩大多边联合演习范围，提高“全球参与”能力。美空军以继续扩大多边演习范围为手段，推行“全球参与”战略，加强“全球参与”力度。例如，美空军在阿拉斯加举行的“对抗雷4”演习，更名为“合作对抗雷”，参演国家增加到5个；参加“明星99”演习的国家由7个增加到11个。③加强高技术装备演练，探索新战法。美空军多次在大型演习中演练高新技术与装备，探索21世纪新的作战方式。首先，组建航空航天远征部队，探索新的力量投送方式。1999年，先后2次以远征部队的方式赴亚太地区参演，在“联合远征部队实验99”演习中综合评估了未来战争中使用的59项新概念、新规则和新技术。1999年，美空军先后派14架次战略轰炸机赴亚太地区参加演习，在本土进行了“全球鹰”无人机演练，隐形机编队与普通战斗机编队的协同演练，机载激光武器系统演练等。此外，还多次演练了信息技术、计算机模拟、新型目标探测、夜间精确打击等高新技术。

战备检查　过去，美空军部队为接受战备检查，需要加快节奏，作长时间准备，检查结束后，为进行演习或部署，又要作准备，这样一来，不仅花钱多，造成浪费，又费时、费力，使部队负担加重。1999年，美空军开始改革年度战备检查制度，将训练演习与战备检查结合起来，即当部队投入到逼真的作战想定演习时，空军将集中力量对其进行战备检查。航空航天远征部队预先制定的训练与部署计划表使这种结合比较容易付诸实施。临时组建的远征部队在实施部署前一起训练的几个月里可得到战备检查。通常情况下，一个作战飞行联队平均每4年得到一次战备检查。此外，每2年进行一次部队遵守法规大检查，以确保训练法规（如最重要的维护程序及法定的操作方法）得以贯彻落实。投放核武器的轰炸机联队每3年进行一次核战备检查，每1年进行一次核保险安全检查。

训练中存在的问题　据美《空军时报》2000年2月28日报道，美国参议院训练预算委员会在最近发表的一份调查报告中，公布了有关内利斯空战中心的空战训练情况，对当前部队战斗训练质量下降的问题提出了警告。该报告列举了影响训练的因素：一是由于飞机过时，发动机和飞机零部件不足，空战中心约有15%的训练出动架次被迫取消。据统计，1999年第4季度，内利斯基地拆用飞机配件的比例高于过去的12个月。二是扮演敌机的“侵略者”中队在编飞机和人员不足，在“红旗”演练中通常仅能提供7架F-16“侵略者”飞机，此外，只有很少的A-10和F-16E战机用于模拟未来作战中可能遇到的敌机。加之，有经验的“侵略者”飞行员不足，使大约30%的参演部队不能参加对抗空战演练。作为临时弥补措施，美空军在“红旗”演习中，动用参演的德国空军的米格-29飞机扮演敌机，起到较好的训练效果。美国会要求空军扩大“侵略者”部队的规模，并要求空军多花些钱，使训练部队保持使用最新的战斗装备，但由于经费不足，空军未能达到这些要求，目前只保留了一个“侵略者”中队，而且训练飞行员的基本设施质量也大不如前，飞行员的战斗技能在下降。三是弹药供应不足，战斗机在训飞中经常不能投放激光制导炸弹和新式的全球定位系统卫星制导炸弹，造成飞行员对关键武器的使用训练不足。

继续运用高新技术，改进训练手段　加快推广网

络化模拟训练系统　为了缓解空军人员频繁参与海外部署所造成的影响，1999 年，美空军开始实施组建航空航天远征部队的计划。在任何时候，始终保持 2 支远征部队担负整个海外应急作战任务，与此同时，逐步组建接替值勤的另外 2 支远征部队。由于每支远征部队是从各基地抽调来的，采用网络化模拟训练将是必要的。在合同作战环境中，将多种模拟器联为一体，共同演练战术、程序、交战规则等。美空军将其称为分布式任务训练（Distributed Mission Training）。根据该项训练计划，1999 年，美空军与波音公司签订了组建 F－15C 训练中心的合同，现已建起 2 个这样的训练中心，每个中心装备 4 台网络化模拟器，用于论证分布式任务训练方针。此外，美空军拟组建 F－16 任务训练中心，首座中心将于 2001 年 8 月投入使用。美空军还将 E－3 空中预警与控制系统模拟器与 F－15 和 F－16 模拟器联网。预计，美空军驻海外和本土的所有作战部队到 2006 年将会全部实现网络化模拟训练。

积极采用新型训练质量监控系统　1999 年，美空军借助民用新技术，研制出一种新型的空战训练监控系统，即无靶场空战机动仪器检测系统。该系统是一个挂在机翼上的类似 AIM－9“响尾蛇”导弹的吊舱，内装有全球定位系统、惯性导航系统，可以跟踪和录制飞机的机动动作。在 280 千米范围内可同时监控 100 架参演飞机的活动。在空战演练过程中，该系统可给飞行员实时通报“命中”情况。训练结束后，可以通过计算机播放空战演练情况，供飞行员飞行后讲评使用。该系统目前已开始装备作战部队使用。这对部署海外或在常驻基地进行空战训练的部队来说，无疑带来方便，而且可以节省经费，利于提高训练质量。

资料来源：

①美国《空军时报》1999 年 9 月 20 日、10 月 25 日、11 月 8 日、11 月 22 日；

②美国《空军时报》2000 年 2 月 28 日；

③英国《国际飞行》杂志 1999 年 9 月 8～14 日。

（李荣怀）

院校教育　**西点军校推出跨世纪人才培养教学计划**　《外国军事学术》1999 年第 9 期樊高月、李彦路报道，1998 年 2 月 23 日，美国陆军西点军校推出了 1998～1999 学年《教学计划》（红皮书），将其跨世纪人才培养计划公之于众。该书提出了西点军校 1998～2001 年培养跨世纪人才的教育方针、课程目标、课程设置和毕业要求，是一份纲领性文件。

教育方针　西点军校的基本教育方针是教育和训练每一个学员具备正规陆军军官的基本素质，鼓励学员终生为国家服务。过去，该校要求学员在智能、军事、道德和体能 4 个方面全面发展，从而具备高水平的智能，掌握基本的军事技能和知识，拥有强健的体魄和正确的伦理道德标准。现在，在原有的 4 个方面增加了“领导艺术”，要求学员从智能、军事、领导、体能和道德 5 个方面全面发展，并提出了每一个方面要达到的具体目标。

智能发展的目标是：具备坚实的自然科学和社会科学基础；了解科学的各种探究方法；具备清晰、准确的书面与口头表达能力；具有创新精神和强烈的求知欲；有继续发展智能的愿望。军事职业发展的目标是：使学员具备在正规陆军中服役的军事知识和技能；严谨自律，无私奉献，安心服役；有继续接受军事职业教育的动力；有创造性思维和实事求是的精神。领导艺术发展的目标是：在压力面前能够创造性地思考，思路清晰，决定英明，行动果断；具有在军事组织中作为领导者继续发展的基础；有寻求更大领导责任的动力。体育发展的目标是：使学员在生理方面得到良好发展，养成良好健康习惯，掌握维持高水平身体素质的技巧和知识，获得指导野战部队士兵发展和维持体质的能力。道德发展的目标是：使学员大公无私，责任心强，诚实而公正，正直而富有同情心，能够按照美国的价值观，美国的宪法体制和军事职业的道德标准安排生活。

课程目标　西点军校教育的总目标是“使其毕业生能够对不断变化的科技、社会、政治和经济世界的不确定性进行预测并作出有效的反应”。根据这个总目标，该校在制定教学计划时，把培养学员进行创造性思维和行动的能力放在第 1 位，要求学员毕业时能够：学会运用数学、物理和计算机科学进行科学的推理，使用科学技术，解决定量分析问题；运用技术工艺程序和数理论据与原理，去满足社会需求；通过正确评价文化和历史，理解人的行为、成就和思想；了解人类行为方式，尤其要弄清楚个人、组织和社会是如何追求社会、政治和经济目标的；以准确的语言、正确的句子、简明而又连贯的段落，进行书面交流；认识道德问题，并在决策中从道德方面考虑问题；表现出追求进步和不断发展的能力和愿望。为了使毕业学员达到这些要求，设置课程时就必须保证学员所学课程能够实现下述目标：（1）确保完成内容广泛的核心课程，包括人文学科、社会科学、基础与应用科学和工程学。（2）打下基础科学的坚实基础；了解如何把科学原理用于技术工艺，去实现人的目的；具备使用正确的方法分析解决科技问题的能力。(3) 了解美国社会、美国价值观和某些外国文化。(4) 理解人的行为动机，洞察人的行为原因，明白人们在实现共同目的时将受何种影响。(5) 能够熟练运用历史分析方法，从人类经验的角度审视某种观点，判断其在当前条件或可预见条件下的适用性。(6) 了解政治与经济分析的基本原理，并能用于解决现实问题。(7) 开设计算机技术与个人计算机使用课程，促进教与学。(8) 在全部课程中协调有效交流技巧的连续发展。(9) 在所选学科领域成功地实现选修计划，掌握所选学科知识。(10) 有机会在广泛的范围内选择学科专业。(11) 为西点军校特有的专业和学科获得校外鉴定和认可。

根据这些目标设置课程，西点军校就能使其毕业生在文科和理科方面打下坚实的基础，为进一步的职业教育、技术和非技术领域的深造教育提供巨大发展潜力。

课程设置　为实现跨世纪人才培养目标，西点军校对教学系和课程设置进行了相应的改革。首先，增设新学科，撤并旧学科。根据技术的发展和社会的需要，新建了系统工程系；撤销了电气工程系、工程系、力学系、地理与计算机科学系，合并重建了电气工程与计算机系、土木与机械工程系、地理与环境工程系。这样，仍旧保持了原有 15 个教学系的规模，但学科结构更为合理。其次，增添新课程，删除旧课程。为了满足信息社会和 21 世纪部队建设的需要，各教学系都增添了许多新课程，删除了部分旧课程，使新课程约占全部课程的 1/3；并且每个系开设的课程都比原来有所增加。

西点军校课程表

一年级		二年级	
第一学期	第二学期	第一学期	第二学期
离散动力学系统与微积分入门 4.0 学分	微积分Ⅰ 4.5 学分	微积分Ⅱ 4.5 学分	概率与统计学 3.0 学分
化学Ⅰ 3.0 学分	化学Ⅱ 3.0 学分	物理Ⅰ 3.5 学分	物理Ⅱ 3.5 学分
英语作文 3.0 学分	文学 3.0 学分	外语 3.5 学分	外语 3.5 学分
历史 3.0 学分	历史 3.0 学分	经济学 3.5 学分	政治学 3.5 学分
普通心理学 3.0 学分	计算机原理入门 3.0 学分	计算机原理入门 3.0 学分	地形分析 3.0 学分
体育 3.0 学分	识图 1.5 学分	体育 2.0 学分	合成兵种知识 1.5 学分

三年级		四年级	
第一学期	第二学期	第一学期	第二学期
*核心工程轨：工程学Ⅰ	*核心工程轨：工程学Ⅲ	*核心工程轨：工程设计Ⅰ	*核心工程轨：工程设计Ⅱ
核心工程轨：工程学Ⅱ	选修课 3.0 学分	选修课 3.0 学分	选修课 3.0 学分
国际关系 3.5 学分	高级作文 3.0 学分	选修课 3.0 学分	选修课 3.0 学分
军事历史 3.0 学分	军事历史 3.0 学分	选修课 3.0 学分	宪法与军事法 3.5 学分
选修 3.0 学分	军事领导艺术 3.0 学分	选修课 3.0 学分	选修课 3.0 学分
体育 1.0 学分	合成兵种知识 1.5 学分	体育 1.0 学分	从军之道 1.5 学分

*核心工程轨提供 7 种不同类型（即土木工程、电气、环境、机械、系统、核科学和计算机）的核心课，每类包括 5 门课程，学分、课时因不同课程而异。

西点军校的课程设置有两个基本的结构特征。一个是 31 门稳定的核心课程，为所有学员打下广泛的知识基础。核心课程同体育训练和军事科学（课程包括：识图、合成兵种知识、军事领导艺术和从军之道等）相结合，就形成了西点军校的“职业专业”。另一个是通过选择研究领域或专业领域，获得在某个领域进行深入学习和研究的机会。选定某个研究领域的学员必须选修不少于 9 门的选修课，选定某个专业领域的学员必须选修 10～13 门选修课。

在核心课程中有一条“数理工程轨”，提供基础科学的基本知识。此类课程始于一年级，开设两个学期的数学课和两个学期的化学课。二年级继续此类课程，开设两个学期的数学课、两个学期的物理课和地形分析课。

在核心课程中还有一条“社会科学与公共事务轨”，使未来的军官对将要服务的人员、政府和社会有一个比较清楚的认识。此类课程始于一年级，开设两个学期的历史课和一个学期的心理学课。此后继续开设此类课程：二年级开设一学期的政治学、哲学和经济学；三年级开设两学期的军事历史，一学期的国际关系，一学期的军事领导艺术；四年级开设一学期的宪法课。

西点军校的课程设置以科学文化知识为主，军事知识为辅。在 4 年所学的 48 门课程中，体育和军事课程（不含夏季军训）各 4 门，约占 17%；其余为科学文化课程，约占 83%。学员任职所需军事知识主要在任职前训练阶段解决。以学习科学文化知识为

主，就能为以后的深造发展提供巨大的潜力，这是西点军校教育的重要特点之一。(详见西点军校课程表)

毕业要求 《教学计划》规定，四年级学员经校务委员会证实成功地完成了包括文化课、军事课、体育课和军事训练在内的全部课程，达到了品行标准，具备了毕业生应该具备的精神、品质和领导能力，可领到校长、学员队司令和教务长签发的毕业证书，成为美国陆军军官学校毕业生，并获得理科学士学位。

该校对学员的毕业要求：成功完成包括普通核心课程和工程核心课程在内的每一门核心课程；至少达到一个研究领域或专业领域要求；成功完成至少40门专业课程和4门军事课程；成功完成学员司令部提出的体育计划；累积平均质量分数达到2.0。

(陈 群)

陆军指挥与参谋学院建立数字化领导人培训中心

据美《陆军时报》1999年1月18日报道，美陆军指挥与参谋学院副院长伍德中将称，该院的主要任务仍然是培训校级军官，以提高其执行和平时期和战时各项任务的能力。在当今科学技术迅猛发展之际，这个传统的教育机构面临的挑战是如何向学员提供适应未来数字化战场所需的指挥技能。学院现正致力于对为期10个月的军官传统课程进行改革，包括增加选修课程和数字化系统教学内容。为此，该院开始分阶段建设数字化领导人培训中心。

数字化领导人培训中心是一个高科技设施，包括5大部分。第1阶段工程业已竣工，建立了作战实验室和教育实验室。作战实验室设施包括指挥与控制车辆模型和1个沉浸式强化训练教室。在该教室，学员可使用最先进的图表技术和地形分析工具。作战实验室还可用来设计数字化领导人反应课程。教育实验室是一个供教学和演习用的多用途设施，可把陆军作战指挥系统列入课程内容。该系统联结战略、战役和战术战场自动化系统，向各级决策者提供实时战场态势信息和传感器数据。

在建设数字化领导人培训中心的第2阶段，陆军指挥与参谋学院计划在1999年6月增建2个实验室。一个实验室将拥有指挥与控制车辆模型。另一个实验室称为未来实验室，对“下一代陆军计划”进行研究和试验。

陆军指挥与参谋学院计划用2年时间完成数字化领导人培训中心的建设。该中心建成后，学院教学将全部实现数字化，每个学员都将取得未来数字化战场所需的知识、技能和经验。

(洪锦珠)

海军军官学校2002届学员举行“海上试验99”训练 据美军《海军时报》1999年5月17日报道，为检验学员的组织能力和忍耐能力，培养学员的坚忍不拔和团结协作精神，海军军官学校在2002届1100名学员第1学年学习即将结束之际，组织他们于1999年4月29日6～19时进行了一次历时13个小时、代号为“海上试验99”的第2届“海上试验”训练。“海上试验”其实是一种类似于海军“战斗岗位”训练和陆战队“熔炉”训练的艰苦的耐力训练。“海上试验99”训练分为数个阶段进行，各阶段之间基本没有休息时间。整个训练过程中，学员们背负沉重的弹药箱、水罐和沙袋，带着伤员，互相协作，跑过布满荆棘、充满泥泞的灌木丛小路，翻越陡峭的山峰、高墙和壕沟，爬过各种铁丝网和障碍物，全部完成了训练项目。此类训练对于磨练顽强意志、培养吃苦精神和团结互助精神非常有效。

(陈献其)

军事演习 **综述** 美军的军事演习包括联合演习与联军演习两种。联合演习，是指美国武装力量中各军兵种部队共同组织实施的军事演习；联军演习，是指美军与其他国家军队共同举行的军事演习。

美军的联合演习 美军的联合演习是通过正常的指挥关系和指挥系统进行的。通常情况下，联合演习由参联会主席提供原则指导，联合参谋部的作战计划与协调部进行协调，各大战区的指挥机构按照既定计划，根据特定的指挥环境组织实施。其中，联合部队司令部负责全军统一组织实施的联合战役演习，特种作战司令部负责全军性的特种作战演习。各联合司令部自行组织实施联合演习时，演习所使用的经费由本司令部自行解决。

(1) 美国联合部队司令部的演习。联合部队司令部组织实施的演习多为系列化战役级联合演习，多以诸军、兵种联合特遣部队为单位进行，有现役部队参加，也有预备役部队参加。参演人数通常为数万人，主要采用计算机模拟或联合野战训练演习等方式进行。美国联合部队司令部组织实施的全军性联合战役演习，目的是培养一支随时可以向各战区部署的联合作战部队。这支部队训练有素，具备良好的联合作战能力，可以在各种条件下完成联合作战任务或联合行动任务。美国联合部队司令部向世界各地提供的联合部队，不论规模大小，都可能承担具有重要战略意义的任务。

美国联合部队司令部的前身是大西洋司令部，由它组织实施的联合特遣部队演习使用的是“战斗数据”，演习通常与各种作战试验结合进行，在检查部队战备状况的同时，完成作战理论和武器装备的论证工作，同时也为更新和修订现有作战预案提供第一手资料。

(2) 美国太平洋司令部的演习。太平洋司令部的演习多为双边或多边的联军演习。根据需要和计划，太平洋司令部有时也在本战区内组织实施联合演习，这种演习通常与战备执勤相结合。其中，以联合特遣部队为单位进行的联合演习所使用的数据是“演习数据”而不是“战斗数据”。美国太平洋司令部组织实施的联合演习形式多样，但目的只有一个，即提高本战区部队的一体化程度和联合行动的能力，以完成在亚太地区所承担的多种任务。

(3) 美国南方司令部的演习。美国南方司令部组织实施的联合演习通常与本战区的战备执勤相结合，主要目的是提高本司令部所属部队联合行动的能力，以保证本战区的安全与稳定。

(4) 美国欧洲司令部的演习。美国欧洲司令部的演习，多为美军与北约盟军共同组织实施的联军演习，有时也包括若干次为训练本战区各军种部队而组织的联合演习。通常情况下，美国欧洲司令部司令每年指导所属部队实施大约 5 次联合演习。联合演习的训练对象主要为现役部队，有时也根据情况，组织部署在欧洲司令部责任地域内参加联合训练的预备役部队和国民警卫队参加联合演习。

美国欧洲司令部的联合演习，通常以临时组建联合特遣部队的形式进行。美军将日常活动时间达 120 天以上的联合特遣部队，称为常备联合特遣部队。常备联合特遣部队可在美国欧洲司令部的编成内参加联军演习，也可参加本联合司令部组织实施的联合演习。

(袁　林)

美泰“金色眼镜蛇 99”联军演习　1999 年 5 月 12～24 日，美泰两军在泰国东部第 2 军区辖区、泰国湾及其附近海域举行了为期 14 天的“金色眼镜蛇 99”诸兵种联合军事演习。这是美泰两军自 1982 年以来举行的第 18 次演习，也是美军 1999 年在亚太地区与盟国举行的最大规模联军演习。

此次演习未设明确的假想敌，主要目的是：提高泰美两军协同作战和快速反应能力，共同维护两国的安全利益；健全两军联合作战机制，为今后必要时与其他盟军协同作战作准备；提高泰军参加联合国维和行动的能力。

演习内容包括联合/联军地面和空中作战、联军海上作战、两栖作战和特种作战。

演习由泰军最高司令部和美军太平洋总部共同策划，泰军最高司令部作战厅厅长蓬萨·蓬沙洛中将任演习总指挥，美太平洋总部的威廉·皮卡文少将任副总指挥。双方参演兵力共约 22500 人、各型飞机 158 架、舰船 15 艘。其中，泰军出动兵力 10616 人、30 架飞机、10 艘军舰。主要参演单位有陆军第 2 简编军、第 6 步兵师、特种作战部队，海军作战舰队下属 6 支分舰队，海军陆战师，空军第 2 飞行师等。参演飞机主要有 F－5、F－16、C－130、G－222 等。此外，泰新装备的“差克里·纳吕贝特”号直升机航母和“甲武里”、“邦巴功”号导弹护卫舰也参加了此次演习。美军出动兵力 11884 人、军舰 5 艘、飞机 128 架，主要来自驻太平洋地区陆、海、空军和海军陆战队及其后备部队，包括陆军第 25 步兵师、3－160 特种作战飞行团、第 17 作战支援营，海军第 7 舰队分舰队、第 3 陆战队远征部队所属第 3 陆战师和第 1 陆战队、第 1 陆战队航空联队，空军第 353 特种作战大队等。参演飞机主要有 F－14、F－18、MH－60L、KC－130、AV－8B 等。此外，美海军第 7 舰队所属“蓝岭”号两栖指挥舰、“贝洛伍德”号两栖攻击舰编队、“莫比尔湾”号和“范德格里夫特”号导弹护卫舰也参加了演习。

演习共分 3 个阶段：(1) 前期准备（1998 年 10 月～1999 年 4 月）：成立演习指挥部，制定演习计划，并实地勘察地形等。(2) 兵力集结（1999 年 4 月 19 日～5 月 11 日）：参演美军分别自美国本土、夏威夷，日本的冲绳、关岛和韩国等地向泰境内演习区域集结；泰军也陆续完成兵力调动和部署。(3) 正式操演（1999 年 5 月 12～24 日）：主要演练了指挥所演习、野外演习、陆上攻防、陆海两栖、陆海空协同、海上机动与护航、空中打击、扫（布）雷、特种作战、心理战、实弹演习、民事活动等科目。

美日防卫演习　根据 1960 年签署的美日防卫条约，美军与日本自卫队定期举行地面、海上和空中联军演习。1998 年 11 月，美军与日本自卫队在日本及其附近海域举行了代号为“利剑 99”的联军演习，这次演习包括代号为“东方盾牌 99”的陆军陆上演习、代号为“森林之光 99”的海军陆战队陆上演习和代号为“利剑”的空军空中演习。此外，美国海军与日本海上自卫队还举行了代号为“年度演习 99”的海上演习，旨在检验日本海上自卫队与美国第 7 舰队海上协同作战能力。

“东方盾牌 99”陆军陆上演习　经过一年多的计

划与准备，1998 年 11 月 2～14 日，美驻日陆军与日本陆上自卫队举行了“东方盾牌 99”的联军演习。这次演习旨在提高美驻日陆军与日本陆上自卫队在班、排和连的战术协同能力。

此次为期 13 天的演习在日本本土北部岩手县岩手山演习场举行。参演的美军约 590 人，来自驻夏威夷的第 25 轻型步兵师第 27 步兵团第 1 营。参演日军约 860 人，来自日本岩手兵营陆上自卫队第 9 师第 5 步兵团。

此次陆上演习的主要科目包括：步兵、工兵和装甲兵的合同训练、实弹射击训练、通信训练和救护训练以及综合演练。在训练演习过程中，每个连队都要完成班对抗演习、机关枪射击、爆破和利用直升机发动攻击等演习科目。在轻武器射击场，美军士兵使用班战术接近目标并将目标摧毁。在机关枪射击场，由两人组成的小组先在距目标 400 米远的距离内分阶段对自动弹起的目标进行射击。美军士兵搭乘日军直升机，进行直升机机降突击作战演练。当日本陆上自卫队的 UH-1 直升机和“支奴干人”运输直升机在着陆区着陆时，美军士兵登机进行了 15 分钟的模拟战斗飞行。在飞抵航线的进入点时，他们下机遂行仓促防御任务以警戒环形防线。在进行爆破演练时，美军爆破小组通过使用有线起爆对美日两国士兵进行指导。日军士兵将 C-4 炸药和时间设定为 5 分钟的引信组装成雷管，用于起爆埋设在通路上的饵雷。

“利剑 99”空军空中演习　1998 年 11 月 2～13 日，美空军和日本航空自卫队在日本海和太平洋举行了代号为“利剑 99”的双边野战训练演习。此次演习为美太平洋空军 1999 财年规模最大的野战演习，其目的是在保卫日本的作战中加强空中作战。

参演的日本航空自卫队出动了小松空军基地的 F-16 战斗机和千岁空军基地的 F-15 战斗机约 100 架，自卫队员 9440 人。美空军从三泽基地战斗机联队派出了 F-16 战斗机、空勤人员和地面保障人员。此外，美空军还派出了横田空军基地的 C-130 和 C-21 飞机、嘉手纳空军基地的 KC-135 和 E-3B 飞机和美海军陆战队驻日本岩国海军航空站的 F/A-18 战斗机。美空军部署于关岛安德森空军基地的 B-1 轰炸机也参加了此次演习。美空军参演飞机共约 60 架，参演兵力 9950 人。

在“利剑 99”空中演习中，美空军和日本航空自卫队以三泽、千岁和小松等基地为据点，在日本海和太平洋实施了联合作战演习。此次演习方案强调不同的空战战术运用和防空，包括对美海军与日本海上自卫队舰船的模拟攻击和对为日本陆上自卫队提供支援的模拟目标的模拟攻击。

“森林之光 99”海军陆战队陆上演习　1998 年 11 月 5 日，美海军陆战队与日本陆上自卫队在日本的雾岛演习场和大矢野原演习场举行了代号为“森林之光 99”的双边训练演习。

参加此次演习的美国海军陆战队员约 600 人，来自驻夏威夷海军陆战队第 3 团第 3 营，该营完成了在冲绳汉森兵营为期 7 个月的临时部署任务之后，用 C-5“银河”运输机从冲绳向演习地域集结。参演的日本陆上自卫队员来自驻栗下兵营的第 24 步兵营，共约 820 人。此次演习的科目主要包括：狙击手的伪装和射击训练、警戒训练、侦察训练、通信训练、扫雷、爆破技术、开设伤员收容所、班排进攻、前线救护、特种武器防护（核生化防护）、迫击炮训练以及综合演练等。

“年度演习 99”海上演习　美军与日本自卫队除了在“利剑 99”演习中进行陆上和空中作战演练外，还于 11 月 5 日～12 日在日本海举行了代号为“年度演习 99”的双边海上演习。此次演习旨在检验美国第 7 舰队与日本海上自卫队防卫日本时实施双边协同作战的能力，进一步加强两国军方之间的友好关系。

参加此次“年度演习 99”海上联军演习的美日部队有：日本海上自卫队舰艇约 100 艘，飞机 180 架；自卫队员约 32000 人。美海军舰艇 10 艘，飞机 75 架，8000 人。演习的基本想定为：由 3 艘日本海上自卫队的潜艇扮演不明国籍潜艇潜入日本领海，日本海上自卫队的反潜巡逻机和直升机在舰艇的协助下发现了这 3 艘潜艇，并对其发动了攻击。

此次演习区域为日本能登半岛以西约 350 千米的海面上。演习的主要内容是反潜战、防空战和水面作战等。美海军第 70 特混舰队的“小鹰”号航母也参加了此次演习。“小鹰”航母是美国唯一前沿部署的航母，停靠于日本横须贺港口。在此次演习中，它主要出动舰载机在数千米外的海面上对潜艇进行搜索，并与日本海上自卫队舰艇实施通信、搜索、救难等联合演练。美日海军协同作战演练还包括航行中海上补给作战演练，美海军“蒂普卡努”号加油船在日本海对日本海上自卫队的“榛名”号驱逐舰和美海军“小鹰”号航母实施了航行补给。

“明星 99/00”联军演习　美国与埃及等国举行的“明星”联军演习成为美国与其他非洲国家的联军演习中最为重要的演习。除了“明星”演习外，美军在非洲的联军演习还包括海军的“西非训练巡航演习”、空军的“非洲鹰”、“自然火”灾害救援训练演习等。

1999年10月10～30日，来自北美、欧洲和中东地区11个国家的多国部队在埃及北部的沙漠地带及地中海沿岸，举行了一次规模空前、为期达20天的“明星99/00”陆、海、空三军联合演习。此次演习是代号为“明星”的两年度系列演习的第10次，从中可以看出美军实施高技术条件下作战的一些新样式和新特点。

美军参加“明星”演习的主要目的：一方面是为了熟悉沙漠条件下的作战方式，了解埃及军队进行沙漠战的经验，提高美军沙漠作战的技能，并且帮助埃及军队掌握美国的先进武器技术；另一方面也是为了检验美国新型武器在沙漠条件下的实用性能，强化美、埃军队在多国部队联军作战中的协同能力和在其他“极为复杂”的军事行动中的相互配合能力。

此次演习的现实意图是威吓伊拉克和伊朗。这两个国家是美国的眼中钉。美国与4个中东阿拉伯国家举行联合演习，反映了美国等西方国家意欲通过加强与阿拉伯国家的军事合作，显示盟军的团结，对两伊进行威慑，进而达到进一步控制中东的目的。

此外，中东阿拉伯国家历来是美国军火贸易的大买主。此次演习还可以为美国军火商增加中东这个军火大市场的更大份额打下基础。

“明星99/00”联军演习是一次带实兵的指挥所演习，它既对战术空军、地面部队、海军和特种作战部队进行了协同作战训练，也检验了多国部队指挥官在计算机辅助下的指挥控制能力。

参加此次演习的部队来自埃及、美国、法国、英国、德国、意大利、荷兰、希腊、约旦、阿联酋和科威特等11个国家，共有近7.3万名士兵、368架作战飞机和56艘舰艇参加。其中，德国、荷兰、希腊和约旦均为首次参加。埃及因派出了3.6万名士兵而成为本次演习投入兵力最多的国家。此外，还有包括中国在内的33个国家向这次演习派出了观察员。

美军共派出1.8万人参加了此次演习，其中海军陆战队为2000多人，包括北卡罗来纳州勒任兵营的海军陆战队第22远征部队（具有特种作战能力），加利福尼亚州彭德尔顿兵营的海军陆战队第1远征部队和夏威夷州史密斯兵营的太平洋舰队海军陆战队。所有参演的海军陆战队由美国中央司令部下属的海军陆战队司令部司令福兰克·利布提指挥。美海军的“肯尼迪”号航母及部分巡洋舰、驱逐舰、护卫舰、登陆舰、核潜艇等各类舰艇和132架飞机参加了演习。

参演的所有美军由美国中央司令部统一指挥。此次演习设一个联合指挥中心，下辖11个指挥所。由美国中央司令部司令海军陆战队上将安东尼·津尼，与埃及军训部长阿明担任此次演习的联合总指挥。

“明星99/00”联军演习内容包括：在埃及海岸的两栖登陆演练、空中作战演练、水上交战演练、以及数据共享演练。

演习包括3个部分：一是多国部队联合训练，目的是通过多国联军演练熟悉各参演国部队的装备、战术和训练程序以达到技术共享、技能共享和战术共享的目的，并为尔后的战术野战演习打下基础；二是计算机辅助指挥所演习，目的是提高指挥与控制参谋机构相互协作的效率；三是以两栖登陆作战为核心的战术野战演习。

两栖登陆演练模拟了两栖部队进入作战地域的战术登陆行动。为了向数千米外地面部队的机动计划提供支援，演习设想两栖攻击充分发挥了海上战斗力，能够在沿海全线展开，以达到发现敌人并将其阻击在原地再实施打击的目的。

演习主要有以下几个特点：（1）规模大，科目多。“明星99/00”联军演习的参演国家达11个，参演兵力达7.3万人，是中东地区有史以来规模最大的一次演习，同时也是目前世界上规模最大的一次多国部队联军演习。此次演习以抢滩登陆为主，其他科目还包括导弹发射、实地作战等，科目多达328项。演习旨在测试多国部队快速登陆、建立桥头堡和实施沙漠作战的能力，提高各国参演部队在军事装备、战略战术和作战经验各不相同的情况下协同作战的水平。（2）参演武器装备先进，体现了现代战争特点。此次演习，使用了许多先进和重型武器装备及先进的模拟手段。比如，在对敌方（“黄军”）坦克进行攻击时，“绿军”并未使用实弹，而是使用了先进的MILES集成模拟器，以激光技术替代火炮。此次演习着力体现现代战争的特点，表现在：战争构想更加全面系统，战争过程更加复杂；战争程序更注重国际惯例；指挥和实战全部引入计算机系统，以求符合现在和未来战争的需求；参演武器装备更加先进。（3）增设了计算机辅助的指挥所演练。此次演习首次增设了计算机辅助的指挥所演练，旨在向战场指挥部快速传递卫星图像和其他战场情报，提高战役级演习中各级参谋人员的协同作业能力。（4）重视相互协调能力。来自11个国家的各军兵种部队参加了“明星99/00”演习，这给演习的后勤支援、运输、军需供应、通信联络及安全问题带来了严峻的挑战。为了使演习计划能够顺利实施，美国中央司令部下属各部的所有部长与各参演国部队的指挥官经常召开协调会，讨论演习过程中出现的各种问题，以求及时协调解决。(5) 重视安全

此次联军演习特别强调安全问题。在实弹演习前，演习部队动用直升机对演习区域进行了地毯式巡逻以防止演习中发生人员伤亡和财产损失。为了防止恐怖分子的破坏，此次演习采取了许多安全措施，比如，在演习区域内加固工事，设置路障和防止车辆事故等措施，还专门派遣了一支爆炸物处理小分队，随时处理未爆炸的弹药。另外，美国与埃及还组建了联合宪兵队，担负演习过程中的巡逻任务，保障演习部队的安全。(6) 注重解决语言交流障碍。由于"明星99/00"演习是一次跨军种、跨国家的联军演习，参演部队来自不同国家，如何克服演习过程中各国部队的语言交流障碍就成为大问题。如果语言交流存在障碍，就会影响演习中各国部队的协同。为了解决语言交流的问题，演习部队摸索出一些行之有效的方法，比如，规定一些统一的手势，与一些重要的词语相结合，以达到不同国家部队之间进行有效联络的目的。

"新地平线·玻利维亚99"联军演习 美国与拉美国家的联军演习主要有与中南美洲各国的"新地平线"系列演习和"中美洲维和行动"演习以及与巴西等国的"UNITAS"演习等。

"新地平线·玻利维亚99"联军演习是经美国参谋长联席会议批准，由美国南方司令部组织实施的双边野战训练演习，也是一次联合特遣部队人道主义援助演习。此次演习旨在为玻利维亚提供民事援助和医疗救护援助，同时对美国民事工兵和医疗部队进行演练。

"新地平线·玻利维亚99"联军演习由美国南方司令部下属的空军具体组织实施。作为此次演习的组织机构，南方司令部所属空军负责演习计划的制订和具体实施。除空军外，美国陆军、海军陆战队和海军也参加了此次演习。美国组建了"查科"联合特遣部队参加"新地平线·玻利维亚99"联军演习，由一名美军中校负责指挥。玻利维亚参演部队指挥官由玻利维亚第4师师长担任。此次演习参演总兵力为600多人，其中美军参演兵力为230多人。

美国的参演部队包括：空军的第819"红马"工兵重型作业修理中队（快速部署工兵)、第28、99、325医疗大队、第30通信支援大队和第752通信支援中队等部队；陆军驻弗吉尼亚陆军国民警卫队第224飞行团的第2营；海军陆战队的第272陆战队航空联队支援中队和第4民事大队；海军派出了驻圣迭戈的第4医疗营。玻利维亚的参演部队包括陆军的工兵、医疗小组和警戒部队。

在"新地平线·玻利维亚99"联军演习中，美国"查科"联合特遣部队任务包括：(1) 在博尤伊韦建立一个可容纳240人的基地。该基地将作为此次演习的指挥中心。部署在玻利维亚的大部分军队将在该基地中居住和休整。(2) 在阿尔戈多纳尔建造一座配备发电机和抽水泵的水井，为当地居民提供饮用水。(3) 在卡马廷迪修建一所带公厕的学校，为当地学生提供一个安全、舒适的学习环境。(4) 在蒂圭帕扩建1所医院，为当地居民提供更现代化的医疗条件。(5) 在库埃沃维修现有桥梁，新建两座桥梁，加强玻利维亚的基础设施建设，为当地居民提供交通便利。(6) 在圣罗莎再修建1所学校。(7) 医疗战备小组在库埃沃/博尤伊韦、卡米里和蒂圭帕/比亚蒙特斯为当地居民提供医疗援助。

"南美维和行动99"联军演习 1999年5月18～28日，"南美维和行动99"计算机模拟演习在玻利维亚首都拉巴斯举行。此次演习是以联合国维和行动的名义并在美军南方司令部的直接指挥和指导下进行的。其主要目的是为了让南美国家军队共享维和行动的经验，推动南美国家间军事合作及国际多边合作。

参演兵力 除智利和哥伦比亚外，南美其他国家军队均派代表团参加。参演的军、文职人员共500余人，其中美军151人、南美国家军队155人、联合国20人。

演习过程 演习的主要想定是：在南美某国民族矛盾或国内动荡导致武装冲突被平息后，应当事国要求，以联合国名义出动南美"和平部队"进行维和行动，以帮助恢复社会秩序，协助组织和监督选举，恢复民主进程，建立民选新政府。

按计划，演习分为两个阶段：第1阶段"和平部队"在动乱结束后进驻出事国，用约4个月时间分阶段完成隔离冲突各方、解除武装、维护治安、救助难民、修复设施、反恐怖、民防、医疗等任务，为民主选举做准备。第2阶段在"和平部队"保护和协助下，组织民主选举和恢复民主政体。整个推演过程由联合国有关部门、美军南方司令部和南美"和平部队"指挥部通过计算机联网进行协调和指挥。

演习特点 此次演习是南美"和平部队"组建和举行联合演习以来规模较大、规格较高、想定较新颖的一次。其主要特点有：(1) 演习具有一定的现实意义。目前，南美一些国家民主政体尚不稳固，同时由于政治腐败、制毒贩毒、武器走私、贫富悬殊、经济

发展不平衡等原因造成的社会矛盾激化也威胁着民主政体和地区的稳定。“南美维和行动 99”正是针对这一现状而举行的。(2) 演习所用计算机、专用器材及其他物资均由美军方提供，演习全过程也主要由美军技术人员操作，南美军官仅仅是根据指令进行简单的操作和观摩。由于技术设备消耗较大和参演人员较多等原因，演习耗资达 250 万美元，全部由美军负担。

北约“北方之光 99”演习 1999 年 9 月 13～25 日，11 个北约成员国举行了代号为“北方之光 99”的海上维和演习。演习区域从英国和爱尔兰西北端及周边水域延伸至比斯开湾和奎北伦湾的西南端。参演的海上兵力包括 1 艘航空母舰、35 艘驱逐舰和护卫舰、27 艘扫雷舰、27 艘辅助舰船及 8 艘潜艇。空中兵力包括海上巡逻机、空中预警机、战斗机和从英国军事基地起飞的直升机。陆上兵力包括英国、荷兰两栖特遣部队和法国、德国部队。“北方之光 99”演习的主要目标是：(1) 检验总部和海上部队的危机反应能力，重点是对密集运输区域的侦察、情报的联系和分发以及海上控制；(2) 通过不间断的战术演练，提高两栖作战行动能力；(3) 演练海上联合部队作战指挥官一级实施指挥的相关程序；(4) 使用空中兵力支援海上和沿海环境下的海上/两栖作战行动；(5) 检验和评估非战斗后送行动和大规模伤亡处理。具体目标是训练参与部队的作战纪律，检验多国后勤指挥官条令，演练多国后勤指挥官对岸上、海上和空中兵力的作战指挥。“北方之光 99”演习包括一系列防空、反舰和反潜作战，分 4 个阶段实施。第 1 阶段，在苏格兰和埃韦湾及西弗罗伊西南沿海开展了 6 天的作战强化训练和军队一体化训练。第 2 阶段，在英国西南部和法国北部进行了 3 天的危机处理演习。第 3 阶段，在苏格兰进行了为期 1 天的两栖登陆演练。第 4 阶段，在两天内实施了两栖和增援及再补给运输行动。在此次“北方之光 99”演习中，新成立的法德海军部队组成的法德分遣部队参加了演习。此外，北约 4 支紧急反应部队中的 2 支（大西洋常备海军部队和北方扫雷部队）也参加了此次演习。

美韩“乙支·焦点透镜 99”联合军事演习 1999 年 8 月 16～27 日，美国与韩国的军队在韩国举行了为期 12 天代号为“乙支·焦点透镜 99”的联合军事演习。此次演习是迄今为止全球规模最大的计算机模拟演习。1.4 万名驻韩美军及 5400 名来自美国本土、日本基地和关岛基地的美军参加了演习，参演的韩国军队共有 5.6 万人。演习想定模拟朝鲜半岛发生大规模军事冲突后，美军进驻朝鲜半岛，直接接管韩国军事指挥部。演习内容主要是城市防卫和野战攻防，此外，韩国军队还进行了地面防空、海上反潜、城市反特种部队等多个辅助演习。演习目的旨在演练美韩军队的指挥、控制、通信与全部系统，特别是测试美韩军队联合指挥体系在危机情况下的紧急应变能力。演习指挥部设在美国第 7 舰队旗舰“蓝岭”号上，是此次演习的一个突出特点。

美韩“鹞鹰”联合军事演习 继 8 月中旬美韩“乙支·焦点透镜 99”联合军事演习之后，1999 年 10 月 26 日～11 月 5 日，美韩举行了代号为“鹞鹰”的联合军事演习。“鹞鹰”演习是以后方野外机动演习为主的年度军事演习，此次是该演习的第 38 次，也是历年来规模最大的一次。演习地点距朝鲜边境不足百千米。参演部队包括 50 万名韩军和 3 万名美军（其中包括 1 万名驻韩美军）。美军派出了航空母舰“小鹰”号参加演习。“鹞鹰”联合军事演习的演习内容包括在骊州、利川地区举行的陆军野外机动演习、在浦项地区举行的美韩海军陆战队联合登陆演习和空军战斗飞行团举行的夜间基地防护演习。

“西非训练巡航 99”演习 1999 年 10 月 31 日～11 月 30 日，美国和非洲 6 国（南非、纳米比亚、加纳、科特迪瓦、多哥和尼日利亚）共同举行了代号为“西非训练巡航 99”的人道主义灾害救援演习。美国驻欧海军司令负责此次演习的具体组织实施。美海军“卡特厅”号两栖舰参加了此次演习。演习目的旨在加强美国海军与西部非洲国家海军的合作，加强美海军在西部非洲沿海地区的军事存在。演习内容包括石油钻探训练、夜间巡逻训练、医疗救护训练以及向参演国提供食品、衣服和医疗护理的人道主义救援行动。

“双重突击 99”演习 1999 年 3 月 15 日～4 月 4 日，美军、澳大利亚国防军与加拿大海军在关岛和北马里亚纳群岛举行了西太平洋地区规模最大的代号为“双重突击 99”的联军演习。美国、澳大利亚和加拿大共派出了 12364 名士兵、19 艘舰艇和 113 架飞机参加了此次演习（其中：美军 10514 人、舰艇 12 艘、飞机 109 架；澳大利亚 1100 人、舰艇 4 艘、飞机 3 架；加拿大 750 人、舰艇 3 艘、飞机 1 架）。演习中，加拿大海军扮演演习的对抗部队。演习目的旨在提高舰队司令以联合特遣部队司令的身份指挥部队的能力。演习想定是：由于历史原因和文化差异，独裁的“开普哈”国使用武力入侵“阿鲁兰”国。美国和澳大利亚对危机作出反应，派遣陆海空军组成“双重突击”特遣部队，援救美国和澳大利亚公民，并协助

“阿鲁兰”国防御部队恢复领土完整。此次演习分为两个阶段：指挥所演习和野战训练演习。3月15～22日是指挥所演习阶段，演习对所有部队的调动进行了模拟，检验了作战计划制订者对形势的快速反应能力和确定合适的行动路线的能力。3月26日～4月4日，演习进入第2阶段的野战训练演习。在该阶段，演习指挥部对美国和澳大利亚的陆、海、空军进行了实际调动。此次演习的突出特点是检验了“双重作用”概念，即第7舰队司令既要充当特遣部队司令，又要向美军太平洋司令部直接负责。

“和平盾牌 99”演习 1999年8月1～14日，北约及其和平伙伴国约1000名士兵在乌克兰亚沃罗夫的和平伙伴国训练中心参加了代号为“和平盾牌 99”演习。此次演习由美国发起，乌克兰主办，是一次北约和平伙伴国多国部队旅的计算机辅助指挥所演习。参演的北约国家包括：比利时、丹麦、希腊、意大利、挪威、波兰、土耳其、英国和美国。参演的和平伙伴国包括：阿塞拜疆、保加利亚、格鲁吉亚、拉脱维亚、摩尔多瓦、罗马尼亚和乌克兰。参演的美军部队来自驻意大利的维琴察的南部欧洲特遣部队以及本土部分州的国民警卫队。此次演习是始于1995年的‘和平盾牌’系列演习之一，演习的战略意图是加强美国与乌克兰及其他参演国之间的了解与合作。演习目的主要是对两个多国旅指挥部进行演练。演习内容包括两个部分：一是为期4天的野战训练演习；二是计算机辅助指挥所演习。“和平盾牌 99”演习在固定的战术指挥所中进行，重点演练联军指挥与控制和旅级参谋程序。在此次演习中，乌克兰军队与波兰军队首次联合组成第1维和营参加演习。

“援救者 99”演习 1999年9月10～19日，10个国家的军队在罗马尼亚曼加利亚举行了代号为“救援者 99”的多国部队灾难救援指挥所演习。此次演习由美国参联会发起，罗马尼亚主办，参演国包括：罗马尼亚、美国、希腊、阿尔巴尼亚、意大利、保加利亚、马其顿、斯洛文尼亚、摩尔多瓦和乌克兰。法国等7个国家向演习派遣了观察员。“救援者 99”演习想定围绕一场模拟的地震灾害，由多国部队在计算机的辅助下进行灾难救援训练。演习目的包括：训练参演指挥官与参谋在对自然灾害作出反应时组织、控制与支援多国部队的能力；提高参演国指挥各军种士兵，使用各类装备物资的能力；按照通用指导文件实施作战；检验和评估在实施灾害救援演习时现有组织体系、技术手段和计划的兼容性。

美军举行联合特遣部队演习 1999年7月18～30日，15000多名美军参加了联合特遣部队演习，演习地点位于弗吉尼亚州和北卡罗来纳州附近海域。国海军“肯尼迪”号航母战斗群和巴塔恩两栖战备大队、第22海军陆战队远征部队及空军和陆军的部分战斗单位参加了此次演习。此次演习由联合部队司令部司令哈罗德·小格曼海军上将指挥，由海军第2舰队司令兼大西洋打击舰队司令威廉·法伦海军中将具体组织实施。演习目的旨在演练各军种在进行前沿部署时实施联合作战的能力，对美军快速部署能力、在危机过程中实施联合作战能力及简化联合部队作战中的战术、技术和程序进行检验。在此次演习中，参演美军使用了最新高技术武器装备和系统，这些装备和系统主要用于在支援全球部署的过程中提高在各种地区的全方位作战的能力。演习内容涉及空中、海上和地面作战，包括侦察行动、救援行动以及其他诸如海上封锁、支援大使馆和非战斗人员后撤等行动。

（纪 皓）

第4机械化步兵师举行以后勤为重点的“全国训练中心 99－05”演习 据美《陆军后勤》1999年9～10月号报道，美陆军作战勤务支援部队最近在加利福尼亚州欧文堡全国训练中心举行的一次演习中对21世纪部队作战勤务支援条令进行了演练并取得了成功。

“全国训练中心 99－05”演习是以后勤为演练重点的一次轮训，参演单位有第4机械化步兵师的第1旅特遣部队、师支援司令部支援小组、航空支援营和陆军后备队第164军支援大队。第1旅特遣部队包括2个装甲营、1个机械化步兵营、1个工兵营、1个炮兵营、1个效用直升机营、1个前方支援营和来自第25轻型步兵师的1个轻型步兵营。为搞好这次演习，第4机械化步兵师要求联合兵种支援司令部在下述3个方面提供支援：对21世纪部队作战勤务支援概念进行定义；派遣有关专家对轮训进行观察；协调和提供器材系统。

在制定“全国训练中心 99－05”演习计划时，第4机械化步兵师确定了具体的作战勤务支援目标和前方支援营支援第1旅特遣部队成功的定义。作战勤务支援目标为：完善作战勤务支援概念；演练有限的试验系统；演练分发管理并对以分发为基础的后勤系统进行研究；演练在扩大的后勤地域加强部队防护；演练陆军作战指挥系统；为战场合同商制定和演练技术和程序。

（洪锦珠）

美军亚太军事演习述评 1999年，美国在亚太地区策划、组织、参与的联合演习频率之高、涉及国家之广、规模之大，为近年来所罕见。2月，美日举行联合军事演习；6月底，美国与马来西亚在马六甲海峡举行海军联合演习；7月，美国与新加坡在南海海域举行海军联合演习，美国海军与日本海上自卫队联合演习；7月中旬至8月中旬，美泰举行空军联合演习，几乎同时，驻冲绳美军与韩国海军举行登陆演习；8月中旬至下旬，美韩又举行代号为“乙支·焦点透镜”的联合军事演习；10月27日，美日在日本列岛及周边海域举行了一系列演习；美军同时又与韩国举行了代号为“鹞鹰”的联合演习；11月3日～19日，日本陆上自卫队、航空自卫队和驻日美军航空部队及驻夏威夷美军，在北海道上富良野举行空降和物资空投演习；11月6日至12月5日，日本还同美海军陆战队在日本东北地区的王城寺原举行实弹射击训练。“乙支·焦点透镜”演习是迄今为止全球规模最大的电脑模拟演习。而随后的“鹞鹰”演习共动用53万名美韩官兵，其规模为近40年来所独有。与此同时举行的美日联合军事演习，日本投入了110艘舰艇，180架飞机，占其海上自卫队兵力的一半以上。

美军1999年在亚太地区举行的演习很多，但演习地域却非常集中。一个是朝鲜半岛及其周边海域。另一个是中国南海海域，美国与一些东盟国家在这一地区频繁举行大规模军事演习，其目标所指，不言而喻。

美军在亚太地区的演习，其内容表现出极强的实战性和进攻性。8月举行的“乙支·焦点透镜”演习，除了测试美韩军队的指控通情系统外，韩国自己还进行了防化、防空、反潜和城市反特种作战等演习。往年的“鹞鹰”演习多是例行性防御演习，演习重点在于“提高保护后方地区的作战能力”，而1999年的演习地点距军事分界线仅50千米，并且演习科目主要是两栖登陆演习，这当然不是防御性的演习。

美国如此兴师动众，频繁地在亚太地区举行大规模的军事演习，其目的显而易见：

首先，强化美国在亚太地区的军事存在。在亚太地区长期保持并不断加强军事存在，已经成为美国亚太安全战略的基石。美国目前在亚太地区驻军10万以上，主要分布在日本、韩国和关岛。这10万大军占据了西太平洋上的大部分岛屿和战略要地，从而构成了一个多层次、大纵深的三线基地网。位于东亚和关岛的基地群组成了其一线基地网，成为美军总体军事力量的前伸。美军大搞军事演习，人为制造紧张局势，是强化其军事存在的重要手段。

其次，加强与亚太盟国的防务合作。在亚太地区，美国与日本、韩国、澳大利亚、泰国和菲律宾5国签有正式的防务条约，并同文莱、新加坡、印尼保持良好的防务合作关系。1996年4月，美日发表《联合安全宣言》，1997年9月，修改《日美防务合作指针》，1999年4月，日本众议院又通过了3个相关法案，大大扩展了日本在亚太地区发挥军事作用的范围和能力。《美韩共同防务条约》使美在朝鲜半岛的驻军永久化。1996年，美澳发表《联合安全宣言》，重申加强两国间的防务合作。美国与东南亚国家先后达成一系列协议，获得这些国家的基地、机场、港口、维修补给和后勤保障设施的使用权。泰国同意美军在泰储备战争物资，并提供军队过境权。美在撤离菲律宾7年后，1998年1月，与菲律宾达成《来访部队协议》，宣布双方将定期举行联合军事演习与训练。2000年2～3月，美菲举行联合军事演习，地点在中国南沙群岛附近的菲律宾巴拉望岛。1998年初，美与新加坡达成协议。宣布美作战部队可以使用拟于2000年建成的樟宜海军基地。文莱也同意美军使用其丛林战训练场地。

美国的所作所为，是为构筑以美国为主导的亚太安全秩序战略服务的，其举动昭示世人：

战争并不遥远。美国在亚太地区大搞军事演习，在太平洋上空大肆聚合起战争的乌云。联系美日积极推行TMD计划，美国国会拒绝批准核禁试条约，主张修改反导条约，全力实施NMD计划，这一系列的举动不能不引起爱好和平的人们的高度警觉。

美国越来越迷信武力。美国是一个从骨子里信奉实力政策的国家，它“确信历史的规律就是力量集中的规律”，相信实力是最有“说服力”的。美国这些年来推行军事干涉屡屡得手，使其更加坚信这一点。因此，当它把目标转向亚洲时，情不自禁地把武力作为控制亚洲的主要手段，这是极其危险的。

（沈汉忠）

俄罗斯军队训练　**陆军训练**　1999年，俄陆军训练是在国内经济仍未摆脱困境，训练经费得不到充分保障的情况下进行的。在此条件下，其训练的基本目标仍是保证部队必要的战备水平不降低，但重点部队要比往年有所提高。

训练重点　随着常备兵团和部队（常备师、旅和团）在各军区的普遍建立，陆军在1999年将训练重点转向了常备兵团、部队和单兵的训练。1999年以前，陆军训练的重点是营以下分队和单兵训练，而师、团（旅）的战斗合练很少。这只能保证部队最低限度的战备水平，部队的合同作战能力难以保持和提高。为了在经费困难的条件下提高部队应付突发事件的能力，俄军组建了常备部队，并在训练经费、油料和物资等方面，予以优先保障。第 2 次车臣作战的实践表明，这样做是正确的，它显著地提高了部队遂行战斗任务的能力。

主要做法 一是如上所述的以常备兵团和部队及单兵的训练为重点，对其予以优先保障。其余部队只进行遂行战斗任务所必须的最低限度的训练。二是适度增加野外驻训的次数。野外驻训是俄陆军用以全面提高分队和人员野战素养的综合性训练样式，通常以营为单位组织。一些军区的有关领导强调，在条件允许的情况下，要适度增加野外驻训的次数，使之达到训练指导文件所提出的要求，即每月至少 1 次，每次 5～6 天。三是采用简化和替代方法。在训练中，重点演练主要的战斗技能，简化或在某些时段舍弃次要技能的训练。如将训练地点安排在部队驻地附近，缩短行军训练的距离，以节省燃料；坦克和步兵战车的实弹射击使用外接电源；驾驶训练主要安排在部队自己的“迷你坦克教练场”进行，以及多使用模拟器材进行训练等。四是常备部队的排战斗射击、连和营战术演习尽可能完全按照战斗训练大纲进行；在战术演习中，吸收炮兵、防空兵和航空兵参加，以培养指挥员的相应指挥和组织协同的能力。五是在首长机关训练中，以首长参谋部演习为主，将其作为指挥员和参谋部合练的主要样式。六是及早进行使用新装备的训练。目前，一些常备部队已开始装备 БМП－3 型步兵战车，该战车采用了许多高新技术，其人员的训练难度及物质消耗要大于 БМП－1/－2。由于训练物质保障不足，其人员的训练面临不少困难。但有关军区主管训练的领导认为，部队迟早要更换新装备，因此对人员的改装训练与其晚训不如早训，对装备了新装备的部、分队的训练要予以优先保障，使之尽快获得使用新装备的经验和技能。

以战代训 俄军 1999 年的训练是在达吉斯坦共和国出现动乱，尔后爆发第 2 次车臣战争的条件下进行的。陆军参战部队因此而改变了原定训练计划，进行了针对性的战前训练。战前训练在部队的常驻地进行，某些部队直接在战地进行。在作战过程中，则注意以实战锻炼部队，边战边训，以战代训。通过实战锻炼，部队各级指挥员和指挥机关的组织指挥战斗和协同动作的能力，部、分队的合同作战能力，以及人员的战斗技能，都有明显提高。

与其他军队的联合训练 汲取第 1 次车臣战争的经验教训，1999 年俄陆军在国防部战斗训练总局的统一领导和协调下，进一步加强和完善了与内务部、边防总局及其他强力部门所属部队和机构的联合训练，训练主要以联合演习的形式进行。通过联合训练，各强力部门所属部队的联合作战能力明显提高。在第 2 次车臣作战中，各系统的部队统一指挥，紧密协同，一致对敌，取得了出色战果。

存在的主要问题 一是由于平时训练少，包括常备部队在内的许多中下级军官，特别是刚从院校毕业的年青军官自身素质低，组训能力差，有些连级军官甚至因无力施训而逃避组织训练作业，致使分队训练的质量不高。二是某些部队为完成分队战术演习的任务而打乱训练的正常顺序，即把分队战术演习安排在某些单项作业之前进行，结果演习和单项训练都没搞好。三是简化或替代训练方法作为目前情况下的临时性措施，只能使受训人员获得基本的技能，而不能全面提高野战素养。如战斗车辆的实弹射击使用外接电源，虽能节省燃料，但不能实施行进间射击，而且常常会损坏坦克和步兵战车的武器控制系统。四是由于缺少燃料，战斗车辆的驾驶训练完成得不好。五是首长参谋部演习的内容和方法有待改进，训练手段需要更新。俄军有关领导指出，目前的首长参谋部演习有 70％的时间都花在编制战斗文书上，且训练手段落后，缺少先进的模拟器材。这都不利于提高指挥参谋人员的职业素质和参谋部工作的协调能力。为提高演习质量，必须广泛使用计算机模拟器材并建立具有多种方案的战斗模型。演练的主要内容应转向使用计算机练习器网络判断情况，进行部、分队指挥和武器装备使用方面的战术计算，生成并定下战斗决心，以及进行部、分队指挥和组织协同动作方面的训练。

加强基地建设 俄军的训练中心和基地数量多，种类全。但由于过去各军兵种和强力部门在训练基础设施建设方面条块分割，各自为政，也存在相互不配套，重复建设等严重的问题。为从根本上解决这些问题，俄军已开始对训练基地网络的结构进行大力改革和完善，集中财力物力建立若干个统一训练专业技术人员的跨军兵种、跨部门的现代化训练中心。

资料来源：

俄罗斯《红星报》、《军队文集》、《军事思想》、国际互联网等 1999 年 1 月～2000 年 3 月。

（来　斌）

海军训练 **综述** 1999 年，俄罗斯海军在国际局势、俄罗斯军事学说及海军战略发生重大变化的情况下，克服因财政拨款困难、物质技术保障严重不足等客观条件造成的不利影响，加大了部队训练强度。全年，舰艇出海艘次及航空兵飞机升空架次比1998年大幅度增加，年度训练计划基本完成，训练事故减少，部队战斗力和战备水平得到提高。其主要特点是：

训练强度增大　根据俄海军总司令部1999年度训练计划要求，为保持并提高部队战斗力水平，全面完成训练计划，各舰队、各基地、各区舰队和各水警区加大了部队训练强度。仅太平洋舰队在冬季训练期间就完成了150个基础科目和反潜科目训练，进行了近200次实战操演，为1998年同期的1.5倍。火炮专业训练强度比1998年同期增加了数倍。海军航空兵飞行员的飞行时间与1998年同期相比，平均增加了12%，主要飞行员的飞行时间增加了30%。

更加注重运用远洋集训这种海上综合战斗训练样式　1999年，俄海军4大舰队共举行了7次远洋集训，其中春季远洋集训4次，秋季远洋集训3次。数量上虽然低于1998年，但重视程度提高。每次远洋集训均由各舰队司令亲自指挥，有的是由俄海军总司令或总参谋长指挥。海军总部在每个舰队举行远洋集训时，都要派出由将校军官组成的工作组，检查并帮助部队搞好远洋集训。各舰队在实施远洋集训时，所有兵种均要参加，有时还吸收所在地区其他军种部队参加。科目设置上基本包括了所有基础科目和考核性科目，并且特别注意协同作战和联合作战科目的实施。

注意提高训练质量　1999年，俄海军总司令、各舰队司令亲自主持制定部队年度训练计划，以保证部队训练质量的提高。每一训练阶段结束前，各舰队均要组织进行考核性战术演习，检验训练成果。全年，俄海军共举行了近150次考核性战术演习，比1998年增加了35%。同时，为提高训练质量，俄海军还十分注意进行各专业指挥人员的集训和战法轮训。北方舰队在冬季训练期间，首次在舰队司令员的主持下，举行了由各编队、各舰艇指挥人员和业务长参加的为期2天的鱼雷专业集训。黑海舰队水面舰艇和潜艇编队300多名指挥人员也参加了此次专业集训。太平洋舰队和北方舰队还分别举行了导弹及火炮专业指挥人员战法轮训。

训练更贴近实战，重视反空袭和协同防御作战训练　俄海军在1999年度训练中，明确提出“为战备而训练”的指导思想，使部队训练更贴近实战。全年，仅实战操演达1500余次，实际使用武器的训练次数也大大增加。同时，还针对北约对南联盟实施军事打击时使用海空军的战略战术，结合俄罗斯各地区的战略状况，加强了比较典型的防御作战演练。重点演练科目有战术机动、攻击空中进攻武器、导弹发射、布雷等，其中特别重视导弹核潜艇、导弹巡洋舰、小型导弹舰、岸防导弹部队和导弹飞机实施导弹联合攻击训练。

制约训练开展和训练质量提高的主客观因素依然突出　1999年，制约俄罗斯海军开展及提高训练质量的客观原因主要是物质技术保障严重不足，各种保障物资配额进一步减少。北方舰队冬季训练期间的燃料配额仅为1998年同期的46%，而实际供给数为23%。北方舰队参加“西方99”首长司令部战略演习时，因原定的燃料配额减少一半，只好从参演兵力中撤掉“列夫琴科海军上将”号和“哈尔拉莫夫海军上将”号大型反潜舰。由于燃料及航空零配件严重不足，太平洋舰队半数以上的飞行机组在冬季训练期间未升空，飞行计划未全部完成。另外，导弹及火炮海上目标攻击训练使用的老式导弹靶标退役，而新式导弹靶标尚未装备使用，使这些科目的训练难以展开。主观原因主要有：军官的职业培训水平不高；各级指挥人员理论水平较低，很少研究海军作战理论的发展和部队战术运用；各级司令部指挥机关对不同战术背景下的部队行动缺乏组织筹划；有的海上编队在施训时违反了作战条令、战术指挥条令等基本条令，不少指挥人员对作战行动计划和协同预案的演练不够重视，视之为“纸上谈兵”。

训练情况受到北约的严密监视　1999年俄罗斯海军的战备训练受到北约的严密侦察和监视。北方舰队冬季远洋集训期间，北约海军的潜艇经常在集训海区出没，P-3型岸基巡逻机频繁出动，美空军RC-135型高空侦察机从英国空军基地起飞实施侦察活动。“西方99”首长司令部战略演习期间，挪威海军“玛丽雅塔”号侦察船闯入北方舰队导弹发射禁航海区，并对俄海军发出的警告置之不理，致使北方舰队小型导弹舰导弹发射活动推迟了1个小时。

资料来源：

①俄罗斯《红星报》1999年1～11月；

②俄罗斯《海军文集》1999年1～10期。

（孟　华）

举行首长司令部训练　据俄《海军文集》1999年第4期报道，1999年3月，俄海军里海区舰队在该区舰队司令马索林海军中将的指挥下，举行了一次首长司令部训练，检验各级司令部在各种复杂条件下指挥部队的能力和各级指挥所的通信系统抗干扰、抗打击的能力。期间，该区舰队岸防导弹团进行了为期3天的考核性战术演习。

举行春季远洋集训 据俄《海军文集》1999年第7期和《红星报》1999年4月6日报道，1999年3月底4月初，俄海军北方舰队在海军总司令库罗耶多夫海军上将指挥下举行了春季远洋集训。舰队水面舰艇部队、潜艇部队、海军陆战旅、舰队航空兵、岸防导弹团、电子对抗团和其他后勤及技术保障部队参加，驻科拉半岛的防空军部队协同。参加集训的舰艇有包括"彼得大帝"号核动力导弹巡洋舰、"库兹涅佐夫"号航母在内的16艘水面舰艇、14艘潜艇、12艘辅助船，参演官兵达8500人。集训的主题是"完成部队的展开、多兵种部队协同保障战略核潜艇的战斗稳定性、多兵种部队协同打击敌舰艇编队"，目的是"操演司令部指挥机关指挥部队准备、展开和遂行战斗行动的实际能力，操练部队协同遂行战斗行动的能力，提高舰员和飞行员的海战和空战素质，检验部队根据各自使命完成作战任务的能力，完成海军杯实战操演竞赛科目"。期间，共进行了22次考核性演习和试验性演习，分46个基础科目和特种作战科目，完成了474次实战操演，航空兵出动32架次飞机和49架次直升机。

此次远洋集训分为3个阶段进行。第1阶段，制定远洋集训方案，举行图上训练和模拟训练。舰队司令部制定了此次远洋集训的计划和意图，向战术对抗演习双方指挥人员下达任务，制定了战斗保障、物质心理保障、后勤保障和技术保障措施。同时，还根据战役任务，举行了单兵种和多兵种主要部队参加的首长司令部图上训练和岸上模拟训练。参加远洋集训的各级指挥官在舰队司令部的主持下，使用舰队训练中心的模拟训练器，操演了统一战役战术背景下远洋集训的主要环节，同时还举行了司令部规模的基地训练。第2阶段，举行海上对抗演习。参演部队分为"东方"和"西方"进行对抗。"东方"迅速在作战海域展开兵力，把所有防空力量部署在过渡海区，实施战术侦察和先发制人的打击。同时，"东方"扫雷舰艇编队为海上舰艇编队和潜艇提供扫雷支援，搜索并清除"西方"舰艇搜索突击群布下的深水鱼雷。"西方"在自己的防潜区搜索"东方"攻击力量，部署防御兵力，并在过渡海区实施海上登陆，组织部队协同支援海上战术登陆。第3阶段，"东方"对"西方"地面目标实施导弹、核打击，多兵种部队协同在前进海区对其舰艇编队实施打击。"西方"随即进行作战舰艇编组，把防御部队部署到作战地区，组织进行防御作战，对"东方"舰艇编队和岸上设施进行攻击。远洋集训的高潮是"东方"一艘战略核潜艇强行通过"西方"航空兵、舰艇搜索突击群和潜艇作战海区，发射了3枚鱼雷实弹，并隐蔽驶抵战役任务海区，在极短时间内从水下状态向位于堪察加半岛的训练场发射了一枚弹道导弹。

据俄《红星报》1999年4月24、27日报道，1999年4月下旬，俄海军黑海舰队在北高加索军区、乌克兰海军协同下举行了春季远洋集训。这次远洋集训由海军总参谋长克拉夫琴科海军上将指挥，共有30余艘作战舰艇参加。参加集训的舰艇分为"南方"和"北方"实施对抗演习。"北方"由黑海舰队司令科莫耶多夫海军上将指挥，"南方"由黑海舰队副司令苏奇科夫海军中将指挥。期间，新罗西斯克海军基地及其水区警戒支队在贝－12型水上飞机和卡－27型直升机协同下，进行了搜潜演习。4月22日，参训的3艘导弹艇、3艘小型导弹舰、"波拉风"号气垫导弹舰和岸防导弹部队同时进行了导弹发射。

据俄《红星报》1999年4月27日和《海军文集》1999年第5期报道，1999年4月中下旬，俄海军太平洋舰队在舰队司令扎哈连科海军上将指挥下，分别在堪察加地区和滨海地区进行春季远洋集训。共有40艘舰船、20架各型飞机和直升机、20多件陆岸部队兵器参加，完成了100多个考核性作战科目的集训任务。主要进行了以打击敌空中进行武器、扫（布）雷、潜艇搜索与跟踪、攻潜、海战等科目为主的战术对抗演习。对抗演习前，参演各舰艇在锚地操演了各类防御战法。太平洋舰队东北军队集团的远洋集训于4月23日在堪察加结束。20艘潜艇、水面舰艇和后勤辅助舰船、岸防部队、步兵和空军参加。共完成50余次实战操演，其中导弹发射10次。滨海地区的远洋集训于4月26日开始，数十艘潜艇、水面舰艇和后勤辅助舰船、海军航空兵和陆战队参加。期间，水面舰艇、导弹艇和岸防导弹部队同时从6个方向发射不同射程的巡航导弹，对海上目标实施联合导弹攻击，发发命中目标。

据俄《海军文集》1999年第5期报道，1999年4月12～23日，俄海军波罗的海舰队在统一的战役战术背景下举行春季远洋集训。其中，海上科目于19～23日进行。有28艘水面舰艇、10艘后勤辅助舰船、8艘登陆舰艇参加。共进行了138次实战操演，其中导弹发射10次、舰炮射击56次、鱼雷发射8次、深水炸弹投放13次。

举行秋季远洋集训 据俄《红星报》1999年9

月22日和《海军文集》1999年第9期报道，1999年8月24～26日，俄海军太平洋舰队驻滨海地区部队举行了秋季远洋集训，由舰队司令扎哈连科海军上将主持、滨海水面舰艇编队司令利特维年科海军中将具体指挥。包括“潘捷列耶夫海军上将”号、“沙波什尼科夫元帅”号大型反潜舰在内的20余艘水面舰艇、海军航空兵飞机和直升机、岸防部队参加。共进行了100余次实战操演，其中4次导弹发射、2次鱼雷发射、4次水雷布设、8次扫雷操演。期间，岸防部队使用火炮对靶导弹实施了攻击。

据俄《海军文集》1999年第10期报道，1999年9月21～23日，俄海军黑海舰队在舰队司令员科莫耶多夫海军上将主持、舰队副司令苏奇科夫海军中将具体指挥下，举行了秋季远洋集训。包括“苏达列兹”号、“穆拉梅兹”号、“弗拉基米尔”号小型导弹舰和“老练”号护卫舰在内的6艘水面舰艇、1艘877型“华沙姑娘”级潜艇、2架贝－12型反潜机、4架卡－27型直升机参加。共完成了48次实战操演，其中导弹发射11次、鱼雷发射5次、枪炮射击10次。

据俄《海军文集》1999年第9期报道，1999年8月17～21日，俄海军波罗的海舰队举行了秋季远洋集训。40余艘各型舰船在海上进行了导弹火炮攻击空中、海上及陆地目标、鱼雷发射、布雷等主要科目的实战操演。其中，作战舰艇共进行了14次导弹发射和70多次火炮射击。期间，波罗的海舰队首次使用C－300型防空导弹系统对海上目标进行攻击，首次在俄海军历史上使用苏－27型歼击机击落反舰巡航导弹，且首发命中。海上登陆和空降是此次秋季远洋集训的高潮。共有479名陆战队员、27艘水面舰艇、12艘后勤辅助船和6架战斗机、6架米－24型直升机参加。舰队陆岸部队侦察连和特种连是首次参加空降演练。

实施向科索沃运送维和部队的登陆行动 据俄《海军文集》1999年第8期报道，1999年7月，俄海军黑海舰队在海军总司令库罗耶多夫海军上将的指挥下，实施了向科索沃运送俄联邦维和人员及装备的登陆行动。7月3日，由“泽扎尔·库尼科夫”号、“亚佐夫”号和67号大型登陆舰组成的登陆舰编队离开塞瓦斯托波尔，驶往图亚普谢附近海域，与65号大型登陆舰会合。7月7日，69号大型登陆舰加入该编队。7月7～8日，第1批共490名登陆人员和125件装备进行上载。由“泽扎尔·库尼科夫”号、“亚佐夫”号和67号大型登陆舰组成的第1登陆舰编队于7月8日起航，直驶博斯普鲁斯海峡。由65号、69号大型登陆舰组成的第2登陆舰编队于7月10日起航，13日进入爱琴海，与第1编队在指定海域会合。7月14日，2支登陆舰编队运送的维和人员及装备在希腊萨洛尼卡港卸载，并从这里开赴科索沃。7月15日，2支登陆舰编队开始返航。除“泽扎尔·库尼科夫”号登陆舰在塞瓦斯托波尔港参加为庆祝俄海军成立日而举行的阅兵式外，“亚佐夫”号、65号、67号和69号大型登陆舰又把第2批160名维和人员及135件装备运送到希腊萨洛尼卡港。8月1日，4艘登陆舰完成任务返回塞瓦斯托波尔港。

进行航母舰载歼击机起降训练 据俄《海军文集》1999年第9期和《红星报》1999年10月9日报道，1999年8月，俄海军北方舰队舰载航空兵飞行员驾驶苏－33型（前称苏－27型）、苏－25型歼击机，从北方舰队航空兵基地飞抵位于克里木半岛的萨基市。这里，前苏联曾组建了一个训练舰载航空兵飞行员的航空科研教学训练中心。该中心有一套“库兹涅佐夫”号航母飞行甲板模拟训练器。北方舰队歼击航空兵在模拟航母飞行甲板上进行了为期2个半月的起降训练，共有39名飞行员参加，总飞行时间达550多个小时。

恢复航母舰载机夜间起降训练 据俄《红星报》1999年11月6日报道，1999年11月初，俄海军北方舰队航空兵包括舰队航空兵司令阿巴基泽少将、舰队航空兵负责训练的副司令克列托夫上校和舰队舰载航空兵团团长科仁上校在内的一批战斗机飞行员，成功地在“库兹涅佐夫”号航母上进行了夜间起降训练，从而使中断几年的航母舰载机夜间起降训练得以恢复。

举行导弹发射训练 据俄《红星报》1999年11月19日报道，1999年11月中旬，俄海军北方舰队1艘“台风”级战略导弹核潜艇在艇长谢尔盖·什尼亚克海军上校指挥下，在白海水域从水下状态进行了2次海基弹道导弹发射。2次导弹发射间隔时间为2小时。导弹在指定时间内命中训练目标。此次导弹发射训练是按北方舰队战斗训练计划和系列试验大纲进行的。

举行应付“2000年问题”的特种演习 据俄《海军文集》1999年第4期报道，1999年3月，俄海军波罗的海舰队在舰队参谋长布拉日尼科海军中将的指挥下，在舰队局域网上举行应付“2000年问题”的特种演习，检验消灭“千年虫”问题的能力。通过在局域网上人为设置2000年参数，然后分析、观察技术装备的反应。演习表明，波罗的海舰队指挥通信自动化系统具有足够抵御“2000年问题”的能力。

参加远东战区首长司令部战略演习 据俄《海军文集》1999年第5期报道，1999年3月29日～4月4日，俄海军太平洋舰队参加了由俄远东军区主持的远东战区首长司令部战略演习。太平洋舰队水面舰艇部队、海军航空兵、陆战队、岸防导弹部队、通信部队参加了此次演习的各个阶段。其中，3月31日进行海上登陆科目。太平洋舰队水面舰艇编队从海上、海军航空兵从空中为登陆部队实施火力支援。4月1日晚进行导弹发射科目。

举行“斑鳟”演习 据俄《海军文集》1999年第6期报道，1999年5月18日，俄海军北方舰队举行了一年一度的“斑鳟”多兵种联合演习。“彼得大帝”号核动力导弹巡洋舰、1艘核潜艇和若干架反潜直升机参加。主要进行了搜索并攻击假想敌潜艇、防空导弹发射、鱼雷发射和舰炮射击等科目。按照惯例，俄罗斯总参军事学院的学员和教员观摩了此次演习。

举行大规模综合演习 据俄《红星报》1999年8月4日报道，1999年7月31日，俄海军北方舰队在国防部长谢尔盖耶夫元帅指挥下，在巴伦支海举行了一次大规模综合演习。15艘水面舰艇、反潜航空兵、歼击航空兵、导弹航空兵、潜艇部队和岸防部队参加。演习共进行了4个小时，完成了25个作战科目。演习中，“彼得大帝”号核动力导弹巡洋舰搭载国防部长谢尔盖耶夫元帅率先出海，“乌斯季诺夫元帅”号导弹巡洋舰、“列夫琴科海军上将”号和“哈尔拉莫夫海军上将”号大型反潜舰在科拉海湾与“彼得大帝”号组成海上作战舰编队。该编队在航渡过程中，海军航空兵出动歼击机为编队提供空中掩护，扫雷舰艇在前面开道。1架卡－27型反潜直升机报告：发现敌潜艇1艘。作战舰编队随即使用反潜武器攻潜。

演习中，“库兹涅佐夫”号航母表现突出。10分钟之内，2架由北方舰队航空兵司令阿巴基泽少将和航母舰载航空兵团团长科任上校分别驾驶的苏－27K型舰载歼击机升空，拦截敌导弹飞机。“乌斯季诺夫元帅”号导弹巡洋舰试验了“短剑”、“短配剑”和“堡垒”新型导弹系统，“彼得大帝”号试验了“瀑布”鱼雷发射系统。岸基航空兵出动伊尔－38型反潜机向“敌”潜艇所在海区投放照明弹，卡－29型直升机向“敌”潜艇发射了无控导弹。小型导弹舰向“敌”快速登陆舰艇编队发射教练巡航导弹，防空导弹部队使用C－300防空导弹系统攻击目标。

举行俄乌“和平航道99”联合演习 据俄《海军文集》1999年第10期报道，1999年9月21～23日，俄海军黑海舰队与乌克兰海军举行了代号为“和平航道99”的联合军事演习。俄海军第一副总司令克拉夫琴科海军上将任演习总指挥，乌克兰海军第一副总司令兼总参谋长维克多·福明任副总指挥。

演习想定“绿色共和国”的军用机场、轻武器仓库、枪炮仓库和边防舰艇基地被恐怖组织占领。同时，恐怖组织还准备在港口布雷，在登陆通道建立临时控制据点。维和部队根据联合国授权，实施打击分离分子和恐怖组织的行动，解放被占领的设施，建立起运送人道主义救援物资的安全走廊，撤退外国公民。

演习主要科目有战术登陆、撤离外国公民、封锁、医疗救护、扫雷等。两国海军首先在俄海军黑海舰队岸上训练基地进行首长司令部演练，共同制定行动计划和协同方案。之后，两国海军联合登陆部队将维和人员运抵“绿色共和国”海岸，2个装甲输送车纵队从海上进行登陆。同时，由300名两国陆战队员组成的维和混成营成功地在恐怖分子后方实施空降，武装直升机向“敌”据点进行瞄准攻击。演习在运送人道主义救援物资的安全走廊建立后结束。

参加“西方99”首长参谋部战略演习 据俄《海军文集》1999年第7期和《红星报》1999年7月报道，1999年6月21～26日，俄罗斯举行了自1990年以来的首次“西方99”首长参谋部战略演习。演习由俄国防部长谢尔盖耶夫元帅主持，俄军总参谋部具体组织实施。其演习规模可以与前苏联时期举行的“中央”、“西方”演习规模相比。俄军驻欧洲地区5个军区、3个舰队（北方舰队、波罗的海舰队和黑海舰队战役编队）、23个军以上单位的50个师（团）参加。白俄罗斯国防战役部队和哈萨克斯坦的军事观察员参加了此次演习。

俄海军总司令库罗耶多夫海军上将为“西方99”首长参谋部战略演习副总指挥，并任北方舰队演习总指挥。海军总参谋长克拉夫琴科海军上将任波罗的海舰队演习总指挥。黑海舰队战役编队由舰队司令科莫耶多夫海军上将指挥。俄国防部长谢尔盖耶夫分别于6月24日、25日在北方舰队和波罗的海舰队亲自指挥演习。期间，北方舰队共进行了353次实战操演，完成了14次考核性演习、27个基础科目和14个反潜科目。导弹发射50次，其中巡航导弹发射22次（实弹15次）、防空导弹26次、反潜导弹2次。实施23次火炮射击、7次电子对抗演练、5次鱼雷发射

(其中实弹 2 次)、布雷 1 次、深水炸弹投放 12 次，航空兵出动 137 架次。波罗的海舰队共完成 72 次实战操演，其中导弹发射 1 次、火炮射击 12 次、步兵火焰喷射器射击 6 次、坦克及步兵战车火炮射击 1 次。防空部队共进行 12 次演练，海军航空兵进行 34 次实战操演。

北方舰队　北方舰队参加的“西方 99”首长参谋部战略演习分为 3 个阶段：第 1 阶段，演研指挥机关和部队从和平时期向战时转变问题，和平解决俄罗斯边境的军事冲突。第 2 阶段，打退对俄或对俄盟国的潜在侵略，第 3 阶段，打击侵略者，恢复国家领土完整。

第 1 阶段演习中，参演部队较好地完成了从和平时期向战时转变的任务，并在对局势进行认真过细的分析判断基础上，完成了部队的战役展开。6 月 24 日，演习第 2 阶段开始。北方舰队包括“彼得大帝”号、“乌斯季诺夫元帅”号导弹巡洋舰和“恰巴年科海军上将”号大型反潜舰在内的 30 艘舰艇、岸防部队、导弹航空兵和反潜航空兵、舰载扫雷中队参加，分“北方”和“西方”两方进行对抗。主要进行了导弹火炮射击、联合海上机动和反空袭等科目。“北方”2 艘巡航导弹核潜艇组成的核潜艇突击群在基地扫雷舰和远洋扫雷舰的的保障下迅速展开，2 艘护卫舰组成的舰艇搜索突击群负责其反潜保障。为了不让“西方”潜艇突入舰队主要基地，“北方”布设了防御水雷障碍。其岸防导弹部队在复杂的天气条件下，快速及时地部署到了雷巴奇半岛阵地，以掩护部队在海上及沿海一线展开，随即“北方”多兵种部队在伊尔－38 型、苏－24MP 型战机及岸防导弹团指挥所进行目标指示导引下，对“西方”舰艇编队实施联合导弹攻击，并对突入多兵种攻击部队防区的“西方”潜艇发射了反潜导弹。海军航空兵突击群在 2 架图－22M3 型战机的协同下，实施巡航导弹攻击。“西方”4 架苏－33、4 架苏－27 和 5 架米格－31 型歼击机为其护航舰编队提供防空支援，并发射空空导弹，拦截“北方”反舰导弹。第 3 阶段，“北方”水面舰艇突击群进行了以拦截、摧毁“西方”空中进攻武器为目的的目标防空战术演习，同时又在防空军 C－300 型防空导弹系统的协同下，发射防空导弹拦截并摧毁了靶导弹。“西方”举行了考核性登陆战术演习。演习中，“西方”舰艇登陆部队利用夜幕掩护，保持无线电静默，隐蔽航渡至登陆上载海区。第 1 登陆舰艇编队和第 2 扫雷舰艇编队分别在两个海区搭载陆战队员和武器技术装备。登陆部队在航渡过程中，使用舰炮和安装在舰前甲板的 82 毫米迫击炮对“北方”火力点进行攻击，海军航空兵出动苏－24MP 型侦察机对攻击效果进行侦察、评估，扫雷舰艇编队为登陆舰艇编队和负责火力支援的舰艇编队扫清航道上的抗登陆障碍，由图－142、伊尔－38 型反潜机搜索突击群负责登陆部队的反潜防御。当航经“北方”核潜艇活动区域时，登陆部队被发现，遭到“北方”2 艘潜艇组成的潜艇搜索突击群和飞机的鱼雷攻击。由水面舰艇突击群、巡航导弹核潜艇突击群、海军导弹航空兵突击群、岸防导弹炮兵部队和核潜艇突击群组成的“北方”第 1、2 多兵种突击力量，在潜艇区舰队司令的统一指挥下，对“西方”海上航渡的登陆部队进行毁灭性打击。为扩大战果，“北方”潜艇共发射了 6 枚鱼雷。为摧毁“北方”抗登陆防御，保障登陆部队顺利上岸，“西方”登陆支援舰艇编队进行强火力支援，其空中突击部队和登陆主力部队顺利完成空降和登陆。

波罗的海舰队　波罗的海舰队参加“西方 99”首长参谋部战略演习期间，在统一的战役战术背景下，共进行了 4 次战术演习，即波罗的斯克海军基地和列宁格勒海军基地分别举行的考核性防空演习、第 280 摩步团举行的团规模实际使用武器的战术演习、实际发射战役战术导弹的战术演习。

6 月 24 日，波罗的斯克海军基地和列宁格勒海军基地司令分别主持各自的考核性防空战术演习。空中来袭目标（4 架苏－24M 战斗机、2 架米－8 直升机）同时被发现，遭到防空武器的攻击。驻加里宁格勒地区的陆岸部队举行了团规模的实际使用武器的战术演习。想定“敌”大规模使用水雷爆炸障碍物和普通障碍物，部队在森林沼泽地带实施进攻作战。同时，还检验了摩步部队与内卫部队、舰队强击航空兵等军兵种部队的协同作战能力。演习中，舰队航空兵出动卡－27 型运输直升机把内卫部队准确运送至目的地。

（孟　华）

空军训练　1999 年是俄空军继续进行改革和调整之年，工作重点是完善空军的组织结构和指挥系统，保持部队的战备水平和机动能力。与此相适应，俄空军现代条件下作战训练的主要任务“仍然是保持集团军、部队和分队的战斗技能，使空军部队在俄联邦武装力量改革、财政和物质资源严重缺乏的条件下具备遂行战斗（特种）任务的作战和机动能力。”

训练任务没有完成，训练水平继续下滑　1999 年俄空军面临的最大困难仍旧是资金短缺。造成直接后果是：飞机陈旧，现代飞机和直升机只约占现有总数的21%；飞机完好率低，平均只有61%；80%的飞机是在延寿的状态下使用；有65%的机场超过使用期限，需要进行大修。在这种困难的条件下俄空军未能完成作战训练任务，训练水平有所下降的趋势没有得到有效控制。

飞行时间进一步减少　1999年俄空军未能扭转战斗部队飞行员飞行时间下降的趋势，人均飞行时间比1998年减少了6小时。试飞员必需的60～80小时飞行时间指标，年轻飞行员必需的100小时飞行时间指标，实际上只完成了20～25%。院校的飞行训练计划只完成了50%。但在北高加索地区执行任务的轰炸、强击和侦察航空兵飞行员的飞行时间较多。

俄空军各兵种飞行员平均飞行时间如下：歼击航空兵10～16小时；强击航空兵18～24小时；轰炸航空兵20～26小时；远程航空兵20小时；军事运输航空兵44～60小时。

飞行员队伍构成不够合理，有经验飞行员年龄老化　由于飞行时间的减少，航空兵部队长期没有飞行(有的长达4年)的飞行员数量正在增加。航空兵部队面临的形势非常严峻：一方面飞行员自然淘汰率很高，另一面飞行员培训能力又严重不足。年轻飞行员因飞行时间太少而无法执行战备和作战任务，富有飞行经验、能够执行作战任务的是年龄偏大的飞行员，飞行员队伍出现老化现象。如：前线航空兵飞行员的平均年龄已达36岁，这比经过科学论证的最高平均年龄还要大2岁。

飞行安全水平下降　飞行和工程技术人员训练水平的下降，导致在空中和地面使用维护航空技术装备过程中经常出现错误，造成飞行安全水平和航空兵部队总体战备水平下降。现役军人对完善职业技能的积极性不高及履行服役义务责任心不强也对保证飞行安全产生了不良影响。

1999年俄空军共发生一等事故2起，二等事故3起，共亡3人。平均2.7万多飞行小时发生1次飞行事故，飞行事故万时率为0.37（1998年为0.283）。

采取多种措施，挖掘训练潜力，保持部队作战能力　俄空军整体训练水平虽然有所下降，但采取了一些卓有成效的措施，挖掘训练潜力，基本上保证了部队，特别是担负战备值班和作战任务部队的作战能力没有太大的下滑。

以战备和作战任务为中心，重点加强担负战备值班和作战任务部队的训练　俄空军全年共发现和引导空中目标11万多个（1998年为10万个），其中包括400架次侦察机（1998年为500架次），共发现10余起侵犯俄联邦领空的事件。有40多名飞行员驾机升空对侵犯俄领空的飞行器进行侦察、核实或拦截。各部队根据空情变化的需要进入一级战备的次数分别为：无线电技术部队约3000次；防空导弹部队约300次；战斗飞机和直升机部队约1500次。

俄空军第4空防集团军、莫斯科空防军区的2个团及空军指挥中心的1个分队参加了北高加索反恐怖行动。俄空军航空兵在这次行动中担负的任务主要是航空火力支援、对指定目标进行突击及空运部队。截止到1999年底，已实施战斗出动6000多架次，其中的35%用于轰炸和突击，10%用于空运部队，其余架次用于完成侦察和其他任务。

为了提高担负战备值班和作战任务部队的作战能力，俄空军把有限的资金用在了刀刃上，重点保障这些部队的训练。5个担负战备值班任务的防空导弹师进行了快速反应训练并到靶场进行射击训练，5个担负战备和作战任务的航空兵团进行了紧急出动和打空靶训练。作战值班部队的实弹射击效率为0.92(1998年为0.89)，其中的歼击航空兵部队的实弹射击效率为1.0。

抓紧日常训练，保持部队的战备水平　1999年俄空军共进行了300多次演习和演练。规模比较大的演习有："空中桥梁99"、"西方99"、"战斗协作99"和"东方99"。俄空军战略导弹载机5年来首次进行了至美国大陆东、西海岸的训练飞行。歼击航空兵继续进行提高机动能力的试验飞行，其中包括为到海洋战区行动的远程航空兵护航。

50%的防空导弹部队和90%的航空兵团进行了实弹射击。全空军共投弹75000枚，发射空地导弹600余枚。军事运输航空兵实施空降2000余人次。

指挥机构的主要训练形式是在上级指挥员和直接指挥员领导下，进行图上首长司令部演习和首长司令部演练。为了检查首长司令部演习的战役战术计划和定下决心的真实情况，要求必须有标图部队参加演习。

航空兵部队的作战训练主要内容是进行旨在增强部队和分队协同能力的战术（特种战术）飞行训练，以及保持飞行员进行现代空战技能的训练。

在进行战术飞行（特种战术）演习、首长司令部演习和演练过程中，特别注意对俄空军新的组织结构中各兵种协同、对航空兵生存能力、对电子战设备有目的干扰和相互干扰的防护、对抗敌技术侦察设备和防高精度武器等问题的研究。

合理组织飞行训练，有效利用训练资源　一是扩大各级指挥员对训练工作的自主权。俄空军总司令部作出决定，扩大各级指挥员对作战训练计划制定程序和期限、训练内容和时间（最低训练时间）的决定权，各级指挥员可根据所担负任务的范围和性质、实际训练水平及部署区域所属部队和分队的配备情况来确定训练小时数。禁止航空兵部队指挥员在飞行日参加与作战训练无关的活动。二是在确定各兵种作战训练内容时，制定了主要按部队和分队作战协同要素进行训练的计划。共同军事科目内容通常在共同科目训练日进行训练。三是在资金和物资有限的条件下，地面部队各类技术人员进行训练时，将主要精力放在作战技术装备和武器的使用技能训练上。四是为了使飞行员能够在改装新型航空技术装备，以及在航空燃油严重短缺的条件下保证飞行安全，采取了下列措施：按飞行训练的种类和武器使用方法对飞行员的飞行训练进行分类；对每一班飞行进行充分的预先准备；在一次飞行中组织实施多个练习；对航空兵部队的飞行战术训练规模进行限制（禁止进行师规模的战术飞行演习）；举办各种训练班，提高飞行员的技术等级；大力推广模拟训练，使空战模拟系统进一步逼真化、实战化，保持飞行员的应有训练水平。

改革完善教育训练体制，提高训练效率　1998～1999学年，俄空军军事院校共毕业各类学员近6500名。这批学员是在精简整编和新旧体制交替中走出校门的。从1999年3月1日起，俄空军各类军官的培训工作在经过精简合并后保留的院校中进行。这些院校分别为：1所学院，加加林空军指挥学院；2所空军大学，即空军工程大学和防空军事大学；6所飞行员和领航员学校，即巴拉绍夫飞行员高等军事航空学校、巴尔瑙尔飞行员高等军事航空学校、卡钦飞行员高等军事航空学校、塞兹兰飞行员高等军事航空学校、阿尔马维尔飞行员高等军事航空学校和车里雅宾斯克领航员高等军事学校。

俄空军认为，随着21世纪初武器装备的改进和战场环境的变化，对参战人员的素质和实际技能提出了更高的要求。为此，俄空军采取了几项旨在提高训练效率的措施：一是完善训练指挥机制。俄空军已设立战斗训练局和飞行训练管理中心，各空防集团军（军）、师也都设立了相应的训练管理机构；二是改革训练体制，缩短飞行人员的成材周期。俄空军为了加快飞行学员的成长，1998年将航校飞行学员学制由5年改为4年，航校学员在校学习期间就开始进行战斗机训练。从1998年开始在卡钦飞行员高等军事航空学校组织了一批飞行学员，进行完成L－39教练机训练后直接飞苏－27和米格－29战斗机的试点。2000年以后，俄空军将改变飞行员训练模式，将目前飞行员训练采用的“轻型飞机—喷气式教练机—作战飞机”模式，改为“喷气式教练机—作战飞机模式”的训练模式，并计划尽快装备新型教练机。

吸取现代局部战争、特别是科索沃战争经验，改变训练方向和重点，注重战法研究与实践　调整训练重点，突出针对性演练　俄空军通过对北约“联盟力量”在南联盟军事行动的分析和总结，重新调整了1999年度作战训练计划。从未来实战需要出发，注重研究对付隐形飞机、巡航导弹、反辐射导弹和实施反电子干扰的有效战法。建立了一些类似美空军“侵略者”中队的假想敌。确立了以如何发现和抗击巡航导弹、隐形飞机为重点的战术技术训练科目，加强防空袭、空中作战、登陆、抗登陆作战等演练。航空兵部队重点加强苏－24/27、米格－29/31型机单、双机和多编队、多兵种、多机种的协同与对抗训练；防空部队突出以如何发现隐形飞机和巡航导弹的训练，要求战勤人员在最短的时间内能测定目标的高度、速度、方位和距离。在3月29日～4月4日举行的远东军区首长司令部演习中，俄军在对空防御和实弹射击等方面设置了“更加复杂、针对性更强的科目”，尤其加大了以陆、空、海上防空兵器拦截巡航导弹的演练力度。

加强反空袭作战战法的研究与准备　俄空军认为，南联盟军队使用的防空武器主要是俄式防空导弹系统，尚能成功击落1架F－117隐形飞机和100多枚巡航导弹，而俄空军目前的武器装备要比南联盟军队的武器装备先进得多。为此，要求防空部队“借鉴南联盟在反空袭作战中运用常规兵器抗击北约包括F－117A型等先进战机及导弹空袭的作战模式，最大限度地保存自己军事实力”的成功经验，重点加强反空袭作战研究与准备。一是完善空中目标模拟训练系统。俄空军近期制定了建立“多目标靶环境”训练系统方案，主要利用已退役的导弹改装成类似美国的“斯拉姆”和“战斧”等多种型号的导弹，并以此建立多种目标同时从不同高度、不同方向以不同速度来袭的战场环境，为地面部队提供近似实战的训练环境。二是提高先进战机的反空袭作战能力。俄空军已探索利用先进战机拦截巡航导弹的新战法，主要通过提高机载雷达对导弹的探测能力和为战机装备反导武器系统来完成这一任务。

探索先进战机新的作战使用途径　一是探讨利用

歼击机打击空中预警、指挥和电子战等信息战飞机。目前俄空军防务专家提出了利用歼击机打击各种信息战飞机的新观点，认为未来歼击机的隐形及空防能力大幅度提高，均具备超视距攻击、多目标搜索与锁定功能，将有能力打击各种信息战飞机。打击方式主要为直接消灭或关键时刻“干扰”敌空中信息战飞机等。二是加强歼击航空兵支援作战新概念的研究。俄空军在对21世纪初作战飞机发展趋向预测的基础上，正加紧研究、寻找提高歼击航空兵支援作战能力的科学合理性、有效途径和方法。

资料来源：

①俄罗斯《独立军事评论报》2000年第2期；

②俄罗斯《军事思想》杂志1999年第5期；

③俄罗斯《红星报》1999年7月2日；

④《外国空军训练》1999年第1、6期。

（吴良全）

院校教育　1999年是俄军院校根据改革计划进行大规模撤并调整后，按照新的组织编制运作的第1年。各院校开始启用新的教学计划和大纲组织教学。新教学大纲的特点是强调学员的全面发展与加强军事教育的针对性两者的有机结合。陆军的伏龙芝军事学院、马利诺夫斯基装甲兵学院和“射击”高级军官班（1所军官进修学校）这3所中级院校合并为武装力量合成军队学院后，实现了指挥军官和专业技术军官的合训，即培养指挥参谋人员的指挥系和培养装备副职的工程系的学员在同一所院校学习，在同一个集体内参加首长参谋部演习并共同遂行战斗训练任务。该学院的院长指出，这样做的目的是增进彼此之间的交流，使所有军官更好地理解合同战斗的基本原则，开阔视野，并创造性地解决作战的全面保障问题。该院长认为，学员的合训还可以进一步深化，即不同专业的战术级指挥员也可以象总参军事学院的学员那样，编在同一个班学习。因为一名合成或兵种及专业兵指挥员，只有具备深厚的合同战斗和兵种及专业兵知识，才能善于使用隶属于他的兵力兵器。各初级院校（即各高等军事学校）在调整中可合并改为军事专科学院；亦可作为分校并入新组建的军事学院或军事大学。其教学科研潜力都有不同程度的提高。

俄颁布军事院校示范条例　俄《红星报》1999年7月31日登载了俄联邦政府关于批准高等职业教育军事教育机构示范条例的决议及示范条例全文。现将政府决议及该报给条例的编者按简介如下：

俄联邦政府决定：（1）批准高等职业教育军事教育机构示范条例。（2）俄联邦国防部，俄联邦边防总局，俄联邦内务部，俄联邦司法部，俄联邦安全总局，俄联邦总统直属政府通信和信息总局，俄联邦铁道兵总局，俄联邦民防、紧急状态和消除自然灾害后果部依据本决议制定各自的相应规范性法律文件。

编者按指出：俄联邦政府以本决议赋予高等职业教育军事教育机构以法律地位，这标志着与地方高等院校有重大区别的、其学员同执行军事勤务联系在一起的军事教育首次有了国家级法律规定。条例确立了军事院校（军事学院、军事大学、军事专科学院）的地位，规定了它们的主要任务，明确了高等军事院校开展思想教育、教学、科研和教学法研究工作的特点，确定了其统一的管理办法。

依据关于组建（改组）军事院校（或其分校）的法令颁布后的示范条例，俄联邦政府赋予建立有军事院校的各强力部和部门以军事院校创建者的职能。这表明各强力部和部门在组织、实施和全面保障军事院校的教育过程方面的权力（批准条令、招生章程、守则和教令等）大大地扩大了。同时，根据示范条例，军事院校的自主权也大大地扩大了。军事院校成了法人并享有与其地位相应的所有权力和义务。但军事院校权力的扩大不应损害其为武装力量培训军官这一主要任务的完成。教育管理部门将对此予以严密关注，将在其职权范围内对高等军事院校的活动实施监督。此外，还要遵循任何军事组织都固有的一长制原则，校长对所属军事院校及其结构分支（分校）负全面责任。军事院校对学员培训质量的责任更大了。

高等职业教育军事教育机构示范条例是联邦法律为其规定有军事勤务的所有联邦执行权力机关必须执行的文件。它的通过将促进各部和部门的军事专业人员培训体系进一步一体化，在统一规范性法律基础和优化军事专业目录的基础上全面提高国家军事教育的效率和质量。

总之，高等职业教育军事教育机构示范条例是军事专业人员培训的国防预订制度的基本法律文件之一。根据俄联邦国家军事建设委员会的决定，预计在不远的将来，将在此范围内为武装力量、其他军队、队伍和机构培训军官。

（来　斌）

日本自卫队军事训练　陆上自卫队训练

综述　1999年，陆上自卫队继续贯彻平时以教育训练为中心的方针，在训练经费比上一年度有所增加的情况下，积极开展练兵活动，并根据1999年4、5月日本众参两院相继通过的法律，增加新的训练内容。通过严格施训，以 培养高素质的军人和造就精强的部队。

实施救援海外日侨训练，应付可能发生的“周边事态”　1999年4、5月，日本众参两院相继通过了《周边事态法》、《自卫队法修订法》和《日美相互提供物资与劳务修订协定》，并赋予陆上自卫队在发生“紧急事态”时引导海外日侨避险的任务。为了落实上述“二法一协定”，1999年8月陆上自卫队在东部军区第1空降旅新编了“诱导队”，并开始着手实施以救援海外日侨为目的的特种训练。从9～12月，陆上自卫队共计实施3次运送海外日侨训练，其中有两次规模较大。训练均以某国家发生战事或内乱、陆上自卫队紧急派遣直升机部队前往出事国救援海外日侨为想定进行，在复杂多变的情况下，参训部队在有限的时间内完成任务。陆上自卫队对此类训练十分重视，作为特种训练，要求施训部队在开训前必须制定出周密的训练计划和做好训前的各种准备。训练多以军种协同的形式进行。如在1999年度海上自卫队综合演习中的运送海外日侨训练，陆上自卫队“引导队”与海上自卫队舰机及外务省驻海外日本人保护课共同演练了在紧急事态下联合采取行动救援海外日侨的各种要领。在1999年12月陆上自卫队第1直升机旅举行的首次“运送海外日侨训练”中，海上自卫队、航空自卫队和外务省驻外使馆警备室、领事移民部日本人保护课均派人参加，体现了训练的协同性。另外，日本防卫厅决定，将紧急事态下运送海外日侨训练作为2000年“应付重要事态”的一项重要任务，要求部队抓紧抓好。

强化机动训练，提高部队快速反应作战能力　随着陆上自卫队部分步兵师编制逐步向“战略机动师(旅)”编制过渡，以及为了有效地应付有可能发生的“不测事态”和“紧急事态”，陆上自卫队日益重视部队的快速机动训练，以保证对“不测事态”和“紧急事态”作出快速反应和处置。1999年，陆上自卫队机动训练在部队整个训练中所占比重较大，不仅有地面部队和陆航部队的单兵种机动训练，而且也有以陆军为主的军种合成立体机动演习。训练逐步朝着快速、远程、立体化方向发展。1999年3月，第13步兵师改编为第13地面机动旅，编制4个摩托化步兵团，装备47辆高性能机动车。该旅根据其部队的性质以及装备的现代化高机动车辆等特点，自4月起多次进行图上研究和实兵训练，并在此基础上于11月中下旬举行了历时11天的首次大规模演习，通过综合演练谋求部队实施快速机动作战的最佳方案。作为陆上自卫队目前唯一的战略空中机动部队——第1直升机旅，为了能够适应执行多种任务的需求，于11月中旬实施了航程约3000千米的战略空中机动训练。另外，6月23日至7月30日，陆上自卫队实施了以第6战略机动师为主的“北方机动特别演习”。演习不仅有海上自卫队的驱逐舰、运输舰和航空自卫队的战斗机、运输机参加，而且还有民用渡船、民航飞机参加。参演部队从日本东北部地区出发，分陆、海、空3路长驱北海道，实施了快速立体机动演练。1999年，陆上自卫队实施的大小机动训练达50余次，通过训练，部队的快速反应机动作战能力得到进一步提高。

实施快速反应预备役召集训练，提高部队一体化作战能力　1999年随着部队的精简整编，陆上自卫队的快速反应预备部队的编制员额由1998年度的3379人增至4372人。为进一步落实新《防卫计划大纲》所提出的任务，在平时保持一支高效的军队以及确保能够顺利应付“紧急事态”的快速反应能力，陆上自卫队对快速反应预备役部队的训练工作十分重视，并将其作为1999年度部队训练工作的重点之一。1999年，陆上自卫队快速反应预备役部队的训练在各军区组织实施，共计施训10余次。由于陆上自卫队从1996年起采取常备部队和快速反应预备役部队一体化编成体制，为保证战时正规军和快速反应预备役部队的协调性和整体性以及有效地实施一体化作战，施训部队从实战出发，对参训人员严格要求，不仅动员集结速度快，而且训练程度高。1999年快速反应预备役人员的一般训练在各自的所在部队驻地实施，班、排、连单位的部队训练在飨庭野演习场进行。训练内容包括射击训练、体育训练、野外生存、战场急救、特技训练及以班、排、连为单位的部队训练。由于参训人员均是具有军队生涯经验的军官和士兵，训练从整体上取得了良好效果，亦为陆上自卫队快速反应预备役部队的建设和发展奠定了基地。

注重兵种合同训练，提高部队的合同作战能力　为了战时能够做到各兵种部队密切协同，综合发挥作战效能，陆上自卫队平时十分重视诸兵种的合同训练。1999年，陆上自卫队除组织较多的小规模兵种合同训练外，团、师一级部队组织的兵种合同训练与1998年相比也有所增加。训练科目主要有：诸兵种部队的联合编组，步兵、炮兵、坦克兵和直升机部队的综合火力运用等。小规模的兵种合同训练，主要是由步兵、炮兵、坦克兵、反坦克导弹部队和反坦克直升机部队组成的加强连一级单位和诸兵种合练。较大规模的兵种合同训练则由师（旅）一级单位联合组织实施，如1999年5月20～26日东部军区在东富士演习场、田冈地区实施的由第1、第12步兵师和第1空降旅参加的“1999年度兵种合同训练”，训练采取兵种混合编成方式，共计编成10余个由各兵种部队组成的加强连，实施了诸兵种相互配合下的反装甲、反偷袭等各种科目的训练，以此检验诸兵种的合同行动，提高部队的整体作战能力。

继续实施海外派遣训练，提高部队训练水平 为了维持和提高部队的训练水平以及确保现代化装备在未来战争中的有效发挥，1999年，日本陆上自卫队继续实施海外派遣训练，通过利用美国的现代化军事设施和场地，弥补日本国内演习场所无法进行的各种训练。1999年陆上自卫队赴美训练主要集中在8～11月，参训部队有：“霍克”防空导弹部队、岸舰导弹部队以及坦克和反坦克部队。由于1999年度日本自卫队训练经费比上一年度有所增加（比1998年度增加101亿日元），“霍克”导弹部队赴美训练规模从上一年度的12个中队增至17个中队，并于8月下旬至11月中旬在美国新墨西哥州麦克格雷高尔射击场完成了全部的实弹射击训练。岸舰导弹部队的训练于9月下旬至11月上旬在美国加利福尼亚州穆古角美海军导弹中心进行，第1至第5地舰导弹团和导弹教导队参加了训练，并进行了SSM－1地舰导弹的实弹发射，其训练规模与1998年相同。坦克和反坦克部队1999年度赴美射击训练于9月中旬至下旬在美国华盛顿州亚基马训练中心进行。此次训练由东部军区负责组织实施，北部军区的坦克部队、东北部军区的多管火箭部队、东部军区的反坦克导弹部队和反坦克直升机部队参加了训练。该训练始于1992年，其规模呈逐渐扩大趋势。

资料来源：

①日本《朝云》1999年1～12月；

②日本《防卫日报》1999年1～12月；

③日本《海自新闻》1999年1～12月。

（张洲军）

运送海外日侨训练 据日本《朝云》1999年11月11日、12月16日报道：11月7～8日，陆上自卫队与海上自卫队在横须贺武山地区实施了运送海外日侨训练。训练是在想定某国发生战争和政变国家陷入混乱状态，自卫队紧急派遣部队救援海外日侨的情况下进行的。参训部队：陆上自卫队第1空降旅“引导队”，人员40人；海上自卫队第1护卫队群，5艘舰艇，4架舰载机，10艘舰载作业艇；外务省驻外日本人保护课，人员5人。海上自卫队横须贺地方队300人伪装成海外日侨参加了训练。12月7～9日，陆上自卫队第1直升机空降旅在千叶木更津驻地首次实施了“运送海外日侨训练”。第1直升机旅旅长山根峰治少将任训练指挥官。参训部队：第1直升机旅、空降旅，共计150人，8架CH－47大型运输直升机，1架LR－1联络侦察机。扮演日侨的东部军区约200名人员参加了最后的综合训练。主要训练科目：出发前的各种准备，先遣部队在出事国的情报搜集，主力部队进入出事国，与驻外使馆的日侨交接，防止破坏活动，办理机场乘机手续等。日本防卫厅内局、海空自卫队以及外务省驻外使馆警备室、领事移民部日本人保护课共计70人参加了训练。

远程空中机动训练 据日本《朝云》1999年11月25日报道：11月9～14日，陆上自卫队唯一的战略空中机动部队第1直升机旅以滋贺县饗庭野演习场为根据地实施了远程空中机动训练。陆上自卫队参谋部教育训练部长铃木通彦中将任训练指挥官。第1直升机旅约600人参加了训练。出动CH－47J大型运输直升机等30架，军车约100辆，在日本中部和东部地区之间实施了总飞行距离为3000千米的空中机动训练。训练主要是针对近年来形势的变化，以完成陆上自卫队担负的防卫、救灾、国际紧急救援和救援海外日本侨民等多种任务而展开的。空降部队与协同部队密切配合，在复杂多变的情况下将地面作战部队（含大型军车）快速机动至目的地。

第13地面机动旅实施改编后首次大规模演习 据日本《朝云》1999年12月20日报道：11月16～26日，第13地面机动旅在日出生台演习场首次实施了改编后的大规模演习。旅长小野寺中将任演习指挥官，共计2700人、650辆军车参加了演习。演练内容：步兵团的攻击行动、旨在发挥步兵团战斗力所必须的通信、后勤支援等。在步兵团的攻击行动演练中，通过高性能机动车辆的快速展开作战、由新装备的120毫米迫击炮和74型坦克、FH－70自动榴弹炮组成新的最大火力、以及近程SAM地空导弹和远程SAM地空导弹的对空作战，谋求地面机动旅进行作战的最佳火力配置方案。该旅自1999年3月改编以来，通过多次图上作业和实兵训练，对部队现代装备的运用进行了研究。此次演习是一次综合性检验。目的在于使部队能够有效地运用新装备的现代化武器，在发生“紧急事态”时能够作出快速反应。

快速反应预备役部队训练 据日刊《朝云》1999年5月6日、5月13日报道：陆上自卫队1999年快速反应预备役部队训练从4月末全面展开。编制有快速反应预备役部队的东北部、中部、西部3个军区在各自的驻地开始施训，参训人员共计1370人，训练时间为30天。东北部军区的训练于4月25日在多贺城驻地开始，第1期快速反应预备役人员（378人）参加了训练；中部军区的训练于4月30日在海田市驻地开始，第1期快速反应预备役人员（290人）参加了训练；西部军区的训练于4月22日在小仓、国分、那霸等8个驻地同时开训，共计702人参加了训练。

兵种合同训练　据日刊《朝云》1999年6月10日、7月22日报道：4月19～23日，北部军区第5步兵师实施了“兵种协同训练”。参训部队为师属步兵团、坦克营、炮兵营等。目的在于演练诸兵种部队协同作战要领。5月23～26日，东部军区第1、第12师和第1空降旅在东富士演习场、田冈地区实施了“1999年度兵种合同训练”，从2个师1个旅中共计抽出12个连进行混合编组施训。其主要兵种有步兵、炮兵、坦克兵、反坦克部队等。东部军区司令益田兼弘中将视察并指导了训练。

赴美射击训练　据日本《防卫日报》1999年9月26日报道：9月16～24日，陆上自卫队坦克部队和反坦克部队在美国华盛顿州亚基马训练中心实施了1999年度赴美射击训练。东部军区司令益田兼弘中将任训练指挥官。参训部队：东部军区第1师、第12师和第1空降旅所属反坦克导弹部队，东部军区反坦克直升机队；北部军区第7坦克师的坦克部队；东北部军区所属炮兵部队。出动79型反舰艇反坦克导弹发射装置4套，AH－1S反坦克直升机4架，90型坦克4辆，MLRS多管火箭炮系统3部，人员280人。

（张洲军）

海上自卫队训练　综述　1999年，是日本海上自卫队实施“新中期5年防卫计划”（1996～2000年）的第4年。为了完成年度防卫计划，针对一年来出现的偶发事件和事故，加强了训练力度，力图以训练拉动战备工作的全面落实。

加强对可疑船只的临检和射击训练　1999年3月23～25日，日海上自卫队P－3C巡逻机在能登半岛发现2艘可疑船只在日领海内活动，遂出动驱护舰3艘，P－3C型机3架，在海保厅15艘巡视船艇和数架飞机协同下，实施了二战后首次带有作战性质的“海上警备行动”，对可疑船只进行追击和射击警告，企图迫其停船接受检查。但朝船利用船小（100～200吨），速度快（时速高达35节）逃回朝鲜。此次事件引起日军政当局高度重视。事件期间，日内阁成立“对策室”，3次召开内阁会议研究对策。事件后，日军政当局为了总结经验教训，采取一系列相应措施：一是准备修改相关法律，以确保军队在日本安全受到威胁时能顺利使用武力；二是海上自卫队决定在2000年建军计划中成立“特别警备队”，归联合舰队直属，任务是对可疑船只临检时迅速解除其武装；三是决定建造新型高速导弹艇（速度达40节），除装备舰舰导弹外，加装小口径速射炮；四是决定加强对高速小目标的反渗透训练，并增加“干预训练”内容，即对发现的可疑船只进行“临检”。日防卫厅还指示海上自卫队参谋部尽快制订训练计划和实施要领，并于年内开始训练。在这种形势和背景下，经过与海上保安厅协商准备，日海上自卫队加强了对可疑船只的临检和射击训练。10月7日，首先在房总半岛海面，与海保厅共同实施了对可疑船只的射击训练，10艘驱逐舰和2架P－3C飞机及海保厅2艘巡视船参加了训练，训练指挥由第1护卫队群司令担任。此次训练的目的是：通过对可疑船只的警告射击和使其丧失航行能力射击（包括P－3C飞机用150千克炸弹轰炸），确定对其临检时的做法与要领，为以后训练打下基础，10月20日，在联合舰队实施了反高速艇渗透的图上作业训练，主要进行情报识别和传递。11月30日，在能登半岛东方海域，与海保厅共同进行了“反间谍船”训练。参训部队与兵力：海上自卫队参谋部、联合舰队、舞鹤地方队，多用途驱逐舰1艘，导弹护卫舰2艘，P－3C型机和舰载直升机各1架；海保厅、9管区，巡视船4艘，巡视艇3艘，飞机2架。训练分别由第3护卫队司令和第9管区本部长担任指挥。训练分2个阶段实施，第1阶段：P－3C型巡逻机发现可疑船只后即通报海保厅，海保厅迅即出动巡视船艇赶赴现场，令其停船接受检查，如果可疑船逃跑，巡视船就进行追赶和警告射击，对方停船后对其临检（登船检查）。第2阶段：设想可疑船只拒绝对其临检，继续逃跑时，则请求海上自卫队出动舰机支援。经请示防卫厅批准，海上自卫队出动舰机实施“海上警备行动”，继续对其进行追击、警告射击、临检等。此外，还操演了舰机、舰岸、机岸的通信和情报传递等。

加强远航训练和双边训练　1999年，日海上自卫队共实施各类远航训练7次，其中练习舰队远航1次，外洋航海实习2次，派遣美国训练4次。共计参训舰艇12艘，潜艇2艘，P－3C型反潜巡逻机5架，人员 3349 人。累计训练时间 558 天。在上述远航活动中，一般均与访问国家的海军进行共同训练。年内，法国、新加坡、俄罗斯、韩国等海军派舰艇访日期间，日方除按礼仪迎送外，均与其进行共同训练。据统计，1999 年共与 10 个国家海军举行双边训练 13 次，参训舰艇 19 艘。另外，土耳其地震后，为运送救灾物资派出的 3 艘大型舰只（登陆运输舰、补给舰、扫雷供应舰各 1 艘）卸载后也与土海军实施了通信和战术训练。日海上自卫队通过上述训练，既提高了远洋作战能力和战术技术水平，也促进了双边友好关系的发展。

整饬训练纪律　1999 年 2 月 18 日，驻泊舞鹤港的直升机驱逐舰“榛名”号在用教练弹发射试验时，2 号 20 毫米密集阵火炮意外地发射 2 发真炮弹。情况逐级反映上去后，6 月 17 日，联合舰队确认这是一起事故，遂即成立以联合舰队参谋长为首的事故调查委员会开始调查。其结果是：1998 年 12 月 12 日，该舰与其他舰在若狭湾实施 20 毫米密集阵火炮实弹打靶，计划 1、2 号炮各发射 100 发，实际 1 号炮发射 102 发，2 号炮发射 96 发，计 198 发，但炮手上报时谎报“按计划各发射 100 发”，将剩下的 2 发隐藏于火炮管制室，翌日又转移到 2 号炮弹夹的教练弹中，在其不知藏于何处才好时，进行教练弹发射试验，试验时又未严格检查发射手续，造成突然发射 2 发实弹事故。调查后，炮手也如实承认。对此，日防卫厅和海上自卫队参谋部开始整饬训练纪律，一是 7 月 1 日向全军公布“20 毫米密集阵火炮意外发射事故案”的调查结果，指示所有部队以此为戒，对照检查，找出事故隐患和各种不安全苗头；二是给有关的 18 人严肃处理。其中炮手“因违反规定”停职检查 30 天，舰长因“指挥监督不力，管理不善”停职检查 10 天，护卫舰队司令金田秀昭中将因“事故长期隐匿不报”（第 3 护卫队群司令在向其报告的同时，也通报了舞鹤地方队，而其向舞鹤地方队通告称：处理这样事故是护卫舰队的职权范围内的事，又未发生伤害，因此勿需向上级报告）停职检查 10 天。这是日海上自卫队第 1 次对将官进行停职处分，表明日军这次整饬训练纪律的决心。对此，金田司令官提出辞职报告，二周后即得到批准提前退休。

严肃处理教育训练中的作弊案　3 月 11 日，由 4 艘驱逐舰组成的“远洋航海实习”编队停泊马来西亚的巴生港时进行了“1999 年度士兵升下士考试”，结果发现“岛风”号和“泽雪”号驱逐舰绝大部分考生答案一致得了满分，引起主管人事部门的怀疑。4 月 9 日，成立了以海上参谋部监察官为委员长，参谋部、联合舰队、护卫舰队及舞鹤、大凑地方队有关人员参加的事故调查委员会进行调查。结果查明是一起考试作弊案。主要是：两舰舰长违反规定，考试中指使本舰军官进入考场解答问题。6 月 25 日，海上自卫队参谋长向全军发出通告，对作弊案涉及的 62 人给予处分，即：对两舰长分别给予 20 天和 16 天的停职处分，其上级两护卫队司令及护卫队群司令因“违反指挥监督义务”减薪。此外，停职 12 人，警告 44 人。海上自卫队参谋长在通告中称：“公正地升级考试是天经地义的事。这次遗憾地出现作弊案，不得不处理。为了造就精锐部队，不辜负国民的期望，作为一名军官，必须充分认识自己的伦理和责任。今后如再发生类似事件，必严惩不殆。”

加强电子战训练　为了提高电子战能力，1999 年，日海上自卫队加强了电子战训练。一是举办电子战学习班。全海上自卫队的学习班于 2 月 22～26 日由联合舰队的第 1 海上训练指导队承办，各护卫队群以上司令部的参谋人员及驱逐舰的舰务长（负责电子战）共 21 人参加了学习。训练内容有：部队进行电子战训练的作法与问题、电子战训练计划与实施要领、电子战概论、各国海军电子战的动向与趋势、海上自卫队 UP－3D 和 EP－3 型飞机配备与使用情况、各护卫队群电子战训练要领等。各部队年内也都举办学习班和讲座。二是实施舰上电子战装备操作考评。如横须贺地区于 3 月 2～3 日召集舰上电子战人员 32 人，在听完电子战讲座后集中在直升机驱逐舰“白根”号和多用途驱逐舰“夕雾”号上进行操作考评，使其全面熟悉电子装备，提高其操作技能。三是加紧实施实兵训练。随着电子战装备的普及，1999 年加强了电子战实兵训练，除例行性进行 2 次电子战训练外，在其他科目的演练中也都有电子战内容。驻岩国的第 31 航空群第 81 航空队所配备的 5 架 EP－3 型电子战飞机，新年伊始于 1 月 7 日开始飞行训练和业务训飞，训练开始时间比往年早。

资料来源：

①日本《海上自卫新闻》1999 年 1 月～2000 年 1 月；

②《世界舰船》1999 年 3 月～2000 年 1 月；

③日本《丸》1999 年 11 月。

（詹玉才）

远洋航海实习训练　综合日本《海上自卫队新闻》1999 年 3 月 26 日、5 月 28 日报道：1999 年度，日本海上自卫队共进行了两次远洋航海实习训练。第 1 次训练于 2 月 25 日～3 月 30 日举行，参训驱逐舰 4

艘，人员 960 人（其中舰员 860 人），由第 3 护卫队司令任训练指挥官。2 月 25 日，4 舰共载第 32 期舰艇军官候补生 100 名后由江田岛启航，开始航海实习，沿途经过马来西亚的巴生港、文莱、冲绳的胜连，3 月 30 日返抵吴港，历时 40 天。第 2 次训练于 3 月 21 日～5 月 3 日进行，参训舰艇有驱逐舰 2 艘，潜艇 1 艘，人员 550 人（其中舰员 483 人），由第 24 护卫队司令任指挥。3 月 21 日，3 艘舰艇载飞行军官候补生 67 人由江田岛启航，途经冲绳的胜连，菲律宾的马尼拉和关岛的阿勃拉港，5 月 3 日返抵吴港，历时 44 天。两次航海实习途中，均进行了各种训练。日海上自卫队实施远洋航海实习的目的是：使院校毕业学员熟悉航海知识，掌握实际技能；通过对外军设施和古战场的参观和考察，养成和提高作为军官的必要素质；增进同访问国家的友好关系。

扫雷特别训练　据日《海上自卫新闻》1999 年 2 月 12 日、7 月 15 日报道：2 月 15～27 日，日海上自卫队在周防滩进行第 1 次扫雷特别训练，参训舰艇 24 艘，即扫雷供应舰 1 艘，扫雷舰 3 艘，扫雷艇 19 艘，扫雷控制艇 1 艘；飞机 23 架，其中 P－3C 型机 17 架，MH－53E 扫雷直升机 6 架。训练由第 1 扫雷队群司令任指挥。另外，美海军第 1 反水雷战队司令率扫雷舰 2 艘，P－3C 型机 2 架，水中处理人员 12 人参加了训练。训练开始，双方 P－3C 型机布雷，扫雷舰艇和扫雷直升机进行水雷监视，然后扫雷，首先使用扫雷舰艇清扫易扫水雷，对难扫水雷出动扫雷直升机扫除。这是日海上自卫队自 1956 年以来第 61 次实施扫雷训练，也是扫雷管制艇（一种远距拖带浅水扫雷具自动扫雷的艇只）1998 年服役后首次参加扫雷特别训练。

7 月 17～29 日，在陆奥湾进行了第 2 次，也是 1956 年以来第 62 次扫雷特别训练，参训舰艇：扫雷供应舰 2 艘，扫雷舰 3 艘，扫雷艇 15 艘，计 20 艘；参训飞机 27 架，其中 P－3C 型机 22 架，MH－53E 型扫雷直升机 5 架。训练由第 1 扫雷队群司令任指挥。另外，美海军第 5 水中处理队长率 P－3C 型机 2 架和水中处理队 8 人也参加了训练。训练先由扫雷供应舰和 P－3C 型机布雷，扫雷艇、扫雷直升机和水中处理队人员实行水雷监视，然后依次进行水雷清扫。

此外，7 月 7～12 日，第 51 扫雷队司令率扫雷舰 3 艘、扫雷艇 2 艘在北海道十胜海面进行了扫雷训练，这是自 1994 年开始以来第 6 次在该海区进行扫雷训练。

日美反潜特别训练　据日《海上自卫新闻》1999 年 9 月 3 日报道：7 月 1～10 日，日海上自卫队和美海军在横须贺以南至吴港海区举行了 1999 年第 1 次，也是自 1957 年以来第 101 次反潜特别训练，日海上自卫队参训舰艇有驱逐舰 2 艘，补给舰和潜艇各 1 艘，由第八护卫队司令任指挥；美海军驱逐舰 1 艘参加，由该舰舰长任指挥。主要训练科目有反潜、海上补给、直升机起降、通信、战术机动等。训练中，双方派出人员到对方舰上进行参观见学。8 月 30 日～9 月 8 日，双方在九州西南海域进行了 1999 年第 2 次反潜特别训练，日方参训驱逐舰 2 艘、潜艇 1 艘、飞机若干架，美海军参训驱逐舰 3 艘、潜艇 1 艘、飞机若干架，双方分别由第 5 护卫队司令和"文森斯"号舰长任训练指挥，主要训练科目有反潜搜索、攻击、海上机动等。

派遣舰艇、潜艇、飞机到美国训练　据日《海上自卫新闻》1999 年 5 月 7 日、7 月 23 日、10 月 1 日报道：为了提高舰艇、潜艇远洋作战和飞机远距离作战能力，日海上自卫队 5 月至 12 月先后派遣舰艇、飞机、潜艇到美国训练。舰艇部队由第 63 护卫队司令担任指挥，参训舰艇有直升机驱逐舰 1 艘、宙斯盾驱逐舰 1 艘、多用途驱逐舰 1 艘，人员共 860 人。编队于 5 月 11 日由横须贺启航，首先抵加拿大的维多利亚访问，并与加海军共同进行训练。然后抵美国圣迭戈和珍珠港。8 月 3 日返回横须贺港，历时 85 天。往返途中，编队进行了反潜、防空、反水面、电子战、海上补给等训练，在美期间利用美海军设施进行日美共同训练，并实施防空导弹发射训练。飞行部队由第 9 航空队司令任指挥，参训飞机有 P－3C 型机 5 架，人员 110 人。5 月 14 日，飞机由那霸起飞，途经关岛、夏威夷至美西海岸惠德贝岛航空站，8 月 12 日，返回那霸。除进行远距离导航训练和生疏机场起降训练外，还利用夏威夷基地的设施进行各种战术训练。潜艇部队参加派遣训练有潜艇 1 艘，人员 95 人，在艇长率领下，8 月 31 日离吴港，9 月中旬至 11 月中旬在夏威夷珍珠港，利用美海军设施进行海上机动、人员逃生等训练，12 月 13 日返回吴港。

此外，9 月 30 日，还派出敷设舰 1 艘、人员 200 人，抵关岛，利用美海军设施进行水下敷设训练和导航训练，11 月 19 日返回日本。

远航训练　综合日《海上自卫新闻》1999 年 4 月 23 日、9 月 23 日报道：4～9 月，日海上自卫队派舰艇实施了 1999 年度远洋航海训练活动。远航活动由练习舰队司令任指挥，参训舰艇有练习舰 1 艘、驱逐舰1艘、参训人员574人（舰员414人，实习学员151人，新闻记者等9人）。与以往远航活动相比较，此次远航有以下特点：一是思想重视，组织严密。远航编队组成后，海上自卫队参谋长和练习舰队司令分别进行检查督导；编队启航前，先在国内进行远航前的适应性航海训练，时间达50多天；编队启航和返回时，防卫厅政务次官和海上自卫队参谋长等均抵码头送迎。二是远航时间长，航程远。4月26日，编队由东京港启航，先后途经越南、新加坡、澳大利亚、巴布亚新几内亚、斐济、珍珠港、圣迭戈、墨西哥、秘鲁等环太平洋8国11个港口，9月14日返抵东京，历时142天，航程29600海里，相当于绕地球1.3圈。三是首次访问越南。5月5日，远航编队第1站是对越南胡志明港访问，舰艇靠码头后受到越南胡志明市政当局和驻军的欢迎，随即练习舰队司令拜会胡志明市委员长、第7军区司令；6日，编队司令率员飞抵河内访问；7日分别拜会越国防部副部长和越海军司令，并出席越海军成立44周年纪念活动；8日，编队司令在舰上宴请越方市政当局、军队及各国驻越大使、武官等；9日，编队离越继续远航。这是日海上自卫队舰艇首次访问越南，为两国关系的发展揭开新的一页。四是远航中实施双边训练最多。此次远航，除进行各种训练外，还共与5个国家的海军进行8次双边训练，是历次远航中双边训练最多的一次，既提高了战术技术，又加深了同各国的关系。五是美太平洋总部司令接见编队全体人员。在编队访问夏威夷期间，6月28日，美太平洋总部司令接见日远航编队全体人员，并就当前亚太局势和日美军事关系发表演讲。这是以往较为罕见的事情。

日韩联合搜救训练 综合日《海上自卫新闻》1999年4月23日、8月13日、8月27日报道：8月2～8日，日本海上自卫队和韩国海军在九州至济州岛海域举行联合搜救训练，日方参训舰艇3艘，其中直升机驱逐舰1艘、多用途驱逐舰1艘、导弹护卫舰1艘，由第4护卫队群司令任指挥；韩方参训舰艇2艘，即导弹驱逐舰和导弹护卫舰各1艘，由第5混编战团长赵学济准将任指挥。8月1日8时，日方编队离佐世保港驶韩国，途中进行事前训练，2日9时驶抵釜山港，双方召开训练研究会议。4日14时，双方舰艇驶离釜山港，进行战术机动、直升机起降及通信等训练，22时，双方各自进入训练阵位。5日8时，搜救训练开始，设想在九州至济州岛之间公海上，1艘遇难商船（韩大型巡逻艇扮演）起火，船员纷纷跳海，发出求救信号，对此，韩方舰艇从西北方向、日方舰艇从东南方向急驶现场，双方P－3C型机和舰载直升机实施搜索、救人，同时舰艇用高压水龙头进行灭火作业，当日13时，训练结束。14时，双方舰艇进行战术机动及通信训练。6日，双方舰艇进泊佐世保港，进行总结讲评。8日16时，韩舰离日返航，至此共同训练结束。这是日韩双方首次进行共同训练，对此极为重视。为搞好训练，4月14～15日，双方在日海上自卫队参谋部召开协调会议，日方以海上参谋部防卫部运用课长为首的代表团15人同韩方以海军作战司令部第51战队长为首的代表团一行5人参加了会议，研究决定了共同训练的时间、地点、科目及实施要领。这是日海上自卫队在继日、俄海军两次进行共同搜救训练后与第3国进行的首次训练。训练结束后，日第4护卫队群司令称：正因为是首次共同训练，因而非常有意义，达到了相互搜救技术的提高和日韩信赖关系增进的双重目的，所以说，训练非常成功。

日俄共同搜救训练 据日《朝云》1999年9月23日和《海上自卫新闻》9月10日报道：9月20日，日俄双方在继1998年7月于海参崴外海进行首次搜救训练后，在日本房总半岛东方约90千米处举行第2次共同搜救训练，日方参训驱逐舰2艘，由第1护卫队群司令任指挥；俄海军参训驱逐舰1艘，由太平洋舰队滨海区舰队司令任指挥。训练想定：当日14时30分，在房总半岛附近1艘船（日舰扮演）起火，闻报后双方舰艇进行情报交换，然后前往搜索，进行灭火作业，舰载直升机救助人员上舰，17日，搜救活动结束。为准备这次训练，9月16日，在俄太平洋舰队滨海区舰队司令率领下，俄舰驶进横须贺基地进行友好访问。俄舰访日起自1997年6月，俄驱逐舰1艘进泊东京晴海码头，这是事隔300年后俄舰首次访日。而访问日海上自卫队基地，这是首次。

日美登陆舰共同训练 据日《世界舰船》1999年10月报道：7月14日，日美双方在四国以南海域举行了登陆舰共同训练，日方参训的有“大隅”号登陆舰，美海军参训的为船坞登陆舰“麦克亨利堡”号，由双方舰长分别任指挥。主要操演科目有：气垫船驶离和返回母舰、通信、抢滩登陆、直升机起降等。这是日美双方第1次举行共同登陆训练，主要训练目的是提高使用气垫船进行登陆作战的能力，向美海军学习登陆的战术技术等。

登陆训练 据日《世界舰船》1999年10月和《丸》1999年9月报道：日本海上自卫队分别于4月6～7日和6月23日至7月4日举行两次全军性登陆

训练。第1次训练在沼津市今泽海岸举行，参训舰艇有：联合舰队、横须贺地方队和大凑地方队各1艘坦克登陆舰，由联合舰队第1登陆运输队司令任指挥，主要操演在无码头情况下于岸滩进行登陆的要领和方法。第2次训练于“北方机动演习”期间在北海道滨大树海岸进行，参训兵力有坦克登陆舰4艘，其中有新服役不久的大型登陆运输舰“大隅”号。主要操演科目是：“大隅”号航行途中，其搭载的气垫船驶出后高速向岸滩抢滩登陆的要领和方法以及物资装备的卸载和装载。

护卫舰队集中考评训练 据日《海上自卫新闻》1999年5月21日报道：4月15～23日，日海上自卫队由驱逐舰组成的护卫舰队在佐世保海军基地举行了集训考评训练，参训舰只25艘。训练活动由护卫舰队司令主持，各护卫队、护卫队群主官均参加了训练。其主要内容：一是汇报表彰。通过舰、队、队群各级指挥官汇报一年来部队训练的经验与体会，表彰先进单位，并找出训练中及海上警备行动中存在的问题。二是集中施训。利用来自全国各地舰只集中到一起的机会，聘请专家教授讲授“日本面向21世纪的课题”、“亚太局势及日本的对策”、“国际法讲座”、“3月份日本实施海上警备行动的经验与教训”等。三是部署护卫舰队新的一年训练工作及其他工作。

（詹玉才）

航空自卫队训练 1999年，日本航空自卫队继续以《防卫计划大纲》和1996～2000年的5年建军规划为指导，认真贯彻质量建军的原则，落实战略方针由“专守防卫”型向“攻防兼备”型转换，投入高额经费（1999年航空自卫队军费为11183亿日元，约合100亿美元），加速进行武器装备的更新换代，充实空中预警与指挥控制体系，加强 C^4I 系统建设和引进空中加油机，以适应现代高技术条件下空中作战的需要。与此同时，适时调整飞行员培训程序，强化日常战备训练，积极举行各类军事演习，努力提高部队现代高技术条件下的作战能力。

航空自卫队调整飞行员培训程序 据日本《航空情报》1999年第11期报道，日本航空自卫队于1999年8月3日成立了“临时飞行教育航空队”。这是航空自卫队调整飞行员培训程序采取的一个步骤。该队主要装备F－15DJ型双座截击战斗机。航空自卫队计划利用1999年12月之前这段时间试行新的飞行员培训程序。

航空自卫队已决定废止T－2高级教练机，用临时飞行教育航空队的F－15DJ或F－2B取代T－2。新的飞行员培训程序为：战斗机飞行员T－3→T－4前期→T－4后期→F－15/F－2（运输机、直升机飞行员，T－3→T－400→运输机或直升机）。原培训程序中的T－1阶段由T－4教练机取代，这样便出现了T－4教练机的前期课程和后期课程阶段，两个阶段的飞行时间均为80小时。另外，日本航空自卫队已决定用新的初级教练机取代T－3初级教练机，新初级教练机训练阶段的飞行时间仍保持60小时不变。

由于现在距F－2支援战斗机装备部队大约还有1年的时间，因此，这1年是F－15和T－2并存的过渡期。待F－2正式装备部队后，飞F－15截击战斗机的飞行学员训练将由驻新田原基地的第23飞行队承担，飞F－2支援战斗机的飞行学员训练将由驻松岛基地装备F－2的飞行队承担。

航空总队举行战术技术比赛 据日本《飞行周刊》1999年5月19日报道，为提高战斗机部队的作战能力，从5月21日至6月3日，航空总队举行1999年度战术技术比赛。参赛飞机有截击战斗机和支援战斗机，截击战斗机部队在小松基地及日本海上空的G空域，实施双机编队的战斗空战比赛。参赛部队由9个飞行队36架飞机组成，其中F－15战斗机飞行队7个，28架飞机，F－4EJ战斗机飞行队2个，8架飞机。本来共有10个截击战斗机部队，但有1个F－15战斗机飞行队正在进行赴美训练（关岛）的准备工作而未参加，支援战斗机部队在三泽基地、太平洋上空和B空域、R－130空域（天森射击靶场），实施战斗领航及空对地射击、轰炸比赛。参赛部队由3个飞行队12架飞机组成，其中：F－4EJ飞行队1个，4架飞机，F－1飞行队2个，8架飞机。1999年度战术技术比赛总指挥由航空总队司令竹河内上将担任。

航空自卫队赴美进行电子战训练 据日本《飞行周刊》1999年6月9日报道，航空自卫队于6月21～25日，在美国的关岛进行日美联合训练。联合训练的主要内容是进行在日本国内无法充分实施的电子战训练，此外，日本将首次派战斗机到国外施训。参训部队为航空总队第7航空团和警戒航空队。参训飞机：F－15战斗机6架，E－2C早期空中预警机2架。美方参训的部队是第5航空队第18联队。参训飞机是F－15战斗机6架和E－3B早期空中预警机1架。航空自卫队部队的派遣（包括部队的展开与撤离）日期为6月12～29日，航线为：从百里基地起飞，在硫黄岛落地加油后飞抵美国关岛安德森空军基地。美国空军则由日本的嘉手纳基地直飞关岛。此次训练除在美军电子战飞机支援下进行近似实战的电子战训练外，还有防空作战、战斗机对战斗机空战和再次起飞准备等课目。另外，作为训练的支援部队，航空支援集团派遣 C－130H 运输机具体演练部队的展开和撤离等支援内容。

“爱国者”地空导弹部队赴美进行实弹打靶训练　据日本《航空情报》1999 年第 11 期报道，为演练地空导弹部队实弹打靶整套动作要领，提高防空部队遂行作战任务的能力，航空自卫队地空导弹部队于 1999 年 8 月 12 日～11 月 27 日，赴美进行 1999 年度实弹打靶训练，地点在美国新墨西哥州怀特沙漠靶场和麦格雷戈靶场。指挥官由航空总队司令部参谋长森和彦少将担任。参训部队是第 1～6 高射群（22 个高射队）和高射教导队。训练内容有：发射准备；发射前检查；实弹发射。

日美联合进行救生训练　据日本《航空情报》1999 年第 10 期报道，日本航空自卫队与美国空军从 1999 年 7 月 12～16 日在冲绳岛周边海、空域及浮原岛训练场，联合进行了救生训练。这次救生训练是 1999 年日美空军部队进行的第 2 次联合救生训练，是日美两国空军开始实施联合救生训练以来的第 187 次训练。参训部队有航空自卫队那霸救生队、那霸直升机运输队以及美国空军第 33 救生飞行队。救生训练主要项目有：航空救生、救治大批伤员等。航空自卫队参训飞机有：U－125A、V－107、UH－60J、CH－47J 各 1 架；美国空军参训飞机有 HH－60G 1 架。

航空自卫队派遣 U－4 多用途飞机进行国外飞行训练　据日本《航空世界》1999 年第 12 期报道，为提高进行国际紧急救援活动的空运能力，9 月 14～18 日，航空自卫队派出以第 2 运输航空队司令桥爪俊辅上校为首的 20 名官兵，U－4 多用途飞机 1 架进行国外飞行训练。这次国外飞行的航线是：从日本入间基地出发→菲律宾的马尼拉→印度尼西亚的雅加达→棉兰（苏门答腊岛）→日本那霸→返回入间基地。这次国外飞行训练，主要目的是为了熟悉亚洲、大洋洲地区的航线和地域特征。

日本举行自卫队航空观阅式　据日本《飞行周刊》1999 年 11 月 3 日和 10 日报道，1999 年 10 月 31 日，自卫队在百里航空基地举行自卫队纪念日航空观阅式。日本总理小渊惠三对部队进行检阅和训示。航空自卫队参谋长竹河内捷次担任总指挥，1300 名地面部队官兵、90 架飞机（40 架进行地面展示、50 架进行空中飞行表演）参加了航空观阅表演。小渊惠三总理按下紧急起飞按钮后，开始飞行表演，首先 2 架 F－15 战斗机紧急起飞，充分展示该型飞机飞行性能。接着 F－4 和 F－1 战斗机进行对地模拟攻击表演，同时“火神”导弹防空系统实施模拟对空射击。C－130、C－1 运输机进行了空运空投装备表演，U－125A 和 UH－60J 直升机进行了航空搜索、救生表演。最后“蓝色冲击波”飞行表演队进行了特技飞行表演。此外，自卫队的各主要机种、爱国者地空导弹等各类防空兵器、移动警戒管制系统、移动通信系统、移动气象装置等装备也参加了地面展示。

1998 训练年日美空军部队联合训练 46 次　据日本《航空爱好者》1999 年第 7 期报道，日本航空自卫队日前公布了 1998 训练年度日美联合训练实施概要。1998 训练年日美空军部队共举行联合训练 46 次，较大规模的联合训练 11 次，小规模联合训练 35 次。日本航空自卫队出动各型飞机 1880 架次，美国空军出动各型飞机 1190 架次。其中在较大规模联合训练中，防空战斗训练 4 次，战斗机空战训练 3 次，救生训练 1 次，再次出动准备训练 1 次，联合指挥所演习 1 次，联合实兵演习 1 次。

航空自卫队 1998 训练年紧急出动 220 次　据日本《航空爱好者》1999 年第 7 期报道，航空自卫队日前公布了 1998 训练年度紧急出动实施概要。1998 训练年度航空自卫队共实施紧急出动 220 次，比 1997 年度的 160 次增加了 38%。1998 年，对台湾飞机实施的紧急出动次数有所减少，对俄罗斯和韩国飞机（主要是与朝鲜潜水艇被击沉事件有关的飞机）实施的紧急出动次数有所增加。其中针对俄罗斯飞机实施的紧急出动约占紧急出动总数的一半。

航空自卫队 1998 年飞行事故情况　据日本《航空情报》1999 年第 5 期报道，1998 年 1 月 1 日至 12 月 31 日，航空自卫队共发生严重飞行事故 3 起，损失飞机 4 架，亡 2 人，失踪 2 人，被救回 2 人。其中损失 F－4EJ 改进型飞机 2 架，F－1 型飞机 2 架。按当年飞行 22 万小时计算，1998 年日本航空自卫队严重飞行事故万时率为 0.136。

（伊贵玺）

军事演习

陆上自卫队“北方机动”特别演习　1999 年 6 月 23 日～7 月 30 日在日本东北部地区至北海道途中及矢臼别演习场举行。东北部军区司令藤原中将任演习指挥官。参演部队：以陆上自卫队东北部军区第 6 战略机动师为骨干，人员约 4100 人，坦克 22 辆，火炮 14 门，各种军车 1200 辆；海上自卫队驱逐舰、运输舰等约 12 艘；航空自卫队战斗机、运输机等约 100 架。演习部队使用各种军车、运输舰、民用渡船、运输机、民航飞机等，分陆、海、空 3 路向北海道实施快速立体机动作战演练。演练科目有：三军联合远程快速机动、登陆作战、海上作战运输、空中作战运输、电子战等。在与海空军实施的综合训练中，重点演练了海上机动时的舰队攻击、舰队防空以及空中机动时的空地作战等。目的在于提高诸军种协同快速机动作战能力。该演习始于 1983 年，每年举行一次，由驻本州以南的步兵师轮流实施。本演习为第 17 次。

陆上自卫队“富士综合火力”演习　1999 年 9 月 11 日、12 日在静冈县东富士演习场举行。陆上自卫队富士学校校长石飞勇次中将任演习指挥官。参演部队约 1700 人，出动坦克、装甲车等约 60 辆，各种火炮约 70 门，飞机 30 架。航空自卫队派 2 架 F－4EJ 战斗机参加。演练科目：坦克、火炮、攻击直升机的实弹射击，射击后的阵地转换，空降部队跳伞，特种部队和侦察部队的行动要领，航空自卫队战斗机部队接近飞行支援及其对地火箭攻击。并向社会各界约 52000 人展示了 MLRS 多管火箭炮系统、SSM－1 地舰导弹和 AH－1S 反坦克直升机等现代化装备。“富士综合火力演习”每年举行一次，本演习为第 41 次。

海上自卫队指挥所演习　1999 年 9 月 6～9 日在东京目黑海上自卫队干部学校举行。自卫舰队司令官山崎真中将任演习指挥官。参演部队有：海上自卫队参谋部，自卫舰队，横须贺、吴、佐世保、舞鹤、大凑各地方队司令部，约 300 人。演习科目：形势判断和部队运用。本演习为 1999 年度海上自卫队综合演习的一部分。

1999 年度海上自卫队综合演习　1999 年 10 月 27 日～11 月 9 日在日本周边海域举行。本演习为乙级演习。日本海上自卫队自卫舰队司令官山崎真中将任演习指挥官。日本海上自卫队参演部队有：自卫舰队、各地方队（横须贺、吴、佐世保、舞鹤、大凑）等。护卫舰、潜艇和扫雷艇等共计 110 艘，飞机约 180 架，人员约 32000 人。美海军参演部队有：第 7 舰队“小鹰”号航母等共计舰艇 10 艘、飞机 90 架、人员约 8000 人。演习科目主要有反潜战、防空战、水面战、扫布雷战、电子战、海上补给、船团护航、沿岸防御、海上救难等。目的在于检验海上自卫队一年来的训练成果，通过海上各种作战的实际演练，提高海上自卫队独立作战和日美海军联合保卫日本时的协同作战能力，提高海上自卫队各级指挥官的作战指挥及部队运用能力。本次演习以应付“周边事态”为背景，首次实施了由舰艇和飞机参加的救援驻海外日侨的运送训练，并针对 1999 年 3 月在日本能登半岛发生的朝鲜船入侵事件，实施了以对付特工船为目的的各种演练。11 月 3～9 日，实施了日美海军联合演习，演练了在新《日美防卫合作指针》框架下日美海军实施联合作战的各种预案。

1999 年度航空总队综合演习　1999 年 9 月 16～18 日、11 月 15～29 日在日本本土及其周边空域举行。航空自卫队航空总队司令大串康夫中将任演习指挥官。参演部队有：航空总队，支援集团，教育集团，中央航空通信群，补给本部，人员约 33000 人，飞机约 380 架。演习分两个阶段进行，第 1 阶段为指挥所演习（9 月 16～18 日），主要演练了紧急形势下的司令部活动以及各级指挥官的情况判断和部队运用能力；第 2 阶段为实兵演习（11 月 15～29 日），主要演练作战准备期间的各种行动、各种空战及伴随空战的后方支援、与陆海军的协同作战、与美军的联合作战等。其目的在于有组织地演练保卫日本实施空战时的各种作战行动，提高航空总队等各部队的作战能力。期间，驻韩美空军 6 架 F－16 战斗机从韩国群山基地前往日本三泽基地，参加了从 18 日开始的日美空军联合演习。本演习始于 1969 年，此次为第 19 次。

日美陆军联合方面军级指挥所演习　1999 年 1 月 21～30 日在日本朝霞、座间两驻地首次举行。演习代号为“山樱 35”。日本陆上自卫队东部军区军长益田兼弘中将和驻日美陆军第 9 战区司令约瑟夫·R·英治少将分别任演习指挥官。参演部队有：日方东部军区等，共计约 2000 人；美方第 1 军等，共计约 950 人。演练了日美军按各自的指挥系统，在采取联合作战行动时的军以下单位的指挥参谋活动。

1999 年 6 月 6～15 日在美国夏威夷州德鲁西堡举行了第 2 次日美陆军联合方面军级指挥所演习。演习代号为“山樱 36”。日本陆上自卫队中部军区副参谋长折木良一少将和驻日美陆军参谋长迪尔·E·罗斯上校分别任演习指挥官。参演部队有：日方陆上自卫队参谋部、中部军区共 85 人，参谋长联席会议、海上自卫队、航空自卫队共 33 人；美方驻日陆军司令部、第 1 军、驻日美第 5 航空队共约 110 人。此次演习利用美陆军设施，双方按各自的指挥系统，想定日本有事，图上演练日美部队指挥官在实施联合作战时的部队指挥和运用、双方交换情报、日军对美军的后勤支援等。日美陆军联合方面军级指挥所演习始于1981年。从1982年起每年举行2次。1995年前主要由陆上自卫队北部军区和东北部军区实施，此后改为由各军区轮流实施。中部军区首次实施该种演习。一般情况下，代号为偶数的演习在美国举行，代号为奇数的演习在日本举行。

日美陆军联合积雪寒冷地实兵训练 1999年2月14日～3月1日在北海道大演习场和真驹内驻地举行。日本陆上自卫队第11兵步师师长山本胜中将和驻日美陆军司令约瑟夫·R·英治少将分别任训练指挥官。参训部队有：日方陆上自卫队北部军区第11师第28摩托化步兵团，600人；美方第41步兵旅第186团第3步兵营，360人。日美陆军在各自的指挥系统下演练了日美实施联合作战时的相互合作要领。训练期间，日本航空自卫队对其实施了接近飞行支援。

1999年2月15～27日在日本关山演习场和高田驻地举行日美陆军联合积雪寒冷地实兵训练。日本陆上自卫队第12步兵师师长洗尧中将和美第3海军陆战师师长简利·D·翰布尔准将分别任训练指挥官。参训部队有：日方东部军区第12步兵师第2摩托化步兵团所属1个连；美方第3海军陆战师第5侦察营所属1个连。

日美陆军联合实兵演习 1999年10月27日～11月19日在日本飨庭野演习场及今津驻地举行。日本陆上自卫队第10步兵师师长川井武彦中将和美第3海军陆战师师长戈顿·C·纳什分别任演习指挥官。参演部队有：日方中部军区第10步兵师第33摩托化步兵团，750人；美方海军陆战队第3海军陆战师第4陆战团，800人。主要演练了日美军按各自的指挥系统实施联合作战时的相互协作要领。演习期间，日本航空自卫队实施了空投支援。

1999年11月7～19日在日本上富良野演习场举行日美陆军联合实兵演习。日本陆上自卫队第2步兵师师长和驻日美陆军司令分别任演习指挥官。参演部队有：日方北部军区第2步兵师第2摩托化步兵团，1100人；美方陆军第25步兵师第2步兵团，550人。主要演练了日美军在各自指挥系统下实施联合作战时的相互协作要领。训练期间，日本航空自卫队和美空军的运输机实施了物资空投支援。

日美海军联合指挥所演习 1999年3月8～18日在美国罗得岛州新港美海军大学举行。日本海上自卫队参谋部防卫部长和驻日美海军司令分别任演习指挥官。参演部队有：日本海上自卫队参谋部，自卫舰队，地方队，干部学校，补给本部，共24人；航空自卫队参谋部，航空总队，共计5人；陆上自卫队参谋部5人；驻日美海军司令部，第7舰队，太平洋舰队，美海军大学，共计50人。演习的目的在于利用美海军大学的现代化设施图上演练日美海军联合保卫日本实施海上作战时的指挥参谋活动。日美海军联合指挥所演习始于1988年，本演习为第11次。

日美海军联合反潜特别训练 1999年7月1～10日在从横须贺经东海海面、四国海面、丰后水道至吴港海域举行。日本海上自卫队第8护卫队司令伊藤正树上校和美海军“文森斯”号驱逐舰舰长萨米埃尔·P·朱尼亚中校分别任演习指挥官。参演兵力：海上自卫队2艘驱逐舰，1艘潜艇，1艘补给舰，若干架飞机；美海军1艘驱逐舰，若干架飞机。演练科目：反潜战、直升机离舰及降落、战术运用、海上补给和通信训练等。

日美海军扫雷特别训练 1999年2月15～27日在日本周防滩海域举行。日本海上自卫队第1扫雷队群司令小森谷义男上校和美海军第1反水雷战队司令T·B·达比利上校分别任训练指挥官。参训兵力：日方海上自卫队1艘扫雷母舰、3艘扫雷舰、19艘扫雷艇、1艘扫雷管制艇、17架P－3C型反潜巡逻机、6架MH53E型扫雷直升机；美海军2艘扫雷舰、2架P－3C型反潜巡逻机、水下处理人员12名。

1999年7月17～29日在日本青森陆奥湾举行日美海军扫雷特别训练。日本海上自卫队第1扫雷队群司令小森谷义男上校和美海军第5水下处理队长杰恩斯·卡上尉分别任训练指挥官。参训兵力：海上自卫队2艘扫雷母舰、3艘扫雷舰、15艘扫雷艇、22架P－3C反潜巡逻机、5架扫雷直升机；美海军2架P－3C反潜巡逻机，8名水下处理队员。演练科目：布设水雷、排出水雷。

日美海军运输舰联合训练 1999年7月11～14日在吴港基地和四国海面首次举行。日本海上自卫队“大隅”号运输舰（8900吨）舰长成影务上校和美海军第7舰队“马凯利”号登陆舰舰长理查德·B·兰德尔特中校分别任训练指挥官。演练科目：快速滩头登陆、战术行动、直升机离着舰及通信等，目的是演练日美海军运输部队间的协同要领，提高海上运输的战术技能。

日美空军联合防空训练 1999年2月16～17日在日本三泽东方训练空域（B空域）举行。参训部队有：日方航空自卫队北部航空方面队司令部、第2战斗航空团、第3战斗航空团、北部航空警戒管制团、航空总队警戒航空队、第3防空导弹群、第6防空导弹群、飞机25架；美方第35战术战斗机联队、8架F-16型战斗机。

日美空军联合训练 1999年2月15～26日在日本九州北方、西方训练空域和四国海面训练空域举行。参训部队有：日方航空自卫队西部航空方面队司令部、第5战斗航空团、第8战斗航空团、西部航空警戒管制团、航空总队侦察航空队、警戒航空队、飞机34架；美方第5航空队司令部、第18战术战斗机联队、第35战术战斗机联队、第82侦察机中队、飞机19架。主要训练科目：防空战、战斗机格斗、二次起飞准备等。

"对抗北99"联合军事演习 1999年6月21～25日在美国关岛安德森空军基地及其周边空域举行。参演部队有：日方航空自卫队第7战斗航空团（6架F-15J战斗机）、警戒航空队（2架E-2C型预警机）；美方驻日美空军第5航空队第18战术战斗机联队（6架F-15C战斗机、1架E-3B型预警机）。日本航空集团的C-130H运输机担任演习支援部队。演习科目：防空战、战斗机格斗、电子战、空中控制、二次起飞准备等。目的在于提高两国空军的空中作战能力和应付各种突发事件能力。

资料来源：

①日本《朝云》1999年1～12月；

②日本《防卫日报》1999年1～12月；

③日本《海自新闻》1999年1～12月。

（张洲军）

"对抗雷99-4"演习 据日本《航空情报》1999年第10期报道，日本航空自卫队赴美参加了1999年7月8～23日由美国空军在阿拉斯加州艾尔森空军基地、埃尔门多夫空军基地及周边空域举行的"对抗雷99-4"演习。这是日本航空自卫队自1996年以来连续第4次参加美国空军举行的对抗雷演习。除美国空军、日本航空自卫队外，新加坡空军、泰国空军也参加了演习。演习内容主要有：（1）利用便携式SAM地空导弹训练器材进行防空战斗训练；（2）用C-130H运输机进行战术空运训练（主要演练低空领航、空投物资、野外起降等）；（3）进入美国空军战斗机进行同乘飞行。日本航空自卫队参加演习人员共97人，其中基地防空部队人员31人，携带6套SAM导弹训练器材；运输机部队人员66人，C-130H运输机3架。

（伊贵玺）

越南军队军事训练

综述 1999年，越军继续贯彻"基本、切实、牢固"的训练方针，积极开展军事训练，着重提高部队在现代化条件下的实战能力。

有针对性地设立训练科目，突出各军种训练特点 越军总参军训局要求各部队在训练中贯彻实事求是的思想，坚持理论与实践、操场与战场相结合，设立的训练科目必须适应本单位作战任务、组织编制、武器装备、作战对象、防区地形特点和越南传统打法的需要，切实提高战术、技术水平和战斗力。据此，越防空-空军主要进行捕捉、跟踪、歼灭空中目标，对地（海）攻击，空中拦截等科目训练；海军重点进行导弹攻击、反潜、抗登陆、抗电子干扰、海上封锁与反封锁、海上搜救等科目训练；陆军着重进行战备等级转换、行军、涉渡、攻防作战、防空火力打击低空目标、防暴乱、特工偷袭和爆破等科目训练。同时，越军先后举行各类演习10余次，其中包括海空协同作战、防御作战和防暴乱演习等，演习主要集中在边海防地区进行，以反侵略、反颠覆，保卫"领土主权"为背景，着重提高诸军兵种快速反应和协同作战的能力。

注重研讨和演练高技术条件下局部反侵略战争的战法 越军加强了对"信息战"、"数字化战场"、"现代空袭作战"等情况的研讨，将提高高技术条件下作战能力作为院校培训和军事训练的主要任务。特别是1999年3月以美国为首的北约轰炸南联盟科索沃以后，越军针对科索沃战争的特点，多次组织各级军事指挥员和军事专家对新时期越军作战理论进行了研讨，并就如何打赢高技术条件下局部反侵略战争进行了探析。同时，加强了对美军作战样式的研究和针对性模拟训练，并首次举行了以科索沃战争为背景的演习，重点演练了打赢高技术条件下局部反侵略战争的战法。

狠抓训练质量 越军积极采取措施，提高军事训练的质量，并取得了较好的成效。（1）将军事训练作为政治任务来抓。越共中央军事党委1999年初作出决议，要求全军各部队将军事训练作为一项政治任务来抓，并贯彻到各级党组织的各项决议和胡志明青年团的各项生活之中。（2）认真进行训前准备。越军各部队为保证训练顺利进行、提高训练效果，在训练正式展开前做了认真准备：根据总参下发的训练大纲，结合本单位特点，制定切合实际的训练计划；开展训前动员教育，使全体参训人员明确军事训练方针、任务和要求，增强搞好训练的责任意识；举办各类干部集训班，主要培训营、连、排级干部，着重提高他们组织指挥训练的能力；整修操场、训练场，补充训练物资，维修训练器材，编写训练教案，制作训练模具。(3) 坚持干部下部队指导训练制度。越军要求各部队主管、参谋、助理员每天都要轮流到所属部队训练场指导训练，特别是团、营一级干部要保证每天有50%的时间在训练场与部队一起训练。每天训练结束后，干部要及时将当日训练情况向上级写出书面报告。(4) 加强对训练的考核。越军十分重视对训练的考核，在每个阶段训练结束前，都要派检查团对训练情况进行考核验收。检查团不仅要听各单位领导汇报训练情况，而且要直接逐个检查训练科目，包括理论、实际操作及实弹射击，任何一个科目不合格都要重新训练，直至考核达标为止。为促进训练，越军还积极开展训练竞赛活动，举行军事会操和技术比武。由于措施有力，越军各部队不仅按时完成了训练任务，而且取得了较好的训练效果。如海军第3区各训练科目经考核95%达标，70%以上优秀。

总参谋部召开训练工作会议，部署1999年训练工作 据越南《人民军队报》报道，1999年1月12～13日，越总参谋部组织召开训练工作会议，总结1998年训练工作，部署1999年训练任务。会议由越共中央委员、副总参谋长阮辉效中将主持，各军兵种、军区、兵团、院校的参谋长，各师、海军各区的领导和全军军训机关的干部参加会议，越共中央政治局委员、国防部长范文茶上将到会并发表讲话。他指出：全军各部队1998年积极贯彻总参谋部下达的有关训练工作的指示，较好地完成了训练任务，并取得了较好的训练效果。但应该看到训练工作还存在一些问题：一是部分单位没有真正重视训练工作，没有严格执行上级下达的有关训练工作的指示，仍让战士在训练时间从事经济活动；二是保障工作没有满足训练的需要，特别是训练场比较简陋；三是部分部队训练没有达到基本要求，尤其不重视体能锻炼；四是没有组织部队进行挖掘工事训练；五是组织部队负重行军太少，机动能力差。所有这些问题都是由于各级干部的责任心不强，没有深入部队造成的。希望各单位高度重视并认真克服这些问题。在1999年训练工作中，全军各部队要继续把训练任务作为中心任务、经常性任务来抓，各级党委和指挥员要明确自己的责任，努力做好部队训练的保障工作，重视抓好部队体力和机动能力训练。为检验训练效果，1999年将组织全军大会操，各单位要认真做好参加会操的准备，力争取得好成绩。阮辉效要求各单位严格执行总参谋部下达的训练大纲和国防部长的指示，全力完成1999年的训练任务。

总参谋部派团赴各部队检查训练准备工作 据越南《人民军队报》报道：1999年3月3～16日，越军总参谋部派两个检查团分赴南、北地区各部队检查训练准备工作情况。其中赴南方检查团由越共中央委员、副总参谋长阮辉效中将率领。检查团主要检查训练计划、训练场地、训练器材、训练教案、训练方法，重点查找存在的薄弱环节，并提出整改方法。检查结果表明，100%的单位训练准备较充分。在总结经验时，阮辉效要求各机关必须加强检查力度，督促各单位完成训练任务。

总参谋部举办全军机要干部集训班 据越南《人民军队报》1999年10月5日报道：为进一步加强机要保密工作，越军总参谋部最近在胡志明市举办了一期全军机要干部集训班，各军兵种的机要干部参加了集训。在开训典礼上，越总参机要局领导回顾了1996年以来越军机要保密工作取得的主要成绩，总结了越军密码使用以及机要人员队伍建设的成功经验，通报了研究编纂密码、密表字典进展情况，同时部署了2000年机要工作主要任务。主要集训内容包括：密码和密表使用管理、密码破译、跟踪外国先进保密技术、实现机要干部和机要人员管理计算机化等。参训机要干部进行了认真讨论，并结合本单位实际，提出了许多加强军队机要保密工作的意见和建议。副总参谋长黎海英少将在集训期间亲抵胡志明市视察集训情况，要求越军机要干部不断提高保密技术，适应新时期机要工作的需要。同时，注重传统和现代化机要技术的有机结合，进一步制订完善机要业务的各项规章制度，加强机要干部和机要人员队伍建设，并强调必须选拔“具有过硬政治素质和符合军队需要的人员进入机要保密队伍”，确保机要保密工作“万无一失”。

海军第1区重视发射鱼雷、施放水雷训练 据越南《人民军队报》报道：1999年，越海军第1区重点进行了T－3、T－4鱼雷发射、施放水雷等科目训练。为确保鱼雷发射顺利进行，海军第1区事先做了充分准备，对鱼雷进行严格的技术检查，并挑选优秀技师随发射舰艇出海实施现场指导。

海军第3区和第126陆战旅取得训练好成绩 据越南《人民军队报》报道：1999年，越海军第3区积极贯彻“基本、切实、牢固”的训练方针，在训练中将基本训练与应用训练、理论训练与实践以及海上活动紧密结合起来。经上级考核验收，基本训练科目和理论训练科目100%达标，75%以上优秀；对海对空射击及步枪射击 95%～100%达标，70%以上优秀。海军第 126 陆战旅全年参训人员达 98.6%，比较好地完成了体能、负重长途行军、各类武器射击、夜间攻防作战等科目的训练，特别是体能训练取得了优秀成绩，被国家体委授予体能训练优秀单位。该旅所属第 863 营在参加海军举行的“RS－99”演习中受到军种的表彰。

国防部长提出未来高科技条件下军事训练的要求 据越南《人民军队报》报道：越国防部长范文茶上将 1999 年 12 月 30 日发表讲话指出，在未来高科技条件下，越军各部队要大力开展科技练兵活动，进一步深化训练体制、内容、方法的改革，使之贴近实战，重视模拟化训练，全面提高部队的快速反应、协同作战、信息战及综合保障能力；积极培养高科技人才，增加接收地方高等院校人才的数量，选派军官到国外深造，为部队培养一批全能型人才。

（钟学良）

泰国军队军事训练 冷战结束后，由于东南亚局势和泰国国内形势的变化，泰军从加强自身建设和需要出发，逐步改变效仿美军的单一训练模式，形成了一套适合泰军自身特点的、切实可行的训练模式。

陆军训练 进入 90 年代以后，泰陆军为了提高部队适应现代化战争的能力，对部队训练内容进行了大幅度调整。一是突出诸兵种协同作战训练，主要通过举行陆海空三军联合演习来实施，以防御外来威胁、保卫沿海重要工业区为目标，重点提高陆空协同作战能力。二是加强特种科目训练，内容有跳伞、复杂地形作战、丛林作战、河川作战、城市作战、营救人质、反恐怖作战。随着欧美等国大批先进武器装备部队和同外军接触增多，泰陆军决定将英语作为外语训练的主训语种，在全体官兵中推广运用，并要求外语训练由以往仅学习战争、军事术语的低层次向现代科技、军事科技的高层次发展。

海军训练 冷战结束后，泰国战略防御重点由陆地转向海洋，海军成为泰国军队建设的重点，维护海洋权益、保护海上经济区的任务日益突出。为提高防御作战能力，泰海军不断加强训练工作。一是重视院校培训。泰海军条例规定：各级军官（包括士官）必须经过军事院校培养，毕业考试合格后方可晋升；泰海军各类初级军官由皇家海军学院培养，学员从士兵和高中毕业生中招收，入学前先经过 2 年预备军官学校学习。二是与外军举行联合军事演习。为提高实战能力和战术技术水平，泰海军每年除自行组织一些海上演习外，还分别与新加坡、印尼、马来西亚等东盟国家及美国、澳大利亚等国海军举行各类联合演习，有些演习已形成制度化。演习科目有海上防御、海上监视、机动支援、扫布雷、登陆与抗登陆、反潜、防空警戒等。

空军训练 泰空军十分重视人力资源的开发，重点是培养现代科技知识和战术技术水平较高的飞行人员。泰空军训练的主要特点是：以国内院校培训为主，国外培训为辅；以军官训练为主，士兵训练为辅。目前，泰国内有皇家空军尉官学校、航空学校、参谋学校、士官学校等 8 所院校，负责培训空军各类人员。为适应未来战争的需要，泰空军每年还从各部队选拔部分飞行员和其他专业人员到欧美等西方国家深造，学习高级参谋业务、现代空战战役战术理论、航空工程技术，使他们能熟练使用现代化武器装备，掌握先进的战术技术，将军事素质和知识水平提高到一个更高的层次。回国后让他们担任教官或业务骨干，进而提高空军的整体素质。

预备役部队训练 自 1991 年开始，泰政府决定对服 10 年预备役的人员分 3 个阶段进行训练。第 1 阶段时间为 3 年，每年训练 1 次，每次 21 天，接受国防教育、军事常识、兵力动员和基本战术技术等科目的训练。第 2 阶段为 3 年，每年训练 1 次，每次 2～3 天，主要进行战时紧急动员训练。第 3 阶段为 4 年，期间除出现国家处于紧急状态和爆发战争等特殊情况外，一般不组织训练。泰政府视青年学生为预备役的一支生力军，规定高中以上学生必须进行军训，每年训练 80 个小时，3 年毕业后，凡体检和体能测试合格者即可编入预备役，获下士军衔，不必再服 2 年兵役。升入大学的学生，继续参加 2 年共 160 个小时的军训，获预备役少尉军衔。编入预备役的学生每年再按预备役训练制度进行定期训练。

（孟　丽）

印度军队军事训练 综述 综合印度新闻报道，1999 年，印军为加强对部队的训练采取了以下措施：

健全训练组织机构 陆军对陆军训练司令部进一步明确和强化了其职能，该司令部现设有战略部、作战条令部和作战后勤部。战略部主要负责印度军事战略和作战思想的研究；军事条令部主要负责制定作战条令和部队的军事训练、演习计划，并指导和检查各部队的军事训练和演习；作战后勤部主要负责部队和陆军院校训练的后勤保障工作。空军司令部新增设了监察局，统一负责对印空军各级部队的作战、训练和保养，实施全面监督、检查。海军根据其既有舰艇部队，又有航空兵的特点，改变了以往训练工作完全由南部海军司令部负责的做法，将海军航空兵部队的作战训练交由该兵种司令部负责，南部海军司令部负责海军所有人员的基础训练和舰艇部队的作战训练。

调整院校教学内容 1999 年，印度各军事院校着眼于现代化作战的需要，相应地调整教学内容。从各院校和部队轮训机构的训练内容看，基础训练相对减少，高新技术武器装备知识和现代化条件下的作战等内容大量增加。国防参谋学院大幅度增加了军种之间的训练内容，并规定各军种军官必须进修其他两大军种的课程，以加强各军种之间的相互熟悉和协同。莫县战斗学院新增加了“现代战争条件下诸军（兵）种协同作战指挥”课程。部分陆军院校增设了“快速反应”课程，重点学习现代战争条件下快速机动和灵活反应的作战技能。

军事演习 **“湿婆神·力量”陆、海、空三军联合演习** 据《印度时报》报道，1998 年 10 月 27 日～12 月 25 日，印陆、海、空三军在“查谟·克什米尔邦”、旁遮普邦、拉贾斯坦邦和古吉拉特邦印巴边境地区及阿拉伯海海域举行代号为“湿婆神·力量”的大规模联合作战演习。演习旨在检验印军在核条件下使用现代化武器装备，实施“外科手术式”打击的作战能力。

演习背景 1998 年 5 月中下旬，印度和巴基斯坦相继进行核试验，双方军备竞赛进一步升级，两国关系骤然紧张。在国际社会的压力下，印巴两国同意恢复外交秘书级对话，就地区安全和克什米尔问题进行会谈。为了向巴施加压力，确保对话有利于印度，印决定在恢复对话前夕举行此次演习。

演习想定 演习以巴基斯坦为假想敌，设想巴军首先在夜间使用导弹对印度首都新德里以及阿格拉、孟买等重要城市实施攻击，尔后在从印巴边境全线向印度发动地面进攻，突破印边境防线并向纵深推进。面对巴军的进攻，印军迅速组织全面反击。其中，印陆、海、空三军的信息战部队充分发挥空中、地面和电子侦察手段连续不断地获取巴军核心情报，并利用电子干扰等手段破坏巴军的通信系统，通过情报欺骗等手段迷惑巴军；印空军和战略导弹部队动用飞机和导弹摧毁巴军的重要军事目标；印陆军装甲兵部队和快速反应部队在炮兵、武装直升机的掩护下分多路对巴军实施反攻，并进行了敌后空降；印海军配合两栖作战部队实施登陆作战。最终击败了入侵的巴军，取得战争胜利。

演习简况 此次演习由印度国防部策划，陆、海、空三军参谋长联席会议主席协调督导，三军各地区司令部分战区组织实施。参演兵力为 10 万余人，共出动各类飞机 700 余架、坦克 300 余辆、战车 200 余辆、各类舰艇 30 余艘。演习分为 4 个阶段：第 1 阶段（10 月 27～31 日）为空中防御演习。针对巴军对新德里、阿格拉和孟买等重要城市实施导弹攻击，印空军和陆军防空部队分别在新德里 65 千米范围、阿格拉 50 千米范围、孟买 150 千米范围之内进行了空中预警、空中拦截和战区导弹防御演练。第 2 阶段（11 月 1～17 日）为海上防御及两栖登陆作战演习。演习由西部海军司令部在孟买－果阿一线海域具体组织实施，参演部队包括陆、海、空三军部队及海岸警卫队共 1 万余人。演习设想在印巴开战的背景下，印军在阿拉伯海巴沿海地区实施登陆作战，主要演练了舰机协同、海上拦截、导弹攻击等科目。第 3 阶段（11 月 15 日～12 月 12 日）为三军立体作战演习。演习在比卡尼尔－佐德普尔－乌达姆普尔－孟买一线举行，以陆军为主，海、空军协同，总兵力达 66300 人。印陆、海、空三军凭借现代化武器装备，迅速夺取制空权和制海权后，对巴实施全方位立体战，向巴境内发动总攻，瘫痪巴军指挥系统，炸毁巴军事要地，歼灭巴军后备力量，攻占巴南部地区。第 4 阶段（12 月 1～15 日）为警戒作战演习。印军取得对巴作战胜利后，为防止巴军进行渗透和袭扰，在印巴边境地区和克什米尔实际控制线地区实施警戒作战活动，重点演练了空中侦察、空中警戒和阵地防御等科目。

“空中力量 99”空军演习 据印度报纸报道，1999 年 3 月 7 日，印空军在印度西部沙漠中的博克兰靶场举行代号为“空中力量 99”的大规模演习。此次演习由印空军司令部组织实施，各地区空军指挥部派部队参加。演习期间，印空军共出动各型飞机 80 余架，其中作战飞机近 60 架，主要演练了对地攻击、空中格斗、空降、机降和野战救护等科目。演习分为 4 个阶段：第 1 阶段为编队飞行表演。由米格－21、米格－23、米格－29 战斗机分别编成的同机种战斗机编队，由米格－27、“美洲虎”和米格－29 战斗机编成的混合战斗机编队，以及由米－35、米－8 等直升机编成的混合直升机编队，分别进行了编队飞行表演。第 2 阶段为空中格斗阶段。由苏－30、幻影 2000、米格－27 等型战斗机在空中进行了空中格斗演习。第 3 阶段为对地攻击阶段。由幻影 2000、米格－27、米格－23、米格－21、“美洲虎”等型战斗机以及米－8、米－35 等型直升机分别对机场、雷达阵地、桥梁、交通干线、后勤营地等地面目标实施攻击和轰炸演习。同时，伊尔－76、安－32 等型运输机进行了坦克和人员空降，米－8 直升机进行了车辆和人员机降演习。第 4 阶段为特技表演阶段。由“克兰”教练机进行了特技动作表演。印空军“天空·恒河”飞行表演队进行了延迟开伞伞降表演。3 月 8 日，印空军参谋长向所有参加演习的部队发电，祝贺演习取得成功，称赞他们为印度空军带来了荣誉。

“三叉戟 99”空军演习　据印度报纸报道，1999 年 3 月 22 日～4 月 15 日，印空军在印巴边境北部地区举行代号为“三叉戟 99”的演习。演习以巴基斯坦为假想敌，主要分为两个阶段：第 1 阶段（3 月 22～25 日）为通信演习阶段。设想巴军对印军展开电子战，企图破坏印军指挥中心、通信中心的计算机网络和通信系统，印军通过设立电子屏障，采用多种通信方式等手段，确保了指挥、通信的畅通。第 2 阶段（3 月 26 日～4 月 15 日）为实兵作战阶段。设想巴空军突然对印境内的军事目标和重要民用设施发动空袭，印空军雷达部队迅速对敌机实施电子干扰，导弹部队向其发射地空导弹，空军出动飞机进行拦截，最终击退了巴空军。演习期间主要进行了防核生化战、防空预警、导弹攻击、空中拦截和战场救护等科目。

印度、新加坡海军联合演习　1999 年 3 月 5～13 日，印度和新加坡海军在印度海域举行联合反潜战术演习。印海军潜艇和驱逐舰各 1 艘，新加坡海军导弹护卫舰 1 艘和反潜巡逻艇 2 艘参加了演习，主要演习科目包括岸上和海上作战行动。此次演习是印、新两国海军自 1993 年以来举行的第 6 次同类演习，旨在促进两国海军的相互了解，培养密切友好的关系。

“米兰 99”海军联合演习　据印度报纸报道，1999 年 3 月 30 日至 4 月 14 日，印度、印度尼西亚、新加坡、斯里兰卡、孟加拉国和泰国 6 国海军在印度安达曼·尼科巴群岛的布莱尔港海域举行代号为“米兰 99”的联合演习，旨在增进印度与孟加拉湾沿岸国家海军在军事、社会、文化和体育方面的交流。演习由印东部海军司令部司令帕斯里查中将指挥，6 国海军共有 10 艘舰艇进行了海上搜索与救援、海上通信等课目的演练。演习期间，印度还主办了题为“海军在国家海洋发展中的作用”的研讨会，各参演国海军之间进行了篮球、排球和足球比赛。印海军安达曼·尼科巴要塞司令发表讲话说，此次演习向邻国展示了印度海军的力量，促进了印度和孟加拉湾沿岸国家海军的友好往来。印今后希望以增加演习透明度等方式同包括中国在内的所有国家建立信任。

“兰鹤”多国海军联合演习　1999 年 4 月 7～21 日，印度海军派“苏加塔”号舰参加在南非外海举行的代号为“兰鹤”的多国海军联合演习。此次演习由南部非洲国防理事会国家间国防与安全委员会成员国组织实施，演习目的在于防止冲突和维护和平。印三军派观察员参观了此次演习。印海军参谋长苏西尔·库马尔表示，印海军参加此次演习是印同非洲沿海国家建立信任努力的一部分。

“加拉哈德”海军演习　据印报托 1999 年 12 月 20 日报道，12 月 11～20 日，印海军西部地区海军司令部在阿拉伯海北部海域举行代号为“加拉哈德”的大型战术演习。演习由西部地区海军司令部司令马德凡德拉·辛格中将指挥，共出动各类舰艇 34 艘和各型飞机 30 余架，主要演练了海上突击、对海攻击和海上通信封锁等科目。演习旨在检验当国家处于危机时，海军在没有航母的情况下保障海上交通线安全的能力。

（刘温国）

军　事　后　勤

美国军队后勤　**综述**　1999 年，美军继续在整个后勤系统推行一系列改革，并提出要进行一场“军事后勤革命”。从美军后勤改革所采取的各项措施看，美军 1999 年后勤建设的重点和发展动向主要是：

继续进行后勤体制编制改革　1999 年，美军在巩固前几年后勤体制编制调整与改革成果的基础上，继续对冷战时期的后勤体制编制进行调整与改革。其主要措施：一是继续加强三军联勤体制建设。近年来，美军先后在国防部之下设立了美国运输司令部（直属参谋长联席会议）、国防部财会局、国防日用品局及国防合同管理司令部（直属国防后勤局）等中央联勤机构，对战略运输保障、财务保障、日用品供应和三军装备物资采购合同管理等实行了三军联勤。1999年，美军在巩固和完善现有的中央联勤体制的同时，继续探讨战区联勤体制和联合战役中的三军联勤保障问题，并对进一步提高三军联勤的程度，比如实行三军后勤一体化的问题进行学术性探讨。二是按照模块化和多功能要求改革陆军建制后勤部队体制编制。美军的“模块化”后勤力量结构，就是在平时后勤建设中，按照“积木组装方法”组建和训练同一类型的后勤分队，如同一类型的运输连、卫生连、维修连、补给连等，以及同一类型的后勤指挥机构，如同一类型的军、师后勤保障部等 。战时，根据被保障部队的编成和任务，利用这些模块化的连和指挥机构，即可按照“积木组装原理”，灵活编组所需的后勤部队。“多功能”后勤力量结构，是美军在提出模块化后勤保障力量结构的同时所提出的一个有关后勤保障部队结构的新概念。其基本做法就是通过改变那种按照物资补给、运输、卫勤和维修等各单项后勤业务职能组建后勤分队的传统做法，使一个后勤分队具有遂行多项勤务保障的能力。1999年，美军将按照模块化和多功能的要求，继续对陆军的军、师建制后勤力量进行改编。三是积极探讨一体化陆军后勤体制。美军后勤刊物上多次刊发有关论述一体化陆军后勤体制的文章，并提出以下大体的设想：将军械、军需和运输3项后勤分支职能合并到一个统一机构里，建立后勤兵（或分发兵），以改善战役后勤的指挥与控制。

大力推行社会化保障　冷战结束后，美军适应新的国家安全战略，压缩军队规模，大幅度裁减军队员额，而后勤系统又是被削减的重点。在这种情况下，美军开始改变传统的后勤全部由军队自己包办的思维方式，提出加大利用社会力量的力度、依靠民力为军队提供保障的新思路，并具体提出“后勤保障民间化”的思想，制定了“利用地方科研和生产能力，发展军队后勤装备。逐步压缩军队在武器装备研制中承担的份额，进一步加大利用民力加强军队后勤”的计划。1999年，美军继续推行此项改革，其主要措施：一是充分利用地方科研和生产能力，发展军队后勤装备。美军逐步压缩军队在武器装备研制中承担的份额，进一步加大了利用民力的比重。如美军许多地方院校和科研机构开始大量承担军队的武器装备研制任务，仅陆军器材部每年就与各地方大学签订几百项技术合同，另外还有几十家科研中心承担军事科研任务，从事的项目达600多个。二是将大量后勤保障业务承包给地方公司。美军认为，军队的许多后勤保障业务特别是非战斗性勤务保障，不一定非由军队建制后勤力量承担不可，完全可以将其交给社会，通过与地方公司签订承包合同而获得保障。美军几乎在所有后勤领域都有民间公司承担的后勤保障业务。如：美军在后勤各勤务中大力推行社会化保障，提出将军队的社会服务、不动产维修、装备维修、卫生勤务、基地维持、设施劳务、产品制造及其他非战斗勤务交地方企业承担的计划。已经着手实行的有：在物资保障领域大力加强对地方资源的利用；让私人企业更多地参与军队仓库级后方维修（原规定是不超过40%的份额）；在运输领域加强与地方商业运输系统已建立的伙伴关系；将军队的给养供应全部交地方供销商承担等。美军从1997年起，在7年时间内将目前由军人和文职人员负责的16万个工作岗位交由私人公司承担。三是结合军队的后勤体制改革，使部分后勤保障单位商业化。冷战结束后，美军压缩了军队规模，后勤摊子也必须缩小。结合上述后勤机构的精简整编，美军制定了将部分军队后勤保障单位私有化的计划，将那些不影响军队生存而且军事性不强的后勤机构与军队脱钩，或出售，或转交地方，或私有化，或实行股份制，以促进后勤保障向社会化转变。

全面改进后勤管理　为适应冷战后军队后勤机构精简、人员减少和军费压缩的新情况，1999年，美军继续全面改进后勤管理，其主要措施：一是加强后勤的集中统一管理。美军不断加强对后勤工作的集中统一领导。如，美国国防部对其装备物资采购和财务管理系统进行了大幅度的精简和机构合并，以加强国防部的集中统一领导，强化对后勤重大决策的宏观管理。在通用后勤业务管理方面，美军继续加强总部一级的联勤机构建设，强化对三军通用物资、战略运输和财务等通用后勤业务的集中统一管理。在部队后勤建设方面，美军继续强化其集中统一指挥和控制，如陆军军、师建制后勤力量均按照对各后勤专业分队进行综合编组的模式进行改编，以此加强对各级野战后勤部队的一元化管理。二是改进后勤管理方法。1999年，美军继续将大量现代化管理方法，特别是以信息技术和电子计算机为依托的自动化管理技术及定量分析方法用于后勤管理，并取得了良好的效益。在装备物资采购管理中，美军采用电子商务、招标竞争等先进管理方法，提高采购工作的管理效益和采购费用的使用效益。在装备物资的补给运输管理方面，美军继续推行兰德公司为其研究出的后勤速率管理法，通过减少各物资供应环节上的不合理延误以及消除物资在补给途中的不必要的滞留等，提高反应速度和物资补给速度。在装备维修方面，美军在改进维修活动的计划管理、分级管理的同时，重点推行装备的全寿命周期管理，以提高装备的可靠性和可维修性，从根本上改进装备维修业务管理。三是加强后勤法规建设。为加强后勤法规建设，美军除加强后勤立法工作外，1999年还对不少后勤法规，如财务管理法规进行了全面的精简和修订，以适应不断变化的形势。四是发展现代化管理手段。美军在对现有后勤管理自动化系统不断加以完善和改进的同时，着眼于21世纪的技术发展，谋求进一步提高后勤管理自动化的水平。从1999年美军在这方面的动向看，近期和今后一个时期，美军后勤管理自动化发展的重点是：在硬件方面，利用已经和即将出现的最新技术提高自动化设备的性能，增强其在战争环境中的可靠性和生存能力；在软件方面，发展互通性、适应能力、兼容能力和互换能力强的自动化系统。从具体项目上看，美军正在进行一些大型、综合、覆盖全军的自动化系统的开发。

加强高新技术在后勤中的应用　美军后勤对高新技术的应用是全方位的，即覆盖后勤的所有领域，从1999年美军后勤建设的情况看，其重点是以下两方面：一是改进后勤指挥与管理手段。美军认为，“21世纪后勤部队必须在技术上与其保障的作战兵种一样先进。因此，相比之下，其技术进步将比其他任何方面都更为显著。”在21世纪的美军后勤发展构想中，除利用高新技术全面发展各类后勤装备外，将利用数字化信息技术、电子计算机技术、卫星通信技术等，重点改进后勤指挥与管理。二是开发新型后勤装备、物资。1999年，美军的后勤装备、物资正处于全面更新换代阶段。在被装勤务方面，美军利用新技术、新材料，致力于开发具备良好阻燃耐热、透气防水、防弹、防寒、防核生化以及轻便耐用的新型作战服装。在给养勤务方面，美军重点开发新型野战炊事车和野战口粮。在野营装备方面，美军通过利用新材料逐步使野营帐篷实现了轻量化，并具备防核生化功能。在运输勤务方面，美军大力发展大载重量和具有高机动性、高越野性的新型运输车辆，包括载货车、运兵车、运水车、油罐车、自卸车、方舱运输车、武器系统运载车等。在维修勤务方面，美军重点发展电子化、方舱化的故障自动诊断设备及加强人工智能和专家系统在装备维修中的应用。在卫生勤务方面，美军在重点开发新型野战医疗设备的同时，大力发展远程医疗技术及各种野战外科技术。

资料来源：

①美国《陆军后勤》杂志1999年1～6期；

②美国1999年财年《国防报告》。

国防费的分配使用　据美国1999财年《国防报告》透露，美国1999财年国防部申请的预算授权额为2572.58亿美元，比1998财年减少1.1%，国防开支为2526亿美元，占美国国内生产总值的3.0%。

美国1999财年国防预算按用途分配情况如下；作训与维持费为848.01亿美元，约占国防预算总额的36.85%；军事人员费为707.77亿美元，约占国防预算总额的27.51%；装备采购费为487.06亿美元，约占国防预算总额的18.93%；军事科研费为360.79亿美元，约占国防预算总额的14.02%，军事建筑费为43.01亿美元，家庭住房费为34.77亿美元；国防应急费为1亿美元，周转与管理资金为4亿美元。

1999财年各军种的预算分配情况如下：陆军为638.15亿美元，约占国防预算总额的24.8%；海军为813.37亿美元，约占国防预算总额的31.62%；空军为766.58亿美元，约占国防预算总额的29.8%；国防部各局、国防部长、国防部办公厅及参谋长联席会议为227.90亿美元；其他为126.58亿美元。

美国1999财年的国防预算在数额上与1998财年相比基本持平，国防费投入的重点仍是各军种的作训与维持，同时兼顾军人及其家庭生活质量的提高，特别是解决好诸如工资、住房、医疗等问题。1999财年美军的武器装备采购费为6.9%，增幅较大，反映出美军开始新一轮武器装备发展，以确保美军在武器装备的技术和质量方面的优势。

开始进行军事后勤革命　美国《陆军后勤》杂志1999年1～2月号出版了一期以“军事后勤革命”为主题的专刊，对有关军事后勤革命的问题进行了系统、全面、详细的报道。这一期专刊所载文章的作者有联合参谋部后勤部长（中将）、国防后勤局局长（中将）、陆军器材部部长（上将）、陆军部后勤副参谋长（中将）、陆军联合兵种保障部部长（少将）等高级后勤领导者。

关于军事后勤革命的目标，美国陆军器材部后勤副参谋长诺曼·威廉姆斯少将指出：“怎样才算取得军事后勤革命的成功呢？最基本的一条要看是否在最高层次上实现了效益与效率的平衡”。即平时后勤是高效益的，而战时又必须是高效率的。具体表现在：一是物资能够更快地到达士兵手中；二是申运时间由以天计算变成以小时计算；三是装备完好率提高；四是库存的数量正好够用，既能“以防万一”，又使物资供应“恰好适时”。美陆军后勤副参谋长约翰·G·科伯恩中将也指出，军事后勤革命的各项原则有一个共同的主题，“即建立一批高效益和高效率的组织机构，它们共用一个可靠的、紧密衔接的、单一的后勤自动化系统，运用最新的商业办事方法，而这一切的总目的是向战斗部队提供保障”；“军事后勤革命的成功，将使后勤系统变得具有前瞻性、预见性和灵敏性，成为一个利用传感器预测装备故障、监控物资消耗 、以及根据作战速率和预定战斗需求自动把物资储备补充到预定水平的系统”。

美军的军事后勤革命将划分为两个阶段：第1阶段（从现在起到2010年）。其重点：一是充分将自动化技术、通信技术与民用部门的经营方法用于后勤系统：二是调整后勤指挥与控制关系，以实现更加统一的指挥；三是提高实施快速直达运输和维持后续保障的能力。第2阶段（2010年以后）。其重点：一是最大限度地利用高新技术，以减轻保障需求（特别是油料、弹药和水的需求）；二是以更快的速度实施前送，并最终减少对后勤的总体需求。美军认为，“在推进系统、轻型装甲、动力供应、信息分配及其他学科上实现的技术突破，将为这一阶段的军事革命提供帮助。此外，在这一阶段，美军将“继续扩大制信息权，在所有梯次都运用能提供实时后勤指挥与控制的新技术”。

美军军事后勤革命的内容主要包括6项：（1）建立一个紧密衔接的后勤系统。美军紧密衔接的后勤系统是指由一个覆盖后勤所有领域和贯穿后勤工作全过程的、全军一体化的后勤信息系统，将所有后勤职能、任务和机构连结和组合起来的单一的、完全一体化的、无缝隙的、以配送为基础的后勤系统。其核心与关键部分是一个可以提供为满足保障需求而应具备的观察、了解、预测、模拟、联系和权衡现有后勤资源所需能力的全军一体化的、单一的后勤信息系统，该系统在纵向上把战术后勤、战役后勤、战略后勤等各个后勤环节综合到一起；在横向上把物资供应（包括装备器材的设计与研制、采购、储存、配送、处理等）、装备维修、交通运输、医疗救护、军事设施、劳务筹措与提供等各项后勤职能综合到一起，使整个后勤系统“实现最大程度的协调一致”，并“形成一种以往难以想象的保障能力”。（2）建立一个以物资配送为基础的保障系统。美军过去的后勤保障系统是以反应性的物资补给为基础的系统，这种系统依赖在固定的保障梯次中储备大量物资，以满足作战部队的需要；而在以物资配送为基础的系统中，后勤主要是通过利用信息技术，准确地预见作战部队的需求；并通过很少的库存品和灵活的保障设施，在需要的时间和需要的地点将物资供应给作战部队。美军以物资配送为基础的保障系统的最重要的组成部分是运送物资可见性系统、全资产可见性系统，以及采用供货商直接供货方式等。（3）提高兵力投送能力。通过进一步加强海上预置装备物资、铁路车辆和集装箱的采购、部署的自动化、永久性设施和水上运输工具的现代化，确保一个整体的部署系统能够将美国本土的部队快速投送到世界任何一个地方。（4）提高后勤基础设施的灵活性。美军当前的基础设施是二战和冷战时期遗留下来的，这些基础设施的整个体系大部分都是用于维持工业动员和人力动员的基础，因而庞大、笨重、重叠。这些基础设施虽然已被以往的战争证明是行之有效的，但与美军冷战后的军事战略所规定的要打相对短促的战争已经不相适应，同时维持这些基础设施对于美军来说也是一项庞大的军事开支（用掉国防预算的60%）。因此，美军提出将建立灵活的基础设施作为军事后勤革命的重要内容之一。后勤目标是，通过采用竞争方式寻求外部资源和实行私有化，在压缩后勤基础设施总体规模的同时，使其更具灵活性和弹性，更加省线，更能适应快速发展变化的技术，从而对日益增强的种种威胁作出快速反应。（5）实现后勤的全资产可见性。通过建立一个覆盖美国陆、海、空三军的对物资的采购、收发、储存、运送等所有环节实施动态监控的后勤自动化系统——“全资产可见性系统”，实现对美军整个补给系统中各种物资的品种、数量、位置、承运工具和单位等的自动跟踪，准确地显示它们的实时数据，使整个后勤补给系统的各种活动全景一目了然，从而达到准确、快速、高效地配置、调动和利用现有的后勤物资，对作战部队适时、适地、适量的保障。（6）确立规模适当的后勤摊子。第一是对现有后勤机构进行调整并重新进行部署，以便将真正需要的后勤机构配置于合适的地点，有效地利用分布在世界各地的后勤资源；第二是后勤力量的结构从现在的清一色军事单位，逐步过渡到由军事单位与民用企业界的混合体。美军设想，在未来战争中，可以让承包商出现于战场附近，直接对作战部队实施后勤保障。为此，美陆军部已颁发《承包商部署指南》，并正在酝酿制定，《战场承包商与承包条例》。

全面加强战略投送力量建设　据美国1999财年《国防报告》透露，从1999年开始到2005年，美军将全面加强战略投送力量建设，包括空运和海运力量、空中加油能力、陆上和海上预置物资储备等。

一、在空运力量建设方面，美国防部确定的战区间日空运能力是 5000 万吨英里/日。为实现这一目标，美军计划，在今后几年内，空运力量建设的投资重点将是以最现代化的 C－17 运输机取代老式的 C－141 运输机。采办计划的目标是到 2003 财年采购 120 架C－17 运输机，比原计划提前两年完成这一采购目标。

二、在海运力量建设方面，美军计划到 2003 财年完成 19 艘大型中速滚装船的目标。其中首批 6 艘滚装船已于 1998 年服役，其余 13 艘已得到专款资金，将在今后几年内陆续服役。为使商船具备更多的军事用途，美军正在执行的“国防特色”计划将向船主支付费用，对其船只进行军用改装，例如加固甲板强度以装运坦克，或是改装油船为海上加油船等。

三、在预置物资储备建设方面，美军计划再增加 3 艘预置船，用于支援海军陆战队作战行动。第 1 艘预置船将于本年度交付使用，其余 2 艘将于 21 世纪初投入使用。3 艘预置船将分别编入 3 个海上预置中队。美军还计划在 2001 年之前，采购 8 艘大型中速滚装船，用于在海上预置作战物资。

四、在空中加油力量建设方面，在今后几年中，美军将对 KC－135 加油机进行更新改装，所有 KC－135 加油机都将更换最先进的航空设备，将机组人员从 3 人减为 2 人。此外，有 45 架 KC－135 加油机将装备多机加油系统，以提高其空中加油的能力。

组织实施对南联盟军事行动的后勤保障　据《外军后勤信息》1999 年第 3 期报道，在 1999 年 3 月 24 日至 6 月 10 日北约对南联盟发动的代号为“联盟力量”的空中打击中，美军后勤担负了参战部队和装备物资运输、生活、医疗等各项保障任务。

在运输部队和武器装备方面，美军出动了 C－17、C－141、C－5 等战略运输机，向战区运送部队和武器弹药，最多时每天达 70 余架次。美军向战区应急部署的 24 架“阿帕奇”攻击直升机、26 架“黑鹰”直升机、CH－47“支奴干”运输直升机、14 辆“布雷德利”战车、1 个多管火箭发射系统炮兵营、1 个保障营、1 个约有 300 人的机械化步兵连、1 个宪兵连、1 个通信连，以及军事情报和航空维修分队等都是通过空运投送的。

在作战物资供应方面，美军为解决空射巡航导弹的短缺问题，紧急将 92 枚核弹头改装为常规弹头。为此，美国国防部管理和预算办公室批准空军 5100 万美元紧急追加拨款申请。此外，美空军还从波音公司紧急订购了新型常规空射巡航导弹。为对参加空袭的作战飞机实施空中加油，空袭开始前美军向战区部署了空中加油机 40 架，并在打击行动开始后又陆续向战区增派空中加油机 91 架。为满足对航空燃油的暴增需求，美国防部紧急采购航空燃料 4764 万加仑，约合 115 万桶。

在参战部队的生活保障方面，美军从本土及海外驻军紧急抽调了勤务分队，在民用工程中队的配合下，在意大利的阿维亚诺空军基地建立了供部队住宿的帐篷城和帐篷式供餐设施。

在医疗保障方面，美军向战区部署了第 86 远征医疗中队，承担驻阿尔巴尼亚的美军和其他北约部队的医疗救护任务。

实施基地调整与关闭　据美国《陆军后勤》杂志 1998 年 7～8 月号报道，根据“国防部基地调整与关闭计划报告”，前 4 轮基地调整与关闭在 2003 年以前实施，预计将为国防部节约 250 亿美元，并在随后的每年中节约 56 亿美元。国防部长科恩称，此后，在 21 世纪的 2008～2015 年，将进行另外两轮基地调整与关闭。计划完成后，预计将为国防部节约 200 多亿美元。

提高军人生活质量　据美国 1999 财年《国防报告》透露，1999 年美军采取一系列措施提高军人的生活质量，以确保军事职业的稳定性，主要有：

一是规定提高生活质量的指导原则：(1) 投入专款提高基本工资，改善其他补偿措施的公正性和有效性。(2) 在不妨碍作战任务与战备的前提下，尽可能降低人员部署率。(3) 为服役人员及其家庭提供安全、现代化的住房。(4) 将教育机会作为国防部生活质量的基础。(5) 在承认每个军种都有其独特的服役环境的同时，确保跨设施和军种以及部署期间的生活质量计划平等合理。(6) 为服役人员及其家庭建立一条固定的通信专线，了解他们对生活质量问题的认识。

二是提高各种补助和福利。国防日用品局在世界范围内开办 300 个军人服务网点，为现役军人、退役军人、国民警卫队员和后备役人员及其家庭成员提供物美价廉的食品，外加 5% 的额外费用补贴。军人在军人服务社购物可享受 52% 的价格优惠。

三是改善军人住房。美军 1999 财年的预算中，有 6.1 亿美元用于建造、翻修或改善约 5600 套住房；有 5.5 亿美元用于建造 7800 间军营宿舍。此外，美军还在改善军人住房方面加大对私营企业的利用，并为此专门成立了“住房改造支援办公室”，领导这项工作。

四是加强医疗保障。为向现役部队和退休人员及其家庭提供高质量和低耗高效的医疗保障，美国防部制定了“三重医务”卫生福利计划。该计划是将军队和地方卫生资源以地区为基础合成一个统一的医疗保健服务系统，依靠地方力量扩大和补充军队医院和诊所的能力。美军还正在建立一种统一药品福利，其目的是确保所有符合条件的国防部服务对象享受到一份合理的移动药房福利。

进行财务管理改革 据美国1999财年《国防报告》透露，美军围绕着加强财务管理标准化和集中统一，采取了一系列改革措施：

一是调整国防支付系统。(1) 将大约70.3万名文职人员的工资账号交由国防文职人员薪金系统负责，通过此项措施可削减25个部门，关闭348个分散的工资发放事务所。(2) 到2001年底，所有现役军人的薪金都由国防联合军人薪金系统与陆战队总体实力系统发放。(3) 由国防采购支付系统取代9个现存的卖方支付系统以及机械化合同管理系统。

二是精简会计系统。美军计划到2003年将目前的122个会计部门减少到23个以下。

三是修订财务管理条例与程序。将国防部的有关财务管理政策与程序修改、简化为15卷本的《国防部财务管理条例》，并将其全部输入国防部网站。

四是建立一体化的财产审计系统。美国防部拟在部内建立一套一体化的财产审计系统，负责对所有的不动产和私人财产进行财务控制，进而取代国防部内现有的150多个独立的财产控制部门，并向审计系统提供必要的数据。

五是采取合理有效的运作方法。包括：使用电子文件管理与全球网络；采用电子货币汇兑；利用电子数据交换等：扩大使用政府采购卡等。

在救灾行动中采用“辐射式”后勤保障方式 据美国《陆军后勤》杂志1999年3～4月号报道，在1998年11月洪都拉斯救灾行动中，美军采用了“辐射式”后勤保障方式对参加救灾行动的部队实施保障。其做法是：将救灾部队的活动地域划分为若干个区域，每个区域设有一个轴心点以及围绕轴心点的若干个辐射点；后勤保障部队先把补给品送到轴心点进行分类，然后再使用运输直升机送往各辐射点。在轴心点，陆军士兵负责通信、医疗、再补给作业和航空保障。

陆军试行家属住房私有化 据美国《陆军后勤》杂志1999年5～6月号报道，根据美国国会1996年批准的军队家属住房私有化倡议，陆军正在推行一项试点计划，即得克萨斯州胡得堡正在与陆军部的一个特别工作组合作将其军事设施内的5482套家属住房私有化。华盛顿州路易斯堡、马里兰州米德堡和乔治亚州斯图亚特堡也将与1999年晚些时候与私营部门合作制定住房私有化计划。在今后6年内，美国本土将有40个以上的军事设施实行住房私有化，把大约8.5万套宿舍交给私人开发商经营。在大多数情况下，陆军是以长期土地租赁换取开发商更新或替换现有营房并在需要时新建家属住宅。开发商还将按租赁条款负责住房的管理与维修，陆军则拥有对住宅区的管理权并继续负责消防与治安工作。

陆军成立部署保障部 据美国《武装力量杂志》1998年12月号报道，美陆军于1998年10月成立了一个新的部门——部署保障部，其职责是管理美军全球范围内的军事物资运输，包括管理国防部在美国本土、阿拉斯加、中南美和加勒比地区的地面货物运输；确保陆军后备队的20个运输分队和海军后备队的2个运输分队做好对突发事件作出快速反应的准备。这个部的总部设在弗吉尼亚州尤斯蒂斯堡，总部建制人员477名，由三军共同配备人员，隶属于陆军的军事交通管理司令部。该部还有513名人员在东海岸、西海岸和墨西哥湾海岸各港口工作，并准备到巴拿马和波多黎各遂行作业。

陆军洗涤勤务实行民营化 据美国《陆军后勤》杂志1998年7～8月号报道，陆军部开始实行一项新计划，要求美军本土所有军事设施驻军的洗衣和干洗勤务在2002年前实现民营化。此项计划预计对政府雇员不会产生影响，因为政府设施现在都由合同承包商运作。陆军部规定，从2002年开始要严格控制使用基地活动装备费用于洗衣和干洗装备更新及人员开支，而只能用于保障医院卫生被装及陆军条例AR210－130规定的其他特殊用品的水洗和干洗。在实行民营化之前，本土各洗衣和干洗设施一般不再购置新设备，也不进行设施更新。本土以外部队必须重新审视其洗衣和干洗勤务，决定何时及是否能够实行民营化。

加强后勤高科技开发 据英国《简氏防务周刊》1999年1月27日报道，美国防部公布，在1999财年拨款9000万美元用于11项尖端技术试验项目，以便在通过鉴定后两年内装备部队，其中有6项涉及后勤领域，如：相干分析计算环境技术，为航空器材“自治后勤”提供管理决策管理工具以减少费用；战区联勤项目，用以改进联合作战后勤保障的指挥与控制；联合卫勤保障远程医疗技术，利用数字化图像传输设备提高对伤员诊断与处治能力，减少后送和卫勤人员；人员救援任务软件，用以改进联合搜索与营救行动的效率；部队卫生防护剂量仪，利用随身传感器和战地分析仪更精确地测定化学与生物战剂的剂量；小分队后勤技术，利用因特网和智能计算机技术提高战术后勤分队的指挥与控制能力。

增购C－17运输机 据英国《简氏防务周刊》杂志1999年10月27日报道，美国防部基于最近军事行动的教训，决定大幅度增加C－17运输机的数量，以更有力地支援美军的战略运输行动。美空军也认为，为满足空中机动需要，必须拥有更多的C－17运输机，因为未来将有205架C－141运输机陆续退出现役。国防部计划在2000年前采购60架C－17运输机，到2004年前再采购120架。美国国会批准的2000财年国防预算，已经对空军扩大C－17运输机采购的决定给予认可。另外，有关空运需求的研究论证提出，美国空军应与波音公司谈判购买一种更大型的C－17运输机。

国会批准美军军事建筑拨款案 据美国《陆军时报》1999年8月9日报道，1999年7月27日，一项金额为83亿美元的军事建筑拨款案在国会通过。这项法案包括新建或全部翻新3859个单元的家庭住宅。其中，陆军为231个单元，空军为1847个单元，海军为454个单元，海军陆战队为1327个单元。另外，该议案还为陆军在西点军校建一座健身中心首批拨款1400万美元，并为46项营房改建工程拨款（其中陆军和空军各15项，海军3项，海军陆战队3项）。

大幅上调军人基本工资 据美国《陆军时报》1999年9月20日报道，克林顿总统在提交国会批准的《2000年国防授权法》中，提议大幅上调军人基本工资，即从2000年1月起，现役军人的基本工资和预备役人员的训练工资将增加4.8%。这是自1981年以来军人工资增幅最大的一次，这个增幅比私营部门员工平均增资率还高出20%。值得注意的是，美国目前的通货膨胀率只有2.1%，4.8%的军人工资增长实际上将产生较大的购买力。此外，美国军人的基本工资表在2000年7月1日也将做调整，增幅为0～5.5%。80%的军人工资都将得到第二次增加，但大多数人的基本工资只做稍微调整，平均上调1.4%，只有极少部分人一年之内将增加10.3%，如少校，中校和上校级的6800人能达到这个数额。服役不满4年的下级士兵两次调资可增加工资4.8%。

新增或上调多项特殊津贴和奖金 据美国《陆军时报》1999年9月20日报道，克林顿总统在提交国会的《2000年国防授权法》中，除了建议增加军人的基本工资外，还建议新增或上调多项特殊津贴和奖金，以便吸收或保留重要的专业人才。1999年10月1日生效的项目如下：(1) 再服役奖金，最高可达到6万美元，比原来的最大数增加1.5万美元。此外，对现行某些奖金的最高限额也将取消。(2) 各军种征召的飞机机组人员每月可领到400美元的鼓励津贴。该项津贴取代了目前每月240元的危险津贴，(3) 外语津贴增至3倍，最高每月300美元。(4) 新增两项海军军官奖金：连续工作奖金，水面作战军官5万美元；特种作战军官8万美元。(5) 接触核辐射海军军官的年度鼓励奖金增加1万美元：军官接触奖金为2万美元，任职一年年度延期奖金增至2.2万美元，任职1年以上年度延期奖金为每年2.5万美元。作为应征人员完成核动力训练并由士兵提升的军官，其年度鼓励津贴增至1万美元，增加了4500美元。(6) 为军队法官新设一项6万美元的连续奖金。(7) 担任空中作战管理员的军官有资格领取飞行津贴或危险津贴，无论哪一项，数额都比较大。(8) 潜水津贴每月增加40美元，军官每月可领到240美元，士兵每月340美元。(9) 新征现役人员的最高服役奖从8000美元增至2万美元。根据完成技巧训练的情况，奖金可一次付完。(10) 新征预备役人员的最高服役奖金从3000美元增至8000美元。以前在军队干过的人员可以领取这一奖金。(11) 海岸警卫队为在特别重要部队的预备役人员 每次训练多付10美元的补助。

虽然再服役奖金最高为6万美元，飞行员的奖金最高为2.5万美元，但并不是每个人都可以领到那么多。

增加军人的给养津贴 据美国《陆军时报》1999年9月20日报道，美军的基本给养津贴从2000年1月1日起增加1%。按照这个增幅计算，士兵每天增加7美分，军官每天增加5美分。这样，2000年1月1日起，军官每月可以领到157.26美元（每天5.24美元），大多数士兵每月可领到225美元（每天7.5美元），但在军队中服役不足4个月的士兵每月只能领到207.90美元（每天6.93美元）的基本给养津贴。该项津贴是免税的。

陆军器材部技术手册数字化 据美国《陆军后勤》杂志1999年3～4月号报道，美国陆军器材部已将其1.7万册技术手册制成光盘，使总共250多万页的技术资料可通过台式、笔记本式和膝上型计算机与局域网查阅。此举减轻了士兵在战场上的纸张负担，并节省了出版和发行费用。以前，士兵修理武器系统或进行日常保养要依靠卷帙浩繁的纸印技术手册。随着野战部队技术资料的光盘化，大多数纸印技术手册将逐步淘汰。电子技术手册计划的目标是，在 2002 年前实现技术信息全数字化环境。此后技术手册、公报及其他文件都将以成套光盘出版物的形式供应。

（周璞芬）

海军后勤综述　美军认为，现代战争中，谁要获得对自己有利的结果，谁就得拥有最好的后勤保障，并充分发挥其作用。也就是说，只有建立组织健全和工作得力的后勤系统，才能做到这一点。1999 年，美海军立足于这个目标，把目前以基础设施为中心的后勤保障系统转换成一个简练的、依照程序驱动的系统，以达到快速获得保障的目的。为此，美海军采取了以下措施：(1) 精简基础设施和保障程序。通过建立战略合作伙伴关系完成地区性供应：在全海军推广地区化供应，创造一个单一的、靠程序驱动的系统，加大物资补给可见度。(2) 降低武器系统保障成本，与重武器系统司令部、国防后勤局及其他军种合作，在保持战备水平的同时减少武器系统寿命周期成本和库存投资。(3) 削减海上补给成本和基础设施。通过运用标准化程序和工具减少海上工作量，运用新技术把海上的工作转移到岸上来。(4) 建立一支反应快速、机动性强的后勤保障力量，培养一批业务水平高的后勤专业人员，增加后勤人员工作轮换的百分比。(5) 扩大后勤保障工作中的信息技术应用，通过运用现代化数据交换工具，包括因特网、电子交换/电子数据交换技术等提高后勤保障效率。

美海军和海军陆战队正在大力推行多样化和革新的后勤保障方式，"精确后勤"、"速率管理"正逐步运用于后勤保障的实际行动。这些概念强调的是从自动化、数据分析和最佳商业惯例的观点出发改进后勤保障，它们把重点放在了战争的 3 个层次上，即战略、战役和战术的所有阶段提供有效且高效的后勤保障上。将自动化引入后勤领域使得后勤保障更加精确，而且对战场反应更加灵敏。新的后勤系统已经形成，并在不断完善。海基后勤、远离海岸的浮动基地后勤和最近发表的《2010 年及未来的海上预置部队》等正在不断提出新概念，这些概念必会对未来海军的后勤保障产生影响。

资料来源：

①美国《海军时报》1999 年 1～12 月；

②美国《海军陆战队》1999 年 1～12 月。　（刁望钦）

海军开发运输规律分析系统　据美国《国防运输杂志》1998 年 10 月号报道，美海军运输中心正在开发一种能对各种运输方式进行趋势分析的运输分析系统。该系统将从全球运输网上提取经过挑选的各种数据加以处理，据此对国防运输系统进行深入的系统分析。通过分析，海军运输保障中心就能够查明运输发展的趋势，解决现存的问题，预测潜在的"瓶颈"，并根据需求采取纠正措施。另外，运输规律分析系统还能将其对运输趋势的分析结果纳入运输保障中心的万维网址，从而为用户提供其所需的运输分析信息。

（周璞芬）

改进舰船加油系统　据美国《海军工程师》杂志 1999 年第 5 期报道，美海军根据给作战舰艇和航母补给油料的战斗后勤部队舰船（AOE、AO、T－AO）存在着普遍的油料传输计量问题和油舱中油料存贮量确定问题、手工油舱测深是劳动密集型工作并且耗时等问题，海军研制改进了舰船油料传输和加注系统。新的系统可使海上加油作业并靠时间减少、计量更准确、油舱加注更满，同时减少系统过压或向船外排放油料的风险。改进后的系统好处是：(1) 通过减少并靠时间，减少舰船碰撞或敌方攻击的易损性；(2) 由于减少了海上加油作业时间而提高了所有战斗舰船和战斗后勤舰船的可用性；(3) 减少了人力需求；(4) 通过使用现用的商业设备硬件降低了寿命周期成本。

设计下一代航行补给系统　据美国《海军工程师》杂志 1999 年第 3 期报道，海军航行补给一直是人力目标密集型作业。目前，航母上大约需 80 人配备在航行补给接受站，大约需要 400 人进行主要的货物/弹药的传输和疏散作业。为了减少舰艇上的人员负荷，有关部门正在使补给程序自动化。通过提高从航行补给船的甲板到战斗舰艇的甲板的货物传输速度减少航行补给索具的数量，同时还要维持油料和货物的传输率。美海军设计的下一代航行补给系统是自动化、较少的航行补给索具、较大的负载、较大型的输油软管和较快的传输速度的结合。

研制机动式海上基地　据美国《国际海军》1999 年 5 期报道，美国弗吉尼亚州阿灵顿麦克德米特国际公司根据国防部的授意，正在研制联合机动海上基地。该海上基地包括 5 个自备动力单元，可提供一条 1 千米长的跑道，可用于降落满载的 C－17 运输机。5 个单独的基地单元均可独立使用，所有的单元都有自备动力、推进、控制、货物传输和空中交通管制系统。这意味着作战可从任何一个模型上开始，在 30 天内可由任何地方集中在一起。5 个基地单元共有

5000万平方英尺的存贮空间，其中有350平方英尺为温控的存贮空间，可预置30万吨装备和补给品、7500万加仑的油料及5000万加仑的饮用水。

海军广泛使用电子商务在线系统　据英特网报道，美海军目前正在广泛推广使用电子商务在线系统。该系统可拓宽海军的采购范围，与更多的商业社区取得联系。使用电子商务在线系统可缩短采购周期，使数据标准化；也可以与财务或其它系统进行数据交换，减少不必要的费用支出。海军大范围使用电子商务站点，至少将采购周期缩短7天，并可实现采购过程的无纸化作业（每年节省230万美元）。

21世纪初美海军造船资金将面临严重短缺　据美国《海军时报》1998年6月15日报道，海军在2000～2006年的造船计划中将面临着将近130亿美元的资金短缺。根据海军的“规划目标2000年备忘录投资平衡审核”，在这段时间内海军需要建造48艘新舰船，另外还有66艘舰船必须被升级或改装。海军从2000～2006年必须每年平均约建造7艘新舰船才能保持目前300艘舰船的兵力水平。如短缺的130亿美元得不到保证，海军将很难满足作战需求。

（刁望钦）

海军试验预防减压病生化减压法　据美国《海军医学》杂志1999年第4期报道，为了减少潜水员发生减压病的危险，美海军医学研究中心正在对一项全新的预防海军潜水员减压病的生物化学减压法进行研究并取得了进展。目前美海军从事潜水作业的潜水员约有4000多人。而美海军潜水员现在所用的减压法减压过程长而且有危险。

研究中的新的减压方法的特点是以氢作为呼吸混合气体的主要成分，用肠道固有的非产毒甲烷短杆菌(smithii)来代谢、清除因呼吸混合气体而溶解于（动物）体内的氢气。为了进行这项研究，该中心生物医学研究组已建立起了研究超深潜水的动物模型。在干（潜水）舱内进行模拟潜水试验，舱的容积为200立方英尺，支撑舱和机器运转的设备有高功率通气扇、红外摄影机、氢气传感器（检查氢气泄漏）以及控制潜水舱运行的计算机系统和防止调配混合气体时出错的监控系统。舱内充有氢气、氦气和氧气，并且严格控制各气体间的相对浓度比例。开始模拟潜水海水深度230米，目前正在用这套超深潜设备模拟海水深度1828米潜水。他们把上述细菌注入动物模型的肠道内，用于把氢气代谢为水和甲烷，然后测量动物排出甲烷的量，计算出细菌在肠道内的活动功能指数。据此可以预测出减压病危险的降低程度。卡亚·苏珊博士（减压病预防研究项目组组长）指出，即使只清除掉溶入体内的一小部分氢气（体），也能明显地降低潜水员由水下回到水面时发出减压病的危险。这种用氢代谢菌预防减压病的技术也可用于非潜水人群，例如当肠道里细菌生长过快而在肠腔内产生氢气并且因某种原因排气不畅，导致胀气、不适或胀痛，就可以使用为海军研究的消除氢气的产品来为患者解除痛苦。

美海军对这个项目已进行了3年的基础研究。下一步将发展适合潜水员服用的非产毒甲烷短杆菌肠衣胶囊剂型，进行人体耐受量试验，申请FDA批准。除此之外，美海军还计划进行细菌代谢氮气预防减压病的潜水试验研究。不过细菌代谢氮的过程要比代谢氢的过程慢得多，这里可能需要应用遗传工程技术来培育研究所需的菌种。

海军发展登革热疫苗　据美国《海军医学》杂志1999年第6期报道，美海军医学研究中心对发展登革热疫苗问题进行了研究。登革热是由登革病毒经雌性埃及伊蚊或白纹伊蚊传播的急性传染病。已在亚洲、非洲、美洲等热带、亚热带地区的100多个国家流行。全世界每年可能有1亿以上的登革病毒感染病例发生。蚊子传播登革病毒不仅发生在丛林、农村，而且也发生在都市区，已构成对军队行动的严重威胁。美军在第二次世界大战的菲律宾、亚洲和西太平洋战场，后来的越南战场，以及90年代在索马里和海地的军事行动中均深受登革热传染病之苦，成为当时入院病员的主要病种。登革热分发热型和出血型，前一种虽无生命危险，但使部队丧失战斗力，后一种可并发出血、休克，甚至发生死亡。本病目前还没有疫苗，也无特效的治疗方法。它仍然是对未来进驻登革热流行区的水兵、海军陆战队或军队人员的潜在危害。为此，美军把登革热列为目前重点研究的3个重要传染病之一（其他2个是疟疾和腹泻）加紧进行研究。美海军医学研究中心的研究组，采用DNA疫苗制作工艺来制备试验用的登革热疫苗，亦即从登革病毒基地组（genome）中取出一部分基因并用DNA疫苗制作技术制备出对4种登革病毒均有防护作用的候选疫苗。用小鼠模型试验证明这种疫苗可在小鼠体内产生中和抗体。试验结果还表明，这种抗体对登革病毒感染有某种程度的防护作用。目前正在按FDA新药开发的要求，对候选疫苗进行临床前试验，先是进行实验室动物实验评价，然后进入临床实验，计划2000～2001年进行第1期临床研究。当前面临的困难之一是没有适合做登革热实验的动物模型，即给动物活的登革病毒不发病。因此无法知道疫苗在人体内的作用。目前在研究的有4种单一登革热疫苗，即每一种登革病毒一个，下几个月将用非人灵长类动物对1型和2型登革病毒的DNA疫苗进行临床前研究。如果获得成功，将用全部4种登革病毒疫苗进行第2次临床前试验。如果第2次试验也获得成功，则可在2000～2001年进行第1期人体试验。

（林水成）

空军后勤保障进一步社会化　据美国《空军杂志》1999年7月号报道，美空军将把保障性和服务性工作进一步社会化，以便改进保障质量，节省费用，加速现代化和提高战备水平。实施社会化的领域包括家属住房、部分飞机维修保养、医疗设施维修保养、交通管理、食品服务等。到2003年，空军计划444项公用设施和5.4万个岗位实现社会化，现已拨款8000万美元支持这项计划。1997财政年度，空军通过签订合同而利用外部资源量占空军人力与物力资源总量的13.5%，到2005年，这一比例将增加到20.5%，使人员减少8%，节省费用可达40亿美元。

（石之英）

日本自卫队后勤　1999年，日本防卫厅和自卫队以后勤体制改革为龙头，继续全面推进后勤各项建设。第一，装备物资采购体制改革取得初步成效。1999年日本防卫厅在装备物资采购改革方面相继出台了一系列措施，主要有：对与自卫队有合同关系的军工生产企业进行全面调查；改进装备物资采购成本计算处理业务；通过利用民品促进装备物资供应渠道的多样化；制定并实行“减价提案制度”，鼓励军工企业采用可降低生产成本的技术措施；依靠军外有识之士促进装备物资采办的合理化；对采购实施本部的职员进行系统监督教育；确保装备物资采办业务的透明性等。第二，确定了陆上自卫队军区后勤部队体制编制改革方案。其主要内容是：组建统一对军区直属各部队实施有效的物资补给和维修保障的“军区后勤保障队”；组建“军区卫生队”；改编师属后勤部队等。第三，围绕着对美军实施后勤支援及维和、救灾等行动中的后勤保障进行学术探讨，并利用一切可利用机会加强后勤实际演练。1999年，日本自卫队举办了有6个国家军队参加的国际后勤工作者交流会，探讨维和活动和救灾行动中的后勤保障，并积极参与联合国在中东、印度尼西亚等地的维和和救灾行动。第四，继续对战略运输机、空中加油机等的引进问题进行论证。日本自卫队以参加联合国的维和、救灾等活动为理由，把引进新型战略运输机和装备空中加油机提上日程，并对机型选择、运用方式、引进时机、配套措施等进行了全面论证。

1999年度防卫费的分配使用　据日本朝云新闻社出版的《1999年自卫队装备年鉴》报道，日本1999年度防卫预算为49200.73亿日元，比上年度减少0.2%，防卫费占国内生产总值的比率为0.991%，占政府财政预算的比率为6.0%。1999年度日本防卫费的分配情况如下：陆上自卫队为18376.49亿日元，约占防卫费总额的37.35%，比上年度下降1.0%；海上自卫队为11369.4亿日元，约占防卫费总额的23.11%，比上年度增加0.3%；航空自卫队为11183.28亿日元，约占防卫费总额的22.71%，比上年度减少2.7%；三自卫队合计为40929.17亿日元，约占防卫费总额的83.19%，比上年度减少1.1%，其中只有海上自卫队的预算略有增加。其他各单位的预算为：防卫厅机关113.44亿日元，参谋长联席会议423.49亿日元，防卫大学174.86亿日元，防卫医科大学215.55亿日元，防卫研究所15.05亿日元，技术研究本部1452.37亿日元，采购实施本部70.13亿日元，防卫设施厅5803.71亿日元，安全保障会议2.94亿日元，上述单位合计8271.56亿日元，约占防卫费总额的16.81%。日本的防卫费按用途通常区分为两大项：人事与给养费和物件费。1999年度的防卫预算中：人事与给养费为21674亿日元，占防卫费总额的44.1%，比上年度减少0.3%；物件费为27527亿日元，约占防卫费总额的55.9%，比上年度减少0.1%。1999年度日本的防卫预算虽是连续第2年负增长，但下降幅度不大，各项经费基本与1998年持平。

继续推进装备物资采办改革　据日本《朝云》周报1999年9月2日报道，日本防卫厅防卫采办改革本部（部长由防卫厅长官担任）于8月2日召开第10次会议。会议结合2000年度防卫预算申请，研究并提出了继续推进装备物资采办改革的意见，主要是：

一、继续落实已经开始的改革措施　1999年，日本防卫厅提出的改革措施有：（1）对与防卫厅签订采购合同的装备物资生产企业进行调查（充分利用社会上的注册会计师等拥有专门知识的人员，强化对企业制度的调查）；（2）改进成本计算处理业务（建立采购实施本部进行成本处理所需资料的数据库）；（3）充分利用民品，促进供应渠道的多样化（对把可用于军用的一般技术开发和物资生产承包给民间企业的问题进行调查）；（4）伴随着“减价提案制度”的实行，对军工企业所提技术措施进行审查；(5) 依靠军外有识之士促进装备物资采办的合理化；(6) 对采购实施本部职员进行系统监察教育；(7) 确保装备物资采办业务的透明性（加强对有关情况的宣传报道）。对于上述改革措施，会议确定继续贯彻落实。

二、拟于2001年出台新的改革措施　与日本政府机关的机构改革相配合，会议确定，从2001年开始，对防卫厅采购机构进行如下改革：(1) 撤销采购实施本部，将其成本计算部门并入防卫厅机关，其合同部门作为特别机关，设置“合同本部”；(2) 将防卫厅的经理与装备部门合并，新设“管理局”（暂用名），在该局内设置“成本计算部”（暂用名），并增加必要的编制员额；(3) 解散“防卫采购合理化会议”，设置“防卫采购审查会”（暂用名）。

确定采购体制改革方案　据日本《朝云》周报1999年2月25日报道，日本防卫厅新成立的负责对防卫采购的根本性改革进行研究论证的防卫采购改革本部（部长由防卫厅长官担任）第8次会议确定了防卫采购体制改革方案。具体内容是：将目前的采购实施本部解体，其装备物资采购价格计算部门（第1～5价格计算课）并入防卫厅机关，剩余的合同部门（第1～5合同课）新组建“合同本部”（临时名称），此外还将新设立一个由地方专家组成的“第3方监视机关”。此方案是按照1998年防卫采购改革本部第6次会议确定的方针制定的，即：(1) 将采购实施本部解体，从组织上将采购价格计算部门和合同部门分离，以确保防卫采购的透明性和公正性；(2) 设置由拥有政府执照的会计师组成的监察机构，建立充分利用地方的知识和经验的防卫采购监察体制。新的防卫采购体制定于2001年1月正式启动，在此之前，先将采购实施本部3名副部长所兼任的价格计算和合同签订两项职责分离，并从2000年起着手实质性的业务改革。

采购实施本部出台“减价提案制度”　据日本《朝云》周报1999年7月22日报道，日本防卫厅采购实施本部1999年7月12日正式启动一项新的改革措施——“减价提案制度”。1999年日本防卫厅采购实施本部以“中央采购”项目为主试行此项制度。为获得军品生产企业对此项制度的理解，防卫厅以企业界团体为对象举办了情况介绍会。

“减价提案制度”是通过对军品生产企业所提合理化提案进行正确评价和同意企业采用该项提案，并与降低生产成本相联系而给予企业一定利益的一项政策。其具体规定是：当企业的合理化提案被认为可行时，可以将由于采用该合理化提案而使得生产成本降低部分的50%，作为减价提案技术金奖励给企业。

日防卫厅采购实施本部于1999年7月1日发出了“关于试行减价提案制度”的通知，并据此与防卫厅各部门、各军种参谋部、各机关进行了协调；同时还规定了有关事项的处理要领、“减价提案审查会”的设置要领，以及相关文书的样式。

日本防卫厅规定，减价提案对象的条件是：(1) 有可能降低生产成本；(2) 不降低说明书中确定的功能和性能指标；(3) 必须是比较先进与特殊的技术及制造方法；(4) 提案前和提案后的差别明显。此外还规定，采购实施本部在收到企业的合理化提案后，原则上在45天内必须决定其是否可行。

减价提案审查会的人员组成是：采购实施本部副部长任会长，委员有采购实施本部有关课长、首席审查官及采购申请方（参谋长联席会议、三军参谋部、技术研究本部）的有关课长、技术研究本部的有关副开发官、装备局各课（室）长等，共约15人。此外，减价提案审查会还要听取由军外有识之士组成的专门技术委员会的意见。

将远程医疗技术用于国际医疗援助活动　据日本《朝云》周报1999年1月28日报道，1998年，日本自卫队派往洪都拉斯执行救灾任务的国际紧急医疗援助队使用了远程医疗技术并获得成功。其具体方法是，以数字摄像机、笔记本式个人电脑及因特网，将患者病变部位的图像传送给在日本的专科医生，征求其诊断和治疗意见。在国际救灾医疗援助活动中实际采用远程医疗技术，在日本尚属首次。1999年2月举行的防卫卫生学会对这一成果进行了介绍。

远程医疗系统在日本一些地区虽已采用，但所用的装置都是大型设备和器材，此次在洪都拉斯所采用的将数字摄像机、笔记本式个人电脑、因特网等组合在一起的简便方法尚属首次。利用这种简便的远程医疗技术，不仅可以传送静止图像，而且可以传送活动图像、显微图像及X射线图像，因此，不论是在国外还是在国内，在救灾医疗、边远地区医疗活动中，这种简便方法的应用范围将十分广泛。

举办国际后勤工作者交流会　据日本《朝云》周报1999年11月25日报道，1999年11月14～20日，日本自卫队举办了一次有6国军队后勤实际工作人员参加的国际后勤工作者交流会。出席会议的国家以东盟国家为主，人员有泰国陆军后勤大学副校长、马来西亚陆军后勤部参谋长、越军总参谋部作战局开发部副部长、新加坡陆军补给运输部科长、美军太平洋司令部陆军后勤部资源科科长、日本陆上自卫队参谋部装备计划课课长和装备、作战、情报等各部门的人员。会议主题是维和行动和救灾行动中陆军的后勤保障。

11月15～16两日，会议在日本东京举行。会上，日本陆上自卫队介绍了日本的防卫政策和日本自卫队在最近几次救灾行动中（阪神大地震、云仙和普贤山泥石流灾害、洪都拉斯飓风灾害等）的后勤保障情况。此后，各与会国陆军后勤代表分别介绍了各自在救灾行动中的后勤保障情况。

17～18两日，会议在日本九州举行。与会者听取了日本陆上自卫队西部军区总监部关于云仙救灾行动的情况说明，访问了参加过救灾行动的第16步兵连，听取了救灾人员对救灾实况的汇报，并参观了陆上自卫队配备的人命救助系统的实地运用。此后到长崎参观了泥石流灾害现场和救灾部队开设指挥部的位置。

19日，与会者听取了东京防灾中心和农水省东京粮库等日本首都救灾第1线人员的情况说明，并参观了现场。

向印度尼西亚派遣空运部队　据日本《朝云》周报1999年11月25日报道，日本政府根据《国际和平协作法》，于11月19日通过了“东帝汶难民救助国际和平协作业务实施计划”，同时颁布了有关派遣人员津贴的政令。

实施计划的内容包括：根据联合国难民事务高级专员办公室的请求，日本参与东帝汶难民人道性国际救援活动；由日本航空自卫队组建“东帝汶难民救助国际和平协力队”；协力队的任务是组织实施难民救助物资空运和与印尼政府机关的联络，执行任务的时间为1999年11月22日～2000年2月21日；日航空自卫队运输机负责爪哇岛至西帝汶间的东帝汶难民救助物资空运。

为执行此项任务，日本航空自卫队出动人员150名、C－130运输机4架和C－14多用途支援机1架。首批人员于11月22日从日本小牧机场出发。

调查军人个人理财情况　据日本《朝云》周报1999年5月13日报道，日本陆上自卫队多贺城驻地的宣传部门于今年4月对军人的个人理财情况进行了一次调查。调查项目为：每月薪金中的储蓄额、补贴家庭额及个人消费开支的用途。调查对象为1999年4月入伍的新军人，共计调查了362人，其中男性中士69人，女性中士76人，候补军士220人。调查结果如下：

一、储蓄额　中士的最低月薪为16.3万日元，平均储蓄额为：男性为78990日元，女性为56589日元；候补军士月平均储蓄额为71133日元。储蓄额占薪金的比例为：男性中士为43.5%，女性中士为34.7%，候补军士为43.6%。储蓄额最高者为14.7万日元，储蓄额为零者有5人。

调查认为，军人储蓄率高的原因：一是军人的衣、食、住、行和用电、取暖等均为免费；二是班长、区队长等均教育和鼓励下属储蓄，并且平时对军人外出有所限制。

二、补贴家庭额　在被调查的362人中，给家庭寄钱者为308人，占被调查人数的85%。补贴家庭额平均为41288日元，男女中士和候补军士的补贴家庭额大体一样。补贴家庭额5万日元者有110人，人数最多，约占总人数的三分之一；10万日元者为49人；补贴家庭额最高者为14万日元（候补军士）；未补贴家庭者为54人，占被调查人数的15%。

三、个人消费用途　在个人消费方面，70%以上的军人是将钱花在服装、旅游上，其他依次是日用品、零食、小家电、礼品等。

（王通信）

其他国家军队后勤

德国1999和2000年国防费的分配使用　据德国《士兵与技术》1999年第12期报道，德国1999年的国防预算总额为470.48455亿马克，占当年国家总预算的9.7%，占国民生产总值的1.2%。国防预算分两大类：一是行政管理费，353.00737亿马克，占国防预算总额的75.03%。其中：人员开支费238.66349亿马克，占国防预算总额的50.73%；物资保养与运转费41.72932亿马克，占国防预算总额的8.87%；其他行政管理费（如给养费、燃料费、不动产管理费等）72.61456亿马克，占国防预算总额的15.43%。二是防务投资费120.32718亿马克，占国防预算总额的25.58%。其中：研究、研制与试验费（包括给各研究所的各种补助费和贷款）24.61亿马克，占国防预算总额的5.23%；军事采购费73.25485亿马克，占国防预算总额的15.57%；军事设施费（含德国分担的属北约组织的那部分永备设施的建筑费）18.01495亿马克，占国防预算总额的3.83%；其他投资费（如各种器械购置费，信息技术投资费等）4.44738亿马克，占国防预算总额的0.95%。在上述473.33455亿马克国防预算中，规定要节省出2.85亿马克供作他用。

德国2000年国防预算总额为453.33亿马克，比上年减少 3.65%，占当年国家总预算的 9.5%，占国民生产总值的 1.1%。一、行政管理费，341.18523 亿马克，比上年减少 3.35%（11.82214 亿马克），占当年国防预算总额的 75.26%。其中：人员开支费 231.51108 亿马克，比上年减少 3%（7.15241 亿马克），占当年国防预算总额的 51.07%；物资保养与运转费 41.75527 亿马克，比上年增加 0.06%（0.02595 亿马克），占当年国防预算总额的 9.21%；其他行政管理费 67.91888 亿马克，比上年减少 6.47%（4.69568 亿马克），占当年国防预算总额的 14.98%。二、防务投资费，112.64477 亿马克，比上年减少 6.38%（7.6824 亿马克），占当年国防预算总额的 24.85%。其中：研究、研制与试验费 23.45912 亿马克，比上年减少 4.68%（1.15088 亿马克），占当年国防预算总额的 5.17%；军事采购费 69.28402 亿马克，比上年减少 5.42%（3.97083 亿马克），占当年国防预算总额的 15.28%；军事设施费 16.01500 亿马克，比上年减少 11.10%（1.99995 亿马克），占当年国防预算总额的 3.53%；其他投资费 3.88663 亿马克，比上年减少 12.61%（0.56075 亿马克），占当年国防预算总额的 0.86%。在上述 483.83 亿马克国防预算中，规定要节省出 0.5 亿马克供作他用。

（王文昌）

英陆军研究组织胶（tissue glue）野战应用 据英国《皇家陆军医疗队》1999 年第 2 期报道，英皇家陆军医疗队对士兵在野战条件下使用组织胶粘合简单伤口的可能性进行了评估，对 24 名参试的士兵的测试结果表明，士兵经过短时间的讲解、示教和实际模拟操作之后，基本能理解组织胶的作用原理和正确进行操作。

所用组织胶为辛基丙烯酸氰。这种产品易使用、好贮存，无需冷藏设备，在 30℃ 仍保持稳定，所以可作为士兵初救装备的成分。24 名受试士兵接受半天的组织胶使用方法培训，训练内容包括：组织胶粘合伤口的作用原理、适合使用组织胶进行粘合的伤口、使用时机与场合（如：潜伏、气候或战术条件限制、伤后无法后送或伤情较轻就地处理后即可投入战斗）的讲解；实际操作示范和操作练习（在模拟伤口上进行）；最后进行简短的多选题理论测试和实际操作技能测验。伤口边缘对合整齐、无组织胶溢出者视为伤口粘合满意，反之为伤口粘合不满意。测试结果表明，团医助（RMA）和团级单位急救员级别训练的各组士兵，其理论和实际操作考评得分均无明显区别，受试者均能理解组织胶的作用原理并能在伤口模拟器上满意地将伤口边缘粘合整齐。

这项研究证明了士兵在野外条件下使用组织粘合剂粘合伤口的可能性。不过，在野战条件用组织粘合剂粘合封闭伤口可能给破伤风的预防带来问题。为此，接收这类伤员的医疗机构要及时对其进行预防破伤风处理。特别脏的伤口或一时无法冲洗干净的伤口不要使用粘合剂粘合以减少发生破伤风的危险。

目前已有各种伤口粘合剂制品，其中以无须冷藏、在野外条件下使用方便的品种为最佳。目前可供英军采用的特种组织粘合剂产品的国家库存品（NSN）编号为：NSN 6516－99－320－5044。

实验结论是，士兵有必要在某些特定的野战条件下，使用组织粘合剂来粘合或处理轻伤口，以保持战斗力，而且实验也表明士兵能够应用辛基丙烯酸氰组织粘合剂满意地粘合伤口。这项研究促进了组织粘合剂技术在英军特别是在陆军中的推广应用。

英海军预防海军直升机飞行员热损伤 据英国《皇家海军卫生勤务》杂志 1999 年第 2 期报道，英海军医学研究所对预防海军直升机飞行员环境热损伤的措施进行了研究。对 121 名海军不同（直升机）机型驾驶员的环境热应激问题的问卷调查结果表明，94%（114 名）的飞行员认定存在飞行环境热应激问题，其中 58%（70 名）的飞行员经受过环境热过劳，有 53%的人（64 名）报告热过劳使他们的作业效率发生下降。飞行前和飞行中发生热过劳并出现作业效率下降者分别达 23%（28 人）和 48%（58 人）。环境高温、太阳热辐射及飞机引擎、废气、电子设备散发的热量，座舱内人体散发的热量、水汽及二氧化碳，以及飞行员穿戴的服装装备如飞行服、救生衣、盔甲、头盔，乃至核生化防护服、呼吸器，以及驾驶舱通风不良甚至完全不通风等因素的共同作用，是造成直升机驾驶员热过劳或热损伤的原因。测试表明美陆军 UH－60 直升机机舱关闭、低空飞行时，舱内平均干球与湿球温度分别比舱外高 1.5～2.1℃ 和 3.9～2.7℃。美海军 H－3 直升机在波斯湾飞行时，机舱内平均干球与湿球温度分别为 39℃ 和 33.4℃；8 月份，飞行员驾驶舱内的平均干球温度为 41.7℃，武器操作区的温度为 45.6℃。各种实测温度数据表明，飞行员座舱的温度可能比外界高 2～3℃，当通风受限时，如防核生化武器时，舱内温度有可能比外界高 7～8℃。

人暴露于高温环境或在热环境中作业，发生热过劳会出现心率加快、出汗率增加和体温升高。此时，如果不及时对机体采取有效的冷却降温措施或减少热暴露，继续发展就有可能发生热损伤（中暑），丧失作业能力，甚至失去知觉。如果升空飞行员出现这种情况，后果将是致命的。减轻飞行员热负荷、防止中暑发生的措施包括：飞机遮荫、飞机表面喷洒水雾，减少太阳辐射；机舱内强制对流冷却与空气流动，促进水汽和热放散；建立人体热应激预测监督机制，例如，应用战斗机座舱热应激指南或西金热应激指数，帮助指挥员指导飞行员热环境作业行动。“指南”规定当驾驶舱内湿球温度达到 32℃（警告温度）时，要把飞行员地面活动的时间限制在 90 分钟以内，2 次飞行之间至少要有 2 小时间隔；当舱内预测湿球温度超过 38℃（危险温度）时，要取消低高度（距地面＜915M）飞行，将地面活动时间限制在 45 分钟以内，2 次飞行之间至少要有 2 小时的恢复期。当座舱内的湿球温度＞46℃（极端危险温度）时，取消一切非主要飞行，进行微气候（或微环境）冷却，包括采用个人冷却降温系统对衣服内微气候或体表直接进行冷却和采用座舱冷却系统对座舱内环境进行冷却。个人冷却降温法，冷却装置的体积较小、重量较轻、耗能较少，冷却降温效果较好。有空气冷却系统、液冷系统或冰冷却系统。个人冷却降温系统已有几十年的研究发展历史，20 世纪 70 年代初美国空军采用空气冷却系统给固定翼飞机飞行员冷却降温，英军重点是发展液冷服，对除手、脚外包括头部在内的身体各部位进行冷却降温。在模拟中东夏季温度的 3 小时直升机飞行中，液冷服可使体心温度少升高 1.2℃。1991 年海湾战争中，加拿大空军首次将液冷系统用于穿核生化防护服的直升机驾驶员的冷却降温，动力来自飞机本身。

（林水成）

军 事 法 制

中国军事法制　新一代作战条令颁发施行　《人民日报》1999 年 1 月 25 日报道，中央军委主席江泽民日前签署命令，颁发施行《中国人民解放军联合战役纲要》，陆军、海军、空军、第二炮兵战役纲要和后勤保障纲要以及合同战斗条令等 13 部作战条令。新一代作战条令体系中的其他条令，也将陆续颁发施行。这表明中国人民解放军对现代技术特别是高技术条件下局部战争作战特点和规律的认识达到了新的高度，标志中国人民解放军作战训练进入一个新的历史发展时期。

作战条令是规范军队作战行动、指导训练的基本法规。原作战条令是 80 年代中期颁发施行的。这期间，新时期军事战略方针的确立，使中国人民解放军作战任务、作战条件发生了重大变化，世界军事革命和高技术武器装备的发展以及局部战争的实践，对作战理论产生了重大影响，全军训练改革和战法研究取得了新鲜经验，基于上述情况，中央军委决定，编修中国人民解放军新一代作战条令。

新一代作战条令坚持以毛泽东军事思想、邓小平新时期军队建设思想和江泽民关于军队建设的一系列重要论述为指导，以新时期军事战略方针为依据，着眼现代技术特别是高技术条件下局部战争的特点，继承中国人民解放军作战的优良传统，吸取世界近期局部战争经验，创新人民战争的战略战术，使军事理论、作战思想、作战原则和作战方法进一步适应未来作战的需要。这对于进一步贯彻新时期军事战略方针，提高打赢现代技术特别是高技术条件下局部战争的能力，全面推进军队质量建设，实现国防和军队跨世纪发展的宏伟目标，具有非常重要的意义。

人民解放军新一代作战条令重点在发展具有人民解放军特色的战法上下功夫，具有鲜明的时代特点。新一代作战条令，在人民解放军历史上第 1 次形成了作战条令体系。既有战役纲要，又有战斗条令，覆盖战役战斗不同级别、不同规模及军兵种的作战行动。45％以上的条令是新增加的，填补了人民解放军作战法规的部分空白。新一代作战条令，进一步完善了人民解放军作战理论体系，全面系统规范了战役战斗原则、方法以及后勤保障、装备保障、战时政治工作等方法，在继承人民解放军传统作战经验的基础上，创造性地回答了人民解放军未来作战问题，统一了战役战斗指导思想，概括了新的战役战斗原则，提出了新的战役战斗样式，明确了联合作战的指挥体系，增加了与敌高技术兵器对抗的措施。

总政发出通知要求全军和武警部队实行专业技术干部双向代职制度　《解放军报》1999年4月2日报道，为建设高素质专业技术干部队伍、促进部队战斗保障和技术保障能力的提高，总政治部日前发出通知，确定在全军和武警部队实行专业技术干部双向代职制度，即从驻内地、沿海特别是大中城市专业技术单位，与驻边远艰苦地区单位和作战部队中，分别选派专业技术干部，到对方业务技术对口的岗位代职。

通知指出，通过双向代职，可促进参加单位思想作风建设，特别是学术技术方面的交流和优势互补，增强专业技术干部队伍的活力；充分发挥驻内地、沿海，特别是大中城市单位的人才优势和专业优势，为边远艰苦地区单位、作战部队提供业务技术支援和帮助，培养专业技术骨干或拔尖苗子，加快科技进步；促进内地、沿海特别是大中城市单位专业技术人才全面素质的提高，在艰苦环境中磨炼思想意志，增强献身国防、为军队建设多作贡献的事业心和责任感。

通知规定，双向代职分为代职支援和代职进修，代职时间为6个月至1年。双向代职的专业技术干部主要从各类医疗机构、科研单位、相应院校、工程技术和勤务保障单位、专业技术部（分）队的专业技术干部中，按照专业对口、训用一致、选用人才的原则择优选派，以拟晋升专业技术职务的对象为主。双向代职工作原则上在大军区级单位范围内组织，每年安排一次。驻西藏部队的双向代职工作由总政组织实施，时间分别为9个月和1年。

通知要求，各大军区级单位要以适应未来军事斗争需要为着眼点，坚持注重实效、服务部队、突出重点、培养干部的原则，充分考虑驻边远艰苦地区单位和作战部队的专业技术需求，精心组织，有计划、分步骤地开展双向代职工作，党委和机关要加强检查指导，督促工作落实。

《军队票据管理规定》颁发执行　《解放军报》1999年4月17日报道，为进一步规范军队经费收支秩序，《军队票据管理规定》日前颁发执行。

《规定》明确，总后勤部财务部主管全军票据工作，各级后勤财务部门归口管理本级票据的发放、使用和监督。《规定》还明确，凡组织预算外收入的单位和部门，都必须使用军队统一的收费票据，一律到同级后勤财务部门申请购领，严禁使用自制票据、地方票据和无票据收费。

新的收费票据由总后勤部财务部统一印制，国家财政部监制，同时套印“中华人民共和国财政部票据监制章”和“中国人民解放军票据专用章”，提高了收费票据的合法性和权威性，不但解决了军队不经商后事业单位开展有偿服务收费的需要，还解决了地方单位使用军队票据报销的问题。

总政制定下发《军队高中级干部学习规划（1999～2002年）》　《解放军报》1999年6月21日报道，为进一步贯彻落实江泽民主席关于讲学习的一系列重要指示，大力提高军队高中级干部的科学文化素质，经中央军委批准，总政治部于近日制定下发了《军队高中级干部学习规划（1999～2002年）》。

《规划》指出，江主席高度重视军队干部特别是高中级干部的学习，多次强调在认真学习马列主义、毛泽东思想特别是邓小平理论的同时，加强对高科技和其他科学文化知识的学习，努力用人类创造的一切知识来丰富和提高自己。认真贯彻落实江主席的重要指示，对于提高干部队伍素质，推进军队革命化、现代化、正规化建设，实现我军跨世纪发展的宏伟目标，具有重大而深远的意义。这些年全军大兴学习之风，取得了初步成效；但学习还不够系统规范，军队干部的知识结构和整体素质与江主席的要求还有很大差距，与形势任务不相适应的矛盾比较突出。必须把加强学习作为关系军队建设全局和长远发展的一项系统工程和战略性举措，坚持不懈地抓下去。

《规划》明确提出高中级干部学习的指导思想和目标，强调要以江主席关于加强学习的一系列重要指示精神为指导，以尽快改善高中级干部知识结构、提高整体素质为目标，立足现实、着眼发展，系统安排、分步实施，优化结构、固强补弱，全面推进、务求实效。从现在起到党的16大前，用3年多时间完成规定的学习内容，初步改变我军干部队伍科学文化水平比较低的状况，使高中级干部在进一步提高马克思主义理论水平的同时，拓宽知识面，努力实现思想政治、科学文化、军事专业等全面发展，逐步成为既精通某一专业又具有广博知识的高素质新型军事人才。

《规划》对高中级干部的学习内容作出了明确规定，强调要坚持把马列主义、毛泽东思想特别是邓小平理论的学习摆在首位。要深入钻研邓小平著作，并同学习马列著作和毛泽东著作结合起来，同学习江主席的重要论述结合起来，同学习党的11届3中全会以来重要文献结合起来，不断加深对邓小平理论科学体系和精神实质的理解，不断加深对党的路线方针政策的理解。同时，认真学习以下几个方面的知识：（1）哲学：掌握辩证唯物主义和历史唯物主义的基本原理，提高运用科学世界观、方法论观察和分析问题的能力，提高理论思维能力。同时了解中国和西方哲学发展的历史及主要哲学成果，了解当代西方主要哲学思潮。(2) 经济学：懂得社会主义市场经济的基本理论，了解金融、证券等方面的基本知识，认识世界经济发展的趋势和潮流，加深对党和国家推进经济体制改革的一系列重大举措的理解。(3) 军事学：掌握马克思主义的军事理论，了解和熟悉中国军事发展的历史特别是我军的发展历史，熟悉中外军事名著，了解当代世界军事理论的最新发展，研究现代科技特别是高技术条件下局部战争的特点和规律，提高军事谋略水平。(4) 历史：熟悉中国近现代历史和中共党史，了解中国历史的基本脉络和中华民族辉煌的文明成果，了解世界近现代史，认识历史发展的基本规律，加深对走建设有中国特色社会主义道路的认识，从历史经验中汲取丰富的营养和智慧，提高从历史的角度思考认识问题的能力。(5) 法学：掌握法学的基本原理，了解我国法制建设的进程和主要的法律，了解西方国家法制的本质特征和基本情况，了解与战争、军事相关的国际法和约章，熟悉我国军事方面主要的法律法规，增强贯彻依法治国、依法治军方针的意识和能力。(6) 科技知识：了解和掌握现代科技特别是高科技的基本知识、发展趋势及其对经济社会的深刻影响，深刻认识现代科技特别是高科技对军事变革的巨大推动作用，增强贯彻落实科技强军方针的历史责任感和紧迫感，为军事决策、军事指挥奠定必备的科技知识基础。此外，有条件的还可学习文学、政治学、管理学等方面的知识。同时，要学会操作微机，提倡学习外语。军事、政治、后勤、装备、科技等不同类型的干部，应对与本职工作联系紧密的学科知识学得更多一些，钻得更深一些。

《规划》提出了加强高中级干部学习的实施途径和办法。(1) 改革院校课程设置。承担高中级干部培训任务的院校，要按照本规划调整改革课程设置。(2) 加大在职培训力度。总部继续依托国防大学和国防科技大学等院校对军以上干部进行轮训，各大单位负责对师职干部进行轮训，军级单位负责对团职干部进行轮训。大单位要依托所属院校，挖掘轮训潜力，增加轮训期数，保证高中级干部每年参加一次轮训。每期轮训，在认真学习马克思主义基本理论的同时，完成本规划中一个门类的学习。科技知识、经济学和法学主要通过轮训完成。(3) 拓展党委中心组学习内容。党委中心组主要学习邓小平理论和江主席的重要论述，学习党的路线、方针、政策，同时结合学习历史、哲学、军事学等方面的知识，每年有计划地安排一个门类知识的学习。(4) 加强个人自学。各级党委要指导干部按照本规划的要求，本着固强补弱，缺什么补什么的原则，制定个人年度自学计划，并报党委备案；要定期听取干部自学情况的汇报，每半年检查一次落实情况；要有计划地组织专题讲座，开展研讨和交流，确保学习的质量。(5) 利用现代传媒拓宽学习渠道。中央电视台军事频道开办系列辅导讲座，全军宣传文化信息网开办远程教育学校，请著名专家教授进行辅导。(6) 依托国民教育进行学习。鼓励干部参加地方函大、电大和高等教育自学考试。有条件的军以上单位可协商地方大专院校到部队开办学习班，还可商地方院校进行单科委托培训。

《规划》要求，各级党委和政治机关要把加强高中级干部学习，作为今后一个时期政治工作的重要内容，切实加强领导。要广泛深入地进行思想发动，不断增强学习的紧迫感和自觉性，大张旗鼓地树立和宣扬学习的典型，造成浓厚的学习氛围。各大单位要依据总政《规划》，制定年度实施计划，报总部备案。要定期分析学习形势，针对薄弱环节，采取有力措施，保证时间、人员、内容的落实。要正确认识和处理工作与学习的关系，舍得把时间和精力用在学习上。要加大对学习的投入，在经费、场地和师资等方面切实做好保障。军政主官要做学习的模范，带头落实规定的学习内容，并对本单位的学习负总责。要建立必要的学习制度和机制。建立考勤制度，对没有参加学习的及时进行补课；建立讲评制度，表扬奖励学习好的同志，督促学习差的同志；建立考核制度，各门学科的学习由大单位组织考核，完成学习内容并通过考核发给证书；建立学习档案制度，学习成绩登记入档，作为选拔使用干部的重要参考依据。总政治部每年对全军的学习情况进行抽查和通报。要大力倡导优良的学风。要按照江主席的“一个中心、三个着眼点”的要求，坚持学以致用，把学习同开拓视野、增强现代意识结合起来，同增长才干、改进领导方法和工作作风结合起来，同改造主观世界、加强思想道德修养结合起来，提高领导部队建设与改革的能力和水平。

《规划》还按照规定的学习内容，开列了必读书目和选读书目。总政治部将根据开列的必读书目，组织编写学习提要，精缩内容，突出重点，明确学习的要点和要求。

（扁踏崳）

中央军委发布全军院校体制编制调整改革命令

《解放军报》1999年6月21日报道，为全面推进面向新世纪的院校建设，培养大批高素质的新型军事人才，实现国防和军队现代化建设跨世纪发展的战略目标，中央军委近日发布全军院校体制编制调整改革的命令，号召全军指战员切实把思想统一到军委的决策上来。

这次全军院校体制编制调整改革，坚持面向现代化、面向世界、面向未来，完善干部培训体制，构建新型院校体系，调整院校内部体制编制，走开规模化办校、现代化教学、正规化管理、社会化保障的路子，逐步建立起适应世界军事发展和打赢高技术条件下局部战争需要、具有中国特色、可持续发展的军队院校教育体制。

这次院校体制编制调整改革的基本原则是，根据干部应训数量，合理确定院校数量和规模；拓宽干部培训补充渠道，走开生长干部由军队院校培养和依托地方高校培养并举的路子；改革组训方式，加大合成训练和归口培训力度，优化资源配置；打破部门所有、条块分割的办学格局，统一调整院校、训练机构和部分科研单位的设置；理顺关系，合理确定院校内部体制编制；综合论证，民主决策，总体规划，逐步推进，做到既积极又稳妥。

这次调整改革将在以下几个方面有所突破：

——*在完善干部培训体制上有所突破*。一是在完善在职干部继续教育制度和提高生长干部补充比例的同时，大幅度地提高了生长干部的培训层次。二是拓宽生长干部培训补充渠道。军地通用性强的专业人才，逐步实现部分或全部由地方院校培训，直接选拔优秀大学生入伍，尽快建立起以直接接收地方应届大学毕业生为主体，以在部分地方重点普通高校试办预备军官培训机构培养人才为辅助，以招收部分双向选择生为调节的军队生长干部补充机制，逐步走开“并举”的路子。三是扩大研究生教育规模，积极探索“本硕连读”和“硕博连读”的培训形式。

——*在改革组训方式上有所突破*。部分生长干部实行“基础教育合训，专业训练分流”和“指挥与技术合训”组训方式，初级指挥干部实行军政后同校培训；中级指挥干部实行军政合训，指挥员与参谋人员同校培训，医务和机关政工干部实行全军统一归口培训。

——*在建立新型院校体系上有所突破*。把军队院校调整划分为培养生长干部的院校和培养在职干部的院校两大类；着眼培养高素质新型军事人才，力争建设几所学科多、规模大、水平高的综合院校，为办一批在国内有影响的名牌军校创造条件；将部分科研机构并入院校，实行优势互补，资源共享。

总部有关领导对记者说，按照军委的决策对全军院校进行体制编制调整改革，可确保全军院校精简员额的圆满完成，理顺各方面的关系，使院校的类型和布局趋于合理，从而提高办学的整体效益。

（海　明）

颁发《中国人民解放军组织编制管理条例》

《解放军报》1999年6月24日报道，中央军委主席江泽民日前签署命令，《中国人民解放军组织编制管理条例》颁发全军和武警部队施行。这一条例是中国人民解放军历史上第1部专门规范组织编制管理工作的法规。

军队的组织编制，是中央军委及其授权机关对军队建制单位组织系统、机构设置和人员、武器装备编配所作的规定，是军队编成和干部调配、兵员补充、后勤供应、武器装备的法定依据。按照江主席关于依法制定编制、依法执行编制、依法管理编制的指示和军委立法计划，总部科学地总结了中国人民解放军几十年编制建设的经验，尤其是1985年以来全军体制编制多次重大调整改革成果，紧紧把握组织编制管理的基本规律和特点，以立法的形式，把党的3代领导核心关于坚持依法治军、加强军队正规化建设的一系列重要论述，作为组织编制建设的指导思想，把中国人民解放军编制建设几十年形成的优良传统和管理制度固定下来，使之成为全军必须遵守的法则，并且规定了执行编制的行为法律后果，用法律的手段，维护组织编制的权威性和严肃性。

《条例》共分10章60条，其内容覆盖了组织编制管理的全过程。明确了军队组织编制管理的基本任务、指导思想和方针、原则；规定了各级组织编制管理的职责和权限；规定了建制单位组建、撤销和改变番号、调整建制领导关系的基本条件、程序；规定了编制表的基本要素和各类编制标准的拟制原则；规定了严格执行编制的措施和各级对执行编制情况的监督检查制度；规定了组织编制管理中奖励与处分的依据和条件等。为依法制定编制、依法执行编制、依法管理编制提供了全面的法律依据。从总部、大军区、军兵种领率机关到全军所有建制单位，都置于这个《条例》的制约、控制和规范之中，是每个单位和军人必须遵守的法规。

为认真学习贯彻《条例》，加强组织编制管理，总参谋部日前下发通知，要求全军各级机关和部队认真学习这一重要法规，深刻理解严格执行编制对依法治军，加强军队革命化、现代化、正规化建设的重要意义，培养和树立“编制就是法律”的意识，自觉执行和严格维护组织编制的各项规定。

（素　洁）

颁发《军队贯彻执行中共中央、国务院〈关于实行党风廉政建设责任制的规定〉的实施办法》 《解放军报》1999年7月16～17日报道，中央军委日前颁发了《军队贯彻执行中共中央、国务院〈关于实行党风廉政建设责任制的规定〉的实施办法》。该《实施办法》全文如下：

第1章　总　则

第1条　为加强军队党风廉政建设，明确党委、纪委、机关部门和领导干部在党风廉政建设中的责任，保证党中央、中央军委关于党风廉政建设的决策和部署的贯彻落实，促进军队全面建设，根据中共中央、国务院《关于实行党风廉政建设责任制的规定》（中发［1998］16号），结合军队实际，制定本实施办法。

第2条　本实施办法所称的党风廉政建设责任制，是指军队各级党委、纪委、机关部门和领导干部，在党风廉政建设中各自负有重要领导责任的制度。

第3条　军队实行党风廉政建设责任制，必须以马克思列宁主义、毛泽东思想和邓小平理论为指导，贯彻执行江泽民同志关于加强党风廉政建设的一系列重要指示，坚持党委统一领导、纪委组织协调、部门各负其责的领导体制和工作机制；坚持从严治党，从严治军；谁主管，谁负责；一级抓一级，层层抓落实。各级党委应当把党风廉政建设作为军队党的建设的重要内容，与其他各项工作紧密结合，统一部署，统一检查，统一考核。

第4条　党风廉政建设的责任主体为各级党委、纪委、机关部门和领导干部。各级、各部门主要领导为本单位、本部门党风廉政建设的第一责任人。

第2章　党委的责任

第5条　党委对本单位党风廉政建设负全面领导责任。党委书记负总责，党委其他成员根据工作分工，对职责范围内的党风廉政建设负直接领导责任。

第6条　党委在党风廉政建设中承担以下领导责任：

（一）把党风廉政建设纳入党委议事日程，经常分析研究本单位党风廉政建设状况，按照党中央、中央军委的部署和要求，结合实际制定工作计划，提出党风廉政建设阶段性目标要求，并组织实施；

（二）组织和领导纪委、机关部门按照职能分工，抓好职责范围内党风廉政建设各项任务的落实，定期听取纪委和有关部门的工作汇报，研究解决工作中遇到的矛盾、困难和问题，支持执纪、执法部门履行职责；

（三）组织党员干部学习马克思列宁主义、毛泽东思想和邓小平理论，学习江泽民同志关于加强党风廉政建设的一系列重要论述，学习党风廉政建设方面的法规，进行党性党风教育；

（四）贯彻落实党和国家、军队党风廉政建设方面的法规，结合实际情况，制定本单位、本部门的党风廉政建设规章制度，完善管理机制和监督制约机制；

（五）组织力量及时查办违法违纪案件和问题，对涉及领导干部、机关部门的重要案件必须严肃查处；

（六）按照民主集中制的原则和各项制度规定，讨论决定有关人、财、物管理使用等重大事项，严格干部职务任免纪律，防止和纠正选人用人上的不正之风；严格财经纪律，防止在经费管理使用方面发生案件和问题；

（七）对所属单位、部门党风廉政建设情况和领导班子、领导干部廉洁自律情况进行监督、检查和考核，发现问题及时批评，并督促纠正。

第7条　党委书记负责本单位、本部门党风廉政建设的总体部署，并督促落实；抓好领导班子的党风廉政建设，对班子成员廉洁自律情况进行检查监督，针对存在的问题和苗头进行批评教育，重要情况及时向上级党委、纪委报告；及时解决党风廉政建设中遇到的困难和阻力，督促大案要案的查处；对任用干部、使用经费等部队建设中的重要事项，承担决策失误的主要领导责任。

第8条　党委其他成员根据工作分工，加强对职责范围内党风廉政建设的领导，并督促、指导分管部门、单位结合业务工作抓好党风廉政建设；对出现的不正之风及时予以纠正；对发生的违法违纪案件和问题及时向党委报告，并支持和配合有关部门严肃查处。

第9条　党委成员必须带头学习和执行党风廉政建设方面的法规和规章制度，管住管好配偶、子女和身边工作人员，自觉接受组织和群众的监督，在廉洁自律上作表率。

第3章　纪委的责任

第10条　纪委应当协助党委抓好职责范围内的

党风廉政建设，调查分析所属单位、机关部门的党风党纪和廉政状况，提出加强党风廉政建设的措施和要求，并督促检查落实。

第 11 条　各级纪委应当协同同级政治机关组织党员学习党纪政纪法规，进行经常性的党风党纪和廉政教育；总结宣传党风廉政建设的先进经验和事迹，结合执纪办案，用典型案例教育党员。

第 12 条　纪委负责组织协调机关职能部门抓好职责范围内的党风廉政建设，针对不同时期存在的突出问题，开展专项检查或专项治理。

第 13 条　纪委负责检查、处理党的组织和党员违反党章和其他党内法规的案件，协调或协同有关部门查办疑难、复杂和重大案件，指导纪检机关执纪办案。

第 14 条　各级纪委应当协助同级党委贯彻落实党风廉政建设责任制，对同级或下级党委及其成员贯彻执行民主集中制和其他制度规定、遵守党纪的情况和思想作风状况进行检查，对重大事项进行决策监督和跟踪检查。发现同级或下级党委及其成员的违纪问题，应当依照有关规定向党委提出；当同级党委成员的违纪问题不能得到正确解决时，应当及时向上一级纪委报告。

第 4 章　机关部门的责任

第 15 条　机关部门应当坚持谁主管谁负责，发挥机关部门党组织对所属党员干部的教育、管理和监督作用，把党风廉政建设贯穿到业务工作、职业道德建设之中，做到统筹安排，相互促进。

第 16 条　机关部门应当根据业务特点制定本部门廉政措施和职业道德规范，建立健全业务规章制度，严格工作纪律和办事程序，强化对权力运行过程的监督制约，防止滥用权力。

第 17 条　机关部门在制定业务计划、履行审批手续、组织检查和考核验收等环节中，应当严格执行有关规定，对不符合原则和规定的事情不予办理。

第 18 条　机关部门负责检查职责范围内党风廉政建设方面的法规和规章制度的执行情况，纠正、处理不正之风和违纪违规问题；针对一个时期出现的突出问题，及时向党组织提出建议，采取专项治理等办法集中加以解决。

第 5 章　检查考核

第 19 条　党委、机关部门应当将贯彻执行党风廉政建设责任制的情况，列为民主生活会、干部述职、年度工作总结和工作报告的重要内容，经常进行对照检查，及时纠正存在的问题。

第 20 条　师级以上党委负责领导、组织对本级机关和下一级党委、领导干部执行党风廉政建设责任制情况的考核工作。考核工作应当与领导班子和领导干部年度考核、党风廉政检查、党委民主生活会相结合，每年至少进行一次，必要时也可以组织专门考核。考核结果在一定范围内通报，并列入年度总结或工作报告，报上级党委、纪委。

第 21 条　党风廉政建设责任制执行情况的专门考核，应当在党委统一领导下，由纪委负责组织实施。与领导班子、领导干部年度考核及其他工作相结合的考核，由政治机关组织实施。考核结果作为对领导干部业绩评定、奖励惩处、选拔任用的重要依据。对考核中发现的问题，责令其限期改正；对逾期不改或造成不良后果的，追究主要领导的责任。

第 6 章　责任追究

第 22 条　领导干部在党风廉政建设中失职、渎职的，应追究责任。对违反本实施办法的有关人员，根据情节轻重，给予相应的组织处理或纪律处分。

第 23 条　领导干部违反本实施办法，有下列情形之一的，根据《中国共产党纪律处分条例（试行）》和中共中央、国务院《关于实行党风廉政建设责任制的规定》以及《中国人民解放军纪律条令》等有关规定，给予组织处理或党纪处分；

（一）对直接管辖范围内发生的明令禁止的不正之风不制止、不查处，或对上级领导机关交办的党风廉政责任范围内的事项拒不办理，或对严重违法违纪的问题隐瞒不报、压制不查，或干预、阻挠案件查处工作及庇护违法违纪嫌疑人的，给予负直接领导责任的主管人员警告、严重警告处分，情节较重的，给予撤销党内职务处分；

（二）直接管辖范围内发生重大案件或事故，致使国家、军队和人民群众生命财产遭受重大损失或造成恶劣影响的，对负直接领导责任的主管人员给予警告、严重警告、撤销党内职务处分；

（三）违反干部职务任免程序和选拔任用干部资格、条件等选拔任用干部，造成用人不当、影响恶劣的，给予负直接领导责任的主管人员警告、严重警告处分，情节严重的，给予撤销党内职务处分；已发现有违法违纪行为而提拔任用的，给予负直接领导责任的主管人员严重警告、撤销党内职务或留党察看处分，情节严重的，给予开除党籍处分；

（四）以党委会、办公会等名义作出违反规定的错误决定，或对部队发生的严重违法违纪问题隐情不报的，给予负直接领导责任的主管人员严重警告或撤销党内职务处分；

（五）授意、指使、强令下属人员违反兵员、干部、财务、审计、物资、装备等有关法规，弄虚作假的，给予负直接领导责任的主管人员警告、严重警告处分，情节较重的，给予撤销党内职务处分，情节严重的，给予留党察看或开除党籍处分；

（六）授意、指使、纵容下属人员阻挠、干扰、对抗监督检查或案件查处，或对办案人，检举控告人、证明人打击报复的，给予负直接领导责任的主管人员严重警告或撤销党内职务处分，情节严重的，给予留党察看或开除党籍处分；

（七）授意、指使、纵容下属人员违反军队、武警部队不再从事经商活动的规定，对本单位、本部门发生的私自经商、走私护私、违反有偿服务规定范围等行为不制止，或隐情不报，造成不良后果的，给予负直接领导责任的主管人员严重警告或撤销党内职务处分；

（八）违反党中央、中央军委的有关规定，不履行或不认真履行对高中级干部教育管理的职责，对本单位、本部门高中级干部中发生的违法违纪案件和问题严重失察，造成不良后果的，给予负直接领导责任的主管人员严重警告或撤销党内职务处分；

（九）对配偶、子女、身边工作人员严重违法违纪知情不管的，责令其停职检查或对其免职；包庇、纵容的，给予撤销党内职务处分，情节严重的，给予留党察看或开除党籍处分；

（十）其他违反法规和纪律的行为，情节较轻的，给予批评教育或责其作出检查；情节较重的，给予相应的组织处理或党纪处分。

具有上述情形之一，需要追究政纪责任的，比照所给予的党纪处分给予相应的行政处分；构成犯罪的，依法追究刑事责任。

第24条　实行责任追究，应当按照有关规定和程序办理。构成违纪并需给予纪律处分的，应当办理立案调查手续；需要给予调离、免职等组织处理的，由纪检部门会同干部部门提出意见，报有任免权的党组织决定；需要给予党纪、政纪处分的，按处分批准权限报批；涉嫌构成犯罪的，移交司法机关追究刑事责任。

第25条　对于负直接领导责任的主管人员实施责任追究，应当实事求是，区别对待，分清集体责任与个人责任，主要领导责任和重要领导责任。

第7章　附　则

第26条　本实施办法所称第一责任人，是指各级军政主管；负直接领导责任的主管人员，是指主管某个单位、部门或某项工作，并直接承担领导责任的领导干部。

第27条　本实施办法适用于军队、武警部队团级以上单位的党委、纪委、机关部门和领导干部。

第28条　本实施办法由总政治部、军委纪委负责解释。

第29条　各单位、各部门可以根据本实施办法和实际工作需要，制定本单位、本部门落实党风廉政建设责任制的具体规定。

第30条　本实施办法自发布之日起施行。1988年11月1日中央军委批准发布的《中央军委纪委关于实行抓党风责任制的暂行规定》即行废止。

《中国人民解放军文职干部条例》发布施行

《解放军报》1999年7月22日报道，中央军委主席江泽民于1999年6月30日签署命令，批准发布施行《中国人民解放军文职干部条例》。

1988年4月中央军委颁发《中国人民解放军文职干部暂行条例》，实行了文职干部制度。《暂行条例》颁发10多年来，较好地改善了人民解放军人员编成和组织结构，保留了专业技术人才，稳定了科技干部队伍，对于贯彻军委新时期军事战略方针，走有中国特色的精兵之路，促进军队革命化、现代化、正规化建设发挥了积极作用。随着形势的发展，人民解放军文职干部队伍建设出现了一些新情况、新问题，军队的改革和发展对文职干部队伍建设提出了更高的要求，《暂行条例》在实施过程中也遇到一些矛盾和问题。在中央军委领导下，经过广泛征求意见，充分调查论证，适当借鉴外军和地方的经验，对《暂行条例》进行了认真修改、补充和完善。《条例》的修改坚持以邓小平新时期军队建设思想和江主席关于军队建设的有关论述为指导，以《中华人民共和国兵役法》的有关规定为依据，着眼于稳定队伍、增强活力、提高素质、完善制度，总结吸收了人民解放军实行文职干部制度以来的经验和做法，使各项规定更加符合实际。《条例》的发布施行，对于坚持、完善和改革文职干部制度，建设高素质的专业人才队伍，增强文职干部的荣誉感、使命感，加强军队革命化、现代化、正规化建设，具有十分重要的意义。

修改后的《中国人民解放军文职干部条例》共9章34条，《条例》重新明确了文职干部的性质、管理办法、来源、培训、平时服现役的最高年龄和最低年限，补充了选拔任用的方针原则、着装、级别和主管机构等内容。《条例》确定了文职干部的性质：文职干部是被任命为初级以上专业技术职务或者办事员级以上职务，不授予军衔的现役军人，是国家干部队伍的组成部分。《条例》针对新形势下文职干部队伍建设出现的新情况，进一步明确：文职干部的选拔和任用，坚持尊重知识、尊重人才的方针，贯彻任人唯贤、德才兼备、注重实绩、公平择优、适时交流的原则，实行民主监督。《条例》提高了对文职干部来源的学历要求，拓宽了来源渠道，明确规定实行经院校培训提拔文职干部的制度，文职干部应当经过与其所任职务相应的院校培训。《条例》按文职干部职务等级分别规定了平时服现役的最高年龄：担任初级专业技术职务和科级以下职务的为45岁；中级专业技术职务和处级职务的为55岁，其中从事文艺、体育和护理工作的为50岁；高级专业技术职务的为60岁，其中少数工作需要的可以适当延长，具体办法按照有关规定执行；局级职务的58岁。文职干部平时服现役的最低年限是：从被任命为干部职务之日起，担任初级专业技术职务的科级以下职务的为10年，中级专业技术职务和处级职务的为15年，高级专业技术职务和局级职务的为20年。

《中国人民解放军文职干部条例》全文如下：

第1章　总　则

第1条　为了适应军队革命化、现代化、正规化建设的需要，建设一支高素质的文职干部队伍，根据《中华人民共和国兵役法》的有关规定，制定本条例。

第2条　中国人民解放军文职干部，是被任命为初级以上专业技术职务或者办事员级以上职务，不授予军衔的现役军人，是国家干部队伍的组成部分。

文职干部按照工作性质分为专业技术文职干部和非专业技术文职干部。

第3条　文职干部的选拔和任用，坚持尊重知识、尊重人才的方针，贯彻任人唯贤、德才兼备、注重实绩、公平择优、适时交流的原则，实行民主监督。

第4条　文职干部应当具备下列基本条件：

（一）坚持马克思列宁主义、毛泽东思想和邓小平理论，执行中国共产党的基本路线和各项方针、政策，热爱社会主义祖国，全心全意为人民服务，自觉献身于国防事业；

（二）遵守宪法和法律、法规以及军队的规章、制度，服从命令，听从指挥，遵守纪律，保守军事秘密，恪守职业道德；

（三）公道正派，廉洁奉公，团结协作，艰苦奋斗，勤奋敬业，不怕牺牲；

（四）具有胜任本职工作所必需的理论、政策水平，科学文化、专业技术知识和实际工作能力；

（五）身体健康。

第5条　根据工作需要，文职干部可以改任现役军官，并按照有关规定评定授予军衔。

第6条　文职干部应当按照规定着制式服装，佩带帽徽、肩章、军种符号、领花。

第7条　总政治部主管全军的文职干部管理工作，团级以上单位的政治机关主管本单位的文职干部管理工作。

第2章　文职干部的编制范围

第8条　文职干部的编制范围：

（一）科学研究、工程技术、医疗卫生、教学、新闻、出版、图书、档案、文化艺术、体育等单位的部分专业技术干部职务；

（二）机关、院校、医院等单位部分从事行政事务、服务保障的干部职务；

（三）其他需要编制文职干部的职务。

第9条　师以下作战部队、试验训练部队和保障部队，原则上不编制文职干部。

第10条　编制文职干部的单位和职务，按照有关规定执行。

第3章　文职干部的来源和培训

第11条　文职干部的来源：

（一）军队院校毕业学员；

（二）地方高等学校毕业生；

（三）现役军官；

（四）地方专业技术人员；

（五）博士后流动站出站人员和出国留学回国人员。

第12条　中国人民解放军实行经院校培训提拔文职干部制度。

文职干部应当经过与其所任职务相应的院校培训。

编制有文职干部的单位，应当结合本职业务，采取多种形式组织文职干部开展在职学习，提高履行岗位职责的能力。

第4章　文职干部的职务名称、职务（专业技术）等级

第13条　文职干部的职务名称，按照编制和有关规定执行。

第14条　专业技术文职干部的专业技术职务分为：高级、中级、初级；专业技术等级分为：一级、二级、三级、四级、五级、六级、七级、八级、九

级、十级、十一级、十二级、十三级、十四级。一级为最高级。

专业技术等级与专业技术职务的对应幅度，以及确定和调整办法，按照有关规定执行。

第15条　非专业技术文职干部的职务等级分为：正局级、副局级、正处级、副处级、正科级、副科级、一级科员、二级科员、办事员。

第5章　文职干部的级别

第16条　文职干部的级别设置为：特级、一级、二级、三级、四级、五级、六级、七级、八级、九级。特级为最高级。

第17条　文职干部的级别，根据其职务等级、德才表现、经历评定和晋升。

文职干部的级别与职务（专业技术）等级的对应幅度，以及评定和晋升办法，按照有关规定执行。

第6章　文职干部的职务任免、考核、奖励与处分

第18条　文职干部职务的任免权限：

（一）正局级干部职务，由中央军事委员会主席任免；

（二）高级专业技术职务和副局级、正处级干部职务，由总参谋长、总政治部主任，总后勤部、总装备部部长和政治委员，大军区及军兵种司令员和政治委员或者相当大军区级单位的正职首长任免，副大军区级单位的正处级干部职务，由副大军区级单位的正职首长任免；

（三）中级专业技术职务和副处级、正科级干部职务，由有任免权的军级单位的正职首长任免，中级专业技术职务，也可以由大军区级以上单位授权的师级单位的正职首长任免；

（四）初级专业技术职务和副科级以下干部职务，由有任免权的师（旅）级单位的正职首长任免。

第19条　专业技术文职干部的专业技术职务和非专业技术文职干部的职务等级的晋升，按照国家和军队的有关规定执行。

第20条　各级首长、政治机关和业务主管部门，应当对文职干部的政治表现、思想作风、业务水平、工作实绩以及身体状况，进行定期或者不定期的考核。考核结果作为职务任免的重要依据。

第21条　文职干部的奖励和处分，按照《中国人民解放军纪律条令》和军队的有关规定执行；符合国家有关奖励规定的，报请国家给予奖励。

文职干部触犯刑律、构成犯罪的，依法追究刑事责任。

第7章　文职干部的待遇

第22条　文职干部实行职务、级别等级工资制和定期增资制度，并按照国家和军队的有关规定享受津贴和补贴，其工资水平与现役军官的工资水平相同。具体办法由总政治部、总后勤部另行规定。

文职干部按照规定离职培训、休假、治病疗养以及免职待分配期间，工资照发。

第23条　文职干部的政治待遇和住房、医疗、探亲、休假等，按照现役军官的有关规定执行。

第24条　文职干部家属随军条件以及家属随军以后的安置、医疗和随调，文职干部家属符合随军条件而未随军应当享受的优待，按照现役军官的有关规定执行。

第25条　文职干部因公致残的优待和牺牲、病故的抚恤及遗属的安置管理，按照现役军官的有关规定执行。

第8章　文职干部退出现役

第26条　文职干部达到平时服现役的最高年龄的，应当退出现役。

专业技术文职干部平时服现役的最高年龄：

（一）担任初级专业技术职务的，45岁；

（二）担任中级专业技术职务的，55岁，其中从事文艺、体育和护理工作的，50岁；

（三）担任高级专业技术职务的，60岁，其中少数工作需要的，可以适当延长，具体办法按照有关规定执行。

非专业技术文职干部平时服现役的最高年龄：

（一）担任科级以下职务的，45岁；

（二）担任处级职务的，55岁；

（三）担任局级职务的，58岁。

第27条　文职干部未达到平时服现役的最高年龄，有下列情况之一的，应当退出现役：

（一）被取消文职干部身份的；

（二）伤病残不能坚持正常工作的；

（三）受军队编制员额限制，不能调整使用的；

（四）根据专业要求，不宜继续在本岗位工作，又不能调整使用的；

（五）按照军队统一规定，经考核为不称职的；

（六）调整军队，到非军事部门工作的；

（七）有其他原因需要退出现役的。

第28条　文职干部退出现役的审批权限，与文职干部职务的任免权限相同。

第29条　文职干部退出现役以后的安置和管理，按照现役军官的有关规定执行。其中，服现役满30

年以上或者服现役和参加工作满30年以上，或者年满50岁以上的文职干部，担任中级、高级专业技术职务和处级、局级职务的，本人提出申请，组织根据工作需要，可以批准其退出现役以后作退休安置。

第30条　文职干部从被任命为干部职务之日起，不满下列年限的，除组织安排或者经组织批准外，不得退出现役：

（一）担任初级专业技术职务和科级以下职务的，10年；

（二）担任中级专业技术职务和处级职务的，15年；

（三）担任高级专业技术职务和局级职务的，20年。

文职干部要求提前退出现役未获批准，经教育仍坚持退出现役的，或者擅离部队长期不归的，给予降职处分或者取消其文职干部身份，作退出现役处理。

第9章　附　则

第31条　根据军队建设和发展的需要，部分岗位的文职干部可以实行聘任制度。文职干部的聘任办法另行规定。

第32条　中国人民武装警察部队文职干部的管理，按照本条例的规定执行。

第33条　本条例由总政治部负责解释。

第34条　本条例自发布之日起施行。1988年4月27日中央军事委员会颁发的《中国人民解放军文职干部暂行条例》即行废止。

下发《关于在普通高等学校开展选拔培养军队干部试点工作的通知》　《解放军报》1999年8月4日报道，日前，教育部、财政部、人事部和解放军四总部为贯彻落实江主席关于军队生长干部要逐步走开军队自己培养和依托国民教育培养并举的路子，从更大的范围选拔高素质人才的指示精神，进一步拓宽军队干部培训渠道，提高干部队伍整体素质，联合下发了《关于在普通高等学校开展选拔培养军队干部试点工作的通知》。

《通知》指出，依托国民教育培养军队干部，是在新形势下改革高等教育制度和我军干部培训体制的重要举措。在坚持直接接收普通高校应届毕业生补充军队干部队伍为主，进一步完善接收办法的同时，从1999年起，各军区、各军兵种、总参谋部、总后勤部、总装备部、武警部队各选择一至两所办学条件好、军队所需专业较多的理工类或综合类普通高校，设置选拔培训机构，采取多种形式，包括设置国防奖学金等办法，选拔培养军队干部。军队从试点高校直接接收应届毕业生数量要比过去有明显增加，质量要进一步提高。享受国防奖学金的培养对象主要从军队所需专业的在校本科生、研究生中选拔，其中女生比例不超过10%。国防奖学金主要用于补助培养对象的学费、杂费和生活费，每人每年暂按5000元的标准。《通知》还就享受国防奖学金培养对象的基本条件，选拔程序、在校期间和任职前的军政训练以及军训考核等有关问题做出了明确规定。

《通知》强调，地方普通高等学校要把为军队培养输送干部作为义不容辞的责任。军地各部门要从国防和军队建设的大局出发，进一步提高认识，统一思想，按照职责分工，切实加强试点工作的组织领导。有关高校要积极做好这项工作，纳入学校教学改革和全面建设规划，结合招生、教学、管理、思想教育和就业等各个环节进行深入研究，确立为军队培养干部的优先地位，动员和鼓励品学兼优的学生投身军队现代化建设事业。大军区级单位、教育行政主管部门和普通高校，要密切配合，共同解决试点工作中遇到的问题，并根据《通知》精神结合实际制定相应的措施和细则，保证试点工作的顺利进行。

颁布《中国人民解放军工程建设管理条例》

《解放军报》1999年8月10日报道，中央军委主席江泽民日前签署命令，新修订的《中国人民解放军工程建设管理条例》正式颁布施行。这是人民解放军新一代工程建设工作的基本法规，标志着人民解放军工程建设已全面步入法制化、正规化、制度化管理的新阶段。

军队工程建设是国防和军队现代化建设的重要组成部分。此前，人民解放军曾于1991年颁布《中国人民解放军工程建设管理条例》，对全面指导军队工程建设、规范工程建设行为，保证军队工程建设质量，发挥了重要作用。但随着中国社会主义市场经济体制的逐步建立和军队工程建设的发展，军队工程建设遇到了许多新情况和新问题。为适应新形势的需求，迫切需要制定一部新的工程建设的基本法规，对军队工程建设加以约束和规范。据此，军委、总部有关部门组织专门力量，在广泛调查研究和科学论证的基础上，依据《建筑法》、《国防法》和《军事设施保护法》，结合我军工程建设的新需求，修订了新的《中国人民解放军工程建设管理条例》。

新条例共分14章66条，其中，有6章是新增加的，有8章是在原条例基础上修改的。新修订的条例对军队工程建设的范围，工程建设管理的原则、任务，工程建设程序，以及建设前期的工作、建设计划、勘察设计、施工等全过程管理控制均作了明确规定。新条例第1次明确了军队工程建设的主管机关，对各级工程建设管理部门和建设单位的职责进行了细化规定，增加了工程建设监理和工程造价管理等内容，对如何实施工程建设监理、工程造价管理、工程的“发包”与“承包”等，明确地进行了规范。为确保军队工程建设的质量，防止“豆腐渣”工程，条例完善了配套制度，还加大了工程建设的奖励力度。对不按程序办事，筹措、使用不合格建筑材料，工程建设出现严重质量问题的，进行严肃的处罚，都作了明确的规定。

总参、总后近日发出通知，要求全军部队认真学习《工程建设管理条例》，全面领会、坚决贯彻执行。

（金　鲍）

中共中央转发《关于改革开放和发展社会主义市场经济条件下军队思想政治建设若干问题的决定》

《解放军报》1999年9月1日报道，根据中央军委决定，于1999年7月5～9日在北京召开的全军政治工作会议，以邓小平理论为指导，全面贯彻江泽民同志关于思想政治建设的重要论述，讨论形成了《关于改革开放和发展社会主义市场经济条件下军队思想政治建设若干问题的决定》。8月24日，中共中央发出通知，向全党全军转发了这一《决定》。

通知说，《关于改革开放和发展社会主义市场经济条件下军队思想政治建设若干问题的决定》，以邓小平理论为指导，全面贯彻江泽民同志关于思想政治建设的重要论述，回顾改革开放20年特别是党的14大以来军队思想政治建设的实践，总结新时期军队思想政治建设的基本经验，分析新的历史条件和国际国内形势的变化，集中回答改革开放和发展社会主义市场经济条件下军队思想政治建设面临的重大问题，体现了古田会议以来人民解放军政治工作的优良传统，对军队政治工作和现代化建设，将会产生重大而深远的影响。

通知指出，重视思想政治建设是中国共产党和军队的特有优势。当前，国际战略格局正在发生深刻变化，中国社会正处在重大转折时期，思想政治领域存在复杂的矛盾和斗争。加强思想政治建设，对于坚持党的领导，贯彻党的基本理论、基本路线和基本纲领，维护和巩固改革、发展、稳定的大局，保证社会主义现代化建设的顺利进行，具有极为重要的意义。中国人民解放军是党绝对领导下的人民军队，是体现党和国家政治优势的重要力量，必须把思想政治建设摆在军队各项建设的首位，充分发挥政治工作生命线的作用。

通知说，打赢未来高技术战争，保持人民军队的性质、本色和作风，是新时期党对人民军队的最高政治要求。军队思想政治建设必须为打赢未来高技术战争提供强大的精神动力，为保持人民军队的性质、本色和作风提供可靠的政治保证。实现新时期思想政治建设使命，是全军各级党委、政治机关和广大政治干部的首要职责，是开展各项政治工作的出发点和落脚点。

通知强调，《关于改革开放和发展社会主义市场经济条件下军队思想政治建设若干问题的决定》，不仅对加强军队思想政治建设具有重要的指导作用。其基本精神也适用于全党的思想政治建设。

《决定》阐述了10个方面的问题：改革开放以来军队思想政治建设的基本实践；新的历史条件下军队思想政治建设的使命；从社会主义初级阶段实际出发指导思想政治建设；突出拥护和支持改革这个时代性课题；坚持不懈地强化革命军人的精神支柱；把着眼点放在全面提高官兵素质上；正确认识和运用物质利益原则；发挥法规制度在思想政治建设中的作用；切实增强党组织的凝聚力和战斗力；面向新世纪军队政治工作的改革与发展。

《决定》认为，中国共产党在创建和领导人民军队的实践中，历来注重从思想上政治上建设部队。以毛泽东同志为核心的党的第1代领导集体，在长期革命斗争中确立的军队政治工作基本的理论、方针、原则和制度，无论过去、现在还是将来都是我们的政治优势。以邓小平同志和江泽民同志为核心的党的第2代、第3代领导集体，从新时期实际出发，丰富发展了人民解放军思想政治建设的理论和实践。在把建设有中国特色社会主义伟大事业全面推向21世纪的进程中，人民解放军肩负着重大责任。思想政治建设必须适应新的形势和任务，继承优良传统，总结新鲜经验，开创新的局面。

《决定》总结了改革开放以来军队思想政治建设的基本实践，以1978年党的11届3中全会为标志，中国社会主义社会进入了新的历史发展时期。中国共产党把马克思主义的基本原理与当代中国的实际相结合，开辟了建设有中国特色社会主义的新道路，改革开放和现代化建设取得了辉煌成就。伴随着国家、军队建设和改革的步伐，人民解放军思想政治建设在拨乱反正中前进，在继承创新中发展，在服务保证中落实，在迎接挑战中加强，呈现出鲜明的时代特色。人民军队在思想上、政治上和组织上更加巩固，展现出新的风貌。

新时期人民解放军思想政治建设的成就和进步，是在邓小平理论指引下取得的。邓小平同志作为中国改革开放的总设计师，在开创建设有中国特色社会主义伟大事业的实践中，亲自领导军队进行全面整顿，消除“左”的错误思潮和“文化大革命”中林彪、“四人帮”对军队干扰破坏的影响，正本清源，重审实事求是的思想路线，使军队政治工作重新走上健康发展的轨道。邓小平理论特别是新时期军队建设思想，为新的历史条件下军队思想政治建设奠定了理论基础，指明了正确方向。

江泽民同志在领导人民解放军现代化建设中，结合新的实践，运用毛泽东军事思想和邓小平新时期军队建设思想，提出了“思想政治建设”这一具有时代意义的重大任务，强调必须把思想政治建设摆在全军各项建设的首位，对加强思想政治建设从多方面作了深入阐述，提出了一系列重要思想，具有重要的理论意义和实践意义，是指导军队思想政治建设的科学依据。

改革开放以来全军部队加强思想政治建设的实践，得出的基本结论是：必须坚定不移地高举邓小平理论伟大旗帜；必须确保党对军队的绝对领导；必须始终把思想政治建设摆在军队各项建设的首位；必须紧紧围绕军队现代化建设这个中心；必须坚持继承优良传统与改革创新的统一。

《决定》明确了新的历史条件下军队思想政治建设的使命。进入新时期以来，军队建设所处的历史条件发生了重大而深刻的变化。军队思想政治建设既面临难得的发展机遇，也面临严峻的挑战和艰巨的任务。新的形势和新的任务，对军队建设提出了两个历史性课题：一个是在复杂的国际环境中，人民解放军能不能跟上世界军事发展的趋势，打赢未来可能发生的高技术战争；一个是在社会主义市场经济和对外开放条件下，人民解放军能不能保持人民军队的性质、本色和作风，始终成为由党绝对领导下的革命军队。

根据这两个历史性课题，人民解放军思想政治建设的使命是：为打赢未来高技术战争提供强大的精神动力；为保持人民军队的性质、本色和作风提供可靠的政治保证。打赢未来高技术战争，是人民解放军的神圣职责，事关国家安危、祖国统一、民族存亡。从政治指导、思想教育、舆论支持等方面为“打得赢”提供强大动力，是对军队思想政治建设的必然要求。保持人民军队的性质、本色和作风，是人民解放军的立军之本，关系到社会主义制度的巩固和国家的长治久安，是党和人民的根本利益所在。从政治上、思想上、组织上为“不变质”提供可靠保证，是军队思想政治建设的基本出发点和落脚点。

全军要努力实现思想政治建设的使命，使军队始终成为与党同心同德，坚决听从党指挥的军队；始终成为用革命理想信念凝聚起来，坚定捍卫有中国特色社会主义伟大事业的军队；始终成为全心全意为人民服务，具有高尚道德情操，拒腐蚀、永不沾的军队；始终成为斗志高昂、英勇善战，具有强大战斗力的军队。

《决定》要求从社会主义初级阶段实际出发指导思想政治建设。中国正处于并将长期处于社会主义初级阶段。这是党在现阶段全部理论和全部实践的客观依据。军队思想政治建设必须从这一最大实际出发，把社会主义的本质要求与初级阶段的具体条件结合起来，坚持实事求是，增强针对性和有效性。认为思想政治建设可以不考虑初级阶段的实际情况是错误的，认为初级阶段可以降低思想政治建设的标准和要求也是错误的。

正确把握初级阶段中国国情的本质特征，把用党在社会主义初级阶段的基本理论、基本路线、基本纲领来统一思想和行动，作为新时期军队思想政治建设的根本任务；正确把握初级阶段社会关系的变化，用不同的方式处理不同性质的矛盾，是思想政治建设的经常性工作；正确把握初级阶段工作对象的特点，坚持先进性要求与广泛性要求相结合，使思想政治建设更好地引导群众、掌握群众。

《决定》指出，思想政治建设要突出拥护和支持改革这个时代性课题。思想政治建设必须把拥护和支持改革作为历史性任务，引导全军与党同心同德，与改革共命运，切实担当起在改革、发展和稳定中肩负的政治责任。

从根本上坚定对改革的信念，要帮助官兵自觉运用“三个有利于”的根本标准，正确判断改革中的是非得失，坚信改革是强国富民之路；正确对待改革中利益关系的调整，引导官兵站在改革全局的高度，自觉为党为国分忧，在个人进退去留、家属子女就业安置等切身利益问题上，转变观念，调整心态，理顺情绪，增强对改革的承受能力；积极为推进改革贡献力量，要保持高度警惕，随时准备应付各种突发事件，做好维护社会稳定的工作，大力支援国家经济建设，继续开展双拥共建活动，培养军地两用人才，勇于承担抢险救灾等各种最紧急、最艰难、最危险的任务，在保护国家利益和人民生命财产安全的斗争中，发挥生力军和突击队作用。

《决定》要求坚持不懈地强化革命军人的精神支柱。当代革命军人的精神支柱，主要是坚定的革命理想信念，自觉的牺牲奉献精神。坚定的革命理想信念，是人民解放军精神支柱的核心之点。自觉的牺牲奉献精神，是人民解放军精神支柱的本质特征。

强化精神支柱，最重要的是帮助官兵树立马克思主义的科学世界观，坚持全心全意为人民服务的宗旨，培养和建设与有中国特色社会主义的要求相适应，与革命军人特殊使命相一致的人生观、价值观。坚持用正确的思想理论教育官兵；坚持用昂扬的革命精神激励官兵；坚持用良好的政治环境熏陶官兵；坚持用严格的组织纪律约束官兵。

《决定》强调思想政治建设要把着眼点放在全面提高官兵素质上。官兵素质是军队建设水平的基本标志，是军队履行职能、完成各项任务的决定性因素。思想政治建设必须积极适应新的变化，全面培养人、塑造人，真正在提高官兵素质上下功夫、见成效。这是新时期部队思想政治建设必须遵循的一个重要指导原则。

全面提高官兵素质，就是要适应军队现代化建设需要，培养造就具有良好的思想政治素质、军事专业素质、科学文化素质和身体心理素质，全面发展的新一代官兵；全面提高官兵素质，必须把正确的思想理论武装和现代科技特别是高科技知识的武装作为基本途径；全面提高官兵素质，重点是建设一支高素质的干部队伍。

《决定》要求正确认识和运用物质利益原则。重视和关心官兵的物质利益，引导官兵认识自己的根本利益并自觉地为之奋斗，体现了唯物史观的基本要求，是我党我军的优良传统。在发展社会主义市场经济条件下，物质利益对人们思想行为的驱动作用明显增大，由各种利益矛盾引起的思想问题比以往更为突出。能否引导官兵正确认识和对待物质利益，关系到保持人民解放军政治优势和部队的凝聚力。这是新形势下部队思想政治建设必须正视的重大现实问题。

贯彻物质利益原则必须充分考虑到人民解放军的特殊要求。应当始终着眼于激发和调动官兵积极性，使他们更加自觉地为人民的利益而奋斗。军人的个人利益存在于国家和人民的整体利益之中，物质待遇只能随着经济的发展和人民生活水平的提高而逐步改善，不能简单照搬经济领域调节利益关系的具体做法。努力实现好、维护好、保障好官兵切身利益，立足现有条件，发挥组织优势，依据政策制度，千方百计地为他们排忧解难。重视和关心官兵的切身利益，决不意味着可以忽视和放松思想工作，更不能简单地用给钱给物代替思想教育和引导。任何时候都要相信思想工作的威力，相信广大官兵的基本觉悟，始终抓住思想教育这个中心环节。

《决定》强调发挥法规制度在思想政治建设中的作用。贯彻依法治军的方针，依靠法规制度的调节、规范和强制作用，巩固党领导人民军队的优良传统和新的经验，保证党的意志和主张在部队更好地落实，是提高思想政治建设质量和效果的重要途径，也是军队正规化建设的必然要求。必须转变观念，拓宽路子，把法规制度的建设和运用作为新时期加强思想政治建设的重要内容和手段。

充分发挥法规制度的功能，巩固和增强思想教育的效果。思想教育坚持和倡导的原则，应当从法规制度上给予鼓励和支持。思想教育反对的东西，要用法规制度进行严格的约束和诫勉，规范行为，鞭策后进，为整肃风气、防止和纠正不良倾向提供警示作用。社会主义民主政治的发展，官兵民主意识的普遍增强，要求更好地运用法规制度规范和引导军队的民主生活，维护和保障官兵的民主权利。随着改革的深化和依法治国、建设社会主义法治国家的推进，部队中涉法问题明显增多。解决这类问题，不能仅靠思想教育和行政调解，必须重视运用法律手段。领导干部和领导机关，首先要带头接受法规制度的约束和规范，转变思路和工作方式。把检查监督法规制度的贯彻落实，作为领导机关的重要职责和经常性工作，使思想政治建设的各项工作沿着科学化、正规化的方向发展。

《决定》要求切实增强党组织的凝聚力和战斗力。首要的是讲政治。任何时候都要坚定政治信念，坚信社会发展的必然规律，对党的事业充满必胜信心。任何时候都要保持高度的政治警觉，善于从政治上观察、分析和处理问题，切实肩负起共产党人的政治责任。任何时候都要具有很强的政治鉴别力，在复杂的斗争中，在大是大非面前，头脑清醒，立场坚定，旗帜鲜明。任何时候都要严守政治纪律，自觉维护党的利益和集中统一，做到令行禁止，保证政令军令畅通。

坚强有力的集体领导，是党组织的凝聚力和战斗力的集中体现。党委要贯彻民主集中制原则，坚持集体领导，民主集中，个别酝酿，会议决定，落实党委统一的集体领导下的首长分工负责制。高度重视对部队的思想政治领导，议大事，抓根本，始终把贯彻党的路线方针政策、坚持党对军队绝对领导的制度、保持人民军队的政治本色摆在头等重要位置，充分发挥核心领导作用。

良好的思想作风，对增强党组织的凝聚力和战斗力极为重要。要深入持久地开展以讲学习、讲政治、讲正气为主要内容的党性党风教育，加强党员的党性修养和锻炼，增强党的观念，充分发挥先锋模范作用。牢记党的宗旨，坚持群众路线，保持同人民群众的血肉联系，纠正脱离群众的官僚主义，克服各种消极腐败现象。加强党的基层组织建设，坚持党管党员、党管干部，通过党的经常性工作，把每一个党员管住管好，充分发挥党支部的战斗堡垒作用。

党的干部的自身形象，直接影响党的威信和党群关系。要把从严治党，严格对高中级干部的教育管理，作为增强党组织凝聚力和战斗力的重要方面。离退休干部也要自觉置于党组织监督管理之中，严于律己，保持革命晚节。紧紧围绕坚定政治信念，正确掌权用权，引导高中级干部加强世界观的改造和建设，做到自重、自省、自警、自励，过好金钱、权力、美色关，努力成为党和人民利益的忠实维护者，军队优良作风和中华民族传统美德的模范继承者，社会主义精神文明的带头实践者。

《决定》还规划了面向新世纪军队政治工作的改革与发展。新时期军队思想政治建设的重大使命，要通过强有力的政治工作去实现。政治工作必须在坚持优良传统的基础上，跟上新的形势，更新思想观念，对工作内容、政策制度和方式手段等方面不相适应的部分，积极进行探索和改革。

军队政治工作改革总的原则是：解放思想，实事求是，保持优势，创新发展。通过改革，增强政治工作的针对性、系统性、创造性，更加有力地发挥服务保证作用。政治工作的各项改革，都要有利于发挥人民解放军特有的政治优势，有利于保持部队的高度稳定和集中统一，有利于提高战斗力。

军队政治工作改革，是在坚持人民解放军根本原则和制度的前提下，推进政治工作的改进、发展和完善。主要是：探索优良传统的新发展；拓展服务保证的新领域；形成政策制度的新体系；运用科学先进的新手段。

政治工作改革是牵动军队建设全局的大事，是长期而艰巨的任务，必须积极稳妥地进行。要把领导机关的积极性与部队的积极性结合起来；要把整体谋划与重点突破结合起来；要把理论上的探索与实际工作的改进结合起来；要把学习借鉴与保持人民解放军特色结合起来。

完成新时期军队思想政治建设的使命，推进政治工作的改革与发展，政治机关和政治干部责任重大。各级政治机关和广大政治干部，要忠诚和热爱军队政治工作事业，保持昂扬的精神状态，发扬求真务实的作风，树立言行一致的良好形象，坚定信心，迎难而上，勤奋学习，扎实工作，不断提高科学指导和组织实施政治工作的能力，提高把上级指示与本单位实际结合起来抓落实的能力，提高研究新情况解决新问题的能力，努力开创军队思想政治建设的新局面。

《决定》最后号召，全军同志要高举邓小平理论伟大旗帜，在以江泽民同志为核心的党中央、中央军委领导下，振奋精神，团结一致，艰苦奋斗，开拓前进，为推进军队的革命化、现代化、正规化建设作出更大的贡献。

印发《空军飞行学员早期培训暂行办法》 《解放军报》1999 年 9 月 1 日报道，为规范空军飞行学员早期培训工作，提高飞行学员的选拔质量，教育部、公安部、总政治部日前印发《空军飞行学员早期培训暂行办法》。

空军飞行学员早期培训工作是指在应届高中毕业生中选拔飞行学员之前，对部分基本具备选拔条件的普通高中学生，按照空军飞行学员的素质要求，有计划地进行预备性培养和训练。《暂行办法》规定，承担此项任务的学校必须具备以下条件：所在地（市）或县（市、区）飞行学员预选对象生源充足、素质好，报考空军飞行学院踊跃，连续多年为空军输送较多合格飞行学员；具备良好的办学条件；对招飞工作积极性高，有一套专门管理班子，有较强的师资力量，能够按照普通高中教育目标和空军飞行学员选拔目标实施教学和培训；能够按照空军飞行学员身体条件，对学生定期进行体格检查和保健。

应届高中毕业的预备班学生，均应首先参加当年军队招飞选拔，符合军队飞行学院录取条件的，在同等条件下优先录取。未被军队飞行学院录取且高考成绩达到所在省、直辖市高等学校招生相应批次录取控制分数线的预备班考生，优先录取到其他军事院校或者依其志愿由有关普通高校优先录取。

颁发《进一步深化军队住房制度改革方案》 《解放军报》1999 年 9 月 22 日报道，经江泽民主席批准，中央军委颁发《进一步深化军队住房制度改革方案》，全军盼望的新的住房制度改革政策正式出台。

新的房改方案采取军队保障与社会保障、公寓住房与自有住房、实物供应与货币分配“三结合”的方式，建立了军队住房保障新体系，将军队人员区分为6类，分别实施不同的住房保障。在职干部主要住用公寓房，有条件的经批准可以购买自有房；离休干部主要购买干休所住房；退休干部住房逐步与房改新政策接轨，搞活建房方式，加快建设步伐；转业、复员干部的住房纳入社会保障系统；士官比照相应职级干部待遇保障住房；职工住房按照当地政府房改政策进行改革。家属随军随不了队的，可以购买配偶单位的住房。通过这些改革，使大家住房各得其所。

实行住房补贴制度，增强了军队人员的购房能力。广大干部、士官服役期间人人都能积累一笔住房补贴资金，买房或退役时可按规定兑现，解除了长期困扰军队人员的后顾之忧。新的住房补贴制度规定，未按房改政策购买住房的军官、文职干部和士官，在按经济适用住房价格或市场价购买住房并退出公寓房时，可申请得到住房补贴。住房补贴由基本补贴和地区补贴两部分构成，基本补贴标准全军统一，直接与工资挂钩，采取记账管理，购房时兑现，补贴到退休为止。1999 年的基本补贴确定为军人基本工资的40.94%。基本补贴标准体现了对边远艰苦地区部队干部、士官的倾斜和照顾。在高房价城市购买住房的，另给予相应的地区补贴。这样，在军队工作一定年限后，大家能够买得起一套相应职级的住房。对已购买住房但面积未达标的人员，不予退房，给予货币补差。《方案》对各职级人员住房面积补贴标准作了明确规定。

部队家属生活区将划分为公寓区和售房区。公寓房主要保障在职人员工作居住。售房区的住房，将统一规划出售，实行社会化管理。售房区的住房，军队在职人员可以买、退休干部可以买，住在售房区的地方人员经批准也可以买。新的房改《方案》实施后，驻城市部队公寓房建设要严格控制，将充分利用国家经济适用住房的优惠政策，争取地方划拨土地或军队内部挖潜，采取统建、联建和单位自建等多种建房方式，搞好军队经济适用住房建设，拓宽向干部出售住房的路子。

在《方案》实施过程中，军队将加快驻乡镇旅团作战部队公寓住房建设，完善住房公积金制度，逐步推进住房租金改革，疏通个人购房抵押贷款渠道，建立售后住房置换机制，发展住房社会化管理，整体推进军队住房制度改革。

第 2 次修订发布《中国人民解放军现役士兵服役条例》 （1988 年 9 月 23 日中华人民共和国国务院、中华人民共和国中央军事委员会第 14 号令发布 根据 1993 年 4 月 27 日《国务院、中央军事委员会关于修改〈中国人民解放军现役士兵服役条例〉的决定》修订发布 根据 1999 年 6 月 30 日《国务院、中央军事委员会关于修改〈中国人民解放军现役士兵服役条例〉的决定》第 2 次修订发布）

第 1 章 总 则

第 1 条 为了完善士兵服役制度，提高士兵队伍素质，加强中国人民解放军的革命化、现代化、正规化建设，根据《中华人民共和国兵役法》的有关规定，制定本条例。

第 2 条 现役士兵按兵役性质分为义务兵役制士兵和志愿兵役制士兵。义务兵役制士兵称义务兵，志愿兵役制士兵称士官，并依照本条例授予相应军衔。

第 3 条 士兵必须忠于祖国，热爱社会主义，全心全意为人民服务；忠于职守，刻苦钻研军事技术，熟练掌握手中武器；严格执行国家的法律、法规和军队的条令、条例，尊重领导，服从命令，听从指挥；随时准备打仗，抵抗侵略，保卫祖国。

第 4 条 中国人民解放军总参谋部主管全军的兵员工作，各级司令机关主管本单位的兵员工作。

国务院有关部门和地方各级人民政府，根据本条例及有关法律、法规的规定，协助军队做好兵员工作。

第 2 章 士兵的服役管理

第 5 条 公民依照法律规定，在中国人民解放军履行兵役义务，须经县级兵役机关批准。

第 6 条 义务兵服现役的期限，从兵役机关批准之日起计算。

第 7 条 士官从服现役期满的义务兵中选取。义务兵选取为士官，必须具备下列基本条件：

（一）志愿献身于国防事业；

（二）能胜任本职工作；

（三）具有初中毕业以上文化程度；

（四）身体健康。

根据军队需要，士官也可以直接从非军事部门具有专业技能的公民中招收。

第 8 条 士官实行分期服现役制度。士官服现役的年限为：第 1 期、第 2 期各 3 年；第 3 期、第 4 期各 4 年；第 5 期 5 年；第 6 期 9 年以上。

士官分期服现役的批准权限为：第 1 期、第 2 期由团（旅）级单位批准；第 3 期、第 4 期由师（旅）级单位批准；第 5 期、第 6 期由军级单位批准。

第 9 条 士官担任除班长以外的基层行政或者专业技术领导、管理职务，须经军事院校培训。

士官担任专业技术工作职务，必须经过相应专业技术培训。

第 10 条　士兵担任副班长、班长或者相当于班长职务，由营或者相当于营的单位的主官任免。

战斗中，因伤亡影响作战指挥时，连或者相当于连的单位的主官可以任命副班长、班长或者相当于班长的职务，但战斗间隙应当立即上报备案。

第 11 条　士兵的调配使用，应当严格按照编制的规定执行。

士兵不得分配到军队企业、事业单位服现役。

第 12 条　士兵在师（旅）范围内调动，须经上一级主管首长批准；跨师（旅）以上单位的调动，由军以上司令机关办理，报上一级领导机关备案。

第 13 条　新入伍的士兵，必须经过共同科目基础教育训练；专业技术兵必须经过 3 个月以上的专业技术培训；班长必须经过 3 个月以上的集训。

第 14 条　部队应当每年对士兵进行训练考核，对专业技术兵进行技术等级标准考核。考核成绩应当作为使用、晋升和奖惩的依据。

第 3 章　士兵的军衔

第 15 条　士兵军衔按兵役性质分为：

（一）志愿兵役制士兵：六级士官、五级士官、四级士官、三级士官、二级士官、一级士官；

（二）义务兵役制士兵：上等兵、列兵。

第 16 条　士兵军衔按等级分为：

（一）高级士官：六级士官、五级士官；

（二）中级士官：四级士官、三级士官；

（三）初级士官：二级士官、一级士官；

（四）兵：上等兵、列兵。

士官军衔中，列兵为最低军衔，六级士官为最高军衔。

第 17 条　海军、空军士兵在军衔前分别冠以“海军”、“空军”二字。

第 18 条　士兵军衔的授予、晋升，以本人所任职务、德才表现和服现役年限为依据。

第 19 条　士官军衔的授予、晋升：

（一）兵：服现役第 1 年的义务兵，授予列兵军衔；服现役第 2 年的列兵，晋升为上等兵军衔；

（二）初级士官：义务兵服现役期满，被批准为第 1 期士官的，授予一级士官军衔；第 1 期服现役期满，被批准进入第 2 期服现役的一级士官，晋升为二级士官军衔；

（三）中级士官：第 2 期服现役期满，被批准进入第 3 期服现役的二级士官，晋升为三级士官军衔；第 3 期服现役期满，被批准进入第 4 期服现役的三级士官，晋升为四级士官军衔；

（四）高级士官：第 4 期服现役期满，被批准进入第 5 期服现役的四级士官，晋升为五级士官军衔；第 5 期服现役期满，被批准进入第 6 期服现役的五级士官，晋升为六级士官军衔。

第 20 条　士兵军衔应当按照规定的服现役期限晋升；服现役第 1 年的列兵被提升为班长职务的，晋升为上等兵军衔。

第 21 条　士兵军衔授予、晋升的批准权限：

（一）高级士官由军级单位主官批准，中级士官由师（旅）级单位主官批准；初级士官由团（旅）级单位主官批准；

（二）兵的军衔由连或者相当于连的单位的主官批准；服现役第 1 年的列兵担任班长职务，晋升为上等兵军衔的，由营级单位主官批准。

第 22 条　兵的军衔的授予、晋升，由连或者相当于连的单位的主官队前宣布；士官军衔的授予、晋升，由批准单位的主官以命令下达。

第 23 条　士兵在训练机构学习期间军衔的晋升，学制 6 个月以上的，由训练单位办理；学制不满 6 个月或者送地方学习的，由原单位办理。

士兵住院治疗期间军衔的晋升，由原单位办理。士兵因病和非因公致伤致残住院或者病休的时间，连续计算超过半年的，暂缓晋升，暂缓期限不得少于半年。

第 24 条　士兵在受审查期间，军衔暂不晋升。经审查没有问题的，应当按期晋升。

第 25 条　军衔高的士兵对军衔低的士兵，军衔高的为上级。当军衔高的士兵在职务上隶属于军衔低的士兵时，职务高的为上级。

第 26 条　士兵必须按规定佩带与其军衔相符的肩章、符号。

第 27 条　士兵军衔评定、授予的程序和办法，由中国人民解放军总参谋部规定。

第 4 章　士兵的奖惩

第 28 条　对在作战、训练、执勤和工作中表现突出，取得显著成绩，以及为国家和人民做出其他较大贡献的士兵，应当给予奖励。奖励的项目、条件、批准权限和实施程序按照中央军事委员会的规定执行。

第 29 条　对违反纪律和故意或者过失给国家、军队和人民造成损失，或者在群众中产生不良影响的士兵，应当给予处分。处分的项目、条件、批准权限和实施程序按照中央军事委员会的规定执行。

第 30 条　士兵在服现役期间，受除名或者开除军籍处分的，由批准机关出具证明并派专人遣送回原籍，地方人民政府应当予以接收。

第 5 章　士兵的待遇

第 31 条　义务兵享受供给制生活待遇，按军衔和服现役年限发给津贴。

士官实行工资制和定期增资制度，工资由基础工资、军衔等级工资、军龄工资组成，并按照国家和军队的有关规定享受津贴和补贴。

第 32 条　士兵享受国家和军队规定的保险待遇。

第 33 条　担任副班长、班长或者相当于班长职务和经军事院校培训并担任基层行政或者专业技术领导、管理职务的士兵，按照规定发给职务津贴。

第 34 条　士兵在服现役期间，享受公费医疗待遇。

第 35 条　士兵生活有困难的，应适当给予补助。

第 36 条　高级士官经师（旅）级以上单位的政治机关批准，其配偶和未成年的子女、无独立生活能力的子女可以随军，是农村户口的转为城镇户口，当地人民政府应当准予落户。

家属随军的士官，其住房、家属安置、子女入托入学等待遇，五级士官与家属随军的营职军官相同；六级士官与家属随军的团职军官相同。

第 37 条　士官家属符合随军条件未随军的，由军队发给分居补助费和医疗补助费。

第 38 条　士官牺牲、病故的，其随军家属移交政府安置管理。具体办法按照国务院、中央军事委员会关于牺牲、病故军官的随军家属移交政府安置管理的规定执行。

第 39 条　士官按照下列规定，享受探亲假和休假的待遇：

（一）未婚士官同父母远居两地的或者已婚士官夫妻远居两地的，一级士官任期内享受探亲假两次，每次假期二十天；二级以上士官，每年享受探亲假一次，已婚的假期四十天，未婚的假期三十天；二级以上士官当年未探亲的，第二年增加探亲假十五天；

（二）高级士官夫妻在一地、父母在异地的，每四年享受探望父母假一次，假期二十天；

（三）探亲假期不含途中时间，往返路费按照规定的标准报销；

（四）家属随军的高级士官，每年休假一次，服现役不满二十年的假期二十天，满二十年的假期三十天。

第 41 条　执行作战任务的部队的士官停止探亲和休假。

国家发布动员令后，按照动员令应当返回部队的正在探亲、休假的士官，应当立即结束探亲和休假，返回本部。

第 6 章　士兵退出现役

第 41 条　义务兵服现役期满未被选取为士官的，以及士官服现役满本期规定年限未被批准进入下一期继续服现役的和符合退休条件的，一律退出现役。

第 42 条　服现役期限未满的士兵，符合《中华人民共和国兵役法》第 20 条和其他有关规定的，经师（旅）以上机关批准，可以提前退出现役。

第 43 条　战时，士兵因伤病住院治疗后，经医院证明不宜继续服现役时，不再介绍回原部队，由军队医院或者后方团以上单位办理手续退出现役。

第 44 条　士兵退出现役时，按规定发给退出现役补助费；患有慢性病的，按规定发给医疗补助费。

第 45 条　士兵退出现役在返家途中违法乱纪的，沿途军事机关应当协同当地有关部门劝阻制止；构成犯罪的，由当地司法机关依法处理。

第 46 条　义务兵从被批准退出现役之日起，必须在 30 天内到安置地的退伍军人安置机构报到；逾期不报到的，由户口管理机关按照国家有关规定，给予批评教育或者行政处罚。

第 47 条　对退出现役的义务兵，按照国家有关规定妥善安置。

第 48 条　士官退出现役后，初级士官作复员安置；服现役满 10 年的中级士官、高级士官作转业安置，本人要求复员，并经组织批准，也可以作复员安置，入伍前是农村户口的，可以转为城镇户口；服现役满 30 年或者年满 55 岁的高级士官作退休安置，根据地方需要和本人自愿也可以作转业安置，丧失工作能力的士官作退休安置。具体办法由国务院、中央军事委员会另行规定。

第 49 条　士兵退出现役后分配参加工作的，其工龄按照《退伍义务兵安置条例》第 15 条的规定计算；工资标准，按照不低于现岗位同工种、同工龄大多数工人的标准工资的原则确定。

第 50 条　士兵退出现役时，按照《中华人民共和国兵役法》的有关规定服预备役的，由部队确定其预备役军衔。

第 7 章　附　则

第 51 条　本条例适用于中国人民武装警察部队。

第 52 条　本条例由中国人民解放军总参谋部负

责解释。

第 53 条　本条例自发布之日起施行。

下发《关于加强专业技术干部继续教育工作的意见》　《解放军报》1999 年 7 月 9 日报道，为适应加强军队质量建设、实现科技强军战略方针的需要，进一步提高专业技术干部队伍的整体素质，总参谋部、总政治部、总后勤部、总装备部日前联合向全军下发了《关于加强专业技术干部继续教育工作的意见》。

《意见》指出，广泛深入地开展继续教育是做好新形势下军队人才培养工作的重要方面，是加强专业技术干部队伍建设、开发人才资源的有效途径。培养大批学术技术带头人，对于推动科技进步和增强部队战斗力，实现我军建设由数量规模型向质量效能型、由人力密集型向科技密集型转变具有重要的战略意义。

《意见》要求，以邓小平新时期人才建设理论为指导，认真按照江主席用正确的思想理论武装干部，用高科技知识武装干部的要求，紧紧围绕贯彻军委新时期军事战略方针，提高专业技术干部的整体素质和业务水平，适应科学技术发展和武器装备更新的需要，积极主动为部队现代化建设服务。遵循继续教育的规律，坚持按需施教、形式多样、短期培训、注重实效、普遍参加、在职为主的原则，有计划地分级分类分层次组织实施。继续教育的内容和课程设置以新理论、新技术、新方法、新装备为重点，注重针对性、实用性、科学性、先进性。要充分发挥各单位各部门的积极性，经过 3～5 年的努力，逐步建立起制度化、网络化、多层次、多渠道的继续教育体系，形成有组织、有计划、有教员、有教材、有保障条件的继续教育新局面。

《意见》明确指出，总部负责制定继续教育的基本政策规定。大军区级单位、各业务主管部门根据基本政策规定，结合本单位、本系统的实际，制订相应的规章制度，建立继续教育的组织网络，对继续教育的内容、方式、时间、组织、培训机构、师资与经费、考核与奖惩等做出具体规定。建立继续教育的考核评估及学分制度，对专业技术干部每年参加继续教育的情况，及时进行综合评定。同时，还应建立激励机制，把专业技术干部参加继续教育的情况，作为评估专业技术职务和调整专业技术等级的衡量条件之一，逐步形成考核、使用一体化，使继续教育工作有章可循，走上规范化的轨道。

《中国人民解放军联勤条例》发布施行　《人民日报》1999 年 10 月 31 日报道，中央军委主席江泽民日前签署命令，向全军发布施行《中国人民解放军联勤条例》。

据总后勤部有关领导介绍，实行三军联勤在人民解放军历史上是第 1 次，也是新中国成立以来我军后勤保障体制的一次重大变革。这标志着人民解放军沿袭了近半个世纪的现行三军分供体制已告结束，并被以军区为基础、区域保障与建制保障相结合、通用保障与专用保障相结合的新型保障体制所取代，从而使人民解放军后勤向现代化方向迈出了重要一步。

《中国人民解放军联勤条例》是人民解放军组织实施联勤工作的基本依据。《条例》以毛泽东军事思想、邓小平新时期军队建设思想和江泽民关于军队建设的一系列重要论述为指导，全面贯彻中央军委关于实行联勤的决策意图，对联勤的工作程序、运行环节、运转过程和工作制度等进行了规范，并对主管全军联勤工作的领导机关总后勤部、主管战区内联勤工作的军区联勤部以及军兵种后勤系统的工作职责作了明确界定，以便于诸军兵种依法联勤，确保联得上、联得住、联得好。

实行联勤，集中集约使用后勤力量，就近就便对三军部队实施保障，对于优化后勤资源配置，理顺保障关系，提高军事经济效益和整体保障能力，具有特别重要的意义，也是人民解放军适应国际军事发展趋势和未来联合作战的需要，适应国内社会主义市场经济发展，解决军队后勤现代化建设进程中诸多深层次矛盾的必然选择。

据悉，中央军委确定，三军联勤体制将于 2000 年 1 月 1 日正式启动。目前，全军联勤机构已经建立，对保障实体作了调整，供应关系基本理顺，配套法规制度将陆续出台，联勤的各项准备工作基本就绪，能够保证 2000 年按新体制顺利运转。

中国启用新式军（警）衔标志　《解放军报》1999 年 12 月 1 日报道，按照四总部《关于改革与完善士官制度的实施办法》和总参谋部、总后勤部《关于全军士兵配发新式军衔肩章的通知》，全军和武警部队士兵新式军（警）衔标志，从 1999 年 12 月 1 日起启用。12 月底前，义务兵和新选取套改的士官一律佩带新的军（警）衔标志。

1998 年 12 月公布的《中华人民共和国兵役法》规定，义务兵服役时间为 2 年，并且不再超期服役。与新的兵役法相衔接，全军和武警部队按照新的《现役士兵服役条例》进行了士官制度的一系列改革。经过大量的准备工作之后，从 1999 年 11 月开始，按照新的士官制度从义务兵中选改士官，原有的专业军士和军士长也同时按照新的制度进行了套改。与新的兵役制度和士官制度相适应，士兵的军（警）衔也重新进行了设置。新启用的中国人民解放军士兵军衔标志式样说明如下：（一）士兵军衔肩章版面上底色：陆军为棕绿色，海军为黑色，空军为天蓝色。（二）士官军衔在肩章版面上缀以象征符号和折杠。象征符号、折杠的繁简分别表示士官军衔高、中、初三等和级别。三道粗折杠为六级士官军衔；两道粗折杠加一道细折杠为五级士官军衔；两道粗折杠为四级士官军衔；一道粗折杠加一道细折杠为三级士官军衔；一道粗折杠为二级士官军衔；一道细折杠为一级士官军衔。士官军衔肩章分硬肩章和套式软肩章。（三）兵的军衔在肩章版面上缀以折杠，无象征符号。两道折杠为上等兵军衔；一道折杠为列兵军衔。兵的军衔肩章为套式软肩章。

中国人民解放军士兵军衔制度是 1988 年 10 月 1 日与军官军衔制度同时实行的。实行这一制度，对于完善部队的指挥和管理制度，确立军人的职责、地位、待遇，维护部队的组织纪律，激励军人的荣誉感，树立人民军队良好形象起到了积极作用。士官制度的改革反映了军队现代化建设的历史进程。到 1999 年 12 月底，1988 年设置的士兵军衔等级和专业军士、军士长的称谓将自行取消。士兵新军（警）衔标志启用后，全军和武警部队士兵将以新的精神风貌展现在人民群众面前。

（金　鲍）

颁布《中国人民解放军边防执勤条令》 《解放军报》1999 年 12 月 17 日报道，中央军委主席江泽民日前签署命令，颁布施行《中国人民解放军边防执勤条令》。这是中国人民解放军第 1 部边防执勤工作法规。它的施行，标志着中国人民解放军边防执勤工作的制度化、规范化建设提高到了一个新水平。

中国拥有 2 万多千米的国（边）界线，陆地与 10 余个国家接壤。中国边防部队担负着防卫、管理国（边）界的任务，行使国家赋予的对国（边）界的管辖权。几十年来，中国边防部队忠实履行职责，严格执行边防政策，严密组织实施边防勤务，维护了国家主权和领土完整，保证了边境安全和稳定。改革开放以来，边境地区形势发生了很大变化，边防执勤遇到了许多新情况、新问题。为了进一步提高边防部队管理控制国（边）界的能力，更好地维护边防安全和稳定，为新时期国家经济建设和改革开放创造和平安宁的周边环境，中央军委决定制定《中国人民解放军边防执勤条令》。

这次颁布的《边防执勤条令》，坚持以毛泽东军事思想、邓小平新时期军队建设理论和江泽民关于军队和边防工作的一系列重要指示为指针，以《国防法》和党中央、国务院、中央军委颁发的边防政策规定为依据，贯彻新时期军事战略方针，从保卫国家主权和领土完整、维护边境安全与稳定出发，总结研究边防执勤的经验、特点和规律，立足现实，着眼发展，突出重点，兼顾一般，为边防部队今后实施边防勤务和处置边境问题提供了依据。

《边防执勤条令》共 11 章 58 条，对边防执勤的基本任务、职责和工作制度、边防勤务的组织程序、实施方法、基本要求以及边防情况处置、边防执勤保障等问题作出了明确规定。这一条令的颁布施行，对于加强和巩固边防，促进边防部队正规化建设，推动边防执勤法制化、规范化将发挥重要作用。

总后颁发《军队公寓区和售房区划分管理规定》 《解放军报》1999 年 12 月 1 日报道，根据中央军委《进一步深化军队住房制度改革方案》，总后勤部于 1999 年 11 月 19 日颁发了《军队公寓区与售房区划分管理规定》，并开始实施。

《规定》依据《进一步深化军队住房制度改革方案》，对公寓区和售房区的划区原则和方法、划区条件和范围、划区的组织实施，以及方案编报、办理程序、审批权限和划区后的管理方式等作了 24 条具体规定。总后在印发这个《规定》时强调，实行划区售房是进一步深化军队房改的基础性工作，目的是为了扩大售房范围，保证广大军队人员有房买，也有利于压缩营房保障规模，加强营区正规化管理。各级在组织实施中，要加强领导，严格按照《规定》的条件和范围，着眼发展，促进改革，合理划分，做到既要保持营区的完整性，又要保证售房的可行性。

发布实施《军队经济适用住房建设管理办法》 《解放军报》1999 年 12 月 23 日报道，总后勤部日前向全军发布实施《军队经济适用住房建设管理办法》。这是中国人民解放军第 1 部经济适用住房建设管理法规。它的施行，标志着军队经济适用住房的建设与管理步入制度化、规范化轨道。

军队经济适用住房，是指由军队单位组织建设，享受国家经济适用住房建设划拨土地、地方政府减免有关费用等优惠政策，建成后主要出售给军队人员的住房。根据中央军委颁发的《进一步深化军队住房制度改革方案》的规定，今后，军队不再组织集资住房和安居工程建设，除旅团部队和边远艰苦地区干部住房建设、公寓区的危房翻建、缺房添建外，其他住房新建，原则上按经济适用住房的政策组织建设。

这次发布施行的《军队经济适用住房建设管理办法》对经济适用住房建设方式、用地、资金、住房出售和售后管理等进行了政策规范。明确规定：在建设方式上，采取集中统建、单位自建相结合的方式进行，有条件的可以购买地方经济适用住房。建设用地采取向地方人民政府申请划拨和军队内部合理挖潜两种方式解决，使用军用土地建设的，应当位于售房区或独立的空闲营区。建设所需资金主要通过收取住房预售款、申请住房补贴和贷用住房公积金筹集。所建住房以两居室、三居室和四居室为主要户型，面积参照各职级军队人员的购房补贴建筑面积标准设计。向军队单位和个人出售的住房，一律实行综合成本价；利用军用土地建设的，比照所在城市同地段经济适用住房价格出售。经济适用住房出售后的管理、维修等与现行营房管理体制脱钩，实行物业管理。

印发《中国人民解放军军人退役医疗保险暂行办法》　《解放军报》1999年12月28日报道，经国务院、中央军委批准，国务院办公厅、中央军委办公厅日前联合发出通知，印发《中国人民解放军军人退役医疗保险暂行办法》。中央军委委员、总后勤部部长、全军军人保险委员会主任王克在27日召开的全军电话会议上强调，实行军人退役医疗保险制度，是落实江主席重要指示，调整改革军队政策制度的又一个实际步骤，各单位要精心组织，把党和国家对广大官兵的关怀落到实处。

2000年1月1日起实行的军人退役医疗保险，是继1999年出台军人伤亡保险后，中国出台的第2个军人保险险种。军人退役医疗保险对象，包括解放军和武警部队师以下干部、四级以下专业技术干部、士官、义务兵和具有军籍的学员。军职以上干部、移交政府安置的军队离退休干部暂不参加退役医疗保险。二等乙级以上革命伤残军人，已经享受现行医疗保险待遇，也不参加退役医疗保险。

军人退役医疗保险基金由国家财政拨款和军人缴纳的退役医疗保险费组成。个人负担部分按本人工资月收入的1%缴纳，国家按军人缴纳的退役医疗保险费的同等数额给予补助。义务兵、供给制学员和二等乙级以上现役伤残军人个人不缴纳退役医疗保险费。1999年底以前任命的干部和士官，国家将按以往的军龄每人每年补助60元保险金，军人退出现役时，退役医疗保险金将转到安置地的社会保险机构，与地方医疗保险接轨。如果军人退役后不能参加城镇职工基金医疗保险，军队将把保险金直接发给本人。如果军人牺牲或病故，保险金可由合法继承人依法继承。

王克在讲话中强调，党中央、国务院、中央军委对军人的福利待遇历来十分关心，近年来相继出台了一系列新的政策制度，实行军人退役医疗保险，就是其中的一个重要措施。各级党委要充分认识这项改革的必要性和紧迫性，加强组织领导、分工专人负责。各级机关要密切配合，按照职责抓好落实，把这件关系广大官兵切身利益的实事办好。

王克指出，建好个人账户是实行军人退役医疗保险的关键环节。各单位要抓紧建立个人账户，管好保险基金，搞好个人账户的结转和保险金的发放，防止拖欠延误，防止虚报冒领，切实维护官兵利益。总部有关部门要抓紧制定下发实施细则，尽快明确移交地方政府安置的退役军人医疗待遇政策。

副总参谋长钱树根主持会议，总政副主任唐天标宣读了《中国人民解放军军人退役医疗保险暂行办法》，总后副部长孙志强对《暂行办法》作了说明。国家劳动和社会保障部部长张左己以及全军军人保险委员会成员出席会议。（金　鲍）

俄罗斯军事法制

颁布《俄联邦军事法院法》(联邦宪法法律)　该法于1999年5月20日由俄联邦国家杜马通过，6月9日获俄联邦联邦委员会赞同，6月22日经俄联邦总统叶利钦签署后颁布实施。《俄罗斯报》6月29日刊登了该法全文。该法规定了俄联邦军事法院的基本任务、组成、权力、地位、财政拨款和活动保障等。该法共5章，45条。第1章，总则；第2章，军事法院系统与权力；第3章，军事法院审判员的地位；第4章，军事法院和军事审判厅的财政拨款与活动保障；第5章，最后与过渡条款。其中第1条规定，俄联邦军事法院属俄联邦司法系统，为联邦普通司法法院，在俄联邦武装力量、其他军队、队伍和联邦法律规定有兵役的联邦执行权力机关内行使司法权。军事法院按地区原则，在俄联邦武装力量、其他军队、队伍和机关配置地设立。军事法院设在可自由出入的场所。第4条规定，军事法院的基本任务是在审理下述案件中提供保障和辩护：人与公民、法人及其团体的权力、自由，以及受法律保护的利益受到侵害和（或）引起争议的案件；地方自治权和受法律保护的利益受到侵害和（或）引起争议的案件；俄联邦、俄联邦主体、联邦国家权力机关和俄联邦主体国家权力机关的权力，以及受法律保护的利益受到侵害和（或）引起争议的案件。第5条规定，军事法院行使独立司法权，只服从于俄联邦宪法、联邦宪法法律和联邦法律。军事法院审判员是独立的，在其实施审判权的活动中不隶属于任何人。不允许任何干扰军事法院审判员行使审判权的行为，任何干扰行为都将受到联邦法律的追究。第8条规定，军事法院由军区（舰队）军事法院和卫戍区军事法院组成。第10条规定，军事审判厅在俄联邦最高法院编制内工作，是军区（舰队）军事法院的直接上级法院。第11条规定，俄联邦最高法院军事审判厅厅长兼任俄联邦最高法院副院长。军事审判厅厅长，根据俄联邦最高法院院长推荐和俄联邦最高法院审判员资格委员会鉴定，经俄联邦总统提议，由俄联邦联邦委员会任命。

颁布《军人物质责任法》（联邦法律） 该法于1999年6月22日由俄联邦国家杜马通过，6月25日获俄联邦联邦委员会赞成，7月12日经俄联邦总统叶利钦签署第161号命令颁布实施。俄《红星报》7月24日刊登该法全文。该法共3章，14条。第1章，总则：第2章，军人物质责任；第3章，最后条款。该法规定了军人和应召参加军事集训公民在履行服役职责中对联邦财产和部队财产所造成损失应负物质责任的条件和范围，以及赔偿损失的办法。

颁布《俄联邦军事学说》（草案） 俄《红星报》1999年10月9日刊登《俄联邦军事学说》（草案）全文。全文分为引言、军事—政治原则、军事—战略原则、军事—经济原则、结论几部分。其中首先指出，俄联邦军事学说是一份系统和集中阐述官方有关防止战争和武装冲突、阐述战争与武装冲突的性质及实施方法，组织国家、社会和公民保障俄联邦及其盟国军事安全的各项活动的所有基本观点（方针）的文件。军事学说的原理是一整套规范性法律文件、概念性和纲领性政治文件的组成部分，它规定和组织军事安全保障方面的活动，是俄联邦所有执行权力机关和部门、企业事业单位和团体必须履行的义务，俄联邦法律规定，所有单位都应在其职责与权限范围内组织和实施军事建设、遂行俄联邦及其盟国的国防与安全任务。关于军事安全面临的主要威胁，草案指出，在现代条件下，以传统方式对俄联邦及其盟国发动直接军事侵略的威胁，可以通过推行积极的对外政策、保持足够的军事潜力（包括核遏制潜力）予以防止；与此同时，俄联邦及其盟国的军事安全所面临的一系列潜在的外部和内部威胁，包括大规模战争的威胁依然存在，而且在某些方面正在不断增大。俄联邦把核武器视为遏制侵略、保障俄联邦及其盟国军事安全、维护国际稳定与和平的有效因素。俄联邦认为，必须拥有能够确保使任何发动侵略的国家或国家联盟在任何条件下都遭受重创的核遏制潜力。俄联邦不对加入《不扩散核武器条约》的无核国家使用核武器，除非这些无核国家与有核国家共同实施或者因对有核国家承担联盟义务而支持对俄联邦、俄联邦领土、俄联邦武装力量或其他部队、俄联邦的盟国或俄联邦对其承担有安全义务的国家发动侵略或其他任何形式的进犯。俄联邦保留使用核武器的权力，以便回击对俄联邦及其盟国使用核武器和其他大规模毁灭性武器；当俄联邦及其盟国遭到使用常规武器的大规模入侵而处境危急时，也可用核武器进行回击。关于武装力量及其他军队的使用原则，草案指出，俄联邦有权使用武装力量、其他军队、军事组织和机关（武装力量及其他部队）和国家军事机构的所有组成部分，有权动用国家现有的一切兵力兵器，其中包括核武器（根据军事威胁的性质和规模而定），反击和制止对俄联邦及其盟国的侵略。武装力量及其他军队还可用于限制和镇压威胁到俄联邦主权、领土完整和国家统一的反宪法活动、违法武装暴动；根据联合国安理会的决议和俄联邦所担负的国际义务履行维和行动任务。草案指出，军事经济保障的首要任务是支持武装力量和其他军队的战斗准备和动员准备；提高战略武器系统的质量；研制和生产高效能的军队指挥系统与武器控制系统，研制和生产通信、侦察、战略预警、电子战、高精度机动的非核武器系统及其信息保障系统；减少武器和军事技术装备的类型和品种，使其通用化和标准化；提高军人及其家庭的生活水平，按照法律规定落实对军人及其家庭的社会保障。

批准《俄联邦国家安全构想》 俄联邦代总统普京2000年1月10日签发第24号总统令，批准俄联邦安全会议1999年10月5日通过的《俄联邦国家安全构想》。俄《独立军事评论报》2000年1月14日刊登该构想全文。“俄联邦国家安全构想是有关俄联邦在确保个人、社会和国家在所有活动领域的安全、使其免受内外威胁方面所持有的一整套观点。它规定了俄联邦国家政策最重要的方向。”该构想共分为4部分：国际社会中的俄罗斯；俄罗斯的国家利益；俄联邦国家安全面临的威胁；保障俄联邦国家安全。其中第1部分指出：目前国际形势的特点是国际关系体系发生急剧变化。两极对抗时代结束之后，两种相互排斥的倾向占据主导地位。第1种倾向表现在：相当多国家及其一体化联盟的经济和政治地位得到巩固，国际活动的多边管理机制日趋完善。在这种情况下，经济、政治、科技、生态和信息因素的作用日益上升。据此，俄罗斯将促使建立多极世界的意识形态的形成。第2种倾向表现在：以美国为首的西方发达国家凭借其主宰国际社会的地位，无视国际法基本准则，企图建立单方解决首先是武力解决国际关键性问题的国际关系体系。第2部分指出：俄罗斯的国家利益是指个人、社会和国家在经济、内政、社会、国际、信息、军事、边境、生态和其他领域的平衡利益的总和。它们具有长期性，决定着国家的基本目标，规定着国家对内对外政策的战略任务和当前任务。国家利益由履行自己职能的国家权力机关在依据俄联邦宪法和立法开展活动的社会团体的配合下加以保障。个人利益是：实现人和公民的宪法权利、自由，保障人身安全，提高生活质量和水平，德智体全面发展。社会利益是：巩固民主，建立法制社会国家，实现并保持社会和睦，实现俄罗斯的精神复兴。国家利益是：俄罗斯的宪法制度、主权和领土完整不可动摇，政治、经济和社会稳定，绝对保障和维护法制，发展国际合作。俄联邦在国际领域的国家利益是：确保主权，巩固俄罗斯作为一个大国——多极世界中一个有影响的中心——的地位。俄罗斯在军事领域的国家利益是，捍卫国家独立，主权和领土完整，防止对俄及其盟国发动军事侵略，确保国家和平、民主发展的条件。第3部分指出，国家经济现状、国家政权和公民社会组织制度的不完善、社会—政治两极分化和社会关系的违法现象、有组织犯罪的增多、恐怖主义规模的扩大、国际关系的尖锐化和复杂化，这些都对俄国家安全构成了广泛的内外威胁。军事领域威胁的水平和规模日益上升和扩大。北约已将不经联合国安理会批准便可在其责任区外动武的战略理论付诸实践，这一转变势必威胁到整个国际战略形势的稳定。一些主要大国技术上的突飞猛进及其研制新一代武器装备能力的增强，为新一轮军备竞赛的展开和军事行动实施样式和方法的根本改变创造了前提条件。外国特工机构及其所操纵的组织在俄领土上的活动猖獗。军事领域的消极趋势加剧的原因是：俄联邦军事组织和国防工业综合体的改革进程被拖延，对国防财政拨款不足，规范性法律基础不完善。在现阶段这主要表现在，俄联邦武装力量、其他军队、队伍和机构的战役战斗训练水平极其低下，军队现代化装备，军事技术和专业技术设备配备极其不足，社会问题极端尖锐，这导致俄联邦整体军事安全减弱。第4部分指出：保障俄联邦国家安全领域的主要任务是：及时预报和查明对俄联邦国家安全的外部与内部威胁；采取长期有效的措施预防和消除内部和外部威胁；保障俄联邦主权与领土完整及国家边境空间的安全；发展国家经济，实施独立的、社会目标明确的经济方针；克服俄联邦科技与工艺对外部来源的依赖；在俄罗斯领土上保障自然人与公民人身安全及其宪法权利与自由；完善俄联邦国家权力体制、联邦关系、地方自治和俄联邦立法，建立和睦的族际关系，巩固法制和社会政治稳定；保障所有公民、公职人员、国家机关、政党、政治团体和宗教团体都无条件地遵守俄联邦立法；保障俄罗斯首先与世界主要国家进行平等互利的合作；把国家军事潜力提高并保持在相当高的水平上；巩固不扩散大规模毁伤武器及其运载工具的机制；采取有效的措施查明、预防并制止外国对俄罗斯的情报与破坏活动；从根本上改善国家生态形势。保障俄联邦的军事安全是国家活动的最重要方面。在合理使用国防费用的条件下，保证对21世纪可能出现的威胁作出对称反应的能力是该领域的主要目的。在防止战争和武装冲突方面俄联邦侧重使用政治、外交、经济和其他非军事手段。但是，国家利益要求俄联邦拥有足够防御的军事威力。俄联邦武装力量在保障俄联邦军事安全方面起着主要作用。为防止各种规模的侵略，其中包括对俄罗斯及其盟国使用核武器而保持遏制是俄联邦一项最重要的任务。俄联邦应拥有能确保于任何情况条件下给任何一个侵略国家或国家同盟造成应有损失的核力量。俄联邦武装力量平时的战斗编成应能保证可靠地防护国家免遭空中—太空袭击和与其他军队、队伍和机构一起在局部战争（武装冲突）中遂行抗击侵略的任务，以及为保证在大规模战争中遂行任务进行战略展开。俄联邦武装力量应保证俄联邦开展维和活动。与独联体各国进行有效的协作是俄联邦军事安全保障领域的一个最重要的战略方向。保障国家安全的利益决定着在适当情况下，在世界某些具有战略意义的重要地区，必须保持俄罗斯的军事存在。根据条约和国际法准则，以及伙伴关系原则在这些地区内配置有限的军事人员（军事基地、海军兵团），应保证俄罗斯准备履行自己的义务、协助在该地区建立稳固的军事战略力量平衡并使俄联邦在危机态势初期就能对其作出反应，促进实现国家对外政策目标。为确保国家安全，俄联邦认为，可根据下列原则使用军事力量：在必须还击武装侵略的情况下，如果所有其他解决危机的手段都已用尽或无效，可使用俄拥有的一切兵力兵器，包括核武器；当国内出现威胁居民安全、国家领土完整，以及以暴力改变宪法制度的情况时，严格根据俄联邦宪法和联邦法律使用军事力量。

批准《俄联邦安全总局条例》　该条例由1998

年7月6日第806号俄联邦总统令批准。《俄罗斯报》1998年7月14日刊登该条例全文。该条例共4章，10条。第1章，总则；第2章，俄联邦安全总局的基本任务；第3章，俄联邦安全总局的职能；第4章，俄联邦安全总局局长和局务委员会的权限。《俄罗斯报》同时刊登了该条例附件：俄联邦安全总局编制机构。俄联邦安全总局所属机构包括：总局领导；反间谍司；反恐怖活动司；经济安全局；分析、预测与战略规划司；组织干部工作司；活动保障司；军事反间谍局、侦讯局；自身安全局；办公厅；条约法律局；军事动员处。

批准《军事运输义务条例》 该条例由1998年10月2日第1175号俄联邦总统令批准。俄《红星报》1999年1月29日刊登该条例全文。该报同时刊登了《俄联邦国防部1998年12月28日关于执行1998年10月2日第1175号“批准军事运输义务条例”俄联邦总统令措施的第590号命令》。该条例共5章，28条。第1章，总则；第2章，联邦执行权力机关、俄联邦主体执行权力机关和地方自治机关及团体履行军事运输义务的程序；第3章，公民履行军事运输义务的程序；第4章，履行军事运输义务的拨款与奖励；第5章，监督与报表。

批准《兵役登记条例》 该条例由俄联邦政府1998年12月25日第1541号决议批准。俄《红星报》1999年1月16日刊登该条例全文。该条例共8章，39条。第1章，总则；第2章，公民兵役登记义务；第3章，在地方自治机关进行初次兵役登记的程序；第4章，在团体内进行公民兵役登记的程序；第5章，兵役登记文件；第6章，在内卫机关、俄联邦司法部刑事执行系统部门和机关、联邦税务警察机关服役的公民兵役登记的程序与特殊性；第7章，受工作性质和条件所限不在常住地或在边远地区工作公民兵役登记的特殊性；第8章，不履行兵役登记公民和主管人员的责任。

修订颁布《俄联邦国家奖励条例》 该条例原由1994年3月2日第442号俄联邦总统令批准颁布。1999年1月6日，俄联邦总统叶利钦签发关于修改上述命令的第19号总统令，颁布了修订后的《俄联邦国家奖励条例》。俄《红星报》1999年2月16日刊登该条例全文。该条例共27条，规定了国家奖励的内容、范围和方法。其中规定，国家奖励，是对公民为保卫祖国、国家建设、经济、科学、文化、教育、学术、保障公民健康、生命与权力、慈善活动以及为国家作出的其他杰出贡献所给予的最高奖赏形式。国家奖励分下述几种：俄联邦英雄称号、俄联邦勋章、奖章、证章；俄联邦荣誉称号。

批准《军人与俄联邦国防部或法律规定有兵役的其他联邦执行权力机关签订住房合同的条件与程序条例》 该条例由1999年5月4日第487号俄联邦政府决议批准。俄《红星报》5月22日刊登该条例全文及附件。该条例共6条。

批准《俄联邦公民应征条例》 该条例由1999年6月1日第587号俄联邦政府决议批准。俄《红星报》8月28日刊登该条例全文。该条例共3章，42条。第1章，总则；第2章，役龄人员应征程序；第3章，编入预备役公民应征程序。

批准《民防团体条例》 该条例由1999年6月10日第620号俄联邦政府决议批准。俄《红星报》1999年刊登该条例全文。该条例共13条，规定了组建民防团体的条件和办法。其中第1条规定，根据《民防法》的规定，民防团体是在按区域—生产单位原则组建团体的基础上，建立起来的一种编成形式，它不编入俄联邦武装力量，拥有专门的技术装备和器材，并受过保护居民和团体免遭军事行动中或因军事行动出现的危险的训练。

批准《高等职业教育军事教育机构示范条例》 该条例由1999年6月18日第650号俄联邦政府决议批准。俄《红星报》7月31日刊登该条例全文。该条例共9章，40条。第1章，高等职业教育军事教育机构及其任务和结构。其中规定，联邦执行权力机关的高等职业教育军事教育机构（下称高等军事院校）是具有法人地位并经许可实施高等职业教育军事教育大纲的国家高等职业教育机构，依据联邦法律执行军事勤务。高等军事院校包括军事学院、军事大学和军事专科学院。军事学院实施高等职业教育和院校后职业教育的军事教育大纲；实施军官（初级、中级和高级）、教研和科研干部的培训、复训和进修，以使其能从事一定领域的军事职业、科研和教研活动；进行基础和应用科学研究，主要是军事科学研究；是本活动领域的主要科研和教学中心。军事大学在广泛的培训方向（专业）实施高等职业教育和院校后职业教育的军事教育大纲；实施军官（初级和中级）、教研和科研干部的培训、复训和进修；在广泛的学科领域进行基础和应用科学研究；是本活动领域的主要科研和教学中心。军事专科学院实施高等职业教育的军事教育大纲，通常也实施院校后职业教育大纲；实施军官的培训、复训和进修，以使其能够从事一定领域的军事职业活动；进行基础和（或）应用科学研究。

军事院校可以设有结构分支（分校、系、教研室、科研部门、学员分队、院校后和补充职业教育单位、保障机关［组织］等）。第 2 章，高等军事院校的招生。第 3 章，高等军事院校的教学和科研活动。其中规定，基本军事教育大纲的完成期限如下：获得“学士”等级（学位）不少于 4 年；获得“持文凭专业人员”等级不少于 5 年；获得“硕士”等级（学位）不少于 6 年。具有国家资格认证的高等军事院校，向毕业学员颁发完成相应教育的带有俄联邦官方标志的国家样式毕业证书。第 4 章，高等军事院校的管理。第 5 章，高等军事院校的固定和流动人员。第 6 章，教研干部的培训与教学、科研人员的进修。第 7 章，对高等军事院校活动的监督。其中规定，统一的高等军事院校活动评估体系包括：（1）许可证制度。目的和内容是，查明高等军事院校建议的教育过程的实施条件与俄联邦国家权力机关在教学场地的保障程度、卫生保健标准、教室设备、教学过程的装备程度和教学人员的教育资格等方面的要求是否一致；（2）国家鉴定制度。目的和内容是，查明高等军事院校毕业生的培训内容、水平和质量与国家高等职业教育标准的要求和军官培训的学科方向（专业）的等级要求是否一致；（3）国家资格认证制度。目的是确认（确立）高等军事院校的地位。第 8 章，高等军事院校的经济。第 9 章，核算和会计制度。

批准《服役条例》 该条例于 1999 年 9 月 16 日由俄联邦总统叶利钦签署第 1237 号命令批准。俄《红星报》10 月 2 日刊登了该条例全文。该条例共 8 章，34 条。第 1 章，总则：第 2 章，签订与终止合同程序；第 3 章，军职任命、临时代理、由指挥员（首长）掌握及解除程序；第 5 章，军衔授予与恢复程序；第 6 章，军人鉴定程序与鉴定委员会；第 7 章，军人休假程序；第 8 章，退役程序。附录 1，服役合同标准格式；附录 2，服役年限和提供补充休假日登记办法。其中第 2 条规定，兵、士按征召或按合同服役；准尉按合同服役；军官按征召或按合同服役。未曾服役、在军事职业教育机构学习的俄联邦公民，在签订合同前拥有按征召服役军人的地位。按征召服役的军人，在和平时期除志愿外，只有在其服役期不少于 12 个月的情况下，方可被派遣在武装冲突条件下（包括在分队、部队和兵团编成内）遂行任务（参加军事行动）。第 3 条规定，按征召服役士兵的服役期为 24 个月；毕业于高等职业教育机构按征召服役士兵的服役期为 12 个月；按征召服役军官服役期为 24 个月；按合同服役军人的服役期由合同规定。第 22 条规定了在各级军衔上的服役期限：列兵、海军列兵——5 个月；下士、海军下士——3 个月；中士、海军中士——3 个月；上士、海军上、下士——3 个月；准尉、海军准尉——3 年；少尉、海军少尉——1 年；中尉、海军中尉——2 年；上尉、海军上尉——2 年；大尉、海军大尉——3 年；少校、海军少校——3 年；中校、海军中校——4 年。将官军衔可授予其前军衔任期不少于 2 年且现担任应由将官担任的军职（职务）不少于 1 年的军人。上将（海军上将）和大将（海军大将）军衔的服役任期不作规定。

批准《兵役委员会条例》 该条例由 1999 年 10 月 15 日第 1372 号俄联邦总统令批准。俄《红星报》10 月 28 日刊登该条例全文。该条例共 4 章，20 条。第 1 章，总则；第 2 章，兵役委员会的基本任务；第 3 章，兵役委员会的权利与职责；第 4 章，兵役委员会的物质、技术、财政和其他形式的保障。

（田小文）

其他国家军事法制 **越南颁布新的《人民军军官法》** 1999 年 12 月 17 日，越南国会审议通过并正式颁布了新的《人民军军官法》。该法共 7 章 51 条，其中新增加的比较重要的内容有：调整军官的数量结构，将军官的比例从原来的 97% 降至 70%，将专业技术军人的比例从原来的 3% 提高到 30%，将尉官的比例从原来的 52% 增加到 55%，将校官的比例从原来的 48% 下降到 42%；强调军官队伍要逐步向年轻化、精锐化发展，全面提高文化、政治和军事素质，以适应新时期军队建设的需要；对军官的调级、调衔、任免、奖惩作出了具体规定，并修改了现役军官的工资补助、医疗保健、转业、复员、退休等制度，规定男军官服役满 25 年、女军官服役满 20 年即够退休条件，从事科学研究、教学以及特殊工作的现役军官可适当延长服役年限。

（钟学良）

法国军事刑罚体系简介 《解放军报》1999 年 9 月 5 日曾志平报道，法国的军事刑罚体系由两部分组成，一类是普通刑罚中规定的刑罚措施，另一类是专门由军事法庭实施的特殊刑罚措施。在这一点上，法国的军事刑罚体系与中国军事刑罚体系有共同之处，但其具体的刑罚措施与中国却有所不同，特别是其特殊刑罚措施，具有明显的特色。

一、普通刑罚措施。《法国军事审判法典》规定，除有特别条款规定外，法国的军事法庭与法国普通法庭有同样的刑罚实施权。因而，根据《法国刑法典》和《法国刑事诉讼法典》的规定，法国的军事法庭有权决定适用下列刑罚：1. 死刑；2. 徒刑，分为无期徒刑，有期徒刑；3. 监禁，分为终身监禁和有期监禁（监禁与徒刑是不同的刑种，前者与后者相比，属于轻一级的刑种）；4. 罚金；5. 罚缓（罚缓与罚金性质相同，但与罚金相比，属较轻一级的刑种）；6. 剥夺公民权利。根据有关特殊条款的规定，军事法庭在决定刑罚的执行时，不能适用半自由制度下的监禁。所谓半自由制度下的监禁，是一种刑罚执行方法，是指在无须继续监视的情况下，允许被判刑人在与自由工作者在同样的条件下从事职业活动，或者接受一种教育或职业训练，或者接受一种内科治疗，但每天必须被强制返回监所。

二、特殊刑罚。除上述普通刑罚外，《法国军事审判法典》还规定了 5 种特殊的刑罚措施，专由军事法庭对各类违反军事命令的犯罪和其他军人犯罪的适用。

（1）剥夺军人权利。指剥夺与军人身份有关的权利，如继续服役的权利，配戴徽章及穿军服的权利等。剥夺军人权利可以单处，也可以并处，可以是部分剥夺，也可以是全部剥夺。适用的对象既包括现役军人，也包括享有与军人身份有关的权利的退役军人。

（2）撤职。即撤销犯罪军人的军事职务。撤职的法律后果还包括使被判刑人丧失阶级（即军衔、薪资级别，下同），丧失配戴某种徽章及穿军服的权利，退役军人还将影响其领取和享有退伍金的权利。撤职既可单独适用，也可附加适用。撤职的对象包括现役军官、职业士官及聘用士官，以及某些退役军官、士官。对于罪该撤职的战俘及军队以外的人员，将以监禁 1～5 年来代替。

（3）降级。即降低犯罪军人的军衔级别及薪资级别。降级适用于所有军人，特殊情况下，对部分退役军人也可适用。对于罪该判处降级刑罚的战俘及军队以外的人员，将以 1～5 年的监禁来代替。降级可单处，也可附加适用。

（4）勒令退伍。即强制犯罪军人退出现役。勒令退伍将导致丧失军职、军衔、薪资，丧失配戴徽章及穿军服的权利（正常退伍者在某些特殊场合有此权利），丧失领取退伍金的权利等法律后果。勒令退伍的适用对象为现役军人。

（5）革除军阶。即剥夺军衔，被革除军阶者还将丧失配戴徽章和穿军服的权利，影响其领取退伍金的权利。革除军阶可适用于现役军人和退伍军人。

（督　学）

其他军事建设问题

21 世纪初一些国家军队建设发展趋势综述

20 世纪 90 年代末，国际军事领域接二连三地发生了几起重大事件：一是北约提出了“北约新战略”；二是以美国为首的北约对南联盟发动了武装干涉；三是发生了印巴克什米尔冲突；四是朝鲜和韩国发生了双方军舰在黄海对峙、最终发生交火的事件；五是俄罗斯采取了维护国家统一、对车臣分裂武装进行打击的行动。这些重大事件，都不同程度地对国际安全形势产生了深刻影响。世界各国纷纷总结这些重大事件，特别是科索沃战争的教训，分析本国军事发展的现状和差距，进一步调整国防政策，思考和筹划 21 世纪初乃至更长一个时期的军队建设。

以加快高技术建军进程为宗旨，调整建军方针

90 年代中期以来，许多国家都制定了面向 21 世纪的军队建设构想或规划。1999 年以来，各国在原有建军构想与规划的基础上，根据国际局势的新变化和各自对威胁的判断，对建军方针又做出了新的调整，在军事理论上也提出了一些新观点。其核心的内容是：加快高技术建军的步伐，迎接以信息技术为核心的新军事革命的挑战。

从总体上看，美国及英、法、德等国不会因为科索沃战争等因素，从根本上动摇其业已制定的面向 21 世纪的军队建设发展目标和规划，但将在一定程度上做出调整。

美军将继续以 1996 年 7 月出台的《2010 年联合构想》和 1997 年 5 月公布的《4 年防务审查报告》作为未来军队建设的基本指导思想。但从美国防部 1999 年财年《国防报告》、美国“21 世纪国家安全研究委员会”最近发表的一份题为《即将来临的新世界：21 世纪美国安全》的研究报告以及美军政领导人的讲话来看，美认为，自己所面临的国际安全环境将更为复杂，对美国的安全威胁将更加多样化，其中“信息、生物等高新技术的发展将对美国的安全构成新的威胁”。为此，在坚持原有的建军方针的基础上，美军强调突出抓好以下几个方面：一是在确保战备的同时，加强军事改革与创新，将美军转变为“具有决定性优势”的信息时代军队；二是放慢军备裁减的幅度，根据战争中暴露出的问题，有针对性地对军队建设进行局部调整；三是调整军事工业，加速发展高新技术装备；四是提出“增员减重”的主张；五是强调指导思想的前瞻性和多功能性。

科索沃战争和 1999 年出台的北约国家新《联盟战略概念》（即北约新战略）对欧洲国家 21 世纪初的军队建设方针也将产生较大的影响。欧盟国家虽然同美国一道打赢了科索沃战争，但实际上，这场战争对欧盟各国冲击很大。尽管这些国家将来还得同美国合伙干，但不会像过去那样，仅仅充当“小兄弟”，而是强调要加强欧洲国家间的联合，提高自主军事干预能力。与这一战略思想的变化相适应，欧盟一些国家在军队建设上也将做出一定调整，其中包括适度增加军费；加强先进弹药、侦察系统等高技术武器的研制；加强指挥系统的建设等。

俄罗斯在建军思想和方针上，也正在作出重大调整。透过科索沃战争，俄进一步看清了美国和北约的侵略性、扩张性和冒险性，深深感到美国和北约东扩对俄国家安全所造成的已不仅仅是潜在威胁，而是现实威胁。鉴于这个事实，俄于最近对军事理论和建军方针进行了重新修订。新变化突出地表现在 1999 年 10 月出台的、用以指导俄 21 世纪国防与军队建设的新版《俄联邦军事学说》（草案）上。新版军事学说在重新审视国际形势和判明军事威胁后，提出了未来一个时期军队建设的指导方针。较突出的变化是：对未来战争有了新的认识，提出武装力量要做好进行各种战争的准备；明确提出俄核力量应保持在“足够”的水平上，扩大核遏制的范围；指出“夺取信息优势和夺取制空权是战争初期的主要内容”；明确了军区“战役—战略司令部”的地位，提出了建立联合作战指挥机构的新原则；进一步明确维和行动是武装力量的一项任务。

中国周边的一些第三世界国家，也都在纷纷研究科索沃战争的经验教训，重新思考面向 21 世纪的军队建设。

适度增加军费，放慢裁军步伐 冷战结束后，国际上一度出现减少军费开支、裁减军队员额的势头。在经历了科索沃战争的硝烟之后，无论是发达国家还是发展中国家，都从不同角度认识到，刚刚到来的 21 世纪是充满挑战的世纪，要确保立于不败之地，就必须保持一定的军事实力。为此，必须保持乃至加大国防投入。

科索沃战争之后，美、英一些军事研究机构提出，根据 20 世纪 90 年代北约军事行动频率和规模加剧的趋势来估算，目前北约国家军费预算偏低 15%～20%。因此，这些国家普遍有增加军费的呼声和打算。

可以预见，未来美国军费开支将呈持续增长的趋势。1998 年美国军费开支占全球军费开支总额的 1/3 以上，相当于美国之后军费开支前 8 个国家（地区）的总和。未来 6 年（2000～2005 年）中，美将累计增加军费开支 1120 亿美元。增加军费后，美军投资的重点是人员、战备和武器装备。其中很大一部分将用来研制和采购新型武器装备。2000 年武器装备采购费比上一年增长 7%，2001 年将进一步增加 15%，达到 618 亿美元，到 2005 年可能提高到 750 亿美元。美军装备建设费将进入一个新的增长期。

北约其他国家的情况大体如此。英国寻求在扮演“世界警察”的北约中发挥更大作用，有可能进一步提高军费预算。德、法等国也会仿效。加拿大军费在冷战后连续十年下降后，从 1999 年开始增加。

日本也计划进一步提高军费开支数额。防卫厅提出并获得通过的 2000 年度防务预算，其总额较上一年度增加 1.6%，达 4.9995 万亿日元（约合 450 亿美元）。新增加的开支主要用于 TMD 的研究开发，此外还包括完善作战飞机，研制和建造新型舰艇等。

北约空袭南联盟后，俄时任总理斯捷帕申在第 1 次主持政府工作会议时就明确表示，俄国防预算将从原来的占国内总产值的 2.8%，提高到 3.5%。俄外交和国防政策理事会要求政府增加对研制高精度武器、防空导弹和战区反导弹防御系统的拨款。

在许多国家提出的跨世纪的国防发展战略中，都曾计划进一步裁减军队员额。但近来一些国家修改了原来的计划，在加大国防投入的同时，可能放慢裁军的速度。俄在其新的军事学说（草案）中未提及削减军队员额的内容。俄国防部长谢尔盖耶夫表示，俄将重新审议裁军计划。今后武装力量编制员额将不再变动，同时还将加大作战部队比例。近 10 年来，美军员额逐年减少，目前已不足 140 万人，只相当于 80 年代的 2/3。科索沃战争后，美国防部长科恩表示，当前美军的兵力规模与所担负的任务已不相适应。

"联盟力量"行动使美军员额短缺的矛盾更加突出，因而主张，要么扩大美军规模，要么减少美军的任务。

掀起新一轮研制、引进高技术武器的高潮 高技术武器的发展将有这样几种情况：第1种情况是：以美国为首的北约国家根据科索沃战争中暴露出的问题，提出应进一步发展攻防兼备的武器，如改进精确制导技术；提高全球卫星定位系统的可靠性和稳定性；提高战场空中侦察能力；研制北约野战计算机通信系统等。另外，美国还制定了发展战区导弹防御系统的计划。美军还计划到2010年把目前已经联网的C^4I系统发展成为更先进的C^4ISR系统，通过采用统一的标准和一体化结构，使不同层次和各军兵种系统一体化，还要与主战武器系统联网。到2025年前后，美军的C^4ISR系统还要实现更高层次的一体化。

第2种情况是：一些国家谋求强化或拥有战略威慑手段。俄罗斯新的军事学说（草案）明确提出，俄联邦把核武器视为遏制侵略、保障俄及其盟国军事安全的有效因素。根据有关计划，2010年前，俄战略核武器将继续由陆基、海基和空基三部分组成。其中陆基核导弹将由6种型号过渡到单一的"白杨－M"型。俄还决定研制、开发和装备"非战略性核武器"。此外，俄还十分重视其强项——太空武器的研究。如最近提出研制的"往返式航天系统"，可进行战术－战略侦察，消灭敌国的太空梯队，用高精度武器打击地面设施等。一些地区性强国也会继续谋求拥有核、生、化等大规模杀伤性武器。1999年8月，印度国家安全委员会发表了一份核武器政策草案，提出印度将建立"有效的核威慑"。这一政策为未来一个时期内印度核力量的发展确立了方向。据印国内人士预测，根据"最低限度核威慑战略"，未来10年内印度用于核军备的开支将高达6000～7000亿卢比（140～160亿美元），最终建立一支陆基、空基和海基"三位一体"的核威慑力量，并计划建立统一的国家级核力量指挥机构。值得注意的是，美、英、法等国也并未满足于现有的核优势，美国制定了"学术战略联盟计划"，其主要内容是：以巨型计算机模拟更大规模和更复杂的核试验，从而取代核实爆，有系统地展开核爆炸关键技术的研究。另据英国媒体透露，英、美、法3国正在联合研制用于潜射弹道导弹的新型核弹头，以便为21世纪初核武器的更新做好准备。

第3种情况是：一些发展中国家将加大高技术兵器引进的力度。引进的重点有：防空反导系统；先进作战飞机；远距离精确制导武器；先进电子战装备；C^4I系统等。东南亚国家在走出经济低谷后，即着手筹措资金，引进高技术装备。泰国决定引进25架德国的"阿尔法"攻击机，菲律宾计划在21世纪初投入500亿比索，用于购买战斗机和巡逻机。越南军方领导人就引进新装备事宜与俄军工部门进行了会谈。此外，新加坡、马来西亚等国也都拟定了武器装备更新的计划。叙利亚、伊拉克、利比亚等阿拉伯国家，最近纷纷就购买最新防空系统问题与俄罗斯进行接触。

进一步加强军队信息化建设 美军认为，信息优势是新军事革命的核心和支柱。能否在下个世纪最初的20年里以接近实时的速度收集、处理和应用大量的信息，将是能否获得战争优势的关键。为谋求军队的信息优势，美军将采取的措施有：进一步加强信息化建设的领导与协调；组建网络战联合特遣部队；加强对信息战人才的培养；进一步明确空间作为战略制高点和信息优势基础的地位，积极开发空间战武器系统。美陆军将按"21世纪部队"计划，调整部队编制，建设数字化部队，计划在2000年建成1个数字化师的基础上，2004年建成几个数字化军。美军建设的数字化部队分为重型师、轻型师和中型打击部队。

英、法、德、日等大国以及韩国、印度等国也将积极推进本国军队的信息化建设。其中英军正在研制以"弓箭手"自动化战场通信系统为基础的联合战场数字化通信系统。韩军在国防部新设了"国防信息体系局"和"国防信息体系研究所"，计划于2015年将韩军建成具有国际先进水平的信息化军队。

俄罗斯军事科学院最近在预测21世纪战争时明确提出，"未来战争中获胜的最重要条件是夺取和保持对敌人的信息优势，而且不仅是在战场上，还有更广阔的领域"。"不排除这种可能性，即信息战将成为一种新的战斗行动，它将在武装斗争各个领域和各个水平上进行"。还提出，俄"必须加紧研制信息武器，把它作为军事技术装备不可分割的一部分，作为国家军事政治和战争潜力的组成部分"。

盟国间进一步加强军队建设上的合作 近期美国发动的几场局部战争都是打着"多国部队"或"北约"的旗号，拉着盟国一起干的。可以预料，在指挥体制、部队编制、军事训练、武器装备发展等方面，美国及其盟国之间将会进一步加强合作。例如，在"联盟力量"行动之后，北约各国增强了建立统一的野战通信网的迫切感，提出由美牵头，英、法、德、意、加参加，制定出野战计算机通信互联网总体规划，把六国各自研制的战术计算机通信系统联成一体，实现互联互通。

（韩生民）

世界主要国家 21 世纪军队建设新思路

《国防》2000 年第 1 期王保存报道，在新军事革命浪潮的冲击下，世界各国特别是发达国家军事领导人和军事理论家，对 21 世纪的军队建设提出了一些新思路。

以信息为基础，建设现代化军队　许多国家的军事分析家认为，工业时代军队的基础是火力系统，信息时代军队的基础是信息系统。因此，21 世纪的军队建设必须借助信息科学技术的发展成果，大力加强军队的信息化建设。

研究信息战理论。在军队建设中，美英等西方国家自 20 世纪 80 年代初以来即采用了“理论牵动”的做法。随着信息科学技术的发展及其在军事领域的广泛应用，一些西方军事领导人和军事理论家经过长期研究认为：未来的战争是信息化的战争，因而提出并初步形成了信息战理论体系。他们认为，21 世纪的信息战有 6 大作战原则、5 大基本特征、7 种主要形式。6 大作战原则是：斩首原则，即重点攻击敌方的“头脑”（首脑），使敌人的行动失去有效指挥；致盲原则，即首先摧毁敌军的传感器，使敌人变成“瞎子”；敏捷原则，即在定下决心、采取行动、反馈情况这一周期性活动中，始终快于对方，使敌永远处于被动反应的地位，直到失败；生存原则，即保证己方的 C^4I 系统不被敌方干扰或摧毁，始终正常工作；级差原则，即与农业国家和工业国家的军队交战时，同样打信息战，不降低自身的级别去进行农业或工业时代的战争；全力以赴原则，即动员足够的力量全力以赴进行战争。5 大基本特征是：战场透明，各参战部队可共享战场信息；整体协调，各作战系统是一个有机整体；行动实时，能实时发现目标、实时指挥、实时机动、实时打击、实时保障；打击精确，附带损伤小；目标有限，持续时间短。7 种主要表现形式为：电子战、信息战、心理战、“虚拟现实”战、精确战、计算机病毒战和隐形战。

建设数字化战场。数字化战场是覆盖整个作战空间、由通信系统、指挥控制系统、情报传输系统、计算机与战场数据库及各种用户终端组成的，能实时或近实时地向用户提供大量信息的综合互联网络系统。通过该系统能实时获取、交换和使用数字化信息，及时满足各级指挥人员，战斗人员和战斗保障人员的信息需求。目前，有美国、英国、法国、德国、日本、意大利，加拿大、韩国、以色列等 10 余个国家正在建设数字化战场。

发展信息化装备。西方国家发展的信息化装备主要有 4 类：①信息化弹药，如制导炸弹、制导炮弹、末敏制导导弹等；②信息化作战平台，即装有大量电子设备、信息技术含量高和隐形性能好的飞机、舰艇和各式装甲车辆；③C^4I 系统，包括战略、战役、战术 C^4I 系统，以及各军兵种和各级部队的 C^4I 系统；④单兵数字化装备，如美军的“电子头盔”、法军的“士兵综合防护服”，澳大利亚军队的“未来士兵个人装具”等。

采用“虚拟实践”法，全面推进军队建设　以前，世界各国在军队建设上普遍采用“经验归纳”法。随着虚拟现实技术的飞速发展，西方发达国家提出，今后军队建设还要采用“虚拟实践”法。“虚拟实践”法是指运用高技术手段，创造一种模拟未来战争的“人工合成环境”，如未来战争、未来训练场等，让现役军队和预备役人员在这种虚拟环境中进行“预实践”。通过这种“预实践”的实验、检验、论证，得出有关数据和结论，用于指导修订作战理论、制定作战预案、设计武器装备等，进而改革和完善军队体制编制，规划武器装备的发展，改进院校教育和部队训练。

“虚拟实践”法的技术基础是虚拟现实技术。这种从 20 世纪 80 年代末发展起来的高技术，是集计算机技术、图像生成技术、立体影像和音响技术、传感技术、显示技术、信息合成技术、软件工程、人工智能技术及生理学、心理学、认知学等众多学科于一体的综合技术。利用“虚拟实践”技术，可创造出一个不是现实的“现实世界”。这是因为超高速计算机可将客观世界的数字化模型转化为不同形态的光点与声波，并以适当的方式加以融合，从而营造一个“虚拟世界”。在这个不是现实胜似现实的“世界”里，人们不仅能“身临其境”，还可以通过视觉、听觉、触觉仿真与之发生交互作用。

为了用“虚拟实践”法加强军队建设，特别是加强信息化建设，美、英等国建立了许多“战斗实验室”、“作战模拟实验室”或“作战仿真实验中心”。在这些实验室或中心，用“虚拟实践”法可在虚拟环境中，经济有效地进行军事训练、作战模拟和新式武器系统的开发与试验。

推行“横向技术一体化”，提高武器装备建设效益　一些外国军事专家称，“横向技术一体化”是装备建设史上的一次革命。以前装备建设的基本模式，是利用最新、最先进的科学技术，从纵向上研制一代比一代射程更远、精度更高、毁伤力更大的武器。虽然也考虑武器系统的成龙配套，但那是辅助性、低层次的。“横向技术一体化”则要求：利用现有的民用和军用技术，用共同的软件、标准和规程，从横向上对现有武器系统进行现代化改造或改进，使其具备通用性和联动性，更便于从传感器到射手之间、各武器系统之间、各作战单元之间的信息流动，从而大幅度地提高所有武器装备和作战系统的整体作战效能。

“横向技术一体化”是武器装备发展到一定阶段的产物。目前，西方发达国家的武器装备系统已十分先进，因而其关注的重点已不是单独武器系统的性能，而是战场武器“横向联网”形成和发挥整体效能的问题。在这方面，美军打算分两步实施“横向一体化”计划。第 1 步，为现有的主战装备配备数字化通信设备、第 2 代前视红外雷达、敌我识别装置和全球定位系统，从而在这些装备之间初步建立起“横向信息流通渠道”。第 2 步是实施多种计划，使各级部队的指挥控制实现数字化联网。仅美国陆军就有“合成部队指挥控制—高级技术论证”计划，“共同地面作战”计划，“全球网栅计划”，“生存适应系统论证”计划，“21 世纪地面勇士”计划，“旅及旅以下部（分）队指挥控制”计划和“战场战斗敌我识别论证”计划等 7 项。

西方国家军队推行“横向技术一体化”计划主要出于以下两个方面的考虑：一是为实施信息战作准备。在信息战中，最重要的是确保信息纵向、横向流动的顺畅。经过多年的现代化建设，信息的纵向流动在美军已不成问题，但在横向上信息传递却较迟缓，远远不能适应信息战的要求。而“横向技术一体化”的实施，则可以把战场各战斗部队、战斗支援部队、战斗勤务支援部队等作战系统，以及探测目标、发现目标、定下决心、分配目标、实施攻击、毁伤评估等各作战职能，从横向上联成一个以信息快速顺畅流动为基本特征的有机整体。二是高效益地进行装备建设。推行“横向技术一体化”，不仅可使其装备建设进入一个新阶段，还可为其建设数字化部队奠定技术基础。采用数字化技术，可使计算机与通信系统相结合，对信息进行特征识别、收集、变换、处理和传输，经检索、统计、综合分析后，对信息加以有效利用，从而大大提高了通信系统的功能和效率。因此，利用数字化技术可以研制战略、战役和战术 C^4I 系统，使各种兵力兵器之间在控制、情报、跟踪、火控、指挥、射击诸方面，从横向上实现“总体力量综合”。

（本栏责任编辑　孟昭印）

国际组织、条约

国　际　组　织

联合国　概况　1945年10月24日，在中、苏、美、英、法和其他多数签字国递交批准书后，《联合国宪章》开始生效，联合国正式成立。根据宪章规定，联合国的宗旨是：维护国际和平与安全；发展国际间以尊重人民平等权利及自决原则为根据的友好关系；促成国际合作。截止到1999年12月底，联合国拥有会员国188个。

联合国总部设在美国纽约。

主要组织机构有：(1)大会，由全体会员国组成，是联合国的主要审议机构，每年举行一次。大会主席由全体会员国选举产生，任期一年。1998年9月9日选出的第53届联合国大会主席为乌拉圭外长迪迪埃·奥佩蒂，1999年9月14日选出的第54届联合国大会主席为纳米比亚外长西奥本·古里拉布。(2)安全理事会，简称安理会，系联合国唯一有权采取行动以维护国际和平与安全的机构。安理会决议对联合国全体成员国具有约束力。安理会由5个常任理事国，即中、俄(1991年12月24日取代业已解体的原苏联席位)、美、英、法，和10个非常任理事国组成。非常任理事国由大会选举产生，任期两年，每年改选5个，期满不能连任。1999年的10个非常任理事国是：阿根廷、加拿大、马来西亚、纳米比亚、荷兰、肯尼亚、日本、瑞典、葡萄牙、哥斯达黎加。安理会主席由成员国代表按英文字母顺序轮流担任，任期一个月。(3)经济及社会理事会，由54个理事国组成，每年开会两次，讨论国际经济、社会、文化、教育和卫生等问题。(4)国际法院，设在荷兰海牙，由15名法官组成。法官由大会和安理会分别选出，任期9年，每3年改选5名，可以连任。(5)秘书处，联合国的行政机构，设秘书长1人，作为联合国的行政首长。秘书长由安理会推荐，经大会任命，任期5年，可以连任。现任秘书长是科菲·安南(加纳)。秘书长可以根据工作需要，任命若干名副秘书长，协助其工作。

主要活动　**联合国大会**　1999年9月13日，第53届联合国大会在通过题为《和平文化宣言和行动纲领》的最后一项决议后宣告闭幕。第53届联合国大会共召开了107次全体会议和9次非正式会议，通过了309项决议，内容主要涉及和平与发展、裁军与军控、全球化与消除贫困等问题。

1999年9月14日，第54届联合国大会开幕，大会选举纳米比亚外长古里拉布为本届联合国大会主席，接纳大洋洲的基里巴斯共和国、瑙鲁共和国和汤加王国为联合国新会员国。这样，联合国会员国总数达到了188个。

1999年9月20日～10月1日，第54届联合国大会举行一般性辩论。183个国家的代表，其中包括39位国家元首和25位政府首脑在一般性辩论中发言，足以说明各国领导人对本世纪最后一次联合国大会的高度重视。

第54届联合国大会一般性辩论的一个突出特点是，有关国家主权和人道干预的争论空前激烈，争论焦点是国家主权问题。在这个问题上，争论双方界限分明，一方是美欧日等西方发达国家，鼓吹“主权过时论”、“有限主权论”、“人权高于主权论”；另一方是广大发展中国家，坚决维护国家主权，反对以维护人权为名，行干涉他国主权之实。

联合国秘书长安南在一般性辩论开始时首先发言，批驳了认为《联合国宪章》已经过时的说法，强调宪章的原则仍然标志着世界各国人民追求和平、尊严、发展的愿望。但在涉及“人权”、“人道主义”等问题时，公开赞同“人权高于主权”论，为“人道主义干预”辩护，从而加剧了发达国家和发展中国家在主权问题上的分歧。

美国总统克林顿9月22日发言，鼓吹地区国家组织有权采取集体军事行动制止本地区发生的“大屠杀”，而联合国不是维持和平的唯一途径；国际社会究竟用什么办法作出反应将取决于采取行动国家的能力,同时取决于它们对其国家利益的考虑。

广大发展中国家代表纷纷强调,各国的主权应该得到尊重,任何国家都不应被迫依从强国指令来限制行使自己的权利。现任非洲统一组织执行主席、阿尔及利亚总统布特弗利卡指出,非洲国家对任何有损主权的行为都极为敏感,因为主权是这些国家"抵御这个不平等世界行事规则的最后防线"。

1999 年 9 月 22 日,中国外交部长唐家璇代表中国政府在联合国大会上发言,阐述中国对建立国际新秩序的主张。他指出,冷战结束后,世界走向多极化,国际形势总体趋向缓和。但是严峻的现实表明,天下仍很不太平。霸权主义和强权政治是造成当今世界局势动荡的主要根源。科索沃战争的爆发给人以深刻警示。一个地区军事组织(北约)以"人道"和"人权"为由,绕开联合国,对一个主权国家(南斯拉夫)进行大规模军事行动,在国际关系史上创下了恶劣的先例。这一行动违背了《联合国宪章》和公认的国际关系准则,削弱了联合国在维护国际和平与安全方面的主导作用,使联合国安理会的权威遭到严重损害。在这种情况下,中国政府认为有必要重申:和平共处五项原则、《联合国宪章》的宗旨和原则以及其他公认的国际关系准则,应该成为建立国际新秩序的基础。其中,以下 5 点应予特别强调:主权平等和不干涉内政;和平解决国际争端;加强联合国的作用,维护安理会的权威;树立新安全观,维护国际安全;改革国际经济体制,促进各国共同发展。唐家璇还就建立新安全观问题说明了中国政府的立场。首先,世界需要建立适应时代要求的新安全观,探索维护和平与安全的新途径。其次,新安全观的核心应该是互信、互利、平等、合作。第三,和平共处五项原则和《联合国宪章》的宗旨,是维护国际安全的政治基础;互利合作、共同发展是维护国际安全的经济保障;平等对话、充分协商与和平谈判,是维护国际安全的正确途径。中国政府呼吁国际社会以新安全观为指针,从根本上促进裁军进程的健康发展。

1999 年 10 月 14 日,联合国大会选举孟加拉国、突尼斯、马里、牙买加、乌克兰为安理会非常任理事国,取代即将于 12 月 31 日任期届满的巴林、巴西、加蓬、冈比亚、斯洛文尼亚,任期为 2000~2001 年。

1999 年 11 月 9 日,联合国大会以 115 票赞成、2 票(美国和以色列)反对、8 票弃权通过决议,要求美国采取必要措施,尽快废除旨在对古巴进行封锁的有关法律和规定,并重申了主权国家平等、不干涉他国内政及国际贸易和航运自由等基本原则。这是自 1992 年以来联合国大会连续第 8 次通过的要求解除对古巴制裁的决议。

1999 年 12 月 1 日,联合国大会以 80 票赞成、4 票(美国、以色列、阿尔巴尼亚、密克罗尼西亚)反对、68 票弃权通过了由俄罗斯、中国和白俄罗斯共同提出的"维护和遵守《反弹道导弹条约》"的决议,呼吁《反弹道导弹条约》缔约国全面和严格地遵守条约,不部署和不转让保护全境的反导系统及其组成部分,指出国际社会应根据有关事态的发展,作出进一步努力,捍卫该条约的不可侵犯性和有效性。《反弹道导弹条约》全称为《限制反弹道导弹系统条约》,由美苏两国于 1972 年 5 月 26 日签署。自那时以来,该条约作为维护全球和平、安全和战略稳定的重大措施之一发挥了应有的作用。决议通过后,中国外交部发言人在北京发表谈话指出,近年来,有关国家为谋求自身的绝对安全和战略军事优势,大力发展国家导弹防御计划(NMD),并与个别国家联合研制先进的战区导弹防御系统(TMD)。为排除上述计划的法律障碍,美国企图修改甚至扬言不惜退出《反弹道导弹条约》。此举必将破坏战略平衡和稳定,破坏核裁军进程,动摇核不扩散基础,引发新的核军备竞赛,不利于国际和平与安全。中国呼吁有关国家认真对待国际社会的强烈呼声,遵守联合国大会决议,放弃上述反导计划。

安理会 1999 年,在联合国及其安理会的历史上,是不同寻常的一年。其不同寻常之处的主要标志是围绕科索沃战争问题的一场尖锐斗争。鉴于它在安理会的活动中占据特殊的地位,因而首先集中介绍有关科索沃问题,此后再按时间顺序逐一介绍安理会其他活动。

关于科索沃问题 1999 年 3 月 24 日,以美国为首的北约以"维护人权"为借口,绕开联合国,发动了对南斯拉夫联盟共和国(以下简称"南联盟")的大规模空袭,科索沃战争爆发。

1999 年 3 月 26 日,安理会举行会议,以 3 票(中国、俄罗斯、纳米比亚)赞成、12 票反对的表决结果,未能通过由俄罗斯、白俄罗斯和印度 3 国联合提出的关于南斯拉夫科索沃局势的决议草案。该决议草案指出,北约单方面使用武力的行为明目张胆地违反了《联合国宪章》,对国际和平与安全构成威胁;要求安理会重申尊重南联盟主权和领土完整,要求北约立即停止对南联盟使用武力,尽快恢复谈判。

1999 年 5 月 7 日,美国用导弹袭击中国驻南联盟大使馆,造成中国记者邵云环、许杏虎、朱颖 3 人死亡,20 多人受伤,馆舍严重毁坏的惨剧。在中国政府及其常驻联合国代表的要求下，安理会经过反复磋商，于5月14日举行正式会议，并通过了主席声明。声明说，安理会谨对中国政府和受害者家属表示最深切的同情和慰问；安理会重申《联合国宪章》和公认的国际关系准则，在任何情况下都必须尊重外交人员和房舍不容侵犯的原则；强调必须对北约轰炸中国驻南联盟大使馆事件进行全面、彻底的调查，而且等待收到调查结果。

1999年5月13～14日，由联合国秘书长安南主持的关于科索沃问题高层会议在日内瓦举行，决定于15日派代表团前往南联盟调查北约空袭在人道主义领域对南联盟造成的损失。会后，安南表示，没有联合国的参与，科索沃问题不可能找到长远的解决办法。

1999年6月10日，在北约宣布暂停对南联盟轰炸的情况下，安理会举行正式会议，并以14票赞成、1票(中国)弃权的表决结果通过了关于科索沃问题的1244号决议。决议要求南联盟从科索沃撤出一切军警力量，当地安全及停火由联合国维和部队负责；允许部分南联盟武装力量重返科索沃，保护文物、排雷及执行边防检查等任务；科索沃阿族武装实行非军事化；南联盟必须保证阿族难民安全重返家园；由联合国牵头在科索沃建立临时行政机构，通过组织选举，实行权利过渡，以决定科索沃的未来地位等。应中国的要求，决议还重申：尊重《联合国宪章》的宗旨和原则，安理会在维护国际和平与安全方面负有首要责任，所有会员国有义务尊重南联盟的主权和领土完整。同日，中国外交部发言人就安理会通过科索沃问题决议发表谈话指出，尽管中国政府对8国集团提出的决议草案一些内容有严重保留，但是没有阻拦该决议草案的通过，投了弃权票。中国政府的这一决定，是基于独立自主的和平外交政策和以下主要考虑：(一)北约已正式宣布暂停对南联盟的轰炸，特别是南联盟政府和议会已接受了有关“和平计划”，并希望安理会尽快通过决议。(二)决议草案承认了安理会在维护国际和平与安全方面的首要作用，重申了所有成员国对南联盟主权和领土完整的承诺。(三)尽快通过决议，有利于早日结束北约轰炸给包括科索沃阿族在内的南联盟各族人民造成的苦难，启动政治解决的进程。

联合国安理会1244号决议是得来不易的。随着科索沃战争的逐步升级，以美国为首的北约以炸迫降、速战速决的图谋日渐落空。在这种情况下，国际上要求政治解决的呼声日趋高涨，北约内部也出现了裂痕。迫于种种压力，有关国家不得不开始探讨政治解决方案。经过一段时间的磋商后，西方7国集团和俄罗斯外长于5月6日发表了政治解决科索沃问题的原则声明。对此，中国政府的态度是，赞成政治解决科索沃问题，但必须尊重南联盟主权和领土完整，保障本地区各民族合法权益，由联合国发挥积极作用，北约立即停止对南联盟的轰炸。中国政府的原则立场，得到国际社会的广泛赞誉。5月28日，南联盟为维护本国人民的长远利益，同意在保证南联盟主权和领土完整的前提下，接受8国外长达成的框架协议，并同意联合国安理会在遵守联合国宪章的基础上，通过有关决议。6月3日，南联盟政府和议会接受了俄罗斯、欧盟和美国提出的和平计划。6月8日，8国外长就提交安理会的科索沃和平决议草案达成一致。安理会举行正式会议前夕，在中国等有关国家的共同努力下，以美国为首的北约被迫同意先停火、后讨论，并就草案内容作必要修改。

1999年6月14日，根据安理会1244号决议，安南就成立联合国科索沃临时行政特派团(简称“联科特派团”)及其运作提出报告，获得安理会同意。设立联科特派团的目的是，在南联盟科索沃省建立一个临时行政当局，从而为使科索沃人民享有高度自治创造条件。7月2日，安南任命法国国务秘书贝尔纳·库什内为联科特派团团长，全面负责在南联盟科索沃地区实施临时行政管理、司法和警务管理、人道主义事务以及战后重建等工作。

1999年6月30日，由安南秘书长主持召开的“南联盟科索沃问题秘书长之友”国际会议在联合国总部举行，8国集团成员，中国、西班牙等18个国家的外长或其高级代表，联合国难民署、维和事务部、欧盟、欧安组织以及伊斯兰会议组织的代表与会。会议就执行安理会1244号决议及科索沃重建等问题进行了广泛讨论。中国常驻联合国代理代表沈国放作为唐家璇外长的高级代表出席会议并发表讲话强调，科索沃不是联合国的托管地，包括南联盟在内的巴尔干战后重建不能把南联盟排除在外。

1999年8月30日，鉴于北约维和部队进驻科索沃以来，该地区接连发生针对塞族平民的恐怖事件，安理会举行秘密会议，就科索沃局势和有关方面执行安理会1244号决议情况进行磋商。会后发表主席声明，强烈谴责南联盟科索沃地区发生的针对平民、特别是针对当地少数民族居民的暴力事件。

1999年12月15日，联科特派团团长库什内与科索沃阿族代表在普里什蒂纳就成立科索沃过渡行政委员会签署协议。根据该协议，过渡行政委员会将由8名委员组成，联科特派团和科索沃代表各占一半，库什内任主席，并对委员会作出的任何决定拥有否决权。

安理会其他活动 1999年1月4日，安理会本月主席、巴西驻联合国大使阿莫里姆·塞尔索代表安理会发表声明，对联合国维和部队飞机接连在安哥拉安盟控制区坠毁（实为被击落）表示愤慨，要求安哥拉有关各方与联合国驻安哥拉观察团进行合作，以便在事故现场加以抢救。在此之前，即1月2日，安南秘书长已就联合国飞机在安哥拉遭击落发表声明，予以强烈谴责。

1999年1月30日，安理会经过两周多的协商后举行正式会议，终于就伊拉克问题取得初步一致意见，决定建立由阿莫里姆任主席的3个评估委员会，分别对伊拉克销毁被禁武器情况、伊拉克国内人道主义局势和伊拉克归还科威特战俘及财产等进行全面评估，于4月15日前提出有关建议和措施，以便为安理会采取下一步行动提供依据。

1999年2月3日，经安南秘书长同意，联合国决定从伊拉克撤出美、英籍工作人员，以保护他们的人身安全。

1999年2月10日，安理会一致通过决议，对埃塞俄比亚和厄立特里亚两国使用武力解决领土争端的行为表示谴责，呼吁双方立即停止敌对行动，通过外交手段和平解决冲突。此后，非洲统一组织也加强了调解工作力度，但双方的冲突仍在继续。因此，安理会本月主席、中国常驻联合国代表秦华孙于3月4日代表安理会发表声明，再次敦促埃厄两国立即停火，通过对话，和平解决争端。

1999年2月25日，安理会举行会议，就一项延长驻马其顿联合国预防性部署部队任期的决议草案进行表决，由于中国投了反对票，决议草案被否决。秦华孙大使在表决后发言指出，近年来，马其顿局势已经明显缓和，与邻国关系得到了改善，该地区有关事态的发展也并未影响到马其顿的和平与稳定。此外，安理会在马其顿建立预防性部署行动的初衷已经实现。在此情况下，显然没有必要再继续延长联合国预防性部署部队的任期。该部队是根据1992年3月安理会第743号决议组建部署的，任期到1999年2月28日。据统计，这是自1971年中国恢复在联合国及其安理会合法权利以来，第4次在安理会行使否决权。

1999年3月1日，联合国驻安哥拉维和观察团在罗安达驻地降下联合国旗帜，宣告结束联合国在安哥拉的并不成功的维和行动。

1999年4月7日，安理会举行会议，听取阿莫里姆代表伊拉克问题评估委员会所做的工作报告。由于安理会各成员国对报告的理解存在分歧，未能作出任何决定。

1999年4月9日，安理会举行会议，并一致通过决议，呼吁刚果（金）冲突各方立即停火，以便为撤出所有外国军队，在刚果（金）举行自由、公正的选举创造条件。

1999年6月11日，安理会一致通过决议，成立联合国东帝汶特派团，其任务是组织和实施决定东帝汶未来地位的全民公决，任期到8月30日，后经安理会8月3日会议决定延长到9月30日。

1999年7月8日，安理会就维和行动中“前战斗人员解除武装、复员和安置”问题举行公开讨论会，包括中国在内的27个国家的代表在会上发言，就这一问题阐述各自政府的立场。中国常驻联合国代理代表沈国放在发言中表示，无论是在维护和平还是在冲突结束后重建和平，联合国都应当遵循不干涉内政和尊重主权与领土完整的原则；联合国在前战斗人员解除武装、复员和安置方面的行动也应如此。

1999年7月9日，安理会经对安南的报告进行秘密磋商感发表主席声明，对利比亚在遵守联合国有关决议方面取得的巨大进展表示欢迎，但由于美国的反对，未能如期全面解除对利比亚的制裁。在此之前，即1999年4月5日，鉴于两名利比亚洛克比空难嫌疑人抵达荷兰接受审判，安理会曾发表主席声明宣布，即日起暂停对利比亚制裁，并将在安南秘书长提交证明利比亚已经遵守安理会有关决议的报告90天后，宣布全面解除对利比亚的制裁。

1999年7月12日，安理会在听取了秘书处关于刚果（金）局势报告后发表主席声明，呼吁刚果（金）反政府武装签署停火协定。同时呼吁卢旺达、乌干达等有关国家对此施加积极影响。

1999年8月10日，联合国秘书长安南发表题为“关于联合国部队遵守国际人道主义法的公告”，从而为联合国维和部队执行和平使命制定了基本原则和条例。公告于8月12日（《日内瓦公约》通过50周年）生效。

1999年8月11日，安理会就8月10日印度击落巴基斯坦飞机造成两国关系紧张举行秘密磋商后，由本月主席、纳米比亚常驻联合国代表安贾巴发表谈话，呼吁两国通过双边磋商，和平解决争端。

1999年8月27日，安理会在听取负责政治事务的联合国副秘书长普伦德加斯特关于阿富汗冲突的报告后，举行公开辩论。中国常驻联合国副代表沈国放在发言中强调，国际社会应为和平解决阿富汗问题创造一个良好的外部环境。

1999年9月23日,安理会5个常任理事国外交部长就解除对伊拉克制裁问题进行了磋商,但未能取得一致意见。会后发表的联合声明表示,5国要为解决伊拉克问题而继续努力。

1999年10月15日,安理会一致通过决议,要求阿富汗武装派别塔利班交出沙特流亡分子拉丹,并送交已对其提出起诉的国家(美国),否则联合国成员将拒绝对塔利班提供空中交通方便、冻结其在海外拥有的资金。该决议遭到塔利班的拒绝。

1999年10月19日,安理会一致通过由俄罗斯提出的谴责一切形式的恐怖主义行为的决议,要求各国通过双边和多边合作防止和打击恐怖主义行动。

1999年10月25日,安理会一致通过决议,决定设立东帝汶过渡行政当局,在东帝汶独立前,全权管理东帝汶事务。决议规定,组建1支由8950名官兵及200名军事观察员组成的联合国维和部队,以取代目前的多国维和部队;此外再组建1支1640人的国际警察部队。同日,安南宣布,任命负责人道主义事务的副秘书长德梅洛为东帝汶过渡行政当局长官。

1999年11月19日,安理会通过第1275号决议,决定将次日到期的第6期伊拉克"石油换食品"计划延长两周。伊拉克先以该决议旨在延长对伊制裁为由加以拒绝,但随后又迫于压力不得不表示愿与联合国合作,将同意执行为期6个月的第7期"石油换食品"计划。

1999年11月29～30日,安理会举行"安理会在预防武装冲突中的作用"公开辩论会,5个常任理事国及其他成员国的将近40名代表在会上发言。会后发表的主席声明强调,安理会在处理武装冲突问题时,必须充分尊重《联合国宪章》的原则与国际法准则,尊重所有国家的独立、主权和领土完整。

1999年12月17日,安理会以11票赞成、4票(中国、俄罗斯、法国、马来西亚)弃权通过关于解决伊拉克问题的第1284号决议。决议规定成立联合国监测、检查和视察委员会代替原来的联合国特别委员会,负责对伊拉克生物、化学武器和弹道导弹的核查。伊拉克政府以该决议不仅没有取消对伊拉克制裁,反而以对解除制裁提出了苛刻条件为由予以拒绝。

其他专题性会议与活动 1999年7月19～30日,联合国第3次探索及和平利用外层空间会议在维也纳举行。参加会议的除180多个联合国会员国、联合国系统各组织、涉及空间活动的政府间组织和非政府组织以外,与空间有关的企业等民间部门或组织也首次出席了会议,总计达3000余人。中国代表团团长、国家航天局局长栾恩杰在发言中指出,根据中国的经验,利用空间技术是发展中国家接近发达国家技术水平、发展经济的一条捷径;中国一向支持和平利用外层空间的各种努力,反对空间垄断和外空军事化,主张在和平利用、平等互利、取长补短、共同发展的基础上,增进和加强外空领域的国际合作。此次会议最后通过了被视为21世纪人类外空活动发展蓝图的《维也纳宣言》和《行动计划》。

1999年10月6日,联合国促进《全面禁止核试验条约》生效大会在维也纳举行。该条约规定,只有在所有44个拥有核能力的国家交存批准书180天后才能生效。目前虽已有47个会员国批准了条约,但在44国中还有包括美国在内的23个国家没有批准。中国代表团团长沙祖康大使在会上表示,中国将恪守条约,积极支持和参加条约组织的筹建工作;尽管最近国际上发生了一系列消极事件,但中国对条约的根本立场没有改变,仍将在对条约和国际安全环境充分审议的基础上,尽量加快批准条约进程,并将继续为促进条约生效而努力。

1999年11月29日,联合国"声援巴勒斯坦人民国际日"大会在纽约总部举行。本届联合国大会主席古里拉布、秘书长安南以及联合国其他高级官员、包括中国在内的许多国家的代表出席会议。中国常驻联合国副代表沈国放在发言中强调,公正解决巴勒斯坦问题,恢复其人民包括建立独立国家在内的合法权利,中东地区才有可能实现真正持久的和平。

关于联合国改革问题 自1992年第47届联合国大会把联合国改革问题纳入议事日程以来,联合国的改革已经成为广大会员国极为关注的热点问题。安南于1997年接任秘书长后,更是积极加以推动,致使联合国改革问题进一步升温。在1999年9月开始举行的第54届联合国大会上,安理会的改革仍然是讨论的焦点。仅联合国安理会改革工作小组就举行了6次实质性会议和53次一般性会议,广泛听取和征求各会员国的意见、建议,并争取协调各方立场。然而,由于安理会的改革最为敏感,而且难度很大,所以本届联合国大会在这个问题上仍然未能取得实质性进展。

目前,联合国会员国对安理会改革的必要性和迫切性已经基本形成共识,但在如何改革的问题上,各方分歧严重。概而言之,主要分歧集中在以下4个方面:

首先是虽然都同意扩大安理会,但如何扩大却意见大相径庭。这里大体上分为3类不同意见。第1类大多为发展中国家。它们认为,目前联合国会员国已达 188 个,但安理会成员国仍然是 15 个,比例严重失调;主张同时增加常任理事国和非常任理事国,其中发展中国家应占有相应的比例,以解决发展中国家在安理会代表性不足的问题。第 2 类是美国、欧盟等国家。它们主张增加安理会的常任理事国,而且新增加的常任理事国中必须包括德国和日本,但总数不宜过多。第 3 类国家是在各地区具有一定影响、但又估计自身无望代表本地区出任安理会常任理事国者,如意大利、巴基斯坦、韩国、埃及、墨西哥和阿根廷等,主张只增加非常任理事国,以免各自地区的对手成为安理会常任理事国。

其次是扩大到何种规模,方案迭出,意见不一。目前讨论较多的方案有:(1)“20～21 国方案”,主要由美国提出,主张将安理会成员国由目前的 15 个增加到 20 或 21 个,但不超过 21 个,新增加的成员国必须包括经济大国德国和日本,其余由亚、非、拉各选 1 名,它们均不一定要享有否决权。(2)“26 国方案”,主要由埃及代表非洲统一组织提出,主张将安理会成员国增加到 26 个,其中非洲至少增加 2 名享有否决权的常任理事国,新增加的常任和非常任理事国要与现有的理事国享有同等权利。(3)“25 国方案”,主要由中欧和东欧地区国家提出,主张将安理会成员国增加到 25 个,新增的 10 名成员中,5 名为常任理事国,其中 2 名为发达国家,其余 3 名为发展中国家。(4)“24 国方案”,由马来西亚伊斯梅尔提出,主张将安理会成员国增加到 24 个,其中常任理事国增加 5 个,含 2 个享有否决权的经济发达国家和 3 个不享有否决权的亚非拉发展中国家,非常任理事国增加 4 个。对于上述各方案,迄今为止没有一个能为大多数会员国所接受。在此情况下,不结盟运动国家提出了一个备用方案,主张暂时不扩大安理会常任理事国,先扩大非常任理事国,但也未能获得一致支持。

第三是如何对待 5 个常任理事国的否决权,各持己见。联合国安理会 5 个常任理事国一致主张保留否决权,认为这是历史赋予的特权,不能变更。以德国、埃及、墨西哥、乌克兰、越南为代表的部分国家主张限制使用否决权,即将否决权的使用限制在《联合国宪章》第 7 章(即维护和平)所规定的范围内。此外,相当多的会员国主张取消否决权。

第四是安理会的改革是否应当设置时间表,各方主张迥异。德国和日本急于成为安理会常任理事国,因而力主设立时间表,并尽快就某些方案付诸表决。它们的主张得到美国为首的西方国家的支持,有的国家甚至为此提出快速解决方案。中国、俄罗斯以及广大发展中国家坚决反对强行设置时间表,认为安理会的改革涉及各会员国的重大利益,必须经过广泛而充分的讨论,决不能草率行事。

鉴于联合国各会员国在安理会改革问题上分歧相当严重,加之 1998 年 11 月 23 日联合国大会全体会议业已通过如下决议,即“如无大会会员 2/3 以上的赞成票,不就安理会席位公平分配和成员数目增加的问题及有关事项作出任何决议”,安理会的改革还需时日,不能急于求成。

中国与联合国 作为联合国创始成员国和安理会常任理事国,中国一贯十分重视联合国在国际事务中的作用,积极支持和参与联合国的重大活动。1999 年中国与联合国密切合作,在各项有关活动中继续发挥着积极而重要的作用。

1999 年 1 月 11 日,中国常驻联合国日内瓦办事处代表乔宗淮大使,在日内瓦向联合国人权事务高级专员玛丽·鲁滨逊转交了中国香港特别行政区关于《公民权利和政治权利国际公约》实施情况的报告。

1999 年 3 月,中国常驻联合国代表秦华孙出任本月安理会主席。在 3 月的安理会日程表上,非洲问题本来占据主要地位,秦华孙大使为此做了许多工作,多次呼吁国际社会对非洲和平与发展给予更多的关注。然而,随着科索沃局势的不断恶化,特别是 3 月 24 日以美国为首的北约,公然绕开联合国安理会发动了对南斯拉夫的侵略战争,打乱了安理会的原定议程。在这种突发事件面前,秦华孙大使及时主持召开了安理会紧急会议,讨论和磋商应对措施。虽经多方努力,但由于美英法等国家的反对,由俄罗斯、白俄罗斯和印度提出的要求北约立即停止对南斯拉夫侵略的决议案未获通过。尽管如此,中国仍然坚持反对侵略的正义立场,直至迫使北约最终不得不回到安理会寻求问题的解决。

1999 年 7 月,李登辉在台湾抛出分裂中国的“两国论”。为达到制造“两个中国”的目的,台湾当局伙同塞内加尔、尼加拉瓜等少数国家,再一次处心积虑地炮制了所谓“台湾参与联合国”提案,于 8 月 11 日作为补充议案提交联合国。该提案不再像过去 6 年那样以“一个中国,两个政治实体”为基调,而是以“两国论”为基调,将“中华民国在台湾”和“中华人民共和国在大陆”并提;不再要求推翻 1971 年第 26 届联合国大会通过的第 2758 号决议,成立“特殊委员会”,而改为要求联合国大会成立一个工作小组,“审视台湾被排除在联合国之外的特殊情况,并作出适当建议,寻求有效解决。”显然,提案的要害仍然是在联合国制造“两个中国”,而且更加露骨。8月13日,中国外交部发言人在北京发表谈话,予以强烈谴责和坚决反对。发言人指出,1971年第26届联合国大会通过的2758号决议明确无误地宣布“中华人民共和国政府的代表是中国在联合国组织的唯一合法代表”,从而公正、彻底、全面地解决了中国在联合国的代表权问题,维护了《联合国宪章》的宗旨和原则,挫败了极少数国家企图在联合国制造“两个中国”的阴谋。9月15日,在第54届联合国大会总务委员会审议本届联合国大会议程时,中国常驻联合国代表秦华孙重申了中国政府对所谓“台湾参与联合国”提案的严正立场。此后,48个国家的代表相继发言,支持中国政府的立场,反对将“台湾参与联合国”问题列入本届联合国大会议程。尤其引人注目的是,除许多与中国长期友好的亚、非、拉、东欧国家外,历年很少发言的法、英、意、西等西欧国家纷纷发言反对联合国大会讨论“台湾参与联合国”问题;连美国代表也一改过去6年不参与讨论的做法,发言重申了美国政府的一个中国政策。在这种情况下,会议未经表决便由大会主席古里拉布决定不将所谓的“台湾参与联合国”问题列入本届联合国大会议程。随着古里拉布象征联合国权利的木槌声的响起,台湾当局在联合国制造“两个中国”的图谋第7次被粉碎。同日,中国外交部发言人在北京发表谈话,赞扬联合国的正确决定,强调指出:台湾当局分裂中国的企图是徒劳的,不得人心的。

1999年10月19日,中国常驻联合国代表团在纽约总部向联合国递交了首批拟于12月20日澳门回归之日起适用于澳门的国际多边条约,共17项;12月3日,又递交了第2批共9项。两次总计26项,其中既包括中国已经参加的11项,如《消除对妇女一切形式歧视公约》、《关于难民地位的公约》、《反对劫持人质国际公约》等等;又包括15项中国尚未参加、但拟继续适用于澳门的国际公约。

1999年11月14~17日,联合国秘书长安南访问中国,这是他以秘书长身份第3次访华。江泽民等国家领导人亲切会见了他,并表示中国始终支持并遵循联合国宪章的宗旨和原则,致力于和平与发展的事业;对安南在振兴联合国、推动联合国重视非洲问题等方面所作出的努力以及在台湾问题上给予中方的理解和支持表示赞赏。11月17日,安南还出席了由中国联合国协会举办的题为“21世纪的联合国”的座谈会,并在会上发言强调,国家主权仍然是国际关系的基石。

1999年12月20日,联合国副秘书长德梅洛代表联合国和秘书长安南在澳门出席中国恢复对澳门行使主权仪式。在此之前,即12月16日,安南秘书长接受中国新华社记者书面采访,热烈祝贺澳门回归中国。

(孙叔林)

北大西洋条约组织 概况 1949年4月4日,美国、加拿大、英国、法国、荷兰、比利时、卢森堡、意大利、葡萄牙、丹麦、挪威、冰岛等12国在华盛顿签署了《北大西洋条约》。1949年9月17日召开第1次理事会,决定成立北大西洋条约组织的各种机构,从此北大西洋条约组织建立,简称“北约”。希腊、土耳其(1952年2月18日)、联邦德国(1955年5月5日)、西班牙(1982年5月30日)、波兰、捷克和匈牙利(1999年3月12日)先后加入北约,现有正式成员国19个。总部最初设于伦敦,1951年移往巴黎,1967年迁至布鲁塞尔至今。英国的乔治·罗伯逊于1999年10月14日接替西班牙的索拉纳担任北约秘书长,北约军事委员会主席为德国的克劳斯·瑙曼,北约欧洲盟军最高司令为美国的韦斯利·克拉克上将(2000年5月3日由约瑟夫·罗尔斯顿空军上将接替)。

北约成立的宗旨是:通过集体防御,维护北大西洋地区的和平、安全、稳定和福利。12个缔约国签订的北约文件包括1个序言和14项条款,其核心是第5条款,即“各缔约国同意对于欧洲或北美之一或数个缔约国之武装攻击,应视为对缔约国全体的攻击,”这就是说,当北约的一个成员国遭到外来进攻时,北约有权进行自卫或组织反击。

北约是在美国的倡议和组织下成立的。美国极力主张成立北约的目的主要有两个:一是美国认为,“二战”后,西欧在战争中遭到削弱,德国出现“真空”,苏联力量超过了西欧力量,并开始向西扩张,西欧普遍存有“不安全感”,美国想通过成立北约来保卫西欧安全和遏制苏联扩张;二是美国企图通过经济上的“马歇尔计划”和军事上同西欧结盟来达到它领导和控制西欧的目的。西欧国家对美国的用心虽有所察觉并怀有戒心,但因当时急需美国的财政援助和军事保护,出于无奈,只好同美国和加拿大在成立北约的文件上签了字。总之,北约是美国遏制苏联、控制西欧、争夺世界霸权的重要工具。

主要组织机构有:(1)北大西洋理事会,即部长理事会,为北约最高权力机构,由各成员国外交部长组成,必要时政府首脑、国防部长、财政部长也可参加。每年举行两次会议,主要负责审定政治、军事方面的重大问题。(2)防务计划委员会,由参加北约防务一体化的13国(不包括法国和冰岛)和西班牙(已于1998年1月决定参加防务一体化)的国防部长组成,每年开会两次，主要负责审议北约防务政策和制定统一的军事计划。(3)常设理事会，为部长理事会和防务计划委员会休会期间的最高执行机构，由各成员国派大使级常任代表组成，北约秘书长任主席，常设理事会下辖政治、经济、军事等各种专业委员会，其中包括核防务委员会及其所属的核计划小组等。(4)国际秘书部，负责北约的会议准备、组织和联络、协调工作，由秘书长直接领导。秘书长也是部长理事会、防务计划委员会、核计划小组的主席。(5)军事委员会，为北约最高军事指挥机关，由参加北约防务一体化的各国总参谋长组成(法国派联络官参加，冰岛派文官参加、西班牙派常驻代表参加)，负责拟定防务政策和战略方针，向部长理事会和防务计划委员会提出建议，并领导北约部队各战区司令部、大西洋盟军最高司令部、美国－加拿大地区盟军计划小组等。各国向上述战区司令部提供的部队接受军事委员会和本国政府的双重领导。(6)北约议员大会(原名为北大西洋议会，自 1999 年 6 月 1 日起改为现名)，1955 年成立，是北约成员国议会间组织，议员由各国议会指定，名额按国家人口比例分配。议会宗旨是鼓励各国议会的合作，密切各国议会与北约机构的联系，推动实现北约的目标。议会每年秋季召开全会。(7)欧洲－大西洋伙伴关系委员会，原名北大西洋合作理事会(简称"北合会")，1991 年 11 月 7～8 日举行的北约首脑会议决定成立，成员国由北约国家和和平伙伴国组成，主要任务是磋商北约和和平伙伴国在政治和安全方面的联系和合作问题。北合会于 1991 年 12 月召开第 1 次外长会议，此后每年 6 月和 12 月各召开 1 次。1997 年 5 月 30 日将其改名为欧洲－大西洋伙伴关系委员会。目前，其成员国已增至 44 个。(8)北约－俄罗斯常设联合理事会，1997 年 7 月 18 日成立，为北约和俄罗斯之间的磋商机构，是根据 1997 年 5 月 27 日在巴黎签订的北约和俄罗斯关系基本文件建立的。

主要活动 1999 年 1 月 9 日，北约秘书长索拉纳在接受法国《费加罗报》的采访时表示，北约组织的战略方针自 1992 年以来虽然始终没有进行任何修改，但是从那个时候起世界形势发生了重大的变化，北约与俄罗斯建立了伙伴关系，和前华沙条约组织其他国家建立了合作关系。国际形势的变化需要北约制定一项新战略。北约组织未来的使命不仅要保持组织内部稳定，而且必须防止来自北约外部的不稳定因素发生，但是这并不是说北约要在世界任何一个地方进行干预，北约绝对不应当成为世界宪兵。

1999 年 1 月 13 日，北约欧洲盟军最高司令克拉克在马其顿与来访的欧安组织轮值主席沃勒贝克进行了会谈。会谈中，沃勒贝克表示，科索沃目前的形势十分严峻。北约驻马其顿快速反应部队的任务不仅仅是保护欧安组织在南斯拉夫联盟共和国科索沃的观察员，而且还要为落实美国特使霍尔布鲁克与南斯拉夫联盟共和国总统米洛舍维奇 1998 年 10 月达成的协议作出贡献。克拉克表示，北约关于参与欧安组织在科索沃使命的决心没有变化。

1999 年 1 月 17 日，北约就 1 月 15 日 45 名阿尔巴尼亚族人在科索沃南部一村庄惨遭屠杀一事举行了紧急大使级会议，会后发表了书面声明，谴责冲突双方，呼吁双方立即停止敌对行动，并开始谈判寻求政治解决方案。声明称，北约谴责任何一方的暴力行为，并希望双方能够通过谈判找到既有利于科索沃高度自治又保持南斯拉夫联盟领土完整的解决办法。北约 1998 年 10 月底暂停了对南斯拉夫实施空中打击的计划，但仍保持空中打击命令的有效性。此次紧急会议并未就是否恢复打击行动作出任何决定。

1999 年 1 月 20 日，北大西洋理事会举行例会，听取了 1 月 19 日与南斯拉夫联盟共和国总统米洛舍维奇进行长达 7 个小时的谈判后从贝尔格莱德返回的北约欧洲盟军最高司令克拉克和军事委员会主席瑙曼的汇报。会议决定，当日起北约开始进行针对科索沃危机的军事调动，包括向亚德里亚海调动军舰并将作战飞机的临战准备时间从 96 小时缩短到 48 小时。会后北约发言人谢伊称，由于南斯拉夫联盟共和国对国际社会的呼吁无动于衷，北约只得采取一定的"预防性的措施"。北约在今后几天中将密切注视科索沃事态的发展。北约愿尽一切可能以政治手段解决科索沃问题，但这并不表示北约排除了动武的可能，因为武力是外交努力的后盾。

同日，美国国防部长科恩在美国防部举行的记者招待会上表示，北约 1998 年 10 月作出的对南斯拉夫联盟共和国实施空中打击的命令仍然有效，北约可能采取的任何军事行动都将以削弱南斯拉夫威胁该地区的能力为目标。北约支持科索沃阿族人在南斯拉夫范围内寻求更多的自治，但不支持其独立。

1999 年 1 月 25～26 日，北约秘书长索拉纳访问了意大利。在与意大利总理达莱马举行会谈时，索拉纳明确表示，北约将谋求以迅速的军事反应能力为威慑后盾，通过外交方式解决科索沃危机。

1999 年 1 月 28 日，北约秘书长索拉纳在对外发表的谈话中发出警告，敦促南斯拉夫科索沃冲突双方立即停止敌对行动，并开始就政治解决危机举行谈判，否则北约将进行武力干预。他表示，北约已决定加紧进行武力干预科索沃危机的准备工作，并随时准备采取行动。作出上述决定是为了支持联合国、欧安组织、欧盟、前南斯拉夫问题联络小组以及巴尔干地区各国为解决科索沃危机而进行的外交努力。

1999 年 2 月 1 日，北约秘书长索拉纳对德国进行了访问。同德国总理施罗德就国际社会解决科索沃危机的计划交换了意见，并分别与德国外长菲舍尔和国防部长沙尔平举行会晤。在同德国总理施罗德举行会谈后，索拉纳对记者表示，北约准备政治解决科索沃危机，同时也做好了使用武力的准备，如果北约要采取军事干预，实际上“已经不需要再作什么新的决定了”。北约提出的科索沃交战双方应在 2 月 6 日前重开谈判并在规定时间内达成协议的要求是和平解决科索沃危机的“最后机会”。

1999 年 2 月 4 日，乌兹别克斯坦在北约总部所在地布鲁塞尔正式设立了代表处。据乌外交部的消息称，乌驻北约代表处是根据双方达成的有关协议设立的，目的是进一步加强乌与北约的合作。乌外交部同时强调，乌与北约的合作将仅限于在“和平伙伴关系”的框架内进行。

1999 年 2 月 10～12 日，北约国际秘书部秘书长马科奈尔率北约代表团对乌克兰进行为期 3 天的访问。10 日，马科奈尔在同乌克兰外长塔拉修克会见后举行的记者招待会上指出，北约已制定了 1999 年同乌克兰合作的工作计划。根据该计划，双方主要将在信息交流、生态、科技等领域开展合作，同时加强双方的政治对话。在谈到乌克兰同北约的合作现状时，马科奈尔说，北约重视同乌克兰的关系，经常邀请乌议员、科学界人士访问设在布鲁塞尔的北约总部。目前，北约已在乌克兰首都基辅设立了信息中心，很快还要有两名北约官员抵乌工作，以加强北约同乌方的联络。

1999 年 2 月 25～26 日，“地中海对话和新北约”国际研讨会在西班牙东部城市巴伦西亚举行。出席研讨会的有西班牙首相阿斯纳尔、北约秘书长索拉纳、北约欧洲盟军最高司令克拉克、西班牙外交大臣和国防大臣，以及北约成员国的大使和 6 个地中海国家驻布鲁塞尔的外交使节等。阿斯纳尔和索拉纳在 25 日的开幕式上表示，地中海沿岸国家和北约应增加对话和合作，以加强地中海海域的安全与稳定。

1999 年 3 月 12 日，北约在美国密苏里州独立城的杜鲁门图书馆举行仪式，正式接纳波兰、匈牙利和捷克 3 国为其新成员。3 国外长签署了 3 国加入北约的正式文件，并将其交给主持仪式的美国国务卿奥尔布赖特。奥尔布赖特对 3 国加入北约表示欢迎。她说，波、匈、捷是冷战结束后加入北约的新成员，“但它们不会是最后一批，因为北约东扩不是一个事件，而是一个进程”。北约秘书长索拉纳在仪式上表示，3 个国家加入北约，说明“欧洲国家越来越接近了”，但北约接纳波匈捷 3 国遭到了俄罗斯的反对。俄外长伊万诺夫 3 月 10 日说，北约东扩是朝一个“错误的方向”前进。欧洲国家应该合作建立一个共同的安全体系。欧洲国家应该为所有国家的利益而不是为各自集团的利益采取行动。

1999 年 3 月 24 日，北约开始向南斯拉夫联盟共和国发动大规模空袭。这是北约成立 50 年来第 1 次对一个主权国家进行军事打击。

1999 年 3 月 31 日，在连续多日对南斯拉夫联盟共和国进行大规模空袭后，北约最高权力机构北大西洋理事会作出决定，从 4 月 1 日起扩大空袭南斯拉夫联盟共和国的目标范围。

1999 年 4 月 6 日，美国国务卿奥尔布赖特在华盛顿布鲁金斯学会演讲时公开表示，北约在 21 世纪将承担超出 19 个成员国领土以外的使命，目前在科索沃问题上采取的军事行动是实施这一使命的试验。

1999 年 4 月 12 日，北约 19 国在布鲁塞尔举行特别外长会议，紧急讨论北约针对南斯拉夫的下一步战略。外长们在会议上声称，北约将把在科索沃进行军事行动的南斯拉夫军队和警察的负责人送交设在海牙的前南国际法庭审判。会议发表的一项公报声称，北约对南斯拉夫的空中打击将一直进行到南斯拉夫满足北约的所有要求为止。公报为此提出了要求南斯拉夫立即停止在科索沃的军事行动、从科索沃撤军、同意北约军队进驻科索沃、无条件允许难民返回、南为接受朗布依埃和平协议提供“信誉保证”等 5 项条件。为了试图缓解俄罗斯对北约军事干涉不断升级的担忧，公报提出，“北约与俄罗斯同样希望在科索沃达成一项政治解决方案，并愿意与俄罗斯进行建设性合作”。公报还提出，北约将为阿尔巴尼亚、马其顿提供安全保障，并对南斯拉夫因北约在这两个国家驻军而损害两国安全的行动“作出反应”。

此外，北约特别外长会议还讨论了俄罗斯和联合国安理会在解决科索沃危机中的作用问题。法国外长韦德里纳表示，北约成员国外长们都认识到“俄罗斯对欧洲安全的重要性”和在解决科索沃危机中的作用，北约正与俄罗斯进行双边和多边接触。

1999 年 4 月 21 日，俄罗斯外交部发表声明称，俄总统叶利钦已决定不派代表参加与北约最高首脑华盛顿会晤同期举行的俄罗斯—北约常设联合理事会会议。俄罗斯采取此种步骤的原因是显而易见的。北约对主权国家南斯拉夫采取军事行动，是对联合国宪章、欧安组织赫尔辛基最终文件以及俄罗斯联邦与北约相互关系、合作与安全基本文件的最粗暴践踏。北约的军事行动无论对整个联合国体系，还是对推动在欧洲建立新的安全体系的事业来说都是一个沉重打击。俄罗斯在这种情况下不能不冻结与北约的关系，除此之外别无选择。俄罗斯不希望“冷战”重演，也不准备卷入与西方的对抗，但它也决不会对北约倚仗武力独断专行的做法保持沉默。与此同时，俄罗斯仍准备就寻求和平解决南斯拉夫危机的途径与北约国家继续进行积极的协作。

1999 年 4 月 23～25 日，北约首脑会议在美国华盛顿里根国际贸易中心举行。北约 19 个成员国和 23 个和平伙伴关系国的国家元首及政府首脑参加了此次会议，俄罗斯和白俄罗斯为抗议北约轰炸南斯拉夫而拒绝参加。会议期间，北约各国领导人讨论了科索沃危机，表示在目前条件下不会出动地面部队，但在加紧外交努力的同时将继续实施对南斯拉夫的轰炸，并对南斯拉夫实行石油禁运。

4 月 24 日晚，北约首脑会议通过了新的《北大西洋联盟战略概念》。这是冷战结束后北约提出的第 2 份有关战略概念的文件。文件共分 65 条，主要包括 4 项内容：北约的目的和任务，战略前景，维护 21 世纪安全的途径，北约军事力量指导原则。

4 月 25 日，北约 19 个成员国和阿尔巴尼亚、保加利亚、马其顿、罗马尼亚、斯洛文尼亚、波黑以及克罗地亚等国的领导人举行了会议。会后发表的新闻公报称，北约支持该地区国家维护领土完整和主权，并为这些科索沃危机“前线国家”提供“安全保障”。如果它们“因为支持北约打击南斯拉夫联盟共和国而受到来自贝尔格莱德的挑战”，北约将会“作出反应”。同日，美、英、法等北约成员国还与格鲁吉亚、亚美尼亚和阿塞拜疆等高加索地区 3 国举行了首脑会议，呼吁高加索地区国家加强地区融洽与合作，避免出现类似科索沃危机的动荡局势。

北约首脑会议发表了《华盛顿公报》。公报称，北约为适应新的安全环境所带来的挑战，更新了战略概念。其新战略概念重申了对集体防御和跨大西洋关系的“承诺”，提出建立一个具有加强欧洲—大西洋地区安全与稳定“全面能力”的联盟，强调了北约“全面发展防务能力”，以承担“各种任务”的重要性。为了实现上述根本目标，北约需要完成的根本安全使命是：“为创造一个稳定的欧洲—大西洋安全环境”，提供“任何国家都不能以武力威胁或诉诸武力恫吓其他国家”的坚实基础；“威慑和防御任何对北约成员国的入侵威胁”；“随时准备参与对冲突的有效预防和积极参与危机的处理，包括采取危机反应行动”。在公报中，北约还承诺将继续敞开大门，接纳新成员，并制定了相应的行动计划。北约领导人表示，将最迟在 2002 年举行的首脑会议上对扩大进程进行评估。关于跨大西洋关系，公报强调了加强北约内欧洲安全与防务特性的重要性，同时承认，欧盟决心拥有“自主行动能力”，以便在北约“不参与行动”时，可“作出决定、批准军事行动”。公报认为，北约与俄罗斯的关系对于欧洲—大西洋地区的稳定与安全非常重要，双方在这方面“有着共同的目标”。北约决心继续在北约—俄罗斯关系基本文件框架内与俄保持“伙伴关系”。在谈到大规模杀伤性武器时，公报认为，生化武器和核武器的扩散，是对北约的“直接军事威胁”，是北约“严重关切的问题”。北约的主要目标是“通过外交手段”预防这些武器的扩散。在谈到联合国时，公报称，北约承认联合国安理会在维护国际和平与安全方面的“首要责任”，“期望在预防冲突和处理危机合作方面与联合国进行更多接触、交流信息”。由于各成员国难以达成共识，公报中不得不回避了北约“区域外行动”和“由谁授权”这两个敏感而棘手的问题。北约首脑会议还通过了《关于科索沃的声明》等文件，并公布了《北约扩大行动计划》。美国国务卿奥尔布赖特在会后举行的记者招待会上说，美国保持与俄罗斯的联系“十分重要”。克林顿总统已经派特使塔尔博特前往莫斯科，与俄罗斯探讨以外交手段解决科索沃危机的途径。

1999 年 5 月 15 日，克罗地亚国防部长米利亚瓦茨结束访美后在萨格勒布表示，克罗地亚不会以某种一揽子方案的方式加入西方联盟，但是存在着很快加入北约和平伙伴关系计划的可能性。美国完全支持克罗地亚向西方联盟接近，尤其是支持克罗地亚加入北约和平伙伴关系计划。

1999 年 5 月 25 日，北大西洋理事会通过了向科索沃周边增派地面部队的计划，该计划将使驻扎在那里的北约部队增加到约 5 万人。北约发言人谢伊表示，这项计划将由北约军方拟定具体细节，最终授权实施。同日，北约重申了既定的对南斯拉夫的空中打击战略。北约秘书长索拉纳在会见西班牙首相阿斯纳尔后举行的记者招待会上说，北约仍坚持现行战略，因为这一战略在头两个月“已见成效”。

1999 年 5 月 27 日～6 月 4 日，北约在捷克中部的维什科夫举行代号为“守卫协作 99”的军事演习。北约盟国及北约和平伙伴国共 26 个国家约 2000 多名军人参加这次演习。据演习新闻中心负责人介绍，演习的主要目的是进一步提高北约在该地区维持和平的能力，加强北约与和平伙伴国之间的内部协作。这是自捷克 1999 年 3 月 12 日加入北约后，在它境内举行的首次大规模军事演习。

1999 年 5 月 27～31 日，北约议员大会春季会议在波兰华沙举行。来自北约 19 个成员国的 200 多名议员以及俄罗斯和中东欧国家的代表参加了大会，以色列等国也派来了观察员与会。本次会议的主要议题是南斯拉夫联盟共和国危机问题。与会者认为，北约对南斯拉夫联盟共和国的空袭没有达到预期的效果，没有给科索沃的阿族人带来安全。有些国家的代表在会上要求北约停止对南斯拉夫联盟的军事行动。俄国家杜马的代表呼吁北约停止轰炸南斯拉夫联盟共和国 3 天，以便南斯拉夫从科索沃撤军。会议主席与波兰外长盖雷梅克一致同意，南斯拉夫总统米洛舍维奇仍是谈判的对象，并称科索沃冲突可望于 6 月中旬解决。意大利的代表拒绝在会议通过的“支持北约”、“谴责南斯拉夫联盟”声明上签字。

1999 年 6 月 10 日，北约秘书长索拉纳在布鲁塞尔北约总部对各国记者宣读了一项声明，宣布北约决定对南斯拉夫联盟共和国暂停轰炸。索拉纳称，南斯拉夫联盟共和国正按照前一天与北约签署的军事技术协议的要求撤出科索沃，“撤军行动符合南斯拉夫、欧盟和俄罗斯 3 方于 6 月 3 日达成的协议”。他在作出这项决定之前已经同 19 个北约的大使进行了磋商，并听取了北约欧洲盟军最高司令克拉克关于南斯拉夫已开始全面撤军的汇报。

1999 年 6 月 14～28 日，北约在保加利亚黑海城市瓦尔纳附近海域举行第 5 次“联合伙伴”军事演习。参加此次演习的有法国、希腊、土耳其、美国等北约国家及格鲁吉亚、罗马尼亚、保加利亚等北约和平伙伴关系国，其中外国军舰 24 艘，保加利亚军舰 12 艘。原计划派出两艘军舰参加演习的乌克兰于 14 日上午宣布退出此次演习。阿尔巴尼亚和阿塞拜疆则以观察员身份参加。

1999 年 6 月 20 日，北约秘书长索拉纳发表声明称，由于南斯拉夫联盟共和国军队和警察已经全部撤出科索沃，北约决定正式停止对南斯拉夫联盟共和国的轰炸。索拉纳是在得到北约欧洲盟军最高司令克拉克关于 4.1 万名南斯拉夫联盟共和国军队和警察已于当天上午全部撤离科索沃的通知后，经北大西洋理事会授权作出上述决定的。

1999 年 6 月 21 日，北约维和部队司令杰克逊和“科索沃解放军”领导人塔契签署了解除该非法组织武装的协议。协议规定，“科索沃解放军”必须立即停止一切军事行动，停止埋设地雷和在公路上设置路障，停止袭击、绑架平民。同时，“科索沃解放军”必须在 4 天之内关闭其全部阵地和公路两旁的岗楼，并在其埋设地雷处设置标志；必须在 7 天之内将其武器库置于维和部队监督之下，排除其埋设的全部地雷，并从其全部阵地撤出；“科索沃解放军”必须在 30 天之内将其拥有的全部被禁武器交到指定地点；3 个月之后，“科索沃解放军”成员不得再着其军装并携带该组织的任何标志。协议立即生效，北约维和部队当日开始收缴“科索沃解放军”的武器。

1999 年 6 月 28 日，由俄国防部国际军事合作总局副局长库兹涅佐夫率领的俄军官小组飞往布鲁塞尔，并在那里同北约欧洲盟军最高司令克拉克讨论在科索沃开展维和行动的问题。但同日俄罗斯外长伊万诺夫表示，俄罗斯尚未同北约恢复关系，考虑到在科索沃部署国际维和部队的需要，俄有关部门目前只同北约建立了某种接触。这种接触目前仅限于因北约国家和俄罗斯参加科索沃维和行动所必需的接触。至于更大范围的联系，只有在俄同北约进行后续谈判，并且在北约就其对南斯拉夫联盟动武的一系列问题作出令俄满意的答复后才有可能。

1999 年 7 月 5 日，德国国防部长沙尔平在德国《星期日世界报》举办的第 10 届军事政策讨论会上表示说，欧洲同美国在北约中的关系应该有一种新的平衡，“不是北约中美国分量太重，而是欧洲在北约中的分量太轻”。北约的欧洲成员国应当准备同美国一起分担自己应承担的责任。德国武装力量必须具有比迄今更大的处理欧洲事务的能力。

1999 年 7 月 7 日，俄罗斯国家杜马主席谢列兹尼奥夫和北约议员大会主席鲁佩雷斯在圣彼得堡举行会谈后共同向新闻界表示，俄国家杜马与北约议员大会准备在近期恢复合作。

1999 年 7 月 23 日，北约—俄罗斯常设联合理事会在比利时的布鲁塞尔举行会议。这是北约—俄罗斯常设联合理事会自 1999 年 3 月 24 日北约空袭南斯拉夫联盟共和国以来举行的首次会议，会议就科索沃维和事务达成一致。会后发表的声明指出，北约和俄罗斯将尽全力保证科索沃省境内所有居民享有同等的安全，保持在科索沃各地、特别是危险频发区的巡逻，呼吁科索沃境内居民支持国际维和部队的工作，以确保联合国安理会1244号决议的实施。声明谴责目前发生在科索沃的各种暴行，呼吁科索沃塞族和其他少数民族居民不要离开科索沃省，同时呼吁已经离开的人们重返科索沃。

1999年7月28日，美国国防部发言人培根透露，指挥空袭南斯拉夫联盟共和国的北约欧洲盟军最高司令韦斯利·克拉克将于2000年4月提前离任。据美国《华盛顿邮报》报道称，在对南斯拉夫联盟共和国的空袭中，克拉克曾强烈要求扩大空袭目标并制定投入地面部队的计划，而同美国国防部意见相左。这被看作是克拉克提前离任的原因之一。

1999年8月3日，俄罗斯与北约关于在科索沃维和行动中协作问题的磋商在莫斯科顺利结束。磋商中，俄与北约最终商定了俄维和部队的责任区及与北约维和人员的协作问题。双方在有关科索沃问题的赫尔辛基协定框架内达成协议。

1999年9月15日，北约—俄罗斯常设联合理事会在北约总部布鲁塞尔召开大使级会议，与会的北约19国大使与俄罗斯大使共同讨论了科索沃安全局势，并就北约与俄罗斯在科索沃维和部队中的合作问题交换了看法。会后发表的声明强调，有关各方必须全面履行联合国安理会1244号决议。声明还谴责了在科索沃发生的所有暴力行为，呼吁所有科索沃人民支持联合国军事和民事机构的工作并与之合作。会上，北约和俄罗斯还强调了将9月19日作为解除"科索沃解放军"武装最后期限的重要性，并称这是"在科索沃巩固和平与安全的又一重大事件"。双方大使敦促"科索沃解放军"领导人和所有其他科索沃武装分子采取必要措施全面履 行义务，并同意"国际社会应严密监视这一进程，确保其准确实施"。

1999年9月18日，波兰、德国和丹麦3国的国防部长和军队参谋长分别在有关成立北约东北多国部队军的文件上签字。这标志着由波兰、德国和丹麦3国军队组成的北约东北多国部队军在波兰港口什切青正式成立。根据各方签署的文件，该军由丹麦机械化师、德国第14机械化步兵师和波兰什切青第12机械化师组成。这3个师驻扎在各自本国，但军司令部设在什切青。3国的150名军官在司令部工作。丹麦的亨里克·埃克曼将军出任北约东北多国部队军的第1任军长。

1999年10月14日，北约新秘书长乔治·罗伯逊到北约总部正式上任。罗伯逊在就任新职时说，他上任后面临的主要任务包括：加强欧洲在北约内的作用，建立欧洲"防务支柱"以使欧洲在美国不参与的情况下能独立采取军事行动；在科索沃战争后，恢复北约与俄罗斯的关系，并建立与俄"更加密切的关系"；在接纳波兰、匈牙利、捷克入盟后继续北约东扩等。此前，北约原秘书长索拉纳已于10月6日正式卸任，并在北约总部举行的记者招待会上自称，他在4年任期内干了两件大事：一是与俄罗斯建立和平伙伴关系，签署了《俄罗斯联邦和北约相互关系、合作与安全基本文件》；二是吸收波兰、匈牙利和捷克3国加入北约组织。

1999年10月15日，北约和日本第5次安全会议在北约总部布鲁塞尔举行，双方讨论了欧洲和亚太地区的安全形势。北约新任秘书长乔治·罗伯逊在与日本代表团团长、外务审议官加藤良三会谈时表示，冷战结束后，欧洲和亚洲都面临着地区冲突等不稳定问题，北约和日本需要制订新的政策对付新的挑战，双方"正在担负起新的责任"。科索沃危机是对北约的一次"最大挑战"。科索沃战争损害了北约与俄罗斯的关系，而这种关系是建立欧洲安全秩序的关键。科索沃战争是北约在其历史上第1次在自己的防区外采取的军事行动。加藤向北约官员介绍了日本的防务政策，并表示支持北约的战略新概念。北约和日本的安全会议自1990年以来每两年举行1次。

1999年11月1日，加拿大总理克雷蒂安会见了来访的北约新任秘书长乔治·罗伯逊，双方集中讨论了巴尔干地区局势和加拿大作为北约成员国在该地区发挥作用的问题。会谈开始前，克雷蒂安透露，他和罗伯逊将就加拿大在波黑和科索沃地区的驻军问题进行讨论。目前加拿大在上述地区分别驻有1300名军人。罗伯逊在会谈中要求加拿大增加军费开支，进一步提高军事现代化水平，以对付未来可能出现的"新威胁"。他称，加拿大的军费开支在国内生产总值中所占的比例在北约成员国中名列倒数第二，加拿大在实现军队现代化方面还有许多事情可做。

1999年11月4日，北约秘书长乔治·罗伯逊在巴黎同法国总统希拉克进行会谈。会谈中，希拉克强调欧洲防务与北约的互补性，认为将北约与欧洲防务对立起来进行分析是错误的。欧洲要具备更强的防务能力，一方面要有组织机构，另一方面要有军事手段，希望北约秘书长能朝这个方向努力。罗伯逊则呼吁北约各国加强防务建设，提高防务能力。

1999年11月10～11日，北约新任秘书长罗伯逊访问了匈牙利。在与匈总理欧尔班会谈后举行的记者招待会上，罗伯逊强调，欧洲的北约国家目前同样面临着军队改革的问题。这些国家拥有6000架轰炸机，但只有极少的一部分可以执行全天候轰炸任务。匈牙利、波兰和捷克 3 个北约新成员国应继续保持军队改革的速度，以适应北约的需要。尽管匈牙利已经加入北约，但还需要形成新的防御体系，提高防卫能力。匈牙利目前正在进行有史以来最大规模的军队改革，改革的重点是军队内部建制及财务体系等。改革将有助于提高匈军的防御能力。

1999 年 12 月 2 日，北约防务计划委员会在布鲁塞尔召开国防部长会议，来自 19 个成员国的国防部长就科索沃局势、欧洲防务以及北约的军事计划等问题进行了深入讨论。部长们在会上一致认为，科索沃的安全局势只是“相对稳定”，因此应该对科索沃这个一直处于“紧张和变化多端的”地区加强戒备，防止一切因民族矛盾引发的暴力行为。北约表示要在执行联合国安理会有关科索沃问题的决议中“发挥作用”。会议还讨论了欧洲防务问题。最近，欧洲国家就加强欧洲的独立防务能力频繁接触，商讨建立一支欧洲部队，处理可能发生在欧洲的危机，引起了美国的不安。据会议透露的消息说，北约欧洲成员国就建立欧洲部队问题向美国作了解释，表示欧洲独立防务计划不会取代北约。北约秘书长乔治·罗伯逊承认，“对这一问题的说法不同，引起了美国的过敏反应”。法国国防部长里夏尔就欧洲防务问题向记者发表谈话说，“如果发生新的危机，将由北约和欧盟共同发挥作用”。会议还通过了北约今后 5 年的军事计划。另外，北约在会议期间发表的新闻公报说，北约认为，由于核力量继续“发挥着根本的政治作用”，北约决定继续将部署在欧洲的核力量“保持在合理的水平上”。

1999 年 12 月 13 日，北约秘书长乔治·罗伯逊在布鲁塞尔发表声明，肯定欧盟在最近的赫尔辛基首脑会议上通过的防务政策计划与北约的新战略没有冲突。罗伯逊对“欧盟首脑会议的结果”表示欢迎，称欧盟加强自身防务是北约所希望的，欧盟首脑会议在此问题上所作出的决策是“向正确道路迈出的重要一步”。罗伯逊说，北约已经多次表示，一个更强大的欧洲意味着一个更强大的北大西洋联盟。他还说，欧洲发挥更强有力的作用将会在 21 世纪加强欧洲与北美的这一联盟。

1999 年 12 月 15～16 日，北约外长会议在布鲁塞尔举行。会上，北约国家外长们对欧盟赫尔辛基首脑会议上通过的在 2003 年之前建立一支 5 万人的快速反应部队的提议“表示了谨慎的欢迎”，并表示允许欧盟的快速反应部队“在不牵涉北约的危机事态中任意使用北约的军事资源”。但与此同时，北约国家外长们也一致认为，欧盟的防御计划绝不应该削弱北约欧洲成员国与它们最强大的盟国美国之间的跨越大西洋联系。而且，土耳其、波兰、冰岛、匈牙利、捷克和挪威这 6 个不属于欧盟的北约国家（美国和加拿大除外）在欧盟防御部队中必须得到充分的重视，特别是必须确保这些国家尽可能彻底地参与到欧洲统一安全防务体系（即“欧洲支柱”）中去。代替美国国务卿奥尔布赖特出席会议的美副国务卿塔尔博特在发言时表示，欧盟的防御计划是朝着正确方向迈出的几步。美国认为，在有关建立一种更为紧密的泛大西洋防御关系的方式上，美国及其欧洲盟国将继续进行“尽可能充分的磋商与合作。”

由于俄罗斯继续冻结与北约的关系，原计划与会议同时举行的北约与俄罗斯常设联合理事会外长级会议被取消。

（湘　溪）

欧洲安全与合作组织　**概况**　欧洲安全与合作组织（简称“欧安组织”）的前身为欧洲安全与合作会议（简称“欧安会”）。50 年代，当时的苏联最早提出召开全欧安全会议。1966 年 7 月，华约政治协商会议在宣言中正式提出召开欧洲国家参加的欧洲安全与合作会议。1972 年 5 月，美苏就召开欧洲安全会议问题达成协议。同年 11 月 22 日到 1973 年 6 月 8 日，35 个国家在芬兰首都赫尔辛基召开大使级会议，草拟了《赫尔辛基最后建议蓝皮书》，规定了欧安会讨论的范围和日程。欧安会于 1973 年 7 月至 1975 年 8 月分 3 个阶段召开会议，最终签署了《赫尔辛基最终文件》，至此，欧安会正式成立。此后，先后召开了 4 次续会和 4 次首脑会议。1995 年 1 月 1 日起，欧安会更名为欧安组织。

主要组织机构：　（1）首脑会议：每 2 至 3 年举行 1 次。（2）部长理事会：由成员国外长组成，每年至少举行 1 次。（3）议会：每年举行 1 次。（4）安全合作论坛：由各成员国代表团组成，每周举行 1 次。（5）秘书处等。

成员国：　共有 54 国（1999 年底）。它们是：爱尔兰、奥地利、保加利亚、比利时、冰岛、波兰、丹麦、德国、法国、梵蒂冈、芬兰、荷兰、加拿大、捷克、斯洛伐克、列支敦士登、卢森堡、罗马尼亚、马耳他、美国、摩纳哥、挪威、葡萄牙、瑞典、瑞士、塞浦路斯、圣马力诺、俄罗斯、土耳其、西班牙、希腊、匈牙利、意大利、英国、阿尔巴尼亚、爱沙尼亚、拉脱维亚、立陶宛、乌克兰、白俄罗斯、摩尔多瓦、亚美尼亚、阿塞拜疆、哈萨克斯坦、乌兹别克斯坦、土库曼斯坦、吉尔吉斯斯坦、塔吉克斯坦、格鲁吉亚、克罗地亚、斯洛文尼亚、波黑、马其顿、南斯拉夫联盟。

主要活动 1999年1月以来,欧安组织有以下主要活动:

监督哈萨克斯坦总统大选 1999年1月10日,哈萨克斯坦首次举行有多位候选人参加的总统大选。据哈中央选举委员会11日公布的初步结果,现任总统纳扎尔巴耶夫以81.71%的得票率当选为哈下届总统,任期7年。为了确保大选公正举行,共有220名国际观察员监督了这次总统大选。这些观察员分别来自美国、加拿大、法国、德国、英国、俄罗斯和欧安组织等近20个国家和国际组织。这次大选结果得到了国际社会的认可。

举行首脑会议 1999年11月18～19日,欧安组织在伊斯坦布尔举行首脑会议。会议发表了首脑会晤发表的最后声明,签署了关于欧洲安全宪章和关于修改欧洲常规武装力量条约的协议等3个具有历史性的文件。但是,在会议上也进一步暴露了俄罗斯与美国等国的一些矛盾。

(一)首脑会晤发表的最后声明。会晤前,西方做了充分准备,欲向俄施加压力,逼俄在车臣问题上就范。根据西方的如意算盘,俄罗斯应该立即宣布停止在车臣的军事行动、由欧安组织作为中介机构参与车臣冲突的调解等等。但叶利钦总统在发言中一针见血地指出:"西方没有权利在车臣问题上批评俄罗斯。"他希望与会者想一想"以美国为首的北约对南斯拉夫的侵略"。会议结束后,叶利钦与美、法、德首脑分别会晤,然后提前离开伊斯坦布尔,把磋商协议的任务留给了外长伊万诺夫。最后,会议就北高加索问题签署的最后声明文件中措辞十分谨慎。文件明确规定:承认俄主权和领土完整,谴责任何形式的恐怖主义;必须遵守欧安组织规范;俄应为人道主义救援机构的工作创造合适条件;政治途径是解决冲突的基本方法,欧安组织将全力支持达到这一目的;欢迎俄支持欧安组织主席的访问,欢迎俄为保护这一地区的稳定和繁荣所采取的措施等等。俄外长对欧安组织访问一事解释说,这一访问只具有人道主义特点,欧安组织主席并不对车臣武装控制的地区访问。俄政府总理普京20日明确表示,俄在车臣的反恐怖行动不会出现"停顿"。

(二)会议通过了欧洲安全宪章。其中明确规定,欧安组织是和平调解该地区冲突的基本组织,是预防冲突、调解危机和战后重建工作的主要机构。俄外长伊万诺夫认为,欧洲安全宪章中规定,在调整国际冲突中,联合国宪章和国际法准则具有重要的意义。这表明承认尊重国家主权和领土完整、不采取武力、不干涉他国内政等基本原则。其次,宪章规定,在欧安组织内,无论哪个国家或国家集团都无权对该地区和平与安全负有"优先责任",也无权把该地区的某一部分作为自己的势力范围。宪章始终未提到"北约"。最后,宪章规定,欧安组织按"一致同意"原则通过决定,拒绝了美国等西方国家提出的"一致同意－1"的原则。这就防止了美等西方国家干涉俄内政企图,也打破了西方以"人道主义灾难"为借口,干涉俄罗斯在车臣反恐怖行动的如意算盘。

(三)会议签署了新的欧洲常规武装力量条约修改协议。1990年签署的欧洲常规武装力量条约原由22个国家签署,是北约与华约集团间达成的框架协议。新的欧洲常规武装力量条约修改协议规定了在军事敏感边境地区军备和军队的部署限额,确定了各国在欧洲部署常规武器的新标准。会上,白俄罗斯、捷克、波兰、斯洛伐克、德国、匈牙利、俄罗斯、摩尔多瓦和乌克兰分别发表了修订常规武装力量条约的声明,确定了各国武装力量部署的标准。俄在格鲁吉亚和摩尔多瓦两国的军事基地问题也基本得到解决。

参与联合国进驻科索沃特派团活动 1999年6月14日,联合国秘书长安南向安理会提交报告,就成立联合国科索沃临时行政当局特派团(简称"联科特派团")及其运作方式等问题提出具体建议,其中包括欧盟负责科索沃地区的战后重建工作、由欧安组织负责进行组织当地的选举活动等。安南没有公布联科特派团的规模和所需的经费,联科特派团将拥有数千名救援工作人员、行政管理人员和警察,并接受由联合国秘书长直接委派的1名常任特别代表的指挥。安南任命联合国负责人道主义事务的副秘书长、巴西人德梅洛担当临时特别代表的职务。

该联科特派团将由4个部分组成。其中,欧盟将负责科索沃地区的战后重建工作,包括与科索沃国际维和部队进行协调,安置所有返回家园的难民的生活;提供人道主义救援物资;排除地雷;恢复科索沃的经济体制和基础设施重建等内容。欧安组织则将负责当地政府的重建和选举的组织工作,协助科索沃按计划实现高度自治,并为最终解决科索沃的地位问题作准备。据联合国另1位副秘书长弗雷谢特说,联合国可能雇佣大约200名警察帮助训练成立一支新的警察部队,负责维护科索沃当地的社会治安。

在圣彼得堡举行议会大会 1999年7月6日,欧安组织议会大会第8次会议在俄罗斯圣彼得堡举行。俄国家杜马主席谢列兹尼奥夫在会上发表讲话指出,北约对南斯拉夫动武严重违反了国际法基本原则和准则，粗暴践踏了联合国、欧安组织和北约自己制定的国际法文件规定的义务。联合国曾经是、将来也应当是调节整个国际关系体系的唯一的和别无选择的机构。欧安组织应当加强在解决国际冲突中的作用。它应当成为保障全面解决欧洲安全问题的核心机构和调节机构，它的作用不应降低。尤其是现在，联合国领导人软弱无力，而北约企图行使它本不该行使的维和职能。我们应当一起来想想如何加强欧安组织及其议会大会的作用。在科索沃问题上表现出了欧安组织的软弱。谢列兹尼奥夫主张把欧安组织变成真正的国际组织，它应当有自己的法律、进行磋商和作出决议的机构，包括成立欧洲安全理事会这样的组织。欧安组织部长理事会在做出重要决定之前应当征求议会大会的意见。

俄罗斯反对欧安组织介入车臣问题　1999 年 11 月 29 日，俄罗斯外长伊万诺夫在莫斯科会见了欧安组织轮值主席挪威外长克努特·沃勒贝克。双方主要讨论了北高加索地区的局势。伊万诺夫向沃勒贝克通报了俄罗斯领导人为解决北高加索局势所采取的步骤，还介绍了俄军控制地区居民的正常生活情况以及俄政府制定的解决难民问题的计划。沃勒贝克则希望俄政府对欧安组织派团前往车臣问题作出积极回答，并认为这种访问将有助于对该地区局势作出评价和提出有关援助建议。但伊万诺夫强调指出，鉴于北高加索地区是危险区，为确保人员安全和防止恐怖分子的挑衅，欧安组织代表前往北高加索视察的问题将由俄罗斯政府进行讨论。此外，双方就在伊斯坦布尔举行的欧安组织首脑会议的结果交换了意见，认为取得的结果是积极的。

（张昌泰）

东南亚国家联盟　*概况*　1967 年 8 月 8 日，泰国、菲律宾、印度尼西亚、马来西亚和新加坡等 5 国外长发表《东南亚国家联盟成立宣言》，正式宣告东南亚国家联盟成立，简称“东盟”。1984 年 1 月文莱独立后随即加入东盟，1995 年 7 月越南加入东盟，1997 年 7 月老挝和缅甸加入东盟，1999 年 10 月柬埔寨加入东盟。至此，该组织实现了“10 国大东盟”的构想。此外，东盟还与澳大利亚、加拿大、中国、美国、印度、日本、新西兰、俄罗斯、韩国以及欧盟结为对话伙伴国。该组织的宗旨是本着平等和合作的精神，通过共同努力来加速本地区经济增长、社会进步和文化发展，奠定一个繁荣、和平的东南亚共同体的基础，并促进地区的和平与稳定，增进地区的组织合作和相互援助，同国际组织保持紧密和有益的合作。

主要组织机构有：(1)首脑会议，不定期举行，主要讨论确定东盟的基本方针。(2)外长会议，是重要的磋商和决策机构。(3)常务委员会，由当年主持外长会议的东道国外长任主席。(4)秘书处，为常设机构。

主要活动　1999 年 3 月 18 日，中国—东盟联合合作委员会第 2 次会议在吉隆坡举行。会议就积极落实中国与东盟领导人的会晤成果，进一步加强伙伴关系等提出了总体设想和具体建议。会上，中国和东盟各成员国都充分地肯定了近年来，特别是自中国与东盟之间确立了全面对话伙伴关系以来，双方在各个领域的合作所取得的进展。同时，双方还就在下个世纪里如何发展伙伴关系与进一步加强合作等问题进行了磋商，并达成了广泛的共识。会议确定了下一阶段中国与东盟的合作项目，其中包括：人员交流、人员培训、举办经贸研讨会和科技交流研讨会等。双方在会议结束时发表的一项联合声明说，会议认为中国与东盟间的对话关系给双方带来了共同利益。今后双方应进一步加强这种关系。

1999 年 4 月 30 日，东盟在河内举行特别仪式，正式接纳柬埔寨为第 10 个成员国。东盟各国外长和柬埔寨外交与国际合作大臣贺南洪在仪式上签署了接纳柬埔寨王国加入东盟的声明。贺南洪还签署了柬埔寨王国加入东盟组织的各项议定书。贺南洪表示，柬埔寨正式加入东盟，实现了东盟 10 国的构想，并有利于东南亚地区的和平、进步、合作与繁荣。作为东盟成员之一，柬埔寨将遵照东盟制定的各项规定和原则来履行一个成员国应尽的责任和义务。同时，还要严格奉行该组织制定的各项方针政策，并努力为促进东盟各国之间的团结和发展作出积极的贡献。

1999 年 6 月 21～23 日，东盟打击跨国犯罪第 2 次部长级会议在仰光举行。会议讨论了如何有效打击毒品走私、假钞的制造及非法流通、边境地区非法武器弹药交易和拐卖妇女儿童等问题，以及如何加强各成员国在打击跨国犯罪方面的协调和合作问题。会议结束时发表的一份联合公报说，会议通过了东盟打击跨国犯罪行动计划。公报还说，会议原则上同意建立东盟打击跨国犯罪中心，该中心将通过使用现代化的通讯技术手段促进东盟成员国在犯罪资料方面的共享。会议决定东盟打击跨国犯罪第 3 次部长级会议将于 2001 年在新加坡举行。

1999 年 7 月 23～24 日，第 32 届东盟外长会议在新加坡举行。东盟 10 国外长、东盟观察员国巴布亚新几内亚的代表和东盟秘书长出席了本届外长会议。会议主要议题是东盟面临的挑战、东盟和东盟地区论坛的发展方向和东盟的对外关系等，同时也讨论了地区和国际政治、经济等问题。关于地区和国际政治、经济问题，外长们认为，大国之间保持稳定的关系对亚太地区，特别是东南亚地区的和平、安全、稳定和繁荣至关重要，并重申了一个中国的政策。会议期间，东盟成立了东南亚无核区委员会，以负责监督《东南亚无核区条约》的落实情况。东盟轮值主席国新加坡外长顺穆加姆·贾亚库马尔当选为该委员会本届主席。

1999 年 7 月 26 日，第 6 届东盟地区论坛会议在新加坡举行。来自东盟地区论坛 22 个成员的外长或代表出席了会议。会议主要讨论地区政治与安全合作以及东盟地区论坛发展方向问题。会议结束后，与会国就国际和地区形势、地区安全合作、东盟地区论坛的发展进程和发展方向等问题发表了一项主席声明。声明首先对蒙古国作为论坛新成员参加本届论坛会议表示欢迎，对东盟接纳柬埔寨为该组织成员、实现了建立"10 国大东盟"的愿望表示欢迎。声明说，部长们认识到亚太地区大国间的关系因其他地区发生的事件而受到影响。部长们讨论了科索沃局势的发展，重申支持《联合国宪章》和尊重国际法基本准则。部长们还对 1999 年 5 月初中国驻南斯拉夫联盟大使馆被炸、造成无辜人员伤亡这一悲剧性事件表示深深的遗憾，对中国人民和受害者亲属以及科索沃冲突的所有无辜受害者表示同情和慰问。中国外交部长唐家璇在会议上发表了重要讲话，就如何维护国际和地区和平以及东盟地区论坛的发展方向问题阐述了中国政府的立场。

1999 年 7 月 27～28 日，东盟与对话伙伴国会议在新加坡召开。东盟 10 个成员国和澳大利亚、加拿大、中国、欧盟、印度、日本、新西兰、俄罗斯、韩国和美国等 10 个对话伙伴国的外长出席了会议。会议主要讨论了地区和国际政治、经济问题，以及经济合作和对话会议进程等问题。

1999 年 8 月 30 日，新加坡《联合早报》报道，东盟副秘书长素塔博士向该报透露，台湾最近又向东盟秘书处提出成为东盟对话伙伴的申请，东盟基于一个中国的原则已驳回台湾当局的请求。素塔表示，东盟从未有过同台湾建立区域性关系的想法。东盟只视台湾为一个经济体，它不能以一个国家的身份出席东盟会议。因此，台湾与东盟建立区域对话关系的方案是不可能成立的。

1999 年 9 月 22～23 日，第 3 届东盟地区论坛成员国国防院校校长会议在乌兰巴托举行。来自中国、新加坡、泰国、马来西亚、加拿大、日本和东道主蒙古等 17 个国家的国防院校负责人参加了本次会议，讨论了 21 世纪亚太地区国家安全合作问题和东盟地区论坛成员国国防院校间合作问题。会议强调应进一步发挥东盟地区论坛成员国国防院校在亚太安全合作中的作用，促进各国军队与人民之间的相互了解和信任。中方代表团团长库桂生少将在会上发表讲话说，冷战结束后，安全利益的内涵与外延不断扩大，一国的国家安全不仅仅是传统意义上的军事安全，而是军事安全、政治安全和经济安全等方面的有机结合，即综合安全。一个国家越来越不可能像过去那样仅凭借自身实力的增强来谋求并确保其安全，合作安全已成为实现和保障国家安全的新途径和新方法。本地区各国应通过安全合作来谋求共同安全，也只有共同安全才能将亚太地区带入到一个和平、稳定与发展的 21 世纪。促进地区多边安全合作，必须遵循兼顾各国利益、和平解决争端、互不干涉内政、尊重差异和多样性等原则。在各成员国的努力下，东盟地区论坛在促进本地区多边安全对话与合作，尤其是建立信任措施方面取得了重大进展，为下个世纪亚太地区开展多边安全对话与合作打下了基础。

1999 年 11 月 28 日，东盟 10 国和中、日、韩 3 国领导人在菲律宾马尼拉举行第 3 次非正式会晤。东盟各国和中、日、韩领导人出席。会晤中，各国领导人都认为，面对新的世纪，东亚国家有必要加强彼此之间的了解、信任与合作，认为加强在经济、金融、科技等领域的合作，应是东亚合作的重点。

（湘　溪）

阿拉伯国家联盟　概况　阿拉伯国家联盟（简称"阿盟"），成立于 1945 年 3 月 22 日，现有 22 个成员国，总部设在开罗。阿盟一直致力于促进阿拉伯国家的政治和经济发展，是推进阿拉伯国家一体化的区域性国际组织。第二次世界大战爆发后，阿拉伯地区摆脱殖民主义统治及其影响的民族主义呼声日益高涨。当时已经独立的 7 个阿拉伯国家约旦、叙利亚、沙特阿拉伯、伊拉克、黎巴嫩、埃及和也门经过协调磋商，决定实现阿拉伯的统一，并于 1944 年 9 月 25 日在埃及亚历山大港签订了《阿拉伯联盟草案》（亦称《亚历山大议定书》）。次年 3 月 22 日，上述 7 国在开罗通过《阿拉伯联盟宪章》，阿盟遂正式宣告成立。此后，随着阿拉伯国家民族解放运动的迅速发展，在阿盟 7 个创始国之外，又有 15 个独立的阿拉伯国家先后加入阿盟。它们是：利比亚、苏丹、突尼斯、摩洛哥、科威特、阿尔及利亚、巴林、卡塔尔、阿曼、阿拉伯联合酋长国、毛里塔尼亚、索马里、巴勒斯坦、吉布提和科摩罗。阿盟宗旨主要包括 6 个方面：(1)维护成员国的独立；(2)保卫阿拉伯和平与安全;(3)与国际机构和组织开展合作;(4)实现阿拉伯政治事务合作;(5)实现阿拉伯经济、社会和文化合作;(6)研究阿拉伯社会的利益。阿盟宪章原则集中为下述5点:(1)成员国间平等的原则;(2)维护成员国主权的原则;(3)互不干涉的原则;(4)用和平方式解决内部争端的原则;(5)互助的原则。

主要组织机构有:(1)理事会,是阿盟制定决议的最高权力机构。理事会由各成员国外交部长或常任代表构成,每年3月和9月举行两次例会,在需要时还可召开紧急会议。理事会所颁布的各项决议,如果是一致通过的,则要求全体成员国遵照执行;如果获得多数票通过的,则要求赞同决议的成员国遵守。理事会例会的主席按其成员国顺序轮流担任。理事会每5年对秘书长进行一次任免,现任秘书长是艾哈迈德·伊斯马特·阿卜杜勒·马吉德(埃及人,于1991年5月就任至今)。理事会下设政治、经济、社会、文化、法律等17个专门机构。(2)秘书处及其分支机构,各专项组织,是阿盟理事会的执行机构。(3)驻外办事处,阿盟已在一些非阿拉伯国家的首都设有办事处或新闻中心。长期以来,阿盟与中国的友好关系稳步发展。1993年10月16日,阿盟在北京开设办事处。

主要活动　1999年1月24日,来自22个阿盟成员国的18位外长和4名常驻代表出席了在阿盟总部开罗召开的阿拉伯国家外长协调会议,讨论阿拉伯国家如何协调在伊拉克问题上的立场,并寻求实现阿拉伯和解和恢复阿拉伯团结的途径。会议要求取消联合国对巴格达的制裁,同时谴责了美国和英国上个月对伊拉克的空袭。阿盟外长会议的最终声明中删掉了有关巴格达1990年入侵科威特的条款。早些时候,这些条款使得伊拉克外长萨哈夫提前退场。此前在非正式会议上通过的声明草案包括有关巴格达向其邻国“挑衅”的条款,并要求伊拉克“承认它入侵科威特是错误之举”。会议通过的最终声明中取消了这些条款。取消的另外一项条款曾坚持认为,伊拉克“承认错误是实现阿拉伯世界的真正团结和保护阿拉伯国家的利益的一个必要条件”。

1999年1月26日,阿盟发表声明,对美国25日空袭伊拉克南部巴士拉省的居民区和经济目标,导致无辜平民伤亡及一些民用和经济设施被炸毁,深表遗憾。阿盟在声明中再次呼吁美国政府停止在伊拉克北部和南部采取诸如此类的军事行动,以实现阿拉伯地区的安全与稳定。声明重申阿拉伯国家反对任何损害伊拉克主权,领土完整、国家统一的行为,反对对伊拉克内部事务进行干涉。声明指出,25日在开罗闭幕的阿拉伯外长会议声明也呼吁停止对伊拉克采取军事行动,主张在保证执行联合国安理会决议的基础上通过外交与和平的手段解决伊拉克问题,恢复伊拉克与联合国的关系。

1999年2月25日,阿盟负责阿拉伯事务的助理秘书长艾哈迈德·本·阿里发表讲话,谴责美英战机继续空袭伊拉克。阿里说,阿盟谴责美英战机24日对巴格达进行的空袭以及它们在伊拉克南部和北部禁飞区内采取的军事行动。阿盟要求美英取消其在伊拉克南部和北部划定的禁飞区,因为这只是它们单方面的行为,既没有得到联合国安理会的授权,也没有任何法律依据。

1999年3月2日,阿盟秘书长马吉德呼吁,国际社会应“采取各种可能的措施”对以色列施加压力,迫使其签署《不扩散核武器条约》。马吉德发表讲话说,他对以色列拒绝加入《不扩散核武器条约》表示遗憾。他指出,以色列的做法使中东地区的力量对比失去了平衡,并将危害本地区及整个世界的和平与稳定。马吉德说,所有阿拉伯国家都已签署了《不扩散核武器条约》,并正在为使中东成为无核武器区“作出巨大的努力”。阿盟秘书处正在拟订一项旨在消除中东地区所有核武器的条约草案。以色列长期以来一直拒绝签署《不扩散核武器条约》,同时既不证实、也不否认有关它拥有核武器的报道。

1999年3月6日,正在巴格达访问的阿盟秘书长和特使艾哈迈德·本·赫利表示,阿盟将尽最大努力解除对伊拉克的制裁。赫利此行的目的就是要说服伊拉克同阿拉伯部长级委员会进行合作。阿盟于1999年1月建议由叙利亚、埃及、沙特阿拉伯、阿联酋、约旦和巴林等6国外长组成阿拉伯部长级委员会,旨在解决伊拉克问题,但伊拉克认为该委员会无助于解除对伊拉克制裁,因此拒绝与之合作。上述阿拉伯6国外长将于7日在大马士革举行会议,并于17日向阿盟部长理事会提交有关解决伊拉克问题的报告。

1999年3月21日,阿盟秘书长马吉德表示,阿盟将采取各种措施对付以色列违反联合国决议和践踏国际法准则的行径,并将一如既往地为促使其撤出所有阿拉伯被占领土而努力。马吉德在为纪念阿盟成立54周年而发表的声明中说,阿盟将为恢复阿拉伯国家之间的团结继续进行不懈的努力,并为促进阿盟成员国之间以及阿盟成员国与国际组织间的合作关系的发展提供帮助。马吉德说,阿盟将致力于使中东地区成为无大规模杀伤性武器的地区,以使阿拉伯各国能运用一切现有和潜在的资源和力量来发展本国的社会和经济事业。

1999年3月30日,阿盟秘书长马吉德发表一项声明,谴责以色列继续在其占领的阿拉伯土地上兴建犹太人定居点和在耶路撒冷推行犹太化政策。马吉德当日在阿盟为纪念巴勒斯坦"国土日"发表的上述声明中指出,以色列的倒行逆施只能进一步坚定巴勒斯坦人民收复失地和建立自己独立国家的决心。他说,尽管以色列拒绝"土地换和平"的原则,拒绝恢复中断的中东和谈,但巴勒斯坦人民仍将坚持斗争,他们必将收复全部失地,建立自己独立的国家。马吉德在声明中还高度赞扬巴勒斯坦人民为收复失地、恢复被剥夺的民族权力以及为实现中东地区和平所进行的顽强斗争。

1999年3月30日,阿盟秘书长马吉德强调,阿联酋对位于海湾的阿布穆萨岛和大、小通布岛拥有主权。他要求伊朗军队从这些岛屿上撤走。马吉德表示支持阿联酋通过和平途径解决同伊朗的领土争端,其中包括通过国际法庭的仲裁。阿布穆萨岛和大、小通布岛位于海湾霍尔木兹海峡入口处,战略位置十分重要。长期以来,伊朗和阿联酋在这些岛屿的归属问题上一直存有争议,两国都宣布对这3个岛屿拥有主权。

1999年5月6日,阿盟秘书长马吉德强调,阿盟重视维护伊拉克的国家统一和领土完整,反对任何干涉其内部事务的企图。马吉德当日在与到访的伊拉克司法部长马拉基举行会谈后向新闻界发表讲话说,阿盟拒绝外国势力在伊拉克南部和北部地区强行划定的所谓"禁飞区",因为这种"禁飞区"没有任何法律依据。他还强调,阿盟将继续努力促成联合国尽快取消对伊拉克的制裁,以缓解伊拉克人民所遭受的苦难。马拉基是于5日抵达开罗参加即将在阿盟总部举行的阿拉伯国家司法部长会议的。

1999年6月9日,阿盟发表声明,对沙特阿拉伯和卡塔尔近日签署边界划分协议表示欢迎,称此举将改善并促进两国间的关系。声明说,沙特和卡塔尔通过和平谈判最终划定两国边界"将有助于加强全体阿拉伯国家间的关系,有助于恢复阿拉伯世界的和解与团结"。声明说,两国的举措向全世界表明,阿拉伯民族"能够通过和平手段解决彼此间的分歧,以维护阿拉伯人民的利益。"

1999年6月28日,叙利亚外交部长沙雷同前来叙利亚出席阿拉伯议会联盟第34次会议的阿盟秘书长马吉德举行了会谈,双方讨论了中东地区形势以及以色列24日空袭黎巴嫩后中东局势的最新发展等问题。马吉德对新闻界发表谈话说,阿盟强烈谴责以色列当局最近空袭黎巴嫩,并造成无辜平民伤亡和民用设施被毁的侵略行径。他说:以色列对黎巴嫩的侵略是一个严重事件,我们强烈谴责和声讨以色列战斗机轰炸贝鲁特及其郊区所犯下的罪行。他还强调,黎巴嫩爱国抵抗力量在黎南部地区进行反击以色列的行动是合法的,因为它是抵抗外国对黎巴嫩的占领,维护自己国家的主权和领土完整。他透露,阿盟已经写信给联合国安理会及安理会各成员国,阐述阿盟对以色列这次侵略行动的立场。

1999年7月5日,阿盟发表声明,呼吁伊朗政府同海湾合作委员会(海合会)成立的相关委员会进行合作,以认真积极的态度通过和平谈判解决大通布岛、小通布岛和阿布穆萨岛的主权争端。声明说,阿盟支持阿联酋对目前由伊朗占领的海湾3岛的主权要求及主张通过和平谈判或国际仲裁来解决争端的立场。阿盟相信,根据国际法准则和睦邻友好的原则行事便能和平解决这一争端,这不但能推动阿拉伯—伊朗关系的发展,而且有利于加强海湾地区的安全与稳定。

1999年7月8日,阿盟发表声明,对美国部分议员企图在国会中通过一项将苏丹南方划为"禁飞区"、禁止苏丹航空公司的飞机飞越该地区上空的提案深表不安。声明指出,这些议员的提案严重损害了苏丹的主权、国家安全和领土完整,是对苏丹内部事务赤裸裸的干涉,也是对国际法准则的粗暴践踏。声明说,该提案不仅对美国和苏丹政府为恢复两国建立在互利和相互尊重基础上的双边关系所付出的努力产生消极影响,同时也破坏了苏丹政府正致力实现的民族和解。声明呼吁美国政府不要接受这一提案。声明强调,阿盟坚决站在苏丹一边,反对任何威胁苏丹主权、安全、稳定和领土完整的外部干涉和挑衅。

1999年7月12日,阿盟呼吁美国和以色列尊重并恪守联合国有关巴勒斯坦分治的第181号决议。阿盟一高级人士当天在此间举行的新闻发布会上说,阿盟认为作为以色列和巴勒斯坦建国的法律依据,联合国第181号决议对巴以双方都有效。阿盟已决定在1999年9月召开的第112届阿拉伯外长理事会讨论该决议。他强调,阿盟决定讨论181号决议的目的是要向世人表明,阿盟仍尊重并恪守该决议,仍把它作为巴勒斯坦建国的法律依据。

1999年7月12日,阿盟发表声明,强烈谴责以色列继续在黎巴嫩南部和贝卡谷地践踏人权的行径。阿盟在纪念黎巴嫩"被关押者日"时发表的一份声明中,要求国际社会,特别是联合国采取必要的措施,制止以色列在黎南部侵犯人权的行径。声明呼吁以色列恪守联合国安理会第 425 号决议,立即全面、无条件地从所有被占领的黎巴嫩领土上撤出去,并保证尊重黎巴嫩的主权、独立和领土完整。声明呼吁联合国、国际组织和国际社会向以色列施加压力,迫使其严格履行有关保护平民权益、改善被关押人员生活状况以及维护他们的尊严的决议和国际法准则。声明还要求以色列允许国际红十字会及有关组织对被关押人员的状况,死因进行调查。允许被关押人员的亲属探监。声明强烈要求以色列当局立即释放所有被关押的黎巴嫩人和其他阿拉伯人。

1999 年 8 月 12 日,阿盟发表声明,对苏丹政府最近提出的在苏丹南方各战场实现全面停火的决定感到满意并表示支持。声明说,苏丹政府的停火决定是其为减少苏丹人民的内部流血,实现国家的统一与稳定,争取民族和解而采取的实际行动,也是苏丹政府对联合国及有关救济组织呼吁有关各方向南方战乱地区运送救济物资工作提供方便的响应。阿盟呼吁联合国、地区性组织和苏丹周边国家支持苏丹政府的停火决定,支持埃及和利比亚为实现苏丹民族和解所做出的努力。声明指出,实现苏丹的民族和解对非洲之角地区的稳定,对阿拉伯民族和非洲国家的安全具有重要意义。阿盟维护苏丹统一和领土完整的立场是坚定不移的,任何危及苏丹安全和领土完整的挑衅行为都被视为对阿拉伯民族安全的威胁。

1999 年 9 月 12～13 日,阿盟第 112 届外长理事会会议在阿盟总部开罗召开,来自 22 个阿盟成员国的外长和代表出席了本届阿盟外长理事会会议。会议讨论了中东和平进程、阿以争端、伊拉克局势和阿联酋－伊朗领土争端等问题,决定继续支持巴勒斯坦的正义斗争,反对以色列占领阿拉伯领土的非法行径。在有关巴勒斯坦问题的决定中,会议强调支持以联合国决议为基础的中东和平进程,支持巴勒斯坦人民为恢复自己合法权利和为建立以耶路撒冷为首都的独立的巴勒斯坦国而进行的一切斗争,并拒绝以色列在巴勒斯坦土地上继续兴建犹太人定居点,要求撤除这些非法建造的定居点。会议谴责以色列继续占领叙利亚的戈兰高地、黎巴嫩南部和贝卡谷地,呼吁国际社会采取有效措施促使以色列履行联合国有关决议,立即从这些地区撤军,尽快释放所有被其关押的黎巴嫩人。会议对美国继续向以色列提供先进武器和军事援助深表不安,认为美国的军援促使以色列对中东和平进程采取强硬立场,导致中东地区一直处在紧张和不稳定的状态之中。会议支持苏丹反对外来威胁,维护国家主权和领土完整的立场,谴责美国最近发出的对苏丹进行新的军事打击的威胁,认为美国的威胁是对国际法和联合国宪章的公然践踏。会议强调反对使用武力解决国与国之间的争端,主张通过以尊重国际法、国家主权和不干涉内政为基础的积极的政治对话来消除国与国之间的分歧。

1999 年 9 月 25 日,阿盟发表声明,要求以色列停止耶路撒冷犹太化的行径。这份在 9 月 26 日"耶路撒冷日"来临之际发表的声明指出,以色列企图使耶路撒冷犹太化旨在制造既成事实,破坏巴以最终地位谈判。声明强调,以色列的这一单方面行动是无效的,不能改变耶路撒冷的地位。声明要求以色列恢复耶路撒冷的伊斯兰属性和地位,允许巴勒斯坦建立以耶路撒冷为首都的国家,否则中东和平进程就不可能达到预期目的。

1999 年 10 月 9 日,阿盟副秘书长哈里谴责以色列政府最近做出的关于继续在戈兰高地兴建犹太人定居点的决定。哈里当天发表谈话说,以政府的这一决定是不合法的,它违背了联合国宪章和国际法,特别是违背了联合国安理会 1981 年通过的第 479 号决议,因为这个决议一再强调以色列吞并叙利亚的戈兰高地是"不合法和无效的"。他指出,以政府的决定是一种挑衅行为,其目的是要制造新的危机来阻挠和拖延叙以和谈的恢复。哈里强调,阿盟坚决支持叙利亚关于收复所有阿拉伯被占领土以及全面、公正解决中东问题的正义立场。

1999 年 10 月 27 日,阿盟秘书长马吉德呼吁索马里各派领导人积极努力,争取早日在索实现民族和解。马吉德当日与来访的联合国秘书长派驻索马里的特别代表斯蒂夫举行了会谈,双方讨论了索马里目前的局势及国际社会如何推动索马里实现民族和解等问题。马吉德说,索马里各派领导人应作出积极努力,结束目前的战乱局面,以便尽早实现民族和解,使索马里人民免遭战争苦难。他表示,阿盟愿意同联合国、伊斯兰会议组织以及欧盟等国际和地区性组织合作,在开罗主持召开索马里全国和解会议。斯蒂夫重申,联合国非常重视索马里的统一和领土完整。他希望同有关各方一道,为在索马里实现和平、稳定和民族和解而共同努力。

1999 年 10 月 27 日,阿盟秘书长马吉德再次呼吁美英立即停止对伊拉克的空袭行动。他说,美英的空袭行动,不仅是对伊拉克国家安全和领土完整的公然侵犯,而且也严重违反国际法准则和联合国安理会的有关决议,阻碍联合国为恢复同伊拉克的合作所作出的一切努力。马吉德表示,阿盟将继续同安理会成员国进行磋商,以寻求尽快取消对伊拉克长达9年的经济制裁,使伊拉克人民早日结束苦难。他指出,联合国常任理事国应在维护伊拉克的独立、主权和领土完整并保证不干涉伊拉克内部事务方面发挥作用。

1999年11月16日,阿盟秘书长马吉德强调,以色列坚持拥有核武器不仅危及中东和平进程、破坏了中东地区的力量均衡,而且还将促使这一地区的其他国家寻求发展别的大规模杀伤性武器。马吉德呼吁以色列尽快签署和加入《不扩散核武器条约》,将其核设施置于联合国原子能机构的监督之下。

1999年11月21日,阿盟秘书长马吉德表示,为促进阿盟成员国索马里的和平进程,阿盟愿意主持召开索马里民族和解会议。马吉德对埃及中东通讯社发表谈话说,阿盟愿意同联合国、欧盟、东非地区组织及其他有关各方密切合作,为帮助索马里实现统一、和平与稳定作出努力。他认为索马里各派领导人应对该国出现的分裂状态负责。他还呼吁索马里的邻国切实遵守联合国安理会的有关决议,停止向索马里输出武器,并尊重其主权和领土完整。阿盟将于近期组成一个7人委员会,负责讨论并制定有关防止索马里局势进一步恶化和使该国家实现和平与稳定的未来行动计划。

1999年12月3日,阿盟发言人说,美国最近决定直接向苏丹南部由苏丹反政府武装控制的地区提供食品救济,这种作法不仅损害苏丹的主权和领土完整,使苏丹南部问题复杂化,而且也使得国际社会为实现苏丹民族和解所付出的努力化为泡影。这位发言人说,应苏丹政府的要求,阿盟各成员国的代表2日召开会议,专门讨论了苏丹局势的最新发展,特别是美国向苏丹反政府武装控制区提供食品救济的决定可能产生的后果。他说,阿盟支持苏丹政府反对任何威胁苏丹主权、稳定和领土完整的外来干涉。阿盟已将自己的这一立场通告了美国政府。

1999年12月14日,阿盟发表声明,呼吁联合国安理会制定与伊拉克进行全面的并具有建设性的合作新方式,确保伊拉克全面执行联合国有关决议,尽早解决悬而未决的问题。声明强调,阿盟高度关注安理会目前就解决伊拉克问题所付出的一切努力,这些努力旨在早日结束伊拉克人民所遭受的苦难,取消对伊拉克实行的长期封锁。声明呼吁联合国安理会与伊拉克共同寻找一种建立在健康基础上的合作方式,以使伊拉克人民能够恢复正常生活,并在地区和国际事务中发挥作用。声明还呼吁安理会成员国采取必要措施,制止那些超越联合国决议对伊拉克采取的打击行为。声明重申,阿盟坚持维护伊拉克主权和领土完整的立场。

（武新颜）

海湾阿拉伯国家合作委员会 概况 海湾阿拉伯国家合作委员会,简称“海湾合作委员会”,成立于1981年5月25日,由巴林、科威特、阿曼、卡塔尔、沙特阿拉伯和阿拉伯联合酋长国等6个海湾阿拉伯国家组成。其宗旨是:加强成员国之间在一切领域内的协调、合作和一体化,以实现它们的统一,其中尤以加强防务合作和区域经济合作为中心;加强和密切成员国人民间的联系、交往与合作;推动6国的工业、农业、科学技术的发展。

主要组织机构有:(1)最高理事会:为最高权力机构,即6国首脑会议,每年举行一次例会,主席由成员国国家元首按国名字母顺序轮流担任,任期一年。(2)部长理事会:由成员国外交大臣(部长)或代表他们的其他大臣组成,系执行机构,每3个月举行一次例会。主席由各成员国按国名字母顺序轮流担任,任期一年。(3)总秘书处:为常设机构,总部设在沙特阿拉伯首都利雅得。由秘书长和负责政治事务、财经事务及军事事务的3名助理秘书长主持工作。秘书长由最高理事会任命,任期3年。现任秘书长为贾米勒·伊卜拉欣·希贾兰(沙特阿拉伯人,1995年12月当选,1996年4月就任)。(4)专门委员会:设有经济社会发展委员会、商业金融合作委员会、工业合作委员会、石油合作委员会、文化合作委员会和防务合作委员会。1992年5月海湾合作委员会又成立了高级安全委员会,负责处理海湾地区的和平与安全问题,并致力于加强海湾合作委员会成员国的自我防卫能力。由阿曼国家元首卡布斯担任该委员会主席。

海湾合作委员会自1981年成立以来,每年11月或12月轮流在6国首都召开首脑会议,到1999年12月共召开过20次首脑会议。6国外交、国防、内政、石油和财经等大臣(部长)也定期或根据需要召开会议,商讨6国和海湾以及中东地区面临的政治、经济、外交、安全、军事等重大问题,互通情况,协调立场,共商对策,并采取联合行动。

主要活动 1999年1月10日,海湾合作委员会(简称“海合会”)6个成员国外长和外交大臣在沙特阿拉伯吉达市召开外长会议,讨论当前的伊拉克形势,并确定拟于1月24日在开罗举行的阿拉伯外长会议应采取的立场。会议只进行了5个小时,没有发表任何公报。沙特在会上提出了部分解除对伊拉克制裁的建议,得到了其他5个成员国的赞同。1月11日,科威特第一副首相兼外交大臣萨巴赫宣布,海合会在伊拉克问题上的立场是坚定的。海合会各成员国坚决拒绝伊拉克政府对科威特和沙特阿拉伯发出的“侵略威胁”,反对它对联合国安理会决议的侵犯。萨巴赫强调,伊拉克必须执行联合国安理会决议。

1999 年 1 月 14 日晚,海合会 6 国外长和外交大臣在沙特阿拉伯吉达市举行会议,协调 6 国对上月美英空袭伊拉克之后阿拉伯世界出现一些新问题的立场。这是海合会外长和外交大臣半个月内第 3 次开会协调立场。会议由海合会轮值主席国阿拉伯联合酋长国外长纳伊米主持。纳伊米会后对新闻界发表谈话说,这次会议讨论了如何结束伊拉克人民的苦难等问题。

1999 年 2 月 20 日,阿拉伯联合酋长国向伊朗政府递交了一份备忘录,强烈抗议伊朗方面在有争议的阿布穆萨岛上建立市政和教育设施。备忘录指出,2 月 5 日伊朗内政部长阿卜杜·瓦哈德前往阿布穆萨岛为上述设施揭幕,阿拉伯联合酋长国认为这一做法的“目的是想使伊朗对该岛的占领成为既成事实,从而改变该岛的人文自然,直至把该岛吞并并置于伊朗的主权之下”。阿拉伯联合酋长国重申,它对阿布穆萨岛拥有主权,决不承认其他任何一方对该岛拥有主权。阿拉伯联合酋长国同时保留它对该岛的所有权利。与此同时,阿拉伯联合酋长国外交部将备忘录分发给联合国、海合会和阿拉伯国家联盟各成员国。

1999 年 3 月 4 日,海合会第 23 届外长特别会议在阿拉伯联合酋长国首都阿卜扎比举行。海合会 6 个成员国外长和外交大臣就伊朗海军 2 月 27 日在海湾水域进行军事演习引发该地区局势紧张进行磋商,争取通过协商途径调解阿拉伯联合酋长国与伊朗之间有关阿布穆萨及大、小通布 3 岛的领土争端。阿拉伯联合酋长国外长拉希德在会议开幕词中抨击伊朗海军演习是“危险的军事升级”,“威胁整个海湾地区的安全及稳定”。会议发表公报称,会议谴责伊朗的“军事挑衅行为”,承认阿拉伯联合酋长国的主权与领土完整,支持阿拉伯联合酋长国和平解决领土争端的立场。希望伊朗将改善与邻国关系的承诺付诸实际行动。

1999 年 3 月 15 日,为期两天的海合会 6 国外长和外交大臣会议在沙特首都利雅得闭幕。会议发表公报要求伊拉克政府立即停止对科威特和沙特阿拉伯的指责,并采取必要的步骤来证明它“对科威特及其他邻国的和平意愿”。

1999 年 6 月 19 日,卡塔尔埃米尔(国家元首)哈马德·本·哈利法·阿勒萨尼和阿拉伯联合酋长国外交国务部长哈姆丹对沙特阿拉伯进行了短暂的访问,以澄清海合会成员国由于在同伊朗接近问题上的分歧而产生的不愉快气氛。沙特国王法赫德会见了来访的两位客人。沙特王储兼副首相阿卜杜勒亲王同哈马德和哈姆丹举行了会谈。

1999 年 7 月 3 日,海合会在沙特阿拉伯吉达市召开第 71 次海合会外长会议续会。本次外长会议曾因成员国在处理与伊朗关系问题上发生分歧而休会。会后,经卡塔尔、阿曼等国代表在成员国之间游说,才使会议得以恢复举行。会议发表公报称,会议决定成立由沙特阿拉伯、卡塔尔和阿曼 3 国及海合会秘书长希贾兰组成特别委员会,着手确立阿拉伯联合酋长国与伊朗直接谈判的框架,争取最终以和平谈判方式解决阿布穆萨及大、小通布 3 岛的领土争端。

1999 年 11 月 27～29 日,海合会第 20 次首脑会议在沙特首都利雅得举行。沙特阿拉伯、科威特、巴林、阿曼、卡塔尔 5 国的国家元首和阿拉伯联合酋长国副总统出席了会议。在“同心、携手、共命运”的口号下,与会领导人着重讨论了海湾国家经济一体化问题,还讨论了当前海湾、中东以及整个世界的形势和海湾国家的防御一体化等问题。与会领导人一致认为,面对 21 世纪的挑战,以及咄咄逼人、林立世界的各个经济集团,海湾国家必须以统一的战略态势,团结一致、自力更生地面对未来,方能自立于世界民族之林。东道主沙特阿拉伯国王法赫德在开幕词中强调:“当今世界,欧盟已成一体,南北美洲已成联合之势,东南亚诸国也已联手,我们再不团结一致,何以与它们抗衡？我们别无选择,只有依靠自己,加快步伐,奋起直追,否则,我们将被淘汰。”

会议另一重要议题是海湾国家军事一体化问题。此前,海合会各成员国国防部长曾召开会议,就共同防御条约进行讨论,由于与会国对防御条约有异议,未能达成协议。此次首脑会议对此也进行了讨论,但与会国在此问题上仍存有分歧,未能取得一致意见。会议公报只简单提及要加强海合会各国的全面军事合作。

在中东和平进程问题上,会议表示支持巴勒斯坦人民正在进行的谈判,要求以色列履行已经达成的国际协议,强调耶路撒冷是巴勒斯坦人的永久首都。海合会领导人呼吁中东和平进程的发起人和欧盟成员国继续努力,以恢复叙以和黎以间的正常谈判。首脑们强调除非以色列从被占领的阿拉伯领土上全面撤军,包括撤回到 1967 年中东战争以前的边界,否则公正和全面的和平不会实现。

在与伊朗关系问题上,海合会秘书长表示,海合会国家包括阿拉伯联合酋长国都寻求与伊朗建立更紧密的关系,但是要求伊朗帮助解决3岛之争。会议呼吁伊朗与阿拉伯联合酋长国通过谈判解决3岛争端问题。

在伊拉克问题上,由于沙特阿拉伯、科威特等国与阿拉伯联合酋长国在解除伊拉克制裁问题上存在分歧,会议未能就伊拉克问题达成一致意见。会议公报指责伊拉克总统萨达姆应对其国家和人民所遭受的苦难负责,强调海湾国家正在寻求结束伊拉克人民所遭受的苦难。

(张令锺)

非洲统一组织 **概况** 非洲统一组织,简称"非统组织",成立于1963年5月25日。目前成员国由成立时的31个发展到53个。其宗旨是:促进非洲国家在政治、经济、文化、军事等方面的合作;保卫和巩固非洲国家的独立、主权和领土完整,根除一切形式的殖民主义,促进国际合作。总部设在埃塞俄比亚的首都亚的斯亚贝巴,现任执行主席是阿尔及利亚总统阿卜杜勒·阿齐兹·布特弗利卡,秘书长是萨利姆·阿哈迈德·萨利姆(坦桑尼亚人)。

主要组织机构有:(1)国家和政府首脑会议,是最高机构;(2)部长理事会,由成员国的外交部长或其他部长组成;(3)秘书处为常设机构;(4)解放委员会(又称非洲解放运动协调委员会);(5)调解、和解和仲裁委员会;(6)经济和社会委员会;(7)教育、科学、文化和卫生委员会;(8)防务委员会。

主要活动 1999年1月3日,非统组织秘书长萨利姆在达累斯萨拉姆电视台发表谈话时表示,非统组织不会对刚果(金)冲突进行军事干预。他认为军事干预只能使刚果(金)危机恶化。只有冲突各方都能参与解决危机的和平进程,该国的持久和平才有望实现。他说,不对主权国家进行军事干预是非统组织宪章的重要原则,违背这一原则将会造成对成员国内政的干涉,并危及非洲大陆的和平。

1999年1月8日,非统组织秘书长萨利姆在非统组织发表的一份新闻公报中重申,非统组织支持塞拉利昂总统卡巴领导的政府,并表示他对塞拉利昂最近的严重局势,特别是反政府武装进攻首都弗里敦所造成的破坏和人员伤亡深表关切和遗憾。他要求塞反政府武装停止军事行动,并对卡巴总统同反政府组织革命联合阵线领导人桑科举行会晤表示欢迎。他说:"我鼓励各派走和平道路、实现停火,为推动对话进程和在塞拉利昂实现民族和解铺平道路。"萨利姆还呼吁国际社会向遭受巨大灾难的塞拉利昂人民给予尽可能多的人道主义援助。

1999年1月10日,非统组织轮值主席国布基纳法索外长韦德拉奥果表示,非统组织不赞成向塞拉利昂派兵,并称如果双方有谈判的意愿,非统组织愿出面负责谈判的组织工作。

1999年1月25日,负责调查1994年卢旺达部族屠杀事件和大湖地区其他事件的国际小组在亚的斯亚贝巴正式成立。这个小组由博茨瓦纳前总统马西雷领导。马西雷在成立大会上说,调查卢旺达屠杀事件真相是"在卢旺达、大湖地区和许多非洲国家实现和解、睦邻、和平与持久安全而迈出的重要一步"。他呼吁非洲国家政府和人民给予该调查小组大力支持和援助。非统组织秘书长萨利姆说,调查小组的主要任务是从有关卢旺达发生的悲剧中吸取教训,以杜绝类似事件的再次发生。他希望调查结果能推动卢旺达的民族和解与团结,实现大湖地区的安全与稳定。

1999年2月8日,非统组织秘书长萨利姆发表公报,对埃塞俄比亚、厄立特里亚冲突升级表示担忧,并呼吁埃、厄两国立即停止军事冲突,以和平方式解决争端。他指出,非统组织高级代表团不久前向埃、厄双方递交的框架协议是"可行的和正确的",得到了国际社会的广泛支持。他要求埃、厄双方同非统组织代表团合作,以创造必要条件加快框架协议的实施,从而和平解决两国争端。

1999年2月17日,负责调解埃塞俄比亚和厄立特里亚冲突的非统组织高级代表团在亚的斯亚贝巴发表公报,呼吁埃、厄双方立即停止军事冲突,以非统组织框架协议为基础和平解决两国边界争端。公报指出,代表团对埃、厄两国无视非统组织和国际社会为和平解决这场争端进行的不懈努力,再次爆发边境冲突并使冲突逐步升级感到极大关切,特别对冲突造成的人员伤亡以及基础设施和财产的损失表示关切。公报重申要继续努力和平解决这场争端,并创造必要条件加速执行框架协议。

1999年2月18日,非统组织在发表的一份新闻公报中指出,根据"还政于民"计划,尼日利亚国家元首阿布巴卡尔将军宣布尼日利亚将于2月20日和27日分别举行议会选举和总统大选。鉴于这次民主选举的重要性,非统组织决定派出一个由坦桑尼亚前总统姆维尼带领的50人观察小组前往尼日利亚监督即将举行的议会和总统大选,观察小组成员将部署在尼日利亚所有重要地区。

1999年2月25日,非统组织秘书长萨利姆向赞比亚和安哥拉派出一个高级代表团,以调解两国间出现的紧张关系。安哥拉政府近来多次指责赞比亚支持安反政府武装“争取安哥拉彻底独立全国联盟”(简称“安盟”),两国关系日渐紧张。非统组织就此发表的一项新闻公报说,由非统组织助理秘书长哈加格率领的高级代表团将同赞、安两国政府官员进行磋商,非统组织将根据情况努力解决两国间的分歧。

1999年3月1日,非统组织发表一项公报,对厄立特里亚政府宣布接受非统组织关于解决厄、埃冲突的和平框架协议表示欢迎。公报说,非统组织一直认为框架协议为解决埃、厄争端提供了“公正、平衡和合理的基础”。鉴于埃、厄双方都已表示接受这项框架协议,“我们呼吁双方立即停止战斗,以使和平解决这一不幸争端的框架协议条款得以执行。”

1999年3月22日,非统组织秘书长萨利姆再次向埃塞俄比亚和厄立特里亚发出呼吁,要求交战双方立即停火并重新启动以框架协议为基础的和平进程。他指出,非统组织提出的框架协议是“公正的和平衡的”,它为埃、厄双方提供了一个和平解决冲突的基础。萨利姆对埃、厄双方再次发生武装冲突表示遗憾。他强调,非洲大陆必须加强各个国家、各个区域以及整个大陆对付冲突的能力建设。

1999年3月24日,第69届非统组织部长理事会会议在亚的斯亚贝巴闭幕。与会代表就非统组织的财政和管理方面的问题进行了讨论,并作出了6项具体规定,对成员国拖欠会费现象表示关切。关于非洲地区形势,会议决定支持南部非洲发展共同体1998年9月在毛里求斯举行的首脑会议上作出的关于安哥拉局势的决议,并决定支持安哥拉政府为结束战争和加强民主与民族和解而进行的努力。会议呼吁非洲国家严格执行联合国安理会关于安哥拉问题的决议,并要求他们同非统组织合作帮助结束安哥拉目前进行的战争。另外,会议还呼吁国际社会向安哥拉重建提供经济和人道主义援助。

1999年3月31日,非统组织秘书长萨利姆在金沙萨重申,非统组织支持刚果(金)对领土完整的要求,谴责外国军队对刚果(金)的入侵。萨利姆说,他将与刚果(金)及大湖地区国家的领导人共同探讨尽早结束刚果(金)战争、实现和平的途径。他指出,非统组织一直关注着刚果(金)局势的变化,并不断作出努力,以使该国人民尽早摆脱战争灾难,重建家园。

1999年4月9日,尼日尔总统迈纳萨拉突然遭到总统卫队士兵的袭击,被枪击致死。非统组织严厉谴责了这一暴力事件。

1999年6月30日,非统组织秘书长萨利姆在会见中国驻埃塞俄比亚大使蒋正云时强调,非统组织一贯坚持一个中国的立场。非统组织赞赏中国政府提出的“一国两制”政策,并充分理解中国对国家主权和领土完整的关注,以及海峡两岸中国人民实现和平统一大业的愿望。他强调,绝大多数非洲国家都坚持一个中国的立场,这个立场是长期的、一贯的和不可动摇的。

1997年7月7～8日,非统组织成员国大使级会议在阿尔及利亚首都阿尔及尔举行,其主要任务是为即将举行的非统组织第70届部长理事会会议做准备。会议期间,与会者听取和审议了非统组织秘书长提交的有关实施秘书处机构改革和财政形势等报告,并就一系列紧迫问题提出建议,提交非统组织部长理事会讨论。

1999年7月8～10日,非统组织第70届部长理事会全体会议在阿尔及利亚首都阿尔及尔的松树俱乐部国际会议中心举行,来自非统组织53个成员国的外交部长及一些地区机构和国际组织的代表出席了此次会议。

会议选举阿尔及利亚外长阿塔夫为本次会议主席。阿塔夫就7日塞拉利昂签署和平协议和刚果(金)停火协定在地区部长级会议上获得通过发表讲话,指出这是非洲国家不懈努力的成果,并表示非统组织将承担起在预防、处理和解决冲突方面的全部责任。会议还审议了非统组织秘书长的工作报告及其他有关非洲形势与任务的文件,并为定于7月12～14日举行的非统组织第35届首脑会议作准备。萨利姆的报告分为政治问题、经济和社会问题,其中非统组织的管理和财政问题占了大部分。报告强调非洲应该在世纪之交的关键时期,勇敢地面对自己在政治、经济和社会等方面所面临的严峻挑战,“依靠非洲自己的整体力量”来实现非洲大陆的和平与稳定,加快非洲的经济发展和社会进步,争取在下个世纪“屹立于世界民族之林”。非统组织成员国的部长们在审议的绝大多数文件上达成了广泛的一致。他们对塞拉利昂最近终于签署和平协议和刚果(金)停火协定即将正式签署表示赞赏,希望这些国家尽快实现和平,早日走上稳定发展的道路。同时,部长们还呼吁埃塞俄比亚和厄立特里亚为了国家的发展和人民的幸福,尽快通过谈判和对话,解决彼此间的边界冲突。

1999年7月12日,非统组织秘书长萨利姆发表讲话,对两天前在赞比亚首都卢萨卡签署的刚果(金)停火协议表示欢迎,并呼吁非洲有关国家尽快通过谈判和协商来解决它们的内外冲突。萨利姆强调,刚果

(金)停火协议的签署,以及7月7日在多哥首都洛美签署的塞拉利昂和平协议是非洲"取得的巨大进步"。它们再次表明,只要具有坚强的决心和真诚的愿望,非洲的任何问题或冲突都能够获得圆满解决。萨利姆还呼吁苏丹、索马里、布隆迪、安哥拉、埃塞俄比亚、厄立特里亚等国家的领导人和冲突各方表现出诚意,通过不懈的努力解决它们各自的问题。

1999年7月12~14日,非统组织第35届首脑会议在阿尔及利亚首都阿尔及尔的松树俱乐部国际会议中心举行,来自非统组织50多个成员国的国家元首和政府首脑与会。

阿尔及利亚总统、本届首脑会议主席布特弗利卡首先在开幕式上致辞。随后,非统组织秘书长萨利姆、联合国秘书长安南、巴勒斯坦民族权力机构主席阿拉法特等先后致辞。他们在讲话中一致强调,非洲在即将过去的20世纪赢得了民族独立,战胜了种族歧视,踏上了进步与发展的道路。但在世纪之交,非洲又面临各种新的困难和挑战,希望本届非统首脑会议能够为解决困难和迎接挑战找到有效的途径,以便带领非洲以更加坚实的步伐迈入21世纪。他们在发言中指出,政治安全和经济全球化是非洲目前面临的主要挑战,也是本届首脑会议的主要议题。他们认为,解决目前非洲国家面临的冲突和纠纷,实现非洲的"集体安全",为非洲在下个世纪的经济发展和社会进步创造和平稳定的环境,需要依靠非洲的"整体力量"。在经济领域,非洲各国应该加强合作,努力推进地区经济一体化,尽快建成"非洲经济共同体",以便加强非洲同世界其他地区的平等互利合作。

会议的主要议题是:(1)非洲的冲突和集体安全问题;(2)经济全球化对非洲的挑战及建立非洲经济共同体的问题;(3)非洲民主化进程和人权状况。会议期间,非统组织各国领导人全面审议了非统部长理事会准备的50多份决议草案。这些决议的内容涉及非洲政治、经济、金融、教育、卫生、扫盲、营养、环保、自然灾害、就业等领域。此外,会议还签署了《非洲预防和反对恐怖主义公约》,并发表了全面阐述非洲共同意愿的《阿尔及尔宣言》。

宣言的主要内容是:(1)非洲各国表示"希望在尊重主权平等和不干涉内政的原则基础上以和平手段来解决冲突","反对使用武力和以武力相威胁,支持国家的独立、主权和领土完整"。(2)重申非洲各国独立时确定的边界的有效性和永久性,并依此作为"解决边界争端的基本准则"。(3)认为经济全球化虽给世界带来进步与繁荣的希望,但同时也对非洲的主权、文化和传统价值构成威胁。宣言呼吁非洲各国加强合作,推进非洲经济一体化,为早日实现建立非洲经济共同体的宏伟蓝图而努力。(4)要求在联合国的主持下签订一项反恐怖活动国际公约。(5)重申"决心保护人权和基本自由",强调"所有人权,无论是政治权利和民权,还是经济、社会和文化权利的不可分割性、普遍性和相互依存性"。(6)要求"普遍和完全的(核)裁军",并建立"适当机制"来同恐怖活动、毒品走私和集团犯罪作斗争。(7)强调"在哈拉雷首脑会议之后以反宪法方式取得政权的成员国,必须在下届首脑会议召开之前恢复宪法的合法性,否则非统组织将对这些国家的政府采取制裁措施,直到民主制度恢复为止"。宣言最后呼吁渴望繁荣与发展的非洲人民以真诚的合作精神,携手迈向新世纪。

朱镕基总理代表中国政府和人民,于7月12日致电祝贺非统组织第35届首脑会议暨非洲经济共同体第3届首脑会议的召开。贺电说:"36年来,非统组织争取非洲民主独立、推动非洲国家共同维护本大陆的和平与稳定、促进地区合作与经济发展,作出了突出贡献;同时,非统组织积极参加国际事务,努力维护非洲国家的正当权益,使非洲成为世界舞台上一支重要的力量。在人类即将进入一个新的千年的历史时刻,非洲国家正在总结经验,积极应对国际形势变化所带来的机遇和挑战,为探索适合本国国情的发展道路,实现国家振兴的根本目标做出了不懈努力,并不断取得新的成绩。尽管非洲目前还面临种种困难和问题,但我们始终相信,非洲大陆是充满希望的大陆,只要非洲国家实现稳定,自强不息,加强相互间的团结与协作,并得到国际社会的真诚帮助,非洲大陆就一定能够克服困难,以崭新的面貌跨入新世纪。中国政府一贯重视非洲,加强同包括非洲国家在内的广大发展中国家的团结与合作,始终是中国独立自主和平外交政策的重要组成部分。中国与非洲有着广泛的共同利益,中非在长期的共同斗争中建立起来的伟大友谊经受了历史和国际风云变幻的考验,并在新形势下得到进一步巩固和发展。作为世界上最大的发展中国家,中国愿与非洲进一步加强磋商,增进了解,扩大共识,促进合作,共同维护发展中国家的正当权益,努力构筑面向21世纪长期稳定、全面合作的友好伙伴关系。"

1999年7月27日,非统组织在亚的斯亚贝巴发表公报,对埃塞俄比亚和厄立特里亚接受非统组织有关结束两国冲突的安排表示欢迎,呼吁埃塞俄比亚和厄立特里亚保持克制,停止两国间的边界冲突以及一切相互攻击的言论和行动。公报说,非统组织将与联合国等国际组织相配合，为全面履行旨在结束埃、厄冲突的框架协议尽快作出必要的技术安排。

1999 年 8 月 6 日，非统组织秘书长萨利姆在会见纳米比亚驻埃塞俄比亚和非统组织大使安姆康戈时，谴责纳米比亚反政府武装袭击纳北部卡普里维地区政府机构和民宅，并造成多人伤亡的恐怖活动。他指出暴力手段解决不了非洲国家的经济和社会问题，纳米比亚分裂分子的暴力活动是"完全不能接受的"。他强调，非统组织完全支持纳米比亚政府为维护国家主权和领土完整所做的努力，并希望纳米比亚局势尽快恢复正常。萨利姆还代表非统组织对在武装冲突中遇难的纳米比亚政府军士兵和平民的家属表示哀悼。

1999 年 9 月 6 日，第 4 届非统组织特别首脑会议部长级预备会议在利比亚首都的黎波里召开。会议由非统组织主席国阿尔及利亚外长阿塔夫主持。非统组织秘书长萨利姆、阿拉伯国家联盟秘书长马吉德和来自 32 个非洲国家的外长或代表出席了会议。会议将为定于 9 月 8～9 日在利比亚港口城市苏尔特举行的非统组织特别首脑会议制定日程及议题。利比亚领导人卡扎菲在开幕式上发表了讲话。他呼吁非洲各国联合起来，实现政治、经济、社会和文化等各方面的统一，以谋求共同发展和民族解放。

1999 年 9 月 8～9 日，第 4 届非统组织特别首脑会议在利比亚海滨城市苏尔特召开，43 位非洲国家元首和政府首脑及其他国家的代表与会。会议主要讨论了修改非统宪章和卡扎非提出的实现非洲大陆联合等问题，并通过了《苏尔特宣言》。

宣言的主要内容是：(1)决定在 2001 年成立非洲联盟。授权非统组织部长理事会尽快起草非洲联盟宪章，并向定于 2000 年召开的第 36 届非统组织首脑会议提交报告；各成员国应于 2000 年底前完成宪章的批准手续，以便 2001 年第 2 次苏尔特特别首脑会议召开之际予以通过。(2)加速实施关于成立非统组织经济共同体的《阿布贾条约》，尽快建立非洲中央银行、非洲货币联盟和非洲法院，并于 2000 年初成立泛非议会。(3)授权非统组织执行主席、阿尔及利亚总统布特弗利卡和南非总统姆贝基代表非统组织就非洲国家的债务问题与有关债权国进行谈判，争取使非洲国家的债务尽快获得减免。宣言呼吁非洲各国人民根据非统组织宪章的精神，进一步加强团结和合作。

中国国家主席江泽民于 9 月 6 日致电非统组织执行主席、阿尔及利亚总统布特弗利卡，热烈祝贺非统组织特别首脑会议的召开。贺电说："长期以来，非统组织在捍卫非洲国家主权、根除殖民主义、维护非洲团结与合作、促进地区稳定和发展等方面作出了巨大贡献。本次特别首脑会议和不久前召开的第 35 届非统组织首脑会议都是世纪之交非统组织召开的重要会议，对于非洲大陆和非统组织本身在新世纪的发展将产生深远影响。""中国政府一贯重视非洲，加强同包括非洲国家在内的广大发展中国家的团结与合作，始终是中国独立自主和平外交政策的重要组成部分。在当前国际形势发生深刻而复杂变化的情况下，中非之间进一步加强团结、协调立场、扩大共识、促进合作，尤显重要。我们愿与非洲国家和非统组织共同努力，把一个长期稳定、充满活力的中非友好合作关系带入 21 世纪。"

1999 年 11 月 6 日，由 17 人组成的非统组织首批调查人员前往刚果(金)监督停火协议的实施情况。刚果(金)冲突调解人、赞比亚总统奇卢巴在欢送仪式上呼吁国际社会为刚果(金)停火协议的实施提供紧急援助。他说，由于财力不够，监督刚果(金)停火协议实施的联合军事委员会未能及时开展工作。监督刚果(金)停火仅靠非统组织调查人员的努力是不够的，还需要卷入冲突的有关各方和整个国际社会的合作和支持。

1999 年 12 月 24 日，科特迪瓦发生军事政变。非统组织"强烈谴责科特迪瓦的军事反叛"，要求"立即恢复平静、法制和秩序，敦促采取措施保护人民的生命和财产"，并宣布"非洲国家不承认科特迪瓦政变后成立的任何政权。"

1999 年 12 月 27 日，非统组织现任主席国阿尔及利亚呼吁科特迪瓦有关各方遵守非统组织关于反对通过武力手段解决国内政治问题的决议，并通过协商对话妥善解决该国内部的政治事务。阿尔及利亚总统府当天就科特迪瓦军事政变发表评论说，阿作为非统组织现任主席国，有责任呼吁科各方进行协商对话，迅速恢复国内和平，实现民族和解。

（姜　蓓）

独立国家联合体　概况　1991 年初，在国内外反社会主义势力的强大压力下，加上苏联党和国家领导层的软弱、犹疑和意见不一，致使世界上第 1 个社会主义国家面临解体的危险。3 月初，苏联联邦委员会公布了根据戈尔巴乔夫提出的有关"彻底地实行联邦制"、建立"真正的主权国家联盟"的原则而制订的新联盟条约草案。3 月 17 日，尽管立陶宛、拉脱维亚、爱沙尼亚、格鲁吉亚、摩尔多瓦和亚美尼亚 6 国当局抵制在其境内进行公民投票，但全苏仍就是否认为必须保留苏维埃社会主义共和国联盟的问题举行了全民公决。全苏 80％有投票权的公民参加了投票，结果其中 76.4％的人赞成保留联盟。苏联最高苏维埃随即通过决议，确认全民公决的结果在全苏具有“必须履行的效力”。但是，时至12月，围绕着苏联命运的斗争进一步加剧。12月1日，乌克兰共和国就脱离联盟问题举行全民公决，结果99.85%的选民赞成独立。12月8日，俄罗斯总统叶利钦、白俄罗斯最高苏维埃主席舒什克维奇和乌克兰总统克拉夫丘克背着戈尔巴乔夫在明斯克会晤，签署了一项关于建立独立国家联合体的协定。明斯克会晤公报发表后，哈萨克斯坦、乌兹别克斯坦、吉尔吉斯斯坦、塔吉克斯坦和土库曼斯坦中亚苏联5个共和国的领导人于12月13日发表声明，表示愿意成为独立国家联合体的平等创建国。12月21日，阿塞拜疆、亚美尼亚、白俄罗斯、哈萨克斯坦、吉尔吉斯斯坦、摩尔多瓦、俄罗斯联邦、塔吉克斯坦、土库曼斯坦、乌兹别克斯坦和乌克兰11个苏联主权共和国的最高领导人在哈萨克斯坦首都阿拉木图举行会晤，签署了《关于建立独立国家联合体协议的议定书》、《阿拉木图宣言》、《关于协调机构的协定》、《过渡时期军事协议》、《关于核武器的协定》等文件，宣布“成立独立国家联合体，苏维埃社会主义共和国联盟停止存在”。格鲁吉亚派代表以观察员身份与会。12月25日，戈尔巴乔夫发表电视讲话，宣布辞去苏联总统职务，宣告苏联正式解体。这标志着独立国家联合体正式成立，简称“独联体”。1994年3月1日格鲁吉亚议会批准格加入独联体。截至1997年底，除波罗的海3国外，原苏联其他12个成员国均为独联体成员国，它们是：阿塞拜疆、亚美尼亚、白俄罗斯、格鲁吉亚、吉尔吉斯斯坦、摩尔多瓦、哈萨克斯坦、俄罗斯联邦、乌兹别克斯坦、乌克兰、塔吉克斯坦和土库曼斯坦。《独联体章程》规定，独联体以所有成员国的主权平等为基础。独联体不是国家，也不拥有凌驾于成员国之上的权力。它为各成员国进一步发展和加强友好、睦邻、族际和谐、信任、谅解和互利合作关系服务。各成员国在国际安全、裁军、军备监督和军队建设方面实行协调的政策，保证独联体内部安全，包括借助于军事观察员小组和集体维和部队。当成员国的主权、安全和领土完整以及国际和平与安全受到威胁时，各成员国应立即进行协商，协调立场，采取对应措施。独联体的总部设在白俄罗斯共和国首都明斯克市。1997年4月，两个独联体国家——俄罗斯和白俄罗斯签订了《白俄罗斯和俄罗斯联盟条约》。1998年12月25日，俄罗斯总统叶利钦和白俄罗斯总统卢卡申科又签署了《俄罗斯和白俄罗斯关于进一步统一的宣言》，宣言称两国将成立联盟国家机关和相应的跨国管理机关，实行统一预算、统一关税、在国际事务及防御和安全问题上实行统一的政策，并向实现统一的货币过渡。1999年12月8日，俄罗斯和白俄罗斯两国总统签署了俄白联盟条约，两国还就建立联合军队集团等问题达成一致。俄白联盟建立后，得到了乌克兰、摩尔多瓦等部分其他独联体国家的支持。

主要组织机构有：(1)国家首脑理事会是独联体的最高协商机构，由独联体各成员国的国家首脑组成。国家首脑理事会主席为俄联邦总统叶利钦(2000年1月起为普京)。国家首脑理事会有权讨论和决定关于成立独联体的协议以及发展该协议的其他文件所规定的问题。国家首脑理事会每年至少召开两次会议，非例行性会议可以根据独联体多数国家首脑的倡议召开。(2)政府首脑理事会，由独联体各成员国的政府总理或部长会议主席组成。政府首脑理事会主席为俄联邦总理。政府首脑理事会主要负责协调和解决独联体各成员国共同面临的社会经济等问题。政府首脑理事会每年至少召开4次会议，由一个成员国提议即可召开非例行性会议，会议轮流在各国首都举行，各国领导人按照其国家俄文名称字母的顺序轮流主持会议。(3)独联体议会大会，设有法律问题委员会、经济和财政问题委员会、社会政治和人权问题委员会、环境问题委员会和安全委员会等9个工作委员会，理事会设在俄罗斯圣彼得堡。(4)独联体国家间经济委员会，主要负责协调独联体国家间的能源、交通和通讯的关系，管理独联体的财产，并有权实施一些决定。(5)集体安全委员会、国家安全和情报机关跨国委员会，以及外交、国防等部长级理事会等。其中独联体国防部长理事会是独联体军事方面的常设协调机构，由独联体成员国的国防部长组成，主席由俄联邦国防部长担任，理事会会议视情不定期召开，其常设机构设在莫斯科。

主要活动　独联体国家首脑理事会　截止到1999年底，独联体共召开了24次国家首脑会议。1999年4月2日，独联体国家首脑理事会第24次会议在莫斯科举行，与会的12国总统讨论了独联体未来的发展问题，并通过了《独联体基本发展方向宣言》、《完善和改革独联体领导机构的决定》、《独联体国家在打击犯罪活动方面进行协作的构想》、《进一步采取措施解决格鲁吉亚阿布哈兹冲突的决定》等重要文件。其中，《独联体基本发展方向宣言》指出，必须在持久和平、安全和民主的条件下，重新推动独联体各成员国之间平等伙伴合作关系，特别是经济合作关系的发展。建立独联体自由经济区将有利于各成员国融人世界经济体系。《完善和改革独联体领导机构的决定》指出，独联体每个参加国有权“自主决定是否参加独联体任何一个机构的问题”。鉴于将对独联体机构进行改革，责成独联体执行委员会“在其成立之后两个月之内对独联体的各项条约和法律基础进行重新审议，必要时提出修改和补充独联体章程及其他相关文件的建议”。与会者还签署了《关于建立独联体自由经济区的议定书》，决定从 2000 年 1 月 1 日起启动独联体自由贸易区。会议并任命亚罗夫为独联体执行委员会主席兼执行秘书。但会议未能通过有关谴责北约空袭南斯拉夫联盟的声明。

独联体政府首脑理事会　1999 年 10 月 8 日，独联体国家政府首脑理事会在乌克兰南部城市雅尔塔举行。除白俄罗斯外，独联体其他 11 国的政府首脑参加会议。会议就独联体的完善和发展等问题进行了讨论，并签署了独联体国家间过境商品过关手续和海关监督协议、独联体各国海关机构在武器运输方面相互合作议定书，以及在独联体范围内支持小型企业发展的国家间规划等涉及独联体内部经济社会发展的文件。此外，还签署了采取共同措施打击犯罪和恐怖主义活动的协议。

独联体议会大会　成立于 1992 年 3 月 26 日，截止到 1999 年底，共召开了 13 次会议。1999 年 4 月 3 日，独联体议会大会第 13 次会议在圣彼得堡召开。与会者讨论了发展独联体各国议会间战略合作等问题。鉴于乌克兰议会于 1999 年 3 月 3 日决定正式加入独联体议会大会，大会讨论了乌议会在独联体议会大会中的作用问题，会议一致同意由乌克兰的议会代表领导独联体议会大会 9 个委员会中的一个委员会。

独联体国防部长理事会　成立于 1992 年 3 月，截止到 1999 年底，共召开了 31 次会议。1999 年 3 月 25 日，独联体国防部长理事会在莫斯科召开会议，会议发表声明谴责北约空袭南斯拉夫联盟是对世界和平与安全的威胁。声明说，北约对主权国家南斯拉夫联盟动武是在绕过联合国安理会的情况下作出的，违背了国际法准则，开创了无视安理会的先例，打断了和平解决科索沃地区冲突的努力。声明呼吁国际社会尽快制止北约的军事行动，回到政治解决科索沃危机的立场上来。1999 年 5 月 20 日，独联体国防部长理事会在亚美尼亚首都埃里温举行。与会者一致表示，反对北约对南斯拉夫联盟的军事行动，支持俄罗斯政治解决南斯拉夫危机的立场。会议通过的几项文件确定了独联体今后发展军事和进行军事技术合作的方向。与会者还讨论了在独联体范围内共同建立某些军用系统的问题和改进联合防空系统指挥的措施。由于 1992 年 5 月签署的独联体集体安全条约已期满，乌兹别克斯坦和格鲁吉亚分别于 2 月和 4 月宣布退出该条约。在这次会后举行的记者招待会上，俄国防部长谢尔盖耶夫说，俄罗斯、亚美尼亚、白俄罗斯、哈萨克斯坦、吉尔吉斯斯坦和塔吉克斯坦 6 国都已表示将继续参加独联体集体安全条约。1999 年 8 月 27 日，独联体国家国防部长会议在俄罗斯南部城市阿斯特拉罕举行。此次会议分析了当前的政治军事形势和在当代条件下空中作战行动的性质，讨论了完善独联体国家联合防空体系以及战斗值班的一系列问题，确定了俄罗斯和乌克兰之间、乌克兰和白俄罗斯之间防空部队协同行动的原则。

（刘效兰）

国　际　条　约

中吉俄哈塔 5 国元首发表的《比什凯克声明》全文　1999 年 8 月 25 日，中国、吉尔吉斯斯坦、俄罗斯联邦、哈萨克斯坦、塔吉克斯坦 5 国元首在吉尔吉斯斯坦首都比什凯克举行会晤，这是继上海（1996 年）、莫斯科（1997 年）、阿拉木图（1998 年）会晤之后的第 4 次会晤。5 国领导人就世界形势、地区安全和区域经济合作等深入交换了意见，达成了广泛的共识。会后，5 国元首签订了具有历史意义的《比什凯克声明》，声明标志着 5 国在各个领域、尤其是在安全和经贸领域的互利合作又向前迈进了一步。江泽民主席还与吉哈两国元首签订了《中吉哈 3 国国界交界点协定》，与吉尔吉斯斯坦总统签订了《中吉国界补充协定》，顺利解决了历史遗留下来的问题。5 国通过双边和多边谈判，卓有成效地就复杂、敏感的边界问题达成协议，为世界其他国家解决类似问题树立了榜样，也标志着 5 国的睦邻友好关系已经发展到一个新的阶段。

中吉俄哈塔 5 国元首签订的《比什凯克声明》全文如下：

哈萨克斯坦共和国、中华人民共和国、吉尔吉斯共和国、俄罗斯联邦和塔吉克斯坦共和国国家元首

比什凯克声明

哈萨克斯坦共和国、中华人民共和国、吉尔吉斯共和国、俄罗斯联邦和塔吉克斯坦共和国(以下简称“各方”),

基于1998年7月3日阿拉木图会晤联合声明所表达的扩大和加深多边合作的共同愿望,于1999年8月25日在比什凯克举行最高级会晤,在建设性和相互理解的气氛中就共同关心的广泛问题进行了讨论,并声明如下:

一、各方满意地回顾了1996年上海会晤以来5国合作取得的成果,高度评价5国为巩固地区安全与合作所采取的顺应时代潮流的实际步骤。各方对进一步扩大安全领域的合作和加深其他领域的多边协作的前景充满信心。

二、各方坚信5国就共同感兴趣的领域建立具体的相互协作机制有利于充分发挥多边合作潜力,促进地区稳定、安全、发展与繁荣;表示愿举行不定期的国家元首、政府首脑会晤,以及包括外长、国防部长、经济和文化部门负责人会晤在内的各个级别的经常接触和磋商。

各方商定将通过外交途径就举行有关部门间会晤的时间交换意见。

三、各方重申,5国签署并批准的解决边界问题、在边境地区加强军事信任和相互裁减军事力量的协定,就其形式和性质而言都是独一无二的文件,有利于加强睦邻友好,为保障地区安全和稳定做出了建设性贡献。

各方将继续认真落实上述协定并为联合监督小组的活动提供一切必要协助。

四、各方指出,有效打击国际恐怖主义、非法贩卖毒品和麻醉品、走私武器、非法移民及其他形式的跨国犯罪行为,遏制民族分裂主义和宗教极端主义具有重要意义。为此,5国主管部门将采取措施开展实际协作,包括举行磋商并在1999～2000年间制订有关联合行动计划。

各方表示决不允许利用本国领土从事损害5国中任何一国主权、安全及社会秩序的行为。

各方重申忠实于联合国宪章及其他国际文件规定的尊重人权的原则,指出在实施这一原则时必须考虑主权国家的特点。人权不能被用作干涉他国内政的借口。

五、各方高度重视维护地区的和平与稳定,支持中亚国家建立无核武器区的努力和哈萨克斯坦共和国倡议的亚洲相互协作和信任措施会议的进程,同时欢迎其他有关国家在加强安全与合作方面扩大地区多边对话的建议和具体步骤。

六、各方支持吉尔吉斯共和国总统阿卡耶夫关于在当代国际合作中复兴丝绸之路的“丝路外交”构想,以促进地区经济持续发展,加强地区和平与稳定。

七、各方对阿富汗持续不断的军事对抗及其对地区和国际和平与安全构成的严重威胁深表忧虑。

各方重申,在和平解决阿富汗冲突的国际努力中联合国具有核心作用,支持“6+2”框架内的促和活动,欢迎吉尔吉斯斯坦关于召开阿富汗问题比什凯克和会的倡议。

八、各方满意地指出,随着1997年6月塔吉克斯坦和平与民族和解总协定的落实,塔和平进程已经不可逆转,强调塔国内各方在国际社会积极斡旋下,本着良好意愿妥协解决复杂问题的经验是有益的。

九、各方指出,根据平等互利原则开展经贸合作具有重要意义,表示将继续鼓励5国在双边基础上的合作,同时积极寻求开展多边合作的途径,优先考虑1998年阿拉木图联合声明所确定的合作方向。

为此,哈萨克斯坦共和国、中华人民共和国、吉尔吉斯共和国、俄罗斯联邦和塔吉克斯坦共和国政府将成立联合磋商小组,为5国高级别会晤准备有关建议。

各方欢迎本地区感兴趣的国家及其各种所有制企业在相互投资等领域开展合作。

十、各方注意到当前国际形势发生的重大变化,认为有必要重申在彼此关系及国际事务中应继续信守以下基本原则:

——坚持相互尊重主权和领土完整、平等、互不干涉内政及通过谈判和协商解决分歧与争端;

——在平等互利原则基础上开展多边合作;

——加强联合国作为维护世界和平与安全、和平解决当今国际及地区问题基本机制的作用,反对在国际关系中未经联合国安理会批准使用武力或威胁使用武力;

——恪守不扩散核武器条约和全面禁止核试验条约的立场,支持在联合国和其他多边论坛框架内为促进所有国家尽快无条件加入上述条约所作的努力。

十一、各方认为,世界多极化进程是大势所趋,有利于国际形势的长期稳定。5国决心为维护世界和平和经济的共同发展,为推动建立公正合理的国际政治、经济新秩序而不懈努力。

十二、各方重申,5国间的相互协作是开放性的,

不针对其他国家。

哈萨克斯坦共和国总统

努·纳扎尔巴耶夫

中华人民共和国主席

江泽民

吉尔吉斯共和国总统

阿·阿卡耶夫

俄罗斯联邦总统

鲍·叶利钦

塔吉克斯坦共和国总统

埃·拉赫莫诺夫

1999 年 8 月 25 日于比什凯克

中俄关于《限制反弹道导弹系统条约》有关问题磋商的新闻公报　中国外交部于 1999 年 4 月 15 日发表了“中俄关于《限制反弹道导弹系统条约》有关问题磋商的新闻公报”。公报全文如下:

根据 1999 年 2 月 25 日中华人民共和国国务院总理与俄罗斯联邦政府总理达成的协议,中华人民共和国外交部部长助理王光亚和俄罗斯联邦外交部副部长马梅多夫于 1999 年 4 月 14 日在莫斯科就战略稳定问题举行了磋商,双方军方和外交专家参加了磋商。

双方特别讨论了有关《限制反弹道导弹系统条约》(简称《反导条约》)局势的问题。根据 1998 年 11 月 23 日中俄最高级会晤发表的题为《世纪之交的中俄关系》的联合声明中达成的谅解,双方认为,维护和巩固 1972 年签署的《反导条约》极为重要,它曾是并仍将是维护世界战略稳定的基石。这种相互谅解是双方讨论这一问题的基础。

由于美国宣布准备部署反导弹系统的计划,当前出现了破坏《反导条约》的严重威胁,双方对此表示严重关切。实施这些计划将违反《反导条约》的基本义务,即:不建立保护全境的导弹防御系统,也不为建立这种防御系统作准备。

双方认为,破坏或违反《反导条约》将产生一系列消极后果:在地区乃至全球会产生导致国际局势不稳定的新因素,为恢复军备竞赛提供借口,并为裁军进程设置新的障碍。

在目前形势下,中俄双方认为,必须使国际社会充分认识到破坏《反导条约》可能产生的后果。

中国虽不是《反导条约》的缔约方,但基于对维护战略稳定和巩固国际安全的一贯关注,对俄罗斯为防止破坏或绕开此条约所作的努力表示支持。俄方则全力支持中国为巩固国际和地区稳定所作的努力。双方认为,亚太地区一些国家实施建立和部署反导弹系统计划,可能加剧本地区冲突热点的紧张局势,双方对此表示忧虑。

双方表示将根据形势发展,继续就维护《反导条约》及相关问题进行磋商与合作。

俄美关于削减战略武器和加强稳定等问题的联合声明　俄联邦总统新闻处于 1999 年 6 月 20 日散发了俄美关于削减进攻性战略武器、反导弹防御系统条约和进一步加强稳定的联合声明,全文如下:

俄罗斯联邦和美利坚合众国重申忠实于加强战略稳定和维护国际安全的事业,强调进一步削减进攻性战略武器的重要意义,承认限制反导弹防御系统条约的主要意义,决心继续为在这些方面取得显著成果而作出努力。

双方认为,只有在遵守双方早先达成的限制和削减军备的协议的条件下,才能加强战略稳定。

两国政府将大力促进各自国家顺利结束批准第 2 阶段削减进攻性战略武器条约的进程。

双方重申,准备如同 1997 年 3 月在赫尔辛基表示的那样,举行关于进攻性战略武器的新谈判,其目的在于:使各自国家的战略核弹头水平更加接近,制定关于现有战略核弹头的透明度和销毁的措施,制定其他共同协商的技术和组织措施,以便促进深入裁减的不可逆转性,其中包括防止弹头数量的迅速增加,通过所有这一切来加强世界的战略稳定。双方将努力完成尽快取得谈判成果的重要任务。

双方从反导弹防御系统条约对于进一步削减进攻性战略武器的重要意义出发,从维护俄罗斯联邦和美利坚合众国战略关系的必要性出发,重申信守这一作为战略稳定奠基石的条约,继续努力加强这一条约,提高它在未来的生命力和效力。

俄罗斯联邦和美利坚合众国追述道,1998 年 9 月 2 日在莫斯科通过的两国关于迈入 21 世纪之际安全的共同挑战的联合声明中提出了对大规模杀伤武器及其携带手段(包括导弹和火箭技术)在世界上的扩散的担忧,强调将共同努力来扭转这一进程,为此要利用现有的和新的国际法机制。

双方就此重申了反导弹防御系统条约关于讨论战略局势可能变化章节的现有义务以及这一条约的有关条款,强调在必要时可能提出进一步提高条约生命力的建议。

双方强调,在目前条件下,1997 年 9 月 26 日在纽约签署的一系列协议对于履行反导弹防御系统条约来说具有重要意义。双方将促进它们的尽快批准和生效。

俄罗斯联邦和美利坚合众国两国总统 1998 年 9 月 2 日在莫斯科签署的联合声明表示要通报准备发射的情况,交流预警信息,建立相应的联合中心,采取这些措施有助于加强战略稳定。

双方将于 1999 年夏末开始讨论第 3 阶段削减进攻性战略武器条约和反导弹防御系统条约。双方表示相信,本联合声明的落实是加强两国战略稳定与安全道路上的新的重大步骤。

日本众、参两院通过的与新《日美防卫合作指针》相关的 3 项法案全文 日本众议院于 1999 年 4 月 27 日、参议院于同年 5 月 24 日通过的与新《日美防卫合作指针》相关的 3 项法案,与 1998 年 4 月 28 日日本内阁会议通过的 3 项相关法案相比,主要有以下重要变化:在《周边事态法》“宗旨”中将“周边事态”的概念作了修订,将《周边事态法》中第 3 条有关“定义等问题”中的“后方地区支援”改为“后方保障”,第 5 条增加了“国会的批准”条款,对第 7 条作了修改,删去了“有关船舶检查活动事项”的全文;在另外 2 项相关法案中,也作了相应修改。现将 3 项法案全文译载如下:

一、《周边事态法》

(正文中加黑部分为自民、自由、公明 3 党协议修订的内容。政府原案中有关船舶检查活动事项全文删除。)

宗 旨

第 1 条 本法旨在制定我国为对付如置之不理则可能发展成为对我国的直接武力攻击之事态等我国周边地区发生的对我国和平与安全构成严重影响的事态(以下称“周边事态”)而采取的措施及其相关手续等其他必要事项,以**有助于有效运用《日本国和美利坚合众国共同合作和安全保障条约》(以下称“日美安保条约”)**和确保我国的和平与安全为目的。

对付周边事态的基本原则

第 2 条 (一)在发生周边事态时,政府应适当、迅速地实施后方保障、后方搜索救助和其他旨在对付周边事态的必要措施(以下称“对付措施”),努力确保我国的和平与安全。

(二)所实施的对付措施不得是以武力相威胁或行使武力。

(三)在实施对付措施时,内阁总理大臣应根据第 4 条第 1 款所规定的基本计划代表内阁指挥监督各行政部门。

(四)为实现前条之宗旨,相关行政机构长官应在实施应付措施时相互合作。

定义等问题

第 3 条 (一)本法以下各项中所出现术语的意义解释均依照相关各项之规定。

1. 后方保障 指我国在后方对在发生周边事态时实施有助于实现日美安保条约目的的行动的美利坚合众国军队(以下称“合众国军队”)实施的提供物资劳务及便利条件等其他保障措施。

2. 后方搜索救助活动 指我国在后方对因在周边事态中的战斗行为(指国际武力争端中人员杀伤或物资毁坏行为,下同)而遇险的参战者实施的搜索或救护活动。

3. 后方 指我国疆域和当前未展开战斗行为且认定在实施该活动全过程中不会发生战斗行为的我国周边公海(含联合国有关海洋法公约中所规定的专属经济区,下同)及其上空范围。

4. 有关行政机构 指国家行政组织法(1948 年法律第 120 号)第 3 条第 2 款规定的国家行政机构和该法第 8 条第 3 款规定的特别机构等由政令指定的机构。

(二)自卫队在后方保障中提供的所属物资及劳务(下款后半段所规定内容除外)列入附表 1 中。

(三)后方搜索救助活动由自卫队部队等[指自卫队法(1954 年法律第 165 号)第 8 条所规定的部队等,下同]实施。自卫队部队等在实施后方搜索活动过程中,以后方保障方式向实施与之类似活动的合众国军队提供的所属物资与劳务列入附表 2 中。

基本计划

第 4 条 (一)在发生周边事态时,内阁总理大臣在认定有必要实施下列措施之一时,必须就与实施该措施及对付措施有关的基本计划(以下称“基本计划”)方案征得内阁会议的批准。

1. 前条第 2 款的后方保障。

2. 除前项所列事项外,有关行政机构实施的后方保障措施有必要在内阁特殊干预下较为综合、有效地实施。

3. 后方搜索救助活动。

(二)基本计划所规定的事项如下:

1. 关于对付措施的基本方针。

2. 实施前款第 1 项及第 2 项中所列后方保障的具体事项如下:

(1)与该后方保障相关的基本事项;

(2)该后方保障的种类及内容；

(3)实施该后方保障的区域范围及认定该区域范围的相关事项；

(4)实施该后方保障的其他重要事项。

3.实施后方搜索救助活动的具体事项如下：

(1)与该后方搜索救助有关的基本事项；

(2)与实施该后方搜索救助活动的区域范围和指定该区域范围有关的事项；

(3)与在该后方搜索救助活动同时实施的前条第3款后半段所列后方保障有关的重要事项(包括有关实施该后方保障的区域范围和指定该区域范围的事项)；

(4)有关实施该后方搜索救助活动的其他重要事项；

4.除前款第2项所列内容外，与自卫队实施的重要对付措施的种类、内容及其实施有关的重要事项；

5.除前款第3项所列内容外，与需内阁特殊干预确保综合、有效实施的有关行政机构对付措施有关的重要事项；

6.与要求或请求地方各级政府及其他非中央政府机构和团体对付措施提供合作时的合作种类、内容及其合作有关的重要事项；

7.与有关行政机构为实施对付措施而进行的协调联络有关的事项。

(三)第1款之规定可援用于基本计划的更改。

国会的批准

第5条　(一)关于基本计划中规定的自卫队部队等实施的后方保障和后方搜索救助活动，内阁总理大臣必须在实施这些对付措施之前就此获得国会批准。但在需紧急处置时，可在未获得国会批准的情况下实施该后方保障和后方搜索救助活动。

(二)依据前款附加规定，在未获得国会批准的情况下实施后方保障和后方搜索救助时，内阁总理大臣必须迅速就此对付措施取得国会的批准。

(三)在前款场合国会未予批准时，政府必须迅速停止该后方保障和后方搜索救助活动。

自卫队在后方保障中提供物资与劳务的实施

第6条　(一)内阁总理大臣或受其委任者应根据基本计划，实施第3条第2款规定的后方保障中的自卫队所属物资的提供。

(二)防卫厅长官应根据基本计划，制定第3条第2款中规定的后方保障中的自卫队劳务提供的实施要点，并在就此取得总理大臣的批准后，对防卫厅本厅机关和自卫队部队等下达实施命令。

(三)在前款实施要点中，防卫厅长官应指定实施该后方保障的区域(以下称“实施区域”，仅限本条)。

(四)当实施区域的全部或部分与本法或基本计划规定的必要条件不符时，防卫厅长官必须迅速更改其指定或命令中止正在该地实施的活动。

(五)受命在公海及其上空执行第3条第2款规定的后方保障之运输任务的自卫队部队等的长官或其指定代理官，当在执行该项运输任务的地点附近发生战斗行为或根据附近状况预料将发生战斗行为时，应暂时停止执行该项运输任务，以规避该战斗行为所导致的危险，同时等待前款规定的措施出台。

(六)第2款之规定可援用于同款实施要点的更改(根据第4款之规定而缩小实施区域的更改除外)。

后方搜索救助活动的实施

第7条　(一)防卫厅长官应根据基本计划，制定后方搜索救助活动的实施要点，并在就此取得内阁总理大臣的批准后，对自卫队部队下达实施命令。

(二)在前款实施要点中，防卫厅长官应指定实施该后方搜索救助的区域(以下称“实施区域”，仅限本条)。

(三)在实施后方搜索救助活动中，遇有非参战人员遇险时应予以救助。

(四)在实施后方搜索救助活动中，发现实施区域毗邻的外国领海有遇险者时，在征得该国同意后，可对该遇险者予以救助。但仅限于该海域当时未展开战斗行为且认定在实施该活动期间不会展开战斗行为的场合。

(五)前条第4款之规定可援用于指定实施区域的更改，同条第5款之规定可援用于受命实施后方搜索救助的自卫队部队等的长官或其指定代理官。

(六)第1款之规定可援用于同款实施要点的更改(前款援用前条第4款之规定而缩小实施区域的更改除外)。

(七)前条之规定可援用于与后方搜索救助活动同时实施的第3条第3款后半段规定的后方保障。

有关行政机构对付措施的实施

第8条　除前两条规定的内容外，防卫厅长官及其他有关行政机构长官应依照法令和基本计划实施应对措施。

非中央政府机构和团体的合作等问题

第9条　(一)有关行政机构的长官可依照法令和基本计划要求地方各级政府长官在其拥有的权限范围内提供必要的合作。

(二)除前款规定的内容外，有关行政机构长官可依照法令和基本计划请求非中央政府机构和团体提供必要的合作。

(三)根据前两款之规定被要求或请求提供合作的非中央政府机构和团体,在因此遭受损失时,政府应对其损失采取必要的财政方面的措施。

报告国会

第 10 条　内阁总理大臣必须立即向国会报告以下各项所列事项:

1. 基本计划的决定或更改的内容;

2. 基本计划规定的对付措施完成时的结果。

武器的使用

第 11 条　(一)根据第 6 条第 2 款(包括第 7 条第 7 款中的援用内容)之规定,受命实施在后方保障中提供自卫队劳务的自卫队部队等的自卫官,在执行其任务时,为防护自身和共同执行该任务人员的生命或人身安全,在有充足理由认定有迫不得已之需要时,根据事态,可合理地、在判断有其必要的限度内使用武器。

(二)根据第 7 条第 1 款之规定,受命实施后方搜索救助活动的自卫队部队等的自卫官在执行救助遇险者任务时,为防护自身和共同执行该任务人员的生命或人身安全,在有充足理由认定有迫不得已之需要时,根据事态,可合理地、在判断其有必要的限度内使用武器。

(三)在依据前两款之规定使用武器时,除符合刑法(1907 年法律第 45 号)第 36 条或第 37 条规定的情况外,均不得对他人构成危害。

对政令的委任

第 12 条　本法中除有特殊规定的条款外,与本法实施手续和施行有关的必要事项,均由政令决定。

附　则

(一)生效日期

本法从公布之日起 3 月内,由政令决定,并自决定之日起开始施行。

(二)自卫队法部分修订

对自卫队法的部分内容修改如下:

在第 100 条第 9 款后增加如下一款:

第 100 条第 10 款　1. 内阁总理大臣及受其委任者可根据与旨在发生周边事态时确保我国的和平与安全的措施有关的法律规定,在自卫队遂行任务无碍的限度内,实施在后方保障中的物资提供(第 9 款第 1 项规定的适用内容除外)。

2. 防卫厅长官可根据与旨在发生周边事态时确保我国和平与安全的措施有关的法律规定,在自卫队遂行任务无碍的限度内,命令防卫厅本厅及部队等提供在后方保障中的劳务(第 9 款第 1 项规定的适用内容除外),命令部队等实施后方搜索救助活动。

(三)周边事态法附表 1(第 3 条相关)

类　别	内　容
补　给	供水、加油、饮食提供及与此类同的物资与劳务提供
运　输	人员与物资运输、运输工具提供及与此类同的物资与劳务提供
维修与修配	维修与修配、维修与修配器材以及零件与部件提供及与此类同的物资与劳务提供
医　疗	伤病员治疗、卫生器具提供及与此类同的物资与劳务提供
通　信	通信设备的利用、通信器材提供及与此类同的物资与劳务提供
机场及港口业务	飞机起降及舰船出入港口的保障、装卸作业及与此类同的物资与劳条提供
基地业务	废弃物收集与处理、供电及与此类同的物资与劳务提供

备考
一、所提供的物资中不包括武器(含弹药)。
二、所提供的物资与劳务中不包括为正准备起飞参加作战行动的飞机加油及修配。
三、所提供的物资与劳务除在公海及其上空的运输(含运输途中对伤病员的治疗)外,均在我国疆域内实施。

(四)周边事态法附表 2(第 3 条相关)

类　别	内　容
补　给	供水、加油、饮食提供及与此类同的物资与劳务提供
运　输	人员与物资运输、运输工具提供及与此类同的物资与劳务提供
维修与修配	维修与修配、维修与修配器材以及零件与部件提供及与此类同的物资与劳务提供
医　疗	伤病员治疗、卫生器具提供及与此类同的物资与劳务提供
通　信	通信设备的利用、通信器材提供及与此类同的物资与劳务提供
住　宿	住宿设施的利用、卧具提供及与此类同的物资与劳务提供
消　毒	消毒、消毒器具提供及与此类同的物资与劳务提供

备考
一、所提供的物资中不包括武器(含弹药)。
二、所提供的物资与劳务中不包括为正准备起飞参加作战行动的飞机加油及修配。

二、《自卫队法修订法》

兹对自卫队法（1954 年法律第 165 号）作如下修改：

删除第 100 条第 8 款第 1 项中“使用飞机”，第 2 项中“状况”下增加，“该运送对象的日侨人数”一句，“主要供其他运输之用的飞机”一句改为“下列飞机或舰船”，同时在该项后增加以下内容：

(1) 主要供运输之用的飞机（依照第 100 条第 5 款第 2 项规定所保有的飞机除外）；

(2) 适于前项运输的舰船；

(3) 前面所列舰载旋转翼飞机不属于 (1) 中所列飞机（仅限用于该舰与陆地间运输）。

在第 100 条第 8 款中增加以下一项，作为第 3 项：

3. 第 1 项中所规定的在外国执行同项运输任务的自卫官，应负责将位于该飞机或舰船附近或已进入其保护范围的运输对象日侨或外国人引导至飞机或舰船，在执行该项任务的途中，为防护自身、共同执行该运输任务的队员、日侨或外国人的生命或人身安全，在有充足理由认定有迫不得已之需要时，根据事态，可以合理地、在断定有其必要的限度内使用武器。但，除符合刑法第 36 条或第 37 条规定的情况以外，均不得对他人构成危害。

附　则

本法自颁布之日起施行。

三、《日美相互提供物资与劳务修订协定》

日本国政府与美利坚合众国政府关于日本国自卫队与美利坚合众国军队相互提供后勤保障、物资劳务修订协定

日本国政府与美利坚合众国政府考虑到 1997 年 9 月 23 日发表的《日美防卫合作指针》曾涉及共同对付周边事态的活动，希望修订 1996 年 4 月 15 日在东京签署的《日本国政府与美利坚合众国政府关于日本自卫队与美利坚合众国军队相互提供后勤保障、物资与劳务协定》（以下简称“协定”），特协定如下。

第 1 条　在协定前言中“日本国和美利坚合众国共同合作和安全保障条约”后增加“（以下简称‘条约’）”。

第 2 条　对协定第 1 条第 1 款修改如下：

1. 本协定中

(1) “后勤保障、物资与劳务”系指后勤保障中提供的物资或劳务。

(2) “周边事态”系指日本国周边地区发生的对日本国的和平与安全造成重大影响的事态。

第 3 条　对协定第 1 条第 2 款修改如下：

2. 本协定旨在确定日本国自卫队和美利坚合众国军队在共同训练、联合国维持和平行动、人道主义国际救援活动及对付周边事态活动中相互提供必要的后勤保障、物资或劳条的基本条件。

第 4 条　对协定第 2 条第 3 款修改如下：

3. 第 2 款规定不可理解为包括日本国自卫队提供武器或弹药或是美利坚合众国军队提供武器系统或弹药。

第 5 条　在协定第 3 条下新增第 4 款。

4. (1) 当任何一方当事国政府根据本协定向另一方当事国政府提出申请，为在发生周边事态时日本国自卫队或美利坚合众国军队根据各自国家法令所采取的有助于实现条约目的的活动提供必需的后勤保障、物资与劳务时，该另一方当事国政府可以在其权限范围内，提供所申请的后勤保障、物资与劳务。

(2) 根据本条规定所提供的后勤保障、物资与劳务限于下列类别：

食品、水、住宿、运输（含空运）、燃料·油脂·润滑油、被装、通信、卫生业务、基地后勤保障、保管、设施利用、训练业务、零件·部件、维修·修配以及机场·港口业务。

与所列类别相关的后勤保障、物资与劳务在第 2 条提及的附表中框定。

(3) 第 2 条第 3 款之规定可援用于根据本条规定所提供的后勤保障、物资与劳务。

(4) 本条适用范围可理解为，日本国自卫队将根据日本国制定的有关周边事态对付措施的法律提供后勤保障、物资与劳务，并将接受针对该法所认可的日本国自卫队活动所提供的后勤保障、物资与劳务。

第 6 条　协定第 4 条至第 9 条均顺延。新第 6 条文中的“第 7 条”改为“第 8 条”。

第 7 条　以本协定附表替代协定附表。

第 8 条　本协定自美利坚合众国政府收到日本国政府批准本协定之书面通告之日起的第 120 天生效，并在协定有效期内保持有效。

日美相互提供物资与劳务修订协定附表

类　别	内　容
食　品	食品、饮食提供、烹饪器具等
水	水、供水、供水用具等
住　宿	住宿设施及沐浴设施的利用、卧具等

续表

运输（含空运）	人员或物资运输、运输用材等
燃料·油脂·润滑油	燃料、油脂及润滑油、加油、加油所需器材等
被装	被装、被装缝补等
通信	通信设备的利用、通信保障、通信器材等
卫生业务	诊断治疗、卫生器具等
基地后勤保障	废弃物收集与处理、洗涤、供电、环境保障、消毒器具及消毒等
保管	仓库或冷藏室中的临时保管等
设施利用	建筑物、训练设施及停机坪的临时利用等
训练业务	派遣指导人员、教育训练用材、训练用消耗品等
零件·部件	军用飞机、军用车辆、军用舰船的零件或部件等
维修·修配	维修及修配、维修及修配器材等
机场·港口业务	飞机起降及舰船出入港口的后勤保障、装卸作业等

东帝汶问题《基本协议》要点 1999年5月5日，印度尼西亚和葡萄牙外交部长与联合国秘书长安南为确保东帝汶人民8月8日就投票表决究竟接受还是拒绝在印度尼西亚统治下实行广泛自治一事签署了《基本协议》。其要点如下：

1. 东帝汶举行自由、公正的投票表决的前提条件是：没有暴力或其他形式的恐吓行为的安全环境。确保这样一种环境以及全面维护法律和秩序的责任在印度尼西亚归口安全当局。

2. 1999年4月21日在帝力成立的和平与稳定问题委员会应立即投入工作。与联合国合作，精心制订各方在投票磋商阶段前后必须遵守的行为准则，保证放下武器并采取必要措施实现裁军。

3. 开始登记投票之前，秘书长将查明：进行和平投票磋商所需的安全局势业已存在。

4. 警方只负责维持法律和秩序。

科索沃和平计划方案 1999年6月3日，南斯拉夫联盟共和国接受了国际社会提出的科索沃和平计划10点方案。该计划要点如下：

本和平计划是在8个工业化国家集团的外交部长上月开会时一致同意的原则基础上拟定的。

1. 立即并在可核查的情况下结束在科索沃的暴力活动。

2. 按照一个迅速行动的时间表，并在可核查的情况下从科索沃撤出全部军队、警察和准军事部队。

3. 在联合国主持下在科索沃部署一支有效的国际文职人员和安全部队，他们将依据联合国宪章第7章采取行动，保证共同同意的目标得以实现。

4. 这支国际安全部队将有大量北约部队参加，将根据统一指挥和控制的原则部署这支部队，应该授权它为科索沃的所有居民缔造一个安全的环境，并为所有难民和流离失所人员安全地返回他们的家园提供方便。

5. 为科索沃建立一个临时行政管理机构，它将是国际文职管理人员的一部分，将由联合国安理会决定它的构成，在这个临时机构的管理下，科索沃人民将在南斯拉夫联盟共和国内享有实质性的自治权。

6. 在所规定的人员撤出后，一批南斯拉夫和塞尔维亚人员（人数由各方同意）将被授权返回（科索沃），以帮助完成下述任务：负责同国际文职人员机构和国际安全部队进行联络；识别地雷区；维护现存的塞尔维亚文化传统遗址；维护现存的重要的边境检查站。

7. 使所有难民和流离失所的人在联合国难民事务高级专员的监督下安全和自由地返回家园，所有人道主义救援组织都能够不受任何阻挠地进入科索沃。

8. 开始为达成一个临时性政治框架协议的政治进程，以便为建立一个实质性的科索沃自治政府作准备，充分考虑《朗布依埃协定》和南斯拉夫的主权和领土完整的原则，并使科索沃解放军非军事化。

9. 全面考虑发生危机地区的经济发展和稳定问题。其中包括在大批国际机构参与的情况下贯彻实施东南欧稳定公约，以便促进民主、经济繁荣、稳定和地区合作。

10. 结束军事行动要求接受提到的上述原则，并遵照执行其他所要求的条件。

联合国安理会关于科索沃问题的决议全文 1999年6月10日，联合国安理会以14票赞成、1票弃权（中国）通过了西方7国和俄罗斯就政治解决科索沃危机达成的决议草案。该决议全文如下：

铭记联合国的原则和宗旨，包括安全理事会所负维持国际和平与安全的主要责任；

回顾其1998年3月31日通过的第1160（1998）号决议、1998年9月23日通过的第1199（1998）号决议、1998年10月24日通过的第1203（1998）号决议和1999年5月14日通过的第1239（1999）号决议；

对这些决议的规定没有得到完全遵守表示遗憾；

决心解决南斯拉夫联盟共和国科索沃严峻的人道主义局势，为所有难民和流离失所者安全而自由地返回家园提供条件；

谴责对科索沃居民的一切暴力行为以及任何一方的恐怖主义行为；

回顾联合国秘书长 1999 年 4 月 9 日发表的声明，他在这份声明中对在科索沃发生的人道主义悲剧表示关切；

重申所有难民和流离失所者均享有安全返回家园的权利；

回顾联合国审判前南斯拉夫战争罪行法庭的管辖范围和任务规定；

欢迎 1999 年 5 月 6 日通过的关于政治解决科索沃危机的一般原则（S/1999/516，本决议附件 1），并欢迎南斯拉夫联盟共和国接受 1999 年 6 月 2 日在贝尔格莱德提出的文件第 1 至第 9 点内所载原则（S/1999/649，本决议附件 2），还欢迎南斯拉夫联盟共和国同意这项文件；

重申全体会员国根据《赫尔辛基最后文件》和附件 2 的规定对南斯拉夫联盟共和国以及该地区其他国家的主权和领土完整的承诺；

重申在以往各项决议中的呼吁，要求在科索沃实行充分自治和有效的自我管理；

认定该地区的局势继续对国际和平与安全构成威胁；

决心确保国际人员的安全和保障，确保有关各方根据本决议履行自己的责任，并为此目的根据《联合国宪章》第 7 章采取行动。

1. 决定科索沃危机的政治解决办法应以附件 1 的一般原则和附件 2 所进一步详述的原则和其他要点为基础。

2. 欢迎南斯拉夫联盟共和国接受上文第 1 段所指的原则和其他要点，并要求南斯拉夫联盟共和国予以充分合作，迅速加以执行。

3. 特别要求南斯拉夫联盟共和国立即并可证实地停止在科索沃的暴力和镇压行为，按照一个快速的时间表开始并完成可证实的分阶段从科索沃撤出所有军队、警察和准军事部队的工作，与此同时将在科索沃部署国际安全存在。

4. 确认在撤军之后将允许议定数目的南斯拉夫和塞尔维亚军队和警察人员返回科索沃，按照附件 2 履行职责。

5. 决定在联合国主持下在科索沃部署国际民事和安全存在，酌情配备适当的装备和人员，并且欢迎南斯拉夫联盟共和国同意这些存在。

6. 请联合国秘书长与安全理事会协商，任命一名特别代表来统管国际民事存在的执行工作，还请秘书长责成其特别代表与国际安全存在密切协调，以确保这两种存在目标一致并互相支持。

7. 授权成员国和有关国际组织根据附件 2 第 4 点在科索沃建立国际安全部队，并根据下文第 9 段采取一切必要措施来履行其职责。

8. 确认有必要向科索沃迅速早日部署有效的国际民事机构和安全部队，并要求有关各方在部署时全面合作。

9. 决定将在科索沃部署并采取行动的国家安全部队将负有如下职责：

(A) 阻止发生新的敌对行动，维持并在必要时强制执行停火，确保南斯拉夫联盟和（塞尔维亚）共和国的军队、警察和准军事部队撤出科索沃并阻止它们重新返回科索沃，但附件 2 第 6 点规定的除外；

(B) 根据下文第 15 段的要求使科索沃解放军和科索沃其他阿族的武装组织实现非军事化；

(C) 建立一个难民和无家可归者可以安全返回家园，国际民事机构可以运转，过渡行政当局能够建立以及人道主义援助可以运送的安全环境；

(D) 确保公共安全和秩序，直到国际民事机构能够承担这项职责为止；

(E) 监督排雷工作，直到国际民事机构能够酌情承担这项职责为止；

(F) 酌情支持国际民事机构的工作，并与其紧密协调；

(G) 根据需要执行监视边界状况的任务；

(H) 确保自身、国际民事机构和其他国际组织得到保护和行动自由。

10. 授权联合国秘书长在有关国际组织的协助下在科索沃建立一个国际民事机构，以便在科索沃建立一个临时性的行政当局，使科索沃人民能够在南斯拉夫联盟共和国内享受高度自治。该行政当局将实行过渡性的行政管理，同时将设立临时性的民主自治机构并监督其发展情况，以确保科索沃所有居民和平和正常生活的条件。

11. 决定国际民事机构将负有如下主要职责：

(A) 在问题最终解决之前，充分考虑到附件 2 和《朗布依埃协定》(S/1999/648)，促进在科索沃建立高度自治和自我管理；

(B) 在需要时履行基本的民事管理职责；

(C) 在问题最终得到政治解决—包括举行选举

—之前，组织并监督民主和自治的临时性机构的发展；

(D) 当这些机构建立起来的时候，移交其行政职责，同时监督并支持加强科索沃地方临时机构和其他缔造和平的活动；

(E) 考虑到《朗布依埃协定》(S/1999/648)，促进旨在决定科索沃未来前途的政治进程；

(F) 在最后阶段监督科索沃临时性机构向根据政治解决方案而设立的机构的权力移交；

(G) 支持重建主要基础设施和其他经济重建活动；

(H) 在国际人道主义组织的协调下支持人道主义和赈灾援助；

(I) 维持治安和秩序，包括建立地方警察部队，同时在科索沃部署国际警察部队人员；

(J) 保护并促进人权；

(K) 确保所有难民和无家可归者安全和不受阻拦地返回他们在科索沃的家园。

12. 强调必须协调人道主义救援活动，南斯拉夫联盟共和国必须允许人道主义救援组织不受阻挠地进入科索沃，必须与这些组织进行合作，以确保迅速、有效地运送国际救援物品。

13. 鼓励所有成员国和国际组织对经济和社会重建以及难民和无家可归者的安全返回作出贡献，并在这种背景下强调尽早召开一次国际捐助者会议的重要性，尤其是出于上文第 11 段 (G) 确定的目标。

14. 要求包括国际安全部队在内的有关各方与前南斯拉夫问题国际法庭充分合作。

15. 要求科索沃解放军和其他科索沃阿族组织立即停止一切进攻行动并执行国际安全部队首脑经与联合国秘书长的特别代表磋商后规定的非军事化的要求。

16. 决定 (1998 年) 第 1160 号决议第 8 段实施的禁令不适用于国际民事机构和安全部队使用的武器和相关物品。

17. 欢迎欧洲联盟等国际组织为拟订使受科索沃危机影响的地区的经济发展和局势稳定的全面方案而正在着手进行的工作，其中包括在广泛国际参与下执行《东南欧稳定公约》，以便进一步促进民主、经济繁荣、地区稳定和区域合作。

18. 要求该地区所有国家为执行本决议方方面面的规定而给予充分合作。

19. 决定国际民事和安全存在最初为期 12 个月。除非安理会另有决定，否则以后将予延续。

20. 请联合国秘书长定期向安理会汇报本决议的执行情况，其中包括国际民事和安全存在的领导人提出的报告，首批报告应在本决议通过 30 天内提出。

21. 决定继续积极参与此事。

附件 1：8 国外长会议主席声明

(1999 年 5 月 6 日 8 国集团外交部长在彼得斯贝格中心举行的会议结束时发表)

8 国集团外交部长们通过的关于科索沃危机的政治解决办法基本原则如下：

——立即并可核实地停止在科索沃的暴力和镇压。

——从科索沃撤出军队、警察和准军事部队。

——在科索沃部署经联合国核实并通过的、足以保证实现共同目标的有效国际民事和安全存在。

——在科索沃建立一个由联合国安理会批准的临时行政当局，以确保科索沃所有居民拥有正常和平生活的条件。

——所有难民和流离失所者安全自由地重返家园，并且人道主义援助组织畅通无阻地进驻科索沃。

——充分考虑到《朗布依埃协定》和南斯拉夫联盟共和国及该地区其他国家的主权和领土完整原则，开展政治进程，以订立一个临时政治框架协定，规定科索沃高度自治，并使科索沃解放军实行非军事化。有关各方为解决这场危机而举行的谈判不应当阻延或干扰民主自治机构的成立。

——为危机殃及地区的经济发展和局势稳定制订一套全面方案。

附件 2：应就解决科索沃危机的下列各原则达成协议：

1. 立即和可核实地停止在科索沃的暴力和镇压。

2. 按照一个快速的时间表可核实地从科索沃撤出所有军队、警察和准军事部队。

3. 在联合国主持下在科索沃部署有效的国际民事和安全存在，可根据《宪章》第 7 章的规定行事，以保证共同目标得以实现。

4. 包括大批北大西洋条约组织人员在内的国际安全存在必须在统一指挥和控制下进行部署，必须授权为科索沃境内的所有人创造安全的环境，并为所有流离失所者和难民安全重返家园提供便利。

5. 作为国际民事存在的一部分，建立科索沃临时行政机构，使科索沃人民能在南斯拉夫联盟共和国内享有高度自治，办法由联合国安理会决定。临时行政机构将进行过渡行政管理，同时监督临时民主自治机构的发展，以确保科索沃所有居民拥有正常和平生活的条件。

6. 在撤退之后，将准许议定数目的南斯拉夫和塞尔维亚人员返回履行下列职责：

——与国际民事特派团和国际安全存在联络；

——标出布雷区和进行排雷；

——在塞族祖先遗址派驻人员；

——在主要的边界过境点派驻人员。

7. 在联合国难民事务高级专员办事处的监督下，让所有难民和流离失所者自由地安全重返家园，让人道主义救援小组畅通无阻地进驻科索沃。

8. 充分考虑到《朗布依埃协定》和南斯拉夫联盟共和国及该地区其他国家的主权和领土完整原则，开展政治进程，以订立一个临时政治框架协定，规定科索沃高度自治，并使科索沃解放军实行非军事化。有关各方为解决这场危机举行的谈判不应当阻延或干扰民主自治机构的成立。

9. 为危机殃及地区的经济发展和局势稳定制订一套全面方案。这将包括在广泛国际参与下执行《东南欧稳定公约》，以便进一步促进民主、经济繁荣、局势稳定和区域合作。

10. 停止军事行动的条件是接受上述原则，还要同意以前提出的其他必要条件然后将迅速缔结一项军事—技术协定，其中除其他的事情外将规定更多模式，包括科索沃境内南斯拉夫和塞族人员的作用和职能。

撤出

——撤出程序，包括分阶段撤出的详细时间表，以及在塞尔维亚划定缓冲区—部队将撤至缓冲区之后。

返回的人员

——与返回人员有关的设备；

——其职责范围；

——返回的时间表；

——划定人员工作的地理范围；

——关于他们与国际安全存在和国际民事特派团之间的关系的条例。

注：其他必要条件：

——迅速而精确地撤出时间表，即例如在 7 天内完成撤出和在 48 小时内将防空武器撤至 25 千米相互安全区之外；

——为执行上述 4 项任务而返回的人员将受国际安全存在的监督，人数应限于议定的一个小数目（几百人，而不是几千人）；

——在可核实的撤出开始之后将暂停军事行动；

——军事—技术协定的讨论和达成不应使原先决定的完成撤出行动的时间延长。

塞军撤出和北约部队进驻科索沃的时间表

根据南斯拉夫和北约的将军们 6 月 9 日傍晚在马其顿库马诺沃签署的具体军事协议条款，南斯拉夫的军队将根据期限为 11 天的撤军时间表从科索沃北撤；同时北约的维和部队进入科索沃的南部。

根据协议，科索沃将按南部、中部和北部地区划分为 3 个区。南斯拉夫撤军和北约的进驻行动的各阶段—从周四（10 日）算起—时间表如下：

第 1 天：

塞尔维亚族的部队必须开始按指定的路线从第 3 区撤军。禁止所有南斯拉夫的飞机进入科索沃领空，除非得到科索沃维和部队的批准。

盟军部队—以英国、法国和意大利的军队为序—开始进入科索沃。英国、法国和德国的部队于周六（12 日）黎明进入科索沃省。

第 2 天：

南斯拉夫当局必须移交有关科索沃地区地雷、陷阱、未爆炸的炮弹等武器以及其他具有杀伤危险的全部资料。

第 3 天：

塞族必须把他们的所有雷达、飞机和地空导弹撤到与科索沃接壤的一个 25 千米的空中安全区以外的一个地区。驻科索沃的维和部队将开始行使对科索沃的领空和空中安全区的控制权。

维和部队将进入第 2 区，确保科索沃首都普里什蒂纳的安全。

第 4 和第 5 天：

科索沃的维和部队将继续加强军队集结，开进他们值勤的地段：中部、西部、北部、西南部和南部。

第 6 天：

塞族部队完成从第 1 区的撤离。

第 7 到第 9 天：

塞族部队完成从第 2 区（南部）的撤离。

第 10 天：

维和部队开始控制 5 个军事地段（英国、法国、德国、意大利和美国），并为它们划定界线。

第 11 天：

南斯拉夫军队、警察部队和准军事部队最后全部完成撤离，撤到塞尔维亚领土内，不得在一个 5 千米的与科索沃接壤的地面安全区之内。

巴以签署的沙姆沙伊赫备忘录全文 巴勒斯坦和以色列于 1999 年 9 月 3 日就执行“怀伊协议”

问题达成正式协议，5日在埃及的沙姆沙伊赫正式签署协议备忘录。该备忘录全文如下：

以色列政府和巴勒斯坦解放组织承诺全面和共同履行临时协议及1993年9月以来双方达成的所有其他协议（以下简称“前协议”），以及源自前协议的所有未履行的承诺。在不背离前协议其他要求的情况下，双方同意：

1. 最终地位谈判

a. 在履行前协议的情况下，双方将加快恢复最终地位谈判，并坚定不移地努力实现根据双方同意的日程达成最终地位协议的共同目标，即解决留待最终地位谈判解决的具体问题和其他共同关心的问题；

b. 双方重申它们的认识，即最终地位谈判将使它们执行安理会第242号和338号决议；

c. 双方将坚定不移地努力在恢复最终地位谈判后的5个月内达成一项关于所有最终地位问题的框架协议；

d. 双方将在恢复最终地位谈判后的一年之内达成一项关于所有最终地位问题的全面协议；

e. 最终地位谈判将在释放第1批犯人及第1期和第2期进一步撤军的第2阶段完成以后恢复，不迟于1999年9月13日。在怀伊协议中，美国已表示愿意为这些谈判提供便利。

2. 进一步撤军的第1和第2阶段

在进一步撤军的第1和第2阶段，以色列方面将做到：

a. 1999年9月5日，把7%的C地区转为B地区；

b. 1999年11月15日，把2%的B地区转为A地区，把3%的C地区转为B地区；

c. 2000年1月20日，把1%的C地区转为A地区，5.1%的B地区转为A地区。

3. 释放犯人

a. 双方将设立一个联合委员会，进一步处理与释放巴勒斯坦犯人有关的事务。

b. 以色列政府将释放在1993年9月13日之前犯罪并在1994年5月4日之前被捕的巴勒斯坦和其他犯人。联合委员会将就前两批释放的犯人的名单达成一致。这些名单将通过监督和指导委员会向有关机构推荐。

c. 1999年9月5日将释放第1批犯人，共计200人。1999年10月8日将释放第2批犯人，共计150人。

d. 联合委员会将通过监督和指导委员会向有关机构推荐以后释放的犯人名单。

e. 以色列方面将力图在下一个斋月到来之前释放巴勒斯坦犯人。

4. 委员会

a. 第3期进一步撤军委员会将在1999年9月13日前开始活动。

b. 监督和指导委员会、所有临时委员会（即民事委员会、联合经济委员会、联合安全委员会、司法委员会、民间委员会）、及怀伊协议委员会将根据情况恢复和（或者）继续其活动，不迟于1999年9月13日，监督和指导委员会将特别把2000年计划、C地区捐赠国与巴勒斯坦权力机构计划及工业区问题列入议事日程。

c. 关于被迫流离者延续委员会将于1999年10月1日恢复活动。

d. 双方将在1999年10月30日前贯彻特设经济委员会的建议。

5. 安全通道

a. 根据安全通道运营的具体细则，用于通人、通车和运输货物的安全通道南方路线将于1999年10月1日开通（临时协议附件－第10条）。双方在1999年9月30日之前达成的安全通道草约将规定运营的具体细则。

b. 双方将按照临时协议附件－第1条C－4款的规定，在1999年10月5日前就安全通道北方路线交叉点的具体位置达成一致。

c. 适用于安全通道南方路线的安全通道草约在双方同意作出相应修改以后，也将适用于安全通道的北方路线。

d. 在就安全通道北方路线交叉点的位置达成一致意见以后，所需设施和有关程序的建设工作将开始并继续下去。与此同时，在就交叉点的具体位置达成一致4个月内，将为北方路线的开通设置临时设施。

e. 在安全通道的南方交叉点与安全通道的北方交叉点开通之间，以色列将作出安排，为西岸与加沙地带之间的往来提供便利，使用安全通道以外的路线而不是安全通道的南方路线。

f. 交叉点的位置应无损于最终地位谈判。

6. 加沙海港

为了给加沙海港的建设工作提供条件和便利，双方同意以下原则，这些原则不应损害或影响最终地位谈判的结果：

a. 以色列方面同意，巴勒斯坦方面将于1999年10月1日开始加沙海港及有关工程的建设工作。

b. 双方同意，必须在双方就海港运营的安全等所有问题达成联合海港草约以后，加沙海港才能投入运营。

c. 加沙海港和加沙机场一样是个特殊的例子，位于由巴勒斯坦方面管辖的地区但充当的是国际通道。因此在达成联合海港草约之前，与港口建设有关的所有活动和安排都应遵照临时协议的条款，尤其是与国际通道有关的条款，就像加沙机场草约中作的调整一样。

d. 建设工作将确保为对人和商品进行有效的安全和海关检查提供充足的准备，并在港口设立指定的检查区。

e. 在这方面，以色列将不断地为与加沙海港的建设有关的工作提供便利，包括建设港口所需的船只、设备、物资和材料在港口的进出。

f. 双方将通过联合机制协调这些工作，包括设计和运输。

7. 希伯伦问题

a. 希伯伦的舒海达路将分两个阶段对巴勒斯坦车辆开放。第 1 阶段已经完成，第 2 阶段将在 1999 年 10 月 30 日前完成。

b. 根据将由双方同意的安排，哈斯巴赫批发市场将在 1999 年 11 月 1 日前营业。

c. 一个高层联合联络委员会将在 1999 年 9 月 13 日之前开会，审议先贤墓（易卜拉欣清真寺）的局势。

8. 安全

a. 根据前协议，双方将采取行动，确保立即有效地处理任何涉及威胁或恐怖活动、暴力或煽动行为的事件，不管这些事件是巴勒斯坦人还是以色列人所为。为此，他们将在互通情报、协调警察和活动方面开展合作。双方都应立即有效地对出现或预期出现的恐怖、暴力活动或煽动行为作出反应，并采取一切必要措施防止此类事件的发生。

b. 根据前协议，巴勒斯坦方面将努力履行它在安全、安全合作、正承担的义务和源自前协议的其他问题方面的责任，特别是以下源自怀伊协议的义务：

①继续执行收缴非法武器的计划并通报情况；

②逮捕嫌疑犯并通报情况；

③在 1999 年 9 月 13 日之前把巴勒斯坦警察的名单交给以色列方面；

④监督和指导委员会在 1999 年 10 月 15 日前开始审议该名单。

9. 双方呼吁国际上的捐赠国作出更多承诺，增加对巴勒斯坦经济发展和以巴和平进程的经济支持。

10. 认识到为谈判创造有利环境的必要性，根据临时协议，任何一方都不应实施或采取会改变西岸及加沙地带状况的行动。

11. 如规定的条款涉及假期或周末，应在接下来的第 1 个工作日执行。

该备忘录将在签字一周后生效。

巴以《安全通道议定书》要点 1999 年 10 月 5 日，巴以签署了连接加沙地带和约旦河西岸南部城市希伯伦的《安全通道（南部）议定书》。该议定书要点如下：

经双方同意，议定书可以修改。

议定书从签字之日起生效。

以方保证安全通道（以下简称通道）白天开放，供加沙地带（以下简称加沙）和约旦河西岸（以下简称西岸）人员和车辆通行，时间自日出至日落，或以双方商定的时间为准，但每天不得少天 10 个小时。

通道使用者须遵守如下时间规定：

1. 驾驶私车或乘坐出租车者，通过时间为 90 分钟。

2. 乘坐公交车辆或专用车辆者，通过时间为 120 分钟。

通道两岸检查站分工如下：

1. 埃雷兹检查站（加沙东北）为加沙人员和客车进出关口。

2. 卡尔尼商用检查站（加沙东南）为加沙货车进出关口。

3. 土尔古米亚检查站（希伯伦市西北 6 千米处）为西岸人员、客车和货车进出关口。

4. 米夫呼伦（具体地点不详）将另设西岸备用进出关口。

犹太教赎罪日、以色列独立日及以色列纪念日期间关闭通道，双方将依据有关协议另行商量其他特殊日期的通道使用办法。

加沙和西岸人员使用通道并不意味着获准在以境内停留，而仅限于利用特定的道路使用通道。

出于安全及相关原因，以方可以暂停通道的使用，但是应该保留一条通道的畅通，并通过商定的渠道尽可能提前通知巴方。

依据通道议定书有关条款，对于严重或连续违反通道使用规定的人员，以方可以禁止其使用通道，并通过商定的渠道通知巴方其处罚的依据。通报应该包括违规人员的具体行为。被禁止使用通道的人员有权通过巴方要求以方重新审议有关禁行决定。

*以方通过商定的渠道向巴方通报与通道使用者有关的事件。

*巴以联合经济委员会将达成一项协议，参照此协议，通道使用者一旦对以方国家和个人及其财产造成损失，必须予以赔偿。

通道的使用

使用通道的加沙或西岸人员必须到达指定的检查站，并通过出示相应的证件验明身份。

验明身份后，使用者将获取人员及车辆通行证。

使用通道的人员必须提前两天通过巴民政部向以方提出申请，以方将依据申请材料在两天内予以答复。

现役巴警察和不满14岁的儿童无须申请通行证。

通行证有效期为一年，可多次使用。

通道使用者到达终点检查站后，必须将人员和车辆准行证件交还以方检查人员。

持有进入以色列许可证的人员无须另外申请通道通行证。

以方将在起点检查站发放个人通行手续，并注明上路时间和估计到达时间。准行时间将保证通道使用者足以到达终点检查站。

使用通道的人员和车辆应该遵守有关规定，不得中途离开通道并在指定时间内结束行程。因病或技术原因延误通行的人员和车辆不受此约束。

因健康原因出现紧急情况，通道使用者可以直接到最近的医院或急救站进行救治，并在条件允许的情况下在预定的下一个检查站向主管当局报告。

一旦车辆出现故障，通道使用者必须连同车辆就地等待以方警察的到来，并向其报告故障情况。

年龄不超过16岁且有父母之一陪同的儿童，无须申请通行证。其陪同者须申请通行证并验明身份。

14岁以下儿童无父母之一陪同的可以使用通道。如有超过18岁人员陪同，使用通道的儿童需要通过出生证或贴有本人照片的父母身份证进行辨别。

使用通道的人员和车辆不得携带和装载爆炸物、武器之类的物品以及其他危险品，携带和装载上述物品须得到双方许可。

外国人使用通道

使用通道的非巴以人员持护照或旅行证使用通道。

车辆的通行

加沙和西岸人员驾车使用通道的，须提前5天提出申请，并提供有效的身份证件，如进入以色列的许可证、通道通行证、驾驶证、汽车行使证和车辆保险单等。

对于驾驶巴自治政府部门、公司或他人车辆的通道使用者，须出具车辆所有者委托驾车使用通道的书面证明。

车辆通行证将注明所有乘坐者的姓名和身份，并在到达出境检查站时加以核查。无紧急情况，车辆的任何驾乘人员不得离开车辆和通道。

有进入以色列许可证的车辆无须申请通道通行证。

车辆通行证有效期3个月，可多次使用。对于双方认可的部分人员的车辆，经商议可以发放有效期更长的通行证。

使用通道的所有加沙－西岸人员的车辆必须具备上述有效证件，在紧急情况下，通过双方认可，不具备上述证件的车辆可以获准使用通道。

使用通道的所有车辆必须遵守以方的有关规定和法律。

埃雷兹检查站和土尔古米亚检查站之间的通道将使用专供转运的公交车辆，双方将对这些车辆和驾驶人员名单另做商定。

不得进入以色列者如何使用通道

不得进入以色列的人员在使用通道时将乘坐专用车辆，这些车辆将在以方安全警察陪同下通过通道，其使用通道的时间为早晨7点至下午4点。

上述人员必须提前5天提出使用通道申请，如果以方拒绝发放通行证，双方主管部门可以通过商定的渠道再做研究。

上述人员当天返回出境关口的办法将另行规定。

上述人员可以在使用通道后的两星期内乘坐专用车辆返回原出境关口。返回时须提前至少一天通过商定的渠道提出申请。

上述人员使用通道后逾两星期返回原出境关口的，须提前5天提出申请。

专用车辆挂巴勒斯坦牌照，由巴勒斯坦人驾驶。

巴勒斯坦警察使用通道

巴警察着制服到加沙西岸执行公务的，或者驾驶公车、私车及其他交通工具的可以使用通道，但是必须提前两天提出申请并获得批准。

货运车辆使用通道

往返加沙并使用通道的货运车辆必须由卡尔尼商用检查站进出。

此议定书所有涉及车辆的条款适用于货运车辆。

有关货运车辆使用通道的规定细则将由联合委员会加以商定，在此之前，现有的货运车辆行驶规定依然有效。

通道委员会将根据达成的有关协议举行定期会议，审议议定书的执行情况以及改善通道使用的途径。

联合国安理会关于伊拉克问题的第 1284 号决议要点　1999 年 12 月 17 日，联合国安理会以 11 票赞成、4 票弃权通过了关于伊拉克问题的第 1284 号决议。其要点如下：

第 1 点至第 7 点不需要伊拉克接受。

1. 成立一个新的武器控制机构。联合国监视、核查和视察委员会取代一年前美国和英国飞机发动空袭前夕离开伊拉克的联合国特别委员会。它将接过联合国特别委员会的所有资产、责任和档案。

2. 联合国秘书长将在 30 天内任命联合国监视、核查和视察委员会的主席。

3. 主席将在被任命的 45 天之内向安理会提交有关监视、核查和视察委员会管理结构的建议，包括一个专员和合格的国际文官团。

4. 取消对伊拉克的石油和石油产品出口的限制。

5. 联合国制裁委员会起草一份伊拉克从此以后可在通知基础上进口的食品、药品和医疗用品、农产品和教育用品的清单。

6. 每年前往麦加的朝圣班机不在制裁范围之内，条件是这些班机不为伊拉克运进或运出货物。

7. 联合国将在 100 天之内成立一个专家组，提供有关允许外国石油公司对伊拉克石油部门投资的建议。

以下几点取决于伊拉克是否允许联合国恢复监视它的裁军和核能计划。

8. 监视、核查和视察委员会和国际原子能机构将在伊拉克开始工作的 60 天内起草一份工作计划，提交安理会批准。它将包括“主要的剩余裁军任务”，并且明确界定伊拉克必须采取什么行动才能完成这些任务。

9. 监视、核查和视察委员会及国际原子能机构报告它们的工作计划可完全付诸实施。在 120 天之后，它们将再次报告伊拉克与它们合作的程度和在主要任务上取得的进展。

10. 如果伊拉克在“所有方面”予以合作并且取得了进展，安理会中止贸易禁运，每隔 120 天延长一次，延长中止贸易禁运需要安理会投票表决。合作包括允许监视、核查和视察委员会及国际原子能机构“立即、无条件和无限制地视察它们想视察的任何和所有地区、设施、设备、记录和运输手段”。

11. 如果监视、核查和视察委员会及国际原子能机构报告伊拉克已经停止合作，贸易禁运在 5 天后自动恢复，而无需安理会投票表决。

12. 安理会将为伊拉克的进口拟订新的资金安排，取代联合国目前管理的暂存银行账户。这些安排至少将在制裁中止前的 120 天拟订完毕。

13. 安理会将在本决议通过后的 12 个月内表决，条件是伊拉克满足第 10 点的条件。

中国外交部发言人章启月于 12 月 18 日就联合国安理会通过伊拉克问题决议发表了谈话。

章启月说，自 1998 年 12 月以来，伊拉克问题一直陷于僵局。为打破僵局，中方在安理会内外做了大量工作，一直积极参加安理会有关伊拉克问题的磋商，并提出了许多建设性主张。由于第 1284 号决议在启动中止对伊制裁机制等主要问题上没有满足中国等有关国家的合理主张，因此，中国与俄罗斯、法国、马来西亚等安理会成员对决议草案投了弃权票。

她说，中国在伊拉克问题上的立场是一贯和明确的。我们认为，伊拉克必须同联合国合作，全面、切实执行安理会有关决议；同时，作为主权国家，其主权和领土完整应得到国际社会的尊重。国际社会应公正、客观地评价伊执行安理会有关决议情况，并据此逐步缓解直至最终解除对伊制裁。中国愿与国际社会一道，为尽快公正解决伊拉克问题继续做出不懈努力。

北约新战略概念（摘要）　1999 年 4 月 24 日，北约华盛顿首脑会议正式通过了指导北约 21 世纪行动的新《北大西洋联盟战略概念》（简称北约新战略概念），现将其摘要如下：

引　言

1. 在 1999 年 4 月于华盛顿召开的首脑会议上，北约首脑和政府领导人批准了北大西洋联盟新战略概念。

2. 在 40 年的冷战期间，北约成功地确保了成员国的自由和防止欧洲爆发战争。通过防御与对话，联盟在促成东西方以和平方式结束对抗的过程中发挥了不可或缺的作用。冷战结束所造成的欧洲－大西洋战略格局的剧烈变化已在联盟 1991 年的战略概念中得到反映，但是自那以后，政治和安全局势又发生了更加深刻的变化。

3. 冷战的危险已被更具希望同时也更具挑战性的前景、已被机遇与风险所取代，一个更趋一体化的崭新欧洲正在出现，欧洲－大西洋安全结构逐步形成，北约在其中发挥着核心作用。

4. 联盟在巩固和维护近期发生的积极变化、迎接目前和未来的挑战方面应责无旁贷地发挥作用，因此它制订了高标准的计划日程。联盟必须在今后发生进一步、且往往是不可预测的变化的环境下保卫共同安全利益。它必须维护集体防御，加强大西洋两岸的联系，确保两岸均衡态势，使欧洲盟国能够承担更多义务。它必须深化与合作伙伴之间的关系，并为吸收新成员作好准备。总之，它必须保持完成其全部使命所应具备的政治愿望和军事手段。

5. 新战略概念将指导联盟实施这个计划日程。

第 1 部分——北约的目标和任务

6. 根据《华盛顿条约》，北约的首要及长期宗旨是：通过政治和军事途径保卫所有成员国的自由与安全。基于在民主、人权和法治方面共同的价值观念，联盟自创建之初便一直为保证欧洲公正持久的和平秩序而奋斗，今后也将一如既往。但是，在此方面所取得的成就可能因影响欧洲－大西洋地区安全的危机和冲突而被置于危险之中，因此，联盟不仅要确保对其成员的安全防御，而且要对该地区的和平与稳定作出贡献。

7. 联盟体现着大西洋两岸的联系。通过这个联盟，北美的安全与欧洲的安全长期联系在一起。它是成员国付诸行之有效的努力、维护共同利益的具体体现。

8. 联盟奉行的根本指导原则是：主权国共同承担义务、相互合作，维护所有成员国之间不可分割的安全联系。

9. 联盟成员因此而产生的平等安全感—不论其经济状况或国家军事能力如何不同—有利于欧洲－大西洋地区的稳定。联盟争取这些利益不仅仅是为了成员国，而且是决心致力于创造有利条件，与那些具有广泛的共同政治目标的国家增进伙伴关系、加强合作与对话。

10. 作为一个其成员国承诺遵守《华盛顿条约》和《联合国宪章》的联盟，为实现其根本目标，北约联盟承担下列基本安全任务：

安全方面：在民主制度不断发展、承诺以和平方式解决争端的前提下，为欧洲－大西洋地区实现稳定的安全环境提供一种必不可少的基础。在这个安全环境中，任何国家不得以武力威胁或动用武力来恐吓或挟制任何其他国家。

磋商咨询：根据《华盛顿条约》第 4 款规定，充当大西洋两岸的重要论坛。当出现影响盟国切身利益的任何问题，包括可能发生的对盟国安全、对盟国在共同关心的领域进行适当协调努力造成威胁的事态时，充当盟国咨询磋商的论坛。

威慑与防御：根据《华盛顿条约》第 5 款和第 6 款规定，防止和防御对任何北约成员国的侵略威胁。

加强欧洲－大西洋地区的安全与稳定：

——危机管理：按照《华盛顿条约》第 7 款的规定，具体、一致地随时准备有效防止冲突，积极参与危机管理，包括采取应对危机的行动。

——伙伴关系：促进与欧洲－大西洋地区其他国家广泛的伙伴关系及合作，目的是增加透明度和相互信任，并加强与联盟共同采取行动的能力。

11. 在实现目标和完成基本安全任务时，北约将继续尊重其他国家合法的安全利益，力求按照《联合国宪章》的要求和平解决争端。联盟将促进和平友好的国际关系，支持民主制度。联盟不把自己视为任何国家的敌人。

第 2 部分——战略前景

渐变的战略环境

12. 联盟所处的环境在不断变化之中。

13. 相应地，北约成功地适应了变化，加强了维护欧洲－大西洋地区和平与稳定的能力。内部改革包括建立新的指挥结构，如多国联合特遣部队概念、设立能够快速部署部队以执行联盟各种任务的编制，以及在联盟内部建立欧洲安全与防务一致性。

14. 联合国、欧洲安全与合作组织和西欧联盟对欧洲－大西洋地区的安全与稳定有突出贡献，不同组织间相互加强力量已成为安全环境的核心特征。

15. 联合国安全理事会担负着维护国际和平与安全的首要义务，同样，它在维护欧洲—大西洋地区的安全与稳定方面也起着关键作用。

16. 作为一个地区性机构，欧洲安全与合作组织是欧洲最广泛的安全组织，还包括加拿大和美国在内，它在促进欧洲和平与稳定、加强防卫合作以及促进民主与人权方面发挥着重要作用，欧洲安全与合作组织在进行预防性外交活动、防止冲突、危机管理和结束冲突之后的修复行动方面表现尤为积极。北约和欧洲安全与合作组织进行了密切的实际合作，特别是在国际社会恢复前南斯拉夫地区和平的努力过程中。

17. 欧洲联盟作出了重要决策和更进一步的努力，要加强其安全与防务规模。

18. 正如北约联盟在1994年首脑会议后发表的宣言以及1996年在柏林重申的那样，北约联盟将允许西欧联盟领导的行动使用北约的资源和能力，并全力支持在联盟内发展欧洲安全与防务一致性。

19. 军备控制和不扩散核武器条约所提供的军事稳定、透明度、可预测性、低军备水平和军备检查制度有助于北约为实现其战略目标而进行政治和军事努力。

安全挑战和风险

20. 尽管战略环境发生了积极变化，而且针对北约联盟发动大规模常规进攻的可能性极低，但是较长期来看，出现这样一种威胁的可能性仍然存在。联盟的安全仍受一系列广泛的军事和非军事危险的制约，包括欧洲－大西洋内部及周边地区的不稳定因素和动荡以及联盟边缘地区发生地区危机的可能性。欧洲－大西洋地区内外一些国家面临着严重的经济、社会和政治问题，种族和宗教对立、领土争端、改革不力或失败、侵犯人权以及国家瓦解都可能导致本地或地区动荡。由此产生的紧张局势可能导致影响到欧洲－大西洋稳定的危机，导致人类灾难和武装冲突。

21. 联盟之外存在的强大核力量也构成联盟应考虑的重要因素。

22. 核、生物和化学武器及其投放手段的扩散仍然是严重关注的问题。

23. 可用于制造武器的技术的扩散有可能导致更严重地利用尖端军事能力，使敌对力量获得效能更佳的陆、海、空攻防系统、巡航导弹及其他先进武器。此外，国家和非国家的敌对势力可能千方百计利用联盟对信息系统的日益依赖。

24. 联盟的安全利益可能受到其他性质更广泛的危险的影响，包括恐怖主义行为、蓄意破坏和团伙犯罪，也会受到中断重要资源输入的影响。失控的众多人口迁移，特别是因武装冲突而造成的人口迁移，也可能造成影响联盟安全与稳定的问题。

第3部分——维护21世纪安全的途径

25. 我们的共同目标是建立一个欧洲安全结构。在这个结构中，在加深欧洲－大西洋地区国家之间的关系和处理危机这两个方面，联盟对欧洲－大西洋地区的安全与稳定所发挥的作用和其他国际组织发挥的作用是相辅相成的。北约仍是盟国之间进行磋商的必不可少的论坛，是在与成员国根据《华盛顿条约》作出的安全和防务承诺有关的政策上达成协议的论坛。

26. 联盟通过下列途径寻求维护和平并加强欧洲－大西洋地区的安全与稳定：保持跨越大西洋的纽带；维持足以威慑和防御并执行各种任务的有效的军事力量；在联盟内部发展欧洲安全和防务一致性；成功处理危机的全面能力；继续向新成员敞开大门；以及作为通过合作实现欧洲－大西洋地区安全的办法的一部分，继续寻求与其他国家发展伙伴关系，进行合作与对话，包括在武器控制和裁军领域。

跨越大西洋的联系

27. 北约致力于欧洲和北美之间的一种牢固而富有生气的伙伴关系，这种关系支持他们共有的价值观和利益。欧洲的安全与北美的安全是不可分割的。因此，联盟致力于必不可少的跨越大西洋的联系及其成员国的共同防务，这是其威慑力量的有效性和欧洲－大西洋地区安全与稳定的基础。

保持联盟的军事力量

28. 保持在共同防御中采取集体行动的足够的军事力量和鲜明的战备状态仍然是联盟安全目标的中心。这样一支力量，加上政治上的团结一致，仍然是联盟以下能力的核心：防止任何施压或恐吓的企图，并确保针对联盟的侵犯行为绝不被看作一种有任何成功可能的选择。

29. 在各种可预见的情况下发挥有效作用的军事力量，也是联盟帮助防止冲突和通过第5条款之外的危机反应行动帮助处理危机的能力的基础。这些任务可能会非常棘手，并高度重视政治和军事作用，诸如内部团结一致、多国训练和全面的事先计划，这些在处理第5条款所讲的局势中也是非常重要的。因此，尽管这些任务也许会提出特殊要求，但仍可以通过联盟一套共同体系和程序对它们进行处理。

欧洲安全和防务的一致性

30. 在联盟1996年在柏林以及后来作出的决定的基础上，北约内部将继续发展欧洲安全和防务的一致性。这个过程需要在北约、西欧联盟以及在合适的时候加上欧盟之间进行密切合作。

防止冲突和处理危机

31. 在执行维护和平、防止战争和加强安全与稳定的政策的过程中，北约将与其他组织合作，寻求防止冲突；如果出现危机，就根据国际法的规定，促成对危机的有效处理，包括可能采取第5条款之外的危机反应行动。

32. 北约将充分利用伙伴关系、合作和对话以及与其他组织的联系来帮助防止危机；如果出现危机，就在危机的早期阶段把它平息下去。如同联盟任何一次动用武力一样，协调一致地处理危机要求联盟的政治当局从一系列军事和政治措施中选择和协调适当的反应，并在所有阶段进行严密的政治控制。

伙伴关系、合作和对话

33. 联盟积极寻求伙伴关系、合作和对话，是整个欧洲－大西洋地区促进安全与稳定的一支积极力量。

34. 欧洲－大西洋伙伴关系委员会仍将是北约与其伙伴进行各方面合作的主要框架。

35. 和平伙伴关系是联盟及其伙伴之间缔结切合实际的安全联系、增强这些伙伴和北约之间协同行动能力的最重要的途径。

36. 俄罗斯在欧洲－大西洋地区的安全中发挥着独一无二的作用。北约和俄罗斯之间牢固、稳定和持久的伙伴关系对于在欧洲－大西洋地区实现持久稳定是至关重要的。

37. 乌克兰在欧洲－大西洋安全环境中占有特殊地位，并且是促进稳定和共同的民主价值观的一个重要而有价值的伙伴。

38. 地中海是联盟有着特殊利益的一个地区。欧洲的安全是与地中海地区的安全和稳定紧密联系在一起的。

扩大

39. 联盟仍将根据《华盛顿条约》第 10 条款的规定向新成员敞开大门。联盟期望在未来几年中向那些愿意并能够承担成员国责任和义务的国家发出更多的邀请，因为北约认为，这些国家的加入符合联盟全面的政治和战略利益，会增强联盟的有生力量和凝聚力，并促进整个欧洲的安全与稳定。为达此目的，北约确定了一项行动计划，在与那些渴望加入的国家扩大关系的情况下，帮助它们做好未来可能加入北约的准备工作。欧洲民主国家的加入将实现《华盛顿条约》的目标，没有一个欧洲民主国家会被排除在考虑之外。

武器控制、裁军和核不扩散

40. 联盟支持武器控制、裁军和核不扩散的政策将继续在实现联盟的安全目标的过程中发挥主要作用。联盟根据提供集体防务和执行各种任务的能力，力求以最低程度的军力加强安全与稳定。

第 4 部分——北约军事力量指导原则

联盟战略的原则

41. 该联盟将保持完成北约全部使命所必须的军事能力。在北约的一切使命当中，联盟的团结和战略的一致仍然高于一切。

42. 该联盟目标的实现关键取决于共同防务方面的作用、风险、责任以及利益公平合理的分摊。美国在欧洲常规和核力量的存在对欧洲安全仍然至关重要，而欧洲的安全与北美的安全又是密不可分地联系在一起的。

43. 在联盟的防务中，集体努力的原则体现在实际的安排之中，根据这些安排，盟国在不丧失其主权独立的情况下，可以享受集体防务至关重要的政治、军事和资源优势、防止防务政策的重新收归国有。

44. 多国筹措资金——包括通过军事预算和北约安全投资项目——在购置和保持必要的装备和能力方面仍将起着一种重要的作用。

45. 北约联盟支持在联盟内部进一步加强欧洲安全与防务一致性，包括准备提供可供利用的装备和能力，在西欧联盟的政治控制下和战略指导下，或者在一致同意的情况下采取行动。

46. 为了保护和平，防止战争或者任何形式的高压统治，北约联盟在可以预见的将来仍将在欧洲保持适当数量的核武器和常规武器，在必要的地方还要不断更新，虽然这是在能够满足需要的最低水平上。

北约联盟的力量态势

联盟军事力量的使命

47. 北约军事力量的主要作用是保护和平和确保领土完整、政治独立以及成员国的安全。

48. 欧洲－大西洋地区安全与稳定的维持具有非常重要的意义。

49. 在通过军事行动帮助进行危机处理的同时，北约联盟还要对付错综复杂、多种多样的人物、危险、局面和要求，包括人道主义紧急情况。伙伴关系国和北约以外的其他国家可以参加北约牵头的行动，以及可以同俄罗斯进行联合行动，这在北约帮助处理影响欧洲－大西洋安全的危机方面将是非常重要的力量。

50. 北约联盟的军事力量还帮助促进整个欧洲－大西洋地区的稳定，具体办法就是进行军队与军队之间的接触，并且根据和平伙伴关系参加其他的合作活动和演习，同时参加那些旨在加强北约同俄罗斯、乌克兰和地中海对话国家关系的活动。

北约联盟力量态势的指导原则

51. 为了实施北约联盟基本的安全任务及其战略的基本原则，北约联盟的军队必须继续进行调整，以满足有效地全面实施联盟的使命和对未来挑战作出反应的要求。盟国军队的态势建立在不同的国防结构力量的基础之上，这种态势将会遵照以下阐述的指导原则行事。

52. 北约联盟军事力量的规模、准备状态、有效性和部署状况能够反应它对集体防务和对危机作出反应的承诺，有时是一旦接到通知马上行动，远离祖国，包括北约以外地区。

53. 这尤其意味着：

(1) 盟国军队的整个规模将会保持在最低水平，以期同集体防务的要求和联盟的其他使命保持一致；它们将循序渐进地做好适当的准备。

(2) 和平时期军事力量在地理上的分布可以确保在整个联盟的领土上拥有足够的军事存在，包括在各自国家、水域以外的地区驻扎和部署军队，并且在必要的时间和必要的地点进行提前部署。

(3) 北约的指挥结构能够指挥和控制全面的北约联盟军事使命，包括通过使用可以部署的协同联合司令部，尤其是多国联合特遣部队司令部，指挥和控制多国和多个兵种部队。它还将能够支持在西欧联盟的政治控制下和战略指导下或者在一致同意的情况下采取的行动，从而帮助加强联盟内部的欧洲安全和防务一致性，进行以北约为首的第 5 条款之外的危机反应活动，在此类的活动中伙伴关系国家和其他国家可以参加。

(4) 总的来说，在近期和长期目标以及它的整个使命问题上，北约联盟需要一些必不可少的能力，诸如有效的参与能力、部署和机动性、部队和基础设施的生存能力以及承受能力，包括后勤和部队的轮换。

(5) 无论何时，一个有限的、但在军事上占有很大比重的地面、空中和海上力量能够对一系列广泛的、可能出现的情况作出必要的迅速反应，包括任何盟国遭到突如其来的袭击。数量更多的兵种将会做好适当的准备，以供调遣，从而支持长期的行动，不管是在北约内部还是在北约以外的地区，包括部署部队的轮换。总的来说，这些部队还必须具有足够的质量、数量和准备状态，从而增强威慑作用，防止对北约联盟出现有限的袭击。

(6) 北约联盟必须能够建立规模更大的部队，这既是对安全环境彻底改变的反应，也是有限袭击的需要，具体办法是，增强兵力，动员预备役部队，或者在必要的时候改编军队。这种能力必须同北约联盟面临的潜在威胁相一致，包括潜在的长期事态发展。

(7) 适当的部队结构和程序——包括提供一种迅速、有选择地集结、部署和减少军队的能力——是采取谨慎、灵活和及时的反应，减少和缓和紧张关系的必要手段。这些安排必须在和平时期经常性地进行演练。

(8) 北约联盟的防务态势必须有能力适当、能有效地处理与核、化学和生物武器及其投放手段的扩散有关的种种危险，这些危险也给盟国的人口、领土和军队带来一种潜在的威胁。保持力量、反应能力和得到加强的防务三者间的平衡是必要的。

(9) 北约联盟的军队和基础设施必须得到保护，使其免受恐怖主义的袭击。

常规部队的特点

54. 盟国的军队具有完成北约各项使命的确实可靠的能力非常重要，这一要求关系到部队结构、部队和装备水平、战备、装备获取和维持能力，训练与演习，部署和使用方面的选择，以及部队集结和动员能力。目标应该是在高水平战备部队、不同层次的较低水平战备部队及比较长远的集结和增援能力之间实现最佳平衡。高水平战备部队应该能够迅速开始——并在必要情况下立即开始——集体防御或第 5 款以外的应付危机行动；不同层次的较低水平战备部队提供集体防御、维持应付危机行动所需的部队轮换或增援某一特定地区所需的大部分部队；比较长远的集结和增援能力则旨在应付最糟糕但很遥远的大规模集体防御行动。北约的很多部队都将能够执行其中不止一项任务。

55. 北约部队的结构将体现北约任务的多国联合特点。基本任务将包括控制、保护和保卫领土、确保畅通无阻地使用海上、空中和陆地交通线，控制海洋和保护北约海上威慑力量的部署，执行单独和联合的空中行动，确保空中环境的安全和广泛有效的防空体系，监视、情报、侦察和电子战，战略运输，以及提供灵活有效的指挥与控制机构，包括可部署的联合司令部。

56. 北约对核、生物和化学武器及其投放手段的风险和潜在威胁的防卫状态必须继续改善，包括通过致力于导弹防御来改善防卫状态。由于北约部队可能应邀在北约疆界外采取行动，所以对付扩散风险的能力必须灵活机动、能够迅速部署并具有可持续性。军事原则、计划、训练和演习政策也必须为北约阻止核、生物和化学武器的使用作准备。这样做的目的将是进一步减少北约军队在作战方面的弱点，同时在这些武器存在、面临这些武器的威胁或这些武器被使用的情况下保持北约部队的灵活性和确实有效性。

57. 北约的战略不包括发动化学或生物战的能力。盟国支持普遍遵守相关的裁军制度。但是，即便在禁止化学和生物武器方面能够取得进一步进展，防御措施仍将是绝对必要的。

58. 鉴于总的兵力在减少，财力又受到限制，密切协作的能力对于完成北约的使命仍将至关重要。从这个方面讲，北约的集体防御安排非常重要。在这种安排下，浑然一体的军事结构起着关键作用。北约制定防御计划的各个部队需要在所有级别有效协作，以确保军队和支援系统处于战备状态，能够执行各种任务。盟国之间交流关于军事计划的信息有助于确保及时提供执行这些任务所需的能力。在国防计划发生重大变动时彼此协商也仍然非常重要。在制定新的作战原则方面彼此合作将对应付不断变化的挑战非常重要。作为北约内部欧洲安全和防务一致性的一部分而发展起来的详细而切合实际的安排有助于盟国间的密切合作，而不会出现资产和能力不必要的重复。

59. 为了能够对潜在的紧急情况作出灵活反应，并能够有效执行北约的任务，北约需要足够的后勤能力，包括运输能力、医疗支援和卫生器材，以有效部署和维持各种部队。在为盟军提供后勤支援方面，标准化将促进合作和提高成本效益。在盟国的领土之外，在可能得不到东道国支持的情况下发动和维持军事行动将对盟军的后勤工作构成特殊的挑战。及时集结较大规模的、有足够装备和接受过足够训练的、能够完成北约各项使命的部队的能力也将对危机管理和防御作出基本贡献，这种能力将包括向处境危险的任何地区提供增援并在需要的时间和地点派驻多国部队。各种部队和处于各种战备状态的部队将能够灵活地参与欧洲内部和大西洋彼岸的增援任务，这要求控制交通线，有适当的支援和演习安排。

60. 北约军队与军队所处的非军事环境（包括政府和非政府环境）之间的相互作用对行动能否成功至关重要。军事机构与非军事机构的合作是相互依存的：文官政府越来越多地需要军事手段的支持；同时，非军事机构对军事行动的支持在后勤、通信、医疗和公众事务方面有重要作用。因此，北约的军事机构和非军事机构之间的合作仍将非常重要。

61. 北约执行各种使命的能力将越来越多地取决于多国部队，这是对各国对北约所承担的义务的补充，目的在于帮助有关盟国。能够执行北约各种使命的部队表明了北约保持可靠的集体防御、加强北约的凝聚力、增进大西洋两岸的伙伴关系和加强北约内部的欧洲安全和防务一致性的决心。多国部队——尤其是能够为集体防御或第5款以外的危机反应行动迅速部署的多国部队——能加强团结。对于维护和平的行动而言，切实有效的多国部队和涉及伙伴关系的其他安排将很重要。为了充分利用多国部队的潜力，提高相互适应性——尤其是通过足够的训练和演习提高相互适应性——是最重要的。

核部队的特点

62. 盟国核部队的根本目的是政治性的：维护和平，防止高压统治和任何形式的战争。

63. 北约可靠的核态势仍然需要已经参与集体防御计划的欧洲盟国广泛参与发挥核作用，在和平时期在其领土上部署核部队，并参与指挥、控制和协商安排，要表明北约的团结和防止战争的共同决心也需要如此。驻扎在欧洲和支持北约的核部队为北约的欧洲与北美成员国提供了基本的政治和军事纽带。因此，北约将在欧洲保持足够的核部队。这些部队需要有必要的特性、适当的灵活性和生存能力，作为盟国防止战争战略的一个可靠而有效的组成部分。他们将保持在足以维护和平与稳定和最低程度上。

64. 北约的核力量不再针对某个国家。但是，北约将在欧洲保持足够的次战略部队，这些部队将成为与战略核部队的基本纽带，加强大西洋两岸的联系。这些部队将由具有双重能力的飞机和少量的英国“三叉戟”弹头组成。但是，在正常情况下，次战略核武器不会部署在水面舰船和攻击潜艇上。

第5部分——结束语

65. 在北大西洋联盟进入第6个10年之际，北约必须做好迎接新世纪的挑战和机遇的准备。战略概念重申了北约永恒的目标，确定了北约基本的安全任务。它使实行了变革的北约能够为不断变化的安全环境出一份力，通过共同致力于民主与和平解决争端来维护安全与稳定。战略概念将决定北约的安全和防御政策、作战原则、常规部队和核部队态势以及集体防御安排。鉴于安全环境的不断变化，战略概念将不断接受审议。在一个无法预料的世界里，切实有效的防御仍是必需的。但在重申这一承诺的同时，北约还将继续充分利用每一次机会，通过宣传和推进完整、自由的欧洲的设想，建设一个统一的欧洲。

《东南欧稳定公约》要点　1999年5月27日，欧洲联盟的高级官员在波恩举行了1天会议，讨论东南欧稳定公约草案全文。6月10日，巴尔干问题国际会议在科隆通过了《东南欧稳定公约》。该公约长达13页，其要点如下：

——将由欧洲联盟15国加上该地区的9个国家——阿尔巴尼亚、波黑、保加利亚、克罗地亚、马其顿、匈牙利、罗马尼亚、斯洛文尼亚和土耳其——以及俄罗斯、美国、加拿大、日本、欧洲安全与合作组织、联合国、北约和一些国际金融机构等签署该公约。

——“欢迎南斯拉夫尽可能早地作为正式、平等的参加者参加该公约。在1999年5月6日的8国外长会议通过的总原则基础上解决科索沃危机，标志着平等参加的最起码的前提条件”。目前，塞尔维亚的小伙伴黑山在关于该公约的谈判中享有观察员地位。

——该公约将努力“实现如下目标：在东南欧实现持久的和平、繁荣与稳定”。

——具体的目标包括“在自由、公正选举基础上开始渐臻完善的政治进程”，“实行充满生机的市场经济”，“加强该地区内以及该地区同欧洲与世界其他地区之间的经济合作”，“防止由战争、迫害和内部争斗迫使人们流离失所以及由贫困造成的移民现象”，并“为该地区国家创造条件，使他们的选择充分实现与欧洲—大西洋政治经济与安全机构一体化”。

——该公约告诫说，只有在南斯拉夫联盟共和国采取便于它与国际大家庭一体化的的方针，才有可能在东南欧建立持久的和平与稳定。

——将由欧洲联盟任命的一位特派协调员负责掌管公约事务；将该公约置于欧洲安全与合作组织的“监督之下”。

——公约支持该地区的国家与像北约和欧洲联盟这样的一些欧洲－大西洋机构一体化。欧洲联盟将努力使该地区更接近完全与它的各机构一体化这种前景。将在适当的时候，通过新型契约性关系这样做，并要充分把每一个国家的情况考虑进去。

——美国将在该公约中起“领导作用”，俄罗斯将起“领导和建设性的作用”，“国际货币基金组织、世界银行、欧洲复兴开发银行和欧洲投资银行将发挥极为重要的作用”。

东南欧稳定公约首脑会议声明 1999年7月30日，在波黑首都萨拉热窝举行了为期1天的东南欧稳定公约首次首脑会议，通过了一项声明。声明全文如下：

1. 我们于1999年7月30日聚集在萨拉热窝通过了东南欧稳定公约的目标和原则，该协议由欧洲联盟首先提出、1999年6月10日在科隆通过，随后又得到欧洲安全与合作组织的支持。

我们申明，我们愿意通过集体和单独促进该地区的政治和经济改革、发展和加强安全的方式，赋予该协议具体的意义。我们再次申明，我们将致力于消除这10年来使东南欧饱受折磨的不幸因素，并且承诺，我们将继续支持代顿/巴黎和科索沃和平进程。

2. 萨拉热窝是在我们这个世纪的历史中获得其重要地位的城市。它是从冲突和毁灭中重新崛起的意志的象征，也是尊重和容许多民族、多宗教和多文化并存的象征。

从萨拉热窝，我们申明，我们决心为我们所支持的稳定公约中的全面实现民主目标，尊重人权、经济和社会发展，以及加强安全而共同努力。我们重申，我们将共同担负起建立一个最终没有分裂、民主与和平的欧洲的责任。

我们将共同努力，促使东南欧成为一个边界不可侵犯、但不再标志着分裂，并且能提供接触与合作机会的大陆。

3. 该地区寻求组成欧洲－大西洋机构的国家和参加萨拉热窝最高级会议的其他一些国家坚信，这项协议以及实现协议中的目标将有助于这一进程。

我们重申，欧盟成员国和其他与会国家，以及国际组织和机构将尽一切努力帮助它们沿着这条道路取得迅速而重大的进展。我们还重申，参加这项协议的所有国家有权根据情况的发展，自由选择和改变自己的安全和联合安排，包括联盟条约。

4. 我们强烈希望，该地区所有国家根据稳定公约，以团结的精神共同努力，建立一个共同繁荣和安全的未来。我们感到遗憾的是，我们今天未能邀请南斯拉夫联盟共和国作为稳定公约的正式和平等的成员出席会议。所有与会者必须尊重协议的原则和目标。

我们呼吁南斯拉夫联盟共和国的人民着手开始民主改革，为实现地区的和解而积极努力。

为了让这个国家向这个目标靠近，并尊重其主权和领土完整，我们将研究让黑山共和国成为协议的早期受益国的方法，并且重申：我们支持所有的民主力量。关于科索沃，我们支持全面执行联合国安理会1244号决议。我们还支持联合国科索沃临时行政当局特派团（UNMIK）和科索沃和平实施部队（KFOR）为确保科索沃全体居民的和平、民主与安全所做的努力。我们再次重申保留科索沃多民族特征的重要性，要尊重科索沃全体公民的权利和法治。我们欢迎1999年7月28日为立即提供人道主义以及其他援助而召开的捐助国会议取得的令人鼓舞的结果。

5. 该地区的国家是这一稳定进程的主人，它们对这一进程所做的全部努力和支持对这一进程的成功至关重要。我们欢迎东南欧国家在建立地区合作方面取得的进展，欢迎它们在双边以及地区一级促进和实施稳定公约的目标上承担义务。地区计划、机构和合作机构对这一努力特别有帮助。

6. 地区合作将对该地区国家希望组建更广泛机构的愿望起着催化剂作用。我们欢迎东南欧国家以及稳定公约的其他国家提出跨边境或者带地区性质的共同性建议和项目，将此作为把协议目标迅速转变成具体行动的重要贡献。这些建议应该提交给地区会议以及相关的稳定公约的工作会议讨论。

7. 我们将共同努力，加快这个地区向稳定的民主体制、繁荣的市场经济，以及尊重包括从私人财产权到国家少数民族权利在内的人权和基本自由的多元文化社会的转变，这是它们组成欧洲－大西洋和国际机构的重要一步。我们欢迎该地区国家的机构继续促进民主、和解、经济改革、良好的管理方法、安全合作和信心的建立，这是我们为稳定和变革该地区而努力的坚实基础。

我们的共同目标是发展和平与良好的睦邻关系。代顿/巴黎协议的全面执行—按照马德里的波黑和平协议执行委员会的设想—也是该地区稳定的不可分割的一部分。伙伴国将全力支持该地区国家努力实现这些目标。

8. 稳定公约将把重点放在民主与人权、经济发展与合作，以及安全等领域上。

9. 民主与人权。根深蒂固的民主习惯和充满生机的文明社会是协议的目标得以实现的基础。我们将共同努力，鼓励有着宝贵的实践经验可以分享的中东欧国家、东南欧国家在促进人权、对民主的负责态度与实践、个人责任感、言论自由和法治等方面进行合作。我们保证要继续合作，在这个地区重建文明政府，支持政治活动自由和媒体的独立性。

我们申明，我们对我们的公民负责，并且相互负有责任，尊重欧洲安全与合作组织的准则和原则。我们也再次申明，所有难民和被驱逐的人有权利自由、安全地返回自己的家园。我们再次重申我们的诺言，要共同合作以保留该地区国家情况各异的多国家和多种族状况，保护少数民族。已经承认的种族、文化和语言的同一性和权利应该根据相关的国际机制和公约坚决予以保护。我们欢迎该地区国家在人权问题上主动建立对话和协商机制。

10. 经济发展与合作。我们强调该地区国家加强与欧盟的经济关系以及加入包括世界贸易组织在内的全球贸易体制的重要性。我们申明，经济改革和建立一个健康的商业环境是经济发展、一体化和创造就业机会的必要前提。我们保证要共同努力，消除妨碍商品和资本自由流动的政策和行政障碍，以加强该地区以及该地区与欧洲和世界其他国家之间的经济、贸易和投资合作，改善该地区基本的基础设施。

该地区的国家保证要采取具体行动来改善投资环境。反过来，我们将与国际金融机构共同努力，开发能调动私人资本、降低风险的合适工具。我们认识到，向东南欧提供单方面的贸易优惠待遇将会给这个地区带来巨大的经济利益，我们保证要继续采取具体措施，促进该地区的发展和经济增长。

该地区的国家将继续，并且在必要时加紧努力，建立一个可预测的公正的商业环境，打击腐败和犯罪活动，推进面向市场的改革，包括私有化。在这一方面，伙伴国们将利用它们的技术和资源有计划有步骤地、以协调的方式尽力帮助它们。鉴于这种情况，我们将研究具体的办法，以允许东南欧的公司积极参与争取该地区的重建和发展项目的角逐。为了实现这一目标，这一角逐活动应该根据多国同意的原则通过公正、透明的竞争来进行。国际金融机构将尽最大努力帮助东南欧国家实现迅速、有实际成效的经济发展。

我们要求，有关地区性的经济发展和合作的建议，包括来自该地区国家的建议，在欧盟与世界银行协调捐助的过程中、在稳定公约的经济工作会议上、在相互间密切协商的情况下，给予适当的评估，只要合适，这些建议可以向捐助国寻求对地区性项目更多的资金援助。意大利已经表示愿意主办有关这一问题的会议。

11. 安全。我们承诺为结束紧张局势、建立和平友好的睦邻关系以强化地区安全氛围而努力。我们将致力于全面执行现有的武器控制和建立信任的措施并为这两方面的改善而努力。我们还将敦促平民政府加强对武装力量的控制并针对有组织犯罪、恐怖主义、地雷问题和小型武器的扩散等问题建立有效的措施。我们将共同合作以增强在防务和安全事务以及军费开支方面的透明度和责任感。在这方面，我们欢迎波黑作出的削减军费和裁军的决定。我们也欢迎代顿协议的签字国重申它们履行武器控制的义务。

12. 我们欢迎并支持欧盟委员会任命博多·洪巴赫为稳定公约的特别协调人并得到欧洲安全与合作组织主席的认可。我们保证在实现目标的过程中同特别协调人进行全面合作。

13. 我们期待东南欧地区会议为稳定公约的执行建立一个有效的协调框架。我们对欧盟主席计划于

1999 年 9 月组织召开第 1 次东南欧地区会议表示欢迎。我们欢迎特别协调人在第 1 次会议之前提交一份工作计划的意向，同时欢迎在这次会议上就东南欧工作会议主席的人选提出建议。我们欢迎与会国、协助国和对此感兴趣的国家就工作会议的工作计划提出建议。我们支持在决定了召开地区会议的时间、地点之后的一个月内召开工作会议。

14. 我们欢迎所有与会国家把公约制定的目标转变为具体行动，使之适合地区各国的个别需要并把各国提出的建议考虑在内。在平等、透明和高效的基础上运作的地区会议和工作会议将有利于进一步巩固我们的承诺并监督它的执行情况。

15. 我们呼吁所有参与国和协助我们以及对此感兴趣的国家继续积极参与东南欧的改革、经济建设和重建，今天这个庄严的会议就是这一进程的开始。我们呼吁所有国家为实现把稳定、民主、和平和富裕带给全体东南欧人民的目标而团结起来。

（本栏责任编辑　温味几）

1999 年世界军事大事记

1999 年世界军事大事记

1　月

1月1日

△印度和巴基斯坦根据协议交换了核设施清单，这是自1998年两国进行核试验以来的第1次。

1月3日

△伊朗否认日本一家电视台关于伊朗从朝鲜购买弹道导弹的报道。伊朗国防部发言人凯万·霍斯罗维说，伊朗自己就有能力生产导弹，不需要购买任何国家的导弹。

1月5日

△美国同伊拉克在伊南部“禁飞区”，再次发生冲突。14架伊拉克军用飞机和4架美国战斗机卷入了这次冲突。7日与11日，美国飞机在伊拉克北部“禁飞区”分别向伊拉克的防空雷达站发射导弹。13日，美英战斗机再次侵入伊南部和北部的两个“禁飞区”，伊防空部队进行了还击。

1月7日

△日本防卫厅长官野吕田芳成与韩国国防部长官千容宅举行会谈，主要讨论了日韩军事合作问题。针对朝鲜局势问题，双方一致同意建立发生紧急事态时的防卫联络体制。双方同意将举行联合海上军事演习，其中包括海上救援行动、两军总参谋长定期就安全问题进行磋商、在安全问题上加强与美国的合作等。

△中国外交部发言人朱邦造就美国国会众院有关委员会通过报告，指控中方通过中美经济技术交流与合作窃取美国军事技术一事回答记者提问时说，中美发展友好互利合作符合双方的共同利益，美国国会众院“中国与技术转让特别委员会”通过所谓“对华技术转让调查报告”，指责中国通过与美国经济技术交流与合作获取美军事技术，这是毫无事实根据的。

1月11日

△由墨西哥和加拿大倡议举办的美洲地区杀伤人员地雷研讨会在墨西哥城举行。与会国代表一致表示，决定为使西半球彻底销毁杀伤人员地雷和推动各国批准《渥太华禁雷公约》而努力。本次会议是自1997年7月12日该公约签署以来举行的第1次有关这一问题的会议。

△美国国防部的一位发言人说，美国计划向伊拉克南部“禁飞区”增派8架F-16战斗机，以“对付伊拉克在‘禁飞区’内的不断挑战”。这些战斗机经过特殊改装，能够携带摧毁防空雷达的导弹。

1月12日

△美国总统国家安全顾问伯杰宣布，美国将对俄罗斯电力技术科研设计院、莫斯科门捷列夫化工技术大学和莫斯科航空学院这3个科研单位实施制裁，理由是它们帮助伊朗发展导弹和核技术。

1月13日

△伊朗外交部发言人否认美国官员最近有关伊朗与俄罗斯研究机构进行武器合作的说法，称“这种说法侵犯了伊朗和平利用核能源的权利”。

1月14日

△阿尔巴尼亚总统迈达尼紧急召见国防部长哈伊达拉加和军队总参谋长安东尼，“对1月9日和11日南斯拉夫飞机和直升机侵犯阿领空的事件表示不安”，并加强战备，当晚阿军的数十辆装甲车和坦克即开往与科索沃接壤的阿尔巴尼亚东北部地区。

△印度国防部官员说，印度计划购买100辆俄罗斯造T-90坦克，并在取得许可证后自行生产200辆这种坦克。

1月15日

△韩国国防部长官和美国国防部长在汉城举行安保问题年会，双方重点讨论了朝鲜半岛形势，并表示将进一步巩固两国间的军事同盟体制。

1月20日

△美国国防部长科恩宣布，美国将增加66亿美元以进一步研制国家导弹防御系统。

1月22日

△俄罗斯科尔德什研究中心研制出用于隐形飞机的特殊装置，使飞机的隐蔽性增强100倍。该装置在飞行的飞机周围产生特殊的等离子区，大大降低电磁波信号的反射，使敌方难以发现飞机。

1月23日

△以色列国防部长莫迪凯因“同反对党秘密接触并对利库德集团有不忠的表现”而被解除职务。

1月25日

△菲律宾政府和反政府武装摩洛伊斯兰解放阵线在棉兰老南部地区发生激战，已造成15人死亡，数人受伤，上万平民逃离家园。29日，摩洛伊斯兰解放阵线释放了被其扣留在菲南部棉兰老地区一所学校内的570名人质。

△根据俄罗斯和哈萨克斯坦两国国防部达成的协议，俄罗斯向哈提供了4架苏－27歼击机。另根据两国政府间协议，俄罗斯还计划向哈提供12架苏－27歼击机和一套地空导弹发射装置，用来加强哈首都阿斯塔纳的防空体系。

1月26日

△印度举行军事检阅，庆祝该国成为“核国家”以来的第1个共和日。在阅兵仪式上的军事装备展示中公开展示了新一代弹道导弹。

△美国宣布，克林顿总统已下令放宽美军在伊拉克“禁飞区”内的“接战规定”，从而使美国飞行员不但可以还击直接来攻击的伊拉克战机和地面防空设施，还可以轰炸伊拉克的其他任何防空设施。此后，美英战机不断轰炸伊拉克。

△以色列议会以54票赞成、30票反对的表决结果，三读通过了有关以色列从戈兰高地撤军的“戈兰高地议案”。

△法国新型核动力航空母舰“戴高乐”号，离开法国西北部的布雷斯特军港，前往大西洋进行为期一周的首次深海试航。

1月28日

△俄罗斯“火炬”设计局研制成体积小、命中率高、抗干扰能力强的9M96E2型地空导弹，它采用高能固体燃料和推进机交叉控制技术，最大射程为120千米，可拦截高度为5～30千米的任何类型的飞行目标。

1月31日

△为期3天的印度和美国就关于防止核扩散第8轮会谈结束。双方在这一问题上仍存在严重分歧。但双方发表的联合声明表示将在年中举行第9轮会谈。

△波黑穆克联邦和塞族共和国两实体军队领导人一致同意，在就共同的对内、对外安全政策达成协议的情况下，可以裁减双方当时拥有的军队人数。2月23日，波黑3人主席团在萨拉热窝举行会议，决定将穆克联邦军队和塞族共和国军队的人数各裁减30%，并削减30%的军费。

2　月

2月2日

△巴基斯坦和美国关于防止核扩散第8轮会谈结束。巴美双方在会谈结束后发表的联合声明说，两国专家小组将于1999年3～4月间举行会晤，就控制核技术出口等问题进行进一步讨论。双方还同意在裁军谈判会议有关削减核裂变材料的磋商过程中保持密切的接触。

△在塞内加尔和几内亚两国军队的支援下，几内亚比绍政府军在首都比绍北部向反政府军发起了进攻，迫使缺少粮食及弹药的反政府军向北部军事分界线后退了约1千米。2月3日，在西非国家经济共同体的斡旋下，几内亚比绍总统维埃拉和反政府武装领导人马内在首都比绍签署停火协议，该协议于4日零时生效。

2月3日

△据美国《防务新闻》周刊报道，多年来美国武器出口主要是按照国防部系统的出口数额来统计，没有将大部分直接商业出口的武器计算在内。因此，美国军备控制和裁军署修正了军火出口数额。据军备控制和裁军署发表的一份报告，按照原来的方法计算，1995年和1996年美国武器出口分别为156亿和170亿美元，而根据新方法计算，这两年美国武器实际出口额分别达222亿和235亿美元，占全球军售总额的56%和55%。

△乌兹别克斯坦宣布退出独联体集体安全条约，但称上述决定不会影响其与俄罗斯和其他独联体国家的双边合作。

△巴基斯坦大使阿克拉姆在日内瓦裁军谈判会议全体会议上指出，裁军谈判会议应该及时恢复讨论有关外空武器问题尽早开始防止外空军备竞赛的谈判。

2月4日

△乌兹别克斯坦宣布在北约总部布鲁塞尔正式设立代表处，并强调乌与北约的合作仅限于“和平伙伴关系框架”内。

2月6日

△美国国防部发表一份报告指出，1998财政年度美国签约出售给台湾的军售总值为4.41亿美元。台湾已成为美国军事装备及服务的第4大买主，在全球仅次于沙特阿拉伯、以色列及希腊。

△厄立特里亚军队向埃厄边境地区的巴德梅前线的埃塞俄比亚军队发动“全面进攻”。8日，埃塞俄比亚军队用武装直升机对厄立特里亚发动了反攻，16日，埃塞俄比亚空军轰炸了厄立特里亚军队在哈塞勒的一个后勤支援中心。22日，埃塞俄比亚空军和重炮部队攻击了厄军索罗纳和巴德梅两个阵地。23日埃塞俄比亚国防军和厄立特里亚军队又在巴德梅地区交战，埃军重创了厄军。

2月8日

△匈牙利接管了北约在匈的1个飞行控制中心。

2月12日

△秘鲁总统藤森宣布，秘鲁将裁减20%的军队。裁军计划将在1999年和2000年内实施。

2月13日

△俄罗斯成功地进行了新型的地对空反导弹炮的首次试射，其拦截半径为300～400千米，作战能力是其前身的两倍。

2月15日

△日本首相小渊惠三在众议院召开的预算委员会会议上答复质疑时说，他将坚持日本政府关于在《日美安全保障条约》中所说的“远东”地区范围的见解。他说：“在未作好准备之前，答复某一特定地区的事态是否归属于周边事态是非常困难的。”

2月16日

△美国陆军部长路易斯·卡尔德拉在记者招待会上说，美国陆军将建立若干支编制在3000～5000人的突击部队，以便派往海外热点地区执行紧急任务。每支突击部队将使用更现代化的轻型坦克和大炮。

2月22日

△俄罗斯在亚美尼亚部署S-300地空导弹系统，以保护部署在亚美尼亚的俄罗斯陆军基地。

2月24日

△据美国最新一期《防务新闻》周刊报道，美国陆军在2000～2006年期间将花费20亿美元采购45架新型空中监视侦察机。

2月25日

△德国联邦议院批准了由政府提出的派遣德军参加拟议中的科索沃维和行动的计划。德国计划向科索沃地区派驻5500名士兵。这支部队将作为北约计划向该地区派驻的2.8万名维和部队的一部分。按计划，德国派驻科索沃的部队将装备“豹”2型坦克。这是二战后德国重型坦克第1次被部署到海外。

2月26日

△联合国评估伊拉克销毁被禁武器现状委员会主席、巴西常驻联合国大使阿莫里姆向新闻界证实，伊拉克已于当天向该委员会递交了关于它销毁被禁武器的文件。他说，伊拉克的这一举措是朝着重建它与联合国安理会对话与合作关系迈出的重要一步。

△柬埔寨国防部在柬北部靠近泰国边境的暹粒省三隆地区举行仪式，正式将5000余名原支持拉那烈的武装官兵收编入政府军。柬联合国防大臣迪班、西索瓦·施里拉亲王、联合国秘书长驻柬特别代表梅霍特拉和一些国家的驻柬使节和武官出席了收编仪式。迪班在仪式上发表讲话指出，这一收编证明柬埔寨已经完全实现了和平，过去的战场将成为经济开发区，全国军民将集中力量、团结一致建设国家。

△乌克兰在第聂伯罗彼得罗夫斯克销毁了它拥有的最后1枚SS-19洲际弹道导弹，还销毁了130个SS-19洲际弹道导弹的发射井，这标志着SS-19洲际导弹系统的销毁工作全部结束。

2月27日

△阿尔巴尼亚军队在距南斯拉夫边界仅3千米的地方举行了大规模军事演习，演习由驻扎在阿东北部与南斯拉夫科索沃省接壤的库克斯区和特罗波亚区的阿尔巴尼亚军队举行的，参加演习的包括步兵、坦克连、防空炮兵部队、步炮部队、反坦克火箭部队、防空导弹部队以及火箭炮部队。如此多兵种联合在边境地区举行演习在阿尔巴尼亚是罕见的。

2月28日

△俄罗斯重型运载火箭“质子”K号从拜科努尔发射场发射升空，将俄罗斯军用通信卫星“虹”1号送入地球同步轨道。该卫星的研制开发是由俄罗斯战略火箭军出资进行的，由俄罗斯国防部控制使用。

△俄罗斯国防部发言人透露，俄罗斯太空导弹防御部队昼夜监视着8500多个太空目标，包括外国目标1200个（其中有480颗军用卫星），俄罗斯目标1350个。

3月

3月1日

△伊拉克总统萨达姆以武装部队总司令的身份召集伊空军司令和空防司令等高级军官举行军事会议，专门研究如何改进和加强伊防空系统和提高防空能力等问题，以反击美英战斗机在伊南、北两个“禁飞区”内日益加剧的空中打击。

△中国外交部发言人朱邦造就美国国防部发表所谓“台湾海峡安全形势的报告”，散布所谓中国大陆对台湾的导弹威胁，企图藉此为美国向台湾出售先进武器制造舆论和借口一事评论称，美方的这一做法是对中国内政的严重干涉，中方对此表示强烈不满和坚决反对。中方要求美方恪守中美3个联合公报的原则和美方的有关承诺，妥善处理台湾问题，逐步减少并最终停止售台武器，不从事任何阻碍中国统一大业的活动。

3月2日

△阿塞拜疆表示同意参加北约在科索沃的维和行动，派1个排加入土耳其营。7月28日，两国国防部长签署一项协议，阿方同意将其派往科索沃的维和部队置于土耳其指挥之下。

3月5日

△美国空军宣布将组建10支“远征队”，并将它们轮流派往海外“热点”地区执行任务。此外，美国空军还将组建5支到国外执行人道主义使命的部队。每支“远征队”的编制人数为1000人，配备250架飞机，其中包括战斗机、重型轰炸机、侦察机、电子战飞机、空中加油机和运输机。这些“远征队”的总部设在美国本土，飞机分散在各个基地，而军事人员则统一训练。第1支“远征队”的组建工作将于2000年1月完成。

3月6日

△美国国防部长科恩访问巴林，并同巴林领导人讨论了安全合作问题。

3月7日

△出于对伊拉克和伊朗军事威胁的担心，美国同意向沙特出售先进的空空导弹，同时加强包括两国地面部队在内的联合军事训练。

3月8日

△俄罗斯空军计划为战略轰炸机装备潜隐式高精度巡航导弹，作为提高空军战斗力的主要措施。该导弹射程为3000～5000千米，能携带常规弹头或核弹头，能装载在前苏联50至70年代设计的图－97MC、图－22MZ、图－160远程轰炸机上，可突破世界上最先进的防空体系，损失率很低。

3月10日

△俄罗斯军事工业联合体研制成能够发现隐形飞机的雷达装置，这种雷达系统可发现、跟踪和识别应用隐形技术的巡航导弹和飞机，以及超小型、低空飞行的目标。

△俄罗斯安捷伊公司的发言人宣布，该公司于1999年6月向希腊首批提供6套“雷神”M1地空导弹系统，其余15套地空导弹系统定于2000年9月供货，合同总金额为5.19亿美元，俄罗斯还为希腊培训这套防空设备的操作人员和维修人员。

3月11日

△美国国防部长科恩应邀访问埃及，期间美国宣布将向埃及出售价值32亿美元的军火。

3月12日

△保加利亚和马其顿两国国防部长签署了两国国防合作协定。

△正在以色列访问的美国国防部长科恩表示，美国可能提供更多资金，资助以色列进行耗资16亿美元的“箭”式导弹的研制。

3月14日

△俄罗斯空军举行代号为“首长参谋部”的演习，主要目的是演练运输航空兵和空降兵的着陆行动。

3月16日

△伊朗外交部发言人阿瑟费重申，海湾的阿布穆萨、大通布和小通布3岛是伊朗领土“不可分割的一部分”，伊有权举行旨在维护其领土完整的防御性军事演习。

3月18日

△美国国会众议院通过决议，要求在技术允许的情况下部署弹道导弹防御系统。国会参议院已于3月17日通过相同的决议。目前，美国正在加紧研制“国家导弹防御系统”和“战区导弹防御系统”。

3月19日

△立陶宛和土耳其签署一项军事培训合作协议，以促进两国在军事领域里的合作。

3月24日

△以美国为首的北约向南斯拉夫联盟共和国发动大规模空袭，开创了以维护人权为借口肆意干涉主权国家的危险先例。

3月26日

△美国国防部表示，美将向以色列提供50架F－16战斗机。7月18日，以色列国防部宣布，以总理兼国防部长巴拉克已作出决定，向美国洛克希德公

司购买价值总计 25 亿美元的 50 架 F-16 战斗机。

△俄罗斯外长伊万诺夫宣布，俄罗斯已经完全冻结了同北约的关系，并决定向南斯拉夫联盟共和国提供人道主义援助；只要北约不停止对南斯拉夫联盟的侵略，俄罗斯就不会与包括索拉纳在内的北约领导人有任何接触。

3 月 27 日

△南斯拉夫联盟共和国人民军防空部队击落了 1 架美空军最先进的 F-117A 隐形战斗机。这是该机种在实战中第 1 次被击落。

3 月 31 日

△俄罗斯远东地区各部队开始举行名为“首长参谋部”的大规模战略军事演习，主要演练远东地区各部队和军种之间的协同作战能力。参加演习的有远东军区、太平洋舰队、空军和防空部队、内务部队的官兵共 4500 人。演习共动用 200 多辆装甲输送车和步兵战车、40 辆坦克、50 门自行火炮和 70 门大炮、75 架军用飞机、20 多套防空系统和 11 艘战舰。俄罗斯北方舰队也进行了海上演习，包括核动力巡洋舰“彼得大帝”号和航空母舰“库兹涅佐夫元帅”号在内的几十艘舰艇参加了演习。俄军还进行了导弹运输、安装和发射演习。

4 月

4 月 1 日

△俄罗斯北方舰队成功地从水下发射了 1 枚弹道导弹。该枚海基导弹由“德尔塔”号战略导弹核潜艇从巴伦支海水下发射，并在预定时间内击中了位于勘察加半岛地区的目标。

4 月 6 日

△马来西亚和俄罗斯签署一项防务合作备忘录。根据这项备忘录，双方的合作范围包括军事培训、国防技术和国防工业合作。其中国防技术和国防工业合作包括研究与开发，联合生产、维修和保养防务设备，联合制造俄罗斯设计的军事硬件设备等。

4 月 9 日

△俄罗斯、乌克兰、英国和美国合作研制成功新型安-124-200 重型运输机。该机用于军事和商业，在载重 80 吨的情况下，可连续飞行 9200 千米。

4 月 10 日

△匈牙利拒绝俄罗斯、白俄罗斯两国对南斯拉夫的人道主义援助物资车队过境。经过紧张的谈判，匈牙利最终与俄罗斯于 4 月 12 日就此问题达成协议，允许车队过境，但拒绝 5 辆军车过境。

4 月 11 日

△俄罗斯太平洋舰队司令扎哈连科对日本进行首次正式访问。

△波兰首次加入北约空袭南斯拉夫联盟的军事行动。它派遣了 1 架安-26 军事运输机和第 18 登陆领航营参与行动。

△印度新闻广播部长马哈詹宣布，印度于当地时间上午 9 时 47 分在印东部奥里萨邦巴拉索尔区的惠勒岛成功地试射了 1 枚“烈火”2 型中程弹道导弹。它是 1 型的改进型，采用双级推动系统，长 20 米，重 16 吨，最大射程可达 2000 千米，即可携带常规弹头，也可携带核弹头，弹头总重量可达 1 吨，是印度最先进的导弹。

△日本防卫厅决定在 1999 年度预算中拨款引进两艘高速导弹艇的基础上，在 2000 年度的预算中再订购两艘高速导弹艇，这将使日本海上自卫队在京都府舞鹤基地等地配备的高速导弹艇数量达到 10 艘左右。

4 月 12 日

△首届中美洲国家排雷会议在尼加拉瓜首都马那瓜举行。哥斯达黎加、萨尔瓦多、洪都拉斯、危地马拉和尼加拉瓜 5 国外长以及美洲国家组织秘书长参加了会议。与会者主要交流了各国排雷计划的进展情况。会议结束时发表了一项声明，呼吁国际社会对该地区的排雷工作提供更多的技术和经济援助。

△尼加拉瓜军方在首都马那瓜举行仪式，开始销毁该国第 1 批地雷 5000 枚。这次行动是尼加拉瓜正式启动销毁贮存地雷、清除待排地雷全国计划的一部分。据官方统计显示，截止到当时，至少有 400 人因触雷死亡或受伤致残。

4 月 13 日

△俄罗斯国防部长谢尔盖耶夫表示，由于巴尔干形势发展所迫，俄罗斯在考虑从波黑撤出其维和部队。北约开始对南斯拉夫联盟共和国实行军事打击后，俄罗斯立即宣布其驻波黑维和部队由俄罗斯国防部长和俄军总参谋长直接指挥。

△俄罗斯国防部长谢尔盖耶夫和总参谋长克瓦什宁亲自指挥俄罗斯军队通信兵和通信系统的演练，主要目的是检查通信兵、通信系统及其指挥机构“在军事政治局势激化、发动和进行地区战争的情况下”的战备程度和作战能力，在战役展开时建立并保持俄军总参谋部同各军团、兵团和部队指挥所的稳定联络。

参加演练的有2.3万多名官兵、1000多件野战通信设备和约200套固定通信枢纽。

△匈牙利国会通过一项决议，决定向阿尔巴尼亚派遣医疗队和军事人员，参加北约在阿尔巴尼亚的行动。

4月14日

△伊朗国防部发言人说，伊朗成功试射了1枚防空导弹，导弹命中了预定目标。

△肯尼亚和美国开始举行为期1个月的联合军事演习。

△俄罗斯空军举行大规模军事演习，主要内容是歼灭地面和空中目标。前线航空兵的苏－25T、苏－27和米格－29等飞机参加了演习，主要演练对地攻击，以及在无线电电子干扰条件下空军兵器的使用。参加演习的作战飞机超过100架次。

△巴基斯坦在距首都伊斯兰堡东南约100千米处的杰卢姆成功地试射了1枚“高里”2型中程弹道导弹。15日，巴基斯坦又在南部港口城市卡拉奇附近成功地试射了1枚“山鹰”1型弹道导弹。

4月15日

△俄罗斯反潜飞机在堪察加半岛海军基地附近发现美国核潜艇。俄罗斯海军发言人称，这表明外国情报机构加强了对俄罗斯海军的侦察活动。

4月17日

△俄罗斯空军总司令科尔努科夫发表谈话指出，俄罗斯不是伊拉克，也不是南斯拉夫，决不许任何人侵犯其领空；俄罗斯军工部门已试射了被称为21世纪防空兵器的C－400型地空导弹系统，研制21世纪多功能歼击机的工作也有进展。

△伊朗与伊拉克在两国边界交换了在1980～1988年两伊战争期间阵亡的164名伊朗士兵和221名伊拉克士兵的遗骸。

4月19日

△俄罗斯太平洋舰队举行大规模军事演习，目的是演练海军的协同作战能力，检验官兵素养。19～26日为第1阶段，该舰队出动东北集群的战略潜艇；26～30日为第2阶段，滨海地区的水面舰艇出海演习。参加演习的有30余艘作战舰艇，5艘供应船、海军航空兵和岸防部队，导弹、火炮和鱼雷在演习期间均进行实弹发射。

△据《朝鲜日报》报道，韩国国防科学研究所4月初在韩国西部海岸试射成功射程为300千米的导弹。报道说，试射时导弹实际飞行距离为50千米。但美国根据卫星资料分析，这枚导弹的飞行距离至少达到296千米。根据1979年韩美签订的《导弹谅解备忘录》，韩国不能开发射程超过180千米的导弹。据报道，美国已就此向韩国表示了抗议之意，但韩国以实际飞行距离只有50千米为由坚持说没有违反《导弹谅解备忘录》。

4月21日

△斯洛伐克政府举行特别会议，决定境内铁路、公路和水路交通向北约部队全面开放，允许北约军用飞机在境内机场起降。

△俄罗斯外交部发表声明称，叶利钦总统已决定不派代表参加与北约最高首脑华盛顿会晤同期举行的俄罗斯－北约常设联合理事会会议；俄罗斯不希望“冷战”重演，也不准备卷入与西方的对抗，但它也决不会对北约倚仗武力独断专行的做法保持沉默。

4月22日

△塞浦路斯于1997年初从俄罗斯订购的俄罗斯制S－300地空导弹运抵希腊南部克里特岛。土耳其曾于1999年2月10日，表示反对在克里特岛部署S－300地空导弹，并指责希腊和塞浦路斯希族近年来进行军备竞赛，给地中海东部地区增加新的紧张气氛。

△罗马尼亚议会以绝大多数票同意北约关于要罗马尼亚允许北约“无限制地通过”罗马尼亚领空对南斯拉夫联盟采取军事行动的要求。

△独联体国家举行大规模防空演习，参加演习的国家有俄罗斯、白俄罗斯、亚美尼亚、哈萨克斯坦、格鲁吉亚等7个国家。

4月23日

△土耳其军舰访问保加利亚，来访的军舰包括5艘水面舰只和1艘潜艇。

△白俄罗斯总统卢卡申科与来访的俄罗斯国防部长谢尔盖耶夫举行会谈时强调，由于北约对南斯拉夫发动侵略，白俄罗斯不会派代表团参加北约为纪念其成立50周年在华盛顿举行的首脑会议。

△俄罗斯国防部长谢尔盖耶夫证实，俄罗斯与白俄罗斯将在计划期限内组建统一的地区性军事集群。

△俄罗斯一导弹发射旅在伏尔加河沿岸军区的辖区内首次举行“点”式战术导弹发射演习并获得成功，“点”式战术导弹系统具有命中率高及机动性强等特点，在很大程度上是“奥卡”导弹系统的复制品。

4月24日

△北约组织在华盛顿举行首脑会议，会议通过北约《新战略概念》。新战略概念称，北约不仅要保证

成员国的防务安全，而且还要对其周边地区的冲突作出反应，从而把北约的防卫范围扩大到北约之外，加强了北约干涉主义性质。

4月27日

△俄罗斯外交部发言人发表声明指出，北约华盛顿首脑会议最后文件表明，北约通过的“新战略概念”旨在使北约主宰欧洲和世界事务，莫斯科将始终如一地反对北约东扩，坚决要求北约尽快停止对南斯拉夫联盟进行的军事行动。

△俄罗斯国防部长谢尔盖耶夫强调说，由于北约已经在华盛顿首脑会议上通过了“新战略概念”，俄罗斯将修改国家军事学说，修改将涉及包括核遏制力量在内的整个武装力量。

△美国总统克林顿签署命令，授权国防部征召33102名预备役军人投入现役，以应付北约不断扩大的对南斯拉夫联盟的空中打击行动。这是美国自1991年海湾战争以来最大的1次征召预备役军人行动。

4月29日

△叶利钦总统在有关俄罗斯核武器库的高级机密会议上签署命令，指令俄罗斯研制和部署战术武器，其中包括开发核武器设施和开发研制和使用非战略核武器的思想。

4月30日

△科摩罗发生军事政变，以科军队参谋长阿扎利为首的军方推翻了由塔杰丁总统领导的现政府。阿扎利宣布解散现有政府，同时表示将在未来几天内与有关各方协商建立1个执行机构。

△美国空军在佛罗里达州卡纳维拉尔角发射场用1枚“大力神”4型火箭把1颗军事通信卫星送入太空，但卫星未能进入预定轨道。这是“大力神”火箭自1998年8月以来第3次发射卫星失败，也是1999年4月美国第3次发射卫星失败。

△希腊政府表示要购买50多架美国F-16战斗机，以保卫希腊不受来自爱琴海的威胁。

5 月

5月1日

△日本防卫厅确定海上自卫队的巡逻飞机P-3C的下一代巡逻飞机将通过独立开发实现国产化，这是日本首次自行研制军用飞机。

5月3日

△大约1500名美国军人与科威特军队开始联合军事演习。

5月4日

△韩国国防部官员证实，韩日两国能迅速交换情报的紧急联络网已正式启用。该网采用电话和传真方式，是根据1999年1月达成的协议建立的。

5月6日

△几内亚比绍前政府军首脑马内领导的军队包围了总统府，并与政府军和总统卫队发生激战。5月7日，政府军向前政府军首脑马内领导的反政府军投降。维埃拉总统逃往葡萄牙驻比绍大使馆避难。

5月7日

△以美国为首的北约悍然用导弹袭击中国驻南斯拉夫大使馆，造成3人死亡，20多人受伤，馆舍严重毁坏。中国政府和人民对这一野蛮暴行表示无比愤慨。北约暴行遭到国际社会的强烈谴责。

5月11日

△俄罗斯多家设计局共同研制出口径30毫米的AGC-30型自动火箭筒，它用于装备步兵、空降兵和特种部队，主要攻击敌方坦克和装甲目标。

5月12日

△安哥拉和刚果（布）政府日前达成一项安全合作协定，并决定成立一个实施安全合作协定的混合委员会。协定决定完善各自的安全机制，阻止反政府分子利用对方领土进行活动。

5月15日

△埃塞俄比亚空军对扎拉姆贝萨前线的厄立特里亚军事目标进行了“一次战略性袭击”，给厄方的一个后勤中心和一个机械化部队造成重大损失。次日，埃塞俄比亚军队又出动米格轰炸机袭击了厄立特里亚马萨瓦港，使港口设施遭到严重损失。6月26日，埃塞俄比亚空军再次出动飞机轰炸了厄立特里亚的阿萨布机场。

5月16日

△1.5万名土耳其士兵进入伊拉克北部追剿库尔德工人党武装分子，歼敌37人。

5月18日

△柬埔寨国民议会正式批准《关于禁止使用、储存、生产和转让杀伤人员地雷及销毁此种武器的公约》。

5月19日

△美国众议院军事委员会在讨论新的下一财政年度国防预算案时通过一项条款，禁止克林顿政府在从1999年10月开始的下一财政年度里将国防预算资金

用于对南斯拉夫联盟的战争。

5月21日

△据美国驻香港总领事馆称，中国外交部已通报美国驻香港总领事馆："在目前的形势下，美国军舰在香港水域的出现是不能接受的。"因此，5、6月份美国军舰的5次访问将被取消。

△柬埔寨外交与国际合作部向美国驻柬大使馆提交1份抗议书，针对美驻柬使馆拒绝柬方检查一批作为援助医疗设备被"误运"来柬的武器一事，对美方表示抗议。

△美国白宫发言人洛克哈特宣布，美总统克林顿签署了一项为美军参与空袭南斯拉夫联盟共和国提供紧急拨款的1999年度追加预算案。国会参、众两院分别于18日和20日批准了这项总额约150亿美元的预算案，其中119亿美元将用于美军在南斯拉夫联盟的军事行动和提高军队的战斗力。

5月22日

△美国国防部发言人培根宣布，美空军当天用"大力神"4型火箭在加利福尼亚州范登堡空军基地将一颗间谍卫星送入太空。

5月23日

△委内瑞拉总统乌戈·查韦斯表示，他尊重美国在该国附近的库拉索岛建立军事基地的决定，但不允许美国军用飞机在委内瑞拉领空飞行。

5月24日

△日本众、参两院通过与新《日美防卫合作指针》相关的3项法案。这3项相关法案系指《周边事态法》、《自卫队法修订法》和《日美相互提供物资与劳务修订协定》。上述3项相关法案，日本众、参两院分别于4月27日和5月24日获得通过，并定于从当年9月份开始生效。这标志着日本在军事方面已经成为美国亚洲战略的一翼，作为日美防卫基础的日美同盟关系也进入了一个新阶段。

△国际海空军联合军事演习在波兰西北部沿海地区举行。参加演习的除波兰、捷克的米格-29、米格-23和米格-21以及苏-22飞机外，还有法国的"幻影"2000和德国的"旋风"式飞机等。演习的设想是在交战的两国之间建立"禁飞区"，当"禁飞区"被其中一国破坏时，国际空中力量便投入行动，地面和海上的捷、德、波防空火炮和导弹猛烈向假想目标射击。

△乌兹别克斯坦—美国混合委员会在塔什干举行会议，双方签署了1999～2000年两国国防合作计划、在清除化学武器设施和防止化学武器技术传播领域开展合作协议等文件。

5月25日

△美国军方宣布，美国当天在新墨西哥州发射的1枚战区高空区域拦截导弹未能击中另1枚导弹，试验失败。

△土库曼斯坦外交部正式通知俄罗斯，从1999年9月19日起停止执行与俄罗斯签署的联合保卫国境线条约。

5月26日

△欧盟首脑会议将讨论欧盟共同的外交和安全政策，奥地利总理克利马在维也纳重申了奥地利坚守不参加军事集团、不参加战争、不许在奥地利土地上驻扎外国军队的中立3原则。

△印度在位于印西南部的科钦海军基地试射成功1枚"特里舒尔"舰对空导弹。这种导弹可在海面作超音速低空飞行，专门用于截击反舰导弹。

△俄罗斯叶卡捷琳堡"创新者"试验设计局研制成功3г-54у1反舰导弹，长度6.2米，有两级推进器，可高效率地击毁任何水面目标。

5月27日

△韩国总统金大中在访问俄罗斯前夕接受俄罗斯记者采访时表示，韩国将不参加美国和日本拟部署的战区导弹防御系统。金大中指出，研制战区导弹防御系统应当考虑到整个东北亚地区的利益，不应使该地区国家产生误解。

△巴基斯坦新闻部长穆沙希德·侯赛因宣布，巴基斯坦地面部队上午在巴控克什米尔地区上空击落了印度空军的1架米格-21歼击机和1架米格-27歼击机，飞机残骸落在克什米尔实际控制线巴方一侧。

△经过数周的激烈辩论，菲律宾参议院以18票赞成、5票反对批准了颇有争议的菲美《来访部队协定》。该协定被批准后，菲美两国可以恢复举行大规模联合军事演习，美国军舰可以停靠菲律宾海港，美国军人可以上岸活动等。这份协议由菲律宾和美国官员于1998年签署。

6　月

6月1日

△塞浦路斯政府发言人表示，塞政府今后不会主动采取行动同北约建立更密切的关系。

△波兰总理布泽克宣布，波兰政府将向巴尔干地区派遣1个营的维和部队，增派该营的一切费用由波

兰的国防开支和国家预算储备支付。

6月2日

△印度自制的1艘导弹驱逐舰“迈索尔”号在西部城市孟买的海军船坞下水。

6月3日

△俄罗斯在北部阿尔汉格尔斯克普列谢茨克发射场成功发射了1枚“白杨-M”洲际弹道导弹，准确命中了位于约9000千米外的堪察加半岛上的目标。这次发射目的是收集该型号导弹的主要战术和技术性能资料。

6月5日

△土耳其外交部在安卡拉发表声明，反对塞浦路斯当局在塞岛部署意大利制造的短程地空导弹。

6月6日

△阿尔及利亚伊斯兰救国军司令马达尼·梅兹拉克致函阿总统布特弗利卡，宣布该组织决定永久停止武装行动。该组织还呼吁其他反政府武装分子也停止武装行动，并与他们共同努力，使国家恢复安全与稳定。

6月7日

△保加利亚与俄罗斯签署军事技术合作协定。

6月11日

△根据俄罗斯总统叶利钦的命令，由200多人组成的俄罗斯维和部队先头部队，从波黑以强行军速度向南斯拉夫科索沃地区推进，于6月12日凌晨先于北约维和部队抵达科索沃首府普里什蒂纳。

6月12日

△俄罗斯军队1支先头部队在北约毫不知晓的情况下抢先由波黑进入科索沃，并控制了普里什蒂纳西南部20千米处的斯拉蒂纳军用机场，打乱了北约想独揽维和行动并把俄罗斯排除在外的计划。

6月13日

△俄罗斯太平洋舰队举行军事演习，演习设想旨在阻止美国军队的舰只和飞机对俄罗斯远东沿海地区发动攻击。

6月14日

△法国国防部长里夏尔宣布，法国和德国将在巴黎航展期间同欧洲直升机公司签署订购160架“虎”式直升机的合同。法德两国政府将各订购80架，总价值为215亿法郎。

6月15日

△中国外交部发言人章启月在记者招待会上就美参议院近日通过了“2000财年国防拨款法”及其涉台修正案以及众议院即将辩论该法发表评论称，美国会参议院通过的“2000财年国防拨款法”及其涉台修正案，公然要求对所谓台湾海峡军力平衡差距情况进行评估，这是对中国内政的严重干涉和对中美3个联合公报的粗暴违反。中方对此表示强烈不满和坚决反对。

6月16日

△俄罗斯国防部长谢尔盖耶夫和美国防部长科恩在赫尔辛基就解决俄罗斯参加科索沃维和行动的争端问题举行会谈。经过3天艰苦谈判，双方于18日就俄军参与科索沃维和问题达成协议。俄罗斯将派1支3600人的部队参加维和行动，分散部署在英、美、德、法军队的维和区内，俄罗斯在北约和国际维和部队的指挥框架内派驻代表，但在科索沃不设单独的维和区。

△美国总统特使、副国务卿皮克林在北京向中国政府通报了美国政府对以美国为首的北约袭击中国驻南斯拉夫联盟共和国大使馆事件的调查结果。美方解释说，导致这一“悲剧性误炸”事件的原因有3个：一是使用了陆军野战时确定目标的方法造成目标定位方面的失误，二是美数据库未及时更新，三是审查程序未能纠正上述两项失误。

6月17日

△厄瓜多尔和秘鲁两国的军事观察团正式撤离孔多尔山区。军事观察团撤离后，厄秘两国军队将根据1999年5月13日划定的疆界，分别开始在各自国土上的哨所值勤。

△俄罗斯和美国两国驻对方大使在华盛顿签署文件，决定将“共同减少威胁计划”双边合作协定延长7年。

6月18日

△俄罗斯国家杜马批准关于俄罗斯黑海舰队驻乌克兰的地位和条件的双边协定，规定俄罗斯舰队不得携带核武器。

6月19日

△由16人组成的柬埔寨排雷专家小组离开金边前往南斯拉夫，计划从下周开始参与科索沃地区的排雷工作。柬埔寨向国外派遣排雷小组在历史上尚属首次，采取这一行动完全是出于人道主义立场。

6月20日

△斯洛伐克国防部长卡尼斯声称，斯洛伐克政府不会满足俄罗斯方面提出的开放通向科索沃的空中走廊的要求。

△俄罗斯总统新闻处发表俄美关于削减战略武器和加强稳定等问题的联合声明，决定1999年夏末开

始讨论第3阶段削减战略武器条约和反弹道导弹条约问题。

△俄罗斯表示同意考虑允许美国发展导弹防御系统，以换取美国同意准备进一步削减本国的核武器。

6月21日

△俄罗斯北方舰队举行大规模演习，参加演习的有20多艘战舰和辅助舰只。

△俄罗斯在列宁格勒军区和莫斯科军区辖内举行代号为“西方99”的首长参谋部战略军事演习，这是1985年以来俄罗斯规模最大的1次军事演习，俄罗斯5个军区、3个舰队和白俄罗斯国防部作战部队共5万多官兵参加了演习，演练对敌人进行打击和收复国土等内容。25日，俄罗斯参加军事演习的两架图－95“熊”型轰炸机逼近冰岛领空，美出动4架F－15战斗机和1架P－3巡逻机拦截俄罗斯轰炸机，直至俄罗斯轰炸机离开。

6月22日

△罗马尼亚军队总参谋长德杰拉图指出，今后10年将对罗军队进行全面改革，使其成为一支训练有素、装备精良的队伍。军队职业化程度将从目前的47%提高到71%，人均军费将从4500美元提高到1万美元。

6月23日

△波兰举行代号为“蛋白石99”的首长参谋部军事演习，有3200名官兵参加演习，目的是完善按北约程序的首长参谋部的指挥，完善与国土防御部队以及陆军航空兵的协同行动。

△瑞典政府正式作出决定，派遣1个营的部队和一些文职人员，参加在南斯拉夫联盟科索沃地区的国际维和行动。

6月25日

△奥地利政府部长理事会正式作出向科索沃派出450名维和人员的决定。该维和部队由两个连组成。装备26辆轮式装甲车，驻扎在科索沃北部的普里兹伦兵营。

6月26日

△俄罗斯总统叶利钦签署了在保障南斯拉夫联盟共和国科索沃安全的国际维和行动中使用俄罗斯武装力量以及在科索沃派驻俄罗斯内务部队和边防部队值勤的命令，俄罗斯驻科索沃部队执行联合国安理会所规定的任务，并服从俄罗斯武装力量总参谋部的指挥。根据俄罗斯法律，俄罗斯驻科索沃维和部队的费用由联邦政府承担。

6月28日

△希腊国防部长措哈佐普洛斯访问伊朗。这是自1979年伊斯兰革命以来访问伊朗的首位西方国家的国防部长。

6月29日

△罗马尼亚国防部长巴比乌克访美并与美国国防部长科恩举行会谈，双方讨论了科索沃局势、北约扩大以及双边军事合作等问题。

7月

7月2日

△俄罗斯国防部会议决定，俄罗斯把重点放在进一步发展战略核力量上。

7月3日

△据《朝日新闻》报道，日本防卫厅正在研制并将给航空自卫队配备130架可以接受空中加油的F－2支援战斗机，以替代目前的F－1支援战斗机，F－2支援战斗机是日美两国以美国的F－16战斗机为样机联合开发的，机背上有空中加油孔，其活动半径约810千米。

7月6日

△4架载有俄罗斯维和部队的伊尔－76军用运输机从普斯科夫州军用机场飞赴科索沃，这4架运输机向科索沃运送200多名维和士兵及大批物资装备。7月7日，运送俄罗斯第2批维和部队的第6架伊尔－76军用运输机顺利抵达科索沃首府普里什蒂纳。至此，俄罗斯向南斯拉夫联盟共和国科索沃自治省空运300多名维和部队的行动宣告结束。

7月7日

△塞拉利昂政府和反政府武装革命联合阵线（简称联阵）在多哥首都洛美正式签署和平协议，宣告结束长达8年之久的内战。塞拉利昂总统卡巴和联阵领导人桑科在该和平协议上签字。

7月8日

△俄罗斯首批3艘大型登陆舰驶离俄罗斯黑海港口城市图阿普谢，赴科索沃执行维和任务，登陆舰共装载了43件技术兵器和180名维和人员（空降兵）。另外两艘登陆舰于10日起航赴巴尔干海区。由这5艘舰艇组成的俄罗斯黑海舰队第1支登陆舰编队共向科索沃运送123件技术兵器和475名维和人员。

7月15日

△匈牙利向科索沃派出1支由350人组成的维和部队。按照北约的规定，匈牙利士兵在派驻科索沃的

英国军队维和区内担任安全防卫和警戒任务。

7月17日

△奥地利国民议会通过确定奥为“无核国家”的法案，并将该项法案纳入了奥宪法。

7月18日

△俄罗斯和吉尔吉斯斯坦签署边界换防协议和边界问题合作协议。根据协议，由俄罗斯边防军驻守的吉国界移交吉边防军守卫，俄罗斯军队继续留在吉尔吉斯斯坦，帮助吉解决边防军建设和边境保卫中的问题，协调两国边防军之间的合作。两国边界换防工作于8月25日结束。

△韩国和美国的1500多名士兵在韩东海岸的浦项地区举行联合军事演习。这次演习的内容主要是登陆作战。目的是在“有事时”深入敌后进行突袭式的登陆作战，以便“形成第2战场”。

7月27日

△俄罗斯国防部表示，拟在2005年以前将本国空军的综合打击能力提高10～20%，提高方式是增加战略航空兵机群、充实轰炸航空兵和强击航空兵，以及对现有作战飞机进行改造等。

8　月

8月1日

△美国国防部长科恩访问格鲁吉亚。访问中科恩表示，为帮助格鲁吉亚加强海防和边防，美国无偿向格鲁吉亚提供1艘用于海上巡逻的快艇，并准备在1999年年底前向格鲁吉亚提供6架直升机。

8月2日

△纳米比亚政府军与反政府武装在北部的卡普里维地带发生激烈的武装冲突。6日，纳政府军控制了卡普里维地区的局势。

8月3日

△泰国总理兼国防部长川·立派宣布，泰国皇家空军将从德国购买25架旧“阿尔法”战斗机。

8月4日

△韩国和日本海军在韩国济州岛和日本九州之间的公海上首次举行联合军事演习。韩国军方称这次演习的目的是“训练海上搜索和救护的能力”。韩国海军方面参加演习的有1艘驱逐舰、1艘护卫舰、1架海上巡逻机和1架直升机。日本方面有海上自卫队的3艘驱逐舰、1架海上巡逻机和2～3架直升机。

△韩国两艘驱逐舰访问日本，这是韩国海军战舰首次对日本进行此类访问。

8月5日

△俄罗斯国防部发言人表示，由于俄罗斯与北约的关系尚未恢复，俄罗斯不参加代号为“和平盾牌99”的多国军事演习。该演习是在北约“和平伙伴关系”计划框架内进行的。直接参与轰炸南斯拉夫联盟共和国的美国和英国将参加此次演习。

8月6日

△俄罗斯空军总司令科尔努科夫上将指出，乌克兰将向俄罗斯交付抵偿债务的8架图－160战略轰炸机。它将极大加强俄罗斯空军远程航空兵的核战略打击能力。这批轰炸机拟于10月底之前交付，从而使俄罗斯空军拥有这种战略轰炸机数量达到15架。

8月7日

△据《塞浦路斯邮报》报道，塞浦路斯将从希腊得到6套俄罗斯制造的TOR－M1短程导弹系统，它将作为俄制造S－300远程地空导弹系统的补偿部署到希腊克里特岛。

△塞拉利昂反政府武装领导人科罗马说，他已下令全部释放被扣的作为人质的联合国军事观察员、西非维和部队官兵和新闻记者。

8月9日

△伊朗在土耳其东部凡省卡珀柯伊边境哨所释放了7月22日被俘的两名土耳其士兵，以缓解伊朗和土耳其之间近来出现的紧张关系。

8月10日

△据巴基斯坦方面称，巴海军的1架非作战飞机当天上午11时30分左右在巴南部信德省巴丁县附近被印度空军击落，机上16人全部死亡。印度国防部发言人则宣布，印度空军战斗机于当地时间上午11时15分击落了一架“入侵印度西部领空10千米”的巴基斯坦反潜侦察机。印官方人士说，印巴军事首脑在巴飞机被击落后通过热线进行了联系，但具体内容没有透露。

△俄罗斯国防部长谢尔盖耶夫宣布，俄罗斯向科索沃部署维和部队及其装备的行动已告结束。在这一过程中，俄罗斯军方动用了陆海空运输力量，其中调用了近百列火车，9艘登陆舰两次往返，空军飞机飞行了76个航次。

△俄罗斯西伯利亚军区开始举行为期10天的大规模首长参谋部演习，以检验军区所属部队与地方政权机关及其他强力部门在战时条件下协同行动的能力，着重检查作战部队的动员和进入战备状态的情况。

8月11日

△法国国防部军备总局宣布，法英意3国决定联合研制“巴阿姆斯”新型防空导弹系统。该系统主要用于中程区域的防空和军舰的防空自卫，研制费用总额为21．3亿欧元。预计2005年开始投入使用。

8月13日

△为期4天的土耳其和伊朗高级安全委员会第6次会议在安卡拉结束。会议期间双方签署了安全合作备忘录。

8月15日

△乌干达和卢旺达部署在刚果（金）的部队因争夺一交通要塞发生交火，并动用了重型武器，造成50多人伤亡。8月17日，乌干达和卢旺达两国领导人经过两天会谈达成一项协议，决定两国驻刚果（金）部队立即停止冲突，实现停火。

△科威特从法国订购的首批4艘巡逻舰抵达科威特穆罕默德·艾赫迈德海军基地。4艘舰只均为250吨级，长42米，宽8．2米，总造价为2．5亿美元。据悉这些巡逻舰都装备有4枚英国制造的舰舰导弹和2门火炮。

△日本政府决定引进排水量为1．36万吨的大型补给舰，以大幅度提高日本在发生“周边事态”时对美军的海上补给能力。这将是日本海上自卫队拥有的最大型舰艇。

8月16日

△澳大利亚和泰国在泰东北部的呵叻府举行联合军事演习，两国的F/A－18战斗攻击机和F－16战斗机参加了演习。

△韩国和美国开始在韩国境内举行代号为“乙支·焦点透镜”的大规模联合军事演习，演习持续到27日结束。参加这次演习的有5．6万名韩国官兵和1．4万名驻韩美军官兵，美国第7舰队的旗舰“蓝岭”号也参加了演习。演习的目的是“演练和评估对付突发事件的作战程序和计划”。

8月17日

△俄罗斯最新式的“伊斯坎德尔－E”战术导弹系统在莫斯科国际航空航天展上亮相。这种用于装备陆军的导弹系统将战术导弹研制领域的最新科技成果集于一身，它的远距离射程、快速进入发射状态的特点及其反导弹防御的综合能力使它成为一种一般常规武器难以对付的导弹系统，其“成本与效益比”超过国外同类导弹5～8倍。

△俄罗斯喀山直升机制造厂研制出新型“安萨特”多用途轻型直升机并进行首次试飞，它是新型全天候直升机，可在各种恶劣气候条件下进行夜间飞行，并能在沙土和覆雪的跑道上起降，可用于救援、巡逻、飞行训练及外挂悬吊式货物进行运输。

△泰国内阁通过了国防部提出的裁军计划，决定在今后10年内裁军7万余人。泰国陆海空三军及最高司令部共有现役军人40余万。这次裁军人数将占其总人数的17%。其中，陆军裁减3．7万人，海军裁减1．7万人，空军裁减约1．2万人，最高司令部裁减5000人。

△朝鲜和美国在板门店举行将军级会谈，朝方首席代表在会上就韩美举行“乙支·焦点透镜”联合军事演习提出强烈抗议，要求韩美方面立即停止军事演习，并强调了在当前情况下，朝美应尽快设定西部海域军事分界线。美方重申，海上分界线问题应由朝鲜半岛北南军事共同委员会讨论，并“执意将‘北方界线’作为双方海上军事分界线”，拒绝了朝方提出的进行工作接触的建议，会谈无果而终。

△俄罗斯波罗的海舰队举行大规模军事演习，共有42艘战舰、37艘辅助船只和50架飞机参加演习。

8月19日

△韩国国防部在日前发表的一份《21世纪国家安全和国防开支》政策材料中公布，韩国将在2015年前把现有的69万多兵力裁减到40～50万。这是韩国首次对外公开本国的军队规模。

8月20日

△联合国安理会通过决议，决定将联合国驻塞拉利昂军事观察员的人数从目前的70人增加到210人，以帮助塞拉利昂实施1999年7月7日签署的《和平协议》。

8月21日

△日本防卫厅决定，将于2000年度在海上自卫队新设特别警备队。同时，还将在防卫厅下属的情报部门新设“紧急动态部”专门负责迅速收集和处理可疑船只入侵日本领海的情报。

8月23日

△一支英国特种空军部队同波兰卢布林采第1特种团在波兰南部喀尔巴阡省进行秘密的联合军事演习。

△俄罗斯、亚美尼亚、白俄罗斯、吉尔吉斯斯坦和哈萨克斯坦5国防空军部队举行代号为“战斗联合体99”的联合军事演习。俄罗斯先进的S－300、S－300PS等地空导弹系统以及苏－27、米格－29等歼击机参加了模拟现代化战争的演习。

8月25日

△日本防卫厅按新制订的下年度充实防卫力量计划，要求政府增加防卫预算。防卫厅提出的预算总额比上一年度增加1．6%，达4．9995万亿日元（约合450亿美元）。其中新增加的开支有：与美国联合研究开发战区导弹防御系统构想开支21亿日元；提高地空导弹、战斗机迎击能力等开支271万亿日元；为对付可疑船只增设特别警备队和装备新型导弹艇等开支310亿日元；为落实新日美防卫合作指针相关法案而建造带大型医疗室的大型补给舰开支520亿日元等。

8月26日

△俄罗斯在普列谢茨克发射场用“宇宙－3M”运载火箭发射了1颗“宇宙－2366”号军用通信卫星，它归俄罗斯国防部所有并由俄罗斯战略火箭部队监控和使用。

△俄罗斯太平洋舰队在日本海举行军事演习，俄罗斯战舰对假想目标发射了水雷和炮弹，并进行了模拟救助沉船的演习。

8月27日

△俄罗斯研制成功第4代反舰巡航导弹—“宝石”式巡航导弹，比国外同类导弹领先10～15年。它具有完全自动发射、高超音速飞行、抗干扰性强、弹道飞行灵活、可由多种运载工具携带等许多优点。

△吉尔吉斯斯坦、哈萨克斯坦、塔吉克斯坦和乌兹别克斯坦4国外长、国防部长和国家安全部门负责人会晤并通过联合声明，重申对吉尔吉斯斯坦南部匪帮的罪恶行动持一致立场。9月2日，上述4国与俄罗斯决定联手解决吉尔吉斯斯坦南部武装骚乱的危机，5国军事专家组成的行动小组奉命对吉南部局势进行详细调查，以便制订有效的打击计划。

8月29日

△希腊国防部长措哈佐普洛斯抵达基辅开始对乌克兰进行为期3天的正式访问。访问期间，两国国防部长签署了价值约1亿美元的政府间军事技术合作协定。根据协定，乌克兰近期将向希腊提供两艘“欧洲野牛”级气垫登陆艇。另外，两国还就乌向希提供“T－84”型坦克和军用运输机问题进行了商谈。

△尼加拉瓜军方在马那瓜举行仪式，销毁了5000枚储存地雷，以响应1997年在加拿大渥太华签署的《渥太华禁雷公约》。

8月31日

△捷克国防部长韦奇访问乌克兰，两国国防部长签署了军事航空合作议定书。

9　月

9月1日

△巴基斯坦军方发言人称，巴基斯坦和印度两国军队在有争议的克什米尔地区实际控制线一带再次交火，造成至少3名平民死亡。这是本周以来印度和巴基斯坦军队第2次交火。

△黎巴嫩真主党游击队炸死2名亲以色列民兵。以军在随后进行的报复中猛烈炮轰真主党游击队阵地，打死2名平民。

9月2日

△韩国国防部长官赵成台和来访的俄罗斯国防部长谢尔盖耶夫举行了会谈，就两国军事交流与合作、朝鲜半岛及东北亚局势等问题交换了意见。双方同意定期进行国防部长和参谋长联席会议主席的互访，每年举行国防政策共同协商会，尽快举行两国军事技术、国防产业及军需共同委员会会议，并在2000年联合举行海上搜索和救援演习。会谈后，双方签署了《2000～2001年军事交流谅解备忘录》，并表示尽快签订《韩国和俄罗斯之间防止危险军事行动协定》。

△立陶宛和波兰签署关于立陶宛同波兰一道参加科索沃维和行动的备忘录，立陶宛35名维和士兵将于9月底编入波兰驻科索沃的维和部队中。

9月3日

△俄罗斯军械专家研制出重19吨的军用侦察设备“猞猁”，陆上行进时速70千米，能逾越45度斜坡；在水中能自如游行，前进时速10千米；配有新型电子装置、导航装置、无线电视装置等；白天能看到25千米远的物体。

9月6日

△日本海上自卫队举行了“周边事态”模拟实战演习。演习在东京自卫队干部学校进行。来自海上自卫队参谋部、舰队、地方指挥部等约300名指挥官参加了这次演习。

9月8日

△韩国军队和驻韩美军举行代号为“反火力战”的联合军事演习，演习是在靠近军事分界线的京畿道坡州郡一带举行。两国投入2000多名官兵、上百门各种火炮、近300部车辆以及9台雷达参加演习。

9月9日

△美国总统克林顿决定中断美国与印尼的军事关系，并坚持要求印尼“邀请”国际维和部队进驻东帝

汶，以帮助恢复那里的治安秩序。

9月10日

△中国新华社报道，中国人民解放军南京、广州战区陆海空三军、第二炮兵和民兵预备役部队9月上旬在浙东、粤南沿海举行了大规模的诸军兵种联合渡海登陆作战实兵演习。

△俄罗斯在车里雅宾斯克州奥焦尔斯克市建造放射性材料贮存库，墙厚6．7米，可抵御8级地震以及重达1吨的航空炮弹的轰炸。建造该贮存库的4亿美元资金由美国提供，建成后可放置40%从俄罗斯核武器上拆卸下来的裂变材料。

△俄罗斯叶卡捷琳堡“革新家”试验设计局决定出口一种新型的3M－543反舰导弹，它可从水面舰艇或潜艇上发射，能有效命中300千米以内的单个或多个水上目标。

9月11日

△一年一度的日本陆上自卫队大规模综合火力演习在富士山麓的富士演习场开始。

△英国外交大臣库克宣布，政府决定中止对印度尼西亚的一切军售，包括原定近期向印尼交货的9架英制“隼”式战斗机。

9月12日

△印尼总统哈比比宣布，印尼接受由联合国发起的国际维和部队同印尼军队合作参与恢复东帝汶安全和秩序的工作。随后，联合国秘书长安南发表声明，对印尼政府的这一决定表示欢迎。15日，联合国安理会通过决议，决定建立一支具有统一指挥机构的多国部队，前往东帝汶执行恢复和平与安全的任务。

9月13日

△俄罗斯国防部长谢尔盖耶夫与来访的美国国防部长科恩会谈，签署了关于共同建立旨在解决电脑2000年问题战略稳定中心的声明。该中心建立在美国科罗拉多州的斯普林斯市，主要致力于解决可能因电脑2000年问题而出现的导弹攻击预警系统故障问题，10名俄罗斯专家参与该中心的工作。

9月14日

△美国众议院通过两项议案，一项是增加军人薪饷并为国防战备提供更多拨款的议案，另一项是对帮助伊朗发展核武器、化学武器或是生物武器的国家实施制裁的议案。

9月15日

△应吉尔吉斯斯坦总统阿卡耶夫请求，独联体集体安全条约成员国国防部长在莫斯科举行非常会议，会议发表联合声明表示，独联体国家采取联合行动打击威胁国家稳定和安全的任何恐怖活动。

9月16日

△法国国防部长阿兰·里夏尔访问突尼斯。访问期间，突法两国海军举行了联合军事演习，里夏尔与突国防部长哈比卜·本·叶海亚共同主持了第7次突－法军事混合委员会会议，并于会后签署了两国国防部2000年合作计划的会谈纪要。

△俄罗斯研制出新一代轮式装甲输送车БТР－90。它运行机动灵活，越野能力强，配有多种火器发射系统；可随时越过水中障碍，在4个轮胎完全损坏的情况下仍具有战场转移能力。

9月17日

△俄罗斯1艘新的“狗鱼－B”多用途核潜艇在北德文斯克正式编入现役海军，它最多能装载24枚射程达3千米的巡航导弹，排水量0．8万～1．2万吨，潜水深度600米，可连续潜行100个昼夜。北约给该潜艇的代号为“鲨鱼”。

9月18日

△中共中央、国务院、中央军委作出决定：关于表彰为研制“两弹一星”作出突出贡献的23位科技专家并授予其“两弹一星功勋奖章”。该决定说，这23位科技专家是人民共和国的功臣，是老一辈科技工作者的杰出代表，是新一代科技工作者的光辉榜样。

△俄罗斯空军对美国战斗机拦截在俄罗斯东部阿纳德尔地区上空正常飞行的俄罗斯轰炸机表示“震惊和遗憾”。美方承认，这次事件发生时，俄罗斯飞机正在中立的空域飞行。

△乌克兰和英国在乌克兰西部举行首次联合军事演习。

9月19日

△波兰、丹麦和德国组成包括3个坦克师在内的多国军团，驻扎在波兰的什切青。该军团独立于北约的指挥机构，但参加北约的维和、人道主义救援联合行动。

9月21日

△俄罗斯和乌克兰举行联合军事演习，俄方有13艘军舰、6架飞机参加演习。

△波兰、乌克兰和英国3国在波兰下喀尔巴阡省举行代号为“哥萨克草原99”的联合军事演习，参加演习的近千名士兵分别来自驻扎在波兰的波兰－乌克兰营和英国皇家海军陆战队的1个连队，演习目的是训练士兵参加作战双方隔离区的维和使命，并消除停战后的武装冲突。

△俄罗斯开始改装米格－31歼击机，空军中50%的米格－31歼击机将被改装成多功能攻击型歼击机。改装后的米格－31型机将获得对地面、舰艇和巡航导弹等进行攻击的能力。

△俄罗斯专家研制出两种新型探测装置—"墨杜萨"选择感应探雷器和БМР－3М排雷装甲车，前者可准确探测出城市建筑中的爆炸物和战场上未爆炸的地雷、枪弹等带有金属的物体，后者能将各种地雷包括反坦克雷以及重达数十千克的爆炸物清除。

10 月

10月2日

△韩国总统金大中要求外交通商部和国防部查明美军在朝鲜战争初期屠杀无辜平民的"老根里事件"真相。据报道，1950年7月26日，美军在忠清北道永同郡老根里的铁路桥下屠杀了100～300名从汉城撤出来的难民。

10月4日

△韩国庆尚北道庆州市附近的月城核电站3号机组发生核泄漏事故，22名职工受到轻度核辐射。

10月6日

△俄罗斯政府军工问题委员会会议决定把2000年国防订货费用增加近一半，军工的重点是高精度武器系统、航天侦察手段和战略导弹，重视军人单兵防护器材。

10月8日

△加拿大外交部长阿克斯沃西宣布，经过数月谈判，加拿大和美国已就国防技术交流与控制问题达成原则性协议。依照这一协议，美国将对控制国防技术和军备出口的有关规定进行修改，准许美国的大多数国防技术在无许可证的情况下可向加拿大出口，加拿大也将依照美国的有关规定，加强对美国防技术出口的控制。

10月12日

△乌克兰在克里米亚查乌达举行名为"决斗99"的军事演习，乌武装部队陆海空三军以及防空部队4500多名官兵、30个导弹营、10座导弹发射装置、52架飞行器、4艘舰艇和上千辆专用机动车辆参加了演习，目的是演练组织空战和反空降兵作战的能力。

10月13日

△联合国7名军事观察员在格鲁吉亚境内的阿布哈兹被一群不明身份的蒙面武装分子扣为人质。正在德国访问的谢瓦尔德纳泽总统提前结束访问回国，并指派人员前往出事地点营救人质。次日，4名人质首先被解救；15日，另外3名人质也被解救。

10月18日

△国际反对使用童兵大会在柏林举行。来自联合国有关机构、欧洲各国政府和一些非政府组织的约250名代表参加了会议。与会代表强烈谴责使用儿童兵作战的行为，要求国际社会制定相关的法规，制止这种现象。

△希腊与亚美尼亚国防部长在雅典签署了两国国防合作协定。

10月19日

△日本防卫厅政务次官西村真悟在《花花公子》的访谈栏目中谈到印度和巴基斯坦的局势时说，双方都拥有核武器是很难发生核战争的，没有核武器才是最危险的。也许日本也应该进行核武装。国会应该就此进行讨论。日本民主党代表鸠山由纪夫当天发表讲话严厉谴责西村的发言，要求追究西村的政治责任。日本防卫厅长官瓦力指出他身为政务次官"发言不当"。

△俄罗斯拆毁在拉脱维亚的波罗的海地区最后一个前哨军事基地。

10月20日

△塞拉利昂反政府武装部队开始解除武装，从而正式启动了几经推迟的各派武装非军事化计划。

△俄罗斯战略火箭军在拜科努尔成功进行了1次RS－18洲际弹道导弹的作战训练发射，以检验该型导弹的战术技术性能及其在超期"服役"状态下的可靠程度。

10月25日

△朝鲜人民军方面在平壤将4具美军遗骸移交给美军方面。这4具美军遗骸是朝美双方在云山郡进行的第2次联合挖掘中发现的。

10月26日

△在俄罗斯、乌兹别克斯坦、塔吉克斯坦、哈萨克斯坦和吉尔吉斯斯坦5国总统的倡议下，上述5国在比什凯克举行军事协调指挥作战演习，演习以吉南部冲突为战例，对保卫独联体南部国家安全行动的协调战术进行演练。

△韩国和美国的部队开始在汉城以南地区举行代号为"鹞鹰99"的大规模联合军事演习。演习内容包括空降、登陆和夜战等。韩国有50万名官兵，驻韩美军有3．5万名官兵参加此次演习。

10月27日

△日本自卫队和美军开始在日本列岛及其周边海域举行一系列联合军事演习和实弹射击训练。日本海上自卫队投入了110艘舰艇和180架飞机，共3．2万余人，美军派遣了包括航空母舰在内的10余艘舰艇和80架飞机，约8000余人参加联合军事演习。

△独联体防空部队举行代号为“首长参谋部”的联合军事演习。演习由俄罗斯空军总司令科尔努科夫指挥，参加演习的有俄罗斯、亚美尼亚、白俄罗斯、哈萨克斯坦、吉尔吉斯斯坦、塔吉克斯坦和乌兹别克斯坦的空军和防空军部队。俄罗斯空军与乌克兰空军和防空军指挥机关出动20多件飞行器，举行双边协作的军事演习。

△俄罗斯、乌兹别克斯坦、哈萨克斯坦、吉尔吉斯斯坦、塔吉克斯坦5国联合在费尔干纳举行“独联体南部盾牌99”军事演习，就联合打击恐怖主义进行战术演练。

10月28日

△俄罗斯太平洋舰队在日本海举行实战演习。

10月29日

△美国宣布同以色列和埃及等签署总额高达40多亿美元的军火协议。

11 月

11月1日

△以色列国防部宣布，以海军、空军和导弹部队当日上午在地中海东部成功地试验了“箭”式导弹防卫系统。这一系统将于2000年正式部署在以境内。

△英国和阿根廷两国军队在大西洋南部海域举行两国自1982年马岛战争以来的首次联合演习。这次演习的目的是提高英阿两国军队执行海上搜寻和救援任务的能力。

11月2日

△俄罗斯战略火箭军在哈萨克斯坦萨雷－沙干发射场成功发射1枚近距离拦截反导弹导弹，这是自1993年以来首次发射成功。

11月4日

△乌克兰政府批准关于用战略轰炸机抵偿欠俄罗斯的部分天然气债务的协议。根据该协议，乌向俄罗斯提供8架图－160和3架图－95MC战略轰炸机，并随机提供500多枚远程巡航导弹，以抵偿欠俄罗斯的2．85亿美元的天然气债务。

△俄罗斯战略火箭军在阿斯特拉罕州的卡普斯京亚尔发射场成功发射1枚“托奇卡－Y”战役战术导弹，导弹射程达20～120千米，杀伤半径15～60米，弹头重量500千克，用于装备俄陆军。

11月5日

△印度和俄罗斯签署了一份防务协议。根据协议，两国将联合制造喷气式歼击机和潜艇，同时俄罗斯将向印度出售俄罗斯制造的轰炸机。

11月7日

△日本海上自卫队首次举行营救旅居海外日本人的演习，以使自卫队能够在发生骚乱等紧急事态的国家和地区迅速救出那里的日本人。参加演习的有海上自卫队的5艘护卫舰、10艘运输舰和4架直升机。

11月8日

△格鲁吉亚总统谢瓦尔德纳泽宣布，格鲁吉亚不允许俄罗斯军队通过其领土进入车臣。

11月9日

△据印度官方人士称，从9日晚开始，巴基斯坦向克什米尔地区进行炮击，并向乌里地区一座印度哨所发起攻击。印军进行了还击，交火中有10名巴士兵被打死，5人受伤。

△哈萨克斯坦国家安全会议举行会议并通过了2005年前国家安全战略。根据新的安全战略，国家安全领域的活动被确定为政府财政拨款的优先目标。

11月18日

△俄罗斯圣彼得堡－科研生产联合企业研制出用于打击海上目标，时速最高达200海里的“飑”高速潜航导弹。它会自动选择适宜的水深射向目标，使用的制导装置具有极强的抗干扰性能；还研制了用于出口的“飑－E”型高速潜射导弹。

11月20日

△中国第1艘载人航天试验飞船“神舟”号，在中国酒泉卫星发射中心新建成的航天发射场发射升空，完成预定的空间科学试验之后，在内蒙古自治区中部地区成功着陆。这是中国载人航天工程的第1次飞行试验，标志着中国载人航天技术有了新的重大突破。

11月21日

△匈牙利青年组织“左翼阵线工人青年联盟”在全国开展签名征集活动，反对在匈牙利部署北约核武器。

11月22日

△亚美尼亚国防部长阿鲁秋尼扬对俄罗斯进行正式访问，双方签署了两国国防部2000年军事合作计划。

△美国《华盛顿邮报》刊登一篇报道，称伊朗10月向刚果（金）出售了"飞毛腿"导弹。这是伊朗首次出口短程导弹系统。

11月24日

△阿塞拜疆国防部长阿比耶夫访问俄罗斯，与俄罗斯国防部长共同签署了两国国防部2000年双边军事合作计划。

11月25日

△尼日利亚国防部长丹朱马在首都阿布贾宣布，随着联合国维和部队进驻塞拉利昂，现驻那里的西非维和部队将解散。

△英国首相布莱尔在伦敦与来访的法国总统希拉克签署了一份关于欧洲防务问题的协议。根据协议，英、法两国将致力于建立一支欧洲联合快速反应部队，以提高欧洲军队的战斗能力。

△哈萨克斯坦内卫部队在哈南部山区举行反恐怖军事演习。

11月26日

△驻波黑多国稳定部队司令亚当斯决定解散波黑两个实体部署在有争议的布尔奇科地区的军队，其中包括穆克联邦的3个旅、2个营，塞族共和国的1个旅和1个营。

11月29日

△第37届德国联邦国防军指挥官大会在汉堡举行，大会的主题是"投入使用的联邦国防军—总结与前景"。与会的约450名国防军团级以上军官，就联邦国防军在海外参战特别是参与科索沃战争、联邦国防军未来的发展前景两项议题进行了讨论。

11月30日

△土耳其约1万名士兵以追剿反政府的库尔德工人党武装分子为借口，在坦克、装甲车、直升机和重型火炮的掩护下，侵入伊拉克北部地区，并在这一地区继续集结。

△俄罗斯最新式反舰导弹3M－543在马来西亚举行的国际博览会上首次亮相，其特点是有一个超音速固体燃料加速级，在飞向目标的最后阶段速度每秒可达1000米。印度成为该导弹的第1个买主。

△第16届拉丁美洲禁止核武器组织大会在利马举行，来自拉美禁核组织的33个成员国的代表和美国、俄罗斯、古巴等18个非成员国以及联合国、美洲国家组织等国际机构的代表出席了会议。会议最后通过了《利马呼吁书》。

△美国将最后一处军事基地克莱顿堡军事基地交还给巴拿马政府，从而结束了美军在巴拿马近一个世纪的存在。美国从巴拿马撤军从3月1日正式开始。3月11日，美军撤离罗德曼海军基地。5月1日，美国宣布停止使用霍华德空军基地在拉美地区进行缉毒活动。5月5日，美国南方司令部宣布正式关闭美在巴拿马的地区缉毒中心，将该中心迁往美国佛罗里达州。6月30日，美国将位于巴拿马运河区大西洋沿岸的谢尔曼美军基地归还给巴拿马政府。7月30日，美国南方司令部的陆军部队撤离巴拿马。11月1日，美国军方将霍华德空军基地、科贝堡军事基地和法尔范住宅区交还给巴拿马政府。

12　月

12月1日

△爱尔兰正式加入北约"和平伙伴关系计划"，成为北约第26个和平伙伴关系国。

12月3日

△南非国防部长莱塔正式批准了该国从西方国家购买价值300亿兰特（约50亿美元）的武器装备的计划。根据该计划，南非将在今后数年内从英国、德国、意大利和瑞典等国购买数量不等的军用飞机和战舰。

△美国与乌克兰两国国防部长在布鲁塞尔签署2000年军事合作计划。

12月6日

△欧盟15国外长在布鲁塞尔通过建立欧洲快速反应部队的计划。根据计划，欧盟将在4年内建立一支由海空军为主组成的6万人的快速反应部队，从而使欧盟在不依赖欧洲之外任何力量的情况下对在欧洲范围内发生的危机作出迅速反应。

12月7日

△亚美尼亚总理阿拉姆·萨尔基相对俄罗斯进行工作访问，双方签署了有关军工企业合作的政府间协定。

12月8日

△俄罗斯"马波"军工联合体对俄罗斯首架配有数字控制系统的战斗训练机米格－UTS进行了成功的飞行试验，新装备的数字控制系统可大大提高该机飞行性能并有效指导武器发射，限制飞机在各种极限状态下的飞行，从而增大飞行安全系数。

12月9日

△白俄罗斯巴拉诺维奇的导弹预警雷达系统拟于2000年投入使用，这是一种独特而崭新的雷达系统，

能跟踪整个欧洲境内弹道导弹的发射。

△北约“和平伙伴”国在乌克兰敖德萨地区联合举行代号为“海上微风99”的联合军事演习。参加演习的国家有乌克兰、美国、保加利亚、英国、希腊、格鲁吉亚、意大利、罗马尼亚和土耳其官兵。

12月10日

△俄罗斯总理普京访问乌兹别克斯坦，双方签署了进一步加强两国在军事和军事技术领域全面合作的条约。条约规定，俄乌两国武装力量和军事部门将在加强军事安全、联合打击国际恐怖主义、合作研制军事技术和武器以及培训军事人才方面开展合作。

12月13日

△哈萨克斯坦与俄罗斯达成协议，哈向俄购买S－300导弹系统和军用飞机。

12月18日

△印度在南部喀拉拉邦成功地试射了1枚“特里舒尔”式海军快速反应短程导弹，并命中飞行目标。导弹的射程为9千米，它可以迅速摧毁从地面、海上或空中来袭的目标，可装备陆、海、空三军。

12月23日

△美国与德国签署关于在2005年之前把莱茵－美因基地移交给德国的协议。

△科特迪瓦部分军人在首都阿比让发动政变。政变领导人、前科特迪瓦武装部队总参谋长罗伯特·盖依宣布解除贝迪埃的总统职务，解散国民议会、政府、最高法院和其他权力机构。

12月26日

△俄罗斯新型气垫导弹舰“西蒙风”号在波罗的海进行国家级试航测试。该舰造价为4000万～4500万美元，最大排水量1260吨，最大时速50海里，配备的武器有8枚“白蛉”反航导弹、20枚“黄蜂－MA”导弹、1门76毫米火炮和两挺30毫米机关枪。

△俄罗斯战略火箭军在拜科努尔发射场成功发射1枚“旋风－2”型火箭，将俄罗斯国防部的“宇宙－2367”号军用卫星送入太空。

12月27日

△俄罗斯战略火箭军在普列谢茨克发射场发射1枚“闪电－M”型运载火箭，将俄罗斯国防部的“宇宙－2368”号卫星送入轨道。

△日本冲绳县名护市正式决定有条件接纳美军普天间机场的转移设施，前提条件是周围居民生活不受到明显影响，以及日本政府支援该市的经济发展。至此，长达3年零8个月的关于驻冲绳美军普天间机场设施的转移问题终于有了眉目。

12月30日

△欧盟首脑会议通过了欧盟共同安全和防务政策报告，决定在今后3～4年内建立一支由5万～6万人组成的快速反应部队，旨在使欧盟能够独立地作出防务决策并拥有独自组织军事行动的能力。

（吴　炯）

（本栏责任编辑　温味几）

特辑

专题综述

20世纪重大军事问题研究综述 1999～2000年，20世纪即将过去，新世纪正在走来。在此之际，不少专家学者以审慎的科学态度和全方位的视角，对20世纪的若干重大军事问题进行了梳理、分析和总结，准备将历史的遗产和启迪带给21世纪。

关于20世纪战争问题 在人类社会发展的历史长河中，20世纪是一个典型的战争世纪。人类仅有的两次世界大战均发生在这个世纪，形形色色的局部战争和武装冲突充斥着这个世纪。从1900年“八国联军”侵略中国拉开本世纪的帷幕，到1999年以美国为首的北约集团发动侵略南联盟的科索沃战争包括轰炸中国驻南斯拉夫大使馆，落下本世纪的帷幕，整个20世纪以战争开始，又以战争结束。20世纪的战争规模最大，类型最多，频率最高，性质最为复杂，对社会进程的影响也最深刻。从一定意义上说，20世纪的战争是空前的，也很可能是绝后的。有论者指出：20世纪的战争是世界基本矛盾激化的产物，战争和战略理论体现了鲜明的阶级性、政治性和对抗性；20世纪的战争是在社会生产力不断发展的条件下进行的，战争和战略理论随着生产力的发展特别是科学技术的发展而发展，具有鲜明的时代性；20世纪的战争与和平转换迅速，战争和战略理论把战争实施和战争准备及其相互关系作为重要内容；20世纪的战争在力量角逐中反映了整体性和综合性，战争和战略理论突出了力量的运用和力量的建设；20世纪的战争空前惨烈，造成对人类的空前浩劫，战争和战略理论中注重威慑和危机控制的成分与日俱增；20世纪的战争形态和样式更新频繁，战争和战略理论推陈出新的势头迅猛，成为军事变革的推进器和催化剂。（姚有志《20世纪战争和战略理论的主要特色》，《中国军事科学》1999年第3期）

有的作者专门研究了机械化战争问题，认为它在20世纪的历史舞台上扮演了极其重要的角色。关于机械化战争形成和发展的时代特征和历史条件问题，作者指出：科技革命是机械化战争形成和发展的根本动力；现代社会技术与经济形态是孕育机械化战争的母体；世界基本矛盾和国际政治是促进机械化战争的内在动因；军事需求是推动机械化战争的直接动力。关于机械化战争形成和发展的历史进程问题，作者指出，从科学技术、武器装备、与战争发展要求相适应的军队编成、作战形式及作战理论等方面考虑，20世纪机械化战争的形成和发展，大体可划分为4个时期：第1时期，20世纪初至第一次世界大战结束，为初创时期；第2时期，第二次世界大战前及战争期间，为高速发展和普遍运用时期；第3时期，第二次世界大战后至80年代中后期，为高度成熟时期；第4时期，80年代中后期开始，为受到冲击和挑战时期。关于机械化战争的历史地位和作用问题，作者指出：机械化战争是战争形态发展的必经阶段，在人类战争史上起着承上启下的重要作用；机械化战争时期爆发了两次世界大战，揭开了人类战争史最辉煌的篇章；机械化战争的巨大推动力量，促进了20世纪国际政治格局的形成与变化；机械化战争的巨大需求和牵引，在一定程度上促进了20世纪经济和科技的发展。作者认为，从机械化战争的兴衰中可得出以下历史启示：新旧战争形态的更替和交叉存在是战争发展的必然规律，要赢得21世纪的战争，必须首先从战争指导上适应新的战争形态；机械化战争的衰落昭示着现代战争向日趋“文明化”发展，要赢得21世纪的战争，必须努力提高对战争的有效控制能力；科技、经济因素是机械化战争的基础，要赢得21世纪的战争，必须努力争得科技、经济的有利地位；先进的军事理论是机械化战争的灵魂，要赢得21世纪的战争，必须高度重视军事理论的开拓创新。（苗雨丰《20世纪机械化战争的兴衰及其启示》，《中国军事科学》1999年第2期）

有的论者从下述几方面阐述了20世纪战争形态的演变问题。(1) 战争目的：从“攻城掠地”到经济利益；从缺乏节制到有限；从政治目的军事化到军事政治目的经济化。(2) 战争主体：由国家发动战争到联盟直至个人发动战争；美国甚至出现了“战争公司”。(3) 战争力量：从规模庞大的常备军到优质精干的职业化军队；从单纯军事力量到综合战争力量。(4) 战争手段：从“硬摧毁”到“软杀伤”；从单纯军事手段趋向以军事手段为主的综合手段。(5) 战争时空：从“长”、“大”到“短暂”、“多维”；从“有形”到“无形”。(洪兵《20世纪战争形态的演变》，《解放军报》1999年12月22日) 有的作者则认为：社会经济的发展推动20世纪的战争形态呈螺旋状演进；政治领域的较量决定了20世纪的战争因果趋于纷繁多变；科学技术革命导致20世纪战争形态的空前改观；地缘战略的角逐使20世纪对抗的空间转向全维；武器装备的更新促使20世纪的作战方式发生彻底变革。(赵智印、彭光谦《对20世纪战争演进与发展的思考》，《外国军事学术》1999年第12期)

关于20世纪军事理论发展问题　有的作者撰文回顾了20世纪军事理论的发展过程，指出：(1) 在本世纪初的军事理论园地中有引人注目的海战理论的发展，其中影响最大的是美国马汉提出的海权论，主张建立并运用强大的海军和其他海上力量，去夺取制海权，控制海洋，进而实现国家的战略目标。(2) 两次世界大战期间，军事理论研究出现了一个活跃期。意大利的杜黑提出了“空中战争”理论，英国的富勒提出了“机械化战争”理论，利德尔·哈特提出大战略理论，德国的鲁登道夫接受希尔的“总体战”概念提出“闪电战”理论。这一时期世界各国的军事理论界比较看重一次大战的经验，缺少预见性。(3) 第二次世界大战后的前30年里，军事理论领域经历了一个由重点研究核战争理论到重点研究核威慑下的局部战争理论的过程。(4) 最近20余年，研究如何打赢高技术条件下的局部战争成为世界各国军事理论界普遍关注的问题。陆海空天电一体战理论，信息战理论，新的“制空权”和“制海权”理论，“非接触作战”理论、“非对称作战”理论等层出不穷。(5) 马列主义的军事理论、毛泽东军事思想的形成和发展构成了20世纪军事科学史上一道亮丽的风景，是世界军事理论宝库中一份最珍贵的遗产，对世界被压迫民族和被压迫人民的解放运动和革命斗争产生了重要的影响，发挥了巨大的作用。作者认为，通过梳理20世纪军事理论发展的脉络，可得出如下几点启示：军事理论是随着科学技术的发展而发展的，军事科学研究必须增强科技意识，抵近并密切跟踪科学技术的前沿；军事理论的发展受到社会关系特别是国际战略格局的深刻影响，军事科学研究必须增强政治意识，敏锐地把握社会关系和重大国际战略关系的变化；军事科学的发展以战争实践为源泉并在战争实践中得到检验，军事科学研究必须增强实践意识，注重研究已有的战争经验特别是最新的战争经验；军事理论是在尖锐激烈的竞争和对抗中发展的，军事科学研究必须增强创新意识，在创新中抢占军事科学发展的制高点；军事科学是在互相交流、吸收和借鉴中发展的，军事理论研究必须增强开放意识，大胆借鉴世界上一切有益的军事理论成果包括资本主义发达国家军事理论中的某些合理成分。(王幸生《20世纪军事理论发展的回顾及其启示》，《军事学术》2000年第1期)

关于20世纪作战理论问题　有的论者指出，20世纪的战争史表明，战争既是物质力量的对抗，也是作战理论的较量。在一定的物质力量基础上，拥有先进理论的一方将赢得战争的胜利。20世纪的作战理论，经历了从近代作战理论向现代作战理论的转变，从大规模机械化战争理论向高技术局部战争理论的转变。作者认为：(1) 第一次世界大战是近代作战理论与现代作战理论的分水岭。在这次大战中，进攻至上，决战制胜，速战速决不灵了；谁能经得起消耗，谁就可能赢得战争；积极防御理论出笼；合同作战理论崭露头角，“海上总决战”理论宣告破产。(2) 第二次世界大战是大规模机械化战争理论的鼎盛时期。在二次大战中，“闪击战”和大纵深作战理论“出尽风头”；制空权理论大规模用于实践；海战理论大创新，形成以航母为中心的海上决战理论、保交破交理论和“以岛制海”理论三足鼎立的局面；诸军兵种联合登陆作战理论趋于成熟；游击战理论跃上战略层次。(3) 二次大战后的55年，首先经历了从核战争理论向核威慑条件下常规作战理论的转变，然后是局部战争理论取代了全面战争理论；到了80～90年代，“空地一体作战”理论产生并向“空地海天一体化作战”理论发展，联合作战理论亮相军事舞台。(常万全、于国华《解析20世纪的作战理论》，《解放军报》2000年1月26日)

关于20世纪地缘战略问题　有的学者撰文认为，地缘战略在理论和实践上的巨大丰富和发展主要是在20世纪。在这100年中，地缘战略观经历了从区域到全球、从平面到立体的巨大转变。(1) 20世纪大国的地缘争夺重点出现过3个阶段的变化：第1阶段是两次世界大战以前以欧洲大陆为重点的阶段，第2阶段是欧亚大陆为重点的阶段，第3阶段是以美国为首的西方势力从欧亚大陆边缘地带向心脏地带渗透的阶段。(2) 20世纪西方对弱小民族和国家的控制从直接统治变为间接控制。(3) 20世纪海洋强国和大陆强国虽然都十分重视航空航天权，但它们的地缘战略有着明显的区别：前者的主要特征是维持陆上均势、海上非均势；后者的主要特点是逐步蚕食或逐层建立安全缓冲区。(程广中《地缘战略——20世纪的主导战略》，《解放军报》2000年3月8日)

关于20世纪军队建设规律问题 有的作者指出，20世纪军队建设变化巨大，其规律主要有下述几点：军队建设由强调数量规模到追求质量效能；指挥体制由各军种的分散指挥到高度集中统一的实时高效的联合作战指挥；军兵种体制编制由“大陆军”模式到多军种协调、突出重点的模式；军事训练向基地化、综合化、规范化、社会化方向发展；军队后勤保障由单一军兵种自我保障到三军联勤、社会化保障；装备研制由单一战场武器向立体、高技术武器体系发展，管理体制向高度集中、统一的方向发展；军事法制建设从不系统的单个立法到形成完备的军事法规体系。(钱海皓《对20世纪军队建设规律的认识》，《外国军事学术》1999年第12期)

关于20世纪军制变革问题 有论者认为，20世纪，军制发生了超过以往任何时期的一系列变革。自20世纪初叶开始，在强大技术手段和生产能力的支持下，先是出现各种速射兵器并大量装备部队，继而以内燃动力为技术支撑的坦克、飞机、舰艇、航空母舰和以无线电技术为支撑的无线电报、雷达等一大批自动化、机械化武器装备相继问世并广泛应用于战争，军制也随之发生了根本性变革。在军队数量上，规模迅速扩大，往往一个国家就拥有由数百万甚至上千万人组成的常备军。而在19世纪，由85万人组成的拿破仑军队已是欧洲规模最大的军队。在军兵种构成上，空军成为新的独立军种，海军中有了潜艇部队，陆军中装甲兵、通信兵、工程兵、防化兵等新兵种相继出现。在部队编制和编成上，出现了方面军或集团军群这样更高更大的编制单位，加大了技术部(分)队的比重，形成了由师到方面军(集团军群)的合成编制系列。在指挥体制上，建立了诸如总参谋部或参谋长联席会议这样的统一指挥三军的高层指挥机构。同时，还普遍建立了以义务兵为主的兵役制度和国家的后备军制度、战争动员制度等。

从第二次世界大战结束前夕一直到冷战结束，军队武器装备产生了新的飞跃，军制出现了新的重大变革：军队的规模逐步缩小；由陆基战略火箭(导弹)、战略轰炸机、海基潜射导弹三位一体的战略核打击力量，成为超级大国军队的重要组成部分；军队的层次结构逐步简化，高级领率机关在作战指挥、行政管理方面的职能结构更加明晰，机构趋向精干；作战部队的合成化程度更为提高，纵向上由过去的军、师一级延伸到旅、团甚至营一级，步兵无论是建制单位还是人员数量已不占多数；战斗人员所占比重逐步缩小，勤务保障、技术保障、后勤保障人员的比重不断加大；科研和武器装备管理建立了专门的机构和部门；兵役制度开始由义务兵向募兵制转变，等等。

20世纪90年代，人类社会进入信息时代和知识经济时代，战争形态迈向高技术战争。就军制而言，由此而引发的变革更具革命性。大多数国家军队都对常备军规模作了较大幅度的精简，力求保持合理规模，加快质量建设的步伐。由“数字化”作战平台、通信工具甚至“数字化”单兵组成的“数字化”部队，已从“实验室”走上了实战背景下的演习场。不仅纵向上的兵种合成进一步向下延伸，而且强化了多军种间横向上的合成。陆军的数量进一步减少，海军、空军所占比例进一步加大，战役战术导弹部队、陆军航空兵部队、电子对抗部队等技术密集型作战单位数量大为增加。指挥机构更为精简，指挥层次相应减少，“树状”或“金字塔”型的指挥控制机制逐步被纵短横宽“扁平型”的矩阵式、网络式指挥控制机制所替代。部队作战编成多样化、小型化，并具有“模块组合”功能。后勤保障变分散为集中，实行三军一体化联勤或统分结合联勤的保障体制。同时，兵役、训练、兵器装备管理、院校等方面的体制，也都进行了较大程度的调整改革。

1917年11月7日，列宁领导的布尔什维克推翻了沙皇的专制统治，建立了人类社会第1个社会主义政权。这一全新的社会制度的出现，引发军制的革命性变革，产生了质的飞跃的新军制。以毛泽东为首的中国共产党人在建立了人民自己的政权以后，从建立新的社会主义国家军制的角度继续了自创建人民军队以来的军制变革。这一变革是全面而深刻的，其主要特色是：坚持党对军队绝对领导的根本制度，实行中央军委的统一指挥；各级除司令机关、后勤机关、技术机关外还专门设立了党的工作机关，即各级政治机关；建立军政双首长制，实行党委集体领导下的首长分工负责的工作制度；实行三结合的武装力量体制，实行义务兵与志愿兵相结合的兵役制度，等等。因社会主义制度的出现而引发的军制变革，是20世纪最具根本性的军制变革。（王京朝、冯定汉《20世纪的军制变革》，《解放军报》2000年2月16日）

关于20世纪军事后勤演变问题 有的论者指出，20世纪，军事后勤经历了“农业化后勤”向“近现代工业化后勤”再向“信息化后勤”的两次变革时期。“近现代工业化后勤”的成熟发展阶段，大致是从1914年第一次世界大战爆发至1991年海湾战争结束。此阶段最显著的特点是后勤保障的机械化水平不断提高，并形成了较为完善的后勤保障理论。“近现代工业化后勤”向“信息化后勤”的过渡阶段：据一些国家的专家预测，发达国家约从20世纪90年代中期开始到21世纪30～40年代左右结束。促成这一转变的根本原因是信息技术发展的突飞猛进和“近现代工业化后勤”在创造一系列辉煌业绩的同时也遇到了许多自身难以克服的致命问题：后勤保障线越拉越长，运输周转中的毁伤和浪费越来越大，机械和人员数量成倍增长；军事后勤陷入了“高耗低效—膨胀—更低效—更膨胀”，后勤“雪球”越滚越大的恶性循环。“信息”进入军事和后勤领域，控制了后勤“雪球”的增长，后勤成为新军事技术革命的“最大受益者”。（万小元、张泰《20世纪军事后勤的历史变迁》，《解放军报》2000年2月23日）

关于影响20世纪战争的重大军事技术问题 20世纪，既是科技飞速发展的世纪，也是科技成果最多和最快应用于军事领域、彻底改变战争形态和战争面貌的世纪。回首百年沧桑，有论者指出，共有12项影响本世纪战争的重大军事技术，它们是：军用飞机技术，电子战技术，计算机技术，舰艇技术，C^3I技术，微电子技术，坦克装甲技术，精确制导技术，枪炮技术，军用航天技术，核武器技术和生化武器技术。（《解放军报》编者按语《科技发展最为迅猛的世纪，战争形态彻底改变的时期》，《解放军报》1999年12月29日）

关于20世纪军事危机问题 有作者指出，战争与和平是人类社会的两种基本状态。但如果进一步分析地区形势和国际力量格局的变化与发展，就可观察到人类社会的第3种状态，即军事危机。据不完全统计，在20世纪发生的军事危机事件约600次，规模较大并产生显著影响的就有数十次。军事危机作为一种特殊的人类社会现象，具有4个基本特征：一是战争危险性，二是综合对抗性，三是政策依赖性，四是艰难曲折性。军事危机形成的主要动因有6个：强权扩张；领土争端；资源争夺；民族纠纷；宗教矛盾；意识形态冲突。就一般规律而言，军事危机通常要经过潜伏、爆发、高潮、转化4个发展阶段。20世纪军事危机的特点是：构成因素复杂；突然性下降；扩展性增强；决策更为慎重和精细；手段更加灵活、多样、有效。控制军事危机的方法主要有：保持危机双方之间的沟通渠道；寻求国际爱好和平力量的支持；向对方传递明确无误的信息；慎重地组织与展开军事行动；避免对对方核心价值体系构成威胁；避免使用惩罚手段；避免堵死对方的退路；避免向对方发出最后通牒；避免用零和对策的观点（即不赢即输，没有不输不赢或都赢的观点）看待和处理危机。（步伟利《关于20世纪军事危机的理论思考》，《中国军事科学》1999年第3期）

附：20世纪主要战争和武装冲突略述 据《解放军报》1999年12月15日军事科技周刊版报道，20世纪共发生200多次战争和武装冲突。现将其要者略述如下：

中国抗击八国联军入侵的战争（1900～1901） 中国清末，清军及义和团抗击八国联军入侵天津，北京的作战。

法国入侵摩洛哥（1901.2～1911.5） 法国借口负责在摩洛哥撒哈拉边境地区“整顿秩序”，强占了摩东部许多绿洲，控制了摩与阿尔及利亚接壤的整个边境，接着又对摩实行全面侵略。

英军入侵西藏之战（1903～1904） 中国清末，西藏军民抗击英军入侵西藏的作战。

日俄战争（1904～1905） 日本和沙皇俄国为争霸中国东北和朝鲜，进而争夺亚洲及太平洋霸权的帝国主义战争。

意土战争（1911～1912） 意大利为了夺取奥斯曼帝国的北非省份——的黎波里塔尼亚和昔兰尼加（今利比亚）而发动的一场侵略战争。

第一次巴尔干战争（1912.10～1913.5） 保加利亚、希腊、塞尔维亚和门的内哥罗4国组成的“巴尔干联盟”反对土耳其控制和压迫的战争。

第二次巴尔干战争（1913.6～1913.8） 保加利亚、塞尔维亚、希腊、罗马尼亚、门的内哥罗等国和土耳其之间发生的战争。

第一次世界大战（1914.7～1918.11） 帝国主义国家两大集团——同盟国与协约国之间为重新瓜分世界、争夺势力范围而进行的首次世界大战。

德英美入侵俄国（1918.3～1920.3） 俄国内战时期，德国、英国和美国侵略苏维埃俄国。

土希战争（1919～1922） 土耳其人民反对协约

国列强的武装干涉，抵抗协约国支持的希腊军队入侵而进行的民族解放战争。

西摩战争（1919～1926） 是西班牙为吞并摩洛哥伙同法国发动的侵略战争。

苏波战争（1920） 波兰利用苏俄内战之机，为夺取白俄罗斯、西乌克兰和立陶宛而对苏俄发动的一次领土战争。

中国第一次国内革命战争（1924～1927） 中国国民党与中国共产党领导的国民革命军，为推翻北洋军阀统治而进行的革命战争。亦称“北伐战争”。

中国第二次国内革命战争（1927～1937） 中国共产党领导中国工农红军和中国人民反对以帝国主义为靠山、以地主阶级和买办资产阶级联盟为基础的国民党蒋介石集团反动统治的革命战争。

查科战争（1932～1935） 玻利维亚和巴拉圭两国之间为争夺20年代发现的石油产地查科省而进行的战争。

意埃战争（1935～1941） 意大利对埃塞俄比亚发动的侵略战争。

西班牙内战（1936～1939） 西班牙人民反对地主资产阶级武装叛乱，保卫共和国，抗击德国、意大利法西斯武装干涉的革命战争。

中国抗日战争（1937～1945） 中国各族人民为抗击日本帝国主义侵略而进行的民族解放战争。

苏芬战争（1939～1940） 苏联与芬兰之间的战争。

第二次世界大战（1939～1945） 中国、苏联、美国、英国等同盟国反对德、意、日等轴心国侵略的世界性反法西斯战争。

印尼反对英荷的民族独立战争（1945.9～1949.12） 印度尼西亚人民为反对英国、荷兰武装干涉而进行的争取民族独立的战争。

中国人民解放战争（1946～1950） 中国共产党领导中国人民解放军和中国人民为推翻以国民党蒋介石为代表的帝国主义、封建主义、官僚资本主义的反动统治，建立人民民主政权而进行的革命战争。

印度支那人民抗法战争（1946.12～1954.7） 二战后，越南、老挝、柬埔寨3国人民为争取国家独立和民族解放，反对法国恢复对印度支那的殖民统治，进行了长达9年的抗法战争。

缅甸人民争取民族独立斗争（1946.1～1948.1） 缅甸反法西斯自由同盟为了争取民族独立，与英国在缅甸的独裁统治和缅甸的反动同盟势力进行的武装斗争。

希腊国内革命战争（1946.3～1949.10） 希腊人民在共产党领导下，进行的反对英美武装干涉和国内反动政权的革命战争，以游击战为主要形式。

印度特仑甘纳人民武装斗争（1946.7～1953.10） 特仑甘纳人民武装斗争是印度历史上第一次由共产党人领导的反帝、反封建、反资产阶级的武装斗争。

印度与巴基斯坦首次克什米尔战争（1947.10～1949.7） 印度和巴基斯坦因克什米尔的归属发生大规模武装冲突，即印巴第一次克什米尔战争。

缅甸内战（1948.3～ ） 缅甸共产党为了真正实现民族独立，发动工人大罢工，要求把英石油公司收归国有，而缅甸自由同盟政府进行干涉，最终演变成一场旷日持久的国内战争。

第一次中东战争（1948.5～1949.3） 阿拉伯国家和以色列国为争夺巴勒斯坦领土主权而进行的战争。

马来亚人民反英战争（1948.6～1957.8） 马来亚共产党领导的反对英国殖民统治，争取国家独立和民族解放的战争。

朝鲜战争（1950.6～1953.7） 朝鲜争取祖国解放反对美帝国主义侵略的战争。

埃及民族解放战争（1951.10～1952.7） 埃及争取国家民主、独立的武装斗争。

亚丁人民反英武装斗争（1951～1959） 从50年代初开始，亚丁人民不间断地开展了反对英国殖民统治，争取民族独立的武装斗争。

突尼斯反法民族独立战争（1952.1～1956.3） 突尼斯人民反对法国殖民统治，争取国家独立和民族解放的武装斗争。

摩洛哥反法武装斗争（1953.8～1956.10） 摩洛哥人民反对殖民统治，争取民族解放和国家独立的战争。

英国入侵科威特（1953.10） 英国为维护其在科威特的特权而进行的武装干涉。

美国武装干涉危地马拉（1954.6） 美国为维护其利益对危地马拉进行的武装干涉。

越南南方战争（1954.7～1960.12） 越南人民反对美国及伪“越南共和国”政权的反动统治而进行的武装斗争。

阿尔及利亚独立战争（1954.11～1962.3） 阿尔及利亚人民反对法国殖民统治，争取民族解放和国家独立的战争。

尼加拉瓜入侵哥斯达黎加（1955.1） 尼加拉瓜为维护美国和独裁统治者的利益，对哥斯达黎加进行的武装干涉。

塞浦路斯争取民族独立战争（1955.4～1959.12） 塞浦路斯人民反对英国殖民统治，争取民族解放、国家独立的武装斗争。

阿曼民族解放战争（1955.12～1961.12） 阿曼人民反对英国武装干涉和控制的民族解放战争。

喀麦隆反法民族独立战争（1956.7～1960.1） 喀麦隆人民武装反抗法国殖民统治，争取民族解放和国家独立的战争。

法国与突尼斯武装冲突（1956.7～1963.10） 法国对突尼斯进行的武装干涉。导火索是两国在对待阿尔及利亚解放战争的问题上发生分歧。

第二次中东战争（1956.10～1957.3） 英国、法国、以色列为阻挠埃及对苏伊士运河国有化而发动的侵略埃及的战争。亦称“苏伊士运河战争”。

伊西反西武装斗争（1956.11～1958.2） 摩洛哥伊夫尼和西撒哈拉人民武装反抗西班牙殖民统治，争取民族解放的斗争。

尼洪边境冲突（1957.5～7） 尼加拉瓜与洪都拉斯因边境纠纷而爆发的武装冲突。

美国武装干涉黎巴嫩（1958.7～10） 美国为控制中东石油、镇压黎巴嫩人民民族解放运动而对黎巴嫩进行的武装干涉。

英国武装干涉约旦（1958.7～11） 英国为恢复对约旦的控制而对约旦进行的武装干涉。

中国人民解放军炮击封锁金门之战（1958.8～1979） 1958 年 8 月 23 日，台湾海峡风云突变，中国人民解放军万炮齐发，猛轰金门，爆发了持续 20 年之久的“金门炮战”。这场战斗的发生，牵涉到中美关系及对台政策，因而引起世界的瞩目。

刚果反对比利时殖民者的武装斗争（1959.1～1960.6） 刚果（后改名扎伊尔共和国）人民武装反抗殖民统治，争取民族解放和国家独立的斗争。

老挝内战（1959.5～1962） 老挝爱国民主力量同亲美势力进行的武装斗争。

马尔代夫群岛反英斗争（1959.7～1965.7） 马尔代夫群岛反对英国殖民统治，争取国家独立自主的武装斗争。

卢旺达－布隆迪争取民族独立武装斗争（1959.11～1962.7） 卢旺达－布隆迪人民武装反抗比利时殖民统治，争取民族解放、国家独立的武装斗争。

刚果（金）争取民族独立武装斗争（1960.7～1964.3） 刚果（金）人民武装反抗帝国主义、殖民主义，争取民族独立的爱国斗争。

危地马拉反美反独裁武装斗争（1960.11～1991） 危地马拉人民反对美国和本国独裁政府，争取民族独立和解放的武装斗争。

海地人民反美反独裁武装斗争（1960.11～1970） 海地人民反对美国和国内法西斯独裁政府，争取民族解放的革命武装斗争。

印度收复果阿战争（1961.1～12） 印度政府以武力收复被葡萄牙殖民者长期控制的果阿等地的战争。

安哥拉民族解放战争（1961.2～1975.4） 安哥拉人民反抗葡萄牙殖民统治，争取民族解放、国家独立的武装斗争。

库尔德人反对两伊政府的武装斗争（1961.3～1991.3） 库尔德人民武装反对伊拉克、伊朗政府控制，争取民族区域自治，扩大民族权利的斗争。

美国雇佣军入侵古巴（1961.4） 美国对古巴发动的侵略战争。亦称“吉隆滩战役”。

越南战争（1961.5～1975.4） 越南人民反对美国侵略，实现国家统一的民族解放战争。

印尼收复西伊里安（1961.12～1963.5） 印度尼西亚政府以武力收复被荷兰殖民者侵占的西伊里安的军事行动。

埃塞俄比亚内战（1962～1997） 埃塞俄比亚政府军同厄立特里亚游击队的武装斗争。

北加里曼丹民族解放战争（1962～1971.7） 北加里曼丹人民武装反抗英国殖民统治，争取民族独立的战争。

也门国内战争（1962.9～1970.7） 1962 年 9 月 26 日，以阿卜杜·萨拉姆·萨拉勒准将为首的也门“自由军官组织”发动革命，推翻巴德尔王朝，建立了阿拉伯也门共和国。从此也门共和派和王室派之间展开了长达 8 年之久的内战。

中印边境自卫反击战（1962.10～11） 中国人民解放军驻西藏、新疆边防部队在中印边境地区击退印度军队入侵的自卫反击作战。

摩阿边境冲突（1963.10～1964.2） 摩洛哥与阿尔及利亚因边境争端而进行的一场战争。

南也门民族解放战争（1963.10～1967.11） 南也门人民反对英国殖民统治，争取民族解放、国家独立的战争。

塞浦路斯国内武装冲突（1963.12～1967） 塞浦路斯国内希腊、土耳其两个民族间发生的一场较大规模的武装冲突。

尼加拉瓜人民反独裁统治的战争（1963～1979.7） 尼加拉瓜人民武装反抗和推翻亲美独裁统治的斗争。

肯尼亚与索马里边境冲突（1964.2～1967.10） 肯尼亚同索马里在边境地区进行的战争。

老挝抗美救国战争（1964.5～1973.2） 老挝人民反对美国侵略和亲美右派势力，争取民族解放，维护国家独立的战争。

美国侵略多米尼加（1965.4～8） 美国动用3.5万余人、380架飞机、40余艘军舰及大批坦克、火炮对多米尼加进行的武装入侵。

乍得人民武装斗争（1965.6～1973） 乍得人民反对殖民主义、种族主义和独裁专制统治，争取民族解放的武装斗争。

印巴第二次克什米尔战争（1965.8.24～9.29） 印度、巴基斯坦围绕克什米尔地区的归属问题进行的一场局部战争。

纳米比亚争取民族独立的武装斗争（1966.8～1990.3） 纳米比亚人民反对殖民主义、种族主义，争取民族解放的革命武装斗争。

第三次中东战争（1967.6.5～11） 以色列入侵埃及、约旦、叙利亚的战争。亦称“六五战争”。

苏联入侵捷克斯洛伐克（1968.8） 苏联为维护其在东欧的霸主地位，对捷克斯洛伐克发动的侵略战争。

中国珍宝岛自卫反击战（1969.3～9） 中国人民解放军边防部队在珍宝岛反击苏联军队武装入侵的作战。

北爱尔兰人民武装斗争（1968.8～ ） 爱尔兰共和军和北爱尔兰人为使北爱尔兰统一于爱尔兰共和国而在北爱尔兰进行的反对英国政府的武装斗争。

足球战争（1969.7～8） 萨尔瓦多和洪都拉斯两国间为夺得参加世界足球锦标赛资格而发生的一场战争。

苏军入侵中国铁列克提（1969.8） 苏联军队对中国新疆铁列克提地区采取入侵行动，企图霸占中国领土。

柬埔寨抗美救国战争（1970.3～1975.4） 美国以清除在柬境内“越共”的“供给线”和“庇护所”为借口，兵分3路侵入柬埔寨，使侵略战争硝烟弥漫整个印度支那。

叙利亚和约旦边界武装冲突（1971～1980） 叙利亚和约旦围绕巴勒斯坦游击队问题发生的边境武装冲突。

印度出兵肢解巴基斯坦（1971.11～12） 印度在苏联的纵容和支持下，悍然对巴基斯坦进行大规模的军事入侵，将独立完整的巴基斯坦肢解为巴基斯坦和孟加拉国。

伊拉克与科威特边境武装冲突（1973.3） 伊拉克为占领布比延和瓦尔巴两个岛屿，对科威特发动的侵略战争。

第四次中东战争（1973.10.6～24） 埃及、叙利亚为收复失地和摆脱美、苏造成的“不战不和”局面而对以色列进行的战争。

中国西沙群岛自卫反击战（1974.1.19～20） 中国人民解放军海军南海舰队所属部队与陆军、民兵协同，对入侵西沙群岛的南越军队进行的反击战。

安哥拉内战（1975.1～1991.5） 安哥拉国内的“人运”、“解阵”和“安盟”3个解放组织间进行的武装斗争。

黎巴嫩内战（1975.4～1976.10） 黎巴嫩马龙派长枪党同穆斯林民兵和巴勒斯坦游击队的一场大规模内战。

西撒哈拉战争（1975～1991） 西撒人为了取得国家主权独立，遭到数个强邻的入侵，使西撒多次陷入极其严重的军事危机之中。

沙巴战争（1977.3～5） 扎伊尔在摩洛哥等非洲国家及西欧国家的大力援助下，反对苏联、古巴策动的加丹加雇佣军侵入沙巴省而进行的一场战争。

欧加登战争（1977.7～1978.3） 由于苏联的操纵，激化了非洲之角的索马里和埃塞俄比亚的领土争端，因而在欧加登地区爆发的战争。

以色列入侵黎巴嫩南部（1978.3～6） 为了拖延中东问题的解决，以色列对黎南部发动的大规模侵略行动。

坦桑尼亚与乌干达战争（1978.10～1979.6） 乌干达为转嫁国内的政治经济矛盾，对坦桑尼亚发动的战争。

越南入侵柬埔寨（1978.12～1989.9） 越南为建立以己为盟主的“印度支那联邦”，对柬埔寨发动的侵略战争。

中国对越自卫反击作战（1979.2～1986） 越南当局在中越边界进行武装挑衅，一再侵犯中国领土，中国边防部队被迫对越进行惩罚性的自卫还击作战。

苏联入侵阿富汗（1979.12～1988.2） 苏联为长期控制阿富汗而发动的侵略战争。

两伊战争（1980.9～1988.8） 伊朗和伊拉克由于领土争端而进行的战争。

南非入侵莫桑比克等国（1981.1～1985） 南非种族主义政权的军队相继对其邻国——莫桑比克、博茨瓦纳、莱索托等国进行空袭、入侵、破坏和颠覆等活动，给邻国造成严重的财产损失和人员伤亡。

南非入侵安哥拉（1981.8～1989.2） 为了维护南非种族主义政权，南非对安哥拉进行了多次入侵，不断轰炸和炮击安领土和难民营。

英阿马岛战争（1982.4～6） 阿根廷军队突然占领马尔维纳斯群岛，这一行动引发了第二次世界大战结束以后一场规模最大的海上战争。

以色列入侵黎巴嫩（1982.6～9） 以色列出动陆、海、空军，对黎巴嫩发动大规模闪电式全面入侵的一次武装冲突。

美国入侵格林纳达（1983.10～11） 格林纳达发生军事政变，美国政府趁机出动上万军队，侵入这个加勒比弹丸小国，扶植起亲美政权。

以色列空袭巴解总部（1985.10.1） 以色列偷袭设在突尼斯城南郊的巴解总部。

美国空袭利比亚（1986.4.15） 美国借口反对恐怖活动，对利比亚进行的空袭。

利比亚、乍得战争（1986.12～1987.9） 这是一场利比亚由武装介入乍得内战，支持古库尼派，同哈布雷派作战发展到利比亚与乍得之间的战争。

中越南沙海战（1988.3.14） 中国海军严惩在南沙群岛赤瓜礁海域进行武装挑衅的越南海军，捍卫和保卫了国家领土主权。

美军入侵巴拿马（1989.12～1990.1） 美国为继续控制巴拿马运河而对巴拿马进行的一场侵略战争。

伊拉克入侵科威特（1990.8.2～1991.2.27） 为了海湾的丰富石油资源，伊拉克入侵和吞并了科威特，引发一场轰动世界的海湾危机。

海湾战争（1991.1～2） 以美国为首的多国部队同伊拉克军队在海湾地区进行的一场高技术战争。

波黑战争（1992.4～1995.12） 南斯拉夫境内波斯尼亚与黑塞哥维那共和国危机迭起，冲突不断，斗争复杂，成为第二次世界大战后欧洲影响大、持续时间长的一场战争。

北约空袭南联盟（1999.3.24～6.10） 以美国为首的北约借科索沃问题悍然发动对南联盟的大规模空袭。又称“科索沃战争”。

车臣战争（1994.12～1996.12；1999.9～2000） 俄罗斯为维护国家统一，反对民族分裂而进行的战争。（左立平《20 世纪的主要战争和武装冲突》，《军事世界画刊》1999 年第 7、8 期）

（杏 花）

新军事革命问题研究综述 近两年来，国内外学术界对新军事革命问题作了进一步的探讨和研究，对新军事革命的动因、进程及其对未来战争产生的影响等问题提出了更深入的看法和观点。现摘要介绍如下：

对新军事革命的动因提出新看法 有作者认为，政治因素是军事革命的动因之一。美国在获益于冷战结束、另一超级大国瓦解的世界局势的同时，又受到世界多极化趋势对其超级大国地位的冲击，因此加紧实施新军事革命，在新军事革命中扮演了弄潮儿的角色。新军事革命之所以在 20 世纪末形成这样的态势，一方面是由于导致工业时代向信息时代转轨的科技进步所致，另一方面则是因为一家独霸与多极共同主导之争的全球政治形势发展之使然。（朱小莉《认清新军事革命的世界政治背景》，《解放军报》1999 年 6 月 1 日）有作者用辩证法分析新军事革命问题，认为只有从需要与可能的关系中才能揭示新军事革命的动因。军事革命的根本动力来自敌我之间对抗的需要。为了解决敌我对抗性矛盾，使之朝着有利于自己的方向发展，人们必然会不断革新对抗的手段和提高对抗的能力，进而导致军事领域发生一次又一次的革命。另一方面，只有当社会生产力和科学技术出现新的飞跃，既具备一定的社会经济条件，又具备一定的科学技术基础时，由敌我之间对抗需要而推动的军事革命，才会由可能变为现实。（梁必骎《关于新军事革命的哲学思考》，《中国军事科学》1999 年第 1 期）

关于新军事革命的质变标准和阶段划分 有作者认为，军事革命的过程是由具体军事领域的量变到整个军事领域发生质变的不断演进过程。只有实现了整个军事体系的质变，才算完成了一次军事革命。具体表现在以下几个方面发生根本性变化：一是主战武器的断代性更新；二是军事制度发生彻底变革；三是作战方式方法与军事理论完全革新。另外，由于军事革命总是处在一定社会条件下的军事主体发动的，不同国家、地区的主客观条件不同，使得军事革命发生的时间、发展的过程与达到的水平亦有相当大的差别。（梁必骎《关于新军事革命的哲学思考》，《中国军事科学》1999 年第 1 期）有作者认为，在军事革命的发展过程中，滞停期不可避免。军事革命可分萌芽、发展、完成 3 个阶段。从萌芽到完成阶段有一个漫长的过程，从表面上看，整个军事大系统的整体结构并没有发生显著变化，因此，可以将这段时间看作军事革命的滞停期。它具有发展不均衡、时间空间不同步、理论相对于实践滞后，费效结构不确定等特点。(郭君《关注军事革命的停滞期》，《中国国防报》1999年3月15日)

关于新军事革命对军事战略的影响 作者认为，在信息时代，遏制战争爆发或者“不战而屈人之兵”进一步成为战略决策者追求的最佳目标。夺取综合性的战略优势，获得广阔的战略空间和决策的自由权，成为信息时代最佳的战略选择。(1) 获取信息优势是战略关注的重点。随着非核高技术的迅速发展和国际战略形势的发展变化，各国军事战略的重点纷纷转向对付核威慑条件下的高技术常规战争，并将夺取信息优势作为首要的战略关注点。(2) 战略运作的范围扩大到全维时空。信息技术应用于战争以后引起的军事革命，使有形的战场空间延伸到了无形的战场空间。这使得战略空间立体性和多样性的特征更加明显，军事力量实际可以控制的与国家利益有关的地理范围扩大，军事战略中传统的地理边疆概念发生了变化，军事战略所关注的空间大大拓展。(3) 普遍关注信息战的新“战区”。在这个战区进行的是“战场外的战斗”，是利用先进的信息处理技术和大众传播媒介进行的信息欺骗战。它会干扰和打击对方决策者和民众的心理，造成对方观察、判断、决策、行动过程的混乱。因此，只需通过摧毁敌人判断、决策能力，就可以使其不战自乱，达到“不战而屈人之兵”的目的。(4) 战略打击手段更加灵活。大量高新技术兵器的出现，为实现军事战略提供了更多的物质技术手段。精确制导武器、先进的探测设备和实时的指挥控制系统结合起来，不仅能提高打击的速度和精度，而且能实现有选择的杀伤。新概念武器将成为战略指导者手中可供选择的工具。(王虎成《新军事革命下的战略思维》，《中国国防报》1999年9月8日)

俄一上校探讨军事技术革命的实质 俄罗斯哲学博士奥秋茨基上校认为，军事技术革命的实质有5个层次。第1层次是军事技术革命与构成军事技术领域的整个社会之间的关系，即军事技术革命贯穿于军事技术领域的所有层次和子系统。第2层次是军事科学革命与军事技术革命两者之间的同步性和不可分割的关联性。军事技术革命是指军事领域的科学技术革命。第3层次是把科学转变为直接的战斗力。只有科学与武装力量的军事技术基础、战斗力中人的因素有机地结合，才能使科学知识充分地在战斗力的所有要素中体现出来。第4层次是分析军人活动的过程。在分析人与军事技术体系时，应注意那些对完成战斗任务具有决定意义的功能，包括战斗毁伤功能、使战斗兵器接近毁伤目标的投送功能、运输投送工具的功能、控制各类技术兵器的功能等。从中可看出，军事技术革命与控制功能的物化问题相关，这就要求建立作战自动化系统。第5层次体现为军事技术革命与战斗功能赖以物化的基质（物质的运动方式或具体的能量）性能之间的关系。革命的性质取决于可导致战斗功能产生“质”的飞跃的物化方式。([俄]奥秋茨基《军事技术革命的实质》，俄《军事思想》1998年第2期)

德国一专家对军事革命持怀疑态度 德国战略分析研究所霍尔吉·梅因认为，德国应当对军事革命保持怀疑态度。先进的军事技术不会自动地转化为军事胜利。即使是最先进的传感器也不能发现那些可能是战场上最重要的事物，即对方的意图和战斗决心。即使是在一个完全透明的战场，对每个士兵和各个角落所进行的连续观察也可能遭到失败。([德]霍尔吉·梅因《如何看待军事革命和未来的作战样式》，英国《比较战略》1998年7～9月号)

军事革命将使战术、战役、战略3个战争级别重叠 日本防卫研究所高田庄一等4名上校军官撰文指出，军事革命将带来革命性的军事思想。在2020年的战争中，战术、战役、战略3个战争级别将出现重叠，即战争将呈现以下样式：仅仅歼灭小规模的敌战斗部队，就能顺利夺取或破坏能严重打乱敌作战计划的目标，而且能迫使敌人从根本上修正其战争计划，因而军事行动的重点将是确定应夺取或破坏的战役目标，即确定作战重心。这是因为，信息时代的武器技术及其运用方法，可以满足使3个级别重叠的3个条件：首先，在信息时代的战争中，建立起了准确而广泛的信息搜集系统，它能搜集到整个战区内的极为准确的情报，因而能确定不仅对敌战役计划而且对其战争计划也会产生冲击性影响的战役级目标，即“作战重心”。其次，在信息时代的战争中，前线与后方将很难区分，防线将失去意义，准确而迅速的远程火力将超越防御部队，打击敌出击部队，破坏敌“作战重心”。再次，广泛地展开兵力，发挥具有高度灵活性和联合作战能力的小部队的作用，也能打击敌作战重心，对战略级别造成冲击性影响。([日]高田庄一等《军事革命带来了什么——2020年的战争样式》，日某军事刊物，1996年1月)

(江新凤)

联合国维和行动综述 1999年，由于一些西方大国霸权主义和一些区域性组织力图在地区安全事务中扮演重要角色的倾向增加，不仅使联合国的维和行动在功能上受到挑战，而且在维和方式上也越来越受到质疑。尽管如此，联合国维和行动仍对保持与促进世界多数地区的和平与稳定发挥着积极作用。1年中，联合国进行的维和行动共有19起，目前仍有1.8万人在世界各地执行着联合国维和任务。

科索沃战争对联合国维和行动产生巨大冲击　维和行动是所有成员国赋予联合国的权力，也是国际社会希望联合国公平公正地维护世界和平所采取的一种重要措施。然而，联合国维和行动的开展与效果很大程度上取决于世界各国特别是大国对其所采取的态度。1999年3月，以美国为首的北约绕过联合国安理会，置《联合国宪章》于不顾，公然决定对一个联合国会员国进行大规模空袭，对世界和平与联合国维和行动均带来十分深远的影响。首先，它反映出冷战后西方大国和北约组织正在对联合国维和行动的功能与权威发起挑战。美国驻联合国代办彼得·伯利直截了当地表白了西方大国这种向联合国挑战的心态："我们希望有联合国安理会的授权，但我们从不认为没有授权就会限制我们采取行动的可能性。我们不能让安理会的否决权捆住手脚。"其次，它也表明西方国家抛开联合国的意图已进入实质阶段。这种为实现本国或地区性战略而不惜抛弃联合国已有机制的做法，势必进一步削弱联合国的作用，冲击乃至改变整个国际格局。然而，事实表明，任何地区性组织如果脱离联合国去单方面干预地区冲突，都很难取得好结果的。为顺利解决科索沃问题，北约组织在最后也不得不依靠联合国授权，组成以北约国家为主的国际维和部队。

维和行动中大国的争夺进一步加剧　联合国维和行动是国际社会集体意志的一种体现，代表着世界正义与发展的潮流。但由于大国在国际政治中的主导作用，联合国维和行动在很大程度上也成为其显示政治影响与军事存在的筹码。科索沃战争结束后，俄罗斯与美国在如何对待维和行动的处置权问题上的争夺已进一步加剧。在这次维和行动中，俄罗斯为夺得参与维和行动的一席之地，以200人的维和部队抢先进占科索沃首府普里什蒂纳机场，不仅使北约措手不及，也使俄罗斯在有关维和问题的第1轮较量中占了上风。但北约随即开始对俄罗斯的维和行动处处设卡，发动与南联盟交界的北约国家或正在积极寻求加入北约的匈牙利、保加利亚等国阻止俄后续维和部队进入科索沃境内，并提出在俄与北约就科索沃维和问题达成协议之前，不向俄提供空中通道。迫使俄不得不承认其参与科索沃维和行动仅能对北约产生一定的牵扯作用，但无法改变北约在维和行动中占据主导地位的事实。另外在俄与北约关于维和指挥权和俄罗斯维和部队的部署问题上，俄罗斯与北约的争夺也真实地反映出北约与俄的利益分歧及俄在国际社会上所处的位置。为进行科索沃维和行动，联合国成立了3万人的维和部队，其中美国7000人，俄罗斯3616人。但在维和行动责任区问题上，北约始终把俄罗斯参加科索沃维和行动看作是对其利益的威胁。虽然经过激烈的讨价还价，但所达成的协议并未按俄罗斯的意愿划定独立的维和责任区，而是将俄罗斯参加维和的军人分别部署在法国、美国和德国部队管辖的地区，甚至俄罗斯军人的行动也必须由参加北约指挥部的1名俄罗斯军官负责传达命令。

亚洲地区维和任务加重　随着地区恐怖主义势力的增加和分离倾向的加大，1999年亚洲出现了较严重的暴力恐怖事件，特别是印尼与东帝汶问题已成为联合国维和行动的重点之一。1999年8月30日，东帝汶在联合国机构的监督下举行全民公决，有78.5%的居民赞成东帝汶独立。印度尼西亚政府对此次全民公决的结果进行公开抵制，并派出军队支持和纵容亲印尼的民兵组织在东帝汶实行"焦土政策"。8月31日，有3名联合国工作人员在东帝汶被杀，联合国工作人员和车队遭到武装民兵的围攻。自9月30日联合国多国部队进驻东帝汶后的20天内，已有7000人被杀，30万人沦为难民，酿成了东亚地区最大的恐怖主义事件。为了制止由亲印尼的民兵造成的暴乱蔓延，安理会决议呼吁立即停止东帝汶的暴力，并且把暴力事件的责任者送上法庭。9月15日，联合国安理会一致投票决定：批准国际维和部队进驻东帝汶，允许国际维和部队使用一切必要的武力手段制止东帝汶民兵暴乱。根据联合国安理会的议案，东帝汶的国际维和部队总人数达8000人。这支部队的任务是恢复处于混乱状态的东帝汶治安，对受迫害的居民提供帮助，及重新设定东帝汶未来的政治走向。9月20日，多国部队的2500名先头部队从澳大利亚北部城市达尔文陆续抵达。这次维和行动在一定程度上有多国部队的性质，但它与以往的多国部队维和行动相比有几点不同：其一，这次维和部队虽然原则上由各国按协调数量派遣，并由澳大利亚统一协调，但最终指挥权仍在维和人员的派遣国。这样可使其做出反应的过程比联合国统一派遣的维和部队迅速。其次，这次多国部队的派遣得到了联合国的同意，与由北约派出的多国部队介入科索沃冲突明显不同。其三，这次多国维和部队是本着冷战后的世界正趋稳定这样的理念来执行任务的，就是说，当追剿武装分子的过程中，维和部队可以越过边境，并有权回击来自任何方面的袭击。其形态愈来愈和1992年末发生的索马里内战期间为“强制使之实现和平”而派遣的多国部队的情况相似。但这次多国部队维和行动受到东帝汶的大多数居民的欢迎，与多国部队在索马里实施干预行动时同当地武装势力和当地居民为敌的情况形成强烈反差。

非洲自主维和有所发展 1999年，非洲多数国家政局保持稳定，部分国家的内部冲突缓解，地区内热点问题有所降温。但局部战乱和冲突频繁，一些地区局势继续动荡不安，共有战乱和武装冲突12起，其中原有战乱11起，新发1起。此外，尼日尔、科摩罗、几内亚比绍和科特迪瓦还分别发生了军事政变。为加强地区维和行动的组织与实施，非统等区域组织注重加强和完善维和机制，努力提高预防、处理和解决冲突的能力。年内，非统维和总部多次召开维和研讨会，强调加强与联合国在情报交流和人员培训等方面的合作。中部非洲安全协商委员会决定成立和平与安全理事会，并决定尽快启动地区快速预警机制。西非国家经济共同体也决定组建“调解与安全委员会”，并设立“冲突观测中心”和快速反应部队。南部非洲共同体还首次举行了代号为“蓝鹳”的维和行动演习。1999年1月6日，以塞拉利昂革命联合阵线为首的叛军曾向弗里敦发起攻势，被西非维和部队挫败。为了维持塞拉利昂地区和平，控制冲突规模不再扩大，塞拉利昂总统卡巴1月初访问马里时两国达成一项协议，由马里派出100多名士兵20日抵达塞拉利昂首都弗里敦，以增援在当地执行维和任务的西非维和部队。为使刚果（金）冲突各方顺利实施停火协议，联合国计划向刚果（金）派遣7000名维和部队。南非等国家已表示愿意参加这一维和行动。一旦联合国维和部队进驻刚果（金），原先表示支持刚果政府的津巴布韦、安哥拉、纳米比亚和乍得4国的部队及支持刚果反政府武装的卢旺达和乌干达部队都将制定撤军计划。

联合国维和行动面临的困难日益增大 联合国维和行动在化解矛盾，减少流血，促进武力争端转向和平解决方面始终发挥着无可替代的作用。但随着形势的发展，维和行动所面临的困难不断加大。首先，维和行动的资金短缺问题更加突出。一些成员国拖欠的维和费用已达18.3亿美元。其中美国拖欠的占60%，其次是乌克兰，占11%。资金不落实，使联合国在维和行动上成为负债经营，对世界上发生的地区冲突无法作出应有的反应，或仅能作出象征性的反应。其次，管理机构人员减少造成矛盾。由于经费的不足，联合国负责维和工作的业务机构不得不多次进行裁员。这使联合国维和计划部门工作繁重与人手短缺的矛盾更加突出。其三，联合国维和行动受到的压力和伤亡增加。联合国维和人员虽然大多是在当事国同意的情况下派出的，但由于在各维和区内通常有带不同政见及不同派别的武装力量存在，使维和行动过程中出现的伤亡明显增加。8月4日在塞拉利昂，有13名联合国军事观察员、4名记者及多名西非维和部队士兵在执行任务途中被塞拉利昂反政府武装绑架。在科索沃，已多次出现向维和部队巡逻队和据点武装袭击的事件，并造成维和人员受伤。9月9日，有5名法国维和士兵在科索沃米特罗维察发生的阿族武装分子袭击塞族居民事件中丧生。10月15日，驻科索沃国际维和部队在科索沃米特罗维察与当地阿尔巴尼亚族人发生冲突，造成多名国际维和部队士兵和20多名阿族人受伤。10月，联合国驻格鲁吉亚观察团的6名观察员以及他们的翻译在格鲁吉亚阿布哈兹共和国境内被不明身份的武装分子绑架，绑架者索要20万美元的赎金。这些事件已给今后维和行动样式及如何开展提出了值得研究的课题。

（吴　鹏）

国际恐怖活动与世界反恐怖主义问题综述 1999年，由于美国等西方国家推行强权政治和运用武力的倾向增大，国际社会矛盾加深，加之一些国家内部的民族、宗教问题复杂性的增加，使这一年世界反恐怖斗争形势倍受瞩目。

国际恐怖活动和反恐怖主义斗争主要特点 归纳起来，有以下5点：

*一是欧洲巴尔干地区恐怖主义活动加剧，并引发局部战争。*1992年5月，南斯拉夫版图内的科索沃阿族趁南联盟出现分裂之机，试图通过暴力活动达到脱离南联盟而独立的目的。为此，阿族武装分子在当地塞族区大肆开展恐怖主义活动，袭击政府机关、警察机构，大量运用绑架、暗杀等手段，破坏社会秩序。为了保证国家的完整和领土不被肢解，南联盟与科索沃的恐怖主义非法武装进行了坚决斗争。然而，1999年3月24日，以美国为首的西方集团在所谓“反恐怖主义、维护人权与民主”的旗号下，对南斯拉夫进行了历时78天的狂轰滥炸。其结果使科索沃的民族矛盾更加尖锐。科索沃阿族在西方维和力量的

袒护下，变本加厉地对塞族予以迫害，不断制造暗杀和集体屠杀等恐怖事件。恐怖主义活动难以根绝成为这一地区的重要特征。

*二是俄罗斯不向恐怖主义妥协，坚决地捍卫国家主权统一。*1999 年，车臣分裂势力为了达到将车臣从俄罗斯版图分离出去的目的，再次祭起恐怖主义的幽灵，并以此作为推波造势要挟政府的重要手段。同年 8～9 月大批车臣恐怖分子潜入达吉斯坦和莫斯科等地，连续制造了 5 起严重恐怖主义爆炸事件。这些恐怖袭击事件引起俄罗斯和全世界的巨大震动。俄总统叶利钦为此向全国发表电视讲话，明确表达出俄政府坚决与恐怖主义作斗争的决心。9 月下旬，俄联邦政府在忍无可忍的情况下，展开清剿车臣非法武装的大规模军事行动。在政治上，俄政府由于反恐怖行动坚决有力，已获得举国上下一致支持。俄最高当局正式宣布马斯哈多夫政权为“非法”，同时开始组建车臣地方政府；在军事上，俄军接连攻占被非法武装占据的城镇、乡村，并加紧围攻车臣首府格罗兹尼；在经济上，俄联邦政府采取停止对车臣的资金调拨和燃料供应，切断反政府武装的财源等措施，支持反恐怖行动的开展。至年底，车臣地区的分裂与恐怖活动已得到扼制，俄联邦军队已控制了车臣 60% 的领土和 90% 的人口。而车臣非法武装在屡遭打击后，仅在格罗兹尼和南部山区部分地区设防固守。

三是联合国坚决支持反恐怖行动，被恐怖分子列为公开袭击的目标。 近年来在大多数国家的支持下，联合国以各种方式抨击恐怖行动，坚定地支持各国政府与恐怖主义作斗争，成为世界反对恐怖主义极为重要的政治依托和道义力量。然而，这也使联合国与世界恐怖主义的矛盾不断加深。恐怖主义分子甚至将矛头直接指向了联合国。1999 年 10 月 15 日，联合国安理会通过决议，要求阿富汗武装派别塔利班把 1998 年 8 月 7 日对美国驻肯尼亚和坦桑尼亚的两处使馆发动恐怖炸弹袭击，造成 220 多人丧生的沙特流亡分子本·拉丹送交已对他起诉的国家，否则将动员所有成员国拒绝对塔利班提供空中交通方便，并冻结塔利班在海外拥有的资金。11 月 14 日，塔利班最高领导人奥马尔为此发出一封最后通牒式的威胁信，扬言如果不停止对塔利班的敌意行为，他们将再次发起恐怖战。并警告说，如果对塔利班进行制裁的决议真的得以执行，联合国和美国都将面对“意想不到的报复行动”。在阿富汗首都坎大哈，11 月 10 日出现了 5 万余人举行游行示威并向联合国办事处投掷石块的事件。11 月 12 日，在巴基斯坦首都伊斯兰堡市中心地区连续发生 7 起火箭袭击和汽车爆炸事件，袭击目标大都是矛头指向联合国和美国驻在机构。巴外交部称这是“有预谋的、疯狂的恐怖主义活动”，其目的是要在全世界制造不稳定和不安全气氛。

*四是法西斯后裔寻求复活，一些恐怖组织培养后人。*近年来，带有法西斯内核的新型恐怖主义势力又在欧洲大陆悄悄地滋长和蔓延。法国、奥地利、意大利、比利时等 5 个国家已受到严重感染，甚至平静的挪威、荷兰、英国、西班牙、葡萄牙和希腊也不得不大力进行抵御。上述各国法西斯组织虽然很不相同，但是都有一个共同点：崇拜法西斯首领，怀念法西斯秩序。在这种思潮影响下，一些青年人正在成为现代社会中一种含有恐怖意味的特殊群体与组织。特别令人担忧的是这种潜在的法西斯恐怖主义正在与现代通信技术紧密结合在一起。在德国已经出现了数百个新纳粹主义的网站，他们不仅把宣传恐怖主义作为重要内容，兴高采烈地纪念第三帝国和美化当年法西斯制造的大屠杀惨案；而且利用因特网避开官方的舆论控制，传播如何制造武器和炸药，号召各个团伙联合起来，杀害犹太人、吉卜赛人、阿拉伯人和黑人。为了解决后继有人的问题，一些恐怖主义组织还创办杀手学校，力图把青少年培养成恐怖主义的中坚力量。盘踞在西西里岛的黑手党专门为十几岁的少年开设了一所学校，对他们实行军事化管理和极为严格的恐怖行动训练。

*五是伊斯兰原教旨主义受到遏制，邪教成为世纪末恐怖主义的重要特征。*一年来，阿拉伯国家反恐怖活动的联合机制日趋完善，中东、北非地区的伊斯兰原教旨主义已受到不同程度的遏制，恐怖暴力活动明显减少。土耳其政府继续采取多种措施限制伊斯兰激进势力的发展，宗教色彩浓厚的美德党在大选中支持率降低，由上届的第一大党跌至第三。阿尔及利亚当局在对伊斯兰极端势力军事上镇压、政治上限制的同时，通过对在押伊斯兰极端分子实行大赦、制订“民族和解法”等使伊斯兰救国阵线等反政府组织公开宣布与政府和解，实现了国内政局的基本稳定。巴勒斯坦、约旦、以色列加大了对“哈马斯”等组织的联合打击力度，恐怖势力在组织和实力上均遭到削弱。邪教是另一种带有宗教性质并在世纪末渐趋猖獗的一股逆流。其特征是推行教主崇拜，宣扬歪理邪说，实行非法敛取钱财和发展反政府组织，并进行破坏社会秩序的恐怖主义活动，从而给国际社会带来极大危害。有人估计美国目前的邪教组织多达 2000～5000 个，欧洲也有逾千个。中国在 1999 年也出现了“法轮功”

这种公开危害社会的邪教。其歪理邪说已使练功者死亡1404人。该教在全国设立了庞大、严密的组织体系，其辅导站、练功点达3000余个，并以此为基础，大肆煽动闹事，企图“以教干政”，具有明显的反政府、反社会的性质。为有效地打击邪教组织，将其危害减小到最低限度，许多国家对邪教组织均采取了严厉打击和制裁态度，并制定相关法律政策，予以取缔和监控。为防止邪教和恐怖组织利用千禧年前后在美国和海外发动大规模恐怖攻势，美国在通过新的反恐怖法案后，专门拨款18亿美元建立一个由联邦调查局领导的国内反恐怖中心，并设立特别基金调查可疑的国内外恐怖组织，包括仇恨团体、邪教等。法国成立了专门的调查委员会，并利用财政部门查税的有关规定来打击邪教。1999年10月2日，日本对曾在1995年3月在东京地铁站施放沙林毒气的奥姆真理教信徒横山正人判处绞刑，并计划对其他6人也判处死刑。日本政府在11月初内阁会议上通过了针对邪教组织的“奥姆对策法案”。马来西亚等国则引用反骚乱法令制止邪教活动，力求将其消灭于萌芽状态。新加坡以“活动有损公众利益和治安”为由，依据国家法令取缔了一大批带有邪教性质的团体。泰国也对危及国家安全和欺骗公众的邪教组织教主依法发出拘捕令。从1992年起，澳大利亚、比利时、德国、法国、英国等西方国家也纷纷制订法律，对“异端”的教派采取限制措施。中国也对法轮功组织采取了断然措施，彻底摧毁这一组织体系，并在全国范围内开展深入持久的揭批活动。并在1999年10月召开的全国人大常委会第12次会议上通过了《全国人民代表大会常务委员会关于取缔邪教组织、防范和惩治邪教活动的决定》；最高人民法院和最高人民检察院也作出了《关于办理组织和利用邪教组织犯罪案件具体应用法律若干问题的解释》，对防范和打击邪教活动提供了法律依据。

国际恐怖活动与反恐怖斗争给人们的启示 一是恐怖主义已是冷战后国际社会的重要特征之一。它不仅已成为不同政治力量顽强表现自己政治存在与地位的重要手段，而且也成为达成有限政治目的及时释放政治破坏力的一种途径。不仅将在强权社会和多极世界进程中长期存在，而且将在表现形式上更加多样，爆发的力度和破坏后果也将更为深远。二是恐怖主义的表现形式与影响范围急剧扩展。从近年来的恐怖主义发展走向看，其表现形式已大大超出暴力手段的范畴，已扩展到政治、经济、军事乃至科技和文化等不同方面。不仅时常以突发性恐怖事件牵动人们的视线，而且能够以金融风暴甚至在电脑网络中制造病毒等人们难以规避的手段对社会正常生活造成干扰。三是与恐怖分子作斗争的力度将不断加大。许多国家将防范与打击恐怖主义列为军队的主要任务之一。美国军队将打击恐怖主义行动列入军队的作战条令，俄罗斯在对车臣恐怖分子作斗争过程中，动用了军队9.5万人，并将反恐怖作战行动列为军事学术研究的重要课题。未来与恐怖分子的斗争有可能从小分队的零敲碎打转变为正规军参与的大规模作战。四是反恐怖活动将成为构成国际联系与合作的重要纽带。由于打击恐怖主义已成为世界性课题，国际社会为此正在加强携手与合作。1999年5月7日，阿拉伯国家联合反恐怖协议正式生效，标志着这一地区国家在反对恐怖主义方面观点与决心已趋于一致。8月1日，阿拉伯国家联盟内政和司法部长联合委员会在沙特西部城市吉达举行会议，呼吁加强国际反恐怖合作，并着手制定反恐怖活动机制和具体措施。9月，美国和俄罗斯有关方面已同意携手，追捕被美国怀疑制造了去年美国驻东非使馆爆炸案的本·拉丹。11月5日，俄罗斯总理普京与到访的土耳其总理埃杰维特草签了关于共同打击恐怖主义的宣言。俄罗斯与美国也在部分反恐怖问题上联手合作。1999年12月，中俄两国元首举行第二次非正式会晤，中国明确表示支持俄罗斯联邦打击车臣恐怖主义和分裂主义的行动。为更好地协调反恐怖行动，美国与巴基斯坦也开始了这方面的探讨与磋商。

（吴　鹏）

军　控　与　裁　军

国际军控与裁军形势综述 1999年，国际军控与裁军形势出现一些新的情况和特点。一方面，世界各国继续把精简员额作为军队质量建设的一个重要方面，并推出了一系列新的裁军方案或计划，使裁军领域取得一些新的成果；但另一方面，美国加速发展导弹防御系统，并力图修改反导条约，美参院还拒绝批准《全面禁止核试验条约》，使国际军控领域里的斗争此起彼伏，军控问题面临更加复杂的局面。

一些国家推出新的裁军计划 1999 年，一些国家推出一些新的裁军方案，成为国际裁军领域里的一个积极因素。

厄瓜多尔 1999 年 1 月 21 日，厄瓜多尔总统马瓦德宣布，厄将从年内起实施裁军计划。该计划包括 4 项内容：裁减军队人数；削减国防预算；停止购买武器；军官年内不提高工资。为此，厄将从 3.2 万现役军人中裁减 8000 人，裁减下来的人员将转为警察，以加强警力。此外，年内将减少征兵 60%。

秘鲁 1999 年 2 月 12 日，秘鲁总统藤森在与厄瓜多尔交界的皮乌拉省拉蒂纳城宣布，秘鲁将裁减军队员额 20%。裁军计划将在 1999 年和 2000 年内实施。秘军现有 10 万人，其中 3.7 万人是军官和士官。同时，藤森还透露，秘军有可能把现有的义务兵役制改成志愿兵役制。

波黑 1999 年 2 月 23 日，波黑 3 人主席团在萨拉热窝举行会议，决定将穆克联邦军队和塞族共和国军队的人数裁减 30%，并压缩 30% 的军费。这项决定是根据不久前在维也纳举行的前南地区军备控制会议上达成的协议作出的。目前在波黑国家预算支出中军费占了大部分。减员和削减军费节省下来的经费可用于恢复波黑的经济。同时决定将士兵服役期缩短为 6 个月。

瑞典 1999 年 3 月 19 日，瑞典三军总司令奥弗·维克托林公布了军方裁军计划。根据计划，瑞陆军将从现在的 13 个旅减少到 6 个旅，其中 4 个旅为装备重武器和坦克的重型旅；海军的水面战舰将从目前的 12 艘减至 6 艘，潜艇从 9 艘减为 5 艘；空军联队将从 13 个减至 8 个；职业军官从 14000 人减至 9000 人；文职人员从 9100 人减至 5000 人；义务兵人数从 45000 人减至 15000 人。维克托林表示，这将是自二战以来瑞典武装力量发生的最大一次变化。根据 1999 年 2 月初与反对党达成的协议，瑞典政府将在 2002 年至 2004 年内削减 120 亿瑞典克朗（约合 15 亿美元）的国防预算。

泰国 1999 年 8 月 17 日，泰国内阁通过国防部提出的裁军计划，决定今后 10 年内裁军 7 万余人。其中，陆军裁减 3.7 万人，海军裁减 1.7 万人，空军裁减 1.2 万人，最高司令部裁减 5000 人。另外，泰国陆军的 3 个军团将暂停招募新兵，两个特种兵部队中一个将被解散，海军和空军的装备规模也将相应缩减。

韩国 1999 年 8 月，韩国国防部在《21 世纪国家安全和国防开支》政策报告中宣布，韩军将在 2015 年前把现有的 69 万多人裁减到 40 万至 50 万人。按照该方案，韩将在 2015 年前实行分阶段裁军 20 万至 30 万人，最终把军官的比例从现在的 24% 提高到 30% 以上，把陆军在三军中所占的比例从目前的 81.2% 降到 71%，把海军和空军的比例提高到 29%。届时，韩国军队将成为“精悍的常备军和信息科学军队。”

保加利亚 1999 年 9 月 1 日，保国防部长阿纳尼耶夫向新闻界公布了国防部提出的军队改革“2004 年计划”。阿指出，保军队在改革过程中，将大量裁军，优化武器装备。根据计划，保军员额将在今后 4 年中由目前的 9.3 万人裁减到 4.5 万人，其中裁减军官将超过 1 万人。与此同时，军队的装备也将大大削减，其中战斗机由 465 架减少到 218 架，坦克由 1500 辆减少到 750 辆。

南联盟 1999 年 12 月 24 日，美联社报道，根据米洛舍维奇总统批准的计划，南联盟军队总人数将由 12 万减至 5 万人，最受影响的是空军，由于政府没有额外的资金购买新战机，空防主要依靠由俄罗斯制造的高射炮和地空导弹。陆军方面，一种由南改装生产的 M－84 坦克将取代俄制 T－55 坦克，成为南军主战坦克。海军方面，大部分舰艇都将退役，只留下少量舰艇用作巡逻。

斯德哥尔摩国际和平研究所发布 1998 年度报告 1999 年 6 月 16 日，斯德哥尔摩国际和平研究所发表 1998 年度报告。报告称，除亚洲和中东外，1998 年全球军费开支继续减少，开支额约为 7450 亿美元，比 10 年前减少了 1/3。中东欧的军费开支减少幅度最大，高达 55%。非洲和南北美洲也大量削减军费开支，削减幅度分别为 25% 和 30%。但亚洲军费开支一直在增加。中东地区的军费开支自 1991 年海湾战争以来一直保持在相同水平。值得指出的是，尽管美国 10 年来一直在裁军和削减军事投资，美国 1998 年国防开支却出现近 10 年来首次增长。1998 年，世界军火生产总值在 1950 亿～2050 亿美元之间。美国占世界军火生产总量的一半，法国和英国各占 10%。1998 年，美国仍是世界最大的军火出口国，出口达 123 亿多美元，法国居第二，约 38 亿美元，再次为俄罗约 13 亿美元，德国约 11 亿美元和英国约 7 亿美元。在武器进口排名上，进口最多的是台湾地区，约

47 亿美元，其次为沙特阿拉伯约 19 亿美元、希腊约 16 亿美元、土耳其约 14 亿美元、日本约 12 亿美元。

第 16 届拉美禁核组织大会在利马举行 1999 年 11 月 30 日，第 16 届拉丁美洲禁止核武器组织大会在秘鲁首都利马举行。在为期两天的会议中，与会代表们主要讨论西半球安全新概念、地区和平、拉丁美洲禁核武器条约、裁军全球化以及秘鲁和厄瓜多尔签署的边界和平协议对拉美地区产生的影响等问题。会议呼吁世界上一切拥有核武器的国家不但要从数量上，而且要从质量上实行真正的裁军。此次会议由拉美禁核组织、联合国和秘鲁外交部共同举办。来自拉美禁核组织的 33 个成员国的代表出席了会议。美国、俄罗斯、古巴等 18 个非成员国以及联合国和美洲国家组织等国际机构也派代表出席了会议。

美参院拒绝批准核禁试条约 1999 年 10 月 13 日，美国参议院以 51 票反对，48 票赞成的表决结果否决了批准《全面禁止核试验条约》的决议案（详见“军事要事”栏有关条目）。

联大通过维护和遵守《反弹道导弹条约》决议 1999 年 12 月 1 日，第 54 届联大以 80 票赞成、4 票反对和 68 票弃权的表决结果，通过了由俄罗斯、中国和白俄罗斯共同提出的“维护和遵守《反弹道导弹条约》”的决议。（详见“国际组织、条约”栏中的“联合国”条目）

（张昌泰）

促进全面禁核试条约生效大会举行 促进《全面禁止核试验条约》生效大会于 1999 年 10 月 6 日在维也纳举行。中国代表团团长沙祖康在会上发言时强调，中国将恪守条约，积极支持和参加条约组织的筹建工作，但一年多来国际上的消极事件无助于条约的生效和普遍性。对此，中国仍将在对条约和国际安全环境充分审议的基础上，尽量加快批准条约进程，并将继续为促进条约生效而努力。

他说，1999 年 3 月 26 日，中华人民共和国主席江泽民在日内瓦裁军谈判会议上，就裁军与安全问题发表重要讲话时指出，在当前和今后相当长的时期内，防止核扩散、推动核裁军，仍是国际社会的主要任务。核裁军的进展，离不开全球的战略平衡与稳定。前一段时间国际上一系列消极事态的发展，充分印证了江主席的上述论断。

本次会议的目的主要是为了促进条约尽快生效。条约规定，只有在所有 44 个有核能力的国家交存批准书第 180 天后才能生效。目前虽然已有 47 国批准了条约，但在 44 国中还有 23 国没有批准条约。会议审议并通过了会议报告和宣言。

（晋 学）

1999 年部分新上任军界要人简介

中华人民共和国中央军事委员会副主席胡锦涛 男，汉族，1942 年 12 月生于安徽绩溪。1964 年 4 月入党。1959～1965 年，在清华大学水利工程系学习，1964 年后任政治辅导员。1965～1968 年，在清华大学水利工程系参加科研工作，并任政治辅导员（“文化大革命”开始后终止）。1968～1982 年，先后在水电部刘家峡工程局房建队工作，任水电部第 4 工程局 813 分局技术员、秘书、机关党总支副书记，甘肃省建委秘书，甘肃省建委设计管理处副处长，甘肃省建委副主任，共青团甘肃省委书记。1982～1992 年，先后任共青团中央书记处书记，全国青联主席，共青团中央书记处第一书记，贵州省委书记、贵州省军区党委第一书记，西藏自治区党委书记、西藏军区党委第一书记。1992 年至现在，任中共中央政治局常委、中央书记处书记、中央党校校长。1998 年当选为国家副主席。1999 年 9 月任中共中央军事委员会副主席，同年 10 月任中华人民共和国中央军事委员会副主席。

中共第 12 届中央候补委员、委员，第 13 届、14 届、15 届中央委员，第 14 届、15 届中央政治局委员、常委、中央书记处书记。第 6 届全国政协常务委员。

（任 明）

美国陆军参谋长埃里克·新关上将 日裔美国人，1942 年 11 月出生在夏威夷考爱岛。1960 年，以优异成绩考入西点军校。4 年后毕业并被授予少尉军衔。接着，进入陆军炮兵学校学习。毕业后被派遣到第 25 步兵师任职。1965 年 12 月至 1966 年 8

月，任第25步兵师第9炮兵团第2营B连前方观察员，赴越参战，并在战斗中受伤。1967年4月至1968年8月，在夏威夷斯科菲尔德兵营任参谋，后到肯塔基州诺克斯堡学习装甲军官高级课程。毕业后被任命为第24军基地防御司令部人事参谋助理，再次赴越参战，任第9步兵师第5骑兵团第3中队A连连长，在战斗中再次负伤。1971年3月，被任命为太平洋陆军司令部人事参谋军官，驻夏威夷谢夫特堡。1974年8月考入北卡罗来纳州杜克大学攻读硕士学位，1976年6月毕业后任西点军校英语教官。1978年8月至1979年6月，在陆军指挥与参谋学院学习。1980年5月至1985年6月，先后任第3装甲骑兵团副官、陆军副参谋长办公室参谋、第3步兵师第7骑兵团第3中队指挥官、该师参谋长助理和作战参谋。1985年8月至1986年6月，进入国家军事学院深造。毕业后，在负责作战与计划的陆军副参谋长办公室任职，主管院校训练。后相继任第3步兵师第2旅旅长、第7军参谋长助理和作战参谋、南欧盟军地面部队副参谋长、第3机步师副师长、陆军作战与计划副参谋长办公室主任、第1骑兵师师长等职。1995年7月任陆军助理副参谋长。1996年8月任陆军副参谋长，负责作战与计划。1997年7月任欧洲美国陆军与第7集团军总司令、波斯尼亚稳定部队司令。1998年11月任美国陆军常务副参谋长。1999年6月21日晋升为美国陆军第34任参谋长。

（樊高月）

美国海军陆战队司令詹姆斯·L·琼斯上将 1943年12月19日出生于美国密苏里州堪萨斯市。青少年时长期生活在法国。1966年获得美国乔治敦大学外交学院学士学位。1967年，任少尉排长，参加越南战争。1968年12月，任海军陆战队连长。1973年7月，入两栖作战学校学习。1974年11月至1975年12月，任驻日本冲绳美国第3陆战师连长。1976年1月，调任（华盛顿）美国海军陆战队总部参谋。1979年9月至1984年7月，任驻美国参议院的海军陆战队联络官。后入国家军事学院学习。1985年6月毕业后，任第1陆战师（驻加利福尼亚州彭德尔顿兵营）营长。1987年8月，任美国海军陆战队司令高级助理。1989年2月，任美国海军陆战队司令军事秘书。1990年8月，任美国第24陆战远征分队司令。曾率部参加在伊拉克北部和土耳其的作战行动。1992年4月，晋升为准将。1992年7月，升任美军欧洲总部作战部副部长。在此任内还被任命为计划部署在波黑和马其顿的联合特遣部队参谋长。1994年7月，晋升为少将，任美国第2陆战师（驻北卡罗莱纳州）师长。1996年，先后任美国海军作战部远征作战部部长、美国海军陆战队负责计划、政策与作战的副参谋长。1997年1月，琼斯晋升为中将，任美国国防部长军事助理。1999年4月，晋升为上将军衔。1999年6月30日，接替任期届满并退出现役的查尔斯·C·克鲁拉克上将，就任美国海军陆战队第32任司令。

（肖石忠）

美国太平洋司令部司令丹尼斯·卡特勒·布莱尔海军上将 生于1947年。曾在大西洋和太平洋舰队的导弹驱逐舰部队服役。1984～1986年任“科克伦”导弹驱逐舰舰长，1989～1990年任珍珠港海军站站长，1993～1995年任“小鹰”战斗群司令，1995～1996年任中央情报局副局长，负责军事支援工作。毕业于美国海军军官学校，在牛津大学时获得过罗兹奖学金。曾在国家安全委员会参谋部、参联会以及其他一些重要的海军参谋部门工作过。还在白宫从事过研究工作，并任战略研究学会海上作战研究机构的负责人。获得过国防服役优异勋章和优秀勋章，还获得过功绩勋章和国防情报优异服役勋章。1999年2月20日就任现职。

（袁　林）

美国欧洲司令部司令兼北约欧洲盟军最高司令约瑟夫·W·罗尔斯顿空军上将 现年56岁。毕业于迈阿密大学，获化学学士学位。1965年通过后备军官训练团参加空军，曾先后在中队、联队和编号的航空队指挥官及一级司令部任职，还担任过空军各级机构的参谋与管理职务。1976年，获中密歇根大学人事管理硕士学位。还先后在陆军指挥与参谋学院、国家战争学院和哈佛大学肯尼迪政府学院学习过。是美国空军特级飞行员，驾驶过F－105D/F/G、F－16A和F－15A/C等型号的战斗机，有2500小时以上的飞行经验，包括在老挝和北越执行过147次战斗任务。1992～1994年，担任阿拉斯加司令部司令。1994～1995年，担任美国空军负责计划与作战的副参谋长。1995～1996年，担任空中作战司令部司令。1996～2000年，担任参联会副主席兼联合需求审查委员会主席、国防需求委员会副主席、国家安全委员会代表委员会成员和核武器委员会成员。曾经荣获过国防服役优异勋章、空军服役优异勋章、功绩勋章、飞行优异十字勋章、军功奖章、航空奖章和空军嘉奖奖章等。2000 年 4 月就任现职。

（纪　皓）

俄罗斯总统兼武装力量最高统帅弗拉基米尔·弗拉基米罗维奇·普京　生于 1952 年 10 月 7 日。1975 年毕业于列宁格勒大学法律系。经济学博士。预备役中校。1975 年进入苏联对外情报局，长期在德国工作。返回列宁格勒后任列宁格勒大学负责国际问题的校长助理。1990 年任列宁格勒市苏维埃主席顾问。1991～1992 年任圣彼得堡市对外联络委员会主席。1992～1994 年任圣彼得堡市副市长兼对外联络委员会主席。1994 年起任圣彼得堡市第一副市长兼对外联络委员会主席。1996～1997 年任总统事务管理局副局长。1997～1998 年任总统办公厅副主任兼总统监督总局局长。自 1998 年 5～7 月任总统办公厅第一副主任。1998 年 8 月任俄罗斯联邦安全局局长、安全会议秘书。1999 年 8 月 9～16 日任俄罗斯第一副总理、代总理。1999 年 8 月 16 日任政府总理。1999 年 9 月任俄罗斯和白俄罗斯执行委员会主席。1999 年 12 月 31 日任俄罗斯代总统兼政府总理。2000 年 3 月 27 日当选为俄罗斯联邦第 3 届总统。

（肖　研）

巴基斯坦首席执行官佩尔韦兹·穆沙拉夫上将　1943 年 8 月出生于印度首都新德里，1947 年印巴分裂后随父母来到独立的巴基斯坦。属于在国内备受排斥的少数木哈吉人。1964 年毕业于喀库尔军事学院。经过专业的军事训练后，加入巴武装部队。曾在某炮兵团任职，并于次年参加了第二次印巴战争。由于作战勇猛，他在这次战争中获得勇士勋章。1971 年，印巴再次爆发武装冲突，穆沙拉夫以巴陆军特种部队突击队员的身份再次参战。此后，他屡受提拔，担任了装甲部队指挥官，衔至陆军准将。1995 年，穆沙拉夫被提升为陆军中将，统军镇守与印度接壤的旁遮普省。1998 年 10 月，穆沙拉夫接替卡拉马特担任陆军参谋长，1999 年 4 月又被谢里夫任命为参谋长联席会议主席，成为军界首号人物。1999 年 10 月 12 日，发动军事政变，15 日出任巴基斯坦首席执行官。

（海　明）

马来西亚武装部队总司令达图·斯里·穆罕默德·扎希迪·扎伊努丁　1948 年 4 月 30 日出生在马来西亚吡叻州的瓜拉江沙。在怡保接受早期教育。1964 年进入马来西亚皇家军事学院就读。1968 年 4 月在皇家马来军团获得少尉军衔。曾先后到澳大利亚、美国、菲律宾和巴基斯坦等国进行防务和军事方面的深造。1988 年 8 月担任联合国驻两伊（伊朗、伊拉克）停战观察员，其后任马武装部队参谋和训练总长。1997 年 7 月任马皇家陆军副总司令。1998 年 1 月 1 日被提升为陆军总司令。1999 年 1 月 1 日担任马武装部队总司令，成为马武装部队历史上第 14 任总司令。扎伊努丁具有担任军队领导工作的丰富经验，学识渊博，作风稳健，深得马来西亚政府高层的赏识，是马来西亚武装部队中新一代军官的优秀代表。

（孟　丽）

日本内阁总理大臣兼自卫队最高统帅森喜朗　1937 年 7 月 14 日生于石川县。1960 年毕业于日本早稻田大学商学院。1969 年，以无党派人士参加日本众议院议员竞选成功，进入政界，后加入自民党福田派。先后担任过日本总理府总务副长官、内阁官房副长官、自民党国会对策委员会委员长、自民党文教部会长、副干事长等职。1981 年，任众议院大藏委员会委员长；1983 年，任内阁文部大臣。1991 年以后，先后出任自民党政调会会长、内阁通商产业大臣、自民党总务会长、内阁建设大臣等职。1998 年担任自民党干事长，同年 12 月，他在自民党内组成森喜朗派，并担任会长。2000 年 4 月 5 日，当选日本首相，同时兼任自卫队最高统帅。

日本防卫厅长官瓦力　1937 年 4 月出生于石川县七尾市。日本中央大学法律系毕业。曾任已故原日本众议院议长益谷秀次的秘书。1972 年首次当选日本众议院议员，此后 9 次当选。1987 年 11 月出任防卫厅长官，旋即因次年 7 月发生的潜艇事故引咎辞职。历任劳动政务次官、内阁官房副长官、众议院大藏、建设、安保特、国对等委员会委员长、自民党政调副会长、政治改革本部长、安保调查会长、全国组织委员长、自民党副干事长、国土开发调查会长等职。1997 年出任内阁建设大臣，1999 年 10 月 5 日出任国务大臣、防卫厅长官。

（于　庭）

以色列总理兼国防委员会主席、武装力量统帅埃胡德·巴拉克　生于 1942 年，1959 年加入以色列国防军，在以色列的特遣部队服役。在这支部队里，他因出色地完成任务而多次获得勋章。此外，还参加过第 3、4 次中东战争。先后担任过特种部队指挥官、坦克旅旅长、装甲师师长等职。他

1983～1986年出任军队情报机构的领导工作，1986～1987年任中央军区司令，1987年担任以军副总参谋长，1990年11月～1994年12月任以色列武装部队参谋长。1976年获得希伯来大学数学学士文凭，1978年获美国加利福尼亚斯坦福大学物理学硕士文凭。1994年退役后，去美国进修，回国后于1995年加入工党。1995年7月～11月22日任内政部长，1995年11月7日任代理国防部长，1995年11月22日～1996年6月任外交部长，同年12月2日出任内阁核心小组成员。1997年6月3日当选工党领袖。1999年5月当选以色列总理。

巴拉克主张在“土地换和平”原则上继续推动中东和平进程。

（习　钟）

印度尼西亚总统兼武装力量统帅阿卜杜勒—拉赫曼·瓦希德　1940年8月4日生于东爪哇省宗班县，信奉伊斯兰教。1964年至1966年在埃及开罗的爱资哈尔大学高级伊斯兰教与阿拉伯语高级研究院学习。1966～1970年留学伊拉克巴格达大学文学系。1971年回国后在哈希姆·阿沙里大学神学系任系主任。1974～1980年任印尼《时代》杂志专栏作家。1980年当选为印尼民主论坛主席。1983～1985年出任雅加达艺术委员会主席。1984年当选为伊斯兰教师联合会主席，并于1989年和1994年两次连任至今。1987～1992年任印尼人民协商会议成员。1993年获得“马塞塞奖金”，成为亚洲杰出贡献名人。1994年担任世界宗教与和平大会主席。1998年被美国《时代》周刊评为亚洲最有影响力的50位名人之一。1999年10月20日当选为印尼第4任总统。

（孟　丽）

阿尔及利亚总统、国家最高安全委员会主席、武装力量统帅兼国防部长阿卜杜勒·阿齐兹·布特弗利卡　1937年3月2日生于摩洛哥东部的乌吉达省。其父母是阿尔及利亚西部特累姆森省人，于30年代中期来到乌吉达谋生。1956年中学毕业后，响应“阿尔及利亚穆斯林大学生联合会”的号召，参加“民族解放军”，反抗法国的殖民统治，并逐步成为后来担任阿尔及利亚总统的布迈丁的得力助手之一。1960年任布迈丁总参谋部少校秘书长，负责开辟和扩大南部战线。1962年阿尔及利亚独立后，布特弗利卡出任第1届政府的青年、体育和旅游部长。1963年9月改任外交部长。1964年当选为民族解放阵线中央委员和政治局委员。1965年参与布迈丁推翻本·贝拉的政变。布迈丁执政后，被任命为全国革命委员会委员，同年7月任外长直至1979年。1978年底布迈丁总统去世后，遭到推行“非布迈丁化”政策的沙德利总统排挤。1981年被开除出政治局，被迫流亡法国和瑞士。1987年回国。1989年参加“民族解放阵线”大会，重新当选为中央委员会委员。1999年4月，他以独立人士身份参加总统选举，当选为阿独立以来的第7任总统。1999年7月12日在第35届非洲统一组织首脑会议上当选为该组织执行主席，任期一年。

（姜　蓓）

摩洛哥国王兼武装力量统帅西迪·穆罕默德六世　是摩洛哥阿拉维王朝的第22位君主。1963年8月21日生于首都拉巴特，1979年被立为王储。1985年毕业于首都拉巴特的穆罕默德五世大学法学院，获法律学学士学位。同年，被任命为摩洛哥武装部队三军总协调员，成为地位仅次于哈桑二世国王的军队第2号人物。1987年和1988年分别获得政治学高等研究一级证书和公法高等研究博士证书。后到法国尼斯大学深造，1993年10月获法学博士学位。1994年7月由少校晋升为少将。1999年7月23日，在其父哈桑二世逝世后继位。穆罕默德六世任王储期间，经常代表国王主持重大礼仪活动，出国访问或出席国际会议，曾出席过第七届不结盟首脑会议、第十次法非首脑会议和安曼阿盟特别首脑会议。他还经常主持皇家武装部队军事院校的毕业典礼，视察空、海军基地。穆罕默德六世对华友好，曾于1991年11月11日以王储身份访问中国。他精通法语和阿拉伯语，并能说英语和西班牙语。他撰写的“阿拉伯—非洲联盟及摩洛哥国际关系战略”的论文已出版。

（姜　蓓）

尼日利亚总统、武装力量总司令兼国防部长奥卢塞贡·奥巴桑乔　1937年3月生于尼日利亚奥贡州首府阿贝奥库塔附近的阿戈奥武，约鲁巴族人。1958年中学毕业后入伍，1960年在联合国驻刚果（金）维持和平部队中服役，曾在印度参谋学院和英国皇家国防研究学院进修。1963～1975年，历任尼日利亚陆军工程兵司令、野战工程兵司令、陆军第2军区司令、第2师师长、第3步兵师师长、工程兵部队司令、最高司令部参谋长和最高军事委员会委员等职。1976年2月，国家元首穆罕默德在未遂政变中遇害身亡后，接任国家元首、政府首脑兼武装部队总司令和最高军事委员会主席等职。1979年4月晋升为上将。同年 10 月将政权移交给文官政府。1995 年奥巴桑乔因涉嫌参与“政变”而被军政府逮捕入狱。1998 年尼国家元首阿巴查将军突然病逝，前国防参谋长阿布巴卡尔上台执政，奥巴桑乔被宣布无罪释放。在 1999 年 2 月 27 日举行的总统选举中，以尼日利亚人民民主党领导人身份获胜，当选为尼日利亚第 4 任总统，5 月就任。

（姜 蓓）

保加利亚国防部长博伊科·诺埃夫 生于 1954 年。1981 年毕业于莫斯科国际关系学院。长期在外交部从事与欧安组织、军政安全和裁军有关的工作。1994 年 2 月至 1995 年 1 月先后任主管军政问题的国防部副部长和因卓娃看守政府国防部长。之后，任驻比利时大使和常驻北约代表。1999 年 12 月被任命为保国防部长。懂英、俄、法语。

比利时首相兼内阁防务委员会主席居伊·韦尔霍夫斯塔特 1953 年 4 月生于比利时，荷语自由民主党人，法学博士，律师。1976～1982 年任根特市议员。曾分别于 1982～1985 年、1989～1995 年两次任荷语自由民主党主席。1985～1988 年任副首相兼预算、科学与计划大臣。1985～1995 年任众议员。1995 年 1 月任国务大臣。1995 年 6 月任参议院副议长。1999 年 7 月出任首相兼内阁国防委员会主席。

比利时国防大臣安德烈·弗拉奥 法语社会党人，1955 年 8 月 18 日生于布拉邦—瓦隆区瓦兰市。布鲁塞尔自由大学政治与公共行政管理系毕业并获学士学位。1973 年加入法语社会党。1979 年入比社会党埃米尔·范德韦尔德研究所任职，并于 1989 年起任所长。1982～1994 年任瓦兰市顾问。1983～1995 年任布拉邦—瓦隆区社会党联盟主席。1987～1991 年任布拉邦省顾问。1994 年当选为议员。1995 年 6 月任政府公职部部长。1999 年 7 月 12 日任国防大臣。

比利时陆军参谋长居伊·巴斯蒂安中将 1943 年出生。1961～1965 年在皇家军校学习，接着到阿尔隆步兵学校实习。毕业后赴驻德比军部队服役，先后任第 2 机械化步兵营装甲步兵分队队长、侦察分队队长、副连长、连长等职。1972～1973 年赴美国本宁堡步兵学校进修。回国后到阿尔隆步兵学校任教，后任教研处副主任。1976～1977 年入皇家高等国防学院进修。1977～1979 年任陆军参谋部规划局作战处处长。1979～1980 年赴美国莱文沃思堡（堪萨斯）陆军指挥与参谋学院进修。回国后到皇家高等国防学院任教。1982 年起先后任驻德比军第 16 师参谋部情报参谋、作战参谋。1985～1987 年任驻德比军第 2 机械化步兵营营长。1987 年回国后任比驻北大西洋理事会常驻代表军事顾问。1992 年 9 月任陆军参谋部作战处长。1993 年 5 月被任命为国王副官。1993 年 9 月 1 日晋升准将。出任联合国驻索马里维和部队基斯马尤地区旅旅长。1994 年 3 月 26 日晋升少将，任北约军事委员会国际军事参谋部计划与理论局副局长。1996 年 9 月 26 日晋升中将。1996 年 9 月 30 日任陆军作战司令部司令。1997～1999 年 6 月 30 日任比驻北约军事委员会军事代表。1999 年 7 月 1 日任陆军参谋长。

（商景洲）

丹麦国防参谋长汉斯·杰斯珀·海尔旭中将 1948 年 7 月 9 日生于哥本哈根。1968 年加入丹麦陆军。1970 年被授予少尉军衔，入丹麦陆军学院学习。1974 年毕业后在国王炮团服役。1978～1979 年，参加初级战术参谋课程培训。结业后任联合国驻塞浦路斯维和部队副连长。1979～1982 年任西兰军区后勤参谋。1982～1983 年在美国进修陆军指挥和高级参谋业务课程、国防资源管理课程。1983～1987 年，任丹麦国防司令部军事采购部门参谋。1987～1990 年，任丹麦北约办公室参谋。1990 年，参加改进领导目标管理培训，任国王炮团炮兵营营长。1992～1994 年，任丹麦陆军作战司令部负责计划和政策的副参谋长，后任国王炮团团长至 1996 年。其间，1995 年担任联合国驻波黑“保护部队”比哈奇地区司令。1996 年进修国防司令部的安全政策课程。1996～1998 年任第 1 西兰旅旅长。1998 年晋升少将，任丹麦陆军作战司令部司令。2000 年 2 月 28 日，任丹麦国防参谋长，并被授予中将军衔。

（徐剑光）

法国陆军参谋长伊夫·克雷纳上将 1941 年 7 月 31 日生于法国巴黎。1962 年 9 月入圣西尔军校学习，1964 年 10 月到炮兵实习学校实习。1965 年 10 月 1 日被授予中尉军衔。1966 年 8 月赴法驻德国鲁道夫采尔第 302 炮兵大队服役。1970 年 7 月任法驻德国腓特烈港第 60 炮兵团通信负责人。1972 年 3 月，回国入参谋学校学习，毕业后任驻蒂永维尔第 25 炮兵团炮兵连连长。1975 年 8 月任驻贡比涅第 8 师参谋部参谋。1977 年 9 月入高等指挥学院进修。1979 年 6 月任德拉吉尼昂炮兵实习学校学员大队大队长。1981 年 7 月任圣西尔军校学员大队大队长。1983 年 7 月任第 8 炮兵团团长。1985 年 7 月任陆军参谋部战术研究中心负责人。1988 年 9 月入高等国防研究院和高等军事研究中心进修。1989 年 7 月任第 1 集团军兼第 6 军区司令部参谋长。1990 年 4 月 1 日晋升准将。1991 年 9 月 1 日任陆军参谋部主管组织与后勤的副参谋长。1993 年 10 月 1 日晋升少将。1994 年 12 月 1 日任法驻德部队司令兼第 1 装甲师师长。1996 年 1 月 1 日晋升中将，同年 1 月 22 日任陆军常务副参谋长。1999 年 1 月 21 日晋升上将，并任陆军参谋长。

法国海军参谋长让·吕克·德洛奈海军上将 1940 年 1 月 3 日出生于法中西部的维埃纳省。1961 年入法海军军校学习。毕业后先后在法驻波里尼西亚、大西洋、地中海等地区海军舰艇部队服役。1969～1970 年在法导弹炮兵和美诺福克导弹学校学习。1969 年晋升海军上尉。1973～1975 年任法驻印度洋海军部队巡逻艇艇长。1976 年进海军高等军事学院学习。1983～1984 年任法驻太平洋海军部队护卫舰舰长。1984～1988 年在法国防部长军事办公室负责外事工作。1988～1989 年先后任法驻印度洋及波斯湾海军部队护卫舰艇长。1990 年进法高等军事研究中心和国防高等研究院学习。1992 年 1 月晋升准将，任海军参谋部负责海军改组工作。1993 年 3 月任海军人事局副局长，主管海军院校司令部人事工作。1994 年 6 月任海军印度洋军区司令。1995 年 8 月晋升少将，任总统特别参谋长。1996 年 3 月晋升中将。1997 年 12 月晋升上将。1999 年 5 月任海军参谋长。1984 年曾率法护卫舰访华。1997 年 5 月随希拉克访华。

（商景洲）

芬兰总统兼武装力量统帅塔里娅·哈洛宁女士 1943 年 12 月 24 日生于赫尔辛基，1968 年毕业于赫尔辛基大学法律系，获法学硕士学位。1979 年任议会议员至今。1984～1987 年任议会社会卫生委员会主席。1987～1990 年任政府社会事务部长。1990～1991 年任司法部长。从 1995 年开始，一直在政府任外交部长。在对外关系方面，支持芬兰现行的外交路线，坚持芬兰军事不结盟政策，支持欧洲一体化进程和欧盟扩大。在国内政策方面，主张为了确保经济的稳定发展和充分就业，需要进一步提高全民族的教育素质，实行财富公平合理的分配，防止贫富两极分化。曾于 1998 年 9 月访华。2000 年 2 月 6 日当选为芬兰总统。

（徐剑光）

克罗地亚总统兼武装力量统帅斯捷潘·梅西奇 1934 年 12 月生于克罗地亚，1961 年从萨格勒布大学法律系毕业后从事律师工作。1990 年 5 月，作为克罗地亚民族政党“民主共同体”领导成员之一当选克罗地亚总理。同年 10 月，当选南斯拉夫联邦主席团副主席。1991 年 6 月，克罗地亚脱离南斯拉夫联邦宣布独立。1992 年 9 月，在克罗地亚共和国议会选举中当选议会主席。1994 年 5 月，被解除职务并宣布退出执政的克罗地亚民主共同体。2000 年 2 月，梅在提前举行的总统大选中作为克主要反对党之一——克人民党的候选人当选总统。

克罗地亚国防部长约·拉多什 现年 44 岁，萨格勒布大学电子技术系毕业，曾在几家大型企业中担任过电子工程师。从政后历任社会自由党委员会委员、副主席、总书记等职，曾担任议会代表院议员，负责议会国防和安全事务。2000 年 1 月 27 日被新一届克罗地亚政府任命为国防部长。

克罗地亚军队总参谋长佩·斯蒂佩蒂奇 1937 年出生，毕业于前南人民军军事学院、指挥参谋学院。1990 年任前南人民军第 5 军区（萨格勒布军区）副参谋长。1991 年加入克罗地亚军队，先后任克军副总长、西斯拉沃尼亚战区司令、萨格勒布军区司令等职，1994 年因在波黑问题上持不同政见而被免职，后重回总参，任总长助理。2000 年 3 月任总参谋长。斯系职业军人，在军队中享有一定威望。

（潘海澜）

卢森堡国防大臣夏尔·格伦斯 1952 年 2 月 6 日生于卢森堡埃特尔布吕克。民主党人。中学时代先后在比利时卡尔斯堡现代中学和农业技术中学学习，毕业后回家乡务农。1979 年首次当选为卢民主党议员，开始从政。后于 1984 年、1989 年、1994 年和 1999 年连续当选议员。1982～1984 年任欧洲议会议员，负责议会自由党团有关政治自由和“人权”事务方面的协调工作。1987～1994 年任西欧联盟议会议长。1989～1994 年任卢民主党主席。1994 年当选欧洲议会议员。1999 年 6 月再次当选卢议员和欧洲议会议员。1999 年 8 月 7 日任卢合作、人道行动与国防大臣（即国防大臣），同时兼任环境大臣。

葡萄牙国防部长儒里奥·德莱莫斯·卡斯特罗·卡尔达博士 1943 年 11 月生于里斯本。1966 年毕业于古典大学里斯本法律学院。先后担任里斯本法律学院学生联合会主席、社会和经济发展联合会主席等职。1967～1970 年应征服兵役，授中尉军衔。1974 年创建人民民主党。1979 年当选议员，1979～1992 年担任议会民主联盟党团领袖。曾先后出任公共部高级顾问、律师联合会主席 银行管理委员会主席等职。1999 年 10 月 25 日就任国防部长。

瑞典三军总司令约翰·海德斯泰德中将

1943 年 8 月 26 日出生于瑞典南部城市耐索。1965 年考入瑞典军事学院。毕业后在军事学院及国防学院任教官。1973～1974 年，在基层部队任连长。70 年代中期入总参谋部任职，后又多次赴基层部队任职，历任营长、旅长、师长，1993 年晋升准将。其间曾多次参加联合国军事行动，并多次担任联合国参谋军官的培训教官和主官。其中，1981 年任塞浦路斯联合国维和营参谋长，1988 年任黎巴嫩联合国维和营营长。1996 年，任总司令部负责瑞军国际行动的作战部副部长，并晋升少将。1997 年任国防部长军事顾问，1998 年晋升中将。2000 年 4 月被瑞典政府任命为三军总司令。

（徐剑光）

瑞士联邦主席兼武装力量最高统帅阿道夫·奥吉 1942 年 6 月 18 日生于伯尔尼山区坎德施特格。瑞士人民党人，毕业于瑞士高等商业学院，获商业学士学位。1979 年当选国民院议员，后 3 次连任。1984 年起任人民党主席。1987 年 11 月当选为联邦委员，主管能源交通部。1993 年 1 月轮任联邦政府主席。1996 年 1 月 1 日任联邦国防民防体育部长。2000 年 1 月再次轮任联邦政府主席。奥积极主张瑞士参与欧洲一体化进程，关心军事、男女平等等问题，对华态度友好。

（王珍捍）

斯洛伐克总统兼武装力量统帅鲁道夫·舒斯特 日耳曼族人，1934 年 1 月 4 日生于科希策市附近一座小城市。其父一战后从奥地利搬到东斯洛伐克。1959 年毕业于斯洛伐克高等技术学校建筑系建筑工程师专业，此后在布拉迪斯拉发的斯洛伐克科学院科研所工作了 3 年。1962 年 2 月，在斯洛伐克最大的钢铁企业——东斯洛伐克钢铁厂领导投资计划部。从 1974 年起，任科希策市苏维埃副主席、第一副主席。1983 年，当选该市市长。1964 年加入捷共，1986 年 3 月至 1989 年 12 月为斯洛伐克共产党中央委员。1989 年，任斯洛伐克民族院主席。1990 年秋，被任命为捷克斯洛伐克驻加拿大大使。1992 年 3 月，由于捷克斯洛伐克议会通过了禁止在捷共和捷国家担任领导职务的前共产党人从事外交工作的“清查法”，他被迫放弃了外交生涯。在随后两年内，同斯洛伐克私营公司成功地合作，收到良好的经济效益。1994 年秋，在市自治政府首脑的大选中获胜，再次任科希策市长。1998 年 12 月，科希策居民决定让他连任。1998 年初，舒斯特及其志同道合者成立了公民谅解党，其中一项任务就是参加总统大选。1999 年 5 月 29 日当选，6 月 15 日正式就任斯洛伐克总统。拥护斯洛伐克加入北约和欧盟，但打算“千方百计地加强”同俄罗斯的关系。

（海　明）

希腊国防参谋长马努索斯·帕拉季乌达基斯上将 1938 年出生于希腊克里特岛的雷西姆农市。1960 年毕业于希陆军学院，并被授予少尉军衔。之后，曾先后在希高等陆军作战学院、希国防学院、美国指挥和参谋学院、希武装部队特种武器学校、军事外语学校以及塞萨洛尼基亚里士多德大学学习，并获亚里士多德大学的法学学位和政治科学及公共法律学位。历任炮兵学校教员、高炮营副营长、国民警卫队参谋部炮兵办公室主任、陆军参谋部参谋、陆军高等作战学院教员、北约南欧盟军司令部情报处参谋、炮兵营营长、陆军参谋部第一参谋办公室副主任、主任、副师长、师长、军长。1993 年晋升（炮兵）中将军衔。1996 年 2 月任陆军总参谋长。1998 年 11 月晋升为上将。1999 年 2 月 15 日正式升任国防总参谋长。

希腊陆军参谋长康斯坦丁·帕纳伊奥塔基斯中将 1941 年 5 月 4 日出生于希腊克里特岛的莱西姆诺。1963 年毕业于希陆军学院炮兵专业。之后，曾先后在希陆军高等军事学院、国防学院和美国防空学院进修学习。历任野战炮兵营参谋军官、第 105 野战炮兵营副营长、陆军参谋部第 3 办公室参谋、第 180 霍克导弹营营长、希驻美国国防武官、第 1 集团军炮兵部部长、第 1 支援旅副旅长、旅长，第 1 集团军参谋长、第 11 步兵师师长、国防副参谋长、第 3 军军长、第 1 集团军司令等职。1999 年 2 月 15 日任陆军参谋长。

希腊空军参谋长季米特里奥斯·里泽拉科斯中将 1946 年 11 月 9 日出生于希腊美塞尼亚省的卡拉马塔。1965 年入希腊空军学院学习，1968 年毕业并被授予少尉军衔，后被分配到空军第 115 作战联队任 F－84F 战斗机飞行员。曾先后在希高等经济和商业学校、空军军官学校和飞行安全学校、意大利高级参谋学校、美国安全援助管理学院和希空军军事学院进修学习。驾驶过“幻影”M－2000、F－4和F－16等型战斗机，飞行时间达4800小时。历任作战联队飞行军官、参谋、第360训练中队中队长、驻美空军武官、第114作战联队联队长、希空军参谋部副参谋长等职。1996年出任战术空军司令。1999年2月15日任空军参谋长。

意大利总统兼武装力量统帅卡洛·阿泽利奥·钱皮 1920年12月9日生于意西部里窝那市。毕业于比萨大学语言学系，后到德国获法学博士学位。1941～1944年在意大利陆军服役。从1946年起进入意大利银行工作。1978～1979年任银行总经理，1979年9月任总裁。1993年4月～1994年1月任总理。1994年4～5月任临时内政部长。1996年5月任国库兼预算部长。1998年10月21日再次担任政府国库部长。1999年5月13日在由1000余名参众两院议员和各大区代表组成的“大选举团”选举中，以超过法定三分之二的多数票当选为战后意大利共和国第10任总统，同时兼任意武装力量统帅。钱皮为无党派人士。

意大利国防部长塞尔焦·马塔莱拉 1941年7月23日生于意大利巴勒莫。曾任巴勒莫大学议会法讲师，并从业律师。早年加入意大利人民党，后任意天主教民主党全国委员会委员及中央领导成员。1990～1992年任天民党政治副书记。1992年11月至1994年7月任天民党机关报《人民报》政治主编。历任第9届议会立宪事务委员会委员，第10届议会事务部长、教育部长，第11届议会立宪事务委员会委员及两院改革委员会副主席，第12届议会第1委员会副主席、议会黑手党调查委员会成员及反恐怖主义委员会副主席，第13届议会第3常设委员会（外交和共同体）及两院体制改革委员会委员等职。1996～1998年，担任人民党和天民党议会党团主席，随后任达莱马政府内阁副总理。1999年12月22日，就任达莱马第2届政府国防部长。

意大利国防参谋长马里奥·阿尔皮诺空军中将 1937年7月20日生于意东北部乌迪内市。1956～1959年在空军学院学习。后在第51飞行联队任飞行员、中队长。1967～1973年在第53飞行联队任第21飞行大队作战处长、飞行联队作战处长。1973年晋升中校，任第71电子战大队队长兼机场无线电控制部主任。1974～1976年任空军参谋部第3局科长。1977～1979年任第46空运旅飞行部主任。1979年任空军参谋部第3局作战处长。1980～1982年任空军参谋部第3局计划处长。1982年晋升准将，任空军参谋部第3局副局长。1984～1986年任空军参谋部财务规划局局长。1986年任空军参谋部第3局局长。1987年晋升少将，任空军学院院长。1989年任空军第2军区副司令。1990～1991年海湾战争期间，任驻沙特利雅得空军协调部队指挥官。1991年晋升中将，任空军副参谋长。1994年任空军第1军区司令。1995年6月任空军参谋长。1999年2月任国防参谋长。

意大利空军参谋长安德列亚·福尔纳谢罗中将 1937年2月9日生于意东北部帕多瓦市附近的埃斯特镇。1956～1959年在空军学院学习。1960～1973年，在第6飞行联队任中队长、大队作战科长、联队作战处长、飞行大队长。1973年晋升中校，在空军参谋部任职。1975～1978年任空军参谋部后勤局后勤计划科长。1979年任第53飞行联队队长。1980～1984年任空军参谋部预算规划局处长。1984年晋升准将，任国防秘书长办公室科研、国际合作及财务局局长。1989年晋升少将，任空军院校副司令。1990年任空军第3军区副司令。1994年任北约盟军第5战术空军司令。1996年任全国运输委员会和欧洲地面运输委员会北约南欧分会主席。1997年任空军院校司令，并兼任武装力量最高委员会空军分会主席。1999年2月5日任空军参谋长。

（商景洲）

英国第一海务大臣兼海军参谋长迈克尔·博伊斯海军上将 1943年4月2日出生。1961年参加英国皇家海军。1965年进入潜艇部队服役，成为鱼雷与反潜专家。1973年完成潜艇指挥官课程之后，任潜艇艇长、潜艇海上训练中心主任的作战官。1982年在英国国防部海军计划局任职。次年改任潜艇艇长。后任潜艇海上训练中心主任。1986年任国防部海军计划与项目局负责作战的助理局长。1988年在皇家海军防务学院学习后，任英国驻中东高级海军代表兼皇家海军编队司令。1989年晋升为海军准将，并任海军参谋部局长。1991年晋升为海军少将，并升任英国皇家海军海上训练中心司令兼波特兰海军基地司令。1992年11月起，先后任皇家海军水面分舰队司令、北约反潜战打击部队司令。1994年晋升为海军中将。1995年5月晋升为海军上将，同时出任英国第2海务大臣兼东大西洋海军部队司令、西北欧盟军海军部队司令。1998年10月8日，升任英国第一海务大臣兼海军参谋长，同时成为英国国防委员会委员。

（肖石忠）

阿根廷总统兼武装力量统帅费尔南多·德拉鲁阿 1937年9月15日生于科尔多瓦市。1958年毕业于科尔多瓦国立大学法律系，后获该校博士学位。早年加入激进公民联盟。1982年成为该党的领导人之一，1991年被选为该党首都地区委员会主席，并任该党在议会众院议员团的主席。1983年作为激进公民联盟总统候选人参加竞选。1996年当选为布宜诺斯艾利斯市市长。1999年10月，作为“激进公民联盟”和“国家团结阵线”两党组成的竞选联盟总统候选人在大选中获胜，当选为阿根廷总统。1999年12月10日就职。

阿根廷国防部长里卡多·洛佩斯·墨菲 现年49岁，是政府中最年轻的部长。曾在美芝加哥大学攻读硕士学位。历任拉普拉塔大学、圣安德列斯大学教师，科尔多瓦省省长经济顾问，国际货币基金组织、联合国和世界银行顾问，拉丁美洲经济研究基金会主席等职。1999年12月10日任现职。

阿根廷武装力量联合参谋长胡安·卡洛斯·穆格诺罗陆军上将 1938年12月15日生于首都布宜诺斯艾利斯市。1961年毕业于国家军事学校。历任陆军总参谋长副官、陆军高等战争学校教官、炮兵学校副校长、第9机步旅旅长、陆军第5军司令等职。1999年12月13日任现职，同年12月31日晋升为上将。

阿根廷陆军总参谋长皮卡多·吉列尔莫·布里索尼上将 1945年10月6日生于首都布宜诺斯艾利斯市。1964年毕业于国家军事学校。历任第7炮兵大队军需官、第11机械旅军需官、第4空运炮兵大队大队长、陆军作战部发展局局长、陆军作战部副部长、联合参谋部作战部部长等职。1999年12月13日任现职，同年12月31日晋升为上将。

阿根廷海军总参谋长霍阿金·埃加多·斯特拉上将 1942年1月14日生于首都布宜诺斯艾利斯市。1962年从军校毕业。历任第1驱逐舰分队司令、驻美海军武官、海军人事总局局长、常驻美洲国家组织海军军事使团长、海军作战司令部部长等职。1999年12月13日任现职，同年12月31日晋升为上将。

阿根廷空军总参谋长瓦尔特尔·多明戈·巴尔贝罗上将 1942年4月20日生于科尔多瓦省。1964年毕业于军事航空学校。曾在美国加州蒙特雷海军学校攻读硕士学位。历任军事航空学校教官、空军作战司令部后勤局局长、驻德空军武官、空军人事部部长、空军物资司令部部长等职。1999年12月13日任现职，同年12月31日晋升为上将。

（储晓洁）

巴西国防部长热拉尔多·基当 现年64岁，曾在巴西银行法律部门供职37年。自1993年7月起，任联邦政府首席律师。基当具有丰富的行政经验和学识，与总统关系密切。基当2000年1月担任现职后表示，在其任内将改善军人的工资、待遇，增加军队预算，重视巴防务和更新武器装备等问题。

巴西陆军司令克莱乌贝尔·维埃拉上将 1954年毕业于陆军黑针军事学校炮兵专业。历任军校教官、武装力量参谋部参谋、陆军部长办公室参谋、总统府军事办公厅参谋、总统特别顾问处处长、炮兵营营长、驻美陆军副武官、第3步兵师炮兵司令、陆军军官进修学校校长、陆军参谋部局长、陆军部长办公室主任、陆军教学及研究部部长、陆军参谋长等职。1995年晋升为上将。1999年1月任现职。

巴西海军司令塞尔吉奥·吉提拉纳·弗洛伦西奥·沙加斯特雷斯上将 1936年9月生于阿拉戈阿斯州。历任军校教官、舰长、巴伊亚州港务局局长、第1驱逐舰司令部司令、海军参谋部局长、驻美国和加拿大海军武官、海军航空兵司令、海军部办公厅主任、舰队司令部司令、海军物资部部长、海军作战部部长、海军航海部部长、海军参谋长等职。1995年晋升为上将。1999年1月任现职。

巴西空军司令瓦特尔·威尔奈·博拉乌埃尔上将 1953年3月入伍。历任飞行员、第4航空区工程局局长、第4民用航空局局长、驻意大利空军武官、航空技术中心副主任、空军大学代理校长、空军参谋指挥学校校长、空军参谋部二局局长、第4航空区司令、空军参谋部研究和发展部主任、空军参谋长等职。1996年3月晋升为上将。1999年1月任现职。

哥伦比亚国防部长路易斯·费尔南多·拉米雷斯·帕斯特拉纳 1959年生于哥桑坦德省。精通会计学，并在美国华盛顿霍普金斯大学进修过经济学。早年加入哥保守党。80年代起先后任财政部副部长、国家海关与税务局长、劳工部长等职。1994年应帕斯特拉纳邀请作为其副总统候选人参加总统竞选。竞选失利后进入商界。1999 年 5 月被任命为国防部长。

（储晓洁）

萨尔瓦多总统兼武装力量统帅弗朗西斯科·弗洛雷斯 1959 年 10 月 17 日出生。曾获政治学硕士学位并在哈佛大学进修过一年。历任哲学教授、计划部副部长、总统府社会办公室代表、总统府副部长、总统顾问、总统府新闻秘书等职。1991 年当选为国会议员。1997 年 6 月任议长。1999 年 3 月当选总统，同年 6 月 1 日就职，任期 5 年。

委内瑞拉总统兼武装力量统帅乌戈·查韦斯 1954 年 7 月 28 日生于委内瑞拉巴里纳斯州。1975 年毕业于委军事学院，获少尉军衔。从军 17 年，军衔最高至中校。服役期间秘密从政，1982 年创建"玻利瓦尔革命运动"，1992 年 2 月 4 日领导军人政变未遂被捕，两年后获释出狱。1998 年 1 月创立"第 5 共和国运动"，6 月该运动与争取社会主义运动、大众党、独立团结运动等组成竞选联盟"爱国中心"，查韦斯被推选为"爱国中心"的总统候选人，并于 1998 年 12 月当选。1999 年 2 月 2 日就任。

委内瑞拉国防部长劳尔·萨拉萨尔·罗德里戈斯中将 1950 年 4 月 29 日生于加拉加斯市。1965 年入委陆军学校步兵系，1969 年毕业，获少尉军衔。历任军校教官、总统侍卫官、营长、团长、陆军司令部秘书长、陆军高等学校校长、第 3 步兵师师长、武装力量联合参谋长等职。1995 年晋升中将。1999 年 2 月任现职。

委内瑞拉武装力量联合参谋长弗拉迪米尔·菲拉托夫·里亚科夫空军中将 1951 年 4 月 20 日生于安索阿特吉州的巴塞罗那市。1968 年 9 月入委空军航校轰炸机专业学习，1972 年毕业，获少尉军衔。曾先后在美国、英国、法国和阿根廷等国进修和深造。历任飞行小队长、中队长、维修大队后勤支队长、总统侍卫官、飞行大队长、航校计划训练处长、空司参谋部作战局长、空军基地司令、第 4 航空区司令。1998 年 7 月任空军参谋长并晋升中将，1999 年 2 月任空军司令，同年 7 月任武装力量联合参谋长。

委内瑞拉武装力量总监贡萨洛·戈麦斯·哈恩海军中将 1949 年 9 月 14 日生于加拉加斯市。1966 年 7 月入委内瑞拉海军学校海军陆战专业学习，1970 年 7 月毕业，获少尉军衔。后在美国、西班牙、委中央大学、玻利瓦尔大学和国防高等研究院进修和深造。历任海军陆战队排长、陆战队后勤处助理、海军高等学校后勤主任、海司供应局局长、预算局局长、训练局局长、海军后勤司令、海军参谋长、总监等职。1999 年 2 月就任现职。 （吴永业）

中外军事交往

新中国军事外交 50 年综述 新中国成立 50 年来，军事外交在国防和军队建设中发挥了重要的作用。认真总结 50 年军事外交的基本经验教训，对于促进军事外交的健康发展，更好发挥其为国防和军队建设服务的功能，具有重要的意义。

对新中国 50 年军事外交的简要回顾 新中国 50 年军事外交，在艰难中起步，在曲折中发展。它与中国的政治、经济、军事、外交、文化等方面的事业紧密相连，在不同的发展时期，表现出不同的特点。

第 1 个时期：大力开展与社会主义国家的军事交往，学习外军（主要是苏军）的军队建设的经验，建设现代化国防力量时期。

从新中国建立到 50 年代末，新中国的军事外交呈现出"一边倒"的特征，这是由这一时期中国的基本外交政策所决定的。新中国建立后，根据当时所处的国际形势，制定了反对美国为首的帝国主义侵略和战争行径，主要发展同以苏联为首的社会主义国家关系的对外政策。中苏两国签订了《中苏友好同盟互助条约》。苏联很快就在中国设立了外国军队的第 1 个武官处。1951 年 3 月 7 日，波兰人民共和国在中国设立武官处。根据外国驻华武官处将不断增加的趋势，为了做好外国驻华武官的工作，负责中央军委和总参谋部与各国驻华武官的联系，1951 年 3 月 8 日决定设立军委联络处，1955 年 9 月改名为国防部外事处。随着中国同社会主义国家和友好国家外交关系的建立和发展，人民解放军同外军的关系也得到了进一步发展。继苏联、波兰之后，罗马尼亚、保加利亚、南斯拉夫等社会主义国家和印度、印度尼西亚、缅甸、尼泊尔等周边国家也先后在华设立武官处。这一时期军事外交的主要方向和主要任务是，开展与苏联及东欧社会主义国家的军事交往，学习社会主义各国军队和国防建设的经验，尽快建设起一支现代化的国防力量。从 1950～1958 年间，中国与苏联、东欧社会主义国家间的军事外交往来频繁，中国不断派军事代表团到苏联学习、考察苏军的建设经验。

这一时期军事外交的一个重要内容是对朝鲜人民抗美和越南人民抗法斗争给予大力军事援助。一方面派中国人民志愿军出兵朝鲜，沉重打击了美国侵略军，迫使其在停战协定上签字。另一方面，主要采取军援的方式支持越南人民的抗法斗争，并先后派出了以陈赓、韦国清为首的军事顾问团。在中国的大力协助下，越南人民取得了具有重大意义的奠边府战役的胜利，导致越南北方的解放，并使 1954 年日内瓦会议终于达成了印度支那停战和恢复和平问题的协议。

此外，这一时期中国的军事外交开始向新独立的民族国家扩展，特别是 1955 年万隆亚非会议之后，中国逐渐打开与亚非拉国家的外交大门，军事外交亦伴随出现。印度、缅甸与阿拉伯联合共和国先后派军事代表团访问了中国，中国军事代表团先后回访了印度和缅甸。

第 2 个时期：积极支持和大力援助第三世界人民的民族独立和民族解放运动时期。

从 50 年代末到 60 年代末，随着中国总体外交政策的调整，军事外交的方向和内容都发生了很大的变化。逐步放弃了“一边倒”的外交方针，由集中发展与苏联及东欧社会主义国家军事关系，转向积极支持和大力援助第三世界人民的民族独立和民族解放运动。这一时期，由于中苏关系不断恶化，到 60 年代末，苏联由盟友变成对中国安全的主要威胁。而美国此间依旧坚持敌视新中国的政策。面对来自美苏两方面的威胁，中国及时调整了外交方针，既反帝又反修，同时积极发展同亚非拉民族独立国家的关系。外交政策的调整，决定了这一时期中国军事外交的基本方向和主要内容。这一时期中国军事外交的主要对象是刚刚崛起的第三世界国家，主要任务是大力援助和支持第三世界国家和人民争取民族独立和民族解放的运动。

一方面，继续全力支持印度支那 3 国人民的抗美救国斗争，无偿提供军援。如：1964 年 4 月，同越方签订了向越南派出支援部队的有关协定。对越南的军事援助构成了这一时期中国军事外交的重要内容。另一方面，对亚非拉第三世界争取民族独立和民族解放运动，配合政治、经济上的外交，开展了一些军事外交活动。主要是对阿尔及利亚以及对南部非洲国家的民族独立运动也给予了积极的军事援助，包括向安哥拉、几内亚比绍、莫桑比克、津巴布韦、纳米比亚等国的民族解放组织提供无偿军事援助以及为他们训练军事干部。

第 3 个时期；建立国际统一战线，反对世界霸权主义，特别是苏联霸权主义时期。

从 70 年代初到 80 年代初，根据国际形势的变化，中国外交政策再次做了大的调整。毛泽东在 70 年代初提出了“三个世界”划分的战略理论，其核心就是建立世界反霸统一战线，特别是反对苏联的霸权主义。在这一外交方针指导下，这一时期军事外交突出特点是：军事外交的空间进一步扩大，军事外交活动明显增多。一方面，保持与第三世界国家的军事往来，给予他们以军事上的援助，支持他们的反帝、反殖、反霸的正义斗争，同时继续开展与中国友好的社会主义国家，如朝鲜、罗马尼亚等国的军事交往；另一方面，积极开展对美国、西欧等西方国家的军事外交。据统计，从 1974～1980 年，中国与上述国家所派出的军事代表团互访达 50 余次，比建国后头 20 年中国对外军事交往互访次数总和还要多。中国军事外交开始走上向世界全面扩展的道路。

第 4 个时期：全方位、多领域、多层次对外军事交往与合作时期。

70年代末至今，中国根据国内外形势的变化，对外政策又做了新的重大调整，明确当今世界的主题是和平与发展，赋予独立自主原则以新的内容，真正坚持不结盟的政策。军事外交呈现了与以往不同的新特点：首先，军事外交扩展到全世界，超越了社会制度、意识形态、经济发展水平和地理位置的限制，与世界各国发展军事外交关系。其次，军事外交领域进一步扩大，层次加深，形式多样。在新外交方针指导下，军事外交空前活跃，取得了引人注目的丰硕成果。统计显示：20 年来，人民解放军已同 100 多个国家建立了军事友好往来关系，在 90 多个国家设立了武官处。中国国防部长、总部领导、军兵种负责人及其他大单位领导率领 1300 多个军事代表团访问了 80 多个国家，其中军队高级将领率团出访 180 多批。海军舰艇出访是一种具有军事外交性质的国家行为，是和平时期海军执行外交使命的一种特殊形式。自

1985年以来，海军先后派出舰艇编队，对巴基斯坦、孟加拉国、泰国、印度、俄罗斯、美国、新西兰、澳大利亚、墨西哥、秘鲁、智利等16个国家进行了友好访问，参加了印尼独立50周年庆典、世界反法西斯战争胜利50周年庆典、俄罗斯海军成立300周年庆典等国际性多边活动。

随着中国综合国力的不断增强以及国际地位的提高，中国的军事交往开始向纵深方向发展，交往的领域更加宽广，内容更加丰富。军事高层往来、与重点国家军队的接触、外军首脑来访以及中国军队参与多边军事外交活动等与日俱增。90年代以来，应邀来访的世界5大洲的军队代表团组达2100多个、数万人次。同时，人民解放军有关机关、部队、院校和科研医疗单位等也开展了大量的对外交流。近年来，军事科学院多次组织代表团先后访问了埃及、美国、俄罗斯等国，安排部分研究人员出国进修、讲学、参加国际研讨会等。在走出去的同时，军事科学院也邀请大批外国客人到中国访问讲学。截至1998年6月，军事科学院从1991年以来短短7年间，接待了来访的外国军事、学术代表团182批，800余人次。国防大学在对外交往中也取得了可喜成绩。自国防大学成立以来，已接待了来自79个国家的749批军事代表团，6407名外军人员，其中上将以上军官率队的代表团69批。为了开阔眼界，学习借鉴外军办学经验，国防大学积极组团出访，并与有关国家的军事院校建立了校际交流。国防大学还承担了培训外军学员的任务。对外友好交往活动的开展，为加强人民解放军同世界各国军队的互相了解和友好交流作出了积极贡献。

今天，冷战虽然已经结束，但世界却并不安宁。在军事外交活动中，人民解放军十分注重加强与周边国家的军事关系，积极促进睦邻友好，力争为中国的现代化建设提供一个和平、稳定、安全的周边环境。

俄罗斯是中国最大的邻国，与其发展长期的睦邻友好关系，是中俄两国人民根本利益的需要，是两国政府的共同愿望。近几年来，中俄两军交往范围、规格和数量都在不断拓展，取得了积极成果，不仅建立了互相信任措施，还签署了一系列旨在促进双边和地区安全与合作的协议。中俄之间积极发展的军事交往，在一定程度上促进了两国关系的向前发展，为实现两国元首倡导的建立面向21世纪的战略协作伙伴关系作出了贡献。

中美军事交往是两国关系的重要组成部分。和两国关系一样，中美军事交往也走过了一段不平凡的道路，既有过多层次、多领域的交往，也经历过曲折。实践证明，中美两国作为世界上具有重要影响的大国，在维护世界和地区的和平与稳定方面负有重大责任。两国之间应该本着相互尊重、平等相待、求同存异的原则开展往来。

在继续巩固和加强与朝鲜、巴基斯坦等邻邦传统友好关系的同时，人民解放军先后与一些过去没有交往或没有高层交往的周边国家，如马来西亚、印度尼西亚等建立和发展了军事关系，开展了各个层次的交往。人民解放军在北京举行了有21个国家军队的代表参加的“东盟地区论坛”军事医学会议，进一步加强了中国与亚太地区国家军队的联系和沟通。人民解放军还与中断军事交往多年的印度、越南等国实现了两军关系正常化，并开展了一系列高层互访活动。1996年11月，中国与印度政府签署了削减中印边界沿线驻军和武器的协议，使两国关系迈出了可喜的一步。此外，在中国边防沿线，各边防军区还与相邻国家的边防部队开展了互访和各种交流，加深了友谊和了解。

人民解放军从国家总体外交大局出发，着眼于广交朋友、扩大影响、发展合作，加强了与西亚、非洲和拉美发展中国家的军事交往，有力地配合了国际人权斗争和涉台外交斗争，巩固和扩大了中国外交阵地。与此同时，人民解放军与西欧、东欧及太平洋国家军队也开展了友好交往活动，双方在各个领域的交往与合作不断扩大。

积极参加军备控制和裁军，是人民解放军参与国际事务的新领域。进入90年代以来，人民解放军积极配合国家外交，参与了《全面禁止核试验条约》、《禁止化学武器公约》、《禁止生物武器公约》等一系列重大国际军控谈判，并认真履行了国际军控条约的义务。这充分展示了中国的和平形象，证明中国是维护世界和平的重要力量。在参与联合国维和行动方面，人民解放军也作出了应有的贡献。从1990年开始，中国每年都向联合国派遣军事观察员。到目前为止，已派出军事观察员32批437人次，在中东、伊科边境、柬埔寨等亚洲和非洲的6个国家和地区执行维和任务。中国军事观察员所表现出的高素质和良好精神风貌，赢得了外国同行的普遍赞誉。在国际军体领域，人民解放军运动员也取得了出色成绩。在第1届和第2届世界军人运动会上，分别取得了金牌总数第3和第2名的优异成绩，充分展示了中国军人良好的体育竞技水平。

今天，人民解放军对外交往出现了空前活跃的局面，且不断向全方位、多领域和多层次方面发展。在派出军事代表团出访的同时，还在专业技术、安全合作、多边外交、军事援助、人道主义救援、互派军事留学生等领域，与外军广泛开展了交流与合作。

对新中国50年军事外交基本经验的几点认识 (1) 军事外交的路线、方针和政策必须服从并服务于国家的根本利益，把维护国家主权和领土完整作为军事外交的根本点。维护国家主权和领土完整是国家利益最根本的体现，是新中国50年军事外交的根本出发点。50年来，新中国军事外交的政策和方针的每一次调整，无不是紧紧围绕着国家利益这个根本点而进行的。

(2) 军事外交必须始终坚持反帝、反殖和反霸这一根本立场，并以此作为中国军事外交的基点。中华人民共和国是中国共产党领导下的社会主义国家，必须坚持从中国人民和世界人民的根本利益出发，坚持独立自主和爱国主义与国际主义相结合的原则。这是由新中国社会主义制度的本质和与被压迫民族曾有过共同历史命运所决定的。坚持反帝、反殖和反霸斗争始终是新中国50年外交政策的基本原则。从某种意义上讲，新中国50年军事外交就是一部反帝、反殖、反霸的历史。从50年代，出兵朝鲜、为越南人民提供军援，到60年代和70年代对广大的第三世界国家提供大量无私的军事援助和70年代以后开始发展与西方一些国家的军事外交，无不是围绕着反帝、反殖、反霸斗争而展开的。同样，中国也受到了这些国家在重大的国际事务中，特别是联合国中对中国的支持。

(3) 学习外军的先进经验，为中国国防和军队现代化建设服务，是新中国军事外交的核心。新中国的国防建设和军队建设的现代化水平与发达国家相比存在着很大的差距。因此建国以来，人民解放军始终面临着建设一支现代化国防力量，缩小与发达国家军队差距，真正担负起保卫国家神圣使命的迫切任务。而在自力更生同时，注重向外军学习，特别是向发达国家军队学习，引进外援，学习外军的先进经验，特别是先进的军事科学技术和管理经验，为中国国防现代化建设服务，是使人民解放军迅速摆脱落后局面，实现现代化的有效途径。新中国50年国防和军队现代化建设的实践已证明，坚持学习外军，特别是向发达国家军队学习，中国国防和军队建设水平就会迅速提高，人民解放军现代化建设的步伐就会加快，否则就会停滞，甚至退步。而在向外军学习过程中，军事外交所发挥的桥梁和纽带作用是必不可少的，它实际上构成了新中国50年军事外交的核心任务。（王雨霏《新中国50年军事外交的回顾与思考》，《军事历史》2000年第1期；王世银、董国政、田源《走向世界、铸造和平——人民解放军对外军事交往50年成果辉煌》，《解放军报》1999年9月28日）

（崴钧埔）

1999年中外军事交往 1999年，中国对外军事交往活跃。人民解放军坚持在和平共处五项原则的基础上，积极发展与世界各国军队的友好关系，保持了与外军的高层交往，在多层次、多领域与各国军队开展了广泛深入的友好交流与合作。全年共派出了重要团组30多批，访问了近50个国家，接待了来访的外国军队高级代表团近90批，另外有近百批团组与外国军队进行了专业交流。中国军队还多次派代表参加了多边外交、国际军控和地区安全合作的国际会议。

在1999年中，霸权主义和强权政治有新的发展，国际关系领域内的矛盾和斗争错综复杂。进一步加强与广大第三世界国家包括周边国家军队关系、改善国际和周边安全环境是1999年中国军事外交的突出特点。

1999年，中俄两国包括军事关系在内的“面向21世纪的战略协作伙伴关系”有了进一步发展。两军高层军事交往活跃，双边军事关系发展顺利。6月，中央军委副主席张万年上将访问俄罗斯，这是中国军方高层领导人对俄罗斯的一次重要访问。此外，总政治部、总装备部、海军、军事科学院等代表团也相继到俄罗斯访问。

中国同东北亚地区国家的军事关系有了新的进展。具有传统友谊的中朝两国军队进行了高层会晤；中韩建交7年后韩国国防部长首次实现访华；日本防卫厅事务次官访华，进行了两国防卫当局副部长级安全磋商；蒙古军队总长、边防军司令相继来访。中国军队灵活、务实的对外交往对朝鲜半岛乃至东北亚实现持久和平与稳定具有重要意义。

中国同东盟地区国家的军事交往保持了发展势头。中央军委委员、总参谋长傅全有上将访问了马来西亚和泰国，其中年初访马为多年来人民解放军总参谋长首次正式访问。泰国最高司令、国防部次长、陆军司令，老挝副总理兼国防部长，柬埔寨联合国防大臣和军队总参谋长，越南国防部副部长、菲律宾海军司令、马来西亚陆军司令、印尼国民军研究与发展中心司令等接连访华。

中国军队十分重视发展与南亚地区国家军队的友好关系。中央军委副主席、国务委员兼国防部长迟浩田上将访问了巴基斯坦。此外，总装备部领导和人民解放军外事代表团也访问了巴基斯坦、孟加拉国、缅甸、尼泊尔等国。先后接待了巴参联会主席兼陆军参谋长、巴空军参谋长、孟陆军参谋长等访华。人民解放军还派人参加了在北京举行的中印第 11 轮联合工作小组会议及在新德里举行的中印第 7 轮外交、军事专家小组会议。

此外，中国边防部队同俄罗斯、蒙古、哈萨克斯坦、吉尔吉斯斯坦、塔吉克斯坦、朝鲜、越南、老挝、缅甸等国相邻军区或边防部队之间开展了互访和交流活动，增进了彼此间的相互了解和信任，促进了周边地区的稳定。

在同周边地区国家开展军事交往的同时，人民解放军和西亚、非洲、拉美、南太等地区的国家也进一步加强了军事关系，并积极拓展新的交往领域。中央军委副主席迟浩田先后出访了古巴、墨西哥、叙利亚、约旦、以色列和土耳其等国。

1999 年，中国同西亚、非洲国家军队的交往规模比上年度有所扩大，先后接待了 30 个来访代表团，其中几内亚比绍军委会统帅、科威特副首相兼国防大臣等来华访问。人民解放军也有 9 个代表团往访。

中国同南太平洋地区国家的军事关系有了新的发展。中央军委委员、总参谋长傅全有上将访问了澳大利亚，中央军委委员、总政治部主任于永波上将先后访问了澳大利亚和新西兰。澳国防部长和新陆军参谋长等也先后访华。巴布亚新几内亚、汤加国防部长首次来访。

拉美地区，中国军事代表团和友好参观团分别访问了乌拉圭、巴西等国。

中国同东欧、独联体国家军队的往来继续加强。一年来，土库曼斯坦、阿尔巴尼亚、格鲁吉亚国防部长，哈萨克斯坦、罗马尼亚、白俄罗斯、捷克、芬兰军队总参谋长等先后来访。人民解放军与波、捷、匈、斯、罗、哈、吉等国互派了友好参观团或专业团组。

值得一提的是，中国军事外交根据国际形势变化，适时进行了调整，有力地配合了国家整体外交。1999 年 5 月，针对以美国为首的北约轰炸中国驻南使馆后国际形势的变化，中国暂停和推迟了中美两军高层交往项目。随着 9 月两国元首在奥克兰的会晤，以及年底两国就中国入世问题达成双边协议，两国关系有了改善，中国恢复批准美国军舰停靠香港，中美两军也开始探讨恢复正常交往事宜。同时，与欧洲有关国家军队也开展了友好交往。2 月，中央军委委员、总装备部部长曹刚川上将访问了意大利。此外，人民解放军还派团组同有关国家进行了专业交流和安全磋商。

一年来，人民解放军积极参与东盟地区论坛有关工作，先后派员出席了十多个涉及多边外交和地区安全合作的国际会议。国防大学举办了首期国际问题研讨班，参加者包括来自亚太地区 8 个国家的军官和文职官员。通过研讨和交流，加强了中国与有关国家军队间的相互了解和信任。

（王世银　曾文勇）

●1999 年 1 月 20～30 日，中央军委委员、总参谋长傅全有上将一行 9 人，应邀对澳大利亚和马来西亚进行正式友好访问。澳国防部长穆尔、外交部长唐纳分别会见，澳国防军司令巴利上将举行欢迎仪式。双方举行会谈，澳国防军副司令赖丁中将、海军司令查默斯中将、陆军司令希克林中将、空军司令麦科马克中将等参加。马总理马哈蒂尔、新任国防部长阿邦分别会见，马武装部队司令扎希迪上将举行欢迎仪式并会见和举行欢迎宴会，马陆海空军司令参加。傅总长一行参观了澳、马陆海空军部队、军事院校和武器装备展示。

●1999 年 2 月 19 日～3 月 3 日，中央军委副主席、国务委员兼国防部长迟浩田上将一行 14 人，应邀对巴基斯坦、古巴、墨西哥 3 国进行正式友好访问。巴总统塔拉尔、总理谢里夫分别会见，外长阿齐兹举行欢迎仪式，国防秘书伊夫蒂哈尔会见，与巴陆海空三军参谋长举行会谈。古共中央第一书记、国务委员会主席、武装力量总司令菲德尔·卡斯特罗会见，古国务委员会第一副主席、革命武装力量部部长劳尔·卡斯特罗大将主持欢迎仪式和会谈，国务委员会副主席拉赫、革命武装力量部第一副部长胡里奥、卡萨斯中将、革命武装力量部副部长兼总参谋长洛佩斯·米耶拉中将等分别参加会见或会谈。墨总统塞迪略会见，并授予迟副主席“特级军功勋章”。国防部长塞万提斯举行盛大的欢迎仪式和阅兵式。迟副主席分别与墨国防部长塞万提斯和海军部长洛伦索上将进行会晤。迟副主席一行参观了巴、古、墨 3 国陆海空军部队和军事院校。

●1999 年 2 月 22 日～3 月 6 日，广州军区参谋长宋文汉中将率广州军区代表团一行 6 人，应邀对澳大利亚、新西兰进行友好访问。澳国防军司令巴利上将、陆军司令希克林中将、战略指挥部部长布里格斯少将、海战司令里奇少将等分别会见。新国防军总司令亚当森空军中将、国防秘书长汉斯莱等分别会见，国防军副司令希尔空军少将主持情况介绍。代表团参观了澳、新战区陆海空军部队、训练基地和指挥中心等。

●1999年2月24日～3月3日，中央军委委员、总装备部部长曹刚川上将一行8人，应意大利国防秘书长齐尼亚将军邀请，对意大利进行友好访问。意国防部长斯科尼亚米利奥、意国防秘书长齐尼亚尼将军分别会见。曹部长一行还参观了意空军部队，观看了战斗机飞行表演。

●1999年2月25日～3月1日，法国海军“牧月”号警戒护卫舰在舰长马里亚尼海军中校率领下，对中国青岛进行友好访问，随舰来访官兵共93人。为配合法舰访华，法太平洋海区司令让·穆兰少将于2月24日～3月2日访问了北京和青岛，海军司令员石云生中将会见并宴请，副司令员何林忠中将陪同。穆兰少将参观了国防大学和海军舰艇部队。北海舰队为法军舰访华举行迎送仪式和欢迎招待会。中法两国海军官兵举行了文体活动。法舰官兵参观了我海军军舰和潜艇学院，游览了青岛市和崂山风景区。

●1999年3月1～7日，以美国前任国防部长威廉·佩里为团长的美方代表，应邀来华出席在杭州召开的“第2次中美安全问题研讨会”。国家主席、中央军委主席江泽民，国务院副总理钱其琛，中央军委副主席张万年上将，中央军委副主席、国务委员兼国防部长迟浩田上将等分别会见佩里一行。副总参谋长隗福临中将等参加了有关活动。美方代表团访问了上海、杭州、北京，参观了部队和经济建设项目，游览了风景名胜。

●1999年3月4～9日，马里总统特别参谋长杜姆比亚将军一行4人，应邀对中国进行正式友好访问。中央军委副主席张万年上将会见来访的杜姆比亚将军一行。中央军委委员、总参谋长傅全有上将与杜姆比亚进行会谈，并举行欢迎宴会。副总参谋长吴铨叙中将等参加上述活动。马里客人访问了北京、石家庄和上海，参观了陆军、空军部队和军事院校及经济建设项目，游览了名胜古迹。

●1999年3月7～13日，美国空军教育训练司令部司令牛顿上将一行7人，应邀对中国进行正式友好访问。空军司令员刘顺尧中将会见牛顿上将一行。代表团访问了北京、大连、西安、武汉，参观了空军指挥、飞行、工程、雷达等院校，游览了名胜古迹。

●1999年3月8～15日，奥地利国防部第3部部长普罗普斯特上将偕夫人一行5人，应邀对中国进行正式友好访问。中央军委委员、总参谋长傅全有上将会见并设宴款待。副总参谋长吴铨叙中将同普罗普斯特部长举行会谈。奥地利客人访问了北京、西安、南京、上海，参观了陆军部队、军事院校和经济开发区，游览了名胜古迹。

●1999年3月9～26日，国防大学校长邢世忠上将率该校代表团一行7人，应邀对乌拉圭、巴西、美国进行正式友好访问。乌副总统兼国会主席、参院议长法因戈德会见，乌国防部长斯托拉塞和副部长及陆海空三军司令与代表团举行工作会谈。巴军东部军区司令席尔瓦上将会见。美国防部长科恩、参联会主席谢尔顿上将分别会见。邢世忠校长在美国防大学以《面向新世纪的中国军队建设》为题发表演讲。代表团参观了乌、巴、美3国综合性高等军事院校和陆、海、空各军种院校以及作战指挥和训练中心等。

●1999年3月10～20日，副总参谋长钱树根中将率中国人民解放军军事代表团一行6人，应邀对突尼斯、阿尔及利亚和加蓬进行正式友好访问。加蓬总统邦戈、国防部长阿里·邦戈、总参谋长昂吉勒上将，突尼斯总理卡鲁伊、内政部长沙乌什、外交国务秘书希乌德、国防部长叶海亚，阿尔及利亚人民军参谋长拉马利中将、议会国防委员会主席雷基等分别会见。加军总长昂吉勒上将、阿陆军司令盖德萨拉赫少将、突陆军参谋长哈西纳少将等分别与代表团会见、会谈。钱副总长还分别拜会了加、突、阿陆海空军和防空军司令。3国军方为代表团举行欢迎仪式。钱树根副总长在突国防学院发表了《关于中国的国防政策以及中国与非洲关系》的演讲，参观了加、突、阿3国武装部队和军事院校。

●1999年3月13～18日，英国海军“鲍克瑟”号导弹护卫舰在舰长伊博森海军上校率领下，对中国上海进行友好访问，随舰来访官兵289人。海军上海基地负责人在码头举行欢迎仪式和欢迎招待会。中英两国海军官兵相互参观了对方军舰，并举行了文体联欢活动。

●1999年3月13日～4月5日，空军司令员刘顺尧中将一行6人，应邀对法国、英国和白俄罗斯进行正式友好访问。法国三军参谋长凯勒什上将、国防部武器装备部副部长吉利波夫中将分别会见，空军参谋长拉努上将与刘司令员会谈。英国防大臣罗伯逊、国防参谋长吉斯瑞上将和空军参谋长约翰斯上将分别会见。白俄国防部长丘马科夫上将、国防部第一副部长兼总参谋长科兹洛夫中将、空军司令布雷金少将和防空军第一副司令兼参谋长萨维奇少将分别会见和会谈。刘司令员一行参观了法、英、白俄 3 国空军基地、航空兵部队、空军院校、指挥中心、飞机制造公司及装备修理厂。

●1999 年 3 月 16～21 日，英国海军参谋长鲍尔斯上将一行 2 人，应海军司令员石云生中将邀请，对中国进行友好访问。石司令员在海军司令部主持欢迎仪式，陪同检阅了中国人民解放军海军仪仗队，并举行会谈和欢迎宴会。中央军委副主席、国务委员兼国防部长迟浩田上将会见来访的鲍尔斯上将一行。英国客人访问了北京、上海、青岛。鲍尔斯上将在国防大学和海军潜艇学院以英国防政策为题发表演讲，并参观了海军舰艇部队，出席了英军舰访华活动。

●1999 年 3 月 23～26 日，新加坡海军“卓越”号坦克登陆舰在新海军作战局长王汉龙上校率领下，应邀对中国青岛进行友好访问，随舰来访官兵 165 人。北海舰队参谋长吕芳秋少将在码头举行欢迎仪式。王汉龙局长分别拜会海军北海舰队司令员张定发中将和青岛市主要领导人。中新两国海军官兵相互参观了对方军舰，进行了篮球和拔河友谊赛。新舰官兵还参观了海军博物馆、青岛海洋大学，并与该校学生进行座谈。

●1999 年 3 月 25 日～4 月 4 日，苏里南国防部长潘代一行 6 人，应中央军委副主席、国务委员兼国防部长迟浩田上将邀请，对中国进行正式友好访问。迟副主席主持欢迎仪式，陪同检阅中国人民解放军陆、海、空三军仪仗队，并举行会谈和欢迎宴会。中央军委委员、总参谋长傅全有上将会见潘代一行。副总参谋长隗福临中将等参加上述活动。苏里南客人访问了北京、上海、昆明和深圳，参观了陆、海、空军部队和军事院校及经济建设项目，游览了风景名胜。

●1999 年 3 月 30 日～4 月 3 日，柬埔寨王国联合国防大臣迪班上将和西索瓦·西里拉亲王一行 15 人，应中央军委副主席、国务委员兼国防部长迟浩田上将邀请，对中国进行正式友好访问。迟副主席主持欢迎仪式，陪同检阅中国人民解放军陆、海、空三军仪仗队，并举行会谈和欢迎宴会。国家副主席胡锦涛、中央军委委员、总参谋长傅全有上将分别会见班迪上将和西索瓦·西里拉亲王一行。副总参谋长熊光楷中将参加上述活动。柬埔寨客人访问了北京、广州，参观了国防大学、陆军部队和工业部门，游览了名胜古迹。

●1999 年 4 月 4～10 日，土耳其陆军司令阿拉提·阿泰什上将偕夫人一行 5 人，应邀对中国进行正式友好访问。副总参谋长熊光楷中将主持欢迎仪式，陪同检阅中国人民解放军陆军仪仗队，并举行会谈和欢迎宴会。中央军委副主席、国务委员兼国防部长迟浩田上将会见来访的阿泰什上将一行。土耳其客人访问了北京、西安和上海，参观了陆军部队和军事院校及工业科技部门，游览了名胜古迹。

●1999 年 4 月 6～14 日，墨西哥国防部长塞万提斯上将偕夫人一行 6 人，应中央军委副主席、国务委员兼国防部长迟浩田上将邀请，对中国进行正式友好访问。迟副主席主持欢迎仪式，陪同检阅中国人民解放军陆海空三军仪仗队，并举行会谈和欢迎宴会。国家主席、中央军委主席江泽民会见塞万提斯部长一行。中央军委委员、总参谋长傅全有上将会见。副总参谋长熊光楷中将等参加上述活动。墨西哥客人访问了北京、西安、杭州、上海，参观了陆军、空军部队和军事院校及经济开发区，游览了名胜古迹。

●1999 年 4 月 9～26 日，总后勤部副部长沈滨义海军中将率中国人民解放军后勤代表团一行 6 人，应邀对芬兰、奥地利、西班牙 3 国进行友好访问。芬兰国防军总参谋长高波拉中将、芬军后勤部长阿霍拉中将、芬西部军区司令郝达迈基中将，奥地利军队四部部长科里爱利上将、副部长富克斯少将，西班牙陆军后勤支援司令埃雷拉上将、海军舰队司令拉帕约上将分别会见或陪同代表团参观访问。代表团参观了芬、奥、西 3 国陆海空军部队后勤设施、部队野外训练后勤保障、军需仓库、维修中心及军医学院等。

●1999 年 4 月 12～17 日，葡萄牙空军参谋长阿尔瓦伦加上将一行 5 人，应空军司令员刘顺尧中将邀请，对中国进行正式友好访问。刘司令员在空军司令部举行欢迎仪式，陪同检阅中国人民解放军空军仪仗队，并主持介绍空军情况。中央军委委员、总参谋长傅全有上将会见阿尔瓦伦加一行。葡萄牙客人访问了北京、西安、上海、广州、珠海，参观了空军航空兵部队和空军院校以及经济建设项目，游览了风景名胜。

●1999 年 4 月 13～20 日，越南中央军事党委常委、越人民军总政治局主任范清银中将率越人民军总政领导干部代表团一行 13 人，应中央军委委员、总政治部主任于永波上将邀请，对中国进行正式友好访问。中央政治局常委、国家副主席胡锦涛，中央军委副主席、国务委员兼国防部长迟浩田上将分别会见范清银中将一行。于永波主任与范清银主任进行工作会谈，并举行欢迎宴会。在总政治部副主任唐天标中将陪同下，越南客人访问了北京、南京、上海、广州和深圳，参观了陆、海、空军部队和政治院校及经济建设项目，游览了风景名胜。

●1999 年 4 月 16～23 日，芬兰国防军总参谋长马迪·高波拉中将偕夫人一行 7 人，应邀对中国进行正式友好访问。副总参谋长熊光楷中将主持欢迎仪式，陪同检阅中国人民解放军陆、海、空三军仪仗队，并与高波拉中将举行会谈。中央军委委员、总参谋长傅全有上将会见高波拉中将一行。芬兰客人访问了北京、上海、西安，参观了陆海空军部队、武警院校和工业部门，游览了名胜古迹。

●1999 年 4 月 18～27 日，国防大学副政委赵可铭中将和副校长张兴业少将分别率国防大学（研究班）代表团访问俄罗斯和新加坡、泰国。赵副政委率代表团一行 17 人，于 1999 年 4 月 19～27 日访问俄罗斯，拜会了俄国防部国际军事合作总局局长伊瓦绍夫上将、诸兵种合成指挥学院院长佐洛托夫上将和列宁格勒军区参谋长博布雷舍夫中将。在莫斯科、圣彼得堡参观考察了陆海空军部队、军事院校。张副校长率代表团一行 17 人，于 1999 年 4 月 18～26 日访问新加坡、泰国，拜会了新海军总长林承毅少将，泰国防研究院院长披讪上将、泰国防学院院长参差空军中将和海军作战舰队参谋长等，参观考察了新、泰两国武装部队和军事院校等。

●1999 年 4 月 26 日～5 月 2 日，土耳其综合军事学院院长厄兹干上将偕夫人一行 5 人，应国防大学校长邢世忠上将邀请，对中国进行正式友好访问。中央军委委员　总参谋长傅全有上将会见，国防大学校长邢世忠上将主持情况介绍并举行欢迎宴会。土耳其客人访问了北京、西安、上海，参观了国防大学、陆军、海军部队和军事院校及军工企业，游览了名胜古迹。

●1999 年 5 月 2～8 日，巴布亚新几内亚国防部长彼得·瓦伊恩一行 4 人，应中央军委副主席、国务委员兼国防部长迟浩田上将邀请，对中国进行正式友好访问。迟副主席主持欢迎仪式，陪同检阅中国人民解放军陆、海、空三军仪仗队，并举行会谈和欢迎宴会。副总参谋长熊光楷中将参加有关活动。巴布亚新几内亚客人访问了北京、上海、厦门，参观了陆海空军部队、军工企业及经济建设项目，游览了风景名胜。

●1999 年 5 月 3～10 日，布隆迪国防部长恩库伦齐扎偕夫人一行 5 人，应中央军委副主席、国务委员兼国防部长迟浩田上将邀请，对中国进行正式友好访问。迟副主席主持欢迎仪式，陪同检阅中国人民解放军陆、海、空三军仪仗队，并举行会谈和欢迎宴会。副总参谋长吴铨叙中将等参加上述活动。布隆迪客人访问了北京、南京、天津，参观了陆军部队、军事院校和经济开发区，游览了名胜古迹。

●1999 年 5 月 4～12 日，孟加拉国陆军参谋长穆罕默德·穆斯塔菲兹·拉赫曼中将偕夫人一行 7 人，应邀对中国进行正式友好访问。副总参谋长钱树根中将主持欢迎仪式，陪同检阅中国人民解放军陆军仪仗队，并举行会谈和欢迎宴会。中央军委副主席张万年上将，中央军委副主席、国务委员兼国防部长迟浩田上将，中央军委委员、总参谋长傅全有上将分别会见拉赫曼中将一行。副总参谋长隗福临中将、总装备部政委李继耐中将、国防大学校长邢世忠上将等参加有关活动。孟加拉客人访问了北京、西安、上海，参观了国防大学、陆军部队和经济建设项目，游览了名胜古迹。

●1999 年 5 月 9～15 日，博茨瓦纳共和国国防军司令费希尔中将一行 5 人，应中央军委委员、总参谋长傅全有上将邀请，对中国进行正式友好访问。傅总长主持欢迎仪式，陪同检阅中国人民解放军陆、海、空三军仪仗队，并举行会谈和欢迎宴会。中央军委副主席、国务委员兼国防部长迟浩田上将会见并宴请来访的费希尔中将一行。总参谋长助理张黎少将等参加了上述活动。博茨瓦纳客人访问了北京、南京、上海，参观了陆军部队、陆军指挥学院及国防工业部门，游览了风景名胜。

●1999 年 5 月 9～21 日，南京军区政委方祖岐上将率领中国人民解放军友好参观团一行 12 人，应波兰、捷克和斯洛伐克 3 国军方邀请，对上述 3 国进行正式友好访问。波国防部第一副部长舍莱米耶捷夫和总参谋长舒姆斯基上将分别会见和介绍情况，陆军代司令波涅维耶尔中将主持座谈和欢迎宴会。捷军总参谋长谢迪维中将会见，国防部副部长塔克斯会见并主持欢迎宴会。斯洛伐克国防部长卡尼斯会见，国防部一体化和国际关系部长加尔少将、副总参谋长胡迈中将分别会见或座谈和宴请。代表团参观了波、捷、斯 3 国武装部队、军事院校及军工厂等。

●1999 年 5 月 18～23 日，泰国陆军司令苏拉育·尤沙暖上将一行 10 人，应邀对中国进行友好访问。副总参谋长熊光楷中将主持欢迎仪式，陪同检阅中国人民解放军陆军仪仗队，并举行会谈和欢迎宴会。中央军委副主席、国务委员兼国防部长迟浩田上将会见并设宴款待苏拉育上将和夫人一行。泰国客人访问了北京、桂林、昆明，参观了国防大学和陆军部队及工业部门，游览了风景名胜。

●1999 年 5 月 21～25 日，澳大利亚国防部长穆尔一行 10 人，应中央军委副主席、国务委员兼国防部长迟浩田上将邀请，对中国进行正式友好访问。随团来访的有澳国防秘书长巴勒特和国防军副司令赖丁中将等军方重要官员。迟副主席主持欢迎仪式，陪同检阅中国人民解放军陆、海、空三军仪仗队，并举行会谈和欢迎宴会。国务院总理朱镕基会见穆尔及其一行。中央军委委员、总参谋长傅全有上将也会见澳大利亚客人。副总参谋长熊光楷中将参加上述活动。穆尔一行先后访问了上海、南京、北京，参观了陆海空军部队，观看了军事表演。穆尔在国防大学就“澳中两国在亚太地区的安全利益和作用及澳国防政策”为内容发表演讲。

●1999 年 5 月 22～29 日，俄罗斯海军总司令库罗耶多夫上将偕夫人一行 4 人，应海军司令员石云生中将邀请，对中国进行正式友好访问。石司令员在海军司令部主持欢迎仪式，陪同检阅中国人民解放军海军仪仗队，主持介绍情况、会谈和欢迎宴会。中央军委副主席、国务委员兼国防部长迟浩田上将，中央军委委员、总参谋长傅全有上将分别会见。俄罗斯客人访问了北京、上海、青岛和大连，参观了海军舰艇部队、海军院校和经济建设项目，游览了风景名胜。

●1999 年 5 月 23～30 日，土耳其军队第二总参谋长黑米尔·厄兹柯克上将偕夫人一行 8 人，应邀对中国进行正式友好访问。中央军委委员、总参谋长傅全有上将会见来访的厄兹柯克上将一行，副总参谋长钱树根中将与厄会谈并举行欢迎宴会。访问期间，双方签署了《中土两军总参谋部关于在训练领域进行合作的议定书》。土耳其客人访问了北京、西安、上海，参观了陆军、海军部队、军事院校和国防工业部门，游览了名胜古迹。

●1999 年 5 月 24～29 日，巴基斯坦参联会主席兼陆军参谋长伯维兹·穆萨拉夫上将偕夫人一行 5 人，应中央军委委员、总参谋长傅全有上将邀请，对中国进行正式友好访问。傅总长主持欢迎仪式，陪同检阅中国人民解放军陆、海、空三军仪仗队，并举行会谈和欢迎宴会。国家主席、中央军委主席江泽民会见穆萨拉夫上将一行。中央军委副主席张万年上将，中央军委副主席、国务委员兼国防部长迟浩田上将分别会见。副总参谋长钱树根中将、副总参谋长熊光楷中将、总装备部政委李继耐中将、海军司令员石云生中将、空军政委乔清晨中将等参加有关活动。巴基斯坦客人访问了北京、西安、上海、深圳，参观了陆军部队和经济建设项目，游览了名胜古迹。

●1999 年 5 月 27～29 日，白俄罗斯共和国国家安全会议秘书、总统安全助理舍依曼少将一行 4 人，应国防部邀请，对中国进行正式友好访问。国家副主席胡锦涛，中央军委副主席、国务委员兼国防部长迟浩田上将分别会见舍依曼一行。中央军委委员、总装备部部长曹刚川上将会见并与舍依曼进行会谈。总参谋长助理张黎少将、总装备部副部长陈达植中将等参加有关活动。

●1999 年 5 月 29 日～6 月 15 日，空军副参谋长徐心德少将率空军指挥学院高级班参观团一行 41 人，乘空军专机赴澳大利亚、新西兰访问考察。代表团访问了澳、新两国国防部和空军指挥机关，参观考察了空军基地、各型战斗机和空军院校，听取了情况介绍，与飞行人员进行座谈。此次出访，空军飞机第 1 次在南半球飞行，总航程达 3 万余千米，在国外 14 个机场起降 17 次，创造了空军飞行史上多项记录。

●1999 年 5 月 30 日～6 月 5 日，阿根廷武装力量参谋长萨瓦拉上将率海军参谋长马龙上将一行 7 人，应中央军委委员、总参谋长傅全有上将邀请，对中国进行正式友好访问。傅总长主持欢迎仪式，陪同检阅中国人民解放军陆、海、空三军仪仗队，并会见和宴请萨瓦拉上将和马龙上将一行。中央军委副主席、国务委员兼国防部长迟浩田上将会见。海军司令员石云生中将参加上述活动。阿根廷客人访问了北京、西安、上海和杭州，参观了陆、海、空军部队及经济建设项目，游览了名胜古迹。

●1999 年 5 月 30 日～6 月 6 日，罗马尼亚军队总参谋长康·戴杰拉图上将一行 8 人，应中央军委委员、总参谋长傅全有上将邀请，对中国进行正式友好访问。傅总长主持欢迎仪式，陪同检阅中国人民解放军陆、海、空三军仪仗队，并举行会谈和欢迎宴会。中央军委副主席、国务委员兼国防部长迟浩田上将会见并设宴款待。副总参谋长吴铨叙中将参加有关活动。罗马尼亚客人访问了北京、上海、杭州，参观了国防大学、陆海空军部队、武警特警大队和经济建设项目，游览了风景名胜。

●1999 年 5 月 31 日～6 月 6 日，泰国国防部次长提拉德·米偏上将偕夫人一行 9 人，应邀对中国进行正式友好访问。中央军委副主席、国务委员兼国防部长迟浩田上将，中央军委委员、总参谋长傅全有上将分别会见提拉德一行。泰国客人访问了北京、杭州、上海、深圳，参观了装甲兵部队和工业部门，游览了风景名胜。

●1999年6月5～22日，副总参谋长隗福临中将率中国人民解放军军事代表团一行6人，应邀对西班牙、克罗地亚和希腊3国进行正式友好访问。西班牙国防参谋长帕尔德拉斯上将会见。克罗地亚总统图季曼、总统办公厅主任科斯托维奇、国防部长米利亚瓦茨与副部长乔西奇等分别会见，克军总长多马泽特中将主持会谈和欢迎宴会，副总长克尔斯蒂切维奇少将、总长助理卡依奇中将、海军司令斯蒂佩蒂奇中将等陪同代表团活动。希腊国防部长措哈佐普洛斯、副部长阿波斯托拉基斯和国防总参谋长帕拉伊乌达基斯上将等分别会见。代表团参观了西、克、希3国武装部队、军事院校、训练中心，并观看了军事训练表演。

●1999年6月6～16日，厄瓜多尔陆军司令圣多瓦尔上将偕夫人一行4人，应邀对中国进行正式友好访问。副总参谋长钱树根中将主持欢迎仪式，陪同检阅中国人民解放军陆军仪仗队，与圣多瓦尔会谈并举行欢迎宴会。中央军委副主席、国务委员兼国防部长迟浩田上将会见圣多瓦尔上将一行，厄瓜多尔客人访问了北京、西安、成都、上海，参观了陆军部队和经济建设项目，游览了名胜古迹。

●1999年6月7～11日，泰国国防学院院长参猜中将率泰国防学院高官班代表团一行205人，对中国深圳进行考察访问。代表团成员系泰军、警、政府高级官员和企业家。广州军区副司令员谭冬生中将会见并举行欢迎招待会。军区有关部门和深圳市政府负责人分别介绍了中国外交和国防政策、深圳改革开放情况和经济建设成就。泰国客人游览了深圳市容和风景区。

●1999年6月7～15日，中央军委副主席张万年上将一行，应邀对俄罗斯进行正式友好访问。俄总统叶利钦与张副主席进行电话交谈。俄政府总理斯捷帕申、安全会议秘书普京，总统办公厅主任瓦洛申等分别会见张副主席一行。俄国防部长谢尔盖耶夫元帅在俄国防部大楼举行欢迎仪式，随后举行了会谈和欢迎宴会。张副主席一行访问了莫斯科、新西伯利亚、符拉迪沃斯托克、共青城、哈巴罗夫斯克，参观了莫斯科府首山卫国战争纪念馆、红场和克里姆林宫、莫斯科军区空军防空军指挥中心、战略火箭军近卫导弹师、太平洋舰队和远东军区机械化部队。

●1999年6月7～27日，总装备部政委李继耐中将率中国人民解放军军事友好代表团一行6人，应巴基斯坦、孟加拉国、尼泊尔、缅甸武装部队邀请，对上述4国进行正式友好访问。访问期间，巴总统塔拉尔、参联会主席兼陆军参谋长穆萨拉夫上将；孟总理兼国防部长哈西娜、陆军参谋长穆斯塔菲兹中将；尼国王比兰德拉、首相巴特拉伊、尼军参谋长拉纳上将；缅甸“和委会”副主席兼武装部队副总司令貌埃上将、陆军参谋长丁吴中将等分别会见。代表团参观了巴、孟、尼、缅4国武装部队、军事院校和军工企业等项目。

●1999年6月8～13日，老挝人民民主共和国政府副总理兼国防部长朱马里·赛雅颂中将率老挝高级军事代表团一行12人，应中央军委副主席、国务委员兼国防部长迟浩田上将邀请，对中国进行正式友好访问。迟副主席主持欢迎仪式，陪同检阅中国人民解放军陆、海、空三军仪仗队，并举行会谈和欢迎宴会。国务院总理朱镕基会见朱马里一行。中央军委委员、总参谋长傅全有上将会见并设便宴款待。副总参谋长钱树根中将、总政治部副主任袁守芳中将、总后勤部副部长温光春中将、总装备部副部长李元正中将等参加有关活动。老挝客人访问了北京、上海、昆明，参观了国防大学、军医大学、边防部队和经济建设项目，游览了风景名胜。

●1999年6月11～21日，军事科学院政委张工上将率中国人民解放军友好参观团一行11人，应邀对叙利亚、埃及进行友好访问。叙武装部队副总司令、副总理兼国防部长塔拉斯上将，总参谋长阿斯兰中将，政治部主任阿马尔少将分别会见，副总参谋长哈桑中将举行欢迎宴会，副总参谋长萨亚德中将代表叙军方为代表团全体成员授勋。埃军参谋长哈塔塔中将会见，士气鼓动局局长法拉吉少将主持欢迎宴会。代表团参观了叙、埃两国武装部队、军事院校等。

●1999年6月13～17日，纳米比亚国防部长恩吉姆蒂纳偕夫人一行5人，应中央军委副主席、国务委员兼国防部长迟浩田上将邀请，对中国进行正式友好访问。迟副主席主持欢迎仪式，陪同检阅中国人民解放军陆、海、空三军仪仗队，并举行会谈和欢迎宴会。国务院总理朱镕基会见来访的恩吉姆蒂纳一行。副总参谋长钱树根中将参加上述活动。纳米比亚客人访问了北京、上海、深圳，参观了陆军部队、军工企业和经济建设项目，游览了风景名胜。

●1999年6月15～23日，沈阳军区副司令员葛振峰中将率中国人民解放军沈阳军区代表团一行8人，应邀对朝鲜进行友好访问。朝人民武力相金镒哲次帅会见，副相郑昌烈大将会见并宴请，朝军总参军事教育部长韩应满中将全程陪同。代表团访问了平壤、板门店和妙香山等地，参观了朝人民军部队和院校等。

●1999年6月16～23日，蒙古国武装力量总参谋长策伦巴勒吉德·达希泽伯格中将偕夫人一行8人，应中央军委委员、总参谋长傅全有上将邀请，对中国进行正式友好访问。傅总长主持欢迎仪式，陪同检阅中国人民解放军陆、海、空三军仪仗队，并举行会谈和欢迎宴会。中央军委副主席、国务委员兼国防部长迟浩田上将会见达希泽伯格中将一行。副总参谋长吴铨叙中将参加上述活动。蒙军总长达希泽伯格中将在国防大学发表题为《蒙古武装力量改革的政策和活动》的演讲。国防大学校长邢世忠上将会见达一行。蒙古客人访问了北京、上海、苏州、杭州等地，参观了陆军装甲兵部队和空军航空兵部队以及经济建设项目，游览了风景名胜。

●1999年6月26日～7月3日，由美国哈佛大学肯尼迪政治学院教务主任、美国前欧洲裁军大使布莱克威尔率领的美国高级防务学者代表团一行6人，应邀对中国进行友好访问。副总参谋长熊光楷中将、军事科学院院长王祖训中将、国防大学校长邢世忠上将分别会见或宴请。代表团访问了北京、西安、大连，在军事科学院、国防大学、后勤指挥学院、西安空军工程学院、大连水面舰艇学院、大连陆军学院，美方就美军现代化建设、亚太地区形势和中美关系等问题进行了演讲和座谈。

●1999年6月30日～7月6日，多哥国防部长吉加尼准将一行6人，应中央军委副主席、国务委员兼国防部长迟浩田上将邀请，对中国进行正式友好访问。迟副主席主持欢迎仪式，陪同检阅中国人民解放军陆、海、空三军仪仗队，并举行会谈和欢迎宴会，副总参谋长熊光楷中将等参加上述活动。国防大学校长邢世忠上将会见了吉加尼准将一行。多哥客人访问了北京、深圳、上海，参观了国防大学和陆军、海军部队及经济特区，游览了风景名胜。

●1999年7月3～16日，波兰军队总参谋长助理赫梅尔中将率波兰军官休假团一行10人，应邀来华进行友好访问。副总参谋长熊光楷中将、北京军区副政委徐自强中将分别会见和宴请。代表团访问了北京、西安、上海、青岛，参观了中国人民解放军陆、海、空军部队，军事院校和工厂企业，游览了名胜古迹。

●1999年7月5～12日，泰国最高司令蒙坤上将偕夫人一行10人，应中央军委委员、总参谋长傅全有上将邀请，对中国进行正式友好访问。傅总长主持欢迎仪式，陪同检阅中国人民解放军陆、海、空三军仪仗队，并举行会谈和欢迎宴会。全国人大常委员会委员长李鹏，中央军委副主席、国务委员兼国防部长迟浩田上将会见。在副总参谋长熊光楷中将陪同下，泰国客人访问了北京、武汉、昆明，参观了陆军装甲部队和经济建设项目，游览了风景名胜。

●1999年7月6～16日，总参谋长助理张黎少将率中国人民解放军友好参观团一行11人，应邀对罗马尼亚和匈牙利两国进行正式友好访问。罗国防部国务秘书兼总参谋长德杰拉图上将会见并举行欢迎宴会，副总参谋长吉塔什中将主持座谈并介绍情况。匈国防部长萨波·亚诺什和副国务秘书卡拉斯分别会见，匈军总参第一总部部长霍洛少将主持会谈和欢迎宴会。代表团参观了罗、匈两国陆、海、空军部队和军事院校，观看了快速反应部队、山地部队的野外训练。

●1999年7月13～20日，朝鲜人民武力省副相吕春石上将率朝鲜人民军友好参观团一行8人，应邀对中国进行友好访问。中央军委副主席、国务委员兼国防部长迟浩田上将会见并宴请。副总参谋长熊光楷中将会见并设宴款待。朝鲜客人访问了北京、南京、扬州、昆明，参观了国防大学、陆军部队和经济建设项目，游览了风景名胜。

●1999年7月13日～8月1日，总政治部副主任唐天标中将率中国人民解放军军事代表团一行6人，应邀对特立尼达和多巴哥、秘鲁和玻利维亚3国进行正式友好访问。特多总统罗宾逊和外交部长马拉吉分别会见，安全部长西奥多准将会见并宴请，总参谋长阿方索准将举行欢迎仪式、主持会谈。秘部长会议主席许会、国防部秘书长法尔孔中将分别会见，武装力量联指主席兼陆军总司令绍塞多上将举行欢迎仪式、会见并授予唐副主任“秘鲁十字军功勋章”，陆军总参谋长乌里亚特中将宴请。玻国防部长克雷斯波会见并设宴款待，玻武装力量总司令萨瓦拉上将率总参谋长及陆海空军司令为代表团举行欢迎仪式、会见和宴请。代表团参观了特多、秘、玻3国陆、海、空军部队和军事院校等。

●1999年7月24～30日，巴西陆军司令克莱乌贝·维埃拉上将偕夫人一行8人。应邀对中国进行正式友好访问。副总参谋长熊光楷中将主持欢迎仪式，陪同检阅中国人民解放军陆军仪仗队，并举行会谈和欢迎宴会。中央军委副主席、国务委员兼国防部长迟浩田上将，中央军委委员、总参谋长傅全有上将分别会见维埃拉一行。巴西客人访问了北京、西安和上海，参观了陆军部队、军事院校和经济建设项目，游览了名胜古迹。

●1999年7月25～30日，马来西亚陆军司令哈西姆上将偕夫人一行4人，应邀对中国进行正式友好访问。副总参谋长钱树根中将主持欢迎，陪同检阅中国人民解放军陆军仪仗队，并举行会谈和欢迎宴会。中央军委副主席、国务委员兼国防部长迟浩田上将，中央军委委员、总参谋长傅全有上将分别会见哈西姆上将一行。马来西亚客人访问了北京、西安，参观了陆军部队和陆军院校及工业部门，游览了名胜古迹。

●1999年8月9～22日，副总参谋长吴铨叙中将率中国人民解放军军事代表团一行5人，应邀对芬兰、瑞士和罗马尼亚进行正式友好访问。芬兰国防部常务副部长牛凯宁、国防军总参谋长（代司令）高波拉中将等分别会见和会谈。瑞士联邦副主席兼国防民防体育部长奥吉、经济部国务秘书许茨博士、瑞军总参谋长舍雷尔中将等分别会见，与瑞国防民防体育部副秘书长威尔蒂大使、瑞军副总参谋长奥雷利少将等进行会谈。罗马尼亚总统安全顾问马里安、国务部长兼国防部长（代总理）巴比乌克、罗军总参谋长德杰拉图上将等分别会见，与罗军第一副总长科斯塔凯上将等进行会谈。代表团参观了芬、瑞、罗3国陆海空军部队、训练中心、军事院校等。

●1999年8月16～23日，巴基斯坦空军参谋长麦迪上将一行5人，应空军司令员刘顺尧中将邀请，对中国进行正式友好访问。刘司令员在空军司令部举行欢迎仪式，陪同检阅中国人民解放军空军仪仗队，并主持介绍空军情况。中央军委副主席、国务委员兼国防部长迟浩田上将会见并宴请。副总参谋长熊光楷中将、海军司令员石云生中将分别会见麦迪上将一行。巴基斯坦客人访问了北京、沧州、石家庄、成都、上海、广州，参观了空军航空兵部队、飞行学院和工业项目，游览了名胜古迹。

●1999年8月21日～9月1日，莫桑比克国防部长马祖拉夫妇一行6人，应中央军委副主席、国务委员兼国防部长迟浩田上将邀请，对中国进行正式友好访问。迟副主席主持欢迎仪式，陪同检阅中国人民解放军陆、海、空三军仪仗队，并举行会谈和欢迎宴会。国务院总理朱镕基会见了来访的马祖拉一行。副总参谋长熊光楷中将参加上述活动。莫桑比克客人访问了北京、西安、上海、广州，参观了陆军部队、军医大学、舰艇学院和国防工业部门，游览了名胜古迹。

●1999年8月23～29日，韩国国防部长官赵成台偕夫人一行8人。应中央军委副主席、国务委员兼国防部长迟浩田上将邀请，对中国进行正式友好访问。迟副主席主持欢迎仪式，陪同检阅中国人民解放军陆、海、空三军仪仗队，并举行会谈和欢迎宴会。国务院总理朱镕基会见了来访的赵成台一行。中央军委委员、总参谋长傅全有上将，中央军委委员、总装备部部长曹刚川上将分别会见并宴请。副总参谋长熊光楷中将参加上述活动。赵成台在国防大学就韩中两国两军关系、朝鲜半岛局势等问题发表演讲。韩国客人访问了北京、南京、青岛，参观了陆、海军部队和经济建设项目，游览了风景名胜。

●1999年8月24～28日，以色列助理副总参谋长哈罗兹少将偕夫人一行5人，应邀对中国进行友好访问。中央军委委员、总参谋长傅全有上将会见。总参谋长助理张黎中将与哈会谈并举行欢迎宴会。哈还拜会了空军司令员刘顺尧中将。以色列客人访问了北京、西安、桂林，参观了国防大学和陆军部队及经济建设项目，游览了名胜古迹。

●1999年8月24～31日，越南中央军事党委委员、海军政治副司令武仁勋少将率越海军政治干部代表团一行7人，应邀对中国进行友好访问。中央军委委员、总政治部主任于永波上将会见。海军政治委员杨怀庆中将与武仁勋少将举行会谈。越海军代表团访问了北京、青岛、深圳、广州，参观了国防大学、海军舰艇部队和海军院校及工厂企业，游览了风景名胜。

●1999年8月24～31日，格鲁吉亚国防部长捷夫扎泽中将偕夫人一行8人，应中央军委副主席、国务委员兼国防部长迟浩田上将邀请，对中国进行正式友好访问。迟副主席主持欢迎仪式，陪同检阅中国人民解放军陆、海、空三军仪仗队，并举行会谈和欢迎宴会。国务院副总理钱其琛会见捷夫扎泽中将一行。总装备部副部长李元正中将等参加有关活动。格鲁吉亚客人访问了北京、上海、郑州和开封，参观了陆军部队、防空兵学院以及工业部门和博物馆等，游览了名胜古迹。

●1999年8月25日～9月2日，汤加王国外交和国防大臣乌卢卡拉拉王子一行4人，应中央军委副主席、国务委员兼国防部长迟浩田上将邀请，对中国进行正式友好访问。迟副主席主持欢迎仪式，陪同检阅中国人民解放军陆、海、空三军仪仗队，并会见和宴请乌卢卡拉拉王子一行。国务院总理朱镕基会见，中央军委委员、总参谋长傅全有上将会见并设宴款待。副总参谋长熊光楷中将参加有关活动。汤加客人访问了北京、南京、上海、广州、深圳，参观了陆、海、空军部队和工厂企业，游览了风景名胜。

●1999年8月30日～9月8日，总后勤部副部长王太岚中将率中国人民解放军友好代表团一行5人，应邀对日本、新加坡进行正式友好访问。日本防卫厅事务次官江间清二，参联会主席藤绳佑尔，日防卫厅陆、海、空自卫队参谋长分别会见。新第二国防部长张志贤、三军总长马士强分别会见。代表团参观了日、新两国陆、海、空军部队、后勤支援和保障单位、工业科技及农业项目等。

●1999年8月31日～9月6日，土库曼斯坦副总理兼国防部长萨尔贾耶夫一行5人，应中央军委副主席、国务委员兼国防部长迟浩田上将邀请，对中国进行正式友好访问。迟副主席主持欢迎仪式，陪同检阅中国人民解放军陆、海、空三军仪仗队，并举行欢迎宴会。中土两国国防部长进行会谈。国务院总理朱镕基，中央军委委员、总参谋长傅全有上将分别会见。萨尔贾耶夫一行还分别与总后勤部政委周坤仁中将、总装备部副部长陈达植中将举行对口会谈。总参谋长助理张黎中将等参加有关活动。土库曼斯坦客人访问了北京、杭州、上海、大连，参观了陆军、空军部队和军事院校及经济建设项目，游览了风景名胜。

●1999年9月1～8日，乌拉圭国防部长斯托拉塞率空军司令马拉金中将一行4人，应中央军委副主席、国务委员兼国防部长迟浩田上将邀请，对中国进行正式友好访问。迟副主席主持欢迎仪式，陪同检阅中国人民解放军陆、海、空三军仪仗队，并举行会谈和欢迎宴会。国家副主席胡锦涛，中央军委委员、总参谋长傅全有上将分别会见。斯托拉塞部长及随同来访的乌空军司令马拉金中将一起拜会空军司令员刘顺尧中将。斯托拉塞部长在国防大学就乌国概况和乌对外政策等为内容发表演讲。副总参谋长熊光楷中将等参加有关活动。乌拉圭客人访问了北京、桂林、杭州、上海，参观了陆海空军部队和军事院校及经济开发区，游览了风景名胜。

●1999年9月6～10日，捷克军队总参谋长伊·谢迪维中将一行11人，应中央军委委员、总参谋长傅全有上将邀请，对中国进行正式友好访问。傅总长主持欢迎仪式，陪同检阅中国人民解放军陆、海、空三军仪仗队，并举行会谈和欢迎宴会。中央军委副主席、国务委员兼国防部长迟浩田上将会见谢迪维中将一行。副总参谋长熊光楷中将等参加有关活动。捷克客人访问了北京、西安，参观了陆军部队、武警特警部队、军事院校和经济建设项目等，游览了名胜古迹。

●1999年9月6～14日，几内亚武装力量总参谋长迪亚洛上校一行3人，应中央军委委员、总参谋长傅全有上将邀请，对中国进行正式友好访问。傅总长主持欢迎仪式，陪同检阅了中国人民解放军陆、海、空三军仪仗队，并举行会谈和欢迎宴会。中央军委副主席、国务委员兼国防部长迟浩田上将会见迪亚洛上校一行。总参谋长助理张黎中将等参加有关活动。几内亚客人访问了北京、南京和上海，参观了陆军、海军部队和军事院校及经济建设项目，游览了名胜古迹。

●1999年9月6～16日，科威特副首相兼国防大臣萨利姆一行，应中央军委副主席、国务委员兼国防部长迟浩田上将邀请，对中国进行正式友好访问。迟副主席主持欢迎仪式，陪同检阅中国人民解放军陆、海、空三军仪仗队，并举行会谈和欢迎宴会。国家副主席胡锦涛会见来访的萨利姆一行。副总参谋长熊光楷中将参加上述活动。科威特客人访问了北京、上海、南京，参观了陆军、海军部队、炮兵学院和军工企业等，游览了风景名胜。

●1999年9月6～21日，总政治部副主任周子玉上将率中国人民解放军军事代表团一行6人，应邀对奥地利、保加利亚和葡萄牙3国进行正式友好访问。奥军总监麦岑上将、国防部主管条法和人事的第一部部长霍策尔上将、第四部部长科里爱利上将等分别会见、会谈、宴请；保国防部主管军事政策的第一副部长沙拉马诺夫代表部长、保军总长米霍夫上将、第一副总长伊利埃夫中将等分别会见或宴请；葡外交兼国防部长伽马、总长桑杜上将和陆军参谋长巴伦杜上将等分别会见。代表团参观了奥、保、葡3国武装部队、军事院校等。

●1999年9月7～14日，越南国防部副部长陈亨中将偕夫人一行，应邀对中国进行休假访问。中央军委副主席、国务委员兼国防部长迟浩田上将会见陈亨中将一行。总参谋长助理张黎中将会见并宴请。越南客人访问了北京、苏州、杭州、广州，参观了经济建设项目，游览了风景名胜。

●1999年9月13～17日，印度尼西亚国防学院院长阿古姆·吉梅拉尔中将率领该院代表团一行29人，应邀对中国进行正式友好访问。副总参谋长熊光楷中将会见院长吉梅拉尔中将一行。代表团参观了国防大学，并举行了座谈；还参观了陆军部队及工业部门，游览了名胜古迹。

●1999年9月14～17日，菲律宾海军司令桑托斯中将偕夫人一行6人，应海军司令员石云生中将邀请，对中国进行正式友好访问。石司令员在海军司令部主持欢迎仪式，陪同检阅中国人民解放军海军仪仗队，并举行会谈和欢迎宴会。中央军委副主席、国务委员兼国防部长迟浩田上将会见桑托斯中将一行。菲律宾客人访问了北京、上海，参观了海军舰艇部队，游览了风景名胜。

●1999 年 9 月 19～25 日，哥伦比亚武装部队总司令塔比亚斯上将一行 4 人，应中央军委委员、总参谋长傅全有上将邀请，对中国进行正式友好访问。傅总长主持欢迎仪式，陪同检阅中国人民解放军陆、海、空三军仪仗队，并举行会谈和欢迎宴会。中央军委副主席、国务委员兼国防部长迟浩田上将会见塔比亚斯上将一行。副总参谋长熊光楷中将参加上述活动。哥伦比亚客人访问了北京、杭州和上海，参观了海军、空军部队和武警特警学校及经济建设项目，游览了风景名胜。

●1999 年 9 月 21～25 日，白俄罗斯军队总参谋长米·科兹洛夫中将一行 7 人，应中央军委委员、总参谋长傅全有上将邀请，对中国进行正式友好访问。傅总长主持欢迎仪式，陪同检阅中国人民解放军陆、海、空三军仪仗队，并与科兹洛夫举行了会谈。中央军委副主席、国务委员兼国防部长迟浩田上将会见。中央军委委员、总装备部部长曹刚川上将会见并设宴款待科一行。副总参谋长熊光楷中将等参加有关活动。白俄罗斯客人访问了北京、大连、上海，向人民英雄纪念碑献了花圈，参观了陆军部队和军事院校以及工业项目，游览了风景名胜。

●1999 年 9 月 26 日～10 月 7 日，马里国防部长索科纳一行 4 人，应中央军委副主席、国务委员兼国防部长迟浩田上将邀请，对中国进行正式友好访问。迟副主席主持欢迎仪式，陪同检阅中国人民解放军陆、海、空三军仪仗队，并举行会谈和欢迎宴会。国家副主席、中央军委副主席胡锦涛会见来访的索科纳一行。副总参谋长熊光楷中将等参加有关活动。马里客人访问了北京、南昌、上海、深圳，参观了陆军部队和航空工业集团及经济特区，游览了风景名胜。

●1999 年 10 月 2～6 日，俄罗斯海军太平洋舰队司令扎哈连科上将率“瓦良格”号导弹巡洋舰、“激烈”号导弹驱逐舰组成的编队，随舰官兵 882 人，应邀对中国上海进行友好访问，庆祝中俄建交 50 周年。海军东海舰队司令员杨玉书中将在码头举行隆重的欢迎仪式，海军副司令员何林忠中将、上海市政府负责人等出席。访问期间，扎哈连科上将一行先后在北京、上海拜会了中央军委副主席张万年上将、海军司令员石云生中将和上海市徐匡迪市长，出席了庆祝中俄建交 50 周年及欢迎俄舰来访联欢会，参观了海军舰艇。俄太平洋舰队歌舞团、军乐团分别在北京和上海与海军歌舞团、军乐团进行了多场联合或单独演出。中俄两国海军官兵进行了篮球友谊赛。

●1999 年 10 月 4～10 日，马达加斯加武装力量部长郎热瓦少将偕夫人一行 5 人，应中央军委副主席、国务委员兼国防部长迟浩田上将邀请，对中国进行正式友好访问。迟副主席主持欢迎仪式，陪同检阅中国人民解放军陆、海、空三军仪仗队，并举行会谈和欢迎宴会。国家副主席、中央军委副主席胡锦涛会见来访的郎热瓦少将一行。副总参谋长熊光楷中将参加上述活动。马达加斯加客人访问了北京、南京、上海，参观了国防大学、陆军部队、海军基地和军事院校及经济建设项目，游览了风景名胜。

●1999 年 10 月 11～16 日，柬埔寨王家军总司令盖金延上将一行 12 人，应中央军委委员、总参谋长傅全有上将邀请，对中国进行正式友好访问。傅总长主持欢迎仪式，陪同检阅中国人民解放军陆、海、空三军仪仗队，并举行会谈和欢迎宴会。中央军委副主席张万年上将会见盖金延上将一行。副总参谋长熊光楷中将、总后勤部政委周坤仁中将等参加有关活动。柬埔寨客人访问了北京、上海、广州、珠海，参观了陆、海、空军部队和军事院校及经济开发区，游览了风景名胜。

●1999 年 10 月 12～18 日，澳大利亚国防军副司令赖丁中将偕夫人一行 6 人，应邀来华访问并参加中澳两国国防部第 3 次战略对话。中央军委副主席、国务委员兼国防部长迟浩田上将，中央军委委员、总参谋长傅全有上将分别会见，副总参谋长熊光楷中将与赖丁中将举行两国防务部门第 3 次战略对话，澳大利亚客人访问了北京、西安、广州，参观了陆军装甲兵部队、空军航空兵部队和军事院校及工厂企业，游览了名胜古迹。

●1999 年 10 月 14～20 日，几内亚比绍军委会统帅马内上将一行 7 人，应中央军委副主席张万年上将邀请，对中国进行正式友好访问。张副主席主持欢迎仪式，陪同检阅中国人民解放军陆、海、空三军仪仗队，并举行会谈和欢迎宴会。国家副主席、中央军委副主席胡锦涛会见来访的马内上将一行。中央军委委员、常务副总参谋长郭伯雄上将参加上述活动。几内亚比绍客人访问了北京、广州、上海，参观了陆、海、空军部队和经济建设项目，游览了风景名胜。

●1999 年 10 月 15～31 日，中央军委副主席、国务委员兼国防部长迟浩田上将一行，应叙利亚副总理兼国防部长塔拉斯上将、以色列总理兼国防部长巴拉克、约旦政府和土耳其国防部长查克马克奥卢的邀请，对上述4国进行正式友好访问。叙总统阿萨德、总理祖阿比，以总统魏茨曼、总理巴拉克，约国王阿卜杜拉、首相拉瓦比德，土总统德米雷尔、总理埃杰维特、议长阿克布鲁特等分别会见。叙副总理兼国防部长塔拉斯上将代表叙总统、武装部队总司令阿萨德为迟副主席和代表团全体成员授勋。4国国防部长为迟副主席来访分别举行欢迎仪式，陪同检阅各国陆、海、空三军仪仗队，并举行会谈和欢迎宴会。迟副主席一行参观了4国武装部队、军事院校和军工企业等。

●1999年10月16～23日，成都军区司令员廖锡龙中将率中国人民解放军友好参观团一行9人，应邀对朝鲜进行友好访问。朝国防委员会副委员长兼人民武力相金镒哲次帅、武力省副相吕春石上将分别会见并宴请廖司令员一行。代表团瞻仰了金日成主席遗容，参观了万景台金日成故居，向大城山烈士陵园、中朝友谊塔献了花圈，参观了开城板门店、五圣山人民军阵地、军官学校及朝祖国解放战争胜利纪念馆等。

●1999年10月17～24日，法国空军参谋长拉努上将一行6人，应空军司令员刘顺尧中将邀请，对中国进行正式友好访问。刘司令员在空军司令部主持欢迎仪式，陪同检阅中国人民解放军空军仪仗队，并举行会谈和欢迎宴会。中央军委委员、总参谋长傅全有上将，副总参谋长熊光楷中将分别会见拉努上将一行。法国客人访问了北京、石家庄、西安、西昌、杭州、广州，参观了空军航空兵部队、飞行学院、工程大学、卫星发射中心等，游览了名胜古迹。

●1999年10月18日～11月5日，海军司令员石云生中将率中国人民解放军海军代表团一行7人，应俄罗斯海军总司令库罗耶多夫上将和埃及海军司令萨里姆中将邀请，对上述两国进行正式友好访问。访俄期间，拜会了俄国防部第一副部长米哈伊洛夫、海军总司令库罗耶多夫上将和俄总统办公厅以及俄海军北方舰队领导人。访埃期间，拜会了埃及武装部队参谋长哈塔塔中将、海军司令萨里姆中将、会见了埃第2军团司令哈姆迪少将、南部军区空军司令穆斯塔法少将。石司令员一行参观了俄、埃两国海军各型舰艇、海军基地、军事院校、训练中心和船舶制造工业等。

●1999年10月18～24日，阿尔及利亚国家人民军参谋长拉马利中将一行8人，应中央军委委员、总参谋长傅全有上将邀请，对中国进行正式友好访问。傅总长主持欢迎仪式，陪同检阅中国人民解放军陆、海、空三军仪仗队，并举行会谈和欢迎宴会。国家副主席、中央军委副主席胡锦涛会见来访的拉马利中将一行。副总参谋长钱树根中将参加上述活动。阿尔及利亚客人访问了北京、西安、上海，参观了陆海空军部队、军事院校和军工企业，游览了名胜古迹。

●1999年10月25日～11月7日，总后勤部副部长温光春中将率中国人民解放军后勤代表团一行6人，应邀访问阿根廷、智利和巴西3国。阿联合参谋部代参谋长帕拉西空军中将、空军副总长德萨阿中将、海军副总长罗德里格斯中将，智利陆军总司令伊苏列塔上将、国防参谋长科荣建中将，巴西陆军总司令维埃拉上将、陆军参谋长埃尔姆斯上将、东部军区司令路易斯上将等分别会见，与3国军队后勤领导人就后勤保障体制改革和后勤保障社会化等问题进行工作座谈，参观考察了供应基地、医疗中心、军需仓库、后勤院校、军官住宅以及军用机场、港口码头等项目。

●1999年10月26～29日，马来西亚海军第2海区司令陈赛明准将率“马哈旺萨洲”号指挥支援舰、“汉都亚”号护卫舰、“穆西塔里”号巡逻舰组成的海军舰艇编队，应邀对广州进行友好访问。南海舰队副司令员安文庭少将在码头主持欢迎仪式和招待会。陈赛明准将分别拜会广州军区、南海舰队、广东省和广州市的有关领导。马舰官兵参观了海军舰艇部队、广州舰艇学院，游览了广州市容和风景名胜。中马两国海军水兵进行了联欢和足球、拔河友谊比赛。

●1999年10月28日～11月2日，英国国防参谋长古斯瑞上将偕夫人一行4人，应中央军委委员、总参谋长傅全有上将邀请，对中国进行正式友好访问。傅总长主持欢迎仪式，陪同检阅中国人民解放军陆、海、空三军仪仗队，并举行会谈和欢迎宴会。中央军委副主席、国务委员兼国防部长迟浩田上将会见来访的古斯瑞上将一行。中央军委委员、常务副总参谋长郭伯雄上将参加上述活动。英国客人访问了北京、上海、南京，参观了国防大学、陆海空军部队和经济建设项目，游览了风景名胜。

●1999年10月28日～11月6日，总后勤部政委周坤仁中将率中国人民解放军友好参观团一行8人，应邀对柬埔寨、泰国进行友好访问。柬首相洪森和王家军总司令盖金延上将分别会见，柬联合国防大臣迪班上将和西里拉亲王会见并举行欢迎宴会。泰军最高司令蒙坤上将和陆军司令苏拉育上将分别会见和宴请。代表团参观了柬、泰武装部队和军事院校等。

●1999 年 10 月 28 日～11 月 7 日，捷克军队空军司令科利马中将率捷克军官休假团一行 7 人，应邀对中国进行友好访问。副总参谋长熊光楷中将礼节性会见，空军司令员刘顺尧中将会见并举行欢迎宴会。捷克客人访问了北京、西安、上海、杭州，参观了空军航空兵部队和空军工程大学及经济开发区，游览了名胜古迹。

●1999 年 10 月 30 日～11 月 2 日，澳大利亚海军海上司令部司令洛德少将率“阿德莱德”号导弹护卫舰，对中国上海进行友好访问。洛德少将一行于 10 月 28 日～11 月 3 日先后访问湛江、上海和北京。海军南海舰队司令员王永国中将会见并宴请，洛德一行参观了海军军舰和湛江海洋大学。在沪期间，东海舰队上海基地司令员侯月喜少将在码头主持欢迎仪式和欢迎招待会，中澳两国海军水兵举行篮球友谊赛。在京期间，海军参谋长么兴远中将会见并宴请，洛德一行还与中国国际战略学会研究人员进行了座谈，参观游览了名胜古迹。

●1999 年 11 月 5～10 日，澳大利亚国防学院院长奥洛克林空军少将率该院代表团一行 77 人，对中国进行友好访问。副总参谋长熊光楷中将会见代表团主要成员。代表团参观军事科学院和国防大学，校长邢世忠上将主持介绍情况，并举行欢迎宴会，代表团成员与国防大学学者及有关人员进行座谈。奥洛克林一行先后访问了西安和北京，游览了名胜古迹。

●1999 年 11 月 7～18 日，中央军委委员、总政治部主任于永波上将一行 9 人，应邀对新西兰和澳大利亚进行正式友好访问。新西兰国防部长布拉福德、代理国防秘书长詹托斯，澳大利亚代理国防部长、澳退伍军人事务部长斯科特、澳代理国防军司令赖丁中将等分别会见。于永波主任一行参观了新、澳两国武装部队和军事院校。

●1999 年 11 月 8～22 日，国防大学政委王茂润上将、副校长毛凤鸣少校分别率国防研究系第 20 期 24 名学员，对土耳其、以色列和越南、泰国进行考察访问。王茂润政委率团访土、以期间，土军队第二总参谋长巴谢尔上将，综合军事学院院长谢诺奥卢上将和空军训练司令、陆军训练条令司令，以国防部副部长斯内和总参作战部部长、国防学院院长分别会见或会晤。毛凤鸣副校长率团访越、泰期间，越国防部长范文茶上将和海军司令、国防学院院长，泰军最高副司令桑抛上将、国防研究院院长披讪上将和国防学院院长、国防工业和军事能源中心副主任、海军舰队司令等分别会见或会晤。两个代表团分别参观了 4 国陆、海、空军部队、军事院校、武器装备展示，与有关专家学者进行了座谈。

●1999 年 11 月 13～29 日，军事科学院院长王祖训中将率中国人民解放军军事科学院代表团一行 7 人，应意大利高等防务研究中心和俄罗斯总参军事战略研究中心的邀请，对上述两国进行考察访问。意国防副参谋长奥托卡里中将、高等防务研究中心主任特里亚中将分别会见，参观了该研究中心和陆军作战学校。俄副总参谋长斯科沃尔措夫中将会见，访问了俄总参军事战略研究中心、国防部军事历史研究所、军事科学院、总参军事学院等。

●1999 年 11 月 14～19 日，土耳其空军司令杰拉辛上将一行 6 人，应空军司令员刘顺尧中将邀请，对中国进行正式友好访问。刘司令员在空军司令部举行欢迎仪式，陪同检阅中国人民解放军空军仪仗队，并主持情况介绍和欢迎宴会。中央军委副主席、国务委员兼国防部长迟浩田上将会见来访的杰拉辛上将一行。土耳其客人访问了北京、西安、南昌、上海，参观了空军航空兵部队和飞行学院及飞机制造公司，游览了名胜古迹。

●1999 年 11 月 14～20 日，委内瑞拉武装力量联合参谋长费拉托夫空军中将一行 7 人，应中央军委委员、总参谋长傅全有上将邀请，对中国进行正式友好访问。傅总长主持欢迎仪式，陪同检阅中国人民解放军陆、海、空三军仪仗队，并举行会谈和欢迎宴会。中央军委副主席、国务委员兼国防部长迟浩田上将会见弗拉托夫空军中将一行。中央军委委员、常务副总参谋长郭伯雄上将参加上述活动。委内瑞拉客人访问了北京、西安、上海，参观了陆、海、空军部队和工业科技项目，游览了名胜古迹。

●1999 年 11 月 15～19 日，副总参谋长熊光楷中将一行 5 人，应俄罗斯总参谋部和法国国防部邀请，对上述两国进行工作访问。俄国防部长谢尔盖耶夫元帅和总参谋长克瓦什宁大将，法国三军总参谋长凯勒什上将和空军参谋长拉努上将分别会见。熊副总长与俄军第一副总长马尼洛夫上将和法国国防部战略事务总局局长德布里尚博就双方共同关心的问题进行了磋商。

●1999 年 11 月 15～26 日，匈牙利国防部副国务秘书兼国防部办公厅主任科豪尔密率匈牙利军事友好参观团一行 10 人，应邀对中国进行正式友好访问。中央军委委员、总参谋长傅全有上将会见，总参谋长助理张黎中将会见并举行欢迎宴会。匈牙利客人访问了北京、西安、杭州和上海，参观了陆军步兵部队和空军航空兵部队、军事院校和工厂企业，游览了名胜古迹。

●1999 年 11 月 20～27 日，南京军区司令员陈炳德中将率中国人民解放军友好参观团一行 6 人，应古巴革命武装力量部邀请，对古巴进行友好访问。古共中央第二书记、国务委员会和部长会议第一副主席、革命武装力量部部长劳尔·卡斯特罗大将会见，革命武装力量部副部长兼总参谋长洛佩斯中将会见，并率古巴总政、空军防空军等部门领导出席中国驻古大使举行的答谢宴会。古共中央政治局委员、西部军区司令辛德拉中将举行欢迎宴会。代表团参观了古武装部队和军事院校。

●1999 年 11 月 21～25 日，阿尔巴尼亚国防部长哈伊达拉加一行 10 人，应中央军委副主席、国务委员兼国防部长迟浩田上将邀请，对中国进行正式友好访问。迟副主席主持欢迎仪式，陪同检阅中国人民解放军陆、海、空三军仪仗队，并举行会谈和欢迎宴会。国家副主席、中央军委副主席胡锦涛，中央军委委员、总参谋长傅全有上将分别会见哈伊达拉加一行。副总参谋长熊光楷中将、总装备部副部长陈达植中将等参加有关活动。阿尔巴尼亚客人访问了北京、上海，参观了国防大学、陆军部队和首都防空指挥中心，向人民英雄纪念碑献了花圈，在上海参观了海军基地和浦东开发区。

●1999 年 11 月 22～28 日，日本防卫厅事务次官江间清二一行 5 人，应邀对中国进行工作访问。中央军委副主席、国务委员兼国防部长迟浩田上将，中央军委委员、总参谋长傅全有上将等分别会见。副总参谋长熊光楷中将与江间清二举行安全磋商，双方就共同关心的问题交换意见。江间清二一行访问了北京、天津、杭州、上海，参观了陆、海、空军部队和经济建设项目，游览了名胜古迹。

●1999 年 11 月 23～30 日，越南人民军第 3 军区司令黄奇少将率越军第 1、2、3 军区代表团一行 12 人，应邀对中国进行友好访问。中央军委委员、总参谋长傅全有上将会见，副总参谋长钱树根中将会见并宴请。越军区代表团访问了北京、上海、广州、南宁，参观了陆军炮兵部队和经济建设项目，游览了风景名胜。

●1999 年 11 月 28 日～12 月 2 日，希腊国防副总长卡扎西斯中将一行 4 人，应邀对中国进行正式友好访问。中央军委副主席、国务委员兼国防部长迟浩田上将会见。副总参谋长隗福临中将与卡扎西斯中将一行举行会谈。希腊客人访问了北京、青岛，参观了陆军、海军部队和海军潜艇学院及工业科技项目，游览了风景名胜。

●1999 年 11 月 28 日～12 月 5 日，总装备部副部长肖贞堂少将一行 5 人，应邀赴马来西亚参观“国际航空航海展”。本届航展共有 40 多个国家的 2000 多家公司参展。肖贞堂副部长出席马哈蒂尔总理和马国防部长举行的欢迎宴会，拜会了马海军司令，参加了航展开幕式等活动。

●1999 年 12 月 1～5 日，中央军委委员、总参谋长傅全有上将一行 5 人，应泰王国武装部队最高司令蒙坤上将邀请，对泰国进行正式友好访问，出席为泰国王 6 循诞辰（即泰国庆）举行的阅兵式，观看跳伞表演。泰王储瓦集拉隆功殿下、总理川·立派、前总理差瓦利、国防部次长提拉德上将、最高司令蒙坤上将等分别会见傅全有总长一行。

●1999 年 12 月 1～7 日，坦桑尼亚国防部长马乔戈夫妇一行 4 人，应中央军委副主席、国务委员兼国防部长迟浩田上将邀请，对中国进行正式友好访问。迟副主席主持欢迎仪式，陪同检阅中国人民解放军陆、海、空三军仪仗队，并举行会谈和欢迎宴会。国家副主席、中央军委副主席胡锦涛会见来访的马乔戈一行。访问期间，马乔戈部长还会晤中联部副部长马文普。副总参谋长熊光楷中将参加有关活动。坦桑尼亚客人访问了北京、上海、广州，参观了特种大队和工农业项目，游览了风景名胜。

●1999 年 12 月 5～11 日，新西兰国防军陆军参谋长莫里斯·多德森少将偕夫人一行 3 人，应邀对中国进行正式友好访问。中央军委委员、常务副总参谋长郭伯雄上将主持欢迎仪式，陪同检阅中国人民解放军陆军仪仗队，会见并宴请多德森少将一行。中央军委副主席、国务委员兼国防部长迟浩田上将会见。新西兰客人访问了北京、西安、桂林、广州，参观了陆军部队和军事院校及经济建设项目，游览了名胜古迹。

●1999 年 12 月 6～13 日，斯洛伐克军队总参作战计划参谋部副参谋长霍兹曼少将率领斯洛伐克军官休假团一行 8 人。应邀对中国进行友好访问。中央军委委员、常务副总参谋长郭伯雄上将礼节性会见。斯洛伐克客人访问了北京、济南、青岛，参观了陆军部队和工厂企业，游览了名胜古迹。

●1999 年 12 月 7～14 日，尼泊尔军队参谋长拉纳上将偕夫人一行 7 人，应中央军委委员、总参谋长傅全有上将邀请，对中国进行正式友好访问。傅总长主持欢迎仪式，陪同检阅中国人民解放军陆、海、空三军仪仗队，并举行会谈和欢迎宴会。国家副主席、中央军委副主席胡锦涛，中央军委副主席、国务委员兼国防部长迟浩田上将分别会见拉纳上将一行。副总参谋长熊光楷中将参加有关活动。尼泊尔客人访问了北京、南京、杭州、上海，参观了国防大学、陆军部队和陆军指挥学院及经济建设项目，游览了名胜古迹。

●1999年12月12～17日，尼日尔武装力量总参谋长布雷马上校一行6人，应中央军委委员、总参谋长傅全有上将邀请，对中国进行正式友好访问。傅总长主持欢迎仪式，陪同检阅中国人民解放军陆、海、空三军仪仗队，并举行会谈和欢迎宴会。中央军委副主席、国务委员兼国防部长迟浩田上将会见来访的布雷马上校一行。副总参谋长熊光楷中将、总长助理张黎中将参加上述活动。尼日尔客人访问了北京、杭州、南京，参观了陆军、空军部队和陆军指挥学院及经济建设项目，游览了风景名胜。

（王世银）

其他信息

苏德战争初期苏军损失惨重有新说 《环球》杂志1999年第15期报道，苏德战争初期，为什么苏军整军整师地被包围歼灭，损失惨重？对此，前苏联历史学家的解释是：斯大林虽然已经觉察到希特勒要对苏联下手，并且作了相应的准备，但未能准确估计战争爆发的时间；德国宣传机器大放烟雾，一再扬言德军将踏平英伦；苏军将帅麻痹大意，没有积极地准备防御。但是另一些俄罗斯历史学者最近声称发现了很多历史疑点。他们推测，当时的苏联压根没打算同德国打仗，在苏联领导人的头脑里，国家的头号敌人是英国。

据资料显示，30年代后期苏联和德国的飞机制造技术不相上下。苏德战争爆发前，希特勒在进攻苏联的3个战略方向上共集中了2579架飞机，其中最新式的Me－109型歼击机593架。而苏联在其西部边境和军区共部署了9200架战机，另有其他军区的作战飞机10800架可以随时支援西线。单从飞机数量上看，苏联空军占尽优势，空战的胜利应该属于苏联。但事实上，在战争初期的空中较量中，苏联空军损机折将，伤亡惨重，而德国空军却牢牢掌握了制空权。原因很简单，德军轰炸机满载炸弹后的飞行高度均在7000米以下，而能在这一高度对德轰炸机实施有效打击的苏联雅克－1型歼击机仅400架。很多赫赫有名的苏联战机火力不强，抗德机打击能力很差，而同时苏联又拥有大批先进的远程轰炸机等事实说明：1. 斯大林没打算让这些主力歼击机参加低空格斗；2. 这些歼击机的攻击目标是高空轰炸机；3. 苏联准备轰炸某敌国，而这个敌人并不在苏联的周边地区。纵观当时世界各国，在军事和地理方面符合上述特点的国家只有一个——英国。据前苏军著名飞行员斯特凡诺夫斯基回忆，当时他所在部队的飞行作战指挥室墙上曾挂着英国斯卡帕湾海军基地的地图和一长溜英国军舰的照片，头一个就是“纳尔逊”号战列舰。而在此前一年，即1939年底，图波列夫虽然设计出了轰炸德国目标的双引擎中程轰炸机，但苏联军事当局对此种飞机的生产并不热心。

战争是政治的延续。战前苏联的政治活动更从一个侧面说明，在苏联领导人的眼中，英法“猛”于德。1939年9月法西斯德国挑起了第二次世界大战，而同年12月16日苏共机关报《真理报》仍在撰文：国联已蜕变成英法军事集团支持和挑起战争的工具。苏联不参加国联，苏联的行动不受其约束。1940年3月29日，苏联人民委员会主席、苏共中央政治局委员莫洛托夫在苏联最高苏维埃会议上发言时指出：英法正在实施旨在反对德国的帝国主义政策，苏联不能做他们的帮凶。

1941年4月，英国首相丘吉尔在掌握大量情报之后，通过一些渠道告诫莫斯科：希特勒要打的是苏联，不是英国。6月18日，英国向苏联驻伦敦大使紧急通报：德国即将进攻苏联。在斯大林看来，这一切都是英国的诡计，目的在于挑拨苏德两国关系，以缓和德对英的军事压力。难怪当1941年6月22日凌晨苏联西部边境炮火连天之时，斯大林才知道来的是德国！不是英国。

二战时期 300 万中国军民惨死于日军细菌战　据《海峡导报》1999 年 11 月 15 日报道，来自中国全国各地关于侵华日军细菌战危害的调查人员与中国抗日战争史研究专家，近日聚会中国人民抗日战争纪念馆，举行“侵华日军细菌战问题研讨会”。会议首次披露，日军在侵华战争期间，在中国试验、制造、施用细菌武器，侵华日军细菌战部队有哈尔滨 731 部队、长春 100 部队、北平 1855 部队、南京 1644 部队和广州 8604 部队，并在 47 个城市设有支队。据统计，中国共有 20 多个省遭到过日军细菌战的攻击。已知在二战期间死于侵华日军细菌战的中国军民不下 300 万人，其中平民的死亡人数远多于军人。由于细菌武器的危害具有持续性和蔓延性，日军二战时期细菌战的危害延续至今，中国局部地区发现的鼠疫大都与此有关。

美国曾在朝鲜战争中使用生物武器　据英国 1999 年 10 月 25 日出版的《新政治家》周刊报道，加拿大多伦多的约克大学的两名历史学家斯蒂芬·恩迪科特和爱德华·哈格曼最近出版了一本新书，题为《美国与生物战：来自冷战初期的秘密》。该书披露，二战期间，盟军研制生物武器的主要工作是在加拿大进行的。在战争行将结束之际，美国接受了这些试验，并继续在马里兰州的迪特里克堡研制真正的生物武器炸弹。美国参谋长联席会议主席还为生物战制订了紧急作战计划。如果柏林的封锁导致一场全面战争，他们曾打算使用这种已被禁止的武器。到 1950 年朝鲜战争爆发时，5 种针对人的战剂和两种针对农作物的战剂已经准备就绪。如果爆发世界大战，将实施的计划是由一架飞机同时携带核武器和生物武器。

迪特里克堡的科学家和加拿大人之间的合作并没有停顿下来，研究的课题是：是否可以通过昆虫——苍蝇、跳蚤、虱子、蚊子和蟑螂——来传播细菌。与此同时，美军通知美国驻远东的空军制订向中国发动一场生物战的计划。有关参谋长联席会议制订与这种秘密武器相关计划的保密工作非常严格，因此除了他们自己和总统之外，只向国防部长征求了意见。是总统下令使用细菌武器的。

有人辩驳说，美国从来没有在朝鲜战场上使用过生物战剂，因为这是违反“不首先使用”生物武器的政策的。但是，恩迪科特和哈格曼则指出，在 1956 年之前根本就没有执行过这种政策；在朝鲜战争期间，是否使用生物武器是由总统决定的——因此可能使用过这种武器。许多有关生物战的文件不是销毁了就是丢失了；其他一些文件还没有解密。

这两位作者曾去过中国，采访了当时医疗队的成员。这些医疗队成员都坚持他们原先的说法，即美国进行了某种形式的生物战。负责调查这一指责的国际科学委员会得出如下结论：美国在中国和朝鲜使用了生物武器。这两位作者说，如果美国空军没有使用生物武器，那么这些细菌可能是中央情报局在执行一次秘密行动中扔下去的。

美国媒体揭露美军在朝鲜战争期间多次屠杀韩国难民的暴行　1999 年 10 月，美联社、《今日美国》等美国媒体接连播发文章，揭露朝鲜战争期间美军多次屠杀韩国难民的暴行，在美韩两国乃至整个国际社会引发轩然大波。

朝鲜战争爆发一个月后，处于败势的美军得到情报说，有朝鲜士兵穿着难民的服装，试图通过美军的防线。1950 年 7 月 26 日，数百名难民在汉城东南 100 多英里的老根里村与美军相遇。他们中大多是妇女、老人和儿童。然而，等待这些疲于逃命、手无寸铁的难民的却是一场灾难——美军的飞机突然出现在他们的头顶，一阵狂轰滥炸。接着，美国大兵又把剩余的难民集中到一座铁路桥下，等天黑后对他们疯狂扫射。据幸存者估计，此次屠杀事件共造成 400 多人死于非命。

从 1997 年起，“老根里事件”幸存者及死难者家属开始联名向美国政府讨要公道。美国政府起先矢口否认，后迫于压力答应调查此事。然而调查迟迟不见结果。直至 1999 年 9 月 30 日，10 多名参加过朝鲜战争的美国老兵良心发现，在接受美联社采访时揭发了当年美军在老根里地区的暴行。一名老兵回忆说，他们的指挥官下令射杀难民，以防“敌人混在其中”。

“老根里事件”被披露后不久，韩国又有 9 个村庄的村民揭露了美军在战争期间所犯罪行。他们说，美国兵在朝鲜战争时对他们的村庄也进行了轰炸和扫射，造成了 1000 多名无辜百姓伤亡。1999 年 10 月 14 日，美联社在掌握了军方有关解密文件和采访了多名退伍老兵及战争幸存者后，又揭露了另两起骇人听闻的大屠杀。

1950 年 8 月 3 日，朝鲜军队在洛东江地区围剿美军，迫使美军南撤。当美军第 1 骑兵师司令霍巴特·盖伊率领其部队到达位于洛东江上的倭馆桥时，有关朝鲜士兵混入难民中的情报使这位犹如惊弓之鸟的指挥官万分紧张。看到自己的部队无法阻止难民过桥，他竟下令炸桥。致使难民纷纷落入水中。对于这场屠杀，盖伊曾在60年代给美国一位军史学家的信中承认过。

在同一天，惨案同样发生在洛东江下游25英里处的德胜东桥上。根据美军解密的文件，尽管当时并未看到敌人的影子，可他们还是决定炸掉这座桥。他们在桥上装了3000多千克炸药，然而难民还是“一个挨着一个地拥上了桥”。早晨7点刚过，“轰”的一声桥被炸了。“当弹片飞起的时候，我们看到好多人痛苦地死去了。”退伍老兵丹尼斯描绘说。

“老根里事件”被披露后，美国总统克林顿及军方领导人均表示支持对此案展开调查。1999年10月13日，美国助理国务卿罗思在汉城就有关调查问题与韩国防部长和外交通商部长进行了会谈，由美国陆军检察官阿克曼中将率领的美军调查团于10月29日前往韩国忠清北道永同郡，开始对美军在朝鲜战争初期屠杀无辜平民的“老根里事件”进行调查。此后，韩美军方在汉城召开有关“老根里事件”调查会议。双方表示“要在紧密合作的前提下彻底查明事件真相”，并决定在2000年上半年完成调查工作。

美国曾在世界各地部署核武器　《世界信息报》1999年10月25日报道，美国《原子科学家学报》1999年10月20日刊登了一份由科学家诺里斯等3人根据五角大楼的有关解密文件所撰写的研究报告，报告称在50至70年代末，美国曾至少在27个国家或地区的军事基地储存或部署过1.2万件核武器，范围几乎遍及全球，但由于美国向有关国家隐瞒了实情，一些国家的领导人并不知道美国的有关行动。

五角大楼解密的这份题为“核武器保管与部署史”的绝密文件于1978年完成，其中包括有关美国核武器部署地点、时间和核武器类型的许多详细资料。但五角大楼在解密的内容中仅披露了1951年至1977年期间美国在国内外储存或部署核武器的9处地点，其中包括阿拉斯加、古巴、关岛、夏威夷、约翰斯顿岛、中途岛、波多黎各、英国和西德。另外18处地点被五角大楼在解密过程中有意“隐去”，但诺里斯等3人根据其他相关材料，基本上确认了其中的17处地点，它们包括：加拿大、格陵兰、冰岛、日本、夸贾林岛、摩洛哥、冲绳、菲律宾、韩国、西班牙、台湾、比利时、法国、希腊、意大利、荷兰和土耳其。

诺里斯的研究报告指出，60年代冷战高潮期间，美国部署在欧洲的7000件核武器的一半集中在当时的西德。据悉，美国在欧洲40%的核武器是其为北约盟国提供“核”而部署的，其中英国、西德，希腊和土耳其的战机均有可能参加核攻击行动，但核武器的控制权和使用权则完全由美国人掌握。而在亚洲，日本的冲绳是主要核武器的储存地点，在艾森豪威尔执政末期，美国部署在太平洋沿岸冲绳、关岛、菲律宾、韩国和台湾的核武器总共约有1700件，其中在台湾约有12件。到1963年初，肯尼迪政府已将部署在这些太平洋国家陆上的核武器增加到大约2240件，1967年甚至达到大约3200件的高峰。

这份报告还指出，美国在1956年至1959年间在主张无核化的国家——冰岛军事基地部署核武器“公然违反了北约的有关核政策”，而且白宫从未向冰岛政府报告过美军的有关行动。1952年，杜鲁门政府决定在当时法国的保护国摩洛哥部署核武器时，也未曾通知法国政府。据悉，50年代末美国在韩国、菲律宾和台湾的军事基地部署或储存核武器时均未通告当地政府或当局。

这份研究报告还透露，随着1991年在韩国撤出最后一批核武器，美国目前在亚洲已经没有核武器；在欧洲也只在比利时、英国、德国、希腊、意大利、荷兰和土耳其等7国的10个空军基地拥有150件B－61型核弹头，冷战结束后，美国已不在其所有水面战舰上装置核武器，但却在其战略核潜艇上一直部署远程核导弹。美国依然是目前世界上唯一在海外部署核武器的国家。

（尚左琳）

私人雇佣军在当今国际社会日益活跃

据阿根廷《民族报》1999年4月初载文披露，如今战争服务已被推向市场，而这不仅仅是指出售武器。联合国揭露，在前南斯拉夫或塞拉利昂有一些私人军队作战。一些有名气的军官在指挥着“制造战争”的企业。

近来，在非洲的塞拉利昂，反叛力量和政府军之间的战斗加剧了，造成了很多人的伤亡。在这个小国混乱的政治局面背后，出现了两家军事服务公司的阴影。上述两家公司的“干部”由来自军事领域的名人组成。EO公司的主要领导人都是前南非保安力量的成员，也有其他国家的人。另一个活跃在市场上的是设在美国的弗吉尼亚的军事职业资源公司（MPRI）。它是美国退役将军弗农·刘易斯在1987年创建的。拥有美军入侵巴拿马和海湾战争指挥官之一的卡尔·布沃诺将军、美国国防部情报局的埃德·索伊斯特将军和美军在欧洲的指挥官弗雷德里克·克罗森将军等。

EO公司向塞拉利昂派遣的雇佣兵约为500人，

据说每人每月的报酬为1.5万至1.8万美元，另加一笔很高的生命保险费和武器装备。联合国人权委员会专员恩里克·贝尔纳莱斯在一份关于1996年雇佣军情况的报告中说："由于雇佣兵的工作，EO公司大约得到了3000万美元以及科伊杜省的矿山租借权。"EO公司在塞拉利昂负责的工作相当复杂，如训练军官和士兵、空中侦察和拍照、制定战略计划、训练使用新战争器材，购买武器咨询、策划在民众中制造恐慌和诋毁反叛组织"革命联合阵线"领导人的运动等等。

冷战的结束，使全世界数百万军人离开了他们所在国家的武装部队，但他们之中很多人不甘寂寞，想继续军人的生涯。与某一战争服务企业建立联系，是近几年来最为有利可图的出路。

美国国防部情报局的一名前特工说："利用这些公司可以使一个国家在不违反法律的情况下在战争地区给另一个国家以军事支持"。"这些公司主要是属于拥有军事优势的国家，如英国、法国、美国和俄罗斯，再加上南非等。它们在全世界寻找和雇用军人，经营方式是：金钱+政权+对非正规力量的控制。"

联合国人权委员会1998年关于《利用雇佣军侵犯人权》的报告指出了这些公司的危险性。这些公司在一些粉饰性的活动掩盖下提供的是雇佣军服务。"对那些受到不稳定的因素、武装冲突的影响或无力利用其巨大自然资源的国家来说，这些公司可以提供一种解决方式，从而收取巨额报酬。今天，对很多国家的和平、主权和自决权来说，这些企业是最大的、也是最可怕的危险。"

在前南斯拉夫的战争中，在冲突地区出现过大量的雇佣军和种类繁多的武器。MPRI公司就在那里出现了，它是向克罗地亚提供服务的，同时也向波黑和塞尔维亚提供援助。专家们认为，这些企业的商业目的与其所属国家政府的对外政策是一致的。如MPRI公司拥有美国国务院的支持。对美国来说，这是一种很舒服的出路，因为，用一种简单的方法就支持了克罗地亚军队，而无需直接参与。在冲突中，塞尔维亚人揭露说，有250名美国的前维和军人作为一支完整的部队参加了战斗。

在无休止的巴尔干战争中，与雇佣军的冲突似乎也是无休止的。南斯拉夫政府的一位官员说，由阿尔巴尼亚政府出资的一营阿富汗人正在为科索沃的独立战争而打仗。南斯拉夫政府的一份文件揭露说，在科索沃解放军里有大约1000名来自阿尔巴尼亚、沙特阿拉伯、也门、阿富汗、波黑、克罗地亚、德国和英国的雇佣兵。普通士兵每月的报酬约是600至1000美元，教练和军官则是1.8万美元。

值得关注的是，MPRI公司公然以一个军事援助企业的面目而出现，提供从2.7万到5000万美元的服务。该公司在宣传材料中还说，可以出售"向民主过渡的援助"，并指出1997年它的营业额已高达4800万美元等。

（*石 慧*）

1979～1999年台湾当局从外国购买军火清单一瞥 《解放军报》2000年3月1日有作者根据台湾"中央社"公开资料汇总报道，自1979年美国公布《与台湾关系法》以来，台湾当局从美国采购的武器装备就有44宗，主要有：F-16战机150架，F-5E/F战机200架，S-70C反潜直升机18架，AH-IW"眼镜蛇"攻击直升机42架，HO-58D观测直升机26架，E-2T空中预警机4架，T-38教练机40架，S70CM反潜直升机10架，远洋拖舰3艘，MSO远洋扫雷舰4艘，租借"诺克斯"级护卫舰6艘，"新港级"登陆舰2艘，M-48HI主战坦克450辆，M-60A3主战坦克410辆，还有"爱国者"、"毒刺"、"地狱火"导弹，"鱼叉"式反舰导弹、MK46型鱼雷等。

另外，1993～1995年台湾还从法国采购了"幻影"2000-5战机60架，"法拉耶特"级导弹护卫舰6艘，"迈卡"式空空导弹，"西北风"便携式防空导弹，"魔术"导弹，"云母"导弹，"阿皮拉斯"反坦克火箭，F-17重型有线制导鱼雷，SANS16联装舰用点防御导弹系统等；先后从德国采购了狐式装甲车36辆，坦克排雷车12辆，MWV-50级扫雷舰4艘，并通过美国购买德国的6艘214级潜艇；从荷兰采购了2艘潜艇；从意大利采购了1艘远洋探测舰，等等。

可以说美国是台湾当局武器装备采购的大户，台湾当局采购武器装备的95%来自于美国。据初步统计，1979～1999年底，台湾当局从美国采购武器装备的交易主要有：

1979年7月，美售台价值2.4亿美元的武器装备，包括48架F-5E型战斗机。

1979年11月，美售台500枚小牛导弹，价值2500万美元，1982年11月运交完毕。

1980年1月，美售台陆军托式导弹、改良"鹰式"导弹、840枚改良"小槲树"导弹，价值2.8亿美元。

1980年7月，美售台14门M-110A榴炮，总值370万美元。

1982年4月，美售台飞机维修零件，金额64万美元。

1982年6月，美售台164辆装甲输送车、72辆迫击炮车、31辆指挥车，总值9700万美元。

1982年8月，美同意延长自1972年开始合作生产的248架F－5E战机，另增加30架F－5E与30架F－5F战机，金额6.2亿美元。

1982年11月，美售台价值9700万美元的军用战车，包括零部件及附属设备。

1983年2月，美同意售台66架F－104G战斗机。

1984年6月，美售台12架C－130军用飞机，价值3.25亿美元。

1985年2月，美同意售台F－5型、F－100、T－33、T－28的雷达及零件，总值8600万美元。

1985年6月，美同意售台262枚“小槲树”地空导弹，价值9400万美元。

1986年，美同意售台S－2T反潜机，价值2.6亿美元。

1989年，美售台88枚标准导弹，金额4400万美元。

1990年8月，美同意售台F－5型、F－104、C－130军用机雷达装备一批，总值1.08亿美元。

1991年9月，美售台110辆M60A3主战坦克，金额1.19亿美元。

1992年，美同意售台C－130运输机8架，金额83.62837亿元新台币。

1992年7月，美同意租台3艘“诺克斯”级护卫舰，金额2.3亿美元，1993年7月交付。

1992年8月，美国防部同意向台出售207枚标准式导弹，总值1.26亿美元。

1992年9月，美总统宣布售台150架F－16战机，总值60亿美元，第1批战机于1997年4月飞抵台湾。

1993年1月，美国防部证实售台200枚“爱国者”导弹及其装备，总值100亿美元，1996年8月开始运交台湾。

1993年3月，美同意售台4架E－2T空中预警机，金额9亿美元，1995年9月陆续运抵台湾。

1993年6月，美同意向台出售价值1.56亿美元的武器，包括军用飞机零部件、雷达和导航设备。

1993年11月，美国防部照会国会，美将售台150枚“MK－46”型深潜高速鱼雷及相关的后勤支援组件，总价值5400万美元。

1994年2月，美同意租台3艘“诺克斯”级护卫舰，金额2.3亿美元，1995年7月交付。

1994年9月，美国同意售台4艘MSO远洋扫雷舰，1995年2月交付。

1994年10月，美国总统克林顿签署法案，同意租台2艘“新港”级登陆舰，金额260万美元，1995年2月交付。

1996年6月，美国防部宣布售台300辆M－60A3主战坦克，金额2.23亿美元，1995年2月陆续运抵台湾。

1996年8月，美国防部证实将售台1299枚“毒刺”地空导弹及相关设备，总值4.2亿美元。

1996年9月，美国防部证实将售台110枚MK46MOD5型反潜鱼雷，金额6900万美元。

1997年3月，美国防部批准售台54枚AGM－84A“鱼叉”式空对舰导弹，及21架AH－1W攻击直升机。

1997年，台向美国采购S－70C反潜直升机11架，金额91亿元新台币，2000年6月交机。

1997年5月，台陆军向美军采购700多枚DMS野战防空导弹系统，金额约20亿元新台币。

1997年5月，美国众议院外交关系委员会授权美国海军部长将2艘“诺克斯”级护卫舰，以出售的方式转移台湾。

1998年，美国同意售台4架S－70C反潜直升机，金额24亿元新台币。

1998年3月，美国同意出售13架OH－58Kiowa Warrior武装侦察直升机及相关配备，总值约1.72亿美元。

1998年3月，台向美采购21架AH－1W超级“眼镜蛇”直升机、零配件及支援装备，总值约2.8亿美元。

1998年8月，美同意向台出售58枚“鱼叉”式反舰导弹及配件，总价值约1.01亿美元；短程“毒刺”防空导弹及相关配件，约1.8亿美元；供反潜直升机使用的MK－46鱼雷，金额约6900万美元。

1998年10月，美同意售台F－16战斗机飞行训练及后勤辅助设备，总值约2.8亿美元；以及28套“导航者神射手”导航及瞄准舱，总值约1.6亿美元。

1999年4月，美同意向台出售中长早期雷达预警防御系统，价值约8亿美元。

1999年5月，美国防部宣布售台240枚“地狱火”2型空对地反装甲导弹，价值2300万美元。

1999 年 5 月，美国防部在两天之内宣布第 2 批对台军售，包括 5 套外销版 AN/VRC－92E、SINCGARS 无线电系统、5 套商用架式非扩充项目（COTS/NDI）的情报电子战系统、5 辆高机动性多用途轮车（HMMWV）和零件、辅助装备等，价值 6400 万美元。

1999 年 7 月，美国防部宣布将向台出售价值 1.5 亿美元的战机及运输机零件。

1999 年 7 月，美国防部宣布售台 2 架 E－2T 雷达预警机，金额 4 亿美元，2003 和 2005 年交付台湾。（金　鲍）

（本栏责任编辑　王湘江）